Ottmar Ette
Romantik zwischen zwei Welten

Aula

―

Herausgegeben von
Ottmar Ette

Ottmar Ette

Romantik zwischen zwei Welten

Potsdamer Vorlesungen zu den Hauptwerken der romanischen Literaturen des 19. Jahrhunderts

DE GRUYTER

ISBN 978-3-11-070334-4
e-ISBN (PDF) 978-3-11-070344-3
e-ISBN (EPUB) 978-3-11-070355-9
DOI https://doi.org/10.1515/9783110703443

Dieses Werk ist lizenziert unter der Creative Commons Namensnennung – Nicht kommerziell – Keine Bearbeitungen 4.0 International Lizenz. Weitere Informationen finden Sie unter https://creativecommons.org/licenses/by-nc-nd/4.0/.

Library of Congress Control Number: 2021936694

Bibliografische Information der Deutschen Nationalbibliothek
Die Deutsche Nationalbibliothek verzeichnet diese Publikation in der Deutschen Nationalbibliografie; detaillierte bibliografische Daten sind im Internet über http://dnb.dnb.de abrufbar.

© 2021 Ottmar Ette, publiziert von Walter de Gruyter GmbH, Berlin/Boston
Coverabbildung: „Nègre et négresse dans une plantation", Lithografie von Gustave Phillipe Zwinger nach einer Zeichnung von Johann Moritz Rugendas. Abgedruckt in: Johann Moritz Rugendas: *Voyage pittoresque dans le Brésil*. Paris: Godefroy Engelmann 1835, Tafel 6.
© Bibliothèque nationale de France – Paris
Satz: Dörlemann Satz, Lemförde
Druck und Bindung: CPI books GmbH, Leck

www.degruyter.com

Vorwort

Die Vorlesung als akademische Gattung ist für jede Hochschullehrerin und für jeden Hochschullehrer die herausforderndste Veranstaltungsart. Die überschaubare, fast intime Veranstaltungsform des Seminars mag zwar den Vorteil haben, einen direkten Austausch mit den Studierenden zu erleben und damit eine Vielzahl neuer Blickpunkte und oft überraschender Einsichten zu gewinnen, das Habilitand*innen- und Doktorand*innen-Kolloquium mag den unverwechselbaren Charme besitzen, Forschungsprobleme auf hohem universitären Niveau gemeinsam anzugehen und mit einer Gruppe Gleichgesinnter zu diskutieren. Aber allein die Vorlesung bietet die Chance, deutlich aufzuzeigen, wofür man steht und wofür man einstehen will.

Denn eine Vorlesung zielt nicht auf eine (ohnehin stets fiktive) thematische Vollständigkeit, die sich nicht einmal in der Textsorte der Literaturgeschichte erreichen lässt. Vielmehr beruht sie auf klaren Entscheidungen, was ausgelassen werden kann und welche Gegenstände so in den Mittelpunkt gerückt werden, dass sie untereinander strukturelle Zusammenhänge bilden. Es ist kaum übertrieben, wenn man die Vorlesung als eine Art Glaubensbekenntnis charakterisiert, zeigt sich in ihr doch, welche Schwerpunkte in Forschung und Lehre verantwortlich gesetzt werden sollen und welche Vision eines zu unterrichtenden Gegenstandes entwickelt wird.

Dabei ist die Vorlesung in aller Regel eine noch immer (oder wieder von neuem) freie Veranstaltung, die von den Studierenden ‚nur' das Zuhören und Mitdenken verlangt. Anders als andere Veranstaltungsformen übt sie keinen Zwang aus und ist in einer akademischen Welt der Leistungspunkte und *Credits* eine scheinbar vernachlässigbare Größe. Eine Vorlesung wird durch keinen Zwang gestützt. Sie basiert in aller Regel auf Freiheit: Auf der Freiheit der Zuhörenden, die Botschaft aufzunehmen und auf jener der Lehrenden, sich Forschungsgegenstände ihrer ureigensten Wahl zurechtzulegen. Aus eben dieser Freiheit aber erwächst auch ihr Anspruch: Die Vorlesung bildet eine Form, in welcher sich das Wesen von Forschung und Lehre in seiner wechselseitigen Befruchtung stets neu konfiguriert.

Das vorliegende Buch bildet den vierten Band der Reihe *Aula* im Verlag Walter de Gruyter und stellt nach *Von den historischen Avantgarden bis nach der Postmoderne. Potsdamer Vorlesungen zu den Hauptwerken der romanischen Literaturen des 20. und 21. Jahrhunderts* den zweiten literarhistorischen Band dar, der entschlossen versucht, ein transareales Verständnis der Romanistik weiterzuentwickeln. Wieder geht ihr Fokus weit über die Ziele einer herkömmlichen Literaturgeschichte hinaus. Diese Vorlesung versucht, die Wege und Entwicklungen im 19. Jahrhundert und die Gründe dafür aufzuzeigen, warum wir uns heute in einem zeithistorischen und ästhetischen Kontext bewegen, der nicht länger zwischen ‚Nationalliteratur' und ‚Weltliteratur' pendelt, sondern sich mobil innerhalb eines Systems der polylogischen Literaturen der Welt situiert. Die Ansiedlung in einem Feld der *TransArea Studies* wird durch die Tatsache belegt, dass die Forschungsgegenstände in ihrem wechselseitigen transatlantischen Bedingungsverhältnis beleuchtet werden, so dass aufgezeigt werden kann, inwiefern sich die entstehenden Literaturen der Welt wechselseitig transformieren und bereichern. Wie schon im vorherigen Band wird auch in diesem ein ‚Ausflug' nach Asien unternommen, dem vergessenen Kontinent der Romania.

Die in diesem Band zusammengefassten Vorlesungen entstammen einer Gesamtzeit von mehr als fünfundzwanzig Jahren lehrender und forschender Tätigkeit an der Universität Potsdam. In ihrem Brennpunkt standen unter anderem die Romantik in Europa sowie die Romantik in Lateinamerika, der Roman im Zeichen des Realismus oder die Literaturen des Fin de siècle wie des Fin de siglo. Ich habe mich bemüht, diesen unterschiedlichen literaturgeschichtlichen Vorstößen eine gemeinsame schriftliche Form zu geben. Gleichwohl reflektieren die in der Regel frei gehaltenen Vorlesungen auch im gedrucktem Format die mündliche Form der Präsentation, wie sie für mich stets die Grundlage der *Performance* in der Aula – fast hätte ich gesagt: in der Arena – war. Manche Frage der Studierenden ist kreativ in die Buchform eingegangen. Einmal mehr musste vieles den Grenzen einer Buchveröffentlichung geopfert werden, so dass mitunter schmerzliche Kürzungen eingeführt wurden. So trist die Fortlassungen waren, so freudig und lustvoll war die Niederschrift. Die Barthes'sche Lust am Text, *Le Plaisir du Texte*, hat mich stets begleitet.

Markus Alexander Lenz gilt mein inniger und großer Dank für die wie immer umsichtige und zielführende redaktionelle Bearbeitung, für kluge Ideen und viele anregende Gespräche, die wir am Rande der Vorlesungen führten. Meine Hoffnung ist, dass vieles davon in seine künftige Arbeit als exzellenter Professor der Romanistik eingehen wird. In bewährter Manier hat Pauline Barral dankenswerter Weise für Vorlesung und Band die richtigen Illustrationen ausgewählt und besorgt. Mein Dank gilt des weiteren Ulrike Krauß, die sich von Beginn an beim Verlag Walter de Gruyter für die einzelnen Bände und die Gesamtidee der Reihe *Aula* eingesetzt hat, sowie Gabrielle Cornefert, die auch diesen Band verlagsseitig bestens betreute. Meiner Frau Doris gebührt mein Dank für den initialen Anstoß, die Manuskripte meiner Vorlesungen in Buchform zu veröffentlichen, und für die liebevollen Ermutigungen, das Vorhaben der Reihe weiterzuführen.

Ottmar Ette
Potsdam, 28. April 2021

Inhalt

Vorwort —— V

Teil 1: Drei Annäherungen an die Romantik und das 19. Jahrhundert —— 1

Erste Annäherung —— 5

Zweite Annäherung —— 30

Dritte Annäherung —— 38

Teil 2: Anfänge der Romantik —— 67

Bernardin de Saint-Pierre oder vom Naturstudium zum Roman —— 69

Heinrich von Kleist und die Revolutionen des Zusammenlebens —— 100

Chateaubriand oder die Romantik in der Neuen Welt —— 151

Melancholie oder *mal du siècle* und *écriture* —— 177

Victor Hugo oder die andere „Verlobung in St. Domingo" —— 191

Exkurs: Alejo Carpentier, eine karibische Vision Haitis, die Frage des Rassismus und das Konzept der Transkulturation —— 216

Teil 3: Romantik zwischen zwei Welten —— 251

Zur Entstehung von Literaturen zwischen zwei Welten —— 253

José Joaquín Fernández de Lizardi oder der europäische Schelmenroman in Amerika —— 285

Fray Servando Teresa de Mier, Simón Bolívar und die Rhetoriken der Unabhängigkeitsrevolution —— 335

Esteban Echeverría oder die Romantik aus dem Koffer —— 383

Gertrudis Gómez de Avellaneda oder romantisches Schreiben zwischen Kuba und Spanien —— 425

Die Zweiteilung der Amerikas im 19. Jahrhundert —— 470

Germaine de Staël und die Zweiteilung Europas —— 493

Rahel Levin Varnhagen, die jüdischen Salons und die Nachtseite der Romantik —— 519

Teil 4: Romantik als Phänomen einer Weltliteratur —— 547

Adelbert von Chamisso, Giacomo Leopardi oder die Suche nach dem Unendlichen —— 549

Alexander von Humboldt oder das Naturgemälde —— 586

Domingo Faustino Sarmiento oder die Kontraste einer amerikanischen Romantik —— 627

José Mármol und die englischsprachige Romantik —— 659

Cirilo Villaverde oder der Roman eines Jahrhunderts —— 695

Manuel de Jesús Galván oder der Edle Wilde auf den Antillen —— 733

Eugenio María de Hostos oder die karibische Wallfahrt —— 760

Honoré de Balzac oder ein französisches WeltFraktal —— 793

Alphonse de Lamartine oder die Lyrik der Einsamkeit —— 845

Gustavo Adolfo Bécquer, Gabriel de la Concepción Valdés und die späte Blüte der Romantik —— 864

Teil 5: **Wege aus der Romantik zum Jahrhundertende** —— 899

Charles Baudelaire, Arthur Rimbaud oder die Radikalität der Modernität —— 901

Annäherungen an die Jahrhundertenden —— 923

Joris-Karl Huysmans, Oscar Wilde oder die Ästhetik des Fin de siècle —— 963

Eugenio Cambaceres oder der ziellose Zerfall —— 984

José Martí oder die Suche nach einem amerikanischen Humanismus —— 1010

José Rizal, Juana Borrero oder neue Ausweitungen der Moderne —— 1038

José Enrique Rodó oder Shakespeare, Santa Teresa und Zarathustra in Amerika —— 1053

Die Zitate in der Originalsprache —— 1077

Abbildungsverzeichnis —— 1133

Personenregister —— 1141

Teil 1: **Drei Annäherungen an die Romantik und das 19. Jahrhundert**

In unserer komparatistisch ausgelegten Vorlesung, deren Titel Sie vielleicht ein wenig an die *Revue des deux Mondes* erinnert, wollen wir versuchen, nach der möglicherweise schon verlorenen Einheit der Romantik hinter der Vielgestaltigkeit romantischer Diskurse in zwei Welten, in Europa und Amerika, zu fragen. Gab es *eine* Romantik oder gab es deren viele? Was zeichnet die Literaturen der Romantik in Frankreich und Deutschland, Spanien und Neuspanien, in Italien, England und den Vereinigten Staaten, in Argentinien und auf Kuba aus? Welche Funktionen besitzen romantische Diskurse innerhalb der jeweiligen nationalen Gesellschaften und entstehenden Nationalliteraturen? Was bestimmte die Rezeption der deutschen Romantik in Mexiko? Was hat die hispanoamerikanische „Independencia" mit der Romantik zu tun und in welcher Beziehung steht die Dichtung Baudelaires zu den Schriften Poes? Welche Vermittlungsmöglichkeiten sah Germaine de Staël im deutsch-französischen Dialog? Welche Schreibformen entwickelte eine Dichterin wie Gertrudis Gómez de Avellaneda, die zwischen Spanien und Amerika pendelte, und wie entstand die Zweiteilung zwischen Nationalliteratur und Weltliteratur, welche uns auch heute noch immer beschäftigt?

Mit einem deutlichen Schwerpunkt auf die Romanischen Literaturen der Welt will diese Vorlesung ein Verständnis dafür ermöglichen, auf welche Weise im „Jahrhundert der Nationalismen" inter- und transkulturelle Kontakte und Beziehungen im Bereich der Literaturen und der Kulturen funktionierten; sowie welche Bedeutung einer Stadt wie Paris – im Sinne von Walter Benjamin – als „Hauptstadt des 19. Jahrhunderts" zukam. Sie frag danach, wie die literarischen Räume der Romantik in Bewegung gehalten wurden und die Reiseliteratur – der wir eine eigene Vorlesung gewidmet haben[1] – als eines ihrer Transportmedien aufgefasst werden könnte. Ziel der Vorlesung ist es, aus vergleichender Sicht monokulturelle und nationalphilologische Bilder *der* Romantik wie der *einen* Moderne zu hinterfragen. Unsere Vorlesung besitzt somit einen unverkennbar *rekonstruierenden* Charakter, mit Hilfe dessen den unterschiedlichen Entwicklungen historisch wie literarhistorisch nachgegangen werden soll. Zugleich zeichnet sie ein deutlich *konstruierender*, konstruktiver und innovativer Grundzug aus, indem eine grundlegende Einheit der Romantik (was Sie bitte nicht mit Homogenität verwechseln!) entfaltet werden soll, die sich keineswegs nur auf bestimmte europäische Nationalliteraturen stützt, sondern in einem transatlantischen Sinne – mit Ausflügen in den pazifischen Raum – entwickelt wird.

Ich möchte Sie gerne anhand dreier Annäherungen an die Romantik in eine literarhistorische Bewegung versetzen, welche die erstaunliche Präsenz der

---

1 Vgl. Ette, Ottmar: *ReiseSchreiben. Potsdamer Vorlesungen zur Reiseliteratur.* Berlin – Boston: Walter de Gruyter 2020.

Romantik – die wir schon in unserer Vorlesung über *LiebeLesen* konstatieren konnten[2] – konstruktiv zur Kenntnis nimmt und dabei immer wieder fragen wird, in welcher Beziehung wir hier und heute zu romantischen Diskursen und Weltbildern stehen. Der erste Versuch einer solchen Annäherung könnte mit den nachfolgenden Ausführungen beginnen, mit denen ich Sie mit auf eine Reise durch die Vielgestaltigkeit der Romantik nehmen will, in welcher es auch um deren prospektive, auf die Zukunft gerichtete Dimensionen gehen wird. Denn die Literaturen der Welt erschöpfen sich nicht in ihrer *Memoria*-funktion, sondern besitzen stets etwas Prospektives, Zukunftsweisendes.

---

2 Vgl. Ette, Ottmar: *LiebeLesen. Potsdamer Vorlesungen zu einem großen Gefühl und dessen Aneignung.* Berlin – Boston: Walter de Gruyter 2020.

Erste Annäherung

Unsere Vorlesung zur *Romantik zwischen zwei Welten* wendet sich folglich einem Themenbereich zu, der auf den ersten Blick relativ klar umrissen scheint. In einschlägigen Literaturgeschichten hat die Romantik ihren festen Platz: Autorinnen und Autoren, die zur Romantik gerechnet werden, kommt gerade auf der Ebene nationaler Literaturgeschichtsschreibung ein großes, bisweilen übermächtiges Prestige zu. Literarische Werke, die der Romantik zugeschlagen werden, sind vor allem in nationalphilologischen Darstellungen von größter Relevanz; zudem sind die entsprechenden Texte und Schriften nicht selten noch heute von ungeheurer Popularität. Womit hat dieser hohe Bekanntheitsgrad, dieses unbestreitbare Prestige der Literatur – oder eigentlich müsste ich sagen: der Literaturen – der Romantik zu tun?

Zweifellos liegt dies, wie wir noch sehen werden, unter anderem an den literarästhetisch herausragenden Texten und ihren Autorinnen und Autoren selbst, an spezifischen Epochenmentalitäten und vielen anderen Faktoren wie etwa der Tatsache, dass diese Literaturen zeitgleich entstanden zu Gründung und Aufbau der jeweiligen Nationalphilologien. Daher ist ein besonderer Grund zumindest in der Frage bereits implizit mitenthalten: Es liegt sicherlich auch an der jeweils stark forcierten *nationalen* Dimension dieser jeweiligen Literaturen. Gerade weil das Nationale – in Deutschland und Italien, aber zweifellos auch in vielen anderen Ländern, die sich wie Frankreich oder England, Argentinien oder Mexiko bereits als Nationalstaaten konstituiert hatten – einen nicht unwesentlichen Aspekt der romantischen Kunst- und Literaturproduktion ausmachte, war selbstverständlich eine spezifische Beziehung zwischen nationaler Literatur und nationaler Literaturgeschichtsschreibung gegeben. Vor allem aber auch ein Zusammenhang mit kollektiven, nationalen oder nationalistischen Identitätsbildungsprozessen.

All dies schlug sich auch in einer starken Kanonisierung von Kunst und Literatur der Romantik nieder. Dass die nur auf den ersten Blick erstaunliche Präsenz des Nationalismus in den europäischen Gesellschaften – und nicht allein in diesen: Die europäischen Kolonialismen waren auch ausgezeichnete Exporteure – ein anhaltendes Erbe der romantischen Periode ist, brauche ich Ihnen nicht zu sagen. Denn auch die Nationalismen des 19. Jahrhunderts geben uns deutliche Hinweise auf die Aktualität der Romantik unter den verschiedenartigsten gesellschaftlichen Bedingungen. Wir werden uns mit diesem fortbestehenden Erbe beschäftigen müssen und wollen es nicht verdrängen: Denn nicht nur Sigmund Freuds Theorien entnehmen wir, dass das einmal Verdrängte mit ungeheurer Wucht zurückzukehren sucht.

Aus all den genannten Aspekten zu schließen, dass Kunst und Literatur der Romantik eine jeweils nationale und auf die eigene Nation bezogene Kunst ist, wäre jedoch ein Kurzschluss, eine unsinnige Verkürzung. Denn gerade in diese Zeit fällt eine Vielzahl weltumspannender Entwicklungen, die mit der massiven Expansion Europas zusammenhängen. Denn das 19. Jahrhundert umfasst an seinem Beginn die Ausläufer der zweiten Phase beschleunigter Globalisierung, während es in seinem letzten Drittel bereits die dritte Phase dieser globalisierten Beschleunigung beinhaltet.[1] Es ist also von grundlegenden Globalisierungsphasen gleichsam ‚gerahmt' und es wäre grundfalsch, in ihm nur das Jahrhundert der Nationalismen oder nationalen Abschottungen zu sehen. Doch wir werden dies im weiteren Verlauf unserer Vorlesung noch mit aller Deutlichkeit anhand der groben geschichtlichen Züge ebenso wie an zahlreichen künstlerischen Details erkennen.

Wir stehen damit grundsätzlich vor einer bipolaren Struktur, die sich auf die gesamte Romantik – und dies wurde nur allzu oft *nicht* gesehen – wie auf die romantische Kunst und Literatur durchpaust: Es handelt sich um die Spannung zwischen Nation und Welt, Nationalstaat und Menschheit, Besinnung auf das Regionale sowie Lokale einerseits und Reflexion der weltumspannenden Entwicklungen andererseits. Diese Spannung zeigt sich auch in der noch zu besprechenden Herausbildung des Gegensatzes zwischen Nationalliteratur und Weltliteratur, der für unsere Sichtweise wie auch noch für gänzlich anders geartete Theoriebildungen des 21. Jahrhunderts wichtig ist.

Unsere Vorlesung wird versuchen – und ich denke, dass sie an diesem Punkt neue Wege beschreitet –, diese bipolare Struktur adäquat und auf den unterschiedlichsten Ebenen zu erfassen. Sie will daher Romantik in zwei Welten, Romantik in Europa *und* Amerika untersuchen sowie herausarbeiten, dass es jenseits nationalliterarischer Entwicklungen Prozesse anderer Art gab, die gerade von einer nationalliterarischen Literaturgeschichtsschreibung nicht erfasst werden konnten und vielleicht nicht erfasst werden sollten. Es geht also um die Romantik in zwei Welten und damit um die Romantik zwischen den Polen von Nationalem und Internationalem, Volk und Menschheit, Nationalliteratur und Weltliteratur, zwischen Nationalphilologie und – um mit Erich Auerbach[2] zu sprechen – Philologie der Weltliteratur.

---

1 Zur Theorie und den einzelnen Phasen beschleunigter Globalisierung vgl. Ette, Ottmar: *Trans-Area. Eine literarische Globalisierungsgeschichte*. Berlin – Boston: Walter de Gruyter 2012; Übersetzungen ins Englische (2016) und Französische (2019) liegen vor, eine Übersetzung ins Chinesische ist auf dem Weg.
2 Vgl. Auerbach, Erich: Philologie der Weltliteratur. In: *Weltliteratur*. Festgabe für Fritz Strich. Bern 1952, S. 39–50; wieder aufgenommen in Auerbach, Erich: *Gesammelte Aufsätze zur romanischen Philologie*. Herausgegeben von Fritz Schalk und Gustav Konrad. Bern – München: Francke Verlag 1967, S. 301–310.

Bevor wir in der Folge zu anderen bipolaren Strukturen und offenen bipolaren Strukturierungen gelangen, die ebenfalls die Romantik in ihrem Spannungsgeflecht grundlegend prägen – also vor allem die Bipolarität von Individuum und Kollektivität oder Gemeinschaft einerseits sowie die Zweipoligkeit von Historisierung und Verräumlichung andererseits –, sollten wir uns um diese erstgenannte Zweipoligkeit bei unserer ersten Annäherung etwas genauer bemühen. Wie also wäre das Verhältnis zwischen dem Raum des Nationalen und dem Kosmos, dem Welten-Raum zu denken? Wie kann in diese Beziehung von Europa aus das Individuum hineingestellt werden, und mehr noch: Welche spezifischen Wissensbestände werden benötigt und entwickelt, um das neue Verhältnis von Nationalem und Internationalem, ja Transnationalem zu denken?

Wir können vor diesem Hintergrund die Romantik nicht begreifen, wenn wir nicht einen kurzen Blick werfen auf jene philosophische, literarische und mentalitätsgeschichtliche Epoche, die wir als Aufklärung, als „Enlightenment", als „Siècle des Lumières" zu bezeichnen pflegen. Dynamik und Wucht der Romantik sind nicht zu erfassen und zu begreifen, lässt man außer Acht, wogegen sie sich absetzt, womit sie ganz bewusst kontrastiert und wessen denkerische und philosophische Entwicklungen sie gleichwohl eine volle Drehung in der Spirale der Geschichte weiterdreht.

In einer seiner Anmerkungen zum *Discours sur l'origine et les fondements de l'inégalité parmi les hommes* äußerte sich Jean-Jacques Rousseau 1755 zum damaligen Stand anthropologischer Kenntnisse bei den Europäern. Er stellte dabei das Problem der asymmetrischen Beziehungen zwischen jenen Informationen, die von Reisenden aus unterschiedlichen europäischen Ländern stammten, und den Überlegungen und Theorien der Philosophen heraus, welche auf diesen Nachrichten und Kenntnissen basierten. Es ist, wie mir scheint, eine der grundlegenden Fragen zum Universalitätsanspruch europäischer Philosophie und dem verschwindend kleinen Kenntnisstand, auf dem diese Ansprüche beruhen, eine universalgültige Philosophie des Menschengeschlechts zu entwickeln. Lassen Sie mich sogleich hinzufügen, dass ich mich sehr wohl frage, ob sich an diesem Missverhältnis in unserer Zeit wirklich etwas Grundlegendes geändert hat. Es scheint vielmehr, als ob wir heute jenseits einer unbedingt notwendigen, aber vernachlässigten interkulturellen Philosophie in der deutschen, französischen, englischen oder italienischen Philosophie nach wie vor Konzepte entfalten, die universalistisch gedacht zu sein vorgeben, aber letztlich nur Beispiele eines Denkens in den Traditionslinien Englands, Italiens, Frankreichs oder Deutschlands sind.

Abb. 1: Jean-Jacques Rousseau (Genf, 1712 – Ermenonville, 1778).

Jean-Jacques Rousseau betonte dabei die Wichtigkeit, mit einer derartigen Asymmetrie Schluss zu machen, die auf der seiner Ansicht nach fehlenden Vorbereitung der überwiegenden Mehrzahl der Reisenden beruhte. Zugleich aber hielt er einen gewissen Mangel hinsichtlich der Orientierung mancher „hommes éclairés" fest, die sich vielfältigen Gefahren ausgesetzt und lange Reisen unternommen hätten:

> Die Mitglieder der Akademie, welche Bereiche im Norden Europas und im Süden Amerikas bereisten, verfolgten mehr das Ziel, sie als Geometer denn als Philosophen zu besuchen. Da sie jedoch das eine wie das andere zugleich waren, darf man jene Regionen, die von den La Condamine und Maupertuis gesehen und beschrieben wurden, nicht als gänzlich unbekannt ansehen.[3]

Rousseau bezieht sich in dieser Passage auf jene beiden Expeditionen, die von der französischen Akademie ausgerüstet und ausgesandt wurden, um zu erkunden, ob die Erde rund wie eine Kugel – wie wir sie uns oft vorstellen und wie es der beleuchtete Globus in unserem Kinderzimmer suggerierte – oder am Äquator ausgebeult sowie an den Polen abgeplattet sei. Nun, bereits die Expedition von Maupertuis, des späteren Präsidenten der Preußischen Akademie der Wissenschaften, erzielte das Ergebnis, dass sich die Erdkugel entgegen der Annahmen unseres Kinderzimmers zu den Polen hin abplattet und daher vermutlich am Äquator ausgebuchtet ist. Die französischen Wissenschaftler, welche die zweite Expedition ins spanische Kolonialreich und ins heutige Ecuador führte, konnten

---

3 Rousseau, Jean-Jacques: *Discours sur l'origine et les fondements de l'inégalité parmi les hommes*. In (ders.): *Œuvres complètes*. Bd. III. Edition publiée sous la direction de Bernard Gagnebin et Marcel Raymond avec, pour ce volume, la collaboration de François Bouchardy, Jean-Daniel Candaux, Robert Derathé, Jean Fabre, Jean Starobinski et Sven Stelling-Michaud. Paris: Gallimard 1975, S. 213. Soweit nicht anders angegeben, stammen alle Übersetzungen ins Deutsche vom Verfasser. Die originalsprachigen Zitate finden die Leserin und der Leser im Anhang.

nachträglich diese Ausbuchtung belegen, welche zuvor bereits durch die Untersuchungen der Lappland-Expedition nahegelegt worden war. Kommen Sie heute nach Ecuador, so können Sie unweit von Quito das der französischen Expedition gewidmete Monument bestaunen, welches den Verlauf der Äquatoriallinie touristenwirksam nachzeichnet. Fein säuberlich trennt es die Nordhälfte unseres Planeten von seiner Südhälfte ab.

Doch nicht von den Geometern, sondern von den beteiligten französischen Philosophen wie Maupertuis oder La Condamine schien sich Rousseau bedeutsame Verbesserungen des Kenntnisstandes über die außereuropäische Welt zu erhoffen. Räumte der Bürger von Genf auch gerne Gehalt und Qualität mancher Reiseberichte ein, die im 18. Jahrhundert veröffentlicht worden waren, so verbarg er doch seine fundamentale Kritik am allgemeinen Niveau anthropologischer beziehungsweise ethnologischer Kenntnisse nicht. Dabei nahm er bei aller Bewunderung für das Werk Buffons auch den Bereich der Naturgeschichte und insbesondere der von ihren Vertretern genutzten Quellen nicht von dieser Kritik aus. Wir müssen heute einräumen, dass Rousseau mit seiner Kritik auf ganzer Linie Recht hatte.

Nach der Erwähnung einiger weniger glaubwürdiger Berichte stellte er mit aller wünschenswerten Deutlichkeit klar:

> Sieht man von diesen Berichten einmal ab, so wissen wir nichts über die Völker Ostindiens, die von Europäern besucht wurden, die mehr das Füllen ihrer Börsen als ihrer Köpfe im Sinn hatten. [...] Die ganze Erde ist von Nationen bedeckt, von denen wir nur die Namen kennen, und wir machen uns anheischig, das ganze Menschengeschlecht zu beurteilen! Nehmen wir einmal an, ein Montesquieu, ein Buffon, ein Diderot, ein Duclos, ein d'Alembert, ein Condillac oder andere Männer diesen Zuschnitts würden Reisen unternehmen, um ihre Landsleute zu unterrichten, würden die Türkei, Ägypten, die Berberei, das Reich von Marokko, Guinea, die Kaffernländer, das Innere Afrikas und seine Ostküsten [...] und dann, in der anderen Hemisphäre, Mexico, Peru, Chile, die Magellanischen Gebiete, ohne die wahren oder falschen Patagonier zu vergessen, [...] beobachten und beschreiben, wie sie dies zu tun wissen (*savent faire*); nehmen wir weiter an, dass diese neuen Herkules, von ihren denkwürdigen Fahrten zurückgekehrt, nach ihrem Gutdünken danach die Natur-, Moral- und Politikgeschichte (*Histoire naturelle, Morale et Politique*) dessen, was sie gesehen hätten, verfassten, so würden wir selbst eine neue Welt aus ihren Federn entstehen sehen, und so würden wir lernen, die unsere zu kennen.[4]

Mit guten Gründen schätzte der Bürger von Genf die meisten europäischen Reisenden so ein, dass sie nicht den wissenschaftlichen Interessen ihrer Philosophen, sondern den kolonialen Interessen ihrer Mutterländer sowie der Ausbeutung der

---

4 Ebda., S. 213.

eroberten beziehungsweise abhängigen Gebiete zu ihrem eigenen Wohl ergeben waren. Um die Mitte des 18. Jahrhunderts hatte eine zweite Phase beschleunigter Globalisierung begonnen, in welcher nun Frankreich und England die führenden europäischen Mächte waren, die Spanien und Portugal ablösten und eine neue Phase der Ausplünderung unseres Planeten zwecks Bereicherung der jeweiligen europäischen Mutterländer begann. Ich sprach von dieser Phase, als ich den Auftakt des 19. Jahrhunderts von einer Periode beschleunigter Globalisierung gerahmt nannte.

So entgehen die meisten Reisenden aufgrund ihrer persönlichen und kommerziellen Interessen dem vernichtenden Urteil des Genfer Philosophen nicht. Rousseau verfügte über ein genaues Gespür für die politischen, sozialen und auch wirtschaftlichen Entwicklungen seiner Zeit. Doch der Verfasser des *Diskurses über die Ungleichheit* leugnete keineswegs die fundamentale Bedeutung der Reisen für die Ausweitung menschlicher Kenntnisse, ganz im Gegenteil! Selbst in seinen Roman *Julie ou la Nouvelle Héloïse* baute er eine Passage ein, in welcher er seinen Helden Saint-Preux auf eine Weltumsegelung schickte, die selbstverständlich an Bord eines englischen Schiffs stattfand. Ein hellwaches Bewusstsein für die Veränderungen seiner Zeit zeichnete ihn als Schriftsteller wie als „Weltweisen" – wie man Philosophen früher auf Deutsch nannte – aus.

So ging es ihm darum, in möglichst verschiedene Himmelsrichtungen unterschiedliche „philosophes" (im Sinne des 18. Jahrhunderts) auszusenden, die nicht nur über ein Wissen („savoir"), sondern mehr noch über ein „savoir faire" und ein „savoir voir" verfügten und in der Lage wären, nach ihrer Rückkehr nach Europa das, was sie gesehen hatten, an ihre Landsleute weiterzugeben. „Savoir faire" und „savoir voir" würden auf diese Weise für die künftigen Leser des Reisenden in ein „savoir faire voir", ein Wissen und eine Technik des Vor-Augen-Führens, umschlagen, das nicht nur die europäische Sichtweise der Neuen Welt modifizieren und den „Nouveau-Monde" in einen „monde nouveau" verwandeln, sondern den Blick auch auf die europäischen Länder selbst grundlegend verändern könnte. Man kann Rousseau für eine derartige Sichtweise, die von der europäischen Aufklärung zu keinem Zeitpunkt eingelöst oder verwirklicht wurde, nur bewundern.

In der angeführten Passage erscheinen Sehen und Schreiben als komplementäre Handlungen, die in ihrer Abfolge einen Sinn (bezüglich) der Neuen Welt hervorbringen, den Rousseau zu glauben bereit wäre: „il faudra les en croire".[5] Doch gründet dieser Glaube für Rousseau nicht auf dem Schreiben, der „écriture". Nicht die Bewegung des Diskurses, sondern die Bewegung des Reisens, das eine direkte Sicht auf die Dinge gewährt, jene Ortsveränderung also, die ein unmittel-

---

5 Ebda., S. 214.

bares Sehen des Anderen ermöglicht, verleiht dem Schreiben über das Andere Autorität und damit erst eigentliche Autorschaft im vollen Sinne. Es ist faszinierend zu sehen, wie „Jean-Jacques", einer der großen Stammväter der Romantik, bereits jene Herausforderungen zu erspüren und benennen versuchte, welche das sich an ihn anschließende Jahrhundert wesentlich mitprägen sollten.

In der zitierten Anmerkung zu seinem zweiten *Discours* hat Rousseau, dem wir im Verlauf der Vorlesung noch an mehreren Stellen und Kreuzungspunkten begegnen werden, darauf aufmerksam gemacht, dass der Universalismus der Aufklärung letztlich auf einem nur dürftigen Faktenwissen aufruht. Zudem wies er darauf hin, dass insbesondere die Kenntnis des Menschen und damit die Anthropologie Bereiche darstellen, auf denen die Wissenschaften oder besser noch die Wissensbestände Europas und der europäischen Philosophen erhebliche Lücken aufwiesen. Um also eine Geschichte des Ursprungs der Ungleichheit unter den Menschen entwerfen zu können – und damit eine Menschheitsgeschichte schlechthin –, wie es Rousseau unternahm, war eine Verknüpfung von Erfahrungswissen mit Theorie, konkreter Kenntnis verschiedenster Kontexte mit auf Fakten basierender Erkenntnis, der Vielheit der Erscheinungen mit der Einheit des Denkens notwendig. Erst dadurch können für die Menschheitsgeschichte generell allgemeinere und fundiertere Aussagen getroffen werden. Freilich ist es durchaus zutreffend, dass der Entwurf zahlreicher Universalismen der Aufklärung gerade auf dem Fehlen eines Faktenwissens wie eines Lebens- und Erlebenswissens beruhte, deren Existenz in vielen Fällen die Abfassungen allgemeiner Theorien nur behindert und gestört hätte.

In diesen Sätzen Rousseaus drückt sich zudem aus, dass der Universalismus der Aufklärung nun einer konkreteren Auseinandersetzung, eines faktenbezogeneren Wissens bedurfte, um nicht bloß auf abstrakte Prinzipien und Gesetzmäßigkeiten reduziert zu bleiben. Mit anderen Worten: Es ging nunmehr darum, dem abstrakten Weltbürger, dem „citoyen du monde", auch eine tatsächliche Weltkenntnis zu vermitteln und aus dieser Perspektive die verschiedenen Teile und Regionen unseres Planeten zusammenzudenken. Aus heutiger Sicht ließe sich dem vielleicht hinzufügen, dass ein stärker faktenbezogenes Wissen eine abstrakte Einheit des Denkens unterlaufen konnte, so dass sich hieraus ein Denken der Differenz – oder doch zumindest ein erstes Denken von Differenz – zu entwickeln vermochte. Rousseau formulierte in seiner wichtigen Anmerkung Überlegungen, die freilich erst das 19. Jahrhundert einlösen sollte, indem es Figuren wie Alexander von Humboldt hervorbrachte, die – um in Rousseaus Diktion zu bleiben – als Philosophen *und* Geometer, folglich als Natur- und Kulturforscher unsere Erde weit außerhalb der Grenzen Europas bereisen sollten. Doch dazu später mehr!

Ich möchte Ihnen gerne an dieser Stelle einige weitere Überlegungen aus dem Bereich der Philosophie vortragen, mit Hilfe derer Sie vielleicht leichter erkennen können, dass das Spannungsfeld von Lokalem und Regionalem einerseits, von Internationalem und Globalem andererseits eine durchgängige Unterströmung des ausgehenden 18. Jahrhunderts wie der ersten Hälfte des 19. Jahrhunderts und damit auch der Romantik in beiden Welten war. Dabei greife ich auf einen Philosophen zurück, der ganz im Gegensatz zu dem von Rousseau Geforderten seine eigene Heimat nie verließ, sein geliebtes Königsberg im damaligen Ostpreußen, wo er selbst die Routen seiner täglichen Spaziergänge niemals veränderte, da es ihm sonst schwindelig werden konnte. Doch diesem Manne nun wurde erstaunlicherweise niemals schwindelig, wenn er auf Grundlage seiner Bibliothek, seines immensen, aus Büchern zusammengetragenen Wissens eine Welt konstruierte, welche die seine und doch zugleich auch die unsrige war und ist. Gäbe es ein besseres und ansprechenderes Beispiel als diesen ostpreußischen Philosophen, um erkennbar aufzuzeigen, dass es sehr wohl möglich war, die ganze Welt universalistisch aus einer – weltgeschichtlich betrachtet – eher marginalen Ecke unseres Planeten zu konstruieren?

Gerade die Frage des Zusammenspiels von Universalem und Partikularem oder, wie wir aus heutiger Sicht ebenfalls sagen könnten, aus Lokalem und Globalem beschäftigte die führenden Köpfe am Ausgang des 18. und zu Beginn des 19. Jahrhunderts unter dem Eindruck der fortgesetzten zweiten Phase beschleunigter Globalisierung ungeheuer. Diese einen unbeschwerten Universalismus gründlich unterlaufende Tatsache ist aus der Sicht nationalliterarischer und nationaler Geschichtsschreibung häufig nachträglich ausgeblendet worden; und gerade sie gilt es zu rekonstruieren, um ein neues Bild der Romantik herauszuarbeiten.

Denn bereits 1784 – also zwei Jahre vor dem Tod Friedrichs II. von Preußen, dessen „verlassene Paläste" Alexander von Humboldt 1792 besuchte – hatte Immanuel Kant in seiner *Idee zu einer allgemeinen Geschichte in weltbürgerlicher Absicht* den Versuch unternommen, derartige Fragestellungen durch den Entwurf einer politischen Neuordnung partikularer und stets ungleicher Machtsysteme zu erweitern. Auch ohne allzu viele Kriege, Verwüstungen und Notlagen, so der große Philosoph aus Königsberg, hätte uns die Vernunft schon lange einen gangbaren Weg weisen können. Davon ausgehend entfaltete er seinen großen Entwurf dessen, was später einmal die – freilich unvollkommene – Institution der Vereinten Nationen sein sollte:

> [So hätte uns die Vernunft schon lange sagen können:] aus dem gesetzlosen Zustande der Wilden hinaus zu gehen, und in einen Völkerbund zu treten; wo jeder, auch der kleinste, Staat seine Sicherheit und Rechte, nicht von eigener Macht, oder eigener rechtlichen Beurteilung, sondern allein von diesem großen Völkerbunde (Foedus Amphictyonum), von einer vereinigten Macht, und von der Entscheidung nach Gesetzen des vereinigten Willens, erwarten könnte. So schwärmerisch diese Idee auch zu sein scheint, und als eine solche

an einem Abbé von St. Pierre oder Rousseau verlacht worden (vielleicht, weil sie solche in der Ausführung zu nahe glaubten): so ist es doch der unvermeidliche Ausgang der Not [...]. Obgleich dieser [künftige große] Staatskörper für itzt nur noch sehr im rohen Entwurfe dasteht, so fängt sich dennoch gleichsam schon ein Gefühl in allen Gliedern, deren jedem an der Erhaltung des Ganzen gelegen ist, an zu regen; und dieses gibt Hoffnung, dass, nach manchen Revolutionen der Umbildung, endlich das, was die Natur zur höchsten Absicht hat, ein allgemeiner *weltbürgerlicher Zustand*, als der Schoß, worin alle ursprüngliche Anlagen der Menschengattung entwickelt werden, dereinst einmal zu Stande kommen werde.[6]

Abb. 2: Immanuel Kant
(Königsberg, Preußen, 1724 – ebenda, 1804).

Es ist aufschlussreich, dass Immanuel Kant, der Verfasser der *Kritik der reinen Vernunft*, an dieser Stelle offenkundig einen Weg wählt, auf dem er sich nicht als erster wähnt und von dem er zugleich ebenfalls weiß, dass er sich der Gefahr aussetzen könnte, wie die Herren Rousseau und Bernardin de Saint-Pierre (von denen er im Übrigen wenig hielt) verspottet zu werden. Hierbei ist bemerkenswert, dass sich Kant damit auf zwei der großen Gestalten nicht nur der *französischen* Romantik bezieht, um seine universale Ausrichtung und das von ihm entworfene Bild eines großen weltumspannenden Staatskörpers weiterzudenken. In diesen Überlegungen des Königsberger Philosophen zeigt sich erneut, dass eine durchgängige Unterströmung die Denker der Aufklärung und der Spätaufklärung vereint und dass sich ein solches Denken im weiteren Verlauf dann auch in die zum damaligen Zeitpunkt in der Sattelzeit befindliche Romantik hinein fortpflanzen sollte: Der Universalismus der Kant'schen Überlegungen spricht für sich.

---

6 Kant, Immanuel: *Idee zu einer allgemeinen Geschichte in weltbürgerlicher Absicht*. In: Weischedel, Wilhelm (Hg): *Immanuel Kant: Werkausgabe in 12 Bänden*. Bd. 11: *Schriften zur Anthropologie, Geschichtsphilosophie, Politik und Pädagogik 1*, Frankfurt a.M.: Suhrkamp 1977, S. 42 u. 47.

Diese Idee eines Völkerbundes, deren konkrete politische Umsetzungsversuche uns in ihren Stärken und Schwächen ein Gutteil unseres 20. und des beginnenden 21. Jahrhunderts begleitet haben und auch heute noch in Atem halten, wird von Kant in jenem künftigen Status verankert, den er als „allgemeiner *weltbürgerlicher* Zustand" bezeichnete. Wie sehr diese Überlegungen zu einer künftigen Weltpolitik, die diesen Namen auch verdiente, noch in heilsgeschichtlichen Vorstellungen wurzeln, zeigen Formulierungen von der „tröstende[n] Aussicht in die Zukunft", „in welcher die Menschengattung in weiter Ferne vorgestellt wird, wie sie sich endlich doch zu dem Zustande emporarbeitet, in welchem alle Keime, die die Natur in sie legte, völlig können entwickelt und ihre Bestimmung hier auf Erden kann erfüllet werden".[7] Es ist keine Frage, dass die Grundlagen einer künftigen weltumspannenden Ordnung und Welt-Innenpolitik die Formen und Normen abendländischen Denkens sein sollten. Dies bildet die unhinterfragte und unhinterfragbare Voraussetzung für die Weltentwürfe nicht allein Immanuel Kants, sondern der europäischen Aufklärung überhaupt.

Dass der Philosoph aus Königsberg in seinen universalistischen Entwürfen bisweilen unbestreitbar rassistische Ausfälle einflocht und insbesondere die Schwarzen des afrikanischen Kontinents unbeschreiblich herabwürdigte, ist im Verlauf des 19. Jahrhunderts und auch über lange Phasen des 20. Jahrhunderts weitgehend – soweit ich sehe – unkommentiert geblieben. Der Rassismus eines Immanuel Kant konnte ein abendländisches Denken nicht stören (sondern bestenfalls bestätigen), das sich im Verlauf des 19. Jahrhunderts mehr denn je seiner technisch-materiellen und militärischen Überlegenheit bewusst wurde und zunehmend alle Areas dieser Erde als potenzielle Kolonialgebiete ansah. Die weltumspannende Überlegenheit der Europäer, aber auch die unerhörte Ausbeutbarkeit der Erde durch den europäischen Kolonialismus schienen keine Grenzen mehr zu kennen und fanden in den Rassismen dieses Kopfes der deutschen Aufklärung wie in den Schriften vieler anderer Philosophen der „Lumières" ihre wohlfeile Bestätigung.

Erst in neuerer Zeit ist der Rassismus des Königsberger Philosophen zunehmend in den Fokus gerückt. Dabei wurde auch die Tatsache deutlich, dass Kant nicht allein abstrakt die intellektuellen Bildungsfähigkeiten von Schwarzen in der afrikanischen Welt in Frage stellte, sondern auch die großen Erfolge des ersten schwarzen Philosophen an einer preußischen Universität mit Schweigen überging. Die blitzgescheiten Entwürfe eines Anton Wilhelm Amo in Halle, Wittenberg oder Jena wollten nicht in sein rassistisches Konzept der Philosophie

---

7 Ebda., S. 49.

passen.⁸ So besitzt der vermeintlich leuchtende Universalismus eines Immanuel Kant angesichts seiner dürren Datengrundlage und der Geste des Totschweigens eines ihm unliebsamen Philosophen afrikanischer Herkunft einen mehr als bitteren Beigeschmack.

Doch nochmals zurück zu Kants *Idee zu einer allgemeinen Geschichte in weltbürgerlicher Absicht* aus dem Jahre 1784! Denn es mögen derlei Formulierungen und die Betonung einer erst in weiter Ferne liegenden Erfüllung des weltbürgerlichen Zustands gewesen sein, welche die Zeichentheoretikerin und Psychoanalytikerin Julia Kristeva zur ihrer eigenen Kant-Lesart veranlassten. In ihrer bisweilen etwas verkürzenden, Kant allzu sehr auf die französischen Denktraditionen reduzierenden Analyse bezog sie einerseits den Verfasser der *Kritik der reinen Vernunft* auf die kosmopolitischen Entwürfe der *Encyclopédie* sowie den Enthusiasmus der politischen Vordenker der Französischen Revolution,⁹ und hob andererseits den kühnen und utopischen Charakter des Kosmopolitismus-Gedankens der „Lumières" heraus.¹⁰ Für Immanuel Kant freilich war die *allgemeine Geschichte in weltbürgerlicher Absicht* keineswegs von Analysen und Befunden empirischer Forschung an konkreten (und keineswegs u-topischen) Orten getrennt. Seinen Vorschlägen fügte er durchaus relativierend hinzu:

> Dass ich mit dieser Idee einer Weltgeschichte, die gewissermaßen einen Leitfaden *a priori* hat, die Bearbeitung der eigentlichen bloß empirisch abgefaßten Historie verdrängen wollte: wäre Mißdeutung meiner Absicht; es ist nur ein Gedanke von dem, was ein philosophischer Kopf (der übrigens sehr geschichtskundig sein müßte) noch aus einem anderen Standpunkte versuchen könnte.¹¹

In Alexander von Humboldts Werken können wir sehr wohl den Versuch erkennen, in der Tat von „einem anderen Standpunkte" aus eine derartige Weltgeschichte in Angriff zu nehmen und den Planeten – freilich von einer fundierten Datenbasis aus – als ineinander greifendes System Erde weltweit zu denken. Dieser philoso-

---

8 Vgl. hierzu Ette, Ottmar: *Anton Wilhelm Amo: Philosophieren ohne festen Wohnsitz. Eine Philosophie der Aufklärung zwischen Europa und Afrika.* Mit einem Vorwort zur zweiten Auflage. Berlin: Kulturverlag Kadmos 2020.
9 Kristeva, Julia: *Etrangers à nous-mêmes.* Paris: Gallimard 1988, S. 251: „Et Kant, comme les cosmopolites fougueux de la Révolution, mais avec la précision logique d'une argumentation apaisée […]."
10 Ebda., S. 213: „Avec son envers enragé et son endroit généreux, de Fougeret à Montesquieu, le cosmopolitisme apparaît désormais comme une audace, utopique pour le moment, mais avec laquelle doit compter une humanité consciente de ses limites et aspirant à les dépasser dans l'organisation des liens sociaux et des institutions."
11 Kant, Immanuel: *Idee zu einer allgemeinen Geschichte in weltbürgerlicher Absicht,* S. 49s.

phische Kopf, der stets seine Forschungen empirisch zu fundieren suchte, hatte im Herbst 1791 noch aus Freiberg an Paul Usteri geschrieben, er arbeite bereits seit zwei Jahren an einer „Geschichte der Pflanzenwanderungen", die er keineswegs als eine rein pflanzengeographische oder botanische Arbeit, sondern als „Ausarbeitung dieses so vernachlässigten Theils der Universalgeschichte" verstand.[12] Der jüngere der beiden Humboldt-Brüder sah sich durchaus in den Fußstapfen der Aufklärung, verwarf jedoch bei aller Anlehnung schon früh deren weitgehend faktenfreie Grundlagen und ging hart mit einer sich insbesondere in französischer Sprache ausdrückenden Philosophie zu Gericht, welcher er blindes „Systemdenken" vorwarf.

Denn bereits beim zwanzigjährigen Humboldt entwickelte sich ein Forschungsprogramm, das sich an der Erhellung der Weltgeschichte und ihrer globalen Zusammenhänge orientiert und von einer – im Sinne Kants – „weltbürgerlichen Absicht" geleitet ist. Diese kosmopolitische Dimension seines Forschens und Denkens wird sich, wenn auch anders als bei dem ihn früh schon beeinflussenden Kant angelegt, als Leitfaden durch die Schriften dieses „citoyen de l'univers" bis hin zu seinem *Kosmos* ziehen. In einem Brief vom 3. Oktober 1790 sprach er gegenüber Johann Reinhold Forster, dem Vater Georg Forsters, unverkennbar mit Blick auf den Königsberger Philosophen von dem „Lichte, was jetzt so unaufhaltsam (ich möchte sagen, aus seinem ehemaligen latenten Zustande) vom Norden her einbricht".[13]

Alexander von Humboldt verstand sich als Weltbürger, und er war es durchaus in der Tradition des 18. Jahrhunderts, freilich mit jener empirischen und reisetechnischen Basis, die Rousseau von den künftigen Philosophen abverlangt hatte; Vorstellungen und Forderungen, die sicherlich einem Kant eher fremd gewesen wären. Der Erforscher von Natur *und* Kultur[14] bewahrte sich diesen von der Aufklärung ererbten, aber von ihm mit Hilfe seiner Kosmopolitik weiterentwickelten Hang zum Weltbürgerlichen selbst noch gegen Ende seines Lebens in der immer enger werdenden Atmosphäre des preußischen Königshofes in Berlin und Potsdam. Er tat dies inmitten eines Denkens, in welchem sich die Grundlagen der künftigen Arroganz wie der künftigen Katastrophen Preußens und Deutschlands bereits abzeichneten.

---

12 Humboldt, Alexander von: *Die Jugendbriefe. 1787–1797.* Herausgegeben und erläutert von Ilse Jahn und Fritz G. Lange. Mit einem Vorwort von Kurt-R. Biermann. Berlin: Akademie Verlag 1973, S. 163 u. 164.
13 Ebda., S. 109.
14 Vgl. hierzu Ette, Ottmar: Natur und Kultur: Lebenswissenschaftliche Perspektiven Humboldtscher Wissenschaft. In: Ette, Ottmar / Drews, Julian (Hg.): *Horizonte der Humboldt-Forschung. Natur, Kultur, Schreiben.* Hildesheim – Zürich – New York: Georg Olms Verlag 2016, S. 13–51.

Was aber ist im Sinne der europäischen Aufklärung des 18. Jahrhunderts ein Weltbürger? Voltaires *Dictionnaire philosophique* enthält zwar keinen direkten Eintrag unter Stichwörtern wie „cosmopolite" oder „cosmopolitisme", präsentiert aber eine für uns wertvolle Äußerung am Ende des Eintrags zu „Patrie", die hier angeführt sei:

> Denn so ist die *conditio humana* beschaffen, dass die Größe des eigenen Landes zu wünschen heißt, den Nachbarn Übles zuzudenken. Wer wünschte, dass sein Vaterland niemals größer noch kleiner, niemals reicher noch ärmer wäre: Der wäre der Bürger des Universums.[15]

Sicherlich darf man gemäß der Denkräume des französischen 18. Jahrhunderts durchaus behaupten, dass dieses ‚Universum' wohl nur wenig die Dimensionen Europas überschritten haben dürfte. Doch war in der „République des Lettres", für die Voltaire schrieb und für die auch sein *Dictionnaire philosophique* gedacht war, ganz selbstverständlich ein Binnengrenzen überschreitendes Europa gemeint, das man mit dem Aufklärungsforscher Pierre Chaunu als das „Europe des Lumières" bezeichnen könnte.[16]

Das in gewisser Weise realisierte Ideal des von Voltaire so apostrophierten „citoyen de l'univers" findet sich in einer Passage des 26. Kapitels von Humboldts *Relation historique* in aller wünschenswerten Deutlichkeit. Im Kontext seiner Erörterungen über die künftigen Beziehungen zwischen Europa und Amerika – worunter er im Gegensatz bereits zu manchen seiner Zeitgenossen und dem heute vorherrschenden Sprachgebrauch nicht die Vereinigten Staaten verstand – und seiner Prognosen bezüglich der künftigen Entwicklung der erfolgreich um ihre Unabhängigkeit kämpfenden spanischen Kolonien stellte er fest:

> Gewiss ist infolge der großen Umwälzungen, denen die menschlichen Gesellschaften unterliegen, das Gesamtvermögen, und damit das gemeinschaftliche Erbgut der Zivilisation, unter die Völker beider Welten ungleich verteilt; aber allgemach stellt sich das Gleichgewicht wieder her, und es ist ein verderbliches, ja ich möchte sagen gottloses Vorurteil zu meinen, es sei ein Unheil für das alte Europa, wenn auf irgendeinem anderen Teil unseres Planeten der öffentliche Wohlstand gedeiht. Die Unabhängigkeit der Kolonien wird nicht zu ihrer Isolierung führen, sie werden vielmehr dadurch den Völkern von alter Kultur nähergebracht werden. Der Handel wirkt naturgemäß dahin, zu verbinden, was eine eifersüchtige Politik so lange auseinandergehalten. Noch mehr: Es liegt im Wesen der Zivilisation, dass sie sich ausbreiten kann, ohne deshalb da, von wo sie ausgegangen, zu erlöschen. Ihr allmähliches

---

15 Voltaire: *Dictionnaire philosophique*. Bd. IV (*Œuvres complètes de Voltaire*, Bd. XX). Paris: Garnier Frères 1879, S. 185 f.
16 Vgl. die klassische Studie von Chaunu, Pierre: *La Civilisation de l'Europe des Lumières*. Paris: Flammarion 1982.

> Vorrücken von Ost nach West, von Asien nach Europa, beweist nichts gegen diesen Satz. Ein starkes Licht behält seinen Glanz, auch wenn es einen größeren Raum beleuchtet. Geistige Kultur, die fruchtbare Quelle des nationalen Wohlstands, teilt sich durch Berührung mit; sie breitet sich aus, ohne von der Stelle zu rücken.[17]

Diese von Alexander von Humboldt in der zweiten Hälfte der 1820er Jahre niedergeschriebenen Sätze verweisen uns auf eine Kontinuität ethisch fundierten *Weltbewusstseins*,[18] das weit in die nicht nur deutsche Romantik hineinragt und in einen eigenartigen Kontrast zu der sonst für die Romantik in Anschlag gebrachten nationalen bis nationalistischen Tendenz tritt. Humboldts Denken steht gewiss in einer Beziehung zu einem wirtschaftsliberalistischen Denken im Sinne von Adam Smith, das zweifellos im 18. Jahrhundert und in der schottischen Aufklärung seinen Wurzelgrund besitzt. Es sollte die nationalökonomischen und wirtschaftsliberalen Vorstellungen vor allem des 19. Jahrhunderts prägen. Die Idee einer einzigen Menschheit, wie sie die europäische Aufklärung – aber auch die Aufklärung in den amerikanischen Kolonien Spaniens – entwickelt hatte, ging nicht mit dem Ende der „Ilustración", nicht mit dem Ende des 18. Jahrhunderts unter. Und sie stellte vor allem jene Frage nach dem Weltethos, die sich in Kants Überlegungen zum Völkerbund, zu einem großen Staatskörper, findet und ihren konkreten Ausfluss im Völkerbund der 20er und 30er Jahre und nach Ende des Zweiten Weltkrieges schließlich im Aufbau der Vereinten Nationen fand.

In diesem Sinne war Alexander von Humboldt zweifellos ein Erbe der europäischen wie der amerikanischen Aufklärung – und immer, wenn ich „Amerika" oder „amerikanisch" sage, sind damit nicht die USA gemeint, sondern der gesamte amerikanische Kontinent, den die Vereinigten Staaten inhaltlich im westlichen Gebrauch dieses Begriffes usurpiert haben. Humboldt ging von einem grundlegenden Gleichgewicht zwischen den Völkern aus, als deren Bindeglied der Handel und wechselseitiger Austausch fungieren sollten. Er war zutiefst von der gegenseitigen Befruchtung der Kulturen wie der Nationen überzeugt und vertrat überdies antikolonialistische Vorstellungen, die ihn nicht an der Befreiung und Unabhängigkeit zu seiner Zeit noch abhängiger, kolonisierter Regionen unseres Planeten zweifeln ließen.

---

17 Humboldt, Alexander von: *Reise in die Äquinoktial-Gegenden des Neuen Kontinents.* Herausgegeben von Ottmar Ette. Mit Anmerkungen zum Text, einem Nachwort und zahlreichen zeitgenössischen Abbildungen sowie einem farbigen Bildteil. 2 Bde. Frankfurt am Main – Leipzig: Insel Verlag 1991, hier Bd. 2, S. 1465 f.
18 Vgl. Ette, Ottmar: *Weltbewusstsein. Alexander von Humboldt und das unvollendete Projekt einer anderen Moderne. Mit einem Vorwort zur zweiten Auflage.* Weilerswist: Velbrück Wissenschaft 2020.

Für unsere Vorlesung sind in diesen Worten Alexander von Humboldts viele Aspekte spannend: nicht nur seine Rede von den „beiden Welten", mit denen er die Wichtigkeit der transatlantischen Beziehungen zwischen den Amerikas und Europa hervorhob, sondern auch seine feste Überzeugung, dass es dereinst einen fundamentalen Interessen-, Handels- und Machtausgleich geben werde. Die Humboldt'sche *Kosmopolitik* zielte auf weltweite Balance und ein gemeinsames Fortschreiten der Menschheit ab, wobei er sich eine Welt der Zukunft vorstellte, in welcher es schon bald keine Sklaverei, keinen Kolonialismus und keine Abhängigkeiten mehr geben sollte. Kurz: Eine gerechte Weltordnung sollte und würde heraufziehen, von der alle Nationen und Völker gleichmäßig profitieren. Die pure Utopie, meinen Sie?

Vielleicht wären wir einer solchen Epoche in der Menschheitsgeschichte zu einem Zeitpunkt sehr nahe gekommen, als der Kalte Krieg und die Konfrontation der Blöcke Ende der achtziger Jahre des 20. Jahrhunderts urplötzlich ein Ende fand: Da gab es die einmalige Chance. Doch die USA haben dies als „Sieg im Kalten Krieg" gedeutet und eine Ausplünderung unseres Planeten forciert, welche die Probleme, inmitten derer wir uns heute befinden, nicht geschaffen haben, wohl aber beschleunigt. Derartige Epochen – Zeitfenster, in denen sich ein grundlegender Wandel vollziehen könnte – sind selten in der Menschheitsgeschichte. Wer sie nicht nutzt, sondern – lange vor einem Donald Trump, der den Niedergang der USA als oligarchischer Statthalter nur noch beschleunigt – auf ein „America first" setzt, muss sich später nicht wundern, wenn die Weltgeschichte an ihm vorbei geht und mit Recht andere Mächte die Weltbühne betreten.

Mir scheint es vor dem Hintergrund unserer aktuellen Situation keineswegs müßig und unnütz zu sein, diese Vorstellungen an den Beginn unserer Vorlesung zu stellen. Denn wir müssen diese weithin ausgeblendete Vorgeschichte der Romantik in Erinnerung behalten, um besser zu verstehen, dass *die* Romantik ein überaus komplexes Beziehungsgeflecht ist, so dass wir sie nicht auf eine ganz bestimmte, von den nationalliterarischen Geschichtsschreibern bewusst intendierte nationale Zwergen-Gestalt beschränken sollten. Sie lässt sich eben nicht so wohlfeil reduzieren auf einen Gegenschlag des Pendels gegen den Universalismus der Aufklärung, auf eine Rückwärtsbewegung ins Partikulare, die den Nährboden für die unterschiedlichen europäischen und nicht-europäischen Nationalismen dargestellt hätte. Wir müssen uns von der Dominanz derartiger Vorstellungen freimachen, um deren reale Bedeutung adäquat einschätzen zu können.

Zugleich erlauben uns diese Überlegungen, unsere heutige Situation nach der Wende zu einem neuen Jahrtausend und nach dem Ende der vierten Phase beschleunigter Globalisierung besser zu verstehen als eine keineswegs – wie man bisweilen lesen kann – *postglobale* Zeit, sondern vielmehr als Epoche, welche sich zwischen zwei Phasen beschleunigter Globalisierung ansiedelt. Denn weite

Strecken des 19. Jahrhunderts waren genau dies: viele Jahre und lange Jahrzehnte, welche sich genau zwischen zwei Phasen beschleunigter Globalisierung situieren.

So möchte ich an dieser Stelle einen kurzen Bezug zu einem der um die Jahrtausendwende weltweit führenden Anthropologen herstellen. Clifford Geertz versuchte in seinen 1996 gehaltenen Wiener Vorlesungen, die Situation nach 1989, nach dem Fall der Berliner Mauer und nach Ende des Kalten Krieges zu analysieren und deren Konsequenzen für unser heutiges Denken jenseits bipolarer Blockbildungen auszuloten. Diese Überlegungen, die vor einem Vierteljahrhundert angestellt wurden, sind – wie ich finde – für uns noch immer von großem Interesse. Ich will Ihnen gerne eine Passage aus der ersten Vorlesung präsentieren, welche die Situation des Jahres 1996, aber vielleicht auch noch des heutigen Tages in ihrer Zukunftsoffenheit recht gut auf den Punkt bringt:

> Heute, sieben Jahre nach dem Fall der Berliner Mauer, scheinen wir uns einmal mehr an einem solchen Ort und in einer solchen Zeit zu befinden. Die Welt, in der wir seit Teheran und Potsdam, oder eigentlich seit Sedan und Port Arthur, gelebt haben – eine Welt der kompakten Mächte und der rivalisierenden Blöcke, der Formierung und Neuformierung von Makroallianzen – gibt es nicht mehr. Doch was an ihre Stelle getreten ist und wie wir uns damit auseinanderzusetzen haben, ist entschieden weniger klar.
> Ein weit pluralistischeres Muster der Beziehungen zwischen den Völkern der Welt scheint im Entstehen, aber seine Form bleibt vage und unregelmäßig, stückhaft und bedrohlich unbestimmt. [...] Diese und andere, aus ihnen hervorgegangene Entwicklungen (ethnische Bürgerkriege, sprachliche Separatismen, „Multikulturalisierung" des internationalen Kapitals) haben kein Bild einer neuen Weltordnung entstehen lassen. Sie haben im Gegenteil den Eindruck der Zerstreuung und der Partikularität, der Komplexität und Dezentriertheit bestärkt. Die Symmetrien des Schreckens, wie sie die Nachkriegsära prägten, haben sich aufgelöst, und uns, so scheint es, bleiben nur deren Bruchstücke.[19]

Abb. 3: Clifford James Geertz
(San Francisco, 1926 – Philadelphia, 2006).

---

19 Geertz, Clifford: *Welt in Stücken. Kultur und Politik am Ende des 20. Jahrhunderts*. Wien: Passagen 1996, S. 16 f.

Die sorgfältige und zugleich vorsichtige Analyse von Clifford Geertz ist in vielfacher Hinsicht interessant – nicht nur für unsere aktuelle Situation und Lage, sondern auch für unseren aktuellen Blick auf die Geschichte. Wenn es richtig ist, dass wir es heute mit einer „Welt in Stücken" zu tun haben, die nicht mehr jener alten antagonistisch-bipolaren Logik folgt oder zumindest dominant gehorcht, nach der sich letztlich alles am großen Ost-West-Gegensatz ausrichtete, wird klar, dass jener Traum der europäischen Moderne von einer raschen Homogenisierung oder zunehmenden Entdifferenzierung der Welt bestenfalls eine Seite der Medaille ist. Die andere Seite ist just in der paradoxerweise umgekehrt verlaufenden Entwicklungsrichtung eingeschrieben. Was ist damit gemeint?

Wir sehen unzweideutig einen Prozess zunehmender Differenzierung in kultureller, religiöser, ideologischer und sozialer Hinsicht und zugleich eine Entwicklung hin zu immer kleineren staatlichen Einheiten, der gerade für die Deutschen vielleicht stärker als für andere Völker von einer doppelten Bewegung der Vereinheitlichung verdeckt wurde. Zum einen war dies die sogenannte ‚Wiedervereinigung' des Jahres 1989 – es hatte nie zuvor einen solchen deutschen Staat mit diesen Grenzen gegeben –, welche zugleich auch eine neue Phase der Globalisierung beschleunigte. Zum anderen gab es den europäischen Einigungsprozess, dessen Dynamik jedoch nicht verbergen konnte, dass wir am Ende des 20. Jahrhunderts fast viermal mehr Nationen haben als um die Mitte desselben Jahrhunderts, und dass innerhalb dieses wunderbaren Einigungsvorgangs Europas neue Bruchlinien entstanden, von denen der Brexit des Vereinigten Königreichs nur die offensichtlichste war. Die Zahl unabhängiger oder nach Unabhängigkeit strebender Nationalstaaten steigt – auch in Europa – weiter an und lässt die augenblickliche Epoche in ein eigenartiges Verhältnis zu jenen geschichtlichen Entwicklungen treten, welche gerade den Beginn des 19. Jahrhunderts prägten. Im Bereich der Literatur lassen sich diese Entwicklungen weitaus lebensnaher, als *gelebte* Entwicklungen, nachvollziehen als in den eher trockenen Geschichtsstunden. Denn die Literaturen bieten uns die Möglichkeit, all das geradezu hautnah zu erleben und nachzuerleben, was die Historie an allgemeinen Vorgängen und abstrakten Prozessen hervorgebracht hat.

Werfen wir aus dieser zugegebenermaßen etwas ungewöhnlichen Perspektive einen Blick auf die Romantik, so zeigt sich, dass der so eklatante Gegensatz zwischen Aufklärung und Romantik als unverkennbare Opposition, aber auch als ein mit einer gewissen dialektischen Dynamik ausgestattetes Kontinuum gedacht werden kann. Denn wenn wir mit Jürgen Habermas das Projekt der Moderne mit dem letzten Drittel des 18. Jahrhunderts beginnen lassen,[20] dann

---

20 Vgl. Habermas, Jürgen: Die Moderne – ein unvollendetes Projekt (1980). In (ders.): *Kleine Politische Schriften (I – IV)*. Frankfurt am Main: Suhrkamp 1981, S. 444–466.

ist die Romantik sicherlich kein Teil einer Gegenbewegung gegen diese Moderne, sondern ein in eine dialektische Bewegung eingebundener Prozess einer sich verstärkenden, vielleicht sogar radikalisierenden Moderne. Dabei handelte es sich um einen historischen und kulturellen Entwicklungsvorgang nach einer Phase der Universalisierung eines bestimmten, insbesondere von Frankreich geprägten Kulturmodells. Denken Sie nur an die Bedeutung des Französischen am preußischen Hofe oder an der Preußischen Akademie der Wissenschaften, aber auch an Ihre unmittelbare Umgebung im Park von *Sanssouci* und in den historischen Gebäuden am Neuen *Palais*! Dieser Vorgang trat folglich nach einer Phase der Entdifferenzierung unbestritten in eine sehr heftig verlaufende Phase erneuter Differenzierung auf nationaler beziehungsweise nationalistischer Basis ein. Ein heftiger und nachhaltiger Nationenbildungsprozess hatte überall in Europa, aber auch in vielen „Areas" der außereuropäischen Welt eingesetzt.

Diese Herausbildungsprozesse national konstituierter Staaten bedeuteten aber keinesfalls, dass dadurch die internationalen Dimensionen in Europa oder außerhalb Europas weggebrochen wären. Im Gegenteil: Ein menschheits- und weltgeschichtliches Bewusstsein der Romantik in Hinblick auf die universelle Dimension zumindest des europäischen Kulturmodells kann schlechterdings nicht bestritten werden. Haken wir bei diesem Aspekt an zentraler Stelle in unserer ersten Annäherung an die Romantik noch einmal nach!

Wir finden diese weltgeschichtlichen Vorstellungen im Umfeld dessen, was Alexander von Humboldt das *Weltbewusstsein* genannt hatte, auf den verschiedensten Ebenen; eine Tatsache, die vom Auftauchen einer Reihe von Ausdrücken und Begriffen in jenen Jahren begleitet und angezeigt wird, welche stets die globale Dimension geschichtlicher Phänomene hervorkehren. Zu diesen im Umfeld der zweiten Phase beschleunigter Globalisierung entstandenen Begriffen gehören „Welthandel" und „Weltverkehr", „Weltwirtschaft" und „Weltgeschichte", aber auch „Weltbewusstsein" und nicht zuletzt die „Weltliteratur".

In diesem Zusammenhang erscheint es mir bedeutsam, dass gerade der große Dichter und Denker der Deutschen in einem marginalen kleinen Staatswesen, das eigentlich am Rande der damaligen Weltgeschichte lag, im mehr als beschaulichen Weimar also, als der eigentliche Präger dieses Begriffs der Weltliteratur zu sehen ist. Der entscheidende Anstoß erfolgte in den von Friedrich Nietzsche so sehr bewunderten *Gesprächen mit Eckermann*, in denen Johann Wolfgang von Goethe am 31. Januar 1827 zu Protokoll gab:

> Aber freilich, wenn wir Deutschen nicht aus dem engen Kreise unserer eigenen Umgebung hinausblicken, so kommen wir gar zu leicht in diesen pedantischen Dünkel. Ich sehe mich daher gerne bei fremden Nationen um und rate jedem, es auch seinerseits zu tun. Nationalliteratur will jetzt nicht viel sagen, die Epoche der Weltliteratur ist an der Zeit, und jeder

muß jetzt dazu wirken, diese Epoche zu beschleunigen. Aber auch bei solcher Schätzung des Ausländischen dürfen wir nicht bei etwas Besonderem haften bleiben und dieses für musterhaft ansehen wollen. Wir müssen nicht denken, das Chinesische wäre es, oder das Serbische, oder Calderon, oder die Nibelungen; sondern im Bedürfnis von etwas Musterhaftem müssen wir immer zu den alten Griechen zurückgehen, in deren Werken stets der schöne Mensch dargestellt ist. Alles übrige müssen wir nur historisch betrachten und das Gute, so weit es gehen will, uns daraus aneignen.[21]

Abb. 4: Johann Wolfgang von Goethe (Frankfurt am Main, 1749 – Weimar, 1832).

Es ist aufschlussreich zu beobachten, dass sich Goethe in seinem kleinen Thüringer Provinzstädtchen literarisch noch immer als ein Weltbürger, als „citoyen de l'univers" verstand: als Bewohner jener „République des Lettres", welche zu Zeiten der Aufklärung bestanden hatte. Die Dimensionen dieser Republik der Literatur gehen bei ihm weit über Europa hinaus und beziehen in den Kreis der Weltliteratur ganz selbstverständlich die Literatur Chinas mit ein, so dass Goethes Begriff von „Welt" durchaus nicht mehr nach dem restriktiven Verständnis der Aufklärung gestaltet, sondern weltumspannend gemeint war.

Der Begriff „Weltliteratur" stellt sich einem gerade erst aufgekommenen, nach-aufklärerischen Begriff entgegen, der uns heute geradezu selbstverständlich erscheint (was er jedoch keineswegs war): dem der „Nationalliteratur". Im Grunde ließe sich die angeführte Passage aus Eckermanns Gesprächen mit Goethe sehr wohl als Beispiel für ein Denken der Differenz ansehen, das gleichwohl wieder zurückgebogen wird auf ein Denken der Einheit. Denn es wird letztlich ausgerichtet an einem universal gültigen Meridian oder Maßstab, jenem der klassischen Antike oder genauer: dem, was die deutschen Zeitgenossen damals

---

[21] Eckermann, Johann Peter: *Gespräche mit Goethe in den letzten Jahren seines Lebens.* Herausgegeben von Fritz Bergemann. Bd. I. Frankfurt a. M.: Insel Verlag 1981, S. 211: 31.1.1827.

unter ‚den Griechen' verstanden, welche sie angeblich besser als jedes andere Volk beurteilen konnten. Interessant ist dieser Denkansatz, in dem Differenz gleichsam als Motor, als Katalysator erscheint, um das Eigene voranzubringen, sehr wohl, und ich werde auf diese Vorstellungen von Weltliteratur noch mehrfach zurückkommen.

Denn der von Goethe geschaffene und von ihm selbst durchaus unterschiedlich gedeutete Begriff wird aus der Erfahrung einer Begrenztheit des Eigenen, der Erkenntnis eines Zerfallens in einzelne Nationalliteraturen entfaltet und gegen die Zuspitzung von Literatur auf das jeweils Nationale gewendet. Weltliteratur ist hierbei als Analogbildung zu Welthandel oder Weltverkehr eine Verknüpfungsmetapher, ein komplexes Verbunden-Sein, welches das Eigene (etwa das eigene Schreiben) mit dem Anderen (dem Schreiben in anderen Sprachen und Kulturen) verbindet. Dies weist selbstverständlich der Aufgabe des Übersetzers einen hohen Stellenwert zu. Denn ohne die Tätigkeit des ständigen Übersetzens zwischen verschiedenartigen Literaturen wäre die Vorstellung von Weltliteratur nichts anderes als ein sanfter Traum, was Goethe, der sich sehr für die literarische Übersetzung als Bindeglied, als „Kupplerin" interessierte und engagierte, sehr genau wusste.[22]

Vor unserem Fragehorizont ist jedoch die Einsicht in das Fragmentarische als Movens einer individuellen Vernetzung wie auch der kollektiven Beschleunigung der von Goethe so benannten „Epoche der Weltliteratur" entscheidend. Diese Einsicht bestimmte übrigens auch Alexander von Humboldts Verständnis der Naturerfahrung in seinem *Kosmos* als notwendig fragmentarisches Erleben, solange dieses Erleben an ein Leben in *einer* Region oder Klimazone gebunden ist. Die Offenheit der Bezüge und Beziehungen im inter- und transkulturellen Zusammenspiel unterschiedlichster literarischer Texte, auf die Goethe in seiner Aussage vom 31. Januar 1827 anspielte, bedeutet keineswegs, dass es sich bei der von ihm entworfenen Weltliteratur um ein dezentriertes System handelte. Denn der Meridian seines Wertesystems verläuft durch eine aus deutscher Sicht gedeutete griechische Antike, wodurch seine Vorstellungen zweifellos europäisch zentriert erscheinen. Sein Verständnis von Weltliteratur – und bis zum heutigen Tage *jedes* Verständnis von Weltliteratur – besitzt ein unverkennbares Zentrum, sei dies für Goethe Weimar, für Pascale Casanova Paris oder für David Damrosch New York.[23]

---

22 Vgl. hierzu das dritte Kapitel „Translationen. Mit Worten des Anderen" von Ette, Ottmar: *ZwischenWeltenSchreiben. Literaturen ohne festen Wohnsitz (ÜberLebenswissen II)*. Berlin: Kulturverlag Kadmos 2005, S. 103–121.
23 Vgl. hierzu die Ausführungen in Ette, Ottmar: *Von den historischen Avantgarden bis nach der*

Damit erweist sich das Wertesystem der auf den ersten Blick so weltoffenen und global ausgerichteten Vorstellung einer Weltliteratur als ein an der abendländischen Antike und Kulturentwicklung – ja mehr noch: an einer ganz bestimmten *Weimarer* Sichtweise der griechischen Antike – ausgerichtetes Netz von Koordinaten ungleicher Wertigkeit. Ähnlich wie die Netze europäischer Kartographen wurde es von Europa aus über die Welt ausgeworfen und legte Meridiane nach eigener Nützlichkeit fest. Damit verbinde ich selbstverständlich keine anachronistische Kritik an der abendländischen Zentriertheit bestimmter Vorstellungen, welche sich in den Weltkomposita von „Welt-Handel" bis „Welt-Literatur" quasi gesamtgesellschaftlich äußerten. Doch der Hintergedanke, der mich dazu bewog, Ihnen dies alles gleich zu Beginn dieser Vorlesung vorzustellen, ist natürlich die Vermutung und mehr noch die Hoffnung, dass wir heute, im dritten Jahrzehnt des 21. Jahrhunderts, in der Lage und fähig sind, ein Denken der Differenz zu entfalten. Dieses würde nicht auf einer Orientierung am Eigenen gründen und letztlich an einem homogenisierenden, europäisch zentrierten Kräftefeld ausgerichtet sein. Die Beschäftigung mit Texten des 19. Jahrhunderts verschafft uns die Möglichkeit, unsere heutige Situation historisch und kontrastiv in ihrem Geworden-Sein zu erkennen. Es gibt keinen besseren Zugang zu diesem historischen Geworden-Sein als die Literatur, die uns in die Lage versetzt, bewegungsgeschichtlich und aus dem Erleben selbst noch das in seiner Mobilität ästhetisch zu erkennen, was längst schon historisch geworden ist.

Wenn die Welt, wie Clifford Geertz schrieb, tatsächlich eine „Welt in Stücken" geworden ist, dann bedeutet dies keineswegs, dass wir auf eine ethische Grundhaltung, die auf der Einheit des Menschengeschlechts basiert, verzichten müssten, wohl aber, dass es notwendig ist, diese Einheit in einem Zusammenspiel von Universalem und Partikularem, Ganzheitlichem und Fragmentarischem zu denken. Wir müssen die Welt nicht global als eine Kugel in ihrer Gesamtheit denken, um sie weltumspannend und weltweit verstehen zu können, sondern sollten vielmehr versuchen, sie auf eine transareale Weise gleichsam im jeweiligen Zusammenspiel einzelner „Areas" zu begreifen. Ich werde auf diesen Grundgedanken der *TransArea Studies* noch wiederholt eingehen.

Dabei ist es nötig, eine relationale Logik zu entwickeln, die alles mit allem verbindet, und zwar ohne partikulare Logiken auszuschließen. Es muss also relativ autonome eigene und zugleich andersartige Logiken geben, von denen aus das Eigene und das Andere stets neu gedacht wird und als Eigenes im Anderen und als Anderes im Eigenen vorstellbar wird. Wenn wir von dieser Position aus – und

---

Postmoderne. Potsdamer Vorlesungen zu den Hauptwerken des 20. und 21. Jahrhunderts. Berlin – Boston: Verlag Walter de Gruyter 2021.

sie ist es, die ich im weiteren Verlauf unserer Vorlesung bewusst wählen will – die Romantik betrachten, dann können wir die Romantik in zwei Welten vielleicht auf innovative Weise so denken, dass wir sie in ihrer Differenz *zusammen-denken* können. Und dies soll auf eine Art geschehen, ohne sie ineinander aufzulösen oder – nicht weniger schlimm – die amerikanische Romantik als bloße Variante oder epigonale Äußerung einer europäischen Romantik zu deuten, die ihrerseits wiederum einige wenige normgebende Zentren der Ausstrahlung kennt.

Wir könnten auf diese Weise eine Dynamik zurückgewinnen, die es uns erlaubt, die fundamentale Offenheit der Zukunft in der Vergangenheit zu rekonstruieren und das Phänomen Romantik gerade nicht als nationalliterarisches oder bestenfalls europäisches, sondern als grundlegend internationalisiertes, transareales und verschiedene Kulturräume durchlaufendes Ensemble bestimmter Charakteristika zu begreifen. Dass die Spannung zwischen dem Universalen und dem Partikularen, dem Transarealen und Translokalen dabei eine wichtige Rolle zu spielen hat, dürfte inzwischen wohl klar geworden sein.

Lassen Sie mich zu diesem Fragenkomplex – vorerst abschließend – ein zusätzliches, ebenfalls von einer ethischen Grundlage her gedachtes Element hinzufügen! Denn die fundamentale Differenz und Diversität der Romantik zwischen zwei Welten – beziehungsweise der verschiedenen Romantiken – herauszuarbeiten bedeutet, damit auch eine grundlegende Dynamik und einen Reichtum der Kulturen zurückzugewinnen, welcher dieser Epoche eignet. Denn selbstverständlich erschöpft sich die Romantik nicht in Johann Gottlieb Fichtes *Reden an die deutsche Nation*, so wichtig diese ab Dezember 1807 gehaltenen Reden auch gewesen sein mochten. Doch greifen wir an dieser Stelle und zum Abschluss unserer ersten Annäherung an die Romantik noch einmal auf einen Anthropologen zurück!

In seinem 1952 für die UNESCO angefertigten Band *Race et historie* hat der französische Kulturforscher Claude Lévi-Strauss auf die nach seiner Sichtweise offensichtliche Tatsache hingewiesen, dass der Fortschritt der Menschheit – wenn überhaupt – nur als Ergebnis von Differenz und Diversität gedacht werden kann.[24] Isolation, Abgeschlossenheit, Kommunikationslosigkeit verhinderten kulturellen und anderen Fortschritt auf grundlegende Weise.[25] Daraus ergebe sich letztlich eine ethisch fundierte Einsicht in die Notwendigkeit kultureller Differenz, wie sie auch in *Race et histoire* in der unmittelbaren Zeit nach dem Zweiten Weltkrieg zum Ausdruck kam. Es handelt sich folglich um einen Zeitpunkt, zu welchem sich ein gewaltiges homogenisierendes Machtsystem in den Augen der Zeitgenossen

---

24 Vgl. Lévi-Strauss, Claude: *Race et histoire*. Paris: UNESCO 1952.
25 Ebda., S. 73.

der Weltherrschaft zu bemächtigen anschickte und Alternativen angesichts einer raschen Aufspaltung in zwei antagonistische Blöcke weltpolitisch kaum offenstanden.

Abb. 5: Claude Lévi-Strauss (Brüssel, 1908 – Paris, 2009).

Dabei wurde bisweilen ein kultureller Isolationismus betrieben, welcher mitunter auch heute noch, in unserer Zeit nach Ende des Kalten Krieges und dem Ende der vierten Phase beschleunigter Globalisierung, immer wieder aufzuflammen droht. So schrieb der französische Strukturalist und Philosoph wenige Jahre nach dem Zweiten Weltkrieg, der das ganze Grauen von Rassismus und Antisemitismus gezeigt hatte:

> Wir haben hingegen versucht zu zeigen, dass der wahre Beitrag der Kulturen nicht in einer Liste ihrer jeweils eigenen Erfindungen besteht, sondern vielmehr *im differentiellen Auseinandertreten*, das sich zwischen ihnen ergibt. [...]
> Andererseits haben wir den Begriff einer Weltzivilisation als eine Art Grenzbegriff oder als eine verkürzte Art und Weise angesehen, einen komplexen Prozess zu signieren. Denn wenn unsere Beweisführung Gültigkeit beanspruchen darf, dann gibt es keine Weltzivilisation und kann es eine solche in einem absoluten Sinne, den man diesem Begriff oft gibt, auch nicht geben, insofern die Zivilisation die Koexistenz von Kulturen voraussetzt, welche untereinander ein Maximum an Diversität aufweisen, ja auf eine solche Koexistenz ihr Wesen gründet. Die Weltzivilisation könnte nichts anderes sein als die im weltweiten Maßstab verstandene Koalition von Kulturen, von denen eine jede ihre eigene Originalität bewahrt.[26]

Das ist ein starkes Plädoyer nicht für die Schöpfung und Gestaltung einer einzigen Zivilisation auf unserem Planeten, sondern für die Fortentwicklung unterschiedlicher Kulturen, deren Bedeutung für die gesamte Menschheitsgeschichte gerade in ihrer Diversität besteht. Nicht die gleichmacherische Homogenität einer einzigen Weltzivilisation kann das Ziel sein, sondern die Erhaltung aller Voraussetzungen nicht für eine Biodiversität – wie wir auf dem Gebiet der Natur sagen

---

26 Lévi-Strauss, Claude: *Race et histoire*, S. 76 f.

würden –, sondern einer *kulturellen* Diversität, welche am besten für den weiteren Fortschritt des Menschengeschlechts verantwortlich zeichnet.

Versuchen wir, dieses Denken auf unsere Frage nach der Romantik zwischen zwei Welten zu übertragen! Wenn wir also die zivilisatorische Bedeutung und Leistung der Romantik einschätzen und ihren Reichtum wiedergewinnen wollen, so kommt es gerade nicht darauf an, sie auf einige wenige Grundschemata zu reduzieren und von einem oder nur sehr wenigen Zentren, die selbstverständlich in Europa liegen müssen, ausgehen zu lassen. Es geht vielmehr darum, sie als hochkomplexes System unterschiedlicher kultureller Anverwandlungen zu begreifen, das innerhalb eines tendenziell weltweiten, transarealen, durch grundlegende Asymmetrien gekennzeichneten weltliterarischen Systems stattfand. Mit diesen Asymmetrien, welche das System der Weltliteratur beziehungsweise der Literaturen der Welt bis zum heutigen Tage prägen, werden wir uns in dieser Vorlesung noch eingehend auseinandersetzen.

Denn dass Goethes Weltliteratur insgesamt ein asymmetrisches System darstellt, welches wir als unverkennbar graecozentrisch und zugleich als scharf eurozentrisch, also am Meridian der griechischen Antike und den Literaturen Europas ausgerichtet begreifen dürfen, ist nur die andere Seite der Medaille des Universalen und Weltumspannenden. Wir sollten es vor diesem Hintergrund tunlichst vermeiden, von „Abweichungen", „Normenverletzungen" oder „Sonderentwicklungen" der Romantik an den Rändern Europas oder in Übersee zu sprechen. Denn es gilt vielmehr, Diversität und Differenz als Werte gerade auch kultureller Entwicklungen in den verschiedenartigsten geokulturellen Areas herauszuarbeiten, wollen wir im Laufe dieser Vorlesung auch auf die Frage nach der Bedeutung der Romantik beziehungsweise der romantischen Erfahrung für unsere heutige, in Stücke gegangene Welt kreative und differenzierte Antworten geben.

Lassen Sie mich diese erste, eher kulturtheoretische Annäherung mit den Schlussworten aus Lévi-Strauss' *Race et histoire* abschließen und zugleich öffnen! Es handelt sich um Überlegungen, die wie geschaffen sind für eine kritische Reflexion zum Verhältnis zwischen Toleranz und Differenz. Und dies in einer Situation, in der im heutigen Brandenburg eine rechtsradikale Partei immer größeren Zulauf findet und ein stetig wachsender Teil der Bevölkerung sich über die unsozialen Medien fremdenfeindlich und beleidigend äußert. Einem statischen und von oben aufrecht erhaltenen Begriff von Toleranz seien daher die Worte eines Claude Lévi-Strauss nach der Erfahrung des Zweiten Weltkriegs mahnend ins Stammbuch geschrieben:

> Die Toleranz ist keine kontemplative Position, welche Nachsichtigkeiten verteilt gegenüber dem, was war, wie dem, was ist. Sie ist eine dynamische Haltung, die darin besteht, das vorherzusehen, zu verstehen und zu fördern, was sein will. Die Diversität der menschlichen

Kulturen befindet sich hinter uns, um uns herum und vor uns. Die einzige Forderung, die wir diesbezüglich erheben könnten (und die von jedem Individuum entsprechende Pflichten abverlangt), besteht darin, dass sie sich in Formen vollzieht, von denen jede einzelne ein Beitrag zu einer gegenüber den Anderen noch größeren Großzügigkeit ist.[27]

Lassen wir uns folglich auf eine in jeglicher Hinsicht offene Erkundung der Romantik zwischen zwei Welten ein, die weder zwischen einer ‚eigenen' und einer ‚fremden', weder zwischen einer ‚wahren' und einer nicht mehr ganz so ‚authentischen', weder zwischen einer ‚normgebenden' und einer bestenfalls ‚eklektischen' Romantik unterscheiden zu können glaubt! Versuchen wir vielmehr, innerhalb eines fraglos Europa-zentrischen Systems der Weltliteratur, aus der Vielgestaltigkeit die Einheit eines langen 19. Jahrhunderts zu rekonstruieren, aus der Vielverbundenheit die Zusammengehörigkeit herauszuarbeiten und zugleich die Anerkennung einer Diversität der Kulturen zu befördern, für die das Fremde zu einem gewichtigen Teil des Eigenen geworden ist, das uns befremdet, befragt und befruchtet!

---

27 Lévi-Strauss, Claude: *Race et histoire*, S. 85.

Zweite Annäherung

Ein weiterer wichtiger Aspekt unserer Annäherung an die Romantik, ohne den wir – so glaube ich – dieses Phänomen nicht adäquat verstehen können, betrifft das neue Verhältnis zwischen Raum und Zeit und damit eine neue epistemologische Basis des Denkens im und für das 19. Jahrhundert. Die Grundlagen des Denkens, die Basis jener Denkstrukturen, in die wir neue Wissensbestände jeweils einlagern, haben sich im letzten Drittel des 18. Jahrhunderts so signifikant verändert, dass dadurch auch völlig neue Wissenskonstellationen entstehen konnten. Doch was ist mit der Episteme, was ist mit den Grundlagen des Denkens, was ist mit dem unserem Denken Selbstverständlichen, das sich verändert hat, gemeint?

Derartige Prozesse sind uns heute keineswegs neu, blicken wir nur einmal auf die zurückliegenden fünfzig Jahre unserer Geschichte zurück oder die Jahre seit Einführung des *Personal Computers*. Sie zogen nicht nur eine Auswirkung auf Darstellungsformen und Ästhetik der Präsentation – selbst auf der Ebene studentischer Hausarbeiten – nach sich, sondern bahnten auch neue Formen des relationalen Denkens in Zusammenhängen und des Arbeitens in Netzwerken an. Veränderungen in den Grundlagen des Denkens sind also gewiss nicht unabhängig von technologischen Fortschritten, sind aber auch nicht immer direkt auf solche beziehbar. Es gibt keine bessere Quelle als Literatur und Wissenschaft, um solche Transformationen präzise nachzuvollziehen. Vielleicht könnten wir das an der Schwelle zum 19. Jahrhundert entstehende neue Verhältnis zwischen Raum und Zeit am besten – wenn auch etwas allzu reduzierend – auf das Schlagwort „Verzeitlichung" bringen. Was wäre dabei genauer unter einer solchen Temporalisierung aller wissenschaftlichen Denksysteme zu verstehen, die sich im Übergang vom 18. zum 19. Jahrhundert bemerkbar machte?

Der Soziologe und Kulturkritiker Wolf Lepenies, der frühere Direktor des Wissenschaftskollegs zu Berlin, hat in einer wichtigen Arbeit über das *Ende der Naturgeschichte*, die freilich Michel Foucault ganz zentrale – und viel zu selten signalisierte – Einsichten schuldet, vom Ende der Naturgeschichte gesprochen und mit diesem von ihm konstatierten Ende die Veränderung wissenschaftlicher Selbstverständlichkeiten am Ausgang des 18. Jahrhunderts korreliert. Ich bin davon überzeugt, dass es ohne diese grundlegende Veränderung der Selbstverständlichkeiten des Denkens gar keine Romantik gegeben hätte: Sie wäre ganz einfach nicht denkbar gewesen und hätte nicht stattgefunden.

Abb. 6: Wolf Lepenies (Deuthen bei Allenstein, Ostpreußen, 1941).

Was ist aber mit dieser Veränderung, welche die Grundlagen für das Denken der Romantik legte, genau gemeint? Lassen wir hier am besten Wolf Lepenies selbst zu Wort kommen:

> Dass in der zweiten Hälfte des 18. Jahrhunderts der Erfahrungsdruck die Naturgeschichte zur Temporalisierung ihrer Grundannahmen zwingt, bedeutet noch keine Vorwegnahme evolutionären Denkens. Darin drückt sich zunächst die Krise der Naturgeschichte aus, für deren Heftigkeit gerade die Zweideutigkeit der Versuche spricht, mit der man sie zu lösen versucht. Diese Zweideutigkeit kennzeichnet das Werk Lamarcks, sie ist bei Cuvier und Agassiz spürbar. Auf der einen Seite soll Lamarck den endgültigen Übergang zu einer Wissenschaft vom Leben vollziehen, auf der anderen Seite soll die *Philosophie zoologique* (1809) den Endpunkt einer Entwicklung markieren, die mit Linnés *Systema naturae* (1735) ihren Ausgangspunkt nimmt. Auf der einen Seite betrachtet Buffon die *Flore française* – deren drei Bände er in der königlichen Buchdruckerei drucken ließ – als Unterstützung seines Kampfes gegen Linné und die „Systeme" und läßt Lamarck zum „botaniste du roi" ernennen, auf der anderen sieht Etienne Geoffroy Saint-Hilaire in ihm den französischen Linné. [...]
> In seiner *Lettre sur le progrès des sciences* hatte Maupertuis bei der Nachricht von einer „espèce mitoyenne" zwischen den Affen und den Menschen, „behaarten Wilden, die Schwänze trugen", ausgerufen: „Ich möchte lieber mit ihnen, als mit dem größten Schöngeist Europas eine Stunde im Gespräch verbringen." Mit dem Verzeitlichungsschub des späten 18. Jahrhunderts veraltet diese Form der humanen Neugier, die für die Naturgeschichte charakteristisch gewesen war. Nunmehr wird es möglich, die Wilden zu integrieren, die nicht länger in ihrer prinzipiellen Andersheit gedacht werden müssen, da ihre Gesellschaften als Stadien eines umfassenderen welthistorischen Prozesses erscheinen. Was an den Gesellschaften der Primitiven früher als Absurditäten aufgefaßt wurde, wird jetzt zu den Überbleibseln einer früheren Entwicklungsstufe. Nicht mehr der Rückgriff auf eine natürliche und universelle Vernunft, sondern eine Geschichtstheorie bestimmt nunmehr die Stellung des Abendlandes, das als das einzigartige Resultat dieses Entwicklungsprozesses erscheint, zu den Wilden.[1]

---

1 Lepenies, Wolf: *Das Ende der Naturgeschichte*. Wandel kultureller Selbstverständlichkeiten in den Wissenschaften des 18. und 19. Jahrhunderts. München: Carl Hanser 1978, S. 75 ff.

In dieser ausführlich zitierten Passage wird ein grundlegender Übergang am Ausgang des 18. Jahrhunderts in den verschiedensten Wissenschaften vom Menschen und von der Natur angesprochen, der etwas verkürzt als ein Übergang vom Raum des statischen Tableaus zum beweglichen Raum der Zeit angesehen werden darf. Die enorme Akkumulation von Wissen und Wissensbeständen über die ganze Welt im Verlauf des 18. Jahrhunderts – denken Sie dabei nur an die Ergebnisse von Expeditionen und Reiseberichten[2] und deren Sammlung und Archivierung! – lässt die räumlichen Tableaus, wie sie das System des Botanikers Linné charakterisierten, schlicht aus allen Nähten platzen. Was waren die wissenschaftstheoretischen Konsequenzen?

Unterschiedlichste Pflanzen und organische Lebewesen, die zuvor einfach verschiedenen Spezies und Arten zugeordnet waren und zwischen denen es nur Beziehungen der Ähnlichkeit, aber keine historischen Entwicklungsprozesse gab, werden nun in historischen Entwicklungsreihen angeordnet. Dadurch erscheinen plötzlich allerorten Prozessualitäten: Die eine Form ist historisch aus einer anderen Form entstanden, welche als früher diagnostiziert wird. Diese Transformationen des Denkens gelten nicht allein für die Phänomene der Natur, sondern auch für das Leben des Menschen.

Denn das Auftauchen einer „mittleren Gattung" zwischen Affe und Mensch führte für Maupertuis, den ersten Präsidenten der Preußischen Akademie der Wissenschaften, nicht zu einer Überlegung im evolutionären Sinne, sondern nur zur Einfügung eines Zwischenbereichs zwischen zwei Kästchen des Tableaus, also zwischen Affe und Mensch. Immer stärker aber setzte sich ein neues Anordnungsschema durch, ein Schema der Verzeitlichung, in dem nun die unterschiedlichsten Lebewesen zumindest tendenziell in eine evolutionäre, zunächst aber erst einmal eine zeitliche Achse gebracht werden, welche ihren Entwicklungsgang angibt. Sie sehen, wie grundlegend sich die Möglichkeiten des Denkens verändern! Denn nun kommt eine Prozessualität der Befunde, eine Interpretation auf historisierender, verzeitlichender Ebene hinzu, die alte Markierungen und Denkgrundlagen zunächst transformiert und dann zunehmend verdrängt. Alle Phänomene der Natur wie des Menschen erscheinen plötzlich in einer neuen Dimensionalität: jener der Zeit.

Damit wird natürlich auch die strenge und strikte Trennung zwischen dem ‚Eigenen' und dem ‚Anderen' brüchig, könnte es doch nunmehr möglich werden, die unterschiedlichen organischen Lebensformen in einen Ablaufprozess zu

---

[2] Nicht umsonst liegt ein Schwerpunkt der Untersuchung von Resieberichten im 18. Jahrhundert auch in der Vorlesung von Ette, Ottmar: *ReiseSchreiben. Potsdamer Vorlesungen zur Reiseliteratur.* Berlin – Boston: Walter de Gruyter 2020.

stellen, der sozusagen die Grenzen zwischen Affen und Menschen im Sinne des 18. Jahrhunderts unterspült. Genau dies ist das Argument von Wolf Lepenies in der oben zitierten Passage zum *Ende der Naturgeschichte*. Denn letztere war, ihres Namens zum Trotz, keine Entwicklungsgeschichte in einem modernen Sinne. Wir können sie uns eher als etwas Geschichtetes vorstellen, wobei durch die einzelnen akkumulierten Schichten dieser Geschichte kein Zeitpfeil läuft.

Wenn Sie nun denken, diese gerade auch naturwissenschaftlichen Entwicklungen würden keine größere Rolle für Literatur und Kunst spielen, so täuschen Sie sich gewaltig; aber ich weiß ja: Sie würden sich hüten, so etwas zu denken und die Rolle der Wissenschaften so gering zu veranschlagen! Denn diese wissenschaftlichen Denkmodelle und Selbstverständlichkeiten gehen in die Grundlagen des Denkens der Menschen und damit auch der Literatur ein, die stets eine Sammlung verschiedenster Wissensbestände ist.

Daher kommt es nicht von ungefähr, wenn der große französische Romancier Honoré de Balzac im Vorwort zu seiner *Comédie humaine* gerade die Naturwissenschaften – ganz wie später im französischen Naturalismus Emile Zola eine vergleichbare Wendung vollziehen sollte – zum Ausgangspunkt seiner Romane macht und just Lamarck und insbesondere Geoffroy Saint-Hilaire einen wichtigen epistemologischen Platz in der Konzeption seines gewaltigen Romanzyklus zuweist. Balzac hatte verstanden, welch enorme Bedeutung der Veränderung wissenschaftlicher Diskurssysteme für die sprachliche Gemeinschaft und das Denken in einer bestimmten Kultur – in diesem Falle der abendländischen – zukommt. Denn letztlich handelte es sich bei Zolas *Menschlicher Komödie* um eine Art Zoologie und Botanik, um eine zoologische Philosophie der Menschen zumindest seines französischen Lebensbereichs. Die Entwicklung neuer Denkmöglichkeiten führte aber notwendig zur Entwicklung neuer Schreibmöglichkeiten und darüber hinaus zu neuen Formen der Wahrnehmung durch unsere Sinne: Wir sehen anders, hören anders, schmecken anders, tasten anders, weil wir unsere Sinneseindrücke anderen Erfahrungsschemata und Erwartungshorizonten anpassen. Denn es wäre grundfalsch, würden wir die Sinneseindrücke – sagen wir eines Menschen des Mittelalters oder der Aufklärung beim Benutzen von Salz, Pfeffer oder Zucker – mit den unsrigen im 21. Jahrhundert gleichsetzen.

Der französische Philosoph und Wissenschaftstheoretiker Michel Foucault hat diese Fragestellungen lange Jahre vor Wolf Lepenies bereits in grundlegender Weise in seinem 1966 erschienenen Buch *Les mots et les choses*, eingedeutscht *Die Ordnung der Dinge*, dargestellt. Es wäre nun ein abendfüllendes Programm, wollten wir dieses Buch, das sicherlich zu den wichtigsten Studien der zweiten Hälfte des 20. Jahrhunderts zählt und unsere Sichtweise auf fundamentale Veränderungen in der Geschichte unseres Denkens und unserer Diskursivitäten entscheidend geprägt hat, hier in aller Breite darstellen und analysieren. Aber ziehen wir zumindest einige Erkenntnisse aus diesem überaus reichen Band, um sie für unsere Vorlesung in Bezug auf zumindest zwei Polaritäten erkennbar und fruchtbar werden zu lassen!

Abb. 7: Michel Foucault (Poitiers, 1926 – Paris, 1984).

Zunächst zum Phänomen der Geschichte, von dem wir bereits gesehen haben, dass Geschichte nicht gleich Geschichte ist. Michel Foucault, der im Juni 1984 an den Folgen einer AIDS-Erkrankung verstarb und tragischerweise zu den frühen AIDS-Toten gehört – eine Pandemie, welche den Beginn der vierten Phase beschleunigter Globalisierung so eröffnete, wie die Coronavirus-Pandemie diese Phase endgültig abschloss –, hat im Grunde mit dem Ausgang des 18. und dem Übergang zum 19. Jahrhundert eine andere Episteme beginnen lassen. Dort verortete er den zeitlichen Übergang von einer Anfang des 17. Jahrhunderts entstandenen klassischen Episteme zu jener der *Moderne*.

Damit nun wuchs der Geschichte ein neuer Aufgabenbereich zu, der – so könnten wir aus heutiger Sicht sagen – ihr zum Teil in der zweiten Hälfte des vergangenen Jahrhunderts wieder abhandengekommen ist, weil andere Logiken und Denkmöglichkeiten aufgetreten sind, die nicht mehr notwendig von der Geschichte her ihre Wissensbestände zu ordnen gezwungen waren. Wir bezeichnen diese mittlerweile ebenfalls abgeschlossene Phase gemeinhin als Postmoderne; doch da wir uns in der vergangenen Vorlesung ausführlich mit den mit ihr verbundenen Fragen beschäftigt haben,[3] brauche ich an dieser Stelle nicht nochmals darauf einzugehen.

Nehmen wir aber einige Überlegungen Michel Foucaults zur Geschichte und zum Phänomen der Geschichtlichkeit auf, um besser zu verstehen, in welch grundlegender Weise sich eine neue Wissenskonstellation am Übergang zum 19. Jahrhundert herausbildete! Anhand des folgenden Zitats soll deutlich werden, dass die Verzeitlichung des Denkens nicht allein für die Naturwissenschaften und deren Wissenschaftsgeschichte, sondern auch für die Grundlagen des Denkens in einem allgemeinen Sinne gilt und daher gerade für die Literatur im langen 19. Jahrhundert relevant ist:

> Die Geschichte bildet also für die Aufnahme der Humanwissenschaften ein gleichzeitig privilegiertes und gefährliches Gebiet. Für jede Wissenschaft vom Menschen bildet sie einen Hintergrund, der sie konstituiert und ihr ein Fundament und gewissermaßen eine Heimat festlegt. Sie bestimmt die kulturelle Fläche – die chronologische Episode, die geographische Einreihung –, wo man die Gültigkeit dieses Wissens erkennen kann. Aber sie kreist sie mit einer Grenze ein und zerstört von Anfang an ihren Anspruch, in dem Element der Universalität zu gelten. [...] Selbst wenn sie jeden Bezug auf die Geschichte vermeiden, tun die Humanwissenschaften (und dazu kann man in diesem Fall die Geschichte selbst zählen) nie etwas andres, als eine kulturelle Episode zu einer anderen in Beziehung zu setzen [...]. Jede Erkenntnis wurzelt in einem Leben, in einer Gesellschaft, einer Sprache, die eine Geschichte haben. Und in dieser Geschichte selbst findet sie das Element, das ihr gestattet, mit anderen Lebensformen, anderen Gesellschaftstypen und anderen Bedeutungen zu kommunizieren.[4]

In dieser sprachlich verdichteten Passage treten zwei unterschiedliche Begriffe deutlich hervor und miteinander in Beziehung: die Geschichte und das Leben. Sie ist, so macht Foucault sehr deutlich, zur Grundlage des Denkens in den Humanwissenschaften und letztlich des Denkens überhaupt geworden – und zwar gerade für den Zeitraum, der uns in unserer Vorlesung interessiert. Die Geschichte wird – so könnten wir mit Blick auch auf die erste Fragestellung unserer dreigestaltigen Annäherung sagen – zu jenem Ort, an dem Universalität und Partikularität miteinander vermittelt werden. Geschichte entfaltet als Prozess gleichsam ihre eigene Geschichte, ohne in Selbstreflexivität zurückzufallen. Erst vor einem der-

---

3 Vgl. hierzu die literarästhetischen Überlegungen in Ette, Ottmar: *Von den historischen Avantgarden bis nach der Postmoderne*, S. 399–422 u. S. 609–613.
4 Foucault, Michel: *Les mots et les choses*. Paris: Gallimard 1966 [Originalzitat im Anhang]; hier Foucault, Michel: *Die Ordnung der Dinge. Eine Archäologie der Humanwissenschaften*. Frankfurt a.M.: Suhrkamp 1971, S. 444 ff.

artigen Hintergrund wird es auch möglich, die Offenheit der Geschichte zu rekonstruieren, also jene vergangene Zukunft in ihrer Potentialität besser zu begreifen, von welcher vorhin in meinen Ausführungen die Rede war. Denn Geschichte in ihrer Verlaufsform enthält nicht nur die schiere Faktizität, *wieso es so gekommen ist*, sondern auch stets die Möglichkeiten, *wie es auch hätte kommen können*. Und dies ist, mit Aristoteles gesprochen, just die Aufgabe und die Stärke der Dichtkunst, also der Literatur.

Denn Michel Foucault weist mit guten Gründen darauf hin, dass es die Geschichte ist, die das Denken ermöglicht, zugleich aber auch bestimmte Grenzen einführt, die gerade auch das Partikulare, das einzelne Phänomen betreffen, das in seiner Potentialität nun greifbar und begreifbar wird. An dieser Stelle ergibt sich die Möglichkeit, die eine Episode mit einer anderen zu verknüpfen und daran wiederum das anzuschließen, was man mit Jean-François Lyotard in den Zeiten im Zeichen der Postmoderne – die zweifellos noch zur Moderne gehört – als „große Erzählungen", als „grands récits" bezeichnete.[5] Oberhalb oder über der Geschichte platzieren sich dann – auf ihr fußend, sie aber zugleich beherrschend – jene Geschichtsphilosophien oder geschichtlich ausgerichteten Philosophien, die uns die Welt erklären und diese Weltepisoden, diese Weltgeschichten in eine einzige teleologische, also zielgerichtete Weltgeschichte umdeuten.

Ich würde mich hüten, diese Welterzählungen mit Jorge Luis Borges als große Fiktionen zu bezeichnen. Aber hierin liegt der Grund dafür, dass das 19. Jahrhundert so überaus reich war an Diskursivitätsbegründern, das heißt an Denkern, welche – wie Karl Marx oder Sigmund Freud – Erzählungen entwarfen, welche die einzelnen Erzählungen der Geschichte ‚aufsammelten' und in eine kohärente Welterklärung aufnahmen. Im 19. Jahrhundert wurden die Grundlagen für so fundamentale und zum Teil bis heute wirksame Diskursivitäten gelegt wie diejenigen des Nationalismus oder Marxismus, des Kolonialismus oder des Rassismus, des Liberalismus oder Positivismus. Für all diese ‚Geschichten' bildet die Entfaltung eines modernen, verzeitlichten und zielgerichteten Geschichtsbegriffs die unverzichtbare Grundlage.

Denn die gigantischen Geschichtsentwürfe, wie sie Hegel oder Marx im 19. Jahrhundert ausarbeiteten, wären ohne ein modernes Verständnis des Geschichtsbegriffs nicht möglich gewesen, gerade auch weil sie in ihrer Immensität und Totalität von einer deutlich geringeren Widersprüchlichkeit geprägt waren als der romaneske Entwurf etwa der *Comédie humaine* eines Honoré de Balzac. Denn Literatur baut ihre Entwürfe auf einer fundamentalen Polysemie,

---

[5] Vgl. hierzu die klassische Studie von Lyotard, Jean-François: *La condition postmoderne*. Paris: Minuit 1979.

einer strukturellen Vieldeutigkeit auf, welche bei der Konstruktion totalisierender und nicht selten auch totalitärer philosophischer Weltentwürfe gerade vermieden werden soll. Dies macht – wenn Sie mir diese Bemerkung gestatten – just den immensen Reichtum der Literaturen der Welt aus: nicht in einer totalitären Fiktion zu verharren, sondern die Vieldeutigkeit des Lebens selbst mit literarischen Mitteln darzustellen.

Damit inthronisiert sich im 19. Jahrhundert die Geschichte selbst als oberste Denk- und Gestaltungsmöglichkeit aller Geschichten, stammten sie aus den Natur- oder den Humanwissenschaften. An diesem Punkt setzt jene Kunst ein, mit der wir uns in dieser Vorlesung beschäftigen wollen: die Kunst nämlich, Geschichten zu erzählen und Geschichten gut zu erzählen. Denn die moderne Konzeption von Geschichte ist auch die Grundlage des Geschichtenerzählens, und mehr noch: Sie ermöglicht eine bestimmte Art, Geschichten anzulegen und zu erzählen, wie sie gerade die Romantik entwickelt und zu einer ersten Blüte im 19. Jahrhundert geführt hat.

Doch Literatur ist keine Darstellung von Wirklichkeit, sondern die Darstellung *gelebter* Wirklichkeiten: Sie ist Mimesis in einem ebenso künstlerischen wie lebensbezogenen, lebenswissenschaftlichen Sinne. Es kommt also – wie im obigen Zitat von Foucault – an ganz zentraler Stelle das Leben in seiner Vielgestaltigkeit, seiner Vieldeutigkeit, seiner Vielverbundenheit hinzu. Dies ist ein grundlegender Aspekt, der oft in der Literaturwissenschaft zu kurz kommt, in unserer Vorlesung aber stark berücksichtigt werden soll.

Denn das Lebenswissen, Erlebenswissen, Überlebenswissen und Zusammenlebenswissen,[6] das die Literaturen der Welt entfalten, gibt uns in und mit der Literatur die schier unendlichen Möglichkeiten an die Hand, die Lebensformen wie die Lebensnormen unterschiedlichster Zeiten, Regionen und Kulturen mit- und nacherleben zu dürfen in einer Simulation des Lebens, welche nicht selten das reale Leben selbst gestaltet. In unserer Vorlesung über *LiebeLesen*[7] haben wir gesehen, wie diese Fiktionen unsere Realitäten prägen und wie wir damit beginnen, Liebe zu lesen, zu erlernen, zu erleben und zu leben. Diese vieldimensionale und viellogische Eigenschaft von Literatur wollen wir auch in dieser Vorlesung nicht nur kennenlernen, sondern literarisch und ästhetisch genießen.

---

6 Vgl. hierzu ausführlich die Trilogie von Ette, Ottmar: *ÜberLebenswissen. Die Aufgabe der Philologie*. Berlin: Kulturverlag Kadmos 2004; *ZwischenWeltenSchreiben. Literaturen ohne festen Wohnsitz (ÜberLebenswissen II)*. Berlin: Kulturverlag Kadmos 2005; sowie *ZusammenLebensWissen. List, Last und Lust literarischer Konvivenz im globalen Maßstab (ÜberLebenswissen III)*. Berlin: Kulturverlag Kadmos 2010.
7 Vgl. Ette, Ottmar: *LiebeLesen*, S. 3–32 u. S. 720–726.

Dritte Annäherung

Wir haben uns bislang mit der Frage des Verhältnisses von Universalität und Partikularität, von Weltliteratur und sich formierender Nationalliteratur, und sodann in einem zweiten Schritt mit den Grundlagen des Denkens, den epistemologisch veränderten Beziehungen zwischen Raum und Zeit sowie mit dem Phänomen der Verzeitlichung und dem modernen Begriff von Geschichte beschäftigt. Nun wollen wir ein drittes und letztes Element hinzunehmen, das für die Wissens- und Repräsentationskonstellation der Moderne wie der Romantik von nicht geringerer Bedeutung ist. Es hat mit der Frage des Lebens und Erlebens zu tun: Die Spannung zwischen Individuum und Kollektivität, Subjekt und Gemeinschaft, Ich und Gesellschaft.

Mit anderen Worten: Hier geht es um die Entfaltung, um die Ausbildung, um die Findung und Erfindung moderner Subjektivität sowie der Subjektivität in der (europäischen) Moderne. Es ist – um noch einen Augenblick bei Michel Foucault zu bleiben – das Problem der Erfindung des Menschen. Denn neben vielen anderen Dingen hat letzterer je nach kultureller Zugehörigkeit auf sehr verschiedenartige Weise den Menschen als solchen erfunden und wieder verändert.

Hören wir an dieser Stelle die letzte Seite von *Les mots et les choses* in deutscher Übersetzung, die es Ihnen erleichtern soll, die Erfindung des Menschen zu verstehen und besser zu begreifen, was damit zu einer ganz bestimmten Phase in der abendländischen Kultur gemeint ist! Es sind Formulierungen, die Michel Foucaults Buch berühmt gemacht haben und uns nicht ohne Pathos in die Geschichte unserer eigenen Erfindung verwickeln:

> Eines ist auf jeden Fall gewiß: der Mensch ist nicht das älteste und auch nicht das konstanteste Problem, das sich dem menschlichen Wissen gestellt hat. Wenn man eine ziemlich kurze Zeitspanne und einen begrenzten geographischen Ausschnitt herausnimmt – die europäische Kultur seit dem 16. Jahrhundert –, kann man sicher sein, dass der Mensch eine junge Erfindung ist. Nicht um ihn und um seine Geheimnisse herum hat das Wissen lange Zeit im dunklen getappt. Tatsächlich hat unter den Veränderungen, die das Wissen von den Dingen und ihrer Ordnung, das Wissen der Identitäten, der Unterschiede, der Merkmale, der Äquivalenzen, der Wörter berührt haben – kurz inmitten all der Episoden der tiefen Geschichte *des Gleichen* –, eine einzige, die vor anderthalb Jahrhunderten begonnen hat und sich vielleicht jetzt abschließt, die Gestalt des Menschen erscheinen lassen. Es ist nicht die Befreiung von einer alten Unruhe, der Übergang einer Jahrtausende alten Sorge zu einem lichtvollen Bewußtsein, das Erreichen der Objektivität durch das, was lange Zeit in Glaubensvorstellungen und in Philosophien gefangen war: es war die Wirkung einer Veränderung in den fundamentalen Dispositionen des Wissens. Der Mensch ist eine Erfindung, deren junges Datum die Archäologie unseres Denkens ganz offen zeigt. Vielleicht auch das baldige Ende.

> Wenn diese Dispositionen verschwänden, so wie sie erschienen sind, wenn durch irgendein Ereignis, dessen Möglichkeit wir höchstens vorausahnen können, aber dessen Form oder Verheißung wir im Augenblick noch nicht kennen, diese Dispositionen ins Wanken gerieten, wie an der Grenze des 18. Jahrhunderts die Grundlage des klassischen Denkens es tat, dann kann man sehr wohl wetten, dass der Mensch verschwindet wie am Meeresufer ein Gesicht im Sand.[1]

Michel Foucaults Archäologie der Natur- wie der Humanwissenschaften beugt sich nicht nur über die Dispositionen des Wissens, mit denen der Mensch seiner Umgebung, seiner Umwelt gegenübertritt; sie beschäftigt sich auch auf denkwürdige Weise mit jenem Menschen, den wir aus unserer heutigen Sicht doch für transhistorisch, für die unterschiedlichsten historischen Zeiten querend erachten – und der eben dies nicht ist: ewig, stets mit sich identisch, immer gleich. Wir dürfen lernen und notieren: Der Mensch ist eine Erfindung des Menschen.

Sie wird in der angeführten Passage deutlich mit dem Übergang zum 19. Jahrhundert in Verbindung gebracht, also jenen von 1966 – dem Erscheinen von Foucaults Band – aus gerechneten anderthalb Jahrhunderten, die seit diesem Zeitraum grundlegender Veränderungen vergangen sind. Folgen wir Michel Foucault, so hat sich hier eine neue Gestalt des Menschen herausgebildet, die unser Denken und unser Selbstverständnis grundlegend geprägt hat. Denn der Mensch hat nicht allein in seinem Tun und Handeln als geschichtliches Wesen eine Geschichte: Sein Wesen selbst und unser Bild davon besitzen eine eigene Historie, welche der Mensch wiederum seinerseits untersuchen kann. Und genau dies wollen wir in unserer Vorlesung auch tun!

Der Mensch, so drückte sich der französische Kulturtheoretiker aus, ist das Ergebnis bestimmter Dispositionen des Wissens, die freilich wieder verschwinden können und damit auch jenes Bild des Menschen wieder zum Verschwinden bringen, das für uns doch so überzeitlich, in jedem Falle zeitlos, fast schon ewig wirkte. Ich kann an dieser Stelle nicht auf alle diese Fragestellungen eingehen – ich habe dies in einer anderen Vorlesung getan, welche sich mit den Debatten um die Postmoderne, den Tod des Subjekts und des Autors sowie die Frage nach dem Ende der Geschichte beschäftigt.[2] Doch sollte zumindest aus der Distanz zum Übergang des 18. zum 19. Jahrhundert deutlich geworden sein, dass diese Sichtweise eine unverkennbar historisch verankerte, geschichtlich fundierte Perspektive ist, die nicht nur analysiert, sondern auch innerhalb einer Geschichte des Menschen genau beschrieben werden kann. Sie ist auf diese Weise selbst wie-

---

1 Foucault, Michel: *Die Ordnung der Dinge*. Frankfurt a.M.: Suhrkamp 1974, S. 462f.
2 Vgl. Ette, Ottmar: *Von den historischen Avantgarden bis nach der Postmoderne*, S. 609–912.

derum innerhalb einer analysierbaren Epistemologie angesiedelt, in welcher die Geschichte *noch* der Entstehungs- und Verstehens-Ort des Empirischen ist. Doch wir haben gesehen, dass die Geschichte dies nicht schon immer war und daher auch in Zukunft nicht immer sein muss. Wir können den Menschen anders konzipieren – und ich verwende die Geburtsmetaphorik des Verbums „konzipieren" hier ganz bewusst.

Dies ist präzise der Ort, von dem aus die moderne Subjektivität sich neu konstituiert. Ich möchte Ihnen dieses Phänomen der Geschichte und der Geschichtlichkeit, die in die Tiefe des Individuums und mehr noch des Ich projiziert werden, am Beispiel eines Grundlagentextes vorführen, der zum Ausgangspunkt nicht nur der modernen Autobiographie, sondern einer Selbstvergewisserung des modernen Menschen geworden ist. Es ist das Bild und der Entwurf eines Menschen, der gleichsam mit dem Buch seines Lebens in der Hand vor die höchste Instanz tritt – gleichviel, ob wir diese herausgehobene Instanz als jene unseres Gottes vor dem Jüngsten Gericht oder als jene des Tribunals der Geschichte bezeichnen.

Auch in diesem Beispiel ist die Konzeption und Konstituierung des modernen Individuums untrennbar mit dem geschichtlichen Denken – einem entstehenden geschichtlichen Denken im Sinne von Wolf Lepenies und Michel Foucault – verknüpft und verbunden mit dem gesamten Prozess der Verzeitlichung aller Phänomene. Daher möchte ich an dieser Stelle unserer Vorlesung über die Literaturen des 19. Jahrhunderts nun die erste Interpretation eines literarischen Textes (und zwar aus dem 18. Jahrhundert) einfügen. Es handelt sich dabei um eine zentrale Passage aus Jean-Jacques Rousseaus *Les Confessions*, die uns zu einigen Überlegungen führen soll, mit denen ich diesen ersten Teil der Vorlesung abschließen möchte, der mehr ist als ein bloßer Vorspann.

Starten wir also mit diesem sicherlich herausragenden literarischen Text des 1712 in Genf geborenen, sich sein Leben lang stolz als „Citoyen de Genève" apostrophierenden und 1778 in Ermenonville verstorbenen Jean-Jacques Rousseau, der mit der Niederschrift der ersten Fassung seiner *Bekenntnisse* im Jahre 1764 begann! Es gab zum damaligen Zeitpunkt bereits ein großes verlegerisches Interesse an den ‚Memoiren' dieses großen Mannes und Philosophen in der breiten Öffentlichkeit der europäischen „République des Lettres". Aber Rousseau überraschte seine Zeitgenossen ein weiteres Mal: Denn es sollten keine Memoiren, sondern die Belege der im Grunde ersten Autobiographie im modernen Sinne werden, die aus Rousseaus Feder kamen. Hören wir ihren Anfang, ihr wahrlich Epoche machendes Incipit:

> Ich gestalte eine Unternehmung, welche niemals zuvor je ein Beispiel hatte, und deren Ausführung keinerlei Nachahmer finden wird. Ich will Meinesgleichen einen Menschen in der vollständigen Wahrheit der Natur zeigen, und dieser Mensch werde ich sein.

> Ich allein. Ich fühle mein Herz und ich kenne die Menschen. Ich bin gemacht wie kein einziger derer, die ich gesehen; ich wage zu glauben, dass ich wie keiner gemacht bin von all jenen, die existieren. Bin ich nicht mehr wert als diese, so bin ich doch zumindest anders. Wenn die Natur es gut oder schlecht tat, die Form zu zerbrechen, in die ich gegossen ward, so ist dies etwas, das man nur beurteilen kann, nachdem man mich gelesen.
> Möge die Trompete des Jüngsten Gerichts ertönen, wann auch immer sie will: Ich werde mit diesem Buch in der Hand kommen, um mich vor dem Höchsten Richter zu präsentieren. Ich werde es laut sagen: Hier ist, was ich gemacht, hier ist, was ich gedacht, hier ist, was ich war. Ich habe das Gute und das Schlechte mit derselben Offenheit gesagt. Ich habe nichts Schlechtes verschwiegen, nichts Gutes hinzugefügt, und wenn es mir widerfuhr, irgend eine gleichgültige Ausschmückung zu benutzen, so geschah dies nie, um eine Leere zu tilgen, die einem Fehler meines Gedächtnisses entsprang; ich konnte als wahr annehmen, was ich als solches wissen konnte, und niemals das, was ich als falsch erkannt. Ich habe mich gezeigt, so wie ich war, verachtenswert und gemein, wie ich es war, gut, großzügig und erhaben, wenn ich dies war: Ich habe mein Innerstes entschleiert, so wie Du es selbst gesehen. Oh Ewiges Wesen, versammle um mich her die unzählige Masse aller, die mir gleichen; mögen sie meine Bekenntnisse hören, mögen sie über mein unwürdiges Verhalten seufzen, mögen sie über all meine Erbärmlichkeiten erröten. Möge ein jeder von ihnen am Fuße Deines Thrones sein Herz mit derselben Aufrichtigkeit enthüllen; und möge Dir dann auch nur ein einziger sagen, wenn er es wagen sollte: *Ich war besser als dieser Mann.*[3]

Auf den ersten Blick schrieb sich Jean-Jacques Rousseau mit dem Titel seines Werks, *Les Confessions*, intertextuell in eine Textfiliation ein, welche durchaus die Höhe seiner literarischen Ansprüche verdeutlicht. Denn sie spielen bereits mit diesem Titel auf die *Confessiones* des Augustinus an, betonen zugleich aber, massiv und wiederholt eine zuvor nie dagewesene Form und Reflexion eines Menschen darzustellen, die es so nie wieder geben werde. Denn Rousseaus Schrift zielt nicht so sehr ab auf das, was er tat oder auf diejenigen, die er traf und kannte: Seine *Bekenntnisse* wollen – wie er mehrfach betont – präsentieren, wie und was er *war*.

Rousseaus Schrift ist trotz aller intertextueller Beziehungen ein epochemachendes Buch, das keineswegs nur eine individuelle Befindlichkeit, sondern eine allgemeine, seine Zeit verkörpernde Subjektivität in Szene setzt und ihr zum ersten Mal im Sinne einer modernen Autobiographie literarischen Ausdruck verleiht. *Les Confessions* von Jean-Jacques Rousseau sollten den Weg bereiten für eine der großen literarischen Gattungen, die im Zeichen des Autobiographischen die Literaturen der Moderne prägen – wie auch für die Entfaltung jener Epoche und jenes Denkens, das wir gemeinhin mit dem Begriff „Romantik" belegen. Dieser Text öffnet bereits weit die Türen für das 19. Jahrhundert.

---

[3] Rousseau, Jean-Jacques: *Les Confessions*. Paris: Launette 1889, I, S. 1f.

Da wir in einer Vorlesung zum Thema *Aufklärung zwischen zwei Welten* die gesamte Bedeutung dieser ersten Autobiographie der Moderne beleuchten wollen, soll es im Folgenden nur um jene Aspekte gehen, welche direkt auf die Entwicklungen hin zur Romantik hinauslaufen und in ihrer Bedeutung für die literarhistorische, aber auch mentalitätsgeschichtliche Entwicklung kaum zu überschätzen sind. Denn es geht in *Les Confessions* um die Entfaltung moderner Subjektivität und damit um eine Konstellation, die erst seit der zweiten Hälfte des 20. Jahrhunderts – und insbesondere seit Michel Foucaults Schriften – wieder brüchig zu werden begann und einem gewissen, die Moderne freilich noch nicht verlassenden Menschenbild Raum gegeben hat. Mindestens zwei Jahrhunderte lang wurden Rousseaus *Bekenntnisse* zu einem fortdauernden Referenzpunkt philosophischen und literarischen Schreibens, so dass man den „Bürger von Genf" mit dieser seiner Schrift durchaus als einen Diskursivitäts-Begründer verstehen darf.

Von Beginn des Textes an steht das Ich, steht die moderne Subjektivität im Zentrum der Aufmerksamkeit. Es geht im Grunde ausschließlich um das Subjekt in der ersten Person Singular. Das Incipit und der Anfangssatz beginnen mit einem Ich, einem „Je", ganz so, wie auch der zweite Satz – und eine Reihe weiterer Sätze – mit der ersten Person Singular anhebt. Auch der erste Abschnitt endet mit einem „Moi", folglich mit einem betonten Personalpronomen, welches das Ich in seiner Zentralstellung unterstreicht. Das Subjekt propagiert seine eigene Einmaligkeit: Weder Beispiele oder Vorläufer gebe es noch Nachfolger oder Nachahmer werde es je geben können. Damit behauptet das Subjekt vom Ich, aber auch vom autobiographischen Text selbst, eine Unternehmung zu sein, die absolut einzigartig sei und mit keiner anderen „Form" verglichen werden könne. Das Subjekt ist radikal partikular – und doch besitzt es eine allgemeine Gültigkeit. Sehen wir uns diese Wendung vom Partikularen zum Universellen einmal näher an!

Zunächst einmal nimmt die Universalität nichts von jenem Pathos der Einmaligkeit, mit welcher das Subjekt mit dem Buch seines *Lebens* vor seinen Schöpfer und Höchsten Richter tritt. Mit anderen Worten: Das Subjekt insistiert auf einer absoluten Einmaligkeit *vor dem Angesicht seines Schöpfers selbst*. Das Ich dieses ersten Satzes stellt überdies eine direkte und unmittelbare Brücke her zwischen der textinternen Instanz des Ich-Erzählers und der textexternen Instanz des realen Autors, des Schriftstellers mit Namen Jean-Jacques Rousseau. Es führt damit jene gattungskonstitutive Dimension ein, die Philippe Lejeune[4] als den autobiographischen Pakt bezeichnete, also die Übereinkunft, welche – grob gesagt – der reale Leser mit dem realen Autor über den literarischen Text trifft. Das Subjekt,

---

4 Vgl. die klassische Studie von Lejeune, Philippe: *Le pacte autobiographique*. Paris: Seuil 1975.

das du liest, ist der Autor selbst: Der Autor, den du liest, ist im Subjekt verkörpert. Im Incipit der *Confessions* wird von Anfang an das schriftstellerische Projekt, die „entreprise", als eine Art Schwelle zwischen textexterner und textinterner Ebene benutzt und damit in der ersten Person Singular gebündelt. Das Grundmuster der Autobiographie, des autobiographischen Paktes ist geschaffen: Und damit öffnet sich das dargestellte Subjekt in seiner Partikularität bereits auf eine Gemeinschaft, die „communauté des lecteurs".

Doch bleiben wir noch einen Augenblick beim ersten Satz, um die Beziehung zwischen dem Subjekt und seiner Gemeinschaft, zwischen dem Ich und der Gesellschaft, zwischen dem starken „Moi" und der gesamten Menschheit näher zu beleuchten! Denn die Tatsache, dass es für die *Confessions* – und gerade die Wahl des an Augustinus angelehnten Titels spricht dagegen – kein Beispiel, kein Vorbild gebe, macht uns darauf aufmerksam, dass wir es bei diesem Text mit einem Ausscheren aus literarischen Traditionen, aber vielleicht auch aus gesellschaftlichen Konventionen und Normen zu tun haben. Denn die Seins-Form des Ich, die Lebensform des Subjekts, hat mit der Überschreitung der Lebensnormen zu tun, welche die Gesellschaft auferlegt. Die „entreprise", die Unternehmung des eigenen Ich ist im Sinne seiner Originalität im Grunde gegen eine allgemeine Gesellschaft, in jedem Fall aber gegen jegliche gesellschaftliche Gleichmacherei gerichtet.

Das Subjekt etabliert sich damit schon über sein Schreib- und Lese-Projekt in einem Zwischenraum zwischen der Masse der Gesellschaft und allerhöchster Individualität, wobei dieser Zwischenraum als ein Bewegungsraum gedeutet werden muss, als Raum einer Bewegung aus der Gesellschaft hinaus. Das Ich exponiert sich *gegen* die Gesellschaft. Roland Barthes hat einmal gesagt, dass Voltaire der letzte der glücklichen Schriftsteller gewesen sei: Jean-Jacques Rousseau – dies zeigt sich auch auf dieser Ebene – war es nicht, denn seine Subjektivität war bereits von den Subjektivitäten seines Lesepublikums getrennt.

Dieses Subjekt des Schreibenden ist auch innerhalb eines geschichtlichen Ablaufs ohne Vorläufer und ohne Nachfolger: Es ist einzig und einzigartig, sticht aus der Masse hervor. Die Konstellation moderner Subjektivität sprengt den Rahmen, sprengt die Formen einer gesellschaftlichen Modellierung, die für alle, für jede und jeden Geltung beansprucht. Und doch benötigt dieses Subjekt die Gemeinschaft, um sich von (und gegenüber) allen, die ihm ähnlich zu sein scheinen, unterscheiden zu können; auf dieselbe Weise, wie der Autor seine Leserschaft braucht, um ihr seine eigene Unvergleichlichkeit vor Augen führen zu können. Genau darin besteht die „entreprise", das literarische Projekt des Jean-Jacques Rousseau: die Einzigartigkeit des Subjekts im Spiegel seiner Leserschaft reflektieren zu können.

Der zweite Satz des Incipit formuliert den Willen dieses Ich, all seinen „semblables" – also den ihm Gleichen, aber von ihm doch Unterschiedenen – einen

Menschen zu zeigen, verbunden mit dem Anspruch auf Wahrheit und von der Natur verbürgt. Das Ich will sich nicht in dem sonnen, was es hat, sondern sich in dem zeigen, was es ist: Nicht das Haben spielt die entscheidende Rolle, sondern das Sein. Das „toute", die *ganze* Wahrheit, steht dabei für die Totalität dieses Anspruchs ein: Es ist ein totaler, ja vielleicht sogar totalitärer Anspruch, welcher in dieser Passage an das eigene Schreiben, an das eigene Sagen erhoben wird. Zugleich ist das entscheidende Verb das „montrer", das Zeigen, das im weiteren Verlauf dieser Passage auch in das „dévoiler", das Entschleiern, und das „découvrir", das Aufdecken und Entdecken, übergeht. Wir haben es folglich mit einem Zeigen und Beweisen („démontrer") der Wahrheit in ihrem absoluten Sinne zu tun, was zugleich auch auf eine Tiefe aufmerksam macht, die nicht der Oberfläche des Menschen und alles Menschlichen an Normen und Konventionen entspricht. Überhaupt ist es nunmehr die Tiefe, gerade auch die psychische Tiefe, die entscheidend für die Subjektivität des schreibenden und auf sich zeigenden Ich ist.

Doch das Ich kann nicht für sich allein sein, kann niemals für sich alleine stehen. Das Zielpublikum aller Lektüren ist klar formuliert, klar ausgemacht: Die Konstituierung des Ich benötigt die Präsenz eines Lesepublikums, welches es in seiner ganzen Wahrheit versteht. Denn Subjektivität kann sich in einem modernen Sinne nur dann konstituieren, wenn sie sich anderen zeigt, anderen zu lesen gibt. Mit anderen Worten: Subjektivität konstituiert sich erst, wenn ihr Schreiben oder Handeln ostentativ wird und von einer Latenz in etwas Manifestes übergeht. Die Tiefe allein genügt nicht, sie muss sich auch manifestieren. Der Mensch, der gezeigt werden soll, ist das „Moi", ist das betonte und hervorgehobene Ich. Damit kommt nun der autoreflexive Charakter in die autobiographische Strukturierung hinein: Das Ich beugt sich über das Ich, genauer: Ein späteres Ich beugt sich über ein früheres Ich.

Rousseau spielt an dieser Stelle die sprachlichen Möglichkeiten des Französischen aus. Das Zurückbeugen des Ich auf sich selbst führt zu einem zweiten Ich, das hier im betonten Personalpronomen in anderer Form erscheint, die wir im Deutschen nicht nachahmen können, als ein „Moi", das noch immer derselbe Mensch zu sein scheint, und doch vom „Je" her gezeigt und konstruiert wird: „Je" und „Moi" treten auseinander. Die Betonung dieses Ich, dieses „Moi", wird noch dadurch erhöht, indem ihm ein zweiter Einsilber an die Seite gestellt wird, der gleichsam explodiert: „Moi seul", Ich allein.

Das eine Ich ist das Subjekt des Vorgangs des Zeigens und das andere Ich ist das Objekt desselben Vorgangs. Das Auseinandertreten in ein Subjekt und ein Objekt des Schreibens konstituiert die *Auto-Bio-Graphie*, das heißt das Selbst-über-das-eigene-Leben-Schreiben. Es kommt damit zu einer Spaltung, zu einer Trennung, ganz so, wie das Projekt des Schreibens selbst eine Trennung, eine Spaltung gegenüber allen anderen Projekten ankündigte und hier nun eine weitere Dimension der Konstituierung von Subjektivität einbringt. Damit deutet sich eine Aufspaltung an in ein erzählendes oder wenn sie so wollen *zeigendes* Ich und ein erzähltes, dargestelltes oder *gezeigtes* Ich, das freilich in seiner ganzen Wahrheit schonungslos entschleiert werden soll. Dies ist ein wichtiger gattungskonstitutiver Augenblick, der sehr früh in Rousseaus *Confessions* erscheint und eine inszenierte Schonungslosigkeit betrifft, welche zu einem für Rousseau essentiellen Bestandteil des „autobiographischen Paktes" wird.

Die hier bevorzugte Benennung *zeigendes* versus *gezeigtes* Ich wähle ich an dieser Stelle nur aufgrund der entsprechenden Textvorgabe; denn im Grunde handelt es sich bei beiden Ichs um gezeigte und auch konstruierte Ich-Figuren. Ich ziehe sie also nur aus didaktischen Gründen und vorläufig heran. Denn an einem kann es keinerlei Zweifel geben: Bei beiden handelt es sich nicht um den realen Autor, also um Jean-Jacques Rousseau, sondern um Subjektkonstruktionen im innerliterarischen Raum. Der textexterne Autor Jean-Jacques Rousseau schafft verschiedene Figuren oder besser noch Figurationen des Ich, welche er in Bewegung setzt und miteinander kommunizieren lässt. Die Fiktion – gerade die Fiktion der Wahrheit und absoluten Aufrichtigkeit – gestaltet und bildet den Raum, innerhalb dessen sich die Authentizität des Ich konstruieren lässt und gleichsam erprobt, experimentell untersucht und konstituiert werden kann. Die Ich-Figurationen sind die Geschöpfe ihres Autors, nichts anderes.

Vor diesem Hintergrund ergibt sich die Anlage des gesamten Buches als ein ständiges Pendeln zwischen den beiden Ichs, dem „Je" und dem „Moi", die sich selbstverständlich auf zwei verschiedenen Zeitebenen ansiedeln, welche sich zumindest tendenziell im weiteren Verlauf der *Bekenntnisse* einander annähern werden. Damit ist die literarische Grundstruktur der Autobiographie vorgegeben. Nicht umsonst beginnt nach diesem Incipit der Text mit dem Beginn, mit der eigenen Geburt und damit mit einem Datum, das schlechterdings nicht aus der Perspektive eigenen Erlebens gezeigt und dargestellt werden kann. Die Literatur kann durchaus diesen Augenblick der Geburt gestalten und sie hat sehr viele literarische Mittel dafür. Doch befinden sich diese außerhalb der klassischen Autobiographie und zugleich in einem thematischen Bereich, dem eine eigene Vorlesung gilt, welche sich der Geburt, dem Sterben und dem Tod widmen wird. Denn es geht hier ohne jeden Zweifel um die Darstellung und um ein Wissen vom Leben.

Der zweite Absatz führt die beobachtete Konzentration auf das Ich radikal weiter. War es zunächst um einen Menschen, einen ganzen Mann gegangen, der in seiner schonungslos offenen Wahrheit gezeigt werden sollte, so geht es nun um das Ich, das an die Stelle von „un homme" tritt. Wir wohnen dem spektakulären Auftritt des *Ich* bei, das die Bühne des Textes betritt. An die Seite des Totalitätsanspruchs tritt hier nun der Individualitätsanspruch und zugleich – das Wörtchen ist fürwahr verräterisch – das „seul", das Alleinige, das Einzige, aber auch das Einsame, das Individuum, das von allen anderen abgetrennt wird und sich in seiner Eigenheit und Einsamkeit zugleich präsentiert. Nein, Roland Barthes hatte Jean-Jacques Rousseau mit guten Gründen nicht mehr zu den glücklichen Schriftstellern gezählt: Nicht zuletzt von ihm leiten sich ganze Filiationen romantischer Autoren her, die sich in ihrer Einzigartigkeit, aber auch in ihrer Einsamkeit von der Masse, der Gesellschaft, der Gemeinschaft ihres Lesepublikums getrennt wissen. Diese Trennung ist eine gute Voraussetzung für ein Schreiben im 19. Jahrhundert, nicht aber für ein Glücklich-Sein in dieser Zeit.

Einsamkeit ist ein gutes Stichwort! Denn gezeigt wird allein das Ich. Aber vielleicht deutet sich hier auch schon an: Das Ich betritt allein die Bühne, hat seinen Auftritt als Ich allein. Es ist ein Subjekt, das sich in seiner Einsamkeit *erlebt*, das sich gegenüber der Gesellschaft, gegenüber den „semblables" als von diesen getrenntes Ich wahrnimmt. Die Ellipse des „Moi seul" ist daher von einem ungeheuren Gewicht. Sie ist unverbunden, steht für sich.

Jean-Jacques Rousseau hat mit dieser Formel noch einmal beide Gedanken zusammengefasst: Das Vorhaben wie der Gegenstand des Vorhabens werden von diesem Ich allein bestritten. Damit ist die Einsamkeit, aber auch die Originalität erfasst; die Originalität des Vorhabens wie des Ich selbst. Das Ich wird selbst – ganz etymologisch – zum Urheber seiner selbst und des Vorhabens oder der Unternehmung, wird zum Chef der „entreprise", ganz allein. Es gibt keine Gemeinschaft, welche diese Isolation des Schriftstellers auffangen könnte: Vorbei sind die Zeiten, in welcher ein Philosoph sich als Sprachrohr einer Gemeinschaft von Lesern fühlen konnte und wusste, dass er die Gedanken vieler in der „République des Lettres" philosophisch wie literarisch auf den Punkt brachte.

Daraus ergibt sich eine grundsätzliche Problematik: jene der Beziehung – ja der trennenden Beziehung – zwischen diesem einmaligen, diesem unhintergehbaren Ich und der Masse der Menschen, seinen „semblables". Der Schriftsteller ist weder „semblable" noch „vraisemblable", ja noch nicht einmal „invraisemblable": Er trägt das ganze Gewicht seines Ich und will gerade deshalb dieses Ich auch zeigen. Diese Problematik ist dem Ich von Beginn an bewusst und eben hier setzt die Beziehung zwischen moderner Subjektivität und Kollektivität an: „Ich fühle mein Herz und ich kenne die Menschen." Wir sind nun im Herzen der Problematik von Partikularität und Universalität.

Denn das Ich ist radikal anders und doch fähig, die Gefühle der Menschen, ja der Menschheit zu kennen. Das Herz wird zum Träger dieser Kenntnis und Erkenntnis. Was in und mit diesen simplen Worten geschieht, ist eine Art Verortung des Anderen, *der* Menschen an und im eigenen Körper des Ich: Sie sind dem Ich über das eigene Herz zugänglich. Es wird zum Organ der Erkenntnis der anderen, zum Erkenntnisorgan der Menschen überhaupt, insoweit es vom Fühlen

(„sentir") direkt den Zugang zum Wissen („connaître") herzustellen vermag. Das ist ein bemerkenswerter Vorgang!

Denn das Individuum wird vermittels dieses Kunstgriffs zu einer Art Synekdoche, zu einem Pars pro toto der gesamten Menschheit – oder sollten wir geschlechterspezifisch besser sagen ‚Mannheit'? Dadurch ergibt sich eine generelle Verschränkung zweier Bewegungen, die wir durchaus als Paradox verstehen dürfen: Das Ich ist anders, einzigartig wie sein Vorhaben, von allen Menschen geschieden, allein, und doch zugleich mit allen anderen verbunden über das Organ seines eigenen Herzens. Das Herz wird gleichsam zum *Zentralorgan* des Schriftstellers – und zwar auch in dem durchaus politischen Sinne, dass es (vergleichbar mit dem Zentralorgan einer Partei) die Wahrheit der Menschen zu verkünden befugt ist. Dem wohnt gewiss etwas Totales, ja Totalitäres inne.

Mit dem Herzen rückt der Körper ins Zentrum des Interesses. Denn in diesem Zusammenhang entwickelt sich eine Topographie des Körpers, eine Anordnung von Körperorten, die von größter Bedeutung für die Topographie, die Schreib- und Leseweise, aber auch die Körperlichkeit der Romantik wird. Es wird sich eine Schreibweise entwickeln, die in gewisser Weise eine erkaltete Herzensschrift darstellt und die Flüssigkeit des Herzens, das Blut, zum Medium des Schreibens und der Schrift machen wird.

Das Herz als Ort des Schreibens, das Blut als Hort der Schrift? Angedeutet wird in diesen Formulierungen, was wir in späteren Texten höchst entwickelt in der Romantik und insbesondere im romantischen Liebesdiskurs finden werden.[5] Dort ist das Herz ebenfalls das zentrale Organ: Es wird vom Blut durchströmt, das letztlich jene Flüssigkeit darstellt, welche metaphorisch neben die der Tinte beim Schreiben tritt. Es ist die erkaltete Spur des Herzens, zur Herzensschrift koaguliert.[6] Die Erkenntnisse dieses Herzens – soviel dürfen wir festhalten – bleiben nicht auf den eigenen Körper, auf die Erkenntnis des eigenen Ich beschränkt, sondern werden entgrenzt, übersteigen das Eigene, den eigenen Körper-Leib, und geben Auskunft über die gesamte Menschheit, unabhängig von ihrer Kultur, Zivilisation oder Religion: „Je sens mon coeur et je connais les hommes." Der Anspruch des Ich auf ein universales Wissen aus der Partikularität hätte kaum absoluter ausgedrückt werden können.

Ist diese die gesamte Menschheit umfassende Verbindung erst einmal hergestellt, bedarf es zugleich auch einer Betonung der Abtrennung des Nicht-Trennbaren, des In-Dividuums: Ich bin gemacht wie keiner all jener, die ich je gesehen.

---

5 Vgl. hierzu Ette, Ottmar: *LiebeLesen*, S. 389–573.
6 Vgl. hierzu auch Schneider, Manfred: *Die erkaltete Herzensschrift. Der autobiographische Text im 20. Jahrhundert.* München – Wien: Hanser 1986.

An dieser Stelle wird die Parallele zwischen Ich und Schreibprojekt offenkundig: auch einen solchen Text hat es noch nie gegeben und wird es auch nie mehr geben. Das Ich ist ebenso konstituiert und konstruiert wie das Projekt der *Confessions* selbst: nämlich aus dem Bewusstsein einer radikalen Differenz und Andersheit heraus. Wir könnten hinzufügen: aus einer Differenz, die gleichsam im eigenen Ich anthropologisch verkörpert wird, in ihm verkörpert ist und in keinem anderen Menschen je mehr Gestalt annehmen kann.

Die Betonung des Anders-Seins verschließt freilich nicht den Zugang zu anderen, wohl aber die Identifikation mit den „semblables". Dies bedeutet wiederum nicht, dass sich nicht die Anderen, dass sich nicht die Leserinnen und Leser mit diesem Ich identifizieren könnten. Denn in seiner vorgeblich schonungslosen Offenheit bietet es genügend Ansatzpunkte, an denen eine Identifizierung greifen könnte. Wir werden sehen, dass es gerade über dieses Herz möglich wird, den Kommunikationsprozess umzukehren und das Herz des Ich zu jenem Organ zu machen, das mir als Leserin oder Leser die Selbsterkenntnis ermöglicht, so dass die Identifizierung mit dem Herzen des Ich die Erkenntnis meines Selbst, meines eigenen („auto") Lebens („bios") vorantreibt. Immerhin sind vom Herzen aus alle anderen begreifbar, erkennbar, gleichsam lesbar. Und zugleich erlaubt mir das Herz die Möglichkeit der Identifikation, die allen Leserinnen und Lesern weit offen steht: Das Ich ist unvergleichlich – und genau deshalb kann es auch zur Projektionsfläche aller in ihm Lesenden werden.

So erkennen wir im Herzen das menschliche Organ, das eine neue Kommunikationssituation zwischen Autor und Leserschaft erlaubt. Lies in meinem Herzen, das ich Dir in seiner ganzen Nacktheit zeige: „mon coeur mis à nu." Diese Gestik hat sich der Romantik inkorporiert. Dabei betont das Ich das Wagnis einer solchen Abtrennung des Ich, das Wagnis der Behauptung (und des Glaubens, „croire") seiner radikalen Andersartigkeit: „Bin ich nicht mehr wert als diese, so bin ich doch zumindest anders." Das Ich weiß um seinen Wert.

Doch dieser Satz ist der Grund-Satz der Spaltung zwischen dem Ich und der Gesellschaft, dem Ich und den Anderen: die Proklamation eines Individuationsprozesses, der freilich nicht transkulturell oder Kulturen überspannend so verläuft, sondern eine spezifische Form abendländisch-europäischer Identitätsbildung darstellt. Wir können ohne große Gefahren heute die These wagen, dass dieser Satz noch immer den Grund-Satz westlicher Individuation ausdrückt – und dies selbst dann noch, wenn sich diese Individuation als westlicher Individualismus bis in die letzten Winkel des Konsumismus verkrochen hat. Wir haben es hier mit der konstitutiven Abtrennung des Ich zu tun, die nicht einmal für die westliche Kultur überhaupt, wohl aber für eine bestimmte Phase der westlichen beziehungsweise abendländischen Kultur grundlegend geworden ist: Es ist, mit Foucault archäologisch gesprochen, die Moderne. Das Ich ist anders, und von dieser Einmaligkeit und Andersartigkeit aus konstruiert es seine Beziehungen zu den Anderen, zur Gesellschaft, zur Kollektivität. Selbst dann noch, wenn es in einer konsumorientierten Warengesellschaft seine eigene Individualität endlos durch käufliche Individualitätsmarkierungen erwirbt und in der digitalen Überwachungsgesellschaft durch seine ‚Likes' zum Ausdruck bringt. Doch zurück zu Rousseau!

Im Incipit folgt eine Metapher, die nicht uninteressant ist. Denn die Natur habe gleichsam eine Leerform geschaffen, eine Backform, die das Ich gestaltet hat. Doch hat sie diese Form sogleich wieder zerbrochen und für immer dieses Modell, diese *Figura*, zerstört. Kein Anderer, keine Andere wird je mehr dieselbe Gestalt wie das Ich annehmen können. In der „nature" wird die Urheberin jener Form des Ich und zugleich auch jene Dimension der „vérité de la nature" erkannt, die wir in unserem *Close Reading* bereits im zweiten Satz bemerkt hatten. Die Natur wird damit auch zum Gegenstandsbereich einer Zugangsmöglichkeit zum Grundlegenden, zur Grundform, auch wenn eine derartige „moule" wie jene, die für Rousseau gefertigt wurde, niemals mehr auftauchen wird. Die wahre Subjektivität ist unkopierbar: Die Moderne legt Wert auf eine Originalität, die weder kopier- noch emulierbar ist. Genau dies macht sie für die Postmoderne, welche Kopien und Fälschungen liebt, so herrlich angreifbar.

Das Ich erscheint also in diesen Wendungen als eine von der Natur gegebene Leerform, die es dann erst in einem Prozess sukzessiver Füllung konstituieren wird. Denn diese Form kann nicht nur an ihrer Oberfläche, sondern muss auch in ihrer Tiefe gefüllt werden. Sie sehen: Diese von Rousseau gewählte Metapher ist aufschlussreich, denn das vorab Gegebene ist allein die Leerform, auch wenn sie die sich später weiter entwickelnde Vollform modelliert. Noch entscheidender aber ist das Ende dieses Satzes: Urteilen und beurteilen könne der Leser erst, wenn er dieses Buch des Lebens gelesen habe. Denn es liegt ein ganzes *Leben* in seiner Prozessualität und Vergänglichkeit, aber auch in seiner Unsterblichkeit vor ihm. Sehen wir noch einmal genauer hin!

Der Leser liest im eigentlichen Sinne nicht das Buch, sondern das Ich: nachdem er *mich* gelesen hat, so die Formulierung Rousseaus. An die Stelle des Buches und des Buchprojekts tritt also endlich das *Ich* („je"), das unbetonte Personalpronomen, das gelesen, entziffert, gedeutet, eben *gelesen* werden kann. Noch Italo Calvino wird sich dieser Metaphorik bedienen, wenn er in *Se una notte d'inverno un viaggiatore* die beiden Liebenden erotisch als sich wechselseitig Entziffernde zusammenführt. In der Zentralstellung des Leseakts tritt explizit jene Identifikation von Ich und Buch ein, die in der Parallelisierung bereits angelegt war, nun aber erst zum Tragen kommt: Das Ich ist das Buch, das in einem längeren Leseprozess einer aufmerksamen Lektüre unterzogen und erst danach be- oder verurteilt werden kann. Dieser Leser, der das Ich studiert, kann ein menschlicher Leser, eine menschliche Leserin sein; aber es ist sehr gut denkbar, dass es sich bei Rousseaus urteilender Leserfigur um einen göttlichen Leser handelt. Denn der christliche Gott liest die von ihm geschaffenen Menschen.

Soviel zunächst zu diesen beiden ersten Absätzen des Incipit. In ihnen wohnen wir der Herausbildung des modernen abendländischen Subjekts bei. Wir könnten dies auch nietzscheanisch formulieren: der Geburt des abendländischen Subjekts aus dem Geiste der Autobiographie. Und es scheint mir nicht unwichtig zu sein, dass dieser Bereich gerade mit dem Leseprozess, mit dem Vorgang des Lesens, abgeschlossen oder eröffnet wird. Im Lesen, in der Lektüre kulminiert die Selbstrepräsentation des Ich: Das Buch des Lebens muss gelesen und gedeutet werden.

Damit gelangen wir zu der für das 19. Jahrhundert immer wichtiger werdenden Dimension des Lesens und der zumindest in Kern-Europa rasch voranschreitenden Alphabetisierung breiter künftiger Leserschichten. Das Lesen ist in der Tat seit der zweiten Hälfte des 18. Jahrhunderts eine Tätigkeit, die immer weitere gesellschaftliche Bereiche und Sektoren erfasst und im nachfolgenden Jahrhundert zur beherrschenden Kulturtechnik breiter Schichten wird. Die Alphabetisierungsrate steigt vor allem in der zweiten Hälfte des Jahrhunderts der Aufklärung bereits deutlich an, eine Entwicklung, die sich im 19. Jahrhundert – auch im Zeichen der sich langsam durchsetzenden Schulpflicht – mehr oder weniger beständig fortsetzt. Zugleich wird das Lesen zu einem semiotischen Prozess, einem sinnbildenden Prozess, der über das Buch den Menschen, den *ganzen* Menschen, erfasst und erfassen soll. Das Lesen – gleichviel, ob als individuelle oder auch als kollektive Lektüre – wird zu einer verbreiteten Kulturtechnik, zu welcher immer größere Teile der Gesellschaft Zugang haben. Dies bedeutet für die Autobiographie, dass sie für viele Menschen nicht nur lesbar („lisible"), sondern bald auch schreibbar („scriptible") wird.

In derselben Bewegung rückt das Buch auch an die Stelle des Körpers, wird zu jener grundlegenden Metonymie, die es erlaubt, dass die Literatur in der Moderne und für die Moderne zur entscheidenden sinnstiftenden und sinnbildenden Tätigkeit wird. Vergessen wir dabei nicht, dass das Ich mit dem Buch in der Hand vor seinen göttlichen Richter tritt und gleichsam mit seinem Lebensbuch Zeugnis ablegt von jener Aufrichtigkeit und Wahrheit, welche in den Augen des göttlichen Lesers – des Stifters einer Buchreligion – erscheinen mögen.

Nun aber zum dritten und längsten Abschnitt dieses wahrlich famosen Incipit, das uns tief in die wesentlichen Veränderungen der zweiten Hälfte des 18. Jahrhunderts führt, welche am Ursprung unserer Moderne – auch der philosophischen Moderne[7] – stehen! Denn bei *Les Confessions* von Jean-Jacques Rous-

---

7 Vgl. hierzu Habermas, Jürgen: *Der philosophische Diskurs der Moderne. Zwölf Vorlesungen.* Frankfurt am Main: Suhrkamp 1985.

seau handelt es sich um einen Grundlagentext für das 19. Jahrhundert – und ich würde die Behauptung wagen, dass dieses Jahrhundert anders verlaufen wäre, hätte es den Bürger von Genf und seine Autobiographie, die erste Autobiographie der Moderne, nicht gegeben.

Im dritten Abschnitt, den ich abschließend besprechen möchte, tritt das Ich dem Höchsten Richter am Tag des Jüngsten Gerichts gegenüber. Es ist offensichtlich, dass Rousseau an dieser Stelle auf eine christliche Vorstellungswelt zurückgreift, um diese dann aber mit seinen eigenen Modifikationen zu versehen und auf gewisse Weise zu entsakralisieren. Damit kommt jenes „chassé-croisé" in Gang, das sich über das gesamte folgende Jahrhundert hin entfalten wird: eine Profanisierung des Sakralen und eine Sakralisierung des Profanen, welche wir allerorten beobachten können. Wir werden auf diesen dem 19. Jahrhundert zu Grunde liegenden Mechanismus noch mehrfach zurückkommen.

In dieser Szene tritt das Ich vor seinen Richter mit dem Buch seines Lebens in der Hand. Diese Buchmetaphorik war keineswegs eine Erfindung Rousseaus, sondern findet sich in den Buchreligionen der verschiedenen Zweige des Christentums an vielerlei Stellen. So stoßen wir bereits in zahlreichen mittelalterlichen Darstellungen des Jüngsten Gerichts auf dieses Buch, in welchem das Leben der einzelnen Menschen aufgeschrieben steht und das der Lektüre des Höchsten Richters, Gott Vater selbst, unterbreitet wird. Auf diese Weise wird letzterer folglich zum Leser des Ich, eines Ich freilich, welches dieses Buch seines Lebens eigenhändig verfasst hat und darüber die Deutungsoberhoheit behauptet. Denn Gott Vater nimmt zwar die Position des „lecteur suprême" ein, doch bedeutet ihm das Ich unmissverständlich, was die richtige Lesart dieses Buches, dieser *Bekenntnisse* sein muss. Eine solche Haltung ist in keiner Weise mehr unter christlicher Demut zu verorten.

Folglich werden wir sogleich einer bemerkenswerten Substitution dieses göttlichen Lesers beiwohnen. Der „auctor" dieses Buches seines Lebens, dieser *Confessions*, reklamiert für sich die „auctoritas", mithin die Autorität über die Deutung des von ihm verfassten Lebensbuches, und unterwirft sich nicht einfach dem Urteil und Ratschlag Gottes. Denn wir hören die Trompete des Jüngsten Gerichts, vielleicht aber auch jene Trompete der Fama, des Ruhms, der so häufig in der allegorischen Darstellungsweise mit einer Trompete ausgestattet erscheint. Das Ich präsentiert sich nicht allein und nackt vor dem Schöpfer, dem Höchsten Richter, sondern mit dem Buch seines Lebens, mit seinen *Confessiones* in der Hand und gibt dessen Lesern Leitlinien zu deren Deutung bei. Es führt damit eine Gemeinschaft der Lesenden ins Feld, welche gleichsam beim Jüngsten Gericht zu Zeugen der Verteidigung werden.

Vor diesem Hintergrund lässt sich ohne Zweifel sagen: An die Stelle des Ich, des Körper-Leibes, ist eine Art Ersatz getreten, freilich in der Situation einer erstaunlichen Verdoppelung. Denn es erscheint das Ich und das Ich trägt ein Buch, das wiederum auf das Ich verweist, das seinerseits auf das Buch verweist, welches auf das Ich verweist und so weiter: eine Endlosschleife der Verweisungen, die für sich die „auctoritas" reklamieren. Damit entsteht eine zirkuläre, sich unendlich spiegelnde Beziehung zwischen Ich und Buch, die – so scheint es – jedem Jüngsten Gericht spielend zu trotzen in der Lage wäre. Denn das Jüngste Gericht wird unverzüglich entsakralisiert, indem es nicht die religiösen, die christlichen Aspekte sind, die vor diesem Gericht im Vordergrund stehen. An die Stelle des christlichen Gottes ist der „souverain", der „juge" und vor allem der „souverain juge" als Ewiges Wesen, als „être eternel" getreten: also ein oberster, souveräner, unbestechlicher, unabhängiger Richter, an dessen Stelle in der sich entsakralisierenden Moderne schon bald der Kollektivsingular der Geschichte erscheinen wird. Dieser „souverain juge" ist bereits auf halbem Wege zwischen dem Thron Gottes und dem der Geschichte. Denn in einer weitgehend entsakralisierten Gesellschaft, in welcher die Religion zu einer Privatsache geworden sein wird, ist es die Geschichte, die ihr Urteil über die Lebenden und die Toten sprechen wird.

Jean-Jacques Rousseau positioniert sich vor seinem Gericht, das er als das Jüngste Gericht apostrophiert; doch anders als beim Jüngsten Gericht im christlichen Sinne hat er mächtige Fürsprecher. Grundlage seines Gerichtsurteils ist dabei ganz offensichtlich im Wesentlichen das Buch, das Buch – wie wir sagen könnten – des Lebens, die Autobiographie, die durch die Graphie, das Schreiben selbst („auto") das Leben („bíos") zeugt und zeigt. Das Ich verweist auf die Schrift und präsentiert sich selbst, indem es sein Buch präsentiert: „Hier ist, was ich gemacht, hier ist, was ich gedacht, hier ist, was ich war." Es geht um das Sein, um das innere Wesen des Menschen. Dieses Sein – und auch das gewesene Sein – umschließt das Handeln, das Tun, das „faire" ebenso wie das Denken, das „pense": Beides bildet den Menschen, der sich dem göttlichen Urteil präsentiert. Aber unterwirft er sich diesem Urteil auch? Hat er nicht vielmehr längst sich selbst ein Urteil, ein definitives Urteil von seinem eigenen Leben gebildet?

Die Formulierungen Rousseaus machen klar: Es geht nicht allein um das Handeln und es geht nicht allein um das Denken, sondern um ein Zusammenwirken im Sein und Geworden-Sein. Dieses Sein ist aber im Buch enthalten, so wird uns glaubhaft versichert: Das Buch und die Schrift rücken an die Stelle des Seins, drücken dieses Sein auf literarisch verdichtete Weise aus. Und mehr noch: Sie werden zu dessen Rechtfertigung, zu dessen Legitimation. Das Buch legt Zeugnis ab wie die Märtyrer, die Zeugnis ablegen von ihrem Gott; es wird selbst zum unbestechlichen Zeugnis und zugleich zur Legitimation des Ich vor Gott und den Menschen, die freilich bestenfalls „semblables" und Zeugen der Verteidigung sind, nicht aber vergleichbar mit dem Ich. Denn letzteres ist einzigartig und weiß um seinen Wert.

Das Ziel unmittelbarer Kommunikation ist von grundlegender Bedeutung für diesen Text und für Jean-Jacques Rousseau, wie Jean Starobinski in einer überzeugenden und vor Jahrzehnten wegweisenden Studie festgestellt hat.[8] Rousseau strebte in seinen philosophischen und literarischen Texten nach Direktheit der Kommunikation, nach Unmittelbarkeit der Verbindung, nach Beseitigung aller Schleier, aller Hemmnisse: nach unhintergehbarer Transparenz. In der hier untersuchten Passage erscheint selbst im Kontext des Buches weniger das Schreiben als das Sagen: mehr noch, das unmittelbare Sprechen. Es zählt unverkennbar eine Mündlichkeit, die offensichtlich für den Wunsch der Unmittelbarkeit, der Direktheit, der Unvermitteltheit selbst in der literarischen Kommunikation steht.

Doch die direkte, unmittelbare Kommunikation zwischen Autor und Leser*in ist eine Zielstellung jeglicher Lektüre, jeglichen Lesens und insbesondere auch der Lesevorgänge in der schon bald heraufziehenden Romantik. Wir werden diese Beziehung zwischen Autor*innen und Leser*innen noch vielfach auf unserem Weg durch die Romantik und das 19. Jahrhundert antreffen. Die „franchise", die Offenheit, das Frei-Heraus, wird zur Grundbedingung dieser direkten, unverstellten Kommunikation, deren Träger das Buch ist, gleichviel, ob es sich um die Darstellung des Guten oder jene des Schlechten handelt. Die Schrift ermöglicht in ihrer nachgebildeten Mündlichkeit eine Lektüre, welche die Direktheit der Verbindung zwischen Rousseau und seinem Lesepublikum sicherstellt. Nichts darf diese Direktheit gefährden!

Nichts an Bösem sei verschwiegen, nichts an Gutem hinzugefügt worden: Auch an dieser Stelle findet sich wieder die Behauptung des Unverfälschten, der absoluten Wahrheit, deren Anspruch zumindest in diesem Incipit alles in großer, beeindruckender Radikalität durchdringt. Es handelt sich um einen Text mit einem totalen, fast totalitärem „Truth Claim", der keine abweichende Ansicht, keine anderen Gesichtspunkte erlaubt. Die Offenheit von *Les Confessions* ist radikal – und doch ist sie eine fingierte Offenheit, die keineswegs den ‚unverfälschten' Blick auf Rousseau freigibt. Doch diese literarisch in Szene gesetzte Offenheit bewirkte beim angestrebten Lesepublikum, von welchem der Genfer Autor bald schon schlicht mit seinem Vornamen „Jean-Jacques" benannt wurde, eine Wendung, die sich bis hinein in die Forschungsliteratur unserer Tage findet.

Das Ich betont seinen Anspruch auf absolute Wahrheit: gerade auch in seiner Darstellungsweise. Das Ornamentale, Ausschmückende komme nur dort vor, wo den Verfasser sein Gedächtnis verlassen habe. Das Gedächtnis des Ich erscheint zwar als unbestechlich, aber nicht als grenzenlos verlässlich und treu: Die Kaute-

---

8 Vgl. hierzu die klassische Studie von Starobinski, Jean: *Jean-Jacques Rousseau. La transparence et l'obstacle. Suivi de Sept Essais sur Rousseau*. Paris: Gallimard 1971.

len Rousseaus sind deutlich vernehmbar. Das menschliche Gedächtnis ist gewiss nicht das Archiv, in welchem alle Dokumente originalgetreu aufbewahrt bleiben, wohl aber jenes lebendige Organ, dem sich das Ich und das Buch vollumfänglich anvertrauen. Das Falsche sei durch dieses Gedächtnis als das Falsche auch aus dem Buch, aus der Niederschrift der *Confessions* ausgeschlossen worden. Nicht alles, was das Gedächtnis enthält, ist mithin in das Buch eingegangen; und das Buch selbst enthält mehr, als das Gedächtnis seinerseits aufnehmen konnte. Beide aber werden am Ideal nicht des „vraisemblable" ausgerichtet, des Wahrscheinlichen oder allem Anschein nach Wahren, sondern an der radikalen Instanz des „vrai", des absolut und vollständig Wahren. Die *Bekenntnisse*, die Beichte des Verfassers, bezieht sich nicht auf ein Wahrscheinliches, sondern beruft sich auf das unverbrüchlich Wahre.

Daher nun erneut das Zeigen, das „montrer" und „démontrer" des Ich: „Ich habe mich gezeigt, so wie ich war." Das Ich gibt vor, sich ungeschönt zu zeigen, bar jeglicher Kosmetik, bar jeglicher Rhetorik. In diesem Satz erscheint nochmals deutlicher die Gespaltenheit des Ich als ein Zeigendes und zugleich Gezeigtes und – damit einhergehend – die temporale Verschiedenheit von „je" und „moi". Dieses Doppelt-Sein ist zugleich das von Schreibendem und Lesendem, von Sich-Selbst-Schreibendem und Sich-Selbst-Lesendem, welcher sich als Schreibender und als Schreibenden selber liest und einer genauen Lektüre unterzieht. Das Ich habe sich als verachtenswert und schlecht (zwei Adjektive) gezeigt, wenn es dies gewesen sei, und als gut, großzügig und erhaben (drei und damit mehr Adjektive), sobald dies der Fall gewesen sei. Der Schreibende gibt den unverhüllten, den unverschleierten Blick auf sich selbst in seiner Nacktheit frei, gibt sich in all seiner Transparenz zu lesen, ohne jedes Hindernis für die Leserinnen und Leser.

An dieser Stelle tritt eine Dimension des Erhabenen, des Sublimen mit in den Diskurs, die uns noch im weiteren Verlauf unserer Vorlesung beschäftigen wird, auf die ich hier aber bereits aufmerksam machen will. Denn das Sublime wird (seit der Frühaufklärung) zu einer das 19. Jahrhundert prägenden Kategorie,[9] welche auch in den verschiedensten Künsten ihren angemessenen Ausdruck zu finden sucht. Ich werde darauf später zurückkommen.

An die Stelle des Zeigens, des „montrer" tritt jetzt die Metaphorik des Aufdeckens, des Enthüllens, des „dévoiler", der Entschleierung aller Gegenstände. Jean Starobinski hat in der bereits erwähnten denkwürdigen Folge von Studien diese Bedeutung des Schleiers enthüllt und auf die Wichtigkeit der Transparenz

---

[9] Vgl. u. a. Wehle, Winfried: Vom Erhabenen oder über die Kreativität des Kreatürlichen. In: Neumeister, Sebastian (Hg.): *Frühaufklärung*. München. W. Fink 1994, S. 195–240; zuvor (ders.): *Romantik. Aufbruch zur Moderne*. München: W. Fink 1991.

für Jean-Jacques Rousseau hingewiesen. In diesem Spannungsfeld von Transparenz und Hindernis ist also jener Ausdruck und jene Formel zu sehen, auf die – wenn auch in anderem Kontext – noch ein Charles Baudelaire zurückgreifen wird, wenn er von „Mon cœur mis à nu", meinem gänzlich entschleierten und nackten Herzen sprechen wird. Denn der Schleier wird weggezogen und das Ich erscheint so, wie es vor den Augen seines Schöpfers, des Schöpfers aller Dinge erscheint, der hier als unmittelbarer Gesprächspartner auftaucht und in den Blick des Lesepublikums rückt. Das Herz wird spätestens mit der Frühromantik zum Ort und Hort intimer Wahrheit und Authentizität: Die Schrift dieses Herzens wird lesbar gemacht. Doch wer liest?

Mit dieser Geste, mit dieser Einbeziehung ist neben das menschliche Lesepublikum eine Art ‚Über-Leser' getreten, das „être suprême", das oberste Wesen, das im Grunde alles schon weiß, aber an dieser Stelle nun zum doppelten Leser des Ich wird. Das Innere wird so nach außen gekehrt: Es kommt eine Dynamik ins Spiel, die das Innere als Bedingung des Zeigens und des Schreibens auf ein Äußeres bezieht, das demgegenüber abgewertet wird. Eine Ästhetik des Inneren und der Tiefe greift Raum. An die Stelle des Äußeren, des Schleiers, tritt das De-Voilierte, das seiner Hülle Entkleidete, oder anders: das Wahre, Wahrhaftige, das nackt erscheint und nicht bloß an seiner Oberfläche, sondern in seiner Tiefe *wahr-genommen* wird.

In diesem Teil des Incipit stoßen wir auf eine Topik, die auch eine Topographie beinhaltet, und die dem Verborgenen, dem Tiefen, dem in der Tiefe Befindlichen die eigentliche Wahrheit zuschreibt. Dies wird noch in der Psychoanalyse Sigmund Freuds der Fall sein, die ihre Wahrheit und Erkenntnis nicht im Manifesten, nicht in dem an der Oberfläche Befindlichen, sondern im Verborgenen, Aufzudeckenden, zu Enthüllenden sucht. Die Psychoanalyse sucht die Wahrheit in der Latenz. Sie ist ein Vordringen vom Manifesten zum Latenten, vom Bewussten ins Unbewusste, das die Tiefen des Es erreicht und Stück für Stück dem Ich zugänglich macht: Wo Es war, muss Ich werden.

Sie verstehen jetzt vielleicht ein wenig besser, warum die Psychoanalyse von sich aus stets autobiographisch sein muss, den Analytiker also miteinbezieht und miteinbeziehen muss: Das in der Tiefe Gefundene ist wahrer als das, was wir an der Oberfläche vorfinden. Die Oberfläche bietet uns den Schein; doch wir wollen vordringen zum Sein. Das postmoderne Denken wird in der zweiten Hälfte des 20. Jahrhunderts versuchen, diese Topik zu verändern, umzudrehen, um der Oberfläche ihren Rang, ihre Erkenntnis- und Sinnhaftigkeit zurückzugeben. Doch für die klassische Moderne, für das Denken des 19. Jahrhunderts spielt sich im Verborgenen das Wahre ab: sie finden dies in ungezählten Philosophien und Denkansätzen des 19. Jahrhunderts, selbst in der Gesellschaftstheorie eines Karl Marx, dessen Denken weniger auf den „Überbau" als auf die Tiefenstrukturen von Wirtschaft und Gesellschaft gerichtet war.

Vor diesem Hintergrund überrascht es nicht, dass Jean-Jacques Rousseau schon wenige Seiten später in seinen *Bekenntnissen* gerade der Lektüre eine überaus wichtige Rolle bei der Herausbildung allgemeiner Subjektivität, aber auch für seinen eigenen Entwicklungsgang und Lebensweg zuschreibt. Das Lesen wird – auf den nachfolgenden Seiten von *Les Confessions* wie auch anderer Schriften Rousseaus – zu einem bevorzugten und privilegierten, wenn auch nicht unkritisch wahrgenommenen Vehikel der eigenen Entwicklung. Das Ich liest sich selbst als schreibendes und sich entwickelndes, erkennt sich im Wechselspiel von erzähltem und erzählendem Ich. Aus diesem Wechselspiel entsteht die Subjektivität des Menschen, ja der Mensch überhaupt in seinem Wesen und seiner Tiefe.

Vergessen wir auch nicht die Choreographie der gesamten von Rousseau entworfenen Szenerie: Das oberste Wesen wird dazu bewegt, um das Ich die unzählbare Menge seiner „semblables" zu versammeln und damit eine auf das Ich zentrierte Raumstruktur zu schaffen. Erst dieses Spannungsverhältnis zwischen dem Ich und den Anderen erzeugt jene Situation der Differenz, aus der sich auch die Autorität und Legitimation des Ich ergibt: die Berechtigung, ebenso das Gute wie das Schlechte zu sagen – und dies stets im Bewusstsein zu tun, keineswegs schlechter zu sein als *alle* anderen Menschen. Es geht um die Aufdeckung des Herzens, um die „sincérité", die Ehrlichkeit und Offenheit des Sich-Zeigens; danach werde es niemand wagen, von sich selbst zu behaupten, besser als jenes Ich zu sein.

Das Sich-Selbst-Enthüllen gipfelt damit in einer letzten souveränen Bewegung des Incipit: jener des Sich-Selbst-Behauptens gegenüber allen Anderen und vor den Augen des entsakralisierten Gottes, des obersten Richters, vor dem das Buch, die Wahrheit und das Subjekt Bestand haben werden. Noch einmal wird deutlich, in welcher Weise das Ich sich *gegen* die Gesellschaft konstituiert, sich gegenüber der Gesellschaft isoliert, um als Individuum, als Träger einer unhintergehbaren Subjektivität Unverwechselbarkeit und Einmaligkeit zu gewinnen, die im Akt des Sagens, im Akt des Schreibens ihren dauerhaften künstlerischen Ausdruck finden.

Moderne Subjektivität[10] ist letztlich von Beginn an in eine prekäre und zumindest doppelte Spaltung hineingesetzt: die Spaltung zwischen dem Ich und der Gesellschaft sowie die Spaltung zwischen dem zeigenden, erzählenden, rechtfertigenden Ich und dem gezeigten, erzählten, gerechtfertigten Ich. Beide textintern-literarische Figurationen stehen ihrerseits wieder in einem spannungsvollen Verhältnis zur textexternen Instanz des realen Autors, dessen Existenz ein ums andere Mal bedeutungsvoll mit den literarischen Figuren vermischt werden

---

10 Vgl. hierzu die klassische Studie, auf die ich zurückkommen werde: Ritter, Joachim: *Subjektivität. Sechs Aufsätze*. Frankfurt am Main: Suhrkamp 1974.

soll. Diese Vermischung zielt darauf ab, den textexternen Autor von Fleisch und Blut mit seinen Fiktionen, seinen Kreationen der Wahrheit und seinen fiktionalen Geschöpfen in eins zu setzen. Der Prozess moderner Subjektbildung ist damit ein stets gespaltener und zugleich auch prekärer Prozess. Glück spricht aus diesen Worten und Sätzen zu Beginn von Rousseaus *Les Confessions* nicht, wohl aber eine enorme Spannung, aus der die moderne Subjektivität entsteht.

Rousseaus Gegenspieler in der französischen und europäischen Aufklärung, der vom Preußenkönig lange Zeit geschätzte Voltaire, war für Roland Barthes wie erwähnt der letzte der glücklichen Schriftsteller, nicht der Genfer Uhrmachersohn. Das Moment des Unglücks ist beim modernen Subjekt im Sinne Rousseaus mit dem Moment der Trennung verbunden, und diese ist durchaus unterschiedlicher Natur. In diesem Sinne der Subjektkonstituierung ist Rousseau – wenn Sie so wollen – nicht nur moderner als Voltaire, er repräsentiert auch die Moderne in einem anderen, zerrisseneren Sinne als der Schöpfer des *Candide*.

Und doch konnte der letzte der glücklichen Schriftsteller für den französischen Philosophen Jean-Paul Sartre nicht zu Unrecht zu einer der prägenden Gestalten für ein anderes Element der Moderne werden, nämlich das *Engagement* innerhalb der bürgerlichen Gesellschaft. Doch in diesem Punkt ging es gerade nicht um die Spaltung, sondern um die Einheit und um das Kollektiv von Gesellschaft und Gemeinschaft, das von der Figur des Intellektuellen meisterhaft und schillernd zugleich vertreten wird. Gerne möchte ich Ihnen in diesem Zusammenhang einen kurzen Auszug aus dem 1947, also unmittelbar nach dem Ende des Zweiten Weltkriegs erstmals veröffentlichten Text *Qu'est-ce que la littérature?* aus der Feder Jean-Paul Sartres vorstellen:

> Das 18. Jahrhundert bietet den französischen Schriftstellern eine in der Geschichte einzigartige Chance und das bald schon verlorene Paradies. Ihre sozialen Bedingungen haben sich nicht verändert: sie stammen, von wenigen Ausnahmen abgesehen, aus der bürgerlichen Klasse, und die Gunst der Großen deklassiert sie. Der Zirkel ihrer realen Leser hat sich fühlbar erweitert, weil das Bürgertum zu lesen begonnen hat, doch die „unteren" Klassen ignorieren sie noch immer. [...]
> Doch am Vorabend der Revolution genießt der Schriftsteller eine außerordentliche Chance, da es ihm genügt, sein Metier zu verteidigen, um als Führer für die Ziele der aufstrebenden Klasse zu dienen.
> Er weiß es. Er betrachtet sich selbst als Führer und als geistigen Chef, geht dafür Risiken ein. [...] In der Zeit der Enzyklopädisten geht es nicht mehr darum, den *honnête homme*, den Gebildeten, von seinen Leidenschaften zu befreien, indem man sie ihm gnadenlos vorspiegelt, sondern darum, mit der Feder in der Hand zur politischen Befreiung des Menschen insgesamt beizutragen.[11]

---

[11] Sartre, Jean-Paul: *Qu'est-ce que la littérature?* Paris: Gallimard 1947, S. 143 u. 152.

Abb. 8: Jean-Paul Sartre (Paris, 1905 – ebenda, 1980).

Was Jean-Paul Sartre in diesen Passagen pointiert herausarbeitet, ist ein (freilich nachträglich konstruiertes) Paradies des französischen Schriftstellers in der Rolle des großen Autors und Philosophen, der sich als Bürgerlicher in Einklang mit der bürgerlichen Klasse weiß und aus einem Bewusstsein der Übereinstimmung mit den Werten und Anschauungen dieser seiner Klasse an der künftigen Verbesserung der gesellschaftlichen Zustände arbeitet. Die durchweg wertgeschätzte Arbeit des Schriftstellers an diesen gesellschaftlichen und politischen Verbesserungen besteht schlicht darin, sein Metier auszuüben, also zu schreiben.

Dieser Befund gilt sicherlich für Voltaire, gewiss auch für Diderot, doch gilt er nur noch sehr eingeschränkt für Rousseau, den Uhrmachersohn aus Genf. Denn Rousseaus Philosophie und sein Schreiben konstituieren sich nicht nur *mit*, sondern auch *gegen* das Bürgertum, dem er selbst entstammt. Denn er ist seinen „semblables" zwar ähnlich, aber doch auf eine grundlegende Weise von diesen getrennt. Seine Vorstellungen sind grundsätzlich radikalerer Natur und entwerfen ausgehend von einer persönlichen Grunderfahrung des Getrennt-Seins, das bereits mit seiner Geburt begann, bei der die Mutter verstarb, das Bild einer universalen gesellschaftlichen Spaltung, dem nicht länger eine Vision ständiger und kontinuierlicher gesellschaftlicher Verbesserungen zu Grunde liegt. Ohne an dieser Stelle ein philosophisches Gesamtbild von Jean-Jacques Rousseau entwerfen zu wollen, das wir unserer Vorlesung über die Aufklärung zwischen zwei Welten vorbehalten, sei doch betont, dass er dem Fortschrittsoptimismus vieler seiner Zeitgenossen die Vorstellung einer ständigen „dégradation", eines sich seit dem ersten Sündenfall fortsetzenden Abstiegs der Menschheit entgegenhielt. Er tat dies beispielsweise in seinem *Discours sur l'origine et les fondements de l'inégalité parmi les hommes* – den wir bereits streiften.

Mit Rousseau, so könnten wir Sartre mit einem Seitenblick auf Barthes ergänzen, verlassen die Schriftsteller das Paradies der Einheit und Einigkeit mit ihrer Klasse, ein Eden des schriftstellerischen Glücks, und machen sich auf jenen langen Weg innerhalb einer letztlich von der Bourgeoisie seit der Französischen Revolution grundsätzlich geprägten und später beherrschten Gesellschaft. Letztere macht sie zunehmend zu Marginalisierten, zu Außenseitern und drängt sie immer mehr in die Gefilde spezialisierter und zunehmend autonomer Tätigkeitsbereiche. Aus den glücklichen Schriftstellern im Sinne Sartres und Barthes' entwickeln sich Autoren, welche die verschiedenen Varianten des Marginalen ausfüllen: bis hin zum „poète maudit", der um die Mitte des 19. Jahrhunderts zu einem absoluten Gipfel spätromantischer Selbstinszenierung und gesellschaftlicher Ächtung wird.

Aus dem Einverständnis mit der eigenen Klasse und deren Werten ist binnen weniger Jahrzehnte das Bild einer fundamentalen Zerrissenheit des Schriftstellers und der Schriftstellerin gegenüber ihren jeweiligen Publikumssegmenten, gegenüber ihren realen Leserinnen und Lesern geworden. Jean-Jacques Rousseau, so ließe sich sagen, steht am Anfang dieser Entwicklung, am Ausgang dieses rasch verlorenen Paradieses und leitet über in eine Welt der Subjektivität in der Moderne, einer modernen Subjektivität, die auf Spaltung beruht.

Die verschiedenen Entwicklungsstränge unseres Vorspanns laufen in gewisser Weise in der Französischen Revolution zusammen. So schrieb der unvergessene Erich Köhler in seinen *Vorlesungen zum 19. Jahrhundert*: „Die Französische Revolution ist ein Ereignis von unermesslicher Bedeutung. Sie vollzieht den Durchbruch des Bewußtseins zu einer Umwälzung der Geschichte."[12] Damit ist wahrlich viel angedeutet! Wir könnten sagen, dass sich in der Französischen Revolution auf neue Weise ein Verhältnis zwischen Partikularem und Allgemeinem, Nationalem und Universalem herausbildet, das sicherlich für die Moderne insgesamt – und damit ebenso für die Romantik in einem auch außerfranzösischen Sinne – von größter Bedeutung war und ist.

---

12 Köhler, Erich: *Vorlesungen zur Geschichte der französischen Literatur. Das 19. Jahrhundert I.* Herausgegeben von Henning Krauß und Dietmar Rieger. Stattgart: Kohlhammer 1987, S. 11.

Abb. 9: Erich Köhler (Langenau, 1924 – Freiburg im Breisgau, 1981).

Zugleich pendelt sich in ihrem Umfeld ein neues Verhältnis von Raum und Zeit ein, weil ab diesem Zeitpunkt Geschichte als solche in einem modernen Sinne denkbar ist und die Menschen zugleich die historische Erfahrung gemacht haben, dass die Historie des Menschen ergebnisoffen und prozesshaft, keineswegs aber zyklisch und in einer Endlosschleife ständiger Wiederholungen verläuft. Zudem kann der offene Zeitpfeil dieser Geschichte auch demokratisierend in dem Sinne verstanden werden, dass Geschichte in ihrem Verlauf und in ihren Ergebnissen von den Menschen grundlegend beeinflusst werden kann. So enthält das Ende des 18. Jahrhunderts eine sehr gute Nachricht: Der Mensch kann seine eigene Geschichte und die seiner Gesellschaft oder Gemeinschaft – auch einer Weltgemeinschaft – fortan in die eigenen Hände nehmen.

Doch nicht alles hat die Französische Revolution mit einem Schlage umgestürzt. Die Revolutionsrhetorik bleibt zunächst klassizistischen Modellen verpflichtet, eine Tatsache, die auch für die anderen Revolutionen etwa in den USA oder auf Haiti *grosso modo* gilt. Auch das System des europäischen Kolonialismus bleibt zunächst unangetastet: Zwar erheben sich die USA erfolgreich gegen den britischen Kolonialismus, doch wird in den Südstaaten die Sklaverei lange Zeit nicht abgeschafft und die USA agieren spätestens seit Mitte des 19. Jahrhunderts so, als träten sie bruchlos in die Fußstapfen des europäischen Kolonialismus. Selbst die Haitianische Revolution, die als Aufstand der Sklaven gegen den Kolonialismus *und* die Sklaverei erfolgreich war, wurde relativ rasch eingedämmt und in ihrer Wirkung auf Nachbarkolonien wie Kuba oder Jamaica praktisch ausgeschaltet. Ja selbst in der westlichen Theorie von Revolutionen wurde lange Zeit die Haitianische Revolution nicht als Revolution anerkannt: Dies erfolgte erst an der Wende zum 21. Jahrhundert, ist folglich ein sehr junger Vorgang. Auch die Zentralisierung des Nationalstaats geht ungestört weiter, ja verschärft sich noch über den Zyklus von Revolutionen, der gerade in Frankreich das 19. Jahrhundert prägt. Revolution heißt – dies lehrt uns die Erfahrung der historischen Ereignisse gegen Ende des 18. und in der ersten Hälfte des 19. Jahrhunderts – keineswegs Umsturz auf allen politischen oder sozialen, ökonomischen oder kulturellen Ebenen.

Doch sollten wir die Auswirkungen der Französischen Revolution auch nicht kleinreden, denn sie bildete eine ungeheure historische Zäsur. Man darf wohl festhalten: Niemand ist auf allen Ebenen – in seinen individuellen oder kollektiven Handlungen wie in seiner Lebensführung, in seinen Sprechakten wie in seinen Geschlechterbeziehungen, in seinem ökologischen Bewusstsein oder seinen gesellschaftlichen Verhaltensnormen – *zugleich* revolutionär. Und doch gehen im Guten wie im Schlechten grundlegende Impulse von der Französischen Revolution aus, so dass die europäische und weltweite Geschichte der Moderne und auch der Romantik sicherlich ganz anders verlaufen wäre, hätte nicht dieses Ereignis den Ausgang in die Moderne signalisiert.

Behalten wir folglich für den Fortgang unserer Vorlesung und für den Verlauf des 19. Jahrhunderts im Hinterkopf, dass eine Revolution im politischen und gesellschaftlichen Bereich nicht unbedingt auch eine Revolution im ökonomischen, kulturellen oder literarischen Bereich nach sich zieht! Die europäische Revolutionsliteratur ist primär eine Literatur des 18. Jahrhunderts, die Revolutionsrhetorik klassizistisch eingefärbt und im klassischen Sinne noch immer angewandte klassische Rhetorik. Wichtig aber war die mehr oder minder direkt durchschlagende Entwicklung von Zeitungen und Zeitschriften, die den Bereich der „Öffentlichkeit" – der Begriff „opinion publique" ist ein Wortgebilde des ausgehenden Jahrhunderts der Aufklärung, das sofort in verschiedenste europäische Sprachen übernommen wurde und unserem Ausdruck der „öffentlichen Meinung" bis heute zu Grunde liegt – völlig neu organisierte und ihm neue Funktionen und Kommunikationsformen zuwies. Dass auch das Lesen selbst nicht allein in seiner Masse, sondern auch in seiner Qualität eine wirkliche *Leserevolution* erfuhr, habe ich in einer früheren Vorlesung besprochen und vorgeführt.[13]

Die Flut der Neugründungen von Periodika veränderte das öffentliche Bewusstsein und zugleich das Bewusstsein von Partizipation an geschichtlichen Prozessen und Veränderungen. 1784 ging auf eine Preisfrage der Berliner Akademie, in der damals natürlich Französisch gesprochen wurde, Antoine de Rivarols ausgezeichnete Schrift *De l'universalité de la langue française* ein, die sich immer noch im Horizont einer Universalisierung der *französischen* Kultur bewegte. Noch scheinen die neuen politischen Entwicklungen nicht abschätzbar und schon gar nicht absehbar zu sein.

Keine Revolution ohne Tradition: Der Bruch mit der traditionellen Zeitrechnung, den althergebrachten Maßen und Gewichten, ging einher mit der Ausrichtung an Traditionen der Römischen Republik, an der sich gerade auch ein Napoleon mit seinen imperialen Adlern orientieren sollte. Unter ihm wird die

---

13 Vgl. Ette, Ottmar: *LiebeLesen*, S. 93–103.

französische Kulturpolitik – wie Erich Köhler dies formulierte[14] –diktatorisch sein: Seine Zensur kümmerte sich aufmerksam auch um den Bereich der Künste und der Literatur, ganz besonders aber um das Theater, das schon Friedrich Schiller als den gesellschaftlichen Ort par excellence erkannt hatte. Erst die Romantik wird mit dem Klassizismus gerade auch der Revolutionsliteratur brechen, ist also durchaus nicht ein Zurückschwingen des geschichtlichen Pendels, wie oft zu hören ist, sondern ein in anderen Bereichen – und gerade auch im Bereich des Kulturellen – agierender revolutionärer Prozess. Das Revolutionäre und die Revolution beschränken sich keinesfalls auf das rein Politische.

Bleiben wir einen Augenblick noch bei Erich Köhler! Der Freiburger Romanist schrieb dazu: „Die französische Romantik ist eine Phase der Geschichte der französischen Literatur, eine Geisteshaltung, ein Komplex neuer Formen, Trägerin eines neuen Menschen- und Weltbildes und eines spezifischen Lebensgefühls."[15] Wir sollten uns folglich davor hüten, in der Romantik nur das Reaktionäre zu sehen, den restaurativen Gegenschlag in einer Dialektik der Aufklärung, deren Mechanismus gegen Ende des Zweiten Weltkriegs von Max Horkheimer und Theodor W. Adorno aufgedeckt und beschrieben wurde.[16]

Die Frage, wo die Grenze zwischen Klassizismus, „Préromantisme" und Romantik zu ziehen ist, soll uns weniger stark beschäftigen; und wir müssen uns auch nicht den Überlegungen Köhlers anschließen, der für die Romantik im Übrigen den Zeitraum zwischen 1815 und 1848 angab. Das sind letztlich politische Eckdaten eines nationalen Geschehens, sicherlich sinnvoll mit Blick auf die französische Literatur, nicht ganz so entscheidend bezüglich einer Darstellungsweise der Romantik zwischen zwei Welten.

Jedoch möchte ich Ihnen gerne an dieser Stelle, auch als eine kleine Reminiszenz an meine eigene Freiburger Studienzeit, zum Abschluss unserer dritten und letzten Annäherung an die Romantik und die Literaturen des 19. Jahrhunderts eine Passage aus den Vorlesungen von Erich Köhler präsentieren. Letzterer sprach freilich noch in einem ganz traditionellen Sinne – seine Neuerungen lagen auf anderen, literatursoziologischen Gebieten – von der französischen Nationalliteratur und war sich der Grenzen dieses Begriffs sicher. Erich Köhler also schrieb, um jenen Übergangsbereich zu umreißen, mit dem wir uns in gewisser Weise seit unserer Annäherung an Rousseau beschäftigten, die folgenden wohlgesetzten Worte nieder:

---

[14] Köhler, Erich: *Vorlesungen zur Geschichte der französischen Literatur*, S. 16.
[15] Ebda., S. 23.
[16] Vgl. Horkheimer, Max / Adorno, Theodor W.: *Dialektik der Aufklärung. Philosophische Fragmente*. Mit einem Nachwort von Jürgen Habermas. Frankfurt am Main: Fischer 1986.

> Es galt, Neues zu bilden im Chaos der entleerten Werte, neue Bindungen für den Einzelnen zu schaffen zu Beginn einer Epoche, der noch bestimmende Ereignisse bevorstanden. Das Alte war unverbindlich geworden, das Neue noch nicht sichtbar. Im geschichtlichen Vakuum des Bewußtseins zwischen dem unumkehrbaren Verlust der bisherigen Wertordnung und der vagen Hoffnung auf eine zukünftige, welche die Früchte der Revolution zum Reifen bringen sollte, ist die französische Romantik angesiedelt. Wir brauchen uns nicht zu wundern, wenn die Romantiker nach dem rettenden Strohhalm suchend, alle erdenklichen weltanschaulichen Positionen einnehmen, vom restaurativ-reaktionären monarchischen Katholizismus bis zum revolutionären Sozialismus. Denn auch das dürfen wir nicht vergessen: In die Epoche der Romantik fällt die Entstehung des industriellen Kapitalismus und damit auch des Proletariats.[17]

Nein, ich kann Erich Köhler beruhigen: Wir werden dies ganz bestimmt nicht vergessen! Gleichzeitig sollten wir aber auch nicht vergessen, dass der Kolonialismus zu jenem Zeitpunkt – und in einigen Ländern wie England oder Frankreich, den Führungsmächten der zweiten Phase beschleunigter Globalisierung bis weit ins 20. Jahrhundert hinein – eine wesentliche wirtschaftliche Grundlage für die nationalen Ökonomien lieferte. Und auch im kulturellen Bereich – bis zur Rassismus-Problematik – erzeugte er ‚Segnungen', an denen wir heute noch leiden. Das war zu Köhlers Zeiten noch kein wirkliches Thema der Romanistik.

Wir müssen verstehen, dass am Ende des Ancien Régime ein großer Teil des Außenhandels mit den Kolonien abgewickelt wurde – wenn wir dies überhaupt als Außenhandel bezeichnen dürfen. Denn selbstverständlich wurden die jeweils eigenen Kolonien von den jeweils herrschenden sogenannten ‚Mutterländern' als binnenkoloniale Ergänzungsräume verstanden. Eine Phase intensivierter und beschleunigter Globalisierung ist am Ausgang des Jahrhunderts der Aufklärung unverkennbar. Und die Entstehung des Proletariats, die gewiss lange Zeit nicht genügend berücksichtigt wurde, muss ergänzt werden um die wirtschaftlichen Komponenten des Kolonialismus mit seiner Dependenz komplementärer wirtschaftlicher Räume sowie den von ihm abhängigen Bevölkerungen verelendeter und versklavter Menschen weltweit.

Dies sind ebenfalls Zusammenhänge, die nur auf den ersten Blick nicht in den Kontext der Romantik gehören. Sie sollen an dieser Stelle aber nochmals erwähnt sein; und wir werden diesen Elementen auch wahrlich rasch begegnen, wie der weitere Fortgang der Vorlesung zeigen wird. So will ich Ihnen nochmals in Erinnerung rufen: Romantik lässt sich als rein nationalliterarisches Phänomen nicht denken. Selbst als die Epoche der traditionellen Sklaverei zu Ende gegangen

---

17 Köhler, Erich: *Vorlesungen zur Geschichte der französischen Literatur: Das 19. Jahrhundert*. Bd. I. Stuttgart: Kohlhammer 1987, S. 24.

war – Brasilien schaffte im Jahr 1888 als letztes Land der Erde offiziell die Sklaverei ab –, konnte man sich keinesfalls auf die Untersuchung eines ‚inländischen' Proletariats beschränken. Denn in der dritten Phase beschleunigter Globalisierung wurden in Massen „Coolies" aus Indien und China im weltweiten europäischen Kolonialsystem als ‚ausländisches' Proletariat in mit der Sklaverei vergleichbaren Zuständen beschäftigt, billige Arbeitskräfte, ohne die eine wirtschaftlich profitable Struktur kapitalistischer Großmächte Ende des 19. Jahrhunderts nicht hätte gedacht werden können.

Lassen Sie mich aber nun zum Abschluss dieses ‚Vorspanns' unserer Vorlesung kommen, unserer drei Annäherungen an die Romantik zwischen zwei Welten! Er hat uns – so hoffe ich – bereits tief eingeführt in die Problematik dieser Epoche der Literatur- und Kulturgeschichte. Ich möchte mithin noch einmal einige Punkte festhalten, bevor wir uns in die Analyse von Bernardin de Saint-Pierres Roman *Paul et Virginie* stürzen.

In gewisser Weise versucht diese Vorlesung, einen mittlerweile längst literaturgeschichtlich verschütteten Zugang zu einer Praxis von Romantik freizulegen, die von Beginn an in ganz grundlegender Weise inter- und transkulturelle Polylogstrukturen und Erfahrungen miteinbezieht und reflektiert. Während man gleichsam den europäischen Teil des Polylogs in den Literaturgeschichten aufgezeichnet hat, blieb in Europa und im Westen die Antwort aus Übersee, aus anderen Kulturen vergessen. Es ist, als könnte man eine Geschichte der französischen Literatur schreiben, ohne sich im Mindesten der Tatsache zu erinnern, dass Frankreich weltweit eine Vielzahl von Kolonien unterhielt und entsprechend ausbeutete.

Diese im Grunde erstaunliche Tatsache hat auch mit den insgesamt scharf asymmetrischen literarischen Beziehungen zwischen Europa und Amerika beziehungsweise zwischen Europa und der außereuropäischen Welt zu tun, so dass nicht ins Bewusstsein drang, dass es einen derartigen Polylog überhaupt gab, ein Gespräch zwischen verschiedensten ‚Partnern'. Doch in unserer Zeit, nach dem Ende der vierten Phase beschleunigter Globalisierung im zweiten Jahrzehnt des 21. Jahrhunderts, sollte es darum gehen, grundsätzliche Bereiche dieses Polylogs wieder zu rekonstruieren (und damit gewiss auch zu konstruieren). Wir dürfen uns nicht mit *Paul et Virginie* oder *Atala* begnügen, sondern müssen uns fragen, welche funktionale Relevanz diesen kolonialen ‚Dekors' zukommt und in welchem Spannungs- und Beziehungsverhältnis sie zum Zeitpunkt ihrer Veröffentlichung standen.

Dies gilt natürlich auch auf transarealer Ebene für die geschichtlichen Entwicklungen der untersuchten geokulturellen Bewegungsräume insgesamt. Denn zweifellos bildet die Epoche der Romantik auch in jenem Sinne einen Aufbruch in die Moderne, als es in dieser Epoche gelang, die Stabilisierung der Nationalstaaten zu verwirklichen oder doch zumindest kulturelle Grundmuster in jenen Staaten herauszubilden, aufgrund derer wir etwa Deutschland oder Kuba als „Kulturnationen" bezeichnen könnten. Diese Entwicklungen bedeuteten im Zuge der politischen beziehungsweise staatlichen Stabilisierung zugleich eine Verschärfung der jeweiligen nationalen Ausgrenzungen und Abgrenzungen, gerade auch vor dem Hintergrund der Erfahrung der napoleonischen Kriege, welche Europas Selbstverständnis grundlegend erschütterten.

Gleichzeitig aber lassen sich neben dieser Nationenbildung auch allgemeine Prozesse einer Internationalisierung und (zumindest mit Blick auf das sich herausbildende Lateinamerika) der Transnationalisierung im Kontext des Kolonialismus beobachten. Wenn auch die eigenen nationalen Zusammenhänge sich in den verschiedenen europäischen Ländern sehr voneinander unterschieden, wurden doch Entwicklungen spürbar, welche verstärkt zur weiteren kolonialen Expansion Europas führten und damit die Globalisierungsprozesse – etwa bei der Aufteilung des afrikanischen Kontinents – enorm anheizen. Insofern lassen sich sehr wohl Entwicklungen erkennen, bei denen sich für den Kontinent Europa charakteristische Eigenheiten zeigten, welche sich gerade auch in literarischen Texten nachweisen lassen.

Mag sich auch sehr wohl der französische vom belgischen, der englische vom deutschen, der spanische vom italienischen Kolonialismus unterscheiden lassen: Allen ist doch eine ganz bestimmte ökonomische Basis, ein ganz bestimmter Aufbau politischer Strukturen und Dependenzen, eine ganz bestimmte kulturelle Modellierung von Abhängigkeitsverhältnissen eigen. Romantik – und dies ist eine der zentralen Thesen dieser Vorlesung – lässt sich nicht unabhängig von diesen Strukturen denken: Sie ist kein nur innerliterarisch zu behandelndes Phänomen, sondern schließt uns weltumspannende und ästhetisch relevante Dimensionen auf, die im Verbund mit den Ausprägungen der unterschiedlichen Modernen das facettenreiche Antlitz dieses langen 19. Jahrhunderts gestalten. Beginnen wir nun unseren Weg!

Teil 2: **Anfänge der Romantik**

Bernardin de Saint-Pierre oder vom Naturstudium zum Roman

Ohne den Kontext des Kolonialismus und die von ihm mitbedingte Sicht des Fremden, des Anderen sowie die mit ihm verbundene Möglichkeit, das Eigene und mehr noch das Andere im Eigenen auf das Andere zu projizieren, ist einer der berühmtesten Romane der französischen Literaturgeschichte nicht zu begreifen. Denn was sich auf der Ile de France – keineswegs in der Kernregion um die Hauptstadt Paris, sondern auf einer weit vom Zentrum Frankreichs entfernten Insel im Indischen Ozean, die wir auch unter der Bezeichnung Mauritius kennen – in romanesker Fügung abspielt, ist just eine solche Projektionsform des eigenen Anderen in das andere Eigene. Denn in die Welt des Anderen, welche durch den europäischen beziehungsweise französischen Kolonialismus zur eigenen geworden ist, wird das Eigene hineinprojiziert und erscheint so, in der Travestie des Eigenen, als einer französischen Leserschaft auf unheimliche Weise vertraut. Sehen wir uns die einzelnen Bestandteile dieser französischen Projektion von Universalität auf das zum Eigenen gewordene Andere einmal detailliert an!

In Bernardin de Saint-Pierres Roman *Paul et Virginie* sind die drei zentralen Aspekte unserer Annäherungen im Modus der Romanfiktion auf wunderbare Weise miteinander verwoben. Denn beispielhaft verbinden sich das Verhältnis von Besonderem und Allgemeinem, von Partikularität und Universalität, mit einem sich verändernden Verhältnis von Raum und Zeit unter dem Stichwort der „Verzeitlichung" sowie auch mit dem dritten Bereich der Herausbildung einer modernen Subjektivität zu einer Fiktion, die ein ungeheures Leserinteresse entfachte. Bis auf den heutigen Tag ist *Paul et Virginie* aus den Buchläden nicht verschwunden.[1]

Die Entwicklung vom Reisebericht und umfangreichen Naturstudien hin zur Fiktionalität des Romans zeigt eine Reihe von Veränderungen auf, die – so könnten wir zumindest perspektivisch behaupten – auf ein grundlegend verändertes raum-zeitliches Bewusstsein und damit eine Temporalisierung verweisen, die von der Spatialisierung des Denkens im Reisebericht zur Verzeitlichung und in gewisser Weise auch zur Historisierung im Roman führen sollte. Den Bericht von der Reise des Bernardin de Saint-Pierre auf die damals zu Frankreich gehörende

---

[1] Zu Bernardins Roman vgl. Hudde, Hinrich: *Bernardin de Saint-Pierre: „Paul et Virginie". Studien zum Roman und seiner Wirkung.* München: Fink 1975; sowie ders.: Zum Einfluß von Bernardin de Saint-Pierres „Paul et Virginie" auf Romane über die Negersklavenproblematik. In: San Miguel, Angel / Schwaderer, Richard / Tietz, Manfred (Hg.): *Romanische Literaturbeziehungen im 19. und 20. Jahrhundert. Festschrift für Franz Rauhut zum 85. Geburtstag.* Tübingen: Gunter Narr Verlag 1985, S. 157–167.

Ile de France haben wir bereits in unserer Vorlesung über das *ReiseSchreiben*[2] ausführlich und aus verschiedenen theoretischen Perspektivierungen behandelt, so dass wir uns stärker der – verzeihen Sie bitte das Wortspiel – *Roman-tisierung* dieses Stoffes durch den französischen Schriftsteller zuwenden können.

Bevor wir uns aber mit diesem literarhistorisch stark kanonisierten Roman näher beschäftigen, sollten wir zunächst – wie in all meinen Vorlesungen üblich – einige Biographeme aus dem Leben Bernardin de Saint-Pierres in aller gebotenen Kürze behandeln, insbesondere dann, wenn diese für unsere Deutung der literarischen Phänomene von Bedeutung sind. Wer also war der Verfasser von *Paul et Virginie*, dieses kleinen Romans mit der großen und langanhaltenden Wirkung?

Jacques-Henri Bernardin de Saint-Pierre wurde am 19. Januar 1737 in der französischen Hafenstadt Le Havre geboren und verstarb am 21. Januar 1814 in der Nähe von Paris. Es gibt eine kleine Episode in seiner frühen Jugend, die ein bezeichnendes Licht auf ihn wirft. Denn er schifft sich 1749 unter dem Einfluss seiner Lektüre von *Robinson Crusoe* im Alter von zwölf Jahren nach Martinique ein, wobei ihm wohl sein Onkel mitgenommen hatte, der Kapitän war. Doch da er die einsame Insel auf den Antillen nicht fand, die er sich erträumte, soll er angewidert nach Frankreich zurückgekehrt sein. Schon der junge Mann steckt voller Träume, die zunächst einmal nicht in Erfüllung gingen.

Abb. 10: Jacques-Henri Bernardin de Saint-Pierre (Le Havre, 1737 – Éragny bei Paris, 1814).

---

2 Vgl. Ette, Ottmar: *ReiseSchreiben* (2020).

Nach seiner Ausbildung zwischen 1750 und 1756 an einer Jesuitenschule in Caen und dem Ende seiner Schulzeit am Collège de Rouen, wo er einen Preis in Mathematik erhält, tritt er in die Ecole Nationale des Ponts et Chaussées ein, wo er Straßen- und Brückenbau studiert und 1759 mit einem „Brevet d'ingénieur militaire" abschließt. Als Ingenieur tritt er in die französische Armee ein, muss sie aber bereits 1762, mitten im Siebenjährigen Krieg, wegen Disziplinlosigkeit und seiner ‚komplizierten' Persönlichkeit wieder verlassen. Noch 1761 war er als Ingenieur auf die Insel Malta geschickt worden, scheitert in seiner Mission und Aufgabenstellung aber auch dort und kehrt enttäuscht nach Frankreich zurück. Eine schwierige Zeit mit Reisen nach Holland und Deutschland, nach Polen und Russland, wo er der Zarin Katharina II. vorgestellt wird, schließt sich an. Es sollte nicht die einzige schwierige Periode in seinem Leben bleiben. All seine Träumereien und nebulösen Vorhaben scheitern ebenso wie diverse amouröse Abenteuer. Bernardin de Saint-Pierre hält sich mit Gelegenheitsarbeiten über Wasser.

1767 reist er im französischen Auftrag nach Madagaskar, weigert sich aber, dort an Land zu gehen und setzt seine Reise bis zur Ile de France fort, wo er bis November 1770 als „Officier hors cadre" und als „Surnuméraire" lebt. Mit der Frau des Insel-Intendanten Poivre hat er eine unglückliche Liebelei. Er verwickelt sich in unsaubere koloniale Geschäfte, wird aber zum Kritiker des Kolonialismus und kehrt 1770 als solcher aus den Regionen des Indischen Ozeans wieder nach Frankreich zurück. Es folgt der schwierige Versuch, wieder in Frankreich Fuß zu fassen.

Dort scheitern zwar seine Bemühungen, Kontakte mit den Enzyklopädisten rund um Denis Diderot aufzunehmen, doch entsteht ein inniger Kontakt mit Jean-Jacques Rousseau, den er über alles bewundert und zu dessen Jünger er wird. Noch in *Paul et Virginie* finden sich zahlreiche Zeichen dieser Verehrung für den Genfer Philosophen. Sein 1773 erschienener Reisebericht *Voyage à l'Ile de France* ist auch heute noch überaus spannend zu lesen, doch findet er bei der zeitgenössischen Leserschaft nur wenig Anklang. Zu allem Überfluss kommt es auch noch zu einem Prozess mit dem Verleger: Für den nicht mehr ganz jungen Autor sind es wiederum schwierige Jahre, welche von vielfältigen Auseinandersetzungen und gesundheitlichen Problemen geprägt werden. Am Rande der Armut, von seinen Neurosen verfolgt und stark vereinsamt arbeitet er an seinen *Etudes de la Nature*. Rousseaus Tod scheint ihn sehr angegriffen zu haben. Doch diese *Naturstudien* läuten in seinem Leben die Wende ein.

Im Dezember 1784 erscheinen die in großer Einsamkeit entstandenen *Etudes* in drei Bänden, wobei Saint-Pierre *L'Arcadie* sowie *Paul et Virginie* vom Gesamttext abrennt, da sie bei einer Lektüre im kleinen Kreise keinerlei Erfolg hatten. Nach dieser negativen Erfahrung, so heißt es, habe der Autor sein Manuskript sogar verbrennen wollen. Erst der dritten Ausgabe seiner erfolgreichen *Etudes*, deren spekulatives Naturverständnis durchaus den Zeitgeist einer aufgeklärten Leserschaft traf, hängt Bernardin de Saint-Pierre 1788 eher widerstrebend seinen kurzen Roman *Paul et Virginie* an, der zu seiner Überraschung von Beginn an auf sehr positive Aufnahme stößt.

Bereits im folgenden Revolutionsjahr 1789 publiziert er eine eigenständige Ausgabe des handlichen Romans, der von nun an seinen Siegeszug beginnt: Es folgt eine Vielzahl von Ausgaben, illustrierten Editionen, literarischen Übersetzungen und Dramatisierungen, die Bernardin de Saint-Pierre plötzlich zu einem vom Lesepublikum hochverehrten Schriftsteller machen. Besonders das weibliche Publikum war höchst angetan: Saint-Pierre überschwemmt eine Flut von Briefen und Heiratsangeboten, die der nun umschwärmte Autor freilich ablehnt. Seit der ersten Publikation der *Etudes de la Nature* hatte sich Bernardins Los gewendet: Schnell wird der vielfach gescheiterte und verarmte Autor zu einem mit Ehren überhäuften Schriftsteller, der sich auch finanziell um seine Zukunft keinerlei Sorgen mehr machen muss. Selbst seiner hochspekulativen, aber literarisch interessanten Naturphilosophie blieb der zeitweilige wissenschaftliche Erfolg nicht versagt.

Der Erfolgsautor engagiert sich tendenziell für die Französische Revolution und beginnt bereits 1790 mit der Abfassung seiner *Harmonies de la Nature*, an denen er bis zu seinem Lebensende arbeiten sollte. Wissenschaftliche Erfolge stellen sich ein: Er wird 1792 zum Intendant des Jardin des Plantes und des Cabinet d'Histoire naturelle ernannt, womit er wissenschaftlich arriviert ist und über ein auskömmliches Einkommen verfügt. Noch im September 1792 wird er in Frankreich in die „Convention" gewählt. Im Alter von siebenundfünfzig Jahren heiratet er die zwanzigjährige Tochter seines Druckers und Verlegers: Nach einem jahrzehntelangen Scheitern scheinen all seine Probleme und Sorgen wie weggeblasen. 1794 kommt seine erste Tochter auf die Welt, die selbstverständlich den Namen Virginie erhält, so wie der zweitgeborene Sohn auf den Namen Paul hören wird. Der Kreis seines Lebens schließt sich auf glückliche Weise.

Bernardin de Saint-Pierre wird zum Mitglied des „Institut" und damit der höchsten wissenschaftlichen Institution im damaligen Frankreich. Nach dem frühen Tod seiner jungen Frau heiratet er noch einmal eine Zwanzigjährige. Eine Liebesbeziehung, die glücklich wird. Glücklich ist er auch in seinen Beziehungen zu Napoleon: Das Empire zeichnet den Schriftsteller und Naturphilosophen wiederholt aus: 1806 wird er in die Légion d'honneur aufgenommen. 1807 avanciert er zum Präsidenten der Académie Française, der Akademie der ‚Unsterblichen': Der einstmals gescheiterte Autor hat die höchsten Höhen erklommen. Da spielt es keine Rolle, dass seine späten Schriften nur noch geringen Erfolg haben:

Er besorgt eine Luxusausgabe nach der anderen für *Paul et Virginie*. Erst nach seinem Tode werden seine *Harmonies de la Nature* erscheinen, an denen er bis zu seinem Ende feilt, deren Erfolg aber bei weitem nicht an denjenigen seiner *Etudes de la Nature* heranreicht. Doch für die Nachwelt wird der kurz nach seinem siebenundsiebzigsten Geburtstag im Jahr 1814 Verstorbene stets der Verfasser von *Paul et Virginie* bleiben.

So viel Biographisches mag einstweilen genügen; doch springen wir noch einmal in der Biographie zurück! Denn im Alter von sechsunddreißig Jahren veröffentlichte Bernardin de Saint-Pierre seine *Voyage à l'Ile de France*, die auf seine bereits erwähnte Reise nach Mauritius aus den Jahren 1768 bis 1770 zurückging. Der Reisebericht erschien zu einem Zeitpunkt, als sich sein Verfasser noch in keiner Weise als Schriftsteller profiliert hatte. Die Publikation war – wie bereits betont – ein Flop, wie man heute sagen würde. Bernardin de Saint-Pierres Aufenthalt auf der französischen Kolonialinsel dauerte insgesamt zwei Jahre und vier Monate: Zeit genug, um die Insel im Indischen Ozean gut kennen zu lernen. Diese war vor ihrer Kolonisierung durch die Europäer unbewohnt gewesen und hatte unter der kolonialen Herrschaft Portugals (1505–1598), der Niederlande (1598–1710) und Frankreichs (1715–1810) gestanden, bevor die Briten sie von 1810 bis 1968 übernahmen und danach in die Unabhängigkeit entließen.

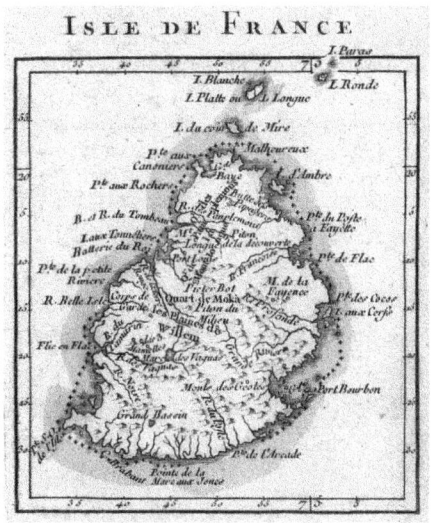

Abb. 11: Karte der Insel Mauritius von Rigobert Bonne, 1791.

Die Sichtweise der Insel Mauritius, die uns Bernardin de Saint-Pierre in seinem Reisebericht darbietet, hat nichts von einem Irdischen Paradies. Der Text präsentiere sich – wie Yves Bénot einmal festhielt – wie eine Art Anti-Reisebericht und steckt in der Tat voller Ausfälle gegen das Kolonialregime und die Sklaverei.³ Freilich sei er durchaus dem Geschmack seiner Zeit nachgekommen, sei damals doch jede Reisebeschreibung eine Reise in das Wunderbare, in das „merveilleux" gewesen. Doch war es keinesfalls bedeutungslos, dass Bernardin de Saint-Pierre am Ende seines Berichts einen Abschied vom Reisen einschob. Denn in der Tat sollte er für den Rest seines Lebens dem Reisen endgültig Lebewohl sagen – vom Reisen in der Literatur einmal abgesehen.

Ich möchte Ihnen gerne diese Passage zu Gehör bringen; es ist ein Zitat, in dem schon ein wenig Claude Lévi-Strauss' „La fin des voyages" anklingt, das von uns in einer früheren Vorlesung⁴ ausführlich analysierte Auftaktkapitel der *Tristes Tropiques*. Letzteres beschwor ebenfalls ein Ende der Reisen, mit dem auch die europäische Wissenschaft an die von der Moderne selbst gezogene Grenze intrinsischer Widersprüche stieß:

> Von allen Landstrichen würde ich jene meines Landes vorziehen, nicht weil sie schön sind, sondern weil ich dort aufgewachsen bin. Es haftet am Geburtsort ein verborgener Reiz, ich weiß nicht was an Zärtlichem, das kein Vermögen zu geben vermöchte und das kein Land zurückgeben kann. Wohin sind die Spiele unserer frühen Kindheit, diese so vollen Tage ohne Voraussicht und ohne Bitterkeit? Das Fangen eines Vogels erfüllte mich mit tiefer Freude. [...] doch das Leben ist eine nur kurze Reise und das Alter des Menschen nichts als ein rascher Tag. Ich will die Gewitter vergessen, um mich nur mehr an die Wohltaten zu erinnern, an die Tugenden und die Konstanz meiner Freunde. Vielleicht bewahrt diese Schrift ihre Namen auf und lässt sie meine Dankbarkeit noch überleben! Vielleicht werden sie bis zu Euch reichen, ihr guten Holländer vom Kap! Für Dich, den unglücklichen Schwarzen, der auf den Felsen von Mauritius weint, wenn meine Hand, die Deine Tränen nicht trocknen kann, Deinem Tyrannen Bedauern und Reue einzuflößen vermag, so habe ich nichts mehr zu erbitten von den beiden Indien, denn ich habe dort ein Vermögen gemacht.⁵

Diese rhetorisch durchgefeilte Passage ist gleich in mehrfacher Hinsicht für uns höchst aufschlussreich. Gewiss nimmt sie eine Reihe klassischer Topoi auf, die ein bei den Schriftstellern der Antike durchaus belesener französischer Autor für seine in der Regel gleichermaßen gebildete Leserschaft aufzubieten verstand: vom Topos des Lebens als einer kurzen Reise bis hin zum berühmten „ubi sunt", zum Topos der verlorenen Tage der Kindheit. Es handelt sich um die Suche nach der verlorenen Zeit, auf die sich der Schriftsteller immer wieder begeben kann, ja vielleicht sogar begeben muss. Wo also sind die glücklicheren Tage hin?

---

3 Vgl. Bénot, Yves: Introduction. In: Saint-Pierre, Bernardin de: *Voyage à l'île de France. Un officier du Roi à l'île Maurice, 1768–1770*. Introduction et notes d'Yves Bénot. Paris: La Découverte – Maspéro 1983, S. 7–22.
4 Vgl. Ette, Ottmar: *ReiseSchreiben*, S. 571–581.
5 Saint-Pierre, Bernardin de: *Voyage à l'île de France*, S. 258.

Wir sind weit entfernt von einer paradieshaften Darstellung der Kolonialgebiete, endet doch der gesamte Text mit einer impliziten, aber doch unverkennbaren Verurteilung nicht allein des Kolonialismus, sondern vor allem der Sklaverei. Dieses Ausbeutungssystem wurde schon wenige Jahre später durch den Nationalkonvent der Französischen Revolution am 11. Februar 1794 abgeschafft, nicht zuletzt auf Grund des öffentlichen Drucks und des Gewichts der „opinion publique", welche von der Société des Amis des Noirs, der Gesellschaft der Freunde der Schwarzen, ausgingen.

Abb. 12: „Nègre et négresse dans une plantation", Lithografie von Johann Moritz Rugendas, 1835.

Zugleich wird dann im Übrigen ein weiterer Gemeinplatz nicht nur verwendet, sondern umgedreht, nämlich jener, dass man in die beiden Indien – in diesem Falle in die „Indes orientales" – nur gehe, um dort reich zu werden, „pour faire fortune". Bernardin de Saint-Pierre aber endet elegant mit einer Wendung und Widmung an die schwarze, nach Mauritius verschleppte Bevölkerung, die aus ihrem tyrannischen Los noch immer nicht entlassen sei. Mit dieser Wendung versucht er, seiner Reise und seinem Schreiben einen anderen Sinn für Reichtum abzugewinnen, den Reichtum der Freiheit und des Lebens, und diesen trotzig dem schnöden Mammon entgegenzustellen.

Fügen wir hier gleich hinzu, dass Bernardin de Saint-Pierres Einsatz für die Schwarzen durchaus seine Grenzen hatte, gibt es doch unzählige Stellen im Reisebericht und anderen seiner Schriften, die deutlich pejorative Wertungen über sie beinhalten und von den üblichen europäischen Vorurteilen geprägt sind. Überdies – so fügte Yves Bénot in der zitierten Studie hinzu – bedeute Anti-Esklavismus nicht unbedingt Anti-Kolonialismus, wie überhaupt ein Gutteil der Debatte, ob die schwarzen Sklaven freigelassen werden sollten, auch unter dem Gesichtspunkt diskutiert wurde, gerade dadurch die Kolonien stabiler und sicherer, wenn auch zugleich humaner zu machen. Die Haltung des französischen Reisenden und Schriftstellers war in dieser Frage durchaus widersprüchlich. Seine bisweilen barsche Kritik am Kolonialismus ist durchaus nicht mit einer Ablehnung des kolonialen Ausbeutersystems gleichzusetzen.

Besonders bedeutsam aber ist an dieser Stelle die Tatsache, dass den weit entfernten Gebieten nun die eigene Landschaft entgegengestellt wird, die wir in diesem Zusammenhang sehr wohl als eine *Landschaft der Theorie* bezeichnen dürfen.[6] Es geht um die Landschaften Europas, mehr noch: um die der eigenen Kindheit, und zwar nicht wegen ihrer Schönheit – und dies ist wichtig –, sondern weil sie die Heimat des Ich, des schreibenden Ich waren und sind. Es sind die Orte, an denen das Ich einst aufwuchs, an denen es seine kindlichen Freuden und Freundschaften erlebte. Denn dieses Ich legitimiert die vorrangige Beschäftigung mit dieser Landschaft: Erst aus der Perspektive einer zurückliegenden Geschichte, die sich bis in die Gegenwart des schreibenden Ich verlängern lässt, erhält diese Landschaft die Fähigkeit und die Berechtigung, zu einer literarischen Landschaft zu werden, welche der kolonialen Landschaft der Insel Mauritius gegenübergestellt wird.

Ein weiteres Element, das mir in dieser wohlkalkuliert verfassten Passage wichtig erscheint, ist jene Formel des „Je ne sais quoi", in der Erich Köhler ein Charakteristikum jenes irrationalen Rests innerhalb einer zunehmend durchrationalisierten Welt verstand, der zu einem gewichtigen Ausgangs- und Bezugspunkt der Romantik werden sollte.[7] Das „Je ne sais quoi" als Merkzeichen der Romantik zeigt jene Bestände auf, die sich nicht in die rationale Logik der Aufklärung auflösen lassen, sondern gerade zum Ausgangspunkt der eigenen modernen Subjektivität in ihrer Differenzqualität werden. Wir haben es hier mit dem wahrlich interessanten Ende eines Textes zu tun, der zum Zeitpunkt seines Erscheinens noch wenige Leser fand und keineswegs hätte erwarten lassen, dass aus der Feder desselben Autors dereinst ein weiterer Text entstehen würde, der als einer der wichtigsten Fiktionen des „Préromantisme" und des literarischen Exotismus aufgefasst werden sollte.

---

6 Vgl. zu diesem Begriff Ette, Ottmar: *Roland Barthes. Landschaften der Theorie*. Konstanz: Konstanz University Press 2013.
7 Vgl. hierzu Köhler, Erich: „Je ne sais quoi". Ein Kapitel aus der Begriffsgeschichte des Unbegreiflichen. In ders.: *Esprit und arkadische Freiheit. Aufsätze aus der Welt der Romania*. Frankfurt am Main: Athenäum Verlag 1966, S. 230 ff.

Am Ende einer Reise in die kolonialfranzösische Welt der Insel Mauritius steht in einem deutlich autobiographischen Duktus das Ende der Reise (und der Lebensreise) überhaupt, ein Bewusstwerdungsprozess, der durch die kreisförmige Reisebewegung räumlich vorgeführt beziehungsweise als Bewegungsfigur spatialisiert wird und in einer Art *Mise en abyme* innerhalb des Textes selbst in der Umrundung der Insel zu Fuß gleichsam vorweggenommen wird. Zugleich enthält der Reisebericht *Voyage à l'Ile de France* alle literarischen, sozialen und landschaftlichen Ingredienzien, die dem französischen Autor später für den Entwurf seiner auf Mauritius angesiedelten Romanhandlung dienen werden.

Der *Voyage à l'Ile de France* ist zweifellos ein gutes Beispiel für einen Reisebericht des 18. Jahrhunderts, der in diesem Fall eine Abfolge von Briefen enthält und von daher selbstverständlich – wie stets in der Hybridgattung des Reiseberichts – unterschiedliche literarische Genres und Formen der Subjektkonstituierung miteinander in Verbindung bringt. Die literarisch in den Reisebericht eingefügten Briefe enthalten innerhalb ihrer Texte noch zusätzliche Datierungen, so dass sie sich über das Epistolare hinaus zugleich auch als Reise*journale*, als Reisetagebücher erweisen und ansehen lassen.

Interessanterweise gliedert sich die Reise nach Mauritius ihrerseits wiederum in eine Abfolge verschiedener Reisen innerhalb dieser Gesamtreise, so dass eine recht komplexe Figur des Zusammenspiels reiseliterarischer Einzeltexte erscheint. Durch die Briefform erhält freilich – gegenüber einem traditionellen Reisebericht – die Frage autobiographischer Modellierung von Subjektivität verstärkte literarische Ausdrucksmöglichkeiten. Dies zeigt sich gerade auch bei einem Abschnitt der Reise, in deren Fortgang das Ich seinen Reiseführer verloren hat und auf sich alleine gestellt seinen Plan trotz alledem in die Tat umsetzt, die Montagne des Trois Mamelles – welch schöner Name! – zu besteigen und von dort aus, auch wenn es längst Nacht geworden ist, einen Blick auf die gesamte Insellandschaft zu werfen. Schauen wir uns diese Passage in einem kurzen Auszug an:

> Ich traf nun meine Entscheidung. Ich beschloss, durch die Wälder aufzusteigen, auch wenn ich keinerlei Art von Weg entdecken konnte. So stieg ich nun die Felsen hinauf, wobei ich mich bisweilen an den Bäumen festhielt, bisweilen von meinem Schwarzen gestützt wurde, der hinter mir ging. Ich war noch keine halbe Stunde gelaufen, als die Nacht hereinbrach: So besaß ich nun keinen anderen Führer mehr als den Abhang des Gebirges selbst. Der Wind war eingeschlafen und die Luft war noch heiß; ich vermag Ihnen kaum zu sagen, unter welchem Durst und unter welcher Müdigkeit ich litt. Mehrmals legte ich mich hin und war entschlossen, einfach an Ort und Stelle zu bleiben. Nach unglaublichen Mühsalen bemerkte ich endlich, dass ich ständig aufwärts ging; bald darauf spürte ich im Gesicht die Frische eines Windes aus Südosten, und ich sah von weitem Feuer in der Landschaft. Die Seite, die ich hinter mir ließ, war in eine tiefe Dunkelheit getaucht.
> Schließlich stieg ich hinab, indem ich mich oftmals ungewollt hinunterrutschen ließ. Ich orientierte mich am Geräusch eines Baches, wo ich endlich völlig zerschlagen ankam. Obwohl

> ich schweißnass war, trank ich nach Belieben, und da ich unter meinen Händen Gras spürte, fand ich zu meinem größten Glücke, dass es Kresse war, von dem ich mehrere Handvoll verschlang. Ich setzte meinen Marsch in Richtung des Feuers fort, das ich sah, wobei ich Vorsicht walten ließ und meine Pistolen aus der Angst, es könnte sich um eine Versammlung geflüchteter schwarzer *Marrons* handeln, entsichert hatte: Ich stieß auf eine Lichtung, auf der mehrere Baumstämme im Feuer lagen. Keinen Menschen fand ich dort vor.[8]

Diese Passage mag belegen, was für ein begabter Schriftsteller Bernardin de Saint-Pierre bereits zu jenem Zeitpunkt war und wie geschickt er einzelne Episoden seiner Reise literarisch herauszuarbeiten verstand. Das Ich wurde von seinem Führer verlassen und muss sich inmitten der Dunkelheit selbst zurechtfinden, freilich begleitet von einem schwarzen Sklaven, von dem wir eher beiläufig, geradezu zufällig erfahren. Dieser Sklave, der hinter seinem Herren geht, stützt das Ich so, wie sich dieses auch an Bäumen festhält: Der Schwarze ist in dieser Passage nicht mehr als ein Gegenstand der Natur, welcher dem reisenden, die Gipfel erklimmenden Ich zu Hilfe kommt.

Gleichwohl findet sich dieses Ich verloren inmitten einer Natur wieder, welche vom Menschen nicht beherrscht wird. Nicht Wege, also öffentliche Infrastruktur und kulturelle Institutionen, sondern Abhänge und damit die Natur selbst geben den weiteren Weg des Subjekts zur Spitze des Berges vor, zum „Gebirge der drei Brüste". Im Grunde erweist sich diese Szenerie als Prüfung, deren Qualen und Peinigungen das Ich durchzustehen hat, um eine letztlich nur sehr schwer nachvollziehbare Handlung zu Ende zu bringen: die Besteigung eines Berges bei Nacht, in völliger Dunkelheit, und das Erreichen einer Bergspitze, von der aus dann freilich einige Lichter in der Ebene gesehen werden können. Es handelt sich um eine Prüfung, gerade weil ihr Gegenstand wie ihre Zielsetzung im Grunde absurd sind. Und kein Zweifel: Das Ich hat diese Prüfung bestanden!

Dunkelheit, Orientierungslosigkeit, unerträgliches Klima, Wegelosigkeit, Führerlosigkeit, enorme körperliche Anstrengung und vieles mehr: All dies sind Grenzerfahrungen des Subjekts, wir dürfen hinzusetzen: eines modernen Subjekts, die bis zur gleichsam tierischen Nahrungsaufnahme in Form von am Bach wachsender Kresse gehen. Doch all diese Erprobungen des Ich werden am guten Ausgang mit einem Glücksgefühl belohnt, bevor die Absurdität des eingeschlagenen Weges noch einmal aufscheint.

In dieser Passage finden sich kulturelle Erfahrungsmuster des modernen Menschen vorgeprägt, der eigentlich grundlos die Herausforderung sucht, wobei hier in einem bestenfalls präromantischen Sinne die Natur selbst einen ambi-

---

[8] Saint-Pierre, Bernardin de: *Voyage à l'île de France*, S. 149 f.

valenten Status besitzt. Denn einerseits ist sie ein Ort der Herausforderung, der Bedrohung und auch die Lebensbedrohung selbst; andererseits erlaubt sie dem Subjekt eine Selbstvergewisserung, die in der eigenen Umgebung, im alltäglichen Lebensablauf, in dieser radikalen Daseinserfahrung nicht möglich wäre.

Mir scheint, dass gerade diese buchstäblich auf die Spitze getriebene Szenerie, die eigentlich nur durch das Subjekt motiviert und auch nur vom Subjekt durchgeführt wird, auf sehr anschauliche und konzentrierte Weise ebenfalls „La fin des voyages" schon andeutet, nicht aber die Grenzerfahrung des Ich in der äußersten Erprobung seiner Fähigkeiten. Zweifellos werden wir an dieser Stelle einfügen müssen, dass ein Schwarzer das Ich begleitete und ihm als Stütze diente; doch als Sklave verschwimmt dieses namenlose Subjekt in der Nacht und muss, ebenso wie die hilfreichen Bäume, nicht nochmals erwähnt werden. Dass dieser schwarze Sklave die Eskapaden seines Herrn und Meisters klaglos mitmachen muss, findet keine Berücksichtigung. Sehr wohl werden jedoch die Aktivitäten des weißen Subjekts beschrieben, welche jedoch nicht mehr – wie etwa im Bereich der Entdeckungsreise oder der Forschungsreise – einem bestimmten zu erreichenden Ziel untergeordnet werden. In der hier geschilderten Szenerie ist das eigentliche Ziel das Subjekt, das Ich des Reisenden und Schriftstellers, das sich ohne eigentlichen Grund und Anlass zu erproben sucht, bis an die eigenen Grenzen geht und – wie ein Bungee-Springer seine Angst vor dem eigenen Mut überwindend – seine selbstauferlegte Prüfung besteht. Ich greife zum Vergleich wahllos irgendeine Werbung für Bungee-Springen aus dem Internet auf: „Dein Puls schlägt schneller. Erlebe den freien Fall. Einzigartige Erlebnisse. Geprüfte Erlebnisse." Wir befinden uns in diesem noch präromantischen Setting auf den Spuren des modernen Subjekts und bemerken, wie nahe uns dies alles noch heute ist.

Bei Bernardin de Saint-Pierre lässt sich sehr eindrücklich der jahrzehntelange Weg vom noch nicht schreibenden Ingenieur und Militär über eine lange Phase des Verfassens eines Reiseberichts und spekulativer Naturstudien in seinen *Etudes de la Nature* hin zur Arbeit an romanesker Fiktion, an der Ausarbeitung eines Romans beobachten, der ursprünglich am Ausgang des letzten Bandes seiner *Naturstudien* stehen sollte. Wir erleben so die Geburt des Romans aus dem Geiste des Studiums der Natur und können ermessen, welch große Bedeutung bei dieser Entwicklung der Natur und ihrer naturphilosophischen wie literarischen Darstellung zukommt. So mag es kein Zufall sein, dass Alexander von Humboldt lange Jahrzehnte danach noch immer begeistert von jenen Naturszenen berichtete, die er bei Bernardin de Saint-Pierre einst gelesen hatte und mit denen wir uns auf dem weiteren Weg unserer Vorlesung noch beschäftigen werden.

Bernardin de Saint-Pierres aufopferungsvolle und mühselige intratextuelle Arbeit am eigenen Text führt vom selbstgeführten *Journal* der Reise in den Indischen Ozean, schließlich zum Reisebericht und von diesem zu fiktionalen Briefen über die unternommene Reise, von wo aus im Grunde der Weg zur Niederschrift eines Romans nicht mehr sehr weit ist. Die Ankunft in der Literatur ist dabei nicht so linear, wie es diese verkürzte Darstellung des literarischen Entwicklungsganges vielleicht nahelegen könnte. Vergessen wir nicht, dass der französische Schriftsteller für diesen Weg lange Jahre einer mühseligen Existenz am Rande von Armut und gesellschaftlicher Ächtung benötigte! Auf ihm traten eine Reihe anderer, gattungstechnisch bedingter Elemente hinzu, die veränderte Erzählstrukturen und Darstellungsmuster schufen, die wir im Übrigen nun unverkennbar dem Vertreter des „Préromantisme" und Wegbereiter der Romantik zuordnen können. Dass hierbei wiederum die Ambivalenz der Natur erscheinen musste, freilich in das Licht eines noch dramatischeren Kontrasts gestellt, werden wir sogleich erleben.

Paul et Virginie, der großartige kleine Roman von Bernardin de Saint-Pierre, ist zweifellos das große Lebenswerk des Franzosen. Er ist jener Text, der alle anderen aus der Feder des eigenwilligen Autors – seien es die *Etudes de la Nature* aus dem Jahr 1784, deren ursprüngliches ‚Anhängsel' er wie besprochen war, seien es *La Chaumière indienne* von 1791 oder seine erst posthum veröffentlichten *Harmonies de la Nature* – im Verlauf einer langen Rezeptionsgeschichte in den Schatten stellte. Die erste von den *Etudes* unabhängige Publikation des Romans – wenn wir ihn denn so nennen wollen – fiel in das Jahr der Französischen Revolution, die Bernardin de Saint-Pierre, ein letztlich treuer Schüler Rousseaus, hoffnungsvoll begrüßte. Er bekleidete in ihr durchaus nicht unwichtige Posten, ohne es doch beim Erscheinen Napoleons zu versäumen, den sich verändernden neuen Machtverhältnissen gebührend Rechnung zu tragen und seinen gesellschaftlichen, wissenschaftlichen und nicht zuletzt literarischen Aufstieg zu vollenden.

„Histoire" und „récit", Story und Plot seines größten Publikumserfolgs sind schnell erzählt. Gestatten Sie zunächst jedoch einige Bemerkungen zur Art des „Plotting". Der explizite Autor – natürlich nicht der reale Autor aus Fleisch und Blut – stößt auf der Ile-de-France, nicht allzu weit von der Hauptstadt Port-Louis entfernt, auf einen alten Mann, der inmitten von Ruinen in einer nachdenklichen, melancholischen Haltung sitzt. Dieser alte Mann wird nun gegenüber unserer expliziten Autorfigur und damit auch gegenüber dem Lesepublikum zum Erzähler jener Geschichte, die *Paul et Virginie* auf der Ebene der „histoire", der Story bildet. Am Ende des Romans wird diese Erzählerfiktion wieder aufgenommen: Die Autorfigur erscheint noch ein letztes Mal und gemahnt an die Erzählsituation mit unserem alten Mann, der sich im Übrigen immer wieder in die unterschiedlichsten Szenen des Romans kommentierend einblendet. Wir haben es folglich mit einem erzähltechnisch gerahmten Text und dergestalt mit einer Aufteilung in eine Rahmen- und eine Binnenerzählung zu tun.

Diesen so angeordneten Rahmen können wir erzähltechnisch noch weiter untersuchen. Denn die Erzählerfigur des alten Mannes ist zugleich intradiegetisch – sie ist Teil des Buches und wird als literarische Figur eingeführt – und homodiegetisch, das heißt, dass sie Anteil am Geschehen selbst hatte, von dem sie berichtet. Unter einer Diegese ist die ausgespannte Raum-Zeit-Struktur eines Erzähltextes zu verstehen, also Rahmen- und Binnenerzählung gemeinsam. Sie begreifen: Wir haben es mit zwei verschiedenen Zeitebenen zu tun, auf denen sie angeordnet ist! Der betagte Erzähler ist ja nun alt und blickt in die Vergangenheit zurück, aus der er uns berichtet. Die Zukunft der längst vergangenen Zeit ist eine vergangene Zukunft, die freilich in ihrer damaligen Zukunftsoffenheit erfahrbar und nacherlebbar wird. Insgesamt jedoch haben wir es mit einer recht einfachen, überschaubaren narrativen Grundstruktur zu tun, die dem Schriftsteller strukturell keine hohe Komplexität abverlangt und von der Leserschaft leicht nachzuvollziehen ist. Man könnte dies auch als leichte Lesbarkeit des Textes umschreiben.

Bevor ich Ihnen dies alles genau am Text vorführen kann, muss ich Ihnen zumindest einige weitere Teile der „histoire" erzählen. Nun, auf der Insel Mauritius lebten einst mitten im Indischen Ozean die von ihrem Heimatland Frankreich und dessen Zivilisation – und hier kommen zivilisationskritische Aspekte mit ins Spiel – bitter enttäuschte Madame de la Tour mit ihrer hübschen Tochter Virginie. Sie wohnen mit der Madame eng befreundeten Marguerite und deren nicht weniger hübschem Sohn Paul und ihren wohlerzogenen, treuen und edlen schwarzen Sklaven zusammen. Diese Sklaven heißen Domingue – noch ist die Sklavenrevolution auf Saint-Domingue, dem späteren Haiti, nicht ausgebrochen und der Name dadurch noch nicht revolutionär kontaminiert – sowie Marie, was auf die christliche Erziehung und Legitimation der Sklaverei verweist. Sie leben in einfachen Verhältnissen, aber stets glücklich in einer perfekten Idylle, die ein Gegenbild darstellt zur französischen Gesellschaft am Ende des Ancien Régime. Die beiden Kinder Paul und Virginie wachsen zusammen auf und erfreuen sich des Lebens in einer natürlichen tropischen Umwelt, die mit all ihren für in Frankreich lebende Franzosen exotischen Reizen geschildert wird. Zu dieser quasinatürlichen Umwelt zählen selbstverständlich auch die edlen und stets mitfühlenden Sklaven.

Es kommt, wie es kommen muss: Die Kinder wachsen heran und verlieben sich zunehmend ineinander, ohne sich dies freilich eingestehen zu wollen. Der erste Teil der Geschichte ist rosafarben, der zweite dunkel gestaltet und auf die Scharnier- oder Trennstelle komme ich gleich zu sprechen. Wir durchleben das Aufwachsen der Kinder und sehen ihre entstehende Liebesbeziehung in einem exotischen und exotisierten Kontext: Sie leben ihr Leben in einer zwar sittenstrengen, aber gleichwohl atmosphärisch spürbaren Freiheit, die im ersten Teil geradezu utopische Züge annimmt und auf eine Konvivenz jenseits vermeintlicher Standesgrenzen hinausläuft. Entscheidend ist dabei die Vorstellung, dass ein solches Zusammenleben jenseits aller Grenzen, die eine kolonialistische und statische Standes-Gesellschaft des Ancien Régime errichtet hat, sehr wohl möglich sei. Literatur wird in diesem Zusammenhang zu einem Laboratorium des Zusammenlebenswissens, so wie es seit *1001 Nacht* immer wieder experimentell erprobt wurde.⁹

Abb. 13a: „Enfance de Paul et Virginie", Abbildung aus *Paul et Virginie*, 1806.

Dann jedoch ereignet sich das Unglück: Und es kommt selbstverständlich aus Frankreich, also von weither. In Form eines Briefes einer Erbtante wird Madame de la Tour, im Gegensatz zu Marguerite von adliger Abkunft, aufgefordert, ihrer nunmehr fünfzehnjährigen Tochter Virginie, die längst in die Pubertät gekommen ist und natürlich zu einer unglaublich hübschen jungen Frau heranwächst, eine standesgemäße Ausbildung in Frankreich zu ermöglichen. Dafür wolle sie, die Erbtante, gerne alle finanziellen Mittel bereitstellen und auch die Überfahrt nach Frankreich bezahlen. Nach einigem anfänglichem Zögern wird der Plan angenommen – zur größten Verzweiflung der beiden Liebenden, die nun auseinandergeris-

---

9 Vgl. hierzu Ette, Ottmar: *ZusammenLebensWissen. List, Last und Lust literarischer Konvivenz im globalen Maßstab (ÜberLebenswissen III)*. Berlin: Kulturverlag Kadmos 2010; sowie ders.: *Konvivenz. Literatur und Leben nach dem Paradies*. Berlin: Kulturverlag Kadmos 2012.

sen werden. Die Idylle – oder wir müssten genauer sagen: die gesellschaftliche Utopie – endet abrupt.

Nun beginnt die zweite Hälfte des Romans, und wieder kommt es, wie es kommen muss: Virginie wird nach Frankreich gebracht, eine wirkliche Weltreise nicht nur in der damaligen Zeit, findet aber leider keinen Gefallen an der dortigen ständischen Zivilisation mit ihren gesellschaftlichen Gegensätzen, von deren Auswüchsen sie kritisch in ihren Briefen berichtet. Alles verstößt gegen die Gesetze der Natur, gegen die so natürlichen Sitten. Man könnte von einer Art *Lettres persanes* sprechen, nur diesmal mauritianisch-französischer Natur: Denn Virginie ist Französin und zugleich doch keine Französin, insofern sie in einer anderen Kultur aufgewachsen ist und so die französische Gesellschaft mit ihren Briefen wie bei Montesquieu gleichsam von außen beleuchtet und reflektiert.

Doch ganz so, wie Virginie sich nicht an die Sitten und Gewohnheiten Frankreichs anzupassen vermag, finden auch die französische Zivilisation und deren Vertreterinnen und Vertreter keinen Gefallen an ihr. Folglich wird sie von ihrer Tante enterbt und verlässt Frankreich wieder, zwar auf eine noch immer natürliche Weise wohlerzogen, aber sich gleichwohl auf die angestammte Heimat ihrer ‚Neuen Welt' in den französischen Kolonien und auf ihren lieben Paul freuend. Alles wirkt, als könnte sich das Romangeschehen noch zu einem guten Ende fügen.

Aber das Schiff, das sie nach etwa zweijähriger Abwesenheit wieder zurück nach Mauritius bringen soll, kommt unmittelbar vor der Ankunft in einen schweren Sturm – der Autor Bernardin de Saint-Pierre hatte derartige Stürme selbst hautnah erlebt, aber überlebt und bereits in seinem Reisebericht beschrieben. Ja, Sie ahnen es schon: Dieses Glück sollte Virginie nicht beschieden sein, denn sie wird in diesem Sturm untergehen! Und dies nicht irgendwie, sondern recht spektakulär, wie wir gleich sehen werden: vor den Augen des verzweifelten Pauls und anderer Beobachter der grässlichen Szenerie. Es ist also das, was man in der Tradition von Lukrezens *De rerum natura* schlicht als einen *Schiffbruch mit Zuschauer* bezeichnen könnte, ein Motiv, mit dem sich der Philosoph Hans Blumenberg ausführlich auseinandergesetzt hat.[10] Die unmittelbaren Folgen sind klar: Die einst so fröhliche Gemeinschaft überlebt das Unglück nicht lange und siecht sterbend dahin. Am Ende des Romans gemahnen nur noch einige wenige Reste an die Stätte des einstigen Glücks und bilden jenen geheimnisvollen und düsteren Ort, an dem der alte Mann seine Geschichte erzählt.

---

10 Vgl. Blumenberg, Hans: *Schiffbruch mit Zuschauer. Paradigma einer Daseinsmetapher*. Frankfurt am Main: Suhrkamp 1979.

Sie mögen nun verwundert sein oder nicht, doch mit so einer Geschichte macht man Weltliteratur! Gleichzeitig füge ich hinzu: nicht damit allein. Denn der Roman hat es, wenn er auch allzu oft – freilich nie von seinen treuen Leserinnen und Lesern – unterschätzt wurde, wirklich in sich. Er ist in seinen Konstruktionsprinzipien recht einfach, aber sehr durchdacht und konsequent aufgebaut, eine wahre Freude für jeden Narratologen, der all seine Modelle bestätigt sieht. *Paul et Virginie* bildet in dieser Hinsicht sicherlich einen Vorzeigeroman.

In der bislang entfalteten Verbindung von „histoire" und „récit" möchte ich Ihnen die Nahtstelle etwas genauer zeigen, an der unter dem Licht des Kreuzes des Südens die Handlung kippt. Dies war übrigens eine Stelle, die Alexander von Humboldt ganz besonders bewunderte, war für ihn doch das Kreuz des Südens jene Konstellation, die stellvertretend für die von ihm – im doppelten Wortsinne – heiß geliebten Tropen stand. Nicht umsonst war *Paul et Virginie* ein Roman, den er mit besonderer Zuneigung mit auf seine Reise dorthin nahm. Aber zurück zu jener Passage, in der die erste Hälfte des auf Mauritius angesiedelten Romans, also jene ‚rosafarbene', in die zweite, düstere Hälfte übergeht! Passen Sie gut auf:

> Ich sagte zu Paul: „Mein Freund, Ihre Schwester wird bleiben. Morgen sprechen wir darüber mit dem Gouverneur: Lassen Sie Ihre Familie sich erholen und verbringen Sie diese Nacht bei mir. Es ist spät, es ist Mitternacht: Das Kreuz des Südens steht gerade über dem Horizont."
> Er ließ sich wortlos mitnehmen und stand, nach einer sehr unruhigen Nacht, gleich im Morgengrauen auf, um zu seiner Wohnung zurückzukehren.
> „Aber wozu soll es gut sein, dass ich Ihnen noch länger den Verlauf dieser Geschichte erzähle? Es gibt im Leben des Menschen immer nur eine einzige angenehme Seite, die man kennen muss. Dem Erdball ähnlich, auf dem wir umherstreifen, ist unsere rasche Umdrehung nichts als ein Tag, und nur ein Teil dieses Tages kann das Licht empfangen, wobei der andere Teil der Finsternis ausgeliefert bleibt."
> „Mein Vater, sagte ich ihm, ich beschwöre Sie, führen Sie das, was Sie auf eine so berührende Art und Weise zu erzählen begonnen haben, zu seinem Ende. Die Bilder des Glücks gefallen uns, aber jene des Unglücks sind für uns lehrreich. So bitte ich Euch: Was wurde aus dem unglücklichen Paul?"
> – „Das erste, was Paul sah, nachdem er nach Hause zurückgekehrt, war die Schwarze Marie, die auf einem Felsen sitzend zum offenen Meer hin schaute. Er rief ihr schon von weitem zu, als er sie sah: „Wo ist Virginie?" Marie drehte ihrem jungen Herrn den Kopf zu und begann zu weinen. Paul war außer sich, kehrte auf der Stelle um und lief hinunter zum Hafen. Er erfuhr dort, dass Virginie sich im Morgengrauen eingeschifft hatte, dass ihr Schiff alsbald die Segel gesetzt hatte und dass man es schon nicht mehr sehe. Er ging wieder hinauf zur Wohnung, die er durchquerte, ohne noch mit jemandem zu sprechen."[11]

---

[11] Saint-Pierre, Bernardin de: *Paul et Virginie*. Edition revue et augmentée d'une chronologie. Paris: Editions Garnier Frères 1964, S. 154 f.

In dieser wunderbar durchkomponierten Passage, die uns zeigt, wie überzeugend Bernardin de Saint-Pierre konstruieren und schreiben konnte, laufen im Grunde alle wesentlichen Erzählfäden und Metaphorologien des gesamten Romans zusammen. Zunächst einmal können wir hier einen Wechsel zwischen den beiden Zeitebenen beziehungsweise Diegesen des Romans beobachten. Sind wir am Anfang noch auf der Ebene der erzählten Zeit, so wechseln wir rasch auf jene der Erzählzeit, in der der alte Mann dem vermeintlichen Autor des Textes, der „Ich" sagt wie sein Erzähler im Dialog, die gesamte Geschichte unterbreitet und vorführt.

Hübsch und überzeugend ist dabei, dass er uns auch noch vorführt, dass die Begriffe „récit" und „histoire" im Französischen keineswegs theoretische, ja völlig abstruse Begriffe sind, die kein Erzähler in den Mund nehmen würde, sondern sich bereits im 18. Jahrhundert dazu eigneten, dem Adressaten einer Erzählung und damit der verehrten Leserschaft genauer zu erklären, wie man einen vernünftigen Erzähltext schreibt. „Récit" ist also die Anordnung jener narrativen Elemente, welche die „histoire" als die Gesamtheit aller Erzählelemente und Erzählmomente eines Textes in eine lineare Sequenz einrückt. Wie erzähle ich also? Indem ich mir überlege, wie ich die einzelnen Teilsequenzen zu einer Gesamtsequenz anordne, wie ich also die Bestandteile der „histoire", der Geschichte, die ich erzählen möchte, in einen „récit" integriere und Stück für Stück aufeinander folgen lasse.

Halten wir an dieser Stelle fest: Literatur ist eine Kunst der Zeit, ganz so wie die Musik, und nicht so sehr eine Kunst des Raumes wie etwa Malerei oder Bildhauerei! Sie sehen zugleich: Unser Erzähler ist ein Teil der hier repräsentierten Geschichte ebenso wie jenes Ich, dem alles erzählt wird. So griff er selbst in die Geschichte ein, indem er etwa Paul dazu bewegte, in der Nacht, an deren Ende Virginie nach Frankreich aufbrechen musste, nicht zuhause zu sein, sondern bei ihm zu nächtigen, so dass der junge Mann seine geliebte Virginie nicht wiedersehen wird und ihr noch nicht einmal Adieu sagen konnte. Kein Wunder also, dass er mit niemandem mehr sprechen möchte.

Beide Ichs sind Romanfiguren, genauer: Sie sind auf der Ebene der Erzählzeit Figuren des Romans, gehören also von innen her zu diesem erzählerischen Rahmen, sind daher intradiegetisch im Sinne Gérard Genettes.[12] Mit anderen Worten: Sie gehören folglich zur Diegese, der raumzeitlichen Gesamtheit dieser erzähltechnisch zu untersuchenden Ebene des Romans. Der alte Mann spricht, wie wir zugleich sehen, in seiner Erinnerung mit dem jungen Paul: Er ist also auch

---

12 Vgl. zu dieser erzähltechnischen Begrifflichkeit Genette, Gérard: *Nouveau discours du récit*. Paris: Seuil 1983.

eine Figur auf der weiter zurückliegenden Ebene der erzählten Zeit, was Genette als homodiegetisch bezeichnet.

Jene Figur, die ebenfalls „Ich" sagt und die ich als expliziten Autor bezeichnet habe, ist hingegen keine Figur auf Ebene dieser Diegese der erzählten Zeit, sondern nur der romanesken Rahmenerzählung. Daher dürfen wir sie nicht als homodiegetisch, sondern müssen sie als heterodiegetisch bezeichnen. Sie muss vom alten Mann ja erst in Kenntnis der gesamten Geschichte gesetzt werden, was überhaupt die Motivation für den gesamten Erzählvorgang – die „narration" also – ist. Sie sehen: Die Dinge liegen einfach und sind doch zugleich nicht ganz trivial! Aber ich darf Sie trösten: Das narratologische Nachvollziehen komplexer Geschichten macht bisweilen selbst ausgebufften Narratologen Mühe, auch wenn wir die erzählerischen Zusammenhänge geradezu instinktiv – weil wir all dies in einem langen Lernprozess wie die Muttermilch eingesogen haben – verstehen und nachvollziehen können. Es bereitet auch Vergnügen, so wie jede Form des Verstehens Vergnügen und Freude bereitet. Nicht umsonst bezeichnete der Freiburger Romanist Hugo Friedrich die Philologie als eine „genießende" Wissenschaft.[13]

Wir haben bereits gesehen, dass genau dann der Übergang von der Binnenerzählung zur Rahmenerzählung vollzogen wird, also von der erzählten Zeit zur Erzählzeit, wenn im Text tatsächlich von der Zeit die Rede ist: Wir werfen einen Blick auf die Uhrzeiger des Kreuzes des Südens, so dass die Natur selbst hier die Zeitangabe einblendet und uns wie allen Romanfiguren sagt, dass nun Mitternacht sei. Denn diese Konstellation pflegt, sich wie die Zeiger an einer Uhr im Verlaufe einer Sternennacht zu drehen.

So beginnt also ein neuer Tag, und zwar kein guter! Die Geschichte selbst wäre darum um ein Haar stehengeblieben. Denn angesichts der Ereignisse, von welchen er nun berichten muss, überlegt es sich der Erzähler noch einmal, ob er wirklich derartig grausame Dinge vorstellen müsse: Wo Licht ist, sei auch Schatten, und wo Glück ist, gebe es auch Unglück.

An dieser Stelle greift unser expliziter „Auctor" ein – kein Wunder, er hätte ja sonst nichts zu gestalten gehabt – und gibt seinen Fundus an von der abendlän-

---

13 Vgl. hierzu Friedrich, Hugo: Dichtung und die Methoden ihrer Deutung. In: *Die Albert-Ludwigs-Universität Freiburg 1457–1957. Die Festvorträge bei der Jubiläumsfeier.* Freiburg i.Br.: Hans Ferdinand Schulz 1957, Bd. 2, S. 95–110; zitiert nach Friedrich, Hugo: Dichtung und die Methoden ihrer Deutung. In: Wais, Kurt (Hg.): *Interpretationen französischer Gedichte.* Darmstadt: Wissenschaftliche Buchgesellschaft 1970, S. 22–37, hier S. 22. Siehe hierzu auch meinen Aufsatz: Ein Fest des Intellekts, ein Fest der Lust. Hugo Friedrich, Paul Valéry und die Philologie. In: *Jahrbuch der Deutschen Schillergesellschaft – Internationales Organ für neuere deutsche Literatur* (Göttingen) LVII (2013), S. 290–321.

dischen Antike ererbten Topoi zum Besten, zumindest auf implizite Weise. Denn das Glück, so kommentiert er, erfreue uns, aber das Unglück belehre uns, mache uns mithin klüger oder weiser. Das ist nicht etwa eine Aussage, die uns darauf aufmerksam machen soll, dass Glück die Menschen immer dumm und Unglück die Menschen immer klug mache. Dies wäre eine Überlegung durchaus populären Zuschnitts nach dem Motto „Lieber glücklich und dumm als unglücklich und intelligent". Es handelt sich vielmehr um einen philologisch-philosophischen Gemeinplatz und Hinweis auf die spätestens von keinem Geringeren als Horaz in die literaturtheoretische Diskussion eingebrachte Auffassung und Weisheit, dass die Literatur zu erfreuen und zu bilden habe: „Plaire et instruire", wie man seit der französischen Klassik auf Neufranzösisch sagt.

Bernardin de Saint-Pierre greift an dieser Stelle folglich auf eine lange literarische Tradition und auf einen keineswegs revolutionären Leitsatz zurück, so wie *Paul et Virginie* ja das gänzlich Neue nicht auf ganzer Linie, sondern lediglich in bestimmten Aspekten des Textes präsentiert, die wir uns in der Folge noch näher anschauen werden. Allerdings darf man an der Aussage zweifeln, dass man aus dem zweiten Teil des Romans mehr Lehren ziehen könne als aus dem ersten. Es sei denn die Lehre, dass auch eine Utopie, und sei sie noch so schön, doch wiederum auf den Boden dieses Globus zurückgeholt wird, und dass jedem Teil sein Gegenteil entspricht. In jedem Fall läuft die Zweiteilung des Romans in der zitierten Passage zusammen und es bildet sich ein symmetrischer Aufbau des gesamten Erzähltextes heraus, der bis in die kleinsten Details sorgsam und sorgfältig ausgeführt wird. Auf diesem gleichsam klassischen Kompositionswillen beruht – so scheint mir – in wesentlichen Teilen und gemeinsam mit dem (für ein französisches Lesepublikum) exotischen Setting der große Erfolg des Romans.

Unserem expliziten Autor gelingt es, den Erzähler zum Weitererzählen zu bewegen. Und so wird es nach Mitternacht wieder Tag, und die Anführungszeichen häufen sich, da nun die mündliche Rede des Erzählers in ihrer Mitte wieder der mündlichen Rede (und der Stimme) des jungen Herren Raum gibt. Der ist übrigens ein Herr auch in dem Sinne, dass er als junger „maître" Marie als seine Sklavin besitzt. Denn das französische Kolonialsystem war im 18. Jahrhundert ganz selbstverständlich mit der Sklaverei verbunden und wäre ohne die Ausbeutung von Sklaven nicht vorstellbar und wirtschaftlich hochprofitabel gewesen.

Marie aber sitzt auf einem Felsen in einer typisch philosophischen Haltung, was nichts Gutes ahnen lässt. Das weiß auch Paul, und die Erkenntnis trifft ihn wie ein Schlag. Seine bange Frage, wo denn Virginie, die jungfräuliche Freundin seines Herzens sei, wird mit einem noch bangeren, tränenerfüllten Blick auf das Meer beantwortet. Die Szenerie ist nicht allein auf die Gegenwart, sondern auch auf die Zukunft bezogen. Wir haben ja schon gehört, dass Virginie zwei Jahre später an eben jener Stelle unweit der rettenden Küste ihrer Heimatinsel untergehen wird, ohne dass sich die beiden Liebenden noch einmal bei lebendigem Leib in die Arme nehmen können.

Die bitteren Tränen der Sklavin künden das kommende Unheil an. Im Grunde wird damit die Flüssigkeit des Meeres metonymisch ebenfalls als Salzlösung – Tränen und Meere sind salzig – mit dem Körper-Leib in Verbindung gebracht, so dass es aus Marie nur so herausquillt. An die Stelle der Sprache ist die Sprachlosigkeit, der beredte Körperausdruck getreten. Darum muss auch Paul stille bleiben. Wir könnten an dieser Stelle im „Préromantisme" von Bernardin de Saint-Pierre den klassischen romantischen Vers aus Lamartines Gedicht *Le Lac* schon anklingen lassen. Er passt für die meisten romantischen Texte und lautet: „Un seul être vous manque / et tout est dépeuplé" („Ein einziges Wesen fehlt Euch / und alles ist entvölkert"). So einfach ist das: Eine einzige Figur, zumeist jene der geliebten Frau, scheidet aus welchen Gründen auch immer aus, und schon ist alles öde und lässt der Melancholie, der Krankheit des Jahrhunderts, dem „mal du siècle", allen Raum! Es ist eine Krankheit, die von innen kommt und das Subjekt sprachlos macht. Es gibt keine Worte mehr angesichts einer Sonne, die sich für immer verfinstert hat. Doch auf die schwarze Sonne der Melancholie[14] kommen wir an späterer Stelle ausführlich zu sprechen.

Wir könnten dieser Passage noch eine Vielzahl anderer Aspekte und Züge abgewinnen: Nicht uninteressant ist etwa die Tatsache, dass es kein anderer als der Erzähler war, der Paul im Grunde aus dem Verkehr gezogen hatte und damit den Weg dafür bereitete, dass sich die beiden Liebenden nicht mehr voneinander verabschieden konnten. So hat dieser Erzähler folglich allen Grund, an die Geschichte von Virginie und Paul mit Trauer und Melancholie zurückzublicken. Eigentlich ist unser Erzähler mitschuldig an der nun folgenden Tragödie geworden, was im Grunde zwischen seinen Worten, zwischen seinen Zeilen lesbar wird. Ist sein Erzählen nicht eine direkte – und vielleicht auch heilende – Reaktion auf dieses Schuldig-Werden am Unglück derer, die im Zentrum seiner Erzählung und letztlich unseres Romans stehen?

Doch die psychologisch heilsame Wirkung der Literatur ist nicht so einfach zu haben. Denn nicht umsonst will er die Erzählung seiner Geschichte just an jener Stelle beenden, an der er selber sich viel Schuld auflud. Sein Lebenswissen zu versprachlichen, fällt ihm nicht leicht. Es bedarf großer Energie, aber auch einer kunstvollen Bearbeitung, einer Kunst des Erzählens, um eine Heilung durch das Sprechen der eigenen Worte zu bewirken – vergleichbar mit der Situation der Psychoanalyse, in welcher das Finden der eigenen Worte in der Tiefe des Sub-

---

14 Vgl. hierzu Kristeva, Julia: *Soleil noir. Dépression et mélancolie*. Paris: Gallimard 1987.

jekts der Schlüssel zur Heilung moderner Subjektivität ist. Wir stoßen hier auf die Tatsache, dass der Erzählvorgang selbst etwas mit der Tiefendimension moderner Subjektivität und mehr noch mit der Situation des Subjekts in der Moderne zu tun hat. Es geht – um mit dem Titel eines autobiographischen (und psychoanalytisch eingefärbten) Textes von Marie Cardinal zu sprechen – um *Les mots pour le dire*.[15] Und es ist die Aufgabe des Auctors, wie ein Psychoanalytiker dem Erzähler diese Worte zu entlocken.

Zu Ihrem Trost darf ich freilich noch hinzufügen: Der arme Paul sieht das Entschwinden der Geliebten dann doch noch, und zwar von einem hohen Berg seiner Heimatinsel aus, von wo er gewiss nicht mehr seine Virginie selbst, wohl aber ihr Schiff auf dem Weg nach Frankreich in zehn Seemeilen Entfernung verfolgen kann. Wir haben ja bereits Bernardin de Saint-Pierres Vorliebe für die Gebirgswelt von Mauritius gesehen und auch die Kenntnisse des studierten Ingenieurs, der etwas von trigonometrischen Abstandsmessungen verstand. Doch bei diesem Sehen aus der Ferne ist die Sprache ausgeschaltet, ein böses Vorzeichen für die Zukunft beider Liebender. Natürlich ist der Ort, von dem aus Paul auf das Meer blickt, ein romantischer Ort par excellence; aber auf diesen Aspekt erhoffter Transparenz kommen wir noch später zu sprechen. Dort findet sich an den Gebirgsabhängen auch jener „Wald in der Luft", „dans l'air", der einen Alexander von Humboldt an den Naturbeschreibungen des französischen Schriftstellers so sehr entzückte. Denn er hatte verstanden, dass mit Bernardin de Saint-Pierres Beschreibungen der tropischen Natur zugleich auch erstmals eine Ästhetisierung einer außereuropäischen Bergwelt begonnen hatte. Jean-Jacques Rousseaus Ästhetisierung der Schweizer Alpen war nun, schon nach wenigen Dekaden, ergänzt um eine ästhetische In-Wert-Setzung tropischer Gebirgswelten.

Lassen Sie uns zu einer zweiten Passage dieses Textes kommen, welche bereits die Zeitgenossen Bernardins begeistert hat: Es ist die Szene des Schiffbruchs mit Zuschauer, in der Virginie in den Fluten versinkt und spektakulär ertrinkt! Ihr Schiff ist unmittelbar vor der Küste der Insel Mauritius in einen verheerenden Sturm und in Seenot geraten. Die Mannschaft steht im Begriff, das Schiff mit seinen geladenen Gütern, aber auch mit all seinen Passagieren zu verlassen und sich an Land zu retten. In dieser Situation blenden wir uns ein und sehen eine der berühmtesten Todesszenen, die Sie – wenn Sie sie noch nicht kennen – vielleicht nie mehr vergessen werden. Schauen Sie also gut zu, wie sich zunächst am Ufer die erzähltechnische Kameraperspektive auf Paul richtet:

---

15 Vgl. Cardinal, Marie: *Les mots pour le dire*. Paris: Grasset et Fasquelle 1975.

Kaum hatte dieser junge Mann den Gebrauch seiner Sinne wiedererlangt, stand er auf und drehte mit neuer Inbrunst sich dem Schiffe zu, welches das Meer unterdessen mit schrecklichen Schlägen zu öffnen begann. Die ganze Mannschaft, die nun an ihrer Rettung verzweifelte, stürzte sich in ihrer Masse ins Meer, klammerte sich an Kisten, Hühnerkästen und Planken, an Tische und Fässer. Dann aber erblickte man einen Gegenstand, der eines ewigen Mitleids würdig war: Ein junges Fräulein erschien achtern auf der Galerie der Saint-Géran und streckte ihre Arme dem entgegen, der sich so unendlich bemühte, sie zu erreichen. Es war Virginie. Sie hatte ihren Geliebten an dessen Unerschrockenheit erkannt. Der Anblick dieser liebreizenden Person, die einer so grässlichen Gefahr ausgesetzt war, erfüllte uns mit Schmerz und Verzweiflung. Virginie aber, in ihrer edlen und sicheren Haltung, machte uns mit der Hand Zeichen, als wollte sie uns noch ein ewiges Adieu zuwerfen. Alle Seeleute hatten sich ins Meer geworfen. Allein ein einziger war noch auf der Brücke geblieben, gänzlich nackt und muskulös wie Herkules. Respektvoll näherte er sich Virginie: Wir sahen, wie er sich zu ihren Knien warf und sich bemühte, sie ihrer Kleider zu entledigen; sie aber wies ihn mit Würde zurück und wandte ihr Gesicht von ihm ab. Alsbald waren die verdoppelten Schreie der Zuschauer zu hören: „Retten Sie sie, retten Sie sie; verlassen Sie sie nicht!" Doch in diesem Augenblick türmte sich abgrundtief ein Gebirge an Wasser von furchtbarer Größe zwischen der Insel Ambre und der Küste auf und lief brüllend auf das Schiff zu, das es mit seinen schwarzen Flanken und schaumsprühenden Gipfeln bedrohte. Bei diesem schrecklichen Anblick sprang der Seemann alleine ins Meer; und Virginie, den sicheren Tod vor Augen, legte eine Hand auf ihre Kleider und die andere auf ihr Herz, und als sie ihre heiteren Augen nach oben erhob, glich sie einem Engel, den Flug gen Himmel erhebend.[16]

Diese eindrückliche Passage, die zu den berühmtesten der französischen Literaturgeschichte zählt, ist ungezählte Male in der Malerei, aber auch in anderen Künsten, im Film und auf der Bühne immer wieder neu in Szene gesetzt worden. Virginie macht hier ihrem Namen – nomen est omen – alle Ehre und bewahrt vor aller Augen ihre Jungfräulichkeit, die sie selbst um den Preis ihres Lebens nicht einmal bis zum Punkt nackter Unkeuschheit gefährden will. Sie ist von Adel, und ihre Haltung zeugt zugleich von Seelenadel; ihren Körper schützt sie bis in den Tod vor allen Blicken, selbst von jenen, die ihr Leben retten könnten. Sie ist ganz einfach nicht von dieser Welt und steigt daher – zumindest in der Literatur – engelgleich gen Himmel auf.

Wir haben in dieser wohlkalkulierten Todes- und Abschiedsszene die Szenerie eines Schiffbruchs mit Zuschauer vor uns, die seit der abendländischen Antike, genauer seit Lukrez, stets einen bevorzugten Ort philosophischer Reflexion darstellte. Der Schiffbruch allein bildet diesen Reflexionsort noch nicht: Es müssen auch ein oder mehrere Zeugen hinzutreten. Von größter Bedeutung ist in diesem Zusammenhang die Tatsache, dass diese Zeugen im Grunde nicht mehr in die

---

16 Saint-Pierre, Bernardin de: *Paul et Virginie*, S. 202f.

Abb. 13b: „Naufrage de Virginie", Abbildung aus *Paul et Virginie*, 1806.

eigentliche Handlung, ins Geschehen eingreifen können und daher notgedrungen zu simplen Zuschauern werden; sie geraten auf diese Weise in eine philosophische, den Weltengang also nicht direkt durch Handeln verändernde Position.

Das spektakuläre Ende der jungen Frau ist dabei in mehrfacher Weise bedeutsam. Wie so oft in der Romantik verläuft die Handlung über den weiblichen Tod, also *Nur über ihre Leiche*.[17] Wir werden die vielfältigen Variationen dieser fundamentalen Szenerie ein ums andere Mal in unserer Vorlesung sehen, bisweilen auch mit nationalen Allegoresen gepaart, für welche die weiblichen Titelfiguren die maßgeblichen Projektionsflächen darstellen. Virginie jedenfalls bewahrt ihre Keuschheit, indem sie sich weigert, sich entkleiden zu lassen, um so schwimmend das rettende Ufer noch erreichen zu können.

Denn in den Kleidern, die man damals als junge Dame aus gutem Hause trug, wäre ein Schwimmen in der Tat nicht möglich gewesen. Nicht ganz unbedeutend ist bei alledem die Tatsache, dass der letzte Mann an Bord ein wahrer Herkules ist, also der Inbegriff des antiken und damit vorchristlichen Mannes schlechthin, dem Virginie ihre weibliche – und ich füge hinzu: ihre *christliche* – Unschuld ent-

---

17 Vgl. Bronfen, Elisabeth: *Nur über ihre Leiche. Tod, Weiblichkeit und Ästhetik*. München: Deutscher Taschenbuch Verlag 1994; sowie dies. (Hg.): *Die schöne Leiche. Weibliche Todesbilder in der Moderne*. Wien: Goldmann 1992.

gegenstellt. So wird gleichsam das antike Modell verabschiedet und macht einer christlichen Imago Platz, die in der Tat besondere Positionen für die Frau bereithält. Virginie steht in diesem Zusammenhang für eine christliche Körperkultur, für ein christliches Verständnis des weiblichen Körpers, welcher als aufsteigender Engel schließlich entsexualisiert wird. Denn Engel haben, wie Sie ja wissen, kein Geschlecht.

Doch auch wenn Virginie am Ende ihres Weges als Engel kein Geschlecht mehr besitzt, sind doch die Geschlechter*rollen* in dieser Inszenierung klar verteilt. Dies betrifft keineswegs nur den Gegensatz zwischen der unschuldigen jungen Frau, die hilflos den Gewalten ausgeliefert ist, und dem muskulösen Mann, der sich in dieser Szenerie wohl retten und damit den Gewalten trotzen kann, in seinem Wert als Mann der unberührten Weiblichkeit aber himmelweit unterlegen ist. Da ist alle muskelgewappnete Schönheit des herkulischen Mannsbilds vergebens – dieser Herkules weiß dies auch und begegnet der absoluten Weiblichkeit mit unterwürfigem Respekt. Er tut dies nicht allein auf Grund von Virginies adeliger Herkunft, welche die Standesgrenzen zwischen beiden aufzeigt, dem jungen Fräulein und dem einfachen Matrosen, sondern weit mehr noch wegen ihres Seelenadels, der allem profan am Leben Klebenden bei weitem überlegen ist.

Es ist ein engelhaftes Geschöpf, das hier in weißen Kleidern den Zuschauern – und damit auch der Leserschaft – noch einen letzten Abschiedsgruß entbietet. Virginie ist unschuldiges Kind und zugleich auch – dies belegt ihr Zurückweisen jeglicher Entblößung – körperlich reife Frau. Beide Aspekte werden dargestellt in Form eines Gehorsams gegenüber den inneren Werten, wie sie gerade auch die Mädchenerziehung in Europa, speziell in Frankreich, felsenfest in ihr verankert hat. Im Grunde ist Virginie bereits an dieser Stelle unüberbrückbar entrückt: Eine unüberwindliche Distanz schiebt sich zwischen die beiden Liebenden und lässt sie als zu groß erscheinen, als dass ein Eingreifen, ein Handeln überhaupt noch möglich wäre.

Wir erkennen in dieser Szenerie erneut die Wiederaufnahme des Motivs der optischen, nicht aber sprachlichen und schon gar nicht körperlichen Kommunikation, welche schon die nicht stattgefundene Abschiedsszene charakterisierte, bei der Paul seine angebetete Virginie nur noch von weitem entschwinden sah. So muss sich später auch in Paul ein wahrer Abgrund an sprachloser Melancholie auftun. Nach dem wortlosen Abschied, der keiner war, ist das Schiff aus Frankreich nun zurückgekehrt, aber nur, um Virginies Tod wahrhaft dramatisch in Szene zu setzen. Die beiden Liebenden sind und bleiben voneinander getrennt.

Doch es gibt durchaus Kommunikation in dieser Abschiedsszene: Die Verständigung zwischen den Schiffbrüchigen und den Zuschauern am sicheren Ufer hat etwas Absurdes, denn Virginie wird es in dieser Szene nur mehr möglich sein, sich als unschuldiges Opfer eines Schicksals zu präsentieren, auf das sie keinen Einfluss hat und das sie klaglos auf sich nimmt. Sie spielt eine Rolle, die ihr bereits seit dem Brief der Erbtante in hohem Maße zugewachsen ist: bloße Figur auf dem Schachbrett des Schicksals, der von ihr unabhängigen Fügung zu sein und nicht dagegen angehen zu können. Sie wird von einer unbarmherzigen Kolonialgesellschaft wie von ihrer genderspezifischen Erziehung in eine weibliche Passivität gezwungen, der sie nicht mehr entfliehen kann, sondern die sie engelgleich annimmt. Damit aber wird auch Paul letztlich zum Opfer einer ständisch verfassten Kolonialgesellschaft, die als Hort der weit entfernten ‚Zivilisation' die Träume der beiden jungen Heranwachsenden zerstört.

Das präzise parallele Arrangement dieser Szenerie stellt den letzten emotionalen Höhepunkt vor dem dumpfen und dunklen Lauf der sich nun ausbreitenden Melancholie dar. Diese hatte schon zuvor ihr unheilvolles Spiel begonnen und sich bereits im Bernardin'schen „Préromantisme" als „mal du siècle" mit aller zerstörerischen Kraft zu erkennen gegeben und zeigt Bernardin de Saint-Pierre als sorgfältig konstruierenden Schriftsteller, dem der Weg von den Naturstudien in den Kernbereich romantischer „écriture" gelungen ist. Der Verfasser von *Paul et Virginie* hat im Grunde seinen Roman nicht nur zweigeteilt, sondern ihm auch eine ausgeprägt symmetrische, eigentlich spiegelbildliche Achse mitgegeben, welche die Grundordnung dieses Romans und damit trotz aller Zerstörungen auch die ordnende Kraft literarischer Gestaltung darstellt.

Dieser ästhetische Gestaltungswille ist in Bernardin de Saint-Pierres Schreiben und Denken allgegenwärtig. Stets liegt ihm ein Weltentwurf zu Grunde, der auf Harmonie abzielt, auf eine Balance der positiven und der negativen Kräfte, die sich letztlich wie mit naturgesetzlicher Konsequenz ausgleichen, auch wenn in *Paul et Virginie* auf den ersten Blick die negativen, zerstörerischen Impulse zu dominieren scheinen. Diese ordnende Kraft, die wir als *Kosmos* in einem doppelten Sinne begreifen dürfen – nämlich Kosmos als dem Chaos entgegen stehende Ordnung und Weltordnung sowie als Schmuck und Ästhetik –, findet sich auf den verschiedensten strukturellen Ebenen des kurzen Romans, ebenso auf der Ausdrucks- wie auf der Inhaltsebene. So etwa in dem sehr präzise dreidimensional angeordneten Garten, den Paul gleichsam sphärenartig um ein Zentrum herum aufbaut und von dem am Ende des Textes, wenn der narrative Mikrokosmos zusammengebrochen sein wird, nur noch wenige Bruchstücke als zeugnishafte Ruinen übrigbleiben werden.

Doch Bernardin de Saint-Pierre hat diese kosmische Ordnung nicht nur auf die Ebene seines Romans und den romanesken Mikrokosmos bezogen, sondern auch im Großen gedacht. Es ging ihm stets in seinen – wie später des Öfteren gesagt wurde – naturwissenschaftlichen Träumereien, in seinen *Etudes de la Nature* wie in seinen *Harmonies de la Nature*, um die Herstellung einer vollkommenen Ordnung des Weltalls. Die grundlegende Bewegung ist hierbei die der Synthese: Die einzelnen Teile und Partien werden stets aufeinander bezogen, miteinander organisch verbunden. Dieses Element der Synthese steht genau jenem der zerteilenden Analyse der Aufklärung, der „Lumières" gegenüber;[18] denn dort herrscht eine unterteilende Rationalität vor, welche gleichsam die Dinge immer weiter analysiert und damit zertrennt, zweiteilt, um danach das Zweigeteilte weiter zweizuteilen und neuerlichen Analyseverfahren zu unterwerfen. Bei Bernardin de Saint-Pierre tritt nunmehr die Synthese an die Stelle der Analyse. Damit ist ein entscheidender Schritt – so scheint mir – weg von der Analytik der Aufklärung hin zur Synthese der Romantik getan, ein epistemologischer Wandel, mit dem wir uns noch mehrfach beschäftigen werden.

Waren die *Etudes de la Nature* gleichsam die Vorstudien, die Fingerübungen späterer Unternehmungen – wie sie es schon im Titel aussagten –, so sollten seine *Harmonies de la Nature*, die nur selten untersucht wurden – Racaults brillante Studie macht hier eine Ausnahme[19] – jenen Versuch einer letztendlichen Synthese aller Dinge unternehmen, die sich zu einem Weltganzen anordnen lassen. So finden wir im dritten Band dieser *Harmonies*, die nun auch den Blick weit über das Erdenrund hinaus lenken und in die Welt der Planeten – den Kosmos eben – schauen eine Vision, die Alexander von Humboldt gewiss interessiert und angeregt haben dürfte. Bernardin de Saint-Pierre entfaltet darin eine Weltsicht, die letztlich heliozentrisch ist und alles von der Sonne ableitet. Er dissertiert und spekuliert über unsere Milchstraße und ihre Planeten und nicht zuletzt über deren Bewohner. Ein Beispiel? Nun, im Folgenden geht es um die Bewohner des Saturn:

> All diese planetarischen Körper bieten indes ihren Zuschauern keinerlei isolierte und allzeit permanente Perspektiven; sie sehen den doppelten Ring von mehr als neuntausend fünfhundert Meilen Breite mit all seinen Kontinenten, seinen Meeren, all seinen Gebirgen, seinen Inseln und mit seinen Flüssen, und mit einem Durchmesser von mehr als zweihunderttausend Meilen unter ihren Augen in zehn Zeitstunden vorüberziehen. Ihr Entzücken ist tausendfach größer als das eines Menschen, der sich niemals von seinem Dorf entfernt hat und zum ersten Male einen Bericht von einer Reise in die Südsee liest und der binnen weniger Stunden in seinem Geiste die Welt umrundet. Sie müssen auf beiden Seiten ihres Ringes Effekte sehen, welche in beiden Hemisphären unseres Globus existieren und welche das menschliche Auge nicht gleichzeitig erfassen kann; sie müssen darin noch zwei Atmosphären sehen, eine obere und eine untere, und Inseln und Ketten von Gebirgen, die an

---

18 Vgl. hierzu auch Racault, Jean-Michel: Balzac, Bernardin de Saint-Pierre et l'héritage des Lumières: problèmes de sources et d'orientation dans „Le vicaire des Ardennes". In: *L'Année Balzacienne* (Paris) 8 (1987), S. 201–226.
19 Vgl. Racault, Jean-Michel: La cosmologie poétique des „Harmonies de la Nature". In: *Revue d'Histoire Littéraire de la France* (Paris) LXXIX, 5 (septembre – octobre 1989), S. 826–842.

ihrer Basis zusammenlaufen. Wenn sie einen Herschell haben, so müssen sie in einander so nahen Landstrichen Flüsse, Herden, Wälder, Liebende und Geliebte unterscheiden, die an ihren Füßen entgegengesetzt sind und die sich an den Extremitäten ihres Ringes die Hände reichen [...]. Schäfer und Schäferinnen, die im Kreis um einen Maien tanzen, den sie gepflanzt, oder junge Burschen und junge Mädchen, die aus Freude rund um ein großes Mühlrad für Weizen springen, den sie geerntet, sie alle haben keine so abwechslungsreichen wie grazilen Bewegungen wie jene Königinnen der Nacht, rund um den Globus, den sie erhellen und den sie befruchten.[20]

In derlei Passagen geraten die Ordnungsprinzipien des Kosmos zu kosmischen Träumereien, in welchen die Planeten unseres Sonnensystems zu Projektionsflächen lieblicher Fiktionen werden. Die Zahlenangaben in dieser Passage mögen belegen, dass der französische Schriftsteller und Naturforscher in seinen *Harmonies de la Nature* durchaus den Anspruch nicht aufgegeben hat, nachprüfbare, wissenschaftliche Aussagen über die Natur zu treffen und seine Annahmen bezüglich anderer Planeten entsprechend quantitativ zu belegen. Und in der Tat gehen seine Beschreibungen aus von Messungen der Saturnringe – etwa von Herschell – und Analysen des planetarischen Systems, die er sehr wohl zur Kenntnis genommen hat und seinem Lesepublikum nun vorstellt. Wir finden in den *Harmonies* ein Vorhaben vor, das auf einer nicht länger fiktionalen, sondern empirisch ausgerichteten Grundlage Alexander von Humboldt gegen Mitte des 19. Jahrhunderts in seiner Summa, seinem oft als „Alterswerk" bezeichneten *Kosmos* in fünf Bänden umsetzte. Der unermüdliche, ständig mit seinen Messungen beschäftigte, aber stets um eine generelle Sichtweise bemühte Preuße wurde ebenso wie der spekulative, seine Naturphilosophie mit Fiktionen verbindende Franzose mit seinem gewaltigen Werk zu Lebzeiten nicht mehr fertig.

Wenn wir die Schriften Bernardin de Saint-Pierres in ihrer Gesamtheit heranziehen, so können wir nicht übersehen, dass für ihn nicht mehr länger die „raison" der Aufklärer, sondern das „sentiment" der Frühromantik die beherrschende Kraft bei der geistigen Durchdringung und Darstellung der Kräfte der Natur ist. Zugleich begreifen wir bei genauerer Lektüre, dass Bernardin de Saint-Pierre seinen Blick nicht von der Erde aus auf Saturn, sondern gleichsam vom Saturn aus auf die beiden Ringe wirft. In ihnen spiegeln sich wie in einem großen Panorama die Kontinente, Inseln, Meere, Wälder und so viele andere Bilder, dass in einer liebevollen Fiktion eine eigene Welt in diesem Universum der Planeten entsteht.

---

20 Saint-Pierre, Bernardin de: *Harmonies de la Nature*. Bd. III. Paris: Chez Méquignon-Marvis 1818, S. 385 f.

In Bernardins Sonnensystem kreist alles um die allein lebensspendende Sonne, die für jegliche Energie und deren Ansammlung in Form von Gold im Erdinneren verantwortlich ist. Der ganze Kosmos innerhalb dieses heliozentrischen Systems ist belebt: Jedes Ding, jede Pflanze, jedes Tier, aber natürlich auch jeder Planet besitzt seine eigene Finalität, seine eigene „raison d'être", seinen eigenen Zweck innerhalb dieses Systems von Gewichten und Gegengewichten, welches die *Harmonies de la Nature* enthüllen wollen. Auch in dieser Variante seines Schreibens projiziert Bernardin de Saint-Pierre Elemente einer Idylle, eigentlich einer Pastorale, also einer Schäfer-Idylle in die vielen fremden Welten, die doch ihrerseits nur andere Ausdrucksformen und andere Gegenwelten der großen Erdenwelt darstellen. Denn der Bezugspunkt für Bernardins galaktische Fiktionen ist und bleibt der Planet Erde.

Der Leitfaden für diese Vorstellungen ist – wie bereits betont – nicht die „raison", sondern das „sentiment", ein Mit-Fühlen, das es Bernardin de Saint-Pierre erlaubt, gleichsam durch Introspektion die fremden Welten zu konstruieren. Die kalte Vernunft der Aufklärer, so scheint es, hat bei ihm abgedankt: Er stellt sie in der Nachfolge von Jean-Jacques Rousseau und damit ausgehend von der Genese moderner Subjektivität in Frage. Wir könnten diesbezüglich von einer Erweiterung der Vorstellung des Genfer Philosophen sprechen: „Je sens mon cœur et je connais les hommes". Und dies gilt selbst für die menschenähnlichen Wesen, die sich auf anderen Planeten tummeln. In solchen Passagen wie den angeführten sieht Bernardin nämlich in sich hinein und erblickt verständnisvoll fremde Welten: „Je sens mon cœur et je connais les mondes", so könnten wir daher formulieren. Es überrascht aus unserer heutigen Perspektive nicht, dass derartige Vorstellungen im Verlauf des 19. Jahrhunderts nur allzu schnell am Wegesrand der Wissenschaftsgeschichte liegengelassen wurden in dem Maße, wie sich die verschiedenen Wissenschaften, wissenschaftlichen Disziplinen und Wissenschaftsdiskurse immer weiter ausdifferenzierten. Und doch: Die Kosmos-Idee ist damit noch keineswegs ausgeträumt, ausgeräumt und verschwunden. Sie kehrt verändert in eben jenem Alexander von Humboldt wieder, der ihr um die Mitte des 19. Jahrhunderts von Potsdam und Berlin aus noch ein letztes Mal – ein vorerst letztes Mal – ein gewaltiges Denk- und Schreibgebäude widmete, in dem ebenfalls die Planeten, das Weltall, „Himmel und Erde, alles Geschaffene" nicht fehlen durften.

Lassen Sie mich zum Abschluss unserer Beschäftigung mit dem Rousseau-Schüler Bernardin de Saint-Pierre aber noch auf jene Kraft zurückkommen, die im Zentrum der Konstruktion von *Paul et Virginie* steht und die auch in einem ganz kosmologischen Sinne die Welt im Innersten zusammenhält. Es ist ganz zweifellos die Liebe, vielleicht genauer aber noch die „sensibilité", die Empfindsamkeit, die zum Signum jener Übergangszeit zwischen „Lumières" und dem deutschen Klassizismus einerseits, „Préromantisme" und Romantik andererseits wurde und zwischen diesen beiden Polen vermittelt. Und diese besonderen Kräfte sind im Sinne Bernardin de Saint-Pierres gänzlich undenkbar ohne die Frauen, die im Übrigen – das sollten wir nicht vergessen – einen nicht unbeträchtlichen Teil des Bernardin'schen Lesepublikums ausmachten. Kein Wunder also, wenn er sich gleich mehrfach an sie wandte und immer wieder ihre Tugenden und ihre verbindenden, harmonisierenden Kräfte beschwor. Schauen wir uns dazu einen Auszug aus seinem „Préambule" zur Ausgabe von 1806 näher an:

> Doch die Frauen haben mehr als die Philosophen dazu beigetragen, die Nationen zu formen und zu reformieren. Sie erblassten keineswegs des Nachts, wenn sie lange Abhandlungen über die Moral verfassten; sie stiegen keineswegs auf Tribünen, um donnernd die Gesetze erschallen zu lassen. In ihren Armen war es, wo sie die Männer das Glück spüren ließen, im Kreise des Lebens einmal glückliche Kinder, dann treue Liebhaber, schließlich zuverlässige Ehemänner und tugendhafte Väter zu sein. Sie waren es, welche die ersten Fundamente für das Naturrecht legten. Die erste Gründerin einer menschlichen Gesellschaft war die Mutter einer Familie. [...] Sie sind die ersten und die letzten Apostel jeglichen religiösen Kultes, den sie ihnen von zartester Kindheit an eingeben. Sie erfüllen den gesamten Lauf ihrer Leben mit Schönheit. [...] Sie waren es, die das Brot, die geschmackvollen Getränke, die Stoffe unserer Kleidung, die Spinnereien, die Gewebe und vieles mehr erfanden. [...] Um den Männern zu gefallen, erfanden sie die frohen Lieder, die unschuldigen Tänze und inspirierten ihrerseits die Poesie, die Malerei, die Bildhauerei, die Architektur in all jenen unter ihnen, welche von diesen Frauen kostbare Erinnerungen zu behalten wünschten. [...]
> In der Tat besitzt jeder liebenswerte Gegenstand seine venusische Fülle, das heißt einen Teil jener unbeschreiblichen Schönheit, welche die Liebe inspiriert. Zweifellos ist der berührendste unter allen die Empfindsamkeit, diese Seele der Seele, welche alle Fähigkeiten belebt. Ihr ist es zu verdanken, dass sich Venus den unbeherrschbaren Gott des Krieges unterwarf.[21]

Diese lange, von mir allerdings stark gekürzte Passage, die sich über viele Seiten des Vorworts zur Ausgabe von 1806 hinzieht, enthält eine wahre Apologie der Frauen, einen „Eloge des femmes", in dem die Frauen unter anderem zum eigentlichen Zement der Welt erklärt werden, der die Gesellschaft der Männer zusammenhält. Erst durch die Frauen werden im Grunde das Aufkommen und die Zirkulation der Ideen und Vorstellungen ermöglicht und jener Wert in den Mittelpunkt gerückt, um den bei Bernardin de Saint-Pierre alles kreist: das Leben, und zwar in all seinen Schattierungen. Denn wie der geringste, unwichtigste Teil der Ding-Welt ist auch der gesamte Kosmos, alles Geschaffene in seiner Ordnung und Schönheit, von Leben erfüllt. Und ganz, wie die Planeten um die Sonne kreisen,

---

21 Saint-Pierre, Bernardin de: *Paul et Virginie*, Préambule, S. 57–60.

so steht im Mittelpunkt des menschlichen Lebens für Bernardin de Saint-Pierre die Frau.

Denn erst die Frauen sind als die eigentlichen Erfinderinnen all jener Künste zu begreifen, die auf positive, hervorbringende Werte gerichtet sind, auch wenn sie – und dies ist wichtig – für Bernardin vor allem den Schmuck des Lebens der Männer darstellen sollen. Kein Zweifel: Der „Eloge" ist eingebaut in eine patriarchalische Gesellschaftsordnung, wie sie für das ausgehende 18. wie das gesamte 19. Jahrhundert im Abendland unangefochten herrschte. Diese Reduktion der Geschlechterrolle auf eine Verschönerungsdimension erkauft gleichsam jene Apotheose der Frau, die auf ein Gleichgewicht der Welt auf Basis eines Gleichgewichts der Geschlechter gerichtet ist. Wir haben es mitnichten bei Bernardin de Saint-Pierre mit einer Revolution der Geschlechterbeziehungen zu tun.

So überrascht es auch nicht, wenn die „sensibilité", die Empfindsamkeit, gerade den Frauen als eine besondere Stärke zufällt, zu der letztlich auch die Liebe gehört, die es vermag, selbst die männlich-zerstörerische Kraft des Kriegsgottes zu brechen. Was Bernardin de Saint-Pierre auf diesen Seiten entfaltet, ist nichts anderes als die zivilisatorische Mission der Frau: Bei ihr sieht er den Ursprung all jener gesellschaftsbildenden und zivilisierenden, im Grunde erst zivilisatorischen Werte, zu denen er neben den Künsten die Religion – und vielleicht mehr noch das „sentiment religieux" – zählt. Die Frau verkörpert damit die gesellschaftlichen Bindekräfte, jene Kräfte also, die auch für den Zusammenhalt der menschlichen Gesellschaft überhaupt verantwortlich sind. Gesellschaft wird erst zur Gemeinschaft durch das Weibliche, durch die „sensibilité", die Empfindsamkeit der Frau.

Was aber geschieht nun in einer Welt, in der diese Bindekräfte, diese Kräfte des Zusammenhaltens der Welt aufs Äußerste gefährdet sind, in einer Welt, in der die Moderne mit ihrer zunehmenden Säkularisierung aller Lebensbereiche grundlegende Risse in die vermeintliche Einheit hineingetrieben hat, welche die Gesellschaft des Ancien Régime noch zu binden schien? Was sind also die Aufgaben und die Rollen der Frau, der Liebe, der Empfindsamkeit in einer Gesellschaft, die ihre transzendente Legitimation, ihre Gottgegründetheit, verloren hat und durch den Prozess der Aufklärung hindurchgegangen ist?

Auf diese Fragen sollen uns die Texte der nachfolgenden Autorinnen und Autoren Antworten geben, die es uns erlauben, ein offenes Bild der möglichen Zukünfte im 19. Jahrhundert zu zeichnen. Wir legen dabei den Schwerpunkt zunächst auf europäische Schriftsteller, welche die Handlung ihrer Erzähltexte in die außereuropäische Welt verlagerten und damit in gewisser Weise den Spuren Bernardin de Saint-Pierres folgten. Denn noch bevor wir uns mit Texten außereuropäischer Schriftstellerinnen und Schriftsteller beschäftigen, wollen wir erfahren, welche Bilder und Projektionen es waren, die von Europa aus im Zeichen der Romantik auf die außereuropäische Welt geworfen und gerade auch für die Welten zwischen den Wendekreisen im fiktionalen Sinne *ent*worfen wurden. Dabei wollen wir erneut den Normen und Formen des europäischen Kolonialismus, aber auch seinen Gefahren, Risiken und Nebenwirkungen breite Aufmerksamkeit schenken.

Heinrich von Kleist und die Revolutionen des Zusammenlebens

Die Macht, ja Gewalt, die von den Texten des am 18. Oktober 1777 in Frankfurt an der Oder geborenen und am 21. November 1811 freiwillig am Kleinen Wannsee aus dem Leben geschiedenen Heinrich von Kleist auszugehen pflegt, beginnt nicht selten mit dem Titel. So auch im Falle jenes Erzähltexts, der wie kein anderer aus der Feder Kleists auf fürwahr revolutionäre Weise die Frage nach Formen und Normen weltweiten Zusammenlebens stellt. Denn bereits mit dem paratextuellen Element der „Schwelle"[1] setzt jenes eigentümliche Oszillieren ein, das die Gesamtheit einer Erzählung durchzieht, die erstmals in der Berliner Zeitschrift *Der Freimüthige* als Fortsetzungsgeschichte in den Ausgaben zwischen dem 25. März und dem 5. April des Jahres 1811 unter dem Titel *Die Verlobung* erschien.[2] Was hat es mit dieser Verlobung auf sich und wer verlobt sich hier mit wem?

Abb. 14: Verlobungsbildnis von Heinrich von Kleist (Frankfurt an der Oder, 1777 – Berlin, 1811).

Schon die ursprüngliche Titelgebung dieses kurzen Erzähltexts wirft Fragen auf, die tief in die Problematik eines literarischen Schmuckstücks deutschsprachiger Prosa zu Beginn des 19. Jahrhunderts einführen. Denn um Verlobung geht es in diesem semantisch ungeheuer verdichteten Text zumindest auf den ersten Blick nicht: Eine Verlobung im *eigentlichen* Sinne als Ankündigung eines gemeinsamen

---

1 Vgl. Genette, Gérard: *Seuils*. Paris: Seuil 1987.
2 Kleist, Heinrich von: *Die Verlobung in St. Domingo*. Herausgegeben von Roland Reuß in Zusammenarbeit mit Peter Staengle. In (ders.): *Sämtliche Werke. Berliner Ausgabe*. Herausgegeben von Roland Reuß und Peter Staengle. Bd. II / 4. Basel – Frankfurt am Main: Stroemfeld – Roter Stern 1988.

Open Access. © 2021 Ottmar Ette, publiziert von De Gruyter. Dieses Werk ist lizensiert unter einer Creative Commons Namensnennung – Nicht-kommerziell – Keine Bearbeitung 4.0 International Lizenz. https://doi.org/10.1515/9783110703443-007

Willens zur künftigen Eheschließung, die – wie Roland Reuß zurecht bemerkt hat – „ohne Einbeziehung von Öffentlichkeit undenkbar ist",[3] findet im gesamten Erzähltext nicht statt. Heinrich von Kleist, der seine eigene Verlobung mit der Generalstochter Wilhelmine von Zenge 1802 in schroffer Form und aus der Ferne aufgekündigt hatte, war dies gewiss bewusst. Der Text selbst unterstreicht diese Tatsache recht unverblümt[4] und macht damit auf seine immanente Poetik aufmerksam: Diese steht von Anfang an im Zeichen einer Täuschung und *Verstellung des Sinns*,[5] wie sie für das Gesamtwerk des Schriftstellers aus Frankfurt an der Oder charakteristisch ist – doch damit nicht genug!

Als der Erzähltext (nach einer weiteren, im Juni erfolgten Veröffentlichung als Fortsetzungsgeschichte in der Wiener Zeitschrift *Der Sammler*) im August 1811 im Berliner Verlag der Realschulbuchhandlung als Eröffnungstext des zweiten Bandes von Kleists *Erzählungen* erstmals in Buchform publiziert wurde, erweiterte ihr Verfasser die Titelwendung zu ihrer endgültigen Form: *Die Verlobung in St. Domingo*. Unter diesem Titel ist Kleists Erzählung in den Kanon der deutschen Nationalliteratur wie der ebenfalls in Entstehung begriffenen Weltliteratur der Zeit eingegangen.

Die scheinbar nur räumlich verortende Hinzufügung im Titel, die man gemeinhin in Forschung wie breiterer Öffentlichkeit „in Santo Domingo" auszusprechen pflegt, deutet auf eine weitere Täuschung und Verstellung des Sinnes, der doch so evident, so augenscheinlich zu sein scheint. Denn die Abkürzung „St.", die im Deutschen wie im Französischen gebräuchlich ist, kürzt nicht das spanische „Santo" (Sto.) ab, was im Zusammenhang der Erzählung auch wenig Sinn machen würde, sondern verweist zurück auf den Namen der französischen Kolonie Saint-Domingue, jene „Perle der Karibik", die über weite Strecken des 18. Jahrhunderts mit guten Gründen als die reichste und für ihre Herren wie ihr Mutterland ertragreichste Kolonie nicht nur der ‚Neuen', sondern der gesamten Welt galt. Warum aber wählte Heinrich von Kleist diese Abkürzungsform?

Die von ihm nachträglich hinzugesetzte Ortsbezeichnung ist eine Hybridbildung, die man als „Sankt Domingo", der Diegese aber wohl angemessener als „Saint Domingo" aussprechen sollte, eine Form, durch welche die doppelte Zugehörigkeit der gesamten Insel in ihrem wirtschaftlich extrem intensiv genutzten

---

[3] Reuß, Roland: „Die Verlobung in St. Domingo" – eine Einführung in Kleists Erzählen. In: *Berliner Kleist-Blätter* (Basel) 1 (1988), S. 6.
[4] Vgl. ebda.
[5] Auf die paradoxe Einheit von Leben und Werk Heinrich von Kleists sowie auf „subtile Strategien der Verstellung" hat gleich zu Beginn seiner Biographie hingewiesen Amann, Wilhelm: *Heinrich von Kleist. Leben – Werk – Wirkung.* Berlin: Suhrkamp 2011, S. 8.

Westteil zum französischen, in ihrem größeren und extensiver genutzten Ostteil zum spanischen Kolonialsystem perfekt zur Geltung kommt. Die Zweiteilung der Insel Hispaniola war auch postkolonial von Bestand und spiegelt sich noch heute in den Bezeichnungen Haiti und República Dominicana für West- und Ostteil der Antilleninsel. Der Titel, dies zeigt sich bereits an dieser Stelle, hat es durchaus in sich und bedarf angesichts der raffinierten Verschlüsselungstechniken Heinrich von Kleists weiterer Klärung.

Die Insel wurde von Christoph Kolumbus im Spätjahr 1492 in einem europäischen Akt der Koppelung von Namensgebung und Besitzergreifung auf den Namen „Española" getauft und ging unter der Bezeichnung „Hispaniola"[6] in die Nomenklaturen geographischer Lehrwerke und Atlanten ein. Sie ist eine am Ausgang des 18. Jahrhunderts, mithin zum Zeitpunkt der Niederschrift des Textes, noch immer zwischen zwei europäischen Kolonialmächten aufgeteilte ‚Doppel-Insel', worauf bereits in den ersten Zeilen der Erzählung aufmerksam gemacht wird. Dort ist freilich die Rede von „dem französischen Antheil der Insel St. Domingo",[7] womit die wie stets bei Kleist raffiniert gestaltete Erzählerfigur ihre Leserschaft zum einen korrekt auf die Teilung der großen Antillen-Insel hinweist, zum anderen aber offenkundig in bewusster Täuschung von einer Insel namens „St. Domingo" spricht, die es als solche – wie wir sahen – gar nicht gibt. Eine bloße Unachtsamkeit oder Gedankenlosigkeit Kleists? Sicherlich nicht!

Die mit dem zweiten Bestandteil des Titels identische Formulierung im Erzähltext weist uns auf eine semantische Verstellung, die in der Kombinatorik zweier Sprachen und zweier Herrschaftstraditionen ein semantisches Oszillieren in Gang setzt. Dieses macht zuallererst auf ein Drittes, Abwesendes aufmerksam: den auf indigene Wurzeln zurückgehenden präkolumbischen Namen Haiti, der mit der erkämpften Unabhängigkeit im Jahre 1804 auf der politischen Landkarte wieder erschien. So griffen die von Frankreich, der eigentlichen Führungsmacht der zweiten Phase beschleunigter Globalisierung, in die Karibik deportierten Sklaven auf jenen Namen zurück, den die von den Spaniern, der dominanten Führungsmacht der ersten Phase beschleunigter Globalisierung, ausgelöschte indigene Bevölkerung ihrer Insel einst gegeben hatte. Die schwarzen Sklaven knüpften damit an die gewaltsam unterdrückte präkolumbische Tradition der auf der Insel ursprünglich heimischen indigenen Bevölkerung an, deren ausfallende Arbeitskraft sie im spanischen Kolonialsystem seit Beginn des 16. Jahrhunderts

---

6 Zur Geschichte der Entdeckung und Kolonisierung der Insel Hispaniola vgl. Bernecker, Walther L.: *Kleine Geschichte Haitis*. Unter Mitarbeit von Sören Brinkmann und Patrick Ernst. Frankfurt am Main: Suhrkamp 1994, S. 11–22.
7 Kleist, Heinrich von: *Die Verlobung in St. Domingo*, S. 7.

gleichsam als ‚importierte Ureinwohner' ersetzten. Im hybriden Titel dieser im historischen Kontext der Haitianischen Revolution angesiedelten Erzählung[8] sind Spanien wie Frankreich sprachlich mithin höchst präsent. Man könnte mit Blick auf die Lexik von einem dreisprachigen Titel sprechen, der Heinrich von Kleists einflussreicher deutschsprachiger Erzählung paratextuell vorangestellt ist.

In diesem hintergründigen Spiel mit dem Inselnamen, das ein Spiel der Täuschung und einer vom Text selbst signalisierten Verstellung ist, werden nicht nur unterschiedliche Sprachen und Bedeutungstraditionen, sondern auch zwei historische Epochen zusammengeführt. Wir dürfen sie als die *erste*, mit dem Jahr 1492 ihren frühen Höhepunkt erreichende Phase beschleunigter Globalisierung – in deren Verlauf die iberischen Mächte Spanien und Portugal sich weite Teile des amerikanischen Kontinents aneigneten – und als die *zweite* Phase beschleunigter Globalisierung bezeichnen. Die letztgenannte stand in der zweiten Hälfte des 18. Jahrhunderts dabei ganz im Zeichen der Kolonialmächte Frankreich und England.[9] Infolge dieses nicht allein politischen und ökonomischen, sondern auch sozialen und kulturellen Prozesses war die Karibik – und darin an erster Stelle das französische Saint-Domingue – zum weltweit am meisten verdichteten Raum einer von Europa ausgehenden Globalisierung geworden, die alle Bereiche des Lebens wie des Zusammenlebens in diesem geostrategisch zentralen Teil der amerikanischen Hemisphäre erfasste.

In der von Kleist gewählten Wendung *St. Domingo* werden diese beiden Phasen europäischer Expansion auf die vielleicht kürzeste und verdichtetste Weise nicht nur zusammengefügt, sondern auch zusammengefasst und zusammengedacht. Schon im paratextuellen Schwellenbereich des Erzähltextes handelt es sich um eines der für Kleists Schreiben charakteristischen Verdichtungswerke.

---

[8] Zu der sich von Kleist herleitenden Textfiliation vgl. Uerlings, Herbert: Die Haitianische Revolution in der deutschen Literatur: H.v. Kleist – A.G.F. Rebmann – A. Seghers – H. Müller. In: *Jahrbuch für Geschichte von Staat, Wirtschaft und Gesellschaft Lateinamerikas* 28 (1991), S. 343–389; sowie (ders.): Preußen in Haiti? Zur interkulturellen Begegnung in Kleists „Verlobung in St. Domingo". In: *Kleist-Jahrbuch* (1991), S. 185–201.

[9] Vgl. zu einer ersten Ausarbeitung dieser Periodisierung Ette, Ottmar: *Weltbewusstsein. Alexander von Humboldt und das unvollendete Projekt einer anderen Moderne*. Mit einem Vorwort zur zweiten Auflage. Weilerswist: Velbrück Wissenschaft 2020, S. 26 f; sowie (ders.): Wege des Wissens. Fünf Thesen zum Weltbewusstsein und den Literaturen der Welt. In: Hofmann, Sabine / Wehrheim, Monika (Hg.): *Lateinamerika. Orte und Ordnungen des Wissens. Festschrift für Birgit Scharlau*. Tübingen: Gunter Narr Verlag 2004, S. 169–184. Eine zusammenhängende Gesamtdarstellung findet sich in Ette, Ottmar: *TransArea. Eine literarische Globalisierungsgeschichte*. Berlin – Boston: Walter de Gruyter 2012.

So ist offenkundig: Der Titel *Die Verlobung in St. Domingo* lässt sich als Titelfraktal verstehen, insofern in dieser Formel – die im Hinweis auf den Heiligen und der Hervorhebung des *St.* zugleich eine Dimension der Transzendenz eröffnet – eine ungeheure semantische Verdichtung, eine historische Zusammenschiebung sowie die immanente Poetik der gesamten Erzählung zum Ausdruck kommen. Kleists Schreiben ist in einem fundamentalen Sinne modern und führt uns bereits tief ein in die weiteren Entwicklungsformen des zeitgenössischen Schreibens im 19. Jahrhundert.

Auf diese Tatsache macht auf Ebene der „écriture" bereits die beobachtete enge Verzahnung von Titel und Incipit des Kleist'schen Erzähltextes aufmerksam, wie sie sich in den nicht anders als spektakulär zu nennenden Auftaktsätzen äußert:

> Zu Port au Prince, auf dem französischen Antheil der Insel St. Domingo, lebte, zu Anfange dieses Jahrhunderts, als die Schwarzen die Weißen ermordeten, auf der Pflanzung des Hrn. Guillaume von Villeneuve, ein fürchterlicher alter Neger, Namens Congo Hoango. Dieser von der Goldküste von Afrika herstammende Mensch, der in seiner Jugend von treuer und rechtschaffener Gemüthsart schien, war von seinem Herrn, weil er ihm einst auf einer Überfahrt nach Kuba das Leben gerettet hatte, mit unendlichen Wohlthaten überhäuft worden. Nicht nur, dass Hr. Guillaume ihm auf der Stelle seine Freiheit schenkte, und ihm, bei seiner Rückkehr nach St. Domingo, Haus und Hof anwies; er machte ihn sogar, einige Jahre darauf, gegen die Gewohnheit des Landes, zum Aufseher seiner beträchtlichen Besitzung, und legte ihm, weil er nicht wieder heirathen wollte, an Weibes Statt eine alte Mulattinn, Namens Babekan, aus seiner Pflanzung bei, mit welcher er durch seine erste verstorbene Frau weitläufig verwandt war. Ja, als der Neger sein sechzigstes Jahr erreicht hatte, setzte er ihn mit einem ansehnlichen Gehalt in den Ruhestand und krönte seine Wohlthaten noch damit, dass er ihm in seinem Vermächtniß sogar ein Legat auswarf; und doch konnten alle diese Beweise von Dankbarkeit Hrn. Villeneuve vor der Wuth dieses grimmigen Menschen nicht schützen.[10]

Bereits der erste Satz von Kleists Meistererzählung blendet eine räumliche und zeitliche Situierung und Kontextualisierung ein, in der – für das Schaffen des in Frankfurt an der Oder geborenen Autors außergewöhnlich – die nur wenige Jahre zurückliegenden Ereignisse der Haitianischen Revolution als unmittelbarer historischer und geographischer Referenzrahmen dienen. War Bernardin de Saint-Pierres *Paul et Virginie* im Jahr der Französischen Revolution erstmals separat in Buchform erschienen, so folgt Kleists *Die Verlobung in St. Domingo* nach Ende des haitianischen Revolutionsprozesses, der nur wenig später als die Revolution in Frankreich eingesetzt hatte.

---

10 Kleist, Heinrich von: *Die Verlobung in St. Domingo*, S. 7 f.

Die Erzählerstimme, die wir nicht – wie immer wieder zu beobachten – mit dem realen textexternen Autor verwechseln dürfen, nimmt in diesem Incipit eine unübersehbar parteiische Position insofern ein, als Aufstand und Revolution gegen das auf Sklaverei basierende Plantagensystem als ein Zeit- und Konflikt-Raum in Szene gesetzt werden, in dem schlicht „die Schwarzen die Weißen" ermordet hätten.[11] Diese als solche deutlich markierte anfängliche Schwarzweiß-Aufnahme präsentiert damit die komplexe historische Situation als die eines Rassenkrieges, in welchem die Weißen zu Opfern der Schwarzen geworden seien. Dass dies eine höchst parteiische Sichtweise der ersten Phase der Haitianischen Revolution ist, braucht an dieser Stelle nicht betont zu werden.

Kein Zweifel: Der historische Hintergrund der Ereignisse im Kontext der Haitianischen Revolution lässt sich als größter anzunehmender Unfall des Zusammenlebens bezeichnen, wobei ganz selbstverständlich davon auszugehen ist, dass der zuvor herrschende Zustand der Konvivenz auf einer extremen kolonialen Ausbeutung und brutalen Unterdrückung beruhte, wie sie die europäischen Herrschaftssysteme seit Beginn der ersten Globalisierungsphase charakterisierte. Die Ereignisse der Haitianischen Revolution waren lediglich eine Antwort auf diese jahrhundertelange unmenschliche Ausplünderung und Bevormundung durch den europäischen Kolonialismus.

Das revolutionäre Frankreich reagierte auf die nicht weniger revolutionären Entwicklungen in seiner Kolonie mit ständig neuen Kurswechseln und Dekreten. Die Société des Amis des Noirs bildete nur einen Pol innerhalb höchst widerstreitender Standpunkte im kolonialen Mutterland, das nun auch zum Mutterland der Revolution geworden war. Doch als der an die Macht gekommene Napoleon schließlich versuchte, mit der Entsendung einer von General Leclerc befehligten und am 1. Februar 1802 in Saint-Domingue gelandeten Expeditionsarmee unter massivstem Einsatz französischer Truppen die reiche Kolonie für Frankreich zurückzuerobern und die Sklaverei wiedereinzuführen, setzten sich die Revolutionäre hartnäckig und entschlossen zur Wehr. Die letzte Phase des an überraschenden Wendungen reichen Unabhängigkeitskampfes des künftigen Haiti hatte begonnen, und sie sollte zur endgültigen Lösung des blutigen Konflikts führen.[12]

---

11 Ebda., S. 7. Zur Frage nach dem Rassismus Kleists vgl. Loster-Schneider, Gudrun: Toni, Babekan und Homi Bhabha? Zu Problemen kultureller und ästhetischer Hybridisierung in Heinrich von Kleists „Die Verlobung in St. Domingo". In: Lüsebrink, Hans-Jürgen (Hg.): *Das Europa der Aufklärung und die außereuropäische koloniale Welt*. Göttingen: Wallstein Verlag 2006, S. 231; dort finden sich auch zahlreiche weiterführende bibliographische Angaben.
12 Vgl. hierzu auch Nesbitt, Nick: The Haitian Revolution and the Globalization of the Radical Enlightenment. In: Ette, Ottmar (Hg.): *Caribbean(s) on the Move – Archipiélagos literarios del*

Nicht umsonst ist in den Formulierungen des Incipit von der Grausamkeit der napoleonischen Truppen, die rücksichtslos gegen die Aufständischen vorgingen und diese gnadenlos massakrierten, nicht im Mindesten die Rede. In Europa, vor allem aber in den nahe Haiti liegenden europäischen Kolonien der Karibik, wurden allein die Massaker an den Weißen bekannt und aufgeregt diskutiert. Als ein an den Weißen verübtes Blutbad, ja als gefährlich auflodernder „Weltbrand" erschien in der zeitgenössischen europäischen Presse jener „Negeraufstand", der als die erste erfolgreiche Sklavenrevolution in die Weltgeschichte eingehen und das erste politisch unabhängige Land des entstehenden „Lateinamerika" – diese Bezeichnung findet sich erst seit Mitte des 19. Jahrhunderts[13] – bilden sollte. Die „Negersklaven von Haiti" hatten, wie man mit Hans Christoph Buch formulieren könnte, „Robespierre beim Wort" genommen[14] und sich ihre eigene Unabhängigkeit im Zeichen erhoffter „Liberté", „Egalité" und „Fraternité" erkämpft. Wie viele seiner Zeitgenossen war Heinrich von Kleist – wie noch genauer erläutert werden soll – mit den Ereignissen auf der Insel Hispaniola selbstverständlich gut vertraut, auch wenn wir eher wenig über seine eigene Position zu den Ereignissen auf der ehemals reichsten europäischen Kolonie Saint-Domingue wissen.

Auch wenn die Haitianische Revolution über lange Zeit hinweg, bis in unsere Gegenwart hinein, kaum einmal Eingang fand in die Entfaltung westlicher Revolutionstheorien,[15] wurden die oft als „Empörung" abqualifizierten Ereignisse aus Hispaniola doch rasch zu einem Paradigma[16] und zum Ausnahmefall einer Katastrophe. Diese löste nicht nur im karibischen Raum, sondern auch in den kolonialen Mutterländern Europas bei den Weißen Furcht und Schrecken aus. Der ‚Fall Haiti' ist mit Blick auf die vorherrschende westliche Revolutionstheorie mehr als

---

Caribe. A TransArea Symposium. Frankfurt am Main – New York – Oxford: Peter Lang Verlag 2008, S. 40–59.
13 Vgl. hierzu Jurt, Joseph: Entstehung und Entwicklung der Lateinamerika-Idee. In: *Lendemains* (Köln) 27 (1982), S. 17–26.
14 Buch, Hans Christoph: *Die Scheidung von San Domingo. Wie die Negersklaven von Haiti Robespierre beim Wort nahmen.* Berlin: Verlag Klaus Wagenbach 1976.
15 Vgl. hierzu Müller, Gesine: *Die koloniale Karibik zwischen Bipolarität und Multirelationalität. Transferprozesse in hispanophonen und frankophonen Literaturen.* Habilitationsschrift an der Philosophischen Fakultät der Universität Potsdam, Potsdam 2011, S. 128 f.
16 Vgl. u. a. Bremer, Thomas: Haiti como paradigma. La emancipación de los esclavos en el Caribe y la literatura europea. In: López de Abiada, J.M. / Peñate Rivero, J. (Hg.): *Perspectivas de comprensión y explicación de la narrativa latinoamericana. Grandes Seminarios de Travers.* Bellinzona: Ed. Casagrande 1982, S. 43–66. Auf die außerordentliche Präsenz der Ereignisse auf Saint-Domingue sowie der Unabhängigkeit Haitis gerade auch im deutschsprachigen Raum etwa rund um die Zeitschrift *Minerva* machte ausführlich aufmerksam Buck-Morss, Susan: Hegel and Haiti. In: *Critical Inquiry* (Chicago) 26 (Summer 2000), S. 821–865.

problematisch. In ihrem Grundlagenwerk *On Revolution*[17] verzichtete selbst eine für ihre denkerische Integrität so bekannte Hannah Arendt, die in neuerer Zeit auf Grund rassistischer Passagen in ihren Schriften ins Gerede gekommen ist, auf eine Erwähnung Haitis und der Haitianischen Revolution. Kolonialismus und Sklaverei sind über lange Zeiträume in der Theorie der Moderne – und speziell auch in der Revolutionstheorie – lediglich als Randphänomene oder gar Störfaktoren aufgefasst worden.[18] Wir sollten also vorsichtig damit sein, den Rassismus früherer Generationen zu beklagen und anzuprangern, wenn sich selbst noch in unseren heutigen Wissenschaften nicht geringe Restbestände davon vorfinden lassen.

Doch eine wissenschaftliche Hinwendung zur Haitianischen Revolution ist in jüngster Zeit unverkennbar und im Übrigen nicht nur wohlbegründet, sondern dringend notwendig.[19] Die durchaus schmerzhafte und schwierige „Geburt Haitis"[20] war ein überaus vielschichtiger, zugleich aber notwendig gewaltsamer Prozess, der in Europa, aber auch in den Nachbarkolonien der Karibik in blutroten Farben dargestellt wurde, mussten die weißen Herrschaftseliten doch befürchten, ähnlich wie in Saint-Domingue von einer zahlenmäßig überlegenen Bevölkerung schwarzer Sklaven hinweggefegt und bestenfalls ins Exil gezwungen zu werden. Überall auf den umliegenden Inseln begann man, Vorsichtsmaßnahmen zu ergreifen, damit sich eine – aus Sicht der weißen Pflanzer-Eliten – derartige Katastrophe wie in Haiti kein zweites Mal ereignen konnte.

Es erscheint vor diesem Hintergrund als folgerichtig, dass Heinrich von Kleists Erzähler eine derartige Sichtweise als verbreitete Meinung gleichsam bei seiner weißen Leserschaft voraussetzt, um daraus das Schreckensbild eines urplötzlich implodierenden Zusammenlebens zu zeichnen. Dass dieses Zusammenleben ein koloniales und mit den Mitteln brutaler Sklaverei erzwungenes war, bleibt ungesagt. *Die Verlobung in St. Domingo* erzählt aus großer zeitlicher Nähe vom Kollaps der Konvivenz im kolonialen Kontext, die – wie betont – auf den Regeln eines gnadenlos funktionierenden Kastenwesens beruhte. Wir hatten dieses Kastenwesen bei Bernardin de Saint-Pierre in seiner idyllischen Variante fried- und verständnisvoller Konvivenz von Sklaven und ihren (in diesem Falle zumeist weiblichen) Sklavenbesitzern erlebt. Bei Heinrich von Kleist ist diese Idylle – wo es sie denn

---

17 Vgl. Arendt, Hannah: *On Revolution*. New York: The Viking Press 1963.
18 Vgl. hierzu Fischer, Sibylle: *Modernity Disavowed. Haiti and the Cultures of Slavery in the Age of Revolution*. Durham – London: Duke University Press 2004, S. 8 f.
19 Vgl. hierzu u. a. Bongie, Chris: *Friends and Enemies. The Scribal Politics of Post/Colonial Literature*. Liverpool: Liverpool University Press 2008.
20 Bernecker, Walther L.: *Kleine Geschichte Haitis*, S. 37.

gab – unvermittelt zusammengebrochen: Leben, Erleben und erhofftes Überleben einer kleinen Gruppe Weißer, die sich nach Port-au-Prince durchzuschlagen versucht, stehen in seiner Erzählung im Vordergrund der literarischen Darstellung.

Heinrich von Kleist hat diese Problematik des Zusammenlebens von Beginn an behutsam in seinen Text eingefügt. So signalisiert schon das erste Verb der Erzählung („lebte") die entscheidende Bedeutungsebene des Lebens und der Konvivenz, die ja in aller Deutlichkeit auch in die höchst durchdachte Titelgebung eingeflossen ist. Denn was könnte eine Verlobung anderes sein als das formalisierte Versprechen auf ein künftig gemeinsam angestrebtes Zusammenleben? Auf die prospektive Dimension des Lexems „Verlobung" wie auf die Perspektivik des Künftigen wird in diesem Zusammenhang noch wiederholt zurückzukommen sein. Denn eben dieses Versprechen auf Zukunft wird in der Komplexität der sich anbahnenden Ereignisse mit ihren Verständnissen und Missverständnissen blutig von den Protagonisten der Erzählung selbst gekappt.

Wenn also die Isotopie des Lebens und der Konvivenz geradezu unübersehbar – und doch in aller Regel übersehen – Titel und Auftakt von *Die Verlobung in St. Domingo* dominiert, so geschieht dies nicht, ohne dass auch die Herrschaftsverhältnisse zwischen Herren und Sklaven in aller Eindrücklichkeit vorgeführt werden würden. Auch hier bedient sich die Erzählerfigur eines erzählerischen Kunstgriffs, insofern die bei einem europäischen Lesepublikum zu erwartende Einschätzung der kolonialen Hierarchie und Asymmetrie in den Text als gleichsam ‚selbstverständliche' Setzung miteingegeben wird. Es ist eine Setzung, deren Aufkündigung das blanke Ent-Setzen hervorruft. Denn Guillaume *von* Villeneuve – auch hier handelt es sich wiederum um eine zweisprachige Namensgebung – wird in mehrfacher Wiederholung als „Herr" tituliert, während ein „fürchterlicher alter Neger, Namens Congo Hoango"[21] keinerlei Anspruch auf eine respektvolle Anrede und Titulierung besitzt. Die Makrohistorie ist bis in die letzten Verästelungen der Erzählung sprachlich übersetzt und zeugt von einer außerordentlichen erzählerischen Raffinesse des Verfassers.

Auch im Falle Congo Hoangos ist die von Kleist gewählte Namensgebung aufschlussreich, handelt es sich bei diesem Schwarzen doch nicht um einen auf Hispaniola geborenen Sklaven, sondern um einen aus Afrika deportierten „Menschen", in dessen Namen zwei Flüsse, der Congo und der Huang-he, also ein afrikanischer und ein asiatischer Strom, in einem Doppelnamen zusammenfließen. Dabei blendet die chinesische Bezeichnung für den „Gelben Fluss" versteckt – wenn auch für die Benutzer zeitgenössischer Nachschlagewerke erkenn-

---

21 Kleist, Heinrich von: *Die Verlobung in St. Domingo*, S. 7.

bar[22] – erstmals die Farbe Gelb (chinesisch „huang") in den Text ein. In das mit der Namensgebung „Congo" aufgerufene Schwarze mischt sich hier auf hintergründige Weise das Gelbe als ein Drittes, das sich in dem von Kleists Erzählung bald schon explizit in Gang gesetzten Farbenspiel zwischen dem Weißen und dem Schwarzen platziert. Wie immer wusste Kleist sehr genau, was er mit der Einführung der Farbe Gelb erzählerisch tat.

Congo Hoango ist eine sehr komplex gestaltete Figur. Er wird uns in der Folge zunächst als Lebensretter seines französischen Besitzers und unmittelbar danach als Mörder desselben vorgestellt. Congo Huango gibt und nimmt Leben. Dass Kleist die Rettung des Herrn durch seinen Sklaven ausgerechnet bei einer Überfahrt nach Kuba geschehen lässt, also genau jenem *Über*setzen zwischen den beiden Großen Antillen, das den späteren Fluchtweg der Pflanzer-Aristokratie Saint-Domingues auf die Nachbarinsel vorwegnimmt, ist keineswegs dem Zufall zu verdanken. Denn diese vektorielle Bahnung oder Einschreibung des künftigen Exodus der Vertreter einer hinweggefegten Herrschaftsstruktur *übersetzt* die Leben rettende Aktion des Schwarzen wenig später in ein todbringendes Handeln, indem Villeneuve und seiner Familie keine Chance mehr gegeben wird, auf demselben Weg die rettende Flucht auf die Nachbarinsel Kuba anzutreten. Congo Huango ist Herr über Leben und Tod, und er verfolgt ein Ziel: Rache an den Weißen.

Die archipelische Vielverbundenheit der kolonialen Karibik erscheint bereits auf Ebene des Personals der Kleist'schen Erzählung in aller Deutlichkeit: So ist die Mulattin Babekan von einem Weißen in Santiago de Kuba gezeugt worden; ihre Tochter Toni erblickte in Europa das Licht der Welt; Congo Hoango wurde aus Afrika deportiert; Villeneuve kommt aus Frankreich; Gustav oder Strömli stammen aus der Schweiz – die Reihe der Kleist'schen Figuren ließe sich leicht fortsetzen. Diese Vielverbundenheit jedoch wird in der Haitianischen Revolution mit nicht nur wirtschaftlich weitreichenden Folgen unterbrochen: Die *Inselwelt* wird tendenziell zu einer *Insel-Welt*.[23] Als solche führt uns der Kleist'sche Erzähler die „Insel" St. Domingo auch vor.

Werden sie auch affirmativ vom Erzähler vorgetragen, so sind die „Wohlthaten" des Herrn von Villeneuve doch Gunstbeweise eines Sklavenhalters, die

---

22 Vgl. hierzu das Zitat aus Zedlers *Großem Vollständigen Universallexicon aller Wissenschaften und Künste* in Reuß, Roland: „Die Verlobung in St. Domingo" – eine Einführung in Kleists Erzählen, S. 18.
23 Vgl. zu dieser Unterscheidung Ette, Ottmar: Von Inseln, Grenzen und Vektoren. Versuch über die fraktale Inselwelt der Karibik. In: Braig, Marianne / Ette, Ottmar / Ingenschay, Dieter / Maihold, Günther (Hg.): *Grenzen der Macht – Macht der Grenzen. Lateinamerika im globalen Kontext*. Frankfurt am Main: Vervuert Verlag 2005, S. 135–180.

dem System einer extrem profitorientierten Sklavenwirtschaft, für das die französische Zuckerkolonie Saint-Domingue paradigmatisch stand, ein menschlicheres Antlitz zu geben suchten. Sie sind nicht Zeichen eines wie auch immer gearteten ‚Ausstiegs' aus dem Sklavenhaltersystem, sondern dessen Affirmation, ja dessen Bedingung. Nicht zufällig sollten es gerade die französischen Zuckeroligarchen aus Saint-Domingue sein, die nach ihrer Flucht auf die Nachbarinsel schon bald das in spanischem Besitz befindliche Kuba in den weltweit größten Zuckerproduzenten verwandelten.

Sie vollzogen diese ökonomische und soziale Transformation ganz bewusst und nicht ohne dabei maßgeblich dafür zu sorgen, dass die ‚Einfuhr' schwarzer Sklaven für den Anbau von Zuckerrohr und Kaffee sich binnen weniger Jahrzehnte vervielfachte und neue Techniken der Ausbeutung – die man wohl nur im Zeichen einer zynischen Vernunft als ‚Modernisierung' bezeichnen kann – implementiert wurden.[24] So setzte das Knowhow der Führungsmacht der zweiten Phase beschleunigter Globalisierung ins Kolonialreich Spaniens über, eine Tatsache, ohne welche die Ausnahmestellung Kubas im 19. Jahrhundert – ebenso hinsichtlich des beobachtbaren wirtschaftlichen Aufstiegs wie des Verbleibs der Insel im spanischen Kolonialbesitz – kaum adäquat zu verstehen ist.

So nimmt die von Kleist eingeblendete Überfahrt nach Kuba eine historische Entwicklung vorweg, die 1811, also ein Jahrsiebt nach der Unabhängigkeit Haitis, bereits in ihren wirtschaftlichen und gesellschaftlichen, aber auch in ihren kulturellen Folgen deutlich absehbar war. Die in die Erzählung eingeflochtene Freilassung von Congo Hoango verwandelte zugleich den schwarzen Sklaven auf Geheiß seines Herrn in einen Aufseher, der selbstverständlich auch die Sklaven seines Herren zu ‚beaufsichtigen' hatte, Aufgaben also, die ihn in eine Position zwischen seinem Herrn und den ihm untergeordneten Sklaven einrückten. Dabei übersetzte die von Villeneuve geschaffene Verbindung mit der Mulattin Babekan diese Zwischenstellung zusätzlich in eine soziokulturell verankerte Skala der Hautfarben zwischen schwarz und weiß. Congo Hoango ist kein einfacher schwarzer Sklave: Er ist es im Kolonialsystem von Saint-Domingue als „dominé dominant" gewohnt, selbst Befehle zu erteilen und deren Ausführung verbunden mit einem reichen Portfolio an Strafen zu überwachen.

Der freigelassene Sklave aber dankte es der Dankbarkeit seines Herren nicht, sondern jagte – in der Folge all jener politischen Ereignisse, welche durch die

---

24 Zur Entwicklung von Sklavenwirtschaft und Zuckerproduktion an der Wende vom 18. zum 19. Jahrhundert in Kuba vgl. die klassische Studie von Moreno Fraginals, Manuel: *El Ingenio. El complejo económico social cubano del azúcar*. Bd. 1: 1760–1860. La Habana: Comisión Nacional Cubana de la UNESCO 1964.

„unbesonnenen Schritte des National-Convents" erst ausgelöst worden seien – „seinem Herrn die Kugel durch den Kopf", wohlgemerkt: „eingedenk der Tyrannei, die ihm seinem Vaterlande entrissen hatte".[25] Der Herr wird in diesem Sinne als Repräsentant eines ebenso tyrannischen wie lukrativen Systems transatlantischen Sklavenhandels gerichtet, das sich im Kontext der zweiten Phase beschleunigter Globalisierung sehr stark weiterentwickelt und die intensivsten und menschenverachtendsten Formen der Ausbeutung des Menschen durch den Menschen noch ‚modernisiert' und damit auf die Spitze getrieben hatte.[26] Villeneuve stirbt als Repräsentant eines weltweit agierenden französischen Kolonialsystems, das zeitgenössisch nur noch vom britischen Empire übertroffen wurde – europäische Kolonialismen, die in ihrer Menschenverachtung grenzenlos waren und bis heute nicht entschuldbar sein können. Gleichwohl ist es anzuerkennen, dass sich Frankreichs Staatspräsident Emmanuel Macron in Afrika für die Gräuel des französischen Kolonialismus offiziell entschuldigt hat. Von britischer Seite fehlt nach meinem Wissensstand jegliches Zeichen für ein Bewusstsein dafür: Man schwelgt bis heute lieber im Glanze eines glorreichen „British Empire".

Vergessen wir an dieser Stelle nicht, wie sehr sich Heinrich von Kleist in einem Brief an Rühle von Lilienstern im Dezember 1805 darüber empört hatte, wie „aus dem ganzen cultivierten Theil von Europa ein einziges großes System von Reichen"[27] in Entstehung begriffen sei. Dieses befinde sich unter der Führung Napoleons – der sich im Dezember 1804 selbst die Kaiserkrone aufsetzte – in völliger Abhängigkeit. Und nicht umsonst endete dieser Brief mit der Hoffnung auf einen Tyrannenmord in Formulierungen, die der Rede von der Tyrannei des Sklavenhandels in *Die Verlobung in St. Domingo* sehr nahe kommen: „Warum sich nur nicht Einer findet, der diesem bösen Geiste der Welt die Kugel durch den Kopf jagt."[28] Den befreiten Sklaven von Haiti hätte man dies nicht zweimal sagen müssen.

Vor dem Hintergrund dieses in seiner ganzen Brutalität am eigenen Körper erlebten Systems war für Congo Hoango an ein friedliches Zusammenleben mit den Weißen nicht länger zu denken:

---

25 Kleist, Heinrich von: *Die Verlobung in St. Domingo*, S. 8.
26 Zum transatlantischen Sklavenhandel und seiner Geschichte vgl. Zeuske, Michael: *Handbuch Geschichte der Sklaverei. Eine Globalgeschichte von den Anfängen bis zur Gegenwart*. 2., überarbeitete und erweiterte Auflage. 2 Bände. Berlin – Boston: Walter de Gruyter 2019.
27 Kleist, Heinrich von: *Sämtliche Werke und Briefe in vier Bänden*. Herausgegeben von Ilse-Marie Barth, Klaus Müller-Salget, Stefan Ormanus und Hinrich C. Seeba. Frankfurt am Main: Deutscher Klassiker Verlag 1987 ff, Bd. IV, S. 352.
28 Ebda.

> [...] er steckte das Haus, worein die Gemahlinn desselben mit ihren drei Kindern und den übrigen Weißen der Niederlassung sich geflüchtet hatte, in Brand, verwüstete die ganze Pflanzung, worauf die Erben, die in Port au Prince wohnten, hätten Anspruch machen können, und zog, als sämmtliche zur Besitzung gehörige Etablissements der Erde gleich gemacht waren, mit den Negern, die er versammelt und bewaffnet hatte, in der Nachbarschaft umher, um seinen Mitbrüdern in dem Kampfe gegen die Weißen beizustehen.[29]

So werden etwa in der Rede von der Tyrannei in und unter der Stimme des Erzählers in *Die Verlobung in St. Domingo* schon auf den ersten Seiten andere Stimmen hörbar, die nicht nur vom Mord der Schwarzen an den Weißen, sondern auch von der Tyrannei eines global agierenden und auf Sklaverei basierenden Wirtschaftssystems der Zuckerrohrplantagen berichten. Heinrich von Kleist gibt uns diese unterschiedlichen Stimmen in einem Text, der hochgradig polyphon ist, auf diskrete Weise zu Gehör. Zu diesen zeitgenössischen Stimmen gehörte auch ein weitgereister preußischer Landsmann Heinrich von Kleists, der anders als dieser zwar Frankreich nicht ablehnend gegenüberstand, wohl aber tiefgreifende Zweifel an dem immer rücksichtsloser ‚modernisierten' Kolonialsystem und dessen Sklavenwirtschaft äußerte. Wir sollten uns mit ihm und seinen zeitgenössischen Kontexten kurz beschäftigen, um ein genaueres Gefühl für das an der Schwelle zum 19. Jahrhundert nicht nur Denkbare, sondern auch Schreib- und Publizierbare zu bekommen.

Heinrich von Kleist war sicherlich mit Aspekten jenes sogenannten „Disputs um die Neue Welt"[30] vertraut, der von den 1768 und 1769 in Berlin veröffentlichten *Recherches philosophiques sur les Américains* des Cornelius de Pauw ausgegangen war und einen ersten Höhepunkt mit der „Berliner Debatte" erreichte. Letztere entzündete sich an Antoine-Joseph Pernetys an der Preußischen Akademie gehaltenen und gegen de Pauw gerichteten Vortrag vom 7. September 1769.[31] Es handelt sich um Debatten von großer geschichtlicher Reichweite, die einen langen historischen Vorlauf seit Beginn der ersten Phase beschleunigter Globalisierung besaßen und selbst an der Wende zum 20. Jahrhundert noch längst nicht abge-

---

29 Kleist, Heinrich von: *Die Verlobung in St. Dom*ingo, S. 8 f.
30 Vgl. hierzu das Standardwerk von Gerbi, Antonello: *La Disputa del Nuovo Mondo. Storia di una Polemica: 1750–1900*. Nuova edizione a cura di Sandro Gerbi. Mailand – Neapel: Riccardo Ricciardi Editore 1983.
31 Vgl. hierzu den Text von Pernety, Antoine-Joseph: Dissertation sur l'Amérique et les Naturels de cette partie du monde. In: Mr. de P*** [Pauw, Cornelius de]: *Recherches philosophiques sur les Américains ou Mémoires intéressants pour servir à l'Histoire de l'Espèce Humaine. Avec une Dissertation sur l'Amérique & les Américains, par Dom Pernety. Et la Défense de l'Auteur des Recherches contre cette Dissertation*. Berlin: Chez Georges Jacques Decker, Imp. du Roi 1770.

golten waren. Noch in Hegels Vorlesungen über die Weltgeschichte klingen lange Jahrzehnte später die Auseinandersetzungen nach, die nicht allein zwischen europäischen, sondern gerade zwischen neuweltlichen und altweltlichen Philosophen über Jahrzehnte ausgetragen wurden. Auch in *Die Verlobung in St. Domingo* lassen sich deutliche Spuren dieser bisweilen hitzig geführten Debatten und ihrer Ergebnisse finden, handelte es sich doch um Auseinandersetzungen, die mit großer Schärfe in einer aufgeklärten wie auch nicht-aufgeklärten Öffentlichkeit in Europa geführt wurden.

Expliziter freilich sind aus diegetischen Gründen in diesem Erzähltext die politischen Debatten im benachbarten Frankreich konturiert. Der bereits erwähnte Hinweis des Erzählers auf die „unbesonnenen Schritte des National-Convents"[32] verweist über die singulären Debatten und Dekrete der verschiedenen durch die Französische Revolution geschaffenen Verfassungsorgane hinaus auf die politischen Auseinandersetzungen in Paris, die von größter Bedeutung für die administrativen Rahmenbedingungen einer Konvivenz der unterschiedlichsten sozialen und ethnischen Gruppen in den französischen Kolonien waren.

Heinrich von Kleist war über all diese Entwicklungen wohlunterrichtet. Nicht nur die vom 7. bis 15. Mai 1791 in der „Constituante" geführte große Kolonialdebatte, sondern vor allem die am 4. Februar 1794 vom Nationalkonvent beschlossene Abschaffung der Sklaverei in den Kolonien führten zu unmittelbaren Reaktionen auch und gerade in der französischen Karibik. Diese Reaktionen beleuchten die Schnelligkeit politischer wie administrativer Umsetzungen, wie sie die transatlantischen Beziehungen in der zweiten Phase beschleunigter Globalisierung charakterisierten. Was in Paris öffentlich diskutiert wurde, besaß unmittelbare Auswirkungen auf die jeweiligen Kolonialgebiete, stieß aber auch auf sofortige Reaktionen in den Kolonien selbst. Nicht umsonst verfügte die Karibik als Zone verdichtetster Globalisierung über sehr rasche Verbindungen, welche die Kolonien mit ihren jeweiligen europäischen Mutterländern in engstem Austausch über das atlantische Längstal hinweg hielten. Dies galt auch und gerade für die französischen Kolonien zum Zeitpunkt der Französischen Revolution.

Umfassende Analysen der demographischen Grundlagen wie der wirtschaftlichen Auswirkungen dieser Prozesse wurden erst mit deutlichem zeitlichem Abstand in Untersuchungen erzielt, die sich aus globalisierender Perspektive der Gesamtheit jenes Raumes zuwandten, den wir heute als „Greater Caribbean" bezeichnen. In seinem separat erstmals 1826 veröffentlichten und im Kontext seines französischsprachigen Reiseberichts über den gemeinsam mit Aimé Bonp-

---

32 Kleist, Heinrich von: *Die Verlobung in St. Domingo*, S. 8.

land unternommenen *Voyage aux Régions équinoxiales du Nouveau Continent*[33] entstandenen *Essai politique sur l'île de Kuba* machte Alexander von Humboldt immer wieder auf die extrem unmenschlichen Produktionsbedingungen auf Saint-Domingue aufmerksam, wobei er seine Überlegungen mit umfangreichem statistischem Material unterlegte.[34] Dabei hatte Humboldt bereits 1804 – wie wir heute aus einem in der Jagiellonen-Bibliothek zu Krakau aufgetauchten Manuskript wissen – eine Sichtweise der Insel Kuba sowie der gesamten Karibik entwickelt, die keinen Zweifel an seinen bereits damals vorhandenen abolitionistischen, gegen den Fortbestand der Sklaverei gerichteten Auffassungen zulassen.[35] Dass er der Insel Kuba ein vergleichbares Blutbad ersparen wollte und politisch für einen Weg über Reformen plädierte, steht ebenso außer Frage.

Der preußische Schriftsteller und Gelehrte, der sich zum Zeitpunkt der Haitianischen Revolution zweimal zu mehrmonatigen Aufenthalten auf der Nachbarinsel Kuba befand, hatte sich freilich schon früh aus der Perspektive der in Paris proklamierten Menschenrechte mit der aus seiner wissenschaftlich fundierten Sicht verabscheuenswürdigen und durch nichts zu rechtfertigenden Sklavenwirtschaft auseinandergesetzt. Bezüglich des Umgangs mit Sklaven notierte er am 6. Dezember 1800 an Bord eines Schiffes auf dem Weg nach Kuba: „Man kann nichts übertreiben, so schändlich ist diese Behandlung."[36] In Europa spreche

---

[33] Vgl. Humboldt, Alexander von: *Relation historique du Voyage aux Régions équinoxiales du Nouveau Continent* ... Nachdruck des 1814–1825 in Paris erschienenen vollständigen Originals, besorgt, eingeleitet und um ein Register vermehrt von Hanno Beck. 3 Bde. Stuttgart: Brockhaus 1970.
[34] Vgl. hierzu die Angaben und zahlreichen Anmerkungen auch in der englischsprachigen Ausgabe dieses Grundlagenwerks in Humboldt, Alexander von: *Political Essay on the Island of Cuba. A Critical Edition*. Edited with an Introduction by Vera M. Kutzinski and Ottmar Ette. Translated by J. Bradford Anderson, Vera M. Kutzinski, and Anja Becker. With Annotations by Tobias Kraft, Anja Becker, and Giorleny D. Altamirano Rayo. Chicago – London: The University of Chicago Press 2011. Entsprechende Passagen sind leicht über das Register auffindbar.
[35] Vgl. hierzu ausführlich Ette, Ottmar: Insel-Text und archipelisches Schreiben: Alexander von Humboldts „Isle de Cube, Antilles en général". In: *edition humboldt digital*. Hg. von Ottmar Ette. Berlin: Berlin-Brandenburgische Akademie der Wissenschaften. Version 1 vom 10.5.2017. <URL: http://edition-humboldt.de/v1/H0016213>; in gedruckter Form auch in Insel-Text und archipelisches Schreiben: Alexander von Humboldts „Isle de Cube, Antilles en général". In: Jaglarz, Monika / Jástal, Katarzyna (Hg.): *Bestände der ehemaligen Preußischen Staatsbibliothek zu Berlin in der Jagiellonen-Bibliothek. Forschungsstand und -perspektiven*. Berlin: Peter Lang 2018, S. 205–220.
[36] Humboldt, Alexander von: *Lateinamerika am Vorabend der Unabhängigkeitsrevolution. eine Anthologie von Impressionen und Urteilen aus seinen Reisetagebüchern*. Mit einer einleitenden Studie von Manfred Kossok. 2., durchgesehene und verbesserte Auflage. Berlin: Akademie Verlag 2003, S. 247. Ich danke Tobias Kraft für den Hinweis auf diese Passage.

man zwar bewundernd vom Glanz von Saint-Domingue, doch alles Unnatürliche müsse früher oder später verschwinden: „Und es ist nicht natürlich, dass ein paar Felseninseln so viel hervorbringen."[37] Humboldt war sich der Tatsache bewusst, dass die Erwirtschaftung so großer Reichtümer nur durch eine bis an ihre äußersten Grenzen getriebene Ausbeutung von Sklaven möglich sein konnte – und ein derartiges Profitsystem verabscheute er zutiefst.

In seinem *Politischen Versuch über die Insel Kuba* führte er wiederholt anhand konkreten Zahlenmaterials vor, in welchem Maße Saint-Domingue das System der Plantagenwirtschaft auf die Spitze getrieben hatte. Und hatte der Zusammenbruch der französischen Kolonie nicht auch die verstärkte Einfuhr schwarzer Sklaven nach Kuba ausgelöst? Humboldt belegte dies anhand der offiziellen Einfuhrzahlen des Hafens von Havanna, wobei er in seiner Erfassung der Jahre 1790 bis 1820 zwei große Sprünge nachwies. So stiegen die Zahlen eingeführter Sklaven zwischen 1801 und 1802 von 1659 auf 13832 sowie zwischen 1814 und 1816 von 4321 über 9111 auf 17737, um im darauffolgenden Jahr 1817 den Spitzenwert von 25841 Sklaven zu erreichen, die allein über den Hafen von Havanna aus Afrika deportiert worden waren.[38] Und dies waren nur die offiziellen Zahlen, die sich Humboldt zugänglich gemacht hatte.

Was Sklaverei und Plantagenwirtschaft für das Zusammenleben der Menschen in abhängigen Kolonialsystemen bedeuteten, hatte Humboldt selbst seit seinem Aufenthalt im heute venezolanischen Cumaná 1799 immer wieder im weiteren Verlauf seiner Reise hautnah miterlebt. Auf der Überfahrt von Guyaquil nach Acapulco etwa musste er entsetzt zur Kenntnis nehmen, dass ein Mitreisender, ein gut angezogener junger Mann, an Bord des Schiffes eine seiner Sklavinnen mit einem Messer ermordet hatte. Humboldt formulierte in seinem Tagebucheintrag vom 4. März 1803 nicht allein seine tiefe Abscheu, sondern stellte diese Szenerie in den Kontext aktueller politischer Entwicklungen, mit denen das napoleonische Frankreich – durch die blutigen Aufstände gegen die Tyrannei der Sklavenwirtschaft keines Besseren belehrt – mit der Wiedereinführung der Sklaverei die Kolonien und insbesondere Saint-Domingue wieder unter seine Kontrolle bringen wolle:

> Diese Nachricht erfüllte uns umso mehr mit Schrecken, als uns wenige Tage vor unserer Einschiffung die Gazette mit der grässlichen Rede von Bruix zugegangen war, in welcher er als Redner der Regierung der legislativen Körperschaft vorschlug, die Sklaverei wieder einzuführen und den Sklavenhandel auf dieselbe Weise durchzuführen, wie er vor 1789 bestanden hatte. Wir waren glücklicherweise in einer Gesellschaft, in welcher viele Menschen den

---

37 Ebda., S. 248.
38 Humboldt, Alexander von: *Relation historique*, Bd. III, S. 404.

moralischen Schrecken teilten, mit der man eine so bestürzende Nachricht aufnehmen muss. Dies also ist die Frucht von so viel Blut, das auf den Antillen vergossen wurde [...]. [39]

Früh schon setzte sich Humboldt mit den ökonomischen, politischen, juristischen und sozialen Folgen auseinander, welche die blutigen Entwicklungen von Saint-Domingue für das weltweit ausgespannte Netzwerk der Plantagenwirtschaft zeitigen mussten. Es ist keineswegs so, dass er die Revolution der Sklaven auf Haiti in seinen Schriften ignoriert hätte, wie bisweilen zu lesen war. Denn er entwickelte in seinen Betrachtungen rasch eine Position, welche einerseits von Verständnis für die Revolution der Sklaven gegen ihre Herren geprägt war und andererseits das Ziel verfolgte, eine derartige blutige Revolution in anderen Teilen des Kolonialreichs zu verhindern. Humboldt verurteilte die Exzesse und Massaker, so wie er auch der „Terreur" während der Französischen Revolution ablehnend gegenüberstand. Doch hatte er die historische Bedeutung beider Revolutionen, der Französischen wie der Haitianischen, im Grunde sehr wohl verstanden.

Alexander von Humboldt war selbstverständlich nicht nur mit Blick auf die französischen Kolonien vehement gegen die Sklaverei: Er bekämpfte sie auf seine diplomatische, aber stets beharrliche und entschiedene Weise auch andernorts – und gerade auch dort, wo eine Revolution gegen das Kolonialsystem erfolgt war, *ohne* dass dieser Revolution eine Befreiung der Sklaven gefolgt wäre. So kritisierte er in einem Brief vom 20. Juni 1804 aus Philadelphia an William Thornton die Sklaverei-Gesetzgebung in den Südstaaten der USA in scharfem Ton und verband seine Kritik mit der dezidierten Frage nach Gerechtigkeit sowie der Eindämmung eines rein ökonomischen Denkens. Ein kurzer Blick in diesen Brief ist aufschlussreich:

> Je mehr die jüngsten Ereignisse von Saint-Domingue die Wahrheit verdunkelten, desto mehr erscheint es als Pflicht jedes moralischen Mannes, das Problem in seinem wahren Lichte darzustellen. [...] Es wäre schön, wenn die Südstaaten die Dinge vorbereiteten, ohne noch auf die gefährliche Krise des Jahres 1808 zu warten. Dieses verabscheuungswürdige Gesetz, welches die Einfuhr von Schwarzen ins südliche Carolina erlaubt, ist eine Schande für einen Staat, in welchem es meines Wissens sehr gut organisierte Köpfe gibt. Indem man alleine dem Laufe folgt, den die Menschlichkeit vorgibt, wird man wohl zu Beginn weniger Baumwolle ausführen. Aber ach!, wie verabscheue ich diese Politik, welche das öffentliche Glück einfach nach dem Werte der Ausfuhren bemisst und bewertet! [...] Bevor man frei ist, muss man gerecht sein, und ohne Gerechtigkeit gibt es keinen dauerhaften Wohlstand.[40]

---

39 Ebda., S. 249 f.
40 Humboldt, Alexander von: *Briefe aus Amerika 1799–1804*. Bearbeitet von Ulrike Moheit. Berlin: Akademie Verlag 1993, S. 300.

In seinem Umgang mit den USA ging Alexander von Humboldt vielfach diplomatisch vor und vermied jegliche direkte Äußerung seiner Vorstellungen, die als Provokation hätte empfunden werden können. Doch bis an sein Lebensende vertrat er eine Position, welche gerade mit Blick auf die Vereinigten Staaten ein Ende der Sklaverei forderte und jeglicher Verfälschung seiner Überzeugungen einen Riegel vorschob. Als ein die Sklaverei befürwortender Übersetzer ins Englische seinen *Politischen Versuch über die Insel Kuba* gezielt so manipulierte, dass alle Aussagen Humboldts gegen die Sklaverei in Aussagen zugunsten der Sklaverei umgedeutet wurden, protestierte er ebenso heftig – und mit Hilfe von Anzeigen in der US-amerikanischen Massenpresse – wie letztlich erfolglos. Denn es wirft ein eigenartiges Licht auf die Philologie in den USA, wenn man konstatiert, dass nahezu alle US-amerikanischen Kollegen diese Übersetzung benutzten und für bare Münze nahmen. Gerade die „Postcolonial Critics" griffen auf sie zurück, um Humboldt der Befürwortung von Sklaverei anzuklagen, bis wir schließlich von Potsdam und Nashville aus eine neue Übersetzung ins Englische vorlegten,[41] welche diese Stimmen langsam verstummen ließ. Doch dies ist eine Geschichte, auf die ich in vielen Publikationen verwiesen habe – und es war kein Geringerer als der berühmte kubanische Anthropologe Fernando Ortiz, der wohl erstmals auf das Skandalon dieser Übersetzung aufmerksam machte.[42]

Lassen Sie uns unsere Digression zur klaren, bezüglich Heinrich von Kleist zeitgenössischen Auffassung Humboldts gegenüber der Sklaverei abschließen! Mit größerem zeitlichem Abstand warnte letzterer in seiner Analyse der Situation Kubas im karibischen Kontext vor einer Wiederholung des Endes der einst so reichen französischen Kolonie Saint-Domingue. Angesichts eines stetig steigenden Anteils schwarzer Sklaven an der Gesamtbevölkerung betonte er die immer wahrscheinlicher werdende Möglichkeit, dass ohne jedes Zutun der benachbarten haitianischen Republik auch auf anderen Antilleninseln eine neue revolutionäre Situation entstehen könnte, die zu einer zutiefst veränderten geopolitischen Lage führen müsse. Schauen wir uns diese Einschätzung also abschließend an:

---

41 Vgl. Humboldt, Alexander von: *Political Essay on the Island of Cuba. A Critical Edition.* Edited with an Introduction by Vera M. Kutzinski and Ottmar Ette. Translated by J. Bradford Anderson, Vera M. Kutzinski, and Anja Becker. With Annotations by Tobias Kraft, Anja Becker, and Giorleny D. Altamirano Rayo. Chicago – London: The University of Chicago Press 2011. Im Vorwort wird diese Geschichte kurz referiert.
42 Vgl. Ortiz, Fernando: El traductor de Humboldt en la historia de Cuba. In: Humboldt, Alejandro de: *Ensayo Político sobre la Isla de Cuba.* Nota preliminar por Jorge Quintana rodríguez. Introducción por Fernando Ortiz. La Habana: Publicaciones del Archivo Nacional de Cuba 1960, S. 359–385.

> Wenn die Rechtsprechung der Antillen und der Zustand der Bevölkerung der Farbigen nicht bald hilfreiche Veränderungen erfahren, wenn man weiterhin diskutiert, ohne zu handeln, dann wird das politische Übergewicht in die Hände derer fallen, die im Besitz der Arbeitskraft sind, des Willens, sich zu befreien, und des Mutes, lange Entbehrungen auszuhalten. Diese blutige Katastrophe wird sich als eine notwendige Folge der Umstände ereignen, und ohne dass sich die freien Schwarzen aus Haiti auch nur im Geringsten einmischen würden, ohne dass sie also das System der Isolierung aufgäben, das sie bislang befolgt haben. Wer würde es wagen, den Einfluss vorauszusagen, den eine zwischen Kolumbien, Nordamerika und Guatemala gelegene *Afrikanische Konföderation der freien Staaten der Antillen* auf die Politik der Neuen Welt ausüben würde?[43]

Indem er die Möglichkeit der Entstehung einer „Afrikanischen Konföderation" im Zentrum der amerikanischen Hemisphäre ins Spiel brachte, skizzierte Alexander von Humboldt die radikale Offenheit einer Geschichte, die in ihrem Verlauf keinerlei vorgegebenem Muster mehr folgen würde. Denn längst hatten die ehemaligen Sklaven Haitis bewiesen, dass sie eine politische ‚Agency' größten Ausmaßes entfalten konnten, eine Fähigkeit, die Humboldt fortan mit ins Kalkül zog. Gewiss kann man Humboldt aus heutiger Perspektive vorwerfen, von einer „Afrikanischen Konföderation" gesprochen zu haben, wo doch die Bevölkerungen Haitis wie der Karibik allgemein gerade bei den Sklaven durch einen starken Transkulturationsprozess gegangen waren und keineswegs mehr als ‚Afrikaner' angesprochen werden konnten. Doch mir scheint, dass derartige Vorwürfe das Eigentliche des Humboldt'schen Gedankens verhüllen oder zumindest am Wesentlichen vorbeigehen. Die „Historia" hatte im Zeichen des Erlebens der Französischen Revolution aufgehört, im „Horizont neuzeitlich bewegter Geschichte" noch als „Magistra Vitae" zu dienen:[44] Die Objekte europäischer Kolonialpolitik hatten angefangen, zu Subjekten ihrer eigenen Geschichte zu werden. Die Geschichte war als Globalgeschichte wie als Regionalgeschichte nicht mehr vorhersagbar und den Zeitgenossen begann zu dämmern, dass in dieser neuen zeitgeschichtlichen Konstellation alles möglich war und alles vom Menschen und seinem Tun abhing.

Damit war die Frage nach der Zukunft und vor allem nach den Möglichkeiten und Grenzen eines Zusammenlebens innerhalb einer grundlegend veränderten Machtkonstellation in der Neuen Welt gestellt: innerhalb einer neuen Verteilung von Gewalt und Einfluss, in der die ehemaligen Sklaven – dem Beispiel der Schwarzen in Saint-Domingue folgend – zu Herren ihrer eigenen Geschichte,

---

43 Humboldt, Alexander von: *Relation historique*, Bd. III. Stuttgart: Brockhaus 1970, S. 389.
44 Vgl. hierzu Koselleck, Reinhart: Historia Magistra Vitae. Über die Auflösung des Topos im Horizont neuzeitlich bewegter Geschichte. In (ders.): *Vergangene Zukunft. Zur Semantik geschichtlicher Zeiten*. Frankfurt am Main: Suhrkamp ²1984, S. 38–66.

ihres eigenen Schicksals werden konnten. Am Beginn des 19. Jahrhunderts schien die Geschichte wieder völlig offen. Und wir tun gut daran, uns diese Offenheit des damals historisch Entstehbaren immer wieder vor Augen zu halten. Es war in keiner Weise absehbar, dass das 19. Jahrhundert das Jahrhundert eines ins Absurde gesteigerten europäischen Kolonialismus werden würde und dass sich die Rivalitäten der europäischen Mächte auf die Verteilung von Ländern auf ganzen Kontinenten richten würden. Wie aber würden sich dann zu einem Zeitpunkt, zu dem in vielen Regionen des zirkumkaribischen Raumes – einschließlich der Südstaaten der USA – die Sklaverei auch weiterhin herrschte, die Grundlagen und ‚Spielregeln' des Zusammenlebens verändern? Welche Möglichkeiten künftiger Konvivenz konnten nicht nur imaginierbar und denkbar, sondern auch schreibbar und gesellschaftlich lebbar werden?

Selbst also für den Fall, dass sich Saint-Domingue – entgegen der von den Kolonialherren und Zuckerrohrpflanzern überall in der Karibik geäußerten Befürchtungen – als letztlich nur kleine politische Macht nicht in die Angelegenheiten der europäischen Kolonialmächte[45] oder der USA einmischen würde, war nun eine Frage auf radikale Weise gestellt: Wie sollte ein künftiges Zusammenleben ebenso im nationalen und regionalen wie im hemisphärischen und transarealen Maßstab zu gestalten und zu organisieren sein? Innerhalb dieses transareal diskursiven Feldes situiert sich auch die hier untersuchte Erzählung des Heinrich von Kleist.

Denn man darf ohne jede Übertreibung behaupten, dass der in Preußen aufgewachsene Schriftsteller durch *Die Verlobung in St. Domingo* wie mit einem literarischen Brennspiegel auf all jene Herausforderungen reagiert und komplexe Antworten zu geben versucht, welche Alexander von Humboldts Reaktionen auf die Haitianische Revolution geradezu exemplarisch vor Augen führen. Damit ist keine wie auch immer geartete ‚realistische' Mimesis, keine dargestellte Wirklichkeit im traditionellen Sinne gemeint. Vielmehr wird eine verdichtete Darstellung *gelebter* und *lebbarer* Wirklichkeit, das historisch *Vorgefundene* mit dem literarisch *Erfundenen* so zu einem Erprobungsraum konfiguriert, dass das *Lebbare* und Erlebbare wie in einer Laborsituation in diesem ersten Dreieck nicht allein imaginiert, sondern zugleich erkundet und mehr noch *durchgespielt*, ja vom Lesepublikum *durcherlebt* werden kann. *Die Verlobung in St. Domingo* bildet, so scheint mir, in geradezu idealtypischer Weise einen derartigen experimentellen Erprobungsraum – und zwar keineswegs zufällig am Beispiel jenes Haiti, das im

---

45 Aus einer eingestandenermaßen sehr spezifischen Perspektivik wird Kleists Erzählung analysiert in Zantop, Susanne: *Colonial Fantasies. Conquest, Family, and Nation in Precolonial Germany, 1770–1870*. Durham – London: Duke University Press 1997, S. 155.

globalen Maßstab als Herausforderung und Paradigma zugleich die Frage nach Konvivenz im weltweiten Maßstab radikal stellte. Heinrich von Kleist hatte also ein literarisches Sujet gewählt, das es ihm jenseits der Enge Preußens erlaubte, die ganz großen Fragen an die Menschheitsgeschichte zu stellen: Gerade darin war er Preuße.[46]

Eben weil Kleists Erzählung von Beginn an auch stereotype Darstellungen von einem Kampf der Rassen in Saint-Domingue in die literarische Modellierung aufnimmt, wird es möglich, diese Erzählung als einen Erprobungsraum für die Chancen und Risiken künftigen Zusammenlebens zu begreifen. Es handelt sich dabei um ein Zusammenleben nicht nur auf Hispaniola oder in der Karibik, sondern im Kontext der zweiten Phase beschleunigter Globalisierung in der ganzen Neuen wie der Alten Welt. Dies wird in der Erzählung auch deutlich markiert. *Die Verlobung in St. Domingo* avancierte damit zu einem höchst vieldeutigen und vielstimmigen Text, der auf die Herausforderungen einer durch die Haitianische Revolution zutiefst erschütterten Praxis der Globalisierung reagierte und komplexe Sinnangebote entwickelte, welche für die zeitgenössische Leserschaft herausfordernd waren.

Diese Sinnangebote stellen sich der Frage, wie zu Beginn einer neuen historischen Epoche, an deren Horizont sich nicht nur der Untergang einer auf Sklaverei gegründeten Plantagenwirtschaft, sondern des gesamten Kolonialsystems europäischer Prägung abzeichnet, neue Lebensformen und Lebensnormen entwickelt werden können, die ein künftig friedliches Zusammenleben zu regeln in der Lage wären. Damit rücken Aspekte einer zukünftigen Weltgesellschaft in den Fokus, aus welcher der europäische und auch alle anderen Kolonialismen ein für alle Mal verbannt wären und die entscheidenden Fragen nach Konvivenz in Frieden und in Differenz gestellt werden würden. Wie aber ließe sich *Die Verlobung in St. Domingo* über die Behandlung des historischen Paradigmas hinaus in einem prospektiven Sinne als Erprobungsraum künftigen Zusammenlebens verstehen und lesen? Gibt es Bedeutungsebenen im Text, die auf eine allgemeine Konvivenz im Weltmaßstab abzielen?

Fragen wir angesichts dieser dringlichen Themen nach den Entstehungsbedingungen des Textes! In der Kleist-Forschung ist es unstrittig, dass Heinrich von Kleist entscheidende Anregungen zu diesem Stoff durch seine Aufenthalte in den Jahren 1801/1802 sowie 1803 in Paris, 1802 in der Schweiz sowie vor allem durch seine Inhaftierung als französischer Kriegsgefangener im Jahr 1807 in der im Jura unweit der Schweizer Grenze imposant gelegenen Festung Joux erhalten

---

46 Vgl. Ette, Ottmar: *Mobile Preußen. Ansichten jenseits des Nationalen.* Stuttgart: J.B. Metzler Verlag 2019.

haben dürfte.⁴⁷ Ein gut sichtbarer Gedenkstein erinnert an diesem Ort noch immer an die Tatsache, dass in der Forteresse de Joux in einer engen, kalten Zelle der einst so mächtige „Sklavengeneral" und „schwarze Spartakus" François Dominique Toussaint-L'Ouverture (1745–1803) jämmerlich zugrunde ging. Er war am 15. Juni 1802 an die napoleonischen Truppen verraten und unter unmenschlichen Bedingungen nach Frankreich verbracht worden – in eben jene Todeszelle, in welcher sich Kleists Bekannter Gauvain vier Jahre später in Haft befand.⁴⁸ Gerade die letztgenannte ‚Begegnung' mit der Geschichte der Haitianischen Revolution muss den Frankfurter Dichter stark beeindruckt haben.

Abb. 15: Büste von Toussaint-L'Ouverture (1745–1803) im Fort de Joux.

Nicht nur durch die französische und deutsche Presse, durch die in die Schlussphase der Haitianischen Revolution fallenden Aufenthalte in Paris sowie durch seinen über die Vorgänge in Saint-Domingue gut informierten Freund Zschokke dürfte Kleist mit für ihn wichtigen Materialien versorgt worden sein. Auch durch die geradezu hautnahe Berührung gewann jene Welt von Toussaint-L'Ouverture,⁴⁹ die Kleist so fern sein musste, eine dennoch gewaltige Faszinationskraft. Die persönliche Beziehung über die Forteresse de Joux dürfte als eine Art Auslöser fun-

---

47 Vgl. Loster-Schneider, Gudrun: Toni, Babekan und Homi Bhabha? Zu Problemen kultureller und ästhetischer Hybridisierung in Heinrich von Kleists „Die Verlobung in St. Domingo", S. 228.
48 Ebda., S. 230. Vergleiche hierzu auch Kleist, Heinrich von: *Sämtliche Werke in vier Bänden*, Bd. IV, S. 374.
49 Vgl. hierzu auch Bernecker, Walther L.: *Kleine Geschichte Haitis*, bes. S. 41. Eine kurze biographische Skizze des als Sklave geborenen Revolutionsgenerals findet sich auch in Buch, Hans Christoph: *Die Scheidung von San Domingo*, S. 173 f.

giert haben, aber die Grundfragen, die Kleist an dieses Sujet stellte, entwickelten sich innerhalb eines wesentlich weiter gesponnenen Horizonts.

Aber war diese Welt, war gerade auch diese karibische Welt wirklich so fern? Hatte die neue globale Ordnung, die Napoleon für eine Welt unter französischer Vorherrschaft ersann, nicht den haitianischen Sklavengeneral Toussaint-L'Ouverture ebenso wie den aus einem alten Geschlecht preußischer Generäle stammenden Kleist gleichermaßen in die Forteresse de Joux gespült? Hingen die Besetzung des aufständischen Haiti und die Besetzung Berlins durch französische Truppen nicht unmittelbar miteinander zusammen? Und stand Preußen nicht im Begriff, zu einer bloßen innereuropäischen Kolonie, zu einer Marionette im globalen Machtspiel Frankreichs zu verkommen?

Manche Züge der Figur des blutrünstigen Congo Hoango mögen an Charaktermerkmale erinnern, die Toussaint-L'Ouverture und – gerade mit Blick auf eine „unmenschliche Rachsucht"[50] – mehr noch Dessalines im kolonialistischen Diskurs nachgesagt wurden. Der Vorhang der Kleist'schen Erzählung jedenfalls hebt sich mit Bedacht erst während der Abwesenheit von Congo Hoango, der – wie wir sahen – kein gewöhnlicher Schwarzer und Sklave ist, sondern über eine gewisse Macht und Befehlsgewalt verfügt. Als Vertreter der sich herausbildenden neuen Herrschaftsstrukturen ist er ein schwarzer Herr, der anders als seine Gefolgsleute, die im Stall wohnen, mit der alten Babekan und deren Tochter, „einer jungen fünfzehnjährigen Mestize" namens Toni, „das Hauptgebäude der Pflanzung"[51] bewohnen kann. Dieses einsam an einer Landstraße liegende Gebäude wird zum eigentlichen Schauplatz einer Geschichte, deren Fäden sich in diesem Haus kreuzen und verknoten. Denn das Haus, irgendwo zwischen Fort Dauphin und Port-au-Prince gelegen, wird zum ebenso *heim*lichen wie un*heim*lichen zentralen Protagonisten der Erzählung. Es gerät zu einem wirklichen *Haus in der Karibik*,[52] das nicht nur Schauplatz einer Geschichte ist, sondern selbst in die Handlung eingreift und die Komplexität einer absurden, aber realen Geschichte verkörpert.

Dieses Haus also, das bis vor kurzem noch dem Sklavenhalter Guillaume von Villeneuve gehört hatte, erscheint zunächst als Falle, versuchen Congo Hoango und Babekan doch erfolgreich, auf Hilfe angewiesene Weiße mit tatkräftiger Unterstützung der schönen Toni ins Haus zu locken, „die, wegen ihrer ins gelb-

---

50 Kleist, Heinrich von: *Die Verlobung in St. Domingo*, S. 9.
51 Ebda.
52 Vgl. hierzu das vierte Kapitel „Karibische Inselwelten" in Ette, Ottmar: *ZwischenWeltenSchreiben. Literaturen ohne festen Wohnsitz (ÜberLebenswissen II)*. Berlin: Kulturverlag Kadmos 2005, S. 123–155.

liche gehenden Gesichtsfarbe, zu dieser gräßlichen List besonders brauchbar war".[53] Ein zweites Dreieck tut sich auf: zwischen einer mörderischen *List*, die es erlaubt, eine durch Sklaverei und Kolonialismus ererbte *Last*, die aus immer wieder benannten und bis vor kurzem erlittenen Demütigungen und Misshandlungen besteht, in eine *Lust* umzuwandeln, die als Mordlust zweifellos im Zeichen der Rache an den Weißen und ihrem grausamen System der Unterdrückung und hemmungslosen Ausbeutung steht.

Kleists Erzählung präsentiert uns diese Lust von Congo Hoango wie von Babekan freilich von Beginn an als verwerflich, wird sie an der Textoberfläche doch ins Zeichen einer Undankbarkeit gestellt, die den Mörder des wohltätigen Herrn in einen Herren über grausame Mörder verwandelte. Die hellhäutige Toni nimmt dies billigend in Kauf und hat neben mehreren Franzosen auch schon Portugiesen oder Holländer in die tödliche Falle des Hauses gelockt. Sie selbst ist dabei sozusagen der Lockvogel, der mit seiner Hautfarbe, aber auch mit seinen weiblichen Reizen die überwiegend männlichen Europäer in Sicherheit zu wiegen vermag.

In der Kleist'schen Erzählung stehen sich folglich nicht nur Schwarze und Weiße gegenüber. Zwischen weiß und schwarz befinden sich die Mulattin Babekan und ihre Tochter Toni, die – wie ihre gelbliche Gesichtsfarbe es in der Erzählung anzeigt – ebenfalls Mulattin ist. Der Text bezeichnet sie begrifflich unzutreffend als „Mestize", ist Toni doch keineswegs aus einer Verbindung zwischen indigener (indianischer) Bevölkerung und weißen Kolonisatoren oder Zuwanderern hervorgegangen. Auf struktureller Ebene ist diese Bezeichnung jedoch aufschlussreich nicht nur, weil Heinrich von Kleist einer zeitgenössischen Wendung auf den französischen Antillen gefolgt sein dürfte, bei der die Benennung als „métisse" gleichsam den ‚schwarzen', afrikanischen Anteil auszublenden pflegt, um die entsprechende Person hinsichtlich ihrer weißen Herkunft aufzuwerten.[54] Denn das von Kleist für Toni offenkundig sehr bewusst gewählte Lexem „Mestize" integriert zusätzliche Sinnebenen, blendet die junge Frau in ihrer schillernden Gestalt, in ihrem fundamentalen ‚Dazwischen-Sein' auf diese Weise doch die schon von den Spaniern größtenteils ausgerottete indigene Bevölkerung ein, so dass die schöne Toni sich auf der begrifflichen Ebene im dritten Dreieck zwischen

---

53 Kleist, Heinrich von: *Die Verlobung in St. Domingo*, S. 10.
54 In verschiedensten Zusammenhängen wird diese begriffliche Verwendung beleuchtet von dem weitgereisten Schriftsteller irisch-griechischer Abstammung Lafcadio Hearn; vgl. hierzu seinen gegenüber den japanischen Schriften weniger beachteten originellen Reisebericht *Two Years in the French West Indies*, wiederabgedruckt in Hearn, Lafcadio: *American Writings*. New York: The Library of America 2009, S. 149–541.

Europa, Afrika und Amerika bewegt. Die „Mestize" ist auf den verschiedensten Ebenen eine Bewegungs-Figur – und genau dies ist es, was Kleist an ihr herausarbeiten wollte.

Die vom Erzähler ostentativ gewählte scheinbar ‚fehlerhafte', ‚unzutreffende' Terminologie verwandelt Toni in ein Wesen, das als eigentliche Bewegungsfigur mehr als jeder andere Mensch in Kleists Erzählung für die Karibik in der ersten wie in der zweiten Phase beschleunigter Globalisierung einzustehen vermag. Dass ihr Vater ein reicher französischer Kaufmann aus Marseille ist,[55] der später als Gesandter der jungen Französischen Republik an den türkischen Hof nach Istanbul gegangen sei,[56] verstärkt diesen Aspekt: Toni ist ein Produkt all jener Bewegungen, in denen von Europa aus Ostindien und Westindien, Asien, Amerika und Afrika globalisiert und in abhängige Kolonialgebiete verwandelt wurden.

Gewiss lässt sich die Farbe Gelb im Farbenspektrum zwischen schwarz und weiß verorten, wie dies in der Forschung immer wieder herausgearbeitet wurde.[57] Gelb schreibt sich darüber hinaus jedoch in eine lange patriarchalisch-kolonialistische und sexistische Tradition in der Karibik ein. In dieser ist aus der Perspektive des weißen Mannes – und hier öffnet sich ein weiteres, viertes Dreieck, das diesmal abhängige Geschlechterbeziehungen betrifft – die schwarze Frau vor allem für die Arbeit, die weiße Frau vorrangig für die Ehe und die Mulattin für Lust und Liebe vorgesehen.[58] Es ist die sexistisch-kolonialistische Figur heterosexueller Konvivenz par excellence, die ihren Rassismus offen zur Schau trägt.

Kein Wunder also, wenn die schöne Mulattin nicht nur zum Mythos, sondern bald auch zum Gegenstand literarischer Allegoresen wurde, die sich auf die emergierenden Nationen der amerikanischen Hemisphäre bezogen. Denn in dieser Figur floss alles zusammen. Im weiteren Verlauf des 19. Jahrhunderts avancierte im spanischsprachigen Raum – und die Nachbarinsel Kuba bietet hier das sicherlich beste Beispiel – die „mulata" zur Verkörperung der künftigen Nation, bot ihre Allegorese doch im Kontext problematischer Nationenbildungsprozesse die Möglichkeit, bei hohem identifikatorischem Wert die Schönheit wie das Scheitern dieses Projekts angestrebter Konvivenz ebenso sinnlich wie hautnah vorzufüh-

---

55 Kleist, Heinrich von: *Die Verlobung in St. Domingo*, S. 27.
56 Ebda., S. 28.
57 Vgl. etwa Uerlings, Herbert: *Poetiken der Interkulturalität. Haiti bei Kleist, Seghers, Müller, Buch und Fichte.* Tübingen: Max Niemeyer 1997, S. 25–40.
58 Vgl. hierzu u. a. Phaf, Ineke: Motivforschung altmodisch? Mit der Mulattin zu einem karibischen Nationaltext. In: Kohut, Karl (Hg.): *Rasse, Klasse und Kultur in der Karibik. Akten der Fachtagung „Rassenbeziehungen und Rassenbegegnungen in der Karibik" am 15. und 16. Mai 1987 an der Katholischen Universität Eichstätt.* Frankfurt am Main: Vervuert 1989, S. 85–98.

ren.[59] So spielte die Mulattin als Identifikationsfigur und Allegorese im 19. Jahrhundert eine zentrale Rolle in der Gesellschaft und mehr noch in der Literatur. Kleist greift motiv- und stoffgeschichtlich gleich zu Beginn dieses Jahrhunderts erstaunlich früh auf diese Zentralfigur zurück.

In der französischsprachigen Karibik hatte sich die Farbe Gelb weit stärker und weit früher als im spanischsprachigen Raum als Euphemismus für alles ‚Mulattische' durchgesetzt. So findet sich diese rassistisch eingefärbte ‚Farbenlehre' in einschlägigen Texten wie etwa bei Moreau de Saint-Méry, der neben Weiß und Schwarz das Gelbe als eine dritte Schattierung bezeichnet: „La troisième nuance est celle du Mulâtre qu'on pourrait presque subdiviser en deux, attendu que les Mulâtres comparés entr'eux, offrent deux nuances très distinctes qui sont exactement celle du cuivre rouge & celle du cuivre jaune."[60] Médéric-Louis-Elie Moreau de Saint-Méry hatte in seinem Werk von 1802 über Saint-Domingue, das zu einer wichtigen Quelle Heinrich von Kleists wurde,[61] höchst komplizierte farbliche Unterteilungen ins Feld geführt, wie sie sich im Übrigen zeitgenössisch auch in anderen Teilen der Karibik finden lassen. Kleist konzentrierte sich im Farbenspektrum jedoch auf das Gelbe, wie wir es bereits im Incipit am Namen des Congo Huango feststellen konnten.

Wie etabliert die Begrifflichkeit der Farbe Gelb als Bezeichnung für eine Situierung unter den „mulâtres" im frankophonen Raum der Karibik war, mag auch der nachfolgende Beleg aufzeigen:

> Die Begründung dieser rassischen Nomenklatur bestand darin, auf möglichst „wissenschaftliche" Weise vorgeblich zu unterstreichen, dass das Fehlen von schwarzem Blut auf immer unauslöschbar war. So werden die Freien von den Weißen bisweilen „Misch-Blut", bisweilen *„People of Colour"*, bisweilen „Mulatten" genannt, später werden sie von den Schwarzen aus Saint-Domingue als „Gelbe" bezeichnet. Was die Benennungen als „Mestize" oder als *„métive"* angeht, so werden sie für die sehr seltenen Nachfahren von Indianern reserviert. Auf den Inseln über dem Winde kümmert man sich nicht um solche Subtilitäten: Die Freien heißen im Allgemeinen „Mulatten".[62]

---

59 Vgl. hierzu Ette, Ottmar. Cirilo Villaverde: „Cecilia Valdés o La Loma del Angel". In: Roloff, Volker / Wentzlaff-Eggebert, Harald (Hg.): *Der hispanoamerikanische Roman.* Band 1: *Von den Anfängen bis Carpentier.* Darmstadt: Wissenschaftliche Buchgesellschaft 1992, S. 30–43.
60 Moreau de Saint-Méry, Louis Elie: *Description topographique, physique, civile, politique et historique de la partie française de l'île de Saint-Domingue.* 2 Bde. Philadelphie 1797, S. 75. Mit dem Titel dieses wichtigen Werkes dürfte Kleist bei seiner Titelgebung gespielt haben. Ich danke Gesine Müller für den Hinweis auf diese Verbindung.
61 Vgl. hierzu Loster-Schneider, Gudrun: Toni, Babekan und Homi Bhabha? Zu Problemen kultureller und ästhetischer Hybridisierung in Heinrich von Kleists „Die Verlobung in St. Domingo", S. 229 und 238.
62 Abénon, Lucien-René: *La Révolution aux Caraïbes. Antilles 1789.* Paris: Nathan 1989, S. 61.

Sie haben es bemerkt: Ich habe absichtlich den französischen Ausdruck „gens de couleur" durch den englischsprachigen Ausdruck „People of Colour" ersetzt, um klarzumachen, dass es sich dabei um einen durch und durch rassistischen Begriff handelt. In den letzten Jahren ist man ja auf diesen ausgewichen und benennt diejenigen, die man im Deutschen an diese Terminologie angelehnt rassistisch als „Farbige" bezeichnete, mit dem englischen Vernebelungsbegriff als „People of Colour" oder „Free People of Colour". Auch das „libre", das Freie, fehlt in der obigen Analyse des rassistischen Grundvokabulars der europäischen Kolonisatoren nicht und macht den Begriff beileibe nicht besser. Ich glaube nicht, dass es eine gute Idee ist, auf einen englischen Begriff überzuwechseln, welcher Teil eines bis heute in den USA durch und durch rassistischen Vokabulars ist, in einem Land, dessen Einwanderungsbehörden sich noch immer rassistischer Bezeichnungen bedienen und wo der Begriff „weiß" eine spezifisch kulturelle Konnotation besitzt.[63] Ich finde, dies sollten Sie wissen, wenn Sie den Begriff „Free People of Colour" in den Mund nehmen.

Doch nochmals zurück zu unserem Zitat! Denn deutlicher könnte darin ganz nebenbei die terminologische Grenze zwischen ‚Mestize' und ‚Mulatte' nicht gezogen sein. Dass diese biologistische, primär auf die Hautfarbe bezogene Unterscheidung im 19. Jahrhundert kulturalisiert und etwa auf die in Entstehung begriffene haitianische Literatur übertragen werden konnte, zeigt die Kategorie der „littérature jaune", der unter diesem Titel eine in zwei Teilen veröffentlichte Studie in der renommierten Pariser *Revue des deux Mondes* gewidmet werden konnte.[64] Gustave d'Alaux versuchte in diesem aufschlussreichen Artikel, der haitianischen Literatur Existenzrecht zu verschaffen und erstmals aus literarhistorischer Sicht gerecht zu werden, wobei er allerdings die „Gelbe Literatur" ins Zeichen des Plagiats und der Imitation fremder, europäischer Modelle französischer Provenienz rückte. Sie sehen, wie intim der Rassismus mit kulturellen Zuschreibungen verquickt ist! Zugleich aber machte der Verfasser damit die Existenz dieser im eigentlichen Sinne als haitianisch zu bezeichnenden „littérature jaune" ein für alle Mal in Europa aktenkundig. Auch ein solcher Artikel in der *Revue des deux Mondes* gehört zu einer literarhistorischen Darstellung des 19. Jahrhunderts zwischen zwei Welten dazu.

---

63 Vgl. zur spezifischen Situation in den USA Painter, Nell Irving: *A History of White People*. New York – London: W.W. Norton 2009.
64 Vgl. hierzu ausführlich Müller, Gesine: *Die koloniale Karibik. Transferprozesse in hispanophonen und frankophonen Literaturen*. Berlin – Boston: Walter de Gruyter 2012, darin besonders das Unterkapitel IV.4.1.1. Die „littérature jaune" zwischen Frankophilie und Plagiat.

Es kann kein Zweifel daran bestehen, dass Heinrich von Kleist auch über Moreau de Saint-Méry hinaus mit Teilen dieser sich spätestens im 18. Jahrhundert im französischsprachigen Bereich verbreitenden Begriffsverwendung gut vertraut war. Und so verweist in seiner Erzählung *Die Verlobung in St. Domingo* die gelbe Gesichtsfarbe auch nicht nur auf eine mulattische Herkunft, sondern impliziert auch kulturelle Werte und Dispositionen, die – wie der weitere Verlauf der Erzählung zeigt – vom männlichen Protagonisten Gustav beziehungsweise August gleichsam an der Haut und an den Augen, an der Körperoberfläche der schönen jungen Frau abgelesen werden können – oder zumindest abgelesen werden sollen. Rassismus besteht in seinem Urgrund immer auf der systematischen Übertragung von Merkmalen der Natur – also der physischen Beschaffenheit des Körper-Leibes – auf den Bereich der Kultur, auf das Vermögen oder Unvermögen von Menschen, sich kultureller Praktiken zu bedienen. Wir werden noch verschiedentlich Beispiele hierfür auf unserem Weg durch das 19. Jahrhundert finden.

Die Farbe Gelb, die wir auf indirekte Weise schon im Namen von Congo *Hoango* aufleuchten sahen, wird im Verlauf der Erzählung immer wieder neu kontextualisiert. So etwa unmittelbar nach ihrem ersten expliziten Auftauchen durch den Hinweis auf das Vorrücken von „General Dessalines mit 30,000 Negern"[65] auf Port au Prince, wo sich nun „Alles, was die weiße Farbe trug"[66] gesammelt habe, um nicht vollends ausgelöscht zu werden. Dies ist die in *Die Verlobung in St. Domingo* mit wenigen Strichen kurz und prägnant skizzierte Situation in der Schlussphase der Haitianischen Revolution, als das eigentliche Geschehen, von dem Kleists Erzählung berichtet, mit dem nächtlichen Klopfen eines Fremden an „die hintere Thür" des ehemaligen Herrenhauses von Guillaume von Villeneuve einsetzt.[67] Auf Babekans Frage zu Beginn dieses ‚Nachtstücks', „wer da sei?",[68] antwortet der Fremde unter Anrufung von „Maria und allen Heiligen"[69] – also ‚Toussaint'[70] – mit einer Gegenfrage: „seid ihr eine Negerin?"[71] Mit einer klugen Verrätselung ihrer Antwort öffnet die Mulattin das Tor; und mit dieser ‚Ouverture', die gleichsam den Namen des berühmten Gefangenen von der Festung von Joux in den Text einschreibt, beginnt der Handlungskern des Kleist'schen Revolutionsstücks. Heinrich von Kleist ist ein Meister der Verdichtung bestimmter historischer

---

65 Kleist, Heinrich von: *Die Verlobung in St. Domingo*, S. 10.
66 Ebda., S. 11.
67 Ebda.
68 Ebda.
69 Ebda.
70 Die Anrufung wiederholt sich in Gustavs Formel „Gott und alle Heiligen", die sich nur wenige Seiten später findet (Ebda., S. 17).
71 Ebda., S. 12.

Fragmente und Reminiszenzen in der literarischen Schöpfung und Ausgestaltung seiner Texte: Seine Arbeit ist ästhetische Verdichtungsleistung.

Dazu gleich noch weitere Beispiele! Denn wie meisterhaft es Kleist verstand, makrohistorische Entwicklungen in mikrohistorische und vor allem mikronarrative Bewegungen zu übersetzen, zeigt *Die Verlobung in St. Domingo* auf beispielhafte Weise. Dass der fremde Weiße in stockfinsterer schwarzer Nacht mit der Hand nach Babekan greift, um leibhaftig und haptisch zu begreifen, hat mit der ihn bis zu seinem eigenen Tod, seinem Selbstmord, verfolgenden Frage zu tun, welche die Welt in Weiß und Schwarz einteilt und alles nur mit diesen Farben identifiziert sehen will. Die Scheidung dazwischen charakterisiert – wie wir sahen – die vom Erzähler vorgenommene historische Situierung des Geschehens im Kontext von Dessalines Marsch auf Port-au-Prince. Diese Zweiteilung aber reicht, wie sich bald zeigen wird, weder aus, um die eigene Situation adäquat zu begreifen, noch dafür hin, das eigene Überleben des aus einem gänzlich anderen Kulturkreis stammenden Fremden abzusichern. Gemeinsam mit diesem Kleist'schen Protagonisten muss die Leserschaft lernen, dass die Welt nicht in schwarz und weiß eingeteilt werden kann.

Kein Wunder also, wenn die Selbstbezeichnung Babekans als Mulattin und die Bezeichnung ihrer Tochter – nun nicht mit der Stimme des Erzählers, sondern der Mulattin selbst – als „Mestize"[72] den jungen Schweizer Gustav verwirrt und in große Unsicherheit stürzt. Doch als er – von Nanky, einem unehelichen Sohn Congo Hoangos, über die neuen Besitzverhältnisse im Herrenhaus aufgeklärt – die Flucht ergreifen will, hält Toni ihn in ihrer Eigenschaft als Lockvogel zurück, indem sie ihr Gesicht geschickt mit einer Laterne weiß beleuchtet. Die Frage, mit der er sich an „ihre junge liebliche Gestalt"[73] wendet, wird er bis zu ihrem wie zu seinem eigenen Tode nicht beantworten können: „Wer bist Du?"[74]

Toni gelingt es, den Weißen „mit sich fortzureißen"[75] und mit sich an der Hand ins Innere des Hauses hineinzuziehen. Die junge Frau spielt die ihr von Congo Hoango und Babekan zugewiesene Rolle ihres Lebens und ihres Todes – ihre Rolle als Lockvogel, um Weiße im Hause festzuhalten, wo Congo Hoango sie in Seelenruhe ermorden kann – mit großer Perfektion und routiniert. Hier ist sie noch Teil einer perfekten Maschinerie des Todes. Und doch ist in ihrem Fortreißen schon ein Fortgerissen-Sein, mischt sich in ihre Lockungen doch auch die so ambivalente Rede von einem schwarzen „Wütherich", der in der Tat den Namen

---

72 Ebda.
73 Ebda., S. 15.
74 Ebda.
75 Ebda.

Congo Hoango führe,[76] der aber derzeit nicht im Hause sei, da er die Armee Dessalines mit Blei und Pulver versorge. Die Koinzidenz des zufälligen Zusammentreffens von Toni und Gustav beginnt, sich auf die Möglichkeiten und Risiken einer künftigen Konvivenz zu öffnen. Doch all dies spielt sich vor dem Hintergrund äußerster Gefahr, im Angesicht eines Spiels um Leben und Tod ab, von dem die Protagonisten freilich noch nicht wissen, dass die Liebe dafür das auslösende Moment sein wird.

Rasch will der Fremde, der sich selbst als Gustav von der Ried und „Offizier von der französischen Macht, obschon [...] kein Franzose"[77] zu erkennen gibt, seinen Weg von Fort Dauphin, wo alle Weißen ermordet worden seien, „mitten durch ein in Empörung begriffenes Mohrenland" hindurch (so Babekan[78]) nach Port-au-Prince fortsetzen. Er will dies nicht allein, sondern gemeinsam mit einem aus zwölf Menschen bestehenden Tross, zu dem auch sein Oheim Strömli, dessen Frau und fünf Kinder gehören. Dies alles vertraut der Schweizer hoffnungsvoll der alt gewordenen Mulattin Babekan an, weil ihm „aus der Farbe" ihres Gesichts „ein Strahl von der meinigen" entgegenschimmert.[79] Gustavs Farbenlehre ist noch zu simpel, um sich in dieser Welt zurechtfinden zu können.

Diese Welt ist eine zwar nicht geographisch, aber militärisch, ökonomisch und sozial perfekt in sich abgeschlossene Insel, die von allem Äußeren isoliert scheint. Wiederholt wird die teils von Plantagen genutzte, teils unbebaute wilde Landschaft einer Insel, eines Eilandes heraufbeschworen, wobei die Inselhaftigkeit hier als Isolation erscheint, als ein Gefängnis, aus dem man sich allein durch Flucht vor dem Tode retten kann. Innerhalb dieser in sich abgeschlossenen *Insel-Welt* bildet das Haus, aus dem sich Gustav für sich und die Seinen Rettung erhofft, eine Insel der Zuflucht innerhalb eines den Weißen feindlich gesonnenen Landes, wobei dieses Haus von Beginn an aus vektorieller Sicht quasi als Romanfigur erscheint. Es bildet den Knotenpunkt innerhalb einer von revolutionären Bewegungen erschütterten Insel, ist selbst ein Zeugnis jenes Umsturzes der Verhältnisse, welcher in der Ermordung des Sklavenhalters und seiner Familie gipfelte, liegt zugleich aber an der großen Landstraße, die allein noch den Zugang zur allerletzten Zufluchtsinsel der Weißen ermöglicht: der vom Rest der französischen Truppen gesicherten Hafenstadt Port-au-Prince. Der Raum des vektoriellen und belebten Hauses ist folglich nicht statisch, sondern ein hochgradig vektorisierter Bewegungsraum, in dessen Inselhaftigkeit sich alle historischen, politischen

---

76 Ebda.
77 Ebda., S. 17.
78 Ebda.
79 Ebda., S. 18.

und zwischenmenschlichen Bewegungen überkreuzen: In ihm ist die Geschichte Saint-Domingues und Haitis ablesbar.

Im Zeichen von Leben und Sterben darf in dieser romantischen Erzählung auch die Liebe nicht fehlen: Ihr fällt vielmehr schon vom Titel an die zentrale Rolle zu. Überraschend schnell wird dieses Haus zum Vektorenfeld der Liebe, die sich in den Augenblicken höchster Bedrohung zwischen Gustav und Toni anbahnt. Mehr noch: Die Todesgefahr erotisiert das Leben, Eros und Thanatos geben sich die Hände. Mit der „lieblichen jungen Mestize, die mir das Haus aufmachte",[80] verbindet Gustav von Beginn an ein Begehren, das schon nach wenigen Stunden im offenen Innenraum des Hauses in Lust umschlägt. Schlang Gustav früh schon bei dem von Toni zubereiteten Gastmahl seinen „Arm sanft um ihren Leib", wobei „er sie lebhaft an seine Brust drückte",[81] so wird sie ihrerseits dieses Begehren schnell erwidern. Und doch hatte sie ihn eben noch als Lockvogel, gleichsam als Femme fatale, ins Verderben ziehen wollen. Die Frage nach ihrer Identität, die Frage, wer sie denn sei, bleibt lange Zeit und bis an ihr Lebensende ungeklärt.

Zwischen die Nacht der Begegnung und die Nacht der Liebe eingeschoben aber ist die Toni von Gustav erzählte Geschichte von jenem „Mädchen" vom „Stamm der Negern", das zum Zeitpunkt des Aufstands „an dem gelben Fieber" erkrankt war, welches „zur Verdopplung des Elends in der Stadt ausgebrochen war".[82] Die Geschichte dieser schwarzen Sklavin bildet aus narratologischer Sicht ihrerseits eine Verdopplung, insofern im Bezug zum narrativen Hauptstrang bereits die Farbe Gelb eine direkte Verbindung zwischen dieser von ihrem ehemaligen Herrn misshandelten Sklavin und der schönen Toni mit ihrer ins Gelbliche spielenden Hautfarbe herstellt. Aus Rache lockt die Sklavin ihren früheren Herrn ins Haus, gibt sich scheinbar seinen Liebkosungen hin, schleudert ihm dann aber voller Wut im Bett entgegen: „Eine Pestkranke, die den Tod in der Brust trägt, hast du geküßt: geh und gieb das gelbe Fieber allen denen, die dir gleichen!"[83]

Die figurale[84] Komposition dieser eingeschobenen Mikroerzählung als Verdopplungsstruktur wird nicht nur durch das Element des Hauses oder die Farbe Gelb, sondern auch durch die Brust als Ort des Todes betont – wird Gustav später Toni doch nicht zufällig in die Brust, ins liebende Herz schießen. Darüber hinaus führt das Gelbfieber, das die Leitepidemie der zweiten Phase beschleunigter

---

80 Ebda., S. 20.
81 Ebda., S. 36.
82 Ebda., S. 31.
83 Ebda., S. 32f.
84 Zum Begriff der *figura* vgl. Auerbach, Erich: Figura. In (ders.): *Gesammelte Aufsätze zur romanischen Philologie*. Herausgegeben von Fritz Schalk und Gustav Konrad. Bern – München: A. Francke Verlag 1967, S. 55–93.

Globalisierung ist (so wie die Immunschwächeerkrankung Aids für den Beginn und Covid-19 für den Abschluss der vierten Phase paradigmatisch stehen), jene Imaginationen fort, die sich an die Leitepidemie der ersten Phase beschleunigter Globalisierung knüpften.

Denn an der Wende zum 16. Jahrhundert hatten die Europäer – wie es in vielen späteren Darstellungen heißt – als Rache für den von ihnen an der indigenen Bevölkerung verübten Genozid von Indianerinnen die Syphilis empfangen, eine Seuche, die rasch – wie etwa Cornelius de Pauw in seinen überaus einflussreichen *Recherches philosophiques sur les Américains* betonte – auf die Alte Welt übergegriffen hatte. Der Zusammenhang zwischen den von Weißen verübten Gräueltaten, der Rache der Natur und der lustvollen Vereinigung mit doppelt kolonisierten abhängigen Frauen erweist sich im Vergleich mit dieser 1768 erstmals in Berlin veröffentlichten Schrift des Amsterdamer Philosophen als eine offenkundige Deutungslinie, deren Spur die verschiedensten Phasen beschleunigter Globalisierung bis in unsere Zeit durchzieht:

> Nach dem raschen Massaker an einigen Millionen von Wilden fühlte sich der erbarmungslose Sieger von einem epidemischen Übel befallen, welches zugleich die Prinzipien des Lebens & die Quellen der Zeugung befiel und dadurch bald schon zur schrecklichsten Geißel der bewohnbaren Welt wurde. Der schon allein von der Last seiner Existenz niedergedrückte Mensch fand zu seinem höchsten Unglücks die Keime des Todes in den Armen der Lust & am Busen der Wollust vor: Er glaubte sich ohne alle Hilfe verloren: Er glaubte, die erregte Natur habe ihm seinen Untergang geschworen.[85]

Cornelius de Pauw formuliert Schreckensbilder, die jegliche mit dem Körper und dessen sexueller Dimension verbundene Epidemie begleiten: In den Armen der Lust, an den Brüsten der Wollust lauert die Gefahr tödlicher Ansteckung. Die Semantisierung gerade des Körpers der Frau[86] besitzt eine lange koloniale Vorgeschichte,[87] auf die auch Heinrich von Kleist in seiner Meistererzählung aufmerksam macht. Die namenlose schwarze Sklavin, deren Geschichte von Gustav erzäh-

---

85 Pauw, Cornelius de: *Recherches philosophiques sur les Américains, ou Mémoires intéressants pour servir à l'Histoire de l'Espèce humaine*. 2 Bde. Berlin: Chez Georges Jacques Decker, Imp. du Roi 1768–1769, hier Bd. I, S. a3v. Vgl. in diesem Zusammenhang auch Ette, Ottmar: „Not just brought about by chance": reflections on globalisation in Cornelius de Pauw and Alexander von Humboldt. In: *Studies in Travel Writing* (Nottingham) XV, 1 (February 2011), S. 3–25.
86 Vgl. hierzu Weigel, Sigrid: Der Körper als Kreuzpunkt von Liebesgeschichte und Rassendiskurs in Heinrich von Kleists Erzählung „Die Verlobung in St. Domingo". In: *Kleist Jahrbuch* (Stuttgart – Weimar) (1991), S. 202–217.
87 Vgl. hierzu Hölz, Karl: *Das Fremde, das Eigene, das Andere. Die Inszenierung kultureller und geschlechtlicher Identität in Lateinamerika*. Berlin: Erich Schmidt Verlag 1998.

lerisch eingeblendet wird, konfiguriert in einer ersten Verdoppelungsstruktur die männlichen Ängste, die sich für den Schweizer mit dem weiblichen Hereinlocken ins Haus und mit der als Lockvogel so effizienten Mulattin verbinden. Gustav ist hin- und hergerissen: Er weiß nicht, wie er sich verhalten soll.

Zu allem Unglück verbindet sich diese Unsicherheit auch noch mit den Schreckensbildern einer den Mann beim Akt der Liebe befallenden epidemischen Krankheit. Nicht zufällig wird Gustavs vollständige Verwirrung im klug aufgebauten Handlungsablauf mit der Gefahr einer Ansteckung durch Gelbfieber gekoppelt, hatte Kleist diese um sich greifende Krankheit der „fièvre jaune" doch in seinem im Januar 1811 in den *Berliner Abendblättern* veröffentlichten Artikel *Kurze Geschichte des gelben Fiebers in Europa* mit dem Begriff einer „occidentalischen Pest" belegt.[88] Kleist wusste also, wovon er sprach, als er das Gelbfieber, das *gelbe* Fieber, in seine Erzählung einschmuggelte.

Seine medizinhistorisch angelegte kurze Studie, die wenige Wochen vor der ersten Veröffentlichung der hier untersuchten Erzählung erschien, hatte insbesondere die großen Gelbfieber-Epidemien von 1793 und 1804 beleuchtet, die beide nicht von ungefähr in den Zeitraum der Haitianischen Revolution und damit in die Diegese von *Die Verlobung in St. Domingo* fallen. Kleists Überlegungen dokumentieren sein geschärftes Bewusstsein dafür, wie sehr das Gelbfieber zu einer Krankheit, einer Seuche, einer Epidemie, ja einer Pandemie geworden war, wobei sich der Schriftsteller nicht nur für die Symptomatik dieser „occidentalischen Pest", sondern auch für deren weltweite Verbreitung interessierte. Kleists Erzählung spielt immer wieder mit Phänomenen von welthistorischer Bedeutung – und wie sehr eine Pandemie weltgeschichtliche Bedeutung erlangen kann, bekommen wir derzeit gerade durch den Corona-Virus anschaulich vor Augen geführt.

Der Ausbruch des Gelbfiebers bei den französischen Truppen unter General Leclerc – der selbst dieser Krankheit im Verlauf des Krieges bereits am 1. November 1802 erlag – darf auf Ebene des historischen Hintergrundes durchaus als wichtiges, vielleicht sogar kriegsentscheidendes Ereignis angesehen werden. Eine Übertragung auf die Handlungsebene der Erzählung erfolgt auch insoweit, als es der „Officier" Gustav ist, der Toni befragt, „ob *sie* wohl einer solchen That fähig wäre".[89] Auch wenn Toni die Frage klar verneint: Als Gustav in das ihm

---

[88] Vgl. Kleist, Heinrich von: Kurze Geschichte des gelben Fiebers in Europa. In: *Berliner Abendblätter* (Berlin) 19 und 20 (23. Januar und 24. Januar 1811), S. 73–75 und 77–79, hier S. 78. Vgl. hierzu Loster-Schneider, Gudrun: Toni, Babekan und Homi Bhabha? Zu Problemen kultureller und ästhetischer Hybridisierung in Heinrich von Kleists „Die Verlobung in St. Domingo", S. 239.

[89] Kleist, Heinrich von: *Die Verlobung in St. Domingo*, S. 33.

angewiesene Zimmer tritt, das zuvor wohl Guillaume von Villeneuve gehört hatte, bemerkt er deutlich, wie sich „ein Gefühl der Unruhe wie ein Geyer um sein Herz" legte.[90] Doch der Blick auf die „dunklen Locken" und „die jungen Brüste" des Mädchens,[91] das die Fußwaschung des fremden Gastes vorbereitet, lenkt Gustav von allen Todesahnungen ab und heitert ihn wieder auf. Gerade in der Todesgefahr entfaltet Eros seine Macht, denn in der Bedrohung seines Überlebens erfreut sich der junge Schweizer am Schauspiel des Lebens. Und doch gibt es, was die betörende Schönheit Tonis angeht, eine Einschränkung, denn „er hätte, bis auf die Farbe, die ihm anstößig war, schwören mögen, dass er nie etwas Schöneres gesehen".[92] Hat sich die gelbe Hautfarbe Tonis hier nicht mit dem Gelbfieber ihrer schwarzen *Figura* verbunden?

Kurze Zeit später fällt Gustav eine „entfernte Ähnlichkeit"[93] auf, die er zunächst nicht zu konkretisieren weiß, die aber eine zweite Verdoppelungsstruktur einleitet, in der die Figur Tonis gleichsam zwischen die *Figura* der schwarzen Sklavin mit Gelbfieber und die eines weißen Mädchens gestellt wird. Ein fünftes und letztes Dreieck entsteht, wodurch das Dreieck von Schwarzer, Weißer und Mulattin personalisiert wird: ein Dreieck, das mit noch ungewissen Konturen aus dem Unbewussten des jungen Schweizer Offiziers aufsteigt.

Doch schon bald wird sich die Unbekannte als niemand anderes als die unter tragischen Umständen verstorbene Braut Gustavs herausstellen. Indem der Fremde das gerade fünfzehnjährige Mädchen zu sich auf den Schoß zieht und es mit seinen Händen umfängt, entspinnt sich ein vertrautes, fast inniges Gespräch, bei dem sich Toni schließlich „unter einem überaus reizenden Erröthen, das über ihr verbranntes Gesicht aufloderte",[94] an die Brust des fremden Mannes schmiegt. Nach einem ersten scheuen Kuss auf ihre Stirn[95] erkennt er in ihr wie in einer Anagnorisis das Abbild jener jungen Frau, die sich als seine liebe Braut einst für ihn aufgeopfert hatte. Erneut wird Toni mit dem Tode konnotiert, freilich mit dem Tode einer anderen, einstmals geliebten Frau.

Die eingeflochtene Mikroerzählung um die aus Straßburg stammende Mariane Congreve, Gustavs geliebte Braut, die einst an seiner statt unschuldig guillotiniert worden war, stellen das Bild von Toni *zwischen* jene der schwarzen Sklavin und der weißen Verlobten, so dass die Mulattin als zwischen beiden Polen

---

90 Ebda., S. 35.
91 Ebda.
92 Ebda., S. 36.
93 Ebda.
94 Ebda., S. 38.
95 Ebda., S. 39.

oszillierendes Objekt männlicher Begierde in den Vordergrund rückt. Wie die namenlose Sklavin erscheint auch das Bild der Mariane Congreve als das einer todgeweihten Frau, eine (da stets von Gustav erzählte) männliche, nur über ihre schöne Leiche[96] vermittelbare Projektion von Frauenbildern, die sich dank der bereits erwähnten figuralen Überlagerung notwendig auch auf Toni überträgt. Toni steht im Zentrum aller figuralen Projektionen, die den gesamten Text der Erzählung durchziehen.

Wie aber war die Braut des jungen Schweizer zu Tode gekommen? Wir können diese Ereignisse, in die Gustav schuldhaft verstrickt ist, kurz zusammenfassen: Hatte sich Gustav unbesonnen kritisch über das Revolutionstribunal der jüngst errichteten Französischen Revolution geäußert, so wurde Mariane anstelle ihres flüchtigen Bräutigams hingerichtet – nicht ohne dem entsetzten Gustav, der sie nicht mehr zu retten vermag, vom Schafott aus einen letzten, sich unauslöschlich einprägenden Blick zuwerfen zu können.[97] Mariane opferte sich auf, indem sie öffentlich verleugnete, den schuldlos schuldig gewordenen Gustav überhaupt zu kennen. Und wird sich Toni nicht verleugnen, um sich und Gustav doch noch vor dem Verrat zu retten? Im Kleist'schen Spiel von Täuschungen und Verstellungen behält jedoch der Tod zumeist das letzte Wort und löst alle Verstrickungen mit der Vernichtung aller Gestalten auf.

Doch blicken wir zunächst auf das entscheidende Geschehen der Erzählung! Denn erst jetzt, nach der verdoppelten Verdoppelung, kann der Erzähler von der Liebesnacht berichten. Indem Toni ihre Tränen um Mariane Congreve mit den Tränen Gustavs mischt,[98] lässt sie die Körperflüssigkeiten beider in einer allzu kurzen Liebesnacht zusammenfließen und tritt zugleich das figurale Erbe der hingerichteten Straßburger Braut an. Wird Gustav nicht auch ihr den Tod bringen? Zunächst ist es nur der ‚kleine Tod' der gemeinsamen Liebesnacht.

Die früh schon angelegte Zwischenstellung der Mulattin erfüllt sich in einer Vereinigung, die in der Mitte der Erzählung nur durch Schweigen narrativ ausgeführt werden muss: „Was weiter erfolgte, brauchen wir nicht zu melden, weil es jeder, der an diese Stelle kommt, von selbst liest."[99] Der Höhepunkt ist eine narrative Auslassung, mit welcher der Erzähler alles Imaginieren seinem Lesepublikum überlässt: Eine Ellipse steht im Mittelpunkt allen Erzählens.

---

96 Vgl. hierzu Bronfen, Elisabeth: *Nur über ihre Leiche. Tod, Weiblichkeit und Ästhetik*. München: dtv 1994.
97 Kleist, Heinrich von: *Die Verlobung in St. Domingo*, S. 42.
98 Ebda., S. 43.
99 Ebda.

Danach aber sind Tonis Tränen kaum zu stillen. Die weitreichenden Folgen jener „That, die er begangen",[100] bleiben dem Schweizer zunächst noch unklar; und doch ist jene Geste, mit der er Toni das goldene Kreuz der Mariane Congreve als Geschenk übergibt, nicht nur die Übergabe eines Schmuckstücks, sondern weit mehr noch der Abschluss eines Vertrags, den Gustav ursprünglich mit seiner weißen Braut geschlossen hatte. Doch längst ist die Mulattin Toni an die Stelle der Weißen getreten.

Es ist, wie sich bald zeigen wird, ein im Verborgenen bleibender Vertrag mit der kaum fünfzehnjährigen Toni, mit dem ein künftiges Zusammenleben über Rassenschranken hinweg vereinbart wird. Es ist ein Pakt auf Augenhöhe, bei dem sich aber bald schon die Amerika, Afrika und Europa verbindende Antillanerin ihrem Partner als nicht nur ebenbürtig, sondern deutlich überlegen erweist.[101] Denn nur durch ihre List eröffnet sich die Chance, der kolonialen Last eine künftig zu genießende Lust entgegenzustellen. Eine noch vor kurzem kaum vorstellbare Konvivenz über alle Rassenschranken des europäischen Kolonialismus hinweg deutet die revolutionäre Stoßrichtung dieser Vision eines glücklichen Zusammenlebens in der Zukunft an.

Dass Mariane Congreve aus Straßburg, jener „Stadt der sich kreuzenden Straßen" stammt, ist deshalb wohl kein Zufall, weil auch ihre Erbin Toni ihrem Haus an der großen Landstraße die Zufallsbegegnung mit Gustav von der Ried verdankt. Beide Begegnungen stehen im Zeichen des Transitorischen, eines Transits, von dem nicht anzunehmen war, dass jemals eine Verstetigung des nur vorübergehenden Zusammenlebens denkbar wäre. Urplötzlich aber erscheint das kaum Imaginierbare, kaum Denkbare, als etwas, das lebbar ist und gelebt werden kann: Eine ungeheure Revolution deutet sich an. Doch wie wäre mitten im militärischen Konflikt der kolonialen Gegenspieler, mitten in der Zerreißprobe unterschiedlicher Geschlechteridentitäten und ethnischer Herkünfte damit ernsthaft zu rechnen, dass allen Exklusionen, Ausgrenzungen und Massakern zum Trotz die Chance auf ein Zusammenleben bestünde? Ist das Spiel, auf das sich Toni und Gustav eingelassen haben, nicht von Anfang an ein verlorenes Spiel?

Mag sein! Doch Kleist lässt sie es im Erprobungsraum seiner Erzählung durchspielen und durchleben. So erst wird *Die Verlobung in St. Domingo* zum vielstimmigen Experimentierraum eines Zusammenlebens, das im Grunde keine

---

100 Ebda.
101 Vgl. hierzu auch Fleming, Ray: Race and the Difference It Makes in Kleist's „Die Verlobung in St. Domingo". In: *The German Quarterly* (Riverside, California) LXV, 3–4 (summer – fall 1992), S. 306–317.

Chance auf Zukunft haben dürfte. Das „Brautgeschenk"[102] macht klar, dass die geschlechtliche Vereinigung von Weißem und Mulattin, von Kolonialherrn und kolonisierter Frau, eine riskante Verlobung darstellt, die nur durch das Projekt künftigen Zusammenlebens die tradierte patriarchalische Verfügbarmachung der Mulattin für die männliche Lust *institutionell* zu unterlaufen in der Lage wäre. Denn ist nicht die Schwarze zur Arbeit, die Weiße zur Heirat, die Mulattin aber für die rasche sexuelle Befriedigung da?

Der zwischen Gustav und Toni vereinbarte Vertrag, ihre ‚Verlobung', hält gegen diese kolonialistische Pflanzer-Ideologie Gustavs Versprechen, schon am nächsten Morgen bei der Mutter um ihre Hand anzuhalten, und geht sofort über in die Vision künftiger Konvivenz:

> Er beschrieb ihr, welch ein kleines Eigenthum, frei und unabhängig, er an den Ufern der Aar besitze; eine Wohnung, bequem und geräumig genug, sie und auch ihre Mutter, wenn ihr Alter die Reise zulasse, darin aufzunehmen; Felder, Gärten, Wiesen und Weinberge; und einen alten ehrwürdigen Vater, der sie dankbar und liebreich daselbst, weil sie seinen Sohn gerettet, empfangen würde.[103]

Diese Vision lässt einen Anderort, eine idyllische Heterotopie entstehen, die alle Züge eines Lustorts, eines „locus amoenus", trägt. Es ist die Idylle einer von Privatbesitz und patriarchalischer Güte geregelten Welt, die sich der Raserei und Mordlust einer aus den Fugen geratenen kolonialen Welt dezidiert entgegenstellt. Schwört Gustav seiner Toni auch, er habe nur „im Taumel wunderbar verwirrter Sinne, eine Mischung von Begierde und Angst, die sie ihm eingeflößt"[104] und nicht aus männlichem Kalkül von ihr Besitz ergriffen, so ist sein Gegenbild einer auf Dauer gestellten ehelichen Verbindung doch wohlkalkuliertes Zeugnis einer rational entworfenen Welt. Diese stellt ihrerseits eine kleine, in sich abgeschlossene Insel bürgerlicher Glückseligkeit dar, die in schärferem Kontrast zur Situation in Saint-Domingue kaum stehen könnte. Die schweizerische Idylle tritt in Wettstreit mit der blutigen Realität der Haitianischen Revolution.

Und doch schleicht sich in diese Idylle auf höchst ambivalente Weise ein nicht unwesentliches Stückchen Saint-Domingue ein – auch an dieser Stelle erweist sich die erzählerische Meisterschaft eines Heinrich von Kleist. Denn wird hier die Mulattin nicht von Gustavs Vater aus Dankbarkeit dafür mit der Aufnahme in die Familie geehrt, seinem Sohn das Leben gerettet zu haben? Wird somit nicht in einer weiteren Verdoppelungsstruktur das Zeichen großer Dankbarkeit ganz so

---

102 Kleist, Heinrich von: Die Verlobung in St. Domingo, S. 43.
103 Ebda., S. 44.
104 Ebda.

als patriarchalische Wohltat zelebriert, wie einst Congo Hoango für die Errettung seines Herrn mit Freilassung, finanziellen Mitteln, der mulattischen Lebenspartnerin Babekan und einer Inklusion in den Kreis derer belohnt wurde, die Befehlsgewalt über Sklaven ausüben dürfen? Es scheint daher nicht übertrieben zu behaupten, dass sich in Gustavs glückliche Vision künftiger Konvivenz ein kolonialer Geburtsfehler eingeschlichen hat, der die Mulattin Toni noch in der Schweiz mit jenen Asymmetrien konfrontiert, die sie am liebsten doch gänzlich hinter sich gelassen hätte, aber doch nicht hinter sich lassen kann.

Gleichwohl ist Gustavs schweizerische Idylle das Gegenbild zu einer kolonialen Gesellschaft, deren Kollaps zuvor schon in ein gewalttätiges, nicht stillzustellendes, da sich zerstückelndes Körperbild[105] übersetzt worden war: „Ist es nicht", so hatte Babekan gesagt, „als ob die Hände Eines Körpers, oder die Zähne Eines Mundes gegen einander wüthen wollten, weil das Eine Glied nicht geschaffen ist, wie das andere?"[106] In der Gesellschaft der gnadenlosen europäischen Sklavenhalter wie in der Gegen-Gesellschaft einer Haitianischen Revolution, welche die Polung einer von Rassenhierarchien geprägten Gemeinschaft nur umkehrt, stehen sich in Kleists Erzählung in spiegelsymmetrischer Ausschließlichkeit Mechanismen der Exklusion blutrünstig gegenüber, die auch den eigenen Körper im Bild des in sich selbst zerbissenen und zerrissenen Leibes nicht verschonen. Die Metaphorologien der körperlichen Selbstzerfleischung entwerfen ein anschauliches, plastisches Bild von den Zerstörungs- und Selbstzerstörungskräften der Revolution.

Gegen alle Schreckensbilder setzt Gustav von der Ried – der nicht umsonst mit Herrn von Villeneuve (aber auch mit Kleist) den Adelstitel teilt – die schweizerische Vision einer Inklusion, die in besonderer Weise den Einschluss der schönen Mulattin in den Kreis der Familie vornimmt. Damit wird eine die Rassenschranken transgredierende Verbindung zwischen dem weißen Offizier und der hellhäutigen Mulattin konkret vorstellbar, so dass sich an dieser Stelle der Erzählung, nach der sexuellen Vereinigung von Toni und Gustav, ein alternatives Modell für ein Zusammenleben zwischen verschiedenen ethnischen Gruppen abzuzeichnen beginnt. Dies ist das eigentlich aufleuchtende Versprechen der *Verlobung* – wenn auch nicht Hochzeit – in St. Domingo. Denn zu einer ehelichen Verbindung wird es niemals kommen.

---

105 Vgl. zum zerstückelten Körper bei Kleist die Überlegungen in Jauß, Hans Robert: Befragung des Mythos und Behauptung der Identität in der Geschichte des „Amphitryon". In (ders.): *Ästhetische Erfahrung und literarische Hermeneutik*. Frankfurt am Main: Suhrkamp 1982, S. 534–584.
106 Kleist, Heinrich von: *Die Verlobung in St. Domingo*, S. 19.

Gewiss ist dieses die Rassenschranken ignorierende Modell in eine ferne Schweiz verlegt, in der die Felder, Gärten, Wiesen und Weinberge eine Landschaft der Theorie entwerfen, in der im Zeichen allgemeiner Fruchtbarkeit die Gegensätze nicht länger unvermittelt aufeinanderprallen, sondern lieblich ausgeglichen werden. Die Landschaft gibt diese Ziel- und Wunschvorstellung in ihrer Anlage selbst kund. Konvivenz zwischen verschiedenen Geschlechtern und Ethnien, unterschiedlichen Kulturen und Klassen wird vorstellbar, auch wenn Kleists Erzählung am Beispiel der Haitianischen Revolution vorführt, wie weit der Weg bis zur Verwirklichung einer derartigen Vorstellung friedlichen Zusammenlebens – und sei es noch so patriarchalisch eingefärbt – noch immer ist. Die Liebe bildet hier gewiss ein stets prekäres Bewegungsmittel, kann sie doch auch bei Missverständnissen in Hass umschlagen, der sich – wie Kleist in seiner Erzählung eindrucksvoll vorführt – ebenso zerstörerisch wie selbstzerstörerisch auswirkt. Und doch: Es zeichnet sich zwischen beiden Liebenden eine Verlobung ab, die für die Zukunft nicht nur Glück, sondern gelebte Konvivenz verspricht.

Das in *Die Verlobung in St. Domingo* polylogisch entfaltete ZusammenLebens-Wissen[107] entwirft ein hintergründiges, gewiss auch tragisch eingefärbtes Bild von Konvivenz auf individueller wie kollektiver Ebene. Es geht in diesem Prosastück um die Möglichkeiten wie die Grenzen des Zusammenlebens in einer vom europäischen Kolonialismus noch immer geprägten Welt. Dabei ist es faszinierend zu sehen, wie Heinrich von Kleist die Modernität seines Blickes nicht nur – wie die meisten seiner deutschen Zeitgenossen – mit einem kritischen Rückblick auf die europäische Doppelrevolution schärft und historisch auflädt. Er beschränkt sich nicht auf die Einbeziehung von Reflexen der von Frankreich ausgehenden politischen und der von England ausgehenden industriellen Revolution, sondern bietet seinen Lesern eine welthistorische Dimension, indem er die Haitianische Revolution im Kreuzungspunkt verschiedenster Diskurse zum Reflexionsort seiner verzweifelten Liebesgeschichte macht. Allein schon der Schritt aus Europa heraus hin zur Kulisse der Haitianischen Revolution ist ein gewagter, unter mancherlei Gesichtspunkten sogar revolutionärer Schritt. Bringt nicht die Antriebskraft der Liebe all jene widersprüchlichen Faktoren zum Vorschein, die von entscheidender Bedeutung sind für ein Zusammenleben im weltweiten Maßstab, eine Konvivenz, die sich gerade nicht auf eine Schweizer Idylle beschränkt wissen will?

Die Vergangenheit der Tyrannei einer erbarmungslosen Plantagenwirtschaft wie die Gegenwart einer gewaltsamen, grausamen Befreiung ihrer Opfer hält beide Liebende fest in ihren Krallen. Gustav macht gegenüber Toni deutlich, dass

---

107 Zu diesem Konzept vgl. Ette, Ottmar: *ZusammenLebensWissen. List, Last und Lust literarischer Konvivenz im globalen Maßstab (ÜberLebenswissen III)*. Berlin: Kulturverlag Kadmos 2010.

er das „allgemeine Verhältniß" der Weißen zu den Schwarzen – womit er euphemistisch die Sklaverei bezeichnet – nicht vorbehaltlos „in Schutz zu nehmen" gewillt ist.[108] Doch seien Missetaten „vielfacher und tadelswürdiger Mißhandlungen" nur „von einigen schlechten Mitgliedern" der Zuckeroligarchie begangen worden,[109] so dass all dies den „Wahnsinn der Freiheit" und die Racheaktionen der Schwarzen an den Weißen für deren „schon seit vielen Jahrhunderten" bestehendes System[110] nicht rechtfertigen könne. Wie hätten die Sklaven, wie hätte eine Babekan, die nicht nur vom Vater ihrer Tochter verleugnet, sondern auch von Herrn von Villeneuve misshandelt und ausgepeitscht wurde,[111] einer derartigen Einschätzung zustimmen sollen?

In der Erzählung werden unter der Stimme des Erzählers viele unterschiedliche Diskurse hörbar, so dass man im Sinne des russischen Literaturtheoretikers Michail M. Bachtin[112] sicherlich von einem Kosmos der Redevielfalt sprechen kann, der auf die Herausforderungen der zweiten Phase beschleunigter Globalisierung höchst sensibel reagiert. Heinrich von Kleist ist es in *Die Verlobung in St. Domingo* gelungen, aus dieser Rede- und Stimmenvielfalt einen literarischen Erprobungsraum zu modellieren, in dessen Mittelpunkt es um die Frage nach den Chancen, aber auch den Risiken und Gefahren künftigen Zusammenlebens im weltweiten Maßstab geht.

Heinrich von Kleists Erzählung entfaltet so ein breit angelegtes ZusammenLebensWissen, das von keiner einzelnen Erzählerstimme in seiner Bedeutungsvielfalt begrenzt oder beschnitten werden kann. Die *polylogische*, vielen verschiedenen Logiken zugleich verpflichtete erzählerische Strukturierung führt die unterschiedlichen und gegenläufigen Perspektiven vor, die im Brennspiegel der Haitianischen Revolution gewaltsam aufeinanderprallen. Nicht nur für Humboldt, sondern auch für Kleist wird Haiti zur Herausforderung, ja zum Paradigma, an dem sich Zukunft im globalen Kontext nicht nur abschätzen, sondern auch narrativ erproben lässt. Wie stark und zerstörerisch dieser Zusammenprall in der zweiten Hälfte der Erzählung auch immer sein mag: Er vermag nicht zu verdecken, was man die prospektive, auf künftige Konvivenz gerichtete Dimension der Kleist'schen Erzählung nennen muss. Die kommende Katastrophe löscht das Bild künftiger Konvivenz nicht aus.

---

108 Kleist, Heinrich von: *Dioe Verlobung in St. Domingo*, S. 31.
109 Ebda.
110 Ebda.
111 Ebda., S. 29.
112 Vgl. Bachtin, Michail M.: Das Wort im Roman. In (ders.): *Die Ästhetik des Wortes*. Herausgegeben von Rainer Grübel. Frankfurt am Main: Suhrkamp 1979, S. 154–300.

Erscheint die schöne Mulattin am Ende der ersten und einzigen Liebesnacht „wie eine Leblose"[113] – ein kleiner Tod, der schon auf den großen vorausweist –, so bringt der neue Tag Babekans Plan an die Oberfläche: Sie will die Reisegesellschaft der Weißen durch Täuschung und Verstellung noch so lange festhalten, bis Congo Hoango diese weißen oder kreolischen Halbhunde, wie er sie nennt,[114] wie so viele vor ihnen ihrem verdienten Schicksal zuführen könne.[115] Das Bild der Lust wird von der lebensbedrohlichen Last, das Bild heterotoper Konvivenz von jenem topischer Konfrontation verdrängt: Alles droht, in einer einzigen großen Katastrophe zu versinken. Mit Hilfe welcher neuen List aber könnte es gelingen, eine auf Dauer gestellte Lust der Konvivenz wiederzugewinnen?

Toni begehrt augenblicklich gegen den Plan ihrer Mutter auf, durch ein System wohlkalkulierter Lügen das „Haus" – wie schon zu oft – in eine Falle, in eine „Mördergrube" zu verwandeln.[116] Ihre Liebe lässt sie erfinderisch werden. Doch Babekan verweist auf frühere Beispiele, wie man nicht nur Franzosen, sondern auch Portugiesen oder Holländer (und damit die Repräsentanten anderer europäischer Kolonialmächte) erfolgreich zur Strecke gebracht habe[117] – ganz unabhängig von einer jeweils individuellen Schuld, und ohne, dass man ihnen etwas Konkretes hätte „zur Last" legen können.[118] Doch es geht hier nicht um individuelles Verhalten, sondern um die blutige Rache an einem mörderischen System, das auf einem Gegensatz der Hautfarben beruhte. Toni aber möchte von der Mutter nicht mehr an „diese Gräuelthaten" erinnert werden, habe sie sich doch längst dagegen empört, zur Teilnahme an diesen geradezu rituell verübten Morden gezwungen zu werden.[119] So stellt sich die junge Frau schützend vor den Schweizer, schwört, lieber „zehnfachen Todes" zu sterben, als mitansehen zu müssen, wie Gustav auch nur ein Haar gekrümmt werde.[120]

Dann aber wechselt Toni ihre Taktik und greift zu einer neuen List, indem sie scheinbar auf die Vorschläge der Mutter eingeht. Babekan aber schöpft Verdacht und fragt, was Toni denn zuvor in einer einzigen Nacht bewogen habe, so grundlegend ihre Meinung zugunsten des Fremden zu ändern.[121] Denn auch für Babekan bildet diese Nacht – die Liebesnacht von Toni und Gustav – eine schwer

---

113 Kleist, Heinrich von: *Die Verlobung in St. Domingo*, S. 45.
114 Ebda., S. 21 f.
115 Ebda., S. 46.
116 Ebda., S. 47.
117 Ebda., S. 48 f.
118 Ebda., S. 49.
119 Ebda., S. 49.
120 Ebda.
121 Ebda., S. 52.

aufzulösende Ellipse. Die Tochter aber hat sich fest auf ihre List verlegt und hebt hervor, beim Anblick ihrer Mutter sei ihr erst wieder „die ganze Unmenschlichkeit der Gattung, zu der dieser Fremde gehöre", klar vor Augen getreten.[122] Denn Babekans Körper zeigt noch immer alle Zeichen ihrer durch die Kolonialherren erlittenen Misshandlungen: An ihrem geschundenen Körper werden sämtliche Gräuel eines menschenverachtenden Systems lesbar.

Die List der jungen Mulattin scheint zu gelingen, kann sie doch Babekan erst einmal ruhigstellen. Für Gustav aber wird Tonis Verhalten bald schon rätselhaft. Er vermag nicht wirklich darauf zu vertrauen, was der Erzähler weiß: Dass Toni in dem gestern noch Fremden nicht mehr nur einen bloßen Gast, sondern „ihren Verlobten und Gemahl" erblickt.[123] Doch des Erzählers Wissen ist nicht das des Schweizers: Weder versteht er noch vertraut er. Dabei ist nicht nur für Gustav, sondern auch für Toni die Verbindung nun vollzogen, ja schließt schon die Hochzeit mit dem jungen Offizier mit ein. Aus ihrer einzigen Liebesnacht ist für die junge Mulattin eine Verlobung, ja eine Vermählung geworden, so dass sie wie Mariane Congreve, die erste Braut des Schweizers, jederzeit bereit ist, ihr Leben für ihren Mann bedenkenlos zu opfern und sich hinzugeben. Gustav aber läuft gefährlich in die sich abzeichnende Falle, ein weiteres Mal seine geliebte Braut für sich aufzuopfern und am Tod beider Ehefrauen schuldig zu werden. Der Tod der jungen, liebenden Frau ist ein romantischer Topos, dem wir noch häufig im Rahmen unserer Vorlesung begegnen werden.

Mit Tonis List aber wird das Bild künftiger Konvivenz vom Anderort der Schweiz in das Hier und Heute eines Zusammenlebens in der Karibik geholt, das in seiner Existenz zutiefst bedroht ist. Und dies nicht nur von außen, von all jenen Protagonisten und Gruppen, die sich auf die erbarmungslose Jagd nach Weißen gemacht haben, sondern auch vom Innern der Beziehung selbst aus. Denn Toni hat Gustav nicht in die von ihr gewählte List eingeweiht, mit der sie die schwer auf beiden lastende tödliche Gefahr in gemeinsame Lust verwandeln will. Dies ist ein folgenschwerer Fehler, denn die Asymmetrie des Wissens wird Konsequenzen haben, welche die heraufziehende Katastrophe nahezu unausweichlich werden lassen.

Erneut wird nun das Haus zur Spielfläche einer tödlichen Auseinandersetzung und übernimmt eine aktive, die Handlung vorantreibende Rolle. Dabei steht die List der Tochter gegen die List der Mutter.[124] Für ihren eigenen Plan erhofft sich Toni göttlichen Beistand, kniet sie sich doch vor dem „Bildniß der

---

122 Ebda., S. 52 f.
123 Ebda., S. 59.
124 Ebda., S. 62.

heiligen Jungfrau, das neben ihrem Bette hing", nieder[125] und fleht ihren Sohn Jesus Christus „in einem Gebet von unendlicher Inbrunst, um Muth und Standhaftigkeit an", auch um die von ihr mitbegangenen Verbrechen, „die ihren jungen Busen beschwerten", eingestehen zu können.[126] Diese Last wiegt schwer auf ihr, doch hofft sie auf Gustavs Vergebung und darauf, dass er „sie als sein treues Weib mit sich nach Europa führen möchte".[127] So verwandelt sich das Gebet an eine allgegenwärtige Transzendenz in die Hoffnung auf eine heterotopische Konvivenz, hat Gustav von der Rieds in die Schweiz projizierter Entwurf künftigen Zusammenlebens doch bei der Mulattin offenkundig eine Wirkung ausgelöst, die wohl noch größer ist als jene der sexuellen Vereinigung. Es ist die Vision einer glücklichen Zweisamkeit mit einem Weißen, jenseits aller Rassenschranken, die auf Saint-Domingue galten. Nicht die bestehende, sondern das Geloben künftiger Konvivenz bildet den Kern einer Verlobung, die einen prospektiven Akt und Pakt darstellt, der Rassenschranken zwischen gelb und weiß überwinden will.

Auch Gustav selbst scheint diesen Pakt zu leben – freilich im Traum, in dem er öfters „mit glühenden, zitternden Lippen" Tonis Namen flüstert, ohne vom Rufen des realen Mädchens zu erwachen.[128] So kann sich Toni in Gustavs Schlafgemach nicht dazu durchringen, „ihn aus den Himmeln lieblicher Einbildung in die Tiefe einer gemeinen und elenden Wirklichkeit herabzureißen"[129] – ein folgenschwerer Fehler, da der erwachte Gustav Tonis List zu spät begreifen wird. In dieser letzten Szene vor dem Sturm leben die beiden Liebenden in zwei verschiedenen Welten, im Traum und in der Wirklichkeit, im Himmel und in elender Tiefe. Im Abgrund zwischen diesen beiden Welten, aber auch zwischen den Welten Europas und des von dort kolonisierten Amerikas, werden die beiden unrettbar als Opfer und Täter, aber auch als geopferte Täter verloren gehen.

Folglich kann das Schlafgemach im Bewegungsraum des Hauses auch nicht mehr zum Erprobungsraum ihres Zusammenlebens werden: Traum und Wirklichkeit klaffen zu weit auseinander. Denn schon dringt nicht mehr nur das Mondlicht, sondern auch „der Nachtwind" durch die „geöffneten Fenster"[130] ins Innere des Hauses ein, ein Eindringen, das als Hereinbrechen bald nicht mehr nur mit dem Haar auf Gustavs Stirn, sondern mit seinem ganzen Körper wie mit dem von Toni spielen wird. Das Bett wird niemals mehr zur Spielfläche ihrer Lust, sondern

---

125 Ebda., S. 62.
126 Ebda., S. 63.
127 Ebda.
128 Ebda., S. 64.
129 Ebda.
130 Ebda.

der Fesselung: Von nun an beherrschen fremde Mächte ihre Körper und zerstören den einst weit geöffneten Spiel- und Erprobungsraum.

Nur wenige Zeilen später dringt Congo Hoango mit dem von ihm befehligten Hilfstrupp für General Dessalines in den soeben noch Schutz verheißenden Innenraum von Hof und Haus, ist das „Geräusch von Menschen, Pferden und Waffen" hörbar.[131] Zugleich wird deutlich, dass die Mutter die List ihrer Tochter erahnt und sie deshalb bei Congo Hoango schon als „Verrätherinn"[132] denunziert. Die Würfel sind gefallen: Tonis List erreicht nicht mehr die Lust, sondern bricht unter der Last kolonialer Konfrontationen zusammen.

Doch Gefahr droht auch der prekären Einheit der Liebenden selbst. Denn darüber hinaus schwebt die Tochter Babekans in der Gefahr, dass auch Gustav selbst sie fortan „für eine Verrätherinn halten" könnte, die im Einklang mit ihrer Mutter und Congo Hoango gehandelt hätte.[133] Erneut steht die junge Mulattin zwischen zwei Polen, zwischen zwei Kräftefeldern und Gefahren. Ihre durch einen Zufall glücklich eingegebene List, Gustav noch vor Congo Hoango an Händen und Füßen rasch zu fesseln, wird bei dem Schweizer Offizier die falsche Einsicht festigen, dass Toni ihn mit ihren Reizen nur ans Bett gefesselt habe, um ihn als Weißen an die Schwarzen auszuliefern. Lustvolle Konvivenz bleibt auf den Traum beschränkt: Die Wirklichkeit erfasst die Liebenden und reißt sie mit sich in den Abgrund.

Im ehemaligen Haus des Sklavenhalters, jenem Herrenhaus, in dem Congo Hoango seinem einstigen Herrn die Kugel durch den Kopf jagte, ist an ein friedliches Zusammenleben nicht einmal mehr im Traum zu denken. Das Spiel ist aus – und auch das Liebesspiel! All diese Bewegungen sind im Fraktal des nun vom ehemaligen Sklaven bewohnten Herrenhauses vektoriell gespeichert: Die Leser der Erzählung können hier all jene Bahnungen abrufen, die das Verhalten der Beteiligten mitbestimmen. Aus dem alles ergreifenden Haus mit seiner langen Geschichte der Gewalt gibt es kein Entrinnen mehr.

Projekt und Projektion der Konvivenz erweisen sich im ‚Stresstest' dieser karibischen Wirklichkeit von Saint-Domingue als Traum, der sofort in einen Albtraum umzuschlagen droht. Kleists Erzählung kostet alle Details dieses Umschlagens ästhetisch aus: Nicht nur, dass Congo Hoango, Tonis List ebenso wenig durchschauend wie Gustav von der Ried, diese als „sein liebes Mädchen" bezeichnet,[134] womit ihre Zwischenstellung zwischen schwarz und weiß noch einmal – und

---

131 Ebda., S. 64.
132 Ebda., S. 65.
133 Ebda., S. 67.
134 Ebda., S. 70.

diesmal mit Blick auf die von ihr ausgelösten Gefühlsbewegungen – hervorgehoben wird. Die Tochter Babekans wird vielmehr hart von jenen Blicken getroffen, die der noch immer ans Bett gefesselte Gustav ihr „voll Verachtung" zugeworfen hatte und die ihr sogleich „wie Messerstiche, durchs Herz gegangen" waren.[135] Sie fühlt zurecht, wie statt der Konvivenz die Katastrophe ständig näherkommt.[136] Doch anders als Gustav ist sie in ihrem Handeln nicht gelähmt.

Denn es gelingt ihr, Strömli und seine Gemeinschaft weißer Flüchtlinge vor der Falle, der Mördergrube zu warnen, in die sich das Haus des Guillaume von Villeneuve wieder verwandelt hat. Toni ist ganz in die Rolle von Gustavs erster Braut geschlüpft und frohlockt „bei dem Gedanken, in dieser zu seiner Rettung angeordneten Unternehmung zu sterben".[137] Denn Konvivenz erscheint zunehmend weder an diesem Ort, der Insel Hispaniola, noch am anderen Ort, der Insel an der Aare, sondern nur noch in einer Transzendenz realisierbar, so dass der kleine Tod geschlechtlicher Vereinigung nur noch im großen Tod gemeinsam durcherlebt werden kann. Aus dieser stringent durchgehaltenen narrativen Logik schöpft die Erzählung ihre Kraft, ja die Gewalt eines mitreißenden Erzählens.

Ein letztes Mal keimt Hoffnung auf, als es Toni gelingt, Strömli und seine Gemeinschaft vor der Gefahr zu warnen und dazu zu bringen, zur Rettung von „Vetter August" zu den Waffen zu greifen und zum Haus zu eilen.[138] Die oft debattierte[139] Verdoppelung von Gustavs Namen in August zeigt dasselbe Oszillieren zwischen zwei Namensgebungen an, das sich bereits im Titelfraktal ausmachen ließ. Der hybriden Zweiteilung der Insel entspricht die Zweiteilung eines Menschen, der Toni – aber auch dem Leser – während dieser Phase höchster Anspannung und Gefahr in anderer, in seinem Lebenswissen zutiefst verwirrter Form entgegentreten wird.

Denn war Gustav trotz anfänglichen Zögerns Toni zugetan und zu ihrem Bräutigam geworden, so wird er sich nun als dummer, Tonis List nie wirklich durchschauender August aufführen, auch wenn er noch immer mit Gustav das etymologisch auf das Lateinische zurückgehende und damit das Französische und

---

135 Ebda., S. 72.
136 Vgl. zur Konstellation von Konvivenz und Katastrophe auch den Band von Ette, Ottmar / Kasper, Judith (Hg.): *Unfälle der Sprache. Literarische und philologische Erkundungen der Katastrophe*. Wien – Berlin: Verlag Turia + Kant 2014.
137 Kleist, Heinrich von: *Die Verlobung in St. Domingo*, S. 73.
138 Ebda., S. 76.
139 Vgl. hierzu etwa Loster-Schneider, Gudrun: Toni, Babekan und Homi Bhabha? Zu Problemen kultureller und ästhetischer Hybridisierung in Heinrich von Kleists „Die Verlobung in St. Domingo", S. 245 f.

Spanische zusammenführende Lexem „gust" teilt. Dieses verweist nicht zuletzt auf das Gefallen, auf den Geschmack, das sinnliche und ästhetische Erleben, das *Gust*av/Au*gust* immer noch mit der bildschönen Mulattin verbindet. Doch rückt es in der Verdoppelung des Namens von der mit Majuskel geschriebenen Anfangsposition in eine mit Minuskel versehene Endposition, was auf grundlegende Umbesetzungen, ja eine gewisse Verkehrung aufmerksam macht. Der Traum von Konvivenz schlägt bald schon in die Katastrophe um. Hätte Gustav sie abwenden können, wäre er am Morgen seines Todes Gustav geblieben?

Die Eroberung und Besetzung des Hauses durch Strömlis kleine Truppe geht rasch vonstatten und hebt die Auseinandersetzung zwischen Schwarzen und Weißen im Mikrokosmos des Hauses von der individuellen auf die kollektive Ebene: Es ist der Kampf unauflösbar miteinander verfeindeter Gemeinschaften, in dem es die Seiten zu wählen gilt, da es keine Zwischentöne mehr gibt. Daher bezeichnet sich Toni gegenüber ihrer Mutter, von der sie als „Niederträchtige und Verrätherinn" beschimpft wird, wie in einem Akt der Selbstenttarnung als eine Weiße, die mit dem jungen Schweizer „verlobt" sei:[140] „ich gehöre zu dem Geschlecht derer, mit denen ihr im offenen Kriege liegt, und werde vor Gott, dass ich mich auf ihre Seite stellte, zu verantworten wissen".[141] Es ist ein letztes verzweifeltes Lossagen von der Mutter, der eigenen Herkunft, um noch einmal neue Zukunft zu gewinnen.

Zu der bereits figural in den Gestalten der schwarzen Sklavin und der weißen Braut Mariane vorgezeichneten Katastrophe kommt es, als „Vetter August"[142] – wie er von den Protagonisten, aber auch vom Erzähler selbst nun immer wieder genannt wird – nach seiner Befreiung erstmals wieder Toni erblickt und „bei diesem Anblick die Farbe" wechselt.[143] Nur wenige Sekunden später wird der von Strömli und seinen Söhnen als „ungeheurer Mensch" (und damit als Zwitterwesen[144] zwischen Ungeheuer und Mensch) bezeichnete August „knirschend vor Wuth" die schöne Mulattin durch einen Pistolenschuss „mitten durch die Brust" töten.[145] Zu spät erfährt August von seinen Reisegefährten, dass die junge Mulattin bereit gewesen wäre, „mit ihm, dem sie Alles, Eltern und Eigenthum, aufgeopfert, nach Port au Prince zu entfliehen".[146] Hätte August ihre List begriffen, mit der sie

---
140 Kleist, Heinrich von: *Die Verlobung in St. Domingo*, S. 81.
141 Ebda., S. 81 f.
142 Ebda., S. 83.
143 Ebda., S. 84.
144 Auf die Wichtigkeit von Zwitterwesen macht u. a. aufmerksam Blamberger, Günter: *Heinrich von Kleist. Biographie*. Frankfurt am Main: S. Fischer 2011, S. 434.
145 Kleist, Heinrich von: *Die Verlobung in St. Domingo*, S. 84.
146 Ebda., S. 85.

sich von ihrer Last, von ihrer Schuld am Tode anderer befreien wollte, so wäre es zwar nicht in der Karibik, wohl aber andernorts sehr wohl möglich geworden, den Traum von Konvivenz zumindest im fernen Europa in die Tat umzusetzen: Die Verlobung wäre zu einer Verheiratung geworden. Das Paradies war beinahe schon erreicht, doch kurz davor schlugen die Tore ein für alle Mal zu.

Der Katastrophe geht unmittelbar – wie wir gesehen haben – ein doppelter Farbenwechsel voraus. Während die Mulattin oder, wie sie mehrfach im Text ganz bewusst genannt wird, Mestize sich zur Weißen wandelt, wechselt Gustav seinen Namen nicht nur in August, sondern auch seine Farbe. Der Erzähler verrät seinen Lesern nicht, in welche Farbe der junge weiße Offizier wechselt: Ist es das Rot der Wut, das Gelb des oszillierenden ‚Dazwischen' und der Eifersucht oder das Schwarz des Todes? In jedem Falle ist der Wechsel doppelt todbringend. Denn als man ihm nun seinen alten Namen Gustav „in die Ohren" donnert[147] und sich die sterbende Toni gegen den Vorwurf des Verrats verwahrt, erhebt sich „Vetter Gustav"[148] wieder von seinem Bett, legt noch einmal „seine Arme um ihren Leib" und nimmt „mit jammervoll zerrissenem Herzen" ihre letzten Worte entgegen: „,du hättest mir nicht mißtrauen sollen!'".[149] Als Toni „ihre schöne Seele" aushaucht[150] und bereits „zu besseren Sternen entflohn" ist,[151] jagt sich der wieder zu Gustav Gewordene die Kugel mit einem rasch angesetzten Mundschuss „durchs Hirn".[152] Zweimal war Gustav, der dumme August, verlobt – und zweimal hat er über seine bildhübschen Bräute Verderben gebracht.

Der finale Selbstmord, in dessen literarischer Inszenierung[153] die Kleist-Forschung schon oft die Vorwegnahme des eigenen Freitods gemeinsam mit der unheilbar erkrankten Henriette Vogel am 21. November 1811 am Kleinen Wannsee sah, lässt in der Katastrophe selbst die zum Greifen nahe Möglichkeit der Konvivenz aufscheinen. Tonis und Gustavs Hände verfehlen sich ein letztes Mal, zeigen in dieser letzten Bewegung aber auf, wie nahe sie einer Vereinigung gekommen waren: Fast hätten sich beide Seiten des Atlantiks doch noch vereinigt.

---

147 Ebda.
148 Ebda., S. 86.
149 Ebda., S. 87.
150 Ebda.
151 Ebda., S. 88.
152 Ebda., S. 88.
153 Vgl. hierzu auch das Kapitel „Ökonomie und Anökonomie des Opfers – Kleists letzte Inszenierung: der Freitod am Wannsee" in Blamberger, Günter: *Heinrich von Kleist. Biographie*, S. 450–468.

Toni leiht dem Bild der schönen Seele einen schönen Körper, gewiss![154] Doch Gustav hätte diese Seele, diesen dreifach – als ‚Farbige', als Frau und als Antillanerin – diskriminierten Körper über alle Rassenschranken hinweg in eine *neue* Welt geholt, die freilich in den europäischen Kolonien der Neuen Welt noch nicht zu finden war. Doch noch im Scheitern, noch im Sterben wird die Lebbarkeit, ja das Durchleben einer solchen Konvivenz ästhetisch eindrucksvoll affirmiert. Genau in dieser nur vorübergehenden Vision wird ein semantischer Kern der gesamten Erzählung eines auf allen Ebenen gescheiterten Zusammenlebens sichtbar.

Die abschließend getroffene und auch wechselseitig eingehaltene Vereinbarung zwischen Strömli und Congo Hoango, die als Geiseln für freies Geleit genommenen Kinder des Schwarzen in „Sainte Lüze"[155] – auch dies selbstverständlich ein hybrides, gleichsam zweisprachiges Toponym – zurückzugeben, zeigt auf, wie sehr Verträge auf Vertrauensbasis möglich sind: auch dann, wenn es nur allererste Schritte auf einer kollektiven Ebene sind. Eine Ebene künftiger Verständigung jenseits des Hasses zeichnet sich ab.

Auf einer individuellen, die zentral gestellte Liebesgeschichte betreffenden Ebene öffnet sich das gescheiterte Projekt künftigen Zusammenlebens auf eine Projektion, die jenseits des irdischen Lebens ein Zusammenleben aufscheinen lässt, werden die Leichen von Toni und Gustav doch am Möwenweiher – ungeachtet ihrer unterschiedlichen Herkunft – in einem gemeinsamen Grab bestattet. Und dies erfolgt, nachdem man die Ringe an ihren Händen gewechselt hatte, sie mithin symbolisch noch *post mortem* miteinander vermählte. Die Gräber der beiden Liebenden verwandeln sich in „die Wohnungen des ewigen Friedens",[156] wobei der Ort dieses friedlichen Zusammenlebens in Differenz nun ein Anderort, eine Heterotopie ist, so dass die Konvivenz in eine Transzendenz verlagert und übersetzt wird. Doch immerhin: Die beiden Liebenden sind nun Mann und Frau!

Die Flucht nach Port-au-Prince, die Rettung (nach der Eroberung der Stadt durch Dessalines) auf die Schiffe der (logischerweise) englischen Flotte, die Überfahrt nach Europa und die Heimkehr in die Schweiz beenden wie im Zeitraffer eine in ihren narrativen Verfahren ausgeklügelte Erzählung. Diese klingt nicht in Gustavs Schweizer Idylle, wohl aber in der Familie des Herrn Strömli aus. Die letzten Worte der Erzählerfigur gelten jenem Denkmal, das der wackere Strömli „Gustav, seinem Vetter, und der Verlobten desselben, der treuen Toni", errichten

---

154 Vgl. hierzu Weigel, Sigrid: Der Körper als Kreuzpunkt von Liebesgeschichte und Rassendiskurs in Heinrich von Kleists Erzählung „Die Verlobung in St. Domingo", S. 212.
155 Kleist, Heinrich von: *Die Verlobung in St. Domingo*, S. 90.
156 Ebda.

ließ und das man „noch im Jahr 1807" auf dem Anwesen in der Schweiz habe sehen können.[157]

Dass man das Denkmal *noch* im Jahre 1807 dort finden konnte, macht angesichts der wenigen Jahre, die seit den berichteten Ereignissen vergangen sind, erzähltechnisch im Grunde wenig Sinn. Entscheidend vielmehr ist, dass diese Jahreszahl auf ein bereits genanntes Biographem, auf Heinrich von Kleists direkte Bekanntschaft als Häftling mit jener Jurafestung Forteresse de Joux verweist, deren Kerker für Toussaint-L'Ouverture zum eiskalten, unmenschlichen Grab geworden war. So wird in das Denkmal für Toni und Gustav ein nicht weniger literarisches Denkmal für eine der großen Figuren der Haitianischen Revolution eingeblendet, gleichsam die Vorwegnahme einer Gedenktafel, wie wir sie heute vor jener Festung an der Schweizer Grenze finden. Noch 1807 hätte sie dort niemand anzubringen gewagt.

Heinrich von Kleists bis heute faszinierende Erzählung *Die Verlobung in St. Domingo* entfaltet ausgehend von ihrem Titelfraktal ein vielstimmiges und mehr noch *viel-logisches* Lebenswissen. Es tritt uns dank raffinierter Erzählkunst als ein Erlebenswissen entgegentritt, welches das Überlebenswissen wie das Zusammenlebenswissen eines Zeitraums präsentiert, der in der zweiten Phase beschleunigter Globalisierung durch den Zusammenbruch eines überkommen, auf Sklaverei und damit extremer Ungleichheit und Ausbeutung beruhenden Zusammenlebens gekennzeichnet war. Dieses System wurde durch die Haitianische Revolution hinweggefegt.

Im Kollaps einer nicht mehr tragfähigen rassistischen Konvivenz entfaltet die Erzählung die Diegese einer Neuen Welt, in der sich neben den Zeichen der Zerstörung erste Anzeichen eines künftigen friedvollen Zusammenlebens andeuten beziehungsweise erkennen lassen. Hatte nicht Simón Bolívar, der selbst Anfang des Jahres 1816 auf seiner Flucht im Freiheitskampf Zuflucht in Haiti hatte suchen müssen, von der karibischen Nachbarinsel Jamaica aus in seiner berühmten *Carta de Jamaica* 1815 das intermediäre ZwischenWeltenLeben für die Neue Welt als bestimmend reklamiert? So betonte der „Libertador", sich an die Bewohner seines Amerika – die eine „kleine Menschheit" für sich darstellten – richtend, dass „wir weder Indianer noch Europäer sind, sondern eine mittlere Spezies zwischen den rechtmäßigen Eigentümern des Landes und den spanischen Usurpatoren: dass wir folglich Amerikaner von Geburt und unsere Rechte die von Europa sind".[158] Doch werden wir uns erst etwas später mit den Vertretern dieser Unabhängig-

---

157 Ebda.
158 Bolívar, Simón: *Carta de Jamaica. The Jamaica Letter. Lettre à un Habitant de la Jamaïque*. Caracas: Ediciones del Ministerio de Educación 1965, S. 69 (Übersetzung O.E.).

keitsrevolution des künftigen Lateinamerika beschäftigen und sehen, in welchem Zusammenhang diese Ereignisse mit der aufkommenden Romantik auf dem amerikanischen Kontinent stehen.

Heinrich von Kleist hat in den Figuren seiner Erzählung, besonders aber in der als Mestizin bezeichneten Mulattin Toni jenes Oszillieren zwischen verschiedenen Welten gezeichnet, das gerade für die Karibik, für jene Zone verdichtetster Globalisierung, seit dem Beginn der europäischen Kolonisierung so charakteristisch ist. Er zeichnete damit nicht zufällig jenen Bewegungsraum zwischen zwei Welten vor, in welchem sich unsere Vorlesung bereits bewegt. Aus europäischer Sicht hat dieses Oszillieren, dieses ständige Wechseln der ‚Farbe‘, seit jeher für Argwohn gesorgt. Ist Gustav nicht daran gescheitert, dass er die schöne Mulattin entweder den Schwarzen *oder* den Weißen, nicht aber einer unabschließbaren Bewegung im Zwischenraum zurechnen wollte? Scheiterte Gustav nicht an seiner Suche nach einer eindeutigen Identität für Toni, an seiner selbstgestellten Frage „Wer bist Du"?

In Tonis letzten, an ‚ihren' Gustav gerichteten Worten, in jenem „„du hättest mir nicht mißtrauen sollen!'",[159] wird sicherlich keine simplistische Moral aus der Geschichte gezogen, wohl aber jenes Lexem betont, das in der Rede von der „treuen Toni"[160] in den letzten Worten des Erzählers noch einmal widerhallt. Gewiss hat sie sich auf die Seite der Weißen geschlagen, gewiss hat sie den Weg nach Europa, wo sie gezeugt und geboren wurde,[161] gewählt, und gewiss scheint die gesamte Erzählung in der idyllischen „Gegend des Rigi"[162] zur Ruhe zu kommen. Doch die unterschiedlichen, widersprüchlichen und oft antagonistischen zeitgenössischen Diskurse, die Heinrich von Kleist in seine Erzählung einzuweben verstand, machen diese zum Erprobungsraum einer möglichen Konvivenz, in deren Scheitern ein Wissen vom künftigen Zusammenleben aufscheint – auch wenn es in seiner Erzählung selbst nach dem Tod der beiden Liebenden angesiedelt ist.

Wenn alle Literatur ein Schreiben und damit Leben nach dem Paradies ist,[163] dann ließen sich Kleists Überlegungen aus seinem berühmten Essay *Über das Marionettentheater* sehr wohl auf jene Erzählung beziehen. Diese näherte sich diegetisch mit der Haitianischen Revolution nicht nur dem zeitgenössischen Paradigma und damit der Frage nach dem Zusammenleben, sondern auch jener

---

159 Kleist, Heinrich von: *Die Verlobung in St. Domingo*, S. 87.
160 Ebda., S. 91.
161 Ebda., S. 20.
162 Ebda., S. 91.
163 Vgl. hierzu u. a. das Eröffnungskapitel in Ette, Ottmar: *Konvivenz. Literatur und Leben nach dem Paradies*.

Region an, in der Christoph Kolumbus einst das irdische Paradies vermutet hatte. Heinrich von Kleists Schreiben weiß davon, dass nach Adam und Evas Vertreibung und damit nach einer ersten Anwendung körperlicher Gewalt in der menschheitsgeschichtlichen Fiktion der *Genesis* die Rückkehr nach Eden verboten ist und für alle Zeiten als ein undurchführbares Vorhaben erscheint. Die Literatur aber hat im Sinne von Kleist noch nicht alle Hoffnung fahren lassen: „Doch das Paradies ist verriegelt und der Cherub hinter uns; wir müssen die Reise um die Welt machen und sehen, ob es vielleicht von hinten irgendwo wieder offen ist".[164] Wir werden im weiteren Verlauf unserer Vorlesung noch auf so manche literarische Ausgestaltung des Irdischen Paradieses und so manchen Paradiessucher treffen, den wir auf seiner Suche begleiten wollen.

---

164 Kleist, Heinrich von: Über das Marionettentheater. In (ders.): *Sämtliche Werke und Briefe in vier Bänden*, Bd. III, S. 559.

Chateaubriand oder die Romantik in der Neuen Welt

Wir setzen nun wieder im Bereich der französischen Literatur unsere Suche nach jenen Bildern und Projektionen fort, die von Europa aus und von europäischen Autorinnen und Autoren auf die Neue Welt projiziert wurden und jenes Amerika, das an der Schwelle zu seiner Unabhängigkeitsrevolution stand, auf intensive Weise im Zeichen der Romantik umdeuteten. Auf diese Problematiken einer Suche und der Fragen nach den Projektionen soll uns jener Mann eine Antwort geben, der wohl wie kein anderer in Frankreich stellvertretend für ein Projekt stand, das politisch der Restauration zuzurechnen ist. Auf der anderen Seite aber trieb dieser Autor jene revolutionäre Ästhetik voran und setzte sie durch, die wir unter dem Namen des „Romantisme", also der Romantik zu kennen glauben. Ich spreche vom Autor des *Génie du Christianisme*, von *Atala* und *René*, der noch in seinen Memoiren wie von der anderen Seite des Grabes her seine Zeitgenossen an dem von ihm konzipierten Weg festzuhalten gemahnte und bis zu seinem Ende eine mit der Französischen Revolution verknüpfte Moderne dezidiert ablehnte: François-René de Chateaubriand. Beschäftigen wir uns zunächst mit einigen Biographemen aus seinem ereignisreichen Leben!

François-René, Chevalier und später Vicomte de Chateaubriand wurde am 4. September 1768 in Saint-Malo geboren und starb am 4. Juli des Revolutionsjahres 1848 in Paris, übrigens in den Armen seiner treuen Freundin Juliette Récamier. Er machte sich nicht nur als einer der Begründer der Romantik in Frankreich einen Namen, sondern auch als hartnäckiger Politiker und geschickter Diplomat, der die Interessen seines Landes eisern auf allen europäischen Bühnen verteidigte, letztlich aber grummelnd und grollend aus der Politik schied.

Abb. 16: François-René de Chateaubriand (Saint-Malo, 1768 – Paris, 1848).

Als jüngstes von nicht weniger als zehn Kindern – bis heute hat der Adel eine hohe Kinderzahl als oberste Regel – wuchs Chateaubriand auf Schloss Combourg in der Bretagne und in Saint-Malo auf, von wo einige der verwegensten Seefahrer Frankreich stammen, die sogar den Malwineninseln vor der argentinischen Küste ihren Namen gaben. Die Jahre seiner Kindheit verbringt er hinter dunklen Schlossgemäuern, umgeben von einem schweigsamen Vater, einer frommen Mutter und einer träumerischen Schwester, tief von dem geprägt, was man das „mal du siècle" nennen sollte: der Melancholie. Eine Zeit, welche die Chateaubriand'sche Empfindsamkeit stark beeinflussen sollte.

Der junge Chateaubriand sollte nach dem Willen seines Vaters in die Marine eintreten, nach den Wünschen seiner Mutter hingegen Priester werden. So schwankte er – um mit Stendhal zu sprechen – zwischen Rot und Schwarz, zwischen „Le Rouge" und „Le Noir", bis er 1786 die Stelle eines Leutnants im Regiment Navarra erhielt. Er wurde, worauf seine adelige Familie ein Recht besaß, dem König vorgestellt und blieb auch später der Bourbonen-Monarchie treu. Bereits aus seinen frühen Jahren sind einige literarische Versuche bekannt; doch es sind noch die Fingerübungen des späteren großen Schriftstellers der französischen Romantik.

Hatte er anfänglich durchaus Sympathien für die Französische Revolution aufgebracht, so war er doch zunehmend enttäuscht vom Verlauf der Ereignisse und verließ 1790 seine Division. Bereits 1791 entschloss er sich zur Emigration und begab sich, versehen mit einem Empfehlungsschreiben an George Washington, auf eine lange Zeit in ihrem Verlauf umstrittene neunmonatige Reise nach Nordamerika, wobei er vor allem die damals noch französischen Gebiete am Mississippi erkundete. Das Erleben der dortigen Natur hinterließ tiefe Spuren bei diesem einfühlsamen Geist: Seine literarisch fein herausgearbeiteten Naturdarstellungen sollten noch seinen reisenden Zeitgenossen Alexander von Humboldt begeistern. Wie weit er freilich bei seiner Reise nach Westen vordrang, ist seit der Veröffentlichung seines Reiseberichts, des *Voyage en Amérique*, im Jahre 1827 eine heiß diskutierte Frage. Denn für ihn griff er auch auf andere Berichte und Quellen zurück, wobei er sich nicht scheute, unseren Bernardin de Saint-Pierre mit dessen Naturschilderungen aus dem Indischen Ozean auf die Gebiete der Neuen Welt zu übertragen.

Ab dem 2. Februar 1792 war Chateaubriand wieder in Le Havre, heiratete standesgemäß, schloss sich dann aber sehr bald der Armée des Princes an, beziehungsweise der Armée des Emigrés, die – zumeist aus französischen Adeligen bestehend – auf der Seite Österreichs und Preußens gegen die Französische Revolution und für die Wiedereinführung der Monarchie in Frankreich kämpfte. Doch der Kampf war vergebens: 1793 wurde Chateaubriand verwundet und ließ sich nach seiner Genesung in London nieder, wo er sich als Französischlehrer und

Übersetzer mehr schlecht als recht über Wasser hielt. Nun intensivierte er seine schriftstellerischen Aktivitäten.

Bereits 1784 bis 1790 waren seine frühen Gedichte unter dem Titel *Tableaux de la Nature* entstanden, die man – wie etwa auch *L'amour de la campagne* – mit Versidyllen im Stil von James Thomson, Salomon Gessner und Jean Regnault de Segrais verglichen hat. 1797 veröffentlichte er in der britischen Hauptstadt seinen *Essai sur les révolutions anciennes et modernes*, von dem 1826 eine überarbeitete Fassung samt einer erfundenen Begegnung mit Washington erschien. In diesem *Essai* versuchte Chateaubriand, die Ereignisse der Revolution, seine Emigration, den Tod vieler Verwandter und Freunde und den ihm nicht genehmen Lauf der Geschichte literarisch wie psychologisch zu verarbeiten. Chateaubriand verlor einen Teil seiner Familie durch die Guillotine, andere Familienmitglieder starben unter üblen Umständen an Entkräftung: Der junge Adelige ist fortan weitgehend auf sich alleine gestellt und wird zeitlebens immer wieder unter Geldnöten leiden.

Die Autoren, die Chateaubriand am meisten bewunderte, waren neben dem ‚Klassiker' Fénélon Jean-Jacques Rousseau und Bernardin de Saint-Pierre: So knüpft er an eben jene literarischen Vorläufer an, die wir in dieser Vorlesung herausgearbeitet haben. Nach seiner bewussten Hinwendung zum christlichen Glauben verband er die Vorstellungen beider Schriftsteller mit einer Apologie des Christentums,[1] die mit einer dezidiert anti-aufklärerischen Stoßrichtung schließlich 1802 in Gestalt von *Le Génie du Christianisme* erschien. Von diesem Werk gingen – nicht zuletzt unter dem Eindruck des Schicksals seiner Familie – Versuche einer Rehabilitierung des Christentums und wesentliche Impulse für eine gegen die Aufklärung gerichtete Strömung der französischen Romantik aus. Auch wenn Chateaubriand gewisse opportunistische Gründe dafür gehabt haben dürfte, sich in einer Zeit, in welcher Napoleon sich vermehrt um die Gunst der Kirche bemühte, für letztere einzusetzen, so ist die grundlegende ästhetische Aufwertung der christlichen Religion doch ein genuines politisches wie literarisches Anliegen des nach Frankreich zurückgekehrten und in den romantischen Zirkeln der französischen Hauptstadt verkehrenden Adeligen. In der Tat sollte Napoleon gegen die Aufklärung gerichtete und mit der katholischen Kirche versöhnende Tendenzen dieses Werkes fördern und dessen Verfasser anfänglich unterstützen.

Wie Bernardin de Saint-Pierre ursprünglich in seine *Etudes de la Nature* den kleinen Roman *Paul et Virginie* eingefügt hatte, so flocht auch Chateaubriand in *Le Génie du Christianisme* zwei kürzere Erzähltexte ein. Der erste wurde bereits

---

[1] Vgl. hierzu auch Grimm, Reinhold R.: Romantisches Christentum. Chateaubriands nachrevolutionäre Apologie der Revolution. In: Maurer, Karl / Wehle, Winfried (Hg.): *Romantik. Aufbruch zur Moderne*. München: Fink 1991, S. 13–72.

1801 unter dem Titel *Atala* separat gedruckt und erlebte noch im ersten Jahr fünf Auflagen. Es handelt sich um ein Werk, das zusammen mit *René* einen wahren Kultstatus in der zeitgenössischen französischen Literatur erlangte. Die weibliche Titelheldin wie der männliche Protagonist wurden zu Ikonen einer ästhetischen Selbstvergewisserung Frankreichs, die in ihrer literarischen Ausgestaltung durchaus radikal Neues, in ihrer politischen Stoßrichtung durchaus Konservatives beförderten. Diesen Fragen werden wir uns nachfolgend aber noch ausführlicher widmen, wollen aber an dieser Stelle bereits festhalten, dass ebenso *Atala* wie *René* eine große literarische Nachkommenschaft – wohlgemerkt: in beiden Welten – haben sollten.

Im Jahr 1803 wurde Chateaubriand unter Napoleon in Rom Botschaftssekretär und danach andernorts zum Botschafter ernannt. Doch zum Antritt der Stelle kam es nicht mehr: Im Jahr 1804, nach der Entführung und Erschießung des potentiellen Thronfolgers und Herzogs von Enghien, brach Chateaubriand ostentativ mit dem selbsternannten französischen Kaiser. Nur scheinbar zog er sich in der Folge in sein Privatleben zurück. 1806 unternahm er – wie nach ihm Gustave Flaubert – eine mehrmonatige, von keinem Geringeren als Edward Said als ‚orientalistisch' bezeichnete Rundreise über Italien und das damals noch besetzte Griechenland nach Palästina – wo er einigen Quellen zufolge in Jerusalem zum „Ritter vom Heiligen Grab" geschlagen wurde –, nach Nordafrika und zurück über Spanien wieder nach Frankreich. Für die Wahl der Route über die iberische Halbinsel waren wohl auch Liebesbeziehungen entscheidend, die im Umfeld des Schriftstellers immer rasch entstanden und wieder vergingen.

Erst 1811 veröffentlichte er seinen *Itinéraire de Paris à Jérusalem*, der ebenso erfolgreich war wie sein später veröffentlichter Reisebericht *Voyage en Italie*. Chateaubriand war ein hochbegabter Reiseschriftsteller, was ihn mit seinem Vorbild Bernardin de Saint-Pierre verband. Immer wieder bearbeitete er das große Thema der unglücklichen Liebe, womit er etwa in *Les aventures du dernier Abencérage* in fremdländischem Dekor die eigenen scheiternden Liebesverhältnisse verarbeitete. Vielleicht war in all diesen amourösen Wirren allein seine Freundschaft und Liebe zu Madame Récamier, mit der er auch die Liebe zur Literatur teilte, über die Jahrzehnte konstant. Seine endgültige Kanonisierung als großer Schriftsteller erlebte er 1811 durch seine Aufnahme in die „Akademie der Unsterblichen" – die Académie française – auch wenn er sich weigerte, seine von der napoleonischen Zensur verstümmelte Rede öffentlich vorzutragen.

Fassen wir das weitere Leben des arrivierten Chateaubriand in der gebotenen Kürze zusammen, so können wir in ihm einen typischen Vertreter der monarchistischen Restauration erkennen. In nachnapoleonischer Zeit wurde er 1821 Gesandter in Berlin, 1822 in London und 1828 in Rom, wo er 25 Jahre früher bereits Botschaftssekretär gewesen war. Die Monarchie dankte Chateaubriand für dessen ultraroyalistische Positionen mit zahlreichen Ehrungen und Ernennungen, auch wenn er als kurzfristiger Außenminister der Regierung von Charles X. bald wieder entlassen wurde. Nach seinem außenpolitischen Erfolg, in Spanien die liberalen Tendenzen durch eine französische Militärintervention unterdrückt zu haben, prägte er anderthalb Jahrzehnte lang das Gesicht des restaurativen Frankreich. Er war als französischer Politiker und Diplomat eine Europa neu, aber restaurativ ordnende Figur, die 1821 eine präponderante Rolle beim Kongress von Verona spielte. Er betätigte sich in dieser Zeit seltener literarisch, trat aber 1818 bis 1820 als Herausgeber der Zeitschrift *Le Conservateur* hervor und beschäftigte sich mit der Abfassung seiner Memoiren. Diese jahrzehntelange, freilich immer wieder unterbrochene Arbeit führte schließlich zur Veröffentlichung seiner *Mémoires d'outre-tombe*, die sein großes Alterswerk darstellen und ein zeitgeschichtliches Panorama des damaligen Europa bieten. Zahlreiche politische Schriften aus seiner Feder erschienen, doch können wir uns im Rahmen unserer Vorlesung damit leider nicht beschäftigen. In seinen gegenüber den Bourbonen treuen und ultraroyalistischen Auffassungen blieb sich Chateaubriand bis zum Tode selbst treu.

Anlässlich der Premiere von Victor Hugos Stück *Hernani* gratulierte er dem jungen Dichter, der nach eigener Aussage „Chateaubriand oder nichts" werden wollte, und verstand, dass nun andere Stimmen die Führung der romantischen Bewegung in Frankreich übernehmen würden. Doch sein literarisches Erbe wollte er sichern: Verschiedene Ausgaben seiner *Œuvres Complètes* erschienen. Den weiteren Entwicklungen in der europäischen Romantik stand er distanziert, bisweilen mit bissiger Kritik gegenüber. Für ihn verband sich die Idee jeglicher Kultur mit dem Christentum, jene Vorstellung, die mit *Le Génie du Christianisme* für seinen Aufstieg gesorgt hatte und an der er zeit seines Lebens festhielt. Bis zu seinem Lebensende warf er selbst konservativen Historikern, die von der Notwendigkeit der Französischen Revolution sprachen, unerschütterlich ein falsches Denken vor, war nach seinem Dafürhalten die Revolution von 1789 doch nur ein Versehen der Geschichte gewesen, das man leicht hätte ausmerzen können. Als die Julirevolution von 1830 die Bourbonen verdrängte und der sogenannte ‚Bürgerkönig' Louis-Philippe die Macht übernahm, zog sich Chateaubriand grollend aus der Politik genauso zurück, wie er dies auch aus der zeitgenössischen romantischen Bewegung tat. Doch noch war sein literarischer Nachlass nicht gesichert.

Jenseits aller anderen noch von ihm verfassten historiographischen oder literarhistorischen Schriften arbeitete er beständig an seinen *Mémoires d'outre-tombe*, deren Rechte er bereits in den dreißiger Jahren verkauft hatte und die vertragsgemäß erst nach seinem Tode erschienen. Der Verkauf dieser Rechte sicherte ihm ein auskömmliches Alter. 1842 wurde er in den von Alexander von Humboldt initiierten Orden Pour le Mérite aufgenommen, offenkundig unter Zutun des preußischen Reiseschriftstellers und Naturforschers, der Chateaubriands Schilderung der Naturszenen in jenen Jahren in seinem *Kosmos* ein literarisches Denkmal setzte. Nachdem er noch die Februarrevolution von 1848 und die Niederschlagung der Pariser Arbeiterrevolte im Juni seines letzten Sommers miterlebt hatte, verstarb der an Gicht und anderen Gebrechen erkrankte Schriftsteller am 4. Juli 1848 wohl in den Armen von Madame Récamier und wurde – seinem Wunsch entsprechend – auf der Insel Grand-Bé unweit seines Geburtsortes Saint-Malo bestattet.

Abb. 17: Grabmal von François-René de Chateaubriand, auf dem Felsen Grand Bé, Saint-Malo.

Doch gehen wir nun fast fünf Jahrzehnte an den Beginn des 19. Jahrhunderts zurück! Mit seinem Roman *Atala ou les amours de deux sauvages dans le désert* hat Chateaubriand zweifellos eines der großen, prägenden Werke der französischen Romantik beziehungsweise der Frühromantik geschaffen. Der im Jahr 1801 erstmals separat erschienene Text wurde wenige Jahre später zusammen mit *René* in Chateaubriands *Le Génie du Christianisme* integriert. Dergestalt erhielt er eine funktionale Bedeutung innerhalb dieser Religionsschrift, die sich zum einen als die Apologie des Christentums schlechthin lesen lässt, zum anderen aber auch eine Ästhetisierung des Christentums darstellt. Sie entzieht dieser Religion gerade ihre dogmatischen und kirchenrechtlichen Grundlagen und bereitet auf diese Weise einer romantischen Ästhetik den Weg. Denn es ging um Christentum oder Katholizismus nicht als theologische oder religiöse Formationen, sondern vielmehr als Kultur schaffende und gestaltende Kräfte, welche der modernen abendländischen Zivilisation als Grundlage dienten. Der Text wurde rasch nicht nur innerhalb Frankreichs, sondern – wie wir noch sehen werden – auch weit jenseits der Grenzen Europas zu einem Bezugstext, der das Lebensgefühl zumindest einer Epoche und mehrerer Generationen auf beiden Seiten des Atlantik ganz entscheidend mitprägte.

Die Geschichte ist auf Ebene der „histoire" in aller Kürze schnell erzählt. Wir hatten ja bereits gesehen, dass der junge Chateaubriand unter anderem in die Regionen am Mississippi gereist war; und in diesem tropisch untersetzten Landschaftsbereich situiert sich auch sein kurzer, aber einflussreicher Erzähltext. In seinem Aufbau knüpft er unverkennbar an die narrative Gestaltung von Bernardin de Saint-Pierres *Paul et Virginie* an. Der greise und im Übrigen blinde Indianerhäuptling Chactas – seine Blindheit gemahnt nicht von ungefähr an den greisen Ödipus – erzählt seinem Adoptivsohn René, einem jungen nach Amerika ins Exil gegangenen Franzosen (und vergessen wir nicht, dass René der zweite Vorname unseres Autors ist), seine insgesamt betrübliche Lebensgeschichte. Wir stoßen also auf dieselbe Struktur von Rahmen- und Binnenerzählung, die wir von Bernardin de Saint-Pierre her bereits kennen.

Diese Lebensgeschichte ist geprägt von seiner schicksalhaften Begegnung mit der selbstverständlich wunderschönen Atala, Tochter eines Weißen und einer Indianerin. Anders als bei Heinrich von Kleists schöner Toni handelt es sich bei ihr also um eine wirkliche Mestizin. Chactas berichtet von ihrem Kennenlernen, ihrer gemeinsamen Flucht, den unschuldig-glücklichen Tagen in den Savannen und dem jähen Ende ihres gemeinsamen Glücks und all ihrer Hoffnungen. Gewiss liebte die blonde und mit einem Kreuz geschmückte Christin Atala den ‚wilden', den Göttern seiner Hütte noch immer getreuen Chactas, doch ist sie auf Grund eines Schwures ihrer Mutter der Heiligen Jungfrau versprochen und entzieht sich schließlich der Entscheidung zwischen einem frommen, keuschen und einem natürlichen, freien Leben, indem sie in ihrer Verzweiflung Selbstmord begeht. Auch in diesem Kurzroman geht alles folglich nur über die Leiche der jungen und schönen Frau.

Ich möchte Ihnen gerne an dieser Stelle zunächst – passend zu unseren Überlegungen, die wir im Zusammenhang mit *Paul et Virginie* angestellt hatten – eine Passage vorstellen, die oftmals zum Gegenstand von Darstellungen in der Malerei geworden ist: Es handelt sich um die erste Begegnung zwischen jenen beiden „sauvages", jenen beiden ‚Wilden', die sich nun inmitten der Savannen-Wüste so herrlich finden, dass sie voneinander nicht lassen können. Es erzählt Ihnen also der greise Chactas, vermittelt durch den Zuhörer René, die Szene in einer von nomadisierenden Indianern durchzogenen, aber letztlich menschenleeren Gegend (und genau das ist mit dem französischen Wörtchen „désert" gemeint):

> In einer Nacht, in der die Muskogulgen ihr Lager am Rande eines Urwaldes platziert hatten, saß ich in der Nähe eines *Kriegsfeuers* zusammen mit dem Jäger, der mit meiner Bewachung betraut war. Plötzlich hörte ich das Rascheln eines Kleidungsstückes auf dem Gras, und eine halb verschleierte Frau erschien, um sich an meine Seite zu setzen. Ein Weinen zuckte um ihre Lider; im Lichte des Feuers glänzte ein kleines goldenes Kruzifix auf ihrem Busen. Sie war sehr schön; auf ihrem Gesicht bemerkte man ich weiß nicht welche Tugendhaftigkeit und Leidenschaftlichkeit, deren Anziehungskraft unwiderstehlich war. Hinzu kamen die

Zeichen einer noch zärtlicheren Anmut; eine extreme Empfindsamkeit, die mit einer tiefen Melancholie einherging, lebte in ihren Blicken; ihr Lächeln war himmlisch.
Ich dachte, es wäre die *Jungfrau der letzten Liebe*, jene Jungfrau, die man dem Kriegsgefangenen schickt, um noch sein Grab zu verschönen.[2]

Abb. 18: „Die Begegnung mit Atala", Gravur von Gustave Doré, 1863.

In diesem literarischen Portrait der jungen Atala, die wir uns blond und barbusig vorstellen müssen, freilich mit einem großen christlichen Kreuz, das ihre Brüste gleichsam vor den Blicken der Männer schützt, stoßen wir auf eine Vielzahl von Elementen, die wir bereits zumindest ansatzweise in unserer Vorlesung kennengelernt haben. Da ist zum einen die Präsenz der unvergleichlichen Frau, die wir schon in *Paul et Virginie* in einem exotischen Ambiente kennenlernen durften, auch hier wiederum mit etwas Engelhaftem, zumindest aber Himmlischem gepaart. Wie Virginie gehört auch die blonde Mestizin Atala zum Reservoir der himmlischen, engelhaften, jungfräulichen Heldinnen, die sich letztlich den Männern immer durch ihren Tod entziehen. Sie verkörpern die Unerreichbarkeit des Liebesobjekts, ja die Unerreichbarkeit der menschlichen Liebe überhaupt. War Virginie am Ende den nassen, kalten Tod gestorben, wobei ihre heldenhafte Keuschheit sich auch als Negation gegenüber dem Leben lesen lässt, so stirbt

---

2 Chateaubriand, François-René vicomte de: *Atala; René; Les Abencérages; Suivies de Voyage en Amérique*. Paris: Librairie de Firmin Didot frères 1871, S. 30.

Atala den Freitod, der die christliche Frau nicht weniger effizient, wenn auch der katholischen Lehre nicht entsprechend, den begehrlichen Blicken – und mehr als nur diesen – der Männer entzieht.

Da ist des Weiteren das Element des Schleiers, das wir im Zusammenhang mit Jean-Jacques Rousseau bereits besprochen haben, und das hier sowohl den Blicken etwas freigibt und entblößt und zugleich doch wieder entzieht. Es ist jenes Wechselspiel zwischen der „transparence" und dem „obstacle", zwischen der Sichtbarmachung und dem Widerstand, das wir in Jean Starobinskis klassischer Studie bereits bemerken konnten.[3] Atala erweist sich in diesem Spannungsfeld als Heldin des Zwischen- oder Grenzbereichs. Und dies verwundert uns nicht, erfahren wir doch später, dass sie die Tochter eines Weißen und einer Indianerin ist, also auf halbem Wege zwischen Europa (oder doch zumindest den Kreolen) und der amerindischen Bevölkerung steht. Wieder also handelt es sich um eine Frauengestalt, die sich in einem Zwischenbereich ansiedelt, ganz so, wie wir dies bei Toni in Kleists *Die Verlobung in St. Domingo* gesehen hatten. Ob Mulattin oder Mestizin: Stets bewegt sich die angebetete Frau in einem Spannungsfeld, das von ihrer ethnischen Herkunft nur angedeutet wird und weit über die (rassistische) Frage nach der Hautfarbe hinausgeht.

Es kommen aber auch eine Reihe neuer Elemente hinzu, von denen das eine – die Melancholie nämlich – bereits massiv in *Paul et Virginie* vorhanden gewesen war, ohne dass wir uns darum besonders sorgfältig und aufmerksam gekümmert hätten. In der angeführten Passage aber erscheint es sogleich an die Schönheit und vielleicht mehr noch an die Gestalt der Frau gekettet, auch wenn die Melancholie – wie wir später noch sehen werden – sehr wohl auch Besitz vom Manne ergreifen kann. Und doch ist sie in grundlegender Weise mit der Frau, dem weiblichen Körper, mit einer weiblichen De-Pression verbunden, ein Tatbestand, den Julia Kristeva in *Soleil noir* sehr schön mehrfach herausgearbeitet hat.[4] Doch wir werden später zu diesem berüchtigten „mal du siècle" vorstoßen und ihm ein eigenes Kapitel widmen.

Lassen Sie mich an dieser Stelle zumindest einen kurzen Blick auf den sogenannten Prolog, den ersten Teil von *Atala* werfen! Er beginnt mit Worten und Wendungen, die wir so oder ähnlich auch in der zeitgenössischen Reiseliteratur wie auch in geographischen Abhandlungen über ferne Länder finden könnten. Die Rede ist bald vom Mississippi, der das beherrschende Landschaftselement dieser exotischen subtropischen Welt darstellt:

---

3 Vgl. Starobinski, Jean: *Jean-Jacques Rousseau. La transparence et l'obstacle. Suivi de Sept Essais sur Rousseau*. Paris: Gallimard 1971.
4 Vgl. Kristeva, Julia: *Soleil noir. Dépression et mélancolie*. Paris: Gallimard 1987.

> Frankreich besaß dereinst in Nordamerika ein weites Reich, das sich von Labrador bis hinunter nach Florida und von den Küsten des Atlantiks bis hinüber zu den entferntesten Seen des oberen Kanada erstreckte.
> Vier große Ströme, die ihre Quellen in den selbigen Bergen hatten, teilten diese unermesslichen Regionen auf [...].
> Dieser letztgenannte Strom bewässert auf seinem Laufe von mehr als tausend Meilen eine wunderschöne Gegend, welche die Bewohner der Vereinigten Staaten das neue Eden nennen und welcher die Franzosen den süßen Namen Louisiana hinterlassen haben.[5]

Diese einleitende Passage ist in mehrfacher Hinsicht bemerkenswert! Denn stilistisch und inhaltlich ergibt sich eine große Nähe zu geographischen Abhandlungen, die Chateaubriand bei der Abfassung seines Bandes in der Tat auch sehr intensiv las und benutzte. Das angesprochene Zitat zelebriert die frühere Größe Frankreichs und preist im Namen Louisianas die Genealogie der französischen Könige, welche sie repräsentierten. Zugleich wird ein Aspekt des Textes hervorgehoben, den Chateaubriand in seinem Vorwort bereits ansprach, nämlich die Tatsache, dass es sich – wie er meinte – nicht um einen rein fiktionalen Text handele.

Dies ist zutreffend: *Atala* ist in der Tat eingebaut in *Le Génie du Christianisme* und damit in einen nicht-fiktionalen Text. So erklärt sich auch der nichtfiktionale Beginn, der gleichsam – um die Begriffe Gérard Genettes zu verwenden[6] – wie eine Schwelle zwischen dem Bereich der Diktion und der Fiktion liegt. Darüber hinaus wird natürlich auch auf die Bezüglichkeit des nachfolgenden fiktionalen auf den vorangehenden diktionalen Text aufmerksam gemacht und so zugleich nahegelegt, dass *Atala* gleichsam mit fiktionalen Mitteln jene Thesen erläutern wolle, welche im diktionalen Text langatmig entwickelt wurden. Die Fiktion erlaubt eine gewisse Verdichtung, durchaus im Sinne einer Dichtung, insofern sie unterschiedlichste diskursive Elemente zusammenführt und zusammenrafft. Gleichzeitig gibt sie selbstverständlich die Möglichkeit an die Hand, gleichsam die irrationalen Restbestände, die in einer diskursiven Textsorte nicht so leicht thematisiert und noch weniger angesprochen oder bearbeitet werden können, für die Leserschaft so aufzuarbeiten, dass hierdurch eine Arbeit an den Affekten geleistet werden kann.

Dass der auf den ersten Blick diktionale Beginn von *Atala* es aber durchaus faustdick hinter den Ohren hat, zeigt sich schon am kleinen, leicht zu übersehenden Textelement der vier Ströme. Denn dieses ist keineswegs „gratuit", sondern bezieht sich auf eine biblische Vorstellung, die selbstverständlich schon

---

5 Chateaubriand: *Atala*, S. 19 f.
6 Vgl. Genette, Gérard: *Seuils*. Paris: Sueil 1987; sowie ders.: *Fiction et diction*. Paris: Seuil 1991.

Christoph Kolumbus geläufig war. Denn vier Ströme bewässerten das Irdische Paradies, und einen dieser vier Ströme glaubte der Genuese vor der Mündung des gewaltigen Orinoco erreicht zu haben.

Mit dieser unscheinbaren Wendung knüpft Chateaubriand sehr bewusst an die biblische Vorstellung, aber auch an Kolumbus und dessen Entdeckertradition an. Die zitierte Passage führt mithin zum einen die Dimension des Irdischen Paradieses als textuelles und interpretatives Element ein, das in der Folge entwickelt wird; zum anderen ergibt sich eine autobiographische Dimension, insoweit Chateaubriand – der reale Autor wohlgemerkt – ja in der Tat für sich in Anspruch nahm, eine wirkliche Entdeckerfigur zu sein. Noch in seinem Vorwort zu *Atala* machte er darauf aufmerksam, für Frankreich nach Amerika gereist zu sein, um die berühmte Nordwestpassage zu finden, jene Durchfahrt also, nach der die Spanier seit dem Ausgang des 15. Jahrhunderts – so etwa auch Kolumbus – gesucht hatten. Diese noch bis in die erste Hälfte des 19. Jahrhunderts hinein von den Europäern gesuchte Nordwest-Passage sollte es deren Händlern und Kaufleuten erlauben, den Umweg über die zeitraubende Umschiffung von Kap Hoorn, dem „Cabo de Hornos", einzusparen und den Weg nach Asien, zu den Gewürzinseln und den Reichtümern des asiatischen Kontinents samt seinen Inselwelten schneller zu finden.

François-René de Chateaubriand sah sich als Entdecker in einer langen Tradition. Noch in der zweiten Hälfte des 18. Jahrhunderts hatten zahlreiche Expeditionen, darunter die des Engländers James Cook und so viele andere französische Entdecker wie Louis-Antoine de Bougainville nach dieser Nordwestpassage, von deren Existenz man lange überzeugt war, fieberhaft gesucht. Man vermutete sie nicht zuletzt im Bereich der großen Flüsse sowie der Großen Seen des Nordens, also entlang des Sankt-Lorenz-Stroms und der Great Lakes. Auch auf der pazifischen Seite glaubte man mehrere Buchten gefunden zu haben, die ins Innere des Kontinents führten und eine solche Durchfahrt noch immer als möglich erscheinen ließen. In dieser historischen Konstellation wollte Chateaubriand nach eigener Aussage zu einem neuen Kolumbus werden, zu jener großen Figur des europäischen Entdeckers, zu welcher er freilich in einem geographisch-topographischen Sinne niemals geworden ist. Seine Berühmtheit sollte sich auf andere Gebiete erstrecken.

Zugleich verbindet sich mit diesen Äußerungen zu Beginn von Chateaubriands *Atala* ein wehmütiger, fast nostalgischer Rückblick in die Vergangenheit des einstmals gewaltigen Kolonialreichs in Amerika, das die Franzosen freilich zu großen Teilen in den fünfziger Jahren des 18. Jahrhunderts verloren. Es sind diese ruhmreichen Zeiten, an die hier appelliert wird, in denen Frankreich als europäische Kolonial- und Seemacht England noch Paroli bieten konnte. Gleichzeitig handelt es sich um eine Erinnerung des Royalisten und Monarchisten Chateaubriand an jene süße Epoche, als man ein französisches Kolonialland noch als „Louisiane" benennen und bezeichnen durfte – dies war jedoch einstweilen verlorene nationale Größe. Doch träumte schon der junge Chateaubriand davon, der ‚Grande Nation' wieder zu ihrer einstigen Macht zu verhelfen. Nicht umsonst ging er später mit diesen Vorsätzen in die Politik, im Grunde zeitgleich zur Veröffentlichung von *Atala*, nach seiner Rückkehr aus dem britischen Exil und den harten Jahren des Sich-Durchschlagens in London. Und diese Jahre schienen ihn nur stärker gemacht zu haben.

All diese Hintergründe und Zusammenhänge lassen es uns als verständlich erscheinen, dass Chateaubriand in seinem Text von Beginn an einen kolonialeuropäischen Blick, eine eurozentrische Perspektive einnahm, welche selbstverständlich auch seinem gesamten *Génie du Christianisme* die Prägung gab. Denn an der kulturellen Superiorität des Abendlandes war für ihn kein Zweifel möglich: Der junge Schriftsteller, der in den Jahren der Französischen Revolution viele Familienangehörige verloren hatte, betonte die historische und ästhetische Überlegenheit des Christentums, in welchem er die tragende und zentrale Säule der führenden europäischen Gesellschaften und insbesondere Frankreichs erkannte. Diese kulturelle Dominanz galt es wieder weltweit durchzusetzen.

So handelt es sich folglich um einen europäischen Blick auf die Neue Welt, der auf diesen Seiten unverblümt zum Ausdruck kommt. Zugleich war es ein Blick, der laut eines von Chateaubriand später verfassten Vorworts durch die Bewohner der USA selbst bestätigt werde, denn sie hätten von Beginn an *Atala* einen großen Verkaufserfolg beschert. Wer würde schon einen Text über sein eigenes Land kaufen, in dem dieses nicht zutreffend beschrieben worden wäre? Es ist also ein europäischer Blick, der auf seinem Wahrheitscharakter durch die Rückversicherung mit den des Lesens kundigen Bewohnern der Vereinigten Staaten von Amerika vertraut.

Ich möchte es noch einmal betonen: Die narrative Struktur des kurzen Erzähltextes ist ebenso wie dessen Einbettung in einen diktionalen Kontext sehr eng am Vorbild Bernardin de Saint-Pierres orientiert, dessen *Paul et Virginie* sich zum damaligen Zeitpunkt glänzender Neuausgaben erfreute. Diese Engführung war den Zeitgenossen Chateaubriands durchaus nicht verborgen geblieben. So konnte es auch nicht verwundern, wenn sich Chateaubriand bei aller Bewunderung später zum Teil allzu spektakulär von seinem Vorgänger absetzen und ihn für einen wahrhaft durchschnittlichen Geist erklären zu müssen glaubte. Tatsache aber bleibt, dass Bernardin de Saint-Pierre – und insbesondere seine präromantischen Protagonisten in *Paul et Virginie*, für die Konzeption wie die Abfassung von Chateaubriands *Atala* von entscheidender Bedeutung waren.

Auf diese intertextuelle Beziehung verweist neben vielen anderen Struktur- und Textelementen bereits der Untertitel des Kurzromans, *Atala ou les amours de deux sauvages dans le désert*. Nicht nur die kotextuelle, also die im selben Band publizierte Einbettung sowie der Paratext, sondern auch die bewusst gewählte Erzählstruktur von *Atala* ist eng an *Paul et Virginie* und dessen fiktionales Erfolgsmodell angelehnt. Wir haben es, wie bereits erwähnt, mit einer Binnenerzählung und einer Rahmenerzählung zu tun, wobei diese Rahmenerzählung offenkundig ihrerseits noch einmal gerahmt wird durch eine zusätzliche Zeit- und Raumebene, eine zusätzliche Diegese also, welche auch die zeitliche Verbindung mit der Epoche der Niederschrift des Romans herstellt. Denn wie bei *Paul et Virginie* kommt ein Greis vor, der eine Figur der Binnenerzählung darstellt; im Unterschied zum Greis Bernardin de Saint-Pierres freilich ist Chateaubriands alter, gebrochener Mann neben der schönen Atala die eigentliche Hauptfigur des gesamten Romans.

Anders als bei Bernardin ist er zudem blind, damit also an die Figur des blinden Sehers bei Homer angelehnt. An Anspielungen auf antike Vorbilder mangelt es in der Tat bei Chateaubriand nicht und wir treffen auf viele Topoi der „Belles-Lettres": Auch bei Chateaubriand ist das Auge zum Hort der Tränen geworden, auch bei ihm dienen die Augen nicht vorrangig zum Sehen. Vielmehr drehen sie die Informationsrichtung um: Sie geben Aufschluss über das Innere des weinenden Menschen, sind gleichsam die Fenster zu dessen Seele. Der alte Chactas also erzählt sein Leben einem Franzosen namens René, dessen eigene Lebensgeschichte Chateaubriand in einem nicht weniger berühmten Text unter dem Titel *René* im Zeichen der Melancholie abgehandelt hat.

Chactas ist zum Zeitpunkt seines Erzählens bereits recht alt, und man könnte erschließen, dass er etwa um 1653 geboren sein dürfte. Das Treffen mit dem jüngeren René könnte also im dritten oder vierten Jahrzehnt des 18. Jahrhunderts stattgefunden haben, Chactas wie René sind zum Zeitpunkt der Veröffentlichung des Romans also längst tot. In diesem zeitlich mehrschichtigen Zusammenhang tritt ganz am Ende des Textes ein Ich auf, das von einem umherirrenden Indianerstamm diese Geschichte der längst Verstorbenen gehört haben will, so dass wir im Grunde drei Zeit- und Raumebenen vor uns haben. Dabei wird auf der dritten und zeitlich letzten Ebene, die im Roman erst gegen Ende aufzutauchen beginnt, die Identifikationsmöglichkeit dieses Ich mit Chateaubriand angeboten. Mit Hilfe dieses Kunstgriffs wird die gesamte Geschichte an die Amerikareise des noch jungen französischen Schriftstellers angebunden.

Damit sind die Unterschiede zu *Paul et Virginie* auf der narratologischen oder erzähltechnischen Ebene klar. Doch ähnlich wie bei Bernardin de Saint-Pierre haben wir es mit einer in die Kolonialgebiete verlagerten „histoire" zu tun, hier nun freilich in ein Nordamerika, in dem die Indianer nicht nur in wechselseitigem Kampfe liegen, sondern sich auch der vorrückenden Europäer und nicht zuletzt auch der christlichen Missionare zu erwehren haben. Immer stärker engt diese letztlich siegreiche Zivilisation den Bewegungsspielraum der nomadisierenden indigenen Bevölkerung ein, von der am Ende nur noch wenige isolierte Gruppen, die im Text als „Horden" erscheinen, übrig bleiben. Es ist, wenn Sie mir diese Bemerkung gestatten, nur noch ein kleiner Schritt bis zur Reduktion der eigentlichen *amerikanischen* Urbevölkerung auf einige auch heute noch immer stärker beschnittene und eingeengte Reservate, welche ein mahnendes Beispiel für die desaströsen und anhaltenden Folgen fehlender Integration und rassistischer Segregation bestimmter Bevölkerungssegmente in den Vereinigten Staaten von Amerika darstellen. Doch zurück zu *Atala*!

Das erzählerische Zentrum des Romans wird wiederum von einer Liebesgeschichte gebildet, wobei wir nunmehr einen leibhaftigen Indianer vor uns haben, eben Chactas, der im Grunde den letzten Überlebenden eines untergegangenen Indianerstammes darstellt. Er verdankt sein Leben einem Spanier namens López, der ihn mit äußerster Fürsorge behandelte, ihn mit dem Christentum, aber auch der heidnischen Antike vertraut machte und zwar in San Agustín, dem jetzigen St. Augustin, wo Sie noch heute den berühmten Jungbrunnen, den Quell der ewigen Jugend finden. Wo einst die Spanier nach jener Quelle suchten, welche den aus ihr Trinkenden eine nach antiker Weissagung ewige Jugend verleiht, können Sie heutzutage einen etwas kitschigen Mechanismus bewundern, wo ein Indianer einem rüstigen und gerüsteten Spanier in einem Plastikbecher etwas aus diesem vermeintlichen Jungbrunnen zu trinken gibt. Doch nicht alle Indianer sind den Weißen so treu zu Diensten.

Denn der junge Chactas beschließt, weder zum Christentum überzutreten noch sich der europäischen Zivilisation anzunähern, sondern wieder in die Wälder zurückzukehren, aus denen er kam. Für dieses Leben aber ist er nicht mehr gut vorbereitet, so dass ihn – wie zu erwarten war – bald schon andere Indianer vom Stamm der Muscogulgen gefangen nehmen. Sie wollen den armen Chactas als Gefangenen einer rituellen Opferung zuführen. Vor diesem Ritual zum Wohle des siegreichen Stammes aber errettet ihn die schöne Atala, deren ersten Auftritt wir bereits gesehen haben – und es sollte nicht bei diesem einen Rettungsversuch bleiben. Nun frage ich Sie: Wären Sie Chactas und wären gerade vor dem sicheren Tod errettet, würden Sie sich da nicht auch in die himmlische Atala verlieben?

Doch Chactas war nicht mehr für das Leben in der Wildnis vorbereitet. Nach all den Jahren in der Zivilisation der Europäer kann dies nicht überraschen: Chactas ist längst zu einem kulturellen Mestizen geworden, wie wir an einer Vielzahl von Stellen im Roman bemerken. Kurz vor dessen emotionalem Höhepunkt, den wir – keine Angst! – nicht verpassen werden, enthüllt sich dem staunenden Indianer die Tatsache, dass seine von ihm angebetete Atala ihrerseits eine Mestizin ist, und dies ebenso im ethnischen wie im kulturellen Sinne. Neben ihrer genealogischen

Herkunft, über die wir schon sprachen, gilt dies vor allem für den kulturellen Bereich, wobei auf dieser Ebene deutlich das europäische Erbe dominiert. Für Chateaubriand war dieses europäische „Patrimoine" vor allem das Christentum.

Nun, wir hatten diese Zugehörigkeit zum christlichen Glauben ja bereits am Kreuz auf Atalas Brust gesehen – denn ein Kreuz in der Wildnis zu tragen ist etwas anderes als das Kreuz heute als schmückendes und glitzerndes Objekt zu nutzen. Für Atala dient dieses Zeichen nicht dazu sich aufzuhübschen. Doch die kulturelle Zugehörigkeit zum Christentum ist mit ihrem biologischen Mestizentum aufs Engste verbunden. Sie ist die Frucht eines Fehltritts, einer illegitimen und unehelichen Liebesbeziehung, weil sich ihre Mutter Simaghan einmal eine Liebschaft geleistet hatte: Sie ahnen es, just mit jenem Spanier López – die Welt ist klein –, den wir bereits als Chactas' Gönner kennenlernen durften!

Chactas erfährt von dieser Geschichte, als sich die beiden ‚Wilden' längst auf ihrer zweiten Ausreistour befinden, denn er wurde ja bekanntlich erneut gefangengenommen und sollte nun auch tatsächlich hingerichtet werden. Doch gelingt ihm dank Atalas tatkräftiger Hilfe ein zweites Mal die Flucht. Eine lange Odyssee durch den Urwald beginnt – Szenen, die ihre Wirkung auf Alexander von Humboldt nicht verfehlt haben dürften, auch mit Blick auf dessen in die dritte Ausgabe seiner *Ansichten der Natur* aufgenommenen Text von 1849, in welchem Humboldt die nächtlichen Tiergeräusche im Urwald portraitierte.[7]

Aber auch andere Schriftsteller ließen sich – wie wir noch sehen werden – von diesem Herumirren in der Wüste beeindrucken: nicht zuletzt der argentinische Romantiker Esteban Echeverría oder der Kolumbianer Jorge Isaacs, mit deren Romanen wir uns noch beschäftigen. Vielfältig sind die Rezeptionsweisen dieses Romans und variationsreich die von ihm geprägten Texte auf der europäischen wie der amerikanischen Seite des Atlantik. Doch kehren wir noch einmal kurz auf die Inhalts- und Handlungsebene von Chateaubriands *Atala* zurück!

Die beiden Verliebten irren also durch den Urwald; und just in diesen tiefen Wäldern kommt es nun – oh heilige Liebe! – zu einer Szene der (Beinahe-) Vereinigung, die weitaus weiter ging als die Liebeleien in Bernardin de Saint-Pierres *Paul et Virginie*. Ich möchte Ihnen gerne die gesamte Passage einschließlich ihres eher abrupten Endes vor Augen führen. Dazu aber müssen wir vorab schon wissen, dass Atalas Mutter aufgrund ihres Fehltritts ihre Tochter unerhörterweise schwören ließ, gleichsam ihren eigenen Fehler auszubügeln und sich niemals einem

---

7 Vgl. hierzu Ette, Ottmar: Motion, Emotion, Musik. Alexander von Humboldts experimentelle Klangtexte. In: *Colloquium Helveticum – Schweizer Hefte für Allgemeine und Vergleichende Literaturwissenschaft* (Bielefeld) 48 (2019) (Sondernummer „Musik und Emotionen in der Literatur", hg. von Corinne Fournier Kiss), S. 27–52.

Manne hinzugeben. Ein Schwur, den die liebreizende Atala allen Anfechtungen zum Trotz auch bis zu diesem Zeitpunkt der Mutter treu gehalten hatte. Nun aber kommt es zur höchsten Versuchung der hübschen Mestizin im Urwald.

Denn soeben haben Atala und Chactas zu ihrer Verblüffung festgestellt, dass sie ihr Leben gleichermaßen dem selben Mann verdanken, dem Spanier López. Und so gerät ihre Liebesbeziehung fast in eine geschwisterliche und damit zugleich auch inzestuöse Schieflage, wie sie im 19. Jahrhundert im Zeichen der Romantik besonders attraktiv werden sollte. Doch kann es in letzter Instanz nicht zum Inzest kommen, sind unsere beiden jungen ‚Wilden' doch nur auf einer übertragenen Ebene als López' Kinder anzusehen. Diese Entdeckung, die natürlich mit der Entdeckungsgeschichte des gesamten Kontinents zu tun hat, konnte jedoch ihre letzten Widerstände gegen die Realisierung einer Liebesbeziehung brechen:

> Diese brüderliche Freundschaft, welche nun hinzukam, war zu viel für unsere Herzen, verband sich doch ihre Liebe nun mit unserer Liebe. Fortan sollten die inneren Kämpfe Atalas unnütz werden: Vergeblich fühlte ich, wie sie eine Hand auf ihren Busen legte und eine außerordentliche Bewegung machte; schon hatte ich sie ergriffen, schon war ich von ihrem Atem trunken, schon hatte ich die ganze Magie der Liebe auf ihren Lippen getrunken. Ich hatte meine Augen im Lichte der Blitze zum Himmel erhoben und hielt in der Gegenwart des Ewigen Gottes meine Gattin in meinen Armen. Welch ein Brautschmuck, der unseres Unglückes und der Größe unserer Liebe würdig war: Oh großartige Urwälder, die ihr Eure Lianen und Eure Kuppeln wie die Vorhänge und den Himmel unseres Bettes bewegt, oh ihr brennenden Kiefern, die ihr die Fackeln unseres Ehevollzuges hieltet, oh über die Ufer getretener Fluss, ihr brüllenden Berge, oh schreckliche und sublime Natur, wart ihr denn nichts als die Mittel, dazu bereitet, uns zu täuschen, und konntet Ihr nicht einen einzigen Augenblick lang in Euren rätselhaften Schrecknissen das Glück eines Mannes verbergen! Atala setzte bloß noch einen schwachen Widerstand entgegen; ich berührte den Augenblick des Glückes, als plötzlich ein ungestümer Blitz, gefolgt von einem krachenden Einschlag, die Dichte der Schatten furchte, den Urwald mit Schwefelgeruch und Leuchten füllte und einen Baum zu unseren Füßen zerfetzte. Wir flohen. Oh Überraschung! ... In der nachfolgenden Stille hörten wir den Klang einer Glocke! Wir verstummten beide und lauschten diesem in der Menschenleere so seltsamen Geräusch. Augenblicklich bellt in der Ferne ein Hund; er kommt näher, vervielfacht sein Geschrei, kommt heran, zu unseren Füßen rast er vor Freude; ein alter Einsiedler, eine kleine Laterne in der Hand, folgt ihm durch die Finsternisse des Urwalds. „Gebenedeit sei die Vorsehung", rief er aus, als er uns erblickte. „Lange schon suche ich nach Euch!"[8]

Diese schöne und literarisch sehr präzise konstruierte Passage gibt im Grunde recht genau den Untertitel des Kurzromans wieder. Denn in der Tat sind die beiden ‚Wilden' und Liebenden hier im „désert", auch wenn sie mitten in einem

---

[8] Chateaubriand: *Atala*, S. 61 f.

subtropischen Urwald stehen. Denn mit „désert" ist – wie wir schon wissen – im damaligen Sprachgebrauch eine menschenleere Region gemeint und nicht notwendigerweise das, was wir unter einer Wüste verstehen. Man sollte diese „forêts" daher auch eher als eine Art Urwald bezeichnen, auch wenn wir es ‚nur' mit subtropischen Pflanzenformationen zu tun haben. Soviel vielleicht zum geographischen Setting und zur Landschaft, die sich Chateaubriand für seine Lesenden wie seine Liebenden ausgedacht hat!

Inmitten dieser Landschaft kommt es nun in der aufgeheizten und mehr oder minder tropischen Atmosphäre der Wälder zur lange sich schon andeutenden Vereinigung der beiden Liebenden, gleichsam zu einer sich vollziehenden erotischen Entladung – und deren Verhinderung in allerletzter Minute. Die Entwicklung hin zur sexuellen Vereinigung ist als körperlich-leibhaftige Entladung wahrlich eingebettet in eine tropische Seelen-Natur, welche die Atmosphäre in ungeheurem Maße erotisch auflädt, zugleich aber die Seelenzustände der beiden Liebenden spiegelt. Der Indianer Chactas kann sich jener Magie der Liebe und der Ausstrahlungskraft, die vom Körper-Leib der jungen Mestizin auf ihn ausgeht, nicht mehr entziehen: Er wird zum lustvollen Opfer dieser Sinnlichkeit und seiner Sinne.

Die von Chateaubriand so meisterhaft geschilderte Natur ist eine Natur, die folglich der erotisch aufgeladenen Stimmung zwischen beiden Liebenden entspricht. Daher wird sie zum Bett, in dem sich die Vereinigung vollziehen kann und das Jungfernhäutchen, das hier als frz. „hymen" nur im übertragenen Sinne erscheint, ins Zentrum der gesamten Szenerie gerückt. Denn Atala ist ihrem Schwure gemäß noch unberührt und jungfräulich. Doch der Vollzug einer ehelichen Vereinigung – auf frz. ebenfalls „hymen" – steht unmittelbar bevor. Daher ist auch nicht mehr von Braut, sondern von Gattin die Rede.

Die literarisch derart beschriebene Natur stellt einen Gleichklang zwischen Individuum und Umwelt her, sie ist *Korrespondenz-Natur*. Angesichts der Aktivität des Mannes, der die körperlichen Attribute der Frau gleichsam verschlingt, in sich einsaugt und sich einverleibt bis zur Trunkenheit, wird Atalas Widerstand, die den gegenüber ihrer Mutter geleisteten Schwur keineswegs vergisst, immer schwächer. Sie wird später sagen, dass sie fast schon ihre Mutter in den Abgrund gestürzt habe, der sich durch den unmenschlichen Schwur, der die eigene vermeintliche ‚Schuld' mit der Sühne der Tochter zu begleichen sucht, unter ihr auftat.

Auch die Familienbeziehungen sind aufschlussreich. Die brüderlich beobachtete Schwester, die „sœur", ist fast schon zur Gattin, zur „épouse", geworden, die mit ihrem Mann ihre Augen gen Himmel hebt, von wo aus ein deftiges Donnerwetter mit Blitzeinschlag und allem Drum und Dran herniedergeht. Das ist in der Literaturgeschichte nichts Neues, denn das Gewitter zeigt literarisch oftmals den Zeitpunkt einer körperlichen Vereinigung an, ähnlich wie etwa das Feuerwerk, das sich just in derselben Art und Weise psychoanalytisch deuten lässt. Die ganze Natur wird zu einer einzigen „couche", zu einem großen gigantischen Himmelbett einer Liebesnacht inmitten der Natur, wo sich die natürlichen Triebe der Liebe ihren Weg bahnen und – so scheint es – durch nichts aufzuhalten sind. Die Natur wird dadurch „affreuse" und „sublime" zugleich, sie ist eine widersprüchliche und schrecklich-erhabene Natur, weil sie zum einen den Liebenden ihre Freiheit gibt, sie zum anderen aber gerade gegen die Gesetze der christlichen Religion und Zivilisation verstoßen lässt. Diese Gesetze der Menschen machen die Zivilisation, die Kultur aus, und sie werden im Kontext des *Génie du Christianisme* selbstverständlich mit dem Christentum an höchster Stelle in eins gesetzt.

Auch die Verwendung der Zeiten ist in der obigen Passage sehr bemerkenswert. Denn just an dieser Stelle können Sie beobachten, wie ein *Imparfait* von einem *Passé simple* unterbrochen, überlagert, in den Hintergrund gedrängt wird; denn gerade, als die Vereinigung der beiden Liebenden unmittelbar bevorsteht, fährt von oben – wie ein Deus ex machina – ein Blitz hernieder und fällt einen der Urwaldriesen, unterbricht damit das Liebesspiel der beiden ‚Wilden'. Das Fällen und Spalten dieses Baumes, der zu Boden gestreckt wird, ist psychoanalytisch ohne weiteres deutbar als gleichsam göttliche Kastration des armen Indianers, der so kurz vor dem Genuss der Liebeswonnen gestanden hatte. Armer Chactas, wie kam der Blitz für Dich doch zur Unzeit!

In der Tat ist diese göttliche Kastration nachhaltig, denn Chactas wird sein Leben lang nicht mehr in den Genuss der Liebe kommen. Als Blinder wird er später zudem nicht mehr unter der *Concupiscencia oculorum* leiden, wird also gegen alle Begehrlichkeiten versichert sein. Wer noch daran gezweifelt hätte, dass hier ein Gott – natürlich der christliche Gott – von oben eingegriffen hat, der wird eines besseren belehrt, denn bald schon erscheint der Solitär, der christliche Einsiedler, der Mönch als christlicher Retter in höchster Not. Er ist der Vertreter der „Providence", der katholischen Vorsehung, auch wenn ihm ein Hündchen als Symbol des Gehorsams vorausgeht. Doch auch dieses freudig bellende Wesen ist keineswegs unschuldig, so wie Tiere im Text stets eine Bedeutung haben: Denn das Hündchen, das sollten wir nicht vergessen, pflegt in derlei Situationen nicht selten als Höllenhund aufzutreten. Auch davon weiß der Text, wie wir gleich sehen werden, zu berichten.

An die Stelle der Geräusche von Natur und Sinnlichkeit tritt zunächst das Schweigen, eine Stille, dann der Klang einer Glocke, des christlichen Klanges schlechthin. Hier erreichen wir die Weggabelung oder Kreuzung zwischen Natur und Kultur: Die Natur wird in ihre Schranken gewiesen, die Kultur bahnt sich ihren Weg – und dafür gilt es für die beiden ‚Wilden' einen Preis zu entrichten, der sehr hoch ist. Der grundsätzliche, die gesamte Geschichte des Abendlandes und zutiefst auch die jüdisch-christliche Welt prägende Gegensatz zwischen Natur und Kultur charakterisiert in der Folge das Zerrissen-Sein des Menschen, der zwar der Natur in gewisser Weise zugehört, sich aber gerade aus dem Naturzustand befreit, um überhaupt höherer Werte teilhaftig werden zu können.

Ich darf an dieser Stelle unserer Argumentation kurz einflechten, dass ein solcher Gegensatz durchaus kulturell bedingt ist. Es gibt Kulturen wie die altjapanische oder altchinesische, welche ihn nicht kennen und auch kein eigenes Wort etwa für „Natur" besitzen, so dass sie es später der abendländischen Kultur, den westlichen Sprachen, entlehnen mussten. Wir selbst können an unserem eigenen Körper sehen, dass sich im Menschen Natur und Kultur ohne irgendwelche Grenzziehungen überschneiden. Wenn Sie in dieser Vorlesung plötzlich Kopfweh bekommen, so könnte dies ebenso physische wie psychische, ebenso biologische wie psychosoziale Gründe haben. Sind es die Inhalte der Vorlesung oder Ihre verkrampfte Körperhaltung, die dieses Kopfweh auslösen? Ich will mich da nicht einmischen! Sie könnten, falls sich das Ganze zu einer veritablen Migräne auswächst, entweder zu einem Schulmediziner und zu einer Orthopädin oder zu einem Psychologen, vielleicht auch zu einer Psychoanalytikerin gehen, um ihren Beschwerden auf die Schliche zu kommen. Was ich Ihnen damit zeigen will, ist schlicht die simple Tatsache, dass wir als Menschen voll und ganz im Überschneidungsbereich von Kultur und Natur stehen und es *per se* keine Gründe dafür gibt, beide Bereiche – wie in unserer Religion, aber auch unseren Wissenschaften – strikt voneinander zu trennen. Wie die Geschichte der unterschiedlichsten Kulturen auf diesem Planeten zeigt, ist die Trennung der Natur von der Kultur eine rein *kulturelle* Setzung.

Dass der zivilisatorische Prozess mit dieser klaren Trennung unter starken Verlusten sowie unter großem Verzicht erkauft wurde und wird, lässt sich an dieser Stelle von Chateaubriands *Atala* hervorragend zeigen. Denn die Rettung durch das Christentum bringt nicht etwa die Glückseligkeit schlechthin, sie führt gerade nicht zu einem Glück ohne Grenzen, sondern führt einen geschichtlichen und zivilisatorischen Prozess noch einmal vor Augen, an dessen Ende sich letztlich eine zerrissene Menschheit befindet. Es handelt sich um eine Menschheit, die am Abgrund steht und in diesem zivilisatorischen Prozess vor allem mit dem eigenen Leben, dem eigenen Körper-Leib die Zeche zahlen muss. Es ist eine schöne Mär, ein hübsches Märchen, dass ein höherer Grad an Zivilisation auch höhere Grade an Glück mit sich bringt, so wie es ein Werbemärchen ist, dass mehr Konsum zu immer mehr Zufriedenheit, ja Glückseligkeit führt. Und da haben wir nun die beiden Liebenden in der Einsamkeit menschenleerer Regionen, in denen zu ihrem Unglück ein christlicher Einsiedler lebt: Die beiden liebenden ‚Wilden' oder ‚wilden' Liebenden können nicht zusammenfinden, und sie können auch nicht mehr voneinander lassen. Damit aber ist der Weg gebahnt für jene Krankheit des Jahrhunderts, eben die Melancholie, mit der wir uns noch beschäftigen wollen.

Lassen Sie mich noch kurz auf einige zusätzliche Aspekte zu sprechen kommen! Symbolträchtig ist – wie wir schon sahen – der krachende Einschlag des hell den Urwald ausleuchtenden Blitzes in das Penis-Symbol des Baumes, der dann auch sofort zu Boden fällt. Die gesamte Struktur des Textes ist erotisiert, erotisch semantisiert, so dass der ganze Wald mit seinen Bäumen, Ästen und Lianen ein erotisches Gewebe bildet, wobei gerade auch den Verbindungsstücken zwischen zwei Elementen – etwa den Lianen – eine große Bedeutung zukommt. Die Liebenden sind gleichsam eingebettet in eine Korrespondenz-Natur, sind Teil des Kosmos und einer Natur, mit der sie eins werden und in ihrer eigenen geschlechtlichen Eins-Werdung zusätzlich noch ineinander verschmelzen.

Genau dieser Verschmelzungsprozess wird durch den Blitzeinschlag gespalten; und es tritt nun der zivilisatorische Prozess mit seinen spezifischen Kosten auf den Plan. Bemerkenswert ist, dass in der oben zitierten Passage sich Atala zunächst an den Busen greift, also eigentlich an den Ort der Verlockung, aber eben noch mehr an den Ort des Kreuzes, das sie nun kaum noch aufrecht zu halten vermag. An diesem Herzpunkt treffen Natur und Kultur unmittelbar aufeinander; und zugleich ist jetzt jener der Mutter einst geleistete Schwur in Gefahr. Daher ist dem Blitzeinschlag auch ein wenig „soufre", ein wenig Schwefel beigemischt, denn um ein Haar wäre ja die junge Frau dem Teufel verfallen – der ja bekanntlich nach Schwefel riecht. Sie merken, dass von hier aus auch ein Weg zum Höllenhündchen führt, das sich freilich dann als freundliches und treues Tierchen erweist, welches innerhalb einer anderen, dominikanischen Tradition nun für Treue und Gehorsam steht. Wir wissen nicht, ob der Einsiedler und Mönch Dominikaner war, doch betrachteten sich diese „domini canes" als „Hunde des Herrn". Jedenfalls bellt das Hündchen ganz freudig, klar: Es hat zumindest eine Seele für das Christentum, wenn auch nicht für das eigene Glück gerettet!

Das Christentum ist die Leitlinie dieses Prozesses, dessen Kosten beträchtlich sind, wie wir sahen. Hier gibt es zahlreiche Berührungspunkte oder gar Parallelen mit Jean-Jacques Rousseau, vertrat dieser doch in seinem *Discours sur l'origine de l'inégalité parmi les hommes* doch die Ansicht, dass die Menschen von Geburt an gut sind und erst durch den Vergesellschaftungsprozess depraviert und zunehmend moralisch schlechter werden. Der zivilisatorische Prozess erscheint und verkörpert sich in der Figur des Einsiedlers, der im Übrigen sehr wohl weiß um dessen hohe Kosten. Dies wird sich auch in der Szene von Atalas Agonie und dem sich anschließenden Reinigungsprozess zeigen, den wir uns noch näher ansehen werden.

Ich möchte Ihnen nun nicht die verschiedenen Peripetien des weiteren Verlaufs der Geschichte erzählen, in der uns der Priester als grundguter Mensch vorgestellt wird, der es auf das Wohl und Seelenheil der Indianer abgesehen hat. Seine Aufgabe ist gleichsam zivilisatorisch: Er versucht vorübergehend erfolgreich – er wird am Ende von anderen Indianern umgebracht werden –, nomadisierende Indigene zum sesshaften Leben und zugleich zur Verehrung des Christengottes zu bringen. All dies spielt sich unweit der Ufer des Mississippi ab, in jener Region, die Chateaubriand wohl aus eigener Erfahrung kannte.

Nachdem wir im ersten Teil des Romans viel über angebliche, aber von Chateaubriand herbeigeflunkerte Sitten und Gebräuche der ‚wilden' Indianer, die Chactas töten wollten, erfahren haben – darunter übrigens auch allerlei anmutigerotische Tänze barbusiger Jungfrauen –, lernen wir im zweiten Teil einiges über das Leben der dem Christentum sich zuwendenden indianischen Stämme, die zunehmend sesshaft geworden sind. Die Darstellung dieser Entwicklungen wäre eine Reihe eigener Reflexionen wert, was hier aber unterbleiben soll, da wir nun die Situation der Liebenden mit ihrem zwischen Natur und Kultur gespaltenen Bewusstsein noch etwas näher ausleuchten sollten.

Im Grunde ist das Christentum – wie Reinhold Grimm in seiner schönen Studie zu François-René de Chateaubriand betonte[9] – zugleich der Verursacher der grundlegenden Spaltung des Menschen *und* das Heilmittel, das die Menschen letztlich wieder in einer höheren Einheit zu einem Ganzen zusammenführen soll. Das Christentum ist in diesem Sinne ein Pharmakon, ein Heilmittel, das zugleich positive und negative Wirkungen hat, so wie Sie bei jedem Medikament je nach Dosierung positive, aber auch negative Wirkungen und Nebenwirkungen in Rechnung stellen müssen. Der christliche Glaube tritt in *Le Génie du Christianisme* ungezählte Male in dieser doppelten Rolle auf; und auch in *Atala* sehen wir ihn just in dieser gesellschaftsbildenden, gesellschaftsgründenden und zugleich gesellschaftsgefährdenden sowie heilenden Funktion.

Die junge, unschuldige Atala jedenfalls weiß weder ein noch aus: Auf der einen Seite steht der christliche Schwur ihrer Mutter, verkörpert gleichsam durch das große güldene Kreuz, das ihre Brüste beschützt, und damit ein christliches Verbot. Nicht umsonst hatte es bei den beiden jungen ‚Wilden' im Paradies geheißen, dass sie angesichts des Klanges der Glocke völlig „interdits" waren. Denn die Früchte im Garten Eden sind ihnen untersagt und verboten. Auf der anderen Seite weiß Atala sich unerschütterlich in ihrer großen, wir dürfen sagen: romantischen Liebe zum jungen Indianer Chactas.

---

9 Vgl. Grimm, Reinhold R.: Wendezeiten. Revolution und Poesie: François-René de Chateaubriand. In: Plocher, Hanspeter / Kuhnle, Till R. / Malinowski, Bernadette (Hg.): *Esprit civique und Engagement. Festschrift für Henning Krauß zum 60. Geburtstag*. Tübingen: Stauffenburg Verlag 2003, S. 171–186.

So tut sie also einen Schritt mehr als Virginie und rettet sich aus diesem Dilemma, dieser verzweifelten Situation durch einen wenig christlichen Selbstmord. Zu spät erfährt sie, dass das Christentum einen Ausweg für ihre nur scheinbar ausweglose Situation geboten hätte, hört sie doch vom christlichen Einsiedler noch, dass ein Bischof sie von der Last des Schwures hätte befreien können. Dieses Wissen verstärkt noch die Tragik ihrer Lage. Denn sie hat bereits ein tödliches Gift zu sich genommen, das seine Wirkung tut: Alle Rettungsversuche kommen zu spät. Diese in der französischen Literatur berühmte Sterbeszene, die unzähligen Literaten und Künstlern später als Vorlage dienen sollte, will ich Ihnen verbunden mit der nachfolgenden Apotheose der schönen und ihrem Schwure bis in den Tod hinein treuen Mestizin nicht vorenthalten. Es ist eine längere, präzise literarisch ausgefeilte Passage:

> Kaum hat er diese Worte gesprochen, da zwingt mich eine übernatürliche Kraft, am Fuße des Bettes von Atala auf meine Knie zu fallen und den Kopf zu senken. Der Priester öffnet einen geheimen Ort, wo eine goldene Urne eingeschlossen war, welche ein seidener Schleier bedeckte; er verfällt in Ehrerbietung und tiefste Anbetung. Die Grotte schien plötzlich voller Licht zu sein; man hörte in den Lüften die Worte der Engel und das Erklingen der himmlischen Harfen; und als der Einsiedler das geheiligte Behältnis aus dem Tabernakel zog, glaubte ich, Gott selbst aus der Seite des Berges hervortreten zu sehen.
> Der Priester öffnete den Kelch; nahm zwischen beiden Fingern eine Hostie heraus, die so weiß wie der Schnee war, und näherte sich Atala, indem er mysteriöse Worte aussprach. Diese Heilige hatte in Ekstase ihre Augen zum Himmel erhoben. All ihre Schmerzen schienen aufgehoben, ihr ganzes Leben versammelte sich auf ihrem Mund; Leicht öffneten sich ihre Lippen und suchten respektvoll den in einem mystischen Brot verborgenen Gott. Hernach taucht der göttliche Greis ein wenig Baumwolle in ein geweihtes Öl und bestreicht damit die Wangen von Atala, betrachtet einen Augenblick lang das sterbende Mädchen, und plötzlich entgleiten ihm diese starken Worte: „Steigen Sie auf, oh christliche Seele: Vereinigen Sie sich wieder mit Ihrem Schöpfer!" Ich hob nun meinen niedergeschlagenen Kopf und rief beim Anblick des Behältnisses, in dem sich das heilige Öl befand, aus: „Mein Vater, wird dieses Heilmittel Atala wieder das Leben zurückgeben?" „Ja, mein Sohn", sagte der Greis, indem er in meine Arme fiel: „Das ewige Leben!" Atala hatte ihren letzten Atemzug getan!
> [...]
> Ihre Lippen waren einer Rosenknospe gleich, die nach zwei Morgen gepflückt, und schienen zu schmachten und zu lächeln. Auf ihren Wangen von strahlendem Weiß zeichneten sich einige blaue Venen ab. Ihre schönen Augen waren geschlossen, ihre kleinen Füßchen lagen nebeneinander und ihre Alabasterhände pressten ein Kruzifix aus Ebenholz auf ihr Herz; das Skapuliertuch ihrer Gelübde war an ihren Hals gerutscht. Sie schien vom Engel der Melancholie verzaubert und durch den doppelten Schlaf der Unschuld und des Grabes noch verschönt. Nichts Himmlischeres habe ich jemals gesehen. Wer auch immer nicht wüsste, dass dieses Mädchen sich einst am Lichte erfreut, hätte sie für die Statue der schlafenden Jungfräulichkeit gehalten.[10]

---

10 Chateaubriand: *Atala*, S. 94–98.

Abb. 19: „Atala au tombeau, dit aussi Funérailles d'Atala", Öl auf Leinwand von Anne-Louis Girodet de Roussy-Trioson, 1808.

An dieser literarisch ausgearbeiteten Passage sollten sich im weiteren Verlauf der Literaturgeschichte des 19. Jahrhunderts noch zahlreiche Schriftstellerinnen und Schriftsteller orientieren, die ihre Heldinnen einen romantischen Gifttod sterben lassen wollten. Der berühmteste unter ihnen war sicherlich Gustave Flaubert, der seine Emma Bovary ebenfalls einen Freitod mit Gift sterben ließ, wobei er die letzten Zuckungen seiner Heldin noch mit den letzten Segnungen der Kirche in ein ironisches Kontrastlicht setzte. Bei Chateaubriand fehlt diese ironische Beziehung allerdings auf ganzer Linie: Der Verfasser von *Le Génie du Christianisme* war auch in seinem Kurzroman bemüht, in der mit zahlreichen ästhetischen Details ausgeschmückten Szenerie die heil- und segenbringende Macht der Kirche in all ihrer Schönheit erstrahlen zu lassen.

Die bezaubernde und verzauberte Atala wird in diesem Zitat Stück für Stück stillgestellt: Aus der lebendigen jungen Frau wird so etwas wie eine Statue der Jungfräulichkeit, die in ihrer steinernen Stille verharrt. Auf der christlich-religiösen beziehungsweise ideologischen Ebene ist die Rede davon, eine Ganzheit des Menschen wie aller menschlichen Kultur durch das Christentum wiederherzustellen. Diese segensreiche Kraft sollte laut Chateaubriand vom Christentum als Weltreligion ausgehen – und zwar zum Wohle aller Menschen auf diesem Planeten. Außerdem wurde selbstverständlich von ihm das christliche Paradoxon schlechthin zentralgestellt: jenes nämlich, das den Tod zum wahren Leben erklärt und das Ewige Leben dem irdischen Leben bei weitem vorzieht. Der Indianer Chactas kann all dies in der Szenerie rund um den Tod seiner Geliebten noch nicht begreifen, zeigt in seinen Reflexionen aber, dass er es als alter Mann längst begriffen hat. Nicht umsonst wurde er in die Arme der Kirche – in Gestalt des christlichen Einsiedlers – tränenreich, aber zuversichtlich aufgenommen.

In dieser dem Sterben Atalas gewidmeten Passage wird es vorgeführt, das Ewige Leben in seinem Beginn, am Ende eines individuellen Lebens. Die Tatsache, dass Selbstmörderinnen und Selbstmörder aus dem Kreise der christlich Lebenden und Sterbenden bewusst ausgeschlossen wurden, wird hier geflissentlich übergangen, was wiederum zeigt, dass es Chateaubriand keineswegs um eine von Kirchenrecht und Dogma abgesicherte Rechtsposition ging. Dem jungen französischen Schriftsteller war es um die Schönheit, die ästhetische Dimension der letztlich zur *bild*hübschen Statue erstarrenden Frau zu tun, die nicht mehr als Individuum zählt, sondern zur skulpturalen Verkörperung christlich-weiblicher Jungfräulichkeit avanciert.

Zugleich wird eine Vielzahl weiterer christlicher und literarischer Dimensionen in diesen Tod Atalas eingeblendet, der auch in der zeitgenössischen Malerei so oft festgehalten wurde. Chateaubriand war dabei in seinen relationalen Verknüpfungen von Atalas Bild mit verschiedensten künstlerischen Traditionen nicht wählerisch. So sind etwa die Bezüge zur spanischen Mystik ganz offenkundig: Die zum Himmel erhobenen Augen machen darauf aufmerksam, dass nicht nur ein ewiges himmlisches Leben an die Stelle des irdischen Lebens rückt, sondern dass auch ein himmlischer Bräutigam an die Stelle des irdischen Bräutigams tritt. Die Aufnahme der Hostie, die Einverleibung des heiligen Leibes, deutet diese Bewegung unverkennbar an. Das Schließen der Augen – und damit rein etymologisch die Bedeutung von „Mystik" – führt diesen Transformationsprozess zu einem guten, will sagen christlichen Ende.

Dabei ist diese Liebe zum himmlischen Bräutigam, die in der Mystik stets eine wichtige, ja oftmals zentrale Rolle spielte, keine Liebe, welche die Jungfräulichkeit der Liebenden in Gefahr bringen könnte. In der späten Romantik wird sie desakralisiert und von ihren christlichen Attributen stärker losgelöst, übernimmt aber mehr denn je zentrale Funktionen für den Handlungsgang wie auch die sich überkreuzenden Bedeutungsebenen ebenso in Romanen und Erzählungen wie in Gedichten oder Theaterstücken. Wir sollten diese religiöse christliche Herkunft als einen Strang im Gedächtnis behalten, der zusammen mit der aus arabischen Einflüssen hervorgegangenen Liebeskonzeption die Tradition der romantischen Liebe im Abendland prägt.[11]

In Chateaubriands *Atala* werden all diese Liebesbewegungen buchstäblich *fest-* und stillgestellt: Nicht umsonst wird Atala unmittelbar nach ihrem Tod ihrem frustrierten Liebhaber als die Statue der Jungfräulichkeit schlechthin erscheinen. Sie ist ihm als Kunst, als ästhetisches Artefakt gänzlich entrückt. So wird sie zu einer zweiten Virginie, die ebenfalls ihre Augen im Angesicht des Todes gen Himmel hob, nach Rettung im christlichen Jenseits suchend. Doch ist sie eine Virginie in der Überbietungsstrategie: Denn sie übertrumpft Bernardin de Saint-Pierres Virginie, weil sie sich letztlich zum Selbstmord bekennt, weil es

---

11 Vgl. hierzu Rougemont, Denis de: *L'Amour et l'Occident*. Paris 1939. Vgl. hierzu ausführlich Ette, Ottmar: *LiebeLesen*, S. 135–161.

um ein Haar zum Liebesakt kommt, der nur vom findigen Hündchen verhindert wird. Und sie überbietet Virginie, weil sie sich nicht nur selbst entleibt, sondern weil sie am Ende zu einem Kunstwerk wird, das – von Männerhand gezeichnet, gemalt oder gemeißelt – zu einer Repräsentation eines weiblichen Idealbildes wird.

Die Mestizin wurde ins Christentum aufgenommen, ja wird zu einer Heiligen im Schoße dieses Christentums, dessen universalistische, weltumspannende Ansprüche sie vor Augen führt. Atala gerät dadurch zur romantischen Heldin schlechthin, zum Modell all jener ihr nachgebildeten, schönen Protagonistinnen, die sich ihrer Verfahren dann freilich in desakralisierender Geste bedienen. Das Christentum bringt Atala zwar den Tod, wie diese Sterbeszene zweifellos zeigt; es bringt ihr aber auch die Rettung und das Ewige Leben.

Wir sollten dabei nicht vergessen, dass Atala nicht nur zur Statue der schlafenden Jungfräulichkeit und Unschuld wird, sondern dass sie zugleich in die Nähe des Engels der Melancholie gerückt wird. Dass an dieser Stelle Chateaubriand bei seinem Lesepublikum fraglos das Wissen voraussetzte, um welchen Engel der Melancholie es sich hierbei handelt, lässt uns keinen Augenblick daran zweifeln, dass der französische Dichter an Albrecht Dürers berühmte Studie *Melencolia* von 1514 dachte. Dürers Allegorie der Melancholie war in der Tat eines jener großen und großartigen Bildnisse, welche die Romantik und das 19. Jahrhundert wie ein roter, ich müsste besser sagen: wie ein schwarzer Faden durchziehen.

Abb. 20: „Melencolia I", Stich von Albrecht Dürer, 1514.

Im Grunde sollten wir an dieser Stelle unserer Vorlesung angekommen eines der berühmtesten Gedichte der Romantik analysieren, das sich justament auf dieses allegorische Bildnis Dürers bezieht, nämlich Gérard de Nervals herausragendes Sonett *El Desdichado*. Doch wir können uns auch der Problematik der Melancholie überhaupt zuwenden, zu der die aus Bulgarien stammende, aber ihre große Zeit in Paris erlebende Julia Kristeva eine wichtige Studie vorlegte, deren Titel bereits auf Albrecht Dürer, aber auch Nervals Vers vom „soleil noir de la mélancolie" verweist, der „schwarzen Sonne der Melancholie".

Melancholie oder *mal du siècle* und *écriture*

Wenn wir uns mit der Melancholie und deren Beziehungen zur Gesellschaft[1] wie zum literarischen Schreiben[2] im Rahmen dieser Vorlesung beschäftigen, so sollten wir dies vorrangig als Philologinnen und Philologen tun.[3] Die Melancholie ist aus der literaturwissenschaftlichen Perspektive zunächst einmal ein Textelement, das sich nicht von ungefähr schon im großen Bezugstext des „Préromantisme" und der Empfindsamkeit, Bernardin de Saint-Pierres *Paul et Virginie*, leicht finden lässt.

Von Beginn an steht dort die Melancholie in einer unmittelbaren textuellen Beziehung zum Körper der von ihr erfassten Romanfiguren. Charakteristisch ist für den Melancholiker oder die Melancholikerin die Haltung des auf eine Hand gestützten Kopfes. Diese melancholische Grundhaltung findet sich an ungezählten Stellen in diesem Roman und betrifft fast alle Mitglieder der kleinen Gemeinschaft unter den Wendekreisen; so etwa die Figur des Erzählers inmitten der Ruinen oder die Sklavin Marie, die von einem Felsen aus aufs offene Meer blickt, wohin Virginie mit ihrer Fregatte verschwunden ist. Vor allem erfasst sie natürlich Paul, der an dieser Krankheit schließlich zugrunde gehen wird. Die Melancholie bringt kein plötzliches Sterben mit sich, sondern ein langsames Siechtum, sozusagen ein Sterben in Zeitlupe, begleitet von zermürbenden und unabschließbaren Grübeleien. Die Melancholie ist eine Krankheit der Reflexion und Selbstreflexion, welche sich in verschiedensten Symptomatiken äußert, die freilich allesamt pathologisch sind.

Seit der Antike[4] weiß man von dieser Krankheit der schwarzen Ideen. Und als eine Krankheit, die den Körper befällt, sah man diese Symptomatik auch im Übergang zum 19. Jahrhundert, wobei man sie auf Grund ihrer massenhaften Verbreitung bald als „Übel des Jahrhunderts" apostrophierte, als „mal du siècle".

---

[1] Die Literatur zum Thema Melancholie und Gesellschaft ist kaum mehr zu überschauen; immer noch hilfreich ist Lepenies, Wolf: *Melancholie und Gesellschaft*. Frankfurt am Main: suhrkamp 1969.
[2] Vgl. Lehnert, Gertrud: *Herzanker. Dichterinnen und die Melancholie*. Berlin: Aufbau Verlag 2011.
[3] VBgl. aus psychoanalytischer Sicht Freud, Sigmund: Trauer und Melancholie (1917). In (ders.): *Studienausgabe*. Band III: *Psychologie des Unbewußten*. Frankfurt am Main: Fischer 1989, S. 194–212; aus der unendlichen Forschungsliteratur möchte ich hervorheben Starobinski, Jean: *Mélancholie im Spiegel. Baudelaire-Lektüren*. Aus dem Französischen von Horst Günther. München – Wien: Hanser Verlag 1992; sowie Benjamin, Walter: Der Saturnring oder Etwas vom Eisenbau. In (ders.): *Das Passagenwerk*. Band II. Frankfurt am Main: Suhrkamp 1983, S. 1060–1065; sowie Sontag, Susan: *Under the Sign of Saturn*. New York: Vintage Books 1981.
[4] Einen leichtfüßigen Einstieg in die Materie bietet die Sondernummer „Littérature et mélancholie" des *Magazine littéraire* (Paris) 244 (1987), S. 14–56.

Open Access. © 2021 Ottmar Ette, publiziert von De Gruyter. Dieses Werk ist lizensiert unter einer Creative Commons Namensnennung – Nicht-kommerziell – Keine Bearbeitung 4.0 International Lizenz. https://doi.org/10.1515/9783110703443-009

Die Melancholie ist sicherlich auch – wie Victor Hugo später einmal meinte – eine sanfte, schleichende Krankheit; auch die Brüder Goncourt sprachen von der „tristesse qui n'est pas sans douceur", von einer Traurigkeit, die nicht der Süße entbehrt. Es ist eine Süße, die freilich nicht selten tödlich endet, wofür es in den Literaturen der Welt unendlich viele Beispiele gibt.

Einige davon haben wir auf unserem Weg zur europäischen Romantik bereits gesehen. Nicht umsonst überbietet Atala ja Virginie gerade darin, dass sie sich selbst aus dem Leben in den Tod – oder das ,Ewige Leben' – befördert, getragen von einer abgrundtiefen Melancholie, die noch auf ihrem toten Körper ein allerletztes Mal erscheint. Doch ansteckend ist diese Krankheit auch, ja sie affiziert die unterschiedlichsten Figuren von *Atala*. Denn die Seuche der Melancholie springt über auf viele andere, natürlich in erster Linie auf Atalas Liebhaber, den ,Wilden' Chactas. Bei Atala führt diese Krankheit wie schon bei Bernardins Paul zu einer wahren Implosion – just so, wie Sigmund Freud ein gutes Jahrhundert später diese Krankheitsform diagnostizierte.[5] Nicht zufällig greift die schöne Mestizin zum Pharmakon, zum Gift, zerstört ihren Körper damit von innen und gerade nicht von außen her, etwa durch einen Sprung, ein Erhängen oder einen Schuss. Bis heute sind übrigens die Selbsttötungsarten – wie auch die Variationen des Mordes – zwischen Männern und Frauen sehr ungleich verteilt, doch können wir dieser Tatsache hier nicht weiter nachgehen. Fest steht aber mit Blick auf Chateaubriands *Atala*, dass die Art ihres Todes, ihres Todeskampfes, noch einmal vor Augen führt, dass es letztlich eine Krankheit von innen heraus war, die Atala in eine literarisch wahrlich unsterbliche Tote verwandelte.

Das breite gesellschaftliche Interesse an der Melancholie, die sich Ende des 18. Jahrhunderts geradezu epidemieartig ausbreitete, war auch Ende des 20. Jahrhunderts recht stark verbreitet. Nicht umsonst sind gerade die achtziger Jahre, aber auch zum Teil noch die Neunziger ein Haupttummelfeld für Literatur – auch kritische Forschungsliteratur – zum Thema Melancholie. Es gibt nicht zuletzt auch eine ganze Reihe von Doktorarbeiten, die sich aus unterschiedlichster Sicht dieser Problematik zuwenden, darunter auch eine Arbeit zu Madame de Staël, mit der wir uns später ein wenig beschäftigen werden.[6] Ein frühes Zeugnis des damals wachsenden Interesses an dieser Krankheit und Seins-Form war Wolf Lepenies' bereits zitiertes Buch *Melancholie und Gesellschaft*; charakteristischer noch für die Interessenlage der achtziger Jahre des zurückliegenden Jahrhunderts

---

5 Vgl. Freud, Sigmund: Trauer und Melancholie (1917). In (ders.): *Studienausgabe*. Band III: *Psychologie des Unbewußten*. Frankfurt am Main: Fischer 1989, S. 194–212.
6 Vgl. Amend, Anne: *Zwischen „Implosion" und „Explosion" – Zur Dynamik der Melancholie im Werk der Germaine de Staël*. Trier: Wissenschaftlicher Verlag Trier 1991.

war dann Julia Kristevas *Soleil noir*,[7] das gerade der weiblichen Depression – oder in ihrem Sinne „De-Pression" – eine besondere psychoanalytisch wie texttheoretisch geschulte Aufmerksamkeit schenkte. So haben nicht nur Epidemien, sondern auch Forschungen über Epidemien ihre jeweiligen Interessenlagen und Konjunkturen.

Eines blieb dabei jeweils klar: Es gibt unterschiedlichste Definitionen von Melancholie aus soziologischer wie medizinischer, aus psychologischer wie psychoanalytischer, aus kulturgeschichtlicher wie texttheoretischer oder literaturwissenschaftlicher Sicht, aber doch keine Definition, die alle Seiten befriedigen könnte. Sören Kierkegaard war es, der die Krankheit nicht als Krankheit der Romantik, sondern als ein Phänomen zwischen Neurose und Wahnsinn bestimmte und damit auf eine tiefe Beziehung zum Schreiben aufmerksam machte, die unverkennbar über den Dichter als Neurotiker verläuft. Die Melancholie besitzt daher eine starke Affinität zum Schreiben, und letzteres kann – wie Literatur insgesamt – wiederum stark heilsam, mit heilenden Wirkungen versehen sein.

Melancholie, dies wissen wir spätestens seit *Atala*, ist jedoch nicht nur das „mal de vivre", sondern verstärkt auch die „impossibilité de vivre", also die Unmöglichkeit, überhaupt noch weiter leben zu können. Laut Julia Kristeva kann die Melancholie von der Psychiatrie aus auch als Verlust der Lebenslust bezeichnet und beschrieben werden, wobei deren leichtere Variante auch als Depression benannt werden darf. Kristeva greift in ihren texttheoretisch unterfütterten Überlegungen auch und vor allem auf Freuds aus dem Jahr 1917 stammenden Text *Trauer und Melancholie* zurück.

Auch mit Blick auf *Atala* ist die Erkenntnis Kristevas interessant, dass es sich um ein bei Frauen häufigeres Phänomen handle, das man landläufig auch mit „la déprime" bezeichnet, und dass diese Art weiblicher Depression häufig mit einer problematischen Mutterbeziehung einhergehe. Dies kann man in Hinblick auf Atalas Lebensgeschichte nun wirklich sagen, ist ihre Beziehung zur Mutter doch auf Grund des Schwurs ihr gegenüber, sich nie auf einen Mann einzulassen, gerade das lustvernichtende Prinzip schlechthin, dem Atala selbst, aber auch Chactas schließlich auch erliegen werden. Atala ist die Frucht eines „Fehltrittes" der Mutter, die ihre Tochter freilich lebenslang für diesen Fauxpas büßen lässt und sie zu sexuellem Verzicht auf Liebe zwingt. Kein Wunder also, dass die schöne Atala keine List mehr weiß, um ihrer Lust teilhaftig zu werden, so dass sie letztlich unter der Last des Christentums zusammenbricht, buchstäblich implodiert.

Seit jeher gab es in der abendländischen Kultur einen Bezug zwischen der Melancholie und dem Kosmos, galt doch der Planet Saturn – den wir bei Bernardin

---

7 Vgl. Kristeva, Julia: *Soleil noir. Dépression et mélancolie.* Paris: Gallimard 1987.

de Saint-Pierre auf der Suche nach seinen kosmischen Fiktionen bereits besucht haben – als Planet der Melancholie schlechthin. Susan Sontag hat sich dieser Konstellation in ihrem oben angeführten Buch *Under the sign of Saturn* angenähert und kam zu zahlreichen und für unsere Vorlesung wichtigen Erkenntnissen. Sie beschäftigte sich in diesem lesenswerten Band ausgehend von Walter Benjamin und Photographien, die den großen Essayisten und Theoretiker mit auf die Hand aufgestütztem Kopf zeigen, mit verschiedenen kulturellen und literarischen Äußerungs- und Ausgestaltungsformen. In gewisser Weise könnten wir sagen, dass diese Literatur eine Literatur im Zeichen des Saturn ist, vielleicht auch, weil mythologisch gewendet Saturn – wie die Revolution – seine eigenen Kinder frisst.

Depression ist für Julia Kristeva schlicht „le sacre moderne", wie sie in einem Interview formulierte – und damit ergibt sich erneut eine Beziehung gerade zur Romantik und vor allem zum Schreiben. Denn diese Zeit des „sacre moderne" ist auch die Zeit des „sacre de l'écrivain", des unbestrittenen Aufstiegs des Schriftstellers und der Schriftstellerin zu gänzlich herausgehobenen, bisweilen sakralisierten, bisweilen aber auch verdammten Figuren. Die Melancholie umgibt das Schreiben und die Schriftstellerin beziehungsweise den Schriftsteller wie eine *Logosphäre*, also parallel zur Atmosphäre wie eine unmittelbar um uns befindliche Sphäre, in der wir nicht Luft, sondern Worte, die um uns gesprochen, geschrieben und verbreitet werden, mit allen Sinnen einatmen. Die seit dem ausgehenden 18. Jahrhundert beständig und bedürftig eingeatmeten Bestandteile dieser Logosphäre konfigurieren das „mal de siècle", eine generationentypische Melancholie, die sich wie eine Epidemie über weite und nicht nur literarische Landstriche auf beiden Seiten des Atlantiks ausbreitete.

In einer Vielzahl von Studien wurde darauf hingewiesen, dass für die Heilkunst der griechisch-römischen Antike die Melancholie mit der Milz verknüpft war, jenem Organ, das in der Medizin unserer Tage justament mit unserem Immunsystem verbunden ist. In gewisser Weise lässt sich die Melancholie – und damit überspannt man meiner Ansicht nach keineswegs den Bogen – als eine Erkrankung des Immunsystems verstehen, folglich als eine Immunschwäche, welche die Widerstandskräfte des Körpers wie der Seele angreift. In der Tat beinhaltet die Melancholie eine ganz grundlegende Frage nach der Beziehung zwischen Individuum und Gesellschaft, wie dies Wolf Lepenies aus Sicht der Kultursoziologie betonte. Wir dürfen mit guten Gründen diese Krankheit sehr wohl in ihren Begründungsstrukturen wie in ihrer spezifischen Symptomatik als Immunschwäche bezeichnen.

Die Briten nennen dieses oft unterschätzte Organ schlicht „spleen" – der Spleen ist also die Milz. Der Schweizer Literaturtheoretiker Jean Starobinski wies zurecht darauf hin, dass sich die Melancholie schon zu Homers Zeiten symptomatisch als Kummer, Einsamkeit, Verweigerung jeglichen menschlichen Kontakts und ruheloses Umherirren äußerte. Aus einer solchen Perspektive erscheint auch der „solitaire", der christliche Einsiedler und Mönch, als ein Melancholiker, der es geschafft hat, seine eigene Melancholie durch das aktive Handeln für und durch das Christentum zu überwinden und fruchtbar werden zu lassen. Auf ähnliche Weise kann es auch die Schriftstellerin beziehungsweise der Schriftsteller schaffen, aus der Melancholie einen wirksamen Antrieb zu künstlerischer Kreativität zu gewinnen.

Eine besondere Beziehung besteht zwischen Melancholie, Vergangenheit und ihrer Wahrnehmung durch das moderne Subjekt. In gewisser Weise lebt der Melancholiker in der Vergangenheit, so wie Atala letztlich von dem ihrer Mutter gegebenen Schwur nie ganz loskommt. Ähnliches können wir in *Paul et Virginie* konstatieren: Denn nach Virginies Abreise in Richtung Frankreich wird Paul immer wieder die gemeinsam mit ihr verbrachte Zeit auf der Insel evozieren und nach ihrem Tod sich gänzlich auf ein Denken und *Leben* in dieser Vergangenheit versteifen. Er hat aufgehört, Pläne für die Zukunft zu schmieden und das Prospektive in der Gegenwart zu kultivieren: Sein ganzes Da-Sein verkümmert zu einem Leben im Vergangenen.

Diese Konstellation mag gleichzeitig auf einen besonderen Bezug der Melancholie zum autobiographischen Schreiben aufmerksam machen, auf eine selbstbezogene Rückwärtsgewandtheit, die das eigene Ich in immer neuen Spiegelungen und Selbstreflexionen gewahr werden und erleben will und weniger an einer Zukunft, als an der Gestaltung von Vergangenheit ausgerichtet ist. Man könnte Roland Barthes' erwähnten Gedanken insoweit ergänzen und weiterführen, als dass angesichts der Melancholie eines Jean-Jacques Rousseau und seiner *Rêveries d'un promeneur solitaire* nun aus anderen Gründen wiederum Voltaire als der letzte der glücklichen Schriftsteller bezeichnet werden muss. So lässt sich der schwarze Faden der Melancholie bis zurück zu Rousseau verfolgen und überdies eine grundsätzliche Verbindung herstellen mit einem weiten Fächer an autobiographischen Schreibformen, der sich im 19. Jahrhundert kreativ öffnen sollte und auf dessen Wirkungen wir noch vielfach zu sprechen kommen werden.

In diesem Zusammenhang, aber auch mit Blick auf Chateaubriands *Atala* ist es recht aufschlussreich, nach der Problematik der Sprache und der sprachlichen Gestaltung sowie nach deren Grenzen zu fragen. Gibt es nicht Bereiche, in welche das moderne Subjekt mit seiner ausgefeilten und an den Gegenständen ausgerichteten Sprache nicht mehr vordringen kann, die nicht mehr erreichbar scheinen, die folglich nicht mehr literarisch oder psychoanalytisch bearbeitbar sind? Gewiss würde ein Psychoanalytiker – insbesondere aus der Schule von Jacques Lacan – es jederzeit verneinen, dass diese Unmöglichkeit, mit der Sprache in die verstecktesten und tiefsten Bereiche der menschlichen Psyche vorzudringen, überhaupt bestehen könnte. Aber denken wir an Roland Barthes' letzten zu Lebzeiten veröffentlichten Band, nehmen wir also das Beispiel von *La Chambre claire*, so ließe sich schon fragen, ob in dieser *Note sur la photographie*[8] im Zurückdenken an die verstorbene, verschwundene Mutter nicht ein abwesendes Bild an die Stelle der geliebten Henriette Barthes getreten ist. Mit anderen Worten: Es eröffnet sich gerade im melancholischen Rückblick des Zeichentheoretikers auf die gemeinsame Zeit langer Jahre des Zusammenlebens mit seiner Mutter ein Bereich, der nicht mehr anders als in Bildern – und selbst mit Hilfe eines Bildes, das als einziges im Band *nicht* abgebildet ist – gesagt werden kann. Dies bedeutet nicht, dass die Grenzen der Sprachen eingestanden würden, aber sehr wohl, dass sie zu einem Gegenstand der Selbstreflexion geworden sind.

Dieses (momentan oder letztlich) Unsagbare hat zweifellos mit der Melancholie, der Depression, der schwarzen Sonne der Künstlerin beziehungsweise des Künstlers zu tun. Denn die Kunst, die Literatur, tritt gerade dort in ihr Recht, wo sie an den Grenzen des Sagbaren, des Auszudrückenden arbeiten kann und ihre ganze Kreativität in die Waagschale werfen muss, um dem scheinbar Nicht-Sagbaren, dem Nicht-Ausdrückbaren Worte und Sätze abzuringen. An dieser Stelle könnten wir einige Überlegungen Julia Kristevas einbinden, die sich gerade der Problematik des Sprechens und der Muttersprache widmen:

> Der spektakuläre Zusammenbruch des Sinns beim Depressiven – und im Extremfall des Sinns des Lebens – lässt uns folglich annehmen, dass es ihm Schwierigkeiten bereitet, die universelle Bedeutungskette, also die Sprache, zu integrieren. Im Idealfalle bildet das sprechende Subjekt mit seinem Diskurs ein Ganzes: Ist das Wort nicht unsere „zweite Natur"? Im Gegensatz dazu ist das Sagen des Depressiven für diesen wie eine fremde Haut: Der Melancholiker ist ein Fremder in seiner eigenen Muttersprache. Er hat den Sinn – den Wert – seiner Muttersprache verloren, in Ermangelung des Verlusts seiner Mutter. Die tote Sprache, die er spricht und die seinen Selbstmord ankündigt, verbirgt eine Sache, die lebendig begraben wurde. Aber er wird sie nicht übersetzen, um sie nicht zu verraten: Sie wird in der „Krypta" des unsagbaren Affekts eingemauert, anal gefangen, ohne Ausweg.[9]

Abb. 21: Julia Kristeva (Sliwen, Bulgarien, 1941) im Jahr 2008.

---

8 Vgl. Barthes, Roland: *La Chambre claire. Note sur la photographie.* Paris: Cahiers du Cinéma – Gallimard – Seuil 1980.
9 Kristeva, Julia: *Soleil noir: dépression et mélancolie*, S. 64.

Die Sprache, ja mehr noch die Muttersprache, welche die zweite Natur des Menschen ausmacht, wird hier dem Subjekt zum Ausdruck des Sich-selbst-fremd-Seins. Diese Muttersprache ist dem depressiven Menschen plötzlich nicht mehr natürlich, nicht länger ein selbstverständliches Ausdrucksmittel seines Wesens, seines Seins. Die von ihm gesprochene Sprache ist Ausdruck des Nicht-mehr-Sagbaren, die Muttersprache geht ihm gleichsam in ihrer Sinnhaftigkeit verloren, wird für den Depressiven zu einer Fremd-Sprache des Eigenen, zum Ausdruck des Fremden im Eigenen.

Damit aber wird das unter Depressionen leidende Subjekt, also der Sprecher oder die Sprecherin auf sich selbst zurückgeworfen, verständigt sich nicht mehr mit dem anderen, mit der Gemeinschaft, mit der Gesellschaft. Atala wird dies ebenso tun wie René, der andere große melancholische Held und das männliche Gegenstück Atalas in Chateaubriands romanesker Schöpfung. Nicht anders in *Paul et Virginie*: Paul wird in der Präsenz wie später in der Absenz seiner Mutter kaum mehr die Möglichkeit zu muttersprachlicher Kommunikation haben. Die Melancholie bedingt damit eine fundamentale Sprachstörung, eine diskursive Ver-Störung, welche letztlich zur Zer-Störung des Subjekts führt und in der sich das Ich selbst zum Fremden oder zur Fremden wird. Bernardin de Saint-Pierre ist in der Tat in vielerlei Hinsicht ein Vorläufer, der in seinem literarischen Schaffen jene Ver-Störung bearbeitete, welche – denken wir an die Generation der *Werther*-Leser – zur Selbst-Zerstörung zahlreicher junger und einst hoffnungsvoller Melancholiker führte.

Fehlende Kommunikation treibt bei Chateaubriand die schöne Atala zum Selbstmord; doch ist ihr die Muttersprache selbst fremd geworden, gerade ihr als biologischer Mestizin, die zusätzlich zu der von Kristeva konstatierten Fremdwerdung und problematischen Mutterbeziehung auch sich selbst als Fremde, als weder den einen – den Weißen – noch den anderen – den Indianern – zuordenbar erlebt. Wie Kleists Toni ist sie im Zwischenraum des Weder-Noch zum Tode, zum Nicht-länger-leben-Können verurteilt. In diese klaffende Lücke, in diese Sprachlosigkeit aber begibt sich auf den Spuren Bernardin de Saint-Pierres die Kunst eines Chateaubriand. Und wir könnten hinzusetzen: ein gut Teil der romantischen Kunst, die auf beiden Seiten des Atlantiks ihre zum damaligen Zeitpunkt innovativen Kreationen weiterspinnt.

Depression als entweichende Pression, als weichender Druck im Innern des Ich, führt gleichsam zu einer Implosion des Ich, das sich nicht mehr *äußern*, also nach außen treten und mit anderen Menschen kommunizieren kann. So bleibt dieses Ich – um Julia Kristevas Metapher aufzunehmen – in seiner eigenen Krypta eingemauert, also von allen anderen getrennt in einem Reich des Todes, und mehr noch: lebendig begraben, nach innen gekehrt. Diese Implosion des Ich wird nur auf einer einzigen Ebene überwunden: in der Sprache der Kunst, in der Sprache der Literatur. Es geht in diesem fatalen Zusammenhang weniger um eine Kunst des Sprechens, sondern um eine Kunst des Schreibens, dessen therapeutische Wirkung damit offenkundig wird. So besteht also eine fundamentale Beziehung zwischen der Selbstreflexivität beziehungsweise Selbstbezogenheit des Melancholikers, zwischen seiner Sprachstörung und den Tendenzen zur Selbstzerstörung sowie schließlich den Möglichkeiten eines literarischen Schreibens, das seine heilenden Wirkungen entfalten kann.

Bereits seit der abendländischen Antike erscheint die Melancholie als eine den Menschen und dessen Leben gefährdende Krankheit. Sie ist schon bei Hippokrates mit der Beobachtung verbunden, dass wenn gemäß der antiken Säfte-Lehre Feuchte und Traurigkeit lange anhalten, der Zustand der Melancholie vorliege. Eine grundlegende Beziehung der Melancholie bestehe überdies auch zur Galle, deren schwarze Farbe dieses Organ wohl in besonderer Weise mit den schwarzen Ideen der Melancholiker verknüpfe. Die Antike sah folglich eine Beziehung der Krankheit Melancholie mit den vier Qualitäten trocken, feucht, warm und kalt einerseits und den vier Elementen Wasser, Luft, Erde und Feuer. Gemäß dieser Lehre wurde die Melancholie mit der Erde verbunden, die trocken und kalt ist; aber auch mit dem Herbst, jener Jahreszeit, in der die Galle ihre stärkste Kraft entfaltet.

Bemerkenswert und für unsere Überlegungen wichtig ist Jean Starobinskis Hinweis, dass das Adjektiv „melancholos" auch im Sinne einer Vergiftung und eines Giftes verwendet wurde, in das Herakles seine Pfeile getaucht habe: in das todbringende Gift der vielköpfigen Hydra. Erneut sehen wir in diesem Zusammenhang also die schillernde Bedeutung des Pharmakons aufscheinen. Die einmal erworbene Krankheit, so stellte Starobinski ferner fest, könne sich direkt auf den Körper beziehen, wobei sie zu Epilepsien führe, oder aber auf Geist und Intelligenz, wodurch sie definitiv zur Melancholie werde. Nach einer bis ins 18. Jahrhundert hinein vorherrschenden Theorie handelte es sich bei der Melancholie um eine schwere Erkrankung der schwarzen Galle, wobei das vergiftete Blut entweder nur den Kopf oder aber den gesamten Körper erreiche. Sie sehen, unsere schöne Atala brauchte eigentlich gar kein Gift: Ihr Körper hatte es gleichsam in sich gespeichert und einen Tod programmiert, der alles vergiftend von innen kommt! Nach einer seit der Antike kolportierten Theorie handelte es sich letztlich um schwarze Dämpfe, die im Körper der Erkrankten aufsteigen und nicht allein schwarze Ideen, sondern auch bestimmte Halluzinationen hervorrufen konnten. Sowohl Bernardin de Saint-Pierre als auch François-René de Chateaubriand konnten folglich auf ein reiches Arsenal an Symptomatiken und deren Erklärungen zurückgreifen, was sie bei der Gestaltung ihrer pathologisch affinen Figuren auch taten.

Die Melancholie der Moderne ist ein freilich weniger stark im Medizinischen und Pathologischen verankerter Diskurs. Nicht selten wird sie mit kulturhistorischen Aspekten verbunden, die eine bislang noch nicht von uns reflektierte

Zeitlichkeit in diesen Diskurs über Melancholie in der Sattelzeit der Romantik bringen. Die Berücksichtigung von Zeitlichkeit aber ist wichtig, um bereits die frühen Äußerungsformen einer derartigen Temporalisierung im Kontext einer Historisierung aller Lebensbezüge ab dem Ende des 18. Jahrhunderts besser zu verstehen. In einem solchen Kontext leitet sich die Melancholie von einem Zu-spät-Kommen – oder bisweilen auch Zu-früh-Kommen – in einem zu modernen oder zu alten Jahrhundert her. Der Melancholiker hat folglich seine Zeitepoche nicht getroffen, sondern deutlich verfehlt: Er oder sie trauert zu Zeiten der Revolution einem verflossenen Ancien Régime nach oder lebt in einer von aufkommenden Nationalismen zerrissenen Welt in Sehnsucht nach einer Welt in Frieden und Differenz. Beide Situationen problematischer Zeitlichkeit und Eigenzeitlichkeit sind für das Subjekt nicht ohne weiteres lösbar.

Es gibt mithin so etwas wie einen chronologischen Sprung, einen Abgrund, der nicht überbrückt werden kann. Gewiss ist dies im absoluten Sinne kein für die Moderne oder gar die Romantik spezifischer Zug, denken Sie nur an Miguel de Cervantes' *Don Quijote*, William Shakespeares *Hamlet* oder auch an Richard Burtons *Anatomy of Melancholy* aus dem frühen 17. Jahrhundert! Für sie alle könnte Shakespeares Vers sprechen: „Time is out of joint". Und es gibt für den Melancholiker oder die Melancholikerin nichts und niemand, der diese aus den Fugen geratene Zeit wieder dauerhaft kitten könnte.

Bei Jean-François de Saint-Lambert, also beim literaturgeschichtlichen Übergang von der Aufklärung zu einer Genieästhetik, findet sich der Schriftsteller, der Dichter, bereits in Begleitung der schönen Dame Melancholie. Die Verbindung von Melancholie und Weiblichkeit ist dabei traditionell in den abendländischen Geschlechterrollen angelegt, da die Frau insgesamt als weniger aktiv und schwächer angesehen wird, so dass sie leichter von der Melancholie heimgesucht werden und ihre Lebenslust verlieren kann. Es gibt noch eine weitere Zweiteilung, die von Madame de Staël in ihrem Werk *De l'Allemagne* eingeführt wurde, mit dem wir uns später noch in unserer Vorlesung beschäftigen werden. Bei ihr erhält die Melancholie eine positive Wendung, denn sie wird zum Symbol der von ihr so apostrophierten Literaturen des Nordens. Dagegen seien die Literaturen des Südens seit der Antike konkret, hell und heidnisch, während die des Nordens träumerisch, von Nebelschwaden umwölkt und ideell seien. Mit dieser Wendung vollzieht sich eine Realisierung und Anpassung der Klimatheorien des 18. Jahrhunderts, wie sie etwa von Montesquieu und Voltaire vorgetragen worden waren. Von einem so umrissenen Punkt aus gibt es eine Beziehung zu Chateaubriands Scheidung zwischen antiker Exteriorität und moderner Interiorität, wobei er letztere im Zeichen des Christentums als überlegen deutete. Sie sehen, die jeweils sehr komplexen Verästelungen der Melancholie beziehungsweise des Melancholischen wären eine eigene Vorlesung wert!

Julia Kristeva weist uns in *Soleil noir* mit ihrer Theorie darauf hin, dass die nicht gelöste Mutterbeziehung von ganz zentraler Bedeutung für die Melancholie, aber auch für die damit verbundene Sprachstörung ist. Die eigene Sprache wird dem Subjekt fremd, sie führt zu einer Störung der Beziehungen zur Außenwelt, zu einer Verstörung mit Blick auf die Selbstbefindlichkeiten des Ich und in letzter Konsequenz zu einer Zerstörung und Selbstzerstörung dieses Subjekts, das sich in seinem ureigensten Bereich lebendig einmauert. Im nachfolgenden Zitat von Sören Kierkegaard wird sich zeigen, wie die Langeweile im Sinne der Melancholie in eine Problematik der Sprache übergeht – und der Begriff der Langeweile bildete sich erst in der zweiten Hälfte des 18. Jahrhunderts heraus. Diese Problematik der Sprachstörung führt uns fast notwendig zum Turmbau zu Babel, der letztlich für diese Elemente einsteht: das Fremdwerden gegenüber der eigenen Sprache, die Problematik der abreißenden gemeinschaftlichen Kommunikation, die individuelle Vereinzelung und schließlich auch die melancholische Rückwendung zu einer verlorenen gemeinsamen Sprache, einer verlorenen Einheit der Menschheit[10] im sprachlichen Sinne.

Chateaubriands *Atala* jedenfalls verkörpert ganz ohne jeden Zweifel diese grundlegende Sprachstörung, so wie wir bereits die Sklavin Marie in Bernardin de Saint-Pierres *Paul et Virginie* stumm auf ihrem Felsen sitzen sahen, unfähig dazu, ihre Trauer in Worte zu kleiden. Immerhin wird sie sich im Gegensatz zu Atala, aber indirekt auch zu Paul nicht selbst umbringen. Ganz allgemein gesprochen ist der Melancholiker folglich jener Mensch, dem es nicht gelingt, die Kommunikation mit anderen durch die gesprochene Sprache wiederherzustellen. Der Verlust der Sprache ist – ganz wie die aufsteigenden schwarzen Dämpfe – ein Gift, das von innen kommt und nicht von außen auf die Opfer einwirkt.

Noch ein letztes Wort zur Körperhaltung des Melancholikers, der seinen Kopf auf die eine Hand stützt beziehungsweise seinen Kopf in der einen Hand hält! Diese Haltung ist uns allen aus Albrecht Dürers Melancholie vertraut. Susan Sontag hat sie in ihrem Buch *Under the Sign of Saturn* wiedergefunden: bei Walter Benjamin, dessen Photographien ihn immer wieder in dieser Position zeigen. Das kann bei einem so präzise sprachlich inszenierenden Schriftsteller und Kritiker wie Benjamin kein Zufall sein. Bei ihm aber ist die Melancholie zu einer Art Antriebskraft, zu einer dynamischen Schaffenskraft geworden, die wir im Folgenden noch etwas näher ergründen wollen.

---

10 Vgl. hierzu auch Olender, Maurice: *Die Sprachen des Paradieses. Religion, Rassentheorie und Textkultur*. Revidierte Neuausgabe. Herausgegeben und mit einem Vorwort von Markus Messling und einem Vorwort zur Erstausgabe von Jean-Pierre Vernant. Mit einem Essay von Jean Starobinski. Aus dem Französischen von Peter D. Krumme. Berlin: Kulturverlag Kadmos 2013.

So freilich kann der „furor melancolicus" zunehmend den „furor divinus" ersetzen: Die Melancholie wird nach der Jahrhundertwende immer mehr zu einer spezifischen Eigenschaft, einem Ausweis des Künstlers. Sie kann dabei nicht nur als erlittene, sondern auch als *erwählte* Krankheit auftreten – eine durchaus wichtige Veränderung gerade auch mit Blick auf die Romantik und das gesamte 19. Jahrhundert. Die Melancholie geht damit ein in den Habitus des Künstlers, eine Tatsache, die gerade bei der bildhaften Repräsentation der Literat*innen und Künstler*innen des 19. Jahrhunderts – und bis weit ins 20. Jahrhundert hinein – eine wichtige Rolle spielte. Wir sehen in diesem sich langsam vollziehenden Prozess, wie die Melancholie von den Figuren der Literatur auf die Verfertiger von Literatur überspringt und sie gleichsam als von der Melancholie getriebene sensiblere, empfindsamere Menschen adelt.

Melancholie kann in der Spielart der Langeweile, des später so berühmten „ennui", auch in einem ganz existential-philosophischen Sinne zu einem Motor der Geschichte schlechthin werden. Wie sehr sich die Melancholie im Gewand der Langeweile an der Wende zum 19. Jahrhundert bereits ausgebreitet hatte, lässt Johann Gottlieb Fichte in seinen philosophischen Überlegungen ab der Jahrhundertwende zunehmend deutlicher werden. Er war zuvor ein Verteidiger des europäischen Kosmopolitismus gewesen, schwenkte dann jedoch unter dem Einfluss der französischen Hegemonie im Zeichen Napoleons um, radikalisierte sich zunehmend und wurde spätestens mit seinen 1807 und 1808 zunächst als Vorlesungen gehaltenen *Reden an die deutsche Nation* im damals französisch besetzten Berlin zu einem Verteidiger der nationalen (und letztlich nationalistischen) Sache. Doch schon in seinen Äußerungen über den geschlossenen Handelsstaat schrieb Fichte im Jahre 1800: „Zu reisen hat aus einem geschloßnen Handelsstaate nur der Gelehrte und der höhere Künstler: der müßigen Neugier und Zerstreuungssucht soll es nicht länger erlaubt sein, ihre Langeweile durch alle Länder herumzutragen."

Interessanter aber noch ist vielleicht der Ansatz Sören Kierkegaards, der aus existential-philosophischer Sicht die Langeweile zum roten Faden der Menschheitsgeschichte machte. Gleichsam ein „Je m'ennuie, donc je suis" – ich langweile mich, also bin ich. Die Langeweile kann als Spielart der Melancholie eine vorwärts treibende kreative Kraft sein, gerade im Kontext des Gefühls, in einer falschen Zeit, zu früh oder zu spät, leben zu müssen. Sie kann also der Begriff für Lebensverdrossenheit, ja einer Lebensmüdigkeit sein, welcher der dänische Philosoph in seinen Überlegungen unter dem Titel *Entweder – Oder* ganz neue Seiten abgewann:

> Die Götter langweilten sich, darum schufen sie die Menschen. Adam langweilte sich, weil er allein war, darum ward Eva erschaffen. Von diesem Augenblick an kam die Langeweile in die Welt, wuchs an Größe in genauer Entsprechung zum Wachstum der Menge des Volks. Adam langweilte sich allein, alsdann langweilten Adam und Eva sich im Verein, alsdann langweilten Adam und Eva und Kain und Abel sich im Familienkreis (*en famille*), alsdann nahm die Menge des Volks in der Welt zu und langweilte sich *en masse*. Um sich zu zerstreuen, kamen sie auf den Gedanken, einen Turm zu bauen, der so hoch sei, dass er emporragte in den Himmel. Dieser Gedanke ist eben so langweilig wie der Turm hoch war, und ein erschrecklicher Beweis dafür, wie sehr die Langeweile überhand genommen hatte.[11]

Soll ich an dieser Stelle der Vorlesung nun hoffen, dass Sie sich vorzüglich langweilen? In jedem Falle haben Sie in dieser Passage eine Universalgeschichte der Langeweile vor sich, die letztlich zur Entfaltung aller kreativen Kräfte der Menschheit führte. Im Grunde lässt sich in diesen geschickt gestaffelten Sätzen zum einen die zerstörerische, aber auch die gestaltende Kraft von Langeweile und in letzter Konsequenz ebenso der Melancholie aufzeigen. Denn es ist die nicht mehr weiter hinterfragbare Lebensmüdigkeit, die die Aktivitäten entfaltet, weil man mit dem, was die anderen Menschen so treiben, auf keinen Fall konform gehen kann.

Das moderne Subjekt, das hatten wir seit Jean-Jacques Rousseau gesehen, ist ein Subjekt, das sich aus der Trennung von den Anderen heraus begreift und sich an Dingen erprobt, die nicht notwendigerweise in einem utilitaristischen, unmittelbar zweckgebundenen Zusammenhang stehen. Mit dem Bungee-Springen verfolgt es kein utilitaristisches Prinzip; es sei denn, Sie betrachten den Veranstalter des Events, der seine Frau und die sieben Kinder davon ernähren muss. Die Melancholie ist daher ein grundlegend ambivalentes Phänomen: Sie kann auf eine ständige Rückwendung zur eigenen Vergangenheit hinauslaufen, in einem fast absoluten Sinne handlungs- und veränderungshemmend sein, den ganzen Körper und Geist lähmen und das Gefühl absoluter Vereinzelung mit sich bringen. Doch kann sie auch in Aktivität umschlagen, ja in eine nicht mehr abreißende Abfolge von Aktivitäten, gerade um dieses Gefühl der Langeweile aus dem Wahrnehmungsbereich zu tilgen und auszuschalten. Denn Fingernägelkauen alleine genügte schon Adam und Eva nicht.

Fassen wir die Melancholie – immer Walter Benjamins Bild vor Augen – nicht zuletzt als menschliche Produktivkraft auf! In der Melancholie ergibt sich eine radikale Auseinandersetzung des Subjekts mit seinem Ursprung und seinen Zielen in der Welt. Eben dies führt zu einer doppelten Bewegung ins Innere und in die äußere Welt, insbesondere auch im Sinne der Reisen durch sie. Vergessen wir dabei Fichtes obige Mahnung nicht, Reisewarnungen nicht wegen bestimmter

---

[11] Kierkegaard, Sören: *Entweder – Oder*. Erster Teil. Düsseldorf: Diederichs 1956, S. 305.

Infektionsgefahren, sondern wegen der Ansteckung mit Langeweile auszusprechen! Sie merken, es gibt Epidemien, die weder rein positiv noch rein negativ zu bewerten sind: Die Epidemien der Melancholie und der Langeweile gehören dazu.

Als Paul seine Virginie in Bernardin de Saint-Pierres Roman verliert, entgleitet ihm auch der Halt in einem Raum, der ihm einst so vertraut, so lieb und teuer war – er irrt ziellos umher. Atala sucht einen Weg aus dem Indianerlager, als sie die Möglichkeit erkennt, mit Chactas' Hilfe aus der ihr fremd gewordenen Welt des Eigenen auszubrechen. René selbst hat in *Atala* seinem geliebten Frankreich den Rücken gekehrt, um sich in der Weite des Raumes zu verlieren und sich selbst vergessen zu können. Was zählt da noch die Suche nach der Nordwest-Passage! Handelte Christoph Kolumbus, als er sich auf den Weg nach Osten über den Westen machte, vielleicht doch nur aus Langeweile? Wir müssen dieses Phänomen keinesfalls als rein selbstzerstörerisch oder rein schöpferisch, sondern in seiner ganzen Ambivalenz erfassen und begreifen.

Es gibt sie daher, die „Räume der Langeweile und Melancholie", von denen Wolf Lepenies in seiner angeführten Studie sprach,[12] auch wenn ich hier seinem kultursoziologischen Spürsinn nicht unbedingt folgen mag. Immer wieder aber finden wir, dass sich Melancholie und Langeweile letztlich an Zivilisationsgrenzen abarbeiten, an Grenzen der Zivilisation entweder des Eigenen oder des Fremden, und dass letztlich kraft der Melancholie auch die Position der eigenen Zivilisation produktiv in Frage gestellt wird. Der Lebensmüdigkeit tritt oft die Zivilisationsmüdigkeit an die Seite. Daher auch die nicht nur bei Bernardin de Saint-Pierre und viel stärker noch bei Chateaubriand oder dem jungen Victor Hugo in *Bug-Jargal* – mit diesem Roman beschäftigen wir uns gleich – zu beobachtende implizite oder auch explizite Zivilisationskritik, die freilich politisch sehr unterschiedlich verankert sein kann.

Es ist bemerkenswert, dass Johann Gottlieb Fichte gerade den reisenden Müßiggängern das Reisen verbieten wollte, weil sie mit ihrer Melancholie und ihrem Geld diese Krankheit wie sich selbst nur in andere Länder schleppten und andere damit ansteckten. Melancholie und Reise stehen in einem eigentümlichen Verhältnis zueinander: Es ist eine Krankheit der Romantik und der Romantiker, diese äußerste Gespanntheit und Ich-Versunkenheit, diese extreme Aktivität und neurotische Hypersensibilität, welche die Romantik in Europa mit der Romantik in anderen Teilen unseres Planeten verbinden. Ich möchte diesem Weg nun im weiteren Verlauf der Vorlesung etwas folgen und sehen, in welchem Maße sich bestimmte Konstellationen, die wir bislang in der französischen Literatur näher betrachtet haben, sich auch in Übersee auffinden lassen.

---

[12] Vgl. Lepenies, Wolf: *Melancholie und Gesellschaft*, S. 115 ff.

Dabei soll untersucht werden, welche Funktionen diesen Elementen oder Komponenten in einem veränderten Kontext zukommen und auf welche Weise sie jeweils umfunktionalisiert, also mit neuen Funktionszuschreibungen ausgerüstet werden. Denn es ist etwas anderes, ob wir die romantischen Utopien, Heterotopien oder Traumorte in die Ferne projizieren und von Europa aus an Orte denken, die zu Projektionsflächen europäischer Vorstellungen geworden sind, oder ob wir von Räumen und Regionen aus schreiben, für welche europäische Imaginationen, Bilder und Konzepte zum Teil gänzlich andere Funktionen vor Ort übernehmen. Doch bevor wir in unserer Vorlesung nach Lateinamerika springen und einen fundamentalen Blickwechsel vollziehen, möchte ich Ihnen noch ein letztes Mal einen europäischen Text vor Augen führen, der im Zeichen romantischer Figurationen einen außereuropäischen und zugleich amerikanischen Schauplatz wählt, den wir bereits gut kennen.

Victor Hugo oder die andere „Verlobung in St. Domingo"

Mit Bernardin de Saint-Pierres *Paul et Virginie* haben wir uns mit dem ersten großen französischen Kolonialroman beschäftigt, also einem Text, der zum größten Teil in den Kolonien spielt, in diesem Falle auf der Insel Mauritius. Der nur wenige Jahre nach Abschluss der Haitianischen Revolution und der politischen Unabhängigkeit Haitis verfasste Erzähltext des Heinrich von Kleist hatte uns nach Westen auf die Antillen geführt, dabei aber nicht mehr in ein funktionierendes Kolonialsystem, sondern eines, das unter dem Ansturm der Entrechteten und Versklavten in sich zusammengebrochen war. Heinrich von Kleist siedelte das gesamte Geschehen auf der zweigeteilten Insel Hispaniola an. Eine Insel ist immer eine Kippfigur, denn sie ist stets Insel-Welt und Inselwelt zugleich. Einerseits ist sie als *Insel-Welt* eine Welt für sich, ist sich also selbst eine ganze Welt in ihrer Isolation, Abgeschlossenheit und Abgeschiedenheit; und andererseits ist sie eine *Inselwelt*, also eine Welt vielfältiger Relationen innerhalb einer Welt als Archipel, in welcher die Insel gleichsam den Kreuzungspunkt vieler miteinander in Verbindung stehender archipelischer und transarchipelischer Verbindungspunkte darstellt.[1]

So ist es gewiss kein Zufall, dass sich unser nächster französischer Text ebenfalls mit einer Insel beschäftigt. Sie liegt nicht wie bei Bernardin de Saint-Pierre in den „Indes orientales" – wie man in Europa damals die Kolonien im Osten nannte –, sondern in jener neuen Welt, in welcher Chateaubriand seinen Roman *Atala* angesiedelt hatte und Kleist seine verdichtete Behandlung des haitianischen Revolutionsstoffes situierte. Wir wechseln also in die „Indes occidentales", eine koloniale Bezeichnung, die Sie heute noch im englischen Terminus „West Indies" finden können, der Teile der Karibik bezeichnet. Und wieder wird der Umsturz und die Sklavenrevolution auf den französischen Pflanzungen der reichen Kolonie Saint-Domingue Gegenstand sein, der damals unbestritten reichsten Kolonie der Welt, mit anderen Worten: der damals am schamlosesten ausgebeuteten Kolonie auf dem ganzen Planeten. Es geht im Folgenden um einen Text des jungen Victor Hugo, der sich damals mit diesem Thema auseinander-

---

1 Vgl. zur Archipelsituation am Beispiel Kubas Ette, Ottmar: Cuba: zwischen Insel-Welt und Inselwelt. Von der Raumgeschichte zur Bewegungsgeschichte. In: Ette, Ottmar / Wirth, Uwe (Hg.): *Nach der Hybridität. Zukünfte der Kulturtheorie*. Berlin: Verlag Walter Frey – edition tranvía 2014, S. 217–250; zur Archipel-Situation in autobiographischen Dimensionen vgl. ders.: Romanistik als Lust. Kleines romantisches ABC. In: Ertler, Klaus-Dieter (Hg.): *Romanistik als Passion. Sternstunden der neueren Fachgeschichte VII*. Wien: LIT Verlag 2020, S. 165–189.

ⓐ Open Access. © 2021 Ottmar Ette, publiziert von De Gruyter. Dieses Werk ist lizensiert unter einer Creative Commons Namensnennung – Nicht-kommerziell – Keine Bearbeitung 4.0 International Lizenz. https://doi.org/10.1515/9783110703443-010

setzte, das die Gemüter Ende des 18. und zu Beginn des 19. Jahrhunderts wie kein anderes in höchste Aufregung versetzte: Längst waren die Verhältnisse auf Saint-Domingue oder Haiti zum Paradigma geworden.

Bevor wir uns aber diesem Roman genauer zuwenden, sollten wir uns mit einigen Biographemen aus dem Leben Victor Hugos beschäftigen, der am 26. Februar 1802 in Besançon geboren wurde und am 22. Mai 1885 hochgeehrt in Paris verstarb. Es ist nicht einfach, kurz das Leben dieses Giganten der Literatur zu resümieren, zumal sich Victor Hugo auch sehr erfolgreich als Politiker betätigte. Dabei zeigte er die eher seltene Eigenschaft, im Gegensatz zu den meisten Männern, die mit steigendem Alter immer konservativer und politisch ‚rechter' werden, einen Werdegang einzuschlagen, der ihn von monarchistischen und erzreaktionären Positionen immer weiter nach links bis hin zu sozialistischen Ideen führen sollte, wobei er sich vehement für soziale Anliegen stark machte.

Abb. 22: Victor Hugo
(Besançon, 1802 – Paris, 1885).

Victor-Marie Vicomte Hugo kam als der jüngste von drei Söhnen eines später von Napoleon zum General beförderten und in den Adelsstand erhobenen Vaters sowie einer Mutter auf die Welt, die schon bald eine neue, außereheliche Beziehung einging und sich nicht sehr intensiv um ihre drei Söhne kümmerte. Der kleine Victor war schwach und kränklich und nichts zeigte an, dass er sehr robust ein langes Leben genießen sollte. Nach mehreren Wirrungen, Auseinandersetzungen zwischen den Eltern und Umzügen, die Victor aber niemals als störend erschienen, wurden die drei Söhne allesamt in einer Pariser Privatpension untergebracht und besuchten das berühmte Lycée Louis-le-Grand. Dort betätigte sich der junge Victor schon früh schriftstellerisch – eine Tatsache, die der peruanische Literaturnobelpreisträger Mario Vargas Llosa in einem Buch über Victor Hugo hervorhob, das ich Ihnen zur Lektüre empfehle.[2] Von der Reise 1811 und 1812 nach Madrid zu seinem dort stationierten Vater sollte der Schriftsteller, der sich später selbst nach Spanien begab, ein lebendiges Andenken bewahren. Überhaupt sollte Victor Hugo von vielen seiner zahlreichen Reisen literarische Früchte ernten.

Ich hatte schon erwähnt, dass es laut einem Tagebucheintrag von 1816 das Ziel des jugendlichen Hugo war „Chateaubriand zu werden oder nichts"; und so reichte er 1817 eines seiner Gedichte bei einem Wettbewerb der Académie française ein, das den Preis auch erhalten hätte, hätte man nicht aufgrund des zarten Alters des Dichters an eine Täuschung geglaubt. Als Siebzehnjähriger gründete er zusammen mit seinen Brüdern eine Zeitschrift mit dem Titel *Le Conservateur littéraire*, die an Chateaubriands Periodikum *Le Conservateur* orientiert war. Für diese rechtskonservativ und romantisch ausgerichtete Zeitschrift schrieb Hugo unter verschiedenen Namen und Pseudonymen den größten Teil der Artikel und Beiträge. Als er im selben Jahr eine Auszeichnung in einem Dichterwettbewerb, den Jeux floraux von Toulouse, erhielt, knüpfte er Kontakte mit literarischen Zirkeln der französischen Hauptstadt und legte erste literarische Freundschaften an. Seine später in Buchform veröffentlichten *Oden* bescherten ihm erste Anerkennungen.

Nach dem Tod seiner Mutter heiratete Hugo seine ihm seit der Kindheit vertraute Jugendfreundin, ging jungfräulich wie sie in die Ehe und erfreute sich einer ungehemmten sexuellen Potenz, welche – wie Mario Vargas Llosa nicht zu betonen vergaß – seine Frau, die von ihm fünf Kinder gebar, überstrapazierte und über die Jahre ermüdete. Ob wir wie der peruanische Schriftsteller diese Potenz freilich mit Hugos literarischer Zeugungskraft in Verbindung bringen dürfen, entzieht sich unseren Einblicken. Tatsache aber war, dass der junge Dichter unaufhörlich schrieb und bereits früh eine Vielzahl von Gedichten veröffentlichen konnte. Für seine royalistischen *Oden* erhielt er eine staatliche Gratifikation und weitere Vergünstigungen, später auch die persönliche Einladung, an der Königsweihe von Charles X. teilzunehmen. Hugo gehörte zunehmend zum monarchistisch-revanchistischen Establishment.

---

2 Vgl. Vargas Llosa, Mario: *La tentación de lo imposible: Victor Hugo y „Los Miserables"*. Madrid: Santillana Editores 2004; sowie ders.: Briznas: Los Miserables. A ciento cincuenta años de su publicación. In: *Interfolia* (Monterrey, Nuevo León) IV, 13 (2012), S. 40–42.

Auf dasselbe Jahr 1820 geht Hugos erstes erzählendes Prosawerk zurück, sein wohl seit 1817 entstehender Roman *Bug-Jargal*, der auf der Insel Hispaniola spielt. Hugo arbeitete diesen Text 1826 zu einem langen Roman mit vielfältigen Peripetien um, ein Debütroman, mit dem wir uns noch näher beschäftigen werden. Zu diesem Zeitpunkt war der Schriftsteller noch Royalist, doch sollte er bald unter dem Einfluss zahlreicher literarischer Freunde zum oppositionellen Liberalismus umschwenken. 1827 schrieb der Dichter das Theaterstück *Cromwell*, das weniger als solches als vielmehr durch seine berühmte *Préface* wirkte, das vielzitierte Vorwort, und spätestens zu diesem Zeitpunkt Hugo zum Sprachrohr der romantischen Schule avancieren ließ. Dem noch jungen romantischen Dichter wurden – auch in dieser Lebensphase zusammen mit seinem Freund Lamartine, mit dem wir uns etwas später in der Vorlesung beschäftigen werden – zahlreiche Ehrungen zuteil.

Mit der Uraufführung seines Stücks *Hernani* am 25. Februar 1830 und der hitzigen Saalschlacht der „Bataille d'Hernani" wurde Hugo endgültig zum Wortführer der französischen Romantik. Chateaubriand war spätestens jetzt überholt: Victor Hugo trat im literarischen Feld Frankreichs sein Erbe an. In rascher Folge erscheinen nun zentrale Werke, darunter 1831 sein sicherlich erfolgreichster und bis heute berühmtester Roman, *Notre-Dame de Paris*, der im Deutschen unter dem Titel *Der Glöckner von Notre-Dame* auch durch beliebte Verfilmungen nahezu Kultstatus genoss. Zwischen 1838 und 1840 unternahm Hugo drei Rhein-Reisen, die zu seinem dreibändigen Werk über den Rhein führen, wo er die deutsch-französische Zusammenarbeit evozierte und Ideen für eine künftige Europäische Union entwickelte, Ideen einer Gemeinschaft der „Vereinigten Staaten von Europa", die erst hundert Jahre später realisiert werden sollten.[3]

Immer häufiger nahm Hugo politisch Stellung und setzte – wie etwa in *Le Dernier Jour d'un Condamné* – sein literarisches Schreiben gezielt etwa für den Kampf gegen die Todesstrafe ein. Victor Hugo avancierte zu einem der schlagkräftigsten und einflussreichsten Intellektuellen avant la lettre in Frankreich. Er wird in die Légion d'Honneur und – nach mehreren vergeblichen Versuchen – in die Académie française gewählt, 1845 ist er „Pair de France". Sein Aufstieg als öffentliche Figur setzt sich ungebremst fort.

Mit diesem hohen symbolischen Kapital seiner Ernennungen und Mitgliedschaften ausgestattet, steigt Victor Hugo definitiv in die Politik ein und wird Abgeordneter für Paris in der Assemblée Constituante, später als konservativer Politiker in der Assemblée Législative. Er positioniert sich dort durch eine Rede

---

[3] Vgl. hierzu das Hugo-Kapitel in Kraume, Anne: *Das Europa der Literatur. Schriftsteller blicken auf einen Kontinent (1815–1945)*. Berlin – New York: Walter de Gruyter 2010.

gegen den Prince-Président, ergreift für soziale Anliegen Partei und muss nach dem Staatsstreich vom 2. Dezember 1851, in dem sich Bonaparte zum Präsidenten auf Lebenszeit machte, ins Exil – zunächst nach Brüssel, dann auf die Insel Jersey, später auf die benachbarte Kanalinsel Guernesay. Als sich Napoleon III. zum Kaiser der Franzosen ausrufen lässt, erscheint Hugos legendäres *Napoléon le Petit* gegen „Napoleon den Kleinen", das auf großen Widerhall stieß und Hugo in Frankreich wieder sehr präsent werden ließ.

Seine politischen Attacken blieben virulent, sein intellektueller wie sein literarischer Einfluss wurden außerordentlich. Es war, als wäre der Schriftsteller und Intellektuelle im Exil nochmals gewachsen. Er pfiff auf einen Amnestieerlass von Napoleon III. und blieb im Exil, von wo aus er sein literarisches Werk sowie seine politischen Stellungnahmen gut zu koordinieren vermochte. Mehr und mehr interessierte sich Hugo für soziale, politische und wirtschaftliche Probleme. 1861 schloss er seine Arbeit an *Les Misérables* ab, die im Folgejahr erschienen und mit ihren Sozialdarstellungen der ökonomisch und gesellschaftlich Ausgebeuteten bis heute faszinieren. War es, wie Vargas Llosa bereits im Titel seines Hugo-Bandes meinte, die *Versuchung des Unmöglichen*?

Wie auch immer man diese Frage beantworten mag, Victor Hugo blieb im Gedächtnis seiner französischen Leserschaft auch der Dichter der *Contemplations* oder der *Chansons des rues et des bois*, die keineswegs hinter seiner Prosa zurückstehen. Es waren nun nicht mehr einzelne Werke, die hervorstachen, sondern ein gesamtes Werk aus Essays und Gedichten, aus Romanen und Streitschriften, aus Theaterstücken und Reiseskizzen, das die Zeitgenossen in ihren Bann schlug. Doch selbst in der Prosa setzte Hugo noch einmal Zeichen: 1874 erschien sein vehementes *Quatrevingt-treize* über die „Terreur" der Französischen Revolution. Sein gesamtes Leben lang war der Schriftsteller aus Besançon ein politisch engagierter Autor, auch wenn sich seine Positionen im Laufe dieses langen Lebens erheblich wandelten. Als Victor Hugo 1885 starb, war er zu so etwas wie dem moralischen Gewissen Frankreichs geworden. Er hatte eine Bedeutung erreicht, wie sie in Deutschland allein Goethe zuteil geworden war. Angesichts dieser überragenden nationalen Bedeutung des Dichters wurde beschlossen, ihn im Panthéon beizusetzen und seinen Sarg unter dem Arc de Triomphe aufzubahren. Noch heute beeindrucken die Photographien der ungeheuren Menschenmengen, welche an den Trauerfeierlichkeiten in Paris teilnahmen. Der Tod des französischen Schriftstellers geriet zu einer wahren Apotheose. So viel also zum wahrhaft beeindruckenden Leben des Victor Hugo. Doch wenden wir uns nun seinem Debütroman zu, der über sechs Jahrzehnte zuvor entstand!

Abb. 23: Trauerfeierlichkeiten für Victor Hugo am 31. Mai 1885.

Dieser Roman imponiert zunächst durch die spezifische Sprache des noch sehr jungen und reaktionär ausgerichteten Schriftstellers, der seine dichterischen Kompetenzen nun auf die erzählerische Schöpfung ausweitete. Dabei handelt es sich um eine Sprache, welche nicht zuletzt bestimmte Spezifika des Französischen vor Ort auf den Antillen sowie die sprachliche Einbettung dieses Französischen in einem kreolischen Kontext berücksichtigt. Intertextuell gesehen – also mit Blick auf die Beziehungen zu anderen literarischen Bezugstexten anderer Autoren – befinden wir uns freilich noch immer im Bereich einer internen Relationalität monolingualen Zuschnitts. Ich verstehe darunter Beziehungen zwischen Literaturen, die in derselben romanischen Sprache abgefasst sind, auch wenn diese Sprache unterschiedliche Varietäten aufweist und diese ganz selbstverständlich auch sichtbar macht.

So weist der Romantext, um den es hier geht, bereits sprachlich einige Besonderheiten auf, bezieht Victor Hugo zum Teil doch auch Sätze und Ausrufe im „français créole" sowie auf Spanisch mit in seinen Roman ein – vor allem in der Absicht, die Ansiedlung des Geschehens an einem anderen Ort sprachlich beziehungsweise logosphärisch vor Augen und Ohren zu führen. Denn die reiche französische Kolonie Saint-Domingue war nur auf offizieller Ebene ein französischsprachiges Territorium: Die weit überwiegende Mehrzahl der Bewohner – damals also die Sklaven innerhalb des ausbeuterischen Kolonialsystems der Plantagenwirtschaft – sprachen kein Französisch, sondern eine sich rasch entwickelnde Kreolsprache, eben das „français créole" dieses Teils der Antilleninsel. Insoweit ist die monolinguale Situation in diesem Roman durchaus teilweise auf komplexere interlinguale Strukturen und Beziehungen hin geöffnet, welche wir in unsere Analyse miteinbeziehen müssen.

Beschäftigen wir uns nun näher mit dem ersten Roman aus der Feder von Victor Hugo, der 1826 unter dem definitiven Titel *Bug-Jargal* erschien! Die Geschichte dieses Romans ist durchaus sonderbar, wie Victor Hugo in seinem auf den 24. März 1832 datierten zweiten Vorwort zur Neuausgabe selbst präzisierte:

> 1818 war der Autor dieses Buches sechzehn Jahre alt; er wettete, dass er innerhalb von vierzehn Tagen einen Band schreiben könnte. Und er verfasste *Bug-Jargal*. Sechzehn Jahre ist ein Alter, in dem man auf alles wettet und alles improvisiert.
> Dieses Buch wurde folglich zwei Jahre vor *Han d'Islande* geschrieben. Und obwohl der Autor sieben Jahre später, im Jahre 1825, das Werk zum großen Teil umbaute und neu schrieb, so ist es gleichwohl durch seinen Hintergrund wie durch viele Details das erste Werk dieses Autors. [...] Und wie jene Reisende, welche sich in der Mitte ihres Weges umdrehen und noch in den nebligsten Falten des Horizontes den Ort zu finden suchen, von dem aus sie aufgebrochen sind, wollte der Autor seinerseits hier eine Erinnerung an jene Epoche voller Heiterkeit, voller Kühnheit und voller Selbstvertrauen festhalten, in welcher er frontal einen derart weiten Gegenstand anging, die Revolte der Schwarzen auf Saint-Domingue im Jahre 1791, einen Kampf der Giganten und dreier Welten, die an dieser Frage beteiligt waren, nämlich Europa und Afrika als miteinander Kämpfende und Amerika als Schlachtfeld.[4]

Abb. 24: Frontispiz des Romans *Bug-Jargal*, Radierung von Célestin Nanteuil, 1832.

In diesem Vorwort macht Victor Hugo sowohl auf die Entstehung seines ersten Romans im zarten Alter von sechzehn Jahren aufmerksam als auch auf die wiederholten Überarbeitungen, die freilich den Charakter dieses Textes als Frühwerk

---

4 Hugo, Victor: *Bug-Jargal*. Berlin: W. Natorff et Compagnie 1836, Préface vom 24 März 1832, s.p.

nicht grundlegend verändert haben. Der gewählte Gegenstand, so Hugo, war gewaltig und in seinen Dimensionen eher furchteinflößend – nicht aber für den jungen Mann von sechzehn Jahren, der vor Selbstbewusstsein strotzte.

Victor Hugo spricht ausdrücklich von der Revolte, wir müssten heute sagen: von der Revolution auf Haiti – und er verhielt sich damit ein wenig so, wie sich Ludwig XVI. verhielt, als er noch am 14. Juli 1789 in seinem Tagebuch notierte: „Aujourd'hui, rien", heute nichts. Am Tag der Französischen Revolution, des Sturms auf die Bastille, fand der damals noch amtierende französische König, dass es nichts Bemerkenswertes zu notieren gebe. Bisweilen sind die Herrschenden blind für die Veränderungen, die allenthalben um sie herum doch sichtbar sind. Ist dies die Ruhe im Auge des Hurrikans?

Nun, der französische König musste sich von seinen Zeitgenossen nur allzu rasch korrigieren lassen, dass nämlich das, was da in den Straßen von Paris vor sich ging, längst keine Revolte, sondern eine ausgewachsene Revolution war. Victor Hugo unterschied sich freilich von seinen französischen Zeitgenossen kaum, die ebenfalls im ‚Aufstand' einiger schwarzer Sklaven auf einer fernen Insel im Meer der Antillen keinerlei Revolution erkennen mochten. Noch eine Hannah Arendt sollte das traurigerweise so sehen.

Der Schriftsteller macht jedoch von Beginn an deutlich, dass es sich bei diesen Ereignissen um eine Art trikontinentale Dreiecksbeziehung handelte, eine Auseinandersetzung, an der Europa, Afrika und Amerika mit unterschiedlichen Interessenlagen beteiligt gewesen seien. Eine solche Sichtweise geht natürlich auf den Dreieckshandel zurück zwischen den drei Kontinenten, der den damals noch schwunghaften und grausamen Sklavenhandel befeuerte, sowie auf das, was man in den letzten Jahren im Kielwasser von Paul Gilroy den *Black Atlantic* genannt hat.[5] Ob Afrika in Amerika dann immer noch getrennt voneinander als Afrika und Amerika zu bezeichnen sind und Amerika nichts weiter als den Schauplatz der Ereignisse bildet, darf aus heutiger kulturwissenschaftlicher Perspektive durchaus bezweifelt werden. Denn längst hatten die afrikanischen Sklaven in den Amerikas eigenkulturelle Entwicklungen genommen, welche eine spezifisch transkulturelle Dimension erreichten, mit der wir uns noch zu beschäftigen haben.

---

5 Vgl. hierzu Gilroy, Paul: *The Black Atlantic. Modernity and Double Consciousness*. London: Verso 1993; sowie *Der Black Atlantic*. Herausgegeben vom Haus der Kulturen der Welt in Zusammenarbeit mit Tina Campt und Paul Gilroy. Berlin: Haus der Kulturen der Welt 2004; zur Sklaverei insgesamt siehe Zeuske, Michael: *Handbuch Geschichte der Sklaverei. Eine Globalgeschichte von den Anfängen bis zur Gegenwart*. 2., überarbeitete und erweiterte Auflage. 2 Bände. Berlin – Boston: Walter de Gruyter 2019.

Doch offenkundig war im Zeichen rassistischer Vorstellungen eine solche Sichtweise der Dinge zu Beginn des 19. Jahrhunderts noch nicht möglich. Transkulturelle Dynamiken entfalteten sich zwar, konnten aber noch nicht adäquat gedacht werden. Wir wissen, dass die Zeitgenossen Hugos dies nicht anders sahen und selbst ein Alexander von Humboldt bei seinen Untersuchungen der Ereignisse von Saint-Domingue immer davon sprach, es seien die Afrikaner, die mit ihrem Aufstand erstmals das Joch der Sklaverei glücklich abgeschüttelt hätten. Haiti, so Humboldt, könne dereinst zum Zentrum einer Konföderation schwarzer afrikanischer Republiken im Bereich der Antillen werden.[6] Dass es sich bei diesen Gruppen schwarzer Sklaven, die seit Beginn des 16. Jahrhunderts in der Karibik zwangsverschleppt zusammenlebten und komplexe kulturelle Beziehungsgeflechte entfalteten, längst um Amerikaner oder – wie wir heute sagen würden – Afroamerikaner handelte, können wir für unsere Zwecke allerdings kurzfristig ausklammern.

Wichtig jedoch ist mir vor allem, dass Victor Hugo in seinem Vorwort zu *Bug-Jargal* sehr wohl den globalen Kontext markiert, innerhalb dessen sich sein Roman situiert. Und er hat – jenseits der Liebesgeschichte, auf die der Roman als einen diskursiven Motor nicht verzichten konnte – just den Export eines bestimmten gesellschaftlichen Modells, einer gesellschaftlichen Erfahrung zum Thema, für die sich auch Bernardin de Saint-Pierre, nicht aber Chateaubriand oder der junge Hugo selbst interessierten: die Französische Revolution. Aus einer konservativen, ja reaktionären europäischen Perspektive musste die Haitianische Revolution nicht als Revolution, sondern schlicht als Störung und Unterbrechung eines als ‚natürlich' angesehenen Wirtschaftssystems kolonialer Ausbeutung erscheinen. Sie war nur ein Aufruhr schwarzer Sklaven, eine vorübergehende Revolte, nichts weiter: Frankreich hoffte, zu einem späteren Zeitpunkt die Zügel wieder anziehen zu können und belegte die Teil-Insel mit schweren finanziellen Reparationsforderungen und Verpflichtungen, welche die junge Republik Haiti von Beginn an in große Schwierigkeiten brachten.

Victor Hugo wählte sicherlich nicht zufällig während der Zeit der Restauration in Frankreich ein kriegerisches Epos als Sujet für seinen Roman: Zu angefüllt war die Zeit mit militärischen Expansionen, Siegen und schließlich den Niederlagen der Franzosen im Zeitalter Napoleons, als dass dies nicht einen jungen Menschen zumindest hätte begeistern können. In *Bug-Jargal* jedoch wählte Victor

---

6 Vgl. hierzu auch Ette, Ottmar: Insel-Text und archipelisches Schreiben: Alexander von Humboldts „Isle de Cube, Antilles en général". In: *edition humboldt digital*. Hg. von Ottmar Ette. Berlin: Berlin-Brandenburgische Akademie der Wissenschaften. Version 1 vom 10.5.2017. <URL: http://edition-humboldt.de/v1/H0016213>.

Hugo ein höchst komplexes Thema aus einer unmittelbaren Vergangenheit, in dem es zumindest auf den ersten Blick keine heldenhafte Rolle Frankreichs zu besingen gab. Es war vielmehr ein Kampf um die reichste Kolonie der Franzosen entbrannt und ein höchst grausamer Krieg entfesselt worden, der nach der Unabhängigkeit der USA von ihrem kolonialen Mutterland England nun zum zweiten Mal die Unabhängigkeit auf dem amerikanischen Kontinent proklamieren sollte. In Saint-Domingue oder Haiti ging es freilich nicht allein um eine Überwindung des kolonialen Status, sondern zugleich um den Ausgang aus der Sklaverei, die gerade erst in Frankreich von der Convention – unter dem Druck der Société des Amis des Noirs – abgeschafft worden war.

Victor Hugo hat zweifellos auf historische Figuren der Haitianischen Revolution zurückgegriffen, insbesondere auf Georges Biassou, Jean-François Papillon und Dutty Boukman, um seinen Bug-Jargal zu schaffen. Sein Protagonist nimmt Züge all dieser historischen Persönlichkeiten in sich auf. Man kann um den Namen „Bug-Jargal" streiten und etwa darauf verweisen, dass Bug-Jargal und Gibraltar dieselbe Struktur besitzen, ein Isomorphismus bei kleiner Abweichung, der den jungen Autor wohl inspirierte. Und in der Tat gibt es auch herkulische Züge bei Bug-Jargal, so dass Hugo wohl ganz bewusst auf die Säulen des Herkules bei der Namensfindung seines Helden zurückgegriffen haben dürfte und damit auch mythologische Einsprengsel in seinen schnell verfassten Debütroman einflossen.

Das Phantasmatische des Namens wird auch im Doppel von Bug-Jargal und Habibrah deutlich, wobei letzteres zugleich unübersehbar die Amerikas *orientalisiert*; auch der Name Habibrah weist eine fast vollständige Symmetrie auf, doch ein zusätzliches *r* findet sich auch hier. So entfaltet sich jedenfalls eine Mythologie der beiden einander entgegengesetzten abendländischen und morgenländischen Zivilisationen, die nun auf einer Antilleninsel einander plötzlich gegenüberstehen. Bei seiner Orientalisierung greift der junge Dichter auf den Topos morgenländischer Grausamkeit zurück, welche bereits im Namen Habibrah angelegt ist. So sind die Namen der handelnden Figuren in diesem Roman gewiss nicht zufällig gewählt; auch der Name d'Auverney für den Erzähler der Rahmenerzählung und den Protagonisten der Binnenerzählung etwa stammt aus Hugos eigener Familie mütterlicherseits. Hugo arbeitete nach eigener Aussage schnell und borgte und besorgte sich, was er sich rasch und ohne größeren Aufwand verschaffen konnte.

Sein wichtigster intertextueller Bezugstext war laut Forschungsliteratur die *Description de la partie française de l'île de Saint-Domingue*, die der französische Dichter mit vielen klimatischen Ingredienzien und naturräumlichen Bedingungen einer Welt in Verbindung brachte, die er – anders als Bernardin de Saint-Pierre oder Chateaubriand, aber ebenso wenig wie Heinrich von Kleist – nicht aus eigener Anschauung kannte. Doch ihm waren die Naturbeschreibungen des

Schöpfers von *Paul et Virginie* ebenso bekannt und vertraut wie jene des Autors von *Atala* oder *René*, so dass wir die von uns bereits behandelten Prosatexte sehr wohl als weitere französische Intertexte seines Romans benennen dürfen. Den Verfasser des *Génie du Christianisme* hatte der junge Hugo tief in sich aufgesogen. Denn die Beschreibungen tropischer Landschaften, welche der Autor von *Bug-Jargal* stets an scharfen Kontrasten entlang aufbaut, sind noch sehr stark im Stile eines Chateaubriand abgefasst und damit in den Traditionen der frühen französischen Romantik modelliert.

Aber nicht allein im landschaftlichen, sondern auch im menschlichen und moralischen Bereich baut sich die Grundstruktur des Romans aus deutlich herausgearbeiteten Kontrasten auf. Die Erzählstruktur mit ihrer wechselseitigen Artikulation von Rahmenerzählung und Binnenerzählung ist uns zum größten Teil bereits bekannt: Erzähltechnisch gibt es in *Bug-Jargal* also nicht viel Neues zu berichten. In einer Pause des Krieges erzählen sich Offiziere in einem Zelt interessante Geschichten aus ihrem Leben. Erst auf Ebene der Binnenerzählung wird das Geheimnis preisgegeben, das die Gestalt und individuelle Persönlichkeit von Léopold d'Auverney und seine eigentümliche Beziehung zu seinem Faktotum wie zu seinem Hund Rask umgibt.

Dieser Léopold d'Auverney ist – so wird uns gleich zu Beginn des vierten von insgesamt achtundfünfzig durchnummerierten Kapiteln oder Abschnitten mitgeteilt – als junger Mann auf jenen westlichen Teil der Insel Hispaniola gekommen, der unter dem Namen Saint-Domingue damals von so enormer ökonomischer Wichtigkeit für Frankreich war. Zu jener Zeit war die Insel noch eine perfekt funktionierende Sklavenkolonie, die für sich Modellcharakter innerhalb eines ausbeuterischen Systems der Sklaverei beanspruchen konnte. Hier war das statistische Verhältnis von Weißen und Schwarzen auf die Spitze getrieben, genügten doch wenige Weiße, um eine radikale Versklavung, Unterdrückung und ständige Auspeitschungen als System aufrecht zu erhalten. Andere europäische Kolonialmächte blickten neidisch auf diese kolonialistisch durchorganisierte Insel-Welt.

Léopold wird zu seinem Onkel geschickt, der eine riesige Zuckerrohrplantage besitzt und befehligt, ein wahres Hofleben mit genau geregelter Etikette hält, über Hunderte und Aberhunderte schwarzer Sklaven gebietet und eine schöne Tochter namens Marie besitzt, die Léopold d'Auverney ehelichen soll. Wunderbare Aussichten für den hübschen jungen Mann! Die Hochzeit der schönen Marie mit dem jungen Léopold wird jedoch durch zwei Tatsachen verzögert und schließlich verunmöglicht und damit beginnt die Handlung dieser Geschichte sich zu drehen: Erstens hat sie einen unbekannten schwarzen Verehrer, der anfangs unter dem Namen Pierrot, später dann unter Bug-Jargal hervortritt und über wahrlich herkulische Kräfte verfügt; und zweitens wird das Datum der geplanten Hochzeit just auf jenen Tag gelegt, an dem – wie Bug-Jargal weiß – der Aufstand der Sklaven in der französischen Kolonie losbrechen wird. Wir befinden uns also historiographisch gesehen in der ersten Phase der langen Haitianischen Revolution.

So kommt denn der unter einem Unstern stehende 22. August des Jahres 1791, an dem die beiden reichen und verliebten Weißen in der Kirche getraut werden. Es wird eine Trauung, auf die niemals mehr eine Hochzeitsnacht, eine Vereinigung der beiden Liebenden folgen wird, die diesen Bund fürs Leben beschließen könnte. Die Liebesgeschichte, die uns Victor Hugo erzählt, endet nicht weniger im Desaster als jene, die uns Bernardin de Saint-Pierre aus Mauritius oder Chateaubriand von den Ufern des Mississippi erzählte. Und jeweils steht am Ausgang all dieser Geschichten die Leiche einer schönen jungen Frau. In der Kolonie Saint-Domingue und auf der Plantage des Onkels zirkuliert just am Tag der Eheschließung erstmals der mit Respekt ausgesprochene Name des anfänglichen Gegenspielers und Rivalen um die Liebe Maries, zugleich aber des ‚Edlen Wilden' und Mithelfers von d'Auverney: Bug-Jargal. Der unterscheidet sich so vorteilhaft von den Horden unkultivierter und grausamer schwarzer Sklaven, welche Hugo ein ums andere Mal blutrünstig an seiner Leserschaft vorbeidefilieren lässt.

Die ersten Berichte des Gouverneurs der Insel, welcher der Assemblée der Weißen von den Vorfällen berichtet, lassen keinen Zweifel an der Grausamkeit der Sklaven. Nicht die unmenschlichen Kolonialherren und Sklavenbesitzer der Insel, sondern ihre schwarzen Untertanen und Opfer werden aus diesem Blickwinkel zu rücksichtslosen Mordmaschinen stilisiert. Damit erscheint eine Sicht auf die Ereignisse und eine ‚weiße Perspektive', die wie zu Beginn von Kleists *Die Verlobung von St. Domingo* eingenommen wird und im damaligen Europa dominierte. Es sind im Grunde Bilder der französischen „Terreur", aus deren reichem Bilderschatz Victor Hugo sich bedient, um die Revolte der Schwarzen, die gegen ihre grausame Versklavung aufstehen, anschaulich werden zu lassen. Vernehmen wir die Worte des französischen Gouverneurs:

> Hier sind die Berichte, die mir zugegangen sind. Die Revolte begann in dieser Nacht um 10 Uhr abends unter den Negern der Pflanzung Turpin. Die von einem englischen Neger namens Boukman befehligten Sklaven haben die Werkstätten der Pflanzungen Clément, Trémès, Flaville und Noé mit sich gerissen. Sie haben alle Plantagen in Brand gesetzt und Kolonisten mit unerhörter Grausamkeit massakriert. Ich werde Ihnen die ganzen Schrecknisse anhand eines einzigen Details zu verstehen geben. Ihre Standarte ist die Leiche eines Kindes, das am Ende einer Pike aufgespießt ist.
> Ein Erschaudern unterbrach Herrn von Blanchelande.
> – Das ist, was sich da draußen abspielt, fügte er hinzu. Drinnen ist alles umgestürzt. Mehrere Bewohner des Kaps haben ihre Sklaven getötet; die Angst hat sie grausam gemacht. Die Sanftesten oder die Wackersten haben sich darauf beschränkt, sie gut verschlossen einzusperren. Die *Petits Blancs*, die Weißen mit Kleinbesitz, klagen dieser Desaster die Freien von gemischtem Blute an. Mehrere Mulatten wären beinahe zu Opfern der Volkswut gewor-

den. Ich habe ihnen als Asyl eine Kirche gegeben, die von einem Bataillon bewacht wird. Um zu beweisen, dass sie nicht mit den revoltierenden Schwarzen im Einvernehmen stehen, ließen die Mulatten mich bitten, ihnen zur Verteidigung einen Posten und Waffen zu geben.[7]

Wie Sie sehen, greift Victor Hugo in dieser Passage auf geschichtliche Fakten zurück und verwendet die historisch korrekten Namen von aus der Geschichte der Haitianischen Revolution bekannten Figuren wie Boukman oder Blanchelande. Wir haben es folglich mit einem Roman zu tun, der sehr wohl Züge eines historischen Romans nach dem Vorbild Walter Scotts trägt, wobei gerade die großen Gestalten historische Namen tragen, während die kleineren Romanfiguren fiktional sind und ‚erfunden' wurden. Diese ‚kleineren' Figuren werden freilich zu den eigentlichen Protagonisten der Geschichte, während die ‚großen' Gestalten die Haupthandlung bestimmen.

Allerdings dominieren von Beginn an Position und Perspektive der Weißen, die kaum über die eigene Brutalität sprechen, im Notfall aber ihre Grausamkeit – wie im obigen Zitat – auf jene der schwarzen Sklaven und die Angst vor ihren Missetaten zurückführen. Die aufständischen schwarzen Sklaven gingen mit so ungeheurer Bestialität gegen alle Weißen vor, würden alles, was sich ihnen in den Weg stelle, massakrieren und die Felder wie jeglichen Besitz der Weißen in Flammen und Rauch aufgehen lassen. Die an Lanzen und Piken aufgespießten Köpfe sind zweifellos ebenfalls historisch, bilden in gewisser Weise aber eine Reminiszenz an Vorfälle, die sich seit Beginn der Französischen Revolution in Paris ereigneten und nun auf Haiti übertragen wurden. Die bestialischen Handlungsweisen und Massaker der Weißen an ihren Sklaven werden hingegen entweder gar nicht oder nur am Rande vermerkt. Der gesamte Diskurs des Herrn de Blanchelande ist in ein legalistisches Spiel der Ausgeglichenheit zwischen den Massakern der Schwarzen, den Gegenaktionen der Weißen und den Ängsten der freien Mulatten getaucht, so dass das staatstragende Element dieser Erzählweise bestimmter Fakten fraglos beim französischen Gouverneur liegt.

Die Geschichte der Insel Hispaniola gehört zu den spannendsten und lehrreichsten Geschichten der Kolonialzeit schlechthin. Ich kann an dieser Stelle aber weder auf die erste europäische Entdeckung der von den Eingeborenen „Haiti" genannten Insel Española 1492 durch Christoph Kolumbus noch auf die lange spanische Kolonialzeit oder die häufigen Überfälle durch Piraten, darunter auch durch den gefürchteten Briten Francis Drake, eingehen. Im Kampf zwischen den europäischen Kolonialmächten versuchten die Franzosen nach der ersten Phase beschleunigter Globalisierung unentwegt, aber zumeist ohne durchschlagenden

---

7 Hugo, Victor: *Bug-Jargal*, S. 64.

Erfolg, auch ein Stück vom kolonialen Kuchen abzubekommen. Dies gelang im Bereich der Karibik erstmals mit der Inbesitznahme einer kleinen Insel namens „Tortuga" vor der Küste Hispaniolas (französisch „La Tortue", die gefürchtete Pirateninsel, die später zum Zentrum eines Reichs der Piraterie avancierte) und dann 1665 mit den von dort aus gestarteten Angriffen auf den Westteil Hispaniolas. Diesen erklärten die Franzosen einseitig für von Spanien unabhängig, um ihn ihrem eigenen, in Entstehung begriffenen Kolonialreich einzuverleiben.

Im Jahr 1685 – also gut hundert Jahre vor der Französischen Revolution – trat auf den Westindischen Inseln der berüchtigte *Code Noir* in Kraft, der die Grundregeln der Sklaverei im französischen Kolonialreich festlegte und überregionale Bedeutung erhielt. 1697 schließlich wurde der Westteil der Insel Hispaniola im Frieden von Rijswijk tatsächlich legaler Besitz Frankreichs unter dem Namen „Saint-Domingue". Damit begann ein rasanter wirtschaftlicher Aufstieg, denn mit der Einwanderung französischer Kolonisten, der massiven Einfuhr schwarzer Sklaven aus Afrika und der enormen Ausweitung landwirtschaftlicher Nutzflächen entwickelte sich das auf Zucker spezialisierte Saint-Domingue zur reichsten und modernsten Kolonie überhaupt. Auf dieser intensiv kapitalistisch genutzten Teil-Insel wurde jener Zucker produziert, der einen großen Teil des europäischen Marktes abdeckte. Saint-Domingue wurde sozusagen zum Schaufenster der höchsten Rendite, die sich im Sklavenhandel und mit der Sklaverei-Wirtschaft kolonial erzielen ließ.

Setzen wir unseren kurzen historischen Rückblick fort:[8] 1788, also gerade einmal ein Jahr vor dem Ausbruch der Revolution, wurde in Paris das Comité Colonial, eine Interessenvertretung weißer Pflanzer, gegründet. Beim Tiers-Etat wurde zügig eine Zulassung von Deputierten aus Saint-Domingue erwirkt. Im selben Jahr 1788 aber erfolgte ebenfalls die Gründung der abolitionistischen, also für die Abschaffung der Sklaverei eintretenden Société des Amis des Noirs. Als die Französische Revolution am 20. August 1789 die Menschenrechte erklärte, fühlten sich zunächst die weißen Kreolen in ihren Autonomieabsichten bestärkt. Die Französische Revolution hatte gleichsam von Beginn an eine weit über Europa hinausweisende Schlagkraft, die allerdings – und daran war weniger zu denken – recht bald auch einen Vorbildcharakter dieser Revolution für andere Revolutionen antikolonialistischen Zuschnitts mitbedingte. Aber wer dachte bei dieser Erklärung der Menschenrechte durch freie weiße Franzosen schon daran, dass die schwarzen Sklaven sie auch auf sich selber beziehen würden?

---

8 Zur weiteren Lektüre sei empfohlen Bernecker, Walther L.: *Kleine Geschichte Haitis*. Frankfurt am Main: Suhrkamp 1994.

Es geht mir an dieser Stelle unserer Vorlesung nicht darum, Ihnen die Ereignisse der Haitianischen Revolution nahezubringen, die wirklich zum Spannendsten in der Geschichtswissenschaft gehören und 1804 in die Anerkennung jenes Staates mündeten, der nach den USA der erste Staat im Süden Amerikas und weltweit das erste Beispiel einer erfolgreichen Sklavenrevolution darstellen sollte. Im Mai 1791 verfügte die Constituante in Paris die rechtliche Gleichstellung aller freien „gens de couleur" in den französischen Kolonien: Noch schienen die weltpolitischen Auswirkungen überschaubar.

Dann aber begann am 22. August 1791 der bereits erwähnte Sklavenaufstand im Norden Haitis, aus dem sich die Haitianische Revolution entwickeln sollte. Die große, charismatische Figur dieses Beginns der Revolution, die über ein Jahrzehnt lang die vormals reiche Kolonie verwüsten und einen hohen Blutzoll verlangen sollte, war ohne jeden Zweifel Boukmann. Schon im September 1791 wurde das Gleichstellungsdekret des Mutterlandes wieder aufgehoben, jedoch im folgenden April erneut in Kraft gesetzt. Im September 1792 trafen dann drei jakobinische Kommissare in Saint-Domingue ein. Ein knappes Jahr später, im August 1793, sollten sie die vermeintlich definitive Aufhebung der Sklaverei verkünden. Doch bereits am 4. Februar 1794 wurde erneut die Sklaverei durch den französischen Konvent beschlossen. Während dieser gesamten Zeit der Beschlüsse und ihrer Rücknahmen aber brodelte es auf der französischen Zuckerinsel in ihrem noch zu Frankreich gehörenden Teil.

Die weitere Entwicklung der Haitianischen Revolution ist mehr oder minder bekannt. Eine der großen Figuren der Revolution, General Toussaint-L'Ouverture, von dem wir bereits im Zusammenhang mit Heinrich von Kleist hörten, dass er später jämmerlich in einem Gefängnis im französischen Jura, der Forteresse de Joux, frierend und einsam zu Grunde gehen sollte, wird 1797 zum starken Mann in Saint-Domingue. Er übersteht den inzwischen ausgebrochenen Bürgerkrieg zwischen Schwarzen und Mulatten und kann 1801 seine Herrschaft auch auf den größeren spanischen Ostteil der Insel ausdehnen. Dergestalt beginnen die traumatischen Erfahrungen der beiden ungleichen Inselhälften mit- und untereinander, die selbst in der aktuellen Gegenwart im Verhältnis zwischen Haiti und der República Dominicana noch immer nicht vergessen sind.

1802 versucht Frankreich, nun unter Napoleon, ein letztes, aber massives Mal, die abtrünnige Insel und Kolonie wieder unter seine Herrschaft zu zwingen und entsendet ein gewaltiges Expeditionsheer unter General Leclerc. Die Sklaverei wird wieder eingeführt, Toussaint-L'Ouverture verraten und nach Frankreich deportiert. Doch 1803 erleidet dieses Expeditionsheer der Franzosen, das längst durch Krankheiten wie das Gelbfieber dezimiert ist, eine vernichtende Niederlage. Jetzt ist der Weg frei für die Unabhängigkeit Haitis, dessen erster Präsident von 1804 bis 1806 Dessalines wird, der sich in der Folge zum Kaiser Jacques I. krönen lässt. 1806 kommt es zu Kämpfen zwischen den Mulatten unter Pétion einerseits und den Schwarzen unter General Henri Christophe, der durch die Errichtung einer prunkvollen Schlossanlage namens Sanssouci – da horcht man in Potsdam auf! – in die Geschichte einging.

Doch die mit all diesen Wirren und Wendungen verbundenen Geschicke können wir an dieser Stelle nicht weiterverfolgen. Das erste Land Lateinamerikas – ja, Haiti zählt hierzu, insofern die hier gesprochenen Sprachen des Französischen und des „français créole" sich vom Lateinischen herleiten – und damit jenes Land, das einst die reichste Kolonie nicht nur der französischen Kolonialgebiete, sondern der gesamten kolonialen Welt war, tritt seinen Zug in jene Vierte Welt an, in der Haiti längst in der Falle sitzt. Doch die Sklavenrevolution auf der Insel hat seither nicht aufgehört, wie zu Zeiten Victor Hugos die Gemüter zu erhitzen und die unterschiedlichsten Wissenschaften zu beschäftigen.

Das oftmals überraschende Wechselspiel zwischen den Ereignissen in Frankreich und jenen in seiner reichsten Kolonie, zwischen der Französischen und der Haitianischen Revolution, wird des Öfteren auch in *Bug-Jargal* thematisiert. So hört der junge Léopold d'Auverney, der als Ich-Erzähler in der Binnenerzählung fungiert, von einem alten Soldaten das Folgende, wäre der doch zu einem monarchistischen Durchgreifen bereit:

> Es sind die Schönredner und Advokaten, die alles verderben, hier wie im Mutterland. Hätte ich die Ehre, der kommandierende General des Königs zu sein, würde ich diese ganze Canaille vor die Türe werfen. Ich würde sagen: Der König regiert, und ich regiere. Ich würde die Verantwortung im Angesicht dieser sogenannten Repräsentanten allen Teufeln geben; Und mit zwölf Kreuzen des Heiligen Ludwig, die im Namen Ihrer Majestät versprochen wären, würde ich alle Rebellen auf die Ile de la Tortue hinaus fegen, die ehemals von Briganten wie diesen, von Freibeutern, bewohnt war. Erinnern Sie sich an das, was ich Ihnen sage, junger Mann. die *Philosophen* haben die *Philanthropen* gezeugt, welche ihrerseits die *Negrophilen* hervorbrachten, welche die Weißenfresser schufen, für die man noch einen griechischen oder lateinischen Namen finden wird. Diese vorgeblich liberalen Ideen, von denen man in Frankreich trunken ist, sind unter den Wendekreisen ein Gift. Man müsste die Neger mit Sanftmut behandeln, nicht zu einer sofortigen Freilassung aufrufen. Alle Schrecknisse, die Sie heute in Saint-Domingue sehen, sind aus dem Club Massiac entstanden, und der Sklavenaufstand ist nichts als der Gegenschlag zum Sturm auf die Bastille.[9]

In dieser Passage, die einer Romanfigur in den Mund gelegt ist, wird unverkennbar die These aufgestellt, dass letztlich alle Ereignisse in der weit von Paris entfernten Kolonie Saint-Domingue eine direkte Frucht der Ereignisse im französischen Mutterland sowie der Bestrebungen der Philosophen der Aufklärung sind, die sich

---

9 Hugo, Victor: *Bug-Jargal*, S. 69 f.

für die Menschenrechte einsetzten. Lassen wir hier zunächst einmal außer Acht, dass sich diese ältere Romanfigur, die sich an den jungen Léopold richtet und die nicht der Erzähler ist, mit der frühesten Präsenz der Franzosen in der Karibik auseinandersetzt. Diese ließen sich auf der Insel Tortuga oder La Tortue als Bukaniers oder Freibeuter nieder und überfielen regelmäßig die Schiffe der mit Gold und Silber aus den Kolonien beladenen spanischen Schiffe. Der erfahrene Soldat tut dies vom Standpunkt einer gefestigten Kolonialmacht der Franzosen aus und verurteilt die damaligen Freibeuter, die freilich die Vormacht der Spanier untergruben und den Weg für die spätere Ausdehnung des französischen Kolonialsystems auf Teile der Karibik freimachten. So waren eben diese Freibeuter und Piraten der Beginn französischer Präsenz in der Karibik und insbesondere auf der großen Antilleninsel Hispaniola, die in ihren Anfängen letztlich nichts anderes als ein Beutegut französischer Piraterie gewesen war.

Lassen wir hier auch eher unerwähnt, dass die Äußerungen über den Club Massiac einen historischen Fehler des jungen Victor Hugo beleuchten, der seine Geschichtslektionen noch nicht vollständig gelernt hatte. Denn gemeint sind vielmehr die revolutionären Clubs und vor allem die bereits erwähnte Société des Amis des Noirs, die tatsächlich eine Freilassung und Befreiung aller Sklaven im französischen Einflussgebiet bereits im Jahr 1794 durchsetzte.

Entscheidend für unsere Fragestellung ist vielmehr, dass es hier ganz einfach um die Problematik geht, wie man mit den zahlreichen Sklaven in den französischen Kolonialgebieten umgehen sollte. Und diese altgediente Romanfigur plädiert ganz unverblümt gerade nicht für eine Freilassung der schwarzen Sklaven, sondern für eine ein wenig ‚menschlichere' Behandlung, und zwar mit dem Ziel, die Sklaverei als Wirtschafts- und Kolonialsystem mit aller Kraft im Dienste des französischen Königs aufrechtzuerhalten – den es längst nicht mehr gab. Von dieser Position aus knüpfte er eine doppelte, von den Zeitgenossen in Frankreich, aber auch anderswo schon früh geteilte Verbindung. Diese „double articulation" verlief wie folgt: Erstens ist die Französische Revolution eine unmittelbare Folge der Aufklärung, also letztlich ein Werk der „philosophes", die es letztlich vermochten, die Grundfesten der Gesellschaft zu unterminieren und damit diese Gesellschaft des Ancien Régime zum Einsturz zu bringen. Zweitens ist der Einsturz des gesamten kolonialen Gebäudes – die erste Bedingung einmal vorausgesetzt – zumindest mit Blick auf Saint-Domingue eine nicht weniger unmittelbare Folge der Arbeit dieser „philosophes", die sich massiv für die Abschaffung der Sklaverei einsetzten und der Sklaverei jeglichen Boden unter den kolonialwirtschaftlichen Füßen entzogen. Diese doppelte Verbindung besagt im Grunde, dass die Arbeit der insbesondere französischen Philosophen der Aufklärung eine Staat und Kolonialsystem zersetzende und für Frankreich höchst schädliche Aktivität war. Deren Folgen galt es nun zurückzudrängen!

All dies bedeutete, der Philosophie der Aufklärung und dem Wirken der geistigen Kräfte letztlich eine ungeheure Machtfülle zuzusprechen; wären doch sie es dann gewesen, die die Schwarzen gleichsam in den Aufstand und die Revolution getrieben hätten. Die von der Romanfigur aufgemachte Entwicklungsreihe von den allgemeinen „philosophes" über die noch immer agierenden und agitierenden Philanthropen bis hin zu den ganz spezifischen „Freunden der Schwarzen" versuchte, die aus Sicht des Ich verdammenswerte historische Abfolge an irgend einem Glied der Kette zu unterbrechen. Die Französische Revolution einschließlich ihrer Phase der „terreur", an der vor allem die Jakobiner schuld gewesen seien, wurde ebenso den Aufklärern und Intellektuellen avant la lettre angelastet wie die Erscheinungen jenes Sklavenaufstandes von 1791 mit seinen blutigen Massakern auf beiden Seiten, die wir längst als die Haitianische Revolution bezeichnen müssen. Alle Schuld an diesen vom Soldaten grundsätzlich verurteilten Entwicklungen wurde folglich dem französischen Buch- und Geisteswesen angelastet. Und genau auf dieser Ebene kämpfte nun mit der Waffe der Feder der junge, sechzehnjährige Victor Hugo an der Seite von Monarchisten und Konservativen wie sein Vorbild Chateaubriand.

An dieser Stelle unserer Betrachtungen muss man zweifellos einräumen: Die Attacken gegen die französischen „philosophes" waren nicht gänzlich aus der Luft gegriffen. Nicht umsonst war einer der großen Bestseller des „Siècle des Lumières" – Guillaume-Thomas Raynals *Histoire philosophique et politique des établissements et du commerce des Européens dans les deux Indes*, ein Werk, das erstmals 1770 erschien und in seiner dritten Auflage von 1780 gerade in den Kolonien besonders einflussreich war – wiederholt und äußerst vehement für die Abschaffung der Sklaverei eingetreten. In diesem Zusammenhang möchte ich Ihnen den Sachverhalt anhand einer bald nach ihrem Erscheinen im Jahr 1780 berühmt gewordenen Passage der – wie sie kurzgefasst heißt – *Histoire des deux Indes* gerne zeigen; einer Passage, die aus der spitzen Feder des Mitstreiters Raynals, Denis Diderot, stammt. Ein gutes Jahrzehnt vor den gewaltigen und gewaltsamen Sklavenaufständen auf Saint-Domingue wurde hier eine Art Prophezeiung dessen entwickelt, was sich wenige Jahre später dann in der Tat in der französischen Kolonie abspielen sollte. Aber überzeugen Sie sich selbst! Die Philosophie tut bei Diderot freilich ganz unschuldig so, als spielte sie lediglich den Bauchredner für die Natur:

> Eure Sklaven brauchen weder Eure Großzügigkeit noch Eure Ratschläge, um das gotteslästerliche Joch zu brechen, welches sie unterdrückt. Die Natur spricht lauter als die Philosophie & das Interesse. Schon haben sich zwei Kolonien flüchtiger Neger etabliert, welche Verträge & Gewalt vor Euren Attentaten schützen. Dieses Leuchten kündigt den Blitzeinschlag an, & es fehlt den Negern nur noch ein Chef, der mutig genug wäre, sie zu Rachetaten & zu Massakern zu führen.

> Wo ist er, dieser große Mann, den die Natur ihren verletzten, unterdrückten, verstörten Kindern schuldig ist? Wo ist er? Er wird erscheinen, zweifeln wir nicht daran, er wird sich zeigen, er wird die heilige Standarte der Freiheit erheben. Dieses verehrungswürdige Signal wird die Gefährten seines Unglücks um ihn her versammeln. Stürmischer noch als Sturzbäche werden sie überall die unverlöschlichen Spuren ihres gerechten Hasses hinterlassen. Spanier, Portugiesen, Engländer, Franzosen, Holländer, all ihre Tyrannen werden zur Beute ihres Eisens & ihrer Flammen werden. Die Felder Amerikas werden trunken sein von diesen Gefühlsbewegungen und einem Blute, welches sie seit so langer Zeit erwarteten, und die Knochen so vieler Unglücklicher, die sich seit drei Jahrhunderten aufhäuften, werden vor Freude erbeben. Die Alte Welt wird ihre Beifallsstürme mit der Neuen Welt verbinden. Überall wird man den Namen des Helden segnen, der die Rechte des Menschengeschlechts wieder in Kraft setzte, überall wird man seinem Ruhme Trophäen errichten. Dann wird der *code noir* verschwinden; & der *code blanc* wird schrecklich sein, wenn der Sieger nur das Recht der Repressalien achtet!
> Während sie auf diese Revolution warten, ächzen die Neger unter dem Joch ihrer Arbeiten, deren Gemälde uns nur mehr und mehr für ihr Schicksal zu interessieren vermag.[10]

Aus heutiger Sicht ist es faszinierend zu sehen, in welchem Maße in dieser Passage auf Grund zum Teil völlig falscher Annahmen Raynal und mehr noch Diderot – denn Raynal war eher reformerisch orientiert und verdiente indirekt selbst noch am Sklavenhandel – eine künftige und bald schon bevorstehende Revolution ankündigten, die sich in der Tat wenige Jahre später ereignen sollte. Es fehlte tatsächlich nur noch ein geeigneter Anführer. Das Faszinierende der Haitianischen Revolution wird gerade darin bestehen, eine Vielzahl wirklich herausragender Revolutionsführer hervorgebracht zu haben. Freilich wurden sie allesamt rasch von der Revolution wieder gefressen und verdaut: an erster Stelle der in *Bug-Jargal* erwähnte Boukman selbst, ein Schicksal, das jedoch auch Toussaint-L'Ouverture, Dessalines und viele andere betraf.

Zweifellos bestimmten die Vorgänge im Mutterland ganz wesentlich mit, welche Denk- und Handlungsmöglichkeiten in Haiti an der Tagesordnung waren. Denn derartige Sätze, wie wir sie gerade gelesen haben, bildeten einen „discours incendiaire", eine entflammende Rhetorik, die in der Tat vieles in Brand zu stecken vermochte. Das, was zuvor nicht einmal denkbar schien, war nun nicht nur definitiv vorstellbar, sondern auch schreibbar und vor allem publizierbar geworden. Damit aber wurde es lesbar und konnte in die gesellschaftliche Wirklichkeit überführt werden. Wir wissen heute aus einer Fülle von Rezeptionsstudien, dass Raynals Kolonialgeschichte der europäischen Expansion sich nicht nur im Mutterland, sondern gerade auch in den Kolonien bestens verkaufte, auch wenn es sicherlich nicht die schwarzen Sklaven waren, die zur *Histoire des deux*

---

10 Raynal, Guillaume-Thomas: *Histoire des deux Indes*. Vol. 6, Livre 11. Genf: Pellet 1781, S. 134 f.

Indes einen direkten Zugang hatten. Aber das Geschriebene und Veröffentlichte wurde nun auch für die französischen Pflanzer denkbar; und dieses denkbar Gewordene wurde für sie wie in einem Albtraum schon wenige Jahre später nicht nur zum Lebbaren, sondern zum selbst vor Ort Erlebten. Die Haitianische Revolution besitzt einen Teil ihrer Wurzeln zweifellos in Frankreich und seinem regen Geistesleben: Da hat die Romanfigur Victor Hugos ohne jede Frage Recht.

Der jugendliche Verfasser von *Bug-Jargal* selbst stand in jenen Jahren ebenso der Französischen Revolution – und vor allem den Jakobinern – wie auch den revolutionären Ereignissen in den Kolonien klar ablehnend und skeptisch gegenüber. In der Forschungsliteratur ist daher – zum Teil sicherlich berechtigt – von einem reaktionären Bild die Rede, das Hugos Sichtweise Haitis und seiner Revolution charakterisiert und geprägt habe. Für den jugendlichen Tausendsassa, der sich an Chateaubriand orientierte, waren es vor allem die Jakobiner, welche die Französische wie die haitianische Revolution mit ihrer ideologischen Verbissenheit in den Ruin, den Zusammenbruch geführt hatten.

Daher wirkt Victor Hugos Roman *Bug-Jargal* wie eine Art Replik des konservativen, ja reaktionären Schriftstellers auf das Freiheitsversprechen der französischen Aufklärer und „philosophes" an die Adresse der Sklaven. Denn diese Sklaven erscheinen bei Victor Hugo zwar sehr wohl als Unterdrückte, als zum Teil unmenschlich Ausgebeutete und Gepeinigte; doch verkörpern sie – von der Titelfigur einmal abgesehen – keineswegs eine glücklichere, freiere Zukunft, sondern den Sieg einer noch grausameren und dabei gänzlich dumpfen, dunklen Barbarei. Mit dem Triumph der Sklaven, die sich von der Willkür ihrer Herren befreien, ist in den Augen Hugos kein Versprechen auf die Zukunft verbunden, sondern ein Adieu an die Adresse christlich-abendländischer Zivilisation.

Eines der besten Beispiele für diese Grundüberzeugungen des jungen Hugo ist das Zusammenspiel zwischen Habibrah und Biassou. Habibrah ist ein Zwerg, der einst der Belustigung des an portugiesische Sitten der Hofhaltung gewöhnten Onkels des Erzählers diente und von diesem zwar bevorzugt, aber gleichwohl nicht als vollwertiger Mensch behandelt wurde. Er hat seinen Herrn auf grausame Art ermordet, das Dach über ihm angezündet, die Familie massakriert und ist dann zum Obi geworden – zum Geistlichen und Hexer des Revolutionsheeres. Dieses große Heer schwarzer Sklaven steht mittlerweile – nach dem Tod von Boukman – unter dem Oberbefehl von Biassou, den Hugo wie Boukman selbstverständlich nur aus seinen Lektüren kannte.

Anders als Habibrah ist Biassou wiederum eine historische Gestalt, an der Victor Hugo jedoch nicht weniger die Grausamkeit und Barbarei der Aufständischen aufzuzeigen versucht. Biassou erscheint im Roman als geschickter, seinen Mitstreitern überlegener Kriegsherr, bei dem sich Durchtriebenheit und Grausamkeit die Waage halten. Doch er sticht von der Unordnung, der Anarchie und vom Chaos seiner insgesamt als dumm und kulturlos charakterisierten schwarzen Truppen völlig ab. Werfen wir einen Blick auf das vorüberziehende Heer Biassous:

> Über all diesen Köpfen flatterten Fahnen in allen möglichen Farben und Devisen, weiß, rot, dreifarbig, mit der königlichen Lilie, über denen die phrygische Mütze der Freiheit schwebte und eine Inschrift geschrieben stand: *Tod den Priestern und Aristokraten! – Es lebe die Religion! – Freiheit! – Gleichheit! – Es lebe der König! – Nieder mit dem Mutterland! – Viva España! – Keine Tyrannen mehr!* usw. Das Durcheinander war frappierend und zeigte an, dass alle Kräfte der Rebellen nichts als ein Haufen von Mitteln ohne Ziel waren und dass es in dieser Armee nicht weniger Unordnung in den Ideen als unter den Menschen gab.
> [...]
> Dieser Strom an Barbaren und Wilden zog schließlich vorbei.[11]

Damit wird deutlich, dass uns der allwissende Erzähler die aufständischen Sklaven schlicht als ungebildetes und wildes Barbarenheer zu präsentieren versucht, das aus Rebellen besteht, die für Worthülsen und sinnlose Ziele kämpfen, von deren Verwirklichung und deren Folgen sie keinerlei Ahnung und Vorstellung haben: Sie sind nichts als die Verkörperung schierer Gewalt und Brutalität. Doch die französische Kolonie ist gleichsam eine ferne Echokammer, welche die Lautquellen der Metropole, des französischen Mutterlandes, gleichsam umkodiert und völlig anders wieder zurückwirft. Wir vernehmen uns sattsam bekannte Kampfesrufe, die an den Rändern des Reiches jedoch nur noch sinnentleert ausgestoßen werden und die geistige Verwirrung der Aufständischen vorführen. Diese erscheinen wie Automaten, die vorprogrammierte, aber ihnen unklare und unverständliche Bewegungen ausführen, ohne dabei zu wissen, wohin die gesamte Reise gehen wird.

Wir stoßen hier erneut auf jene Dialektik des Kolonialen, die uns bereits bei Virginie in Bernardin de Saint-Pierres Roman begegnet war, insoweit es gerade die fremden, im französischen Mutterland kursierenden (Bildungs-) Vorstellungen waren, die sie unterdrückten und ihr doch zugleich auch die Möglichkeit gaben, daraus ein potentielles Instrument der Selbstbefreiung zu machen. Mir scheint, dass Hugos Roman gleichsam unterhalb der expliziten ideologischen (und als reaktionär zu bezeichnenden) Position eben diese Dialektik doch sehr gut mittransportiert und zum Ausdruck bringt. Es ist gerade die Verballhornung der Ideale der Revolution, die letztlich deutlich macht, dass Saint-Domingue nicht einfach von Frankreich abzutrennen und loszulösen ist, sondern durch eine komplexe Bindung mit dem Mutterland verbunden ist und bleiben wird. Dies – so ließe sich aus gegenwärtiger Perspektive sagen – ist bei aller historischen Distanz

---

11 Hugo, Victor: *Bug-Jargal*, S. 169 f.

bis heute der Fall. Denn die unverbrüchliche und zugleich gegensätzliche Verbindung mit der „Métropole" ist eine Grundkonstante haitianischer Literatur und Kultur, welche nicht allein durch Phasen des Exils und der Flucht nach Frankreich, sondern auch durch das Französische als Literatursprache stets eine komplexe, widersprüchliche Dimension beinhaltete.

Ich kann an dieser Stelle nicht auf die zahlreichen Einsprengsel aus anderen Sprachen eingehen, die wir in *Bug-Jargal* vorfinden. Diese betreffen zum einen das Spanische, das in der noch immer spanischen Kolonie Santo Domingo gesprochen wurde – und das Victor Hugo in seiner Kindheit in Madrid kennengelernt hatte –, aber auch das Kreolische, das „français créole", das ebenfalls immer wieder in Bruchstücken auftaucht. Insofern bekommt die interne Relationalität monolingualen Zuschnitts hier durchaus aus Sicht des Mutterlandes Frankreich bezüglich der ausschließlichen Beschränkung auf das Französische erste signifikante Risse.

In diesem Zusammenhang müssen wir noch einmal zum Bild der Schwarzen in diesem Roman über die erste Phase der Haitianischen Revolution zurückkehren. Denn unser Eindruck von den Darstellungen im Roman wäre nicht vollständig, würden wir die Sklaven nur als Barbaren und Wilde zeigen. Spätestens seit dem 18. Jahrhundert – aber Vorläufer gehen bis ins 16. Jahrhundert zurück – findet sich gleichsam das Gegenbild zum Barbaren, nämlich der Edle Wilde, der „bon sauvage", der in nicht geringerem Maße das europäische Imaginäre bevölkerte.[12]

Eben dieses Bild des Edlen Wilden aber gibt Bug-Jargal selbst ab, der Titelheld des Romans, wobei er auf höchst hingebungsvolle Weise die dem weißen Léopold versprochene Marie alias María liebt. Er ist dem Weißen von Beginn an in vielerlei Hinsicht körperlich wie seelisch überlegen. Zunächst einmal ist er physisch stärker. Denn es gelingt ihm mühelos, den Ich-Erzähler niederzudrücken und in Schach zu halten; und es wäre ein leichtes für ihn gewesen, ihm den Garaus zu machen und den unliebsamen Rivalen in der Liebe zu Marie aus der Welt zu schaffen. Damit ist dieser schöne junge Mann, der in seinem Herkunftsland in

---

[12] Vgl. hierzu u. a. Graf, Marga: Der „Edle Wilde" bei Chateaubriand und José de Alencar – Hintergründe und Einflüsse zum Motiv des „homme de la nature" in der Literatur des 19. Jahrhunderts in Frankreich und Brasilien. In: Lüsebrink, Hans-Jürgen / Siepe, Hans Theo (Hg.): *Romanistische Komparatistik. Begegnungen der Texte – Literatur im Vergleich*. Frankfurt am Main – Berlin – Bern: Peter Lang 1993, S. 195–214; Jurt, Joseph: Die Kannibalen. Europäische Bilder der Indianer – von Kolumbus bis Montaigne. In: Fludernik, Monika / Haslinger, Peter / Kaufmann, Stefan (Hg.): *Der Alteritätsdiskurs des Edlen Wilden*. Würzburg: Ergon Verlag 2002, S. 45–63; sowie Kohl, Karl-Heinz: *Entzauberter Blick. Das Bild vom Guten Wilden und die Erfahrung der Zivilisation*. Berlin – Frankfurt am Main: Verlag Medusa 1981.

Afrika einst ein Königssohn und König war, zugleich auch ein Herkules, wie dies an mehreren Stellen des Romans explizit betont und hervorgehoben wird.

Aber dieser schwarze Herkules ist ganz anders gebaut als seine abendländischen Vorbilder in der Abfolge mythologischer Gestalten. Der Mythos verbindet den Schwarzen, der aus Afrika in die Karibik deportiert wurde, über die Säulen des Herkules mit Gibraltar, eine Ortsbezeichnung, die gleich zu Anfang des Romans in die Semantik des Romangeschehens eingeblendet wird. Ich möchte Ihnen gerne zeigen, wie dieser herkulische junge Mann – der wenige Seiten zuvor Maria vor einem schrecklichen Krokodil, das sie beißen will, gerettet hatte – in kultureller und politischer Hinsicht in dem nach ihm benannten Roman entworfen wird. Dazu muss ich eine Abfolge von breiter ausgeführten Passagen, die unmittelbar aufeinander folgen, im nächsten Zitat etwas zusammenstauchen. Vergessen wir dabei nicht: Der Ich-Erzähler verdankt Bug-Jargal immerhin das Weiterleben seiner geliebten Braut, welche dieser schwarze Herkules vor dem sicheren Tod bewahrte! So versucht er, mit dem plötzlich von tiefer Melancholie ergriffenen jungen Mann ins Gespräch zu kommen:

> Als ich mit ihm plauderte, bemerkte ich, dass er mit Leichtigkeit des Französischen wie des Spanischen mächtig war und dass sein Geist nicht der Kultur zu entbehren schien; er kannte spanische *Romances*, welche er ausdrucksvoll sang. Dieser Mann war aus so vielen Blickwinkeln heraus so unerklärlich, dass mir bis zu diesem Zeitpunkt die Reinheit seiner Sprache nicht aufgefallen war. [...]
> Als ich nahe an den Hütten unserer Schwarzen vorbeikam, war ich von der außerordentlichen Aufregung überrascht, die dort allenthalben herrschte. Die meisten waren noch wach und sprachen mit der größten Lebendigkeit. Ein bizarrer Name, *Bug-Jargal*, ward mit Ehrerbietung ausgesprochen und tauchte häufig inmitten ihres unverständlichen Geschwätzes auf. Ich verstand dennoch einige Worte, deren Sinn mir darin zu bestehen schien, dass sich die Schwarzen der Ebene im Norden in vollständiger Revolte befanden und ebenso die Bewohner wie die Plantagen, welche auf der anderen Seite des Kaps lagen, den Flammen übergaben.[13]

Der Ich-Erzähler ist von Bug-Jargal beeindruckt; doch seine Beschreibungskategorien verraten nur allzu deutlich, dass er seine Reflexionen über den unerklärlichen jungen Mann nicht auf den Punkt zu bringen vermag. Wer ist dieser afrikanische Königssohn und was führt er im Schilde? Woher hat er all seine Kenntnisse? Im Grunde versteht Léopold Bug-Jargals Kultur nicht, weiß nichts von dessen Welt, ja kann sich keinen Reim darauf machen, warum er über solche Fähigkeiten verfügt. Zu sehr ist Léopold noch immer in seinen rassistischen und kolonialistischen Vorurteilen gefangen. Überhaupt ist der Begriff „culture" im Diskurs des jungen

---

13 Hugo, Victor: *Bug-Jargal*, S. 52 u. 59.

Weißen ganz eindeutig reserviert für den abendländischen, den west- und südeuropäischen Raum der Romania unter Einschluss des Bereichs des Spanischen und Französischen. Für Léopold ist er nicht auf Afrika selbst anwendbar: Hugo führt schön die vom Rassismus diktierten Begrenztheiten seiner Romanfigur vor. Allein im Abendland ist die ‚eigentliche' Kultur angesiedelt. Erst dadurch, dass Bug-Jargal sowohl über das Französische wie auch das Spanische verfügt und beide europäischen Sprachen tadellos beherrscht, kann er für Léopold zu jener Figur werden, der menschliche Größe zukommt. Erst so wird für den jungen Franzosen der Edelmut des schwarzen Herkules verständlich, ein Edelmut, der im Verlauf des Romans immer deutlicher hervortritt und Bug-Jargal zu einem Edlen Wilden macht, der freilich im Körper eines Wilden und Barbaren gefangen ist. Daher wohl auch die auffällige Melancholie dieser Titelfigur.

Mit der zweiten Hälfte des obigen Zitats ist der 22. August 1791 gekommen: der Tag der geplanten Heirat und zugleich der Tag des großen Aufstands der schwarzen Sklaven gegen ihre weißen Herren, ein Aufstand, dessen Führer historisch gesehen Boukman und romanintern betrachtet Bug-Jargal ist. Denn selbstverständlich steht dieser Herkules auf Seiten der schwarzen Sklaven. Rasch wird deutlich, dass er von der schwarzen Sklavenbevölkerung der Insel längst verehrt und mit großem Respekt behandelt wird. Er ist in den Formulierungen Diderots in Raynals *Histoire des deux Indes* der große Chef, der sich – wie vom Philosophen vorhergesagt – an die Spitze eines Aufstandes setzen wird, der rasch zu einer Revolution geraten sollte.

Gegen Bug-Jargals Sprachfähigkeiten im Französischen wie im Spanischen wird der „jargon" der schwarzen Sklaven abgesetzt, der für französische Ohren unverständlich ist und nicht als Sprache anerkannt wird. Das „français créole" war für die französischen Kolonialherren – anders als für die heutige Linguistik – keine wirkliche Sprache. Diese komplexe kulturelle und sprachliche Situation führt uns deutlich vor Augen, dass Bug-Jargal sozusagen zwischen zwei Welten und drei Kulturkreisen steht: Denn er versteht perfekt das Französische und Spanische, das er wunderbar spricht und singt. Er versteht aber auch die afrikanischen Sprachen seiner eigentlichen Herkunft sowie den „jargon inintelligible" von Saint-Domingue, dem Léopold nur entnehmen kann, dass ein großer Aufstand bereits losgebrochen sei.

So avanciert Bug-Jargal zu jener Figur, die sich frei zwischen den Kulturen und Sprachen bewegt und als einzige die Möglichkeit besitzt, zwischen Europa, Afrika und Amerika zu vermitteln. Bug-Jargal könnte damit eben jene Transferleistung erbringen, die notwendig gewesen wäre, um ein Blutbad in der französischen Kolonie noch zu verhindern. Doch dies misslingt ihm ebenso wie eine Heirat mit Marie: In diesem Nicht-zueinander-Kommen der beiden Hautfarben und Geschlechter ist die ganze Tragödie der Haitianischen Revolution bereits angelegt. In der scheiternden Geschlechterbeziehung zeigt der junge, noch unerfahrene, aber doch visionäre Schriftsteller Victor Hugo auf ein Muster, das als Allegorese das gesamte 19. Jahrhundert im angespannten Verhältnis zwischen beiden Seiten des Atlantiks, aber auch im lateinamerikanischen Nationenbildungsprozess dominieren wird.

Es gehört sicherlich zu den großen literarischen Verdiensten des Romans, dass uns *Bug-Jargal* auf eine sehr überzeugende Weise begreifen lässt, wie eingeschränkt die Sichtweise auf die außereuropäischen Kulturen – die überhaupt nicht als Kulturen verstanden wurden – zu diesem historischen Zeitpunkt noch war. Erst im Übergang zum 20. Jahrhundert sollten auch in der Wissenschaft dann endlich jene Voraussetzungen dafür geschaffen werden, dass die afrikanischen Kulturen und ihre amerikanischen Weiterentwicklungen auf einer breiteren anthropologischen Basis verstanden werden konnten. Brechen wir an dieser Stelle also unsere Lektüre von Hugos *Bug-Jargal* ab, dessen Handlungsverlauf angesichts der Ihnen vorgestellten Konstellationen nichts Überraschendes mehr birgt und uns nichts Neues für unser Studium des Verhältnisses zwischen beiden Welten lehren kann! Wir fügen an dieser Stelle einen Exkurs ein, der uns auf unserem Weg zum anderen Ufer des Atlantiks eine Reihe von Einsichten vermitteln soll, die wir dann für unsere Analysen von Texten aus Lateinamerika dringend benötigen. Gestatten Sie mir also eine kurze Digression, die uns zu einem Autor des 20. Jahrhunderts führen soll, bevor wir uns danach dem 19. Jahrhundert in den Amerikas zuwenden!

Exkurs: Alejo Carpentier, eine karibische Vision Haitis, die Frage des Rassismus und das Konzept der Transkulturation

Mit dem kubanischen Schriftsteller und Musikologen Alejo Carpentier und insbesondere seinem Roman *El siglo de las luces* gelangen wir mehr als ein Jahrhundert später zu einer ganz anderen Beschäftigung mit der Präsenz der Französischen Revolution in der Karibik. Der Roman müsste eigentlich auf Deutsch *Das Jahrhundert der Aufklärung* heißen. Aus Angst vor einer Verwechslung mit einem Sachbuch aber wählte der Verlag den reißerischen Titel *Explosion in der Kathedrale*. Carpentiers Bemühen um ein neues Verständnis der Haitianischen Revolution, das er bereits im Verlauf der vierziger Jahre in die Arbeit an seinem Roman *El reino de este mundo* einfließen ließ, ist ein Beispiel für eine interne Relationalität interlingualen Zuschnitts im Umfeld eines historischen Paradigmas, das für den gesamten karibischen Raum von allergrößter Bedeutung war.

Wir haben es folglich in diesem Falle – wie im Verlauf der gesamten Vorlesung – mit Phänomenen einer starken Bezüglichkeit und Interrelation zwischen verschiedenen romanischen Literaturen der Welt zu tun, in diesem Beispiel zwischen französisch- und spanischsprachigen Literaturen und dem 19. sowie dem 20. Jahrhundert. Im Verhältnis zu Victor Hugo, den Alejo Carpentier als „poeta doctus" sehr gut kannte und dessen *Bug-Jargal* er zweifelsohne sehr genau gelesen hatte, schreibt der kubanische Schriftsteller aus der – wie man es früher nannte – weit entfernten Peripherie der romanischen Welt aus einer anderen, grundlegend abweichenden Perspektive auf die historischen Ereignisse im transatlantischen Spannungsfeld. Dabei bezog sich Alejo Carpentier ebenso auf die spanisch- wie die französischsprachige Karibik, aber auch auf die englischsprachige und niederländische Inselwelt, womit er im Rückgriff auf das 18. Jahrhundert gleich mindestens vier verschiedene Kolonialreiche aufrief. Und dieser komplexe historische und kulturelle Hintergrund ist in der Tat notwendig, will man den Verlauf wie die Bedeutung der Haitianischen Revolution für beide Seiten des Atlantik adäquat erfassen.

Kein Zweifel: *The Empire Writes Back*, wie es ein wichtiger postkolonialer ‚Klassiker' Ende der achtziger Jahre formulierte![1] Allerdings tat dies das Kolonialreich in der französisch- und vor allem in der spanischsprachigen Welt schon Ende des 18. Jahrhunderts, was mit den Theoriebildungen im englischsprachigen

---

1 Vgl. Ashcroft, Bill / Griffiths, Gareth / Tiffin, Helen: *The Empire Writes Back. Theory and Practice in Post-Colonial Literatures*. London: Routledge 1989.

Raum nicht einfach in Übereinstimmung zu bringen ist. Bei den Postcolonial Studies haben wir es daher in weiten Bereichen mit Ansätzen zu tun, die auf einem für die romanischen Literaturen der Welt größtenteils inadäquaten historischen Befund aufruhen und vor allem auf Grund einer Feldmacht der USA vorübergehend durchgesetzt wurden. Wenn dies auch nicht der adäquate Ort ist, eine zielführende Auseinandersetzung mit den Postcolonial Studies zu befeuern, möchte ich an dieser Stelle unserer Vorlesung doch darauf hinweisen, dass wir sehr wohl über postkoloniale Aspekte werden sprechen müssen, freilich nicht im Sinne dieser bestenfalls für die Anglophonie geltenden Studien, die ihren Zenit längst überschritten haben.

Ebenso wenig ist hier der Ort, sich in einer Vorlesung über das 19. Jahrhundert mit dem Leben des am 26. Dezember 1904 in La Habana geborenen und am 24. April 1980 in Paris verstorbenen kubanischen Schriftstellers Alejo Carpentier zu beschäftigen. Einige wenige, für uns wichtige Biographeme aber seien gestattet. Carpentiers Vater war ein französischer Architekt, seine Mutter gebürtige Russin; und in der reichen Bibliothek seines Vaters kam der junge Carpentier, der in Kuba französisch erzogen wurde, aber auf der Straße Spanisch sprach, schnell in Kontakt mit Werken insbesondere der französischen Romantik. Von seinen literarisch wie musisch interessierten Eltern erbte er eine Leidenschaft für die Musik, mit der sich Carpentier ein Leben lang intensiv beschäftigte.[2]

Abb. 25: Alejo Carpentier (Lausanne, 1904 – Paris, 1980).

Alejo Carpentier war der französischen Welt und insbesondere Paris stets eng verbunden – nicht nur, weil er dort seit 1928 elf Jahre im Exil weilte. Denn er arbeitete später für die Kubanische Revolution als Kulturattaché und Botschaftsrat in der französischen Hauptstadt, von wo aus er die Ereignisse engagiert und zugleich aus sicherer Entfernung kommentierte. Carpentier war aufs Engste mit

---

2 Vgl. zu Leben und Werk Alejo Carpentiers die Überblicksstudie von Herlinghaus, Hermann: *Alejo Carpentier. Persönliche Geschichte eines literarischen Moderneprojekts.* München: Edition text+kritik 1991.

den französischen Surrealisten, aber auch mit der Elite der spanischen Literatur bekannt und schrieb – wie zuvor schon in La Habana – für wichtige Zeitschriften und Periodika. Man darf ohne Übertreibung sagen, dass Carpentier das Who is Who der zeitgenössischen Literatur und Kunst in Europa, aber auch in Lateinamerika kannte und die kulturelle Szene beider Welten wie nur wenige Intellektuelle überblickte.

1939 in der Hoffnung auf eine linke Politik nach Kuba zurückgekehrt, erhielt er eine Professur für Musikologie an der Universität von Havanna. Doch längst hatte er sich als Schriftsteller und Intellektueller einen Namen gemacht, stand mit kubanischen Dichtern wie Nicolás Guillén und José Lezama Lima oder kubanischen Künstlern wie Wifredo Lam, aber auch mit kubanischen Komponisten wie Amadeo Roldán oder Alejandro García Caturla in engem Austausch. Er interessierte sich bereits seit den zwanziger Jahren für schwarze Kunst und Kultur sowie für kulturgeschichtliche wie anthropologische Forschungen auf diesem Gebiet. Sein erster Roman beschäftigte sich 1933 unter dem Titel ¡Ecue-Yamba-o! mit den transkulturierten – ich komme auf diesen Begriff zurück – schwarzen Kulturen auf Kuba. 1943 reiste er nach Haiti, eine Reise, die ihn zutiefst prägte und in ihm das Konzept der „Wunderbaren Wirklichkeit", des „real maravilloso", sowie seinen bereits erwähnten Roman *Das Reich von dieser Welt* (1949) entstehen ließ.

Nach Ende des Zweiten Weltkrieges siedelte er nach Venezuela über und bekleidete bald einen Lehrstuhl für Kulturgeschichte, zählte in diesen Jahren aber bereits zu den bekanntesten Schriftstellern der Literaturen Lateinamerikas. 1959 bekannte er sich zur Kubanischen Revolution und kehrte nach Havanna zurück, wo er wichtige Positionen im Verlagswesen wie im Schriftstellerverband übernahm. 1962 erschien sein Roman *El siglo de las luces*, in welchem er sich mit dem Zeitalter der Französischen wie der Haitianischen Revolution und den transatlantischen Beziehungen im Zeichen seines Konzepts des „real maravilloso" auseinandersetzte. Ab 1966 lebte er als Kulturattaché der kubanischen Botschaft wieder in Paris, rundete dort sein großes Romanwerk mit weiteren breit rezipierten Erzähltexten ab und pflegte bis zu seinem Tod im Jahr 1980 seine vielfältigen literarischen und kulturellen Freundschaften.

Lassen Sie uns nun zu Carpentiers Roman *El Siglo de las Luces* kommen, der – wie bereits erwähnt – 1962 erschien, aber in seiner Entstehung zumindest bis ins Jahr 1958 zurückreicht! Es geht in diesem komplexen Erzählwerk nicht um ein „Jahrhundert der Aufklärung" oder „Siècle des Lumières", wie diese Epoche in Europa oft bezeichnet wird, sondern um ein Jahrhundert von Massakern und Gräueln, Terror und Totschlag, die im Zeichen der Revolutionen stehen. Denn mit Blick auf die gesamte Karibik zieht der Roman eine dunkle, ja katastrophale Bilanz, die auch für die Zukunft der transatlantischen Beziehungen wenig Gutes verheißt. Denn unter dem Banner der Französischen Revolution wird Victor

Hugues, ein Händler aus Haiti, die Ideen der Aufklärung und die Praktiken der Revolution in die Neue Welt bringen und zu einer Art skrupellosem Robespierre der französischen Antillen avancieren.

Es geht in diesem Roman vorrangig um die französisch- und spanischsprachige Karibik, wobei ich Sie nicht mit allzu vielen Handlungselementen langweilen will. Wichtig ist gleichwohl, dass sich alles von Beginn an um die aus reichem spanischem Elternhaus auf Kuba stammenden Geschwister Carlos und Sofía zusammen mit ihrem Vetter Esteban dreht. Von Robespierre persönlich erhält Victor Hugues, der zuvor die fünfzehnjährige Sofía verführte und danach vor dem Zugriff der kolonialspanischen Behörden flüchtete, den Auftrag, auf den französischen Antilleninseln die Revolution einzuführen. Und das tut er dann auch mit aller Konsequenz und Brutalität. Denn sein Credo ist die Guillotine, die er in die Karibik verfrachten lässt.

Es gibt kein einziges der großen Probleme des Jahrhunderts der Aufklärung, das in diesem mit historisch korrekt recherchierten Details gespickten Roman nicht angesprochen und diskutiert werden würde: Die Leserschaft wird von Carpentier in eine sorgsam vorbereitete Auseinandersetzung mit – so könnten wir sagen – der Dialektik der Aufklärung aus karibischer Sicht geladen. Insofern ist dieser Erzähltext nicht nur ein historischer, sondern zugleich ein philosophischer Roman, der die Conditio humana am Beispiel der Welt der Antillen in einem Dekor vor Augen führt, das sich ganz im Sinne Carpentier'scher Ästhetik in tropischer Fülle und neobarocker Überfülle präsentiert.

Innerhalb der Figurenkonstellationen verkörpert die schöne Sofía in einem ganz etymologischen Sinne die Weisheit und übernimmt die Standorte der Philosophie, die sich gegenüber der handfesten und skrupellosen Politik der Figur des Victor Hugues manifestiert, aber auch den Intellektuellen einen eigenen Bereich in dieser Welt zu sichern versucht. Dies ist nicht zuletzt deshalb notwendig, weil sich dieser philosophische Roman historisch vor dem Hintergrund der Französischen wie der Haitianischen Revolution, zeitgeschichtlich aber auch vor jenem der Kubanischen Revolution situiert, für deren kritische und zugleich positive Beleuchtung er zweifellos sorgt. Denn in dieser kubanischen ‚Dialektik der Aufklärung' geht es im Wesentlichen um die Herausforderungen des Menschen in einem Kontext von Revolutionen: Die Geschichte der Menschheit ist radikal zukunftsoffen geworden, kein Ancien Régime scheint mehr alles zu bremsen und zu behindern.

El siglo de las luces ist zweifellos ein historischer Roman, der sich einer Vielzahl historischer Figuren bedient, obwohl er eingebettet ist in eine Ästhetik und Wirkkraft des Wunderbaren, des „real maravilloso", die es zu einer Dimension des Wirklichen werden lässt. In Carpentiers Augen schließen sich das Historische und das Wunderbare keineswegs aus, sondern bilden eine in sich höchst widersprüchliche Realität, die nicht allein mit Hilfe der menschlichen Ratio durchdrungen werden kann. So ist das historische Setting, das Carpentier für seinen Roman entwirft und erfindet, präzise und detailgetreu ausgestaltet und lässt zugleich die Ereignisse in Europa aus dem Blickwinkel der Karibik erstehen.

Als Beispiel dieser Anlage möchte ich Ihnen kurz den Schlussteil eines Romankapitels vorstellen. Die Nachrichten aus Europa und vor allem aus Frankreich sind allesamt für die Romanfiguren von höchstem Interesse, aber eine erscheint ganz besonders außergewöhnlich:

> Sie waren interessant, unerhört, außergewöhnlich, gewiss. Aber keine von ihnen war so beträchtlich, so sensationell wie jene, die sich auf die Flucht des Königs und seine Verhaftung in Varennes bezog. Es war etwas so Riesiges, so Neuartiges für jedweden Geist, dass die Worte „König" und „Verhaftung" sich nicht miteinander verbinden und eine unmittelbar zulässige Denkmöglichkeit herstellen wollten. Ein Monarch verhaftet, schmachvoll, erniedrigt, den Wachen des Volkes übergeben, das er zu regieren vorgab, aber sich dazu als unwürdig erwies! Die größte Krone, die bedeutendste Macht, das höchste Zepter des ganzen Universums von zwei Gendarmen herbeigezerrt. „Und ich handele mit geschmuggelten Seidenstoffen, wo sich derartige Dinge in der Welt abspielen", sagte Victor, der sich die Hände an den Kopf hielt. „Dort wohnte man der Geburt einer neuen Menschheit bei ..." Vorangetrieben von der nächtlichen Brise schiffte die *Borée* unter einem mit so hellen Sternen bestückten Himmel langsam weiter, so dass sich die Gebirge des Ostens in dichte Finsternisse hüllten, welche die reine Zeichnung ihrer Konstellationen durchschnitten. Zurück blieben die Feuersbrünste eines Tages. Gen Osten erhob sich aufrecht und großartig, wie von kundigen Augen gerade noch erkannt, die Feuersäule, welche den Marsch in jedes Gelobte Land leitete.[3]

In dieser Passage aus *El Siglo de las Luces* wird deutlich, welchen Eindruck die revolutionären Ereignisse in Frankreich sowie der Sturz und die Verhaftung des Königs, der schon bald die Enthauptung folgte, auf die Einbildungskraft jener Menschen in der Karibik haben musste. Diese hatten an ein gottgewohntes System und an eine gleichsam ewige Macht in der europäischen Zentrale, in der „Métropole", geglaubt. Die Zukunft war mit einem Schlag offen, alles schien nunmehr möglich. War die Wirkung der Ereignisse in ganz Europa ungeheuer, so musste sie noch stärker an der sogenannten Peripherie des Kolonialreiches empfunden werden, wo diese Macht als noch unerschütterlicher erschienen war. Damit lag – wie bei Victor Hugues – der Gedanke nahe, sich nicht länger mit dem Klein-Klein der eigenen Existenz zufrieden zu geben, sondern sich direkt in die Geschehnisse einzumischen, um an diesem Menschheitsabenteuer teilzunehmen und womöglich noch eigenen Gewinn herauszuschlagen.

---

[3] Carpentier, Alejo: *El Siglo de las Luces*. Barcelona: Editorial Seix Barral 1981, 86 f.

In diesem Zitat, welches das erste Kapitel dieses historischen Romans abschließt, werden gleichsam die Französische Revolution und die sich ankündigende und bereits angelaufene Haitianische Revolution gleichsam ineinandergeschoben und ineinandergeblendet, wobei der gelehrte kubanische Verfasser an die Wichtigkeit des Bildes vom ewig unveränderlichen gestirnten Himmel für einen Aufklärungsphilosophen wie Immanuel Kant gedacht haben dürfte. Es ist der Augenblick, in dem sich Victor Hugues darüber klar wird, in die große Geschichte eingreifen zu müssen. Denn der französische Stoffhändler und Kaufmann aus Port-au-Prince, der mit allerlei illegalen Geschäften nach Kuba gekommen war, befindet sich auf dem Rückweg zu jenem Ostteil einer Insel, die noch Saint-Domingue geheißen hatte, als er sie verließ, und die er nun als Haiti wieder betreten sollte. Die Geschichte hatte revolutionär an Fahrt aufgenommen, und der ambitionierte Hugues wollte an dieser neuen Menschheitsgeschichte seinen aktiven Anteil haben.

Vom Ostteil der Insel Kuba zum Westteil der Insel Hispaniola ist es – wie Sie jeder Karte der Karibik entnehmen können – nicht sehr weit, und an schönen Tagen kann man vom Gebirge im kubanischen „Oriente" aus hinüberschauen nach Haiti, in dessen Norden nun, für kundige Augen bereits sichtbar, Feuer und Rauch aufsteigen. Sind sie die Zeugen einer neuen Zeit? Victor Hugues ist sich in dieser Frage sicher. Zugleich wird sich der Kaufmann und Händler der Tatsache bewusst, dass er in dieses unglaubliche, zuvor nicht vorstellbare historische Geschehen in keiner Weise einbezogen war, sondern noch immer kleingeistig mit Schmuggelware handelte, als wäre nie ein Umsturz aller Verhältnisse geschehen. Doch eine neue Zeitrechnung ist angebrochen: jene der Revolution, die selbstverständlich auch ihren eigenen Kalender entwerfen wird.

Victor Hugues wird nicht lange untätig bleiben: Schon bald ergreift er die Initiative und wird zum Robespierre der Antillen. Interessant ist die Schlussbemerkung, die Carpentiers Erzähler uns an dieser Stelle nicht verbergen kann oder will. Es ist die biblische und zugleich prophetische Einsicht, dass jedes Gelobte Land immer schon seine Feuer- und Rauchsäulen vorausschickt, dass also das Erreichen des Erträumten immer mit dem Durchlaufen von Geschehnissen verbunden ist, die das Kommende ankündigen und doch im Zeichen einer höchst rückwärtsgewandten Grausamkeit und Zerstörungswut stehen.

Der schöne Titel von Carpentiers Roman, der ironisch vom „Jahrhundert der Aufklärung" und dem hellen Lichte dieses Zeitalters spricht, lässt das Gelobte Land der Aufklärung just an jenem Vorabend einer Revolution erscheinen, die – wie im Falle der Haitianischen Revolution – dieses Grauen, diese Flammen und diesen Rauch im Übermaß erzeugen sollte. Doch Carpentier verkündet uns noch mehr. Der längst bekannte ‚intellektuelle Autor', der sehr genau die Vorgänge in jener Sierra Maestra im Osten Kubas orchestrierte, von der aus man – zumindest vom Pico Turpino aus, den Fidel Castro erklomm – Haiti sehen kann, verkündet gleichsam hinter der Stimme des Erzählers das Herannahen jener anderen Kubanischen Revolution, für die Alejo Carpentier selbst in jenen Jahren Partei ergreifen sollte. War diese Revolution, die ihre festen Strukturen aufbaute, aber weit mehr als eine Million Menschen ins Exil trieb, wirklich ein Gelobtes Land? Ja, das Gelobte Land der Revolution wird schon bald nicht wenige seiner Kinder fressen!

El Siglo de las Luces ist ohne jede Frage ein historischer Roman. Und Victor Hugues, die sicherlich zentrale Figur des Romans, ist auch fraglos eine historische Gestalt. Alejo Capentier hat sich in einem dem Roman hinzugefügten didaktischen Annex explizit zur Historizität dieses Victor Hugues geäußert, der ursprünglich aus einfachen Marseiller Verhältnissen stammte, die sich ihm bietenden Chancen aber sofort erkannte. So beginnt sein Eintritt in die Geschichte in Großbuchstaben:

> Sein wirklicher Eintritt in die *Geschichte* war die Nacht, in welcher seine Niederlassung von den haitianischen Revolutionären angezündet wurde. Ab diesem Zeitpunkt können wir seine Laufbahn Schritt für Schritt verfolgen, so wie sie in diesem Buch erzählt wird. Die Kapitel, welche der Eroberung von Guadeloupe gewidmet sind, folgen einem präzisen chronologischen Schema. Was über seinen Krieg gegen die Vereinigten Staaten gesagt wird – welchen die damaligen Yankees den „Brigantenkrieg" nannten – und was die Aktion der Korsaren mit ihren Eigennamen und den Namen ihrer Schiffe angeht, so stützt sich dies alles auf Dokumente, die vom Verfasser auf Guadeloupe und in Bibliotheken auf Barbados gesammelt wurden sowie auf kurze, aber instruktive Referenzen, die in Werken lateinamerikanischer Autoren aufgefunden wurden und die eher im Vorübergehen Victor Hugues' erwähnen.
>
> [...] dies bietet uns das Bild einer außerordentlichen Figur, die schon durch ihr eigenes Verhalten eine dramatische Dichotomie herstellt. Aus diesem Grunde hielt es der Verfasser für aufschlussreich, die Existenz dieser unbekannten historischen Figur in einem Roman zu enthüllen, der gleichzeitig das gesamte Ambiente der Karibik vor Augen führen sollte.[4]

Der in wissenschaftlichen Recherchen geschulte Alejo Carpentier betont in dieser Passage nicht nur die Historizität seiner Figur, sondern selbstverständlich auch seine eigene historische Beschlagenheit und die Unterfütterung des Romans mit Dokumenten, die gleichsam über die gesamte Karibik verstreut und von ihm gesammelt worden waren. Der Roman tritt hier in das Schweigen der Historiographie ein: Er spricht dort, wo sie schweigt oder verschweigt, um ein neues, lebendigeres Bild der Geschichte zu entwerfen. Das ist an dieser Stelle mitnichten bloße Rivalität mit der Geschichtsschreibung, sondern zugleich auch eine andere Herangehensweise: Denn die Literaturen der Welt sind keineswegs wie

---

4 Carpentier, Alejo: *El Siglo de las Luces*, S. 344 f.

die Geschichte eine Darstellung dessen, wie es gewesen ist, sondern – wie bereits Aristoteles in seiner *Poetik* formulierte – wie es hätte sein können. Aber mehr noch als diese Unterscheidung ist die Kunst des Romans auch nicht die simple Darstellung von Wirklichkeit, sondern die ästhetische Darstellung gelebter oder lebbarer Wirklichkeiten.

Dieses von Alejo Carpentier und den Schriftsteller*innen aus Lateinamerika entworfene Bild der Geschichte aber ist nun nicht länger an den Interessen und Fragestellungen der Metropole, sondern vor allem an den Perspektiven und Bedürfnissen der Karibik – und zwar der gesamten Karibik – ausgerichtet. Der kubanische Autor weiß sich dabei in einer langen Tradition lateinamerikanischen Schreibens, auf die er zurückgreifen kann. Wie die von ihm gesammelten Dokumente die verschiedensten Bereiche der Karibik erfassen, so will auch dieser Roman Alejo Carpentiers mit dem so umfassenden Titel *El Siglo de las Luces* das Phänomen Karibik nicht auf einen einzigen sprachlichen Bereich beschränkt wissen. Denn die fraktale Inselwelt der Karibik ist der vielleicht spannendste und zugleich überzeugendste Ort, der einem plastisch vor Augen führt, dass eine Geschichte nicht anhand nationaler Grenzlinien oder Sprachgrenzen erzählt und ausgerichtet werden darf, sondern unbedingt grenzüberschreitend – und ich füge hinzu: transareal – ausgerichtet sein muss. Wir werden zu einem späteren Zeitpunkt noch sehen, was unter dieser Transarealität und unter *TransArea Studies* genauer zu verstehen ist.[5] Für unsere multiperspektivische Herangehensweise ist in dieser Vorlesung aber entscheidend, dass wir aus verschiedenen Blickwinkeln grenzüberschreitende Bewegungen nachzuvollziehen suchen, die das Phänomen der *Bewegung* als solches in den Mittelpunkt rücken. Denn an die Stelle einer bislang dominanten *raum*geschichtlichen Sichtweise soll ein *bewegungs*geschichtliches Verständnis treten.

Revolutionen sind für den kubanischen Schriftsteller unverzichtbar, zugleich aber keineswegs das Allheilmittel für krankhafte geschichtliche Entwicklungen. Spätestens im fünften Kapitel wird – gleichsam in Form eines Echos auf den oben angeführten Aufbruch des Victor Hugues am Ende des ersten Kapitels – in der Stimme des jungen Intellektuellen Esteban deutlich, dass die Hoffnungen auf eine künftig bessere, gerechtere Zukunft und Geschichte auch mit dieser Revolution – und mit diesen Revolutionen – nicht eingelöst worden seien. Er erinnert verbittert an die vielen Toten, die jene ambitionierten Hoffnungen, jene Utopien gekostet hätten. Und er leitet über zu einer Kritik an seinem eigenen, am 18. Jahrhundert –

---

5 Vgl. Ette, Ottmar: *TransArea. Eine literarische Globalisierungsgeschichte*. Berlin – Boston: Walter de Gruyter 2012.

und vielleicht darf auch das zurückliegende 20. Jahrhundert sich von diesen Einschätzungen und Aussagen durchaus angesprochen und getroffen fühlen:

> „Dieses Mal ist die Revolution gescheitert. Vielleicht klappt es beim nächsten Mal. Um mich aber, sobald sie ausbricht, zu schnappen, werden sie mich mit Laternen am Mittag suchen müssen. Hüten wir uns vor den schönen Worten; vor den Besseren Welten, wie sie von den Worten geschaffen werden. Unsere Epoche versinkt in einem Exzess an Worten. Es gibt kein anderes Gelobtes Land als jenes, das der Mensch in sich selbst finden kann." Und während er dies sagte, dachte Esteban an Ogé, der so häufig einen Satz seines Meisters Martínez de Pasqually zitierte: *Das menschliche Wesen wird alleine von der Entfaltung der göttlichen Fähigkeiten erleuchtet, die in ihm auf Grund des Vorherrschens der Materie noch schlafen ...*[6]

In den Sätzen des Intellektuellen verbirgt sich die ganze Enttäuschung über das Scheitern der Revolution und ein Misstrauen, was jede weitere angeht, die noch folgen könnte. Da muss man angesichts der kubanischen, welche den Hintergrund für diese Aussagen im Roman liefert, einmal tief durchatmen. Unübersehbar fügt Carpentier hier eine Anspielung auf Diogenes ein, wobei die Laternen am helllichten Tag freilich selbst nicht das „Siècle des Lumières" zu erleuchten vermögen. Wenn Diogenes mit der Laterne in der Hand bei Tage vergeblich nach dem edlen Menschen suchte, so konnte ihn auch der Kubaner Esteban nicht in den dunklen Zeiten der Revolution finden. Die Ironie des kubanischen Autors ist an dieser Stelle mit Händen zu greifen und auch seine Skepsis gegenüber all den schönen Worten, welche Revolutionen begleiten. Dies tat gleichwohl dem Bekenntnis des Autors zur Kubanischen Revolution keinen Abbruch.

Erfahrung hat zu Estebans Enttäuschung geführt, der seine Ideale nicht mehr verwirklichen zu können glaubt. Gleichzeitig ist er nicht bereit, gänzlich auf ein politisches Ideal zu verzichten. Die Haitianische Revolution wird in derlei Passagen im Kontext einer Geschichte der Menschheit gedacht, die sich durch Revolutionen fortbewege und letztlich keine Möglichkeit habe, als sich auf diesem Wege weiter zu schleppen und weiter zu entwickeln. Ob die nächste Revolution die richtige, die gute sein wird? Alejo Carpentier wird nach der kubanischen zumindest so tun, als wäre sie es für ihn gewesen. Deshalb wird er auch heute noch im revolutionären Kuba sehr geachtet.

Und doch darf man vermuten, dass vieles von dem, was er Esteban hier in den Mund legte, auch später noch von ihm selbst über Revolution und Revolutionen hätte gesagt werden können. Die Haitianische Revolution jedenfalls bleibt hier – anders als bei Victor Hugo, den Sie bitte nicht mit Victor Hugues verwechseln! – kein Aufstand am Rande der Welt, sondern ein Ereignis von welthistorischem

---

6 Carpentier, Alejo: *El siglo de las luces*, S. 253.

Rang: Ein Paradigmenwechsel hat unverkennbar stattgefunden. Mit Victor Hugo stimmt Alejo Carpentier jedoch zumindest in zwei Punkten überein: Erstens, dass das, was sich in der Karibik ereignete, nicht ohne die Philosophen des Jahrhunderts der Aufklärung hätte geschehen können, versuchten diese doch, ihre Laternen in die dunkelsten Winkel zu tragen und alles mit Hilfe der menschlichen Vernunft auszuleuchten. Und dass dies zweitens ein Teil jenes Problems darstellt, insofern allzu viele schöne Worte letztlich das zerstören, was an menschlichen Idealen tatsächlich und in der Realität verwirklicht werden kann. Wo Victor Hugo seinem Erzähler und seinen Figuren wütend und wutschnaubend eine Verdammung der Französischen Revolution, vor allem aber ihrer Vordenker in den Mund legte, da ist auch Alejo Carpentier – freilich aus ganz anderen Gründen – kritisch gegenüber jenem Jahrhundert der Aufklärung, das seinem Roman den so hintergründigen Titel gab. Denn er sieht die Geschichte der Aufklärung nicht als einen linearen, zu Fortschritt und Freiheit führenden menschheitsgeschichtlichen *Prozess*, sondern als eine *Dialektik der Aufklärung*, wie sie Max Horkheimer und Theodor W. Adorno unter dem Eindruck der Katastrophen des Zweiten Weltkriegs beschrieben und entfalteten.[7]

Wie aber wurde bei Alejo Carpentier die Haitianische Revolution im Roman dargestellt? Zur Beantwortung dieser Frage könnte man auf manche Passage aus *El siglo de las luces* zurückgreifen; doch besser und interessanter noch ist es, dazu *El reino de este mundo* aufzuschlagen, in dem sich der kubanische Schriftsteller und Literaturtheoretiker erstmals bei Reflexion und Verwirklichung seiner neuen Ästhetik des „real maravilloso" zeigte.

In seinem 1949 erschienenen Roman *Das Reich von dieser Welt* griff Carpentier auf manche Artikel zurück, die er zuvor zur Lage der Schwarzen in der Karibik verfasst hatte. Er entwickelte seine neuartige Ästhetik des „real maravilloso" – welche es vom späteren „realismo mágico" klar zu trennen gilt – als einen Bruch mit der Ästhetik des Surrealismus, der im Sinne der historischen Avantgarden seinerseits eine Ästhetik des Bruchs mit vielen vorherigen literarischen und ästhetischen Konventionen gewesen war.[8] Der Kubaner distanzierte sich zugleich vom sozialistischen Realismus sowie vom Existentialismus Sartre'scher Prägung und versuchte, seine Perspektivik von den Amerikas – genauer: der Karibik – aus zu finden.

---

7 Vgl. Horkheimer, Max / Adorno, Theodor W.: *Dialektik der Aufklärung. Philosophische Fragmente*. Mit einem Nachwort von Jürgen Habermas. Frankfurt am Main: Fischer 1986.
8 Vgl. zum Surrealismus im Kontext der historischen Avantgarden Ette, Ottmar: *Von den historischen Avantgarden bis nach der Postmoderne*, S. 336–378.

Konkret geht es in *El reino de este mundo* um die Situation der Schwarzen in der Karibik während der Epoche der Französischen Revolution und der nachfolgenden napoleonischen Ära, also genau um jenen Zeitraum, mit dem wir uns rund um die Haitianische Revolution ausführlich beschäftigt haben. Den Impuls für deren Deutung erhielt Carpentier während seiner bereits erwähnten Haiti-Reise, die ihn zutiefst mit jener Welt transkultureller schwarzer Kulturen vertraut machte, mit der sich auf Kuba der einflussreiche Anthropologe Fernando Ortiz beschäftigte. Im Zentrum des Romans stehen Geschehnisse, die sich mit Hilfe abendländischer Vernunft nicht aufklären lassen, die aber feste Bestandteile einer Realität bilden, in der ‚Wunder' nichts anderes als Wirklichkeit sind. Daher rührt auch die Bezeichnung seiner Ästhetik als „real maravilloso". Der Mensch, aber auch die tropische Natur entziehen sich einer vereinheitlichenden Logik abendländischen Zuschnitts und entwickeln ihre spezifischen Eigen-Logiken. Aus deren Perspektivik erscheinen die fundamentalen Defizite, aber auch die Verlogenheiten westlicher Zivilisation sehr deutlich.

Auf diese Weise zieht Alejo Carpentier die ästhetischen Konsequenzen aus seiner früh schon – noch vor Erscheinen seines Debütromans – gemachten Feststellung, dass die Probleme und Herausforderungen in den Amerikas grundverschieden von denen Europas seien und nicht mit den vorherrschenden Mitteln europäischen Denkens behandelt werden könnten. Er wusste sich damit in Übereinstimmung mit seinem Landsmann José Martí, der in den achtziger und neunziger Jahren des 19. Jahrhunderts die Vorherrschaft europäischer Ideen bestritt und nachdrücklich auf die Entfaltung eigener Denkansätze drängte, mit denen wir uns zu einem späteren Zeitpunkt in dieser Vorlesung beschäftigen werden. Zugleich hatte José Martí bereits zu diesem frühen Zeitpunkt den Fassadencharakter einer zutiefst korrupten und auf die Macht der *Trusts* setzenden Demokratie in den USA erkannt und vor der Ausbreitung einer US-amerikanischen Weltmacht und Wirtschaftslogik eindringlich gewarnt. Auch dieser Aspekt ging zweifellos in Alejo Carpentiers Vision der Karibik mit ein.

Beschäftigen wir uns also in der gegebenen Kürze mit jenem Text, der Carpentiers internationalen Durchbruch als Schriftsteller bedeutete und zugleich programmatisch die lateinamerikanischen Literaturen veränderte! Denn *El reino de este mundo*, der zweite Roman des kubanischen Autors, wäre ohne die Entwicklungen des 19. Jahrhunderts in ganz Lateinamerika nicht denkbar gewesen und wird uns Möglichkeiten und Denkweisen aufzeigen, die bei unserem Durchgang durch das – grob gesagt – Jahrhundert der Romantik von großem Nutzen sein werden. Denn seine „Chronik des Wunderbaren" fußt auf den ästhetischen Entwicklungen des 19. Jahrhunderts.

Denn was Carpentier in seinem Roman behandelt, ist ein bislang viel zu wenig beleuchteter Weg Lateinamerikas aus dem Jahrhundert der Aufklärung in das 19. Jahrhundert, wofür die Geschicke von Saint-Domingue alias Haiti stellvertretend stehen mögen. Ich möchte Sie hier nicht mit der Geschichte des schwarzen Sklaven Ti Noël traktieren oder Ihnen langatmig einzelne Episoden aus dem Leben einer anderen faszinierenden Figur Carpentiers, des mit schwarzen Zauber- und Wunderkünsten vertrauten Mackandal, nacherzählen. Was bei Victor Hugo als schwarzer Zauber oder Aberglaube erschien und negativ gebrandmarkt wurde, wird bei Alejo Carpentier aus dem Kernbestand afrikanischer Kulte abgeleitet und vieldeutig in die eigene erzählte Geschichte oder – im Sinne des kubanischen Autors – „Chronik" überführt.

Die Ihnen schon bekannten historischen Gestalten Boukman und Biassou erscheinen in *El reino de este mundo* 1791 auf der Bühne der Geschichte. Doch die Haitianische Revolution führt vorwärts in die Vergangenheit, etablieren doch maßgebliche Figuren wie König Henri Christophe wieder feudalistische Verhältnisse und Ausbeutungsformen, die jenen der weißen Kolonialherren in nichts nachstehen. Denn der ursprünglich aus Grenada stammende Henri Christophe, der früh schon gegen die Franzosen gekämpft hatte, schwelgt in seinem Luxuspalast Sanssouci in unermesslichem Reichtum und übt seine Macht mit allen Mitteln einer Despotie aus. Doch zahlreiche Wunder geschehen, Trommeln ertönen und überall erheben sich die Schwarzen wiederum gegen ihren neuen Herrscher, dessen Palast sie in Brand setzen. Die Gewalt in Haiti hält an.

Sicherlich, die Geschichte geht im *Reich von dieser Welt* nicht gut aus: Ti Noël muss auch die Despotie der Mulatten erleben und verzweifelt an der Conditio humana, den Bedingungen menschlichen Lebens auf diesem Planeten. Doch die Größe des Menschen besteht in seinem Handeln, Hoffen und Lieben inmitten seines Elends; und Ti Noël stirbt am Ende nicht eines natürlichen Todes, sondern verwandelt sich in einen Geier, in ein Tier, dessen Spuren sich im Urwald verlieren. Er verkörpert so jene wunderbare Wirklichkeit, wie sie Alejo Carpentier nicht nur für Haiti oder die Karibik, sondern für ganz Lateinamerika als wesenhaft postulierte.

Ich möchte Ihnen gerne die entscheidende Passage aus dem Schlusskapitel des ersten von vier Teilen zeigen und daran vorführen, wie es dem kubanischen Autor gelingt, nicht nur das Wissen der Schwarzen dem der Weißen entgegenzustellen, sondern zugleich auch dieses Wissen der schwarzen Bevölkerungsmehrheit im Vorfeld der haitianischen Revolution in seiner wunderbaren Wirklichkeit vor Augen zu führen. Damit erweitert er den Wirklichkeitsbegriff des Romans. Denn die Integration zusätzlicher, weiterer Logiken läuft in aller Regel auf eine Weitung und Erweiterung von Weltsichten hinaus.[9]

---

9 Vgl. hierzu Ette, Ottmar: Weiter denken. Viellogisches denken / viellogisches Denken und die Wege zu einer Epistemologie der Erweiterung. In: *Romanistische Zeitschrift für Literaturgeschichte / Cahiers d'Histoire des Littératures Romanes* (Heidelberg) XL, 1–4 (2016), S. 331–355.

Kurz zum Inhalt des Romans: Der aller Zauber- und Verwandlungskünste in den schwarzen Kulturen kundige Sklave Mackandal ist gefangen genommen und zum Tode verurteilt worden. Er soll baldmöglichst hingerichtet werden. So wird er auf einen großen Platz in jener Stadt geführt, die heute den Namen Cap Haïtien, damals Cap Français trug. Dort soll er öffentlich vor den Augen der versammelten Weißen und vor allem ihrer Sklaven verbrannt werden. Der Henker steht bereit, die Regimenter sind angetreten. Alles kündet von der Macht und Gewalt der Weißen mitsamt ihrer vernichtenden Logik:

> Plötzlich schlossen sich gleichzeitig alle zuvor aufgespannten Fächer. Hinter den Militärtrommeln machte sich ein tiefes Schweigen breit. Mit einer gestreiften Hose um seine Lenden, bedeckt mit Seilen und Knoten, mit frischen, schmerzhaften Wunden übersät, rückte Mackandal zum Mittelpunkt des Platzes vor. Die Sklavenherren befragten mit einem Blick die Gesichter ihrer Sklaven. Aber die Schwarzen zeigten eine boshafte Indifferenz. Was wussten die Weißen schon von den Dingen der Schwarzen? In seinen zyklischen Metamorphosen hatte sich Mackandal viele Male schon in die arkane Welt der Insekten vertieft, wobei er das Fehlen eines menschlichen Armes durch den Besitz vieler Beine, vier Kneifern sowie langer Antennen ausglich. Er war schon eine Fliege gewesen, ein Tausendfüßler, ein Nachtfalter, eine Termite, eine Tarantel, ein Marienkäfer und sogar ein Taca-Taca oder Tagüinchen mit großen, grün fluoreszierenden Leuchten. Im entscheidenden Augenblick würden die Fesseln des Mandinga, von einem Körper befreit, den sie nicht länger festhalten konnten, nachgeben und noch die Umrisse eines Menschen aus Luft nachzeichnen, bevor sie an den Pfosten herunterbaumeln würden. Und Mackandal, in einen schwirrenden Moskito verwandelt, würde sich gar auf den Dreispitz des Anführers der Truppen setzen, um sich am Unwissen der Weißen zu belustigen. Denn das war es, was die weißen Herren nicht wussten; deshalb hatten sie soviel Geld verschwendet, um jenes unnütze Spektakel zu organisieren, das ihre totale Impotenz demonstrierte, um gegen einen Menschen anzukämpfen, den die großen Loas verschwinden ließen.
> Mackandal stand schon mit dem Rücken am Pfahl seiner Qualen. Der Henker hatte einen Gurt mit den Zangen gepackt. Der Gouverneur wiederholte eine Geste, die er am Vorabend vor dem Spiegel geprobt hatte, zog sein höfisches Schwert aus der Scheide und erteilte Befehl, den Richterspruch auszuführen. Das Feuer begann, bis zum Einarmigen empor zu lecken, und züngelte an dessen Beine hoch. In diesem Augenblick hob Mackandal seinen Stumpf, den sie nicht hatten festzurren können, in einer drohenden Geste, die zwar klein, aber deshalb nicht weniger schrecklich war, und stieß unbekannte Flüche aus, wobei er seinen Oberkörper ruckartig nach vorne warf. Seine Fesseln fielen, und der Körper des Schwarzen hob sich in die Lüfte und flog über die Köpfe, bevor er sich in den schwarzen Wellen der Masse von Sklaven verlor. Ein einziger Schrei erfüllte den ganzen Platz.
> – *Mackandal sauvé, Mackandal gerettet!*
> Und alles war Durcheinander und Lärm.[10]

---

10 Carpentier, Alejo: *El reino de este mundo*. Introducción Federico Acevedo. San Juan PR: EDUPR 1994, S. 39 f.

In dieser Passage wird deutlich, wie in dem 1949 veröffentlichten kleinen, aber literargeschichtlich bedeutenden Roman des kubanischen Autors die schwarzen Kulturen und deren kulturelle Ausdrucks- und Vorstellungswelten nicht länger dämonisiert werden, sondern zu einem essentiellen Bestandteil eines Wirklichkeitskonzepts avancieren, das die ‚wunderbaren' Elemente ganz selbstverständlich als Tatsachen in sich aufnimmt. Wir wissen ja, dass auch heute noch der Bereich der ‚Wunder' in und bei der Wissenschaft hochumstritten und definitionsbedürftig ist,[11] dass es also im Reich abendländischer Rationalität keineswegs einen Konsens bezüglich der Grenzen zwischen dem Rationalen und sogenannten Wundern gibt. In meinem eigenen Studium habe ich mit großer Freude an der Universität Freiburg den parapsychologischen Vorlesungen von Hans Bender gelauscht, der von vielen wissenschaftlich erforschten Phänomenen sprach, die mühelos in Alejo Carpentiers Konzept des „real maravilloso" gepasst hätten, von wiederkehrenden ‚Erscheinungen' bis hin zu den von ihm untersuchten Blutwundern.

In dieser Szene aus *El reino de este mundo* ist das, was ‚die' Wirklichkeit darstellt oder ausmacht, in seinen rationalen Grenzen unsicher geworden: Das spüren sogar die Weißen, die versuchen, in den Augen und Gesichtern ihrer schwarzen Sklaven zu lesen. Und in der Tat führt die Verbrennung Mackandals vor aller Augen nur vor, was zumindest die Schwarzen seit geraumer Zeit wussten und nun auf dem Marktplatz öffentlich vorgeführt bekommen. Es handelt sich um die Szene der wunderbaren Errettung Mackandals, der unverständliche – zumindest für die Weißen unverständliche – Worte ausstößt und dann dem Feuer entrinnt dank seiner bei allen Sklaven bekannten Fähigkeit, sich in verschiedenste Insekten zu verwandeln und sich seiner Hinrichtung durch Metamorphose zu entziehen. Der Schrei, der den Platz erfüllt, kündet von der realen Wirklichkeit dieses Wissens, kündet von der Präsenz schwarzer Kulte und Vorstellungen, welche die Sklaven etwa aus dem afrikanischen Benin mitbrachten und die wir gemeinhin als Voodoo kennen. Und dass Voodoo-Kulte nicht einfach schwarzer Aberglaube sind, haben wissenschaftliche Untersuchungen seit langen Jahrzehnten belegt.[12]

Damit kommt etwas in den zeitgenössischen Roman Hispanoamerikas, das für den Surrealisten-Freund und späteren Surrealisten-Kritiker Alejo Carpentier gleichsam in der kubanischen und karibischen Atmosphäre lag und nur von ihm

---

11 Vgl. hierzu Daston, Lorraine: *Wunder, Beweise und Tatsachen. Zur Geschichte der Rationalität.* Aus dem Englischen von Gerhard Herrgott, Christa Krüger und Susanne Scharnowski. Frankfurt am Main: Fischer Taschenbuch 2001.
12 Vgl. etwa Rigaud, Milo: *La Tradition Voudoo et le Vaudoo haïtien.* Photographies de Odette Menesson-Rigaud. Paris: Editions Niclaus 1952.

aufgenommen werden musste. Es waren gerade die vierziger Jahre des 20. Jahrhunderts, in denen sich mit zum Teil erheblicher Breitenwirkung neue Konzepte zum Verständnis der komplexen kulturellen Entwicklungen im Bereich der Karibik entfalteten. Die Karibik wurde zu so etwas wie einem Think-Tank für kulturelle wie literarische Theoriekonzepte weltweit – und dies gleich für mehrere Jahrzehnte.

Denn das Jahr 1940 bot mit einem Konzept aus der Feder des kubanischen Anthropologen Fernando Ortiz einen wichtigen Beitrag zur anthropologischen, weit darüber hinausreichend aber auch zur kulturtheoretischen Diskussion, die zum damaligen Zeitpunkt in den vierziger Jahren weltweit noch um Fragen der Akkulturation kreiste. Alejo Carpentier war sich als „poeta doctus" dieser für ihn unüberhörbaren Diskussionen und insbesondere auch des Beitrages seines Landsmannes Fernando Ortiz bestens bewusst, als er gegen Ende der vierziger Jahre seinen Roman *El reino de este mundo* verfasste. Da Ortiz' Konzept für unsere Vorlesung von großer Wichtigkeit ist, möchte ich ihm einen gewissen Raum im Rahmen unseres nicht allzu langen Exkurses geben.

Abb. 26: Fernando Ortiz (Havanna, Kuba, 1881 – ebenda, 1969).

Der kubanische Anthropologe und Kulturtheoretiker Fernando Ortiz bildete einen wichtigen und interessanten Übergangstypus zwischen dem Schriftsteller und dem Experten als Sprachrohr einer nationalen oder kontinentalen Verständigung über die eigenen Werte der Nation sowie der iberischen Welt Amerikas. Ortiz' erste Publikationen reichen noch ins 19. Jahrhundert zurück. Er steht einerseits als Figur gleichsam zwischen dem Kubaner José Martí, den er verehrte, und dem Uruguayer José Enrique Rodó, dem Schriftsteller und Intellektuellen, der einen Gesamtentwurf Lateinamerikas vor dem Hintergrund einer literarisch modellierten Kulturkonzeption entwarf. Andererseits verkörpert er einen Intellektuellen heutigen Typs, eines lateinamerikanischen Intellektuellen, der im Sinne etwa Néstor García Canclinis oder Jesús Martín-Barberos ein Experte im akademischen (oder auch literarischen) Feld zu sein hat. Mit Rodó und Martí werden wir uns im letzten Teil unserer Vorlesung noch ausführlich beschäftigen.

Bei García Canclini oder Martín-Barbero handelt es sich um Akademiker, die sich als Anthropologen oder Kommunikationswissenschaftler einen Namen machten, bevor sie in die Arena der breiteren Öffentlichkeit als sinnvermittelnde und sinnstiftende Intellektuelle traten. Der 1881 in La Habana geborene und 1969 ebendort verstorbene Fernando Ortiz kommt diesen aktuellen lateinamerikanischen Intellektuellen bereits sehr nahe und repräsentiert einen wichtigen und weitgehend übersehenen Übergang hin zu einer wesentlich von Experten geprägten Diskussions-Kultur, in welcher das im akademischen Feld erworbene Prestige eine wichtige, vielleicht entscheidende Rolle spielt. Denn Fernando Ortiz ist von Hause aus Anthropologe sowie Ethnologe und bringt seine Erfahrungen bei der Untersuchung schwarzer Kulturen auf Kuba in seine Theoriebildungen ganz wesentlich mit ein. Alejo Carpentiers Rückgriff auf die Veröffentlichungen seines Landsmannes war folglich keineswegs zufällig.

Wenn wir uns relativ ausführlich mit einigen Biographemen von Ortiz beschäftigen, dann deshalb, weil ich gerne möchte, dass Sie verstehen, wie schwierig allein schon in der Wissenschaft der Weg heraus aus rassistischen Vorurteilen war, um ein adäquates Bild schwarzer Kulturen zu entwickeln. Sie sollen auch nachvollziehen können, dass Ortiz' Laufbahn als wissenschaftlicher Vorläufer einer kritischen Bewegung, die noch in unseren Tagen unter dem Motto „Black Lives Matter" mit großen Schwierigkeiten versucht, Menschen von ihrem rassistischen Denken zu befreien, auf eine höchst charakteristische Art weder geradlinig noch stringent aufklärerisch verlaufen konnte. Denn es liegt mir am Herzen, dass Sie die historischen Prozesse nachvollziehbar begreifen, in denen sich gerade mit Blick auf die schwarzen Kulturen im 19. Jahrhundert das Rassedenken und der Rassismus verdichteten und wie schwer es war, sich all dieser Dinge bewusst zu werden. Und wie sehr gerade die Literaturen der Welt in diesem Zeitraum Visionen entwickelten, welche derartige Verstrickungen beleuchteten. Ich hoffe, dass Sie vor diesem Hintergrund noch viel genauer verstehen, welch innovativen Potentiale etwa ein Text wie Heinrich von Kleists *Die Verlobung in St. Domingo* zu seiner Zeit besaß.

Dass der Lebens- und Forschungsweg des kubanischen Anthropologen nicht so geradlinig verlief, wie wir uns dies vielleicht wünschen würden, lag weniger in der Tatsache begründet, dass der junge Ortiz als Sohn eines spanischen Vaters einige Jahre auf der Balearen-Insel Menorca verbrachte. Dort ließ er als Fünfzehnjähriger im Jahre 1895 – als auf Kuba gerade der entscheidende, von Martí geplante Unabhängigkeitskrieg losbrach – sein erstes Buch über einige folkloristische Aspekte seiner Wahlheimat im menorquinischen Dialekt erscheinen. Denn sein Weg führte ihn von deutlich rassistisch geprägten und an seinem Lehrmeister Cesare Lombroso[13] ausgerichteten philologischen Positionen, die noch

---

13 Vgl. hierzu die Überlegungen zu Lombroso in der schönen und perspektivreichen Arbeit von Lenz, Markus Alexander: *Genie und Blut. Rassedenken in der italienischen Philologie des neunzehnten Jahrhunderts*. Paderborn: Wilhelm Fink Verlag 2014, S. 297–302.

von großem Unverständnis für „die kriminellen Schwarzen" geprägt waren, hin zu sehr viel offeneren Überzeugungen, welche ihn zu einem der wesentlichen ‚Entdecker' der Präsenz afrikanischer Kulturen in der Karibik und zu den Kulturentwicklungen im afrokaribischen Raume machten. Dabei scheint es mir keineswegs nebensächlich zu sein, dass Ortiz sein großes und umfassendes Gesamtwerk gleichsam mit einer translingualen Insel-Erfahrung begann. Denn er sollte diese Sensibilität gegenüber anderen Sprachen und Ausdrucksformen gerade in seinen detailreichen Studien afroamerikanischer und afrokaribischer Kulturen wissenschaftlich schon bald unter Beweis stellen.

Nach Kuba zurückgekehrt nahm er in Havanna ein Studium der Jurisprudenz auf, das er dann in Barcelona abschloss und dem er seine Promotion in Madrid im selben Fach folgen ließ. Sein Fokus wird in der Folge zunächst von eher kriminalistisch, also an Verbrechen ausgerichteten Untersuchungen her auf sozialen ‚Randgruppen' liegen, wobei ihm gerade die kriminologische und in einem philologischen Rassedenken verankerte Schule Cesare Lombrosos[14] entscheidende Anstöße vermittelte. Sein erstes Werk in Buchform ist 1906 *Los negros brujos*, in welchem sich diese methodologische Ausrichtung unverkennbar zeigt. Er erforscht die hohe Kriminalitätsrate von Schwarzen in Kuba aus einer damals noch rassegeleiteten Perspektive. Durch diese Studien kommt er in direkten Kontakt mit Problemen und Fragestellungen der dortigen marginalisierten schwarzen Bevölkerung und verwendet – wohl als erster überhaupt – die Vokabel „afrocubano".

Bald schon wird er Teil des Lehrkörpers der Universität von Havanna, wo er in der Folge verschiedene Lehrstühle übernimmt und seine Lehrtätigkeit ausweitet. Ortiz wird zu einem anerkannten *Maestro*: Hier bildete er bereits einen Schülerkreis um sich, wobei sich verschiedene Generationen seiner Schülerinnen und Schüler ausmachen lassen. So zählen die Kulturanthropologin Lydia Cabrera auf der einen, der Erfinder der „novela-testimonio" Miguel Barnet auf der anderen Seite bald zu seinen berühmtesten Schülern: Die eine wird später ins US-amerikanische Exil gehen, der andere zu einem von der Kubanischen Revolution verehrten Schriftsteller werden. Miguel Barnet übernahm später auch die Leitung der durchaus einflussreichen Fundación Fernando Ortiz in Havanna.

Von größter Wichtigkeit für den weiteren Werdegang des Fernando Ortiz und seine große Wirkung auf das Denken der Kubaner über sich selbst ist die Tatsache, dass er schon früh begann, durch die Mitarbeit und Mitbegründung von Zeitschriften – zum Teil in Zusammenarbeit mit Alejo Carpentier – eine wichtige Rolle im

---

14 Vgl. Melis, Antonio: Fernando Ortiz e la Cultura Italiana. In: *Ideologie. Quaderni di storia contemporanea* (Firenze) 5 – 6 (1968), S. 197–206.

intellektuellen Feld Kubas zu übernehmen. Dem Anthropologen kam eine strategisch ungeheuer wichtige Position und Funktion innerhalb der auf Havanna zentrierten Intelligenzija, dieses kubanischen „champ intellectuel" im Sinne Pierre Bourdieus[15] zu. Grundlegend etwa war seine *Revista Bimestre cubana*, aber auch eine Vielzahl weiterer Periodika, welche seine überragende Rolle als Intellektueller und nicht mehr nur als Gelehrter dokumentieren. Im Laufe dieser fachlichen wie intellektuellen Arbeiten löste sich Ortiz von seinem anfänglichen Rassedenken und konnte zu jenem großen Erforscher afrokubanischer und afrokaribischer Kulturen werden, als der er mit Recht in die Geschichte eingegangen ist.

Seine kriminologische und positivistische Ausrichtung wurden folglich bald durch eine offenere, breitere, vor allem kulturanthropologisch fokussierte Denk- und Forschungsweise ersetzt, die sich stets der politischen Tragweite des eigenen Forschens bewusst war. Wir sehen bei Fernando Ortiz einen Mechanismus am Werk, wie er den ‚klassischen' Intellektuellen auszeichnet: Er führt die Übertragung eines auf einem wissenschaftlichen Teilfeld erworbenen symbolischen Kapitals auf das intellektuelle Feld im Allgemeinen vor, wo eine gewisse Meinungsführerschaft dann künftig immer wieder auch für direkte Einflussnahme im politischen Feld der Insel genutzt werden kann. Bereits seit 1917 war er auch in spezifisch politischen Funktionen auf der Insel tätig.

Fernando Ortiz erstaunt uns noch heute durch jene Mischung aus Spezialisten-Wissen – das er etwa in seinen lexikologischen Studien vorführte – und einer beeindruckenden Allgemeinbildung, die freilich vorrangig literarisch geprägt war und durch welche er Kontakte zu vielen großen Autor*innen und Künstler*innen seiner Zeit besaß. Im politischen Bereich wird seine Position bezüglich der bestehenden wirtschaftlichen und sozialen Verhältnisse immer kritischer: Bald schon gehört er jener politischen und intellektuellen Avantgarde Kubas an, die sich seit 1923 bildete[16] und die unter dem Namen „Grupo minorista" berühmt wurde. Der „Minoristengruppe" gehörten Schriftsteller und Intellektuelle wie Alejo Carpentier oder Rubén Martínez Villena an. Seine letzte kriminologische Arbeit bildete 1926 der *Código criminal cubano*, danach schlug Ortiz dieses Kapitel seiner Methodologie und Theoriebildung endgültig zu. Doch dieser lange Zeitraum eines Vierteljahrhunderts zeigt, wie schwer und anspruchsvoll es war, sich von den rassistischen Vorurteilen gegenüber der schwarzen Bevölkerung in der Wissenschaft zu befreien und neue kreative Perspektiven zu eröffnen.

---

15 Vgl. zur Feldtheorie des französischen Soziologen Jurt, Joseph (Hg.): *Absolute Pierre Bourdieu*. Freiburg i.Br.: Orange-Press 2003; sowie (ders.): *Bourdieu*. Stuttgart: Philipp Reclam jun. 2008.
16 Vgl. zu den historischen Avantgarden und insbesondere den zwanziger Jahren Ette, Ottmar: *Von den historischen Avantgarden bis nach der Postmoderne*, S. 49–398.

Seine mit Alejo Carpentier vergleichbar klare Frontstellung gegen die blutige Diktatur Gerardo Machados, gegen den er ein Manifest verfasste, zwang ihn 1930 ins Exil in die USA, wo er drei Jahre verbringen und seine wissenschaftlichen Kenntnisse vor seiner Rückkehr nach Kuba 1933 weiter stärken sollte. 1937 gründete und leitete er die Sociedad de Estudios Afrocubanos, die sich nicht zuletzt auch um eine stärkere gesellschaftliche Integration der schwarzen Bevölkerung in Kuba bemühte – wenige Jahre vor Veröffentlichung seines bis heute vielleicht durchschlagendsten und sicherlich auch aktuellsten Buches, dem 1940 erstmals publizierten *Contrapunteo cubano del tabaco y el azúcar*.

In den folgenden Jahren schließen sich seinen politischen Aktivitäten, die auch antifaschistische Aktionen beinhalten, eine weite internationale Vortragstätigkeit sowie die ausgreifende Beschäftigung mit den verschiedensten Lebensbereichen nicht nur der schwarzen gesellschaftlichen Gruppen an, wobei er allerdings der afrokubanischen Kultur stets sein Hauptaugenmerk widmen sollte. Doch es gibt in seiner Bibliographie auch stark historisch ausgerichtete Studien etwa über Fray Bartolomé de Las Casas oder auch Alexander von Humboldt, den sogenannten „zweiten Entdecker Kubas", wie Sie heute noch an einer Inschrift lesen können, die am Sockel des Denkmals vor dem Haupteingang der Humboldt-Universität von der kubanischen Gesandtschaft unmittelbar vor Ausbruch des Zweiten Weltkriegs angebracht wurde. Nicht von ungefähr stammt daher auch der Beiname von Fernando Ortiz als „dritter Entdecker Kubas", war er es doch gewesen, der die entscheidenden Anstöße für eine wissenschaftliche, aber auch gesellschaftliche Einbeziehung schwarzer Kulturen und Gruppen in die Gesamtgesellschaft forderte, vorantrieb und förderte.

Es schlossen sich viele internationale Auftritte, Ehrungen und Auszeichnungen, aber auch weitere Forschungen und Bücher an. Fernando Ortiz wurde von der Kubanischen Revolution als Forscher und Gelehrter, wenn auch weniger als Intellektueller einbezogen. 1964, also fünf Jahre nach deren Triumph, erschien seine bedeutend erweiterte Ausgabe des ursprünglich 1940 veröffentlichten *Contrapunteo*, mit dem wir uns in der Folge näher beschäftigen wollen. Vergessen wir rückblickend aber nicht, dass ein Bernardin de Saint-Pierre, ein Heinrich von Kleist oder ein Victor Hugo nicht über die Studien und Einsichten eines Fernando Ortiz verfügen konnten und ihr Bild der Schwarzen noch anders geartet sein musste.

Als die erste Ausgabe des *Contrapunteo cubano del tabaco y el azúcar* 1940 erschien, hatte Fernando Ortiz längst seine Positionen hinter sich gelassen, die ihn im Umkreis kriminologischer Methodologien sehr wohl zu rassistischen Ansichten und Einsichten geführt hatten, denen zufolge die Schwarzen auf dem Weg zur Zivilisation ein Hemmnis und eine Barriere für Kuba darstellten. Ich erwähne dies nicht, um Fernando Ortiz nachträglich zu belasten, sondern um

Herkunft, Bewegung und Zukunft seines Denkens hervortreten zu lassen. Denn es gibt Wissenschaften, die sich erst auf der Negativfolie bisheriger Untersuchungen in einem beständigen Abgrenzungsprozess, in einem zähen Ringen zu entwickeln vermögen – und hierzu zählt zweifellos die anthropologische Untersuchung afrokubanischer Kulturen durch Ortiz. Die kulturanthropologischen Studien des Kubaners wurden erst möglich vor dem Hintergrund einer Auseinandersetzung, in welcher Fernando Ortiz zum Verfasser auch des ersten lateinamerikanischen Handbuchs für Fingerabdrücke wurde – und auch diesen Hinweis auf die Fingerabdrücke, deren technische Verwendung übrigens aus der britischen Kolonialherrschaft stammt, will ich nicht aus anekdotischen Gründen erwähnen.

Aufschlussreich aber ist die Tatsache, dass sich Fernando Ortiz gerade gegen Ende der dreißiger und zu Beginn der vierziger Jahre besonders intensiv mit Denken und Wirken José Martís auseinandersetzte, jenem herausragenden kubanischen Schriftsteller, Dichter und Revolutionär.[17] Wir werden uns noch mit Martís literarischem Einfluss auf die Literaturen und vor allem die Dichtkunst seiner Zeit beschäftigen. Doch können wir nun seine Bedeutung auf einem ganz anderen Gebiet konstatieren, einem Gebiet, das jedoch nicht auf Anthropologie, Kultur oder Literatur beschränkt bleibt, sondern in wesentlicher Weise an Fragen einer erst noch auszubildenden nationalen Identitätssuche Kubas und damit allgemein an Fragen nationaler Identitätsfindung ausgerichtet ist.

Der Schöpfer des *Contrapunteo cubano* erreichte hier eine Dimension des Politischen, die sich nicht auf die Politik von Parteien beschränkt. Denn von einer solchen Politik, der er sich 1917 auch als Vertreter der Liberalen und sogar als Vizepräsident der Abgeordnetenkammer angeschlossen hatte, wandte er sich bereits 1926 wieder ab. Ortiz interessierte mehr das Politische als die Politik: Dies war das Feld, auf das er vor dem Hintergrund seiner wissenschaftlichen Studien einwirken konnte. Wir sollten uns freilich davor hüten, die Abkehr des Fernando Ortiz, der 1915 der Liberalen Partei Kubas beigetreten war, von der Parteienpolitik im Sinne der Kubanischen Revolution, die den Anthropologen für sich reklamierte, so zu interpretieren, als ob hier ein Linker, ja ein Sozialist grundlegende Kritik an einem Parteiensystem geäußert hätte, wie es mit der Kubanischen Revolution dann 1959 überwunden worden sei. Denn es fällt nicht schwer, im Leben des großen Kubaners neben antifaschistischen Aspekten auch andere zutage zu fördern, in denen sich eine durchaus ambivalente Haltung gegenüber rechten Diktaturen ausdrückt. Auch im politischen Spektrum blieb der kubanische Anthropologe eine schillernde Gestalt, die gerade in ihrer parteipolitischen Dimension und mehr

---

17 Vgl. Ette, Ottmar: *José Martí. Teil I: Apostel – Dichter – Revolutionär. Eine Geschichte seiner Rezeption.* Tübingen: Max Niemeyer Verlag (Reihe *mimesis*, Bd. 10) 1991.

noch in ihrem Verständnis des Politischen einmal eine eingehendere kritische Auseinandersetzung verdient hätte.

In einem 1941 gehaltenen Vortrag hatte Fernando Ortiz über *Martí und die Rassen* gesprochen und dabei die enge Verbindung betont, die historisch und auch im Falle Kubas höchst konkret zwischen Kolonialismus und Rassismus bestand. In diesem Vortrag wurde auch deutlich, dass gerade José Martí für den kubanischen Kulturtheoretiker – wie übrigens auch für einen Alejo Carpentier – zu jener Stütze einer Befreiung von rassistischen Vorstellungen werden konnte, die es dann erlaubte, nicht nur die Untersuchung der schwarzen Kulturen um ihrer selbst willen anzugehen. Es ging für Ortiz längst nicht mehr darum, ein Problem gefährlich hoher Delinquenz zu lösen, sondern von einer ethisch fundierten Grundlage aus die nationale Identitätsproblematik anzugehen. Fernando Ortiz bekam mit José Martí gleichsam nationalen Boden unter die Füße einer Argumentation, die den schwarzen Kulturen einen nicht mehr nur marginalen, sondern zentralen Platz in der kubanischen Gesellschaft und der Gestaltung ihrer Zukunft anwies.

Insoweit ist in diesem Zusammenhang José Martís Rolle sicherlich höher einzuschätzen als jene Alexander von Humboldts, der gleichwohl für Ortiz eine wichtige Bezugsfigur blieb, die sich in ihrer Zeit bereits vehement gegen die Sklaverei eingesetzt hatte. Eine Vielzahl von Publikationen des Fernando Ortiz belegt, wie wichtig Humboldt – vor allem aber Martí – für sein Denken gerade in den vierziger und frühen fünfziger Jahren war, als er nach historischen Traditionslinien Ausschau hielt, welche seine Ansätze und Überlegungen stützen konnten. Doch kann ich dieser Traditionslinie an dieser Stelle nicht weiter nachgehen: Ich werde sie im gegebenen Zusammenhang bei unserer Besprechung von José Martí wieder aufnehmen. Ich möchte vielmehr versuchen, Ihre Aufmerksamkeit auf die spezifisch kulturtheoretischen, zugleich transarealen und transkontinentalen Aspekte des Denkens von Fernando Ortiz zu lenken, um aus den Traditionslinien des 19. Jahrhunderts heraus ein Konzept des 20. Jahrhunderts zu besprechen, das uns für die Analyse von Texten der Romantik zwischen zwei Welten noch gute Dienste leisten wird.

Die vehementen Angriffe des Fernando Ortiz gegen den seiner Ansicht nach grundlegend irrational gebrauchten Rassebegriff gehorchen seiner wissenschaftlichen Grundüberzeugung, die sich – wie Antonio Melis gezeigt hat[18] – von der Sichtweise einer generellen Unterlegenheit schwarzer Kubaner in seinen frühen Schriften hin zur Betonung absoluter Gleichheit entwickelt hatte. Ortiz wusste

---

18 Vgl. Melis, Antonio: Fernando Ortiz y el mundo afrocubano: desde la criminología lombrosiana hasta el concepto de transculturación. In: Heydenreich, Titus (Hg.): *Kuba. Geschichte – Wirtschaft – Kultur*. München: W. Fink Verlag 1987, S. 169–182.

sich hier in Übereinstimmung mit Martí, der bereits im letzten Viertel des 19. Jahrhunderts den Rassebegriff und die ‚Rassedenker' zurückgewiesen hatte und den Begriff „raza" nur im kulturellen Sinne gebrauchte. Auch Ortiz dachte Differenz in seinen späteren Schriften ausschließlich als kulturelle.

Auf welche Weise der kubanische Anthropologe sie kulturell und historisch konzipierte, lässt sich mit Blick auf eine kulturelle Heterogenität vor allem in seinem 1940 erstmals erschienenem und 1963 beträchtlich erweiterten *Contrapunteo cubano del tabaco y el azúcar* nachweisen und bewundern. In diesem kunstvoll und literarisch gestalteten Wissenschaftsband wird gerade den zuvor nur marginal bedachten und gedachten Kulturen in ihrer Heterogenität die ganze Aufmerksamkeit zuteil.

Bis zur Einführung des Begriffs „Transkulturation" durch den Kubaner hatte man in der Ethnologie und Anthropologie stets von „Akkulturation" gesprochen und so – dies die Kritik von Ortiz – eine durchweg passive Übernahme der fremden durch die eigene, aber marginalisierte Kultur präsupponiert oder eben vorausgesetzt. Der zuvor dominante Begriff der Akkulturation legt nahe, dass die empfangende Kultur letztlich keine aktiven und kreativen Antworten auf den interkulturellen Austausch, der sich bei längerem Kulturkontakt vollzieht, zu geben vermag. Wir könnten hinzufügen, dass über einen sehr langen Zeitraum und fast bis in unsere Tage derartige Vorstellungen dominant blieben, wurde doch – um nur einige Beispiele zu nennen – von kulturellem Imperialismus, kultureller Penetration oder kultureller Dependenz gesprochen, ohne dabei auf die kreativen Kräfte der jeweils zum Objekt, nicht aber zum Subjekt gemachten Kulturen und Gesellschaften zu reflektieren. Wir müssen folglich aufpassen, die Eigen-Logiken von Kulturen selbst dann nicht zu unterschätzen, wenn sie unter massiver äußerer Einflussnahme stehen.

Fernando Ortiz führt an dieser Stelle ein weitestgehend neuartiges Denken ein. Der Begriff der Akkulturation als Beschreibung des Übergangs von einer Kultur zu einer dominanten anderen enthält nicht die transformativen Gestaltungskräfte, die für Fernando Ortiz von so großer Bedeutung sind. Bevor wir uns weiter über allgemeine Hintergründe und mögliche Konsequenzen des Begriffs „transculturación" unterhalten, sollten wir aber den Schöpfer dieses Konzepts selbst zu Wort kommen und den Begriff definieren lassen. Er tat dies in einem Abschnitt, der dem eigentlichen Essay hinzugefügt wurde und in dem Ortiz im Titel auf das „Soziale Phänomen der ‚Transkulturation' und deren Wichtigkeit in Kuba" einging:

> Die Vokabel *Transkulturation* drückt nach unserem Verständnis besser die verschiedenen Phasen des Übergangsprozesses von einer Kultur in eine andere aus, weil dieser nicht darin besteht, eine verschiedene Kultur bloß zu erwerben, was im engeren Sinne der angloame-

rikanische Ausdruck *Aculturation* meint, sondern dass dieser Prozess notwendig auch den Verlust oder die Entwurzelung einer vorherigen Kultur impliziert, so dass man von einer partiellen *Dekulturation* sprechen könnte, und überdies die nachfolgende Schöpfung neuer kultureller Phänomene beinhaltet, welche man als *Neokulturation* bezeichnen dürfte. In jeder Umarmung der Kulturen erfolgt, wie es sehr wohl die Schule von Malinowski sieht, genau das, was in der genetischen Verbindung von Individuen geschieht: Das entstandene Geschöpf enthält stets etwas von beiden am Zeugungsprozess Beteiligten, ist aber stets auch verschieden von jedem Einzelnen der beiden. Zusammengefasst ist der Prozess eine *Transkulturation*, und diese Vokabel umfasst alle Phasen dieser Parabel.[19]

Halten wir zunächst einmal fest, dass der Begriff „Transkulturation" aus der kubanischen Forschung stammt und keineswegs – wie nicht selten zu lesen – der englischsprachigen oder gar der deutschsprachigen Diskussion entsprungen ist. Nur allzu gerne hat man diesen spezifisch kubanischen Ursprung des Terms schlicht ausgeblendet und zum Teil bewusst verschwiegen, da man nicht verstand oder verstehen wollte, dass die Karibik eine höchst wichtige und produktive Lieferantin von Theoriekonzepten ist und man im sogenannten ‚Westen' lieber den eigenen Wissenschaften die Macht zuschrieb, Begriffe zur Beschreibung der ‚Anderen' zu liefern.

Die uns von Fernando Ortiz in der obigen Passage vorgeschlagene Definition von Transkulturation zeigt verschiedene sich überlagernde Prozesse auf, die sich keineswegs nur als kultureller Gewinn, sondern eben auch als Verlust niederschlagen. Die sich aus diesem komplexen Prozess einschließlich „Dekulturation" und „Neokulturation" entwickelnde transkulturierte Kultur erweist sich dabei ihrerseits nicht als Summe beider an ihrer Entstehung beteiligten Kulturen, sondern vielmehr als etwas Anderes und verschiedene Logiken umfassendes *Weiteres* und damit als kulturelle *Differenz*.

Damit aber, so scheint mir, wird etwas Entscheidendes in den Blick genommen: die aktive und schöpferische Dimension dieses Prozesses, welche ja selbst im Vergessen, der „desculturación", impliziert ist. Auch wenn die biologische Metapher, die Fernando Ortiz am Ende des Zitats betonte, wiederum eine gewisse neue Einheit nahelegt, die geeignet sein könnte, die heterogene Dimension dieser Entwicklung, dieses Prozesses und seiner Resultate, zum Verschwinden zu bringen, zeigt sich doch, dass die entstandene Kultur nicht einfach eine Summe des Vorherigen ist. Klar ist aber auch, dass die neue Kultur nicht auf eine Tabula rasa, eine kulturell leere Fläche trifft, auf die sie sich projiziert. Die abendländische Kultur begegnet nicht einer ‚Nicht-Kultur' und führt sie auch nicht vor

---

19 Ortiz, Fernando: *Contrapunteo cubano del tabaco y el azúcar*. Prólogo y Cronología: Julio Le Riverend. Caracas: Biblioteca Ayacucho 1978, S. 96 f.

diesem Hintergrund zur eigenen Kultur oder gar zur einzigen Kultur, indem sie sie im vollen Wortsinne akkulturiert. Vielmehr ereignet sich dieser Prozess zwischen zwei voneinander *verschiedenen* Kulturen. Dabei ist es entscheidend, dass in dieser Definition von Transkulturation Fernando Ortiz aus guten Gründen keinerlei Angaben über die kulturelle Wertigkeit der beteiligten Kulturformationen macht und damit jedweder abendländischen Suprematie einen Korb gibt.

Mit Hilfe einer derartigen Argumentation nimmt Ortiz der eurozentrischen und logozentrischen Vokabel der Akkulturation als Hinführung zu einer Kultur – und zwar implizit zur als einzig möglich erachteten Kultur – ihre gefährliche Spitze und lässt den kulturellen Transformationsprozess als überaus komplexe und gleichgewichtige Entwicklung erscheinen, ohne einen „terminus ad quem" festzulegen. Das Ergebnis dieses Prozesses der Transkulturation ist nicht etwa die Summe der verschiedenen Elemente, sondern etwas Neues, Eigenständiges, Originelles, das unterschiedlichen Logiken gehorcht. Entscheidend scheint mir in Fernando Ortiz' Konzeption der Transkulturation zu sein, dass die Bewegung, das Durchlaufen verschiedener Spannungsfelder, in den Mittelpunkt seiner Überlegungen rückt. Dies sollte Folgen haben.

Das Bemerkenswerte und Spannende an diesem Text ist darüber hinaus nicht nur die anthropologische oder kulturtheoretische Ebene, sondern auch die Sprache und mehr noch die Schreibweise des kubanischen Intellektuellen. Denn im *Contrapunteo cubano* haben wir es nicht mit der Schreibweise eines wissenschaftlichen Textes – auch wenn dies in diesem definitorischen Auszug ein wenig so wirken könnte –, sondern mit literarischen Vorbildern und insbesondere dem Dialog zwischen Don Carnal und Doña Cuaresma im *Libro de Buen Amor* des Arcipreste de Hita zu tun. An dessen Dialogstruktur und kontrapunktischer Bewegung lehnt sich der kubanische Text von Beginn an explizit an. Damit wird anhand eines Zwiegesprächs zwischen den Partnern Tabak und Zucker deutlich: Der Text führt uns bislang unbedachte Prozesse nicht nur auf einer Inhaltsebene, sondern auch auf der Ausdrucksebene vor Augen; und dieser letzteren wollen wir uns zunächst einmal näher zuwenden.

Die semantische und narrative Grundstruktur des *Contrapunteo cubano del tabaco y el azúcar* ist die kontrapunktische Gegenüberstellung von Tabak und Zucker in der kubanischen Geschichte, ein geradezu musikalisches Verfahren, welches Oppositionen erzeugt, von denen sich in der Folge weitere ableiten. Ich möchte Ihnen dies ausgehend von einer Passage vorführen, in welcher es zunächst um eine scheinbare Gleichheit von Zucker und Tabak geht, aus der aber dann grundlegende semantische und kulturelle Oppositionen abgeleitet werden:

> Tabak und Zucker sind beides Produkte aus dem Pflanzenreich, die kultiviert, elaboriert, vermarktet und am Ende mit großem Genuss von menschlichen Mündern konsumiert werden.

Bei der Produktion von Tabak und Zucker lassen sich darüber hinaus dieselben vier Elemente beobachten: *Erde, Maschine, Arbeit* und *Geld*, deren verschiedene Kombinationen ihre Geschichte darstellen. Doch von ihrem Aufkeimen im Inneren der Erde bis zu ihrem Tod im Konsum durch den Menschen verhalten sich Tabak und Zucker fast immer gegensätzlich zueinander.

Zuckerrohr und Tabak bilden völlige Kontraste. Eine Rivalität, so würde man sagen, belebt und trennt sie von der Wiege an. Die eine ist eine Graspflanze und der andere eine Nachtschattenpflanze. Die eine schießt empor, der andere kriecht aus dem Samen. [...] Die Zuckerpflanze besitzt ihren Reichtum im Schaft und nicht in ihren Blättern, die man wegwirft; des anderen Wert ist sein Blattwerk und nicht der Schaft, den man verachtet. Die Zuckerpflanze lebt lange Jahre auf dem Feld, die Tabakspflanze dort jedoch nur kurze Monate. Jene sucht das Licht, dieser den Schatten; Tag und Nacht, Sonne und Mond. Jene liebt den Regen, wie er vom Himmel fällt; dieser die Glut, wie sie von der Erde aufsteigt. Aus dem Rohr der Zuckerpflanze presst man den Zuckersaft zum Genusse; in den Blättern des Tabaks trocknet man den Saft, weil er stört. Der Zucker findet sein menschliches Schicksal im Wasser, in dem er sich auflöst und zu Sirup gerinnt; der Tabak kommt zum Menschen durch das Feuer, in welchem er sich in Rauch auflöst. Weiß ist die eine, dunkel ist der andere. Süß und geruchlos ist die Zuckerpflanze; bitter und aromatisch der Tabak. Alles voller Kontraste! Lebensmittel und Gift, Aufwachen und Einschläfern, Energie und Schlaf, Lust des Fleisches und Verzückung des Geistes, Sinnlichkeit und Ideenlehre, Appetit zur Befriedigung und Illusion, die sich in Rauch auflöst, Kalorien des Lebens und Rauchschwaden der Phantasie, ab der Wiege vulgäre und anonyme Indistinktion und aristokratische, weltweit auf Marke bedachte Individualität, Medizin und Magie, Realität und Traum, Tugend und Laster. Die Zuckerpflanze ist eine *Sie*; der Tabak ein *Er* ... Das Rohr war das Werk von Göttern, der Tabak das Produkt von Dämonen; sie ist die Tochter des Apoll, er die Ausgeburt der Proserpina ...[20]

Keine Angst: Dies sind bei weitem noch nicht alle Gegensatzpaare, die Fernando Ortiz in seinem Buch aufhäuft! Vergessen wir vor allem nicht das importierte Element des Zuckers und das einheimisch-amerikanische des Tabaks oder das Weiße und das Schwarze, das Weibliche und das Männliche mit ihren abgeleiteten Gegensätzen. Fernando Ortiz gestaltet dies zur grundlegenden Funktionsweise der kubanischen Wirtschaft, der kubanischen Kultur, der kubanischen Gesellschaft und des kubanischen Lebens um, wobei seine Sympathie immer wieder deutlich dem Tabak, dem männlichen, einheimischen, geistvollen Element gehört. Denn der Tabak ist individuell und nicht industriell und vermasst, er wird in Einzelarbeit und nicht in großen Zuckerrohrplantagen angebaut. Sie sehen: Dieser literarisch-wissenschaftliche Kontrapunkt eröffnet eine ganze Kulturgeschichte und erlaubt es uns, in viele zentrale Oppositionen der kubanischen Gesellschaft, Wirtschaft und Mentalität hineinzublicken. Und ganz nebenbei: Der Tabak steht

---

20 Ortiz, Fernando: *Contrapunteo cubano del tabaco y el azúcar*, S. 13f.

auch für das schwarze Element in der Geschichte Kubas, dem sich der Kulturanthropologe mit besonderer Sorgfalt widmete.

Die kubanische Kulturgeschichte gehorcht ganz diesem *Contrapunteo*, dessen Schreibweise – wie Sie bemerkt haben – äußerst geschickt die verschiedensten semantischen Ebenen einblendet, die in der Folge dann weiterentwickelt werden. Ortiz gestaltet seine in kleinen Textbausteinen, kleinen Text-Inseln entfalteten Geschichtsfragmente unter Einbeziehung aller vier Grundelemente, aller literarischen und kulturellen Symbole, die der Anthropologe aufzubieten in der Lage ist. Die semantischen, aber klanglichen Gegenüberstellungen sind auch sprachlich sehr schön durchgeführt: „El tabaco nace, el azúcar se hace."[21]

Am Ende – und das muss dann in Kuba wohl so sein – zeigt sich natürlich auch, dass der Zucker sich in Alkohol, in kubanischen Rum auflöst und damit seinerseits zu Geist wird: „Y con el alcohol en las mentes" – so der Schlusssatz des Hauptteils – „terminará el contrapunteo".[22] So versöhnen sich Tabak und Zucker doch noch in der geistvollen Umarmung einer kubanischen Zigarre, genossen mit einem Gläschen Rum. Der Humor kommt in diesem wunderschönen Text nicht zu kurz, welcher ebenso für Raucher wie für Nichtraucher, für Diabetiker wie für solche Leserinnen und Leser geeignet ist, die dem Süßen in kubanischen Mengen frönen.

Doch ist dies nicht die einzige Grundstruktur des Buches, die uns an dieser Kulturgeschichte der Insel Kuba interessiert. Denn der eigentliche Essay des *Contrapunteo cubano* nimmt etwa nur gut vierzig Seiten ein; die weiteren vierhundert Seiten werden durch zusätzlich angehäufte, proliferierende Kapitel in Form größerer und kleinerer Text-Inseln gebildet, welche das Textganze zu einem gewaltigen, eindrucksvollen Werk anschwellen lassen. Fernando Ortiz' Buch könnte in seiner Grundidee durch Alexander von Humboldt beeinflusst worden sein, der in seinen *Ansichten der Natur* ein Verhältnis zwischen Haupttext und Anmerkungen von bis zu 1:12 erprobt hatte, so dass sich die ‚eigentlich' zentralen Texte geradezu klein ausnehmen. Wenn dieser ‚eigentliche Text' aber nur mal mehr schlappe zehn Prozent ausmacht, worum geht es dann in Fernando Ortiz' *Contrapunteo cubano* wirklich?

Von Beginn an verweist der Haupttext auf ein erstes zusätzliches Kapitel, das man zunächst vielleicht sogar als Fußnote lesen oder als solche missverstehen könnte. Diese vermeintliche Fußnote erweist sich aber als eines von insgesamt fünfundzwanzig Kapiteln, die neunzig Prozent des Textes ausmachen. Schon im ersten Kapitel wird das Lesepublikum auf diese weiteren Kapitel aufmerksam

---

21 Ortiz, Fernando: *Contrapunteo cubano*, S. 16.
22 Ebda., S. 88: „Und mit dem Alkohol im Kopf geht dieser Kontrapunkt zu Ende."

gemacht, da möglicherweise die Schreibweise des eigentlichen Buches zu schematisch sei. Eine fürwahr erstaunliche Leseanweisung! Im ersten Zusatzkapitel war bereits der zentrale Begriff der Transkulturation erläutert worden; doch in diesem Zusatzkapitel wird zugleich auch ein Inhaltsverzeichnis mit den weiteren Zusatzkapiteln angeboten, so dass dem Lesepublikum im Grunde zwei Lesemöglichkeiten offeriert werden. Denn entweder wird der Hauptteil plus jeweils dazugehörigem Zusatzkapitel gelesen, oder die Leserschaft liest zuerst den Hauptteil und danach die Zusatzkapitel in ihrer großen Fülle und Einteilung in schwarze und weiße, Tabak und Zucker.

Das Buch erscheint so – wie Celina Manzoni sehr schön aufzeigte[23] – als mehrere Bücher ganz im Sinne von Cortázars Roman *Rayuela*, den wir in unserer Vorlesung über die Literaturen des 20. Jahrhunderts ausführlich besprochen haben.[24] Zusätzlich dürfen bei dem Humboldt-Kenner Ortiz auch – wie bereits betont – Anleihen bei den *Ansichten der Natur* vermutet werden, um einer proliferierenden Textgestaltung Raum zu geben. Man kann hinter dieser Vorgehensweise nicht nur die Experimentierfreudigkeit mit verschiedenen Schreibweisen sehen – etwa der wissenschaftlichen, essayistischen, aber auch im engeren Sinne intertextuell-literarischen –, darf aber auch insgesamt vermuten, dass damit das Heterogene, nicht Homogenisierbare, das Transkulturelle gleichsam schon in der Textgestalt auf Ausdrucksebene entfaltet werden sollte. Der *Contrapunteo cubano* erweist sich so als hybrider, heterogener Text, den man hinsichtlich bestimmter Charakteristika durchaus bereits mit Texten der Postmoderne und deren spezifisch ästhetischen Entwürfen in Verbindung bringen darf. Die Nähe des *Contrapunteo* zu José Lezama Limas *La expresión americana* ist auf der Inhalts- wie auf der Ausdrucksebene evident und zeigt, wie einflussreich dieses literarisch-wissenschaftliche Werk des kubanischen Autors war.

Fernando Ortiz gelang es, in seinem zentralen (oder vielleicht doch nicht so zentralen) Essay die Geschichte Kubas zu erzählen: mit der Einführung der Zuckerrohrplantagen, der nachfolgenden Sklaverei, der Dampfmaschine, der Industrialisierung, der Kapitalisierung, dem kapitalistischen Verdrängungswettbewerb einerseits. Andererseits – auf der Seite des Tabaks – berichtet er von der Schaffung auf Qualität angelegter Strukturen außerhalb der massenhaften Sklaverei, dem bäuerlichen Kleinbesitz, der intensiven Nutzung, der Arbeiterbildung, den Vorlesern des Tabakproletariats und der damit verbundenen revolutionären Kraft der gebildeten Arbeiterschaft. In dieser Geschichte rückte die schwarze

---

23 Vgl. Manzoni, Celina: El ensayo ex-céntrico: el Contrapunteo de Fernando Ortiz (o algo más que un cambio de nombre). In: *Filología* (Buenos Aires) XXXIX, 1–2 (1996), S. 151–156.
24 Vgl. Ette, Ottmar: *Von den historischen Avantgarden bis nach der Postmoderne*, S. 646–660.

Bevölkerung Kubas in den Mittelpunkt. Aber war es nur eine Geschichte der Kontraste, der Gegensätze, der Auseinandersetzung und des ständigen Kontrapunkts?

Fernando Ortiz wäre kein Kubaner gewesen, hätte er hierauf nicht eine schlüssige Antwort gehabt, die mit Humor und literarischer Bildung vorgetragen wurde und sich wiederum auf etwas Neues öffnete, in dem vielleicht aber doch mehr das Dunkle, das Satanische, das dem Tabak Verwandte fortlebt, ganz transkulturell versteht sich und längst in alle Welt exportiert. Denn es war gleichsam der heilige Rauch, der „holy smoke", der sich bei ihm in hochgeistige Getränke auflöst. Damit erscheint die Geschichte Kubas, wie könnte es in diesem erogenen Land auch anders sein, als Liebesgeschichte mit Happy Ending nebst zahlreicher Nachfahren. Lesen wir also die letzte Seite des Hauptteils in ihrer Gesamtheit:

> Es gibt daher für die Versemacher Kubas, so wie es jener zum *Pícaro* neigende Erzpriester, der *Arcipreste de Hita*, gewollt hätte, keinerlei *Streitgespräch zwischen Don Tabak und Doña Zucker*, sondern eher etwas Unauffälliges und Diskretes, das wie in den Märchen mit Vermählung und Glückseligkeit endet. Also mit der Hochzeit von Tabak und Zucker. Und mit der Geburt des Alkohols, empfangen in Gnade und Würde aus dem satanischen Geiste, dem Gevatter Tabak, vom süßen Leibe der unreinsten Dame Zucker. So entsteht die heilige kubanische Dreifaltigkeit: Tabak, Zucker und Alkohol.[25]

Die ganze Geschichte endet also glimpflich satanisch und – wie wir hinzufügen könnten – auf gut Kubanisch auch alkoholisiert paternalistisch, eben stark gezuckert. Und natürlich mit einem weiteren Exportprodukt, das ebenso auf Qualität wie auf Quantität angelegt ist, das ebenso Massenprodukt wie individualisiert ist und mit dem die Insel zu gewissen Zeiten wie zuvor mit Tabak und Zucker die Welt überschwemmte. Zur Lust und zum Vergnügen der Welt und nicht immer Kubas und der Kubaner, könnte man aus heutiger Sicht und unter Berücksichtigung der US-amerikanischen Wirtschaftsblockade der Insel hinzufügen. Aber das wäre ein anderer *Contrapunteo*, der in Ortiz' Text durchaus angelegt ist.

Wir dürfen an dieser Stelle noch einmal festhalten, dass es Fernando Ortiz mit seinem Konzept der Transkulturation gelang, sich von ethnozentrisch weißen Positionen zu verabschieden und zugleich einer größeren Offenheit gegenüber multiethnischen Gesellschaften entgegenzugehen, Gesellschaften, die nicht mehr einfach in einer Synthese aufgehen wie noch im Konzept des hispanoamerikanischen „mestizaje" oder eines „Melting Pot" nach US-amerikanischem Vorbild. Das Konzept der Transkulturalität löst sich aber auch nicht in reine Hybridität und Heterogenität auf, eine starke Zerstäubung in kulturell dauerhybridisierte Kulturfragmente, wie wir dies verstärkt seit den frühen achtziger Jahren in der

---

25 Ortiz, Fernando: *Contrapunteo cubano*, S. 88.

Kulturtheorie Lateinamerikas vorfinden. Demgegenüber ist es zweifellos notwendig, neue Konzepte zu entwickeln, in welchen freilich der Transkulturation von Fernando Ortiz eine wichtige Rolle zukommt.[26]

Der kubanische Anthropologe war gleichzeitig ein Kulturtheoretiker des Übergangs und ein versierter Schriftsteller, der es verstand, als Wissenschaftler das Medium der Sprache, derer er sich bediente, nicht als transparente Glasscheibe aufzufassen, sondern selbst zum Schwingen und zum Sprechen zu bringen. Die Form des Essays, die er wählte, war dabei Medium der Verständigung über die eigene Geschichte, die eigene Herkunft und die eigene Identitätsproblematik ebenso der Kubaner wie auch der Lateinamerikaner überhaupt. Seine Theorie der Transkulturation, die auf einer ständigen und unabschließbaren Bewegung gründet und zu keinerlei Abschluss finden kann, war folgenreich in verschiedenen Disziplinen und Bereichen. Vor allem durch die Vermittlung des Uruguayers Angel Rama[27] wurden Ortiz' Thesen auch wirksam im Bereich der Literaturtheorie, wo seit den siebziger Jahren von Transkulturation in der Literatur gesprochen wurde.

Dennoch sollten wir nicht vergessen, dass uns in dem Anthropologen, Historiker, Kulturtheoretiker, Musikologen, Biographen und Philosophen ein Schriftsteller von Rang entgegentrat, der sein eigenes Expertentum als Gelehrter gerade in dieser literarischen Dimension in allgemeiner Form in die Debatten um kulturelle Entfaltung und Integration der schwarzen Kulturen einbrachte. Aus dieser Stellung als Wissenschaftler und Schriftsteller, Gelehrter und Intellektueller erwächst zusätzlich zu allen bereits geäußerten Charakteristika seines Schaffens die bis heute anhaltende Aktualität des kubanischen Denkers.

Schon auf seine Zeitgenossen übte Fernando Ortiz eine ungeheure Anziehungs- und Strahlkraft aus. Neben vielen anderen zählte auch Alejo Carpentier zu den Bewunderern dieses sogenannten „dritten Entdeckers" Kubas, dieses Entdeckers der afroamerikanischen Kulturen, die zugleich mehr sind und weniger als die afrikanischen Kulturen ihres Herkunftskontinents: Denn auch der Verlust, die „desculturación", spielt laut Ortiz eine Rolle. Amerika ist also nicht nur Schauplatz, sondern Agens und Movens dieser Kulturen zugleich und eben dieser Ausrichtung hing auch Alejo Carpentier an.

---

26 Vgl. hierzu Ette, Ottmar / Wirth, Uwe (Hg.): *Nach der Hybridität. Zukünfte der Kulturtheorie.* Berlin: Verlag Walter Frey – edition tranvía 2014; sowie (dies., Hg.): *Kulturwissenschaftliche Konzepte der Transplantation.* Unter Mitarbeit von Carolin Haupt. Berlin – Boston: Walter de Gruyter 2019.
27 Vgl. Rama, Angel: *Transculturación narrativa en América Latina.* Montevideo: Fundación Angel Rama 1989.

In seinem programmatischen Vorwort zu seinem Roman *El reino de este mundo* machte letzterer – unter einem Miguel de Cervantes entnommenen Motto – darauf aufmerksam, dass er 1943 Haiti hatte besuchen können und die Festung sowie das Schloss La Ferrière und Sanssouci von Henri Christophe ebenso sehen konnte wie die damals noch – so Carpentier – normannische Stadt von Cap Haïtien. Zuvor hatte diese Stadt – selbstverständlich noch bei Victor Hugo – den Namen Cap Français getragen. Carpentier wäre dabei nicht Carpentier, hätte dieser Poeta doctus es nicht verstanden, auf wenigen Zeilen ungeheuer viele Verweise und Verbindungen auf und mit zahlreichen anderen literarischen Texten, aber auch nicht-literarischen Künsten herzustellen und in seine Programmatik einzubeziehen.

So durfte zwischen Van Gogh und Wifredo Lam, aber auch zwischen Cervantes und Rimbaud nichts und niemand fehlen. Neben den Verweisen auf Lautréamonts *Les Chants de Maldoror*, das schon die Lieblingslektüre der französischen Surrealisten gewesen war, gab es vielfältige und hintergründige Verweise auf Mythen aus den unterschiedlichsten Weltgegenden. Mackandal wird in diesem Vorwort zum lebendigen Beispiel dafür, dass der Glaube seiner Landsleute an ihn zum Ausgangspunkt einer der dramatischsten Sklavenaufstände werden konnte, die jemals auf der Insel ausbrachen und die Haitianische Revolution begründeten. Aus dieser Überfülle intertextueller Bezügen, die typisch sind für die neobarocke Schreibweise Alejo Carpentiers, entsteht am Ende dieses Epoche machenden Vorwortes eine programmatische Kampfschrift, die in der Tat jahrzehntelang die Diskussionen in Hispanoamerika, Lateinamerika und weit darüber hinaus anheizte. Schauen wir uns den Schlussabschnitt dieses Vorworts einmal genauer an:

> [...] Amerika ist sehr weit davon entfernt, seinen reichen Strom an Mythologien ausgeschöpft zu haben.
> Ohne es mir systematisch vorgenommen zu haben, antwortete der nachfolgende Text auf diese Serie von Besorgnissen. In ihm wird eine Abfolge von außergewöhnlichen Tatsachen erzählt, welche sich auf der Insel Santo Domingo in einer bestimmten Epoche ereigneten, die den Zeitraum eines Menschenlebens nicht überschreitet. Dabei kann das Wunderbare frei von einer Realität fließen, welche gleichwohl strikt in all ihren Details nachvollzogen wird. Denn es muss bemerkt werden, dass die Erzählung, die man gleich lesen wird, auf einer außerordentlich rigorosen Dokumentation aufruht, welche nicht allein die historische Wahrheit der Geschehnisse, der Personennamen selbst aus der zweiten Reihe, von Orten und sogar von Straßen respektiert, sondern unter seiner scheinbaren Unzeitlichkeit eine minuziöse Überprüfung von Daten und Chronologien verbirgt. Durch die dramatische Einzigartigkeit der Ereignisse, durch die phantastische Schönheit der sich begegnenden Figuren ergibt sich gleichwohl zu einem bestimmten Zeitpunkt auf der magischen Kreuzung der Stadt am Kap, dass alles wunderbar ist in einer Geschichte, die unmöglich in Europa angesiedelt werden könnte und die dennoch so real ist, wie jedes andere beispielhafte

Geschehen, das zur pädagogischen Erbauung in den Schulhandbüchern aufgelistet wird. Aber was ist die Geschichte von ganz Amerika denn anderes als eine Chronik des Real-Wunderbaren?[28]

Hier haben Sie also die programmatische Erklärung des „real maravilloso", der wunderbaren Wirklichkeit, deren Chronik es zu schreiben gelte und als deren Chronist sich Alejo Carpentier verstand. Das Faszinierende an dieser Passage ist zweifellos die künstlerisch und literarisch so produktive Verbindung zwischen dem Realen und dem Wunderbaren im Sinne einer Verknüpfung, die das „maravilloso" als eine fundamentale Dimension des Realen in Amerika erscheinen lässt. Unter Amerika verstand Carpentier dabei vor allem das nicht nur iberisch, sondern auch französisch und afrikanisch oder indigen geprägte Amerika, in jedem Falle einen Subkontinent, der aus seiner Sicht zweifellos einen Kreuzungspunkt verschiedener romanischer Literaturen und Kulturen der Welt darstellte. So entsteht ein neues Verständnis dieses lateinisch mitgeprägten *Latein*-Amerika unter der Feder des Kubaners, wobei aus seiner karibischen Sicht den schwarzen Kulturen eine entscheidende Rolle zufiel. Die Karibik und Lateinamerika bilden auf diese Weise jenen Raum, wo sich die genannten Kulturen sowohl in interner als auch externer Relationalität in gänzlich neuer Form aufeinander eingelassen hatten und auch weiterhin einlassen konnten. Denn es war die Welt dieser Transkulturation, welche das Wunderbare in der Wirklichkeit auf Schritt und Tritt als real vor Augen führte.

Eine derartige Konzeption von Wirklichkeit brachte zunächst einmal eine ganz erhebliche Erweiterung des Realitätsbegriffs mit sich. Denn Realität stand in diesem Verständnis nicht mehr alleine unter dem Rationalitätsgebot westlicher Prägung, sondern erlaubte andere Logiken, die in dieser Wirklichkeit ebenfalls vorherrschen und wirksam werden konnten. Es ist an dieser Stelle nicht möglich, Ihnen die Konsequenzen dieser ästhetischen Eroberung in Gänze aufzuzählen, verstand es doch Carpentier, von dieser Position aus gleichsam eine Literatur *sui generis* basierend auf einer Realität *sui generis* für Lateinamerika zu reklamieren und künstlerisch umzusetzen. Dabei war diese Realität des Wunderbar-Wirklichen nicht erst im 20. Jahrhundert, sondern bereits viel früher entstanden, eine Tatsache, auf welche der Carpentier'sche Begriff der Chronik, der „crónica", bereits aufmerksam macht.

Der ästhetische Preis für diese Wirklichkeit des Wunderbaren aber war durchaus hoch. Denn im Kontext solcher Vorstellungen wurde Lateinamerika – insbesondere im Gegensatz zu Europa – als Ort des „real-maravilloso" essentialisiert

---

28 Carpentier, Alejo: *El reino de este mundo (Prólogo)*, S. 8.

und in eine klare Differenz zur abendländischen Rationalität gestellt. „América es diferente" könnte hier in Anlehnung an andere Slogans das touristische Schlagwort lauten. Es war daher keineswegs zufällig, dass im abschließenden Satz auch die Chroniken auftauchten: Denn Carpentier sah den lateinamerikanischen Schriftsteller in der Rolle jener Chronisten, die den Kontinent ab dem ausgehenden 15. Jahrhundert als erste in die spanischsprachige Welt eingliederten und insbesondere dem „maravilloso" breiten Raum in ihren Darstellungen verschafften. Standen der lateinamerikanische Schriftsteller und die lateinamerikanische Schriftstellerin folglich in der Tradition der europäischen Chronisten der Conquista einer Wirklichkeit, die sie nur zum Teil verstanden? Genau an diesem Punkte sollten später dann auch die Kritikpunkte an Alejo Carpentiers Position ansetzen.

Es wäre durchaus möglich, in diesem Zusammenhang das kurze Vorwort von Carpentier noch weiter auseinanderzunehmen, um dabei feststellen zu können, wie sehr er mit einem französischen (und surrealistisch geprägten) Literaturhorizont verbunden war und wie stark jene Bande waren, welche im transkontinentalen und inter- wie translingualen Sinne die romanischen Literaturen der Welt miteinander verbanden. Für Alejo Carpentier standen im Vordergrund dabei jene intertextuellen Beziehungen, welche aus der Kreuzung von französisch- und spanischsprachiger Welt entstehen können, zweier globalisierter romanischer Sprachen, deren Verbreitung einen nicht geringen Teil der Erdoberfläche gerade auch zwischen den Wendekreisen betrifft. Dass es bei Alejo Carpentier gerade jene Sprachen waren, mit denen er sich biographisch am stärksten identifizierte, mag ein zusätzlicher und keineswegs vernachlässigbarer Faktor gewesen sein. Doch klar ist auch, dass das Konzept des „real maravilloso" den Zusammenhang zwischen den romanischen Literaturen der Welt einmal mehr bestärkte.

Vergessen wir dabei nicht, dass Alejo Carpentier in einer ersten Phase lange Jahre im Exil in Paris verbrachte: Es waren Jahre, die seine Einstellungen im literarischen wie im künstlerischen und politischen Sinne ganz entscheidend prägten. Lassen Sie mich an dieser Stelle – ich komme später auf diese Problematik zurück – kurz einflechten, wie wichtig das Exil nicht nur ganz allgemein für die Internationalisierung und Globalisierung von Literaturen war, sondern wie unverzichtbar Exil und Diaspora immer wieder in ganz grundlegender Weise auf die Bildung der romanischen Literaturen der Welt zurückwirkten. Man könnte ohne alle Übertreibungen behaupten, dass die lateinamerikanischen Literaturen des 19. Jahrhunderts ohne das Exil in jener Form, die wir in dieser Vorlesung kritisch aufarbeiten wollen, kaum vorstellbar gewesen wären.

Carpentiers Vertrautheit mit der französischen Kultur ist sicherlich auch eine biographische Tatsache, die uns in seine Kindheit zurückführt, als er als Kind und Jugendlicher mit den Eltern im Haus auf Französisch kommunizierte und massenhaft die Bücher aus der Bibliothek seines Vaters las. Aber das Exil in Paris war eine ausschlaggebende Erfahrung des erwachsenen Schriftstellers, und auf dieser Ebene wurden bei Carpentier ganz ohne Zweifel Entwicklungen von transkontinentaler Dimension im translingualen Kontext ausschlaggebend.

Noch weniger war es in der Biographie des kubanischen Schriftstellers ein Zufall, dass sich Alejo Carpentier zu einem Zeitpunkt, als sich die Dinge in der Kubanischen Revolution gerade im intellektuellen Feld nicht mehr so reibungslos und angenehm darstellten, wie sie dies zumindest perspektivisch während der enthusiastischen Anfangsjahre getan hatten, mit einem konsiderablen Diplomatenposten nach Paris zurückzog. Von Paris aus ließ er die Kubanische Revolution – wenn es not tat – hochleben, wollte die französische Hauptstadt aber auf keinen Fall mehr Mit La Habana vertauschen. Schauen wir uns als Beleg für Carpentiers Ästhetik das Ende von *El reino de este mundo* an, das letzte Kapitel des vierten Teiles, das Carpentier mit dem Titel „Agnus Dei" versah und das er am Ende auf Caracas, den 16. März 1948 datierte:

> Ti Noël stieg auf seinen Tisch, wobei er mit seinen gefühllosen Füßen die Einlegearbeiten malträtierte. Zur Stadt des Kaps hin war der Himmel wieder von einem Schwarz, das aus dem Rauch all der Brände entstand, wie damals in jener Nacht, in welcher er mit allen Schnecken aus dem Gebirge und von der Küste sang. Der Alte schleuderte den neuen Herren seine Kriegserklärung entgegen, wobei er seinen Untergebenen den Befehl gab, die unsäglichen Werke dieser machthungrigen Mulatten im Sturme zu nehmen. In diesem Augenblick kam vom Ozean her ein großer grüner Wind auf und fiel in die Ebene des Nordens ein, wobei er mit einem unermesslichen Brüllen über das Tal des Dondón herfiel. Und während die geköpften Stiere oben auf der Bischofsmütze noch brüllten, begannen der Lesesessel, der Paravent, die Bände der *Encyclopédie*, die Musiktruhe, die Puppe und der Mondfisch urplötzlich durch die Luft zu fliegen, begleitet vom Zusammenbrechen der letzten Ruinen der alten Hazienda. Alle Bäume waren mit ihren Baumkronen nach Süden gestürzt und streckten ihre Wurzeln aus der Erde. Und während der gesamten Nacht hinterließ das Meer, in eine Regenwand verwandelt, Salzspuren an den Flanken der Berge.
> Und von jener Stunde an wusste niemand mehr etwas von Ti Noël noch von seiner grünen Weste mit ihren lachsfarbenen Stickereien, vielleicht jener nass gewordene Geier, der von all diesem Tode bedacht mit ausgebreiteten Flügeln auf die Sonne wartete: ein Kreuz an Federn, das sich schließlich spannte und in den Tiefen von *Bois Caimán* verschwand.[29]

Am Ende des Romans steht der magische Ort von Bois Caimán, jener Ort also, der zum Ausgangspunkt der Haitianischen Revolution wurde und von dem aus ein entlaufener schwarzer Sklave namens Bouckman ein unmenschliches Kolonialregime zum Wanken und schließlich zum Einsturz brachte. Dass die Dialektik der Revolution nicht unmittelbar zum Paradies führt, hatten wir bei Carpentier

---

[29] Carpentier, Alejo: *El reino de este mundo*, S. 135 f.

bereits in *El siglo de las luces* gesehen. Carpentier wusste von der Dialektik der Aufklärung, auch wenn er sich davor hütete, Anmerkungen zur Revolution anzubringen, die in Kuba hätten kritisch gedeutet werden können.

In dieser barocken Szenerie von Zerstörung und Verwüstung am Ende von *El reino de este mundo* wird deutlich, dass jene Welt, welche die Haitianische Revolution aus den Angeln gehoben hatte, nur noch in den Bruchstücken – zu denen auch die französische *Encyclopédie* und damit ein Kernbestand der Aufklärung gehört – eines alten Systems auftaucht. Längst war die alte Herrschaft der Weißen durch andere Herrschaftsverhältnisse unter Führung der Mulatten ersetzt worden. Schon König Henri Christophe hatte demonstriert, wie die Herrschaft wieder mit Hilfe staatsterroristischer Mittel und Gewalt ausgeübt werden konnte, wie ein neu etabliertes System der Macht sich derselben Methoden bedienen konnte, damit eine kleine Elite freier Mulatten über die Massen der Sklaven gebieten würde, um sich hemmungslos zu bereichern und eigene Interessen zu verfolgen. Die Geschichte nach der Haitianischen Revolution schickte sich an, sich als Farce zu wiederholen.

Aber Ti Noël ist noch nicht tot. Gewiss, er ist dieses Lebens müde und verflucht eine Welt, die im Lichte des Magisch-Wunderbaren seine Wut und Empörung aufnimmt und ihre eigenen Zeichen zurücksendet. Alle Elemente des Kosmos stehen miteinander im Bunde und entbinden Kräfte, die Ti Noël noch immer zu bündeln vermag: Es sind Kräfte der Zerstörung. So bleiben nur noch Ruinen zurück und der magische Flügelschlag einer Natur, deren grüne Winde im Einklang mit magischen Energien stehen. Kein Zweifel: Die schwarzen Flügel des Geiers über Bois Caimán sind Teil der Realität und zugleich Teil des Wunderbaren! Verstehen aber, so die These Carpentiers, könne man die Geschichte Haitis – und letztlich ganz Lateinamerikas – nur, wenn man beide, das Reale wie das Wunderbare, in ihren komplementären Logiken zusammennimmt und lernt viellogisch zu denken.

Wie sonst wäre eine Revolution zu begreifen, in der die Glaubensvorstellungen der Sklaven und die magische Ausstrahlungskraft ihrer Anführer gleichwertig sind mit historischen Ereignissen wie den von Militär geschützten Rückzugsbewegungen der Weißen oder der von Napoleon befohlenen Entsendung eines großen französischen Rückeroberungsheeres unter General Leclerc? Ging dieses nicht unter der Macht und Magie der Tropenkrankheiten – insbesondere des Gelbfiebers – jämmerlich zu Grunde? Es konnte wohl kaum ein besseres Thema für den mit französischer Geschichte und Literatur bestens vertrauten Carpentier geben, um seine Vorstellungen von der intimen Verwicklung von Realem und Wunderbarem an einem konkreten historischen Gegenstand vorzuführen.

Nicht von ungefähr steht so am Ende eines Romans, der den Anspruch erheben darf, in gewisser Weise ein historischer Roman zu sein, die wundersam-wunderbare Verwandlung eines Menschen namens Ti Noël in einen Vogel. Er mutiert in jenen Geier, dessen Silhouette sich dunkelschwarz über den Umrissen eines Haiti zeigt, über dem noch immer die dunklen Rauchschwaden der Revolution, des Gelobten Landes, der „Tierra Prometida", aufsteigen. Nein, die Geschichte ist noch nicht zu Ende – weder die Geschichte Haitis noch die Geschichte eines weltweiten Rassismus!

Nach diesem Exkurs, der uns nicht zuletzt mit den Dimensionen des Transkulturellen vertraut machte, kehren wir wieder zurück ins 19. Jahrhundert und fragen uns, wie denn die Geschichte des Romans in Lateinamerika begann, jener Gattung also, deren Aufstieg wir im 19. Jahrhundert präzise verfolgen werden und die im 20. Jahrhundert den lateinamerikanischen Roman zu weltweiten Erfolgen führen sollte. Dabei fragen wir uns in einem noch umfassenderen Sinne: Wie war es um jene transatlantischen Beziehungen zu einem Zeitpunkt bestellt, als sie während der Kolonialzeit noch ganz im Zeichen einer radikalen Asymmetrie zwischen beiden Welten standen? Diesen Themen wollen wir in einem kurzen Einführungskapitel nachspüren, um unsere Beschäftigung mit den sich im 19. Jahrhundert herausbildenden lateinamerikanischen Literaturen zu begründen.

―
Teil 3: **Romantik zwischen zwei Welten**

Zur Entstehung von Literaturen zwischen zwei Welten

Gestatten Sie mir an dieser Stelle, einige kritische und selbstkritische Überlegungen zur Textsorte der Vorlesung und mehr noch zu einer Vorlesung über Literaturgeschichte anzustellen, die in Zusammenhang mit den soeben gestellten Fragen stehen! Denn dass es sich bei dieser Vorlesung über das 19. Jahrhundert zwischen zwei Welten um eine *literarhistorische* Vorlesung handelt, wird wohl niemand prinzipiell bestreiten wollen – auch nicht der Verfasser dieser Zeilen.

Zunächst einmal gilt es festzuhalten, dass bereits die Gattung oder Textsorte „Vorlesung" eine für alle Beteiligten nicht nur schwierige und anspruchsvolle, sondern vor allem ebenso verantwortungs- wie widerspruchsvolle ist. Eine Vorlesung ist für mich persönlich – dies verberge ich Ihnen nicht – die schwierigste und zugleich großartigste der akademischen Übungen, denen sich ein Hochschullehrer bei der Anfertigung seiner nicht zuletzt auch didaktischen Materialien für die Studierenden unterziehen darf. Denn eine Vorlesung versucht – ganz allgemein gesprochen – in mehr oder minder ‚traditioneller' Manier, ein bestimmtes Wissen über ein bestimmtes Wissensgebiet systematisch und didaktisch aufbereitet darzubieten. Dass es sich dabei im besten Falle um ein Wissen handelt, welches ein bestimmter Hochschullehrer oder eine bestimmte Hochschullehrerin im Verlaufe eines akademischen Lebens angesammelt hat, steht außer Frage. Und dies ist gleichbedeutend mit der Verpflichtung, für dieses dargebotene Wissen, das sich natürlich stets in unablässiger Bewegung und Veränderung befindet, auch zu einem gegebenen Zeitpunkt einzustehen.

Eine Vorlesung ist folglich ein offener Prozess; ein Buch hingegen besitzt einen Anfang und ein Ende, es birgt und verbürgt ein bestimmtes Wissen, welches bis zu einem genauen Zeitpunkt – in unserem Falle bis zum Beginn der zwanziger Jahre des 21. Jahrhunderts – erworben und formuliert werden konnte. Aus einer Vorlesung ein Buch und aus mehreren Vorlesungen Bücher zu machen, ist in der Tat weder risiko- noch folgenlos. Dieser Punkt markiert eine Schwierigkeit und Widersprüchlichkeit, die ich Ihnen nicht verbergen wollte.

Genau an dieser Stelle ergibt sich jedoch eine zweite Widersprüchlichkeit, sobald wir nicht mehr die Seite des Produzierenden, sondern der Rezipierenden genauer unter die Lupe nehmen. Denn gerade die mehr oder minder frontale Darbietungsweise verführt dazu, einer Vorlesung allenfalls zu ‚folgen', sie also bloß zu konsumieren, ohne selbst am Stoff zu arbeiten, sich eigenständig mit bestimmten Gegenständen zu beschäftigen, hat doch bereits ein anderer an diesem Stoff gewirkt.

Ein dritter Widerspruch resultiert in diesem Zusammenhang daraus, dass die Bezeichnung für diese Art der akademischen Veranstaltung selbst auf eine bestimmte Tätigkeit – eben das Vorlesen – verweist. Genau dieses findet aber hier nicht statt! Über mehr als zwei Jahrzehnte lang habe ich meine Vorlesungen nicht vorgelesen, sondern mündlich vorgetragen, wobei es stets im Hintergrund einen verschriftlichten Text gab. Auf diese Weise entstand aus einem schriftlichen Text in jeder Sitzung immer wieder etwas Unwiederholbares, das mich nicht selten selbst auch überraschte. So ging es mir in diesen Vorlesungen nie um einen Vortrag im Sinne einer abgeschlossenen Veranstaltung, sondern um ein Vortragen als offene Aktivität und Interaktion, der stets auch etwas Unvorhersehbares eignet. Die Vorlesung wird auf diese Weise einer nicht wiederholbaren Mündlichkeit anvertraut, die ganz von jener strengen Form der universitären Vorlesung abweicht, welche ich durchaus mit großer Bewunderung bei Erich Köhler an der Universität Freiburg kennenlernen durfte. Doch die unterschiedlichen Mündlichkeiten in den Vorlesungen eines Hugo Friedrich oder des Parapsychologen Hans Bender faszinierten mich schon als Studierenden und schlugen mich in ihren Bann.

Bei der schriftlichen Abfassung jenes Vorlesungstextes, den Sie gerade hören beziehungsweise lesen, habe ich mich sehr wohl von unterschiedlichen Formen der Mündlichkeit mit ihren integrierten Exkursen oder Digressionen leiten lassen. Es handelt sich freilich aus evidenten didaktischen Gründen um eine Mündlichkeit, die in erster Linie auf Verständlichkeit und Verstehen abzielt. Damit verändern sich in gewisser Weise unsere Rollen. Lassen Sie mich das kurz erläutern!

In der traditionellen Vorlesung, für die ich Erich Köhlers brillante Audimax-Veranstaltungen einmal stellvertretend nennen darf, wurde schriftlich Ausformuliertes vorgelesen, das dann von den Zuhörerinnen und Zuhörern wiederum in ein Wissen in mündlicher Form umgewandelt wurde, um in einem zweiten Schritt in Form von Mitschriften wiederum in eine andere schriftliche Form zurückverwandelt zu werden.

Die mündliche Form des Vortragens auf Basis eines schriftlichen Textes übernimmt damit in gewisser Weise Ihren Part: die Überführung in eine hoffentlich möglichst verständliche Mündlichkeit. Was aber ist dann bei diesem Wechselspiel Ihre Aufgabe? Nun: lesen, lesen, lesen! Aber auch das Zuhören, und deshalb beabsichtige ich – neben anderen Gründen – auch, immer wieder Akustisches einzublenden, etwa aufgesprochene Zitate oder akustische Zeichen oder Musikstücke aus dem Kontext der jeweils behandelten Epoche. Dies soll den Ablauf der Vorlesung noch lebendiger gestalten. Freilich kann ich Ihnen zum 19. Jahrhundert keine Ausschnitte aus Autorenlesungen oder Interviews mit den von uns behandelten Schriftstellerinnen und Schriftstellern bieten. Ich hoffe, Sie sehen mir das nach und akzeptieren auch die zahlreichen Illustrationen und Gemälde, welche die Vorlesungen bereichern sollen, ohne Sie vom Wesentlichen abzulenken.

Gleichviel, ob wir von einer mündlichen oder einer schriftlichen Form dieser Vorlesung ausgehen: Sie entfaltet auf narrative Weise eine Geschichte. Der Verfasser einer Vorlesung zum Thema Literaturgeschichte ist folglich ein Geschichtenerzähler. Wir haben einleitend bereits die Tatsache behandelt, dass sich der Kollektivsingular der „Geschichte" geschichtlich im letzten Drittel des 18. Jahrhunderts bildete und dies etwas zu tun hatte mit der Herausbildung eines *modernen* Begriffs zukunftsoffener Geschichte, die sich zunehmend einer zyklisch angelegten Geschichtsvorstellung entzog. Eine Vielzahl von Geschichten, die erzählt werden können, fließt in die Geschichte ein, welche sich als solche aber stets in Bewegung befindet und ständigen Veränderungen unterliegt. Ebenso die unendlich vielen Geschichten, die man erzählen hört, als auch *die* Geschichte selbst müssen narrativ aufgearbeitet und folglich *erzählt* werden.

Auch die Rezipientin oder der Rezipient, die einen bestimmten Text – oder eine Vorlesung – aufnehmen, tun dies: Sie erzählen sich eine Geschichte oder sie erzählen diese Geschichte – je nach vorhandenen Wissensbeständen – in veränderter Form nach. Der US-amerikanische Literaturtheoretiker Brian McHale hat erzählt, dass er eines Abends zur Einsicht gelangt sei, dass er nicht nur seinen Kindern Betthupferl-Geschichten erzähle, sondern auch seinen Studierenden, wenn er ihnen in seinen Vorlesungen literarische Entwicklungen und Probleme präsentiere.[1] Daraus ergibt sich der notwendig narrative Charakter unserer Veranstaltung: Ich erzähle Ihnen eine Geschichte, die freilich recht lang werden wird, denn sie geht erst am Ende dieses Semesters zu Ende. Ich erzähle Sie ihnen gleichsam in Fortsetzungen und immer zuverlässig zur selben Zeit.

Das mag Ihnen jetzt so vorkommen wie jene Figur eines Monsieur Jourdain, der sich in Molières Komödie *Le Bourgeois gentilhomme* plötzlich der Tatsache bewusst wird, dass er die ganze Zeit schon in Prosa spricht. Gewiss! Aber wenn wir uns der Tatsache bewusst werden, dass wir eine Geschichte erzählen, dann können wir auch leichter die narrativen Dimensionen unseres Tuns vergegenwärtigen und narratologisch fundierte Analysen all jener Teil-Geschichten vorlegen, die ich Ihnen im Verlaufe unserer Vorlesung erzähle. Wir reflektieren damit unser eigenes Tun, und eben dies ist die Grundlage von Wissenschaft. Das ist nicht mehr als ein erster Schritt, um aus Naivität herauszukommen, aber es ist ein wichtiger Schritt.

Wenn Sie im Verlauf dieser Veranstaltung gut aufpassen, werden Ihnen eine Vielzahl guter Erzähler, Erzählinstanzen und Erzählerfiguren begegnen. Einige dieser Geschichtenerzähler kennen Sie schon, und auch manche ihrer Erzähler.

---

1 Vgl. McHale, Brian: *Postmodernist Fiction*. London: Methuen 1987; sowie (deres.): *Constructing Postmodernism*. London – New York: routledge 1992.

Sie haben bereits Erfahrungen mit den Texten von Bernardin de Saint-Pierre, Heinrich von Kleist oder Chateaubriand gemacht und haben schon zwischen Erzählern und Erzählfiguren auf Ebene einer Rahmenerzählung wie einer Binnenerzählung unterschieden. Erzählformen sind so alt wie die Literaturen der Welt. Aber das 19. Jahrhundert ist erzähltechnisch gesehen die Epoche, in welcher sich die allermeisten narrativen Konventionen etablierten und sich jene Erzählformen und Erzählnormen herausbildeten, die in gewisser Weise noch immer die Grundstrukturen unseres Erzählens im 21. Jahrhundert bilden.

Ob ich selbst auch ein guter Erzähler sein werde, können allein Sie als Zuhörerinnen und Zuhörer, als Leserinnen und Leser beurteilen. Immerhin aber kann ich Ihnen einiges über Erzähler und das von ihnen Erzählte sagen. Zugleich jedoch ist eines deutlich: Es handelt sich bei unserer Vorlesung – und dies ist ein vierter Widerspruch – um eine Überblicksvorlesung, die Ihnen einen Überblick über den behandelten literaturgeschichtlichen Stoff verschaffen möge. Die Veranstaltung soll Orientierungshilfe für das Studium auf inhaltlicher Ebene sein und – wenn möglich – einige der wichtigsten und repräsentativsten Werke der romanischen Literaturen der Welt im 19. Jahrhundert vorstellen.

Doch soll zugleich die Überblicksveranstaltung nicht zum Überfliegen der verschiedensten Texte, Probleme und Themenbereiche einladen. Wir werden uns auch im weiteren Verlauf der Vorlesung auf bestimmte Texte beziehungsweise Werke konzentrieren, die im Sinne der Geschichte, die hier erzählt wird, als repräsentativ erscheinen und herausragende Facetten und Aspekte einer literarischen Entwicklung demonstrieren, die für diese Geschichte relevant sind. Ungeachtet des Überblickscharakters werde ich Ihnen *eine* Geschichte erzählen, die *meine* Geschichte der Literaturen des 19. Jahrhunderts ist und ihren Schwerpunkt in der Zusammenschau beider Seiten des Atlantik findet – und dies nicht allein, weil ich ein solches Vorgehen für höchst innovativ halte. Ich tue dies auch, weil aus meiner Sicht diese Geschichte *genau so*, also in der wechselseitigen Verklammerung unterschiedlichster Literaturen jenseits des Nationalen und jenseits nationalgeschichtlicher Festschreibungen grenzüberschreitend, transareal und transkulturell erzählt werden muss.

All diese Überlegungen beinhalten, dass es sich bei dieser Literaturgeschichte – wie bei allen Literaturgeschichten – um eine bewusste Konstruktion handelt und die Literaturgeschichte als solche folglich ein Konstrukt ist dessen, der sie vorträgt. Dabei versichert sich der wissenschaftliche Geschichtenerzähler immer wieder seiner genau überprüfbaren Bezugstexte oder historischen Quellen, aber auch der Übereinstimmung mit und der klaren Diskrepanz gegenüber Wissenschaftlerinnen und Wissenschaftlern, die über ähnliche Fragestellungen bereits gearbeitet haben. Dies unterscheidet wissenschaftliche Theorie von Ideologie: Erstere ist jederzeit überprüfbar und argumentativ, faktisch und methodologisch verifizier- oder falsifizierbar.² Denn selbstverständlich basiert jegliche Konstruktion auf vorherigen Vermessungen sowie auf Methoden und Konzepten, die – wie eben gerade das Konzept und die Anwendung des Terms „Transkulturation" – aus der vorangehenden Forschungsliteratur kritisch entwickelt wurden.

Jede Literaturgeschichte – ganz gleich, welchem Objekt sie sich widmet – beruht auf artifiziellen, künstlichen Setzungen: Zum einen wird festgesetzt, was für eine bestimmte Literaturgeschichte oder Überblicksvorlesung relevant ist, was also behandelt wird, und was draußen vor der Tür bleibt. Zum anderen wird festgelegt, welcher Bereich innerhalb literaturgeschichtlicher Fragestellung als kohärent aufgefasst wird. In der Literaturgeschichtsschreibung hat man sich – oft aus nationalen oder gar nationalistischen Gründen – auf die Geschichte von Nationalliteraturen festgelegt, auch wenn es die Nation als solche über lange Zeiträume noch gar nicht gab. Es genügt, dabei etwa an die deutsche oder kubanische Nation und Literaturgeschichte zu denken, wo in beiden Fällen die ‚Kulturnation' der staatlich-politischen Nation vorausging.

Wenn wir uns etwa mit europäischen Literaturen oder den Literaturen Lateinamerikas beschäftigen, so verlassen wir ganz bewusst das enge Terrain nationalliterarischer Historiographie. Wir bekommen es dann simultan mit mehreren Literaturen zu tun, welche miteinander in einem wechselseitigen Austauschprozess stehen, der von einer national ausgerichteten Literaturgeschichtsschreibung zu einem beträchtlichen Teil übersehen wird. Beschäftigen wir uns mit den Literaturen Europas, so müssen wir die jeweiligen Grenzen des Kontinents bedenken und dürfen uns nicht etwa darauf verlassen, wer innerhalb der Europäischen Union ist. Widmen wir uns den lateinamerikanischen Literaturen, so sind etwa die anglophonen, holländischen oder indischen Literaturen der Karibik ebenso ausgeschlossen wie die englischsprachige Literatur der USA, nicht aber die Literaturen der *Latinas* oder *Latinos*. Sie sehen, dass die jeweiligen Ausschlussprozesse wichtig sind, um die spezifischen Koordinaten des Konstruktionsprozesses abzustecken.

Würden wir einen Term wie die „Literaturen Hispanoamerikas" wählen, so wären die frankophonen Literaturen Kanadas oder der Antillen ebenso ausgeschlossen wie die portugiesischsprachigen Brasiliens, welche wiederum bei der Verwendung des Begriffs der Literaturen Iberoamerikas miteingeschlossen blieben. Unterschiedliche Trennschärfen wären aber auch bei einer deutschen Literaturgeschichte zu beachten, die sich als nationales Konstrukt erheblich von

---

2 Vgl. hierzu Zima, Peter V.: *Ideologie und Theorie. Eine Diskurskritik*. Tübingen: A. Francke Verlag 1989.

einer Literaturgeschichte deutschsprachiger Literaturen unterscheiden müsste, wobei es auch auf diesem Gebiet spannende Entwicklungen gibt, wie Sandra Richters *Weltgeschichte der deutschsprachigen Literatur* belegen mag.[3] Sie sehen: Auch die germanistische Literaturgeschichtsschreibung wird im Rahmen ihrer Möglichkeiten global.

Wenn wir den Bereich einer einzigen Nationalliteratur verlassen und uns zugleich mit mehreren und verschiedensprachigen auseinandersetzen, dann wird klar, dass wir komparatistisch arbeiten – also zwischen verschiedenen Nationalliteraturen vergleichend. Es wird allerdings noch zu zeigen sein, dass aus ganz spezifischen historischen und kulturellen Gründen weder der Begriff „Nationalliteratur" noch jener der „Komparatistik" oder der „Vergleichenden Literaturwissenschaft" ganz auf die Verhältnisse in Lateinamerika passt beziehungsweise angepasst ist. Zwischen dem Konzept der Nationalliteratur und jenem der lateinamerikanischen Literaturen wurde versucht, mit der Unterscheidung zwischen verschiedenen literarischen Regionen des Subkontinents eine Art Zwischenebene zu schaffen, welche die plurale Vielfalt und Unterschiedlichkeit dieser Literaturen und Kulturen zum Ausdruck bringt. Ich werde auf dieses Konzept, das vor allem von Alejandro Losada[4] vorangetrieben und vertreten wurde, immer einmal wieder zurückkommen. Auch hier werden wir rasch an die Grenzen konzeptueller Tragfähigkeit stoßen. Dennoch scheint es mir wichtig, derartige Vorstellungen in unsere Vorlesung zu integrieren und etwa zwischen kulturell-literarischen Areas wie dem Andenraum oder dem Cono Sur, Brasilien oder der Karibik zum gegebenen Zeitpunkt zu unterscheiden.

Adalbert Dessau, der Begründer des Rostocker Lateinamerika-Zentrums in der damaligen Deutschen Demokratischen Republik, sprach einmal von der Dialektik zwischen dem Nationalen, dem Kontinentalen und dem Internationalen.[5] Das waren damals erste Anfänge einer transarealen Konzeption der lateinamerikanischen Literaturen. Quer dazu liegen die – je nach Stand der Theoriebildung – fünf verschiedenen Regionen oder kulturelle Areas, die der damals in West-Berlin arbeitende Alejandro Losada unterschied: Diese fünf Teilregionen sind Mexiko, Mittelamerika, Brasilien, der Cono Sur und der pazifische Andenraum. Die kulturell hochkomplexe Welt der Karibik lässt sich schwerlich an den mittelamerika-

---

3 Vgl. Richter, Sandra: *Eine Weltgeschichte der deutschsprachigen Literatur.* 2., verbesserte Auflage. München: Bertelsmann Verlag – Random House 2017.
4 Vgl. etwa Losada, Alejandro: *La Literatura en la Sociedad de América Latina.* Editado por Daniel Cano, Hans-Albert Steger, Roberto Ventura y Ulrich Fleischmann. München: W. Fink Verlag 1987.
5 Vgl. Dessau, Adalbert: Das Internationale, das Kontinentale und das Nationale in der lateinamerikanischen Literatur des 20. Jahrhunderts. In: *Lateinamerika* (Rostock) (Frühjahrssemester 1978), S. 43–87.

nischen Raum anschließen und behält ihre eigene Dynamik, so dass wir an dieser Stelle das Modell mit Hilfe der damaligen Forschungen der Chilenin Ana Pizarro erweitern müssen.[6] Ich werde versuchen, in dieser Vorlesung über das 19. Jahrhundert zwischen zwei Welten die unterschiedlichen Teilregionen auf der amerikanischen Seite entsprechend durch literarische Werke zu repräsentieren und auf diese Weise verschiedenartige kulturelle Areas zu Wort kommen zu lassen.

Ich möchte dabei diese Einteilungen niemals absolut setzen, sondern vielfältige Übergänge berücksichtigen. Denn Schwierigkeiten wird es mit einer allzu schematisch verstandenen Gliederung und Einteilung stets geben. Immerhin aber scheinen mir nicht allein die Grenzen von Nationalem, Regionalem und Kontinentalem oder die Unterscheidung zwischen unterschiedlichen Teilregionen, sondern weit mehr noch die vielfältigen Relationen zwischen unterschiedlichen Areas auf beiden Seiten des Atlantiks auf das hinzudeuten, was die Problematik unseres Gegenstandes ganz wesentlich ausmacht. Allein aus der Perspektive der *TransArea Studies* lässt sich jene kulturelle Komplexität adäquat beschreiben, welche die Literaturbeziehungen im Jahrhundert der Romantik charakterisiert.[7]

Die methodologische wie didaktische Folgerung für die Anlage unserer Vorlesung sollte daher lauten, auf beiden Seiten des Atlantiks innerhalb des Feldes der romanischen Literaturen der Welt möglichst viele regionale Schwerpunkte und Entwicklungen in unsere Untersuchung einzubauen. Die Repräsentativität bestimmter Areas in Lateinamerika wird daher im Folgenden stets so zugeschnitten sein, dass sie nicht bloß eine regionale kulturelle Verankerung aufweist, sondern Literaturbeziehungen entfaltet, welche in wesentlicher Weise die beiden Welten intertextuell miteinander verbinden und verweben. Ich möchte daher in meiner Darstellung Elemente dessen einfügen, was ich in einer *fraktalen* Konzeption der Literaturen der Welt entfaltet habe.[8] Aus jedem literarischen Beispielstext sollen sich daher prinzipiell die Konturen eines *WeltFraktals* entfalten lassen, anhand dessen gleichsam en miniature ein gesamtes Modell der Literaturen der Welt sichtbar wird. In dieser sehr spezifischen Form scheint es mir möglich zu werden, die Multirelationalität der Literaturen der Welt im 19. Jahrhundert ver-

---

6 Vgl. u. a. Pizarro, Ana (Hg.): *El archipiélago de fronteras externas. Culturas del Caribe hoy.* Santiago de Chile: Editorial de la Universidad de Santiago de Chile 2002.
7 Vgl. Ette, Ottmar: *TransArea. Eine literarische Globalisierungsgeschichte.* Berlin – Boston: Walter de Gruyter 2012.
8 Vgl. Ette, Ottmar: *WeltFraktale. Wege durch die Literaturen der Welt.* Stuttgart: J.B. Metzler Verlag 2017.

dichtet und kondensiert, aber dennoch teilweise in einem Close Reading darzustellen. Ich weiß: Das ist die Quadratur des Kreises!

Sie wollen schon einmal wissen, was Sie dann bei einer derartigen Konzeption erwartet? Nun, ich kann Ihnen gerne einige unserer Textbeispiele nennen, anhand derer die unterschiedlichen kulturellen Areas vertreten sein sollen: Da steht José Joaquín Fernández de Lizardis *Periquillo Sarniento* für Mexiko, Domingo Faustino Sarmientos *Facundo* für die La-Plata-Regionen des Cono Sur. Cirilo Villaverdes Roman *Cecilia Valdés* dient als Repräsentant für den karibischen Raum, Clorinda Matto de Turners *Aves sin nido* für den pazifischen Andenraum sowie für die zirkumkaribische Area der Roman *María* des Kolumbianers Jorge Isaacs. Aber damit ist nur ein Teil der herangezogenen und auszugsweise einem Close Reading unterzogenen Werke genannt. Denn ich habe noch einige Überraschungen für Sie ...

Somit haben wir bei unserem langen Übergang von der europäischen auf die amerikanische Seite des Atlantiks bereits eine ganze Reihe von Begriffen und Fragestellungen erörtert. Aber eine Problematisierung erlauben Sie mir noch vorab! Denn selbst eine so harmlose und scheinbar faktenbezogene Bezeichnung wie „das 19. Jahrhundert" hat es in sich. Ist damit der Zeitraum von 1800 bis 1899 gemeint? Das wäre ein Fall für die Statistiker. Wir haben ja bereits im ersten Teil unserer Vorlesung gesehen, dass wir ganz notwendig auf Jean-Jacques Rousseau sowie auf Bernardin de Saint-Pierre – und damit auf Schriftsteller und Philosophen des 18. Jahrhunderts – zurückgreifen mussten, um dieses 19. Jahrhundert adäquat in den Fokus zu rücken.

Fügen wir uns also der Einsicht, dass selbst die zeitlichen Abgrenzungen des von uns behandelten Zeit-Raumes fließend und keineswegs eindeutig sind! Um es mit einem Worte und eindeutig zu sagen: Ich verstehe – literarisch beziehungsweise literarhistorisch gesprochen – unter dem 19. Jahrhundert einen Zeitraum, der in etwa von den 80er Jahren des 18. Jahrhunderts teilweise bis zum Beginn des zweiten Jahrzehnts des 20. Jahrhunderts reicht. Wir haben ja bereits gesehen, welch enorme Bedeutung außereuropäischen Schauplätzen gerade zu Beginn dieses Zeitraumes in den europäischen Literaturen zukommt. Dieses Faktum hat zweifellos mit der Tatsache zu tun, dass zu jener Zeit noch die zweite Phase beschleunigter Globalisierung virulent war und mit dazu beitrug, dass sich die europäischen Literaturen mit ihren Schauplätzen ganz selbstverständlich auf die ganze Welt hin ausdehnten. Betrachten wir nun das Ende unserer skizzierten Zeitspanne, so stellen wir fest, dass sich ab dem letzten Drittel des 19. Jahrhunderts die dritte Phase beschleunigter Globalisierung ansiedelt.[9] So bilden diese beiden

---

9 Zu den vier bisherigen Phasen beschleunigter Globalisierung vgl. Ette, Ottmar: *TransArea. Eine literarische Globalisierungsgeschichte*. Berlin – Boston: Walter de Gruyter 2012.

Globalisierungsphasen gleichsam den Rahmen des in dieser Vorlesung behandelten Zeitraums und liefern einen weiteren Grund dafür, unser Zeitfenster in dieser Art zu gestalten.

Das 19. Jahrhundert ist nach meinem Dafürhalten also ein langes Jahrhundert, während man etwa das Jahrhundert der Aufklärung als ein kurzes Jahrhundert begreifen könnte. Denn das „Siècle des Lumières" könnte man mit dem Tod von Louis XIV. beginnen und bis zum Ausbruch der Französischen Revolution andauern lassen, wodurch dieses philosophische Jahrhundert gerade einmal vierundsiebzig Jahre umfassen würde. Ja, nur für die Statistiker unter uns ist ein so simpler Begriff wie ein Jahrhundert literaturgeschichtlich unproblematisch!

Die romanischen Literaturen der Welt sind in einem 19. Jahrhundert, dessen zwei ‚Seiten' wir untersuchen wollen, damit ein ganz bewusstes ästhetisches, philosophisches, literarisches, ideengeschichtliches und selbstverständlich auch literarhistorisches Konstrukt, dem wir uns ebenso sorgsam wie aufmerksam zuwenden wollen. Dass die Pluralität der Literaturen nicht nur für die europäische, sondern auch für die amerikanische Seite gilt, haben wir zur Genüge betont. Doch sprechen wir ebenso von *einem* Europa, wie wir uns auf *ein* Lateinamerika beziehen. Dass wir dies tun, hat mit politischen und vor allem kulturellen, nicht zuletzt auch literarischen Gründen zu tun, deren Bedingungen und Kontexte wir uns in dieser Vorlesung ebenfalls erarbeiten werden.

Die oft gestellte Frage, ob es überhaupt *ein* Lateinamerika gibt, dürfen wir also getrost affirmativ beantworten – und nicht allein mit Blick auf Klausuren, Hausarbeiten, Masterarbeiten oder Doktorarbeiten, in denen von Lateinamerika die Rede ist. Über den Stoff von Examina und Prüfungen sowie über die Existenz großer Forschungseinrichtungen und Institutionen hinaus, die sich der Analyse Lateinamerikas widmen, gibt es diese Welt, weil sich ganze Massen von Menschen als Lateinamerikaner verstehen und als solche ihr je eigenes kulturelles Leben leben. Dies ist eine Realität, und doch zugleich ein Konstrukt: Lateinamerika gibt es nicht von Beginn der Welt an, es handelt sich um ein diskursives Konstrukt, das im Verlauf des 19. Jahrhunderts entstand oder besser: erfunden wurde.

Doch längst nicht alle Bewohnerinnen und Bewohner Lateinamerikas verstehen sich als Lateinamerikaner – auch dies werden wir im Verlauf dieser Vorlesung sehen. Ist ein Amazonasindianer Lateinamerikaner und versteht er sich als solcher? Und was hat er mit einem „ñáñigo" aus Kuba, einem Maya aus Yukatan oder einem Immobilienspekulanten aus Caracas zu tun? Sind die „Coolie"-Frauen in der Karibik oder die „Curanderas" in Mexiko ebenso Lateinamerikanerinnen wie die Bewohnerin des einunddreißigsten Stockwerks eines Hochhauses am Strand von Copacabana oder die Salsa-Tänzerin in der Dominikanischen Republik? Wir müssen vorsichtig sein mit Essentialismen, auch wenn es längst üblich ist, von „música latina" zu sprechen und dabei alles in derselben „Salsa", in derselben Soße also, zu ersticken. Wir sollten im Verlauf der folgenden Sitzungen uns stets daran erinnern, dass Lateinamerika und Hispanoamerika Konstrukte bleiben – wie ja auch die Realität als ein soziales Konstrukt verstanden werden kann, dessen ‚Existenz' oft innerhalb kürzester Zeitspannen als überholt und obsolet gilt und dessen Existenzgrundlagen über Nacht nicht mehr gegeben sind. Denn zu einem bestimmten Zeitpunkt hatte der Begriff „Neuspanien" ausgedient und war nur noch historisch verfügbar. Warum sollte dies mit dem Begriff „Lateinamerika" anders sein?

Unsere Vorlesung wird in diesem Teil versuchen, eine Verschiedenheit der Kulturen und verschiedenartigen Identitätszuschreibungen, der unterschiedlichen Ausdrucksformen und populären oder elitären Seins-Weisen, die nicht zum Verschwinden gebracht werden sollen, herauszuarbeiten und in ihrem jeweiligen Wechselspiel mit den europäischen Kulturen und Literaturen zu beleuchten. Denn Differenzen sind das Kapital der Literaturen der Welt; sie sind genau das, was wir in einer Vorlesung, in der wir in verschiedenen Logiken zugleich denken lernen sollen, in den Mittelpunkt rücken müssen und rücken werden.

Wenden wir uns nun aber der faszinierenden Geschichte der literarischen Beziehungen zwischen den iberischen Kolonien in Amerika und Europa zu! Die bekannte US-amerikanische Lateinamerikanistin Jean Franco hat in ihrer noch immer lesenswerten, wenn auch heute teilweise überholten *Historia de la literatura hispanoamericana – a partir de la Independencia*[10] der eigentlichen Geschichte seit der Unabhängigkeit ein einleitendes Kapitel vorangestellt, das schlicht mit der Überschrift „La imaginación colonizada", die kolonisierte Imagination oder Einbildungskraft also, versehen ist. Der Ausdruck ist plakativ und sicherlich nicht schlecht gewählt, doch greift er ein wenig zu kurz. Ist also das Denken, die Phantasie, die kulturelle Ausdruckskraft im kolonialspanischen Lateinamerika nichts weiter als ein kolonisiertes Bewusstsein, ein von außen geprägtes, bestimmtes, man könnte auch sagen ‚entfremdetes' Imaginieren?

Die Antwort fällt mir leicht: Dem ist nicht so! Zweifellos ist die Kolonisierung durch äußere Mächte ein Faktum, an dem ebenso wenig zu rütteln ist wie an der teilweisen oder vollständigen Zerstörung bestimmter indigener oder schwarzer Kulturen, die von den europäischen Kolonisatoren auf unmenschliche Weise eingeschränkt und verstümmelt wurden. Aber es wäre doch überaus verkürzend und verfälschend – und Jean Franco hat dies auch nicht in einer absoluten Form getan –, zunächst von einer durch und durch kolonisierten kolonialspanischen Literatur bis zur „Independencia" und dann, nach der erreichten politischen

---

10 Vgl. Franco, Jean: *Historia de la literatura latinoamericana. A partir de la independencia.* Barcelona: Ariel 1979.

Unabhängigkeit, von einer unabhängig gewordenen Imagination, einer frei und autonom gewordenen Kultur zu sprechen.

Bis in die achtziger Jahre des 20. Jahrhunderts, vereinzelt aber auch noch bis zum heutigen Tag, finden Sie derartige Vorstellungen in der Forschungsliteratur. Sie verstellen vollständig den Blick für die aktiven Formen kultureller Aneignung, für den reichen Formenschatz an Phänomenen, die wir vor allem mit Hilfe des Ortiz'schen Konzepts der Transkulturation präziser verstehen können. Sie verdecken die vielfältigen Möglichkeiten der Resemantisierung ,europäischer' Elemente im amerikanischen Kontext, die Refunktionalisierung und Rekontextualisierung bestimmter Schreibformen, Stoffe, Gattungen oder Motive in den kolonialen iberischen Literaturen, die in Amerika geschrieben und weiterentwickelt wurden.[11] Allein das gewaltige Werk eines Guamán Poma de Ayala hat wahre Forschungsbibliotheken gebildet und deutlich gemacht, wie eigenständig und zugleich viellogisch die kulturellen Entwicklungen auch und gerade in Zeiten asymmetrischer Machtbeziehungen waren.[12]

Es wäre ein Leichtes, derartige Veränderungen bereits im *Bordbuch* des Christoph Kolumbus ausfindig zu machen,[13] in einem Text also, der lange Zeit als eine Art Gründungstext *der* lateinamerikanischen Literatur und insbesondere ihrer Wunderbaren Wirklichkeit, ihres „real maravilloso" im Sinne Alejo Carpentiers, gelesen wurde. Die zurückliegenden und in der Kolonialforschung überaus ergebnisreichen Jahrzehnte haben uns durch die erneuerten und methodologisch grundlegend veränderten Forschungsbemühungen ein neues Bild der kolonialspanischen kulturellen Ausdrucksformen und ihrer spezifischen Art transkultureller Aneignung und Kreativität vermittelt. Es ist folglich keineswegs so, dass mit der Independencia etwas völlig Neues in den Blick geraten würde und alles Vorherige als Vorgeschichte, als bloße Prähistorie erschiene.

Es ist daher nicht verwunderlich, dass wir heute im Bereich der Literatur sehr wohl die aktiven Aneignungsprozesse anderskultureller Phänomene stärker

---

11 Vgl. hierzu Borchmeyer, Florian: *Die Ordnung des Unbekannten. Von der Erfindung der neuen Welt.* Berlin: Matthes & Seitz 2009; sowie Fritz, Sabine: *Hybride andine Stimmen. Die narrative Inszenierung kultureller Erinnerung in kolonialzeitlichen Chroniken der Eroberten.* Hildesheim – Zürich – New York: Olms 2009.
12 Vgl. aus dieser Forschungslawine etwa Chang-Rodríguez, Raquel: *El discurso disidente. Ensayos de literatura colonial peruana.* Lima: Pontificia Universidad Católica del Perú 1991; oder López-Baralt, Mercedes: *Guamán Poma. Autor y artista.* Lima: Pontificia Universidad Católica del Perú 1993.
13 Vgl. hierzu das zweite Kapitel „Vom Auftauchen Amerikas zum Verschwinden Europas" in Ette, Ottmar: *Literatur in Bewegung. Raum und Dynamik grenzüberschreitenden Schreibens in Europa und Amerika.* Weilerswist: Velbrück Wissenschaft 2001, S. 85–117.

betonen müssen und ohne weiteres von einem *Polylog* zwischen Europa und seinen Kolonien in Amerika sprechen dürfen, der unverkennbar transkulturelle Züge aufweist. Damit soll nicht das Mörderische, das Menschen und Kultur Verachtende bei der sogenannten ‚Entdeckung' wie bei der sogleich einsetzenden Eroberung, der „Conquista" überspielt werden, wie es beispielsweise noch immer im Rahmen der Fünfhundert-Jahr-Feiern des Jahres 1992 geschah, die ja bekanntlich vom „Encuentro de las culturas", also verharmlosend von der „Begegnung der Kulturen" sprachen. Es gab sicherlich diese ‚Begegnung', doch ging es – wie man in Mexiko ironisch als Reaktion auf diese Terminologie rasch hervorhob – eher um einen „Encontronazo", einen „Zusammenstoß" der Kulturen. Dieser löste eher eine Art Trauma aus, das von manchen als Geburtstrauma Lateinamerikas verstanden werden konnte und sich – wie wir sehen werden – im 19. Jahrhundert immer wieder textuell verselbständigte beziehungsweise durch die Textoberfläche brach. Ich meine dennoch, dass man von einem Polylog, einem Gespräch zwischen vielen Stimmen, sprechen darf, solange man sich der Tatsache bewusst bleibt, dass man damit ebenso das Furchtbare wie das Fruchtbare der Ereignisse rund um „Descubrimiento" und „Conquista" meint. Der Begriff der Transkulturation eignet sich hierfür weit besser als jener der Alterität[14] und blendet keineswegs die scharfen Asymmetrien aus, welche die transatlantischen Beziehungen weitestgehend beherrschen. Er macht freilich deutlich, dass es sich eben nicht nur um Prozesse einer Entwertung ganzer Kulturen, einer „Deculturación" etwa indigener oder schwarzer Kulturen im Sinne von Fernando Ortiz handelte.

Ich möchte daher aus der Perspektive eines derartigen Polylogs zwischen Europa und den Literaturen Amerikas eine Art Grundmuster entwerfen, auf dessen Hintergrund wir die postkolonialen Literaturen des 19. Jahrhunderts im entstehenden Lateinamerika besser einordnen und verstehen können. Denn die Asymmetrie der Beziehungen bestand seit Beginn der sogenannten ‚Entdeckung', zog sich über die gesamte Kolonialzeit hin, veränderte ihre Stoßrichtung im Jahrhundert der Independencia, aber verschwand auch im 20. Jahrhundert wie in unseren Tagen keineswegs.[15]

Lateinamerikas Literaten der zweiten Hälfte des 20. Jahrhunderts haben es geschafft: Die Namen der Argentinier Jorge Luis Borges und Julio Cortázar, der

---

14 Vgl. dennoch die in ihrer Zeit sicherlich bahnbrechende Studie von Todorov, Tzvetan: *La conquête de l'Amérique. La question de l'autre.* Paris: Seuil 1982.

15 Vgl. hierzu Ette, Ottmar: Asymmetrie der Beziehungen. Zehn Thesen zum Dialog der Literaturen Lateinamerikas und Europas. In: Scharlau, Birgit (Hg.): *Lateinamerika denken. Kulturtheoretische Grenzgänge zwischen Moderne und Postmoderne.* Tübingen: Gunter Narr Verlag 1994, S. 297–326.

Mexikaner Carlos Fuentes und Octavio Paz, des Peruaners Mario Vargas Llosa, des Kolumbianers Gabriel García Márquez, des Kubaners Alejo Carpentier oder der Chilenin Isabel Allende sind heute einem weltweiten Lesepublikum bekannt. Werke dieser Autorinnen und Autoren haben längst auch im deutschsprachigen Raum eine treue Gemeinde von Leserinnen und Lesern gefunden und die literarische Kreativität des Subkontinents in den vergangenen Jahrzehnten buchstäblich vor Augen geführt. Daneben hat die Fülle an Filmen, Publikationen und Kommentaren zu den Fünfhundert-Jahr-Feiern anlässlich der sogenannten ‚Entdeckung' Amerikas den Blick gerade der Europäer ab 1992 auf einen ganz bestimmten Zeitraum gelenkt. Dieser wurde schon von den herausragenden Kolonialgeschichtsschreibern des ausgehenden 18. und beginnenden 19. Jahrhunderts – Guillaume-Thomas Raynal, William Robertson und Alexander von Humboldt – in seltener Einmütigkeit als der wichtigste Augenblick innerhalb der weltgeschichtlichen Entwicklung der Neuzeit bezeichnet. Doch wir sollten uns davor hüten, mit der massiven Durchsetzung lateinamerikanischer Literaturen auf einer weltumspannenden Ebene die endgültige Etablierung symmetrischer Literaturbeziehungen im transatlantischen Kontext gleichzusetzen.

An dieser Stelle müssen wir präziser analysieren und dürfen nicht die Augen davor verschließen, dass sich die historisch akkumulierten Asymmetrien keineswegs aufgelöst, sondern im 20. und beginnenden 21. Jahrhundert nur variantenreich umgestaltet haben. Denn ebenso, wie die großen Erfolge vor allem der zweiten Hälfte des 20. Jahrhunderts die literarische Vorgeschichte teilweise stark verdunkelten, erweckte auch die vorrangige Beschäftigung mit der Figur des Christoph Kolumbus sowie der Chronisten der ersten Stunde oftmals den Eindruck, als habe die Literatur erst mit dem Genuesen Einzug in Amerika gehalten. Gerade so, als habe es nur eine einzige, eine schriftkulturelle Tradition in der von den Europäern so benannten ‚Neuen Welt' gegeben. Doch oftmals ist das genaue Gegenteil der Fall. Was also wissen wir wirklich vom Schreiben in Lateinamerika? Warum hat nur eine bestimmte Literatur zu uns gefunden? Und wie hängt dies mit unserer Lesart lateinamerikanischer Texte zusammen?

Halten wir an dieser Stelle fest: Die ganze kulturelle Vielfalt und multirelationale Vielgestaltigkeit Lateinamerikas, die gerade auch für den Bereich der Literaturen dieses Raumes charakteristisch ist, wurde in Europa von einem breiten Publikum erst in Ansätzen wahrgenommen! Mehr noch: was zwischen Kolumbus' *Bordbuch* und den *Fiktionen* von Jorge Luis Borges oder García Márquez' *Hundert Jahre Einsamkeit* geschrieben wurde, ist hierzulande nur den universitären Spezialisten bekannt und kaum in deutscher Sprache zugänglich. Gerade das 19. Jahrhundert der Literaturen Lateinamerikas ist in Europa, aber auch in einem weltweiten Maßstab weitestgehend unbekannt.

Während die Übersetzungen großer Romane bekannter Autorinnen und Autoren des 20. und beginnenden 21. Jahrhunderts auch für deutschsprachige Verlage lukrative Perspektiven bieten, wagt sich kaum einmal ein Verleger an Texte aus dieser vergessenen ‚Zwischenzeit' heran. Im Bereich literarischer Entwicklungen erschien Lateinamerika – unter welchen Vorzeichen auch immer – von Europa aus gesehen wie ein einziger homogener Block, die ‚großen' lateinamerikanischen Autor*innen als Repräsentant*innen einer einzigen lateinamerikanischen Literatur. Die Ausschnitthaftigkeit eines solchen Bildes *der* lateinamerikanischen Literatur ist längst zu einer kulturellen Selbstverständlichkeit geworden, welche bei den entscheidenden Vermarktungsstrategien lateinamerikanischen Schreibens nicht einmal mehr mitgedacht und reflektiert werden muss.[16] Daher ist es unumgänglich, die Entstehungsbedingungen und historischen Hintergründe des Schreibens in dem aufzuarbeiten, was sich ab der Mitte des 19. Jahrhunderts zunehmend als Lateinamerika bezeichnete, um die Literaturen dieser kulturellen Areas in einen gleichrangigen Polylog auf Augenhöhe mit jenen Europas miteinzubeziehen.

Ein derartiger Polylog kann freilich nur in Gang kommen, wenn man bereit ist, sich auf die spezifische Andersartigkeit lateinamerikanischer Literaturen in ihren vielfältigen Beziehungen zu den Literaturen Europas einzulassen. Dabei geht es mir in diesem Zusammenhang nicht vorrangig um den Status einer Alterität, einer Andersartigkeit der Literaturen Lateinamerikas, als vielmehr um eine Weitung und Erweiterung von Denkmöglichkeiten und Logiken, in welche die Literaturen Lateinamerikas miteinzubeziehen sind.[17] Dies impliziert gleichsam nebenbei eine fundamentale Erhöhung an Vorstellungsmöglichkeiten, für welche die Literaturen der Welt ohnehin maßgeblich sind.

Unabdingbare Voraussetzung für eine Überwindung asymmetrischer Beziehungen ist ein Verständnis der historischen Entwicklungslinien, welche die Herausbildung dieser Literaturen charakterisierten. Dabei kann man zunächst getrost davon ausgehen, dass die kolonialen Literaturen der sogenannten ‚Neuen Welt' bis zum Ende des 19. Jahrhunderts – genauer: bis zum hispanoamerikanischen Modernismo – für die europäischen Literaturen von vernachlässigbarer Bedeutung waren. Genau wie wir dies am Beispiel der haitianischen „littérature jaune" sahen, mochte man ‚diesen Literaturen' ja ein eifriges Bemühen einräu-

---

16 Vgl. hierzu kritisch Müller, Gesine: *Wie wird Weltliteratur gemacht? Globale Zirkulationen lateinamerikanischer Literaturen.* Berlin – Boston: Walter de Gruyter 2020.
17 Vgl. Ette, Ottmar: Ottmar: Weiter denken. Viellogisches denken / viellogisches Denken und die Wege zu einer Epistemologie der Erweiterung. In: *Romanistische Zeitschrift für Literaturgeschichte / Cahiers d'Histoire des Littératures Romanes* (Heidelberg) XL, 1–4 (2016), S. 331–355.

men, doch erblickte man in ihnen bestenfalls hundertprozentige Nachahmungen, die sich an europäischen Vorbildern ausrichteten, hielt man die Autor*innen aus marginalen Weltregionen doch bis ins 20. Jahrhundert hinein nicht für fähig, eigenständig kreativ zu sein und Neues hervorzubringen. Wir werden im weiteren Verlauf der Vorlesung sehen, dass dies nichts war als ein weiteres rassistisches Vorurteil, das man in Europa hinsichtlich der Literaturen der außereuropäischen Welt sorgsam hegte und pflegte.

Dies sollte uns freilich nicht dazu verleiten, einen historischen Überblick erst mit dem Modernismo im Fin de siècle des 19. Jahrhunderts beginnen zu lassen. Wir werden uns diesen Literaturen des „Fin de siglo" mit gebührender Aufmerksamkeit zuwenden und uns dabei mit Autorinnen und Autoren beschäftigen, welche die europäischen Vorstellungen eines finisekulären Schreibens buchstäblich sprengten. Doch zu fragen ist vielmehr, was die besondere Bedeutung des gesamten 19. Jahrhunderts für die literarischen Beziehungen zwischen Lateinamerika und Europa ausmacht.

Denn es ist selbstverständlich keineswegs so, dass es zuvor im geistigen und literarischen Bereich keine Austauschbeziehungen zwischen Europa und Lateinamerika gegeben hätte. Ganz im Gegenteil: Der kubanische Essayist und Kulturkritiker Roberto Fernández Retamar hat dies einmal auf die Formel gebracht, das Gold des „Siglo de Oro", des Goldenen Zeitalters der spanischen Literatur, stamme aus Amerika. Er hatte dabei allerdings nicht die lateinamerikanischen Literaturen, wohl aber einen bestimmten Teil der asymmetrischen wirtschaftlichen Beziehungen zwischen Spanien und dessen Kolonien im Sinn. Fernández Retamar hat mit guten Gründen darauf verzichtet, eine direkte literarische Beziehung zu konstruieren. Dabei konnte Amerika sehr wohl *Thema* europäischen Schreibens sein – nicht zuletzt gerade bezüglich jener ökonomischen Asymmetrien, die auch innerhalb Europas selbst beobachtbar waren. Quevedos berühmte Klage, dass das Geld, „Don Dinero", in Amerika „ehrenhaft" das Licht der Welt erblicke, dann aber „zum Sterben nach Spanien" käme und schließlich „in Genua begraben liege", lässt sich als in Verse gefasste Kritik eines Spaniers an der wirtschaftlichen Abhängigkeit seines Landes innerhalb Europas lesen, nicht aber als Kritik am transatlantischen Kolonialsystem selbst. Es gibt im Übrigen eine sehr gelungene Vertonung dieses Gedichts von Francisco de Quevedo durch Paco Ibáñez, welche zwar nicht alle Strophen enthält, die Sie sich aber leicht über das Internet besorgen können. Da es sehr schöne und witzige Übersetzungen ins Französische und ins Englische gibt, will ich Ihnen diese gerne beifügen:

Madre, yo al oro me humillo	Mère, moi je m'humille à l'or,
él es mi amante y mi amado	Il est mon amoureux et aimé,
pues de puro enamorado	Puisque de pur amoureux,
de continuo anda amarillo;	Il est constamment jaune.
que, pues, doblón o sencillo,	Puisque doublon ou petite monnaie,
hace todo cuanto quiero,	Il fait tout ce que je veux,
poderoso caballero	Puissant galant
es Don Dinero	Et Monsieur Argent.
Nace en las Indias honrado,	Il naît honnête aux Indes,
donde el mundo le acompaña:	Où le monde l'accompagne;
viene a morir en España	Il vient à mourir en Espagne,
y es en Génova enterrado;	Et est enterré à Gênes.
y, pues quien le trae al lado	Puisque pour qui l'amène à coté
es hermoso, aunque sea fiero,	Il est beau, même si féroce,
poderoso caballero	Puissant galant
es Don Dinero.	Est Monsieur Argent.
Es galán, y es como un oro,	Il est galant comme une médaille d'or,
tiene quebrado el color;	Il est de couleur inégale,
persona de gran valor,	Une personne de grande valeur,
tan cristiano como moro;	Comme Chrétien et Maure.
pues que da y quita el decoro	Puisqu'il donne et coupe le protocole
y quebranta cualquier fuero,	Et casse n'importe quel pouvoir,
poderoso caballero	Puissant galant
es Don Dinero.	Est Monsieur Argent.
Son sus padres principales,	Ses parents sont des chefs,
y es de nobles descendiente,	Et il est issu des nobles,
porque en las venas de Oriente	Parce que dans les veines d'Orient
todas las sangres son reales;	Tous les sangs sont royaux.
y, pues quien hace iguales	Puisqu'il rend égaux
al duque y al ganadero,	Riche et Mendiant,
poderoso caballero	Puissant galant
es Don Dinero.	Est Monsieur Argent.
Mas, ¿a quién no maravilla	Qu'il n'est pas émerveillé
ver, en su gloria sin tasa,	De voir aux anges, sans taxation,
que es lo menos en su casa	Qui est le plus vil de sa maison,
doña Blanca de Castilla?	A Madame Blanche de Castille?
Pero, pues da al bajo silla	Puisque sa force humille
y al cobarde hace guerrero,	Le lâche et le brave,
poderoso caballero	Puissant galant
es Don Dinero.	Est Monsieur Argent [...].
Sus escudos de armas nobles	On his shields are noble bearings;
son siempre tan principales,	His amblazonments unfurling
que sin sus escudos reales	Show his arms of royal sterling
no hay escudos de armas dobles,	All his high pretensions airing;
y, pues a los mismos nobles	And the credit of his miner
da codicia su mimero,	Stands behind the proud refiner,
poderoso caballero	Over kings and priests and scholars

es Don Dinero.	Rules the mighty Lord of Dollars.
Por importar en los tratos	Contacts, bonds, and bills to render,
y dar tan buenos consejos,	Like his counsels most excelling,
en las casas de los viejos	Are esteemed with the dwelling
gatos le guardan de gatos;	Of the banker and the leader.
y, pue, él rompe recatos	So is prudence overthrown,
y ablanda al juez más severo,	And the judge complaisant grown,-
poderoso caballero	Over kings and priests and scholars
es Don Dinero.	Rules the mighty Lord of Dollars.
Y es tanta su majestad,	Such indeed his sovereign standing
aunque sus duelos son hartos,	(With some discount in the order),
que con haberle hecho cuartos,	Spite the tax, the cash-recorder
no pierde su autoridad;	Still his value fixed is branding.
pero, pues da calidad	He keeps rank significant
al noble y al pordiosero,	To the prince of finn in want,-
poderoso caballero	Over kings and priests and scholars
es Don Dinero.	Rules the mighty Lord of Dollars.
Nunca vi damas ingratas	Never meets he dames ungracious
a su gusto y aficción,	To his smiles or his attention,
que a las caras de un doblón	How they glow but at the mention
hacen sus caras baratas;	Of his promises capacious!
y, pues hace las bravatas	And how bare-faced they become
desde una bolsa de cuero,	To the coin beneath his thumb
poderoso caballero	Over kings and priests and scholars
es Don Dinero.	Rules the mighty Lord of Dollars.
Más valen en cualquier tierra	Mightier in peaceful season
–¡mirad si es harto sagaz!–	(And in this his wisdom showeth)
sus escudos en la paz	Are his standards, than when bloweth
que rodelas en la guerra;	War his haughty blasts and breeze on;
y, pues al pobre le entierra	In all foreign lands at home,
y hace propio al forastero,	Equal e'en in pauper's loam,-
poderoso caballero	Over kings and priests and scholars
es Don Dinero.	Rules the mighty Lord of Dollars.[1]

---

[1] Quevedo, Francisco: *Poesías* de D. Francisco Gomez de Quevedo y Villegas. Madrid: Libro de oro 1859, S. 59 ff. Französische Übersetzung von Alvaro Vigueras Vilchez, Englisch von Thomas Walsh. Online unter https://lyricstranslate.com/de/poderoso-caballero-es-don-dinero-puissant-galant-est-monsieur-argent.html, zuletzt aufgerufen am 12.11.2020.

Abb. 27: Francisco de Quevedo (Madrid, 1580 – Villanueva de los Infantes, Provinz Ciudad Real, 1645).

Spätestens beim Lesen dieser Verse wird uns zum einen deutlich, dass wir es seit der ersten Phase beschleunigter Globalisierung mit der Herausbildung eines kapitalistischen Handels- und Produktionssystems im Weltmaßstab zu tun haben. Diese Entwicklung begann folglich mit dem Ausgreifen der iberischen Mächte mit Unterstützung italienischer und später auch deutscher Banken nach Amerika – angelehnt an das Bankhaus der Fugger wird übrigens noch heute ein reicher Mann in Spanien als „fúcar" bezeichnet. Zum zweiten ist dieses kapitalistische System bereits ganz an der Abschöpfung von Kapital und anderen Reichtümern in den Kolonien ausgerichtet; ein in einem zuvor unbekannten Maßstab akkumuliertes Kapital, welches dann in Europa für Kriege oder den Erwerb von Luxusgütern eingesetzt werden konnte. Denn ohne die satten Erträge aus den Kolonien wären die großen finanziellen Spielräume nicht nur in den kolonialen Mutterländern, sondern auch den mit diesen wirtschaftlich und finanziell verflochtenen europäischen Staaten und damit der gesamte Aufstieg Europas seit der ersten Phase beschleunigter Globalisierung nicht wirklich nachvollziehbar.

Francisco de Quevedos Gedicht führt uns überdies und gleichsam nebenbei ein in die Thematik dessen, der ständig auf der Suche nach Geld ist: Es ist die Geschichte des (spanischen) „Pícaro", ein Thema, das – wie wir bald sehen werden – auch auf dem amerikanischen Kontinent aufgenommen und in ein literarisches Meisterwerk umgeformt wurde. Unübersehbar ist, dass der von Quevedo im Gedicht angesprochene Verfall traditioneller Werte und sozialer Hierarchien gerade auch in den spanischen Besitzungen der ‚Neuen Welt' gesellschaftspolitisch virulent wurde und eine enorme Sprengkraft am Vorabend der Independencia, der politischen Unabhängigkeit von Spanien, entfalten konnte. Der „Pícaro", der Schelm im Roman, wurde zu einer Gestalt der lateinamerikanischen Prosa, die bis heute wenig von ihrer Faszinationskraft verloren hat.

Doch kehren wir zu unserer bei Quevedo angerissenen Thematik zurück! Noch viel weniger wäre es für den spanischen Dichter und seine Zeitgenossen denkbar gewesen, dass neben dem Geldsegen aus den überseeischen Kolonien auch literarische Formen und Traditionen aus Amerika in Spanien eine breite

Aufnahme hätten finden können. Die kulturellen Selbstverständlichkeiten im Europa jener Epoche schoben derlei Gedanken und Praktiken einen Riegel vor. Im günstigsten Falle erweckten die kulturellen Erzeugnisse aus der Neuen Welt Bewunderung gemischt mit Verwunderung, ohne dass aber eigene kreative Ausdrucksmöglichkeiten neue Impulse erhalten hätten.

So notierte kein Geringerer als Albrecht Dürer im Jahre 1520 in seinem *Tagebuch der Niederländischen Reise*, nachdem er in Brüssel die von Hernan Cortés an die spanische Krone übersandten und dort ausgestellten aztekischen Schätze gesehen hatte:

> Diese ding sind alle köstlich gewesen, das man sie beschäczt umb hundert tausent gulden werth. Und ich hab aber all mein lebtag nichts gesehen, das mein hercz also erfreuet hat als diese ding. Denn ich hab darin gesehen wunderliche künstliche ding und hab mich verwundert der subtilen ingenia der menschen in frembden landen. Und der ding weiß ich nit außzusprechen, die ich do gehabt hab.[18]

Das Fremde erscheint in dieser Passage als das Wunderliche, Wunderbare, das Verwunderung hervorrufen kann, das jedoch keinen Eingang in das Eigene finden wird. Dürers künstlerische Offenheit ist gleichwohl beeindruckend, spricht er doch von der subtilen Ingeniosität der von ihm gesehenen Kunstwerke. Das Thema der Wunderbaren Wirklichkeit, des „real maravilloso", wie es Alejo Carpentier entwickeln sollte, deutet sich hier aus europäischer Perspektive bereits an und entfaltet seine ganze Macht weit über die historischen Grenzen der Kolonialzeit hinaus.

Eine wirkliche kreative Auseinandersetzung mit diesem Wunderbaren aus europäischer Perspektive findet jedoch nicht statt. Denn die Alterität, die Andersartigkeit des Gesehenen, erscheint als zu groß, als dass sie kurzfristig zu überbrücken gewesen wäre. Dies gilt in vielleicht noch stärkerem Maße für den literarischen Bereich und textuelle Ausdrucksformen. Über punktuelle Kulturberührungen[19] hinaus, die sich aus der konkreten Lebensgeschichte einzelner Autoren ergeben, lassen sich keine Indizien für eine wie auch immer geartete ‚Beeinflussung' europäischer Schriftsteller durch die Literatur feststellen, die in den spanischen Kolonien geschrieben wurde.

---

18 Dürer, Albrecht: *Das Tagebuch der Niederländischen Reise. 1520–1521*. Herausgegeben von J.-A. Goris und G. Marlier. Brüssel 1970, S. 65; die Passage wird kommentiert in Gewecke, Frauke: *Wie die neue Welt in die alte kam*. Stuttgart: Klett-Cotta 1986, S. 150 f.
19 Vgl. zur Terminologie von Kulturberührung, Kulturkontakt usw. das Werk von Bitterli, Urs: *Die „Wilden" und die „Zivilisierten". Die europäisch-überseeische Begegnung*. München: Deutscher Taschenbuch Verlag 1982.

Für die nachfolgenden Überlegungen wird es von großer Bedeutung sein, im literarischen wie nicht-literarischen Bereich Richtungen und Bedingungen des Informationsflusses zu untersuchen, der sich zwischen Europa und Lateinamerika, später dann auch zwischen dem Norden und dem Süden des amerikanischen Doppelkontinents entwickeln sollte. Dabei werden unterschiedliche Asymmetrien dieses Flusses an Informationen ohne Zweifel zu beobachten sein. Gerade aus einer solchen Perspektive soll die besondere Bedeutung jener Beziehungen erkennbar werden, welche die modernistischen Autoren Hispanoamerikas zu den literarischen oder philosophischen Werken Europas herstellten und sich damit erstmals eine bewusst eigenständige Position erarbeiteten, welche das 20. Jahrhundert und dessen spezifische Entwicklungen vorbereitete. In diesem 20. Jahrhundert kamen wesentliche Impulse für die ‚westlichen' Literaturen Europas und der USA wohlgemerkt aus Lateinamerika. In unserer Vorlesung über das 20. Jahrhundert haben wir nicht umsonst festgestellt, dass Autoren wie etwa der Argentinier Jorge Luis Borges von grundlegender Bedeutung für die Entfaltung eines weltweiten Schreibens im Zeichen der Postmoderne wurden.

Seit Beginn der Eroberung Amerikas vor weit mehr als fünfhundert Jahren wurde die ‚Neue Welt' ebenso partiell, nach einzelnen Areas unterschieden, wie sukzessiv in einen wirtschaftlichen, sozialen und politischen Prozess integriert, der fremdgesteuert von Spanien und Portugal aus seine Impulse erhielt. Die kolonialen Ergänzungs- und Ausplünderungsgebiete wurden dabei in zunehmend enger verflochtene Abhängigkeitsbeziehungen mit den sogenannten ‚Mutterländern' eingebaut. Die Beschleunigung einer Vielzahl politischer, sozialer oder wirtschaftlicher Entwicklungen durch den kolonialen Ausgriff der iberischen Mächte auf Amerika in diesen Mutterländern selbst steht heute außer Frage. Denn die Finanz-, Wirtschafts- oder Sozialbeziehungen der iberischen Mächte wurden durch die von ihnen ausgehenden Kolonialstrukturen grundlegend geprägt. Die Etablierung eines weltweiten kapitalistischen Systems beruhte von Beginn an auf der Ungleichverteilung von Macht und Gewalt sowie auf Ausplünderung ‚peripherer' Kolonialgebiete.

Dabei vollzog sich die Umwandlung der Kolonien in zu Europa komplementäre Wirtschaftsgebilde über die städtischen Zentren der neu geschaffenen staatlichen Strukturen. Nicht nur im politischen oder ökonomischen, sondern auch im kulturellen Bereich wurden auf diese Weise Beziehungen aufgebaut, die beide Kontinente – Europa wie Amerika – in einen gemeinsamen, aber gegensätzlichen und äußerst widerspruchsvollen Raum verwandelten, der als ein *Bewegungs*raum *bewegungs*- und nicht raumgeschichtlich aufzufassen ist.

Die Kolonialstädte waren dabei einzeln an ihre jeweiligen Metropolen angebunden, kaum aber untereinander liiert. So entstand auch auf dem amerikanischen Kontinent eine Archipel-Situation mit deutlicher Zentrierung auf Europa und einer klar unterentwickelten internen Relationalität der so gebildeten Inseln untereinander. Diese Tatsache führte den brasilianischen Anthropologen Darcy Ribeiro zu der Frage, ob es Lateinamerika denn überhaupt gebe:

> Die geographische Einheit hat in Lateinamerika nie zu einer politischen Einheit geführt, weil die verschiedenen Kolonien, aus denen die lateinamerikanischen Gesellschaften hervorgegangen sind, jahrhundertelang ohne Kontakt nebeneinander bestanden haben. Jede einzelne war indirekt an die Metropole gebunden. Noch heute leben wir Lateinamerikaner wie auf einem Archipel, dessen Inseln miteinander durch Schiffe und Flugzeuge verbunden sind und die mehr nach außen auf die weltwirtschaftlichen Zentren hin ausgerichtet sind als nach innen. Sogar die Grenzen der lateinamerikanischen Länder verlaufen längs der unbewohnten Kordillere oder dem undurchdringlichen Urwald, und sie isolieren mehr, als dass sie verbinden, und sie erlauben selten einen intensiven Kontakt.[20]

In dieser Passage wird nicht mit Blick auf die Karibik, sondern auf ganz Lateinamerika von einer Archipel-Situation gesprochen, mit der wir uns im weiteren Verlauf der Vorlesung noch vielfach beschäftigen werden. Diese Aussage wurde im Übrigen nicht gegen Ende der Kolonialzeit getroffen, sondern Ende der siebziger Jahre des 20. Jahrhunderts. Sie sehen: Die Archipel-Situation, die durch koloniale iberische Strukturen geschaffen oder doch zumindest nicht behindert wurde, ist entgegen aller Vermutungen durch die politische Unabhängigkeit zu Beginn des 19. Jahrhunderts keineswegs überwunden worden; sie dauern vielmehr unter den Bedingungen unabhängiger Nationalstaaten bis heute an.

Aus diesen Gründen ist es stets nützlich, mit Blick auf Lateinamerika zwischen einer internen und einer externen Relationalität zu unterscheiden, Begrifflichkeiten, die in unserer Vorlesung bereits Anwendung gefunden haben und nun ihren methodologisch bestimmten Platz einnehmen. Abhängigkeit und Außenorientierung prägten von Beginn an auch den kulturellen Sektor innerhalb der rasch errichteten asymmetrischen Kolonialstrukturen. Der Kolonial-Stadt kam dabei die Funktion eines Hortes der Schrift zu. Der Aufbau administrativer Strukturen nach europäischem, das heißt schriftkulturellem Vorbild und die Entstehung einer kolonialen Literatur hängen aufs Engste miteinander zusammen. Sie sind weder von der Schrift- oder Buchkultur der christlichen Religion noch von den auf Schrift basierenden Verwaltungsstrukturen zu trennen, welche Portugal und Spanien in ihren Kolonien rasch einführten und mit geeigneten Verwaltungsbeamten untersetzten.

---

20 Ribeiro, Darcy: Gibt es Lateinamerika? In (ders.): *Unterentwicklung, Kultur und Zivilisation. Ungewöhnliche Versuche.* Frankfurt am Main: Suhrkamp 1980, s. 315.

Was aber ist mit dem Begriff „Schrift" in diesem Zusammenhang gemeint? Die eurozentrische Definition von Schrift, der Ausschluss aller dieser Norm nicht genügenden Schriftsysteme (etwa Piktogramme oder Knotenschriften) und die auf der jüdisch-christlichen Tradition beruhende Gleichsetzung von Buchstabenschrift, historischer Überlieferungsfähigkeit und Wahrheitsanspruch[21] tilgten das kulturell Andere aus der Vorstellungswelt der kolonialspanischen Eliten, aus dem von ihnen abgesteckten Raum der Kultur. Die indigene Bevölkerung, die ‚Wilden' und ‚Nicht-Zivilisierten', konnten in den Augen der Europäer unter keinen Umständen über eine Kultur verfügen – und eben dort, wo man auf die unterschiedlichsten indigenen Aufbewahrungs- und Schriftsysteme stieß, versuchte man, diese alsbald zu vernichten.

Dem so definierten kulturellen Raum der Städte, der „ciudades letradas",[22] diente das Nicht-Urbane, dienten die weiten amerikanischen Territorien gleichsam als Möglichkeit kontrastiver Abgrenzung. Der Raum der Kultur bildete sich in Opposition zu einem ihn umgebenden Raum von Wildheit und Barbarei. An diese aus der Kolonialzeit ererbten Strukturen knüpften insbesondere im 19. Jahrhundert Identitätsentwürfe für Lateinamerika an, die dem *barbarischen* Raum der amerikanischen Natur die Urbanität einer europäischen *Zivilisation* in Amerika entgegenstellten. So wird der uruguayische Essayist José Enrique Rodó in seinem zum neuen Jahrhundert im Jahr 1900 veröffentlichten *Ariel* auf den argentinischen Literaten und Politiker Domingo Faustino Sarmiento hinweisen. Dieser hatte in seinem 1845 erstmals veröffentlichten *Facundo* den so verstandenen Gegensatz zwischen Zivilisation und Barbarei literarisch brillant formuliert und – einmal an die politische Macht gelangt – in eine gerade auch gegenüber den Indianern unversöhnliche Politik umgesetzt. Auch Rodó wird in seinem für ein sich auf seine lateinischen ‚Wurzeln' besinnendes Lateinamerika wegweisenden Entwurf den indigenen Kulturen keinerlei Platz einräumen.[23]

Der Ausschluss von Mündlichkeit und nicht-alphabetischen Schriftsystemen setzt sich noch bis in die heutigen Literaturgeschichten hinein fort; erst seit den achtziger Jahren des 20. Jahrhunderts bahnt sich auf diesem Gebiet ein Paradig-

---

21 Vgl. Mignolo, Walter D.: La historia de la escritura y la escritura de la historia. In: Forster, Merlín H. / Ortega, Julio (Hg.): *De la crónica a la nueva narrativa mexicana. Coloquio sobre literatura mexicana.* México: Editorial Oasis 1986, S. 13–28.
22 Vgl. hierzu Rama, Angel: *La ciudad letrada.* Hanover: Ediciones del Norte 1984; sowie zu diesem Begriff des Uruguayers Rama die programmatische Studie von Adorno, Rolena: La „ciudad letrada" y los discursos coloniales. Inb: *Hispamérica* (Gaithersburg) 48 (1987), S. 4–24.
23 Vgl. hierzu Vorwort und Nachwort zu meiner Übersetzung von Rodó, José Enrique: *Ariel*. Übersetzt, herausgegeben und erläutert von Ottmar Ette. Mainz: Dieterich'sche Verlagsbuchhandlung 1994.

menwechsel an, der zu einer grundlegenden Erweiterung des Literaturbegriffs in Hinblick auf die Vielfalt der Sprachen, Diskurse und Zeichensysteme während der Kolonialzeit in Amerika führt. In Guatemala etwa ist die kulturelle und politische Gleichstellung des Maya-Quiché noch immer ebenso prekär wie ein Literaturpreis für in indigenen Sprachen abgefasste Texte, den der guatemaltekische Schriftsteller Rodrigo Rey Rosa für sein Heimatland gestiftet hatte. Die ehedem „kolonialspanische Literatur" könnte so dereinst als nur mehr *eine* unter vielen diskursiven Praktiken im literarischen Raum der Gegenwart erscheinen. Dass sie es bereits in der Kolonialzeit war, aber die im indigenen Bereich konkurrierenden Praktiken zum Verschwinden zu bringen suchte, ist in der heutigen Forschungsliteratur unstrittig. Die bereits im 19. Jahrhundert vehement in Guatemala vom Kubaner José Martí geforderte Gleichstellung der indigenen Bevölkerung ist auch noch in unserer Gegenwart ein fernes Ziel, das gleichwohl irgendwann in hoffentlich möglichst bald eintretender Zukunft erreicht werden wird.

Die literarischen Beziehungen zwischen Spanien und Portugal, den beiden europäischen Führungsmächten der ersten Phase beschleunigter Globalisierung, und ihren amerikanischen Kolonien sind also von Beginn an ebenso asymmetrisch wie der Wissenstransfer zwischen den beiden ungleichen Kontinenten. Einerseits werden europäische Normen und Vorstellungen im (und über den) kulturellen Bereich in den amerikanischen Kolonien durchgesetzt oder übernommen; andererseits ist der Informationsfluss von Amerika nach Europa an den Informationsbedürfnissen und Durchsetzungsansprüchen der hegemonialen Zentren orientiert. Das ist für uns im 21. Jahrhundert gar nicht so schwer vorstellbar. Denn noch heute können wir ohne weiteres diese Asymmetrie in unserem scheinbar so weltweit verwobenem Gewebe feststellen, dienen doch die Auslands-Korrespondenten europäischer Sender überwiegend dazu, Lateinamerika in den Nachrichten als Subkontinent von Naturkatastrophen, Finanzkrisen oder staatlicher Unterdrückung zu porträtieren und ein kaum dieser komplexen Welt adäquates Nachrichtenbild in den Medien Europas, aber auch der USA entstehen zu lassen.

Zu Zeiten des iberischen Kolonialismus erfüllten Chronisten wie Missionare eine kaum zu überschätzende Funktion innerhalb des Wissenstransfers und Informationsflusses zwischen Kolonie und Mutterland. In den spanischen Chroniken des 16. Jahrhunderts werden ausgegrenzte kulturelle Praktiken, etwa bestimmte Riten, Vorstellungen oder nicht-schriftliche Überlieferungsmöglichkeiten, angesichts der alles überwachenden Inquisition oft nur mit dem Hinweis darstellbar, dass ein Wissen über derartige (,satanische') Praktiken eine nachfolgende Christianisierung erleichtern könne. Im Wissenstransfer von Europa nach Lateinamerika spielte gerade die den Europäern kulturell selbstverständliche Schriftpraxis eine entscheidende Rolle bei der Missionierung, war doch das *Wort* Gottes in der *Schrift* der Bibel, im Buch der Bücher, aufgehoben. Diese Dominanz der Schrift und des Schriftlichen in der kolonialen „ciudad letrada" war von ungeheurer Bedeutung und wirkte auch nach der Independencia fort. Die Schriftstellerinnen und Schriftsteller im sich befreienden Amerika des 19. Jahrhunderts sind noch immer die Erben jener Entwicklung.

Diese Fixierung auf die Buchstabenschrift war jedoch trotz all ihrer zerstörerischen Wirkung – denken wir nur an die gezielte Vernichtung indianischer Kulturgüter und Aufzeichnungsformen durch kolonialspanische oder kirchliche Organe – weit davon entfernt, die kulturelle Vielfalt auf dem amerikanischen Kontinent auszulöschen. Sie führte aber sehr wohl eine Hierarchie ein, die andere kulturelle Praktiken in ausgegrenzte (und diffamierte) soziale Räume abdrängte. Damit leistete sie einer grundlegenden kulturellen Heterogenität und mehr noch Hybridität Vorschub, welche die Kulturen Lateinamerikas bis heute kennzeichnet.[24]

Erkennbar wird dies, wenn wir den vermeintlich absoluten Gegensatz zwischen schriftlichen, das heißt auf einer alphabetischen Schrift beruhenden, und nicht-schriftlichen Tradierungsmöglichkeiten überwinden und die kreative Anverwandlung fremder kultureller Praktiken durch indianische Schriftkundige betrachten. Veranschaulichen wir dies an einem kurzen Beispiel aus dem neuspanisch-nordamerikanischen Raum! Dort wird der Übergang von vorherrschend mündlichen zu vorherrschend schriftlichen Ausdrucksformen in einem Bericht von Domingo Francisco de San Antón Muñón Chimalpahin Quauhtlehuanitzin oder einfach Chimalpahin aus dem 16. Jahrhundert als Kontinuum dargestellt:

> Dann wurden das bemalte Papier und die Geschichte der Erblinien seinem geliebten Sohne, dem Herrn Don Domingo Hernández Ayopochtzin, überlassen, der sich in der Wissenschaft des Erzählens der Bücher unterrichtet hatte und ein Buch malte, das er ganz in Buchstaben ohne alle Zusätze schrieb, wie ein getreuer Spiegel der Dinge, die er von dort übertrug. Neuerlich habe ich nun gemalt und habe mit Buchstaben ein Buch geschrieben, in welchem ich alle alten Geschichten vorgelegt habe.[25]

Chimalpahin entstammte der alten Adelsschicht der Mexica oder Azteken und schrieb auf Spanisch wie auf Náhuatl, war in den alten Künsten bewandert und hatte alle Techniken der spanischen Eroberer erlernt, was ihm erlaubte, Berichte über die Herrschaft der alten Adelsfamilien und deren Herkunft zu verfassen. Er trat aber auch als sorgfältiger Chronist zeitgeschichtlicher Ereignisse auf, so

---

[24] Vgl. García Canclini, Néstor: *Culturas híbridas. Estrategias para entrar y salir de la modernidad*. Buenos Aires: Sudamericana 1992.
[25] Zitiert nach Mignolo, Walter: Zur Frage der Schriftlichkeit in der Legitimation der Conquista. In: Kohut, Karl et al. (Hg.): *Der eroberte Kontinent*. Frankfurt am Main: Vervuert 1991, S. 87.

dass er etwa vom Besuch einer japanischen Delegation in Neu-Spanien berichten konnte, welche im Übrigen die Eliten Neuspaniens erstmals mit japanischen „Biombos", mit in Japan verfertigten Paravents vertraut machte.[26] Die Geschichte dieser Paravents ist überaus spannend, wirft ein bezeichnendes Licht auf die Vielfalt der wirtschaftlichen wie der kulturellen Beziehungen zwischen Europa, Amerika und Asien und hatte letztlich – ganz nebenbei – zur Folge, dass Paravents im deutschen Sprachraum bis in unsere Zeit hinein nicht mit Hilfe eines französischen Ausdrucks, sondern als „Spanische Wand" bezeichnet wurden.

Abb. 28a und 28b: „Biombo de la Conquista y de la Muy Noble y Leal Ciudad de México", circa 1690.

Ich möchte Ihnen an dieser Stelle unserer Vorlesung ein kleines Modell oder Schema an die Hand geben, das Ihnen erlauben soll, den weiten kulturellen Fächer unterschiedlicher Kulturen in Lateinamerika übersichtlicher zu struktu-

---

26 Vgl. hierzu Ette, Ottmar: Magic Screens. Biombos, Namban Art, the Art of Globalization and Education between China, Japan, India, Spanish America and Europe in the 17th and 18th Centuries. In: *European Review* (Cambridge) XXIV, 2 (May 2016), S. 285–296.

rieren. Dabei geht es mir nicht darum, die kulturelle Komplexität der sogenannten ‚Neuen Welt' für altweltliche Benutzerinnen und Benutzer zu reduzieren und gerade auch die unterschiedlichen Formen der Hybridisierung und Transkulturation zu überspielen. Wenn es gewiss auch notwendig wäre, regionale Besonderheiten Lateinamerikas stärker herauszuarbeiten, so lässt sich im Rahmen unserer Fragestellung die kulturelle Vielfalt in den so unterschiedlichen Areas der lateinamerikanischen Welt als Spannungsfeld darstellen, das von zumindest sechs verschiedenen kulturellen Polen geprägt ist:

1. Die vorbildgebende iberische Kultur im Kontext ihrer unterschiedlichen abendländischen Traditionsstränge.
2. Die sehr verschiedenartigen indigenen Kulturen, deren Fortbestehen im 19. Jahrhundert häufig geleugnet und deren Kulturraum ausgegrenzt wurde, die aber einen sich heute wieder erneuernden kulturellen Pol darstellen.
3. Die schwarzen Kulturen, die durch die koloniale Sklavenwirtschaft zwangsweise aus unterschiedlichen Kulturzonen Afrikas nach Amerika deportiert wurden und auf amerikanischem Boden reiche Formen der Transkulturation entwickelten.
4. Die iberischen Volkskulturen, welche die Eroberer mitgebracht hatten und die in unterschiedlichem Maße Eingang in ‚hochkulturelle' Ausdrucksformen fanden.
5. Kulturelle Formen der Hybridisierung sowie transkulturelle Ausdrucksformen, die aus Kulturkontakten zwischen den vorher genannten Polen entstanden und die über lange Zeit von dem an Europa ausgerichteten städtischen Raum negiert und marginalisiert wurden.
6. Eine sich gegen Ende des 19. Jahrhunderts herausbildende Massenkultur, die sich nachfolgend im Zeichen einer sich verstärkenden Kulturindustrie einen immer weiteren Einflussbereich schuf und sich teilweise internationalisierte.

Die Ausdifferenzierung in sechs verschiedene Pole tritt an die Stelle einer einfachen Unterscheidung zwischen ‚Volkskultur' und ‚Hochkultur', welche der kulturellen Hybridisierung Lateinamerikas nicht in ausreichendem Maße gerecht wurde und eine notwendige Anpassung an sehr unterschiedliche regionale kulturelle Spannungsfelder nicht erlaubte. Insbesondere die indigenen und schwarzen Kulturen sind für weite Teile der Landbevölkerung, aber auch für städtische Randgruppen von großer Bedeutung; sie bilden einen über lange Zeit negierten, verdrängten Teil von Identitätszuschreibungen der sich an Europa orientierenden ‚offiziellen' Literaturen. Es bedarf keiner weiteren Erläuterungen, dass es innerhalb der indigenen wie der schwarzen Kulturen weiterer Differenzierungen bedarf, um das in einer bestimmten Area wie etwa der Karibik oder dem Andenraum bestehende kulturelle Spannungsfeld präziser zu beschreiben.

Es ist höchst aufschlussreich, dass sich bezüglich dieses Modells sechs verschiedener kultureller Pole in Lateinamerika die vielleicht wichtigsten und markantesten Unterschiede zwischen den einzelnen Vertretern des hispanoamerikanischen Modernismo gegen Ende des 19. Jahrhunderts zeigen. In einem ganz allgemeinen Sinne ließe sich ein Charakteristikum lateinamerikanischer Literaturen in der unterschiedlichen Herstellung von Beziehungen erblicken, welche den dominanten ersten Pol der abendländischen Kulturtradition mit anderen Polen des genannten Spannungsgefüges verbinden. Dabei geht es jedoch nicht allein um die jeweils besondere Art der Auseinandersetzung mit oder Integration von anderen kulturellen Polen in das je eigene Schreiben. Denn gerade das Ausblenden bestimmter kultureller Traditionen lässt sich als wichtiger und tiefgreifender Hinweis für die Deutung eines lateinamerikanischen Textes verstehen.

Während der Kolonialzeit lässt sich für den ersten Pol des skizzierten Spannungsfeldes eine Ausweitung des geokulturellen Raumes insoweit beobachten, als zunehmend philosophische oder literarische Einflüsse des nicht-iberischen Europa auf die Bildungseliten der lateinamerikanischen Städte einwirkten. Das sicherlich eindrücklichste Beispiel für diese Veränderungen ist der wachsende Einfluss, den die Schriften französischer Aufklärungsphilosophen im 18. Jahrhundert auf die kreolische Oberschicht in den Kolonien ausübten. Wir hatten gesehen, dass ein Autor wie Alejo Carpentier selbst am Beispiel Haitis in *El reino de este mundo* die Bedeutung der französischen *Encyclopédie* unterstrich, indem er sie im Inventar seines Herrenhauses auf der Plantage aufführte und sie danach in Flammen aufgehen ließ. Dass er dies auch für den spanischsprachigen Kolonialraum betonte, zeigte er an einer Vielzahl von Stellen im Roman *El Siglo de las Luces* auf.

Seit dem 18. Jahrhundert zeichnete sich in den iberischen Kolonien eine wachsende kulturelle Orientierung an Frankreich ab, welche man als eine Entwicklung hin zu einem geokulturellen Dominantenwechsel bezeichnen darf: Frankreich trat intellektuell an die Stelle Portugals und Spaniens, die aus Sicht der Kolonisten im Aufklärungszeitalter hinter Frankreich zurückblieben. Dieses Gefälle sollte sich im folgenden Jahrhundert noch wesentlich verstärken und Paris zur kulturellen Hauptstadt Lateinamerikas werden lassen. Die französische Metropole kann folglich mit Walter Benjamin mit Fug und Recht als „Hauptstadt des 19. Jahrhunderts" angesehen werden,[27] wenn man auch die lateinamerikanischen Nationen mit hinzudenkt. Die Literaturen Europas – und später die US-amerikanische Literatur – wurden in Lateinamerika zu keinem Zeitpunkt als homogener

---

27 Vgl. Benjamin, Walter: Paris, die Hauptstadt des XIX. Jahrhunderts. In (ders.): *Das Passagen-Werk*. Bd. 1. Frankfurt am Main: suhrkamp 1983, S. 45–59.

Block wahrgenommen. Vielmehr zeigten sich schon früh hinsichtlich der Bedeutung einzelner europäischer Nationalliteraturen auffällige Differenzen innerhalb unterschiedlicher kultureller Areas Lateinamerikas. Von lateinamerikanischer Seite aus wurde die Vielfalt der europäischen Literaturen immer anerkannt.

Die inter- und transkulturellen Bezüge zwischen Europa und Lateinamerika stellten, so dürfen wir festhalten, einen kulturellen Raum dar, der gemeinsam war (und es in gewisser Weise auch blieb), weil sich intensive Beziehungen seit Anfang des 16. Jahrhunderts entwickelten. Zugleich war (und ist) er widersprüchlich oder gegensätzlich, weil diese Beziehungen keinen egalitären Raum bilden, sondern sich innerhalb einer sich stark verändernden Asymmetrie ausbilden. Denn ganz wie im wirtschaftlichen, politischen oder sozialen Bereich sind diese Beziehungen während der Kolonialzeit zutiefst ungleich und verändern sich nach der Independencia nur graduell. Auch auf Ebene kultureller und literarischer Beziehungen sind beide Teilräume durch die Gegensätzlichkeit von europäischer Metropole und amerikanischer Peripherie gekennzeichnet, die sich dann im Verlauf des 20. Jahrhunderts langsam in ein neues System unterschiedlicher und mit einer jeweiligen Eigen-Logik ausgestatteter Literaturen der Welt veränderte.[28] Das 19. Jahrhundert kann als eine Sattelzeit dieser komplexen Entwicklungen von der einen und ganz im Goethe'schen Sinne zentrierten Weltliteratur zu den vielen und viellogischen Literaturen der Welt angesehen werden.

Die („offizielle', also am ersten Pol orientierte) kolonialspanische Literatur in Amerika entsteht aus der Übernahme und kreativen Verwendung literarischer Vorgaben, wobei hierunter nicht nur Einzeltexte zu verstehen sind, sondern auch Gattungen, die in Europa in einer bestimmten literarischen Tradition und Hierarchie verankert sind. Wir werden dies anhand unseres ersten Textbeispiels erkennen, etwa der Verwendung des Pikaresken in Fernández de Lizardis *El Periquillo Sarniento*, ein Roman, der ab 1816 in verschiedenen Lieferungen in einer Auflagenhöhe von circa fünfhundert Exemplaren in Mexiko erschien. Doch nicht nur im Bereich der erzählenden Prosa, sondern auch der Lyrik machten sich amerikanische Deutungen europäischer Modelle bemerkbar, die ein spezifisches Licht auf die jeweiligen Literaturbedingungen in unterschiedlichen Areas des kolonialen Amerika werfen.[29]

---

[28] Vgl. hierzu Ette, Ottmar: *Von den historischen Avantgarden bis nach der Postmoderne*, S. 228–234.
[29] Vgl. hierzu Bernaschina Schürmann, Vicente: *Angeles que cantan de continuo. Auge y caída de una legitimación teológica de la poesía culta en el virreinato del Perú*. Potsdam: Universitätsverlag Potsdam 2019.

Diese Überlegungen und Beispiele machen zum einen deutlich, dass Rückgriff und Aneignung ‚fremder' literarischer Bezugstexte und Modelle keineswegs erst mit dem Ende des 19. Jahrhunderts oder mit der Independencia einsetzen. Zum anderen aber zeigt sich genau an diesem Punkt, dass eine noch immer verbreitete Vorstellung, der zufolge das Schreiben in Amerika weitgehend auf einer *Imitation* europäischer Vorgaben beruhe, schon für den kolonialspanischen Zeitraum –wie eine Vielzahl von Studien zeigte – viel zu kurz greift. Denn Begriffe wie Original und Kopie verlieren innerhalb des skizzierten widersprüchlichen kulturellen Raumes weitgehend ihren Erkenntnisgewinn und vermögen nicht zu erklären, wie vielfältig die kulturelle und literarische Produktion in den amerikanischen Kolonien tatsächlich war. Hier konnte die jüngere Forschung eine Reihe gerne geglaubter Vorurteile kassieren und unser Bild des kolonialen Amerika ungeheuer bereichern.

Denn die ‚nachgeahmten' literarischen Formen stehen in den iberischen Kolonien in einem anderen kulturellen Spannungsfeld und erfüllen auch andere soziale Funktionen als in Europa. Der vielbemühte *Pierre Menard, autor del Quijote* von Jorge Luis Borges hat literarisch vorgeführt, dass ein mit Cervantes' *Don Quijote* textidentischer, aber später verfasster Roman in Fragmenten schon auf Grund seines veränderten historischen Kontexts ein anderer Text (geworden) ist. Dass eine solche Erkenntnis gerade im Bereich der lateinamerikanischen Literaturen ästhetisch überzeugend vorgeführt wurde, hängt mit der hier skizzierten Grundlegung des Schreibens seit der Kolonialzeit in wesentlicher Weise zusammen. Borges' Fiktion führt folglich auch für frühere, kolonialspanische Zeiten vor, dass eine Übersetzung – denn um eine solche handelt es sich ja bei dem Franzosen Pierre Menard – auch auf Ebene des *Über-Setzens* zwischen Alter und Neuer Welt neue Funktionen eröffnet und erfüllt. Die Überquerung des Atlantik, der Übergang von der einen auf die andere Seite der ‚beiden Welten' veränderte damit über Funktion und Kontext die literarischen Formen selbst, die in Lateinamerika heimisch wurden – über Jahrhunderte freilich in einer Art und Weise, die keine literarischen Rückwirkungen auf die europäischen Literaturen zeitigte. Europa war an der Weiterentwicklung seiner literarischen Formen in Übersee weitestgehend desinteressiert. Dies sollte auch noch für einen guten Teil des 19. Jahrhunderts gelten.

Man könnte nun erwarten, dass die Erlangung politischer Unabhängigkeit der lateinamerikanischen Länder mit Ausnahme Kubas und Puerto Ricos im ersten Drittel des 19. Jahrhunderts zu einer einschneidenden Veränderung der skizzierten literarischen Beziehungen zwischen Ex-Metropole und Ex-Kolonie geführt hätte. Das war aber keineswegs der Fall und sollte uns davor warnen, leichtfüßig Ereignisse aus dem politischen Feld in das sich stärker autonomisierende literarische Feld zu übertragen.

Die europäisch-lateinamerikanischen Literaturbeziehungen veränderten sich im Zeichen errungener politischer Unabhängigkeit nicht grundlegend und blieben auch weiterhin von einer deutlichen Asymmetrie geprägt. Wie der politischen Independencia keine wirtschaftliche entsprach, sondern vielmehr neue Abhängigkeitsbeziehungen entstanden und aufgebaut wurden, so ist auch im kulturellen und literarischen Bereich nicht von einer grundlegenden Umwälzung der Beziehungen zwischen Europa und Lateinamerika zu sprechen.

Gewiss traten nun Paris und in geringerem Maße London, ja selbst der deutschsprachige Raum[30] an die Stelle der iberischen Hauptstädte als vorherrschende kulturelle Zentren, an denen sich die lateinamerikanischen Bildungseliten orientierten. Gewiss wurde die Parisreise für ungezählte lateinamerikanische Intellektuelle zum Initiationsritus und fand in literarisierter Form breiten Eingang in Romane und Reiseberichte des 19. Jahrhunderts: Wer etwas auf sich hielt, musste zumindest einmal für längere Zeit in der „ville-lumière" gewesen sein. Doch haben wir es hier trotz aller Veränderungen im Grunde nur mit einem *geokulturellen Dominantenwechsel* zu tun: Literatur, Kunst und Kultur richteten sich in den lateinamerikanischen Ländern nun vorrangig an anderen Zentren aus, die jedoch noch immer in Europa lagen.

Lässt sich daher keine grundsätzliche Veränderung hinsichtlich des europäisch-lateinamerikanischen Wissenstransfers im 19. Jahrhundert beobachten, so zeigt sich dies auch bei der Untersuchung des Informationsflusses in umgekehrter Richtung. Denn in gewisser Weise sind nun die europäischen Reisenden an die Stelle der Chronisten getreten und liefern den wissenschaftlichen wie ökonomischen Zentren der europäischen Gesellschaften die primär für deren Interessen notwendigen Informationen aus Amerika.[31] Es ist beeindruckend und zugleich für die fortbestehende intellektuelle Abhängigkeit charakteristisch, dass sich die kul-

---

30 Vgl. hierzu Krumpel, Heinz: *Die deutsche Philosophie in Mexiko. Ein Beitrag zur interkulturellen Verständigung seit Alexander von Humboldt.* Frankfurt am Main – Bern – New York: Peter Lang 1999; (ders.): *Aufklärung und Romantik in Lateinamerika. Ein Beitrag zu Identität, Vergleich und Wechselwirkung zwischen lateinamerikanischen und europäischen Denkern.* Frankfurt am Main – Berlin – New York: Peter Lang 2004; (ders.): *Barock und Moderne in Lateinamerika. ein Beitrag zu Identität und Vergleich zwischen lateinamerikanischem und europäischem Denken.* Frankfurt am Main – Berlin – New York: Peter Lang 2008.
31 Vgl. speziell zur Rolle der britischen Reisenden Pratt, Mary Louise: Humboldt y la reinvención de América. In: *Nuevo Texto Crítico* (Stanford) 1 (1987), S. 35–53, sowie spezieller zu Humboldt Ette, Ottmar: „Unser Welteroberer": Alexander von Humboldt, der zweite Entdecker, und die zweite Eroberung Amerikas. In: *Amerika: 1492–1992. Neue Welten – Neue Wirklichkeiten. Essays*. Herausgegeben vom Ibero-Amerikanischen Institut Preußischer Kulturbesitz und Museum für Völkerkunde Staatliche Museen zu Berlin. Braunschweig: Westermann 1992, S. 130–139.

turelle und politische Elite der verschiedenen in Entstehung begriffenen Länder Lateinamerikas hinsichtlich der Beschaffenheit ihrer Staaten auf nicht immer wissenschaftlich abgesicherte europäische Quellen bezieht.

Zweifellos war es für die Literaturkritik wie die Literaturwissenschaft verlockend, nach kultureller oder literarischer Unabhängigkeit in Folge der Independencia zu fahnden. Gestützt auf die Selbstdarstellung führender Denker und Autoren des Modernismo wurde man hier auch bald fündig und glaubte, in der modernistischen Bewegung Hispanoamerikas endlich so etwas wie eine literarische Unabhängigkeitserklärung erkennen zu können. Doch scheint es mir verfehlt, den politischen Begriff der Unabhängigkeit auf die heteronome Sphäre des Kulturellen beziehungsweise Literarischen zu übertragen, ist die Vorstellung literarischer Unabhängigkeit und Autonomie angesichts der Vielfalt interkultureller Beziehungen doch ebenso absurd wie irreführend. Denn die Strukturen des politischen Feldes lassen sich nicht unverändert auf jene des literarischen Feldes übertragen, auch wenn die jeweiligen Macht-Eliten in Lateinamerika eine eng und gut verzahnte sowie überschaubare Gruppe innerhalb der Gesamtgesellschaften bildeten.

Vor dem Hintergrund der soeben vorgestellten Grundstrukturen literarischer Beziehungen zwischen Europa und Lateinamerika ist es möglich, gerade von dieser Fragestellung aus die große Bedeutung, die im letzten Drittel des 19. Jahrhunderts dem hispanoamerikanischen Modernismo in einem weltliterarischen Kontext zukommt, herauszuarbeiten. Dies führt mich zu einer These, die ich erst gegen Ende dieser Vorlesung anhand der Beschäftigung mit jenen Autoren überprüfen und erhärten kann, die über Lateinamerika hinaus gewirkt, vor allem aber die Grundbedingungen und Strukturen des Schreibens auf dem Subkontinent selbst verändert haben. Meine erst ganz am Schluss zu überprüfende These also lautet: Erst mit dem hispanoamerikanischen Modernismo setzt eine neue Phase literarischer Beziehungen zwischen Lateinamerika und Europa ein. Und mehr noch: Erst im letzten Drittel des 19. Jahrhunderts lassen sich die Anfänge dessen beobachten, was man einen wechselseitigen, also einen im vollen Wortsinne verstandenen Polylog auf Augenhöhe zwischen den Literaturen beiderseits des Atlantiks, also in beiden Welten, nennen könnte.

Denn erst seit diesem Zeitpunkt zeichnet sich eine weltliterarische Entwicklung ab, die ein Einwirken der lateinamerikanischen auf die europäischen Literaturen möglich machte, hatten sich doch die Rezeptionsbedingungen in Europa zu verändern begonnen. Nun wurden wechselseitige literarische Relationen denk- und implementierbar, welche über singuläre und rein punktuelle Kulturberührungen hinausgingen. Die zentrierten Vorstellungen von Weltliteratur – gleichgültig, ob sie gedanklich in Weimar, Paris, London oder New York zusammenliefen – *begannen* sich zugunsten der Entfaltung jener Literaturen der Welt aufzulösen, die allesamt über ihre jeweiligen eigenen Logiken innerhalb eines viellogischen Gesamtsystems verfügen und eigene Charakteristika entwickeln, die von keinem Zentrum her mehr gebündelt werden können.[32]

Doch greifen wir dem Gang unserer Vorlesung nicht vor und wenden wir uns nunmehr aus amerikanischer Perspektive jenen Literaturen und literarischen Traditionen zu, welche zu Beginn des 19. Jahrhunderts die Beziehungen der Literaturen zwischen zwei Welten charakterisierten! Denn bis zum Erfolg der Autoren des sogenannten „Boom" war es – literarhistorisch gesprochen – noch ein weiter Weg, und es sollte für uns keineswegs ein Weg sein, der direkt zu seinem Ziel führte, der ‚Apotheose' lateinamerikanischen Schreibens in den literarischen Zentren Europas und Nordamerikas, ja in weiten Teilen der literarischen Welt. Denn glücklicherweise führen nicht alle Wege zum Boom: Der Subkontinent ist literarisch viel reicher und vielfältiger.

Nicht nur die kolonialspanische Literatur verdient eine substanzielle Aufwertung, welche bereits – wie erwähnt – in vollem Gange ist, sondern auch das 19. Jahrhundert mit seinen Literaturen zwischen den Welten. Ist die gegenwärtige lateinamerikanische Literatur – wie Jean Franco[33] noch Mitte der siebziger Jahre des vergangenen Jahrhunderts schrieb – wirklich die wichtigste lateinamerikanische Literatur überhaupt? Ist es daher gerechtfertigt, sich auf die Literaturen des 20. Jahrhunderts zu konzentrieren und dabei die Literaturen des 19. Jahrhunderts weniger ausführlich zu behandeln, ja vielleicht nur zu überfliegen. Ich bin, wie Sie mit Recht vermuten, nicht dieser Ansicht. Und der weitere Fortgang unserer Vorlesung soll diese Ansicht untermauern!

---

32 Vgl. hierzu Ette, Ottmar: Die Literaturen der Welt. Transkulturelle Bedingungen und polylogische Herausforderungen eines prospektiven Konzepts. In: Lamping, Dieter / Tihanov, Galin (Hg.): *Vergleichende Weltliteraturen / Comparative World Literatures. DFG-Symposion 2018.* Unter Mitwirkung von Mathias Bormuth. Stuttgart: J.B. Metzler – Springer 2019, S. 115–130.
33 Franco, Jean: *Historia*, S. 12.

José Joaquín Fernández de Lizardi oder der europäische Schelmenroman in Amerika

In ihrer bereits angeführten Literaturgeschichte des spanischsprachigen Amerika seit der Independencia hat Jean Franco die Literatur Hispanoamerikas in den Kontext unterentwickelter Länder gestellt, die der Dritten Welt angehören.[1] Das ist in der Sache – gelinde gesagt – ebenso aussageschwach wie irreführend. Für eine adäquate Analyse und Erkenntnis der Grundbedingungen des Schreibens im 19. Jahrhundert ist es gänzlich ineffektiv und anachronistisch, sind Unterentwicklung und Dritte Welt doch Begriffe, die erst in der zweiten Hälfte des 20. Jahrhunderts aufkamen, nach dem Zweiten Weltkrieg also. Im 19. Jahrhundert befinden wir uns lange vor jener Zeit, in der die Lateinamerikaner aus Sicht des sogenannten ‚Westens' und insbesondere der USA pauschal zu Unterentwickelten gerechnet und ihre jungen Nationen in die ebenso bequeme wie problematische Kategorie „Dritte Welt" eingeordnet werden konnten. Wir sollten folglich versuchen, eine unserem Gegenstand angemessenere und analytischere Begrifflichkeit zu finden.

Gemäß der in den sechziger und siebziger Jahren zumindest im kritisch links einzuordnenden Spektrum vorherrschenden Dependenztheorie wurde auch sehr häufig von einer „kulturellen Dependenz" Lateinamerikas und der lateinamerikanischen Kulturen gesprochen, wobei man diesmal einfach die Begriffe nicht aus der politischen, sondern aus der wirtschaftswissenschaftlichen Sphäre auf den Bereich von Kunst, Kultur und Literatur übertrug. Es wird Sie nicht überraschen, dass ich den Begriff der Asymmetrie zur Untersuchung transatlantischer Kulturbeziehungen für zutreffender halte.

Dass es eine Abhängigkeit Lateinamerikas von Europa und später den USA gab und gibt, welche sich auch im kulturellen Sektor auswirkte und bemerkbar machte, ist naturgemäß unbestritten und unbestreitbar. Aber mit Hilfe derartiger Begrifflichkeiten wird doch allzu sehr die Passivität betont, erscheint lateinamerikanische Kultur daher zumeist als (eher recht glanzloser und unorigineller) Reflex des literarischen Lebens in Europa, so dass mit Blick auf das 18. oder 19. Jahrhundert allzu leicht die bereits erwähnten aktiven Prozesse kultureller Transformation und Subversion übersehen werden. Asymmetrie ist dagegen keine kulturelle oder literarische Einbahnstraße, sondern lässt den Dialog und Polylog, den fruchtbaren Austausch zu, ohne doch zu übersehen, dass diese internationalen Kulturbeziehungen in einem fundamentalen Relationsgeflecht struktureller Ungleichheit angesiedelt sind.

---

1 Franco, Jean: *Historia*, S. 11 f.

႘ Open Access. © 2021 Ottmar Ette, publiziert von De Gruyter. Dieses Werk ist lizensiert unter einer Creative Commons Namensnennung – Nicht-kommerziell – Keine Bearbeitung 4.0 International Lizenz. https://doi.org/10.1515/9783110703443-013

Lassen Sie uns nun aber zur Interpretation eines ersten literarischen Textes übergehen, der zudem gemeinhin als der erste wirkliche lateinamerikanische Roman gilt – oder genauer: als der erste von einem Hispanoamerikaner in Hispanoamerika verfasste! Wir werden dabei schnell bemerken, wie kurz die Kategorie der kulturellen Dependenz greift und wie sehr sie den Blick verengt, so dass die kreative literarische Dimension in den interkulturellen und intertextuellen Beziehungen deutlich zu wenig gewichtet wird. Es handelt sich um den 1816 veröffentlichten Text *El Periquillo Sarniento*. Sein Verfasser ist der in Europa weitgehend unbekannte neuspanische beziehungsweise mexikanische Schriftsteller, Essayist und Publizist José Joaquín Fernández de Lizardi.

Der neuspanische Autor wurde am 15. November 1776 in Mexiko-Stadt geboren und starb daselbst am 21. Juni 1827. Wir können bei ihm eine Entwicklung beobachten, die wir in etwa zeitgleich in der Kunst bei Francisco de Goya sehen: die Entwicklung hin zu einem Berufsschriftsteller, zu einem Autor, der als Publizist, Romancier und Journalist von seiner literarischen Feder erstmals leben konnte – eine fürwahr wichtige Tatsache! Wir werden uns diese Entwicklung genauer mit Hilfe jenes Textes ansehen, der ihn berühmt machte und den wir ausführlich entlanggehen wollen, um seine verschiedenen Ebenen in einem Close Reading zu untersuchen und zu interpretieren.

Abb. 29: José Joaquín Fernández de Lizardi (Mexiko-Stadt, 1776 – ebenda, 1827).

Ich ziehe ein solches Verfahren gegenüber einer Trennung von Inhalt und Interpretation vor, möchte folglich den zu untersuchenden Text gemeinsam mit Ihnen erarbeiten. Es sollte sich inzwischen herumgesprochen haben, dass jede Inhaltsangabe auch schon eine Interpretation ist, freilich eine, die sich selten zu erkennen gibt und – schlimmer noch – dem Nach-Erzähler meistens nicht einmal selbst bewusst ist. Nicht immer werden wir uns für einen literarischen Text so viel Zeit nehmen können; doch scheint es mir in diesem Falle angebracht, handelt es sich doch bei *El Periquillo Sarniento* nicht um das Romandebüt eines bestimmten Autors, sondern der gesamten Welt des lateinischen Amerika.

Der Text setzt ein mit einer ganzen Serie von Vorworten, auf die ich zu einem späteren Zeitpunkt noch genauer zu sprechen kommen werde: „Prólogo, dedicatoria y advertencias a los lectores", gefolgt von „El Prólogo de Periquillo Sarniento" und schließlich die „Advertencias generales a los lectores". Dies sind Paratexte, die es in sich haben, in einigen Ausgaben aber leider – wie dies so oft mit Vorworten und anderen Paratexten geschieht – schlicht übersehen und ausgelassen wurden. Festgehalten sei an dieser Stelle nur, dass wir es mit einer Herausgeberfiktion zu tun haben, mit anderen Worten also, dass es eine Textinstanz gibt, die sich explizit auf die Rolle beschränkt, den Text, den ein anderer verfasst habe, zu publizieren und höchstens zu kommentieren. Dies ist die Rolle jener Instanz, die sich explizit als Fernández de Lizardi beziehungsweise „El Pensador" bezeichnet; und wir sollten uns hüten, diese Instanz mit dem realen Autor – der stets eine textex*terne* Instanz ist – zu verwechseln: Der Herausgeber ist also nicht der reale Autor José Joaquín Fernández de Lizardi, sondern eine Herausgeberfiktion, auf die ich gleich nochmals zurückkomme.

Das Verfahren ist aus der Gattungsgeschichte des abendländischen Romans wohlbekannt. Es bietet dem realen Autor einen gewissen Schutz, kann dieser sich doch gegenüber seinem Text, den er nur herauszugeben vorgibt, eine gewisse Distanz verschaffen – ein literarisches Verfahren, wie es in einem der wohl bekanntesten Romane des 18. Jahrhunderts, *Julie ou La Nouvelle Héloïse*, von Jean-Jacques Rousseau erfolgreich praktiziert wurde. Mit Hilfe dieses sowie anderer Verfahren eroberte sich der Genfer Philosoph und Literat den notwendigen Freiraum, eine Fülle gesellschaftskritischer beziehungsweise philosophischer Reflexionen in den Text einzuschleusen, ohne dafür als Autor direkt verantwortlich zeichnen zu müssen. Das Verfahren hat den Vorteil, nicht auf die direkte Kommunikation mit dem angezielten Lesepublikum – und damit auf eine Direktheit der Kritik – verzichten zu müssen. Denn diese Kritikpunkte und Reflexionen in Rousseaus Briefroman konnten doch jeweils einer bestimmten Romanfigur in den Mund – oder besser: in die Feder – gelegt werden, wobei sich der reale Autor damit verteidigen konnte, lediglich die Briefe seiner Romanfiguren auf einem verlassenen Speicher aufgefunden und herausgegeben zu haben.

Rousseau hat die Herausgeberfiktion beileibe nicht erfunden: Die Geschichte dieses Verfahrens ist so lange wie die des modernen abendländischen Romans, findet es sich doch bereits in Miguel de Cervantes' *Don Quijote de la Mancha*, dem nach den pikaresken Anfängen gewiss ersten modernen Roman der europäischen

Geschichte der Gattung. Da dieser Roman auch für Fernández de Lizardi von einiger Bedeutung war und im *Periquillo Sarniento* des Öfteren liebevoll gestreift wurde, möchte ich Ihnen gerne Cervantes' berühmte Passage der Herausgeberfiktion in Erinnerung rufen:

> Als ich „Dulcinea del Toboso" sagen hörte, hielt ich stille und verstummte, weil mir nunmehr vor Augen stand, jene Päckchen könnten die Geschichte von Don Quijote enthalten. Mit dieser Vorstellung im Kopf drängte ich ihn, rasch den Anfang zu lesen, und als dem so geschah und er unverrückt vom Arabischen ins Kastilische hinüberwechselte, sagte er, es heiße: „Geschichte des Don Quijote de la Mancha, verfasst von Cide Hamete Benengeli, dem arabischen Geschichtsschreiber." Viel Diskretion war vonnöten, um mir meine Zufriedenheit nicht anmerken zu lassen, die ich empfand, als mir der Titel des Werkes in den Ohren erklang [...].[2]

Wie Sie sehen, wird in dieser Passage recht kunstvoll in den Ablauf der Handlung gleich zu Beginn des Romans (im berühmten neunten Kapitel) die Fiktion eines anderen Autors eingeführt – eben jenes arabischen Geschichtsschreibers namens Cide Hamete Benengeli. Der Verfasser verschanzt sich hinter einer von ihm erfundenen Fiktion als reiner Herausgeber eines Werkes, das ein anderer geschrieben habe. Der reale Autor Fernández de Lizardi tut dies in seinem Vorwort, nimmt dann aber diese Ebene nochmals am Ende der von ihm entworfenen Geschichte auf, indem er die Herausgeberfigur Fernández de Lizardi ausführlich bespricht und zu einem Freund seines Protagonisten Periquillo Sarniento werden lässt. Dieser, so erfahren wir dann, habe dereinst das Buch zur Belehrung seiner Kinder verfasst und ihm anvertraut. Nach Klärung der Rechte – so könnten wir das heute nennen –, also nach Einholen des Einverständnisses der Witwe des Verstorbenen, habe dieser Lizardi dann die Geschichte Periquillo Sarnientos zur Belehrung einer breiteren Öffentlichkeit ans Tageslicht (beziehungsweise unter die Druckerpresse) gebracht. Indem sich Fernández de Lizardi auf dieses fundamentale Verfahren des *Quijote* bezog, schrieb er sich in den Augen seiner Zeitgenossen unverkennbar ein in die lange Geschichte des europäischen Romans – mit allen Konsequenzen, die wir im Folgenden erörtern werden. Doch zuvor wollen wir versuchen, uns diesem umfangreichen Text von seiner ihm heute zugeschriebenen literarhistorischen Bedeutung her zu nähern.

In seinem vielbeachteten Essay über die Herausbildung des lateinamerikanischen Romans hat der uruguayische Kritiker und Literaturtheoretiker Angel

---

[2] Cervantes Saavedra, Miguel de: El ingenioso hidalgo *Don Quijote de la Mancha. Primera parte.* Leipzig: Brockhaus 1866, Capitulo IX, S. 39.

Rama die These vertreten, José Joaquín Fernández de Lizardis Roman *El Periquillo Sarniento* sei von einer ihm zugrunde liegenden „archaischen" Struktur geprägt:

> Der Schelm oder *Pícaro*, den Lizardi erfindet, ist nicht nur ein thematischer, sondern auch formaler Archaismus. Er restauriert die ursprüngliche Bedingung des Romans als Waffe im Kampf um die Zerstörung einer etablierten Ordnung, wobei er sich der klassischen List (der einzigen List, welche diese Ordnung im Übrigen zuließ) des verantwortungslosen Sprechens des gesellschaftlich Marginalisierten, des Enterbten oder Verrückten, des Lazarus oder Quijote bediente.[3]

Damit scheinen in den Augen Ramas jene Koordinaten festgeschrieben, die dem Roman in Lateinamerika einen eher zweitrangigen Status zuweisen, seien doch Lyrik und Essay – folgten wir seiner Argumentation – nicht nur die bevorzugten, sondern zugleich auch die ‚durchdringenderen' Gattungsformen, die sich während der beiden zurückliegenden Jahrhunderte im spanischsprachigen Amerika ausgebildet hätten. Angesichts der von Rama im Übrigen häufig behandelten Erfolgsstory der Autoren und *Romane* des sogenannten ‚Boom' enthält diese These mehr Verwirrendes als Aufhellendes, auch wenn sie mit literarsoziologischem Befund untermauert wird:

> Von diesem Auftakt an wird der lateinamerikanische Roman nichts anderes tun als eine bekannte Geschichte zu wiederholen: die nämlich eines Hin und Her der engen Verbindung zwischen einer Gattung und einer gesellschaftlichen Klasse, die zu Beginn des 19. Jahrhunderts jene der Kaufmanns- und Funktionsbourgeoisie ist. Durch eine Abfolge fast zufälliger Ereignisse gesellt sich dem die Führung der neuen unabhängigen Staaten und die Unterwerfung riesiger heterogener Bevölkerungen unter deren Normen bei, welche im Zaum zu halten es mehr als ein halbes Jahrhundert braucht.[4]

Die enge Verbindung zwischen dem aus Europa bekannten Aufstieg des Bürgertums und des gleichzeitigen Aufstiegs der Gattung Roman wird auf dem amerikanischen Kontinent durch die Unabhängigkeitsrevolution und die Errichtung einer neuen gesellschaftlichen Elite nicht grundlegend in Frage gestellt, sondern lediglich modifiziert und insgesamt bestätigt. Doch der Vorwurf des Archaismus und der Unzeitgemäßheit lastet – dies verdeutlicht die Argumentation des uruguayischen Literarhistorikers – schwer auf Fernández de Lizardis 1816 in unvollständiger Form erstmals veröffentlichtem Debüt-Roman.

---

3 Rama, Angel: La formación de la novela latinoamericana. In (ders.): *La novela en América Latina. Panoramas 1920–1980*. Montevideo – Xalapa: Fundación Angel Rama – Universidad Veracruzana 1986, S. 21.
4 Ebda.

Denn die Verknüpfung zwischen der Herausbildung des Romans und der soziopolitischen Entwicklung der unabhängig gewordenen lateinamerikanischen Nationen, die hier geradezu selbstverständlich erfolgt, wird von Rama in der narrativen Modellierung einer Urschuld präsentiert. Es handelt sich dabei um die schuldhafte Verstrickung des lateinamerikanischen Romans mit den Zielen und Absichten einer einzigen gesellschaftlichen Klasse, die als Sprachrohr für ihre Forderungen allein die Figur des spanischen „Pícaro", des Enterbten oder Verrückten, akzeptiert habe. Roman und Nation scheinen in Lateinamerika *ab initio* vom selben Virus befallen: vom Virus ihrer Funktionalisierung durch Normen und Werte des aufstrebenden Bürgertums, Normen freilich, welche erst nach einem halben Jahrhundert unterschiedlichster Formen des Bürgerkriegs und des Kampfes auf amerikanischem Boden durchgesetzt werden konnten. Aber war *El Periquillo Sarniento* wirklich – wie von Rama behauptet – „archaisch" und unzeitgemäß, hinkte er seiner Zeit der Unabhängigkeitsrevolution hinterher?

In der Tat ist es verlockend, vor dem Hintergrund einer nachweisbaren relativen Gleichzeitigkeit die literarische mit der politischen Formgebung auf dem amerikanischen Kontinent in Verbindung zu bringen, ja Romanschöpfung und Nationenbildung miteinander zu parallelisieren. Dies kann, wie etwa bei Rama, in negativ eingefärbter Weise erfolgen, aber auch deutlich positive Vorzeichen erhalten wie bei Noël Salomon, der Fernández de Lizardis Roman in einem vielzitierten Aufsatz schlicht als „la novela de la independencia mexicana",[5] als den Roman der mexikanischen Unabhängigkeit bezeichnete. Zwei Kritiker, zwei Meinungen: In beiden Fällen wäre die relative Gleichzeitigkeit der Ereignisse nicht kontingent, sondern epistemologisch wirksam im selben generierenden Kontext zu verorten. Aber wer hatte nun Recht?

Führen wir diesen Gedanken weiter, so könnten wir den von Rama behaupteten Archaismus auf thematischer wie formaler Ebene als Paradoxon (und zugleich als Aporie) deuten und für die Entwicklungsgeschichte des Romans in Lateinamerika doch noch fruchtbar machen. Denn was wäre zeitgemäßer und aktueller innerhalb einer anachronistisch im kolonialspanischen System verwurzelten neuspanischen Gesellschaft als eben jene von Spanien ererbte Figur des „Pícaro"? Der als anachronistisch gebrandmarkte Schelmenroman – der im Übrigen bis in unsere Tage weder in Amerika noch in Europa viel von seiner kritischen Wirkkraft und ästhetischen Potenz verloren hat – erwiese sich so als eben jene Form, welche die literarästhetisch überzeugendste Antwort auf die spezifische Situation Neuspaniens am Ausgang seiner langen Kolonialgeschichte zu geben vermag.

---

5 Salomon, Noël: La crítica del sistema colonial de la Nueva España en „El Periquillo Sarniento". In: *Cuadernos Americanos* (México) XXI, 138 (1965), S. 179.

In der Tat soll *El Periquillo Sarniento* – soweit dürfen wir den nachfolgenden Ausführungen aus didaktischen Gründen etwas vorgreifen – als innerhalb neuer gesellschaftlicher, politischer und historischer Kontexte resemantisierte und refunktionalisierte literarische Form verstanden werden, durch welche Alte und Neue Welt in einen schöpferischen Polylog, mittelfristig sogar in eine kreative Wechselbeziehung miteinander verwickelt werden. Aus einer solchen Perspektive betrachtet wäre dann die Beziehung zwischen Roman und Nation weder eine zu geißelnde Verstrickung noch eine zu begrüßende zukunftsträchtige Befreiung. Sie erwiese sich als ein dynamisches und dynamisierendes Element, das zweifellos gattungskonstitutiv verstanden werden könnte, ohne doch die gänzlich anders modellierten Räume von literarischer Äußerung und nationaler Genese als analog strukturierte Aspekte ein und desselben geschichtlichen Prozesses zu verstehen und unvermittelt aufeinander zu beziehen.

Wir haben damit in Anschluss an Angel Rama eine Fragestellung erreicht, die nach der Verbindung zwischen Gattungs- und Gesellschaftssystem fragt und damit eine grundlegende Problematik literatursoziologischer Forschungen betrifft, welcher einst Erich Köhler den programmatischen ersten Aufsatz seiner neuen literatursoziologisch ausgerichteten Zeitschrift widmete.[6] Diese Fragestellung versetzte uns in die Lage, die Offenheit der Lizardi'schen Romankonstruktion für die Zukunft zurückzugewinnen und von Fernández de Lizardi verwendete narrative Gattungsspezifika der „Novela picaresca" wie auch der Utopie als Beziehungsgeflechte eines polylogischen Schreibens zu verstehen, das weder als archaisch noch als anachronistisch fehlgedeutet werden sollte. Denn Angel Ramas Einschätzungen können wir getrost hinter uns lassen!

Wir sollten unsere Lektüre mit Hilfe dieser Überlegungen zugleich von einem zweiten, die Rezeptionsgeschichte von Fernández de Lizardis *El Periquillo Sarniento* bis heute belastenden Vorwurf befreien, demzufolge diesem Text eine monologische und dogmatische Grundstruktur anhafte. Den vielleicht drastischsten Beleg für diese noch immer anhaltende Kritik liefert uns der Mexikaner Carlos González Peña. Er zögerte 1910 nicht, im intellektuellen Kontext des *Ateneo* – und vor dem Hintergrund einer weiteren sich anbahnenden Revolution in Mexiko – Fernández de Lizardis Roman als „el más abominable sermón de que las letras nacionales tienen memoria" zu bezeichnen,[7] also als die „grässlichste Predigt, von der unsere nationale Literaturgeschichtsschreibung Kenntnis habe".

---

6 Vgl. hierzu Köhler, Erich: Gattungssystem und Gesellschaftssystem. In: *Romanistische Zeitschrift für Literaturgeschichte* (Heidelberg) 1 (1977), S. 7–22.
7 González Peña, Carlos: El Pensador Mexicano y su tiempo. In: *Conferencias del Ateneo de la Juventud*. México, D.F.: Imprenta Lacaud 1910, p. 102; zitiert nach Skirius, John: Fernández de Lizardi y Cervantes. In: *Nueva Revista de Filología Hispánica* (México) XXXI, 2 (1982), p. 259.

Aber warum kam der mexikanische Kritiker zu einer solchen Einschätzung? Zweifellos sind es die zahlreichen diskursiven Einschübe und Digressionen und nicht so sehr (wie noch Rama meinte) die Figur des Pícaro selbst, die bis in unsere Gegenwart verschiedensten Formen adäquater Rezeption im Wege stehen. Auch wenn in *El Periquillo Sarniento* Predigten vorkommen: Um Predigten ging es hierbei wohl kaum, sondern insgesamt um die in den Roman integrierten Diskurse. Aber behinderten sie wirklich dessen adäquate Rezeption?

Wir sollten uns davor hüten, ein ‚Moralisieren' mit Monologisieren und die komplexe Struktur dieses Romans mit jener einer Predigt gleichzusetzen. Die nachfolgende Analyse soll zeigen, in welch subtiler und komplexer Weise dialogische Strukturen in Fernández de Lizardis Schreiben eingewoben sind und wie sehr es uns die Bewusstmachung dieser Strukturierungen erlaubt, jenseits dieser beiden auf diesem „texto fundador" lastenden Vorwürfe die historische Tiefenschärfe wie auch die ästhetische Leistung von Fernández de Lizardis Romanerstling herauszuarbeiten. Damit ist nicht allein der Wert des *Periquillo Sarniento* als zeitgeschichtliches Dokument gemeint. Fraglos ist dieser Roman ein Fenster in der Zeit, eine „ventana abierta hacia el pasado";[8] doch dürfen wir darüber – ganz im Derrida'schen Sinne[9] – nicht den kunstvoll verfertigten Rahmen vergessen, der den Raum dieses „ersten im eigentlichen Sinne spanisch-amerikanischen Romans", dieser „primera novela propiamente hispanoamericana"[10] in der Zeit konfiguriert.

Wenden wir uns nun aber – wie angekündigt – der komplexen Paratextualität zu, die Lizardis neuspanischen Schelmenroman begleitet und uns enorm wichtige Hinweise für eine adäquate Lektüre liefert! Der Vorwurf predigtartigen Monologisierens und moralisierender Langatmigkeit hat in der Editionsgeschichte wohlmeinende Herausgeber auf den Plan gerufen und zu verschiedenen ‚Lösungen' angeregt, das Geschäft des Lesepublikums ‚einfacher' zu gestalten. Beispielhaft hierfür – sieht man von der gängigen Praxis gekürzter Ausgaben einmal ab – ist eine mexikanische Edition von 1942, die ihrem Leser den Schnelldurchgang durch den *Periquillo Sarniento* mit Hilfe einer Kursivsetzung all jener Passagen zu erleichtern versuchte, die man der Rubrik „Digression" zuordnen konnte.[11] Oder aber wir betrachten – radikaler und pragmatischer noch – jene englischspra-

---

8 Ebda., S. 258.
9 Derrida, Jacques: *La vérité en peinture*. Paris: Flammarion 1978.
10 Iñigo Madrigal, Luis: José Joaquín Fernández de Lizardi. In (ders., Hg.): *Historia de la literatura hispanoamericana*. Bd. II: *Del neoclasicismo al modernismo*. Madrid: Cátedra 1987, S. 143.
11 Vgl. Vogeley, Nancy: Defining the „Colonial Reader": „El Periquillo Sarniento". In: *PMLA* (New York) CII, 5 (1987), S. 798.

chige Ausgabe, welche ebenfalls im selben Jahr 1942 erschienen ist und auf derlei ‚Beiwerk' verzichten zu können glaubte und sich auf das vermeintlich Essentielle beschränkte.[12] Angelsachsen waren schon immer Pioniere stark raffender Lesepragmatik.

Merken wir an dieser Stelle tröstlich an: Eine derartige Vorgehensweise hat innerhalb der Editions- und Übersetzungsgeschichte des europäischen Schelmenromans berühmte Vorbilder, strich doch kein Geringerer als Alain-René Lesage in seiner Neuübersetzung von Mateo Alemáns *Guzmán de Alfarache* kurzerhand all jene Passagen heraus, die er für überflüssiges Moralisieren („moralités superflues") hielt.[13] Seien wir freilich vorsichtig: Denn was dabei als „Moral von der Geschicht'" und als ein „Moralisieren" verstanden werden kann, ist jeweils einem ganz bestimmten Zeitkontext geschuldet.

Nicht viel besser erging es den zahlreichen Paratexten, die Fernández de Lizardi seinem Roman in Form von Vorworten, Widmungen, Motti, Anmerkungen oder herausgeberischen Intermezzi an die Seite stellte, wurden doch auch sie in einer Vielzahl von Ausgaben offenkundig aus Platzgründen ‚ausgespart'. Die Sensibilität gegenüber all jenen „Schwellentexten", die einen literarischen Text im Sinne Gérard Genettes als „Schwellen" begleiten,[14] aber nicht den ‚eigentlichen' Text ausmachen, ist unverkennbar zeit- und kontextabhängig. Das Fortlassen dieser Elemente aber bewirkt einen völlig veränderten Zugang des Lesepublikums zum gesamten Roman und löscht die Spuren subtiler Arbeit am Text aus. Diese auf die paratextuelle Dimension gerichtete Arbeit des Schriftstellers am Text ist von größter Bedeutung nicht nur für das weite Untersuchungsfeld der von Fernández de Lizardi bewusst eingesetzten literarischen Verfahren, sondern auch für die hier analysierte Problematik des Zusammenhangs zwischen Roman und Nation im Spannungsfeld hispanoamerikanisch-europäischer Literaturbeziehungen, also jener „Literaturen zwischen zwei Welten", die im Zentrum unserer Vorlesung stehen.

Die starke Proliferation paratextueller Elemente stellt ein Wesensmerkmal dieses ersten Romans Fernández de Lizardis dar. Dies betrifft insbesondere die Vorworte, die unserem Roman in vielfacher Weise beigegeben sind, als Schwellen-Texte zu Beginn des Romans, die ich bereits aufgezählt habe. Darüber hinaus erheben im weiteren Fortgang des Romans ein „Prólogo en traje de cuento" sowie die „Notas del Pensador" erneut Anspruch auf die Aufmerksamkeit der Leser-

---

12 Vgl. Skirius, John: Fernández de Lizardi y Cervantes, S. 258.
13 Vgl. hierzu u. a. die schöne Einführung von Micó, José María: Introducción. In: Alemán, Mateo: *Guzmán de Alfarache*. Bd. 1. Madrid: Cátedra ³1994, S. 40.
14 Vgl. Genette, Gérard: *Seuils*. Paris: Seuil 1987.

schaft. Diese wird gleich zu Beginn des ersten Vorworts direkt als „Señores míos" briefformelhaft angesprochen; eine Referenz, die in der Gattungsgeschichte eine direkte Verbindung zum anonymen *Lazarillo de Tormes* herstellt, mit dem *El Periquillo Sarniento* im Übrigen auch das paratextuelle Element des Titeldiminutivs verbindet. Die paratextuelle Arbeit des neuspanischen Autors ist folglich alles andere als von lediglich marginaler Bedeutung.

Abb. 30: Titelblatt einer der vier Erstausgaben von *La vida de Lázaro de Tormes*, 1554.

Verweisen gleich die ersten paratextuellen Markierungen mithin auf die spanische Gattungstradition, die gleichsam in autobiographischer Variation durch die Verwendung eines Zitats von Torres Villarroel als Motto des gesamten Textes die Kontinuität autobiographischer Schreibformen paratextuell in unseren Roman einblendet, so ist die Wendung an die Leser doch gänzlich verschieden von Lazarillos Anrede „Vuestra Merced". Bei letzterer handelt es sich um jene rätselhafte Figur, der schon immer das Interesse und die Neugier der Lazarillo-Forschung galt.[15] Denn dieses Modell eines Schreibens im Auftrag einer höhergestellten Persönlichkeit wird schon in (und zwischen) den ersten Zeilen dieses Vorworts transgrediert: Nicht umsonst verknüpft dieser kurze Text die Funktionen von „prólogo", „dedicatoria" und „advertencias" miteinander:

---

15 Beispielhaft für die in der Forschung gerne gestellte Frage ist die Studie von Abrams, F.: To Whom was the Anonymous „Lazarillo de Tormes" dedicated? In: *Romance Notes* VIII (1966–67), S. 273–277.

MEINE HERREN: Eines der Dinge, die mir Schwierigkeiten bereiteten, um das LEBEN DES PERIQUILLO SARNIENTO zu gebären, bestand darin, eine Person auszuwählen, der ich dieses Werk zueignen könnte, da ich schon unendlich viele Werke von geringem oder großem Verdienste gesehen habe, welche sich gleich zu Beginn mit ihren Widmungen schmückten.[16]

Dieser paratextuelle Auftakt ist erstaunlich: Schon zu Beginn des Textes weicht *El Periquillo Sarniento* von Normen und Selbstverständlichkeiten des damaligen ‚Literaturbetriebs' ab. An die Stelle der *Dedicatoria* treten Reflexionen über die Sitte der Widmung, an die Stelle einer direkten Kommunikation und Ansprache an Auftraggeber beziehungsweise Mäzen tritt in der Folge ein Gespräch mit einem Freund. Dieser Dialog mit dem Freund situiert sich *innerhalb* der durch die epistolare Eröffnungsformel initiierten schriftlichen Kommunikationssituation.

Damit gelingt es Fernández de Lizardi, dem Paratext von Beginn an jene Struktur zu geben, die sich vereinfachend als Ineinander-Schachtelung verschiedener Kommunikationssituationen und -ebenen beschreiben lässt und dabei sowohl auf Formen der Mündlichkeit als auch der Schriftlichkeit zurückgreift. Grundlage hierfür ist die direkte Ansprache, der Dialog, der von Anfang an dazu dient, eine Idee in ihrer langsamen Verfertigung und Ausgestaltung vorzuführen.

Der Gedanke, die schwierige ‚Geburt' dieses Textes im Lichte seiner Abweichung von vorgegebenen literarischen Regeln zum Thema des Prologs zu machen, ist indes hintergründiger, als dies auf den ersten Blick scheinen will. Denn das Frage- und Antwortspiel mit dem Freund blendet sogleich die soziale Situation des Schriftstellers, die materiellen Bedingungen des Literaturbetriebs wie etwa Druckkosten und Vertriebsmöglichkeiten, vor allem aber auch die nicht mehr nur individuelle Schwierigkeit ein, welche die schriftstellerischen Aktivitäten aller in Amerika Schreibenden betrifft: die Problematik, einen Adressaten, ein Publikum für die eigenen Werke zu finden. Kein nationaler literarischer Raum, kein Mäzen, kein „Vuestra Merced" ist Partner in diesem Dialog, sondern ein kollektiver Adressat, jene „Señores míos", die dem kolonialspanischen und nicht dem metropolitanen spanischen Raum zugehören. Der paratextuelle Raum gibt dieser spezifischen kolonialen (und zumindest perspektivisch einer unmittelbar postkolonialen) Situation konkreten literarischen Ausdruck und stellt ein Bekenntnis zur Situation des Schreibenden in Amerika dar:

„Ja, mein Freund", sagte er ihm, „und dies ist eine der größten Schwierigkeiten, welche die amerikanischen Talente gehabt haben und haben werden, um auf der literarischen Bühne

---

16 Fernández de Lizardi, José Joaquín: *El Periquillo Sarniento*. Prólogo de Jefferson Rea Spell. México: Editorial Porrúa [11]1970, S. 1.

so zu brillieren, wie sie es eigentlich müssten. Die hohen Kosten, die im Reiche der Druck gewichtiger Werke verursacht, halten viele davon ab, solche zu verfassen, zieht man in Betracht, wie sehr sie der Gefahr ausgesetzt sind, nicht nur keinen Preis für ihre Mühen zu empfangen, sondern vielleicht ihr ganzes Geld zu verlieren, wenn sie unveröffentlicht in den Regalen liegenbleiben wie so viele Kostbarkeiten, die dem Publikum Nutzen und ihren Autoren Ehre einbrächten. Dieses Unglück bewirkt, dass nicht ein einziges Werk von hier exportiert wird [...]".[17]

Wir können uns die im weiteren Verlauf dieser Passage ausgeführte genaue Kalkulation der Kosten für Herstellung, Verschiffung und Verkauf des hier vorgestellten Werkes sparen: Für potentielle Käufer in Spanien käme in jedem Falle dieses Buch viel zu teuer. Für den in Amerika Schreibenden ist das spanische Publikum – und damit das „teatro literario" – schlechthin unerreichbar. Was tun angesichts einer solchen Situation?

Es ergeben sich, wie der Prolog es andeutet, zwei Möglichkeiten: entweder das Verstummen aufgrund des zu hohen finanziellen Risikos oder die Erschließung neuer Leserschichten im kolonialspanischen Bereich. Damit bleibt der hispanoamerikanische Schriftsteller auf sein Lesepublikum in Amerika verwiesen – eine höchst unsichere Grundlage für das eigene Fortkommen. *El Periquillo Sarniento* trägt die Spuren dieser bewussten und dem Leser bewusst gemachten Entscheidung: Der intendierte (und auf absehbare Zeit einzig zugängliche) Leser des Romans lebt in den spanischen Kolonien Amerikas; wer ihn erreichen will, muss ihn finden und zu ihm sprechen.

Eine Analyse des Romans macht deutlich, dass eben dieses Publikum auch der implizite Leser ist, für den viele Latinismen, nicht aber die zahlreichen Mexikanismen übersetzt werden.[18] Dass der reale Leser, an den sich der reale Autor Fernández de Lizardi mit einer Auflage von etwa fünfhundert Exemplaren wandte, diesem Vorhaben entsprach, wäre durch rezeptions- und lesersoziologische Untersuchungen erst noch zu belegen. Doch dürfte Fernández de Lizardis Strategie aufgegangen sein, darf er, der sich gegen Ende seines Lebens selbst als „escritor público",[19] als öffentlicher Schriftsteller, bezeichnete, doch als der wohl erste Berufsschriftsteller nicht nur Neuspaniens, sondern der hispanoamerikanischen Literaturen in ihrer Gesamtheit gelten. Aber wie hatte er dies geschafft?

---

17 Fernández de Lizardi, José Joaquín: *El Periquillo Sarn*iento, S. 2.
18 Vgl. hierzu auch Cros, Edmond: Estructura testamentaria y discurso reformista en el „Periquillo Sarniento" (México, principios del siglo XIX). In (ders.): *Ideosemas y Morfogénesis del Texto. Literaturas española e hispanoamericana.* Frankfurt am Main: Vervuert 1992, S. 124.
19 Vgl. hierzu ausführlich Franco, Jean: La heterogeneidad peligrosa: Escritura y control social en vísperas de la independencia mexicana. In: *Hispamérica* (Gaithersburg) XII, 34-35 (1983), insbes. S. 12 ff.

Es verwundert nicht, dass das innerhalb der Novela picaresca stets zentral behandelte Thema des Geldes nicht erst auf Ebene der „histoire", sondern bereits in der paratextuell inszenierten Dialogsituation eingeführt wird. Mit Hilfe dieses Kunstgriffs wird die finanziell stets ungesicherte Situation des Pícaro mit jener des Schriftstellers korreliert, der ähnlich wie der Protagonist des Schelmenromans ständig auf der Suche nach seinem Platz in der Gesellschaft ist. Dabei webt Fernández de Lizardi sogleich die transatlantische Dimension und die Möglichkeit eines gemeinsamen, Spanien und Hispanoamerika umgreifenden Literaturmarktes ein. Doch bis zur Verwirklichung einer solchen Ausbildung sollte noch viel Zeit vergehen; denn selbst heute stehen einem derartigen barrierefreien Markt noch immer Hindernisse entgegen.

Die Problematik des Berufsschriftstellers verwandelt den Paratext zu einem Bestandteil jenes „teatro literario", das es in Spanisch-Amerika erst noch zu schaffen galt. Im Dialog der Freunde präsentiert sich uns eine Literatur, die ihre Adressaten, ihren eigenen Raum sucht und finden, ja erfinden muss. An diesem Punkt ist die interne mit der externen Kommunikationssituation des Paratextes verbunden und zugleich in ihrer textinternen Modellierung auf die textexterne, ‚reale' Kommunikationssituation zugeschnitten. Ein Text sucht händeringend seine Leserschaft.

Doch geht es nicht um irgendeinen Text und irgendwelche Leser: Bereits die ersten beiden Seiten des *Periquillo Sarniento* zeigen, dass es sich bei dem ersten von einem Hispanoamerikaner in Hispanoamerika verfassten Roman um ein kulturelles Produkt handelt. Es wendet sich auf dem Markt symbolischer Güter an Leser in Hispanoamerika und tritt in Konkurrenz ebenso zu anderen Druckerzeugnissen neuspanischer und nicht-neuspanischer Provenienz wie auch zu weiteren kulturellen Erzeugnissen beziehungsweise Luxusgütern. Im Gespräch mit dem Freund werden etwa die enormen Aufwendungen der Adligen für Kutschen, Tänze, für das Glückspiel und andere Zerstreuungen als konkurrierende Ausgabenbereiche genannt.[20]

Als Publizist und Herausgeber des *Pensador Mexicano* hatte Fernández de Lizardi zuvor die Möglichkeiten, aber auch die Grenzen jenes diskursiven Raumes[21] erprobt, der sich nur kurzfristig auch in den spanischen Kolonien Amerikas im Gefolge der Verfassung von Cádiz vergrößert hatte. Die Verbüßung einer mehrmonatigen Gefängnisstrafe hatte Fernández de Lizardi aufgezeigt, wie

---

20 Fernández de Lizardi, José Joaquín: *El Periquillo Sarniento*, S. 2.
21 Vgl. hierzu auch die Überlegungen von Mora Escalante, Sonia Marta: Le picaresque dans la construction du roman hispano-américain: le cas du „Periquillo". In: *Etudes littéraires* (Québec) XXVI, 3 (1993–94), S. 85.

nachhaltig sich die Repräsentanten von Staat und Kirche gegen direkte Angriffe zu wehren wussten, wie sehr sie derartige Angriffe aber auch zu fürchten hatten, insoweit sich ein Publikum für journalistische Schriften gebildet hatte, das gesellschaftskritischen Ansichten offen gegenüberstand. Das Überwechseln von vorherrschend diktionalen zu vorherrschend fiktionalen Schreibformen, für das *El Periquillo Sarniento* steht, kommt einer erneuten Erprobung von Chancen und Tragfähigkeit des prekären Marktes für Druckerzeugnisse in Neuspanien gleich. Der Roman wird nicht allein als Erprobungsraum für neue und gesellschaftsverändernde Überlegungen genutzt, er dient auch als Experimentierfeld eines ökonomischen Versuchs in eigener Sache. Die Situation ist paradox: Fast schiene es, als ob sich ein Roman seinen Markt selbst erzeugen müsste und dies zum Thema seiner eigenen Schöpfung macht.

Doch sind Roman wie angepeilte Leserschaft gewiss keine *Creatio ex nihilo*. Seit Ende des 18. Jahrhunderts hatten in verschiedenen urbanen Räumen des spanischen Kolonialreichs in Amerika Periodika einen eigenen, wenn auch noch reduzierten Leserkreis geschaffen, der die Grundlage für die Ausbildung eines nationalen literarischen Marktes in den Kolonien selbst schuf. Lassen Sie mich kurz einfügen, dass eine nachdrückliche Vernetzung dieser verschiedenen nationalen Räume erst gegen Ende des 19. Jahrhunderts insbesondere mit den Zeitschriften der hispanoamerikanischen Modernisten erfolgte! Auch in Neuspanien hatte sich ein gewiss prekärer öffentlicher Raum für Periodika (mit seiner Leserschaft) herausgebildet, wie ihn nach den frühen Zeitschriften der zweiten Hälfte des 18. Jahrhunderts insbesondere der *Diario de México* zu Beginn des 19. Jahrhunderts nutzte und ausgestaltete. Dieser Leserschaft weiß sich Fernández de Lizardi verbunden, und ihr signalisiert er auch durch die paratextuelle und romaninterne Nennung des *Pensador Mexicano*, dass er genau hier – sozusagen vor den Toren der traditionellen „ciudad letrada" des Vizekönigreichs[22] – das direkt ansprechbare Publikum vermutete.[23]

Dies deutet bereits der ursprüngliche Titel des Werkes an: *Vida de Periquillo Sarniento, escrita por él para sus hijos, y publicada para los que la quieran leer, por D.J.F. de L. autor del periódico titulado El Pensador Mexicano*. Denn innerhalb des bestenfalls embryonal vorhandenen neuspanischen Marktes für novohispanische literarische Produkte konnte er als Herausgeber des nach Lockerung der Zensurbestimmungen 1812 begründeten und bis 1814 fortgesetzten *El Pensador Mexicano* darauf hoffen, durch die Bekanntheit seines Namens einen bestimmten Leserkreis insbesondere innerhalb der kreolischen Leserschaft anzusprechen und

---

22 Vgl. hierzu Rama, Angel: *La ciudad letrada*. Hanover: Ediciones del Norte 1984, S. 59.
23 Vgl. auch Vogeley, Nancy: Defining the „Colonial Reader", S. 792.

gezielt zu erreichen. Analog zur doppelten Kommunikationssituation des ersten Prologs wird damit bereits im ursprünglichen Titel eine Kommunikation auf zwei verschiedenen Ebenen angedeutet: textintern zwischen Periquillo Sarniento und seinen Söhnen, textextern zwischen jenen anonymen Lesern, die dieses Buch ‚lesen mögen', und dem Verfasser des *Pensador Mexicano*, der sogleich den Roman in Beziehung zur journalistischen Produktion Fernández de Lizardis setzt. Ziel des neuspanischen Autors musste es daher sein, möglichst viele Leserinnen und Leser dazu zu bringen, sein Buch konsumieren zu wollen und mehr noch den in einzelnen Lieferungen, einzelnen „entregas" gelieferten Roman käuflich zu erwerben. Denn wenn schon das kaufkräftige spanische Publikum wegfiel, so musste zumindest das neuspanische das Schreiben in Amerika finanziell unterstützen. Auch dies ist eine wesentliche Aufgabe der paratextuellen Ausstattung des *Periquillo Sarniento*, die nicht übersehen werden darf!

Es ist beeindruckend und lehrreich zugleich, wie das geschärfte Bewusstsein für die Bedingungen des eigenen Denkens, Schreibens und Publizierens in Neuspanien dieses Schreiben zugleich in das europäisch-amerikanische Spannungsfeld integriert. Spanien, unerreichbar für neuspanische Druckerzeugnisse und zugleich Monopolist der Buchimporte des kolonialspanischen Raums, wird einem spanischsprachigen Amerika gegenübergestellt, dessen Fähigkeiten auf Grund der kolonialen Asymmetrie brachliegen. Innerhalb dieses spanisch-hispanoamerikanischen Spannungsfeldes aber muss sich das Schreiben in Amerika notwendig bewegen und bewähren. Damit wird die größere Einheit deutlich, innerhalb derer die im Vorwort agierenden Figuren – das Ich, der Freund wie auch das angesprochene Publikum – handeln: (das spanischsprachige) Amerika. So wird in dieser „primera franca novela latinoamericana",[24] in diesem frank und frei ersten lateinamerikanischen Roman auch der hispanoamerikanische Raum als eigener Raum des Lesens und Schreibens skizziert.

Doch die Probleme überwiegen: Die ökonomische Situation des Berufsschriftstellers ist auf Grund seines fehlenden materiellen, und des prekären Wertes seines symbolischen Kapitals auf einem erst in Ansätzen vorhandenen literarischen Markt für eigene – das heißt: amerikanische – Erzeugnisse stets gefährdet. Dies macht der Dialog mit dem Freunde deutlich:

---

24 Rama, Angel: *La ciudad letrada*, S. 59. Zur Stellung des Romans im Gesamtwerk vgl. auch Meyer-Minnemann, Klaus: Apropiaciones de realidad en las novelas de José Joaquín Fernández de Lizardi. In: Dill, Hans-Otto / Gründler, Carola / Gunia, Inke / Meyer-Minnemann, Klaus (Hg.): *Apropiaciones de realidad en la novela hispanoamericana de los siglos XIX y XX*. Frankfurt am Main – Madrid: Vervuert 1994, S. 47–61.

„Ach, mein Seelenbruder! Du hast mir eine Ent-Täuschung beschert, aber zugleich eine tiefe Traurigkeit verschafft. Ja, Du hast mir die Augen geöffnet, indem du mir eine Portion Wahrheiten entgegengeschleudert hast, die unglücklicherweise unbestreitbar sind; und das Übelste ist, dass all dies darauf hinausläuft, dass ich meine Arbeit verliere; denn obwohl ich begrenzt bin und man daher von meinen Anstrengungen nichts Erhabenes, sondern nur Bescheidenes und Triviales erwarten kann, glaube mir, so hat mich doch dieses kleine Werk nicht wenig Arbeit gekostet, und dies umso mehr, als ich ein *Chambón* bin und ohne alle Hilfsmittel daran tätig war."[25]

Das von Fernández de Lizardi entworfene schriftstellerische Ich steckt voller Widersprüche, die freilich gut begründet sind. Wenn es sich in dieser Passage auch als wenig kenntnisreicher und keineswegs zu sublimen Dingen fähiger Schriftsteller porträtiert – Wesensmerkmale eines literarischen Autors, wie sie auch das noch zu besprechende Selbstporträt gegen Ende des Romans plakatiert –, so erhebt es doch begründete Ansprüche auf Entlohnung seiner schriftstellerischen Bemühungen. Der hier ins Zentrum gestellte und von der Gesellschaft zu entlohnende Wert ist gerade für den „chambón" (den wir als Autodidakten mit beschränkten Kenntnissen verstehen können) der Wert seiner *Arbeit*.

Verbunden mit dem Streben nach Verbesserung eben dieser Gesellschaft, für die der Schriftsteller nützlich ist, handelt es sich bei der Arbeit zugleich um jenen Wert, der auf Ebene der „histoire" narrativ und auf Ebene der Kommentare und Digressionen diskursiv ständig als jenes Prinzip in Szene gesetzt wird, an dem sich eine künftige, noch zu schaffende bessere Gesellschaft zu orientieren habe. Schriftstellerische Arbeit tritt in dieser Passage an die Stelle von Schmeicheleien und Huldigungen innerhalb einer Ständegesellschaft, die den Autor nur in der Figur des Mäzens unterstützt und von ihm im Gegenzug Ehrerbietung und lobpreisende Widmungen zuhauf erwartet.

Worin aber besteht diese schriftstellerische Arbeit? Die Widmung des Werkes an ein keineswegs erlauchtes, sondern bunt zusammengewürfeltes Publikum – eine Widmung, die mitunter den Tatbestand der Publikumsbeschimpfung erfüllt – gibt uns hierauf eine erste Antwort. Vergessen wir nicht: Publikumsbeschimpfung wie paratextueller Apparat stehen in einem dialogischen Verhältnis zu den umfangreichen Paratexten des intertextuellen Bezugstextes *Guzmán de Alfarache*, zu denen gemäß der literarischen Gepflogenheiten der Zeit nicht nur eine Widmung nebst Herrscherlob, sondern auch ein „vilipendio del vulgo" zählte! Fernández de Lizardi hat in einer geistreichen Volte die Funktionen der bei Mateo Alemán voneinander getrennten Widmungen und Wendungen an einen Mäzen, an das niedere Volk und an den „discreto lector" miteinander verbunden

---

25 Fernández de Lizardi, José Joaquín: *El Periquillo Sarniento*, S. 3.

und zugleich dem niederen Volk und allgemeinen Publikum ebenso Widmung wie Leserorientierung zugedacht. Diese Rekontextualisierung und Resemantisierung konventioneller Schreibformen verweist auf Verfahren eines polylogischen intertextuellen Schreibens, das sich der Notwendigkeit spielerischer Aneignung und interkultureller Übersetzung bewusst ist. Bereits eine Untersuchung des Paratextes des *Periquillo Sarniento* macht die intertextuelle Relation zum *Guzmán de Alfarache* und damit zur Gattung des spanischen Schelmenromans überdeutlich.

Die schriftstellerische Arbeit besteht zuallererst in der Suche nach einem neuen Publikum und in dem Versuch, dieses nicht nur an das eigene Schreiben, an die Literatur heranzuführen, sondern gleichsam in dieses Schreiben zu verwickeln, Leser und Autor – und sei es nur auf Ebene der Fiktion – gemeinsam zu kompromittieren. Die Beziehungen zur vorbildgebenden spanischen Literaturtradition und damit die Einschreibung in den oben aufgeführten ersten Pol des kulturellen Spannungsgeflechts in Amerika sind evident:

> Ich weiß sehr wohl, dass Ihr von einem Undankbaren abstammt und dass Ihr verwandtschaftliche Beziehungen zu den die Brüder mordenden Kains, zu den götzenanbetenden Nabucodonosors, zu den auf den Strich gehenden Dalilas, zu den sakrilegischen Balthasaren, zu den vermaledeiten Canes, zu den verräterischen Judas, zu den perfiden Sinones, zu den schurkischen Cacos, zu den ketzerischen Arriern und zu einer Masse an *Pícaros* und *Pícaras* habt, welche in derselben Welt wie wir gelebt haben und noch immer leben.
> Ich weiß, dass Ihr zum Teil wohl Plebejer, Indios, Mulatten, Schwarze, Lasterhafte, Dummköpfe und Bekloppte seid.
> Doch an nichts von alledem möchte ich Euch erinnern, zumal ich doch Eure wohlmeinende Unterstützung und Zuneigung gegenüber einem Werk erhalten will, welches ich Euch zueigne [...].[26]

Wir müssen diese Publikumsbeschimpfungen mit den zeithistorischen, gesellschaftlichen und kulturellen Kontexten in Verbindung bringen, die im damaligen Neuspanien existierten. Im Kontext einer Gesellschaft, in der nur eine kleine Minderheit des Lesens kundig war, darf dieses Publikumsporträt nicht – wie dies freilich immer wieder geschah – wörtlich genommen und mit dem von Fernández de Lizardi tatsächlich erreichten realen Publikum gleichgesetzt werden. Nichts wäre irreführender und zugleich absurder! Doch leben all diese Spitzbuben, Indianer, Schwarze und Mulatten in eben jener Welt, in der sich das „nosotros" des in den Plural wechselnden und mit „El Pensador" signierenden Ich-Erzählers ansiedelt.

---

26 Fernández de Lizardi, José Joaquín: *El Periquillo Sarniento*, S. 3f.

Perspektivisch mag sich hier gerade mit Blick auf die indigene oder schwarze Bevölkerung ein künftiges Lesepublikum abzeichnen; das reale oder auch nur intendierte Publikum stellen die hier Angesprochenen jedoch gewiss nicht dar. Kein Zweifel: Das „nosotros" wendet sich an eine alphabetisierte urbane kreolische Schicht, die seit dem Ausgang des 18. Jahrhunderts zur Trägerin der novohispanischen Aufklärung wurde! Diese neuspanische „Ilustración", deren wichtige Existenz noch für einen Alexander von Humboldt eine Selbstverständlichkeit war, ist freilich heutzutage für unsere aufgeklärte Aufklärungsforschung eine weitgehende *Terra incognita*, weshalb wir im kommenden Semester einer „Aufklärung zwischen zwei Welten", welche das Phänomen des „Siglo de las Luces" nicht mit den bloß europäischen „Lumières" verwechselt, unsere volle Aufmerksamkeit schenken wollen.

In *El Periquillo Sarniento* handelt es sich um eine neue Leserschaft, die sich außerhalb der „ciudad letrada" und deren Konsekrationsmechanismen, außerhalb der Aulen und Hörsäle[27] in einem doppelten Sinne *gebildet* hat. Die Vielfalt an Regionalismen beziehungsweise schichtenspezifischen sowie bestimmten ethnischen Gruppen eigenen Sprachmerkmalen, die in den *Periquillo Sarniento* Eingang fanden, darf uns nicht darüber hinwegtäuschen, dass es eine Ebene von Sprache und Stil gibt, die Autor und intendierter Leserschaft gemeinsam ist. Es handelt sich dabei weder um die Sprache der kulturellen Elite (der traditionellen „ciudad letrada") noch um jene der urbanen Halbwelt. So erklärt der fiktive Herausgeber „Lizardi" in Hinblick auf die von Pedro Sarmiento gewählte Stilhöhe: „Er schrieb sein Leben weder in einem kriecherischen noch in einem fertigen Stile nieder; er entflieht allem Gebildeten, verwendet einen häuslichen, familiären Stil, auf den wir alle im Allgemeinen zurückgreifen, in dem wir uns mit Leichtigkeit verstehen und verständlich machen."[28]

Diese in den Paratext integrierte Aussage lässt weitgehende Schlüsse auf die Zielgruppe zu. Das angesprochene „Wir" dieser Passage verbindet fiktiven Autor, fiktiven Herausgeber und intendierte Leserschaft miteinander und führt auf diese Weise eine Sprachgemeinschaft ein, die auf sprachlicher Gemeinsamkeit gründet und auf möglichst unbehindertes, direktes Kommunizieren und Verstehen abzielt. Wird in der Vielfalt verwendeter Sprachen im Roman eine virtuelle Nation in ihren Umrissen skizziert, so kommt der hiervon unterschiedenen Sprachgemeinschaft

---

27 Vgl. hierzu auch Franco, Jean: La heterogeneidad peligrosa, S. 13.
28 Fernández de Lizardi, José Joaquín: *El Periquillo Sarniento*, S. 463: „Escribió su vida en un estilo ni rastrero ni finchado; huye de hacer del sabio, usa un estilo casero y familiar, que es el que usamos todos comúnmente y con el que nos entendemos y damos a entender con más facilidad."

von Autoren, Herausgebern und (möglicher) Leserschaft eine zentrale Rolle für die Kommunikation (und Führung) dieses (proto-)nationalen Raumes zu. So werden aus sprachlicher Perspektive die Umrisse eines künftigen Neuspanien, ja die Konturen des zukünftigen Mexiko sichtbar.

Gleichzeitig bildet diese Schicht nur den Kern eines möglichst breiten und in seiner Heterogenität der Erzählerfigur des Vorworts bewussten Lesergemeinde, der dieses Werk vielleicht nicht unmittelbar zugänglich, immerhin aber zugeeignet ist. Vom „gusto" dieser Käuferschicht hängen „los autores, impresores, papeleros, comerciantes, encuadernadores y demás dependientes"[29] ab, also die gesamte Maschinerie des Buch- und Pressebereiches. Die Silhouette eines neuen Literatursystems mit neuen Konsekrationsinstanzen zeichnet sich ab. *El Periquillo Sarniento* belegt in seiner materiellen Existenz die Entstehung dieses neuen Raumes, der mit literarischen Mitteln fiktional abgesteckt wird.

In dem diesem ersten Vorwort unmittelbar folgenden „Prólogo de Periquillo Sarniento" gelangen wir von der externen paratextuellen zur *internen* paratextuellen Ebene. Ich möchte Ihnen anhand der präzisen Untersuchung dieses Romans aufzeigen, wie wichtig Vorworte, Widmungen oder Motti und Nachworte für ein tieferes Verständnis von Literatur sind und möchte damit der Warnung Gérard Genettes beipflichten: „Attention au paratexte!"

Die im ursprünglichen Titel des Romans angekündigte doppelte Kommunikationssituation wird insoweit eingelöst, als es nun die Figur Periquillo Sarnientos selbst ist, die sich zu Wort und an seine unmittelbaren und mittelbaren Leserinnen und Leser wendet. Diese spezifische Kommunikationssituation ist selbst wiederum zweigeteilt, insoweit sie sich explizit auf zwei verschiedene Adressaten bezieht: zum einen die direkte Wendung des Vaters an seine Kinder, zum anderen die Anrede einer Leserschaft, die über diese erste Kommunikationssituation hinaus durch die Weitergabe des Manuskripts erreicht werden könnte. Ist der externe paratextuelle Raum als „Schwelle" (im Sinne Genettes[30]) zwischen textexternem und textinternem Bereich aufzufassen, so handelt es sich hier offenkundig um einen paratextuellen Raum, der unverkennbar textintern organisiert und Teil der Fiktion ist. Diesem Raum wollen wir uns nun zuwenden!

Dies bedeutet nicht etwa, dass im Gegensatz zu Periquillo Sarniento die das erste Vorwort unterzeichnende Instanz („El Pensador") eine reale textexterne Gestalt wäre. Auch sie ist nicht anders als der Pícaro selbst eine vom realen Autor Fernández de Lizardi geschaffene literarische Figur. Doch sind ihr textextern referentialisierbare Attribute beigestellt, welche diese Instanz des Vorworts zu einer

---

29 Ebda., S. 4.
30 Genette, Gérard: *Seuils*. Paris: Seuil 1987.

für Paratexte typischen, zwischen textexternem und textinternem Bereich oszillierenden, im Text selbst angesiedelten Schwellenfigur machen. Mit dem realen Autor verwechseln dürfen wir auch sie freilich nicht, auch wenn uns – und dieses Verfahren ist so alt wie die neuzeitliche Literatur selbst – der Autor in seiner Fiktion immer wieder mit seinen Autornamen angeht. Vorsicht also bei Autornamen – und nicht nur, wenn der ‚postmoderne' Jorge Luis Borges eine seiner Figuren „Borges" tauft!

Dementsprechend führen wir eine deutliche Namensregelung ein und unterscheiden um der Klarheit willen zwischen dem auf Ebene der erzählten Zeit angesiedelten Pícaro und dem auf jener der Erzählzeit situierten, seinem Lebensende nahen Erzähler. Den ersteren belegen wir mit seinem ihm zugelegten Spitznamen Periquillo Sarniento und den letzteren mit seinem am Anfang und Ende des Romans genannten ‚bürgerlichen' Namen Pedro Sarmiento.[31] So zeigt sich deutlich, dass die Instanz dieses zweiten Vorworts jene Erzählerfigur auf Ebene der Erzählzeit ist, die uns aus der gattungstypischen rückschauenden Perspektive die Lebensgeschichte berichtet. Die unmittelbaren und ausdrücklich im Text genannten Adressaten – und damit der explizite Leser – dieses Lebensberichts sind die Kinder, für die allein kein Vorwort nötig gewesen wäre. Doch könnte diese „Vida" auch in andere Hände fallen, und so zeigt sich, dass gerade für diesen in seinen Grenzen unklar bleibenden Leserkreis[32] eine paratextuelle Situierung („una especie de *Prólogo*")[33] des nachfolgenden Textes vonnöten ist.

Die bewusst offen gehaltene Leserschaft, die durch den nachfolgenden Bericht belehrt und unterhalten werden soll und in ihren Konturen die anonyme Leserschaft des ersten Vorworts *intradiegetisch* verlängert, wird mit der hintersinnigen Behauptung Pedro Sarmientos konfrontiert, dass nichts „ficción de mi fantasía" sei und daher auch kein Grund bestehe, an meiner Wahrheit, an „mi verdad" zu zweifeln.[34] Wir befinden uns hier in einem Raum, in welchem sich Spiegel wechselseitig reflektieren und *ihre* Wahrheit, *ihre* Perspektive zu lesen geben.

---

31 Diese Trennung ließe sich in gewisser Weise mit jener zwischen Alonso Quijano und Don Quijote vergleichen. Zu den Beziehungen zwischen Fernández de Lizardi und Cervantes vgl. Lasarte, Pedro: Don Catrín, Don Quijote y la picaresca. In: *Revista de Estudios Hispánicos* (St. Louis) XXXIII, 3 (1989), S. 101–112; sowie González Cruz, Luis F.: El Quijote y Fernández de Lizardi: revisión de una influencia. In: Criado de Val, Manuel (Hg.): *Cervantes: su obra y su mundo*. Actas del I Congreso Internacional sobre Cervantes. Madrid: EDI 1981, S. 927–932.
32 Fernández de Lizardi, José Joaquín: *El Periquillo Sarniento*, S. 6: „aun cuando todo el mundo lea mi obra."
33 Ebda., S. 5.
34 Ebda., S. 5.

Damit aber wird die Leserschaft noch nicht in den ‚eigentlichen' Text entlassen. Vielmehr dient das zweite Vorwort in struktureller Hinsicht als eine Art Schleuse zwischen externem und internem Paratext. Denn nun werden innerhalb des fiktionalen Raums des Romans „Advertencias generales a los lectores" präsentiert, die die konkrete Textgestalt als Ergebnis der Arbeit eines kommentierenden, ergänzenden, streichenden, stilistisch umarbeitenden und den Text mit Anmerkungen versehenden Herausgebers darstellen. Aus der Schwellenfigur des Pensador ist damit ein intradiegetischer Editor geworden, der von Pedro Sarmiento unmittelbar vor den seinem Lebensbericht nachgestellten „Notas del Pensador" als „un tal Lizardi",[35] als ein gewisser Lizardi, in den Romantext als Figur eingeführt wird. Auch diese Figur darf selbstverständlich nicht mit dem realen Autor gleichen Namens verwechselt werden, was innerhalb der Forschungsliteratur des Öfteren jedoch nicht berücksichtigt wurde.[36] Wir wollen diese Figur im weiteren Verlauf unserer Untersuchung einfach „Lizardi" nennen.

Diese Instanz ist logischerweise befugt, Pedro Sarmiento als „nuestro autor"[37] zu bezeichnen und eine gewisse Problematisierung der moralisierenden Exkurse vorzunehmen. Die Erlaubnis für alle Eingriffe in den Text habe ihm der mit ihm freundschaftlich verbundene Autor selbst gegeben. Damit wird deutlich: Auf Ebene der Fiktion ist „Lizardi" der erste kritische Leser des Lebensberichts Pedro Sarmientos, dessen (Lebens-)Ende er selbst als intradiegetischer Augenzeuge miterlebt hat. Seine Arbeit und Aufgabe ist die eines zugleich Lesenden und Schreibenden, so dass sich der Leser nun mit einer recht komplexen Modellierung von Stimmen konfrontiert sieht, die zu ihm sprechen: Pedro Sarmiento, der Verfasser des Lebensberichts, „Lizardi" als dessen fiktiver Herausgeber und schließlich „El Pensador" als um sein schriftstellerisches Überleben in der neuspanischen Gesellschaft ringender Autor. All diese Figuren sind selbstverständlich das Werk des realen José Joaquín Fernández de Lizardi, der die einzelnen Figuren (so etwa auch die Leserfiguren) miteinander in ausführliche Dialoge verwickelt. Wir dürfen feststellen, dass die Komplexität dieser Anlage sich mit so erfolgreichen Herausgeberfiktionen wie in Cervantes' *Don Quijote* oder Rousseaus *Julie ou La Nouvelle Héloïse* ohne weiteres messen kann und selbst hinter der komplizierten Konzeption mancher postmoderner Fiktionen nicht zurückstehen muss.

---

35 Ebda., S. 453.
36 So findet sich selbst in der vergleichsweise differenzierten Studie Nancy Vogeleys die Behauptung, Fernández de Lizardi habe sich damit als Herausgeber selbst in den Text eingeführt (vgl. Defining the „Colonial Reader", S. 793). Auch sie übersieht damit die für eine Analyse des Romans grundlegende Scheidung von textexternem und textinternem Bereich.
37 Fernández de Lizardi, José Joaquín: *El Periquillo Sarniento*, S. 7.

Ich kann an dieser Stelle nicht auf die Tatsache eingehen, dass ein längeres Zitat aus dem Vorwort von Jamins 1776 in Paris erschienenem *Le fruit de mes lectures* – einem Werk, das Zitate griechischer und römischer Autoren enthält, von denen viele in *El Periquillo Sarniento* Eingang fanden – die Kommunikationsstrukturen wie auch die Autorenposition in ihrer Komplexität noch weiter erhöht. Doch erweist sich bei der Untersuchung des paratextuellen Raums die im Bachtin'schen Sinne verstandene Vielstimmigkeit von Fernández de Lizardis Roman zunächst auch ohne Einbeziehung des spezifisch intertextuellen Raums – gerade bei einem Romanerstling – als beeindruckend. Dass Fernández de Lizardi mit seinem paratextuellen Verwirrspiel auch hohe Anforderungen an seine Leserschaft stellte, versteht sich von selbst und mag erklären, warum dieser Roman nie wirklich populär werden konnte.

Die auf Ebene der fiktiven Herausgeberfigur „Lizardi" angesiedelte Inszenierung editorischer Tätigkeit in einem weiteren, zwischen erstem und zweitem Teil angesiedelten „Prólogo en traje de cuento" (Prolog im Gewand einer Erzählung), stellt dies einmal mehr unter Beweis. So sehen wir nicht nur den Herausgeber zunächst alleine zu Hause bei der Arbeit, „mit der Feder in der Hand und damit beschäftigt, die Seiten dieses Bändchens mit Anmerkungen zu versehen".[38] Wir bemerken auch erneut, dass nach der Ansprache an den „señor lector" diese Kommunikationssituation von einem Dialog unterbrochen wird, in welchem sich der (fiktive) Herausgeber mit einem Freund namens „Conocimiento universal" über den bisherigen Erfolg des *Periquillo Sarniento* beim Lesepublikum unterhält.[39]

Dabei handelt es sich um Selbstverständigungs- und Selbstreflexionstexte, die stets mit einem gewissen Humor ausgestattet sind. Die Heterogenität des Publikums – „das Publikum sind alle oder niemand"; es bestehe aus „Gebildeten wie aus Dummköpfen"[40] – wird dabei ebenso thematisiert wie erste recht unterschiedliche Leserreaktionen auf die zuvor gelieferten und verkauften Kapitel des Romans. Deutlich wird hieran nicht nur, wie sich die einzelnen Figuren von den verschiedenen Kommunikationsebenen her dieselben Stichworte zuwerfen, sondern auch, wie sehr die Selbstbezüglichkeit dieses Textes dessen literarischästhetische Modernität ausmacht. Denn am Ende dieser Inszenierung der Herausgeberfigur verwandelt sich diese in eine Autorfigur, welche das als Erzählung verkleidete Vorwort zum zweiten Teil mit einer Wendung an den Leser abschließt. Dergestalt vertauscht sie die Feder des Herausgebers mit der eines Autors: „Ich ergriff die Feder und schrieb unsere Konversation nieder, damit Sie, mein Leser

---

[38] Ebda., S. 187: „con la pluma en la mano anotando los cuadernos de esta obrilla."
[39] Ebda.
[40] Ebda.: „el público es todos y ninguno"; „sabios" wie aus „necios".

und Freund, Geschmack daran finden und die Geschichte des berühmten *Periquillo* weiterlesen".[41]

Das Lesepublikum sieht so bei der Entstehung des Textes zu, den es vor Augen hat. Der distanzierte anonyme Leser ist zu einem Freund geworden, der die Geschichte Periquillos lesend weiterverfolgen soll: Der „amigo lector" ist der Käufer der nachfolgenden Kapitel und damit zu jener Figur avanciert, die das literarische Spiel überhaupt erst in Gang setzt und in Gang hält. Im Roman selbst ist er jedoch nur eine unter mehreren Leserfiguren. Er bildet – dies macht der Blick ins Atelier deutlich – als Käufer einen notwendigen Bestandteil des textintern entworfenen Literaturbetriebs; nicht mehr, aber auch nicht weniger!

Am Ende des fünfzehnten Kapitels des dritten und letzten Teils übergibt – wie bereits angedeutet wurde – der dem Tode nahe Pedro Sarmiento dem zu seinem Freunde gewordenen neuspanischen Journalisten Lizardi, der auch als „Pensador Mexicano" bezeichnet wird, zu treuen Händen das Manuskript seines Lebensberichts mit der Bitte, es zu bearbeiten und mit Anmerkungen zu versehen. Zuvor aber findet er noch Zeit und Gelegenheit, diesen Freund namens Lizardi zu porträtieren, einen „in Ihrem Vaterland glücklosen Schriftsteller und beim Publikum bekannt".[42] Dabei soll uns weniger dieses Selbstbildnis Fernández de Lizardis interessieren, das auch selbstkritische Züge enthält und den Roman gleichsam signiert, als jene kleine Bemerkung, die abschließend die Beziehung zwischen „Lizardi" und Pedro Sarmiento erläutert: „Wir haben uns so sehr geliebt, so dass ich sagen kann, dass ich mit dem *Pensador* ein Einziges bilde und er mit mir".[43]

Diese Bemerkung Pedro Sarmientos transgrediert offenkundig die Herausgeberfiktion und schließt in unmittelbarem Anschluss an das Selbstbildnis die verschiedenen Ebenen autobiographisch kurz. Die in dieser wichtigen Passage behauptete Identität der beiden Romanfiguren wird noch dadurch verstärkt, dass „Lizardis" erstes Wort dem kranken Freunde gilt: „Bis hierher schrieb mein guter Freund Pedro Sarmiento, den ich liebte wie mich selbst".[44] Es ist ein literarischer und erzähltechnischer Kurzschluss mit Folgen: Denn damit nimmt „Lizardi" nicht nur das Manuskript, sondern auch den Erzählfaden selbst in die eigenen schriftstellerischen Hände, was zum einen die Kontinuität des Erzählvorgangs sicherstellt, zum anderen die paratextuelle Rahmung des Gesamtwerks im Nachhinein

---

41 Ebda., S. 189: „yo tomé la pluma y escribí nuestra conversación, para que usted, amigo lector, haga boca y luego siga leyendo la historieta del famoso *Periquillo*."
42 Ebda., S. 453: „escritor desgraciado en vuestra patria y conocido del público."
43 Ebda., S. 454: „tanto nos hemos amado que puedo decir que soy uno mismo con el *Pensador* y él conmigo."
44 Ebda.: „Hasta aquí escribió mi buen amigo don Pedro Sarmiento, a quien amé como a mí mismo."

zusätzlich legitimiert. Schließlich schafft dies die romantechnischen Voraussetzungen dafür, dass die Lebensgeschichte des Pedro Sarmiento von der Geburt bis zum Tode prinzipiell lückenlos dargestellt werden kann.

Aus all diesen Punkten ergibt sich eine gewisse Transgression des architextuellen Grundschemas, also jenes Schemas, das die gattungsspezifische Verortung des Romans angeht. *El Periquillo Sarniento* schreibt sich, wie wir sahen, von Beginn an in das Gattungsschema der Novela picaresca ein, also des Schelmenromans. Zu den gattungskonstitutiven erzähltechnischen Voraussetzungen hierfür zählt die Trennung zwischen einem erzählten und einem erzählenden Ich, wobei des ersteren Leben und Abenteuer in mehr oder minder chronologischer Abfolge aus der Perspektive eines zur Ruhe gekommenen, ‚reiferen' oder ‚bekehrten' Ich dargestellt werden, das seinen Platz in der Gesellschaft (wenn auch nicht immer widerspruchslos und -frei) gefunden hat.

Die erzähltechnisch logische Konsequenz dieser strukturellen Anlage ist ein ständig kleiner werdender Abstand zwischen der Ebene der erzählten Zeit und jener der Erzählzeit, für *El Periquillo Sarniento* mithin die Spanne zwischen 1771 beziehungsweise 1773 (dem Zeitpunkt der Geburt) und 1813 (dem Jahr der Übergabe des Manuskripts und des Todes Don Pedros). Fallen beide Zeitebenen miteinander zusammen, so sind wir am Ende der „histoire" angekommen, also jener Summe chronologisch verfügbarer Erzählbausteine, die für die Anordnung durch eine Erzählerfigur bereitgestellt sind, nicht aber am eigentlichen Lebensende dieses Erzählers selbst, der von seinem eigenen Tod nur schwerlich berichten kann. Beispiele hierfür lassen sich in anderen literarischen Gattungen, meines Wissens aber nicht im Schelmenroman finden.

Die strukturelle Anlage des *Lazarillo de Tormes* – eines narrativen Textes, der sich ebenfalls als „Vida" präsentiert – legt als Ausgangsmodell späterer erzähltechnischer Variationen hiervon beredtes Zeugnis ab. Die im *Periquillo Sarniento* ebenfalls gattungskonform übernommene Trennung zwischen der Mobilität des erzählten Ich und der Statik des erzählenden Ich – eine Ökonomie, auf die noch zurückzukommen sein wird – bleibt ebenfalls bis zur Übergabe der Manuskriptseiten an den fiktiven Herausgeber gewahrt. Dieser Übergabe aber schließen sich gleichsam paratextuell die bereits erwähnten „Notas del Pensador" sowie das sechzehnte und letzte Kapitel des Buches an, in welchem aus der Perspektive „Lizardis" Tod und Bestattung des Pedro Sarmiento dargestellt werden, Ereignisse, die – so die Kapitelüberschrift – „den Leser bei der Hand nehmen und zum Ende dieser höchst gewissen Geschichte führen".[45]

---

45 Fernández de Lizardi, José Joaquín: *el Periquillo Sarniento*, S. 460: „llevan al lector por la mano al fin de esta ciertísima historia."

Dieser literarische Kunstgriff erlaubt es, auf wenigen Seiten innerhalb des Romans nicht nur das Ineinander-Fallen (wenn auch nicht die Fusion) von erzählter Zeit und Erzählzeit, von erzähltem Ich und erzählendem Ich, von Periquillo Sarniento und Pedro Sarmiento – und nicht umsonst sind beide Namen auf dem Grabstein verewigt – vor Augen zu führen. Er ermöglicht zugleich, das Gattungsschema des Schelmenromans, wie es der *Lazarillo de Tormes* vorgab, unter Rückgriff auf eine andere literarische Gattung zu erweitern, die den neuspanischen, vom Katholizismus geprägten Leserinnen und Lesern zu Beginn des 19. Jahrhunderts wohlvertraut war: die Form der Heiligenviten. Sie erst ermöglicht den Zugriff auf ein gesamtes Leben von der Geburt bis zum Tode; ein Zugriff, der dem Menschen bezüglich seines eigenen Lebens verwehrt ist, sind dem individuellen Bewusstsein doch weder die eigene Geburt noch der eigene Tod zugänglich. Dies bewirkt und vermag allein die Literatur!

Sie springt in die Bresche und ermöglicht die Verfügbarkeit eines gesamten Lebens von dessen Anfang bis zu dessen Ende, wobei der durch diese Verfügbarkeit (und Verfügungsgewalt) erzielte Lustgewinn bei hagiographischen Schreibformen gleichsam ideologisch bezahlt werden muss durch die Einreihung dieses individuellen Lebens in transzendente heilsgeschichtliche Zusammenhänge. Pedro Sarmiento macht gegenüber seinen Söhnen sein eigenes Leben zum „Exemplum"; doch kann die Einordnung in ein transzendentes Schema erst dadurch gelingen, dass auch sein Sterben in seiner Sinnhaftigkeit dargestellt wird und so dem Lesepublikum als sinnhafte Einheit erscheinen kann.

José Joaquín Fernández de Lizardi griff auf dieses Schema der exempelhaften Heiligenviten zurück, modifizierte es aber nicht nur erzähltechnisch, indem er diese Rolle nicht einem extradiegetischen, sondern einem intradiegetischen Erzähler übertrug, sondern wandelte es auch ideologisch ab, indem er sein Bezugsmodell desakralisierte und nicht mehr in heilsgeschichtliche, sondern historische und historiographische Zusammenhänge einband. So wird ein Leben beispielhaft für eine Gesellschaft, deren Säkularisierung und Modernisierung fernab aller theologischen Prämissen eingefordert wird. Allein eine historische Rekontextualisierung etwa hinsichtlich der revolutionären Ereignisse und Aufstände im gärenden Neuspanien, auf die der Roman explizit anspielt,[46] konnte aber nicht genügen. Fernández de Lizardi musste daher eine weitere Gattungsform mit dem Grundmuster der Novela picaresca verbinden.

Die Ersetzung heilsgeschichtlich-transzendentaler Sinnangebote erforderte die zumindest perspektivisch angelegte Einbeziehung zukunftsbezogener Ent-

---

46 Nehmen wir den „Prólogo en traje de cuento" ernst, so reicht die Romandiegese bis ins Jahr 1816, also dem sukzessiven Erscheinen der einzelnen Teile des *Periquillo Sarniento*.

wicklungsmodelle, die freilich erst in den letzten Teil des Romans, nachdem der Pícaro die gesellschaftlichen Möglichkeiten des kolonialspanischen Herrschaftssystems erprobt und letztlich erfolglos ausgeschöpft hatte, eingeführt werden konnten. Als generisches Modell einer solchen kritisch auf die eigene Gegenwart gemünzten Zukunftsvision wählte der neuspanisch-mexikanische Autor die Form der Utopie in ihrer ‚klassischen' Ausprägung. Er griff dabei auf Vorstellungen Platons und Aristoteles', auf Caussins *La Cour sainte* und Fénelons *Télémaque*,[47] vor allem aber auf Thomas Morus' *Utopia* und damit auf ein Raummodell, nicht aber auf das Zeitmodell der Uchronie zurück. Letzteres hatte Louis-Sébastien Mercier wenige Jahrzehnte zuvor in seinem *L'An deux mille quatre cent quarante* 1771 ins Werk gesetzt und damit die Form der modernen Utopie wesentlich mitgeprägt.[48] Es bedarf an dieser Stelle keinerlei Mühe, einerseits die Belesenheit des neuspanischen Autors in den abendländischen Literaturen, andererseits aber auch seine entschiedene Einschreibung in diesen ersten Pol des transatlantischen kulturellen Spannungsfeldes anzuerkennen.

Gleichviel, ob wir das 18. Jahrhundert in Europa als goldenes Zeitalter der Utopien oder als Krisenzeit der literarischen Utopie verstehen, auffällig ist doch, dass sich der mexikanische Schriftsteller nur an der räumlichen, nicht aber an der zeitlichen Projektion und deren literarischer Filiation orientierte. Dabei blendete er in starker Gattungskonformität all jene Elemente ein, die von Schiffbruch und Inselsituation über statische Stadt- und Gesellschaftsordnung bis hin zu streng reglementierten Arbeits- und rigorosen Bestrafungsformen reichten. Damit setzte er seinen eigenen utopischen Entwurf zum kanonischen Modell des Thomas Morus in eine enge intertextuelle sowie architextuelle Beziehung.

---

47 Vgl. hierzu Hudde, Hinrich: Fernández de Lizardi. Literarische Utopie an der Schwelle der Unabhängigkeit Mexikos (mit Bemerkungen zu modernen lateinamerikanischen Utopien). In: *Literaturwissenschaftliches Jahrbuch der Görres-Gesellschaft* N.F. 27 (1986), S. 253–267, sowie speziell zu der grundlegende Vorstellungen Lizardis prägenden Beziehung zum *Télémaque* Strosetzki, Christoph: Fénelon et Fernández de Lizardi: De l'absolutisme au libéralisme. In: *Oeuvres et Critiques* (Tübingen) XIV, 2 (1989), S. 117–130.

48 Zweifellos ein wenig voreilig bezeichnete Raymond Trousson Mercier als „père de l'utopie moderne"; vgl. R.T.: Introduction. In: Mercier, Louis-Sébastien: *L'An deux mille quatre cent quarante. Rêve s'il en fut jamais*. Bordeaux: Editions Ducros 1971, S. 61. Eine nuanciertere bzw. kritischere Sichtweise der Rolle Merciers geben Krauss, Henning: Der Ursprung des geschichtlichen Weltbildes, die Herausbildung der „opinion publique" und die literarischen Uchronien. In: *Romanistische Zeitschrift für Literaturgeschichte* (Heidelberg) XI, 3–4 (1987), S. 337–352, sowie Kuon, Peter: Utopie et anthropologie au siècle des lumières ou: la crise d'un genre littéraire. In: Hudde, Hinrich / Kuon, Peter (Hg.): *De l'Utopie à l'Uchronie. Formes, significations, fonctions*. Actes du colloque d'Erlangen 16–18 octobre 1986. Tübingen: Gunter Narr Verlag 1988, S. 49–62.

Dies bedeutet keineswegs, dass es sich bei Fernández de Lizardis Entwurf um eine literarische ‚Imitation' oder gar um ein Plagiat handeln würde. Zum einen ist der Aufenthalt Periquillos auf der Insel Sancheofú die wohl erste literarische Utopie innerhalb der lateinamerikanischen Literaturgeschichte und daher per se eine epochemachende Innovation, welche man gar nicht stark genug als literarisches Verdienst herausstreichen kann. Zum anderen stellt die Projektion der Utopie von Hispanoamerika aus in den Westen auch insoweit eine grundlegende Neuerung, ja einen Bruch mit der europäischen Tradition dar, als nicht mehr Amerika für die europäischen Autoren die leere Leinwand für deren eigene Projektionen abgab.[49] Asien und der pazifische Raum rückten nunmehr in den Blick der angehenden, wenn auch noch nicht als solche zu bezeichnenden Lateinamerikaner.

Die Entscheidung Fernández de Lizardis für die spezifisch utopische und damit gegen die noch junge uchronische Tradition, welcher ebenso literarhistorisch wie auch bezüglich der in ihr angelegten Historisierung politisch-gesellschaftlicher Gegenentwürfe eine hohe revolutionäre Potenz zukam, darf nicht aus heutiger Perspektive als ideologisch rückschrittlich missdeutet werden, weil sie sich etwa an einem statischen Geschichtsbild orientiert hätte. Gewiss ist nicht von der Hand zu weisen, dass eine statische Vision der Geschichte, wie sie sich innerhalb der an *Utopia* von 1516 anschließenden literarisch-philosophischen Tradition oftmals beobachten lässt, auch dem Utopie-Kapitel des *Periquillo Sarniento* nicht fremd ist. Doch dürfen wir diese ästhetisch meiner Ansicht nach überzeugende Lösung nicht als Zeichen einer wie auch immer gearteten rückwärtsgewandten ideologischen Orientierung des neuspanisch-mexikanischen Autors deuten, sondern müssen begreifen, welche Erkenntnispotentiale der paradox auf den Raum bezogenen U-topie innerhalb des gesellschaftlichen Projekts Fernández de Lizardis zukamen. Hierzu gilt es, die topographische Dimension des von Fernández de Lizardi in seinem Roman ausgespannten nationalen Raumes zu erfassen.

Zuvor aber sollten wir in der gebotenen Kürze unsere Analyse des architextuellen Raumes in *El Periquillo Sarniento* abschließen. Dabei stoßen wir zunächst auf die in den Text integrierten lyrischen Formen, die zumeist intradiegetisch verankert sind und von der Lizardi-Forschung kaum einmal beachtet wurden. Paradigmatisch hierfür scheinen mir jene „décimas" zu sein, die Periquillo unmittelbar nach einem gescheiterten Selbstmordversuch niederschreibt. Er hatte sich nach seiner glücklichen Rückkehr von der utopischen Insel nach Mexiko einmal

---

49 Vgl. hierzu Cerutti Guldberg, Horacio: Utopía y América latina. In (ders.): *Presagio y tópica del descubrimiento*. México: CCYDEL 1991, S. 21–33. Dabei erstaunt, dass in dieser in Mexiko vorgelegten Arbeit der utopische Entwurf von Fernández de Lizardi unerwähnt bleibt.

mehr Lebensformen des Adels und damit nicht dem bürgerlichen Wert der Arbeit verpflichtet gefühlt, war aber bald schon in die urbane Halbwelt abgestiegen. Er hätte sich nach schmachvollen Erlebnissen selbst ins Jenseits befördert, wäre das von ihm gewählte Verfahren der Selbsttötung nicht zu umständlich und ungeschickt gewesen. Selbst die Techniken des Selbstmords wollen gelernt sein! Doch schließlich ist auch das gelungene Scheitern eines Suizidversuches ein in seiner Widersprüchlichkeit ernstzunehmendes Statement.

Durch dieses Scheitern gelangt der Pícaro zur lyrischen Erkenntnis des „Du musst Dein Leben ändern", eine Bewusstwerdung, die nachhaltig nur in der Form der Lyrik erfolgen zu können scheint und zugleich Züge des Lehrgedichts trägt. Als Nachahmung spanischer „décimas" kann ich Ihnen diesen Textauszug in seiner deutschen Übersetzung freilich nicht bieten:

> *Lernet, Ihr Menschen, von mir,* / *Was von gestern zu heute war;* / *Noch gestern war ich Graf und Wesir,* / *Doch heut' bin ich aller Ehren bar.* // Nicht einer lebe getäuscht / Und glaube, dass das Glück / Wenn günstig ein ganzes Stück, / Ohne sein Antlitz zu kehren. / Lebet alle voller Sorge, / Ein jeder schaue für sich, / Das Schicksal ist wankelmütig / Und wendet sich rasch wie es will: / Ich bin ein wandelnd Exempel: / Drum *Lernet, Ihr Menschen, von mir.* // Wohl weiß ich's, Chimären sind's, / Die Geldsäck, die nur auf sich pochen, / Wohl gibt es *glückliche Epochen,* / Ihr mögt sie nennen, wie's Euch gefällt. / Wüsste ich eifrig zu nutzen / Eine von diesen, so wär's gewiss, / Ich ginge nicht, wie Ihr mich seht; / doch verachtete ich das Glück, / und seh' mich nun im Unglück: / *Was von gestern zu heute war!* // Gestern noch war ich ein Ritter / Von hell strahlender Gestalt, / Und seh' mich doch heute ganz klein, / In Lederhosen mein Gebein. / Gestern noch hatt' ich viel Geld; / Doch heut' hab' ich nicht einen Taler, / Bewein mich in all meiner Trauer, / Mein' Hochmut ich heute bedauer, / Denn war ich auch eingebildet, / *Noch gestern war ich Graf und Wesir.* // In dieser sich wendenden Welt, / War ich gestern Arzt und Soldat, / Barbier und Winkeladvokat, / Küster und Apotheker. / Mönch war ich und Sekretär, / Und bin ich heute auch arm. / Kaufmann auf Reisen ich war, / Ein Gstudierter mit Abitur. / Doch ich Ärmster, dieses ward gestern, / *Doch heut' bin ich aller Ehren bar.*[50]

An diesem noch von Periquillo und noch nicht von Pedro Sarmiento niedergeschriebenen Gedicht interessiert uns nicht die intertextuell bemerkenswerte Tatsache, dass es sich hier um eine freie Anverwandlung von Versen Góngoras handelt, auf die bereits Lope de Vega zurückgegriffen hatte. Auch mag für die Fragestellung unserer Vorlesung die architextuell sicherlich signifikante Erkenntnis nur nachgeordnete Bedeutung besitzen, dass sich an dieser Passage zeigt, dass die Gattung des Romans auch in Hispanoamerika von Beginn an fähig war, andere Gattungen in sich aufzunehmen und auf diese Weise sich weitere literari-

---

50 Fernández de Lizardi, José Joaquín: *El Periquillo Sarniento,* S. 401.

sche Traditionsstränge anzueignen und einzuverleiben. Denn noch bedeutungsvoller scheint mir, dass in diesem Lehrgedicht, dessen wiederkehrender Vers „Aprended, hombres, de mí" das eigentliche didaktische Leitmotiv des Romans beziehungsweise des Lebensberichts Don Pedros enthält, die Grundelemente der „histoire" dem Leser wie dem Schreibenden selbst kopräsent vor Augen geführt und wie in einem gewaltigen textuellen Brennspiegel fokalisiert werden. Das Lehrgedicht verdichtet fundamentale Isotopien des Schelmenromans. Dieser Verdichtungsprozess der lyrischen Form allein führt noch nicht zur rettenden Wende, verweist aber auf ein geschärftes Bewusstsein des Protagonisten, das unabdingbare Voraussetzung für die den Lebensbericht abschließende „conversión" ist. Zugleich markiert dieses Poem wie die anderen in *Periquillo Sarniento* abgedruckten Gedichte einen Ruhepunkt innerhalb der Bewegungen des Textes und des Lesens, auf deren hermeneutische Dimension noch zurückzukommen sein wird.

Weitere in den Roman integrierte Gattungen, die innerhalb des gesamten Textes eine wesentlich größere Ausdehnung als die Lyrik erreichen, betreffen nicht-fiktionale, nicht-narrative Schreib- und Ausdrucksformen, von denen insbesondere wissenschaftliche Abhandlung, theologisches Traktat, Predigt und Essay zu nennen sind. Der Roman verleibt sich damit Gattungen ein, die unterschiedlichste Formen nicht-fiktionaler und nicht-erzählender Prosa darstellen, welche ihrerseits fiktional und narrativ gerahmt werden. Sie stehen zum narrativen Text in einem eigenartigen Spannungsverhältnis, das bereits in den „Advertencias generales a los lectores" thematisiert wurde, nachfolgenden Leserinnen und Lesern aber bis heute die größten Schwierigkeiten bei der Lektüre zu machen scheint.

Diese Schreibformen bilden das Gros der sogenannten ‚Digressionen' und ‚moralisierenden Abschweifungen', die Fernández de Lizardis Roman immer wieder zum Vorwurf gemacht wurden: Sie würden die Handlung nicht vorantreiben und zugleich den Lesefluss mit allerlei unnützem Ballast beschweren, so dass der Roman insgesamt an gängiger Lesbarkeit verliere. Dieses Spannungsverhältnis zwischen dominant fiktionalen und nicht-fiktionalen Teilen des Romans soll uns am Ende unserer Analyse nochmals beschäftigen. Bereits jetzt aber darf man festhalten, dass der hier aufgezeigte Einbau unterschiedlichster Gattungen und Schreibformen Fernández de Lizardis Roman eine überaus heterogene, ja disparate Textur vermittelt, die dank ihrer ungeheuren Flexibilität und Integrationsfähigkeit der als generatives Grundmuster dienenden Novela picaresca ausgebildet werden konnte. Ist der Roman also doch überladen und leidet unter einem Ballast, der notwendig jeden Fortgang der Handlung verlangsamt?

Der architextuelle Raum des *Periquillo Sarniento* weist eine für den spanischen Schelmenroman so ungewöhnliche Heterogenität auf, dass deren Ursachen in den Spezifika eines in Amerika angesiedelten Schreibens aufgesucht werden müssen. Vergessen sollten wir dabei nicht, dass es Fernández de Lizardi in seinem *Periquillo Sarniento* gelang, mit lyrischen und essayistischen Formen just jene Gattungen in den Roman zu integrieren, denen Angel Rama eine gewisse epistemologische Priorität innerhalb der hispanoamerikanischen Literaturen einräumte.

Periquillos „décimas" bringen im Rückgriff auf spanische, aber schon seit der Antike präsente Formeln die gesamte soziale Spannbreite der Gesellschaft des Vizekönigreichs Neuspanien zum Ausdruck. Die Berufe und sozialen Rollen, die Perico innerhalb dieser vermeintlich festgefügten Ständegesellschaft ausgefüllt und mehr recht als schlecht gespielt hat, reichen vom Adligen und Arzt über Klosterbruder und Küster bis hinunter zum Tagelöhner und Taschendieb, Bettler und Blinden, Falschspieler und Frauenschänder: Die gesamte neuspanische Gesellschaft der Zeit ersteht vor unseren Augen in verdichteter Form.

In völliger Konformität mit der Gattungstradition quert Periquillo in seiner Eigenschaft als *Pícaro* verschiedene soziale Stände und Berufe, von der Verwaltungsspitze der neuspanischen Elite über die Welt der Offiziere und Gerichtsschreiber, der lasziven Adligen und braven Bürger bis hinunter in die Halbwelt der Verbrecher und Prostituierten, der sozial Ausgegrenzten und Verelendeten. Auch die ethnische Heterogenität der neuspanischen Gesellschaft wird in ihrer vollen Breite wahrhaft durchlaufen: Periquillo hat es mit Indianern und Mestizen, mit Schwarzen, Mulatten und Kreolen, mit aus Spanien stammenden „gachupines", ja mit Vertretern eingewanderter Gruppen nicht-hispanischer Provenienz wie Angelsachsen, Franzosen und geradezu prophetisch sogar mit einem Chinesen zu tun. Letzterer wird es freilich bald wieder vorziehen, auf seine utopische Insel zurückzukehren und auf einen Besuch Europas und anderer Weltteile zu verzichten. Denn das neuspanische Beispiel zeige ihm doch zur Genüge, was ihn andernorts erwarten werde.

Insgesamt handelt es sich im *Periquillo Sarniento* um das literarische Fresko einer Gesellschaft, die von extremer Heterogenität, gleichzeitig aber auch von einem hohen Grad an Abgeschlossenheit geprägt ist, welche sich erst unter dem Einfluss handeltreibender nicht-spanischer Nationen aufzulösen beginnt. Der urbane Raum – und damit nicht zufällig auch die „ciudad letrada" mit ihren für den Roman erreichbaren Leserschichten – steht vom ersten Augenblick an im Zentrum von Pedro Sarmientos Lebensbericht:

> Ich wurde in Mexiko geboren, der Hauptstadt des Nördlichen Amerika, in Neuspanien. Keinerlei Lobessprüche aus meinem Munde wären ausreichend, um sie meinem lieben Vaterlande zu widmen; zugleich wären sie eben darum auch verdächtig. Diejenigen, die dieses Land bewohnen, und die Ausländer, die es gesehen haben, können sein Loblied mit grö-

> ßerer Glaubwürdigkeit vortragen, insofern es bei ihnen keinen störenden Effekt einer Parteilichkeit gibt, deren Vergrößerungsglas bisweilen die Defekte maskiert oder die Vorzüge des Vaterlandes mitunter selbst für die dort Geborenen als größer erscheinen lässt; indem ich so die Beschreibung von Mexiko den unparteiischen Neugierigen überlasse, sage ich: dass ich in dieser reichen und dicht bevölkerten Stadt in den Jahren 1771 oder 1773 auf die Welt kam und zwar als Kind von Eltern, die nicht im Überflusse lebten, aber auch nicht aus dem Elend stammten; zugleich waren sie von reinem Blute, das sie auf Grund ihrer Tugend erstrahlen ließen und bekannt machten. Ach, wenn nur immer die Kinder beständig den guten Beispielen ihrer Eltern folgten![51]

Mit Stolz wird der eigene Geburtsort, die Stadt Mexiko, als Hauptstadt nicht Neuspaniens, sondern Nordamerikas angegeben. Das ist geographisch absolut korrekt, liegt Mexiko doch in geographischer Hinsicht – wie Ihnen ein Blick auf die Landkarte zeigen kann – in Nordamerika. Am Ausgang des 18. Jahrhunderts gab es gute Gründe, die eigene Zentralität zu betonen und – im Anschluss an aztekische wie vizeköniglich-neuspanische Vorstellungen – Mexiko als Kapitale zu begreifen. Noch war nichts von einer Übermacht der Vereinigten Staaten im Norden zu hören. Mexiko-Stadt war freilich die Hauptstadt eines Territoriums, das von größter Heterogenität und Hybridität geprägt war und noch lange nicht zu einem Staatswesen im modernen Sinne zusammengewachsen war. Und genau diesen laufenden Nationenbildungsprozess, diesen „Nation Building Process", stellt der Roman mit großer Sorgfalt dar.

Die bereits beobachtete soziale wird in *El Periquillo Sarniento* in der Folge durch eine starke topographische Vielgliedrigkeit des neuspanisch-mexikanischen Territoriums ergänzt. Innerhalb Mexikos – und darunter wird gleich zu Beginn des Romans nicht etwa eine Nation oder das Vizekönigreich, sondern ein als „mi cara patria" aufgefasster städtischer Raum, eben jener der Hauptstadt des neuspanischen „Virreinato" verstanden – stehen sich von unterschiedlichen sozialen Klassen genutzte beziehungsweise für bestimmte Gruppen vorgesehene Räume geradezu unversöhnlich gegenüber. Sie werden nur durch die ständigen Bewegungen des Pícaro miteinander verbunden.

Schon aus diesem Blickwinkel erscheint die Figur des (neu-)spanischen ‚Schelms' als all diese relativ autonom voneinander strukturierten Räume allein verbindende Gestalt. Den Vierteln der Adligen, in denen Periquillo als Dienstbote oder Faktotum, mitunter aber auch als Neureicher und ‚falscher' Edelmann wohnt, stehen jene Gefängnismauern gegenüber, in denen Vertreter der gesellschaftlichen Elite oder des Bürgertums kaum einmal anzutreffen sind. Kein Wunder also, dass ein Weißer, findet er sich in dieser Gesellschaft der „indios,

---

51 Fernández de Lizardi, José Joaquín: *El Periquillo Sarniento*, S. 12.

castas, negros, lobos" und „mulatos" wieder, rasch zum „blanco", zur Zielscheibe wird.[52] Dies ist umso mehr der Fall, als der junge Mann nicht bereit ist, seinen aus der „limpieza de sangre", der im obigen Zitat unterstrichenen Blutreinheit, familiär ererbten und abgeleiteten Herrschaftsanspruch jemals aufzugeben, seiner realen und stets prekären sozialen Lage zum Trotz. Zu groß ist der von ihm interiorisierte Dünkel, aus einer blutreinen weißen Familie zu stammen. Er konnte noch nicht ahnen, dass er nur ein Jahrhundert später bei der Einreise in die USA ganz wie die katholischen Iren seinen Status als „non-white" und zusätzlich als „latino" hätte ankreuzen müssen.[53]

Die gesamte neuspanische Gesellschaft ist eine noch immer weitgehend statische Stände- und Kastengesellschaft, die erst in einigen wenigen Bereichen durchlässiger und mobiler zu werden beginnt. Selbst der Raum des Gefängnisses ist als Modell und mehr noch Fraktal der gesamten Gesellschaft anzusehen. Er ist in sich differenziert, warten doch hinter der Gesellschaft sozial Deklassierter und einfacher Krimineller die berüchtigten Gefängnismauern von San Juan de Ulúa an der Karibikküste oder des Morro im nicht allzu weit entfernten Havanna, das zum damaligen Zeitpunkt noch Mexiko-Stadt unterstellt war. Auch in der Hauptstadt der Ausgegrenzten und Inhaftierten finden sich metropolitane Herrschaftsstrukturen auf der topographischen Ebene wieder, die gesamtgesellschaftlich wie gefängnisintern vermittelt werden. Es wäre sehr wohl möglich, den verschiedenen städtischen Räumen die Stadt der Gefangenen entgegenzustellen und als eine Art Gegen-Stadt zu untersuchen, ja aus dieser Perspektive der *insulären* Utopie einen anderen utopischen Raum als fraktalen Zerrspiegel entgegenzuhalten. Doch muss eine Untersuchung, die diese Gegen-Stadt zugleich als Symbol der kolonialen Stadtgesellschaft und als ethisch-soziale Gegenutopie lesbar machen könnte, an dieser Stelle zurückgestellt werden. Das Gefängnis ist nicht nur der Ander-Ort einer Heterotopie, sondern auch der Nicht-Ort einer konkreten Utopie, deren Grundstrukturen freilich die Gesamtgesellschaft spiegeln.

Die von Beginn an signalisierte Bezogenheit auf die Hauptstadt Mexiko zeigt es: Dem urbanen stellt sich der rurale Raum krass entgegen. Auf den ersten Blick scheint es keine Vermittlung zwischen „ciudad" und „campo" zu geben. Eine Verbindung zwischen beiden ist nur insoweit gegeben, als Periquillo mit einer gewissen Vorliebe auch die äußeren Stadtviertel, Vororte und vor den Toren der Hauptstadt gelegenen Dörfchen und Landgüter besucht und durchstreift. Stets aber bleibt der Pícaro letztlich der Hauptstadt verbunden und zugehörig.

---

52 Ebda., S. 174.
53 Vgl. hierzu Painter, Nell Irving: *A History of White People*. New York – London: W.W. Norton 2009.

Dabei bildet der diese Hauptstadt des Vizekönigreichs umgebende geographische Raum zugleich den Fluchtraum ursprünglich urbaner, nun aber aus dem städtischen Leben ausgegrenzter Gruppen und Figuren, die als Diebe, Scharlatane oder korrupte Verwaltungsangehörige seine Gegenden durchstreifen und unsicher machen. Eine eingehendere Analyse könnte aufzeigen, dass diese weiten Landgebiete zwar als relativ autonome Bereiche erscheinen, letztlich aber nicht als eigenwertige kulturelle Räume aufgefasst werden, sondern negativ als jene Welt definiert sind, die der Stadt (und damit ist letztlich immer Periquillos Geburtsstadt gemeint) negativ gegenübertritt.

Die Dichotomie von Stadt und Land ist dabei nicht in der Art von Sarmientos später zu untersuchendem *Facundo* im Gegensatzpaar Zivilisation versus Barbarei modelliert, wenn sich auch bestimmte Parallelen bezüglich der Abwertung nicht-urbaner Räume aufzeigen ließen. Die Landgebiete und Provinzen Neuspaniens bilden vielmehr relativ autarke Räume, die keineswegs einen Herrschaftsanspruch gegen das städtische Zivilisationsmodell erheben und dergestalt der abendländischen Zivilisation ein anderes ‚kulturelles' Modell entgegenstellen. Sie verharren vielmehr in ihrer Abgeschlossenheit und sind nur über bestimmte zumeist korrupte Vertreter kolonialspanischer Verwaltung sowie der kirchlichen Organe an die Hauptstadt und über diese an die Metropole angeschlossen.

So käme es Periquillo Sarniento niemals in den Sinn, die von ihm durchstreiften ländlichen Bereiche als kulturelle Räume *sui generis* aufzufassen oder gar in ihnen kulturelle Modelle zu erblicken, welche zu jenem der Hauptstadt in Konkurrenz treten könnten. Sie sind für ihn Räume einer ‚Unkultur'. Als Hauptstädter sieht er in den Provinzen wenig mehr als binnenkoloniale Erweiterungs- und Ergänzungsräume, welche vorrangig der Nutzung und Ausplünderung durch die Hauptstadt dienen. Selbst dem distanzierter urteilenden Pedro Sarmiento erscheinen die Landgebiete nicht in ihrer kulturellen Eigenständigkeit oder gar die verschiedenen indianischen Kulturen als wirkliche zivilisationstragende Hochkulturen im abendländischen Sinne. Wie die schwarzen Kulturen in der Karibik sind sie im 18. und über weite Strecken des 19. Jahrhunderts als kulturelle Pole noch ausgeblendet.

Und doch blitzen auch in diesen Darstellungen der nicht-städtischen Räume immer wieder Elemente einer kulturellen Heterogenität und Autarkie auf, bezahlen die Indianer den als Arzt verkleideten städtischen Kreolen doch nicht mit Geld, sondern in Naturalien, was auf die räumliche Begrenztheit monetärer Zahlungsmittel innerhalb des neuspanischen Kolonialraumes schließen lässt. Auch eine dritte Instanz, die des intradiegetischen Herausgebers, scheint auf den ersten Blick nicht bereit, den Kulturen der indigenen Bevölkerung einen eigenständigen Status zuzuerkennen oder in ihnen gar einen wichtigen kulturellen Pol zu erblicken. So lesen wir in einer Fußnote „Lizardis":

> Es gibt noch immer Dörfer, in denen die Indios für ihre Toten ein *Itacate* bereitstellen, eine Art Säckchen mit allerlei Dingen zum Essen nebst einigen Münzen. In anderen Dörfern verstecken sie für sie darüber hinaus ein Papier, das voller Unsinn ist für den Ewigen Vater, und ihre Weihegaben folgen demselben Aberglauben. An einem anderen Orte werden wir sagen, wer die Menschen sind, die solche Missbräuche unterstützen.[54]

Indianische Sitten und Gebräuche werden hier als „abusos", als „disparates" und „superstición" abqualifiziert: Ihnen wird keinerlei kultureller Status zuerkannt. Dennoch zeigt sich bei genauerer Betrachtung, dass die Wahrnehmung kultureller Alterität zumindest ambivalent ist, werden diese Sitten doch kontextuell mit Totengebräuchen der abendländischen Antike in Verbindung gebracht, da Pedro Sarmiento unmittelbar zuvor betont hatte, dass sich die Sitte der Wegzehrung auch dort bei den großen Kulturvölkern finde.[55]

In der angeführten Passage fällt dem intradiegetischen, also fiktionalen Herausgeber mithin eher die Aufgabe zu, eine womöglich als zu stark aufwertende Äußerung zu indianischen Kulturen augenfällig zu relativieren. Die Anmerkung des fiktiven Herausgebers verweigert zwar derartigen Riten bei den Indianern jegliche kulturelle Anerkennung, liefert zugleich aber jene Elemente, welche die indianischen Gebräuche mit denen der Totenbräuche von Griechen und Römern auf eine Stufe stellen. So zeigt sich an dieser freilich eher Ausnahmecharakter besitzenden Stelle, wie subtil das Zusammenspiel zwischen der Erzählergestalt Pedro Sarmiento und der mit ihr befreundeten Herausgeberfigur namens „Lizardi" sein kann.

Dieser „Lizardi" macht – wie andeutungsweise auch am Ende dieser Fußnote – auf seine anderen Schriften aufmerksam und verweist bisweilen darauf, ähnliche Vorschläge etwa zum Schulsystem bereits in seinem Periodikum *El Pensador Mexicano* vorgelegt zu haben.[56] Die intradiegetische Herausgeberfigur versucht also immer wieder, sich selbst mit textextern referentialisierbaren Attributen auszustatten, um eine Identifizierung mit dem realen Autor Fernández de Lizardi zu provozieren. Doch sollten wir uns hüten, diese textinterne Figur mit dem realen Autor zu verwechseln! Wir haben es vielmehr mit einem subtilen Spiel zwischen verschiedenen Perspektiven zu tun, wobei aufschlussreich ist, dass Elemente kultureller Alterität im Text mit wachsender Distanz zur Ebene der erlebten Zeit (also zum unmittelbaren Erleben Periquillos) deutlicher als solche wahrgenommen werden können. Der Tatbestand einer den gesamten Text durchziehenden Dar-

---

54 Fernández de Lizardi, José Joaquín: *El Periquillo Sarniento*, S. 99.
55 Ebda.
56 Vgl. ebda., S. 112.

stellung fundamentaler Heterogenität im gesamten neuspanischen Kolonialraum bleibt freilich bestehen.

Neuspanien ist auf dem widerspruchsvollen Wege, zu einem Mexiko zu werden, das den unruhigen Zeiten des 19. Jahrhunderts standhalten könnte. Doch eine Gewissheit gibt es dafür nicht. Die mehr oder minder ausgedehnten Reisen Periquillos über Land sind letztlich keine Reisen durch verschiedene Kulturen, sondern durch disparate Räume, die es kulturell an die Hauptstadt des Vizekönigreichs erst noch anzuschließen und zu modernisieren gilt. Zugleich spannen sie den territorialen Raum einer sich abzeichnenden künftigen Nation aus. Karibik- wie Pazifikküste, Norden und Süden des Landes, ja selbst die zum Vizekönigreich Neuspanien gehörenden Philippinen werden im Roman erfasst, wobei es Fernández de Lizardi gelingt, angesichts der beschränkten Reisemöglichkeiten der Zeit die Romandiegese dadurch immer wieder zu erweitern, dass andere Romanfiguren nicht-städtischer Herkunft ihre Geschichte erzählen. Auf diese ästhetisch überzeugende Weise werden auf Ebene der romanesken Handlung immer wieder andere Regionen Neuspaniens in die Romandiegese eingeblendet, also in die raumzeitliche Welt des *Periquillo Sarniento* – dem Gebote der Wahrscheinlichkeit folgend – integriert, so dass nahezu der gesamte denkbare Raum eines künftigen Neuspanien oder Mexiko literarisch dargestellt werden kann.

Damit wird eine Einheit in Vielfalt erkennbar, die freilich erst *in nuce* den nationalen Raum eines künftigen Nationalstaats umschreibt. Wir haben es mit einem protonationalen Mexiko zu tun. Man könnte *El Periquillo Sarniento* in Bezug auf diesen sich herausbildenden nationalen Raum als einen Roman des Übergangs zwischen kolonialspanisch und nationalstaatlich strukturierten Herrschaftsräumen bezeichnen. Herrschaftsräume und binnenkoloniale Ergänzungsräume sind sie nicht zuletzt insoweit, als andere als zentralisierte politische Strukturen in *El Periquillo Sarniento* nicht ins Bild gerückt werden. Einmal mehr ist der Pícaro jene literarische Figur, welche die verschiedenen auseinanderstrebenden Teile des in Entstehung begriffenen Staatsgebildes romandiegetisch zusammenhält und miteinander kommunizieren lässt.

Die Gestalt des Pícaro ist dabei weniger auf der Inhaltsebene, etwa als Symbolfigur nationaler Identitätssuche,[57] denn als erzähltechnisch-konstruktive

---

57 Daher scheinen mir auch Interpretationsansätze, welche zu verstehen versuchen, wie Periquillo Sarniento als nationale Identitätsfigur hätte wirken sollen, in die Irre zu führen. Jaime Torres Bodet etwa deutete den Periquillo gar als nationale Identitätsfigur und stellte ihn auf eine Ebene mit Argentiniens Martín Fierro: Torres Bodet, Jaime: Estudio preliminar a José Joaquín Fernández de Lizardi. In: Fernández de Lizardi, José Joaquín: *El Pensador Mexicano*. México 1962, S. vii; vgl. hierzu auch Skirius, John: Fernández de Lizardi y Cervantes, S. 259 f.

Voraussetzung der Schaffung eines pränationalen Raumes zu begreifen. Nicht über die Aneignung einer wie auch immer gestalteten symbolhaften Figur – und hierzu würde sich jene in der spanischen literarischen Tradition verankerte Gestalt des Pícaro gewiss wenig eignen –, sondern über die erzähltechnisch und inhaltlich erfolgende Vernetzung konstituiert sich Nationales in diesem hispanoamerikanischen Roman. Versuchen wir daher, in diesem Zusammenhang den kulturellen wie den literarischen Raum näher zu untersuchen!

Fernández de Lizardis Protagonist bewegt sich nicht nur in den drei Dimensionen des topographischen und geographischen Raumes, sondern auch in jenen der Zeit und der sozialen Hierarchie der zumindest tendenziell in ihrer gesamten Breite und Schichtung porträtierten Gesellschaft.[58] Darüber hinaus befindet sich der Pícaro aber auch in den Dimensionen literarischer Tradition und Filiation sowie in jener anderen der interkulturellen Beziehungsgeflechte. Ohne an dieser Stelle auf alle im ersten Band der Reihe „Aula" behandelten Dimensionen von Literatur eingehen zu können, seien doch die für unseren Fragehorizont wichtigen und bedeutungsbildenden Ebenen hervorgehoben!

Bezieht man den Roman in seiner Gesamtheit auf die zumindest fünf ersten für diesen Zeitraum zu unterscheidenden kulturellen Pole, so zeigt sich rasch, dass sich *El Periquillo Sarniento* in den ersten Pol der vorbildgebenden iberischen Kultur im Kontext ihrer abendländischen Traditionsstränge einschreibt.[59] Dies ist der den Roman beherrschende Pol. Die verschiedenen indigenen Kulturen werden, wie das „todavía" in der oben zitierten Fußnote des fiktiven Herausgebers anzeigt, wohl in das kulturelle Kräftefeld eingeblendet, in ihrer Permanenz aber negiert und als Kulturraum entweder nicht wahrgenommen und ausgeschieden oder aber marginalisiert. Ähnlich ergeht es dem dritten Pol, jenem der schwarzen Kulturen, auch wenn wie bei den Indianern einzelne Individuen herausgestellt und mit positiven Zügen versehen werden. So gerät etwa ein wortgewandter schwarzer Kaufmann aus Jamaica zum Vertreter nicht etwa der kulturellen Eigenständigkeit schwarzer Kulturen, sondern zum Sprachrohr logozentrischer abendländischer Positionen. In deren Namen wird von ihm jene Sozialkritik und vernichtende Anklage der Sklaverei vorgetragen, die dazu führten, dass die neuspanische beziehungsweise kolonialspanische Zensur eingriff und ein Erschei-

---

[58] Zu den verschiedenen Dimensionen der in einem literarischen Text stattfindenden Bewegungen vgl. die vorgängige Vorlesung von Ette, Ottmar: *ReiseSchreiben. Potsdamer Vorlesungen zur Reiseliteratur*. Berlin – Boston: Walter de Gruyter (Reihe Aula, 1) 2020.

[59] Vgl. hierzu Ette, Ottmar: Asymmetrie der Beziehungen. Zehn Thesen zum Dialog der Literaturen Lateinamerikas und Europas. In: Scharlau, Birgit (Hg.): *Lateinamerika denken. Kulturtheoretische Grenzgänge zwischen Moderne und Postmoderne*. Tübingen: Gunter Narr Verlag 1994, pp. 300 f.

nen dieses Teiles des Romans untersagte. So musste 1816 die Erstausgabe aller Lieferungen des *Periquillo Sarniento* noch Fragment bleiben.

Formen kultureller Hybridisierung sowie Mischformen, wie sie von der „ciudad letrada" negiert worden waren, tauchen im Roman in verschiedenen Ausprägungen sehr wohl auf. Doch wird ihnen ebenso wenig eine kulturelle Vorbildfunktion eingeräumt wie den Volkskulturen iberischer Provenienz, die in der Darstellung insbesondere urbaner Alltagskultur in Form von Sprichwörtern, Spielen, Kleidungsformen und vielem mehr einen breiten Raum einnehmen. Betrachten wir das in *El Periquillo Sarniento* ausgespannte kulturelle Feld in seiner Gesamtheit, so fällt überdies auf, dass zu den genannten fünf ersten Polen unseres Schemas ein weiterer hinzukommt, der uns in der Gestalt des aufgeklärten Chinesen entgegentritt. Es ist spannend zu sehen, dass dieser Pol asiatischer Kultur – wie wir vorhin bereits bei Chimalpahin bemerkten – im damaligen Neuspanien durchaus präsent war, war Neuspanien doch etwa seit dem 17. Jahrhundert zu einem Zentrum der Namban-Kunst und der Namban-Malerei geworden,[60] die mit der Vertreibung von Malern aus Japan begann, welche nach europäischer Tradition unter Einsatz perspektivischer Darstellungen malten. Es gibt folglich durchaus eine historisch sehr lange und keineswegs nur bis in die pazifische Ausdehnungsphase des zeitgenössischen China zurückreichende asiatische Präsenz in Mexiko.

Freilich handelt es sich in *El Periquillo Sarniento* um eine in der kulturellen Utopie der Insel Sancheofú verankerte literarische Projektion, der weniger die Funktion ‚alternativer' kultureller Modellbildungen für ein künftiges Mexiko zukommt als jene andere, eine Position zu befestigen, von der aus es möglich wird, gleichsam von außerhalb nun der novohispanischen und mit ihr der spanischen Gesellschaft einen Spiegel entgegenzuhalten. In der Figur des Chinesen treten uns also nicht Elemente der chinesischen Kultur, sondern bestimmte diskursive Strategien und literarische Verfahren entgegen, wie sie seit Beginn des 18. Jahrhunderts insbesondere die französische Aufklärung etwa in den *Lettres Persanes* entwickelt hatte. Damit aber wird der Chinese paradoxerweise *und*

---

[60] Vgl. hierzu Rivero Leke, Rodrigo: *Namban Art in Viceregal Mexico*. México: Estilo México – Turner 2005; Ocaña Ruiz, Sonia: Mother-of-Pearl Inlaid Frames: The Use of Japanese Ornamental Models in New Spanish Paintings. In Pierce, Donna / Otsuka, Ronald Otsuka (Hg.): *Asia and Spanish America: Trans-Pacific Artistic and Cultural Exchange 1500–1850*. Denver: Denver Art Museum 2009, S. 129–149; Takizawa, Osami / Míguez Santa Cruz, Antonio (Hg.): *Visiones de un Mundo Diferente. Política, Literatura de avisos y Arte Namban*. México: Centro Europeo para la Difusión de las Ciencias Sociales 2015; sowie Ette, Ottmar: Muebles movibles y pintura en movimiento: los biombos y las fronteras ajustables de lo transareal. In: *Iberoamericana* (Madrid – Frankfurt am Main) XIV, 54 (junio de 2014), S. 85–95.

zugleich zum Vertreter des ersten Pols der vorbildgebenden abendländischen Traditionsstränge. Betrachten wir daher diesen Pol noch etwas genauer!

Kulturelle Optionen in einem vollen Wortsinn sind in dieser neuspanischen Novela picaresca stets als schriftkulturell sich äußernde Positionen markiert. Damit bewegt sich Fernández de Lizardi innerhalb der Tradition novohispanischer Aufklärung und auf dem Boden der „ciudad letrada", wenn er auch durch geschickte Übertragung des Gattungsmodells des spanischen Schelmenromans eine gesellschaftliche Totalität darzustellen vermag, in welcher gerade auch die marginalen und marginalisierten Elemente des „Virreinato" (von einer außerhalbbefindlichen Position aus) darstellbar werden. Der Pícaro durchläuft die gesamte Spannbreite der damaligen Gesellschaft und ermöglicht dank seiner mobilen Perspektivik deren panoramaartige Darstellung.

Die Ausrichtung des kulturellen Raumes an schriftkulturellen Ausdrucksformen ermöglicht es, das interkulturelle Beziehungsgeflecht auf der Ebene vorbildgebender kultureller Optionen im Wesentlichen als intertextuellen beziehungsweise literarischen Raum zu erfassen und darzustellen.[61] Die für das Schreiben in kolonialspanischen Kontexten bis zu jenem Zeitpunkt dominante Ausrichtung an der spanischen Literatur- und Philosophietradition scheint sich dabei auf den ersten Blick auch in *El Periquillo Sarniento* wiederfinden zu lassen, schreibt sich der Roman doch – wie wir sahen – in großer Gattungskonformität in die spanische Tradition des Schelmenromans ein. Innerhalb dieser Tradition ließe sich im Sinne Francisco Ricos überdies ausmachen, dass Fernández de Lizardi dabei auf jene Filiation zurückgriff, die sich vom anonymen *Lazarillo de Tormes* und Mateo Alemáns *Guzmán de Alfarache*, nicht aber etwa von Quevedos *Vida del Buscón* herleitet.[62]

Merkmale dieser Filiation innerhalb der Novela picaresca wie etwa die Entwicklung des Protagonisten vom „actor" zum „autor", die sogenannte „novelización del punto de vista" oder die damit zusammenhängende Ausrichtung an der Perspektive des innerlich umgewandelten, ‚konvertierten' Pícaro sind ausnahmslos Elemente, die sich auch in Fernández de Lizardis Romanerstling finden. Sie lassen sich aber auch in Alain-René Lesages *Gil Blas de Santillane* ausmachen, der es verstanden hatte, diese ‚spanische' Gattungsform – wenn auch nicht diegetisch – auf Frankreich zu übertragen und, mehr noch, diskursiv gegenüber früh-

---

[61] Zur Begrifflichkeit vgl. Ette, Ottmar: Dimensiones de la obra: iconotextualidad, fonotextualidad, intermedialidad. In: Spiller, Roland (Hg.): *Culturas del Río de la Plata (1973–1995). Transgresión e intercambio*. Frankfurt am Main: Vervuert Verlag 1995, S. 13–35.
[62] Vgl. hierzu Rico, Francisco: *La novela picaresca y el punto de vista*. Barcelona: Seix Barral ⁴1989.

aufklärerischen Vorstellungen und Schreibformen zu öffnen. So bildet Lesages *Gil Blas de Santillane* ein überaus wichtiges intertextuelles Bindeglied zwischen der spanischen Novela picaresca und deren Übersetzung in neuspanische Kontexte, wobei sich nicht nur in der Figur des schwarzen Kaufmanns Züge erkennen lassen, die wiederum Guillaume-Thomas Raynals *Histoire des deux Indes* entlehnt sind.

Es kann an dieser Stelle nicht darum gehen, das ungeheuer reiche und vielfältige intertextuelle Netzwerk darzustellen, das die grundlegenden Formen und Verfahren dieses ersten hispanoamerikanischen Romans im vollen Wortsinne sichert. Doch eine kurze Anmerkung zu diesem Aspekt des literarischen Raumes im neuspanischen Roman sei an dieser Stelle erlaubt! In einer Reihe bereits angeführter Untersuchungen sind die Bezüge des *Periquillo Sarniento* zu Fénelons *Télémaque* herausgearbeitet worden. Die notwendige Erhellung der vielfältigen intertextuellen Beziehungen zwischen Fernández de Lizardis Roman und Raynals von der Zensur verbotenem, gleichwohl den neuspanischen Zeitgenossen aber bekanntem und in mehreren Exemplaren in mexikanischen Bibliotheken vorhandenem Monumentalwerk über die koloniale Expansion Europas kann im Rahmen dieser Arbeit nur erwähnt werden. Jedoch verdeutlicht diese Erwähnung, wie präsent französischsprachige Texte bereits an der Jahrhundertwende im kolonialspanisch-amerikanischen Raum waren.

Es kann keinerlei Zweifel daran geben: Möglichst zahlreiche und weitgespannte Lektüren und deren Vermittlung legitimieren den Schriftsteller neuen Typs, wie ihn Fernández de Lizardi am Ausgang der spanischen Kolonialherrschaft repräsentierte! Dabei entstand ein innerliterarischer Raum, der weit über die spanischsprachige Welt hinausreichte. Zugleich wurde schon in den Vorworten des *Periquillo Sarniento* verschiedentlich explizit auf die Tatsache aufmerksam gemacht, dass sich der Roman auch allgemeiner Nachschlagewerke oder Zitatenschätze bediente, wie die expliziten Verweise etwa auf die damals verbreiteten Publikationen von Moréri[63] oder Muratori[64] – um es hier bei diesen beiden Beispielen zu belassen – bereits paratextuell andeuten.

Seit der grundlegenden Arbeit von Jefferson Rea Spell[65] sind die zahlreichen ‚Quellen' Fernández de Lizardis immer wieder namhaft gemacht, dabei aber selten in ihrer intertextuellen Funktionalität untersucht worden. Jean Franco[66]

---

63 Fernández de Lizardi, José Joaquín: *El Periquillo Sarniento*, S. 2.
64 Ebda., S. 6.
65 Vgl. Spell, Jefferson Rea: *The Life and Works of José Joaquín Fernández de Lizardi*. Philadelphia: University of Pennsylvania 1931.
66 Vgl. Franco, Jean: La heterogeneidad peligrosa.

machte darauf aufmerksam, dass bereits die kolonialspanischen Behörden bei ihrer Anklageerhebung gegen Fernández de Lizardi die vielfältigen Beziehungen zu Texten und Vorstellungen anderer Autoren hervorhoben und dem Herausgeber des *Pensador Mexicano* bescheinigten, im Wesentlichen die Ideen anderer zusammengestoppelt zu haben. Franco hat bezüglich dieser Problematik mit Recht darauf verwiesen, dass es der Leserschaft Fernández de Lizardis nicht so sehr auf originelle Ideen, als auf die Vermittlung der zum damaligen Zeitpunkt im Umlauf befindlichen ‚modernen' Vorstellungen ankam.

Untersucht man den innerliterarischen Raum des *Periquillo Sarniento* in seiner Gesamtheit, so wird mithin deutlich, dass gleichsam unterhalb der explizit stärker an Literatur und Philosophie Spaniens ausgerichteten Ebene ein eher implizites Verweissystem erkennbar wird. Dieses lässt die nicht-spanischen Literaturen Europas und allen voran die französische Literatur und Philosophie in ihrer großen Bedeutung für diesen Roman (wie für Fernández de Lizardis Denken überhaupt) hervortreten. Der literarische Raum des *Periquillo Sarniento* weist damit bereits Züge jenes grundlegenden und in unserer Vorlesung bereits skizzierten geokulturellen Dominantenwechsels auf, wie er dann im hispanoamerikanischen Roman der Romantik wenige Jahre später in aller Schärfe hervortreten sollte. An die Stelle der vorbildgebenden spanischen Literatur wird eine vorherrschende Ausrichtung an England und insbesondere Frankreich treten; ein Wechsel, wie er sich in *El Periquillo Sarniento* 1816 unverkennbar andeutet. Scheint das architextuelle Grundmuster auch spanisch determiniert zu sein, so wird in dessen intertextueller Auffüllung selbst innerhalb der Novela picaresca das Vorrücken französischer Vorbilder doch greifbar und anschaulich.

Lässt sich *El Periquillo Sarniento* als eine Übersetzung des ursprünglich spanischen Gattungsmodells in neuspanische Kontexte verstehen, so liegen auch den intertextuellen Beziehungen, die den literarischen Raum dieses Romans prägen, in großer Häufigkeit Übersetzungsprozesse zugrunde. Fasste man die hispanoamerikanischen Literaturen wie die lateinamerikanischen Kulturen insgesamt paradigmatisch als ausgeprägte Übersetzungskulturen auf,[67] dann ließe sich bereits dieser erste Roman eines Hispanoamerikaners als charakteristisches Produkt einer kulturellen Tradition verstehen, innerhalb derer Übersetzungsprozessen höchste Bedeutung zukommt. Hatte bereits die vorherrschend intralinguale Übersetzung der Kolonialzeit den sich auf amerikanischem Boden angesiedelten Kolonien ihr eigenes Gepräge gegeben, so sind es seit dem letzten Drittel

---

[67] Vgl. hierzu u. a. Pérez Firmat, Gustavo: *The Cuban Condition: Translation and Identity in Modern Cuban Literature*. Cambridge: Cambridge University Press 1989; Hinweise hierzu auch in Altamirano, Carlos / Sarlo, Beatriz: *Literatura y sociedad*. Buenos Aires: Hachette 1983.

des 18. Jahrhunderts verstärkt Übersetzungsprozesse zwischen verschiedenen Sprachen, die den kulturellen und literarischen Horizont der amerikanischen Autoren prägend gestalten.

Übersetzung erscheint damit als kulturelles Paradigma Lateinamerikas. Auch dies ist ein grundlegender Aspekt, der in diesem „texto fundador" seinen literarischen Ausdruck erhält und in Hinblick auf die Ausbildung nationaler wie nationalliterarischer Räume im 19. Jahrhundert von größter Wichtigkeit ist. Der interkulturelle Raum ist daher in dem hier untersuchten Roman wie in Neuspanien insgesamt durch vielfältige Übersetzungsprozesse gekennzeichnet, welche auch für die amerikanischen Varianten des Spanischen nicht vernachlässigt werden dürfen. Dass derartige Übersetzungen nicht nur wie bereits erwähnt das Lateinische, sondern auch bestimmte kulturelle Ausdrucksformen der indigenen Völker betreffen, kann uns der in der bereits zitierten Anmerkung des fiktiven Herausgebers fast selbstverständliche und daher kaum bemerkte Translationsprozess zeigen. Er weist nämlich nach, wie ein im Schriftbild *anders* markiertes Element integriert werden kann: „*itacate*, que es un envoltorio con cosas de comer y algunos realillos."[68]

Dass dieser indigene Begriff gerade dem Bereich der Begräbnisrituale entnommen ist, mag für den eigenen Standpunkt des an abendländischen Werten und Modellen orientierten Moralisten und Aufklärers Fernández de Lizardi vielleicht symptomatisch sein. Doch erlaubt der Text des *Periquillo Sarniento* gleichsam jenseits der an abendländischen Kulturvorgaben und Normen orientierten Vorstellungen des novohispanischen Autors Verbindungen und Lesarten, welche die Vielfalt der Sprachen und Kulturen nicht zuletzt anhand ihrer wechselseitigen Übersetzungen und Dialoge anschaulich werden lassen. *El Periquillo Sarniento* selbst ist das ästhetisch geglückte Ergebnis des Versuchs, die einem breiteren Publikum wohlvertraute Form des spanischen Schelmenromans nach Neuspanien kulturell wie romantechnisch zu übersetzen. Die interkulturelle Übersetzung ist dabei ein zentrales Verfahren polylogischen Schreibens im europäisch-amerikanischen Spannungsfeld und verdeutlicht, wie sehr beide Seiten des Atlantiks – und damit beide ‚Welten' im Titel unserer Vorlesung – in einer intensiven, wenn auch asymmetrischen Austauschbeziehung stehen.

Doch versuchen wir nun, unser Augenmerk abschließend auf die unterschiedlichen Formen der Mobilität im Roman zu richten! Dem am Ausgang der spanischen Kolonialherrschaft in Neuspanien entstandenen Schelmenroman

---

68 Fernández de Lizardi, José Joaquín: *El Periquillo Sarniento*, S. 99: „ein *Itacate*, eine Art Säckchen mit allerlei Dingen zum Essen nebst einigen Münzen."

José Joaquín Fernández de Lizardis liegen verschiedene Bewegungen und Bewegungsrichtungen zugrunde, die es sich zu analysieren lohnt.

Zunächst erzählt der Roman die grundsätzlich chronologisch angelegte Entwicklung seines Protagonisten von Periquillo zu Pedro Sarmiento, vom Handelnden zum Erzählenden oder – wie dies bereits für die intertextuellen Modelle des *Lazarillo de Tormes*, des *Guzmán de Alfarache* oder des *Gil Blas de Santillane* gesagt werden kann – vom Handelnden zum Schreibenden, vom „actor" zum „auctor". Damit liegt dem Roman eine individuelle Lebensgeschichte zu Grunde, die – wie wir sahen – von der Geburt bis zum Tode des Helden reicht und nicht in Form einer Autobiographie, wohl aber mit autobiographischem Gestus erzählt wird. Dass Fernández de Lizardi die Formen der modernen Autobiographie bekannt waren und zur Verfügung standen, wie sie Jean-Jacques Rousseau entwickelt hatte, ist ohne jeden Zweifel gegeben.

Setzen wir diese individuelle Lebensgeschichte in Beziehung zur kollektiven Geschichte und der im Kern zwischen 1771/1773 und 1813/1816 angesiedelten Romandiegese, so ergibt sich die gegenläufige Bewegung eines „chassé-croisé". Denn der Entwicklung von der Geburt zum Tode des Protagonisten entspricht eine Entwicklung vom Tod der alten Gesellschaft bis zur schmerzens- und blutreichen Geburt neuer gesellschaftlicher Verhältnisse in Amerika. Die Entstehungszeit des Romans fällt in eine Epoche eskalierender sozialer und politischer Konflikte, wie sie besonders spektakulär in den Erhebungen der Bauern und der indianischen Landbevölkerung gegen die spanische Herrschaft sowie die kolonialspanische Verwaltung zum Ausdruck kamen.

Diese historisch nicht lange zurückliegenden Ereignisse konnten allerdings zum damaligen Zeitpunkt nur sehr verdeckt angedeutet und keinesfalls positiv gedeutet werden. Daher verweist der weise Pedro Sarmiento auch nur kurz, unmittelbar vor der Übergabe der ‚Autorschaft' an seinen Freund „Lizardi", auf die politischen Ereignisse nach 1810: „Doch wenden wir unsere Feder ab von einem seiner Natur nach so grässlichen Gegenstande, und beschmutzen wir die Seiten meiner Geschichte nicht willentlich mit den Erinnerungen an eine mit amerikanischem Blut gefärbte Epoche."[69]

Zu dieser gegenläufigen Bewegung individueller Geschichte („mi historia") und einer von „amerikanischem Blut" gefärbten Historie tritt aber eine Bewegungsökonomie hinzu, die sich aus der konstruktiven Anlage des Schelmenromans leicht ableiten lässt. Dabei entspricht den unsteten Bewegungen des

---

[69] Ferenández de Lizardi, José Joaquín: *El Periquillo Sarniento*, S. 453: „pero apartemos la pluma de un asunto tan odioso por su naturaleza, y no queramos manchar las páginas de mi historia con los recuerdos de una época teñida con sangre americana."

erzählten Ich die Ruhe, ja bisweilen Bewegungslosigkeit des erzählenden Ich. Der Dynamik Periquillos ist die Statik Don Pedros ebenso offenkundig wie gattungskonform entgegengesetzt. Dieser Kontrast verbürgt als gattungskonstitutives Merkmal die Dialektik von individueller und kollektiver Geschichte und, quer dazu verlaufend, von offener und geschlossener Form.

Neben den am Anfang unserer Untersuchung genannten Gründen mag auch dies ein Motiv dafür sein, dass in der erzählenden Prosa der Sattelzeit des hispanoamerikanischen Romans vor der Romantik gerade den gattungsspezifischen Elementen des Schelmenromans eine so wichtige Rolle zukommt. Herausragende Beispiele hierfür sind sicherlich ebenso *El Lazarillo de ciegos caminantes* von Alonso Carrió de la Vandera wie die autobiographischen Schriften Fray Servando Teresa de Miers, die ohne die Novela picaresca schlechterdings nicht vorstellbar wären. Doch mit Fray Servando, einer Lieblingsfigur der beiden kubanischen Schriftsteller José Lezama Lima und Reinaldo Arenas, werden wir uns gleich im anschließenden Kapitel – und zum Teil auch in der Vorlesung zum 18. Jahrhundert – beschäftigen, so dass die Texte des neuspanischen Dominikanermönches noch nicht an dieser Stelle eingebaut werden sollen.[70]

Auf der gattungsspezifischen beziehungsweise architextuellen Ebene lässt sich die angesprochene Bewegungsökonomie reinterpretieren als Dialektik zwischen der Offenheit narrativer Formen und der Geschlossenheit diskursiver Passagen des *Periquillo Sarniento*. Die im Rahmen des Schelmenromans im *Guzmán de Alfarache* erstmals breit erprobte Dialektik von Erzählung und Belehrung, Lebensgeschichte und Kommentar, von – wie es in Mateo Alemáns Vorwort schon hieß – „conseja" und „consejo" findet im *Periquillo Sarmiento* literarisch ihren kreativen Niederschlag. Der Wechsel zwischen Narration und kommentierender Digression ist dabei keineswegs so angelegt, dass die kommentierenden und moralisierenden Einschübe allein der Erzählerfigur Pedro Sarmiento aufgebürdet würden. Sie sind vielmehr auf verschiedene Instanzen (etwa den intradiegetischen Herausgeber) und literarische Figuren übertragen, wobei eine moralisch verankerte, aber zeitgenössisch brisante Gesellschaftskritik sehr wohl ‚unmoralischen' Figuren in den Mund gelegt werden kann, um deren Aussagen dann durch zusätzliche Erzähler- oder Herausgeberkommentare scheinbar relativieren oder

---

70 Vgl. zu dieser faszinierenden Figur bereits Ette, Ottmar: Der Blick auf das Andere. Eine kontrastive Lektüre der Reisen Alexander von Humboldts und Fray Servando Teresa de Miers. In: Schlieben-Lange, Brigitte et al. (Hg.): *Europäische Sprachwissenschaft um 1800. Bd. 2: Methodologische und historiographische Beiträge zum Umkreis der „idéologie"*. Münster: Nodus Publikationen 1991, S. 137–171.

gar konterkarieren zu können. Dies ist unter den Bedingungen einer sehr aktiven neuspanischen Zensur ein probates Verfahren.

Zugleich vermeiden derartige literarische Verfahren ein monotones Pendeln zwischen erzählter Zeit und Erzählzeit, zwischen fiktionalen und nicht-fiktionalen Formen, zwischen ‚erzählen' und ‚belehren'. Ich habe bereits auf die Tatsache verwiesen, dass die umfangreichen diskursiven (‚moralisierenden') Passagen innerhalb der Rezeptionsgeschichte bis zum heutigen Zeitpunkt oftmals als störende didaktische Einschübe verstanden (oder besser *miss*verstanden) wurden. Doch beruht die Ökonomie des Schelmenromans in der Nachfolge des *Guzmán de Alfarache* darauf, dass die erzählenden Passagen auch ‚belehrenden' Charakter besitzen und die ‚Belehrungen' zugleich auch wieder die Handlung vorantreiben, so dass ein Wechselspiel zwischen diskursiven und narrativen Romanteilen entsteht.

Dass dies Fernández de Lizardi nicht immer gelang, darf nicht davon ablenken, dass *El Periquillo Sarniento* nicht als diskursiv überladener Lebensbericht eines reuigen Pícaro gedacht werden darf, aus dem die kommentierenden Teile ohne Verlust sorgsam herausgetrennt werden könnten. Entsprechende Ausgaben sind grob verfälschend. Das Buch zerfällt nicht in zwei Bücher, bei denen man auf eines verzichten kann, sondern wurde als prekäre Einheit von Narration und Diskurs oder (im Sinne Genettes) von Fiktion und Diktion konzipiert. Wir dürfen diese Einheit nicht anachronistisch zerstören, sondern müssen sie in ständiger Bewegung zwischen Offenheit und Geschlossenheit, Dynamik und Statik halten und verstehen.

Dabei sind Fiktion und Diktion nicht in voneinander getrennte Bereiche fixiert, sondern treten in ständige Spiegelungen und Reibungen ein. So bildet sich der erste hispanoamerikanische Roman im Kontext eines Wechselspiels diktionaler und fiktionaler Schreibformen als Verkörperung einer *friktionalen* Schreibweise heraus, wie sie für die lateinamerikanischen Literaturen bis heute prägend geblieben ist.[71] Damit erweist sich der erste von einem Hispanoamerikaner in Spanisch-Amerika verfasste Roman als Beispiel friktionaler Literatur. Diesen Roman gemäß eines normativen Gattungsverständnisses, das vorwiegend durch den europäischen Roman des 19. Jahrhunderts geprägt wurde, auf seine *fiktionalen* Bestandteile zu reduzieren hieße, ihn als ästhetisches Artefakt mit seiner ihm eigenen Komplexität zu zerstören.

---

71 Zur Definition friktionaler Literatur und Schreibweisen im Kontext eines modernistischen Schreibens im Spannungsfeld zwischen Europa und Amerika vgl. Ette, Ottmar: „Así habló Próspero". Nietzsche, Rodó y la modernidad filosófica de „Ariel". In: *Cuadernos Hispanoamericanos* (Madrid) 528 (junio 1994), S. 48–62.

Dass Fernández de Lizardi seinen Roman als Einheit betrachtete, mag schon aus der Tatsache hervorgehen, dass an verschiedenen Stellen dieses Textes auf eine wechselseitig sich verstärkende Wirkung seiner heterogenen Ingredienzien aufmerksam gemacht wird. So lesen wir im vierzehnten Kapitel des ersten Teils:

> Das gute Beispiel bewegt mehr als alle Ratschläge, Andeutungen, Predigten und Bücher. Das alles ist gut, aber letztlich sind es Worte, die fast immer der Wind verweht. Über die Augen prägt sich die Lehre fester ein als über die Ohren.[72]

Und wenige Zeilen vor dem Ende des letzten Romankapitels, in welchem erneut in Form eines Dialogs zwischen dem fiktiven Herausgeber und der Witwe Pedro Sarmientos, der Inhaberin der Autorenrechte ihres Mannes also, auf die Nützlichkeit des Buches für das Lesepublikum hingewiesen wird, treffen wir erneut auf die Spezifik von Auge und Ohr. „Lizardi" begründet seine Hochschätzung des Lebensberichts seines Freundes mit den folgenden Worten:

> Gewiss, die moralischen Bücher belehren, aber nur durch die Ohren; und deshalb sind ihre Lektionen schnell vergessen. Werke wie das vorliegende aber unterrichten durch die Ohren wie durch die Augen. [...] Wenn wir von diesen Tatsachen lesen, so erscheint es uns, als ob wir sie selbst sähen, und so behalten wir sie im Gedächtnis [...]. [73]

Auge und Ohr haben seit der abendländischen Antike recht unterschiedliche Aufgabenfelder in Zusammenhang mit literarischen oder historiographischen Werken.[74] Denn die Koppelung von Informationsaufnahme, Sinnesleistung, Gedächtnis und jeweiligem historisch-kulturellen Kontext ist von hoher Komplexität geprägt und variiert von Epoche zu Epoche. Nicht immer war es so wie in unserer aktuellen Gesellschaft und Zivilisation, in welcher die Informationsaufnahme über das Auge – im Zeichen der Fenster von *Windows* und der allgegenwärtigen Bildschirme – zu über achtzig Prozent über das Auge erfolgt. Aber für Fernández de Lizardi sind längst schon die Zeiten historisch, in welchen die katholische Kirche dem Auge und der „concupiscentia oculorum" misstraute und ganz auf das Ohr als das Sinnesorgan des Christenmenschen setzte, der dem gesprochenen Worte zu ge*horch*en hatte. Lizardi vertraut bereits stärker dem

---

72 Fernández de Lizardi, José Joaquín: *El Periquillo Sarniento*, S. 113.
73 Ebda., S. 463 f.
74 Vgl. zu diesem Themenfeld Ette, Ottmar: Diderot et Raynal: l'oeil, l'oreille et le lieu de l'écriture dans l'„Histoire des deux Indes". In: Lüsebrink, Hans-Jürgen / Strugnell, Anthony (Hg.): L'„Histoire des deux Indes": réécriture et polygraphie. Oxford: Voltaire Foundation 1996, S. 385–407.

Auge, präferiert zu Beginn des 19. Jahrhunderts aber offenkundig eine Kombination von Auge und Ohr.

Denn in seinem *Periquillo Sarniento* ist es das Ziel eines auf Wirkung und Erinnerung berechneten Schreibens, Hör- und Gesichtssinn, Augen und Ohren der Leserschaft gleichermaßen anzu*sprechen*. Aufgabe eines solchen Buches wie seines Schelmenromans ist es daher, mehr zu sein als Bücher, das eigene Medium der bloßen Worte damit zu überschreiten. Nicht nur die „consejos", sondern – so dürfen wir ergänzen – auch deren Zusammenspiel mit den „consejas" steht im Zentrum der Aufgabe und Arbeit des Schreibenden. Aber was ist mit dieser Arbeit gemeint?

Bei Fernández de Lizardi treffen wir wohl erstmals auf eine Konzeption schriftstellerischen Tuns, die sich auf Arbeit gründet – eine Konzeption, auf die wir etwa bei einem Gustave Flaubert und dessen Arbeitsethik wieder stoßen werden. Diese schriftstellerische *Arbeit*, so erfahren wir in *El Periquillo Sarniento*, besteht in ganz wesentlicher Weise darin, nicht nur ein bestimmtes Lesepublikum an die Literatur heran, sondern diesem Publikum auch erbauliche Exempla vor Augen zu führen.

Das Ohr, bekanntermaßen das Organ des wahren Christen und rechten Glaubens, vertraut allein dem Medium Luft, dem Wind, der die Worte der Predigt mit sich trägt. Das Auge dagegen wird durch Lebensbilder angesprochen, die im Gedächtnis festgehalten werden können oder sich, wie es in dieser Passage heißt, dem Gedächtnis einprägen („imprime"). Nicht anders wird Próspero in José Enrique Rodós *Ariel* am Ende des 19. Jahrhunderts von seinen Schülern fordern, sich das Bild des von ihm beschworenen Luftgeists einzuprägen: „Ich will, dass das leichte und anmutige Bild dieser Bronze sich von nun an dem sichersten Ort im Inneren Eures Geistes einprägt."[75]

Die Bedeutung, die im *Periquillo Sarniento* dem Auge für die Kraft der Memorisierung beigemessen wird, steht dabei zweifellos mit jener Dominanz des Auges in Zusammenhang, die sich seit dem Übergang vom 18. zum 19. Jahrhundert im Bereich der epistemologischen Grundlagen menschlicher Erfahrung nachweisen lässt.[76] Nicht Auge oder Ohr, nicht „consejas" oder „consejos", nicht Fiktion oder

---

75 Rodó, José Enrique: *Ariel*. Übersetzt, herausgegeben und erläutert von Ottmar Ette. Mainz: Dieterich'sche Verlagsbuchhandlung 1994, S. 186; sowie (ders.): *Ariel*. Edición de Belén Castro Morales. Madrid: Anaya & Mario Muchnik 1995, S. 96 f: „Yo quiero que la imagen leve y graciosa de este bronce se imprima desde ahora en la más segura intimidad de vuestro espíritu."

76 Vgl. hierzu Ette, Ottmar: La mise en scène de la table de travail: poétologie et épistémologie immanentes chez Guillaume-Thomas Raynal et Alexander von Humboldt. In: Wagner, Peter (Hg.): *Icons – Texts – Iconotexts. Essays on Ekphrasis and Intermediality*. Berlin – New York: Walter de Gruyter 1996, S. 175–209.

Diktion, sondern jeweils beides zusammen soll auf den zu bildenden Leser einwirken. José Joaquín Fernández de Lizardi ist damit absolut auf Augenhöhe mit jenen grundlegenden Veränderungen menschlicher Wahrnehmung und menschlichen Verstehens, die sich zu seiner Zeit im Bereich abendländischer Zivilisation vollzogen haben. Wir werden im weiteren Verlauf unserer Vorlesung noch verschiedentlich auf diesen fundamentalen Wandel in der Gewichtung der Sinneswahrnehmungen stoßen.

Dies führt uns zur Problematik des in Neuspanien erst noch zu bildenden neuen Lesepublikums zurück. Wir können uns dieser Fragestellung nun aus einer neuen Perspektive nähern, indem wir die Bewegungen des Pícaro auf Ebene der erzählten Zeit – also zwischen seiner Geburt um 1771 und seinem Tod im Jahre 1813 – als Bewegungen eines Verstehens nachvollziehen und analysieren. Dabei ist es möglich, die Deplatzierungen des Protagonisten in *El Periquillo Sarniento* in Beziehung zu setzen zu verschiedenen Bewegungs- und Verstehens-Modellen, von denen sich mindestens fünf verschiedene Grundfiguren unterscheiden lassen: Erstens eine kreisförmige Reisebewegung, die den Reisenden wieder an seinen Ausgangsort zurückführt; zweitens ein Pendeln des Reisenden zwischen zwei oder mehreren Orten; drittens eine lineare Bewegung von einem Ausgangs- zu einem Zielpunkt; viertens eine sternförmige Bewegung, die den Reisenden immer wieder zu seinem Ausgangspunkt zurück und von diesem ausgehend wieder zu neuen Bewegungen führt; und schließlich fünftens die Grundfigur eines Springens, die weder über einen konkreten Ausgangs- noch über einen konkreten Zielpunkt verfügt und sich der Diskontinuität von Reisebewegungen sowie dem Spiel des Zufalls öffnet.[77] Diese spatialen Grundbewegungen des Verstehens können wir als die hermeneutischen Bewegungsfiguren literarischen Schreibens bezeichnen, auf die ich in dieser Vorlesung ebenfalls noch mehrfach zurückkommen werde.

Versuchen wir, diese fünf Grundfiguren von Verstehens-Bewegungen im Raum auf Fernández de Lizardis Roman zu beziehen, so bemerken wir bald, dass im *Periquillo Sarniento* verschiedene Bewegungsfiguren miteinander kombiniert wurden: Zwar ist der ‚Reiseweg' des neuspanischen Pícaro – vergleichbar mit seinen spanischen Vorgängern – in grundlegender Weise vom Zufall und den zufälligen Bekanntschaften im Verlaufe dieses Weges bestimmt, doch ist für die gesamte Struktur des Romans eine eher sternförmige Anlage festzustellen, die sehr wohl von den intertextuellen spanischen Vorbildern abweicht.

---

77 Vgl. hierzu in der Reihe „Aula" die erste Vorlesung von Ette, Ottmar: *ReiseSchreiben. Potsdamer Vorlesungen zur Reiseliteratur.* Berlin – Boston: Walter de Gruyter 2020, S. 196–235.

Denn wenn wir in den gesamten Reiseverlauf eingebettete kreisförmige Reisestrukturen wie etwa die Reise auf die Philippinen mit Hinweg und Rückweg über Acapulco außer Betracht lassen, können wir die Bewegungen des Pícaro zwar in gewisser Weise einem itinerarischen Schema zuordnen, das von Digressionen und Exkursionen unterbrochen wird. Doch dominiert über den gesamten Romanverlauf zweifellos eine Kombination aus vierter und fünfter Grundfigur, so dass wir von einer mehr oder minder vom Zufall bestimmten, aber stets am Zentrum der Hauptstadt Mexiko sternförmig orientierten zentripetalen Verstehens-Bewegung sprechen dürfen. Damit zeigt sich nicht nur die Aufhebung einer offenen in einer geschlossenen Form, sondern zugleich auch die Ausrichtung einer weiten Landfläche an einem zentralen Ort: der Hauptstadt des Vizekönigreichs Neuspanien. Es sind Bewegungsfiguren, die – wenn wir sie auf einen erst noch zu schaffenden nationalen Raum beziehen – unverkennbar einen zentrierten und zentralisierten Staat skizzieren, welcher in all seinen Teilen an der Hauptstadt Mexiko-Stadt ausgerichtet ist.

Die Abweichung *Periquillo Sarnientos* vom gattungskonformen Bewegungsschema des spanischen Schelmenromans ist insoweit signifikant, als sich hier folglich – allen Zufällen zum Trotz – eine zentralisierte Bewegung durchzupausen vermag, die sehr wohl mit den politischen Zuständen im Vizekönigreich, aber auch mit der Zentralisierung des künftigen mexikanischen Nationalstaats in Beziehung gesetzt werden darf. Eine solche Feststellung ist unabhängig von all jenen Auseinandersetzungen, die sich im gerade unabhängig gewordenen Staatsgebilde die Anhänger föderaler und zentralstaatlicher Strukturen lieferten. Es ist ein politisch erbittert geführter Kampf zwischen zwei miteinander verfeindeten Positionen, die sich beispielsweise im Werk des bereits erwähnten Dominikanermönchs Fray Servando Teresa de Mier deutlich abzeichnen und die wir im anschließenden Kapitel näher besprechen wollen. Doch auch im weiteren Fortgang unserer Vorlesung wird dieser Antagonismus eine Rolle spielen.

Zugleich erlaubt es die Sternfigur, auch auf Ebene der erzählten Zeit selbst jenen für die Ökonomie des Schelmenromans grundlegenden Wechsel zwischen Bewegung und Ruhe einzuführen, der die Modellierung bestimmter Umbrüche erlaubt. Begreifen wir die Bewegungen des Pícaro im Raum als hermeneutische Verstehens-Prozesse, die vom Lesepublikum nachvollzogen werden sollen, dann überrascht es nicht, dass die Modellierung bestimmter Orte, an denen sich wichtige Veränderungen ergeben, topisch akzentuiert werden muss.

Diese Orte des Wandels aber werden nicht wie an anderen Stellen nur durch diskursive Passagen, sondern vor allem durch *verortete* Gedichte bezeichnet. Es handelt sich dabei um lyrische Ausdrucksformen individueller Bewusstwerdung, die bestimmten Orten innerhalb der hermeneutischen Bewegungsabläufe zugeordnet werden können. Diese Gedichte und lyrischen Formen akzentuieren ein individuelles Innewerden, einen Augenblick verdichteter Selbstreflexion und damit ein Selbstverständnis des Protagonisten, welches dieser mit seinem Lesepublikum teilt. Die in den Romanablauf integrierten Gedichte punktieren und rhythmisieren die hermeneutischen Bewegungen des romaninternen Protagonisten wie des romanexternen Lesepublikums und übernehmen auf diese Weise eine wichtige Funktion in den Verstehens-Prozessen des Romans. Das durch den Gattungswechsel notwendige Innehalten dieses Lesers an bestimmten Orten des vom Pícaro durchlaufenen Reiseweges führt dabei zu einer Spatialisierung der Verstehens-Prozesse und damit zu einer effektiven, *augen*fälligen Übertragung der hermeneutischen Bewegung auf die Rezipienten. Wichtige Wendepunkte des Lebensweges werden auf diese Weise semantisch aufgeladen und der Leserschaft plastisch vor Augen geführt.

Die von einer aktiven Leserschaft nachzuvollziehende hermeneutische Bewegung ist an den nationalen, an der Hauptstadt Mexiko ausgerichteten Raum gekoppelt. Wie in der Forschung bereits nachgewiesen wurde,[78] ist der Begriff „sociedad" in Fernández de Lizardis Gesamtwerk bereits am modernen Gesellschaftsbegriff Rousseau'scher Provenienz orientiert, wobei die in Szene gesetzte Vorstellung einer patriarchalisch am Vater ausgerichteten Familienstruktur *in nuce* die grundlegende Sozialstruktur abbildet. Daher lässt sich ein erst noch zu schaffendes nationales Lesepublikum, das die Arbeit des Schriftstellers honoriert und den Einfluss des „escritor público" auf die Formierung der neuen Gesellschaft stärkt, als die grundlegende Vermittlungsebene zwischen einem modern konzipierten Gesellschaftsbegriff und einer neu definierten Rolle des Schriftstellers innerhalb dieser Gesellschaft begreifen. Es gibt mithin gute Gründe dafür, *El Periquillo Sarniento* nicht nur als den chronologisch ersten hispanoamerikanischen Roman zu verstehen: José Joaquín Fernández de Lizardis Roman eröffnet auf eine fundamentale Weise ein neues Jahrhundert des Schreibens innerhalb jenes Raumes, den wir heute als Lateinamerika bezeichnen.

El Periquillo Sarniento signalisiert die sich langsam herausbildende Konstituierung eines Lesepublikums für literarische Artefakte in jenen politischen und gesellschaftlichen Strukturen, die sich im Übergang von der kolonialen zur postkolonialen „ciudad letrada" befinden. Innerhalb dieser Gemeinschaft der Lesenden kommt dem Schriftsteller neuen Typs eine zentrale und als patriarchalisch zu bezeichnende intellektuelle Leitfunktion zu – zumindest eine leitende Funktion, welche von diesem Schriftsteller und Schreibenden für sich eingefordert wird.

---

78 Janik, Dieter: „El Periquillo Sarniento" de J.J. Fernández de Lizardi: una normativa vacilante (sociedad – naturaleza y religión – razón). In: *Ibero-Amerikanisches Archiv* (Berlin) XIII, 1 (1987), S. 49–60.

Es ist daher nicht nur die Kommunikationssituation zwischen einem Vater und seinen Kindern, sondern mehr noch jene zwischen einem von Mäzenen unabhängigen Schriftsteller und seinem sich formierenden Lesepublikum, das die Grundstrukturen einer künftigen neuen Gemeinschaft der Literatur vorwegnimmt. Dass es sich dabei um jene Gemeinschaft handelt, die Goethe wenige Jahre später als „Weltliteratur" bezeichnete, werden wir im weiteren Verlauf unserer Vorlesung sehen.

Aus all diesen Zusammenhängen erklärt sich das ganze Gewicht, das dem paratextuellen in seiner Verbindung zum protonationalen oder nationalen Raum zukommt. Ist die Beziehung zwischen Literatur und Nation im hispanoamerikanischen Roman der Romantik über die (zumeist missglückende) Liebesgeschichte in Form einer nationalen Allegorese vermittelt, geschieht dies 1816 im *Periquillo Sarniento* über die erst noch zu definierende Beziehung zwischen einem sich am Literaturmarkt orientierenden Schriftsteller neuen Typs und einem nationalen Lesepublikum. Dieses galt es trotz seiner sozialen, rassischen und kulturellen Heterogenität als potentielle Käuferschicht anzusprechen und zu gewinnen. Es gibt wohl kaum einen Roman des entstehenden Lateinamerika, der diesen Prozess klarer und reflektierter darstellen könnte, als jenen des wohl ersten von seiner eigenen Arbeit lebenden Schriftstellers der Neuen Welt: des neuspanischen Mexikaners José Joaquín Fernández de Lizardi.

Das Ziel dieses heute vielleicht noch immer etwas unterschätzten Autors war es, einer in Amerika geschriebenen Literatur, welcher der Zugang zum Lesepublikum in Spanien noch ein knappes Jahrhundert lang – bis zu den Erfolgen der „Modernistas" – verwehrt bleiben sollte, ein eigenes Lesepublikum zu schaffen. *El Periquillo Sarniento* bezeichnet diesen für die weitere Entwicklung der lateinamerikanischen Literaturen entscheidenden Augenblick und erklärt ihn zum Ausgangspunkt seiner literarischen Kreation: Eben dies macht den Roman so einzigartig. Lassen Sie mich es durchaus etwas pathetisch sagen: Die Konstruktion des Nationalen als prä- und protonationaler Kommunikationsraum – und nicht so sehr die Kontingenz der Jahreszahlen – macht den ersten Roman des „Pensador Mexicano" zu einem wahrhaften und wirkungsvollen Gründungstext der hispanoamerikanischen und perspektivisch der lateinamerikanischen Literaturen!

Fray Servando Teresa de Mier, Simón Bolívar und die Rhetoriken der Unabhängigkeitsrevolution

José Joaquín Fernández de Lizardi hat vielfach darauf hingewiesen, dass sein *Periquillo Sarniento* nicht nur den Lebenslauf eines einzigen außergewöhnlichen Individuums darstelle, sondern viele derartige Leben verkörpere. Wenn also auf der utopischen Insel im Pazifik kein Platz für Herumtreiber, Betrüger und Taugenichtse war, insofern sie von ihr und ihrer Gemeinschaft verbannt wurden, so war die Zahl der Pícaros – glaubt man dem neuspanischen Autor – im Vizekönigreich doch beträchtlich. Wie repräsentativ aber auch immer der *Periquillo Sarniento* für die neuspanische Gesellschaft gewesen sein mag: Es handelt sich ‚nur' um ein Stück Literatur, also nicht um soziologische Statistik, sondern ein gutes Stück neuspanisch-mexikanischen Lebenswissens.

Mit einem weiteren neuspanischen oder, wenn Sie so wollen, mexikanischen Autor desselben Zeitraums verändert sich unsere Perspektivik aber nochmals grundlegend, insofern diese Gestalt zugleich ein anderes Licht auf die transatlantischen Beziehungen wirft. Mit ihm machen wir jenen kleinen Schritt von der Verwendung eingebauter autobiographischer Gattungsformen zur Form der Autobiographie, welche den Anspruch erhebt, in der Nachfolge Jean-Jacques Rousseaus authentisch und persönlich die Erlebnisse eines bestimmten Menschen (literarisch) darzustellen: Ich spreche von den Schriften des mexikanischen Dominikanermönchs Fray José Servando Teresa de Mier Noriega y Guerra, dessen Lebensdaten fast die von Lizardi und seinem Periquillo sind, wurde er doch am 18. Oktober 1765 geboren und verstarb am 3. Dezember 1827.

Abb. 31: Servando Teresa de Mier (Monterrey, Mexiko, 1763 – Mexiko-Stadt, 1827).

Im Kampf um die Unabhängigkeit der ehemaligen spanischen Kolonien in Amerika und insbesondere um sein Neuspanien hatte der Dominikanermönch eine höchst aktive, wenn auch nicht immer sehr glückliche Rolle eingenommen. In der Bewegung der Independencia fand er nach einer Formulierung Lezama Limas die Fülle seiner Rebellion. In seinem für die ‚Wiederentdeckung' Fray Servandos so wichtigen archipelartig aufgebauten Essay *La expresión americana* hatte der kubanische Romancier, Lyriker und Essayist José Lezama Lima das persönliche, literarische und politische Schicksal des Mexikaners Revue passieren lassen und kam in seinem Kapitel „El romanticismo y el hecho americano" über die Entstehung der Romantik in einem amerikanischen Kontext zu folgender Einschätzung:

> Bei ihm geht die religiöse Verfolgung in die politische Verfolgung über, und als er in London ist und Nachrichten vom Aufstand eines Pfarrers namens Hidalgo erhält, verfasst er sogleich Flugschriften, welche die separatistischen Einstellungen rechtfertigen. Er streift um die Kerker und nähert sich freundschaftlich dem Liberalismus von Jovellanos an, kämpft gegen die französische Invasion oder geht mit den Verschwörern von Mina an Land: Am Ende findet er mit der Proklamation der Unabhängigkeit seines Landes die Fülle seiner Rebellion und jene Form, welche seine Reife brauchte, damit sein Leben schließlich den Sinn seiner historischen Projektion zu erreichen vermochte.
> In Fray Servando, in diesem Übergang vom Barock zur Romantik, überraschen wir verborgene und höchst amerikanische Überraschungen. Er glaubt mit der Tradition zu brechen, wo er sie doch erweitert. So trifft er, wenn er sich vom Spanischen zu trennen glaubt, doch wieder darauf, nur erweitert.[1]

José Lezama Lima weist hier zum einen darauf hin, wie die persönlich bedingte Rebellion, die aus bestimmten gesellschaftlichen, religiösen und individuellen Bedingungen erwächst, in politische Revolte und Revolution einfließt, ja wirklich umschlägt. Zum anderen ordnet er den Dominikanermönch einer Zwischenstellung zu, die vom kolonialspanischen Barock zur amerikanischen Romantik hinüberleitet, welche – sehen wir im spanischsprachigen Raum einmal von Kuba und Puerto Rico ab – im Raum der Amerikas eine literarische Bewegung innerhalb politisch unabhängig gewordener Gesellschaften ist. Fray Servando Teresa de Mier wird damit in einer ganz besonderen Weise zu unserem Gewährsmann für die „amerikanische Ausdrucksweise" an einer Schlüsselstelle des Übergangs zum 19. Jahrhundert, gerade auch hinsichtlich jener von Lezama Lima aufgezeigten Dimension eines vermeintlichen Bruchs mit der hispanischen Tradition, der im Grunde keinen Bruch, sondern ein neues Anknüpfen an verschüttete Traditionen bedeute.

---

1 Lezama Lima, José: *La expresión americana*. Madrid: Alianza Editorial 1969, S. 91.

Für Fray Servando Teresa de Mier bot der Unabhängigkeitskampf der spanischen Kolonien in Amerika die einmalige und unwiederbringliche Chance, in dieser politischen Auseinandersetzung der Passivität, dem bloßen Reagieren auf neue Gefahren entgehen, die Wurzeln seiner ständigen Verfolgungen fassen und für seine Vorstellungen und Überzeugungen aktiv eintreten zu können. Er steht in seinen Anfängen noch im Barockzeitalter, wird zu einem Teil jener neuspanischen Aufklärung, deren Bedeutung erst so spät in Europa erkannt zu werden beginnt, und entwickelt ausgehend von den Errungenschaften der Aufklärung ein deutlich romantisch akzentuiertes Bild von Unabhängigkeit und Freiheit, das sich mit seiner pikaresken Gestalt auf faszinierende Weise verbindet.

Doch dieser nur kurz umrissene und skizzierte Weg war alles andere als ein Spaziergang durch die Geschichte. Der Leidensweg von Fray Servando Teresa de Mier beginnt mit jener denkwürdigen Predigt am 12. Dezember 1794 zu Ehren der Jungfrau von Guadalupe in Mexiko-Stadt. Sie wird zum Ausgangspunkt einer jahrzehntelangen Verfolgung, die mehr als die Hälfte seines über sechzig Jahre langen Lebens andauern wird. Aber wie konnte eine kurze Predigt eine solche Wirkung zeitigen?

Fray Servando griff in seiner Predigt auf eine Tradition zurück, die sich bereits in den ersten Jahren nach der Conquista herausgebildet hatte. Auf eine Vielzahl von Analogien zwischen indigenen und christlichen Riten gestützt war die Ansicht entstanden, dass der Neue Kontinent bereits vor Ankunft der Spanier christianisiert worden beziehungsweise mit der christlichen Lehre in Verbindung gekommen sei.[2] Fray Servando griff im Angesicht des spanischen wie des neuspanischen Klerus auf dieses Erklärungsmuster zurück. Der junge Dominikaner verteidigte den Glauben, die Erscheinung der Jungfrau von Guadalupe – die längst schon zur Patronin Mexikos und, wenn man so will, zu einer nationalen Symbolfigur geworden war – sowie das von ihr hinterlassene Bildnis stammten nicht aus der Zeit nach der spanischen Eroberung. Vielmehr gingen sie zurück auf eine erste Missionierung Amerikas durch den Heiligen Thomas, den man später unter dem Namen des Quetzalcóatl weiterverehrt hätte. Das war fürwahr unerhört! War sich der junge Prediger Fray Servando Teresa de Mier dieser Tatsache bewusst?

Man darf daran gewiss Zweifel formulieren: Denn diese synkretistische Verbindung zweier religiöser Traditionen zu einer letztlich nationalen Symbolik[3]

---

2 Vgl. hierzu auch Todorov, Tzvetan: *Die Eroberung Amerikas. Das Problem des Anderen*. Aus dem Französischen von Wilfried Böhringer. Frankfurt am Main: Suhrkamp 1985, S. 246–250.
3 Vgl. Reyes, Alfonso: Prólogo a Fray Servando. In (ders.): *Obras completas*. México: Fondo de Cultura Económica 1956, S. 552. Dort auch weiterführende Literatur zur Jungfrau von Guadalupe; zur politischen Dimension des Marienkultes vgl. Aguila, Yves: Sur les prémices d'un sentiment

bezog ihre politische Explosivität daraus, dass die Verlegung der göttlichen Erscheinung in die vorkolumbische Zeit einer heilsgeschichtlichen Legitimation der spanischen Conquista logischerweise den Boden entzog. Damit aber war das zentrale Ideologem des spanischen Kolonialismus berührt und eine göttliche Rechtfertigung jeglicher spanischen Herrschaft auf dem amerikanischen Kontinent in Frage gestellt.

Der bei der Predigt anwesende höhere, aus Spanien stammende Klerus erkannte diese Gefahr und reagierte umgehend: Erzbischof Núñez de Haro ließ gegen diese, dem kreolischen Selbstverständnis entsprungene Vorstellung und ihren Vertreter predigen und entzog Fray Servando bereits am folgenden Tage die „missio canonica". Der Spanier griff hart durch und man wollte ein Exempel statuieren. Wenn man sich die besondere Rolle, die der mexikanische Klerus bei der Unabhängigkeitsrevolution in Neuspanien spielte, vor Augen hält, so erscheint die Reaktion des Kirchenoberen aus dessen Perspektive sehr wohl verständlich. Eine erzwungene Widerrufung seiner Position, die der junge Dominikaner mit dem Hinweis auf die Ungemütlichkeit des Gefängnisses begründete, änderte nichts mehr an der Entscheidung: Fray Servando Teresa de Mier wurde 1795 zu zehnjähriger Verbannung nach Spanien in ein Kloster bei Santander verurteilt.

Damit beginnt nun jener zentrale Abschnitt im Leben des Dominikaners, der ihn nach Europa, genauer: nach Spanien, Frankreich, Italien, Portugal und England führte. Fray Servando steht genau im Fadenkreuz jener transatlantischen Beziehungen, welche sich bereits im Vorfeld der Unabhängigkeitsbestrebungen grundsätzlich verändert hatten und die spanische Kolonialherrschaft über Neuspanien in der Tat ins Wanken bringen sollten. Spanien war im Zuge des erwähnten geokulturellen Dominanten-Wechsels schon lange nicht mehr das geistige Mutterland der in Amerika geborenen Kreolen.

Diese sogenannte ,Reise' des Dominikaners, die nichts anderes als eine nie enden wollende Kette von Verfolgungen, Gefängnisaufenthalten und erstaunlicherweise immer wieder gelingenden Ausbruchsversuchen war, steht unter einem ganz anderen Zeichen als Alexander von Humboldts Reise in die Neue Welt, die fast zeitgleich stattfand und mit der wir uns später noch beschäftigen werden. Der Unterschied wird bereits im Titel deutlich: Denn war die Reise in die Äquinoktial-Gegenden von Humboldt und Bonpland eigenständig unternommen worden, so lautet das Kernstück der sogenannten *Memoiren* des Dominikaners *Relación de lo que sucedió en Europa al Doctor Don Servando Teresa de Mier después que fué tras-*

---

national en Nouvelle Espagne (1805 – 1810). In: Pérez, Joseph et al. (Hg.): *Esprit créole et conscience nationale. Essais sur la formation des consciences nationales en Amérique Latine*. Paris: Editions du Centre National de la Recherche Scientifique 1980, S. 69–96.

ladado allá por resultas de lo actuado contra él en México, desde julio de 1795 hasta octubre de 1805. Die passiven Verbformen drücken deutlicher als alles andere die Unfreiwilligkeit des ganzen Geschehens aus, von dem Fray Servando berichtet. Denn es handelte sich nicht um eine Forschungsreise, sondern zunächst um eine Überstellung in ein spanisches Gefängnis zur Umerziehung eines aufmüpfigen Klerikers, den man im Mutterland wieder zur Räson bringen wollte.

Ist der erste Teil der *Relación* noch ganz autobiographischen Darstellungsformen verpflichtet und versucht, den Leser zum Zeugen der Unschuld des Autors zu machen – so wie Rousseau in den *Confessions* einst mit dem Buch in der Hand der Gerechtigkeit teilhaftig werden wollte –, so tendiert der Text in seinem weiteren Verlauf immer stärker zu deskriptiven Formen. Er wird zu einem manchmal phantasievoll ausgeschmückten (da den phantastischen Reisebeschreibungen nachempfundenen) Reisebericht, ja zum Versuch einer Darstellung der bereisten Länder. Fray Servando beschrieb in seinen *Memoiren* freilich weder Natur noch Landschaft; es standen vielmehr politische und administrative Vorgänge und Gegebenheiten sowie Sitten und Bräuche im Vordergrund. Die Geographie Spaniens, die Fray Servando höchst schmerzhaft, „a golpes y palos"[4] auf seinen erzwungenen Reisen erlernte, interessiert ihn freilich kaum. So hält er auch die Sierra de Guadarrama, verantwortlich für die den Kreolen so schreckende Kälte von Madrid, für einen Ausläufer der Pyrenäen.[5] Verwunderlich ist diese Fehleinschätzung angesichts mangelnder geographischer Kenntnisse hinsichtlich Spaniens um die Jahrhundertwende nicht, sollte doch erst Alexander von Humboldt mit Hilfe einer sehr genauen Messtechnik feststellen, dass das Land in seinen zentralen Teilen aus einer inneren Hochfläche besteht.

In Fray Servandos *Relación* lässt sich eine grundlegende Tendenz zum Romanhaften, genauer noch zum pikaresken Roman nicht übersehen. Offenkundig war der Dominikaner mit den literarischen Formen der Novela picaresca als Erzählmodell bestens vertraut. Der Autor selbst war sich dieser Tatsache sicherlich bewusst: Wir dürfen in ihm einen eifrigen Leser dieser populären literarischen Gattung vermuten. So taucht beispielsweise die Figur eines „Alcalde", eines höheren Beamten auf, der in Erwartung eines umfangreichen Schuldgeständnisses von Fray Servando die Geschichte seines Lebens zu hören bekommt. Diese Geschichte wird selbstverständlich während des Verhörs fleißig protokolliert und mitgeschrieben. Ihre Wirkung bei den Behörden ist nicht überraschend:

---

[4] Mier, Fray Servando Teresa de: *Memorias*. Edición y prólogo de Antonio Castro Leal. México: Editorial Porrúa 1946, Bd. II, S. 244: „mit Schlägen und Knüppeln."
[5] Ebda., Bd. II, S. 188.

> Als ich dazu kam, ihm zu sagen, dass mein Vater Gouverneur und Generalkommandierender im Königreich Neu-León gewesen war, drehte sich der Alkalde überrascht um, da man mich als Kleriker anklagte und es ungewöhnlich war, dass es sich dabei um ein distinguiertes Individuum handelte. Danach machte er mit sehr langen Fragen weiter, und ich antwortete ihm, dass ich ihm mein ganzes Leben erzählen würde; und da ich dies tat, befahl er dem Schreiber, alles zu notieren, was ich selbst ihm diktieren würde. Meine Geschichte erschien ihm wie ein Roman und gewiss ein fingierter, weil nichts mit der Anklage laut königlicher Order übereinstimmte. So ging ich wieder in meinen Kakerlaken-Kerker zurück, um auf Backsteinen zu schlafen, ohne eine andere Kleidung als jene, die ich anhatte, und als Kopfkissen nichts als mein Taschentuch.[6]

Fray Servando wird nach dem Verhör in seine Zelle, in seinen Kakerlaken-Keller zurückgebracht. Die erste Darlegung seiner Erlebnisse erscheint einem ersten literarisch eingeführten Zuhörer als reine Fiktion, als etwas, das er als „Roman" bezeichnet. Doch auch der Ich-Erzähler spricht bewusst von der „narración de mis aventuras"[7] und unterstreicht damit die Nähe zur Form des Abenteuerromans mit seiner Abfolge von Prüfungen und Abenteuern, die der Held zu bestehen hat. Kein Zweifel: Fray Servando war sich der erzählerischen und literarischen Implikationen der ‚Abenteuer' in seinen *Memoiren* wohl bewusst.

So könnte man durchaus sagen, dass sich in den Schriften Fray Servandos Pícaro-Roman sowie Leben, Fiktion und Realität ständig wechselseitig durchdringen: In ihnen tritt uns der Autor als Pícaro entgegen – José Lezama Lima lag in seiner Analyse Fray Servandos durchaus richtig. Denn auch dies ist eine hispanische Tradition, mit welcher der mexikanische Dominikaner keineswegs brach, sondern die er in neuer Form weiterführte und – wenn Sie so wollen – amerikanisierte, ihrer *Expresión americana* zuführte. Fray Servando sollte in vielerlei Hinsicht in einem Schüler Lezama Limas, Reinaldo Arenas, einen Nachfolger finden. Denn dieser führte in *El mundo alucinante* nicht nur die Memoiren hinüber in einen wahnwitzigen Roman, sondern erzählte später sein eigenes Leben in pikaresken Strukturen, die in seiner dem Tode abgerungenen Autobiographie mit dem Titel *Antes que anochezca*, in ständiger Bedrohung durch Verfolger und Gefängnisse erneut – wenn auch in anderer Verkleidung und anderem Kontext – den Autor als gesellschaftlichen Pícaro vorführen. Stets ist auch hier der Autor beim Schreiben, sogar im Schatten der Gefängnisse, doch ein selbstbestimmter Schriftsteller, der sein Werk genau plant.

Tatsächlich entstanden Fray Servandos Lebenserinnerungen, also seine *Apología* und *Relación*, im Gefängnis der Inquisition in Mexiko in den Jahren

---

6 Ebda., Bd. II, S. 205.
7 Ebda., Bd. I, S. 280.

1818 und 1819, also in etwa zu jener Zeit, als Fernández de Lizardi seinen *Periquillo Sarniento* vorlegte. Dass der Dominikaner von weit zurückliegenden Ereignissen überwiegend räumlich und chronologisch zutreffend – soweit sich dies nachprüfen lässt – zu berichten vermag, bezeugt ein hervorragendes Gedächtnis: *Memorias* also auch in diesem Sinne. Die Bedingungen des obsessiven, vielleicht auch lebensrettenden Schreibens werden im Text selbst in ihrer Materialität angedeutet, etwa am Ende eines Kapitels, bei dessen Niederschrift noch Papier übrig geblieben war. So wird eine neue Anekdote als „Apéndice" wie folgt eingeleitet: „Da noch dieses Fetzchen Papier übrig blieb, will ich eine Anekdote aus Madrid erzählen, als ich dort zum ersten Mal lebte."[8] Diese Materialität des noch zu beschreibenden weißen Papierfetzens gibt Einblicke in das Leben eines (neu-) spanischen Pícaro. Über sie hinaus wird auch die Mündlichkeit des Erzählens, des „contar" deutlich skizziert.[9] Die Lebendigkeit dieses Textes entsteht durch die literarisch durchgeführte Mündlichkeit, die wiederum mit der Gattungsgesetzlichkeit des autobiographischen Schreibens, gewiss aber auch jener des Schelmenromans zu tun hat. Im Gegensatz zur Schriftsprache der spanischen Kolonialmacht stellt diese Mündlichkeit vor allem eine subversive Umgestaltung der spanischen Sprache dar, finden sich in ihr doch Mexikanismen, mündliche Ausdrücke oder Elemente, welche auf die entstandenen neuspanischen Volkskulturen verweisen. Die Mündlichkeit des Textes von Fray Servando Teresa de Mier lässt sich im Übrigen auch damit in Verbindung bringen, dass er stets auf der Suche nach einer Zuhörerschaft oder einem Lesepublikum war, „siempre un hombre en busca de auditorio".[10] Sie steht aber gleichzeitig in direkter Verbindung mit der Vielzahl assoziativer Anschlüsse, eingeschachtelter Erzählungen und „digresioncitas",[11] welche die *Relación* Fray Servandos gegen Ende in noch zunehmendem Maße prägen: Fray Servando nahm sich alle Freiheiten bei seiner Gestaltung einer pikaresken Figur.

Der Dominikanermönch konnte während des Schreibens kein genau definiertes Publikum vor Augen haben. Dennoch lassen sich bei genauerer Analyse der von ihm verfassten Texte präzisere Aussagen über das intendierte Publikum machen. Denn an einer Vielzahl von Stellen wendet sich der Mexikaner direkt an seine zukünftigen Leserinnen und Leser. So schildert er, wie ihm die Augen über

---

[8] Ebda., Bd. II, S. 192: „Ya que ha sobrado este pedazo de papel, contaré una anécdota acontecida en Madrid cuando mi primera residencia en ella."
[9] Diese Mündlichkeit des Erzählvorganges ist von großer Wichtigkeit. Eine in dieser Hinsicht aufschlussreiche Stelle findet sich auch in Band II, S. 233.
[10] Calvillo, Manuel: Nota previa. In: Mier, Fray Servando Teresa de: *Cartas de un americano. 1811–1812*. Edición Edición facsimilar. México: Partido Revolucionario Institucional 1976, S. liv.
[11] Mier, Fray Servando Teresa de: *Memorias*, Bd. II, S. 69.

die korrupte Kolonialverwaltung in Spanien erst spät aufgegangen seien, weswegen er es für umso wichtiger halte, diejenigen seiner Landsleute mit Hilfe seiner Schriften – gleichsam in der Art von „consejos" und „consejas" – zu öffnen:

> Damals war es, als ich die Augen mit Blick auf die Praxis unserer Regierung öffnete und zugleich auf die Hilfsmittel, welche den Amerikanern auf beiden Wegen, dem geheimen und dem über den *Consejo de Indias*, zur Verfügung stehen, um ihre Einnahmen und Dringlichkeiten zu sichern, und so wird es gut sein, dass ich meinen Landsleuten die Augen öffne, damit sie absolut niemals darauf vertrauen, Gerechtigkeit zu erlangen, da dieses nur dann gilt, wenn große Gunst oder viel Geld herrscht, damit sie versuchen, hier ihre Klagen soweit sie es können durchzusetzen, selbst bei schlechter Zusammenstellung. Denn dort ist die Macht absoluter, und der Hof und die Tribunale sind käuflicher, und größer die Zahl der Bedürftigen, der Übelwollenden und der Intriganten, so dass die Hilfsmittel schwieriger um nicht zu sagen unmöglich sind für einen Armen, also in einem Wort: Dort geht es nicht um das Gewissen, sondern um Geld und Politik, denn beim Spiel der Intelligenz und Verhalten der Höfe geht es just um das Gegenteil der Moral.[12]

Die hier von Fray Servando angesprochenen „paisanos" sind die Bewohner jenes Gebietes, das der Mexikaner häufig als „Nuestra América"[13] bezeichnet hat. Er versucht, seine Landsleute vor jener ‚Gerechtigkeit' im spanischen Mutterland zu warnen, indem er die Korruption und Käuflichkeit in den kolonialen Strukturen der iberischen Kolonialmacht demaskiert. Jegliches Vertrauen in eine wie auch immer geartete Gerechtigkeit am spanischen Hofe zu Madrid sei bei seinen „paisanos" daher nachweislich fehl am Platze.

Der Ausdruck „Nuestra América", der sich in den spanischen Kolonien der Neuen Welt bis ins 17. Jahrhundert schriftlich zurückverfolgen lässt, zeugt von einer beginnenden Identifikation der Kreolen mit ihrem Kontinent und Geburtsort.[14] Am Ende des 18. Jahrhunderts ist dieser Ausdruck zu einem wichtigen Bestandteil des Vokabulars der (in der Neuen Welt geborenen) Kreolen geworden. Es scheint jedoch, dass die Bezeichnung bis gegen Ende des 19. Jahrhunderts wieder größtenteils in Vergessenheit geraten ist, ehe José Martí, bei dem der Begriff zum ersten Mal in seinem Essay *Guatemala* auftaucht,[15] diese Wortfügung im Laufe seiner politischen Entwicklung immer mehr zu einem kombattiven

---

[12] Mier, Fray Servando Teresa: *Memorias*, Bd. I, S. 243.
[13] Vgl. etwa ebda., Bd. II, S. 173 ff.
[14] Vgl. Almarza, Sara: La frase „Nuestra América": historia y significación. In: *Caravelle* 43 (1984), S. 5–22.
[15] Vgl. hierzu Ette, Ottmar: Apuntes para una orestiada americana. José Martí y el diálogo intercultural entre Europa y América latina. In: *Revista de crítica literaria latinoamericana* (Lima, Peru) XI, 24 (2° semestre 1986), S. 143 ff. Die Verwendung des Begriffes „Nuestra América" lässt sich bei Martí ungeachtet aller inhaltlichen Veränderungen mithin bis ins Jahr 1877 zurückver-

Begriff der Einheit des Kontinents umgeschmolzen hat. Ich werde gegen Ende unserer Vorlesung darauf zurückkommen.

Im 18. Jahrhundert ist „Nuestra América", wohl häufig mit regional wechselnder geographischer Referentialität, je nach Herkunftsort der oder des Sprechenden verwendet worden, bevor sich dann im Zeichen der Independencia ein klar kontinentales Verständnis durchsetzte, welches dem Begriff seine politische Schlagkraft vermitteln sollte. Gewiss blieb zunächst das Bewusstsein der Amerikanität auf eine intellektuelle Elite der Kreolen beschränkt.[16] Doch hat die lateinamerikanistische Forschung in mehreren einschlägigen Studien – wenn auch nicht bei Fray Servando Teresa de Mier – nachgewiesen, wie die Erkenntnis dieser Einheit gerade auch durch das Exil gefördert wurde, etwa bei Juan Pablo Viscardo (1748 bis 1798). Eben diese mit Amerika verbindende identifikatorische Bewegungskraft des Exils kann man jedoch auch bei Fray Servando ansetzen.

Der Gebrauch des Begriffs „Nuestra América" als sprachliche Waffe im Kampf um eine zunehmende Eigenständigkeit der noch spanischen Kolonien lässt sich bereits in den Memoiren des neuspanischen Dominikaners deutlich erkennen. Sprach etwa ein Alexander von Humboldt aus europäischem Blickwinkel vom Neuen Kontinent, von der Neuen Welt und von Spanisch-Amerikanern, so betonte Mier seine Zugehörigkeit zu „Nuestra América" und betrachtete sich nicht länger als ‚hispanoamericano', sondern vielmehr als „americano". So gab er auch seiner Auseinandersetzung mit dem spanischen Publizisten Blanco White den Titel *Carta de un Americano al Español*[17] und betonte die Bezeichnung „Amerikaner", die bis weit ins 18. Jahrhundert auch im deutschsprachigen Raum zumeist für die Bezeichnung der indigenen Bevölkerung verwendet wurde. Erst später und mit dem Aufstieg der Vereinigten Staaten von Amerika erhielt sie ihre zweifellos usurpatorische, wenn auch nicht unumstrittene Bedeutung.

Es deuten sich bei Fray Servando Teresa de Mier Entwicklungen an, die dann – wie José Lezama Lima in seiner scharfsinnigen Analyse schloss – im Werk und Wirken José Martís kulminieren und ihren semantischen Höhepunkt errei-

---

folgen und nicht wie laut Sara Almarza (La frase „Nuestra América": historia y significación, S. 21) nur bis 1883.

16 Vgl. Minguet, Charles: Le sentiment d'américanité dans le mouvement émancipateur des colonies espagnoles d'Amérique. In: *Romanistische Zeitschrift für Literaturgeschichte* (Heidelberg) 6 (1982), S. 9–23.

17 Vgl. Clavillo, Manuel: Nota previa (1976); zur Geschichte der Begriffe für die ehemaligen spanischen Kolonien in Amerika siehe auch Jurt, Joseph: Entstehung und Entwicklung der LATEINamerika-Idee. In: *Lendemains* (Tübingen) 27 (1982), S. 17–26; sowie Rojas Mix, Miguel: Bilbao y el hallazgo de América latina: Unión continental, socialista y literaria ... In: *Caravelle* 46 (1986), S. 35–47. 1986.

chen sollten. Das Durchlaufen des „histórico calabozo americano",[18] also des historischen amerikanischen Kerkers, schafft letztlich jene „expresión americana", die mit Martí ihre Fülle finden, jedoch gleichzeitig „jenen Wirbel, der sie zerstören wird",[19] erzeugen sollte. Nehmen wir die Ausführungen von Lezama Lima am Ende seines bereits zitierten Essays als einen Ausblick auf das, was uns am Ende des 19. Jahrhunderts in den kulturellen Areas Lateinamerikas erwarten wird:

> In einer großen verbalen Weihnacht repräsentiert José Martí die Fülle der möglichen Abwesenheit. In ihm kulminieren der Kerker von Fray Servando, die Frustration von Simón Rodríguez, der Tod von Francisco Miranda, aber auch der Blitz der sieben Intuitionen der chinesischen Kultur, was ihm durch die Metapher des Wissens erlaubt, den Wirbel zu berühren und zu schaffen, der ihn zerstört [...].[20]

War Alexander von Humboldt beim Verlassen Spaniens im literarischen Text seiner *Relation* zum Europäer geworden (was sein weltbürgerliches Selbstverständnis nicht behinderte, eher förderte), so wurde Fray Servando Teresa de Mier beim erzwungenen Verlassen Mexikos, also am selben literarischen Punkt seines so ganz anderen Reiseberichts, zum Kreolen. Dort subsumierte er die Gründe für seine Verfolgung in der Heimat durch die von Spaniern beherrschte Geistlichkeit so: „Der Unterschied war klar: Ich bin Kreole und er war ein Europäer."[21] Nur wenige Zeilen später trat Fray Servando auf der Fregatte *La Nueva Empresa* seine erzwungene Reise nach Spanien an.

Die wiederholte Betonung seiner Identitätszuschreibung als Kreole unterstreicht den Gegensatz zwischen dem spanischen Mutterland und der nun als Heimat empfundenen Kolonie, die auf dem Weg in die Unabhängigkeit ist. Der Gegensatz zwischen dem „español" oder – wie sich der Mexikaner häufig ausdrückte – „gachupín" einerseits und dem „criollo" andererseits fasst aber bereits bei Fray Servando die Einheit der Amerikaner und damit auch der lateinamerikanischen Welt ins Auge. Zwar ist die Referenz des Begriffs „Nuestra América" noch schwankend, indem einmal nur „Nueva España", ein andermal aber alle amerikanischen Kolonien miteinbegriffen sind. Doch lässt sich unter dem prägenden Einfluss des Exils und nicht zuletzt auch durch die Verbindung des Mexikaners mit anderen Exilierten oder mit anderen für die Unabhängigkeit der Kolonien kämpfenden Amerikanern in Madrid, Paris und vor allem London – dem eigent-

---

18 Lezama Lima, José: *La Expresión americana*, S. 113.
19 Ebda., S. 116.
20 Ebda.
21 Mier, Fray Servando Teresa de: *Memorias*, Bd. I, S. 116: „La diferencia era clara: yo soy criollo, y aquel era europeo."

lichen Zentrum der lateinamerikanischen Unabhängigkeitsbewegung – in Europa eine deutliche Entwicklung hin zu einem wirklich kontinentalen Bewusstsein feststellen. Der Verweis auf José Miranda sowie auf Simón Rodríguez ist hier sehr am Platze. José Joaquín Fernández de Lizardi entwickelte sein kreolisches Bewusstsein und ein wachsendes Gespür für die Unabhängigkeit seines Landes in der Heimat, Fray Servando hingegen unverkennbar im europäischen Exil, wo er sicherlich stärker noch als sein neuspanischer Schriftstellerkollege zu einem ‚Proto-Lateinamerikaner', einem Bewohner des künftigen Lateinamerika wurde.

So wies Fray Servando Teresa de Mier in seinen politischen Schriften mehrfach und heftig auf die Notwendigkeit einer Einheit innerhalb von „Nuestra América" hin: „Wir werden frei sein, wenn wir vereint sind."[22] Die Auseinandersetzung mit dem Anderen, dem Fremden – wohl auch unter dem Einfluss der (räumlichen) Distanz – führte bei Mier zu einer neuen Sicht, zu einer neuen Fassung des Eigenen; oder wie der mexikanische Essayist und Theoretiker Alfonso Reyes betonte: „Er betrachtet sein Vaterland aus der Ferne – was eine Art und Weise ist, es besser zu umfassen."[23] Alfonso Reyes sprach aus eigener Erfahrung und wusste, wie furchtbar und fruchtbar zugleich das Exil sein konnte.[24]

Die eigene Herkunft – und für Fray Servando war dies in erster Linie noch Neu-Spanien – ist ihm im Exil dauernd gegenwärtig: „Nie verlor ich Mexiko aus dem Blick, denn ich wollte zurück in mein Vaterland."[25] Dieser Blick auf das Eigene aus der Fremde prägt gewiss auch den Blick auf das Andere, das kolonial Entgegengesetzte, und die literarische Vermittlung des dort Erlebten an die in der Heimat Lebenden. Die Unumgänglichkeit des Vergleichs für diese Vermittlung lässt wiederum Rückschlüsse auf den impliziten Leser der *Memoiren* zu. Als großen und vielleicht entscheidenden Mangel der Spanier stellt Mier deren Abneigung gegen das Reisen heraus: „Sie reisen nicht, um Vergleiche anzustel-

---

22 Vgl. Mier, Fray Servando Teresa de: *Cartas de un americano*, S. 271: „Seremos libres si estamos unidos." Siehe auch die Zusammenstellung von Äußerungen Fray Servandos in O'Gorman, Edmundo: Cronología. In: Mier, Fray Servando Teresa de: *Ideario político*. Prólogo, notas y cronología por Edmundo O'Gorman. Barcelona: Editorial Lumen 1978, S. xxxviii.
23 Vgl. Reyes, Alfnso: Prólogo a Fray Servando, S. 553: „contempla a su patria desde lejos – que es una manera de abarcarla mejor."
24 Vgl. zu Alfonso Reyes und seiner Situation im Exil auch Band 3 der „Aula"-Serie in Ette, Ottmar: *Von den historischen Avantgarden bis nach der Postmoderne*, S. 196–227.
25 Mier, Fray Servando Teresa de: *Memorias*, Bd. II, S. 59: „Nunca perdía yo de vista a México, deseando volver a la patria"

len."[26] Daher seien die Spanier in ihrer dumpfen Abgeschlossenheit auch fest davon überzeugt, trotz ihrer Armut im vortrefflichsten Land der Erde zu wohnen.

An diese Spanier wendet sich Fray Servando nicht; doch lassen gerade die Vergleiche einen Schluss auf die implizite Leserschaft zu. So stellt der Mexikaner die Kleidung der Griechen im Hafen von Marseille – dem alten griechischen Massilia – jener der amerikanischen Indios gegenüber und weist schließlich auch darauf hin, dass Griechinnen und Griechen „den selben Teint wie unsere Indios"[27] hätten. Fray Servando beschreibt die Szenerie im Hafen von Marseille, von wo er sich nach Italien begeben will, mit folgenden Worten:

> In Marseille sah ich die Frauen, zumindest der gemeinen Schicht, mit Manteldecken wie in Spanien, wo sie alleine Verwendung finden. Auch sah ich eine Kolonie von Katalanen, eine weitere danach in Gibraltar, und wo immer es etwas zu fischen gibt, dort finden sie sich mit diesem Ziele ein. Auch sah ich in einer Stadt, die von den Griechen gegründet, diese selbst zum ersten Male, wie sie Handel treiben. Sie tragen keine Strümpfe, sie tragen eine Jacke oder Baumwolle ganz auf die Art, wie unsere Indios sie tragen, sie haben kurzes Haar und eine Art Mütze oder weiße Kopfbedeckung mit einer Quaste. Die Frauen verwenden eine Tunika; sie sind von rundem Gesicht und haben große Augen. Männer wie Frauen besitzen denselben Teint wie unsere Indios.[28]

Fray Servando entgeht nicht dem Usus, bestimmte Völkerschaften mit Hetero-Stereotypen zu belegen. Dass zum damaligen Zeitpunkt allen Katalanen etwas gierig Krämerhaftes anhaftet, fehlt selten in spanischen Reiseberichten jener Zeit: Fray Servando bildet da keine Ausnahme. Dass aber ausgerechnet die Griechen, das Kulturvolk des Abendlandes *par excellence*, von Fray Servando mit den Indianern Amerikas verglichen werden, ist durchaus bedeutungsvoll. Zum einen wird daran ersichtlich, dass sich der anschaulich machende Vergleich an eine amerikanische Leserschaft wendet. Und zum anderen scheint hier im Keim eine Idee zu stecken, die erst von Martí entwickelt und entfaltet, *aus-gedacht* werden wird: dass die endlich zu erforschende und in die eigene Identität miteinzubeziehende amerikanische Antike – oder wie Martí sich ausdrückte: „nuestra Grecia"[29] – in den Reichen der indianischen Hochkulturen zu suchen sei. Für die Aufdeckung dieser dem Kreolen wohl letztlich verborgenen Sichtweise war Fray Servando zu sehr „criollo", um sich der ganzen Tragweite seiner Sicht bewusst zu werden. Die

---

26 Ebda., Bd. II, S. 136: „Ellos no viajan para hacer comparación."
27 Ebda., Bd. II, S. 62: „el mismo colorido de nuestros indios."
28 Ebda.
29 Martí, José: *Obras Completas*. La Habana: Editorial Ciencias Sociales 1975, Bd. VI, S. 18.

nationale Identität verschmolz auch für ihn im Grunde mit der kreolischen.³⁰ Die indigene, präkolumbische Vergangenheit wurde noch nicht in das eigene Selbstverständnis miteinbezogen und stand noch isoliert im geschichtlichen Vakuum einer Vor-Zeit, die mit der Gegenwart wenig zu tun hatte. Dies freilich sollte sich im Verlauf des 19. Jahrhunderts erkennbar verändern.

Die Wendung Miers an eine amerikanische Leserschaft wird auch an der Gesamtintention der Darstellung Europas erkennbar, des Reiseberichts also. Fray Servando erwähnt, wenn auch mehr als „anécdota",³¹ einen lügnerischen Reisebericht über Amerika, der vor allem aus finanziellen Motiven geschrieben worden sei. Beim europäischen Publikum schien folglich eine große Nachfrage nach solchen Reiseberichten zu herrschen, welche die dominierenden Stereotypen über Amerika bestätigten. Mier schildert nun, wie er gegen diesen ,Reisebericht', den ursprünglich französischen *Viajero Universal*, anzuschreiben und zu polemisieren versuchte, was jedoch vergeblich blieb:

> Ich schrieb an Tres Palacios und beklagte mich über die Blasphemien, welche der *Viajero* gegen den verehrenswerten Bischof Casas veröffentlichte, und dass er bezüglich der Geographie Amerikas absolut ignorant war. Tres Palacios schickte diesen Brief an Estala und sagte ihm, dass wir Mexikaner allesamt so seien und dass er uns dieses Geschäft schwermachen solle. Daraufhin kopierte Estala gegen Amerika und speziell gegen Mexiko alle Absurditäten und Ungereimtheiten von de Pauw und seinen Nachfolgern Raynal, Robertson und Laharpe, so als ob deren Argumente nicht längst von Valverde, Carli, Clavijero, Molina, Iturri, Madison und vielen mehr in Staub aufgelöst worden wären. [...]
> So verlaufen alle Dinge in Spanien. Ich begann, gegen den *Viajero* zu schreiben und um in die Zeitung die *Cartas de Tulitas Cacaloxochitl Cihuapiltzin Mexica*, eines mexikanischen Fräuleins, gegen den *Viajero Universal* zu setzen. [...] Doch der *Viajero* wurde ins Portugiesische übersetzt und diente später als Leitschnur für die englische Geographie von Guthrie, der zudem allen Unsinn von Estala gegen Mexiko abschrieb. So finden die Beleidigungen und die Irrtümer kein Ende.³²

Es handelt sich damit um eine gesamteuropäische, aus kommerziellen Gründen entstandene und mit verbreiteten europäischen Vorurteilen spielende, verzerrende Darstellung Amerikas, die nicht die Darstellungen etwa der neuspanischen Aufklärung, sondern europäischer Autoren berücksichtigte, die wie Cornelius de Pauw, Guillaume-Thomas Raynal oder William Robertson niemals nach Amerika gereist waren. Dessen ungeachtet aber verbreiteten die Schriften dieser europäi-

---

30 Vgl. hierzu Aguila, Yves: Sur les prémices d'un sentiment national en Nouvelle Espagne, S. 94 f.
31 Mier, Fray Servando Teresa de: *Memorias*, Bd. II, S. 186.
32 Ebda., Bd. II, S. 187.

schen Aufklärer eine Vielzahl von – wie wir im Zeitalter Donald Trumps sagen könnten – *alternativen Fakten*, die jeglicher Grundlage entbehrten und erst mit dem von Alexander von Humboldt mitbewirkten Paradigmenwechsel in den ersten Jahrzehnten des 19. Jahrhunderts ein vorläufiges Ende fanden.[33] Doch noch ein Hegel kolportierte in seinen geschichtsphilosophischen Visionen – im Übrigen zum Ärgernis Alexander von Humboldts – die völlig irreführenden und falschen ‚Erkenntnisse' etwa eines Cornelius de Pauw über die Tropen Amerikas und deren Bevölkerung.

Zweifelsohne lässt sich Fray Servandos Darstellung Europas in Form eines Reiseberichtes aus der Perspektive eines Amerikaners als der gelungene Versuch eines Gegenentwurfs, vielleicht gar – denken wir an den emotionalen Grundton wie auch den oft vehementen Stil der *Memoiren*, an die „vehemencia natural de mi estilo"[34] und an seine „einfordernde amerikanische Wut"[35] – als eine Art literarischer Rache an europäischen Verballhornungen verstehen. Denn es ist auffällig, wie stark Fray Servando gerade die absurden, phantastischen oder skurrilen Seiten der jeweils von ihm besuchten europäischen Länder hervorhebt.

Beispiele für eine derartige Darstellungsweise lassen sich leicht finden und aufzählen. So beschreibt er seinen Landsleuten genüsslich das „ius primae noctis", das berühmte Beischlaf-Recht der ersten Nacht des Landesherrn anlässlich der Hochzeit seiner Vasallen und Bauern in deutschen Landen. Es handelt sich um ein Thema, das (wenn auch wohl in Unkenntnis der tatsächlichen Rechtsverhältnisse) auch von Wolfgang Amadeus Mozart in einer wunderbaren Oper aufgegriffen worden war. Servando verwendet mehrfach den so bedeutungsträchtigen Begriff der Barbarei in Bezug auf bestimmte Sitten und Bräuche in Spanien sowie Italien[36] und verweist auf kannibalische Vorkommnisse etwa in Italien.[37] Vergleiche fallen oft zuungunsten Europas aus; und selbst das Mutterland der hispanischen Zivilisation wird zum Barbarenland erklärt:

> Bezüglich der Anlage der Städte gibt es in Europa nichts, was sich mit den Städten in unserem Amerika oder in den Vereinigten Staaten vergleichen ließe. Sie scheinen allesamt von einem Volk gegründet worden zu sein, das den geraden Linien feindlich gegen-

---

33 Vgl. Ette, Ottmar: Réflexions européennes sur deux phases de mondialisation accélérée chez Cornelius de Pauw, Georg Forster, Guillaume-Thomas Raynal et Alexandre de Humboldt. In: *HiN – Alexander von Humboldt im Netz. Internationale Zeitschrift für Humboldt-Studien* (Potsdam – Berlin) XI, 21 (2010), S. 1–28 (http://www.hin-online.de).
34 Mier, Fray Servando Teresa de: *Memorias*, Bd. I, S. 234.
35 Calvillo, Manuel: Nota previa, S. lviii: „ira americana reivindicadora."
36 Vgl. etwa Mier, Fray Servando Teresa de: *Memorias*, Bd. II, S. 68.
37 Ebda.

überstand. Alles sind krumme Straßen und Gässchen, verzwickt, ohne jede Ordnung und ohne jegliches Erscheinungsbild. [...] In den großen Städten werden die Stadtpläne in Form kleiner Bücher verkauft, um den Ausländer mit der Angabe dessen anzuleiten, was es in ihnen gibt. Allein in Spanien gibt es nichts dergleichen. Es wäre auch vergebens, weil in den Dörfern nur Pfarrer und Küster lesen können. So läuft man wie ein Barbar im Barbarenlande und fürchtet die Banditen, welche die Reisenden ausrauben, und es folgen der Kutsche allein ganze Truppen von Bettlern und Jungs, die schreiend nach Almosen verlangen.[38]

Offenkundig ist es in dieser Passage Fray Servando Teresa de Mier darum zu tun, bei seinen amerikanischen Leserinnen und Lesern den Mythos der europäischen Städte gründlich zu zerstören. Hier spricht nicht nur der Stolz des amerikanischen Kreolen auf die geplanten und geradlinigen Städte von „Nuestra América", sondern auch der Mexikaner, der allenfalls noch die Entwicklungen in den Vereinigten Staaten gelten lässt, ansonsten aber die Barbarei im vermeintlichen Hort der Zivilisation zu erkennen vermag. Vor allem Spanien ist das Ziel seiner Anklagen, sei man dort zwar davon überzeugt, im vorzüglichsten Land der Erde zu leben, vergleiche sich aber nicht ernsthaft mit anderen Ländern und sehe nicht, wie das Land voller Bettler und Analphabeten ist. Das ehemalige Zentrum der Zivilisation ist aus Sicht eines Amerikaners zu einem Hort der Barbarei und Unwissenheit geworden.

Den Sittenverfall Europas und insbesondere Spaniens lässt Fray Servando gerne daran deutlich werden, dass auch die so hochgeschätzten und christlich-keusch erzogenen Spanierinnen nichts anderes zu tun hätten, als sich öffentlich halbnackt mit entblößten Brüsten zur Schau zu stellen und den Blicken der Männer preiszugeben:

> In keinem Teile Europas haben sie so sehr wie die Spanierinnen das Bestreben, ihre Brüste allen Blicken zu zeigen, und in Madrid habe ich sogar Frauen gesehen, die ihre Brüste gänzlich frei promenierten, mit güldenen Ringen durch ihre Brustwärzchen. Dasselbe sieht man an den Zehen ihrer Füße, die gänzlich nackt sind, wie auch die gesamten Arme schon ab der Schulter. Und da sie ihre Beine nicht auch noch entblößen können, tragen sie fleischfarbene Strümpfe.[39]

Vergessen wir nicht, dass wir in Fray Servando Teresa de Mier einen Kleriker, einen Dominikanermönch vor uns haben: Dieser zeigt sich deutlich vom Sittenverfall bei den Frauen in Europa schockiert. Nichts vermag aus seiner Sicht die Spanierinnen dafür zu entschuldigen, bei ihrer – sicherlich deutlich überzeichneten – Mode viel nackte Haut zu zeigen. Unverkennbar spricht aus dieser

---
38 Ebda., Bd. II, S. 56 f.
39 Ebda., Bd. II, S. 162.

Darstellung die Umkehr des Bildes, das im Gefolge der Chroniken bis in die Zeit der Aufklärung in Europa von Amerika und den freizügigen, lüsternen Amerikanerinnen gezeichnet worden war. In Europa kursierten viele Geschichten von den „Tapadas"[40] in Lima, jenen verhüllten Frauen, die sexuell höchst eigenständig und von ihren Männern emanzipiert einen Gestus der Unabhängigkeit zelebrierten, der Mitte des 19. Jahrhunderts noch eine französische Frauenrechtlerin wie Flora Tristan faszinierte.[41]

Dabei wies Fray Servando nicht nur auf die allgemeine Ignoranz der europäischen Bevölkerung, sondern immer wieder auf die Unkenntnis der Europäer gegenüber jener der Kolonien, ihrer Sitten und Geschichte hin. Das Zerrbild, das im Spiegel der europäischen Literaturen von den Kolonien in Amerika entstanden war, wird nun auf Europa zurückprojiziert und den Europäern vorgehalten. Allerdings bleibt der primär angezielte Adressat der Schriften Fray Servandos zweifellos das amerikanische Publikum. Diesem gegenüber erfüllt es die Funktion einer Demythifizierung Europas, einer Zerstörung aller Mythen, welche sich die kolonialen Mutterländer und allen voran die Spanier geschaffen hatten. Die nur wenige Jahrzehnte später obligat (und zum literarischen Topos) werdende Bildungsreise der Lateinamerikaner nach Paris haben diese Darstellungen nicht verhindern können.

Fray Servando strebte gewiss keine länderkundliche Darstellung an, denn eine solche „pertenece a la estadística o la geografía, y hay libros donde estudiarla":[42] Eine solche gehöre der Statistik oder der Geographie an, und dafür gebe es Bücher genug. Gleichwohl ist der mexikanische Dominikanermönch bestrebt, ein Gesamtbild der bereisten Länder zu entwerfen, mithin seinen Leserinnen und Lesern durchaus Europa nahezubringen. Allerdings ging es ihm dabei nicht mehr um ein Europa, zu dem man hätte aufblicken müssen, sondern um eines, das für die amerikanische Leserschaft gleichsam auf Augenhöhe war. Unverkennbar ist in diesen ausführlichen Passagen der ganze Stolz eines Bewohners von „Nuestra América" zu spüren, welcher den Ländern der (Noch-)Kolonialherren mit großer Neugier, aber zugleich mit aufgeklärter Skepsis gegenübersteht.

Seins Vorhaben verwirklicht der mexikanische Amerikaner vor allem im zweiten Teil seiner *Relación*. Mit Ausnahme der ausführlichen Beschreibung

---

40 Vgl. Ette, Ottmar: Fuß – Taille – Auge. Europäische Körper/Geschichte(n) der schönen Frauen von Lima. In: Erdmann, Eva (Hg.): *Der komische Körper. Szenen – Figuren – Formen*. Bielefeld: transcript Verlag 2003, S. 153–162.
41 Vgl. das Flora Tristan gewidmete Kapitel in Ette, Ottmar: *ReiseSchreiben. Potsdamer Vorlesungen zur Reiseliteratur*. Berlin – Boston: Walter de Gruyter 2020, S. 543–555.
42 Mier, Fray Servando Teresa de: *Memorias*, Bd. II, S. 53.

religiöser Riten, der Kirchen und Kunstschätze Roms, welche freilich nicht ohne einen Verweis auf die amerikanische Herkunft des Goldes auskommt,[43] ist Miers Vorgehensweise primär an bestimmten, ihm symbolhaft erscheinenden Details orientiert, die dann als Gerüst für eine Gesamtdarstellung (und meist Verurteilung) des kolonialistischen Europa dienen. Diese Vorgehensweise einer sehr selektiven, wenn auch häufig recht treffenden Wahrnehmung öffnet den Stereotypen allerdings Tür und Tor. Einige Beispiele hierfür mögen genügen!

So beginnt Fray Servando seinen Besuch in Italien mit den Worten „Jetzt befinden wir uns im Lande der Perfidie, der Täuschung, des Giftes wie des Mordes und des Raubes".[44] Italien erscheint auf diese Weise nicht als Wiege der Zivilisation oder Schauplatz einer großen Geschichte, sondern als Hort des Betrugs und Diebstahls, wie es viele Heterostereotypen des Landes zum damaligen Zeitpunkt verkündeten. Seine Rückkehr nach Spanien leitet der von der Inquisition verfolgte Dominikanermönch – wenn auch aufgrund seiner Perspektive wie persönlichen Erfahrungen verständlich – mit den Worten ein: „Und da bin ich wieder im Lande des Despotismus."[45] Zwar betont er, dass man zwischen den verschiedenen Regionen Spaniens sehr wohl unterscheiden müsse, doch stimmen nach seiner Ansicht alle Spanier in bestimmten charakteristischen Eigenschaften überein: „Allesamt sind sie mehr oder minder frech und arrogant, und dabei ignorant und abergläubisch."[46] So seien die Katalanen gemäß des verbreiteten Stereotyps stets recht arbeitsam, aber nur auf möglichst viel Geld versessen.[47] Portugiesen und Italiener seien im Gegensatz zu den Nordeuropäern dreckig („cochinos"), obwohl sie darin noch von den Mauren übertroffen würden[48] – und mit welcher Lust zitiert Fray Servando mehrfach gleich den bis heute erhaltenen, doppelt perfiden Spruch, dass Spanien nur aufgrund eines geographischen Irrtums zu Europa gezählt werde![49] Es kann kein Zweifel daran bestehen: Der mexikanische Dominikaner versucht, in seinen Schriften bei seinem Lesepublikum in der Neuen Welt so weit als irgend möglich den Mythos Europa zu zerstören.

Auffällig ist an all diesen Äußerungen, wie sehr diese scheinbar auf Erfahrungen aufruhenden Bilder den Stereotypen entsprechen, die innerhalb Europas vom

---

43 Mier, Fray Servando Teresa de: *Memorias*, Bd. II, S. 101.
44 Ebda., Bd. II, S. 62: „ya estamos en el país de la perfidia y el engaño, del veneno; el del asesinato y el robo."
45 Ebda., Bd. II, S. 135: „Héteme aquí otra vez en el país del despotismo."
46 Ebdas., Bd. II, S. 139: „todos fieros y soberbios más o menos, [en ser] ignorantes y supersticiosos."
47 Ebda., Bd. II, S. 144.
48 Ebda., Bd. II, S. 72.
49 Ebda., Bd. II, S. 74 u. 213.

jeweils anderen Land in Umlauf waren. Fray Servando brauchte sich in diesem Reservoir an Vorurteilen nur umzuschauen und zu bedienen. Besonders schön lässt sich dies an seinem Spanienbild aufzeigen, das bis in viele Einzelheiten hinein dem negativen der französischen Aufklärung wie der französischen „philosophes" entspricht. Auch wenn der neuspanische Kleriker den französischen Aufklärungsphilosophen distanziert bis feindlich gegenüberstand, bediente er sich doch reichlich an jenem Schatz an Vorurteilen, welche Frankreich zu einer Drehscheibe europäischer Heterostereotype machte.

Diese essentialistischen Verallgemeinerungen wurden nicht zuletzt immer wieder literarisch vermittelt und perpetuiert, wie dies Fray Servando Teresa de Mier selbst bezüglich des Lateinamerikabildes in Europa erkannt hatte. Gerade Reiseberichte spielten eine zentrale Rolle bei der Herausbildung und Verfestigung von Auto- wie Heterostereotypen, sind sie doch die vorzügliche literarische Gattung einer Vermittlung der Alterität des Anderen. Auch bei den „grands philosophes" ließ sich die Herkunft vieler aus Reiseberichten übernommener Stereotype nachweisen:[50] Die zeitgenössische Literatur tat ihr Möglichstes, für die internationale Verbreitung dieser Stereotype zu sorgen. Bevor im 19. Jahrhundert die Romantik dieses negative Spanienbild in Frankreich gänzlich umordnete, ohne allerdings seine einzelnen Elemente wirklich auszutauschen, war für die französischen Aufklärer Spanien das Land des Despotismus schlechthin, für Montesquieu gar der Feind der „raison humaine" überhaupt. Fray Servando holte sich die Argumente, die er brauchte, dort wo er sie fand, und verwandelte seine Schriften gerne in eine „machine de guerre" gegen den europäischen Kolonialismus.

Es kam aber bei Fray Servando noch eine weitere und wesentliche Komponente hinzu: Das erwachende Selbstbewusstsein und der Stolz des amerikanischen Kreolen gegenüber den Europäern und ihrer Macht. Die Ankunft Fray Servandos in Madrid, der Hauptstadt des großen imperialen Kolonialreiches, gerät so zum Gegenstand einer hemmungslosen „moqueri", zur Darstellung eines riesigen, nach Mist stinkenden Dorfes inmitten einer noch riesigeren Wüste voller Ruinen. Madrid wird bei ihm zu einer kadaverhaften Stadt, in der nur noch eine „raza degenerada, que hombres y mujeres hijos de Madrid parecen enanos",[51] also eine degenerierte Rasse von Kleinwüchsigen leben könnte. War die Dekadenz Spaniens und der Spanier auch ein in Europa weitverbreiteter Gemeinplatz, so wird dieser Degenerierung, die bereits im Stadtplan erkennbar sei, das rechtwink-

---

50 Vgl. Jurt, Joseph: L'image de l'Espagne en France aus *Siècle des Lumières*. In: *Cosmopolitisme, Patriotisme et Xénophobie en Europe au Siècle des Lumières. Colloque International*. Paris: Gonthier-Fink 1987, S. 29–41.
51 Mier, Fray Servando Teresa de: *Memorias*, Bd. II, S. 160.

lige Straßennetz der amerikanischen Städte als Gegenbild von Intelligenz und Klarheit entgegengestellt. Fray Servando Teresa de Mier versucht, gerade seiner amerikanischen Leserschaft immer wieder klar zu machen, dass Amerika dem dekadenten Europa in vielen Bereichen längst überlegen sei. Welche Gründe hätte es da für die amerikanischen Kreolen geben können, sich den europäischen Kolonialherren auch weiterhin unterzuordnen?

Spanien – dies ist die wohl zentrale Erkenntnis Fray Servandos – wird in Wirklichkeit nicht von seinem König, auch nicht von seinen Ministern, sondern von den Beamten am Hofe regiert, den „covachuelos".[52] Von diesen aber ist keinerlei Gerechtigkeit zu erwarten, herrschen in ihren Kreisen doch Verleumdung, Täuschung und Korruption vor. Der ganze Hof ist in den Augen des neuspanischen Denkers nichts anderes als ein einziges Bordell.[53] Wer als Amerikaner angesichts dieser Zustände noch an Gerechtigkeit oder eine moralische Legitimation des Mutterlandes glaubt, muss dringend eines Besseren belehrt werden.[54]

Die politische, moralische und religiöse Dekadenz Spaniens, des Feindes der menschlichen Vernunft, wird immer wieder herausgestrichen. Fray Servando Teresa de Mier erweist sich in all diesen Argumentationen nicht nur als Anhänger der neuspanischen Aufklärung, sondern auch als authentischer Vertreter dieser „filósofos". Dabei verwendet der von der neuspanischen Kirche verstoßene Kleriker durchaus argumentative Schemata, wie sie für die Aufklärung charakteristisch sind. In seiner *Apología* etwa benutzt Fray Servando ein Grundschema seiner Selbstverteidigung, das sich bereits in den Kapitelüberschriften dieses Werkes abzeichnet, welche kurz zitiert seien: „Die Leidenschaften verschwören sich, um gegen die Unschuld vorzugehen"; „Die Leidenschaften verleumden die Unschuld"; „Die Leidenschaften beleidigen die Unschuld"; „Die Leidenschaften kriminalisieren die Unschuld".[55]

Dieses Grundschema ist uns aus der französischen Aufklärung wohlvertraut, bedienten sich doch die „philosophes" von Voltaire oder Jean-Jacques Rousseau bis hinunter zum unwichtigsten Provinzphilosophen des legitimierenden Bildes der „vertu persécutée", um ihren selbstlosen Einsatz für ihre Ideen dem Publikum glaubhaft zu machen.[56] Gerade die Argumentationen des Genfer Philosophen

---

52 Ebda., Bd. I, S. 234, 241 u. 244 ff.
53 Ebda., Bd. II, S. 166.
54 Ebda., Bd. I, S. 243.
55 „Las pasiones se conjuran para procesar a la inocencia"; „Las pasiones [...] calumnian a la inocencia"; „Las pasiones infaman la inocencia"; „Las pasiones acriminan la inocencia".
56 Vgl. hierzu etwa Gumbrecht, Hans Ulrich / Reichardt, Rolf: Philosophe, Philosophie. In: *Handbuch politisch-soziale Grundbegriffe in Frankreich: 1680–1820.* Herausgegeben von Rolf Reichardt und E. Schmitt. Fasc. 3. München: Oldenbourg 1985, S. 47.

bringen an dieser Stelle eine Emotionalisierung des Diskurses zum Tragen, der just in der Romantik auf starke Zuneigung stieß und nicht zuletzt auch auf Fray Servando stark einwirkte. Ungezählte Male in seinen *Memoiren* beschwor Fray Servando seine geradezu kindliche Einfalt und Unschuld,[57] seine „santa sencillez",[58] seinen „candor natural",[59] „el candor que se notó casi siempre en todos los grandes ingenios"[60] und bemühte gar das Rousseau entliehene Bild der Ameisen, die er auf seinen Wegen sorgfältig umgehe, um sie nicht zu verletzen.[61]

Fray Servando ergänzte die von den Aufklärern benutzte Rechtfertigungsstrategie dabei durch die Komponente seiner Amerikanität. Er vertrat gegenüber den Leidenschaften der moralischen Dekadenz in Spanien das Recht der „virtud americana perseguida", der verfolgten amerikanischen Tugend. Allein auf Grund seiner bewussten Amerikanität werde er verfolgt:

> Wenn sich ein böswilliges Spanierlein mit mir hätte aussprechen wollen, hätte ich ihm meine kurzen Zeilen gezeigt, ihn über alles unterrichtet und seiner Provinz die Ausgaben für meine Spesen erspart. Aber was gibt man einem Spanierlein aus der Provinz, aus der er stammt? Das Geschäft besteht ja gerade darin, den Kreolen zu verfolgen [...].[62]

Fray Servando wäre nun nicht Fray Servando gewesen, hätte er aus dieser Position nicht einen gewiss verschwindend geringen Nutzen gezogen. So ging ihm in Frankreich auf, dass ihm „die Herkunft aus einem so weit entfernten Land wie Mexiko eine Art von mythologischem Status gab, was die Neugier anstachelte und Aufmerksamkeit hervorrief".[63] Und letztlich half ihm auch sein mexikanischer Akzent – ein distinktives sprachliches Merkmal, das für die Ausbildung einer mexikanischen Identität nicht unwichtig war[64] – sehr dabei, von den Spaniern an der Pyrenäengrenze als (wie Servando stolz notierte) ‚Ausländer', als „extranjero" nicht an der Ausreise nach Frankreich gehindert zu werden.[65] So konnte er die Grenze nach Frankreich auf jene Art und Weise passieren, in der einst Jean-Jacques Rousseau dasselbe Frankreich verlassen hatte, um sich der Verfolgung durch seine Flucht in die Schweiz zu entziehen: Er ließ sich den genauen Verlauf

---

57 Mier, Fray Servando Teresa de: *Memorias*, Bd. II, S. 227.
58 Ebda., Bd. II, S. 232.
59 Ebda., Bd. II, S. 241.
60 Ebda., Bd. II, S. 239.
61 Ebda., Bd. II, S. 10.
62 Ebda., Bd. II, S. 232.
63 Ebda., Bd. II, S. 61: „el ser de un país tan distante como México me daba una especie de ser mitológico, que excitaba la curiosidad y llamaba la atención."
64 Vgl. Aguila, Yves: Sur les prémices d'un sentiment national en Nouvelle Espagne, S. 88 f.
65 Mier, Fray Seervando Teresa de: *Memorias*, Bd. II, S. 171.

der Grenzlinie zeigen, überschritt sie und küsste dann euphorisch den Boden des freien Landes.⁶⁶ Rousseau ist in den Schriften des Mexikaners weitaus präsenter, als dies auf den ersten Blick erscheinen möchte – und als es Fray Servando vielleicht selbst auch wahrhaben wollte.

Letztlich aber wird diese erträumte und ersehnte Freiheit, so Miers Hoffnung, dereinst ihren Sitz in Amerika haben und von dort aus nach Europa zurückstrahlen. Die geistige Auseinandersetzung mit und Anteilnahme an den Ideen der Independencia ließ ihn den Satz Javier Minas niederschreiben, mit dem zusammen er aus England aufbrach, um Mexiko zu befreien: „In Amerika muss Europa befreit werden."⁶⁷ Diese Aussage zeigt an, über welches Selbstbewusstsein als Amerikaner der neuspanische Dominikaner zu Beginn des 19. Jahrhunderts verfügte. Fray Servandos Satz gibt einer Hoffnung und vielleicht mehr noch einer Erwartung Ausdruck, die sich erst ein gutes Jahrhundert später verwirklichen sollte: dass nämlich der Meridian der Weltgeschichte über den Atlantik nach Amerika wandern werde.

Fray Servando begegnete der von ihm konstatierten europäischen Dekadenz ohne Zweifel mit amerikanischem Sendungsbewusstsein. Doch die Verbindung zwischen Europa und Amerika bleibt für den mexikanischen Kreolen konfliktiv und hochemotional. Mir scheint es wichtig, diese Emotionalität festzuhalten, öffnet sie für uns doch einen wichtigen Einblick in eine Befindlichkeit, welche sich angesichts transatlantischer, europäisch-amerikanischer Beziehungen bei vielen Vertretern der amerikanischen Intelligenzija einstellt. Es ist von grundlegender Bedeutung zu verstehen, dass sich diese Beziehungen noch immer an der Schmach kolonialer Abhängigkeit ausrichten – auch bei einem Kreolen, der ja von Spaniern in direkter Linie abstammt und sich von den vorherrschenden „gachupines" nur dadurch unterscheidet, dass er in der neuen Welt, in „Nuestra América" geboren wurde. Eine antikolonialistische Emotionalität endet eben nicht mit dem Ende des Kolonialismus, sondern zieht sich noch lange Zeit durch die postkolonialen Beziehungen zwischen den Bewohnerinnen und Bewohnern der ehemaligen Kolonie und des früheren Mutterlandes. Dies ist eine Erfahrung, die Sie ohne Schwierigkeiten auch heute noch machen können.

Selbst historisch mehrere Jahrhunderte zurückliegende Ereignisse bewahren dabei im postkolonialen Imaginären ihren emotionalen Status und führen noch immer zu starken Verwerfungen. Denn als Fray Servando zufällig am Hafen von Palos vorbeikommt, von dem aus Kolumbus die Neue Welt entdeckte, beginnt ihm das Herz zu schlagen: Die sogenannte ‚Entdeckung' und vor allem die sich

---

66 Ebda., Bd. II, S. 17.
67 Ebda., Bd. II, S. 253: „En América [...] se ha de libertar a Europa."

anschließende Conquista sind für sein Selbstverständnis als Amerikaner eine grundlegende, traumatische Erfahrung, von welcher er sich nicht leicht zu befreien vermag. Diese Emotionalität beruht auf den ständigen Verletzungen und insgesamt auf der Perspektive des amerikanischen Kreolen, welche die unaufhörlichen Auseinandersetzungen und der ständige Kampf mit der spanischen Kolonialmacht geprägt hatten.

All dies zeigt sich in dem Bild, das Fray Servando von Europa und speziell von Spanien zeichnete. Gerade dieses Spanienbild diente ihm immer wieder als negative Gegendarstellung in seiner Zukunftsvision Mexikos und der aus der Kolonialzeit emergierenden spanischen Kolonien. Fray Servando ging es weit weniger um die globale Entwicklung der Menschheit und eine breitflächige Diskussion ihrer dringlichsten Herausforderungen, sondern um die Lösung der konkreten Probleme Neu-Spaniens innerhalb dessen, was wir als den postkolonialen Prozess bezeichnen dürfen. Ihn interessierten weniger die großen Denksysteme als einzelne Überlegungen französischer Aufklärer, die mit Nutzen auf den lateinamerikanischen Kontext übertragbar sein könnten. Er war darin ein typischer Vertreter der amerikanischen Aufklärung, die eklektisch verschiedenste Traditionen aus der Perspektive spezifischer kreolischer Interessen miteinander verknüpfte.[68] In diesem eklektischen Zug manifestiert sich zugleich auch eine Vergleichzeitigung von Entwicklungen und Perioden, die in Europa fein säuberlich voneinander getrennt waren. Dies sollte für einen langen Zeitraum zur Grundlage literarischer und kultureller Aneignungsprozesse in (einem in Entstehung befindlichen) Lateinamerika werden.

Vergessen wir dabei nicht, dass Fray Servando zeitlebens ein Gehetzter war: zunächst über lange Jahre von der neuspanischen beziehungsweise spanischen Inquisition als gefährlich denunziert und verfolgt, gegen Ende seines Lebens dann in die politischen Gegensätze der mexikanischen Independencia verstrickt. Erinnern wir nochmals an den bereits zitierten Essay Lezama Limas, um dieses transareale Spannungsfeld genauer zu verstehen:

> Fray Servando war der erste Entflohene, ausgestattet mit der notwendigen Kraft, um zu einem Ende zu gelangen, welches alles klärt, von der barocken Herrlichkeit an, vom Herren, der den wollüstigen Dialog mit der Landschaft durchquert. Er war der Verfolgte, welcher aus seiner Verfolgung eine Art der Integration macht.[69]

---

68 Vgl. hierzu Chiaramonte, José Carlos: Iberoamérica en la segunda mitad del siglo XVIII: la crítica ilustrada de la realidad. In: *Pensamiento de la Ilustración. Economía y sociedad iberoamericanas en el siglo XVIII*. Caracas: Biblioteca Ayacucho 1979, S. ix-xxxix.
69 Lezama Lima. José: *La expresión americana*, S. 97.

So ging Fray Servando ein in die Geschichte der politischen Unabhängigkeit Amerikas als der Verfolgte, dem es immer wieder gelingt, aus allen Gefängnissen, in die man ihn einsperrt, auszubrechen und ständig neue Schriften, neue Pläne, neue Verschwörungen zu entwerfen, wie denn die verhasste Herrschaft der Spanier über ihre amerikanischen Kolonien am besten zu brechen wäre. Und zugleich ging er in die postkoloniale Geschichte der Literaturen Neuspaniens und Lateinamerikas ein als derjenige, der seine *Memoiren* nach Art einer *Novela picaresca* anordnete und ganz in dem Sinne, wie José Lezama Lima ihn portraitierte, mit Spanien zu brechen glaubte, um sich dabei umso mehr mit ihm zu verbinden. Wie bei José Joaquín Fernández de Lizardi ist in ihm der spanische Schelmenroman allgegenwärtig und verknüpft sich in emanzipatorischer Geste mit der Amerikanität dieses Literaten, Philosophen und Schriftstellers im Übergang von der neuspanischen Aufklärung zu den Literaturen des 19. Jahrhunderts.

Fray Servando Teresa de Mier hatte in Übersee – insbesondere in Paris und London – Kontakte zu einer Vielzahl von Hispanoamerikanern aber auch Spaniern geknüpft, die aktiv am Prozess der Independencia beteiligt waren und als Vordenker, Kämpfer oder Gestalter diesen Unabhängigkeits-Prozess der spanischen Kolonien in Amerika grundlegend prägten. So hatte Fray Servando nicht nur den Spanier Blanco White kennengelernt, mit dem er manchen Strauß ausfocht, sondern auch Figuren vom Kaliber eines Andrés Bello, mit dem wir uns im Rahmen dieser Vorlesung noch ausführlich beschäftigen werden, oder einen so wichtigen Intellektuellen wie Simón Rodríguez, den Lehrmeister Bolívars, mit dem Fray Servando eine herzliche Freundschaft verband. Man darf ihn daher trotz mancher Eigenwilligkeiten und immer wieder überraschender Wendungen sehr wohl jener Gruppe von Literaten zurechnen, welche die Ideen insbesondere der novohispanischen Aufklärung in die Tat umzusetzen versuchten und damit den Weg für die in Entstehung begriffenen Literaturen bahnten.

Wir kommen damit zu dem vielleicht wichtigsten und sicherlich bekanntesten Vertreter des hispanoamerikanischen Unabhängigkeitskampfes, den Sie wohl eher in einer Vorlesung über Geschichte und Politik Lateinamerikas, vielleicht weniger aber in einer Vorlesung über die romanischen Literaturen im 19. Jahrhundert erwartet hätten. Und doch ist Simón Bolívar nicht nur für die Bereiche Geschichte und Politik des entstehenden Lateinamerika eine wichtige Figur. Zudem ist er nicht nur ‚passiver' Gegenstand einer Vielzahl literarischer Darstellungen geworden, von denen eine der gelungensten sicherlich der Roman *El general en su laberinto* von Gabriel García Márquez ist. Vielmehr ist er ohne jeden Zweifel eine höchst aktive und kreative Gestalt in den Bereichen spanischsprachiger Ideengeschichte und Literatur, vor allem auch, was die literarischen Formen Essay und Brief betrifft.

Er ist darüber hinaus auch einer jener Männer, die sich zu Beginn des 19. Jahrhunderts mit der größten Luzidität die komplexe Frage nicht nur der politischen Zukunft, sondern auch einer kulturellen Identitätskonstruktion der ehemaligen spanischen Kolonien stellten. Dies ist durchaus außergewöhnlich, ebenso wie die Tatsache, dass in der Geschichte der Menschheit sich niemals ein geographisch größerer Raum in kürzerer Zeit von althergebrachten Gesellschaftsstrukturen – hier also dem kolonialen System des spanischen Mutterlandes – hat befreien können. Dies gilt es stets zu bedenken, auch wenn man der Independencia beispielsweise hinsichtlich ihrer politischen und wirtschaftlichen, aber auch gesellschaftlichen und kulturellen Konsequenzen kritisch oder skeptisch gegenüberstehen mag und darauf verweist, dass die Trägerschicht der Unabhängigkeitsrevolution die kreolische Führungsschicht war. Ihr vorrangiges politisches Ziel war es, die lästige Abhängigkeit von Spanien abzuschütteln und wirtschaftlich frei und unabhängig agieren zu können, ansonsten aber ihre Interessen (und Formen der Ausplünderung) zu wahren.

Simón Bolívar wurde als vierter Sohn einer wohlhabenden Familie der Oligarchie am 24. Juli 1783 in Caracas geboren und starb am 17. Dezember 1830 in Santa Marta im heutigen Kolumbien. Er gehört damit grob gesprochen jener Generation an, der wir schon die beiden Mexikaner José Joaquín Fernández de Lizardi und Fray Servando Teresa de Mier zurechnen konnten. Simón José Antonio de la Santísima Trinidad Bolívar y Ponte freilich stammt aus einer überaus angesehenen Oligarchen-Familie, die über weite Besitzungen, Plantagen und Sklaven verfügte. So verwundert es nicht, dass der junge Bolívar eine ausgezeichnete Ausbildung genoss und die besten Schulen besuchte. Zu seinen Lehrmeistern zählte er selbst seinen bereits erwähnten Landsmann Andrés Bello, vor allem aber den unverkennbar von den Vorstellungen Rousseaus inspirierten Simón Rodríguez.

Abb. 32: Simón Bolívar (Caracas, Neugranada, 1783 – Santa Marta, Großkolumbien, 1830).

Übrigens besaß Simón Rodríguez – eine interessante Anekdote am Rande – ein Exemplar von Rousseaus *Contrat social*, das Napoleon gehört hatte: Der englische General Wilson hatte es ihm abgenommen und Rodríguez geschenkt.[70] In der Forschung wird gewöhnlich und wohl mit Recht darauf verwiesen, dass Rodríguez dem jungen Bolívar den Kult der Freiheit ebenso eingeflößt habe wie eine gewisse Dosis Megalomanie und Schönheitssuche.[71] 1799 quittierte letzterer nach dem Tod der Eltern seinen Dienst im Heer und ging nach Spanien, wo er in Madrid mit führenden Intellektuellen und Schriftstellern seiner Zeit in Berührung kam. Er war empfänglich für die Impulse des damaligen Zeitgeistes. Mit siebzehn Jahren stattete er dem Frankreich Napoleons einen Besuch ab, wo ihm der Glanz der französischen Hauptstadt imponierte. Nach seiner Heirat in Madrid im Jahr 1802 ging er zurück nach Caracas, wo noch nichts auf die künftige Karriere als Befreier Südamerikas hinwies und er sich um das Wohlergehen seiner mit Hilfe zahlreicher Sklaven betriebenen Kakaoplantagen kümmerte. Doch bald schon verstarb seine Frau; und Simón Bolívar sollte nie mehr heiraten.

Dieses dramatische Ereignis schätzte Bolívar selbst als dermaßen zentral ein, dass er von sich behauptete, niemals zum General Bolívar und zum Kämpfer für die Unabhängigkeit der Kolonien geworden zu sein, wenn seine junge Gemahlin nicht gestorben wäre. Bisweilen hängt die sogenannte ‚Große Geschichte' von höchst persönlichen Ereignissen oder auch Schicksalsschlägen und damit von der ‚Kleinen Geschichte' entscheidend ab. Doch sollten wir vorsichtig sein, all dies für bare Münze zu nehmen, denn hier nähern wir uns bereits dem an, was jeden beeindruckt, der sich mit dem „Libertador" auseinandersetzt: die zähe und dichte, stets aber faszinierende und ständig weitergesponnene Existenz des Mythos Bolívar! Noch im heutigen Venezuela, der „República Bolivariana", wurde unter der Regierung Chávez eifrig am Bolívar-Mythos weitergestrickt.[72]

Doch so öffnet sich die Geschichte des Libertador, den nun keinerlei familiäre Bande mehr zurückhalten: Simón Bolívar kehrt wieder in das Paris Napoleons zurück, wo er mit einer Vielzahl französischer Generäle und Diplomaten in Kontakt kommt und wo er – nebenbei bemerkt – in den Pariser Salons auch auf Alexander von Humboldt trifft, der den jungen Heißsporn nicht recht ernst nimmt

---

70 Vgl. Van Oss, Adrian: La América decimonónica. In: Iñigo Madrigal, Luis (Hg.): *Historia de la Literatura Latinoamericana*. Bd. II: *Del neoclasicismo al modernismo*. Madrid: Ediciones Cátedra 1987, S. 13.
71 Vgl. unter anderem den ersten Beitrag in González, V. et al. (Hg.): *Simón Bolívar*. Madrid: Grupo 16 1985, S. 4; kritisch zum Bolívar-Mythos vgl. Zeuske, Michael: *Simón Bolívar, Befreier Südamerikas. Geschichte und Mythos*. Berlin: Rotbuch Verlag 2011.
72 Vgl. Zeuske, Michael: *Von Bolívar zu Chávez. Die Geschichte Venezuelas*. Zürich: Rotbuch Verlag 2006.

und für einen puren Salonlöwen hält, der nichts weiter als ein modebewusster Dummkopf sei. Humboldt wird erst dann die ganze Größe dieses Oligarchen und Großgrundbesitzers begreifen, als jene militärischen und politischen Ereignisse einsetzen, die der preußische Natur- und Kulturforscher während seiner Reise durch die amerikanischen Tropen zwischen 1799 und 1804 bereits zu erahnen vermochte. Denn dort traf er sich allerorts mit den Vertretern jener gesellschaftlichen Elite, welche nur wenige Jahre später zur Trägerschicht der kommenden Unabhängigkeitsrevolution werden sollte.

Bolívar wird in der französischen Hauptstadt mit dem politischen Diskurs des französischen Kaisertums, des Empire vertraut: Er erwirbt sich die Vorstellungen von Unabhängigkeit, Volkssouveränität, Fortschritt und Zivilisation, die sein Denken freilich schon seit seinen frühen Jahren bestimmt hatten, und wird vor allem mit einer Herrschaftsform konfrontiert, die aus einer Revolution hervorgegangen war und die man einen aufgeklärten Despotismus nennen kann. Er wird wie viele andere Denker und Intellektuelle des 19. Jahrhunderts Mitglied der amerikanischen Freimaurer in Paris, wo er immerhin den Grad eines „Maestro" erreicht.[73]

In Paris trifft Bolívar auf seinen geliebten Lehrmeister Simón Rodríguez; und beide unternehmen jene berühmte Reise nach Italien, auf der Bolívar – und auch dies gehört zu seinem Mythos – unter dem Eindruck der Ruhmestaten Napoleons den berühmten Schwur auf den Ruinen des ehemaligen Mittelpunkts des Römischen Reiches ablegt, sein Heimatland von der spanischen Tyrannei zu befreien. Bolívar wird diesen auf dem Forum Romanum geleisteten Schwur mit aller Macht einlösen: Sein ganzes weiteres Leben und Kämpfen kreist um die militärische und politische Durchsetzung der Unabhängigkeit sowie stabiler postkolonialer Verhältnisse in den neu entstandenen staatlichen Strukturen.

Bei seiner Rückkehr nach Caracas im Jahr 1807 war die Lage für die Aufständischen freilich nach Mirandas Scheitern noch nicht günstig, und so widmete Bolívar sich vorerst der Verwaltung seiner großen Hazienda, der Literatur, aber auch der Konspiration, die von großem Gewicht innerhalb der bald einsetzenden Ereignisse sein sollte.[74] Bolívar selbst äußerte sich 1825 in einem Brief an Francisco de Paula Santander zu seiner eigenen Bildung:

> Ich habe nicht aufgehört, so erzogen zu werden, wie ein Kind aus gutem Hause in Amerika unter der spanischen Macht überhaupt ausgebildet werden kann [...]. Es ist nicht zutreffend, dass meine Erziehung ungeordnet war, insofern meine Mutter wie meine Tutoren taten, was

---

73 González, V. et al. (Hg.): *Simón Bolívar*, S. 4f.
74 Ebda. sowie Zeuske, Michael: *Simón Bolívar* (2011).

in ihrer Macht stand, damit ich lernte; sie suchten mir in meinem Land Lehrer von allerhöchster Güte.
Robinson (Simón Rodríguez) war mein Lehrer, der mich in die Literatur einführte; in Belletristik und Geographie war es unser berühmter Bello; allein für mich baute man mit Pater Andújar, den Baron von Humboldt sehr schätzte, eine Akademie der Mathematik auf. Danach schickten sie mich nach Europa, um meine Mathematik in der Akademie von San Fernando fortzuführen; und ich lernte mit ausgesuchten Lehrern aus Madrid Fremdsprachen; all dies unter der Leitung des weisen Marquis von Uztaris, in dessen Haus ich lebte. Als ich noch ein kleiner Junge war, vielleicht noch unfähig zu lernen, gab man mir Stunden im Fechten, im Tanzen und im Reiten. Gewiss lernte ich weder die Philosophie des Aristoteles noch die Strafgesetze für Verbrechen und Täuschung; aber es kann sein, dass Monsieur de Mollien nicht soviel wie ich Locke, Condillac, Buffon, D'Alembert, Helvétius, Montesquieu, Mably, Filangieri, Lalande, Rousseau, Voltaire, Rollin, Berthot und alle Klassiker der Antike, darunter Philosophen, Geschichtsschreiber, Redner und Dichter, studierte; einschließlich aller modernen Klassiker aus Spanien, Frankreich, Italien und einen Großteil der Engländer [...]. [75]

Simón Bolívar entwirft uns in dieser Passage die Koordinaten einer Erziehung, die fürwahr dem Spross einer Familie der mächtigen Oligarchie in den spanischen Kolonien Amerikas würdig war. Auch wenn wir dieses Zitat mit einer gewissen Vorsicht zur Kenntnis nehmen sollten, weil Bolívar nicht gerade unter geringem Selbstbewusstsein litt und seinen Werdegang in möglichst leuchtenden Farben darstellen wollte. Doch dürfen wir konstatieren, dass es sich um eine standesgemäße Ausbildung handelte mit den obligaten Aufenthalten in Europa, insbesondere in der Hauptstadt des Mutterlandes Madrid und der geistigen Hauptstadt Paris.

Doch die große Chance und Gelegenheit Bolívars zur Befreiung seines Amerika, von „Nuestra América", und damit auch des gesamten Kolonialsystems Spaniens sollte sich schon bald bieten, und zwar in Gestalt der napoleonischen Invasion des verhassten spanischen Mutterlandes. Denn diese Schwächung, ja zeitweilige Paralyse Spaniens gab den nach Unabhängigkeit strebenden Kräften in Amerika Hoffnung und genügend Spielraum, um rasch zu agieren und die Weichen in Richtung politischer Unabhängigkeit zu stellen. Der „Capitán General" Emparán, der noch mit Humboldt verkehrte, wurde abgesetzt, das „Cabildo" wurde einberufen, und am 19. April 1810 wurde eine Junta eingesetzt, in der sich Kreolen verschiedenster und oftmals gegenläufigster Tendenzen vereinigten.

Simón Bolívar hatte in dieser Bewegung zunächst eine gewisse Außenseiterposition als Radikaler inne; doch sandte man ihn nach London – eine Reise, die er im Übrigen zusammen mit Andrés Bello unternahm –, um die Hilfe der britischen

---

75 Bolívar, Simón: *Escritos políticos*. Madrid: Alianza Editorial 1969, S. 19.

Regierung zu erbitten. Diese konnte eine Unabhängigkeit von Spanien angesichts der politischen Konstellationen in Europa freilich nicht offen unterstützen. Wieder zurück in Caracas, setzte sich Bolívar vehement für die völlige Loslösung von Spanien ein, eine Option, gegen welche es durchaus erheblichen Widerstand gab. Doch die Gruppe um ihn setzte sich durch: Am 5. Juli 1811 wurde feierlich die Unabhängigkeit erklärt, wobei diese sogenannte Erste Republik allerdings nur ein Jahr lang bestand. Es handelte sich dabei um den ersten klaren Bruch mit Spanien auf dem gesamten amerikanischen Kontinent. Im nachfolgenden Krieg unterlagen allerdings die Truppen der „Independentistas" im Jahr 1812: Miranda – der Jahre zuvor bereits einen freilich vergeblichen Versuch unternommen hatte, in Venezuela das spanische Kolonialregime umzustürzen – wurde gefangengenommen, Bolívar seinerseits konnte fliehen.

Wir können nun den weiteren, recht komplizierten Verlauf der Unabhängigkeitskämpfe im Allgemeinen und des Engagements Bolívars im Besonderen nicht weiter detailliert bis zur Schlacht von Ayacucho im Jahre 1824 verfolgen und würdigen. Diese berühmte Schlacht brachte letztlich die Entscheidung bezüglich des Endes der kolonialspanischen Herrschaft. Im Rahmen dieser Vorlesung werden wir weder auf die sich 1805 beziehungsweise 1806 abspielenden Ereignisse der Befreiung von Buenos Aires von Engländern durch kreolische Milizen (was deren Selbstverständnis stärkte) eingehen noch auf den bald schon blutig niedergeschlagenen Aufstand von Hidalgo und später Morelos in Mexiko. Die Militärkampagnen von San Martín im Süden des Kontinents, die sich parallel zum Unabhängigkeitskampf Bolívars entwickelten, können ebenfalls nicht Gegenstand unserer Untersuchung sein: Sie sollten lediglich erwähnt werden. Doch bildete all dies zweifellos den Hintergrund sowohl für die politisch-militärischen Strategien Bolívars wie auch seiner Einsicht in die künftigen Möglichkeiten der sich vom spanischen Kolonialismus befreienden Vizekönigreiche und „Audiencias".

Hinzugefügt sei, dass es nach dem Eintreffen der Nachricht von der Besetzung Spaniens durch französische Truppen ab 1808 mehrfach Aufstände und kleinere Erhebungen gab. In Neuspanien besaß 1810 Hidalgos „Grito de Dolores" den Charakter einer Volkserhebung, wobei sein Aufstand die herrschende Sozialordnung radikal in Frage stellte. Aus eben diesem Grunde wurde er von den Kreolen bekämpft, unterlag und wurde nach wenigen Monaten bereits ermordet. Sein Nachfolger Morelos versuchte, den von ihm organisierten Aufständen einen stärker gegen Spanien und die „Peninsulares" gerichteten Anstrich zu geben. Doch findet sich auch bei ihm eine klar sozialrevolutionäre Tendenz; so wird auch Morelos im Jahr 1815 ermordet. Bei den von Hidalgo und Morelos angeführten Erhebungen handelte es sich um Bewegungen, die aus dem bäuerlichen Milieu kamen und gerade die herrschenden Sozialstrukturen angriffen, eine Tatsache, die mit den Absichten der neuspanischen Kreolen nicht in Einklang zu bringen war. Diese suchten letztlich erfolgreich, einen radikalen Umsturz zu konterkarieren, lediglich die Herrschaftsspitze auszutauschen und als Führungselite – nunmehr von Spanien ungestört – die Macht auszuüben.

Mit den Interessen der Kreolen verträglicher war in Neuspanien die Ausgangsposition Iturbides, der seinerseits sehr wohl kreolische Ansprüche vertrat und in erstaunlich kurzer Zeit die Befreiung von kolonialspanischen Strukturen durchsetzen konnte, ohne freilich in grundlegender Weise an den Sozialstrukturen Mexikos zu rütteln. Iturbide erhob sich 1821 und konnte schon wenige Monate später erfolgreich in der Hauptstadt Mexikos einmarschieren. 1822 ließ er sich zum Kaiser krönen, ein weiterer Beleg dafür, wie präsent das französische Beispiel Napoleons war, das den Weg von einer Revolution in ein neues Kaisertum aufzeigte. Eine ganze Reihe in Auftrag gegebener Gemälde zeigt die Krönung Iturbides zum Kaiser: Sie zeugen davon, wie sehr alles dem napoleonischen Prunk und wie selbst der gesamte Habitus dem kaiserlich-französischen Vorbild nachempfunden war.

Dennoch sollten wir auch an dieser Stelle vorsichtig sein, zeigt sich doch eine Art Doppelcodierung, da Iturbide explizit zugleich an Anáhuac, das aztekische Reich der Mexica, anknüpfte und daher der kaiserlichen Symbolik mit ihren imperialen Adlern noch eine zweite Dimension zu Grunde lag. Iturbide handelte hierbei freilich aus Kalkül, war er doch bestrebt, die indigene Bevölkerung mit seiner Sache zu verbinden, um innenpolitisch die Hände frei zu haben. In der Area von Mexiko wie auch anderswo im ehemaligen Kolonialreich waren die Kreolen zwar an einer politischen Revolution im Sinne einer Abkehr von Spanien, nicht aber an der grundsätzlichen Veränderung etwa sozialer Hierarchien und vor allem von Besitzverhältnissen oder Produktionsketten interessiert.

All dies mag die klare Zurückhaltung der indigenen Bevölkerung wie teilweise auch der schwarzen Sklaven erklären, wobei letztere in den Unabhängigkeitskampf auf Seiten der Independentistas dort eingriffen, wo man ihnen als Gegenleistung das Ende ihrer Versklavung versprach. Die Independencia legte also keineswegs die Grundlage für wirklich erneuerte Gesellschaftsstrukturen, wie wir sie zeitgleich etwa in den wirtschaftlich entwickelteren Ländern Europas – zum Beispiel in Großbritannien oder Frankreich – vorfinden können. Auf die Bedeutung der schwarzen wie der indigenen Bevölkerung und der mit ihnen verbundenen kulturellen Pole wird am Beispiel vieler literarischer Texte, welche in unserer Vorlesung behandelt werden sollen, aber noch ausführlich zurückzukommen sein.

Durch den Fortgang der Ereignisse in seinem damaligen Vaterland, dem heutigen Venezuela, trat eine weitere Radikalisierung Bolívars bezüglich seiner Haltung zu Spanien ein. Er insistierte auf einer Einheit der Kreolen gegenüber Spanien sowie auf der notwendigen Disziplinierung und Sammlung militärischer Kräfte, um eine Entscheidung auf dem Schlachtfeld herbeiführen zu können. Dies war ein Gedanke, der nicht nur sehr häufig bei Bolívar selbst, sondern auch bei späteren Denkern Lateinamerikas – etwa bei José Martí – wiederkehren sollte: der Gedanke an die Einheit dessen, was der Kubaner entschieden als „Nuestra América" bezeichnete. Doch eine politische oder zumindest wirtschaftliche oder soziale Einheit ist, wie wir wissen, aus dem zerfallenen kolonialspanischen Reich bis heute nicht wieder entstanden: Es gibt weder eine ‚Lateinamerikanische Union' noch existieren die ‚Vereinigten Staaten von Lateinamerika' auf unseren Landkarten.

Bolívars Zielstellung der Schaffung einer Einheit der ehemals separat an Spanien angebundenen Kolonien wird etwa in seinem berühmten *Manifiesto de Cartagena* von 1812 deutlich erkennbar. Nach Cartagena de Indias hatte sich Bolívar über Caracas und Curaçao geflüchtet: Seine Lage war alles andere als erfolgversprechend. Ich möchte Ihnen gerne Anfang und Schluss von Bolívars Ansprache und Aufruf an die Bewohner Neugranadas vorlegen:

> Neugranada vom Schicksal Venezuelas zu befreien und letzteres von dem zu erlösen, was es erleidet, sind die Ziele, welche ich mir in dieser Denkschrift gesetzt habe. Oh meine Landsleute, lasst Euch dazu herbei, sie mit Blick auf so lobenswerte Ziele mit Nachsicht anzunehmen.
>
> Ich bin, Ihr Granadiner, ein Sohn des unglücklichen Caracas, der inmitten der physischen und politischen Ruinen seiner Heimatstadt wunderbarerweise zu entfliehen vermochte, immer treu dem liberalen und gerechten System ergeben, welches mein Vaterland proklamierte, und so bin ich gekommen, den Standarten der Unabhängigkeit, welche sich so ruhmreich in diesen Staaten in die Höhe recken, hierher zu folgen.
>
> [...]
>
> Die Ehre von Neugranada macht es zwingend erforderlich, diesen waghalsigen Invasoren eine Abfuhr zu erteilen und sie bis hinein in die letzten Verschanzungen zu verfolgen, so wie der Ruhm Neugranadas davon abhängt, jene Unternehmung in die Tat umzusetzen, nämlich nach Venezuela zu marschieren, um die Wiege der kolumbianischen Unabhängigkeit, jene Märtyrer und jenes hochverdiente Volk von Caracas zu befreien, dessen Rufe sich allein an die geliebten Landsleute, die Granadiner, richten, welche sie als Erlöser mit einer tödlichen Ungeduld erwarten. Beeilen wir uns, die Ketten jener Opfer zu zerbrechen, welche in den Verließen stöhnen, stets von Euch ihre Errettung erhoffend: Enttäuscht ihr Vertrauen nicht: Steht den Wehklagen Eurer Brüder nicht empfindungslos gegenüber. Eilt geschwind, den Toten zu rächen, dem Sterbenden Leben zu geben, dem Unterdrückten Raum und allen die Freiheit zu schenken.
>
> Cartagena de Indias, 15. Dezember 1812.[76]

In diesen Passagen tritt uns die rhetorische Begabung des künftigen Libertador anschaulich vor Augen. Man spürt in dieser Rede nicht nur seine Entschlossenheit, ein für alle Mal die spanische Kolonialherrschaft zu beenden, sondern auch

---

76 Bolívar, Simón: *Escritos políticos*, S. 47 u. 57.

seine Belesenheit gerade in der Revolutionsrhetorik, die sich in Frankreich nur wenige Jahrzehnte zuvor entwickelt und besonders blumig ausgebildet hatte. Versuchen wir, José Joaquín Fernández de Lizardi, Fray Servando Teresa de Mier und Simón Bolívar in eine Reihe zu stellen! Wir können feststellen, dass der erste vorübergehend im Gefängnis landete, um später seinen Kampf in gemäßigter, zu Kompromissen bereiter Form fortzuführen, und dass der zweite seine häufigen Gefängnisaufenthalte immer wieder durch erfolgreiche Ausbruchsversuche überwinden konnte und damit – wie Lezama Lima sagte – zum ersten „escapado" in Amerika wurde, der sich durch die ständigen Verfolgungen zusätzlich noch radikalisierte. Der dritte schließlich stellte sich gleich zu Beginn als jenen dar, der den Kerkern der Tyrannei entflohen ist und nun den offenen, revolutionären Kampf mit seinen Verfolgern aufnimmt. Wir haben in diesen drei literarisch-politischen Figuren drei Reaktionsweisen, aber auch drei Perspektiven auf eine Unabhängigkeitsbewegung vor uns, welche die ganze Breite dieses Ausgangs weiter Regionen Amerikas aus der Kolonialzeit verdeutlichen.

Dabei erscheint mir wichtig, auf welche Weise Bolívar nun die verhassten Spanier apostrophiert: Er bezeichnet sie als „invasores", als Eindringlinge. Er tut dies so, als ob der Schnitt zwischen Amerikanern und Spaniern ganz leicht zu ziehen wäre, als ob es ein angestammtes Recht der Kreolen, also der in Amerika geborenen Nachfahren der Spanier, auf dieses Land gebe, das von einer fremden Macht widerrechtlich bedroht würde. Die spanische Herkunft der Kreolen wird hier nicht diskutiert, ja nicht einmal erwähnt. Es wird nicht ausgeführt, dass der Riss durch viele Familien selbst geht und nicht selten die Eltern von den Kindern trennt. Ja, es bleibt unausgesprochen, dass sich viele Spanier politisch, wirtschaftlich oder wissenschaftlich höchst verdient um die Kolonien gemacht hatten. Es geht Bolívar vielmehr um die patriotische Sammlung aller militärisch nutzbaren Kräfte, und da helfen keine störenden Differenzierungen, sondern nur die rhetorisch geschickten Bestimmungen eines klaren Feindbilds.

Aufschlussreich ist in dieser Passage – die im Übrigen auch auf das symbolträchtige Erdbeben von Caracas anspielt – des Weiteren, wie eine christliche Rhetorik der Erlösung und Märtyrerschaft für die säkularisierten Ziele der Independencia verwendet wird. Das ist, wenn wir uns die französische Revolutionsrhetorik anschauen, keineswegs neu; und doch wird sich im hispanischen Amerika eine sehr eigene Tradition an diese christliche Rhetorik anknüpfen. Bevor ich später noch auf diesen Punkt ausführlicher eingehe, sei jedoch noch erwähnt, wie die Independencia in gewisser Weise anthropomorphisiert wird, besitzt sie doch eine Wiege und damit eine Geburtsstunde, mit welcher der Name Bolívars in fundamentaler Weise verbunden ist.

Denn in einer auffälligen Personalisierung heftet der venezolanische Großgrundbesitzer von Beginn an seinen Namen an die Geschichte und Ausprägung der Unabhängigkeitsrevolution, die in Venezuela entstanden sei, nun aber ins Herz von Neugranada überspringen müsse. Damit verknüpft der künftige Libertador nicht nur sein Schicksal mit der Independencia; denn umgekehrt wird diese nun zu seinem eigenen Geschöpf. Damit deutet sich bereits die weitere Entwicklung des Mythos Bolívar an, deren grundsätzlich heroisch-agonisches Moment noch heute etwa in den politischen Rhetoriken Venezuelas offenkundig ist. Gerne erinnere ich mich an dieser Stelle an einen Besuch in der venezolanischen Hauptstadt Caracas, wo unweit der Statue Bolívars eine kleine Schule bestand, in welcher einst im Exil der Kubaner José Martí unterrichtet hatte. Heute ist aus dem Gebäude ein kleines Museum geworden, in welchem mit Hilfe einer Reihe heroischer Büsten eine gerade historische Linie gezogen wird von Simón Bolívar über José Martí und Fidel Castro hin zu Hugo Chávez. Bei ihnen allen ist im politischen Diskurs ein agonales rhetorisches Element – ein „Patria o Muerte", ein „Socialismo o Muerte" – deutlich vernehmbar.

Der venezolanische Historiker Germán Carrera Damas[77] hat sich wie der deutsche Michael Zeuske[78] intensiv mit dieser überaus wichtigen Seite des Bolívar-Kults auseinandergesetzt. Er betonte dabei, dass der Mythos rund um Simón Bolívar als solcher in Venezuela bis heute eine überaus wichtige ideologische Form sei, die auch zur Allpräsenz Bolívars im politischen wie im Alltagsleben Venezuelas geführt habe. Es sei nicht zuletzt die Historiographie gewesen, die den Bolívar-Kult aufgebaut habe, der sich in der Wiederholung der immer selben Zitate, aber auch in einer Sakralisierung des „Héroe" und „Libertador" massiv zu äußern pflege: Die Verehrung für den Befreier Südamerikas nehme dabei durchaus die Züge und Formen von Heiligenviten und Heiligenlegenden an.

Schon José Antonio Páez Herrera, der Simón Bolívar zu Lebzeiten bekämpft hatte, erkannte die quasi mythologische Wichtigkeit dieser historischen Figur und beteiligte sich an der gezielten Monumentalisierung des Libertador. Germán Carrera Damas lokalisierte den Beginn des Bolívar-Kults in der Romantik, verwies aber darauf, dass dieser Kult ganz bestimmte gesellschaftliche Funktionen übernommen habe, die insbesondere in der Verschleierung des soziopolitischen Versagens der venezolanischen „burguesía terrateniente", der Großgrundbesitzerschicht, gelegen habe.[79] Die Berufung auf Bolívar ersetzte nicht selten fehlende politische Programme.

---

[77] Vgl. Carrera Damas, German: *El culto a Bolívar. Esbozo para un estudio de la historia de las ideas en Venezuela*. Caracas: Instituto de Antropología e Historia 1969.
[78] Vgl. Zeuske, Michael: *Simón Bolívar, Befreier Südamerikas. Geschichte und Mythos*. Berlin: Rotbuch Verlag 2011.
[79] Vgl. Carrera Damas, Germán: *El culto a Bolívar*, S. 42.

Simón Bolívar diente, wie dies bei so vielen großen politischen Figuren bis heute in Lateinamerika der Fall ist, allen politischen Lagern als Bezugspunkt und Legitimationsfigur. Seit der Repatriierung von Bolívars Leichnam unter großem Pomp im Jahre 1842 kam es zu einer zunehmenden Vergöttlichung Bolívars, den als Gott, als „Dios" zu bezeichnen man sich auch nicht scheute.[80] Bereits Carrera Damas hat recht aufwendig nachgewiesen, wie es zu einer ganz bewussten Konstruktion des Kultes kam und wie sich – wie er es ausdrückte – innerhalb des Kultes Priester und Oberpriester etablierten, welche die Lehre von Reinheit und Idealität verbreiteten. Die Institutionalisierung des Bolívar-Kultes wird von Bolívar-Vereinigungen und Bolívar-Lehrstühlen, aber auch einer Vielzahl von Monumenten und Büsten, von seinen Feiertagen wie Geburtstag und Todestag geprägt. Es ist dies eine Entwicklung, die nur noch einer weiteren Figur im hispanoamerikanischen 19. Jahrhundert zuteilwerden sollte: José Martí, dessen Aktualität bis heute ungebrochen ist und der noch immer von den verschiedensten politischen Lagern für sich reklamiert wird.[81] Martí diente ebenso den so unterschiedlichen Politikern Fulgencio Batista wie Fidel Castro, aber auch deren Gegnern als Legitimationsfigur.

Dabei gilt für Bolívar wie Martí, dass sie für ihre jeweiligen Nationen und Bevölkerungen zu Identitätsfiguren und -trägern geworden sind und daher – oft jenseits ihrer Schriften und eher in einem Bereich der Imagologie – essentielle gesellschaftliche Funktionen übernehmen. Kritik an Bolívar zu äußern ist, wie Jürgen von Stackelberg unterstrich,[82] längst zu einem Sakrileg geworden. Von Stackelbergs Anmerkung aus den achtziger Jahren des zurückliegenden Jahrhunderts kann man getrost unter den aktuellen politischen Verhältnissen in Venezuela als Untertreibung werten. Simón Bolívars Figur ist nicht nur volkskulturell, sondern auch literarisch zu einem Mythos geworden, an dem gerade lateinamerikanische Autoren wie José Martí, Miguel Angel Asturias, Pablo Neruda oder Gabriel García Márquez weiterarbeiteten. Denn bei diesen Autoren präsentiert sich Bolívar, der sehr wohl die Interessen einer ganz bestimmten, nämlich oligarchischen Gesellschaftsgruppe vertrat, allen Widersprüchen zum Trotz als ein ‚Messias der Freiheit'.

---

[80] Vgl. ebda., S. 61.
[81] Vgl. hierzu die Dissertation von Ette, Ottmar: *José Martí. Teil I: Apostel – Dichter – Revolutionär. Eine Geschichte seiner Rezeption*. Tübingen: Max Niemeyer Verlag (Reihe *mimesis*, Bd. 10) 1991.
[82] Vgl. Stackelberg, Jürgen von: Der Mythos vom Befreier. Anmerkungen zu Simón Bolívar. In: *Romanistische Zeitschrift für Literaturgeschichte* (Heidelberg) 6 (1982), S. 24–44.

Kehren wir aber nach Erörterung der historischen Gestalt und des politischen wie literarischen Mythos zu den Schriften und Texten Simón Bolívars zurück, auch wenn der Mythos zweifellos Teil seines Werkes – in einem rezeptionsästhetischen Sinne – war und bleibt. Zusätzlich zu den bereits dargestellten Aspekten tritt mit Bolívar die Kunst der Rede, ja genauer noch: die Revolutionsrhetorik, ein in die auch literarischen Traditionen des Subkontinents. Die revolutionäre Oratorik wird im 19. Jahrhundert von größter Bedeutung nicht nur für die Geschichte, sondern auch für die Literaturen in Lateinamerika sein – denken wir nur neben den politischen Reden eines José Martí auf Ebene einer Schulrhetorik beziehungsweise der Tradition akademischer Reden an José Enrique Rodó und seinen mit dem neuen Jahrhundert veröffentlichten *Ariel*: Auch im 20. Jahrhundert wird diese Tradition keineswegs an Stärke verlieren und stets auf die wie auch immer säkularisierten christlichen Elemente zurückgreifen: Fidel Castros Verteidigungsrede *La historia me absolverá* signalisiert diese Verbindung von christlicher Symbolik und Rhetorik mit der Revolution in einem agonalen Tonfall bereits im Titel. Die politische Oratorik gehört zum Kernbestand einer durchaus auch literarischen Öffentlichkeitsstruktur in Lateinamerika.

Die Konsolidierung und Verstärkung der independentistischen Truppen wird von Bolívar erfolgreich bewerkstelligt, was in der Folge zu einer Reihe von Siegen über die Spanier im Hinterland von Cartagena de Indias, bald aber schon in ganz Nueva Granada führt. Am 6. August 1813 reitet Bolívar als triumphaler Sieger in Caracas ein. Um die Fehler der Ersten Republik zu vermeiden, führt er eine zentralistische Straffung ein und herrscht auf fast diktatorische Weise auf Basis der Vollmachten, welche ihm die Vollversammlung, die „Asamblea Representativa", an die Hand gab. Es mag durchaus sein, dass sich in diesen ‚Ermächtigungsgesetzen' etwas von jener Tendenz zum Autokratischen andeutete, das der Argentinier Sarmiento 1845 in seinem *Facundo* so heftig kritisierte und zugleich in die Literaturgeschichte des Kontinents einbrachte. Dass er dabei nicht der Erste war, werden wir im anschließenden Kapitel zu Esteban Echeverría noch genauer untersuchen.

In jedem Falle wies Domingo Faustino Sarmiento mit guten Gründen darauf hin, dass es nicht angehen könne, Bolívar wie einen europäischen General darzustellen, wie dies in zahllosen Lexikonartikeln geschehe. Es handle sich – ganz im Gegensatz zu San Martín, der in seinem Auftreten, aber auch in der Ordnung seiner militärischen Aktionen ein perfekter Europäer sei – bei Bolívar vielmehr um einen Amerikaner mit höchst amerikanischem Gesellschaftshintergrund. Just an diesem Ort seiner Argumentation stellte Sarmiento, auch aus durchaus nationalistisch interessierter Seite, den Sohn der „Llanos" in eine Entwicklungsreihe mit den späteren „Caudillos" auf dem Lande, die für Sarmiento die europäische Zivilisation bekämpft hätten. Nun, so weit würde ich nicht gehen! Denn Bolívar ist zweifellos mehr als ein ländlicher „Caudillo", dem es allein um die absolute Herrschaft, um direkte Macht und Gewalt, gegangen wäre. Er ist allerdings auch nicht allein nach europäischen Maßstäben und mit europäischen Vorstellungen als General zu beschreiben, da hat Sarmiento schon Recht! Bolívar entwickelt vielmehr – wie wir gleich sehen werden – eine Vielzahl amerikanischer Visionen: Er ist eine der großen Figuren, denen es gelang, jenseits des jahrelangen und oftmals desillusionierenden Kampfes gegen die spanische Kolonialherrschaft leitende Zielvorstellungen zu entwickeln, die uns noch im 20. und 21. Jahrhundert begleiten werden.

Die unversöhnliche Haltung gegenüber den Spaniern und Kanaren, die sich nicht eindeutig zur Unabhängigkeit Amerikas bekennen, wird von Bolívar und seinen Anhängern konsequent fortgesetzt. Eine brutale Auseinandersetzung zwischen beiden Seiten, dem „Ejército independentista" wie dem „Ejército realista", ist die unmittelbare Folge.[83] In beiden Heeren kämpfen Venezolaner. 1814 freilich unterliegen die Truppen Bolívars: Valencia und Caracas fallen in die Hände des „Königlichen Heeres", des „Ejército realista" und seiner Reiter. Damit endet die Zweite Republik, Bolívar flüchtet nach Barcelona und schließlich erneut nach Cartagena de Indias. Nach einer Reihe von Erfolgen in Nueva Granada muss er sich zudem mit Widersachern im eigenen Lager und deren Verleumdungen auseinandersetzen.

Darüber hinaus wurde die Situation für die Anhänger der Unabhängigkeit dadurch gefährlich, dass ein aus elftausend Soldaten bestehendes Heer aus Spanien in Amerika eintraf. Im Dezember 1814 wurde Cartagena de Indias von den Spaniern besetzt; Bolívar flüchtete im Mai 1815 nach Jamaica, finanziell ruiniert, da die Spanier seinen Besitz enteignet hatten. Vergeblich bemühte er sich von Jamaica aus um die Unterstützung seiner Pläne durch die britische Regierung.

Aus diesem für den Libertador schwierigen Zeitraum stammt die berühmte sogenannte *Carta de Jamaica*, die Bolívar auf den 6. September 1815 in Kingston datierte. Sie ist von grundsätzlicher Bedeutung für ein Verständnis des Lebenswerks Bolívars, zeigt seine Visionen der politischen Zukunft, kulturellen Identitätsfindung und anzustrebenden Einheit der vom Kolonialismus noch zu befreienden Regionen. Eben deshalb wollen wir uns mit dieser *Carta de Jamaica* ausführlicher beschäftigen, erschien sie doch zu einem Zeitpunkt, als alles ausweglos schien und die Spanier mit der Rückeroberung ihres Kolonialreiches beschäftigt waren. Es handelt sich – so der ursprüngliche Titel – um die *Contestación de un Americano meridional a un caballero de esta isla*, um die Antwort eines Südamerikaners an einen Herrn von dieser Insel, womit Bolívar eine literari-

---

[83] Carrera Damas, Germán: *El culto a Bolívar*, S. 7.

sche Form, den Brief, sowie eine Perspektive wählte, die einem Außenstehenden, einem Jamaikaner die Ereignisse und Möglichkeiten Hispanoamerikas vorgegebenermaßen zu erklären sucht.

Im Rückgriff auf Bartolomé de Las Casas und Alexander von Humboldt, aber auch auf die sogenannte „Leyenda negra", die ausgehend von Las Casas' Streitschrift der *Brevísima relación de la destrucción de las Indias* Spanien als Urheber aller Barbareien und des gigantischen Völkermordes an der indigenen Bevölkerung in Amerika brandmarkte, entwirft Bolívar in diesem fingierten Brief seine eigenen Konzeptionen und Visionen. Dabei ist der Bruch mit Spanien unwiderruflich:

> Dies Ereignis würde unsere Bemühungen krönen, denn es legte das Schicksal Amerikas unwiderruflich fest; die Bande, welche Amerika mit Spanien verbanden, sind durchschnitten: Die vorherrschende Meinung war deren ganze Kraft; durch sie rückten die Teile jener unermesslichen Monarchie einander wechselseitig näher; doch was sie vorher verband, teilt sie nun; größer ist der Hass, den uns die Iberische Halbinsel bislang einflößt, als das Meer, das uns von ihr trennt; weniger schwierig ist es, die beiden Kontinente zu vereinen, als die Spanier beider Länder wieder miteinander zu versöhnen. [...] Alles erlitten wir von dieser ihrer eigenen Natur entfremdeten Stiefmutter. Der Schleier ist zerrissen, wir haben das Licht schon gesehen, und man will uns in die Finsternis zurückstoßen; die Ketten sind zerrissen; wir waren bereits frei, doch unsere Feinde versuchen noch immer, uns erneut in die Sklaverei zu führen.[84]

Simón Bolívar führt hier sein manichäistisches Schema fort in rhetorischen Formulierungen, die rasch berühmt werden sollten und definitiv die Abkoppelung Amerikas von Spanien in prägenden Bildern beschwören: Nichts scheint die ehemaligen Kolonien noch mit ihrem sogenannten Mutterland zu verbinden. Zugleich bemüht Bolívar die Lichtmetapher für das Reich der Freiheit, das sich in Amerika verkörpert, dem das Reich der Finsternis, für welches Spanien steht, entgegengestellt wird. Dies ist ganz so, wie Spanien etwa bei den französischen Aufklärern als Reich der Finsternis und Tyrannei sowie Feind von Aufklärung und menschlicher Vernunft galt, wie etwa in den Formulierungen Montesquieus: Spanien als „ennemi du genre humain", als Feind der Menschheit überhaupt.

Die abschließende metaphorische Rede von der Versklavung ist darüber hinaus insoweit bedeutungsvoll, als in diesen Wendungen die Sklaverei weniger auf die reale Versklavung der Schwarzen – die Bolívar in der Zukunft gewiss nicht aus den Augen und aus seinem politischen Kalkül verlor – bezogen wird. Denn auch Bolívar hatte bis zu seiner Enteignung wie alle großen „Hacenderos" und

---

[84] Bolívar, Simón: *Escritos políticos*, S. 63.

„Terratenientes" Sklaven auf seinen Plantagen und Gütern besessen und kein Problem in der Versklavung eines nicht geringen Teiles der Bevölkerung gesehen. Vielmehr wird die Sklaverei in diesen Formulierungen politisch-metaphorisch verstanden, so wie sie etwa auch in Europa – speziell im Frankreich der Revolution – begriffen werden konnte, wo es freilich keine im ursprünglichen Wortsinn als solche beschreibbare Sklaverei (mehr) gab.

Simón Bolívars Oratorik ist in diesen rhetorischen Wendungen revolutionär und konservativ zugleich. Konservativ ist sein Standpunkt in einem doppelten Sinne: zum einen, weil die eigene problematische Situation der Sklaverei nicht selbstkritisch ins eigene Denken miteinbezogen wird. Dies geschieht gewiss auch aus dem Bewusstsein heraus, dass die reichen Kreolen, auf deren Unterstützung Bolívar angewiesen war, keinesfalls mit einer raschen Abschaffung der Sklaverei einverstanden sein konnten. Zum anderen ist sie konservativ, weil in diesen Wendungen eine traditionelle Rhetorik übernommen wurde, ohne dass ihre manichäistische Metaphorik – Licht versus Finsternis, Mutterland beziehungsweise Stiefmutter versus stolze Söhne, Sklaverei versus Freiheit –, aber auch ihre diskursiven Grundstrukturen wie auch ihre Bilder und Metaphern einer grundlegenden und kritischen Überprüfung zugeführt worden wären. Zugleich aber ist in dieser Passage allen Verankerungen in einer revolutionär-aufklärerischen Rhetorik zum Trotz ein neuer, romantischer Gestus einer stolzen Befreiung aus alten Verhältnissen zu spüren, welcher das Werk der Independencia vielfach in ein von der Aufklärung abgetrenntes idealisiertes Licht zu rücken vermochte. Simón Bolívar war in diesem Sinne auch ein Held, eine Gestalt neuen Typs.

Der Libertador verweist mehrfach auf die riesige Ausdehnung der Hemisphäre und beurteilt die Entwicklung des Unabhängigkeitskampfes in den verschiedenen Regionen der hispanoamerikanischen Welt bei allen Unterschieden durchaus optimistisch. Sein Augenmerk widmet er besonders dem Río de la Plata, dem „Reino de Chile", dem „Virreinato del Perú" sowie „Nueva Granada" und „Nueva España",[85] ohne freilich darüber die Antillen und vor allem die Wiege der Revolution, „la heroica y desdichada Venezuela", zu vergessen. Das Wissen Bolívars über Amerika ist bemerkenswert, seine Weitsicht schlicht bewundernswert. „Sechzehn Millionen Amerikaner verteidigen ihre Rechte",[86] so lautet die Zusammenfassung seines Überblicks, der mit Verweisen auf Humboldt, Walton und Raynal garniert ist. Es läge zwar im Interesse des zivilisierten Europa, den bedrängten Südamerikanern zu Hilfe zu eilen, doch würden weder die Europäer

---
85 Ebda., S. 63 ff.
86 Ebda., S. 65.

noch „nuestros hermanos del norte", die US-Amerikaner,[87] ihre Hilfe im Kampf anbieten. Was wird die Zukunft den riesigen Kolonien Spaniens bringen? Was wird das Schicksal der Neuen Welt und ihrer hoffnungsvollen Bewohner sein?

> Es ist noch schwieriger, das künftige Schicksal der Neuen Welt vorherzusagen, Prinzipien bezüglich seiner Politik zu etablieren und gleichsam die Natur seiner Regierung zu prophezeien, welche es einmal übernehmen wird. Jede auf die Zukunft dieses Landes gerichtete Idee scheint mir gewagt. Konnte man es denn vorhersehen, als das Menschengeschlecht sich noch in seiner Kindheit befand und von so viel Unsicherheit, soviel Ignoranz und so vielen Irrtümern umgeben war, welches die Regierungsform sein könnte, die es für seine Selbstbewahrung einmal wählen würde? Wer hätte es damals gewagt zu sagen, welche Nation eine Republik und welche eine Monarchie, ja dass dieses Land einmal klein und jenes andere groß sein werde? Nach meinem Dafürhalten ist dies aber das Bild unserer Situation. Wir sind ein kleines Menschengeschlecht; wir besitzen eine eigene Welt; wir sind von weiten Meeren umgeben, neu in fast allen Künsten und Wissenschaften, und doch auf eine gewisse Art alt in den Gebräuchen der Zivilgesellschaft. Ich halte den aktuellen Zustand von Amerika für vergleichbar mit jenem Augenblick, als das Römische Reich zusammengebrochen war und jede Abspaltung ein politisches System ergab, in Übereinstimmung mit den jeweiligen Interessen und der Lage, aber auch in Abhängigkeit von den besonderen Ambitionen mancher ihrer jeweiligen politischen Führer, Familien oder Korporationen; mit dem bemerkenswerten Unterschied freilich, dass jene verstreuten Glieder ihre alten Nationen mit jenen Veränderungen wiederherstellten, welche die Dinge oder die Ereignisse erforderlich machten; wir aber, die wir kaum noch die Trümmer dessen bewahren, was in einer anderen Zeit einmal war, und die wir auf der anderen Seite weder Indianer noch Europäer sind, sondern eine mittlere Spezies zwischen den legitimen Eigentümern des Landes und den spanischen Usurpatoren darstellen: Wenn wir alles zusammengenommen folglich Amerikaner durch Geburt und unsere Rechte die von Europa sind, so müssen wir diese mit jenen des Landes konfrontieren und gegen die Invasion der Invasoren aufrecht erhalten; so befinden wir uns in dem außerordentlichsten und kompliziertesten Falle; dessen ungeachtet ist es eine Art Weissagung, wollte man angeben, welches das Ergebnis der politischen Linie sein könnte, welche Amerika einschlagen wird, und doch will ich es wagen, einige Vermutungen zu äußern, welche ich selbstverständlich für arbiträr halte, sind sie doch von einem rationalen Wunsche und nicht von einer Wahrscheinlichkeitsrechnung diktiert.[88]

In dieser langen und zugleich rhetorisch sehr verdichteten Passage der *Carta de Jamaica* finden sich entscheidende Fragestellungen und Lösungsansätze, die das gesamte 19. Jahrhundert Lateinamerika in grundlegender Weise bestimmen werden. Die Verwendung des Begriffs „Neue Welt" ist hier erkennbar bewusst gesetzt, denn *neu* ist diese Welt im Sinne Bolívars nicht etwa deshalb, weil sie später und von der sogenannten ‚Alten Welt' aus entdeckt worden wäre, sondern

---

87 Ebda., S. 67.
88 Ebda., S. 69 f.

weil sie keine Modelle und Vorbilder besitzt, auf die sie sich berufen könnte, keine Staatswesen und Einrichtungen, an denen sie sich orientieren sollte. Die Zukunft, so könnten wir sagen, ist radikal offen. Und sie ist es zu diesem historischen Zeitpunkt für den amerikanischen Kontinent noch radikaler, weil dieser auf seinem Boden über keine Vorbilder verfügt, an denen man die künftige Entwicklung ausrichten könnte, sind doch die indigenen Reiche, von denen nur noch Trümmer vorhanden seien, als vorbildgebende Strukturen für die lateinamerikanischen ‚Gründungsväter' der kreolischen Elite gänzlich unvorstellbar.

Mit Hilfe unserer Überlegungen im ersten Teil dieser Vorlesung können wir dies weltgeschichtlich wie globalphilosophisch präziser einordnen: Denn Geschichtswissenschaftler und Philosophen haben in den vergangenen Jahrzehnten aufgezeigt, dass erst im Umkreis der Französischen Revolution die Erfahrung um sich greift und auch breiter philosophisch reflektiert wird, dass die Zukunft politischer Systeme und der Menschheit insgesamt als offen gedacht werden muss und sich nicht an bereits existierenden Staatsformen zu orientieren hat. Dass Geschichte und deren Zukunft überhaupt als offen gedacht werden kann, ist eine historische Errungenschaft, die im Vorfeld der Französischen Revolution entstand und durch deren Ereignischarakter untermauert wurde. Die Überzeugung von der Zukunftsoffenheit von Geschichte ist ein Attribut der Moderne wie der je nach kultureller Area verschiedenen Auslegungen dieser Moderne.

Simón Bolívar überträgt die Einsicht in diese Zukunftsoffenheit auf Amerika, auf die Neue Welt, indem er deren Einwohner als ein ‚kleines Menschengeschlecht' umschreibt und damit nicht nur im übertragenen Sinne eine Art eigene Welt konzipiert, die folglich auch ihre eigene Gesetzlichkeit („derechos") und vor allem ihre eigene Zukunft haben werde. Amerika – und Bolívar versteht hierunter zunächst einmal die hispanoamerikanisch kolonisierten Bereiche, im weiteren Sinne aber durchaus die gesamte Hemisphäre – erscheint unter seiner Feder als eine Welt für sich, von weiten Meeren umgeben: fast wie eine Insel, die nach allen Seiten hin von Küsten gesäumt ist.

Die Konzeption eines einheitlichen, von anderen Bereichen der Welt aber unterschiedenen Amerika beginnt sich in diesen Zeilen herauszukristallisieren. Dies macht die Beantwortung der im Grunde essentialistischen Frage notwendig, wer die Bewohner dieser neuen Welt dann eigentlich sind oder sein sollten.

Der Begriff „Nuestra América" wird hier mit Händen greifbar, zeigt sich doch auch bei Bolívar eine Identifikation mit diesem Teil der Erde, und ist seine Sichtweise doch auch die der aufgeklärten, von den Vorstellungen der französischen Aufklärung mitgeprägten kreolischen Führungsschicht. Stets spricht er hier in der ersten Person Plural, die keineswegs ein Pluralis majestatis ist, sehr wohl aber die kreolische Trägerschicht der Unabhängigkeitsrevolution verkörpert. Simón Bolívar gibt in seinen rhetorisch ausgefeilten Formulierungen vielmehr metaphorisch einem riesigen Gebiet und seinen Bewohnern Stimme: Sein „Wir" steht für Amerika! Dass damit zugleich auch andere Stimmen ausgeschlossen werden, die wir in unserem Schema kultureller Pole identifizierten, sei an dieser Stelle nicht vergessen.

Dieser Entwurf von Identitätsfindungsprozessen der Bewohner dieses „mundo aparte" ist durchaus originell, wenn auch noch tastend, suchend, bis in die Formulierungen hinein beweglich. Das Neue und das Alte kombinieren und verbinden sich in Amerika; und an dieser Stelle führt Bolívar ganz bewusst ein historisches Vorbild ein, vergleicht er doch den Zerfall des kolonialspanischen mit dem des Römischen Reiches, von dessen einzelnen Teilen niemand die jeweilige Zukunft habe voraussagen können. Wie sollte es zu seinem Zeitpunkt also möglich sein, die Zukunft genauer zu bestimmen und den Gang der Ereignisse vorauszusagen? War diese Zukunft denn nicht auf radikale Weise offen?

Mit diesen Überlegungen Bolívars jedoch wird zugleich und eher unbewusst ein weiterer Gedanke in den Text eingeblendet: Aus dem Zerfall des Römischen Reiches bildete sich keineswegs ein einheitliches, neues, zusammenhängendes Reich, sondern vielmehr ein Mosaik von Ländern und Gebieten heraus, die nie mehr zu einer wie auch immer gearteten Einheit zurückfanden. Gerade in diesem Sinne darf das Beispiel des Römischen Reiches kein Vorbild gebendes Exemplum sein. Und Bolívar wird einen großen Teil seiner Anstrengungen und seines politischen Lebens darauf verwenden, sich immer wieder aufs Neue gegen die doch unaufhaltsame Gefahr des Zerfalls der ehedem schon prekären Einheit der so verschiedenartigen Teilregionen Amerikas zu stemmen. War die Zukunft radikal offen, so war sie auch von Menschen gestaltbar; und Bolívars Zauberformel für diese künftige Gestalt(ung) hieß *Panamerikanismus*.

Daher auch die rhetorische Abgrenzung von diesem geradezu klassischen Beispiel mit „mas nosotros": Der Vergleich wird also nicht zu Ende gedacht, er darf dem Leser nicht allzu schlüssig werden, funktioniert aber dennoch als Textsignal, das diese semantische Ebene eines drohenden Verfalls in den bolivarianischen Text einblendet. Die Beziehung wird gleichsam historisch gekappt, da ‚wir' in Amerika kaum Überreste und Denkmäler früherer Zeiten besitzen, so formuliert der Libertador. Dies könnte aus heutiger Zeit angesichts der Vielzahl erhaltener oder wieder freigelegter indigener Tempelbauten, Piktogramme oder Wegenetze als ebenso kühne wie unzutreffende Behauptung erscheinen. Doch müssen wir uns vor Augen halten, dass eine Vielzahl solcher Denkmäler noch nicht wieder gefunden, aus dem Reich der Natur wieder zurückerobert, geschweige denn in der adäquaten archäologischen und historischen Bedeutung wieder erfasst worden war.

Amerika war – wie Alexander von Humboldt es formulierte, mit dem im Grunde erst die Amerikanistik beginnt – zum damaligen Zeitpunkt noch immer eine neue Welt in dem Sinne, dass auf dem amerikanischen Kontinent nicht historische Bauwerke, sondern das Reich der Natur bei weitem dominiere. Erschien diese indigene Geschichte aber lediglich als eine Prähistorie, als eine Vor-Geschichte, von der den Menschen nur wenig bekannt war, dann kann diese Welt in der Tat – und so dürfte Bolívar diesen Begriff *auch* gemeint haben – als eine *neue* Welt verstanden werden: Als eine neue Welt, die man gestalten und nach den eigenen Vorstellungen modellieren konnte. Und in der Tat war entscheidend, wie sich die Geschichte in jenen drei Jahrzehnten zu Beginn des 19. Jahrhunderts entwickelte und welche Optionen sich eröffneten.

Was aber war mit den Menschen, die in dieser Welt leben? Die Antwort Simón Bolívars enthält diesbezüglich eine doppelte Abgrenzung. Denn die Bewohner dieser Welt, das kollektive „Wir", das der Libertador verwendet, sind weder Indianer noch Europäer, sondern eine Art mittlere Spezies in der Menschheitsgeschichte. In diesem Zusammenhang ist erstaunlich, dass Bolívar die Indianer zu legitimen Eigentümern des Landes erklärt, denen er die spanischen Usurpatoren entgegenstellt. Seine Argumentation wirkt freilich weniger überraschend, wenn man begreift, dass daraus die aktuellen Besitzrechte gegen die jetzigen Invasoren abgeleitet werden – und zwar nicht für die indigene Bevölkerung selbst, sondern für die Kreolen als Trägerschicht einer neuen Epoche. Man könnte in dieser Argumentation Bolívars den Ausdruck einer Symbolpolitik, einen geschickten diskursiven Trick oder auch den Geburtsfehler der Independencia erkennen. Denn man wird gleichwohl zur Kenntnis nehmen müssen, dass mit den Kreolen eine gleichberechtigte Einbeziehung der indigenen Bevölkerungsgruppen zum damaligen Zeitpunkt – und sicherlich auch heute noch – nicht möglich war: Die neuen postkolonialen Besitzverhältnisse sollten sich in den nun ausgerufenen Republiken rasch zementieren.

Ohne zur indigenen Bevölkerung zu gehören, können die ‚Amerikaner qua Geburt', die objektiv sehr wohl zur kolonialen Ausbeutung der amerikanischen Urbevölkerung beigetragen hatten und dieses Ausbeutungssystem nun postkolonial übernehmen, doch die rechtliche Nachfolge der Indianer antreten. Die „especie media" ist freilich recht paradox formuliert: Handelt es sich um eine Vermischung, wie der Begriff „media" nahelegen könnte? Oder dominiert vielmehr die Abgrenzung sowohl gegenüber der indigenen Bevölkerung als auch den spanischen Eroberern? Klar ist in dieser Passage vor allem, dass Bolívar für die Amerikaner gleichsam einen eigenen Bereich eröffnet, eine eigene Spezies einführt, die in sich wiederum als homogen begriffen wird. Diese Amerikaner sind freilich die Söhne und Töchter der Spanier sowie anderer europäischer Einwanderer. Und sie erheben Anspruch auf das Erbe der indigenen Bevölkerung und betrachten die Spanier, gleichsam ihre Eltern, als pure Invasoren. Diesen Widerspruch gilt es zu verstehen, will man einen großen Teil jener Probleme begreifen, welche die aus einer solchen Unabhängigkeitsrevolution entstandenen Gesellschaften bis heute mit sich herumschleppen.

Bolívar ist nur das Sprachrohr seiner Trägerschicht; und deren Ansinnen ist und bleibt für lange Zeit erfolgreich. In der von Bolívar erfundenen amerikanischen Spezies gibt es keine Spanier, aber auch – und das ist wichtig – keine Indianer, die ja diskursiv sehr wohl als eine Gruppe erscheinen, die einen deutlich älteren Rechtsanspruch auf diese Territorien geltend machen könnte. Werden die Indianer auch als rechtmäßige Herren dieses Landes dargestellt, so werden sie doch zugleich aus diesem Konzept getilgt oder zumindest an dessen Ränder verbannt. Die „especie media", so scheint es, umschreibt letztlich doch nur den Standpunkt der Kreolen, die in der Tat *zwischen* Spaniern und Indianern stehen.

In den rhetorisch geschickten Wendungen Simón Bolívars handelt es sich mithin nicht, wie man meinen könnte, um die Formulierung einer mestizischen Identität, auch wenn einige sprachliche Versatzstücke in eine solche Richtung deuten, sondern vorrangig um die Formulierung einer kreolischen Identitätskonstruktion, welche zugleich einen Rechtstitel für diese ‚Amerikaner' beansprucht. Diese Identitätskonstruktion ist ohne jeden Zweifel vorrangig gegen die Spanier, gegen die noch auf ihr Recht pochende Kolonialmacht gerichtet und stützt sich vor allem aus rhetorischen Gründen auf indigene Ansprüche, die einverleibt werden. So zeigt sich an dieser Stelle bereits die ganze Ambivalenz und Begrenztheit der hispanoamerikanischen Unabhängigkeitsrevolution: Sie wird im Namen Amerikas und der in Amerika Geborenen unternommen, schließt aber keineswegs alle Amerikaner in ihre Vorstellungen ein, sondern grenzt ihrerseits weite Teile der Bevölkerung zum Wohle der kreolischen Machtelite diskret aus.

Bolívars Begründung der Erhebung gegen Spanien und vor allem sein Entwurf eines politischen Systems, in dem er der Föderation eine klare Absage erteilt, sollen uns an diesem Punkt unserer Vorlesung nicht näher interessieren. Aufschlussreicher ist sein Zukunftsentwurf für Nueva Granada, für das er den Namen „Colombia" vorschlägt, zu Ehren des „creador de nuestro hemisferio", des Schöpfers unserer Hemisphäre.[89] Nur wenige Jahre werden im Übrigen vergehen, bis sein eigener Name an eine neu gegründete Republik im Bereich Hoch-Perus, an „Bolivia" ehrenhalber vergeben wird. Dass es just diese Republik ist, in welcher sich heute die indigene Bevölkerung erstmals mit einem eigenen Staatspräsidenten durchsetzte und indigenen Besitzstrukturen in indigen besiedelten Bereichen nach Jahrhunderten wieder Raum gab, erscheint als durchaus signifikant und nicht nur als eine Randnotiz der Geschichte. Auch hier ist freilich die Fortsetzung der Geschichte offen: Wird es möglich sein, polylogische Strukturen

---

89 Ebda., S. 79.

in das Staats- und Gesellschaftssystem einzuführen und verschiedenen Rechts- und Besitzformen *zugleich* eine Legitimität zu verleihen?

Bolívar gab seiner Hoffnung Ausdruck, dass man die Wilden, „los salvajes", bald werde zivilisieren können. Es ist die Hoffnung darauf, die indigene Bevölkerung gleichsam kulturell zum Verschwinden zu bringen, folglich zu *akulturieren* und als eigenen kulturellen Pol auszuschalten. Auch an dieser Stelle zeigt sich deutlich, dass die „especie media" auf kultureller Ebene keineswegs eine Mischung aus indianischer und europäisch-abendländischer Welt darstellt, sondern gerade die abendländischen Muster der Ausgrenzung, der Diskriminierung, der Trennung zwischen den *Wilden* und den *Zivilisierten* übernimmt, die so alt ist wie die Eroberungsgeschichte des amerikanischen Kontinents.[90] Derartige Vorstellungen fließen auch ein in die kulturell fundierten Überlegungen Bolívars zu einer Einheit Amerikas:

> Es ist eine grandiose Idee, den Versuch zu unternehmen, aus der gesamten Neuen Welt eine einzige Nation mit Hilfe eines einzigen Bandes zu formen, das seine Teile wie auch das Gesamte zusammenhält. Da es einen Ursprung, eine Sprache, eine Sitte und eine Religion besitzt, sollte es folglich auch eine einzige Regierung haben, welche die verschiedenen sich herausbildenden Staaten konföderiert; doch ist dies nicht möglich, weil weit voneinander entfernte Klimate, verschiedenartige Situationen, entgegengesetzte Interessen und voneinander abweichende Charaktere Amerika trennen. Wie schön wäre es, wenn der Isthmus von Panamá für uns das wäre, was der Kontinent für die Griechen war! Hoffentlich haben wir eines Tages das Glück, dort einen verehrungswürdigen Kongress der Repräsentanten von Republiken, Königreichen oder Kaiserreichen zu installieren, um über die hohen Interessen des Friedens und des Krieges mit den Nationen der anderen drei Teile der Welt zu verhandeln und zu diskutieren. Diese Art von Korporation könnte in einer glücklichen Epoche unserer künftigen Wiederherstellung statthaben [...].[91]

Nun, diese glücklichen Zeiten sollten – wenn auch nicht in ihrer ganzen erträumten Fülle – nur wenige Jahre später in greifbare Nähe rücken. Was hier noch skeptisch und zögernd, gleichzeitig aber visionär vorgetragen wird, verwandelt sich wenig später in die Leitlinie eines konkreten politischen Handelns: Zwischen dem 22. Juni und dem 15. Juli 1826 fand in der Tat der sogenannte „Congreso de Panamá" statt. An ihm nahmen Delegierte aus Kolumbien, Peru, Mexiko und Zentralamerika teil, zusammen mit beobachtenden Vertretern aus England und Holland. Die Delegierten aus den USA, den sogenannten ‚Vereinigten Staaten von Amerika', kamen übrigens zu spät. Argentinien, Chile, Bolivien und Brasilien

---

90 Vgl. zu diesen Begriffen auch Bitterli, Urs: *Die „Wilden" und die „Zivilisierten". Die europäisch-überseeische Begegnung.* München: Deutscher Taschenbuch Verlag 1982.
91 Bolívar, Simón: *Escritos políticos*, S. 81.

waren zwar eingeladen worden, verzichteten aber dankend auf eine Teilnahme. Sollte es trotz aller Widerstände doch möglich sein, wirkliche ‚Vereinigte Staaten von ganz Amerika' zu schaffen und damit eine *panamerikanische* Vision in die Tat umzusetzen?

Dieser Traum eines vereinigten Amerika, den Bolívar selbst in der recht aussichtslosen Situation in Jamaica nie zu träumen aufhörte, blieb für sein weiteres politisches Handeln stets ein grundlegender Orientierungspunkt. Wir werden sehen, wie die Idee des Panamerikanismus Bolívars gegen Ende des 19. Jahrhunderts in den USA Eingang finden wird in einen Panamerikanismus-Gedanken, der völlig anderer Natur ist und ein Amerika projiziert, das unter der Vorherrschaft der Vereinigten Staaten stehen sollte. Dieser Panamerikanismus 2.0 hatte freilich nichts mit dem „Panamericanismo" Simón Bolívars gemein, sondern war Teil einer hegemonialen Strategie der USA, die bis in unsere Tage erfolgreich bleibt. Inwiefern die wachsende Präsenz Chinas in den Ländern Lateinamerikas heute eine Veränderung dieser Ausgangssituation zu schaffen vermag, werden die kommenden zwei oder drei Jahrzehnte zeigen. Alle Zeichen deuten darauf hin, dass die Vereinigten Staaten von Amerika den Kampf um ihre hegemoniale Stellung in und über Lateinamerika aufgenommen haben.

Gleichwohl wird auch in Lateinamerika, in „Nuestra América" der Traum der Einheit, verbunden mit dem Aufruf zur Einigung aller Kräfte in Hispanoamerika, auch im letzten Drittel des 19. Jahrhunderts nicht aufgegeben werden. José Martís Essay *Nuestra América* wird uns eine Konzeption aufzeigen, welche die bolivarianischen Ideen im veränderten weltgeschichtlichen Kontext des ausgehenden 19. Jahrhunderts in neue Zusammenhänge übersetzt und fortzuführen sucht. Bolívars Ideen sind bis heute nicht verwirklicht worden; und vieles spricht dafür, dass es selbst im kleineren Maßstab eines auf Lateinamerika begrenzten „Panamericanismo" nie zu einer wirklichen politischen Einheit der Länder Lateinamerikas kommen wird.

Dennoch sind die Vorstellungen des Libertador bis heute lebendig geblieben und haben mehrere Generationen lateinamerikanischer Intellektueller in ihren Bann gezogen. Gewiss: Eine Einheit jener, die keine Indianer und keine Spanier, aber auch keine Schwarzen und keine asiatischen Einwanderer sind, konnte nicht für den gesamten Kontinent repräsentativ sein! Bolívar dies aus heutiger Position vorzuwerfen, wäre ebenso anachronistisch und falsch wie der Einwand, die von ihm forcierte Beendigung der Sklaverei habe ausschließlich mit politischem Kalkül zu tun; sie sei nur der Tatsache geschuldet, dass der junge Unabhängigkeitskämpfer, der nach Jamaika später auch in Haiti Aufnahme und Unterstützung beim haitianischen Präsidenten Pétion fand, die Befreiung der Sklaven lediglich auf seine Fahnen geschrieben habe, weil Pétion an diese Zusage seine Unterstützung gebunden habe.

Manche der Vorstellungen Bolívars reichen weit über ihre Zeit hinaus; und vielleicht scheiterte der auch politisch und diplomatisch ungeheuer begabte Venezolaner gerade daran und weniger an diktatorischen Formen, die ihm schon die Zeitgenossen häufig mit Recht vorwarfen. Simón Bolívar resignierte an seinem Lebensende, beklagte gar, dass er im Meer gepflügt habe, dass sein Tun also sinnlos gewesen sei und keinerlei Folgen gehabt habe. So heißt es in einem Brief an seinen alten Leutnant, den General Juan José Flores, in einem Schreiben, das Bolívar einen Monat vor seinem Tod verfasste, dass er aus seinem langjährigen Tun nur wenige sichere Ergebnisse habe ziehen können:

> Erstens: Amerika ist für uns unregierbar. Zweitens: Wer einer Revolution dient, pflügt im Meer. Drittens: Das einzige, was man in Amerika tun kann, ist emigrieren. Viertens: Dieses Land wird unfehlbar in die Hände der entzündeten Menge fallen, um danach kleineren, kaum wahrnehmbaren Tyrannen aller Farben und Rassen zu gehören. Fünftens: Von allen Verbrechen verschlungen und von der Grausamkeit ausgelöscht, werden die Europäer sich nicht einmal mehr dazu herablassen, uns zu erobern. Sechstens: Wäre es möglich, dass ein Teil der Welt zum ursprünglichen Chaos zurückkehrte, so wäre dies die letzte Periode Amerikas.[92]

Bolívar schrieb dies an einen alten Mitstreiter, der gerade im Begriffe stand, sich in Quito mit seinen Truppen gegen eben jenes Groß-Kolumbien zu erheben, das Bolívar einst erträumt und geschaffen hatte. Gegen Ende seines Lebens war der einst gefeierte Libertador von seinem Amerika enttäuscht und resigniert. Und doch sind seine Ideen auf fruchtbaren Boden gefallen: Als Redner und als Essayist ist er für das gesamte 19. Jahrhundert von grundlegender ideengeschichtlicher und literarischer Bedeutung, eine Tatsache, die nicht zuletzt durch eine Vielzahl von Essays, Ehrungen und Würdigungen im letzten Drittel des Jahrhunderts belegt wird. Noch in den Rhetoriken eines José Martí oder José Enrique Rodó ist Bolívars Redekunst, aber auch seine visionäre Entfaltung panamerikanischer Zielvorstellungen präsent.

Fray Servando Teresa de Mier war in die Kette seiner Verfolgungen (und seiner Verfolger) eingetreten, als er auf die Erscheinung der Jungfrau von Guadalupe zurückgriff und die Evangelisierung Amerikas in eine Zeit vor der Conquista verlegte. Es ist bekannt, welch ungeheuren Einfluss das Symbol dieser Jungfrau im Unabhängigkeitskampf Neuspaniens ausübte. Die Funktionalisierung von Mythen und Legenden für genau umrissene politische Ziele musste daher gerade auch für die Generation der Independencia von großer Wichtigkeit sein,

---

92 Carta de Bolívar al general Juan José Flores (1830), zitiert nach González Paredes, Ramón: *Simón Bolívar, la angustia del sueño*. Caracas: Tecnodidacta 1982, S. 662.

war es doch so möglich, über bestimmte volkskulturelle Elemente die Wirkung politischer Äußerungen und Positionen bei einer breiten Bevölkerung zu vervielfachen.

Zweifellos hat die Funktionalisierung von Mythen für bestimmte politische oder militärische Zwecke eine lange Tradition in Lateinamerika und setzt spätestens mit der Conquista[93] und – im Staat der Azteken – mit dem Auftauchen von Hernán Cortés ein. Aber auch zu Beginn des 19. Jahrhunderts gibt es zahlreiche Versuche, bestimmte Mythen und Vorstellungen für politische Zwecke einzusetzen und so zu funktionalisieren. Hier machte Simón Bolívar keine Ausnahme, erkannte er doch die Chancen, die sich ihm an dieser Stelle boten.

In seiner *Carta de Jamaica* etwa diskutiert Simón Bolívar offen die Frage, wie sinnvoll eine politische Funktionalisierung des Quetzalcóatl-Mythos für die Independencia sei.[94] Dabei wägt er kühl ab, dass „Quetzalcóatl, el Hermes o Buda de la América del Sur", eher bei Geschichtsschreibern und Literaten als beim einfachen mexikanischen Volk bekannt sei. Die Diskussion um die wahre Bedeutung Quetzalcóatls erscheint ihm daher als zweitrangig, da es ein viel zugkräftigeres und erfolgversprechenderes Symbol kreolischer Einheit gebe:

> Glücklicherweise haben die Führer der Unabhängigkeit in Mexiko den Fanatismus höchst zielsicher genutzt, indem sie die berühmte Jungfrau von Guadalupe zur Königin der Patrioten ausriefen; in allen hitzigen Fällen riefen sie sie an und trugen sie auf ihren Fahnen. Dergestalt hat der politische Enthusiasmus eine Mischung mit der Religion erzeugt, was zu einem vehementen Erglühen für die heilige Sache der Freiheit führte. Die Verehrung dieses Bildes in Mexiko ist sogar noch jener überlegen, welche selbst der geschickteste Prophet inspirieren könnte.[95]

Dieses Zitat verdeutlicht eindrucksvoll, wie Bolívar – selbst von keiner eigenen Glaubensbindung an derlei Vorstellungen belastet – bestimmte Mythen und Legenden auf ihre Durchschlagskraft beim gläubigen Volk hin untersucht und deren gezielte Verwendung empfiehlt. Denn durch eine Übertragung aus dem Bereich der Religion auf jenen der Politik kann die Sache der Unabhängigkeit selbst sakralisiert werden. Die Macht über den Mythos ist dabei umso effizienter, je verbreiteter der Glaube an einen bestimmten Mythos beim breiten Volk ist. Die

---

[93] Vgl. hierzu Ette, Ottmar: Funktionen von Mythen und Legenden in Texten des 16. und 17. Jahrhunderts über die Neue Welt. In: Kohut, Karl (Hg.): *Der eroberte Kontinent. Historische Realität, Rechtfertigung und literarische Darstellung der Kolonisation Amerikas*. Frankfurt am Main: Vervuert Verlag 1991, S. 161–182.
[94] Bolívar, Simón: *Escritos políticos*, S. 82 f.
[95] Ebda., S. 83.

Mythen erfüllen für Bolívar konkrete Funktionen bei der Durchsetzung politischer Ziele, zum Wohle des einfachen Volkes, das über keine Distanz zu Glaubensvorstellungen und Mythen verfügt.

Gleichwohl blitzt an eben dieser Stelle die Gefährlichkeit der Funktionalisierung von Mythen für den Bereich des Politischen und der Politik auf. Simón Bolívar vertritt – vielleicht sogar als erster in Lateinamerika – eine ‚moderne', aufgeklärte, gleichwohl patriarchalische Form der Funktionalisierung von Mythen und Legenden zu einem politisch-emanzipatorischen Zweck. Es ist aufschlussreich, dass diese Funktionalisierung bei ihm noch auf religiöse Figuren und Muster zurückgreift, während der sich an Bolívar selbst orientierende Mythos dann zu einer säkularisierten Ausdrucksform übergeht, gleichsam zu einer synthetisch geschaffenen Mythenfunktionalisierung: Denn auch der Mythos vom *Libertador* war und ist politisch höchst einflussreich.

Die Gestalt Simón Bolívars wird zu einem synthetisch geschaffenen Mythos, der eine Vielzahl politischer Leerstellen ebenso besetzen kann, wie dies später bei José Martí der Fall sein sollte, auf den sich alle und jeder im politischen Spektrum Kubas berief. Im Bereich der Mythenfunktionalisierung lässt sich zweifellos im Übergang von der Independencia zu den politisch unabhängigen Republiken eine deutliche Säkularisierung feststellen. Wie Simón Bolívar und Fray Servando Teresa de Mier beispielhaft zeigen, haben sich die Bewohner der ehemals spanischen Kolonien nun, an der Schwelle zum 19. Jahrhundert, des Glaubens beziehungsweise der Mythen amerikanischen wie europäischen Ursprungs bemächtigt und setzen sie für ihre Zwecke und Ziele sehr bewusst ein. Eine solche Haltung ist zwar auf der einen Seite noch deutlich einem aufklärerischen Bewusstsein und einer kühlen Rationalität verpflichtet, intendiert aber andererseits eine fundamentale Emotionalisierung von Politik, wie sie das weitere 19. Jahrhundert – und nicht nur dieses! – charakterisieren sollte.

Der Ausklang von Bolívars berühmtem Brief soll den Schlusspunkt unserer recht ausführlichen Beschäftigung mit dem Libertador setzen. Er situiert sich in gewisser Weise zwischen den Vorstellungen Humboldts von der Zukunft Amerikas und Hegels Rede von Amerika als Kontinent der Zukunft, öffnet sich folglich unverkennbar auf die Herausforderungen des 19. Jahrhunderts. Ich möchte Ihnen diese Passage ganz am Ende des Briefes daher nicht vorenthalten, wirft sie doch ein bezeichnendes Licht auf das Sendungsbewusstsein und die Zukunftshoffnung der amerikanischen Kreolen:

> Sind wir erst einmal unter den Auspizien einer liberalen Nation stark, welche uns ihren Schutz gewährt, wird man uns einvernehmlich die Tugenden und die Talente kultivieren sehen, die zum Ruhme führen; dann werden wir den majestätischen Marsch zu jenem großen Wohlstande und Wohlbefinden antreten, zu denen das südliche Amerika bestimmt

ist; dann werden die Wissenschaften und die Künste, welche im Orient entstanden und Europa erleuchteten, dem freien Kolumbien, das ihnen Asyl gewähren wird, zufliegen.⁹⁶

Das künftig freie Amerika, das Bolívar vorzugsweise geographisch als „América del Sur" oder „América meridional" bezeichnet, um der Verwendung des Begriffs „América española" zu entkommen, wird damit eingebaut in einen welthistorischen Kulturprozess. Dieser nimmt vom Morgenland seinen Ausgang, erreicht in Europa einen ersten Höhepunkt und folgt weiterhin einer Westwanderung, die wir als eine doppelte *Translatio* bezeichnen dürfen: als „Translatio imperii" und „Translatio studii". Die Überzeugung von der Wanderung des Meridians von Macht und Wissen nach Westen wird im Übrigen in den Vereinigten Staaten von Amerika zum gleichen Zeitpunkt zu der Vorstellung führen, dass die Westwanderung der Weltmacht bald schon von Europa über den Atlantik nach Amerika überspringen werde.

Wichtig für unsere Überlegungen und den weiteren Fortgang unserer Vorlesung freilich ist, dass diese majestätische Zukunftsvision das indianische oder schwarze Element in starkem Maße ausblendet und marginalisiert. Bolívars Amerika ist auf kulturellem Gebiet – wie wir hier überdeutlich sehen – keineswegs ein „mundo aparte". Es ist vielmehr eindeutig rückgebunden an die Alte Welt: Bolívars Amerika ist noch immer über eine kulturelle Nabelschnur mit Europa verbunden und an Europa gebunden, auch wenn es politisch seine Unabhängigkeit erfolgreich zu erreichen trachtet.

---

96 Bolívar, Simón: *Escritos políticos*, S. 84.

Esteban Echeverría oder die Romantik aus dem Koffer

Bleiben wir an dieser Stelle unserer Vorlesung auf der amerikanischen Seite des Atlantik, wechseln wir aber die kulturelle Area und begeben wir uns nach Argentinien, wo wir erstmals auf eine sich entfaltende Romantik im Süden des amerikanischen Kontinents treffen! Wir haben uns bei unserer Beschäftigung mit den Entwicklungen hin zu einer europäischen Romantik ausführlich mit der literarischen Gestaltung vermeintlich (da aus europäischem Blickwinkel betrachteter) exotischer Welten beschäftigt. Nun wird es darauf ankommen, wie die von Europa aus Exotisierten ihre eigene Welt betrachten und zu diesem Zweck bestimmte aus Europa stammende literarische Verfahren oder Versatzstücke mit neuen Funktionen ausstatten und versehen.

Bei näherer Betrachtung der Entwicklung der Romantik in jener Welt, für die in der zweiten Hälfte des 19. Jahrhunderts die Bezeichnung „Lateinamerika" aufkommt, zeigt sich bald, dass die vielleicht entscheidenden Impulse für die künftige Gestaltung dieses Genres von zwei Areas oder Teilregionen ausgehen, ohne dass damit gesagt wäre, dass sich lediglich eine Analyse dieser Areas lohnen würde. Da ist zum einen die Area des Cono Sur, insbesondere die sich herausbildende argentinische Nationalliteratur, sowie zum anderen die literarische Vielfalt der spanischsprachigen Karibik, wobei wir uns auf die Literatur der Insel Kuba konzentrieren wollen.

Diese beiden ‚Motoren' der Entwicklung, wie wir sie nennen dürfen, könnten nicht unterschiedlicher gewählt sein. Argentinien zählte zu jenen Regionen des Subkontinents, in denen sich die Independencia am frühesten und auch am erfolgreichsten entwickelte. In der Figur von General José de San Martín läuft die große Tradition der Freiheitskämpfer und ihrer Generäle zusammen, eine Tradition, die bis ins 20. Jahrhundert wachgeblieben ist und sich etwa auch in den ständigen Anspielungen von Jorge Luis Borges auf seine militärischen Vorfahren zeigt. Kuba dagegen gehört jenem Raum an, der sich am spätesten von der spanischen Kolonialherrschaft befreite, gelang es der Insel doch erst mit dem Martí'schen Freiheitskrieg von 1895 bis 1898 jenen Weg einzuschlagen, der schließlich zu einer prekären politischen Unabhängigkeit führte. im Gegensatz zur Schwesterinsel Puerto Rico, die – wie Sie wissen – bis heute zu den Vereinigten Staaten von Amerika gehört, sowie zur Dominikanischen Republik, die sich mit Haiti die Insel Hispaniola teilt, hat Kuba freilich schon sehr früh und ohne eine eigenständige Nation zu sein eine Nationalliteratur entwickelt. So gibt es in einigen Aspekten durchaus Parallelen zu Deutschland, wo die Kulturnation der Nationalstaatsgründung vorausging. In Kuba entspricht der Figur des argentinischen Generals San Martín – wenn auch zu einem wesentlich späteren Zeitpunkt – jene des kubanischen Dichters und Revolutionärs José Martí, welcher der geistige Kopf des Krieges von 1895 und eine jener von uns noch zu besprechenden Gestalten war, die auf die Literaturen des 20. Jahrhunderts einen bemerkenswert großen Einfluss besaßen. Wir werden es folglich mit zwei kulturell wie politisch sehr unterschiedlichen Areas zu tun haben.

Ich möchte mich im Folgenden zunächst der literarischen Entwicklung im Cono Sur, im südlichen Dreieck des amerikanischen Kontinents widmen und mich dabei keineswegs auf die Entwicklung allein des Romans konzentrieren. Vielmehr soll eine gewisse Breite an Genres ins Blickfeld rücken und unsere Vision der romantischen Literaturentwicklung an Vielfalt gewinnen. Gleichwohl muss zunächst kurz der Faden jenes Genres nochmals aufgenommen werden, das wir mit Georg Wilhelm Friedrich Hegel als die „Bürgerliche Epopöe" bezeichnen dürfen.

Geht man den Spuren des hispanoamerikanischen Romans im 19. Jahrhundert nach, so stößt man unvermeidlich auf den kleinen Text eines großen argentinischen Autors: *El Matadero* von Esteban Echeverría. Er wurde in einer Art innerem Exil des jungen Romantikers in Los Talas während der Jahre 1839 und 1840 geschrieben. Die Forschung hat sich bisher nicht leicht getan mit diesem Text, der gleichwohl zu den bekanntesten der argentinischen Literatur gehört. Oft finden wir die Zuordnung zur Gattung des Romans, und dies für einen Text, der in einer neueren Ausgabe der *Obras Completas* gerade einmal gut sechzehn Seiten lang ist.

Einige Forscher entschieden sich für die Gattung der Erzählung, des „Cuento";[1] und in der Tat lassen sich eine Reihe von Merkmalen aufspüren, die auf diese Gattung verweisen. In der deutschen Romanistik wurde bisweilen ein Mittelweg eingeschlagen, indem *El Matadero* als „Romanskizze" bezeichnet wurde;[2] und doch dürfen wir dieses erst lange nach dem Tod seines Autors veröffentlichte Bändchen sehr wohl als einen abgeschlossenen Text ansehen. Ohne sich gänzlich für diese Gattungszugehörigkeit zu entscheiden, hat Dietrich Briesemeister in seiner Studie auf einige Beziehungen zur Novelle hingewiesen.[3]

---

1 Vgl. hierzu Benavides, Rosamel S.: *Desarrollo y transformaciones del cuento hispanoamericano en el siglo XIX. Demandas y expectaciones*. New York: Peter Lang 1995.
2 Vgl. etwa Briesemeister, Dietrich: Esteban Echeverría: „El Matadero". In: Roloff, Volker / Wentzlaff-Eggebert, Harald (Hg.): *Der hispanoamerikanische Roman*. Bd. I: *Von den Anfängen bis Carpentier*. Darmstadt: Wissenschaftliche Buchgesellschaft 1992, S. 51; sowie Sosnowski, Saúl: Esteban Echeverría. In: Iñigo Madrigal, Luis (Hg.): *Historia de la Literatura Hispanoamericana*. Band 2: *Del neoclasicismo al modernismo*. Madrid: Ediciones Cátedra 1987, S. 315–321.
3 Ebda., S. 44–51.

Nun, ich möchte mich ganz deutlich für diese Gattungszuweisung aussprechen! Warum?

Zum einen handelt es sich um einen Text mit einer bestimmten, nicht zu geringen Länge, der ein umgrenztes Geschehen im Gegensatz zum Cuento, zur Erzählung also, in einer gewissen Breite abdeckt und sich nicht nur auf das Geschehen selbst beschränkt, sondern vorsichtig auch eine gesellschaftliche Totalität miteinbezieht. Dies tut *El Matadero*, und es bringt ihn in eine unmittelbare Nähe zur Gattung des Romans, der ja *per definitionem* – im Sinne von Hegels „Bürgerlicher Epopöe" – gesellschaftliche Totalität zu erfassen strebt. Genau darum hat *El Matadero* auch einen so tiefgehenden Einfluss auf die Geschichte des Romans genommen, nicht aber auf jene der Novelle, die sich in Hispanoamerika niemals im 19. Jahrhundert zu voller Blüte entwickeln konnte. Aus diesem Grunde wurde auch *El Matadero* gerade durch das Vorherrschen der Romangattung nachträglich in eine Reihe mit großen hispanoamerikanischen Romanen des 19. Jahrhunderts gestellt, so dass darüber die eigene literarische Struktur des Textes in den Hintergrund trat.

Es gibt sehr wohl eine Vielzahl von strukturellen und narrativen Elementen, welche diesen Text von der Gattung des Romans abgrenzen oder abheben. Da ist zum einen die Beschränkung auf eine durchgängige, stringent erzählte Handlung, deren Linie den Text ohne größere Unterbrechungen durchgängig quert. Nebenhandlungen in einem größeren Ausmaße gibt es nicht: Alles ist auf die zentrale Handlungsachse oder Handlungslinie bezogen. Zum zweiten entspricht der Text sehr wohl der Definition der Novelle, wie sie etwa Goethe in seinen Gesprächen mit Eckermann seinem zurückhaltenden Dialogpartner in die Feder diktieren konnte. Die Novelle, so erfahren wir, sei zu begreifen als „unerhörte Begebenheit" und damit als etwas, was sich ereignet hat und den Stempel des außergewöhnlichen, des noch nie Dagewesenen trägt. Doch überprüfen wir dies selbst: In Goethes Gesprächen mit Eckermann finden wir am 25. (beziehungsweise 29.) Januar 1827 folgenden Eintrag: „Denn was ist eine Novelle anders als eine sich ereignete, unerhörte Begebenheit. Dies ist der eigentliche Begriff, und so vieles, was in Deutschland unter dem Titel Novelle geht, ist gar keine Novelle, sondern bloß Erzählung oder was Sie sonst wollen."[4]

Im Zentrum eines relativ kurzen, nicht wie der Roman mit Nebenhandlungen versehenen und stringent erzählten Textes muss also, dem Gattungsnamen gemäß, etwas Neues, Neuartiges, Unerhörtes stehen, das in der Handlung der Novelle vorbereitet und schließlich präsentiert wird. *El Matadero* genügt dieser

---

4 Hier zitiert nach Eckermann, Johann Peter: *Gespräche mit Goethe in den letzten Jahren seines Lebens*. Herausgegeben von Fritz Bergemann. Bd. I. Frankfurt am Main: Insel Verlag 1981, S. 207 f.

Definition ebenso wie den Gattungskriterien, die ich bereits genannt habe: Wir werden also mit Fug und Recht den Text in der Folge als Novelle bezeichnen dürfen. Was aber ist nun diese „unerhörte Begebenheit", von der uns Esteban Echeverrías Novelle berichtet?

Der Text präsentiert sich von Beginn an als „historia", die sich „por los años de Cristo de 183." ereignet habe, also in den dreißiger Jahren während der berüchtigten Rosas-Diktatur in Argentinien. Es handelt sich damit um eine erzählte Geschichte, aber auch zugleich um *Geschichte*, bezieht man den Text Echeverrías auf die historische Situation gegen Ende der dreißiger Jahre am Río de la Plata. Dies ist genau die Entstehungszeit des Textes, als sich Esteban Echeverría in Los Talas (einem Familienbesitz in der Provinz von Buenos Aires), aufhielt. Dorthin hatte sich der junge argentinische Autor angesichts der zunehmend repressiven, für die Schriftsteller und ‚Intellektuellen' gefährlichen Situation in Buenos Aires zurückgezogen.

Von Beginn dieses kleinen literarischen Schmuckstückes an wird folglich Abbildanspruch erhoben: Der Text präsentiert sich als „dargestellte Wirklichkeit", als *Mimesis*, sowie als historiographisch fundiert. Zugleich greift Echeverría auf christliche beziehungsweise biblische Formen und Formeln zurück, spielen heilsgeschichtlich verankerte Darstellungsweisen und – wie später gezeigt werden soll – christliche Symbole doch eine zentrale Rolle und sind keineswegs bloßes schmückendes Beiwerk. Diese Elemente gehören vielmehr zum Kernbestand der von der Novelle ins Werk gesetzten literarischen Repräsentationsmuster.

So wird bereits zu Beginn als komplexer Intertext die Bibel – und zwar sowohl das Alte wie das Neue Testament – eingespielt und eingeblendet. Wie in der *Genesis* und später in der auf das *Gilgamesch-Epos* zurückgehenden Sintflut-Episode herrschen in der argentinischen Novelle zunächst die Naturgewalten: Es ist Fastenzeit und ein unaufhörlicher Regen geht auf Buenos Aires und seine Umgebung nieder. Ich kann an dieser Stelle eine kleine Bemerkung nicht unterdrücken, wie beeindruckend es ist, wie häufig und wie viel es im hispanoamerikanischen Roman regnet: Denken Sie nur an Gabriel García Márquez oder Alejo Carpentier in der erzählenden Prosa, aber auch in der Lyrik an Pablo Neruda, der die Naturgewalt gerade auch des Wassers, des Regens vielfach besang! Auch in dieser Hinsicht steht der kleine literarische Text des argentinischen Autors an der Quelle langer Traditionsstränge in den lateinamerikanischen Literaturen.

Schon bei Echeverría in *El Matadero* also gehen heftige Regenfälle nieder, die das Land unter Wasser setzen und dazu führen, dass die Versorgung der Stadt mit Lebensmitteln, insbesondere mit Fleisch, nicht mehr sichergestellt werden kann und kollabiert. Eine Hungersnot bricht unter der Bevölkerung aus. Die sintflutartigen Regenfälle führen natürlich auch zur Suche nach den Sündern, und die sind schnell gefunden. Denn es sind – zumindest für den Klerus und die zahlreichen „Federales", die Anhänger des Diktators Rosas – zum einen (wie in solchen Fällen überall üblich) die Ausländer, zum anderen aber vor allem die politischen Gegner, die Unitarier, die an allem, aber eben auch an dieser neuen Sintflut in der Fastenzeit schuld sind.

An dieser Stelle sind einige Bemerkungen zu geschichtlichem Hintergrund und historischem Kontext angebracht, auf die wir freilich bei unserer Besprechung von Domingo Faustino Sarmientos *Facundo* und José Mármols *Amalia* noch detaillierter zurückkommen werden. Wir hatten bereits am Beispiel von *El Periquillo Sarniento* in Neuspanien beziehungsweise Mexiko kurz gesehen, dass die politischen Auseinandersetzungen in der Folge der Independencia immer wieder um das Problem von Zentralismus versus Föderalismus kreisten. Dies war beim Nationenbildungsprozess dieser neuen Staaten, welche die Kolonialmacht Spanien abgeschüttelt hatten, ein vordringliches Problem, das die staatliche Verfassung des jeweiligen neuen Staatswesens betraf. Selbst bei Simón Bolívar war durchaus ein gewisses Schwanken registrierbar gewesen, hatte er doch gleich zu Beginn seiner politischen und militärischen Karriere negative Erfahrungen sowohl mit einem dezentralisierten als auch mit einem straff zentralisierten, autoritär oder offen diktatorisch zugeschnittenen Staatswesen gemacht.

Für zentralistische wie föderalistische Vorstellungen mangelte es keineswegs an Vorbildern. Genannt seien hier die USA als föderalistisch organisiertes Staatswesen sowie Frankreich als Beispiel für einen modernen Staat, der im Gefolge der Französischen Revolution eine bemerkenswerte republikanische Zentralisierung und Straffung erhielt. Beschäftigen wir uns – wie schon im Kapitel über Fernández de Lizardi betont – etwa mit den politischen Schriften Fray Servando Teresa de Miers, so bemerken wir rasch, dass sich auch bei ihm immer wieder ein Schwanken zwischen beiden Modellen zeigt. Doch ich möchte den neuspanisch-mexikanischen Dominikanermönch für unsere Vorlesung über die Aufklärung zwischen zwei Welten aufsparen.

Die zentralistisch-föderale Grundfrage der politischen Konstituierung der hispanoamerikanischen Nationalstaaten findet sich auch in Argentinien und allgemein in der Area des Río de la Plata im Cono Sur. Auf dem Papier stehen sich in Argentinien schon früh föderalistische und unitarische Konzepte gegenüber, wobei wir nicht übersehen dürfen, dass sich hinter diesen Konzepten oft dazu in klarem Widerspruch stehende politische und persönliche Machtinteressen verbergen. Denn nicht selten sind derlei Überzeugungen nicht viel mehr als ein Vorwand für politische Machtspiele.

Dies zeigt sich deutlich an der Diktatur des Juan Manuel de Rosas in Argentinien, die von 1829 – wobei zu diesem Zeitpunkt Rosas als „Gobernador" gewählt und mit Sondervollmachten ausgestattet wurde – bis zum Februar 1852, bis zur Niederlage von Caseros andauerte. Nach ihr musste Rosas auf einem englischen

Schiff flüchten und erlitt selbst das Exil, in das er so viele seiner politischen Gegner und schreibenden Zeitgenossen getrieben hatte. Er flüchtete nach England, wo er fünfundzwanzig Jahre später sterben sollte. Zu diesem Zeitpunkt war er längst zu einer literarischen Figur und in gewisser Weise zu einer Urform des lateinamerikanischen Diktators geworden, an die sich eine lange Serie von „Novelas de dictadores" bis hin zu Mario Vargas Llosas *La fiesta del chivo* anknüpfte. Auch für diese literarische Reihe ist Esteban Echeverrías Novelle von großer Bedeutung.

Wofür aber stand dieses autoritäre System unter der Herrschaft eines starken Mannes? Angetreten unter dem Banner des Föderalismus gegen eine Zentralisierung auf Buenos Aires und ausgehend von der eigenen Interessenbasis der großen Viehzüchter und Hacenderos der argentinischen Pampa, führte Rosas' gewalttätige Diktatur sehr wohl zu einer massiven Zentralisierung, die geradezu als natürliche Folge der persönlichen, individuellen Diktatur eines starken Mannes angesehen werden muss. So führten die bürgerkriegsähnlichen Zustände und Auseinandersetzungen, die sich unmittelbar an die siegreiche Independencia anschlossen, fast zwangsläufig in den Ruin einer dem Versprechen nach auf Partizipation setzenden Gesellschaft. Die ständigen Konflikte zwischen verschiedenen Caudillos (oder Warlords) im Hinterland und zwischen diesen und der wachsenden Rolle des Hafens von Buenos Aires zerrissen das mit so großen Hoffnungen gestartete republikanische Gemeinwesen. Die Interessens-Diskrepanzen rund um diese Hafenstadt, deren Bewohner bis heute als „Porteños" bezeichnet werden, führten zu katastrophalen politischen, gesellschaftlichen und wirtschaftlichen Verhältnissen, welche in die diktatorische Herrschaft des Viehzüchters Rosas einmünden und zum Exil vieler Intellektueller führen sollten. Zu diesen argentinischen „Proscriptos" (wie sie später Ricardo Rojas nannte) zählten nicht nur die bereits erwähnten Sarmiento und Mármol, sondern eine ganze Generation von Schriftstellern und Denkern, unter ihnen auch Esteban Echeverría.

An dieser Stelle möchte ich nun einige wenige Anmerkungen zu dessen Leben und Schaffen einflechten.[5] Echeverría wurde am 2. September 1805 in Buenos

---

[5] Verwiesen sei hier auf Halperín Donghi, Tulio: *El pensamiento de Esteban Echeverría*. Buenos Aires 1951; Sosnowski, Saúl: Esteban Echeverría: el intelectual ante la formación del Estado. In: *Revista iberoamericana* (Pittsburgh) 47 (1981), S. 293–300; Berg, Walter-Bruno: La formation de l'intellectuel en Amérique du Sud: une relecture à partir de „El Matadero" de Esteban Echeverría y „Recuerdos de Provincia" de Domingo Faustino Sarmiento. In: Einfalt, Michael / Erzgräber, Ursula / Ette, Ottmar / Sick, Franziska (Hg.): *Intellektuelle Redlichkeit – Intégrité intellectuelle. Literatur – Geschichte – Kultur. Festschrift für Joseph Jurt*. Heidelberg: Universitätsverlag Winter 2005, S. 57–68; Gasquet, Axel: *Oriente al Sur. El orientalismo literario argentino de Esteban Echeverría y Roberto Arlt*. Thèse d'Habilitation. Paris: Université Paris X – Nanterre 2006; sowie Weinberg, Félix: *Esteban Echeverría: ideólogo de la segunda revolución*. Buenos Aires: Taurus 2006.

Aires geboren und verstarb am 19. Januar 1851 in Montevideo. Er war also gerade einmal fünf Jahre alt, als die sogenannte „Revolución de Mayo" den Unabhängigkeitswillen von Buenos Aires und Argentinien dokumentierte. Die Symbolik dieses Ereignisses wird der künftige Dichter und politische Denker als eine der großen Figuren der Romantik auf dem amerikanischen Kontinent ein Leben lang bewahren und in verschiedenen literarischen und philosophischen Kontexten weiterentwickeln.

Abb. 33: Esteban Echeverría
(Buenos Aires, 1805 – Montevideo, Uruguay, 1851).

Aufgrund der Vielzahl an Kriegszügen und politischen Wirren des sich anschließenden Jahrzehnts war seine Schulbildung nur rudimentär. Lediglich zeitweise konnte der zweite von neun Söhnen aufs Gymnasium gehen, besuchte aber ab 1822 die Universität von Buenos Aires. Der junge, an Herzproblemen leidende und durch den frühen Tod des Vaters und den nur wenige Jahre später erfolgenden Tod der Mutter hart getroffene Intellektuelle profitierte von den Plänen Rivadavias, der schon vor seiner Zeit als erster Präsident Argentiniens von 1826 bis 1827 junge Schriftsteller und Intellektuelle insoweit fördern wollte, als man ihnen eine Parisreise beziehungsweise einen Frankreichaufenthalt ermöglichte. Längst war Paris für die junge Generation in den ehemaligen spanischen Kolonien zum geistigen Zentrum und zur intellektuellen Drehscheibe allen Denkens und Schreibens geworden.

Esteban Echeverría sollte diese Gelegenheit nutzen, schiffte sich – laut Zollunterlagen – bereits 1825 als „comerciante" ein und kehrte 1830 als „literato" laut Register wieder nach Argentinien zurück. Diese Parisreise war überaus folgenreich, kam der junge Argentinier, der mit den aufklärerischen Idealen der Unitarier Rivadavias und der Ästhetik der „Neoclásicos" großgeworden war, doch in Kontakt mit den Größen der französischen Romantik. Sein literarischer Horizont war weit gespannt, las er doch nicht allein die französischen, sondern auch die englischen und nicht zuletzt die deutschen Literaten wie die beiden Brüder Schlegel, aber auch Schiller und Goethe, die Dichter des „Sturm und Drang", mit riesigem Interesse. Er sog an romantischem Denken in Europa auf, was er konnte.

Esteban Echeverría kam in ein politisch wie literarisch aufgewühltes Frankreich, das gerade seine romantische Revolution, Victor Hugos *Préface de Cromwell*, die berühmte ‚Bataille de Hernani', den Übergang zu einer nach Chateaubriand neuen Generation und den Siegeszug der Romantiker wie Alphonse de Lamartine erlebte. Nicht zu Unrecht ist Paris – wie Walter Benjamin einmal formulierte – die Hauptstadt des 19. Jahrhunderts; ein Satz, der gerade für die Lateinamerikaner Gültigkeit besaß und erst im letzten Drittel des 20. Jahrhunderts an Bedeutung verlor. So schrieb Echeverría in seinem Gedicht *Peregrinación de Don Juan* über die französische Hauptstadt voller Bewunderung:

> Paris war als Haupt, als Kapitale von Frankreich
> ein immenser Lichtstern, der im weiten Bereich
> Licht den Völkern beider Welten spendet
> und fruchtbare Strahlen, was niemals endet.

> Era París, cabeza de la Francia,
> astro inmenso de luz que a la distancia
> sobre los pueblos de uno y otro mundo
> derrama sin cesar rayo fecundo ...[6]

Der junge Echeverría reagierte zweifach auf die intellektuelle und schriftstellerische Herausforderung, die ein solchermaßen strahlendes Paris für ihn bedeuten musste und in der Tat auch bedeutete. Zum einen beschäftigte er sich intensiv mit den spanischen Klassikern, um seine poetische Ausdrucksfähigkeit zu stärken und nicht etwa wie viele andere Literaten der Versuchung zu erliegen, das Spanische mit einer Vielzahl von Gallizismen und Neologismen zu ‚bereichern'. Zum anderen setzte er sich intensiv mit den europäischen wie den französischen Romantikern auseinander, las unentwegt Bernardin de Saint-Pierre, Hugo, Lamartine, Madame de Staël, George Sand, Schiller, das Brüderpaar Schlegel und Goethe sowie insbesondere Byron, mithin die europäischen Götter seiner Zeit, ohne den besonders für Amerika wichtigen Chateaubriand zu vergessen.

Als Esteban Echeverría 1830 nach Buenos Aires zurückkehrte, war er längst ein Romantiker, hatte den ästhetischen Vorstellungen der Neoklassizisten wie den universalistischen Doktrinen der Unitarier abgeschworen oder war doch

---

[6] Zitiert nach Leonor Flemings Einführung in Echeverría, Esteban: *El Matadero. La Cautiva*. Edición de Leonor Fleming. Madrid: Ediciones Cátedra 1986, S. 30.

zumindest auf Distanz zu diesen gegangen. Immer wieder ist die These vertreten worden, dass Echeverría die Initialzündung für die Romantik in Argentinien gab; diese These dürfte nicht leicht von der Hand zu weisen sein. Darauf deuten – wie wir noch genauer sehen werden – viele Elemente seines Schreibens hin, nicht zuletzt die Verwendung des populären Achtsilbers anstelle des Elfsilbers oder vor allem die Einbeziehung der amerikanischen Natur und Landschaft in sein literarisches Werk. Darauf verweist aber auch seine stets angestrebte Verbindung nicht nur von europäischer und amerikanischer Literatur, sondern vor allem von literarischem Schreiben und politischem Handeln.

Echeverría brachte bei seiner Rückkehr nach Argentinien aus Paris eine riesige Truhe voller Bücher mit, die er in der französischen Hauptstadt erworben hatte. Diese Bände bildeten ohne Frage das ästhetische und literarische Rückgrat seines Schreibens. Es wäre aber falsch zu denken, dass er damit für eine ‚Romantik aus dem Koffer' gestanden habe, welche einfach die europäische und maßgeblich französische Romantik auf die Neue Welt übertragen hätte. Der Titel dieses Kapitels versucht vielmehr, mit einem gewissen Augenzwinkern diese ‚Romantik aus dem Koffer' als eine Übersetzungs- und Übertragungsarbeit zu charakterisieren, mit der es dem noch jungen Schriftsteller gelang, einen sehr eigenen amerikanischen Ton anzuschlagen und dabei nicht allein amerikanische Sujets, sondern vor allem ein amerikanisches Schreiben zu befördern, das sich auch von seinen spanischen Bezugstexten weit entfernte.

Mit dem besprochenen doppelten Spannungsfeld zwischen beiden Welten sowie zwischen Literatur und politischem Handeln ist bereits eine Frontstellung signalisiert, auf die implizit auch in *El Matadero* angespielt wird und die Echeverrías Leben bis zu seinem Tod im uruguayischen Exil bestimmen wird. Es handelt sich um die Frontstellung zwischen europäisch orientierten Intellektuellen und jenen amerikanischen Machthabern, die oftmals dem nicht-städtischen Bereich entstammten und die Geschicke des Landes machtbewusst in ihre Hände nahmen. Welten lagen zwischen einem Großgrundbesitzer wie Rosas und einem stark europäisch geprägten Intellektuellen wie Echeverría. Mit anderen Worten ging es – bezogen auf die Literatur – um die Frage des Verhältnisses von politischer Macht und literarischem beziehungsweise politisch-essayistischem Schreiben, welches einen Anspruch auf Macht und geistige Führerschaft formulierte. Und diese konfliktträchtige Beziehung zwischen Schreiben und Macht wird das hispanoamerikanische 19. Jahrhundert in seiner vollen Länge in Atem halten.

Wenn ich an dieser Stelle unserer Vorlesung die Frontstellungen etwas manichäistisch skizziert habe, so liegt dies ganz wesentlich auch an der Selbstdarstellung der einander gegenüberstehenden politischen Interessengruppen und ihren jeweiligen Diskursen selbst. Nicht allein die „Federales", sondern auch die der Rosas-Diktatur politisch und militärisch lange Zeit unterlegenen „Unitarios" werden Diskurse entwickeln, die von schroffen Gegensätzen nur so strotzen. In dieser Zeit werden die Grundlagen eines politischen Systems gelegt, in welchem sich grundsätzlich zwei Parteien feindlich gegenüberstehen und zu keinerlei Kompromissen in der Lage sind. Diese Kompromisslosigkeit zeigt sich selbst in politischen Systemen, in welchen ein Mehrparteiensystem vorherrscht, wo die einzelnen Parteien aber nicht daran gewöhnt sind, durch Kompromisse gegebenenfalls Koalitionen zu ermöglichen. Derartige Systeme unterliegen gewiss nicht den Fehlern der Weimarer Republik, produzieren aber wechselseitig Auswegslosigkeiten, wie wir sie derzeit etwa im Regierungssystem Spaniens, in vielen Staaten Lateinamerikas, aber auch in den Vereinigten Staaten von Amerika besichtigen können.

Sie haben ohne Zweifel bemerkt, dass in diesem Zusammenhang der Gegensatz zwischen Stadt und Land, den wir in Bezug auf die Schriftkultur bzw. die schriftkulturelle Definition von Kultur bereits kennengelernt hatten, hier in einem wesentlich stärker politisch-ideologisch gefärbten Gewande wiederkehrt. Bei Domingo Faustino Sarmiento werden wir erkennen, dass diese Opposition ausgestaltet wird zum Gegensatz zwischen Zivilisation und Barbarei, zwischen amerikanischer Unkultur und europäischer Hochkultur, allesamt Elemente, die sich bereits in Esteban Echeverrías Novelle finden lassen, wenn auch noch in wesentlich abgeschwächter, vermittelter Form.

Bevor wir unsere Besprechung von *El Matadero* wieder aufnehmen, sei der weitere Lebensweg Echeverrías kurz noch skizziert. Er wurde nach seiner Rückkehr nach Buenos Aires und einer gesundheitlich schwierigen Phase hinsichtlich seiner Atemwegserkrankung, die ihn zu einem Aufenthalt in der uruguayischen Provinz zwang, zu einem der Motoren des sogenannten „Salón Literario", wo sich führende Intellektuelle – keineswegs nur Romantiker, sondern auch „Neoclásicos", keineswegs nur Unitarier, sondern auch „Federales" – in der Buchhandlung Argentina trafen. Als die politische Repression Rosas' zunehmend blutrünstiger wurde, löste sich dieser Zirkel auf; doch Echeverría versammelte gleichsam konspirativ eine Gruppe junger Intellektueller im Sommer 1837 um sich. Dies geschah gerade einmal drei Monate vor Erscheinen von *La Cautiva*, einem Gedicht, das im Anschluss an Echeverrías *El Matadero* zu besprechen sein wird.

Die politisch-literarische Gruppe nennt sich zunächst die „Joven Generación Argentina" und wird später umgetauft zu jener Bezeichnung, unter welcher sie in die Geschichtsbücher eingehen sollte: Asociación de Mayo. Dieser Name steht programmatisch für ein Anknüpfen an die Ideale der Unabhängigkeitsrevolution, welches unverkennbar gegen die Herrschaft des argentinischen Diktators gerichtet war. In diesem Kreis ist die literarische Arbeit eng mit der politischen verbunden: Ebenso ästhetische wie wirtschaftliche, soziale wie politische Probleme werden diskutiert. Doch schon im nächsten Jahr sollte es zu brenzlig für ihre Mitglieder werden, von denen sich 1838 einige wie Juan Bautista Alberdi in die Emigration nach Montevideo absetzen, andere wie Echeverría die innere Emigration suchen. Wir hatten schon gesehen, dass *El Matadero* in der Provinz, in Los Talas geschrieben wurde, wenn er zum damaligen Zeitpunkt auch nicht veröffentlicht werden konnte. Denn dieser so wichtige Text, der damals in Handschriften zirkulierte, wurde erstmals 1871 publiziert, also lange Jahre nach dem Tode seines Verfassers im Jahre 1851. Bald schon nach der Niederschrift musste aber auch Echeverría, der sich an einer fruchtlosen Militäraktion des Generals Lavalle beteiligt hatte, ebenfalls ins Exil fliehen: Er erreichte an Bord einer französischen Fregatte die Banda Oriental, das von Argentinien abgefallene Uruguay auf der anderen Seite des Río de la Plata.

In Uruguay nun begann – wie Leonor Fleming in der bereits zitierten lesenswerten Einführung zu *El Matadero* und *La Cautiva* schrieb – die zweite Schaffensphase, die weniger vom glanzvollen Lyriker, dem Autor des ersten in Buenos Aires gedruckten Gedichtbandes eines Argentiniers, der *Consuelos*, und der später erschienen *Rimas*, sondern vom politischen Denker Echeverría geprägt war. Echeverría griff eklektizistisch auf Ideen des utopischen Sozialismus und des Saint-Simonismus zurück, verband sie mit Vorstellungen des Liberalismus, die freilich von den Überzeugungen der alten Unitarier, die noch immer das Klima in Montevideo bestimmten, erheblich abwichen. In seinem *Código*, den er für die Asociación de Mayo ursprünglich verfasst und dann zum *Dogma Socialista de la Asociación de Mayo* umgearbeitet hatte, werden Überzeugungen vertreten, die vermittelt und einflussreich in die Grundlagen der 1852 siegreichen Partei eingingen und einen wesentlichen Bezugspunkt der argentinischen Verfassung von 1853 bilden sollten. Romantische Dichtung und politische Staatsgründung lassen sich bei Echeverría, aber auch bei vielen anderen Schriftstellern seiner Zeit kaum voneinander trennen.

Zugleich war es die Zeit eines noch immer der Dichtkunst verschriebenen, jedoch kränkelnden und zunehmend einsamen Mannes, der mit seinen politischen Vorstellungen zunächst nicht entscheidend durchzudringen vermochte und sein unruhiges und stets anregendes Denken zunehmend auf Fragen von Bildung und Erziehung richtete. Denn auf diesem Gebiet – und ich glaube, damit liegt er bis heute absolut richtig – wird über die Zukunft eines Landes entschieden. Doch den Erfolg seines Schaffens sollte Echeverría nicht mehr erleben: Er verstarb im Januar 1851 im uruguayischen Exil, ein gutes Jahr vor Rosas' definitiver Niederlage in der Schlacht von Caseros gegen Urquiza, dem Echeverría einst recht folgenreich sein *Dogma Socialista* zugesandt hatte. In diesem Text wandte sich Echeverría strikt von dem als rückständig gebrandmarkten Spanien ab und einer nicht nur politischen, sondern sozialen Unabhängigkeit im Zeichen von Lamennais und Saint-Simon zu. Dieser Text prägte das postdiktatoriale Argentinien entscheidend.

Halten wir also fest: Esteban Echeverría ist die große Figur der frühen Romantik im Cono Sur! Er ist der im Alter von fünfundvierzig Jahren verstorbene romantische Dichter, dessen politische Ideen weiterlebten und im Übrigen die Politik seiner Freunde wie Alberdi und Gutiérrez, aber auch Mitre und Sarmiento, beide spätere Präsidenten Argentiniens, entscheidend mitbestimmen sollte. Sein literarisches Schaffen, dies steht außer Zweifel, war in Prosa wie Lyrik für die Schöpfung und Herausbildung der argentinischen Nationalliteratur von allergrößter Wichtigkeit. Bereits in seinen Polemiken mit einem spanischen Literaten hatte er darauf gedrungen, dass es nicht angehen könne, dass ein Land politisch unabhängig sei, literarisch aber noch immer kolonialistisch am Mutterland Spanien hänge. Eben hier beschritt er neue Wege, indem er die europäische Romantik nach Argentinien übersetzte und dabei so grundlegend amerikanisierte, dass sie einen wichtigen Bezugspunkt für die Literatur weit über den Cono Sur hinaus darstellen konnte.

Kehren wir damit biographisch wie historiographisch gestärkt zur Analyse seiner Novelle *El Matadero* zurück! Grundlage der geschilderten Ereignisse, so der Erzähler, ist die außergewöhnliche Fügsamkeit, die „docilidad",[7] der Bewohner von Buenos Aires gegenüber jedweder autoritären Herrschaft. So erst lasse sich die unumschränkte Allgegenwart des Diktators verstehen, der freilich im Text niemals beim Namen genannt wird, sondern stets im Sinne des offiziellen Diskurses als „Restaurador" erscheint. Überhaupt basiert Echeverrías Kritik an der Diktatur recht klug auf der Einbindung des dominanten politischen Diskurses, der im literarischen Text subvertiert und in seinem hohen Machtanspruch entlarvt wird. So etwas könnten wir angesichts der allgegenwärtigen Populisten heute auch gebrauchen! Autoritätskritik ist für den Argentinier auf fundamentale Weise Sprachkritik: Ironisierend nennt der Erzählerdiskurs den allgegenwärtigen, aber nicht sichtbaren Diktator auch den „muy católico Restaurador"[8] und weist damit nachdrücklich auf die Komplizenschaft der katholischen Kirche, welche die Diktatur weitgehend stützte. Auch hierbei handelt es sich um Elemente, die sich in der argentinischen Geschichte wiederholen sollten. Die Komplizenschaft der katholischen Institutionen hatte im Übrigen handfeste Gründe, waren die Unitarier der ersten Stunde wie Rivadavia doch überzeugte Antiklerikale, welche die Macht der Kirche beschränkt wissen wollten. Juan Manuel de Rosas als Gegner der Unitarier bot sich hier als Bundesgenosse an.

Die starken Regenfälle und Überschwemmungen setzen zu Beginn von *El Matadero* alles unter Wasser. In Echeverrías Text wird diese Naturgewalt,

---

7 Echeverría, Esteban: *El Matadero*, S. 310.
8 Ebda., S. 312.

gleichsam naheliegend am Río de la Plata, in den sich die Wassermassen eines halben Kontinents ergießen, in eine literarische Symbolik miteinbezogen. Wir werden dies später noch häufig in hispanoamerikanischen Romanen des 19. wie des 20. Jahrhunderts erleben – etwa in Jorge Isaacs kolumbianischem Roman *María*. Die nichts Gutes verheißende Symbolik des fließenden, strudelnden, alles mit sich fortreißenden Wassers wird im weiteren Verlauf von *El Matadero* im Schlachthaus – so der Titel der Novelle – auf Ebene des in Strömen fließenden Blutes fortgesetzt: Alles und alle werden in einem wahrhaftigen Blutrausch mitgerissen. Doch greifen wir nicht vor!

Die dramatische Zuspitzung der Versorgungslage führt, ausgerechnet in der Fastenzeit, zu einer beginnenden Hungersnot, in der schon erste Opfer zu beklagen sind. Im Schlachthaus, das am Rande der Stadt gelegen diese mit Fleisch versorgen soll, sind lange schon keine Fleischtransporte mehr eingetroffen; selbst die früher dort so zahlreich versammelten Ratten sind ersoffen oder haben das Weite gesucht.[9] Dann aber gelingt es ausgerechnet am Gründonnerstag der Karwoche, erstmals einen Viehtransport mit fünfzig Tieren zum Matadero durchzubringen, was freilich angesichts eines Tagesbedarfs von zweihundertfünfzig bis dreihundert Tieren für die Stadt bei weitem nicht ausreicht. Buenos Aires ist gewachsen, wenn die argentinische Kapitale auch noch längst nicht mit jener Metropole vergleichbar ist, die sie am Ende des 19. Jahrhunderts sein wird.

Der Viehtransport reicht freilich aus, um eine große hungrige Menschenmasse anzulocken, die verzweifelt versucht, Fleisch der rasch geschlachteten Tiere zu ergattern. Das Eintreffen des Viehs wird begleitet von Jubelschreien für die Föderation und Hochrufen auf den Restaurador, dem man auch das erste geschlachtete Tier – fast in der Form eines Tieropfers[10] – schickt.[11] Bei bloßen Tieropfern wird es freilich nicht bleiben. Eine kurze Beschreibung des Schlachthofes, des Ortes des berichteten Geschehens zeigt, dass hier nicht nur die politischen Slogans der Diktatur wie *„Mueran los salvajes unitarios"* allerorts angebracht sind, sondern dass auch die vor kurzem verstorbene Frau des Diktators nichts weniger ist als die Patronin der Fleischer und Schlächter. Dies ist fürwahr ein sprechendes Patronat, das im Übrigen auch darauf verweist, dass die Diktatur Identifikations- und Glaubensangebote macht, wie sie traditionellerweise in der kolonialspanischen Gesellschaft eigentlich der Kirche zustanden. Echeverrías

---

9 Ebda., S. 313.
10 Auf die Dimension des Tieropfers hat Dietrich Briesemeister in seinem zitierten Aufsatz hingewiesen.
11 Echeverría, Esteban: *El Matadero*, S. 315.

Novelle ist ein Lehrstück in Sachen Diktatur – und dass es die lange Folge argentinischer Militärdiktaturen nicht verhindern konnte, wird man dem Autor nicht vorwerfen können. Denn zur Literatur gehört auch ein Lesepublikum, das die entsprechenden Schlüsse aus dem Gelesenen zu ziehen vermag. In jedem Falle deutet sich in *El Matadero* bereits jene auch am Bolívar-Mythos zu erkundende Säkularisierung an, die sich im Bereich politischer Symbolfiguren besonders schön im entstehenden Lateinamerika nachweisen lässt.

In der Zwischenzeit sind die Schutzbefohlenen der verstorbenen, aber geheiligten Patronin Doña Encarnación Ezcurra – und auch an dieser Stelle verweist der realhistorische Vorname geschickt auf die Fleischwerdung, die „Encarnación" – an die Arbeit und damit ans Schlachten der zur Verfügung stehenden Tiere gegangen. Bald schon überschwemmt das Blut der geschlachteten Rinder den Boden des Schlachthofes: Das Blut tritt als Flüssigkeit an die Stelle des Wassers und wird diese Rolle bis zum Ende der Novelle nicht mehr abgeben. Die hungrigen Zuschauer – in ihrer Mehrzahl Schwarze und Angehörige der städtischen Unterschicht – beginnen, sich um Fleischreste und Eingeweide, um alles irgendwie Essbare zu balgen. Es kommt zu Szenen, die man sehr wohl als kostumbristisch bezeichnen könnte, wird hier doch die Sprache dieser sozialen Gruppen eingeblendet und vorgeführt. All dies ist ganz im Sinne der Redevielfalt, die laut Michail Bachtin der Traditionslinie des Romans von Cervantes' *Don Quijote* an mitgegeben wurde.[12] Der Erzählerdiskurs lässt keinen Zweifel an der gesamtgesellschaftlichen Dimension jener Szenen, die sich vor den Augen des Lesepublikums abspielen:

> Auf der einen Seite übten sich zwei Jungs im Umgang mit Messern, wobei sie sich große Batzen Fleisches stückweise zuwarfen; auf der anderen Seite organisierten vier Erwachsene mit Hilfe von Messerhieben das Recht auf ein dickes Stück Eingeweide und auf ein Gekröse, die sie einem Fleischer geraubt hatten; und nicht weit von ihnen wandten einige durch die erzwungene Abstinenz abgemagerte Hunde dasselbe Mittel an, um herauszubekommen, wer eine Leber voller Dreck ergattern würde. Dies verkörperte im kleinen Maßstab die barbarische Art und Weise, mit der in unserem Land die großen Fragen und die individuellen wie sozialen Rechte geregelt wurden. Nun gut, letztlich war die Szene, die im Schlachthaus aufgeführt wurde, etwas fürs Auge und weniger für die Feder.[13]

Diese Passage ist in vielerlei Hinsicht aufschlussreich und für den Schreibstil Echeverrías charakteristisch. Das auf den ersten Blick Menschlich-Allzumensch-

---

[12] Vgl. Bachtin, Michail M.: Das Wort im Roman. In (ders.): *Die Ästhetik des Wortes*. Herausgegeben von Rainer Grübel. Frankfurt am Main: Suhrkamp 1979, S. 154–300.
[13] Echeverría, Esteban: *El matadero*, S. 317 f.

liche, mithin die Auseinandersetzungen um das ersehnte Fleisch, wird nicht nur mit dem Tierischen in Beziehung gesetzt, was die Verrohung all dieser Menschen unabhängig von ihrem Alter zeigt, sondern zugleich gesamtgesellschaftlich perspektiviert. Die gesamte Szene wird als Simulakrum der argentinischen Gesellschaft bezeichnet und wir könnten es vielleicht am besten mit dem Begriff eines Fraktals belegen, das die gesamte Struktur gesellschaftlicher Verfahren und Verteilungskämpfe modellartig vor Augen führt: Das Schlachthaus ist nichts anderes als ein geradezu soziologisch konzipiertes Fraktal der gesamtgesellschaftlichen Verhältnisse in einem Argentinien unter der Rosas-Diktatur. Es zeigt die tierische Verrohung der Gesellschaft, die stets gesetzlose und gewalttätige ‚Lösung' aller Konflikte, die barbarische Verteilungsproblematik mit ihrem Dschungelgesetz des Stärkeren, die völlige Rechtsunsicherheit im sozialen wie individuellen Bereich.

Mit anderen Worten: Die von Echeverría meisterhaft entworfene kleine Szenerie führt uns den „modo bárbaro" vor, jene Barbarei also, die in Argentinien Einzug gehalten hat und in diesem literarischen Stück denunziert werden soll. Darüber hinaus zeichnet sich in dieser Passage auch die Aufgabe der Literatur ab, ein Simulacrum der Gesellschaft zu sein, gleichsam synekdochisch – als Pars pro toto – Zeugnis abzulegen von der Verfassung, Verfasstheit und Lage eines Staatswesens, vom Leiden der Menschen, von der Gewalttätigkeit ihrer Lebenssituation. Kurz: Die Aufgabe der Literatur ist es, eine dargestellte Wirklichkeit als erlebte und gelebte Wirklichkeit darzustellen und dabei ein Lebenswissen zu entfalten, welches uns ein Wissen vom Leben unter bestimmten gesellschaftlichen Umständen, vom Zusammenleben in einer bestimmten Gemeinschaft, aber auch vom Überleben auf der sozialen Ebene vermittelt. Noch einmal: Anders als in der Historiographie, anders als in der Geschichte geht es nicht um die Darstellung einer Wirklichkeit, sondern um die gelebten oder erlebbaren wie lebbaren Wirklichkeiten, welche aus verschiedenen Perspektiven, aus unterschiedlichen Blickwinkeln entworfen werden.

Literatur als künstlerisches Modell gesellschaftlicher Verhältnisse im Kleinen: Hier ist ein Gedanke des „Roman expérimental", des literarischen Naturalismus vorweggenommen, der in Zolas Romanentwurf in deutlich radikalisierter Form dazu führen wird, den Roman als gesamtgesellschaftliches Experimentierfeld, als soziales Laboratorium aufzufassen, das zu wissenschaftlich abgesicherten Ergebnissen bezüglich gesellschaftlicher Prozesse kommen soll. Gewiss: So weit geht der Erzähler – und auch Esteban Echeverría – keineswegs! Doch wird *El Matadero* sehr wohl zu einem Modell der Rosas-Diktatur mit ihren Befehlshabern, ihren Schergen, der johlenden Menge, der all diesen anonymen Tätern ausgelieferten Opfer, die im Nirgendwo verschwinden. Es wird die Sprache der Diktatur analysiert und ihre Mechanismen, Zwang, Gewalt und Unterordnung, Hierarchie und

Verantwortung, ja das gesamte Spannungsfeld von – im Sinne Hannah Arendts – *Macht und Gewalt* ausgeleuchtet. Im Grunde ist *El Matadero* ein Modell und mehr noch ein Fraktal von Diktatur überhaupt – und eben darin besteht der überzeitliche Wert dieser literarisch geschilderten „unerhörten Begebenheit".

Die Novelle stößt zum einen an die Gattungsgrenze des Romans, da gattungsspezifisch vom Roman der Anspruch erhoben wird, eine gesamtgesellschaftliche Realität abzubilden. Und zum anderen begibt sich diese Novelle aber auch in die unmittelbare Nähe zur Allegorie und vor allem zur Parabel, welche gleichnishaft ihre Bedeutungsfülle anhand von Beispielen vor Augen zu führen sucht. Bedeutungsvoll und keineswegs unwichtig ist dabei die visuelle Dimension, welche in der Tat in der Novelle vorherrscht: *El Matadero* ist eine Abfolge sich der Leserschaft stark einprägender Bilder und damit in gewisser Weise ein Bilder-Bogen, welcher bisweilen einen fast alogischen, ja halluzinatorischen Charakter annimmt. Gewiss fügt sich der Erzählerdiskurs immer wieder ordnend und sinngebend zwischen die einzelnen Bildfolgen ein, doch bleibt deren Kraft und polyseme Bedeutungsfülle ungebrochen. Es ist sicherlich nicht zu weit gegriffen, vergleicht man die Bildfolgen Echeverrías zeitgenössisch etwa mit Goyas Bilderwelt, insbesondere seinen *Caprichos* und mehr noch den *Desastres de la guerra*, wo Gewalttätigkeit, Brutalität und Barbarei auf grausam einfache Bildkompositionen reduziert werden. Sie entfalten wie in *El Matadero* eine Sinnfülle, die sich auch heute noch lange nicht erschöpft hat.

Allerdings interessiert sich Esteban Echeverría in seiner Novelle im Gegensatz zu Francisco de Goya weniger für die Tiefen der menschlichen Seele, in deren Abgründe wir mit dem spanischen Maler blicken dürfen, als für die politische Problematik und Tragweite der von ihm dargestellten Szenen. Es überrascht daher nicht, wenn die Beziehung zwischen dem sich anbahnenden Blutbad und der Rosas-Diktatur farblich verankert und politisch semantisiert wird, taucht doch kurz nach dieser Szene ein „pañuelo punzó",[14] ein tiefrotes Taschentuch, sowie die Farbe „colorado" auf, beides Farbadjektive, die in der Rosas-Diktatur zu den Farben der Föderalisten und Anhänger des Regimes zählten. So wird die Farbe Rot – wie später übrigens auch in Sarmientos *Facundo* – politisch semantisiert und an die Farbszenerie des Schlachthauses angebunden. Weitgehend abwesend ist hingegen die Farbe Blau, die Farbe der Unitarier und Rosas-Gegner, sind doch auf Grund der starken Regenfälle selbst die Flüsse nicht mehr blau eingefärbt oder kristallklar, sondern lehmig-braun („turbio") und undurchsichtig.

Die auf der Macht der Messer beruhende Gewalt und das Blutbad springen von der Ebene geschlachteter Tiere auf die der Menschen in einer Szene über, die

---

14 Echeverría, Esteban: *El Matadero*, S. 318.

Abb. 34: „Los desastres de la guerra", Radierungen von Francisco Goya, 1810–1812.

Abb. 34a Tafel 5: „Y son fieras"

Abb. 34b Tafel 39: „Grande hazaña! Con muertos!"

Abb. 34c: Tafel 60: „No hay quien los socorra"

jedem, der den Text einmal gelesen hat, im Gedächtnis haften bleiben wird: Ein Stier reißt sich urplötzlich los, und in der entstehenden Panik wird ein kleiner Junge versehentlich von einem Lasso-Wurf getroffen und geköpft. Ich möchte Ihnen diese Stelle, die an brutaler Darstellungskraft nichts zu wünschen übrig lässt, nicht vorenthalten:

> Und in der Tat fühlte das Tier, von den Schreien und vor allem von den scharfen Stößen, die seinen Schwanz trafen, in die Enge getrieben, das die Schlinge lose war und stürmte schnaubend in Richtung Tor, auf beide Seiten rötlich-phosphoreszierende Blicke werfend. Der Lassowerfer gab seinem Pferd einen Ruck, löste sein Lasso vom Schaft, ein scharfes Zischen fuhr durch die Luft, und im selben Augenblick sah man, wie von oben herab, von einer Heugabel im Hof, als hätte ihn ein Axthieb sauber abgetrennt, den Kopf eines Kindes herunterrollen, dessen Rumpf weiter unbeweglich auf seinem Holzpferdchen saß und einen langen Blutstrahl aus seinen Arterien versprühte.[15]

Die Schnelligkeit der sich vor unseren Augen abspielenden Geschehnisse ist außergewöhnlich und wird literarisch geschickt durch die Drängung aller gezwängten Ereigniselemente in einen einzigen Satz am Ende ausgedrückt. Innerhalb dieser blitzartig sich abspielenden Szene gelingt dem Stier zunächst der Ausbruch aus dem Schlachthaus, wobei seine rötlich funkelnden Augen bereits auf die Katastrophe im nächsten Satz vorausweisen. Die Grässlichkeit des Ereignisses geht unter im allgemeinen Geschrei und Gejohle der rasenden, den Stier später durch die Straßen verfolgenden Menge. Und doch ist in dieser bildstarken Szene erstmals ein Mensch, ein unschuldiges, auf seinem Holzpferdchen sitzendes Kind, zum Opfer des sich im Schlachthaus abspielenden Blutbades geworden. Noch erfolgt all dies eher zufällig, doch wird das Kind zum ersten Opfer der gesamtgesellschaftlichen Verhältnisse: Sein sich überallhin versprühendes Blut eröffnet eine ganze Abfolge von Szenen, welche in einem wahren Blutrausch gipfeln. Aus dem Rumpf des geköpften Kinderkörpers quillt das Blut, das sich mit dem Blut der geschlachteten Tiere vermengt. Die blutdurstige Menge nimmt dies kaum zur Kenntnis: Eine wahre Raserei ergreift alles und jeden.

Für den entsprungenen Stier, der seinem Schicksal entgehen will und sich gegen den Tod mit all seinen Kräften wehrt, gibt es freilich kein Entrinnen: Er wird erneut eingefangen und triumphal in den Schlachthof zurückgeschleift. Vom „niño degollado", vom geköpften Kinde, ist in der Zwischenzeit nur mehr ein großer Blutfleck übrig geblieben; und das Abschneiden des Kopfes wird für den weiteren Verlauf der Novelle von schrecklicher Vorbedeutung sein. Matasiete, einer der Fleischhauer und Schlächter, bringt den Stier endgültig mit Hilfe eines langen Messers um, das er dem Tier in den Hals stößt.[16] Der männliche Stier, das „soberbio animal"[17] bricht zusammen, ist nur mehr ein Haufen Fleisch, aus dem Blut quillt. Der Widerstand war zwecklos: Die Fleischer und Schlächter obsiegen und entmannen das Tier, dessen Hoden, welche für die „dignidad del toro",[18] die

---

15 Ebda., S. 319.
16 Ebda.
17 Ebda.
18 Ebda.

Würde des Stieres stehen, als Zeichen des Triumphs der Schlächter abgeschnitten und der Menge gezeigt werden.

Mit diesem Akt ist eine Grenze überschritten: Raserei und Blutrausch springen nun nicht mehr nur zufällig und unabsichtlich, sondern absichtsvoll und rücksichtslos-barbarisch über auf die Ebene der Menschen. Als man einen zufällig vorbeikommenden Reiter erblickt, an dessen Kleidung man die Zeichen der Unitarier zu erkennen glaubt, wird dieser Mann ohne Vorwarnung von eben jenem Matasiete – also „Siebentöter", ein sprechender Name – unvermittelt angegriffen. Matasiete hat gerade erst den Stier blutrünstig erledigt und richtet nun seine ganze Mordlust auf ein menschliches Objekt, an dem er sich befriedigen kann.

Jetzt tritt die ‚Gesellschaft' in Aktion: Denn er wird zu seinem Tun von der Menge aufgefordert, die gnadenlos den Tod des völlig überraschten jungen Mannes fordert. Schon kniet Matasiete auf dem von einem Lassowurf zu Boden Geworfenen, drückt seine Brust mit dem Knie nieder, ergreift den Haarschopf und zückt nun das Messer, um seinem Opfer – wie gerade noch dem Stier – den Hals aufzuschneiden: „Deguéllalo, Matasiete",[19] enthaupte ihn! Und als sich der Unschuldige, dessen Namen wir nie erfahren werden, zu wehren versucht, da schallt es: Enthaupte ihn wie den Stier, „Deguéllalo como al toro"![20] Spätestens an dieser Stelle wird die Verbindung zwischen Stier und Unitarier, zwischen dem entmannten Tier und dem bald schon entehrten Menschen offenkundig. Wie der Stier wird auch der Unitarier keine Chance bekommen, seinem Schicksal zu entrinnen.

Auf Befehl des Schlachtrichters wird er jedoch nicht sogleich von Matasiete hingemordet, sondern muss zunächst ein entwürdigendes Verfahren über sich ergehen lassen, dessen Einzelheiten mit all ihren Folterungen ich uns ersparen will: Die Novelle ist in der Tat nichts für zart Besaitete! Beim jungen Unitarier – denn um einen solchen handelt es sich in der Tat –, der sich verzweifelt wehrt und keineswegs klein beigibt, zeigt sich sofort körperlich die Erregung, das „movimiento convulsivo de su corazón"[21] als ein Vorzeichen des Kommenden. Dem brutal Misshandelten wird vorgeworfen, nicht die Abzeichen, die „divisas" des allmächtigen Herrschers zu tragen und auch den Trauerflor für Doña Encarnación Ezcurra nicht an seinem Hut angebracht und somit gegen den Befehl des Diktators verstoßen zu haben. Kühn antwortet der junge Mann, er trage die Trauer um sein Vaterland nicht an seinem Hut, sondern in seinem Herzen.

---

19 Ebda., S. 320.
20 Ebda.
21 Ebda., S. 322: „die konvulsive Bewegung seines Herzens."

Auch hier ist es also das Herz, der Sitz der Gefühle, aber eben auch der Motor aller Bewegungen des Blutes, die ebenso das Leben wie den Tod bedeuten. Der Gefolterte wird ausgezogen und wie Christus – erinnern wir uns: der Karfreitag steht bevor – in eine Kreuzesstellung gebracht. Es werden also nicht nur überdeutlich die Analogien zu den Bewegungen des sich verzweifelt wehrenden Stieres gezogen – Tier wie Mensch haben in ihrer Erregung jeweils Schaum vor dem Mund. Vielmehr wird zugleich das unschuldige Opfer unmittelbar mit dem Leiden Christi in Verbindung gebracht. Der junge Unitarier wird damit zum Märtyrer, zum Blutzeugen seiner Überzeugungen, seines Glaubens an eine gerechtere Gesellschaft in Argentinien.

Das Politische wird in einer Weise sakralisiert, die durchaus analog zur Sakralisierung von Encarnación Ezcurra als Patronin der Schlächter verläuft. Die Novelle Esteban Echeverrías ist freilich überaus kunstvoll und komplex auf den sakralen Intertext, auf das Alte Testament wie auch auf das Leiden Christi bezogen.[22] Jeglicher Widerstand ist zwecklos: Der Unitarier wird ausgezogen und damit entehrt, entmännlicht, dem Gespött der Menge preisgegeben! Und dann geschieht, was zuvor schon diskret angedeutet worden war:

> Seine Kräfte hatten sich erschöpft; sofort wurde er in Kreuzesform festgebunden, und man begann damit, ihn zu entkleiden. Dann aber brach ein Strom von Blut sprudelnd aus Mund und Nase des jungen Mannes, dehnte sich aus und begann, auf beiden Seiten des Tisches herunterzuströmen. Die Schergen erstarrten und die Zuschauer waren wie vom Blitze getroffen.[23]

Ein Blutsturz setzt dem Leben des sich verzweifelt gegen seine Entehrung wehrenden anonymen Unitariers ein abruptes Ende: Die Barbarei hat ihr Opfer gefunden, der Blutdurst der Menge ist vorerst gestillt. Es ist nicht nur ein Stieropfer, sondern ein Menschenopfer, das der Rosas-Diktatur von treuen Anhängern in Buenos Aires dargebracht wurde. Wir gehen damit gleichsam den Weg vom rationalen Abschlachten der Tiere über das Tieropfer zurück bis zum Menschenopfer, Inbegriff jener Barbarei, die noch in der Bibel oder etwa der geplanten Opferung Iphigenies auf Aulis aufscheint.

Damit ist die Barbarei in die zivilisierte Gesellschaft Argentiniens zurückgekehrt; und sie findet Genugtuung erst, wenn nicht nur Tierblut, sondern auch Menschenblut vergossen wird. Das Blutopfer wird zwar nicht mehr zu Ehren eines

---

[22] Vgl. hierzu vor allem Briesemeister, Dietrich: Esteban Echeverría: „El Matadero". In: Roloff, Volker / Wentzlaff-Eggebert, Harald (Hg.): *Der hispanoamerikanische Roman*. Bd. I: *Von den Anfängen bis Carpentier*. Darmstadt: Wissenschaftliche Buchgesellschaft 1992, S. 51.
[23] Echeverría, Esteban: *El Matadero*, S. 324.

Gottes, wohl aber des argentinischen Diktators dargebracht, dessen politische Slogans den Schlachthof zieren und dessen äußere Zeichen der junge Mann zu tragen sich geweigert hatte. Er wird zum Opfer einer Macht, die es noch nicht einmal nötig hat, sich ihre Hände schmutzig zu machen: Die blinde Masse seiner fanatisierten Anhänger und Untertanen erledigt das selbst, ohne Befehl und Gerichtsurteil.

Der unschuldige junge Mann wird zum Vertreter jener Menschlichkeit und Zivilisation der Unitarier, die von ihren Gegnern als „salvajes unitarios" beschimpft werden. Immer und immer wieder wird der offizielle Diskurs, die verordnete Sprachregelung der Diktatur eingeblendet, mit dem Geschehen kontrastiert, entlarvt und ad absurdum geführt: Die Gewalt der Diktatur geht zuallererst und vornehmlich von der vereinheitlichten Sprache aus, die übernommen werden muss. Die Gewalt und in ihrer Folge auch die Macht jedoch sind nicht auf der Seite des Schriftstellers, auf der Seite des Erzählers, sondern auf Seiten des gottgleich verehrten Diktators. Selbst für die Unbeteiligten, die Unschuldigen gibt es – wie zuvor für den Stier – keinen Ausweg, keine Fluchtmöglichkeit und kein Erbarmen: Alle sind der Diktatur und ihren blutrünstigen Schergen ausgeliefert. Der Schlusssatz der Novelle unterstreicht die Moral, die der Text seinen Leserinnen und Lesern an die Hand geben will, und deutet einmal mehr auf die Abbildfunktion der Literatur: „Und durch die zuvor geschilderten Ereignisse ist überdeutlich, dass der Brennpunkt der Föderation sich im Schlachthaus befand."[24]

Esteban Echeverrías *El matadero* eröffnet – nur wenige Jahre nach Errichtung politisch unabhängiger Strukturen in den bis vor kurzem noch spanischen Kolonialgebieten – in gewisser Weise die lange Reihe lateinamerikanischer Diktatorenromane, auch wenn (oder vielleicht gerade weil) der unumschränkte Gewaltherrscher selbst nirgendwo ins Bild rückt, ja nicht einmal mit seinem vollen Namen erscheint. Er ist in dieser Hinsicht einem Gotte gleich: „présent partout mais visible nulle part." Dieser überall gegenwärtige, aber nirgends sichtbare Diktator ist so – um den Namen von Roa Bastos und den Titel eines der großen Diktatorenromane des 20. Jahrhunderts zu zitieren – ein *Yo el Supremo* in seinem Reich, ein unumschränkter Herrscher über ein Volk, das von ihm weitestgehend dominiert wird.

Insoweit lässt sich eine literarische Linie ziehen zu José Mármols *Amalia*, einen argentinischen Roman, auf den wir noch zu sprechen kommen werden. Sie führt über die spanische Variante des Diktatorenromans in Ramón María del Valle-Incláns *Tirano Banderas* bis hin zu den berühmten Diktatorenromanen

---

24 Ebda.: „y por el suceso anterior puede verse a las claras que el foco de la federación estaba en el Matadero."

jener großen Autoren, welche die lateinamerikanischen Literaturen außerhalb des Subkontinents berühmt machten: *El Señor Presidente* des guatemaltekischen Literaturnobelpreisträgers Miguel Angel Asturias, *El recurso del método* von dem uns bereits bekannten Kubaner Alejo Carpentier, *El otoño del patriarca* des kolumbianischen Literaturnobelpreisträgers Gabriel García Márquez, *Yo el Supremo* des Paraguayers Augusto Roa Bastos oder *La fiesta del chivo* des peruanischen Literaturnobelpreisträgers Mario Vargas Llosa, um nur einige dieser Romane und Autoren zu nennen. Man kann also mit Fug und Recht behaupten, dass der lateinamerikanische Diktatorenroman genauso alt ist wie die politische Unabhängigkeit Lateinamerikas oder, wenn Sie so wollen, wie die Diktaturen in der postkolonialen Geschichte des Subkontinents. Der Urvater all dieser literarischen Höhepunkte des vorwiegend 20. Jahrhunderts aber ist Esteban Echeverrías *El Matadero*.

Doch innerhalb des reichen und breit gestreuten Schaffens des im Exil verstorbenen argentinischen Autors ragt noch ein zweiter Text heraus, der bei den Zeitgenossen in Argentinien seit der Erstveröffentlichung des Gedichts im September 1837 – etwa bei Sarmiento, aber auch vielen anderen Literaten – größte Bewunderung erregte. In Spanien wurde er ebenfalls als einer der wenigen hispanoamerikanischen Texte zur Notiz genommen und wird bis heute immer wieder aufgelegt, so dass er auch bei einem breiteren Publikum wohlbekannt ist: *La Cautiva*.[25] Esteban Echeverrías Freund Gutiérrez hatte im Sommer 1837 Teile des romantischen Gedichts im Salón Literario vorgetragen und bei jenen Teilnehmern Bewunderung hervorgerufen, die später die „Joven Generación Argentina", also die Asociación de Mayo bilden sollten.

Auch seine Aufnahme bei der Literatur-Kritik – selbst bei neoklassizistischen Literaten – war durchweg positiv: Echeverrías Gedicht fand die uneingeschränkte Zustimmung, ja Begeisterung eines zeitgenössischen Publikums. Sogar der spanische Literaturpapst Marcelino Menéndez y Pelayo behauptete später, das Werk habe sich in Spanien hervorragend verkauft und sei in Cádiz neu aufgelegt worden. Man könnte hinzufügen: bis heute, denn es liegt bei Cátedra eine wohlfeile und fundierte Ausgabe vor, die *La Cautiva* zusammen mit *El Matadero* präsentiert.[26] Wir können bereits jetzt schon festhalten: Das 1837 vorgelegte Gedicht

---

25 Vgl. Kreis, Karl-Wilhelm: Teoría y práctica literaria: El romanticismo progresista de Esteban Echeverría y la presentación de los indios en „La Cautiva". In: Paatz, Annette / Pohl, Burkhard (Hg.): *Texto socialo. Estudios pragmáticos sobre literatura y cine. Homenaje a Manfred Engelbert.* Berlin: Verlag Walter Frey – edition tranvía 2003, S. 49–62.
26 Vgl. nochmals die hier zitierte Ausgabe in Echeverría, Esteban: *El Matadero. La Cautiva*. Edición de Leonor Fleming. Madrid: Ediciones Cátedra 1986.

bildet einen nicht zu vernachlässigenden Faktor bei der Konstituierung jener argentinischen „Generación del 37", bei der dieses romantische Gedicht so breite und enthusiastische Aufnahme fand.

Esteban Echeverría hat diesem lyrischen Text in einer Ausgabe seiner *Rimas* eine „Advertencia a La Cautiva" vorangestellt, in welcher er seine Leser über das Hauptanliegen seines langen Gedichts aufzuklären versuchte:

> Die hauptsächliche Absicht des Autors von *La Cautiva* war es, einige Züge der poetischen Physiognomie der menschenleeren Weiten zu malen; und um sein Werk nicht auf eine bloße Beschreibung zu reduzieren, hat er in diese weiten Einsamkeiten der Pampa zwei ideale Wesen oder zwei Seelen hineingestellt, welche durch die doppelte Verbindung der Liebe und des Unglücks miteinander vereinigt sind. Die von ihm verdichteten Ereignisse sind, wo nicht wahr, so doch zumindest wahrscheinlich und möglich; und wie es dem Dichter nicht obliegt, genau und umständlich im Stile eines Chronisten oder Neuigkeitenreporteurs zu erzählen, wählte er, um sein Gemälde zu gestalten, alleine jene Episoden aus, die dem Pinsel der Poesie mehr Lokalkolorit zu geben vermöchten; oder besser noch verbreitete er im Umfeld dieser beiden Figuren, die es bilden, einige der eigentümlichsten Schmuckstücke der sie umgebenden Natur.[27]

Nehmen wir den argentinischen Autor in diesem Zitat wörtlich, so müsste der Titel seines Gedichts nicht *La Cautiva*, sondern „El Desierto" heißen. Denn ein grundlegender Protagonist des Gedichtes sind die unendlichen Weiten dieses Landes, die freilich keineswegs menschenleer sind, wie es der Begriff anzugeben scheint. In Argentinien rechnete man – auch in Bevölkerungsstatistiken – noch lange Zeit im 19. Jahrhundert die indigene Bevölkerung nicht zu den zu zählenden Menschen, sondern schloss sie aus Erhebungen und Berechnungen aus. Nur in diesem ganz offenkundig rassistischen Sinne sind die Weiten Argentiniens menschenleer.

In der Tat ist der allgegenwärtige Protagonist dieses Textes wirklich das „desierto", da es in vielfacher Weise in das Handlungsgeschehen eingreift. Wir sollten diesen Ausdruck freilich nicht mit „Die Wüste" übersetzen, sondern eher mit „Die Weiten", da sie auf poetische, wenn auch implizit rassistische Weise die menschenleeren Einöden bezeichnen, die von den Europäern oder von diesen abstammenden Menschen noch nicht landwirtschaftlich genutzt werden. Diese Einöden, diese „soledades" der Pampa, sind folglich sehr wohl belebt, von Menschen durchzogen und bewohnt, nur nicht von sesshaften Ackerbauern und Viehzüchtern, wie dies in der extensiven Bewirtschaftungsweise der Pampa der

---

27 Echeverría, Esteban: *El Matadero. La Cautiva*, Advertencia a „La Cautiva", S. 451.

Fall ist, sondern von nomadischen Stämmen, welche an die Umweltbedingungen dieser Weiten optimal angepasst sind.

Diese Menschen also, die bis Ende des 19. Jahrhunderts in keiner argentinischen Bevölkerungsstatistik auftauchten, sondern deren Siedlungsgebiete auf allen Karten als weiß oder unbewohnt figurierten, wehren sich jedoch gegen die Eindringlinge, welche nun immer größere Flächen für sich beanspruchen. Es ist ein Kampf der Sesshaften gegen die Nomaden und zugleich ein Kampf der Weißen gegen die Indianer. Und es sind eben diese nomadisierenden Indianer, die zum Auslöser des im Gedicht poetisch entworfenen Liebesdramas werden, indem sie – wie dies historisch sehr wohl belegt ist – während ihrer Streifzüge und Rückzugskämpfe weiße Frauen raubten und ihrem nomadisierenden Leben eingliederten.

Dies ist ein Stoff, der sich in einer Vielzahl von Varianten quer durch die Menschheitsgeschichte und die Literaturen zieht: das Thema der gefangenen Frau, der aus der Stadt stammenden Schönen, die nicht wieder in die Stadt zurückkehren kann, weil sie von fast tierischen Unholden belagert, entführt und vergewaltigt wird, der Stoff von *La Belle et la Bête*. Es handelt sich zweifellos um ein Thema, das nicht zuletzt in der filmischen Westernliteratur des Öfteren vorkommt, wie etwa in John Ford's *Stage Coach*, natürlich mit John Wayne in der Hauptrolle! Die Frau als eigentliche Bewohnerin der Stadt im städtisch-ländlichen Spannungsfeld mit den diese umgebenden Weideflächen: Ein Thema – so alt wie die Literaturen der Welt – das bereits im *Gilgamesh-Epos* vorkommt.

Bemerkenswert in Esteban Echeverrías *La Cautiva* ist allerdings die Tatsache, dass seine Variante dieses Stoffes nicht die gefangene Frau, die rein passiv ihrer Befreiung harrt, sondern die aktive, handelnde und ihren Liebhaber aus den Händen der Indianer zu befreien suchende Frau darstellt, da dieser bei einer kriegerischen Auseinandersetzung mit letzteren in Gefangenschaft geriet. Daher sollten wir bei aller Berechtigung, mit der in der Forschung auf die so geschlechtertypische und stereotype Verteilung von Eigenschaften und Attributen hingewiesen wurde, nicht übersehen, dass *La Cautiva* keineswegs allein von simplen, dichotomischen und genderrollenkonformen Strukturen geprägt ist, sondern eine Vielzahl von Abweichungen und Widersprüchen beinhaltet. Diese lassen sich nicht ohne weiteres in unilaterale Sinnpotentiale auflösen, sondern bilden komplexe und polyseme Figurationen weiblicher Subjektivität aus männlicher Sicht.

La Cautiva, die gefangene Frau, steht nicht umsonst im Mittelpunkt des erzählenden, gleichsam epischen Gedichts. Ihre aktive Rolle hebt sie gerade deshalb auch über die Männer ihrer Umgebung hinaus. Im Aufsatz von Karl-Wilhelm Kreis ging es vorrangig darum, hinter allen Figuren den realen Autor durchscheinen zu lassen; hinter dem verwundeten Brian bei der Einforderung der weiblichen Reinheit, der „pureza" Marías, folglich allein die Stimme des realen Autors Echeverría zu hören. Doch sollten wir in diesem Langgedicht vielmehr eine komplexe

Inszenierung derartiger Stimmen sehen, die nicht mit Meinungen ihres realen Autors gleichgesetzt oder verwechselt werden sollten, sondern die Vieldeutigkeit des literarischen Textes befördern.

Das poetische Liebesdrama ist freilich mehr als die spezifisch erzähltechnisch-lyrische Modalität, die es dem Autor erlaubt, die Weiten des „desierto" zu poetisieren, ohne in ein langatmiges Beschreiben zu verfallen. Denn die Liebe – genauer noch: die unglückliche romantische Liebe – wird zu jener beweglichen Konfiguration, mit Hilfe derer die Autorinnen und Autoren des 19. Jahrhunderts gesellschaftliche, politische und kulturelle Grundprobleme der lateinamerikanischen Gesellschaften modellieren.[28] *La Cautiva* ist, etwas zugespitzt formuliert, einer der ersten lateinamerikanischen Texte in einer langen Abfolge literarischer Schöpfungen, in welchen unglückliche Liebesbeziehungen die narrative Grundstruktur bestimmen. Wir werden im Zeichen der Romantik noch eine Vielzahl derartiger unglücklicher Liebesbeziehungen in dieser Vorlesung kennenlernen und die polysemen Dynamiken analysieren, welche diese Liebesgeschichten etwa als Allegoresen versuchter Nationenbildung narrativ entfalten. Aber Sie kennen ja bereits von Bernardin de Saint-Pierre, Chateaubriand oder Heinrich von Kleist – um nur diese drei europäischen Beispielautoren zu nennen – derartig tragisch verlaufende Geschichten, welche das Bild der romantischen Liebe im Zeichen des Verhältnisses zwischen der Liebe und dem Abendland geprägt haben![29]

Wenn man *La Cautiva* aus dieser Perspektive liest, dann zerfällt das Gedicht keineswegs in einen guten und einen schlechten Teil, wie Leonor Fleming in der hier zitierten Ausgabe noch behauptete. Für sie waren die Naturbeschreibungen der literarisch gelungenste Teil, der sich stark von den politisch und sozial eingefärbten Passagen abhebe. Zweifellos bilden die Naturbeschreibungen den eigentlichen ästhetischen Höhepunkt des Gedichts, doch lässt sich die politische Seite hiervon keineswegs abtrennen, da sich mit der Erschließung des „desierto" für die Dichtkunst auch ein ganz bestimmter politischer Wille, ein nationales Konzept präsentiert, das keineswegs fein säuberlich zu separieren ist und als schlechte Lyrik abgetan werden kann. Beide Teile werden gerade durch die Konfiguration des Liebespaares inmitten einer feindlichen, bedrohlichen, die eigentliche Gefangenschaft symbolisierenden Natur zusammengehalten, so dass dadurch die große Wirkung wie die spezifisch amerikanische Dimension von Echeverrías Gesängen („cantos") verständlich ist.

---

28 Vgl. hierzu etwa das Kapitel zu José Mármol in Ette, Ottmar: *LiebeLesen*, S. 469–528.
29 Vgl. hierzu Rougemont, Denis de: *Die Liebe und das Abendland*. Mit einem Post-Scriptum des Autors. Aus dem Französischen von Friedrich Scholz und Irene Kuhn. Zürich: diogenes 1987.

Das Gedicht ist geprägt von einer durchgängigen narrativen Struktur, die sehr wohl mit der in seiner „Advertencia" geäußerten Kampfansage Echeverrías an das „pompöse Blattwerk der Poesie", den „pomposo follaje de la poesía", gegen die „fiktive, aus einem brillanten Laubsturm gefertigte Poesie" zusammengehalten wird.[30] Der wahre Dichter, so Esteban Echeverría, müsse idealisieren, wobei diese Idealisierung der Versuch sei, die „tosca realidad", die „raue Wirklichkeit", zu verbessern.[31] Lyrik wird definiert als „das Intimste, was die Intelligenz hervorbringt",[32] was insoweit interessant ist, als Echeverría hier die Intelligenz, also das Rationale, und nicht wie es romantischerweise zu erwarten gewesen wäre das Herz als jene produktive Kraft anführt, welche Poesie und Dichtkunst erzeugt. An anderer Stelle findet sich sehr wohl das Herz, doch soll es in seinem Intimsten und Edelsten ausgedrückt werden. Dies aber ist nach Aussage des argentinischen Schriftstellers letztlich die Aufgabe der Intelligenz, des berechnenden Kalküls.

In der oben angeführten Passage spielte Echeverría unverkennbar mit der von Aristoteles im neunten Buch seiner *Poetik* eingeführten berühmten Unterscheidung zwischen dem Dichter einerseits und dem Geschichtsschreiber oder Chronisten andererseits und erachtet als die Domäne der Literatur nicht eine Darstellung dessen, was oder wie etwas gewesen ist, sondern wie es hätte sein können. Fügen wir an dieser Stelle hinzu, dass diese ‚Mimesis' des Möglichen und nicht Wahren, sondern ‚nur' Wahrscheinlichen zugleich ein Wissen vom Leben einschließt, das aufzunehmen ebenfalls die Aufgabe des Dichters oder Schriftstellers sei. Denn die Darstellung dessen, was in einer bestimmten Situation möglich und wahrscheinlich sein kann, schließt ein allgemeineres Wissen vom Leben voraus, das sich nicht im Wissen darüber erschöpft, wie etwas real gewesen ist und sich tatsächlich zugetragen hat.

Darüber hinaus bezieht sich der argentinische Autor explizit auf Theorien der deutschen Romantiker, insbesondere auf Friedrich Schlegel, was einen weiteren Beleg für die Präsenz bestimmter grundlegender Ideen und Vorstellungen der deutschen Literatur der Romantik darstellt. Ich werde auf diese intertextuelle Beziehung zu den deutschen Romantikern zurückkommen, sobald wir uns mit Germaine de Staël beschäftigen werden. Echeverría jedenfalls betont Musik und Rhythmus als jene Kräfte, die am wirksamsten und effektivsten in der Seele des Lesers arbeiteten.[33] Seele und Herz des Lesepublikums: Dies scheint nach Eche-

---

30 Echeverría, Esteban: *El Matadero. La Cautiva*, S. 451: „poesía ficticia, hecha toda de hojarasca brillante."
31 Ebda., S. 452.
32 Ebda.: „lo más íntimo que produce la inteligencia."
33 Ebda., S. 453.

verría das Ziel romantischer Lyrik zu sein. Es geht daher um eine wohlkalkulierte, von der „inteligencia" erzeugte Form, die nicht auf den Intellekt der Leserschaft, sondern deren Herz zielt. Auf die jeweiligen Orte am Körper von Lesepublikum und Autorinnen beziehungsweise Autoren werde ich im Verlauf dieser Vorlesung noch mehrfach zurückkommen.

Nicht vergessen sollten wir aber bereits an dieser Stelle, dass die skizzierte Konzeption Echeverrías mit der Aufgabe in Zusammenhang steht, die der argentinische Poet der Lyrik überträgt. Diese strebt sehr wohl einen transzendenten Ausdruck des Innersten an, wird aber zugleich auch soziales Instrument und literarische Form, welche politische Konzeptionen transportieren kann. Die soziale Funktion der Lyrik ist für Echeverría Grundlage seines poetischen Schaffens und findet sich in seinem literarischen Gesamtwerk wieder – nicht erst in jenen Gedichten, die der Lyriker und Denker während der zweiten Phase seines Schaffens, dem Exil in Montevideo, schuf.

Die verschiedenen Teile – oder „Gesänge" – des Langgedichts werden jeweils von Motti eingeleitet, die ausnahmslos der europäischen Literatur entstammen und zumeist in der Originalsprache Eingang in Echeverrías Text gefunden haben. Sie stoßen hier auf Verse von Byron und Hugo, Dante und Calderón, von Manzoni und Lamartine, kurz: auf ein breites Panorama europäischer Lyrik mit einem deutlichen Schwerpunkt auf der Romantik. *La Cautiva* selbst schreibt sich bevorzugt in die Tradition dantesker Bilder, Visionen und Wirklichkeiten ein. Bezugspunkt ist – dies zeigen die Motti – nicht eine bestimmte europäische Nationalliteratur der Romantik: Die Wahrnehmung des Südamerikaners weist vielmehr ein Interesse, ja eine Neugier an verschiedenen europäischen Nationalliteraturen auf, die sich gleichsam aus der Distanz der lateinamerikanischen Perspektive zu einer europäischen Literatur formieren. Esteban Echeverría entspricht damit jener wichtigen und in seinem Essay *El escritor argentino y la tradición* geäußerten Ansicht von Jorge Luis Borges, der zufolge der argentinische Schriftsteller prädestiniert dafür sei, die Gesamtheit der europäischen Literatur zu überblicken und daraus seinen eigenen argentinischen Standpunkt zu konstruieren.[34] Ganz in diesem Sinne überblickt der argentinische Dichter nicht eine oder zwei europäische Nationalliteraturen, sondern nimmt sie allesamt in sein intellektuelles Verständnis wie in seine intuitive Vision auf.

An diesen Argumentationen wird deutlich, dass von Beginn des Textes an der innerliterarische Raum klar von den europäischen Literaturen, insbesondere den Dichtern der europäischen Romantik beherrscht wird. In diese Traditions-

---

34 Vgl. hierzu Ette, Ottmar: *Von den historischen Avantgarden bis nach der Postmoderne*, S. 494–548.

reihe schreibt sich das Gedicht des jungen Echeverría, der nicht umsonst seine Studienzeit in Paris verbrachte und mit vielen französischen Intellektuellen und Dichtern bekannt wurde, auf originelle Weise ein. Echeverría kennt die europäischen Literaturen seiner Zeit, er ist auf der Höhe der ästhetischen Diskussionen, und – mehr noch – er überträgt sie nach Amerika und weist ihnen zugleich neue, amerikanische Funktionen zu, welche wir in der Folge analysieren wollen.

Bereits in der ersten Strophe des ersten, mit „El Desierto" überschriebenen Teils wird die naturräumliche Szenerie entworfen, innerhalb derer sich das folgende Drama situiert:

> Gen Abend war's, zu jener Stunde,
> Wenn die Sonn' vergüldet die Runde
> Der Andengipfel. Die Weiten,
> Unermesslich, mit offnen Seiten
> Und rätselhaft erstrecken sich
> Zu ihren Füßen; traurig anzusehn,
> So einsam ach und auch so schweigend
> Wie das Meer, wenn wie ein Wehen
> Die nächtlich' Dämmerung durchschneidend
> Der stolzen Höh die Zügel flicht.
>
> Vergebens dreht und bindet sich
> Im Unermesslichen, absonderlich
> Der Blick, in seinem lebendigen Streben
> Wo soll er halten, wohin sich heben,
> Wie ein Vogel auf hoher See.
> Überall Felder sind's und Heiden,
> Von Flügeln wie Hufen Nest und Schutz,
> Überall Himmel und wilde Weiden,
> Dem Wissen Gottes nur zum Nutz,
> Denn er allein kann hierher sehn.
>
> Nomadisierend Stämme nur bisweilen
> mit Hengst und Fohlen hier verweilen,
> Deren Mähnen stolz sich heben
> Und in hehren Lüften schweben,
> Kreuzen sie wie Wirbelwinde
> Und ziehn vorbei; wie ihre Zelte
> Sich im frischen Gras erheben,
> Den Tag erwartend, schon in Bälde,
> Noch schläft, noch still, noch ruhiges Leben,
> Doch rasch dann vorwärts, auf, Gesinde.[35]

---

[35] Echeverría, Esteban: *El Matadero. La Cautiva*, S. 125 f.

Era la tarde, y la hora
En que el sol la cresta dora
De los Andes. El Desierto
Inconmensurable, abierto,
Y misterioso a sus pies
Se extiende; triste el semblante,
Solitario y taciturno
Como el mar, cuando un instante
Al crepúsculo nocturno,
Pone rienda a su altivez.

Gira en vano, reconcentra
Su inmensidad, y no encuentra
La vista, en su vivo anhelo,
Do fijar su fugaz vuelo,
Como el pájaro en el mar.
Doquier campos y heredades
Del ave y bruto guaridas,
Doquier cielo y soledades
De Dios solo conocidas,
Que él solo puede sondar.

A veces la tribu errante
Sobre el potro rozagante,
Cuyas crines altaneras
Flotan al viento ligeras,
Lo cruza cual torbellino,
Y pasa; o su toldería
Sobre la grama frondosa
Asienta, esperando el día
Duerme, tranquila reposa,
Sigue veloz su camino.

Vor der gewaltigen Kulisse der Anden – die gleichsam den von Rousseau literarisch zugänglich gemachten alpinen Landschaftstypus schroffer Gegensätze in den südamerikanischen Raum verlängern – dehnt sich die Unendlichkeit der amerikanischen Weiten aus. Die Majuskel von „Desierto" zeigt an, dass diese Unermesslichkeit dem Lesepublikum als eine bestimmende Einheit vor Augen geführt werden soll. Wir werden im weiteren Fortgang der Vorlesung noch hören, dass bereits Alexander von Humboldt die weiten Binnenräume des Kontinents, wenn auch nicht die Weiten der Pampa, als einen literarisch wie ästhetisch darzustellenden Landschaftstyp entworfen hatte.

Zu Beginn des Langgedichts, von dem übrigens untereinander leicht differierende Editionen existieren und das ich für Sie in seinem Reimschema nachgebildet habe, handelt es sich um eine zunächst menschenleere Weite, in welcher der Blick keinen Halt finden kann. Die weite Ebene wird zweifach in einem Vergleich mit dem Meer in Beziehung gesetzt, mit welchem es die Seme „Weite", „Unermesslichkeit" und sicherlich auch „Unfruchtbarkeit" sowie „Anökumene", also die Unmöglichkeit dauerhafter menschlicher Ansiedlung, verbinden. Der Blick Gottes ruht auf dieser Schöpfung, als wären die Gebirge und Weiten gerade erst aus seiner Hand geformt: Es ist eine Welt, die von Beginn an gleichsam noch die Spuren der Weltwerdung trägt, sich also unmittelbar nach der biblischen *Genesis* ansiedelt. Esteban Echeverría spielt in diesen Passagen ohne jeden Zweifel mit einer weiteren Bedeutung der Wendung „Neue Welt" im Sinne einer jüngeren, nach der Alten Welt entstandenen Schöpfung.

Es wäre sicherlich ein Leichtes, in diesen Wendungen neben vielen anderen auch die intertextuellen Spuren Alexander von Humboldts nachzuweisen, der in seinem aus dem Jahre 1807 stammenden, sofort ins Französische sowie verschiedene andere Sprachen übersetzten Text *Über die Steppen und Wüsten* just eine derartige Szenerie entwarf. In ihnen verwandelten sich die Ebenen, die venezolanischen „Llanos", vom Gebirge aus betrachtet, in eine Fläche jenes küstenlosen Meeres, in dem sich die chaotischen Wasser der Genesis noch spiegeln.[36] Der preußische Kultur- und Naturforscher selbst bezog sich auf einschlägige Passagen aus der Bibel, insbesondere der *Genesis*; und so finden wir letztlich auch bei Echeverría eine freilich dunkel bleibende, entsakralisierte Reminiszenz an die Seiten des Alten Testament: Die Andengipfel erglühen golden im Lichte göttlicher Schöpfung.

Damit sind Themen und Seme eingeführt, welche für die lateinamerikanischen Literaturen des 19. Jahrhunderts insgesamt und die lateinamerikanische Romantik im Besonderen im transatlantischen Spannungsfeld von größter Bedeutung sind. Die Weiten des Kontinents, die Übermacht der Natur, von Fauna und Flora, die Konturen einer Neuen Welt, die vom Menschen – immerhin nach Jahrtausenden indianischer Zivilisation und Jahrhunderten kolonialspanischer Ordnung – erst noch zu kultivieren ist: All dies eröffnet ein Zusammenspiel von Natur und Kultur, das sich fundamental von dem in Europa zu unterscheiden scheint. Wir haben es mit genau jenem Raum zu tun, gegen den sich die iberisch geprägten Städte und Stadtgesellschaften abgrenzten. Es ist folglich jener Raum, gegen den sich die städtische Zivilisation richtet, der wenige Jahre später von Sar-

---

[36] Vgl. hierzu Ette, Ottmar: Eine „Gemütsverfassung moralischer Unruhe" – „Humboldtian Writing": Alexander von Humboldt und das Schreiben in der Moderne. In: Ette, Ottmar / Hermanns, Ute / Scherer, Bernd M. / Suckow, Christian (Hg.): *Alexander von Humboldt – Aufbruch in die Moderne*. Berlin: Akademie Verlag 2001, S. 33–55.

miento als Raum der amerikanischen Barbarei bezeichnet werden sollte. Anders als in *El Matadero*, das einen städtischen Raum der Barbarei umriss, wird in *La Cautiva* die Größe der amerikanischen Landschaften evoziert, um sie auf diese Weise ästhetisch in den Raum der in Amerika angesiedelten Literaturen miteinzubeziehen.

Dieser Raum war der Ästhetik des amerikanischen „Neoclasicismo" fremd gewesen, ebenso fremd wie es die Versarten sind, welche Echeverría für sein amerikanisches Gemälde wählt. Er greift nicht auf jene des „Arte mayor" zurück, nicht auf den heroischen Elfsilber etwa, um die Heldentaten Briáns und mehr noch Marías zu besingen, sondern auf die populären Versarten, insbesondere auf den Achtsilber, den „Octosílabo", der traditionellerweise der „Poesía popular", der Volksdichtung mit ihren frommen und niederen Themen zugeordnet war. Echeverría versucht, diese Versform auf eine neue Höhe zu führen, mit seiner Hilfe hehre Ideale, gewaltige Naturszenen, große Emotionen zum Ausdruck zu bringen, kurz: eine strikte Trennung zwischen „Poesía popular" und „Poesía culta" zu überwinden. Das ist gerade vor dem Hintergrund der Bemühungen der deutschen Romantiker um die Vereinigung und Weiterbildung der Volksseele nicht weit von europäischen Vorstellungen entfernt, siedelt sich gleichwohl in Lateinamerika innerhalb anderer Kontexte an und ermöglicht den Rückgriff auf den volkskulturellen Pol, den wir in unserem Schema als eigenen kulturellen Pol ausgemacht hatten.

Doch zurück zum „Desierto"! Dort gibt es durchaus menschliche Bewohner: nomadisierende Indianer, die bereits in der dritten Strophe des Gedichts eingeführt werden, auch wenn die Leserinnen und Leser zunächst nur über eine Reihe versteckter Zeichen über die Existenz dieser Menschen im Naturgemälde Echeverrías in Kenntnis gesetzt werden. Die dritte Strophe zeigt, dass sich innerhalb der wilden und großartigen Natur der umherziehende Indianerstamm fast verliert. Die Spuren, welche die Indianer in den unermesslichen Weiten der Natur hinterlassen, sind ebenso flüchtig wie ihre „tolderías", ihre rasch wieder abgebauten Zelte: Die Indianer sind gleichsam Teil der Natur Amerikas. Eine Geschichte scheinen sie nicht zu besitzen, und wenn, dann höchstens im Sinne einer Naturgeschichte, deren Gegenstände und Opfer sie im Übrigen auch sind. Eine eigene Kultur besitzen sie nicht: Sie sind die „Salvajes", die Wilden, deren etymologische Herkunft seit der griechisch-römischen Antike die dem menschlichen Wohnraum entzogenen und doch limitrophen Waldgebiete sind. Auch für Echeverría stehen diese Menschen bestenfalls am Rande der Menschheit.

Folgen wir dem Historiker Hayden White in seiner Untersuchung der Herkunft und Verwendung des Begriffs der „Wildheit", so dürfen wir darauf hinweisen, dass die Wilden im Gegensatz zu den Barbaren die Zivilisation nicht in ihrer gesellschaftlichen Existenz und nicht als Gesamtheit bedrohen, wohl aber einzelne Mitglieder, die sie dem Bereich der Zivilisation entziehen können.[37] Genau so könnte man auch die Verwendung des Begriffs im Gedicht Echeverrías deuten: Nicht die Zivilisation als solche ist bedroht, sondern einzelne ihrer Mitglieder – und just von deren Bedrohung erzählt uns das argentinische Langgedicht in dramatischer Form.

Schon im ersten Teil des Gedichts, dem ersten „Canto", tauchen die „Salvajes" auf ihren Pferden auf, nachdem zunächst nur ihre Spuren innerhalb des Panoramabildes oder Naturgemäldes ausgemacht worden waren. Im zweiten Teil, dem „Festín", dem Gelage also, lernen wir die Wilden aus nächster Nähe kennen, angesiedelt in einem Bereich der Pampa, wohin ein Christenmensch nicht gehe. Diese Szenerie macht uns darauf aufmerksam, dass das Argentinien der ersten Hälfte des 19. Jahrhunderts als Nationalstaat keineswegs überall auf seinem Territorium präsent ist, sondern weite Bereiche – eben das Desierto – seiner Kontrolle entzogen bleiben. Einige der Indianer sitzen am Feuer, andere sind mit dem Schlachten von Tieren beschäftigt, mit dem „degollar", das in der Literatur der „proscritos" emblematisch für die Feindschaft gegenüber der (europäischen) Zivilisation steht. Gerade auf dieser Ebene ergeben sich vielfältige Beziehungen zwischen *La Cautiva* und *El Matadero*.

So spielt auch im Langgedicht das strömende Blut eine wichtige Rolle: Da darf ein Indianer, der den Hals eines Tieres aufschlitzt, um dessen Blut zu trinken, nicht fehlen. Wie in Echeverrías Novelle erscheint auch im Gedicht das Blut zumindest implizit als Zeichen und Farbe des Zustands der Wildheit. Das strömende, reichlich vergossene Blut steht jeglicher Zivilisation entgegen, ein Element, das wir im Gedächtnis behalten sollten! Doch es ist die Szene eines wilden Gelages: Als noch Alkohol hinzukommt, verwandelt sich alles in eine Szenerie, in welcher die Indianer zu „abominables fieras",[38] zu verabscheuungswürdigen Raubtieren werden, welche freilich die Tyrannei der Weißen verfluchen. Es fällt nicht schwer, in diesen Passagen zahlreiche Anklänge an den großen „Festin" der Indianer in Chateaubriands *Atala* zu entdecken, wobei für Echeverría allerdings die Indianer zu Mitbewohnern des eigenen nationalen Territoriums geworden sind. Doch als wirkliche *Mit*bewohner scheinen die indigenen Bevölkerungen für den argentinischen Schriftsteller und Intellektuellen nicht zu zählen.

Während dieser unglückseligen Nacht, dieser „noche funesta",[39] tauchen dann erstmals die von den Indianern gefangenen weißen Frauen auf – die „Cau-

---

37 Vgl. White, Hayden: The Forms of Wildness. Archaeology of an Idea. In (ders.): *Tropics of Discourse. Essays in Cultural Criticism*. Baltimore: the Johns Hopkins University Press 1978, S. 150–182.
38 Echeverría, Esteban: *El Matadero. La Cautiva*, S. 457.
39 Ebda., S. 459.

tivas".⁴⁰ In dieser Nachtszene von Wildheit und Barbarei fehlt das Licht, das nur durch die undeutlich flackernden Feuer vertreten ist – ein deutlicher Gegensatz zwischen Dunkelheit und lichter Helle, die in der aufklärerischen Tradition des 18. Jahrhunderts den Stammplatz der Zivilisation im Lichte ansiedelte. Bei den Indianern dient das Licht allenfalls dazu, die „bárbara fiesta",⁴¹ das barbarische Fest, zu beleuchten. Im dritten Teil dann tritt schon im Titel ein neuer Hauptdarsteller auf, der bereits eingeführt worden war: das Messer, „el puñal".⁴² In der angesprochenen Szene dient es freilich der Freiheit: Mit ihm befreit sich die Gefangene, indem sie einen Indianer tötet und mit der blutgetränkten Klinge die Fesseln ihres geliebten Brian durchtrennt. Blut ist, wie Sie merken, nicht gleich Blut! Nach dieser Befreiungs- und Mordtat versucht das Liebespaar María und Brian, sich den Wilden durch Flucht zu entziehen,⁴³ gleichsam das Weite zu suchen. Und sie werden die Weite finden ...

Natürlich ist die Wahl des Namens María nicht zufällig; sie erscheint als jungfräuliches Wesen und bezeichnet sich selbst als Brians Schutzengel.⁴⁴ María verkörpert wie keine andere literarische Gestalt Echeverrías die sakrale Dimension der Frau, die in der Folge des kirchlichen Dogmas von der unbefleckten Empfängnis in sich Jungfräulichkeit und Mutterschaft in eine paradoxe Gleichzeitigkeit bringt. Eine solche María ist Echeverrías Figur zweifellos; doch kommen ihr auch Züge der Aktivität und Unbedingtheit zu, die wir bereits an ihrem Handeln erkennen können, das mit der kaltblütigen Ermordung eines Indianers und der Befreiung des Mannes durch die Frau zum Ausdruck kommt. Nicht ohne Grund denken wir an Chateaubriands Atala, die einst Chactas aus den Händen der Indianer befreite. Und ließe sich der Name „Brian" nicht als Reminiszenz an den Namen Chateau*brian*d verstehen? Wir bemerken, wie fein gesponnen das intertextuelle Netz transatlantischer Literaturbeziehungen ist!

Brian ist zwar schwer verwundet, doch will María ihn nicht zurücklassen und damit den ‚Wilden', also dem sicheren Tod, preisgeben. Das Licht des Polarsterns, das die beiden Liebenden durch die Pampa leiten könnte, hat sich jedoch verdunkelt;⁴⁵ ein symbolisches Textelement, das den fehlenden göttlichen Beistand symbolisiert. Es handelt sich um ein textuelles Element, in gewisser Weise sogar um ein literarisches Motiv, das in der Romantik sehr häufig auftaucht, so dass

---

40 Ebda.
41 Ebda.
42 Ebda., S. 460.
43 Ebda., S. 461.
44 Ebda., S. 154.
45 Ebda., S. 463.

man durchaus formulieren könnte, dass die romantischen Helden der europäischen wie der lateinamerikanischen Literaturen oft ihr eigenes Schicksal bereits in den Sternen lesen können. So weist die Konstellation der Sterne auf die Konstellation des menschlichen Schicksals, aber auch auf jene des Textes in seiner nationalen Modellierung unglücklicher Liebe überhaupt. Geben wir dafür ein kurzes Beispiel:

> „Schau! – Siehst's nicht? Das schöne Licht
> Unseres hellen Polarsterns nicht?
> Hat sich von neuem nun verdunkelt,
> In des Himmels Schwarz nichts funkelt,
> Unserem Schicksal verheißt's fatal."
> „– Wenn uns entgegen unsrem Glücke,
> Brian, der Weg versperrt ist voller Tücke,
> Doch eh zurück wir in jene Hände
> Der Unmenschen, inmitten der Indianer Gelände,
> Bleibt uns etwas: der Dolch als Fanal."[46]
>
> „– Mira, ¿no ves? la luz bella
> De nuestra polar estrella
> De nuevo se ha oscurecido,
> Y el cielo más denegrido
> Nos anuncia algo fatal".
> „– Cuando contrario el destino
> Nos cierre, Brián, el camino,
> Antes de volver a manos
> De esos indios inhumanos,
> Nos queda algo: este puñal."

Die Sterne weisen nicht mehr den Weg – ein altes christliches Motiv findet in Amerika neue Funktionen. Die Fliehenden werden zu Opfern eines neuerlichen Gefängnisses, das zunächst die Freiheit versprach: Es ist die unermessliche Weite der Pampa, die alle Fluchtversuche zwecklos erscheinen lässt. Der Dolch, das Messer wird nun zur letzten Möglichkeit, doch noch zumindest ein gemeinsames Ziel zu erreichen: den gemeinsamen Liebestod, die Verschmelzung in der Ewigkeit. María denkt daran, Hand an sich selbst wie an Brian zu legen, bevor die unmenschlichen Indianer Hand an beide legen können.

Doch noch scheint es möglich, den Weg, den „camino" durch all diese Wildnisse zu finden – eine Konstellation, die einmal mehr danteske Züge trägt, ist doch gleich zu Beginn von Dante Alighieris *Commedia* der rechte Weg versperrt

---

46 Ebda.

in einem dichten Wald voller Gefahren. Zugleich ist auch hier ein grundlegendes Chateaubriand'sches Thema angeschlagen, das nämlich des Selbstmords, sind die beiden Liebenden doch in eine Welt und Umwelt verpflanzt, der sie sich nicht einfügen können. Um also zum Stern, zum Licht, zum Paradies, zur Zivilisation vorzudringen, muss zunächst diese Hölle der Pampa, des Desierto überwunden, durchquert werden. Die offenkundige Narrativität von Echeverrías Gedicht versucht, diesen Weg nachzuzeichnen, auch wenn bereits die Gefahr erscheint, dass die Liebenden zu Gefangenen des Desierto werden. Denn haben sie nicht die gefährliche Gefangenschaft bei den Indianern gegen die tödliche Gefangenschaft in der menschenfeindlichen Pampa eingetauscht?

Schon kommt das Licht, „La alborada", so der Titel des vierten Teils, der den Liebenden wie den Leser*innen Hoffnung verspricht. In diesem Gesang kommt es zum Kampf zwischen ‚Christen' und ‚Indianern', zu einem Gemetzel zwischen den herbeigeeilten Truppen und den wilden Horden, welche erbarmungslos massakriert werden, ohne dass dies den Vertretern der ‚Zivilisation' zum Ruhm gereichte. Deutlich zeigt sich in dieser blutigen Szenerie, dass die Wilden für die Zivilisation keine grundlegende Gefahr mehr darstellen. Vielmehr wird dem Lesepublikum das Schauspiel einer „horrible, horrible matanza", eines schrecklichen Gemetzels der Christen an den Indios vorgeführt, ein ständiges „degollar", ein ständiges Den-Hals-Aufschlitzen und Enthaupten,[47] dem kein Indianer entkommt. Das von der ‚Zivilisation' vergossene Blut fließt in Strömen: War dieses Blutvergießen nicht ein Zeichen der Barbarei? Wir haben es hier mit einem wahren Genozid an der indigenen Bevölkerung zu tun. Die befreiten Cautivas weinen vor Freude, unser geflüchtetes Liebespaar ist aber weit entfernt und kann auf seine eigene Erlösung nicht zählen.

Die Szenerie der von Indianern geraubten weißen Frauen ist vielfach in der Literatur, aber auch in der Malerei – etwa vom Augsburger Reisemaler Johann Moritz Rugendas, von dem allerdings die Zeichnung zweier Schwarzer auf einer brasilianischen Plantage das Cover dieses Bandes ziert – dargestellt worden. Stets waren die Weißen Opfer und die kupferfarbenen Indianer Missetäter, die in der Folge den gerechten Lohn für ihre Untaten erhielten. Aus heutiger Perspektive lässt sich weitaus leichter begreifen, was für ein Genozid an der indigenen Bevölkerung sich in den Weiten Argentiniens abspielte: eine weitestgehende Auslöschung der Indianer, wie sie nicht mit den Verhältnissen in den Anden, an Orinoco oder Amazonas, nicht mit Peru, Bolivien oder Mexiko, wohl aber mit den Entwicklungen in den Vereinigten Staaten von Amerika vergleichbar ist.

---

47 Ebda., S. 464.

Abb. 35: „El rapto. Rescate de una cautiva", Öl auf Leinwand von Johann Moritz Rugendas, 1848.

In Echeverrías *La Cautiva* schleppen sich María und der schwerverwundete Brián in einen buschbestandenen „Pajonal" inmitten der Pampa, deren Gefahren auch durch die umherstreifende Präsenz eines Tigers betont werden. Der in Amerika nicht heimische Tiger ist ein Element, das auch Domingo Faustino Sarmiento in seinem *Facundo* für seine Dramaturgie in der Pampa zu nutzen wusste. Weitere schreckliche Vorzeichen zeigen sich den Liebenden.[48] María, die aktive und mutige Frau, greift zum Messer und schützt Brians verwundeten Körper mit ihrem eigenen Körper wie mit einem Schild.[49]

Doch wird auf Grund von Brians schwerer Verwundung eine Trennung der beiden Liebenden unumgänglich: María muss allein ihren Weg nach Westen, nach „Occidente" fortsetzen, eine Richtung des Weges, die sie zur Zivilisation zurückführen soll. Dies kann man sehr wohl als einen Weg weg von den amerikanischen Indios und zurück zur abendländischen Kultur und Zivilisation verstehen. Der neunte, María gewidmete Gesang des Gedichts beschreibt ihren Weg bei Tag und bei Nacht, wobei sie sich an den Sternen orientiert. Eine einzige Idee hält noch ihr Leben aufrecht.[50] Schließlich trifft sie auf eine Gruppe von Soldaten, die früher unter dem Befehl Brians gestanden hatten und berichten, dass man beide für gefangen oder tot – wie ihr längst getöteter Sohn – gehalten hat. Im Epilog des Langgedichts wird der Heldenmut Marías besungen. Der Wanderer, der „caminante" finde heute nur mehr ein einsames Kreuz,[51] welches auf das im Gedicht berichtete Geschehen verweist. Doch erinnert an die unglückliche Liebe, an das Schicksal der beiden Liebenden auch das Gedicht, das seinerseits

---

48 Ebda., S. 467.
49 Ebda., S. 470.
50 Ebda., S. 473.
51 Ebda., S. 476.

an Erzählungen anknüpft, zu deren legendären Gegenständen längst María und Brian geworden sind:

> Auch die überraschte Menge
> Erzählt, dass in der dunklen Nacht
> Sich auf den Höhen sichtbar macht
> Ein Lichtschein zweier, die dort leuchten;
> Sie zeigen sich und irrten enge
> Durch die Weiten still doch hurtig,
> Zu ihrem Zufluchtsorte mutig
> Kehrn sie im Morgenlicht, dem feuchten.
>
> Stumme Bewohner sind's vielleicht,
> Herab vom Páramo so finster,
> Oh Rätsel, vielleicht sind's Gespinster!,
> Visionen es aus der Seele sind.
>
> Glänzende Träume sind's vielleicht
> Schöpfungen unruhiger Fantasie,
> Bilden den Chor der Harmonie,
> Der unsichtbaren Schöpfung Kind.[52]

> También el vulgo asombrado
> Cuenta, que en la noche oscura
> Suelen en aquella altura
> Dos *luces* aparecer;
> Que salen y habiendo errado
> Por el desierto tranquilo,
> Junta a su triste asilo
> Vuelven al amanecer.
>
> Quizá mudos habitantes
> Serán del páramo serio,
> Quizá espíritus, – ¡misterio!
> Visiones del alma son.
>
> Quizá los sueños brillantes
> De la inquieta fantasía,
> Forman coro en la armonía
> De la invisible creación.

---

52 Ebda.

Damit knüpft Echeverrías Gedicht mit romantischer Geste an die volkskulturelle Tradition der Sagen, Märchen, Erzählungen und Legenden an, die ihre eigene Topographie entwickeln und die Unglücklichen stets in der „noche oscura" an den Ort des fatalen Geschehens zurückkehren lassen. Echeverría konnte sich in dieser Szene literarisch knapp halten, da er bei seiner Leserschaft ja ein unmittelbares Wissen um derartige Sagen voraussetzen konnte und wusste, dass diese in die Leerstellen des Textes die schwankenden Gestalten aus dem Jenseits einsetzen würde. Auch die Angabe der dunklen Nacht verweist darauf, dass dem Gedicht eine ganz spezifische Zeit- und Lichtstimmung zugrunde liegt: *La Cautiva* endet so im Transzendenten einer der menschlichen Vernunft und Rationalität entzogenen Zeit.

Wie wir zu Beginn des Langgedichtes sahen, setzt *La Cautiva* mit einer bereits in den ersten Versen eingeführten crepuscularen Stimmung ein, also am späten Nachmittag und somit kurz vor Einbruch der Nacht. Echeverrías Langgedicht endet in dieser dunklen Nacht, die jene der Finsternis, des Todes, der Hoffnungslosigkeit, aber auch der Irrationalität und des Glaubens ist, welche sich freilich auf die Sagenwelt und die beiden Seelenlichtlein hin öffnet. Das Licht der Barbaren war nichts als ein Irrlicht, die „alborada" der Christen wiederum ein blindes Gemetzel, das keineswegs die Lichtstrahlen der Aufklärung und der abendländischen Zivilisation in die Weiten des Desierto getragen hätte, in diesen marginalen Raum der Natur, der den in *El Matadero* dargestellten marginalen städtischen Raum ergänzt. Esteban Echeverrías politisches Ziel, das er freilich auf Grund seines frühen Todes im Exil nicht mehr erleben sollte, war es, das Zentrum dieser Räume politisch neu zu gestalten und mit neuem gesellschaftlichem Leben zu erfüllen.

Man könnte auf dieser Ebene durchaus eine Parallele zwischen dem realen Autor und seinen literarischen Gestalten ziehen. Marías und Brians Rückkehr in die Zivilisation ist auf tragische Weise misslungen: Ihre Liebe blieb unglücklich, seit sie an die Ränder der Zivilisation gerieten, die sich doch für die angetanen Gräuel mit fürchterlicher Präzision und ohne jede Gnade rächt. Keinerlei Vermittlung besteht zwischen den beiden Welten, zwischen der Kultur der Indianer, die als solche nicht anerkannt wird und aus der künftigen argentinischen Nationalkultur ausgeschlossen bleibt, und der Kultur der Weißen, denen das Land und die Zukunft gehören sollten. Mehr noch als das Schicksal der Liebenden beeindruckt an diesem Gedicht heute das völlige Fehlen vermittelnder Elemente zwischen den ‚Wilden' und den ‚Zivilisierten', zwischen den ‚Indianern' und den weißen ‚Christen', welche in die ungeheuren amerikanischen Weiten vordringen.

Es sind letztlich diese Weiten, die sich als feindlich und für die Liebenden tödlich erweisen: Sie allein hindern sie daran, rechtzeitig den Weg zurück in die Zivilisation zu finden und zurückzulegen. Die Cautiva ist vor allem die Gefangene dieser Weite; deuten wir ihre Figur allegorisch und damit bezogen auf die zu bildende argentinische Nation, so sind es diese Weiten, die zur Tragik der künftigen Nation werden. Denn die Cautiva ist nicht wirklich die Gefangene der nomadisierenden und freiheitsliebenden Indianer, sondern eine sinnlos flüchtende Gefangene dieser unermesslichen Weiten des argentinischen Raums: Das *Desierto* ist der mächtigste Protagonist des gesamten Langgedichts!

Die literarische Modellierung des unglücklichen Liebespaares verweist auf eine problematische Nationenbildung, die in ihrer radikalen Abgrenzung von der indigenen Bevölkerung ebenso tragische wie exklusivistische Züge annimmt. Die narrative Modellierung einer tragischen Liebesgeschichte kann auch im Gedicht einer Allegorese dieser schwierigen Nationenbildung Raum geben.[53] Der Vereinigung zu einer Nation scheint ebenso wenig Glück beschieden wie einer glücklichen Vereinigung des Liebespaares. Der kulturelle Pol der indianischen Kulturen wird in *La Cautiva* weitestgehend als kulturelles Element ausgeblendet und nicht in die Liebesbeziehung zwischen den beiden weißen Liebenden aufgenommen. Gleichwohl herrschen die Weißen mit ihrer Kultur fraglos vor, doch beruht ihr Sieg – und damit die Zukunft Argentiniens – auf ständigen Massakern an der indigenen Bevölkerung. Eigentlich müsste es letztere sein, die nachts in den Weiten der Pampa erscheint; doch dies war natürlich nicht die Absicht des argentinischen Schriftstellers.

Der lyrische Text gibt uns andere Zeichen und Symbole an die Hand: Vielleicht ließe sich die Namensgebung der Figuren auf einer zusätzlichen semantischen Ebene insoweit deuten, als María für die spanisch-christliche Tradition kolonialspanischer Herkunft und Brian für die weiße, nicht-spanisch-europäische Einwanderungsbevölkerung steht, die hier jedoch im Kampf mit den Indianern aufgerieben wird. In jedem Falle geht von der sich aufopferungsvoll für ihren Mann wie auch für ihr Kind, das gleichwohl ebenfalls den Tod gefunden hat, einsetzenden María ein noch christlich-katholischer Glanz aus, welcher sich jedoch in der Variante eines wehrhaften Christentums zeigt. Auch hier wirkt Chateaubriands *Génie du Christianisme*, so scheint mir, in der poetischen Vorstellungswelt des argentinischen Dichters fort: Es ist nicht das fanatische Christentum spanischer Provenienz, das sich wie einst in der Conquista mit Feuer und Schwert durchzusetzen versucht, sondern ein Christentum, das sich – jenseits religiöser Dogmen – als einziger Kulturträger einer gesellschaftlichen Entwicklung selbst in den ehemaligen Kolonien Amerikas versteht. Damit wird ein komplexes System

---

53 Zum theoretischen Hintergrund vgl. Sommer, Doris: Not Just Any Narrative: How Romance Can Love Us To Death. In: Balderston, Daniel (Hg.): *The Historical Novel in Latin America. A Symposium*. Gaithersburg: Ediciones Hispamérica 1986, S. 47–73.

von Symbolen, Praktiken und Überzeugungen begründet, das wir als abendländische Kultur bezeichnen dürfen. Allein der Pol dieser Kultur wird gleichsam als Leitkultur für die zu schaffende neue Gesellschaft und deren nationale Ausprägung gedacht.

Die María an den Rändern der argentinischen Gesellschaft aber ist – wie im 20. Jahrhundert bei Alfonso Reyes die „Grausame Iphigenie" in Mexiko[54] – eine andere geworden, da sie sich auf dem amerikanischen Kontinent, zumindest im Denken Echeverrías und seiner Generation der von Rosas Proskribierten, in einem ständigen Kampf mit der und gegen die Barbarei weiß. Für diese Barbarei, welche anders als die Wildheit nicht die Zivilisation zu erschüttern vermag, stehen in erster Linie die amerikanischen Weiten.

Kehren wir daher ein letztes Mal zum Desierto zurück: Die argentinischen Weiten erscheinen unzweifelhaft als zivilisationsfeindliches Element! Und doch sind es gerade sie, die im Herzen des Gedichts stehen und lyrisch besungen, aufgewertet, ja als identifikatorisches Element dargestellt werden. Esteban Echeverría weitet damit den Bereich des vom argentinischen Schriftsteller Darstellbaren und Dargestellten grundlegend aus, indem nun nicht mehr nur die Stadtkultur unter Einschluss ihrer „Arrabales", ihrer Vorstädte und marginalen Bereiche, sondern gerade das Außerhalbbefindliche, das sich der europäischen Zivilisation Versperrende, ins literarische Blickfeld gerät. Dies ist ein Prozess der Ästhetisierung der amerikanischen Landschaft, der im Übrigen zu Beginn des 19. Jahrhunderts auch in den Reiseberichten europäischer oder nordamerikanischer Reisender deutlich wird und die zuvor als feindlich begriffene Gebirgswelt der Anden miteinbezieht.[55] Mit dem Aufkommen romantischer Schöpfungen in den lateinamerikanischen Romanen wird diese zuvor eher marginale Ästhetisierung der andinen Welt in der Nachfolge insbesondere der reiseliterarischen Entwürfe Alexander von Humboldts darstellbar.

Wir haben Echeverrías episches Gedicht *La Cautiva*, dieses grundlegende Zeugnis argentinischer Lyrik der Romantik, nicht in die literarische Entwicklung der Lyrik in Lateinamerika gestellt. Dies soll an anderer Stelle geschehen, um den Übergang von der neoklassizistischen Ästhetik eines Andrés Bello zur romantischen Lyrik von José María Heredia in Kuba oder eben von Esteban Echeverría in Argentinien genauer zu untersuchen. In dieser Vorlesung ging es uns in erster Linie um eine Betrachtung jener Grundfragen, die für die Literaturen des Cono Sur in der ersten Hälfte des 19. Jahrhunderts von entscheidender Bedeutung

---

54 Vgl. das Kapitel zu *Ifigenia cruel* in Ette, Ottmar: *Von den historischen Avantgarden bis nach der Postmoderne*, S. 196–227.
55 Vgl. hierzu Band 1 der „Aula"-Reihe *ReiseSchreiben* (2020), insb. S. 477–483.

waren und für diese nachgerade zu einer Obsession wurden. Insbesondere meine ich damit die Einbeziehung des amerikanischen Raumes in die Literatur, wie sie gerade *La Cautiva* im Gegensatz zur engen, eingeschlossenen urbanen Welt von *El Matadero* Echeverrías aufweist. Gemeint ist damit zugleich auch die Deutung dieses so erweiterten Raumes in politischer und gesellschaftlicher Hinsicht.

Aus dieser Perspektive fasst Domingo Faustino Sarmiento, der wie Echeverría zur Generation der „proscriptos" zählt, in seinem grundlegenden Buch *Facundo: Civilización y Barbarie* beide Entwicklungen von Echeverrías Schreiben, beide literarisch-kulturellen Entwicklungstendenzen zusammen. Er verknüpfte sie dabei mit einer Formel, die im Grunde nicht nur für das 19. Jahrhundert zu einer Obsession der argentinischen wie auch der hispanoamerikanischen Literaten werden sollte. Der Gegensatz zwischen Zivilisation und Barbarei strahlte noch weit ins 20. Jahrhundert, ja teilweise bis in unsere Gegenwart hin aus und bildet eine Grundstruktur der Literaturen, die wir dem Cono Sur zuordnen können.

Ich möchte es an dieser Stelle freilich bei einem Hinweis belassen und darauf verweisen, dass nach der Exotisierung des amerikanischen Raumes durch die europäische Romantik gleichsam dessen Aneignung insbesondere durch die spanisch-amerikanischen Literaten einsetzt. Es geht bei dieser literarischen Konstruktion einer Area um die regionale Spezifität dieses Raumes, ja um das Lokalkolorit, um die spezifischen Bedingungen der Bevölkerung, soweit sie weiß ist oder sich in weiße Paradigmata und Normen fügen lässt. Grundkonstellationen der europäischen Romantik werden dabei aufgenommen, nicht aber einfach umgesetzt und imitiert, sondern mit jeweils sehr eigenen Funktionen versehen, also in einem umfassenden Sinne in den amerikanischen Raum *über-setzt* und *übertragen*.

Dabei wachsen den verschiedenen literarischen Figurationen und Figurenkonstellationen allegorische Dimensionen zu, verwandeln sie sich doch buchstäblich in Allegoresen, wobei der Liebe als eine solche der nationalen Konstituierung, der Herausbildung des Nationalstaates eine entscheidende Bedeutung beizumessen ist.[56] Das Scheitern dieser Liebeskonfigurationen, die noch bei Bernardin de Saint-Pierre oder Chateaubriand, wenn auch nicht bei Heinrich von Kleist mit der Thematik der Melancholie, mit grübelnder Rückschau verknüpft war, verwandelt sich auf der amerikanischen Seite des Atlantik in eine nicht weniger grübelnde Zukunftsschau, eine nunmehr der Zukunft und nicht länger der Vergangenheit zugewandte melancholische Betrachtung. In ihr steht die Subjektivität nicht für sich allein, sondern erhält eine unverkennbar kollektive,

---

56 Vgl. Sommer, Doris: *Foundational Fictions. The National Romances of Latin America.* Berkeley: University of California Press 1991.

nationale Dimension. Die Aneignung des amerikanischen Raumes vollzieht sich damit in erster Linie als Aneignung europäischer Figuren, Verfahren und Formen, die sich in eigenständige Umdeutungen und Weiterentwicklungen übertragener Stoffe, Motive und Thematiken verwandeln. Diesen spannenden Prozess transarealer Literaturgeschichte wollen wir am Beispiel weiterer literarischer Werke verfolgen.

Gertrudis Gómez de Avellaneda oder romantisches Schreiben zwischen Kuba und Spanien

Mit Gertrudis Gómez de Avellaneda stoßen wir auf eine große Autorin, um die sich noch immer in eigenartiger, aber charakteristischer Verbohrtheit zwei nationale Literaturgeschichtsschreibungen streiten. Denn ebenso die spanische wie die kubanische Literaturgeschichtsschreibung reklamieren diese Dichterin vehement für sich – und nur für sich! Besonders hübsch und putzig sind in diesem Zusammenhang die Ausführungen von keinem Geringeren als Don Marcelino Menéndez y Pelayo, der die Avellaneda aufgrund ihrer Bildung und Ausbildung für eine Spanierin hält, könne diese hochgebildete Dichterin – so der spanische Literaturpapst – doch niemals die kubanische Literatur vertreten. Und Lorenzo Cruz-Fuentes hat in seiner 1907 erschienenen Ausgabe der von ihm aufgespürten *Autobiografía* der Autorin und ihrer Briefe an Cepeda betont, wie lächerlich und absurd der Standpunkt des damaligen kubanischen Vizepräsidenten Zayas sei. Denn der kubanische Politiker und Kritiker habe davon gesprochen, dass Tula, wie man die in Kuba geborene Dichterin auch nannte, die spanische Literatur für die kubanische Literatur von kubanischer Seite her erobert habe, dass sie also als Kubanerin letztlich die spanische Literatur der ihren, der kubanischen unterworfen und einverleibt habe.

All dies mag heute ein wenig wie in die Jahre gekommene Folklore erscheinen. Tatsache aber ist, dass sich Gertrudis Gómez de Avellaneda bis heute entweder als Kubanerin oder als Spanierin durch die verschiedenen Literaturgeschichten treibt und mit ihrem Namen entweder für die iberische oder die karibische Literaturtradition einsteht. Dies ist durchaus auf Grund der differierenden und differenzierenden Entwicklung der Disziplinen und der nationalen Geschichtsschreibungen verständlich, verweist aber auf die Absurdität derartiger Anschauungen und letztlich auch auf die Borniertheit oder zumindest doch Relativiertheit und Begrenztheit einer derartigen Literaturgeschichtsschreibung. Keine Angst, wir werden uns einer derart exkludierenden und essentialisierenden Literaturwissenschaft nicht verschreiben!

Zum Thema Bildung und Erziehung hatte die gute Tula – wie wir sie bisweilen nennen dürfen – das Nötige schon zu ihrer Zeit gesagt, schrieb sie doch im Jahre 1839 in ihrer *Autobiographie*, auf die wir gleich zurückkommen werden, einige recht interessante Zeilen zu einem Vergleich zwischen ihrer Heimatinsel und Spanien. Sie verglich darin die unterschiedliche Erziehung von Mädchen in Kuba und in Spanien, wobei sie als echte Kubanerin Galizien heranzog, ist doch auf Grund der zahlreichen Einwanderer aus diesem Teil des Landes ein Spanier für kubanische Seelen doch stets ein „Gallego":

> Die Erziehung, die man in Kuba den jungen Fräuleins gibt, weicht so sehr von der ab, welche sie in Galicien erhalten, dass eine Frau aus meinem Land selbst von mittlerer Klasse sich zu degradieren glaubte, wenn sie das ausübte, was in Galizien selbst die reichsten als eine Verpflichtung ihres Geschlechtes ansehen. Die weiblichen Verwandten meines Stiefvaters etwa sagten, dass ich zu nichts gut sei, da ich weder bügeln noch kochen noch Socken stopfen konnte, weil ich die Gläser nicht abwusch noch die Betten machte oder mein Zimmer ausfegte. Ihnen zufolge brauchte ich zwanzig Dienstmädchen und hätte dabei die Allüren einer Prinzessin. Auch machten sie sich über meine Neigung zum Studium lustig und nannten mich *Die Frau Doktorin*. [...]
> Nachdem ich mit meinen zarten Verpflichtungen gebrochen hatte und mich wieder als frei, wenn auch nicht als glücklicher ansah, war ich überzeugt davon, mich niemals verheiraten zu müssen und dass die Liebe mehr Schmerzen als Lust hervorrufe; und so nahm ich mir vor, nach einem System zu leben, das ich schon seit längerer Zeit im Kopf hatte. Ich wollte, dass die Eitelkeit an die Stelle des Gefühls träte, und es schien mir besser, im Allgemeinen zu gefallen, als von einem Einzigen geliebt zu werden: Und dies umso mehr, als dieser Eine niemals meine Vorstellungen gänzlich erfüllen könnte. Ich hatte die Hoffnung verloren, einen Mann nach meinem Herzen zu finden.[1]

Diese Passage ist nicht uninteressant, denn sie zeigt, wie sehr sich in Sachen Frauenbildung und weiblicher Erziehung in Kuba längst eine andere gesellschaftliche und kulturelle Entwicklung angebahnt und verwirklicht hatte, die mit der in Spanien, hier in Galizien üblichen nur noch entfernt verwandt war. Das weibliche Selbstverständnis der jungen Avellaneda ist deutlich kubanisch geprägt und geht innerhalb dieser Area der Karibik unverkennbar von einer geringeren geschlechterspezifischen Determination aus als in Galizien. Denn warum sollte nicht auch eine Frau sich dem Studium widmen, sich für eine Tätigkeit in den Schönen Künsten öffnen und das Sockenstopfen und Bettenmachen dafür hübsch bleiben lassen?

Es ist keine Frage: Zweifellos hat diese emanzipatorische Bewegung in erster Linie mit der Sklavenhaltergesellschaft in Kuba zu tun, die innerhalb der *Autobiografía* aus dem Jahr 1839 nur ein einziges Mal erscheint! Denn die Sklaverei – das heißt die Beschäftigung von Sklaven nicht allein auf den Zuckerrohrplantagen, sondern auch als Haussklaven im privaten Bereich – stellte gleichsam den verschwiegenen Hintergrund für die Veränderung der Frauenrollen dar. Sie war mitverantwortlich für die Tatsache, dass selbst die kubanische Mittelklasse – von der hier die Rede ist – ihre Töchter fernab hausfraulicher Notwendigkeiten erziehen konnte, welche von den Sklaven beziehungsweise Sklavinnen stillschweigend übernommen und getragen werden mussten. Dies ist ein für diese Area der Karibik sicherlich wichtiger Punkt, der sich auch in viele andere Lebensbereiche der Bevölkerung hinein auswirkte.

---

[1] Gómez de Avellaneda, Gertrudis: Autobiografía y epistolarios de amor. Newark US: Juan de la Cuesta 1999, S. 73.

Einen weiteren zentralen Aspekt aber bildet zweifellos die Tatsache, dass Gertrudis Gómez de Avellaneda in ihrer weiblichen *Autobiographie* zugleich auch das Studium, die Anhäufung von Wissen für sich in Anspruch nimmt, was ihr die Verhohnepiepelung durch ihre galizischen, also spanischen Geschlechtsgenossinnen einbringt. Denn diese Anhäufung von Wissen, das zugleich immer auch Macht ist, war in erster Linie den männlichen Nachkommen beziehungsweise Männern vorbehalten. Der Anspruch auf eine Befreiung als Frau aber konnte nicht unabhängig von Bildung und Ausbildung gedacht werden; und hier liegt sicherlich gerade das emanzipatorische Hauptmoment der Überlegungen der Avellaneda mit Blick auf eine Gleichberechtigung der Frauen.

Vor diesem gesellschaftlichen Hintergrund wird deutlich, warum die kubanische Autorin in der Folge fast übergangslos die zentrale Institution der Ehe in Frage stellte, bringe sie doch für die Frau mehr Schmerzen und Verluste mit sich als Lüste und Gewinne. Es ist daher nicht überraschend, dass sie im argumentativen Zusammenhang ihrer *Autobiografía* die Verlobung mit einem Manne auflöst, um sich endlich wieder frei fühlen. Nun kann sie ein neues ‚System' leben, das die Vanitas, die Eitelkeit an die Stelle der Liebe rückt und ihr weibliches Selbstbewusstsein wie auch ihr Selbstwertgefühl als Frau erhöht, ohne sich doch in Abhängigkeit von Männern zu begeben. Die Männer, so das ‚System' der Gertrudis Gómez de Avellaneda, sollen sie bewundern, aber ihr nicht zu nahe kommen und sie in Abhängigkeiten verwickeln.

Wer die Geschlechterbeziehungen zwischen Mann und Frau hinterfragt, rüttelt damit selbstverständlich an den Eckpfeilern der bürgerlich-ecclesialen Ständegesellschaft Spaniens, *den* Grundpfeiler gleichsam der patriarchalen und phallogozentrischen Gesellschaft überhaupt: Gertrudis Gómez de Avellaneda kündigt damit jegliche Unterordnung unter einen Mann auf. Eine Tatsache, die sie – wie sie sehr wohl weiß – nicht glücklicher machen werde, aber selbstbestimmter und selbstbewusster.

Dies ist für ihr Leben insgesamt sicherlich eine zutreffende Einschätzung: Die am 24. März 1814 im Camagüey auf Kuba geborene und am 1. Februar 1873 in der spanischen Hauptstadt verstorbene Dichterin ging sicherlich einen anspruchsvollen, ja schweren Weg als Frau und Schriftstellerin, auch wenn dieser von großen literarischen Erfolgen und ungeteilter Bewunderung gesäumt war. Die Tochter eines Kommandanten der spanischen Flotte wuchs in begüterten Umständen im Osten ihrer kubanischen Heimatinsel glücklich auf. Früh schon zeigte sich ihr Talent für Theater und fingierte Szenerien, ihr Geschick als Autorin erster Gedichte und ihr rebellischer Geist, der sie ihr Leben lang niemals verließ: weder in ihrem Geburtsland Kuba noch in ihrer Wahlheimat Madrid, wo sie sich ab 1840 dauerhaft niederließ.

Abb. 36: Gertrudis Gómez de Avellaneda (Santa María de Puerto Príncipe auf Kuba, 1814 – Madrid, 1873).

An Liebeleien wie stürmischen Liebesbeziehungen fehlte es im Leben der schönen Kubanerin keineswegs. Ihre *Autobiografía* präsentiert uns eine Vielzahl von Beispielen ihrer zumeist unglücklich verlaufenen Liebeserlebnisse und Liebesaffären, welche sie freilich nie aus der Perspektive einer Heirat denken konnte. Allen romantischen Liebesbeziehungen, aber auch zwangsweisen Verheiratungen entzog sich die unabhängige Kubanerin rechtzeitig. Ihre *Autobiographie* ist im Übrigen primär an einen einzigen Adressaten gerichtet: Don Ignacio de Cepeda, ihren damaligen Liebhaber, dem sie ihre Herkunft, ihr Denken und ihren Lebensstil zu erklären suchte, wobei sie ihn zu Beginn und am Ende bittet, dieses Schriftstück sogleich wieder zu verbrennen. Ihr Adressat hat dies glücklicherweise nicht getan, und so besitzen wir ein wunderbares autobiographisches Zeugnis von dieser großen Dichterin der Romantik.

Gerade der Blickwinkel der Selbstreflexion *für* den geliebten Mann zeigt eine Frau, die ihr Leben zwar nicht ohne Männer, wohl aber ohne den einen und einzigen Mann – obwohl dieser als Traumvorstellung noch nicht endgültig verabschiedet wurde – zu leben gewillt ist. Ihre *Autobiographie* ist daher ein unschätzbares Zeugnis vor dem Hintergrund der Tatsache, dass es sich im Grunde um einen Geschlechterdialog im romantischen Zeitalter handelt. Dieser ist eine Art Selbstverständigungstext von ungeheurer Bedeutung, der uns einen Einblick in die Diskurse gerade auch zwischen den beiden Geschlechtern zu jenem Zeitpunkt, auf der Höhe der Romantik in Spanien gibt. Gertrudis Gómez de Avellaneda ließe sich an dieser Stelle zweifellos in eine Abfolge großer Frauengestalten stellen, die von Germaine de Staël bis Juana Borrero das 19. Jahrhundert nicht nur in der Romania prägten. Wir werden uns in unserer Vorlesung mit diesen großen Repräsentantinnen eines 19. Jahrhunderts zwischen zwei Welten ausführlich auseinandersetzen.

Lassen Sie uns an dieser Stelle aber noch einmal auf einige biographische (und danach erst autobiographische) Elemente im Leben der kubanischen und spanischen Dichterin kommen, die an beiden Literaturfeldern partizipierte: Als María Gertrudis de los Dolores in Puerto Príncipe, in der heutigen Provinz Camagüey, geboren wurde, war ihr spanischer Vater bereits seit 1809 als „Comandante de Marina" für Zentralkuba auf der Insel. Vergessen wir nicht, dass für Spanien die Insel Kuba lange Zeit die „siempre fiel Isla de Cuba", die stets treue Insel Kuba war, da sich die Antillen nicht dem Unabhängigkeitskampf auf dem Festland anschlossen! Denn hier hatten die Kreolen andere Ziele und versuchten, an den Eigentumsverhältnissen wie an der Sklaverei möglichst wenig zu ändern. Tula ist, mit einem Wort, als Tochter eines Spaniers auf Kuba eine kubanische Kreolin.

Ihre Mutter ist „cubana de familia patricia", stammt also ihrerseits aus einer wohlhabenden kreolischen Patrizierfamilie. Sie bringt insgesamt fünf Kinder zur Welt, von denen zweie überleben: Manuel und Gertrudis, die bald schon Tula genannt wird. Als mit neun Jahren ihr Vater stirbt, heiratet ihre Mutter bereits zehn Monate später – also noch vor dem Ende der offiziellen Trauerzeit – Don Gaspar Escalada, seinerseits „Teniente Coronel" in Puerto Príncipe, dem heutigen Camagüey. In ihrer *Autobiographie* spricht sie von ihrer ungeheuren Lust, mit anderen Mädchen zusammen Tragödien zu lesen und aufzuführen. Früh schreibt sie auch schon Gedichte und Romane über Giganten und Vampire, doch sei ihre wahre Leidenschaft das Theater gewesen. Französisch habe sie nur gelernt, um – welch eine Lust! – Corneille und Racine deklamieren zu können. Doch auf Grund ihrer damit verbundenen großen Erregung wird ihr verboten, Theaterstücke zu lesen. Und da sie sie nicht mehr lesen durfte, schrieb sie eben welche, wie sie später kommentierte. Bisweilen sei sie danach fiebrig ins Bett gefallen: Ihre Imagination ist ganz von Fiktionen erfüllt. Kurz vor ihrer geplanten Hochzeit bricht sie die Verbindung mit dem jungen Kubaner Loynaz zum Entsetzen ihrer Familie ab. Sie wird in der Familie zur „niña difícil", zum schwierigen Mädchen. Sie selbst aber fühlt sich als eine „romántica salvaje a la moda", als wilde Romantikerin im Trend – und wird dies ihr Leben lang bleiben; denn längst war auch auf Kuba die Romantik angesagt.

Dann aber beginnt das Leben der Tula zwischen beiden Welten: Am 9. April 1836 schifft sich die ganze Familie in Santiago de Kuba nach Europa ein. Mit vielen schriftstellerischen Illusionen bricht die junge Avellaneda nach Spanien auf. Sie schreibt bei der Einschiffung das berühmte Sonett *Al partir* mit der oft zitierten und zelebrierten Anrufung Kubas. Ich möchte Ihnen in aller Kürze dieses Sonett vorstellen, wobei ich in meiner Übersetzung wieder nahe am Original bleibe und dennoch versuche, für Sie das Versschema wiederzugeben:

Perle des Meers! Stern vom Okzident!
Schönstes Kuba! Deines Himmels Feuer
bedeckt die Nacht mit ihrem dunklen Schleier,
so wie der Schmerz mein traurig Antlitz grämt.

Aufbruch ist's! ... Der Matrosen eifrig Händ,
vom Boden mich zu reißen, der mir teuer,
die Segel hissen, und zur Feier
die Brise bläst mich fort, wo's tropisch brennt.

Adieu, geliebtes Vaterland! Du Eden!
Wohin mich auch mein Schicksal treibt,
Dein süßer Name wird mein Ohr beleben!

Adieu! ... Wind an den Segeln reibt!
Die Anker hoch ... Das schiff will schweben,
will Wellen schneiden, schwimmen, wie es leibt.[2]

¡Perla del mar! ¡Estrella de Occidente!
¡Hermosa Cuba! Tu brillante cielo
la noche cubre con su opaco velo
como cubre el dolor mi triste frente.

¡Voy a partir! ... La chusma diligente,
para arrancarme del nativo suelo
las velas iza y, pronta a su desvelo,
la brisa acude de tu zona ardiente.

¡Adiós, patria feliz, edén querido!
¡Doquier que el hado en su furor me impela,
tu dulce nombre halagará mi oído!

¡Adiós! ... Ya cruje la turgente vela ...
El ancla se alza ... El buque, estremecido,
las olas corta y silencioso vuela.

---

2 Gómez de Avellaneda, Gertrudis: *Poesías de la señorita da. Gertrudis Gómez de Avellaneda*. Madrid: Establecimiento Tipográfico 1841, „Al partir", S. 7.

Abb. 37: „Santiago de Cuba vom Hafen aus, März 1853", Bleistiftzeichnung von Adolf Hoeffler.

Al partir ist ein Abschiedssonett an ihre geliebte Heimatinsel, in welchem kein Topos aus der Tropenwelt fehlen darf und auch das Zeichen Kubas, der einsame Stern, gegenwärtig ist und die Szenerie mit seinem transzendenten Licht beglückt. Das Sonett der Avellaneda ist nahe an seiner klassischen Form und weist bezüglich des Versschemas keinerlei Besonderheiten oder Auffälligkeiten auf. Die heimatlichen Tropen erscheinen als ein Eden, als weites Paradies, in welchem die oft als „Perle der Karibik" apostrophierte Insel wie ein Ort der Glückseligkeit, ein „locus amoenus", lockt. Alles in diesem Aufbruch ist dem Hier und dem Vaterland dieser Kreolin verpflichtet. Und dennoch ist der Aufbruch ins Ungewisse eine Verlockung, welcher bei allem Abschiedsschmerz das lyrische Ich und gewiss auch die junge Kubanerin letztlich freudig entgegengeht.

Auf dem Schiff rezitiert sie Gedichte von José María Heredia, dem kubanischen ‚Nationaldichter' – denn Kuba war wie Deutschland lange vor der politischen und staatlichen Nationenbildung eine Kulturnation, die noch jahrzehntelang bei allem Wunsch der kreolischen Oligarchie nach größerer Autonomie zu Spanien hielt. Nach der Atlantiküberquerung trifft das Schiff in Bordeaux ein, von wo aus man nach einer Woche Aufenthalt gen La Coruña weitersegelt. Gertrudis hält es in Galizien aber nicht lange aus, flieht von dort und bricht erneut eine geplante Verlobung mit einem jungen Spanier ab. Danach folgt eine Reise nach Portugal, wo die Familie ihres Vaters lebt. Zeitweise lässt sie sich in Sevilla nieder, wo sie von einem Teil des väterlichen Erbes lebt. Die junge Dichterin widmet sich ausschließlich der Literatur und dem gesellschaftlichen Leben. Als verführerische Frau erregt sie zahlreiche Liebesgefühle; und einer ihrer Verehrer fällt fast einem Selbstmord zum Opfer. Zugleich verliebt sie sich vehement in Ignacio Cepeda, der sie jedoch wegen ihrer Feurigkeit, ihrer „fogosidad" fürchtet. Die Briefe an den jungen Mann zählen zu ihren schönsten literarischen Werken und zeugen von der romantischen Liebessehnsucht der Kubanerin.

Ihr schriftstellerisches Oeuvre wächst. Ab 1839 arbeitet sie an der literarischen Zeitschrift *La Aureola* mit und veröffentlicht zahlreiche Gedichte unter ihrem Pseudonym „La Peregrina", die Pilgerin. Zugleich übt sie ihr Schreiben durch intensive Lektüren von Walter Scott, Lord Byron, George Sand, Madame de

Staël, Chateaubriand, Victor Hugo, Alphonse de Lamartine, dem Duque de Rivas sowie José Zorrilla: Sie liest sich begeistert quer durch die europäische Romantik. Im Juni 1840 wird in Sevilla ihr Drama *Leoncia* über die Problematik einer verführten Frau uraufgeführt, ein ihrem Schreiben wie ihrem Leben innig verbundenes Thema. Doch im Sommer 1840 übersiedelt sie zusammen mit ihrem Bruder nach Madrid, wo sie von nun an leben wird.

Es sind die vielleicht entscheidenden Jahre ihres Lebens, denn sie erklärt nun ihrer Familie offen, dass niemand sie mehr von ihrem Schicksal als Dichterin und Schriftstellerin abbringen könne: die Tula hat sich nun definitiv der Literatur verschrieben und konzentriert sich ganz auf ihre schriftstellerische Arbeit. Ihr Schreibprojekt ist damit zu ihrem Lebensprojekt geworden, sie geht ihren Weg als unabhängige Frau in der spanischen Gesellschaft. Rasch triumphiert sie in den literarischen Milieus von Madrid, wo man sie wegen ihrer Dichtkunst, aber auch ihrer Schönheit feiert; beides weiß sie geschickt für ihre Ziele einzusetzen. Schon bald ist sie aus der literarischen Szene Madrids, aber auch aus der spanischen Literatur der Romantik nicht mehr wegzudenken. In ununterbrochener Folge veröffentlicht sie nun Gedichte und Romane, Erzählungen und Theaterstücke: Es ist die literarisch produktivste Zeit der jungen Kreolin.

Doch so erfolgreich sie auf der literarischen Bühne ist, so verzweiflungsvoll verlaufen ihr privates Glück und ihr fortdauerndes, an unglücklichen Affären reiches Liebesleben. Bisweilen vermischen sich ihre literarischen Erfolge mit ihren Leidenschaften, denn nicht selten verlieben sich spanische Schriftsteller wie Juan Valera in die Kubanerin. Mit dem Dichter Gabriel García Tasara – ein Name, den Sie sich nicht merken müssen – verbindet sie eine von Liebe und Leidenschaft, aber auch von Eifersucht und Angst geprägte Beziehung, die bald schon zum Albtraum gerät; von ihm bekommt sie 1847 ein Kind, das schon wenige Monate später stirbt. Es ist eine der dunkelsten Momente im Leben der Kubanerin, da der Dichter, der sie wohl nur zum Zwecke seiner eigenen Größe verführte, sie schon bald verlässt. Immer wieder wird sie gerade auch in ihren Gedichten auf diese tragische Episode als entehrte Frau und unglückliche Mutter zurückkommen; ein Geschehen, das sie im Madrid der Mitte des 19. Jahrhunderts gesellschaftlich desavouiert. Doch ihr Ruhm als Dichterin bleibt intakt und von den Geschehnissen unberührt: Sie erhält zahlreiche literarische Auszeichnungen. Zu ihrem Trost vermag sie es auch, ihre Korrespondenz mit Cepeda aufrecht zu erhalten und ihn als Freund ihres Herzens zu bewahren.

Gertrudis Gómez de Avellaneda wird im privaten Bereich von den meisten ihrer Freunde verlassen. Doch im Jahre 1846 bittet der Cortes-Abgeordnete Sabater um die Hand der kubanischen Dichterin. Obwohl zuvor stets einer Heirat gegenüber abgeneigt, nimmt sie diese Geste bewegt zur Kenntnis und willigt gerne in die Vermählung ein. Es ist nicht die große Liebe ihres Lebens, doch sie weiß den

Antrag zu schätzen, ist sie doch fortan wieder als Frau gesellschaftlich geschützt. Allerdings stirbt der junge, aber kranke Sabater bereits ein halbes Jahr nach der Hochzeit. Es sind ergreifende Momente, die nicht zuletzt auch in der Lyrik der Dichterin ihren Ausdruck finden und ihre religiöse Dichtkunst wesentlich befeuern.

Die einst so rebellische Frau, die sich gegen jegliche Hochzeit sträubte, wird 1855 zum zweiten Mal eine Ehe eingehen, diesmal mit einem „gentilhombre de cámara", Don Domingo Verdugo. Die Ausnahmestellung der Dichterin in der literarischen Szene Madrids und Spaniens ist ungebrochen: Sie ist *die* Vertreterin einer romantisch inspirierten Dichtkunst und gleichsam das Gesicht der spanischen Romantik. Ihre Erfolge auf den Bühnen der spanischen Hauptstadt halten an, ihre Dramen – die große Passion ihrer Kindheit – bleiben erfolgreich. Doch ihr Mann wird in einer Auseinandersetzung um eines ihrer Stücke schwer verletzt. Das Paar beschließt 1859, zur Rekonvaleszenz des Gatten die Insel Kuba aufzusuchen, um günstigere klimatische Bedingungen für eine rasche Gesundung zu nutzen. Und so ist die Avellaneda wieder zurück!

Für die kubanische Dichterin ist es die Reise ihrer Apotheose: Die Begeisterung ihrer Landsleute für die aus dem „Oriente" Kubas stammende Poetin ist ohnegleichen. Am 27. Januar 1860 wird die Avellaneda in Havanna feierlich und nach allen Regeln der Kunst zur Dichterin gekrönt. So ist sie nicht allein das Gesicht der spanischen Romantik, sondern auch der kubanischen Dichtkunst. Doch Gertrudis Gómez de Avellaneda bleibt insgesamt nur drei Jahre auf der Insel, denn im Oktober schon stirbt ihr zweiter Ehemann. Zurück in Spanien kümmert sie sich bis zu ihrem Tod um die Edition ihrer *Obras Completas*, ihrer Werkausgabe, mit der sie in die spanische wie in die kubanische Literaturgeschichte eingeht und ihre Position zwischen den Welten befestigt.

Nun, dies war ein fürwahr bewegtes und bewegendes Leben, das so ganz den Klischeevorstellungen von einer romantischen Dichterin entspricht! Ich möchte an dieser Stelle gerne noch einmal kurz auf die *Autobiographie* der damals noch jungen Lyrikerin und Dramaturgin zurückkommen, welche den Zenit ihrer Berühmtheit und Verehrung noch nicht überschritten hatte. Denn in diesem weiblichen Selbstverständigungstext findet sich eine Vielzahl von Verbindungselementen, die uns zu verstehen geben, dass Romantik eine ganz spezifische Form soziokultureller Verbindung von Literatur und Leben ist und keineswegs nur eine Bewegung in der Literatur meint. Romantik impliziert vielmehr auch einen ganz bestimmten Habitus, Denk- und Lebensstil. Wir haben es mit einem spezifischen Wissen vom Leben zu tun, das sich immer wieder rebellisch gegen die dem Leben auferlegten Normen auflehnt und zugleich ein Lebensmodell entwirft, das von einem dankbaren Publikum angeeignet werden kann. Es geht nicht allein darum, bestimmte Situationen des Lebens auszuleben, sondern sie für ein Publikum *vor-*

zuleben und zugleich dieses eigene Leben in ein selbständiges Kunstwerk umzudeuten. Romantik impliziert folglich die Verwandlung des eigenen Lebens in ein Werk der Kunst und dessen Modellierung.

Im Folgenden wollen wir einen ganz entscheidenden Moment innerhalb der kulturellen Sozialisation der Avellaneda gemäß ihrer *Autobiographie* beleuchten: jene Form der Vergesellschaftung von Literatur und jenes Zusammenspiel von Individualität, Melancholie und Einsamkeit einerseits, von Kollektivität, literarischer Erfahrung und Repräsentation andererseits, ohne das die gute Tula einfach nicht zu denken war. Wie beschreibt sie selbst diesen Prozess?

> Dennoch war ich niemals fröhlich und leichtsinnig, wie es Kinder gewöhnlich sind. Schon seit meinen ersten Jahren zeigte ich eine Neigung zum Studium und eine Tendenz zur Melancholie. Ich stieß bei den Mädchen meines Alters nicht auf große Sympathien; nur drei meiner Nachbarinnen, die Töchter eines Emigranten aus Santo Domingo, verdienten meine Freundschaft. Es waren drei hübsche Geschöpfe mit einem sehr deutlichen natürlichen Talent. [...] Die Camonas (denn dies war ihr Familienname) fanden leicht an meinem Geschmack Gefallen und teilten ihn. Unsere Spiele bestanden darin, Komödien aufzuführen, Erzählungen auszudenken, wobei wir uns darum stritten, wer sie am hübschesten verfasste, Schätze zu erraten und Wettbewerbe im Zeichnen von Blumen und Vögeln zu veranstalten. Niemals mischten wir uns in die lauten Spiele der anderen Mädchen ein, mit denen wir uns trafen.
>
> Später wurde die Lektüre von Romanen, Gedichten und Theaterstücken zu unserer vorherrschenden Leidenschaft. Mama schimpfte bisweilen mit uns, dass wir doch schon so groß seien und noch immer unser Herausputzen vernachlässigten und wie die Wilden vor der Gesellschaft flöhen, weil es unsere größte Lust war, im Zimmer mit den Büchern eingesperrt zu sein, unsere Lieblingsromane zu lesen und das Unglück jener imaginierten Helden zu beweinen, die wir so sehr liebten.
>
> Auf diese Weise wurde ich dreizehn Jahre alt. Ach ihr glücklichen Tage, ihr kehrt nicht wieder! ...[3]

In dieser aufschlussreichen und hintergründigen Passage werden zwei Formen der Selbstinszenierung – und zwar einer romantischen Selbstinszenierung – auf paradoxe Weise miteinander verschränkt. Auf der einen Seite steht die geborene Melancholikerin, die schon zu Beginn ihres Lebens von der „maladie du siècle" erfasst ist. Auf der anderen Seite haben wir es mit einer rückblickenden Idyllisierung der eigenen Kindheit zu tun, welche in nuce bereits alle Elemente dafür enthält, dass aus dem kindlichen Ich die große Künstlerin werden musste. In diesem vieldeutigen Bild der Kindheit, das mit den Töchtern eines Emigranten aus Santo Domingo auch den historischen Hintergrund der Haitianischen Revo-

---

[3] Gómez de Avellaneda, Gertrudis: *Autobiografía y epistolarios de amor*. Newark US: Juan de la Cuesta 1999, S. 52 f.

lution einspielt und mit den ‚Wilden' auch Tulas eigene Rede von den „salvajes románticos" einblendet, ist der kleinste gemeinsame Nenner die schwere Süße der Melancholie, welche den Schlusspunkt dieser Szenerie bildet.

In ihren Formulierungen zeigt sich sehr anschaulich, wie das Element der Einsamkeit und einer melancholischen Gesellschaftsflucht die künstlerische Produktivität und Kreativität begünstigt: Im Grunde war die große Dichterin schon immer so gewesen. An anderer Stelle hebt die Avellaneda das Element der „sensibilidad" und der Empfindsamkeit gerade in künstlerischen Dingen hervor, zugleich aber auch den Begriff des „tedio", der im Grunde für den französischen Begriff des „ennui" oder den deutschen der Melancholie und der Langeweile eintritt. Das junge Mädchen hat schon genug von der Gesellschaft, bevor sie diese überhaupt wahrgenommen hat und kennt; sie bevölkert ihre Imagination nicht mit realen Gestalten, die in ihr Leben getreten wären, sondern mit imaginären und erfundenen Fiktionen, welche genauso lebendig vor ihr stehen, wie es die Figuren der Wirklichkeit täten, wären diese auch nur andeutungsweise so interessant. Das Schimpfen der Mutter ist für sie eher noch eine Bestärkung, nicht auf äußeren Putz und Zierrat zu achten, sondern sich ganz auf eine innere Welt mit ihren Leidenschaften und Emotionen zu konzentrieren.

Gertrudis Gómez de Avellanedas *Autobiografía* versammelt auf wenigen Dutzend Seiten im Grunde alle Verfahrensmuster und Text- wie Lebenselemente, von denen ausgehend sich ein romantischer Lebensentwurf kreativ entfalten kann. Wir beginnen zu erahnen, welche Lektüren, Romane und Gestalten ihre noch kindliche Imagination anregten und aus ihr jene Romantikerin werden ließen, welche die damalige Welt mit ihren Imaginationen erfreute. Es waren die frühen Romantikerinnen und Romantiker, die wie Bernardin de Saint-Pierre, Germaine de Staël oder Chateaubriand jene intertextuellen Spuren legten, die zum eigenen literarischen Werk der kubanischen Dichterin führten.

Die kleine Tula entfaltete ihre kreativen Möglichkeiten und Potenziale just in jenem Bereich, der am Ende des kubanischen 19. Jahrhunderts noch ein letztes Mal in Gestalt Juana Borreros in unvergleichlicher Weise aufscheinen sollte. Bei letzterer handelt es sich um eine Frauenfigur, die ebenfalls durch ihre meisterhaften Zeichnungen ab dem Alter von gerade einmal fünf Jahren sowie ihre frühen Dichtungen die Menschen begeisterte und ihre Sozialisation in einer Gruppe gleichaltriger Mädchen – in diesem Falle ihrer Schwestern – erfuhr. Kann es da ein Zufall sein, dass es sich bei Juana Borrero wohl um die Urgroßnichte von Gertrudis Gómez de Avellaneda handelte? Auch bei ihr finden sich jener Absolutheitsanspruch und jene melancholische Selbstbesessenheit, deren emanzipatorischen Ausfluss wir bei der Avellaneda im Grunde schon ein für alle Mal vorgeprägt sehen. So eröffnet sich ein großer Zyklus emanzipatorischer Frauengestalten und Schriftstellerinnen, der auf Kuba von Gertrudis Gómez de Avellaneda ausgeht und mit Juana Borrero ein vorläufiges Ende findet. Am Anfang dieses weiten Bogens im 19. Jahrhundert müssen wir freilich mit Germaine de Staël eine weitere Schriftstellerin platzieren, ohne welche diese Reise unvollständig wäre. Wir werden uns daher mit dieser großen europäischen Autorin im nachfolgenden Kapitel beschäftigen.

Die Auseinandersetzung mit der Gesellschaft wird (nicht nur) bei Gertrudis Gómez de Avellaneda über die Literatur vermittelt; diese liefert jene Vorstellungen, Figurenkonstellationen und Ideen, die später dann im ‚richtigen Leben' nachvollzogen und nachgelebt werden können. Das Lebenswissen der Literatur verwandelt sich während der Lektüre in ein Erlebenswissen, das schließlich nacherlebt und in das eigene Leben umgesetzt werden kann. Denn Literatur ist nicht – ich wiederhole es gerne – Darstellung von Wirklichkeit, sondern Darstellung gelebter oder lebbarer Wirklichkeiten.

Literarische Texte erfüllen die Imagination der jungen Leserin, der künftigen Autorin mit Leben. Chateaubriand oder der junge Goethe, Victor Hugo oder George Sand werden wie viele andere zu Tulas Helden und Heldinnen: Die literarischen Figuren dieser Autor*innen prägen in einer ganz grundlegenden Weise ihr eigenes Lebensprojekt und ihr Vorhaben, sich als Theaterautorin, Dichterin und Romancière zu verwirklichen. Es mag durchaus sein, dass Marcelino Menéndez y Pelayo an dieser Stelle wirklich Recht hat: Ohne Gertrudis Gómez de Avellaneda wäre die romantische Dichtung Spaniens – aber auch jene Kubas – nicht vollständig. Die große Dichterin der Romantik ergänzt jenes Element eines selbstbewussten weiblichen Lebensentwurfes, der so oft an der Wirklichkeit scheiterte und dem Gustave Flaubert mit seiner Emma Bovary ein klarsichtiges, bisweilen zynisches, stets aber bitteres und zugleich humorvolles Denkmal gesetzt hat. Bei der Betrachtung dieses postromantischen literarischen Frauenportraits der Romantik gefriert einem noch heute das Lachen auf den Lippen!

Beide aber, die kubanische Tula wie die französische Emma, stellen Lebensentwürfe von Frauen dar, die uns zu verstehen geben, dass wir niemals – und in der Romantik noch weniger – Leben und Literatur auseinanderdividieren dürfen. Wir sollten beide aber auch nicht unbesehen miteinander vermischen! Es handelt sich vielmehr bis zu einem gewissen Grad um gelebte Literatur und literarisiertes Leben, in dem die kreative Aneignung von Lebensentwürfen zum eigentlichen Hauptthema des Lebens wie des Lesens wird.

Ich möchte Ihnen gerne an einem letzten Auszug aus der *Autobiographie* dieser Autorin einen Einblick in das tiefe Verwoben-Sein von Leben und Literatur ermöglichen. Es handelt sich um die Szenerie der Abreise aus Kuba, jener Augenblick also, als Tula ihr berühmtes Sonett *Al partir* verfasste, mit dem wir uns zuvor beschäftigten. Im folgenden Zitat geht es um die Bearbeitung ihrer autobiographischen Rückschau auf ihre Heimatinsel und damit um jenen Augenblick, als sich ein Leben der Romantik zwischen zwei Welten konkretisiert:

> Am 9. April 1836 schifften wir uns auf einer französischen Fregatte nach Bordeaux ein und gaben traurig und heulend wie Undankbare jenes geliebte Land auf, das wir vielleicht niemals mehr wiedersehen werden.
> Entschuldigen Sie; meine Tränen benetzen dieses Papier; aber ich vermag mich nicht ohne innere Rührung an jene denkwürdige Nacht erinnern, in der ich zum letzten Male Kubas Erde sah. Die Schifffahrt war für mich ein Quell von neuen Emotionen. –„Wenn wir über die bläulichen Meere schiffen", so sagte Lord Byron, „sind unsere Gedanken so frei wie der Ozean." – Seine sublime und poetische Seele musste es so fühlen: Auch die meinige erlebte es genau so. Schön sind die Nächte in den Tropen, und ich habe sie genossen; aber schöner noch sind die Nächte auf dem Ozean. Es gibt eine unbestimmbare Verzauberung in diesem Wehen der Brise, welche die Segel bläht, die im bleichen Glanz des Mondlichts erzittern, welches die Wasser reflektiert, in jener Unermesslichkeit, die wir über unseren Köpfen und unter unseren Füßen sehen. Es ist, als ob Gott sich besser der erregten Seele inmitten jener beiden Unendlichkeiten enthüllte – Himmel und Meer! – und als ob eine rätselhafte Stimme inmitten des Rauschens des Windes und der Wellen erklänge. Wäre ich Atheistin gewesen, so hätte ich damals damit aufgehört.[4]

In dieser sorgsam ausgearbeiteten Passage erscheint die Küste des geliebten Heimatlandes ein letztes Mal und wird entsprechend tränenreich verabschiedet. In der Tat finden sich auf dem Papier des Manuskripts auch heute noch die Rückstände von Tränen, so dass sie die Schreibsituation wie die Rezeptionssituation gleichsam an der Wellung des Papiers erkennen können. Am Ende des 19. Jahrhunderts wird uns mit Juana Borrero wieder eine kubanische Dichterin entgegentreten, welche in ihren *Cartas de amor*, ihren *Liebesbriefen*, die vergossenen Tränen wie das vergossene Blut in diese haptische und optische Gestaltung der Schreibunterlage buchstäblich einfließen lässt. Auch auf dieser Ebene ergibt sich jener umfassende Zyklus eines Schreibens im Zeichen der Romantik oder auch in nachromantischer Zeit, welcher die kubanische Literatur zwischen zwei Welten über mehr als sechs Jahrzehnte des 19. Jahrhunderts hinweg zu einer erstaunlichen und zugleich faszinierenden Einheit weiblichen Schreibens formt.

Freilich kommt an dieser Stelle ein weiteres Element hinzu, in dem sich Literatur und Leben verbinden: Es geht um die explizite Bezugnahme auf Lord Byron, die sich in einem Zitat niederschlägt, das gleichsam wie eine Folie wirkt, auf deren Hintergrund die konkrete eigene Lebenserfahrung angesiedelt und nachgelebt wird. Mit Hilfe dieses Zitats wird der Mechanismus des *Nacherlebenswissens* in den Literaturen der Welt präzise vorgeführt: Denn angeführt wird, was man nachempfunden und nacherlebt hat.

Zugleich zeigt sich natürlich, dass die Romantik keine nationalen oder nationalphilologischen Grenzen kennt, ist doch in dieser Passage die Sprache

---

[4] Gómez de Avellaneda, Gertrudis: *Autobiografía*, S. 62f.

des Herzens und der scheinbaren Unmittelbarkeit der Empfindung auf dieselbe oder doch ähnliche, zeitspezifische Weise vorkodiert und wird sie doch getreu im Spanischen nachvollzogen, ‚nachgefühlt'. Die Unermesslichkeit des Raumes ist sicherlich in einem Zusammenhang zu sehen mit der sozialen Erfahrung der jungen Frau, die bei der Abreise aus Kuba wohl zum ersten Mal aus ihrer gewohnten und räumlich begrenzten Erfahrungswelt heraustritt, um die Weite der Welt kennenzulernen.

An dieser Stelle ergibt sich bereits ein Bezug zu den Frauenreisen der Romantik, zu den Reiseschriftstellerinnen des 19. Jahrhunderts, in denen häufig genug der Gegensatz zwischen der Enge einer geschlechterbedingten Welt zuhause und der Weite der Erfahrungswelt vorgeführt wird.[5] Dies gibt jener Erfahrung der Weite des Ozeans sicherlich eine zusätzliche Dimension, die gerade auf die spezifisch körperliche Er*fahr*ung – im wörtlichen Sinne des Fahrens – der Weite von Lebensentwürfen abgestellt ist. Dass hierbei eine christliche Isotopie nicht fehlen darf, ist letztlich – wie so oft – keinem anderen als Chateaubriand geschuldet, der in die romantische Erfahrung des Seins das christliche Element aus der Erfahrung des Schönen, als spezifisch *ästhetische* Erfahrung also, eingespielt und integriert hat. Sein *Génie du Christianisme* kommt in dieser Schiffsreise von Santiago de Cuba nach Bordeaux und weiter nach Spanien als implizites Zitat zu jenem expliziten Lord Byrons hinzu und vermittelt eine Sicht- und Seins-Weise der Romantik, die sich hier in der Tat zwischen zwei Welten inmitten des Ozeans lokalisiert.

Ich möchte Ihnen gerne an dieser Stelle einen kleinen vergleichenden Ausblick geben auf einen Text und eine Reise, die sich fast im selben Zeitraum ansiedeln und welche die junge Französin Flora Tristan, den engen Kreis ihrer Familie in Frankreich verlassend, aus erbrechtlichen Gründen zu einem anderen Zweig ihrer Familie nach Peru führten.[6] Beide Frauen überqueren also den Ozean, und beide Frauen greifen auf die Metaphorik der Wallfahrt zurück. Während sich Gertrudis Gómez de Avellaneda des Pseudonyms „La Peregrina" bei zahlreichen ihrer Gedichte bediente, lautete der von Flora Tristan für ihren Reisebericht gewählte Titel *Pérégrinations d'une paria*. Wichtig ist in beiden Fällen, dass es sich hierbei um Frauen handelt, die ihren gesellschaftlichen Status *als* Frauen auf sehr eigenständige Weise reflektieren und als Vorläuferinnen feministischen Emanzipa-

---

[5] Vgl. hierzu Abel, Johanna: *Transatlantisches KörperDenken. Reisende Autorinnen in der hispanischen Karibik des 19. Jahrhunderts*. Berlin: Verlag Walter Frey – edition tranvía 2015.
[6] Vgl. hierzu das Flora Tristan gewidmete Kapitel in Band 1 der Reihe „Aula" von Ette, Ottmar: *ReiseSchreiben. Potsdamer Vorlesungen zur Reiseliteratur*. Berlin – Boston: Walter de Gruyter 2020, S. 543–555.

tionsbestrebens zu betrachten sind, ihr durchaus unterschiedliches Denken aber immer wieder in sehr ähnliche metaphorische Darstellungsweisen übersetzen.

So darf ich Ihnen als Ausblick auf eine spätere Auseinandersetzung mit der mich immer wieder von Neuem faszinierenden Flora Tristan an dieser Stelle bereits den Ausklang ihres Reiseberichts kurz einblenden, um meine Überlegungen auch mit Blick auf die Romantik zwischen zwei Welten anhand dieser Frauenreisen zu belegen. Es handelt sich um die Szene der Abreise jener Französin aus Lima, also um den Abschied von einer problematischen Lateinamerika-Erfahrung, die für Flora Tristan nicht nur erbrechtlich enttäuschend verlief. Am Ende ihres Reiseberichts steht der Beginn der nicht mehr behandelten Rückreise über die USA nach Frankreich:

> Ich tat allem Genüge, und am 15. Juli 1834 verließ ich Lima gegen neun Uhr morgens, um mich nach Callao zu begeben. [...] Nach dem Abendessen ließ ich meine Habseligkeiten an Bord der *William Rusthon* bringen und richtete mich in der Kabine ein, die zuvor Frau Gamarra belegt hatte. Am nächsten Morgen empfing ich noch mehrere Besuche aus Lima; es war der letzte Abschied. Gegen fünf Uhr lichtete man den Anker, alle zogen sich zurück; und ich blieb alleine, völlig alleine, zwischen zwei Unermesslichkeiten, dem Wasser und dem Himmel.[7]

Die Parallelen zwischen beiden Szenen der Abreise sind offenkundig: Denn in beiden findet sich das weibliche Subjekt dem Unermesslichen und Unbegrenzten gleich in doppelter Form gegenüber, als Unermesslichkeit des Meeres und als Grenzenlosigkeit eines Himmels, der bei Flora Tristan freilich nicht mehr Sternbilder zeigt. Denn während es bei Gertrudis Gómez de Avellaneda eine erste Schiffsreise als Aufbruch nach Europa ist, bei der sich die Reisende rasch nach einem schweren Abschied von ihrer Heimatinsel den neuen Erfahrungen des Unermesslichen zuwendet und die Konfrontation des einsamen Ich mit der Natur genießt, kehrt Flora Tristan nach Frankreich zurück. Sie wählt aber ebenso die Einsamkeit weiblicher Subjektivität in der Begegnung mit den Weiten des irdischen wie außerirdischen Raumes. Bei beiden jungen Frauen ist die Erfahrung des zu durchquerenden Raumes in einen romantisch eingefärbten und von literarischen Leseerfahrungen gestützten Habitus eingekleidet und somit in ein Lebensgefühl integriert, welches das einsame Individuum in einen Gegensatz zur umgebenden Schöpfung setzt und ein subjektives Erleben des Weiten sowie einer beständigen Weitung befördert.

Wenden wir uns nun einem narrativen Prosatext von Gertrudis Gómez de Avellaneda zu, der breites Aufsehen erregte und als einer der frühesten abolitio-

---

7 Tristan, Flora: *Pérégrinations d'une paria*. Paris: Arthus Bertrand 1838, Bd. 2, S. 462.

nistischen Romane angesehen werden darf – lange vor Harriett Beecher Stowes 1852 erstmals veröffentlichtem *Onkel Toms Hütte*: ihrem 1839 niedergeschriebenen und 1841 veröffentlichten Roman mit dem auf den ersten Blick etwas enigmatischen Titel *Sab*! Es handelt sich um einen in vielfacher Hinsicht ganz anders konzipierten Text, der die große Breite an kreativen Schreibmöglichkeiten der kubanischen Autorin aufzeigt. Dabei zeigen sich zugleich auffällige Parallelen zu vielen anderen Texten des kubanischen 19. Jahrhunderts, insbesondere zu Cirilo Villaverdes *Cecilia Valdés*, einem Roman, mit dem wir uns noch beschäftigen werden und der auf Kuba zu einer Art Nationalroman avancierte.

Mit *Cecilia Valdés* verbindet Gómez de Avellanedas *Sab* nicht allein die Tatsache, dass der Text ebenfalls aus Kuba stammt, der Gattung des Romans und leicht einer romantischen Tradition zuzuordnen ist, sondern auch, dass er auf die Darstellung einer gesellschaftlichen Totalität abzielt und die realgeschichtliche Situation auf der Insel nicht nur literarisch erfassen, sondern auch zutiefst verändern möchte. Vergessen wir dabei nicht, dass der Roman in Spanien, also weitab von ihrer geliebten Insel Kuba entstand und damit entfernt von jener Sklaverei, welche von der kubanischen Dichterin in diesem Prosatext vehement angeklagt wird! Es handelt sich wie bei *Cecilia Valdés* um einen abolitionistischen Roman, welcher der Darstellung der Problematik der nicht-weißen Bevölkerungsgruppen große Aufmerksamkeit schenkt und den kolonialspanischen Behörden auf Kuba nicht genehm sein konnte. Folgerichtig wurde *Sab* von der Zensur im Jahr 1844 verboten.

Und doch sind bei allen Parallelen die Unterschiede zwischen beiden Romanen nicht weniger wichtig: *Sab* steht zwar ebenfalls in einer romantischen Tradition, lässt sich innerhalb dieser aber nicht dem historischen Roman im Sinne eines Walter Scott zuordnen, sondern der sogenannten „novela sentimental", die in eine literarhistorische Filiation mit Bernardin de Saint-Pierres *Paul et Virginie*, Rousseaus *Julie ou La Nouvelle Héloïse* oder Chateaubriands *Atala* sowie *Les Natchez*, aber auch Goethes *Werther* zu bringen ist. Keinesfalls beiläufig ist, dass es sich nicht um einen Roman eines männlichen Autors handelt, in dessen Mittelpunkt wie bei Villaverdes *Cecilia Valdés* eine schöne Mulattin steht, sondern um den Roman einer kubanischen Autorin, die ins Zentrum ihres Textes einen schönen Mulatten, eben Sab, als Titelfigur des Romans stellte. So dürfen wir vorab bereits festhalten: Mit Gertrudis Gómez de Avellaneda ist die Frau vom Objekt zum Subjekt des Schreibens geworden, die ihrerseits wiederum – in einer Art *chassé-croisé* – den schönen Mann zum Objekt ihres schreibenden Begehrens macht. Sehen wir uns dieses literarische Spiel mit den konventionellen Gendergrenzen einmal näher an!

Wir sollten uns an dieser Stelle nochmals in Erinnerung rufen, dass die kubanische Dichterin in ihrer Zeit eine Ausnahmestellung für sich beanspruchen durfte. Denn schreibende Frauen gab es zwar weitaus mehr, als in unseren Literaturgeschichten auftauchen; doch erfolgreiche schreibende Frauen waren noch im 19. Jahrhundert zweifellos die Ausnahme. Innerhalb der romantischen Literaturen nehmen dabei Reiseschriftstellerinnen eine Ausnahmeposition ein, sind doch Flora Tristan, Ida Pfeiffer und viele mehr Autorinnen auf einem Terrain, das mehr und mehr auch von reisenden Frauen beansprucht wurde. Im Feld der Literatur aber stellen Dichterinnen und Schriftstellerinnen eine Minderheit dar, was kein Zufall ist, insofern die Literaturgesellschaften der amerikanischen wie der europäischen Länder ebenso wie diese Gesellschaften selbst von Männern beherrscht werden – auch wenn Gertrudis Gómez de Avellaneda keineswegs die einzige schreibende Frau war. In unserer Vorlesung wird sie jedenfalls nicht die einzige bleiben!

Daher ist es bedeutsam, dass es eine Frau ist, die mit Sab einen männlichen Helden zur Titelfigur macht und im Übrigen später mit dem Roman *Guatimozín* einen nicht weniger marginalisierten Helden, den historischen Cuauhtémoc, in den Protagonisten eines weiteren Textes über die Zeit der neuspanischen Conquista verwandeln wird. Die schöne Cecilia Valdés war als Mitglied der Kolonialgesellschaft, als Angehörige der nicht-weißen Bevölkerungsgruppen und als Frau dreifach diskriminiert. Sab wie auch der edle Indianer Guatimozín sind ebenfalls Vertreter marginalisierter beziehungsweise unterdrückter und einem Eroberungsprozess unterworfener ethnischer Gruppen, werden aber durch ihr Geschlecht keineswegs diskriminiert – zumindest nicht auf den ersten Blick.

Zur Rolle der Protagonistinnen als Symbolfiguren für die zu bildenden Nationen bzw. – im Falle von Cecilia Valdés – für einen angestrebten Nationenbildungs- und Fusionsprozess gibt es bereits wichtige Untersuchungen, deren Ergebnisse in die Vorlesung eingeblendet wurden.[8] Wie aber steht es mit dem Identifikation- und Symbolwert männlicher marginalisierter Figuren, die nicht weniger tragisch enden und zu Opfern jener gesellschaftlichen und rassistischen Ausbeutung werden, die ihre kolonialen (oder auch unmittelbar postkolonialen) Gesellschaften prägen? *Sab* ist zwar bis heute ein durchaus bekannter Roman geblieben, zu einer gesellschaftlich wirkungsvollen Symbolfigur aber avancierte sein Titelheld nicht. Warum konnte sich die Leserschaft nicht mit diesem Helden, diesem schönen, großherzigen und gebildeten Mulatten aus Tulas Feder identifizieren?

Zur möglichen Beantwortung dieser Fragen ist eine genauere Analyse des Romans notwendig. Dabei wollen wir uns diesmal nicht allzu lange in paratextuellen Gefilden aufhalten, auch wenn es im kurzen Vorwort einiges Bemerkens-

---

8 Vgl. Sommer, Doris: *Foundational Fictions. The National Romances of Latin America*. Berkeley: University of California Press 1991.

werte gäbe. Erwähnt sei nur, dass in den „Dos palabras al lector", den „Zwei Worten an den Leser", in romantischer Geste darauf hingewiesen wird, dass der Grund für die Niederschrift dieses Textes darin bestand, sich in Augenblicken der Muße und Melancholie zu zerstreuen, ohne dass bereits an eine Veröffentlichung gedacht worden wäre.[9] Erst wohlmeinende Freunde hätten zu einer Publikation des Erzähltextes geraten. Wenn wir dies glaubten – und angesichts der kindlichen Zerstreuungsweisen der Autorin ist dies nicht unwahrscheinlich –, dann wären wir auf eher beiläufige Weise in den Genuss einer nicht unkomplizierten, für den Rassismus auf Kuba, in der Area der Karibik und der spanischsprachigen Welt durchaus aussagekräftigen Liebesgeschichte gekommen.

Wir legen den Paratext jedoch beiseite und wählen diesmal eine andere Annäherung an unseren literarischen Gegenstand. Gleich im ersten Kapitel treffen die beiden ungleichen Widersacher um die Liebe der schönen (und natürlich weißen) Carlota zusammen: der Sohn eines zu Reichtum gekommenen englischen Händlers, Enrique Otway, und sein nicht weniger schöner, aber mulattischer Widerpart Sab. Letzterer hat gleichsam als Vorahnung ein Lied über traurige Liebe auf den Lippen, als er seinem ihm bislang noch unbekannten Gegenspieler begegnet, ja diesen sogar zum Haus der von ihm so sehr geliebten Schönen führt. Die letzte Strophe von Sabs Liedlein wird abgedruckt – ein recht interessantes Beispiel dafür, wie bestimmte volkskulturelle Elemente bei den diesbezüglich sensibilisierten Romantikern Eingang in die ‚hohe' Literatur fanden: „Ne kleine Braune bringt mich um, / habt Mitleid mit mir, / denn sie schert sich nicht drum, / auch wenn sie's Liebste mir."[10]

Und in der Tat: Niemand wird im Roman Mitleid mit dem schönen Sab haben! Es wird innerhalb der Romanhandlung zwar eine Weiße sein, die diesen „Moreno" ins Grab bringt, aber auf Mitleid in seinen Liebesqualen wird er ebenso wenig stoßen wie der Liebhaber in seinem volkskulturellen Lied. Eine Fußnote der Autorin weist hierbei die (offenkundig eher spanisch imaginierte) Leserschaft darauf hin, dass es den Kubanern dank ihrer reizvollen Sprache stets gelänge, selbst noch dem Trivialsten etwas Neues abzugewinnen. Auch in diesem Roman begleitet folglich eine erzählerische kommentierende Instanz den Text paratextuell mit Hilfe von Fußnoten. Doch sehen wir uns einmal das Porträt des Mulatten, das dem Lesepublikum gleich zu Beginn des Romans präsentiert wird, etwas genauer an: Wir können viel daraus lernen!

---

9 Gómez de Avellaneda, Gertrudis: *Sab*. Edición, prólogo y notas de Carmen Bravo Villasante. Madrid: Ediciones Anaya 1970, S. 37.
10 Ebda., S. 41: „Una morena me mata / tened de mi compasión / pues no la tiene la ingrata / que adora mi corazón."

> Er schien kein weißer Kreole zu sein, aber auch kein Schwarzer, und man hätte ihm auch nicht geglaubt, dass er von den ersten Bewohnern der Antillen abstammte. Sein Antlitz präsentierte eine eigenartige Zusammensetzung, und man entdeckte in ihm die Kreuzung zweier verschiedener Rassen und dass sich in ihm, um es so auszudrücken, die Züge der afrikanischen Kaste mit denen der europäischen vermischten, ohne dass er doch ein perfekter Mulatte gewesen wäre.
> Seine Hautfarbe war ein ins Gelbliche spielendes Weiß mit einem gewissen dunklen Hintergrund; seine breite Stirne war von ungleichen Strähnen von schwarzem, glänzenden Haar bedeckt, das den Federn des Raben glich; er hatte eine Adlernase, aber seine Lippen waren dick und bläulich dunkel und verrieten seine afrikanische Herkunft, er besaß einen vorstehenden dreieckigen Bart, große, etwas geschlitzte schwarze Augen unter horizontalen Augenbrauen, und in ihnen brannte das Feuer der ersten Jugend, wenn sein Antlitz auch leichte Furchen durchzogen. Die Gesamtheit dieser Züge bildete eine Physiognomie, eine Charakteristik, eine jener Physiognomien, welche vom ersten Augenschein an den Blick auf sich ziehen und niemals mehr, hat man sie erst einmal gesehen, in Vergessenheit geraten.[11]

In dieser Passage ist unschwer zu erkennen, dass der Rasse-Begriff hier keineswegs nur kulturell konnotiert ist, wenn auch das kulturelle Verständnis von „raza" im spanischsprachigen Raum bis heute eine starke Dominanz besitzt. In Gómez de Avellanedas Roman wird der Begriff zweifelsohne biologisch und zugleich negativ wertend verwendet, wenn von der sogenannten afrikanischen Rasse die Rede ist. Dies ist selbst in einem abolitionistischen, für die Freiheit der Sklaven eintretenden Romantext der Fall; ganz in der Art, in welcher auch in Cirilo Villaverdes *Cecilia Valdés* eine Vielzahl durchaus rassistischer Beschreibungen vorkommt.

Wir sollten gleichwohl vorsichtig sein mit unserer Verurteilung der Autorin als ‚Rassistin': Denn sie benutzt das Vokabular ihrer Zeit, um eine Physiognomie zum literarischen Ausdruck zu verhelfen, welche sie als schön und eindrucksvoll zu beschreiben versucht. Ich glaube nicht, dass vor den Augen einer Leserschaft des 22. Jahrhunderts unsere heutige Ausdrucksweise mehr Bestand hätte als jene des 19. Jahrhunderts, weichen wir doch selbst im Deutschen häufig auf den einem US-amerikanischen rassistischen Vokabular entstammenden Begriff „People of Colour" aus, um nicht den deutschen rassistischen Begriff „farbig" zu sagen. Und nennen wir in unseren Nachrichtensendungen doch die Vize-Präsidentin Kamala Harris in Nachahmung der US-Bezeichnung eine „Schwarze", obwohl sie von ihrer Hautfarbe gewiss nicht dunkler ist als derjenige, der gerade zu Ihnen spricht. Es ist zweifellos nicht sehr glücklich, nur um deutsche Ausdrücke zu vermeiden auf das Vokabular eines Landes zurückzugreifen, das zweifellos rassistisch ist und in dem zu Beginn des 20. Jahrhunderts der gewählte Präsident Joe Biden

---

11 Gómez de Avellaneda, Gertrudis: *Sab*, S. 42.

als US-Amerikaner irischer Herkunft als „Non-white"[12] eingestuft worden wäre, da katholische Iren Säufer sein mussten und keine gutgläubigen angelsächsisch-weißen Christen sein konnten. Doch zurück zum Roman der Avellaneda!

In dieser für das 19. Jahrhundert typischen physiognomischen Studie wird das Gesicht des jungen Sab wie ein Zeichensystem gelesen, das mit einem bestimmten Schönheitsideal verknüpft ist, von dem kleine Abweichungen konstatiert werden. Die Eröffnungseinordnung der Zugehörigkeit weder zu den weißen Kreolen noch zu den Schwarzen noch zur indigenen Bevölkerung der Antillen hatte diesen Spielraum eröffnet, innerhalb dessen nun wertende Abweichungen wie in einem wissenschaftlichen Diskurs *fest-gestellt* werden. Der Schweizer Johann Caspar Lavater, der 1801 im behäbigen Zürich verstorbene ‚Erfinder' und Begründer der Physiognomie, dem ganze Heerscharen von Romanciers des 19. Jahrhunderts in ihren physiognomischen Beschreibungen von Romanfiguren folgten, hätte es sich nicht träumen lassen, wie aufmerksam und mit welchem Detailwissen auf Kuba seine Methode immer wieder neu auf einen gegenüber Europa wesentlich komplexeren Gegenstand angewendet wurde! Bereits das kurze Zitat aus der Präsentation von Sab zeigt uns genau, wie eng eine physiognomische mit einer charakterlichen Beschreibung Hand in Hand ging. Die rassistischen Implikationen[13] einer solchen Methode, welche auf Grundlage einer biologischen Anlage auf kulturelle und individuelle Züge schließen zu können vorgibt, liegen auf der Hand.

Die von der Erzählerin vermerkten Abweichungen betreffen selbstverständlich weiße Europäer und deren Schönheitsideal, dem sich ebenso die Erzählerfigur wie ihre impliziten Leserinnen und Leser verpflichtet wissen. Aufschlussreich ist natürlich die Tatsache, dass die vektorielle Lektürerichtung dieser Gesichtssemantik stets in die Vergangenheit weist, also im genealogischen Sinne rückwärtsgewandt ist; ein Grundzug von Identitätsbestimmungen in Lateinamerika, welche fast immer eine retrospektive und weniger eine prospektive Grundtendenz besitzen. Denn es wird viel stärker gefragt, woher jemand kommt, als wohin dieser jemand gehen will.

Es ist vielleicht nicht ohne Interesse, dem Portrait dieses Mulatten eines jener Portraits entgegenzustellen, die Cirilo Villaverde seiner mulattischen Protagonistin widmete. Dann wird man rasch und ohne größere Schwierigkeiten feststellen, dass auch in diesem kubanischen Roman das Schönheitsideal europäischer Herkunft ist, verkörpert etwa von Adela, die den Inbegriff der klassisch-

---

[12] Vgl. zur historischen Entwicklung dieses rassistischen Vokabulars in den USA Painter, Nell Irving: *A History of White People*. New York – London: W.W. Norton 2009.
[13] Vgl. Lévi-Strauss, Claude: *Race et histoire*. Suivi de L'œuvre de Claude Lévi-Strauss par Jean Pouillon. Paris: UNESCO – Editions gonthier 1961.

Abb. 38: „Pintura de Castas", ca. 1750.

antiken Schönheit repräsentiert, da sie – die legitime Tochter Gamboas – mit einer griechischen Venus verglichen wird, während Cecilia von ihrem Äußeren her bestenfalls die „virgencita de bronce" sein kann. Diese „bronzene Jungfrau" übt freilich durch ihr Feuer, das auch in den schwarzen Augen Sabs aufglimmt, eine ganz andere, sexuelle Attraktion auf die Männer aus, die nicht in einer Art interesselosen Wohlgefallens wahrgenommen werden kann. Bei einem Mann wie Sab glüht dieses Feuer allerdings vergeblich.

Die aufmerksame Beschreibung des Phänotyps gibt in *Sab* innerhalb einer rassistischen Gesellschaftskonzeption die Leitlinie des Romans vor: die Benachteiligung des Mulatten gegenüber allen weißen Protagonisten – auch wenn er sie an Charakterstärke, Ausdauer, Treue, Bildung und Intelligenz zum Teil weit hinter sich lässt. Das ist in den Augen der kubanischen Schriftstellerin kein Wunder: Die Mutter Sabs wurde frei im Kongo als Prinzessin geboren – darunter ging es nicht! Sab ist also von hoher, gleichsam adeliger Abkunft. Und auch von der Seite des Vaters her ist er – wie die Leserschaft gerne erfährt – nicht das Kind irgendeines Weißen: Sein Vater ist der Bruder des Vaters der schönen Carlota, auch wenn Sab selbst seinen leiblichen Vater nie kennengelernt hat.[14] Als unehelicher Sohn von Don Carlos gehört Sab sozusagen zur Familie: Er befindet sich zu Recht – wie es

---

14 Gómez de Avellaneda, Gertrudis: *Sab*, S. 47.

der Brasilianer Gilberto Freyre[15] in seiner klassischen Studie formuliert hätte – in der „Casa Grande" und nicht in der „Senzala", also im Herrenhaus und nicht in der Sklavenbaracke.

Es verwundert nicht, dass das Thema der Ausbeutung von Sklaven und ihres schrecklichen Lebens in Unfreiheit und völliger Abhängigkeit zum ersten Mal im Roman nicht im Erzählerdiskurs, sondern im Diskurs Sabs eingeführt wird.[16] Selbst ein Opfer von Unterdrückung und Ausgrenzung, ist er sensibel für die innerhalb der Skala der Ausgeplünderten noch unter ihm Stehenden, auch wenn er mit ihnen das Los der Versklavung teilt. Er deutet auf das Schauspiel einer „humanidad degradada", einer degradierten Menschheit und das von Menschen, die wie Vieh behandelt würden[17] – eine fürwahr überraschende Äußerung im Munde eines Menschen, der als „Mayoral" auf dem „Ingenio", der Zuckerrohrplantage von Carlotas Vater, eingesetzt ist! Diese Worte, so werden wir im weiteren Fortgang der Romanhandlung sehen, sind keineswegs zufällig: Sab vermag sehr präzise die eigene Situation wie auch das gesamte System einer Ausbeutung durch Sklaverei und der kolonialen Wirtschaft einzuschätzen, das nur wenigen ein Leben in Wohlstand garantiert.

Dieses Wissen macht uns auf die Zwischenposition des Mulatten nicht allein in rassisch-physiognomischer, sondern auch in sozialer und politischer Hinsicht aufmerksam: Er gehört weder den Weißen noch den Schwarzen an. Sab ist zwar Sklave, aber auch „Mayoral", beklagt das Schicksal der versklavten Schwarzen, ist zugleich aber zum Aufseher über sie eingesetzt, will eine gerechtere Gesellschaft, kann aber doch nicht – und der Roman bietet ihm in seinem weiteren Verlauf reichlich Gelegenheit dazu – aus seiner Rolle als „dominant-dominé", als unterdrückter Unterdrücker heraus. Zwischen Sklavenhaltern und Sklaven wird Sab überdies in seiner Liebe zur Sklavenhalter-Tochter Carlota, mit der er zusammen aufgewachsen ist und erzogen wurde, buchstäblich zerrieben und zerquetscht.

Und doch ist seine Figur so gezeichnet, dass sie alle anderen an Größe überragt. Er ist von Gertrudis Gómez de Avellaneda mit Recht zur Titelgestalt erkoren worden. Sab hat mit Carlota die Bücher geteilt, doch wisse er sehr wohl, dass er als Sklave geboren sei. Trotz alledem erklärt er dem ihm noch fremden Enrique Otway: Als Sklave sei er geboren und als Sklave wolle er Carlota dienen und für

---

15 Vgl. Freyre, Gilberto: *Casa Grande & Senzala. Formação da família brasileira sob o regime de economía patriarcal.* 4a. edição, definitiva. Ilustrações de Tomaz Santa Rosa. 2 Bde. Rio de Janeiro: Livraría José Olympio Editora 1943.
16 Gómez de Avellaneda, Gertrudis: *Sab*, S. 44.
17 Ebda., S. 45.

Abb. 39: „Corte de caña", Öl auf Leinwand von Víctor Patricio Landaluze, 1874.

sie sterben.[18] Erneut tut sich auf dieser Ebene eine Zwischenstellung auf: Sab hat einerseits Anteil an der realen Sklaverei, deren Opfer er ist, andererseits aber auch an der metaphorischen Sklaverei des Liebesdienstes an seiner Herrin Carlota, zu deren Opfer er noch wird.

Sklaverei ist in diesem kubanischen Roman also in einem doppelten Sinne zu verstehen. Genau hierin liegt eine der reizvollen Seiten dieses Erzähltextes und zugleich jener Aspekt, welcher die metaphorische Ausweitung der Problematik der Sklaverei auch auf eine Leserschaft ermöglicht, die selbst von der realen und wirtschaftlich für die Zuckerrohrinsel relevanten Sklaverei zumindest nicht direkt betroffen ist.

All dies wird bereits im ersten Kapitel des Romans eingeführt, ein Kapitel also, das seine die zentralen Isotopien entwerfende Funktion innerhalb der Narration bestens erfüllt. Es macht auch klar, worin die Problematik der geplanten Heirat Carlotas mit Enrique jenseits der unerwidert bleibenden Liebe Sabs zur schönen, reichen und glücklichen Erbin eines Ingenio besteht: Enrique ist der Sohn eines wirtschaftlich aufstrebenden, wenn auch in Schwierigkeiten gekommenen ausländischen Aufsteigers, während Carlota die Tochter eines ehedem sehr reichen, nun aber wirtschaftlich immer mehr gefährdeten einheimischen Kreolen ist.

Dank einer derartigen Anlage wird zugleich die wirtschaftliche Problematik der Insel ins Blickfeld gerückt und eine Perspektive besserer wirtschaftlicher Nutzung zumindest angesprochen: die eines größeren britischen Einflusses, der freilich – wie der weitere Fortgang des Plot am Ende zeigen wird – zu einem gewissen Identitätsverlust und zu einer Entwurzelung Carlotas führen wird. Längst hat

---

18 Ebda., S. 49.

das effizientere britische Kolonialsystem das spanische überholt. Andererseits ist das französische Modell angesichts des Traumas der Haitianischen Revolution als Vorbild ausgeschieden: Die koloniale Ausbeutung Kubas wird niemals so radikale Züge mit einer so starken Vermehrung der schwarzen Sklaven-Bevölkerung aufweisen wie die Saint-Domingues – diese Lektion haben die spanischen Sklavenhalter gelernt!

In der Karibik liegen die verschiedenen europäischen Kolonialsysteme dicht nebeneinander und die Avellaneda hat dieses Faktum anhand der Personenkonstellation geschickt in ihren Roman eingebaut. Für Enrique Otway wird das schöne Kuba nie die vollgültige Stelle der Heimat einnehmen. Und Carlota wird ihm in die Fremde folgen müssen, fern von ihrer Insel, ohne doch die Liebe zu finden, nach der sie suchte. All dies bietet eine interessante, die verschiedenen Kolonialsysteme miteinander vergleichende Perspektive, die im Roman freilich nur angedeutet, nicht aber ausgeführt ist. Doch nicht umsonst wurde Enrique, wie der männliche Held in Jorge Isaacs *María*, nach England zur Ausbildung geschickt, um von dort einen weiteren Blick auf die wirtschaftlichen Dinge zu erhalten als vom kolonialen Mutterland Spanien aus.

Die Liebe zwischen Enrique und Carlota steht – wie so oft im lateinamerikanischen Roman des 19. Jahrhunderts – unter einem unglücklichen Stern. Von Enriques Vater aus klugem Kalkül eingefädelt, von Carlotas Vater wegen der Herkunft des Schwiegersohnes zunächst abgelehnt, wird die Hochzeit von Carlota selbst erzwungen, da sie in eine melancholische, ihr Leben bedrohende, typisch romantische Krankheit verfällt. Diese findet erst dann ihr Ende, als man der jungen und hübschen Frau verspricht, dass sie an ihrem achtzehnten Geburtstag den schönen Enrique heiraten dürfe. Für eine Liebesheirat wäre damit der Weg frei ...

Doch Enrique Otway sind Geschäfte wichtiger als die Liebe – kein Wunder, ist er doch aus spanischer Sicht ein allein am geschäftlichen Erfolg ausgerichteter Brite. Kaum auf dem väterlichen Ingenio seiner Geliebten angekommen, kündigt er schon wieder seine baldige Abreise aus geschäftlichen Gründen an, was den romantischen Liebesdiskurs mit erhobenem Zeigefinger unserer leidenschaftlichen Kreolin, unserer „apasionada criolla"[19] hervorruft:

> Was denn: Nicht einmal sieben Tage Unterschied? Sieben Tage, Enrique! So viele Tage habe ich Dich während unserer ersten Trennung nicht gesehen, und alles erschien mir wie eine Ewigkeit. Hast Du denn nicht erfahren, wie traurig es ist, die Sonne einen Tag nach dem anderen aufgehen zu sehen ..., ohne dass sich die Finsternisse des Herzens auflösten, wenn die Tage uns keinen Strahl der Hoffnung schenken ..., weil wir wissen, dass wir in diesem

---

19 Ebda., S. 70.

Lichte nicht das geliebte Antlitz wiedersehen? Und danach, wenn die Nacht hereinbricht, wenn die Natur inmitten der Schatten und der lauen Lüfte einschläft, hast Du da nicht gefühlt, wie sich Dein Herz mit einer süßen Zärtlichkeit füllt, die so unbestimmbar ist wie das Aroma der Blumen? ... Hast du da nicht erlebt, wie notwendig es ist, die geliebte Stimme inmitten des Schweigens der Nacht zu hören? Hat Dich nicht diese Abwesenheit ausgelaugt, dieses ständige Unwohlsein, diese unermessliche Leere, diese Agonie eines Schmerzes, der sich unter tausend verschiedenen Formen wiederholt, aber stets doch drängend, unauslotbar, unerträglich ist?[20]

Die rhetorischen Fragen dieses romantischen Liebesdiskurses weisen letztlich ins Leere, aber die junge Frau bietet alles an Ausdrucksmöglichkeiten auf, was sich im Zeichen der Romantik um die Gefühle der Liebe versammelt hatte.[21] Doch ihr Enrique entspricht nicht diesem Bild eines von Liebesschmerzen zerfressenen Herzens, das jenem Vers aus Alphonse de Lamartines Gedicht *Le lac* gehorchen zu wollen scheint: „Un seul être vous manque / et tout est dépeuplé." „Ein einzig Wesen fehlt, und alles ist entvölkert" – sicherlich eine jener romantischen Liebesformeln, die bis heute nicht vergessen sind!

Carlotas Liebeskonzeption – wie schon ihre Krankheit – ist romantisch konzipiert und von ausgiebigen Lektüren genährt. Wir stoßen an dieser Stelle erstmals auf die Figur einer in Romanen und Gedichten bewanderten Heldin, deren Gefühle unmittelbar im Zeichen der Romantik aufwallen, die ihre gesellschaftliche Sozialisation folglich durch die persönliche Aneignung von Büchern bewerkstelligt, welche ihre Gefühlswelt gleichsam vorprogrammieren. Gustave Flaubert wird dieser Figur in *Madame Bovary* ein literarisches Denkmal setzen, welches ähnlich erfolgreich war wie jenes des allzu belesenen Ritters, dem Miguel de Cervantes in *Don Quijote de la Mancha* sein Monument zum Abschiedsgruße entbot. Carlota lebt, was sie gelesen: Liebe und Lesen sind für sie die beiden Seiten einer unhinterfragbaren Seins-Erfahrung, die im Nacherleben des Gelesenen ihren Nährboden wie ihre letzte Legitimation findet. Ihr Name, so dürfen wir vermuten, deutet auf Goethes *Werther*.

Innerhalb eines allgemeinen Weltschmerzgefühls kommt dem Organ des Herzens, kommt der Liebe die entscheidende Rolle als Lebenskraft zu – als „vis vitalis". Versiegt oder scheitert die Liebe, ist das Leben fürderhin sinnlos: Wie bei *Werther* tritt der Tod in sein Recht. Es fällt aber auch nicht schwer – und die Sekundärliteratur hat es ausführlich getan –, hinter dieser Charakterzeichnung Carlotas die Lebenserfahrung der realen und in romantischen Lektüren erfahrenen Autorin zu suchen, derartige Passagen also mit Blick auf Gertrudis Gómez de

---

20 Ebda., S. 69.
21 Vgl. hierzu Band 2 der Reihe „Aula" von Ette, Ottmar: *LiebeLesen*, 389–419.

Avellaneda autobiographisch zu lesen. Lesen und Leben lassen sich nicht einfach wieder voneinander trennen!

Nicht unwichtig ist im Kontext unserer bisherigen Überlegungen aber auch die Tatsache, inwieweit sich der Liebesdiskurs mit dem Naturdiskurs der Romantik verbindet und insbesondere die *Korrespondenznatur* sich in einen direkten Bezug zur gefühlten, empfundenen oder geteilten Liebe einbringt. Kein Zweifel: Der gutaussehende, aber zu geschäftstüchtige Enrique Otway kann auf dieser Ebene nicht mithalten, wohl aber die junge Carlota, deren Figur und Figurierung auf die für den romantischen Diskurs als Lebenshaltung und Lebensentwurf zentralen Nexus zwischen Liebe, Lesen und Natur nicht verzichten kann und darf! Diesen Beziehungsreichtum zwischen Natur und Gefühlswelt sehen wir sogleich auf einer noch intensiveren Stufe im Roman verwirklicht.

In einer Gefühlslage, wie sie Carlota in ihrer nur lau erwiderten Liebe zu Enrique empfindet, ist ein tropisches Gewitter allemal nicht weit entfernt. Und in der Tat brauen sich am Horizont bereits schwarze Wolken zusammen, wobei es einer karibischen Autorin nicht schwerfallen kann, die romantischen Gewitter Europas orkanartig zu überbieten. So regnet es wieder einmal im hispanoamerikanischen Roman; und zwar nicht im Sinne eines englischen Sprühregens, sondern mit der ganzen Wucht tropischer Unwetter. Enrique – in England erzogen – unterschätzt die Gefahr und lässt sich nicht von der Abreise abbringen: Sab muss ihn begleiten und damit seine Gefährdung teilen. Damit kommt es zum zweiten gemeinsamen Reiseweg von Sab und Enrique, der beiden Widersacher um die Liebe der schönen Carlota, nun aber im Bewusstsein der Rivalität, die sich immer weiter steigert. Zudem weiß Sab mittlerweile – Enrique hatte dies unvorsichtigerweise ausgesprochen, als er sich allein und unbelauscht glaubte – um die interessegeleiteten, vor allem am Geld der vermeintlich reichen Erbin ausgerichteten Gelüste des jungen Briten. Gewiss liebt Enrique die schöne Kreolin; doch größer noch ist seine Liebe zum Geld, seine Habgier, die am Ziel eines Lebens in Komfort und Luxus ausgerichtet ist. Wird die Liebe oder das Geld obsiegen?

Das tropische Gewitter bricht los, dicke Äste fallen herab und treffen Enrique, der ohnmächtig und blutüberströmt ins Gras sinkt. Wir wissen bereits aus Chateaubriands *Atala*, mit welcher Gewalt Bäume vom Blitz getroffen herabstürzen können und in welcher Beziehung dieses Umfallen der Bäume zur sexuellen Potenz oder Impotenz der entsprechenden Liebhaber steht. Die Freud'sche Traumsymbolik mit ihrer psychoanalytischen Traumdeutung wird erst mit dem neuen Jahrhundert erscheinen und diese herkömmliche Sexualsymbolik literarisch desavouieren. Sie sehen: Es gewittert sehr in den amerikanischen Tropen! Sab hat es nun in der Hand, sich seines Widersachers ein für alle Mal zu entledigen, ohne dass man ihm an Enriques eventuellem Tod die Schuld geben könnte. Es wäre ihm möglich, so heißt es im Roman, Enrique „a la nada" zu reduzieren, also ins Nichts zu katapultieren.[22] Wird der junge, verliebte Sab dieser Versuchung, mit einem Mal all seine Probleme zu lösen, widerstehen können?

Doch die Worte Carlotas, die Sab das Schicksal Enriques anvertraute, geben den Ausschlag: Die moralische Integrität des jungen Mannes hat die Probe bestanden; und so bleibt Carlota ihr umschwärmtes Objekt romantischen Begehrens erhalten. Sab hat Enrique gerettet, Carlota fällt ihm um den Hals und fordert, dass man ihn baldmöglichst und nicht erst anlässlich seines fünfundzwanzigsten Geburtstages freilasse. Damit fände zwar eine Befreiung des Sklaven aus der realen Sklaverei, nicht aber aus der metaphorischen Sklaverei der Liebe statt: Sab küsst Carlotas Hand, doch diese zieht sie schnell unter dem brennenden Kuss des Mulatten zurück. Die Qualen Sabs gehen weiter,[23] denn die Verlustangst hat Carlotas Liebe zu Enrique nur noch mehr entfacht und gegenüber der Liebe Sabs umso blinder gemacht.

Am nächsten Morgen hat sich das Gewitter verzogen. Wir sehen Carlota, die wie ein unschuldiges Kind durch ihren Garten Eden geht: umgeben von Blumen, inmitten einer idyllischen Landschaft, in welcher alles in Harmonie scheint. Tauben sitzen auf den Schultern der Vögel fütternden schönen Frau, die einen Schmetterling einfängt und beschwingt wieder freilässt.[24] Daneben denkt Carlota aber durchaus auch einmal über das schreckliche Los der Sklaven nach, die mitansehen müssen, wie ihre eigenen Kinder als Waren verkauft werden. Sie hofft, dereinst alle Sklaven freilassen zu können, wenn sie erst einmal Enrique geheiratet haben wird.[25] Die Berechnungen Enriques freilich sehen gänzlich anders aus ...

Carlota träumt von Liebe und baldiger Hochzeit. Innerhalb einer exotisierenden romantischen Grundstimmung fragt sie sich, was ihnen am Reichtum liege, sei doch eine einfache „choza", eine schlichte Hütte, genug für Die beiden Liebenden. Dies ist eine fürwahr grundlegende Verkennung Enriques! Und doch wird zugleich deutlich, dass Sab einer solchen Liebeskonzeption zweifellos entsprochen hätte. Sab, dies ist den Leserinnen und Lesern längst klar, wäre der jener romantischen Liebe Carlotas in Wahrheit würdige Liebespartner. Zugleich verweist die „choza" darauf, dass in Avellanedas Roman ein exotisiertes und zugleich exotisches Ambiente aufgerufen wird, das den Roman in eine Tradition mit Bernardin de Saint-Pierres *Paul et Virginie* und Chateaubriands *Atala* ein-

---

22 Gómez de Avellaneda, Gertrudis: *Sab*, S. 78.
23 Ebda., S. 81.
24 Ebda., S. 87.
25 Ebda., S. 88.

rückt: Carlotas Liebe und das einfache Leben in der Indianerhütte. Doch Enrique geht es um das Ingenio, um die Erwirtschaftung von Mehrwert und Gewinn.

Freilich gibt es im Roman zugleich eine grundsätzlich andere Perspektivierung: Denn aus Sicht einer gerade nach Spanien übersiedelten kubanischen Kreolin – und eine solche ist die junge Tula zweifellos – handelt es sich um das Exotische des Eigenen beziehungsweise um das Eigene als das für spanische Leserinnen und Leser Exotische. Ihr Roman setzt folglich eine Auto-Exotisierung aus der Ferne in Gang. Darum wohl auch die andere Perspektivierung der Kreolin Carlota, eines schönen und kranken Kindes ihrer romantischen Zeit. Denn die schöne Kubanerin Carlota ist nicht nur eine romantische Seele, sondern als Weiße und Tochter eines Plantagenbesitzers auch standesbewusst, kommt sie doch nicht einmal auf den Gedanken, dass Sab ihrer Liebe wert sein könnte. Da bleibt dem armen und naturverbundenen Mulatten im Roman nur die Zwiesprache mit einem Tier, das als einziges seine Zärtlichkeit versteht und erwidert.

Noch träumt Carlota von einem Leben voll unendlicher, nie versiegender Liebe. Doch scheint in ihrer Seele sich bereits das kommende Unheil auszudrücken, denn sie stimmt auf einer Gitarre ein trauriges Lied an. Auf die Leserschaft könnte dieses Lied wie eine direkte Replik auf das triste Liedlein von Sab wirken, das wie in einer Mise en abyme das nachfolgende Schicksal des Mulatten wie der Romanfiguren insgesamt vorwegnahm. Auch in Carlotas Gesang geht es um unglückliche Liebe: „Nike ist liebreich und jung, / und ihr Herz so fromm / trägt die unerschütterlich Neigung / für den schönen Damon."[26] Dass wir es auch an dieser Stelle mit einer volkskulturellen Prägung zu tun haben, wie sie für die Romantik charakteristisch ist, muss nicht eigens betont werden.

Im neunten Kapitel des Romans bricht die vielfach amourös und interessegeleitet verwobene kleine Gesellschaft nach Cubitas auf, was der Autorin erlaubt, einige Landschaftsbeschreibungen aus ihrer kubanischen Heimat in der Nähe von Camagüey, also im „Oriente" Kubas, einzufügen. Der feurige Sab blickt bisweilen in die herrliche Landschaft, bisweilen auf die nicht weniger wunderbare Frau, die ihm in Harmonie mit der Landschaft, mit der sie umgebenden Natur erscheint: Natur und Frau sind beide so jung und schön, „ambas tan jóvenes y hermosas".[27] Damit ist offenkundig die Vorstellung von einer noch jungen Natur in der Neuen Welt gemeint, eine Vorstellung, auf die wir bereits gestoßen waren, die selbst die Schriften Alexander von Humboldts nicht hatten verdrängen können und die von den Geographen des 18. Jahrhunderts in den Köpfen der Zeitgenossen für lange

---

[26] Ebda., S. 103 f.: „Es Nice joven y amable / y su tierno corazón / un afecto inalterable / consagra al bello Damón."
[27] Ebda., S. 109.

Zeit festgeschrieben worden war. Sie taucht unter der Feder der Romantiker auf beiden Seiten des Atlantiks immer wieder auf.

Die phantasiereichen und bisweilen grotesken Landschaftselemente sind in ihrer literarischen Beschreibung im Übrigen deutlich an der Traditionslinie Bernardin de Saint-Pierres ausgerichtet; und wie der französische Schriftsteller fügt die Autorin im Fußnotenteil Erläuterungen einzelner Objekte hinzu.[28] Sab soll auf Bitten der kleinen Reisegesellschaft nun auch noch eine wunderbare Geschichte erzählen, und er tut dies, indem er auf Martina in Cubitas hinweist, die sich von indianischen Vorfahren aus der präkolumbischen Zeit der Insel herleitet. Sie wird damit zur Vertreterin einer – wie es im Roman heißt – „raza casi extinguida en esta isla", also einer auf der Insel fast ausgelöschten Rasse.[29] Die alte Martina wiederum erzählt Sab vom barbarischen Tod, den die spanischen Eroberer dem indianischen Kaziken Camagüey bereitet hätten,[30] wodurch die indigenen Kulturen zumindest als Hintergrundfolie mitsamt der spanischen Conquista in den Roman eingeblendet werden.

Diese Geschichte ist eine wunderbare Erzählung und erfüllt die Kriterien des „maravilloso". Denn Camagüey – dessen Name jener Provinz, der die Avellaneda entstammt, den Namen verlieh – sei unweit von hier vom Felsen gestürzt worden, worauf sich sein Blut über die Erde vergoss, weshalb die Erde in dieser Region auch so rot geblieben sei. Jede Nacht kehre Camagüey zu diesem Berg in Form jenes Lichtscheins zurück, den die Reisenden kurz zuvor erblickt hatten – ein typisch volkskulturelles Element von Mythen und Legenden, wie wir es in Esteban Echeverrías *La Cautiva* kennengelernt hatten. Kein Zweifel: Auch Chateaubriands *Atala* lässt grüßen! Diese ‚wunderbare' Geschichte verwandelt sich im Medium der Literatur gleichsam unter unseren Augen in eine Legende und damit in eine volkskulturell tradierte Form, welche als solche wiederum in die ‚hohe Literatur' integriert werden kann.

In der Legende wird das Barbarische nicht den Indianern, sondern vielmehr den spanischen Eroberern zugewiesen – und Martina als Nachfahrin des noblen Kaziken erscheint als letztes Zeichen dieser edelmütigen Ureinwohner Kubas. In diesem Zusammenhang erhält vor allem ihre Prophezeiung Gewicht, dass der schon einmal mit Blut getränkte Boden noch ein weiteres Mal getränkt werden würde.[31] Dann würden die Schwarzen die Rächer der auf der Insel ausgelöschten indianischen Ethnie sein. Dies ist eine Vorstellung, die sich aus der Feder Diderots

---

28 Ebda., S. 110.
29 Ebda., S. 112.
30 Ebda.
31 Ebda., S. 113.

stammend übrigens in Guillaume-Thomas Raynals *Histoire des deux Indes* finden lässt, in einem europäischen Kolonialwerk des 18. Jahrhunderts also, dem wir bereits kurz in Fernández de Lizardis *El Periquillo Sarniento* sowie an anderen Stellen unserer Vorlesung begegnet waren.

An dieser Stelle wird Sab in seiner Erzählung unterbrochen, da man in Kuba seit den Ereignissen auf der Nachbarinsel – gemeint ist Haiti und die erfolgreiche Sklavenrevolution – niemals gerne derlei Sätze und Geschichten höre. Über der spanischen Kolonialgesellschaft schwebt die Drohung des seit Ende des 18. Jahrhunderts immer wieder als Gefahr beschworenen ‚Rassenkrieges', der „guerra de razas", in welchem sich die schwarzen Sklaven über ihre weißen Unterdrücker und zugleich über die spanische Kolonialverwaltung hinwegsetzen und sich für unabhängig erklären könnten. An diesem kritischen Punkt des Erzählvorgangs vergisst Carlota aber nicht hinzuzufügen, dass sie niemals ohne zu weinen die Geschichte der spanischen Eroberung habe lesen können[32] – auch dies ein Element, das auf *Guatimozín* vorausweist, den späteren Roman der Avellaneda.

Die unschuldige Carlota weint wegen eben jener ‚Rasse' der Indianer, die einstmals auf jenem Boden gelebt hatten, auf dem sie sich gerade bewegt. Die indianische Präsenz ist bereits zu Beginn des 19. Jahrhunderts Vergangenheit, doch wird diese Vergangenheit im romantischen Diskurs zum Präsens einer fiktionalen Präsenz: In der dominikanischen Literatur von Manuel de Jesús Galván könnte uns der Erfolgsroman *Enriquillo* diesen Vorgang belegen.

In Gertrudis Gómez de Avellanedas Prosastück *Sab* wird die indigene Präsenz *und* Vergangenheit anschaulich in der Phantasie Carlotas, Enrique und sie seien Indianer und er würde für sie eine „choza" bauen, eine kleine Hütte – eine Phantasie, die deutlich Spuren der Lektüre von Chateaubriands *Atala* aufweist, in dessen Tradition sich Tulas Roman in vielerlei Hinsicht einschreibt. Der Mulatte Sab seinerseits denkt, dass Carlota keineswegs weniger schön sei, wäre sie als Indianerin oder Schwarze geboren.[33] Dies beinhaltet insoweit einen interessanten kulturvergleichenden Aspekt, als in diesen Formulierungen auf der weiblichen Seite die Schönheitshierarchie der ‚Rassen' zumindest andeutungsweise aus der Perspektive Sabs in Frage gestellt wird.

Aufschlussreich ist aber auch, dass Sab nicht den indianischen Traum Carlotas träumt, sondern seine Phantasie, seinen Tagtraum nach Afrika projiziert, wo sich die beiden in einer anderen Welt lieben könnten.[34] Es handelt sich dabei um eine überaus wichtige Passage, in welcher sich Kuba auf andere Welten und Zivili-

---

32 Ebda.
33 Ebda., S. 114.
34 Ebda., S. 114.

sationsformen, auf indianische wie auf schwarze Kulturen hin öffnet – wenn auch nur in exotisierender Weise. An dieser Frage werden die drei unterschiedlichen Positionen unseres Dreiecks-Liebesverhältnisses deutlich gemacht; es spricht zunächst Carlota:

> „Oh Enrique, ich beweine es, nicht damals geboren zu sein und dass Du, ein Indianer ganz wie ich, mir eine Hütte aus Palmen zimmertest, wo wir ein Leben voller Liebe, Unschuld und Freiheit hätten genießen können."
> Enrique lächelte über den Enthusiasmus seiner Geliebten und antwortete mit einer zärtlichen Geste; der Mulatte wandte seine Augen voller Tränen von ihr ab.
> „Ah, ja!, dachte er, Du wärst nicht weniger schön, wenn du schwarze oder kupferfarbene Haut hättest. Warum hat dies der Himmel nicht gewollt, Carlota? Du, die Du das Leben und das Glück der Wilden verstehst, warum wurdest Du nicht mit mir in den glühenden Wüsten Afrikas oder in einer noch unbekannten Gegend Amerikas geboren?"[35]

Wie in einem Polylog spiegeln die Tagträume der Liebenden in unterschiedlicher Weise ihre Liebesphantasien hinein in die Pole der indianischen und schwarzen Kulturen, ohne dass diese freilich mehr wären als verschiedenartige Staffagen, unterschiedliche Decors der immer gleichen Liebessehnsüchte der Protagonisten. Aufschlussreich ist in diesem Zusammenhang die Tatsache, dass der Mulatte Sab ebenfalls das Dreigestirn weiblicher Schönheit (die Weiße, die Schwarze und die Mulattin) ganz so, wie wir es auf einer Abbildung vom Beginn des 19. Jahrhunderts[36] sehen, im Kopf hat, nur dass die Mulattin von einer Indianerin mit kupferfarbener Haut ersetzt wird. Auch der junge Sklave Sab partizipiert an einem patriarchalischen Bild der Frau, wie es in den Sklavenhaltergesellschaften der Karibik üblich war, nur dass es bei ihm keine Hierarchie zwischen der weißen, der kupferfarbenen und der schwarzen weiblichen Schönheit gibt.

Bei diesem Dreigestirn handelt es sich offensichtlich nicht nur um eine individuelle männliche Obsession, sondern um einen wesentlichen Bestandteil des kollektiven männlichen Imaginären. Aufschlussreich ist des Weiteren, dass der Mulatte auf diesem Gebiet wiederum eine interessante Zwischenstellung selbst in seinen Phantasien einnimmt, sehnt er sich doch zugleich nach Afrika und an einen verborgenen Ort Amerikas: Zwischen beiden Kontinenten oszilliert seine eigene Identitätskonstruktion. Doch das System der kolonialspanischen Sklavenhaltergesellschaft zwingt ihn, Enrique nach der Ankunft in Cubitas eine gute

---

35 Ebda., S. 114 f.
36 John Gabriel Stedman: *Narrative of a five years' expedition against the revolted Negroes of Surinam*. London: J. Johnson & J. Edwards 1796, Band II, Tafel VXXX.

Abb. 40: „Europe supported by Africa and America", Stich von William Blake nach einer Zeichnung von John Gabriel Stedman, 1796.

Nacht zu wünschen, ihn aber insgeheim wegen dessen nur mühsam überspielter Herzlosigkeit abgrundtief zu verwünschen.

Sab ist am folgenden Tag der Führer einer gefährlichen Wanderung durch die wunderschönen Höhlen von Cubitas, deren größte die der „Cimarrones", also der entlaufenen schwarzen Sklaven, genannt wird. Sab trägt nicht nur erfreut Carlota auf seinen liebevollen Händen, sondern rettet erneut Enrique vor einem gefährlichen Sturz,[37] so dass er einen erleichterten Blick der schönen Weißen als Dank ernten kann. Danach werden sie von der alten Indianerin Martina, die bis auf einen schwächlichen Enkel alle Nachkommenschaft verloren hat, in ihrer Choza zum Essen begrüßt. Dies verläuft nicht ohne eine Art „parodia de la hospitalidad", eine Parodie der Gastfreundschaft: Die kubanischen Kreolen der Familie Carlotas nebst ihrer Begleiter besuchen die letzten Reste einer im Grunde längst ausgestorbenen Ethnie und beglaubigen damit deren Verschwinden auf der Insel. Gertrudis Gómez de Avellaneda erkennt der indigenen Bevölkerung zwar keinen eigenen kulturellen Status zu, vermeidet es aber, wie so viele andere die Indianer der Karibik totzuschweigen.

Unterdessen brauen sich Wolken diesmal nicht am Himmel, sondern im Herzen der schönen Carlota zusammen, die erkennt, wie wenig Enrique sie doch liebt. Eine geheime Stimme sage ihr, dass sie unglücklich sein werde,[38] eine Vor-

---

[37] Gómez de Avellaneda, Gertrudis: *Sab*, S. 120.
[38] Ebda., S. 145.

ahnung, die auch die unscheinbare und stets im Schatten Carlotas stehende Teresa ausspricht. Sie prophezeit ihr Ähnliches, wenn es ihr nicht endlich gelänge, die sie plagende extreme Empfindsamkeit, ihre „sensibilidad", zu mäßigen und vernünftig zu werden. Mit dem Einschlafen Carlotas endet der erste Teil des Romans unheilschwanger.

Zu Beginn des zweiten und letzten Teils treffen sich Sab und Teresa nachts in einer tropischen Landschaft, wobei Sab der nun langsam zu einer eigenen Gestalt entwickelten Teresa seine Liebe zu Carlota gesteht. Er legt ihr seine Demütigungen als Sklave und Mulatte dar und weist sie darauf hin, dass es nur eines Mannes bedürfe, der den Sklaven sage „Sois hombres", „Ihr seid Männer", damit diese sich gegen die Ungerechtigkeit ihrer Sklavenhalter erheben würden.[39] Unübersehbar werden in dieser Passage die Aufrufe eines Diderot oder Raynal an einen künftigen Spartakus, aber auch die nur wenige Jahrzehnte und nur wenige hundert Kilometer entfernte Haitianische Revolution evoziert, die binnen weniger Jahre mit der verhassten Sklavenhaltergesellschaft ein für alle Mal Schluss machte. Die Avellaneda wusste nur zu genau, wie sehr der Schatten dieser erfolgreichen Revolution das Denken der kubanischen Anhänger einer forcierten Sklaven-Wirtschaft auf der Insel noch im gesamten 19. Jahrhundert verfolgte.

In Teresa hat Sab eine mitfühlende Seele für sich gewonnen. Denn ihre Sympathie und ihr Mitleid sind die Folgen seines Geständnisses: Sie vergießt eine Träne für Sab, wohingegen Carlota – wie die Leserschaft gegen Ende des Romans bemerken wird – die ihren erst nach dessen Ableben vergießen wird. Dieser hat seinerseits sehr wohl schon daran gedacht, sich zu bewaffnen und gegen die Unterdrücker zu erheben und den „terrible grito de libertad y venganza"[40] ertönen zu lassen, also seinen schrecklichen Schrei der Vergeltung und Freiheit, und im Blut der Weißen zu baden. Der Zusammenbruch der profitablen Sklaverei-Wirtschaft ist allenthalben zu spüren, sollte auf Kuba aber noch ein weiteres halbes Jahrhundert auf sich warten lassen. Denn die nominelle Abschaffung der Sklaverei ging der letzten Beseitigung auf dem Kontinent im Jahre 1888 in Brasilien nur um wenige Jahre voraus.

Das Fazit des Romans der Avellaneda ist bitter: Der Traum einer gerechteren Welt[41] bleibt ein Traum. Immer wieder erscheint Sab die Gestalt Carlotas hingegen als „aérea y pura", als luftige Reinheit und Schönheit, die mit Bibelzitaten und Anspielungen reich garniert und bisweilen geradezu sakralisiert wird.[42] Die

---

[39] Ebda., S. 153.
[40] Ebda., S. 157.
[41] Ebda., S. 158.
[42] Ebda.

engelhafte Vision Carlotas verschwindet jedoch: Sab kehrt in die harte Realität als Mulatte und elender Sklave zurück, als „miserable esclavo".[43] Nichts vermag ihn, der zwischen allen Welten steht, in diesem Roman noch zu retten.

Denn Sabs Plan scheitert, Teresa dazu zu überreden, das sich in Sabs Hand befindliche und eigentlich Carlota gehörende Glückslos der Lotterie zu nehmen, dadurch reich zu werden und sich ausgerechnet mit Enrique zu vermählen, den sie wohl insgeheim zu lieben scheint. Sie weiß darum, dass allein Enrique der Existenz von Carlota Sinn verleiht. Nach langer, schmerzhafter Meditation bleibt Sab weit vom Haus entfernt besinnungslos liegen, wo ihn Sklaven am nächsten Morgen finden: Dies ist ein erstes Zeichen seines Körpers, der Belastung nicht mehr länger standhalten zu können. Ein Sklave berichtet später, Sab habe viel Blut aus dem Mund verloren – das Motiv des Blutsturzes also, das wir bereits in Esteban Echeverrías *El Matadero* kennengelernt hatten. Denn ein solcher Blutsturz verweist auf ein verletztes Herz, das zentrale Organ jeglichen romantischen Fühlens und Schreibens.

Doch auch an anderer Stelle ziehen Unheil verheißende Gewitterwolken auf: Enrique weiß um den nur noch geringen Besitzstand von Don Carlos, den Vater Carlotas, und sieht seine Hoffnungen zerstört, nicht nur eine reiche Mitgift, sondern auch die schöne Carlota heiraten zu können. Sein Vater hatte ihm bereits kühl mitgeteilt, er werde eine andere, reichere Kreolin für ihn suchen.[44] Doch schon trifft Sab, vom *Ingenio* kommend, bei ihm ein und übergibt ihm einen Brief von Don Carlos, in welchem Carlotas Vater nicht nur vom baldigen Tod ihres Bruders und zugleich einzigen männlichen Erben berichtet, sondern auch in der Nachschrift ankündigt, Carlota habe den großen Lotteriepreis gewonnen und sei nun reicher als jemals zuvor: Diese Wendung ist ein Theatercoup, wie er der theaterversessenen Avellaneda gut zu Gesicht stehen musste.

Angesichts des wiedergewonnenen Reichtums Carlotas – der zweifellos dem Zufall, aber auch der überbringenden Hand Sabs zu verdanken ist – zeigt sich Enrique Otway dazu bereit, die reiche Kreolin sofort zu heiraten[45] und jede andere Wahl seines umsichtigen Vaters auszuschlagen. Man könnte mit guten Gründen sagen, dass diese glückliche Fügung des Zufalls Carlota ins Verderben stürzen wird. Der vom Unglück verfolgte Sab, der einmal mehr den „postillon d'amour" spielen musste und den entscheidenden Brief übergab, stöhnt angesichts der Vorstellung, dass Carlota schon in wenigen Stunden Enrique gehören werde: Enrique gehöre der Himmel, ihm selbst aber die Hölle.[46] Sab bricht über dem Körper seines

---

[43] Ebda., S. 161.
[44] Ebda., S. 179.
[45] Ebda., S. 187.
[46] Ebda., S. 187 f.

zu Tode gerittenen Pferdes zusammen, erneut strömt Blut aus seinem Mund. Er wird, am Herzen erkrankt, den Tod der romantischen Helden sterben – und dies als ein versklavter Mulatte, den Gertrudis Gómez de Avellaneda nicht nur mit Schönheit und Intelligenz, sondern bewusst mit jeglichen charakterlichen Vorzügen auszustatten beliebte. Sab ist in diesem abolitionistischen Roman charakterlich allen weißen Protagonisten weit überlegen.

Alles im Roman scheint sich nun dem Tode zuzuneigen: Der Bruder Carlotas, der Enkel der alten Martina, aber bald auch schon Sab werden sterben. Mit dem Todeskampf des kleinen Luis wird das Aussterben der indianischen Rasse ein letztes Mal im 19. Jahrhundert nachvollzogen. Auch Sabs Todesstunde rückt heran und er schreibt einen Abschieds-Brief, der alles ist, was von ihm bleibt.[47] Denn die Schrift allein überdauert den Menschen und sein irdisches Leben. Sab verkörpert im Roman zweifellos die Rolle des sublimen Märtyrers der Liebe.[48] Sein Brief wird bei Carlota später – zu spät! – die einstmals erhoffte Träne hervortreiben.

Der schöne Mulatte wird spätestens an dieser Stelle zum eigentlichen Titelhelden des Romans; seine Schrift ist im Grunde eine Herzensschrift, mit eigenem Blut, mit dem Herzen geschrieben, fast schon so, wie Juana Borrero – die Urgroßenkelin der Avellaneda – am Ende des romantischen Jahrhunderts in Kuba einen Brief nicht mit Tinte, sondern mit ihrem eigenen Blut schreiben wird. Während mehr als einer Stunde schreibt also der entkräftete Sab im Angesicht eines Porträts seiner Carlota seine letzten Worte nieder. Er stirbt kurze Zeit später in der Vorstellung, dass genau in seiner Todesstunde Enrique und Carlota sich ihr Jawort geben würden – eine Vorstellung, die im Übrigen zutreffend ist.[49] So findet die Hochzeit Carlotas im Schatten gleich mehrerer just Verstorbener statt, wobei allerdings die Nachricht vom Tode Sabs die schöne Kreolin kaum zu berühren scheint. Diskret, aber dennoch erkennbar werden von der kubanischen Autorin einige negative Charaktermerkmale Carlotas in ihr literarisches Portrait eingefügt.

Spätestens jetzt ist auch für Teresa kein Platz mehr in der kolonialspanischen Gesellschaft Kubas – außer im Kloster. Selbst klimatisch passt alles zusammen: Erneut zieht ein schreckliches Gewitter auf, die Natur nimmt aktiv an der Handlung teil und erweist sich als Korrespondenznatur. Angesichts des Bildes der vor einem Kruzifix in ihrer engen Zelle knienden Teresa zeigt sich, dass auch sie einen sprechenden Namen besitzt, der auf Teresa de Jesús verweist, die Heilige Teresa von Avila. Zum gleichen Zeitpunkt sind die Jungvermählten glücklich und werden der kleine Luis und Sab begraben – Kontraste, die in ihrer literarischen

---

47 Ebda., S. 197.
48 Ebda., S. 197 f.
49 Ebda., S. 199.

Herausarbeitung deutlich romantischen Zuschnitts sind. Gleichzeitig verweisen sie auf soziopolitischer Ebene auf das Scheitern ebenso der auf der Karibikinsel lange schon eroberten indigenen Bevölkerung wie der marginalisierten und ausgebeuteten Schwarzen und Mulatten. Sie bleiben als kulturelle Pole in diesem Gemälde ausgeblendet.

So ist es nun Zeit für die „Conclusión" des Romans.[50] Fünf Jahre sind seit dem Ende des letzten Kapitels vergangen, ein kunstvoller literarischer „blanc" also, der dem Lesepublikum das weitere Schicksal der Romanfiguren ähnlich wie in Villaverdes Roman *Cecilia Valdés* abschließend vor Augen führt. Die Nonne, Sor Teresa, liegt im Sterben und will ein letztes Mal ihre Carlota sehen, die längst zur Señora de Otway geworden ist. Während die arme Teresa die „felicidad tranquila y solemne", also das „ruhige und feierliche Glück" erreicht hat, ist die reiche und von allen umschmeichelte Carlota unglücklich, da sie in einer merkantilen und an Spekulationen orientierten Atmosphäre lebt.[51] Dies ist ein deutlicher Hinweis auf den Übergang von der Sklavenhaltergesellschaft alten Typs zu einer profitorientierten Kolonialwirtschaft eher britischen Zuschnitts, wo Carlotas „bellas ilusiones de su joven corazón" schnell verwelkten: *Illusions perdues* also, um den Balzac'schen Romantitel zu bemühen. Es ist beeindruckend, in welchem Maße die junge kubanische Autorin bei ihrem ‚kleinen Zeitvertreib' in der Lage war, die gesamtgesellschaftliche Totalität ihrer Insel darzustellen und Prognosen künftiger Entwicklung innerhalb eines breiten geoökonomischen und geokulturellen Zusammenhangs anzustellen – und dies alles literarisch in *gelebtes Leben* zu verwandeln.

Carlotas Leben hat sich grundsätzlich gewandelt: Don Carlos ist bereits verstorben, Enrique häufig auf Geschäftsreise in Havanna und den Vereinigten Staaten – alle Aktivitäten gehen geschäftig an ihr vorbei. Für sie ist letztlich alles zu Ende: Carlota hat ihren Mann, dessen Habgier und das Leben verstanden. Es ist explizit von „ilusiones perdidas"[52] die Rede, jenen *Verlorenen Illusionen*, die Honoré de Balzac zwischen 1837 und 1843 in etwa zeitgleich in der französischen Literatur zu einem großen romantischen Thema machte. Gertrudis Gómez de Avellaneda war mit ihrem kleinen Roman *Sab* völlig auf der Höhe der Zeit.

Bei der sterbenden Teresa erhält Carlota Sabs letzten Brief, jenen Brief, den der junge Mulatte mit letzter Kraft in seiner Todesstunde niedergeschrieben hatte; ein Schreiben, das ein ganzes Leben und ein ganzer Tod sei. Teresa stirbt, und an ihrem klösterlichen Totenbett liest Carlota diesen Brief, in welchem der junge

---

50 Ebda., S. 210 ff.
51 Ebda., S. 213.
52 Ebda., S. 215.

Mann seinen eigenen Tod minuziös beschreibt. Der Erzähler – wie immer in der ersten Person Plural – behauptet, den Brief selbst gesehen zu haben und ihn getreu im Gedächtnis zu bewahren: „la conservamos fielmente en la memoria."[53]

In seinem dramatischen Abschiedsbrief stellt Sab grundlegende philosophische Überlegungen an und verweist darauf, dass er – obschon Sklave – doch stets das Schöne und Große geliebt habe.[54] Er erweist sich auch in diesem seinem letzten Lebenszeichen als charakterlich allen anderen Romanfiguren überlegen, ist er doch ein Mensch, der nicht nur über hervorragende kognitive Fähigkeiten und eine hohe Intelligenz, sondern auch über Charakterstärke und vor allem ein liebendes, einfühlsames Herz verfügt. Als Mulatte ist er eine romantische Idealfigur, die sich stets in die anderen hineinzuversetzen versteht und für die ein möglichst unproblematisches Zusammenleben an oberster Stelle steht. Denn selbst angesichts seines ärgsten Widersachers um die Liebe Carlotas hat er stets ein faires Verhalten an den Tag gelegt: Sein ZusammenLebensWissen[55] ist von nicht mehr irdischer Perfektion.

Noch ein letztes Mal erinnert er an die Lektüre von Liebesgeschichten, der sich Carlota und Sab während ihrer gemeinsamen Erziehung hingaben. Liebe und Lesen sind aufs Innigste miteinander verbunden. Denn wir lernen Liebe so, wie wir auch andere Kulturtechniken erlernen, und dies heißt für unseren Zusammenhang: Die beiden jungen Leute haben die Liebe durch Lesen gelernt. Wir haben es in diesem konkreten Falle mit dem Don-Quijote-Syndrom zu tun, das – wie bereits betont – Gustave Flaubert in *Madame Bovary* wenige Jahre später in Frankreich weiterentwickeln sollte.[56]

In der Konsequenz seiner gewiss romantischen Lektüren und Leseabenteuer begreift sich Sab als Märtyrer auf dem Altar der Liebe – wir könnten hinzufügen: auch auf dem Altar der Literatur und der Lektüre, deren spätes Opfer er wird. Doch noch in den letzten Minuten seines kurzen Lebens schreibt er eine Anrufung an den Engel der Lyrik, den „ángel de la poesía"[57] nieder, der schon bald seine Strahlen über dem Königreich der Intelligenz aufgehen lassen werde. Die große Dichterin der spanischen und kubanischen Dichtkunst huldigt in ihrem Roman der Poesie: Wer mag es ihr verdenken? Am Ende seines Todeskampfes und des Briefes aber taucht Sab ein in die Dunkelheit und das Schweigen. Die Feder fällt ihm aus der

---

53 Ebda., S. 218.
54 Ebda., S. 222.
55 Vgl. hierzu Ette, Ottmar: *ZusammenLebensWissen. List, Last und Lust literarischer Konvivenz im globalen Maßstab (ÜberLebenswissen III)*. Berlin: Kulturverlag Kadmos 2010.
56 Vgl. Ette, Ottmar: Ottmar: *LiebeLesen*. S. 677–683.
57 Gómez de Avellaneda, Gertrudis: *Sab*, S. 228.

Hand, was er ebenfalls noch niederschreibt, und seine Schlussworte sind: „Ich lebe bereits nicht mehr ... doch noch immer liebe ich."[58] Die Liebe steht über allem!

Die schöne, aber vom Leben bitter enttäuschte Carlota – gesundheitlich stark angegriffen und von der rührigen Geschäftigkeit ihres Mannes entnervt – pilgert Nacht für Nacht, während ihres mehrmonatigen Aufenthalts in Cubitas, zum Grab von Sab und Luis. Danach verlieren sich ihre Spuren: Alle Nachforschungen der Erzählerfigur hätten keine Aufklärung ihres weiteren Schicksals gebracht. So könne man nur vermuten, dass sie nun im geschäftigen London und damit fernab ihres geographischen und kulturellen Ambientes leben dürfte.[59] Damit wäre der Kreis des wirtschaftlichen und sozialen Aufstiegs der Otways geschlossen, die auf dem Umweg über Kuba zum Reichtum zuhause in England gelangten. Reich werde Carlota schon sein, so die Erzählerfigur; doch endet der Erzählerdiskurs im Roman mit einer letzten rhetorischen Frage: „Doch was auch immer ihr Schicksal und auf der Welt das Land, in dem sie nun lebt, sein könnten: Wird die Tochter der Tropen jemals den Sklaven vergessen können, der unter jenem schönen Himmel in einem bescheidenen Grabe ruht?"[60]

Gertrudis Gómez de Avellanedas Roman endet mit einer letzten Anrufung der Schönheit der Tropenwelt, und die Bezeichnung Carlotas als „Tochter der Tropen" ist fraglos eine autobiographische Referenz der auf Kuba geborenen Dichterin. So sehr die Avellaneda aber auf ihre Geburt in den Tropen verweisen mag, stets wird doch auch in ihren Romanen diese Natur für die Augen einer spanischen beziehungsweise europäischen Leserschaft auto-exotisiert. Es geht damit um die Exotisierung des Eigenen im Zuge der Übernahme literarischer Muster europäischer Provenienz: Nicht umsonst hatten wir zu Beginn unserer Vorlesung schon auf Bernardin de Saint-Pierre und Chateaubriand verwiesen, die als intertextuelle Modelle einer europäischen Aneignung tropischer Landschaften dienen konnten. Selbst auf seiner Reise durch die amerikanischen Tropen hatte ein Alexander von Humboldt zusammen mit seinem französischen Forschungspartner Aimé Bonpland das Büchlein von Bernardin de Saint-Pierre aus dem Gepäck geholt und im Angesicht eines tropischen Unwetters die Wahrheit bestaunt, mit welcher in *Paul et Virginie* dieses Spektakel für europäische Leserinnen und Leser beschrieben wurde.

Die europäischen Vorbilder schaffen eine narrative Welt, in welcher das Andere als Anderes dargestellt wird, dann aber letztlich wieder zurücktritt, nicht

---

58 Ebda., S. 228: „ya no vivo ... pero aún amo."
59 Ebda., S. 232.
60 Ebda., S. 231: „Pero cualquiera que sea su destino, y el país del mundo donde habite, ¿habrá podido olvidar la hija de los trópicos, al esclavo que descansa en una humilde sepultura bajo aquel hermoso cielo?"

ins Eigene integriert wird und zu einer bloßen Erinnerung, nicht aber zu einer lebensgestaltenden oder lebensverändernden Haltung gerinnt. Das Andere wird als Spektakel des Anderen genossen, nicht aber als ein Weiteres verstanden, sondern aus dem Eigenen als Anderes ausgegrenzt.[61] Avellanedas *Sab* geht hier keineswegs über die europäischen Vorbilder hinaus – und dies im Übrigen auch nicht auf dem Gebiet des Abolitionismus, dem Verbot von 1844 zum Trotz, das Buch nach Kuba zu exportieren. 1835 war die spanische Übersetzung von Victor Hugos *Bug-Jargal* erschienen, ein Roman, den die kubanische Autorin zweifelsohne bei der Abfassung ihres Romantextes hinzuzog. Die Welt des Anderen trat für die kubanische *und* spanische Dichterin bald schon zurück in das Reich der anderen Welt.

Die spanischen wie die kreolischen Zeitgenossen freilich deuteten den Roman der Avellaneda als Verrat an ihrer Klasse und Herkunft, stellte sie doch nichts weniger dar als die Liebe eines Mulatten zu einer weißen Frau. Die umgekehrte Kombination – weiße Männer, die sich der Mulattinnen als Lustobjekte bedienten – war schon von den frühen Zeiten der Sklaverei an gang und gäbe geworden, doch barg die von der in Camagüey geborenen Autorin bevorzugte Umkehrung der Geschlechter und sozialen Hierarchien enormen gesellschaftlichen und biopolitischen Sprengstoff. In diesem Faktum ist wohl ein wesentlicher gesellschaftskritischer und geschlechterrollenkritischer Aspekt zu erblicken, der den Roman der Avellaneda so aufschlussreich macht.

Gleichzeitig darf man in dieser Tatsache aber auch einen wesentlichen Grund dafür erblicken, warum weder im Roman *Sab*, in dessen Personenkonstellation, noch in der Figur des schönen Mulatten eine nationale Allegorese breitenwirksam Raum greifen konnte. Denn in diesem Roman einer Frau wird, anders als in Cirilo Villaverdes *Cecilia Valdés*, der Sklave nicht allein zum Subjekt der Geschichte, er erwählt auch die weiße Frau als sein Liebesobjekt – ein Schlag ins Gesicht einer patriarchalischen Sklavenhaltergesellschaft. Zugleich handelt es sich um eine Konstellation, die wir unter gänzlich anderen Vorzeichen in Esteban Echeverrías *La Cautiva* kennengelernt hatten, wo freilich die Indianer bloß als wilde ungezügelte Masse erschienen.

Es fällt freilich schwer, in der Figur Carlotas ein Aufbegehren gegen angestammte Geschlechterrollen zu erkennen. Gewiss, Carlota leidet an ihrem Ausgeliefertsein und durchlebt eine von Melancholie geprägte physische Krankheit;

---

[61] Vgl. zur dialektischen Beziehung zwischen dem Anderen und dem Weiteren Ette, Ottmar: Weiter denken. Viellogisches denken / viellogisches Denken und die Wege zu einer Epistemologie der Erweiterung. In: *Romanistische Zeitschrift für Literaturgeschichte / Cahiers d'Histoire des Littératures Romanes* (Heidelberg) XL, 1–4 (2016), S. 331–355.

und sicherlich weist auch die Figur der im Verborgenen unglücklich liebenden Teresa nachdrücklich auf die Begrenztheit von Selbstverwirklichungsmöglichkeiten der Frauen im kolonialspanischen Kuba. Dies alles aber scheint mir nicht auszureichen, um hierin aus feministischer Perspektive neue genderspezifische Lebensentwürfe zu erkennen, die pragmatisch auch gesellschaftsverändernd wirken könnten. Doch wäre es ungerecht, einen solchen Anspruch an die 1860 in Havanna zur „poeta laureata" gekrönten Dichterin zu erheben. Dass die in Kuba geborene Dichterin freilich eine die patriarchalische Gesellschaft kritisierende Position einnahm und für ihr eigenes Leben alternative Lebensentwürfe zu leben versuchte, bleibt unbestritten.

Sab ist ein interessanter Versuch der Gegenläufigkeit zu Mustern, die wir in zeitgenössischen Romanen des 19. Jahrhunderts erkennen können. Im Scheitern der Liebe Sabs scheint bereits die mögliche Lebbarkeit von Lebensentwürfen auf, die sich jenseits des Rassismus dieses Jahrhunderts ansiedeln. Denn was imaginierbar und denkbar war, ist in diesem Prosatext schreibbar geworden; und vom Geschriebenen dieser imaginierten Heterosexualität in einem ethnische Grenzen überschreitenden Kontext ist es nur noch ein Schritt bis zur lebbaren und gelebten Lebenswirklichkeit. Die prospektive und zugleich politische oder soziale Veränderungen ankündigende Funktion der Literaturen der Welt wird in dieser fiktionalen Konstellation offenkundig.

Carlota dient nicht als nationale Allegorese; sie könnte es höchstens in negativer Form bezüglich des Ausgeliefertseins der Insel an den angelsächsischen Utilitarismus mit Blick auf die Zukunft sein. Doch auch Sab taugt nicht dazu: In einer patriarchalisch strukturierten Gesellschaft sind nationale Bilder nicht auf einen Mulatten, sondern höchstens – und auch dies anfangs nur eingeschränkt – auf eine schöne Mulattin zu projizieren. Die Repräsentation eines Staates oder einer Nation durch eine Frauengestalt ist tief in einer sich vom Abendland herleitenden Kultur verwurzelt – da hat ein Sklave nichts zu suchen.

Hinsichtlich einer nationalen Allegorese sowie mit Blick auf eine abolitionistische politische Stoßrichtung ist jedoch stets die Liebe das Gleitmittel literarischer Darstellung oder, wenn Sie so wollen, Motor der narrativen Dynamik wie der kreativen Aneignung durch die Leserschaft. Avellanedas *Sab* gelang es nicht – was freilich auch nicht in der Absicht seiner Autorin lag –, die Figur des männlichen Protagonisten zur Figur einer nationalen (mulattischen) Fusion werden zu lassen. Es ist aufschlussreich, dieses ‚Scheitern' mit dem Erfolg einer anderen männlichen Figur aus einem karibischen Roman zu vergleichen, die in der Tat nationenbildend wirkte beziehungsweise einen Entwurf nationaler Identität bei der Leserschaft erfolgreich projizierte.

Das Wort „projizierte" ist hier sehr ernst gemeint, war diese Figur doch längst nicht mehr Teil einer Bevölkerungsgruppe, die wie die Mulatten eine ernsthafte

Konkurrenz für die kreolische Oberschicht im Kampf um die politische Macht darstellte. Die Titelfigur von Manuel de Jesús Galváns dominikanischem Erfolgsroman *Enriquillo* ist gerade kein Mulatte oder Schwarzer, sondern Angehöriger einer Ethnie, welche innerhalb der dominikanischen Geschichte beziehungsweise der Geschichte der Insel Hispaniola zum damaligen Zeitpunkt seit dreihundert Jahren keinerlei konkrete Bedrohung mehr darstellte und deren Reste längst verloren gegangen waren. Denn dieser Enriquillo, nationale Identitätsfigur der Dominikanischen Republik, nach der bis heute ein großer Binnensee benannt ist, welcher der Schauplatz einiger im Roman dargestellter Handlungen war, ist weder Schwarzer noch Weißer noch Mulatte: Er ist Indianer und damit so etwas wie der kleine Luis, der in Avellanedas Roman den Untergang der indigenen Bevölkerung symbolisiert.

Gestatten Sie mir noch einige abschließende Bemerkungen zu Gertrudis Gómez de Avellaneda! Denn es steht außer Frage, dass die zu Unrecht von einem breiteren Publikum vergessene Dichterin gerade im Kontext eines neuen Interesses an Schriftstellerinnen und der Problematik von Geschlechterbeziehungen wieder mehr ins Rampenlicht treten wird.[62] Zu diesem Ziel möchte auch der vorliegende Band der Vorlesungen beitragen. Vor allem ist es uns darum zu tun, den Blick stärker auf die hochverdichtete und eher in den Hintergrund gerückte Prosa von Gertrudis zu lenken. Denn diese verdient es, im Kontext jener Autorinnen und Autoren gelesen zu werden, welche die Sattelzeit der Romantik interessanterweise nicht von einem postkolonialen, sondern von einem noch kolonialen Standort aus zu repräsentieren wussten. Gertrudis Gómez de Avellaneda gehört zweifellos zu den wichtigsten Autor*innen, welche das 19. Jahrhundert zu bieten hat. Sie ist ganz gewiss das weibliche Gesicht der spanischen wie der kubanischen Lyrik der Romantik.

Die Avellaneda repräsentiert durch ihr Leben wie durch ihr Schreiben daher wie keine andere Autorin eine Romantik, die sich zwischen zwei Welten ansiedelt und den Logiken beider Seiten des Atlantik gehorcht. Denn sie gestaltete diesen transatlantischen Spielraum ebenso innerhalb des literarischen Feldes in Spanien, wo sie vielfach ausgezeichnet wurde, wie in Kuba, wo sie zur Dichterin gekrönt wurde. Diese schlichte Tatsache scheint mir für die literaturwissenschaftliche Forschung von großer Relevanz zu sein. Avellaneda besetzte folglich

---

62 Vgl. hierzu u. a. Rodríguez Gutiérrez, Milena (Hg.): *Otra Cuba secreta. Antología de poetas cubanas del XIX y del XX. De Gertrudis Gómez de Avellaneda a Reina María Rodríguez*. Con una breve muestra de poetas posteriores. Madrid: Editorial Verbum 2011; sowie dies.: *Entre el cacharro doméstico y la „vía láctea". Poetas cubanas e hispanoamericanas*. Sevilla: Ilmuniaciones Renacimiento 2012.

Positionen zugleich innerhalb des kubanischen wie des spanischen literarischen Feldes, wurde in Madrid wie in Havanna zu Lebzeiten als eine der großen Vertreterinnen der Romantik verehrt und vermochte es, ein eigenständiges Leben als Frau zu führen. Ihr kam zweifellos eine gewisse Vorreiterstellung bezüglich der Infragestellung von Geschlechterpositionen zu, wobei sie auch interethnische Relationen in ihr literarisches Spiel miteinbezog.

Die Schriftstellerin war darüber hinaus in den verschiedensten Gattungen zu Hause: Sie schrieb Romane, triumphierte mit ihren Stücken auf den madrilenischen Bühnen und bestach durch ihre stets autobiographisch eingefärbte Lyrik, in welcher sie vorzugsweise ihre eigenen Liebesdramen literarisch fruchtbar werden ließ. Anlässe hierfür gab es genug, war die Avellaneda doch nicht nur durch den frühen Tod ihres Vaters und die überstürzte Hochzeit ihrer Mutter, sondern auch durch den Tod zweier Ehemänner und ihre unglückliche Liebe zu einem zweitklassigen spanischen Autor gezeichnet. Doch ihr Durchhaltevermögen gerade als Frau war bewundernswert!

Und noch ein letzter Hinweis, um ihr literarisches Bild abzurunden: Ganz in romantischer Tradition ist ihr Interesse an traditionellen Stoffen und Gegenständen der Volkskultur zu verstehen, wie ihre *Tradiciones* zeigen, welche ebenso kubanische und hispanoamerikanische wie iberische, vorzugsweise pyrenäische und baskische Geschichten und Legenden bearbeiten und neu erzählen. So wurde sie auch zur großen Vermittlerin kubanischer Sitten und Traditionen nach Spanien und spanischer Lebensbilder nach Kuba; eine Vermittlungsfunktion, die auch mit Blick auf den in der Romantik so wichtigen volkskulturellen Pol von großer Bedeutung für ihre Stellung innerhalb eines romantischen Schreibens zwischen zwei Welten war.

Vergessen wir nicht: Die in Kuba geborene Gertrudis Gómez de Avellaneda hatte bereits in *Sab* eine unverkennbar kritische, ja feindliche Haltung gegenüber der spanischen Eroberung Amerikas vorgetragen, vergoss doch nicht umsonst die schöne Carlota heiße, wenn auch nicht zahllose Tränen angesichts der vielen Gräueltaten iberischer Konquistadoren! Die alte Martina – zusammen mit dem kleinen todgeweihten Luis die letzte Vertreterin der indigenen Bevölkerung auf der Insel – hatte die indianische Thematik in das Romanschaffen der Avellaneda eingeführt. Die durchaus rebellische kubanische Autorin blendete damit eine Kontinuität von Rebellionen ein, welche nach dem Auslöschen der indigenen Bevölkerung auf Kuba und ihrer weitgehenden Vernichtung in der karibischen Inselwelt von den schwarzen Sklaven, sozusagen den importierten Eingeborenen, fortgeführt wurde.

Was lag nun näher, als dass sich Gertrudis Gómez de Avellaneda der Frage der indigenen Bevölkerung und den damit verbundenen kulturellen Herausforderungen nicht mehr im Kontext des neunzehnten, sondern vielmehr des sechzehnten

Jahrhunderts annäherte? Sie verband damit die Traditionslinie der Novela sentimental à la Walter Scott mit jener des historischen Romans, der sich ebenfalls auf Scott berufen konnte. Wir erkennen, dass diese beiden (wenn auch beileibe nicht einzigen) Traditionslinien des romantischen Romans auf engere Weise miteinander verbunden sind, als es die klassifizierenden Scheidungen bisweilen nahezulegen scheinen.

In der literarischen Orchestrierung ihres erstmals 1846, also kaum 5 Jahre nach *Sab* veröffentlichten Romans *Guatimozín* erkennen wir von Anfang an jenen Grundzug des romantischen Romans lateinamerikanischer Prägung, die Problematik der nationalen und ethnischen Frage mit der Liebesgeschichte und der Suche nach den Rändern der Gesellschaft zu verbinden. Diese waren als Marginalisierte in der vorgängigen, vom Neoclasicismo geprägten Tradition nicht existent gewesen. An dieser Stelle tritt folglich zumindest potenziell ein weiterer kultureller Pol in den Horizont des Romanschaffens lateinamerikanischer Autor*innen.

Wieder wählt die Kubanerin einen männlichen Titelhelden; und wieder stellt sie diesem als Opponenten einen weißen Mann europäischer Herkunft entgegen, nur dass in diesem Falle das Personal des Romans – sagen wir es vorsichtig – weniger fiktionaler als historischer Provenienz ist. Die „entrada en materia" des Romans macht die gewählte und hier nur kurz zu skizzierende Grundkonstellation deutlich:

> Mehr oder minder drei Jahre waren seit jenem denkwürdigen Tage vergangen, an welchem sich der besiegte und gefangengenommene junge und heldenhafte Kaiser Guatimozín nach dreiundneunzig Tagen harter Belagerung den spanischen Waffen unterworfen und die schöne Hauptstadt des mexikanischen Reiches übergeben hatte. Drei Jahre waren es schon seit jenem großen Ereignis, dessen unermessliche Resonanz noch immer Europa zutiefst bewegte, und es war dem siegreichen Caudillo trotz seines Genies und trotz seines Glückes noch nicht möglich gewesen, alle Provinzen des sich so weit ausdehnenden Neuspanien, das er mit seinem Stahle für die altehrwürdige Krone Kastiliens erobert hatte, vollständig zu unterwerfen, doch hatte jene Zeit mehr als genügt, um mit innigen Opfern seines Herzens und schamvollen Vergehen seiner eigenen Leute die trunken machende Süße seines Ruhmes zu verbittern.[63]

Es ist an dieser Stelle unserer Vorlesung nicht möglich, nach *Sab* einen zweiten Roman der zu Unrecht lange Zeit als Romanschriftstellerin vergessenen Autorin vorzustellen. Und doch wird in dieser kurzen Gegenüberstellung beider Helden innerhalb eines verblüffend knappen Zeitraums anschaulich, wie rasch die Distanz zwischen der ‚großen' Geschichte – der Eroberung Mexikos und der

---

63 Gómez de Avellaneda, Gertrudis: *Guatimozín* In Dies.: *Obras de doña Gertrudis de Avellaneda.* Bd. 5. Madrid: Ediciones Atlas 1981, S. 207.

Unterwerfung des letzten Aztekenherrschers Cuauhtémoc – und der ‚kleinen', individuellen Geschichte, ja dem romantischen Seelendrama der beteiligten historischen Gestalten durchschritten wird. Wenn freilich bisweilen behauptet werden konnte, die Avellaneda sei mit ihrem Roman von 1846 dem Indigenismus zuzurechnen, so kann einer derartigen Position an dieser Stelle leider nicht beigepflichtet werden.

Sicherlich ist in derartigen Stellungnahmen die Einsicht enthalten, dass Gertrudis Gómez de Avellaneda in gewisser Weise feministische wie indigenistische Positionen vorwegnahm. Das diegetische Setting des Romans wie auch die ästhetisch-ideologische Position seiner Schöpferin lässt keinen Zweifel daran, dass es der Romantikerin im Gegensatz zu den Vertretern des Indigenismus Ende des neunzehnten und vor allem in den ersten Jahrzehnten des zwanzigsten Jahrhunderts keineswegs darauf ankam, die existenzielle Problematik der zu ihrer Zeit lebenden Indianer aufzuwerfen. Auch die kulturellen Dimensionen indigener Völker wurden von ihr weder auf- noch nachgezeichnet. Vergessen wir dabei nicht, dass es selbst im „Oriente" Kubas zum damaligen Zeitpunkt keine indigene Bevölkerung mehr gab, wobei freilich in Mexiko oder Mittelamerika, im andinen Raum oder in Brasilien unterschiedlichste indigene Völker die Kultur der jeweiligen Staaten oder Gebiete zum Teil entscheidend mitprägten!

Es ging Gertrudis Gómez de Avellaneda nicht um die Lebensumstände ihrer damaligen indianischen Zeitgenossen, sondern um die längst zur Historie, ja zur Legende gewordenen, für die aktuelle Gegenwart aber ungefährlichen Indianer, wie sie sich ihr durch eine Reihe berühmter Intertexte erschloss. Ihre Position ist damit dem Indianismus, keineswegs aber dem Indigenismus zuzuordnen. Wer dies übersieht, begreift nicht, dass sich nicht alles als indigenistisch bezeichnen lässt, was Partei für die indigene Bevölkerung ergreift und mit einer starken Idealisierung insbesondere historische Themen aufgreift.

Die Forschungsliteratur hat zur Genüge aufgezeigt, wie viel unsere Tula auch in diesem Roman den literarischen, das Bild der Indigenen romantisierenden Texten Chateaubriands zum historischen Hintergrund, aber vor allem den Schriften des Hernán Cortés, dem sprachgewaltigen Eroberer selbst, sowie Bernal Díaz del Castillo verdankte. Letzterer war Cortés' spanischer Mitstreiter mit der Perspektive eines einfachen Soldaten, welcher Tulas Text ebenso prägte wie Antonio de Solís oder Herrera, wichtige spanische Chronisten und Geschichtsschreiber, sowie Francisco Clavijero und William Robertson, philosophische Vertreter des neuspanischen und schottischen 18. Jahrhunderts. In Rückgriff auf diese Bezugstexte gelang es Gertrudis Gómez de Avellaneda, ein bewegtes und buntes Bild der spanischen Eroberung des Aztekenreiches zu entfalten, das die Zeitgenossen ansprach, auf phantasievolle Weise Szenen der Conquista rekonstruierte und für romantische Leserschichten erschloss.

Die aktuellen Indigenen freilich sind von diesen literarischen Kreationen nicht betroffen: Die Avellaneda widmete sich *dem* Indianer, nicht den Indianern, sie vertrat eine exotisierende und aus europäischer Sicht historizistische Position, in welcher es nicht an Kritik an den Gräueltaten mangelte, Massaker freilich, die längst Vergangenheit oder – wie man vielleicht besser noch sagen könnte – zu Text geworden waren. In ihrem Roman *Guatimozín* werden nicht indigenistische, wohl aber jene indianistischen Positionen und Modellierungen nationaler Identität angelegt und gewiss auch vorweggenommen, die über 40 Jahre später dem dominikanischen Autor Manuel de Jesús Galván einen großen Erfolg bescheren sollten.

Wir werden uns zu gegebenem Zeitpunkt diesem Werk aus derselben kulturellen Area der Karibik widmen. Gertrudis Gómez de Avellaneda, die Autorin von *Sab* und *Guatimozín*, ist ihrerseits jedoch das prägende Gesicht eines 19. Jahrhunderts, das für ein Schreiben zwischen den beiden Welten, aber auch zwischen kolonialer Stagnation und postkolonialem Aufbruch stand – in einer Zeit, in der sich das transatlantische Verhältnis zwischen Europa und den Amerikas signifikant zu verändern begann. Es gibt kaum ein anderes literarisches Werk, das diese Veränderungen im Verhältnis zwischen beiden Welten auf eindrucksvollere Weise reflektiert als das der kubanisch-spanischen Schriftstellerin.

Die Zweiteilung der Amerikas im 19. Jahrhundert

Um das sich verändernde Verhältnis Europas zu den Amerikas im Norden und den Amerikas im Süden genauer untersuchen und um philosophisch-literarische Entwicklungen daraus ableiten zu können, ist es sicherlich angebracht, bevorzugt auf Reiseberichte aus jenem Zeitraum zurückzugreifen, den wir mit Gertrudis Gómez de Avellaneda erreicht haben. In der Sattelzeit des langen 19. Jahrhunderts war, wie im einführenden Teil dieser Vorlesung besprochen, der Topos der „Historia magistra vitae" bekanntlich abgelöst worden von einem offenen, zukunftsorientierten Zeithorizont, der die Zyklen früherer geschichtlicher Vorstellungen teilweise relativierte, teilweise hinter sich ließ.[1] Innerhalb einer derart gewandelten Zeitvorstellung wurde auch das Reisen durch die Zeit vermittels eines Reisens durch den Raum möglich, konnten doch an einem anderen Ort gleichsam die früheren Zustandsformen der allgemeinen Entwicklung der Menschheit – so schien es – besichtigt werden, zumindest dann, wenn man von der einsträngigen und linearen Geschichte einer einzigen Menschheit ausging. Und eine solche Vorstellung mit dem europäischen Teil der Menschheit an der Spitze des Fortschritts dominierte in allen Ländern Europas.

So versuchte bereits in der zweiten Hälfte des 17. Jahrhunderts Jean-Baptiste Du Tertre[2] insbesondere in seiner vierbändigen *Histoire générale des Antilles habitées par les François* (1667–1671), seinen Überlegungen zum „bon sauvage", Erkenntnisse über die Entwicklung des Menschengeschlechts ausgehend von Beobachtungen in der Fremde zu gewinnen. So wurde es bereits in einer frühen Form neuzeitlichen Denkens möglich, Wissen über die Vorgeschichte des Eigenen durch eine Art rückwärtsgerichtete Zeitreise zu erhalten, sich mithin auf der Zeitskala der allgemeinen Geschichte der Menschheit vermittels gezielter Reisen zu bewegen. Im Anschluss an den Pater Fritz und andere intertextuelle Bezugstexte entfaltete der uns bereits bekannte Kubaner Alejo Carpentier dieses Modell einer Zeitreise in den Tropen der Amerikas in seinem großartigen Roman *Los pasos perdidos*. Dort gelingt es einem Musikologen, die Spuren in eine längst vergangene Epoche der Menschheitsgeschichte in der Jetztzeit aufzunehmen und durch eine Bewegung im Raum die gezielte Bewegung in der Zeit auszulösen. Noch in Claude

---

1 Vgl. hierzu Koselleck, Reinhart: Historia Magistra Vitae. Über die Auflösung des Topos im Horizont neuzeitlich bewegter Geschichte. In (ders.): *Vergangene Zukunft. Zur Semantik geschichtlicher Zeiten*. Frankfurt am Main: Suhrkamp ²1984, S. 38–66.
2 Vgl. Funke, Hans-Günter: „Barbare cruel" o „bon sauvage"? La funcionalización ambivalente de la imagen del indio en la „Histoire générale des Antilles" (1667–1671) del Padre du Tertre. In: *Dispositio* (Ann Arbor) XVII, 42–43 (1992), S. 73–105.

Lévi-Strauss' auf Brasilienaufenthalten des französischen Anthropologen in den dreißiger Jahren des 20. Jahrhunderts basierenden *Tristes Tropiques* lassen sich viele derartige Elemente einer Zeitreise zurück in die Anfänge des Menschengeschlechts herausarbeiten. Es handelt sich folglich um europäische Vorstellungen, die keineswegs nur in der Sattelzeit des 19. Jahrhunderts Bestand hatten.

Doch ist nicht allein die Reise rückwärts, sondern auch vorwärts in der Zeit möglich. Literarische Beispiele hierfür ließen sich leicht anhäufen und einen überaus einflussreichen Versuch einer derartigen Zeitreise in die Zukunft Europas durch eine Reise nach Amerika werden wir uns sogleich näher ansehen. Gleichzeitig kann auch die eigene Gegenwart durch die Beschäftigung mit dem Anderen als künftige Vergangenheit beleuchtet werden. Ein Beispiel hierfür – und ein aus Sicht des Gegenstandes unserer Vorlesung bis heute faszinierendes Exempel – ist das Werk des französischen Historikers und Politikers Alexis de Tocqueville, zu dessen Schaffen ich Ihnen gerne einige Biographeme und inhaltliche Einblicke vorab vermitteln möchte.

Alexis Charles Henri Clérel, Comte de Tocqueville wurde am 29. Juli 1805 in Verneuil-sur-Seine im Département Yvelines geboren und verstarb am 16. April 1859 im südfranzösischen Cannes. Aus einer adeligen Familie stammend, deren royalistisch gesinntes Oberhaupt in Verwaltung und Politik Frankreichs sehr aktiv war, wurde er nach dem Studium der Rechtswissenschaften in Paris 1826 zum Untersuchungsrichter in Versailles ernannt und machte später die Bekanntschaft von Gustave de Beaumont, mit dem er nach Amerika reisen sollte. Er hörte zu Paris die Geschichtsvorlesungen des berühmten François Guizot, die seine Auffassungen von Geschichte und Gesellschaft prägten, und wurde im Jahre 1830 promoviert.

Abb. 41: Alexis de Tocqueville (Verneuil-sur-Seine, 1805 – Cannes, 1859).

Auf Grundlage der von Mai 1831 bis Februar 1832 gemeinsam mit Beaumont unternommenen Reise in die Vereinigten Staaten von Amerika beruhte Tocquevilles Hauptwerk, das im Zentrum unseres Interesses an dem jungen Publizisten steht. Bei *De la démocratie en Amérique* – Sie bemerken, dass die USA in dieser Schrift bereits mit ‚Amerika' gleichgesetzt werden – handelt es sich um ein geschichtliches und zugleich politisches Werk, in welchem der junge französische Adelige ausgehend von seinen Reiseerfahrungen die Demokratie in den USA und – so ließe sich sagen – zugleich die Zukunft Frankreichs und Europas zu beschreiben versuchte. Der erste Teil wurde 1835, der zweite 1840 veröffentlicht, fällt mithin genau in den Zeitraum, mit dem wir uns zuvor in *Sab* beschäftigt haben.

Die Grundthese seines Hauptwerks beruht darauf, dass der zum Zeitpunkt seiner Reise in die USA noch junge französische Historiker in der US-amerikanischen Demokratie seiner Zeit egalitäre Tendenzen verwirklicht sah, welche sich nach seinem Dafürhalten in Frankreich bereits abzeichneten und in Zukunft in ganz Europa durchsetzen würden. Sein Œuvre stellte mithin in Raum und Zeit ein gemeinsames Spannungsfeld zwischen Alter und Neuer Welt her, gab diesem transatlantischen Bewegungsraum aber einen klaren historischen Zeitpfeil mit. Diese Vektorizität war eine wichtige Einsicht, wurden mit *De la démocratie en Amérique* doch die USA erstmals zum Schrittmacher einer politischen Entwicklung, der man auch in Europa früher oder später werde folgen müssen. Es handelt sich dabei um eine Vorstellung, welche zweifellos das gesamte 20. Jahrhundert dominieren sollte und bei einigen politischen Parteien in Europa wohl noch immer vorherrscht, aber insgesamt in unserer Epoche wohl um die Jahrtausendwende mehr als brüchig geworden ist.

Für Alexis de Tocqueville ging es vorrangig darum, die konkrete Verfassungswirklichkeit einer auf Egalitarismus gründenden Demokratie in den Vereinigten Staaten in ihren gesellschaftlichen und politischen Folgen einzuschätzen und dabei Vergleiche mit der französischen Geschichte mit Blick auf zukünftige Entwicklungen zu ziehen. Dabei interessierte er sich stark für das Prinzip der Volkssouveränität sowie für die von der staatlichen Struktur beförderten Chancen einer politischen und gesellschaftlichen Partizipation innerhalb eines demokratischen Systems, das nicht von einer Elite, sondern von einer Masse beherrscht werden sollte und wurde. Tocqueville sah die USA erstmals an der Spitze einer epochalen Entwicklung, welche die westlichen Gesellschaften des 19. und 20. Jahrhunderts prägen sollte. Die Reise in die USA war für ihn folglich nicht eine Reise in die Vergangenheit Europas, sondern ganz im Gegenteil eine Zeitreise in die Zukunft eines Europa, welche durch die Erfahrung der USA konkret beleuchtet und erhellt wurde.

Es ist aus heutiger Sicht überaus spannend, das von Tocqueville analysierte demokratische System und die historische Herausbildung der verfassungsmäßigen „Checks and Balances" zu sehen, das in seiner Abhängigkeit von einer zunehmend plutokratischen politischen Spitze und in der eindeutig imperialistischen Ausrichtung am Ende des 19. Jahrhunderts von José Martí in seinen *Escenas norteamericanas* analytisch präzise beschrieben wurde. In Anknüpfung an Tocqueville sind dies Darstellungen und Analysen aus der Feder Martís, welche in Zeiten einer oligarchischen Bloßlegung dieses demokratischen Systems unter der Präsidentschaft Donald Trumps nachhaltig bestätigt wurden und ebenfalls nur wenig von ihrer Aktualität eingebüßt haben.

Alexis de Tocqueville interessierte sich besonders für die gesellschaftliche Elite des Landes angesichts des offensichtlichen Fehlens eines alteingesessenen Adelsstandes; ein Fehlen, mit dem der französische Adelige einen gewissen Niedergang geistiger Kultur verband. Doch richtete sich sein Interesse auch auf ein Parteiensystem, das grundlegend anders ausgerichtet war als in seiner französischen Heimat. Den unbezweifelbaren Vorzügen eines freiheitlichen Staatswesens stehen nach Ansicht von Tocqueville jene Gefahren gegenüber, welche von einer egalitären Masse und deren – heute würden wir sagen: populistischen – Meinungsschwankungen ausgehen könnten. Ich möchte betonen, dass Tocqueville von einer höchst konservativen Perspektivik aus sehr wohl jene Schwachpunkte eines demokratischen Systems ausmachte, die sich in unserer Zeit unter zweifellos grundlegend veränderten gesellschaftlichen und wirtschaftlichen Bedingungen als brandgefährlich erweisen sollten. Tocqueville erkannte dies mit scharfem Blick und warnte eindringlich vor Demagogen und Volksverhetzern, welche sich die offenkundigen Schwächen dieses Systems zu Nutze machen könnten.

Auch sonst sparte der französische Historiker bei aller Bewunderung nicht mit Kritik am demokratischen System der USA und seinen zyklischen Wahlperioden. Es ist aus heutiger Sicht beeindruckend, mit welcher Weitsicht und Scharfsichtigkeit er gesellschaftspolitische Entwicklungen kommen sah, die schon im 19. Jahrhundert virulent wurden, die aber auch noch in der Gegenwart die US-amerikanische Öffentlichkeit und ihre Medien in Aufregung halten oder gar erschüttern. Gewiss kann uns der elitäre und gegen die demokratische Masse gerichtete Gestus mancher Kritiken Tocquevilles heute nur fremd sein; doch seine kühl und analytisch vorgetragenen Kritikpunkte verdienen es in ihrer überwiegenden Mehrzahl, noch ernst genommen zu werden. Wenn wir sie mit jenen fundamentalen Kritikpunkten verbinden, welche ein José Martí vor dem Hintergrund des imperialistischen Ausgreifens der USA auf die Karibik, Mittel- und Südamerika entfaltete, dann können wir eine Vielzahl an Themen ausfindig machen, welche die damals künftige Entwicklung der Vereinigten Staaten durchaus sorgenvoll beleuchten.

Doch insgesamt ist Alexis de Tocqueville von der vereinigenden, große Teile der Bevölkerung zusammenführenden Kraft und Stärke des demokratischen Systems in den USA fest überzeugt. Aus globalpolitischem Blickwinkel erkannte

Tocqueville in den Russen und in den US-Amerikanern jene beiden großen Völker und Länder, die schon bald Anspruch auf die Weltherrschaft erheben würden. Auch wenn diese weltpolitischen Prophezeiungen sich insgesamt im 20. Jahrhundert erfüllen sollten, lag der Schwerpunkt von *De la démocratie en Amérique* unverkennbar – wie im Titel des Werkes schon ausgedrückt – doch auf der Entfaltung des demokratischen Systems in den Vereinigten Staaten von Amerika und dessen Bedeutung für Europa. Am Beispiel der USA versuchte der Franzose zudem, vor künftigen Fehlentwicklungen der Demokratie in Frankreich und Europa zu warnen sowie Alarm zu schlagen, verstand seine Reise also auch als präventive Zeitreise, insoweit er in den USA Fehler und Fehlentwicklungen auszumachen suchte, die es künftig in seinem Heimatland – wie in Europa insgesamt – zu vermeiden gelte.

Eine Gefahr für die Demokratie erblickte Tocqueville vor allem in den aufstrebenden Magnaten der US-amerikanischen Industrieentwicklung, eine Prophezeiung, die zum Zeitpunkt José Martís längst Wirklichkeit geworden war, kritisierte der Kubaner doch ebenso eindringlich wie Tocqueville die oligarchischen und plutokratischen Strukturen, welche bis heute die demokratischen Grundlagen der USA bedrohen. Man übertreibt sicherlich nicht, stellt man Alexis de Tocqueville als einen feinsinnigen aristokratischen Anhänger eines demokratischen Systems in den USA dar, der frühzeitig vor den Gefahren einer Massendemokratie warnte, dessen Prophezeiungen sich auch in der „longue durée" historisch bewahrheiteten und der noch heute eine kritische Sichtweise demokratischer Prozesse unter dem Einfluss oligarchischer und demagogischer Strukturen und Tendenzen entfaltet. Seine Reise in die Vereinigten Staaten von Amerika war eine Reise vorwärts in der Zeit: Er querte den transatlantischen Raum, um in die Zukunft zu gelangen.

Alexis de Tocqueville erkundete in seinem grundlegenden Werk jene Möglichkeiten, welche die demokratische Verfassung der Vereinigten Staaten für die europäischen Nationen und insbesondere für Frankreich bereithielt, welches also jene künftigen Aspekte seien, die man erhoffen dürfe oder befürchten müsse.[3] Einen wichtigen Ausgangspunkt stellte dabei eine schlichte Frage dar: „Wohin führt unsere Reise?" Wohin also entwickeln sich die Gesellschaften jenes Raumes, den man heute als den „Westen" bezeichnet?

> Glaubt man etwa, dass die Demokratie, nachdem sie den Feudalismus zerstört und die Könige besiegt hat, vor den Bürgern und den Reichen zurückweichen wird? Wird sie nun, da sie selbst so stark und ihre Gegner so schwach geworden sind, einfach stehenbleiben? Wohin gehen wir also? Niemand wüsste dies zu sagen; denn uns fehlen bereits die Ver-

---

[3] Vgl. hierzu auch Neumeister, Sebastian: Alexis de Tocqueville. In: Lange, Wolf-Dieter (Hg.): *Französische Literatur des 19. Jahrhunderts*. Bd. II. Heidelberg: Quelle & Meyer 1980, S. 85.

gleichspunkte: Die Lebensumstände (*conditions*) sind heutzutage unter den Christen gleicher, als dies je zu einer anderen Zeit oder in einem andren Land der Welt der Fall war; so verhindert die Größe dessen, was schon getan ist, die Voraussage dessen, was noch getan werden kann. [...] Es tut nicht not, dass Gott selbst spricht, damit wir sichere Zeichen seines Willens erhalten; es genügt zu untersuchen, welches der gewöhnliche Gang der Natur und welches die beständige Tendenz der Ereignisse ist; [...]. [4]

Dies ist zu einem frühen Zeitpunkt die vollständig ausgebildete Einsicht in eine absolute Offenheit von Bewegungen in die Zukunft, einer Zukunftsoffenheit, die sich nicht mehr an vorgegebenen Modellen und Vorbildern zu orientieren vermag. Diese aufschlussreiche Passage mit der Frage danach, wohin die Reise einer spezifischen Gesellschaft, aber auch der Menschheit insgesamt gehen wird, ist folglich eine zentrale Ausdrucksweise der europäischen Moderne – und vielleicht mehr noch von Moderne überhaupt. Die epochenspezifische Erfahrung einer historischen Entwicklung, die sich zunehmend den bekannten Vorbildern entzieht und gerade im nachrevolutionären Frankreich der „Historia" als „Magistra Vitae" jegliche Legitimation abspricht,[5] führt hier – die Formel „Où allons-nous donc?" scheint es bereits anzudeuten – zu einer Ausweichbewegung im Raum: Eine Untersuchung der Demokratie in den Vereinigten Staaten soll Aufschluss geben über deren Entwicklung in Europa. Die Vereinigten Staaten von Amerika erscheinen als das Europa der Zukunft.

Damit wird die Reise gen Westen zu einer politischen Zeitmaschine, die Alexis de Tocqueville wohl als erster in einer langen, erst heute vermutlich definitiv abbrechenden Reihe von Reisenden in Gang setzte. Diese Reise gehorchte dem Motto: Reisen wir heute in die USA, um besser zu verstehen, was wir morgen in Europa leben und erleben werden! Sind deutsche oder italienische Reiseberichte der Nachkriegszeit über die Vereinigten Staaten in dieser Traditionslinie nicht auch häufig Erkundungsreisen gewesen, welche sich weniger um ein Verständnis aktueller Bedingungen des Fremden als um eine Reflexion der künftigen Möglichkeiten des Eigenen bemühten? Gerade nach dem Zweiten Weltkrieg häuften sich die Reisen europäischer Intellektueller, die in den Vereinigten Staaten untersuchen wollten, was die Herausforderungen von morgen für Europa sein werden.

So kann die Reise im Raum – ganz so, wie der kubanische Romancier Alejo Carpentier dies in seinem Orinoco-Roman *Los pasos perdidos* literarisch darstellte – zu einer Reise in verschiedenen Zeiten und zu verschiedenen Epochen

---

4 Tocqueville, Alexis de: *De la démocratie en Amérique*. Paris: Pagnerre 1848, Bd. I, S. 8.
5 Vgl. auch Koselleck, Reinhart: Historia Magistra Vitae. Über die Auflösung des Topos im Horizont neuzeitlich bewegter Geschichte. In (ders.): *Vergangene Zukunft. Zur Semantik geschichtlicher Zeiten*. Frankfurt am Main: Suhrkamp ²1984, S. 38–66.

werden. Es handelt sich dabei um eine Reiseform, die ähnlich wie beim Umspringen der Utopie in die Uchronie, von der Raumebene auf die Zeitebene, dem Reisenden ab dem ausgehenden 18. Jahrhunderts die Möglichkeiten eröffnete, sich auf einer Raumebene tatsächlich durch die Zeit, die Zeitebene der gesamten Menschheit zu bewegen. Auch hier steht – nicht anders als in den nachfolgenden Jahrhunderten – Reiseliteratur für Literatur schlechthin ein. Der groß angelegte historiographische, politologische und soziologische Essay von Alexis de Tocqueville belegt dies auf eindrucksvolle Weise.

Die Offenheit der Zukunft führt mit Blick auf das von Tocqueville bereiste und zugleich uchronisch porträtierte Land im selben Atemzug zur Offenheit der Zukunft auch in einem technologischen, individuellen und auf die Erfüllung von Lebensprojekten gerichteten Zusammenhang. In diesem Zusammenhang gerät die literarische Form des Essays zu einer Suche nach neuen Lebensformen und Lebensnormen in einem prospektiven Sinne.[6] Denn es beginnt sich ein neues Stereotyp herauszubilden, welches das Bild unserer Eltern in ganz Europa sehr nachhaltig mitgeprägt hat. Doch hören wir erst einmal den Verfasser dieses umfangreichen Versuchs über die Demokratie in Amerika. So heißt es im neunten Kapitel des dritten Bandes:

> Die Amerikaner sind ein sehr altes und gebildetes Volk, welches ein neues und unermessliches Land gefunden hat, in welchem es sich nach Belieben ausbreiten und welches es mühelos befruchten kann. Dies ist in der Welt ohne Beispiel. In Amerika findet daher jeder Möglichkeiten, um sein Glück zu machen oder es zu vergrößern, die woanders unbekannt sind. Die Begehrlichkeit ist hier immer atemlos, und der menschliche Geist, beständig von Gelüsten der Imagination und intelligenten Vorhaben verführt, richtet sich ausschließlich auf die Verfolgung von Reichtum. Man sieht nicht nur in den Vereinigten Staaten wie in allen anderen Ländern in Industrie und Handel beschäftigte Klassen; vielmehr beschäftigen sich alle Menschen – und dies gab es zuvor noch nie – mit Industrie und Handel zugleich.[7]

In dieser Passage wird eine Vielzahl von Umbesetzungen zwischen der Alten und der Neuen Welt deutlich: Zum einen dürfen wir feststellen, dass dort, wo noch am Ausgang des 18. Jahrhunderts in der französischsprachigen Literatur der Begriff „Américains" für die indigene Bevölkerung, also für die immer stärker marginalisierten und in Reservate zurückgedrängten Indianer reserviert gewesen war, nun der Begriff „Amerikaner" ganz deutlich in jener Form auftritt, wie wir

---

6 Vgl. hierzu Ette, Ottmar (Hg.): *Wissensformen und Wissensnormen des ZusammenLebens. Literatur – Kultur – Geschichte – Medien.* Berlin – Boston: Walter de Gruyter 2012.
7 De Tocqueville, Alexis de: *De la démocratie en Amérique*, Bd. III, S. 68 f.

ihn heute fälschlicherweise als ganz natürlich empfinden. In diesem Feld hat eine semantische Umbesetzung stattgefunden, in der die Selbstbezeichnung der „United States of America" den Begriff „America" selbst semantisch massiv reduziert und umgewendet hat – und nicht umsonst ist die marginalisierte indigene Bevölkerung daraus gänzlich verschwunden.

Wir sollten diese Tatsache als äußerst bedeutungsvoll herausarbeiten, ohne sie freilich nachzuahmen: In dieser Vorlesung wie auch in allen meinen Schriften steht der Begriff „amerikanisch" für die gesamte Hemisphäre, so dass zu den „Amerikanern" also ebenso die Bewohner des nördlichen wie des südlichen Teiles des amerikanischen Doppelkontinents gezählt werden. Und so wie wir die Bewohner des Südens als Lateinamerikaner benennen dürfen, müssen wir die Einwohner des nördlichen Amerika als Kanadier, US-Amerikaner und Mexikaner bezeichnen. Dass eine solche Bezeichnung derzeit nicht den Usancen entspricht, können Sie bereits an der völlig unwissenschaftlichen Bezeichnung ‚Amerikanistik' ablesen. Eine derartige, bestenfalls umgangssprachlich akzeptable Benennung ist abzulehnen – zumindest dort, wo darunter nicht eine Wissenschaft gemeint ist, die sich mit dem gesamten amerikanischen Kontinent, seinen Sprachen, Geschichten, Kulturen oder Literaturen, beschäftigt.

Wenn in der obigen Passage aus der Feder von Alexis de Tocqueville die ‚Amerikaner' als sehr altes und sehr aufgeklärtes Volk bezeichnet werden, dann bedeutet dies letztlich nur – und nichts anderes –, dass sie durch die Traditionen des Abendlandes einschließlich der Aufklärung mit Europa, mit den Europäern auf eine ebenso lange wie intime Weise verbunden sind. Die Anerkennung dieses Status als Kulturvolk beruht für den Franzosen folglich allein auf der Zurechnung der US-Amerikaner zu den Völkern des Abendlands. Die ‚anderen' Amerikaner, die indigenen Ureinwohner spielen in diesem Diskurs längst keine Rolle mehr: Sie sind aus der Geschichte und dem weiteren Fortgang der Weltgeschichte bereits getilgt und werden – ebenso wie der gesamte Kontinent – einfach wegeskamotiert. Ich sage dies nicht mit Schaum vor dem Mund: Aber bitte denken Sie das nächste Mal daran, wenn sie von den „Vereinigten Staaten von Amerika" oder einer „American Academy" in Berlin hören, dass es da noch ‚andere' Amerikaner gibt!

Des Weiteren zeigt sich in dieser Passage überdeutlich und auf eine bedrückende Weise, dass ‚Amerika' als gleichsam leeres Land erscheint, so als würden jene Menschen in keiner Weise zählen, welche diese „immense", unermessliche Region zuvor bewohnt hatten. Alexis de Tocqueville folgt hier nur jener Sprachregelung, die spätestens seit der Unabhängigkeit der Vereinigten Staaten vorherrschend war. Auf Grund dieser ‚Menschenleere' könne dieses Land den Neuankömmlingen und seinen westlichen Bewohnern alle Möglichkeiten und mehr offerieren. ‚Amerika' erscheint in diesem Zusammenhang bereits als Land der unbegrenzten Möglichkeiten, ein Topos, der auch in unseren Zeiten noch stereotyp wiederholt wird und Ihnen nicht unbekannt sein dürfte. In diesem Land der unbegrenzten Möglichkeiten aber spielen – und dies ist ein dritter gedanklicher Schritt – Industrie und Handel die zentrale Rolle. So entwickelt sich jene Sichtweise eines ganz auf Industrieproduktion und Handel ausgerichteten Volkes und einer Nation, die in ihrem ungestümen Vorwärtsstreben nach Perfektibilität – ich komme auf diesen Begriff zurück – letztlich anzeigen kann, wie sich das hinter den USA zurückfallende Europa künftig entwickeln wird.

Diese Denkrichtung wird schon wenige abschnitte später in Tocquevilles *De la démocratie en Amérique* – dessen Titel bereits dieses Amerika-Bild mit seiner Verklammerung ‚Amerikas' mit der Demokratie einführt – in aller Deutlichkeit vorgeführt. Wir sind noch immer im neunten Kapitel des dritten Bandes:

> Ich kann nicht damit übereinstimmen, Amerika von Europa zu trennen, trotz des Ozeans, der beide voneinander scheidet. Ich betrachte das Volk der Vereinigten Staaten als einen Teil des englischen Volkes, damit beauftragt, die Wälder der Neuen Welt auszubeuten, während der Rest der Nation, der über mehr Muße verfügt und sich weniger um die materiellen Sorgen des Lebens kümmern muss, sich dem Denken überlassen und den menschlichen Geist in alle Richtungen entwickeln kann.
>
> Die Lage der Amerikaner ist daher völlig außergewöhnlich, und es steht zu glauben, dass kein demokratisches Volk sich jemals in einer solchen Situation befinden wird. Sein gänzlich puritanischer Ursprung, seine ausschließlich kommerziellen Sitten, das Land selbst, welches es bewohnt und seine Intelligenz vom Studium der Wissenschaften abzulenken scheint, die Literatur und die Künste; die Nachbarschaft Europas, die ihm erlaubt, sie alle nicht zu studieren, ohne dadurch doch in die Barbarei zurückzufallen; tausend spezielle Gründe, von denen ich nur die wichtigsten herausarbeiten konnte, mussten auf eine sehr eigene Weise den amerikanischen Geist in der Sorge um die rein materiellen Dinge formen. Die Leidenschaften, die Notwendigkeiten, die Erziehung, die Umstände, alles scheint in der Tat dazu beizutragen, dass sich der Bewohner der Vereinigten Staaten der Erde zuneigt. Allein die Religion lässt ihn von Zeit zu Zeit flüchtige Blicke zerstreut gen Himmel richten. Hören wir daher auf, alle demokratischen Nationen in der Figur des amerikanischen Volkes zu sehen, und versuchen wir, sie endlich mit ihren eigenen Zügen wahrzunehmen.[8]

In dieser längeren Passage wird deutlich, dass im Panorama einer transatlantischen Entwicklung eine neue geokulturelle und -politische Einheit in Entstehung begriffen ist, welche uns heute, nach einem langen 20. Jahrhundert, in den ersten Jahrzehnten des 21. Jahrhunderts mehr denn je wohlvertraut ist: Es handelt sich um die Einheit des Westens und vielleicht mehr noch einer transatlantischen angelsächsischen Welt. Wie stark unterscheidet sich doch dieses Bild von jenem, das sich bei Simón Bolívar und so vielen anderen ausdrückte, die im Ringen

---

[8] Tocqueville, Alexis de: *De la démocratie en Amérique*, Bd. III, S. 70 f.

um die hispanoamerikanische Unabhängigkeit den unverbrüchlichen Hass auf Spanien predigten. Im Gegensatz zu dieser Situation Lateinamerikas scheint der US-amerikanische Unabhängigkeitskampf gegen die britische Kolonialmacht weniger schmerzhafte Spuren hinterlassen zu haben.

In Tocquevilles Darstellung erscheinen die USA noch nicht als die Denkfabrik, als der Think Tank des Westens oder gar als Hort der Wissenschaften, sondern vielmehr als ein Land, in welchem man von den Fortschritten in den Wissenschaften und Künsten woanders profitiert. Denn gedacht wird noch immer woanders: in England, in Frankreich, kurzum im alten Europa. Das neue Bild der USA als Denkfabrik und wissenschaftlichem Motor des Okzidents wird sich erst in der zweiten Hälfte des 20. Jahrhunderts herauskristallisieren und in seiner Entstehungszeit noch einmal – vorerst ein letztes Mal – unter dem Sputnik-Schock erzittern. Was in dieser Passage aber sehr deutlich wird, ist die intime Verbundenheit dieses – und keines anderen – Amerika mit der westlichen Welt. Auch hier wird wieder offenkundig, dass die Kultivierung der Wälder von keinen Indianern, keinen anderen Bewohnern, den ‚eigentlichen' Amerikanern – zumindest laut Tocqueville – geleistet wird. Es ist, als hätten wir es mit einer mittelalterlichen Landnahme in Europa zu tun, wo es keine vorherige Bevölkerung gegeben hätte.

Ein zweiter Punkt wird ebenfalls sehr deutlich zum Ausdruck gebracht. Er betrifft die feste Verbindung des Bildes der Vereinigten Staaten von Amerika mit dem schieren Materialismus. Dies wird eine Vorstellung sein, die das gesamte 19. Jahrhundert dominieren sollte und noch in Auffassungen der hispanoamerikanischen Modernisten von José Martí bis Rubén Darío erscheinen wird: der Glaube an einen spirituellen und geistig aufgeweckten Süden, welcher dem materialistischen und utilitaristischen Norden des Kontinents entgegenstünde. Insbesondere José Enrique Rodó hatte die USA in seinem im Jahre 1900 veröffentlichten Essay *Ariel* fast ausschließlich als die calibaneske Variante eines kruden Materialismus verstanden, der es – gemäß der Shakespeare'schen Triade Prospero-Ariel-Caliban – die immateriellen, geistigen und kulturellen Werte eines mit Ariel verbandelten lateinischen Amerika entgegenzustellen gelte. Das Gegenbild, mit dem der Uruguayer Rodó hier an der Wende zum 20. Jahrhundert spielt, ist im Verlauf des 19. Jahrhunderts entstanden und zu einem Gemeinplatz des lateinamerikanischen Selbstverständnisses geworden. Tocquevilles Werk gehört zweifellos zu den Schriften, die diesem zweigeteilten Bild der Amerikas wesentliche Aspekte hinzugefügt und es zugleich popularisiert haben.

Als weiterer Punkt wird schließlich neben der Tatsache, dass die Religion in den USA eine wichtige Rolle spiele und die einzig wirklich geistige, da geistliche Beschäftigung der Bewohner dieser Landstriche darstelle, darauf hingewiesen, dass man die demokratische Entwicklung nicht mit jener der USA verwechseln sollte. Dieser Hinweis zielt darauf, dass sich Tocqueville durchaus dagegen zur Wehr setzt, die gesamte Zukunft der demokratischen Länder und Völker – wie er sich ausdrückt – in der Gegenwart der USA und damit im Materialismus verankert zu sehen. Er erkennt zwar in den USA das Modell künftiger Entwicklung, weist zugleich aber darauf hin, dass dieses Modell aus einzigartigen Bedingungen entstanden sei, welche es nirgendwo anders gebe und daher – im aktuellen Beamtendeutsch gesagt – ein Alleinstellungsmerkmal aufweise. Die Vereinigten Staaten von Amerika zeigen laut Tocqueville an, wie sich die Demokratien des Westens entwickeln werden, aber es bestehe Hoffnung – so dürfen wir den französischen Geschichtsphilosophen begreifen –, dass sich mit Blick auf die Wissenschaften, aber auch auf Literatur und Künste nicht automatisch der krude Materialismus mit der Demokratie verbinden und durchsetzen werde. Tocqueville erblickt daher in Europa ein künftiges demokratisches Gegenmodell zu den Vereinigten Staaten, eine erhoffte Horizontlinie, die sich nach dem Zweiten Weltkrieg innerhalb des politischen Rahmens der kommenden Europäischen Union in der Tat verwirklicht hat, heute aber wieder in Gefahr ist.

Amerika im Sinne der USA aber zeigt letztlich die sich beschleunigende historische Bewegung an, die von einem unabhängig gewordenen, demokratischen und riesigen Land ausgeht, in ihm mit allen Auswirkungen nach außen spürbar wird. Die Zukunft ist – wie bereits betont – radikal offen, zugleich aber auch von ständigen Veränderungen und Wechseln geprägt, welche einen anderen Lebensrhythmus vorgeben. Schauen wir uns diese auch literarisch sehr überzeugend gestaltete Passage, ebenfalls aus dem dritten Teil von *De la démocratie en Amérique*, aufmerksam an:

> In dem Maße, wie die Kasten verschwinden, wie die Klassen sich einander annähern, wie die Menschen sich tumultartig miteinander vermischen, wie die Gewohnheiten, die Gebräuche, die Gesetze sich verändern, wie neue Tatsachen auftauchen, wie neue Wahrheiten ins Licht gerückt werden, wie althergebrachte Meinungen verschwinden und wie andere an ihre Stelle treten, wird das Bild einer idealen und doch stets flüchtigen Perfektion sich dem menschlichen Geiste präsentieren.
> Beständige Veränderungen werden sich dann in jedem Augenblicke unter den Augen jedes Menschen zeigen. Die einen verschlechtern seine Lage, und er wird nur zu gut verstehen, dass ein Volk oder ein Individuum, so gebildet es auch sei, keinesfalls unfehlbar ist. Die anderen verbessern sein Schicksal, und er schließt daraus, dass der Mensch im Allgemeinen mit der unbegrenzten Fähigkeit des Perfektionierens ausgestattet ist. Seine Rückschläge lassen ihn erkennen, dass nichts sich schmeicheln darf, das absolut Gute entdeckt zu haben; seine Erfolge werden ihn beflügeln, pausenlos fortzufahren. So tendiert der Mensch, immer auf der Suche, hinstürzend, sich wieder erhebend, oftmals enttäuscht, aber niemals entmutigt, ohne Unterlass zu jener unermesslichen Größe, welche er am Ende eines langen Weges erkennen kann und den die Menschheit noch durchlaufen muss.
> Man sollte nicht glauben, wie viele Fakten sich ganz natürlich von dieser philosophischen Theorie herleiten, der zufolge der Mensch unbegrenzt perfektibel ist, und wie wunderbar

der Einfluss ist, den sie selbst auf jene ausübt, welche sich allein mit dem Handeln und niemals mit dem Denken beschäftigten, zugleich aber ohne deren Kenntnis ihre Handlungen daran ausrichten.⁹

Es ist beeindruckend, wie Alexis de Tocqueville hier in einer raschen, fast atemlosen Satzfolge und in einem Rhythmus, der die rastlose Bewegung und die ständige Beschleunigung des von ihm Berichteten widerzugeben versucht, die Vorwärtsbewegungen von Menschen und eines ganzen Volkes, ja aller westlichen Demokratien und selbst der gesamten Menschheit plastisch darzustellen sucht. Es ist in seinen Augen ein sich ständig nach vorne orientierender, immer wieder fallender, aufstehender, weiter vorstürmender Mensch, der zwar keine kontinuierliche Bewegung, doch nur eine einzige Bewegungsrichtung kennt: vorwärts! Wie philosophisch und stilistisch einflussreich derartige Passagen waren, werden wir spätestens bei unserem Blick auf die Essays des hispanoamerikanischen Modernismo erkennen: Insbesondere José Martí und José Enrique Rodó knüpfen an diese Prosa und die mit ihr verbundene Vorstellungswelt an. Doch beeindruckend ist nicht zuletzt, dass Tocqueville nur von einem einzigen Weg der Menschheit spricht, alle Menschen folglich auf diesen Weg bezieht, auf dem selbstverständlich die europäischen oder europäisch geprägten Völker vorangehen.

Das zentrale Philosophem, das hinter all diesen ineinander verwickelten Gedankengängen steckt, ist das einer grenzenlosen Perfektibilität. Der Neologismus „perfectibilité" war von Jean-Jacques Rousseau – den wir nicht von ungefähr an den Beginn unserer Vorlesung gestellt hatten – gleichsam in die philosophierende Welt gesetzt worden. Jenseits jeglichen Rousseauismus' aber wird in diesen Argumentationen die unendliche Fähigkeit des Menschen, sich ständig neu zu vervollkommnen, auf ein bestimmtes Gesellschaftsmodell übertragen. Wenige Worte später wird von einem Matrosen berichtet, der auf die Frage, warum die Amerikaner Schiffe bauten, die schon nach relativ kurzer Zeit verschrottet werden müssten, antwortet, dass die Fortschritte in der Schifffahrtstechnik so rasch vor sich gingen, dass es keinen Sinn mehr mache, dauerhaft verwendbare Schiffe zu bauen, insofern ständig neue Technologien derartige Schiffe rasch veralten ließen. So finden wir von diesem US-amerikanischen Matrosen in den Worten Tocquevilles bereits vorformuliert, was in späteren Zeiten das Wegwerf-Credo einer Gesellschaft des kapitalistischen Massenkonsums werden würde; ein Credo, das noch heute ebenso für unsere Automobile wie unsere Smartphones gilt.

Was ursprünglich einmal auf die Perfektibilität des Menschen und seine Fähigkeit sich weiterzuentwickeln abgezielt hatte, wird hier gleichsam zum

---

9 Tocqueville, Alexis de: *De la démocratie en Amérique*, Bd. III, S. 63f.

Handlungsprinzip eines demokratischen Volkes erklärt, das nach diesem Philosophem wie nach einem Gesetz des Handelns agiere. Zugleich wird das Philosophem der Perfektibilität auf das Wirtschaftssystem übertragen und avanciert zur Richtschnur einer Ökonomie, welche ständig neue Produkte hervorbringt, weil diese vorgeblich weit besser als ihre Vorgänger seien. Das mag in einigen Fällen zutreffen, in den weitaus überwiegenden aber stimmt es nicht. Auch auf dieser Ebene – das wird deutlich – wird die materialistische Dimension dieser Entwicklung betont; doch zugleich werden die großen Ideale der Menschheitsgeschichte beschworen. Alexis de Tocquevilles *Demokratie in Amerika* zeigt auf, wie sich die westlichen Demokratien insgesamt entwickeln werden. Und diese Entwicklung ist eine der Beschleunigung: einer Beschleunigung mit Unfällen, gewiss! Insofern verkörpert – wie wir schon sahen – die Entwicklung der demokratischen Vereinigten Staaten von Amerika eine Entwicklung in der Zukunft der demokratischen Völker Europas.

Alexis de Tocqueville war keineswegs der einzige, der sich einer philosophisch untermauerten Weltgeschichte annahm und in ihr eine Zukunft zu erkennen glaubte, in der Europa und die USA, nicht aber im eigentlichen Sinne der Rest Amerikas oder auch der ‚Rest' der Weltgeschichte vorkamen. Doch es gab Gegenbeispiele: Die Herausforderung durch den nicht touristisch folklorisierten und zoologisierten ‚Anderen', durch das in seiner kulturellen Vielfalt wahrgenommene und anerkannte ‚Andere' wirkte für einen Philosophen, Kultur- und Naturforscher wie Alexander von Humboldt gerade im Bereich des Denkens stets fruchtbar, etwa auf dem Gebiet der Philosophie. Im selben historischen Zeitraum, am 30. Mai 1837, gestand der Weltreisende und Schriftsteller, der in Berlin nicht nur bei Carl Ritter, sondern auch bei Hegel Vorlesungen hörte, seinem Freund Varnhagen von Ense:

> Hegel's geschichtliche Studien werden mich besonders interessiren, weil ich bisher ein wildes Vorurtheil gegen die Ansicht hege, dass die Völker, ein jedes, etwas repräsentiren müssen; dass alles geschehen sei, „damit erfüllet werde" was der Philosoph verheißt. Ich werde aufmerksam lesen, und gern von meinem Vorurtheile zurückkommen.[10]

Bereits am 1. Juli 1837 aber meldete Humboldt in der für ihn typischen ironischen Diktion an Varnhagen:

---

10 *Briefe von Alexander von Humboldt an Varnhagen von Ense aus den Jahren 1827 bis 1858.* Nebst Auszügen aus Varnhagen's Tagebüchern und Briefen von Varnhagen und Andern an Humboldt. [Hg. von Ludmilla Assing.] Leipzig: F.A. Brockhaus 1860, S. 43.

> Ein Wald von Ideen ist freilich für mich in jenem Hegel, dem Gans so *meisterhaft* den Karakter seiner großen Individualität gelassen hat, aber für einen Menschen, der, wie ich, insektenartig an den Boden und seine Naturverschiedenheit gebannt ist, wird ein abstraktes Behaupten rein falscher Thatsachen und Ansichten über Amerika und die indische Welt freiheitraubend und beängstigend. Dabei verkenne ich alles das Großartige nicht.[11]

Doch in einer kurzen Nachschrift kann sich Humboldt doch nicht ganz des offenen Spotts enthalten: „Mein Leben habe ich recht schlecht eingerichtet, ich thue alles um recht früh stupide zu werden. Ich thäte gern „Verzicht auf das europäische Rindfleisch," das Hegel S. 77 so viel besser als das amerikanische fabelt, und lebte neben den schwachen kraftlosen (leider 25 Fuß langen) Krokodilen."[12] Diese auf die im 18. Jahrhundert von Buffon, de Pauw, Raynal und vielen anderen sowie dann von Hegel fortgeführte Degenerationsthese, die alles in Amerika als kränklich und schwächlich ansah, musste dem stets empirisch verankerten und denkenden Geist Alexander von Humboldts gründlich missfallen. Lange zuvor hatte er sich bereits gegen jene Thesen von Cornelius de Pauw gewandt,[13] die noch Jahrzehnte später – und von der Hegel-Forschung weitestgehend unbemerkt – dem deutschen Philosophen als Grundlagen seines weltphilosophischen Denkens dienten. Nur am Rande darf ich Sie darauf verweisen, dass dieses Hegel'sche „Fabulieren" von kleinen, schwächlichen Krokodilen – nicht ohne eine leichte Verfälschung des Zitats – zum Gegenstand einer künstlerischen Installation mit dem Titel *El cocodrilo de Humboldt no es el cocodrilo de Hegel* geworden ist.[14]

Die Humboldt'sche Kritik an Hegel ist in vielerlei Hinsicht repräsentativ für seine eigene, stets empirisch fundierte Vorgehensweise. Sie zielt einerseits auf die mangelnde faktenbezogene Basis verabsolutierter Behauptungen sowie auf den Mangel an eigener Welt-Erfahrung, die Humboldt nicht nur gegen Hegel, sondern auch gegen Buffon, Raynal, Kant, Schelling und viele andere Philosophen und Welt-Deuter ins Feld hätte führen können und überwiegend auch führte. Andererseits richtet sie sich auch gegen die Systemhaftigkeit und immanente Teleologie

---

11 Ebda., S. 44.
12 Ebda., S. 44 f.
13 Vgl. Ette, Ottmar: „Not just brought about by chance": reflections on globalization in Cornelius de Pauw and Alexander von Humboldt. In: *Studies in Travel Writing* (Nottingham) XV, 1 (February 2011), S. 3–25.
14 Vgl. die photographische Wiedergabe der 25 Fuß langen Installation *El cocodrilo de Humboldt no es el cocodrilo de Hegel* (*Das Krokodil Humboldts ist nicht das Krokodil Hegels*) des kolumbianischen Künstlers José Alejandro Restrepo; sie findet sich in der Alexander von Humboldt gewidmeten schönen Sondernummer der Zeitschrift *Humboldt* (Bonn) 126 (1999), S. 16 f.

philosophischer wie wissenschaftlicher Systeme generell. Dies erklärt die Enttäuschung Humboldts angesichts jener Vorlesungen Hegels, von denen er sich weitaus mehr versprochen hatte.

In Hegels *Vorlesungen über die Philosophie der Weltgeschichte*, die Humboldt durchaus aufmerksam zur Kenntnis genommen hatte, mag es die fehlende empirische Basis von Überlegungen wie der folgenden zur Aufgabe der Philosophie gewesen sein, an denen sich Humboldts Wissenschaftskonzeption und sein Verständnis einer Untersuchung der Weltgeschichte rieben. Wir erkennen im folgenden Zitat durchaus Aspekte, die wir schon in Tocquevilles Überlegungen durchschimmern sahen, auch wenn der Franzose anders als Hegel auf die empirische Begründung seiner Argumentation achtete. Hören wir also Hegel in etwa so, wie der deutlich ältere Humboldt ihn gehört haben mag:

> Die Philosophie hat es nur mit dem Glanze der Idee zu tun, die sich in der Weltgeschichte spiegelt. Aus dem Überdruß an den Bewegungen der unmittelbaren Leidenschaften in der Wirklichkeit macht sich die Philosophie zur Betrachtung heraus; ihr Interesse ist, den Entwicklungsgang der sich verwirklichenden Idee zu erkennen, und zwar der Idee der Freiheit, welche nur ist als Bewußtsein der Freiheit. Dass die Weltgeschichte dieser Entwicklungsgang und das wirkliche Werden des Geistes ist, unter dem wechselnden Schauspiele ihrer Geschichten, – dies ist die wahrhafte Theodicee, die Rechtfertigung Gottes in der Geschichte. Diesen Gang des Weltgeistes Ihnen zu entwickeln, ist mein Bestreben gewesen.[15]

Abb. 42: Georg Wilhelm Friedrich Hegel (Stuttgart, 1770 – Berlin, 1831).

Alexander von Humboldt, der ganz konkret zu den von Hegel hier am Ende seiner Vorlesung angesprochenen Studenten gehört haben könnte, mochte es beim

---

15 Hegel, Georg Wilhelm Friedrich: *Vorlesungen über die Philosophie der Weltgeschichte*. Hamburg: Verlag Felix Meiner 1988, Bd. IV, S. 938.

Gedanken an diesen Weltgeist, wie sehr er auch aus antiken Quellen schöpfte, etwas mulmig geworden sein. Nicht die ‚Einpassung' vorhandenen Materials in vorgefertigte Denksysteme, sondern die lebendige Beziehung zwischen Analyse und Synthese, zwischen Datensammlung und Generalisierung, zwischen partikulärer Beobachtung und stets vorläufig bleibender Schlussfolgerung, die immer auf einer vergleichenden Vorgehensweise basierte, bildeten die Grundlage für die Humboldt'sche Wissenschaft. Und dies auch, wenn ihm die Idee der Freiheit, wiewohl in einem anderen Sinne als demjenigen Hegels, beständig vor Augen stand. Die Idee der Freiheit war dem Humboldt'schen Denken wie auch seiner auf Reisen basierenden Lebenspraxis intrinsisch.

Für uns aber ist mehr als interessant, dass die Position Hegels sich für lange Zeit durchsetzen sollte; eine Position, in der Amerika im Sinne der Vereinigten Staaten erstmals als Kontinent der Zukunft annonciert wurde, zugleich aber eben jener Reduzierung Amerikas auf die USA entsprach, der wir bereits bei Alexis de Tocqueville begegnet waren. Dies ist für die geistesgeschichtliche Entwicklung des 19. Jahrhunderts, aber zugleich bis hinein in unsere Gegenwart grundlegend. Georg Friedrich Wilhelm Hegel war nicht zufällig Teil des Disputs um die Neue Welt – und sein Standort war im Grunde noch immer der eines Cornelius de Pauw. Daher ordnete er sich eindeutig auf der Seite der meisten europäischen Philosophen des 18. Jahrhunderts ein, mithin derjenigen Cornelius de Pauws, Guillaume-Thomas Raynals oder William Robertsons. Sein Geschichtsbild zeigt dies ganz eindeutig; und ich möchte an dieser Stelle gerne einmal die entsprechende Passage aus Hegels einflussreichen philosophischen Überlegungen zitieren:

> Die Welt wird in die *Alte* und *Neue* geteilt, und zwar ist der Namen der neuen daher gekommen, weil Amerika und Australien uns erst spät bekannt geworden sind. Aber diese Weltteile sind nicht nur relativ neu, sondern überhaupt neu, in Ansehung ihrer ganzen physischen und geistigen Beschaffenheit. [...] Von Amerika und seiner Kultur, namentlich in Mexiko und Peru, haben wir zwar Nachrichten, aber bloß die, dass dieselbe eine ganz natürliche war, die untergehen mußte, sowie der Geist sich ihr näherte. Physisch und geistig ohnmächtig hat sich Amerika immer gezeigt und zeigt sich noch so. [...] Die Inferiorität dieser Individuen in jeder Rücksicht, selbst in Hinsicht der Größe, gibt sich in allem zu erkennen; nur die ganz südlichen Stämme in Patagonien sind kräftigere Naturen, aber noch ganz in dem natürlichen Zustande der Roheit und Wildheit.[16]

---

16 Hegel, Georg Wilhelm Friedrich: *Vorlesungen über die Philosophie der Geschichte*. Auf der Grundlage der Werke von 1832–1845 neu edierte Ausgabe. Redaktion von Eva Moldenhauer und Karl M. Michel. 10. Aufl. Frankfurt a.M.: Suhrkamp 2012 (= Hegel Werke 12), S. 107 f.

Diese Sätze entstammen nicht der Feder eines Philosophen der Aufklärung, nicht den Werken eines Robertson, eines de Pauw oder Raynal, sondern den Vorlesungen des an der neugegründeten Berliner Universität lehrenden Georg Wilhelm Friedrich Hegel, der im selben Berlin wie Alexander von Humboldt lebte. Er wiederholt noch Jahrzehnte später dieselben Phrasen und haltlosen Beschuldigungen, die er der europäischen Aufklärungsliteratur entnommen hatte. Gleichzeitig finden sich in diesen und weiteren Formulierungen all jene Stereotype wieder, die seit der Entdeckung der sogenannten ‚Neuen Welt' in Europa gesammelt, auf diese projiziert und im 18. Jahrhundert nochmals gebündelt wurden. Hegel war in diesem Kontext lediglich ein Schallverstärker, der ungeachtet jeglicher empirischen Basis jene Elemente übernahm, die in sein weltphilosophisches System passen wollten. Dass er damit die Stimme Humboldts übertönte, weil er die europäischen Vorurteile aufgriff und wirksam verbreitete, ist eine Tatsache, die wir aus heutiger Perspektive zwar bedauern mögen, die den „Gang der Weltgeschichte" aber befeuerte.

Hegels weltgeschichtliche Betrachtungen gipfeln in seiner bekannten Sentenz „Amerika ist somit das Land der Zukunft"[17] nur deshalb, um Amerika mit den USA gleichzusetzen. Im selben Atemzug werden die ‚eigentlichen' Amerikaner sowie die Bewohner des überwiegenden Teils des Kontinents aus der Philosophie der Weltgeschichte verbannt, da sich diese allein „mit dem, was weder nur gewesen ist noch erst nur sein wird" und letztlich allein „mit der Vernunft"[18] beschäftige. In dieser Philosophie ist für die von Humboldt beschriebene Welt kein Platz: „Nordamerika" und „Südamerika" stehen einander unvermittelt gegenüber; und der letztgenannte Teil des Doppelkontinents, dem Hegel ausdrücklich (aber geographisch unkorrekt) auch Mexiko zurechnet, kann weder durch seine letztlich geleugnete kulturelle Vergangenheit noch durch seine Gegenwart – die „auf militärischer Gewalt" beruhe und „ein fortdauernder Umsturz" sei[19] – Anspruch auf Erlösung aus seiner weltgeschichtlichen Verdammung erheben. Die Weltgeschichte kann aus Hegels Sicht ohne Verlust auf diesen Teil der Welt verzichten – ganz so, wie es vor Hegel schon de Pauw mit dem größten Teil der Menschheit getan hatte.

Diese weltgeschichtliche Argumentationslinie dürfte Karl Marx und mehr noch Friedrich Engels dazu verleitet haben, Hegel in diesem Falle einmal nicht „auf den Kopf zu stellen", sondern im Sinne ihres Fortschrittsdenkens praktisch anzuwenden. So fragt Engels in einem ursprünglich im Januar 1848 veröffent-

---

17 Ebda., S. 114.
18 Ebda.
19 Ebda., S. 111.

lichten Beitrag mit Blick auf den 1846 bis 1848 erfolgreich gegen Mexiko geführten nordamerikanischen Expansionskrieg, ob „es etwa ein Unglück" sei, „dass das herrliche Kalifornien den faulen Mexikanern entrissen ist, die nichts damit zu machen wußten".[20] Der Beutezug der USA in der sogenannten „Guerra de rapiña" wird von Friedrich Engels damit aus weltpolitischer Sicht vollauf gerechtfertigt, da für ihn die Vereinigten Staaten von Amerika anders als der gesamte ‚Süden' des Kontinents eine globalgeschichtliche Rolle übernommen hatten. Und er setzt seine rhetorische Frage, die ein ganz bestimmtes Projekt der Moderne skizzierte, unerschütterlich fort:

> Dass die energischen Yankees durch die rasche Ausbeutung der dortigen Goldminen die Zirkulationsmittel vermehren, an der gelegensten Küste des stillen Meeres in wenig Jahren eine dichte Bevölkerung und einen ausgedehnten Handel konzentrieren, große Städte schaffen, Dampfschiffsverbindungen eröffnen, eine Eisenbahn von New York bis San Francisco anlegen, den Stillen Ozean erst eigentlich der Zivilisation eröffnen, und zum dritten Mal in der Geschichte dem Welthandel eine neue Richtung geben werden? Die „Unabhängigkeit" einiger spanischer Kalifornier und Texaner mag darunter leiden, die „Gerechtigkeit" und andre moralische Grundsätze mögen hie und da verletzt sein; aber was gilt das gegen solche weltgeschichtliche Tatsachen?[21]

In diesen und ähnlichen Passagen wird Hegels Rede von Amerika als dem „Land der Zukunft" ausschließlich mit Blick auf die USA in die Vision eines weltgeschichtlichen Prozesses umgesetzt, zu dessen Protagonist auf dem amerikanischen Kontinent allein jene Vereinigten Staaten werden konnten, die erst nur Kalifornien und Texas, bald aber ganz Mexiko dem nun neu definierten Weltgeist überantworteten. Auch wenn die Unterschiede in der Zielrichtung eklatant sein mögen, erweist sich Engels – und mit ihm auch Marx – als Vertreter eines teleologischen Denkens, für das Weltgeschichte nur unilateral als eine einzige Einbahnstraße denkbar ist. Die ersten auf dieser Einbahnstraße in der Entwicklungsgeschichte der Menschheit mussten dabei selbstverständlich die Europäer (einschließlich ihrer amerikanischen ‚Ableger') sein.

Auch das Humboldt'sche Weltbewusstsein[22] ist keineswegs frei von teleologischen Elementen, vor einer Absolut-Setzung des Weltgeistes – wie auch immer dessen Dialektik gedeutet werden mag – aber dadurch geschützt, dass es Mensch

---

20 Engels, Friedrich: Der demokratische Panslawismus. In: Marx, Karl / Engels, Friedrich: *Werke*. Bd. 6. Berlin: Dietz Verlag 1959, S. 273.
21 Ebda., S. 273 f.
22 Vgl. hierzu Ette, Ottmar: *Weltbewusstsein. Alexander von Humboldt und das unvollendete Projekt einer anderen Moderne. Mit einem Vorwort zur zweiten Auflage.* Weilerswist: Velbrück Wissenschaft 2020.

und Natur empirisch fundiert aufeinander bezieht, kulturelle Differenz jenseits *der* Zivilisation zu denken erlaubt und die künftige welthistorische Entwicklung als einen multipolaren Prozess begreift. Dieser sollte laut Alexander von Humboldt zum Wohlstand und Nutzen *aller* Völker beitragen.

Mit Blick auf die geschichtsphilosophische Orientierung am Mittelmeer, an den dortigen Raumverhältnissen und dem von dort ausgehenden weltgeschichtlichen Prozess ergeben sich zwischen Hegels und Humboldts Konzeptionen sehr wohl Parallelen, welche zweifellos auf die gemeinsame Nähe zu Vorstellungen Goethes und zur ‚Weimarer' Deutung der griechischen Antike verweisen. Für Humboldt wie für Hegel stand der Mittelmeerraum im Fokus aller welthistorischen Betrachtungen und bildete jenen Kreuzungspunkt, an dem sich die Prozesse der Weltgeschichte neu perspektivierten. Doch hätten diese Deutungsversuche bei Humboldt niemals zur Behauptung einer aus den Raumverhältnissen abgeleiteten Totalität geführt, die den Ausschluss anderer Welten – und damit der Welt des ‚Anderen', des Nicht-Geistes – mit sich bringen musste.

Denn für Hegel ist allein die Alte Welt „Schauplatz der Weltgeschichte";[23] selbst das „weite östliche Asien ist vom Prozesse der Weltgeschichte entfernt"[24] und umso mehr musste es daher für ihn der weltphilosophisch vernachlässigbare ‚Rest' von Amerika sein:

> Amerika ist in zwei Teile geteilt, welche zwar durch eine Landenge zusammenhängen, die aber nur einen ganz äußerlichen Zusammenhang bildet. Die Alte Welt dagegen, welche Amerika gegenüberliegt und von demselben durch den Atlantischen Ozean getrennt ist, ist durch eine tiefe Bucht, das Mittelländische Meer, durchbrochen. Die drei Weltteile derselben haben ein wesentliches Verhältnis zueinander und machen eine Totalität aus. Ihr Ausgezeichnetes ist, dass sie um das Meer herumgelagert sind und darum ein leichtes Mittel der Kommunikation haben. [...] Das Mittelmeer ist so das Herz der Alten Welt, denn es ist das Bedingende und Belebende derselben. Ohne dasselbe ließe sich die Weltgeschichte nicht vorstellen, sie wäre wie das alte Rom oder Athen ohne das Forum, wo alles zusammenkam.[25]

Sie ersehen deutlich aus diesen Passagen: Das sind geokulturelle und geopolitische Überlegungen, die direkt mit der Debatte um die Amerikas verbunden sind und deutlich eine geostrategisch-weltgeschichtliche Komponente aufweisen! Die ganze Weltgeschichte – oder in seinen Worten: ihre „Totalität" – dreht sich also bei Hegel um das Mittelmeer, wobei er den deutschsprachigen Regionen durchaus

---

23 Hegel, Georg Wilhelm Friedrich: *Vorlesungen über die Philosophie der Geschichte*, S. 115.
24 Ebda.
25 Ebda.

eine besondere Bedeutung zuerkennt. In Hegels Weltgeschichte gibt es aus der hier gewählten Perspektive freilich keinen Platz, wo wirklich *alles* in allen Zeiten zusammenkommt: Die Weltgeschichte bleibt als solche in Bewegung.

Georg Wilhelm Friedrich Hegels, Friedrich Engels' und auch Alexander von Humboldts Entwürfe sind zweifellos Projekte einer europäischen Moderne, doch unterscheidet sich Humboldts Projekt deutlich von allen anderen dadurch, dass es wissenschaftlich umfassender fundiert, grundlegend komparatistisch (und damit zwischen verschiedenen kulturellen Areas vergleichend) angelegt und nicht monokulturell, sondern zumindest interkulturell ausgerichtet ist. Dies gilt es gerade dann nicht zu vergessen, wenn uns manches in seinem Denken heute bekannt, bisweilen sogar selbstverständlich vorkommt. Doch wir werden uns ja noch mit Alexander von Humboldts Denken näher auseinandersetzen ...

Kehren wir an dieser Stelle aber zu unserem Ausgangspunkt, gleichsam der Zeitreise zurück, und fragen wir uns danach, ob es denn Reisen in die südlichen Teile der amerikanischen Hemisphäre gab, die ebenfalls als Zeitreisen aufgefasst werden können oder derartige vektorielle Elemente enthalten! Wir hatten ja bereits verschiedentlich gesehen, dass sich bei Reisen in den Süden oftmals – wie in Alejo Carpentiers *Los pasos perdidos* – eine Reise in die Vergangenheit der Menschheit als Grundmuster abzeichnete. Lässt sich dies durch Belege aus zeitgenössischen Texten des 19. Jahrhunderts substanziell belegen?

Die europäischen Reisenden des 18. und wohl auch noch jene des 19. Jahrhunderts glauben sehr wohl an eine gemeinsame Zeit und Entwicklungsgeschichte der Menschheit, eine transhistorische Zeitachse also, auf die sich die von ihnen konstatierten verschiedenen Zeitebenen linear beziehen lassen. Bei einer derartigen Vorstellung wird die Zeitreise notwendigerweise zur Bewegung des Reisenden zwischen verschiedenen Stufen kultureller, historischer, ökonomischer und sozialer Entwicklung, unabhängig davon, ob diese Entwicklung positiv oder negativ eingefärbt, ob die Entwicklung folglich als Höherentwicklung oder als Degradation gelesen wird. Bei Jean-Jacques Rousseau etwa dominierte eindeutig eine Entwicklungslinie der Degradation[26] in der Totalität menschheitsgeschichtlicher Entwicklung von einer Urzeit her, in welcher die Menschen in glücklicher Konvivenz miteinander friedlich zusammengelebt hätten. Erst später habe sich dann die Ungleichheit im weiteren Verlauf der Menschheitsgeschichte mehr und mehr etabliert.

---

26 Vgl. hierzu insbesondere Rousseau, Jean-Jacques: *Diskurs über die Ungleichheit. Discours sur l'inégalité*. Kritische Ausgabe des integralen Textes. Mit sämtlichen Fragmenten und ergänzenden Materialien und den Originalausgaben und den Handschriften neu ediert. Übersetzt und kommentiert von Heinrich Meier. Paderborn – München – Wien – Zürich: Ferdinand Schöningh 1984.

Bei Autorinnen und Autoren des 19. Jahrhunderts dominiert nicht allein in der Reiseliteratur bei Bewegungen in außereuropäische Weltregionen insgesamt eine einheitliche Vorstellung vom Verlauf der Menschheitsgeschichte[27] – und zwar unabhängig davon, ob sie (was seltener vorkam) einer Geschichte der Degradation oder (was deutlich häufiger existierte) einer Geschichte des ständigen Fortschritts den Vorzug gaben. Die Entdeckung voneinander unabhängiger, partikularer Zeiten gewinnt – soweit ich sehe – erst in der Reiseliteratur des 20. Jahrhunderts zunehmend an Raum.

Auch in Flora Tristans bereits erwähnter Reise nach Peru, in ihren *Pérégrinations d'une paria*, ist die Erfahrung der Zeitreise wiederholt gegenwärtig. Denn die Verfasserin des bis heute faszinierenden weiblichen Reiseberichts[28] glaubt sich etwa ins europäische Mittelalter versetzt, als sie die Mysterienspiele im peruanischen Arequipa literarisch darstellt. Wählen wir als Beleg einen kurzen Textausschnitt aus dieser Phase ihrer Reisebewegung! Die zweibändige Originalausgabe erschien 1838 unter dem Titel *Pérégrinations d'une paria 1833–1834* und entwickelt die folgende Sicht dieser ‚Alterität':

> Für mich, ein Kind des 19. Jahrhunderts und aus Paris kommend, war die Aufführung eines Mysterienspiels unter dem Portal einer Kirche und vor einer unermesslich großen Volksmenge etwas Neues; aber das lehrreiche Schauspiel waren die Brutalität, die grobe Kleidung, die Lumpen eben dieses Volkes, dessen extreme Unwissenheit, dessen dummer Aberglaube meine Einbildungskraft ins Mittelalter zurückführten.[29]

Notiert Flora Tristan auch sehr genau, wie schnell und mit nur wenigen Jahren Verzögerung die damalige französische Mode die Toilette der peruanischen Frauen diktiert, kommt sie doch nicht umhin, aus dem, was sie als Aberglauben bezeichnet, den Schluss zu ziehen, dass das peruanische Volk noch in seiner Kindheit[30] verharre und lange der Kirchenmacht ausgeliefert bleiben werde. Neben der Wahrnehmung einer Gleichzeitigkeit notiert sie demgemäß ebenfalls eine Ungleichzeitigkeit, wobei beide Zeitebenen in Peru nebeneinander bestehen. Doch auch wenn die Mode in diesem südamerikanischen Land ‚auf dem Stand' der neuesten französischen Entwürfe ist, so befinden sich zumindest Teile der Bevölkerung noch immer im Mittelalter, wodurch der Zeitpfeil der temporalen Vektorisierung deutlich auf derselben Entwicklungsgeschichte Europas in die Vergangenheit, gleichsam in das Mittelalter Europas weist. Der literarische Bezugs-

---

27 Vgl. Ette, Ottmar: *ReiseSchreiben*, S. 458–570.
28 Vgl. hierzu das Flora Tristan gewidmete Kapitel in ebda., S. 543–555.
29 Tristan, Flora: *Pérégrinations d'une paria*. Bd. 1, S. 303.
30 Ebda., S. 280: „So sind die Völker in der Kindheit."

punkt für Floras Darstellung eines Mysterienspiels blieb freilich nicht ungenannt: Die Erzählerin selbst verweist auf Victor Hugos *Notre-Dame de Paris*,[31] das nur wenige Jahre zuvor erschienen war. Literatur und literarische Erfahrung prägen die Lebenserfahrungen der Reisenden und konstruieren jenes Hintergrundwissen, das zur Einordnung der vor Ort aufgenommenen Reiseeindrücke führt.

Alexis de Tocquevilles Reise von 1831 in die USA führte den Franzosen in die Zukunft, Flora Tristans Reise von 1833 nach Peru die Französin dagegen in die Vergangenheit. Spätestens in der ersten Hälfte des 19. Jahrhunderts entsteht aus europäischer Sicht ein zweigeteiltes Amerika, dessen Wirkmächtigkeit auf die europäische Imagination zweifellos bis zum heutigen Tage anhält. Bei dem Franzosen wie der Französin jedoch wird das ‚Andere', die Zeit des ‚Anderen' auf dieselbe, von Europa aus gedachte Zeitachse und deren Chronologie bezogen – ein interessantes „chassé-croisé", das noch dadurch an Reiz gewinnt, dass beide höchst unterschiedlichen, an der Vergangenheit beziehungsweise der Zukunft orientierten Wertvorstellungen anhingen. Wäre der eine dem rechtskonservativen, monarchistischen politischen Spektrum zuzuordnen, so ließe sich die Französin zweifellos dem sozialistischen Lager zurechnen, für das sie sich nach ihrer Rückkehr nach Frankreich für den Rest ihres höchst aktiven Lebens aktiv engagierte.

Wir bewegen uns in beiden Reiseberichten auf der vierten Dimension, der Dimension der Zeit. Diese beinhaltet die Koexistenz, das Ineinander-Spielen verschiedener Zeitachsen und Zeitvorstellungen unter Einbeziehung der damit verbundenen (geographischen, kulturellen oder politischen) Räume. Die Konfrontation verschiedener Zeitebenen trägt wesentlich zum Reiz und zur Attraktivität des literarischen Reiseberichts bei. Darüber sollten wir aber nicht vergessen, dass sich beide Europäer ungeachtet ihrer politischen Orientierungen an derselben Entwicklungsachse einer einzigen Menschheitsgeschichte orientierten, die für alle von ihnen bereisten ethnischen Gruppen oder Völker ebenso in Europa wie außerhalb dieses kleinen Teiles der Erdoberfläche gültig sein musste.

Die hier untersuchte Zeitdimension stellt mit Blick auf Amerika eine zentrale Scharniersituation dar, die im Verlauf des ersten Drittels des 19. Jahrhunderts klar auf eine neue Sichtweise der Amerikas umgestellt hat, die der unsrigen, also heute noch aktuellen, sehr vertraut ist. Es ist – wenn Sie so wollen – die eigentliche Amerika-Sicht der *europäischen* Moderne, welche lange Zeit für die Moderne schlechthin gehalten wurde. Diese Erfindung eines zweigeteilten Amerika, diese aus europäischer Perspektive erfundene Findung der beiden Amerikas als einander fremd gegenüberstehende Einheiten mit unterschiedlichen Zeitvektoren,

---

31 Ebda., S. 304.

beherrscht das Denken nicht zuletzt in Wirtschaft und Politik, aber auf vielen anderen Ebene bis heute.

Aus diesem Blickwinkel wird deutlich, dass es zumindest für das industrialisierte Westeuropa, bald aber auch für den gesamten europäischen Raum nur noch ein einziges Amerika gab, das zählen konnte: das Amerika der Zukunft, von dem Hegel sprach und das sich Engels auch im imperialen Ausgreifen nach Süden erträumte. Wie diese Expansion des Imperiums tatsächlich dann auch militärisch umgesetzt wurde, werden wir am Beispiel der hispanoamerikanischen Reaktionen auf das Eingreifen der USA in den spanisch-kubanischen Krieg im Jahre 1898 noch sehen. Doch noch ist die „New Steel Navy" weit.

Und so lassen Sie uns auf die Tatsache kommen, dass die Zweiteilung des amerikanischen Kontinents keineswegs die erste diskursive Zweiteilung war, die das 19. Jahrhundert vornahm! Denn ihr ging eine andere, in Europa selbst vorgenommene Zweiteilung voraus, welche aus transarealer Sicht wie die Zweiteilung Amerikas von größter Relevanz für unsere Sichtweise der kulturellen wie literarischen Entwicklung sein muss. Diese ‚Bifurkation' aber verbindet sich mit dem Namen einer Frau, deren Einbeziehung für den Fortgang unserer Analyse der Romantik unverzichtbar scheint und die zugleich – ebenso wie Flora Tristan – von größter Bedeutung für die Entfaltung eines weiblichen Selbstbewusstseins am Übergang zum 19. Jahrhundert ist.

Germaine de Staël und die Zweiteilung Europas

War Gertrudis Gómez de Avellaneda die große romantische Vermittlerin zwischen Europa und Amerika, Spanien und Kuba, europäischer Romantik und außereuropäischem Ambiente, so waren Alexis de Tocqueville und Flora Tristan unsere Zeugen für eine Zweiteilung Amerikas in ein Land der Zukunft und dem der Vergangenheit überantworteten ‚Rest', zwischen einer materialistischen Lebensauffassung und einer an den spirituellen Wurzeln hängenden Latinität. Durch die nun folgende Beschäftigung mit Germaine de Staël, zumeist als Madame de Staël in die Literaturgeschichtsschreibung eingegangen, kehren wir nicht nur in den Zeitraum zurück, von dem wir von Frankreich aus nach Amerika aufgebrochen waren, sondern beschäftigen uns auch mit einer weiblichen Figur, die wie keine andere jener Zeit ebenfalls eine interkulturelle und transareale Vermittlerfunktion für Europa übernahm.

Germaine de Staël war die in Paris geborene Tochter des Schweizer Bankiers Necker, der zugleich Finanzminister der letzten Regierung des Ancien Régime und der ersten Revolutionsregierung war. Mit schwedischem Pass aus Frankreich exiliert, hielt sie in Coppet am Genfer See Hof, bereiste Italien, Deutschland, später Russland, Schweden und England. Sie vermittelte zwischen Frankreich und Deutschland sowie vielleicht mehr noch zwischen französischer Aufklärung und deutscher Romantik.[1] Sie kann in diesem Zusammenhang nicht nur als zentrale Vermittlungsfigur für die deutsche Romantik nach Frankreich und vielleicht wirkungsvollste Propagandistin eines ganz bestimmten Deutschlandbildes gelten, sondern wurde durch ihre Schriften gerade auch für die ‚neulateinischen' Literaturen beider Welten zu einer ganz entscheidenden Quelle der Auseinandersetzung mit Deutschland. Mit anderen Worten: Ihre Wirkung sowohl im französischsprachigen als auch im spanisch- und italienischsprachigen Raum kann schlechterdings nicht überschätzt werden, zumal sie auch in umgekehrter Richtung nach Deutschland vermittelte. Denn wer unter den Zeitgenossen etwas über die (deutschen) Ursprünge der Romantik erfahren wollte, schlug zunächst bei Madame de Staël nach.

Beschäftigen wir uns zunächst mit einigen für uns wichtigen Biographemen der Germaine de Staël, der großen Gegenspielerin des „Empereur Napoléon"! Anne-Louise-Germaine Necker, spätere Baronesse de Staël-Holstein, wurde am 22. April 1766 als Tochter des Genfer Bankiers und späteren französischen Finanzministers in der Hauptstadt Frankreichs geboren und starb am französischen

---

[1] Vgl. hierzu Wehinger, Brunhilde (Hg.): *Germaine de Staël. Eine europäische Intellektuelle zwischen Aufklärung und Romantik.* Berlin: edition tranvía 2020.

Abb. 43: Germaine de Staël (Paris, 1766 – ebenda, 1817).

Nationalfeiertag, dem 14. Juli 1817, achtundzwanzig Jahre nach der Französischen Revolution in ihrem geliebten Paris. Im literarischen Salon ihrer Mutter lernte sie bereits als Kind die bedeutenden Vertreter der zeitgenössischen französischen Literatur kennen. Schon im Alter von zehn Jahren reiste sie erstmals für längere Zeit nach England und verfasste mit zwölf Jahren eine erste Komödie. Früh wurde sie als die einzige Tochter eines Genfer Bürgers aus reichem Hause literarisch sozialisiert und lernte das Who's Who der literarischen Zirkel kennen – eine Erfahrung, die sie für ihre späteren Aktivitäten als „Salonière" nutzte. Bereits mit fünfzehn Jahren las sie erstmals Montesquieus *De l'esprit des lois*, eine Lektüre, die für ihr Denken bestimmend wurde. Wie ihre Mutter führte sie bald ihren eigenen literarischen Salon, der im Zeichen der historischen Veränderungen eine zunehmend politische Ausrichtung erhielt.

1786 ehelichte sie nach einem fehlgeschlagenen Heiratsprojekt mit Pitt dem Jüngeren den siebzehn Jahre älteren schwedischen Diplomaten Freiherr von Staël-Holstein, der 1802 starb, wenige Jahre nachdem man sich endgültig getrennt hatte. Germaine hielt sich nicht an eheliche Pflichten, sondern erfreute sich wie in ihrem gesamten Leben zahlreicher Liebhaber, denen sie als eigenständige und vitale Frau begegnete. Während der Französischen Revolution, die sie enthusiastisch begrüßte, stand sie mit ihrem Vater und ihrem damaligen Liebhaber, dem Grafen de Narbonne, auf Seiten der großbürgerlichen liberalen Girondisten. Während des Jakobinerterrors flüchtete sie sich in die Schweiz, auf ihr Schlösschen Coppet, und fügte einen Englandaufenthalt hinzu.

Schon zu Revolutionszeiten war sie durch ihre ausgezeichneten Verbindungen der Macht nah und zugleich im Zentrum des literarischen Lebens gewesen. Und auch später gelang es ihr eindrucksvoll, in Coppet einen Kreis berühmter

Persönlichkeiten vom Schlage eines Chateaubriand oder Lord Byron, aber auch den als Hauslehrer ihrer Kinder engagierten August Wilhelm Schlegel um sich zu scharen, bisweilen Flüchtlinge und Exilierte aufzunehmen und so manche Liebschaft einzufädeln. Von 1795 an lebte sie wieder mit zahlreichen erzwungenen und privaten Unterbrechungen in Paris, wohin sie mit ihrem damaligen Liebhaber, dem Schriftsteller Benjamin Constant, zurückgekehrt war, bis sie 1803 wegen konspirativen Widerstands gegen Napoleon ins Exil gehen musste. Mit ersterem verband sie eine langjährige und enge, wenn auch anstrengende Liebesbeziehung, mit letzterem, den sie bereits vor seinem Aufstieg kennengelernt hatte, hingegen eine langjährige Beziehung gegenseitiger Abneigung. Dass sie während all dieser Jahre vier Kinder auf die Welt brachte, erscheint angesichts ihrer vielfältigen Aktivitäten im politischen und gesellschaftlichen, aber auch im literarischen Ambiente geradezu als ein biographisches Detail.

Germaine de Staël nutzte ihre Verbannung zu längeren Reisen nach Deutschland – von November 1803 bis April 1804 – sowie 1805 nach Italien, deren Eindrücke sie in *De l'Allemagne* und in *Corinne ou l'Italie* literarisch höchst einflussreich verarbeitete. Im Übrigen zog sie sich auf das Familienanwesen in Coppet am Genfer See zurück, wo sie einen permanenten literarischen Zirkel unterhielt, von dem sie sich auch bei gelegentlichen Frankreichaufenthalten begleiten ließ und der bald europäische Dimensionen entfaltete. Dort wie auf ihren Reisen gelang es ihr scheinbar mühelos, die literarisch einflussreichsten Gestalten ihrer Zeit um sich zu versammeln. Und auch sonst war sie auf Abenteuer aus: 1807 versuchte sie sich gemeinsam mit Madame Récamier vergeblich an einer Besteigung des Mont-Blanc. Auf ihrer Italienreise hatte sie in Neapel zwei Jahre zuvor auch Alexander von Humboldt getroffen, der bei einem Ausbruch des Vesuv sofort zu dem in voller eruptiver Aktivität befindlichen Vulkan eilte, um seine Untersuchungen anstellen zu können, dabei aber keine Frauen mitnehmen wollte. Der gerade von seiner mehrjährigen Reise in die amerikanischen Tropen zurückgekehrte Jüngere der beiden Humboldt-Brüder, der an Frauen kein Interesse zeigte, machte gleichwohl einen bleibenden Eindruck auf die noch junge Frau. Es mag vielleicht auch die gemeinsame Abneigung gegenüber Napoleon gewesen sein, welche die beiden miteinander sympathisieren ließ.

Die Bespitzelungen und Verfolgungen durch den napoleonischen Staat verschärften sich allmählich: Der Kaiser der Franzosen verfolgte Germaine de Staël mit außergewöhnlicher Beharrlichkeit und Härte. 1810 wurde *De l'Allemagne* in Frankreich verboten, seit 1811 wurde der Zugang nach Schloss Coppet scharf überwacht und für bestimmte Besucher gesperrt. Daher floh sie im Mai 1812 und reiste über Wien, Mähren und Galizien nach Russland, das sie in süd-nördlicher Richtung von Kiew über Moskau bis St. Petersburg durchquerte, um dann Herbst und Winter 1812/1813 in Stockholm sowie das kommende Jahr in England zu ver-

Abb. 44: Das Schloss Coppet am Genfer See.

bringen. Es ist immer wieder faszinierend zu beobachten, wie die noch junge Frau allerlei Zwangsmaßnahmen gegen ihre Person für ausgedehnte Reisen und ein eigenes Bildungsprogramm produktiv für sich zu nutzen verstand. Nach dem ersten Sturz Napoleons kehrte sie nach Paris zurück, floh aber während der „Hundert Tage" erneut nach Coppet. 1816 ging sie heimlich zum zweiten Mal die Ehe mit ihrem langjährigen Geliebten Rocca ein, mit dem sie nebenbei ein fünftes Kind hatte. Doch im Februar 1817 erlitt die knapp einundfünfzigjährige Frau, deren Körper durch die Anstrengungen des Exils sowie einen anhaltenden Opiumkonsum geschwächt war, einen schweren Schlaganfall, an dessen Folgen sie am 14. Juli 1817 in Paris verstarb.

Das literarische Schaffen der Madame de Staël ist stark von ihrer Lebensführung geprägt und glänzt durch seine intensiven Berührungspunkte mit vielen Vertretern eines literarischen Feldes, das wohl nur wenige so hautnah kannten wie diese Schriftstellerin, die selbst noch ihre Zeiten im Exil zur Erweiterung ihres literarischen und kulturellen Horizonts intensiv zu nutzen verstand. Ihr Œuvre situiert sich innerhalb der Übergangszeit von der französischen Spätaufklärung des 18. Jahrhunderts zur europäischen Romantik; und alle ihre literarischen Schriften weisen deutliche Spuren zahlreicher historischer Erfahrungen auf, welche unverkennbar im Zeichen der radikalen politischen Umwälzungen ihrer Zeit stehen. Bereits 1788/89 erschien ihre erste literaturkritische Arbeit, die sie Jean-Jacques Rousseau widmete und die charakterlichen Besonderheiten des Genfer Bürgers bereits auf die politischen Umwälzungen nach seinem Tode bezog. Auch in diesem Detail zeigt sich einmal mehr, dass eine umfangreichere Arbeit über das 19. Jahrhundert auf die schillernde und verschiedenartigste Reaktionen hervorbringende Gestalt Rousseaus schlechterdings nicht verzichten kann: So haben wir es auch in unserer Vorlesung gehalten!

Ihren *Essai sur les fictions* übersetzte 1796 kein Geringerer als Goethe unter dem Titel *Versuch über die Dichtungen* für *Die Horen* – eine erste Kontaktaufnahme der Schriftstellerin mit der deutschen Literaturwelt. Wenige Jahre später sollte sie unter anderem Goethe und Schiller in Weimar besuchen. Ihre im Jahr 1800 erschienene literatursoziologische Schrift *De la littérature considérée dans ses rapports avec les institutions sociales* (*Über Literatur in ihren Verhältnissen mit den gesellschaftlichen Einrichtungen*) stieß erstmals auf den polemischen Widerstand der napoleonischen Literaturkritik, die ihr zu verstehen gab, dass sie als intellektuelle Frau und Verteidigerin liberaler Prinzipien in Frankreich unerwünscht sei. Sie trat darin auch für eine Öffnung der französischen Literatur für ein germanisch-christliches Europa ein und ebnete dadurch in gewisser Weise den Weg Frankreichs zum Geist der Romantik.

Madame de Staël ließ sich von den Stimmen der offiziellen Literaturkritik in Frankreich nicht beirren und widersetzte sich auch als Frau selbstbewusst: Sie machte ihren Salon in Paris zu einem Hort liberaler Opposition gegen ein zunehmend autoritäres Regime, das freilich die Volksmassen begeisterte – und nicht nur sie. Diese literarischen und soziopolitischen Aktivitäten waren es, die sie zu einer für Napoleon gefährlichen Gegnerin werden ließen. Nach Erscheinen ihres Briefromans *Delphine*, in den sie ihre Erfahrungen als selbständige Frau mit einigen Reminiszenzen an Benjamin Constant reflektierte, musste sie Paris und später ganz Frankreich binnen kürzester Frist verlassen.

Nur mit allergrößter Hochachtung kann man beobachten, wie für Germaine de Staël das Exil zu einer Chance wurde, nicht nur ihren literarischen Salon nach Coppet zu transferieren, sondern europäisch auszuweiten und zu einem Zentrum des Kulturaustauschs zu machen. Viele ihrer Positionen sind eine Frucht des Dagegenhaltens gegen die Zeitläufte, gegen bittere Erfahrungen, die sie vor allem mit der französischen Gesellschaft machte – ohne dass dies doch ihre Liebe zu Frankreich in Frage gestellt hätte. Zugleich wurde sie zu einer Begründerin literaturkritischer und -soziologischer, aber auch vergleichender Studien und eröffnete den langen Reigen historiographischer Arbeiten über die Französische Revolution.

Dass ihr vielleicht einflussreichstes Werk *De l'Allemagne* in Frankreich auf Geheiß Napoleons mitsamt des Manuskripts beschlagnahmt wurde und erst drei Jahre später in London – Schlegel rettete, wie wir noch hören werden, die Druckfahnen – erscheinen konnte, gehört zu den nicht unwichtigen Fußnoten eines bewegten Lebens. Die der Republik Genf entstammende französischsprachige Autorin wurde zu einer der großen Stimmen eines künftigen Europa und einer polyphonen europäischen Literatur. Die zahlreichen autobiographischen Elemente in *Corinne ou l'Italie* ließen Germaine de Staël auch zu einer der großen weiblichen Schriftstellerinnen werden, welche mit emanzipatorischer Geste nicht allein die kulturelle, sondern auch die Geschlechterdifferenz zum Thema ihres Schreibens machten. So konnte die Verfasserin zahlreicher Werke, aber auch einer nachgelassenen Autobiographie, die man unter dem charakteristischen Titel *Dix années d'exil* veröffentlichte, zu einem Vorbild etwa für Gertrudis Gómez de Avellaneda und viele andere schreibende Frauen werden.

In diesem doppelten Sinne könnte man Madame de Staël, die aus heutiger Sicht als Schweizerin geradezu prädestiniert dafür war, als eine wirkliche Europäerin bezeichnen. Dies nicht nur auf Grund ihrer regen Reisetätigkeit, sondern auch auf Grund ihrer Einsicht, dass die Beschäftigung mit einer einzigen Literatur nicht ausreicht, um sich ein Bild von der Literatur im speziellen und der Kultur im Allgemeinen zu machen. Es wäre freilich hochgradig ungerecht, Germaine de Staël als reine Vermittlerin zu bezeichnen; denn in ihren eigenen literarischen wie literaturtheoretischen sowie literaturkritischen Schriften entfaltete sie eine Vielzahl von Ansatzpunkten und kreativen Überlegungen, die sie auch zu einer Autorin in Scharnierstellung zwischen dem 18. und dem 19. Jahrhundert machen.

Das Exil ist sicherlich aus menschlich-individueller Sicht eine schreckliche, zerstörerische Erfahrung. Doch zeigt sich nicht allein am Beispiel von Esteban Echeverría und einer Vielzahl noch zu analysierender Schriftsteller des lateinamerikanischen 19. Jahrhunderts, aber eben auch bei der Autorin von *De l'Allemagne*, dass es oftmals Entwicklungen im interkulturellen Bereich in Gang setzt. Diese sind von ungeheurer und langfristiger kollektiver Bedeutung, wären aber ohne die persönliche Erfahrung des Exils vielleicht niemals in Gang gesetzt worden. Aus dieser Perspektive ist es bedeutsam, dass Germaine de Staëls größte literarische Aktivität und Kreativität in die Regierungszeit Napoleons und damit in eine postrevolutionäre Phase fiel, die von einem Mann beherrscht wurde, zu dem sie anfangs vergeblich Kontakt gesucht hatte, der sie umgekehrt mit seinem Hass und Argwohn bis in alle Ecken Europas verfolgte. Selbst während seines Russlandfeldzugs ließ er sich regelmäßig von den Überwachungen der Madame de Staël berichten. Napoleon maß seiner Gegenspielerin im intellektuellen wie literarischen Feld eine überraschend große Bedeutung zu, was die Eminenz ihrer literarischen Gestalt zweifellos betonte. Zugleich ließ er über die historische Situation Frankreichs verlautbaren, dass die Französische Revolution nunmehr beendet sei.

Diese Einschätzung mag für die Bereiche Geschichte und Politik sicherlich zutreffend gewesen sein. Die literarisch-ästhetische Revolution jedoch, so dürfen wir formulieren, stand Frankreich und den meisten europäischen Ländern noch bevor – auch wenn wir dieses Panorama aus einem anderen Blickwinkel mit Chateaubriand bereits näher betrachtet haben. Schon in den letzten Jahren des *Ancien Régime* und viel mehr noch während Revolution und Empire war die Millionärstochter eine der bekanntesten und zugleich umstrittensten Frauenfiguren französischer Zunge. Ihre Feindschaft gegenüber Napoleon machte sie zusammen mit ihren grundlegenden Schriften weit über die Grenzen Frankreichs hinaus berühmt.

Germaine de Staëls Geschicklichkeit im Umgang mit Menschen, in der Konversation und in der Organisation eines Salons – zudem eines literarischen Zirkels – waren sprichwörtlich. Auf ihrem Anwesen in Coppet baute sie sich nicht nur einen Rückzugsort, sondern einen dauerhaften Gesprächskreis und eine politisch-literarische Plattform auf, mit deren Hilfe sie weit über den französischsprachigen Raum ausstrahlen konnte, zugleich aber auch direkt nach Frankreich hinein wirkte. Die Zensur- und Eindämmungsmaßnahmen Napoleons belegen, wie effizient das geschickte Vorgehen der Genferin war und wie sehr sie das intellektuelle wie literarische Feld Frankreichs beeinflusste. Coppet wurde rasch zu einem der wichtigsten literarischen Brennpunkte Europas.

Zu ihrem Reich gehörten als Stützen unter anderem Benjamin Constant, Sismondi, August Wilhelm Schlegel oder Madame Récamier; daneben kamen viele Gäste vorbei, die zeitweilig im Schloss wohnten, deren Besuch auf dem Anwesen jedoch nicht selten von den französischen Behörden behindert wurde. Literatur und Politik waren die beiden großen Themenbereiche, die in den Konversationen von Coppet, aber auch in den Schriften von Madame de Staël eine unauflösliche Verbindung miteinander eingingen. Man darf Germaine de Staël folglich ohne jede Übertreibung und avant la lettre als die große Intellektuelle der europäischen Geistesgeschichte begreifen, der es gelang, zwischen Aufklärung und Romantik eine zweifache Ausrichtung der Literaturen Europas zu bewerkstelligen.

Denn nicht von ungefähr gilt sie als Begründerin zweier literaturwissenschaftlicher Disziplinen: zum einen der (in Deutschland niemals besonders beliebten) Literatursoziologie, indem sie Literatur und Gesellschaft auf eine theoretisch reflektierte Weise direkt miteinander in Verbindung brachte. Zum anderen inaugurierte sie die Vergleichende Literaturwissenschaft, die Komparatistik, da sie stets versuchte, Literatur nicht als Nationalliteratur – das Konzept entstand in jenen Jahren –, sondern jenseits nationaler und kultureller Grenzen zu verstehen und das eigene Schaffen gerade aus dem Kontrast zum Anderen heraus verständlich zu machen.

Insoweit ließe sich mit guten Gründen sagen, dass Madame de Staël als Literaturtheoretikerin – wie wir heute sagen würden – bestens vorbereitet war, die große interkulturelle Bedeutung literarischen Schaffens zu begreifen und darzustellen. Es mag sein, dass sie in späterer Zeit gerade auch aufgrund dieser vermittelnden und interkulturellen Position – und selbstverständlich auch aufgrund ihrer Situation als Frau – mancherlei Verleumdungen und einem doch nie ganz gelungenen Prozess der Verdrängung preisgegeben wurde. Doch diese selbstbewusste Grande Dame der Literatur hat all diese Anfeindungen überlebt, wie sie auch zu Lebzeiten dem autoritären System Napoleons ihren Widerstand erfolgreich entgegensetzte. Gerade in den letzten Jahrzehnten, im Umfeld der Gender Studies, aber auch weit über diese hinaus, hat das wissenschaftliche Interesse an Madame de Staël wieder deutlich zugenommen und kommt in einer Reihe neuerer Dissertationen nicht zuletzt auch im deutschsprachigen Raum zum Ausdruck.

Ihre erste große literaturtheoretische Schrift ist ohne jeden Zweifel der bereits kurz erwähnte und im Jahr 1800 – also zusammen mit dem neuen Jahrhundert der Literatur – erschienene Band *De la littérature*. Dessen voller Titel lautet *De la littérature considérée dans ses rapports avec les institutions sociales*, ein Buch von enormer Wirkung, mit dem wir uns aus Zeitgründen freilich nicht allzu lange beschäftigen können. Wissenschaftsgeschichtlich betrachtet handelt es sich um einen Gründungstext literatursoziologischer Studien. Die Grundthese dieser Arbeit besagt letztlich nichts anderes, als dass die Geschichte einer Literatur nur dann adäquat untersucht und begriffen werden könne, wenn man sie mit dem gesellschaftlichen und moralischen Zustand eines Volkes oder einer Nation, also mit der Gesellschaft ihrer Zeit in Verbindung bringt.

Wenn es auch gerade in Montesquieus Schriften, welche die Staël sehr prägten, eine starke Vorläuferschaft gibt, die im Übrigen in zweiter Linie ebenfalls Marmontel, Lessing oder Herder miteinschließt, so ist diese These doch niemals zuvor in einer solchen Breite durchgeführt und auf literarische Entwicklungen angewandt worden. Gerade der erste Satz von *De la littérature* ist, wie schon Erwin Koppen meinte,[2] fast wortwörtlich von Marmontel übernommen worden, den sie in einer Fußnote neben Voltaire und La Harpe freilich sofort als Bezugsautor nannte. Dieser Satz erste gab das Programm der Germaine de Staël vor, und so möchte ich ihn Ihnen auch nicht vorenthalten. Es handelt sich eigentlich um den ersten Abschnitt ihres „Discours préliminaire" und er beginnt, auch dies vielleicht nicht ganz zufällig, mit dem kleinen Wörtchen „Je", also mit dem Ich der Autorin:

> Ich habe mir vorgenommen, den Einfluss der Religion, der Sitten und der Gesetze auf die Literatur zu untersuchen und nach dem Einfluss der Literatur auf die Religion, die Sitten und die Gesetze zu fragen. In französischer Sprache gibt es Abhandlungen über die Kunst des Schreibens und die Prinzipien des Geschmacks, welche nichts zu wünschen übrig lassen; aber mir scheint, dass man die moralischen und die politischen Gründe nicht ausreichend untersucht hat, welche den Geist der Literatur modifizieren. Man hat, so scheint mir, noch nicht in Betracht gezogen, wie sich die menschlichen Fähigkeiten graduell durch in allen Gattungen berühmte Werke entwickelt haben, welche seit Homer bis in unsere Tage verfasst wurden.[3]

---

2 Vgl. Koppen, Erwin: Madame de Staël. In: Lange, Wolf-Dieter (Hg.): *Französische Literatur des 19. Jahrhunderts. I: Romantik und Realismus.* Heidelberg: Quelle & Meyer 1979, S. 50–69.
3 Staël, Germaine de: *De la littérature : considéré dans ses rapports avec les institutions sociales.* Paris: InfoMédia Communications 1998, S. 15.

Sie können an dieser Passage ohne weiteres erkennen, dass es Madame de Staël um eine literaturgeschichtliche Betrachtungsweise geht, die die Entwicklung der Literatur von Homer, also von den Anfängen der griechischen Antike, bis in die damalige Gegenwart, also bis in die Jahre der Französischen Revolution hinein zu verfolgen und zu analysieren sucht. Bei einer derartigen Untersuchung entsteht ganz zweifellos nicht nur ein vergleichendes Bild der Literaturen, sondern auch eine Theorie im Sinne einer Allgemeinen Literaturwissenschaft, so dass Madame de Staël auch in dieser Hinsicht sehr wohl als eine der großen Gründungsfiguren der Zunft bemüht werden darf.

Aufschlussreich ist in diesem Zusammenhang zum zweiten, dass die in Paris geborene Autorin die Beziehungen zwischen Literatur und außerliterarischen Instanzen, von denen sie Religion, Sitten und Gesetze als Bezugspunkte nennt, keineswegs als Einbahnstraße begreift. Dies insoweit, als dass die Gesellschaft auf die Literatur eingewirkt haben dürfte und so das Verhältnis beider als wechselseitiger Prozess verstanden werden kann. Der Literatur wird nämlich die Fähigkeit zugewiesen, Religion, Sitten und Gesetze ihrerseits zu beeinflussen. Mit diesem schlichten Argument wird der Literatur – und implizit natürlich auch den Literatinnen und Literaten – eine gesellschaftsverändernde Funktion zuerkannt, die Möglichkeit also, mit Hilfe ihrer Schriften Einfluss auf die Gesellschaft und deren Verfasstheit zu gewinnen. Und Madame de Staël ließ sich nicht lange bitten, diese gesellschaftsverändernde Wirkung von Literatur auch selbst unter Beweis zu stellen.

Wenn die Literatur aber andererseits von ihren jeweiligen außerliterarischen Kontexten her beeinflusst werden kann und beeinflusst wird, dann ist unverkennbar deutlich, dass es keine übergeordneten, ein für alle Mal geltenden Normen und Paradigmen geben kann, die überzeitlichen Geltungsanspruch für sich reklamieren dürften. Gewiss ist diese Fragestellung bereits Ende des 17. Jahrhunderts in der berühmten „Querelle des Anciens et des Modernes" aufgeworfen worden im Zusammenhang mit der Frage, ob die antiken Normen Gültigkeit und Modellanspruch auch in der aktuellen Zeit der „Modernes" haben dürfen. Doch stellt sich diese Frage im Kontext der Madame de Staël und damit zugleich im Kontext einer postrevolutionären Literaturauffassung neu und auf ganz andere Weise.

Denn in der Tat hat die Französische Revolution vieles hinweggefegt, was nichts anderes heißt, als dass sie zugleich viele Möglichkeiten für die Zukunft eröffnete; und der Aufbau einer neuen Literatur schien Madame de Staël stets von größter Notwendigkeit und zugleich auch Evidenz zu sein. Die Frage war nur, wie diese künftige Literatur aussehen würde und aussehen sollte! Der Geist der Literatur wird für Germaine de Staël von außerliterarischen Faktoren mitgeprägt; eine Tatsache, die gerade auch auf die Einsicht wirken wird, dass jedes Land, jede

Nation ihre eigene Entwicklung, ihre eigenen Schwerpunkte und Charakterzüge in der literarischen Praxis entwickeln wird.

Die Folgen dieser Einsicht liegen auf der Hand: Nationalliteratur wird denkbar – ganz im Herder'schen Sinne – als ein Ausfluss des Volksgeistes, als eine von einem bestimmten Volk, einer bestimmten Nation her grundlegend geprägter Bereich des Eigenen, der sich von anderen Bereichen, von anderen Literaturen abgrenzen lässt. Madame de Staël freilich wäre nicht die Erbin der „Lumières" und damit der „République des Lettres" des 18. Jahrhunderts, die sie tatsächlich war, würde sie hier einer nationalistischen Perspektivierung und Schlussfolgerung durch eine komparative oder komparatistische Perspektivierung nicht entschieden den Wind aus den Segeln nehmen. Die Veränderbarkeit von Literatur schließt ihre regionale Differenzierung nicht weniger ein als ihre ergebnisoffene historische Entwicklung: Dies sind Vorstellungen, die im Grunde das Literaturkonzept der Moderne in ganz entscheidendem Maße prägen; und mit der Moderne selbstverständlich auch das Literaturkonzept der Romantik.

Für den weiteren Verlauf von *De la littérature* ist freilich entscheidend, dass Madame de Staël ihre Ausführungen nicht auf bloße Theorie beschränkte, sondern Theorie und Anwendung miteinander verband. Literatur ist nunmehr den Einflüssen von Zeit und Raum unterworfen, also auch dem Wechsel der Zeiten und den geographischen Bedingungen – eine Einsicht, die gerade auch mit Blick auf unsere Vorlesung und die darin behandelten Literaturen beider Welten von größter Bedeutung ist. Dabei geht es nicht darum, dass die Verfasserin von *De l'Allemagne* nicht die Literaturen jenseits des Ozeans im Auge hatte oder auch im Auge haben konnte. Doch auch ohne eine Einbeziehung der amerikanischen Literaturen brachte die Romantik nicht nur höchst unterschiedliche literarische Bewegungen und Traditionen hervor, sondern reflektierte diese auch als solche. Sie entwickelte also von Beginn an – mit Blick auf Madame de Staël könnte man sagen, vielleicht noch sogar vor ihrem eigentlichen Beginn – eine Theorie dieser Verschiedenheit, welche von Zeit und Raum und der Kombination von beiden, der Mobilität, abhängt.

Eine Grund- und Lieblingsidee Germaine de Staëls hat sie von der Aufklärung und speziell von Jean-Jacques Rousseau, ihrem Genfer Landsmann, übernommen, mit dessen Werken sie natürlich aufs Beste vertraut war, dem sie ihre erste literarische Schrift gewidmet hatte und der bekanntlich diesen Neologismus auch geschaffen hatte: Es ist die Idee der „perfectibilité". Diese „Perfektibilität" zielt auf eine sich immer mehr vervollkommnende Geschichte der Menschheit und insbesondere auf die Fähigkeit des Menschen, sich ständig weiter zu perfektionieren. Dieser im Grunde anthropologische Befund wird auf den Bereich der Literatur übertragen, ohne dass Perfektibilität dabei als glatter, linear verlaufender Prozess gedacht werden sollte. Jede Epoche, so heißt es bei Madame de Staël, trage den Geist der vorangegangenen Epoche in sich, so dass sie über einen größeren literarischen Fundus als alle vorangegangenen verfüge. Diese Vorstellung ließe sich sehr gut mit unserer heutigen Auffassung von Intertextualität verbinden, welche davon ausgeht, dass bereits das *Gilgamesch-Epos* intertextuell auf früheren Texten aufruht und wir bei einem aktuellen Roman sehr wohl die intertextuellen Linien noch heute quer durch die Epochen bis zu diesem Epos aus Mesopotamien ziehen könnten: Denn Intertextualität ist das schlagende Herz der Literaturen der Welt.

Ein weiterer wichtiger Punkt, der uns aus heutiger Sicht recht modern anmutet, betrifft die Tatsache, dass die erfolgreiche „Salonière" einen offenen Literaturbegriff pflegte, der nicht nur die „Belles-Lettres", sondern im Grunde alles Schriftgut mit Ausnahme der naturwissenschaftlichen Schriften mitberücksichtigte. Es ging Madame de Staël mithin um alle Formen schriftlichen Ausdrucks menschlichen Denkens, ein fürwahr weites Feld, das einen erhellenden Lichtschein wirft auf die nun ins Wanken geratende Hierarchie der verschiedenen literarischen Gattungen und auf jene Gattungsmischung, die in der Romantik in Europa wie in den Amerikas eine so wichtige Rolle spielen sollte. Das streng geordnete hierarchische System kanonisierter Gattungen des Ancien Régime war in deutlicher Auflösung begriffen, auch wenn sich die Reden der französischen Revolutionäre noch immer an der klassischen Rhetorik orientierten und berauschten.

Schon in *De la littérature* öffnete Germaine de Staël den Blick ihrer Zeitgenossen – und nicht nur ihrer Landsleute – über den Bereich der französischen Literatur, die sie sicherlich noch immer als führend betrachtete, hinaus und verwies auf das wachsende Gewicht der Literaturen des Nordens, unter denen sie in erster Linie die Literaturen Englands, Deutschlands, Dänemarks und Schwedens verstand. An diesem Punkt tritt nun eine Gegensätzlichkeit auf, die wir ebenfalls im Kontext der Klimatheorie bereits bei Montesquieu finden können, die aber dem Bereich der Literaturen des Südens nun den Bereich des Nordens entgegenstellt und damit den unterschiedlichen Regionen Europas eine Art Zweitaktmotor unterschiebt. Ganz so, wie Amerika in zwei verschiedene, einander entgegengesetzte Teile zerfallen wird, teilte sich bei Madame de Staël bereits Europa in zwei klar voneinander geschiedene Räume auf: den Süden und den Norden.

Es handelte sich dabei um eine Zweiteilung, welche letztlich auf eine gegenseitige Ergänzung und vor allem auf eine *komplementäre* Beziehung hinauslief. Folgen wir noch einmal Wolfgang Koppen, so war die Idee eines literarischen Nord-Süd-gegensatzes Madame de Staëls eigene Erfindung, die sie wenige Jahre später in *De l'Allemagne* weiter vertiefen sollte. Dass sich diese geokulturelle Zweiteilung nachfolgend auch mit Blick auf andere Kontinente popularisierte, kann zweifellos auf die große Ausstrahlungskraft der frankophonen Intellektuellen avant la lettre zurückgeführt werden. Freilich: Die Einbeziehung der Literaturen des Nordens war zweifellos eine Provokation des französischen Selbstbewusstseins! Und als eine solche wurden die Veröffentlichungen der Staël dann auch von den Zeitgenossen in Frankreich gelesen. Frankreich – dies musste für jeden, der den Thesen Madame de Staëls folgen wollte, fürderhin feststehen – war nun nicht länger der Nabel der literarischen Welt. Es soll französische Kultusbeamte geben, bei denen sich diese Einsicht bis heute noch nicht herumgesprochen hat. Aber lassen wir diese unschuldige Polemik ...!

Madame de Staël führte ihre Überlegungen in dieser Richtung noch weiter, denn sie zeigte in *De l'Allemagne* unverkennbar die Grenzen und Begrenztheiten des literarischen Frankreich anhand eines Vergleichs mit Deutschland auf. Gleichzeitig entwickelte sie mit dieser veränderten Perspektive ein neues Deutschlandbild, das in der Folge bis in die beginnenden kriegerischen Auseinandersetzungen der zweiten Hälfte des 19. Jahrhunderts und bis in die nationale Konstituierung Deutschlands Bestand haben sollte. Dabei scheint mir, dass dieses neue Bild als ‚Land der Dichter und Denker' auch in Deutschland selbst lange Zeit dominant war oder fortwirkte: Das aus der Fremde gespiegelte Bild wurde zum Selbstbild der Deutschen, ein Fremdbild als Selbstbild von beeindruckender Dauerhaftigkeit, das auch heute noch immer wieder einmal präsent ist.

Germaine de Staël hatte mit ihrem neuen Werk nicht nur kurzfristig, sondern auch langfristig großen Erfolg. Sicherlich war *De l'Allemagne* eine literarische Provokation und in gewissem Maße auch ein Skandalerfolg, aber nicht an die zeitlichen Grenzen eines solchen „succès de scandale" gebunden. Die Zensur Napoleons verbot das Buch rasch; und De Staël begriff die sich ihr bietende Gelegenheit, dieses Verbot für sich nutzbar zu machen und sich als Gegnerin des „Empereur" zu profilieren. Denn die einzige Rettung der Zensierten ist es, die Zensur selbst ins öffentliche Rampenlicht zu zerren.

Sie konnte auf ein Verfahren zurückgreifen, das eine Vielzahl französischer Aufklärer, die sie im Hause ihres Vaters als kleines Mädchen noch selbst persönlich kennengelernt hatte, für sich erfolgreich zu nutzen suchten: die Selbststilisierung zur verfolgten Tugend, zur „vertu persécutée". Wir hatten dieses Verfahren bereits bei Fray Teresa de Mier in seiner Wirkungsweise kennengelernt. Auch Germaine de Staël praktizierte es mit großem Erfolg, etwa durch das Vorschalten eines auf Oktober 1813 in London datierten nachgeschobenen Vorworts, in welchem sie sich über die Zensurbehörden Napoleons und dessen Polizeiminister höchst selbst lustig machte. *De l'Allemagne* ging im April des Jahres 1810 erstmals in den Druck, wurde dann aber sofort beschlagnahmt und das Manuskript sichergestellt, was im Prinzip einem völligen Ausradieren dieses Werkes gleichkam. Doch August Wilhelm Schlegel brachte im Mai 1811 die Korrekturfahnen des Textes in Sicherheit, um das Werk vor dem vernichtenden Zugriff der napoleonischen Polizei zu schützen. Im Sommer 1813 erschien dann das Werk in französischer Sprache in

London und wurde zu einem großen, nachhaltigen, in ganz Europa wirksamen Erfolg.

Der gewählte Blickwinkel von *De l'Allemagne* ist von Beginn an kulturgeschichtlich und kulturtheoretisch. Dies zeigt bereits der erste Abschnitt der dem Werk vorangestellten „Considérations générales", die weniger durch ihre Originalität als durch ihre Präzision und Durchschlagskraft beeindrucken:

> Die führenden Nationen Europas lassen sich in ihrem Ursprung auf drei verschiedene große Rassen zurückführen: die lateinische Rasse, die germanische Rasse und die slawische Rasse. Die Italiener, die Franzosen, die Spanier haben von den Römern ihre Zivilisation und ihre Sprache erhalten; die Deutschen, die Schweizer, die Engländer, die Schweden, die Dänen und die Holländer sind teutonische Völker; und unter den Slawen schließlich nehmen die Polen und die Russen den ersten Rang ein. Jene Nationen, deren geistige Kultur von lateinischem Ursprunge ist, sind seit längerer Zeit zivilisiert als die anderen; sie haben zumeist die geschickte Klugheit der Römer in der Führung der Geschäfte dieser Welt geerbt. Gesellschaftliche Institutionen, welche auf die heidnische Religion gegründet waren, sind bei ihnen der Etablierung des Christentums vorausgegangen; und als die Völker des Nordens sie eroberten, haben diese Völker in vielerlei Hinsicht die Sitten der Länder angenommen, die sie besiegten.
> Diese Beobachtungen müssen zweifellos gemäß der Klimate, der Regierungen und der Tatsachen jeder einzelnen Geschichte modifiziert werden.[4]

In diesem klar angelegten Eingangstor zu ihrem Band *De l'Allemagne* sieht Germaine de Staël Europa gleichsam aus drei verschiedenen Teilen sich zusammensetzend, wobei ihr Begriff der „race" ein vorwiegend kultureller, in keiner Weise rein biologischer und schon gar nicht rassistischer Begriff ist. Wir können an dieser Stelle auch mit Blick auf die Amerikas erneut festhalten, dass in den lateinischen Völkern diesseits und jenseits des Atlantik der Begriff „race" oder „raza" vorwiegend kulturell geprägt ist.

Spannend ist übrigens, dass Alexander von Humboldt im dritten Band des Berichts von seiner Reise in die amerikanischen Tropen, also seiner *Relation historique*, eben diese Aufteilung auf Amerika übertrug, indem er ein lateinisches von einem germanischen und einem slawischen Amerika unterschied und damit implizit auch eine Gleichstellung mit Europa betrieb. Dass seine Formulierung von einer „Amérique de l'Europe latine" später in einem veränderten politischen Kontext ohne jeden Verweis auf ihn wiederaufgenommen wurde und zu der Bezeichnung „Lateinamerika" führte, möchte ich an dieser Stelle lediglich kurz betonen, ohne dies näher auszuführen.

---

4 Staël, Germaine de: *De l'Allemagne* [1810]. Paris: Librairie Stéréotype 1814, Bd. 1, S. 1 f.

Die Überlegungen von Madame de Staël laufen trotz ihrer grundsätzlichen Dreiteilung auf eine scharf herausgearbeitete Opposition zwischen dem lateinischen und dem germanischen Europa hinaus. Die große Literatur- und Kulturtheoretikerin stellte in diesem Zusammenhang ein Europa des Südens – des „Midi" – einem Europa des Nordens entgegen, was die vielleicht nachhaltigste Unterscheidung in ihrem einflussreichen Denken darstellt. Ihre Theorien laufen immer wieder auf Oppositionen, Antagonismen und scharfe Kontraste hinaus, welche dann freilich in eine Entwicklungsgeschichte wechselseitiger Beeinflussung und in gewisser Weise in einen dialektischen Prozess der Herausbildung komplexerer Einheiten überführt werden. Doch es war gerade diese Ausgangslage, welche die Ansichten von Germaine de Staël so griffig und damit leicht adaptierbar machte.

Neben den diskursiven Oppositionspaaren von Frankreich und Deutschland sowie von Norden und Süden gibt es bei dieser Schriftstellerin als weitere grundsätzliche Opposition – wen würde es verwundern – die Unterscheidung zwischen Männern und Frauen, die sich quer durch *De l'Allemagne* zieht und zu überraschenden, bisweilen etwas bizarr anmutenden Theorien führt. So verteidigt sie etwa die Anschauung, dass die französische Galanterie gerade nicht – wie dies oft behauptet werde – Frankreich zu einem Paradies der Frauen mache, sondern die sexuelle Libertinage verstärke, unter der besonders die Frauen litten. Im Gegensatz dazu sperrten die Türken ihre Frauen ein, womit sie ihnen bewiesen, wie nötig sie sie doch hätten.

Auch im weiteren Vorgehen ist eine scharfe Argumentation ausgehend von Oppositionen stets bemerkbar. So wird Süddeutschland Norddeutschland gegenübergestellt, was eher zum Vorteil des letzteren gereicht. Diese Zweiteilung entbehrt aus Sicht der Genfer Pariserin nicht einer gewissen Logik, denn nur von den Wäldern und Nebelschwaden des Nordens her war ein wirklicher Gegensatz auch klimatisch-ambientaler Art gegenüber Frankreich aufzubauen: Die Klimatheorien Montesquieus wirkten in ihr fort.

Diese geoklimatischen Überlegungen beherrschen dann auch das erste Kapitel des ersten Teils, in welchem es um den „aspect de l'Allemagne", um das physisch-geographische Erscheinungsbild Deutschlands geht, das unzweifelhaft von ausgedehnten Wäldern beherrscht wird. Klar und deutlich wird darauf hingewiesen, dass nach der Zeit der Völkerwanderung noch nicht der gesamte Naturraum in Kulturraum umgewandelt wurde, so dass es auf diesem Gebiet – bei aller Majestät der Landschaften – doch noch immer erhebliche Restbestände der unmittelbaren, vom Menschen noch nicht beeinträchtigten Natur gebe. Ja, die germanischen Wälder: Sie haben schon im Römischen Reich seit Tacitus das Germanenbild beherrscht! Und eben so verlaufen die literarischen Traditionen. Sie dominieren noch im 19. Jahrhundert ein Deutschlandbild, das dann am deutschen Schicksalsfluss entlang aufgebaut wird – dem Rhein. Dessen Majestät darf natürlich auch in Madame de Staëls Betrachtungen über Deutschland nicht fehlen!

Bemerkenswert ist die große Fülle an kulturtheoretischen Überlegungen, welche die kluge und aufmerksame Französin Schweizer Herkunft mit Blick auf Deutschland entwickelte. In vielfachem Sinne fundamental und selbst noch in unseren Corona-Zeiten – wenn auch nun unter dem Stichwort „Länderhoheit" – heiß diskutiert ist ihre Feststellung, die den fehlenden Zentralismus in Deutschland angeht. Mit Blick auf das damalige, aber auch noch aktuelle Deutschlandbild sollten wir uns diese Überlegungen einmal näher ansehen:

> Da es keinerlei Hauptstadt gibt, wo sich die gute Gesellschaft ganz Deutschlands versammeln könnte, übt der gesellschaftliche Geist dort wenig Macht aus; das Reich des guten Geschmacks und die Waffe des Lächerlich-Machens bleiben einflusslos. Die Mehrzahl der Schriftsteller und Denker arbeitet in der Einsamkeit oder nur von einem kleinen Zirkel umgeben, den sie beherrschen. Sie lassen sich, ein jeder für sich, zu allem hinreißen, was ihnen eine zwanglose Einbildungskraft einflüstert; und wenn man in Deutschland Spuren einer Beeinflussung durch Moden bemerken kann, so betrifft dies das Begehren, das ein jeder verspürt, sich von allen anderen gänzlich verschieden zu zeigen. In Frankreich hingegen bemüht sich jedermann, das zu verdienen, was Montesquieu von Voltaire sagte: *Er besitzt mehr als jeder andere den Geist, den alle Welt hat*. Die deutschen Schriftsteller würden lieber noch die Ausländer als ihre Landsleute nachahmen.
>
> In der Literatur wie in der Politik haben die Deutschen zu viel Respekt vor den Ausländern und nicht genügend nationale Vorurteile. Dies ist eine Qualität bei den Individuen, welche die Verleugnung seiner selbst gepaart mit der Wertschätzung der anderen erzeugt; doch der Patriotismus der Nationen muss egoistisch sein. [...] die Deutschen sind Sachsen, Preußen, Bayern, Österreicher; aber der germanische Charakter, auf den man die Stärke von allen gründen müsste, ist so zerstückelt wie das Land, welches so viele verschiedene Herren besitzt.[5]

Auf diesen Seiten entsteht ein Deutschlandbild, das uns noch heute nicht ganz kalt lassen kann. Denn vieles aus diesem Fremdbild, das aus einer lateinischen, mithin romanischen Perspektivik und aus dem Vergleich mit Frankreich aufgenommen wurde, ist sehr rasch – und weit über die gerne gehörte Rede vom ‚Land der Dichter und Denker' hinaus – zu einem Selbstbild der Deutschen geworden. Vergessen Sie dabei bitte nicht, dass dies ein Deutschlandbild ist, welches noch vor dem Aufkommen eines starken Nationalismus in deutschen Landen gerade gegen die napoleonische, also französische Fremdherrschaft entstand!

Sicherlich zeigt gerade der zweite Absatz, wie sehr sich jenes Deutschland im weiteren Verlauf des 19. Jahrhunderts verändern sollte, das Madame de Staël

---

5 Staël, Germaine de: *De l'Allemagne* [1810]. Paris: Librairie Stéréotype 1814, Bd. 1, S. 16 f.

zum damaligen Zeitpunkt bereiste und dessen nationaler und nationalistischer Patriotismus durch jenen Napoleon und seine Kriege angestachelt wurde, als dessen unversöhnliche Gegnerin Germaine de Staël bis zu ihrem Tode auftrat. Auch wenn sie recht jung starb, hatte sie immerhin das Glück, den ersten wie den definitiven Sturz Napoleons vor ihrem Tod noch miterleben zu dürfen. Doch die Problematik des in Deutschland fehlenden Zentrums, die in verschiedenen Stufen immer wieder in *De l'Allemagne* beleuchtet wurde, hatte nicht nur Rückwirkungen auf ein föderales politisches System, sondern auch auf die nicht zu unterschätzende Krise einer nationalen Identitätskonstruktion, welche in diesem Jahrhundert virulent wurde.

Wenn einerseits diese Frage einer offenen Identität mit „germanisch" beantwortet wurde, wie es noch heute die Bezeichnung „Germanistik" anzudeuten scheint, dann verwies Madame de Staël andererseits doch sehr hellsichtig auf all jene Gewohnheiten, welche eine Zersplitterung des deutschen Geisteslebens auf der Ebene des intellektuellen Habitus mit sich brachte. Aus dem fehlenden Zentrum ergab sich eine Vereinzelung und Zersplitterung nicht allein im politischen, sondern auch im literarischen sowie kulturellen Bereich, eine intellektuelle Aufsplitterung und Atomisierung in unterschiedlichste kleine Zirkel, die auf das gesamte literarische und intellektuelle Feld Deutschlands durchschlugen. Denn die Deutschen seien vor allem bemüht, sich voneinander zu unterscheiden und sich voneinander abzugrenzen: eine Aufspaltung, die wir etwa auf Universitätsebene noch heute und freilich mit keineswegs nur negativen Entwicklungen beobachten können. Der Unterschied gegenüber Frankreich, das für die Staël ständiger Vergleichspunkt war, ist freilich auch noch heutzutage frappierend.

Folgen wir Germaine de Staël, so denken sich die deutschen Dichter und Denker in ihren Studierstuben die Welt aus und entwickeln Vorstellungen, die sie hernach dann nicht im lockeren Salongespräch auf die Probe stellen können. Die Gesellschaft tritt nicht mit der Waffe des Lächerlich-Machens und ‚Ridikülisierens' auf, so dass ein gesellschaftliches Korrektiv fehlt. Die Deutschen ließen vielmehr ihrer Einbildungskraft – und diese sei ihre eigentliche Stärke und Veranlagung – freiesten Lauf, was bisweilen zu bizarren Resultaten führe. Hätte es einen Kant in Königsberg am Pregelflusse gegeben, wäre er ständig in den Pariser Salons zur Diskussion seiner philosophischen Thesen gewesen? Das Land der Dichter und Denker ergänzt hier das Land der Wälder und Flüsse, und alles erscheint noch immer so vereinzelt und gesellschaftsfern, wie es einer in Frankreich sozialisierten gebildeten jungen Frau, die als kleines Mädchen schon an den Salons ihrer Mutter teilnehmen durfte, erscheinen mochte.

In vielerlei Hinsicht ist die Frage der Konversation und der geselligen Gemeinschaft – die Frage des Salons also – als funktionale Einheit der Kulturverbreitung einer Gesellschaft für Madame de Staël von ausschlaggebender Bedeutung. Auf eben diesem Gebiet sieht sie auch die größten Probleme für die kulturelle Entwicklung des Landes. Aber gab es nicht literarische und andere Salons in dem damals zwar noch provinziellen, aber langsam erwachenden Berlin jener Jahre? Waren dort nicht gerade die jüdischen Salons von großer Bedeutung? Wir werden auf diese Welt der jüdischen „Salonières" etwas später einen kurzen Seitenblick werfen, fahren jetzt aber fort mit unserer Beschäftigung mit *De l'Allemagne*.

Es fehlten, so bemängelte die Verfasserin, immer wieder die vermittelnden Instanzen innerhalb der Gesellschaft Deutschlands. Es gebe keine Verbindung zwischen den Regionen und einem Zentrum, keine Verbindung zwischen der Spitze der Gesellschaft und ihren mittleren und unteren Schichten, keine Verbindung zwischen den großen Universitäten und der Bildung des gemeinen Volkes. Es bestand auch keine Verbindung zwischen den großen Philosophen und ihren Lesern, und letztlich auch keine zwischen Frauen und Männern, die im provinziellen deutschen Ständestaat weitgehend getrennt voneinander lebten.

Genau an dieser Stelle aber zeigte sich die wahre Aufgabe der Frauen im Sinne Madame de Staëls: *Sie* stellen die Entwürfe der Männer auf die Probe, *sie* vermitteln zwischen den unterschiedlichsten gesellschaftlichen und bildungsmäßigen Gegensätzen! Auch stellen vor allem *sie* eine gesellschaftliche Öffentlichkeit her, in welcher die einzelnen Ideen auf ihre Wirksamkeit geprüft werden können, und *sie* sorgen dafür, dass Räume entstehen, in welchen sich die Welt der Frauen und die der Männer begegnen. In Deutschland aber, so bemängelt sie etwa in ihrem Kapitel über Berlin, sei die Gesellschaft der Frauen mit derjenigen der Männer kaum amalgamiert, sondern noch immer radikal von ihr getrennt.

Diese Problematik schlage auf alle anderen Bereiche durch, denn gesellschaftliches Leben – vom guten Geschmack ganz zu schweigen – bildet sich, dies wusste die Erbin der Aufklärung, allein durch und in der Öffentlichkeit. Eben dies aber sei in Deutschland nicht der Fall. Die sich daraus ergebende Einschätzung des deutschen Geistes beziehungsweise des Geistes in Deutschland war bei der Staël durchaus ambivalent.

Ich möchte Ihnen dies gerne am Beispiel des achtzehnten Kapitels über die deutschen Universitäten vorführen. In ihm machte Germaine de Staël klar, dass diese sich für sie im Norden befanden. Nein, nicht, was Sie jetzt denken: Berlin besaß zum damaligen Zeitpunkt noch keine Universität, denn die Uni, auf welche die preußischen Staatsbürger gehen durften, hieß Viadrina und lag in Frankfurt an der Oder! Damit ging eine implizite Abwertung der süddeutschen, katholischen Universitäten einher, was man in Heidelberg, Tübingen oder Freiburg bis heute nicht ganz verschmerzt hat. Wie dem auch sei, wurde das kulturelle Umfeld des deutschen Gelehrten von ihr doch nicht uninteressant beschrieben:

> Der ganze Norden Deutschlands ist voll der gelehrtesten Universitäten Europas. In keinem Land, selbst nicht in England, gibt es so zahlreiche Mittel, sich zu bilden und seine Fähigkeiten zu vervollkommnen. Wovon hängt es also ab, dass es der Nation an Energie fehlt und dass sie im Allgemeinen als schwerfällig und borniert erscheint, obwohl sie eine kleine Zahl an Männern einschließt, welche vielleicht zu den geistvollsten Europas zählen? [...]
> In Deutschland geht das philosophische Genie weiter als überall sonst, nichts hält es auf, und selbst die Abwesenheit einer politischen Karriere, so fürchterlich dies auch für die Masse sein mag, verleiht den Denkern noch größere Freiheit. Aber eine unermessliche Distanz trennt die Geister von erstem und von zweitem Rang, weil es weder das Interesse noch den Gegenstand hinsichtlich Aktivitäten für die Männer gibt, die sich nicht auf die Höhe der weitreichendsten Konzeptionen erheben. Derjenige, der sich in Deutschland nicht mit dem Universum beschäftigt, hat wirklich nichts zu tun.[6]

In dieser schönen Passage wird im Grunde das Land der Dichter und Denker, das Land der großen Philosophen auf den Boden der Tatsachen zurückgeholt: Noch stand Deutschland ein großes Jahrhundert der Philosophie bevor; doch die Beschreibung von Madame de Staël wirft ein eigentümliches Licht auf jene Größendimensionen des Denkens, die nicht erst mit Kant, sicherlich auch mit Hegel der deutschen Philosophie wie auf den Leib geschrieben scheinen. Denn es ist in der Tat ebenso aus der Perspektive der französischen wie der englischsprachigen Philosophie durchaus kurios, dass gerade in jenem Land, das nicht über weltweite Kolonien und Handelsbeziehungen verfügte, unentwegt und mit größter Energie an einer Philosophie der Weltgeschichte und philosophischen Konzeptionen des Universalen gearbeitet wurde. Denn dass gerade dies eine Spezialität der deutschen Philosophie war, ist unbestreitbar; und dass gerade ihr – um mit Humboldt zu sprechen – die empirische Basis fehlte, ist ebenso fraglos der Fall. Mit Germaine de Staël werfen wir auf diese Konstellation folglich einen anderen Blick aus einer unerwarteten, aber durchaus fruchtbaren Perspektive

So beschäftige man sich in Deutschland, Madame de Staël zufolge, intensiv mit dem ganzen Universum; doch die Spitze der Wissenschaft sei ungeheuer schmal. Zugleich sei die Verbindung zur Politik, also zur praktischen Umsetzung all dieser Gedankenflüge nicht gegeben: Auch auf dieser Ebene fehle die Verbindung und Vermittlung, fehle das Bindeglied. Sie können bereits erkennen, wie aus der Gegenüberstellung von Frankreich und Deutschland sich hier auch eine mögliche Ergänzung abzeichnet, ja sich eine Komplementarität geradezu aufdrängt.

Die absolute, von der konkreten Welt abgehobene Spekulation, die sich im deutschen Idealismus entfaltete, wird so in einen kulturellen und politischen Zusammenhang gebracht, welcher dem Lesepublikum erklären soll, warum es

---

6 Staël, Germaine de: *De l'Allemagne*, Bd. 1, S. 153 f.

gleichsam zu diesen ungeheuren philosophischen Systemen kommen konnte (und auch weiterhin in Deutschland kommen sollte). Dieser Ansatz ist wahrlich aufschlussreich, wenn er hier auch weniger auf einer konkreten Analyse der Umfelder als auf einer Applizierung bestimmter pauschalisierender Bilder beruht. Doch Deutschland erscheint in den Augen der Verfasserin von *De l'Allemagne* in der Tat als ein Gegenbild Frankreichs, ohne dass dieser Gegensatz von ihr doch allzu sehr in Schwarz-Weiß-Manier ausgemalt wird.

Untersucht man vor dem Hintergrund des weiteren Verlaufs der romantischen Bewegung oder – wie Heinrich Heine sie nennen sollte – der romantischen Schule diese Überlegungen der Germaine de Staël, so fällt auf, wie sehr sie noch in der Tradition der Salons und der Salonkultur des 18. Jahrhunderts stand. Letztere ist es, die ihr in Deutschland fehlt und nicht nur ihr, denn in der Tat war Berlin in dieser Hinsicht eine – wie Alexander von Humboldt es einmal formulierte – „Sandwüste". Dort konnten allein noch die jüdischen Salons, die Salons großer jüdischer Frauen wie Henriette Herz oder Rahel Levin Varnhagen,[7] sowie die Zirkel der Künstler, Musiker und Gelehrten einige wichtige Akzente setzen.

Doch war es ohne Frage überaus zutreffend, dass die wissenschaftliche Betätigung ungeheuer distant und entfernt von der Vermittlung in andere gesellschaftliche Bereiche war; eine Tatsache, die einer Französin in Deutschland auffallen musste. Wir wissen heute, dass wir noch immer unter diesem Übel leiden, auch wenn sich im wirtschaftlichen und technologischen Bereich manches stark verbessert hat. Denken Sie nur daran, wie lange es dauerte, bis die zahlreichen warnenden Ergebnisse der Klimaforschung langsam, sehr langsam, aber bei weitem noch nicht definitiv in politisches Handeln einflossen – ein Feld, das freilich auch international kaum besser bestellt ist!

Denn selbst jenseits theoretischer Entwürfe und generalisierender Abstraktionen ist es auch heute noch auf dem Feld konkreter und eigentlich handlungsleitender Erkenntnisse ungeheuer schwer, die Ergebnisse der Wissenschaft in die Gesellschaft und in politisches Handeln einzubauen. Deutschland hat noch immer eine gewisse Sonderrolle, was die Kluft zwischen wissenschaftlicher Forschung und konkreter gesellschaftlicher Umsetzung angeht. Dies zeigen im Übrigen nicht nur die Witze, die man sich in anderen europäischen Ländern über deutsche Professoren – insbesondere in Großbritannien – erzählt ... Aber dies ist nicht der Ort für Witze über deutsche Professoren: Von gesellschaftlicher Vermittlungskraft sind sie jedenfalls stets freigesprochen!

---

[7] Vgl. hierzu das Rahel Levin Varnhagen gewidmete Kapitel in Ette, Ottmar: *Mobile Preußen. Ansichten jenseits des Nationalen*. Stuttgart: J.B. Metzler Verlag 2019.

Die angesprochene Malaise belegen auch die unterschiedlichsten Veranstaltungen des Alltags, in denen die deutsche Universität kaum zu Wort kommt. Gewiss spielt an dieser Stelle auch der politisch ‚kontrollierte' Status deutscher Professor*innen, die als Staatsdiener dem Obrigkeitsstaat verpflichtet waren, eine Rolle. Die Funktion des Intellektuellen ist jedenfalls in Deutschland historisch insbesondere im Vergleich zu Frankreich wenig ausgebildet, und eben dieses Element ist ein Manko, das sich durch die Geschichte der deutschen Intellektuellen zieht:[8] Denn noch heute gibt es auf diesem Gebiet signifikante Unterschiede.

Gleichzeitig wird deutlich, dass Madame de Staël durch die Betonung des Geselligen, der gemeinschaftlichen Vermittlung und wechselseitigen Erprobung in fast spielerischer, in jedem Falle aber sozialer Art und Weise die Einsamkeit noch nicht als zentrales Element einer romantischen Disposition positiv in Wert gesetzt, ja vielleicht noch nicht einmal erkannt hat. So wird auch an dieser Stelle ihre Verbundenheit mit der literarischen Salonkultur des 18. Jahrhunderts und mit einem Modell der „conversation" erkennbar, das sie sehr erfolgreich nicht nur in Paris, sondern vor allem dann in Coppet praktizierte: Madame de Staël steht nicht für das einsame Genie der Romantik. Denn es ist bei ihr noch nicht der absolute Geist, der besonders hervorgehoben und mit der Beleuchtung einsamer Größe des Individuums herausgeputzt wird, sondern der fehlende gesellschaftliche Vermittlungszusammenhang, welcher für sie nach wie vor eine entscheidende Größe darstellt. Auf jene andere des einsamen Denkers und Poeten aber wird die Romantik – aber auch das Romantik*bild* Deutschlands – später alles setzen.

Schon früh war Germaine de Staël gut über Deutschland informiert, nicht zuletzt über den damaligen Herausgeber der *Correspondance littéraire*, Jacob Heinrich Meister. Bereits verwiesen wurde darauf, dass sie mit dem Autor des *Werther* korrespondierte, obwohl ihr Interesse an der deutschen Literatur sich erst recht spät entwickelte, und dass Goethe eine frühe Schrift der Französin für *Die Horen* ins Deutsche übersetzte. Madame de Staël war gewiss nicht von den Vorurteilen der französischen Öffentlichkeit gegenüber den Deutschen und der deutschen Literatur frei; doch zeigte sie – zweifellos durch das Exil verstärkt – eine interkulturelle Offenheit, die sie durchaus zu einer wichtigen Vordenkerin

---

8 Vgl. hierzu Jurt, Joseph: Status und Funktion der Intellektuellen in Frankreich im Vergleich zu Deutschland. In: Krauß, Henning (Hg.): *Offene Gefüge. Literatursystem und Lebenswirklichkeit.* Festschrift für Fritz Nies zum 60. Geburtstag. Tübingen: Narr 1994, S. 329–345; ders.: L'érudit allemand: un mythe français en voie de disparition? In: *Melanges offerts à Jacques Grange.* Nantes 1989, S. 233–247; sowie ders.: *Intellektuelle – Elite – Führungskräfte. Bildungswesen in Frankreich und Deutschland.* Freiburg: Frankreich-Zentrum 2004.

Europas machte. Denn in der langen Filiation, die über Victor Hugo und die Autoren des „Entre-deux-Guerres" zur heutigen Europäischen Union führt,⁹ war Germaine de Staël ganz ohne Zweifel eine wichtige Pionierin. Denn sie versuchte nicht allein, verschiedene europäische Literaturen zu erfassen, sondern auch die Frage nach einer Europa gemeinsamen Kultur zu stellen und – was vielleicht noch mehr ist – auch zu leben.

Die Vorstellung, dass es nicht ein einheitliches Europa, sondern ein Europa der Vielheit und Verschiedenheit geben sollte, in dem sich die unterschiedlichen Regionen und Nationalstaaten wechselseitig ergänzen, ist sicherlich noch immer sehr aktuell und macht vielleicht den Kern der europäischen *Differenz* gegenüber anderen supranationalen Entwürfen aus. Die beiden wichtigsten Etappen ihrer ersten Deutschlandreise – und sie prägten ihr Deutschlandbild entscheidend mit – waren Weimar, wo sie sich vom 13. Dezember 1803 bis 1. März 1804 aufhielt, sowie Berlin. Nicht umsonst bezeichnete Goethe Madame de Staël, vielleicht mit einem Neologismus seiner Zeit, nach anfänglichem Zögern als eine wahrhaftige „Weltfrau".

Wichtig in Berlin war vor allem der Kontakt zu Fichte, dem Schweizer Historiker Johannes von Müller, sowie auch der kongenialen Rahel Levin Vernhagen, der wir uns bald zuwenden werden, daneben aber dann vor allem dem von ihr enthusiastisch beschriebenen August Wilhelm Schlegel, der ihr viele Türen nach Deutschland öffnete. Den gerade ‚freien' August Wilhelm Schlegel machte die Staël gegen ein Jahressalär von zwölftausend Francs bei freier Kost und Unterbringung in Coppet zum Erzieher ihrer Söhne, eine für beide Seiten fruchtbare Beziehung, welche es freilich vor allem der Staël erlaubte, einen tiefen Einblick in die deutschen Entwicklungen nicht nur während ihrer Deutschlandaufenthalte, sondern auch noch lange danach zu gewinnen.

Bezüglich der Abfassung von *De l'Allemagne* war Schlegel für die „Weltfrau" von großem Nutzen, auch wenn man begründete Zweifel an der Äußerung Heinrich Heines hegen darf, Schlegel habe der Herrin von Schloss Coppet die entscheidenden Gedanken geradezu eingeflüstert. Die Arbeitsmethode der Staël war sicherlich niemals das einsame Forschen und Schreiben alleine im Arbeitszimmerchen, und so gingen Gespräche mit den unterschiedlichsten Informanten zweifellos in ihre Gedanken wie in ihre Texte mit ein. Insofern wäre es gemäß ihrer oben diskutierten Ansichten sehr wohl selbstverständlich, dass Madame de Staël ihre Ideen mit Schlegel und ihrem ganzen Kreis von Coppet heftig diskutierte.

---

9 Vgl. hierzu Kraume, Anne: *Das Europa der Literatur. Schriftsteller blicken auf den Kontinent (1815–1945)*. Berlin – New York: Walter de Gruyter 2010.

Die Problematik der Individualität war zweifellos gerade in Frankreich ein unmittelbar von der Französischen Revolution mitausgelöstes Phänomen, insoweit sich das Individuum angesichts des Zusammenbruchs jenes traditionellen Gesellschafts- und Wertesystems des Ancien Régime im Verbund mit dem Orientierungsverlust der katholischen Kirche zunehmend auf sich selbst zurückgeworfen sah. Dieser persönliche und persönlichkeitsbildende Individuationsprozess ist im Sinne Germaine de Staëls stets kritisch rückzubinden an eine offene Salongesellschaft, welche die Vermittlung herstellt zwischen diesem Zwang zur Individuation und der Vergesellschaftung des Individuums, seiner Verpflichtung, sich in die neue Gesellschaft zu integrieren.

Das Individuum ist mithin keine Erfindung der Romantik, keine Folge einer wie auch immer individualpsychologisch zu klärenden Befindlichkeit eines einsamen Menschen, sondern an spezifische Entwicklungselemente der französischen wie europäischen Gesellschaft der Aufklärung zurückgebunden. Wir haben in diesem Zusammenhang erneut eine Konfiguration vor uns, welche die in dieser Vorlesung grundgelegten schleifenden Übergänge zwischen dem 18. und dem 19. Jahrhundert betont. Bei Madame de Staël tritt dem Individuum dabei die Natur als eher harmlose, wenn auch nicht ungefährliche Korrespondenz-Natur entgenen, welche noch in gewisser Weise in die zurückhaltenden Farben einer Malerei des ausgehenden 18. Jahrhunderts gepackt ist.

Und doch ist ihre Definition der Beziehung zwischen Natur und Individuum im Kapitel „De la contemplation de la nature", in dem sie neben Schubert vor allem auf Novalis eingeht und dessen Naturbegriff entwickelt, ein deutlich von der Erfahrung der Romantik eingefärbter und mitgeprägter Begriff. In diesem Kapitel geht die französische Autorin unter anderem auch auf Alexander von Humboldt ein, der hier nur als „M. de Humboldt" bezeichnet wird, dem sie wohl zuerst im italienischen Neapel begegnet war und dessen Berichte aus der „Amérique méridionale", aus dem südlichen Amerika die Autorin offenkundig begeistert gelesen hatte.

Es handelt sich bei ihren Lektüren um die *Tableaux de la nature* und daraus vor allem um „Über die Steppen und die Wüsten", da dort Humboldt die Umwandlung der trockenariden Steppen in scheinbare Seen und Meere mit einer Beschreibung des Phänomens der Fata Morgana verband. Diese Stelle ist höchst aufschlussreich, doch kann ich hier nur diese eine kurze Passage zitieren, um schließlich den in der Folge entwickelten Naturbegriff von Madame de Staël mit ihren am Ende des Kapitels getroffenen Äußerungen nachvollziehbar zu machen. Sehen wir uns also diese Überlegungen näher an:

Nicht allein die Natur wiederholt sich selbst, sondern sie scheint die Werke der Menschen nachahmen und ihnen so ein einzigartiges Zeugnis ihrer Verbindungen und Beziehungen mit ihnen geben zu wollen.
Oft ist man beim Anblick einer schönen Gegend versucht zu glauben, dass sie als einziges Ziel besitzt, in uns hehre und edle Gefühle zu erzeugen. Ich weiß nicht, welche Beziehung zwischen den Himmeln und dem Stolz des Herzens, zwischen den Mondstrahlen, welche auf dem Berge ruhen, und der Ruhe des Gewissens besteht, doch diese Gegenstände sprechen in einer schönen Sprache zu uns, und man kann sich dem Erbeben überlassen, das sie verursachen, denn der Seele geht es dabei gut. [...]
Ah! Welch eine Lehre geht von den Schrecken beständiger Zerstörung für die menschliche Rasse aus! Dient dies dem Menschen nicht zur Ankündigung, dass sein Leben woanders ist? Würde ihn die Natur so sehr erniedrigen, wenn die Gottheit ihn nicht wieder erheben wollte? Die wahren Endgründe der Natur sind ihre Beziehungen mit unserer Seele und unserem unsterblichen Schicksal; die physischen Objekte selbst haben eine Bestimmung, welche sich nicht auf die kurze Existenz des Menschen hienieden begrenzt; sie sind da, um zur Entwicklung unserer Gedanken, zum Werke unseres moralischen Lebens beizutragen. Die Phänomene der Natur sollen nicht nur gemäß der Gesetze der Materie verstanden werden, so gut sie auch immer kombiniert sein mögen, sie besitzen vielmehr einen philosophischen Sinn und ein religiöses Ziel, dessen aufmerksamste Betrachtung niemals seine gesamte weite Ausdehnung erkennen kann.[10]

In dieser dichten Passage wird eine Sicht der Natur entfaltet, die sich zweifellos aus dem engen Kontakt der französischen Autorin mit den großen Vertretern der deutschen Romantik heraus entwickelt hat. Die Ausführungen von Madame de Staël lassen sich in gewisser Weise als das Ergebnis einer interkulturellen Lektüre der deutschen Romantik aus französischsprachiger Sicht deuten. Die Natur wird nicht als Materie betrachtet, als eine Welt, die strengen Naturgesetzen unterworfen ist, als komplexer Gegenstand, der in immer kleinere Objekte aufgelöst und analysiert werden kann. Dieser mechanistischen Auffassung der Natur, wie sie die Aufklärung entwickelte, damit zugleich den Naturgesetzlichkeiten auf die Spur kam und durch experimentelle Anordnungen immer mehr in diese materielle Konstellation von Naturphänomenen eindrang, wird eine andere Auffassung von Natur entgegengestellt, die aufs Engste mit dem Menschen verbunden ist und zweifellos eine Korrespondenz-Natur darstellt. Es handelt sich um einen Naturbegriff, der nicht analytisch vorgeht, sondern synthetisch ausgerichtet ist.

Es ist eine Natur, die in der von Germaine de Staël benutzten Formel des „je ne sais quoi" die Rationalität der Naturanschauung mit den irrationalen Rest-

---

10 Staël, Germaine de: *De l'Allemagne*, Bd. 3, S. 376 ff.

beständen zu versöhnen sucht[11] und die wechselseitigen inneren Beziehungen zwischen Mensch und Natur in den Mittelpunkt stellt. Die mechanistische, materielle Naturanschauung, welche alles der materiellen Analyse unterordnet, wird ebenso wenig übernommen wie das Bild einer allgewaltigen, allmächtigen Natur, die für den Menschen das Unermessliche und Absolute schlechthin bedeutet und ihm fremd und fern gegenüber steht. Madame de Staël versucht im Grunde, zwischen beiden Extremen zu vermitteln und ebenso eine materialistische wie eine mitfühlende, empathische, spirituelle Dimension der Beziehung zwischen Natur und Mensch zu betonen, welche freilich unverkennbar ins Transzendentale hinüberreicht.

Der Mensch und mehr noch das Individuum ist in eine so konzipierte Natur eingebunden, die keinen Seins-Grund an sich hat, sondern allein für den Menschen und dessen Gefühle da ist. Sie dient ihm als Stoff zur Reflexion und Selbstreflexion, bettet ihn in die Schöpfung ein und weist zugleich doch über deren Grenzen hinaus. In Madame de Staëls Überlegungen sind Vorstellungen des Christentums, wie wir sie schon bei Chateaubriand kennengelernt hatten, unmittelbar präsent und gehen in den Naturbegriff ein. Das „je ne sais quoi" deutet hierbei an, dass diese Natur zwar gemessen und experimentell erforscht, aber nicht in ihrer ganzen geistig-spirituellen Komplexität durchdrungen werden kann, dass stets ein Restbestand an Irrationalität bleibt. Die Natur kann nicht in ihre Bestandteile aufgelöst werden, sondern beinhaltet Dimensionen, die nicht analytisch, sondern nur synthetisierend vom Menschen erkannt und in das eigene Leben überführt werden können.

So steht im Zentrum der Naturerfahrung des Individuums die Synthese in und durch den Menschen selbst, der die Gegensätze in seinem eigenen Denken, in seinem eigenen Fühlen aufzuheben vermag. Natur ist für Germaine de Staël letztlich ohne ihre Kontemplation durch den Menschen nicht vorstellbar, ebenso wenig wie die Kontemplation des Menschen ohne die Natur vorstellbar wäre. Die Idee des Kosmos als Vereinigung von Ordnung und Schönheit ist an diesem Punkt nicht fern: Die Schöpfung, alles Geschaffene ist zum einen das, was gemessen und untersucht werden kann, zugleich aber doch eine nicht messbare Schönheit, so wie in der Etymologie des Kosmos-Begriffs Ordnung und Schönheit unauflösbar miteinander verbunden sind. Von jenem der Aufklärung ist dieser Naturbegriff meilenweit entfernt: Natur ist nicht auf ein Messbares und Analysierbares reduzierbar.

---

11 Vgl. hierzu Köhler, Erich: „Je ne sais quoi". Ein Kapitel aus der Begriffsgeschichte des Unbegreiflichen. In (ders.): *Esprit und arkadische Freiheit. Aufsätze aus der Welt der Romania.* Frankfurt am Main: Athenäum Verlag 1966, S. 230 ff.

Neben der Literatur hat Madame de Staël stets der Philosophie in Deutschland ein ganz besonderes Gewicht beigemessen. Innerhalb der deutschen Philosophie wiederum sieht sie den Schwerpunkt im Bereich der Metaphysik, womit sie vor allem die Entwicklung des deutschen Idealismus anvisierte. Auf diesem Gebiet sind ihre eigentlichen thematischen und imagologischen Schwerpunkte innerhalb ihres Deutschlandbildes zu sehen; denn ohne das Land der Denker wäre Deutschland als Land der Dichter nur ein Torso.

Ihre Ausführungen mögen vielleicht für Philosophen von einer nur recht beschränkten Tragweite sein; für das Bild, das man sich im Ausland von der deutschen Philosophie machte, waren ihre Bemerkungen jedoch von kaum zu überschätzender Bedeutung. Diese hohe Meinung zeigt sich ebenso in ihren Äußerungen zu Beginn ihrer Auseinandersetzung mit der deutschen Philosophie wie in ihren allgemeinen Betrachtungen, welche sie dem Kapitel über Immanuel Kant vorausgehen lässt. Dort heißt es mit aller wünschenswerten Klarheit, dass eine spekulative Philosophie von jeher viele Anhänger in den germanischen Ländern gefunden habe, während sich seit den Römern in den lateinischen Ländern die Anhänger einer experimentalen Philosophie in der Mehrheit befänden. Erneut finden wir uns im Angesicht einer simplen, aber wirkungsvollen Zweiteilung Europas.

Einmal mehr sind es diese Zweiteilungen, welche es Madame de Staël erlauben, einen Prozess wechselseitigen Austauschs in Gang zu setzen, der letztlich die Entwicklung der europäischen Philosophie und zugleich der Philosophie Europas nachvollziehbar macht.[12] Die Völker des Nordens wurden freilich – so die Staël – nicht von diesen hellen, bisweilen sehr abstrakten Vorstellungen der Römer geprägt; denn sie seien fast ausschließlich durch das Christentum zur Zivilisation geführt worden. Damit wird letztlich eine einschlägige kulturelle Differenz begründet: Denn jenseits aller Fissuren und Risse zwischen einem Europa des Ostens und einem Europa des Südens schwebt bei der Anrufung des deutsch-französischen Motors noch immer die Vorstellung von einer Zweiteilung Europas zwischen einem Europa lateinischer und einem Europa germanischer Herkunft mit. Es sind diese Differenzen und Gegensätze, welche in manchen Entwürfen noch immer die Dynamik eines geeinten Europa vorantreiben müssen, um wirklich zum Ausgleich aller Gegensätze und damit zum Erfolg führen zu können.

Es ist eigenartig, welch eine Dauer und Dauerhaftigkeit diese der Romantik verpflichteten Vorstellungen über einen langen Zeitraum bis hin zum heutigen Tage entfaltet haben. Lassen Sie mich zum Abschluss unserer Beschäftigung mit Madame de Staël diese entscheidende Passage noch einmal aufrufen:

---

12 Vgl. Staël, Germaine de: *De l'Allemagne*. Bd. 3, S. 53 f.

> Die spekulative Philosophie hat stets viele Anhänger unter den germanischen Nationen gefunden, ganz wie die experimentelle Philosophie unter den lateinischen. Die Römer, stets sehr geschickt in allen Angelegenheiten des Lebens, waren keine Metaphysiker [...]. Roms Einfluss wirkte nicht auf die nördlichen Völker. Diese wurden fast vollständig vom Christentum zivilisiert, und ihre alte Religion, welche in sich die Prinzipien des Rittertums enthielt, ähnelte den heidnischen Auffassungen des Südens in nichts. Es gab einen Geist der heroischen und generösen Aufopferung, einen Enthusiasmus für die Frauen, welche aus der Liebe einen edlen Kult machten, und schließlich verhinderte die Härte des Klimas, dass sich der Mensch auf die Freuden der Natur einließ, denn er genoss umso mehr die Lüste der Seele.[13]

Hier finden Sie wie in einem Brennspiegel vereint jene grundsätzlichen Zuschreibungen von Außen- und Innenwelt, von Konkretheit und Spiritualität, von Geschäftssinn und Metaphysik, von Oberflächlichkeit und Tiefe, von Galanterie und Liebe, welche die Romantik und ihr Mittelalterbild, nicht zuletzt aber auch das in Europa gängige Deutschlandbild vor der Wende zum 20. Jahrhundert wesentlich mitprägten. Madame de Staël sah zweifellos die germanischen Länder von außen; doch ihr Fremdbild wirkte nicht allein bei den Völkern von ‚lateinischer Rasse': Es wurde in weiten Bereichen des deutschsprachigen Raums zu einem Selbstbild, von dem sich viele Elemente durch die Zeit bis heute gerettet haben.

---

13 Ebda.

Rahel Levin Varnhagen, die jüdischen Salons und die Nachtseite der Romantik

Auf ihrer Reise durch Deutschland begegnete Germaine de Staël selbstverständlich auch den großen Berliner „Salonières", welche ähnlich wie sie selbst versuchten, eine Salonkultur des 18. Jahrhunderts in die neue Zeit hinüberzuretten und eine Männergesellschaft zu ‚zivilisieren', welche ganz in den Antagonismen und Auseinandersetzungen einer postrevolutionären Zeit aufzugehen schien. Doch bereits wenige Jahre nach ihrem Besuch in Berlin hatten sich die Zeiten gewandelt. Niemals hätte sie sich vorstellen können, dass die wohl berühmteste unter allen Frauen, die in Deutschland jemals einen gesellschaftlich-literarischen Salon leiteten, an der nun eintretenden neuen Situation geradezu verzweifeln würde:

> Bei meinem Teetisch ... sitze nur ich mit Wörterbüchern; Tee wird gar nicht mehr bei mir gemacht; so ist alles anders! Nie war ich so allein. Absolut. Nie so durchaus und bestimmt ennuyirt. Denn nur Geistreiches, Gütiges, Hoffnungsgebendes kann eine so Gekränkte, eine so Getötete noch hinhalten. Alles ist aber vorbei! Im Winter, und im Sommer auch noch, kannte ich einige Franzosen: Mit denen sprach ich hin und her, und wir sprachen das ab, was fremde gesittete, Literatur liebende und übende Menschen, die nicht eines Landes sind, absprechen und abstreiten können. Die sind alle weg. Meine deutschen Freunde, wie lange schon; wie gestorben, wie zerstreut![1]

Eine Frau, nicht irgendeine Frau, befindet sich vor den Trümmern ihrer Existenz, ihres Lebens: Es ist keine andere als Rahel Levin alias Rahel Varnhagen.[2] Sie sitzt an einem Teetisch in einer Wohnung, in der gar kein Tee mehr zubereitet wird, weil niemand mehr da ist, weil es kein Zusammenleben mehr gibt: keine Konvivialität und keine Konvivenz[3] in einem sich ehedem stetig erweiternden Zirkel. Was war geschehen? Alle Freundinnen und Freunde, all ihre Gäste und Seelenverwandten waren gegangen, verschwunden, vom Winde verweht.

Wo einst das Gespräch, die gepflegte Konversation, der gesellige Austausch vorherrschten, sind nur noch Wörterbücher geblieben: Bücher, in denen jene Wörter aufbewahrt und aufgehoben sind, die einst in lebendigem Wechselspiel die Runde machten und eine ganze Gesellschaft erhellten. An die Stelle der Kon-

---

[1] Varnhagen, Rahel: Brief an Gustav von Brinckmann (1808). In (dies.): *Gesammelte Werke*. Bd. I. München: Matthes & Seitz 1983, S. 328.
[2] Vgl. die als Habilitationsschrift vorgesehene Monographie der Philosophin Arendt, Hannah: *Rahel Varnhagen. Lebensgeschichte einer deutschen Jüdin aus der Romantik*. München – Zürich: Piper 1981.
[3] Zu diesem Term vgl. Ette, Ottmar: *Konvivenz. Literatur und Leben nach dem Paradies*. Berlin: Kulturverlag Kadmos 2012.

vivenz, des freudigen Zusammenlebens in einem von Soziabilität erfüllten Kreis, ist die Absenz getreten, eine Einsamkeit, die in ihrer Absolutheit auf der nicht mehr ganz jungen Frau lastet wie niemals zuvor. Konvivenz und Konvivialität haben einer gähnenden Leere, einer trauererfüllten Einsamkeit Platz gemacht: Alles ist vorbei! – Zumindest will es ihr so scheinen.

Rahel Levin sitzt also an einem verwaisten Teetisch in einem Raum, der von Bewegungen innerer wie äußerer Art erfüllt war und nun für immer menschenleer ist – und es auch bleiben wird. Bis vor kurzem noch war sie der umschwärmte Mittelpunkt einer Gesellschaft gewesen, die fröhlich und zuversichtlich in die Zukunft blickte. Doch selbst die wenigen Franzosen, mit denen sie noch in Kontakt stand, sind gegangen und haben sie allein zurückgelassen. Franzosen sind im damaligen Berlin nicht mehr beliebt!

Dabei handelt es sich um die (literarische) Nachhut jener Franzosen, die 1806 mit Napoleon in Berlin einmarschierten und der preußischen Gesellschaft der nachfriderizianischen Zeit im Zeichen von Toleranz und Offenheit, aber auch verkrusteter militärischer Hierarchien ein jähes Ende bereiteten. Preußen selbst schien mit all seinen Offizieren, mit all seinen Soldaten am Ende. Die Zeit Friedrichs des Großen war nun endgültig vorbei, der Geist von Sanssouci verweht, das preußische Rokoko mit seiner Heiterkeit entschwunden wie seine Soldaten und die Langen Kerls. Was war von Preußen noch geblieben?

Und die Franzosen? Nun sind auch sie weitergezogen, nach Osten wohl, ihrem eigenen Untergang entgegen, dem Untergang der Grande Armée, siegreich im Licht der brennenden Dörfer und Städtchen Russlands. Doch auch die Deutschen sind fort, sind entweder gefallen wie der Hohenzollern-Prinz Louis Ferdinand bei Saalfeld im Kampf gegen die Franzosen oder zwischen die Fronten von Preußen und Franzosen geraten wie Adelbert von Chamisso. Bisweilen haben sie es vorgezogen, beim Einmarsch Napoleons in Berlin lieber in Paris zu bleiben, wie der mit seinem Amerikanischen Reisewerk beschäftigte Alexander von Humboldt; oder sie sind schon bald mit der Reorganisation des preußischen Staates betraut wie sein älterer Bruder Wilhelm. Andere tragen sich mit dem Gedanken, den preußischen Staatsdienst zu quittieren und Königsberg wieder zu verlassen wie der bald in französische Kriegsgefangenschaft geratende Heinrich von Kleist oder der seiner zutiefst anti-französischen Haltung ergebene und sich an Österreich ausrichtende Friedrich von Gentz. Sie alle gehörten wie selbstverständlich dem Kreis an, der sich nur wenige Jahre zuvor um Rahel Levin geschart hatte, und der nun nicht mehr bestand.

Denn die Zeit der jüdischen Salons scheint ein für alle Mal vorbei. Die preußische Gesellschaft musste sich neu finden und erfinden, bevor ein Neubeginn, der doch im Kern nicht Regeneration, sondern Restauration bedeutete, gemacht werden konnte. Im napoleonischen Wirbelsturm ordnen sich alle Figuren neu, bevor sich die reich mit Wappen bestickten Stühle des Wiener Kongresses endgültig zur neuen Ordnung der Monarchien formieren. Auch Wilhelm von Humboldt hatte hier seinen eigenen Stuhl:[4] Preußen war schon bald wieder „on the map".

Aber mit dem Einmarsch der französischen Armee in die preußische Hauptstadt waren die alte Gesellschaft Preußens und jene fröhliche der Rahel Levin gemeinsam und unwiederbringlich untergegangen. Auch jene Gesellschaft, die Madame de Staël einst kennengelernt hatte und die ihr etwas von jener Soziabilität vermittelte, die sie selbst so sehr liebte und pflegte. Nichts konnte sie mehr zurückbringen und zu neuem Leben erwecken! All das, wofür zwischen 1790 und 1806 der sogenannte Salon der Rahel Levin gestanden hatte, all das, was er noch nicht gesellschaftsfähig, aber doch zumindest salonfähig gemacht hatte – mithin die gezielte Überwindung ebenso nationaler wie religiöser, ebenso ‚rassischer' wie ständischer oder gesellschaftlicher Grenzen und Schranken – war ein für alle Mal dahin.

Atmosphäre und Logosphäre hatten sich gewandelt: Mit dem aufkommenden Franzosenhass gingen ein nie ausgerotteter Antisemitismus in Preußen und zugleich ein aufglühender Nationalismus einher; eine Kombinatorik, welche über anderthalb Jahrhunderte die Geschicke Preußens und Deutschlands bestimmen sollte und – wer weiß es schon – noch immer drohend am Horizont erscheint. Verschwörungstheorien zirkulierten – wie stets in Deutschland – mit ausgeprägt antisemitischen Untertönen. Die Welt ihres ureigenen Kreises, ihre Dachstuben-Gesellschaft, war fast über Nacht für Rahel Levin zur „Welt von gestern" geworden, zu einem plötzlich unerreichbaren Traum[5] von einer Gemeinschaft, die sich in ihrer Tee-Gesellschaft über ein Jahrzehnt lang geradezu modellartig verwirklicht hatte. Was von diesem Traum blieb? Eine Frau sitzt 1808 vor den Trümmern ihrer Existenz. Aber auch ihres Lebens?

Die Philosophin Hannah Arendt hätte diese Frage sicherlich bejaht. Ihr Buch *Rahel Varnhagen. Lebensgeschichte einer deutschen Jüdin aus der Romantik*[6] hatte sie im Jahr 1929 zeitgleich mit dem Abschluss ihrer Dissertation bei Karl Jaspers über den Liebesbegriff bei Augustinus in Angriff genommen. Bis auf zwei noch fehlende Kapitel stellte sie es bis zu ihrer Flucht aus Nazideutschland im Jahr 1933 fertig und schrieb die Schlusskapitel im französischen Exil nieder, bevor sie

---

[4] Dieser Stuhl Wilhelm von Humboldts ist eines der Objekte der den Brüdern Humboldt gewidmeten Ausstellung, die aus Anlass des 250. Geburtstages Alexander von Humboldts von Bénédicte Savoy und David Blankenstein am Deutschen Historischen Museum kuratiert wird.
[5] Vgl. zur Wichtigkeit des Traumes Hahn, Barbara: „Im Schlaf bin ich wacher." Die Träume der Rahel Levin Varnhagen. Frankfurt am Main: Luchterhand Literaturverlag 1990.
[6] Vgl. Arendt, Hannah: *Rahel Varnhagen. Lebensgeschichte einer deutschen Jüdin aus der Romantik*. München – Zürich: Piper 1981.

1957 zuerst eine englischsprachige,[7] dann 1959 eine deutschsprachige Fassung erscheinen ließ. Von Beginn an stellte sie ihre Rahel ganz in das Licht des Judentums. Was uns heute selbstverständlich erscheint, war ein Jahrhundert nach Rahels Tod durchaus innovativ.

Gleich mit ihrem Incipit machte Arendt deutlich, dass Rahel Teil einer Geschichte war, die weit über sie hinausging, wodurch die Philosophin auch ihre eigene Lebensgeschichte besser verstand:

> „Welche Geschichte! – Eine aus Ägypten und Palästina Geflüchtete bin ich hier und finde Hilfe, Liebe und Pflege von Euch! ... Mit erhabenem Entzücken denk' ich an diesen meinen Ursprung und diesen ganzen Zusammenhang des Geschickes, durch welches die ältesten Erinnerungen des Menschengeschlechts mit der neuesten Lage der Dinge, die weitesten Zeit- und Raumfernen verbunden sind. Was so lange Zeit meines Lebens mir die größte Schmach, das herbste Leid und Unglück war, eine Jüdin geboren zu sein, um keinen Preis möcht' ich das jetzt missen." So berichtet Varnhagen von Rahels Totenbett. Dreiundsechzig Jahre hat sie gebraucht zu lernen, was 1700 Jahre vor ihrer Geburt begann, zur Zeit ihres Lebens eine entscheidende Wendung und hundert Jahre nach ihrem Tode – sie starb am 7. März 1833 – ein vorläufiges Ende nahm.
>
> Schwer mag es sein, seine eigene Geschichte zu kennen, wenn man 1771 in Berlin geboren wird und diese Geschichte schon 1700 Jahre früher in Jerusalem beginnt. Kennt man sie nicht, und ist man auch nicht geradezu ein Lump, der jederzeit Gegebenes anerkennt, Widriges umlügt und Gutes vergißt, so rächt sie sich und wird in ihrer ganzen Erhabenheit zum persönlichen Schicksal, was für den Betroffenen kein Vergnügen ist.[8]

Hannah Arendt stellt in ihrer einflussreichen, ja die Rezeptionsgeschichte der von ihr Portraitierten bis heute prägenden Biographie Rahel in den größeren Zusammenhang einer Geschichte des Judentums, dem die in Königsberg geborene Philosophin selbst auch angehörte. Letztere schloss ihre ursprünglich als Habilitationsschrift gedachte Studie hundert Jahre nach Rahels Tod vorläufig ab und versah sie mit einer Vielzahl an autobiographischen Fenstern, welche ihre Biographie kunstvoll als Autobiographie zu einem verdoppelten Überlebenschreiben werden ließen.[9] Genauso verstand sie Rahel wie auch sich selbst vor dem Hintergrund

---

[7] Mir liegt vor: Arendt, Hannah: *Rahel Varnhagen. The Life of a Jewess*. First complete edition. Edited by Liliane Weissberg. Translated by Richard and Clara Winston. Baltimore – London: The Johns Hopkins University Press 1997.

[8] Arendt, Hannah: *Rahel Varnhagen. Lebensgeschichte einer deutschen Jüdin aus der Romantik*, S. 15.

[9] Vgl. das Hannah Arendts Buch über Rahel Varnhagen gewidmete sechste Kapitel „Auswanderung. Leben über Leben: Überlebenswissen aus der Verdoppelung" in Ette, Ottmar: *ÜberLebenswissen. Die Aufgabe der Philologie*. Berlin: Kulturverlag Kadmos 2004, S. 171–188; sowie Sánchez, Cecilia: Sobrevivir: transiciones del cuerpo mortal e inmortal en Hannah Arendt. In: Vatter, Miguel / Nitschack, Horst (Hg.): *Hannah Arendt: sobrevivir al totalitarismo*. Santiago de Chile: LOM Ediciones 2008, S. 77–88.

einer jüdischen Geschichte und eines jüdischen Schicksals, von dem es in der letzten Kapitelüberschrift heißt: „Aus dem Judentum kommt man nicht heraus."[10] Diese Überschrift bezieht sich auf Rahel Varnhagen, ist zugleich aber auch auf Hannah Arendt und ihr diskursives Handeln[11] selbst gemünzt. Hinter dem Leben der einen Jüdin ist immer auch das Leben der anderen Jüdin zu erkennen: Beide teilen sie ein Schicksal, das ihrem Leben Sinn gibt und Sinn macht; ein jeweils verdoppeltes Leben, eingeschrieben in die lange Geschichte des Judentums.

Dabei ist auffällig, dass es Hannah Arendt[12] nicht um die „condition féminine", nicht um die Weiblichkeit und mehr noch ihre spezifische Situation und Marginalisierung als Frau geht,[13] sondern allein die „condition juive" im Mittelpunkt der Aufmerksamkeit steht. Aus dieser Perspektive ist das abrupte Ende des Rahel'schen Salons auch gleichbedeutend mit dem Sturz von einem Gipfel, den die „deutsche Jüdin aus der Romantik" im Sinne Hannah Arendts in ihrem Leben nie wieder erreichen konnte. Aus dieser Blickrichtung musste auch alles, was mit Karl August Varnhagen von Ense, mit seiner aufopferungsvollen Bewunderung, seiner Vermählung mit Rahel und selbst noch mit seiner Pflege ihres Nachlasses und ihrer Schriften zu tun hatte, im Zeichen eines Abstieges, eines Unverständnisses, ja eines Nicht-Begreifen-Könnens stehen, dessen sie Varnhagen mit nachhaltigen Folgen bezichtigte. Denn der erst nach der Hochzeit nachträglich nobilitierte Varnhagen wurde zu so etwas wie dem dummen Trottel in der jüdischen Lebensgeschichte Rahels stilisiert. Wenn Sie es mir erlauben: Hier irrte die große Frau!

War nicht Karl August Varnhagen von Ense just in jenem Jahr 1808, in dem wir Rahel Levin vor den Trümmern ihrer Existenz gesehen hatten, mit seiner Bewunderung und Liebe am Horizont ihres Lebens und Schreibens aufgetaucht? Hatte er ihr nicht nach ihrer Konvertierung zum Christentum die Vermählung offeriert und schließlich auch die Möglichkeit geboten, in Berlin ihren zweiten Salon zu eröffnen, um damit die Fäden ihres Lebens weiterzuspinnen, kurz: zu jener Rahel

---

10 Arendt, Hannah: *Rahel Varnhagen*, S. 201.
11 Vgl. hierzu Lobo, María Fátima: *Hannah Arendt y la pregunta por la relación entre el pensamiento y la acción*. Buenos Aires: Editorial Biblos 2013.
12 Vgl. allgemein Brunkhorst, Hauke: *Hannah Arendt*. München: Beck 1999.
13 Vgl. zur Kritik an dieser „Leerstelle" Arendts insbesondere Maslin, Kimberly: Rahel Varnhagen: Arendt's Experiential Ontology. In: *New German Critique* (Durham) XL, 119 (Summer 2013), S. 77–96; sowie aus anderer Perspektive Benhabib, Seyla: The Pariah and Her Shadow: Hannah Arendt's Biography of Rahel Varnhagen. In: Honig, Bonnie (Hg.): *Feminist Interpretations of Hannah Arendt*. University Park: The Pennsylvania State University Press 1995, S. 83–104; sowie (dies.): The Pariah and Her Shadow: Hannah Arendt's Biography of Rahel Varnhagen. In: *Political Theory* XXIII, 1 (February 1995), S. 5–24.

Varnhagen zu werden, wie Hannah Arendt sie selbst zu nennen pflegte? Entsteht so nicht erst jene komplexe Figur einer Rahel Levin Varnhagen, deren schillernde Widersprüchlichkeit sich erst in vollem Maße entwickeln kann?

Nein! Im Jahre 1808 war längst noch nicht alles vorbei, sondern es bildeten sich vielmehr Bedingungen heraus, welche Rahel erst zu dem werden ließen, was sich dem „Andenken für ihre Freunde" eröffnete und sie zu einer großen Figur der deutschsprachigen Literatur wie der deutschen Romantik überhaupt machte.

Rahel Levin war in Berlin 1771 in eine wohlhabende jüdische Kaufmanns- und Bankiersfamilie als ältestes Kind hineingeboren worden und wuchs in behüteten Verhältnissen auf. Ihr Vater Markus Levin war als Juwelierhändler in Geldgeschäften geschickt und wachte als Patriarch zwar streng über die Geschicke seiner Frau Chaie wie seiner Familie, aber stets in einem Rahmen, in dem Geselligkeit und Konvivialität ein hoher Stellenwert zukam. Die Kinder waren an ein Haus voller Gäste und vieler Gespräche gewöhnt: Soziabilität war ein hohes Gut, das auch die junge Rahel zu bewahren suchte.

Abb. 45: Rahel Varnhagen von Ense, geborene Levin (Berlin, 1771 – ebenda, 1833).

Nach dem plötzlichen Tod ihres Vaters im Jahr 1790, der Übernahme der Geschäfte durch die männlichen Nachkommen und der raschen Regelung aller finanziellen Fragen entstand noch im selben Jahr in der Berliner Jägerstraße ein erster literarischer Salon. Dessen Mittelpunkt bildete die junge, zwar nach Bekunden der Zeitgenossen nicht sehr hübsche, aber ungeheuer auffassungsschnelle und geistreiche Rahel Levin. Es handelte sich um einen jener Salons, die sich auch um andere Frauen jüdischer Abstammung wie Henriette Herz[14] oder Dorothea

---

14 Vgl. Arendt, Hannah: *Rahel Varnhagen*, S. 39 f.

Schlegel gebildet hatten und für jene intellektuelle Offenheit einstanden, die für das Berlin des ausgehenden 18. Jahrhunderts so charakteristisch war. In ihnen herrschte ein freier Geist, der auch die traditionellen Geschlechterrollen erfasst hatte. Gerade für die Jüdinnen bot sich hier die Chance, mit anderen Lebensentwürfen und Lebenspraktiken zu experimentieren. Wir können diesem Experiment in unserer Vorlesung freilich nicht weiter folgen und werden den ersten Salon der Rahel Levin in unserer Vorlesung zur Aufklärung und zum 18. Jahrhundert zwischen zwei Welten behandeln; ein Salon, in welchem sich die Brüder Schlegel wie die Brüder Humboldt, Adelbert von Chamisso wie Johann Gottlieb Fichte ein Stelldichein gaben. Hier aber konzentrieren wir uns auf die romantische Rahel oder eine Rahel im Zeichen einer Romantik, die in Deutschland sehr spezifische Züge trug.

Einen Wendepunkt in ihrem Leben bedeutete eben jenes Jahr 1808, an dem wir sie eingangs weinend an ihrem Teetisch getroffen hatten. Denn in diesem Jahr lernte sie Varnhagen erstmals näher kennen.[15] Es war für Rahel keine Liebe auf den ersten Blick. Von Varnhagens Seite hingegen bestand sehr bald schon eine Leidenschaft für sie, die aber wiederum in Liebesdingen mittlerweile vorsichtiger geworden war und zunächst abwartend reagierte. Am 12. Mai 1808 beginnt ihr Briefwechsel, der bereits die ganze Spannbreite der Beziehung bis zu ihrem Tode auszuleuchten unternahm. In einer Zeit, in welcher sich Rahel von ihrer Mutter und der berühmten Wohnung in der Jägerstraße und damit von der berühmten ‚Dachstube' ihres Salons trennen musste, entspann sich dann jedoch ein Band zwischen den beiden, das ungeachtet einiger Wirren und Zerwürfnisse nicht mehr abreißen sollte. Gewiss ist seit Hannah Arendt viel über diese Beziehung geschrieben worden; und in aller Regel war es der jüngere Varnhagen, der stets in allen Vergleichen sehr schlecht wegkam. Als Beispiel hierfür sei nur kurz die Ansicht eines Herausgebers der Briefe Rahel Levin Varnhagens erwähnt, der das Paar mit den folgenden Worten beschrieb: „Dennoch, es war nicht zu übersehen: allzu ungleich waren die Gaben verteilt; aller Glanz ging von ihr aus, er war nicht viel mehr als ein bewundernder Spiegel."[16]

Friedhelm Kemp merkt zwar zurecht an, dass Hannah Arendt „Rahels Judentum als ein zentrales Thema ihres Lebens erörtert"[17] und treffend festhält, der Band sei „auf eine sehr eigenwillige Weise, und eben deshalb, das Bedeutend-

---

15 Vgl. Danzer, Gerhard: Rahel Varnhagen – eine Frau entdeckt sich über die Kultur. In: Pilz, Elke (Hg.): *Bedeutende Frauen des 18. Jahrhunderts: elf biographische Essays*, S. 157–172, insb. S. 161.
16 Kemp, Friedhelm: Nachwort. In: Varnhagen, Rahel: *Briefwechsel*. Band II. München: Winkler Verlag 1979, S. 401.
17 Ebda., S. 403.

ste, Selbständigste und Eindringlichste, das bis heute über die Rahel geschrieben wurde".[18] Doch wird auch bei ihm die Figur des Varnhagen von Ense auf den Spuren Arendts förmlich weggewischt, ja erscheint nur noch als bloßer Reflektor eines Lichts, das nicht seines war. Aber darf man nicht vermuten, dass Hannah Arendt diesen Varnhagen von Ense in den Hintergrund drängen wollte, weil er sich nicht in die jüdische Geschichte der Rahel einbauen ließ?

Wie dem auch immer sein mag: Karl August Varnhagen von Ense hielt zu Rahel Levin – auch und gerade in ihren schwersten Monaten und Jahren! Im Deutschland jener Zeit lebte Rahel Levin als Jüdin auf der Schattenseite der Gesellschaft, auf der Schattenseite der deutschen Romantik. Varnhagen aber wurde zum ersten Herausgeber ihrer Briefe und schuf damit die Grundlage, die uns noch heute dazu dient, die ganze Größe und Bedeutung der Rahel Levin Varnhagen jenseits ihrer Tätigkeit als Zentrum eines Salons, als Salonière zu erkennen. Und dieser Mann soll nichts, rein gar nichts von ihr verstanden haben? Nichts als ein geschwätziger Begleiter soll er gewesen sein, oder gar ein stummer Spiegel?

Varnhagen von Ense dient sich im Juni 1809 der österreichischen Armee unmittelbar nach deren Sieg unter Erzherzog Karl im Mai über Napoleon an. Er hofft aus gutem Grund sowie letztlich erfolgreich, damit eine bessere Grundlage für sein Leben legen und in die Diplomatie aufsteigen zu können. Damit beginnt recht bald schon eine unstete Zeit der Reisen und Ortswechsel, welche aber auf Dauer die Beziehung zu Rahel nicht zu erschüttern vermag. So verbringt das Paar etwa den Sommer 1811 gemeinsam in Teplitz und erweitert seinen Bekannten- und Freundeskreis beständig, so dass sich schon bald ein weiteres Beziehungsgeflecht herausbildet, welches das Netzwerk der Korrespondenten weiter nährt.

Der österreichische Offizier Varnhagen von Ense knüpft klug an seinen Beziehungen an und stellt geschickt Verbindungen mit Preußen her, die ihm noch einmal nützlich werden sollten. Aber noch ist alles prekär, alles scheint an einem seidenen Faden zu hängen: die Zukunft, die Politik, das persönliche Glück, die Freundinnen und Freunde, ja das Leben und Überleben in Kriegszeiten selbst. Rahel schreibt am 16. September 1811 aus Dresden an Varnhagen von Ense:

> Höre zum Troste, dass ich mich weit mehr über das Getrenntsein von Dir gräme, als ich's je gedacht hätte. Auch mir ist ganz ängstlich: ich fühle mich plötzlich so abgerissen, von Schutz, Sicherheit, und Liebe, dass ich rund um mich herumgehen könnte, um nur zu sehen, um nur zu finden: zu wem gehörst Du denn? zu was? Gestern machte ich gegen Abend den herrlichsten Gang mit Marwitz und Lippe, wohl eine Meile, die Ostrawiese hinauf. Du weißt, ob und wie ich Marwitz liebe, es waren zwei Freunde: wir gingen manchmal still, groß und göttlich war der weite Raum, die prachtvolle Sonne und Abendröte, die

---

18 Ebda.

ernsten und ganz anderen Bäume als in Böhmen, die unendlichen Alleen; allein ich mußte denken: Allein und fremd bist du hier, wenn diese beiden nicht mitgehen wollen; allein und fremd, wenn sie auch neben dir bleiben; du bist nicht ihr Liebstes, sie beziehen nicht alles auf dich. Wie gewiß lebt' ich bisher! Und ich war nicht undankbar, Varnhagen! nimm es nicht so roh, wie das Wort hier dasteht: es war nicht nur Dankbarkeit, es war liebende Sehnsucht; und mein Herzenssehnen antwortete Deinem, mein Herz hielt Takt mit Deinem. Und so sind meine meisten Momente.[19]

In einer Zeit und einem Kontext der Unsicherheit, in einer Epoche großer Umwälzungen und unabsehbarer Veränderungen konstatiert Rahel den fehlenden Schutz, die fehlende Sicherheit, um in der Präsenz neuer Freunde doch die Absenz des ihr fehlenden Varnhagen anzurufen. Wir sehen in diesem Schreiben eine Rahel, die sich aller Topoi des romantischen Briefs bedient, die eine am Herzen und an der dort verorteten Sehnsucht ausgerichtete liebende Beziehung beschwört, in welcher auch ein intensiver Blick auf eine romantisch in Szene gesetzte Landschaft nicht fehlen darf. Es ist zugleich ein Hilferuf der Einsamkeit. Varnhagen von Ense aber war jederzeit bestrebt, Rahel eben jene Gewissheit und Sicherheit zu geben, derer sie bedurfte, um sich nicht verlassen zu fühlen.

Zugleich bemüht er sich um Rahels literarisches Werk, bittet er 1811 doch erfolgreich Goethe, Auszüge aus seinem Briefwechsel mit Rahel Levin zur Veröffentlichung zu bringen: Die Korrespondenz erscheint 1812 in Cottas *Morgenblatt* – die meines Wissens erste Herausgeberschaft des jungen Varnhagen, die Korrespondenz Rahels betreffend. Damit war zugleich nicht nur der Bewunderung von Rahel Levin für Goethe Ausdruck gegeben, sondern die Grundlage gelegt für jenen überschwänglichen Goethe-Kult, der von Rahels zweitem, romantischen Salon ausgehen sollte.

In den Wirren der napoleonischen Kriege sieht sich das Paar nur selten, verbringt nach der Völkerschlacht bei Leipzig und der Niederlage Napoleons aber den darauf folgenden Sommer des Jahres 1814 gemeinsam wiederum in Teplitz. Fast ein Jahrzehnt lang reist Rahel immer wieder ihrem Liebhaber in verschiedenste Städte Europas nach und folgt ihm schließlich nach Wien, wo er in Diensten Hardenbergs am Wiener Kongress teilnimmt. Die Zeit der Reisen, des Abschieds und des Wiedersehens neigt sich noch nicht ihrem Ende zu, denn nach wie vor herrscht über Europa der napoleonische Sturm, der erst abflauen musste. Wie Germaine de Staël befindet sich auch Rahel Levin in einer mobilen Wartestellung, der historischen Dinge harrend, die sich schon bald ereignen sollten.

---

19 Varnhagen, Rahel: Brief an Varnhagen von Ense vom 16. September 1811. In (dies.): *Briefwechsel*, Bd. 2, S. 166.

Im September 1814 konvertiert Rahel Levin zum Christentum und nimmt die Taufnamen Antonie Friederike an; die Vermählung mit Karl August Varnhagen folgt auf dem Fuße. Zwei Wochen zuvor, am 13. September 1814, schickt sie an ihren Varnhagen folgende Worte:

> Goldener August, wie kann ich Deinen liebevollen feinen Brief beantworten, als mit mir selbst, als mit dem Anerkennen, was Du bist [...]. Bei mir zeigt sich mein Rechttun in Deiner Person: aber dass Du recht habest, ist schwer zu sehen. Heute morgen lag das Sophakissen in meinem Bette, welches Du in Teplitz gebrauchtest. Es erregte mein ganzes Herz mit seinem Riß, den es von Dir hat! Nun aber kein zärtlich Wort mehr! Denn – *außer* der Zeit kann man *nichts* tun ...[20]

Wieder ist das Herz der Sitz aller zärtlichen Gefühle. Auch hier sehen wir wieder eine Rahel als Briefeschreiberin, die ihren Briefpartner antippt, ihm einen Impuls gibt, ohne doch selbst alles zu sagen und zu kommentieren. Der Brief gibt einen guten Eindruck vom Ton, der zwischen beiden herrscht, ohne doch jeweils zu viel preiszugeben – ganz so, als wäre auch dieser Brief von Anfang an so konzipiert, als dass er mühelos veröffentlicht werden könnte. Nein, es ist kein Brief einer ostentativen Romantik, auch wenn er alle Zeichen einer sich im materiellen Detail des Kissens verkörpernden romantischen Liebe trägt!

Das Glück hält Einzug, als Varnhagen im Juli 1816 zum preußischen Geschäftsträger am badischen Hofe in Karlsruhe ernannt wird. Für Rahel Varnhagen sind es – nach langen Jahren des Reisens, des Wiedersehens und der erneuten Trennung von Varnhagen – nach eigenem Bekunden die glücklichsten Jahre, die sie in der badischen Residenzstadt verbringen darf. Napoleon ist für sie Geschichte, ganz so wie Germaine de Staël endgültig ihren politischen Gegenspieler verloren hatte. Im Oktober 1819 aber ist für Rahel diese Zeit am badischen Hofe zu Ende. Varnhagen wird ohne Angabe von Gründen abberufen: Man zieht gemeinsam zurück nach Berlin.

Karl August Varnhagen, der bald schon seinen Adelstitel von Ense anerkennen lässt, entwickelt sich nach seiner Abberufung als preußischer Geschäftsträger in Karlsruhe zu jenem Publizisten, Geschichtsschreiber und Sammler, als der er uns heute wohl überwiegend bekannt ist. Berühmt wurde er später auch durch seinen Briefwechsel mit Alexander von Humboldt, den Rahels Nichte Ludmilla Assing[21] kurz nach Alexander von Humboldts Tod veröffentlichte – nicht ohne

---

[20] Varnhagen, Rahel: Brief an Varnhagen vom 13. September 1814. In (dies.): *Briefwechsel*, Bd. 2, S. 295 f.
[21] Vgl. hierzu *Briefe von Alexander von Humboldt an Varnhagen von Ense aus den Jahren 1827 bis 1858. Nebst Auszügen aus Varnhagen's Tagebüchern, und Briefen von Varnhagen und anderen an Humboldt*. Herausgegeben von Ludmilla Assing. Leipzig: F.A. Brockhaus 1860.

damit dem postumen Bild Alexanders Schaden zuzufügen, da man von ihm eine solche Offenheit und Kritik am preußischen Königshof nicht erwartet hatte. Doch im Grunde war die Freimütigkeit, mit der Alexander von Humboldt Karl August Varnhagen von Ense in seine wissenschaftlichen und literarischen, aber auch in seine politischen Überzeugungen Einblick gewährte, Beweis genug für die Wertschätzung, die dem Ehemann von Rahel zumindest in den liberalen Kreisen der preußischen Gesellschaft zuteilwurde. Wenn es eines Beweises in die Vertrauenswürdigkeit Varnhagens noch bedurft hätte, Alexander von Humboldt liefert ihn. Die Briefe vermitteln ein gutes Bild beider Persönlichkeiten und ihres kritischen Verhältnisses gegenüber jenen Zeitläuften, gegen die sich Humboldt mehr als ein halbes Leben lang stemmte. Varnhagen war ihm hierbei ein wichtiger Gesprächspartner.

Schon bald bezog das Ehepaar Varnhagen eine geräumige Wohnung unweit von Rahels ursprünglichem Wirkungskreise. Das schriftliche Netzwerk der vielen Freundinnen und Freunde, Vertrauten und Weggefährten bestand noch immer und diente Rahel als Anknüpfungspunkt. Bald schon konnte Antonie Friederike Varnhagen von Ense, die freilich allen auch weiterhin als Rahel bekannt war, erneut einen illustren Kreis um sich scharen, den man gemeinhin als ihren „zweiten Salon" bezeichnet. Es ist – Hannah Arendt paraphrasierend – der Salon einer großen Jüdin aus der deutschen Romantik.

Auch dieser zweite Zirkel vereinigte in einem veränderten politischen Umfeld der Restauration Mitglieder unterschiedlicher Stände, Wissenschaftler verschiedenster Herkunft, jüdische Schriftsteller und Gelehrte zu einem Kreis, der sich um die Figur der Rahel Varnhagen schloss. Denn sie – und nicht etwa ihr Ehemann Varnhagen – bildete das unbestrittene Zentrum ihrer Gesellschaft, ihres Salons: Ihr Mann hielt sich im Hintergrund und überließ die Bühne seiner erfahrenen Frau, die es verstand, Adlige und Bürgerliche, Juden und Christen unter veränderten gesellschaftlichen Bedingungen gleichermaßen anzuziehen.

Ihre Gemeinschaft wurde wieder zu einem Hort des freien Wortes in einer Gesellschaft, die nach Wiener Kongress und Karlsbader Beschlüssen zunehmend repressiv geworden war. Andere Zirkel gaben nun den Ton an: etwa die von Clemens Brentano mitbegründete Christlich-Deutsche Tischgesellschaft, die über feste Statuten verfügte und allein Männern vorbehalten war.[22] Aus vielen Zirkeln waren Juden, aber auch Franzosen ausgeschlossen. Die Salonière bildete in einem zunehmend nationalistisch denkenden Deutschland – anders als in Frankreich – eher die Ausnahme: Französische und deutsche Soziabilität drifteten stärker auseinander.

---

22 Vgl. Arendt, Hannah: *Rahel Varnhagen*, S. 86 und 119 f.

In Kontrast zu derartigen Zirkeln nationalistischer Romantiker ließen sich auch mit Blick auf Rahels zweiten Kreis wiederum mancherlei Zelebritäten anführen, die ihren Salon bevölkerten und ihm eine beeindruckende Lebendigkeit und Offenheit verliehen. Zum Kreis von Rahels Gästen zählten etwa Fürst Hermann von Pückler-Muskau oder Alexander und Wilhelm von Humboldt, Leopold von Ranke oder verschiedene Mitglieder der Familie Mendelssohn, Eduard Gans oder Adelbert von Chamisso, Hegel, Fichte oder Schleiermacher, die Schriftsteller Heinrich Heine oder Ludwig Börne, Autoren, für die sich Rahel nachdrücklich einsetzte. Es war faszinierend, welche unterschiedlichen Geistesgrößen sie anzuziehen verstand!

Aber das politische Umfeld hatte sich verändert: Clemens Brentanos Zirkel mag hier beispielgebend sein, verbannte er aus seinem Kreis doch nicht nur alle Franzosen, sondern auch die Frauen, die Philister und vor allem die Juden. Seine Christlich-Deutsche Tischgesellschaft propagierte offen antijüdische und gewiss auch antisemitische Tendenzen, an denen sich Brentano selbst durchaus aktiv beteiligte. Das Modell für eine künftige Gesellschaft war hier offen restriktiv und restaurativ; es stand in einem klaren Gegensatz zur Konvivialität und Konvivenz jener Gemeinschaft, die sich um Rahel Varnhagen scharte. Diese Gemeinschaft aber war nun überdeutlich minoritär. Neben künstlerischen, literarischen und philosophischen Gegenstandsbereichen dominierten nun neben dem wichtigen Goethe-Kult in Rahels zweitem Salon die politischen Themen, wobei gesellschaftsutopische und speziell saint-simonistische Vorstellungen von großer Bedeutung waren. Rahel Varnhagen verstand es elegant, die nunmehr stärker politische Ausrichtung ihres Salons in ein Mobile der Möglichkeiten zu übersetzen, das in einer kleinen Gesellschaft gleichzeitig Modell und lebbare, ja im wahrsten Sinne *gelebte* Wirklichkeit werden sollte. Diese prospektive Dimension des zweiten Salons darf man auf keinen Fall unterschätzen!

In all ihren Aktivitäten wurde Rahel Levin Varnhagen nunmehr von ihrem Ehemann tatkräftig unterstützt. Gewiss besaß er nicht die literarische und künstlerische Strahlkraft, die für seine Frau so bezeichnend war; doch war er immer wieder bemüht, sich positiv ebenso in ihr Netzwerk in Form mündlicher Dialoge und Gespräche einzubringen wie auch ihr sich stetig vergrößerndes literarisches Netzwerk zu befördern. Mit nicht wenigen der Salonbesucher führte er seinerseits eine interessante Korrespondenz und erlangte einen Überblick über die Entwicklungen in Preußen, der sich auch in dem Vierteljahrhundert nach Rahels Tod im Jahr 1833 bis zu seinem Tod im Jahre 1858 beständig erweiterte. Rahel Levin Varnhagen war ohne Varnhagen nicht mehr zu denken.

Aber auch Varnhagen nicht ohne Rahel: Die tiefe Trauer über das frühe Ableben seiner Frau zeigt sich rasch in seiner Korrespondenz, wich aber bald einem konkreten Bemühen, das Andenken der Rahel zu ehren und ihr einen Platz in der literarischen (und auch politischen) Welt Preußens zu verschaffen und zu sichern. Bereits wenige Monate nach dem Tod der Rahel Levin Varnhagen gab ihr Ehemann eine (noch im Einverständnis mit ihr) zusammengestellte Sammlung heraus, deren Bedeutung schlicht nicht überschätzt werden kann: *Rahel. Ein Buch des Andenkens für ihre Freunde.*[23]

Diese zunächst in einem einzigen und nachfolgend für den Buchhandel in drei Bänden herausgebrachte Sammlung bildet gleichsam den Ursprung all jener Editionen und Herausgeberschaften, die bis heute immer wieder die verschiedenen Phasen der Rezeption Rahel Levin Varnhagens begleiten.[24] Es war, wie schon erwähnt, nur eine weitere in Varnhagens Herausgeberschaften von Rahel Levin Varnhagens Briefen; aber sie war als monographisches Werk doch bahnbrechend und zukunftsweisend, adressierte diese Sammlung doch die unmittelbaren Freunde, griff aber bewusst weit über den Freundeskreis auf ein allgemeines Publikum aus. Sie wurde als literarisches Denkmal zur Keimzelle jener Entwicklung, die post mortem Rahel ihren Status als große deutschsprachige Schriftstellerin verlieh. Dies wäre ohne die geduldig sammelnde und herausgeberische Aktivität Varnhagens nicht denkbar gewesen.

Allgemein wird berichtet, dass zu Beginn der 1830er Jahre ebenso die Salongäste wie die Brieffreunde das langsame Schwinden von Rahels Kräften bemerkten. Man vermeinte zu spüren, dass sie nicht mehr mit aller Energie und Intensität bei der Sache war, dass sie leicht kränkelte und bettlägerig wurde. Doch am 1. Februar 1833, also kaum mehr als einen Monat vor ihrem Tod, schrieb ihr Alexander von Humboldt kurioserweise ganz in Sorge nicht um sie, sondern um Varnhagen von Ense. Seine Wortwahl im Brief an Rahel ist dabei bemerkenswert: „Möchten Sie mir doch ein tröstendes Wort über den theuren Varnhagen sagen, die einzige glänzende Stütze unserer Litteratur (im edleren Sinne des Wortes) unseres Vaterlandes".[25] In derlei Formulierungen kommt zum Ausdruck, wie sehr Humboldt Rahels Ehemann zu schätzen wusste und wie wenig er ihr eigenes

---

[23] Varnhagen von Ense, Karl August (Hg.): *Rahel. Ein Buch des Andenkens für ihre Freunde.* 3 Bände. Berlin 1834; mir liegt die folgende Ausgabe vor: *Rahel. Ein Buch des Andenkens für ihre Freunde.* Berlin: Matthes & Seitz 2010.
[24] Vgl. zur frühen Rezeptionsgeschichte u. a. Volkening, Heide: Die Philologin, Rahel Varnhagen und das allgemeine Menschliche. Varnhagen-Studien im ersten Drittel des 20. Jahrhunderts. In: Kauko, Miriam / Mieszkowski, Sylvia / Tischel, Alexandra (Hg.): *Gendered Academia. Wissenschaft und Geschlechterdifferenz 1890–1945.* Göttingen: Wallstein Verlag 2005, S. 237–253; sowie Whittle, Ruth: *Gender, Canon and Literary History. The Changing Place of Nineteenth-Century German Women Writers,* S. 64–84.
[25] Humboldt, Alexander von: Brief an Rahel vom 1. Februar 1833. In: *Briefe von Alexander von Humboldt an Varnhagen von Ense,* S. 12.

baldiges Sterben in Betracht zog. Doch fünf Wochen später erfuhr Alexander von Humboldt vom Tod der Rahel und wandte sich in einem Brief vom 9. März desselben Jahres an den um sie trauernden Varnhagen: „Sie wissen, welche warme, langgeprüfte, nachsichtsvolle Freundin ich an Ihr, der Zierde ihres Geschlechts, verliere [...]."[26]

So wie Humboldt reagierten viele von Rahels Freundinnen und Freunden. Das von Varnhagen edierte *Buch des Andenkens für ihre Freunde* war durchaus für Mitglieder ihres Zirkels, ihres Salons bestimmt; doch es schuf die Grundlage für eine postume Kanonisierung und Rahels bis heute anhaltenden Aufstieg zu einer Zentralfigur der deutschen Literatur der Romantik. Mit der getroffenen Auswahl an Briefen und Tagebucheinträgen generierte es im eigentlichen Sinne das literarische Werk der Rahel Levin Varnhagen, indem es ihr Schreiben in die Reichweite einer breiten Öffentlichkeit im deutschsprachigen Raum rückte. Gewiss, es brauchte Zeit, bis die eigentliche Bedeutung der Rahel Levin Varnhagen als Jüdin und weibliche Schriftstellerin, als Kämpferin für die Emanzipation der Juden wie für die Emanzipation der Frauen verstanden werden konnte! Es ist dieser doppelte Grund, warum unsere Vorlesung nicht auf Rahel verzichten kann.

Nicht nur ihr mündliches, polylogisches Werk, sondern auch ihre schriftlichen Schöpfungen standen nun vor aller Augen und bezeugten eine Schriftstellerin, die sich ihrer doppelt marginalisierten Rolle als Jüdin und Frau sehr wohl bewusst war und mit ihren Gesprächs- wie mit ihren Korrespondenzpartnern offen für eine doppelte Gleichstellung – die der Juden und die der Frauen – im damaligen Preußen eintrat. Wenige Jahre später urteilte Heinrich Heine in seinem *Buch der Lieder* – eine offensichtliche Titelhommage an Rahels Andenken – in folgender Weise: „Es ist, als ob Rahel wusste, welche posthume Sendung ihr beschieden war. Sie glaubte freilich, es würde besser werden, und wartete; doch als des Wartens kein Ende nahm, schüttelte sie ungeduldig den Kopf, sah Varnhagen an, und starb schnell – um desto schneller auferstehen zu können."[27] Der große jüdische Dichter der deutschen Romantik erkannte sehr scharf, dass Rahels literarisches Werk seine Zukunft noch vor sich hatte, dass ihre „Sendung" keineswegs zu Ende war; denn Rahel Levin Varnhagens Wirkung entfaltete sich weit über ihren Tod hinaus.

---

26 Humboldt, Alexander von: Brief an Varnhagen von Ense vom 9. März 1833. In: *Briefe Alexander von Humboldts an Varnhagen von Ense*, S. 16.
27 Heine, Heinrich: Vorrede zum Buch der Lieder (1837). In (ders.): *Sämtliche Schriften*. Herausgegeben von Klaus Briegeleb. Bd. 1. München: Carl Hanser Verlag 1968, S. 10. Vgl. hierzu Danzer, Gerhard: Rahel Varnhagen – eine Frau entdeckt sich über die Kultur, S. 165.

Betrachtet man ihr Leben in seiner Gänze, so steht es deutlich im Zeichen einer Soziabilität, die gewiss von ihrem Vater auf sie übergegangen war.[28] Ihr gesamtes Leben schreibt sich ein in die Herausbildung neuer Formen dieser Soziabilität,[29] der Freundschaft und Intimität sowie einer Konvivialität, wie sie sich in neuen Umgangsformen an der Wende zum 19. Jahrhundert in Preußen und Deutschland etablierten. Dabei war es gerade für jüdische Frauen und deren Emanzipation in Familien, in denen oft ein strenges Patriarchat vorherrschte, von größter Bedeutung, in der Gründung von regelmäßigen Zusammenkünften und in Salons eine Spielfläche zu schaffen, die sie weithin in der damaligen Gesellschaft sichtbar machte. So eröffneten sich neue Formen eines Zusammenlebens, welches bis zu diesem Zeitpunkt von den starren Schranken einer im Grunde überkommenen Ständeordnung charakterisiert gewesen war.

Wenn sich die gesamtgesellschaftlichen Rahmenbedingungen am Übergang von der Spätaufklärung zur Romantik in Preußen auch geändert hatten, so erwiesen sich die einmal geschaffenen Strukturen und vor allem Rahels Netzwerk an Korrespondenten doch als so beharrlich, dass eine gewisse Kontinuität unter veränderten politischen Vorzeichen gewährleistet schien. Insofern bildete der Salon für Rahel Levin wie Rahel Varnhagen die unschätzbare Möglichkeit, aus den traditionellen Rollenerwartungen an die Frau wie an die Jüdin zu entfliehen und sich nach dem Tode des patriarchalischen Vaters nicht von ihren Brüdern rasch verheiraten zu lassen – wie ihre Schwester Rose. Neue Formen von Soziabilität wie die Salons waren das entscheidende Mittel zu einer Sprengung nicht nur überkommener Gesellschafts-, sondern auch Geschlechterordnungen; und gegen beide begehrte Rahel auf. Neue Formen von Intimität, von Freundschaft und Liebe boten Selbstverwirklichungsmodi an, die gerade für jüdische Frauen, die in der preußischen Gesellschaft doppelt marginalisiert waren, als höchst attraktiv und erstrebenswert erschienen.

Wenn Germaine de Staël[30] bei ihrem Besuch der deutschen Salons den Eindruck hatte, man könne hier wesentlich unhierarchischer als in Frankreich zwischen den Ständen kommunizieren und selbst mit der Königsfamilie leicht in Kontakt kommen, so ließe sich diese Beobachtung auch auf die Normen wie die Formen der Geschlechterverhältnisse und vor allem auch der Liebeskonzeptionen übertragen. Für Rahel bot sich hier ein weites Experimentierfeld, von dem sie sehr

---

28 Vgl. Danzer, Gerhard: *Europa, deine Frauen: Beiträge zu einer weiblichen Kulturgeschichte.* Berlin – Heidelberg: Springer 2015, S. 59.
29 Vgl. Benhabib, Seyla: The Pariah and Her Shadow: Hannah Arendt's Biography of Rahel Varnhagen, S. 94.
30 Vgl. hierzu ebda., S. 97.

bewusst Gebrauch machte. Doch diese Offenheit der Beziehungen, die Madame de Staël bei ihren Deutschlandaufenthalten noch beeindruckt hatte, verflog sehr rasch und machte restaurativen, noch stärker patriarchalischen und reaktionären Gesellschaftsstrukturen Platz.

Wenn Hannah Arendt die Entwicklung der Rahel Levin Varnhagen von der Parvenue zur Paria sich erstrecken sah,[31] so gab sie – nicht ohne autobiographische Emphase – dem Spannungsfeld zwischen beiden Polen gerade mit Blick auf die Situation jüdischer Frauen in der Berliner Gesellschaft eine große Bedeutung. In der entstandenen preußischen Kastengesellschaft war Rahel zweifellos eine Paria – allerdings eine, die sich gegen Patrioten wie Patriarchen zu wehren wusste. Vielleicht markieren die Begrifflichkeiten von Parvenue und Paria gerade das Spielfeld, das den marginalisierten jüdischen Frauen blieb, um ihre Visibilität zu steigern und nicht-traditionelle Lebensformen zu entwickeln. In jedem Falle bot sich ihnen hier die Möglichkeit, ihr Schicksal beherzt in die eigenen Hände zu nehmen. Rahels Leben ist außergewöhnlich, zeigt aber die Möglichkeiten jener Epoche sehr gut auf.

Wie keine andere vermochte es Rahel Levin Varnhagen, diese Spielräume nicht nur auszuloten, sondern für sich selbst nutzbar zu machen und sich zugleich ein hohes nationales wie internationales Renommee zu erarbeiten. Wenn Rahel auf Grundlage der Rezeptionszeugnisse, wie sie im Varnhagen-Nachlass der Krakauer Jagiellonen-Bibliothek aufbewahrt werden, in einer neueren Studie als „contemporary superstar"[32] bezeichnet werden konnte, so gibt dies einen Einblick in die Internationalität der Rezeptions- und Wirkungsgeschichte der Jüdin und einen Eindruck von dem, wie sie zum Teil bereits von ihren Zeitgenossen wahrgenommen wurde. Rahel Levin Varnhagen wurde keineswegs nur als vorübergehender Mittelpunkt eines von ihr geführten Salons gesehen: Gerade auch in Frankreich schrieb man ihr wichtige ideengeschichtliche und philosophische Funktionen zu. Wie Germaine de Staël war sie ein lebendiges Exempel für die Wirkungsmöglichkeiten einer auf Emanzipation drängenden Frau.

Wenn Rahel als große Figur der europäischen Ideengeschichte sowie der deutschen Romantik wahrgenommen werden konnte, so ist dies nicht denkbar ohne ihre schriftlichen Zeugnisse, ihre Tagebucheinträge und Aphorismen, aber vor allem auch ihre bis heute faszinierenden Briefe. Die Vielzahl an sehr unterschiedlichen Briefpartnerinnen und Briefpartnern zeigt, dass sie zum einen

---

31 Vgl. hierzu Ette, Ottmar: *ÜberLebenswissen. Die Aufgabe der Philologie*, S. 185.
32 Vgl. Fuchs, Renata: „Soll ein Weib wohl Bücher schreiben; Oder soll sie's lassen bleiben?": The Immediate Reception of Rahel Levin Varnhagen as a Public Figure. In: *Neophilologus* XCVIII,2 (April 2014), S. 303. Dieselbe Formulierung „contemporary superstar" wird mit Blick auf Rahels Wirkung im Ausland bemüht (S. 309).

die Korrespondenz in gewisser Weise als eine Art Verlängerung ihrer Tätigkeit als Salonière verstand und das mündliche Gespräch mit einer Persönlichkeit ihres Salons nun in schriftlicher Form fortsetzen und verlängern wollte. Es zeigt zugleich aber auch und vor allem, dass sie einen zweiten Freundes- und Bekanntenkreis in schriftlicher Form pflegte, der es ihr gestattete, weit über die räumlichen und zeitlichen Grenzen der unmittelbaren Face-to-face-Kommunikation hinauszugehen und so einen enormen Einfluss auf die literarisch-künstlerische Szene ihrer Zeit auszuüben.

Im Herzen von Rahel Levin Varnhagens Leben und Lebenswerk stand schlicht die Kommunikation in all ihren verschiedenartigen Formen. Sie war es, die ihr Leben immer wieder antrieb und beflügelte, ihm einen Sinn gab. Die unterschiedlichsten Formen der Soziabilität, die sie in ihren Salons pflegte, waren verknüpft mit jener lebendigen, impulsreichen und an überraschenden Wendungen reichen Korrespondenz, die uns gewiss ein Gefühl für die Lebendigkeit ihrer mündlichen Konversation innerhalb des Salons wie außerhalb zu geben vermag. Konversation und Korrespondenz bildeten die Pfeiler einer die Grenzen von Stand, Geschlecht, Beruf und Religion überspannenden Kommunikation, die auf eine Gemeinschaft zielte, welche einen unbezweifelbar politischen Anspruch besaß. Dies schloss Körperpolitiken – wie etwa die damals diskutierte Frage des Schicksals vergewaltigter Frauen – ebenso mit ein wie politische Fragen religiöser Identitätsbildung oder bezüglich des Zugangs breiter Bevölkerungsschichten zur Bildung. In einem weiter verstandenen Sinne war Politik ihre Domäne, nicht nur mit Blick auf eine saint-simonistische Ideenwelt: Rahels Ziel war ein Zusammenleben, eine grundlegende Konvivenz, die in ihrem Kern die Fundamente einer neuen, anderen Gesellschaft legen sollte.

Rahel Levin Varnhagen erprobte auf diese Weise und mit den innovativen, zum Teil auch ihre Zeitgenossen schockierenden Mitteln ihrer Epoche ein Mobile Preußens, in welchem ihre verschiedenen Figuren zu Bestandteilen jener Konfigurationen wurden, die für Preußen andere Formen und Normen der Konvivenz, des Zusammenlebens und der Partizipation entwarfen. Weit über Preußen hinaus besaß ihre Vision – ganz wie bei Germaine de Staël – eine europäische Dimension. In den Wirren einer Gesellschaft, die sich auf den Weg des Nationalismus, des Antijudaismus und Antisemitismus, der Ständeprivilegien und Geschlechterhierarchien machte, musste ihr Vorhaben scheitern. Gewiss wurde ihre Vision zu einer zeitweise verschütteten Tradition deutscher und europäischer Geistes- und Ideengeschichte, bildete aber ebenso wie das Vorhaben der Madame de Staël die Grundlage einer Entwicklung hin zu einer anderen, besseren Gesellschaft im europäischen Maßstab. Denn entgegen aller Nationalismen zeigte sie wie die Autorin von *De l'Allemagne*, dass ein offenes, grenzüberschreitendes Denken möglich war, innerhalb dessen auch die jüdischen Traditionen integriert werden konnten.

Germaine de Staël hatte zweifellos gute Gründe und gute Quellen, um ihre Europa-Vorstellungen auch historisch zu fundieren und unter anderem ein Mittelalterbild zu propagieren, das die Zusammengehörigkeit Europas demonstrierte. In der Tat ist die Umwertung des Mittelalters – wie wir ja schon bei Chateaubriand sahen – ein wesentliches Element, aus dem sich das romantische „imaginaire" nährt. Doch es gab auch konkrete Texte, die Germaine de Staël aus dem deutschsprachigen Kontext sehr gut kannte und wie Rahel Levin Varnhagen im Anschluss etwa an Goethe einzuordnen wusste. Es sind Texte, die ein verändertes, keineswegs mehr ‚dunkles' Mittelalter propagierten und nicht mehr in der Renaissance, sondern in ihm die Grundlage einer Entwicklung Europas im Zeichen des Christentums erblickten.

Germaine de Staël, die ein umfassendes Europabild im Auge hatte, wie es schon zu Beginn von *De l'Allemagne* aufschien, interessierte sich in einem ganz besonderen Maße für jene Schrift des Novalis oder Friedrich von Hardenberg, die den Titel *Die Christenheit oder Europa* trug und aus dem Jahr 1799 stammte. Zum gleichen Zeitpunkt wie bei Chateaubriand stoßen wir auf eine Neubewertung des Christentums; bei Novalis allerdings nicht aus tendenziell panlateinischer Perspektive, sondern mit germanischen Untertönen. Erinnert sei an dieser Stelle lediglich an den ersten Satz dieser Schrift: „Es waren schöne, glänzende Zeiten, wo Europa ein christliches Land war, wo Eine Christenheit diesen menschlich gestalteten Welttheil bewohnte."[33]

Bereits in diesem literarischen Auftakt lässt sich unverkennbar Novalis' Ausrichtung an einer scheinbar längst abgestreiften vergangenen Epoche und mehr noch an der vergangenen Einheit eines christlichen Europa erkennen. Es sind nicht die Auseinandersetzungen, Kämpfe und Kriege zwischen den verschiedenen christlichen Reichen, die im Mittelpunkt dieses Bildes stehen, sondern die Fiktion einer Einheit, welche jenseits des Christentums längst wieder zerfallen sei.

Daraus ließe sich die Folgerung ableiten, dass es sich beim romantischen Diskurs um einen nach Einheit strebenden, stets Homogenität suchenden und das Fremde aussperrenden Diskurs des Eigenen und Eigentlichen handle. Dass mit dieser religiös akzentuierten abendländisch-christlichen Einheit zugleich eine Abwertung all dessen einherging, was die Aufklärung ins Spiel gebracht hatte, ist offenkundig: Der Mensch habe seinen christlichen Glauben und damit seine transzendente Anbindung, seine Mitte verloren. Diese gelte es jetzt wieder zu gewinnen!

---

33 Novalis: Die Christenheit oder Europa. In Tieck, Ludwig / Schlegel, Friedrich (Hg.): Novalis. Schriften. Band I. Berlin: Reimer 1826, S. 187–208, hier S. 189.

Eine solche Sichtweise hat sicherlich viel für sich, kollidiert allerdings mit dem in unserer Vorlesung über das 18. Jahrhundert erarbeiteten Befund, demzufolge die interkulturelle Auseinandersetzung keineswegs in der Spätaufklärung zu einem Halt kam. Gewiss wurde diese Auseinandersetzung von anderen, vordringlicher scheinenden Fragen in den Hintergrund gedrängt. Doch hatte sich seit der napoleonischen Besetzung Preußens und der ‚Flurbereinigung' der deutschen Länder durch Frankreich der Wind gedreht: Ein neues Denken verschaffte sich Raum, das immer deutlicher angesichts der Schwäche der deutschen Kleinstaaterei zur nationalen Stärke aufrief und die alte, unter französischer Vorherrschaft stehende, paneuropäische „République des Lettres" der Aufklärungszeit aufkündigte.

Ein gutes Beispiel für diesen Sinneswandel ist Johann Gottlieb Fichte, mit dem Madame de Staël in Berlin direkten Kontakt aufgenommen hatte. In seiner kosmopolitischen Phase[34] hatte er noch äußerst weltoffene Thesen vertreten, die etwas von jenem Geist universalen Denkens atmeten, auf den die Staël bei den deutschen Denkern vielleicht ein wenig spöttisch hingewiesen hatte, könne man in der deutschen Philosophie doch nur über das Universum arbeiten oder habe nichts zu tun. Nun aber sprach sich in ihm eine klare, sicherlich für den deutschsprachigen Raum unter dem Einfluss napoleonischer Expansionspolitik verallgemeinerbare Tendenz zur Suche nach einer absoluten Homogenität des Eigenen, des ‚Deutschen' aus. Nun wurde von ihm eine Überlegenheit des deutschen Geistes nicht nur abstrakt behauptet; vielmehr wurden Gründe dafür in der allgemeinen Sprachentwicklung angeführt. Lassen Sie mich an dieser Stelle kurz darauf hinweisen, dass Sprache, Sprachentwicklung und deren Studium in der Philologie des 19. Jahrhunderts zu Dreh- und Angelpunkten für einen entstehenden und ‚wissenschaftlich' begründeten Rassismus wurden, dem wir am Lehrstuhl mit einer von Markus Messling geleiteten Emmy-Noether-Forschergruppe, welcher Markus Alexander Lenz und Philipp Krämer angehörten, nachgegangen sind.[35] Die wichtigen Ergebnisse dieser Gruppe kann ich freilich hier nicht darstellen, sondern nur vereinzelt in diese Vorlesung einfließen lassen.

---

34 Vgl. hierzu Jurt, Joseph: Sprache, Literatur, Nation, Kosmopolitismus, Internationalismus. Historische Bedingungen des deutsch-französischen Kulturaustausches. In: Dorion, Gilles / Meißner, Franz-Joseph / Riesz, János / Wielandt, Ulf (Hg.): *Le français aujourd'hui. Une langue à comprendre. Französisch heute*. Mélanges offerts à Jürgen Olbert. Frankfurt am Main: Verlag Moritz Diesterweg 1992, S. 230–241; sowie besonders Kleingeld, Pauline: Six Varieties of Cosmopolitanism in Late Eighteenth-Century Germany. In: *Journal of the History of Ideas* (Baltimore) LX, 3 (July 1999), S. 505–524.
35 Verwiesen sei auf die Publikationen dieser fruchtbaren Gruppe, u. a. die Potsdamer Habilitationsschrift von Messling, Markus: *Gebeugter Geist. Rassismus und Erkenntnis in der modernen*

Wenden wir uns folglich kurz einem Auszug aus Johann Gottlieb Fichtes *Reden an die deutsche Nation* zu, welche nach seiner ‚Wende' entstanden: Die Deutschen hätten als ein germanisches Volk anders als die nach Frankreich oder Spanien weitergezogenen Stämme nicht ihre germanische Sprache aufgegeben, wie dies bei den latinisierten Völkern der Fall gewesen sei! Sie merken, dass sich bei Fichte eine auf den ersten Blick mit Germaine de Staël vergleichbare Einteilung der verschiedenen europäischen Völker findet, nur mit einer völlig anderen, wenn auch nicht diametral entgegengesetzten Bewertung. So lässt sich in *De l'Allemagne* zweifellos die Spur der deutschen Philosophie nicht weniger als jene der deutschen Literatur nachweisen – Doch wir haben uns lange genug mit *De l'Allemagne* beschäftigt! Gestatten Sie mir also, an dieser Stelle nun nicht etwa Madame de Staëls Deutung der deutschen Philosophie und insbesondere des deutschen Idealismus vorzutragen, sondern diese Philosophie und Ästhetik selbst zu Wort kommen zu lassen:

> Die Verschiedenheit ist sogleich bei der ersten Trennung des gemeinschaftlichen Stamms entstanden und besteht darin, dass der Deutsche eine bis zu ihrem ersten Ausströmen aus der Naturkraft lebendige Sprache redet, die übrigen germanischen Stämme eine nur auf der Oberfläche sich regende, in der Wurzel aber tote Sprache.[36]

In dieser Passage zeigt sich nun anders als bei Germaine de Staël eine klare und deutliche Wertigkeit, eine positive Wertung der Deutschen als ihrer Herkunft treuen Germanen, verbunden mit einer Abwertung aller anderen, welche sozusagen vom ‚rechten' Wege abgewichen sind. Diese durchaus ‚völkischen' Vorstellungen wurden später – wofür der arme Fichte nichts konnte – nicht nur von den Nationalsozialisten vor ihren Karren gespannt, sie enthalten auch eine Vielzahl von Vorstellungen, die über einen langen Zeitraum in die Sprachpsychologie und die Sichtweise der Sprachen in Deutschland eingegangen sind. Noch in der Abwertung der romanischen Sprachen durch Rudolf Steiner, also in den des Nazitums unverdächtigen Bildungskonzepten der Anthroposophie und ihrer Ablehnung der vom Lateinischen sich herleitenden Sprachen und Völker als dekadent, können sie derartige Vorstellungen wiederfinden. Letztere wurden im weiteren

---

europäischen Philologie. Göttingen: Wallstein Verlag 2016; sowie die mit „summa" bewertete Dissertation von Lenz, Markus Alexander: *Genie und Blut. Rassedenken in der italienischen Philologie des neunzehnten Jahrhunderts.* Paderborn: Wilhelm Fink Verlag 2014; sowie die Akten einer internationalen Tagung von Messling, Markus / Ette, Ottmar (Hg.): *Wort Macht Stamm. Rassismus und Determinismus in der Philologie (18. / 19. Jh.).* Unter Mitarbeit von Philipp Krämer und Markus A. Lenz. München: Wilhelm Fink Verlag 2013.

36 Fichte, Johann Gottlieb: *Reden an die deutsche Nation.* Berlin: Realschulbuchhandlung 1808, S. 140.

Abb. 46: Johann Gottlieb Fichte (Rammenau, Kurfürstentum Sachsen, 1762 – Berlin, 1814).

Verlauf des 19. Jahrhunderts noch durch die kriegerischen Erfolge der ‚germanischen Völker' gegen Frankreich weiter verstärkt, was nicht allein einer riesigen germanischen Mythologie dieses Jahrhunderts und einer Aufwertung alles ‚Germanischen', sondern auch bestimmten, um den Bestand und die Pflege dieses kulturellen Erbes besorgten wissenschaftlichen Disziplinen ein unverbrüchliches Existenzrecht einräumte.

Die völkischen Fiktionen von Johann Gottlieb Fichte hatten einen nachhaltigen Erfolg und entwarfen das Bild einer germanischen (und damit letztlich ‚rassischen') Einheit und Homogenität, das bis zum heutigen Tag in Krisenzeiten wie auch in den unsrigen nach dem Ende der vierten Phase beschleunigter Globalisierung immer wieder gerne angerufen wird. Es ist – wenn Sie mir den Ausdruck gestatten – eine Einheit, die auf einer vermeintlichen Reinheit gründet. Damit aber bildet sie ein Argumentationsschema, das diskursanalytisch betrachtet nicht nur völlig idealistisch und kulturfremd ist: Die Grundpfeiler dieses Schemas oder genauer germanisch-völkisch-nationalen Diskurses spuken bis heute in den seltsamsten Varianten durch die Hirne von Menschen, welche von einem klaren, reinen Deutschtum faseln, das verteidigt werden müsse. Dass in ein solches Deutschtum weder Franzosen noch Juden hineinpassten, lag schon zeitgenössisch auf der Hand – und nicht nur eine Rahel Levin Varnhagen bekam es zu spüren.

Dabei besteht eine Beziehung zu Fichtes Begriff vom Subjekt, wie er dies in seiner Schrift *Über den Begriff der Wissenschaftslehre oder der sogenannten Philosophie* pointiert zum Ausdruck brachte. Denn das Subjekt ist für Fichte gleichsam ein absolut gesetztes Subjekt, das aus sich heraus besteht und seinen Grund in sich selbst hat, eine Absolut-Setzung des Idealistischen, die selbstverständlich wieder von einer Einheit und Reinheit ausgeht und zur Grundlage eines absoluten, also von allem Empirischen losgelösten Handelns wird. Wie sieht diese Definition aus?

> Das Ich *setzt sich selbst*, und *es ist*, vermöge dieses blossen Setzens durch sich selbst; und umgekehrt: das Ich *ist*, und *es setzt* sein Seyn, vermöge seines blossen Seyns. – Es ist zugleich das Handelnde, und das Product der Handlung; das Thätige, und das, was durch die Thätigkeit hervorgebracht wird; Handlung und That sind Eins und ebendasselbe; und daher ist das: *Ich bin*, Ausdruck einer Thathandlung; aber auch der einzig-möglichen, wie sich aus der ganzen Wissenschaftslehre ergeben muss. [...] Alles, was ist, ist nur insofern, als es im Ich gesetzt ist, und ausser dem Ich ist nichts.[37]

Wir haben es hier fraglos mit einem absoluten Glauben an das (idealistische) Subjekt zu tun, welcher zugleich das Objekt als ein Entgegen-Stehendes, als einen Gegen-Stand, ausschließt und dem Subjekt allein Tat und Tatkraft überantwortet. Man könnte hier von einer Maßlosigkeit dieses Fichte'schen Ich, dieses Fichte'schen Geistes sprechen, wobei jegliche Form von Ob-Jektivität, ja von Alterität, von Anders-Artigkeit, im Angesicht dieses Ich beiseite geräumt wird. Angesichts dieser Absolut-Setzung von Ich und Geist fallen einem wieder die mahnenden Worte der Germaine de Staël zur deutschen Philosophie ein, die von keiner Einbettung in eine umfassendere Soziabilität gezügelt scheint; oder auch die Worte des argentinischen Schriftstellers Jorge Luis Borges, der gerade mit Blick auf die deutsche Philosophie von den großen fiktionalen Entwürfen sprach. Die Ergebnisse dieses Denkens griffen freilich – wie in *Tlön, Uqbar, Orbis Tertius*[38] – in die Wirklichkeit ein und transformierten sie grundlegend.

Wenn ich Johann Gottlieb Fichte hier gewählt habe, dann nicht, um etwa gegenüber der weltoffenen Schweizerin einen Deutschen zu zitieren, der Deutschland über alles hebt. Wir sollten über dem Fichte der *Reden an die deutsche Nation* nicht den kosmopolitischen Fichte vergessen, der sehr wohl etwas beitrug zu jener Verständigung zwischen unterschiedlichen Völkern und Kulturen, welche in der zweiten Phase beschleunigter Globalisierung im Verlauf der zweiten Hälfte des 18. Jahrhunderts entstanden war.[39] Deutschland, die deutsche Literatur oder die deutsche Philosophie stehen keineswegs für eine engstirnige Auslegung interkultureller Beziehungen, sondern haben – und dafür war uns Heinrich von Kleist ein erstes Beispiel gewesen – wesentlich an der kon-

---

[37] Fichte, Johann Gottlieb: *Über den Begriff der Wissenschaftslehre oder der sogenannten Philosophie*. Zweite verbesserte und vermehrte Ausgabe. Jena – Leipzig: Bei Christian Ernst Gabler 1798, S. 95–98.

[38] Vgl. hierzu Band 3 der Reihe „Aula", also Ette, Ottmar: *Von den historischen Avantgarden bis nach der Postmoderne*, S. 494–548.

[39] Vgl. hierzu Band 1 der Reihe „Aula", also Ette, Ottmar: *ReiseSchreiben* (2020).

zeptionellen Ausgestaltung von Beziehungen zwischen unterschiedlichen Kulturen mitgearbeitet. Es zeigt sich in dem in diesen Argumentationen beleuchteten Zusammenhang aber, dass der romantische Diskurs äußerster Spannung ausgesetzt war, dass – mit anderen Worten – der Diskurs der Romantik in einen brandgefährlichen Gegensatz eingespannt war, der in der Tat auch die weitere politische Geschichte des 19. Jahrhunderts entscheidend mitprägen sollte. Dies bedeutet nicht, den romantischen Chateaubriand zu einem Erzreaktionär und den romantischen Fichte zu einem Vorläufer der Nationalsozialisten zu erklären, wohl aber, eine ,Dialektik der Romantik' mitzudenken, wie sie die vor den Nazis geflohenen Horkheimer und Adorno in ihrer *Dialektik der Aufklärung* entfalteten.

Nun ist die Sehnsucht nach Einheit nach homogener Reinheit, ein Grundzug, der gerade Deutschland und eine spezifisch deutsche Variante der Romantik oder – allgemeiner noch – überhaupt der Moderne geprägt hat. Diese Sehnsucht mag sich gewiss auch im Politischen, in Form der jahrzehntelangen Suche nach dem *einen* Nationalstaat äußern. Sie findet sich aber von Beginn an im Umfeld der Kritik an den Grundlagen und mehr noch an den Ergebnissen eines analytischen Denkens, wie es die europäische Aufklärung repräsentierte. Denn Analyse ist letztlich immer Scheidekunst: Sie setzt die Dinge auseinander, *aus-einander*, und ist nicht so sehr an deren Zusammensetzung als an einer fortgesetzten Aufspaltung zur weiteren Analyse interessiert.

Wenn aber alles analysiert werden kann, so lässt sich auch alles aufspalten. Die Synthese muss daher aus einer solchen Sicht notwendig die Analyse komplettieren, vielleicht sogar dialektisch an ihre Stelle treten, um eine durch die Analysetätigkeit der Aufklärung in Atome zersplitterte Welt als Ganzes wiederherstellen zu können. Zwei Wege, die eng miteinander verbunden sind, treten hier auf den Plan und lassen sich voneinander unterscheiden: die Kunst und die Mythologie oder – wie wir auch mit Manfred Frank sagen könnten – die „Neue Mythologie".[40]

Diese „Neue Mythologie" kann wieder an die Stelle der alten Religion als einheitsstiftende Kraft treten, wenn es ihr denn gelingt, die Einheit einer Vorstellungswelt zu stiften, welche durch die Aufklärung zuvor in tausend Bruchstücke geborsten war. Gerade in Deutschland wurde die Notwendigkeit, eine solche neue Einheit, eine solche neue Mythologie zu schaffen, wie in kaum einem anderen Lande Europas entworfen und entwickelt. Die Kunst – und gerade auch die Poesie – besitzt die vordringliche Aufgabe, zu einer allgemeinen Symbolik zurückzufinden, wie Georg Friedrich Wilhelm Hegel dies formulierte.

---

40 Vgl. Frank, Manfred: *Der kommende Gott. Vorlesungen über die Neue Mythologie.* 1. Teil. Frankfurt am Main: Suhrkamp 1982.

Im Kontext der deutschen Naturphilosophie – dies deutete sich bereits bei Madame de Staël in der oben angeführten Stelle an – müssen wir nicht lange nach Begründungen suchen. Denn In Friedrich Wilhelm Schellings *Würzburger Vorlesung* von 1804 wurde die Motivation der Forderung nach einer neuen Mythologie – wie Manfred Frank betonte[41] – mit seltener Klarheit vorgetragen:

> Stoff der Kunst ist jeder mögliche Gegenstand nur durch die Kunst also nicht getrennt von der Form. Form und Stoff sind in der Kunst ebenso wie im Organismus eins. Dieß erhellt am deutlichsten aus dem Verhältnis der Poesie und Kunst [...]. Die Wiedergeburt einer symbolischen Ansicht der Natur wäre daher der erste Schritt zur Wiederherstellung einer wahren Mythologie. Aber, wie soll diese sich bilden, wenn nicht zuvörderst eine sittliche Totalität, ein Volk sich selbst wieder als Individuum constituirt hat? Denn die Mythologie ist nicht Sache des Individuums oder eines Geschlechts, sondern nur eines Geschlechts, das von Einem Kunsttrieb ergriffen und beseelt ist. Also weist uns die Möglichkeit einer Mythologie selbst auf etwas Höheres hinaus, auf das Wiedereinswerden der Menschheit, es sey im Ganzen oder im Einzelnen. So lange ist nur partielle Mythologie möglich, die aus dem Stoff der Zeit, wie bei Dante, Shakespeare, Cervantes, Goethe, aber keine universelle, allgemein symbolische. [...] Die Frage nach der Möglichkeit eines universellen Stoffs der Poesie, ebenso wie die Frage nach der objektiven Existenz der Wissenschaft und der Religion, treibt uns also von selbst auf etwas Höheres hin. Nur aus der geistigen Einheit eines Volks, aus einem wahrhaft öffentlichen Leben, kann die wahre und allgemeingültige Poesie sich erheben – wie nur in der geistigen und politischen Einheit eines Volks Wissenschaft und Religion ihre Objektivität finden.[42]

In diesen prägnanten Worten Schellings, der wie kaum ein anderer deutscher Philosoph den Weg des deutschen Idealismus in die Romantik prägte, der eine Naturphilosophie entfaltete, welcher Humboldt anfänglich viel abzugewinnen wusste, dann aber zunehmend den exakten Wissenschaften den Rücken kehrte und sich im Sinne Manfred Franks einer Herausbildung der Neuen Mythologie zuwandte, wird deutlich, welches einige der tieferen Ursachen für den Wunsch nach einer Wiedergewinnung der Einheit gerade in Deutschland sind. Auch für Schelling steht die wiederzugewinnende Einheit – des Volks, der Identität, des Weltbilds – dabei im Zentrum, wobei der Kunst und insbesondere der Poesie eine entscheidende Funktion zufällt.

Wir werden bald am Beispiel von Giacomo Leopardi sehen, wie sehr dies ein Problem war, das keineswegs nur die deutschen Geister beschäftigte. Es handelte sich vielmehr um eine Grundfrage des modernen Subjekts, das aus der

---

41 Vgl. ebda., S. 198.
42 Schelling, Friedrich Wilhelm: Würzburger Vorlesung. In: *Sämtliche Werke*. Erste Abtheilung, Band 6 [1804]. Stuttgart und Augsburg: J. G. Cotta'scher Verlag 1860 S. 572f.

alten, transzendent verankerten Gesellschaft in eine immer stärker zersplitterte und desakralisierte entlassen worden war. Diesem modernen Subjekt wurde nun aufgetragen, sich als Mensch innerhalb dieser Gesellschaft einen eigenen Platz, einen eigenen Ort zu suchen – und damit auch eine neue Bestimmung. Diese Suche nach einer verlorenen Einheit und damit letztlich auch die Suche nach übergeordneten Werten sowie nach einer Gemeinschaft, in der diese übergeordneten Werte Gültigkeit besitzen oder zumindest beanspruchen sollten, war eine der gleichsam metaphysischen Triebfedern der Romantik im Allgemeinen und der deutschen Romantik im Besonderen. Diese Konstellation im Sinne einer verlorenen Einheit und Einigkeit wirkte sicherlich noch drängender in einem Gewirr von Einzelstaaten, die nach ihrer politischen Einheit suchten, beschränkte sich aber keineswegs auf den deutschsprachigen Raum.

Als einen möglichen Übergang zur später sich anschließenden kurzen Untersuchung der Lyrik Giacomo Leopardis möchte ich Ihnen an dieser Stelle den Blick in ein Buch vorschlagen, das vom französischen Literaturwissenschaftler Albert Béguin, der längere Zeit in Deutschland als Lektor gearbeitet hatte, erstmals im Jahr 1937 vorgelegt und dann in einer überarbeiteten Ausgabe 1938 definitiv veröffentlicht wurde. Albert Béguin darf als einer der für das 20. Jahrhundert wichtigsten Vermittler zwischen Deutschland und Frankreich gelten. Die Tragik dieser fruchtbaren Vermittlung mag sicherlich darin liegen, dass sie von der Zeitgeschichte, vom Aufstieg, Triumph, der immensen Niedertracht und barbarischen Grausamkeit des Nationalsozialismus sowie den Horrorvisionen des Zweiten Weltkriegs und der Shoah verschüttet wurde.

Das Thema der Studie von Albert Béguin war der Zusammenhang zwischen der romantischen Seele mit dem Traum und damit letztlich mit der Frage nach jenem Bereich, der von der Aufklärung ausgeschlossen wurde, dem sich nun aber die Romantiker entschlossen zuwandten und damit zu einer Art Vorläufer der Surrealisten wurden.[43] Wir hatten bereits mehrfach das „je ne sais quoi" als Indiz für diesen Übergang zur Einbeziehung des Irrationalen in die Literatur bemerkt; und der Traum stand für das Andere, das Irrationale, das nicht unmittelbar in eine Analyse zu bringen war. Er konnte vielmehr wie das Kunstwerk im Lichte einer Synthese oder gar als Ergebnis einer Synthese erscheinen – und eben hierin lag eine der großen Herausforderungen der romantischen Epoche.

Ich möchte Ihnen gerne aus dem letzten Kapitel von Béguins Buch *L'âme romantique et le rêve*, dieser Studie über die romantische Seele und den Traum einen kleinen Auszug präsentieren. Mit Hilfe der nachfolgenden Passage möchte

---

43 Vgl. hierzu Band 3 der Reihe „Aula" von Ette, Ottmar: *Von den historischen Avantgarden bis nach der Postmoderne*, S. 336–398.

ich erneut auf eine Beziehung zur verlorenen Einheit, zur Dimension des Absoluten, des Unendlichen und der Synthese in einer Welt, die zugleich auch die Welt des Ich, die Traumwelt des absoluten Subjekts ist, hinweisen und aufmerksam machen:

> Ein vages Bedauern warnt den modernen Menschen davor, dass er mit der Welt, in die er hineingestellt ist, vielleicht tiefere und harmonischere Beziehungen gehabt hat oder haben könnte. Er weiß sehr wohl, dass es in ihm selbst Möglichkeiten des Glückes oder der Größe gibt, von denen er sich abgewandt hat. [...] Die Idee der universellen Analogie, auf welche sich die romantische und die moderne Konzeption der Dichtkunst beziehen, bildet die Antwort des menschlichen Geistes auf die Frage, die er sich stellt, und den Ausdruck seines tiefsten Wunsches. Er hat sich ersehnt, der Zeit und der Welt der verschiedenartigsten Erscheinungen zu entkommen, um das Absolute und die Einheit zu fassen. Die Kette der Analogien erscheint ihm bisweilen wie das Band, welches alle Dinge mit allen anderen verbinde, auf diese Weise das Unendliche durchläuft und die unauflösliche Kohäsion des Seins erzeugt.
> Von diesem Gesichtspunkt aus gesehen, nimmt der Mythos vom Traum eine neue Bedeutsamkeit an. Das Träumen ist nicht mehr nur eine der Phasen unseres Lebens, in welcher wir uns im Austausch mit der tiefen Realität wiederfinden. Der Traum ist weit mehr als das kostbare Modell der ästhetischen Schöpfung, und man begnügt sich nicht länger damit, seine unzähligen spontanen Metaphern aufzunehmen, mit deren Hilfe das träumende Genie voneinander durch die Zeit getrennte Momente sowie voneinander im Raum distante Wesen und Gegenstände miteinander in Beziehung setzt. Der *Traum* und die *Nacht* werden zu den Symbolen, mit deren Hilfe ein Geist, welcher die Welt des Scheins zu verlassen und sich mit dem *Sein* zu verbinden wünscht, die Vernichtung der fühlbaren Welt zum Ausdruck zu bringen sucht.[44]

Das Streben nach Einheit und Verschmelzung verwirklicht sich für die Romantiker gleichsam auf der Nachtseite der Vernunft, in der von der Vernunft nicht mehr kontrollierbaren Synthese des Traumes. Wir haben damit neben den bislang analysierten eine Reihe weiterer Elemente eingeführt, die von größter Bedeutung und Tragweite für die Romantik und den romantischen Diskurs sind. Denn im Traum konkretisieren sich die Wünsche und Ziele der Romantik: Der Traum und damit die Nachtseite der Vernunft sind der Helligkeit und dem Lichte der Aufklärung diagonal entgegengesetzt.

Fassen wir unsere Gedanken an dieser Stelle unserer Vorlesung zusammen: Die Suche nach der (verlorenen, durch die Aufklärung zerstörten) Einheit, die nicht allein ästhetische Aufwertung des Christentums und des ehedem ‚dunklen', ‚finsteren' Mittelalters, der Absolutheitsanspruch eines von allem losgelösten und

---

[44] Béguin, Albert: *L'âme romantique et le rêve. Essai sur le romantisme allemand et la poésie française*. Nouvelle édition. Paris: Librairie José Corti 1939, S. 397 u. 401.

sich selbst einsetzenden Subjekts, die Sehnsucht nach einer homogenen Gemeinschaft, welche auch die völkische oder nationale Gemeinschaft sein kann, die Hoffnung auf die Wiederherstellung einer Einheit mit dem Transzendenten und jenen Elementen, die von der Aufklärung ausgeblendet wurden, gleichsam die Schattenseite und mehr noch die Nachtseite der Vernunft und rationalen Existenz – all dies konkretisiert sich in der Synthese des Traums. Die Romantik wählt mithin das Andere anders, wählt die Nacht anstelle des Lichts, wählt das Irrationale zuungunsten der Rationalität. Sie wählt nicht so sehr als ihr Anderes die anderen Kulturen, sondern zielt auf diesem Gebiet auf eine größere Homogenität, um sich von dieser veränderten Position aus dem Anderen im Ich, dem Anderen im Eigenen zuzuwenden, jener Sehnsucht nach dem nicht mehr durch Analyse Auflösbaren, einer Sehnsucht nach dem Unendlichen. Diese Sehnsucht nach dem unendlich weit Entfernten ist ein Verlangen, welches sich auch auf die Entfernung im Raum erstreckt und ein projektiertes und ersehntes Anderes in weit entfernten Weltgegenden anstrebt.

Teil 4: **Romantik als Phänomen einer Weltliteratur**

Adelbert von Chamisso, Giacomo Leopardi oder die Suche nach dem Unendlichen

Dass der große deutsche Dichter der Romantik ‚eigentlich' ein Franzose war, der während der Französischen Revolution im Alter von elf Jahren mit seiner adeligen Familie aus Frankreich geflohen war, gehört sicherlich zu den schönsten Pointen deutschsprachiger Literatur im 19. Jahrhundert.[1] Adelbert von Chamisso,[2] der große Bewunderer Alexander von Humboldts – dem wir uns in dieser Vorlesung bald widmen werden –, nahm sich in späteren Jahren Humboldts Lebensstil durchaus zum Vorbild. Nicht umsonst hatte Chamisso der Erzählung einer von Christen gejagten und gefolterten Guahiba-Indianerin, die er in Humboldts auf Französisch verfasstem amerikanischen Reisebericht – der *Relation historique* – gefunden hatte, ein bemerkenswertes Gedicht gewidmet.[3] Humboldt fand seinerseits in Chamissos reiseliterarischem Schreiben wohl jene Vorstellung wieder, die er in seiner auf März 1849 datierten „Vorrede zur zweiten und dritten Ausgabe" seiner *Ansichten der Natur* als die „Verbindung eines litterarischen und eines rein scientifischen Zweckes"[4] bezeichnet hatte. Es war alles andere als Zufall, dass sich die beiden großen Figuren des deutschen Geisteslebens im 19. Jahrhundert ebenso auf ihren deutsch-französischen Wegen wie dank ihrer Reiseberichte, die sie wechselseitig lasen, freundschaftlich begegneten.

---

[1] Zum biographischen Hintergrund des Dichters und Naturforschers vgl. u. a. die mit einer gewissen Regelhaftigkeit veröffentlichten und das weiter wachsende Interesse an Chamisso dokumentierenden Biographien aus vier Jahrzehnten von Freudel, Werner: *Adelbert von Chamisso. Leben und Werk.* Leipzig: Philipp Reclam jun. 1980; Fischer, Robert: *Adelbert von Chamisso. Weltbürger, Naturforscher und Dichter.* Vorwort von Rafik Schami. Mit zahlreichen Abbildungen. Berlin – München: Erika Klopp Verlag 1990; Arz, Maike: *Literatur und Lebenskraft. Vitalistische Naturforschung und bürgerliche Literatur um 1800.* Stuttgart: M&P Verlag für Wissenschaft und Forschung 1996; Langner, Beatrix: *Der wilde Europäer. Adelbert von Chamisso.* Berlin: Matthes & Seitz 2009.
[2] Vgl. das Adelbert von Chamisso gewidmete Teilkapitel in Ette, Ottmar: *Mobile Preußen. Ansichten jenseits des Nationalen.* Stuttgart: J.B. Metzler Verlag 2019, S. 205–218.
[3] Vgl. zu diesem Gedicht Lamping, Dieter: „Ein armer unbedachter Gast". Adelbert von Chamissos interkulturelle Lyrik. In: Chiellino, Carmine / Shchyhlevska, Natalia (Hg.): *Bewegte Sprache. Vom „Gastarbeiterdeutsch" zum interkulturellen Schreiben.* Dresden: Thelen 2014, insb. S. 20–25.
[4] Humboldt, Alexander von: *Ansichten der Natur mit wissenschaftlichen Erläuterungen.* Tübingen: Cotta 1808, S. 9.

Abb. 47: Aldelbert von Chamisso (Schloss Boncourt bei Ante, Châlons-en-Champagne, 1781 – Berlin, 1838).

Besonders in Chamissos *Reise um die Welt* war immer wieder einmal von Humboldt zu lesen. So schrieb ersterer in seinem ebenso kunstvoll wie komplex angelegten Bericht von jener zweiten russischen Weltumsegelung, die er von 1815 bis 1818 an Bord der russischen Brigg „Rurik" unter dem Kommando des Kapitäns Otto von Kotzebue mitgemacht hatte, mit großer Hochachtung für den längst zu Weltruhm gelangten Preußen:

> Don Jose de Medinilla y Pineda hatte in Peru, von wo er auf diese Inseln gekommen, Alexander von Humboldt gekannt, und war stolz darauf, ihm ein Mal seinen eigenen Hut geliehen zu haben, als jener einen gesucht, um an dem Hof des Vicekönigs zu erscheinen. Wir haben später zu Manila, welche Hauptstadt der Philippinen von jeher mit der Neuen Welt in lebendigem Verkehr gestanden hat, oft den weltberühmten Namen unseres Landsmanns mit Verehrung nennen hören, und mehrere, besonders geistliche Herrn angetroffen, die ihn gesehen oder gekannt zu haben sich rühmten.[5]

Doch nicht nur der Weltruhm, sondern auch das Wissen und insbesondere die für Humboldts Denk-, Schreib- und Wissenschaftsstil so charakteristische Fähigkeit des Zusammendenkens wurden in Chamissos *Reise um die Welt mit der Romanzoffischen Entdeckungs Expedition in den Jahren 1815–18 auf der Brigg Rurik* immer wieder hervorgehoben. Gelinge es doch einem Humboldt, der „die Bruchstücke örtlicher meteorologischer Beobachtungen, welche nur noch als dürftige Beiträge zu einer physischen Erdkunde vorhanden sind, zu überschauen, zu beleuchten und unter ein Gesetz zu bringen, isothermische Linien über den Globus zu ziehen versucht, eine Hypothese zur Erklärung der Phänomene der Prüfung der Natur-

---

[5] Chamisso, Adelbert von: Reise um die Welt mit der Romanzoffischen Entdeckungs Expedition in den Jahren 1815–18 auf der Brigg Rurik Kapitän Otto von Kotzebues. In (ders.): *Sämtliche Werke*. Band II. München: Winkler Verlag 1975, S. 224.

kundigen zu unterwerfen."⁶ Adelbert von Chamisso bewunderte das Wechselspiel von Analyse und Synthese bei seinem längst weltberühmten preußischen Landsmann.

Die Spuren der Verehrung, aber auch der lange Schatten Alexander von Humboldts sind an vielen Stellen von Chamissos *Reise um die Welt* in expliziter oder impliziter Form leicht zu bemerken. So griff er bei seinen eigenen Untersuchungen etwa auf die Erkenntnisse der von Humboldt entworfenen Pflanzengeographie zurück.⁷ Der Verfasser der von Chamisso zitierten *Vues des Cordillères et Monumens des Peuples indigènes de l'Amérique*⁸ kommentierte dies in einem Brief an diesen nicht ohne den für Humboldt so typischen Schalk im Nacken, habe Chamisso ihm doch in seinen „allgemeinen Reisebeobachtungen so manches Pflanzengeographische entzogen".⁹ Verweise auf die vielfältigen Verbindungen zwischen Humboldt und Chamisso ließen sich leicht mehren, stehen jeweils aber unter einer nicht nur im wissenschaftlichen und epistemologischen Sinne aufschlussreichen Übereinstimmung einer allgemeinen und umfassenden Zielsetzung, sondern auch unter einem Blickwinkel, bei welchem Wissenschaftsprojekt und Lebensprojekt sich bei beiden Forschern wechselseitig beeinflussten. Anders als Chamisso war Alexander von Humboldt gewiss kein ‚Romantiker'; er zeigte in seinem Lebens- und Wissenschaftsprojekt vielmehr auf, dass es zwischen der Vernunft der Aufklärung und der Sehnsucht der Romantik nach Synthesen sehr wohl starke Verbindungen gab, welche beide Jahrhunderte keineswegs als klare Gegensätze erscheinen ließen.

Adelbert von Chamissos *Reise um die Welt* besaß einen gänzlich anderen Zuschnitt als Alexander von Humboldts vielbändiges (und im Übrigen unerschwingliches) amerikanisches Reisewerk. Sie war nicht das Ergebnis einer radikal neuen wissenschaftlichen Epistemologie, wohl aber das Resultat eines umsichtigen literarischen Schaffensprozesses, wie er in anderer, noch zu besprechender Form für Humboldts reiseliterarische Schriften freilich ebenfalls angenommen werden kann. Die Differenz zwischen beiden Reiseberichten liegt bereits in der ganz anderen Natur der Reise begründet, war Chamisso doch – ähnlich wie Georg Forster und sein Vater Reinhold – im Gegensatz zu Humboldt nicht sein

---

6 Ebda., Bd. II, S. 472 f.
7 Vgl. u. a. ebda., Bd. II, S. 308.
8 Vgl. hierzu die deutschsprachige Ausgabe von Humboldt, Alexander von: *Ansichten der Kordilleren und Monumente der eingeborenen Völker Amerikas*. Aus dem Französischen von Claudia Kalscheuer. Ediert und mit einem Nachwort versehen von Oliver Lubrich und Ottmar Ette. Frankfurt am Main: Eichborn Verlag 2004.
9 Humboldt, Alexander von: Brief an Adelbert von Chamisso [wohl vom 16.5.1836]. Staatsbibliothek zu Berlin, Nachlass Adelbert von Chamisso, acc. ms. 1937, 183.

eigener Herr, sondern hatte den ihm nicht selten missliebigen Befehlen auf einem russischen Kriegsschiff Folge zu leisten. Die sich daraus ergebenden Unterschiede sind der *Reise um die Welt* bereits auf den ersten Seiten zu entnehmen.

Adelbert von Chamisso musste sich an Bord der „Rurik" erst an die ständige Unterordnung unter einen Befehlshabenden gewöhnen. Die Schwierigkeiten, die der recht eigenwillige Chamisso bereits während der Fahrt mit dem jüngeren, aber sehr erfahrenen Kapitän der (nach Admiral Krusensterns Reise) zweiten russischen Weltumsegelung hatte, setzten sich auch nach der Rückkehr nach Europa fort. Es wurde ihm – und dies war kein ungewöhnlicher Vorgang, sondern auch an Bord etwa von britischen Expeditionsschiffen üblich – von höchster Stelle untersagt, seinen Reisebericht vorab unter eigenem Namen zu veröffentlichen, so dass die von ihm erzielten wissenschaftlichen Ergebnisse erst 1821 im dritten Band von Otto von Kotzebues Reisebericht erschienen.[10]

Bereits 1819 hatte Adelbert von Chamisso konzentriert an seinem Bericht über seine eigene „Reise um die Welt" gearbeitet; aber erst im Jahre 1836, als Chamisso längst einer der großen Vertreter der deutschen Romantik in der Dichtkunst war, konnte das Werk unter seinem eigenen Namen erscheinen. Sein Reisebericht war klar in die beiden Teile „Tagebuch" sowie „Bemerkungen und Ansichten" aufgeteilt. Die Rivalität gegenüber dem offiziellen Reisebericht, den die russische Admiralität unter dem Namen Otto von Kotzebues, Sohn von August von Kotzebue, veröffentlichte, war in Chamissos Formulierungen mit Händen zu greifen. Wir müssen diese besonderen Zwänge bei der Abfassung des Reiseberichts unbedingt in unsere Bewertung desselben miteinbeziehen.

Auch wenn die paratextuellen Titelelemente der „Reise um die Welt" wie auch der „Ansichten" offenkundige Anspielungen auf Georg Forsters *Reise um die Welt*, die *Ansichten vom Niederrhein* sowie Humboldts *Ansichten der Natur* darstellen mögen, lassen sich weder Aufbau und Struktur noch der von Chamisso angeschlagene Tonfall in die Nähe der so erfolgreichen Vorbilder Georg Forster und Alexander von Humboldt rücken. Der französisch-preußische Dichter ging hier in vielerlei Hinsicht eigene reiseliterarische Wege. Denn ist ein Reisebericht stets auf der literarischen Ebene mit den Gattungsregeln einer Autobiographie verbunden, so wurde Chamissos Reisebericht doch in vielerlei Hinsicht zum Lebensbericht einer Vielzahl von Autobiographismen.

---

10 Vgl. hierzu Federhofer, Marie-Theres: Lokales Wissen in den Reisebeschreibungen von Otto von Kotzebue und Adelbert von Chamisso. In: Kasten, Erich: *Reisen an den Rand des Russischen Reiches: Die wissenschaftliche Erschließung der nordpazifischen Küstengebiete im 18. und 19. Jahrhundert*. Fürstenberg/Havel: Kulturstiftung Sibirien 2013, S. 131.

Im zweiten Teil des Werks boten die „Bemerkungen und Ansichten" im Kern die bereits im dritten Band von Kotzebues Bericht abgedruckten (und nun teilweise aktualisierten) wissenschaftlichen Resultate der Expedition. Doch entwickelte das „Tagebuch", der erste Teil von Chamissos *Reise um die Welt*, die gattungsspezifische Nähe zwischen reiseliterarischen und autobiographischen Schreibformen weiter, so dass die Reise in einem autobiographischen Lektüremodus auch als Lebensreise gelesen werden kann, ja gelesen werden muss. Dabei gestand der Reisende, der erst wenige Jahre vor Beginn seiner großen Fahrt, im Jahre 1812, mit dem Entschluss zum Studium von Medizin und Naturwissenschaften an der neugegründeten Berliner Universität seine Karriere als Naturforscher begonnen hatte, seine Defizite und Schwächen bereitwillig ein. Wo Humboldt nur im privaten Brief an Wilhelm die noch fehlende Kenntnis vieler Pflanzen einräumte, um selbst dort noch wissenschaftliche Fachtermini sofort nachzuliefern, legte Chamisso in seinem veröffentlichten Werk den jeweiligen Stand der eigenen Kenntnisse offen. So wird der subjektive Standpunkt des Reisenden mit einem anfangs wissenschaftlich begrenzten, aber sich zunehmend ausweitenden Horizont freimütig eingeräumt und als autobiographisch reflektierte Entwicklungs- und Bildungsgeschichte lesbar. Von einem szientifischen Bericht im Sinne der Aufklärung ist diese *Reise um die Welt* deutlich entfernt.

Diese Position eines sich romantisch spiegelnden Subjekts machte Chamisso von Beginn seines Berichts an klar. So habe er sich von Anfang an fremd an Bord gefühlt und seine eigenen Beschränkungen deutlich erkannt, wie der erstmals auf hoher See befindliche Reisende, der unter dem Seegang stets zu leiden hatte, schon bei Plymouth mit Blick auf die englische Küste anzeigte:

> Die Flut steigt an den Übergangs-Kalk- und Tonschiefer-Klippen bis auf zweiundzwanzig Fuß; und bei der Ebbe enthüllt sich dem Auge des Naturforschers die reichste, wunderbar rätselhafteste Welt. Ich habe seither nirgends einen an Tangen und Seegewürmen gleich reichen Strand angetroffen. Ich erkannte fast keine von diesen Tieren; ich konnte sie in meinen Büchern nicht auffinden, und ich entrüstete mich ob meiner Unwissenheit. Ich habe erst später erfahren, dass wirklich die mehrsten unbekannt und unbeschrieben sein mussten. Ich habe im Verlauf der Reise manches auf diese Weise versäumt, und ich zeichne es hier geflissentlich auf zur Lehre für meine Nachfolger. Beobachtet, ihr Freunde, sammelt, speichert ein für die Wissenschaft, was in euren Bereich kommt, und lasset darin die Meinung euch nicht irren: dieses und jenes müsse ja bekannt sein, und nur ihr wüßtet nicht darum.[11]

---

[11] Chamisso, Adelbert von: *Reise um die Welt*, Bd. II, S. 24.

Adelbert von Chamisso war als wissenschaftliches Mitglied der unter russischer Führung stehenden Expedition zweifellos ein Spätberufener. Deutsche Teilnehmer an russischen Weltumsegelungen waren – wie der Kapitän der „Rurik" – weder zuvor noch in späteren Jahrzehnten an Bord russischer Schiffe selten. Es war Chamissos Freund, der Publizist Julius Eduard Hitzig, der entscheidend am Erfolg von dessen Bewerbung um die Teilnahme an der russischen Weltumsegelung beteiligt war. Chamisso selbst war sich der Lücken seiner Ausbildung wohl bewusst: Aber die Unwissenheit war im Sinne des lernenden Subjekts kein Makel, sondern Grundlage eines weiteren Lernprozesses, welchen der Reisebericht selbst darstellt.

Und zu diesem Lernen gehörte die Einsicht, dass selbst die ‚eigenen', europäischen Küsten wissenschaftlich noch längst nicht erforscht waren. Das Beobachten, Sammeln und Speichern für die Wissenschaft wird in der angeführten Passage als langwieriges Unterfangen beschrieben, innerhalb dessen sich der Forscher nicht seiner vorübergehenden Unkenntnis zu schämen brauche. Dieser Lernprozess ist für Chamisso Teil eines nicht nur wissenschaftlichen Lebens, das auf dieser Weltreise, auf dieser Lebensreise im Zeichen eines Erlebens steht, welches „die reichste, wunderbar rätselhafteste Welt"[12] zum Gegenstand hat. Im „Tagebuch" wird dieses Welterleben im Spiel zwischen sich erinnerndem und reisendem Ich immer wieder in den Mittelpunkt gerückt. Es führt Chamisso letztlich zu einer *weiteren* Art von Wissen auf einer Reise, welche freilich romantisch im Zeichen wunderbarer Reichtümer und Rätsel steht.[13]

Wenn Adelbert von Chamisso bereits zum Zeitpunkt seines Studienbeginns im Jahre 1812 als nicht mehr ganz junger Student von einer Weltreise als Naturforscher zu träumen begann,[14] dann dürften Habitus und Lebensrhythmus eines Alexander von Humboldt an diesem Vorhaben nicht ganz unbeteiligt gewesen sein. Und wenn er in seinem 1813 an seinem Rückzugsort Kunersdorf,[15] dem „Musenhof" derer von Itzenplitz entstandenen Welterfolg *Peter Schlemihls wundersame Geschichte* seinen Helden und Naturforscher mit „Siebenmeilenstiefel[n]

---

12 Ebda.
13 Vgl. zu diesem Topos u. a. Greenblatt, Stephen: *Wunderbare Besitztümer. Die Erfindung des Fremden: Reisende und Entdecker.* aus dem Amerikanischen von Robin Cackett. Berlin: Wagenbach 1994.
14 Vgl. Federhofer, Marie-Theres: Lokales Wissen in den Reisebeschreibungen von Otto von Kotzebue und Adelbert von Chamisso, S. 120.
15 Vgl. hierzu ausführlich Sproll, Monika: *Adelbert von Chamisso in Cunersdorf.* Frankfurt (Oder): Kleist-Museum 2014.

an den Füßen"[16] ausrüstete, so haben die gewaltigen Schritte seines Schlemihl etwas mit jener „Art philosophischer Wut"[17] zu tun, von der Johann Gottfried Herder 1774 mit Blick auf die philosophischen Reisenden seiner Zeit sprach. Sie stehen aber auch ihm Zusammenhang mit jenen „schnellen Schritten, wo der ganze Erdboden dem Europäischen Forschergeiste offenbar werden und jede Lücke in unseren Erfahrungswissenschaften" schließen werde,[18] wie dies Georg Forster 1791 treffend für seine Epoche formulierte. Am Ausgang der zweiten Phase beschleunigter Globalisierung waren die Zeichen noch immer auf Weltreisen gestellt, auch wenn der Nationalismus in vielen Ländern – wie stets nach einer Beschleunigungsphase – immer größere Kreise zog. Ich darf an dieser Stelle hinzufügen, dass uns dies zu verstehen heute leicht fällt, leben wir doch nach dem Ende der vierten Phase beschleunigter Globalisierung in einer derartigen Übergangszeit.

Mit ungeheurer Intensität signalisiert Chamisso in seinem Reisebericht aus dem Jahre 1836 jenes neue Welterleben, das ihm als Naturforscher zuteilwerden sollte – ganz so wie sein Peter Schlemihl sich erst langsam der Wirkung seiner Siebenmeilenstiefel bewusst zu werden beginnt:

> Ich wußte nicht, wie mir geschehen war, der erstarrende Frost zwang mich, meine Schritte zu beschleunigen, ich vernahm nur das Gebrause ferner Gewässer, ein Schritt, und ich war am Eisufer eines Ozeans. Unzählbare Herden von Seehunden stürzten sich vor mir rauschend in die Fluten. Ich folgte diesem Ufer, ich sah wieder nackte Felsen, Land, Birken- und Tannenwälder, ich lief noch ein paar Minuten gerade vor mir hin. Es war erstickend heiß, ich sah mich um, ich stand zwischen schön gebauten Reisfeldern unter Maulbeerbäumen.[19]

Es ist gewiss kein Zufall, dass am Ausgang des 19. Jahrhunderts der kubanische Dichter und Essayist José Martí in seinem Epoche machenden und Epoche verkörpernden Essay *Nuestra América*[20] im Jahre 1891, mitten in der dritten Phase beschleunigter Globalisierung, die Siebenmeilenstiefel Chamissos erwähnte und gleichsam wieder auspackte. Mit sicherem Gespür für die Entwicklungen seiner

---

16 Chamisso, Adelbert von: Peter Schlemihls wundersame Reise. In (ders.): *Sämtliche Werke*, Bd. 1, S. 60.
17 Herder, Johann Gottfried: *Auch eine Philosophie der Geschichte zur Bildung der Menschheit*, S. 89.
18 Forster, Georg: Die Nordwestküste von Amerika, und der dortige Pelzhandel, S. 390.
19 Chamisso, Adelbert von: *Peter Schlemihls wundersame Geschichte*, S. 60.
20 Vgl. hierzu Ette, Ottmar: José Martís Nuestra América oder Wege zu einem amerikanischen Humanismus. In: Röseberg, Dorothee (Hg.): *El arte de crear memoria. Festschrift zum 80. Geburtstag von Hans-Otto Dill*. Berlin: trafo Wissenschaftsverlag 2015, S. 75–98.

Zeit bezog Martí diese Siebenmeilenstiefel auf die expandierenden Vereinigten Staaten von Amerika und damit auf jenen Riesen, der dem südlichen Amerika bald schon seine Stiefel auf die Brust setzen werde. Wir werden gegen Ende dieser Vorlesung noch sehen, wie richtig José Martí mit seinen Überlegungen lag, diese als Antwort auf die zweite Phase beschleunigter Globalisierung entstandenen Riesenstiefel auf die zu seiner Zeit virulente dritte Phase beschleunigter Globalisierung anzuwenden. Mit den USA wies er auf jene politische, militärische und wirtschaftliche Macht hin, deren Aufstieg zum damaligen Zeitpunkt bereits die hegemoniale Vorherrschaft während der vierten Phase beschleunigter Globalisierung anzeigte.[21]

Die in der soeben zitierten Passage sichtbare Geschwindigkeit, mit welcher der planetarische Raum durchquert wird, entstammte jenem Erleben einer weltweiten Beschleunigung, welche die Erde in der zweiten Phase beschleunigter Globalisierung im 18. Jahrhundert erfasst und verändert hatte. Die Welt hatte sich irreversibel gewandelt, weil die *Er-Fahrung* dieser Welt sich im Zeichen einer beschleunigten Bewegung weltweit grundlegend verändert hatte. Adelbert von Chamisso und sein literarisches Schreiben verzeichneten diese Veränderungen mit seismographischer Genauigkeit und deuten so die enormen Fähigkeiten der Literaturen der Welt an, Globalisierungsphänomene in all ihren Details zu erfassen. Dabei vermerkt der Seismograph der Literatur nicht jene Faktenoberfläche einer Wirklichkeit, wie sie in der zeitgenössischen Historiographie aufgezeichnet wird, sondern bietet seinem Lesepublikum eine *gelebte, lebbare* und *(nach-)erlebbare* Wirklichkeit an, welche gleichsam ins innere Leben der Dinge und Erscheinungen führt.

Die Serie russischer Weltumsegelungen folgte noch dem Modell jener *Entdeckungs*reisen eines James Cook, eines Jean-François de Lapérouse oder eines Louis Antoine de Bougainville, mit deren Hilfe die Führungsmächte der zweiten Globalisierungsphase Anspruch auf eine globale Führungsrolle wie auf weite zu kolonisierende Landgebiete erhoben hatten. Doch lässt sie sich trotz ihrer Verspätung von mehreren Jahrzehnten doch noch immer jener hier phasenverschobenen Beschleunigung zurechnen, zu deren Protagonisten sich nun auch der in Frankreich geborene Immigrant aus Preußen zählen durfte, der auf einem russischen Kriegsschiff unter deutsch-baltischer Führung die Welt nicht zuletzt zum Nutzen der Russisch-Amerikanischen Handelskompagnie umschiffte.

Russland hatte sich auf den langen Weg zur Weltmacht begeben; und der müde gewordene und seinem Tod schon nahe Chamisso veröffentlichte seine

---

[21] An dieser Stelle nochmals der Hinweis auf die Theorie der verschiedenen Phasen beschleunigter Globalisierung in Ette, Ottmar: *TransArea. Eine literarische Globalisierungsgeschichte.* Berlin – Boston: Walter de Gruyter 2012.

Reise um die Welt als einen Bericht, der diesen Weg reflektierte, aber zugleich eine Schlemihl'sche Reise um den Planeten wie um sein eigenes Leben war. Insbesondere in seinem „Tagebuch" entwickelte er dafür eine besondere, poetisch verdichtete Sprache, die ihren ganz eigenen Zauber entfaltet. Es ist der romantische Zauber des Wunderbaren, des sich der puren Rationalität Entziehenden, der Schlemihls wundersame Reise, aber auch phasenweise den Chamisso'schen Reisebericht umgibt.

Georg Forster und Alexander von Humboldt bedienten sich der beiden großen, rasch weltweit verbreiteten Sprachen der zweiten Phase beschleunigter Globalisierung. Der eine ließ seine *Voyage round the world* zunächst in englischer und nur wenig später in deutscher Sprache erscheinen, während der andere den größten Teil seines *Voyage aux Régions équinoxiales du Nouveau Continent* in französischer Sprache vorlegte und nur bestimmte Teile auf Deutsch publizierte. Dagegen wählte der in Frankreich geborene und im Alter von elf Jahren zusammen mit seiner adeligen, gegen die Französische Revolution aufbegehrenden Familie nach Berlin geflüchtete Chamisso für seinen Reisebericht die deutsche Sprache, ohne darüber freilich zu vergessen, effektvoll auf die vielsprachige Welt an Bord der russischen Brigg aufmerksam zu machen. Noch immer ist das Erbe der europäischen, kosmopolitischen „République des Lettres" der Aufklärung gegenwärtig.

Nicht ohne ein humorvolles Augenzwinkern beschrieb Chamisso immer wieder seine eigene, höchst originelle sprachlich-kulturelle Position innerhalb des Mikrokosmos der „Rurik", der Welt an Bord des Schiffes. Diese Welt war eine Heterotopie, ein abgeschlossener Ander-Ort, auf dem eine starke Vielsprachigkeit vorherrschte und sich ein Zusammenleben der verschiedenen Sprachen und Dialekte entfaltete. Ebenso verschmitzt wie hintergründig wird dieser sprachliche Mikrokosmos in der *Reise um die Welt* dann mit dem Makrokosmos außerhalb des Schiffes in Kontakt gebracht.

Eine vielsprachige, nicht auf eine einzige Sprache, auf eine einzige Logik reduzierbare Welt entsteht unter der Feder dieses weitgereisten französischen Preußen. So vermerkte er beispielsweise am Ende seines Aufenthalts auf den Kanaren in seinem Reisebericht:

> Zuerst auf Teneriffa, wie später überall im ganzen Umkreis der Erde, haben sich die Wißbegierigen, mit denen ich als ein Wißbegieriger in nähere Berührung kam, Mühe gegeben, den russischen Nationalcharakter an mir, dem Russen, der aber doch nur ein Deutscher, und als Deutscher eigentlich gar ein geborener Franzos, ein Champenois, war, zu studieren.[22]

---

22 Chamisso, Adelbert von: *Reise um die Welt*, Bd. II, S. 42.

Wie russische Puppen stapeln sich die kulturellen Identitätsentwürfe Adelbert von Chamissos ineinander und aufeinander. Und wie ein roter Faden durchzieht das Oszillieren zwischen Zugehörigkeit und Nicht-Zugehörigkeit zu einer Nation Chamissos Bericht von einer Weltumsegelung, die sich just zu Beginn des 19. Jahrhunderts und damit des Jahrhunderts der großen Nationalismen ansiedelt.

Adelbert von Chamisso hatte schon auf den ersten Seiten seines mit Biographemen gespickten Reiseberichts darauf hingewiesen, dass er im Jahre 1813 als gebürtiger Franzose und ehemaliger preußischer Offizier keinen „tätigen Anteil nehmen durfte"[23] an der großen nationalen Erhebung gegen die Hegemonie Napoleons über Europa: „Ich hatte ja kein Vaterland mehr, oder noch kein Vaterland",[24] all diese Ereignisse „zerrissen mich wiederholt vielfältig".[25] Es ist ein Oszillieren zwischen einem Frankreich, das sich als die „Grande Nation" versteht, und einem Deutschland, das sich mühevoll aus der Kleinstaaterei zu lösen begann, aber für den vorläufigen Abschluss dieses Prozesses noch lange Jahrzehnte brauchen sollte. All diese Bewegungen eines ständigen Hin und Her sind zumindest vor seiner Reise um die Welt für Adelbert von Chamisso höchst schmerzlich: Er fühlte sich eingepfercht zwischen einem Nicht-Mehr und einem Noch-Nicht.

Adelbert von Chamisso betonte, er habe sich ins preußische Kunersdorf und in die Niederschrift seines *Peter Schlemihl* geflüchtet, um sich selbst „zu zerstreuen und die Kinder eines Freundes zu ergötzen".[26] Waren die Siebenmeilenstiefel nicht die bestmögliche literarische Umsetzung einer identitären Konstruktion aus der ständigen Bewegung, einer Vektopie also, die sich kurze Zeit später mit seiner *Reise um die Welt* lebbar verwirklichen sollte? Ohne es zu erahnen, entwarf Chamisso mit literarischen Mitteln eine wundersame und wunderbare Welt, in welcher er über die Bewegungen des Reisenden seinen eigenen, neuen *Bewegungsort* umschreiben und definieren konnte. Er schuf ihn sich wohl zu seiner eigenen Ergötzung, wo er mit Hilfe seiner Siebenmeilenstiefel stets jenseits aller nationalen Grenzen und Zuordnungen war: keine Utopie und auch keine Dystopie, noch nicht einmal eine Heterotopie, sondern eine aus der Bewegung sich speisende Vektopie.

Die Mikrokosmen von Kunersdorf und der „Rurik" dienten dazu, sich mit sich selbst auf ein weiteres, erweitertes Begreifen seiner Zeit jenseits eines überall aufkeimenden Nationalismus zu verständigen. Bildete er als Migrant nicht das leben-

---

23 Ebda., Bd. II, S. 11.
24 Ebda.
25 Ebda.
26 Ebda.

dige Beispiel für ein Leben, das wie im Falle Alexander von Humboldts nicht auf eine Nation, nicht auf eine Nationalität, nicht auf ein bestimmtes Nationalgefühl beschränkt werden konnte und durfte? War er nicht selbst – und darin Humboldt durchaus ähnlich – das beste Beispiel für ein Preußen, das in den Salons der Rahel Levin Varnhagen bereits an der Wende zum 19. Jahrhundert angelegt war und erst mit der napoleonischen Ära die Geschichte seines Aufstiegs im nationalistischen Taumel zu verdrängen begann? Und war das weltoffene Preußen, für das Adelbert von Chamisso wie ein Heinrich von Kleist stand, nicht eines, in welchem sich die Ansichten jenseits des Nationalen faszinierend reflektierten?

Auf dem Weg von Berlin ins dänische Kopenhagen, wo er sich der Expedition unter Otto von Kotzebue anschließen und als offizieller Teilnehmer der russischen Weltumrundung Teil des international bestückten Forschungsteams werden sollte, fand Adelbert von Chamisso nicht ohne ein gewisses Erstaunen an sich „überhaupt die Gabe", sich „überall gleich zu Hause zu finden".[27] Dies war für ihn ein völlig neues Gefühl: *überall zuhause zu sein.*

So begann er noch vor Beginn seiner ersten und einzigen Weltreise, sich jenseits des Nationalen einzurichten und damit weniger ein Fremdling, der sich überall fremd fühlt, als vielmehr ein Nomade zu sein, dem überall die Bewegung einen Wohnort und ein Leben ohne festen Wohnsitz ein bewegliches ‚Zuhause' bietet. Keines seiner beiden Vaterländer vermisst er fortan; und von seinem internationalen Freundeskreis in Kopenhagen weiß er mitzuteilen, dass er dort „vielleicht die heitersten und fröhlichsten Tage [s]eines Lebens verlebt" habe.[28] Adelbert von Chamisso steht für ein Preußen und Europa ein, das seine vielfältigen Herkünfte fröhlich einzubringen und in nicht weniger vielfältige Zukünfte zu übersetzen versteht. Als Nomade wird er – schon auf Friedrich Nietzsches Diktum vorausweisend – zum Europäer.

Mit Georg Forster wie mit Alexander von Humboldt teilt Adelbert von Chamisso auf reiseliterarischem Gebiet die Erfahrung eines translingualen Schreibens, folglich einer „écriture", die sich auch jenseits der eigenen Muttersprache bewegt und immer wieder zwischen verschiedenen Sprachen pendelt. Gerade dieses Leben und Schreiben ohne feste sprachliche und nationale Koordinaten mag es gewesen sein, was ihm erlaubte, beim Beobachten, Sammeln und Speichern von Daten zu Kulturen anderer Völker stets die Reflexion des eigenen, europäischen Standpunkts miteinzubeziehen. Vermittels dieser kritischen Selbstüberprüfung entwickelte er eine weitaus weniger von Vorurteilen geprägte Sichtweise indigener Kulturen, als dies etwa in Otto von Kotzebues offiziellem Bericht von

---

27 Ebda., Bd. II, S. 16.
28 Ebda., Bd. II, S. 17.

der zweiten russischen Weltumsegelung der Fall war.[29] Chamisso erwies sich als offener Geist, der die Grundüberzeugungen der Romantik und deren Schreibweisen mit einer Nichtbeachtung des überall aufkeimenden Nationalismus kombinierte und außereuropäischen Kulturen sehr offen gegenüberstand.

Noch wenige Jahre zuvor, damals zeitweise im Umkreis von Germaine de Staël und deren Zirkel lebend, war Adelbert von Chamisso der Verzweiflung nahe gewesen. In französischer Sprache drückte er seine Angst aus, nirgendwo seine ‚wirkliche' Heimat finden zu können:[30]

> Mein Vaterland. Ich bin Franzose in Deutschland und Deutscher in Frankreich, Katholik bei den Protestanten und Protestant bei den Katholiken, Philosoph bei den Religionsanhängern und religiöser Cagot bei vorurteilsfreien Leuten; bin ein Weltmann bei den Stubenhockern und ein Pedant bei den Weltläufigen, ein Jakobiner bei den Aristokraten und bei den Demokraten ein Adeliger, ein Mann des Ancien Régime usw. Ich bin nirgendwo am Platze, bin überall ein Fremder – zu viel wollte ich in meine Arme schließen, und alles entgleitet mir. Ich bin unglücklich – – – Da der Platz heute Abend noch nicht vergeben ist, so erlauben sie mir, mich kopfüber in den Fluss zu stürzen ...[31]

Dies ist sicherlich eine der ergreifendsten Darstellungen des Gefühls, ständig zwischen den Stühlen zu sitzen und überall ein Fremdling, nirgendwo zu Hause zu sein. Es schien, als ob es für Adelbert von Chamisso, der an einem 30. Januar des Jahres 1781 unter dem Namen Louis Charles Adélaïde de Chamissot de Boncourt auf Schloss Boncourt unweit von Châlons-en-Champagne geboren wurde, keinen Ort auf dieser Welt geben würde, an dem er sich wohlfühlen könnte. Aber wenn es im Raum schon keinen Ort gab, war dann nicht in der Bewegung eine Heimat zu finden, war nicht die Vektopie sein eigentlicher Ort?

Der Bericht von seiner Weltreise zeigt uns einen Chamisso, der auf die eigene Zerrissenheit sehr wohl zurückblickt, sie auch nicht ausblendet oder verdrängt, aber gleichsam in eine dynamische Bewegung überführt hat. Es wäre kaum übertrieben zu sagen, dass seine Weltreise mit einem Schlage viele seiner Probleme löste. Weder eine Heterotopie noch eine Atopie und schon gar nicht eine Utopie oder Dystopie haben ihn von seinem spezifischen Fremd-Sein befreit: Es war vielmehr eine Vektopie! Sie erlaubte es dem überall Fremden, zu einem gewiss

---

29 Vgl. hierzu Federhofer, Marie-Theres: Lokales Wissen in den Reisebeschreibungen von Otto von Kotzebue und Adelbert von Chamisso, s. 133.

30 Vgl. hierzu Fischer, Robert: *Adelbert von Chamisso. Weltbürger, Naturforscher und Dichter.* Vorwort von Rafik Schami. Mit zahlreichen Abbildungen. Berlin – München: Erika Klopp Verlag 1990, S. 98.

31 Chamisso, Adelbert von: *Leben und Briefe.* Herausgegeben von Julius Eduard Hitzig. Leipzig: Weidmann'sche Buchhandlung 1942, S. 271.

nur zeitweiligen Nomaden zu werden, der die jeweils geltenden Lebensformen und Lebensnormen zu relativieren verstand und versuchte, sich sein eigenes mobiles, an unterschiedlichsten Sprachen und Logiken partizipierendes Zuhause zu schaffen.

Auffällig ist, wieviel von alledem bereits in Chamissos *Peter Schlemihls wundersamer Geschichte* enthalten ist, so dass man behaupten könnte, er hätte in der literarischen Welt eine Lösung seiner Probleme entworfen, welche er danach – gewiss mit etwas Glück bei der späten Aufnahme als Naturforscher an Bord der „Rurik" – in die Realität umzusetzen verstand. Dabei kam ihm seine Position zwischen verschiedenen Sprachen nunmehr zu Hilfe. So war es gewiss kein Zufall, dass sich Chamisso in seinen letzten wissenschaftlichen Veröffentlichungen bis zu seinem Lebensende mit Struktur und Aufbau der Hawaiianischen Sprache beschäftigte. Denn auch für ihn war die Welt nicht allein aus der Perspektive einer einzigen Sprache zu erfassen und zu begreifen: Seine Welt war die Kommunikation zwischen allen Menschen, und der Besitz der verschiedensten Sprachen war hierfür entscheidend.

Mit einem Schlage lösen sich die starren, unüberwindlichen Grenzmarkierungen auf. Aus den festen Grenzen sind eher mobile Übergänge, aus den wechselseitigen Ausschlussmechanismen eher Übersetzungsprozesse geworden, die dem Fremdling ein nomadisches, viellogisches Wissen erlauben. Dieser Wandlungs- und Verwandlungsprozess ist nicht nur in den stark autobiographisch eingefärbten Passagen von Chamissos *Reise um die Welt*, sondern auch in der (wissenschaftlichen) Art der multiperspektivischen Auseinandersetzung mit den von ihm untersuchten Gegenständen erkennbar. Mit anderen Worten: Der literarische Reisebericht präsentiert uns eine sehr tiefreichende Veränderung eines Welterlebens, das zunehmend polylogisch geworden ist, mithin verschiedensten Logiken *zugleich* folgt.

Chamisso schickte als großer Schriftsteller nicht nur eine Mise en abyme des Erzählens von einer Weltreise seiner eigenen Erzählung voraus.[32] Vielmehr stellte er ihr auch die Formel eines Lebenswissens als Wissen vom Leben im Leben und für das Leben voran: müsse es ihm doch auf der Brigg „Rurik" „so wie überhaupt in der Welt ergehen, wo nur das Leben das Leben lehrt".[33] Auf diese Weise bezog er jene „kleine[n] Welt",[34] in welche ihn die „Nußschale"[35] seines Schiffes

---

32 Vgl. Chamisso, Adelbert von: *Reise um die Welt*, Bd. II, S. 15.
33 Ebda., S. 20.
34 Ebda.
35 Ebda.

nunmehr „eingepreßt"[36] habe, auf jene umfassende Welt, die zu ersterer in einem Verhältnis von Mikrokosmos und Makrokosmos steht. So seltsam es auch klingen mag: Trotz aller Auseinandersetzungen, die er an Bord insbesondere mit seinem Kapitän auszustehen hatte, boten ihm das kleine Schiff und die Vielzahl an Landgängen auf unterschiedlichen Inseln und Kontinenten Gelegenheit genug, seinen ‚eigenen' Platz in der Welt zu finden.

Mit diesem Verhältnis zwischen Mikro- und Makrostruktur, auf das wir bereits zuvor gestoßen waren, wird die *bewegliche* Grundlage seiner sich beständig verändernden Perspektivik auf die Welt hervorgehoben; eine Bewegung, die den sich verändernden Konturen und Kontexten seines Lebens entspricht. Immer wieder zeichneten sich neue Inseln, immer wieder neue Kontinente ab, Möglichkeiten, an Land zu gehen oder innerlich weiter zu segeln. Dies erlaubt es dem Lesepublikum zu verstehen, dass der Blick auf die ‚weite' Welt ein sehr spezifischer und vom Kontext des Schiffes selbst her bestimmter ist, ohne dass diese bewegliche Perspektive zu einer ‚natürlichen' und nicht mehr hinterfragbaren würde. Die Offenheit des Chamisso'schen Blickes ist nicht nur im Südpazifik, sondern auch an vielen anderen Stationen seiner Weltumsegelung sehr beeindruckend.

Freilich: Auf einem kleinen Schiff – und mehr noch auf einem russischen Kriegsschiff – kann man anderen ‚Mitbewohnern' nicht einfach ausweichen;[37] die hieraus sich ergebenden Problematiken sind solche der Konvivenz, eines notwendigen Zusammenlebens auf begrenztem zur Verfügung stehenden Raum. Dieses Zusammenleben fiel Chamisso keineswegs leicht. Insofern überrascht es nicht, dass sich der romantische deutsche Dichter von adeliger französischer Herkunft immer wieder mit Fragen und Herausforderungen beschäftigt, welche die Konvivenz zwischen verschiedenen Nationen, Sprachen oder Kulturen, zwischen Militärs und Wissenschaftlern, aber auch zwischen Europäern und indigenen Völkern betrifft. Denn diese Konvivenz-Fragen berührten seinen eigenen Ort auf der Welt.

So wie es im Mikrokosmos des Schiffes ständige Konflikte gibt, die einer stark hierarchisierten Verfahrensweise ausgesetzt sind, so werden auch die Formen wie die Normen der Konvivenz von Chamisso ständig im Lichte von Konflikten, ja von Katastrophen untersucht, wie sie auf der Ebene von Machtbeziehungen etwa zwischen Kolonialherren und Kolonisierten auftreten: Adelbert von Chamissos *Reise um die Welt* stellt die Frage nach dem Zusammenleben auf einer Nussschale, die nichts anderes als die Welt ist. Die Vorstellung vom „Raumschiff

---

36 Ebda.
37 Ebda., Bd. II, S. 37.

Erde"[38] ist weit älter als die bemannte Raumfahrt mit ihren Bildern vom Lonely Planet. Sie kann an jedem begrenzten Ort dieses Planeten gemacht werden.

Adelbert von Chamisso sucht bewusst, sich wo irgend möglich von jeder Arroganz der sogenannten ‚Zivilisierten' gegenüber den sogenannten ‚Wilden'[39] zu distanzieren und eine *weitere* Perspektive einzunehmen, die dem Maßstab von Alterität und Alterisierung entgeht. So heißt es bei ihm entschieden und mit einem hohen Bewusstsein für die von ihm verwendete Sprache:

> Ich ergreife diese Gelegenheit auch hier, gegen die Benennung „Wilde" in ihrer Anwendung auf die Südsee-Insulaner feierlichen Protest einzulegen. Ich verbinde gern, so wie ich kann, bestimmte Begriffe mit den Wörtern, die ich gebrauche. Ein Wilder ist für mich der Mensch, der ohne festen Wohnsitz, Feldbau und gezähmte Tiere, keinen anderen Besitz kennt, als seine Waffen, mit denen er sich von der Jagd ernährt. Wo den Südsee-Insulanern Verderbtheit der Sitten Schuld gegeben werden kann, scheint mir solche nicht von der Wildheit, sondern vielmehr von der Übergesittung zu zeugen. Die verschiedenen Erfindungen, die Münze, die Schrift u.s.w., welche die verschiedenen Stufen der Gesittung abzumessen geeignet sind, auf denen Völker unseres Kontinentes sich befinden, hören unter so veränderten Bedingungen auf, einen Maßstab abzugeben für diese insularisch abgesonderten Menschenfamilien, die unter diesem wonnigen Himmel ohne Gestern und Morgen dem Momente leben und dem Genusse.[40]

Die sprachkritischen Überlegungen gehen in zivilisationskritische über, welche bei aller romantisierenden Einfärbung – die erste Person Plural deutet es an – die eigene europäische Perspektive nicht verleugnen, aber auch nicht länger als allein gültigen „Maßstab" akzeptieren wollen. Wir dürfen mit Chamisso sagen: Das Problem ist nicht die europäische Perspektive, sondern deren Absolut-Setzung.

Wir können in der oben angeführten Passage den Versuch erkennen, mit den Wörtern zugleich die Tropen der Diskurse wie die Diskurse der Tropen[41] einer Selbstkritik zu unterziehen, die auf ein viellogisches Verstehen zielt, in welchem es um die unterschiedlichsten Formen und Normen des Lebens und Zusammenlebens geht. Adelbert von Chamissos Arbeit an der Sprache ist Arbeit am Mythos von *einer* Logik, einem einzigen Maßstab, der auf alle Kulturen angewendet

---

38 Vgl. hierzu Grober, Ulrich: *Die Entdeckung der Nachhaltigkeit. Kulturgeschichte eines Begriffs.* München: Verlag Antje Kunstmann 2010, S. 227 f.
39 Vgl. zu diesem Regulativ europäischer Weltaneignung Bitterli, Urs: *Die „Wilden" und die „Zivilisierten". Grundzüge einer Geistes- und Kulturgeschichte der europäisch-überseeischen Begegnung.* München: dtv 1982.
40 Chamisso, Adelbert von: *Reise um die Welt*, Bd. II, S. 75.
41 Vgl. zu den Formen von „Wildheit" White, Hayden: *Tropics of Discourse. Essays in Cultural Criticism.* Baltimore – London: the Johns Hopkins University Press 1978, S. 80 f.

werden könnte. Noch heute sind wir keineswegs von dieser Arbeit befreit; Chamisso aber weigert sich, einen derartigen verbindlichen Maßstab anzulegen und rücksichtslos im Weltmaßstab allen Kulturen aufzuoktroyieren.

Er konstruiert in diesem Zusammenhang keine Alterität, keinen ‚Anderen' oder ‚Fremden', der sogleich inferiorisiert werden könnte, sondern versucht ein Lebenswissen zu entfalten, das sich eher in einer *Epistemologie der Erweiterung* ansiedelt.[42] Das sich hierbei manifestierende Welterleben ist eines, das auf ein Weiter-Leben abzielt: Das sich nicht auf die engen Begriffe ‚gesitteten' oder ‚zivilisierten' Lebens einlassen will, sondern eine grundlegende Weitung nicht nur imaginierbarer oder denkbarer, sondern wahrnehmbarer und deutbarer Lebensformen intendiert. In vielerlei Hinsicht ist der große romantische Dichter Deutschlands unser Zeitgenosse.

Es geht an diesem Punkte um ein Welterleben, wie es der Chamisso des Jahres 1836 immer wieder auch auf denjenigen des Jahres 1815 projiziert und so das Spiel von erzählendem und erlebendem Ich aus fast zwanzigjähriger Distanz in Gang hält. Das reiseliterarische Schreiben geht in vielen derartigen Passagen mit dem autobiographischen Schreiben Hand in Hand. In seiner *Reise um die Welt* plädiert der weitgereiste Preuße Adelbert von Chamisso deutlich für ein weiteres, weiter gefasstes Verstehen von (menschlichem) Leben: keines, das lediglich an der schieren Materialität des Lebensprozesses ausgerichtet ist.

Immer wieder versucht der Reisende, die verschiedenen Logiken von Europäern und indigener Bevölkerung ineinander zu übersetzen, indem er etwa mit erhobenen Händen fuchtelnd und schreiend auf die Menschen einer der besuchten Inselgruppen zuläuft, so dass sie die Flucht ergreifen, bevor es ihm mit Hilfe seines Lachens gelingt, die Bewohner wieder anzulocken und in eine Kommunikation mit ihnen einzutreten.[43] Es sind (bisweilen naive, bisweilen raffinierte) Experimente im Zusammenlebenswissen, die immer wieder Chancen und Grenzen zwischenmenschlicher Konvivenz in einem weltweiten Maßstab erproben. Beeindruckend ist dabei die ‚Gabe' oder vielleicht doch eher Fähigkeit Chamissos, sich auf jene Menschen einzulassen, die er nicht als ‚Wilde', nicht als ‚Fremde', nicht als ‚Andere', sondern als seine Mit-Menschen zu verstehen weiß: In dieser Mitmenschlichkeit gründet seine Ethik.

So bezeichnete Chamisso im Kontext seiner Beschreibung der Insel Radack auch seinen „Freund Kadu", der „fremd auf dieser Insel-Kette" sich der Fahrt der

---

[42] Vgl. hierzu Ette, Ottmar: Weiter denken. Viellogisches denken / viellogisches Denken und die Wege zu einer Epistemologie der Erweiterung. In: *Romanistische Zeitschrift für Literaturgeschichte / Cahiers d'Histoire des Littératures Romanes* (Heidelberg) XL, 1–4 (2016), S. 331–355.
[43] Vgl. ebda., Bd. II, S. 134 f.

"Rurik" eine Zeitlang anschloss, als einen "der schönsten Charaktere, den ich im Leben angetroffen habe", ja als einen "der Menschen, den ich am meisten geliebt".⁴⁴ Der Südsee-Insulaner ist als Mit-Mensch zum geliebten Freund des französischen Preußen geworden. Die Mitmenschlichkeit vermag es, bei Chamisso die Grenzen von Sprache, Kultur oder Nation zu überwinden.

Adelbert von Chamisso ist sich bei der Konstruktion seines wissbegierigen Forscher-Ichs, des weitgereisten Weltreisenden, des vielsprachigen Russen, der kein Russe, sondern Deutscher ist, eines Deutschen, der kein Deutscher, sondern Franzose ist, eines Franzosen, der kein Franzose, sondern ein Kind der Champagne war, das er längst nicht mehr sein kann, sehr treu geblieben. Kurzum: Er hielt fest an der Konstruktion eines Ich, das in seiner binneneuropäischen Zerrissenheit durch seine Weltreise für ein weiteres Welterleben geöffnet wird. Denn es sollte ihm von Beginn seiner Weltreise an ganz so "wie überhaupt in der Welt ergehen, wo nur das Leben das Leben lehrt".⁴⁵ Es ist das Motto eines Lebenswissens, das für andere Kulturen, für andere Blickwinkel, andere Lebensformen weit offen ist und ein solches Wissen vom Leben zur Grundlage des gelebten und zu lebenden Lebens macht.

Dieses Lebenswissen jedoch öffnet sich als Ergebnis eines offenen Lebensprozesses und einer Lebensgeschichte, die weit mehr ist als eine mehr oder minder geglückte Reisebeschreibung, auf eine andere Art von Wissen, die fast schon an der Schwelle zu einem weiteren Leben, ja zu einem Weiterleben steht. So lesen wir wenige Seiten vor Abschluss des "Tagebuchs" und damit des ersten Teiles von Chamissos *Reise um die Welt*:

> Ich meinerseits bin bei jedem neuen Kapitel meines Lebens, das ich schlecht und recht, so gut es gehen will, ablebe, bescheidentlich darauf gefaßt, dass es mir erst am Ende die Weisheit bringen werde, deren ich gleich zu Anfang bedurft hätte; und dass ich auf meinem Sterbekissen die versäumte Weisheit meines Lebens finden werde.⁴⁶

Vielleicht liegt an diesem Punkt die Weisheit von Chamissos Lebenswissens: Am Ende der Reise, der Lebensreise, so die Hoffnung, könnte sich nach dem ‚Ableben' aller Kapitel das Wissen in Weisheit übersetzen, könnte das Wissen in der Weisheit aufgehen und somit weiterleben, ohne auf ein konkretes Wissen einer Wissenschaft heruntergebrochen werden zu können. Erst auf dem Sterbekissen, so

---

44 Ebda., Bd. II, S. 141.
45 Ebda., S. 20.
46 Ebda., Bd. II, S. 251.

Chamissos Bild, werde jene Weisheit langsam erkennbar, die das Wissen auf ein Künftiges, ein Weiteres, auf ein Weiterleben hin perspektiviert.

Die Weisheit, so scheint der alt gewordene Dichter am Ende seines „Tagebuchs" anzudeuten, ist bestenfalls jenes Wissen, das am Ende der Reise nur vom Tod in Weisheit umgewandelt werden kann – in eine Weisheit, deren man doch viel früher, in früheren Kapiteln des Lebens so dringend bedurft hätte. Heißt dies, dass diese Weisheit, wie es der französisch-preußische Dichter anzudeuten scheint, weder transindividuell noch transgenerationell weitergeführt und damit *weitergelebt* werden kann? Mit anderen Worten: Was bleibt nach und von den vielen Reisen eines langen Lebens? Lässt sich ein zu Ende gegangenes Leben mit all seinem Wissen und mit all seiner Weisheit nicht weiterleben?

Das spezifische Wissen auf dem Weg zur Weisheit ist eines, das ohne den Tod und damit ohne die Transzendenz nicht auszukommen scheint. Wenn Wissen stets bei den Wissbegierigen, zu denen sich – wie wir sahen – auch der Autor zählt, letztlich nur aus der Bewegung ergibt, so wie sich die in jeglicher Hinsicht menschliche Wissenschaft nur aus der Bewegung *weiter* entwickeln kann, so scheint die Weisheit sich auf ein Weiterleben hin zu öffnen. Dieses siedelt sich jenseits des Raumes, jenseits der Zeit, jenseits der Bewegung an. Wir stoßen bei Chamisso auf das romantische Begehren nach einem Wissen und einer Weisheit, für welche das rationale Wissen der Aufklärung keine Messinstrumente hatte. Es ist eine Suche, welche sich nicht mit der Materialität des Wissens zufrieden gibt, sondern sich zur Transzendenz und dem Unendlichen, Unbegrenzten aufmacht.

Doch vielleicht, so könnten wir dem großen Dichter der deutschen Romantik und dem Besucher des Salons der Rahel Levin zurufen, gibt es auch hier *weitere* Wege des Wissens, die uns von der Wissenschaft zum Wissen und vom Wissen weiter zur Weisheit führen könnten. Denn ist es nicht statthaft, auf dem langen Weg der Suche nach wissenschaftlicher Erkenntnis auch an die Türe der Weisheit zu klopfen? Ist die Frage nach der „sapientia" nicht eine, die sich in logischer Konsequenz aus den Bemühungen um wissenschaftliches Wissen ergibt?

Das Wissen der Wissenschaft jedenfalls kann nicht genügen! Welterleben und Weiterleben scheinen sich auch in jenem Entwurf zu begegnen, den der französische Zeichentheoretiker und Schriftsteller Roland Barthes an das Ende seiner *Antrittsvorlesung am Collège de France* stellte:

> Es gibt ein Alter, in dem man lehrt, was man weiß; doch danach kommt ein anderes, in dem man lehrt, was man nicht weiß: Das nennt man *Forschen*. Es kommt jetzt vielleicht das Alter einer anderen Erfahrung: der des *Verlernens*, die nicht vorhersehbare Umarbeitung wirken zu lassen, durch die das Vergessen die Ablagerung des Wissens, der Kulturen, der Glaubensüberzeugungen, durch die man hindurchgegangen ist, prägt. Diese Erfahrung hat, glaube ich, einen berühmten und altmodischen Namen, den ich hier ohne Komplexe am

Kreuzungspunkt seiner Etymologie aufzugreifen wage: *Sapientia*: keine Macht, ein wenig Wissen, ein wenig Weisheit und so viel Würze wie möglich.[47]

Die unermüdliche Querung unterschiedlichster Wissensformen, Kulturen und Glaubensformen führt, folgen wir Roland Barthes, zu einem Wissen, das jenseits aller Macht Weisheit als Würze, als sinnliches und sinnhaftes Welterleben versteht. Ein solches Welterleben, so die Hoffnung und die Aufgabe der Philologie, kann (und zwar nicht nur durch Editionen) weitergegeben werden. Ob es in seiner ganzen „saveur" vielleicht auch weitergelebt werden kann, ist eine Frage, die an das Medium des Weiterlebens *par excellence*, an die Literaturen der Welt, aus immer neuen Perspektiven und von weiteren Kapiteln her zu stellen wäre. Dieser Suche nach dem Unendlichen und nach der Unendlichkeit des Wissens war sich der romantische Meister deutscher Verdichtungskunst sehr wohl bewusst.

Vom national noch längst nicht geeinten Deutschland ist es im 19. Jahrhundert zum ebenfalls noch nicht vereinigten Italien nur ein kleiner Sprung, den wir nun von einem preußischen Dichter französischer Herkunft zu einem der sicherlich nicht weniger großen Italienischen Dichter unternehmen: Wir kommen nun zu Giacomo Leopardi, einem der größten Vertreter der Romantik und zugleich – wenn auch mit all ihren Widersprüchen – einer (exzentrischen) europäischen Moderne.[48] Beschäftigen wir uns kurz mit einigen für uns wichtigen Biographemen aus Leopardis Leben!

Der italienische Poet und Philologe Giacomo Leopardi wurde in Recanati in den Marken am 29. Juni 1798 als ältestes von fünf Kindern geboren und starb in Neapel am 14. Juni 1837. Es war, wie sie sehen, ein kurzes Leben; und doch wurde Leopardi gemeinsam mit Alessandro Manzoni, mit dessen *Promessi sposi* wir uns leider in dieser Vorlesung nicht beschäftigen können, zu einem der ganz großen Erneuerer der Italienischen Sprache und Literatur. Er gab Impulse, die weit über Italien und Europa hinaus nicht zuletzt den hispanoamerikanischen Modernismo umfassten,[49] vor allem aber die weitere Entwicklung romantischer Lyrik in Europa grundlegend prägten.

---

47 Barthes, Roland: *Leçon. Leçon inaugurale de la Chaire de sémiologie littéraire du Collège de France, prononcée le 7 janvier 1977.* Paris: Seuil 1978, S. 45 f.
48 Vgl. Neumeister, Sebastian: Leopardi und die Moderne. In: Maurer, Karl / Wehle, Winfried (Hg.): *Romantik. Aufbruch zur Moderne*. München: Fink 1991, S. 383–400; sowie Degner, Uta: Zentrale Randständigkeit. Zur Konstruktion von Exzentrizität in der Lyrik Leopardis und Houellebecqs. In: König, Torsten / Mayer, Christoph Oliver / Ramírez Sáinz, Laura / Wetzel, Nadine (Hg.): *Rand-Betrachtungen. Beiträge zum 21. Forum Junge romanistik*. Bonn: romanistischer Verlag 2006, S. 381–393.
49 Vgl. Heydenreich, Titus: Giacomo Leopardi als „Genius loci". Über zwei Texte von José Enrique Rodó und Luis Gonzaga Urbina. In: *Neue Romania* (Berlin) 16 (1995), S. 27–36; sowie (ders.):

Abb. 48: Giacomo Leopardi
(Recanati, Italien, 1798 – Neapel, 1837).

Sie müssen sich Leopardi als kleinen, buckeligen und nicht eben schönen Mann von ungeheurer Gelehrsamkeit vorstellen, dem es in seinem Leben nie vergönnt war, seine Hoffnungen und Sehnsüchte jemals erfüllt zu sehen. Leopardi stammte aus einer streng katholischen, urkonservativen Adelsfamilie und wuchs in seiner damals zum Kirchenstaat gehörenden Heimatregion unter allerlei Zwängen, von gestrengen Hauslehrern erzogen auf. Früh schon bildete sich sein Interesse für die Antike heraus, wobei er hierin einer Vorliebe seines Vaters folgte und dessen Bibliothek nutzen konnte. Die ersten Arbeiten des körperlich gebrechlichen, aber geistig frühreifen Leopardi weisen ihn als einen Menschen aus, der bereits in jungen Jahren seiner Neigung zu den Wissenschaften folgte und sich im Grunde seine eigene Welt des Wissens konstruierte. In dieser Welt war Platz für erste eigene Dichtungen, für ein unbändiges autodidaktisches Sprachenlernen – er brachte sich unter anderem Griechisch und Hebräisch selbst bei –, für Übersetzungen und Editionen, so dass sich bereits während seiner Jugendzeit, in welcher noch immer die Hauslehrer das Sagen hatten, die beidseitige Leidenschaft für die Dichtung wie für die Philologie genügend Raum verschaffte: Giacomo Leopardis Welt waren die Bücher.

Bereits 1813 verfasste er eine Geschichte der Astronomie; doch zeigten sich ebenso stark seine eigenen künstlerischen Interessen. Neben seine eigene Dichtung traten bald dichtungstheoretische Überlegungen, welche Leopardi 1818 in seinem *Discorso di un italiano intorno alla poesia romantica* ausformulierte, eine Schrift, die freilich erst 1906 gedruckt wurde. In dieser *Abhandlung eines Italieners über die Poesie der Romantik* formulierte er seine Auffassung von der Notwendigkeit einer grundlegenden Erneuerung der italienischen Dichtung auf klassischantiker Grundlage. Dichtung und Dichtungstheorie der Romantik gingen bei ihm

---

Vollkommene Todesliebe. José Enrique Rodó (1871–1917) über Giacomo Leopardi. In: *Ginestra. Periodikum der deutschen Leopardi-Gesellschaft* (Bonn) (Mai 1997), S. 9–13.

Hand in Hand; Poesie und Philologie sind die beiden Herzensschwestern seines Lebens.

Schon im Folgejahr 1819 vollzog sich, begleitet von Krankheiten, eine erste Ablösung von der Familie und der gewohnten Umgebung. Die Forschung verbindet mit dieser Phase die Entstehung von Leopardis Pessimismus, der sein gesamtes Werk kennzeichnet, der zugleich aber auch das Gegengift gegen einen blauäugigen Fortschrittsoptimismus seiner Epoche darstellt. Ab 1822 bildeten Rom, Mailand, Bologna, Florenz und Pisa die Stationen eines Lebens, das in jeglicher Hinsicht wiederholt und vergeblich nach Anschluss suchte. Zwar gelang es ihm durchaus, an einer einflussreichen Zeitschrift mitzuarbeiten und im Jahre 1826 eine grundlegend neue und von ihm kommentierte Petrarca-Ausgabe herauszubringen. Doch schaffte er es nicht, sich gänzlich von seiner konservativen Familie zu lösen und selbständig zu leben. Dem in der Forschung immer wieder auf die Freundschaft mit von Bunsen zurückgeführten Angebot, dem Ruf an die Bonner Universität auf eine Professur für Altphilologie zu folgen, leistete er, der schon früh Homer und Horaz übersetzt hatte, wohl aus gesundheitlichen Gründen nicht Folge.

Bereits 1817 hatte er mit seinen *Zibaldone* begonnen, seinem Sammelsurium an Notizen und Skizzen, nach denen eine heutige, vom verstorbenen Titus Heydenreich begründete romanistische Zeitschrift benannt ist. Diese philosophisch-literarischen Entwürfe und Anmerkungen geben uns einen tiefen Einblick in Leopardis Werkstatt und stellen aus heutiger Sicht vielleicht sein ‚modernstes', im Sinne Umberto Ecos ‚offenstes' Kunstwerk[50] dar.

Doch alles, was er als Philologe wie als Dichter anfasste, wurde zumindest langfristig zu einem Erfolg. Seine Liebe und seine Sehnsüchte indes blieben glücklos und unerfüllt; sie bildeten Biographeme, von denen ausgehend sich seine romantische Poesie zu entfalten verstand. Erst in den letzten Jahren seines Lebens gewann er die Unabhängigkeit von seiner Familie, von der ihn auch seine eher demokratischen Überzeugungen trennten. Seine poetischen wie literarisch-philosophischen Schriften basieren auf einer Art von optimistischem Pessimismus, welcher sich für die Zeitgenossen als zeittypische Melancholie, für ein späteres Lesepublikum aber durchaus als Zeugnis einer dynamischen Energie lesen lässt.

In seiner *Geschichte des Menschengeschlechts* etwa sah er das Unglück der Menschen im Antagonismus von Intellekt und Phantasie verkörpert; eine Opposition, welche deutlich auf die Spannung zwischen der Aufklärung des 18. Jahr-

---

50 Vgl. hierzu die Umberto Eco gewidmeten Seiten im dritten „Aula"-Band von Ette, Ottmar: *Von den historischen Avantgarden bis nach der Postmoderne*, S. 690–704.

hunderts[51] und den starken romantischen Strömungen der Gegenwart verweist. Das Glück erblickte der Dichter auf der Seite der Phantasie. Gerade im Zusammenhang mit unseren Überlegungen zu Adelbert von Chamisso sah er die Lösung dieses Widerstreits in der Entscheidung des Menschen für eine grundlegende Mitmenschlichkeit: Auch für ihn war die Konvivenz – wenn auch aus anderen Gründen – problematisch, doch arbeitete er sich wie der Dichter der *Reise um die Welt* ein Leben lang daran literarisch ab.

Gerade in den Zeiten seiner psychischen Krisen und den vergeblichen Versuchen, sich aus den Fängen der Familie und der provinziellen Enge der Marken zu entwinden, war ihm die Lyrik stets ein starker Trost und eine Projektionsfläche für seine eigene poetische Welt. Mit der Abfassung seiner Dichtungen hatte Leopardi – wie kurz erwähnt – bereits in seiner Jugend begonnen und legte seine berühmten *Canti*, die verschiedentlich, aber vor allem im Verlauf des dritten Jahrzehnts des 19. Jahrhunderts entstanden, erstmals im Jahre 1831 unter diesem Titel vor. Man kann daher ohne weiteres formulieren, dass es sich bei diesen *Gesängen* hinsichtlich ihres Entstehungszeitraums um sein dichterisches Lebenswerk handelt, welches zugleich den Höhepunkt der italienischen Dichtkunst der Romantik markiert. Doch auch in seinen *Zibaldone* wie in anderen aphoristischen Sammlungen erwies sich Leopardi als herausragender Beobachter von Menschen, der seinen Zeitgenossen skeptisch, aber stets humor- und liebevoll gegenüberstand. Für den Fortschrittsoptimismus seiner Umwelt wie für die politischen Entwicklungen in Italien hatte der Dichter freilich nur bissigen Spott übrig.

Aus dem lyrischen Gesamtwerk des mittellos und keineswegs hochverehrt verstorbenen Dichters etwas auszuwählen, ist an sich schon eine undankbare Aufgabe. Sie wird noch undankbarer dadurch, dass ich Ihnen bei Chamisso kein Beispiel aus seiner deutschsprachigen Lyrik, sondern seine brillante Prosa angeboten habe. Bei Leopardi will ich es nun zum Ausgleich umgekehrt halten und sie nicht mit seinen *Zibaldone*, seinen *Operette morali* oder seinen philosophischen Weltentwürfen, sondern mit seiner Dichtkunst konfrontieren. Ich präsentiere Ihnen in der Folge also eines der großen Gedichte Giacomo Leopardis, das unter dem Titel *L'Infinito* eines der vieldeutigsten Themen der Romantik,[52]

---

51 Vgl. Timpanaro, Sebastiano: Classicismo e Illuminismo in Leopardi. In: Petronio, Giuseppe (Hg.): *Antologia di letture critiche*. Rom – Bari 1974, S. 683–688; sowie Stierle, Karlheinz: Leopardi und die Dialektik der Aufklärung. In: *Romanistische Zeitschrift für Literaturgeschichte* (Heidelberg) XL, 1–4 (2016), S. 423–430.

52 Vgl. Küpper, Joachim: Giacomo Leopardis „L'Infinito" und Friedrich Hölderlins „Die Eichbäume". Zu einer paradoxen Konstellation in der Lyrik der europäischen Romantik. In: *Comparatio. Zeitschrift für vergleichende Literaturwissenschaft* (Heidelberg) I, 2 (2010), S. 207–230.

zugleich aber auch der beiden Dichter und Denker Chamisso und Leopardi vorstellt.[53]

Zentral ist in diesem Gedicht – vor dem Hintergrund unserer Überlegungen – die Frage nach der Entfaltung eines von der europäischen Moderne geprägten Subjekts. Doch genießen wir zunächst das Gedicht selbst, das von keinem Geringeren als Rainer Maria Rilke ins Deutsche übertragen wurde:

Die Unendlichkeit

Immer lieb war mir dieser einsame
Hügel und das Gehölz, das fast ringsum
ausschließt vom fernen Aufruhn der Himmel
den Blick. Sitzend und schauend bild ich unendliche
Räume jenseits mir ein und mehr als
menschliches Schweigen und Ruhe vom Grunde der Ruh.
Und über ein Kleines geht mein Herz ganz ohne
Furcht damit um. Und wenn in dem Buschwerk
aufrauscht der Wind, so überkommt es mich, dass ich
dieses Lautsein vergleiche mit jener endlosen Stillheit.
Und mir fällt das Ewige ein
und daneben die alten Jahreszeiten und diese
daseiende Zeit, die lebendige, tönende. Also
sinkt der Gedanke mir weg ins Übermaß. Untergehen in diesem Meer ist inniger Schiffbruch.[54]

L'infinito

Sempre caro mi fu quest'ermo colle,
E questa siepe, che da tanta parte
Dell'ultimo orizzonte il guardo esclude.
Ma sedendo e mirando, interminati
Spazi di là da quella, e sovrumani
Silenzi, e profondissima quiete
Io nel pensier mi fingo; ove per poco
Il cor non si spaura. E come il vento

---

53 Vgl. hierzu die stark werkimmanente Studie von Wehle, Winfried: *Leopardis Unendlichkeiten. Zur Pathogenese einer „poesia non poesia"*. Tübingen: Narr 2000; sowie (ders.): Leopardi und die Moderne. In: Maurer, Karl / Wehle, Winfried (Hg.): *Romantik. Aufbruch zur Moderne*. München: Fink 1991, S. 383–400.
54 Rilke, Rainer Maria: Die Unendlichkeit. Deutsche Übersetzung von Giacomo Leopardis „L'infinito". In: Killy, Walter (Hg.): *Epochen der deutschen Lyrik. Übersetzungen*. Bd. 10, Dritter Teil. München: dtv 1977, S. 703.

> Odo stormir tra queste piante, io quello
> Infinito silenzio a questa voce
> Vo comparando: e mi sovvien l'eterno,
> E le morte stagioni, e la presente
> E viva, e il suon di lei. Così tra questa
> Immensità s'annega il pensier mio:
> E il naufragar m'è dolce in questo mare.[55]

Es handelt sich bei diesem Gedicht, welches das einstige Wunderkind Giacomo Leopardi im Jahre 1819 – also im Alter von einundzwanzig Jahren – verfasste und 1831 in seine Gedichtsammlung der *Canti* aufnahm, zweifellos um eines der berühmtesten nicht nur des italienischen 19. Jahrhunderts. Als Teil dieser zentralen Gedichtsammlung des Poeten ist es zu jenem häufig analysierten, konsekrierten und kanonisierten Kunstwerk geworden, als welches wir *L'Infinito* noch immer wahrnehmen.

In diesem Gedicht von sechzehn Versen, die nicht in Strophen unterteilt sind, wird schon auf den ersten Blick deutlich, dass es sich um ein verstecktes Sonett handelt, dem noch ein zusätzlicher, ein fünfzehnter Vers hinzugefügt wurde. Mit dieser Sonettform hat Rainer Maria Rilke in seiner Übertragung und Neudichtung Leopardis lustvoll gespielt. Aus dieser strukturellen Anlage können wir von Beginn an erkennen, dass es sich bei diesem fünfzehnten Vers um einen außerordentlich wichtigen Abschluss des Gedichts handeln muss.

Die zentrale Metapher dieses abschließenden Verses ist der Schiffbruch, das „naufragar", das freilich als „dolce", als süß besungen wird und damit keineswegs unter einem negativen Vorzeichen steht oder gar als Katastrophe markiert ist. Souverän spielt Leopardi ebenso die Form des ‚klassischen' Sonetts wie auch die topische Metapher des Schiffbruchs mit Zuschauer[56] gegen das Erwartbare aus. Wir hatten bereits bei Bernardin de Saint-Pierre in *Paul et Virginie* gesehen, dass es sich durchaus um eine Metaphorik handelt, die in der Romantik von zentraler Wichtigkeit ist und in welcher Nähe und unerreichbare Ferne zugleich zusammenlaufen. Gleichzeitig blendet diese Metaphorik eine höchst philosophische Dimension in literarische Texte über die Metapher vom Schiffbruch mit Zuschauer ein. Freilich wird in diesem abschließenden Vers das lyrische Ich zum Zuschauer seines eigenen Schiffbruchs – und zu einem glücklichen Zuschauer, der lustvoll in den Wellen versinkt. Doch so weit sind wir noch nicht! Denn zunächst können

---

55 Leopardi, Giacomo: L'infinito. In: Felici, Lucio (Hg.): *Giacomo Leopardi. Tutte le poesie et tutte le prose*. 2 Bde. Rom: Newton & Compton 1997, S. 120 f.
56 Vgl. Blumenberg, Hans: *Schiffbruch mit Zuschauer. Paradigma einer Daseinsmetapher*. Frankfurt am Main: Suhrkamp 1979.

wir festhalten, dass die Endstellung des letzten Verses und damit des gesamten Gedichts das „mare" einnimmt, das Meer also, und damit jenes Element, in dem das lyrische Ich poetisch untergeht und sich auflöst.[57]

Aus dieser strukturellen Anlage ergibt sich ein doppelter Bezug zur Gesamtheit des Gedichts: Zum einen stellt sich eine Beziehung zum Titel des Gedichts, zu „L'Infinito", dem Unendlichen her, denn das Meer steht in der Tat für jene – etwa von Gertrudis Gómez de Avellaneda oder Flora Tristan – besungene Unermesslichkeit und Unendlichkeit, in der das Ich so gerne versinkt und von der Oberfläche verschwindet. Und zum anderen entsteht eine Spannung mit dem Lexem in der Schlussstellung des ersten Verses, „colle", dem Hügel oder Berg, der sozusagen das andere Extrem dieses Landschaftsbogens des Unendlichen ausmacht. Stets wird der Schiffbruch von einem Hügel oder Berg aus gesehen, da von einer erhöhten Beobachterposition aus der gesamte Vorgang besser überblickt werden kann. Im Gegensatz zum Meer ist der Hügel, auf welchem sich das Ich zu Beginn so wohl fühlt, deutlich umgrenzt.

Bislang haben wir uns den letzten wie den ersten Vers ein wenig näher angeschaut. Setzen wir nun zwischen dem ersten und dem letzten Vers des Gedichts die unterschiedlichen Zeitebenen miteinander in Verbindung! Wir sehen sogleich, dass der Beginn der Vergangenheit – und zwar einer lang anhaltenden Vergangenheit kraft des „Sempre" – und der letzte Abschluss des Gedichts einer präsentisch anhaltenden Gegenwart zugeordnet werden kann, die gerade auch dadurch betont wird, dass sie an einen Doppelpunkt anknüpft und damit gleichsam eine Folgerung wie eine logische Folge des gesamten Gedichts darstellt. Denn was im letzten Vers zum Ausdruck kommt, ist in den vorherigen Versen, gleichsam im ‚versteckten' Sonett, sorgsam angelegt.

Es sind Berg und Hecken und damit traditionelle Landschaftselemente – zum Beispiel – der Toskana, die zu Beginn des Gedichts eine Begrenzung des Horizonts einführen. Diese Begrenzung des Blicks wurde vom lyrischen Ich stets geschätzt. In einen Gegensatz zu den ersten drei Versen jedoch bringt sich dann nach dem „Aber", nach dem „Ma" eine Reflexion eines diesem alten Bild, in dem man eine Anspielung und Einspielung des alten klassischen Idylls erblicken kann, entgegenstehende zweite Partie von *L'Infinito*, in der nun die „interminati spazi" erscheinen. Diese raumbezogene Unendlichkeit, diese Ungeteiltheit wird im Gedicht im Übrigen durch ein gängiges literarisches Verfahren vorgeführt, indem die Hecke gerade nicht mehr die Versenden abtrennt, sondern durch *Enjambements* die Versgrenzen ständig wieder aufgehoben und verschoben werden.

---

[57] Vgl. Herold, Milan: „Il presente non può esser poetico", S. 128–148.

Dabei stehen „Spazi" und „Silenzi" in der Versanfangsstellung, die nicht weniger betont ist, eine Anfangsstellung, in der wir im weiteren Verlauf des Quasi-Sonetts auch den Titel des Gedichts selbst, „Infinito", sowie „Immensità" wiederfinden können. Zur Räumlichkeit der Landschaft tritt ein *Soundscape* hinzu, eine Dimension der Stille und Ruhe, welche im weiteren Fortgang der Reflexionen des lyrischen Ich wichtig werden wird. Auf diese Weise ergibt sich bereits eine Deutungslinie, die von der kleingekammerten, von Hecken getrennten und eingeteilten Berglandschaft zur Unendlichkeit und Weite einer anderen Landschaft, die auf ein Meer hinausläuft, wie mit Hilfe einer Überblendtechnik wechselt. Das ‚Spiel' mit der Idylle verrät uns, dass der italienische Dichter (und erfahrene Philologe) über den gesamten lyrischen Schatz der Antike wie der Romantik verfügt.

Die Räume und das Schweigen von übermenschlicher Qualität, die unendliche Ruhe, der sich ein gesamter Vers – „Silenzi, e profondissima quiete" – widmet, und all diese Elemente eines Gegenbildes sind freilich einer Fiktion, einem „fingere" geschuldet, die vom „pensier" ausgeht, also dem Denken, der Gedankenwelt, dem Rationalen des Ich. Dann aber folgt die Einführung des Herzens, jenes intimen Erkenntnisorgans, das in der Romantik stets in inneren Widerstreit mit der Vernunft, mit dem Denken in sein eigenes Recht eintritt. Dies ist eine Gegenstellung, die hier in der Mitte des Gedichts durch jene von „pensier" und „cor" erreicht sowie signalisiert wird. Wenn Sie die Zeilen zählen, dann sehen Sie, dass das Herz, „Il cor", im Mittelpunkt des Gedichts, also im achten von fünfzehn Versen steht. Wir werden im weiteren Verlauf unserer Vorlesung noch oft auf das Herz des Menschen – auch in seiner Relation zum Schreiben – zurückkommen.

Nach diesem ersten Erscheinen des Herzens tritt eine signifikante Veränderung der beteiligten Sinne auf, insoweit nun weniger das Visuelle, das zu Beginn des Gedichts vorherrschte, als das Akustische in den Vordergrund gerückt wird. Zweifellos ist der visuelle Gesichtssinn eher dem Gehirn, dem Denken, dem Intellektuellen und Geistigen nahe: Nicht umsonst ist die Vision gleichsam der entfernteste Fern-Sinn, welcher die sichtbaren Gegenstände selbst über große Distanzen hinweg abtasten kann, ohne dass etwas in den Körper eindringen müsste. Der Gesichtssinn ist mithin der unkörperlichste Sinn, während das Hören deutlich dem Körper-Leib und natürlich auch dem Herzen näher steht – schon allein aufgrund der christlichen Tradition und ihrer Besetzung der Sinne. Denn war nicht das wahre Organ des Christenmenschen nicht das Auge, welches der Verführung, der „concupiscentia oculorum" unterliegt, sondern das Ohr, mit dem wir horchen und gehorchen, der göttlichen Stimme und der religiösen Botschaft folgen?

Hier also tritt an die Stelle des Schweigens in der Erinnerung eine Stimme, von der man behaupten kann, dass sich bereits eine Klangspur von „vento", dem Wind über der arkadischen Landschaft, zu „voce" hinziehe und sozusagen beide miteinander verbinde.[58] Unabhängig davon, ob man diese Klangspur nun nachvollziehen kann, tritt die Erinnerung an diese Klänge gleichsam an das geistige Ohr des lyrischen Ich, wobei die Klänge der Vergangenheit in einen Widerstreit mit der Gegenwart eintreten. Es kommt – und dies ist wichtig – zu einer Ablösung des Denkens, der Vernunft, des „pensier", das durch seine Lexem-Rekurrenz ebenso auffällt wie die Unermesslichkeit, die „Immensità", die sich nun des lyrischen Ich bemächtigt. Es geschieht eine Abdankung des Denkens, eine Negation der Vernunft, welche die klaren Landschaftsgrenzen durchaus noch überblickte, nun aber sich verliert und negiert, ja quasi auflöst in der Unermesslichkeit von Klängen, die nicht mehr dem Reich der Natur angehören.

Die Natur, so lässt sich zweifellos erkennen, ist nicht mehr die große trostspendende Kraft für das lyrische Ich; sie wird auch von keiner Vernunft mehr in eine solche Glücksspenderin verwandelt. Das Denken bietet keine Zufluchtsmöglichkeit mehr, sondern macht den Klängen der Erinnerung und der Sehnsucht nach der Unendlichkeit, nach dem Unendlichen Platz. Das Sich-Verlieren in diesem Meer ist nicht nur süß, sondern impliziert in diesem süßen Schiffbruch zugleich auch ein absolutes Sich-Verlieren des Ich, das zugleich mit seiner Vernunft, mit seinem Denken abgedankt hat. Das Ich spielt die Karte der Rationalität nicht mehr, denn es weiß sich nunmehr aufgehoben in einer Unendlichkeit: in einer von Chamisso sicherlich verschiedenen Unendlichkeit, welche in der Überschreitung des präzisen Denkens in das Undenkliche aber eine Übereinstimmung findet.

Das Ich steht für das moderne Subjekt, das sich zwischen Hügel und Meer zurechtfinden muss. Fühlte es sich früher noch wohl in der Natur, so kann ihm diese nun nicht länger Tröstung sein. Doch nicht allein die Natur hält keine Versprechen mehr für das moderne Subjekt bereit, sondern auch das eigene Denken, die eigene Rationalität, die dem Ich keinerlei Heilsbotschaften mehr bieten kann. So bleibt – stellvertretend für das „Infinito" – als Drittes nur noch das Meer, das Meer einer Unermesslichkeit, in welcher sich das moderne Subjekt auf süße Weise verlieren und auflösen kann. Das Geräusch des Windes dringt an das Ohr des Ich als Ausdruck jenes Luftmeeres, das in seiner Ausdehnung ebenfalls unermesslich ist. Das Rauschen des Windes zwischen den Pflanzen ist zugleich das Geräusch, das nun gleichsam als Wind aus Arkadien die Dinge in Bewegung bringt. Denn es ist der Wind, der notwendig ist, um aufs Meer hinaus zu segeln, also jene gesicherte Hügellandschaft zu verlassen, in der sich das Ich einst wohlfühlte. Man darf in ihr eine Reminiszenz an die Heimat erblicken, wurde der Dichter doch in

---

58 Vgl. hierzu Wehle, Winfried: *Leopardis Unendlichkeiten. Zur Pathogenese einer „poesia non poesia"*. Tübingen: Narr 2000, S. 33 f.

den Marken geboren, wo er in provinzieller Begrenztheit – für welche die Hecken stehen – groß geworden war. Das moderne Subjekt jedoch muss sich dem Unendlichen stellen!

Doch birgt das Unendliche, die Unermesslichkeit, in welcher sich das moderne Subjekt oder das Subjekt in der Moderne auf süße Weise zu verlieren droht, doch noch immer ein Glücksversprechen, ja eine Heilsbotschaft: Dieses Glück im Unermesslichen liegt in der Auflösung des Ich begründet. Denn die Offenheit und Unausmessbarkeit des Meeres bietet einen Gegen-Raum, in welchem das moderne Subjekt sich entgrenzen kann, ist die Problematik der Grenze, des Horizonts doch im Gedicht bereits ab den ersten Versen von großer Bedeutung. Der „ultimo orizzonte" war dem Ich zu Beginn noch versperrt, nun aber steht er offen.

Die Entgrenzung des Meeres bringt freilich auch die Entgrenzung des Ich mit sich, da sich das moderne Subjekt nicht mehr im sicheren, eingefriedeten und umzäunten Bezirk auf sich selbst besinnen und diesen Raum mit seinem Denken durchdringen kann. Entgrenzung heißt Verlust von Sicherheit, Verlust der „profondissima quiete", aber auch Gewinn des Unendlichen und Zugang zum Ewigen, zum „eterno". In *L'Infinito* wird daher eine Sehnsucht nach Unendlichkeit deutlich, die – ganz im Sinne der *romantischen Seele und des Traums* von Albert Béguin – sich gerade als Gegenbewegung zur Aufklärung, zur Einteilung, zur Durchdringung des Verstandes profiliert, der in immer kleinere Einheiten teilt und analysiert. Dieser Bewegung eines ständigen Auseinander-Setzens stellt sich das Unermessliche, das Nicht-mehr-Ausmessbare, in seiner Unendlichkeit und Ewigkeit doch immer noch als ein Glücksversprechen entgegen. Denn das „pensier mio" geht in der Unendlichkeit des Meeres, in einem Schiffbruch im Ewigen süß und glücklich auf.

Giacomo Leopardi weist an dieser Stelle mit seinem Gedicht von 1819 bereits unverkennbar auf eine Natur voraus, die bald nicht mehr nur abgedankt hat, sondern die zudem verspottet, verhöhnt, verhohnepiepelt wird. In dieser Phase der Romantik hält die Natur keine Versprechen mehr für den Menschen, für das Subjekt in der Moderne bereit. Sie ist nicht länger die einstmals so vertraute und die Seele des Menschen auffangende Korrespondenznatur, welche sie genauso lebendig spiegelt, wie diese umgekehrt die Natur umschlingt.

Hierin äußert sich ein Gedanke, der unruhig und beunruhigend die europäische Romantik durchläuft, in der noch immer beherrschenden Korrespondenznatur aber immer wieder die Möglichkeit einer großen Einheit von Mensch und Natur, von kosmischer Einheit offenlässt. Im einem Brief Charles Baudelaires an Desnoyers von Ende 1853 oder Anfang 1854 deutet sich dann definitiv die Verabschiedung der romantischen Natursicht an, so wie sie bei Giacomo Leopardi schon ins Wanken geraten war:

> Mein lieber Desnoyers,
> Sie bitten mich für Ihren kleinen Band um Verse, um Verse über die *Natur*, nicht wahr? Über die Wälder, die großen Eichen, das grüne Gras, die Insekten – die Sonne wohl auch? Aber Sie wissen doch nur zu gut, dass ich unfähig bin, mich über die Vegetabilien zu erweichen und dass meine Seele gegen jene sonderbare neue Religion rebelliert, welche stets, so will mir scheinen, für jedes *spirituelle* Wesen ich weiß nicht was an *shocking* besitzt. Ich werde niemals glauben, dass *die Seele der Götter in den Pflanzen wohnt*, und selbst wenn sie in ihnen wohnte, würde ich mich nur mäßig darum kümmern, und ich würde die meine von weit höherem Preise estimieren als jene der geheiligten Gemüse. Ja, ich habe sogar stets gedacht, dass es in der blühenden und verjüngten *Natur* etwas Unvorsichtiges und etwas Traurig-Quälendes gibt.
> Da ich mich in der Unmöglichkeit sehe, Ihnen vollständig Genüge zu tun, schicke ich Ihnen, strikt den Begrifflichkeiten des Programms folgend, zwei poetische Stücke, welche in etwa die Summe der Träumereien repräsentieren, von denen ich in den Stunden der Dämmerung heimgesucht werde. In der Tiefe der Wälder, unter Gewölben eingeschlossen, welche Sakristeien und Kathedralen gleichen, denke ich an unsere erstaunlichen Städte, und die wundersame Musik, welche über die Gipfel rollt, erscheint mir wie die Übersetzung allen menschlichen Wehklagens.[59]

Dies ist eine der schönsten Verhohnepiepelungen romantischer Topoi der Natur, die ich kenne; ein befreiendes Lachen über die „geheiligten Gemüse" und alle möglichen „Vegetabilien", welche der romantische Kanon sonst noch aufzubieten hat. In dieser Briefpassage mokiert sich Charles Baudelaire auf unnachahmliche Weise über ein Naturbild, wie es der „Préromantisme" und in der Folge die Romantik in der ersten Hälfte des 19. Jahrhunderts entwickelt hatten. Bei Baudelaire findet sich nun eine deutliche Abkehr hiervon, und es war nicht zuletzt auch diese Abkehr, die entscheidend war für viele, die Moderne gerade in der Jahrhundertmitte einsetzen und beginnen zu lassen.

Unsere Position ist eine andere, wie Sie ja bereits aus dem Eröffnungsteil unserer Vorlesung wissen. Doch scheint mir in diesen witzigen Wendungen bemerkenswert, mit welcher Direktheit und Offenheit Baudelaire eine neue ästhetische Perspektivierung unternimmt, die auf die transzendente, die religiöse Dimension frohen Herzens verzichtet und die „geheiligten Gemüse" endgültig kompostiert. Das Transzendente wird mutig verabschiedet, es bedrängt das Ästhetische nicht mehr, das sich hier seinen eigenen Raum geschaffen hat. Der menschliche „Créateur" ist an die Stelle des göttlichen getreten und stellt als

---

[59] Baudelaire, Charles: Lettre à Desnoyers (1853/1854). In (ders.): *Hommage à C. F. Denecourt. Fontainebleau : paysages — légendes — souvenirs — fantaisies*. Texte établi par (préface de Auguste Luchet). Paris: Librairie de L. Hachette et Cie 1855, S. 73 f.

Mensch für die Menschen seine poetischen „créations" vor, die sich ihre Ästhetik jenseits aller religiösen Transzendenz suchen.

Vielleicht konnten wir das alles bereits bei Giacomo Leopardi in *L'Infinito* mit der Verabschiedung von dem von Hecken umgebenen Hügel absehen.

Keine Pflanzen, kein Gemüse, auch keine Insekten mehr; die Sonne wird verabschiedet, auch wenn sie – und dies ist nicht weniger typisch – noch immer, nun aber freilich im crepusculären Zustand bei Sonnenuntergang und im Dämmerzustand erscheint. Die Helligkeit der Aufklärung ist lange schon aus den großen Gewölben und den erstaunlichen Städten gewichen, in welchen Charles Baudelaire seine poetischen Blumen aus der Dunkelheit erzeugt.

Damit tritt gleichzeitig die Thematik des Traums und des Träumens in den Vordergrund: Nicht ganz zufällig übersendet Baudelaire Desnoyers mit diesem Schreiben zwei Gedichte, die er als Träumereien ebenfalls an der Schwelle von Tag und Nacht situiert. Entscheidend ist für den Baudelaire'schen Weg, dass sich die Autonom-Setzung des Ästhetischen gleichsam einen eigenen Raum zu suchen beginnt und wohl auch bereits gefunden hat. Mit Baudelaire beginnt, was der Freiburger Romanist Hugo Friedrich fast mit einer exorzistischen Geste in einem immer noch lesenswerten Band aus einem glücklichen Jahr als die Struktur der modernen Lyrik bezeichnete.[60] Die Natur jedenfalls hat dem Dichter nichts mehr zu sagen, sie wird mitleidlos in die Vergangenheit, in die Geschichte verabschiedet, auch wenn ihr Baudelaire selbst in seinen frühen Naturbildern – und auf vermittelte Weise auch noch in seinen *Fleurs du mal* – ungeheure und keineswegs nur artifizielle Seiten abzugewinnen vermag.

Der im eigentlichen Sinne *neue* Ort dieser neuen, autonom gewordenen Ästhetik – und sicherlich bleibt diese Autonomie ganz im Geiste des französischen Feldsoziologen Pierre Bourdieu eine relative – ist die Stadt, ist das Urbane. Es sind nunmehr die „étonnantes villes", die Stadtlandschaften also, die an die Stelle der Naturlandschaften, der Naturbeschreibungen und der Landschaftsmalerei treten: Diese Stadtlandschaften bilden die Baudelaire'schen Landschaften der Theorie.[61] Sie repräsentieren das Moderne; in ihnen spiegelt sich das moderne Subjekt, das in der Natur immer weniger einen Spiegel, eine Entsprechung, eine Korrespondenz gefunden hat und finden kann. Mit Leopardi wagte sich das moderne Subjekt aufs offene Meer, in die Unendlichkeit der Ozeane – mit der Möglichkeit des Schiffbruchs.

---

60 Vgl. Friedrich, Hugo: *Die Struktur der modernen Lyrik. Von Baudelaire bis zur Gegenwart.* Hamburg: Rowohlt 1956.
61 Vgl. hierzu Ette, Ottmar: *Roland Barthes. Landschaften der Theorie.* Konstanz: Konstanz University Press 2013.

Dieser neue Naturbegriff hat sich folglich bereits bei Leopardi – und damit schon sehr früh – in den verschiedenen europäischen Literaturen angedeutet, und es ist keineswegs so, dass die Verabschiedung der Natur ein Prozess gewesen wäre, der sich binnen weniger Jahre in Europa oder anderswo durchgesetzt hätte. Wie sich das Bild der Natur in einem naturräumlich ganz anderen Kontext in Amerika entfaltet, werden wir noch sehen. Denn die Verabschiedung von der Natur ist ja, wie das Baudelaire-Zitat deutlich macht, sehr ambivalent und hatte sich schon lange zuvor angedeutet. Wir werden mit Alphonse de Lamartine hierfür bald ein weiteres französisches Beispiel kennenlernen. Und letztlich zeigt sich auf der anderen Seite des Atlantik noch 1895 in den Briefen Juana Borreros eine Neubestimmung des Naturbildes, welche bei der kubanischen Lyrikerin ebenfalls zu einer Abkehr von der längst ‚sanktifizierten' und damit überkommenen Natur führen sollte.

Doch es gibt noch einen weiteren Aspekt, der sich quer zu diesen Überlegungen anzudeuten scheint, ein Aspekt, der im Allgemeinen innerhalb der Naturbetrachtungen der Romantik bislang keine Rolle spielte: Er betrifft die Tatsache, dass die Entwicklung der literarischen Ästhetik in der mir bekannten Romantikforschung nur höchst selten in Zusammenhang mit der Entwicklung des Naturverständnisses in den Naturwissenschaften in Verbindung gebracht wurde. Dieser Aspekt ist jedoch von größter Wichtigkeit nicht nur mit Blick auf die europäische Romantik, sondern insbesondere auf die Romantik zwischen zwei Welten. Denn Reiseberichte europäischer Expeditionen spielten eine nicht zu unterschätzende Rolle bei der Ästhetisierung außereuropäischer Landschaften, ganz so, wie wir dies bereits in den vielfältigen Verbindungen zwischen Bernardin de Saint-Pierres Reisebericht und seinem kleinen, aber folgenschweren Roman *Paul et Virginie* erkennen konnten.

Darüber hinaus betrifft dieser Punkt die Tatsache, dass sich in der traditionellen Romantikforschung dieses Naturgefühl, diese Naturdarstellung selbstverständlich auf die literarische Darstellung europäischer Naturlandschaften bezieht. Dies aber, so scheint mir, ist aus heutiger Sicht nicht mehr leicht zu rechtfertigen, hat doch gerade die neuere Reiseliteraturforschung mehr als deutlich aufzeigen können, dass die von ihr behandelte Gattung, welche so lange von der klassischen Literaturwissenschaft wie von der Komparatistik vernachlässigt wurde, Impulse von größter Bedeutung gerade auch in den Bereich der Ästhetik zu vermitteln verstand.[62] Diese Impulse wurden bis vor wenigen Jahrzehnten

---

[62] Vgl. zur gewachsenen Bedeutung der Reiseliteraturforschung das Einführungskapitel des ersten Bandes der Reihe „Aula", mithin Ette, Ottmar: *ReiseSchreiben. Potsdamer Vorlesungen zur Reiseliteratur.* Berlin – Boston: Walter de Gruyter 2020.

wenig zur Kenntnis genommen, weil man es kaum für erforderlich erachtete, das Verständnis der deutschen oder italienischen Romantik in einem größeren europäischen Kontext zu begreifen oder gar mit den Romantiken außerhalb Europas in Verbindung zu bringen.

Dies ist einer der Gründe dafür, warum wir uns an dieser Stelle unserer Vorlesung mit einer gewissen Ausführlichkeit dem Denken und Schreiben eines Mannes zuwenden wollen, der Jahrzehnte seines Lebens – nicht immer freiwillig – in Potsdam verbracht hat: Ich meine natürlich Alexander von Humboldt, den wir bereits mehrfach erwähnt hatten, der nun aber selbst zu Wort kommen soll! Beginnen möchte ich aus gutem Grunde allerdings noch in diesem der Unendlichkeit gewidmeten Kapitel mit seinem Schreiben, wobei ich nicht chronologisch mit dem Anfang oder der Herausbildung seiner literarischen „écriture" und seiner Art der Wissenschaft beginnen möchte, sondern Sie gleich zur späten Blüte dessen führen will, was wir in der Forschung als *Humboldt'sche Wissenschaft* bezeichnen.

Zu Beginn des zweiten, 1847 erschienenen Bandes seines *Kosmos*, den er im Übrigen eben hier „chez nous" in Potsdam verfasst hat, finden wir ein langes, sehr ausführlich dokumentiertes Kapitel mit der Überschrift „Anregungsmittel zum Naturstudium". Dieses umfangreiche Kapitel teilt sich wiederum auf in eine lange Abhandlung zur Naturbeschreibung, in eine Abhandlung über die Geschichte der physischen Weltanschauung und schließlich auch Überlegungen zur Landschaftsmalerei. Sie merken allein schon bei dieser Aufzählung, wie quälend falsch und irreführend es ist, dass die traditionelle Forschung den jüngeren der beiden Humboldt-Brüder als einen ‚Naturwissenschaftler' abtat! Dies war er, aber er war dies eben zusammen mit seinen Aktivitäten als Kulturforscher, als Historiker, als Philosoph und Schriftsteller. Und während er als Naturforscher vor allem ein Objekt für die Wissenschaftsgeschichte wurde, ist er in allen anderen Bereichen auch mehr als zweihundertfünfzig Jahre nach seiner Geburt im epistemologischen Zusammendenken unterschiedlichster Disziplinen von größter Aktualität.

Ich möchte mich an dieser Stelle nur auf Humboldts Überlegungen zur historischen Entfaltung der Naturbeschreibung beziehen: In diesem umfangreichen Kapitel sehen wir, wie die Darstellung der Natur seit der abendländischen Antike verfolgt wird. Sehr aufmerksam werden dabei die Griechen und die Römer, aber auch das antike Christentum auf die Frage durchgesehen und analysiert, in welcher Form die Natur dargestellt, eine Naturbeschreibung vorgenommen und entfaltet wird. Alexander von Humboldt hat sich im Unterschied zu anderen Darstellungen damit aber nicht begnügt, denn er bezog in seine Überlegungen ebenfalls Indien und die Perser mit ein. Er äußerte sich vor allem auch zu den Hebräern, was in einem Aufsatz von Honigmann zu Recht sehr positiv vermerkt und in einen wohltuenden Kontrast zu der im Deutschland des 19. Jahrhunderts üblichen Abwertung jüdischer Kultur gestellt wurde.[63]

Erst danach widmete er sich der historischen Entwicklung von Naturbeschreibungen bei europäischen Schriftstellern seit der Renaissance. Ich sage mit Bedacht: bei europäischen Schriftstellern, denn gerade die Darstellung außereuropäischer Landschaften spielte bei ihm eine außergewöhnliche Rolle. Auf diese Weise bewegen wir uns mit Alexander von Humboldt durch die Zeit auf einer Zeitreise, welche zugleich einen enormen geographischen und kulturellen Raum abschreitet: Genau hierin liegt sicherlich eines der bedeutungsvollsten Verdienste des großen preußischen Schriftstellers.

All dies macht Alexander von Humboldt für uns heutzutage – im Grunde erst wieder – zu einem anregenden Zeitgenossen. Zugleich zeigt sich, wie weit er in seiner Darstellung der Natur im Jahre 1847, also wenige Jahre vor Baudelaires Brief an Desnoyers, entfernt ist von zeitgenössischen Entwicklungen im Bereich der Ästhetik. Zweifellos liegt dies zum einen an der Autonomisierung der Literatur, insbesondere aber auch der Kunstreflexion und Ästhetik gegen Mitte des 19. Jahrhunderts, so dass sich eine gegenüber der naturwissenschaftlichen Natur gänzlich andere Kunst-Natur herauszubilden beginnt. Sicherlich verkörperten Leopardi und Baudelaire in der ersten Hälfte des Jahrhunderts in der Ästhetik sehr avancierte Standpunkte; und der Autor des *Kosmos* wäre ästhetisch einem Adelbert von Chamisso wesentlich näher gewesen. Humboldts eigene ästhetische Position, die natürlich in bestimmten Parametern der Aufklärung verbunden ist, vor allem aber den Schwerpunkt auf ein Zusammendenken von Analyse und Synthese sowie die Erfassung eines Naturganzen legte, ist zweifellos von der Entwicklung zur Romantik, insbesondere auch durch den französischen Préromantisme geprägt. Dies sollte uns nicht verwundern, kann man den etwas mehr auf Französisch als auf Deutsch publizierenden Autor doch als einen veritablen französischen Schriftsteller ansehen.[64]

---

63 Vgl. hierzu – wir waren ja bereits auf die Freundschaft Alexanders mit Rahel Levin Varnhagen gestoßen – die Arbeiten von Honigmann, Peter: Über den Unterschied zwischen Alexander und Wilhelm von Humboldt in ihrem Verhältnis zu Juden und Judentum. In: Heuer, Renate / Wuthenow, Ralph-Rainer (Hg.): *Konfrontation und Koexistenz. Zur Geschichte des deutschen Judentums.* Frankfurt am Main – New York: Campus Verlag 1996, S. 46–81; ders.: Alexander von Humboldts Verhältnis zu Juden. In: *Bulletin des Leo Baeck Instituts* 76 (1987), S. 3–34; ders.: Der Einfluß von Moses Mendelssohn auf die Erziehung der Brüder Humboldt. In: *Mendelssohn-Studien* 7 (1990), S. 39–76; sowie ders.: Judaica in der Bibliothek Alexander von Humboldts. In: *Marginalien – Zeitschrift für Buchkunst und Bibliophilie* LXXXVI, 2 (1982), S. 16–36.
64 Vgl. hierzu Lenz, Markus Alexander: Französische Literaten. In: Ette, Ottmar (Hg.): *Alexander von Humboldt Handbuch. Leben – Werk – Wirkung.* Mit 52 Abbildungen. Stuttgart: J.B. Metzler Verlag – Springer Nature 2018, S. 229–235.

Doch ließe sich zugleich die Ansicht vertreten, dass Humboldt die weiteren Entwicklungsschübe innerhalb der europäischen Romantik nicht mehr mitging. Eine derartige ästhetische Positionierung wird nach meinem Dafürhalten deutlich in jenen Darstellungen des Siebenundsiebzigjährigen, die ich Ihnen gerne in einem nicht allzu langen Auszug aus dem zweiten Band seines *Kosmos* vorstellen möchte: Humboldt äußert sich zunächst zu Graf Buffon, bringt dort aber manche Kritik an, die auch mit seiner Kritik an einer eurozentrischen Aufklärung in engster Verbindung steht. Danach gelangt er zum letzten historischen Abschnitt seiner Betrachtung der von ihm untersuchten Naturdarstellungen. Ich versuche, Ihnen eine lange Passage gut gegliedert zu kürzen:

> Größere Tiefe der Gefühle und ein frischerer Lebensgeist atmen in Jean Jacques Rousseau, in Bernardin de St. Pierre und in Chateaubriand. Wenn ich hier der hinreißenden Beredsamkeit des ersten [...] erwähne, so ist es, weil in den Hauptwerken des wenig gelehrten, aber eifrigen Pflanzensammlers [...] die Begeisterung sich hauptsächlich in der innersten Eigentümlichkeit der Sprache offenbart, ja in der Prosa ebenso überströmend ausbricht als in Klopstocks, Schillers, Goethes und Byrons unsterblichen Dichtungen. [...] Indem wir zu den Prosaikern wieder zurückkehren, verweilen wir gern bei der kleinen Schöpfung, welcher Bernardin de St. Pierre den schöneren Teil seines literarischen Ruhmes verdankt. „Paul und Virginia", ein Werk, wie es kaum eine andere Literatur aufzuweisen hat, ist das einfache Naturbild einer Insel mitten im tropischen Meere [...]. Viele Jahre lang ist es von mir und meinem treuen Begleiter und Freunde Bonpland gelesen worden; dort nun (man verzeihe den Anruf an das eigene Gefühl) in dem stillen Glanze des südlichen Himmels, oder wenn in der Regenzeit, am Ufer des Orinoko, der Blitz krachend den Wald erleuchtete, wurden wir beide von der bewunderungswürdigen Wahrheit durchdrungen, mit der in jener kleinen Schrift die mächtige Tropennatur in ihrer ganzen Eigentümlichkeit dargestellt ist. Ein solches Auffassen des Einzelnen, ohne dem Eindruck des Allgemeinen zu schaden, ohne dem zu behandelnden äußeren Stoffe die freie innere Belebung dichterischer Phantasie zu rauben, charakterisiert in einem noch höheren Grade den geistreichen und gefühlvollen Verfasser von *Attala*, *René*, der *Märtyrer* und der *Reise nach Griechenland und Palästina*. In seinen Schöpfungen sind alle Contraste der Landschaft in den verschiedenartigsten Erdstrichen mit wundervoller Anschaulichkeit zusammengedrängt. Die ernste Größe historischer Erinnerungen konnte allein den Eindrücken einer schnellen Reise Tiefe und Ruhe verleihen. [...]
>
> Was die neuere Kultur uns gebracht, ist die unausgesetzt fortschreitende Erweiterung unseres Gesichtskreises, die wachsende Fülle von Ideen und Gefühlen, die tätige Wechselwirkung beider. [...] Durch Georg Forster begann eine neue Ära wissenschaftlicher Reisen, deren Zweck vergleichende Völker- und Länderkunde ist. [...] Alles, was der Ansicht einer exotischen Naturwahrheit Individualität und Anschaulichkeit gewähren kann, findet sich in seinen Werken vereint. [...] Naturbeschreibungen können scharf begrenzt und wissenschaftlich genau sein, ohne dass ihnen darum der belebende Hauch der Einbildungskraft entzogen bleibt. Das Dichterische muß aus dem geahnten Zusammenhang des Sinnlichen mit dem Intellektuellen, aus dem Gefühl der Allverbreitung, der gegenseitigen Begrenzung und der Einheit des Naturlebens hervorgehen. Je erhabener die Gegenstände sind, desto sorgfältiger muß der äußere Schmuck der Rede ver-

mieden werden. Die eigentliche Wirkung eines Naturgemäldes ist in seiner Komposition begründet [...]. [65]

In diesen Überlegungen Alexander von Humboldts drückt sich auf eine gewisse Weise das romantische Begehren und der Versuch aus, die verschiedenen Aspekte und Perspektiven des Naturgemäldes zusammenzuhalten und damit die unendliche Vielzahl unterschiedlichster Wissensbestände in ein einziges Bild der Natur nicht allein wissenschaftlich, sondern auch ästhetisch zu integrieren. Das Ästhetische – und damit ebenso die Literatur wie etwa die Landschaftsmalerei – war bei diesem Versuch nicht bloßer Zierrat, nicht bloßer Schmuck, sondern das eigentliche *Verbindungswissen*: jenes Wissen also, das es ermöglichen konnte, alle Wissensbestände gemeinsam und gleichzeitig miteinander in Beziehung zu setzen.

Zwar baut Humboldt genau auf jene nachaufklärerische Synthese, auf jenes Zusammenhalten der unterschiedlichen Aspekte, welches ebenso die Präromantik wie auch die deutsche Klassik im Pendelschlag gegen die analytisch-rationale Aufklärung eingefordert hatten; zwar betont auch er die in der Romantik so beliebten Kontraste, die sich zwischen den einzelnen Szenerien seiner Landschaften herstellen sollen; zwar hebt auch er eine wechselseitige Beziehung von Ideen und Gefühlen, von Sinnlichem und Intellektuellem hervor, wie es programmatisch etwa von Schelling eingefordert worden war; zwar akzentuiert er auch die Dimension einer weltweit zu untersuchenden und ästhetisch darzustellenden Natur: Doch insgesamt wirkt diese Passage wie die Auflistung des Gewesenen, welches nun in ein Neues überführt werden muss. Es wäre deshalb irreführend, Humboldt als einen Romantiker zu bezeichnen. Nichts aus der langen Geschichte der Naturdarstellungen geht in diesem seinem Gemälde verloren, es versammelt eine Unendlichkeit von Perspektiven, aber alles entwickelt sich hin zu einem qualitativen Sprung, zu etwas Neuem, welches das 19. Jahrhundert noch nicht heraufführen konnte: ein neues, epistemologisch *weiteres* Zusammendenken von Natur und Kultur, das erst in unserer Zeit wieder möglich scheint.

Wir haben es folglich nicht mit einem Abgesang auf eine verlorene Zeit zu tun: Humboldt war sich zum damaligen Zeitpunkt durchaus bewusst, dass die Grundlagen seines Denkens im besten nietzscheanischen sinne *unzeitgemäß* waren. Doch er versteht es klug, seine vorauseilenden Gedanken auf die vorherrschenden Entwicklungslinien seiner Epoche zurückzuführen, welche seiner ‚Summa', seinem *Kosmos* auch den ungeheuren internationalen Bucherfolg bescherten,

---

[65] Humboldt, Alexander von: *Kosmos. Entwurf einer physischen Weltbeschreibung*. Bd. 2. Stuttgart – Tübingen: Cotta 1847, S. 66–74.

der bereits dem ersten Band zuteil geworden war. Denn die ganze lange Passage endet mit einer Eloge auf den großen Dichter des deutschen Vaterlandes, um den uns die gesamte Welt beneide, auf Johann Wolfgang von Goethe also, in dem das Naturgefühl stets die dichterische Sprache durchdrungen habe.

Damit aber wird die durchaus ambivalente, ja vieldeutige Haltung Alexander von Humboldts zwischen französischer Aufklärung, deutscher Klassik, zwischen französischer Frühromantik und deutscher Romantik deutlich, welche er selbst zu einem außerordentlichen Werk des Zusammendenkens und der Vernetzung des Naturwissenschaftlichen mit dem Kulturwissenschaftlichen, des Intellektuellen mit dem Sinnlichen weiterzuentwickeln vermochte. Der Schlüssel für diese Einbeziehung des im Grunde Unendlichen war zum einen das transdisziplinäre Moment, das all seinem Denken innewohnt und alle verschiedenen Wissensbereiche zusammenzuführen versucht, sowie das transareale, in welchem sich eine keineswegs nur auf Preußen oder Europa begrenzte Vorstellungswelt ausdrückt.

Nicht zuletzt ist es die weltweite, die kosmopolitische Dimension seines Denkens und seiner Vorstellungen, die zu jenem Zeitpunkt längst minoritär geworden war und jenen neuen Konzeptionen des Nationalen und der Nationalstaaten Platz gemacht hatte. Einem solchen Denken in Homogenitäten hatte ein Johann Gottlieb Fichte in Deutschland den Weg bereitet; und ihm stand auch ein Wilhelm von Humboldt in seinen Kommentaren etwa zur Behandlung der Judenfrage nahe, insofern er einen liberal gedachten Weg wies, auf dem die kulturelle Andersheit der Juden möglichst rasch beseitigt und getilgt werden sollte. Dass Wilhelm von Humboldt dabei gerade die „billige Toleranz" als das geeignetste Mittel erschien, um eine Homogenität des zu schaffenden Staatsgebildes zu erzielen, kann an dieser Stelle nur gestreift werden: Gerade beim Denken der Toleranz gab es zwischen beiden Brüdern deutliche Unterschiede.[66]

Alexander von Humboldts Naturgemälde aber, in welchem sich die Synthese einer komplexen Übergangsepoche ausdrückt, war für die weitere Entwicklung der Romantik nicht mehr maßgeblich. Die Ausdifferenzierung des Ästhetischen war weiter fortgeschritten. Und die Radikalisierung des Individualitätsbegriffs riss das moderne Subjekt zunehmend in den Strudel eines Gegensatzes zur Natur und Naturbetrachtung, in welchem wie schon bei Giacomo Leopardi eine Darstellung der Natur als eingehegte Idylle zwar noch aufscheinen mochte, aber ästhetisch nicht länger durchführbar war. Die einzelnen überkommenen Ele-

---

[66] Vgl. zum Toleranzbegriff das Schlusskapitel „Differenz Macht Toleranz. Acht Thesen" in Ette, Ottmar: *ÜberLebenswissen. Die Aufgabe der Philologie*. Berlin: Kulturverlag Kadmos 2004, S. 253–277.

mente der Naturdarstellungen in der Romantik wurden – wie in *Madame Bovary* von Gustave Flaubert – zwar zitierbar, freilich nur noch, um im selben Atemzug endgültig verabschiedet zu werden. Mit dem *unzeitgemäßen* Alexander von Humboldt allerdings verbindet sich eine Position, an welche erst seit Ende der zweiten Hälfte des 20. Jahrhunderts wieder produktiv angeknüpft werden konnte.

Alexander von Humboldt oder das Naturgemälde

Wer aber war dieser Alexander von Humboldt? Lassen wir ihn selbst zu Wort kommen! An einem 3. Januar 1806 schickte der spätere Verfasser des *Kosmos* seinem Schweizer Freund, dem Naturforscher Marc-Auguste Pictet, einen kurzen, bislang in der Forschung nur selten berücksichtigten Text, dem er – scherzhaft und hintergründig wie stets – im Anklang an Rousseau den Titel *Mes confessions* gab. Diese in französischer Sprache verfassten „Bekenntnisse" sollten dem einflussreichen Pictet dabei behilflich sein, für die von Humboldt ins Auge gefasste und mit mancherlei Hoffnungen nicht zuletzt finanzieller Art ersehnte englischsprachige Ausgabe seines Reiseberichts aus den amerikanischen Tropen kräftig die Werbetrommel zu rühren. Gegen Ende dieses Textes ‚bekannte' der damals sechsunddreißigjährige Forscher, der nach seiner Rückkehr aus Amerika zu einer europäischen Berühmtheit geworden war:

> Voller Unruhe und Erregung, freue ich mich nie über das Erreichte, und ich bin nur glücklich, wenn ich etwas Neues unternehme, und zwar drei Sachen mit einem Mal. In dieser Gemütsverfassung moralischer Unruhe, Folge eines Nomadenlebens, muß man die Hauptursachen der großen Unvollkommenheit meiner Werke suchen. Ich bin viel nützlicher durch die Sachen und Fakten geworden, von denen ich berichtet habe, durch die Ideen, die ich bei anderen habe entstehen lassen, als durch die Werke, die ich selbst publiziert habe. Indessen habe ich es nie an einem guten und großen Willen fehlen lassen noch an fleißiger Arbeit. Im heißesten Klima des Erdballs habe ich oft 15 bis 16 Stunden hintereinander geschrieben oder gezeichnet. Meine Gesundheit hat darunter nicht gelitten, und ich bereite mich auf eine Reise nach Asien vor, nachdem ich die Ergebnisse meiner amerikanischen Forschungsreise veröffentlicht habe.[1]

Manch sprachliche Ungeschicklichkeit des in französischer Sprache abgefassten Textes mag uns daran erinnern, dass Alexander ihn nicht für die Publikation vorgesehen, sondern als einen Gebrauchstext konzipiert hatte, dem man ihm „eines Tages wieder zurücksenden" solle. Doch wirft er ein bezeichnendes Licht auf den großen Naturforscher, Gelehrten und Schriftsteller, der an einem 14. September 1769 in Berlin geboren und an einem 6. Mai 1859 daselbst verstorben ist. Denn jene

---

1 Die erste deutschsprachige Ausgabe dieser „autobiographischen Skizze" ist das Verdienst von Kurt-R. Biermann; sie findet sich in Humboldt, Alexander von: *Aus meinem Leben. Autobiographische Bekenntnisse*. Zusammengestellt und erläutert von Kurt-R. Biermann. München: Verlag C.H. Beck 1987, S. 49–62. Diesem Band entstammt auch die deutsche Übersetzung (S. 60 f). Vgl. für das französische Original Humboldt, Alexander von: Mes confessions, à lire et à me renvoyer un jour. In: *Le Globe* (Genève) 7 (janvier – février 1868), S. 180–190, hier S. 188 (Originalzitat im Anhang).

Open Access. © 2021 Ottmar Ette, publiziert von De Gruyter. Dieses Werk ist lizensiert unter einer Creative Commons Namensnennung – Nicht-kommerziell – Keine Bearbeitung 4.0 International Lizenz. https://doi.org/10.1515/9783110703443-021

„Gemütsverfassung moralischer Unruhe"² verweist uns – in der Verdoppelung des Lexems „inquiet" – auf eine Ruhelosigkeit, die stets in die Zukunft gerichtet ist. Mit dieser Ruhelosigkeit verbindet Humboldt auch die „Unvollkommenheit" seiner Werke, worunter wir keine Selbstkritik, sondern ein Konstatieren der Tatsache verstehen sollten, dass er seine Schriften noch immer nicht abgeschlossen hatte – ein Wesenszug Humboldts, der seine mehrbändigen Ausgaben auch Jahrzehnte später kaum einmal mit einem Schlussband abschloss.

Abb. 49: Alexander von Humboldt (Berlin, 1769 – ebenda, 1859).

Seine Unruhe und Ruhelosigkeit erscheinen ihm als direkte Folge eines Nomadenlebens, das einer nur vorübergehenden Sesshaftigkeit Platz gemacht habe. So ist für Alexander von Humboldt die Zeit nach der Reise längst wieder zur Zeit vor der Reise geworden, sollte doch die Amerika- durch eine Asienreise schnellstmöglich ergänzt werden. Dass der so ungeduldig erwartete Aufbruch nach Asien erst drei Jahrzehnte nach dem Beginn seiner *Reise in die Äquinoktial-Gegenden des Neuen Kontinents*³ und nicht in der ursprünglich von ihm geplanten Form erfolgen würde, konnte der mit der europäischen „République des Lettres" wohlvertraute Jüngere der beiden Humboldt-Brüder damals noch nicht ahnen.⁴

---

2 Humboldt, Alexander von: *Aus meinem Leben*, S. 60.
3 Verwiesen sei auf die deutschsprachige Jubiläums-Ausgabe der *Relation historique*: Humboldt, Alexander von: *Reise in die Äquinoktial-Gegenden des Neuen Kontinents*. Herausgegeben von Ottmar Ette. Mit Anmerkungen zum Text, einem Nachwort und zahlreichen zeitgenössischen Abbildungen sowie einem farbigen Bildteil. 2 Bde. Frankfurt am Main – Leipzig: Insel Verlag 1999.
4 Vgl. zur russisch-sibirischen Forschungsreise von 1829 Ette, Ottmar: Alexander von Humboldts Briefe aus Russland – Wissenschaft im Zeichen ihres Erlebens. In: Humboldt, Alexander von:

Teilen wir sein gesamtes Leben in drei jeweils knapp dreißig Jahre umfassende Zeitabschnitte ein, so reicht ein erster von seiner Geburt am 14. September 1769 bis zur Abreise in die spanischen Kolonien in Amerika am 5. Juni 1799. Ein zweiter Abschnitt erstreckt sich von diesem Datum bis zum Aufbruch zu seiner russisch-sibirischen Reise am 12. April 1829, und schließlich ein dritter bis zu seinem Tod am 6. Mai 1859. Damit stellen wir leicht fest, dass seine *Confessions* auf den ersten Blick nur jene erste Phase einschließlich seiner Reise in die amerikanischen Tropen erfassten, welche sein Bild in der europäischen wie außereuropäischen Öffentlichkeit in der Folge so sehr bestimmen sollte. Doch ist jener „esprit", den wir nur unbefriedigend mit dem bis ins 20. Jahrhundert so strapazierten deutschen Gegenbegriff „Geist" übersetzen könnten, ein Charakteristikum nicht nur der ersten Phase, sondern Ausgangspunkt seiner unermüdlichen Aktivitäten überhaupt und Grundbedingung eines Schreibens in der Moderne, für das die Humboldt'sche „écriture" geradezu modellhaft steht. Denn in vielerlei Hinsicht verkörpert Alexander von Humboldt dieses unruhige moderne Subjekt, dieses ruhelose Subjekt der Moderne.

Vordergründig dienen *Mes confessions* als Grundlage für eine Werbekampagne; doch wie sollte man für die Veranstaltung einer Ausgabe mit der Aussage werben, dass seine Werke eine „große Unvollkommenheit" aufweisen, da ihr Autor nur glücklich sei, wenn er stets „etwas Neues und zwar drei Sachen mit einem mal" unternehme? Wie sollte man Verleger für einen Autor gewinnen, der von sich selbst behauptet, weniger durch die von ihm bislang publizierten Werke als durch jene Ideen gewirkt zu haben, die er bei anderen angeregt habe? Nicht von ungefähr verweist Alexander von Humboldt auf ein Schreiben (und ein Zeichnen), das er selbst unter widrigsten Bedingungen und in ungeheurer Anstrengung unermüdlich und „fleißig" während der Reise selbst vorangetrieben habe, ein „Schreiben im Angesicht der Dinge", auf das er in der Form des Reisetagebuches zeit seines Lebens rekurrierte. Ich darf an dieser Stelle unserer Vorlesung anmerken, dass wir an der Berlin-Brandenburgischen Akademie der Wissenschaften mit einer Gruppe junger Wissenschaftlerinnen und Wissenschaftler über einen Zeitraum von achtzehn Jahren ein Forschungsvorhaben ausführen, das speziell einer kritischen Edition der Reiseschriften gewidmet ist und quasi nebenbei die Entstehung der Humboldt'schen Wissenschaft in den amerikanischen Reisetagebüchern beleuchtet.[5]

Briefe aus Russland 1829. Herausgegeben von Eberhard Knobloch, Ingo Schwarz und Christian Suckow. Mit einem einleitenden Essay von Ottmar Ette. Berlin: Akademie Verlag 2009, S. 13–36.
5 Vgl. hierzu Ette, Ottmar: Die Geburt der Landschaft aus dem Geiste der Theorie: Alexander von Humboldts wissenschaftlich-künstlerische „Amerikanische Reisetagebücher". In: Ette, Ott-

Doch zurück zu Humboldt! Denn mit der Unruhe des modernen Subjekts springt das Nomadenleben auf das Schreiben über, aus der „vie nomade" wird eine „écriture nomade", die nicht nur den Ort des Schreibens, sondern auch dessen Gegenstände ständig gegen andere vertauscht. Damit aber werden Grundbedingungen des Humboldt'schen Schreibens sichtbar, denen wir in der Folge nachgehen wollen und welche Humboldt selbst in seiner Ikonographie wachhielt; bis hin zu Julius Schraders berühmtem, aus dem Todesjahr 1859 stammendem Gemälde, das den hochbetagten Gelehrten vor der selbstgewählten Kulisse ‚seines' Chimborazo schreibend – beziehungsweise vom Schreiben aufblickend – zeigt.

Die Anspielung auf Jean-Jacques Rousseaus *Les Confessions*, mit denen der „Citoyen de Genève" die moderne Autobiographie[6] – und vielleicht mehr noch die Autobiographie in der Moderne – eröffnete, ist im Schreiben an den gelehrten Genfer Freund Pictet nicht nur ein ironisches Augenzwinkern, sondern zugleich auch schriftstellerische Selbstvergewisserung. Diese Selbstreflexion gewinnt aus der Erfahrung des Erfolgs keine Statik, sondern nur noch weiteren Antrieb, zusätzlich beschleunigte literarische Bewegung. Der unmittelbar zuvor erfolgte Hinweis auf seine Aufnahme ins Pariser Institut National, die Berliner Akademie der Wissenschaften oder die American Philosophical Society in Philadelphia benennt die äußeren Zeichen, nicht aber die Bedingungen eines Erfolges, in dem sich das Glücklich-Sein nur in der Form des Künftigen, des Projektierens und Projizierens einstellen will: In diesen Zeilen schwingt kein Stolz auf das Erreichte, wohl aber die Vorfreude auf das Kommende mit.

Ist dies nur Selbststilisierung? Sicherlich nicht! Mit einem spanischen Ausdruck ließe sich sagen, dass Humboldt gleichsam die Etappen seines Schaffens ‚abbrannte', stets vom Gegenwärtigen zum Künftigen eilte und sich dabei der Schrift, die doch auch das Überzeitliche, das Andauernde repräsentiert, nur in dieser eilenden Bewegung widmen zu können glaubte. Diese eilende, bisweilen hastig wieder aufstehende Bewegung ist, wie wir von Alexis de Tocqueville lernen

---

mar / Drews, Julian (Hg.): *Landschaften und Kartographien der Humboldt'schen Wissenschaft*. Hildesheim – Zürich – New York: Georg Olms Verlag 2017, S. 13–59. Eine erste Forschergruppe war mit einem BMWF-Projekt gemeinsam mit der Staatsbibliothek zu Berlin PK mit Chronologie und Epistemologie der amerikanischen Reisetagebücher beschäftigt; vgl. hierzu Ette, Ottmar / Maier, Julia: *Alexander von Humboldt: Bilder-Welten. Die Zeichnungen aus den Amerikanischen Reisetagebüchern*. München – London – New York: Prestel 2018.
6 Vgl. die Überlegungen zur Gattungsentwicklung in Jurt, Joseph: Mauriac face au créateur de l'autobiographie moderne: J.-J. Rousseau. In: Durand, François (Hg.): *Mauriac et l'autobiographie*. Paris: Grasset 1990, S. 135–148.

konnten, die des modernen Subjekts, welches sich kein Ausruhen auf dem bereits Erreichten gönnt, sondern weiter, immer weiter vorwärts stürmt.

Zweifellos widmete sich Humboldt jahrzehntelang der Ausarbeitung nicht nur der Ergebnisse seiner Reise und ließ dabei das Wissen der unterschiedlichsten Disziplinen in seinen Schriften sich transdisziplinär entwickeln. Doch sollte sein Œuvre stets – modern gesprochen – Work in Progress bleiben, eine projektierte Totalität, die sich in gigantischen Fragmenten, in ungeheuren Proliferationen der Schrift entlud. Hierher gehört die ‚Unvollkommenheit', im eigentlichen Sinne die Unabgeschlossenheit seiner wissenschaftlichen Schriften. Wie die in den USA gebauten Schiffe im Beispiel Tocquevilles sind sie sich der Tatsache bewusst, dass die Zeit vorwärts stürmt. Humboldt war – wie dem Verfasser von *De la démocratie en Amérique* – die Vorläufigkeit jedes einmal erreichten Wissensstandes bewusst. Dieses geschärfte Bewusstsein des Transitorischen avancierte zur eigentlichen Bedingung ständiger Bearbeitungen seiner eigenen Schriften und damit weiterer Gebiete, die sich seine „écriture nomade" in ihrem expansiven Prozess einverleibte. Die ständigen Umarbeitungen und Neuausgaben seiner Schriften – wie etwa die sich voneinander stark unterscheidenden Ausgaben des *Essai politique sur le Royaume de la Nouvelle-Espagne* – geben uns ein getreues Bild dieser beständigen Eingriffe Humboldts in seine eigenen ‚unvollkommenen' Texte.

Angesichts einer derartigen Konzeption des Schreibens überrascht es nicht, dass Alexander von Humboldts Korrespondenz zu den umfangreichsten – von seinen mehr als fünfzigtausend Briefen sind etwa sechzehntausend erhalten geblieben – und vor allem bedeutungsvollsten Epistolarien seiner Zeit gehört.[7] Briefe stellen jenes Medium dar, in dem sich ständige Wechsel des Ortes, der Zeit und der Gegenstände vielleicht am unmittelbarsten auszudrücken vermögen. Präsentierte sich Rousseau gleich zu Beginn seiner *Confessions* – wie wir gleich am Anfang unserer Vorlesung sahen – am Tage des Jüngsten Gerichts vor seinem Richter mit „ce livre à la main",[8] so verzichtete auch Humboldt in seinen *Confessions* nicht auf eine Rechtfertigung seines Tuns. Doch ließe sich Rousseaus auf das eigene Buch gerichtete Geste – „voilà ce que j'ai fait, ce que j'ai pensé, ce que je fus"[9] – nicht einfach auf den jungen preußischen Gelehrten übertragen;

---

[7] Vgl. hierzu den Beitrag von Schwarz, Ingo: Die Korrespondenz. In: Ette, Ottmar (Hg.): *Alexander von Humboldt Handbuch. Leben – Werk – Wirkung*. Mit 52 Abbildungen. Stuttgart: J.B. Metzler Verlag – Springer Nature 2018, S. 80–91.
[8] Rousseau, Jean-Jacques: Les Confessions. In (ders.): *Œuvres complètes*. Bd. I. Edition publiée sous la direction de Bernard Gagnebin et Marcel Raymond avec, pour ce volume, la collaboration de Robert Osmont. Paris: Gallimard 1959, S. 5: „Que la trompette du jugement dernier sonne quand elle voudra; je viendrai ce livre à la main me présenter devant le souverain juge."
[9] Ebda.

Alexander warf, anders als Jean-Jacques, „volonté" und „assiduité au travail" in die Waagschale, (nicht nur preußische) Tugenden, die jenseits der Genie-Ästhetik stehen. Sie sind Garanten eines nomadischen Schreibens, das in der zentrifugalen Bewegung moralischer Unruhe sein paradoxes und vor allem mobiles Zentrum besitzt. Denn alles Wissen entsteht bei Humboldt aus den Bewegungen seines ‚Nomadenlebens'.

In Humboldts *Bekenntnissen* schlägt ein autobiographisches Schreiben durch, das sich – seiner selbst in unsteter Bewegung sich versichernd – ganz im Sinne des Rousseau'schen Modells in ein erzählendes und ein erzähltes Ich aufspaltet. Die Spannung entsteht nicht nur aus der Wechselbeziehung zwischen beiden, sondern auch aus der Tatsache, dass das erzählende Ich in der Form des zurückblickenden, schreibenden Ich – sehr im Gegensatz zu einem seiner narrativen Taufpaten, dem „Pícaro", den wir bei Fernández de Lizardi kennengelernt haben – nicht zur Ruhe gekommen ist. Es gewinnt seine Beobachterposition paradoxerweise aus der übergroßen Geschwindigkeit, die – wie wir nicht erst seit der Erfahrung der Jets wissen[10] – in ein prekäres Gefühl der Ruhe umzukippen neigt. So wird der Beobachtungsstand zu einem Beobachtungspunkt im Vektorenfeld einer Bewegung, deren Ziel sich immer von neuem erst ergibt, ganz wie der Horizont vor dem voranschreitenden Wanderer immer weiter zurückweicht und neue Perspektiven, neue Einblicke, neue Landschaften vor dem Auge der Reisenden entstehen lässt.

Diese autobiographische Erzählsituation beschränkt sich bei Humboldt aber keineswegs auf die autobiographischen Skizzen oder seine ausgedehnte Korrespondenz, sondern umfasst über seine reiseliterarischen Texte hinaus – wenn auch in unterschiedlicher Stärke – sein gesamtes wissenschaftlich-schriftstellerisches Werk. Die für das friktionale Genre des literarischen Reiseberichts der Moderne gattungskonstitutive[11] Aufspaltung in erzähltes und erzählendes Ich ist bei Humboldt aber nicht deckungsgleich mit der Trennung zwischen reisendem und schreibendem Ich. Das reisende Ich schreibt vielmehr selbst, und das schreibende Ich ist seinerseits beständig auf Reisen – so wie Humboldt selbst sich nach seiner Rückkehr aus Amerika und einer sich anschließenden Italienreise nur vorübergehend in Berlin aufhielt. Denn ab November 1807 – nach dem vorläufigen Scheitern seiner geplanten und oftmals angekündigten Asienreise – machte er für zwei Jahrzehnte Paris zu seinem vielfach durch neuerliche Reisen rhythmi-

---

10 Vgl. Barthes, Roland: L'homme-jet. In (ders.): *Mythologies*. Paris: Seuil 1970, S. 94–96.
11 Vgl. hierzu wie auch zum Begriff der Friktion den ersten Band unserer Reihe „Aula"; Ette, Ottmar: *ReiseSchreiben. Potsdamer Vorlesungen zur Reiseliteratur*. Berlin – Boston: Walter de Gruyter 2020, S. 141–149.

sierten Lebensmittelpunkt. Erst in hohem Alter, wenige Monate vor seinem Tod mit nahezu neunzig Jahren, fanden die beständigen Reisen ein Ende.

Die ruhelose Bewegung auf der Suche nach Neuem, die damit in Verbindung stehende Unabgeschlossenheit der eigenen Texte, die Erfahrung einer intensiven Beschleunigung des Lebens und die Selbstbezüglichkeit des Ich in variierten autobiographischen Schreibformen bilden wesentliche Grundlagen einer modernen Subjektivität, die ihren Niederschlag nicht nur im ästhetischen, sondern auch im epistemologischen Bereich – in den Grundlagen des Denkens – findet. Das schreibende Subjekt der Moderne lässt sich sehr gut in seinen *Amerikanischen Reisetagebüchern* fassen, zu denen erste Ergebnisse und Auszüge bereits publiziert vorliegen.[12] Versuchen wir, die Strukturen dieses Schreibens in der Moderne noch genauer zu fassen!

Ähnlich wie Rousseau in seinen stets wiederholten und abgewandelten Szenen der „illumination", der „Erleuchtung" hinsichtlich seines späteren Lebensweges, hat auch Alexander von Humboldt immer wieder von neuem die Urszene des Erwachens seiner Lust, ferne Länder zu besuchen, geschildert und literarisch inszeniert. Schon während seiner amerikanischen Reise verfasste er im August 1801 in Santa Fe de Bogotá, der Hauptstadt des damaligen Neu-Granada, eine autobiographische Skizze, in der er sich darüber klar zu werden versuchte, wie er auf weltweite Reisen verfallen war. Unter dem vom Herausgeber nicht ganz glücklich formulierten Titel *Ich über mich selbst (Mein Weg zum Naturwissenschaftler und Forschungsreisenden 1769 – 1790)* lesen wir: „Meine Reise mit Forster in das Gebirge von Derbyshire vermehrte jene melancholische Stimmung. Das Dunkel der Casteltoner Höhen verbreitete sich über meine Phantasie. Ich weinte oft, ohne zu wissen warum, und der arme Forster quälte sich zu ergründen, was so dunkel in meiner Seele lag. Mit dieser Stimmung kehrte ich über Paris nach Mainz zurück. Ich hatte entfernte Pläne geschmiedet."[13] In *Mes confessions* ist es – wie noch in abgewandelter und erweiterter Form im *Kosmos*[14] – der Anblick

---

12 Vgl. hierzu Humboldt, Alexander von: *Das Buch der Begegnungen. Menschen – Kulturen – Geschichten aus den Amerikanischen Reisetagebüchern.* Herausgegeben, aus dem Französischen übersetzt und kommentiert von Ottmar Ette. Mit Originalzeichnungen Humboldts sowie historischen Landkarten und Zeittafeln. München: Manesse Verlag 2018.
13 Humboldt, Alexander von: *Aus meinem Leben*, S. 40.
14 Vgl. Humboldt, Alexander von: *Kosmos. Entwurf einer physischen Weltbeschreibung.* Bd. 2. Stuttgart – Tübingen: Cotta 1847, S. 5: „Kindliche Freude an der Form von Ländern und eingeschlossenen Meeren, wie sie auf Karten dargestellt sind, der Hang nach dem Anblick der südlichen Sternbilder, dessen unser Himmelsgewölbe entbehrt, Abbildungen von Palmen und libanotischen Cedern in einer Bilderbibel können den frühesten Trieb nach Reisen in ferne Länder in die Seele pflanzen. Wäre es mir erlaubt, eigene Erinnerungen anzurufen, mich selbst zu befragen,

exotischer Pflanzen, der ihn zu dem Entschluss führt, Europa zu verlassen („quitter l'Europe"[15]): „Der Anblick der exotischer Pflanzen, selbst getrockneter in Sammlungen, erfüllte meine Einbildungskraft mit lustvollen Freuden, welche die Vegetation gemäßigterer Länder bieten muss."[16] Der Reise exotischer Pflanzen in die Berliner Herbarien entspricht im weiteren Fortgang eine umgekehrte Bewegungsrichtung, wobei nun eine europäische Reise zum Vorspiel der großen außereuropäischen Forschungsreise wird. So kommt es im Frühling jenes Lebens zu einer Reiseerfahrung, die literarisch wie wissenschaftlich zum Bezugspunkt und zum in der Folge überwundenen, aber nie vergessenen vektoriellen Modell der späteren Expedition wird:

> Im Frühjahr schlug mir Georg Forster, dessen Bekanntschaft ich im März gemacht hatte, vor, ihn nach England auf der schnellen Reise zu begleiten, die er in einem kleinen, durch die Eleganz seines Stils mit Recht berühmten Werk (Ansichten etc.) beschrieben hat. [...] Diese Reise kultivierte meinen Geist und bestärkte mich mehr als je zuvor in meinem Entschlusse zu einer außereuropäischen Reise. Zum ersten Male sah ich damals das Meer bei Ostende, und ich erinnere mich, dass dieser Anblick den allergrößten Eindruck auf mich machte. Ich sah weniger das Meer als jene Länder, zu denen mich dieses Element eines Tages tragen würde.[17]

Wieder ist es die Ansicht, der Blick und damit der Gesichtssinn, der zum Auslöser des Begehrens wird, ferne Länder zu besuchen – und zugleich auch die Vision dieser Länder in einer erregten Einbildungskraft, welche sie vor dem inneren Auge entstehen ließ. Wichtig ist in dieser im Französischen nicht ganz sicheren Passage die Vektorizität, die angestrebte Bewegungsrichtung, welche sich hier andeutet. Denn so wie aus der Perspektive des erzählenden Ich die gemeinsame Reise des erzählten Ich mit Georg Forster zur Prä-Figuration der amerikanischen Reise wird, so haftet an dem Reisegefährten die Erfahrung und das Prestige einer Umsegelung des gesamten Erdballs.

Georg Forster hatte als Gehilfe seines Vaters Johann Reinhold Forster James Cook bei dessen zweiter Reise begleitet und – anders als sein Vater nicht an die

---

was einer unvertilgbaren Sehnsucht nach der Tropengegend den ersten Anstoß gab, so müßte ich nennen: Georg Forster's Schilderungen der Südsee-Inseln; Gemälde von Hodges die Ganges-Ufer darstellend, im Hause von Warren Hastings zu London; einen kolossalen Drachenbaum in einem alten Thurme des botanischen Gartens bei Berlin." Später sollte für ungezählte Reisende – darunter insbesondere den jungen Charles Darwin – Humboldts Reisewerk zum Auslöser und Modell des eigenen Reisens wie des eigenen Schreibens werden.

15 Humboldt, Alexander von: Mes confessions, S. 181.
16 Ebda.: „La vue des plantes exotiques, même sèches dans les herbiers, remplissait mon imagination des jouissances que doit offrir la végétation des pays plus tempérés."
17 Humboldt, Alexander von: Mes Confessions, S. 182.

Weisungen der Admiralität gebunden – einen Reisebericht in englischer und deutscher Sprache verfasst, der ihn beim europäischen Publikum berühmt machen sollte.[18] Georg Forsters *Ansichten vom Niederrhein, von Brabant, Flandern, Holland, England und Frankreich im April, Mai und Junius 1790* verwiesen damit zurück auf jene 1777 in englischer und 1778 bis 1780 in deutscher Fassung vorgelegte *Reise um die Welt*, in deren Vorwort sich die für Alexander von Humboldts eigenes Tun so wichtigen Worte finden:

> Die Philosophen dieses Jahrhunderts, denen die anscheinenden Widersprüche verschiedener Reisenden sehr misfielen, wählten sich gewisse Schriftsteller, welche sie den übrigen vorzogen, ihnen allen Glauben beymaßen, hingegen alle andre für fabelhaft ansahen. Ohne hinreichende Kenntniß warfen sie sich zu Richtern auf, nahmen gewisse Sätze für wahr an, (die sie noch dazu nach eigenem Gutdünken verstellten,) und bauten sich auf diese Art Systeme, die von fern ins Auge fallen, aber, bey näherer Untersuchung, uns wie ein Traum mit falschen Erscheinungen betrügen. Endlich wurden es die Gelehrten müde, durch Declamation und sophistische Gründe hingerissen zu werden, und verlangten überlaut, dass man doch nur Thatsachen sammeln sollte. Ihr Wunsch ward erfüllt; in allen Welttheilen trieb man Thatsachen auf, und bey dem Allem stand es um ihre Wissenschaft nichts besser. Sie bekamen einen vermischten Haufen loser einzelner Glieder, woraus sich durch keine Kunst ein Ganzes hervorbringen ließ; und indem sie bis zum Unsinn nach *Factis* jagten, verlohren sie jedes andre Augenmerk, und wurden unfähig, auch nur einen einzigen Satz zu bestimmen und zu abstrahiren; so wie jene Mikrologen, die ihr ganzes Leben auf die Anatomie einer Mücke verwenden, aus der sich doch für Menschen und Vieh nicht die geringste Folge ziehen läßt.[19]

In dieser polemisch eingefärbten Passage seiner „Vorrede" griff Georg Forster mit der Gegenüberstellung von Philosophen und Sammlern jenen Gegensatz von Reisenden und Daheimgebliebenen auf, der schon Jean-Jacques Rousseau und nach ihm Denis Diderot beziehungsweise Guillaume-Thomas Raynal in eine Polemik verwickelt hatte,[20] die Teil jener übergreifenden Debatten war, welche seit der sogenannten ‚Entdeckung' Amerikas im Abendland geführt wurden. Forsters Reflexion der epistemologischen Grundlagen von Erfahrung und Reisen stellt

---

18 Vgl. hierzu Ette, Ottmar: Welterleben / Weiterleben. Zur Vektopie bei Georg Forster, Alexander von Humboldt und Adelbert von Chamisso. In: Drews, Julian / Ette, Ottmar / Kraft, Tobias / Schneider-Kempf, Barbara / Weber, Jutta (Hg.): *Forster – Humboldt – Chamisso. Weltreisende im Spannungsfeld der Kulturen*. Mit 44 Abbildungen. Göttingen: V&R unipress 2017, S. 383–427.
19 Forster, Georg: *Reise um die Welt*. Herausgegeben und mit einem Nachwort von Gerhard Steiner. Frankfurt am Main: Insel Verlag 1983, S. 16 f.
20 Vgl. hierzu Ette, Ottmar: Diderot et Raynal: l'œil, l'oreille et le lieu de l'écriture dans l'„Histoire des deux Indes". In: Lüsebrink, Hans-Jürgen / Strugnell, Anthony (Hg.): *L'"Histoire des deux Indes": réécriture et polygraphie*. Oxford: Voltaire Foundation 1996, S. 385–407.

nicht nur die (denkarme) Empirie einem um Fakten nicht bekümmerten Systemdenken gegenüber, sondern zielt neben den Jägern und Sammlern auch auf jene, die sich in ihr Spezialistentum vergraben und ‚das Ganze', die Gesamtheit und den inneren Zusammenhang aller Erscheinungen, aus den Augen verloren haben.

Auf seiner amerikanischen Forschungsreise beschäftigte sich Humboldt recht intensiv auch mit Mücken – zuweilen angesichts der „Mosquitohölle" am Orinoco mehr, als ihm lieb sein konnte. Die im literarischen Zeichen des *Inferno* von Dantes göttlicher *Commedia* niedergeschriebenen Seiten über die Plage, Beobachtung und Analyse der Stechmücken und Mosquitos harren noch immer ihrer längst überfälligen literaturwissenschaftlichen Würdigung. Doch war Humboldt alles andere als ein eingefleischter Mikrologe, der beim wissenschaftlichen Fliegenbeinzählen stehengeblieben wäre. Er betrachtete den Mikrokosmos stets in seinen wechselseitigen Beziehungen zum Makrokosmos und scheute – als Makrologe, der er auch war – nie davor zurück, über das Große, das Ganze zu sprechen. Denn bei aller Akribie, mit welcher Humboldt all seine Messungen und Analysen durchführte, ging es ihm in erster Linie doch um den Zusammenhang aller von ihm beobachteten Phänomene sowie um die ästhetische Darstellung eines Weltganzen.

Georg Forster war nicht nur im stilistischen Sinne ein Vorbild für den jungen Preußen. Auch ihm ging es, wenn auch noch in der Episteme der Aufklärung stehend, um das Ganze.[21] Benennt seine Vorrede zum Bericht über die Entdeckungsreise Cooks die methodologischen und epistemologischen Prämissen einer Forschungsreise neuen Typs, so setzt Alexander von Humboldt im Übergang zum 19. Jahrhunderts diese Konzeption in die Tat um, indem er sie als Forschungsreise im modernen Sinne – und im Sinne der Moderne – angeht und durchführt. Sein Nomadenleben verbindet sich auf diese Weise nicht nur mit einem nomadischen Schreiben, sondern auch mit einer nomadisierenden Wissenschaftskonzeption. Diese ist an Forsters Vorstellungen geschult, geht aber weit über diese hinaus und bringt einen neuen Typ des Wissens hervor, der – so scheint es – erst in unserer Zeit, angesichts der ökologischen Katastrophen und des anthropogen verursachten multifaktoriellen Klimawandels, aus einem neuen, transdisziplinären Wissenschaftsverständnis heraus begriffen werden kann.

---

21 Vgl. hierzu auch den Aufsatz von Schmitter, Peter: Zur Wissenschaftskonzeption Georg Forsters und dessen biographischen Bezügen zu den Brüdern Humboldt. Eine Vorstudie zum Verhältnis von „allgemeiner Naturgeschichte", „physischer Weltbeschreibung" und „allgemeiner Sprachkunde". In: Naumann, Bernd / Plank, Frans / Hofbauer, Gottfried / Hooykaas, Reijer (Hg.): *Language and Earth: Elective Affinities between the emerging Sciences of Linguistics and Geology.* Amsterdam: Benjamins 1992, S. 91–124.

Vor diesem Hintergrund wird verständlich, warum Alexander von Humboldt in seinen *Bekenntnissen* Wert darauf legte, nicht nur durch die von ihm herbeigeschleppten Dinge und Fakten, sondern auch (und mehr noch) durch jene Ideen zu wirken, die er in anderen entstehen ließ. Er verstand sich ohne jeden Zweifel als Teil eines Netzwerks der Wissenschaft,[22] das seit dem 18. Jahrhundert im Kontext des von Jürgen Habermas beschworenen „Projekts der Moderne" seine Netze – nicht nur die der Längen- und Breitengrade – über den gesamten Globus auswarf und ein zeitgenössisches Weltbewusstsein entfaltete.[23]

Der Bescheidenheitstopos verbirgt freilich nicht, dass es Alexander von Humboldt gerade auf diese Verbreitung neuer Ideen ankam, die ihrerseits auf einer Verbindung der Sammeltätigkeit mit dem Versuch beruhte, das Gesammelte in einer Gesamtsicht zu einem Ganzen zusammenzudenken. Darum wird ihm das Meer, das er gleichsam unter den Augen des weitgereisten Georg Forster bei Ostende zum ersten Male erblickte, auch nicht zum trennenden, sondern alles in eine weltumspannende Kommunikation einbindenden, alles miteinander verbindenden *mobilen* Element. Auf diese Weise wird die Reise zur Voraussetzung eines weltschaffenden, globalen Denkens, das nicht auf Sammeln, sondern Verbinden angelegt ist. Darum musste die amerikanische logischerweise durch eine asiatische Forschungsreise ergänzt und vervollständigt werden. Diese (stets prekäre) Vervollständigung aber konnte sich nur auf der Grundlage moderner Subjektivität ergeben, unter Einbeziehung eben jener „Perfectibilité", die Rousseau als Charakteristikum des Menschen beschrieben hatte und die für Humboldt zu jenem Movens im Zeichen moralischer Unruhe wurde, das nicht nur das Denken, sondern auch den Denker selbst in Bewegung setzte. In dieser Hinsicht war Humboldt noch immer ein Kind des 18. Jahrhunderts.

Das alles miteinander in Verbindung setzende Meer wird nicht nur zu einem Forschungsobjekt Alexander von Humboldts, sondern zu einem vieldeutigen Symbol, das ebenso den Weg des Reisenden bereiten als auch dessen Untergang herbeiführen kann. In den *Amerikanischen Reisetagebüchern* sind Humboldts von Bord aus geschilderte Einträge über gewaltige Stürme sehr beeindruckend, schloss er doch mehrfach mit seinem Leben ab und überließ sich dunklen Andeu-

---

22 So der programmatische Titel von *Alexander von Humboldt – Netzwerke des Wissens*. Katalog der Ausstellung im Haus der Kulturen der Welt (Berlin) vom 6. Juni bis 15. August 1999 und in der Kunst- und Ausstellungshalle der Bundesrepublik Deutschland (Bonn) vom 15. September 1999 bis 9. Januar 2000. Bonn: Kunst- und Ausstellungshalle der Bundesrepublik Deutschland 1999.
23 Vgl. hierzu Ette, Ottmar: *Weltbewusstsein. Alexander von Humboldt und das unvollendete Projekt einer anderen Moderne. Mit einem Vorwort zur zweiten Auflage*. Weilerswist: Velbrück Wissenschaft 2020.

tungen zum Schicksal des Menschen.²⁴ Doch oft erscheint an zahlreichen Stellen der *Relation historique* und anderer Schriften das Meer als Spiegelfläche des Sternenhimmels – mithin des Kosmos – und führt dem Menschen die Gesamtheit der Schöpfung vor Augen. Die im Kontext von Humboldts kosmologischer Metaphorik beobachtbare Ambivalenz des Wassers als lebensspendende und zerstörerische, die Kräfte des Menschen weit übersteigende Kraft besitzt nicht nur in Hinblick auf die wissenschaftliche, sondern auch die literarische Gestaltung des Reiseberichts größte Bedeutung: Das Meer ist bei Humboldt auf schillernde Weise polysem.

Setzen die Meeresströmungen verschiedenste Weltgegenden miteinander in Verbindung, so bringt auch der Mensch mit Hilfe seiner Schiffe die verschiedensten Gesellschaften und Kulturen in eine nicht nur ökonomische, am modernen Welthandel ausgerichtete, sondern auch am interkulturellen Austausch interessierte Beziehung. Verwunderlich ist es daher nicht, dass Alexander von Humboldt stets größte Sorgfalt auf jene Augenblicke der Landung oder der Abreise legte, die man als reiseliterarische Orte höchster Signifikanz bezeichnen könnte.²⁵ Das Humboldt'sche Reisewerk bietet eine Fülle derartiger Darstellungen; doch dürfen wir uns der Wahl des kubanischen Schriftstellers und Poeta doctus Alejo Carpentier anschließen: Dieser wählte für den Auftakt von *La ciudad de las columnas*, der literarischen Liebeserklärung an seinen Geburtsort Havanna, jene Passage aus dem achtundzwanzigsten Kapitel der *Relation historique*, welches später als *Essai politique sur l'île de Cuba* eigenständig in Buchform erschien. Die Passage inszeniert die Ankunft des Europäers im Hafen von Havanna, den Alexander von Humboldt ein erstes Mal am 19. Dezember 1800 von See her erblickte:

> Bei der Einfahrt in den Hafen ist der Anblick von Havanna einer der strahlendsten und malerischsten unter all jenen, die man an den Gestaden des äquinoktialen Amerika nördlich des Äquators genießen kann. Dieser von den Reisenden aller Nationen gefeierte Ort besitzt weder die Überfülle an Vegetation, welche die Ufer des Flusses von Guayaquil schmückt, noch die wilde Majestät der felsigen Küste von Rio de Janeiro, zwei Häfen der südlichen Hemisphäre: Doch die Anmut, die in unseren Klimaten die Szenerie einer in Kultur genommenen Natur verschönert, mischt sich hier mit der Majestät der Pflanzenformen, mit der organischen Kraft, welche die torride Zone charakterisiert. In einer Mischung von so süßen

---

24 Vgl. hierzu mehrere „Textinseln" in Humboldt, Alexander von: *Das Buch der Begegnungen. Menschen – Kulturen – Geschichten aus den Amerikanischen Reisetagebüchern* (2018).
25 Zum Begriff des reiseliterarischen Ortes vgl. bereits Ette, Ottmar: Est-ce que l'on sait où l'on va? Dimensionen, Orte und Bewegungsmuster des Reiseberichts. In: Bernecker, Walther L. / Krömer, Gertrut (Hg.): *Die Wiederentdeckung Lateinamerikas. Die Erfahrung des Subkontinents in Reiseberichten des 19. Jahrhunderts*. Frankfurt am Main: Vervuert 1997, S. 49 ss.

> Eindrücken vergißt der Europäer die Gefahr, die ihn im Schoße der volkreichen Städte der Antillen bedroht; er sucht, die verschiedenartigen Elemente einer weiten Landschaft zu ergreifen, diese Befestigungen zu betrachten, welche die Felsen im Osten des Hafens krönen, dieses innere Becken, das von Dörfern und Höfen gesäumt ist, diese Palmen, die sich in schwindelnde Höhe erheben, diese Stadt, die halb von einem Wald an Schiffsmasten und den Segeln der Schiffe verborgen wird.[26]

In dieser kurzen, literarisch sorgfältig gestalteten und zunächst im Zeichen des Pittoresken modellierten Passage wird der Anblick bei der Einfahrt in den kubanischen Haupthafen sogleich mit jenem anderer Häfen der amerikanischen Tropenländer in Beziehung gesetzt. Dabei verweist vergleichend die Erzählerinstanz zum einen auf den Hafen von Guayaquil (den Alexander von Humboldt aus eigener Erfahrung kannte) und auf jenen von Rio de Janeiro (den er selbst niemals besuchte). Im Grunde ist diese Einfahrt in den Hafen von La Habana eine Mise en abyme des gesamten Kapitels wie auch des archipelartig aufgebauten *Essai politique sur l'île de Cuba*, ganz so, wie die erste Skizze dieses Bandes bereits die weitere Humboldt'sche „écriture" perspektivierte.[27]

Die präsentische Darstellung bedeutet nicht, dass wir uns auf Ebene des erzählten (beziehungsweise des reisenden) Ich befänden; die Rücknahme der im vorangehenden Abschnitt noch dominanten individualisierten Perspektive in ein verallgemeinerndes „man" erschließt sich jedoch nur einer genaueren Analyse als ein Signal, dass die Beobachterposition gewechselt hat. In der Tat könnte ein unaufmerksamer Leser zu dem Schluss kommen, Humboldt habe den Hafen von Rio de Janeiro aus eigener Kenntnis beschrieben – ein Beispiel für vom Text quasi suggerierte Annahmen, wie sie sich immer wieder selbst in der Humboldt-*Industry* finden. Tatsächlich aber beruht der Vergleich, der hier in die Darstellung einfließt, nur zum Teil auf eigenen Erfahrungen des Reisenden, wenngleich er auch in dieser Form ein diskursives Merkmal des Humboldt'schen Schreibens darstellt, das sich stets in weltumspannenden transarealen Vergleichen bewegt.

---

26 Humboldt, Alexander von: *Relation historique du Voyage aux Régions équinoxiales du Nouveau Continent* ... Nachdruck des 1814–1825 in Paris erschienenen vollständigen Originals, besorgt, eingeleitet und um ein Register vermehrt von Hanno Beck. Stuttgart: Brockhaus 1970, Bd. III, S. 348.
27 Vgl. hierzu Ette, Ottmar: Insel-Text und archipelisches Schreiben: Alexander von Humboldts „Isle de Cube, Antilles en général". In: *edition humboldt digital*. Hg. von Ottmar Ette. Berlin: Berlin-Brandenburgische Akademie der Wissenschaften. Version 1 vom 10.5.2017. <URL: http://edition-humboldt.de/v1/H0016213>.

Die transareale Komparation hat bei Humboldt System: Sie ist Teil dessen, was wir als *Humboldtian Science* bezeichnen dürfen.[28] Das komparative Element als eine der epistemologischen Grundlagen der nomadisierenden Schreibweise Humboldts ist nicht notwendig an persönliche Beobachtung und Erfahrung gekoppelt, denn der Anblick der Häfen von Guayaquil und Rio de Janeiro wird – sieht man vom distanzierteren „man" einmal ab – auf derselben Ebene des ‚Wahrheitsanspruchs' dieses Reiseberichts behandelt. Wir haben es in dieser auf den ersten Blick unscheinbaren Passage weder mit dem erzählten noch mit dem erzählenden Ich zu tun, sondern mit einer Erzählinstanz, die gleichsam von höherer Warte aus die Einzelphänomene überblickt und einordnet.

Dies ist eine wichtige Modifikation der Humboldt'schen Schreibweise gegenüber dem autobiographischen Grundschema. Da diese wissenschaftliche Erzählinstanz ebenfalls in der ersten Person Singular auftritt, können wir sie auch als das wissenschaftliche Ich bezeichnen, das bisweilen beide Zeitebenen miteinander verbindet. Sie geht in die Konstituierung des wissenschaftlichen Subjekts grundlegend ein. Ihr obliegt es in diesem Falle, die Erfahrung anderer Reisender vergleichend einzublenden, wenn auch in einer sehr ambivalenten Art und Weise, die nur einer mit Humboldts gesamter Reiseroute vertrauten Leserschaft erlaubt, die individuelle von der intertextuellen, also aus anderen Texten anderer Autoren bezogene Erfahrung zu unterscheiden. Man könnte bei derartigen, oft an das diskursive Mittel des Vergleichs gebundenen Stellen von einem Überspringen der durch eigenen Augenschein erworbenen Kompetenz und Legitimation auf andere Objekte und Gegenstände sprechen. Warum hat Humboldt den Hafen Havannas nicht mit jenen von Cumaná, Cartagena de Indias, El Callao, Acapulco oder Veracruz verglichen, die er persönlich in Augenschein genommen hatte? Das Einweben des intertextuell Erfahrenen in die individuelle Zeugenschaft des Reisenden gehört zweifellos zum Repertoire der Vertextungsstrategien, die zeigen, wie wichtig es ist, die verschiedenen Textinstanzen – nicht nur in Humboldts Reiseberichten – akkurat auseinanderzuhalten.

Zugleich macht die angeführte Passage deutlich, dass auch viele andere Reisende aus aller Herren Länder diesen Hafen besucht haben, so dass Bewegung und Transportmittel, aber auch Fremderfahrung und (eine mitunter auch bedrohliche, spannungserzeugende) Alterität ins Zentrum des Interesses gerückt werden. Der angesprochene (explizite) Leser gehört ebenso wie der Reisende einer anderen Klimazone an, deren Reize einer ‚kultivierten Natur' sich hier mit tropischen Vegetationsformen verbinden. Angesichts der Mischung der durch diese

---

[28] Vgl. das Auftaktkapitel in Ette, Ottmar: *Alexander von Humboldt und die Globalisierung. Das Mobile des Wissens.* Berlin: Suhrkamp Verlag 2019.

Reize unterschiedlicher Herkunft ausgelösten Eindrücke vergesse der Europäer, dessen Perspektive die angeführte Passage unübersehbar beherrscht, jene Gefahren, welche die Andersheit des kulturellen Raumes jener „bevölkerungsreichen Städte der Antillen" bereithält – auch dies wieder ein impliziter Vergleich, der nur zum Teil auf die eigene Erfahrung Humboldts zurückgeführt werden kann: Denn in anderen bevölkerungsreichen Städten war Humboldt auf den Antillen nicht gewesen.

Dieser Blick des Europäers aber versucht nun, die verschiedenartigen Elemente zu einer weiten Landschaft[29] – und damit zu einer abgrenzbaren Einheit – zusammenzufügen. Die Addition gerät nicht zu einer simplen Sammlung, sondern fügt sich zu einer (ästhetisch gestalteten) Gesamtheit, welche Humboldt im Übrigen auch als Karte in seiner kartographischen Darstellung der gesamten Insel abbilden ließ. Humboldt ordnet die Elemente zum einen nach dem Grade ihrer unmittelbaren Sichtbarkeit – und damit vom beweglichen Beobachterstandpunkt des in den Hafen einfahrenden Reisenden – her (von der Höhe der festungsgekrönten Felsen bis hinab zur halb verborgenen Stadt) und zum anderen gemäß ihrer dynamischen Beziehung zu den Bereichen von Kultur und Natur: Es handelt sich um ein sorgfältig konstruiertes Stück literarischer Landschaftsmalerei.

So wird das vertikale, landschaftsbestimmende Element der Palmen, die nicht nur bis heute das Symbol der Insel geblieben sind, sondern auch für Humboldt zur Chiffre tropischer Vegetation und Lebenskraft wurden, überführt in einen ‚Mastenwald', so dass der Bereich der Natur in jenen der Kultur transponiert und ‚übersetzt' wird. Der wissenschaftliche Begründer der Pflanzengeographie widmete sich ebenso im weiteren Verlauf seines *Essai politique* wie auch in den *Nova genera* wiederholt der sogenannten „Palma real", beschränkte sich dabei aber nicht ‚mikrologisch' auf pflanzengeographische, botanische oder allgemein naturwissenschaftliche Fragestellungen, sondern erkannte die kulturelle Bedeutung der Königspalme für die Insel. Der Übergang zwischen Natur und Stadt wird dabei just von jenen Schiffen bewerkstelligt, die als mobile Transportmittel jene Bewegung sicherstellen, die den europäischen Reisenden in die Tropen führt und ihn auch wieder zurück in seine Heimat bringen wird. In dieser literarischen Szenerie des Hafens von Havanna sind unverkennbar die Einflüsse von Georg Fors-

---

29 Zur Fassung der Natur als Landschaft ausgehend von Petrarcas Aufstieg zum Mont Ventoux vgl. Ritter, Joachim: Landschaft. Zur Funktion des Ästhetischen in der modernen Gesellschaft. In (ders.): *Subjektivität. Sechs Aufsätze.* Frankfurt am Main: Suhrkamp 1989, S. 141–163. Alexander von Humboldt wusste selbstverständlich von Petrarcas Bergbesteigung und der Lektüre der *Confessiones* des Augustinus auf der Spitze des Mont Ventoux in Südfrankreich.

ters Schilderung des Hafens von Amsterdam in seinen *Ansichten vom Niederrhein* gegenwärtig: Humboldt erwies sich als gelehriger Schüler.

Die charakteristische Spannung zwischen Ich und Landschaft, die in der europäischen Reiseliteratur die Grundlage für die Konstituierung moderner Subjektivität bildet, wird in dieser Passage durch eine Spannung ergänzt, die sich zwischen der Beobachterperspektive des erzählten Ich (des Reisenden) und der höhergelagerten Instanz des wissenschaftlichen Ich aufbaut. Im Zwischenraum, der durch diese beiden Pole gekennzeichnet wird, situiert sich ein gut Teil des Humboldt'schen Schreibens, dessen einzelne Instanzen in der Folge noch weiter analysiert und differenziert werden sollen. Als konstitutiv für dieses Schreiben aber lässt sich schon jetzt der graduelle Übergang und die Verzahnung von Natur und Kultur, der wechselnde Beobachterstandpunkt mit einer jeweils veränderten, in Bewegung befindlichen Beobachterperspektive und die Auseinandersetzung mit anderen Texten und Reiseberichten erkennen, wobei diese Elemente Eingang in eine sorgfältige literarische Strukturierung finden. Diese übernimmt ihrerseits in der Markierung eines reiseliterarischen Ortes literarische Funktionen für den von starker Mobilität und Vektorizität gekennzeichneten Humboldt'schen Text in seiner Gesamtheit.

Alles in dieser Szenerie unterliegt ständiger Bewegung, so dass in Humboldts reiseliterarischen Schriften oftmals eher von einer Strukturierung als von einer festen Struktur gesprochen werden kann. Denn auch die philosophischen Rahmungen,[30] die den Reisebericht häufig zu Beginn und am Ende der einzelnen Kapitel prägen, sind Textelemente, die weniger eine statische Umfassung darstellen als eine Abfolge bedeutungsstrukturierender diskursiver Elemente bilden. Mit ihrer Hilfe kann das bei oberflächlicher Betrachtung Disperse – wie im Blick des Europäers über die Umgebung des Hafenbeckens von Havanna – in ein einheitliches, wenn auch vielgestaltiges Ganzes überführt werden. Den bedeutungsstrukturierenden Einheiten kommt dabei weniger eine definitorische (also fixierende, fest-stellende) als eine kommunikative Funktion zu, welche die Kollektion der gesammelten Elemente in ein dynamisches Netzwerk verwandelt.

Die Texte Alexander von Humboldts sind aus der Bewegung entstanden, wie die Manuskripte seiner *Amerikanischen Reisetagebücher* zeigen, und sie versetzen ihre Leserschaften entsprechend in Bewegung. Dadurch stellen sie jene übergreifenden Kodes zur Verfügung, kraft derer die verschiedensten Einzelerscheinungen dekodiert und in ihrem Funktionszusammenhang innerhalb des

---

[30] Im Nachwort zu meiner Ausgabe von Alexander von Humboldts *Reise in die Äquinoktial-Gegenden des Neuen Kontinents*, S. 1563–1597, habe ich auf diese literarische Technik aufmerksam gemacht.

literarischen ‚Naturgemäldes' eingeordnet und verarbeitet werden können. Und selbstverständlich sind in dieses *Natur*gemälde auch kulturelle Dimensionen integriert.

Seine erstmals im Jahre 1808 erschienenen *Ansichten der Natur* machen schon paratextuell in ihrem Titel auf die Vorherrschaft des Visuellen sowie die Pluralität der Standpunkte aufmerksam und stellen intertextuell den Bezug zu Forsters *Ansichten vom Niederrhein* her, wobei sie rezeptionsgeschichtlich Humboldt bei einem breiteren deutschsprachigen Publikum bekannt machten. In ihnen findet sich nach der Vorrede gleich zu Beginn des Bandes ein Text, der uns die Analyse grundlegender Schreibstrategien des preußischen Forschungsreisenden ermöglicht. „Ueber die Steppen und Wüsten" setzt mit der Erwähnung eines „hohen Granitrückens" ein, der geologisch dem „Jugendalter unseres Planeten" zugeordnet wird.[31] Von hier aus schweift der Blick des Betrachters über eine Landschaft, deren Horizont und Begrenzung „in schwindender Ferne" erscheint:[32] Wieder tritt eine eigene Landschaft, ja ein eigener Landschaftstypus in den Vordergrund.

Bereits im ersten Abschnitt wird nicht nur die im Buchtitel hervorgehobene Visualisierung, sondern auch die im Titel des Essays mitbedeutete erhöhte Beobachterposition von „Ueber die Steppen und Wüsten" realisiert und mit der individuellen Perspektive eines Reisenden verknüpft. Diese wird bereits zu Beginn des zweiten Abschnitts in Bewegung gesetzt, tritt doch „der Wanderer betroffen an den öden Rand einer pflanzenleeren Wüste", die in starkem Kontrast zur „üppigen Fülle des organischen Lebens" steht,[33] deren Bereich er soeben verlässt. Humboldt verstärkte diesen Kontrast in späteren Ausgaben des Textes, indem er nun von einer „baumlosen, pflanzenarmen Wüste" sprach – nie war ein Text für den preußischen Schriftsteller wirklich abgeschlossen und ‚fertig'. Es wäre an der Zeit, die *Ansichten der Natur* einer textgenetischen Untersuchung zu unterziehen, die zugleich auch die französischsprachige Fassung der *Tableaux de la Nature* berücksichtigen müsste. Eine solche monographische Arbeit übersteigt bei weitem die Zielsetzung unserer Vorlesung und muss einer späteren monographischen Untersuchung überlassen bleiben. Die konzise Schreibweise Humboldts schließt gelegentliche Seitenblicke des Wanderers nicht aus: So wird die Betroffenheit dieses Wanderers zur „surprise" des „voyageur", der kaum noch Spuren

---

31 Humboldt, Alexander von: Ueber die Steppen und Wüsten. In (ders.): *Ansichten der Natur mit wissenschaftlichen Erläuterungen*. Bd. 1. Tübingen: Cotta 1808, S. 1.
32 Ebda., S. 2.
33 Ebda., S. 2.

der Vegetation vorfindet.³⁴ Eine wirklich fundierte Ausgabe der *Ansichten der Natur* müsste diese intratextuellen Aspekte miteinbeziehen, brachte Humboldt doch – und auch hierin kommt die Lebhaftigkeit des modernen Subjekts sowie die Mobilität der Textgestaltung zum Ausdruck – in der einen Ausgabe unter, was er in der anderen nicht mehr hatte unterbringen oder modifizieren können.

Die sich aus der Anlage dieses Essays ergebende Rahmung der „Llanos" durch eine tropische Vegetation verweist auf den Schlussteil des Textes, in welchem eben diese ‚Fülle' wiederum in den Blick rückt und damit eine Kreisstruktur sich abzeichnet, die dem Text auch in Bezug auf die Spannung zwischen organischer und anorganischer Natur zugrunde liegt. Es ist stets faszinierend zu sehen, wie intensiv sich Humboldt um die literarische und spezifisch ästhetische Ausgestaltung seiner Texte bemühte, und wie verblüffend über lange Jahrzehnte das Schweigen der Literaturwissenschaft zu diesem großen deutschen und französischen Schriftsteller war: Man hatte ihn einfach unter dem Label ‚Naturforscher' klassifiziert und für literarisch uninteressant gehalten.

Das Grundschema des literarisch-wissenschaftlichen Essays entfaltet sich in einer Diachronie, die mit dem Urgestein im „Jugendalter" einsetzt, wobei die „Bilder der Vorzeit" noch gegenwärtig durch „nächtliche Täuschung" – also im Beobachtersubjekt – zurückgerufen und plastisch vor Augen geführt werden.³⁵ Unter dem Blick des Betrachters ersteht das neptunistisch eingefärbte Bild eines in geologischen Zeiträumen ablaufenden Sedimentationsprozesses, indem an die Stelle der wasserarmen Wüste die Meeresfläche des Ozeans tritt. Noch ist Geschichte ein Geschichtet-Sein der Naturgeschichte:

> Denn wenn im raschen Aufsteigen und Niedersinken die leitenden Gestirne den Saum der Ebene erleuchten; oder wenn sie zitternd ihr Bild verdoppeln, in der untern Schicht der wogenden Dünste, glaubt man den küstenlosen Ozean vor sich zu sehen. Wie dieser erfüllt die Steppe das Gemüth mit dem Gefühl der Unendlichkeit. Aber freundlich zugleich ist der Anblick des klaren Meeresspiegels, in dem sich die leichtbewegliche sanft aufschäumende Welle kräuselt. Todt und starr liegt die Steppe hingestreckt, wie die nackte Felsrinde eines verödeten Planeten.³⁶

Wieder sind Bilder der Unendlichkeit in dieses literarische Naturgemälde eingestreut. Doch die Überblend-Technik führt keineswegs zu einer metaphorischen Verschmelzung von Steppe und Meer, auch wenn beide Räume in ihrer Unendlich-

---

34 Vgl. Humboldt, Alexandre de: *Tableaux de la Nature*. Bd. I. Nanterre: Editions Européennes Erasme 1990, S. 12.
35 Humboldt, Alexander von: Ueber die Steppen und Wüsten, S. 2.
36 Ebda., S. 2f.

keit den Reisenden, der sie durchquert, in ihren Bann ziehen und seine Gedanken und Vorstellungen fesseln. Kaum verhüllt sind die Anspielungen auf die *Genesis*: Gottes Scheidung zwischen den Wassern oberhalb und unterhalb des Himmelsgewölbes am ersten und die Trennung von Erde und Meer am zweiten Tag der Schöpfung: „Da sprach Gott: ‚Die Erde lasse Grünes hervorsprießen, samentragende Pflanzen sowie Fruchtbäume, die Früchte bringen nach ihrer Art, in denen Samen ist auf Erden!' Und es geschah so."[37]

So unterliegt der durch eine optische Täuschung hervorgerufenen ‚Ansicht' der Erdentstehung nicht nur ein erdgeschichtlich-naturwissenschaftlicher, sondern auch ein christlich-transzendenter Bezugstext, der in der Folge in impliziter Intertextualität weiterentwickelt wird. Dabei trug Humboldt Sorge, diese ‚religiöse' Dimension nicht zu stark zu akzentuieren. Die doppelte Beobachterperspektive des Wanderers und des auktorial gestalteten Erzählers wird durch eine ebenfalls in der dritten Person agierende wissenschaftliche Instanz ergänzt, die – wie die Figur des wissenschaftlichen Ich im Reisebericht – die diskursiven Passagen dominiert und an dieser Stelle zunächst den weltweiten Vergleich mit anderen Regionen unseres Planeten einleitet.

Innerhalb dieses durch Narrativierungen immer wieder aufgelockerten weltweiten Vergleichs rücken ebenso die Vegetation als auch die Menschheitsentwicklung in den Blick, so dass sich die Erde vor den Augen des Lesers in einer Art entsakralisierter Schöpfungsgeschichte zu bevölkern beginnt. Dieser Prozess aber wird in der Rückkehr zu den „Steppen und Wüsten" von *Tierra firme* (des heutigen Venezuela) zurückgedreht, denn: „Das Interesse, welches dies Gemälde dem Beobachter gewähren kann, ist ein reines Naturinteresse. Keine Oase erinnert hier an frühe Bewohner, kein behauener Stein, kein verwilderter Fruchtbaum an den Fleiß untergegangener Geschlechter. Wie den Schicksalen der Menschen fremd, allein an die Gegenwart fesselnd, liegt dieser Erdwinkel da, ein wilder Schauplatz des freien Thier- und Pflanzenlebens."[38]

Diese Passage aus der Feder eines ‚Naturwissenschaftlers' ist in vielfacher Hinsicht bemerkenswert. So erscheint nun auf der diachronen Achse an die Trennung von Meer und Erde und die Gebirgsbildung anschließend eine Welt der Natur in der Freiheit von Flora und Fauna, die entgegen der Schöpfungsgeschichte dem Menschen nicht untertan ist. In seiner „Introduction" in die *Relation historique* machte Humboldt später auf ein ‚Ungleichgewicht' zwischen Natur und Kultur

---

37 *Die Heilige Schrift des Alten und Neuen Testamentes*. Nach den Grundtexten übersetzt und herausgegeben von Vinzenz Hamp, Meinrad Stenzel und Josef Kürzinger. Aschaffenburg: Pattloch [19]1969 (Genesis 1, 11).
38 Humboldt, Alexander von: Ueber die Steppen und Wüsten, S. 10s.

in Amerika aufmerksam. das er wie folgt formulierte: „In der Alten Welt sind es die Völker und die Nuancen ihrer Zivilisation, welche dem gesamten Gemälde seinen hauptsächlichen Charakter verleihen; in der Neuen Welt verschwindet der Mensch mit seinen Hervorbringungen sozusagen inmitten einer wilden und gigantischen Natur."[39] Er versuchte, in seinem Reisebericht mit Blick auf seine Leserschaft die reiseliterarischen Konsequenzen für die von ihm angewandten Darstellungstechniken zu ziehen, wobei sich auch in der *Relation historique* – wie auch insgesamt in seinem amerikanischen Reisewerk – eine zunehmende Integration kultureller Fragestellungen und Phänomene aus den Amerikas bemerken lässt. Nach Abschluss seiner Reise war Humboldt weit davon entfernt, das tropische Amerika als das ‚Reich der Natur' zu bezeichnen.

Auf den folgenden Seiten seines Essays in den *Ansichten der Natur* wird der Versuch unternommen, die einzelnen Elemente dieses Gemäldes nebst den sie bestimmenden Faktoren wie Bodenbeschaffenheit oder Klima zu entfalten. Anschließend werden – und hier betritt der Mensch dann doch wieder die Bühne – die Entstehung und Bedingungen der Viehzucht in den Steppen des späteren Venezuela vor dem Hintergrund unterschiedlicher kultureller Voraussetzungen erörtert: Die Naturgeschichte geht gleichsam in die Menschheitsgeschichte über. An die Darstellung indianischer Völker der Llanos schließt sich eine Diskussion der Folgen der Entdeckung und Eroberung dieser weiten Landstriche durch die Europäer an; ein geschichtlicher Einschnitt, der in seiner Bedeutung auch für Pflanzen- und Tierwelt herausgearbeitet wird. So werden Natur und Kultur in dieser geschichtlich angeordneten Anlage sukzessive miteinander in Verbindung gesetzt.

Erneut werden die diskursiven Teile stets durch Einschaltung narrativer Passagen rhythmisiert, wobei insbesondere „der wunderbare Kampf der Pferde und Fische",[40] der Fang der Gymnoten, ein Element der Spannung in den Text einbringt (und von jeher die Aufmerksamkeit des Publikums auf sich gezogen hat). Eine abschließende philosophische Bemerkung, die thematisch wie syntaktisch noch einmal alles ‚Gesammelte' zusammenzuführen und zu einer höheren Einheit zu vereinigen sucht, scheint diese Seiten zu rahmen: „alles, wie die Farbe des getheilten Lichtstrals, fließt aus einer Quelle; alles schmilzt in eine ewige allverbreitete Kraft zusammen."[41]

---

[39] Humboldt, Alexander von: *Relation historique*, Bd. I, S. 32: „Dans l'ancien monde, ce sont les peuples et les nuances de leur civilisation qui donnent au tableau son caractère principal; dans le nouveau, l'homme et ses productions disparoissent, pour ainsi dire, au milieu d'une nature sauvage et gigantesque."
[40] Humboldt, Alexander von: *Ueber die Steppen und Wüsten*, S. 40.
[41] Ebda; in der dritten Auflage seiner *Ansichten* hat Humboldt diese Passage noch stärker akzentuiert.

In der Tat tritt die auktorial gestaltete Erzählinstanz – nun aber unvermittelt in die erste Person Singular verwandelt und damit eine Identifizierung mit dem realen, also textexternen Autor nahelegend – in den Vordergrund: „Ich könnte hier diesen gewagten Versuch eines Naturgemäldes der Steppe schließen."[42] Doch soll – so die Ausführungen dieser Figur – der Blick auf den letzten Seiten des Textes noch einmal über die Landschaftsgrenzen hinaus erweitert werden.

Der „flüchtige Blick" über die Grenzen der Llanos erweist sich in der Folge als Blick auf die Grenzziehungen zwischen Natur und Kultur und die Grenzen kultureller Entwicklung überhaupt. Wie im Zeitraffer werden geologische und naturräumliche Verhältnisse, Vegetation und Tierwelt sowie die verschiedenen indianischen Völker in ihrer Entwicklung charakterisiert, um in den beiden abschließenden Abschnitten des Textes von der Darstellung des Einzelnen zur Darstellung des Ganzen zu gelangen. Der Übergang zwischen Tierwelt und Indianern ist im drittletzten Abschnitt vorgenommen und führt dem Lesepublikum eine Abfolge vor Augen, die aus heutiger Sicht als höchst problematisch erscheint. So folgen auf die „Tiger und Crocodile" (also die wilden Tiere) die Pferde und Rinder (mithin die domestizierten, teilweise aber wieder ‚verwilderten' Tiere), denen ihrerseits indianische Völkerstämme folgen, die mit „unnatürlicher Begier" das Blut ihrer Feinde trinken; am Ende dieser Kette stehen wieder andere Indianer, die nur „scheinbar waffenlos", tatsächlich aber „zum Morde vorbereitet" sind.[43] Einem unvoreingenommenen Leser kann sich sehr wohl der Eindruck aufdrängen, dass es sich hierbei nicht bloß um eine Abfolge, sondern um eine hierarchisierende Sequenz handeln könnte.

Die indianischen Völker am Orinoco werden somit in eine Abfolge integriert, die sie zu – den Tieren noch nahen – Vermittlern jenes beständigen Kampfes bis in die Stufen der „höheren Bildung" macht. Die Übergänge von der Natur zum Menschen sind dabei graduell und keineswegs von Fortschrittseuphorie geprägt:

> So bereitet der Mensch auf der untersten Stufe thierischer Rohheit, so im Scheinglanze seiner höheren Bildung, sich stets ein mühevolles Leben. So verfolgt den Wanderer über den weiten Erdkreis, über Meer und Land, wie den Geschichtsforscher durch alle Jahrhunderte, das einförmige, trostlose Bild des entzweiten Geschlechts.
> Darum versenkt, wer im ungeschlichteten Zwist der Völker nach geistiger Ruhe strebt, gern den Blick in das stille Leben der Pflanzen, und in der heiligen Naturkraft inneres Wirken; oder hingegeben dem angestammten Triebe, der seit Jahrtausenden der Menschen Brust durchglüht, blickt er ahndungsvoll aufwärts zu den hohen Gestirnen, welche in ungestörtem Einklang die alte ewige Bahn vollenden.[44]

---

42 Ebda.
43 Ebda, S. 44 f.
44 Ebda., S. 45 f.

Auch in dieser Passage erweist sich Alexander von Humboldt als charakteristischer Vertreter einer europäischen Moderne, die durch ein spezifisches Verhältnis zur Zeit geprägt ist. Denn in dieser abschließenden philosophischen Reflexion wird der Wanderer durch den Raum, der sich ihm in seiner naturräumlichen Ausstattung darbot, zum Wanderer durch die Zeit, die ihm ihrerseits in geologischen wie historischen Dimensionen entgegentritt. Der durch die verschiedenen Stufen der Zivilisation aufgespannte Raum der Geschichte des Menschen erscheint als Geschichte des Kampfes und der Ausrottung. Deutlicher als die deutsche formuliert die französische Ausgabe der *Tableaux de la Nature*, wenn sie diesen Raum sich vom „plus bas degré de la sauvagerie animale" bis zum „sommet de la civilisation" erstrecken lässt und damit die distanzierende Metaphorik des „Scheinglanzes" nicht übernimmt.[45] Der zeithistorische Kontext mag daran nicht völlig unschuldig sein, denn nicht umsonst ist das Buch in Zeiten äußerster Bedrohung des preußischen Staatswesens im Vorwort den „Bedrängten Gemüthern" gewidmet.[46] Doch wird dieser zeitliche Raum und die Geschichte des Menschen am Ende von „Ueber die Steppen und Wüsten" wieder verlassen, um zur anorganischen Natur des Incipit zurückzukehren und damit die Kreisstruktur des Essays zu schließen.

Die nicht mit dem realen, textexternen Autor Alexander von Humboldt zu verwechselnde Figur des einsamen Wanderers entspricht in keiner Weise der historischen Reisegruppe um Alexander von Humboldt und Aimé Bonpland. Sie tritt an die Stelle der Humboldt'schen Karawanserei und beseitigt aus ästhetischen (und wohl nicht aus narzisstischen) Gründen die Reisegefährten, um immer wieder eine Fokalisierung auf eine einzige Position subjektiver Wahrnehmung sicherzustellen. Das moderne Subjekt ist folglich nicht allein als Subjekt, sondern auch als Objekt, als Gegenstand der Lektüre von größter Bedeutung. Denn zweifellos kommt dieser Figur gegenüber dem Lesepublikum eine identifikatorische und damit den Akt des Lesens anleitende Funktion zu. Die von Humboldt gewählte literarische Technik mag neben einer Vielzahl weiterer Gründe dazu beigetragen haben, dass Aimé Bonpland beim deutschsprachigen Publikum in zunehmendem Maße hinter dem einsamen Wanderer ‚verschwand'. Es ist in diesem Zusammenhang recht charakteristisch, dass bei der Ankündigung der bereits erwähnten gelungenen Ausstellung am Haus der Kulturen der Welt Eduard Enders Gemälde *Alexander von Humboldt und Aimé Bonpland in der Urwaldhütte* so geschnitten wurden, dass nur noch ein Teil von Bonplands Oberkörper sowie seine rechte Hand im Hintergrund sichtbar werden.

---

45 Humboldt, Alexander von: *Tableaux de la Nature*, S. 56.
46 Humboldt, Alexander von: Ueber die Steppen und Wüsten, S. VII.

Die moderne Subjektivität, die sich aus der rastlosen Bewegung des Wanderers durch die Räume und die Zeiten entfaltet, tritt aus der Erfahrung einer durch den Menschen historisch beschleunigten Entwicklung heraus und wird in der Bewegung des Kosmos im doppelten Wortsinne aufgehoben.

Abb. 50: „Humboldt und Bonpland in der Urwaldhütte", Öl auf Leinwand von Eduard Ender, circa 1850.

Der Blick nach oben in die Welt der Sterne, die auf ihren ewigen Bahnen den ‚Einklang' einer Sphärenmusik und die Harmonie heiliger Naturkräfte erahnen lassen, findet sich häufig in Alexander von Humboldts Schriften. So tritt dem modernen, gespaltenen und in eine labyrinthische Suche verstrickten Subjekt die kosmische Natur als jenes klare und transparente Reich der Freiheit entgegen, das ihm zumindest zeitweise die Freiheit von der (als tragisch empfundenen Menschheits-)Geschichte gewährt. Die stetige Beschleunigung, die sich in Humboldts Text bemerkbar macht, wird nicht in Bewegungslosigkeit, wohl aber in die Synchronie einer sich nicht verändernden sphärischen Bahn der Himmelskörper zurückgeführt. Die ewigen Wahrheiten, die Immanuel Kant in seinen Schriften durch den Blick in den Sternenhimmel tröstlich aufscheinen ließ, sind noch bei Humboldt gegenwärtig, nur befreien sie von einer Geschichte, in welche der Mensch schuldig oder unschuldig verstrickt ist.

Wie der Mensch im Kosmos, so scheinen die verschiedenen Textinstanzen (einschließlich der wissenschaftlichen) letztlich in der philosophischen Instanz aufgehoben zu sein, die auf das Ganze gerichtet ist und daher jene alles zusammenführende, synthetisierende Denk-Figur verkörpert, die für Georg Forster wie für Alexander von Humboldt von alles entscheidender Bedeutung war. Doch sollten wir uns noch einmal das Zusammenspiel der verschiedenen Textinstanzen innerhalb der *Ansichten der Natur* vergegenwärtigen, bevor wir hieraus weitergehende Schlüsse für die Signifikanz der Humboldt'schen Schreibweise nicht im Zeichen, aber wohl in der Zeit der Romantik ziehen.

In seiner auf März 1849 datierten Vorrede zur grundlegend erweiterten und veränderten zweiten und dritten Ausgabe seiner *Ansichten der Natur* betonte Humboldt die von ihm angestrebte poetologisch relevante „Verbindung eines litterarischen und eines rein scientifischen Zweckes". Er verband diese Bemerkung mit einer unüberhörbaren Kritik am „dogmatischen Halbwissen wie der vornehmen Zweifelsucht", die in den „sogenannten höheren Kreisen des geselligen Lebens" verbreitet seien.[47] Er habe seine Schrift nach den „Bedürfnissen der Zeit ganz umzuschmelzen"[48] gesucht; eine Metaphorik, die Humboldt bereits in seiner Vorrede zur ersten Ausgabe verwendet hatte, als er von den unterschiedlichen Orten des Schreibens sprach:

> Einzelne Fragmente wurden an Ort und Stelle niedergeschrieben, und nachmals nur in ein Ganzes zusammengeschmolzen. Ueberblick der Natur im Grossen, Beweis von dem Zusammenwirken der Kräfte, Erneuerung des Genusses, den die unmittelbare Ansicht dem fühlenden Menschen gewährt – sind die Zwecke, nach denen ich strebte. Jeder Aufsatz sollte ein in sich geschlossenes Ganzes ausmachen, in allen sollte Eine und dieselbe Tendenz sich gleichmässig zeigen. Die ästhetische Behandlung naturhistorischer Gegenstände hat, trotz der herrlichen Kraft und Biegsamkeit unserer vaterländischen Sprache, grosse Schwierigkeiten der Composition. Der Reichtum der Natur veranlasst Anhäufung einzelner Bilder. Diese Anhäufung aber stört die Ruhe und den Totaleindruck des Naturgemäldes.[49]

Um eben diesen Totaleindruck seines literarischen Naturgemäldes aber war es Alexander von Humboldt zu tun. Der preußische Schriftsteller erkannte insbesondere die Gefahr, dass „der Styl leicht in eine dichterische Prosa" ausarten könnte.[50] Dieser Herausforderung suchte er ebenso wie jener der nur additiven Akkumulation durch die Schaffung einer philosophischen Instanz zu begegnen, die in ihren Einsichten und Ansichten wie in ihrer Metaphorik gleichsam an den Kosmos in seiner Schönheit wie in seiner Ordnung rückgebunden wird. In ihr ist das „Literarische" wie das „Wissenschaftliche" aufgehoben, in ihr kommt es zur Überführung der Linearität sukzessiv angehäufter Bilder in eine quasi-simultane Wahrnehmung eines Naturgemäldes, das Humboldt in den *Ansichten der Natur* nicht wie zu Beginn seiner wissenschaftlichen Karriere mit den Mitteln der Pasigraphie, sondern mit ästhetischen Verfahren als „Totaleindruck" zu schaffen bestrebt ist.

---

47 Ich zitiere nach der leicht zugänglichen und die Schreibweise Humboldts nicht unnötig modernisierenden Ausgabe von Humboldt, Alexander von: *Ansichten der Natur, mit wissenschaftlichen Erläuterungen*. Nördlingen: Greno 1986, S. 9. Verwiesen sei auch auf die neue Studienausgabe, die trotz ihrer Verdienste die Erfüllung philologischer Kriterien leider nicht anstrebt: *Ansichten der Natur*. Erster und zweiter Band. Herausgegeben und kommentiert von Hanno Beck in Verbindung mit Wolf-Dieter Grün et al. Darmstadt: Wissenschaftliche Buchgesellschaft 1987.
48 Ebda., S. 10.
49 Humboldt, Alexander von: *Ansichten der Natur, mit wissenschaftlichen Erläuterungen* (Erstausgabe), S. VI.
50 Ebda.

Doch es gab Grenzen für diese literarische Lösung des Darstellungsproblems in Humboldts Prosa, wie der Schriftsteller selbst erkannte. Denn mit der philosophischen Instanz allein war eine Verbindung des „Literarischen" mit dem „Wissenschaftlichen" nicht zu bewerkstelligen. Daher sei abschließend ein weiterer, bislang unerwähnt gebliebener Abschnitt aus „Ueber die Steppen und Wüsten" näher untersucht, um Aufschluss über spezifisch literarische Vermittlungsformen zwischen beiden Bereichen zu erhalten und jene Lösung zu verstehen, deren sich Humboldt schließlich bediente.

Dabei soll vorrangig untersucht werden, wie gleichsam unter dem Dach der philosophischen Instanz das von Humboldt stets betonte „Zusammenwirken der Kräfte" ästhetisch gestaltet werden kann. Dies sei am Beispiel des eher selten diskutierten Phänomens der Sandhosen erläutert, das dem Naturforscher und Reisenden besonders am Herzen lag:

> Wenn unter dem senkrechten Stral der nie bewölkten Sonne die verkohlte Grasdecke in Staub zerfallen ist, klaft der erhärtete Boden auf, als wäre er von mächtigen Erdstößen erschüttert. Berühren ihn dann entgegengesetzte Luftströme, und pflanzt sich durch Gegenstoß die kreisende Bewegung fort; so gewährt die Steppe einen seltsamen Anblick. Als trichterförmige Wolken[32], deren Spitzen an der Erde hingleiten, steigt der Sand dampfartig durch die luftdünne, vielleicht elektrisch geladene, Mitte des Wirbels empor – gleich den rauschenden Wasserhosen, die der erfahrene Schiffer fürchtet. Ein trübes, strohfarbiges Halblicht wirft die nun scheinbar niedrigere Himmelsdecke auf die verödete Flur. Der Horizont tritt plötzlich näher. Er verengt die Steppe, wie das Gemüth des Wanderers. Die heiße, staubige Erde, die im nebelartig verschleierten Dunstkreise schwebt, vermehrt die erstickende Luftwärme. Statt Kühlung führt der Ostwind neue Gluth herbei, wenn er über den langerhitzten Boden hinweht.[51]

Sehen wir uns zunächst die wissenschaftlichen Erläuterungen in diesem Abschnitt an! Die naturwissenschaftlich fundierte Erklärung des Phänomens der Sandhose wird durch die Einführung des Zusammentreffens einer vertikalen mit einer horizontalen Achse eingeleitet, wobei die erstgenannte, der senkrechte Strahl der Sonne, nicht nur zerstörerisch die Vegetation in Staub verwandelt und in den Boden eindringt, sondern Erdrisse erzeugt, wie sie von einer Macht des Erdinnern hervorgerufen sein könnten. Die Vertikalität des Sonnenstrahls – dessen Intensität Humboldt faszinierte und die er durch Messungen genauer zu fassen suchte – überträgt sich eher metonymisch als kausal auf den trichterförmigen Wirbel, der die Ebene quert und dabei eine nun aufsteigende Bewegung produziert, die der ursprünglich zugeführten Energierichtung entgegengesetzt ist.

---

51 Ebda., S. 29 f.

In diese erzählerisch kraftvoll entfaltete Passage wird durch den Vergleich mit dem Phänomen der Wasserhosen ein semantisches Feld eingeblendet, mit dem wir seit Beginn des Textes vertraut sind, wird hier doch wieder die Horizontalität der Steppe mit jener des Meeres in Beziehung gesetzt. Steppe und Meer bilden zueinander parallele Oberflächen. Die Figur des erfahrenen Schiffers kündigt bereits jene des Wanderers an, sind beide doch bei ihrer Durchquerung der *Anökumene*, der vom Menschen nicht dauerhaft zu besiedelnden Fläche, jenen Naturgewalten und Kräften ausgeliefert, die sie in ihrer Vertikalität und zerstörerischen Kraft weit überragen.

Dieser Textabschnitt wird gleichsam von der unerschöpflichen Sonnenenergie betrieben. Die ungeheure Dynamik, die im Text von der Sonne ausgelöst wird, führt zu einer ständig beschleunigten narrativen Bewegung, die nur kurzzeitig von diskursiven Elementen (etwa den Vergleichen mit den Erdstößen oder dem Meer) unterbrochen wird. Die Kraft der vertikalen Erscheinung verändert nicht nur die scheinbar stabile Horizontalität an sich (das Zerfallen in Staub, das Aufklaffen der Erde usw.), sondern grenzt diese Horizontalität auch wirkungsvoll ein. Die Plötzlichkeit des Ereignisses weist darauf hin, dass die Darstellung wohl in den Händen der auktorial gestalteten Erzählinstanz liegt, die von ihr ins Spiel gebrachte Wahrnehmung nun aber beim einsamen Wanderer personal fokalisiert wird. Die Kräfte der Natur wirken nicht nur auf seine nach außen gerichtete Wahrnehmung, sondern auch auf seine innere Befindlichkeit, sein „Gemüth" oder wie es in der französischen Fassung dieses Textes heißt: auf sein Herz.[52] Der französische Text neigt sich wohl stärker noch als der deutsche einer romantischen Ästhetik zu; doch handelt es sich zweifellos bei den hier beschriebenen Effekten in beiden Fassungen um eine Korrespondenznatur. Die den Abschnitt beendenden Sätze sind ebenfalls präsentisch gehalten, enthalten noch immer Verben der Bewegung, sind aber gleichwohl stärker erläuternder, diskursiver Natur, wobei die Fokalisierung im Subjekt des Wanderers wieder aufgegeben wird.

Ein naturwissenschaftlich erklärbares Phänomen wird in der zitierten Passage offenkundig nicht im Diskurs der eigentlich ‚zuständigen' Wissenschaften erläutert. Humboldt wählt bewusst einen anderen Weg: Die wissenschaftlichen Erläuterungen des Phänomens der Sandhose sind unverkennbar in der Modalität des Narrativen und Erlebnishaften gestaltet. Es geht nicht um ein diskursives Erklären, sondern um ein teilnehmendes, nacherlebendes Verstehen. Der Dynamik des Naturphänomens entspricht die Dynamik der Erzählung, in der

---

52 Vgl. Humboldt, Alexandre de: *Tableaux de la Nature*, S. 42: „Les limites de l'horizon se rapprochent subitement; la steppe se rétrécit, et le cœur du voyageur se resserre."

die diskursiven Elemente der Erläuterung wo irgend möglich in die Narration eingeschmolzen sind.

Die Spannungskurve erreicht dabei am Ende des zweiten Drittels dieses Abschnitts ihren Höhepunkt, wobei sich nun die Spannung nicht mehr vorwiegend zwischen der wissenschaftlichen Instanz und der auktorial gestalteten Erzählinstanz des erinnernden Ich, sondern zwischen letzterer und der Perspektive des Wanderers (im Reisebericht also jener des *erzählten* Ich) aufbaut. Die wissenschaftliche Instanz wird zugleich durch die „wissenschaftlichen Erläuterungen", die schon im Titel des Buches angekündigt sind, paratextuell gestärkt. Hierbei handelt es sich freilich nicht nur um zusätzliche Erläuterungen oder – wie in späteren Ausgaben hinzugefügte – Messungsergebnisse, sondern teilweise auch um wahre Erzählkerne, die zu Ausgangspunkten zusätzlicher Erzählvorgänge werden könnten. In der Erstausgabe von „Ueber die Steppen und Wüsten" umfasst der fortlaufende Text die Seiten 1–46, die „Erläuterungen und Zusätze" dann die Seiten 46–155. Humboldts in der Tat *proliferierendes* Schreiben entlädt sich in den späteren Ausgaben vor allem in dem letztgenannten paratextuellen Teil, modifiziert sowie erweitert vorhandene Anmerkungen und fügt zusätzliche ein. Die Relation zwischen fortlaufendem Text und wissenschaftlichen Erläuterungen, die in der Erstausgabe bei einem Verhältnis 1:3 lag, pendelt sich bei der dritten Ausgabe bei einem Verhältnis von 1:8 ein, ja geht bei anderen Texten noch deutlich darüber hinaus. Vergleichbar ist eine derartige Schreibweise in neuerer Zeit wohl am besten mit jener eines der großen lateinamerikanischen Bewunderer Alexander von Humboldts, dem kubanischen Anthropologen und Essayisten Fernando Ortiz, der in seinem *Contrapunteo cubano del tabaco y el azúcar* – wir hatten in unserer Vorlesung bereits darauf hingewiesen – eine ähnlich rhizomatische Schreibweise praktizierte. Teilt man Schriftsteller in zwei Klassen ein – jene, die bei Korrekturen eher kürzen und jene, die stets hinzufügen –, so gehört Alexander von Humboldt mit seiner Lust an einer proliferierenden Art des Schreibens fraglos der zweiten, lustvollen Klasse an.

Die Verbindung von *Literarischem* und *Wissenschaftlichem* wird in der obigen Passage als ein Ineinandergreifen verschiedener Instanzen erkennbar, das in der Tat zu einem Zusammenwirken aller Kräfte führt, die auf das Lesepublikum gebündelt einwirken sollen. Denn das Ziel Humboldts ist ein effizientes Erreichen dieses Publikums, was ihm zweifellos gelang. Die Narrativierung des Diskursiven wird durch eine diskursive Aufladung des Narrativen ergänzt, ein wechselseitiger Austausch, der von größter Wichtigkeit für die literarisch-wissenschaftliche Dichte des Humboldt'schen Textes wie des Humboldt'schen Schreibens ist.

Die Modernität dieser Schreibweise, die nicht nur die unterschiedlichsten Wissenschaftsbereiche, sondern auch die verschiedenen Textinstanzen miteinander vermittelt, führt zu einer Ganzheit von Darstellung und Erkenntnis, die

Wissen und sinnliche Erfahrung unmittelbar aufeinander bezieht. Das Ästhetische ist nicht Zierrat und Schmuck, sondern zentrale Vermittlungsebene aller wissenschaftlichen wie nicht-wissenschaftlichen Wissensbestände. Humboldts Schreibweise zielt nicht vorrangig auf Eindeutigkeit – obwohl sie diesen Anspruch selbstverständlich keineswegs aufgibt –, sondern erweist sich als bewusst mehrfach kodiert. Diese „ästhetische Behandlung naturhistorischer Gegenstände" wird, trotz aller „Schwierigkeiten der Composition", durch eine Schreibweise eingelöst, die sich nicht als eine bloß literarische, sondern als ein Zusammenfügen aller Elemente zu einem Ganzen versteht. Sie erzeugt nicht einfach einen literarischen Mehrwert, sondern verwandelt sich vielmehr selbst in einen Wert, der sich nicht als ein Hinzugefügtes, sondern als ein ästhetisch Zusammengefügtes beschreiben lässt. Wir haben es also nicht mit Wissenschaft plus Literatur (im Sinne von Schmuck und Ornament), nicht also mit einer additiven Struktur oder Sammlung, sondern mit einer Gesamtheit zu tun, die auf den für Humboldt so wichtigen „Totaleindruck" zielt. Diese Ästhetik ist Fundament und Medium der Humboldt'schen Wissenschaftskonzeption zugleich.

Die aufgezeigten Vertextungsstrategien Alexander von Humboldts sind ebenso für die Gesamtheit seiner Schriften wie für die Rezeption seines Werkes von einer grundlegenden, bis heute freilich wenig untersuchten Bedeutung. Sie lassen uns aber erkennen, wieso es Alexander von Humboldt immer wieder gelang, mit bestimmten, nicht rein wissenschaftlichen Schreibformen ein breiteres Publikum zu erreichen und für Anliegen der verschiedensten Wissenschaften in einer Zeit zu interessieren, die unverkennbar im Zeichen der Romantik stand.

Die Ergebnisse unserer Untersuchungen ließen sich durch die Analyse zusätzlicher textueller Verfahren ergänzen. Von besonderer Wichtigkeit scheinen mir hierbei die von Humboldt stets betonten Beziehungen des Wissens zur sinnlichen Erfahrung der Leserschaft zu sein, so dass an dieser Stelle nicht nur auf die intertextuellen, sondern mehr noch auf die intermedialen Beziehungen hingewiesen werden sollte. Bleibt deren nähere Untersuchung auch einem abschließenden Teil unseres Humboldt-Kapitels vorbehalten, so sei an dieser Stelle doch erwähnt, dass insbesondere die Bild-Text-Beziehungen, die sich mannigfaltig in seinen Schriften finden, und die Klang-Text-Beziehungen, wie sie etwa in dem ebenfalls in die *Ansichten der Natur* aufgenommenen Aufsatz über „Das nächtliche Thierleben im Urwalde" in Szene gesetzt werden, größte Aufmerksamkeit verdienen.[53]

---

53 Vgl. hierzu Ette, Ottmar: Ein Ohr am Dschungel oder das hörbare Leben. Alexander von Humboldts „Das nächtliche Thierleben im Urwalde" und der Humboldt-Effekt. In: *Romanistische Zeit-*

Die Verschiedenheit der phonotextuellen wie der ikonotextuellen Verfahren erweitert beispielsweise in Humboldts *Vues des Cordillères et Monuments des Peuples Indigènes de l'Amérique* das Spektrum der Wahrnehmungs- und Darstellungsformen beträchtlich, insoweit die inter- und transmedialen Beziehungen doch jeweils von unterschiedlichen Textinstanzen her organisiert werden. Gerade Humboldts auf Forsters und anderer Bemühungen zurückgehender, aber ständig kreativ erweiterter Versuch, die Ganzheit des Erfahrbaren und Verstehbaren nicht nur zu erfassen, sondern auch zu vermitteln, hat ihn nach immer wieder neuen ästhetischen Ausdrucksformen suchen lassen. Selbstverständlich müssten neben Forster auch andere Naturforscher, Philosophen und Literaten als Impulsgeber genannt werden, zu denen zweifellos in vorderster Reihe Goethe, Schiller,[54] Bernardin de Saint-Pierre oder Chateaubriand zu zählen wären. In den *Amerikanischen Reisetagebüchern* wie in den *Ansichten der Natur*, in den *Vues des Cordillères* wie in seinem *Kosmos* herrschen eine Vielzahl unterschiedlichster synästhetischer Beziehungen vor, welche erst in neuerer Zeit in den Blickpunkt gerückt wurden.[55] Auch für diesen Bereich der Synästhesien gilt, dass für ihn die Bewegungen, die sie erzeugen, wie die Bewegungen, welche sie (beim Publikum) auslösen, grundlegend sind.

Ohne jeden Zweifel gibt es – ungeachtet aller Veränderungen – eine Kontinuität und Kohärenz in der Entwicklung und Ausprägung der Humboldt'schen Schreibweise, die angesichts der sich über sieben Jahrzehnte erstreckenden Veröffentlichungstätigkeit des großen Gelehrten aus heutiger Sicht mehr als nur beeindruckend ist. Dies ist nicht zuletzt durch seine in ihren Grundlagen unerschütterliche, ethisch fundierte Konzeption von Wissenschaft und allgemeiner noch von Wissen überhaupt bedingt. Susan Faye Cannon hat in ihrer wissenschaftshistorischen Untersuchung angesichts der terminologisch nicht auf den Begriff zu bringenden Fülle der von Humboldt behandelten Gegenstände und angewandten Verfahren den Begriff der *Humboldtian Science* geprägt und hinzugefügt: „If Humboldt was a revolutionary (as I think perhaps he was), it was not in inventing all the parts of Humboldtian science. It was in elevating the whole

---

schrift für Literaturgeschichte / Cahiers d'Histoire des Littératures Romanes (Heidelberg) XXXIII, 1–2 (2009), S. 33–48.
54 Vgl. hierzu Strack, Thomas: Alexander von Humboldts amerikanisches Reisewerk: Ethnographie und Kulturkritik um 1800. In: *The German Quarterly* (Baltimore) LXXIX, 3 (summer 1996), S. 233–246.
55 Vgl. Ette, Ottmar: Motion, Emotion, Musik. Alexander von Humboldts experimentelle Klangtexte. In: *Colloquium Helveticum – Schweizer Hefte für Allgemeine und Vergleichende Literaturwissenschaft* (Bielefeld) 48 (2019) (Sondernummer „Musik und Emotionen in der Literatur", hg. von Corinne Fournier Kiss), S. 27–52.

complex into the major concern of professional science for some forty years or so."⁵⁶ Im Verlauf meiner eigenen Arbeiten zu Alexander von Humboldt habe ich versucht, diesen Begriff der *Humboldtian Science* weiter zu präzisieren und zugleich epistemologisch zu erweitern.⁵⁷

Auch wenn man Alexander von Humboldt weder in politischen noch in wissenschaftlichen Dingen für einen Revolutionär halten muss – vielleicht wäre der Begriff des „sanften Revolutionärs" am treffendsten –, kann man doch der Überzeugung beipflichten, dass der Verfasser der *Relation historique* eine Wissenschaftskonzeption sui generis begründete. Deren Charakteristikum darf weniger in der Innovation (oder ‚Erfindung') als in der Kombination und Vernetzung sowie in seinen transdisziplinären, transarealen und lebenswissenschaftlichen Dimensionen gesehen werden. Schon früh ist dies zu einem Merkmal des „kleinen Apothekers" von Schloss Tegel geworden, das sein Bruder Wilhelm in einem Brief vom 18. März 1793 an Carl Gustav von Brinkmann wohl erkannte:

> Ich halte ihn unbedingt und ohne alle Ausnahme für den größten Kopf, der mir je aufgestoßen ist. Er ist gemacht, Ideen zu verbinden, Ketten von Dingen zu erblicken, die Menschenalter hindurch, ohne ihn, unentdeckt geblieben wären. Ungeheure Tiefe des Denkens, unerreichbarer Scharfblick, und die seltenste Schnelligkeit der Kombination, welches alles sich in ihm mit eisernem Fleiß, ausgebreiteter Gelehrsamkeit, und von unbegränztem Forschungsgeist verbindet, müssen Dinge hervorbringen, die jeder andere Sterbliche sonst unversucht lassen müßte.⁵⁸

In der Kombinatorik, der Verknüpfung von Ideen, hat Wilhelm bei seinem Bruder Alexander einen Denkstil ausgemacht, der später zu dessen Wissenschaftsstil geworden ist. Man könnte mit Recht die Innovation des von Alexander geschaffenen Wissenschaftsparadigmas vorrangig in der spezifischen Kombinatorik erblicken, die zwischen den unterschiedlichsten Gegenstandsbereichen, Wissensgebieten und Methodologien Verbindungen herstellt und so das (auf einer Fülle von Einzeluntersuchungen basierende) Zusammendenken als transdisziplinäres Herzstück Humboldt'scher Wissenschaftskonzeption ausweist. Dieses Zusammendenken, diese Synthese nach der Zeit der Analysen der europäischen Aufklärung, lag zu Beginn des 19. Jahrhunderts durchaus im Geiste seiner Epoche,

---

56 Cannon, Susan Faye: *Science in Culture: The Early Victorian Period*. New York: Dawson and Science History Publications 1978, S. 77.
57 Vgl. hierzu etwa Ette, Ottmar: *Alexander von Humboldt und die Globalisierung. Das Mobile des Wissens*. Berlin: Suhrkamp Verlag 2019.
58 Zitiert nach Beck, Hanno (Hg.): *Gespräche Alexander von Humboldts*. Berlin: Akademie-Verlag 1959, S. 6.

jedoch quer zur Ausdifferenzierung der wissenschaftlichen Disziplinen im Verlauf des gesamten Jahrhunderts.

Die *Humboldtian Science* ist über weite Strecken mehr interkulturell als transkulturell, weil sie bewusst von der europäischen Perspektive ausgeht; eine Tatsache, der sich auch die so häufig in Humboldts Texten beobachtbare Figur des europäischen Reisenden verdankt. Zugleich ist die Humboldt'sche Perspektivierung stets eine nicht eurozentrische, insofern sie den Dialog mit anderen Kulturen sucht und an einem interkulturellen Austausch nicht weniger interessiert ist als an Weltwirtschaft, Welthandel und Weltliteratur. Dabei ging es Humboldt nicht um ein beständiges Wechseln kultureller Perspektiven.

Seine Wissenschaftskonzeption ist – und dies bahnte sich in seinen *Amerikanischen Reisetagebüchern* unverkennbar an – transdisziplinär ausgerichtet, weil sie nicht – wie im Falle der Interdisziplinarität – vom Standpunkt einer ganz bestimmten Disziplin aus den Dialog mit anderen wissenschaftlichen Fachgebieten und die wechselseitige Erhellung unterschiedlich ‚disziplinierter' Wissensgebiete sucht. Alexander von Humboldt war bestrebt, in möglichst vielen Disziplinen zuhause zu sein, oder besser: sich zwischen den verschiedenen Disziplinen zu bewegen und seine „vie nomade", seinen nomadischen Lebensstil auch auf den Bereich der Wissenschaften auszudehnen. Es ging ihm daher auch niemals um eine Spezialisierung, die nur einen bruchstückhaften Dialog mit anderen Spezialisten zu führen imstande wäre, sondern um ein nomadisches Wissen, das sich dank weltweit ausgedehnter Korrespondentennetze und einer unermüdlichen Arbeitsleistung stets die Möglichkeit offenhielt, von verschiedenen disziplinären Standpunkten aus zu argumentieren. Die uns heute bisweilen bedrückenden Grenzen interdisziplinärer (oder wechselseitig ‚disziplinierter') sowie versuchter transdisziplinärer Forschung kennt sein Denken nicht.

Die Interkulturalität und Transdisziplinarität der *Humboldtian Science* sind ungeheure Schätze, welche die *Humboldt Industry* in den zweihundert Jahren seit Beginn seiner amerikanischen Reise, die vor allem eine transdisziplinäre und interkulturelle Forschungsreise war, noch nicht ausreichend produktiv gemacht hat. Es handelt sich um wissenschaftliche wie ethische Werte, die nicht nur von biographischer oder wissenschaftshistorischer Bedeutung, sondern von großer Aktualität und Wichtigkeit für die heutigen Debatten ebenso um die Beziehungen zwischen den verschiedenen Wissenschaften untereinander wie zwischen diesen und der Gesellschaft innerhalb eines weltumspannenden Kommunikationszusammenhanges sind.

Und eben hier tritt der Schriftsteller, der Künstler Humboldt hinzu. Denn die *Humboldtian Science* ist in einem *Humboldtian Writing* fundiert, das es dem Verfasser des *Examen critique* erst erlaubte, mit Hilfe ganz bestimmter Schreibverfahren und Vertextungsstrategien jenen Gesamteindruck zu erzeugen, der auch auf der Konzeption eines Ganzen beruhte. Denn Alexander von Humboldt verstand es auf eine bis heute beeindruckende Weise, seine Unruhe, seine ständige Beschäftigung mit mehreren Gegenständen zugleich nicht zu einem wissenschaftlichen Dilettantentum verkommen zu lassen, sondern in einen Prozess ständig zunehmender Komplexität des Wissens und Schreibens zu verwandeln. Eine Humboldt'sche Wissenschaft wäre ohne ein Humboldt'sches Schreiben unvorstellbar, wäre es dem preußischen Gelehrten ansonsten doch niemals möglich gewesen, das Zusammengedachte auch als solches – und nicht etwa als Zusammengeschriebenes – zu präsentieren sowie in eine ästhetisch überzeugende Form zu gießen. In diesem Humboldt'schen Schreiben liegt nicht nur der Schlüssel zu seinem gesamten Werk, sondern auch zu einem adäquatem Verständnis desselben in seiner komplexen ästhetischen Qualität. Von einzelnen wissenschaftlichen Disziplinen her – und seien dies auch Querschnittsdisziplinen wie die Geographie – ist ein anzustrebendes umfassendes Verständnis seiner gesamten Wissenschaftskonzeption und -praxis heutzutage nicht mehr zu gewinnen.[59]

Die Schriften Alexander von Humboldts wurden traditionell häufig so gelesen, als ob das Schreiben, die Form ihrer Präsentation gleichsam transparent wäre und uns eine unmittelbare Kommunikation mit den von ihm jeweils dargestellten Inhalten erlauben könnte. Humboldts eigene Schreibstrategien trugen viel zu dieser Fiktion von Direktheit und Unmittelbarkeit bei, zielten sie doch auf eine möglichst ‚natürliche' Wahrnehmung, die Natur gleichsam simulierte. Es kommt aber nun in steigendem Maße darauf an, diese Schreibstrategien und literarischen Verfahren näher zu untersuchen, um damit sowohl einen grundlegenden Beitrag zur Epistemologie der Humboldt'schen Wissenschaft als auch einen substantiellen Beitrag zu den Verfahren des Humboldt'schen Schreibens zu leisten.

Der Verfasser der *Ansichten der Natur* suchte zeit seines Lebens nach Möglichkeiten, einen Effekt der Unmittelbarkeit zu erzielen, ohne Gefahr zu laufen, seine literarische Darstellung als „dichterische Prosa" gebrandmarkt zu sehen. „Ein Buch von der Natur", so schrieb er am 24. Oktober 1834 an Varnhagen von Ense, „muß den Eindruck wie die Natur selbst hervorbringen."[60] Der von Humboldt

---

59 Vgl. zu dieser Problematik aus der Sicht der Rezeptionsgeschichte auch Ette, Ottmar: Alexander von Humboldt heute. In: *Alexander von Humboldt – Netzwerke des Wissens*. Katalog der Ausstellung im Haus der Kulturen der Welt (Berlin) vom 6. Juni bis 15. August 1999 und in der Kunst- und Ausstellungshalle der Bundesrepublik Deutschland (Bonn) vom 15. September 1999 bis 9. Januar 2000. Bonn: Kunst- und Ausstellungshalle der Bundesrepublik Deutschland 1999, S. 19–31.
60 Vgl. hierzu auch Blumenberg, Hans: *Die Lesbarkeit der Welt*. Frankfurt am Main: Suhrkamp 1986, S. 283 f.

angestrebte literarische Kode sollte gleichsam ‚natürlich' überdeterminiert sein, um über seine eigene Kodierung, seine eigene Literarizität hinwegzutäuschen und wie jene Glasscheibe zu wirken, durch die wir – ohne sie zu reflektieren – die Außenwelt betrachten: Die Transparenz unseres Blickes ist aber ein Effekt der transparenten Glasscheibe.

All dies ist freilich nichts anderes als ein überaus effektives und wohlkalkuliertes Verfahren, das ‚Literarische' der Schrift in der Repräsentation der Natur zu tilgen und gleichsam die Natur unvermittelt darzustellen. Humboldt versuchte, den Artefakt-Charakter seiner Veröffentlichungen mit Hilfe literarischer Techniken zu verbergen, die – ähnlich wie die Kodes der europäischen Realisten des 19. Jahrhunderts – auf einen „Realitätseffekt", einen „effet de réel" abstellten.[61] Dem wissenschaftlichen Charakter seiner Schriften tat dies keinen Abbruch.

Gegenstände, Inhalte und Ergebnisse seines Denkens wie der von ihm betriebenen Wissenschaften nehmen wir aber nur durch seine Schriften und damit als Ergebnisse überaus komplexer Vertextungs-, Schreib- und Leseprozesse wahr. Lange Zeit hat die Humboldt-Forschung die Gläser nicht gesehen, durch die sie auf Humboldts Werk blickte. Wenn wir nach den Debatten des 20. und beginnenden 21. Jahrhunderts aus Sicht verschiedenster Einzeldisziplinen wissen, dass Alexander von Humboldt zweifellos Naturforscher (im Sinne des französischen „naturaliste"), Historiker, Philosoph und Geograph war, so sollten wir heute umso bewusster zur Kenntnis nehmen, dass er sich nicht von Einzeldisziplinen her begreifen lässt. Er war eben mehr als ein Geograph, Philosoph, Naturforscher oder Historiker. Ohne das Humboldt'sche Schreiben ist die Humboldt'sche Wissenschaft nicht zu haben.

Wenn wir Alexander von Humboldt als Schriftsteller begreifen, so kann es heute jedoch nicht mehr darum gehen, nunmehr ausgehend von der ‚Schriftstellerei' – die freilich keine Disziplin, sondern eher ein bestimmter Typus von Aktivität ist – den Verfasser des *Kosmos* zu vereinnahmen. Literatur bildet keine Disziplinierung und Eingrenzung des Wissens, sondern öffnet sich auf unterschiedlichste Bereiche, zu denen die Schrift Zugang gewährt. Und bei Humboldt erlaubt sie einen solchen zu sehr weiten Bereichen. Doch geht es sehr wohl um die Frage, mit Hilfe welcher Verfahren und Techniken es ihm gelang, die komplexe Kombinatorik eines transdisziplinären Forschens, eines weitgehend interkulturellen Denkens und lebenswissenschaftlichen Wissens literarisch sowie bisweilen transmedial zu *re-präsentieren*. Es war just diese Leistung des Humboldt'schen

---

61 Vgl. hierzu Barthes, Roland: L'effet de réel. In (ders.): *Le bruissement de la langue. Essais critiques IV.* Paris: Seuil 1984, S. 167–174.

Schreibens, welche die unabdingbare Voraussetzung der Humboldt'schen Wissenschaftspraxis bildete.

Dabei sollten wir freilich nicht vergessen, dass für Alexander von Humboldt Wissenschaft, Ethik und Ästhetik ein unauflösbares Ganzes bildeten und dass ihn, wie er in *Mes confessions* bekannte, eine „inquiétude morale" umtrieb, für die auch die Grenzen des Transdisziplinären bei weitem zu eng gesteckt gewesen wären. Die für sein Denken grundlegende Verbindung von Ethik und Ästhetik lässt sich nicht nur auf die Figur des nomadisierenden Reisenden beziehen, dem als Vermittlungsinstanz kultureller Alteritätserfahrung eine gattungskonform zentrale Funktion zukommt, sondern erlaubt auch Ausblicke auf eine sich abzeichnende Figur des Intellektuellen, der nicht an die Grenzen wissenschaftlicher Diskurse gebunden ist. Humboldt war strictu sensu noch kein Intellektueller im modernen Sinne, übte aber sehr wohl eine Vielzahl von Funktionen aus, welche gesamtgesellschaftlich gesehen einem unabhängigen Intellektuellen zugehören.

Schreiben in der Moderne schließt für Alexander von Humboldt – ganz wie für Georg Forster, wenn auch in anderer, weniger ‚jakobinischer' Weise – stets eine Verantwortung ein, die wir heute als zentrale Funktion des Intellektuellen begreifen. So weitgefächert auch immer seine Wissenschaftskonzeption sein mochte: Er sah sie stets wie auch sich selbst in der gesellschaftlichen Verantwortung, in einer ethisch fundierten gesellschaftlichen Bringschuld. Auch hierin liegt die Modernität eines Schreibens, das die perspektivische Vielgestaltigkeit der *europäischen* Moderne, an deren Herausbildung Humboldt wesentlich mitgearbeitet hat, wie kaum ein anderes zum Ausdruck brachte. Dass diesem Humboldt'schen Schreiben unter Maßgabe der Erzeugung eines „Totaleindrucks" aber auch eine transmediale Komponente beiwohnte, soll in den abschließenden Überlegungen dieses Kapitels für einen Zeitraum gezeigt werden, der parallel zu jenem der *Ansichten der Natur* liegt.

Das Beispiel, an welchem diese Überlegungen exemplifiziert werden sollen, gehört zweifellos zu den repräsentativsten innerhalb der Humboldt'schen Wissenschaft, handelt es sich doch um eine der wohl berühmtesten Wissenschaftsdarstellungen des 19. Jahrhunderts. Synthetisierend (und synekdochisch) sei daher auf jene herausragende Visualisierung Humboldt'scher Wissenschaft verwiesen, die auf eine einzigartige Weise diese Wissenschaftskonzeption in ihrer Komplexität, aber auch in ihrer Zusammenschau als Totaleindruck präsentierte.

Beschäftigen wir uns also mit Humboldts spektakulärem *Tableau physique des Andes et Pays voisins*, das sicherlich einen frühen Höhepunkt der Humboldt'schen Wissenschaft wenige Jahre nach deren Konstituierung in den *Amerikanischen Reisetagebüchern* darstellt! Es geht auf einen Humboldt'schen Entwurf des Jahres 1802 im ecuadorianischen Guayaquil zurück und erschien im Jahre 1807 in einem separaten Band zu seiner *Géographie des Plantes*, der ersten wissenschaftlichen Buchpublikation nach Abschluss seiner Reise und zugleich der damit verbundenen Grundlegung der Disziplin der Pflanzengeographie. Auch wenn es den Stand seiner Wissenschaft um 1807 repräsentiert und sich an diesen ein halbes Jahrhundert wissenschaftlicher Tätigkeiten anschloss, ist es doch von grundlegender Bedeutung für das gesamte *Opus Americanum* wie die gesamte Wissenschaftspraxis Alexander von Humboldts.

Abb. 51: Vorentwurf zum „Tableau physique des Andes", 1803.

Abb. 52: „Tableau physique des Andes et pays voisins", 1805.

Im Rückgriff auf Vorstellungen der Pasigraphie als Formelsprache zur Erfassung komplexer Zusammenhänge auf einen Blick, aber auch im Rückgriff auf Überlegungen zum „Totaleindruck" bei seinem Bruder Wilhelm von Humboldt[62] ent-

---

[62] Vgl. hierzu Trabant, Jürgen: Der Totaleindruck. Stil der Texte und Charakter der Sprachen. In: Gumbrecht, Hans Ulrich / Pfeiffer, K. Ludwig (Hg.): *Stil. Geschichte und Funktionen eines*

wickelte Alexander von Humboldt in diesem – so der deutschsprachige Titel – *Naturgemälde der Tropen-Länder* eine schon auf den ersten Blick erkennbare Einheit von Natur und Kunst. Auch im Begriff des Natur-Gemäldes kommt eine solche bereits deutlich zum Ausdruck und um diese Einheit war es dem mobilen Preußen stets zu tun. In dieser einzigartigen Verquickung von Wissenschaft und Ästhetik sollte letztere erneut nicht als ‚Schmuck' oder ‚Zierrat', sondern als das eigentliche, künstlerisch gestaltete Verbindungswissen zwischen allen Bereichen des Wissens und der Wissenschaft verstanden werden. In ihr gelang es dem noch jungen, durch seine Reise zum Weltstar der Wissenschaften gewordenen Natur- und Kulturforscher, gleichsam modellhaft für den Kontext der Pflanzengeographie jene Elemente seiner Reise herauszuarbeiten, die repräsentativ seinen Denk-, Schreib- und Wissenschaftsstil modellierten. Als Ikone des Humboldt'schen Wissenschaftsverständnisses ist das *Tableau physique* zweifellos von keiner anderen Bildgebung Alexander von Humboldts übertroffen worden. Es bildet die Ikone und zugleich das Fraktal seiner gesamten, Natur und Kultur zusammendenkenden Wissenschaftskonzeption.

Zunächst sei betont, dass in diesem inselartig herauspräparierten Schnitt durch die Andenvulkane von Chimborazo und Cotopaxi buchstäblich alles in Bewegung ist oder sich in Bewegung befindet. Das *Tableau* re-präsentiert als nur scheinbar statisches Gemälde eine Wissenschaft aus der Bewegung. Doch was genau ist in Bewegung? Zum einen ist es der Festlandssockel, zu dem Humboldt schon früh festgestellt hatte, dass sich die Umrisse Südamerikas sehr präzise in die Umrisse Afrikas einfügen ließen und daher eine Wanderung Südamerikas nach Westen wahrscheinlich sei. Und zum anderen ist es auch die gesamte dargestellte Geologie, deutet der rauchende Schlund des Vulkans doch an, dass das die Vulkankegel aufbauende Gestein in ständiger „plutonistischer" Bewegung begriffen ist. Aber auch und vor allem sind es die Pflanzen, die auf der Wanderung sind, ist die von Humboldt begründete Pflanzengeographie doch keine Kartierung oder statische Bestandsaufnahme des Vorhandenseins oder Vorkommens von Pflanzen, sondern eine Untersuchung der Wanderungen von Gewächsen an der Oberfläche (und bei den Kryptogamen in den Freiberger Stollen selbst unter) der Erde. Und schließlich sind auch die verschiedenen Parameter etwa der

---

kulturwissenschaftlichen Diskurselements. Frankfurt am Main: Suhrkamp 1986, S. 169–188; Hard, Gerhard: „Der Totaleindruck der Landschaft". Re-Interpretation einer Textstelle bei Alexander von Humboldt. In: *Alexander von Humboldt. Eigene und neue Wertungen der Reisen. Arbeit und Gedankenwelt.* Wiesbaden: Steiner 1970, S. 49–73; sowie Schneider, Birgit: Der „Totaleindruck einer Gegend". Alexander von Humboldts synoptische Visualisierung des Klimas. In: Ette, Ottmar / Drews, Julian (Hg.): *Horizonte der Humboldt-Forschung,* S. 53–78.

Schneegrenze, aber auch der verschiedenen Höhenstufen in Bewegung, flachen alle Grenzen etwa des ewigen Schnees sowie anderer Höhenstufen doch hin zu den Polen ab, wie das *Tableau physique* präzise vermerkt. Für Humboldt war alles auf unserem Planeten in Bewegung; und hätte er die Darstellungsmöglichkeiten unserer heutigen Zeit gehabt, so wäre gewiss ein virtuelles multidimensionales Bewegungsbild entstanden.

In diesem *Naturgemälde* sind nicht nur Natur und Kunst aufs Engste miteinander verwoben, sondern vor allem auch Bild und Schrift. Dies gilt ebenso für das Gemälde selbst wie für die wissenschaftlich links und rechts von ihm aufgelisteten Tabellen, in welche Humboldt alle möglichen Messdaten und Bemerkungen eintrug. Das *Naturgemälde* ist ein hochkomplexer Ikonotext: Auf der linken Seite sind Höhen in Metern angegeben, dann folgt eine Auflistung der Refraktionswerte, Angaben zur Sichtbarkeit vom Meer aus, eine Auflistung der Höhenangaben verschiedenster Bergriesen weltweit, welche zum damaligen Zeitpunkt bekannt und nachprüfbar gemessen waren, vom Gipfel des 1807 noch als höchster Berg der Welt geltenden Chimborazo bis hinunter zum Kinekulle in Schweden. Es schließen sich eine Auflistung elektrischer Phänomene beziehungsweise von Witterungserscheinungen in großer Höhe an, sowie Bemerkungen zur Kultur des Bodens in Abhängigkeit von der jeweiligen Höhe. Auch wenn das Gemälde einen Schnitt durch die Anden anzeigt, ist es transareal aufgebaut.

In der letztgenannten Auflistung erfolgt ein Zusatz Humboldts in Klammern, in welchem wir lesen: *Esclaves Africains introduits par les peuples civilisés de l'Europe.* Ironischer und zugleich verdichteter hätte man es nicht ausdrücken können. Es handelt sich um eine klare Anspielung Humboldts auf die Barbarei der Zivilisation wie auf die Zivilisation der Barbarei des von Europäern zu verantwortenden Sklavenhandels und der Sklaverei.[63] Auch die Erwähnung der afrikanischen Sklaven unterstützt die Präsentation einer alle Bereiche von Natur und Kultur erfassenden Bewegung, sind es doch die verheerenden Biopolitiken der Europäer mit ihren Versklavungen und Deportationen, welche die Bevölkerungsstruktur der amerikanischen Kolonialgebiete so grundlegend veränderten. Das gesamte Naturgemälde wird im Grunde von der Geschichte des Menschengeschlechts auf dem amerikanischen Kontinent mitgeformt.

Der angeführte Zusatz verankert ohne jeden Zweifel das *Naturgemälde der Tropen-Länder* innerhalb eines ethisch-politischen Raumes, der für den preußischen Forscher von entscheidender Bedeutung war. Selbstverständlich können wir an dieser Stelle einen der zahlreichen Webfehler in den Listen Alexander von

---

[63] Vgl. hierzu Ette, Ottmar: Texte-île et écriture archipélique: „Isle de Cube. Antilles en général", d'Alexander von Humboldt. In: *Lendemains* (Tübingen) XLII, 168 (2017), S. 11–22.

Humboldts erkennen – und zugleich eine der Listen, mit Hilfe derer sich Humboldt immer wieder dem rein Schematischen entzog und ganz selbstverständlich das Politische in die wissenschaftliche Untersuchung miteinbezog. Denn diese Eintragung ist zweifellos eine List Humboldts, mit deren Hilfe er die Last einer kolonialen und kolonialistischen Vergangenheit andeutete, die zum damaligen Zeitpunkt noch immer in Form der Sklaverei fortdauerte. An dieser Stelle können wir etwas von der Bedeutung des preußischen Wissenschaftlers als international weithin gehörtem Intellektuellen erkennen.

Die restlichen Tabellen oder Listen der linken Seite sind rasch genannt: zur Abnahme der Schwerkraft, zur Bläue des Himmels, die mit Hilfe eines Cyanometers bestimmt wurde, zur Abnahme der Luftfeuchtigkeit sowie zu Messungen des Luftdrucks. Humboldt trug hier seine mit großer Präzision und periodischer Strenge durchgeführten Messungen ein. Soweit die ersten zehn Auflistungen auf der linken Seite des *Naturgemäldes*, die man durchaus noch detaillierter untersuchen könnte. Sie zeigen aber auch, dass nicht – wie oft behauptet – Messungen im Zentrum der Humboldt'schen Wissenschaft stehen, sondern ein Gesamtbild, in welches diese sich als empirische Grundlage eingliedern.

Die Rahmung des *Naturgemäldes* mit Höhenskalen jeweils in Toisen und in Metern wird auf der rechten Seite fortgesetzt mit Angaben zur Messung der Lufttemperatur in verschiedenen Höhenlagen, zur chemischen Zusammensetzung der Luft, mit Messungen zur unteren Grenze des ewigen Schnees, mit Angaben zu den Tieren in den jeweiligen Höhenstufen. Dabei sind auch Angaben darüber vorhanden, welche Tiere – wie etwa Krokodile – auf bestimmten Höhenstufen *nicht* leben. Humboldt integriert an dieser Stelle kleine Kerne möglicher Erzählungen, die er hier nur andeutet, aber nicht narrativ entfaltet – ganz so, wie er dies literarisch in den Anmerkungen zu seinen *Ansichten der Natur* tat. Dann folgen Angaben zum Siedepunkt des Wassers in verschiedenen Höhenstufen, zu den jeweiligen geologischen Verhältnissen hauptsächlich in den Anden und umliegenden Regionen, aber auch mit Blick auf weltweite Zusammenhänge, wobei Humboldt hier einige Theorien zur Beschaffenheit von Tiefländern, Hochebenen und Gipfeln äußert; schließlich folgen Angaben zur Lichtintensität in Abhängigkeit von der Höhe sowie eine weitere Skala mit Höhenangaben in Toisen. All diese Messungen und Angaben gliedern sich in das Gesamttableau in seiner sprachlichen wie epistemischen Vieldeutigkeit ein.[64]

---

[64] Vgl. zur Wichtigkeit und Vieldeutigkeit der Tableaus Kraft, Tobias: *Figuren des Wissens bei Alexander von Humboldt. Essai, Tableau und Atlas im amerikanischen Reisewerk*. Berlin – Boston: Walter de Gruyter 2014.

Diese verschiedenen Auflistungen besitzen etwas zugleich Faszinierendes und Befremdliches. Denn einerseits fassen sie auf eine beeindruckende Weise all jene Messungen zusammen, die Humboldt auf seiner Reise durch die amerikanischen Tropen angestellt hatte, andererseits greifen sie Gegenstände und Phänomene heraus, bei denen man sich fragen muss, nach welcher Logik Humboldt hier vorging und warum er gerade diese und nicht andere Angaben herausgriff. Denn er hätte auch gänzlich andere Objekte seiner Messungen heranziehen können; und wir könnten uns eine Vielzahl an Themen vorstellen, welche Humboldt in diesem *Tableau physique* nicht verzeichnete: Listen zu den höchsten Punkten dauerhafter menschlicher Besiedelung, zur Lage wichtiger Städte und Hauptstädte in Abhängigkeit von ihrer Höhenlage oder zur Infrastruktur in den andinen Bereichen, um hier nur einige Beispiele herauszugreifen. Die Listen gehorchen zweifellos einer wissenschaftlichen Logik der Humboldt'schen Wissenschaft, doch sind sie zugleich so beschaffen, dass sie durchaus an jene Liste von Jorge Luis Borges erinnern, welche den französischen Epistemologen Michel Foucault zu seinem berühmten Lachen am Beginn von *Les mots et les choses* veranlasst hatte: Es wird nicht wirklich klar, nach welcher Logik der Preuße seine Listen auswählte und warum er in manchen Auflistungen darüber hinaus durchaus narrative Züge entwickelte.

Denn die Tabellen und Auflistungen, welche uns Alexander von Humboldt in seinem *Naturgemälde* zeigt, entsprechen nicht nur dem Stand der Wissenschaft, den er 1807 erreicht hatte. Mehr als fünfzig Jahre, mehr als ein halbes Jahrhundert noch sollte er weiter an diesen Überlegungen auch und gerade zum amerikanischen Kontinent arbeiten und seine Vorstellungen gegenüber dieser Veranschaulichung seiner Pflanzengeographie erheblich erweitern. Aus diesem Blickwinkel erscheint es als geradezu notwendig, dass Humboldt sich hier einer Epistemologie der Weitung und Erweiterung bediente, dass seine Listen so, aber auch ganz anders hätten abgedruckt werden können – und dass sie zugleich stets auch jene Webfehler enthalten, die sie für uns heute noch so gut lesbar und aufschlussreich machen. Denn Humboldts Listen führen uns zugleich auf Pisten, die das Humboldt'sche Forschungsgebäude in allen Richtungen transdisziplinär durchqueren: Die Webfehler in Humboldts Auflistungen im *Tableau physique* wie in allen anderen seiner Werke sind bewusst und haben System.

Oft ist man in der Forschung über den ausführlichen Titel des gesamten *Naturgemäldes der Tropenländer* hinweggegangen. Er sei deshalb in seiner französischen Fassung nochmals in Erinnerung gerufen, freilich ohne die Differenzen in der Schriftgröße hier angeben zu können: *Géographie des plantes équinoxiales. Tableau physique des Andes et Pays voisins. Dressé d'après des Observations & des Mesures prises sur les Lieux depuis le 10ᵉ de latitude boréale jusqu'au 10ᵉ de latitude australe en 1799, 1800, 1801, 1802 et 1803. Par Alexandre de Humboldt et Aimé*

Bonpland. Esquissé et rédigé par M. de Humboldt, dessiné par Schönberger et Turpin à Paris en 1805, gravé par Bouquet, la lettre par Beaublé, imprimé par Langlois.

Wenn sich in der Bezeichnung als *Tableau physique* wie im deutschen *Naturgemälde* die wechselseitige Verzahnung und Beeinflussung von Natur und Kultur beziehungsweise Kunst deutlich zeigt, so verweist der Titel auch auf die enge Zusammenarbeit zwischen Wissenschaftlern und Künstlern bei der Konfiguration dieses Schnitts durch die Anden: Das *Tableau physique* ist ein Gemeinschaftswerk. Der ausführliche Titel konfiguriert gleichsam eine Gruppe von Autoren dieses *Naturgemäldes*. Gleichzeitig gibt er zur Genüge einen Hinweis auf die Breite eingeholter Messwerte, die sich keineswegs allein auf den Chimborazo, sondern auf eine große räumliche und zeitliche Erstreckung der gesamten Reise beziehen und daher eine Modellierung darstellen, die als *Fraktal* des gesamten südamerikanischen Subkontinents verstanden werden muss. An der Präzision der Angaben und Messwerte Humboldts im *Tableau physique* zu zweifeln, wäre aus einer Perspektive, welche den modellhaften Charakter der Humboldt'schen Visualisierung vor Augen hat, sicherlich grob fahrlässig. Denn die von Humboldt stets betonte empirische Basis allen Wissens vermag nicht zu verdecken, dass es dem künftigen Autor des *Kosmos* schlicht ums Ganze ging.

Doch noch einmal kurz zum ikonotextuellen Zusammenspiel von Schrift und Bild: Die schriftlichen Eintragungen im *Naturgemälde der Tropenländer* selbst sind dabei von dreierlei Art. Zum einen handelt es sich um Angaben zur Reise selbst, etwa bis zu welchem Punkt Aimé Bonpland, Carlos Montúfar und Humboldt am Chimborazo gelangt waren – auch dies wiederum ein deutlicher Hinweis des Preußen, gerade *nicht* bis zum Gipfel gelangt zu sein. Zum anderen enthält das *Tableau* Angaben, bis zu welcher Höhe andere Expeditionen in den Anden (wie die von Bouguet und La Condamine) oder den Alpen (wie die von Saussure) gelangt waren und verzeichnet auch den kurze Zeit später erzielten Höhenweltrekord durch einen französischen Ballonaufstieg.

Drittens schließlich werden Angaben gemacht, welche nicht lediglich *vergleichender*, sondern *relationaler* Natur sind. Hierzu zählen nicht nur Verweise auf Berge, die Humboldt in anderen Areas (wie etwa den Popocatepetl) bestiegen hat, sondern auch Erhebungen in einem weltweiten Maßstab, wie es etwa der Hinweis auf den Vesuv vorführt, den Humboldt erst nach seiner amerikanischen auf seiner italienischen Reise erforschte, bei welcher er wie erwähnt auch Germaine de Staël begegnet war. Sie vergleichen nicht, sondern relationieren und bringen damit ein grundlegendes *transareales* Verständnis von Globalität zum Ausdruck. Entscheidend ist dabei das ästhetisch inszenierte Zusammenspiel von Schrift und Bild mit dem gesamten *Tableau*.

Die Listen Alexander von Humboldts fügen sich ein in die diskontinuierliche Schreibweise des preußischen Forschers und sind in vielerlei Hinsicht nicht nur wie seine Schriften selbst als vielsprachig, sondern auch als viellogisch zu bezeichnen. Sie enthalten Erzählkerne, die Humboldt teilweise an anderer Stelle narrativ entfaltete, oder führen grundlegend andere Themen ein, die wie etwa das Thema der Sklaverei und der Barbarei der so ‚zivilisierten' Europäer die Ästhetik des *Tableau physique* um eine grundlegende ethische Dimension erweitern. Sie repräsentieren Schreibformen, auf welche Humboldt in seinen Reisemanuskripten, aber auch in seinen gedruckten wissenschaftlichen Abhandlungen häufig zurückgriff, um Faktoren zu benennen, die in einen grundlegenden Prozess der Wechselwirkung einbezogen sind. Alles ist wie bei einem romanesken Werk bezogen auf die gewünschte und angestrebte Darstellung einer Totalität, welche zugleich – und hierin liegt die Differenz des *Naturgemäldes* – in einem Totaleindruck dem Lesepublikum vermittelt werden soll. Natur und Kultur sind dabei nicht voneinander trennbar und bilden auch keine Gegensätze. Sie sind wie Jahrtausende zuvor im *Gilgamesch-Epos* Bestandteile einer weltumspannenden Konvivenz des Menschen mit allen Elementen und Lebensformen seiner Umwelt. Der Mensch ist Teil der Natur und erzeugt zugleich die Vielgestaltigkeit einer Kultur, die in ihren Schönheiten, aber auch in ihren Gefahren als zivilisierte Barbarei porträtiert wird.

Domingo Faustino Sarmiento oder die Kontraste einer amerikanischen Romantik

In diesem von Humboldt evozierten Spannungsfeld von Zivilisation und Barbarei bewegt sich auch der nächste Denker und Schriftsteller, mit dem wir uns beschäftigen wollen: Domingo Faustino Sarmiento. Sie haben diesen Namen noch nie gehört? Nun, Sarmiento ist für die argentinische Literatur das, was Goethe für die deutsche darstellt: Die jeweilige Literatur ist schlicht undenkbar ohne diesen Schriftsteller. Nachdem wir mit Alexander von Humboldt eine Reise auf den amerikanischen Kontinent unternommen haben, wollen wir gleich in der amerikanischen Hemisphäre bleiben und uns mit den weiteren Entwicklungen des Denkens und Schreibens im Zeichen der Romantik beschäftigen. Und wir tun dies nun wieder in der amerikanischen Welt, in den Amerikas, freilich in den Außertropen,[1] von denen Humboldt stets die seinen Spuren folgenden deutschen Reisemaler fernzuhalten suchte.

Abb. 53: Domingo Faustino Sarmiento (San Juan, Argentina, 1811 – Asunción, Paraguay, 1888).

Im Jahre 1845 erschien in der chilenischen Zeitung *El Progreso* zunächst im Feuilleton der Text eines jungen, seit 1840 in Chile im Exil lebenden Argentiniers, der

---

1 Vgl. zum Gegensatz zwischen Topen und Außertropen Ette, Ottmar: Diskurse der Tropen – Tropen der Diskurse: Transarealer Raum und literarische Bewegungen zwischen den Wendekreisen. In: Hallet, Wolfgang / Neumann, Birgit (Hg.): *Raum und Bewegung in der Literatur. Die Literaturwissenschaften und der Spatial Turn.* Bielefeld: transcript Verlag 2009, S. 139–165.

am Beginn einer brillanten Karriere als Journalist, Publizist, und Literat, aber auch als Politiker und Staatsmann stand. Kaum ein argentinischer Intellektueller, Denker und Schriftsteller seiner Zeit dürfte das 19. Jahrhundert so grundlegend geprägt und die Diskussionen selbst im kulturtheoretischen Bereich bis heute so nachhaltig beeinflusst haben wie dieser „Proscrito", der sich 1840 zum zweiten Mal nach Chile ins Exil vor der Rosas-Diktatur in Argentinien rettete. Jene Bewegung der „Proscritos" hatten wir ja bereits am Beispiel von Esteban Echeverría kennengelernt und bemerkt, welch ungeheure Dynamik von ihren Köpfen ausging. Mit Sarmiento nähern wir uns nicht dem uruguayischen, sondern dem chilenischen Exil dieser versprengten Argentinier, die von so enormer Bedeutung für die Entwicklung der Literaturen am Río de la Plata waren.

Das autobiographische Element des Exils fehlte keineswegs in jenem Grundlagenwerk, das es jetzt zu besprechen gilt und das erstmals 1845 unter dem Titel *Leben des Facundo Quiroga* erschien. Wir sollten dieses autobiographische Zeugnis – das nur eines von vielen in einem Band ist, der vorgibt, die Biographie eines gänzlich anderen zu sein, eben Facundo Quirogas – als erstes zur Kenntnis nehmen:

> Gegen Ende des Jahres 1840 verließ ich mein Vaterland, gegen meinen Willen verbannt und entstellt, voller Stiche, Hiebe und Schläge, die ich am Vortage während einer jener blutigen Bacchanalien einer mordlustigen Soldateska der *Mazorca* empfangen hatte. Als ich an den Bädern von Zonda vorbeikam, schrieb ich unter die Insignien des Vaterlandes, die ich in froheren Tagen in einem Saale hinterlassen hatte, mit Kohle diese Worte:
> *On ne tue point les idées.*
> Als diese Tat der Regierung mitgeteilt wurde, schickte man eine Kommission mit dem Auftrage aus, diese Hieroglyphe zu dechiffrieren, da man ihr nachsagte, unehrenhafte Stoßseufzer, Beleidigungen und Drohungen zu enthalten. Als man die Übersetzung vernahm, sagten sie: „Na gut! Aber was hat das zu bedeuten? ..."
> Es bedeutete schlicht, dass ich nach Chile kam, wo noch die Freiheit strahlte, und mir vornahm, die Strahlen der Aufklärung in der dortigen Presse bis auf die andere Seite der Anden aufleuchten zu lassen. Wer mein Verhalten in Chile kennt, der weiß, dass ich das Versprechen meines Protests erfüllte.[2]

In dieser Eingangsszene von Sarmientos Hauptwerk lassen sich bereits viele jener textuellen Elemente finden und identifizieren, die im weiteren Verlauf seines *Facundo* weiterentwickelt, pointiert zusammengefasst oder auch geschichtsphilosophisch begründet und verankert werden. Zunächst einmal gilt es aber festzuhalten, dass das Ich – nennen wir es in der Folge unserer Analyse nicht

---

[2] Sarmiento, Domingo Faustino: *Facundo o Civilización y Barbarie.* Mexico, D.F.: SEP/UNAM 1982, S. 326.

„Sarmiento", wie dies bislang in der Forschung oft geschah, sondern einfach den Ich-Erzähler – eine Position einnimmt, welche eine Außerhalbbefindlichkeit gegenüber dem Ort des Geschehens und damit dem argentinischen Vaterlande zum Ausdruck bringt.

Diese von Beginn an schmerzhafte Außerhalbbefindlichkeit steht für Verbannung und Exil – und *Facundo* ist in der Tat ein Zeugnis jener (innerlateinamerikanischen) Exilliteratur, die schon kurz nach der „Independencia" im Entstehen begriffen war und bis heute in verschiedenen Schüben und verschiedenen politischen Richtungen, im Grunde aber niemals sehr lange unterbrochen fortdauert. Für nahezu jedes Jahrzehnt – und auch das unsrige macht keine Ausnahme – lassen sich lateinamerikanische Länder aufzählen, die ihre Bürger ins Exil treiben. *Facundo* ist also ein Stück Exilliteratur: Es ist eine Art vertriebene, besser noch *ausgetriebene* Literatur. Denn sowohl die Literaten als auch ihre Literatur – nach obigem Zitat offenkundig eine *Ideen*literatur – sind des Landes verwiesen und erreichen ihre Leserschaft nicht mehr. Die Exteriorität ist zugleich eine Exterritorialität.

Am Ort des Geschehens, am Ort der Vertreibung kann nur noch eine Spur dieser Vertreibung hinterlassen werden. Das Schreiben an die Wand ist hier ein Beispiel für jene *verortete Literatur*, die wir anhand von Gedichten bereits in Fernández de Lizardis *El Periquillo Sarniento* hatten beobachten können. Die Schrift an der Wand, deren Schriftzüge dem Menetekel gleich erst von Schriftgelehrten gedeutet werden müssen, schwebt – analog zum alttestamentarischen Vorbild – drohend über der Gewalt des Herrschers, dessen Ignoranz sich in der Ignoranz seiner Schergen zeigt. Ein erstes Gegensatzpaar zeichnet sich bereits in diesen ersten Zeilen ab: Intelligenz gegen Ignoranz.

Das „Writing on the Wall" ist keineswegs zufällig in französischer Sprache abgefasst. Die Leserschaft, die dieses Zitat als Motto von Hippolyte Fortoul unmittelbar vorher, zu Beginn des Buches, präsentiert bekam, soll es offenkundig mit einer französischsprachigen europäischen Zivilisation verbinden, deren Spur es ebenfalls ist. Denn über allem strahlen die Lichter der Aufklärung („las luces"), für die am Río de la Plata mit Vorliebe die Lichter des französischen „Siècle des Lumières" stehen. Die Unfähigkeit, diesen Satz zu lesen und zu deuten, weist darauf hin, dass auch die französische Literatur und Ideengeschichte aus jenem Reich, aus jenem Vaterlande vertrieben ist, welches der Ich-Erzähler soeben verließ.

All dies zeigt zugleich, dass sich das eigene Schreiben des Ich auf diese Tradition beruft, indem es ein Zitat aus französischer Feder nach Argentinien, nach Amerika verpflanzt und transplantiert.[3] Damit ist implizit ein Überset-

---

[3] Vgl. zur Wichtigkeit dieser Metaphorik in Lateinamerika Ette, Ottmar: Transatlantische Transplantationen: Von Pfropfung und „mestizaje" zum transarchipelischen Zusammenleben in den

zungsprozess notwendig, der auch in der Tat durch eine Übersetzung des Mottos dokumentiert wird: „A los hombres se les degüella; a las ideas, no." In dieser transplantierenden Übersetzung ist das Töten sozusagen interkulturell nach Argentinien übersetzt und erscheint als ein „degollar", ein Halsabschneiden mit dem Messer, ein Massakrieren, das in der Literatur der Proscritos – aber nicht nur in der Literatur – zum Stigma der Barbarei der Rosas-Diktatur geworden war. Domingo Faustino Sarmiento kann hier an eine lange Tradition anknüpfen, aus der wir bereits Esteban Echeverría kennengelernt hatten.

Aus dieser Perspektive weist die schwarze Schrift an der Wand in eine doppelte Richtung: zum einen explizit nach Chile, wohin sich der Erzähler geflüchtet hat, zum anderen nach Europa und Frankreich, woher er sein Zitat bezog. Die Spur ist daher eine doppelte und die verortete Literatur ist gleichsam nach Osten wie nach Westen ex-zentrisch und extraterritorial. Die Außerhalbbefindlichkeit des Textes ist Grundlage seiner Konstituierung, seiner gesamten Konstruktion. Sie verweist auf das Exil wie auf das Schreiben nicht nur außerhalb Argentiniens, sondern auch außerhalb Europas. Das Faszinierende an Sarmientos Text besteht darin, dass er sich mit beiden ‚Exilierungen' höchst kreativ auseinandersetzt und die Frage der transatlantischen Transplantation immer wieder zum Thema macht.

Ein weiteres wichtiges Element tritt hinzu: Das Ich hat aus der exterritorialen Position in Chile heraus die Möglichkeit erkannt, die Strahlen der Freiheit, die „rayos de las luces", mithin das Licht der Aufklärung zurückzustrahlen und zu verbreiten. Dies bedeutet nicht nur, dass das Argentinien unter der Rosas-Diktatur mit der Finsternis der Tyrannei und Barbarei implizit konnotiert wird, sondern dass die Möglichkeit der Aufklärung von außen her durchführbar ist und auf Erfolg hoffen darf. Ist die Pressefreiheit in Argentinien auch außer Kraft gesetzt, so ist es doch möglich, über die Presse Chiles zu agitieren und der Diktatur des Juan Manuel de Rosas Schaden zuzufügen: Ideen lassen sich nicht ermorden!

Wenige Monate vor Erscheinen des *Facundo* war ein Gesandter von Rosas 1845 nach Santiago de Chile gekommen, um unter anderem die Überstellung von Domingo Faustino Sarmiento nach Argentinien zu fordern. Sein *Facundo* ist die Antwort auf diesen Versuch, jegliche Opposition zum Schweigen zu bringen, aus dem klaren Bewusstsein, mit der Feder aus dem Ausland gegen die Gewaltherrschaft im eigenen Land wirkungsvoll ankämpfen und allen Mordversuchen trotzen zu können. *Facundo* ist zentraler Bestandteil eines politischen Projekts,

---

Amerikas. In (ders., / Wirth, Uwe, Hg.): *Kulturwissenschaftliche Konzepte der Transplantation.* Unter Mitarbeit von Carolin Haupt. Berlin – Boston: Walter de Gruyter 2019, S. 29–65; der gesamte Sammelband enthält eine schöne theoretische Einführung von Uwe Wirth sowie Beispiele von beiden Seiten des Atlantik.

eines kulturellen und ideengeschichtlichen Vorhabens, darüber hinaus aber auch ein bewegliches Raumprojekt, das die Exteriorität des eigenen Schreibens wieder zu überwinden sucht. Die Strahlen der Aufklärung, die über die Anden nach Argentinien leuchten, nehmen den späteren Weg des Ich-Erzählers vorweg, der mit seinem baldigen Rückweg ins Vaterland die Flucht- und Exilsituation überwinden will und die *ausgetriebene* Literatur wieder an ihren angestammten Ort zurückführen wird. Denn die Proscritos sollten die in Argentinien künftig Regierenden werden: *Sie* schrieben die Geschichte und Literatur ihres Landes mit einer erstaunlichen Homogenität, welche sich selbst in ihrer Wortwahl zeigt.

Bleiben wir noch für einen Augenblick bei der Einleitung, die Sarmiento seinem Text in der Ausgabe von 1845 voranstellte! Dort nämlich findet sich die nicht unpathetische Anrufung des Gegenstandes, den der Autor behandeln möchte, den in den Bürgerkriegswirren Argentiniens überaus einflussreichen und im Landesinneren machtvoll herrschenden Caudillo Facundo Quiroga:

> Du schrecklicher Schatten, Facundo, ich rufe Dich auf, damit Du den blutigen Staub, der Deine Asche bedeckt, abschüttelst und Dich erhebst, damit du uns das geheime Leben und die inneren Konvulsionen erklärst, welche die Eingeweide eines edlen Volkes zerreißen! Du besitzt das Geheimnis: Decke es uns auf! Zehn Jahre noch nach Deinem tragischen Tode sagten der Mensch der Städte und der Gaucho der argentinischen Ebenen beim Einschlagen unterschiedlicher Wege durch menschenleere Gebiete: „Nein; er ist nicht tot! Er lebt noch immer! Er wird kommen!" Gewiss! Facundo ist nicht tot; in den Traditionen des Volkes, in der Politik und den Revolutionen Argentiniens ist er lebendig; in Rosas, seinem Erben, seiner Ergänzung; seine Seele ist in diese andere, vollendetere, vervollkommnete Form übergegangen, und was bei ihm bloßer Instinkt, Initiation, Tendenz war, verwandelte sich bei Rosas in System, in Wirkung und Endzweck. Die ländliche, koloniale und barbarische Natur verwandelte sich in dieser Metamorphose in Kunst, in System und reguläre Politik, fähig dazu, sich vor dem Antlitz der Welt als Seinsweise eines Volkes zu präsentieren, das sich in einem Manne verkörpert, welcher die Züge eines Genies anzunehmen strebte, das die Ereignisse, die Menschen und die Dinge beherrscht. Facundo war provinzlerisch, barbarisch, mutig, kühn und ward ersetzt durch Rosas, den Sohn des gebildeten Buenos Aires, ohne selbst gebildet zu sein […].[4]

Dies ist einer der berühmtesten Anfänge eines literarischen Meisterwerks in Lateinamerika. Denn in diesen wenigen Zeilen hat Domingo Faustino Sarmiento meisterhaft die Konzeption seines Hauptwerks angelegt in einer gewaltigen Sprache, die der Gewalt der von ihm dargestellten Szenen in nichts nachsteht. Die trotzige Anrufung des schon ein ganzes Jahrzehnt lang toten Caudillo, der laute Ruf ins Totenreich also gilt einer Gestalt, die im Besitz eines Rätsels *und* seiner

---

4 Sarmiento, Domingo Faustino: *Facundo*, S. 327.

Lösung ist. Das Rätsel des argentinischen Volks erscheint dann als lösbar, wenn man Facundo als Schlüssel zu einer wahrlich verzwickten Geschichte ansieht; einer Geschichte politischer Verführungen, so meine ich, die in vielerlei Hinsicht auch heute noch immer nicht zu Ende ist.

Dem gesamten polymorphen, vielgestaltigen Text liegt folglich eine Rätselstruktur zugrunde, die den Spannungsbogen von diesen ersten Zeilen der Einleitung her bis zum Ende des Bandes spannt. Facundo besitzt das Geheimnis, doch allein der Ich-Erzähler kann ihn zum Sprechen bringen. Hierin liegt die Aufgabe dieses erzählenden Ich, das gerade aus der räumlichen Entfernung des Exils wie der zeitlichen Entfernung zum toten Warlord jene Konzeptionen entwickeln will, die Licht in die Finsternis zu bringen versprechen. Denn ohne eine genaue Kenntnis dieser Geschichte, so der Erzähler, kann Argentinien sein Rätsel nicht lösen und sich aus seiner eigenen Geschichte befreien. Aber hat Argentinien dies jemals geschafft? Hat es in Perón, in Evita, in Maradona nicht immer die Heilsbringer gesehen? Es gibt Völker – und ich nehme das deutsche nicht aus –, die in ihrer Geschichte immer wieder *gegen* ihre eigene Geschichte ankämpfen müssen.

Dabei ist Facundo keineswegs tot: Er lebt in der Tat fort in den Legenden und Erzählungen des Volkes, in jenen „tradiciones populares", in denen der ‚Held' nach seinem ‚tragischen Tode' fortlebt. Während sich Esteban Echeverrías Gedicht auf diese volkskulturellen Traditionen hin am Ende öffnet, geht Sarmiento schon zu Beginn auf sie ein, wobei sie ihm als Anknüpfungspunkt seines für die argentinische Geschichte und Literatur so wichtigen Bandes dienen. Hieran lässt sich die spezifische Sensibilität der Romantiker – und auch Domingo Faustino Sarmiento zählt zu ihnen – für die „tradiciones populares" erkennen. Es sind bei den Romantikern in Amerika nicht allein die europäischen Märchen, Legenden oder Sagen, sondern auch eigene amerikanische Formen von „Leyendas" und „Tradiciones", auf denen die literarische Bearbeitung – also die Hochkultur im Sinne unseres ersten Pols – aufbaut und aus denen sich diese romantische Literatur in den Amerikas speist.

Die Biographie eines Mannes und Caudillos – eben Facundo – ist für Sarmiento kein Selbstzweck; sie soll vielmehr die Geschichte eines ganzen Volkes erhellen. Sie ist in Ermangelung einer eigenen argentinischen Geschichtsschreibung auf die politischen Zusammenhänge gerichtet, welche die Geschicke des Landes bestimmten und bestimmen. In diesem größeren historisch-kulturellen Zusammenhang ist Facundo nur eine Gestalt, hinter der sich eine andere verbirgt: Hinter dem Caudillo der argentinischen ‚Llanos', der argentinischen Pampa, verbirgt sich der Diktator, der in der Stadt Buenos Aires Einzug gehalten und seine Diktatur errichtet hat. Im Aufstieg eines einzelnen Warlords lässt sich der systematische Aufstieg der Rosas-Diktatur im ganzen Land studieren. Zwischen Facundo und Rosas besteht auf den ersten Blick ein synekdochisches Verhältnis.

Zugleich liegt dem Text eine grundlegende Metonymie, eine Verschiebung zu Grunde: Wenn von Facundo die Rede ist, ist stets auch Rosas mitgemeint. Eine politische und historische Entwicklung hat stattgefunden, welche in der Struktur der argentinischen Gesellschaft selbst angelegt ist: Die Instinkte Facundos sind zum kühlen Kalkül von Rosas geworden, aus der planlosen Gewaltherrschaft ist ein System geplanter Unterdrückung und Ausplünderung geworden. So ist es im Grunde Juan Manuel de Rosas, dem die kraftvolle, gewaltige Sprache dieses großen argentinischen Schriftstellers gilt und gewidmet ist.

Die Beziehung zwischen Facundo Quiroga und Juan Manuel de Rosas ist darüber hinaus historisch gesehen jene des Übergangs zwischen der Kolonialzeit unter spanischer Herrschaft und der politisch unabhängigen argentinischen Republik – allerdings nicht im Sinne eines dialektischen Übergangs, sondern eher im Sinne eines Fortlebens des Kolonialen in der Independencia und den neugeschaffenen politischen Strukturen. Man darf sich den Beginn der argentinischen Republik nicht als strahlenden Neuanfang im Zeichen der Unabhängigkeit vorstellen, sondern als blutigen, von inneren Kämpfen zerrissenen Nationenbildungsprozess, der lange Jahrzehnte gewalttätiger Auseinandersetzungen beinhaltete.[5] Das koloniale Erbe, so darf man die Passage aus Sarmientos *Facundo* sehr wohl deuten, lebt in der Gegenwart, lebt in der Rosas-Diktatur fort und ist keineswegs ausgerottet. Wir haben es also deutlich mit einer postkolonialen Problematik zu tun – wohlgemerkt nicht in der zweiten Hälfte des 20., sondern im entstehenden Lateinamerika der ersten Hälfte des 19. Jahrhunderts.

In den an seine Leserschaft gerichteten, den Band begleitenden Erläuterungen betont Domingo Faustino Sarmiento, dass er das Werk zwar in Eile geschrieben habe, dass die dargestellten Gegenstände aber anhand von Dokumenten nachprüfbar seien. Einmal mehr übernimmt die Literatur Funktionen, die sie in Ermangelung einer Geschichtswissenschaft ausüben muss. Damit wird – geradezu selbstverständlich wirkt – Abbildanspruch, ja fast dokumentenhafte Treue gegenüber dem Gegenstand behauptet. Ist *Facundo* daher nicht allein Biographie eines Caudillo, sondern mehr noch ein Geschichtswerk?

Summieren wir einige der bislang berührten Punkte, so ist Sarmientos *Facundo* zweifellos eine Biographie des Titelhelden, besitzt aber auch autobiographische Elemente, die auf den ins Exil geflüchteten Autor selbst verweisen. Es handelt sich zudem um eine mit literarischen Mitteln durchgeführte Auf-

---

5 Vgl. zur Geschichte Argentiniens u. a. Bodemer, Klaus / Oagni, Andrea / Waldmann, Peter (Hg.): *Argentinien heute. Politik – Wirtschaft – Kultur*. Frankfurt am Main: Vervuert 2002.

erweckung eines Toten aus dem Jenseits und eine nur so, auf detaillierte Weise zu entwirrende Rätselstruktur. Gleichzeitig geht es um einen Text mit fast dokumentarischem Anspruch, der mimetisch bestimmte Funktionen einer historiographischen Darstellung erfüllt. Noch in den beigefügten Anmerkungen wird auf einen späteren Zeitpunkt verwiesen, zu dem dieses Werk in einen neuen Plan umgeschmolzen werden solle, innerhalb dessen die zahlreichen Digressionen und Abschweifungen verschwinden sollten und offizielle, dereinst zugängliche Dokumente eingeblendet würden.

Noch aber sei der Zeitpunkt – so der argentinische Verfasser aus dem Exil – nicht reif für ein solches geschichtsphilosophisch und realgeschichtlich untermauertes Werk; und noch sei die Rosas-Diktatur zu nahe, zu präsent, als dass man sie aus der distanzierten Beobachterperspektive des Historikers betrachten könnte. In der Tat: Sarmiento selbst konnte sich auf eine solche nicht zurückziehen, sondern war vielmehr – wie wir schon in der Analyse des Auftaktzitats sahen – direkt betroffen und nahm eine militante Teilnehmerposition ein, welche diesen Text zu einer Waffe im Kampf gegen die Diktatur in Argentinien machte. Die Rosas-Diktatur täuschte sich nicht, als sie der chilenischen Regierung ihr Auslieferungsgesuch unterbreitete.

In der Einleitung zum *Facundo* wird freilich darauf verwiesen, dass all diese Voraussetzungen Elemente für eine ‚neue Welt' darstellten. Auch in diesem literarischen Werk wird letztere also nicht als Erbe der Vergangenheit, sondern als in die Zukunft projizierte, sich in ihren Umrissen noch nicht klar abzeichnende und an keinem Modell, keinem Vorbild orientierte Welt verstanden; ein generationelles Epochengefühl, das wir bereits bei Simón Bolívar auf dem amerikanischen Kontinent beobachten konnten. Die Zukunft ist radikal offen: Es gibt keine historischen Vorbilder, die Geschichte ist nicht länger *Magistra vitae*![6] Alles muss von den Menschen selbst völlig neu gestaltet werden; und so überrascht es auch nicht, dass es wenig später heißt, der argentinischen Republik habe ein Alexis de Tocqueville gefehlt, hatte der französische Essayist mit seiner 1831 unternommenen Reise doch gerade versucht, die Zukunft der Demokratie in Frankreich dadurch aufzuhellen, dass er ihre Gegenwart in den Vereinigten Staaten untersuchte. Wenn es auch keine Vorbilder für die politische Entwicklung gibt, so geht der Blick Sarmientos doch immer wieder nach Europa, mit dessen Schriftstellern sich ein fein gesponnenes intertextuelles Netzwerk transatlantischen Zuschnitts ergibt.

---

6 Vgl hierzu Koselleck, Reinhart: Historia Magistra Vitae. Über die Auflösung des Topos im Horizont neuzeitlich bewegter Geschichte. In (ders.): *Vergangene Zukunft. Zur Semantik geschichtlicher Zeiten*. Frankfurt am Main: Suhrkamp ²1984, S. 38–66.

Doch nicht alle Länder Europas zählen zu diesen Bezügen: Spanien, so viel ist sicher, kann das Vorbild nicht mehr sein! Der bereits betonte geokulturelle Dominantenwechsel, der sich noch zu Kolonialzeiten im 18. Jahrhundert ereignete, hat die politischen, sozialen und kulturellen Weichen grundlegend anders gestellt. Die alte Kolonialmacht Spanien verkörpert die Vergangenheit, ist eher das, wovon man sich auf dem amerikanischen Kontinent abheben möchte, was man endgültig abstreifen will: Spanien selbst ist marginal geworden, ja situiert sich in einem Raum, der kaum noch Europa zuzurechnen ist. Die bereits erwähnte Grenzziehung der französischen Aufklärung hat ihre Wirkung getan und Spanien für lange Zeit ins zweite Glied rücken lassen: Erinnern wir uns daran, dass wir bei Fray Servando Teresa de Mier mehrfach auf den bösartigen Spruch gestoßen waren, dass Europa an den Pyrenäen aufhöre und Spanien bereits zu Afrika zähle! In den verschiedensten Areas des in Entstehung begriffenen Lateinamerika ist diese Überzeugung fest verankert. Bei Domingo Faustino Sarmiento liest sich das aus geschichtsphilosophischer Sicht wie folgt:

> So konnte das Problem Spaniens ein wenig klarer werden, jenes Nachzüglers Europas, der hineingeworfen ist zwischen Mittelmeer und Ozean, zwischen Mittelalter und 19. Jahrhundert, mit dem gebildeten Europa über einen weiten Isthmus verbunden und vom barbarischen Afrika nur durch eine schmale Meerenge getrennt, balancierend zwischen zwei einander entgegengesetzten Kräften, und es erhebt sich einmal auf der Waage auf der Seite der freien Völker, ein andermal auf jener mit despotischer Herrschaft; bald ist es gottlos und bald fanatisch, einmal despotisch unvorsichtig, seine zerbrochenen Ketten bisweilen verfluchend; ein andermal seine Arme verschränkend und schreiend darum bittend, man möge es unter das Joch nehmen, welches seine Grundbedingung und seine Existenzweise zu sein scheint.[7]

Im Grunde ist in der vor kurzem noch spanisch beherrschten Welt die Meinung über die einstige Kolonialmacht ungeteilt: Spanien ist in der ‚Neuen Welt' geokulturell abgeschrieben, erscheint als ewig gestriges Land, dessen Personifizierung stets nach neuen Ketten, nach neuer Unterdrückung verlange und diese Tradition im Übrigen an die „España americana" weitergegeben habe. In der postkolonialen Situation erscheinen allein das Versagen und die Verbrechen des ehemaligen Mutterlandes: Alles zielt darauf ab, das Erbe der einstigen Kolonialmacht möglichst schnell loszuwerden. Auch dieses Spanien in Amerika gilt es zu tilgen, will man – wie es in *Facundo* beständig wiederholt wird – Anschluss an die *europäische Zivilisation* finden: Zu dieser aber rechnet man Spanien nicht mehr.

---

7 Sarmiento, Domingo Faustino: *Facundo*, S. 330.

Unübersehbar ist in diesen rhetorisch gut strukturierten und sich an Gegensätzen ausrichtenden Passagen der geokulturelle Dominantenwechsel, der längst nicht mehr eine Forderung, sondern eine Tatsache geworden ist. Und dies war keineswegs nur in der Literatur oder der Philosophie der Fall: Man dachte – so schien es zumindest auf den ersten Blick – wie die Franzosen, Deutschen oder Engländer, man schrieb wie die französischen, englischen oder deutschen Schriftsteller, man orientierte sich gastronomisch mehr und mehr an Frankreich und man kleidete sich ganz selbstverständlich nach der neuesten französischen Mode. Die uns bereits bekannte frühe französische Feministin und Sozialhumanistin Flora Tristan, die 1833 und 1834 einen Teil Chiles und Perus bereiste, stellte zu ihrer großen Freude fest, dass die Kleidung der Amerikanerinnen und Amerikaner längst an französischen Modellen ausgerichtet sei. Zudem bemerkte sie, dass man zum Essen die besten – wenn auch unglaublich teuren – französischen Weine reiche und dass man auch beim Speisen sich längst an den Künsten der französischen Küche orientiere.

Die Geschichte dieser auch kulinarischen Umorientierung ist noch zu schreiben; ungeheuer spannend wird sie sicherlich sein, wenn auch ihr Ergebnis, eine Art zeitweiliges „afrancesamiento", wohl feststehen dürfte. Freilich folgten dieser dominanten Ausrichtung an Frankreich seit der zweiten Hälfte des 20. Jahrhunderts zunehmend Bewegungen einer gastronomischen Amerikanisierung – wohlgemerkt nicht im Sinne einer ‚Macdonaldisierung', sondern der jeweiligen nationalen Küche. Vergessen wir in diesem Zusammenhang nicht, dass die erste Küche eines Landes, welche von der UNESCO ins Weltkulturerbe aufgenommen wurde, nicht die französische, sondern die mexikanische Küche war!

Gewiss muss man an dieser Stelle eine kategorische Einschränkung machen, denn derlei Usancen gehören selbstverständlich zum Habitus einer ganz bestimmten sozialen Klasse. Bei einer wissenschaftlichen Arbeit ginge es darum, die spezifischen Aneignungsformen dieser im Sinne des französischen Soziologen Pierre Bourdieu verstandenen gesellschaftlichen Distinktion[8] zu untersuchen, um herauszubekommen, wie französische Vorbilder und Modelle ‚amerikanisiert' und damit ‚heimisch' gemacht wurden. Man dürfte auf keinen Fall dabei vergessen, dass die besten französischen Weine natürlich nur einer ganz bestimmten Schicht gereicht wurden: der reichen kreolischen Oberschicht, die spätestens jetzt, zu Beginn des 19. Jahrhunderts, damit begann, ihre hoffnungsvollen Söhne nach London, vor allem aber nach Paris in die „ville-lumière" zu schicken.

---

[8] Vgl. hierzu die deutsche Übersetzung von *La Distinction* in Bourdieu, Pierre: *Die feinen Unterschiede. Kritik der gesellschaftlichen Urteilskraft*. Frankfurt am Main: Suhrkamp 1982.

Das von Domingo Faustino Sarmiento in seinem *Facundo* entworfene Bild ist durchaus differenziert: Noch in der „Einführung" wird die Weitsicht des französischen Historikers und Geschichtsphilosophen François Guizot in Hinblick auf die europäische Geschichte gelobt, dabei aber die Begrenztheit seines Blickes beklagt, sobald es um Amerika gehe. An dieser Stelle wird deutlich der *amerikanische* Blick auf die amerikanische Welt gefordert, so wie es schon als unangebracht und irreführend erschienen war, einen Simón Bolívar mit *europäischen* Augen als europäischen General zu sehen. In diesem Zusammenhang deutet sich bereits eine Legitimation des eigenen Standpunkts an, eines amerikanischen Standpunkts nämlich und eigener amerikanischer Formen literarischer Darstellung – eine Forderung, die hier noch nicht explizit erhoben wird, auf die Sarmientos *Facundo* selbst in seiner literarischen Form aber die überzeugendste Antwort darstellt. Denn Sarmiento verlangte einen argentinischen, einen amerikanischen Weg des Fortschritts,[9] welcher auch die literarische Formensprache in den Amerikas betraf.

Das Thema des Fortschritts erscheint bereits in der Einleitung, welche die Grundrichtung des gesamten Textes vorgibt: Der „Progreso" wird zum Grundgesetz sowie Motor der Menschheit und ihrer Entwicklung. Die Flüsse, so heißt es, dürfe man nicht der Barbarei und den „aves acuáticas", den Wasservögeln überlassen. Gerade die Flüsse werden immer wieder von Sarmiento als Achsen für eine künftige Entwicklung ins Feld geführt, nicht nur, um die unitarische geopolitische Struktur des Landes zu belegen und die Sonderrolle von Buenos Aires am La-Plata-Trichter zu legitimieren. Sarmiento leitet aus der naturräumlichen Anlage Argentiniens eine zentralisierte Regierungsstruktur ab und bedient sich somit geodeterministischer Argumentationsschemata, welche selbstverständlich gegen die Föderalisten und die Rosas-Diktatur gerichtet sind. Im ersten Kapitel prophezeit er Buenos Aires, dereinst die gigantischste Stadt beider Amerikas zu sein und sich aus der „gran aldea" in eine Metropole zu verwandeln, was im Übergang zum 20. Jahrhundert dann tatsächlich als Vorstellung eingelöst wurde. Daneben betont er die künftige Rolle der Flüsse als industrielle Leitlinien auch, um auf ihnen das Bild einer regen Dampfschifffahrt ins bewegte Bild zu setzen. All dies, so sein fortschrittsoptimistisches Wollen, garantiere gesellschaftlichen Wohlstand und eine immense Zukunft für den noch jungen Staat. Er konnte diesbezüglich auf den großen preußischen Amerika-Kenner Alexander von Humboldt verweisen: Denn nicht viel anders hatte Humboldt wenige Jahrzehnte zuvor das amerikanische Mesopotamien des Orinoco- und Amazonasbereichs als künftige

---

9 Vgl. hierzu Rodríguez Pérsico, Adriana: *Un huracán llamado progreso. Utopía y autobiografía en Sarmiento y Alberdi*. Washington, D.C.: OEA – OAS 1993.

Entwicklungsachse des südamerikanischen Halbkontinents herausgestrichen. Und anders als die europäischen Flüsse waren die südamerikanischen auch für Transatlantiksegler schiffbar.

So überrascht es nicht, dass Domingo Faustino Sarmiento ganz wie Esteban Echeverría, der in *La Cautiva* zunächst den naturräumlichen Rahmen zum Protagonisten seines Gedichts gemacht hatte, im ersten Teil seines *Facundo* der naturräumlichen Ausstattung und Struktur sein Hauptaugenmerk schenkt. Damit wird zunächst das entwickelt, was im Buch selbst als das „Theater der Ereignisse" bezeichnet wird, um in einem zweiten Schritt – eben dem zweiten Teil seines Werks – dann die Titelgestalt darin zu platzieren und mit den bereitgestellten Elementen interagieren zu lassen. Auch wenn Sarmientos *Facundo* in aller Eile geschrieben wurde: Sein großer Versuch über die argentinische Identitätskonstruktion besitzt eine auf den ersten Blick klare und stringente Grundstruktur, mit der wir uns nun näher auseinandersetzen wollen.

Die unermessliche Weite ist – wie wäre es auch anders zu erwarten – das charakteristische Merkmal Argentiniens; das kennen wir schon aus Echeverrías *La Cautiva*. Doch diese Weite ist zugleich Argentiniens Problem, ist das Land doch von allen Seiten vom „desierto" umgeben, ist fast umzingelt von menschenleeren Gebieten. Was unter den herrschenden Kreolen, aber auch unter den kreolischen Exilierten als ‚menschenleer' bezeichnet wurde, wissen wir schon. Denn im Norden und Süden werde das Land von den „salvajes" bedroht, als Menschen nicht zählende Wilde, die bei Vollmond Überfälle nicht nur auf Viehherden, sondern auch auf die „indefensas poblaciones" verübten, die Reisenden bedrohten sowie wehrlose Frauen und Kinder verschleppten. Der große Augsburger Maler Johann Moritz Rugendas hat derartige Überfälle, die sogenannten „Malones", in zahlreichen Skizzen und Ölgemälden festgehalten.

Abb. 54: „El rapto (El Malón)", Öl auf Leinwand von Johann Moritz Rugendas, circa 1845.

Deutlich klingt in solchen Passagen Echeverrías Thema der *Cautiva* an. Der gewaltsame Tod sei, so der Erzähler Sarmientos, fast zu einer Normalität im Leben, aber auch im stoischen Charakter der Argentinier geworden. Der Tod und ein gewaltvolles Ende seien daher nichts Außergewöhnliches für Menschen, die ihn zu empfangen, aber auch zu geben gewohnt sind. Der Gaucho verachte aber nicht nur den Tod, sondern auch die Flüsse, die doch die wichtigste Gabe der Vorsehung für eine Nation seien. Und nicht umsonst sind es gerade in der ersten Hälfte des 19. Jahrhunderts europäische Reisende, die sich entlang der argentinischen Flüsse einen Weg in die unbekannten Weiten des Kontinents zu bahnen versuchen; Unternehmungen, von denen Sarmiento ohne Zweifel wusste und die er teilweise auch anführte.

Die Pampa hingegen ist für Sarmientos Erzähler jener weite Raum, der den zivilisatorischen Impuls nicht oder zumindest doch in nur sehr abgeschwächter Form weiterzugeben in der Lage sei. Das Landesinnere sei vielmehr geprägt von einer deutlich asiatischen Färbung; ein Thema, das im weiteren Verlauf des Buches immer wieder anklingt und die Weiten Amerikas mit den asiatischen Weiten, die Gauchos mit den asiatischen Reitervölkern in Beziehung setzt. Dies erlaubt auch politische Parallelen, werden doch so Beziehungen zur (schon damals) sprichwörtlichen asiatischen Despotie gezogen. Diese Abwertung des Ostens gehört zum *Orientalismus*, den Sarmiento aus den europäischen Literaturen seiner Zeit entnahm.[10] Dass die Terme ‚Orientalismus' und ‚orientalistisch' angesichts der Kugelform der Erde nur aus Europa heraus Sinn machen, erübrigt sich im Grunde zu erwähnen. Dass später ein von den USA auf Lateinamerika bezogener *Latinamericanism* als Begriff geschaffen wurde,[11] würde uns in der Diskussion dieser Vorlesung allerdings zu weit führen.

Als Gegenbild führt der Erzähler des *Facundo* die schottischen und deutschen Einwandererdörfer ins Feld, in denen – ich komme darauf ein wenig später noch einmal zurück – alles geordnet zugehe, die Kühe beständig gemolken sowie Milch und Käse produziert würden. Mit anderen Worten: Der Faulheit der Indianer, der Spanier und Mestizen, der Zambos und Mulatten wird der Fleiß und die Tüchtigkeit nord- und mitteleuropäischer Einwanderer gegenübergestellt, die – so zeigt die Beschreibung – ihre europäischen Erfahrungen in Amerika einbringen und das ganze Land voranbringen können: Diese Einwanderer sind hochwillkommen!

---

10 Vgl. hierzu das Standardwerk von Said, Edward W.: *Orientalism*. New York: Vintage Books 1979.
11 Vgl. hierzu Santí, Enrico Mario: Latinamericanism and Restitution. In: *Latin American Literary Review* (Pittsburgh) XX, 40 (July – December 1992), S. 88–96.

Im Gegensatz hierzu stehen die Ortschaften des „Interior" für die Barbarei ein: Die Bevölkerung ist über weite Flächen disseminiert, Ansatzpunkte für zivilisatorische Einrichtungen fehlen. Davon setzt sich umso deutlicher die Stadt als Gegenbild ab: Sie ist Zentrum der Zivilisation und beherbergt in ihrer regelmäßigen Anlage alles, was die „pueblos cultos", die kultivierten Völker ausmache. Alle Attribute europäischer Zivilisation, von den Schulen bis zum Frack, sind an die Städte, an die Stadtzentren gebunden. Die Gegensätze zwischen Stadt und Land erscheinen dem Beobachter als so stark, dass er glauben könnte, es handle sich um zwei verschiedene Völker: Der Zivilisation der Stadt steht die Barbarei des Landes nahezu unvermittelt gegenüber.

Diese Barbarei freilich hat durchaus ihre Größe. Im Jahre 1838 will der Ich-Erzähler an einer Szenerie beteiligt gewesen sein, die ihn an die primitiven Zeiten der Welt vor der Institutionalisierung einer Priesterkaste erinnerte. Denn 1838 erlebt er – und dies ist ein weiteres autobiographisches Element – ein gleichsam prähistorisches Gebet, das ihn ob seiner Vollkommenheit zum Weinen gebracht habe, wurde doch dort vom Himmel ergiebiger Regen, Fruchtbarkeit für die Herden und Schutz ihrer Bestände erfleht. Dagegen biete das Christentum heute ein Bild der Korruption, eine Lehre ohne Glauben und Überzeugungskraft.

Die Reise ins Landesinnere ist für den Ich-Erzähler also eine Reise in die Vergangenheit, nicht nur in die Vergangenheit des Ich, sondern der Menschheit insgesamt. Reisen wird hier zur bewegbaren Zeitmaschine, welche die Ungleichzeitigkeit des Gleichzeitigen – Prähistorie, Mittelalter, Moderne leben im selben Land miteinander vereint und in unmittelbarer Nähe zu den Wilden, den „salvajes" – erlebbar macht. Die Zweiteilung der Reisen nach und in Amerika, die wir in einem eigenen Kapitel anhand von Texten Flora Tristans und Alexis de Tocquevilles untersuchten, bestätigt sich auch hier: Die Reise ins „Interior" gerät zur Reise in eine sonst kaum mehr zugängliche Vor-Zeit.

Innerhalb dieser Welt der unermesslichen Weiten der Pampa lebt der Gaucho; ein ‚Landschaftselement', das sich noch über lange Jahrzehnte bis in die zweite Hälfte des 20. Jahrhunderts hinein – etwa in den Erzählungen und Romanen von João Guimarães Rosa[12] aus dem brasilianischen Sertão – finden lässt. Seine Erziehung ist ganz auf körperliche Tüchtigkeit und Geschicklichkeit hin ausgerichtet, sein Leben bewegt sich im Rhythmus der Herden, für die er Sorge tragen muss. Sarmiento liefert hier ein beeindruckendes und das ganze Jahrhundert prägendes Bild des Gaucho, in welchem keineswegs nur die Verachtung alles Barbarischen, sondern auch ein Gutteil Bewunderung des in der Provinz aufgewachsenen „Sanjuanino" Domingo Faustino Sarmiento mitschwingt.

---

12 Vgl. Ette, Ottmar: *Von den historischen Avantgarden bis nach der Postmoderne*, S. 773–810.

Es wäre daher irreführend – wie dies lange Zeit in Teilen der Forschung geschah –, die von Sarmiento gesetzte Antithese zwischen Zivilisation und Barbarei absolut zu setzen und nicht verstehen zu wollen, dass es oft das abgewertete autochthone Element ist, das dem Schriftsteller immer wieder die gewaltigsten und literarisch überzeugendsten Darstellungen abnötigt. Diese literarischen Höhepunkte folgen einander, ohne dass der Erzähler dabei vergäße, den jungen Dichter Echeverría und dessen Gedicht *La Cautiva* zu erwähnen, dem mit guten Gründen eine entscheidende Rolle bei der ästhetischen Erfassung der Weiten Argentiniens völlig zurecht zugeschrieben wird. Sarmientos Vision der Pampa kann auf Echeverrías Ästhetisierung der weiten, ‚menschenleeren' Gebiete nicht verzichten.

In seinem *Facundo* wird Sarmiento explizit: Hätten Echeverrías neoklassizistische Vorgänger der europäischen Literatur nichts hinzugefügt, so habe ersterer doch seinen Blick den „inmensidades" und dem „desierto" zugewandt. Er tat dies nicht anders als Fennymore Cooper, der mit seinem *Letzten Mohikaner* nicht nur als einziger nordamerikanischer Romancier die Aufmerksamkeit Europas auf sich gezogen habe, sondern Praktiken darstellte, welche auch in der Weite der argentinischen Pampa Anwendung finden würden. Es geht hier um Vorbilder für eine Darstellung dessen, was bislang in den Literaturen noch nicht dargestellt worden war. Und es geht dabei keineswegs ‚nur' um eine Ästhetisierung des Landesinneren mit seinen Kordilleren und weiten Ebenen, sondern auch um die Darstellung jener Lebensformen, jener kulturellen Ausdrucksformen, welche sich in diesen Gebieten entwickelten.

Esteban Echeverría und andere argentinische Barden werden von Sarmiento hervorgehoben, doch repräsentierten sie ‚nur' die „poesía culta". Es gebe aber noch eine andere Poesie als die der Stadt, nämlich jene, welche der Text als „poesía popular" bezeichnet, die des Gaucho. Hier haben wir es mit einer Aufwertung zu tun, die ohne die Vorgeschichte der europäischen, speziell auch der deutschen Romantik gar nicht gedacht und zum Ausdruck gebracht werden kann. Denn fortan werden populäre, also volkstümliche, beim Volk verhaftete kulturelle Formen interessant. Der Erzähler hebt bewundernd die musikalischen Fähigkeiten der Mestizen, vor allem aber der Gauchos und ihrer volkskulturellen Traditionen hervor: Dies sind neue Töne, wie sie so noch niemals zuvor in den Literaturen des spanischen Amerika hörbar wurden. All dies ist insoweit bedeutend, als damit der volkskulturelle Pol nicht mehr nur verwendet, sondern auch – gewiss in engen Grenzen – aufgewertet und als eigene kulturelle Äußerungsform verstanden wird. Dies betrifft gerade auch die kleineren musikalischen Formen, die von der Hochkultur zuvor verachtet worden waren. Die Gitarre als spanisches Element, ja der spanische „Majo" seien noch bis heute überaus lebendig: man könne ihn im „Compadrito", aber auch im Gaucho auf dem Land erkennen und noch immer identifizieren. Das Andalusische sei noch bis heute in durchaus authentischer Form zu vernehmen. Die hochkulturelle Literatur schließt sich in den Amerikas für die kleineren populären Formen auf, so wie in der europäischen Romantik das Interesse an Märchen, Legenden und volkstümlichen, nicht verschriftlichten Erzählungen auf breiter Front erwacht war.

In der Folge werden in Sarmientos Text vier Figuren, im eigentlichen Sinne exemplarische Typen, eingeführt: Rastreador, Baqueano, Gaucho malo und Cantor. Sie bilden Grundtypen, die im zweiten Teil des heterogenen Textgebildes dann gleichsam aus der statischen Deskription in lebendige Bewegung versetzt werden. Die vielleicht außergewöhnlichste Figur ist die des Rastreador, des Fährtenlesers, der größte Achtung im Landesinneren genieße, da er ein Wissen beherrsche, welches für die Landbewohner von direkter Nutzbarkeit und Wichtigkeit ist. Ihm kommt eine fast gottgleiche Funktion zu, wenn er Verbrechern im wörtlichen Sinne auf die Spur kommt und mit dem Finger auf sie zeigt: „Der war es!" Eine Reihe recht unwahrscheinlich klingender Erfolge des berühmten Fährtensuchers Calíbar dokumentieren die Bewunderung des Ich-Erzählers (und zweifellos Sarmientos) für diesen argentinischen Typus; eine Bewunderung, die er auch dem Baqueano, dem Kenner des Landes und seiner Wege entgegenbringt. Manche Baqueanos hätten es im Übrigen aufgrund ihres Ansehens und ihrer Wichtigkeit zu Generälen, ja zu Staatsmännern gebracht – aber auch zu Diktatoren wie Rosas, der das Weidegras der verschiedenen Vieh-Estancias am unterschiedlichen Geschmack erkennen könne. Dabei fällt einem Alexander von Humboldt ein, der am Orinoco die Indianer darum beneidete, die verschiedenen Bäume anhand des Geschmacks ihrer Borke voneinander unterscheiden zu können. Alexander selbst konnte trotz aller Versuche keine geschmacklichen Unterschiede zwischen den Baumrinden feststellen.

Damit kommen wir schon zum Typus des Gaucho malo, eine fast schon mythische Figur, die in ihrer ganzen Gefährlichkeit und Rücksichtslosigkeit inszeniert wird. Noch im 20. Jahrhundert können wir sie in der brasilianischen Prosa eines João Guimarães Rosa bei der Arbeit bewundern.[13] Der Gaucho malo ist ein „salvaje de color blanco", ein Wilder von weißer Hautfarbe, jedoch kein Bandit oder Räuber, was Sarmientos Ich-Erzähler vehement unterstreicht. Der Cantor wiederum wird als Barde, als Vate und Troubadour des Mittelalters präsentiert, den bei seinen Streifzügen durch das Land nichts erschüttere, habe er doch schon alles gesehen. Die Schlussfolgerung aus diesen Überlegungen ist eindeutig:

---

13 Vgl. hierzu Ette, Ottmar / Soethe, Paulo Astor (Hg.): *Guimarães Rosa und Meyer-Clason. Literatur, Demokratie, ZusammenLebenswissen*. Berlin – Boston: Walter de Gruyter 2020.

> In der Republik Argentinien sieht man gleichzeitig zwei verschiedene Zivilisationen auf ein und demselben Boden: eine entstehende, die ohne Kenntnis von alledem, was sie über ihrem Kopf hat, die naiven und volkstümlichen Bemühungen des Mittelalters fortführt; und eine andere, die sich nicht darum schert, was sie vor ihren Füssen hat und versucht, die neuesten Ergüsse der europäischen Zivilisation in die Wirklichkeit umzusetzen. Das neunzehnte Jahrhundert und das zwölfte Jahrhundert leben zusammen: das eine in den Städten, das andere auf dem Lande.[14]

Die in diesen Ausführungen von Sarmientos Erzählerfigur vorgetragenen kulturtheoretischen und geschichtsphilosophischen Überlegungen sind in mehrfacher Hinsicht bemerkenswert: Sie betreffen zum einen die Kopräsenz kultureller Phänomene und Gegenstände, die verschiedenen Zeitaltern, verschiedenen Jahrhunderten angehören. Man könnte in einem ganz an Ernst Bloch ausgerichteten Sinne von einer Gleichzeitigkeit des Ungleichzeitigen sprechen. Denn über mehrere Jahrhunderte hinweg, so die These des Erzählers, leben zwei Zivilisationen nebeneinander her, ohne sich wirklich zu berühren und miteinander in Kontakt zu stehen. Charakteristisch ist dabei, dass die großen Landflächen um Jahrhunderte in der Zeit gegenüber den Städten zurückhinken, dass weite Teile Amerikas folglich einer Vergangenheit angehören. Das „Interior" Amerikas erscheint wie ein anderes Mittelalter Europas.

Dies bedeutet, dass im *Facundo* – und keineswegs nur an dieser Stelle – ein Phänomen auftaucht, das in den achtziger und neunziger Jahren zumeist als soziokulturelle Heterogenität oder auch als kulturelle Hybridität bezeichnet wurde.[15] Verschiedene und mehr noch höchst gegensätzliche kulturelle Welten leben zusammen, ohne dass es notwendigerweise zu einer Homogenisierung kommen müsste. Dies ließe sich zweifellos am besten in die Theoriemetapher des Hybriden, also der kulturellen Hybridität Lateinamerikas fassen. Dabei handelt es sich freilich um eine Hybridität, die Sarmiento anhand einer Chronologie aufzuzeigen versucht, welche allein an der geschichtlichen und kulturellen Entwicklung Europas ausgerichtet ist – so als gäbe es nur einen einzigen, von Europa vorgezeichneten zivilisatorischen Weg.

Nur in diesem hybriden, nicht miteinander vermischten Sinne koexistieren – glaubt man der oben zitierten Passage – das zwölfte und das neunzehnte Jahr-

---

14 Sarmiento, Domingo Faustino: *Facundo*, S. 40.
15 Vgl. hierzu Cornejo Polar, Antonio: Indigenous and heterogeneous literature: their dual sociocultural status. In: *Latin American Perspectives* 16 (Spring 1989), S. 12–28; García Canclini, Néstor: *Culturas híbridas. Estrategias para entrar y salir de la modernidad*. México: Grijalbo 1990; sowie Ette, Ottmar: ¿Heterogeneidad cultural y homogeneidad teórica? Los „nuevos teóricos culturales" y otros aportes recientes a los estudios sobre la cultura en América Latina. In: *Notas* (Frankfurt am Main) 7 (1996), S. 2–17.

hundert miteinander. Zugleich ist die Präsenz der europäischen Moderne überaus gefährlich, scheint sie doch unweigerlich das Mittelalter in Amerika zu gefährden und zu bedrohen. Dabei müssen wir selbstverständlich bedenken, dass es in den Amerikas kein Mittelalter im abendländischen, kulturgeschichtlich europäischen Sinne gab. Damit verbunden ist also eine geschichtsphilosophische und kulturtheoretische Teleologie, der zufolge die damals aktuelle Heterogenität überwunden werden würde und an ihre Stelle eine Homogenität treten müsse, jene Europas, die in ihren neuesten Äußerungsformen in Amerika bereits Präsenz zeigt. Die nationalstaatlich homogenisierenden Aspekte dieser Vorstellung sind ebenso offenkundig wie ihr impliziter Eurozentrismus.

Zum anderen enthält diese Passage aber auch die Anerkennung nicht nur der Zivilisation der (europäischen) Moderne als der einzigen Moderne, sondern auch der Kultur des Gaucho malo, des Rastreador, *als Zivilisation*. In dieser Passage werden keineswegs Zivilisation und Barbarei einander antithetisch gegenübergestellt, wie dies an anderer Stelle durchaus geschieht, wie es aber vor allem in der Forschung allzu lange und allzu vergröbernd herausgestellt wurde. Fraglos gibt es in *Facundo* zu dieser Problematik im höchsten Maße widersprüchliche Aussagen. Und doch zeigt sich, dass Sarmiento nicht umhin konnte, der ‚mittelalterlichen' Kultur der amerikanischen Troubadoure eine zivilisatorische Adelung zu gewähren; auch wenn es fast so wie die letzte Ölung wirken mag, die man einer untergehenden, todgeweihten Kultur mit auf den Weg ins Jenseits gibt.

Ihre Vitalität steht freilich nicht zur Debatte: Sie ist es ja gerade, die sich unter der Rosas-Diktatur selbst im Raum der Stadt Gehör verschaffte, ja zur politischen und kulturellen Dominanz gelangte. Auch im *Facundo* fehlen nicht jene Passagen, die sich schon in Echeverrías *El Matadero* nachweisen lassen und von jener ungeheuren Ausstrahlungskraft und Faszination zeugen, welche die argentinische Kultur der Gauchos, der Sänger und Fährtenleser auf die Intellektuellen der großen Städte ausübte. Dieser enormen Faszination verdanken die dargestellten Typen in Sarmientos *Facundo* ihre Kraft, ihre Prägnanz, ihre ästhetische Wirkung auf die damalige Leserschaft wie auf die Leserinnen und Leser der zweiten Hälfte des 19. Jahrhunderts – eine Wirkung, die bis heute anzuhalten scheint.

Die große Ausstrahlungskraft der ruralen Kultur auf die städtischen Intellektuellen lässt sich zweifellos in Verbindung bringen mit jener romantischen Sensibilität für vergehende oder vergangene Kulturformen, für die ‚Reste' der Volkskultur oder auch für das Mittelalter, die für die Zeit seit den dreißiger Jahren im Cono Sur epochenspezifisch ist. Das Spezifikum der hispanoamerikanischen Romantik tritt somit deutlicher hervor: Es handelt sich um eine Romantik, die gleichsam vielkulturell ist, auf den Beziehungen zwischen verschiedenen, unterschiedlichen Kulturen aufruht und sich in einer Dezentriertheit gegenüber den Zentren, in einer peripheren Randlage weiß. Eben an dieser Stelle ergibt sich eine ganze Reihe von Beziehungen zwischen verschiedenen kulturellen Polen, welche innerhalb der Romantik nur zwischen Peripherie und Peripherie aufgebaut werden konnten.

Zugleich tritt eine ‚Orientalisierung' des Gaucho hinzu, insoweit sich bei den Gauchos eine ähnliche Verehrung des Sängers, eine ähnliche Liebe für Pferd und Zaumzeug finden wie bei den Arabern. Diese ‚Orientalisierung' trägt mitunter durchaus positive Züge, wie ein Zitat von Victor Hugo zeigt, das auf die Argentinier übertragen, eigentlich aber auf die Araber gemünzt gewesen war. Domingo Faustino Sarmiento greift in seinem *Facundo* mehrfach zurück auf die Woge des „orientalisme", die Frankreich im 19. Jahrhundert erfasst hatte und nicht nur die Romantiker in ihren Bann schlug. Die Arabisierung der Kultur in den weiten amerikanischen Flächen wird freilich in der Folge wesentlich weniger positive Aspekte annehmen und eher die Vorzeichen einer Un-Kultur erhalten, mit Hilfe derer die asiatische Tyrannei der Rosas-Diktatur gebrandmarkt werden soll. Die Vorstellung der genannten vier Grundtypen bietet Sarmiento allerdings eine konstruktive Möglichkeit, diese statischen Elemente in durchaus ambivalenter Weise im weiteren Verlauf der Geschichte in lebhafte Bewegung zu setzen. Denn der Leser – so heißt es im Text – werde, sei die Geschichte erst einmal in Gang gekommen, schon erkennen, welche realen Figuren diesen Typen von Rastreador, Baqueano, Gaucho malo und Cantor entsprächen.

Vor diesem Hintergrund dürfen wir auch auf die literarische Form blicken, die Sarmientos Schreiben sich schuf: keiner klaren Gattung folgend, keiner von der europäischen Tradition sanktionierten Diskursform huldigend, sondern an der spezifisch argentinischen Situation orientiert jene literarische Form kreierend, die den eigenen Bedürfnissen und jenen der Leserschaft wohl am ehesten entsprach. Facundo Quiroga ist laut Sarmiento ein Produkt der amerikanischen Barbarei; aber Sarmientos *Facundo* selbst, sein Buch also, ist nicht weniger ein Produkt jener Ungezügeltheit, jener alles Klassische, alles Homogene fliehenden Prägungen, die dem Autodidakten Sarmiento seine Stärke, seine Faszinationskraft bis heute vermittelten. Sarmiento ist in dieser Hinsicht wie sein Erzähler die Fortsetzung des von ihm so mit Hassliebe betrachteten Cantor; ja er repräsentiert diese Figur des volkstümlichen Sängers, des argentinischen Barden, mit seiner rauen, nicht europäisch kultivierten Stimme selbst.

Ich möchte damit unsere kurze Untersuchung des ersten von drei Teilen des *Facundo* abschließen! Es handelt sich dabei um jenen Teil, der die geschichtsphilosophischen, ideologischen, kulturtheoretischen, anthropologischen, charakterologischen und auch autobiographischen Grundlagen für die beiden nachfolgenden Teile bereitstellt, deren erster dem Titelhelden, eben Juan Facundo Quiroga, der Inkarnation des Gaucho malo gewidmet ist. Wir können auf der Grundlage des bereits Analysierten nun schneller voranschreiten, um noch besser zu begreifen, wieso Domingo Faustino Sarmientos *Facundo* so charakteristisch für das argentinische wie lateinamerikanische 19. Jahrhundert mit all seinen intertextuellen und kulturellen Bezügen zu Europa ist.

Sarmientos Hauptwerk ist *auch* eine Biographie. Und wie es sich für eine Biographie gehört, ist das erste Kapitel des zweiten Teils mit „Kindheit und Jugend" Facundos überschrieben. Doch wird der Held dieser Biographie keineswegs nach einem stur chronologischen Schema eingeführt, sondern erscheint wahrlich spektakulär auf der Bühne des Geschehens: Denn ein Gaucho rettet sich vor den Verfolgungen der Justiz ins „Desierto", eine menschenleere, menschenfeindliche Landstrecke zwischen San Juan und San Luis in der Hoffnung, bald von seinen Kumpanen erreicht zu werden, die ihm das für die Flucht notwendige Pferd mitbringen sollen. Bald schon hört man das schreckliche Brüllen eines furchterregenden Tigers, der seit längerem die Gegend unsicher macht und rasch wird aus der Flucht vor der Justiz die wesentlich gefahrvollere Flucht vor dem hungrigen Raubtier.

In höchster Not rettet sich der Gaucho auf einen einzeln stehenden Baum, in dessen schwankender Krone er zwar den Augen des herannahenden Tigers nicht verborgen, wohl aber vor dessen Angriffen vorübergehend geschützt bleibt. Der Tiger blickt den Gaucho mit blutunterlaufenen Augen, mit seiner „mirada sanguinaria" so intensiv an, dass die faszinierende Anziehungskraft dieses Blickes den Geflüchteten schwächt. Mensch und Tier, Auge in Auge, Tod oder Leben: Hier herrscht allein das Gesetz des Stärkeren. Zum Glück für den Gaucho finden seine Kumpane nicht nur seine Spur und jene des Tigers, sondern auch die beiden selbst vor, noch bevor es zum entscheidenden Zweikampf zwischen Mensch und Raubtier gekommen ist. An dieser Stelle setzt unsere nächste Kostprobe aus *Facundo* ein, die vielleicht erklären mag, warum das Buch so attraktiv für zeitgenössische wie für spätere Leserschichten ist:

> In der Tat hatten seine Freunde die Spur des Tigers gesehen und waren ohne Hoffnung, ihn noch zu retten, in die Richtung gerannt. Das verstreute Zaumzeug enthüllte ihnen den Ort der Szene, und zu ihm hinzueilen, die Lassos zu entrollen, diese über den Tiger zu werfen, der *verpackt* und verblendet vor Wut war, war das Werk von Sekunden. Das von zwei Lassos niedergestreckte Raubtier konnte den wiederholten Messerstichen nicht mehr entweichen, mit denen ihn aus Rache für seine lange Agonie jener durchbohrte, der das Opfer des Raubtiers hätte sein sollen. „Damals habe ich erfahren, was Angst ist", sagte General Don Juan Facundo Quiroga, als er einer Gruppe von Offizieren diese Begebenheit erzählte.
> So nannten sie ihn den *Tiger der Ebenen*, und dieser Ehrentitel stand ihm wahrlich nicht schlecht zu Gesicht.[16]

---

16 Sarmiento, Domingo Faustino: *Facundo*, S. 74.

So vermag Domingo Faustino Sarmiento zu schreiben! Der Gaucho malo, der im Übrigen wie Sarmiento selbst aus San Juan kommt, wird gerettet, gleichzeitig erstmals namhaft gemacht und mit seinem Rang genannt: Es ist niemand anderes als Facundo selbst. Aus der Stimme des Erzählers ist kunstvoll die Stimme Facundos geworden, der seinen Offizieren von der Anekdote erzählt. Doch gleich danach übernimmt wieder die Stimme von Sarmientos Erzähler.

Halten wir fest: Aus dem von der Justiz verfolgten Außenseiter ist offiziell ein General geworden, der die Geschicke des Landes prägt! Bereits sein erster Auftritt ist verbunden mit den Semen Feindschaft gegenüber der Zivilisation, Brutalität, Blut, Messer, Kampf auf Leben und Tod, Zustechen ohne jedes Erbarmen. Facundo tötet den Tiger so, wie die Fleischhauer in Echeverrías *El Matadero* den Stier getötet hatten: in körperlichem Kontakt und mit dem Dolch, dem Messer. Dabei springt das Grausame des Raubtiers über auf die Grausamkeit des Menschen ganz so, wie der Name des Tigers auf Facundo übergeht. Ebenso wie später der Blick Facundos jenem blutrünstigen Blick des Tigers gleichen wird, der sein Leben einst bedrohte, wird er selbst gegenüber seinen Mitmenschen zu jenem Tiger, der blutrünstig immer neue Opfer fordert. Der Spitzname „El Tigre" passt auf Facundo!

Die Metonymie, jene semantische Verschiebung, die den ersten Auftritt Facundos mit dem Tiger und als Tiger prägt, hat Folgen: Facundo verkörpert den Tiger – auch sein Schädel gleiche dem eines Tigers –, verkörpert die amerikanische, zivilisationsfeindliche Natur und deren Prinzip von Kampf und Gewalt sowie dem Recht des Stärkeren. Die Biographie Facundos wird diese semantische Ebene, diese Isotopie fortführen: Das vermeintliche Opfer wird selbst zum Schlächter, bevor es seinerseits zum Opfer werden wird. Denn Facundo erliegt dereinst einem noch schlimmeren Raubtier derselben Abstammung: Juan Manuel de Rosas, dessen autokratischer Herrschaft vorrangig der dritte Teil des Buches gewidmet ist. Wir sehen: Metonymien wie ständige semantische Verschiebungen bilden eines der literarischen Hauptverfahren in Sarmientos *Facundo*. Da spielt es keine Rolle, dass die Fauna Argentiniens und Südamerikas keine Tiger kennt, wie die Biologen unter ihnen vielleicht wissen: Der Volksmund hat die Raubtiere so genannt und der Volksmund hat diesen Beinamen auch diesem gewissenlosen Gaucho malo gegeben.

Anhand von Anekdoten werden der Leserschaft der Lebensweg und die charakterliche Entwicklung Facundos sozusagen sozialgenetisch und zugleich repräsentativ für diese Gesellschaft Argentiniens vor Augen geführt. An den Unabhängigkeitskämpfen nahm Facundo teil, ohne freilich deren Ideale – und die Ideale ihrer Generäle – zu teilen. Stets brechen in allen Situationen Facundos Leidenschaften ungezügelt durch: Seine Blicke werden schnell zu Messerstichen. Durch Geschicklichkeit und Schläue, durch eine Vielzahl von Fähigkeiten, die der

Erzähler keineswegs abstreitet, erreicht Facundo die Achtung, die Anerkennung, ja die Bewunderung und treue Gefolgschaft seiner Leute. Er wird zu jenem Caudillo, zu jenem Warlord, als den man ihn verehrt und fürchtet.

Bald fehlen auch transzendente Attribute nicht: Bisweilen erscheint Facundo als Statue eines zürnenden Jupiters, als Bild eines unnachgiebigen Gottes beim Jüngsten Gericht. Als solcher greift er in die Geschicke der argentinischen Stadt La Rioja ein, die in ihren Grundzügen als Palästina vergleichbares Araberland erscheint, in welchem noch wie im mittelalterlichen Italien die alten Geschlechterkämpfe ausgefochten werden. Sarmiento bleibt sich treu und schildert das europäische Mittelalter im Hinterland von Buenos Aires.

Durch militärische Erfolge, gelungene Mordanschläge und geschicktes Taktieren gelingt es dem aufstrebenden Heerführer, 1835 zum Herrscher über La Rioja und ihre gesamte Region aufzusteigen. Zerstörung und ungebremste Habsucht sind neben der Gewalttätigkeit Merkmale seiner autokratischen Gewaltherrschaft. Insoweit könne man auch nicht davon sprechen, dass Facundo ‚regiere': Er verwandelt vielmehr in der Folge La Rioja in eine Kriegsmaschinerie für die Durchsetzung seiner eigenen autokratischen Ziele. Zum Kontrast wird Rivadavia angerufen, dessen Präsidentschaft 1826 begann. Während die Caudillos des „Interior" die Abtrennung vom Ausland verfolgen, gebe es noch immer jenes Argentinien, das Kontakt nach außen suche und mit der Welt verbunden sei, so der Erzähler. Die einen würden nach Föderation, die anderen nach einer Zentralregierung schreien: Die Grundstrukturen eines Zweiparteiensystems, wie es auf dem amerikanischen Kontinent vorherrscht, scheinen gelegt. Das politische Argentinien wird bald in „Federales" und in „Unitarios" zerfallen.

So versucht der Erzähler Sarmientos nach eigener Aussage, die geographische und politische Karte der verschiedenen Vorstellungen und Ideen zu entwerfen. Als anschauliche Gegenpole werden dabei die Städte Córdoba und Buenos Aires herangezogen: Wie immer folgt Sarmiento seiner Leidenschaft, in Oppositionen zu denken. Bis 1825 seien jedenfalls diese beiden Städte die vorherrschenden Gegenpole der argentinischen Republik gewesen. Das schöne Córdoba sei das einzige Beispiel mittelalterlicher Stadtarchitektur in Amerika und verkörpere bis ins 19. Jahrhundert den spanischen Geist, von dem Sie übrigens selbst heute noch etwas in der Stadt verspüren können. Aus den „Claustros de Córdoba" seien nicht weniger als acht Generationen von Doktoren, Theologen, Rechtsgelehrten hervorgegangen. Doch sei die ganze Stadt letztlich nichts anderes als ein einziges „Claustro"; und eines zumal, das nicht um sich herum blicke und etwa das Land in einem realistischen Licht sehe. Natur, Kunst und Geist hätten die Stadt geformt, sie sei gleichsam natürlich zu einer „enclaustrada" geworden; hier habe es keinen Platz für die revolutionären Ideen eines Rousseau, eines Voltaire, eines Mably gegeben. Mit anderen Worten: In den noch mittelalterlich iberisch geprägten

Mauern von Córdoba habe der geokulturelle Dominantenwechsel von Spanien zu Frankreich und England nicht stattgefunden.

Dagegen biete Buenos Aires das Bild einer dynamischen, zukunftsorientierten Stadt, deren Karriere fast als unwiderstehlich erscheint. Die Opposition ist stark und verblüfft angesichts einer Stadt, die im Rückblick von der argentinischen Historiographie noch als „la gran aldea", als das große Dorf bezeichnet wird. Waren, Bücher, Ideen würden im Hafen der Stadt umgeschlagen. Buenos Aires halte sich zunehmend für eine Fortsetzung Europas, insbesondere des französischen Geistes; eine Vorstellung, die im Übrigen auch im 20. Jahrhundert zumindest bis in die sechziger Jahre noch nachzuweisen sein dürfte. Buenos Aires erscheint im Gegensatz zu Córdoba, aber auch zu Bolívars Caracas als eine „ciudad entera de revolucionarios", als eine Stadt, die hinter den Revolutionären stehe und für die Revolution kämpfe.

Die Kapitale am Río de la Plata ist ein Zentrum der Zivilisation: Enthispanisierung, Europäisierung und Anbindung an fremde Nationen seien nirgends in Amerika so stark wie in Buenos Aires. Buenos Aires, so heißt es hier noch ganz unbedarft, übernahm die Ideen Europas, seien es nun die der politischen Revolution der Franzosen oder des wirtschaftlichen Freihandels von Adam Smith. Der Erzähler wird so sehr von seinen Vorstellungen mitgerissen, dass das bipolare Modell Córdoba versus Buenos Aires zum gleichfalls bipolaren, aber keineswegs deckungsgleichen oder zumindest kongruenten Gegensatz überleitet zwischen der von Rivadavia verkörperten europäischen Zivilisation und der von Facundo Quiroga und Rosas inkarnierten amerikanischen Barbarei. Mit den „salvajes", den Wilden sei Buenos Aires über die Pampa, mit Europa über das Meer verbunden. Wohin werde sich diese Stadt neigen?

Die bei Sarmiento so beliebten überlappenden Antagonismen, die sich ständig wechselseitig verschieben und vom Erzähler immer wieder geordnet werden sollen, verweisen auf eine Vorstellung, in welcher die Bipolarität zwar dominiert, sich zugleich aber auf eine tiefer liegende Ebene dazu widersprüchlich verlaufender Antagonismen hin öffnet. Es ist, als wäre Sarmientos Erzähler von der Obsession dieser Antagonismen fasziniert, die Gegensatzpaare aber nur selten im Zaume halten kann, da sich ständig unvorhergesehene Widersprüche einschleichen. Darüber hinaus – das sei hier nicht vergessen – wird Buenos Aires innerhalb eines solchen Raums zur Insel inmitten eines Meeres der Unkultur: Die Identität der Stadt erscheint hier gleichsam als insulare Identität. Buenos Aires ist als Insel eine Welt für sich, eine Insel-Welt, zugleich aber auch eine Inselwelt insofern, als diese Insel weltweit mit anderen Inseln in Verbindung steht – und eben dies ist das Ziel von Domingo Faustino Sarmiento, das er in seiner Zeit als argentinischer Präsident politisch umzusetzen suchte.

Lässt sich Rivadavia mit dem Bild von Buenos Aires noch identifizieren, so geht dies bezüglich amerikanischer Barbarei und spanisch-mittelalterlicher Zivilisation nicht mehr. So haben wir es zumindest implizit mit einem dreipoligen Modell zu tun, denn der Vergleich der singenden Gauchos mit den mittelalterlichen Troubadouren kann nicht mehr überzeugen: Was vorher noch als Zivilisation (des Mittelalters) dargestellt wurde, kann nun schwerlich als amerikanische Unkultur beschrieben werden. Es ist, als entzöge sich der Text zunehmend den alles dominierenden Binomien auf geschichtsphilosophischer Ebene, trotz aller Versuche des sichtlich darum bemühten Erzählers, eine auf Antinomien aufgebaute Ordnung in jenes Bild zu bringen, das im ersten Teil noch relativ statisch und fixiert gewesen war. Die Dinge geraten in Bewegung, die Textmaschinerie entwickelt ihre eigenen Gesetze: Klare Grenzen verschwimmen, werden an anderer Stelle neu gezogen, überlappen sich in immer neuen Oppositionen, die sich wechselseitig in ihrer Ausschließlichkeit untergraben. Vergessen wir nicht: Sarmientos Text heißt nicht im Untertitel *Civilización o Barbarie*, sondern *Civilización y Barbarie*! Es ist ein Bild von Zivilisation *und* Barbarei, das sich der Leserschaft *Facundos* bietet.

Ausgehend von dessen Fahne – schwarz, mit Totenschädel, gekreuzten Knochen und dem Motto „Religion oder Tod" – wird eine Farbsymbolik entwickelt, auf deren oberster Stufe die Farben Blau und Weiß, die Nationalfarben Argentiniens für Frieden und Gerechtigkeit stehen: „azul celeste y blanco." Dagegen stehen die Farben der Gegner: „colorado, punzó", also Rot, eine Farbe, die sich auf Landesfahnen nur in barbarischen Ländern wie Algerien, Tunesien, Türkei, Marokko, Siam, Japan oder in Afrika finde. Den Wilden habe die Farbe Rot stets gefallen, so der Erzähler süffisant: Rot stehe für Terror, Blut und Barbarei. Esteban Echeverría hatte es nicht anders gesehen.

Eine ähnliche Symbolik wird in den Kleidungsstücken entdeckt, mit Hilfe derer sich jede Zivilisation ausdrücke und hinter denen wiederum ein ganzes System von Vorstellungen stecke. Romantik und Freiheit der Ideen führten zu häufigen Kleidungswechseln, tyrannische Barbarei dagegen zu invariabler Kleidung: eine interessante These, die man zum Teil auch heute noch belegen könnte. Jede Revolution bringe auch einen Kleidungswechsel mit sich; eine Idee, die sich in der Tat gerade am Beispiel der Französischen Revolution belegen ließe, waren bis dahin doch die modischen Grenzen ebenso strikt festgelegt wie die Ständegrenzen des Ancien Régime: Samt und Seide waren dem Adel vorbehalten. Heute – so darf ich als ehemaliger Mitarbeiter eines hochpreisigen Stoffherstellers für die Haute Couture hinzufügen – wird die Sache über Geld geregelt; die Grenzen selbst sind keineswegs verschwunden.

Bemerkenswert ist in diesem Zusammenhang Sarmientos Idee, dass die Mode jeweils nicht von der ganzen Welt bestimmt, sondern von der zivilisiertesten Nation durchgesetzt werde. Wir beginnen zu verstehen, welche Bedeutung der Frack in diesen Vorstellungen spielt; jener Frack, dem Facundo und Rosas einen unerbittlichen Kampf angesagt hatten. Juan Manuel de Rosas und seine „Mazorca" – und auch an dieser Stelle sind wir flugs von Facundo zu Rosas übergewechselt – hätten europäische Kleidung bewusst verfolgt. Und sie hätten ebenso bewusst wie brutal die uns schon aus *El matadero* bekannte „cinta colorada" durchgesetzt, verbunden mit jenem Spruch, den wir ebenfalls bei Echeverría kennengelernt hatten und der den Sprachterror des Regimes zum Ausdruck bringt: „Mueran los inmundos salvajes unitarios." Lachen dürfe man darüber nicht, schließlich habe die Inquisition auf dieselbe Weise mittels Sprachkontrolle funktioniert: Diese Krankheit, so folgert der Erzähler, tragen wir in unserem Blut! Es war übrigens ein Romanist, Victor Klemperer, der den Sprachterror der deutschen Nationalsozialisten auf die wohl eindrücklichste Weise in seinem Buch *LTI* über die „Sprache des Dritten Reiches" analysierte und demaskierte.[17]

Facundo ist ganz nebenbei ein Lehrstück über die Formen und Normen autoritärer und totalitärer Herrschaft. In den narrativen Ablauf, die Lebensgeschichte Facundo Quirogas sind also immer wieder extensive Passagen diskursiver Prägung eingeschaltet, die es dem Erzähler erlauben, die dargestellten Ereignisse zu kommentieren, einzuordnen, auf die damalige Aktualität und den eigenen politischen Kampf zu beziehen, zugleich aber auch ein Geschichtsmodell zu entwerfen, das von der Ebene der kleinen Geschichte her ständig wieder neu angestoßen wird. Die Nation wird zur Narration,[18] die ihrerseits eine Diskursivität schafft, welche Geschichte selbst als in Bewegung befindliches Objekt vorführt. Ein solches Geschichtsmodell ist in diesem Zusammenhang keineswegs nur das europäischer Zivilisation, wie es der Diskurs bisweilen glauben machen könnte: Gerade auf Ebene der Narration herrscht die sogenannte Barbarei in ihrer kraftstrotzenden und die Gegenwart beherrschenden Präsenz und Gewalt vor. Der Raum der Nation ist mithin nicht nur jener des Diskurses, sondern auch jener andere der Narration: nicht nur Zivilisation und Barbarei, sondern auch Facundo selbst, wie es der Titel schon auf paratextuelle Weise signalisiert.

Die Ereignisse der Geschichte einer Nation, einer Geschichte mit großem G, verschwinden dabei keineswegs. Rivadavias Rücktritt, die Machtübernahme der „Federales", der Mord an Dorrego, der Aufstieg Rosas': All dies ist in die Biographie Quirogas eingeblendet. Sie wird hier zur Historiographie, die Charakterologie zu einer Art Radiographie der Pampa, wie sie später Martínez Estrada in erneuerter Form essayistisch vorlegen sollte.[19] Die Kämpfe und Schlachten, das

---

17 Vgl. Klemperer, Victor: *LTI. Notizbuch eines Philologen.* 15. Auflage. Leipzig: Reclam 1996
18 Vgl. Bhabha, Homi K. (Hg.): *Nation and Narration.* London – New York: Routledge 1990.
19 Vgl. Martínez Estrada, Ezequiel: *Radiografía de la pampa.* Edición crítica de Leo Pollmann. Paris: Colección Archivos 1994; vgl. auch Weinberg, Liliana: *Ensayo, simbolismo y campo cultural.*

Abschlachten und Verdrängen des Anderen sind dabei ebenso individualpsychologische wie nationalgeschichtliche Elemente; ganz so, wie sich am Beispiel der „sombra terrible de Facundo" jenes Rätsel lösen soll, das die argentinische Nation schon im Eingangsteil der Leserschaft gestellt hatte. Die Figur Facundos wächst so über ihre konkrete historische Bedeutung hinaus: Sie wird zu einer mythischen Figur.

Warum aber siegt Facundo? Die Antwort des Erzählers fällt originell aus: Weil seine Gegner, etwa General Lamadrid oder General Lavalle, Argentinier seien. Sind sie nicht Unitarier? Schon, aber sie kämpfen nach Art der Gauchos! Auch für sie kann gelten, was der Erzähler so formuliert: Lupfe man nur ein wenig die Rockschöße des Fracks, mit dem sich der Argentinier verkleide, dann zeige sich darunter stets der „gaucho más o menos civilizado, pero siempre el gaucho", mithin der ewige Gaucho. Wohlgemerkt: auch bei den Unitariern oder ihren Rechtsnachfolgern – und auch beim Erzähler und Sarmiento selbst.

Die klaren Fronten verschwinden: Facundo kämpft bisweilen ‚gauchesk', bisweilen unitarisch, die Unitarier oft wie „Federales der Montonera", welche die kriegerischen Auseinandersetzungen mit wütenden Kavallerieangriffen beginnen. Der Gaucho – so ließe sich sagen – ist überall: auch er eine Obsession, ein Mythos Sarmientos und wohl ebenso der argentinischen Nation. Ein Mythos, der vom Land kam und nun in die Literatur der Städte, in die „ciudad letrada" eingedrungen ist. Dem Erzähler freilich scheint keine andere Wahl zu bleiben: Er ist dazu verdammt, unendlich viele „horrores", unendlich viele Schrecken und Gräueltaten zu erzählen. Der Erzähler wird hier selbst ein Stück weit zu jenem „Gaucho cantor", dessen Figur er neben jene des Rastreador, des Baqueano und des Gaucho malo dem dynamischen zweiten Teil, der eigentlichen Geschichte Facundos vorangestellt hatte. Der Leser werde diese Typen im Verlauf der Geschichte schon selbst identifizieren und man darf gewiss den Cantor mit Sarmientos Erzähler selbst in Beziehung setzen.

Schon zu Lebzeiten Facundos gab es Tendenzen zur Vergöttlichung dieses Caudillo; mehr aber noch bei Rosas, dessen Bild in Kirchen aufgehängt wurde, wie die Proscriptos – allen voran Sarmiento oder auch Mármol – in ihren Schriften nie zu erwähnen vergaßen. Beide Figuren setzt der Erzähler übrigens auch hinsichtlich ihres Verhältnisses zu Terror und Gewalt voneinander ab: Facundo werde leicht wütend, das Blut steige ihm dann in die Augen und er sehe alles „colorado". Rosas hingegen – so heißt es am Ende des siebten Kapitels im zweiten Teil des *Facundo* – werde nie wütend, er kalkuliere vielmehr kalt in seinem Arbeitszim-

---

México: Universidad Nacional Autónoma de México 2003, insb. S. 492–529.

mer.[20] Im Gegensatz zum Terror der französischen Revolution im berüchtigten Jahr 1793 sei Terror bei den Federales freilich längst zu einem Instrument der Macht geworden und nicht mehr bloße Auswirkung geschichtlicher Ereignisse. Doch sehen wir uns einmal eine Szenerie dieses Terrors näher an!

Alles beginnt harmlos: Einen der literarischen Höhepunkte des Bandes stellt zweifellos der Beginn des achten Kapitels im zweiten Teil mit einer lyrischen Beschreibung der Schönheit argentinischer Natur dar. Die Pflanzen-, aber auch die Tierwelt und hier vor allem die Vögel werden in ihrer tropischen Pracht des subtropischen argentinischen Nordens entfaltet. Es ist sehr aufschlussreich, dass sich der Erzähler bezüglich seiner Ausführungen bei einem britischen Reisenden und dessen Reisebericht rückversichert, so dass das europäische Auge, der europäische Blick, auf die exotische amerikanische Tropennatur gerichtet wird. Dieser europäische Blick auf das Argentinische wird als kulturell legitimierte Sichtweise in den Text eingeführt und integriert. Selbstverständlich wird auch ein Alexander von Humboldt nicht von Sarmiento vergessen.

In einem zweiten, klug eingeführten Schritt tritt in dieses Naturbild subtropischer Fauna und Flora, parallel zum Gesang der Vögel, der Gesang des Menschen hinzu. Hierbei kam der Erzähler nicht umhin, den Leser zu fragen, ob dieser nicht denke, es handle sich um ein Plagiat aus *Tausendundeiner Nacht* – erneut ein Verweis auf die positive Seite des zeitgenössischen literarischen Orientalismus. Freilich verneint er und fügt als krönenden Abschluss die „voluptuosidad" und Schönheit der Frauen von Tucumán hinzu; Frauen, die – so erklärt der Erzähler sachkundig – im Feuer der Tropensonne reifen. Überflüssig zu sagen, dass dieser Erzähler ein männlicher Argentinier ist und dass der Mythos der schönen Frauen von Tucumán bis heute lebendig blieb.

Sie merken: Der Mythos von der Schönheit dieser Frauen im Norden Argentiniens ist an den der tropisch-exuberanten und wollüstigen Frauen des europäischen Südens gekoppelt, wie er sich im kollektiven männlichen Imaginären bereits seit der griechisch-römischen Antike findet. Im Orientalismus des 19. Jahrhunderts lebte diese Bilderwelt wieder auf, findet sich um die Mitte des Jahrhunderts etwa in französischen Reiseberichten beispielsweise eines Gustave Flaubert und schwappte in veränderter Form auch in die Neue Welt der Amerikas über. Dort wird das eigene Andere unverzüglich orientalisiert.

Doch dann erscheint plötzlich ein krasser Kontrast: Unversehens betritt Facundo Quiroga die Szene – und wie ein Raubtier streckt der Gaucho malo seine Pranken nach frischer Beute aus! Die schönen Tucumanerinnen kommen allesamt zu dem in die Stadt eingefallenen Caudillo, um diesen um das Leben ihrer

---

20 Sarmiento, Domingo Faustino: *Facundo*, S. 199.

Männer, Verlobten oder Geliebten zu bitten. Ich möchte Ihnen diese Szenerie anhand eines gekürzten Auszugs plastisch vor Augen führen:

> Tucumán ist ein tropisches Land, wo die *Natur* ihren großartigsten Glanz zur Schau stellt; es ist das Eden von Amerika, und es gibt auf dem ganzen Erdenrund kein zweites. Stellt Euch die Anden bedeckt von einer grünschwarzen Decke mit einer kolossalen Vegetation vor, die unter der Franse ihres Kleides zwölf Flüsse entspringen lässt, welche in gleichem Abstand zueinander parallel verlaufen, bis sie sich alle nach einem einzigen Ziele ausrichten und vereinigt einen schiffbaren Kanal bilden, welcher keck durch das Herz von Amerika verläuft. [...] Über all dieser Vegetation, welche die phantastische Palette von Kombinationen und Farbenreichtum erschöpfte, flatterten Schwärme von goldenen Schmetterlingen, emailfarbenen Kolibris, Millionen von smaragdfarbenen Papageien, blauen Elstern und orangefarbenen Tukans. Der Lärm dieser kreischenden Vögel betört Euch den ganzen Tag, so als wäre es der Klang eines singenden Liedermachers. [...] Glaubt Ihr vielleicht, dass diese Beschreibung ein Plagiat aus *Tausendundeiner Nacht* oder aus anderen orientalischen Märchen wäre!? Stellt euch lieber rasch all das vor, was ich nicht von der Wollust und Schönheit der Frauen sage, die unter einem Himmel aus Feuer heranwachsen und schwankend zu ihrem Mittagsschlafe gehen, um sich sanft in den Schatten von Myrte und Lorbeerbaum zu legen und an solchem Orte, trunken von den Essenzen, welche all jene ersticken, die nicht an diese Atmosphäre gewöhnt sind, ihr Schläfchen halten. [...]
>
> Schluchzen entringt sich der ausgesuchten und schüchternen Gesandtschaft; das Lächeln der Hoffnung huscht über einige Gesichter, und alle zarten Verführungen der Frau kommen zur Anwendung, um das mitleidende Ziel zu erreichen, das sie sich gesteckt. Facundo ist lebhaft interessiert, und unter seinem dichten schwarzen Bart ließe sich in seinen Gesichtszügen Selbstgefälligkeit und Zufriedenheit ausmachen. Doch er muss sie eine nach der anderen befragen, von ihren Familien erfahren, vom Haus, in dem sie leben, tausend kleine Dinge, welche ihn zu unterhalten und zufriedenzustellen scheinen, was eine ganze Stunde in Anspruch nimmt und die Erwartungen und Hoffnungen am Leben erhält; am Ende dann sagt er ihnen mit der allergrößten Güte: „Hören Sie nicht diese Gewehrsalven?"[21]

Sie haben zu Beginn dieser langen Passage das patriotisch stolze Insistieren des Erzählers auf der Schiffbarkeit der Flüsse ebenso wie sein naturräumlich begründetes geopolitisches Denken wiedererkannt, das sich in der Folge zur romantischen Naturdarstellung öffnet, hin zu einer kaskadenartig übereinander sich auftürmenden Sprache sich opulent ausformend. Es sind voluminöse Satzgebilde und Sprachverästelungen, wie sie die neobarocken Sprachformen des 20. Jahrhunderts bei Autoren wie Alejo Carpentier oder Severo Sarduy hervorbringen sollten. Zweifellos haben Sie auch die Ästhetisierung der andinen Welt – noch immer von außen gesehen – erkannt, die auch hier nicht zufällig auf einen britischen Reisebericht zurückverweist. Die Paradiesmetaphorik durfte hier ebenso wenig fehlen wie die Vielfalt schillernder Geschöpfe, die von der Allmacht Gottes

---

21 Sarmiento, Domingo Faustino: *Facundo*, S. 204 ff.

in einer paradiesischen Welt zeugen. Denn Eden, das Irdische Paradies, konnte – wie schon Christoph Kolumbus wusste – allein in Amerika gesucht werden. Es ist bemerkenswert und auffällig, wie sehr sich Vorstellungen und exuberante Bilder vom Paradies auf Erden durch die Literaturen der Welt ziehen.[22]

In dieses paradiesische Dekor wird die Frau, die Tucumanerin hineingestellt – oder vielleicht sollte man besser sagen: hineingelegt. Denn sie scheint sich innerhalb einer solchen subtropischen Natur mehr der Muße, dem Genusse, der Erotik hinzugeben. Sarmientos Erzähler evoziert, ohne zu benennen: Er spricht von „voluptuosidad", fordert seine Leser aber auf, an seiner Stelle zu imaginieren, also durch Hypotypose Bilder im Kopf zu erzeugen. Dies ist ein seit der Antike bekanntes rhetorisches Verfahren, das aber gerade bei der erotischen Literatur des 19. und 20. Jahrhunderts gerne angewandt wird.

Die Frau steht in dieser literarischen Darstellung der Natur deutlich näher als der Mann, eine topische Darstellung, die sich quer durch die Literaturen des Abendlandes zieht. Sie wird von ihren Zyklen geprägt, von ihrem Klima umfangen, von der Sonne zum Reifen gebracht und von der Hitze der Tropen zur Siesta im Schatten der Bäume und Haine gezwungen. Diese genderspezifischen Zuordnungen erfolgen ohne jeden Zweifel aus einer männlichen Perspektive innerhalb einer patriarchalisch strukturierten Gesellschaft. Man könnte das Oxymoron wagen, dass die Frauen von Tucumán ein Bild lasziver Unschuld bieten, welches der Erzähler seine (männlichen) Leser hypotypotisch auszugestalten bittet.

Gegen die helle Silhouette dieser engelartigen Geschöpfe – als solche werden sie im weiteren Fortgang der Szenerie apostrophiert: Sie sind dabei freilich keineswegs engelhaft ungeschlechtlich – wird Facundo im Schatten seines schwarzen Bartes inszeniert. Diese diabolische Schwärze kann nur für eine gewisse Zeit durch eine vorgebliche Güte und Freundlichkeit übertüncht werden: Das sympathische Verhalten des Gaucho malo ist kalkuliert und vorgetäuscht. Denn bald schon fällt die Maske; und das Gesicht des Sadisten tritt der Leserschaft plastisch vor Augen in jener nur scheinbar harmlosen, nur scheinbar unschuldigen Frage, welche die Beschreibung der natürlichen und menschlichen Unschuld im idyllischen Tucumán ebenso abrupt wie endgültig beendet. Den schönen Frauen tritt unvermittelt der gewissenlose Mörder ihrer Männer, Verlobten und Geliebten entgegen: Diese nämlich werden auf Befehl Facundo Quirogas zum gleichen Zeitpunkt vollständig nackt auf dem Hauptplatz standrechtlich erschossen – „Hören Sie nicht die Gewehrsalven?"

---

22 Vgl. hierzu Ette, Ottmar: *Konvivenz. Literatur und Leben nach dem Paradies*. Berlin: Kulturverlag Kadmos 2012.

Der schwarze Bart des Facundo mag es noch unterstreichen: Über die paradiesische Welt der tropischen Schönheit ist die Macht des Teufels hereingebrochen. Es ist das Böse in seiner schrecklichsten, verstelltesten, blutdurstigsten Gestalt: Facundo Quiroga, der Gaucho malo, Gegner der Zivilisation! Facundo wird in dieser Passage zugleich zum Gegner der engelsgleichen Wesen und der paradiesischen Tropennatur; er verkörpert das absolut Böse. Sarmientos scharfe Kontraste lassen hieran keinen Zweifel aufkommen.

Es handelt sich dabei um eine Technik, die im lateinamerikanischen Diktatorenroman, der „Novela de dictadores", oder auch im Roman der „Violencia" in Kolumbien bis heute immer wieder aufgenommen worden ist. Insofern lassen sich Sarmientos *Facundo* wie Echeverrías *El matadero* als einflussreiche Vorläufer dieser langen Tradition lateinamerikanischer Diktatorenromane betrachten. Denn an literarischer Wirkkraft haben diese eindrucksvollen Passagen bis heute nichts verloren.

Mit diesem Bild des diabolischen Facundo möchte ich unsere Beschäftigung mit Domingo Faustino Sarmientos bis heute lebendig gebliebenem Hauptwerk abschließen; vieles gäbe es noch zu sagen über diesen Klassiker argentinischer Literatur der Romantik! Doch will ich die von Sarmiento so meisterhaft verwendete Kontrasttechnik als Anlass dafür nehmen, noch einige zusätzliche Gedanken über die Romantik zwischen zwei Welten anzuschließen und damit unseren literaturtheoretischen Faden wieder aufzunehmen. Dabei gehen wir unverändert davon aus, dass eine germanozentrische oder selbst eine europazentrische Definition von literarischer Romantik lange schon ausgedient hat.

Sicherlich ist auch auf amerikanischer Seite noch immer die ursprüngliche Bedeutung von Romantik zu spüren, welche auf volkstümliche Dichtung setzt und sich von der lateinischen Dichtungslehre – gleichsam der Hochkultur – absetzt. Denn das Romanhaft-Phantasievolle grenzt sich auch in den Amerikas ab von einem strengen Neoklassizismus, gegen den immer stärker die populären literarischen Formen einschließlich der Oralität ins Feld geführt werden. In Sarmientos *Facundo* betrifft dies die durchaus widersprüchliche Aufwertung einer mündlich überlieferten Kultur, einer Erzählwelt der Gauchos und des „Interior", die vom Autor des *Facundo* fast widerwillig ihre gleichsam hochkulturelle Adelung erfahren.

Sarmientos Verständnis und mehr noch seine literarische Praxis der Romantik zielen auf eine starke Vermengung unterschiedlichster Stilebenen und kultureller Pole, welche die von ihm bearbeitete Area des Cono Sur prägen. Dabei vermag er es, mit hochkulturellen Traditionen zu spielen und diese in eine komplexere Komposition als intertextuelle Bezugspunkte, nicht länger aber als normative Vorbilder miteinzubeziehen. Seine Literaturtheorie wie auch seine Theorie der Romantik ist schlicht seine literarische Praxis. Dabei spielt eine intertextuelle

Legitimation mit Hilfe europäischer Zitate und anleihen zweifellos eine wichtige Rolle, bildet aber keineswegs die Grundstruktur eines argentinischen beziehungsweise amerikanischen Verständnisses von Romantik, das sich aus unterschiedlichsten literarischen Bezugstexten und kulturellen Quellen speist sowie durch einen hohen Grad an Heterogenität gekennzeichnet ist.

Außereuropäische Landschaften waren von Beginn der europäischen Frühromantik an – wie wir sahen – recht häufig in den europäischen Literaturen und ihren Hauptwerken zu bewundern, eine Tatsache, welche auch die amerikanischen Schriftsteller zu ihren Darstellungen amerikanischer Natur ihrer jeweiligen Area inspirierte. Sicherlich spielten europäische Reiseberichte eine wichtige vermittelnde Rolle; doch unterschiedlichste Landschaftstypen und Naturbilder entstanden ebenso von den Andenkordilleren wie vom Tiefland der Pampas, von den Randgebieten der Ökumene wie von den subtropischen und tropischen Zentren (auto-)exotisierter Naturszenerien: In der Romantik entfalteten amerikanische Autoren vor ihrer Leserschaft die ganze Fülle der Natur ihres Kontinents. Friedrich Schlegels Diktum „Die romantische Poesie ist eine progressive Universalpoesie" verdient es, nicht nur germanistisch bezogen, sondern transatlantisch und transareal gedacht und ausbuchstabiert zu werden. Dass romantische Dichtkunst nie vollendet werden kann, zeigt sich ebenso auf der amerikanischen Seite des Atlantik, wenn auch in anderer und origineller transkultureller Form: bei Sarmiento etwa als Hybrid unterschiedlichster Gattungsmuster. Und die Setzung der deutschen Romantik als Durchdringung mit dem Leben wird im entstehenden Lateinamerika hochpolitisch gedacht.

Der scharfe Kontrast, der die gesamte Romantik in Form zahlreicher Gegensatzpaare durchläuft, findet bei Sarmiento eine höchst produktive Aufnahme, insofern er in einer klaren Antithese Zivilisation und Barbarei einander schroff gegenüberstellt. Auch im obigen Zitat hat er die engelhafte Schönheit und paradiesische Unschuld einem diabolischen Kalkül gegenübergestellt, das im Zeichen des Satanischen und Zerstörerischen steht. Doch unterläuft Sarmiento zugleich die antithetischen Strukturen, insofern er angesichts der zivilisierten Modellhaftigkeit europäischer Literatur nicht die Kultur der Gauchos und Rastreadores insgesamt verurteilt, sondern sehr wohl Stärke und Glanz dieser kulturellen Ausdrucksformen in seinem *Facundo* zur Geltung bringt.

Und auch dies ist romantisches Formdenken: der Wunsch und das Begehren, in einer einzigen Gattung verschiedenste Gattungsformen aufnehmen zu können. Hier spielt die romantische Dialektik von fragmentarischer Unabgeschlossenheit und Totalitätsanspruch in ein Denken hinein, welches im argentinischen und amerikanischen Kontext von einem Sarmiento nicht auf den Roman als Grundform, sondern auf die Gattungstraditionen eines offenen Essays übertragen wurde. Denn *Facundo* kann aus der Perspektive eines Essays über das grundlegende Rätsel Argentiniens sehr wohl Elemente einer Biographie und Autobiographie, einer naturkundlichen Darstellung und eines politischen Traktats, eines literarischen Reiseberichts und vieler weiterer Gattungsformen in sich aufnehmen, ohne dabei eine Einheit der gesamten literarischen Form anzustreben. Die Unabgeschlossenheit all dieser generischen Textbruchstücke ist dabei Programm und zeugt zugleich von einem amerikanischen Stilwillen, welcher die Eigenständigkeit einer amerikanischen Sichtweise hervorhebt. Diese Sprache verkörpert die Sprachgewalt einer amerikanischen Weltschöpfung, der funktionalen Erschließung einer ganzen Hemisphäre: Sie steht mit einem romantischen Weltentwurf, einem amerikanischen *Worldmaking* im Verbund.[23]

Die in Europa beobachtbare Affinität der Romantik zum Volkstümlichen wie auch zum Märchen und Irrationalen entwickelt sich in den Amerikas zu einer zunehmenden Auseinandersetzung mit den Populärkulturen, wenn auch erst anfänglich mit den Kulturen der indigenen wie der schwarzen Bevölkerungen. Doch die Romantik öffnet just an dieser Stelle ein Fenster auf das, was an der Wende zum 20. Jahrhundert zunehmend in das kollektive Bewusstsein der Lateinamerikaner treten wird: die Kopräsenz unterschiedlicher Kulturen auf einem einzigen Territorium.

Bei Domingo Faustino Sarmiento erscheint dies im *Facundo* noch als Gleichzeitigkeit des Ungleichzeitigen und damit noch nicht als wirkliche Öffnung gegenüber anderen, nicht-europäischen Kulturen. Es ist vielmehr der Versuch, auf einer Zeitachse verteilte und zueinander kopräsente kulturelle Aggregatzustände zunehmend zusammenzudenken und damit die Hybridität der eigenen kulturellen Situation zur Kenntnis zu nehmen. Dabei stellen das Heraustreten aus einer europäischen Rationalität und die Öffnung für Logiken einer scheinbar anderen Zeit wichtige Veränderungen dar, welche sicherlich etwa von den Reiseberichten eines Alexander von Humboldt thematisiert worden waren, nun aber unter der Feder amerikanischer Schriftstellerinnen und Schriftsteller eine neue Bedeutung erhalten. Sarmientos *Facundo* erlaubt uns daher, die Romantik nicht nur als ‚europäische Erfindung', sondern weiter und zumindest transatlantisch zu denken – eine Sichtweise, die uns mit ihrem Blickwechsel in den kommenden Kapiteln begleiten soll.

---

23 Vgl. hierzu Nünning, Vera / Nünning, Ansgar / Neumann, Birgit (Hg.): *Cultural Ways of Worldmaking. Media and Narratives*. Berlin – New York: Walter de Gruyter 2010.

José Mármol und die englischsprachige Romantik

Ich möchte die Generation der jungen argentinischen Proscriptos nach Esteban Echeverría und Domingo Faustino Sarmiento nun vervollständigen, indem ich Sie mit José Mármol bekannt mache, der von 1818 bis 1871 lebte. Wie, sie kennen ihn schon? Ja, ich hatte mich mit dem ersten von drei blinden Direktoren in der Geschichte der argentinischen Nationalbibliothek bereits in meiner Vorlesung *LiebeLesen* auseinandergesetzt;[1] dort freilich in einem anderen Kontext, den ich in diesem Kapitel und in Zusammenhang mit den beiden anderen argentinischen Schriftstellern komplementär ergänzen will. Wir wissen bereits, dass er wie Sarmiento nach dem Sturz der Rosas-Diktatur im Februar 1852 nach Argentinien zurückkehren, wie viele seiner Generation an die politische Macht kommen und wichtige Ämter innerhalb des labilen Nationalstaats einnehmen sollte.

Abb. 55: José Mármol (Buenos Aires, 1817 – ebenda, 1871).

Wie Echeverría und Sarmiento orientierte sich auch Mármol in seinem Schreiben grundsätzlich am ersten Pol unseres kulturellen Modells, mithin an der vorbildgebenden iberischen Kultur im Kontext ihrer abendländischen Traditionsstränge. Bei unserer Analyse wird sich zeigen, dass sich der Autor des Romans *Amalia* in starkem Maße und durchaus typisch für die Area des Río de la Plata an den Entwicklungen innerhalb der englischen Literatur ausrichtete und dieser Variante des ersten Pols eine hohe Bedeutung gab. All dies erfolgte im Zusammenhang all jener Diskussionen der Proscriptos über den zu schaffenden modernen Nationalstaat, mit dem man Argentinien, das über die üppigsten Bodenschätze verfügt und sicherlich *per se* das reichste Land Südamerikas darstellt, endlich in eine perfekte Startposition für das 19. Jahrhundert bringen wollte. Bei diesen Über-

---

[1] Vgl. Ette, Ottmar: *LiebeLesen*, S. 496–528.

legungen und Zukunftsvisionen spielte die Frage einer erhofften europäischen, vor allem mittel- und nordeuropäischen Einwanderung nach Argentinien eine zentrale Rolle.

Doch was auf der konkreten politischen und gesellschaftlichen Ebene europäische Einwanderung bewerkstelligen sollte, nämlich Argentinien endlich in eine rasche wirtschaftliche und soziale Entwicklung zu katapultieren, das musste der Ideentransfer auf literarischer beziehungsweise ästhetischer Ebene, selbstverständlich unter den Vorzeichen eines geokulturellen Dominantenwechsels mit neuer Ausrichtung an England und Frankreich, in die Wege leiten. José Mármol war in dieser Frage optimistisch.

Doch die Pläne der ins Exil gejagten argentinischen Intelligenzija hatten auch eine überaus dunkle Schattenseite: Denn sie radikalisierten die Ausrichtung am ersten Pol unseres Schemas. Von einer Radikalisierung ließe sich insoweit sprechen, als bislang marginalisierte kulturelle Pole nicht länger nur randständig bleiben, sondern brutal ausgeschlossen oder gar in die Vernichtung getrieben werden sollten. Das Motto des 1810 in Tucumán geborenen Juan Bautista Alberdi vom „Gobernar es poblar", vom „Regieren heißt bevölkern", meinte im Grunde eine Einwanderungspolitik, in welcher das Bevölkern mit europäischen Immigranten vorzugsweise nicht-spanischer Herkunft einher gehen musste mit einem Entvölkern von indianischen Gruppen – eine Position, der sich Sarmiento literarisch wie politisch zugehörig fühlte und für die er offensiv warb.

Aus einer derartigen Perspektive erschienen schwarze Kulturen nicht als kulturtragende Elemente des künftigen Argentinien, sondern mussten nach Ansicht dieser Gruppe als Zeugnisse einer Barbarei, die es auszumerzen gelte, schnellstmöglich beseitigt werden. Zu dieser Ansicht trat ein kurzfristiger politischer Aspekt mit hinzu, insofern die Schwarzen mehrheitlich auf Seiten der Rosas-Getreuen gekämpft und zu dessen heftigsten Anhängern gezählt hatten. Der volkskulturelle Pol rückte – wie wir sahen – durchaus in Gestalt der Gauchos ins Blickfeld, wurde aber zusammen mit dem Spanischen zugunsten der neuen kulturellen Zielvorstellungen, die deutlich im nicht-spanischen Europa lagen, ebenfalls ausgegrenzt. Man versuchte, ihre Zahl und damit ihren Bevölkerungsanteil zu dezimieren, indem man sie als Kanonenfutter in den Kriegen gegen die indigene Bevölkerung einsetzte und bewusst aufrieb.

Kulturelle Misch- und Hybridformen, die bei Sarmiento sehr wohl einen breiten Raum einnehmen, obwohl sie kulturell nicht als nationalstaatlich tragfähig erachtet werden, fristen ein marginales Dasein im politischen wie im literarästhetischen Spektrum: José Mármols *Amalia* bildet, wie wir gleich sehen werden, hierin keine Ausnahme. Überhaupt sind die Positionen der argentinischen Proscriptos von überraschender Homogenität und werden von denselben Darstellungsweisen wie von identischen Zielstellungen bestimmt. All dies gibt uns Hinweise genug auf die Tatsache, dass das kulturelle Projekt, das der jungen argentinischen Generation, den jungen Rebellen und Rosas-Gegnern vorschwebte, alles andere als revolutionär war. Dieses letztlich erfolgreich durchgesetzte Vorhaben plante die Fortführung der politischen Unabhängigkeit unter Beibehaltung einer mentalen und literarischen Abhängigkeit, wobei „Independencia" und „Patria" von den Vertretern des argentinischen Exils ständig auf den Lippen geführt wurden. Diese ‚Geburtsfehler' des kulturellen Projekts der argentinischen Proskribierten sollten wir ernst nehmen und in unseren Überlegungen berücksichtigen!

José Mármol gehört – wir haben es schon erwähnt – der Gruppe dieser Proscriptos an; und zwar jener des uruguayischen Exils, also des eigentlichen Zentrums des argentinischen Exils in Montevideo, gleichsam mit dem distanzierten Blick aus der Nähe des La Plata. Er hatte dessen Meeresarm 1840 überquert, zur Zeit des Höhepunktes des Terrors der Rosas-Diktatur und kurz nachdem er selbst in Buenos Aires das Gefängnis für einige Zeit kennenlernen musste. Wie Echeverría war auch er auf einer französischen Fregatte ins Exil entkommen. Seit 1838 – wir erinnern uns – hatten die Franzosen die Rosas-Regierung mit einer Seeblockade belegt, die auch in *Amalia* eine gewisse Rolle spielen wird.

In eben jenem Jahr 1840, in welchem der dreiunddreißigjährige Mármol das rettende Gestade Uruguays erreichte, sind die Ereignisse des Romans angesiedelt; genauer noch zwischen dem 4. Mai und dem 5. Oktober 1840. Und sie beginnen mit dem scheiternden Versuch einiger Argentinier, zur Flucht über den La Plata aufzubrechen und dem Rosas-Regime im wahrsten Sinne des Wortes den Rücken zu kehren. Dies weist unmissverständlich auf zwei wichtige Aspekte dieses Romans hin: erstens auf einen historischen und realgeschichtlichen Bezug, dem eine nur geringe zeitliche Distanz eignet; und zweitens auf eine stark autobiographische Grundtönung, welche den Roman, also die Fiktion auf einer realen Erfahrung der erlebten realhistorischen Geschichte aufruhen lässt. Auf diesen autobiographischen wie auf den historisch-politischen Grundzug des Romans werde ich noch mehrfach zurückkommen.

Der Roman *Amalia* von José Mármol erschien 1851, elf Jahre nach den historischen Ereignissen und vor allem der politisch und sozial unterfütterten Romandiegese, zu welcher die Fiktion einen engen Bezug aufweist. Er erschien im Feuilleton des von José Mármol selbst herausgegebenen Periodikums *La Semana* in Montevideo. Bis zu diesem Zeitpunkt war sein Verfasser vor allem als Lyriker bekannt: 1841 etwa hatte er sich erfolgreich an einem „Certamen" in Montevideo beteiligt. Daneben schrieb er Theaterstücke und politische Prosa, die auch in seiner eigenen Zeitschrift gegen die Rosas-Diktatur agitierte. In diesen Kontext gehört *Amalia* ohne Zweifel; als die Opposition gegen Rosas gegenstandslos wurde, büßte der argentinische Autor einen großen Teil seiner Kreativität ein.

1855 erschien der nochmals überarbeitete und dem Ende der Rosas-Diktatur angepasste Roman in Buchform.

In *Amalia* wird die Sarmiento'sche Opposition zwischen Zivilisation und Barbarei in eine Romanfabel umgestrickt und anders als in Esteban Echeverrías *El Matadero* auf eine ganze Nation bezogen. Der Nationenbildungsprozess erscheint als Allegorese in der tragischen Liebesbeziehung, die dem gesamten Roman – ähnlich wie in *La Cautiva* – die diskursive Grundstruktur und mehr noch den erzählerischen Treibstoff verschafft. In unserer Vorlesung *LiebeLesen* hatten wir uns ausführlich mit der ungeheuren Macht beschäftigt, mit welcher die Liebe den gesamten Roman als Sinnbild der Nation befeuert. Wir können diesen Aspekt im Folgenden also vernachlässigen: *Nation* und *Narration* gehen auch hier zusammen und vereinigen sich in der Gestalt der schönen Titelheldin, die zu einer der großen romantischen Figuren des argentinischen und lateinamerikanischen Romans avanciert.

Zweifellos ist Mármols *Amalia* ein historischer und ein politischer Roman zugleich. Die Bezugnahme auf Traditionen des englischen Romans und insbesondere auf den historischen Roman im Sinne Walter Scotts ist offensichtlich. Originell freilich ist José Mármol insoweit, als er die große Nähe zwischen erzählter Zeit und Erzählzeit dadurch künstlich ausweitet, indem er seinen Erzähler auf Ebene der Erzählzeit eine große zeitliche Distanz zum Geschehen aufbauen lässt. Sie wird in ihrem Verhältnis zur erzählten Zeit folglich in die Zukunft verlagert, so dass man angesichts des dadurch erzeugten fiktiven Abstands zum Geschehen mit einigem Recht von einem *historischen* Roman sprechen kann. Zugleich reiht er sich in eine andere Romantradition ein: Denn im Kontext der großen Werke argentinischer Erzählliteratur ergibt sich eine klare Entwicklung hin zur „Novela de dictadores". In *El Matadero* ist der Diktator überall anwesend aber nirgends sichtbar, im *Facundo* ist er gleichsam metonymisch verschoben hinter der Figur des Caudillo versteckt, um schließlich in Mármols *Amalia* dann zu einer wichtigen Romanfigur zu werden. Diese wurde vom Romancier nach allen Regeln der Kunst – und damit auch der Geschichte – gestaltet. *Amalia* zog damit die romantechnischen Konsequenzen aus früheren Texten und eröffnet den Weg für eine der fruchtbarsten Subgattungen lateinamerikanischer Erzählkunst, die im 20. Jahrhundert mit berühmten Texten von Asturias, Roa Bastos, García Márquez, Fuentes oder Vargas Llosa eine weit über Lateinamerika hinausstrahlende Blüte erleben sollte.

Der aus insgesamt fünf Teilen bestehende Roman setzt im ersten Kapitel des ersten Teils genau am 4. Mai 1840 mit der nächtlichen Szenerie eines Fluchtversuchs edler argentinischer Männer ins Exil ein, der durch Verrat und bösartige Hinterhältigkeit scheitert und in einem Blutbad endet. Denn die Schergen des Regimes antworten mit Mord auf diesen Versuch, den man hierzulande wohl als ‚Republikflucht' bezeichnet hätte. So findet bereits in dieser ersten Szene ein blutiger Kampf zwischen Zivilisation und Barbarei statt – so jedenfalls die Einordnung der Geschehnisse durch den Erzähler. Eduardo Belgrano, Sohn des berühmten argentinischen Generals Belgrano, kann dem Blutbad entkommen und rettet sich dank der Hilfe seines Freundes Daniel Bello in die Nacht. Eduardo ist wie alle Unitarier von großer äußerer Schönheit, die selbstverständlich auf seine hohen inneren Werte und damit seine moralische Überlegenheit verweist. Er kann sich ins Haus der nicht weniger attraktiven Amalia retten, die als Kusine seines Freundes Bello mit ihrer Schönheit für dieselben Werte der Freiheit einsteht. Nun, schön und schön gesellt sich gern; und Sie können sich die romantische Liebesbeziehung vorstellen, die zwischen beiden erwacht ...

Der hübsche Eduardo wird im Kampf mit den feigen, aber zahlreichen Mordbuben verwundet und schreit seinen künftigen Mördern zum ersten Mal „Barbaren" ins Gesicht.[2] Argentinien ist tief gespalten zwischen den Anhängern der Rosas-Diktatur und damit der Barbarei und den Verteidigern der Freiheit, der Menschenwürde und Zivilisation, die allesamt wie der Autor ins Exil gehen müssen. Sag' mir, was Du liest, und ich sage Dir, was du bist: Gleich zu Beginn erfahren wir, dass Amalia Alphonse de Lamartines *Méditations* liest,[3] mit denen wir uns später noch beschäftigen werden! Der Anblick der jungen Frau bezaubert den schwerverwundeten Eduardo, der sogleich „in einer Frau von zwanzig Jahren eine bezaubernde Physiognomie" wahrnimmt: „eine majestätische und ebenmäßige Stirne, braune Augen voller Ausruck und Gefühl sowie eine schöne Figur", wobei ein „schwarzes Gewand dafür gewählt schien, das strahlende Weiß ihres Busens und ihrer Schultern hervorzuheben".[4]

Amalia ist mit allen Wassern der Romantik gewaschen und entspricht dem Idealbild einer liebenden romantischen Frau – nicht nur in Lateinamerika. Das hervorstechende Merkmal dieser Frauengestalt ist die Blässe der romantischen Heldin, die sich kontrastiv vom schwarzen Kleid, aus welchem ihr Körper heraussticht, abhebt und so ihre weiblichen Formen preisgibt. Die junge Frau ist noch in Trauer, ist ihr älterer Ehemann, der ihr laut Erzähler niemals zu nahe trat, doch gerade erst verstorben. Eduardo wird die Trauerzeit etwas verkürzen, doch ist Amalia von Beginn an wie ein Kunstwerk oder Juwel in schwarze Melancholie

---

2 Mármol, José: *Amalia*. Prologo de Trinidad Perez. La Habana: Casa de las Americas 1976, S. 15.
3 Ebda., S. 24.
4 Ebda: „para descubrir en una mujer de veinte años una fisonomía encantadora, una frente majestuosa y bella, unos ojos pardos llenos de expresión y sentimiento y una figura hermosa, cuyo traje negro parecería escogido para hacer resaltar la resplandeciente blancura del seno y de los hombros."

gefasst, welche das Ende dieser Liebesgeschichte bereits ankündigt. Die junge, zwanzigjährige Frau ist die liebende Begleiterin und Muse gleichsam zweier Generationen: derjenigen der Väter, die für die Independencia kämpften, und der Generation der Jungen, welche die argentinische Republik vor der Barbarei retten müssen. Amalia ist die Verkörperung Argentiniens und selbstredend stammt die schöne Frau aus Tucumán.[5]

Wichtig ist, dass Amalia nicht allein französische, sondern vor allem auch englische Literatur liest. Sie verkörpert ein gebildetes Argentinien, das sich ‚natürlich' am literarischen Kanon eines modernen Europa jenseits von Spanien orientiert. Noch einmal: Amalia ist, was sie liest! Sie ist die Verkörperung europäischer Ideale auf amerikanischem Boden, Verkörperung dessen, was schon Echeverría und Sarmiento als den Pol der Zivilisation beschrieben.

Es ist keine Frage, dass die transareale Beziehung zwischen Lateinamerika und Europa von einer grundlegenden Asymmetrie geprägt ist, welche aus dem europäischen Kolonialismus erwächst.[6] Die Ausrichtung der jungen Frau – literarisch und kulturell – an Europa fügt sich folglich in eine Vektorizität ein, welche nicht allein von einer scharfen Asymmetrie ‚zwischen den Welten' geprägt ist, sondern zugleich ein transatlantisches spanischsprachiges Zusammenspiel entstehen lässt, aus dem sich in einem allgemeinen Sinne die Romanischen Literaturen der Welt entwickeln. Die Asymmetrie ist noch mit Händen greifbar, da Amalia nicht schreibt, sondern liest – und sie liest auch keine argentinische, keine amerikanische, sondern vielmehr europäische Literatur. Doch an dieser Stelle gerät nach der formalen, politischen Independencia der entstehenden hispanoamerikanischen Staaten etwas in Bewegung, was bereits als Sattelzeit jener Entwicklungen gedeutet werden darf, die zur wichtigen Rolle lateinamerikanischer Schriftstellerinnen und Schriftsteller im 20. Jahrhundert sowie zur Ablösung einer europazentrierten Weltliteratur durch eine multipolare Strukturierung der Literaturen der Welt führen sollte. Amalias Lektüre französischer und englischer Literatur bei José Mármol wird sich schon wenige Jahrzehnte später in einem Roman José Martís in die Lektüre von Mármols *Amalia* verwandeln und zugleich ein selbstbewussteres Schreiben hervorbringen, das sich in Lateiname-

---

5 Ebda., S. 25.
6 Vgl hierzu Ette, Ottmar: Asymmetrie der Beziehungen. Zehn Thesen zum Dialog der Literaturen Lateinamerikas und Europas. In: Scharlau, Birgit (Hg.): *Lateinamerika denken. Kulturtheoretische Grenzgänge zwischen Moderne und Postmoderne*. Tübingen: Gunter Narr Verlag 1994, S. 297–326; sowie Ette, Ottmar / Ingenschay, Dieter / Maihold, Günther (Hg.): *EuropAmerikas. Transatlantische Beziehungen*. Frankfurt am Main – Madrid: Vervuert – Iberoamericana 2008.

rika der lateinamerikanischen Traditionen wesentlich bewusster ist.[7] Der Mármol'sche Roman wurde in der Tat recht rasch zu einem Bezugspunkt für Autorinnen und Autoren in Lateinamerika, die nicht länger den innerliterarischen Raum ihrer Erzähltexte allein an Europa ausrichten wollten.

Die *TransArea Studien* sagen etwas aus nicht allein über die intertextuellen Beziehungen zwischen verschiedenen Kontinenten, sondern auch über die sozioökonomischen Kontexte dieser Beziehungen und über die kulturelle Beschaffenheit der jeweiligen Bezugs- und Zitierweisen. Dass die Herausbildung der Romanischen Literaturen der Welt anfänglich gerade im transatlantischen Bereich sehr stark von kolonialen und postkolonialen Asymmetrien geprägt war, ist ohne jeden Zweifel der Fall. Über die Vektorizität und die Symmetrie, mithin die Wertigkeit dieser Beziehungen, müssen die TransArea Studien Aussagen treffen, welche sich aus den untersuchten Texten selbst ableiten lassen. Die spezifischen Aussagen zur transarealen Intertextualität müssen jedoch eingebettet sein in die Gesamtheit an Literatur- und Kulturbeziehungen, die zum jeweiligen Zeitpunkt innerhalb eines zunehmend globalisierten Literatursystems vorherrschen. Diese Dimension möchte ich auch in die nachfolgenden Überlegungen aufnehmen und in die Vektorizität gerade auch der Romantik zwischen zwei Welten einbringen.

Da der schwerverletzte Eduardo von einem Arzt behandelt werden muss und man keinem in einer Diktatur mehr vertrauen könne, führt José Mármols Erzähler einen gewissen Doktor Alcorta ein; eine historische Gestalt, welcher der argentinische Romancier in diesen Zeilen ein Denkmal setzt. Dieser Alcorta – so erfahren wir – besitze einen Lehrstuhl an der Universität von Buenos Aires und zu seinen Schülern gehörte auch der oben erwähnte Alberdi. Schon in Sarmientos *Facundo* war ein Doktor gleichen Namens aufgetaucht. Ich möchte dieses Beispiel nur deshalb erwähnen, weil es zum einen die realhistorische, fast dokumentarische Einbettung des Romangeschehens aufzeigt und zugleich einen Hinweis auf die kleine Welt der Rosas-Gegner gibt: Man kennt sich und zitiert sich. Die Gegner des Diktators sind allesamt gebildete Argentinier, die sich mit ihrer Intelligenz und Bildung gegen einen autoritären Herrschaftsstil auflehnen, der alle Gegenargumente mit einem simplen Niederbrüllen, mit ständiger Wiederholung immer gleicher Slogans aus dem Weg räumen will. Autoritäre Systeme und populistische

---

7 Vgl. zu dieser wichtigen Entwicklung Bremer, Thomas: Amalia liest. Funktionen des Lesens im lateinamerikanischen Roman des 19. Jahrhunderts und die Rezeption der europäischen Romantik (das Buch im Buch). In: López de Abiada, José Manuel / Heydenreich, Titus (Hg.): *Iberoamérica. Historia – sociedad – literatura. Festschrift für Gustav Siebenmann.* Band 1. München: Fink 1983, S. 139–164; sowie Ette, Ottmar: Apuntes para una orestiada americana. José Martí y el diálogo intercultural entre Europa y América latina. In: *Revista de crítica literaria latinoamericana* (Lima, Peru) XI, 24 (2° semestre 1986), S. 137–146.

Regierungen hatten zum damaligen Zeitpunkt noch keine ‚sozialen Netzwerke' zu ihren Diensten, aber die Methoden sind doch sehr vergleichbar.

Für eine Frau wie Amalia standen zum damaligen Zeitpunkt nicht wie für Eduardo oder Daniel die Hörsäle der Universitäten offen. Hier musste die Lektüre von Autoren und gerade auch diejenige fremdsprachiger Texte für Ersatz und für ein Bildungserlebnis sorgen, das als gleichrangig bewertet werden kann. Und eben deshalb liest Amalia: Sie repräsentiert jenes Bild einer Frau, wie Gertrudis Gómez de Avellaneda sie beschrieb, die ihren Lektüren nachgeht – eine selbstbewusste Frau, die ihren Lektüren folgt, auch wenn andere Frauen sie als ‚Doktorin' verspotten. Amalia steht in einer zutiefst patriarchalischen Gesellschaft mit allen Widersprüchen auch für jene Emanzipation der Frauen, wie sie „Tula" oder Flora Tristan in unserer Vorlesung repräsentieren. Auch auf diesem Gebiet ist Emanzipation noch fern, aber wir können sehen, wie sich der Weg dorthin im 19. Jahrhundert zu verkürzen beginnt: Wenn die belesenen und kultivierten Unitarier also für die Zivilisation einstehen, so stehen die nicht weniger belesenen Unitarierinnen zugleich für eine Emanzipationsgeschichte von den Männern ein. Und das Bild der aktiven Frau war uns bereits in *La Cautiva* erschienen.

Gewiss sollten wir nicht vergessen, dass José Mármol Teil jener höchst produktiven argentinischen Elite ist, die von der Diktatur Juan Manuel de Rosas ins Exil getrieben wurde. Er steht für eine relativ homogene Gegen-Ideologie, welche ab 1852 als Sieger im Kampf um die Macht die Geschichte Argentiniens schreiben wird. Diese wird freilich die Geschichte großer Männer sein, an der Amalia als Frau bestenfalls eine helfende, eine dienende Funktion übernimmt. Wir sollten ihr Bild gleichwohl in Erinnerung behalten und werden es noch gegen Ende unserer Vorlesung in der Gestalt Juana Borreros wieder aufnehmen.

Für die Literaturgeschichte des Diktatorenromans ist dann der folgende Teil wichtig: Denn der diskursiven Passage folgt eine deskriptive, in welcher das nicht zufällig von Gauchos und Indios bewachte Haus des Diktators beschrieben wird – das ganze Gegenteil des feinen und kultivierten Interieur, das die Leserschaft zuvor in der Quinta Amalias kennengelernt hatte. Nach dieser Darstellung des kruden Rahmens erfolgt dann der erste Auftritt des „argentinischen Diktators",[8] wie der Erzähler Rosas zu nennen pflegt. Wir erfahren etwas von Rosas' Sprachpolitik und seinem Bemühen, die von ihm erfundenen Sprachregelungen seinen Untertanen einzuhämmern – Sie können sich das in etwa so vorstellen, wie Donald Trump immer und immer wieder im Wahlkampf von ‚Sleepy Joe' sprach und für sämtliche Probleme stets sprachliche Vereinfachungen zur Hand hatte, die sie für seine Anhänger beseitigten. Bitte entschuldigen Sie, wenn ich

---

[8] Mármol, José: *Amalia*, S. 48.

bisweilen diese Vergleiche ziehe; aber selbstverständlich ist es kein Zufall, dass sich autoritäre Regierungen immer wieder derselben Mittel bedienen, auch wenn der noch aktuelle Präsident der USA keine Gauchos und Indios, sondern ‚seine' Cowboys und Proud Boys zu Hilfe ruft!

Übrigens spielt auch bei Rosas die Familie eine wichtige Rolle. Denn bald schon tritt die schöne Tochter des Diktators auf: Manuela Rosas, welcher José Mármol im Übrigen bereits wenige Jahre zuvor ein eigenes Buch gewidmet hatte, das ihr Bild in der Öffentlichkeit wesentlich prägen sollte und die junge Frau in eine Opferrolle hinein stilisierte. An Rosas' Händen klebt in Mármols Darstellung buchstäblich Blut: das Blut von Unitariern, die er verfolgen und ermorden lässt. So wird der argentinische Diktator in einem nachfolgenden geschichtsphilosophischen Diskurs gar als „Mesías de sangre" und als Schlag gegen die angeblichen Träumereien der Independencia bezeichnet.[9] Mármol vergisst nicht, seine Diktatorengestalt mit Charisma auszustatten, sind es doch nicht nur Macht und Gewalt, die seine Anhängerschaft, aber auch manche seiner Gegenspieler faszinieren.

Im Allgemeinen wird bei Mármol eine Romanfigur zunächst beschrieben und porträtiert, dann folgt sofort der Übergang zum Narrativen, das Portrait wird also in Bewegung gesetzt. Dies ist auch die literarische Verfahrensweise bei der schönen Florencia Dupasquier, die sich bei einem Besuch bei Doña María Josefa Ezcurra, der Schwiegermutter oder – wie es hier heißt – „hermana política" von Rosas, erst durch eine Horde von Mulattinnen und schwarzen Frauen durcharbeiten muss. Ein gewisser Rassismus lässt sich bei Mármol nicht leugnen, ordnet er dem Diktator und damit dem Bösen doch ebenso Indios wie Schwarze zu. Umgekehrt verwundert es nicht, dass indigene oder schwarze Kulturen keinerlei Rolle in seinem Roman spielen. Die schöne Florencia ist Daniel Bellos Engel, ebenso wie Amalia ein himmlisches Geschöpf, wobei stets die äußere Schönheit und Physiognomie einer Weißen für deren innere, moralische Untadeligkeit stehen. Dagegen ist die Beschreibung María Josefa Ezcurras kontrastiv gestellt, wird sie doch auch im Folgenden immer wieder mit Teufel und Hexen, den „brujas de las leyendas españolas" in Verbindung gebracht.[10] Die Welt von José Mármol ist fein säuberlich und rassistisch in Schwarz und Weiß aufgeteilt.

Der zweite Teil des Romans setzt mit einem Verweis auf den britischen Reisenden Andrews und einem Zitat aus seinem Werk ein,[11] der bei Mármol zur Legitimation des eigenen (amerikanischen) Standpunktes dient. Ich möchte Ihnen diesen Beginn nicht vorenthalten:

---

9 Ebda., S. 61.
10 Ebda., S. 93.
11 Ebda., S. 126.

> „Tucumán ist mit Blick auf die Großartigkeit und Erhabenheit seiner Natur der Garten des Universums", schrieb Captain Andrews in seiner 1827 in London publizierten *Reise nach Südamerika*; und der Reisende war mit dieser Metapher, so übertrieben sie auch zu sein scheint, von der Wahrheit nicht weit entfernt.
> Alles, was über Luft und Erde die tropische Natur an Grazie, an Überfluss und an Poesie vereinigen kann, findet sich dort miteinander vermengt, so als ob die Provinz von Tucumán der erwählte Ort für die Genien dieses menschenleeren und wilden Landes wäre, das sich von der Magellan-Enge bis nach Bolivien und von den Anden bis nach Uruguay erstreckt.
> Sanft, duftend, fruchtbar und an Grazien und Opulenz von Licht, an Vögeln und Blumen übervoll ist die Natur, welche dort den Geist ihrer Geschöpfe mit den Eindrücken und poetischen Perspektiven harmonisch vereint, in welchen sein Leben erwacht und sich entwickelt.[12]

Der 1827 in London veröffentlichte Reisebereicht des Engländers Andrews wirkt wie eine Rechtfertigung für die romantischen Naturbeschreibungen, mit denen Mármol seine Leserschaft erfreute. Wie bei Sarmiento ist es wiederum Tucumán mit seinem subtropischen Klima und seinen Naturschönheiten, welches aus der Gesamtheit des argentinischen Landes hervorsticht. Für die noch immer von Europa abhängige Literaturbetrachtung ist es charakteristisch, dass es der europäische, der englische Text ist, der den spanischsprachigen gleichsam per Zitat legitimiert, verfügt er doch über die Autorität einer innerhalb der Asymmetrie zwischen Europa und Lateinamerika deutlich markierten Diskurshoheit. Daher das Zitat, daher der Verweis auf die Anglizität, daher erst danach die ausufernde, hyperbolische Beschreibung der Landschaft. Diese Beschreibung kann ja nicht irreführend sein, schrieb doch ein Engländer mit all seiner Autorität dieselben überschwänglichen Worte.

Erstaunlich ist es schon – wenn auch höchst erklärlich –, dass es gerade Landschaften sind, die mit europäischen Augen gesehen und von europäischen Augen für schön befunden und legitimiert werden, bevor sie dann als ästhetisierter Hintergrund für eine Handlung dienen, die keineswegs diesen paradiesischen Zuständen entspricht. Wie schon bei Sarmiento und Echeverría gibt es zwischen der Ästhetisierung amerikanischer Landschaften und einer blutrünstigen Handlung, die nach der Landschaftsbeschreibung in den Vordergrund gerückt wird, einen scharfen Kontrast, welcher ganz den Regeln romantischen Schreibens folgt. Allerdings nutzt Mármol einmal auch ästhetisierende Landschaftsbeschreibung als Hintergrund für jene strahlende Schönheit, die seine Titelfigur ausstrahlt und die sie gleichsam mit der amerikanischen Landschaft in eins setzt und verschmelzen lässt.[13] Amalia erscheint als wundervolle Göttin, wird mit Lucretia

---

12 Ebda.
13 Ebda., S. 128.

und Kleopatra verglichen, wird ‚antik' semantisiert und literar-erotisch aufgeladen. Die Venus der Medici an Schönheit zu übertreffen, falle ihr nicht schwer, so der Erzähler: Kein Wunder, dass Amalia als Grundbestandteil einer nationalen Allegorese bald für die Schönheit ganz Argentiniens steht!

Die Dialoge des Romans folgen häufig demselben Muster, dessen Grundform sich wie folgt definieren lässt: Einer der Gesprächspartner besitzt einen Wissensvorsprung, der nur schrittweise enthüllt wird. Es handelt sich zumeist um Herrschaftswissen, gerade auch bei Daniel Bello, der ein besonderer Meister in der nur schrittweisen Aufklärung seiner Gesprächspartner ist und damit Umgangsformen aufweist, die keineswegs demokratisch sind oder, sagen wir es anders, zu einer gleichwertigen Partizipation seiner Gesprächspartner an seinen Zielen hinführen. Er ist die überlegene Intelligenz des Romans, doch verkörpert er auch die intelligente Überlegenheit einer moralisch integren Rücksichtslosigkeit, die sich stets im Recht weiß, da die Gegner das Böse verkörpern. Daniel Bellos Freunde sind zumeist hilfebedürftige Kreaturen, die wie etwa Eduardo Belgrano längst in den Fängen des Tigers Rosas geendet und verendet wären.

So aber bleibt das gesamte Geschehen stets in der Schwebe, denn Daniel besitzt immer einen Wissensvorsprung. Der *Suspense* wird noch dadurch vergrößert und verlängert, dass zwischen die ernsten und gefährlichen Passagen der Handlung zwei komische Figuren und deren Erlebnisse eingeblendet werden: Doña Marcelina, die Besitzerin eines Edelbordells, in welchem vor allem den Federales und Rosas gegenüber willfährige Kleriker verkehren, und Don Cándido, der ehemalige Lehrer Daniels, der stets für eine hasenfüßige Überraschung gut ist. Marcelina und der candide Cándido wiederholen wie in einer Molière'schen *Comédie* bestimmte ernste Passagen des Romans in Komödien-Tonlage auf niederer Ebene und spannen doch den Leser auf die Folter, da solange das Romangeschehen nicht oder doch kaum vorangetrieben werden kann. Dies sind Verfahren eines europäischen Feuilletonromans, wie sie José Mármol längst auch im Feuilleton seines Periodikums anwandte.

Auch der ehemalige Lehrer Daniels gehört natürlich zu den Schutzbefohlenen des früher von ihm Unterrichteten; er erlebt manch böse Überraschung unter der repressiven Rosas-Diktatur, vor deren Konsequenzen weiterer Schutz von Seiten Daniel Bellos notwendig ist. Eine weitere, nicht unwichtige Nebenfigur ist der Daniel treu ergebene Diener Fermín, bei dem es sich um einen „gauchito civilizado, un buen hijo de la pampa"[14] handelt, also einen zivilisierten Gaucho, der als Sohn der Pampa gleichsam domestiziert wurde. Doch auch er ist letztlich

---

14 Ebda., S. 152.

nur Instrument in den Händen des alles beherrschenden und gegen den Diktator angehenden Daniel Bello.

Die erste Liebesbegegnung zwischen Amalia und Eduardo steht im Zeichen einer weißen Rose, die zu Boden fällt. Sie symbolisiert die Unschuld der jungen Amalia, was angesichts einer vorangegangenen Ehe im Zeichen des Inzesttabus, der nicht vollzogenen Geschlechtlichkeit nicht weiter verwundert. Sie steht jedoch auch im Kontrast zur schwarzen Kleidung Amalias, deren Alabasterkörper aus der schwarzen Hülle hervorleuchtet. Ihre Augen, ihre leicht geöffneten Lippen: Alles zeigt an Amalia die äußeren Zeichen der Liebe, einer romantischen Liebe, die unter dem Unstern des Tragischen, dem Fatum der gefallenen Rose stehen wird. Auch Amalias schöner Leib ist dem Tode geweiht und sie geht den Schicksalsweg romantischer Heldinnen, denen wir in dieser Vorlesung schon des Öfteren begegnet sind. Amalia weiß sehr wohl, dass es sich um ein schlechtes Vorzeichen handelt.[15] Damit ist das Lesepublikum vorbereitet und kann das Wiederauftauchen einer weißen Rose an späterer Stelle schneller deuten. Die Assoziierung der schönen Frau mit einer Blume entspricht der genderspezifischen Verrückung alles Weiblichen in die Zyklen der Natur.

In der für die Romantik beider Welten typischen Kontrasttechnik wird diesem gepflegten (Seelen-)Interieur die Atmosphäre eines Balles der Federales gegenübergestellt. Dies ist für den Erzähler (wie für den Autor) eine Gelegenheit zur bösartigen Mocquerie, zum Lächerlich-Machen der Wilden und Barbaren im Lichte der Zivilisierten. Die brillanteste Frau des Balles ist Doña Augustina Rosas de Mansilla, die als schönste Frau ihrer Zeit bezeichnet wird.[16] Sie wird mit Diana und Rebecca verglichen, dann aber auch negativ konnotiert.[17] Der unschuldige, aber wunderbare Auftritt Amalias im Zeichen ihrer weißen Rose überstrahlt die föderale Schönheit mit der Grazie der Unitarier.[18] Selbst auf dem Gebiet weiblicher Schönheit ist beim Erzähler Mármols das Rivalisieren zwischen Federales und Unitarios deutlich.

Denn seine Beschreibungen weiblicher Toilette berühren auch die politische Symbolsprache femininen Schmucks, ist doch das Tragen der föderalen Farben obligatorisch, nicht aber Ort und Größe, die von den Frauen hierzu gewählt werden. Daraus ergibt sich eine ganze Kunst des Details. Wie bei Sarmiento wendet auch der Erzähler in Mármols Roman den symbolischen Aspekten der Kleidersprache große Aufmerksamkeit zu. Auf dem Ball führt eine aristokratische

---

15 Ebda., S. 156.
16 Ebda., S. 166.
17 Ebda., S. 167.
18 Ebda., S. 173.

Unitarierin Amalia ein in die Geheimnisse manch opportunistischer föderaler Karriere, etwa jener des Journalisten Mariño, der längst in der *Gaceta Mercantil* öffentlich das Kehlen-Durchschneiden, das „degollar" von Unitariern fordert, bei diesem Ball aber auch rasch ein entflammtes, aber nicht entflammendes Auge auf die schöne Amalia geworfen hat. Er wird zum von Amalia verachteten, ungeliebten und darum umso mehr mit Hass erfüllten Rivalen Eduardo Belgranos um die schöne Tucumanerin: Damit sind Politik und Liebe endgültig und unentwirrbar im erotischen Spiel um Amalia miteinander verquickt. Mariño verwandelt sich in einen der gefährlichsten Gegner ihrer Liebe und Ziele. Denn er ist nicht nur willfähriges Werkzeug in den Händen des Juan Manuel de Rosas, sondern aktive und agierende Gewalt: ein Machtmensch auf dem Weg zur Erfüllung seines Begehrens.

Mármols romantische Kontrasttechnik betrifft Personen, Personenkonstellationen, aber auch Handlungsstrukturen. Die interessierte Leserschaft bekommt nicht nur einzelne historische Figuren führender Federales, sondern – wie man heute sagen würde – auch die ‚Basis' des populistischen Regimes zu sehen. Daniel Bello (und mit ihm das Lesepublikum) nimmt teil an einer Sitzung der Sociedad Popular Restauradora, also an einem Treffen der Parteiclubs der Federales. Wir erhalten dergestalt einen bestimmten Einblick in die Parteilandschaft, auf welcher die Macht des argentinischen Diktators beruht. Natürlich werden ihre Mitglieder völlig ins Lächerliche gezogen: Denn alle Federales sind strohdumm, aber auch blutrünstig und hasserfüllt – das wussten wir bereits aus Echeverrías *El Matadero*. Damit zeichnen sich schon der weitere Verlauf des Romans und die sich tragisch zuspitzende Geschichte Argentiniens in der ersten Hälfte des 19. Jahrhunderts ab.

Dann jedoch wird diesem Treffen ein von Daniel Bello geleitetes geheimes Treffen der Gegner all dieser Federales gegenübergestellt. Das ist natürlich pure Schwarzweißtechnik: Der geistlosen Sitzung gewalttätiger Dummköpfe wird eine patriotische, hochherzig-noble Versammlung von Unitariern entgegengestellt. Der Farbe Rot wird das Weiß-Blau der „Revolución" entgegengehalten. Dreihundert bis vierhundert entschlossene Männer würden laut Bello ausreichen, um mit Rosas und der Mazorca in Buenos Aires Schluss zu machen, sobald General Lavalle zur Stadt vorrücke.[19] Dann werde man die Federales an die Straßenlaternen knüpfen – nicht unbedingt eine Vorstellung, die für die Zivilisation und Kultur der Unitarier spricht!

Daniel Bello geht es darum, jenen Geist der Einheit und Assoziierung zu schaffen, um nicht nur die verhasste Rosas-Diktatur in Argentinien hinwegzufegen, sondern auch in Verbindung mit anderen amerikanischen Staaten zu treten.

---

19 Ebda., S. 179.

Damit setzt er sich ebenso Ziele auf nationaler Ebene wie auf einer lateinamerikanischen Bühne, seien doch die hispanoamerikanischen Länder durch die gemeinsame Independencia und das Christentum miteinander kulturell verbunden. Es gelte daher, schlagkräftige Assoziationen in Buenos Aires zu schaffen, deren Zielsetzungen über Tag und Nation hinausgingen. Die diesbezüglichen patriotischen Reden von Daniel Bello und Eduardo Belgrano erweisen sich als wahre Diskurse im Sinne isotopisch antithetisch strukturierter Bedeutungsgeflechte, wie sie jene junge Generation prägten, der Echeverría, Sarmiento und Mármol als Literaten und politische Denker angehörten. Schauen wir uns daher die Reden der beiden Freunde einmal näher an:

> Wollt Ihr das Vaterland, wollt Ihr Institutionen und Freiheit, Ihr, die Ihr Euch die Erben der Erneuerer einer Welt nennt? Nun gut; erinnert Euch daran, dass sie und ganz Amerika eine Vereinigung von Brüdern während des langen Krieges unserer Unabhängigkeit waren, dafür gemacht, gegen den gemeinsamen Feind zu kämpfen, und so vereinigt Euch, um gegen den allgemeinen Feind unserer gesellschaftlichen Erneuerung aufzubegehren: die Unwissenheit; gegen den Entfacher unserer wilden Leidenschaften: den politischen Fanatismus; gegen den Erzeuger unserer Entzweiung, unserer Laster, unserer hasserfüllten Leidenschaften, unseres eitlen und starrsinnigen Geistes: den religiösen Skeptizismus. Denn glaubt mir, uns fehlen Religion, Tugend und Aufklärung, und von der Zivilisation besitzen wir lediglich deren Laster.
> Während dieser Rede hatte sich Daniel langsam von seinem Sitz erhoben, und wie von der Energie seiner Worte mitgerissen hatten alle jungen Leute dasselbe getan. Das letzte Wort entschlüpfte den Lippen des jungen Redners, und schon drückten ihn die Arme Eduardos an sein Herz.
> Schaut her, Ihr Herren, sagte Eduardo, wobei er seine Augen über die Versammlung der Freunde gleiten ließ, und er behielt seinen linken Arm auf der rechten Schulter Daniels, schaut her: Mein Antlitz ist in Tränen gebadet und die Augen, welche sie vergossen, hatten mit der Kindheit ihre Erinnerung verloren. Könnt Ihr sie erraten? Nein. Die Empfindsamkeit von Euch allen ist von den Worten meines Freundes bewegt, und die meinige ist es angesichts der Zukunft unseres Vaterlandes. Ich glaube an seine Erneuerung, ich glaube an seine Größe und an seinen künftigen Ruhm; aber diese Vereinigung, welche sie am Río de la Plata hervorbringen soll, wird nicht, oh nein, das Werk unserer Generation oder das unserer Kinder sein; und meine Tränen entstehen aus dem schrecklichen und mich beherrschenden Glauben, dass weder ich noch Ihr es sein werden, die am Río de la Plata das strahlende Morgengrauen unserer zivilisierten Freiheit sehen werden, weil uns dafür die Natur, die Gewohnheiten und die Erziehung fehlen, um diese Vereinigung von Brüdern zu bilden, welche allein die Größe des heiligen Werkes unserer Unabhängigkeit in der Generation unserer Väter inspirieren konnte.[20]

Daniel Bellos Rede ist wie Eduardos Ansprache ein schönes Stück hispanoamerikanischer Oratorik und zugleich einer politischen Rhetorik, die bis heute andau-

---

[20] Ebda., S. 183 f.

ert, die Gründungsväter der Independencia ein ums andere Mal anruft und die hehren Ziele von Kultur und Zivilisation preist. Am Ende des Jahrhunderts wird noch einmal in der Figur von José Enrique Rodós Ariel diese lateinamerikanische Festrhetorik aufblitzen. Ihre Wirkung auf die Zuhörer ist bei Bello und Belgrano quasi garantiert, und man dürfte fast dazusagen: Sie ist es bis heute. Es sind in der Tat erhebende Diskurse, die Gewalt über die Körper ausüben und mehr an das Herz als den Verstand appellieren. Es ist eine Redekunst, die den Deutschen nach Ende der Naziherrschaft weitgehend fremd geworden ist, nicht aber den verschiedenen Völkern im romanischen Verbund. Konkrete Vorschläge, präzise Pläne und Angaben finden sich nicht, dafür aber wortreiche Beschwörungen edelster Absichten zum Zwecke einer Niederschlagung personifizierter Monstren und Untiere wie Ignoranz, Fanatismus und Unglauben. Es ist eine Rhetorik, welche mit José Martí und José Enrique Rodó im hispanoamerikanischen Modernismo im 19. Jahrhundert ihre fraglos größten Wirkungen entfalten wird.

Ist Daniels Diskurs gleichsam die überzeitliche Variante, so trägt Eduardos diskursive Ergänzung mit ihren agonalen Zügen unverkennbar die Zeichen der Romantik: nicht nur die öffentlich vergossenen Tränen, die Anrufungen künftiger Größe oder die vielfache Wiederholung des eigenen Glaubens an eine resakralisierte Vaterlandsgestalt; vielmehr vor allem die Betonung des Zu-früh- oder Zu-spät-gekommen-Seins, kurz: ein Gefühl der Deplatziertheit, des rettungslosen Ausgeliefertseins an eine Zeit, die gegen die Erfüllung der eigenen Visionen, der eigenen Träume arbeitet. Immer wieder findet sich der romantische Held nicht an seinem Ort, nicht in seiner Zeit, aus der er wie herausgefallen erscheint.

Freilich ist all dies nicht – wie vielfach in der europäischen Romantik auf literarischer wie politischer Ebene zu beobachten ist – gedacht als Aufstand gegen die Väter, gegen deren ehernes Gesetz die junge Generation der Revolutionäre antritt. Es geht vielmehr um die *Verwirklichung* von Idealen der Väter, um die Vervollständigung eines amerikanischen Traums von Unabhängigkeit und Freiheit, nachdem der äußere Feind, die spanische Kolonialmacht vertrieben ist. Der Aufschrei Eduardos ist der eines Menschen, der einerseits die Ideale der Ahnen nicht mehr verwirklichen kann, weil er nicht mehr über deren Möglichkeiten verfügt. Andererseits kann er noch nicht so weit sein wie seine Enkel, welche dereinst die Ideale von Freiheit und Unabhängigkeit in Argentinien verwirklichen würden. Eduardo fühlt, dass er *zugleich* zu früh und zu spät gekommen ist, um in Freiheit seine Liebe leben zu können: Dies ist seine tragische Situation!

Im Diskurs Belgranos blitzt etwas auf von der spezifisch hispanoamerikanischen Erlebnisform romantischer Deplatziertheit, in welcher den europäischen Idealen auf amerikanischem Boden nichts Gleichwertiges bereits verwirklicht entgegengestellt werden kann. Das Aus-der-Zeit-gefallen-Sein Eduardos ist zugleich mit der Erfahrung eines Raumes gekoppelt – *seines* Raumes in Amerika. Doch

Lösungen für dieses Problem gibt es nicht. Da bleibt nur der Blick in eine utopisch entworfene große Zukunft, die bis heute stets beschworen wird, wenn es um Diskurse lateinamerikanischer Politiker geht. Wie hatte Bello dies unmittelbar vor der oben zitierten Passage seiner Rede doch formuliert: „die Vereinigung in allem, stets aber, um stark zu sein, um mächtig zu sein, um Europäer in Amerika zu sein."[21]

Das Grundgefühl Eduardos, dass seine politischen Träume nicht zu seinen Lebzeiten zu verwirklichen sein würden, steht zum einen mit der bereits diskutierten fiktiven Erzählzeit in Verbindung, insofern diese Aussage aus der Perspektive des Jahres 1851 eine rückwärtsgewandte Prophezeiung darstellt, als selbst für Mármol die Rosas-Diktatur noch nicht überwunden war. Zum anderen entspringt dieses Gefühl aber auch einer Ahnung, dass die Liebe zu Amalia nicht zu einem dauerhaften Glückszustand, einer stabilen Beziehung gebracht werden könne: zu feindlich ist die Umwelt, zu gefährlich der soziopolitische Kontext, in welchem sich die beiden Liebenden im Argentinien der Rosas-Diktatur bewegen. Sie merken, wo hier Liebe zur „Patria" und Liebe zur geliebten Frau in Deckung gebracht werden sollen: Dies ist die romantische Grundsituation eines Konflikts, der noch bis in die Schriften José Martís, bis in die Liebesbriefe Juana Borreros einen unausweichlichen und zugleich unlösbaren Konflikt zwischen individuellem, persönlichem Glück und kollektiver Nationenbildung darstellt.

Auf beiden Ebenen werden die Liebenden in der Tat scheitern; und dieses Scheitern der Liebesbeziehung ist auch jenes der politischen Realisierbarkeit einer eigenen gesellschaftlichen Vision und damit des argentinischen Nationenbildungsprozesses. Nicht umsonst trägt Amalia das Witwenkleid: Ihre profunde Melancholie, ihre melancholische Blässe ist mehr als gerechtfertigt. Denn es bleibt kein Platz für die Verwirklichung der Hoffnungen und Träume einer Jugend, die vom „mal du siècle" gezeichnet ist und nur in Ausnahmegestalten wie Daniel Bello jene *Energie*, jene Kraft und Dynamik aufbringt, um zumindest zu versuchen, gegen das Deplaziert-Sein in Raum und Zeit anzukämpfen.

Argentinien, so Daniel Bello, soll Europa in Amerika sein: wie die schöne Tucumanerin mit kastanienbraunem Haar, so wie die schöne Florencia Dupasquier, deren Namen ihre europäische Herkunft verrät. In dieser Vision haben indigene und schwarze Bevölkerung keinen Platz. Blickt man auf derartige Formulierungen, so beginnt man etwas zu begreifen von der tiefen Sehnsucht nach europäischer Erfüllung, von einer Phantasmagorie, die letztlich nur das Gefühl hundertjähriger Einsamkeit zurücklässt, ein Gefühl des Verwaist-Seins. Daher

---

21 Ebda., S. 183: „La asociación en todo y siempre para ser fuertes, para ser poderosos, para ser europeos en América."

sollen die Bevölkerungsprobleme auch durch massive Einwanderung *europäischer* Migranten nach Argentinien gelöst werden: „Gobernar es poblar" – aber nicht mit jedermann, sondern mit Einwanderern aus Europa!

Erinnert sei hier nochmals an die Faszinationskraft gerade jener Stadt, die Walter Benjamin als Hauptstadt des 19. Jahrhunderts bezeichnete und die Echeverría – der davon ein Lied zu singen wusste – wie folgt in seiner *Peregrinación de Don Juan* rühmte: „Paris war als Haupt, als Kapitale von Frankreich / ein immenser Lichtstern der im weiten Bereich / Licht den Völkern beider Welten spendet / und fruchtbare Strahlen, was niemals endet."[22] In kaum einem anderen Land Lateinamerikas war die Bewunderung für die französische Hauptstadt so grenzenlos wie in Argentinien.

Die Beziehung zwischen „Patria" und Amalia als einander überlagernde Liebesbeziehung wird im Roman explizit thematisiert. Daniel Bello wirft seinem Freund vor, er spreche die ganze Zeit von der Patria, denke aber nur an Amalia; er wolle das Vaterland erobern, denke aber nur an die Eroberung seiner Geliebten.[23] Vaterland und geliebte Frau werden für die Leserschaft erkennbar miteinander korreliert. Die „göttliche Amalia" – wie sie im Roman des Öfteren im Unterschied zu Bellos Freundin, die (angesichts des Nachnamens ihres Freundes etwas doppeldeutig) nur „bellísima" ist, genannt wird – ist nichts anderes als die Allegorie Argentiniens.

Dies ist eine Art nationaler Allegorese, die sich im Übrigen bis in unsere Zeit immer wieder findet. Denken Sie etwa an das Musical *Evita* – und die darauf basierenden Identifikationsströme – oder an eine Art Tango-Oper, deren Titelheldin María Astor Piazzollas „Opera Tango" *María de Buenos Aires* eine neue (oder vielleicht doch nicht ganz so neue) Variante abgewinnt! Im aktuellen Kontext ist die Allegorie Argentiniens nicht mehr die Frau als Heilige, sondern als Hure, als Prostituierte. Die Grenze zwischen beiden Figurationen der Frau ist prekär und zerbrechlich: Beide entspringen einer paternalistischen, patriarchalischen Gesellschaft. Die dabei stattfindende Identifikation mit der Stadt – die im Spanischen ja bekanntlich weiblich ist („la ciudad") ist im Übrigen gleichgeblieben. Wo in der Vorlesung einige Ausschnitte aus Astor Piazzollas Opera Tango zu hören waren, können Sie sich bei der Lektüre, wenn Sie mögen, „Marías Antwort aus dem Jenseits" im weltweiten Gewebe anhören! Im Schluss-Halleluja dieser modernen

---

22 Zitiert nach Leonor Flemings Einführung in Echeverría, Esteban: *El Matadero. La Cautiva.* Edición de Leonor Fleming. Madrid: Ediciones Cátedra 1986, S. 30: „Era París, cabeza de la Francia, / astro inmenso de luz que a la distancia / sobre los pueblos de uno y otro mundo / derrama sin cesar rayo fecundo ..."
23 Mármol, José: *Amalia*, S. 188.

Oper erkennt der Chor, dass die verstorbene Maria ein Kind hinterlassen hat und sucht einen Namen für das Mädchen: Es wird selbstverständlich wieder María heißen. Beginnt damit der Teufelskreis Marías (und damit Argentiniens) von neuem? Es steht zu vermuten.

Dem mit der Romanliteratur des 19. Jahrhunderts vertrauten Leser wird das Ende von Villaverdes *Cecilia Valdés* einfallen, wo die schöne kubanische Mulattin, die Personifizierung der Zuckerrohrinsel am Ende des Romans eine Tochter hinterlässt, die ebenfalls verspricht, zu einer schönen Mulattin zu werden – ganz so, wie dies schon Cecilias wahnsinnig gewordene Mutter war. Die entsetzlich traurigen und tragischen Liebesbeziehungen und Liebesverhältnisse, in welchen den Frauen Rollen nationaler Allegorien im Blick der Männer unterschoben werden,[24] scheinen sich bis in unsere Tage – und darüber hinaus – zu perpetuieren. María, Cecilia, Amalia: Sie zeigen Wandlungen weiblicher Identifikationsangebote nationaler Allegoresen, verharren aber doch immer innerhalb derselben Tradition einer Ästhetisierung und Literarisierung genderspezifisch übersetzter, gescheiterter Nationenbildungsprozesse, gleichviel, ob es sich um Heilige, Huren oder „Femmes fatales" handelt. Sie sind allesamt schön und verführerisch, aber zugleich eben auch todbringend!

Auch Amalia ist übrigens eine Femme fatale, wenn auch eine wider Willen: Als sich Eduardo und Amalia gegenseitig ihre Liebe gestehen, bittet die schöne Tucumanerin ihren Geliebten, sich ihr letztlich lieber nicht zu nähern, da sie eines Tages auch ihm Unglück bringen werde.[25] Amalias schwarzes Kleid gibt ihrer Liebe gleichsam eine tödliche Einfärbung, so strahlend weiß ihr Körper auch immer erscheinen mag. Der erste Kuss, der diesen letalen Liebesbund, welcher noch durch die Übergabe einer weißen Rose unterstrichen wird, ebenso emotional wie erotisch besiegelt, kann all dies ebenso wenig aufhalten wie das schreckliche Ende, das Liebende und Leser erst etliche hundert Seiten später erlöst. Denn selbstverständlich handelt es sich um einen jener zahlreichen romantischen Romane, deren zentraler Handlungsstrang nur über ihre Leiche verläuft.[26]

Der sich anschließende dritte Teil des Romans spielt zu Beginn in Montevideo und erweitert damit die Romandiegese um jene Dimension des Exils, in welcher sich Mármols Schreiben selbst zum Zeitpunkt der Abfassung seiner Narration

---

24 Vgl. hierzu Sommer, Doris: *Foundational Fictions. The National Romances of Latin America.* Berkeley: University of California Press 1991.
25 Mármol, José: *Amalia*, S. 206.
26 Vgl. Bronfen, Elisabeth: *Nur über ihre Leiche. Tod, Weiblichkeit und Ästhetik.* München: Deutscher Taschenbuch Verlag 1994; sowie (dies., Hg.): *Die schöne Leiche. Weibliche Todesbilder in der Moderne.* Wien: Goldmann 1992.

ansiedelte. Montevideo ist – ganz wie schon bei Sarmiento angelegt – das Kontrastbild zu Buenos Aires und ist es in gewisser Weise bis heute geblieben. Die Hauptstadt Uruguays ist nicht allein Zentrum des Widerstands argentinischer Exilanten gegen die Rosas-Diktatur, sie ist auch eine für Europa und die Europäer, vor allem für die Franzosen offene Stadt, die in den Warenaustausch der Weltwirtschaft und in die weltumspannende Zirkulation der Ideen einbezogen ist. Als Daniel Bello im Hafen von Montevideo eintrifft, glaubt er freilich noch an die Stärke durch Einheit im argentinischen Exil; eine Vorstellung, die sich freilich bald schon als Illusion erweisen wird.[27] Seine Weltsicht ist wohl zu sehr von Idealen geprägt!

Dieser Besuch erlaubt es dem Erzähler, die Welt der Proscriptos – eine eigene, isolierte, größtenteils abgeschlossene Welt, die ihre eigenen Mythen schafft und an diese trotzig glaubt – zu porträtieren sowie die Gegensätze zwischen den alten Unitariern und der jungen rebellischen Generation von Exilanten hervortreten zu lassen. Der argentinische Literat und Poet Florencio Varela, eine historische Gestalt, zeigt die Problematik des Exils für die Intellektuellen und vor allem die Schriftsteller auf, nimmt gerade er doch eine Zwischenstellung ein zwischen der alten Literatengeneration der „Neoclásicos" und den neuen argentinischen Romantikern, die wie Esteban Echeverría ebenfalls nun ihre zweite Heimat in Uruguay gefunden haben. Schnell muss Bello erfahren, dass seine unitarischen Gesprächspartner in einer anderen Welt leben und an neuen Informationen aus Argentinien gar nicht interessiert sind, könnte all dies doch ihre Vorstellungen, mehr aber noch ihre Vorherrschaft im Exil gefährden. José Mármol analysiert in diesen Szenen mit feinem Gespür jene Verwerfungen, welche durch die Existenz und die Bedingungen eines langen Exils entstehen.

Entscheidend ist in diesem Zusammenhang eine Szene im Roman, in welcher Varela die Meldung vom Sieg der Rosas-Truppen in Sauce Grande einer geradezu textkritischen Lektüre unterzieht, um damit ausgehend von bestimmten Repräsentationsformen dieser journalistisch-propagandistischen Prosa die Tatsache des Sieges selbst zu leugnen. Man will es ganz einfach nicht wahrhaben, dass der Gegner militärisch gesiegt haben könnte und baut sich folglich eine andere Wahrheit, die – entschuldigen Sie bitte! – auf ‚alternativen Fakten' beruht.[28] Parallel hierzu macht der Erzählerdiskurs klar, dass es sich bei Daniel Bello nicht mehr um einen Unitarier im Sinne eines Parteigängers alten Typs handelt: Er repräsentiert vielmehr die junge Generation, die den alten Unitariern durchaus verdächtig und unzuverlässig erscheint, stellen sie doch implizit die Vorherrschaft der Alt-

---

27 Mármol, José: *Amalia*, S. 209 f.
28 Ebda., S. 223 f.

gedienten in Frage. Mit anderen Worten: Die Gespräche Bellos in Montevideo verlaufen mehr als enttäuschend, und so überrascht es nicht, dass düstere Vorahnungen sich seiner Seele bemächtigen und er sich der Vision bewusst wird, die folgenden Auseinandersetzungen mit Rosas nicht mehr lebendig überstehen zu können. Das tragische Geschehen spitzt sich langsam auch auf der historischen, soziopolitischen und militärischen Ebene des Romans zu.

Selbst die unglaubliche Energie Daniel Bellos wird zunehmend vom düsteren Flügelschlag melancholischer Lethargie erfasst, wenn auch längst noch nicht gelähmt. Das Romangeschehen dunkelt sich zusehends ein und die Melancholie überwuchert immer weitere Bereiche der Diegese. Kontrastiv zu dieser allgemeinen inneren Gemütsverfassung wird das Porträt Montevideos eingefügt; einer Stadt, in welcher das Geld mit vollen Händen ausgegeben wird und die sich auf dem Höhepunkt ihrer damaligen Entwicklung befindet. Eine Szene im Kaffeehaus schließt sich an, in das die historischen Gestalten von Alberdi, Gutiérrez, Irigoyen und Echeverría eintreten.[29] José Mármol lässt ein lebendiges Bild der verschiedenen Generationen im uruguayischen Exil entstehen, das er aus eigener Anschauung bestens kannte.

Das vierte Kapitel des dritten Teils schließt den Aufenthalt Bellos in Montevideo ab und präsentiert eine lyrische Meditation des jungen Helden auf dem Meer. Wir befinden uns auf der Rückfahrt über den Río de la Plata, der mit Hilfe eines Schmugglers klammheimlich in Richtung Argentinien überquert wird. Dem schönen Bello ist die Zerrissenheit des argentinischen Exils – und damit seine eigene politische Schwäche – klar geworden; er weiß nun, dass es auch im uruguayischen Exil Führer mit absolutem Machtanspruch gibt, auch wenn diese nicht so blutrünstig wie Rosas seien.[30] Von politischer Einheit sind die Gegner der Rosas-Diktatur 1840 noch weit entfernt. Der langen Liste erlittener Enttäuschungen folgt die Einsicht, dass man den Menschen nicht mehr allzu sehr vertrauen dürfe, sondern vielmehr auf Gott bauen müsse. Daniel Bellos Blick geht bei dieser nächtlichen Meditation auf dem Schiff nach oben, zum Firmament, wo er nach Trost und Sicherheit sucht. Doch noch geben die Sterne keine endgültige Auskunft ...

Auf die poetische Meditation folgt die krude Präsentation der Gewaltherrschaft mit einem Porträt der fanatischen Doña María Josefa Ezcurra. Erneut haben wir es mit einer Kontrasttechnik zu tun, die den himmlischen Sternen die teuflische Unterwelt der in Buenos Aires Herrschenden entgegensetzt. Josefa, die Schwiegermutter von Rosas, ist dem verwundeten Eduardo Belgrano bereits

---

29 Ebda., S. 231.
30 Ebda., S. 234.

auf die Spur gekommen und vermutet ihn mit guten Gründen in Amalias Landhaus. Der Erzähler verwendet einige Sorgfalt darauf, die fanatische Frau mit dem Teufel zu assoziieren, der ihr buchstäblich diese Vermutung in den Kopf gesetzt zu haben scheint. Der Kreis der Hölle schließt sich um das himmlische Geschöpf Amalia und ihren Verehrer. Auch in diesem Kampf gegen die Mächte der Finsternis ist Amalia implizit die Verkörperung Argentiniens: Noch immer hoffen und bangen die Leserinnen und Leser mit ihr und ihrer Liebe.

Doch das Unheil nähert sich mit Riesenschritten! Eine junge schwarze Dienerin Amalias – und der implizite Rassismus ist unübersehbar – schwärzt ihre weiße Herrin an: Sie dient María Josefa als Spionin. All dies ist sehr gut vergleichbar mit Domingo Faustino Sarmientos *Facundo*, wo die Schwarzen als Gefahr für die unitarischen, rechtschaffenen weißen Bürger erschienen waren und deren wohlbegründete Ordnung gefährdet hatten. Die Macht der Verfolger wird größer, jene der Verfolgten stetig kleiner: Daniel Bellos Mitstreiter in der zu gründenden Assoziation sind von knapp dreißig auf ganze sieben zusammengeschmolzen, die Reihen der Kämpfer gegen die Rosas-Diktatur lichten sich.

So stark ist innerhalb kurzer Zeit der Aderlass, dass immer größere Teile der jungen Argentinier ins Exil getrieben werden, wodurch den ehrgeizigen Plänen Bellos, den Diktator von Buenos Aires zu bekämpfen und möglichst zu stürzen, der Boden entzogen wird. Unterdessen übt sich das Liebespaar in geistig-intellektueller Harmonie: Es sind verwandte Seelen, die in romantischer Liebe zueinander finden; und das geht nicht ohne gemeinsame Lektüre ab. Eduardo übersetzt seiner Amalia die schönsten Stellen des *Manfredo* von Lord Byron.[31] Die beiden Liebenden vergessen die Außenwelt und sind ganz in ihrer Welt romantischer Emotionen im Leben und Lesen gefangen. Gerne möchte ich Ihnen diese Szene einmal vorführen:

> Es war fünf Uhr an einem kalten und nebligen Nachmittag, und Eduardo saß neben dem Kamin auf einem kleinen Schemel zu Füßen von Amalia. Er übersetzte ihr eine der schönsten Passagen des *Manfred* von Lord Byron; und Amalia stützte ihren Arm auf die Schulter Eduardos, wobei ihre Locken aus Seide leicht ihre hohe und bleiche Stirne streiften. Und sie hörte ihn, sich selbst entfremdet, mehr durch seine Stimme, die zu ihrem Herzen drang, als durch die schönen Kunstgriffe der Einbildungskraft des Dichters hindurch; von Zeit zu Zeit hob Eduardo seinen Kopf und suchte in den Augen seiner Amalia eine noch größere Flut an Poesie, als ihn die Gedanken des Adlers unter den Poeten des 19. Jahrhunderts verströmten.
> Sie und er repräsentierten dort das lebendige und vollkommene Gemälde vollständigen Glückes [...].[32]

---

31 Ebda., S. 253.
32 Ebda.

Dies ist die Szene eines Interieur, das vollständige Geborgenheit, wunschloses Glück und intelligente Beschäftigung ausstrahlt. Das flackernde Kaminfeuer versetzt uns geradezu in eine Atmosphäre und ein Klima, wie wir es in England empfinden könnten. Und in der Tat sind wir auch nicht weit von einem derartigen Ambiente entfernt. Überdies haben wir es mit einer Szene zu tun, die topisch Leben, Lesen und Lieben eng führt: Die gemeinsame Lektüre hatte nicht umsonst Paolo und Francesca zusammengebracht, bis sich ihre Münder nicht mehr voneinander lösen konnten.[33] José Mármol greift an dieser Stelle tief in die Kiste langer europäischer Literaturtraditionen und entfaltet transatlantische Bezugnahmen, deren Intertextualität jedoch zweifellos – und nicht allein wegen Lord Byron – englisch eingefärbt sind. Tatsächlich könnte diese Lese- und Liebesszene auch vollständig in einem windumtosten englischen Landhaus stattgefunden haben.

In dieser vertrauten Szenerie ist es die Stimme des Mannes, die tief in den Körper der jungen Frau eindringt und die bleiche romantische Heldin stark bewegt. Allerdings gibt es eine Veränderung oder Mutation dieser Szenerie, die keineswegs zufälliger Natur ist: In dieser Passage wird Lord Byron, jener Dichter der englischen Romantik, der hier gleichsam aus gewachsener historischer Distanz zu den großen Dichterfürsten des 19. Jahrhunderts gerechnet wird, nicht gemeinsam und eng umschlungen gelesen. Er wird vielmehr ins Spanische übersetzt, wird mithin einer Übersetzungsarbeit unterzogen, die sich im transatlantischen Zwischenraum zwischen beiden Welten bewegt. Im selben Atemzug setzt Byron von England nach Argentinien über, so dass eine doppelte Übersetzungsübung entsteht, die einmal mehr die Asymmetrie und zugleich die Wichtigkeit des Übersetzens, also die Verbindung des Transnationalen mit dem Translationalen unterstreicht. Das *Über*setzen wird mit dem Über*setzen* gekoppelt und umschreibt eine Intertextualität, welche wie eine Nabelschnur die asymmetrische Abhängigkeit der argentinischen Literatur von der europäischen im 19. Jahrhundert anzeigt.[34]

Doch das Netz, das Doña María Josefa um die Unitarier zieht, wird immer enger: Sie hat sich bei einem unangemeldeten Überraschungsbesuch im Hause Amalias persönlich von der Anwesenheit eines jungen Mannes überzeugt, der zudem aufgrund seiner Verwundung noch aufschreit, als sie sich absichtlich auf seinem linken Oberschenkel abstützt. Der Beweis also ist erbracht und das

---

33 Zu Dantes Paolo und Francesca und die langfristige Wirkung dieser Konfiguration auf die Darstellung von Liebe im Abendland vgl. Ette, Ottmar: *LiebeLesen*, S. 7 ff., 56 f. u. 532 ff. Bereits das Cover dieser Buchausgabe bezieht sich auf eine romantische Lesart dieser berühmten Liebesszene aus Dantes *Commedia*.
34 Zu einer komplementären Deutung vgl. Ette: *LiebeLesen*, S. 517–519.

Liebespaar verraten! Das Verderben nimmt seinen Lauf, wenn es auch durch allerlei retardierende Einschübe und Unterbrechungen immer wieder hinausgeschoben wird. Noch scheitert auf Grund der beherzten Reaktionsschnelligkeit Daniel Bellos, der Eduardo aus dem Hause Amalias entfernt, ein erster Versuch der Mazorca, der Schergen der Rosas-Diktatur, den jungen Belgrano im Hause Amalias gefangen zu nehmen. Doch das Netz um die Liebenden, aber auch um Daniel Bello zieht sich spürbar zu.

So wird die Liebesgeschichte nun wieder stärker in den Kontext historischer Aktionen gerückt, unterstützt von eingebauten Dokumenten, die vom Vorrücken der Truppen Lavalles auf Buenos Aires sprechen und den Unitariern wieder neuen Mut und neue Hoffnung einflößen. Auch diese historische Kontextualisierung besitzt selbstverständlich eine retardierende Funktion, verstärkt aber gleichzeitig die Möglichkeiten des Romans, nicht allein historisches Geschehen, sondern dessen konkretes *Erleben* und das *Lebenswissen* der einzelnen Figuren zur Geltung zu bringen. In diesem Zusammenhang zeigt der Roman, dass er einer abstrakten Geschichtsschreibung dadurch überlegen ist, insofern er nicht die schlichte Faktizität der Wirklichkeit, sondern erlebbare und erlebte Wirklichkeiten in den ästhetischen Mittelpunkt rückt. Aus Sicht der romanesken Figuren ist die Zukunft noch offen: Sie können sich in dieser Geschichte so, aber auch ganz anders entscheiden.

Beständig pendelt der Text zwischen romantischem Liebesroman, politischem Thriller und historischem Roman, wobei sich alle drei Pole wechselseitig beeinflussen und in ihrer Wirkung stabilisieren. Immer wieder wird die entscheidende Wendung hinausgezögert – auch dies ein Teil jener Strategien, die sich insbesondere der Feuilletonroman des 19. Jahrhunderts durch sein periodisches Erscheinen in der Zeitung erarbeitete. Das geschätzte Lesepublikum wird durch ständige Querverweise, Handlungsveränderungen und retardierende Einschübe bei der Stange gehalten. Denn vergessen wir nicht: Unser historischer Roman *Amalia* ist zugleich ein Feuilletonroman, der erstmals in einem politisch eindeutig orientierten Periodikum erschien, als Waffe im politischen Kampf des Exils gegen eine verhasste Diktatur!

Vor diesem Hintergrund ist *Amalia*, in gewisser Weise vergleichbar mit Fernández de Lizardis *Periquillo Sarniento*, die Fortsetzung des politischen Kampfes des Journalisten mit literarischen Mitteln gegen einen Feind, der noch immer übermächtig ist. Auf Ebene der Tragödie – und auch auf sie bezieht sich der Roman Mármols explizit – entspräche dieser Feuilletontechnik der Verschiebung und Verzögerung die Technik des „retardissement", eine Retardierung, die dem Publikum, also der Leserschaft noch ein wenig Zeit zum Atemholen lässt, bevor die Schlusskatastrophe über alles hereinbricht. José Mármol gestaltet diesen „Suspense" sehr großzügig und lässt seiner Leserschaft viel Zeit zum Atemschöpfen.

Dies birgt Gefahren: Denn zumindest das heutige Lesepublikum läuft bisweilen Gefahr, angesichts der unübersehbaren Längen des Romans nicht Atem zu holen, sondern im schlimmsten Falle einzuschlafen.

Auch Juan Manuel de Rosas zeigt angesichts der heranrückenden Truppen von General Lavalle Nerven. Daran ändert auch nichts die gute argentinische Küche einer Mulattin, die dem Diktator immer wieder schmackhafte Fleischgerichte auftischt, welche in offenem Kontrast zur verfeinerten französischen Küche stehen. Der uns bereits bekannte Alejo Carpentier hat hier offenkundig gut aufgepasst und einige Textelemente, insbesondere die Mulattin, in seinen eigenen Diktatorenroman *El recurso del método* intertextuell übernommen. Jedenfalls hat Juan Manuel de Rosas deutlich vor einer Niederlage gegen die unitarischen Truppen Angst und bereitet alles für seine rasche Flucht ins Exil vor. Diese sollte über die britische Botschaft abgewickelt werden; ganz so, wie Rosas im Jahre 1852 – also zwölf Jahre nach den Ereignissen unseres Romans – dann tatsächlich ins englische Exil gelangen sollte.

Doch die Rosas-Diktatur funktionierte noch 1840 in Argentinien weiter und baute ihr repressives Staatssystem aus. Der recht zurückhaltende Polizeichef von Rosas, Victorica, der María Josefa Ezcurra eher ein Dorn im Auge ist, sieht sich im Hause Amalias um, was im Übrigen zu einem wahren Farbenspiel Anlass gibt. Denn Victorica erblickt zu seinem Missfallen überall im Interieur der Quinta Amalias die Farben Blau und Weiß – nicht die Farben der Federales. Amalia ihrerseits wird vor lauter Wut im Gesicht ganz rot, „punzó", was beim mitgekommenen Opportunisten Mariño dazu führt, seinerseits im Gesicht ganz bleich zu werden. Dies ist nicht nur eine Verwirrung der Gefühle, sondern vor allem eine Verwirrung politischer Farben und ihrer Symbolik.

Der inquisitorische Besuch Victoricas bietet freilich im Roman vor allem den willkommenen Anlass, eine mit „Mármol" unterschriebene Fußnote einzufügen, die auf die eigenartige Bekanntschaft des jungen Literaten mit Rosas' Polizeichef hinweist. Ich darf diese autobiographische Fußnote kurz anführen:

> Als ich 1839 im Gefängnis und in den Ketten von Rosas die staatsbürgerliche Taufe erhielt, die er allen Argentiniern zugedachte, die sich weigerten, sich in jenem Pfuhl an Blut und Lastern zu prostituieren, in welchem sich seine Freunde suhlten, da erwies mir Don Bernardo Victorica gewisse Aufmerksamkeiten, die absolut verboten waren.
> Allein und in einen Kerker geworfen, wohin kaum das Tageslicht durch eine kleine Luke drang, werde ich niemals die Freude vergessen, die ich empfand, als der Chef der Polizei mir die Erlaubnis gab, einige Kerzen und Bücher herbeizuholen. Und in der Flamme dieser Kerzen schwärzte ich einige Mate-Stengel, um mit ihnen auf die Wände meines Kerkers die ersten Verse gegen Rosas und die ersten Schwüre meiner Seele von neunzehn Jahren zu schreiben, alles gegen den Tyrannen und für die Freiheit meines Vaterlandes zu tun, was

ich dann auch getan habe und während der langen Periode meines Exils auch weiterhin tun werde. – MARMOL[35]

Erneut wird in dieser Anmerkung, wie schon in der dem gesamten Roman vorangestellten „Explicación", ein paratextuelles Element hinzugefügt, um zum einen die historische Fundierung und Glaubwürdigkeit des Erzählten, vor allem aber die autobiographisch verankerte Dimension des Schreibens herauszustellen. Das Schreiben des Romans geht letztlich zurück auf jenes im Gefängnis: Es ist gleichsam dessen Verlängerung. Dieses Schreiben im Gefängnis verweist wiederum auf das Schreiben von Sarmiento an jene Wand in Argentinien, die er den Interpretationsversuchen seiner Häscher überlassen musste, als er sich ins Exil nach Chile absetzte: „On ne tue point les idées."

Auch in diesem Falle – und wieder kommt uns in dieser Vorlesung Fernández de Lizardis *El Periquillo Sarniento* in den Sinn – handelt es sich um ein verortetes Schreiben, die Berufung auf ein Gedicht, das José Mármol im Übrigen nach seiner Flucht ins Exil unter dem Titel *A Rosas* veröffentlichte. *Amalia* ist letztlich nur die Fortsetzung einer solchen verorteten „écriture" mit den Mitteln des Romans. Schreiben wird zum Aufschrei gegen die Rosas-Diktatur: Schrei und Schreiben stehen in unmittelbarem Zusammenhang.

Die Schrift der Feder weist den Weg zurück zu ihrer Herkunft, ihrem Ursprungsmoment in Argentinien, geschrieben mit argentinischem Mate an die Wände eines argentinischen Gefängnisses. Wieder ist es der amerikanische „calabozo", von dem Lezama Lima mit Blick auf Fray Servando Teresa de Mier sprach, wieder ist es der Kerker, in welchem sich die Schrift ihren Weg sucht und fruchtbar wird. Das Schreiben im Gefängnis wird zu einem Schrei aus dem Gefängnis, welcher dem Schreiben nach dem Gefängnis seine volle und ganze Legitimität verleiht. So haben wir es mit einer Gefängnisliteratur zu tun, die sich im Roman paratextuell ihr Schattendasein er-schreibt und verteidigt, ja mehr noch: ihre ganze Würde als Schrift und Schreiben von Literatur aus dieser Verfolgung bezieht. Als die Verfolgung aufhörte, als der Aufschrei ausbleiben konnte, versiegte bei José Mármol die Feder und das Schreiben kam an ein Ende.

Zugleich sind diese historischen Vorgänge aus dem Jahre 1839 – der junge José Mármol befand sich für die eher kurze Zeitdauer vom ersten bis zum siebten April jenes Jahres im Gefängnis – unmittelbar jenen vorgeschaltet, von denen der Roman berichtet. Dessen erzählte Zeit situiert sich zwischen 1839 und 1851, zwischen dem Gefängnis in Buenos Aires und dem Exil in Montevideo, wobei der Fokus der zeitlichen Diegese auf dem Jahr 1840 liegt. Es sei an dieser Stelle ein-

---

35 Mármol, José: *Amalia*, S. 291.

gefügt, dass eine Fußnote[36] eine doppelte Zeit der Niederschrift angibt, nämlich zum einen das Jahr 1851 in Montevideo und zum zweiten den Zeitraum nach Durchsicht einer Vielzahl von Dokumenten, die in Buenos Aires nach dem Ende der Rosas-Diktatur in die Buchfassung aufgenommen wurden.

Durch den zunehmenden Einbau historischer Dokumente versuchte der Autor darüber hinaus, dem historischen Charakter seines Romans einen zusätzlichen, gleichsam testimonialen Akzent zu vermitteln. Die vom Text konstruierte Autorfigur wird zum Zeugen, ja Blutzeugen all jener Ereignisse, die Mármol in romanesker Form niederschrieb. Der Roman tritt hier erkennbar an die Stelle einer Geschichtsschreibung, die erst lange nach 1852 eine neue offizielle Geschichte Argentiniens ausarbeiten wird. Es sollte die Geschichte der Sieger sein. Die historischen Tatsachen, so erläutert der Erzählerdiskurs,[37] müssten im (fiktionalen) Roman dargestellt werden, damit der Roman aus den dargestellten Ereignissen die philosophischen Konsequenzen ziehen könne. Der politische und historische Roman von José Mármol erhebt mithin nicht nur einen mimetischen und historiographischen, sondern auch einen geschichtsphilosophischen Anspruch; auch dies ein Ergebnis jener „ficción calculada", die der Autor im Vorwort ankündigt und im Verlauf seines Romans auf die Leserschaft einwirken lässt.

Es häufen sich in der Folge die langen Einschübe des Erzählerdiskurses, der die argentinische Geschichte beleuchtet und alles Schändliche und Schreckliche auf Seiten der Federales ansiedelt – ohne Facundo Quiroga zu vergessen, der sogar seine eigene Heimatstadt in Flammen habe aufgehen lassen.[38] Es erscheinen all jene Caudillos, die schon in Sarmientos *Facundo* als „Gauchos malos" gebrandmarkt worden waren, wobei sie alle zum Höhepunkt der Rosas-Diktatur hinführen. Der Erzählerdiskurs geht in *Amalia* in derartigen Passagen immer stärker in einen parteipolitisch-propagandistischen Diskurs über, dem eine klar manichäische, antithetische Struktur zugrunde liegt. So erfolgen immer wieder auch Abrechnungen parteipolitischer Art: Mit Ausnahme der Jesuiten habe der Klerus versagt, habe er sich doch vollständig prosterniert und Rosas ergeben. Demgegenüber erhebt der Erzähler ein Loblied auf das Christentum, das mit Christoph Kolumbus in die Neue Welt gekommen sei:[39] Mármol greift in diesem Zusammenhang zweifellos zurück auf die vorwiegend ästhetisch ausgerichtete Eloge alles Christlichen in Chateaubriands *Le Génie du Christianisme*, das in der Romantik in beiden Welten seine volle Kraft entfaltete.

---

36 Ebda., S. 421.
37 Ebda., S. 313.
38 Ebda., S. 337.
39 Ebda., S. 340.

Auch die Gauchos und ihre Lebensart, die so sehr jener der Städter entgegensteht, die aber doch im Grunde das argentinische Volk verkörperten, darf in diesem so argentinisch gewollten Roman nicht fehlen.[40] Die weltpolitisch-geschichtsphilosophischen Reflexionen setzen wenig später ausgehend von den Überlegungen zur Sklaverei Amerikas ein, die bereits mit dem Augenblick der Entdeckung begonnen habe.[41] Selbst die Befreiung, die Independencia habe sich an Europa, an der französischen Revolution ausgerichtet. Das Zusammentreten der französischen Generalstände, das Zustandekommen der Französischen Revolution, die Zerfallserscheinungen und politischen Ereignisse in Spanien, der Einmarsch der Franzosen in Spanien und der Beginn des hispanoamerikanischen Befreiungskampfes werden vom Erzähler in eine direkte Kausalkette gebracht.[42]

Vor allem aber seien Flugschriften und Bücher aus Frankreich nach Amerika gelangt: Die Macht des Wortes und der Schrift ist für den Erzähler letztlich entscheidend für die fundamentalen revolutionären Ereignisse auf dem amerikanischen Kontinent. Anlässlich der hispanoamerikanischen Independencia kommt der Erzähler nicht umhin, Buenos Aires jene Rolle zuzuschreiben, welche Gott in der Schöpfung spiele:[43] eine ‚dezente', ‚schüchterne' Zurückhaltung, wie sie den Einwohnern der Stadt, den „Porteños" stets eigen war. Der geschichtsphilosophische Erzählerdiskurs beharrt ein ums andere Mal auf der Vorstellung vom Ideentransport von der französischen zur amerikanischen (sprich: hispanoamerikanischen) Seite des Atlantik: Dies sei die Initiation für die Suche nach Freiheit gewesen. Das große Problem habe aber darin bestanden, freiheitliche Vorstellungen dort zu verbreiten, wo alle Geister von monarchistischen und autoritären Gewaltstrukturen beherrscht gewesen seien. Immer häufigere Aufstände gegen die „clase ilustrada" der Städte seien die notwendige Folge dieses Zustands gewesen.[44]

Ähnlich wie bei Domingo Faustino Sarmiento erscheint all dies als ein langer Kampf gegen das „principio civilizador" innerhalb der noch unfertigen Gesellschaften. So sei die koloniale Tradition gegen das revolutionäre Bewusstsein aufgestanden und habe die Macht ergriffen. Daraus leitet der Erzähler seine Kritik an der Utopie der Independencia ab, die davon ausgegangen sei, dass man die hehren Vorstellungen einfach auf die Länder Amerikas übertragen könne. Doch dies sei niemals der Fall gewesen: Denn die Barbarei habe sich in einem einzigen

---

40 Ebda., S. 350 ff.
41 Ebda., S. 352.
42 Ebda., S. 352.
43 Ebda., S. 353.
44 Ebda., S. 354.

Manne verkörpert, Juan Manuel de Rosas, der in jeglicher Hinsicht der beste Gaucho gewesen sei.[45] Rosas habe letzterem den Vorrang eingeräumt, und so stünden sich nun Zivilisation und Barbarei in ihrem Kampfe gegenüber.

Sie sehen einmal mehr, wie homogen die politisch-kulturellen Vorstellungen der Argentinier waren, die im Exil die Feder ergriffen! Sie wird den ehernen Kernbestand der künftigen offiziellen Geschichtsschreibung Argentiniens bilden. Die Rollen sind damit für die militärische Entscheidungsschlacht zwischen Rosas und Lavalle gut verteilt: Es ist der ewige Kampf zwischen dem Guten und dem Bösen, zwischen Zivilisation und Barbarei, zwischen Freiheit und Unfreiheit, zwischen Recht und Gewalt. Gerade am Beispiel einer Schlacht, in welcher sich stets alles zu Freund oder zu Feind anordnet, lassen sich derartige Manichäismen leicht vorführen. Genau darin liegt das Verführerische dieses Diskurses, und in dieser einfachen Gegenüberstellung lag auch die langanhaltende Wirkung derartiger Passagen. Die Kämpfer der Freiheit treten den Heeren der Sklaven entgegen – und sie werden zunächst noch verlieren. Noch weiß der Leser, noch weiß die Leserin nicht – soweit sie es nicht aus der Geschichte wissen –, dass Lavalle der Schlacht aus dem Wege gehen und damit Rosas stark machen wird. Die Barbarei wird fürs Erste obsiegen: Die Würfel sind gefallen!

Die Schlacht auf dem Schlachtfeld ist bald entschieden, wenn sie auch romantechnisch in der Schwebe gehalten wird. Noch bliebe Zeit für die Flucht Daniel Bellos und der Liebenden ins rettende Exil. Doch kommt es nur zu einer romantischen Liebesszene, die ich Ihnen zur Erbauung ans Herz legen möchte:

> Du liebst mich, nicht wahr? Du akzeptierst mein Schicksal in dieser Welt, nicht wahr?
> Ja.
> Welches auch immer es sein wird?
> Ja, ja, welches auch immer es sein wird.
> Du Engel meiner Seele!
> Bist Du glücklich, so werde ich in Deinem Lächeln das unbeschreibliche Abenteuer der Engel trinken.
> Amalia!
> Bist Du dem Unheil verfallen, so werde ich Dein Leid teilen; und ...
> ... Und? Nun sag' schon.
> Und wenn ein ungutes Schicksal, das Dich verfolgt, Dich zum Tode führte, so würde der Schlag, der Dein Leben abtrennt, meinen Geist auf der Suche nach Dir auffliegen lassen ...
> Eduardo drückte jene großzügige Kreatur an sein Herz; und in diesem Augenblick, als sie ihr letztes Wort gesprochen hatte, das ihr vom Schwung des Enthusiasmus, in dem sie sich befand, eingegeben worden war, ließ sich weit entfernt ein langer, dumpfer Donner hören, der im Raume vibrierte wie das Echo eines Kanonenschusses in gebirgigem Gelände.

---

45 Ebda., S. 355.

> Der Aberglaube ist der unzertrennliche Begleiter der poetischen Geister, und jene beiden jungen Leute, die in diesem Moment so trunken von Glück waren, fassten sich an die Hände und schauten sich einige Sekunden lang mit einem undefinierbaren Gesichtsausdruck an. Schließlich senkte Amalia ihr Haupt, als wäre sie von einer prophetischen und grässlichen Idee ergriffen. [...]
> Der Sturm ist weit weg, Amalia. Und unterdessen dient ein so reiner Himmel wie Deine Seele als Schleier über unsrer beider Stirne. Das Universum ist unser Tempel, und Gott ist der heilige Hohepriester, der die wohlempfundene Liebe unserer Seelen weiht, von jenen Wolken und von jenen Sternen herab; Gott selbst, der sie mit dem Magnetismus seines Blickes hält, und unter allen Sternen den unsrigen ..., ja ..., jener dort ..., jener dort muss der Stern unseres Glückes auf Erden sein ... Siehst Du ihn nicht? Hell wie Deine Seele, strahlend wie Deine Augen, hübsch und anmutig wie Du selbst ... Siehst Du ihn, meine Amalia? Nein ... Jener dort, antwortete die junge Frau, streckte ihren Arm aus und zeigte auf einen kleinen und schwach leuchtenden Stern, der nahe daran schien, in den Fluten des machtvollen, in diesem Augenblick wie die ganze Natur so stillen Río de la Plata zu versinken.[46]

Alles in der Natur ist ein Zeichen, das die Liebenden fast gegen ihren Willen zu lesen verstehen. Die Natur ist in dieser Passage und im negativen Sinne eine Korrespondenz-Natur, welche gleichsam als Protagonist mit einer eigenen Stimme auftritt. Und sie hat ihr Machtwort gesprochen, auch wenn noch einmal eine trügerische Ruhe eingekehrt ist. Das Universum ist nur scheinbar Tempel der Liebenden, in welchem Gottvater den Kult der Liebe gestattet – doch nicht mehr lange!

Nur scheinbar entspricht das Firmament Körper und Seele Amalias, nur scheinbar gelingt es Eduardo, auf harmonische Weise eine Beziehung zwischen Makrokosmos und Mikrokosmos herzustellen. Amalias Arm weist in Richtung des verglimmenden Sterns, in dessen Bewegung sich das Verlöschen des kalten Feuers im mächtigen Wasser des La Plata-Stromes andeutet – jenes Río de la Plata, der doch die Möglichkeit geboten hätte, sich ins sichere Exil zu retten. Die Liebenden versuchen ihr Schicksal in den Sternen zu lesen, doch ihre Lektüren stimmen nicht gänzlich überein: Denn Eduardo Belgrano versucht in den Sternen das zu lesen, was er sich erträumt, aber nicht das, was er dort erblickt.

Die Natur ist ruhig geworden, der Sturm scheint fern, das Gewitter zeigte sich nur kurz und ließ seinen dumpfen Donner vernehmen. Und doch ist in dieser Szene – die nichts außer Acht lässt, was zur Rezeptur romantischer Liebesszenen im Roman der ersten Hälfte des 19. Jahrhunderts gehörte – der verlöschende Stern ein beredtes Zeichen des Fatums, das über der Liebe zu Amalia und zugleich über der Liebe zur „Patria" steht. Der Blick über den La Plata, der zu jener Reise einlädt, welche die Liebenden noch nicht antreten wollen, um sich in Montevideo

---

46 Ebda., S. 384 f.

in Sicherheit zu bringen, ist nicht der Blick in eine leuchtende Zukunft in Freiheit: Es ist der Blick über den Styx, den mächtigen Todesstrom, dem nichts entrinnen kann. Die Liebenden ahnen es – und mit ihnen ihr Lesepublikum, das die Zeichen der Natur zu lesen gelernt hat.

Unter dem Messer der Mazorca und der Rosas-Schergen ist die Stadt zum „desierto" geworden, sozusagen eine verkehrte Welt, in welcher nun die Großstadt die menschenleere Wüste bildet.[47] Nicht einmal Rom in den schlimmsten Zeiten der Tyrannei sei mit dem heutigen Buenos Aires von 1840 vergleichbar. Buenos Aires, auf das sich die Romandiegese im Wesentlichen unter Einschluss einiger „Arrabales" und Landhäuser konzentriert, ist die eigentliche Hauptdarstellerin des Romans, die wirkliche Hauptfigur, um deren nationale Gesundheit es geht. Und sie wird unter der Rosas-Diktatur geschändet: Der Roman strotzt nun vor Schilderungen der barbarischen, sadistischen Grausamkeiten unter Juan Manuel de Rosas. Auch in diesen Szenen wird das Messer erneut zum Protagonisten, der Diktator selbst zum bluttrinkenden Monster. Als er um ein Glas Wasser bittet und dieses trinkt, spiegelt sich darin die untergehende Sonne so, dass er infolge des optischen Effekts Blut in seine Kehle stürzt – das Blut seiner Opfer.[48] Juan Manuel de Rosas steht ebenso wie Doña María Josefa Ezcurra mit dem Teufel im Bunde!

An seinem Ende spiegelt sich der ganze Roman in der historischen Tatsache des Abrückens der Truppen von General Lavalle aus Buenos Aires. Der Unitarier-General wagt sich nicht an die Eroberung der Stadt; und daher muss er auch scheitern, ist Buenos Aires doch die Hauptperson in der nationalen Tragödie, die José Mármol zur romanesken Aufführung bringt. Auf von Daniel Bello vorbereiteten Fluchtwegen gelangen die schöne Florencia Dupasquier und ihre Mutter mit Hilfe der Franzosen ins Exil nach Montevideo. Amalia jedoch fährt nicht mit: Sie will nicht mehr von der Seite Eduardos weichen, ganz so, wie sie es in der angeführten Passage kundgetan hatte. So wird die junge Frau, die Inkarnation der Schönheit Argentiniens gemeinsam mit ihrem Liebhaber untergehen.

Eduardo begleitet die Abfahrt des Schiffes – ähnlich wie bei Victor Hugo – mit den Worten „Fatalidad, fatalidad": Damit ist das Urteil endgültig gesprochen! Im Río de la Plata wird Eduardos und Amalias Stern verlöschen, was die Ambivalenz dieses gewaltigen Wasserstreifens nochmals aufwertet. Denn für die einen bringt er die Rettung, für die anderen ist er Zeichen des Todes: Eduardo ist von den ersten Seiten des Romans an bemüht, den Fluss und Meeresarm zu überqueren, doch wird ihm dies lebendig nie gelingen.

---

47 Ebda., S. 413.
48 Ebda., S. 430.

Aber der Roman hält für seine Leserinnen und Leser eine geschichtsphilosophische Tröstung bereit: All dies ist im Sinne Hegels aufgehoben, ist für die unumgängliche Nationenbildung geschichtlich notwendig. Denn die Independencia – ähnlich war dies auch in Sarmientos *Facundo* zum Ausdruck gebracht worden – ist noch nicht zu Ende, sie muss vielmehr erst noch zu Ende gebracht werden,[49] obwohl die Gegenwart schwer auf dem Land wiegt. Der kommende Frühling im Roman markiert nicht einen neuen Aufbruch, sondern den Auftakt zu einem schrecklichen Blutbad; und doch scheint all dies nicht ohne einen geheimen, alles umgreifenden Sinn.

Die Nachricht, dass General Lavalle seinen ursprünglichen Plan aufgibt, von Buenos Aires abrückt und sich ins Landesinnere zurückzieht, läutet das blutige Ende des Romans ein. Unsere romantischen Helden sind verloren, wenn sie sich auch noch nicht geschlagen geben. Auch Daniel Bello sieht nun ein, dass der Kampf nur noch vom Exil aus weitergeführt werden könne. Damit rechtfertigt er das Exil seines Autors, der – etwas klüger – wenige Monate zuvor noch rechtzeitig die „Veredas de enfrente" und damit das rettende Uruguay erreicht hatte. Zugleich erfolgt auch eine Rechtfertigung der Tätigkeit Mármols im Exil als Schriftsteller, wird doch der politische Kampf mit der Feder in der Hand als überaus wichtig dargestellt.[50]

Ein letztes Mal wendet sich sein Roman der schönen Amalia zu und porträtiert sie als Göttin im Spiegel.[51] Der Blick in den Spiegel ist bei Gustave Flaubert, etwa in seinem Roman *Madame Bovary*, stets Ausdruck eines letzten Bewusstwerdungsprozesses, findet sich freilich aber bereits früher als Zeichen innerer Vorgänge von Romanheldinnen und geht auf eine lange Literaturgeschichte im Abendland zurück. So blickt Amalia also in den Spiegel; doch die Vögel in ihrem Haus singen nicht mehr und sind verstummt.[52] Das Leben ist vor dem fatalen letzten Schnitt an ein Ende gelangt.

Die Rose, die Amalia auf ihren Schminktisch stellt, auf ihren „Tocador", fällt zu Boden. Und die junge Frau erinnert sich an jene zu Boden fallende weiße Rose an jenem Tag, an dem sie Eduardo auf immer ihr Herz schenkte und sich mit seinem Schicksal verband. Nun ist der Tag gekommen, an dem sie ihm ihre Hand geben, ihn also feierlich heiraten wird und sich beider Schicksal unauflöslich miteinander verbindet: Der Kreis des Romans schließt sich, und damit auch der Lebenskreis seiner Romanfiguren. Doch kommt es noch zur Vermählung, kommt

---

49 Ebda., S. 473.
50 Ebda., S. 479.
51 Ebda., S. 488 f.
52 Ebda., S. 491.

es noch zum Vollzug jener Verbindung, die sich als nationale Allegorese Argentiniens lesen lässt?

José Mármols Roman hatte mit Eduardos Kampf gegen die Blutschergen der Mazorca begonnen; und er endet mit dem Kampf aller positiven Figuren gegen die finsteren Gesellen dieser blutrünstigen staatsterroristischen Vereinigung. Weder die britische Botschaft noch die Kirche schützen die rechtschaffenen Unitarier vor der Grausamkeit der Anhänger des Diktators. Die europäischen Mächte, die in der historischen Entwicklung eben noch eine koloniale Bedrohung dargestellt hatten, erscheinen plötzlich als Hoffnungsträger der Unitarier. Doch sie können nicht mehr eingreifen und auch die englischsprachige Welt ist verstummt.

Allein ein Mister Slade, der typisch amerikanische Konsul der USA in Argentinien, hat trotz seines Phlegmas das Herz auf dem rechten Fleck und ist – Gewehr in der Hand – bereit zum Widerstand gegen die nationale Diktatur. Es handelt sich um das erste Auftauchen eines US-amerikanischen Gesandten, dessen Figur im hispanoamerikanischen Roman des 19. wie des 20. Jahrhunderts zur festen Größe werden wird. Dieser Slade, so die Fußnote des Romans, brachte über hundert Argentinier in seinem US-amerikanischen Konsulat unter, wobei diese freilich für die fälligen Unterhaltskosten aufkommen mussten. Doch dadurch waren sie zumindest vorläufig vor den Nachstellungen der Diktatur geschützt. Angesichts von deren Rücksichtslosigkeit trügt diese Sicherheit freilich, und selbst der wackere Mister Slade wird unter ungeklärten Umständen den Tod finden. Lange, historisch dokumentierte Listen argentinischer Ermordeter begleiten diesen Schlussteil des Romans.[53] Für Tausende sind alle Hoffnungen auf eine Rettung aus den blutigen Fängen der Rosas-Diktatur dahin.

Doch noch ist der Roman nicht zu Ende, noch immer gibt es Hoffnung darauf, dass unser romantisches Liebespaar die Gewalt und Brutalität der argentinischen Diktatur überleben wird. José Mármol tut alles dafür, den „Suspense" zu verlängern: Ein allerletztes Mal tritt Amalia vor den Spiegel und wird mit den biblischen Schönheiten Israels verglichen.[54] Die Argentinierin rückt damit in eine alttestamentarische Geschichte ein, wird gleichsam biblisch semantisiert und sakralisiert. So sind es keine indigenen Schönheiten, in deren Abfolge sie gestellt wird: Ihr Rückbezug erfolgt stets transatlantisch, mit Blick auf Europa und das Abendland. Auch hieran kann man deutlich eine signifikante Situierung innerhalb des von uns skizzierten kulturellen Kräftefelds erkennen.

Amalia blickt also noch ein letztes Mal in den Spiegel und erkennt sich in ihrer ganzen Gestalt. Sie bereitet sich auf die Hochzeit vor; eine Szenerie, die in gewis-

---

53 Ebda., S. 510.
54 Ebda., S. 516 f.

ser Weise an die Hochzeitsszene in Balzacs *Les Chouans* erinnert, wo es ebenfalls kurz vor dem tragischen Ende zu einer Heirat in extremis kommt. Noch ist eine letzte Hoffnung intakt, ins Exil nach Montevideo zu gelangen. José Mármols Beispiel selbst bestätigte diese letzte Hoffnung, erreichte er doch erst im November 1840 das rettende Ufer der uruguayischen Republik. Unsere romantische Heldin freilich ist bereits extrem bleich und fürchtet sich vor jedem Schlagen der Uhr, als könnte dieses den letzten Schlag der Diktatur ankündigen. Die Blätter der weißen Rose fallen zu Boden; und wie in der obigen Szene angekündigt, bedeckt der Brautschleier nun beide Liebende.[55]

Was geschehen soll, geschieht nun: Schon tauchen die Federales auf, gehen unmittelbar zum Angriff über, dringen in das Haus ein, zerstören dessen Inneneinrichtung, auch den Spiegel, in dem sich Amalia in ihrer Schönheit ein letztes Mal gegenübergetreten war.[56] Von der englischen Literatur, den europäischen Literaturen, die sich in ihrer Bibliothek befanden, wird nichts übrig bleiben: Die argentinische Barbarei löscht die Zeugnisse europäischer Zivilisation aus. Die teuflische Übermacht der Federales ist erdrückend; und so flieht die Seele des tödlich verwundeten Eduardo bald schon zu Gott. Amalia selbst sinkt blutüberströmt ins bereits blutige Bett: Es sind wahrhaftige „Bodas de sangre", die sich vor den Toren der argentinischen Hauptstadt zutragen. Ihrem treuen Diener, der ehemals General Belgrano zu Diensten war, wird die Kehle durchgeschnitten. Das überraschende Auftauchen von Daniels Bellos Vater, der über beste Kontakte zu Diktator Rosas verfügt, kann das Blutbad nicht mehr verhindern: Tot sinkt Daniel in seine Arme.[57] Nach diesem Maximum an vergossenem Blut, das an Esteban Echeverrías *El Matadero* und seine bluttriefende Schlussszene erinnert, endet der gesamte Roman in einer einzigen Katastrophe. Damit sind nun alle Hoffnungen und politischen Träume ausgeträumt, bevor noch ein kurzer Epilog den Band abschließt.

Mit dem Ende der Rosas-Diktatur geht 1852 eine große Phase der argentinischen Literatur zu Ende. Die Proscriptos kehren zurück und die Quellen der von ihnen verfassten und überraschend homogenen Exilliteratur versiegen. Diese für die Entwicklung der lateinamerikanischen Literaturen so wichtige Exilliteratur hatte zum ersten Male ihre Schrecken, aber auch ihre produktive Größe gezeigt. Damit waren zugleich die Grundlagen für die Narrativik und Essayistik der hispanoamerikanischen Literaturen nachkolonialen Typs gelegt. In Argentinien wurde mit dem Aufbau eines nach europäischen Begriffen modernen National-

---

55 Ebda., S. 522.
56 Ebda., S. 526.
57 Ebda., S. 529.

staats begonnen, dessen kulturelles Projekt unbeirrbar am ersten Pol unseres kulturellen Schemas ausgerichtet blieb. Die nach Buenos Aires zurückgekehrten Exilanten versuchten mit aller ihnen nun zur Verfügung stehenden Macht, den Einfluss indigener wie schwarzer Bevölkerungsgruppen, aber auch der Gauchos und ihrer Volkskultur zurückzudrängen. Die Grundlagen des politischen Systems Argentiniens, das wie in den meisten Ländern des Subkontinents nicht an Kompromissen und politischen Konsensbildungen ausgerichtet ist, waren nunmehr gelegt.

José Mármols Schreiben war zweifellos bevorzugt an englischsprachiger Literatur ausgerichtet. Ich möchte an dieser Stelle unserer Vorlesung nicht die historische Entwicklung der Beziehungen zwischen den spanischsprachigen Literaturen und der englischsprachigen Welt weiterverfolgen, so spannend eine weitere Untersuchung dieser intertextuellen Traditionslinie auch wäre. Denn wir könnten dabei etwa im Bereich der hispanoamerikanischen Literaturen sehr schön verfolgen, wie stark sich immer wieder bestimmte Konstellationen der englischsprachigen Literaturen insbesondere in der kulturellen Area des Cono Sur auf Entwicklungen im Literatur- und Kulturbereich auswirkten.

Nennen möchte ich beispielsweise den tiefgehenden Einfluss, der von der englischen Literatur der Jahrhundertwende – namentlich Oscar Wilde – auf die Dichter und Prosaschriftsteller des hispanoamerikanischen Modernismo ausging; eine Wirkung, die in ihren Konsequenzen kaum überschätzt werden kann. Sicherlich ist ebenso die Präsenz einer langen literarischen Tradition anzufügen, denken wir nur an William Shakespeare und José Enrique Rodós *Ariel*, mit dem wir uns gegen Ende unserer Vorlesung beschäftigen werden. Doch auch die direkte Wirkung zeitgenössischer englischsprachiger Literatur war höchst bedeutungsvoll.

Sie wurde zugleich ergänzt und gegenbalanciert durch eine starke Präsenz, die dabei zum ersten Mal auch US-amerikanischen Dichtern und Philosophen zukam. Zu nennen wären hier an der Jahrhundertwende im Bereich der Lyrik insbesondere der Dichter Walt Whitman, der übrigens gerade auch durch einen hispanoamerikanischen Modernisten wie José Martí zum ersten Mal in die europäische Welt der spanischsprachigen Literaturen eingeführt wurde. Im Bereich der Philosophie dürfte niemand stärker als Ralph Waldo Emerson auf die Entfaltung der Naturkonzeption im Modernismo und weit darüber hinaus eingewirkt haben. Am Ausgang des 19. Jahrhunderts verstärkten sich nicht nur die transatlantischen Literaturbeziehungen erneut, sondern wuchsen auch die intertextuellen Relationen zwischen dem Süden und dem Norden des Kontinents.

Nehmen wir die Präsenz der englischsprachigen Literatur und Philosophie in Frankreich, so ist das französische 18. Jahrhundert ohne die Aufklärungsphilosophie Englands überhaupt nicht zu denken. Ein Voltaire hat nicht nur wie viele andere Franzosen England als zeitweiliges Fluchtland genutzt, sondern auch dessen Philosophie stark reflektiert: So wäre er ohne David Hume oder John Locke in der uns bekannten Form nicht zu denken – auch wenn wir hier in Potsdam selbstverständlich den Einfluss von Friedrich II. und des preußischen Hofes nicht gering achten wollen!

Die prägende Wirkung des englischsprachigen Romans gerade auch mit Blick auf die Subgattung des historischen Romans ist im entstehenden Lateinamerika ohne das Vorbild Walter Scotts nicht vorstellbar. Diese Aussage gilt nicht nur für den hispanoamerikanischen Roman, sondern auch für die Entwicklung des Romans in Spanien wie in Frankreich oder Italien. Ebenso ist zum Fin de siècle hin ein John Ruskin oder Oscar Wilde von zentraler Bedeutung für die französische Jahrhundertwende, so dass selbst Marcel Proust ohne Ruskin in seiner ästhetischen Entwicklung sicherlich einen anderen Weg eingeschlagen hätte. Wir könnten diese Liste immer weiter ins 20. Jahrhundert verlängern und ihr immer wieder neue Namen anfügen: Gabriel García Márquez war selbstverständlich ein großer Leser der Südstaatenepen William Faulkners, deren Strukturen sich ohne weiteres in seinen Romanen ausmachen lassen. Für die entstehenden Literaturen der Welt ist ab der zweiten Hälfte des 20. Jahrhunderts die Referenz und Reverenz gegenüber englischsprachigen Texten nicht mehr anhand von Einzelbeispielen zu erfassen.

Die externe Relationalität zur englischsprachigen Welt betrifft nach wie vor auch Gattungen wie etwa die „Hard boiled" Genres des Kriminalromans, wo wir seit Edgar Allan Poe von Beginn an eine klare US-amerikanische Zentrallinie ausfindig machen können. Sie ist von enormer Bedeutung für die italienische (Leonardo Sciascia) oder spanische Literatur (Manuel Vázquez Montalbán), aber auch für die hispanoamerikanischen Literaturen in Gestalt etwa des zeitgenössischen chilenischen Kriminalromans.

Anstatt diese Überlegungen in unserer Vorlesung noch weiter auszubuchstabieren, möchte ich an dieser Stelle nun vorschlagen, bei der externen Relationalität zu bleiben, zugleich aber den Blick kurz auf die deutschsprachige Welt zu öffnen. Von grundsätzlicher Bedeutung ist in dieser Beziehung einmal mehr der Ausgang des 18. und vor allem der Beginn des 19. Jahrhunderts; mithin ein Zeitraum, bei dem man von einer entscheidenden *Take-off*-Phase der europäischen und der außereuropäischen Modernen sprechen kann. Ich möchte als Beispiel hierfür nicht ein ähnlich asymmetrisches Exempel wählen, sondern in diesem Falle auf die Beziehung zwischen der französischen und deutschen Literatur während dieser Sattelzeit deuten. Auf diesem Gebiet haben wir bereits die überragende Rolle wahrgenommen, welche das gesamte Werk der Germaine de Staël gerade für die deutsch-französischen Beziehungen spielte. Es war auch für die Vermittlung Deutschlands in die spanischsprachige Welt über Frankreich hinaus von maßgeblicher Bedeutung. Nicht zu unterschätzen sind für den transatlantischen Raum aber auch Figur und Werk Alexander von Humboldts, dessen Schriften nicht nur bei amerikanischen Kreolen den Wunsch nach politischer Unabhängigkeit befestigten, sondern dessen Schreiben auch von enormem Einfluss auf die Literaturen in Lateinamerika war. Es ist gerade diese literarische Signifikanz, diese Bedeutung des Preußen weniger als Naturforscher denn als Schriftsteller, die sich immer wieder wie ein roter Faden durch die Literaturgeschichten zieht und Humboldt zu einer zentralen transatlantischen Vermittlungsfigur zwischen den Literaturen werden lässt.

Humboldt schrieb nicht nur auf Deutsch, sondern vor allem auf Französisch. Vergessen wir nicht, dass Frankreich für die Romanischen Literaturen der Welt über eine lange Zeit mit Paris als der Hauptstadt des 19. Jahrhunderts die zentrale Funktion einer internationalen Drehscheibe spielte! Vieles von der deutschen und deutschsprachigen Literatur und Philosophie, das wir in Lateinamerika im 19. wie im 20. Jahrhundert beobachten können, ist sozusagen durch die „Porte de Paris" gegangen, also durch den französischen Zoll. Um folglich besser zu verstehen, wie die deutsche Philosophie – neben der Linie, die über Alexander von Humboldt verläuft – nach Amerika und insbesondere in die spanisch- und portugiesischsprachige Welt gelangte, gibt es kein besseres Beispiel als Germaine de Staël. Sie ist jene Brückenbauerin zwischen der französisch- und der deutschsprachigen, aber auch der hispanophonen Welt, die wir bereits vor allem im europäischen Kontext kennengelernt haben. Wir können uns an dieser Stelle nicht nochmals zu Madame de Staël wenden, müssen uns aber noch einmal vor ihr verbeugen, da ihre internationale und transatlantische Rolle wohl erst in den kommenden Jahrzehnten adäquat beleuchtet werden kann.

Doch nun ist es an der Zeit, die kulturelle Area in Lateinamerika zu wechseln und vom Süden des Kontinents in den Norden, genauer in jenen Inselbereich zu gehen, den wir gemeinhin als Karibik bezeichnen! Wir wollen uns im Bereich der Inselkaribik anhand zweier unterschiedlicher Beispiele einen Eindruck davon verschaffen, wie sich in dieser Area die intertextuellen Relationen verhielten und welche entscheidenden Literatur- und Kulturbeziehungen die spanischsprachigen Literaturen dort auf transareale und zum Teil transkulturelle Weise prägten.

Cirilo Villaverde oder der Roman eines Jahrhunderts

Señá Chepa erzählt ihrer Enkelin ein Märchen: Es war einmal, da hörte die kleine Narcisa eine Geige spielen und lief, während ihre Großmutter betete, hinauf zur Loma del Ángel zum Tanz. Ein hübscher junger Mann bot ihr an, sie zu begleiten und das Mädchen willigte ein. Doch während sie so gingen, wurde der junge Mann plötzlich kohlrabenschwarz, zwei Hörner wuchsen aus seinem Schädel, ein langer buschiger Schwanz wurde sichtbar, Feuer drang aus seinem Maul: Narcisa erkannte in dem hübschen jungen Mann den Teufel. Doch es war zu spät, alle Gegenwehr vergeblich, der Teufel hatte sie gepackt:

> Dann stieß Narcisa einen Schrei des Schreckens aus und versuchte sich loszureißen, aber die schwarze Figur bohrte ihre Fingernägel in ihre Kehle, um sie am Schreien zu hindern, packte sie und stieg mit ihr auf den Turm des Engels, der, wie ihr bemerkt haben werdet, kein Kreuz trägt, und von dort aus warf er sie in einen tiefen, tiefen Brunnen, der sich öffnete und, nachdem er sie verschluckt, im Handumdrehen wieder schloss. Das also ist es, mein Töchterchen, was mit den Mädchen passiert, die auf die Ratschläge der Älteren nicht hören.[1]

Dieser „cuento de cuentos"[2] der Großmutter Chepa im dritten Kapitel des ersten Teils von Villaverdes *Cecilia Valdés o La Loma del Ángel* verfehlt, wie der Erzähler kommentiert und die Leserinnen und Leser später verstehen, gänzlich seinen moralischen Effekt bei seinem ‚Zielpublikum'. Das „Märchen von Märchen" entwirft *in nuce* das spätere Schicksal des Mädchens: den Versuch der jungen Mulattin Cecilia, ihre Schönheit auszuspielen, einen Weißen zu heiraten und damit den ersehnten gesellschaftlichen Aufstieg in einer rassistischen Gesellschaft zu bewerkstelligen. Der Versuch wird scheitern, Cecilia fällt ins Nichts zurück. Das Märchen ist somit eine ganz wörtlich zu nehmende Mise en abyme, eine Art Fraktal der folgenden, hier in ihren Grundzügen skizzierten Romanhandlung. Was aber macht die gesellschaftliche Bedeutung dieses Romans von Cirilo Villaverde aus? Und wieso konnte dieser Erzähltext und seine Protagonistin zum Inbegriff des kubanischen 19. Jahrhunderts und zu jener Figur avancieren, die wie keine andere für die kollektive Identität der Insel Kuba steht?

---

1 Villaverde, Cirilo: *Cecilia Valdés o La Loma del Ángel*. La Habana: Editorial Arte y Literatura 1977, S. 77.
2 Ebda., S. 76.

Open Access. © 2021 Ottmar Ette, publiziert von De Gruyter. Dieses Werk ist lizensiert unter einer Creative Commons Namensnennung – Nicht-kommerziell – Keine Bearbeitung 4.0 International Lizenz. https://doi.org/10.1515/9783110703443-024

Abb. 56: Cirilo Villaverde (San Diego de Núñez, Kuba, 1812 – New York City, 1894).

Dass die Wirkung des Märchens bei der Enkelin verpufft, hat die alte Chepa allein sich selbst zuzuschreiben. Denn unmittelbar zuvor hatte sie – eine herrliche Zukunft prophezeiend – einmal mehr Illusionen bei der jungen Mulattin geweckt, sei sie doch fast weiß, „casi blanca", und dürfe zurecht auf die Heirat mit einem Weißen hoffen: „Denn Dein Vater ist ein weißer Herr, und eines Tages wirst Du reich sein und in einer Kutsche daherkommen."[3] Die Großmutter hat die Erwartungen ihrer hübschen Enkelin mithin selbst genährt und Hoffnungen geweckt, ihre physische Schönheit in klingende Münze zu verwandeln sowie in die reiche weiße Gesellschaft der Zuckerrohrinsel aufzusteigen.

Bereits die Stellung des Märchens zwischen dem zufälligen Besuch der kleinen Cecilia bei den reichen Gamboas im zweiten Kapitel des ersten Teils und dem spektakulären Auftritt der von allen als „Virgencita de bronce", als bronzefarbene Jungfrau gepriesenen Schönheit Jahre später auf einem Ball der freien Mulatten und Schwarzen in Havanna weist auf die Bedeutung dieser Schlüsselszene deutlich hin. Elemente aus der Erzählung der Großmutter finden sich denn auch am Rande dieses „Baile de cuna" wieder; so der Brunnen[4] des Märchens wie die dort auftauchende luxuriöse Kutsche,[5] in der Cecilia später vorfährt. Cirilo Villaverde hat die literarische Grundstruktur seines Erzähltextes sorgsam aufgebaut.

Diese reich ausgestattete Kutsche gehört einem wohlhabenden Weißen, Leonardo, Sohn des aus Andalusien stammenden, zu Geld und Ansehen gekommenen Sklavenhändlers Gamboa, der kräftig am Aufstieg Kubas zu *der* Zuckerinsel in der Karibik verdient. Denn die ökonomische Verwandlung Kubas war erst nach der erfolgreichen Haitianischen Revolution mit der verstärkten Einfuhr schwarzer Sklaven möglich geworden. Leonardo war unmittelbar vor Chepillas Märchen

---

[3] Ebda., S. 74: „Tu padre es un caballero blanco, y algún día has de ser rica y andar en carruaje."
[4] Ebda., S. 84.
[5] Ebda., S. 91.

zum ersten Male in Cecilias Worten aufgetaucht; denn schon als Junge verhielt er sich nicht anders als im späteren Verlauf des Romans: „Immer, wenn er mich sieht, will er mich fangen, er läuft hinter mir her und kennt meinen Namen."[6] Leonardo ist von Kindesbeinen an ganz in das hübsche mulattische Mädchen verknallt und betrachtet sie als sein Spielzeug.

Doch Leonardos Vater – dies wissen im Gegensatz zu Chepa weder Cecilia noch ihr junger Verfolger – ist auch *ihr* Vater. Die Leserschaft erfährt, wie der mit einer reichen Kreolin verheiratete Spanier seiner Geliebten, der Mulattin Charo Alarcón, ihr Kind Cecilia wegnahm, um es ins Waisenhaus zu bringen, wo man dem Säugling, wie damals auf Kuba üblich, den Nachnamen Valdés gab. Bevor die Mutter darob dem Wahnsinn verfiel, verfluchte sie ihren ehemaligen Liebhaber und wünschte ihn in die Hölle.[7]

Ein Fluch, der offensichtlich seine Wirkung zeitigt: Schon zwei Seiten später erschrickt Cecilias schwarze Urgroßmutter vor Gamboa wie vor dem Leibhaftigen.[8] Die Großmutter – bemüht, ihre Enkelin von ihrem Vater fern zu halten – warnt sie vor Gamboa wie vor dem Teufel,[9] aber auch vor dessen Sohn Leonardo, auf den sich dieser Fluch übertragen zu haben scheint: „der fiel dem Barabbas höchstselbst aus den Klauen."[10] Doch einmal mehr scheitert Chepillas Ansinnen: Der Inzest zwischen den beiden unwissenden Geschwistern kündigt sich schon an. Denn es ist Leonardo, der – schwarzer Verführer und reicher Weißer in einer Person – Cecilia zum Tanze führt und schließlich auch verführen wird. Das Thema des Inzests ist hierbei eines, das Cirilo Villaverde den an Inzesten reichen zeitgenössischen Feuilletonromanen entnahm.

Die verteufelte Teufelei bleibt freilich nicht auf die zentrale Liebesbeziehung zwischen Cecilia und Leonardo beschränkt. Ihre Funktion ist weitaus umfassender und komplexer. Im Märchen der Großmutter, selbst Tochter einer schwarzen Mutter und eines weißen Vaters, ist der Leibhaftige wie wir schon wissen, so schwarz wie Kohle: „prieto, muy prieto, como carbón."[11] Auch hieran wird die Orientierung der mulattischen Stadtbevölkerung an den rassistischen und rasseorientierten Vorstellungen der weißen Kolonialherren und Kreolen deutlich; eine Orientierung, welche die Großmutter an ihre Enkelin weitergibt. Die immer selbe Geschichte pflanzt sich fort!

---

6 Ebda., S. 74: „Siempre que me ve me quiere coger, me corre detrás y sabe mi nombre …"
7 Ebda., S. 53.
8 Ebda., S. 55.
9 Ebda., S. 73.
10 Ebda., S. 74: „se le cayó de las uñas al mismo Barrabás."
11 Ebda., S. 77.

Im Romangeschehen selbst ist der Teufel jedoch nicht schwarz. Die Assoziierung von Vater und Sohn Gamboa, von Weißen also, mit dem Teufel – etwa durch Cecilias Freundin Nemesia[12] – weist damit auf den zweiten thematischen Hauptstrang des Romans. Denn damit ist dessen abolitionistische Stoßrichtung angesprochen. Der Kreole, also der auf Kuba geborene Weiße Leonardo, der mit der nächtlichen Auspeitschung seines Sklaven die geheiligte Nachtruhe seiner Eltern stört, wird von seinem eigenen Vater als „muchacho de Barrabás", als Junge von Barabbas apostrophiert. Und sein Vater, der Spanier Gamboa selbst, zerstreut die selten einmal aufkommenden Skrupel seiner Frau angesichts der zynischen Brutalität des Sklavenschinders mit dem Hinweis, sie könne ihre Gewissenszweifel, ja ihre Schuld ruhig auf ihn abwälzen: „Du weißt ja, dass der Teufel sie übernimmt."[13] Immer wieder also ist Satan im Spiel – nur dass die wahren Teufel eben nicht schwarz, sondern die Weißen, die Sklavenhalter sind.

Angesichts solcher Äußerungen erscheint es nur logisch, wenn wenige Seiten danach ein geschundener Sklave als „Christus aus Ebenholz am Kreuze", als „Jesucristo de ébano en la cruz"[14] erscheint oder die Opfer der weißen Teufel, die Sklaven an der Dampfmaschine des „Ingenio", mit der Darstellung der Seelen im Fegefeuer in Verbindung gebracht werden.[15] Kein Zweifel: *Cecilia Valdés* gehört in die Reihe abolitionistischer Romane, die in Kuba mit Gertrudis Gómez de Avellanedas in spanischer Sprache erstveröffentlichten und bereits besprochenen Roman *Sab* im Jahre 1841 begann und mit *El negro Francisco* (1873) von Antonio Zambrana sowie vor allem mit *Francisco* (1880) von Anselmo Suárez y Romero ebendort fortgesetzt wurde. Es sind Romane, welche mit literarischen Mitteln die Abschaffung der Sklaverei forderten und wie *Sab* entweder lange Zeit oder erst kurz vor deren Abschaffung auf Kuba erschienen.

So durchgängig der Rückgriff auf christliche Vorstellungen im gesamten Roman auch sein mag: Er scheint den bisherigen Interpreten wohl eher entgangen zu sein. Dies dürfte nicht allein in der Konventionalität eines derartigen Musters begründet liegen, sondern vor allem in der Tatsache, dass das Bild, welches der kubanische Romancier von seinen Figuren entwirft, so simpel nicht war, wie es die schwarz-weißen Zuweisungen vielleicht vermuten ließen. Denn die Protagonisten sind nur Figuren in einem Spiel des ‚Teufels', das auf mehreren Ebenen innerhalb einer rassistischen, kolonialistischen und paternalistischen Gesellschaft stattfindet.

---

12 Ebda., S. 278.
13 Ebda., S. 532: „Tú sabes que el diablo las carga."
14 Ebda., S. 533.
15 Ebda., S. 573.

Leonardo ist wie sein Vater, der sich um den Unterhalt seiner unehelichen Tochter Cecilia und deren Großmutter kümmert, sehr wohl zu menschlichen Regungen fähig. Cecilia ihrerseits ist keineswegs das unschuldige Opfer des Teufels, sondern trägt selbst wesentlich zu ihrem Verderben bei, ist sie in ihrem unbedingten Aufstiegswillen doch ebenso sehr von rassistischen Vorstellungen durchdrungen wie die Sklavenhändlerfamilie Gamboa. Cirilo Villaverdes allwissender Erzähler zeigt, wie sehr alle in einer von der Arbeit der Sklaven lebenden Gesellschaft vom Rassismus durchdrungen und zerfressen sind. Daran wird deutlich, dass das Leben in einer Sklavenhaltergesellschaft die Vorstellungen aller Bewohner korrumpiert, wie die am sympathischsten dargestellte Figur der Isabel Ilincheta erkennt.

Es ist daher aus Villaverdes Sicht nicht mehr als konsequent, wenn auch die schöne Mulattin Cecilia, die schon als junges Mädchen nur oberflächlich dem Typus der „Jungfrauen der berühmtesten Maler"[16] entsprach – ließ ihr Mund doch schon damals auf „mehr Wollust als Charakterstärke"[17] schließen –, ihrerseits von Leonardo Gamboa zumindest als „Teufelchen in weiblicher Gestalt"[18] demaskiert wird. Als Engel innerhalb der spanischen Kolonialgesellschaft erscheint allein die humanitäre und tugendsame Isabel. Für sie ist freilich kein Platz auf dem Schachbrett des Teufels, der kubanischen Sklavenhaltergesellschaft vorgesehen: Sie wird ihr Lebensende folgerichtig nicht auf ihrer Kaffeeplantage, sondern wie die gute Teresa in Tulas *Sab* im Kloster beschließen. Cecilia Valdés aber liegt solches fern: Sie gehört zu dieser Gesellschaft und spielt die ihr zugewiesene Rolle perfekt. Cecilia ist ebenso sehr sinnliche, betörende Mulattin wie männermordende Femme fatale, welche längst im Feuilletonroman des 19. Jahrhunderts ihren Einzug gehalten hatte. Und noch mehr: Sie wird anders als Sab im gleichnamigen Roman der Avellaneda zur mulattischen Verkörperung Kubas.

Um dies nachzuvollziehen, sind bei unserer Annäherung an diesen in gewisser Weise identitätsbildenden Erzähltext auf dem Weg zur kubanischen Nationenbildung mehrere Analyseschritte notwendig.[19] In seinem bemerkenswerten

---

16 Ebda., S. 57: „vírgenes de los más célebres pintores."
17 Ebda.: „más voluptuosidad que firmeza de carácter."
18 Ebda., S. 477: „diablito en figura de mujer."
19 Vgl. hierzu Ette, Ottmar: „El realismo, según lo entiendo": sobre las apropiaciones de realidad en la obra de Cirilo Villaverde. In: Dill, Hans-Otto / Gründler, Carola / Gunia, Inke / Meyer-Minnemann, Klaus (Hg.): *Apropiaciones de realidad en la novela hispanoamericana de los siglos XIX y XX*. Frankfurt am Main – Madrid: Vervuert Verlag 1994, S. 75–89; sowie (ders.): „Cecilia Valdés" y „Lucía Jerez": cambios del espacio literario en dos novelas cubanas del siglo XIX. In: *Letras Cubanas* (La Habana) 4 (abril – junio 1987), S. 145–160.

„Prólogo del autor", in New York verfasst und auf den Mai des Jahres 1879 datiert, entwickelte Cirilo Villaverde die komplizierte Entstehungsgeschichte seines Romans, die er sowohl mit seiner eigenen Biographie als auch mit der politischen Entwicklung Kubas verknüpfte. Die Veröffentlichung einer Erzählung mit dem Titel *Cecilia Valdés* 1839 in einer kubanischen Zeitschrift und die Publikation des ersten Teils eines gleichnamigen Romans im selben Jahr in Kuba markieren den Beginn einer jahrzehntelang unterbrochenen Romangenese. Diese deutet auf die Kolonialgeschichte der Insel insgesamt, ganz wesentlich aber auch auf die fundamentale Spaltung des literarischen Feldes Kubas in einen insel- und einen exilkubanischen Teil. Zwischen der ersten Teilveröffentlichung in Kuba und der definitiven Publikation des Romans 1882 in den USA liegen mehr als vierzig Jahre. Man darf daher mit Fug und Recht behaupten, dass *Cecilia Valdés o La Loma del Ángel* ein Erzähltext ist, der die beiden Jahrhunderthälften kubanischer Literatur miteinander verbindet und zugleich den Roman eines ganzen Jahrhunderts darstellt, welcher beide Hälften des literarischen Feldes Kubas miteinander vermittelt. Die Entstehung von *Sab* fällt daher in denselben Zeitraum wie die Erstveröffentlichung der Erzählung Villaverdes und situiert sich wie diese im identischen gesellschaftlichen Umfeld.

Die Erinnerung an sein in das Blut seiner besten Söhne getauchtes Vaterland – an „la patria empapada en la sangre de sus mejores hijos" – sei es schließlich gewesen, so Villaverde, die ihn dazu angespornt habe, „das getreue Gemälde seiner Existenz unter dem dreifachen Gesichtspunkt des Physischen, Moralischen und Gesellschaftlichen"[20] doch noch im US-amerikanischen Exil abzuschließen. Genau hierin, in der Qualität des Romans als „Spiegelbild der kubanischen Gesellschaft in der ersten Hälfte des 19. Jahrhunderts",[21] erkannte man in der Folge dessen hauptsächliche Bedeutung. Dies allein hätte *Cecilia Valdés* aber die unbestrittene Ausnahmestellung innerhalb der kubanischen Literaturgeschichte nicht verschafft.

Sieht man von bestimmten ‚Anachronismen' ab, auf die später noch zurückzukommen sein wird, erfasst Villaverdes Roman in seiner Diegese den Zeitraum zwischen 1812 und 1831. Der kubanische Schriftsteller entwirft dabei ein um Vollständigkeit bemühtes Bild der spanischen Kolonialgesellschaft auf Kuba. Dieses reicht vom spanischen Generalkapitän an der Spitze über spanische Geschäfts-

---

20 Villaverde, Cirilo: *Cecilia Valdés o La Loma del Ángel*, S. 28: „la fiel pintura de su existencia bajo el triple punto de vista físico, moral y social."
21 Vgl. zum Beispiel Schnelle, Christel: Der Roman „Cecilia Valdés" von Cirilo Villaverde, ein Spiegelbild der kubanischen Gesellschaft in der ersten Hälfte des 19. Jahrhunderts. In: *Beiträge zur Romanischen Philologie* (Weimar) XXII, 1 (1983), S. 21–30.

leute, Militärs und Sklavenhändler, die kreolische Oligarchie, kleinere Beamte und Kaufleute, freie Mulatten und Schwarze bis hinunter zu den Sklaven in der Stadt und auf den Plantagen der Provinz.[22] Des Weiteren tauchen „Gente de mala vida", „Negros curros" in der Stadt und (zumindest andeutungsweise) „Cimarrones", entlaufene und in die Berge geflüchtete Sklaven in ihren Verstecken auf. So wird ein Querschnitt durch die kubanische Kolonialgesellschaft geboten, der jenen ähnlich ist, wie sie etwa José Joaquín Fernández de Lizardi in seinem *El Periquillo Sarniento* entwarf.

Über die eigenen Erfahrungen hinaus konnte Cirilo Villaverde bereits auf umfangreiche Statistiken und Untersuchungen kubanischer Autoren – unter ihnen vor allem José Antonio Saco – für sein breites Gemälde der Kolonialgesellschaft zurückgreifen. Zweifellos fußte seine Darstellung aber auch auf den Ergebnissen von Alexander von Humboldts *Essai politique sur l'île de Cuba*, der auf der Insel zwar rasch der Zensur anheimfiel, unter den gebildeten Kreolen in französischen Ausgaben oder spanischen Übersetzungen aber sehr wohl zirkulierte und 1856 in den USA in einer neuen, allerdings grundlegend verfälschenden Ausgabe aufgelegt worden war.

Humboldts Aussagen und Bewertungen sowie insbesondere das von ihm vorgelegte statistische Zahlenmaterial dokumentierten überdeutlich den verstärkten Sklavenimport, ungeachtet der 1817 geschlossenen Abmachungen zwischen Spanien und Großbritannien. Denn es seien zwischen 1811 und 1825 (also während des im Roman behandelten Zeitraums), „auf gesetzlichen wie ungesetzlichen Wegen" 185.000 Sklaven nach Kuba importiert worden, wobei zwischen 1811 und 1820 allein der Zoll von Havanna 116.000 Sklaven ordnungsgemäß registriert habe. Die hierdurch nur angedeutete dramatische Entwicklung, die dem kubanischen Schriftsteller damit auch in ihrem quantitativen Ausmaß bekannt war, bildet den Hintergrund für die Ereignisse des Romans und zugleich jene argumentative Folie, auf der sich die abolitionistische Hauptthese entfalten konnte. Nach dem ‚Ausfall' von Saint-Domingue als Zuckerlieferanten durch die Haitianische Revolution belegt dies den Aufstieg Kubas zur weltweit dominanten Zuckerinsel sowie die damit verbundenen gesellschaftlichen Entwicklungen.

Villaverdes erste literarische Bearbeitungen des Stoffes standen noch ganz in der Tradition des feuilletonistischen Romans und seiner eigenen zahlreichen Publikationen in kubanischen Blättern. Sie waren eher kostumbristische Sittenbilder im Bannkreis einer Inzestproblematik. Doch machte der Untertitel „La Loma del Ángel" in Anspielung auf ein Stadtviertel Alt-Havannas, in dem ein großer Teil

---

22 Ebda., S. 23 ff.

der Handlung und selbst das Märchen der Großmutter angesiedelt sind, unverkennbar auf die soziologische Intention des Werkes aufmerksam, welche dann in dessen definitiver Fassung zum Tragen kam. Der Stadtplan Havannas wurde zum Grundmuster von drei der vier Kapitel des kubanischen Erzähltextes.

Die Topographie der Stadt, das Kommen und Gehen der Romanfiguren, die Lage ihrer Villen, Häuschen und Hütten: All dies verweist anschaulich auf die Rassen- und Klassenschranken der kolonialen Gesellschaft, auf die angesprochene Segregation der Bevölkerung, die gerade im Gegensatz zwischen den Weißen und den ‚freien Farbigen' innerhalb der Viertel der Altstadt und ihrer damals sieben Vorstädte topographisch zum Ausdruck kommt. Der geographische Raum der Stadt wird in seiner sozialen und ethnischen Hierarchie greifbar: Humboldts Statistiken wird gleichsam romaneskes Leben eingehaucht, sie verwandeln sich in die Darstellung einer gelebten und lebendigen Wirklichkeit. Die Flucht des Sklaven Dionisio aus dem Hause Gamboas, sein vergebliches Untertauchen in den Vierteln der ‚freien Farbigen', aber auch die Streifzüge seiner Frau María de Regla auf der Suche nach Arbeit mögen neben den Bewegungen der Hauptfiguren hierfür als Beispiele stehen. Der Roman lässt sich als kenntnisreiche Sozialanalyse lesen.

Cirilo Villaverde verstand es geschickt, seinem Lesepublikum nicht nur einen soziologischen Schnitt durch die kubanische Stadtgesellschaft zu bieten, sondern gleichzeitig anhand der Romanereignisse des dritten Teils die Situation in der Stadt mit jener auf dem Land in Beziehung zu setzen und das Verhältnis zwischen Haussklaven und Plantagensklaven zu beleuchten. Dabei gerieten nicht nur die Unterschiede zwischen der städtischen Sklaverei und der noch unmenschlicheren Ausbeutung der Sklaven auf den Zuckerrohrplantagen, sondern auch die ökonomische Verankerung der gepflegten, an der neuesten europäischen Mode ausgerichteten Urbanität der spanischen und kreolischen Oligarchie inmitten der brutalen Explotation der versklavten Bevölkerung ins Bild. Es handelt sich um eine Situation, die Villaverde häufig durch eine Technik des Kontrastierens hervorhob. Unter anderem an dieser Technik zeigt sich die Verankerung des kubanischen Schriftstellers in einer Ästhetik der Romantik: Es sind Kontraste, welche die Romanhandlung ständig vorantreiben.

Mittels dieser Technik entwickelte Villaverde auch eine Differenzierung von ebenso landschaftlich-agrarischer Prägnanz wie sozio-politischer Bedeutung. Noch heute lassen sich wesentliche Umgestaltungen der kubanischen Gesellschaft jener Zeit erkennen und auf die veränderte Lage der Insel im 19. Jahrhundert beziehen. So schloss er seine euphorische und exotisierende Schilderung der Natur im Osten Kubas mit einem abrupten Gegensatz:

> Es gibt keinerlei Gleichheit zwischen der Physiognomie des Landes, das man auf beiden Seiten der Berge erblickt. Im Süden erstreckt sich die Ebene mit ihren Kaffeepflanzungen, ihren Viehweiden und ihren Tabakpflanzungen, und dies zieht sich bis zum äußersten Ende der Insel hin, die freundlichste und lächelndste Landschaft, die man sich nur vorstellen kann. Im Norden hingegen bietet sich den Blicken des Reisenden auf derselben Breite ein so tiefes, raues und bedauerliches Bild, dass er ein anderes Land mit einem anderen Klima zu betreten vermeint.[23]

Die beiden Seiten der Berge, die geradezu zwei Welten voneinander trennen, erinnern – neben anderen Darstellungsmustern – an die berühmte und ebenso kontrastive Schilderung der beiden Seiten des Genfer Sees in Jean-Jacques Rousseaus *Julie ou La Nouvelle Héloïse*; ein Briefroman, der auch Humboldt in manchen seiner kontrastreichen Landschaftsdarstellungen stark mitbeeinflusst hatte. Ihr außerliterarischer Referenzpunkt, ihre Entsprechung in der außersprachlichen Realität ist freilich der Gegensatz zwischen den Kaffee- und Tabakanbaugebieten der Vuelta Abajo einerseits und den großflächigen Zuckerrohrplantagen andererseits. Es ist der Gegensatz – um mit Fernando Ortiz zu sprechen, zwischen Zucker und Tabak, der personifizierte Gegensatz des *Contrapunteo cubano* – den wir im Roman plastisch vor Augen geführt bekommen. Auf der dunklen Seite dieser zweigeteilten Landschaft war Villaverde selbst aufgewachsen. Dort hatte er bereits als kleiner Junge die Schrecken der Sklaverei aus nächster Nähe kennengelernt. In seinem berühmten *Contrapunteo cubano del Tabaco y el Azúcar* brachte der kubanische Anthropologe und Kulturtheoretiker Fernando Ortiz, mit dem wir uns in dieser Vorlesung ausführlich beschäftigt haben, diesen von Villaverde skizzierten physiognomischen Gegensatz auf die Formel: „El azúcar fue esclavitud, el tabaco fue libertad." – Der Zucker war die Sklaverei, der Tabak die Freiheit.[24] In Cirilo Villaverdes berühmtem Roman ist dieser Kontrapunkt bereits deutlich skizziert.

Längst war die Zuckerproduktion zu jenem ökonomischen Prinzip geworden, das die kubanische Geschichte der kommenden beiden Jahrhunderte beherrschen sollte. Wenn Villaverde aus romanästhetischen Gründen auch nicht der Tabakanbau, sondern die als paradiesisch dargestellte Kaffeeplantage der Ilinchetas mit ihrer ‚menschlicheren' Form der Sklaverei als Kontrapunkt zur Hölle der Zuckermühlen dient, so entwickelt der Romancier doch eine Differenzierung, welche die Schrecken der Sklaverei auf Gamboas Ingenio überaus plastisch darzustellen erlaubt. Die von der Zuckerproduktion ausgehende erhöhte Nachfrage nach Sklaven, die in der Person des Zuckerproduzenten *und* Sklavenhändlers Gamboa zum Ausdruck kommt, setzt jene sozioökonomische Entwicklung in

---

23 Villaverde, Cirilo: *Cecilia Valdés*, S. 487.
24 Ortiz, Fernando: *Contrapunteo cubano del tabaco y el azúcar*, S. 60.

Gang, deren politische und moralische Folgen Villaverdes Roman nachzeichnet. Erst am Ende des Jahrzehnts, in welchem Villaverdes *Cecilia Valdés o La Loma del Ángel* erschien, wird die Sklaverei auf Kuba formal beendet werden, ohne dass damit gleichwohl eine politische und staatsbürgerliche Gleichstellung der ehemaligen Sklaven verbunden gewesen wäre. Eine solche erfolgte erst mit der Kubanischen Revolution von 1959.

Sind in bisherigen Deutungen die Qualitäten des Romans als historisches Gemälde der Kolonialzeit häufig und mit Recht herausgestellt worden, so gilt dies nicht für die Frage nach der ästhetischen Stimmigkeit, nach seiner Struktur als literarisches Artefakt. Von dieser ästhetisch-literarischen Frage glaubte man sich offensichtlich dispensiert. Dies ist insoweit erstaunlich, als dass mit dem Hinweis auf die dokumentarischen Vorzüge von *Cecilia Valdés* keinesfalls befriedigend zu erklären ist, warum dieser Erzähltext zu *dem* kubanischen Roman des 19. Jahrhunderts schlechthin avancieren konnte und noch heute ein breites Lesepublikum fasziniert. Zeugnisse von dessen unverminderter Ausstrahlungskraft sind neben seinen vielen Ausgaben und zahlreichen Zarzuela-, Radio- und Fernsehadaptationen[25] die Neuschöpfungen der achtziger Jahre, etwa der mit großem Aufwand gestaltete Kinofilm *Cecilia* von Humberto Solás oder auch der Roman *La Loma del Ángel* (1987) des kubanischen Schriftstellers Reinaldo Arenas.

Die Würdigung der dokumentarischen Qualitäten ging allzu oft einher mit einer Abwertung der ästhetischen beziehungsweise spezifisch literarischen Realisierung. Immer wieder wurden dem Autor mangelnder Stilwille oder fehlende Vorstellungskraft vorgeworfen, sei sein Schreiben doch allzu sehr einem platten Realitätsverständnis verhaftet geblieben. Darüber wurden freilich allzu schnell gerade jene literarischen Techniken übersehen, die dem Roman zu seiner zweifellos gegebenen und auch anerkannten Sonderstellung verhalfen. Einige dieser Verfahren und Strategien sollen im Folgenden in der gegebenen Kürze analysiert werden.

Von besonderer Bedeutung scheint mir in diesem Zusammenhang die Aufmerksamkeit zu sein, welche Villaverde jenem Bereich des literarischen Werks widmete, den man mit Gérard Genette als Paratext bezeichnen kann. Dabei erfüllte insbesondere das von Villaverde signierte „Vorwort des Autors" – über den erwähnten Informationscharakter hinaus – seine Funktion als Leseanweisung des Romans in überzeugender Weise. Denn die bis heute dominierende Lesart des Romans als getreues Gemälde, als „pintura fiel" folgte genau jenen

---

25 Vgl. González, Reynaldo: *Contradanzas y latigazos*. La Habana: Editorial Letras Cubanas 1983, S. 40 f.

Orientierungen, die Villaverde seinen künftigen Leserinnen und Lesern vorgab. Vor allem sein dort geäußertes ‚pragmatisches', faktentreues Verständnis des Realismus prägte die Rezeption des Romans:

> Weit davon entfernt, Figuren und phantastische, unwahrscheinliche Szenerien zu erfinden oder zu fingieren, habe ich den Realismus so, wie ich ihn verstehe, bis zu dem Punkte getrieben, die Hauptpersonen des Romans bis aufs Haar genau, wie man gemeinhin sagt, zu präsentieren, gekleidet in die Roben, die sie zu ihren Lebzeiten trugen, und größtenteils unter ihren richtigen Vor- und Nachnamen, und sie bedienen sich derselben Sprache, welche sie in den historischen Szenen verwendeten, in welchen sie auftraten [...].[26]

In seinem Paratext gibt uns Villaverde einige Leseanweisungen gemäß seines eigenen Verständnisses eines literarischen Realismus, mit dem wir uns noch ausführlicher beschäftigen werden. In seiner *Cecilia Valdés o La Loma del Ángel* führt uns der kubanische Schriftsteller vor Augen, was er selbst darunter versteht: schlicht die größte mimetische Treue einschließlich der Wiedergabe aller Details, wie sie in der Realität waren. Und in der Tat werden dem Lesepublikum eine Vielzahl historischer Figuren unter ihren authentischen Namen vorgeführt: Sie reichen vom spanischen Generalkapitän der Insel, Francisco Dionisio Vives,[27] über Literaten und Soziologen wie José Antonio Saco bis zu Sklavenhändlern in Afrika wie Pedro Blanco[28] oder Sklavenjägern in Kuba wie Francisco Estévez,[29] dessen *Diario del Rancheador* Villaverde im Übrigen bearbeitet hatte und wenige Jahre später herauszugeben trachtete.[30]

Wir müssen an dieser Stelle einige erste Einschränkungen machen: So handelt es sich bei diesen historisch belegten Figuren freilich nicht um die Hauptpersonen seines Romans. Ihr Auftauchen im Verein mit den fiktiven, fingierten Gestalten im Rampenlicht warf gewiss auch auf letztere, ganz im Sinne des auktorialen Vorworts Villaverdes und des Romanverständnisses eines Walter Scott, nicht nur das Licht der Wahrscheinlichkeit, sondern der historischen Wahrheit. Auf Erfindung und Fiktion verzichtete Villaverde also keineswegs: Wir sollten dem kubanischen Schriftsteller folglich nicht auf den Leim gehen und ihm sein behauptetes, rein ‚dokumentarisches' Verständnis von Realismus ungeprüft abnehmen!

---

26 Villaverde, Cirilo: *Cecilia Valdés*, S. 30.
27 Ebda., S. 334 ff.
28 Ebda., S. 212.
29 Ebda., S. 521.
30 Vgl. Friol, Roberto: Introducción. In: Villaverde, Cirilo: Diario del Rancheador. *Revista de la Biblioteca Nacional José Martí* (La Habana) 15 (1973), S. 49–61.

Die hervorgehobene Authentizität des Erzählten verfolgte der kubanische Romancier mit einem weiteren paratextuellen Verfahren: der Einfügung von Fußnoten. Auch deren Funktion ist vorwiegend die Betonung historischer Faktizität des im fortlaufenden Text Berichteten und insbesondere der dort präsentierten Romanfiguren. Besonders schön ist diese Funktion erkennbar am auktorialen Kommentar bestimmter Details bei der Ermordung Tondás mittels der kurzen Fußnote „Histórico".[31] An derartigen Stellen tritt der Autor im wahrsten Sinne als Gewährsmann, als *Auctor* des Berichteten auf; ein literarisches Verfahren, das neben vielen anderen Charakteristika des Textes auf den Historischen Roman Scott'scher Prägung verweist.

Nehmen diese ‚auktorialen' Fußnoten noch eine Zwischenstellung zwischen Paratext und ‚eigentlichem' Text ein, so gibt es im fortlaufenden Romangeschehen geradezu obsessiv wiederkehrende Beteuerungen des *Erzählers*, es handle sich bei dem Erzählten um eine wahre Geschichte, eine „historia verídica".[32] Dass Villaverde hierbei auf die immer gleiche Formel zurückgreift, mag Anlass zur Kritik an stilistischen Schwächen des Romans bieten. Dieses Verfahren belegt aber vor allem, wie wichtig es dem Autor war, die der Leserschaft im Vorwort gegebene Orientierung im Text selbst aufzugreifen und damit die vorgeschlagene historisch-dokumentarische Lesart zu unterstützen. Dies erscheint verständlich, ist der Historische Roman doch immer auch eine spezifische Lesart, eine „manera de leer",[33] und musste es dem kubanischen Schriftsteller doch darum gehen, die von ihm nahegelegte dokumentarisch-mimetische Lektüreweise zu unterstützen und – wie die Rezeptionsgeschichte zeigt – erfolgreich abzusichern.

Bleiben wir noch – wie im Kapitel zu *Periquillo Sarniento* – beim Paratext von *Cecilia Valdés*. Zur paratextuellen ‚Ausstattung' des Romans gehört auch eine mit „El Autor" unterzeichnete Widmung des Werkes „A las cubanas", welche die Exilsituation Villaverdes, seine räumliche wie zeitliche Distanz zur Heimat akzentuiert. Diese Distanz erscheint im Roman ästhetisch vermittelt als Abstand zwischen erzählter Zeit und Erzählzeit, wobei hier mit ersterer die Ebene der „historia" (1812–1831), mit letzterer die Zeitebene des Erzählers beziehungsweise der „narración" (bis Ende der 70er Jahre) zu koppeln ist.

Das Spiel zwischen Erzählzeit und erzählter Zeit gibt Villaverde dabei die Möglichkeit, an bestimmte Ereignisse der erzählten Zeit spätere historische Ent-

---

31 Villaverde, Cirilo: *Cecilia Valdés*, S. 624.
32 Ebda., u. a. S. 103, 112, 174, 223, 414.
33 Vgl. Jitrik, Noé: De la historia a la escritura: predominios, disimetrías, acuerdos en la novela histórica latinoamericana. In: Balderston, Daniel (Hg.): *The Historical Novel in Latin America*. Gaithersburg: Hispamérica 1986, S. 13–29, hier S. 26.

wicklungen anzuschließen; ein Verfahren, das auch fiktive Ereignisse häufig nicht mehr als Fiktionen, sondern als historische Fakten (oder doch zumindest als wahrscheinlich) erscheinen lässt. Denn sie werden gleichsam nachträglich beglaubigt und erhalten die Weihe der Historizität. Hierzu zählen beispielsweise Hinweise auf die Märtyrer des spanischen Kolonialregimes in Kuba anlässlich der sogenannten *Conspiración de la Escalera*[34] von 1844, auf Hinrichtungen von 1852 oder die berüchtigte Ermordung von Studenten in Havanna 1871.[35] Um ‚Anachronismen' – wie mehrfach kritisch eingeworfen wurde – handelt es sich hierbei nur vom Standpunkt der erzählten Zeit aus, nicht aber aus Perspektive der Erzählzeit: Der Roman ist folglich an manchen Stellen deutlich stimmiger als seine Kritiker. Auf die ideologische Funktion derartiger Stellen wird noch zurückzukommen sein!

Die erzähltechnische Prämisse für dieses Spiel ist die eines auktorialen, ‚allwissenden' Erzählers, dessen Verlässlichkeit beim Lesepublikum zweifellos unumstritten ist. Dieser sorgt durch eine Vielzahl von Wendungen direkt an den Leser – der manchmal als mit Kuba wenig vertrauter Ausländer, häufiger aber als kubanischer Zeitgenosse erscheint – für eine geradezu mündliche Präsenz im Text: auch dies ein Signal für die Authentizität des Berichteten. Der Zweiteilung des aus dem Text abzuleitenden impliziten Lesers entsprechen wiederum bestimmte Textstrategien, die in *Cecilia Valdés* Anwendung finden. Auf den Leser der ersten, vielleicht aber auch auf jüngere Leser der zweiten Gruppe sind essayistische, analytische Passagen abgestellt, die den Plot oder „récit", das eigentliche Handlungsgeschehen unterbrechen, historische Rückblicke geben oder zukünftige Entwicklungen Kubas skizzieren. Eher auf die zweite, mit den historischen Ereignissen wohlvertraute Lesergruppe bezogen, erscheinen andere Verfahren, etwa die oftmalige Einbeziehung der Leserschaft in ein kollektives „nosotros", die an einen Erzähler und Leser gemeinsamen Erfahrungshorizont bezüglich der Geschichte Kubas appelliert. Das häufige Ansprechen der Leserschaft im Text, gekoppelt mit anaphorischen und kataphorischen Verweisen, die dem Leser Erzähltes wieder in Erinnerung rufen beziehungsweise – was seltener vorkommt – ihn auf Zukünftiges oder künftig zu Erzählendes vorbereiten sollen,[36] zählt zu jenen Textelementen, die Villaverde den Techniken des Feuilletonromans entlehnte.

Es findet sich freilich auch eine andere Verwendung der ersten Person Plural, welche die Dominanz der extradiegetischen Erzählerposition einmal durchbricht,

---

34 Villaverde, Cirilo: *Cecilia Valdés*, S. 441f.
35 Ebda., S. 151f.
36 Ebda., S. 420.

jene Außerhalbbefindlichkeit des Erzählers gegenüber dem räumlichen und zeitlichen Universum der Romanhandlung also, die eine Wendung an eine ebenso extradiegetische Leserschaft ermöglicht. Bei der Beschreibung der schönen Agueda Valdés nämlich behauptet der Erzähler, es handle sich hierbei um eine bloße „Kopie des Portraits jener Dame, eines Ölgemäldes des Malers Escobar, das wir in unserer Jugend in Ekstase betrachten konnten".[37] Dient der Verweis auf ein Werk des kubanischen Malers dazu, die tatsächliche Existenz dieser atemberaubenden Schönheit zu belegen, so ist auch das „nosotros", sehr im Gegensatz zum berühmten Flaubert'schen „nous", an derselben Funktion ausgerichtet. Denn die (zumindest kurzzeitige) Zugehörigkeit des Erzählers zur Vorgabe der erzählten Welt bürgt zusätzlich für deren historische Wahrheit und die mimetische Funktion des Schreibens. Die extradiegetische und allwissende Erzählerposition wird durch diese Passage in ihrer Gesamtheit jedoch nicht in Frage gestellt.

Die bisherige Analyse zeigte eine Vielzahl literarischer Techniken auf, mit Hilfe derer es Cirilo Villaverde verstand, die Erwartungshaltung seiner Leserschaft zu beeinflussen, ihre Lektüre zu steuern und auf das Dokumentarische, ja Zeugnishafte seines Romans zu lenken. Die Betonung der historischen Faktizität des Erzählten hat Rückwirkungen auf die Deutung des Erzählers. Es dürften nicht zuletzt die paratextuellen Strategien gewesen sein, die Verquickung von Romangenese, politischer Entwicklung und literarischer Transposition im „Vorwort des Autors", welche die in vielen Rezeptionszeugnissen zu beobachtende Gleichsetzung des Erzählers von *Cecilia Valdés o La Loma del Ángel* mit dessen Autor provozierten. Gerade in Studien, denen es um den dokumentarischen Charakter des Romans zu tun ist, lässt sich dieses Phänomen, das von der Macht der recht konventionellen und auf den ersten Blick unauffälligen, vielleicht aber gerade deshalb so wirksamen *literarischen* Mittel zeugt, bis in die Gegenwart belegen.[38] Villaverde verwandelte die ökonomische und soziale Realität seiner Zeit in von seinen Romanfiguren gelebte Wirklichkeit, ohne dass bei den meisten Lesern Zweifel daran aufkamen, dass es sich um eine dokumentarische Darstellung handelte.

Will man den spezifischen Ort zwischen Fiktion und Geschichtsschreibung bestimmen, den Villaverde mit seinem Werk einnahm, so sind zum Abschluss dieser kurzen Analyse der literarischen Techniken jene Passagen des Textes zu

---

37 Ebda., S. 630: „copia del retrato al óleo de esa dama, hecho por el pintor Escobar, que, cuando jóvenes, pudimos contemplar extasiados."
38 Vgl. unter anderem Lamore, Jean: „Cecilia Valdés": realidades económicas y comportamientos sociales en la Cuba esclavista de 1830. In: *Casa de las Américas* (La Habana) 19 (1978), S. 41–53, hier S. 47 f.

untersuchen, die uns Hinweise auf literarische Gattungen und Traditionen, auf andere Autoren und Werke geben: Denn diese Bezüge definieren den Bewegungsspielraum zwischen Historiographie und Fiktionalität. Bei der Untersuchung dieser intertextuellen Beziehungen übernimmt der paratextuelle Bereich einmal mehr eine wichtige Funktion, ordnet der kubanische Autor seinen Roman doch bereits im Vorwort einer Literatur zu, deren Modelle Walter Scott und Alessandro Manzoni seien.

Die Tradition des Historischen Romans europäischer Prägung, in welche sich *Cecilia Valdés* einschreibt, wird durch ein weiteres paratextuelles Element betont, wobei gleichzeitig der literarische Raum des Romans signifikant erweitert wird – die jedem Kapitel vorangestellten Motti. Fungieren diese, ganz in der Scott'schen Tradition, bezogen auf die Handlungsebene als Indikatoren für Problematik und Stimmung sowie als Kommentare der jeweils folgenden Kapitel, so situieren sie den Roman als Ganzes insbesondere durch die Verwendung der Signalwirkung bestimmter Autornamen innerhalb eines expliziten literarischen Raumes. Dieser wird durch die intertextuellen Relationen mit anderen Autoren und Werken im fortlaufenden Text weiter präzisiert. Die asymmetrische Beziehung lateinamerikanischen Schreibens mit Blick auf europäische Vorbilder wird dadurch einmal mehr eindrucksvoll bestätigt.

Eine frühere Untersuchung hat gezeigt, dass dieser literarische Raum eine Bipolarität zwischen europäischer und kubanischer Literatur aufweist, wobei die erstere insbesondere durch die Verwendung erwähnter Motti den Roman Villaverdes gleichsam *legitimiert*.[39] Zeigt die kubanische Literatur ihrerseits deutlich die erwähnte Zweiteilung in einen exil- und einen inselkubanischen Bereich, deren Produkt *Cecilia Valdés o La Loma del Ángel* selbst ist, so erscheint die lateinamerikanische Literatur als nahezu inexistent. Dies ist ein überaus signifikanter Befund, weist doch die beobachtete Bipolarität des literarischen Raums[40] als wichtige Vermittlungsschicht zwischen Gesellschaft und Literatur zurück auf die noch ungelöste Kolonialproblematik Kubas. Gleichzeitig wird deutlich, wie sehr sich der Literaturraum Karibik und speziell Kuba zum damaligen Zeitpunkt – aber auch später und bis heute noch – in grundlegender Weise von anderen Literatur-

---

39 Vgl. hierzu Ette, Ottmar: „Cecilia Valdés" und „Lucía Jerez": Veränderungen des literarischen Raumes in zwei kubanischen Exilromanen des 19. Jahrhunderts. In: Berger, Günter / Lüsebrink, Hans-Jürgen (Hg.): *Literarische Kanonbildung in der Romania*. Rheinfelden: Schäuble 1987, S. 199–224, hier S. 208 f. sowie 222.
40 Vgl. hierzu Ette, Ottmar: Eine Literatur ohne festen Wohnsitz. Fiktionen und Friktionen der kubanischen Literatur im 20. Jahrhundert. In: *Romanistische Zeitschrift für Literaturgeschichte / Cahiers d'Histoire des Littératures Romanes* (Heidelberg) XXVIII, 3–4 (2004), S. 457–481.

räumen der lateinamerikanischen Welt unterschied. Hierfür ist gerade der literarische Raum, der innerhalb des Romans ausgespannt wird, ein wichtiger Indikator.

Die Analyse literarischer Techniken, Verfahren und Strategien Villaverdes sollte nicht die so häufig beklagten stilistischen Schwächen des Romans in Abrede stellen. Sie konnte aber – wie sich schon anhand der Analyse der Mise en abyme zeigte – belegen, dass *Cecilia Valdés* bei aller Konventionalität der ästhetischen Mittel in Hinblick unter anderem auf Handlungsaufbau, Zeitebenen, paratextuelle und intertextuelle Anlage eine literarische Struktur von hoher Kohärenz aufweist, welche ihre Wirkung auf die Leserschaft nicht verfehlte. Es gilt nun, die bisherigen Ergebnisse in Verbindung zu bringen mit jenen Aufgaben, die Villaverde seinem Roman innerhalb der Tradition des Historischen Romans zuwies. Mit anderen Worten: Es geht darum, den Ort des Romans zwischen literarischer Fiktion und historischem Diskurs in seiner ästhetischen wie gesellschaftlichen Funktionalität zu verstehen.

Wie bereits erwähnt, gehört *Cecilia Valdés o La Loma del Ángel* einer Gruppe abolitionistischer Romane an, welche die Schrecken der Sklaverei in Kuba moralisch anprangerten und die Öffentlichkeit dergestalt beeinflussen wollten, auf eine möglichst rasche Abschaffung des Sklaverei-Systems hinzuwirken. Ihr Verfasser zählte zum Kreis von Autoren um Domingo del Monte, dessen Position innerhalb des kubanischen literarischen Feldes, der Exilierung zum Trotz, noch weit bis in die zweite Hälfte des 19. Jahrhunderts eine beherrschende war. Der eindeutig abolitionistische Standort dieses Kreises[41] wirkte sich inhaltlich direkt auf die Literatur aus: So ging der bereits erwähnte Roman *Francisco* von Suárez y Romero ursprünglich auf eine Bitte zurück, die der englische Abolitionist Madden gegenüber Domingo del Monte geäußert hatte. Ähnlichen Motiven entsprang die *Autobiografía* des ehemaligen Sklaven Juan Francisco Manzano, die von Madden 1840 ins Englische übersetzt wurde und bis heute zu den meistgelesenen abolitionistischen Erzähltexten gehört.

Auch in Cirilo Villaverdes *Cecilia Valdés* ist die Anprangerung und Verurteilung der Sklaverei allgegenwärtig. Im Gegensatz zu anderen Autoren knüpfte ihr Autor jedoch keinerlei abolitionistische Hoffnungen an das Erscheinen seines Werkes, wie er 1884 einem Brief an einen Freund anvertraute: „Im Übrigen halte ich die zivile Sklaverei für tot und ich sehe nicht, dass das Gemälde ihrer Schrecknisse, so dramatisch sie auch sein und so wahrhaftig sie auch gemalt sein mögen, die vollständige und absolute Abschaffung dieser hassenswerten Institution auch nur um einen Tag, eine Stunde oder eine Minute beschleuni-

---

41 Vgl. hierzu Vitier, Cintio: Prólogo. In (ders., Hg.): *La crítica literaria y estética en el siglo XIX cubano*. 3 Bde., La Habana: Biblioteca Nacional José Martí 1968–74, Bd. I, S. 16–35.

gen könnte. Die Sklaverei des Weißen auf Kuba ist es, die mir weit mehr Sorgen macht."[42] Im Jahre 1884 freilich war auf Kuba die Sklaverei faktisch abgeschafft und bestand auf dem amerikanischen Kontinent lediglich in Brasilien noch bis ins Jahr 1888. Dass dies freilich nur die formale Abschaffung der Sklaverei betraf und andere Formen von Sklaverei sich bis heute fortsetzen, ist offenkundig.[43]

Die dominante Funktion des Romans, so sah es Villaverde schon kurz nach seiner Veröffentlichung, lag anders als bei den erwähnten literarischen Vorläufern vorrangig also nicht auf dem Gebiet eines Kampfes gegen die Sklaverei, die in Kuba im Übrigen 1886 auch *de iure* abgeschafft wurde. Sein Ziel war vordringlich die Abschaffung der „Sklaverei des Weißen", eine Metapher, wie sie vom spanischen Sklavenhändler Gamboa unter umgekehrten Vorzeichen im Roman erläutert wird: „Der Aufseher spielt auf der Zuckerplantage dieselbe Rolle wie der Colonel in seinem Regiment oder der Generalkapitän vor den Vasallen seiner Majestät in dieser Kolonie. Wie sollte auch sonst die Ordnung, der Frieden und die Disziplin aufrechterhalten bleiben auf der Pflanzung, in der Kaserne oder im Generalkapitanat der Insel Kuba?"[44]

Wird die Sklaverei über ihre unmenschliche Realität hinaus in den Worten Gamboas und bei Villaverde also zur Metapher für das spanische Kolonialsystem überhaupt, so ist es die Überwindung des letztgenannten, welche auch die Zerstörung des Sklavenhaltertums mit sich bringen soll. Realgeschichtlich entspricht dieser Position die Ausrufung der Freiheit der Sklaven durch Carlos Manuel de Céspedes zu Beginn des Zehnjährigen Krieges von 1868 bis 1878, romanintern unter anderem die mehrfach angedeutete, wenn auch widersprüchliche Auflehnung des Kreolen Leonardo gegen seinen spanischen Vater, der die iberische Kolonialmacht an ihrer ökonomischen Flanke repräsentiert. Realgeschichtlich ist die Herausbildung einer kubanischen Identitätskonstruktion durch die ‚nationale' Erfahrung der „Guerra de los Diez Años" gegeben, romanintern wird diese vermittelt durch eine Darstellung der Entstehung kreolischen Selbstbewusstseins

---

42 Zit. nach Friol, Roberto: Introducción, S-. 50: „Por lo demás, yo veo ya muerta la esclavitud civil y no considero que el cuadro de sus horrores, por dramático que sea, ni por verdadero que se pinte, podrá adelantar un día, una hora, un minuto, la abolición total, absoluta de esa odiosa institución. La esclavitud del blanco en Cuba, es la que más me preocupa ahora."
43 Vgl. hierzu Zeuske, Michael: *Handbuch Geschichte der Sklaverei. Eine Globalgeschichte von den Anfängen bis zur Gegenwart*. 2., überarbeitete und erweiterte Auflage. 2 Bände. Berlin – Boston: Walter de Gruyter 2019.
44 Villaverde, Cirilo: *Cecilia Valdés o La Loma del Ángel*, S. 544: „El mayoral representa aquí [i. e. en el ingenio] el mismo papel que el coronel delante de su regimiento, o que el capitán general delante de los vasallos de S.M. en esta colonia. ¿Cómo, si no, se conservarían el orden, la paz ni la disciplina en el ingenio, en el cuartel o en la Capitanía General de la isla de Cuba?"

und vor allem der aktiven Fusion beziehungsweise Transkulturation der kubanischen Bevölkerung. *Cecilia Valdés* schildert diesen historischen Vorgang aufmerksam und mit vielen lebensnahen Details. An eben diesem Punkt gelangen wir zu jener zentralen literarischen Vermittlungsschicht, deren überzeugende Ausgestaltung sicherlich in hohem Maße mitverantwortlich ist für den Erfolg von Cirilo Villaverdes zweifellos berühmtestem Werk.

In einem 1832 veröffentlichten Essay über den Historischen Roman verlangte Domingo del Monte von einem Romancier in dieser bezüglich ihrer Komposition hochschwierigen Gattung, diesem „género dificilísimo de composición", gleichzeitig „Poet, Philosoph und Antiquar" zu sein.[45] Dabei galten dem kubanischen Literaturpapst – und Villaverde pflichtete ihm hierin bei, wie wir sahen – Scott und Manzoni als die wahren Meister des Genres. Beschäftigten wir uns bisher überwiegend mit der dritten und der ersten, also der dokumentarischen und der spezifisch literarischen Komponente, so soll nun die ‚philosophische' Ebene des Romans ins Blickfeld rücken: Denn auch auf diesem Gebiet hat er durchaus etwas zu bieten!

Die Funktion von Literatur im Sinne Cirilo Villaverdes entsprach der Auffassung des Kreises um Del Monte, der in Fortführung aufklärerischen Gedankenguts Literatur als Instrument gesellschaftlichen Fortschritts begriff.[46] Über diese kubanische Literaturtradition hinaus verwies Villaverdes Roman auf die in ganz Lateinamerika nachweisbare Funktion des Historischen Romans als Suche nach dem Nationalen, der eigenen nationalstaatlichen Identität,[47] welche in Kuba, der „siempre fiel isla de Cuba", durch die verzögerte Entstehung des Nationalstaats in besonderer Weise problematisch war. Denn noch immer befanden sich Kuba, Puerto Rico und die Philippinen in direkter kolonialer Abhängigkeit von Spanien; eine Situation, welche sich erst gegen Ende des 19. Jahrhunderts auflösen sollte.

Bereits Andrés Bello, der im Übrigen als einziger Südamerikaner mit einem Motto in *Cecilia Valdés* vertreten ist,[48] hatte auf die Notwendigkeit des Narrativen zur Darstellung der Geschichte des Subkontinents aufmerksam gemacht.[49] Die

---

45 Del Monte, Domingo: Novela histórica [1832]. Wieder abgedruckt in Vitier, Cintio: Prólogo. In (ders., Hg.): *La crítica literaria y estética en el siglo XIX cubano*, 1968–74, Bd. I, S. 114–120, hier S. 117: „poeta, filósofo y anticuario."
46 Vgl. hierzu Dessau, Adalbert: Die Anfänge des ästhetischen Denkens in Kuba 1830 bis 1850. In: *Beiträge zur Romanischen Philologie* (Weimar) 22 (1983), S. 7–19.
47 Vgl. Jitrik, Noé: De la historia a la escritura: predominios, disimetrías, acuerdos en la novela histórica latinoamericana, S. 17.
48 Villaverde, Cirilo: *Cecilia Valdés o La Loma del Ángel*, S. 453.
49 Vgl. Sommer, Doris: Not Just Any Narrative: How Romance Can Love Us to Death. In: Balderston, Daniel (Hg.): *The Historical Novel in Latin America*, S. 47–73, hier S. 49.

Abdeckung von Funktionen der Geschichtsschreibung durch den Historischen Roman machte aber, wie Doris Sommer unterstrich, eine narrative Auffüllung der ‚Lücken' des historischen Diskurses mit Hilfe von Liebesgeschichten unumgänglich. Diese Liebesgeschichten stellen in gewisser Weise jene Elemente des Plots bereit, mit Hilfe derer die Elemente der Story (im Sinne Hayden Whites) organisierbar werden. Sie bilden das Gerüst der zugrundeliegenden Allegorese – in deren Zentrum die Mulattin steht – und vermitteln die geschichtsphilosophischen beziehungsweise moralischen Elemente in den literarischen Text. An dieser Stelle greift die literarische Imagination und entfaltet die romaneske Fiktion ihr eigenes Recht; und eben hier kommt die ‚erfundene' schöne Mulattin Cecilia Valdés hinzu.

Es ist dieser *generative* Aspekt, die Modellierung des Nationalen mit Hilfe der Liebesverbindung zwischen einem Weißen und einer Mulattin, welcher die Bedeutung von *Cecilia Valdés* als identitätsbegründendem und identitätsstiftendem Roman ermöglicht. An dieser Stelle haben wir es selbstverständlich auch im historischen Roman nicht mit historischen, sondern notwendig mit ‚erfundenen' Figuren zu tun. Die literarische Figur der Mulattin, die sich spätestens seit Ende des 18. Jahrhunderts in der Karibik nachweisen lässt[50] und deren Siegeszug – zumindest bei männlichen Autoren – bis heute anhält, bot sich hier als jenes Sinnbild an, anhand dessen es Villaverde gelang, die Fusion der kubanischen Gesellschaft literarisch vorzuführen und plausibel zu machen. Cecilias Großmutter Magdalena Morales war noch schwarz; die außerehelichen Verbindungen von Großmutter und Mutter jeweils mit Weißen aber ließen in ihrem ‚Resultat' die junge Mulattin ‚fast' zu einer Weißen werden, die der ehelichen Tochter Gamboas und Schwester Leonardos, Adela, dann zum Verwechseln ähnlich sieht. Eben dadurch macht uns der Verfasser darauf aufmerksam, dass die ethnische Dimension untrennbar mit der soziokulturellen verbunden ist.

Das beiden Liebenden unbewusste Inzesttabu vermag, allen Bemühungen von Vater und Großmutter zum Trotz, die Vereinigung Cecilias mit Leonardo nicht zu verhindern; zumal diese die immer wieder angedeuteten inzestuösen Neigungen des Sklavenhändlersohns zu Mutter und Schwester umlenkt und auf ein anderes Liebesobjekt fixiert. Doch Liebe ist nicht gleich eheliche Verbindung: Denn das Heiratsverhalten gilt nicht von ungefähr als der empfindlichste Gradmesser für die soziale Akzeptanz im Zusammenleben, in der Konvivenz zwischen unterschiedlichen ethnischen Gruppen. Leonardo verhält sich vorhersehbar ganz

---

50 Vgl. Phaf, Ineke: Motivforschung altmodisch? Mit der Mulattin zu einem karibischen Nationaltext. In: Kohut, Karl (Hg.): *Rasse, Klasse und Kultur in der Karibik. Akten der Fachtagung „Rassebeziehungen und Rassebegegnungen in der Karibik" am 15. und 16. Mai 1987 an der Katholischen Universität Eichstätt*. Frankfurt am Main: Vervuert 1989, S. 85–98.

dem verbreiteten Sprichwort gemäß: „La blanca para casar, la mulata para gozar y la negra para trabajar." In einer phallogozentrischen Gesellschaft also heiratet man die Weiße, verlustiert sich mit der Mulattin und hat die Schwarze, um sie für sich arbeiten zu lassen ...

Leonardo Gamboas Plan, in der kubanischen Sklavenhaltergesellschaft die weiße Isabel zu heiraten und die Mulattin Cecilia als „amante en titre" zu behalten, scheitert jedoch, so ‚klassisch' er auch ausgedacht war. Die Frucht der Liebesbeziehung mit Cecilia, ganz dem Walten einer Fatalität gehorchend einmal mehr ein hübsches Mädchen, „una hermosa niña",[51] beschleunigt die Zerstörung aller Zukunftspläne und endet in der Katastrophe jener Bluthochzeit, bei der Leonardo, von seinem unglücklichen Gegenspieler, dem Mulatten Pimienta ins Herz getroffen, zu Boden sinkt und verstirbt. Dass dieser ‚Herztreffer' in einem romantischen Roman gerade Leonardo ereilt, ist selbstverständlich vorbestimmt, wird er doch an jenem zentralen Organ verwundet, dem er bei anderen so viel Schaden zugefügt hatte.

Die Mulattin erscheint im Roman als Vertreterin einer Kultur, in der Elemente spanischer und iberischer Herkunft mit afrikanischen und afrokaribischen Traditionen verschmelzen; eine Verbindung, die im Roman am anschaulichsten immer wieder in Musik und Tanz zum Ausdruck kommt: „el baile es un pueblo",[52] der Tanz ist das Volk. Tanz und Konkubinat sind für die schöne Mulattin andererseits Techniken des sozialen Aufstiegs in einer kolonialen Sklavenhaltergesellschaft, in der Cecilia ethnisch und als Frau deutlich marginalisiert ist. Ihre Welt ist nicht das Land, der Bereich der schwarzen Sklaven, in denen Villaverde – in einer Art impliziten Rassismus', wie heute kritisch anzumerken ist – im Grunde keine Träger einer eigenen Kultur erkennen kann: Sein Hauptaugenmerk richtet sich vielmehr auf das Ergebnis der Transkulturation, um es mit dem Zentralbegriff von Fernando Ortiz zu sagen.

Die Mulattin ist ganz im Gegensatz die Bewohnerin der kolonialen Stadt, die nicht zuletzt Ort der Verfertigung und Institutionalisierung der Literatur ist, wie dies vom Erzähler mehrfach dargestellt wird. Der Zusammenbruch dieser Literatur,[53] den die ‚anachronistischen' Kommentare des Erzählers bezeugen und dessen Opfer Villaverde selbst wurde, ist auch der Zusammenbruch des Versuchs einer Fusion, der Schaffung einer nationalen Identität, für welche die Geschichte der Mulattin Cecilia Valdés die Allegorie gewesen war. Alles geht in diesem kuba-

---

51 Villaverde, Cirilo: *Cecilia Valdés*, S. 731.
52 Ebda., S. 266.
53 Vgl. hierzu Fornet, Ambrosio: Literatura y mercado en la Cuba colonial (1830–60). In: *Casa de las Américas* (La Habana) 84 (1974), S. 40–52.

nischen Roman des 19. Jahrhunderts zu Bruch. Alles? Die Tochter von Leonardo und Cecilia, jenes hübsche Mädchen, über dessen weiteren Lebensweg das Lesepublikum nichts mehr erfährt, lebt weiter. Der Mythos von Cecilia Valdés, der vielleicht einzige literarische Mythos der kubanischen Literatur bleibt lebendig und stark. Und mit ihm der Mythos eines mulattischen Kuba, für das im 20. Jahrhundert nicht nur der Name des Nationaldichters Nicolás Guillén stehen wird.

Erinnern wir nochmals daran: Das auf Mai 1879 in New York datierte und oben angeführte „Vorwort des Autors" zu seinem 1882 im US-amerikanischen Exil erschienenen Roman führt literarische Darstellungsformen vor, die dem angestrebten Lesepublikum eine Orientierung an den vom Verfasser intendierten Sinnbildungsprozessen ermöglichen sollen! Die vom Autor in seinem Paratext entwickelten Vorstellungen lassen ein deutliches Bild darüber entstehen, wie sich der kubanische Schriftsteller die Aneignungsprozesse von Seiten seiner Leserschaft seinerseits imaginierte. Im Vorwort wird ein Rückgriff auf Erfindung (Inventio) und Fiktion unter Hinweis auf das (in der aristotelischen Tradition stehende) Wahrscheinlichkeitsgebot bestritten, dabei aber gleichzeitig eine Realismus-Konzeption präsentiert, die weit über die zu erzielende Wahrscheinlichkeit hinausführt. Wir hatten gesehen, dass der Roman den Bereich des Dokumentarischen integriert. Gegenüber der ‚Unwahrscheinlichkeit' literarischer Illusionsbildung wird die Authentizität, ja Identität des präsentierten Textes mit dem Faktischen, mit Leben und Geschichte behauptet und damit für das eigene Werk ein der historischen Authentizität paralleler Status eingefordert. Doch gerade diese Nähe zum Leben und zum (vom Autor wie von der Leserschaft) Erlebten führt dazu, dass die Fiktion und mit ihr das fingierte Leben in ihr eigenes Recht treten.

Doch beschäftigen wir uns nochmals mit der Frage geschichtlicher Wahrheit und Glaubwürdigkeit und – vielleicht mehr noch – mit der Darstellung von Wirklichkeiten in Villaverdes Roman! Der kubanische Autor wollte von der Authentizität seiner Romanfiguren selbst jene überzeugen, welche die historischen Vorbilder persönlich kannten. Doch hatte er in seinem Vorwort keineswegs allein jene Leserinnen und Leser im Visier, welche die Hauptpersonen entweder persönlich oder über Erzählungen kennengelernt hatten; der Kreis einer intendierten Leserschaft ging weit über die kubanischen Lesekundigen hinaus. Cirilo Villaverde fühlte sich in seiner mimetischen Ausrichtung des Romans wie auch bezüglich der literarischen Techniken auf der Höhe seiner Zeit. Nicht ohne Stolz bezeichnete er sich *expressis verbis* als „escritor realista tomando esta palabra en el sentido artístico que se le da modernamente",[54] mithin als einen realistischen Schriftsteller in einem künstlerisch-modernen Sinne.

---

54 Villaverde, Cirilo: *Cecilia Valdés*, S. 29.

Im Vorwort blendet Villaverdes Hinweis auf eine über dreißig Jahre zurückliegende Lektüre seiner Romanvorbilder gleichzeitig die Entstehungsgeschichte des Romans ein, die in diesem Vorwort mit der Lebensgeschichte des Autors sowie der politischen Geschichte Kubas direkt und unauflöslich verknüpft wird. Diese Einheit von Roman, Leben und Geschichte fundiert die im Roman zur Anwendung kommende Mimesis autobiographisch und lebensgeschichtlich. Insofern die Entstehungsgeschichte des Romans bis in die dreißiger Jahre zurückreicht, die definitive Veröffentlichung von *Cecilia Valdés* aber in die achtziger Jahre fällt, umfasst der Text gleichsam die beiden sehr verschiedenartigen Hälften des kubanischen 19. Jahrhunderts. Wir haben es daher mit einem Roman des *gesamten* Jahrhunderts zu tun.

Dies betrifft auch das literarische Feld Kubas und dessen signifikante, für die karibische Area charakteristischen Veränderungen. Ausgehend vom Verhältnis zwischen historischer Entwicklung und lebensgeschichtlicher Entfaltung ergeben sich zwei für unsere Vorlesung wichtige Konsequenzen: Zum einen macht die Entstehungsgeschichte des Romans selbst schon auf die Existenz eines literarischen Feldes aufmerksam, welches in zwei Teile, nämlich Insel und Exil gespalten ist. Es handelt sich dabei um eine Spaltung, die durch eine Fülle innerliterarischer Verweise im Text in den Roman ästhetisch eingearbeitet ist. Und zum anderen wird die Leserschaft auf die Existenz zweier textkonstitutiver Zeitebenen vorbereitet, die sich ebenso – wie wir bereits sahen – auf Ebene des Romangeschehens wie auf historiographischer und lebensgeschichtlicher Ebene wiederfinden. Dergestalt deutet die Entstehungsgeschichte des Romans auf eine Lebensgeschichte und zugleich auf den langen Weg, den die kubanische Historie bis zur politischen Unabhängigkeit der Insel noch vor sich haben sollte.

Das Scheitern der Liebesbeziehung zwischen Leonardo und Cecilia verweist auf das Scheitern einer historischen Entwicklung, die allerdings in keiner Weise abgeschlossen ist, was die Existenz des hübschen Töchterchens – gleichsam einer neuen Cecilia – nachdrücklich betont. Logischerweise finden daher auch Ereignisse Eingang in den Roman, welche sich zwischen 1831 und 1879 ereigneten. Aus der Verbindung von Roman, Leben und Geschichte erscheint daher der Vorwurf, es handele sich um ‚Anachronismen' nicht nur unzutreffend, sondern irreführend: *Cecilia Valdés* ist in der Tat der Roman eines ganzen Jahrhunderts und seine Diegese ist – lebensgeschichtlich fundiert – eine doppelte, das gesamte Jahrhundert umspannende. Die Aneignung kubanischer Wirklichkeiten beschränkte sich nicht auf die pure *Handlung* des Romans.

Mit Vorliebe ging Cirilo Villaverde in seinem narrativen Werk von bestimmten „Faits divers" aus, die ein Licht auf die kubanische Kolonialgesellschaft werfen konnten. Dieser Rückgriff auf lokale Ereignisse war ein probates Mittel auch der *kubanischen* Feuilleton-Literatur, die in den 30er Jahren wesentlichen Anteil an einer ersten Blütezeit der kubanischen Literatur besaß. An ihrem historischen Ausgang hatten wir den Roman *Sab* von Gertrudis Gómez de Avellaneda kennengelernt, der in gewisser Weise eine literarische Konsequenz dieser ersten kubanischen Blütezeit ist, zugleich aber bereits in Spanien verfasst wurde. Wir können nun besser erkennen, dass die kubanische Literatur seit Beginn des 19. Jahrhunderts eine Literatur darstellt, welche keineswegs territorial an die Insel gebunden ist.

Auch ein Cirilo Villaverde profitierte von den Publikationsmöglichkeiten, die sich kubanischen Autoren in den Feuilletons der noch jungen Tagespresse der dreißiger Jahre boten, und produzierte bis zum sogenannten „fracaso social de la literatura"[55] auf Kuba in rascher Folge Erzählungen und Romane, die nach dem obligaten Umweg über die kolonialspanische Zensur oftmals rasch abgedruckt wurden. Von Ausgangspunkt und Wahl des Themas, aber auch von der Zentralstellung einer Liebesgeschichte her lassen sich also enge Verbindungen zwischen *Cecilia Valdés* und anderen narrativen Texten Villaverdes wie *La joven de la flecha de oro* oder *El guajiro* ziehen.

Die leichte Referentialisierbarkeit vieler Romanelemente bezieht sich zunächst auf Rahmenbedingungen der diegetischen Anlage und damit neben der erwähnten Zeit insbesondere auf Landschaften, Dörfer, Stadtviertel oder Häuser, welche im Verlauf des Romangeschehens zur Darstellung kommen. Viele Fahrten, Botengänge oder Besuche dienen vordringlich dem Ziel, für das Lesepublikum die nach ethnischen Gruppen und sozialen Klassen unterschiedenen Stadtviertel in wechselseitiger Kontrastierung zu beleuchten. Die Referentialisierbarkeit bezieht sich aber nicht zuletzt auf die Romanfiguren selbst, insofern sie Gestalten der kubanischen Geschichte darstellen.

Es gibt in der Tat eine Vielzahl historischer Figuren, welche die Romanhandlung beleben: Zu den bereits erwähnten zählen auch zahlreiche kubanische Literaten, die Villaverde mit besonderer Sorgfalt und viel Liebe porträtierte. Auf diese Weise wird in der Romandiegese bereits der literarische Raum aufgespannt, innerhalb dessen sich die intertextuellen Bezüge manifestieren. Die sich angesichts des Romanvorworts durchaus aufdrängende Vermutung, dass alle Figuren des Romans historisch beziehungsweise dem Autor persönlich bekannt gewesen seien, lag schon den Zeitgenossen nahe, wurde im Verlauf der Rezeptionsgeschichte immer wieder geäußert und führte sogar zum Verdacht, Villaverde habe die schöne Mulattin Cecilia Valdés selbst gut gekannt. Doch ist diese autobiographische Lesart nicht mehr als eine (vom Paratext wie verschiedentlich auch

---

55 Fornet, Ambrosio: Literatura y mercado en la Cuba colonial (1830–60). In: *Casa de las Américas* (La Habana) 84 (1974), S. 42.

vom Romantext selbst gelegentlich geradezu provozierte) Variante des erwähnten und bislang dominanten Lektüremusters. Dass Cirilo Villaverde mit seiner Cecilia Valdés die Initialen teilt, legte ebenfalls eine autobiographische Lesart nahe.

Dies ist vor dem Hintergrund der literarischen Inszenierung historischer Figuren in den Werken Villaverdes durchaus verständlich, wenn auch irreführend. Denn der kubanische Romancier trennte die historisch verbrieften Gestalten nicht – wie dies etwa ein Honoré de Balzac tat – vom fiktionalen Personal seiner narrativen Texte. Er bevorzugte das traditionellere Modell des Historischen Romans à la Walter Scott: So ließ er historische und fiktionale Romangestalten immer wieder miteinander in eine Interaktion treten, welche die Glaubwürdigkeit und historische Legitimation des jeweiligen Textes erhöhte und auch auf die fiktionalen Figuren den Schein von Historizität warf. Das Scott'sche Modell war selbst in jenen Texten präsent, welche sich durch gewisse Abweichungen charakterisierten, etwa beim Rekurs auf weniger bekannte oder gar nur oral tradierte historische Figuren. So wandte der Autor sich beispielsweise gleich zu Beginn seines Romans *El Penitente* mit dem folgenden Verweis auf Walter Scott an seine Leserschaft:

> Ich bin nicht Walter Scott und kenne daher weder Könige noch Königinnen, über die ich Erzählungen oder Geschichten verfassen könnte, doch besaß ich einen Geschichten erzählenden und gedächtnisreichen Großvater, der durchaus mit dem berühmten schottischen Romancier mithalten konnte, und so nehme ich mir vor, von verschiedenen Erzählungen so zu berichten, wie er mir berichtete, auch wenn sie nicht von gekrönten Häuptern erzählen, und Gott bezeuge, dass sie es verdienen, in Druckbuchstaben zur Unterhaltung und zum Troste des neugierigen Lesers niedergeschrieben zu werden.[56]

In dieser saloppen Passage wird nicht nur die Allgegenwart des Scott'schen Paradigmas deutlich, welches Villaverde bei seinen kubanischen Lesern voraussetzen konnte; es leuchtet auch die emanzipatorische Dimension einer Imitation europäischer Modelle in Lateinamerika auf, werden hier doch kubanische Zeitgenossen des Großvaters mit gekrönten europäischen Häuptern literarisch gleichgesetzt. Gleichzeitig wird eine mündlich vorgetragene volkskulturelle Erzählkunst mit einer schriftkulturellen Tradition auf eine Stufe gestellt sowie die mündliche Grundlage literarischen Erzählens in Lateinamerika herausgearbeitet. Darüber hinaus zeigt sich auch – und hierauf wird zurückzukommen sein –, wie Villaverdes Zugriff auf Realität häufig auf eine bereits vorangegangene (künstlerische) Bearbeitung derselben in Form mündlicher Erzählungen des Großvaters rekur-

---

56 Villaverde, Cirilo: *El penitente. Novela de costumbres cubanas.* La Habana: Editorial La Burgalesa 1925, S. 9.

riert, ohne dass sich für ihn auf Grund dieser Tatsache eine Einbuße an Glaubwürdigkeit ergäbe.

In *Cecilia Valdés* hat Villaverde keineswegs nur die gesellschaftliche Führungsschicht, sondern nahezu alle Klassen und sozialen Fraktionen mit historischen Figuren durchsetzt, die häufig freilich im Hintergrund bleiben. Begrüßen sich historische und fiktive Gestalten im Roman, treten sie in eine Konversation oder gar in Unternehmungen ein, die historisch verbürgt sind, so ergibt sich der bei der Leserschaft bis heute nachprüfbare Effekt einer scheinbaren ‚Entfiktionalisierung' fiktionalen Personals. Verschieben und Verwischen konventioneller Grenzziehungen zwischen Faktizität und Fiktionalität erleichtern als bewusste Schreibstrategien in wesentlichem Maße die Aneignung von Wirklichkeit durch das Lesepublikum: Wir erleben romanintern und fiktional einen Einbruch des Imaginierten in den Bereich geglaubter historischer Wirklichkeit. Mit anderen Worten: Die historisch referentialisierbaren Figuren beglaubigen das fingierte Personal als ein historisches – der Roman erlaubt die mimetische Aneignung fingierter Wirklichkeiten.

Auffällig ist, dass Villaverde seinen geradezu soziologischen Querschnitt durch die kolonialspanische kubanische Gesellschaft fast immer auch für einen Blick auf die Situation der jeweiligen Frauen nutzt. Auf diese Weise entsteht ein lebendiges Bild, ja ein Lebensbild der kubanischen Gesellschaft der ersten Jahrhunderthälfte vom Capitán General bis hinunter zu den Sklaven. Bleiben wir einen Augenblick bei den entlaufenen schwarzen Sklaven, den Cimarrones und ihren Jägern und Häschern! Der auf einem Zuckerrohr-Ingenio aufgewachsene Villaverde beschäftigte sich als Kenner der Materie mehrfach mit ihrem Schicksal. In diesen Zusammenhang gehört sein bereits erwähnter *Diario del Rancheador*, mit dem der kubanische Autor den entlaufenen Sklaven ein literarisches Denkmal setzte und uns Einblicke in die menschenverachtende Praxis der Jagd auf sie gewährte. Im *Diario* kam bei ihm ein Interesse an einem weithin vergessenen Segment der Bevölkerung Kubas zum Ausdruck, das zur Aufwertung dieser Gruppen durch die Forschungen von Fernando Ortiz wie zum testimonialen Roman *Biografía de un cimarrón* (1964) von Miguel Barnet im 20. Jahrhundert führte.

Beim *Diario* handelt es sich grob um eine von Villaverde edierte, grundlegend überarbeitete und umgeformte Fassung eines Tagebuchs, das der bereits erwähnte Sklavenjäger Francisco Estévez zwischen dem 5. Januar 1837 und dem 19. Mai 1842 führte. Ziel dieses Sklavenhändlers und Sklavenjägers, so heißt es in seiner eigenen Eintragung vom 5. Juli 1838, ist „el exterminio total de los cimarrones",[57] folglich die totale Auslöschung aller entlaufenen Sklaven. Ich möchte an dieser

---

57 Villaverde, Cirilo: *Diario del Rancheador*, S. 57.

Stelle nicht auf das recht aufschlussreiche Vorwort Villaverdes eingehen, das er auf New York am 28. Oktober 1885 datierte – also einige Jahre nach dem Erscheinen von *Cecilia Valdés* und fast ein halbes Jahrhundert nach den im Tagebuch berichteten Ereignissen. Wichtiger erscheinen mir die von Villaverde überarbeiteten Passagen von Estévez selbst, geben sie doch Einblick in die soziohistorische Situation Kubas, die alltägliche Grausamkeit der Sklaverei und der Sklavenjagd sowie – mentalitätsgeschichtlich nicht uninteressant – in die ganz normale Arbeit und die dazugehörige ideologische Absicherung eines als besonders effizient bekannten Sklavenjägers in der spanischen Kolonie.

Darüber hinaus kann man sich trotz aller Verzerrungen ein lebendiges Bild vom Leben entlaufener Sklaven im kubanischen „Monte" machen. Es handelt sich um einen Bereich, der durch eine Vielzahl neuerer Arbeiten bereits recht gut aufgearbeitet ist und von dem uns ja bekanntlich die weltberühmt gewordene „Novela testimonio" von Miguel Barnet, basierend auf Interviews mit dem bereits hundertjährigen ehemaligen schwarzen Sklaven und Cimarrón Esteban Montejo, anschauliche Einblicke vermittelte. Als Beispiele der gerade wegen ihrer Trockenheit in vielfacher Weise aufregenden Passagen seien hier zweie etwas ausführlicher zitiert; es geht zunächst um die überaus kostbaren Hunde des Sklavenjägers, die stets – in allen Berichten – eine große Rolle spielen:

> Sie hatten zweifellos die erste Spur gefunden und stießen auf einen *Palenque* [d. i. eine Verschanzung entlaufener Sklaven], der von uns mehr als eine halbe Meile entfernt lag; wir verfolgten die genannte Spur, als wir den Klang einer Donnerbüchse hörten, die sie auf die Hunde abfeuerten; wir folgten ihrem Lauf dorthin, wo wir den Schuss gehört hatten, bis wir auf eine Höhle stießen, als wir eine Wand absuchten, und fanden die Hunde von Kugeln verletzt, aber niemanden sonst in dieser Höhle; wir untersuchten den ganzen Bereich etwa vier Viertel nach oben und fanden einen großen gerodeten Bereich vor, ließen die anderen Hunde los und folgten ihnen den ganzen Tag; am folgenden, dem 15., kehrten wir zurück, um die Rodungen zu erkunden, und fanden am 16. 7, die sie neu anlegten, und wir kalkulierten, dass diese umfriedeten Bereiche 50 bis 60 Neger aufnehmen könnten; wir fanden eine Menge Lanzen, die sie auf der Flucht zurückgelassen hatten, verschiedene Beutel mit feinem Pulver, spitze Messer mit einer Unzahl an Gewehrsteinen, wie sie in Tavernen verkauft werden, sieben oder 8 Schleppmassen in verschiedenen Größen, wodurch ich auf eine Anzahl von 667 Feuerwaffen komme, die sie besitzen; wir fanden auch etwa 14 oder 15 Bananenstauden, Schweinefleisch und Rindfleisch, etwa 40 alte Decken, viel Kleidung für Männer und Frauen, viele Töpfe und Kessel, was wir alles zusammentrugen und mit dem ganzen Umfriedungsbereich verbrannten; die Lanzen oder Speere warfen wir weg, wo sie diese nicht mehr finden würden, und brachten 10 zum Beleg mit, die wir im Hause von Don Manuel Sotolongo im Süden ließen, auf dem Gebiet von Santa Cruz. Seit dem 15. bis heute haben wir die Berge überprüft und die Kreuzungen nachts überwacht, wobei ich mir vorrechnete, dass wir ihnen begegnen müssten, da sie sich verstreut hatten: und in der Tat fingen wir am 17. einen, und am 21. hatten wir eine Begegnung mit 7, von denen wir zwei einfingen, 5 entflohen uns, von denen wiederum 2 auftauchten. [...]

> Wir durchstreiften die südliche Kordillere, und zwischen Rangel und dem Río de la Cruz fanden wir zwölf entlaufene Neger, welche in den Ebenen von Limones und San Bartolomé nach Lebensmitteln suchten; wir fielen über sie her und nahmen sie gefangen, von denen 3 Don Antonio de la Torre gehören, zweie Don Francisco Rodríguez und ein anderer Don Antonio Salvableta, einem Anwohner von Puerta de la Güira, ein weiterer aus dem neuen Dorf Limones und noch einer aus Santa Cruz; und zweie, die sich nicht ergeben wollten, stürzten sich von einer Wand herab und brachten sich um, zusammen mit dem besten Hund, der mir noch geblieben war; ich befragte die Lebenden, um herauszubekommen, wo sich denn die ganze Kohorte befände und wer ihr Anführer sei, und sie antworteten mir, dass dies *Yará* sei, der uralte Kapitän der Kohorte, und dass sie mir mehr nicht sagen könnten, weil sie erst neulich in die Berge geflüchtet und dass sie von vier der Alten geführt worden seien, von denen zwei die Toten seien und zwei weitere entflohen; am 17. kam ich zu meinem Haus, erstattete den Ehrenwerten Inspektoren Bericht und legte ihnen die Belege vor.[58]

Diese Passagen zeigen nicht nur die große Geschicklichkeit von Estévez bei der Verfolgung von Sklaven in den schwer zugänglichen, von Höhlen durchsetzten tropischen Gebirgswäldern Kubas. Mit ihrem trockenen, menschenverachtenden und alle Vorgänge genauestens beschreibenden Stil zeigen sie auch eine geradezu buchhalterische Mentalität und die nicht immer leicht zu lösenden Eigentumsprobleme bezüglich der Sklaven, wurde Estévez doch teilweise von den Sklavenhaltern auch direkt entlohnt und musste ebenso kolonialspanischen Stellen wie privaten Sklavenhaltern Rechenschaft über sein Tun ablegen. Er kannte sich bestens aus innerhalb der Gemeinschaft entlaufener Sklaven, die sich entweder in großen „Palenques" oder (wie es im Originaltext heißt „Palanques") zusammenschlossen, aber auch völlig unabhängig voneinander einsam wie Esteban Montejo oder in kleinsten Gruppen in den Bergen lebten.

In diesem Zusammenhang ist aufschlussreich, dass es gerade die unerfahrenen Cimarrones sind, die sich einfangen lassen, während die erfahreneren entweder entkommen können oder aber sich der erzwungenen Rückkehr in die Sklaverei – mit allen Prozeduren von Folterung, Verstümmelung und grausamer Bestrafung – durch den Freitod und damit einen letzten Akt eigener Entscheidung entziehen. Cirilo Villaverde machte auch in *Cecilia Valdés o La Loma del Ángel* auf unterschiedlichste Formen aufmerksam, wie sich die Sklaven auf Kuba Bestrafungen durch Selbstmord entzogen.

Die Spuren des Palenque weisen auf einen längerfristigen eigenen Lebensbereich hin, der freilich aufgrund der überblickbaren und eingrenzbaren Inselsituation Kubas niemals eine so große Ausdehnung besaß wie auf dem süd- und mittelamerikanischen Festland. Dort entwickelten sich derartige Palenques zu beeindruckenden parastaatlichen Gemeinschaften mit eigener Infrastruktur

---

58 Villaverde, Cirilo [Francisco Estévez]: *Diario del Rancheador*, S. 86 und 109.

und offiziellen Ansprechpartnern, die von kolonialspanischer Seite bisweilen über lange Perioden politisch als Vertragspartner anerkannt wurden. In der Tat schlossen einige Palenques Verträge mit den Kolonialbehörden ab, ja schickten von ihnen unkontrolliert entlaufene Sklaven auch wieder an die weißen Kolonialherren zurück, um von diesen nicht weiter belästigt zu werden. Die politische Agency der schwarzen Sklaven war in der gesamten Area der karibischen Inselwelt wie auf den Festlandsäumen weit verbreitet und die entlaufenen Sklaven als Cimarrones, „Marrons" oder „Maroons" bekannt. Ihr Widerstand ging der Sklavenrevolution in Saint-Domingue teilweise um Jahrhunderte voraus.

Doch zeigen sich selbst auf Kuba Ansätze für recht dauerhafte soziale und kulturelle Gemeinschaften entflohener Sklaven, auf einer Insel also, wo bereits kurz nach der sogenannten ‚Entdeckung' auf Grund der raschen Vernichtung der indigenen Bevölkerung schwarze Sklaven aus Afrika eingeführt und grausam zur Zwangsarbeit in der sich entwickelnden Plantagenwirtschaft gezwungen worden waren. Von Beginn an kam es immer wieder zu Sklavenaufständen, die zum Teil barbarische Racheaktionen zur Folge hatten, dabei aber die Sklavenhaltergesellschaft bisweilen in ihren Grundfesten bedrohten. Die dokumentierte Vielzahl an Aufständen kann nicht verwundern, war doch bereits im Jahre 1544 ein Viertel der Bevölkerung Kubas von schwarzer Hautfarbe; eine Tatsache, die oftmals übersehen wird. Die Schwarzen bildeten in ihren Gemeinschaften eine eigene kulturelle Welt. Doch erscheinen sie im *Diario del Rancheador* freilich nicht als Kulturträger, sondern allein in ihrer Eigenschaft als widerständiges und flüchtiges Eigentum, dessen man wieder habhaft zu werden versucht und zu diesem Zwecke eigens Sklavenjäger ausschickte. An einer Vielzahl von Stellen wird im *Diario* darauf verwiesen, dass bei getöteten oder in den Freitod gegangenen Sklaven deren abgeschnittene Ohren als Belege dienten und das Einkommen der angestellten Sklavenjäger sicherstellten.

Es gelang Cirilo Villaverde, seine statistischen Kenntnisse über die Bevölkerungszusammensetzung der Insel sowie seine Vertrautheit mit den Unterdrückungs- und Verfolgungsmechanismen des kolonialspanischen Regimes in seinen Roman *Cecilia Valdés* einzuarbeiten. Betrug der Bevölkerungsanteil der Weißen in „Gran Habana" um die Jahrhundertwende noch 53 %, so sank er 1810 auf 43 % ab; der Anteil der „freien Farbigen" stieg gleichzeitig von 22 auf 27 %, jener der Sklaven von 25 auf 30 %.[59] Diese demographische Entwicklung verstärkte sich noch im weiteren Verlauf der ersten Hälfte des 19. Jahrhunderts. Um die Wende

---

59 Vgl. Zeuske, Michael / Munford, Clarence J.: Die „Große Furcht" in der Karibik: Frankreich, Saint-Domingue und Kuba 1789–1795", in: *Ibero-Amerikanisches Archiv* (Berlin) Neue Folge XVII, 1 (1991), S. 51–98.

zum 19. Jahrhundert konnte der Anteil schwarzer Sklaven in einigen Regionen der Insel an 60 % heranreichen. Diese Zahlenangaben lassen die weitreichenden ökonomischen Umstrukturierungen erahnen, welche die Umwandlung Kubas zum weltgrößten Zuckerproduzenten mit sich brachten; eine Entwicklung, die bewusst von der kreolischen Oligarchie in Interessenallianz mit der spanischen Kolonialbürokratie nach der Haitianischen Revolution eingeleitet worden war. Diese ökonomische, soziale und politische Entwicklung bildet den Hintergrund für *Cecilia Valdés o La Loma del Ángel* – und sie ist charakteristisch für die spezifische Area der Insel-Karibik wie des zirkumkaribischen Raumes.

Villaverde war freilich auch in anderen narrativen Texten um die Darstellung einer Totalität, eines gesellschaftlichen Querschnitts bemüht gewesen. So führte etwa die Erzählerfigur seines Romans *El guajiro* in kostumbristischer Manier den Leser anlässlich der Beschreibung eines Hahnenkampfs in die Sozialstruktur der weißen Landbevölkerung ein:

> Dort war es, wo ein neugieriger Beobachter gemäß des Aussehens und des jeweiligen Habitus jedes Einzelnen die Klassen oder Stufen klassifizieren konnte, in die sich die Gesellschaft der Weißen einteilt, welche die Landgebiete der Insel bewohnen. Er würde den Verwalter des Ingenio am Ton der Überlegenheit und Befehlsgewalt erkennen, mit welchem er spricht und die einfachen Bauern betrachtet, aber auch an seinem schwarzen Stoffjackett oder auch an seinem rohen Leinenwestchen, der langen Krawatte und dem Panamahut; ebenso würde er den Vorarbeiter des Ingenio erkennen an [...]. [60]

Auf diese Weise werden allein in diesem sozialen Segment der Weißen des Weiteren der Zuckermeister („maestro de azúcar"), der „Boyero", der Hausvorsteher („mayordomo de finca") oder der einfache „Sitiero" (in der verheirateten oder unverheirateten Variante) vorgestellt und entsprechend in Habitus, Kleidung und Sprache kostumbristisch in Szene gesetzt. Es handelt sich hierbei zweifellos um die Darstellung von Typen, die vorrangig anhand ihrer Kleidung und ihrer Sprache charakterisiert werden – ganz so, wie dies im eingangs zitierten „Prólogo del autor" zu *Cecilia Valdés* angekündigt worden war. Diese dem Costumbrismo verpflichtete Dimension ist noch in Villaverdes Hauptwerk sehr präsent.

In der Tat findet sich im zuletzt genannten Text eine Charakterisierungsweise der Romanfiguren, welche neben der Beschreibung distinktiver Merkmale von Kleidung oder Lebensweise insbesondere die Sprache sowie spezifische Sprachformen oder -ticks berücksichtigt. Alle Schichten der kolonialspanischen Gesellschaft, vom Generalkapitän zur kleinen spanischen Händlersfrau, vom alten Sklavenaufseher oder jungen kreolischen Lebemann zum mulattischen Schneider

---

[60] Villaverde, Cirilo: *El guajiro. Cuadro de costumbres cubanas.* La Habana 1891, S. 74.

oder zum katalanischen Krämer, von der Frau des Plantagenbesitzers bis zum gerade aus Afrika geraubten Sklaven, dem „Bozal", der des Spanischen noch nicht mächtig ist, werden durch bestimmte Formen mündlicher Sprache charakterisiert. Daher nimmt, was die russischen Formalisten „skaz" nannten,[61] also die Stilisierung verschiedenster Formen des alltäglichen mündlichen Erzählens, als literarische Technik eine überragende Stellung im Roman ein.

Bezüglich dieser Technik handelt es sich freilich nicht um „dieselbe Sprache", welche die Protagonisten in den historischen Szenen gebrauchten, wie uns das Vorwort versichert hatte; wir haben es vielmehr mit literarischen Stilisierungen von Mündlichkeit zu tun, die keineswegs dem Gebot historischer Wahrheit, sondern den Regeln literarischer Wahrscheinlichkeit gehorchen. So ist die Sprache der Mulatten oder auch der Schwarzen wohl durch eine Vielzahl lexikalischer Besonderheiten, in geringerem Maße jedoch ebenso durch die Berücksichtigung der phonetischen Realisierung spezifischer syntaktischer Strukturen repräsentiert. Wohl wäre der auf einer Sklavenplantage aufgewachsene Villaverde zu einer korrekten Wiedergabe dieser Sprachformen fähig gewesen; ein großer Teil seiner Leserinnen und Leser – insbesondere auch nicht-kubanische Lesersegmente, welche der Romancier durchaus im Blickfeld hatte – wären aber kaum in der Lage gewesen, eine in solcher Form wiedergegebene Sprache zu verstehen. Villaverde brachte das in Anschlag, was als literarische Sprache überzeugend und wahrscheinlich war.

Ließe sich dies auch anhand einer Vielzahl von Beispielen einer Darstellung der spezifischen Sprache schwarzer Sklaven aufzeigen, so mag ein Dialog durch eine verbarrikadierte Tür zwischen einem kleinen katalanischen Händler, der des Nachts von einem potentiellen Käufer aus dem Bett geholt wird – in Wirklichkeit ein flüchtiger Mulatte namens Malanga –, vielleicht am anschaulichsten die Art der Stilisierung mündlicher Rede wiedergeben:

> ¿Y per questa embajat m'ha fet salir del cama? Andat, andat tu camin, Malangue. Jo no abrirat le porta. ¡Qué cinich descaro!
> -Abra, ño Juan, pol er amol de su maire. Ahí está un probe moreno jerío.
> -¿Ferido dises? Pera el diable que te abra. ¡Mare de Deu![62]

---

[61] Vgl. Ejchenbaum, Boris: Die Illusion des „skaz". In: Striedter, Jurij (Hg.): *Russischer Formalismus. Texte zur allgemeinen Literaturtheorie und zur Theorie der Prosa.* München: Fink 1981, S. 161–167.

[62] Villaverde, Cirilo: *Cecilia Valdés*, S. 619: „Un dadrum heschmi usm Bett gschmisse? Kumm jetz gohsch, Malangue. Imoch net uff, Du spinnschwol! / Uffmache, Herr Johann, um Gottswille. Binne armer verwundeter Scharze. / Was, auno verwundet? Zumdeifel midir, imoch nit uff, bide Muoter Gottis!"

Handelt es sich hierbei um sprachliche Typisierungen, welche durch eingestreute Heterostereotype in ihrer Glaubwürdigkeit verstärkt werden – erst das Zauberwort „diné" räumt alle Bedenken des katalanischen und folglich allein am Geld interessierten Krämers aus dem Weg –, so werden im Gegensatz dazu die Hauptpersonen von *Cecilia Valdés* auch auf Ebene ihrer Sprachverwendung (stilistisch) individualisiert. Individueller sprachlicher Habitus, Idiolekt und Soziolekt finden dabei literarische Berücksichtigung. Die Sprache des Romans wird damit – ganz im Sinne Michail Bachtins[63] – zu einem System von Sprachen und transformiert sich zu einer Vielsprachigkeit, welche die unterschiedliche Perspektivik ihrer Sprecher manifestiert.

In diesem Kosmos der Redevielfalt treten diese Sprachen in einen Dialog ein, der von Herrschaftsstrukturen gekennzeichnet ist. Sie beleuchten sich dabei wechselseitig und vermitteln auf diese Weise soziale, politische oder ideologische Strukturen als sprachliche Formgebungen in den Roman. Dadurch kommt in der ostentativen Sprachenvielfalt des Romans auch eine an unterschiedliche Perspektiven gebundene Weltsicht zum Ausdruck, in welcher sich die Polylogik der Aneignungen von Wirklichkeiten niederschlägt.

Im Gegensatz zu anderen narrativen Texten Villaverdes wird in *Cecilia Valdés o La Loma del Ángel* nur noch bei den Nebenfiguren eines bestimmten sozialen Typus *eine* bestimmte Sprache zugeordnet, was nicht zuletzt im soeben zitierten Dialog zum Ausdruck kam. Vielmehr wird in seinem Meisterwerk der Polylog verschiedener Sprachen, wenn auch in unterschiedlich starker Weise und keineswegs durchgehend, in einzelne Personen selbst verlagert. Dadurch gewinnen die Hauptfiguren zusätzlich an Tiefe: Konflikte zwischen verschiedenen nicht miteinander völlig kompatiblen Diskursen brechen als individuelle *und* in den jeweiligen sozialen Kontext eingebettete Widersprüche auf.

Sprachliche Redevielfalt macht somit ein gewichtiges Stück der polylogischen Anlage des kubanischen Romans aus. Als Beispiel hierfür mag Doña Rosa dienen, die Frau des spanischen Zuckerrohrplantagenbesitzers *unde* Sklavenhändlers Gamboa, die im Dialog mit ihrem Sohn Leonardo das Tun ihres Mannes verteidigt:

> Komm' mir nicht mit Deinen Prinzipien, mit Deinen Zwecken und Deinen römischen Gesetzen. Sie mögen besagen, was Du magst, die Wahrheit ist, dass es einen großen Unterschied gibt zwischen dem Verhalten Deines Vaters und dem von Don Pedro Blanco. Denn der letztere befindet sich dort, im Lande dieser Wilden; er beschafft sie für den Handel, er ist es, der sie durch Tausch oder Täuschung einfängt, er ist es, der sie gefangen setzt und für den Verkauf in diesem Land bereitstellt; wenn es also darin irgendein Verbrechen,

---

63 Vgl. Bachtin, Michail M.: Das Wort im Roman. In (ders.): *Die Ästhetik des Wortes.* Herausgegeben von Rainer Grübel. Frankfurt am Main: Suhrkamp 1979, S. 154–300.

irgendeine Schuld geben sollte, dann fällt sie auf ihn, aber ganz gewiss nicht auf Deinen Vater. Bei genauerer Betrachtung ist Gamboa weit davon entfernt, irgendetwas Schlechtes oder Hässliches zu tun, er tut vielmehr Gutes, etwas, das es zu rühmen gilt, denn wenn er diese wilden Menschen aufnimmt und wohlgemerkt als Mitunterzeichner verkauft, dann geschieht dies, um sie zu taufen und ihnen eine Religion zu geben, welche sie in ihrem Lande nicht besitzen.[64]

In diesem Zwiegespräch wird in der Konfrontation zwischen Mutter und Sohn unter dem Druck der (im Übrigen recht unbedarften, da von Leonardo gerade erst schlecht erlernten) juristischen Argumentation des Sohnes eine Rechtfertigung erzwungen. Diese lässt recht ungeschickt von Seiten Doña Rosas – der alte Gamboa wäre gewitzter gewesen –, aber geschickt natürlich für die Ziele und Zwecke eines abolitionistischen Romans, mehrere Legitimationsdiskurse miteinander kollidieren. Nach dem Negieren juristischer oder allgemein ethisch-moralischer Argumente führt Doña Rosa einen merkantilistisch-kapitalistischen Diskurs ins Feld, der in unserem Auszug durch einen christlichen beziehungsweise heilsgeschichtlichen Diskurs überdacht und damit überhöht werden soll. Es handelt sich um vorgefertigte Diskurse, die von den Familien und Familienoberhäuptern, welche durch den höchst einträglichen Handel mit schwarzen Sklaven hohe Geldsummen verdienten, im 19. Jahrhundert mit großer Regelmäßigkeit gebraucht wurden. Cirilo Villaverde passt diesen scheinheiligen, aber durchaus effizienten Diskurs lediglich den Absichten und Handlungszusammenhängen seines Romans ein wenig an.

Die Bekehrung der ‚Wilden' zum ‚wahren Glauben', eine probate Legitimations- und Verschleierungsstrategie in Sklavenhaltergesellschaften, schießt jedoch über ihre diskursstützende Funktion hinaus und affiziert den erstgenannten kapitalistischen Diskurs. Auf diese Weise wird der in Afrika Sklaven pressende (und historisch verbürgte) Pedro Blanco argumentativ preisgegeben, gehorche er doch nicht den Regeln des Christentums, sondern jenen des Geldes. Der so profitable Dreieckshandel wird nicht als gesamtes ökonomisches Gebilde akzeptiert, sondern in positive und negative Seiten zerlegt. Damit ist der Legitimation des Sklavenhandels allerdings in ihrer Gesamtheit implizit der Boden entzogen: Die christliche Legitimation, die doch dem gesamten Sklavenhandel galt, wird nur noch für die letzte Etappe, die (berüchtigte) ‚Eingewöhnungsphase' der Sklaven auf Kuba, geltend gemacht. Villaverde zeigt den Legitimationsdiskurs, um ihn sogleich zu dekonstruieren und in seine Einzelteile zu zerlegen.

---

64 Villaverde, Cirilo: *Cecilia Valdés*, S. 212 f.

In dieser Passage wird auf vereindeutigende Erzählerkommentare verzichtet, wenngleich Villaverde hinsichtlich des zutiefst christlichen Rechtfertigungsdiskurses an anderer Stelle auch auf dieses Mittel zurückgreift, etwa wenn er Doña Rosa als eine christliche, barmherzige und den Armen Almosen gebende Frau charakterisiert, die aber ungerührt und unbarmherzig der Misshandlung schwarzer Sklaven gegenüberstehe.[65] An wieder anderer Stelle verweist er noch geschickter auf offizielle Verlautbarungen der „comisión militar permanente",[66] welche er seinen Romanfiguren in den Mund legt, finden sich derartige Äußerungen doch wieder abgedruckt in den einschlägigen Tageszeitungen wie dem *Diario de La Habana*, den seine Protagonisten lesen.

Vermittels einer dialogischen In-Bezug-Setzung verschiedener literarisch stilisierter Sprachen und Diskurse wird so eine gesellschaftliche Totalität als sprachliche in Szene gesetzt. Selbst in den so häufig zitierten spanischen oder kubanischen Sprichwörtern, mehr aber noch in den Äußerungen der Romanfiguren selbst, ist jene „Mehrstimmigkeit des Wortes im Roman" präsent, welche Bachtin für die Entwicklungsgeschichte des europäischen Romans so überzeugend nachweisen konnte. Im Sinne des russischen Literaturtheoretikers treffen dabei gerade im „fremden" Wort die gesellschaftlich und kulturell verankerte Sprache der Figur und jene des Autors – wir dürfen hier abweichend hinzufügen: des *impliziten Autors*[67] – zusammen. Im Gegensatz zu den Nebenfiguren verkörpern die Hauptfiguren in *Cecilia Valdés o La Loma del Ángel* nicht mehr in kostumbristischer Manier bestimmte soziale Typen, sondern bringen eine Vielfalt von Perspektiven, Sprachen und Diskursen zum Ausdruck, was durch eine kohärente, teilweise konventionelle, immer aber wirksame literarische Struktur ermöglicht wird. Villaverdes Roman ist alles andere als literarästhetisch belanglos!

Im Kern dieser Struktur steht die Figur des Erzählers. Erst deren Anlage setzt die bislang dargestellten literarischen Techniken in eine ästhetisch wirksame Beziehung zu jenen Funktionen, die Villaverde seinem Romanschaffen zuweist. Die vom kubanischen Schriftsteller modellierte Erzählerfigur ist – gemäß der von Gérard Genette entwickelten Kategorien – extradiegetisch, heterodiegetisch

---

[65] Vgl. hierzu die Erzählerkommentare in Villaverde, Cirilo: *Cecilia Valdés*, S. 525: „Doña Rosa, mujer cristiana y amable con sus iguales, que se confesaba a menudo, que daba limosna a los pobres, que adoraba en sus hijos, que en abstracto al menos estaba dispuesta a perdonar las faltas agenas para que Dios, que está en el cielo, la perdonara las suyas; doña Rosa, sentimos decirlo, al ver las contorsiones de aquellos a quienes la punta del látigo de cuero trenzado del mayoral abría surcos en sus espaldas o brazos, se sonreía [...]"
[66] Ebda., S. 531.
[67] Vgl. zur Begrifflichkeit Link, Hannelore: *Rezeptionsforschung. Eine Einführung in Methoden und Probleme.* Stuttgart – Berlin: Kohlhammer ²1980, S. 25 und *passim*.

und über alles im Bilde („focalisation zéro"), mithin allwissend. Sie steht außerhalb der räumlichen und zeitlichen Dimensionen des Romangeschehens, nimmt damit also eine von diesem prinzipiell getrennte Position ein. Auf diese Weise kann die Erzählerfigur eine effektive Vermittlerrolle zwischen Romandiegese und (realer) Leserschaft übernehmen. Die Funktion des Erzählers als Schaltstation wird romantechnisch realisiert, indem der implizite Leser in betont mündlicher Sprache immer wieder angesprochen wird, wodurch – wie bereits erwähnt – die Doppelung des intendierten Leserkreises in eine kubanische und eine nicht-kubanische Leserschaft als konstitutives Element in den Text eingeblendet wird.

Die so ausgestattete Figur des Erzählers ist die erzähltechnische Voraussetzung für die Anordnung und Strukturierung der narrativen, deskriptiven und diskursiven Partien des Romans. Dabei ist die für den Roman so zentrale Auffächerung zwischen der Ebene des „récit" und der Ebene der „narration" (ungenauer bleibt die erwähnte Unterscheidung zwischen erzählter Zeit und Erzählzeit) im „Prólogo del autor" paratextuell in der Schaffung einer Autorfigur angelegt worden. Dieser implizite Autor, der als „Autor schlechthin" (d. h. als realer Autor) ausgegeben und durch die Signatur mit Villaverde gleichgesetzt wird, überträgt im Verlauf des Romangeschehens durch eine Vielzahl von Kommentaren und Einschüben seine erzähltechnischen Funktionen an die Erzählerfigur, mit der er nahezu eins wird. Auf diese Weise wird die Figur des Erzählers an den realen Autor rückgebunden, so dass dem Text – wie bereits betont – eine autobiographische Dimension zuwächst, welche sich gerade auch auf die diskursiven Teile, den historischen Rückblick oder Erläuterungen an die Adresse eines nicht-kubanischen Lesers ausdehnt. Roman, Leben und Historie werden, um es nun aus veränderter Perspektive nochmals zu betonen, effizient eng- oder zusammengeführt.

Die autobiographische Sinnbildungsebene wird durch eine Reihe eingewobener Elemente verstärkt. Hierzu zählt auf inhaltlicher Ebene etwa die Tatsache, dass Cecilia Valdés – schenkt man dem Erzähler Glauben – nicht allein die Initialen mit Cirilo Villaverde teilt, sondern darüber hinaus im selben Jahr wie der kubanische Schriftsteller geboren wurde. Um auf einen berühmten Satz von Gustave Flaubert zurückzugreifen: „Cecilia Valdés, c'est moi", hätte Villaverde sagen können.

Die autobiographische Unterströmung des Romans verstärkt freilich nur die Strategien und Effekte, die von Beginn des Vorworts an nicht nur Abbildanspruch, sondern Anspruch auf historische Authentizität geltend machten. Die Verwischung der Grenzziehungen zwischen realem Autor, implizitem Autor und Erzähler dient damit der ästhetisch wirkungsvollen Illusionsbildung, die Leserschaft habe es mit einem nicht-fiktionalen (wenn auch literarischen) Text zu tun, welcher tief in die Lebensgeschichte seines realen Autors eingewoben sei. Die Wirksamkeit dieser Effekte zeigt sich bis heute in der so häufigen Verwechslung zwischen Autor und Erzählerfigur, in der Gleichsetzung des Erzählers mit Cirilo Villaverde, wie wir dies beispielsweise bei Julio Sánchez[68] oder Jean Lamore,[69] aber auch bei vielen anderen Kritikern bis heute beobachten können.

Das Gemälde als Abbild des Faktischen ist in *Cecilia Valdés* ohne Zweifel die Lieblingsmetapher für den Bezug zwischen Werk und Wirklichkeit. So überrascht es auch nicht, dass etwa zur Bestärkung der Authentizität des Erzählten auf ein Bild des Malers Escobar zurückgegriffen wird, welches in der oben angeführten Passage als Garantie der Transposition von faktischer Realität in den literarischen Text erscheint. Auch in diesem Beispiel greift der literarische Text Villaverdes nicht direkt auf die Wirklichkeit zu, sondern bedient sich häufig zwischengeschalteter Gattungen oder Texte in einem sehr weiten Sinne. Der Erzähler greift explizit auf offizielle Verlautbarungen, mündliche Erzählungen oder journalistische Texte und Dokumente zurück. Es leitet ihn das Bestreben, in den Bereich nicht nur der künstlerischen Wahrscheinlichkeit und Glaubwürdigkeit, sondern in jenen historischer Faktentreue und Wahrheit vorzustoßen, der leicht von der Leserschaft überprüft werden könnte. In diesem Zusammenhang ist aufschlussreich, dass im Roman diesen Intertexten, handelt es sich bei ihnen auch um mehr oder minder stark ideologisch oder künstlerisch strukturierte Darstellungen von Wirklichkeit, ein erhöhtes Maß an Authentizität zugesprochen wird, was selbst noch für die ‚Dokumentation' in Form eines künstlerischen Gemäldes gilt oder reklamiert wird.

Doch gestalten sich die intertextuellen Verweisrelationen wesentlich komplexer, als dies anhand einer kurzen Untersuchung der Funktion zwischengeschalteter Texte erscheinen könnte. Schreibt sich der Roman – wie wir sahen – in eine doppelte, inselkubanisch und exilkubanisch verfasste Literaturgeschichte schon durch seine eigene Entstehungsgeschichte ein, so kommt dem Verweis auf die europäische Literatur vorrangig eine legitimierende Funktion hinsichtlich des eigenen Schreibens zu. Die Wirksamkeit dieser Funktion zeigt sich auch in der Tatsache, dass die Vielzahl an Motti, Zitaten und Verweisen – ganz wie in Domingo Faustino Sarmientos *Facundo* oder José Mármols *Amalia* – auf die europäische und speziell in Villaverdes Schreiben auf die spanische Literatur von den Zeitgenossen so interpretiert werden konnte. Ein Beleg dafür darf in einer Besprechung von *Cecilia Valdés* in der madrilenischen *Revista de España* erblickt werden. In dieser Rezension schloss der anonyme Verfasser seinen nur wenige Jahre nach Veröffentlichung des Romans erschienenen Beitrag mit den Worten:

---

68 Vgl. Sánchez, Julio C.: *La obra novelística de Cirilo Villaverde*. Madrid: De Orbe Novo 1973.
69 Vgl. Lamore, Jean: ‚Cecilia Valdés': realidades económicas y comportamientos sociales en la Cuba esclavista de 1830, in: *Casa de las Américas* (La Habana) XIX, 110 (1978), S. 41–53.

„Über das bereits Gesagte hinaus beglückwünschen wir Herrn Villaverde aufrichtig für seine profunde Kenntnis unserer nationalen Literatur und Sprache, insofern er sich der vielen Stücke unserer Klassiker bedient, mit denen er zahlreiche Kapitel seines Werkes eröffnet und Vokabeln und Wendungen verwendet, welche reinsten kastilischen Ursprungs sind."[70] Man wusste es in Spanien zu danken, wenn in einem lateinamerikanischen Roman die spanische Literatur- und Sprachtradition besonders hervorgehoben wurde, war das Land doch infolge des geokulturellen Dominantenwechsels als intertextueller und literarischer Bezugspunkt weitgehend aus den spanischsprachigen Literaturen Amerikas verschwunden.

Es wäre sicherlich falsch und irreführend, in der spezifisch literarischen Legitimationsstruktur einen Widerspruch zur textintern suggerierten dokumentarischen Lesart beziehungsweise der Behauptung historischer Authentizität erblicken zu wollen. Beide Legitimationsstrategien sind vielmehr komplementär zu verstehen, denn sie sichern *Cecilia Valdés* nach beiden Seiten hin ab. Der Roman des kubanischen Schriftstellers verleugnet keineswegs seinen Status als literarisches Artefakt: Behauptet wird lediglich die Abkehr von Imagination und fiktionaler Gestaltung.

So kann dann auch die „histoire" auf Ebene des „récit" in *Cecilia Valdés* als Liebesgeschichte inszeniert werden. Anhand der inzestuösen Liebe zwischen dem reichen Kreolen Leonardo Gamboa und der schönen, von der weißen kolonialspanischen Gesellschaft marginalisierten, aber für alle Weißen begehrenswerten Mulattin Cecilia Valdés werden die Elemente der „histoire" in einen Handlungsablauf überführt, dem die deskriptiven und diskursiven Romanteile zugeordnet werden. Dabei scheint mir die Kritik[71] am Verfahren Villaverdes, die großen politischen Ereignisse des dargestellten Zeitraums selten in die Handlung einbezogen und häufiger durch Erzählerkommentare eingeblendet zu haben, sie mit anderen Worten also weniger auf der Ebene des „récit" als auf jener des „discours" angesiedelt zu haben, ins Leere zu gehen. Denn eine derartige Kritik beruht auf der von Lukács vorgetragenen normativen Sichtweise des (europäischen) Historischen Romans und berücksichtigt nicht, dass gerade durch die Anwendung dieses Verfahrens narrative Möglichkeiten frei werden, die eine wesentlich stär-

---

[70] Zitiert nach Sánchez, Julio C.: *La obra novelística de Cirilo Villaverde*, S. 173; die Besprechung erschien in der „Sección bibliográfica" der *Revista de España* (Madrid) 101 (1884–1886), S. 474–477 und lautete im Original: „A más de lo dicho, felicitamos sinceramente al señor Villaverde, porque revela un verdadero conocimiento de la literatura y lengua nacional en los múltiples trozos de nuestros clásicos, con los que encabeza los capítulos de su obra, y en el empleo de vocablos y locuciones del más puro origen castellano."
[71] Vgl. etwa Dorr, Nicolás: Cecilia Valdés: ¿novela costumbrista o novela histórica? In: *Unión* (La Habana) 1 (1970), S. 157–162.

kere symbolische Kraft entwickeln können. Die Verwandlung von *Cecilia Valdés* in einen literarischen Mythos Kubas ist ein beredtes Beispiel für den Erfolg einer derartigen literarästhetischen Strategie.

Denn so können die gleichsam unterhalb der gewiss wichtigen politischen Ereignisse der dreißiger Jahre wirkenden demographischen, sozialen oder kulturellen Entwicklungen in der literarischen Ausgestaltung bestimmter Figuren des Romans zum Ausdruck gebracht werden. Nicht als historisch akkreditierte Protagonistin inmitten politischer Ereignisse, sondern als schillernde literarische Figur, deren Glaubwürdigkeit mit Hilfe der in unserem Analysedurchgang dargestellten erzähltechnischen Verfahren erzielt wurde, konnte die schöne Mulattin Cecilia zur symbolischen Verkörperung Kubas werden.[72] Denn aus dem (von einander widersprechenden Diskursen geprägten) Bild der mulattischen Verführerin und Femme fatale konnte ein literarischer Mythos erstehen, der Bedingungen und Entwicklung von Transkulturation und nationalem Identitätsstreben – und dessen (vorläufiges) Scheitern auf Kuba – innerhalb eines Rahmens historischer Glaubwürdigkeit in einer einzigen weiblichen Figur verdichtet: Cecilia Valdés wurde zu einer Inkarnation Kubas.

Damit aber können wir der Frage nach den Aneignungen von Wirklichkeiten und deren romanesker Funktion in Hinblick auf *Cecilia Valdés o La Loma del Ángel* eine neue Dimension hinzugewinnen: Denn diese Aneignungen sind wie die erzähltechnische Strukturierung an der zentralen Funktion des Romanschaffens Cirilo Villaverdes orientiert. Schreibt sich *Cecilia Valdés* auch in die Reihe abolitionistischer kubanischer Romane von Gertrudis Gómez de Avellanedas *Sab* (1841) bis Anselmo Suárez y Romeros *Francisco* (1880) ein, so versteht Cirilo Villaverde sein literarisches Hauptwerk keineswegs – wie wir bereits konstatieren konnten – vorrangig als Mittel direkter politischer Einflussnahme auf die Abschaffung der Sklaverei in Kuba. Denn Villaverde ging es trotz aller literarischen Orientierung seines Romans an spanischen Literaturmodellen vor allem um die Abschaffung des kolonialspanischen Gesellschafts- und Wirtschaftssystems. Durch die Interessenallianz zwischen Spanien und der einheimischen kreolischen Oligarchie war Kuba der Independencia unabhängig gewordener hispanoamerikanischer Staaten fern geblieben und ging damit im 19. Jahrhundert einen Sonderweg, der sich unter veränderten geopolitischen Vorzeichen auch in der zweiten Hälfte des 20. Jahrhunderts sowie in unserem 21. Jahrhundert im Zeichen der Kubanischen

---

72 Vgl. hierzu ausführlich Ette, Ottmar: Cirilo Villaverde: „Cecilia Valdés o La Loma del Ángel". In: Roloff, Volker / Wentzlaff-Eggebert, Harald (Hg.): *Der hispanoamerikanische Roman. Band 1: Von den Anfängen bis Carpentier*. Darmstadt: Wissenschaftliche Buchgesellschaft 1992, S. 30–43, Anmerkungen S. 313–317.

Revolution fortsetzt. Den von José Martí entfesselten Krieg von 1895 und den Zusammenbruch des spanischen Kolonialismus auf Kuba erlebte der 1894 verstorbene Villaverde nicht mehr.

Wir haben gesehen, dass Villaverde in seinem Romanschaffen das „delectare" wahrlich nicht vergaß. Doch im Kern seines am „prodesse" und einem pragmatisch zu erzielenden Nutzen orientierten Literaturbegriffs stand nicht das – wie er es nannte – „frivole" Vergnügen am Erfundenen, sondern die ernsthafte Beschäftigung mit dem Erlebten und Nacherlebbaren. Einer Literatur im Dienste dessen, was Villaverde als gesellschaftlichen Fortschritt erachtete, waren damit all jene ästhetischen Strategien und Verfahren zugeordnet, die dem literarischen Artefakt die Glaubwürdigkeit und Authentizität des Historischen, ja Erlebten verliehen.

Aus diesem vorrangig didaktischen Zusammenhang heraus wird verständlich, warum Cirilo Villaverde seinem Lesepublikum besondere Aufmerksamkeit zuwandte und versuchte, eine dokumentarische, ja testimoniale, in jedem Falle tendenziell autobiographische Lesart seines Romans zu erzeugen. In diesen literarischen Strategien wie in seiner Literaturkonzeption insgesamt wird Aneignung von Wirklichkeit von der Seite des Autors wie von der Seite des Lesers zusammengedacht: in ihr verschmelzen Produktion und Rezeption. Zusammen erzeugen sie eine identitätsbildende politische, soziale und kulturelle Kraft, deren Ziel in Kuba eine *Aneignung* der gesellschaftlichen Wirklichkeit im vollen Wortsinne war. Es ist bezüglich der politisch-gesellschaftlichen Wirkkraft von Literatur faszinierend zu sehen, dass die von Villaverde intendierte Engführung von Geschichte, literarischer Fiktion und Leben die Figur einer schönen Mulattin entstehen ließ, in welcher sich die kubanische Gesellschaft auch und gerade seit ihrer Unabhängigkeit zu spiegeln vermochte.

Manuel de Jesús Galván oder der Edle Wilde auf den Antillen

An dieser Stelle unserer Vorlesung böte sich die verlockende Möglichkeit an, zu Jorge Isaacs und einem der berühmtesten romantischen Romane Lateinamerikas überzuwechseln, um damit die Karibik hinter uns zu lassen. Doch habe ich mich mit Isaacs Roman *María* und seiner amerikanischen Implementierung und Transformation europäischer Vorbilder, welche insbesondere der Feder Chateaubriands entstammen, bereits in einer anderen Vorlesung ausführlich gewidmet und will darauf nicht zurückkommen. Denn *María* gilt mit Recht als eine jener Romanschöpfungen, in welchen die romantische Liebe am intensivsten mit der gemeinsamen Lektüre und folglich mit dem Motiv des LiebeLesens im Sinne von Dantes Paolo und Francesca verbunden ist.[1] Die Komplexität literarischer wie kultureller Verhältnisse ist im inselkaribischen Raum jedoch bereits im spanischsprachigen Bereich so hoch, dass es mir klüger scheint, an dieser Stelle lediglich auf die Analyse dieses kolumbianischen und zugleich dem andinen Raum entstammenden Roman zu verweisen. Vielmehr wollen wir uns auf zwei karibische Autoren konzentrieren, die unser Bild karibischer Insel-Welten und Inselwelten im 19. Jahrhundert abrunden sollen!

Dem dominikanischen Autor Manuel de Jesús Galván, in Santo Domingo am 19. Januar 1834 geboren und in San Juan de Puerto Rico am 13. Dezember 1910 gestorben, gelang das, was sich jeder im Grunde zweitklassige Schriftsteller einmal in seinem Leben erträumt: den ganz großen literarischen Coup zu landen. Er schaffte dies mit dem umfangreichen, in drei Teilen mit insgesamt einhundertfünfundzwanzig Kapiteln reich untergliederten Roman *Enriquillo*, der erstmals 1879 erschien, in einer vollständigen und definitiven Fassung aber erst 1882 vorlag.[2]

Manuel de Jesús Galván, der außerhalb dominikanischer und mit der dominikanischen Nationalliteratur vertrauter Zirkel heute nur wenigen noch bekannt ist, war früh schon innerhalb der Literaturszene der jungen Dominikanischen Republik aktiv geworden, hatte bei Zeitschriften- und Literatenvereinigungen mitgewirkt, ohne freilich durch seine dichterischen Schöpfungen in besonderer

---

[1] Vgl. das Kapitel „Jorge Isaacs, Liebe, Lesen und eine krank machende Lektüre" in Ette, Ottmar: *LiebeLesen*, S. 529–551 im zweiten Band dieser „Aula"-Reihe.
[2] Vgl. Varela Jácome, Benito: Evolución de la novela Hispanoamericana en el XIX. In Iñigo Madrigal, Luis (Hg.): *Historia de la literatura hispanoamericana*. Bd. II: *Del neoclasicismo al modernismo*. Madrid: Ediciones Cátedra 1987, S. 91–133; sowie Altman, Ida: The Revolt of Enriquillo and the Historiography of Early Spanish America. In: *The Americas* LXIII, 4 (2007), S. 587–614.

Open Access. © 2021 Ottmar Ette, publiziert von De Gruyter. Dieses Werk ist lizensiert unter einer Creative Commons Namensnennung – Nicht-kommerziell – Keine Bearbeitung 4.0 International Lizenz. https://doi.org/10.1515/9783110703443-025

Abb. 57: Manuel de Jesús Galván (Santo Domingo, Dominikanische Republik, 1834 – San Juan, Puerto Rico, 1910).

Weise hervorzutreten. Sein Roman, so ließe sich formulieren, stellt eine späte, zugleich aber auch reife Frucht der hispanoamerikanischen Romantik dar.

Fungiert die Romantik – wie wir bereits verschiedentlich sahen – in Lateinamerika als Sattelzeit der jeweiligen Nationalliteraturen *par excellence*, so ist der von Manuel de Jesús Galván geschaffene Roman von 1882 gerade dies: ein Begründungstext dominikanischer Nationalität und Nationalliteratur, die ihre Spuren außerhalb der rein hispanisch vorgegebenen Identitätsmuster zu finden suchte. Ort und Zeitraum dieser Suche ist gerade nicht der komplizierte, von grundlegenden Widersprüchen durchzogene Prozess der Abtrennung vom spanischen Mutterland seit Ende des 18. und Beginn des 19. Jahrhunderts, sondern jener der spanischen Eroberung und Beseitigung der indigenen, der autochthonen Kulturen am Ende des 15. und zu Beginn des 16. Jahrhunderts. Es handelt sich um geschichtliche Ereignisse, wie sie neben anderen spanischen Chronisten der Dominikaner Bartolomé de las Casas in seiner *Historia de las Indias* brillant darzustellen vermocht hatte. Dessen *Geschichte* ist daher auch einer der wichtigsten Intertexte dieses Historischen Romans.

Dieser kann und muss als nationenstiftende und -begründende literarische Gattung aufgefasst werden; und diese Funktion hat keineswegs erst die spätere Forschung herausgestellt. Sie war schon den Zeitgenossen höchst bewusst und wurde von einigen der großen Vertreter hispanoamerikanischer Romantik programmatisch formuliert. Gerade in Ermangelung einer ausgebildeten Geschichtswissenschaft übernahm der Roman Aufgaben, wie sie in Europa insbesondere der Historiographie zuzufallen pflegten.

So findet sich insbesondere bei Bartolomé Mitre, dem berühmten argentinischen Historiker, dem späteren General und Präsidenten Argentiniens, bereits in einem Text von 1847 – also noch Jahre vor der Veröffentlichung von José Mármols *Amalia* – explizit die Einforderung einer solchen Funktion, die der argentinische Autor gleich selbst in seinem Roman *Soledad* (dem der Text später als Vorwort

Abb. 58: Bartolomé de las Casas (Sevilla, 1484 oder 1485 – Madrid, 1566).

diente) zu verwirklichen suchte. Ausgehend von der polemischen Feststellung, dass Südamerika hinsichtlich der Romanciers die ärmste Region der Welt sei, vertrat Bartolomé Mitre die These, dass eine Serie guter Romane substantiell die politische und soziale Reife der amerikanischen Länder anheben werde: eine klare didaktische Zielsetzung, welche der Literatur wichtige gesellschaftliche Funktionen übertrug. Sein eigener Roman – so schloss Mitre sein literarisch-politisches Manifest ab[3] – solle lediglich dazu dienen, weitere Romane zu stimulieren, die diesen hohen Ansprüchen genügen könnten.

Dies waren fürwahr beeindruckende Worte aus dem Munde eines argentinischen Historikers; und es ließe sich sehr wohl sagen, dass Bartolomé Mitre hier der Literatur und insbesondere der Romankunst eine wesentlich tiefere und weitergehende gesellschaftliche Wirkung zuschrieb als der von ihm selbst praktizierten Geschichtsschreibung. Auf diese Weise sollte aus der Not der Geschichtsschreibung die Tugend der Literatur werden. Manuel de Jesús Galván, der über seine journalistischen Tätigkeiten hinaus auch politische Ambitionen besaß, hat derlei Überlegungen in seiner Heimat in die Tat umgesetzt. Er war sicherlich nicht der erste, der dies versuchte, aber gewiss der erfolgreichste. Da muss die Frage erlaubt sein, was diesen Erfolg entscheidend begünstigte!

Zu ihrer Beantwortung müssen wir etwas ausholen und wichtige Elemente dieses recht umfangreichen Romans genauer untersuchen, der unter dem vollständigen Titel *Enriquillo. Leyenda Histórica Dominicana (1503–1538)* erschien.

---

[3] Vgl. hierzu Sommer, Doris: Not Just Any Narrative: How Romance Can Love Us To Death. In: Balderston, Daniel (Hg.): *The Historical Novel in Latin America. A Symposium*. Gaithersburg: Ediciones Hispamérica 1986, S. 47–73, hier S. 50.

Schon in diesem definitiven Titel von 1882 gibt der Text ebenso die Ebene der erzählten Zeit und den Bezugsraum (die Romandiegese) bekannt, wie auch die Angabe der gewählten literarischen Gattung, welche sich freilich in der Formulierung *Leyenda histórica* als historische Legende recht ambivalent darstellt. Denn im selben Atemzug wird der fiktionale Status als „Leyenda" und damit das Legendenhafte wie der realitätsbezogen-mimetische und faktentreue Status des Historischen behauptet. Genau innerhalb dieser hier ausgesteckten Ambivalenz siedelt sich der Historische Roman – wie wir ihn weiter nennen wollen – von Manuel de Jesús Galván an.

Der kubanische Dichter und Literaturkritiker José Martí, der in einem berühmt gewordenen Brief vom 19. September 1884, welcher bis heute nahezu allen Ausgaben *Enriquillos* vorangestellt wird, die Qualitäten des Romans hervorhob, scheint keinen Gefallen an der Selbstbezeichnung als *Leyenda histórica* gefunden zu haben und definierte den Text lieber als absolut neue Form, „unsere amerikanische Geschichte zu schreiben". Damit verschob er die Gewichte eher in den Bereich der Historiographie, vermutlich mit dem Hintergedanken, dass auf diese Weise der romaneske Text seine literarische und nationalitätsschaffende Funktion besser ausspielen und umsetzen können würde.

Im Übrigen ließ er keinen Zweifel daran, dass es Galván gelungen sei, in einem einzigen Werk Roman, Gedicht und Geschichte miteinander zu verbinden, um etwas Großes zu schaffen. Kommen wir aber nun zum Text selbst und beginnen wir mit seinem Incipit:

> Der Name Jaragua glänzt auf den ersten Seiten der Geschichte Amerikas mit demselben Prestige wie zu antiken Zeiten in den mythologischen Erzählungen über das unschuldige Arkadien, die güldenen Hesperiden, das wunderschöne Tal von Tempé oder andere bevorzugte Gebiete unseres Erdkreises, die von der Natur mit allen Verzauberungen ausgestattet wurden, welche die Einbildungskraft verführen und mit entzückenden Chimären bevölkern. Ihnen gleicht das indianische Königreich von Jaragua und erscheint vor den modernen Argonauten, die zu seiner Eroberung auszogen, wie eine wunderbare Region, reich und glücklich. Von einer schönen und liebreizenden Königin regiert; von einer gütigen Rasse von klarem Verständnis und anmutigen physischen Formen bewohnt; so ist die rudimentäre Zivilisation dieses Reiches durch die Unschuld der Sitten seiner Bewohner, durch den guten Geschmack ihrer einfachen Kleidung, durch die grazile Anlage ihrer Feste und Zeremonien und mehr als alles andere durch die großzügige Ausdehnung ihrer Gastfreundschaft wohl dazu angetan, vorteilhaft mit jener anderen Zivilisation verglichen zu werden, welche die von Eisen bedeckten Konquistadoren in den Spitzen ihrer Lanzen, in den Hufen ihrer Pferde und in den Eckzähnen ihrer Jagdhunde mit sich schleppten.[4]

---

4 Galván, Manuel de Jesús: *Enriquillo. Leyenda histórica dominicana (1503–1538)*. Santo Domingo: Ediciones de Taller 1985, S. 7.

In diesem ersten Abschnitt des Romans ist, wie sich das für ein gutes Incipit gehört, die Grundstruktur wie der weitere Verlauf des gesamten literarischen Textes angelegt, ja vorgegeben. Zunächst hebt der Erzähler, im Gestus des Historikers und im Antlitz der Universalgeschichte des gesamten Erdkreises, die Bedeutsamkeit des von ihm in der Folge dargestellten Geschehens und seiner Örtlichkeit heraus, vergleicht er doch das indianische Reich von Jaragua mit den Gegenständen von Geschichte und Mythologie der klassischen (und das heißt: der europäischen) Antike. Er stellt seinen Gegenstand ebenso der mythischen Landschaft Arkadiens wie der Welt der Hesperiden, der Inseln der Glückseligen, auf gleicher Augenhöhe an die Seite, womit er von Beginn an derlei verlorene Welten dazu benutzt, die von ihm selbst herausgearbeitete verlorene Welt amerikanischer Unschuld semantisch antikisierend aufzuladen und mit den großen Menschheitsmythen zu verknüpfen. Sprechen wir folglich vom indigenen Reich von Jaragua, so sprechen wir von einem Goldenen Zeitalter, das nicht mehr ist, aber vor weniger als vierhundert Jahren einst auf dieser Insel – folgen wir dem dominikanischen Autor – bestand.

Die mythisch-antikisierende Welt einer unschuldigen und unbefleckten Natur dieses Goldenen Zeitalters erscheint sodann im zweiten Satz vor den Augen der „modernen Argonauten", mit denen in erster Linie Christoph Kolumbus und seine Männer gemeint sind, die im Übrigen in der Folge eine wesentliche Rolle innerhalb dieses Historischen Romans spielen werden. Diese antiken Helden und modernen Argonauten begründen mit ihrer ersten Entdeckungs- und Eroberungstat einen entscheidenden geschichtlichen Einschnitt, den man als den der Moderne im Sinne von Neuzeit bezeichnen kann. Sie treten dem Reich des Wunderbaren gegenüber, womit ein Grundthema angestimmt wird, das gerade im Bereich der karibischen Literaturen sich von den ersten Briefen des Kolumbus quer durch die Literaturgeschichte bis in unsere Gegenwart verfolgen lässt. Denn es ist – wie wir aus einem früheren Exkurs unserer Vorlesung wissen – nur wenige Jahrzehnte her, dass der kubanische Autor Alejo Carpentier justament von der Insel Hispaniola, freilich ihrer westlichen, haitianischen Hälfte ausgehend, seine literarisch-kulturelle Theorie vom „real maravilloso" entwickelte und erstmals (mit allen Folgen für die lateinamerikanische Literaturgeschichte) anhand seines Romans *El reino de este mundo* vorführte.

Bei Manuel de Jesús Galván freilich sind wir im Reich der Indianer von Jaragua; ein Reich, das immer wieder Literaten anlockte, die auf den Spuren der Chronisten der schönen, rätselhaften, unschuldig bedrängten und umgebrachten Königin Anacaona nachspürten. Natürlich ist sie auch ein Gegenstand in *Enriquillo*; wie hätte sich der Autor dies entgehen lassen können? Wir tauchen ein in das Wunderbar-Wirkliche der karibischen Kultur – so zumindest könnten wir aus der Perspektive Carpentiers diese Einführungssätze von Manuel de Jesús Galván deuten.

Mit der Ankunft dieser modernen Argonauten beginnt die Geschichte – und zwar in des Wortes dreifacher Bedeutung: Es beginnt erstens die Geschichte des Romans *Enriquillo* und es beginnt zweitens die Geschichte der Insel und der Region, deren Ursprünge sich mit den wenig später ausgerotteten indigenen Völkern im Dunkel verlieren. Drittens beginnt die Geschichte Amerikas beziehungsweise die Eroberungsgeschichte überhaupt, so wie sie sich noch für die amerikanischen Intellektuellen in der zweiten Hälfte des 19. Jahrhunderts darstellte, die wenig über die altamerikanischen indianischen Kulturen wussten. Genau an diesen Ursprung also legt Galván den Beginn eines Romans, der mit dem Eintritt der Insel *La Española* oder Hispaniola in die abendländische Expansionsgeschichte einzusetzen scheint.

Und dies war ein Eintritt, der Folgen hatte, wie schon in diesem ersten Absatz klar wird. Denn nun treten sich zwei Zivilisationen einander feindlich gegenüber, die eine rudimentär, aber unschuldig und wunderschön, die andere waffenstarrend, expansionistisch und – wie es scheint – entschlossen, dem Wunderbar-Wirklichen ein sehr reales Ende zu bereiten. Die Kritik an der Conquista, dies haben wir schon bemerkt, war bei den romantischen Autoren recht verbreitet, was sie freilich – wie sich auch anhand dieses Romans zeigen ließe – nicht davon abhielt, die historische Gestalt des Kolumbus romantisch zu überhöhen, zu idealisieren sowie zu antikisieren. Die modernen Argonauten waren auf der Suche nach dem Goldenen Vlies gekommen und entschlossen, das Gold des goldenen Zeitalters zu rauben.

Abb. 59: „Desembarco de Colón", Öl auf Leinwand von Dióscoro Puebla, 1862.

Die anmutig schönen Eingeborenen, die diese Neue Welt in Galváns Roman bevölkern, scheinen wirklich einer anderen, besseren Welt zu entstammen. Diese „raza benigna" – und erneut ist der Begriff der „Rasse" deutlich kulturell und nicht biologisch gemeint – scheint mit ihren einfachen Freuden, ihrem guten Geschmack, den schönen Festen und der Gastfreundschaft direkt aus Jean-Jacques Rousseaus zweitem *Discours sur l'origine et l'inégalité parmi les hommes* und mehr noch aus den Büchern der Rousseauisten entsprungen. Diese hatten ein Jahrhundert zuvor die Berichte in Louis Antoine de Bougainvilles Reise um die Welt – insbesondere über Tahiti, dem neuen Kythera – verzückt und moralisch überwältigt gelesen. Kein Zweifel: Wir befinden uns in Arkadien, so wie einst auch Christoph Kolumbus beim Anblick der Inselwelt sich nahe am Irdischen Paradies gefühlt und geglaubt hatte! Und ähnlich wie diesen erwartet inmitten einer solchen Landschaft die Leserinnen und Leser ein Inferno brutaler Gewalt, wie in jedem besseren Historiengemälde angekündigt durch die aufgerichteten Speerspitzen der Krieger, die über diese Idylle hereinbrechen. Die neuzeitliche Eisenzeit – so könnten wir flott formulieren – bringt Feuer und Schwert nach Arkadien! Der Übergang zur Moderne ist mit dem Tod des Mythischen, des Unschuldigen, des Wunderbaren erkauft: Dies sind Einsichten und Kontraste, wie sie gerade die Romantik auch in Lateinamerika im Verlaufe des 19. Jahrhunderts ein ums andere Mal wiederholte.

In der skizzierten Auseinandersetzung zwischen den Guten und den Bösen stehen die Sieger schon fest: Es sind die für den Kampf Gerüsteten, die in Rüstungen Steckenden, die die Welt der Gastfreundschaft und Güte zerstören, um sich persönlich zu bereichern. Dieser Prozess – unter dem Vorschein der Geschichte wahrhaftig gemacht – wird dem Lesepublikum schon zu Beginn des historischen Romans signalisiert; freilich nur, um danach umso besser in den noch offenen Kampf eintauchen und wenigstens noch ein Stückchen arkadischer Lebenslust genießen zu können. Denn in der Darstellung indigener Lebenskunst, gepaart mit freigebiger Gastfreundschaft tauchen all jene Ideale auf, welche in einer sich modernisierenden Gesellschaft zu verschwinden drohen. Und eben diesen Grad sozioökonomischer Modernisierung zeigt die Idealisierung der verschwundenen indianischen Welt ebenfalls an.

Der Roman bietet auf diese kontrastreiche Weise dem Lesepublikum eine Idylle an, die allerdings aus der exotisierenden Perspektive der Nachfahren jener Lanzenträger dargestellt wird, welche den Sieg davontrugen und die ideale Welt menschlichen Zusammenlebens auslöschten. Das indianische Reich von Jaragua – und darin liegt die ganze Ambivalenz des Geschehens und mehr noch dieser romanesken Darstellung verborgen – wird auf eine Stufe mit der abendländischen Antike gestellt, zugleich aber mit dieser vermengt, von dieser vereinnahmt, in diese aufgelöst. Ganz im Sinne von Tzvetan Todorov[5] ist das Andere zum Eigenen geworden und zugleich seiner Differenzqualität verlustig gegangen: Die indianischen Gesellschaften in der Karibik *sind* das Goldene Zeitalter der Antike.

---

5 Vgl. Todorov, Tzvetan: *La conquête de l'Amérique. La question de l'autre*. Paris: Seuil 1982.

Damit wird zugleich die Grundlage einer Identifikation mit einem derart gereinigten Anderen – als eigentlich Eigenem – und so mit der ureigensten Geschichte geschaffen, wobei sich die weißen Dominikaner nicht als Nachfahren der Spanier, sondern irrtümlich jener idealisierten Gestalten verstehen, welche sie als Indianer verehren. Auf eben diese Weise verstanden sich die amerikanischen Kreolen in ihrem Kampf um die Independencia als legitime Nachfahren der indigenen Bevölkerung, für deren Rechte sie zu kämpfen vorgaben. Als diese Indianer freilich eigene Rechte vorzubringen wagten und aus einer passiven Rolle heraustreten wollten, wurden sie von den kreolischen Trägerschichten der Unabhängigkeitsrevolution erbarmungslos zum Schweigen gebracht. In der Dominikanischen Republik stand solches freilich nicht zu befürchten: Es gab auf Hispaniola, von wenigen versprengten Nachfahren abgesehen, praktisch keine indigene Bevölkerung mehr, die sich noch hätte wehren können.

Das dominikanische Lesepublikum der zweiten Hälfte des 19. Jahrhunderts erhält in Manuel de Jesús Galváns *Enriquillo* ein Identifikationsangebot, das es dieser Leserschaft nicht nur erlaubt, die Geschichte des Zusammenpralls der Kulturen und des Genozids an den Indianern gleichsam vorgeschichtlich zu entschärfen. Der Roman gestattet es, zugleich die eigene Identität aus dem Anderen, welches gleichsam entkernt letztlich das Eigene in der Verkleidung des Anderen ist, zu beziehen. Es kann dies im Übrigen ungestraft tun, da das Andere als bedrohliche Macht ja gerade durch das böse Eigene – von dem man sich in der gleichen Bewegung wundersam loslöst und dessen man sich entledigt – aus der Welt geschafft wurde. *Et in Arcadia ego* könnte sich der Dominikaner gegen Ende des 19. Jahrhunderts gesagt haben: Auch ich bin in Arkadien!

Die spanische Conquista, die der „poética existencia" des Reiches von Jaragua ein plötzliches Ende bescherte,[6] ist sozusagen das Sprungbrett, mit Hilfe dessen man sich aus der Welt des Eigenen und aus der eigenen Geschichte scheinbar herauskatapultiert – ohne jedoch das eigentlich Andere erreichen zu müssen. Denn der Sprung fällt zu kurz aus und man landet unversehens im Eigenen, der eigenen abendländischen Kultur mit ihren Mythen und Projektionen: „Wir sind alles dominikanische Indianer" – so lässt sich ein wenig ironisiert das Identifikationsangebot des Romans von seinem stark an historiographische Schreibmuster angelehnten Beginn an umreißen. Und dieses Identifikationsangebot hatte Erfolg, ja großen Erfolg!

Mit Galváns *Enriquillo* ist der Indianer zum Objekt, nicht aber zum Subjekt der Geschichte geworden. Und diese Geschichte ist indianistisch, keinesfalls indigenistisch und schon gar nicht eine Geschichte aus Perspektive der indigenen Bevöl-

---

6 Galván, Manuel de Jesús: *Enriquillo*, S. 8.

kerung und ihrer Kultur. Nicht von ungefähr muss der Erzählerdiskurs vermittels einer Fußnote[7] betonen, dass es nicht um übertriebene Indianerfreundlichkeit, sondern um Mitleid („compasión") mit den von den Spaniern besiegten und ausgerotteten Indianern gehe. Alterität wird in Exotik zurückgenommen, wird also zum Anderen in für das Eigene leicht konsumierbarer Form und sogar zum Teil der eigenen Kulturgeschichte. Dass dies für die Dominikanische Republik ein nationales Identifikationsangebot war, welches sich zugleich entschieden vom ‚schwarzen' Haiti abwendet, mit dem man sich die Insel Hispaniola teilen muss, sei an dieser Stelle nur erwähnt. Doch lässt all dies erahnen, warum der Roman *Enriquillo* von solcher Wichtigkeit für den kulturellen Nationenbildungsprozess der Dominikanischen Republik werden konnte.

Vom historisch bezeugten Untergang des paradiesischen Reiches der wunderschönen Königin Anacaona nimmt das Romangeschehen seinen Ausgang: zu einer Zeit, als Santo Domingo – so belehrt uns der historiographische Erzählerdiskurs – zum Ausgangspunkt der Zivilisation in der Neuen Welt wurde. Den Übergang vom historiographisch-narrativen zum fiktional-narrativen Erzählerdiskurs (wobei sich die historiographische Instanz vor allem dann um so stärker in den paratextuellen Fußnoten bemerkbar macht) bewerkstelligt der Hinweis, dass nun zwanzig Tage vorüber seien und der Gobernador der Insel Española und Statthalter des spanischen Königs, Nicolás de Ovando, brutal gehandelt habe. Denn er habe achtzig Kaziken und damit die Führungselite der Insel ermorden lassen. Doch nicht nur Massaker an der indigenen Bevölkerung bestimmen die Strategie der Spanier. Denn die Tochter der schönen Anacaona, die ebenfalls schöne Higuemota, wurde durch Heirat mit dem guten Christen Guevara zu Doña Ana de Guevara.[8] Die indigene Bevölkerung wird nach bewährtem Muster an ihrer Spitze entweder umgebracht oder genetisch einverleibt.

Der Paratext in Form einer Fußnote belehrt das Lesepublikum literaturgeschichtlich, dass sich bereits der auf historische Stoffe spezialisierte US-amerikanische Autor Washington Irving, ein wichtiger Bezugsschriftsteller Galváns, mit dem Leben der schönen Prinzessin beschäftigt habe. Mencía, Tochter dieser indianischen Prinzessin und eines Spaniers adliger Abkunft, wird als künftige scheue Liebespartnerin eine gewisse (wenn auch eher passive) Rolle innerhalb des Romangeschehens spielen. Hauptfigur ist der zu Beginn des Romans siebenjährige Guarocuya, der – ebenso wie Higuemota – als ‚Edler Wilder' völlig unfähig zur Lüge ist.[9] Beide Figuren verfügen ebenso über einen indigenen wie einen spa-

---

7 Ebda., S. 51.
8 Ebda., S. 9.
9 Ebda., S. 135.

nisch-christlichen Namen, so dass der junge Mann später zum Titelhelden des Romans werden kann, zu jenem Enriquillo, der ins Zentrum der gesamten Romanhandlung und zugleich aller Identifikationsangebote gerückt wird.

Als Sohn eines ebenfalls von den Spaniern getöteten Kaziken ist Enriquillo von indianischer Abstammung edelsten Geblüts. Daher erstaunt die große Aufregung bei den Spaniern nicht, als sie erfahren, dass der Junge von einem Überlebenden dieses Massakers, dem indianischen Prachtkerl Guaroa, ins indigene Hinterland verbracht wurde. Guaroa verwickelt sich freilich in Widersprüche, welche – so klärt uns der Erzähler in einer Fußnote auf – charakteristisch seien für Menschen „a medio civilizar",[10] die also nur halbzivilisiert seien. Enriquillo wird folglich aus der Obhut Higuemotas in die von Indianern besiedelten Rückzugsgebiete der Bergregionen geführt, nicht ohne dass der junge Kazike der kleinen Mencía artig einen Kuss auf die Lippen gedrückt hätte. Im indigenen Bergland stellt dieser jugendliche Anführer freilich eine latente Bedrohung für die spanische Herrschaft über die Insel dar.

Übrigens tauchen im Diskurs von Guaroa erstmals positive Spanier-Gestalten auf, und zwar niemand Geringeres als die beiden Brüder des Christoph Kolumbus sowie der gute Bartolomé de las Casas, der bald schon zum großen Beschützer der indigenen Bevölkerung avanciert. Sie stehen in Kontrast zu den meisten anderen Spaniern, die als hochfahrend, gerissen, gewalttätig und machtbewusst dargestellt werden; allen voran die Gestalt des verschlagenen und grundlegend bösen Pedro de Mojica, der die Familie Higuemotas und deren Vermögen beaufsichtigen darf und dem in diesem Roman die Rolle des Schurken zufällt. Die Figurenkonstellation – dies wird von Beginn an deutlich – ist stark antithetisch und manichäisch ausgerichtet: Schnell erkennen die Leserinnen und Leser die Guten wie die Bösen und wissen sie voneinander zu scheiden. Freilich gibt es auch historische Figuren wie Diego Velázquez, die laut Erzählerdiskurs ständig zwischen beiden Polen schwanken[11] und der Hilfe guter Menschen bedürfen, um auf den Weg des Heils zurückzukehren. Mojica jedenfalls hat es auf das nicht unbeträchtliche Vermögen Higuemotas und – als Pars pro toto metonymisch verschoben – insgesamt auf den Reichtum der Indianer abgesehen, die er zu betrügen und um ihre angestammten Rechte zu bringen versucht. Kompromisslos wird er alles daran setzen, seine Ziele zu verwirklichen und zu einem reichen Mann zu werden.

Guarocuya oder Enriquillo, wie wir ihn fortan nennen wollen, ist – wie die Indianer in den Bergen unterstreichen – natürlicher Erbe der Herrschaft[12] und

---

10 Ebda., S. 16.
11 Ebda., S. 163.
12 Ebda., S. 25.

damit potentiell für die Spanier höchst gefährlich. Der kleine Kazike wird sogleich in seine angestammten Rechte eingesetzt, wenn Guaroa auch noch übergangsweise die Indianer befehligen soll. Er baut als erstes gegen die Spanier ein wahres Frühwarnsystem, wobei als letzter Zufluchtsort ein Süßwassersee im Nordosten der Gebirge im Landesinneren vereinbart wird;[13] eben jener See, der später den Namen Enriquillos tragen sollte und bis heute trägt. Damit ist er zu Beginn des Romans schon als kleiner Junge in jener Position, die er gegen Ende seines Lebens dann in seiner vollen Größe ausfüllen wird: Er wird zum heroischen Widerstandskämpfer für seine ‚verlorene Rasse' in den Bergen Hispaniolas. Wir erleben die Schaffung einer Insel-Welt, einer isolierten Welt, die versucht, sich von den Zeitläuften jenseits der Ozeane abzukoppeln.

Die hochgerüsteten und zu allem entschlossenen Spanier geben selbstverständlich nicht klein bei. Eine erste Strafexpedition unter Diego de Velázquez scheitert jedoch, da es ihr nicht gelingt, den Befehl Ovandos umzusetzen, die aufständischen Indianer wie Rebellen zu behandeln, also kurzen Prozess mit ihnen zu machen und dem Joch der Zivilisation[14] zu unterwerfen. Der fatale Einfluss dieser Art von ‚Zivilisation' ist deutlich, zeigt der Erzählerdiskurs doch auf, dass die Indianer unter der spanischen Tyrannei rasch ‚degenerierten'.[15] Doch Guaroa ist zunächst fähig, aufgrund einer klugen Guerilla-Taktik, die auch Enriquillo später anwenden wird, sich die Spanier vom Leibe zu halten und sogar einige von ihnen zu töten.

Alles wirkt wie ein Präludium kommender Heldentaten des jungen Kaziken. Der Weg zurück an die Macht, der über die spanische Erziehung des intelligenten Indianers verläuft, wirkt hingegen wie ein Umweg oder Irrweg, der ihn weiter von seinem Ziel entfernt. Und doch macht dieser Umweg die eigentliche Größe Enriquillos aus, vereint er so in seiner Gestalt doch die positiven Eigenschaften der Indianer wie der Spanier und wird auf diese Weise zur identifikationsfähigen Fusionsfigur des Besten beider Welten. Die indigenen Kulturen treten in diesem Schema folglich wieder in ihr Recht und präsentieren sich – zumindest auf historischer Ebene – als ein kultureller Pol, der in den Amerikas grundsätzlich zu berücksichtigen wäre.

Der historische Roman Manuel de Jesús Galváns wird auf dieser Ebene somit zum Bildungsroman, der dialektisch beide Kulturen miteinander vermittelt und geradewegs den Kaziken dazu führt, die Spanier auf Grund der von diesen propagierten positiven Werte zu bekämpfen. Novela sentimental und mehr noch his-

---

13 Ebda., S. 26.
14 Ebda., S. 34.
15 Ebda.

torischer Roman, Bildungsroman und indianistisches Zeitdokument: *Enriquillo* vereint eine Vielzahl literarischer und ideologischer Positionen in einer Funktionszuweisung der Literatur, die deutlich pragmatischen Zuschnitts ist. Im idealisierenden historischen Rückblick auf die erste Phase der ‚Entdeckung' und Eroberung werden die indigenen Kulturen zu einer kulturellen Alternative im Entwicklungsgang der verschiedenen Areas des künftigen Amerika – so zumindest ließe sich die indianistische Position von Manuel de Jesús Galván deuten.

Der Auftritt des „Licenciado" Bartolomé de las Casas ist recht spektakulär in Szene gesetzt, ist er es doch, dem es als Indianerfreund gelingt, die Indios davon zu überzeugen, den kleinen Enriquillo (der mit offenen Armen auf den künftigen Priester und Mönch zuläuft) wieder aus den Bergen in die Stadt zurückkehren zu lassen. Damit integriert er sie in den Einflussbereich der spanisch-europäischen Kultur. Die politischen Vertreter dieser christlichen Zivilisation aber setzen gegenüber den Indianern nicht auf Menschlichkeit, sondern auf rohe Gewalt, auf Unterwerfung und Ausrottung: Ovando kennt kein Pardon mit denen, die für ihn nichts als „Rebellen" sind.

Einzige Zufluchtsorte der Menschlichkeit sind neu gegründete Klöster, etwa das Franziskanerkloster, in welchem Las Casas den Jungen unterbringt und ihn auf den Namen Enrique taufen lässt.[16] Da es sich bei ihm um einen kleinen Kaziken handelt, um einen „caciquillo", wird aus Enrique rasch ein Enriquillo. Währenddessen werden die armen, wehrlosen Indianer von der spanischen Soldateska auf Ovandos Befehl hingemordet und der „obra de exterminio", also der Ausrottung zugeführt.[17] Heldenhaft findet dabei auch Guaroa den Tod in Freiheit: den Freitod, den wir bei den entflohenen schwarzen Sklaven in der Karibik bereits kennengelernt hatten. Hohe Selbstmordraten sind bis heute auf den Antillen nichts Außergewöhnliches.

Längst ist auch die schöne Anacaona ermordet worden und die Elite der Indianer mit Ausnahme Enriquillos ist aus dem Weg geräumt. Die Einbettung dieser und anderer historischer Geschehnisse – etwa auch von Anmerkungen zur Entdeckungsreise des Kolumbus an die Küste Jamaicas – wird in den Fußnoten oft mit dem lapidaren Hinweis versehen, es handle sich um historische Tatsachen. Eine Vorgehensweise, die wir bereits aus *Cecilia Valdés* kennen: Historisch ist, was glaubhafte Bezugstexte aufweisen kann.

Eine dieser ‚Quellen', dieser literarischen Intertexte sind die Schriften des im Roman immer wieder vorteilhaft in Szene gesetzten Las Casas, der angesichts der blutigen und grausamen Niederschlagung berechtigter Indianeraufstände

---

16 Ebda., S. 56.
17 Ebda.

Ovando ins Gesicht sagt, er werde dies eines Tages niederschreiben und für die Nachwelt gegenwärtig halten.[18] Selbst Christoph Kolumbus, nach langen Irrfahrten und gefahrvollen Abenteuern seit 1504 wieder in Santo Domingo, kann nur mehr entgeistert den Kopf schütteln angesichts des Zustandes der laut Erzählerdiskurs so sehr von ihm geliebten indianischen ‚Rasse', die der Ausrottung nahe sei. Seine Tränen gelten auch dem Tod der schönen Anacaona. Der ebenso schönen Mencía prophezeit der Admiral, dass sie sehr hübsch und daher auch sehr unglücklich sein werde. Doch Kolumbus' Stern selbst, dies macht der Erzählerdiskurs ein ums andere Mal deutlich, ist längst im Sinken begriffen: Im Mai 1506 wird der sogenannte ‚Entdecker' der sogenannten ‚Neuen Welt' im spanischen Valladolid sterben[19] – noch immer davon überzeugt, einen Seeweg nach Indien und China gefunden zu haben.

Derweil beginnt die jahrelange, hervorragend orchestrierte Ausbildung und Erziehung Enriquillos im Franziskanerkloster, das – so klärt uns der Erzähler auf – zum Zeitpunkt der Niederschrift des Romans längst nicht mehr bestehe. Die tiefe Melancholie kann Enriquillo jedoch nicht genommen werden, ist sein großes Problem doch die „orfandad", sein Zustand als Waisenkind. Es sind dies die Bildungsjahre eines jungen Romantikers, der noch immer am „mal du siècle" partizipiert und seine Melancholie niemals abzulegen vermag. Größte Begeisterung erwecken in ihm jedoch die Erzählungen römischer Geschichtsschreiber,[20] besonders dann, wenn sie von Aufständen gegen die Römer berichten. Spartakus, den schon die schwarzen Sklaven von Saint-Domingue zum Vorbild nahmen, ist nicht fern. Und so wird zugleich ein bereits von den europäischen Aufklärern und Kolonialschriftstellern wie Diderot und Raynal gepflegtes Motiv eingeführt, das nicht nur Jaragua, sondern auch Enriquillo selbst in die Traditionslinie abendländischer Modelle stellt. Der schwarze Spartakus Raynals, die Rächer-Figur, die stets schon über Sabs Schicksal schwebte – wird sie nun fiktionale Wirklichkeit mit Enriquillo? Nein! Enriquillo wäre auf der dominikanischen Seite der Insel Hispaniola nicht zur nationalen Identifikationsfigur geworden, wäre er selbst zum indianischen Spartakus herangereift: Mit einem solchen hätte sich kaum einer identifiziert.

In der Zwischenzeit hat Don Diego Colón, der Bruder des Christoph Kolumbus, auf Anweisung der auf dem Totenbett liegenden Königin Isabela die Amtsgeschäfte Ovandos auf der Isla Española übernommen. Grund genug für den Autor, an diesen Stellen etwas langatmige Einblendungen zur Geschichte von Christoph

---

[18] Ebda., S. 68.
[19] Ebda., S. 75.
[20] Ebda., S. 78.

Kolumbus' Bruder und dessen Benachteiligung durch den spanischen Hof einzuflechten. Auch bei der Darstellung der Liebesgeschichte Don Diego Colóns vergisst der Erzähler niemals, von unserem wahrheitsgemäßen Bericht zu sprechen, „nuestro verídico relato",[21] und die historische Authentizität des Berichteten zu unterstreichen. Im Sommer des Jahres 1509 trifft das verliebte Pärchen in Santo Domingo ein. Doch die Macht von Colóns Bruder über die Insel wird von Beginn an untergraben, ungeachtet der begeisterten Aufnahme, die er zunächst erfährt.[22] Für diese Passagen ruft Manuel de Jesús Galván stets den Chronisten Antonio de Herrera und dessen *Décadas*, also die *Historia general de los hechos de los castellanos en las Islas y Tierra Firme del mar Océano que llaman Indias Occidentales*, in den Zeugenstand, bisweilen gar in Form von Zitaten, welche in die Fußnoten und Anmerkungen mitaufgenommen werden. Man versteht nun besser, warum José Martí von einer anderen Art sprechen konnte, Amerikas Geschichte zu erzählen.

Eine Reihe zwischengeschalteter *Historias* und Berichte, insbesondere zu historischen Gestalten wie Juan de Grijalva oder Hernán Cortés, dürfen wir an dieser Stelle getrost überspringen. Weit aufschlussreicher als diese intertextuellen Beziehungen zu historiographischen Texten scheinen mir Überlegungen, die der Erzähler zu Beginn des zweiten Teils bezüglich der von ihm dargestellten Epoche anstellt: Durchaus nicht im Sinne der europäischen Romantiker erscheint das Mittelalter ganz als Epoche der Finsternis und des Präludiums für die nachfolgende rationale Klarheit; eine Vision, die sehr wohl im Gegensatz zur europäischen Mittelaltersicht der Romantik das Dunkle dieser Zeit gerade nicht im Sinne einer Epoche des Glaubens und der Mystik gegen den kühlen Rationalismus der Aufklärung ins Feld führt.

Es scheint mir folglich charakteristisch für die Romantik in Lateinamerika insgesamt zu sein, dass sie sich nicht oder nur sehr beschränkt als Gegenschlag gegen den Rationalismus, gegen das Zergliedern des analytischen Geistes der Aufklärung verstehen lässt, sondern sich eher in eine historische Kontinuität mit ihr stellt, die in den amerikanischen Kolonien ebenfalls sehr stark war. Wir werden uns der Aufklärung zwischen zwei Welten in einer eigenen Vorlesung noch gesondert widmen, ist doch gerade im Bereich der Aufklärungsforschung in den bisherigen Analysen in Europa sträflich vernachlässigt worden, auch die Aufklärung als eine Epoche zwischen zwei Welten zu begreifen. Für das Gros amerikanischer Schriftsteller der Romantik war diese Erkenntnis selbstverständlich. Wir stoßen just an dieser Stelle auf eine historische und kulturelle Besonderheit insbesondere in den ehemals iberischen Kolonien der Neuen Welt, nämlich in Europa als

---

21 Ebda., S. 95, 99 und *passim*.
22 Ebda., S. 102.

Gegensätze verstandene Bewegungen lediglich als Differenzen zu interpretieren, welche sehr wohl in eine geschichtliche Kontinuität integriert werden können.

Eine derartige Positionierung selbst von europäischen Großepochen ist angesichts der anderen gesellschaftlichen Situation und sozialen Funktion von Literatur in den jungen Staaten des amerikanischen Kontinents mehr als verständlich. Denn es gab keinen Grund, nach einer erfolgreichen Independencia, welche auch das Ergebnis aufklärerischen Wirkens einheimischer Philosophen war, an den positiven Ergebnissen einer Epoche zu zweifeln, welche Freiheit und Unabhängigkeit im nationalen Maßstab heraufgeführt hatten.

Wie sich dies mit der literarischen Darstellung romantischer Liebesgeschichten verträgt, werden wir gleich sehen. Nehmen wir als Beispiel die historische Gestalt des Vaters der schönen María de Cuéllar, die eine beiderseitig unglückliche Liebe zum nicht weniger historischen Juan de Grijalva verbindet. María wurde von ihrem Vater einem anderen versprochen, was so etwas wie ihr Todesurteil darstellt. Doch sehen wir selbst:

> Es gehörte der Königliche Zahlmeister Don Cristóbal de Cuéllar durch seine Prinzipien und seine Vorstellungen zu jenem Jahrhundert, in dem er geboren ward; diesem fruchtbaren fünfzehnten Jahrhundert, welches das dunkle Mittelalter mit dem Fall des Oströmischen Reiches, der Eroberung von Granada sowie der Entdeckung der Neuen Welt abschloss. Zur Hälfte Schatten und zur Hälfte Licht, bildete jenes Jahrhundert in seinem Verklingen das würdige Vorspiel zum großen Jahrhundert der Renaissance, der Wiedergeburt der Literatur und der Künste, zu dem die Emigration der berühmtesten Gelehrten und Literaten aus dem bereits mohammedanischen Konstantinopel nach Italien so viel beitrug. [...]
> Im Bewusstsein der Völker setzte sich damals die Vorstellung von der königlichen Macht durch, so wie sich heute die demokratische Idee unter der rationalen Form der Republik behauptet, die eine Folge des größten Fortschritts der moralischen und politischen Wissenschaften darstellt.[23]

So wird eine tragische Liebesgeschichte in Überlegungen zur Epochenwende zwischen Mittelalter und Renaissance integriert. Wenn nicht alles, so erhält doch vieles eine umfassende literarisch-philosophische Kontextualisierung. Diese geschichtsphilosophischen Reflexionen der Erzählerfigur gehen in der angeführten Passage von einem altbekannten Epochenmodell aus, das zugleich zeitbezogen ist auf die Erzählzeit des ausgehenden 19. Jahrhunderts und eine demokratisch-republikanische Staatsform auch für die entstehende Dominikanische Republik anstrebt.

Gleich im Anschluss an zitierte Passage weist der Erzähler aber ebenfalls darauf hin, dass es bisweilen (und bis zum heutigen Tage) sehr wohl vorkomme,

---

[23] Ebda., S. 123f.

dass durch die zu starke Verherrlichung von Autorität die Geschichte des Fortschritts angehalten werde, es sogar zu Rückschritten kommen könne. Dies habe zur Folge dass der Triumphwagen der Zivilisation und des Rechts mitunter seinen Weg nicht weiterverfolgen könne.[24]

Diese Überlegungen machen deutlich, dass zum einen der Erzähler sehr wohl universalistisch beziehungsweise globalgeschichtlich denkt, die Geschichte seines Landes, seiner Insel also integriert in die großen weltgeschichtlichen Entwicklungen. Zugleich aber ist dieser universalistische Ansatz verbunden mit einer universalisierenden Sichtweise, in welcher die allgemeine Entwicklung hin zu demokratischen Prinzipien einen Prozess darstellt, der alle Gesellschaften des 19. Jahrhunderts weltweit erfasst habe. Der arealen und regionalen Besonderheit der Karibik wird in diesen Überlegungen des Erzählers nur ein geringer Platz eingeräumt. Warum ist dies der Fall? Die Karibik als Drehscheibe der Weltgeschichte ist – dies wird unter anderem an zitierter Stelle deutlich – in ihrer Geschichte stets ihrem Selbstverständnis nach Weltgeschichte. Ihre eigene Geschichte produziert sie als extrem außenabhängige Region nur im Sog der Weltgeschichte – und diese ist bis zum Zeitpunkt des Erscheinens des Romans und damit noch vor Beginn der dritten Phase beschleunigter Globalisierung im Wesentlichen *europäisch* geprägt. Nicht umsonst zählt der karibische Raum als Area zu den am frühesten globalisierten Bereichen unseres Planeten und spielte nach der ersten auch in der zweiten Phase beschleunigter Globalisierung eine entscheidende globalgeschichtliche Rolle. Wir werden noch mehrfach auf dieses für die Area charakteristische Selbstverständnis der Karibik stoßen.

Bemerkenswert ist des Weiteren die Beobachtung, dass die Erzählerfigur von Manuel de Jesús Galván die Demokratie als angestrebte Regierungsform bezeichnet; zu einem Zeitpunkt, als es in Hispanoamerika eine Reihe von Diktaturen gibt, deren damals bekanntester, jener des mexikanischen Generalissimus Porfirio Díaz, noch ein langes Leben bis zur Mexikanischen Revolution beschert sein sollte. Galváns Erzähler ließe sich hier auf jene oberflächlichen Demokratisierungstendenzen beziehen, die Ángel Rama im Umfeld des Modernismo seit dem letzten Drittel des 19. Jahrhunderts erkannt zu haben glaubte.[25] Auch in dieser Hinsicht – so ließe sich hinzufügen – wäre Galváns Buch mit seiner noch von der Romantik getragenen Intentionalität ästhetisch bereits verspätet.

Kehren wir auf die Ebene der erzählten Zeit zurück! Hier wird die spätere Geschichte der Eroberung und Kolonisation noch als vergangene *offene* Zukunft

---

24 Vgl. ebda., S. 124.
25 Vgl. Rama, Ángel: *Las máscaras democráticas del Modernismo*. Montevideo: Fundación Ángel Rama 1985.

dargestellt. Es handelt sich dabei um eine Geschichte, die auch anders hätte kommen können, hätten sich die Protagonisten der Conquista (wie etwa die historischen Figuren Ovando, Cortés oder Velázquez) an die weisen Ratschläge des auch heute noch in der spanischen Geschichtsschreibung nicht selten übel beleumundeten Bartolomé de Las Casas gehalten.[26] Dennoch erscheint die Conquista in den Augen der Galván'schen Erzählerfigur als ein großes Epos, „una gran epopeya", von großen Männern getragen.[27] Eine Fußnote klärt den Leser darüber auf, dass sich nicht nur Washington Irving, sondern auch eine ganze Reihe puerto-ricanischer Autoren in neuester Zeit (also in der zweiten Hälfte des 19. Jahrhunderts) mit dieser geschichtlichen Epoche literarisch auseinandergesetzt hätte. Dies ist der Stolz des Dominikaners, dass aus seiner eigenen Area, der Antilleninsel Puerto Rico – die damals noch unter spanischer Herrschaft stand – und nicht nur aus den USA eigene Ansätze für ein Verständnis der eigenen Geschichte erwachsen waren.

Kein Zweifel: Gerade angesichts massiver Entwicklungsschwierigkeiten der einzelnen lateinamerikanischen Nationen einschließlich der spanischen Restkolonien Kuba und Puerto Rico geht der Blick zurück zum Gründungserlebnis dieser verschiedenen Areas, der Conquista, um dort die Gründe für die aktuellen Schwierigkeiten auszumachen. In diesem großen Epos fallen aus karibischer Sicht den Spaniern selbstredend die schlechten Rollen zu. Der spanische Eroberer-Geist, die Herrschsucht, der „Caudillismo" und das undemokratisch-machtsüchtige Herrschaftselement werden zu Merkmalen, welche die Geschichte der hispanoamerikanischen Nationen negativ beeinflusst hätten. Die Abgrenzung von Spanien, ein Erbe der Bewegung der Independencia, dauert an; und mit ihr die Suche nach einem eigenen Weg soziopolitischer und -kultureller Modernisierung.

Neben Antonio de Herrera, aus dessen *Décadas* immer wieder auch Passagen in den Anhang des Romans aufgenommen werden, tritt die Figur des Bartolomé de las Casas auf den verschiedensten Ebenen des Textes immer stärker in den Vordergrund. Zum einen bildet er einen wichtigen intertextuellen Bezugspunkt, da insbesondere auf Passagen seiner *Historia de las Indias* verwiesen und bisweilen daraus zitiert oder paraphrasiert wird. Zum anderen ist er explizit Gegenstand anderer vorwiegend historiographischer Texte wie der *Décadas* von Herrera und wird sozusagen aus dem Blickwinkel weiterer Autoren gedeutet und beleuchtet. Drittens aber ist er vor allem auch die intradiegetisch dominante Gestalt, die für den Verlauf des Romans eine zunehmend wichtige Funktion, ja eine Schlüssel-

---

26 Vgl. Galván, Manuel de Jesús: *Enriquillo*, u. a. S. 181.
27 Ebda., S. 189.

rolle übernimmt. In struktureller Hinsicht jedenfalls ist die Figur des Las Casas für den Romantext durch ihre dreifache Funktion von fundamentaler Bedeutung und tritt durch die verschiedenartigsten Beleuchtungen der Leserschaft ebenso plastisch wie lebendig vor Augen.

Wir wollen an dieser Stelle versuchen, das literarische Zusammenspiel zwischen den verschiedenen Textebenen etwas genauer zu untersuchen! Die historisch bezeugte und von Antonio de Herrera beschriebene Priesterweihe des Las Casas im Jahr 1510 im Binnenbereich der Isla Española, in der wunderschönen tropischen Landschaft der Vega, gibt ausgehend von der Reise Diego Colóns und seiner Frau María de Toledo, den Vizekönigen, Anlass zu Naturbeschreibungen, die unverkennbar romantische Züge tragen. Sie integrieren in die historische Landschaft Wahrnehmungsweisen einer Korrespondenz-Natur des 19. Jahrhunderts. Darüber hinaus werden aber auch Volksszenen auf dem Lande evoziert, welche durch ihre Idealisierung des Landlebens den würdigen Rahmen für die idyllisch eingebettete, nachfolgende Darstellung der Priesterweihe bieten und an die fast zeitgenössische Schäferlyrik gemahnen:

> Nach drei Tagen gelangten sie in die Stadt Concepción de la Vega. Es war jene Epoche des Jahres, in welcher von allen Orten der Insel, wo man Bergbau betrieb, die Kolonisten zu diesem Bevölkerungsmittelpunkt strömten, um ihre Mineralien einzuschmelzen und wie vom Gesetz vorgeschrieben zu markieren; aus diesem Grunde bot die Vega eine so große Belebtheit dar, die wohl noch größer als jene der Hauptstadt war: Zur gleichen Zeit feierte man die Kirchweih, zu der von den abgelegensten Orten des gesamten Territoriums all jene herbeieilten, welche irgend einen Gegenstand, Tiere oder Tand besaßen, die sich gut versteigern ließen. Auf den Hauptstraßen waren die Leute in festlichem Aufruhr [...]. [28]

In diesen Beschreibungen ist Bartolomé de Las Casas noch nicht zu sehen. Und doch ist er bereits präsent, drückt seine tatkräftige und stets offene Menschlichkeit doch ebenso der Landschaft wie den Menschen seinen Stempel auf. Die kolonialen Geschäfte, die Ausbeutung der Minen, die an anderer Stelle angeprangert werden, erscheinen hier in einem so harmonischen, festlichen und friedlichen Licht, das die Idylle des Landesinneren beeindruckend hervortreten lässt und zu keinem Zeitpunkt in Frage stellt: Es ist, als wohnten wir einer Szene auf dem Lande in Europa bei.

Dann folgt im siebenundzwanzigsten Kapitel des zweiten Teils ein ausführliches Zitat aus der *Historia de las Indias*, so dass Las Casas nicht nur intradiegetisch als fiktionale Gestalt die Landschaft prägt, sondern zugleich auch noch als Autor, als Schriftsteller darin zu Wort kommt. Damit wird gleichsam der deskrip-

---

[28] Ebda., S. 204 f.

tive Teil aus der Ebene der Romandiegese allograph, von einem anderen Texte her bezogen und einer Romanfigur überantwortet, deren Text authentisch und für die Leser überprüfbar vorliegt.

Dieses literarische Verfahren ist ästhetisch fraglos sehr wirksam. Die kontextuelle Einbettung des Intertexts wirkt so stark, dass man fast geneigt wäre, Las Casas mit der Brille der Romantik zu lesen. Geben wir zumindest einen kleinen Ausschnitt aus dem im fortlaufenden Text angeführten Zitat wieder, um die intertextuelle Arbeit von Manuel de Jesús Galván noch deutlicher hervortreten zu lassen! Die Beschreibung der Vega und deren Wirkung auf die Betrachter lesen sich wie folgt:

> Gewisslich gibt es keinen schöneren und anmutigeren Anblick, der mit soviel Lust und Freude alles Innerste umgibt und einhüllt, und auf dem ganzen Erdenrunde kann dies weder hübscher gehört noch vorgestellt werden, da diese ganze fruchtbare Ebene, die so weit und breit ist, noch ebener ist als selbst die Fläche meiner Hand; sie ist gänzlich vom Grase bemalt, das schönste, das man sagen kann, und das duftendste, gänzlich verschieden von jenem in Spanien; wie gemalt sind von Meile zu Meile oder von zwei Meilen zu wiederum zwei Meilen die anmutigsten Bächlein, die sie durchziehen, und jedes einzelne trägt zu beiden Seiten an beiden Ufern eine Liste oder Braue oder Girlande von Bäumen, die stets grün sind und so hübsch angelegt und bestellt, als wären sie von Händen angeordnet und gepflegt, und sie nehmen nicht mehr als 15 oder 20 Schritt' auf jeder Seite ein. [...]
> Für gesichert halt' ich's, dass kein Mensch und kein Gelehrter, der dies gesehen und die Schönheit aller Ding' erkannt und die Freude, Heiterkeit und Lage dieser Vega bemerkt, nicht glaubt, vergebens die Reise von Kastilien hierher gemacht zu haben, wär' er neugieriger Philosoph oder gottgläubiger Christ, allein nur um dies zu sehen [...]. [29]

Bartolomé de Las Casas ist selbstverständlich kein Romantiker, sondern kombiniert in klassischer antiker Tradition die einzelnen Elemente des Locus amoenus, um sie dann freilich in christlicher Hinsicht durchzusehen und zum höheren Lobe Gottes zu deuten. Das von ihm beschriebene Bild der Natur ist zweifellos ein literarisch-philosophischer Gemeinplatz, den er mit den höchsten Auszeichnungen versieht, die ihm zu diesem Zeitpunkt möglich waren. Dabei fällt der obligate transatlantische Vergleich, der sich bereits im Bordbuch des Christoph Kolumbus findet, stets zu Gunsten der Neuen Welt aus, deren tropische Vegetation alles übertreffe, was aus Spanien bekannt sei. Die Isla Española erscheint als eine Welt in sich: Ihr Territorium erstreckt sich über eine große Fläche, welche die verschiedensten Nutzungsmöglichkeiten einschließt.

Für die soeben von uns angeführte Passage ist die intertextuelle Ebene überaus interessant, gelingt es Manuel de Jesús Galván doch, Las Casas als his-

---

29 Galván, Manuel de Jesús [Las Casas]: *Enriquillo*, S. 212f.

torische, als literarische und als fiktionale Gestalt miteinander zu verschmelzen, indem gerade der *Schriftsteller* Las Casas zum Kreuzungspunkt und Gewährsmann, mithin zum *Auctor* dieser verschiedenen Ebenen wird. Manuel de Jesús Galván beschränkt sich nicht darauf, sondern fügt in einer Fußnote paratextuell – als ob es des Guten noch nicht genug wäre – einen weiteren Text des Dominikanermönches hinzu, um ihn in der Folge im Rahmen des Erzählerdiskurses der Fußnote zu kommentieren. Somit entsteht ein enges Verwoben-Sein des dominikanischen Romans mit den Schriften von Las Casas.

Die intertextuelle Dimension der historischen Romanfigur wird auf diese Weise metatextuell an den eigenen Text herangeführt und in den romantisierenden, teilweise auch (auto-)exotisierenden Kontext von *Enriquillo* eingebaut; ein Kunstgriff, der sich in der Reihe historischer Romane in Hispanoamerika nur selten findet und in seiner wirkungsvollen Art und Weise besticht. Man könnte formulieren, dass der dominikanische Roman sich den Dominikanermönch gleich mehrfach, auf unterschiedlichen Textebenen einverleibt. Dies belegt einmal mehr, dass die hispanoamerikanischen Romane des 19. Jahrhunderts in Hinblick auf ihre literarischen Verfahren in der Forschungsliteratur oftmals unterschätzt werden und nicht gesehen wird, dass sich ihre textuelle Effizienz keineswegs ‚natürlich' ergibt, sondern auf einem Netzwerk komplexer Textbezüge und Verfahren beruht. In der kulturellen Area der Karibik – und insbesondere der Insel-Karibik – reicht die historische Erinnerung dabei zurück bis in die Epoche von „Descubrimiento" und Conquista, von ‚Entdeckung' und ‚epischer' Eroberung. Sie knüpft intertextuelle Bande zu den auf diese Area bezogenen Texten unabhängig davon, ob es sich um historische Entdeckerfiguren, um die Protagonisten der ersten Phase beschleunigter Globalisierung oder um Geschichtsschreiber jener Epoche handelt.

Dieses Verfahren erhält noch dadurch eine zusätzliche Bedeutung, dass wenig später Bartolomé de Las Casas zu den Indianern spricht, sie erstmals als Brüder, als „hermanos en Jesucristo" bezeichnet und der Erzählerdiskurs keinen Zweifel daran lässt, dass durch Las Casas Gott höchstselbst[30] zur indigenen Bevölkerung spreche. Dadurch werden auch die späteren Einblendungen von Textstellen des spanischen Dominikaners in diesen heilsgeschichtlichen Zusammenhang gestellt. Ebenfalls verwundert nicht, dass nachfolgend alles als „histórico" bezeichnet wird, was in der *Historia de las Indias* des Las Casas steht und in den Text Galváns übernommen wird: Fray Bartolomé ist historischer Gewährsmann dieses historischen Romans.

---

30 Ebda., S. 215.

Damit erscheint der spanische Mönch und vielseitig Gebildete als das eigentliche Sprachrohr Gottes: Seine Texte und Worte sind Gottes Worte, die direkt in den Romantext Eingang finden. Kein Wunder, dass *Enriquillo* umgekehrt zu einer wahren Bibel der Dominikaner wurde! Der Erzählerdiskurs lässt ebenso wenig Zweifel daran, dass die Vorstellungen des Las Casas nicht nur damals, sondern auch noch heute, „en nuestro democrático siglo XIX", von größter Aktualität sind.[31] Es wäre sicherlich nicht übertrieben, wenn man Las Casas, dessen Beredsamkeit auch im berühmten historischen Streitgespräch vor Kaiser Karl V. vorgeführt wird,[32] als den gar nicht so heimlichen eigentlichen Helden dieses Romans bezeichnete. Denn er ist die treibende geschichtliche Kraft dafür, die indigene Bevölkerung und Teile ihrer Kultur in die entstehenden transkulturellen Konstellationen der Karibik aufzunehmen.

Doch die Geschichte fügte es bekanntlich anders: Denn die Verbindung des ‚protonationalen' Enriquillo konnte auch von Las Casas nicht zum guten, zum besseren Spanien ausfindig gemacht werden – eine Verbindung, die man im Übrigen sehr wohl in paternalistische Termini fassen könnte. Enriquillo war nicht umsonst von Las Casas getauft und mit seinem neuen Namen versehen worden, so wie die Insel selbst von den spanischen Eroberern einen neuen Namen erhielt. Im Gegensatz zu den Konquistadoren repräsentiert Las Casas aber die rein positive Seite der Eroberung: Er ist der gütige Vater, dessen Gestalt das Geschehen beherrscht und letztlich zu einem guten Ende führen will. Die Durchsetzung des katholischen Glaubens mit Feuer und Schwert sowie die Ausmerzung der indigenen Bevölkerung auf den Antilleninseln konnte jedoch auch er nicht verhindern. Der Roman geht freilich zu diesem entscheidenden Zeitpunkt in der Geschichte der Insel Hispaniola zurück.

Doch nehmen wir die Romanhandlung dort wieder auf, wo wir sie für einen Augenblick verlassen haben! In der spanischen Kolonie Hispaniola haben längst die Gegner der Familie des Christoph Kolumbus die Oberhand gewonnen. Sie versuchen, nicht nur ihn und seine Angehörigen persönlich zu beschädigen und von der Macht zu verdrängen, sondern auch all jene aus dem Weg zu räumen, die gegenüber der Logik der Conquista und der brutalen Unterdrückung sowie Ausplünderung der indigenen Bevölkerung kritische Einwände vortragen. Selbst gegenüber den aufmüpfigen Dominikanern verteidigen die unverkennbar als Schurken repräsentierten Spanier die Notwendigkeit, die Indianer auszubeuten, bringe man ihnen doch schließlich die wahre Religion und das Seelenheil von Christenmenschen.[33]

---

31 Ebda., S. 344.
32 Ebda., S. 345 ff.
33 Ebda., S. 232.

Die Streitigkeiten werden erbittert geführt und bis an den spanischen Hof getragen. Das einstweilige Ergebnis sind die von Fray Antonio Montesino erwirkten und am 27. Dezember 1512 von König Ferdinand verkündeten *Ordenanzas* oder *Leyes de Burgos*, die den Indianern größere Rechte einräumen – eine „goldene Seite der Geschichte", wie der Erzähler kommentiert.[34] Der dominikanische Roman ist gerade in dieser Phase bestrebt, die historischen Hintergründe darzustellen und in das Romangeschehen zu verwickeln, wobei die Eroberung der Insel Kuba von Hispaniola aus einen gewissen Schwerpunkt darstellt. In diese historischen Ereignisse eingebettet wird die Geschichte Enriquillos insoweit vorangetrieben, als die ins Auge gefasste Hochzeit des herangewachsenen stattlichen Kaziken mit der schönen, gerade einmal fünfzehnjährigen Mencía heranrückt.

Dabei tut die Überraschung des künftigen Bräutigams wenig zur Sache, dass die Körperformen der jungen Frau nicht mehr denen jenes Kindes entsprechen, dessen Bild Enriquillo noch immer im Gedächtnis bewahrte. Die Ehe mit der Schönen ist von den Vertretern des ‚Guten' zwar sorgsam geplant, wird von denen des ‚Bösen' aber zunächst erfolgreich hintertrieben. In diesem Zusammenhang ist klar, dass Pedro de Mojica[35] in diesem Spiel eine herausragende Intriganten-Rolle zukommt: Für Enriquillo beginnt eine lange Kette von Erniedrigungen. Dank eines Briefes von Las Casas aus dem fernen Spanien können diese Vorkommnisse auf das Jahr 1515 datiert werden.

Die Liebe der unschuldigen und schüchternen indianischen Turteltauben, die in ihrer Arglosigkeit nicht zu lügen vermögen, wird letztlich den Sieg davontragen; das ahnen die Leserinnen und Leser, auch wenn diese Liebe den jungen Kaziken und die schöne Enkelin der Anacaona nicht zu einem lange währenden Glück führen kann. Erst ganz am Ende langer Seiten, auf welchen alle Demütigungen, die Enriquillo von den Spaniern erdulden muss, wortreich dargestellt werden, wird der junge Indianer nicht mehr den Gehorsam und das Bitten, sondern die Rebellion und den entschiedenen Widerstand wählen. Seine Autorität – die Indianer sind ihm als Erben der Macht, aber auch aus Liebe verpflichtet – und seine herausragenden Führungsqualitäten hatte Enriquillo schon zuvor unter Beweis gestellt. Unter dem jugendlichen Kaziken ist aus den indianischen Dörfern eine wahrhaft idyllische Landschaft mit funktionierenden landwirtschaftlichen Betrieben zur Herstellung landestypischer Produkte und „artesanías" entstanden: Die Insel verwandelt sich unter seiner Hand zurück in einen klassischen Locus amoenus. Enriquillo selbst weiß, dass es eine Zeit der „grandes pruebas",

---

34 Vgl. ebda., S. 237.
35 Ebda., S. 268.

der schweren Prüfungen ist, die er durchlaufen muss.[36] Erst danach ist er endgültig zum Mann, zum indigenen Helden gereift.

So ziehen nahezu vier Jahre ins Land. Wir gelangen in das Jahr 1519: Endlich kommt es zum Aufstand Enriquillos, der von seinen Gefährten, aber auch von seiner Frau Mencía, die einen wackeren Mann will, buchstäblich herbeigesehnt wird. Damit schließt sich der Kreis: Der mutige Enriquillo geht wieder in die Berge und tritt das rebellische Erbe des tapferen Guaroa an. Der Blick auf die Berge von Bahoruco, die tropisch-karibische Berglandschaft sagt alles: Dort allein ist Freiheit, dort allein lebt man weit entfernt vom kolonialen Joch der spanischen Herrschaft! Enriquillo wird in gewisser Weise zum „Cimarrón", indem er sich – etymologisch richtig – auf die „Cimas", auf die Spitzen der Berge seiner Heimat wehrhaft zurückzieht.

Alles ist vorbereitet: Bei seinem Aufbruch in die Berge wird Enriquillo von seiner Frau Mencía begleitet, die standesgemäß in einer Sänfte getragen wird. Die Akklamation des jungen Helden zum aufständischen indigenen Führer ist eine Formsache. Schnell entstehen neue Gewohnheiten, zu denen freilich als Zeichen einer tiefgreifenden Transkulturation auch das von Enriquillo niemals vergessene Beten des Rosenkranzes gehört. Wie schon bei Chateaubriand bildet das Christentum auch in der Wildnis einen sicheren Hort des Geistes und der Seele: Enriquillo trägt immer wieder die Zeichen der Romantik und ist nicht von ungefähr stets von tiefer Melancholie erfasst. Und doch merkt man die Schule der Dominikaner bei diesem liebevoll rebellierenden *Indio*, der keinesfalls die christlich-abendländische Kulturtradition in Frage stellt, sondern im Gegenteil noch bei seinem Volk zu verbreiten hilft. In dieser Hinsicht erweist sich der Rebell *zugleich* – auch im Sinne Guaroas, der dies zu Beginn des Textes Higuemota vorgeworfen hatte – als kultureller Überläufer. Doch formulieren wir freundlicher: Enriquillo vertritt die in die Vergangenheit projizierte Utopie einer indigenen Gemeinschaft, die sich auf den Weg der Transkulturation begeben hat.

Der junge Mann erweist sich rasch als militärischer Stratege. Denn er schlägt in einer beeindruckenden Feldschlacht die Spanier, welche ihn und seine Leute siegessicher in die Berge verfolgten. Pedro de Mojica, der sich noch einmal retten kann, bringt er eine tiefe Wunde bei; doch der Spanier wird von Tamayo an einem Baum aufgeknüpft und damit als Inkarnation des Bösen seinem verdienten Ende zugeführt. Doch Enriquillo, der Edle Wilde, vergibt einem seiner ärgsten und unnachgiebigsten Widersacher, der im Übrigen auch ein Rivale um die Gunst der schönen Mencía ist, weil er das Andenken von dessen Vater ehren will.

---

36 Ebda., S. 373.

So praktiziert der seelengute Kazike christliche Nächstenliebe und Demut: All dies zur Erbauung der auf ihn stolzen Indianer sowie der geschätzten Leserschaft des Romans. Wie einst der junge fränkische Held im *Rolandslied*, der *Chanson de Roland*, mit seinem berühmten Olifant gibt auch Enriquillo mit seinem „Caracol", einem in indigenen Kulturen geheiligten und nur Männern vorbehaltenen Instrument, seiner Truppe befehle und bläst taktisch stets sicher zum Angriff oder – wenn es sein muss – auch zum Rückzug.[37]

Alle Pläne und militärischen Versuche der Spanier, den Indianeraufstand im Blut zu ertränken, schlagen fehl. Enriquillo trotz seinen Widersachern dank seiner überlegenen Intelligenz. Und was tut der Held, wenn er nach getaner Arbeit müde nach Hause kommt? Dort wartet die huldvolle Dame seines Herzens auf ihn, ist Mencía doch nun endgültig von Liebe zu ihm entflammt, da sie stolz auf ihren Mann sein kann. Die Enkelin der schönen, mythischen Anacaona erweist sich ihrer Abkunft als würdig:

> Eine Zeitlang zeigte sie sich besorgt und traurig; ihre Einsamkeit erschien ihr fürchterlich, während ihr geliebter Begleiter Enrique sich gänzlich der Organisation und Verteidigung seines gebirgigen Staates widmete. Aber als der tapfere Kazike sich ihren Augen zum ersten Male als Sieger präsentierte; als er ihr das unnütz gewordene Schwert des arroganten Valenzuela zu Füßen warf; als er sich ihr noch ganz vom Staube des Kampfes bedeckt in seiner Größe und wahrhaftig frei, in der hehren Aureole des heroischen Mutes und der wiedererlangten Würde zeigte, da schlug das Herz von Mencía, erfüllt von höchster Befriedigung und legitimem Stolze, höher und schneller, und so warf sie sich in die Arme des tief bewegten Kriegers, küsste mit heiligem Enthusiasmus sein männliches Gesicht; und kristallklare Tränen rannen über den starken und staubigen Hals des *Caudillo*, und seine vor erfreuter Bewegtheit erzitternden Lippen murmelten kaum hörbar diesen ausdrucksvollen Satz: Groß, frei und gerächt ...; so will, so liebe ich Dich![38]

Gewiss, ich räume es gerne ein: Diese heroischen Zeilen sind uns heute etwas fremd geworden, der pathetische Klang dieser Sätze hat es schwer, uns noch zu bewegen! Doch die Zeitgenossen von Manuel de Jesús Galván waren tief bewegt ob solcher Expressivität und liebten das Pathos, mit dem sich ihnen ein indigener, nein, ein dominikanischer Held im christlichen Heiligenschein zeigte.

Enriquillo ist Indianer, mehr noch: ein Edler Wilder; doch von kultureller Alterität findet sich in diesen Passagen keine Spur. Hier haben wir jenes Paar vor uns, wie es in Gertrudis Gómez de Avellanedas Roman *Sab* so gerne von Carlota zusammen mit Enrique (Otway wohlgemerkt) gebildet worden wäre: gemeinsam einsam, einfach glücklich. Bis hierher reichen die Spuren von Chateaubriands

---

37 Ebda., S. 439.
38 Ebda., S. 456f.

Atala – und vielleicht auch weiter, bis zu Karl May und nach Bad Segeberg. Die Edle Wilde als tiefgläubige Christin natürlich in einem Berggebiet, umgeben von exotisch-subtropischer oder tropischer Natur: eine echte indianistische Prinzessin zum Greifen nahe und doch Jahrhunderte fern! Zusammen mit Enriquillo bildet sie eine ideale nationale Identifikationsfläche für die sich damals im Nationenbildungsprozess befindliche Dominikanische Republik.

Der Indianismus erweist sich spätestens an dieser Stelle als Mystifikation europäischer Provenienz unter Rückgriff auf Stereotype, die vor allem das 18. Jahrhundert in Umlauf gesetzt hatte. Immerhin dürfen wir feststellen, dass es Manuel de Jesús Galván mit seinem *Enriquillo* gelungen ist, die indigene Frage innerhalb der lateinamerikanischen Literaturen zu einer kulturellen sowie zu einer politischen zu machen und nicht länger – wie etwa im Cono Sur – gänzlich und vollständig aus den politischen und literarischen Diskussionen, bei gleichzeitig fortschreitendem Genozid an den Indianern zu verdrängen.

Dass auch eine andere Indianerin, subaltern zwar, ebenfalls Enriquillo liebte, habe ich in Zusammenhang mit der Liebe Mencías noch nicht erwähnt. Doch diese Liebe einer Frau, die es vom Rang nicht mit einer Enkelin von Anacaona aufnehmen kann, zählt schon bald nicht mehr: Sie muss sich fortan in Liebesverzicht und der Sublimierung ihrer Libido üben, die sich künftig in eine große Zärtlichkeit für Mencía verwandelt. Bald schon wird sie sich in die Ehe mit einem Enriquillo untergebenen Kaziken flüchten. In der Welt edler indianischer Gefühle, anders als in der brutalen europäischen Welt sexueller Forderungen und Vergewaltigungen an Seele und Leib, geht die Seelen- und Gefühlswelt in der Summe auf: Glückliches Arkadien, indianistisch gewendet!

Kein Wunder also, dass Enriquillo ganze dreizehn Jahre in glücklicher Rebellion verbringen kann, hat er sich doch eine eigene Republik, gleichsam einen „Palenque" in den Bergen aufgebaut, der von den Spaniern nicht erobert werden kann. Bis zu dem Zeitpunkt, als ein Brief des deutschen Kaisers Karl V. und spanischen Monarchen Carlos I bei Enriquillo eingeht mit dem Ziele, gleichsam von Monarch zu Monarch Frieden zu stiften.[39] Nach Abschluss der glanzvollen Übereinkunft bricht allgemeine Freude über den Friedensschluss zwischen dem europäischen Monarchen und dem indianischen Don Enrique aus – eine Freude, die von Bartolomé de Las Casas geteilt wird.

So ist es letzterer, der Enriquillo davon überzeugt, aus dem Gebirge der Insel Hispaniola in die Gemeinschaft aller zurückzukehren. Natürlich geschieht all dies zum höheren Ruhme Gottes: Selbst der wilde Tamayo wird getauft und damit der christlichen Gemeinschaft einverleibt; eines jener Ereignisse, die laut Fußnote des

---

39 Ebda., S. 470.

Erzählers als historisch einzustufen sind. Die Fusion ist erreicht, die nationale Identifikationsfigur endgültig geschaffen, und so kann Enriquillo ein letztes Mal in der Sierra beruhigt vor dem Grabmal Guaroas beten. Die Rebellion ist zu Ende: Eine Revolution wie im anderen Teil Hispaniolas ist nicht daraus geworden.

Von den Seinen geliebt und den Spaniern respektiert, kann Enriquillo bald schon, nachdem er sein eigenes Dorf gegründet hat, in Frieden sterben. Die Zukunft gehört den Spaniern, die Vergangenheit aber – und diese ist identitätsstiftend – den guten, den edlen Indianern.[40] Schauen wir auf das Ende, den letzten Abschnitt des dominikanischen Romans:

> Dieser Name lebt und wird ewig leben: ein großer See wird ihn mit seiner geographischen Bezeichnung fortschreiben; die hohen Berge des Bahoruco scheinen ihn bis in die Region der Wolken emporzuheben, und die kurvenreiche Kordillere, die sich aus welcher Distanz auch immer in ihrer ganzen Weite wahrnehmen lässt, wird ihre hohen Spitzen in das Himmelsblau recken und die weit entfernten Horizonte konturieren, und alles wird mit schweigender Beredsamkeit von der glorreichen Erinnerung an diesen einen sprechen, Enriquillo.[41]

Der dominikanischen Landschaft ist der Name Enriquillos auf vielfache Weise eingeschrieben. Nicht nur die geographischen Karten, sondern auch identitäre Mappings tragen den Namen jener großen indianischen Gestalt: *Enriquillo forever!*

Varela Jácome hat Manuel de Jesús Galváns *Enriquillo* als den Höhepunkt des Historischen Romans in Hispanoamerika bezeichnet.[42] Sein etwas großzügiges Lob bezieht sich insbesondere auf die historischen Ereignisse, die insgesamt objektiv dargestellt worden seien. Vor allem beeindruckte den spanischen Literaturwissenschaftler die sachkundige Verwendung historischer Quellentexte, welche teilweise auch aus dem *Archivo de Indias* stammten. Ob man freilich die historizistische Attitüde Galváns mit historischer Objektivität gleichsetzen darf, bleibt mehr als fraglich. Aber dies war auch nicht das vorrangige Ziel des dominikanischen Autors, der vielmehr eine nationale Allegorese für den Nationenbildungsprozess seiner Heimatinsel schaffen wollte.

Benito Varela Jácome hat jedoch mit Recht auf die nationalistische Komponente des Freiheitskampfes der Indianer hingewiesen, die innerhalb der Diegese des Historischen Romans den Spaniern ja nicht unterliegen, sondern diese zu einem ehrenvollen Frieden zwingen. Genau hierin ist es dem dominikanischen Schriftsteller gelungen, diese nationale Fragestellung – unter Umgehung und Ausklammerung der Schwarzen und Mulatten seines Landes – zum Ursprung

---

40 Ebda., S. 474.
41 Ebda.
42 Vgl. Varela Jácome, Benito: Evolución de la novela Hispanoamericana en el XIX, S. 103.

und Ausgangspunkt nationaler Identität zu machen. Dass der schwarze Anteil an der dominikanischen Bevölkerung in diesem Konzept nicht zum Tragen kam, sondern ausgeschlossen wurde, hat nichts mit den historischen Entwicklungen, sondern mit der politischen Abgrenzung der Dominikanischen Republik vom ungeliebten Nachbarland Haiti zu tun.

In Manuel de Jesús Galváns Roman *Enriquillo* werden einmal mehr und auf sehr erfolgreiche Weise grundlegende Entwicklungstendenzen der spanischsprachigen karibischen Literatur eingefangen. Wir können an dieser Stelle unserer Vorlesung durchaus feststellen, dass die Karibik als Brennspiegel weltumspannender Globalisierungsprozesse und Zone verdichteter Globalisierung eine kulturelle Vielfalt bereithält, welche es nicht überall in Lateinamerika zu bewundern gibt. Kommen wir nun zum letzten Text unserer karibischen Serie: *La Peregrinación de Bayoán* des Puerto-Ricaners Eugenio María de Hostos, um damit unsere vielperspektivische Beleuchtung der Area der Karibik zu einem Ende zu führen!

Eugenio María de Hostos oder die karibische Wallfahrt

Mit Eugenio María de Hostos treffen wir auf einen puerto-ricanischen Intellektuellen und Schriftsteller, der durch seine vielfältigen Aktivitäten und Talente hervorsticht sowie über einen beeindruckenden vielkulturellen Bildungshorizont verfügt. Am 11. Januar 1839 im Ostteil seiner Heimatinsel in eine wohlhabende Familie geboren, verbrachte er die entscheidenden Jahre seiner Ausbildung und Bildung in Spanien, bevor er in der Folge eine wahre Pilgerschaft durch verschiedene Länder Amerikas antrat. Sie führte ihn von den Vereinigten Staaten im Norden über seine Heimat Puerto Rico und Santo Domingo in die Karibik sowie über Venezuela und Brasilien bis hinunter nach Peru, Chile und Argentinien. Er gehört zweifellos in die Gruppe jener lateinamerikanischen Intellektuellen, welche die Vielfalt der Kulturen des Kontinents aus nächster Nähe selbst erleben konnten.[1]

Abb. 60: Eugenio María de Hostos (Mayagüez, Puerto Rico, 1839 – Santo Domingo, Dominikanische Republik, 1903).

Nicht weniger weitreichend sind seine beruflichen, intellektuellen und schriftstellerischen Aktivitäten, von denen wir im Rahmen unserer Vorlesung nur einen kleinen Teil kennenlernen können. Eugenio María de Hostos ist berühmt geworden als Begründer der Soziologie in Lateinamerika, auch wenn mir nicht ganz einleuchten will, dass manche Literaturwissenschaftler ihn als Begründer einer lateinamerikanischen Soziologie bezeichnen. Er hat in seinem Leben eine Vielzahl politischer Abhandlungen verfasst, philosophische Essays publiziert, Literaturkritik geschrieben, seine Projekte als Pädagoge nicht nur theoretisch konzipiert, sondern teilweise auch in der Praxis realisiert und erprobt. Darüber

---

1 Vgl. hierzu Ainsa, Fernando: Hostos y la unidad de América Latina: raíces históricas de una utopía necesaria. In: *Cuadernos Americanos* 16 (1989), S. 67–88.

hinaus widmete er sich insbesondere der Frauenbildung und unterbreitete zu diesem Thema zahlreiche Verbesserungsvorschläge.

Der puerto-ricanische Schriftsteller darf insgesamt als Verkörperung jenes Intellektuellentyps gelten, der eigentlich etwas später in lateinamerikanischen Ländern in Erscheinung tritt und sich in besonders ausgeprägter Form im letzten Drittel des 19. Jahrhunderts und im Bannkreis des Modernismo herauszukristallisieren scheint. Denken wir nur an Figuren wie den Kubaner José Martí oder den Uruguayer José Enrique Rodó, mit deren Werken wir uns noch auseinandersetzen werden!

In der Tat verbindet sich das Lebenswerk des weitaus älteren Hostos, der am 11. August 1903 in Santo Domingo verstarb, mit beiden Figuren der großen Modernisten auf unterschiedliche, doch fruchtbare Weise. Ebenso wie José Martí für die Unabhängigkeit der Antillen von Spanien eintretend, hat Hostos noch in seinen letzten Jahren das Erscheinen von Rodós *Ariel* gefeiert und die Rezeption dieses kleinen Bändchens aus Uruguay gerade auch im karibischen Raum gefördert. Eugenio María de Hostos war der große Vermittler von *Ariel* an die dominikanischen Brüder Pedro und Max Henríquez Ureña, die dann der Gedankenwelt von Hostos und Rodó nicht nur in Santiago de Cuba, sondern bald auch in Mexiko im *Ateneo de la Juventud* zunächst vereinzeltes Gehör und schließlich dem später so einflussreichen Band breiteren Zugang in die lateinamerikanischen Intellektuellenkreise verschafften. Auch wenn sich Hostos' fraglos einflussreichstes Werk noch in der Mitte des 19. Jahrhunderts ansiedelt, so ist seine gesamte intellektuelle Gestalt doch eine Brückenfigur hinüber ins 20. Jahrhundert Lateinamerikas.

Eugenio María de Hostos darf vor diesem Hintergrund als Vermittler zwischen Romantik und hispanoamerikanischem Modernismus, zwischen Literatur und Soziologie, zwischen Philosophie und Politik, zwischen Pädagogik und Literaturkritik gelten, vor allem aber als jener Intellektuelle, der den Übergang der Karibikinseln Puerto Rico und Kuba von der spanischen Kolonialherrschaft zur Herrschaftssphäre der Vereinigten Staaten stets kritisch und teilweise brillant begleitete.[2] Der puerto-ricanische Schriftsteller ist – und dies ist wichtig – zusammen mit José Martí wohl jene Literatenfigur, welche die weitgespanntesten Talente und Interessengebiete so miteinander zu verbinden verstand, dass all diese verschiedenen Bereiche in einem großartigen Lebenswerk zusammenflossen. Trotz einer oft heterogen wirkenden Zerstückelung in einzelne Bereiche entstand auf diese Weise ein zusammengehöriges, ja homogen wirkendes Werk seines ganzen

---

2 Vgl. Villanueva Collado, Alfredo: Eugenio María de Hostos ante el conflicto modernismo / modernidad. In: *Revista iberoamericana* (Pittsburgh) 162–163 (enero – junio 1993), S. 21–32.

Lebens, innerhalb dessen die unterschiedlichsten Facetten eine bemerkenswerte Einheit bilden.

Als eigentlicher Schriftsteller – wenn auch nicht als Soziologe, Pädagoge oder Philosoph – ist der Puerto-Ricaner von Kritik und Literaturwissenschaft recht spät entdeckt worden. Und doch war diesem Bereich gerade auch sein frühes Schaffen gewidmet. Nach einer Reise 1862 von Spanien, wo der junge Hostos seine akademische Ausbildung erfuhr und sich erstmals für Politik interessierte, nach Puerto Rico reifte bei einem mehrmonatigen Aufenthalt in der kolonialspanischen Atmosphäre seiner Heimatinsel der Plan, einen Roman zu schreiben, in dem die untragbare Problematik dieser politischen Situation herausgearbeitet und Spaniens Kolonialstil angeklagt werden sollte. Das gewählte Medium hierzu war die Literatur, schlimmer noch: der Roman! Auch in diesem Falle bildete mithin diese so mobile und facettenreiche literarische Gattung das Vehikel für einen politischen Bewusstwerdungsprozess und (letztlich gescheiterten) Unabhängigkeitskampf einer Insel, welche heute –wie Sie wissen – zu den Vereinigten Staaten von Amerika gehört.

Dies freilich war ein keineswegs ungewöhnliches Verfahren, werden Sie nun sagen und mit Recht auf die in unserer Vorlesung bereits besprochenen Romane verweisen, hatte doch gerade die hispanoamerikanische Romantik in Fortsetzung einer aufklärerischen Tradition Literatur als Waffe im Kampf um gesellschaftliche Veränderungen begriffen. Und doch verhalten sich die Dinge bei Hostos anders: Denn er misstraut der Literatur, misstraut der Imagination, die den Gegenpol zur Ratio, zum Verstandesmäßigen, zum Logischen darstellt, das für Hostos stets den Vorrang besitzen musste und für ihn eine höhere Entwicklungsstufe verkörpert. Dieses Unwohlsein im Kreise der Fiktion verbindet den Puerto-Ricaner einmal mehr mit dem kubanischen Intellektuellen José Martí, dessen Romane *Amistad funesta* oder *Lucía Jerez* bei allen literarischen Besonderheiten freilich nicht die literarische Qualität des Romans von Hostos erreichten.[3]

Mit *La peregrinación de Bayoán* haben wir es also mit einem Roman zu tun, der von einem Autor verfasst wurde, der – wenn auch vor allem in späteren Jahren – Literatur kritisch beobachtete, ja verurteilte und zudem versuchte, sie vor allem aus der beherrschenden Position innerhalb des Bildungssystems seiner Zeit zu verdrängen. Dabei war er freilich nicht der einzige, sprachen sich doch zahl-

---

[3] Vgl. Ette, Ottmar: „Cierto indio que sabe francés": Intertextualität und literarischer Raum in José Martís „Amistad funesta". In: *Iberoamericana* (Frankfurt am Main) IX, 25–26 (1985), S. 42–52; sowie (ders.): „Cecilia Valdés" y „Lucía Jerez": cambios del espacio literario en dos novelas cubanas del siglo XIX. In: Balderston, Daniel (ed.): *The Historical Novel in Latin America. A Symposium*. Gaithersburgh: Hispamérica 1986, S. 85–96.

reiche spanische und lateinamerikanische Intellektuelle der zweiten Hälfte des 19. Jahrhunderts für ein Zurückdrängen des großen Einflusses der Literatur aus dem Bildungssektor aus. Es ist eigenartig, dieses Bemühen von einer geschichtlichen Position aus zu bewerten und zu deuten, in welcher die Literatur in erheblichem Maße heute aus dem Bildungskanon der – wie es früher hieß – ‚höheren Lehranstalten' verdrängt worden ist. Dass für diese weitgehende Verdrängung ein hoher gesellschaftlicher Preis zu entrichten ist, zeigt sich bereits seit einiger Zeit sehr deutlich. Dennoch wird es, so fürchte ich, noch etwas länger dauern, bis in anderer Form die Literaturen der Welt wieder notwendig an die Schulen zurückkehren können, nicht länger getragen vom Pathos oder der scheinbaren Selbstverständlichkeit einer nationalen (Literatur-)Geschichte.

Als *La Peregrinación de Bayoán* 1863 in Madrid erschien, war der junge Mann gerade mal vierundzwanzig Jahre alt – und grundlegend von der (ersten) Reaktion auf seinen Roman enttäuscht. In Madrid wurde die darin enthaltene Anklage Spaniens und des spanischen Kolonialismus mit eisigem Schweigen aufgenommen; und auf Puerto Rico, wohin Hostos viele Exemplare hatte verfrachten lassen, dauerte es nicht lange, bis die Kolonialbehörden den Text verboten. Man sprach also nicht von *La Peregrinación de Bayoán*, jenem Roman, der später als das eigentliche Hauptwerk des puerto-ricanischen Autors angesehen werden sollte. An diesen ersten Reaktionen änderte zwar vieles die zweite Ausgabe, welche zehn Jahre später – also 1873 – vom Autor in Santiago de Chile veröffentlicht sowie mit einem Vorwort versehen wurde; und deren Lektüre allen Leserinnen und Lesern des Romans anzuraten ist. Doch konnte letztlich auch in Chile, am anderen Ende der Welt Lateinamerikas, der Roman seine Wirkkraft nicht entfalten. Erst im Jahre 1939 sollte eine weitere Auflage erfolgen, welche ein breiteres Publikum erreichte; doch noch heute ist die Forschungsliteratur zu diesem Roman erst stockend in Gang gekommen. Mir scheint es gleichwohl wichtig, Sie mit diesem in Spanien verfassten puerto-ricanischen Roman etwas näher bekannt zu machen.

Bevor wir uns mit dem Romantext und der Handlung des Romans selbst beschäftigen, sollten wir uns – in dieser Vorlesung fast schon eine gute Gewohnheit – zunächst mit dem Vorwort zur zweiten Ausgabe auseinandersetzen. Sagen wir es so: Es ist ein wahres Meisterwerk an Vorwort! Damit konnte der Autor an dessen auf Juni 1873 datiertem Ende die Worte niederschreiben: „Terminada la historia, empieza el libro"[4] – die Geschichte ist beendet, nun beginnet das Buch.

---

4 Hostos, Eugenio María de: *La Peregrinación de Bayoán. Novela.* In (ders.): *Obras Completas. Bd.* VIII. La Habana: Editorial Comercial 1939, S. 32.

Es ist nicht nur die Geschichte des Buches selbst, welches die Leserin oder der Leser in die Hand genommen hat; es ist auch eine kurze Geschichte von Eugenio María de Hostos sowie eine Geschichte im allgemeinsten Sinne. In diesem Zusammenhang ist aufschlussreich, wie die Erzählerinstanz des Vorworts – die nicht mit dem realen Autor Eugenio María de Hostos zu verwechseln ist – den eigenen Ort des Buches zu umschreiben versucht. Nicht zuletzt wendet sich diese Erzählerinstanz an die Jugend Amerikas, für die das Buch ein gutes Beispiel geben solle;[5] eine literarische Geste, die wir in Rodós *Ariel* wiederfinden werden. Nicht umsonst sind Hostos und der Magier Próspero aus Rodós berühmtestem Werk Pädagogen und Lehrmeister, „Maestros", die nach dem jungen Lesepublikum schielen, das ihre Lehren und Meinungen in die Tat umzusetzen befähigt ist.

So wendet sich die Erzählerinstanz in der ersten Person Singular nicht ohne Stolz an ihre Leserschaft, auch wenn sie für die „obras de imaginación", also für die Werke von Einbildungskraft und Fiktion wenig Achtung übrig hat.[6] Eine ganze Bibliothek wird aufgestellt, die Rückschlüsse auf die transatlantischen Asymmetrien zulässt: Johann Wolfgang Goethes *Werther* und Ugo Foscolos *Ultime Lettere di Jacopo Ortis* sind gelesen, daneben auch der gesamte Lord Byron und sämtliche Werke von José de Espronceda, wobei die Schriften der beiden letztgenannten Romantiker als „peligrosas influencias sociales",[7] mithin als gesellschaftlich gefährdend erkannt und demaskiert sind. Eine Abkehr von der Romantik beginnt sich abzuzeichnen: Denn gegen diese wirke nur das Gegengift der Moralisten aller Zeiten.

Hostos ist schon als junger Mann kein begeisterter und schon gar kein ‚reinrassiger' Romantiker mehr, zumindest kein europäischer Romantiker: All diese Autoren Europas müssen Federn lassen, doch lateinamerikanische Autoren werden zunächst einmal nicht erwähnt. Damit wird der literarische Raum aufgespannt, der diesem puerto-ricanischen Roman zu Grunde liegt. Zu ihm gehören auch der US-amerikanische Historiker William H. Prescott, der französische Aufklärer Guillaume-Thomas Raynal und manch andere Vertreter nicht der „Belleslettres", sondern einer pragmatisch-didaktischen, stets gesellschaftsbezogenen Prosa, die in politisch und sozial interessierten Kreisen verbreitet war.

Genau an dieser Stelle schreibt sich unser Autor intertextuell ein, wobei er unverkennbar der europäischen Literatur, insbesondere aus Frankreich und England, sein Hauptaugenmerk widmet. Dass die Romantik aber nicht ferne ist, zeigt die Inszenierung der Entstehung des Buches aus der Erfahrung von 1862,

---

5 Ebda., S. 6.
6 Ebda.
7 Ebda., S. 7.

als er bemerkt habe, wie sehr seine Heimat von der Kolonialmacht Spanien tyrannisiert sei und wie wichtig es wäre, dagegen etwas zu unternehmen – und sei es, dagegen etwas zu schreiben. So kommt ihm die Idee eines Buches, die er dem spanischen Schriftsteller Rada y Delgado anvertraut; aber so, als habe er dieses Buch bereits geschrieben. Der Spanier will daraufhin das Buch sehen, wird jedoch für einen Augenblick um Geduld gebeten, denn gleich werde er etwas zu lesen bekommen:

> Ich drückte ihm irgendein Buch in die Hand, bat ihn zu warten und ließ ihn in einer meiner beiden Zimmer alleine, ging selbst aber ins andere. Ich nahm Feder, Tinte, Papier und schrieb.
> Nach einer halben Stunde kam ich strahlend vor Freude wieder heraus und schrie: Hier ist das Buch, ich las Rada die ersten sechs Tagebücher von *La Peregrinación de Bayoán* vor.
> Rada wollte mehr lesen und versteifte sich immer stärker darauf, mehr lesen zu können. Als ich ihm sagte, dass es nicht mehr gebe, war er verblüfft. Und als ich sagte, dass das Gelesene gerade erst geschrieben worden sei, war die Verwunderung, die er an den Tag legte, meine Belohnung und mein Ansporn.
> Ja schon, aber das Buch?, insistierte er. [...]
> Morgen.
> Das ist unmöglich.
> Sie werden ja sehen. Mechanisch gesehen ist es unmöglich, dass ich dieses Buch in vierundzwanzig Stunden schreibe, aber intellektuell ist es möglich, da ich es gerade in meinem Gehirn konzipiert und geschrieben habe.[8]

Ja, so schnell geht das mit der Literatur: Man holt einfach Feder, Tinte und Papier – und schon geht es los; dies ist die romantische Geste, die der Inspiration, des unvorbereiteten Einströmens des Geistes quasi in die Feder. Eine halbe Stunde nur, und schon sind die ersten sechs Tagebucheinträge perfekt! Ob all dies glaubwürdig ist, mag man bezweifeln. Doch wird an dieser Szene – eine wahre Inszenierung der Geburtsszene des Buches und der Konzeption im gebärenden Sinne – auch noch etwas anderes deutlich: die deutliche Bewegung weg von der Romantik; denn das Buch, innerhalb von vierundzwanzig Stunden geradezu spontan ersonnen, ist – wenn Sie mir den Ausdruck gestatten – eine Kopfgeburt. Das Gehirn, der „cerebro" ist das entscheidende menschliche Organ: Wir dürfen diese Literatur daher auch als zerebral verstehen.

Wir haben es mit keinem romantischen Literaten mehr zu tun, der seine Feder in das eigene Herzblut taucht und die Schrift in eine erkaltete, geronnene Her-

---

[8] Hostos, Eugenio María de Hostos: *La Peregrinación de Bayoán*, S. 9.

zensschrift verwandelt.[9] Nein: Schreiben geschieht im Kopf, bevor es mühsam auf dem Papier mechanisch nachvollzogen wird! Nicht die Herzensschrift muss nachgezeichnet werden, sondern die Schrift im Kopf, die zerebrale Schrift. Der Kopf ist Arbeitsfläche wie Entstehungsort des Buches und nicht etwa das Herz der Romantiker.

So sehen wir an der Inszenierung der Entstehung jenes Buches, das der Leser bereits in die Hand genommen hat, zehn Jahre nach dessen Erstveröffentlichung deutlich, wie sich Hostos noch in den Gesten der Romantik, aber nicht mehr an ihren Schreiborten bewegt. Hostos' Literatur inszeniert sich als eine zerebrale Literatur, intellektuell konzipiert. Ihr Körper-Ort ist der Kopf, und diesem Entstehungsort entspricht auch der Ort, auf den sie einwirken soll: auf den Kopf, das Denken des Lesepublikums. Das Leben, so heißt es wenig später in autobiographischem Gestus,[10] sei für die Ich-Figur stets die Realisierung des Gedachten im Leben gewesen. So ist das Leben die zweite und extrem wichtige Dimension des Schreibens, der Literatur.

Es handelt sich um Zerebrales, das in die Wirklichkeit und vielleicht mehr noch in das real gelebte Leben direkt umgesetzt wird: Die pädagogische und zugleich pragmatische Dimension eines solchen Schreibens wird von Beginn an offenkundig. Die Ideale sind nicht aus dem Text verschwunden, doch sind es nicht mehr jene der Romantiker. Ziel ist es nun (und zwar ein im Leben erreichbares Ziel), ein logischer Mensch zu werden, ein „hombre lógico".[11] Da erscheint es nur logisch, dass der Roman sich in eine solche Logik gesellschaftlichen Wirkens, sozialer Wirkungskraft einfügen muss.

Um wirken zu können, so folgert der Autor, muss man in der Literatur einen Namen haben. Die Eroberung eines literarischen Namens sei gleichbedeutend mit der Eroberung einer bestimmten Macht;[12] einer Macht, die Voraussetzung des wirkungsvollen Einsatzes für das unterdrückte, gedemütigte Vaterland ist. Eugenio María de Hostos erkannte sehr präzise und lange vor Michel Foucault, was ein literarischer Autor ist und welche Funktion seinem Namen zukommt.[13] Auf die Gefahr, ein wenig anachronistisch daherzukommen: Das ist soziologisch gedacht und erfasst – geradezu feldsoziologisch – nicht nur die Zusammenhänge zwischen dem Feld der Literatur und dem der Macht, sondern entwickelt auch

---

9 Vgl. Schneider, Manfred: *Die erkaltete Herzensschrift. Der autobiographische Text im 20. Jahrhundert.* München – Wien: Hanser 1986.
10 Hostos, Eugenio María de: *La Peregrinación de Bayoán*, S. 10.
11 Ebda.
12 Ebda., S. 12.
13 Vgl. Foucault, Michel: Was ist ein Autor? (Qu'est-ce qu'un auteur?). In (ders.): *Schriften zur Literatur.* Frankfurt am Main – Berlin – Wien: Ullstein 1979, S. 7–31.

Karrierestrategien zur Besetzung wichtiger Positionen im entsprechenden Feld. Mit romantischer Geste wird im selben Atemzug die Umsetzung eines derartigen Kalküls anlässlich der Veröffentlichung dieses Romanerstlings wieder zurückgenommen – und man bemerkt, dass der Autor sich auch auf dieser Ebene noch ganz in seinem eigenen Entwicklungsprozess befindet.

Das Vorwort von 1873 berichtet, wie wenig der Autor all jene Chancen genutzt habe, das Schweigen zu durchbrechen, das ihm in Madrid als spanienfeindlichem karibischen Autor entgegengeschlagen sei. Schreiben kann Macht sein, aber auch Ausdruck von Ohnmacht angesichts gesellschaftlicher Verhältnisse, die sich – zumindest vorerst – einen feuchten Kehricht um vollgeschriebenes Papier kümmern. Daran hat sich auch in unserer Epoche nichts geändert: Schreiben zielt auf Veränderungen, die langfristiger Natur sind. Für kurzfristige politische Prozesse sind andere Instanzen und Institutionen weitaus wichtiger. Auch daher rührt das Unwohlsein von Hostos hinsichtlich der fiktionalen Gattung des Romans.

Doch der puerto-ricanische Autor entschied sich damals für diese Gattung. Das Buch sollte den aktiven Zweifel in der Gestalt Bayoáns vorführen und die Kolonialmacht Spanien anprangern und verurteilen. Literatur als Tribunal: Die Geschichte sollte, um einen berühmt gewordenen Satz aus der kubanischen Historie umzudeuten, Eugenio María de Hostos freisprechen. Denn das Ziel, die Befreiung der Antillen von spanischer Unterdrückung und Herablassung zu erreichen, ist dem Roman von Beginn an eingeschrieben.

Glücklicherweise gilt für *La Peregrinación de Bayoán* nicht, dass man mit den besten Absichten die schlechteste Literatur macht. Im Vorwort von 1873 zur zweiten Edition des ursprünglich im November 1863 erschienenen Buches heißt es unmissverständlich – und die kommende Unabhängigkeitsrevolution, die sogenannte „Guerra de Diez Años", war seit 1868 bereits vollständig entbrannt:

> So wurden in einer logischen Verkettung von Ideen die beiden Aspekte miteinander verbunden, die ich wahrgenommen hatte, und mir schien, dass das ganze Buch, dass all seine Intentionen, dass all sein Widerwille wie eine einzige fulminante Anklage gegen Spanien sein würde.
> Von einer Recht schaffenden Feder angeklagt, würde das Weltbewusstsein Spanien verurteilen. Von einem überzeugenden Patriotismus angeklagt, würden alle Patrioten der Antillen Spanien verfluchen.
> Von der Verfluchung zur Explosion, ein einziger Schritt!
> Ich hatte den ersten unternommen, ich konnte den zweiten folgen lassen.[14]

---

14 Hostos, Eugenio María de Hostos: *La Peregrinación de Bayoán*, S. 17 f.

Damit wird eine gesellschaftspolitische Brisanz erkennbar und zugleich ein Glaube an die politische Sprengkraft dieses Romans, die den heutigen Leser, die heutige Leserin erstaunen, vielleicht gar in Verblüffung versetzen. Die romantische Liebesgeschichte, die im Mittelpunkt des Handlungsgeschehens von *La Peregrinación de Bayoán* steht, soll den Sprengstoff für einen Unabhängigkeitskrieg enthalten? Kein Zweifel: Eugenio María de Hostos vertraute auf diese politisch revolutionäre Funktion, und die Neuveröffentlichung im Jahre 1873 setzte hier ein deutliches Zeichen! Denn sie kann als fiktionaler, romanesker Beitrag dafür gewertet werden, den aktuellen Befreiungskampf zu unterstützen und die spanische Kolonialherrschaft endgültig abzuschütteln.

Es ist uns aus der Geschichte bekannt, dass dies noch nicht in den siebziger, wohl aber dann – wenn auch für Puerto Rico mit anderen Konsequenzen – in den neunziger Jahren des 19. Jahrhunderts gelang. Spanien verschwand als Kolonialmacht, wurde aber – wie sich aus der historischen Rückschau zeigt – durch die Vereinigten Staaten ersetzt. Immerhin wurde es als Machtfaktor ein für alle Mal ausgeschaltet, ebenso auf den Antillen wie auf den Philippinen (die wir uns noch mit einem literarischen Beispiel näher anschauen werden). Die politische Sprengkraft des Romans von Eugenio María de Hostos lässt sich dabei freilich nicht nachweisen.

Belegen aber lässt sich schon eher die politische Durchsetzungs- und Wirkungskraft seines Autors, stellt Eugenio María de Hostos doch vor José Martí geradezu die idealtypische Verkörperung einer Synthese von Literatur und Politik, von Militanz und Kontemplation, von Pädagogik und Philosophie, von gesellschaftspolitischem Engagement, Freiheitswille und literarischer Aktivität dar. Er darf als Inbegriff des karibischen Intellektuellen im Übergang von der Romantik zur neuen, vom Modernisierungsschub im letzten Drittel des Jahrhunderts ausgelösten gesellschaftlichen und literarischen Situation gelten. Sein Leben im Exil, seine *Pilgerschaft* durch eine Vielzahl unterschiedlicher Länder des Kontinents, wie wir mit dem Titel seines einzigen Romans sagen könnten, sprechen in diesem Zusammenhang eine deutliche Sprache. Wir werden mit José Rizal bald ein weiteres Beispiel für einen weltgewandten und welterfahrenen Intellektuellen kennenlernen; diesmal freilich aus dem asiatischen Bereich, den damals ebenfalls mit Spanien im Unabhängigkeitskampf befindlichen Philippinen.

Literatur ist für den Puerto-Ricaner Hostos nicht nur eine Art individuelles, sondern vor allem ein kollektives Gewissen, ein öffentlicher Beleg für den Freiheitswillen seines Volkes, dessen fortgesetzte Abhängigkeit er als Teilnehmer jener Verhandlungen in Washington noch miterleben sollte, die nach Ende des Spanisch-Kubanisch-US-Amerikanischen Krieges die Abhängigkeit seiner Insel, nunmehr von den USA, fortschrieben und besiegelten. Puerto Rico zeigt vor diesem historischen Hintergrund das Beispiel einer tragisch gescheiterten Nationenbildung; eines Prozesses, der im Gegensatz zu Kuba und Santo Domingo, jenen Inseln, die im Roman allegorisch repräsentiert werden und deren Einheit Hostos so sehr betonte, nicht zu eigenständigen politischen Strukturen führte. Das ist gewiss weder die Schuld von Hostos noch seines Romans *La Peregrinación de Bayoán*, mit dem wir uns nach diesen einführenden Überlegungen nun näher beschäftigen wollen.

Eugenio María de Hostos hatte – wie wir sahen – mit seinen politischen Intentionen nicht hinterm Berg gehalten, sondern sie offen thematisiert. Er sprach in aller Direktheit von seinen anti-spanischen Absichten, ähnlich wie zum gleichen Zeitpunkt etwa der junge José Martí, der von seiner Heimatinsel Kuba nach Spanien verbannt worden war und nun in Madrid für die Unabhängigkeit zu werben (und zu agitieren) versuchte. Ihre universitäre Ausbildung erhielten Hostos wie Martí im spanischen Mutterland.

Dem Roman ist ein Verzeichnis indianischer Benennungen vorgeschaltet, um dem Leser die Namenswahl verständlich zu machen. Von Beginn an ist zumindest auf den ersten Blick die indigene Dimension als kultureller Bezugspunkt folglich präsent. Die wichtigsten Protagonisten des Romans – und bisweilen auch ihre karibische Heimat, die selbst in der heutigen Bezeichnung „Karibik" noch immer die wehrhaften Kariben im Namen führt – tragen indianische Namen, auch wenn sie keinesfalls indianischen Ursprungs sind. Bayoán, der erste, der an der Unsterblichkeit der Spanier zweifelte; Guarionex, jener Kazike, der auf seiner Insel Haití die Spanier bekämpfte; und Marién, die für die Region Mariel auf Kuba steht: Sie alle repräsentieren die Einheit der spanischsprachigen und politisch von Spanien abhängigen Karibik, deren literarische Zusammengehörigkeit als kulturelle Area wir im Rahmen unserer Vorlesung deutlich wahrnehmen können.

Diese drei symbolhaften Gestalten sind Vertreter, in gewisser Weise sogar Personifizierungen ihrer jeweiligen Insel,[15] und als solche stehen sie in erstaunlichem Kontrast zu ihren Namen: Sie sind nicht nur keine Indianer, sondern denken nicht im Traum daran, indianische Kultur als kulturelle Ausdrucksform in ihr Lebensgefühl oder Kulturverständnis einzubringen. Die indianischen Namen stehen nur für Kampf und Widerstand gegen Spanien, nicht für jene Kultur der Zukunft, die in *La Peregrinación de Bayoán* so häufig beschworen und in Amerika verankert wird. Auch die Kultur der Schwarzen beziehungsweise der Sklaven – allen abolitionistischen Verweisen und kurzen Ausführungen zum Trotz – erscheint nie als Bestandteil einer künftigen Kultur im karibischen Raum. So gilt es zunächst einmal deutlich zu akzentuieren, dass der Roman von Eugenio María de Hostos unverkennbar am ersten Pol unseres kulturellen Kräftefeldes ausgerichtet ist und

---

15 Explizit ebda., S. 35.

in erstaunlicher, dem Verfasser wohl selbst nicht bewusster Weise die anderen Pole ignoriert. Dies ist ein grundlegender Widerspruch, der durch die Wahl indianischer beziehungsweise indigener Namen eher noch betont wird.

Die zarte romantische Liebesgeschichte, die sich zwischen diesen drei Personen entspinnt, ist nicht etwa – wie Sie vermuten könnten – eine Dreiecksgeschichte, bei der dann notwendig gemäß der Vorstellungen des Jahrhunderts eine der drei Inseln den kürzeren hätte ziehen müssen. Es handelt sich dabei vielmehr um die freundschaftliche Beziehung zwischen der Titelfigur Bayoán und seinem wesentlich älteren Freunde Guarionex, in dessen gerade mal fünfzehnjähriges empfindsames Töchterlein sich der junge Puerto-Ricaner mit Einverständnis und Segen des ergrauten Freundes verliebt. Das Problem bei der Sache ist die ständige Bewegung, wenn Sie so wollen die Außenorientierung Bayoáns, welche schon im Titel zum Ausdruck kommt: Bayoán ist ein Pilger, ein Wallfahrer, der freilich ein Ziel ansteuert, das er nicht finden kann. Denn er sucht und versucht, eine Heimat zu finden, eine Heimat zu gründen. Auch dieser Roman ist also eine „novela fundacional", wie wir mit Doris Sommer sagen könnten:[16] Auch er gehorcht jenen Grundlagen des lateinamerikanischen Romans des 19. Jahrhunderts, mittels verschiedenartiger Allegoresen die Möglichkeiten durchzuspielen, den Nationenbildungsprozess der jeweiligen Nation oder Insel voranzutreiben und zu beschleunigen.

Die bevorzugte Schreibform, das architextuelle Modell also, ist in *La Peregrinación de Bayoán* das Reisetagebuch, das symbolträchtig mit einem zwölften Oktober einsetzt, jenem Tag, an dem eben diese Inseln und Amerika insgesamt in das Gesichtsfeld des Christoph Kolumbus, vor allem aber in den Bannkreis und den Expansionsdurst europäischer Geschichte eintraten. Es ist, als ob mit diesem traumatischen Datum die Geschichte überhaupt erst begänne. Bald freilich merkt das Lesepublikum, dass es sich bei diesen Notizen weniger um ein Bordbuch handelt, also um einen „Diario de a bordo" in Fortführung des Kolumbus, als um ein „Journal intime", welches der jugendliche Held führt, um sich über seine Gefühle und Gedanken Klarheit zu verschaffen. Es sind weniger die Koordinaten einer äußeren, als die Stationen einer inneren Reise, die im Bordbuch einer romantischen Seele ihren literarischen Niederschlag finden. Dabei lässt sich in diesem romanesken Text kaum die Tendenz zu einem Bildungsroman nachweisen – zu festgelegt ist schon von Beginn an die tragische Rolle des Titelhelden, dessen unglückliche Konstituiertheit im privaten Bereich ebenso offengelegt erscheint wie jene politische Problematik, an welcher er sein eigenes Glück und

---

16 Vgl. Sommer, Doris: *Foundational Fictions. The National Romances of Latin America*. Berkeley: University of California Press 1991.

das der jungen Marién abarbeiten wird: Einmal mehr ist das romantische Scheitern also vorprogrammiert.

Doch noch hat Bayoán die junge Kubanerin nicht getroffen. Er verfügt über zwar beschränkte, aber dennoch für einen längeren Aufenthalt in Spanien ausreichende Geldmittel, die es ihm sogar erlauben würden, eine umfassende Reise quer durch den Südteil seines Kontinents anzutreten, um von dort aus über Mexiko die Reise nach Europa (sprich Spanien) unternehmen zu können. Ein solcher Reiseweg über die karibische Küste des südamerikanischen Subkontinents bis hinunter nach Peru und zurück über Mexiko ist zum damaligen Zeitpunkt jedem Hispanoamerikaner bekannt: Es handelt sich mehr oder weniger um die Reiseroute Alexander von Humboldts und Aimé Bonplands bei ihrer Forschungsreise von 1799 bis 1804 durch die Tropen Amerikas. Es ist immer wieder erstaunlich und verblüffend, wie präsent diese Reise im lateinamerikanischen Roman ist – bis hinein in unsere Gegenwart, vor allem aber natürlich im 19. Jahrhundert! Wir haben bereits verschiedene Beispiele für diese Präsenz in unserer Vorlesung gesehen, könnten aber auch auf Jorge Isaacs Roman *María* hinweisen, den ich in einer anderen Vorlesung behandelt habe und in dem sich die romantische Liebe mit dem Thema der Krankheit verquickt.[17]

Die Reise quer durch die Karibik, an einem zwölften Oktober begonnen, wird Bayoán von seinem Borinquen – der bis heute geläufige Name für Puerto Rico – entlang der Küsten des indianischen Haití oder der Isla Española, also der Dominikanischen Republik und Haitis, entlang der Südküste Kubas quer durch die Jardines de la Reina vor der kubanischen Westküste nach La Habana führen. Nach einem Aufenthalt, auf den ich zurückkomme, geht es nach Guanahaní, jenen mythischen Ort, an dem Christoph Kolumbus alias Cristóbal Colón erstmals den amerikanischen Teil unseres Planeten berührte. Den Kennern unter Ihnen wird gleich aufgefallen sein: Dies ist in zentralen Teilen die Reiseroute des Kolumbus während dessen erster Reise, wenn auch teilweise in umgekehrter Richtung, eine Route, deren historischer Hintergrund dem puerto-ricanischen Intellektuellen Bayoán sehr wohl bewusst ist. Dessen Reise ist auf einer ersten Ebene sicherlich die Vergewisserung bezüglich des eigenen Raumes, der in des Wortes ursprünglicher Bedeutung *er-fahren*, als persönlich erlebter Raum ausgespannt wird. So macht auch der Verzicht Bayoáns auf eine Fortsetzung der Reise nach Süden, hin zum amerikanischen Kontinent Sinn: Er beschränkt sich auf die Area des karibischen Raumes, dessen geokulturelle Einheit beschworen wird.

Ein Grundmotiv des Romans klingt bereits in dessen lyrischem Incipit an: die Sehnsucht nach der Heimat, dem eigenen Raum und dem nur dort verankerten

---

17 Vgl. hierzu den zweiten Band der Reihe „Aula", also Ette, Ottmar: *LiebeLesen*, S. 496–528.

Glück, sowie die Notwendigkeit, ja Zwanghaftigkeit aufzubrechen und die kollektiven Ziele woanders, in der Alten Welt zu erreichen. Die Tagebucheintragungen unseres Helden vermitteln mehrfach die äußeren klimatischen und die inneren seelischen Bewegungen: Der Sturm, der Hurrikane, der sich auf See erhebt, ist der „tempestad de mi alma",[18] dem „Stürmischen meiner Seele" parallelgestellt, eine Korrespondenz zwischen Mensch und Natur, die wir schon mehrfach als Korrespondenz-Natur im Roman der Romantik bemerkt hatten.

Die Reise quer durch die Karibik kann nicht erfolgen, ohne dass der Protagonist beim Auftauchen der einzelnen Inseln nicht das Geburtstrauma jener *Inselwelt* evozierte: die grausame Eroberung der miteinander in Verbindung stehenden Inseln durch die spanischen Konquistadoren.[19] Die Betrachtung der karibischen Landschaften wird ständig durch einen historischen Rückblick gestört oder doch massiv unterbrochen: Stets bringt sich dieser geschichtliche Epochenwandel heftig in Erinnerung. Es handelt sich um eine hochgradig historisch aufgeladene Landschaft, die voller Konflikte steckt. Die Eroberung im Zuge der Conquista, der Genozid an den indigenen Bevölkerungen, die Zwangsdeportation afrikanischer Sklaven und die Jagd auf diese, wenn sie in die Berge zu fliehen vermochten: All dies sind historische Konfliktlagen, welche noch durch die andauernde spanische Kolonialherrschaft traumatisch verstärkt werden. Eine Fußnote von 1873 macht der Leserschaft der zweiten Ausgabe darüber hinaus klar, dass Santo Domingo damals wieder unter spanische Herrschaft gekommen war; eine neuerliche koloniale Abhängigkeit, die bis 1866 andauern sollte, bevor es dem Ostteil der Insel dann endgültig gelang, als Dominikanische Republik politisch unabhängig zu werden. Stationen einer kolonialen Geschichte werden erkennbar, welche gleichsam das Sich-Durchpausen der Tatsache zeigen, dass die Karibik als Zone verdichtetster Globalisierung in den beiden ersten Phasen beschleunigter Globalisierung eine zentrale Rolle gespielt hatte, welche sich nochmals in der kurz bevorstehenden dritten Phase und dem expansiven Ausgreifen der USA wiederholen sollte.

Ein grundlegender, für die Zeit der Romantik – wie wir sahen – aber charakteristischer Widerspruch besteht in der Tatsache, dass die Conquista zwar verflucht, die Entdeckung des Kolumbus aber gefeiert und begrüßt wird wie in Galváns *Enriquillo*. Kein Wunder, ist doch – wie wir ebenfalls schon sahen – das kulturelle Konzept des Romans ganz an jener abendländischen Kultur ausgerichtet, als deren positiver Träger der Genuese verstanden wird: Er brachte die abendländische Zivilisation, jenen christlichen Glauben, für den Bartolomé de Las

---

18 Hostos, Eugenio María de: *La Peregrinación de Bayoán*, S. 38.
19 Ebda., S. 39.

Casas steht, er brachte die spanische Sprache, in welcher der Roman selbst verfasst ist. Seit dem 18. Jahrhundert war Christoph Kolumbus zunehmend als Philosoph und im Anschluss rezeptionsgeschichtlich als Genie gesehen worden.[20] Und an diese Vorstellungen knüpft Bayoán unverkennbar an, wenn er den sogenannten ‚Entdecker der Neuen Welt' als ein Genie feiert, das zugleich habe leiden müssen aufgrund jener historischen Aufgabe, die ihm von einer quasi göttlichen Instanz anvertraut worden war. Es handelt sich um jene Aufgabe, die schon in seinem Namen Cristóbal, Christo-phorus, *Christum ferens* anklingt, nämlich als ein Glaubensbringer des Christentums in einer Welt zu fungieren, die dem Christentum bis dahin noch unzugänglich gewesen war. Genie und Märtyrer: Wir sehen ein weiteres Mal, wie präsent die Gestalt des Kolumbus im Roman der spanischsprachigen Karibik ist, wo sie gleichsam den Beginn aller Geschichte und aller Geschichten signalisiert.

Eine gewisse Gerechtigkeit der politischen Geschichte sei darin zu erblicken, dass Spanien für seine früheren Fehler, für die Grausamkeiten seiner Eroberung und Ausplünderung in der Gegenwart schwer büßen müsse. Damit kommt ein Prinzip fast göttlicher Gerechtigkeit in die Geschichte, die deutlich eine tröstende Funktion erhält: das Prinzip einer ausgleichenden göttlichen Justiz. Ähnlich verhält es sich auch mit der Komponente der Zukunft, werde doch Spanien bald schon seine Blindheit – eine häufig wiederkehrende Metapher – ablegen und erkennen müssen, dass Amerika der Kontinent und die Kultur der Zukunft sein werde.[21] Damit wird erstmals die Vorstellung von Amerika als Zukunfts-Kontinent in den Roman eingeführt; eine Vorstellung, die sich bereits in den nach Amerika projizierten europäischen Utopien angekündigt hatte, bewusst und philosophisch-weltgeschichtlich aber dann von Hegel auf den Punkt gebracht worden war. Wir hatten außerdem gesehen, welch wichtige Rolle dabei Alexis de Tocqueville und seinen Überlegungen zur Demokratie in den Vereinigten Staaten von Amerika zugefallen war.

Gewiss war Hegels Rede von Amerika als Kontinent der Zukunft weniger auf Südamerika und schon gar nicht auf die Karibik als Area gemünzt. Doch dieser Aspekt war Hostos keineswegs wichtig, wollte er doch wie auch andere lateinamerikanische Intellektuelle den Meridian künftiger Weltgeschichte von Europa nach Amerika verrückt wissen. Die Rede vom Kontinent der Zukunft schien im Übrigen auch im 20. Jahrhundert nicht ausrottbar zu sein, sahen doch insbeson-

---

[20] Vgl. zur Rezeptionsgeschichte Heydenreich, Titus (Hg.): *Columbus zwischen zwei Welten. Historische und literarische Wertungen aus fünf Jahrhunderten.* 2 Bände. Frankfurt am Main: Vervuert Verlag 1992.
[21] Hostos, Eugenio María de: *La Peregrinación de Bayoán*, S. 42.

dere mexikanische Schriftsteller und Intellektuelle wie Alfonso Reyes oder José Vasconcelos – wie ich in einer anderen Vorlesung gezeigt habe[22] – die Zukunft des lateinischen Amerika in rosigen Farben. Erst die achtziger Jahre des 20. Jahrhunderts brachten eine so tiefgreifende Ernüchterung, dass bis in unsere Zeit kein ernstzunehmender Intellektueller und keine seriöse Essayistin aus Lateinamerika vom südlichen Amerika als einem Kontinent der Zukunft sprechen konnte.

Auszurotten ist diese Vorstellung freilich nicht und feiert im politischen Diskurs lateinamerikanischer Populisten, die in den Untergang ihrer Länder steuern, fröhliche Urstände. Auch im letzten Drittel des 19. Jahrhunderts verschwand dieses politische Diskurselement keineswegs, als jener optimistische, ja jenseits aller Fakten euphorisierende amerikanistische Diskurs von einem pessimistischen überlagert wurde, in welchem aufgrund der historischen Erfahrungen vor allem vom ‚kranken Kontinent' die Rede war. Doch kehren wir zu unserem puerto-ricanischen Roman zurück; denn bei Bayoán scheint der geschichtsphilosophische Optimismus noch weitgehend ungebrochen – wenn auch nicht der an einer sozioökonomischen Modernisierung ausgerichtete Fortschrittsglaube.

Die Reise durch das „Meer des Kolumbus"[23] führt zu einer starken geistigen Erregung angesichts dessen, was die Inselwelt vor der Eroberung durch die Spanier gewesen war und angesichts dessen, was diese Inselwelt heute noch sei: Deren ursprüngliche Bewohner seien gänzlich verschwunden. Die „noble raza", welche die Spanier so wohlwollend aufgenommen hatte, sei nunmehr ausgelöscht.[24] An dieser Stelle darf natürlich ein Verweis auf die Gegend von Jaragua nicht fehlen und auf das traurige Schicksal der unglücklichen Anacaona, der – wie wir sahen – einige Jahre später Manuel de Jesús Galván in seinem *Enriquillo* huldigen sollte. Auch Bartolomé de Las Casas wird als Schutzpatron der indigenen Bevölkerung angerufen: Wo sind die von Dir geschützten Indianer heute? Sie sehen: Es sind immer wieder dieselben geschichtlichen Erfahrungen, immer wieder dieselben intertextuellen Bezugstexte, welche bei den karibischen Autoren im Vordergrund ihrer romanesken Schöpfungen stehen!

Die spanischsprachige Karibik erweist sich auf dieser literarischen Ebene als wesentlich homogener als aus einer geokulturellen Sicht erwartet und zeigt sich folgerichtig als eine ebenso komplexe wie kompakte Area, in welcher die Auslöschung der indigenen Bevölkerung wie die Versklavung der hierher deportierten schwarzen Arbeitskräfte die Geburtstraumata einer auf Extraktionswirtschaft und

---

22 Vgl. hierzu die Vorlesung von Ette, Ottmar: *Von den historischen Avantgarden bis nach der Postmoderne*, S. 196–227
23 Hostos, Eugenio María de: *La Peregrinación de Bayoán*, S. 49.
24 Ebda., S. 52.

Plantagenökonomie aufbauenden kolonialen Gesellschaftsordnung waren. Eine Meditation über die göttliche Vorsehung darf natürlich auch hier nicht fehlen, deren Hand der Protagonist und Ich-Erzähler im unterschiedlichen Schicksal der verschiedenen Völker zu erkennen glaubt. Da fragt sich nur, welche Providenz denn das Geschick der untergegangenen Indianer so erbarmungslos geregelt hatte – oder traf für sie die christliche und auf Heil und Erlösung zielende Vorsehung nicht zu?

Bayoán sinnt im Roman darüber nach, welchen „sarkastischen Fortschritt" die Europäer diesen Inseln gebracht hätten.[25] Die Wohltaten der europäischen Kultur erweisen sich bei historischer Beobachtung als bestenfalls oberflächlich und nur scheinbar als Wohltaten. Wir konstatieren: Zivilisationskritische Elemente sind im Romandiskurs durchaus vorhanden, sind aber eher rousseauistischer Provenienz und nicht mit einer grundsätzlichen Öffnung gegenüber anderen Kulturen verbunden. Dies zeigt sich auch bei der durchgängig negativen Einschätzung der Städte gegenüber dem stets idyllisch-exotisierend angerufenen Landleben in den Tropen. Der an Rousseau angelehnte, im Grunde aber rousseauistische Gegensatz zwischen Freude und Sittenstrenge der Landbevölkerung zu der allen Lastern ergebenen Stadtbevölkerung wird freilich innerhalb des karibisch-kolonialspanischen Kontexts durch eine Tatsache verschärft und verändert: Die Städte der Karibik sind zugleich die Zentren kolonialspanischer Verwaltung und Ausplünderung, so dass hier also die Wurzel dessen liegt, was der Ich-Erzähler durch seine Pilgerfahrt nach Spanien überwinden möchte. Denn sein Ziel ist die Abschaffung der Tyrannei und Abhängigkeit von der spanischen Metropole, von Madrid, dem Inbegriff allen kolonialen Übels. Der Besuch des Protagonisten in Havanna, dem Sitz der spanischen Capitanía General über die Antillen, ist in diesem Zusammenhang nichts anderes als das Vorspiel zum metropolitanen Madrid. Als kolonialspanisches Verwaltungszentrum ist La Habana nicht anders als die europäischen Städte eine Stätte der Verderbnis, die mit denselben „apariencias del progreso", demselben Anschein von Fortschritt versehen ist.[26]

Nach der Abreise von Havanna gerät das Schiff wieder in einen Sturm, ein Naturereignis mit Folgen, wird doch so erst jener Aufenthalt an Land in Kuba erforderlich, bei welchem der junge Bayoán die noch jüngere Marién kennenlernen wird. Am Anfang dieser fatalen Liebesbeziehung also steht die Providenz in Gestalt eines Naturereignisses. Es regnet wieder einmal im hispanoamerikanischen Roman, und diesmal sollen Sie beim Prasseln der sintflutartigen Regentropfen dabei sein: „Die Katarakte des Himmels öffneten sich und es regnete, wie

---

25 Ebda., S. 60.
26 Ebda., S. 62.

es in dieser Welt zu regnen pflegt, in der alles außer dem menschlichen Geist groß ist." Und weiter: „Der Regen ist das Weinen des Himmels: In seinen Erregtheiten eines in die Erde Verliebten endet alles wie die Wut des Mannes gegen seine Liebhaberin: mit dicken Tränen."[27]

Sie verstehen jetzt vielleicht besser, warum ich mich als junger Studierender vor meiner ersten Reise nach Lateinamerika auf einen Regenfall in den Tropen freute, ja mich unbedingt nach einem tropischen Regen sehnte, hatte ich es doch im lateinamerikanischen Roman bereits so häufig regnen sehen. Der sintflutartige, gewaltige und alles mit sich fortreißende Regen steht für die Gewalt und Größe der amerikanischen Welt, wird aber sofort in den Romanverlauf wieder eingebunden, mit der kommenden Liebesthematik verknüpft und perspektivisch auf die Flüssigkeit der Tränen hin geöffnet, die den lacrimogenen Teil des Romans kräftig ausspülen werden. Es regnet im lateinamerikanischen Roman kaum stärker als das Weinen und Schluchzen der Liebenden, die auf einem Kontinent, wo alles groß ist, sicherlich ebenfalls ein wenig mehr Tränen vergießen als anderswo.

Der Besuch im Hause seines Freundes Guarionex führt den Ich-Erzähler durch eine karibische Landschaft mit Sümpfen, Zuckerrohrfeldern und – geradezu als typisches Landschaftselement – schwarzen Sklaven, die von Guarionex natürlich zuvorkommend behandelt und von Zeit zu Zeit gesegnet werden. Er führt Bayoán jedoch vor allem zu einer Erscheinung: der Tochter des Hauses, der schönen fünfzehnjährigen Marién. Nicht umsonst ist der Name gleichzeitig kubanisch-indianisch und christlich-marienhaft: Andächtig stehen wir vor einer weißen kubanischen Jungfrau, deren unkörperliche Erscheinung schon darin zum Ausdruck kommt, dass ihre physische Gestalt zunächst einmal nur evoziert, nicht aber hautnah beschrieben wird. Sie ist keine irdische Erscheinung, sondern im Grunde ein Engel. Die „adolescente" ist nicht notwendigerweise schön – als physisch schön wird sie erst am Ende ihres kurzen Lebens, fast schon im Sterben liegend beschrieben –, aber lichtvoll, ist „luminosa" und besitzt das sanfte Leuchten des Himmels.[28] Kein Zweifel: Marién ist marienhaft himmlisch. Doch als Verkörperung unerfüllbarer romantischer Liebe führt auch ihr Weg nur über ihre schöne Leiche.[29]

---

27 Ebda., S. 65: „Se rompieron las cataratas del cielo, y llovió, como llueve en este mundo en el que todo es grande, si exceptúo el espíritu del hombre. // La lluvia es el llanto del cielo: en sus enojos de enamorado con la tierra, concluye como la cólera del hombre con su amada: con lágrimas copiosas."
28 Ebda., S. 73.
29 Vgl. Bronfen, Elisabeth: *Nur über ihre Leiche. Tod, Weiblichkeit und Ästhetik*. München: Deutscher Taschenbuch Verlag 1994; sowie (dies., Hg.): *Die schöne Leiche. Weibliche Todesbilder in der Moderne*. Wien: Goldmann 1992.

Ein einziges Mal hat Bayoán Marién gesehen, und schon ist die Welt voll von ihr. Das ist im Umkehrschluss eine Formel romantischer Liebe, auf die wir schon mehrfach stießen und deren französischen Urheber Alphonse de Lamartine wir bald endlich kennenlernen werden. Doch auch Marién hat gesehen: Ihre Blicke sprechen eine deutliche Sprache, blickt doch aus beider Augen die Seele heraus. Bei beiden Liebenden liegt – wenn Sie mir den Ausdruck gestatten – die Seele blank vor den Augen der Lesenden.

Die Seelen sprechen ohne zu sprechen zueinander, nachdem ihre Augen-Blicke sich trafen. Bis zum Ende des Romans wird es sich um eine vorwiegend okulare Beziehung handeln: Das Auge ist der menschliche Fern-Sinn und hält auf Distanz, ist zugleich aber auch jener Sinn, der die „concupiscentia oculorum" erzeugt. Der Ich-Erzähler ist im wahrsten Sinne des Wortes hin- und hergerissen zwischen seinem Herzen und seiner Vernunft. Welche Seite wird den Sieg davontragen?

Wir sollten einmal in diese Fragmente eines Diskurses der romantischen Liebe hineinhören: Es beginnt mit der radikalen Einsamkeit des Ichs, wie stets im abendländischen Diskurs der Liebe.[30] Es handelt sich im Übrigen – wie an vielen anderen Stellen des lyrischen Diskurses im Roman – um eine rhythmisierte Prosa, der man anmerkt, dass Hostos auch ein ausgezeichneter Lyriker war:

> Ich habe all jene, die mich umgaben, unglücklich gemacht, und mich selbst habe ich dabei ebenso unglücklich gemacht.
> Meine unerbittliche Vernunft verlässt mich nicht, und um mich nicht eines Tages für einen Fehltritt zu schämen, verweigert sie mir das Glück, das ich von ihr fordere. Auf Dein flehen hin höre, was sie antwortet, mein Herz.
> „Du bist dazu verurteilt, nicht zu lieben: Wenn Du liebst, machst Du unglücklich: Und wenn Du nicht liebst, auch: Aber wenn du liebend Deiner Liebe widerstehst und Deiner Pflicht nachkommst, Dich zu rufen, so verspreche ich Dir eines Tages das strahlendste Licht: Deine Pflicht ruft Dich weit weg von hier: Gehorche: Wenn Du gehst und sie Dich lieben, so opferst Du heute ...: Die Zeit heilt: Wenn Du liebst und Deine Pflicht vergisst, so erinnere Dich an Dein Gewissen!"
> Und inzwischen liebe ich, ich sehe nicht, die ich liebe, sage nicht, wie sehr ich liebe, beraube mich des Lichts: Ich will bleiben und sie stoßen mich vorwärts; ich will aufbrechen, und sie rufen mich!
> Und die Liebe ist der Himmel ...!, sagte ich mir gestern.
> Oh Vernunft, oh Vernunft, verflucht seist Du![31]

---

30 Vgl. hierzu Barthes, Roland: *Fragments d'un discours amoureux*. Paris: Seuil 1977.
31 Hostos, Eugenio María de: *La Peregrinación de Bayoán*, S. 78.

Eine psychische Komplexität gibt es in dieser Passage kaum, sondern eher – spieltechnisch gesprochen – eine psychische Zwickmühle, in der sich der Liebende befindet. Auf der einen Seite steht die Vernunft, auf der anderen das Herz; auf der einen Seite die Pflicht, auf der anderen die Liebe, welche ihr Objekt wie ihr Subjekt unglücklich macht. Da hilft alles Verfluchen der Vernunft nichts: Zwei Seelen sind, ach, in meiner Brust! Die romantische Topik des Liebesdiskurses wird hier in einer Art innerem Dialog vorgeführt, wobei sich im Spanischen „corazón" auf „razón" bekanntlich reimt.

Die psychosoziale Konstellation ist vergleichbar mit jener, die sich etwa in dem 1869 entstandenen Theaterstück *Abdala* des jungen José Martí zeigt: Dort ist der Held ebenfalls zwischen seiner Pflicht gegenüber dem Vaterland und der Liebe – allerdings der Mutterliebe – hin- und hergerissen, entscheidet sich dann aber heldenhaft für die Pflicht. Auch Bayoán muss sich für letztere entscheiden und sein Vaterland erretten vor der kolonialspanischen Tyrannei. Und doch ist er – wie ihm die Vernunft schon sagte – in einer Zwickmühle gefangen: Er wird unglücklich machen und selbst unglücklich sein. Die unentrinnbare Fatalität ist angedeutet und skizziert, aus der es kein Entrinnen gibt, und die der Roman in seinem weiteren Verlauf bis zur Neige auskostet.

Bayoán weiß: „Mi deber es partir, partir"[32] – Seine Pflicht ist es, aufzubrechen, aufzubrechen. Der Pilger muss sich wieder auf den Weg begeben, um Borinquen, der gleichfalls unglücklichen Heimatinsel, ebenfalls zu Glück zu verhelfen und die Entstehung eines unabhängigen Vaterlandes zu ermöglichen. Für die Liebenden, so ließe sich auf Ebene einer ideologischen Lektüre sagen, ist in den kolonialspanischen Ländern kein Platz im Sinne einer Fusion, kein Platz für ein glückliches Leben zu zweit. So werden die beiden ihr gemeinsames Leiden aneinander und am anderen auch außerhalb der Welt der Karibik erfahren: eine Außerhalbbefindlichkeit, die letztlich politisch motiviert und vom romantischen Diskurs hispanoamerikanisch integriert wird. Es ist die Zerrissenheit des romantischen Helden zwischen seiner Liebe zum Vaterland und seiner Liebe zur geliebten Frau.

Die Frage freilich bleibt, ob man Europa davon überzeugen könne, dass Amerika der Ort einer Zivilisation der Zukunft ist;[33] einer Zivilisation freilich, die nicht wie später bei José Vasconcelos auf einer kulturellen Vermischung, einem „mestizaje", sondern zumindest im Roman auf einer konsequenteren Verwirklichung und Durchsetzung abendländischer Tugenden und Werte beruht. Für dieses Ziel kämpft Bayoán – und ein Traumbild macht der Leserschaft klar, dass

---

[32] Ebda., S. 89.
[33] Ebda.

die Freiheit des Volkes mit der Selbstaufopferung des romantischen Helden erkauft wird; eines großen Mannes, der den Kelch, der ihm gereicht wird, in vollem Bewusstsein austrinkt.[34] Die Erde erscheint als ein Ort, an dem kein Glück möglich ist – höchstens das oberflächliche Glück der Dummen und Indifferenten.[35] Denn das Glück findet sich nur außerhalb der vom Menschen bewohnbaren Welt oder, um es mit dem Titel eines Prosagedichts von Charles Baudelaire zu sagen, *Anywhere Out Of The World*.

Die Problematik der Entscheidung Bayoáns zugunsten von Pilgerschaft und Pflicht liegt darin, dass er – wie Mariéns Mutter ihm bereits deutlich vor Augen führt – seine jugendliche Geliebte, die wie alle romantischen Heldinnen über eine nur schwache Konstitution verfügt, mit dem Befolgen seiner Pflicht zum Tode verurteilt. Da er kein Mitleid mit dem Glück eines Engels gehabt habe, werde er ein Leben lang unglücklich sein müssen.[36] Eine Stimme habe ihr gesagt, dass Marién sterben werde, er aber weiterleben müsse, um als Märtyrer, als Blutzeuge zu leiden. An diesem Leiden führt für ihn kein Weg vorbei.

Denn Bayoán zieht einer glücklichen Gegenwart die unglückliche Zukunft vor. Er ist, so dürfen wir aus dem Vorwort schließen, die Verkörperung des logischen Menschen; und so nimmt auch die Logik des Romans unabwendbar ihren Lauf. Marién ist Vertreterin einer romantischen Liebeskonzeption und ihres Absolutheitsanspruches, Bayoán hingegen repräsentiert einen etwas anderen Standpunkt, da für ihn die Liebe Vorausschau des Künftigen sei, er also im Glück des Heutigen das Unglück des Künftigen erblickt. Zugleich ist er das Prinzip des Männlichen, Bewegenden, Initiativen, während Marién nur die Rolle der Leidenden, Ausgelieferten, Bedrohten und Passiven bleibt. Hostos' Roman entspricht damit den gängigen genderspezifischen Mustern seiner Zeit. Zwischen Pilgerschaft und Liebe kann sich Bayoán höchstens für die Liebe während der Pilgerschaft entscheiden. Da hilft es auch nichts, dass die Liebe als eine das ganze Universum erfüllende Kraft erscheint, die Natur wie Mensch bewegt und am Leben erhält.[37] Die Würfel sind gefallen: Mariéns, aber auch Bayoáns Schicksal ist entschieden!

Die Bank im Freien, auf der sich die Liebenden den ersten Kuss gaben, die Hand der Toten, die den letzten Kuss des Liebenden empfängt – die aus Jean-Jacques Rousseaus Briefroman *Julie ou la Nouvelle Héloïse* bekannten Elemente sind ebenso nachzuzeichnen wie jene, die einmal mehr auf den grundlegenden Einfluss von Chateaubriands *Atala* verweisen. Auch Marién träumt von jener

---

34 Ebda., S. 92.
35 Ebda., S. 97.
36 Ebda., S. 105.
37 Ebda., S. 119.

„choza", jener Hütte, wo sie mit ihrem Geliebten ein einfaches, aber glückliches Leben führen werde – ein Traum, den auch die Romane von Gertrudis Gómez de Avellaneda und Manuel de Jesús Galván träumten und der auch in Jorge Isaacs *María* wieder auftaucht. Die Kontinuität der präromantischen wie der romantischen Handlungselemente ist beeindruckend, wird aber durch die spezifisch lateinamerikanische Ausrichtung an einem schwierigen, wenn nicht gescheiterten Nationenbildungsprozess in eine Richtung getrieben, die den europäischen Romanen weitgehend unbekannt war. Dabei sind die modifizierenden Textelemente letztlich bestimmend.

Der Abschied der beiden hoffnungslos Liebenden ist unaufschiebbar und wird nur bewältigt aufgrund eines Sinnenverlusts, der Bayoán erst an Bord wieder zu Verstand kommen lässt. Das Schiff ist dabei Symbol seines eigenen Lebens: „buques sin rumbo, pájaros sin nido", ein Schiff ohne Ziel und Vögel ohne Nest. Dies sind die ziel- und heimatlosen Menschen, die mit ihren Sorgen den Roman bevölkern, wobei das romantische Ich zugleich erkennt, dass es in seiner Absolutheit doch nicht losgelöst von anderen sein kann. Das Ich muss in einer Atmosphäre leben, die vom intellektuellen Leben seiner Zeit geprägt wird:[38] Man ist verdammt dazu, in derselben Epoche in derselben Atmosphäre zu leben und kann sich die bestimmenden Strukturen seiner Gesellschaft nicht aussuchen.

Was in mir ist, so der Protagonist, kommt von den Anderen – hier scheint bereits eine Idee Friedrich Nietzsches auf, der danach fragte, wer und was in mir spricht, wer und was in mir denkt. Zugleich scheint der romantische Diskurs umzuschlagen in Richtung auf das, was man das Erkennen der wissenssoziologischen beziehungsweise soziologisch-diskursiven Dimension des Lebens und Schreibens nennen könnte. Doch kehrt der Protagonist rasch wieder zur dominanten Metaphorik der Romantik zurück. Die Menschen bilden in ihrer Gesamtheit jene Ebene, jene Fläche, aus der sich heraus der Chimborazo des großen Menschen – fast hätte ich gesagt: des Über-Menschen – erhebt:

> Ich sehe eine fantastische Welt, die der Erde gleicht: In den Ebenen, in den fruchtbaren Auen, an den Küsten, in allem, was sich ähnelt, ist alles gleich und auf derselben Ebene, in ruhiger Atmosphäre: in den Bergen Nebelschwaden; in den Anden ewige, dunkle Wolken. Die Menschen sind die Ebenen, die Strände, das, was sich auf einer Ebene befindet; der Mensch, der sich erhebt, ist der Chimborazo, der innerlich in ewigem Feuer brennt, äußerlich aber von dauerhaften Wolken verhüllt ist.
> „Meditiere über diese Allegorie ...!"[39]

---

38 Ebda., S. 136.
39 Ebda., S. 138.

Lassen Sie uns also über diese Allegorie meditieren, sie ist es wert! Denn nicht umsonst wird in diesen Wendungen der Chimborazo gewählt, der in Lateinamerika noch immer als höchster Berg der Welt galt. Für den lateinamerikanischen Zeitgenossen verkörpert dieser Berg darüber hinaus nicht nur den vergeblichen, aber symbolträchtigen Versuch seiner Erstbesteigung durch Alexander von Humboldt,[40] sondern auch die düstere Meditation, die der „Libertador" Simón Bolívar hier bei seinem Besteigungsversuch anstellte.[41] Der Chimborazo ist damit zugleich auch ein Ort der Verständigung über das Amerikanische und die In-Wert-Setzung seiner Erhabenheit, des Amerikanisch-Sublimen. Vor allem aber wird in der angeführten Passage eine Landschaft der Theorie[42] ausgespannt, in welcher die vertikale Dimension, die Größe und Höhe in Szene gesetzt wird und die Fähigkeit zu innerer Bewegtheit, insofern im Inneren des Andenvulkans und von außen nicht sichtbar ein ewiges Feuer lodert, das für die ständige Umwälzung und Umgestaltung aller Dinge steht. Der Vulkanriese ragt aus seiner Umgebung hervor wie Inseln aus dem sie umgebenden Wasser.

Gleichzeitig ist die Allegorie von Gebirge und Tal, Gipfel und Ebene eine topische Metaphorik, in der die Romantik das herausragende Genie zu fassen pflegte. Es ist diese Bildsprache, die José Martí wenige Jahre später verwandeln wird zu einem Manifest nicht mehr des Individuellen, sondern des Kollektiven. In einem Text von Juni 1875 für die *Revista Universal* deutet sich bereits an, dass Martí die Veränderungen in Politik, Gesellschaft und Ästhetik wahrgenommen hat und erkennt, dass die Metaphorik von Berg und Ebene nicht mehr die gesellschaftliche Situation wiederzugeben in der Lage ist. Sehen wir uns diese Passagen, mit denen wir mit dem Vordenker Martí in Lateinamerika aus der Romantik deutlich heraustreten, etwas genauer an:

> Das Menschengeschlecht verfügt über Berge und Ebenen, und so sprechen die Berge von der Erde mit den Höhen der Himmel, wie die Genies unter den Menschen mit den Hoheiten und Exzellenzen des Geistes reden. [...] Doch scheint es, dass so, wie die Hand des Menschen die Erhebungen der Erde zerstört, auch ich weiß nicht welch verborgene Hand sich darauf ver-

---

40 Vgl. hierzu Humboldt, Alexander von: *Ueber einen Versuch den Gipfel des Chimborazo zu ersteigen*. Mit dem vollständigen Text des Tagebuches „Reise zum Chimborazo". Herausgegeben und mit einem Essay versehen von Oliver Lubrich und Ottmar Ette. Frankfurt am Main: Eichborn Verlag (Eichborn Berlin) 2006.
41 Vgl. zur Meditation des *Libertador* auf dem Dach der Anden Stackelberg, Jürgen von: Der Mythos vom Befreier. Anmerkungen zu Simón Bolívar. In: *Romanistische Zeitschrift für Literaturgeschichte* (Heidelberg) 6 (1982), S. 24–44.
42 Diesen Begriff der „Landschaft der Theorie" habe ich erstmals ausführlicher eingeführt in Ette, Ottmar: *Viellogische Philologie. Die Literaturen der Welt und das Beispiel einer transarealen peruanischen Literatur*. Berlin: Verlag Walter Frey – edition tranvía 2013.

steift, dasselbe mit den Höhen des Menschengeschlechts zu tun; – und die Intelligenz macht sich gemein und verbreitet sich über die aufgegebenen Ebenen, und ganz so, wie sich im Gemeinen der Leute eine größere Sinnhaftigkeit in der Beurteilung beobachten lässt, mehr Lebhaftigkeit im Verstehen und in nützlichen Kenntnissen größerer Reichtum, so fehlen oder verbergen sich jene hohen Gipfel des Talents, die zuvor in einem einzigen Gehirn die Schicksale wie die Zukunft einer ganzen Nation enthielten.

Alles verbreitet sich mit den Samen von Gerechtigkeit und Gleichheit; eine gute Tochter der Freiheit ist diese Verallgemeinerung und Häufigkeit des Talents.[43]

José Martí zog in diesem Text von 1875 kulturtheoretische Konsequenzen aus jenem Unbehagen an der Kultur, das mehrfach im Text des jungen Hostos 1863 anklingt, aber von ihm immer wieder in eine romantische Genieästhetik zurückgebogen wurde. Beide karibische Autoren – und dies ist an sich bereits für die Area charakteristisch – fragen jeweils universalistisch nach einer Gesetzlichkeit, welche für die gesamte Menschengattung Geltung beanspruchen und sich nach den Prämissen einer westlichen, auf Gerechtigkeit, Gleichheit und Freiheit beruhenden Wertesystem ausrichten sollte. Dabei versteht es der junge Martí, seine Landschaft der Theorie mit Blick auf das gesamte Menschengeschlecht dahingehend zu verändern, dass er sich nicht länger an den einsamen Gipfeln ausrichten mag, sondern die allgemeine Erhöhung der Ebenen uneingeschränkt begrüßt.

Die Tragweite dieser Entwicklung lässt sich schwerlich überschätzen: Es stehen fortan nicht mehr die einsamen, schneebedeckten Gipfelhöhen des Genies im Vordergrund, sondern die für ganze Ebenen fruchtbaren Verbreitungen der Prinzipien von Freiheit, Gleichheit und Gerechtigkeit. Sie gelte es fortan zu befördern!

Derselbe José Martí bringt all dies in einem Text von 1882, eben jenem Jahr des Erscheinens von *Ismaelillo* fast ‚Manifest'-artig zum Ausdruck, jenes Gedichtbandes, der als die Ouvertüre des Modernismo gesehen werden darf und in seinen kunstvoll einfachen Versen mit der Romantik definitiv abschließt. Es ist das berühmte Vorwort zum *Poema del Niágara* des mit ihm befreundeten venezolanischen Lyrikers Juan Antonio Pérez Bonalde, wo es in Überwindung derselben Berg-und-Ebene-Metaphorik prophetisch heißt:

Ein großes Gebirge erscheint als kleiner, ist es von Hügeln umgeben. Und dies ist die Epoche, in welcher die Hügel sich zu den Gebirgen hin aufgipfeln; in welcher die Gipfel sich langsam in Ebenen auflösen; die jener anderen Epoche schon nahe ist, in welcher alle Ebenen Gipfel sein werden. Mit dem Abfallen der Erhebungen steigt das Niveau der Ebenen an, was den Weg über die Erde leichter machen wird. Die individuellen Genies treten weniger hervor, da

---

[43] Martí, José: Asuntos para boletín (1875), in: ders.: *Obras Completas*. Bd. 6. La Habana: Editorial de Ciencias Sociales 1975, S. 222.

ihnen die Niedrigkeit der Umgebung fehlt, welche zuvor so sehr ihre Statur bestärkte. [...] Wir wohnen so etwas wie einer Dezentralisierung der Intelligenz bei. Das Schöne ist zum Herrschaftsbereich aller geworden. Die hohe Zahl an guten zweitrangigen Poeten erstaunt ebenso wie der Mangel an herausragenden, solitären Dichtern. Das Genie geht langsam vom Individuellen zum Kollektiven über. Der Mensch verliert zugunsten der Menschen. Die Eigenschaften der Privilegierten lösen sich auf, weiten sich zur Masse aus; was den Privilegierten von niederer Seele nicht gefallen wird, wohl aber denen von keckem und großzügigem Herzen, die wissen, dass es auf Erden, so groß man als Geschöpf auch sein mag, nicht mehr als Gold-Sand gibt und dass alles zur herrlichen Quelle des Goldes zurückkehrt, in welcher sich der Blick des Schöpfers spiegelt.[44]

Gänzlich und von Grund auf verändert ist jene Landschaft der Theorie, welche in diesen selbstbewussten Wendungen für den Betrachter, für die Leserin skizziert und ausgespannt wird. Jene Entwicklung hin zu einer Dezentralisierung der Intelligenz, zu einem Übergang von der Betonung des Individuellen hin zur Dominanz des Kollektiven, wird am Beispiel einer Landschaft vorgeführt, in welcher sich nicht nur ein einziger Parameter – etwa die Höhe der Berge –, sondern alle Bezugs-Parameter verändern. In sanften Übergängen, aber mit revolutionärem Inhalt wird die Landschaft der Romantik umgestaltet, welche selbst noch in ihrer Malerei – wie ein Vergleich mit aktuellen Fotografien zeigen kann – die Steilheit ihrer Bergspitzen noch übersteilte, die Höhe ihrer Berge noch überhöhte. Selbst ein so empirisch geschulter und ausgerichteter Kopf wie Alexander von Humboldt übertrieb in seinen Skizzen der andinen Bergriesen die Steilheit der Bergflanken erheblich, um den gewünschten Eindruck beim Publikum zu erzielen.

Mit Martí bricht sich eine neue Ästhetik Bahn, in welcher weitaus weniger der Kontrast zwischen den hohen Höhen und den tiefen Ebenen, sondern die Wechselwirkung zwischen allen Dingen, die sich auf ähnlichem Niveau befinden, im Mittelpunkt der Aufmerksamkeit steht. Dieser Entwurf einer neuen Ästhetik, die sich angesichts einer sozioökonomischen Modernisierung in einer Epoche der Moderne im spanischsprachigen Amerika als „Modernismo" selbst bezeichnete, wird für die künftigen Jahrzehnte mitentscheidend sein. Wir werden uns mit dieser neuartigen Ästhetik noch näher auseinandersetzen. Doch es ist faszinierend zu sehen, dass diese (nietzscheanisch[45] gesprochen) ‚Umwertung aller Werte' am Beispiel einer Landschaft, einer Landschaft der Theorie metaphorisch durchgespielt und figural visualisiert wird.

---

44 Martí, José: Prólogo al „Poema del Niágara", in: ders.: *OC*. Bd. 7, S. 228.
45 Auf Bezüge zwischen dem *Modernismo* und Friedrich Nietzsche habe ich aufmerksam gemacht in Ette, Ottmar: „Así habló Próspero". Nietzsche, Rodó y la modernidad filosófica de „Ariel". In: *Cuadernos Hispanoamericanos* (Madrid) 528 (junio 1994), S. 48–62.

Auch für José Martí ist, ebenso wie für den Ich-Erzähler in *La Peregrinación de Bayoán*, die Stimme des Genies immer rückgebunden an die Stimme Gottes, an die Stimme des Schöpfers, der stets sein Werk betrachtet. „Der Geist ist Gott" schreibt der Protagonist in sein Tagebuch, just nach der Entwicklung der Allegorie vom Chimborazo.[46] Die Genies sind auch für Martí nicht gänzlich von der Bildfläche verschwunden. Doch sind sie längst nicht mehr die einsamen Bergspitzen, die sich aus den platten Flächen des Menschengeschlechts heraus erheben. Gerade dadurch, dass Martí noch immer am großen Genie und der Vorstellung von herausragenden Schöpfern festhält, können Sie bereits ermessen, dass in Lateinamerika die Einführung einer neuen Ästhetik keineswegs mit einem radikalen Bruch mit der vorher gültigen und nun zu bekämpfenden einhergeht. Die neue Ästhetik des Modernismo wird auch bestimmte Züge des Romanticismo – wo sie ihr genehm erschienen – integrieren, ohne doch ihren Anspruch aufzugeben, eine gänzlich neuartige Ästhetik darzustellen und die Romantik hinter sich gelassen zu haben. So werden im 20. Jahrhundert die historischen Avantgarden in Lateinamerika auch keineswegs den radikalen Bruch mit allem Vorherigen manifestieren, der für die europäischen Avantgarden insgesamt doch charakteristisch war, sondern eigene Wege beschreiten, welche ihre Eigenständigkeit gegenüber den Avantgarden Europas unterstreichen.[47]

Martí hat in der obigen Passage ein zweifellos zentrales romantisches Diskurselement genommen und in seinem Sinne ästhetisch umgearbeitet. Diese Abkehr von der Romantik beinhaltete verschiedenste Facetten: Modernisierung, Disseminierung, Übergang vom Individuellen zum Kollektiven, Verbreitung von Wissen und Wahrheit, von ästhetischer Schönheit und lyrischer Kraft. Hier werden Elemente einer neuen Sichtweise geistiger Aktivität wie ästhetischer Schöpfung sichtbar, die überdies in einer neuen Sprache ihren Ausdruck finden, fernab im Übrigen von paternalistischen Bildern und Metaphern.

Der Übergang vom Individuellen hin zum Kollektiven ist im sozialistischen Kuba bisweilen im Überschwang ideologischer Vorgaben als Ankündigung eines Weges gedeutet worden, der zum sozialistischen Realismus führen würde. Dies ist sicherlich irreführend, hatte Martís modernistische Ästhetik doch nichts mit der eines realsozialistisch gewendeten Realismus gemein. Aber der Ausgleich zwischen den Gipfeln und den Ebenen beinhaltete sehr wohl, dass die ästhetischen Gipfel-Produkte in Lyrik, Malerei oder Musik – um nur diese künstlerischen Bereiche zu nennen – nun der breiten Masse der Bevölkerung zunehmend zugäng-

---

46 Hostos, Eugenio María de: *La Peregrinación de Bayoán*, S. 139.
47 Ich habe dies ausführlich dargestellt in Ette, Ottmar: *Von den historischen Avantgarden bis nach der Postmoderne*, S. 228–234.

lich wurden. Im Kontext einer sozioökonomischen Modernisierung, wie Lateinamerika sie ab den siebziger Jahren des 19. Jahrhunderts erlebte, wurde es nun möglich (wenn auch nicht selbstverständlich), breiten Bevölkerungsschichten den Weg zu den Künsten zu erschließen und damit tendenziell die Ebenen auf Bergniveau zu bringen.

Beobachten wir die Entwicklung und Bearbeitung dieser Metaphorik zwischen 1863, 1875 und 1882, so stellen wir fest, dass sich in dieser Zeit – dem 1882 erschienenen *Enriquillo* zum Trotz – zumindest in der spanischsprachigen Karibik, aber auch in anderen Literaturen der hispanoamerikanischen Welt, die Vorzeichen literarischen Schaffens gewandelt haben. Das Ende der Romantik ist gekommen; ein Prozess, den wir anhand der hispanoamerikanischen Lyrik nochmals in seiner ganzen Entwicklung einzufangen versuchen wollen. Vorher aber gilt es, die Analyse unseres Romans von Eugenio María de Hostos abzuschließen und mit der Entwicklung der Literaturen auf dem amerikanischen Festland zu verbinden sowie im Nachgang transatlantisch beziehungsweise transareal zu verorten.

Die bleiche Marién erkrankt gleich nach Abreise ihres Geliebten, die Ärzte raten aus gesundheitlichen Gründen dringend zu einem Aufenthalt in Spanien. Alle treffen sich zufällig in Puerto Rico wieder, von wo aus die Reise dorthin beginnt, die für Marién eine Reise in den Tod, ohne Wiederkehr sein wird. Für Bayoán aber wird diese transatlantische Reise nur eine Station auf seiner langen Pilgerfahrt sein, die in Madrid ihr hehres Ziel – eine Berücksichtigung der legitimen Interessen Puerto Ricos – nicht erreichen kann.

Der Titelheld des puerto-ricanischen Romans befindet sich in der bereits erwähnten Zwickmühle: Vernunft und Gewissen machen es Bayoán unmöglich, seiner Liebe zu Marién höchste Priorität einzuräumen. Erneut erscheint die Vision glücklichen Zusammenlebens unter einfachen Lebensbedingungen.[48] Bayoáns Konzeption des Glücks ist von Leiden und Schmerz nicht zu trennen; eines Leidens freilich, das nicht allein das individuelle Leiden am Leben ist, sondern sich aus der sozialen Verpflichtung des hervorragenden Menschen gegenüber seinen Mitmenschen, gegenüber der Kollektivität, gegenüber seinem erst noch zu gründenden Vaterland ergibt.

So ist Bayoán, dessen Namensvorfahr an der Unsterblichkeit der Spanier zweifelte, jener, der an der Ewigkeit des spanischen Kolonialismus und der Abhängigkeit der spanischsprachigen Karibik von der spanischen Kolonialmacht zweifelt. Zugleich aber ist er jener andere, der zwischen dem Sozialem und dem Individuellen zutiefst zerrissen ist und seine verlorene Einheit niemals mehr zurück-

---

48 Hostos, Eugenio María de: *La Peregrinación de Bayoán*, S. 156.

gewinnen kann. Das Soziale, das Gesellschaftliche, Nationale und Internationale, ist aber in der Stadt konzentriert und bringt ihm ein sicheres Leiden. Und doch muss er nicht nur die Hauptstadt Puerto Ricos, sondern die spanische Metropole Madrid besuchen; eben jene Stadt, die Inbegriff der Laster, des Verbrechens, der Unmenschlichkeit ist, „metrópoli de los vicios de España".[49] Wie aber soll er sich in dieser Metropole aller Laster der Kolonialmacht verhalten? Vor dem Tribunal der Geschichte werde Spanien gerichtet, aber sicherlich auch begnadigt.[50] Bayoán selbst jedoch wird von der Geschichte, von der Historie seiner massiv globalisierten Area gewiss noch nicht freigesprochen.

Einen großen Teil des Romans verbringt er an Bord von Schiffen: zunächst auf seiner Reise durch die Karibik, dann während seiner Überfahrt nach Spanien. Auch am Ende wird er erneut ein Schiff besteigen, das ihn nach Amerika zurückbringt. Als er am Horizont verschwindet, ist der Roman zu Ende: Das Meer in all seinen Bewegungen, mit seinen Stürmen, Windstillen, als Trennung und Verbindung ist zentraler Protagonist, eine Hauptfigur des Romans. Kein Wunder also, wenn ihm eine lyrische Darstellung gewidmet wird, die ich Ihnen nicht vorenthalten möchte, zählt diese Passage doch zum Bemerkenswertesten und Schönsten, was die Feder des jungen Hostos verfasst hat. Es handelt sich um die komplette Eintragung vom 27. Februar in Bayoáns Tagebuch:

> 27. Februar
> Welch großartiger Sonnenuntergang! Die Sonne ist untergegangen: Ihr letzter Strahl, mit den Schatten kämpfend, färbt den Horizont: Und dieser sich verbreitende Strahl bringt Wunder hervor. Dort ist das Meer aus Perlmutt, das ich so oft bewundert: und es umfassend ein Land von dunkler Farbe; dieses bevölkernd Tausende von Inseln, von Klippen, von Felsen; und es durchziehend federleichte Dämpfe, die in meinen Augen die Form von Schiffen besitzen.
> Von dem es säumenden Land spross ein Gebirge empor: Welch ein Gebirge! Gibt es eines auf Erden, welches die Kühnheit nachahmt, mit der es sich im Raume erhebt? Gibt es eines, das seine Strömungen von Brillanten, seine tiefdunklen Sturzbäche, seine maßlosen Bäume, seine kolossalen Wälder, die Aureole nachahmt, die ihren Gipfel krönt? In der Nähe des Gebirges eine Höhle: Ich sehe ihre Tiefe im Glanze jenes purpurfarbenen Lichts: Und im Glanze dieses Lichtes sehe ich diese Phantasmen, diese seltsamen Ungeheuer, diese furchterregenden Schatten, welche in sie eindringen wollen und sich Seit an Seite drängeln und sich stoßend den Weg versperren, wobei sie sich schlagen, sich zerstören und ins Nichts zurückfallen oder sich verwandeln. Alles verschwindet dann wieder: Die Höhle und ihre Ungeheuer lösen sich auf; das Gebirge versinkt; das Meer aus Perlmutt bricht ein. An deren Stelle erscheinen leichte Formen, weiße Wölkchen, formlose Dämpfe, die umherschweben, oszillieren, sich bewegen und sich verbergen. Dort kommen die Schatten der Nacht: Als

---

49 Ebda., S. 245.
50 Ebda., S. 168.

erstes schwärzen sie den gegenüberliegenden Horizont, überrennen den Zenit, verdunkeln den Westen, lassen die letzten Farben schwinden, welche das Licht gelassen, färben den Himmel dunkel. Aus diesen Schatten wird im Osten ein helles Blau geboren, das im Westen dunkel ist: Ein Stern taucht auf, danach ein anderer, jetzt schon tausend. Nacht herrscht: Weder Farben noch Schatten, keinerlei Dämpfe im Sonnenuntergang. Alles ward dunkel: Und jetzt ist nichts ... Doch! In meinem Hirn entsteht ein trauriger Gedanke, ein bitterer Vergleich. Die Einbildungskraft ist eine Sonne, welche ewig untergeht: Sie bringt eine Welt hervor, färbt sie im Glanze ihres unsichtbaren Feuers, und sobald sie es vervollkommnet, verbirgt sich ihre Welt hinter einem Flug, der Dampf einer unrettbaren Nacht verdunkelt sie, und die Dunkelheit lässt sie wieder verschwinden. Am Himmel erinnern die Sterne das Licht der schon untergegangenen Sonne: In der Einbildungskraft bleibt nichts; die Luft ist nichts.[51]

Ich habe Ihnen diese Eintragung in Bayoáns Bordbuch in voller Länge vorgestellt, damit Sie einen anschaulichen Eindruck von der Gestaltung des Textes als einzelne poetische Fragmente erhalten. Darüber hinaus zeigt diese Passage in ihrer lyrischen Dichte fundamentale Strukturen einer romantischen Ästhetik auf, in welcher die Einbildungskraft des Dichters am meisten zur Konzeption und Generierung des Textes beiträgt. Wirklichkeit, Tagtraum und freie Fantasie erzeugen Bilder, die sich wechselseitig überlagern, wobei sich die Grenzen zwischen Realität, Fiktion und Leben auflösen: Alle Bilder, ob sie nun von der Wirklichkeit oder der Fiktion generiert und geliefert werden, sind auf der Ebene des Lebens wie des Erlebens gleich intensiv.

Zunächst gilt es festzuhalten, dass das Meer in seinen Bewegungen auch die Satzstrukturen, die ständige Wiederholung in Varianz abbildet: Es handelt sich um grammatikalische Parallelstrukturen, welche – die lyrische Prosa rhythmisierend – eingesetzt werden. Wie Wellen brechen sich im Text, Welle auf Welle, die einzelnen Satzglieder. Die Entwicklung dieser gesamten Passage ist auf den Übergang von einer Welt ins Nichts, in das „Nada" gerichtet: zuerst das Meer in den verschiedensten Farben und Bewegungen, eine Welt des Festlandes vorgaukelnd, mit ihren Bergen, ihren Bäumen, ihren Wäldern, all jenem, was in absolutem Gegensatz zum Wasser steht. Dann das allmähliche Verschwinden dieser Welt, ihr Eintauchen ins Meer, ihr Eintauchen schließlich in die Nacht, wo die Sterne als Reflex des Verschwundenen, der untergegangenen Sonne allein am Himmel zurückbleiben.

Alles erweist sich als Spiel der Einbildungskraft, der Imagination im Hirn des Dichters; doch wird auch deren buntes, ständig wechselndes Spiel schlussendlich ‚bitter' zurückgenommen ins Nichts der Nacht, ins Ende des fantastischen

---

[51] Ebda., S. 175.

Schreibens. Ständige Bewegung, unabschließbare Mobilität, vom Ich des Lyrikers gespiegelt, und doch letztlich gänzlich aufgehoben, ins Nichts führend und sich auflösend: Eben dies ist auch die Bewegung von Bayoán selbst. Die Spiegelfläche des Meeres erscheint als Projektionsfläche, die des Lichts bedarf: Sie ist wie eine Leinwand, die in unterschiedliches Licht getaucht wird und auf welcher sich ständige Bewegungen, seltsame Wesen und Ungeheuer, aber auch Unkörperliches und Luftiges in freiem Farbenspiel abbilden lassen. Das Meer ist ständige Bewegung und doch immer gleich: Jede Welle ist neu, war noch nie da und wird auch nie mehr sein, öffnet sich zugleich aber auf ein Künftiges, das in seinen Formen noch unvorhersehbar bleibt. Es erscheint analog zur Projektionsfläche der Einbildungskraft im Innern des Ich, auf der Leinwand der Imagination. Natur und Mensch, Projektionsfläche und Einbildungskraft werden so dialogisch und zugleich harmonisch aufeinander bezogen und lösen sich auf der Seite des Menschen am Ende – denn so ist die Conditio humana – ins Nichts auf.

Der zitierte Tagebucheintrag aus *La Peregrinación de Bayoán* zählt zweifellos zu den schönsten Passagen nicht allein dieses Romans, sondern des Schreibens von Eugenio María de Hostos insgesamt. Es fällt mir an dieser Stelle schwer, der Verlockung zu widerstehen, Ihnen sogleich Bezüge zu einem anderen Autor der spanischsprachigen Karibik, dem Kubaner Reinaldo Arenas vorzuhalten. Ich habe letzterem bereits ein Kapitel in meiner Vorlesung zum 20. Jahrhundert[52] sowie vor langen Jahren einen Band gewidmet, der Ihnen einen Überblick über sein gesamtes Schreiben erlaubt.[53]

Auch bei Arenas ist die Nacht jenes Element, das dem wahnwitzigen Spiel der Imagination, die das Leben ist, ein Ende (vielleicht sogar ein erlösendes Ende) bereitet. *Antes que anochezca*, seine Autobiographie *Bevor es Nacht wird*, ist hierfür die Formel eines sich in vielen verschiedenen Zyklen vollziehenden Schreibens, das stets von Dunkelheit, von Lichtlosigkeit bedroht ist und doch in diese alles umgebende Dunkelheit seine schillernden Projektionen sprüht. In seinem Roman *Otra vez el mar* finden wir als Hauptfigur das Meer wieder, das mit seinen Zyklen, seiner ständigen Wiederkehr des immer wieder Anderen gleich zu Beginn des Romans brillant in Szene gesetzt wird. Auch in der nachfolgenden Passage ist es eine fluktuierende Fläche, die nicht auf ein Einziges, eine wie auch immer geartete feste Identität reduziert werden kann, sondern sich in ständiger, unabschließbarer Bewegung befindet sowie die eigene Gestalt wie Proteus unablässig transformiert:

---

52 Vgl. Ette, Ottmar: *Von den historischen Avantgarden bis nach der Postmoderne*, S. 811–829.
53 Vgl. Ette, Ottmar (Hg.): *La escritura de la memoria. Reinaldo Arenas: Textos, estudios y documentación*. Segunda edición. Frankfurt am Main – Madrid: Vervuert – Iberoamericana 1996.

> Das Meer. Blau. Am Anfang nicht. Am Anfang ist es eher gelb. Aschgrau, würde ich sagen ... Obwohl es auch nicht aschgrau ist. Weiß, vielleicht. Weiß heißt nicht durchsichtig. Weiß. Aber danach, wenn auch fast noch am Anfang, wird es grau. Grau, eine Zeitlang. Und danach dunkel. Voller Furchen, die noch dunkler sind. Ritzungen im Wasser. Es mögen vielleicht die Wellen sein. Aber nein: allein Spiegelungen des Wassers, dazu die Sonne. Wären es Wellen, würden sie bis zur Küste kommen. Das heißt bis zum Sand. Doch es gibt keine Wellen. Allein das Wasser. Das fast tollpatschig das Land schlägt. Doch es schlägt nicht. Würde es schlagen, so müsste man irgendein Geräusch hören. Es herrscht Stille. Allein das Wasser, wie es das Land berührt. Ohne es zu schlagen. Es kommt, weiß, nicht durchsichtig, berührt es tollpatschig und entfernt sich. Es ist nicht das Land: Es ist der Sand. Wenn das Wasser ohne Wellen ansteigt, dann entsteigt dem Sand vielleicht ein Geräusch. Befriedigte Erde. Von hier aus höre ich nichts. Das Wasser steigt, aber man sieht es nicht wieder fallen. Der Sand absorbiert es. Darunter fließt es zurück ins Meer ... Und weiter draußen ist es nicht mehr grau, sondern braungrau. Sehr dunkel. Fast schwarz. Bis es am Ende wirklich schwarz ist. Aber es ist schon sehr hoch. Es vereinigt sich mit dem Himmel. Voneinander getrennt lassen sich die beiden nicht unterscheiden. So dass es schließlich, wenn man es fixiert, niemals blau ist ...[54]

Auch in dieser Passage des kubanischen Schriftstellers sind die Bewegungen des Wassers in den Bewegungen der Sprache in nachahmender Formgebung dargestellt. Kleine Welle folgt auf kleine Welle, dazwischen größere Wellen, die den Sand, „la arena" berühren – ein offenkundiges Spiel mit dem eigenen Nachnamen des Autors, der sich vom Meer liebevoll berührt weiß und auch in dieser Szenerie seine Geschlechtlichkeit, seine in Kuba zum Zeitpunkt der Romanhandlung verfolgte Homosexualität bewusst vieldeutig ausspielt. Das Meer erscheint schillernd in seinen ständigen Metamorphosen, in seinen unabschließbaren Transformationen als das, was im Griechischen dem Archipel seinen Namen gab: nicht das Land der Inseln, sondern das zwischen ihnen liegende, sie zugleich trennende und miteinander verbindende Meer.

Im Incipit von Reinaldo Arenas' Roman wird das gesamte Spektrum zwischen Weiß und Schwarz mit Ausnahme des Blauen und Transparenten abgeschritten. Nur das Konventionelle also – das Meer ist gemeinhin blau, das Wasser transparent – wird ausgeschlossen und negiert. Der Blick ist in dieser Passage freilich der vom Land auf das Meer, nicht wie bei Hostos der vom Meer aus auf ein Meer, das wie Land erscheint. Bei Arenas ist es das unzugängliche, jedwede Verbindung unterdrückende Element, das ein Eingesperrt-Sein auf der Insel vom Politischen ins Naturhafte verlängert. Und zugleich ist es das Gedächtnis, dessen Fluktuationen und Zyklen, dessen Abarbeiten an der Grenze zwischen Erde und Wasser beständig nachvollzogen und versinnbildlicht werden.

---

[54] Arenas, Reinaldo: *Otra vez el mar*. Barcelona: Editorial Argos Vergara 1982, S. 9.

Aus der Differenz beider Inszenierungen des Meeres wird deutlich, wie sehr es für den der Romantik noch verpflichteten Hostos eine Projektionsfläche für die Phantasie ist, deren Gestalten und Formen die See inspiriert und aufnimmt. Das Meer mit seinen Wellen steht als Metapher für das Leben und den Menschen selbst, von dem der Protagonist des Romans auch sagt, dass sein Inneres von Wellen durchzogen sei. Zugleich drückt es als Metapher des Imaginären und der Imagination die unergründliche Tiefe des menschlichen Geistes und Bewusstseins aus. Das Meer wird gleichsam zur Chiffre des Selbstverständnisses von Imagination und Schreiben in der Karibik. Als vom Menschen nicht dauerhaft bewohnbare *Anökumene* wird es mit phantasievollen Gestalten und gefährlichen Ungeheuern bevölkert, so wie die mittelalterlichen Kartenbilder auf ihren weißen, dem Meer gewidmeten Stellen die ausgefallensten Seemonstren verzeichneten.

Doch kehren wir nochmals zurück zum Romangeschehen: Mariéns Krankheit, die mit der Melancholie begann und sich mit Albträumen fortsetzte, verschlechtert sich. Es ist eine Krankheit zum Tode, eine romantische Krankheit überreizter Empfindsamkeit, welche für die weibliche Hauptfigur fatale Folgen hat. Die zuvor völlig unterdrückte Körperlichkeit macht sich unversehens bemerkbar: Erst wird durch eine (un)geschickte Bewegung der Busen der schönen Kubanerin entblößt, dann wieder wird sie durch einen Kuss in einen psychischen Rückfall gestürzt, und schließlich – nach der Hochzeit *in extremis* und kurz vor ihrem Ende – werden beide Situationen zu einer einzigen kumuliert. Denn der nun zum Ehemann gewordene Bayoán betrachtet während einer Nachtwache die Todkranke und erfreut sich am Anblick ihres freilich bedeckten Busens.

Dieser Voyeurismus hat Folgen: Marién, die Augen aufschlagend, sieht den Blick ihres Mannes, erschrickt und stößt einen schrecklichen Schrei aus.[55] Ihr Ende ist nun nahe, und die Leserschaft – heutzutage psychoanalytisch geschult – weiß, wie sehr die unterdrückte und nicht sublimierte Sexualität zum Fortschreiten der romantischen Krankheit beigetragen hat und weiter beiträgt. Marién ist kein Engel, da sie im Gegensatz zu Engeln eine prononcierte Geschlechtlichkeit besitzt. Doch als diese im wahrsten Sinne des Wortes *ent-deckt* oder aufgedeckt ist, wird auch der Verlauf der tödlichen Krankheit beschleunigt. In den Augen Bayoáns ist sie „angelical" und „divina", also engelgleich und göttlich; doch wird dieses Bild gerade in der Nähe zum Tod durch die Körperlichkeit der Protagonistin sexualisiert und sogleich tabuisiert: Eros und Thanatos finden zusammen.

Mariéns fatale Krankheit schreitet voran; und sie kommt – wie jede romantische Krankheit – von innen. Es handelt sich diesmal nicht um einen Blutsturz, den wir bei männlichen Protagonisten im lateinamerikanischen Roman am Bei-

---

55 Hostos, Eugenio María de: *La Peregrinación de Bayoán*, S. 302.

spiel von *El Matadero* oder *Sab* beobachten konnten, sondern um innere Konvulsionen, wohl epileptischen Anfällen vergleichbar, die das junge Mädchen ungeheuer schwächen. Ein Arzt versucht uns zu erklären, dass die Krankheit auf den angedrohten Liebesentzug, auf die Melancholie, noch immer das „Mal du siècle," ja auf die Trennung vom Vaterland zurückgehe, wobei all dies einen Erregungszustand ausgelöst habe, der das Leben Mariéns bedrohe.[56] Ihr Gesundheitszustand wird so ernst, dass sich ihr Mann nicht einmal mehr erlaubt, sie zu küssen, führte doch ein unvorsichtiger Kuss zu einem sofortigen und dramatischen Rückfall der Liebeskranken Melancholikerin.[57]

Vor dem Hintergrund dieser Entwicklung bleibt dem Protagonisten nur die männliche „desesperación de mi impotencia",[58] die Verzweiflung angesichts seiner eigenen Impotenz. Einig aber sind sich die Verliebten und frisch Vermählten in ihrer Nostalgie Amerikas, blicken sie doch beide gen Westen und denken sehnsuchtsvoll an Kuba und Puerto Rico.[59] Sein Versprechen, Marién bald zu ihrer Insel zurückzuführen, kann Bayoán aufgrund ihres Todes nicht mehr einlösen. So wird er selbst am Ende des Romans einsam nach Amerika zurücksegeln, um dort eine Republik zu finden, wo er sich niederlassen könnte. Doch selbst diese kleine Hoffnung ist ungewiss; er denkt bereits daran, dass angesichts der Situation in den Republiken der iberisch geprägten Welt ein fortdauerndes Pilgerleben sein Los sein werde – Hostos' Kritik an der Entwicklung der politisch unabhängig gewordenen, aber noch immer unfreien Länder Hispanoamerikas ist auch an anderen Stellen von *La Peregrinación de Bayoán* unübersehbar.

So endet wenig tröstlich der erste und einzige Roman jenes puerto-ricanischen Intellektuellen, der auf beeindruckende Weise in seinem künstlerischen Schaffen die Romantik in der Literatur mit dem „Krausismo" und Positivismus in der Philosophie verband. In seinen späten Jahren stellte er ein gedankliches Bindeglied zum Idealismus und mehr noch Arielismus in einem Zwischenbereich zwischen Philosophie und Literatur dar. Die Bedeutung dieses Schriftstellers aus Puerto Rico kann in den genannten Zusammenhängen kaum überschätzt werden. Denn er schlug damit eine Brücke zwischen der Mitte des 19. Jahrhunderts und dem Beginn des 20. Jahrhunderts, verbindet gleichsam die Generationen von Gertrudis Gómez de Avellaneda oder Domingo Faustino Sarmiento mit denen von José Martí, José Enrique Rodó oder der Brüder Henríquez Ureña miteinander.

---

56 Ebdfa., S. 281.
57 Ebdas., S. 292.
58 Ebda.
59 Ebda., S. 286.

Mag sein, dass – wie sein Schüler Pedro Henríquez Ureña einmal behauptete – Eugenio María de Hostos die Dichter aus seinem Staat ausgewiesen habe, weil sie nichts zu dessen Konstruktion beitrügen: Das Misstrauen gegenüber der literarischen Fiktion ist bei dem puerto-ricanischen Autor mit Händen greifbar. Doch es steht fraglos fest, dass Hostos selbst zum Bau der Literaturen Lateinamerikas wichtige Elemente und Baupläne beisteuerte. Er trug vor allem zur Anlage und Ausgestaltung jenes Diskurses bei, den die Lateinamerikaner von Lateinamerika aus über ihren Kontinent gegen Ende des 19. Jahrhunderts entwickelten. Jener Mann, der vom spanischen Romancier Benito Pérez Galdós als „antillano de ideas radicales", als Antillaner von radikalen Vorstellungen bezeichnet worden ist, hatte wohl für die Bildung einer Antillanischen Föderation, nicht aber für die kulturelle Loslösung von Spanien plädiert. *La peregrinación de Bayoán* ist hierfür ein beredtes Beispiel.

Einen Unterschied zwischen politischer, sozialer und literarischer Kritik gab es für Hostos nicht. So bietet das Frühwerk des Romanciers aus Puerto Rico für diese Ebenen und Diskurse vielfältige und gleichwertige Anknüpfungspunkte. Die Pilgerschaft Bayoáns ist die Suche nach einer neuen gesellschaftlichen Ordnung, die im Verlaufe des Romans jedoch nicht zustande kommt. Das Motiv erfolgloser Pilgerschaft ist uns in unserer Vorlesung bereits mehrfach begegnet und wird uns bei dem philippinischen Schriftsteller José Rizal ein weiteres Mal beschäftigen. Auch Bayoáns Projekt einer gütlichen Einigung mit der Kolonialmacht Spanien scheitert. Und man könnte hinzufügen: Da das Spanien der Conquista und der kolonialen Unterdrückung nicht weichen will, schickt sich bereits eine andere Macht an, das alte Kolonialreich durch ein eigenes imperiales Reich zu ersetzen, das ebenso aus militärischen wie aus wirtschaftlichen Gründen prosperiert. Dies aber wird eine Erfahrung sein, mit welcher wir uns erst gegen Ende unserer Vorlesung zu beschäftigen haben werden und welche die hispanoamerikanischen Modernisten rund um die Ereignisse von 1898 mit vielerlei Sorgen, aber auch mit manchen Hoffnungen erfüllen sollte.

Honoré de Balzac oder ein französisches WeltFraktal

Überqueren wir an dieser Stelle den Atlantik ein weiteres Mal und drehen wir die Zeit um drei Jahrzehnte zurück, um in das literarische Werk eines jener französischen Schriftsteller einzutauchen, die einst von dem Freiburger Romanisten Hugo Friedrich noch vor Ausbruch des Zweiten Weltkriegs als „Klassiker" des französischen Romans bezeichnet wurden![1] Wir wollen uns damit von einer anderen Seite her kommend an jenen Ort begeben, wo die Beziehungen zwischen Romantik und Realismus gleichsam in Marmor[2] gehauen wurden. Sie verbinden sich mit der Gestalt eines Romanciers, der zwar für lateinamerikanische Autorinnen und Autoren von nicht so entscheidend war, für die Entwicklung der Literaturen Europas aber in seiner Bedeutung kaum überschätzt werden kann. Ich spreche von Honoré de Balzac. Begeben wir uns dazu zunächst in seine sinnreich erfundene Werkstatt!

Abb. 61: Honoré de Balzac (Tours, 1799 – Paris, 1850).

---

1 Vgl. Friedrich, Hugo: *Die Klassiker des französischen Romans. Stendhal – Balzac – Flaubert*. Leipzig: Bibliographisches Institut AG 1939; vgl. hierzu ausführlich Ette, Ottmar: *ÜberLebenswissen. Die Aufgabe der Philologie*. Berlin: Kulturverlag Kadmos 2004, S. 67–74. Die von manchen stilistischen Fehlern, vor allem aber von Nationalsozialismen gesäuberte Nachkriegsausgabe erschien unter dem Titel *Drei Klassiker des französischen Romans. Stendhal – Balzac – Flaubert*. Frankfurt am Main: Vittorio Klostermann ⁸1980. Vgl. hierzu auch Ette, Ottmar: Ein Fest des Intellekts, ein Fest der Lust. Hugo Friedrich, Paul Valéry und die Philologie. In: *Jahrbuch der Deutschen Schillergesellschaft – Internationales Organ für neuere deutsche Literatur* (Göttingen) LVII (2013), S. 290–321.
2 Vgl. hierzu Maurois, Andre: *Das Leben des Honoré Balzac. Eine Biographie*. Zürich: diogenes 1985.

Ein Bildhauer greift nach dem Hammer und schleudert ihn gegen sein eigenes Werk. Doch verfehlt er die von ihm selbst geschaffene Statue einer schönen Frau. Es wird seine letzte künstlerische Handlung bleiben! Gleichwohl stellt dieser Akt – die verfehlte Zerstörung nach einer verfehlten Liebesbeziehung – zugleich den Beginn einer neuen Filiation von Kunstwerken dar: Denn nicht die Kunst, nur der Künstler stirbt.

Was auf den ersten Blick wie eine bloße Variation des „ars longa, vita brevis" wirkt, ist mehr: Es bildet das Herzstück der von Balzac in einer ersten Fassung 1830 in der *Revue de Paris* veröffentlichten Novelle *Sarrasine*. Und folgerichtig bricht ihr Protagonist, der französische Bildhauer gleichen Namens, zusammen, von drei Stilett-Stichen tödlich ins Herz getroffen und nicht ohne sich bei seinen Mördern, die im Auftrag des Kardinals Cicognara handeln, für seine Erlösung, diese eines Christen würdige Wohltat, diesen „bienfait digne d'un chrétien",[3] zu bedanken. Doch was ist in der Werkstatt des sterbenden Bildhauers geschehen?

Dieser Kardinal, dieser mörderische Wohltäter, so erfahren wir am Ende der Novelle Balzacs, ließ nicht nur Sarrasine töten, sondern bemächtigte sich zugleich der von dessen begnadeter Künstlerhand gefertigten Statue, um sie in Marmor meißeln zu lassen. Der Tod des Autors, auf Geheiß des mächtigen Kirchenmannes symbolhaft damit gleich zweifach ausgeführt, macht den Weg für die (künstlerische) Aneignung seines Lebens und seiner Liebe frei. Doch welche Filiation von Kunstwerken schließt sich an den Tod des Autors an?

Die Marmorstatue von Sarrasines Liebesobjekt stehe heute, so klärt uns der Erzähler auf, im „Musée Albani": Dort hätten die Familienangehörigen des Modells sie 1791 gefunden und den Maler Vien mit einer Kopie beauftragt. Diese Kopie, die später Girodet als Vorlage bei der Ausführung seines *Endymion* gedient habe – und damit wird dieses Werk, das Balzac selbst gesehen hatte, nachträglich in Entstehung und Bedeutung ‚motiviert' –, sei identisch mit jenem Gemälde des Adonis, welches die dem Erzähler aufmerksam lauschende Madame de Rochefide tags zuvor im Hause der Lanty bewunderte. Diese Abfolge der Kunstwerke verbindet die beiden Diegesen der Novelle, Rahmen- und Binnenerzählung, und damit das Jahr 1758 in Rom mit dem Jahr 1830 in Paris. Die Abfolge der Kunstwerke macht das Kunstwerk der Novelle erst möglich und bezeugt, dass es in diesem Erzähltext um Grundfragen künstlerischer Aneignung und ästhetischer Polysemie geht. Intertextuelle Verweissysteme und transmediale Schöpfungsprozesse

---

[3] Balzac, Honoré de: Sarrasine. In (ders.): *La Comédie humaine*. Bd. VI. *Etudes de Mœurs: Scènes de la vie parisienne*. Edition publiée sous la direction de Pierre-Georges Castex avec, pour ce volume, la collaboration de Pierre Citron, René Guise, André Lorant et Anne-Marie Meininger. Paris: Gallimard (Bibliothèque de la Pléiade) 1977, S. 1074.

spielen dabei eine große Rolle: Auf welche literarisch-künstlerische Weise geht Honoré de Balzac diese Herausforderung an?

Abb. 62: „Effet de lune, dit aussi Le Sommeil d'Endymion". Öl auf Leinwand von Anne-Louis Girodet-Trioson, 1791.

Es ergibt sich eine recht komplexe Filiation: Sie führt vom lebenden Modell, der Sängerin Zambinella, über die Statue des fiktiven Bildhauers Sarrasine, die Kopie des französischen Malers und David-Lehrers Joseph Vien (1716–1809) zum Gemälde seines Landsmanns und David-Schülers Anne-Louis Girodet-Trioson (1767–1824). Schließlich leitet sie – vor dem Hintergrund eines Balls im Hause Lanty, wo die schöne Marquise das Gemälde sah – über zu jenem Kontrakt, der den Erzähler und seine junge Zuhörerin in einer Liebesnacht als Gegenleistung für die Erzählung vereinigen soll. Die Zweiteilung der Novelle Balzacs in Rahmen- und Binnenstruktur gehorcht in gewisser Weise dem Scheherezade-Syndrom: „Erzähle gut, sonst wirst Du bestraft!"[4] – wenn auch hier nicht mit dem Tod, sondern nur mit dem Entzug des gegebenen Liebesversprechens. Der Vertrag zwischen „narrateur" und „narrataire" – und damit der Liebeswunsch des Ich-Erzählers – wird jedoch nicht erfüllt: Der Erzählung folgt 1830 ebenso wenig die Liebesnacht, wie es 1758 zur Vereinigung von Sarrasine und Zambinella kam. Wir haben es folglich mit zwei gescheiterten Liebesgeschichten zu tun.

Doch beide Ent-täuschungen haben denselben Grund: Zambinella. Das Rätsel, dessen Lösung Madame de Rochefide durch den Einsatz ihrer femininen Reize zu ergründen sucht, kreist um die Identität jenes Greises im Hause der Lanty, dessen Anwesenheit die Gäste des prunkvollen Balls, vor allem aber die selbstbewusste

---

4 Vgl. hierzu Ette, Ottmar: *ZusammenLebensWissen. List, Last und Lust literarischer Konvivenz im globalen Maßstab (ÜberLebenswissen III)*. Berlin: Kulturverlag Kadmos 2010.

Marquise in (einen allerdings neugierigen) Schrecken versetzt. Der Erzähler kennt die Lösung des Rätsels und weiß, dass dieser Hundertjährige und jener Adonis, dessen bildhafte Darstellung die junge Frau ekstatisch betrachtet, ein und dieselbe Person sind: Zambinella! Die weibliche Endung dieses Künstlernamens aber täuscht: Zambinella ist einer jener Kastraten, welche den Frauenpart auf Roms Bühnen übernahmen, da im Kirchenstaat für Schauspielerinnen Auftrittsverbot herrschte. Eine klare geschlechterspezifische Zuordnung ist folglich bei Zambinella nicht möglich, auch wenn der medizinische Eingriff gewiss bereits im zarten Knabenalter erfolgte. Dies hat Folgen ...

Denn dadurch werden die aufeinanderfolgenden künstlerischen Akte nochmals komplexer: Das Modell des Kastraten verwandelt sich in eine Frauenstatue, die bei Vien und Girodet schließlich zur Darstellung des Adonis beziehungsweise Endymion und damit zum – wie die Marquise anmerkt – allzu schönen männlichen Körper zurückfindet. Die „unerhörte Begebenheit", die Goethe von der Gattung der Novelle verlangte, beruht damit auf einer gesellschaftlichen Konvention und kann nur dadurch ihre Wirkung entfalten, dass zwischen Rom und Paris im 18. Jahrhundert eine kulturelle Differenz bestand, der Sarrasine zum Opfer fiel, wusste er doch offenbar nichts von der Existenz der Kastraten auf den Bühnen Roms.

Nicht allein für ihn ist diese Begebenheit unerhört, sondern auch für die zeitgenössische Leserschaft. Damit wird dies im Falle von *Sarrasine* literarhistorisch gattungskonstitutiv. In Goethes Gesprächen mit Eckermann finden wir am 25. beziehungsweise 29. Januar 1827 folgende Bemerkung: „denn was ist eine Novelle anders als eine sich ereignete, unerhörte Begebenheit. Dies ist der eigentliche Begriff, und so vieles, was in Deutschland unter dem Titel Novelle geht, ist gar keine Novelle, sondern bloß Erzählung oder was Sie sonst wollen."[5]

Wir haben es mit einer unscharfen, im eigentlichen Sinne *queeren* Geschlechterdifferenz zu tun, von der der Erzähler seiner Zuhörerin beschwichtigend sagt, dass sie auf Grund der zivilisatorischen Fortschritte, der „progrès faits par la civilisation actuelle",[6] nicht länger fortbestehe. Das Unerhörte der Begebenheit wird damit einer Realität der Vergangenheit überantwortet und soll in seiner Wirkung damit für die eigene Gegenwart entschärft werden. Was aus zeitlicher Distanz und kultureller Differenz als unerhörte Begebenheit erscheint, ist dies aus Perspektive jener Figuren, die der Diegese des römischen Kirchenstaats angehören, jedoch keineswegs. Dies entspräche freilich nicht mehr der Definition von Hans-Jörg

---

5 Zitiert nach Eckermann, Johann Peter: *Gespräche mit Goethe in den letzten Jahren seines Lebens*. Herausgegeben von Fritz Bergemann. Bd. I. Frankfurt am Main: Insel Verlag 1981, S. 207 f.
6 Balzac, Honoré de: Sarrasine, S. 1075.

Neuschäfer: „Die unerhörte Begebenheit aber findet gerade erst dort statt, wo solche Grenzen überschritten werden und wo eine sinngebende Ordnung nicht mehr ohne weiteres sichtbar wird."[7] Selbst wenn es sich im Sinne dieser Definition nicht länger um eine unerhörte Begebenheit handeln sollte, so ist doch die Wirkung des für ihre Ohren Unerhörten auf die Marquise ungebrochen.

An dieser Stelle scheint – wie noch gezeigt werden soll – das Prinzip der unerhörten Begebenheit mit dem aristotelischen Wahrscheinlichkeitsgebot im mimetischen Diskurs in Konflikt zu geraten. Um nicht nur als Unerhörtes, sondern auch als Begebenheit wirken und damit geglaubt werden zu können, muss die Kastration historisch verankert werden. Jedoch kann der Erzähler auch mit diesem letzten Hinweis auf die Historizität des Faktums der Kastration seine Partnerin nicht mehr für die ersehnte Liebesnacht gewinnen: Kastration und Liebesverbot sind endgültig von der Binnen- auf die Rahmenerzählung übergesprungen und der männliche Scheherezade hat das Spiel (wenn auch nicht seinen Kopf) verloren.

Es wäre zweifellos möglich, die oben dargestellte komplexe künstlerische Filiation als ein Modell der Genese dieser Novelle Balzacs selbst zu verstehen und damit auf die Vielzahl *intertextueller* Relationen zu beziehen, die dieser kurze Text aufruft. So konnte die Balzac-Forschung aufzeigen, dass *Sarrasine* nicht nur – worauf ihr Autor später selbst hinwies – auf Geschichten Stendhals zurückgriff, die dieser in einem Pariser Salon wenige Monate zuvor in Anwesenheit Balzacs erzählt und teilweise in die Form seiner kurze Zeit später veröffentlichten *Chroniques italiennes* gegossen hatte: Der kleine Balzac'sche Erzähltext ist ein wahrer Kreuzungspunkt von Intertexten.

Verschiedene Namen und Episoden verweisen auf die Lektüre Giacomo Casanovas, bei dessen Memoiren (die nach der deutschen Ausgabe ab 1826 mit großem Erfolg in Frankreich erschienen)[8] sich Balzac gleich mehrfach bediente, oder Diderots, dessen *Salon de 1767* der noch junge Autor unter anderem den Hinweis auf einen französischen Maler des 17. Jahrhunderts namens Sarrasine verdankte.[9] Auch die *intratextuellen* Bezüge zu anderen Werken Balzacs sollen hier nicht im Vordergrund stehen, zumal die Novelle innerhalb der *Comédie humaine* zweifellos eine Randstellung einnimmt.[10]

---

[7] Neuschäfer, Hans-Jörg: Regel und Ausnahme: die unerhörte Begebenheit und die Auffassung des Zufalls in der Novelle. In: Eitel, Wolfgang (Hg.): *Die romanische Novelle*. Darmstadt: Wissenschaftliche Buchgesellschaft 1977, S. 69.
[8] Zu Casanova vgl. das Kapitel in Ette, Ottmar: *LiebeLesen*, S. 286–315.
[9] Vgl. hierzu die bibliographischen Hinweise Pierre Citrons in der Einleitung zu der zitierten Ausgabe.
[10] Den vielfältigen intratextuellen Bezügen zwischen *Sarrasine* und *La Peau de chagrin* widmet sich der zweite Teil dieses Kapitels unserer Vorlesung.

Mit der *Comédie humaine* werden wir uns später noch ausführlicher beschäftigen und dafür ein anderes, zentraleres Erzählwerk wählen. Unsere Novelle zählt zwar zu den *Scènes de la vie parisienne*, ist aber im Gegensatz zu anderen Werken Balzacs nur sehr lose mit dem gesamten Zyklus verknüpft, gehört doch allein Madame de Rochefide jener Population von Romanfiguren an, die wiederholt in den miteinander verwobenen Erzähltexten Honoré de Balzacs auftauchen.

Im ersten Teil unserer Beschäftigung mit dem französischen Romancier soll vielmehr gezeigt werden, dass in dieser Novelle eine Reihe anderer, interner Lektüreprozesse, welche die Balzac-Forschung bislang noch nicht näher untersucht hat, von größter Bedeutung sind und die Frage der Liebe intim mit der Problematik des Lesens verbunden ist. Diese Lektüreprozesse betreffen nicht zuletzt Bild-Text-Relationen und beinhalten damit Fragen der Inter- wie der Transmedialität.

Bereits im ersten Teil der Novelle, dem Balzac in der Fassung von 1844 den bezeichnenden Untertitel „Les deux portraits" gab, finden sich vielfache und komplexe Lektüren verschiedenster Bilder. Es wurde bereits darauf hingewiesen, dass das Begehren der Marquise, dem Rätsel des Greises auf die Spur zu kommen, wesentlich von der Betrachtung eines Gemäldes ausging, das „narrateur" und künftige „narrataire" in einem Boudoir des Hauses Lanty gemeinsam betrachten. Die Inszenierung dieses Gemäldes im Zentrum des abgeschlossenen, halbkreisförmigen und von einer Lampe erhellten Raums läßt den „pinceau surnaturel" dieser Adonis-Darstellung geradezu theatralisch-körperlich wirken.[11] Sie führt aber bei der Marquise nicht zu jener erhofften Reaktion, die seit Dantes Paolo und Francesca – und die Parallele zwischen *Comédie humaine* und der (Divina) *Commedia* ist keineswegs zufällig oder willkürlich, sondern durch eine Reihe von Textelementen markiert – gemeinsame Lektüre in gemeinsame Lust übergehen lässt:

> Per più fiate gli occhi ci sospinse
> quella lettura, e scolorocci il viso:
> ma solo un punto fu quel che ci vinse.
> Quando leggemmo il disiato riso
> esser baciato da cotanto amante,
> questi, che mai da me non fia diviso,
> la bocca mi baciò tutto tremante.
> Galeotto fu il libro e chi lo scrisse:
> quel giorno più non vi leggemmo avante.

---

11 Balzac, Honoré de: Sarrasine, S. 1054.

[Mehrmals ließ, was wir da lasen, uns die Augen erheben;
wir sahen uns ins bleiche Gesicht,
aber dann kam eine einzige Stelle, die uns besiegte.
Als wir lasen, wie der begehrte lachende Mund
von diesem Liebhaber geküßt wurde,
da küßte dieser Mann, der niemals von mir getrennt wird,
mich auf den Mund, zitternd am ganzen Leib.
Den Kuppler Galehaut spielten das Buch und der es schrieb.
An diesem Tag lasen wir nicht weiter.][12]

Alles ist für das Überspringen des Funkens der Liebe vorbereitet. Doch der erotische Augen-Blick stellt sich – zumindest zwischen Erzähler und Marquise – nicht ein, der erhoffte Liebeseffekt bleibt aus und die Liebesphantasien des Erzählers schwinden. Der Erzähler greift zwar nach der Hand der ersehnten Liebespartnerin, doch stellt sich der notwendige Blickkontakt nicht zwischen ihm und ihr, sondern zwischen ihr und dem Gemälde ein. Wir verstehen nun die Eifersucht, die dem Erzähler nach eigenem Eingeständnis zuvor durch keine Lektüre vermittelt werden konnte: Sein Rivale ist die Kunst – und keine Kunst des Erzählens kann ihn davor schützen.

Denn die Marquise, versunken in die Kontemplation des Gemäldes, bemerkt das Zeichen erhoffter „possession" nicht einmal: „Oublié pour un portrait!",[13] vergessen wegen eines kunstvollen Portraits. Doch nicht irgendeines Portraits freilich, dies macht die Ekphrasis des großartig präsentierten Werks von Vien deutlich; „une toile magnifiquement encadrée",[14] wenn der Erzähler sich auch von einer „doctrine" distanziert, die auf einem „tout idéaliser" beruhe, auf einer Idealisierung von allem.[15] Der ein erstes Mal enttäuschte Liebhaber darf also noch hoffen, dass der Funke nicht zur Kunst, sondern gleichsam zum ‚Leben', nicht zur bildlichen Darstellung nackter Haut, sondern zu seiner eigenen Fleischeslust überspringt.

Festzuhalten aber bleibt, dass nicht die bizarre Gestalt des Greises, sondern die künstlerische Transposition des jungen Zambinella zum Ausgangspunkt einer weiteren Transposition wird: vom Bild zur Schrift, vom Gemälde zum literarischen Text. Die liebesentzündend gedachte Situation gemeinsamer Lektüre wird

---

12 Alighieri, Dante: *Commedia*, *Inferno* V, 130–138. Deutsche Übersetzung aus Alighieri, Dante: *Commedia: In deutscher Prosa von Kurt Flasch*. Frankfurt a. M.: S. Fischer 2011, *Inferno*, V, 130–138. Vgl. auch Ette, Ottmar: *LiebeLesen*, S. 7 ff.
13 Balzac, Honoré de: Sarrasine, S. 1055.
14 Ebda., S. 1054.
15 Ebda.

so auf eine andere Ebene (metonymisch) verschoben: zur Erzählung eben jener Geschichte Sarrasines, welche die Binnenerzählung der Balzac'schen Novelle bildet. Der Erzähler rückt (sich) gleichsam selbst ins Bild und das Auge der Marquise ruht nicht mehr auf dem gemalten männlichen Körper, sondern auf dem leibhaftigen Erzähler: „mon œil sous le sein",[16] mein Auge unter dem ihren. Doch ist damit zugleich die Hierarchie der ungleichen Liebespartner augenfällig.

Unmittelbar vor der gemeinsamen Adonis-Kontemplation war bereits ein anderes Portrait gezeigt worden, in einem nicht weniger großartigen Rahmen. Es ist das Portrait, das uns der Ich-Erzähler der Rahmenerzählung von jenem „Centenaire" entwirft, dessen Identität und ambivalente Geschlechtlichkeit wir nun schon kennen. Den Rahmen dieses Portraits bildet – wie so oft bei Honoré de Balzac – die auffällige, der „alten *Mode*" entsprechende Kleidung des Greises sowie ein Schmuckstück, ein Diamant von unschätzbarem Wert, ein „diamant d'une valeur incalculable",[17] der wie die Sonne strahlt und in seltsamem Kontrast zu jener Kälte steht, welche die gebrechliche Gestalt des Alten verbreitet.

Wie in der *Comédie humaine* insgesamt stellt auch in *Sarrasine* die Mode ein durchgearbeitetes semiotisches System dar, welches zur Charakterisierung der Individuen als Vertreter bestimmter gesellschaftlicher Typen im Balzac'schen Universum dient. Durch die Doppelung der Diegese ergibt sich in dieser Novelle für Balzac die Möglichkeit, Kontraste zwischen der Kleidung des 18. und des 19. Jahrhunderts funktional in den „récit" einzuarbeiten und daraus spezielle Effekte für die Handlung hervorzutreiben. Die Bedeutung von Kleidungsphänomenen wird mehrfach thematisiert, besonders geschickt aber an einer *Naht*stelle von Binnen- und Rahmenstruktur situiert. Dies geschieht, indem der Erzähler von Madame de Rochefide unterbrochen wird: „Die weißen, eng gezogenen und mit grünen Ecken versehenen Strümpfe, die kurzen Röckchen, die spitzen, hochhackigen Schühchen aus der Zeit von Ludwig XV. haben vielleicht ein wenig dazu beigetragen, Europa und den Klerus zu demoralisieren. / Ein wenig, sagte die Marquise, sie haben wohl nichts gelesen?"[18] Auf diese Weise wird explizit und offensiv auf die Dechiffrierung des Zeichensystems der Mode – und deren Folgen – durch bewusste Lektüreprozesse aufmerksam gemacht. Das „System der Mode" in Balzacs *Sarrasine* in seiner doppelten raum-zeitlichen Anlage würde eine eigene Untersuchung verdienen, die im Rahmen unserer Vorlesung jedoch

---

16 Ebda., S. 1056.
17 Ebda., S. 1052.
18 Ebda., S. 1065: „Les bas blancs bien tirés et à coins verts, les jupes courtes, les mules pointues et à talons hauts du règne de Louis XV ont peut-être un peu contribué à démoraliser l'Europe et le clergé. / – Un peu! dit la marquise. Vous n'avez donc rien lu?"

nicht geleistet werden kann. Doch wie schon bei Domingo Faustino Sarmiento gilt: Kleider bilden Leute!

Die fundamentale geschlechtliche Ambivalenz ist dem obigen Portrait eingeschrieben. Die Spitzen („dentelle") seiner Kleidung wären „einer Königin" würdig,[19] und doch sind es die gleichen, die – so der Erzähler – einst für Sarrasine die Reize des Kastraten verbargen: „Die Spitzen kaschierten die Schätze unter einem koketten, weiß schimmernden Luxus."[20] Doch ist die Farbe mädchenhafter, virginaler Unschuld, ungeachtet der neuerlichen „blancheur éclatante",[21] nun zur Totenblässe des Greises geworden: „Dieser veraltete Luxus, diese intrinsisch geschmacklosen Schätze hoben doch noch immer stärker das Antlitz dieses bizarren Wesens hervor. Der Rahmen war das Portrait wert."[22]

Zwischen ‚Rahmen' und ‚Gesicht' des Greises zeichnen sich damit Äquivalenzen ab, die aufgrund desselben Dekors (der wiederholten Lexeme „blancheur", „éclatant", „dentelle", „trésor", „luxe" etc.) zugleich die Identität des Porträtierten und die zeitliche Distanz zwischen den beiden diegetischen Ebenen der Novelle hervortreten lassen. Dabei ist auffällig, wie sehr das Gesicht des Greises entmenschlicht wird. Dies zeigt die Fortsetzung des obigen Zitats:

> Dies Antlitz war eckig und hohl in allen Richtungen. Das Kinn war hohl; die Wangen waren hohl; die Augen lagen verloren in gelblichen Rundungen. Die Oberkiefer standen unbeschreiblich mager hervor, zeichneten inmitten beider Wangen tiefe Höhlungen nach. Diese Schlaffheiten wurden mehr oder minder vom Lichte erhellt und produzierten Schattierungen und kuriose Reflexe, welche diesem Antlitz endgültig die Charakterzüge eines menschlichen Gesichts nahmen.[23]

In dieser Passage ist auffällig, wie obsessiv dieses Portrait auf der (Aus-) Höhlung aller Gesichtszüge Zambinellas insistiert. Es ist, als wäre diese ganze Gestalt eine einzige Höhlung. Folgen wir Deleuze und Guattari[24] in ihrer Theorie der „visagéité", so zeigt sich die Oberfläche des Gesichts bar jeder Hohlform, *vergesichtet* ihrerseits aber alle Hohlformen des Körpers mit Hilfe ihrer expansiven Vergesich-

---

[19] Ebda., S. 1051.
[20] Ebda., S. 1066: „une dentelle dissimulait les trésors par un luxe de coquetterie, étincelant de blancheur."
[21] Ebda.
[22] Ebda., S. 1052: „Ce luxe suranné, ce trésor intrinsèque et sans goût, faisaient encore mieux ressortir la figure de cet être bizarre. Le cadre était digne du portrait."
[23] Ebda.
[24] Vgl. Deleuze, Gilles / Guattari, Félix: Das Jahr Null – Gesichtlichkeit. In: Bohn, Volker (Hg.): *Bildlichkeit. Internationale Beiträge zur Poetik.* Frankfurt am Main: Suhrkamp 1990, S. 430–467.

tung. Dieser Prozess könne in einer Art De- und Reterritorialisierung auch umgedreht werden, so dass das Gesicht geradezu *verkörpert* wird.

Genau dies ist hier der Fall: Bis in die leeren Augenhöhlen sind die Aushöhlungen des kastrierten Körpers sichtbar. Nicht nur das Männliche, sondern auch das Menschliche und Individuelle sind aus dem Gesicht des alten Transvestiten verdrängt, gleichsam herausgekratzt. ‚Typisch' weibliche Rahmung (weiße Spitzen sowie wertvoller Schmuck[25]) und Kavität des Gesichts durchdringen einander und überlagern das Gemälde des Adonis, das die Marquise mit dem Bildnis dieses Greises ebenso wenig in Verbindung zu bringen weiß wie mit der nachfolgenden Darstellung der beziehungsweise des jungen Zambinella. Das Gesicht des Greises ist nicht einem einzigen Geschlecht zuordenbar und fällt daher in den Augen des Erzählers aus der nur scheinbar binären Gattung Mensch heraus. Er folgt den Täuschungen einer ersten ‚Lektüre' und ist darin – wie wir sehen werden – Sarrasine verwandt: Denn beide gehorchen dem Zwang, den Gegenstand ihrer Beobachtung männlich oder weiblich zuordnen zu müssen. Balzacs Novelle zeigt, dass ein solcher Zwang aber notwendig in ein Missverstehen, ein „Misreading", ja in die Katastrophe führen muss.

Diese zwanghafte Irreführung der ‚Lektüre' beziehungsweise der intradiegetischen Leserschaft betrifft aber nicht den Erzähler: Seine Stellung ist die des Künstlers, der mit Mehrfachkodierungen vertraut ist und sie geschickt zu handhaben weiß. Künstler sind daher schon ihres Berufs, ihrer Tätigkeit wegen mit komplexen Lektüren und somit auch mit nicht-binären (*queeren*) Geschlechterzuweisungen vertraut. Bereits der zweite Satz des Textes zeigt ihn in einer Fensteröffnung sitzend, halb verborgen von einem Vorhang: „dans l'embrasure d'une fenêtre, et caché sous les plis onduleux d'un rideau de moire."[26] Seine Position ist nicht nur die zwischen einem Draußen und einem Drinnen, zwischen Dunkelheit und Licht, Kälte und Wärme, zwischen Sehen und Nicht-Gesehen-Werden, zwischen Leben und Tod. Innerhalb des Fensters befindet er sich auch in einem Rahmen, der sowohl auf die künftige erzählerische Rahmung als auch auf die malerische Gestaltung seiner Portraits verweist. Diese Verortung sagt uns viel über die mobile Zwischenposition der Erzählerfigur, die uns in die Mehrfachkodierungen einführt.

Der Vorhang, der ihn den Blicken entzieht, ist gleichzeitig ein Element des Theaters, des Ballspektakels, das er von seinem distanzierten Standort aus betrachtet, sowie ein Element des Rahmens selbst. Gleich mehrfach kehrt der

---

[25] Marianina kann daher auch den Ring, den der Großonkel Zambinella ihr schenkt, ohne Scheu als weiblichen Schmuck tragen und an ihren Finger stecken.
[26] Ebda., S. 1043.

Vorhang in der Novelle als wichtiges Textelement wieder. So erspähen – um nur zwei Beispiele zu nennen – die Mitsänger Zambinellas aus den Kulissen, vom Bühnenvorhang verdeckt, Sarrasines Leidenschaft für die ‚Primadonna', machen sich über ihn lustig und hecken jenen Plan aus, der zum Tod des blind in den Kastraten verliebten französischen Bildhauers führen wird. Sie machen sich die geschlechtliche Vereindeutigung als schöne Frau durch den sich täuschenden Künstler zu nutze. Nicht alle Künstler sind folglich vor Irrtümern gefeit. Aber auch Kardinal Cicognara, der Auftraggeber von Sarrasines Mördern, wird hinter den zugezogenen Vorhängen seiner Kutsche auf die Ausführung seines Befehls und den von ihm protegierten Vokalkünstler warten.

Der Vorhang ist in der abendländischen Tradition jenes Element, das in der Geschichte der Malerei stets dem Rahmen zugeordnet war und den sakralen, zentralen Innenraum gleichzeitig verdeckt und betont.[27] Die ersten „images", die der Erzähler gleich zu Beginn der Novelle einfängt, sind von einer ikonographischen Tradition her kodierte Bilder: Der Erzähler situiert sich zwischen der „image gigantesque de la fameuse *danse des morts*" zu seiner Rechten und der strahlenden, lustvollen „danse des vivants" zu seiner Linken; folglich zwischen dem Tanz der Toten und dem Tanz der Lebendigen.[28] Die Position ist klar als eine Zwischen- oder Scharnierstellung bezeichnet: „Moi, sur la frontière de ces deux tableaux si disparates",[29] also genau auf der Grenze zwischen beiden Gemälden.

Dies ist die (rahmende) Zwischenposition, die vom Erzähler stets eingenommen wird, so dass es ihm auch gelingen kann, beide Bilder in einem einzigen *Tableau*, einem einzigen Gemälde und Rahmen miteinander zu vereinigen. Die Problematik der Mehrfachkodierungen ist mit den zusammengedachten Semen von „Leben" und „Tod" deutlich markiert. Das Zusammendenken beider Logiken erfolgt, als der Greis – der zuvor diabolisch gleichsam dem Erdboden entstieg – neben der jungen Marquise Platz nimmt und damit das in der Malerei so häufige Motiv vom Tod und dem jungen Mädchen in einer weiteren Variation wiederaufgenommen wird. Denn in dieser Bildzusammensetzung ist der Sensenmann selbst zum Opfer der Kastration, gleichsam der geschlechtskastrierenden Sense geworden.

Wie der „narrateur" trotz seines Scheiterns nicht zum Tode verurteilt wird, so ist auch die „narrataire" am Ende der Novelle nur zu einem vorübergehenden Tod verdammt. Denn die schöne Marquise, mit dem Tod in Gestalt des seltsamen

---

27 Vgl. hierzu Wagner, Peter: *Reading Iconotexts. From Swift to the French Revolution*. London: Reaktion Books 1995, insb. Part I.
28 Balzac, Honoré de: Sarrasine, S. 1045.
29 Ebda., S. 1044.

Greises körperlich und mit dessen ambivalenter Sexualität narrativ in Berührung gekommen, wird nach dem Erzählvorgang für lange Zeit Leben und Leidenschaften entfremdet sein: Sie ist „dégoûtée de la vie et des passions pour longtemps".[30] Die Affizierung der Rahmen- durch die Binnenerzählung, die innerhalb der Novelle in Umfang und semantischer Komplexität gleichwertig sind, erfolgt so auf mehreren Ebenen, an mehreren Kontaktpunkten zugleich. Die Marquise ist in ihrem Glauben wie in ihrer Praxis der Zweigeschlechtlichkeit erschüttert und degoutiert: schlechte Aussichten für den erhofften Liebeslohn!

Sarrasine, der andere – und auffälligere – Künstler der Novelle, führt die Reihe verschiedener ästhetischer Transpositionen in gedrängter Form vor. Seine erste Begegnung mit der ‚Primadonna' führt ihn in eine Ekstase, die Ohren und Augen gleichermaßen betäubt und zugleich halluzinatorisch in ihren sinnlichen Übertragungsfähigkeiten intensiviert. Sarrasine ist mit allen Sinnen Künstler: Seine „passion" und sein „délire" führen ihn notwendig zur Kunst und zum Versuch, die gerade erst auf der Bühne gesehene Zambinella, die den Künstler von Sinnen kommen ließ, aus dem Gedächtnis zu zeichnen:

> Es war eine Art materieller Meditation. Auf einem Blatt erschien die Zambinella in jener scheinbar ruhigen und kühlen Haltung, wie sie bei Raffael, wie sie bei Giorgione und allen großen Malern beliebt war. Auf einem anderen drehte sie nach einer Koloratur ihren Kopf mit Finesse und schien sich selbst zuzuhören. Sarrasine zeichnete seine Geliebte in allen Posen: Er schuf sie ohne Schleier, sitzend, aufrecht, liegend und dabei einmal keusch und einmal liebeshungrig, wobei er dank des Deliriums seiner Stifte alle kapriziösen Ideen verwirklichte, die unsere Einbildungskraft bestürmen, wenn wir intensiv an eine Geliebte denken. Aber sein wütendes Denken ging weiter als das bloße Zeichnen. Er sah die Zambinella, sprach zu ihr, flehte sie an, erschöpfte tausend Jahre des Lebens und Glückes mit ihr, indem er sie in alle vorstellbaren Situationen brachte und dabei gleichsam die Zukunft mit ihr versuchte.[31]

Sarrasine ist nicht nur Künstler, sondern ein männlicher heterosexueller Bildhauer. Seine angeregte und von der Zambinella befeuerte Imagination lässt ihn so werden, wie sich das ‚Wir' im Erzählerdiskurs gegenüber geliebten Frauen anscheinend zu verhalten pflegt: in einer erhitzten Einbildungskraft sich den weiblichen Körper in allen möglichen Posen und Stellungen vorstellend. Diese ‚Normalität' des erzählerischen ‚Wir' suggeriert die geschlechtliche Norm einer binären Genderzugehörigkeit, welche der erzählte Text gerade negiert. Und Sarrasine verhält sich zwar in diesem normativen Sinne genderspezifisch ‚normal',

---

30 Ebda., S. 1075.
31 Ebda., S. 1062.

reagiert aber als Künstler gegenüber seinem lange erträumten Modell, das ihn als Künstler und als Liebhaber entfesselt.

Im Gegensatz zu den Doppelkodierungen, welche der Erzähler zwischen ‚Realität' und ‚Kunst' etwa in Hinblick auf die Figur des Kastraten herstellt – seine Kunst des Erzählens zielt nicht umsonst auf die reale, körperliche Erfüllung seiner Liebe ab –, sind die Kodierungen Sarrasines nur an einer ikonographischen Tradition und seiner inneren Flut obsessiver Bilder und Vorstellungen ausgerichtet. Sarrasine *muss* den Körper-Leib der Zambinella in ein künstlerisches Objekt verwandeln, in diese Objektivierung aber zugleich seine Libido investieren. Dies macht seine Intensität als Künstler und sein Ausgeliefertsein in der ‚Realität' aus.

Völlig zurecht hatte Bouchardon, in dessen Atelier Sarrasine bis zur Romreise arbeitete, den jungen Bildhauer als wohl für die Kunst, nicht aber für das Leben gut vorbereitet eingeschätzt. *Gender trouble* ist im Grunde bereits der weiblichen Endung seines Namens eingeschrieben: Obsessionen benötigen Spielraum, und dieser Spiel-Raum scheint sich im Künstlernamen zu eröffnen. Die nur aus der Distanz, wenn auch halluzinatorisch-visionär gesehene Frau wird in der oben zitierten Passage von Sarrasine zunächst in eine Kunst(-figur) überführt, die sich weniger an den Arbeiten seines Lehrmeisters, des Bildhauers Edme Bouchardon (1698–1762), als an den kanonischen Frauenbildnissen der großen italienischen Meister Raffaello (1483–1520) und Giorgione (1478–1510) orientiert. Der lebendige, dreidimensionale Körper der geliebten (und vermeintlichen) Frau wird in eine Zweidimensionalität gebracht, welche die Verfügbarkeit dieses Körpers als System von Linien und Flächen ermöglicht. Die Objektivierung Zambinellas stellt den Leib des Modells als Körper zur Verfügung und ermöglicht dessen künstlerisch-männlichen Gebrauch.

Sarrasine besitzt in seiner „méditation matérielle" zwar nicht die Leibhaftigkeit des geliebten Körper-Leibs, wohl aber die Gewalt über all dessen Stellungen und Ausdrucksformen. Dies ist die Macht des Bildenden Künstlers über sein Objekt, über den Körper des Modells, das er modelliert. Freilich genügt ihm dies noch nicht, drängt ihm seine Imagination doch Bilder einer gemeinsamen Zukunft, eines Lebens zu zweit auf, die sich nur narrativ anordnen lassen: Die Positionen gehen in Situationen, die Körperbilder in Lebensbilder über. Hier scheint die Grenze bildhafter Darstellung erreicht. Denn Sarrasine ist auf Grund eines mangelnden Lebenswissens noch nicht ausreichend auf die komplexe Realität vorbereitet; er vermag ihre Mehrfachkodierungen noch nicht zu lesen, ja noch nicht einmal zu entziffern.

Als Künstler jedoch gelangt er von einer (zweidimensionalen) Kunst der Fläche, der Malerei, die sich in einer *Sequenz* von Zeichnungen entlud, zu einer Kunst der Zeit, der Narration, welche die Sequenz isolierter Körperstellungen in ein künftiges, imaginiertes und belebtes Lebensbild projiziert. Der Motor hierfür ist die künstlerische Einbildungskraft, die auf dem schon weit entfernten Anstoß durch eine einzigartig orgiastische Lektüre der ‚Realität' beruht. Lektüreprozesse und Kodierungsprozesse laufen damit, im Gegensatz zur Erzählerfigur der Novelle, bei Sarrasine weitgehend autonom im Bereich von Kunst und Imagination ab – in den Worten des Erzählers als „materielle Meditation". Eine unterschwellige Rivalität von visueller und erzählender Kunst wird erkennbar; und einer Kunst des Betrachtens tritt eine Kunst des Zuhörens gegenüber. Sarrasine beherrscht auch sie nicht: Sein Ohr ist nach innen gerichtet und g*ehorcht* nur sich selbst allein.

Gleichzeitig macht die obige Passage aus Honoré de Balzacs Novelle deutlich, dass diese künstlerischen Transformationsprozesse von Zambinellas Körper-Leib über erste Zeichnungen (und die hier ausgesparte Statue) schließlich zur Erzählung führen und damit in einer Mise en abyme die Umkodierungsprozesse und künstlerischen Modellierungen der Novelle selbst vorführen. Damit kommt ihr die Funktion einer immanenten Poetik zu, gerade weil sich mit Sarrasine und Erzählerfigur zwei Künstlertypen gegenüberstehen, die sich nicht nur hinsichtlich ihrer diegetischen Einbettung, sondern – ungeachtet aller Parallelen und des Scheiterns beider als Liebhaber – auch bezüglich ihrer Kunstauffassung grundlegend voneinander unterscheiden.

Dies wird anhand der in der obigen Passage ausgesparten bildhauerischen Arbeit klar, die sich sofort, nach dem ersten Blick auf die vom Publikum gefeierte Zambinella, in geradezu ekstatischer Verzückung spontan (und unkontrolliert) ankündigt:

> Sarrasine stieß Schreie der Lust aus. In diesem Augenblick bewunderte er die ideale Schönheit, deren Vollkommenheit er bislang hier und dort in der Natur gesucht hatte, indem er von einem häufig genug unedlen Modell die Rundungen eines vollendeten Beines, von einem anderen die Umrisse des Busens, von diesem die weißen Schultern abverlangte, von jenem Mädchen schließlich den Hals nahm, die Hände von dieser Frau und die glatten Knie von jenem Kind, ohne doch jemals unter dem kalten Himmel von Paris die reichen und sanften Schöpfungen des antiken Griechenland vorzufinden. Sehr lebendig und zart zeigte ihm die Zambinella das Zusammenspiel jener himmlischen Proportionen der weiblichen Natur, die ein so brennendes Begehren auslösen, und über die ein Bildhauer als der zugleich strengste und leidenschaftlichste Richter urteilt.[32]

Der unmittelbar folgende Verweis auf den Meißel der Griechen, den „ciseau des Grecs", unterstreicht auch hier eine parallele Überführung des lebendigen Körpers in die dreidimensionale Skulptur, wohlgemerkt in Anlehnung an die antike Bild-

---

32 Ebda., S. 1060.

hauerkunst. Im Körper-Leib Zambinellas freilich ist das Naturschöne bereits zum Kunstschönen geworden, ja wird komplett von letzterem ersetzt. Hier ist die Aufgabe des Künstlers, den Körper vieler Modelle zu zerstückeln, in neuer Weise zusammenzufügen und so die „beauté idéale" auf kombinatorische Weise zu erreichen, schon abgeschlossen: Zambinella ist (in den Augen Sarrasines) bereits ein Kunstwerk, und genau diese Tatsache hätte ihn zu einer zweiten, weniger ekstatischen, dafür aber kritischeren (‚strengeren') Lektüre dieser idealen Schönheit führen müssen. Im Erzählerdiskurs wird dies, wenn auch in ambivalenter Formulierung, angedeutet: „C'était plus qu'une femme, c'était un chef-d'oeuvre!"[33] Dieses „mehr als eine Frau" des „Kunstwerks" namens Zambinella muss adäquat als kunstvolle Verfertigung gelesen werden; doch dazu fehlt es dem Bildhauer nicht an künstlerischer Sensibilität, sondern an Lebenswissen.

Zambinella ist das Ergebnis eines kulturell dekodierbaren Verfertigungsprozesses: Denn ihr Körper wurde – wenn auch nicht von Künstlerhand – bereits zerstückelt und neu zusammengesetzt, um aus dem Jungenkörper den von der Kunsttradition benötigten Klangkörper formen zu können. Als Kastrat ist Zambinella nicht einem binären Geschlechterschema zuordenbar, sondern verhält sich *queer* dazu. Sarrasine ist wohl der ‚leidenschaftlichste', nicht aber der ‚strengste' Richter des von ihm Erblickten und vermag das sich ihm darbietende Rätsel nicht zu lösen. Ihm genügt stets eine erste Lektüre, die einer künstlerischen Tradition folgend umkodiert und mit der eigenen Imagination ausgestaltet wird: Er ist ein naiver Leser. Und genau darin ist seine Kunst defizient!

Der Verzicht auf die zweite Lektüre endet für Sarrasine nicht in der Kunst, wohl aber im Leben tödlich. Diese Konsequenz ist folgerichtig, denn es ist gleichsam die Statue, die den Künstler tötet, um zum Ausgangspunkt einer eigenen, künstlerischen Genealogie werden zu können, an deren Ende in Balzacs Novelle der Lektüreprozess des Erzählers steht: So wird aus Sarrasine *Sarrasine*.

Der französische Bildhauer liest den mehrfach objektivierten Körper Zambinellas also nicht von neuem und aus kritischer Distanz, sondern ruft einen ‚literarischen' Text, einen Mythos auf: „Sarrasine verschlang die Statue Pygmalions mit seinen Augen, die für ihn von ihrem Sockel gestiegen schien."[34] So wird die tödliche Abschottung des künstlerischen Bereichs gegenüber dem ‚lebensweltlichen' mit Hilfe jenes Pygmalion-Mythos verstärkt, dem in den Schriften von

---

33 Ebda., S. 1061.
34 Ebda., S. 1061: „Sarrasine dévorait des yeux la statue de Pygmalion, pour lui descendue de son piédestal."

Jean-Jacques Rousseau – der unmittelbar zuvor[35] namentlich genannt wird – eine so große Bedeutung zukam.

Der 2019 verstorbene Genfer Literaturwissenschaftler und Medizinhistoriker Jean Starobinski hat in seiner überzeugenden Deutung der Verwendung dieses Mythos bei Rousseau die Verbindung von Theater und Bildhauerwerkstatt, vor allem aber die Funktion jener (verhüllten) Statue betont „que Pygmalion a sculpté à l'image de son désir",[36] die Pygmalion folglich im Lichte seines Begehrens gemeißelt hat. Auch in diesem Falle ist die Statue Verkörperung der „beauté idéale" für den auf sich selbst bezogenen Künstler: „Verliebt in sein Ebenbild wie Narziss, will er den Reflex seiner selbst umarmen, den er in seinem Werke anbetet. Er hat sich verdoppelt, ein Teil seiner Seele ist in dieses leblose *Ding* übergegangen: Doch Pygmalion ist nicht damit einverstanden, sich von dem zu trennen, was er geschaffen. Er akzeptiert nicht, dass das Kunstwerk etwas *anderes* sei als er selbst, dass es ihm fremd werden könnte."[37]

Doch setzt genau an diesem Punkt des Konnexes zwischen ‚Leben' und ‚Kunst' die Umkehrung des von Rousseau modellierten Pygmalion-Mythos an. Denn der Erfolg dieser künstlerischen Tätigkeit, so die Deutung Starobinskis, führt zum Verstummen eben dieser Kunst: Wenn alles an der „joie vécue", dieser gelebten Lust des Bildhauers ausgerichtet ist, dann bringt das Leben die Kunst zum Verschwinden.[38] Bei Sarrasine aber bringt die Kunst das Leben zum Verschwinden: Der Künstler legt seine Werkzeuge nicht glücklich nieder, sondern schleudert sie mit Tötungsabsicht gegen sein gerade erst erschaffenes Kunst-Werk. Vor den Augen der Statue und deren imaginärem Modell aber bricht der Künstler, tödlich ins Herz getroffen, zusammen: Er hat sein Leben verwirkt, da es ihm nicht gelang, ein nicht auf die Kunst gerichtetes, sondern an der außerkünstlerischen Wirklichkeit ausgerichtetes Lebenswissen zu entwickeln.

Aus dieser ‚Arbeit am Mythos', dieser Umkehrung des Pygmalion-Mythos, und der anschaulichen Vorführung des idealen Kunstschönen ergibt sich der Kontrast zur Poetik Balzacs. Denn dieser hatte in seinem *Avant-propos* zur *Comédie humaine* im Jahre 1842 die berühmte Formel geprägt, die französische Gesell-

---

35 Ebda., S. 1060.
36 Starobinski, Jean: *Jean-Jacques Rousseau. La transparence et l'obstacle. Suivi de Sept essais sur Rousseau*. Paris: Gallimard 1971, S. 90.
37 Balzac, Honoré de: Sarrasine, S. 1060: „Amoureux de son visage comme l'était Narcisse, il veut étreindre le reflet de lui-même qu'il adore dans son œuvre. Il s'est dédoublé, une partie de son âme a passé dans cette *chose* sans vie; mais Pygmalion ne consent pas à se séparer de ce qu'il a créé. Il n'accepte pas que l'œuvre d'art soit *autre* que lui-même, qu'elle lui devienne étrangère."
38 Ebda., S. 91.

schaft sei in diesem Zyklus der Historiker, der Romancier aber nichts anderes als deren Sekretär. Und Honoré de Balzac fuhr fort:

> Indem ich das Inventar der Laster und der Tugenden aufstellte, indem ich die Hauptbestandteile der Leidenschaften zusammentrug, indem ich die Charaktere ausmalte, indem ich die hauptsächlichen Ereignisse der *Gesellschaft* auswählte, indem ich Typen durch die Vereinigung der Züge mehrerer homogener Charaktere zusammensetzte, konnte es mir vielleicht gelingen, die von so vielen Geschichtsschreibern vergessene Geschichte zu schreiben, jene der Sitten.[39]

Honoré de Balzac will mit dem Zyklus seiner *Comédie humaine* folglich in jene Lücke hineinstoßen, welche die Historiker gelassen haben, die sich nur mit der kruden Realität oder – im aristotelischen Sinne – mit dem, wie es gewesen ist, zu beschäftigen pflegen. Balzac aber will sich auf die Sitten, auf die „mœurs", konzentrieren und damit jenen Bereich *gelebter* Wirklichkeiten erfassen, der außerhalb der Aufgabe des Historiographen liegt. Es geht bei ihm folglich um die Darstellung einer Totalität an Lebenswissen, wie es im auf Frankreich konzentrierten WeltFraktal[40] seiner *Menschlichen Komödie* literarisch zu erfassen ist.

Der Sekretär der französischen Gesellschaft präsentiert sich in der soeben angeführten Passage sehr wohl als ‚Charaktermaler', der mit der Technik einer Vereinigung unterschiedlicher Züge verschiedenster Modelle arbeitet. Doch zielt diese Arbeit letztlich nicht auf ein „beau idéal", das Balzac im Zuge seiner Argumentation gleichwohl nicht unerwähnt lassen darf,[41] sondern auf die Erstellung jener Typen ab, welche die Population der *Comédie humaine* bilden und seiner an naturwissenschaftlichen Vorbildern entwickelten Vorstellung von „Espèces Sociales"[42] entsprechen, von sozialen Spezies. Auch wenn sich Balzac einer Technik bedient, die Sarrasine vor der ersten Begegnung mit Zambinella anwandte, ist diese doch nicht an jener Ästhetik der Schönen Künste ausgerichtet, „in welcher die Künstler die menschliche Schönheit aus Gründen jener Doktrin übertreiben, die sie dazu verleitet, alles zu idealisieren".[43] Dem französischen Romancier geht es vielmehr darum, mit seinem auf die gelebten und erlebbaren Wirklichkeiten

---

39 Balzac, Honoré de: Avant-propos. In (ders.): *La Comédie humaine*. Bd. I. Paris: Gallimard (Edition de la Pléiade) 1976, S. 11 (die Kursivierung steht für große Anfangsbuchstaben im französischen Original).
40 Vgl. hierzu Ette, Ottmar: *WeltFraktale. Wege durch die Literaturen der Welt*. Stuttgart: J.B. Metzler Verlag 2017.
41 Balzac, Honoré de: Avant-propos, S. 15.
42 Ebda., S. 8.
43 Balzac, Honoré de: Sarrasine, S. 1054: „où les artistes exagèrent la beauté humaine, par suite de la doctrine qui les porte à tout idéaliser."

der französischen Gesellschaft gerichteten Blick ein WeltFraktal zu modellieren, das keiner Idealität, sondern der von Balzac so verstandenen tatsächlich gelebten Realität der *Sitten* verpflichtet sein sollte.

Honoré de Balzac versucht, eine Position jenseits der aristotelischen Scheidung von Geschichtsschreiber und Dichter oder – wie sich auch sagen ließe – von „res factae" und „res fictae" zu gewinnen. Dies verstand George Sand in ihrer treffenden Formulierung von 1861 folgendermaßen auszudrücken: „Balzac, der so sehr nach dem Absoluten in einer gewissen Anzahl von Entdeckungen suchte, hatte in seinem Werk selbst fast die Lösung eines Problems gefunden, welches vor ihm noch unbekannt war: die komplette Realität in der kompletten Fiktion."[44] Wir können dieses Problem, das George Sand treffend umschrieb, mit einem neueren Begriff bezeichnen: Balzac suchte ein *WeltFraktal* zu schaffen.

Es ist diese vollständige Fiktion einer vollständigen Realität, welche zweifellos die Modernität seiner Literaturkonzeption ausmacht, die freilich sehr wohl dem mimetischen Gebot folgt, das Aristoteles in seiner *Poetik* ebenso auf den Dichter wie auf den Maler oder andere Bildende Künstler bezogen wissen wollte.[45] Mit Rainer Warning könnte man bei Balzac von einer „Neuinterpretation des Terms Fiktion" sprechen, welche neue Modellierungen von Wirklichkeit erlaube, oder mit Winfried Wehle auf eine „poetologische Modernisierung" verweisen.[46] Das für ein Bewusstsein der Moderne wichtige und für Balzacs Romankonzeption entscheidende Element, jenes, das die Tableauhaftigkeit der Naturgeschichte[47] verzeitlicht und dynamisiert, damit die klassische Episteme im Sinne Foucaults[48] auf eine historische Tiefendimension hin öffnet, ist in der *Comédie humaine* jedoch zweifellos der Zufall.

Denn der „hasard" erlaubt es Balzac, die zoologischen Arten, die konzeptionell noch im statischen Tableau der Naturgeschichte gefangen sind, als ‚soziale

---

44 George Sand nahm ihren Essay über Balzac später auf in die Sammlung *Autour de ma table*. Paris: Ed. Michel Lévy 1876, S. 199: „Balzac, qui a tant cherché l'absolu dans un certain nombre de découvertes, avait presque trouvé, dans son œuvre même, la solution d'un problème inconnu avant lui, la réalité complète dans la complète fiction."
45 Vgl. Aristoteles: *Poetik*, Kap. 25.
46 Warning, Rainer: Chaos und Kosmos. Kontingenzbewältigung in der „Comédie humaine". In: Gumbrecht, Hans-Ulrich / Stierle, Karlheinz / Warning, Rainer (Hg.): *Honoré de Balzac*. München: Fink 1980, S. 10; sowie im selben, von der „Konstanzer Schule" und ihren literaturwissenschaftlichen Ablegern geprägten Band Wehle, Winfried: „Littérature des images". Balzacs Poetik der wissenschaftlichen Imagination, S. 60.
47 Vgl. Lepenies, Wolf: *Das Ende der Naturgeschichte. Wandel kultureller Selbstverständlichkeiten in den Wissenschaften des 18. und 19. Jahrhunderts*. Frankfurt am Main: Suhrkamp 1978.
48 Vgl. Foucault, Michel: *Les mots et les choses*. Paris: Gallimard 1966.

Arten' in eine ständige Bewegung zu versetzen, da der Zufall – wie Erich Köhler[49] gezeigt hat – das Mögliche und die historische Notwendigkeit literarisch überzeugend miteinander zu vermitteln befähigt ist. Hatte Aristoteles dem wahrscheinlichen Unmöglichen den Vorzug vor dem unwahrscheinlichen Möglichen gegeben,[50] so wird der auf solche Weise verankerte mimetische Diskurs bei Balzac durch die Fruchtbarmachung des *literarischen* Zufalls nun historisch dynamisiert.

Damit aber – so ließe sich sagen – gerät der Romancier, der literarische Erzählkünstler, zugleich in einen entscheidenden Vorteil nicht allein gegenüber dem Historiker, sondern mehr noch gegenüber Maler und Bildhauer. Denn seine Portraits und Standbilder lassen sich zu komplexen Sequenzen anordnen, die narrativ vielfältigste Transformationsprozesse darzustellen in der Lage sind. „L'Etat Social", so heißt es nun bei Balzac, „a des hasards que ne se permet pas la Nature, car il est la Nature plus la Société":[51] Der gesellschaftliche Zustand kennt Zufälle, welche sich die Natur nicht erlaubt, denn er ist Natur plus Gesellschaft. Und wenig später folgt dieser Formel das berühmte Credo des Autors der *Comédie humaine*: „Le hasard est le plus grand romancier du monde: pour être fécond, il n'y a qu'à l'étudier."[52] Der Roman also ist der größte Romancier der Welt: Um fruchtbar zu sein, muss man ihn nur aufmerksam studieren!

Nicht in allen literarisch denkbaren Fällen, so scheint mir, muss die „Willkür des Zufalls" im Sinne Erich Köhlers in „gesellschaftlicher Notwendigkeit" wurzeln; stets aber ist der Zufall bei Balzac „ein Prinzip", „an dessen Erkenntnis sich auch das Gelingen des schriftstellerischen Werkes entscheidet".[53] Die schriftstellerische Arbeit beinhaltet ein aufmerksames Studium, eine kritische Lektüre der Kontingenz in ihren Auswirkungen auf die (französische) Gesellschaft. In seinem fraktalen Verständnis dieser französischen Gesellschaft aber begriff sich Balzac als literarischer Demiurg, als Schöpfer eines ganzen, weltumspannenden „monde", dessen „plus grand romancier" er sein wollte. Wo die lateinamerikanischen Schriftsteller*innen folglich nach Allegoresen und Formeln für ihre nationalen oder bestenfalls kontinentalen Gesellschaften suchten, da begrenzte sich der französische Romancier auf seine Gesellschaft, um kühn nach der Weltformel zu greifen.

---

49 Vgl. das kleine, aber wichtige Werk von Köhler, Erich: *Der literarische Zufall, das Mögliche und die Notwendigkeit*. München: Fink 1973.
50 Aristoteles: *Poetik*, Kap. 24.
51 Balzac, Honoré de: Avant-propos, S. 9.
52 Ebda., S. 11.
53 Köhler, Erich: *Der literarische Zufall, das Mögliche und die Notwendigkeit*, S. 46 f.

Es ist ohne Zweifel und vor diesem poetologischen Hintergrund der Zufall, der Balzacs Novelle gleich mehrfach in Bewegung setzt und stets mit jenem anderen Element im Bunde steht, das in der Naturgeschichte Buffons immer nur mit einigen wenigen Sätzen abgefertigt werden konnte: dem weiblichen Gegenpart.[54] Es ist der Zufall, der Erzähler und Marquise vor Viens Bildnis des Adonis führt, so wie es der Zufall war, der Jahrzehnte zuvor Sarrasine bei seinen Spaziergängen durch Rom, „la reine des ruines"[55] – und es fällt schwer, hier nicht an Stendhals *Quelques promenades dans Rome* zu denken –, zum historischen Teatro Argentina geführt hatte. Dort rief eine Menschenmenge begeistert die Namen von Zambinella und Jomelli aus. Und schließlich war es auch der Zufall – und nicht so sehr die „force si extravagante"[56] des Künstlers –, die Sarrasine die Statue verfehlen ließ und damit die zu Beginn dieses Kapitels unserer Vorlesung dargestellten künstlerischen Filiationen in Gang setzte. Der „hasard" ermöglicht das Zustandekommen der „unerhörten Begebenheit", realisiert das Mögliche im (fiktionalen) Wirklichen und schafft auch die Voraussetzungen für das Zustandekommen des (literarischen) Kunstwerks: *Le hasard est le plus grand romancier du monde.*

All diese Zufälle sind stets an das in Balzacs Romankonzeption dynamisierende Element par excellence, die Wahl des Geschlechtspartners beziehungsweise – „Cherchez la femme!" – an die Frau, rückgebunden: ganz so, wie schon Marie de Verneuil, die Protagonistin jenes Romans, auf den der Beginn des Avant-propos anspielt, der Handlung von *Les Chouans* (1829) ein ums andere Mal neue Richtungen gab. *Sarrasine* kommt zwar – wie schon erwähnt – eine eher marginale Position innerhalb der *Comédie humaine* zu, doch sind die mit der Kunstauffassung verbundenen literarischen Verfahren in dieser Novelle aufs Engste mit dem gesamten Zyklus Balzacs verbunden. Zambinella nimmt in dieser Novelle, die sehr wohl auf die literarische Darstellung einer gesellschaftlichen Totalität aus ist, aus struktureller Sicht die Stelle der Frau ein, potenziert diese an sich schon bei Balzac stets grenz(en)überschreitende Rolle aber noch durch seine Ambivalenz als Kastrat. Eben dies macht den besonderen, unhinterfragte Geschlechtergrenzen durcheinander wirbelnden Reiz dieser Novelle aus.

Zwischen Binnen- und Rahmenerzählung, sowie insbesondere zwischen den beiden Künstlergestalten, dem Bildhauer und dem Erzähler, bildet sich ein Spannungsverhältnis, in das – wie wir sahen – eine immanente Poetik eingewoben

---

54 Vgl. Balzac, Honoré de: Avant-propos, insb. S. 8 f.
55 Balzac, Honoré de: Sarrasine, S. 1059.
56 Ebda., S. 1075.

ist. Der Statik der Skulptur wird nicht zuletzt die im Sinne Bachtings verstandene Vielsprachigkeit des Erzählvorgangs entgegengestellt, deren Dynamik sich gerade in einer Lektüre von Werken Bildender Kunst entfaltet: Die Literatur verleibt sich Malerei wie Bildhauerei in ekphrastischer Überbietung ein.[57] Zweifellos ist, wie Pierre Citron in seiner Einleitung zur Pléiade-Ausgabe von *Sarrasine* schrieb, diese Novelle „l'un des récits les plus étranges de *La Comédie humaine*, l'un des plus complexes"; es wäre gewiss aber verkürzend, sie vor allem für „peut-être l'un de ceux qui éclairent le mieux certaines zones obscures de la psychologie de Balzac"[58] zu halten. Ist diese Novelle, die zu den laut Citron seltsamsten und komplexesten Erzähltexten der gesamten *Menschlichen Komödie* gehört, wirklich geeignet, die dunklen Stellen in der Psychologie Balzacs zu beleuchten?

Gewiss ist es legitim, wenn auch wenig fruchtbar, in den Künstlergestalten – wie Citron es in seinen Kommentaren und Anmerkungen immer wieder nahelegt – Verkörperungen des jungen und des reifen Balzac, oder in der versuchten Zerstörung des Kunstwerks den Hinweis auf ähnliche Neigungen des Schöpfers der *Comédie humaine* erblicken zu wollen. Neben allen nicht von der Hand zu weisenden biographischen Parallelen verweisen die beiden Künstlerkonzeptionen aber wesentlich auf zwei verschiedene Ausdrucksformen beziehungsweise Künste (Bildhauerei/Malerei versus Erzählkunst) sowie zwei verschiedene Auffassungen von Kunst. Dabei wird einer idealisierenden, allein künstlerischen Kodierungen verpflichteten Auffassung eine De-Idealisierung entgegengestellt, welche eine Dialektik zwischen Leben und Kunst, zwischen Realität und Fiktion in ständiger, unabgeschlossener Bewegung zu entfalten versucht. Eben hier kommt die an der gelebten oder lebbaren, an der erlebten oder erlebbaren Wirklichkeit ausgerichtete Erzählidee Balzacs zum Tragen.

Bei der Verwirklichung dieser Grundidee – und hier wären Balzacs eigene künstlerische Poetik wie Poetologie anzusiedeln – gehört die Priorität nicht Bildhauerkunst oder Portraitmalerei, sondern dem literarischen Portrait in seiner verschriftlichten und komplex angelegten Erzählform. Es formt wie die beiden anderen Künste verschiedenste Elemente zur Einheit eines Tableaus, das neben eine Vielzahl anderer treten kann. Dem Tableau-Charakter der Naturgeschichte werden die verschiedenen Künste im selben Maße gerecht, wenn auch auf unterschiedliche Weise. Zu einer Historisierung der Portraits, einer Dynamisierung der Arten beziehungsweise gesellschaftlichen Typen aber ist vor allem der Romancier

---

57 Vgl. zur Vorgeschichte der Rivalität zwischen Literatur und Malerei Jurt, Joseph: Les arts rivaux. La description littéraire – le temps pictural (Homère, Poussin, Le Brun). In: *Neophilologus* 72 (1988), S. 168–179.
58 Citron, Pierre: Introduction, *op.cit.*, p. 1035.

befähigt; nicht zuletzt, weil er Bewegungen in ihrer historischen Tiefenschärfe und in ihrer ganzen Lebendigkeit darzustellen vermag. Seine Kunst vermag selbst die Rahmungen zu verzeitlichen und dieser Verzeitlichung ästhetische Effekte abzutrotzen, die in einem umfassenden Sinne europäischer Deutung als modern zu bezeichnen sind. Der Romancier wird damit, um Baudelaires Betrachtungen von 1859 über den *Peintre de la vie moderne* abzuwandeln, zu einem *modernen Maler* des Lebens und des Lebendigen. Denn er ist sich des Lebenswissens all seiner Gestalten bewusst.

Das Spannungsverhältnis zwischen verschiedenen Kunstauffassungen kommt, wie gezeigt werden sollte, in den unterschiedlichen Lektüreprozessen von Erzähler und Sarrasine sowie der schönen Marquise zum Ausdruck. War bei Sarrasine die Kondensierung verschiedenster Teile in einer homogenen Gestalt auf die ideale, überzeitliche Schönheit gerichtet gewesen, so zielt diese Technik bei Balzac auf die verzeitlichende Konstruktion eines gesellschaftlichen Typus, der sich auf wissenschaftliche Modelle bezieht und diese gleichzeitig überbietet. Denn er vermag wie die wissenschaftlichen Modelle Phänomene zu analysieren, übertrifft die Wissenschaft aber darin, durch die synthetische Kraft der Sprache konkrete und glaubwürdige *Lebensbilder* zu entwickeln. Dieser Überlegenheit seiner Erzählkunst ist sich Balzac zutiefst bewusst.

Damit soll die Position des textinternen Erzählers keineswegs mit jener des textexternen Autors gleichgesetzt werden: Zwischen beiden steht die Verschriftlichung des Erzählvorgangs, die schon in Balzacs Metapher vom Sekretär ausgedrückt ist. Halten wir beide Bereiche also strikt auseinander! Darüber hinaus könnte aber auch Sarrasine, der Flaneur in Rom, als ein literarischer Vorfahre jener Thematik der Zufallsbekanntschaft gedeutet werden, die im Kontext des Erlebens der Großstadt bekanntlich in Baudelaires Lyrik jene literarische Moderne ästhetisch modelliert hat, der Balzac mit seiner vollständigen Fiktion einer vollständigen Realität in *Sarrasine* einen künstlerisch adäquaten Ausdruck verlieh. Die beiden Künstlergestalten der Novelle sind zu ambivalent angelegt, als dass man sie einander antithetisch gegenüberstellen dürfte. Doch unterscheiden sie sich in einem für die Konzeption nicht nur des „récit", sondern auch der Novelle insgesamt wichtigen Punkt: in Auffassung und Praxis ihrer Lektüre. Kommen wir also nochmals auf die bereits angesprochene Problematik der Lesevorgänge und Lesekonzepte zurück!

Es gibt gewiss verschiedene Arten und Methoden, Texte aus der Feder von Honoré de Balzac zu lesen. Der Duc de Guermantes etwa las in Marcel Prousts *A la recherche du temps perdu* Balzac meistens sonntags bei Sirup und Biskuits, um in der „petite bibliothèque du second", wo er „tout Balzac" besaß, den Gästen seiner Frau zu entgehen: Balzac folglich bestenfalls als Fluchtort, als Gegen-Welt, als vollständige Fiktion einer anderen, spannenderen Wirklichkeit. Proust, der ein feines Gespür und ein großes Interesse für Leserfiguren[59] und deren Gewohnheiten besaß, stellte dieser Szenerie die folgende Betrachtung voran: „Balzac hatte wie die anderen Romanciers, aber vielleicht stärker noch als sie, ein Publikum von Lesern, die in seinen Romanen nicht ein literarisches Werk suchten, sondern ein schlichtes Interesse an Imagination und Beobachtungsgabe besaßen. Diese Leser wurden auch nicht von seinen stilistischen Fehlern aufgehalten, für sie zählten vielmehr die Qualitäten seiner Untersuchungen."[60]

Marcel Prousts Überlegungen zum Leser Balzacs gingen selbstverständlich einher mit dem Wunsch, für sich selbst ein anderes Lesepublikum zu erfinden, das stärker am spezifisch Literarischen ausgerichtet sein müsste. Zweifellos entsprach über lange Zeit die Lektüre Balzacs in grundlegenden Zügen jenen Hinweisen zum spezifischen Verhältnis zwischen Geschichte und Fiktion, die der Schöpfer der *Comédie humaine* seinen Leserinnen und Lesern entweder über Erzählerkommentare oder paratextuelle Ausführungen gab – und für beide Vorgehensweisen haben wir Beispiele kennengelernt. In sehr zutreffender Weise hat bezüglich des ersten Verfahrens Gérard Genette von einer „invasion du récit par le discours"[61] gesprochen und damit Balzacs Versuch charakterisiert, über den Erzählerdiskurs eine Vermittlung zwischen „res fictae" und „res factae" zu erzielen. Die Fiktion wird ständig an die (von Balzac hypostasierte) Erfahrungswelt des Lesepublikums rückgekoppelt, die Lektüre der Romane selbst damit recht effizient nicht nur paratextuell, sondern auch innerliterarisch gesteuert.

Das Dokumentarische in Balzacs Werk, das bekanntlich schon Karl Marx und Friedrich Engels – und eine hieran anknüpfende reiche Rezeption und Forschungsliteratur – faszinierte, hat sicherlich ganze Generationen von Balzac-Leserinnen und Lesern in den Bann gezogen. So schrieb der keineswegs Marxismus-verdächtige Hugo Friedrich:

> Für gewisse Vorgänge in der Gesellschaftsgeschichte von 1789 bis 1840 ist sogar das Werk Balzacs ein Dokument, das von keinem anderen der Zeit überboten worden ist und heute

---

59 Vgl. zu Prousts Konzeption der Lektüre u. a. Roloff, Volker: Von der Leserpsychologie des Fin de siècle zum Lektüreroman. Zur Thematisierung der Lektüre bei Autoren der Jahrhundertwende (unter anderem Huysmans, Eça de Queirós, Unamuno, Proust. In: *LiLi. Zeitschrift für Literaturwissenschaft und Linguistik* XV, 57–58 (1985), S. 186–203.
60 Proust, Marcel: *Contre Sainte-Beuve*. Paris: Gallimard 1979, S. 269: „Balzac naturellement, comme les autres romanciers, et plus qu'eux, a eu un public de lecteurs qui ne cherchaient pas dans ses romans une œuvre littéraire, mais de simple intérêt d'imagination et d'observation. Pour ceux-là, les défauts de son style ne les arrêtaient pas, mais plutôt ses qualités et sa recherche."
61 Genette, Gérard: Vraisemblance et motivation. In (ders.): *Figures II*. Paris: Seuil 1969, S. 85.

noch mehr Material- und Erkenntniswerte enthält als selbst die bestdokumentierte wissenschaftliche Darstellung.[62]

Gewiss nimmt auch in dieser Hinsicht die Novelle Balzacs aus genrespezifischen wie gegenstandsbezogenen, aber auch genderspezifischen Gründen eine Sonderstellung innerhalb des erzählerischen Gesamtwerks ein. Doch hat Balzac auch hier versucht, den fiktiven historische Figuren an die Seite zu stellen – erinnert sei nur an die Philosophen Diderot, d'Holbach und Rousseau oder die Bildenden Künstler Bouchardon (Sarrasines Ziehvater), Vien und Allegrain. Auch das historische Setting von *Sarrasine* legt folglich eine zumindest tendenziell historisch-dokumentarische Lesart nahe, und sei es die einer auf den Autor der Novelle selbst rückbezogenen biographischen Lektüre. Doch kann eine solche Lesart selbstverständlich bei weitem nicht den polysemen Horizont ausschöpfen, den Balzacs Novelle uns zu lesen gibt.

Jene vielgestaltigen, unterschiedlichste Deutungsmöglichkeiten zugleich offen legenden Lektüren der Novelle, die Roland Barthes mit *S/Z* 1970 in Buchform vorlegte, mussten – wäre man vom Autor von *Sur Racine* nicht schon derartiges gewohnt gewesen – vor dem Hintergrund dominant historischer beziehungsweise historiographischer Lesarten als mehr oder minder skandalös empfunden werden. Sie waren freilich nicht allein provokativ, sondern auch sehr einflussreich; und es ist wohl kaum übertrieben, wenn Seán Burke in seiner schönen Studie über den Tod und die Wiedergeburt des Autors darauf verweist, dass man *Sarrasine* heute nicht mehr lesen könne, ohne an Barthes' Interpretation zu denken.[63] Dies ist zweifellos richtig und zugleich ein schönes Beispiel für die Veränderung eines Werkes durch eine machtvolle Lektüre; doch sollte die vorliegende Arbeit zeigen, dass man die Novelle nicht notwendigerweise wie Barthes lesen muss, um einer lange Zeit vorherrschenden biographisch-positivistischen Lesart dieses Textes zu entgehen.

Die Inszenierung verschiedener Lektüresituationen in Balzacs Novelle sollte demonstrieren, inwieweit literarisch und künstlerisch mehrfach kodierte Lektüreprozesse eine immanente Poetik enthalten und entfalten, welche auf die Rivalität von Literatur und Bildender Kunst im Kontext des Balzac'schen Erzählmodells der *Comédie humaine* bezogen ist. Zugleich beinhalten diese Passagen aber auch

---

[62] Friedrich, Hugo: *Drei Klassiker des französischen Romans. Stendhal – Balzac – Flaubert.* Frankfurt am Main: Klostermann [8]1980, S. 16 f. Es versteht sich von selbst, dass sich Friedrichs für die Sichtweise Balzacs in Deutschland so wichtige Interpretation keineswegs auf eine dokumentarische Lesart beschränkt.

[63] Burke, Seán: *The Death and Return of the Author. Criticism and Subjectivity in Barthes, Foucault and Derrida.* Edinburgh: Edinburgh University Press 1992, S. 46: „it is impossible to read ‚Sarrasine' innocently after Barthes."

eine immanente Legetik, die dem Lesepublikum Balzacs eine Mehrfachlektüre nahelegt, um nicht bei einer identifikatorischen oder dokumentarisch-identifizierenden Lesart stehenzubleiben. Macht und Ohnmacht verschiedener Lektüren wie verschiedener Leserfiguren erfüllen daher nicht nur textinterne Funktionen in der Novelle, sondern verweisen auf eine dem Balzac'schen Œuvre inhärente komplexe Lektürekonzeption, die den paratextuell oder im Erzählerdiskurs vorgezeichneten Lesemustern entgegenläuft und ständig neue Lesarten einfordert. Aus dieser Perspektive lässt sich *Sarrasine* als Mise en abyme der Lektüre innerhalb des Balzac'schen Gesamtwerks lesen.

Um diese These zu erhärten und zugleich weitere wichtige Facetten des Balzac'schen Erzählmodells zu untersuchen, wollen wir uns im Folgenden einem weiteren, gleichsam kanonischen Text des Schriftstellers zuwenden, der im Gegensatz zu *Sarrasine* eine wesentlich zentralere Stellung innerhalb der *Comédie humaine* einnimmt und zweifellos zu den Hauptwerken des Balzac'schen Erzählzyklus zählt: *La Peau de chagrin*. Dabei soll die bislang mitdiskutierte, aber nicht in den Mittelpunkt gerückte Frage nach dem Leben sowie nach den Ausprägungen von Lebenswissen als Lebensmittel eine dominante Rolle spielen, ist doch die von Balzac Selbst im „Avant-propos" zu seiner *Comédie humaine* behandelte Thematik der Differenzqualität seines Schreibens gegenüber historiographischen Texten es allemal wert, sich eingehender mit diesem lebenswissenschaftlichen Problemhorizont zu beschäftigen.

Es gibt eine eigentümliche Starrheit und Versteiftheit im Blick der Öffentlichkeit auf die Frage nach dem Leben wie dem Begriff, den wir uns heute vom Leben machen. Denn bislang wurde in der aktuellen Diskussion kaum einmal gefragt, was jene Wissenskonfiguration zum Leben beizutragen hat, die sich seit Jahrtausenden auf das Leben konzentriert, ohne das Leben selbst definieren, auf *den* Begriff bringen und damit fest-stellen zu wollen. Diese Wissenskonfiguration geht quer zu den Kulturen, quer zu den Zeiten und Räumen nicht davon aus, dass das Leben bestimmt werden muss, um darüber Wichtiges und situativ wie selbst transhistorisch Richtiges sagen zu können. Sie nimmt vielmehr den überaus flexiblen Standpunkt ein, dass Leben nicht in erster Linie definiert, sondern gelebt und als gelebtes und erlebtes, als lebendes und erlebendes Wissen vom Leben *im* Leben dargestellt werden kann. Ich spreche – Sie ahnen es – von der Literatur, genauer: von den Literaturen der Welt!

Der Begriff des Lebens ist im Verlauf der letzten Jahre zunehmend in den Fokus der Literatur- und Kulturwissenschaften gerückt.[64] Die Einsicht, dass die

---

64 Vgl. hierzu Ette, Ottmar: Literaturwissenschaft als Lebenswissenschaft. Eine Programmschrift im Jahr der Geisteswissenschaften. In: *Lendemains* (Tübingen) XXXII, 125 (2007), S. 7–32;

sich am Ausgang des 18. Jahrhunderts konfigurierende ‚Wissenschaft vom Leben', die Biologie,[65] sowie die (sich aus ihr entfaltenden) *Life Sciences* nur Teilbereiche des Lebensbegriffs im Sinne von gr. „bios" abzudecken vermögen, hat die Wissenschaften der Literatur wie der Künste auf den Plan gerufen und die Beantwortung der Frage dringlich werden lassen, in welchem Verhältnis künstlerische Ausdrucksformen einschließlich der Literatur zum Leben wie zum Lebensprozess stehen. Literatur und Leben; eine schillernde Konfiguration, die im Zentrum jeder literarischen Betätigung steht.

Das Leben in seiner gesamten, gerade auch die kulturellen Dimensionen von „bios" miteinschließenden und mitreflektierenden Breite lässt sich weder vom heute offenkundig vorherrschenden Verständnis von „life" noch vom (allein natur- und biowissenschaftlich verstandenen) Begriff von „science" her erfassen oder denken. Es ist daher notwendig, die biowissenschaftliche Perspektivik durch eine lebenswissenschaftliche zu ergänzen, welche diese kulturellen Dimensionen in den Lebensbegriff wie den Lebensvollzug einzubringen vermag.

Die Übersetzung von engl. „Life Science" mit dt. „Lebenswissenschaft" unterliegt einem doppelten Übersetzungsfehler, wird hier doch schon der englisch- und der deutschsprachige Wissenschaftsbegriff unzulässig gleichgesetzt. Wollte man aber *Lebenswissenschaften* im vollen Sinne, und nicht ‚nur' medizintechnologisch und naturwissenschaftlich ausgerichtete Biowissenschaften entfalten, dann gilt es, in einem möglichst umfänglichen und komplexen Sinne das kulturelle (und damit auch inter- und transkulturelle) Spektrum des Lebensbegriffes zu entfalten und fruchtbar zu machen. Wie wenig in der gegenwärtigen Diskussion noch immer die spezifisch literarischen und künstlerischen Ausdrucksformen des Lebens diskutiert und reflektiert werden, mag ein vor einem guten Jahrzehnt erschienener Band über *Bios und Zoë*[66] leicht zeigen; und weitere Beispiele ließen sich häufen. Bitte verstehen Sie dies nicht als Anklage der *Life Sciences*, sondern als Hinweis auf die Tatsache, dass die Literatur- und Kulturwissenschaften noch immer nicht ihre Hausaufgaben gemacht haben!

Diese leicht zu beobachtende Tatsache rückt – so scheint mir – eine fundamentale Fragestellung in den Vordergrund, deren Beantwortung als längst

---

sowie die Dokumentation der sich daran anschließenden Debatte in Asholt, Wolfgang / Ette, Ottmar (Hg.): *Literaturwissenschaft als Lebenswissenschaft. Programm – Projekte – Perspektiven.* Tübingen: Gunter Narr Verlag 2010. Vgl. auch Rabaté, Dominique: *Le Roman et le sens de la vie.* Paris: Librairie José Corti 2010.

65 Vgl. hierzu Ette, Ottmar: *ZusammenLebensWissen. List, Last und Lust literarischer Konvivenz im globalen Maßstab (ÜberLebenswissen III).* Berlin: Kulturverlag Kadmos 2010, S. 19–30.

66 Vgl. Weiß, Martin G. (Hg.): *Bios und Zoë. Die menschliche Natur im Zeitalter ihrer technischen Reproduzierbarkeit.* Frankfurt am Main: Suhrkamp 2009.

überfällig erscheint: In welchem Sinne sind die Künste, sind die Literaturen der Welt Mittel zum Leben im Leben, aber auch Mittel und Medien des Lebens wie des Überlebens und Zusammenlebens selbst? Inwiefern können sie mit ihrem spezifischen Wissen der Dominanz eines medizinisch-biotechnologischen Fächerensembles entgegentreten, das bestenfalls noch in der Philosophie einen Gesprächspartner in den Geistes- und Kulturwissenschaften besitzt? Und welche Strategien ließen sich entwickeln, um nicht nur die Philosophie, sondern gerade auch die Philologie in dieses Gespräch auf Augenhöhe einzubinden?

Es soll in diesem zweiten Teil unserer Beschäftigung mit Honoré de Balzac nicht um die zutreffende, aber doch etwas beliebige Rede von der „Literatur als Lebensmittel" gehen, wie sie etwa Michael Krüger in einer durchaus klugen und sensiblen Hommage an Siegfried Unseld gepflegt hat. Dort heißt es von dem auratischen deutschen Verleger zurecht, es habe keinen wie ihn gegeben, „der von der Notwendigkeit der Literatur als einem unentbehrlichen Lebensmittel stärker überzeugt"[67] gewesen wäre.

Auch die nachfolgenden Überlegungen gehen selbstverständlich von der Notwendigkeit, ja der Lebensnotwendigkeit der Literatur aus. Doch sie wollen mehr und versuchen, in gewisser Weise eine Überlegung aufzugreifen, die der aus Bulgarien stammende französische Theoretiker Tzvetan Todorov 2007, ausgehend von einem sich für ihn weitenden Literaturbegriff eher unakademisch formuliert hat:

> In other words, the field of literature has broadened for me, because it now includes, alongside poems, novels, short stories, and dramatic works, the immense domain of narrative written for public or personal use, essays and reflections. If someone asks me why I love literature, the answer that I immediately think of is that literature helps me live. I no longer seek in literature, as I did in adolescence, to avoid wounds that real people could inflict upon me; literature does not replace lived experiences but forms a continuum with them and helps me understand them. Denser than daily life but not radically different from it, literature expands our universe, prompts us to see other ways to conceive and organize it.[68]

Tzvetan Todorovs selbstgestellte und sogleich beantwortete Frage ist aufschlussreich. Denn es wird darin angenommen, dass Literatur selbst noch professionellen Lesern dabei helfen kann, ihr Leben noch intensiver, dichter zu leben. Die Liebe zur Literatur muss sich nicht auf spezifisch literarische Ausdrucksformen, nicht auf ihre – zweifellos immens wichtigen – innerästhetischen Funktionalitäten und Qua-

---

67 Krüger, Michael: Literatur als Lebensmittel. Wenn Siegfried Unseld den Raum betrat. In (ders.): *Literatur als Lebensmittel*. München: Carl Hanser Verlag 2008, S. 219–222, hier S. 222.
68 Todorov, Tzvetan: What Is Literature For? In: *New Literary History* XXXVIII, 1 (winter 2007), S. 16 f.

litäten reduzieren, um die besondere Stellung der Literatur auch und gerade gegenüber anderen kulturellen Praktiken theoretisch zu behaupten und zu begründen. Und so scheint eine wesentliche Dimension dessen auf, was man in der Tat als das Lebenswissen der Literatur bezeichnen darf. In welcher Weise aber lässt sich die Literatur in ihrer Funktion als ‚Helferin zum Leben' dann als Lebensmittel verstehen und epistemologisch entwickeln? Und auf welche Weise können die Literaturen der Welt ihren Leserinnen und Lesern anschaulich begreiflich machen, wie wichtig ihre Lektüre für ein intensiveres, erlebnisreicheres, ja glücklicheres Leben ist?

Eine aus der eingangs nur kurz skizzierten Perspektivik vorgenommene Untersuchung der künstlerischen Präsentation und Repräsentation von Lebensmitteln in der Kunst, aber auch der theoretischen Flexion und Reflexion von Literatur und Kunst als LebensMittel bietet die Chance, einen verschiedenste Disziplinen querenden Polylog unterschiedlicher Bereiche von LebensWissen zu entfalten, welcher den Weg für neue transdisziplinäre Forschungsfelder eröffnen könnte. Was aber ließe sich dem weitgehenden Vergessen des Lebens wie des Lebensbegriffs in den Literatur- und Kulturwissenschaften entgegenhalten und entgegensetzen? Und sind die Literatur- und Kulturwissenschaften überhaupt darauf vorbereitet, einer scheinbar immer marginaler werdenden Rolle der Literatur, ja der These von ihrem baldigen Verschwinden argumentativ entgegenzuwirken und neue Aufgaben für eine auf die Vielfalt individuellen wie kollektiven Lebens bezogene Philologie zu definieren? Und angesichts mancher Entwicklungen in meinem sowie benachbarten Fachgebieten: Ist die überwiegende Zahl an Literaturwissenschaftlerinnen und Literaturwissenschaftlern überhaupt daran interessiert, aus dem Wissens- und Praxishorizont einer zunehmend esoterischen Wissenschaftskonstellation herauszutreten und grundsätzlichere Fragen an ‚die Literatur' zu stellen?

All diese Fragestellungen sind offen; und auch ihre Nicht-Beantwortung wäre eine Antwort auf dringliche Herausforderungen, denen sich die Philologien stellen müssen, wollen sie einer absehbaren Entwicklung ständiger Verkleinerung entgehen. Denn noch immer gilt: Eine Wissenschaft, die ihr Wissen nicht in die Gesellschaft schafft, verkennt ihre gesellschaftliche Bringschuld und ist am Ende selbst mit schuld, wenn die Gesellschaft sie um ihre Mittel bringt. Die Frage nach dem Lebensmittel Literatur ist folglich eine, welche auf die Philologien und deren Fortbestand selbst zurückfällt.

Immerhin ist seit einigen Jahren die Frage nach dem spezifischen Wissen der Literatur in den Brennpunkt aktueller literaturwissenschaftlicher Debatten gerückt.[69] Diese Tatsache ließe sich leicht mit der sich immer deutlicher abzeich-

---

69 Vgl. u. a. Hörisch, Jochen: *Das Wissen der Literatur*. München: Wilhelm Fink Verlag 2007; Klausnitzer, Ralf: *Literatur und Wissen. Zugänge – Modelle – Analysen*. Berlin – New York: Walter

nenden Tendenz in den Geistes- und Kulturwissenschaften in Verbindung bringen, dass an die Stelle der über ein Vierteljahrhundert lang dominanten Memoria-Thematik die Wissens-Problematik getreten ist – unabhängig davon, ob man hier von einem wissenschaftsgeschichtlich signifikanten Paradigmenwechsel sprechen mag oder nicht. Die Frage der Memoria wird selbstverständlich auf der Agenda literatur- und kulturwissenschaftlichen Fragens und Agierens bleiben, auch wenn sich ihr konkreter Erkenntnisgewinn während der Hochzeit dieses Forschungsparadigmas in maßvollen Grenzen hielt. Es wird in den nächsten Jahren aber zweifellos darauf ankommen, gerade in prospektiver, zukunftsoffener Ausrichtung vielperspektivische Blickwinkel zu entwickeln, welche ebenso die epistemologische Signifikanz wie die gesellschaftliche Relevanz der Literaturen der Welt (wie auch der sich mit ihnen beschäftigenden Wissenschaften) unter Beweis zu stellen vermögen. Eine Neuausrichtung der Philologien? Es könnte sein, dass sie langsam in Gang kommt und künftig Fahrt aufnehmen wird.

Die Frage nach dem Wissen der Literatur ist nicht zuletzt die Frage nach der gesellschaftlichen, politischen und kulturellen Bedeutsamkeit dieses Wissens innerhalb der unterschiedlich ausgeprägten aktuellen Informations- und (mehr noch) Wissensgesellschaften.[70] Was also *wollen*, was also *können*, was also *wissen* die Literaturen der Welt?

Es gibt sicherlich keinen besseren, keinen komplexeren Zugang zu einer Gemeinschaft, einer Gesellschaft, zu einer Epoche und ihren kulturellen Ausdrucksformen als literarische Texte. Denn über lange Jahrtausende haben die Literaturen der Welt in den unterschiedlichsten geokulturellen *Areas* ein Wissen vom Leben, vom Überleben und vom Zusammenleben gesammelt, das darauf spezialisiert ist, weder diskursiv noch disziplinär noch als Dispositiv kulturellen Wissens spezialisiert zu sein. Ihre Fähigkeit, den Leserinnen und Lesern ihr Wissen als ein Erlebenswissen bereitzustellen, das Schritt für Schritt nachvollzogen, ja mehr noch nacherlebend angeeignet werden kann, erlaubt der Literatur, auch über große räumliche und zeitliche Distanzen hinweg Menschen erreichen und wirksam werden zu können. Literatur – oder das, was wir verschiedene Zeiten und Kulturen überbrückend darunter in einem weiten Sinne verstehen dürfen – hat sich schon immer durch ihre transareale und transkulturelle Entstehungs- und Wirkungsweise ausgezeichnet. Sie lässt sich auch in diesem territorialen Sinne nicht de*fini*eren, in Grenzen weisen. Sie ist aus vielen Logiken gemacht und lehrt uns, viel-logisch, *polylogisch* (und nicht monologisch) zu denken. Sie

---

de Gruyter 2008; sowie Ette, Ottmar: *ÜberLebenswissen. Die Aufgabe der Literatur*. Berlin: Kulturverlag Kadmos 2004.
70 Vgl. Castells, Manuel: *Das Informationszeitalter*. Opladen: Leske & Budrich 2001.

ist Experiment des Lebens und vielleicht mehr noch Leben im Experimentierzustand.

Auf eine grundlegende, ja radikale Weise ist Literatur, sind die Literaturen der Welt darauf angelegt, in unterschiedlichster Weise ausgelegt werden zu können, mithin jenen Kosmos der Redevielfalt auszuspannen, dessen Koordinaten seit Michail Bachtins Überlegungen weitaus deutlicher ins Bewusstsein getreten sind.[71] Literatur ist folglich eine Spielfläche des Viel-Deutigen, des Polysemen, insofern sie es erlaubt, sich in unterschiedlichsten Logiken gleichzeitig zu bewegen, ja bewegen zu müssen. Ihre fundamentale Vieldeutbarkeit provoziert die Entfaltung poly-logischer Strukturen und Strukturierungen, die nicht an der Gewinnung eines einzigen festen Standpunkts, sondern an den ständig veränderten und erneuerten Bewegungen des Verstehens und Begreifens ausgerichtet sind. Diese viellogische Strukturierung, diese Polylogik ist das charakteristische Merkzeichen jener Textsorte, ist ihr – im Beamtendeutsch formuliert – Alleinstellungsmerkmal. Sie erzeugt die Fähigkeit der Literaturen der Welt, auf die Herausforderungen einer vieldeutigen und unterschiedlichen Logiken gehorchenden Welt polylogisch und polysem, viellogisch und vieldeutig zu antworten. Und auf diese Weise an die Zukunft neue sowie lebens- und überlebenswichtige Fragen zu stellen.

In *diesem* Sinne ist die Literatur *wie* das Leben, ohne dass man sie freilich mit dem Leben kurzschließen dürfte. Ist diese Unausdeutbarkeit des Vieldeutigen, diese Unreduzierbarkeit des Vielsprachigen nicht eine Fähigkeit, die für uns heute in unseren aktuellen Formen widersprüchlicher Verweltgesellschaftung[72] kostbarer ist als für jede andere Generation vor uns?

Literatur lässt das Mobile des Wissens hervortreten, ja sorgt als Mobile des Wissens dafür, dass die unterschiedlichsten Wissensbereiche und Wissenssegmente einer, mehrerer, vieler Gemeinschaften und Gesellschaften ständig in neuer Weise experimentell aufeinander bezogen, ja durcheinander gewirbelt werden. Dieser ununterbrochene Transfer beinhaltet notwendig Transformation: Die kulturelle Verdichtung, welche Literatur vornimmt, impliziert stets eine erhöhte Verflechtung – und eröffnet dergestalt Spielräume, die sich einer Vernichtung von Kultur und Kulturen widersetzen. Diese Verdichtungsprozesse im Zeichen des Transfers wie der Transformation sind für kollektive wie individuelle

---

71 Vgl. Bachtin, Michail M.: *Die Ästhetik des Wortes*. Herausgegeben und eingeleitet von Rainer Grübel. Aus dem Russischen übersetzt von Rainer Grübel und Sabine Reese. Frankfurt am Main: Suhrkamp 1979.
72 Vgl. hierzu auch Albert, Mathias: *Zur Politik der Weltgesellschaft. Identität und Recht im Kontext internationaler Vergesellschaftung*. Weilerswist: Velbrück Wissenschaft 2002.

Subjekte von lebenserhaltender Bedeutung, erlauben sie es doch, auf den verschiedensten Ebenen Austauschprozesse in Gang zu setzen und – etwa intertextuell – in Bewegung zu halten.

Literatur ist folglich ein Wissen in Bewegung, dessen viellogischer Aufbau für die Welt des 21. Jahrhunderts – deren größte Herausforderung zweifellos ein globales Zusammenleben in Frieden und Differenz sein dürfte – von überlebenswichtiger Bedeutung ist. Wenn Lebensmittel Mittel sind, die auf die Erhaltung, Fortführung und Verlängerung des Lebens abzielen, dann ist das Medium Literatur, dann sind die Literaturen der Welt bereits in dem hier angesprochenen Sinne ein *LebensMittel*. Denn Literatur erlaubt es, innerhalb des ernsten Spiels ästhetisch wie poetologisch jeweils unterschiedlich abgesicherter Experimente, ein gleichzeitiges Denken in verschiedenartigen kulturellen, gesellschaftlichen, politischen oder psychologischen Kontexten zu erproben und weiterzuentwickeln.

Lebensmittel sind im Gegensatz zu Todesmitteln (wobei die Grenzen zwischen beiden wie beim „pharmakon" freilich fließend bleiben) dominant auf die Zukunft hin gerichtet, besitzen folglich weit weniger eine vergangenheitsorientierte als vielmehr eine deutlich zukunftsgerichtete Vektorizität. Auch die Literatur kreiert das Künftige, modelliert unsere Zukunft – und zwar aus den Traditionen eines vieltausendjährigen Weltbewusstseins heraus. Ihre gesellschaftliche Relevanz ist ohne diese wahrhaft vitale, lebenserhaltende Funktion nicht zu denken.

Daher rührt die herausragende Bedeutung, welche den Literaturen der Welt auf experimenteller Ebene nicht nur bei der Auseinandersetzung mit Formen kulturellen Gedächtnisses, sondern bei der Gestaltung von Lebensformen wie Lebensnormen der Zukunft auch unter den Bedingungen beschleunigter Globalisierung zukommt. Der eklatante Mangel an Phantasie, der gewiss nicht nur die globalen Beziehungen auf politischer und auf ökonomischer, auf militärischer, ideologischer oder religiöser Ebene kennzeichnet, ist durch die experimentelle Vorstellungskraft der Literatur vielleicht nicht zu beseitigen, wohl aber zu bekämpfen und zu begrenzen. Das beobachtbare Schwinden der Literaturen der Welt im öffentlichen Raum des sogenannten Westens lässt nichts Gutes ahnen.

Mit ihren vielfältigen Bezügen zum Leben entfaltet die Literatur auf diese Weise ihre eigentliche Lebenskraft: Ihr Vermögen, die Dinge so, wie sie sind oder in ihrem So-Sein gedacht werden können, zur Kenntnis zu nehmen, zugleich aber zu transformieren. So entsteht aus dem, ‚wie sie sind' und dem, ‚wie sie hätten sein können' eine Bewegung, ja ein Sog dorthin ‚wie sie werden müssten'. Mit anderen Worten: Die *Verdichtung* des Lebens in der Literatur bringt nicht allein ein Leben (und damit auch eine Geschichte) der Literatur hervor, sondern treibt in einem Jahrzehnte, Jahrhunderte und Jahrtausende umfassenden Prozess ein Wissen vom Leben für das Leben an. Dieses *transform*iert in den *Transfer*prozessen der Literatur das Leben selbst – auf der individuellen wie selbstverständlich auch auf der kollektiven Ebene.

Wir sollten gewiss nicht damit aufhören, die Phänomene unseres gegenwärtigen oder vergangenen Lebens aus dem Blickwinkel der Ökonomie oder Politik, des Finanzwesens oder der Rechtsprechung, der Medizin, der Geschichte oder der Geographie zu betrachten. Aber wir sollten uns der Tatsache bewusst werden, dass diese disziplinären beziehungsweise disziplinierten Perspektiven uns stets nur mehr oder minder begrenzte Ausschnitte und Ausblicke liefern. Demgegenüber ermöglichen uns die Literaturen der Welt ein Komplexität nicht reduzierendes und Widersprüchlichkeit nicht ausblendendes sinnliches Denken und Erleben dessen, was das nur von vielen Logiken her zu verstehende Leben unseres Planeten und auf unserem Planeten ausmacht. Das Wissen der Literaturen der Welt ist durch kein anderes ersetzbar: Es ist Wissen des Lebens im und für das Leben. Und das in diesem Sinne zu verstehende LebensWissen ist in seiner künstlerisch verdichteten Form eben dies: LebensMittel in seiner geistigsten Form.

Die Vielfalt vergangener, gegenwärtiger oder künftig denkbarer Lebensformen und Lebensnormen findet im Weltbewusstsein der Literatur(en) viele Antworten, die keine einfachen Rezepte, wohl aber LebensMittel und ÜberLebensMittel insofern darstellen, als sie sich als phantasievolle Erprobungsräume des Künftigen begreifen lassen. Seit dem *Gilgamesch*-Epos und den frühesten Traditionslinien der Erzählungen aus *Tausendundeiner Nacht* stellen sich die Literaturen der Welt auf produktions- wie auf rezeptionsästhetischer Ebene den fundamentalen Herausforderungen an ein Zusammenleben, dessen erste Conditio sine qua non das Überleben im individuellen wie im kollektiven Maßstab ist. Die Literaturen der Welt sagen Wesentliches darüber aus, wie wir zusammenleben können.

Denn Geschichten erzählen kann nur, wer die erzählten Geschichten (und möglichst auch das Erzählen dieser Geschichten selbst) nicht bloß erlebt, sondern auch überlebt hat.[73] Scheherazade, die kluge Erzählerin aus *Tausendundeiner Nacht* wusste, wie sehr ihr das gute Erzählen ‚ihrer' Geschichten Nacht für Nacht den Kopf zu retten vermochte: Erzähle gut, dann wirst Du weiterleben! Doch sie wusste auch, dass Literatur nicht nur in diesem unmittelbar physischen Sinne ein Lebensmittel und Überlebensmittel ist. Denn aus ihrem intimen Bezug zum Leben resultiert ihre Fähigkeit, in vielerlei Hinsicht Mittel des Lebens und Mittel zum Leben, aber auch Mittel für ein besseres, vielschichtigeres und vielfältigeres, kurz: für ein reiches, verdichtetes Leben zu sein.

Wie aber setzt die Literatur im Falle Honoré de Balzacs diese ihr seit Jahrhunderten, seit Jahrtausenden anvertraute Aufgabe als Medium eines Lebenswissens

---

[73] Vgl. hierzu Ette, Ottmar: *ZusammenLebensWissen*, S. 44–47.

um? Und welcher literarischen Mittel bedient sich der französische Schriftsteller, um in seiner *Comédie humaine* wie in einem Brennspiegel, wie im Fraktal einer ganzen Welt dieses Wissen hervorzutreiben? Nehmen wir als Beispiel hierfür Balzacs Roman *La Peau de Chagrin*, einen Roman also, dem eine durchaus zentrale Stellung innerhalb des Balzac'schen Erzähluniversums zukommt!

Raphaël de Valentin hat geerbt: Am Ausgang einer jener kostspieligen Orgien, mit denen er vergeblich zu vergessen sucht, dass die von ihm angebetete schöne Foedora eine „femme sans cœur", eine kalte, herzlose Frau ist, die seine Liebe nicht erwiedert, erreicht den jungen Mann eine Nachricht. Er wurde zum alleinigen Erben des Major O'Flaharty erklärt, der im August 1828 in Kalkutta verstorben sei und ihm eine – wie es witzig heißt – „fortune *incalcuttable*"[74] hinterlassen habe. Die phantastische Nachricht aus den europäischen Kolonien besitzt alles, um einen Europäer um die Mitte des 19. Jahrhunderts glücklich zu machen.

Der aus dem fernen Indien, dem Kolonialreich der Briten, dank einer Intervention der französischen Regierung nach Frankreich umgeleitete Geldsegen, der Valentin von einer Minute zur anderen zum mindestens sechsfachen Millionär macht, kommt auch noch zum gewünschten Zeitpunkt. Denn der junge, talentierte, aber zutiefst unglückliche Adelige hat doch gerade unter tatkräftiger Beihilfe zahlreicher Zechbrüder und Kurtisanen die letzten Reste eines ihm nicht weniger zufällig zugewachsenen Vermögens durchgebracht. Das „premier sentiment des convives" lässt nicht lange auf sich warten: „une sourde envie"[75] – und Neid und Habgier seiner Gäste oder Zechbrüder sind nicht eben die besten Begleiter gedeihlichen menschlichen Zusammenlebens! In dieser Ausdrucksform der Konvivialität schwingt nicht nur der ganze Fressneid und die grenzenlose Habsucht dieser orgiastischen Gemeinschaft wie der gesamten französischen Gesellschaft mit, sondern auch jene kleine Silbe „vie", der im gesamten, 1831 erstmals erschienenen Roman von Honoré de Balzac eine so entscheidende Bedeutung zukommt. Der herausragenden Bedeutung des Lebenslexems im Balzac'schen Roman gelten unsere nachfolgenden Überlegungen.

Zum Erstaunen seiner Gäste trifft die Nachricht den ständig auf der verzweifelten Suche nach Geld befindlichen Aristokraten wie eine Wunde („blessure"[76]) und löst in der männlichen Zentralfigur des Romans stärkste Gefühle aus, wie sie die Gäste der wenig konventionellen Konvivialität Raphaëls bei diesem niemals vermutet hätten. Die Stimme von Balzacs allwissender Erzählerfigur lässt an

---

74 Balzac, Honoré de: *La Peau de Chagrin*. Introduction, notes et relevé de variantes par Maurice Allem. Edition illustrée. Paris: Editions Garnier 1985, S. 193.
75 Ebda.
76 Ebda.

diesem Ende des zweiten, mit „La femme sans cœur" überschriebenen und in das Schlusskapitel „L'Agonie" überleitenden Teiles keinerlei Zweifel aufkommen: Nicht der Erbe hat das Erbe geerbt, sondern wird vielmehr von diesem Erbe ererbt, wird von diesem kolossalen Vermögen aus den Kolonien erfasst, auf dem für ihn kein Segen liegen kann. Denn er weiß, dass ihm sein Chagrinleder jeden Wunsch, jedes Begehren zu erfüllen vermag, gleichzeitig aber mit jeder Wunscherfüllung kleiner wird und sein eigenes Leben verkürzt:

> Eine schreckliche Blässe zeichnete alle Muskeln im verwelkten Gesicht dieses Erben, seine Züge zogen sich zusammen, die Vorsprünge seines Antlitzes erbleichten, seine Höhlungen wurden dunkel, die Maske wurde bleifarben und seine Augen erstarrten. Er sah den TOD. Dieser glänzende, von verblühten Kurtisanen, von aufgedunsenen Gesichtern umgebene Geldsack, dieser Todeskampf der Lust boten ein lebendiges Bild seines Lebens. Raphaël betrachtete dreimal den Talisman, der sich spielerisch zwischen den unerbittlichen, gedruckten Zeilen auf dem Tuch bewegte: Er versuchte noch zu zweifeln, doch machte eine deutliche Vorahnung all seine Ungläubigkeit zunichte. Die Welt gehörte ihm, er konnte nun alles und wollte doch nichts mehr. Wie ein Reisender mitten in der Wüste verfügte er über ein wenig Wasser für seinen Durst und sollte nun sein Leben an der Zahl der Schlückchen abmessen. Er sah, was ihn jedes Begehren an Tagen kosten würde. Je mehr er an das Chagrinleder glaubte, desto mehr hörte er sich atmen und fühlte sich schon krank [...]. [77]

Hintergründig hat Balzac die Herkunft des ungeheuren Reichtums unseres Erben in die Romandiegese eingebaut und damit auf den kolonialen Ursprung vieler Reichtümer in Europa verwiesen, welche die Alte Welt mit ihren Kolonien verbinden. Damit entsteht bereits auf Ebene der Romanhandlung eine Verbindung zu einer weltweiten Sphäre, welche durch die Aktivitäten des Protagonisten erschließbar wird und den Roman in seiner Gesamtheit als WeltFraktal erscheinen lässt. Denn wir können deutlich die asymmetrischen, ausbeuterischen Beziehungen zwischen Europa und seinen Kolonien erkennen. Auch wenn sich alles in *La Peau de Chagrin* auf Frankreich und Paris konzentriert, so wird doch die gesamte Welt mit in die Romanhandlung hineingenommen und erscheint als die Handlung vorantreibendes Element des romanesken „récit" selbst.

In dieser Passage zeigt sich aber vor allem, wie sich die mit der Nachricht vom Erbe erhaltene Wunde weitet und die Gesichtszüge Hohlformen erkennen lassen, die für die aufmerksamen Betrachter Raphaël de Valentin bereits jenen Tod ins Gesicht schreiben, den der bis unmittelbar vor seinem Ableben so schöne junge Mann auch tatsächlich bereits vor sich auftauchen sieht. Erneut erkennen wir in Balzac einen Meister der Physiognomie des menschlichen Gesichts, in welchem die Leserschaft dank der Beschreibungen seines Erzählers wie in einem auf-

---

[77] Ebda.

geschlagenen Buch zu lesen glaubt. Ein semantisches Spannungsfeld baut sich zwischen Tod und Leben auf, wobei die Lexemrekurrenz von „vie" – gesteigert in der Formel von der „vivante image de sa vie" – den Blick des Lesepublikums auf jene lebendigen Bilder des Romans lenkt, die gerade in ihrer Vitalität auf das Tödliche vorausweisen. Sie stecken im Gezählt-Sein des Lebenselixiers des Reisenden in der Wüste den Weg zum Tod in seiner Prozesshaftigkeit ab und lassen das Lebensende als unhintergehbaren Bestandteil des Lebens selbst erkennen. Wie aber wird dies in die Handlungsstruktur des Romans integriert?

Das sich in den angeführten Sätzen abzeichnende Lebenswissen – als ein lebendiges Wissen im Leben vom Leben zum Tode – ist in vieldeutiger, höchst verdichteter Weise in jenem todbringenden Talisman, jener „Peau de Chagrin" konkretisiert, in deren Besitz der verzweifelte Raphaël kurz nach seinem ersten, nur dank eines zufälligen Blicks auf gefällige Frauenbeine gescheiterten Selbstmordversuchs gelangte. Denn der mit einem greisenhaften „Marchand de curiosités" geschlossene Pakt, demzufolge dem ins männliche Leben zurückgekehrten Aristokraten von einem mysteriösen und mit Hilfe naturwissenschaftlicher Methoden nicht erklärbaren Chagrin-Leder jeder Wunsch, jedes Begehren erfüllt werde, beinhaltet zugleich einen Vertrag über die Verkürzung des Lebens. Denn jedes erfüllte Begehren lässt das Leder doch merklich schrumpfen, wobei dieser Schrumpfungsprozess unerbittlich die dem neuen Besitzer des Leders noch verbliebene Lebenszeit anzeigt.

Der mit dem Leben fertige, aber doch am Leben hängende Raphaël, soeben erst durch Zufall von seinem Selbstmord abgelenkt, hat einen Teufelspakt geschlossen, der für ihn nicht weniger unausweichlich tödliche Folgen haben wird. Doch er vermag auf die ihm verbleibende Lebenszeit durch Wunschunterdrückung selbst Einfluss zu nehmen. Nur dass es hier für ihn nicht mehr um einen Sprung vom Leben in den Tod, sondern um eine lange Agonie, einen Tod auf Raten gehen wird. Dieses selbstgesteuerte Leben zum Tode, dieses vom Protagonisten zu beeinflussende Sterben auf Raten wird den Handlungskern von *La Peau de Chagrin* bilden.

Wie schon im Bild des durch die Wüste Reisenden werden im teuflischen Talisman Raum und Zeit gnadenlos aneinander gekoppelt, wobei das langsam versiegende Wasser in der Hitze jenes Lebensmittel darstellt, das es überhaupt erst erlaubt, die Reise durch diese menschenfeindliche Welt, die Anökumene der Wüste fortzusetzen. Auf gesellschaftlicher Ebene, die in der oben angeführten Passage von den „Con-vives" und ihrer Orgie repräsentiert wird, sind zweifellos Geld und Gold jene entscheidenden Mittel, die verhindern, dass ein gesellschaftlicher Tod oder Freitod allzu früh eintritt und jegliches weitere Zusammen-Leben unterbunden wird. Dagegen bildet auf individueller, körperlich-leibhaftiger Ebene der Energiefluss das fraglos wichtigste Lebensmittel Balzac'scher Helden im eigentlichen Sinne.⁷⁸ In keinem anderen Werk seiner *Comédie humaine* hat Honoré de Balzac auf anschaulichere und plastischere Weise diese Energetik dargestellt als in *La Peau de Chagrin*, wo das titelgebende Lederstück den verausgabten und noch verbleibenden Stand an Lebensenergie gleichsam hautnah und sinnlich erfahrbar werden lässt. Es ist ein plastisches Bildnis schwindenden menschlichen Lebens. Raphaël de Valentin wird widerwillig zum Zuschauer des Versiegens seiner eigenen Lebensenergien, die mit jedem Wollen, jedem Begehren drastisch schwinden, bis nichts mehr vom Leder, nichts mehr vom Leben übrig bleibt.

Valentins erste Bekanntschaft mit diesem Talisman wird ebenso von der Schrift, die auf dem Leder unauslöschlich eingeprägt ist, wie von den Worten des einhundertzwei Jahre alten Greises geprägt, der versucht, dem noch jungen Mann das Prinzip seines eigenen langen Lebens zu erläutern. Wieder ist wie in *Sarrasine* ein Greis das Faszinosum aller Handlung. Dieser Greis nun tut dies in einer verdichteten Form, die alle Zeichen eines Mysteriums *und* eines praktikablen Lebenswissens trägt, weiß er doch ganz genau, dass er mit seinen Energien haushalten muss:

> Ich werde für Sie in wenigen Worten ein großes Mysterium des menschlichen Lebens enthüllen. Der Mensch erschöpft sich durch zwei instinktiv ausgeführte Handlungen, welche die Quellen seiner Existenz versiegen lassen. Zwei Verben drücken alle Formen aus, welche diese zwei Gründe für den Tod annehmen: WOLLEN UND KÖNNEN. Zwischen diesen beiden Polen menschlichen Handelns gibt es eine andere Formel, derer sich die Weisen bedienen, und ihr schulde ich mein Glück und mein langes Leben. *Wollen* verbrennt uns und *Können* zerstört uns; aber *Wissen* lässt unseren schwachen Organismus in einem beständigen Zustand der Ruhe. So ist das Begehren oder Wollen in mir tot, getötet vom Gedanken; die Bewegung oder das Können ist durch das natürliche Spiel meiner Organe aufgelöst. Kurz gesagt: Ich habe mein Leben nicht in das zerbrechende Herz gelegt, nicht in die sich ständig aufreizenden Sinne, sondern in das Gehirn, das sich nicht verschleißt und das alles überlebt.⁷⁹

Wir verstehen nun die vom Erzähler gewählte Formel des ersten Balzac-Zitats aus *La Peau de Chagrin* erheblich besser: „Le monde lui appartenait, il pouvait tout et ne voulait plus rien."⁸⁰ Denn Raphaël ist dank seines Leders geradezu allmächtig, kann alles auf dieser Erde verlangen und erhalten, aber nur auf Kosten seines

---

78 Vgl. zu dieser Fragestellung die literaturgeschichtlich ausgerichtete Arbeit von Stöber, Thomas: *Vitalistische Energetik und literarische Transgression im französischen Realismus – Naturalismus. Stendhal, Balzac, Flaubert, Zola.* Tübingen: Gunter Narr Verlag 2006.
79 Balzac, Honoré de: *La Peau de Chagrin.*, S. 37.
80 Ebda., S. 194.

Begehrens, das seine Lebenskraft verzehrt. Der gesamte Roman spielt die komplexe Kombinatorik der Achsen des Wollens (oder des Willens), des Könnens (oder der Macht) und des Wissens (oder der Weisheit) immer wieder von neuem durch, um daraus ein Lebens-, Erlebens-, Überlebens- und Zusammenlebenswissen zu gewinnen, das durchaus in kritischer Distanz zu dem alten jüdischen Händler steht. Die Formel vom Wollen, Können und Wissen ist die Balzac'sche Zauberformel schlechthin. Können und Macht sind dank des mysteriösen Chagrin-Leders ebenso fest in Raphaël de Valentins Hand wie sich die Kolonien im Besitz der beiden europäischen Hegemonialmächte der zweiten Phase beschleunigter Globalisierung – England und Frankreich – befinden. Auch auf dieser Ebene zeigt sich ein weltumspannendes Begehren, das in diesem literarischen WeltFraktal freilich nur auf Kosten der Langlebigkeit dieser kolonialen Mutterländer geht.

All diese menschliche Macht ist durch das ständige Brennen und Verbrennen einer Energie gefährdet, die gemäß des eingegangenen Paktes nicht mehr ersetzt werden kann, so dass im weiteren Verlauf des Romans jegliches Wollen, jeglicher Willensakt als das beschleunigte Versengen der eben nur noch begrenzt zur Verfügung stehenden Mittel zum Leben erscheint. Wie alle Lebensmittel aber – und das französische Substantiv „vivres" ist mit dem Verb „vivre" nicht umsonst homophon – zielen diese Energieflüsse und Energiekreisläufe zuallererst auf eine Verlängerung des Lebens ab, sind in anderen Worten Mittel zur Herauszögerung des Todes. Raphaël de Valentin jedoch hat mit seinem Pakt in diesem Sinne alle LebensMittel, alle Mittel zur Verlängerung seines Lebens aus der Hand gegeben: Denn das Wollen dieses Balzac'schen Willensmenschen ist letztlich grenzenlos.

Genau hier aber setzt die Achse des Wissens, die Lebensachse des „savoir" entscheidend an. Sie ist die einzige der drei vitalen Achsen, die bei Raphaël de Valentins Reaktion auf die instinktiv von ihm gewollte und dadurch ausgelöste, aber zugleich sich lebensverkürzend (und folglich als Todesmittel) auswirkende Erbschaft durch ihre Abwesenheit glänzt. Das koloniale Vermächtnis bringt den jungen Franzosen dem Tode erheblich näher, wie er dies im obigen Zitat sehr wohl selbst einsehen muss. Bezieht man sich auf die Formel des über Hundertjährigen, dann hat sich der junge Mann allein auf „vouloir" und „pouvoir" konzentriert, seine Anlagen als Willensmensch wie als Machtmensch forciert, zugleich aber die Achse des Wissens in seinem Leben eines Lebemannes sträflich vernachlässigt. Dem war freilich nicht immer so gewesen!

Denn immer wieder hatte sich Raphaël mit umfangreichen Untersuchungen und Buchprojekten beschäftigt, wobei sein zweifellos wichtigstes, nicht von ungefähr immer wieder erwähntes Manuskript eine aufwendige Abhandlung über den Willen bildet: „La Volonté". Auch an dieser Stelle tun wir einen Blick in die literarische Werkstatt Honoré de Balzacs. Im Rückblick auf die harten Monate und Jahre des Studiums, die der Adelige in einem schlichten Mansardenzimmer in einer familiären Unterkunft, dem Hôtel de Saint-Quentin verbrachte, wird noch einmal jene intensive Zeit lebendig, in welcher er seine ganze Kraft, seine gesamte Energie dem Wissen gewidmet hatte. Er tat dies, bevor die teuflisch schöne Foedora, die „femme sans cœur", alles mit sich fortreißend in sein Leben trat. Sie ist das Urbild der Femme fatale im Romanschaffen des Franzosen, jene weibliche Kraft, die jeden Mann unrettbar anzieht und ins Verderben stürzt.

Doch es gibt noch eine Gegenkraft, die Frau mit Herz: Pauline. In einer Passage, die unmittelbar dem Abschied von dieser nicht weniger schönen, aber anders als Foedora verarmten jungen Frau vorausgeht, für die er zunächst ein väterlicher Lehrer, bald aber schon der Gegenstand ihrer Liebe und Schwärmerei geworden war, heißt es bedeutungsvoll:

> Einem jungen Mann genügt es, eine Frau zu treffen, die ihn nicht liebt, oder eine Frau, die ihn zu sehr liebt, damit sein ganzes Leben aus den Fugen gerät. Das Glück verschlingt unsere Kräfte, wie das Unglück unsere Tugenden auslöscht. In mein Hotel von *Saint-Quentin* zurückgekehrt, betrachtete ich lange die Mansarde, wo ich das keusche Leben eines Gelehrten geführt, ein Leben, das vielleicht ehrenwert und lange gewesen wäre und das ich nicht hätte verlassen dürfen, um jenes leidenschaftliche Leben zu führen, das mich in einen Abgrund zog. Pauline überraschte mich in einer melancholischen Haltung.[81]

Nehmen wir uns die philosophischen Einlassungen, welche diese Passage eröffnen, zu Herzen! Selbstverständlich treffen für De Valentin nicht bloß eine, sondern beide Bedingungen zu, die das Leben eines jungen Mannes grundlegend verändern, ja gänzlich aus der Bahn werfen. Denn so, wie Foedora ihn niemals liebte, sondern nur mit ihm spielte, so liebte Pauline ihn bis in den Tod und darüber hinaus mit einer absoluten Liebe, die Raphaël niemals mit gleicher Intensität zu erwidern verstand. Und doch entschied sich der junge Mann für die für ihn unerreichbare Foedora und damit für den „gouffre", für den tiefen Abgrund, für die Höhlung, welche ihn – lange Jahrzehnte vor Sigmund Freuds *Traumdeutung* psychoanalytisch leicht deutbar – unrettbar verschlingen wird. Raphaël selbst sieht ein – aber da ist es längst für den Rückweg zu spät –, dass er besser seine Kraft und Energie auf ein Wissen über den Willen verwendet als dem Willen wie dem Wollen selbst geopfert hätte. So überrascht es nicht, dass die ihn noch immer liebende Pauline ihren Raphaël in einer melancholischen Haltung, der Haltung aller romantischen Helden antrifft. Doch auch die Melancholie ist – wie wir längst wissen – nicht das Zeichen für Reflexion und Umkehr, sondern eine Krankheit zum Tode.

---

81 Ebda., S. 173 f.

Die hohe Lexemrekurrenz der kleinen Silbe „vie" macht auch in diesem Zitat überdeutlich, dass es hier um Lebensformen und Lebensnormen geht, die einer turbulenten, an den Achsen des „vouloir" wie des „pouvoir" ausgerichteten Lebensweise bewusst das Leben eines Gelehrten, eines „savant" entgegensetzen. Als ein an seinem literarisch-philosophischen Werk arbeitender Gelehrter hätte sich Raphaël ganz der nicht weniger vitalen, aber für ein langes und ruhigeres Leben prädestinierenden Achse des „savoir" gewidmet. In Sinne des Hundertjährigen ist ein derartiges Wissen ein Mittel zur Verlängerung des eigenen Lebens, folglich ein LebensMittel, das als ein Mittel funktioniert, welches sich nicht auf die Dimensionen eines Wissens *über* das Leben reduzieren lässt. Es macht vielmehr das Wissen vom Leben *im* Leben und *für* das Leben selbst fruchtbar. Doch längst hat Raphaël de Valentin seine Chance auf ein langes und ruhiges Gelehrtenleben – das von Melancholie nicht frei sein muss – verwirkt.

Dies ist zweifellos eine literarisch-philosophische Konstellation, wie sie am Ausgang eines für die französische Literaturgeschichte ungeheuer reichen Jahrhunderts im Entstehungskontext eines weiteren großen Romanzyklus in zwar verschlungenen Sätzen, aber doch in wunderbarer Klarheit und Helle erscheint. Dabei wird nicht allein das Schreiben, sondern ebenso das Lesen gerade nicht vom Leben abgetrennt, sondern in noch intensiverer, da verdichteter Weise zu einem wesentlichen Bestandteil des Lebens, ja zum eigentlichen Leben selbst. So heißt es gleich zu Beginn von Marcel Prousts *Journées de lecture*:

> Es gibt vielleicht keine Tage unserer Kindheit, die wir so vollständig erlebt haben wie jene, die wir glaubten verstreichen zu lassen, ohne sie zu erleben, jene nämlich, die wir mit einem Lieblingsbuch verbracht haben. Alles, was sie, wie es schien, für die anderen erfüllte und was wir wie eine vulgäre Unterbrechung eines göttlichen Vergnügens beiseite schoben: das Spiel, zu dem uns ein Freund bei der interessantesten Stelle abholen wollte; die störende Biene oder der lästige Sonnenstrahl, die uns zwangen, den Blick von der Seite zu heben oder den Platz zu wechseln; die für die Nachmittagsmahlzeit mitgegebenen Vorräte, die wir unberührt neben uns auf der Bank liegen ließen, während über unserem Haupt die Sonne am blauen Himmel unaufhaltsam schwächer wurde; das Abendessen, zu dem wir zurück ins Haus mussten und währenddessen wir nur daran dachten, sogleich danach in unser Zimmer hinaufzugehen, um das unterbrochene Kapitel zu beenden, all das, worin unser Lesen uns nur Belästigung hätte sehen lassen müssen, grub im Gegenteil eine so sanfte Erinnerung in uns ein (die nach unserem heutigen Urteil um so vieles kostbarer ist als das, was wir damals mit Hingabe lasen), dass, wenn wir heute manchmal in diesen Büchern von einst blättern, sie nur noch wie die einzigen aufbewahrten Kalender der entflohenen Tage sind, und es mit der Hoffnung geschieht, auf ihren Seiten die nicht mehr existierenden Wohnstätten und Teiche sich widerspiegeln zu sehen.[82]

---

[82] Proust, Marcel: Journées de lecture. In (ders.): *Pastiches et mélanges*. Paris: Gallimard 1970, S. 209.

Die Lektüre ist nicht das Gegenteil von Leben, ja setzt nicht einmal das Leben momentan außer Vollzug oder setzt es gleichsam in Klammern: Das Lesen ist vielmehr die Potenzierung des Lebens. Lesen und Leben werden in diesen literarischen und poetologischen Reflexionen nicht nur ineinander geführt, sondern intensivieren sich wechselseitig, indem sie sich im jeweils anderen aufbewahren und vervielfachen. Der Transfer von Szenerien des Alltagslebens in die Lektüre führt zu einer Transformation des Lesens wie des Lebens, insofern die Seiten des Buches auch lange Jahre später noch lebendig werden lassen, was die Lektüre einst begleitete.

In Marcel Prousts Reflexionen wird damit nicht nur die banale, simplistische Trennung zwischen Lesen und Leben unterlaufen, sondern ein Experimentierfeld aufgemacht. Dieses setzt auf den Seiten des gelesenen Buches eine Bewegung in Gang, die gerade dadurch, dass sie allein auf die Achse einer Zirkulation von Wissen bezogen scheint, welches von unserem konkreten Leben abgetrennt ist, ihre eigentliche Kraft, ja Lebenskraft entfaltet. Lesen heißt leben, ja mehr noch: verdichtet leben! Das Erleben des Lesens erfährt insofern eine zusätzliche Verlängerung, als auch das Erleben des alltäglichen Lebens in dieses Leseerlebnis eingewoben und damit für ein künftiges Erleben aufgehoben wird. Im Lesen des Lebens wird ein Mittel des Lebens, eine Verlängerung des Lebens, auf sinnliche Weise nacherlebbar gemacht. Marcel Proust deutet am Übergang vom 19. zum 20. Jahrhundert die veränderte Position des Lesens und der Lektüre an: Er weist bereits voraus auf die aktive, schaffende und schöpferische Rolle, die dem Lesen wie dem Lesepublikum vor allem in der zweiten Hälfte des 20. Jahrhunderts zuteilwerden wird.

Auf diese Dimension des Wissens, die als eine der drei Lebensachsen von Balzacs *La Peau de Chagrin* keineswegs vom Leben mit seinem Wollen und seiner Macht abgetrennt ist, hat Raphaël de Valentin aber ein für alle Mal verzichtet – zumindest auf den ersten Blick. Denn kann man überhaupt aufhören zu wollen, zu begehren? In der Abtrennung des „savoir" vom „vouloir" wie vom „pouvoir" hat er – zumindest scheinbar – gerade jene vitale Achse abgesprengt, die ihm in seinem Aufstiegs- und Machtstreben hinderlich zu sein schien, nun aber als entscheidendes Wissen im Leben, als Lebenswissen fehlt. In der melancholischen Rückschau auf die intensiv erlebte Zeit des Lesens und Schreibens in seinem Mansardenzimmer wird ihm der Verlust dieser Lust zwar höchst bewusst. Doch längst hat er in seinem diabolischen Pakt auf die Erneuerung all jener Energie und Kraft verzichtet, die in beschleunigter Form – und ganz der Formel des über Hundertjährigen gehorchend – von seinem Willen verbrannt und von seiner Machtgier zerstört werden wird.

Es überrascht daher in keiner Weise, dass der verarmte Aristokrat nicht in der Lage ist, das Erbe abzulehnen. Denn nur auf diese Weise stünde ihm die Möglichkeit noch offen, sich durch dessen bewusste Verweigerung einen Freiraum zu schaffen, der auf der Weigerung besteht, sich seinerseits vom Erbe erben zu lassen.[83] Doch auch auf dem Erbe der schönen und unschuldigen Pauline, deren Vater vor langen Jahren als Offizier während des Russland-Feldzugs Napoleons in Kriegsgefangenschaft geriet, liegt im Roman kein Segen. Kehrte ihr Vater nach seiner Flucht aus der Haft auch erst kurz vor seinem Tod aus den Kolonien nach Frankreich zurück, so verhelfen die von ihm wie auch immer aufgehäuften Schätze zwar seiner Frau und seiner Tochter zu plötzlichem Reichtum. Doch kommt dieser zu spät, um Raphaël noch vor Foedoras fatalem Einfluss bewahren und diesen wie die nun zum Greifen nahe Liebesbeziehung retten zu können.

Bei Raphaël wie bei Pauline werden sich die aus den Überseegebieten nach Frankreich transferierten Reichtümer letztlich lebensverkürzend auswirken. Dies ist ein aufschlussreicher Parallelismus, der nicht nur verdeutlichen mag, wie groß die nicht seit langem ‚gewachsenen', sondern unvermittelt auftretenden Vermögen sind, die sich der europäische Kolonialismus auf dunklen, im Roman nicht näher beleuchteten Wegen erschloss, sondern auch, wie zweifelhaft diese auf kolonialer Ausbeutung beruhenden Reichtümer manchen Zeitgenossen erscheinen konnten. Im Roman jedenfalls sind die Risiken und Nebenwirkungen kolonialen Reichtums höchst negativ.

Demgegenüber nimmt sich das, was der damals noch arme Raphaël de Valentin der nicht weniger armen Pauline für den Fall seines möglichen Todes als Erbe hinterlässt wie eine bittere Karikatur aus. Kehre er nach Ablauf eines halben Jahres nicht in seine ehemalige Klosterzelle – seine „cellule"[84] – zurück, so könne sie über alles verfügen, was er hier zurücklasse. Es kann wahrlich nicht sehr viel gewesen sein. Vor allem erbt sie ein sorgfältig verpacktes Paket an Papieren, „mon grand ouvrage sur *la Volonté*", mein großes Werk über den Willen, wie er hinzufügt, das er sie im gleichen Atemzug bittet, an der „Bibliothèque du roi" zu hinterlegen.[85] So wird aus der großen Monographie über den Willen ein letzter Wille, mit dem Raphaël seinem ‚schönen Kind' im Grunde seinen Willen aufzwingt. Wie er sich bis zum Ende niemals wirklich von Foedora befreien kann, wird auch Pauline sich nie von Raphaël loslösen können: Sie wird folgerichtig mit ihm untergehen. Raphaël hätte zweifellos das Zeug zu einem Gelehrten und Philosophen gehabt; doch ein solcher ist aus ihm nie geworden.

Zentrale Passagen des dritten und letzten, der Agonie Raphaëls gewidmeten Teils sind den Versuchen des jungen Mannes gewidmet, in seiner Verzweiflung doch noch durch Rückgriff auf bestimmte Formen des Wissens sein Leben zu ver-

---

83 Vgl. hierzu Barthes, Roland: Le refus d'hériter. In (ders.): *Œuvres complètes*. 3 Bde. Edition établie et présentée par Eric Marty. Paris: Seuil 1993–1995, hier Bd. III, S. 947–949.
84 Balzac, Honoré de: *La Peau de Chagrin*, S. 174.
85 Ebda.

längern. Dabei richten sich seine Versuche zunächst auf die unterschiedlichen Möglichkeiten, auf das Chagrin-Leder selbst einzuwirken, um danach alles zu unternehmen, seinen eigenen Körper vor dem Verfall, vor der sich abzeichnenden Energielosigkeit zu schützen. In seinen Unternehmungen greift er in Paris, das stolz als „cette capitale de la pensée",[86] als Hauptstadt des Denkens bezeichnet wird, nicht auf seine eigenen oder andere Untersuchungen im Bereich der Philosophie oder der Philologie zurück, sondern wendet sich entschlossen den Naturwissenschaften und jenem Fächerspektrum zu, das wir heute als Biowissenschaften bezeichnen. Vertreter der unterschiedlichsten sich ausdifferenzierenden Disziplinen kommen zu Wort, die von der Zoologie über die Mechanik bis hin zu verschiedenen Zweigen der Medizin reichen. Stoff genug für Balzac, um vom Standpunkt der Literatur aus ein kleines Panorama disziplinärer Wissensformen zu bieten. Wir werden mit einer Unmenge an fachlichen Perspektiven konfrontiert, denn Balzac hatte sich in diese wissenschaftliche Materie aufwendig vertieft. Doch gangbare Problemlösungen haben die Balzac'schen Biowissenschaften nicht anzubieten.

Überzeugend werden zum einen die jeweiligen Fachsprachen eingeblendet, deren diszipliniertes Wissen zwar die ‚orientalische' Herkunft dieser Esels-Haut der *Peau de Chagrin* zu ergründen glaubt, ansonsten aber nur eine ungeheure Menge an Wissenssegmenten auftürmt, die ohne Belang für Raphaëls Versuch sind, seine eigene Haut in letzter Minute noch zu retten. Zum anderen wird die Ernsthaftigkeit und Moquerie, mit der sich der Erzähler dem Wissen dieser Wissenschaften zuwendet, auch anhand der Gestalten von Wissenschaftlern deutlich, die in ihrem begrenzten Arbeitsbereich als Koryphäen anerkannt sind. Als typischer Vertreter einer arbeitsteiligen Wissenschaftsorganisation erscheint etwa Planchette, der als pragmatischer Repräsentant der Mechanik – und eines mechanizistischen Weltbilds – in seiner Arbeit an einem „abîme sans fond, LE MOUVEMENT", als einer jener Menschen porträtiert wird, die von der Masse ihres Habitus wegen als verrückt eingestuft würden. Im Grunde aber seien sie „esprits sublimes", „gens incompris qui vivent dans une admirable insouciance du luxe et du monde, restant des journées entières à fumer un cigare éteint, ou venant dans un salon sans avoir toujours bien exactement marié les boutons de leurs vêtements avec les boutonnières".[87]

Wir haben es mit einem Wissenschaftlertypus zu tun, dem Gesellschaft, Macht und Luxus gleichgültig sind und der so sehr von der jeweiligen Wissenschaft absorbiert wird, dass er stundenlang an einer erkalteten Zigarre zieht. So

---

86 Ebda., S. 177.
87 Ebda., S. 235.

also sieht ein Mensch aus, der sich sein Leben lang gänzlich an der Lebensachse des Wissens ausgerichtet hat, eines Wissens freilich, das nicht das lebendige Wissen des Romanciers ist. Dass er die „gens du monde", ihren Luxus und die Ernsthaftigkeit ihrer Kenntnisse verachtet, kann kaum überraschen: Er lebt als spezialisierter Wissenschaftler in einer ganz anderen Welt.

Auch wenn die unterschiedlichen Disziplinen sehr hintergründig und ironisch mit durchaus verschiedenartigen Formen der Selbstinszenierung von Wissenschaftlern und ihres jeweiligen Lebensstils gezeichnet werden, so wird doch deutlich, dass keine der hier herbeizitierten Natur- und Biowissenschaften sich jener Komplexität des Lebens zu stellen vermag, die Honoré de Balzacs Roman seinerseits in all ihrer Größe herauszuarbeiten versucht. Es wird überdeutlich, dass die Literatur sich all diese disziplinären Sprachen einverleiben und in eine übergeordnete Wissenssystematik integrieren kann. Denn die Literatur ist als Anwalt des Wissens, aber nicht der Wissenschaft darauf spezialisiert, nicht spezialisiert zu sein.

So werden in *La Peau de Chagrin* die unterschiedlichsten Fachsprachen und Wissenschaftsdiskurse vom ernsthaften Spezialistentum bis hin zur Scharlatanerie integriert, zugleich aber auch in ihrer jeweiligen Begrenztheit, ja Borniertheit vorgeführt. Es sind Passagen, die dem Romancier Balzac beim Verfassen sicherlich riesigen Spaß gemacht haben müssen. Sie werden mit Blick auf ein Lebenswissen reflektiert, das sich die Wissenssegmente der – wie wir in der heutigen Terminologie sagen könnten – Natur- und Biowissenschaften, aber auch der Philosophie, Philologie und der Kulturwissenschaften einverleibt, zugleich aber immer wieder darauf aufmerksam macht, dass sie allein nicht ausreichen, um auch nur annähernd Vieldimensionalität wie Widersprüchlichkeiten des Lebensprozesses wie des Lebensbegriffs auszuloten. Sie stellen die Realität dar, ohne Frage; aber diese dargestellte Realität ist nicht nur begrenzt, sie ist auch ohne jegliche Lebendigkeit, ohne alles Leben.

Das Lebens-, Erlebens-, Überlebens- und Zusammenlebenswissen, das im Roman, in der Literatur ausgespannt und in Szene gesetzt wird, weiß um die kontradiktorische, paradoxale und polylogische Struktur eines Lebensbegriffs, der nicht von einem einzigen Standpunkt aus, nicht von einem einzigen disziplinierten Wissen her verstanden und verständlich gemacht werden kann. Denn in Balzacs Romanwelt werden die Widersprüche nicht einfach diszipliniert oder noch einfacher exkludiert, sondern in ihrer ganzen para*doxa*len Radikalität beleuchtet, die sich jeglicher herrschenden Lehrmeinung entzieht. Balzac lässt in seinen Figuren die unterschiedlichsten Stimmen zu Wort kommen, die verschiedenartigsten Logiken das Wort ergreifen.

Auf diese Weise wird jede Doxa im Roman in ihrer Begrenztheit sichtbar gemacht. Denn taucht zu Beginn des dritten Teils nicht ein letztes Mal jener

"Marchand de curiosités" auf, der Raphaël nicht nur die „Peau de Chagrin", sondern auch sein strenges Überlebenswissen mitgegeben hatte, sich zur Verlängerung des eigenen Lebens ganz auf das Gebiet des Wissens zu verlegen? Nun aber erscheint der über Hundertjährige stolz und mit einem satanischen Lachen am Arm der schön herausgeputzten Lebedame Euphrasie, bevor er sich mit einer ganz anderen Sentenz von Raphaël und seinem Lesepublikum verabschiedet. Denn auf die fassungslose Frage Raphaëls, ob sich der Greis denn nicht mehr an seine strengen Lehrsätze, an die „sévéres maximes de votre philosophie"[88] erinnere, antwortet ihm dieser lebenshungrig und mit seiner orgienerprobten Kokotte in Greifweite, er sei jetzt sehr glücklich: „Ich hatte die Existenz gegen den Strich gebürstet. Es liegt ein ganzes Leben in einer Stunde Liebe."[89] Auch diese Weisheit wird der Roman zugleich in Szene und in Beziehung zu anderen Äußerungen des Leben-Wollens setzen.

In dem bereits erwähnten, nach mancherlei Umwegen[90] von Honoré de Balzac selbst verfassten und auf Juli 1842 datierten *Avant-propos* zur *Comédie humaine* kommt der Auseinandersetzung mit jenen Disziplinen, die wir heute den Natur- und Biowissenschaften zuordnen würden, bekanntlich kein geringer Stellenwert zu. In seiner programmatischen Schrift geht Balzac gleich zu Beginn auf den großen Streit, auf die „grande querelle" ein, die in jüngster Zeit zwischen Cuvier und Geoffroy Saint-Hilaire ausgebrochen sei.[91] Er bringt sie sogleich aber in den Zusammenhang einer Wissenszirkulation, in der neben den Namen Leibniz, Buffon oder Charles Bonnet auch jene von Mystikern wie Swedenborg oder Saint-Martin auftauchen. Ein expliziter literarischer (Wissenschafts-)Raum entsteht, der von den unterschiedlichsten Diskursen gequert und somit höchst dynamisch konstituiert wird.

Dies zeigt sich auch mit Blick auf die wissenschaftlichen Erben der Naturgeschichte.[92] Ohne hier im Detail auf eine vielfach untersuchte Strategie der Herstellung diskursstützender intertextueller Relationen eingehen zu können,

---

88 Ebda., S. 212.
89 Ebda.: „J'avais pris l'existence au rebours. Il y a toute une vie dans une heure d'amour."
90 Vgl. hierzu Fargeaud, Madeleine: Introduction. In: Balzac, Honoré de: *La Comédie humaine*. Bd. 1: *Etudes de Mœurs: Scènes de la vie privée*. Paris: Gallimard 1976, S. 3–6.
91 Balzac, Honoré de: Avant-propos. In (ders.): *La Comédie humaine*, Bd. 1, S. 7. Vgl. hierzu auch Jurt, Joseph: Littérature et sociologie – Sociologie et littérature (de Balzac à Bourdieu). In: Bastien, Clément / Borja, Simon / Naegel, David (Hg.): *Le raisonnement sociologique à l'ouvrage. Théorie et pratiques autour de Christian de Montlibert*. Paris: L'Harmattan 2010, S. 210 f.
92 Verwiesen sei erneut auf Lepenies, Wolf: *Das Ende der Naturgeschichte. Wandel kultureller Selbstverständlichkeiten in den Wissenschaften des 18. und 19. Jahrhunderts*. Frankfurt am Main: Suhrkamp 1978.

sei doch sogleich angemerkt, dass Balzac bei seinem vieldiskutierten Transfer naturgeschichtlicher beziehungsweise zoologischer Kategorien aus der Tierwelt („Animalité") in die Menschenwelt („Humanité") eine grundlegende epistemologische Transformation vornimmt. Dies insofern, als er von einem unermesslichen Lebensstrom, von einem „immense courant de vie" ausgeht, der beim Menschen anders als beim Tier alle Ordnungen und Hierarchien durcheinanderwirbeln könne.[93]

Wenn im Sinne Buffons mit Blick auf die Fauna „la vie excessivement simple chez les animaux" und damit das Leben der Tiere als extrem einfach erscheine, dann gelte es beim Menschen, eine noch unbekannte Gesetzlichkeit herauszuarbeiten, welche alle Dimensionen des Menschen, also „ses mœurs, sa pensée et sa vie", jeweils in ihrer Anpassung an menschliche Bedürfnisse repräsentiere.[94] Gegenüber dieser Komplexität erscheinen die Zoologie oder Naturgeschichte eines Buffon geradezu als wissenschaftliches Kinderspiel. Denn die Komplexität, welche Balzac in seinem Romanzyklus anstrebt, ist wesentlich höher als in allen Wissenschaftsbereichen: Es ist die Komplexität und Polylogik des Lebens selbst.

Dass die in dieser Passage seines *Avant-propos* vorgenommene Komplexifizierung naturgeschichtlicher beziehungsweise biologisch-zoologischer Kategorien sich anhand der dreifachen Rekurrenz des Lexems „vie" entfaltet, wird nur wenige Zeilen später in einer Wendung vorgetragen, deren letzte Silbe zumeist unkommentiert blieb. Wir lesen dort: „So sollte das zu unternehmende Werk eine dreifache Form annehmen: die Frauen, die Männer und die Dinge, das heißt die Personen und deren materielle Repräsentation, welche sie von ihrem Denken geben; alles in allem also der Mensch und das Leben."[95] Wie hätte man noch schärfer formulieren können, dass es im Roman, dass es in der Literatur im Wesentlichen um das Leben geht?

Der Begriff des Lebens durchzieht in all seinen Varianten und Varietäten folglich nicht nur Balzacs *La Peau de Chagrin*, sondern die gesamte Grundlegung der *Comédie humaine*. Balzac insistiert auf der Notwendigkeit des Schriftstellers, die von ihm allein schon mit Blick auf die französische Gesellschaft konstatierte Vielfalt an Lebensformen und Lebensnormen in ihrer Lebendigkeit[96] wie in ihrer materiellen Repräsentation durch die Ding-Welt darzustellen. Es ist der Anspruch,

---

93 Balzac, Honoré de: Avant-propos, S. 9.
94 Ebda.
95 Ebda.: „Ainsi l'œuvre à faire devait avoir une triple forme: les hommes, les femmes et les choses, c'est-à-dire les personnes et la représentation matérielle qu'ils donnent de leur pensée; enfin l'homme et la vie."
96 Ebda., S. 10.

weit über die Natur- und Biowissenschaften hinauszugehen und ein Wissen vom Leben zu entfalten, das als Leben selbst *in Aktion* und lebendig vorgeführt werden soll.

Damit verfolgt der französische Schriftsteller nicht nur bezüglich Walter Scotts Romankonzeption,[97] sondern auch gegenüber anderen, insbesondere naturgeschichtlichen oder naturwissenschaftlichen Wissens- oder Diskursformationen eine Überbietungsstrategie. Diese macht den Balzac'schen Roman zu einem – oder besser: zu *dem* – herausragenden Instrument der Analyse einer (gleichwohl stets brüchigen) Totalität,[98] die sich ganz selbstverständlich und im Brustton geschichtsphilosophischer Dignität in seiner Poetik wie in seiner Poetologie entfaltet. Honoré de Balzac geht es um nichts weniger als um ein Gemälde gesellschaftlicher Totalität, mit anderen Worten: um ein WeltFraktal seiner Zeit mit all seinen Verflechtungen und Vernetzungen.

Der Freiburger Romanist Hugo Friedrich hat sich noch in der Ausgabe letzter Hand seiner erstmals 1939 erschienenen *Drei Klassiker des französischen Romans* dieses Argument von der Überlegenheit des Balzac'schen Romanmodells gegenüber anderen (disziplinären) Wissensformen zu eigen gemacht.[99] Den geschichtsphilosophisch untermauerten Anspruch auf Totalität aber kann eine entsprechende Romanpraxis nur dann einlösen, wenn sie den Zufall nicht exkludiert, sondern als eigentliches, alles miteinander vernetzendes Moment einer fundamentalen Bewegung inkludiert: „Le hasard est le plus grand romancier du monde"[100] – diese bereits zitierte ‚Weltformel' des Balzac'schen Romanmodells gilt es erneut in Erinnerung zu rufen!

Die bewegungsgeschichtliche, Raum und Zeit immer wieder anders miteinander kombinierende, vom Zufall, der Kontingenz[101] immer wieder neu vorangetriebene und an den unterschiedlichsten Formen und Normen des Lebens ausgerichtete dynamische Konzeption des Romans und der Literatur verwandelt den Schriftsteller in mehr als nur den „conteur des drames de la vie intime"

---

[97] Ebda., S. 10 f.
[98] Vgl. hierzu Dällenbach, Lucien: Das brüchige Ganze. Zur Lesbarkeit der „Comédie humaine". In: Gumbrecht, Hans-Ulrich / Stierle, Karlheinz / Warning, Rainer (Hg.): *Honoré de Balzac*. München: Fink – UTB 1980, S. 461–491.
[99] Vgl. Friedrich, Hugo: *Drei Klassiker des französischen Romans: Stendhal, Balzac, Flaubert*. Frankfurt am Main: Klostermann ⁸1980, S. 17.
[100] Balzac, Honoré de: Avant-propos, S. 11.
[101] Vgl. hierzu auch Warning, Rainer: Chaos und Kosmos. Kontingenzbewältigung in der „Comédie humaine". In: Gumbrecht, Hans-Ulrich / Stierle, Karlheinz / Warning, Rainer (Hg.): *Honoré de Balzac*, S. 9–55.

oder bloßen „archéologue du mobilier social".¹⁰² Denn der Schriftsteller im Sinne Balzacs ist weit mehr als Archäologe des sozialen Mobiliars: Ihm kommt die gesellschaftlich so relevante Aufgabe zu, die schöpferischen wie zerstörerischen Potentiale ebenso der „vie sociale" wie überhaupt der „vie humaine" zu erforschen und über die Reflexion der „action vitale" der Gesellschaften sogar wissentlichen Einfluss auf die „longévité" der Völker zu nehmen.¹⁰³ Das Lebenslexem steht mit unglaublicher, geradezu obsessiv wirkender Insistenz im Herzen aller poetologischen Formulierungen Balzacs; und doch wurde ihm bislang methodologisch keine große Aufmerksamkeit geschenkt. Es geht Balzac nicht um die Darstellung von Realität, sondern um die literarische Darstellung *gelebter* und *lebbarer* Realitäten; es geht Balzac nicht um die Darstellung von Totalität, sondern um die lebendige Darstellung einer Totalität von Leben, die in all ihren gesellschaftlichen Erscheinungsformen lebendig vor Augen geführt werden soll.

Dem Lebensbegriff kommt eine erkenntnistheoretische Zentralstellung zu, die sich selbstverständlich auch in der Einteilung der gesamten *Comédie humaine* in die von Balzac 1842 aufgeführten *Scènes de la vie privée, de province, parisienne, politique, militaire* et *de campagne*¹⁰⁴ manifestiert. Es geht dem Romancier – wie dem Historiker – gewiss auch um die „événements de la vie publique des nations", vordringlicher aber noch um jene „actes de la vie individuelle",¹⁰⁵ um die individuellen Lebensakte folglich, welche – eingebettet in die „événements principaux de la vie" und als Darstellungsformen einer bestimmten „époque de la vie humaine"¹⁰⁶ – vorrangig die Literatur ästhetisch zu gestalten weiß. Alles in Balzacs Romanzyklus, alles in seinen poetologischen Überlegungen zum Romanwerk ist mit dem kleinen Wörtchen „vie", ist mit dem Lebenslexem verbunden.

Seinem Roman *La Peau de Chagrin* weist Balzac dabei in seiner Gesamtkonstruktion einen zwischen den *Etudes de mœurs* und den *Etudes philosophiques* verbindenden Ort zu, wobei hier mit einer „fantaisie presque orientale" gearbeitet worden sei, „où la Vie elle-même est peinte aux prises avec le Désir, principe de toute Passion".¹⁰⁷ Honoré de Balzac nimmt für sich also eine fast orientalische Phantasie in Anspruch, in welcher das Leben in seinem direkten Kontakt mit

---

102 Balzac, Honoré de: Avant-propos, S. 11.
103 Ebda., S. 12.
104 Ebda., S. 18.
105 Ebda., S. 17.
106 Ebda., S. 18.
107 Ebda., S. 19.

dem Begehren, dem Prinzip jeglicher Leidenschaft verquickt sei. Wohin man im Balzac'schen Kosmos auch blickt: Stets stößt man auf den Lebensbegriff, der alle Bestandteile des romanesken Zyklus bestimmt.

Die Rekurrenz des Lebens-Lexems ist, wie wir nun zur Genüge sahen, im Roman wie in der Romantheorie Balzacs geradezu erdrückend. Das unscheinbare – und in der Tat oft übersehene – Wörtchen „vie" bildet zweifellos den hochdynamischen Kern der Balzac'schen Romantheorie und Schreibpraxis. Dabei ist es mehr als nur ein Augenzwinkern, wenn Balzac auf die für einen so gewaltigen Romanzyklus notwendigen übermenschlichen Kräfte aufmerksam macht, indem er all diese *Lebens*-Szenen mit seinem eigenen Leben autobiographisch verbindet und sich mit den Worten seiner Verleger (wie auch erhofftermaßen seines Publikums) ein möglichst langes Leben wünschen lässt: „„Que Dieu vous prête vie!""[108] Gott möge Ihnen ein langes Leben schenken. Die Konfigurationen seines eigenen Lebens zwischen „vouloir", „pouvoir" und „savoir" waren freilich einem langen Leben nicht eben förderlich.

Gewiss ist es auch heute noch zu bedauern, dass selbst die guten Wünsche all jener Freunde, auf die Balzac sowohl in seiner „vie privée" als auch in der „vie publique"[109] zählen zu können glaubte, nicht in Erfüllung gegangen sind, starb der Schöpfer der *Comédie humaine* doch schon acht Jahre später im August 1850 im Herzen seines nicht mehr abzuschließenden Zyklus. Die immer wieder sichtbar werdende autobiographische Grundierung, die Honoré de Balzac seinen Werken angedeihen ließ, verbindet ihn mit dem von ihm bewunderten Dante Alighieri, dessen später als ‚göttlich' bezeichnete *Commedia* ohne dieselbe friktionale Rückbindung an das eigene Leben viele wichtige Sinnebenen verloren hätte. Auch Balzac vergaß nie, seinen literarischen Kosmos mit vielen Autobiographemen auszustatten: Er erwies sich darin als ein guter Dante-Leser.

Damit soll keiner Übermacht einer autobiographischen Lesart das Wort geredet, wohl aber herausgearbeitet werden, dass sich das Lebenswissen, das die Literatur entfaltet, immer wieder neue Wege sucht, um die Lebendigkeit, die Vitalität eines Textes mit einer Dimension des ÜberLebenSchreibens zu verknüpfen, welche auch das eigene Leben des Schreibenden nicht aus der Textualität ausschließt. *Auctor in fabula*, zweifellos – und ganz so, wie Gustave Flaubert von seiner sicherlich berühmtesten Romanschöpfung sagen konnte: „Emma Bovary, c'est moi"!

---

108 Ebda.
109 Ebda., S. 20.

Es wäre ein Leichtes, diese Verknüpfung auch in einer anderen literarischwissenschaftlichen[110] Großform nachzuweisen, die ein gewiss nicht geringerer Bewunderer Dante Alighieris ebenfalls mit allen Zeichen einer Totalität des Wissens und einer geschichtsphilosophischen Dignität des Könnens auszustatten verstand. Es ist das Werk eines uns aus dieser Vorlesung bereits bekannten, in deutscher wie in französischer Sprache schreibenden Autors, der mit Balzac bisweilen in direktem, bisweilen in brieflichem Austausch stand[111] und in gewisser Weise der ‚Göttlichen Komödie' eines Dante und der ‚Menschlichen Komödie' eines Balzac eine umfangreiche und ebenfalls unabgeschlossene vielbändige ‚Kosmische Komödie' zur Seite stellte. Denn nicht umsonst wird diese auch im Sinne Hayden Whites[112] als Comedy (da mit gutem Ausgang) angelegte Schrift, die unter ihrem Titel *Kosmos* den Schlusspunkt unter eine mehr als siebzig Jahre währende Zeit des Bücherschreibens setzte, mit jenen Worten eröffnet, welche die zentralen Lexeme „Bewegung" und „Leben" in jener für Alexander von Humboldt charakteristischen Weise kombinieren:

> Ich übergebe am späten Abend eines vielbewegten Lebens dem deutschen Publikum ein Werk, dessen Bild in unbestimmten Umrissen mir fast ein halbes Jahrhundert lang vor der Seele schwebte. In manchen Stimmungen habe ich dieses Werk für unausführbar gehalten: und bin, wenn ich es aufgegeben, wieder, vielleicht unvorsichtig, zu demselben zurückgekehrt. Ich widme es meinen Zeitgenossen mit der Schüchternheit, die ein gerechtes Mißtrauen in das Maaß meiner Kräfte mir einflößen muß.[113]

Ohne an dieser Stelle auf die in einem umfänglichen, transdisziplinären Sinne *lebenswissenschaftliche* Ausrichtung des Humboldt'schen Wissenschafts- und Schreibprojekts eingehen zu können, will ich Sie doch darauf aufmerksam machen, dass ich diese Dimension im Nachwort zu der hier angeführten Edition von Humboldts *Kosmos* erstmals breiter entwickelt habe. In dem auf Potsdam im November 1844 (und damit nur zwei Jahre nach Balzacs *Avant-propos*) datierten

---

110 Zur Spezifik der Balzac'schen Wissenschaftspoetik vgl. Wehle, Winfried: „Littérature des images". Balzacs Poetik der wissenschaftlichen Imagination. In: Gumbrecht, Hans-Ulrich / Stierle, Karlheinz / Warning, Rainer (Hg.): *Honoré de Balzac*, S. 57–81.
111 Vgl. hierzu Lenz, Markus Alexander: Französische Literaten. In: Ette, Ottmar (Hg.): *Alexander von Humboldt Handbuch. Leben – Werk – Wirkung*. Mit 52 Abbildungen. Stuttgart: J.B. Metzler Verlag – Springer Nature 2018, S. 229–235.
112 Vgl. White, Hayden: *Tropics of Discourse. Essays in Cultural Criticism*. Baltimore – London: The Johns Hopkins University Press 1978.
113 Humboldt, Alexander von: *Kosmos. Entwurf einer physischen Weltbeschreibung*. Ediert und mit einem Nachwort versehen von Ottmar Ette und Oliver Lubrich. Frankfurt am Main: Eichborn Verlag 2004, S. 3.

Vorwort des preußischen Schriftstellers wird deutlich, dass die von Alexander von Humboldt in seinem *Kosmos* anvisierte Breite des Lebensbegriffs ganz selbstverständlich auch die autobiographische Dimension nicht ausschließen mochte.

Sie stellt vielmehr jene notwendige Verbindung her, die sich zwischen einem Lebensprojekt, einem Wissenschaftsprojekt und einem Schreibprojekt entfalten kann, ja vielleicht sogar entfalten muss, will es dem Leben in seinen vielfältigsten Dimensionen – und sei es ganz im Proust'schen Sinne in den höchst individuellen und zugleich doch nicht weniger sozialen Dimensionen seiner Lektüre – auf der Spur bleiben. Überflüssig hinzuzufügen, dass wie Balzac auch Humboldt sein Lebenswerk, dieses „Werk meines Lebens",[114] niemals mehr abzuschließen vermochte.

Honoré de Balzac und Alexander von Humboldt haben beiderseits sehr verschiedene Schreibprojekte konzipiert, um ein WeltFraktal zu entfalten, welches in beiden Fällen nicht ausschließlich, aber doch *auch* im Zeichen der Romantik steht. Zugleich haben beide Autoren nach unterschiedlichen Möglichkeiten gesucht, wissenschaftliches und literarisches Schreiben im Verbund mit dem Lebensbegriff auf eine Weise engzuführen, welche bis in unsere Tage kaum etwas an Faszinationskraft verloren hat. In beiden Fällen stehen wir vor den großen Zyklen des Erzählens und Wissens im Zeichen einer Zeit, welche sich um die Mitte des 19. Jahrhunderts um die Erfassung der die ganze Welt umfassenden Zusammenhänge bemüht. Die großen Oppositionen der Romantik gegenüber der Aufklärung, die leidenschaftlichen Kämpfe der Romantiker mit der Rationalität der Vertreter der Aufklärung sind in den Hintergrund gerückt: Balzac wie Humboldt greifen ganz selbstverständlich auf Modelle auch des 18. Jahrhunderts zurück und entfalten sie in einer Zeit, die dem Begriff der Romantik entflieht.

Im Tod des Balzac'schen Helden ist die Romantik freilich (noch) sehr gegenwärtig. Als Raphaël de Valentin, seinem Ende schon nahe, für teures Geld vier renommierte Mediziner an seinem Krankenbett versammelt, die jeweils unterschiedliche wissenschaftliche Schulen im damaligen Frankreich repräsentieren, lässt Honoré de Balzac auf sehr hintergründige Weise die Symptomatik seines Helden im Diskurs der Mediziner aufleuchten.

Einer von ihnen, Caméristus, führt in gelehrten Worten aus, was wir heute in anderer Diktion, aber wohl kaum mit höherer Stringenz als ein klassisches Burnout-Syndrom diagnostizieren würden. Der junge Mann habe sich mit der pausen-

---

114 So Alexander von Humboldt in einem Brief an seinen Freund Varnhagen von Ense: *Briefe von Alexander von Humboldt an Varnhagen von Ense aus den Jahren 1827 bis 1858*. Nebst Auszügen aus Varnhagen's Tagebüchern und Briefen von Varnhagen und Andern an Humboldt. [Hg. von Ludmilla Assing.] Leipzig: F.A. Brockhaus 1860, S. 20.

losen Arbeit an seiner Monographie über *La Volonté* völlig verausgabt, wodurch nichts weniger als „le principe vital", folglich „la vitalité même" angegriffen und in Mitleidenschaft gezogen worden sei.[115] Stand in der Tat nicht Raphaëls Lebensprinzip zur Debatte? Dies habe auch den Willen selbst als „la science de la vie"[116] in seiner tagtäglich regulativen Funktion beeinträchtigt, so dass es unumgänglich sei, die Krankheit in den „entrailles de l'âme et non dans les entrailles du corps" zu attackieren[117] – also die Krankheit in der Seele und nicht im Körper zu bekämpfen. Und noch bevor sein Fachkollege und Rivale Brisset ob dieser „médecine absolutiste, monarchique et religieuse"[118] aufstöhnt und Raphaël begreift, dass er nichts von dieser kostspieligen Lebenswissenschaft erwarten kann, lässt Caméristus verlauten: „Un médecin est un être inspiré, doué d'un génie particulier, à qui Dieu concède le pouvoir de lire dans la vitalité."[119] Ein Mediziner sei ein inspiriertes, im Besitz eines eigenen Genius befindliches Wesen, dem Gott selbst die Fähigkeit vermittelt habe, in der Vitalität, in der Lebenskraft zu lesen.

Wie sehr sich Balzac auch stets darum bemühte, die natur- und biowissenschaftlichen Forschungen und Praktiken seiner Zeit in seine Sicht der Welt und der Gesellschaft einzubinden, so war der französische Romancier in seinem eigenen Schreiben doch weitblickend genug, um allen wissenschaftlichen Determinismen das undisziplinierte und undisziplinierbare Wissen der Literatur als Korrektiv entgegenzusetzen. Die Größe Balzacs als Schriftsteller ruht auf diesem unerschütterlichen Glauben an die Literatur. Wenn er nicht ohne Bewunderung, aber mit viel sanfter Ironie und Spott die Diskurse wie die Praktiken der ‚Lebenswissenschaften' seiner Zeit porträtierte, so wusste er seinerseits nur zu genau, wie hoch der Anspruch war, den er in seinem eigenen Wirken, in seinem Romanwerk umzusetzen suchte.

So liegt „le pouvoir de lire dans la vitalité" auch nicht in den Händen dieser Mediziner, sondern in jenen eines Romanciers, der sich von seinem Lesen des Lebens ein neues, tief in die Gesellschaft und Geschichte seiner Zeit wie seiner Figuren eindringendes Lebenswissen erhoffte und zurecht versprach. Mag sein, dass Balzacs fieberhaftes Schreiben einen Lebensrhythmus schuf, der ihm ein langes Leben nicht erlauben konnte; denn sehr machten sich bei ihm die pausenlosen Anstrengungen, die Schlafreduktionen und die Schreibverpflichtungen lebensverkürzend bemerkbar. Die von ihm geschaffene Literatur aber hat sein

---

115 Balzac, Honoré de: *La Peau de Chagrin*, S. 257.
116 Ebda.
117 Ebda., S. 258 f.
118 Ebda., S. 259.
119 Ebda.

Leben nicht nur überdauert, sondern ein Lebenswissen als Erlebenswissen entfaltet, das auch noch heute als Korrektiv für all jene zyklisch wiederkehrenden Determinismen dienen kann, welche die Natur- und Biowissenschaften in regelmäßigen Abständen auszubilden pflegen.[120]

---

120 Vgl. hierzu Rheinberger, Hans-Jörg / Müller-Wille, Staffan: Technische Reproduzierbarkeit organischer Natur – aus der Perspektive einer Geschichte der Molekularbiologie. In: Weiß, Martin G. (Hg.): *Bios und Zoë*, S. 11–33.

Alphonse de Lamartine oder die Lyrik der Einsamkeit

Es gibt – wie wir sahen – viele Wege, die hinein in die Romantik führen, aber auch einige ganz wunderbare Pfade, auf denen man wieder aus ihrem Bannkreis heraustritt. Ich möchte Ihnen dies gerne auf dem Gebiet der Lyrik vorführen und will dabei zunächst tief in der Romantik beginnen. Es ist daher an der Zeit, Ihnen eines der großen, sicherlich auch berühmtesten und meistzitierten Gedichte dieser Epoche vorzustellen, das aus der Feder des Franzosen Alphonse de Lamartine stammt und jenen Vers enthält, der in gewisser Weise – wir haben es schon zuvor erwähnt – geradezu als Definition des Verhältnisses zwischen Individuum, Gesellschaft und Natur gelten darf. Dieses triadische Verhältnis wird – wie könnte es anders sein? – vermittelt über eine romantische Liebeskonzeption, die in ihrem Absolutheitsanspruch hinter dem geliebten Menschen alles andere, ja die ganze Welt deutlich zurücktreten lässt: „Ein einzig Wesen fehlt, und alles ist entvölkert." Doch wer war der Verfasser dieses wohl berühmtesten Verses der nicht nur französischen Romantik, der in vielerlei Varianten von den Schriftstellerinnen und Schriftstellern der Literaturen der Welt in den unterschiedlichsten Sprachen und Varianten zitiert und weitergeführt, in nachromantischer Zeit dann aber auch nicht selten verhohnepiepelt wurde?

Alphonse Marie Louis Prat de Lamartine wurde am 21. Oktober 1790 im französischen Mâcon geboren und starb am 28. Februar 1869 in Paris. Er gehörte zu jenen Romantikern, die sich nicht nur einen Namen in der Literatur und bisweilen in den Schönen Künsten, sondern auch in der Politik machten und darf in diesem Sinne durchaus in seiner Bedeutung mit Chateaubriand verglichen werden, bei dem wir diese Kombination ausführlich analysierten.

Abb. 63: Alphonse de Lamartine (Mâcon, 1790 – Paris, 1869).

Open Access. © 2021 Ottmar Ette, publiziert von De Gruyter. Dieses Werk ist lizensiert unter einer Creative Commons Namensnennung – Nicht-kommerziell – Keine Bearbeitung 4.0 International Lizenz. https://doi.org/10.1515/9783110703443-028

Alphonse de Lamartine stammt aus einer royalistischen Familie des Landadels und wuchs in Milly in einer höchst provinziellen Umgebung auf. Als einzigem Sohn sollte ihm das väterliche Erbe zufallen; er wurde konservativ und katholisch erzogen, besuchte ein Internat im nahegelegenen Lyon, von wo der Zwölfjährige ausriss, und wechselte später in ein ehemaliges Jesuitenkolleg in Belley. Erste bleibende, künstlerisch bedeutende Eindrücke hinterließ in den Jahren 1811 und 1812 die Reise in ein von napoleonischen Truppen besetztes Italien; Eindrücke, die Lamartine auch in einem späteren Roman verarbeitete. 1812 wurde er zum Bürgermeister von Milly und kam erstmals nach Paris. Eine eingeschlagene Offizierslaufbahn, während der er sich zu Zeiten von Napoleons Niedergangs vor dem Schlimmsten bewahren konnte, musste er aus Gesundheitsgründen aufgeben. 1816 lernte er bei einem Kuraufenthalt in Aix-les-Bains Julie Charles kennen. Er verliebte sich in sie und folgte ihr nach Paris, wo er in ihrem Salon verkehrte. Die Liebe zu ihr und ihren überraschenden Tod im Jahr 1817 verarbeitete Lamartine in seinen frühen Gedichten, wobei er die tuberkulosekranke junge Frau und ihr Ableben in intensiven Landschaftsbildern zelebrierte.

Doch schon im Jahr 1820 heiratete er die Engländerin Mary-Anne Birch, die er ein Jahr zuvor kennengelernt hatte. Ab 1817 war Lamartine im diplomatischen Dienst tätig, der ihn in den zwanziger Jahren wiederholt nach Italien führte. Nach einer ernsthaften Erkrankung näherte er sich wieder jener Frömmigkeit der Jugendjahre an, die in seine Gedichte Eingang fand. Auch später stand er den Sozialaussagen der katholischen Kirche nahe. Im März des Jahres 1820 veröffentlichte er seine Gedichtsammlung *Méditations poétiques*, in denen der Einfluss Rousseaus und der Frühromantik, aber auch der englischen Lyrik unverkennbar waren. Der schmale Gedichtband hatte von Beginn an einen gewaltigen Erfolg und machte den Namen Lamartine schlagartig berühmt. Seine schriftstellerische Laufbahn als Dichter begann, die ihn zehn Jahre später – nach einem ersten vergeblichen Anlauf – zu einem Mitglied der Académie Française und damit zu einem der ‚Unsterblichen' machen sollte.

Mit der französischen Julirevolution quittierte Lamartine den diplomatischen Dienst, da er den ‚Bürgerkönig' Louis-Philippe als rechtmäßigen König nicht anerkannte. So nahm in den dreißiger Jahren die Politik in seinem Leben immer breiteren Raum ein; bereits seit 1833 war der einstige Landadelige französischer Abgeordneter. Zuvor allerdings hatte er mit seiner Familie eine Orientreise angetreten, über die er den für die Zeit typisch orientalisierenden Band *Voyage en Orient* (1835) publizierte. Nach seiner Rückkehr nahmen politische Aktivitäten zu: Er distanzierte sich als Adeliger von Louis-Philippe und war schließlich am Sturz der Regierung beteiligt. Zugleich war er mit seinem 1830 erschienenen Gedichtsband *Harmonies poétiques et religieuses* endgültig zu einem der Anführer der jungen romantischen Schule in Frankreich aufgestiegen. Literatur und Politik gingen bei Lamartine Hand in Hand.

Der Verfasser des später zu besprechenden Gedichts *L'Isolement* stieg in der Folge zu einer der prägenden politischen Figuren Frankreichs auf, wurde 1848 für kurze Zeit Außenminister und de facto Führer der eingesetzten provisorischen Regierung; doch löste ihn bereits am 24. Juni Louis-Eugène Cavaignac ab. Entscheidend war, dass er zwar als oppositioneller Republikaner zu einem der gefürchtetsten politischen Redner Frankreichs aufgestiegen war, jedoch bei den Präsidentschaftswahlen Ende 1848 deutlich Charles Louis Napoléon Bonaparte unterlag, dem späteren Napoleon III. Nach seinem erzwungenen Rückzug aus der Politik infolge des Staatsstreichs von 1851 veröffentlichte Lamartine – nach seiner achtbändigen *Histoire des Girondins* (1847) – vor allem historische Werke wie die *Histoire de la Restauration* (1851–1853), seinen *Cours familier de la littérature* in achtundzwanzig Bänden sowie autobiographische Erzählungen und Episoden. Letztere konnten ähnlich wie sein Roman *Geneviève, histoire d'une servante* nicht mehr an die Erfolge seiner frühen Dichtungen anknüpfen. Alphonse de Lamartine gilt gleichwohl – gerade auch durch die Vereinigung von Literatur und Politik in seiner Gestalt – bis heute als einer der großen Vertreter der Romantik in Frankreich.

Abb. 64: „Lamartine repoussant le drapeau rouge à l'Hôtel de Ville, le 25 février 1848", Öl auf Leinwand von Henri-Félix-Emmanuel Philippoteaux, circa 1848.

Sein dichterischer Ruhm gründet sich auf seine frühe Lyrik, die *Méditations poétiques* von 1820, die rasch in die verschiedensten europäischen Sprachen übersetzt wurden und in deutscher Übersetzung 1826 erschienen, sowie die *Nouvelles méditations poétiques* von 1823, die ebenfalls im selben Jahr auch auf Deutsch publiziert wurden. Mit diesen Gedichtbänden führte er einen für die französische

Dichtung neuartigen Ton der Meditation ein, der bis zu diesem Zeitpunkt auf die Philosophie und die Theologie beschränkt gewesen war. Der Dichter aus Mâcon avancierte damit zum lyrischen Wortführer der Romantik, obwohl er sich von Gruppenbildungen stets distanziert hielt.

In geradezu ‚klassischer' Weise setzte sich Lamartine mit dem „mal du siècle" auseinander, der Melancholie oder Schwermut, meditierte aber auch über Einsamkeit, Liebesschmerz und Vergänglichkeit alles Irdischen. An romantische Autoren wie Lord Byron oder den ihm persönlich bekannten Chateaubriand anknüpfend, reduzierte Lamartine die melancholische Haltung zu einer gedämpften Trauer, die weder in der Religion noch in der Liebe einen festen Halt findet. Auch der Verlust lieber Menschen, wie etwa seiner zehnjährigen Tochter, die auf der gemeinsamen Orientreise erkrankte und starb, bildet einen Themenbereich, den Lamartines dichterische Kunst bearbeitete. Seine späteren Gedichtsammlungen besitzen nicht mehr die Unsicherheit der frühen lyrischen Schöpfungen; denn in ihnen zeigte sich nun stärker die Glaubenssicherheit des Poeten. Sie wurden zwar rasch in verschiedene Sprachen übertragen, konnten beim Publikum aber nicht mehr denselben großen Erfolg verzeichnen. Seine geplanten großen epischen Entwürfe blieben Stückwerk und scheiterten; Lamartine führte sie nicht zu Ende.

In kaum einem anderen Gedicht ist die romantische Vereinzelung des Individuums, die gesellschaftliche Dimension dieser Isolierung, aber auch die Thematik und das Theorem der Einsamkeit so eindringlich in seine ästhetischen und historischen Kontexte gestellt worden wie bei Lamartine. Im Übrigen wird bei einem Vergleich zwischen Leopardi und Lamartine auch schnell deutlich, wie intensiv der interkulturelle Austausch zwischen den verschiedenen europäischen Ländern und National-Literaturen tatsächlich funktionierte. Nicht umsonst war Alphonse de Lamartine seit seiner frühen Reise nach Italien der Literatur des südlichen, vor seiner Nationenbildung stehenden Nachbarlandes sehr zugetan:

Einsamkeit

Oft auf des Berges Hang, in alter Eichen Schatten,
In Trauer lieg' ich still, derweil die Sonne sinkt;
Der Zufall führt den Blick durch Felder und durch Matten,
Wo wechselvoller Reiz mir zu den Füßen winkt.

Dort tobt der schnelle Fluß mit seiner Wellen Schaume
Er krümmt sich, er versenkt sich in die dunkle Fern';
Hier dehnt der stille See sein Wasser als im Traume,
Wo aus dem tiefen Blau sich erhebt der Abendstern.

Die Gipfel, die den Wald zur düstern Krone tragen,
Grüßt noch das Abendrot mit seinem letzten Strahl,
Der Schatten Königinn steigt auf dem dunst'gen Wagen,
Und färbt den Horizont am runden Saume fahl.

Und mittlerweile schwingt, vom alten Turm gesendet,
Herüber durch die Luft sich frommer Töne Klang;
Der Wandrer steht und horcht: des Dorfes Glocke spendet
Ins letzte Tagsgeräusch den heiligen Gesang.

Ach! Aber meinen Sinn rührt weder Reiz noch Wonne
Bei diesem holden Bild; mein Herz bleibt unentbrannt:
Ein Schatte geh' ich um, und der Lebend'gen Sonne
Erwärmt die Toten nicht: so schau' ich auf das Land.

Umsonst trag' ich den Blick von Hügel hin zu Hügel,
Zum Niedergang vom West, vom Mittag hin zum Nord;
Den ungemessnen Raum durchstreift des Geistes Flügel;
Doch sprech' ich: Meiner harrt das Glück an keinem Ort.

Was sollt ihr Thäler mir, ihr Hütten, ihr Paläste?
Entflogen ist der Reiz, was will der leere Schwall?
Du Strom, du Fels, du Hain! Ihr Oeden – mir das Beste!
Euch fehlt ein Wesen nur – entvölkert seid ihr all!

Mit unbewegtem Blick ich auf zur Sonne sehe,
Ob ihre Wandrung sie beginnen, enden mag;
Ob sie umwölkt, ob klar, auf oder nieder gehe: –
Was gilt die Sonne mir? ich hoffe nichts vom Tag.

Und dürft' ich mit ihr zieh'n hoch über Berg' und Thale,
Nur Oede würd' ich schaun und ringsum Wüsteney'n:
Von allem wünsch' ich nichts, was immer sie bestrahle,
Mich kann die weite Welt mit keiner Gab' erfreu'n.

Jenseits der Grenzen doch, die dies ihr Rund umfassen,
Wo wahrer Sonne Licht durch andre Himmel scheint;
Könnt' ich, der Hülle los, den Leib der Erde lassen:
Vielleicht dort würd' ich schau'n, was hier mein Traum gemeint.

Dort labt' ich mich am Quell, nach welchem ist mein Schmachten,
Dort reichte Hoffnung neu, dort Liebe mir die Hand,
Dort fänd' ich jenes Gut, nach dem die Seelen trachten,
Und das kein Name nennt in diesem Erdenland.

Oh dürft' ich auf zu dir, du mein Geheimnis fliegen, –
Du meiner Wünsche Ziel – auf, mit des Frühroths Strahl!
Warum muß ich verbannt hier auf der Erde liegen?
Ich habe nichts gemein mit diesem Jammertal!

Wann welk der Bäume Blatt fällt auf der Wiesenmatte,
Erhebt der Nachtwind sich, der es dem Thal entreißt;
Auch ich, auch ich bin gleich dem abgefallnen Blatte:
Entführe, wilder Sturm, gleich ihm auch meinen Geist![1]

L'Isolement

Souvent sur la montagne, à l'ombre du vieux chêne,
Au coucher du soleil, tristement je m'assieds;
Je promène au hasard mes regards sur la plaine,
Dont le tableau changeant se déroule à mes pieds.

Ici, gronde le fleuve aux vagues écumantes,
Il serpente, et s'enfonce en un lointain obscur;
Là, le lac immobile étend ses eaux dormantes
Où l'étoile du soir se lève dans l'azur.

Au sommet de ces monts couronnés de bois sombres,
Le crépuscule encor jette un dernier rayon,
Et le char vaporeux de la reine des ombres
Monte, et blanchit déjà les bords de l'horizon.

Cependant, s'élançant de la flèche gothique,
Un son religieux se répand dans les airs,
Le voyageur s'arrête, et la cloche rustique
Aux derniers bruits du jour mêle de saints concerts.

Mais à ces doux tableaux mon âme indifférente
N'éprouve devant eux ni charme, ni transports,
Je contemple la terre, ainsi qu'une ombre errante:
Le soleil des vivants n'échauffe plus les morts.

De colline en colline en vain portant la vue,
Du sud à l'Aquilon, de l'Aurore au couchant,
Je parcours tous les points de l'immense étendue,
Et je dis: Nulle part le bonheur ne m'attend.

---

[1] Lamartine, Alphonse de: *Auserlesene Gedichte*. Metrisch übersetzt von Gustav Schwab. Mit beigefügtem französischen Texte. Stuttgart und Tübingen 1826, S. 3–7.

Que me font ces vallons, ces palais, ces chaumières?
Vains objets dont pour moi le charme est envolé;
Fleuves, rochers, forêts, solitudes si chers,
Un seul être vous manque, et tout est dépeuplé.

Que le tour du soleil ou commence ou s'achève,
D'un œil indifférent je le suis dans son cours;
En un ciel sombre ou pur qu'il se couche ou se lève,
Qu'importe le soleil? je n'attends rien des jours.

Quand je pourrais le suivre en sa vaste carrière,
Mes yeux verraient partout le vide et les déserts;
Je ne désire rien de tout ce qu'il éclaire,
Je ne demande rien, à l'immense univers.

Mais peut-être au-delà des bornes de sa sphère,
Lieux où le vrai soleil éclaire d'autres cieux,
Si je pouvais laisser ma dépouille à la terre,
Ce que j'ai tant rêvé paraîtrait à mes yeux?

Là, je m'enivrerais à la source où j'aspire,
Là, je retrouverais et l'espoir et l'amour,
Et ce bien idéal que toute âme désire,
Et qui n'a pas de nom au terrestre séjour!

Que ne puis-je, porté sur le char de l'Aurore,
Vague objet de mes vœux, m'élancer jusqu'à toi,
Sur la terre d'exil pourquoi resté-je encore?
Il n'est rien de commun entre la terre et moi.

Quand la feuille des bois tombe dans la prairie,
Le vent du soir s'élève et l'arrache aux vallons;
Et moi, je suis semblable à la feuille flétrie:
Emportez-moi comme elle, orageux Aquilon!

In der nachfolgenden Interpretation stützte ich mich auf das französische Original. Mit diesem heute noch jedem französischen Schüler und jeder französischen Schülerin wenn nicht vertrauten, so doch bekannten Poem gelingt Alphonse de Lamartine eine dichterische Schöpfung, die zu den großen Leistungen der französischen Romantik zählt. Es handelt sich um ein Gedicht in Alexandrinern mit einem durchaus klassischen Strophenaufbau in insgesamt dreizehn „quatrains". Dass es sich um ‚klassische' Alexandriner in einer klassischen Gedichtform handelt, zeigt schon die Übereinstimmung von Strophengrenzen und Satzgrenzen an.

Lamartine griff auf einen Kreuzreim zurück, also „rimes croisées" im Schema *abab*, wobei *a* stets weiblich und *b* stets männlich ist. Die Gesamtstruktur des Gedichts lässt sich relativ leicht erkennen, denn ein „Mais" trennt zu Beginn der fünften Strophe einen ersten Teil ab und zu Beginn der zehnten Strophe einen dritten und letzten Teil, so dass der erste Teil des Gedichts vier, der zweite fünf und der dritte wiederum vier Strophen umfasst. Die zentrale Strophe ist daher die siebte Strophe, der also eine überragende Bedeutung aufgrund dieser Zentralstellung zukommt.

So verwundert auch nicht, dass gerade diese Strophe jenen Vers enthält, der zweifellos zu den meistzitierten Versen der Romantik zählt: „Un seul être vous manque, et tout est dépeuplé". Dieser poetische Satz ist oft leicht abgewandelt worden, etwa von Jean Giraudoux in *La Guerre de Troie n'aura pas lieu* in ein „et tout est repeuplé", oder – das ist wohl eines der neuesten Beispiele – von Marie Darrieussecq. Letztere hat in ihrem Erfolgsroman *Truismes* eine Fernsehsendung, in der nach verschollenen Menschen gesucht wird, mit dem Titel „Un seul être vous manque" ironisch überschrieben. Wir bewegen uns also auf bekanntem literarischem Terrain, das ebenso zitierfähig wie gut memorierbar ist und sich daher für Persiflagen hervorragend eignet. Ich verweise an dieser Stelle im Übrigen auch auf die aufschlussreiche sozio-semiotische Interpretation des Gedichts durch Erich Köhler, der 1981, also vor fast vier Jahrzehnten, vor allem von den phonematischen Strukturen und Lexem-Rekurrenzen her seine Analyse dieses Textes aus vornahm[2] und in seiner Vorlesung das Gedicht mit unverwechselbar schwäbischem Akzent vortrug.

Der Titel *L'Isolement* nimmt sich zweifellos ein in der Romantik häufig gewähltes Thema vor, das der Einsamkeit und mehr noch Vereinzelung des lyrischen Ich, das sich in mehrfachem Sinne in eine tiefe Einsamkeit, eine Isolierung zurückgeworfen sieht. Daher rührt auch der Titel der zeitnahen deutschen Übersetzung, die freilich etwas platter wirkt als das französische „Isolement", in welchem die einsame Insel mitschwingt. Erich Köhler hat dies zugleich als Entfremdung aufgefasst und hiervon ausgehend Rückschlüsse auf die Klassenzugehörigkeit Lamartines zum verarmten Landadel gezogen, dem bekanntlich eine Vielzahl der französischen Frühromantiker angehörte. Zu ihnen zählen neben Lamartine unter anderem der Vicomte de Chateaubriand oder Bernardin de Saint-Pierre, aber auch Alfred de Musset und Alfred de Vigny sowie viele andere französische Poeten. Erich Köhler zeigte aber auch auf, wie sich ausgehend vom

---

[2] Vgl. Köhler, Erich: Alphonse de Lamartine: „L'Isolement". Versuch einer sozio-semiotischen Interpretation. In: *Romanistische Zeitschrift für Literaturgeschichte* (Heidelberg) 1–2 (1981), S. 129–150.

Titel verschiedene klangliche Sequenzen quer durch das Gedicht erstrecken. Man könnte von einem wahren Klangfächer sprechen, insoweit der Titel *L'Isolement* zentrale phonische Elemente, die das gesamte Gedicht strukturieren, vor uns von Beginn an paratextuell ausbreitet. Doch kann ich an dieser Stelle die Analyse der Phonotextualität, also der Klang-Text-Relationen, nicht wesentlich weiter vorwärtstreiben.

Sehen wir uns zunächst einmal die ersten vier Strophen des Gedichts und damit seinen ersten Teil genauer an! Die Situierung des Gedichts beginnt mit dem Verweis auf die Berge, ein Gebirge, wo sich das lyrische Ich oft unter einer alten Eiche niederzulassen pflegt. An dieser Stelle mögen wir uns mit dem kurzen und knappen Hinweis begnügen, dass die Spannung zwischen Individuum und Natur, Ich und Landschaft konstitutiv ist für die Herausbildung ebenso des modernen Subjekts als auch der romantischen Landschaft – eine Relation, die wir in unserer Vorlesung schon mehrfach erkundet haben. Beide bedingen sich wechselseitig: Die Landschaft ist ohne das romantische Subjekt schlechterdings nicht vorstellbar, und das Subjekt zieht seine Existenz aus dem konstruktiven Kontrast zur umgebenden Landschaft, mit der es in einer Korrespondenzbeziehung steht. Die philosophischen Voraussetzungen hierfür haben wir mit dem Verweis auf Ritter beziehungsweise Fichte kurz gestreift und wir sollten sie noch in diesem Gedicht wiederfinden, dessen Landschaft selbst dann nicht auf das Ich verzichten kann, wenn sie ihm, wie wir noch sehen werden, völlig indifferent geworden ist.

Was sich daran anschließt, ist nicht weniger topisch: Denn es folgt der Blick von oben, von den Bergen hinab in die Täler und Ebenen. Ein Blick von oben, den man auch als Schweben über den Dingen bezeichnen könnte und in welchem wir die in dieser Vorlesung bereits besprochene, von Jean-Jacques Rousseau ausgehende Suche nach Transparenz, Klarheit und Durchsichtigkeit erkennen können. Im zweiten Vers wird ebenfalls ein – nicht nur in der Lyrik – topisches Element des romantischen Diskurses eingeführt; der Sonnenuntergang nämlich, der auf die Szenerie ein langsam verlöschendes Licht wirft und damit von Beginn an die gesamte lyrische Inszenierung in ein melancholisches Dämmern taucht.

Dies deutet sich bereits im Wörtchen „tristement" an, mit dem sich das lyrische Ich unter die alte Eiche setzt. Zu Füßen des lyrischen Ich zeigt sich nun ein Gemälde, freilich ein mobiles, sich wandelndes Gemälde, ein „tableau changeant", das von Erich Köhler in seiner Interpretation übrigens erstaunlicherweise gar nicht gedeutet wurde, das uns aber vielleicht aus der Perspektive unserer Vorlesung auf die ständige Veränderung aller Dinge hinweist – und werden sie auch aus großer Höhe betrachtet. Vor allem aber entsteht in diesem Mobile der Landschaft eine Korrespondenz-Natur, in welcher wir deutlich eine Landschaft der Theorie erkennen können. Dabei spielt der Zufall, mit dem das Ich seine Blicke in die Ferne, auf die Ebene richtet, durchaus eine nicht zu unterschätzende Rolle.

Das Ich jedenfalls befindet sich in einer erhobenen Position: Wir könnten daher mit dem angedeuteten Ausdruck des Erhabenen, des Sublimen rechnen. Doch diese an das Topische geknüpfte Erwartungshaltung wird enttäuscht und die mit ihr verbundene Theorie der Landschaft negiert.

Dies geschieht nicht von Beginn an, sondern erst im zweiten Teil des Gedichts. Zunächst erfolgt eine Verräumlichung und Konkretisierung des sich bewegenden Gemäldes, das nun in eine Abfolge sprachlicher Bilder – und zugleich auch Klangbilder – gebracht wird. Das Verschwinden des Flusses in einem weit entfernten Dunklen mag nicht nur die Reise und Bewegung des Lebens versinnbildlichen, sondern zugleich auch prophetisch ein dunkles Licht auf dessen weiteren Verlauf werfen: von der schäumenden, erregten Bewegtheit bis hin zu einem fernen, sachten Verschwinden und Sich-Auflösen.

Die zweite Hälfte des zweiten Verses, von „Ici" und „Là" klar strukturiert und durch die Interpunktion gegliedert, wird dem bewegten Wasser das ruhige Wasser eines Sees entgegengesetzt; ein für die Romantik typischer Kontrast also, der dieses Landschafts-Bild von Beginn an prägt. Darüber erhebt sich der Abendstern auf einem dunkelblauen Himmel, der sich im See spiegelt; ein Reflex des gesamten Kosmos, der auf der Spiegelfläche des stehenden, ruhigen Gewässers eingefangen wird. Wir könnten in der Tat glauben, es mit einem geradezu idealtypischen Gedicht zu tun zu haben – und in der Tat konnte die Forschung belegen, wie viele direkte Quellen diesen Fluss und See speisen, wie viele Formulierungen etwa auf Chateaubriand, Benjamin Constant oder andere vornehmlich französische Dichter verweisen.

Die dritte Strophe beginnt dort, wo bereits die erste Strophe eingesetzt hatte: nämlich auf der Spitze der Berge, also aus der Position des Erhabenen blickend in die letzten Strahlen des Sonnenuntergangs. Dies kann uns nur insoweit beeindrucken, als hier – zumindest auf Inhaltsebene – eine erstaunliche Rekurrenz stattfindet, so als könnte sich das lyrische Ich nicht mehr von dieser Szenerie trennen, die ihm jedoch auf mysteriöse Weise unzugänglich geworden ist. Und eben dies, so werden wir noch sehen, ist der Fall: Denn mit Sigmund Freud zu sprechen, wird das Heimelige dem Ich sukzessive unheimlich. Schon folgt nach dem Abendstern die Königin der Nacht, der im Französischen weibliche Mond, der nun alles in ein fahles, weißliches Licht taucht. Es fehlt kaum etwas zur romantischen Szenerie, die der Dichter in diesen Versen für uns entwirft.

Bereits die vierte Strophe deutet jedoch an, dass sich etwas anderes in diesem Bild eingenistet hat: eine Ahnung, die durch die Rekurrenz aufkam, nun aber durch das eröffnende „Cependant" der vierten Strophe konkrete Gestalt annimmt. An dieser Stelle des Gedichts erscheint nun die gotische Kirchturmspitze und damit ein Element okzidentaler Kultur. Das gotische Himmelstreben zu Gott ist eine Verbeugung vor dem christlichen Abendland und zugleich eine Wertschätzung des in der Romantik stark aufgewerteten Mittelalters, das mit seiner Frömmigkeit eingeblendet wird. Die Lüfte transportieren den Schall dieser Kirchenglocke, deren Klang eine Art Rufen aus der Ferne, vielleicht aus zu großer Ferne darstellt. Die Figur des Reisenden hält in ihrer Bewegung inne, wird durch den Klang also an andere Aufgaben und Lebensinhalte erinnert und an eine Sammlung, eine Versammlung, eine religiöse Gemeinschaft gemahnt, die sich nun am Ort der Kultur inmitten einer Szenerie der Schöpfung bildet. Die Bewegung des Wanderers erstarrt und mit ihm die Mobilität der Landschaft, die er durchquert und deren Horizonte und Perspektiven sich ständig veränderten. Der Tag und mit ihm das Tagewerk geht zu Ende, es bricht eine Zeit der Transzendenz an, in der die Nacht an die Stelle des Tages rückt. Der Reisende kann seine Bewegung nicht fortführen und kehrt wohl in dem rustikalen Ort mit seiner mittelalterlichen Vergangenheit ein: Das sakrale Element beherrscht den Ausgang dieses ersten Teils mit seiner klanglichen Orchestrierung.

Die fünfte Strophe baut nun den ersten scharfen Kontrast, den ersten direkten Gegensatz auf zwischen den „doux tableaux", welche die vorangehenden Strophen entwerfen, und der indifferenten Seele des lyrischen Ich, die sich von den zuvor entworfenen romantischen Naturbildern nicht affizieren lässt und ihnen gegenüber indifferent, unbeeindruckt bleibt. Weder „charme" noch „transport", weder Anziehungskraft noch Verzauberung kann diese sich unvermittelt auftuende Distanz und Indifferenz durchbrechen. Die Kontemplation der Erde, der „terre" führt gerade nicht zur Transzendenz, zum Lob der Schöpfung, zur Erkenntnis des Guten, Schönen und Ewigen, sondern hinterlässt die „ombre errante", die nicht in die Stille und Kontemplation der Versammlung überführt werden kann.

In die Gegensatzposition zur Sonne der Lebenden begibt sich in dieser poetischen Wendung der Zustand der Toten, genauer noch jener Menschen und jenes Menschen, der zu den lebendigen Toten zählt. Das Ich ist offensichtlich allem Irdischen bereits fremd, ist von diesem isoliert, abgeschieden, vereinzelt: ein der Welt entfremdetes modernes Subjekt, isoliert und damit *insularisiert* von allem. Nichts kann mehr den Blick des lyrischen Ich befriedigen, der die verschiedenen Hügel umherirrend streift, ohne doch einen festen Halt, eine Erkenntnis zu finden: eine klare Antwort zu formulieren auf die zuvor entworfene Landschaft der Theorie mit ihrem Schöpfungsglück. In allen Himmelsrichtungen, die auch vom Nordwind verkörpert werden, kann das Ich nichts wirklich für sich erblicken. Wir werden bei Arthur Rimbaud erneut auf diesen „Aquilon" stoßen, den Nordwind und dessen Umdeutung innerhalb einer Lyrik, die der Romantik endgültig entzogen ist.

Nirgendwo, „Nulle part", an keinem Ort warte das Glück auf ihn: Alles sei leer und ohne Glücksversprechen. Diese Negation eröffnet zugleich – wenn Sie den Satz anders lesen, indem sie für „Nulle part" einfach U-Topia einsetzen – eine letzte Hoffnung, die allein noch im Utopischen liegen kann: kein Ort, nirgends. Damit aber wird angesichts der Unermesslichkeit des Raumes, den das Ich überblickt, zugleich deutlich, dass dieser Raum sehr weit weg liegen muss oder – wie Baudelaire später formulieren sollte – *Anywhere out of the world*. Eine zeitliche Grundstruktur des Gedichts wird damit erkennbar, insoweit der erste Teil der Vergangenheit, der zweite Teil einer nicht mehr erlösenden Gegenwart und der dritte Teil einer Zukunft überantwortet wird, welche freilich die vagen Hoffnungen noch nicht zu konkretisieren vermag. Nirgendwo aber ist das fragwürdig gewordene Subjekt zu Hause!

Die direkte Rede des lyrischen Ich, die von der ersten Person Singular selbst eingeführt und damit zugleich verstärkt wird, intensiviert die abwertende, enttäuschte Betrachtung all jener Gegenstände, die doch in ihm Bewunderung, zumindest aber eine gewisse Erfülltheit hätten provozieren müssen. Doch alles ist zu „Vaines objets" geworden, zu Objekten, die für das Ich eine Leere beinhalten, gerade weil sich im Inneren des Ich eine solche aufgetan hat, welche nicht mehr mit Sinn zu füllen ist. Alles, was einen Wert besaß, wohl auch für das lyrische Ich, das von seinen „solitudes si chers" spricht, hat völlig an Wert verloren und versinkt in einer simplen Aufzählung, einem aneinandergereihten Katalog von Gegenständen, die zugleich auch immer schon Gegenstände der lyrischen Dichtkunst der Romantik waren.

Erst an dieser wohlvorbereiteten Stelle kommt jener Vers erst ganz zum Tragen, welcher der Präsenz aller Objekte, aller Gegenstände, die Absenz eines einzigen Objekts, des Objekts der Liebe und des Begehrens, entgegenstellt. Die Absenz entzaubert die Präsenz als für das Ich nur scheinbare. Dem Sein gewesener Dinge wird das Nicht-Sein eines wirklichen Seins entgegengestellt, eines „seul être", das die Überfülle aus einer einzigen Leere heraus schlagartig entvölkert. Dabei hat Erich Köhler in seiner Deutung von *L'Isolement* mit Recht darauf hingewiesen, dass das „vous" im Vers „Un seul être vous" manque deutlich daran gemahnt, dass es hier nicht nur um eine individuelle, sondern zugleich und nicht weniger um eine kollektive Dimension geht. Die gesellschaftliche Dimension ist folglich keineswegs durch die Vereinzelung und Einsamkeit des Ich ausgeschlossen.

Auf diese kunstvolle Weise steht also der „manque", das Fehlen inmitten der Überfülle, die nun zum reinen Dekor herabgewürdigt ist. So steht also die Absenz in der Präsenz im Zentrum des Gedichts. Es mag sein, dass wir es hier mit der den Poststrukturalisten so teuren Leere im Zentrum zu tun haben; doch es ist keine erwünschte Leere, kein leeres Zentrum, wie dies später die Postmoderne proklamieren sollte. Zugleich ergibt sich an dieser Stelle ein Kritikpunkt an Winfried Wehles Leopardi-Deutung, die wir im entsprechenden Kapitel herangezogen hatten: Denn leeres Zentrum ist nicht gleich leeres Zentrum. Hier geht es um eine Leere, welche ihre Bewohner abstößt, ja sogar anekelt. Sie hinterlässt den „ennui", das Unausgefüllt-Sein, das doch stets nach Ausgefüllt-Werden, nach neuem Sinn strebt.

Auch die Bewegungen des Kosmos, der Lauf der Sonne, sind nun dem Ich völlig indifferent geworden. Es folgt zwar noch dieser Bewegung, doch bietet diese keinerlei kosmische Zuflucht, kein Aufgehoben-Sein in einer totalen Schöpfung voller Ordnung und Schönheit mehr. Alles ist in-different geworden, weil Differenzen angesichts des zu konstatierenden Verlusts eines Wesens, des geliebten Wesens, keine Rolle mehr spielen. Die Indifferenz und die damit verbundene Weltflucht ist die Folge dieses Weltschmerzes, der zweifellos romantische Züge trägt. Nichts mehr, keine Hoffnung mehr wird vom nächsten Tag, von den Tagen von Seiten des lyrischen ich erwartet: Alles ist gleichgültig und mehr noch gleichungültig geworden, mag die Sonne nun auf- oder untergehen!

Auch an dieser Stelle wird das „attendre", also die „attente" noch in der negativen Formulierung erkennbar. Alle Erwartungen des einst hoffnungsfrohen Ich sind nicht verschwunden, sondern ins Negative verkehrt. Überall auf der Erde, wohin das Ich der Sonne folgen könnte, würde es doch nur Leere und Wüsten antreffen. Und im Begriff der Wüste – wir erinnern uns an Chateaubriand, aber auch an Sarmiento – manifestiert sich noch einmal das „dépeuplé": Alles ist entvölkert, der ganze Planet ist menschenleer; da helfen keine Gegen-Stände, keine Ob-jekte, die das Sub-jekt in die Präsenz rufen könnten.

Aus dem Subjekt heraus alleine lässt sich keine neue Sinngebung finden, ebenso wenig wie aus einer zum Topos, zum Ort erstarrten Natur. Das Ich erklärt, auf jegliches Streben, auf jegliches Begehren längst verzichtet zu haben, sich nichts mehr von diesem „vaste univers" zu erhoffen, das zu einem entvölkerten Planeten geworden ist. Wir spüren, wie nahe wir hier dem Bild einer Apokalypse sind: nicht einer der Explosion oder Aggression, sondern einer Apokalypse der Implosion; also genau das, wofür das „mal du siècle", wofür die Melancholie steht.

Damit sind wir nun an das Ende des zweiten Teils gelangt und nähern uns dem dritten und letzten Teil: Besitzt diese Makrostruktur nun die Form eines Syllogismus oder doch, wie Erich Köhler in seiner marxistisch fundierten Analyse meinte, die Form eines dialektischen Dreischritts von These, Antithese und Synthese? Wir müssen uns zur Beantwortung dieser Frage diesem letzten Abschnitt zuwenden, der mit dem „Mais" der zehnten und damit erneut mit einem scharfen Kontrast, einem glatten Widerspruch und Gegensatz einsetzt.

Nach diesem „Aber" erscheint nun noch eine allerletzte Hoffnung; und diese Hoffnung wird räumlich wie zeitlich in ein Jenseits, ein „au-delà" projiziert, jenseits aller Grenzen. Zugleich wird es unter die Kautele eines „Vielleicht" gestellt, folglich in der Sphäre des „peut-être" angesiedelt. Es ist diejenige des Anderen, die sich auftut: Andere Himmel gibt es hier, die über eine *wahre* Sonne verfügen – eine Alterität als Authentizität. Der Himmel signalisiert freilich ein anderes, nicht mehr irdisches Leben, dem auch die Wortwahl entspricht: Denn die irdische Hülle ist es, die das lyrische Ich auf der Erde zurücklassen will; und diese Erde wird zu einer „terre d'exil" in der zweitletzten Strophe. Damit ist mehr gemeint, als dass wir nur Gast auf Erden wären und uns hier gleichsam in einem christlichen Sinne lediglich in der Verbannung, in einem Exil befänden, das uns in seiner heilsgeschichtlichen Bedeutung an die Zeiten Israels gemahnt. Erich Köhler hat in seiner Deutung des Gedichts sehr schön die Klang- und Lexem-Rekurrenzen herausgearbeitet und gezeigt, wie sich davon ausgehend die unterschiedlichsten Ebenen in der Wortfügung „terre d'exil" kreuzen. Dies muss an dieser Stelle unserer eigenen Deutung nicht wiederholt werden.

Die elfte Strophe zeigt mit aller Deutlichkeit auf, dass das lyrische Ich noch weit davon entfernt ist, alles Streben, alles Hoffen aufzugeben. Denn es sehnt sich noch immer nach der wahren Quelle, der wahren Hoffnung, der wahren Liebe, die im Übrigen auch nicht gefunden, sondern *wieder*gefunden werden sollen. Es gibt also so etwas wie eine Rückkehr zu einer Wahrheit, die von einer einzigen Quelle ausgeht – und in diesem Zusammenhang schwingt nun deutlich neuplatonisches Gedankengut mit. Es ist ein dem Christentum durchaus entrücktes Ideal, das sich in jenem „bien idéal" ausdrückt, nach dem jedermann strebe; eine ideelle Größe, die sich nicht einfach mit dem Christengott gleichsetzen lässt.

Denn gerade die Rede vom „Exil" scheint mir eine alttestamentarische, in gewisser Weise sogar heidnische Dimension einzublenden, die freilich ganz im Sinne der literatursoziologischen Deutung Köhlers durch die aktuelle gesellschaftliche Dimension zu ergänzen wäre. Denn nicht umsonst ist gerade jene Gruppe französischer Lyriker der Frühromantik von einem Funktionslos-Werden ihrer eigenen Klasse – im Falle Lamartines also vom niederen Landadel – betroffen, befindet sich also in einer Art geistigem Exil, das im Übrigen andere aristokratische Gruppen von Beginn der Französischen Revolution an ereilt hatte – verwiesen sei hier nur auf den von uns erläuterten Fall Chateaubriand. Entscheidend ist, so scheint mir, dass das Exil stets ein Anderswo impliziert, welches zugleich auch das „Nulle part" des zweiten Teils in Lamartines Gedicht dementiert.

Die Isotopien des Fremdwerdens, der Isolierung sind also weitaus größer und umfassender als die in der Forschungsliteratur so häufig zu findende Behauptung, das Gedicht stelle die lyrische Verarbeitung des Todes von Lamartines tuberkulosekranker Geliebter Julie Charles dar. Es ist die Namenlosigkeit des idealen und ideellen Guten, um das dieses Gedicht kreist; und damit (ver)ortet es in der Sprache selbst eine Leere, die es umkreist und die es letztlich doch wieder zu füllen versucht. So führt das Gedicht selbst die Problematik der Leere auf Ebene der von ihm verwendeten Sprache vor: Auch hier fehlt nur ein einzig Wesen, und alles ist entvölkert.

Dann freilich folgt eine direkte Anrede an ein Du, das zum Ziel der Träume des Ich geworden ist, welches von Beginn an in einer großen Höhe situiert wird, sich aber nun erst von dort in kosmische Dimensionen aufzuschwingen sucht. So sind denn doch die traditionelle Topik und Metaphorik, die Aufwertung der Höhe und die Betonung des Lichts wieder sichergestellt. Mit seinen Alexandrinern und seiner Strophen- und Satzgliederung bewegt sich *L'Isolement* durchaus noch innerhalb traditioneller, ja klassischer Vorbilder. Das Gedicht ist zweifelsohne kein revolutionäres Gedicht, es stellt nur eine aktuelle Position und letztlich auch eine gesellschaftlich-historische Situation als ausweglos dar.

Dabei unternimmt es zugleich eine Kritik der frühen Formensprache der Romantik, indem es deren Versatzstücke katalogisiert und allesamt verwirft. Denn hinter allem schimmert noch immer die Leere durch, in allem zeigt sich noch immer das Irdische, das alles zum Scheitern verdammt und kommunikationslos werden lässt. Hier aber, in der zwölften Strophe, wird der Bogen, wird der Kreis geschlossen und eine direkte Kommunikation mit einem Du angestrebt, das allerdings ebenso namenlos bleibt wie das „bien idéal". Daraus ergibt sich eine radikale Trennung zwischen dem Ich und der Erde, die gleichsam zum Schlusspunkt der zwölften Strophe wird. Dergestalt formt sich eine Schlussfolgerung, die den gesamten Gedankengang abschließt und krönt.

Und doch öffnet sich das Gedicht noch ein letztes Mal zu einer allerletzten, einer dreizehnten Strophe, was durchaus an Gérard de Nervals „La treizième revient, et c'est toujours la première ..." erinnert. Denn nun wird alles in eine Metaphorik der Jahreszeiten, die bekanntlich zirkulär sind und stets wiederkehren, in eine Metaphorik des Herbstes (die stets auch ein Lebensalter anzeigt) und des Blattes (das nicht nur die Jahreszeiten und ein Lebensende, sondern zugleich auch topisch das Schreiben assoziiert) übertragen. Das Ich fühlt sich einem Blatte im Wind ähnlich („semblable"); und es stellt sich die Frage, ob wir an dieser Stelle nur eine topische Wiederanknüpfung an eine Sprache der Romantik erkennen dürfen, welche doch gerade hinterfragt worden war.

Erich Köhler, mit dessen Deutung wir in diesem Kapitel ein fortgesetztes Gespräch führen durften, hat vorsichtshalber diese Dimension weggeblendet und lässt das Gedicht in der „terre d'exil" gipfeln. Ist diese dreizehnte Strophe also überflüssig? Dient sie nur dazu, dem Gedicht eine zentrale, eben die siebte Strophe zu verschaffen, von deren Ende aus sich alle Isotopien, alle Bedeutungsebenen erschließen? Ich glaube nicht! Wir können Alphonse de Lamartine als herausragendem Schriftsteller sicherlich soweit vertrauen, dass er nicht eine völlig überflüssige Strophe an das Ende seiner wohl berühmtesten Schöpfung gestellt hätte. Er hätte sie sicherlich gestrichen, wäre sie ihm am Ende als überzählig erschienen.

Wenn diese Strophe am Ende von *L'Isolement* aber nicht überflüssig ist, in welchen Funktionszusammenhang ließe sie sich dann stellen? Sollte das Gedicht nur auf ein Hinweggefegt-Werden durch den Nordwind, durch den „Aquilon" hinauslaufen? Und was ist unter diesem im Gedicht rekurrenten „Aquilon" überhaupt zu verstehen?

Bei Arthur Rimbaud wird er ein gutes halbes Jahrhundert später im Gedicht *Qu'est-ce pour nous mon coeur* als „et l'Aquilon encor sur les débris" erscheinen, als der Nordwind, der von Preußen her nach dem Desaster der Pariser Kommune die französische Hauptstadt und Frankreich mit seiner Gewalt überzieht und ein Trauma des Panlatinismus schaffen wird. Denn angesichts seiner Wucht und Gewalt sind die Völker des lateinischen Europa, die Völker der lateinischen Welt, so scheint es, schutzlos dem Ansturm der Germanen preisgegeben, welche der „Aquilon" bei Rimbaud verkörpert. Doch noch stehen wir nicht im Schatten jener scheinbaren Dekadenz der lateinischen Völker, welche dem Ansturm der Germanen wie der Angelsachsen an allen Fronten weichen müssen und die – wie Rubén Daríos Gedicht *A Roosevelt* es ausdrückte – vielleicht bald schon dem Untergang geweiht sind: Noch ist bei Alphonse de Lamartine der Duft der finisekulären Dekadenz, die Schwüle des *Fin de siècle* weit entfernt.

Denn so kann es Lamartine am Ende des zweiten Jahrzehnts des 19. Jahrhunderts nicht gemeint haben! Soeben erst hatten noch die französischen Heere unter Napoleon ganz Europa in Furcht und Schrecken versetzt: Europa erzitterte unter dem Stiefel der französischen Truppen und brauchte noch lange, um sich von der Franzosenangst zu erholen. Erstaunlich aber, dass es hier der Nordwind ist, der *diese* Form der Romantik zugleich noch einmal aufbrausen lässt und langsam, sachte zum Verschwinden bringt. Sind es die enttäuschten Hoffnungen der Französischen Revolution, sind es die Ängste davor, unter dem Druck des Nordens, der alliierten Heere die alte Macht und Größe verlieren zu müssen und nach dem Verlust der Vormachtstellung fortan in einer „terre d'exil" des eigenen Landes zu leben? Sind es gar die Ängste, von der geistigen Stärke des Nordens überrannt oder hinweggefegt zu werden, so wie die Romantik einen eher nördlichen Wind durch die Vorstellungswelt der romanischen Romantik brausen ließ?

Denken wir an dieser Stelle noch einmal zurück an unsere Untersuchungen zu Germaine de Staël und das Verhältnis zwischen dem französisch- und dem deutschsprachigen Europa! Auch Lamartine setzte sich in seiner Zeit als Diplomat und vor allem als Politiker für eine Überwindung des konfrontativen Gegensatzes zwischen einem noch immer nach der Nationenbildung suchenden Deutschland und dem Nationalstaat Frankreich ein. Die Pariser „Commune" und den preußisch-französischen Krieg erlebte er freilich nicht mehr.

Zweifellos nimmt die Blatt-Metaphorik den Baum des allerersten Verses dieses Gedichts wieder auf, wobei damit zugleich die Möglichkeit erscheinen könnte, dereinst wieder unter diesem Baum in vertrauter Umgebung sitzen zu können. Aber dies wäre pure Spekulation! Es mag sein, dass in diesem Zusammenhang eine andere Naturkonzeption hinzutritt, die nicht auf die Transparenz, nicht auf die „doux tableaux", nicht auf die Ausgeglichenheit einer Landschaft als Locus amoenus ausgerichtet ist, sondern die Macht und Gewalt der Natur als bedrohlich, als gefährlich und gefährdend erscheinen lässt. Es handelt sich um eine Natur, die im Zeichen des Nordens steht, eines „ailleurs", das zweifellos nicht das von Lamartine angestrebte Anderswo ist. Damit könnte an eben dieser exponierten Stelle eine andere Romantik-Konzeption Einzug in Lamartines Schaffen halten, die deutlich unter dem eindrücklichen Bild einer anderen Natur, einer Natur als Gefährdung, einer Natur des Nordens und nicht länger im Schatten einer „Pensée du Midi" im Sinne Germaine de Staëls stünde.

Immerhin: Eine unbestreitbare Endzeiterwartung zeichnet sich durchaus im Nordwind des „Aquilon" ab. Der Bezug zum lateinischen „aquilo", dem Wind des Nordens, der so schnell für die Römer war wie der Flügelschlag des Adlers, könnte höchst ambivalent auf den Sturm von Norden her und damit auf eine künftige Vorherrschaft des Nordens verweisen wie auch auf jenen Sturm, den einst der französische Kaiseradler Napoleons ausgelöst und über Europa entfesselt hatte. Dieser von Napoleon entfachte Sturm hatte letztlich auch die französische Gesellschaft, die Lamartine und seiner sozialen Klasse zum Exil wurde, so grundlegend verändert, dass sie dem alten Landadel die eigene Funktionslosigkeit drastisch vor Augen führen musste.

Auf diese Weise könnte sich unter dem lateinischen „aquilo" vielleicht doch noch immer der Adler („aquila") verbergen. Die Lexem-Rekurrenz im Gedicht spielt eine wichtige Rolle: Denn die Assoziation mit der Himmelsrichtung, wie sie beim ersten Auftauchen dieses Lexems im Gedicht gegeben ist, wird beim zweiten zweifellos durch die Seme des Windes und vor allem der Gewaltsamkeit ergänzt. An dieser Stelle könnte ein neues, von außen kommendes Denken des Nordens in die Welt Lamartines einbrechen, die von keinem christlichen Gott, von keinem mittelalterlichen Kirchturm mehr zusammengehalten werden kann. Die Gemeinschaft der Gläubigen, die Gemeinschaft auch des lokalen Dorfes unterliegt diesem gewalttätigen Wind des Nordens, der alles verändert und die Erde zum Exil der aus ihrem eigenen Land Vertriebenen werden lässt. Gleich einer „feuille flétrie" wird das Ich im letzten Vers von *L'Isolement* davongetragen vom „orageux Aquilon".

Lassen Sie uns abschließend zum einen festhalten, dass der Katalog romantischer Versatzstücke schon Alphonse de Lamartine zum Überdruss geworden ist! So zeigen sich selbst im Herzen eines jener Gedichte, die wie wenige andere für die europäische Romantik einstehen, nach einigen Jahrzehnten Verschleißerscheinungen romantischer Dichtung. Zugleich aber wird ein essentielles, fundamentales Fehlen, ein „manque" sichtbar; eine Leere im Zentrum, die gefüllt werden muss. Diese Leere löst einen Impuls aus jener „terre" aus, die dem lyrischen ich längst schon zum Exil, zu einem „séjour" und nicht zur Heimstatt geworden ist.

Auf diese Weise ergibt sich in der Tat eine Prozessualität der Isolierung, der Vereinzelung, der Insularität und Entfremdung, die das Ich wiederum einer nicht mehr heilen Natur und auch einer nicht mehr heilenden Natur absolut gegenüberstellt. Das Ich gerät zur isolierten, vom Festland abgeschnittenen Insel, genauer: zu einer Insel-Welt, die für sich ist und ihre Fülle in der Abgeschlossenheit entfaltet. Der Sturm des Nordens, der Sturm der Moderne wird über diese Insel, die sich ihre kulturelle Fülle durchaus erhält, hinwegbrausen wie über jenen verarmten Landadel, dem der Dichter wie manch anderer französischer Poet der Romantik angehört.

Die intime Kommunikation mit einem Du ist zerbrochen; und so weitet sich die Leere, „le vide" unentrinnbar aus, seien die Ebenen noch so unermesslich weit. Die Metaphorik des Flusses, die in ihrer Vektorizität und Linearität topisch für das Leben steht, hat am Ende in ihrer Bewegung schon jene andere Bewegung vorweggenommen, die das Abreißen der Blätter durch den Nordwind in der dreizehnten und letzten Strophe auszeichnet. Das „bien idéal" ist auf dieser Erde nicht mehr zu gewinnen, und die Natur besitzt nicht länger die Kräfte, dieses erträumte Ideal in die Wirklichkeit umzusetzen. Sie erscheint entweder als die sanfte, gütige, bergende Natur oder als eine Natur, die alles mit sich fortreißt und letztlich die Insel vom Festland trennt. In dieser Konfiguration erscheint auch das Gedicht selbst: Ist es nicht, wie der karibische Dichter Derek Walcott einmal formulierte, eine Insel, die vom Festland weggebrochen ist? „Poetry is an island that breaks away from the main."[3] So erklärt sich auch der Titel des Gedichts, das eben nicht *Isolation*, sondern *L'Isolement* lautet und damit jenen Prozess beleuchtet, der zur Gestaltung ebenso des lyrischen Ich wie der Gedicht-Werdung selbst führt.

Diese lyrische Isolierung und Vereinzelung erscheint zwar als durchaus ambivalent, grundlegende Hoffnung aber birgt dieses *Isolement* kaum mehr, sondern

---

3 Walcott, Derek: The Antilles, Fragments of Epic Memory. The 1992 Nobel Lecture. In: *World Literature Today* (Oklahoma) LXVII, 2 (Spring 1993), S. 261–267; hier zitiert nach Walcott, Derek: The Antilles: Fragments of epic Memory. In (ders.): *What the Twilight Says. Essays.* New York: Farrar, Straus and Giroux 1998, S. 70. Vgl. hierzu im Kontext insularer Epistemologie Ette, Ottmar: Von Inseln, Grenzen und Vektoren. Versuch über die fraktale Inselwelt der Karibik. In: Braig, Marianne / Ette, Ottmar / Ingenschay, Dieter / Maihold, Günther (Hg.): *Grenzen der Macht – Macht der Grenzen. Lateinamerika im globalen Kontext*, S. 135–180.

nur noch eine immense Leere angesichts einer Lebenserfahrung, in welcher der Tod der geliebten Frau nicht rückgängig zu machen ist. So erscheint es auch als konsequent, wenn das Element dieser Leere, die Luft, der Wind, dieses Gedicht beendet und seine Blätter hinwegfegt und mit sich fortreißt. Dem Ich ist eine Kommunikation mit dem erhofften Du nicht mehr gelungen: Nur im Ideal noch erscheint diese direkte Kommunikation als eine Utopie, welche auf dieser Erde über keinen Ort mehr verfügt. Die anderen Himmel, die „autres cieux", sind nicht mehr von dieser Welt. Doch noch immer scheint die Utopie in der lyrischen Insel des Gedichts auf, das im Verständnis seiner Verfasserinnen und Verfasser, in der Deutung seiner Leserinnen und Leser weit über die Zeit und weit über den Raum hinausreicht.

Gustavo Adolfo Bécquer, Gabriel de la Concepción Valdés und die späte Blüte der Romantik

Wenn wir in den folgenden Sitzungen, wenn wir in den folgenden Kapiteln über den Orbit der Literaturen im Zeichen der Romantik hinausgehen und die Romantik verlassen wollen, so können wir dies zum einen nicht in dem Sinne tun, dass wir eine Epoche dezidiert hinter uns lassen und das Kapitel ‚Romantik' schließen. Wie schon zu Beginn unserer Vorlesung festgehalten wurde, verbindet uns nicht allein im Bereich der Liebe[1] auch heute noch zu viel mit der Romantik, ist zu viel von ihr selbst noch in unseren Avantgarden präsent, als dass wir uns radikal einer anderen, etwa der finisekulären Ästhetik zuwenden könnten, um nichts mehr mit Romantikern zu tun zu haben. Denn selbst dort noch, wo sich Ästhetiken dezidiert gegen romantische Strömungen in Stellung brachten, blieb in der Ablehnung der Romantik noch unendlich vieles dem Romantischen verpflichtet.

Zum anderen können wir einen so verstandenen ‚Abschied' vom Orbit der Romantik nicht allein aus einer französischen beziehungsweise französischsprachigen Perspektive betrachten, sondern müssen notwendig in den spanischsprachigen Raum wechseln, um einschätzen zu können, wie sich die literarischen Wechsel-Verhältnisse dort gestalteten. Wir tun dies zunächst innerhalb Europas, indem wir uns dem großen spanischen Dichter der späten Romantik zuwenden, Gustavo Adolfo Bécquer, dessen literarisches Leben im Sinne seiner Rezeption erst nach seinem Tod im Jahre 1870 richtig begann. In einem zweiten Schritt wollen wir parallel zu unserer Beschäftigung mit Gertrudis Gómez de Avellaneda dann den Sprung in die Neue Welt und nach Kuba wagen, wo wir mit Plácido auf neue Rhythmen und eine neue Musik in der Lyra, in der Lyrik der späten spanischsprachigen Romantik stoßen werden.

Das lyrische Schaffen des Gustavo Adolfo Bécquer war wie seine Rezeptionsgeschichte sicherlich von mancherlei Außerordentlichem geprägt, was Leben, Werk und Wirken des jung verstorbenen Poeten betrifft. Die späte Wirkung seiner Lyrik wie auch seiner *Leyendas* hat in den letzten Jahrzehnten vermehrt dazu geführt, in ihm – wie etwa bei Ángel Esteban[2] – einen Vertreter der Moderne im Sinne des Übergangs zum spanischen und hispanoamerikanischen *Modernismo* erkennen zu wollen.

---

[1] Vgl. hierzu den zweiten Band der Potsdamer Vorlesungen in Ette, Ottmar: *LiebeLesen*, insb. S. 135–161 u. S. 677–726.

[2] Vgl. hierzu u. a. Esteban, Ángel: *La modernidad literaria de Bécquer a Martí*. Granada: Impredisur 1991.

Gewiss, ein Vertreter der Moderne, so scheint mir, ist Gustavo Adolfo Bécquer allemal! Es handelt sich freilich um eine Moderne, die noch nicht aus jener wenige Jahrzehnte später erkennbaren Beschleunigung heraus das lyrische Schreiben des Dichters entfaltete, das der Romantik in Spanien und Hispanoamerika mit gewissen zeitlichen Verzögerungen eine Art ‚zweiter Luft' verschaffte und der literarischen Produktion der zweiten Hälfte des 19. Jahrhunderts eine neue Phase an die Seite stellte. In jedem Falle aber ist es wichtig, die wenigen biographischen Fakten aus dem Leben des mit vierunddreißig Jahren recht jung verstorbenen Lyrikers kurz zu beleuchten, haben sie doch in der Stilisierung und Selbststilisierung zu einem tragischen Romantikerleben die Rezeption seiner Gedichte, Texte und Schriften nicht unwesentlich geprägt.

Gustavo Adolfo Bécquer alias Gustavo Adolfo Domínguez Bastida wurde am 17. Februar 1836 in Sevilla geboren und verstarb am 22. Dezember 1870 in Madrid. Bereits sein Vater, der ein angesehener spanischer Maler war, hatte auf den Namen seiner holländischen Vorfahren, die Jahrhunderte zuvor nach Sevilla eingewandert waren, als Künstlername zurückgegriffen. Das Leben des künftigen Dichters war von Schicksalsschlägen gesäumt: Nachdem er seine Mutter im Alter von fünf Jahren verloren hatte, wurde er schon mit neun Jahren nach dem Tod seines Vaters Vollwaise und blieb in der Obhut seiner zärtlichen „Madrina", seiner Taufpatin. Auch in seinem späteren Leben häuften sich die Unglücksfälle.

Abb. 65: Gustavo Adolfo Bécquer (Sevilla, 1836 – Madrid, 1870).

Gustavo Adolfo liebte Musik und Malerei, weit mehr als alles andere aber die Literatur. Rasch wurde die Lektüre zu seinem tröstlichen Zufluchtsort. Im Alter von achtzehn Jahren – eine Ausbildung bei einem spanischen Maler hatte er abgebrochen – nahm er in der Hauptstadt Spaniens ein Literaturstudium auf und versuchte, zusammen mit seinem Bruder Valeriano einen Weg zum literarischen

Ruhm zu finden. Sein Bruder, der auch ein ausgezeichneter Maler war, half ihm auch später als Freund in vielen schwierigen Situationen. Doch der ersehnte Ruhm blieb aus. Er veröffentlichte Artikel in lokalen Zeitschriften und Zeitungen, schrieb für die *Dirección de Bienes Nacionales* und versuchte, sich in Madrid über Wasser zu halten.

Doch bereits 1858 war er wieder in Sevilla, wo er wohl an Tuberkulose, möglicherweise aber auch an Syphilis erkrankte. Seine 1861 geschlossene Ehe wurde unglücklich, so dass sich das Paar, dem zwei Kinder entstammen, bald trennte. Interessanterweise arbeitete Bécquer von 1864 bis 1868 als Romanzensor, der freilich nachlässig verfuhr und mit der Revolution von 1868 auch noch diese ‚literarische' Arbeit verlor. Bécquer war überaus schüchtern und lebte zurückgezogen, trug ärmliche Kleidung – und niemand hätte in ihm den bald aufgehenden großen Stern der spanischen Romantik vermutet. Erst nach seinem Tod im Alter von vierunddreißig Jahren in Madrid nahmen die Zeitgenossen sein Schaffen zur Kenntnis, veröffentlichten postum seine Gedichte und ‚Legenden'. Der Aufstieg von Bécquer nahm seinen Lauf, sein Ruhm stieg stetig und verwandelte ihn postum zum neben Gertrudis Gómez de Avellaneda und Espronceda großen Vertreter der spanischen Romantik.

Die literarischen Schöpfungen von Gustavo Adolfo Bécquer waren von großer poetischer Suggestivkraft und erschienen wie ‚naive' romantische Schöpfungen zu einer Zeit, als die Romantik im Grunde schon nicht nur im Rest Europas, sondern auch in Spanien vergangen war. Nur wenige seiner Gedichte erschienen zu Lebzeiten; doch die scheinbare Naivität seiner Liebesdichtungen faszinierte ein breites Publikum, das sich im Schicksal des ‚verkannten Poeten' spiegelte. Der schlichte Titel *Rimas* oder *Reime* wurde in Spanien und der spanischsprachigen Welt rasch unsterblich. Bei seinen ebenfalls postum herausgegebenen *Leyendas* oder *Legenden* handelt es sich im Grunde um unerhörte Begebenheiten, um Novellen, die oft mit hypnotischen Phänomenen und Angstzuständen zu tun haben und später als Vorläufer einer phantastischen Literatur gelesen wurden. Daneben verfasste der Dichter seine *Cartas desde mi celda*, seine *Briefe aus meiner Zelle* von 1864 sowie eine Reihe unterschiedlicher Artikel, darunter Reisenotizen, kostumbristische Szenen, Buchbesprechungen oder archäologische Studien.

Das Zentrum und Herzstück seines großen Schaffens bilden bis heute aber seine *Rimas*, die ihren Titel erst von den postumen Editoren erhielten. Auch wenn einige wenige Gedichte in damaligen Periodika schon erschienen waren und ein kleines Publikum erreichten, darf doch als eigentliche Initialzündung seines Erfolgs die Versammlung von Künstlerfreunden am Tag nach seinem Begräbnis gewertet werden. Denn diese Gruppe beziehungsweise Versammlung entschloss spontan, eine Finanzierung einer Ausgabe von Bécquers Gedichten und Erzählungen in Angriff zu nehmen. Die finanziellen Erträge dieser Publikation sollten der wirtschaftlich gefährdeten Familie Bécquers zugutekommen.

Die Wirren um diese Publikationsgeschichte beginnen noch zu Lebzeiten Bécquers mit den Ereignissen um die Revolution von 1868 und setzen sich in deren Niederschlagung und dem Ende der Ersten Spanischen Republik fort. Wenn wir uns dies vor Augen halten, dann können wir erkennen, dass das postume Schicksal eines ‚verkannten Dichters' von vielen Zufällen und damit – im Sinne Balzacs – vom größten Romancier der Welt abhängig ist. Das Projekt der *Rimas* ging in all diesen Wirren seiner Publikationsgeschichte nicht verloren und brachte letztlich den großen spanischen Dichter hervor, als welcher Gustavo Adolfo Bécquer heute vor uns steht. Die zahlreichen Büsten und Statuen des großen Poeten, auf die man nicht nur in Sevilla, sondern in ganz Spanien stoßen kann: Sie alle hätte es nicht gegeben, hätte nicht der Zufall eingegriffen in Gestalt der Initiative einiger Freunde der notleidenden Familie. Denn der Gedichtband erschien nun im Jahre 1871 und bildet so etwas wie den Schluss- und Höhepunkt zugleich der spanischen Romantik, welche in den dreißiger Jahren so intensiv eingesetzt hatte und als deren frühe Vertreterin wir die kubanische *und* spanische Dichterin Gertrudis Gómez de Avellaneda kennengelernt hatten. Zu ihren begeisterten Lesern zählte auch Gustavo Adolfo, der ihr nicht nur in einem Gedicht seiner *Rimas* huldigte.

Noch einmal kurz zu den Wirren um diese Gedichte des spanischen Barden! Sie entstanden seit 1856 und damit anderthalb Jahrzehnte vor dem Erscheinen des Bandes. Die noch von Bécquer besorgte Zusammenstellung ging 1868 im Chaos der Revolution verloren, und Bécquers Dichterfreunde rekonstruierten den Band unter Rückgriff auf das sogenannte *Spatzenbuch*, das *Libro de los gorriones*, das neunundsiebzig Gedichte enthielt. Auch dieses Buch ging verloren, wurde später aber wieder gefunden und zählt zu den großen Reliquien der Bécquer-Forschung. Mit den näheren Umständen der Gedichtauswahl können wir uns an dieser Stelle nicht beschäftigen. Die Anordnung der *Rimas* jedenfalls folgt der Anordnung zu einer fiktiven Liebesgeschichte, wie dies beim bedeutendsten europäischen Liebeslyrik-Zyklus bereits der Fall war: Petrarcas *Le Rime*. Wir haben es also mit einer fiktiven Liebesgeschichte zu tun, die nachträglich autobiographisch unterfüttert wurde, die wir aber keinesfalls für bare Münze nehmen dürfen.

Und worum geht es in dieser erfundenen Liebesgeschichte? Ich darf ihre wichtigsten Züge kurz skizzieren: Anders als beim petrarquistischen Vorbild führt die wohlmeinend arrangierte Liebe freilich zur Erfüllung, macht aber nicht bei ihr Halt. Dichtungstheoretischen Versen und Anrufungen an das dichterische Genie folgen Gedichte, welche die idealisierte und scheinbar unerreichbare Frau zelebrieren. Dem vielstimmigen Feiern der Geliebten folgt die überraschende Erfüllung der Liebe. Dann jedoch kommt es zum Bruch zwischen den Liebenden und es bleibt die Erinnerung an das so rasch vergangene Liebesglück. Dem Liebesschmerz folgen Vorwürfe an die einst so sehr vom lyrischen Ich idealisierte Frau sowie Selbstvorwürfe eines Ich, das in Einsamkeit und Melancholie versinkt. Reflexionen über das Leben und Bilder des Todes schließen die *Rimas* ab. Soviel zum inhaltlichen Spannungsbogen.

Wesentlich am Erfolg der *Rimas* war die überzeugende Fiktion beteiligt, es handle sich bei diesen Gedichten um die lyrische Darstellung des Liebeslebens des Dichters, der seine intimsten Erlebnisse und Gefühle festgehalten habe. Doch ach, es handelt sich nicht um Erlebnislyrik, sondern um geschicktes Arrangement! Dies freilich mag manche autobiographischen Projektionen einer hingerissenen Leserschaft unterlaufen: Die Liebesgeschichte selbst jedoch macht dies nicht schlechter. „Se non è vero, e ben trovato": Gut erfunden hält besser!

In Wirklichkeit war Gustavo Adolfo Bécquer ein die Liebeslyrik intensiv reflektierender, sie mit zahlreichen intertextuellen Verweisen an Heinrich Heine, Alphonse de Lamartine oder Victor Hugo versehender Lyriker, der es verstand, einen Erzählzyklus in Gang zu setzen, der die Erwartungshaltungen seiner Leserschaft erfüllte. Die *Rimas* sind fast schon ein Rückblick auf die Romantik und die sie speisenden Quellen der gesamten europäischen Dichtungstradition. Wir haben es folglich mit einer selbstreflexiven und intertextuell hochverdichteten Liebeslyrik zu tun, die im Gewand von Erlebnislyrik daherkommt. Eine Fingerübung in lyrischer Rhetorik, meinen Sie? Ja, aber eine auf höchstem Niveau; und zugleich eine, die uns noch einmal das Panorama romantischen Liebes- und Seelenschmerzes vor Augen führt und zu Gehör bringt. Die Krankheiten und der frühe Tod des Dichters aus Sevilla taten ein Übriges, die ‚Legende Bécquer' sowie die autobiographischen Lesarten zu bestärken.

In seinem Vorwort zu der noch von ihm geplanten Gedichtsammlung des *Spatzenbuches* hob Bécquer eine Reihe für sein Schaffen zentraler Aspekte hervor, die uns zugleich erneut daran gemahnen, dass die Romantik das Andere der Vernunft betonte und gerade auf der Schattenseite des eigenen Ich suchte – oder wie wir heute mit Sigmund Freud sagen könnten: im eigenen Unbewussten. Wir stoßen mit Bécquer zur Nachtseite unserer Vernunft vor.

Aus dieser Konstellation ergeben sich gerade in der Dichtkunst eine Reihe poetologisch entscheidender Fragen, die von Bécquer in der Tat auch problematisiert und erörtert wurden. Ich möchte Ihnen aus dieser *Introducción* einen kurzen Auszug präsentieren. Auf eine dramatische Weise laufen nämlich bei dem äußerst belesenen Dichter, der selbstverständlich auch die großen Franzosen von Chateaubriand über Musset bis Lamartine und Vigny kannte, der sich daneben vor allem aber an der deutschen Romantik und insbesondere an Heinrich Heine in französischen und spanischen Übersetzungen orientierte, ein letztes Mal die Fäden der europäischen Romantik zusammen. Dass dieses späte Zusammenlaufen in den fünfziger und sechziger Jahren des 19. Jahrhunderts ausgerechnet in Spanien erfolgte, wo die Bécquer-Rezeption sich ab den siebziger Jahren entfaltete, war gewiss kein Zufall. Denn die ehemalige Kolonialmacht Spanien war zu diesem Zeitpunkt längst auch in literarhistorischer Hinsicht an den Rand des damaligen, mit wiederholten Schüben einer sozioökonomischen Modernisierung konfrontierten Europa gerückt:

> In den dunklen Ecken meines Gehirns schlafen, zusammengekuschelt und nackt, die extravaganten Kinder meiner Phantasie und warten schweigend darauf, dass die Kunst sie mit dem Worte bekleide, um sich anständig auf der Bühne der Welt zu präsentieren. [...]
> Und hier drinnen, nackt und unförmig, durcheinander- und in einer unbeschreiblichen Konfusion zusammengewürfelt, fühle ich sie bisweilen, wie sie sich regen und ein dunkles und seltsames Leben leben, das dem jener Myriaden von Keimen ähnelt, die in einer ewigen Inkubation tief im Inneren der Erde kochen und erzittern, ohne doch ausreichend Kräfte zu finden, um an die Oberfläche zu gelangen und sich unter dem Kusse der Sonne in Blumen und Früchte zu verwandeln.
> Sie begleiten mich, dazu verurteilt, mit mir zusammen zu sterben, ohne dass von ihnen eine andere Spur bliebe als jene, die ein mitternächtlicher Traum hinterlässt, den man des morgens schon nicht mehr erinnert. Bei mancherlei Gelegenheiten und bei dieser schrecklichen Vorstellung zumal rebelliert in ihnen der Lebensinstinkt, und sie suchen in Horden, erregt in schrecklichem, wenn auch schweigendem Tumulte, aus den Finsternissen, in denen sie leben, heraus und wo auch immer ans Licht zu gelangen. Aber ach!, zwischen der Welt der Idee und jener der Form existiert ein Abgrund, den allein das Wort zu überbrücken vermag, und das Wort, schüchtern und schläfrig, verweigert sich, ihren Anstrengungen beizustehen. Stumm, stumpf und ohnmächtig fallen sie nach dem unnützen Kampfe wieder in ihren alten schlammigen Marasmus zurück. So fallen die gelben Blätter untätig in die Furchen der Wege, sobald der Wind aufhört, jene Blätter, die ein Wirbelwind einst gejagt!
> [...] Ich begehre, mich ein wenig mit der mich umgebenden Welt zu beschäftigen, könnt' ich, erst einmal leer geworden, die Augen abwenden von jener Welt, die ich in meinem Kopfe trage. Der gemeine Sinn, welcher die Haarspange der Träume ist, beginnt zu wanken, und die Leute aus verschiedenen Lagern verbinden und vermischen sich. Es macht mir Mühe zu wissen, welch Dinge ich geträumt und welche mir widerfuhren. Meine Affekte verteilen sich zwischen Phantasmen der Einbildungskraft und realen Gestalten. Mein Gedächtnis klassifiziert die durcheinander gehenden Namen und Daten von Frauen und Tagen, welche gestorben sind oder die mit den Daten und Frauen vorübergingen, die niemals außerhalb meines Denkens existiert. Es tut not, uns endlich ein für alle Mal vom Kopfe auf ewig herunterzustürzen.[3]

In dieser langen Passage – und aus diesem Grunde wollte ich sie Ihnen auch vor Augen führen – steckt viel von Bécquers Bilderwelten. Das abschließende Bild kennen Sie schon: das Bild von den Blättern im Herbst, die stets nicht allein den

---

[3] Bécquer, Gustavo Adolfo: *Rimas; Leyendas escogidas*. Hg. Rubén Benítez. Madrid: Taurus 1990, S. 61–63.

Hinweis auf ein Lebensalter und einen zu Ende gehenden Lebenszyklus, sondern auch auf die Blätter des Schreibenden enthalten, also autoreferentiell und potentiell poetologisch sind. Wir haben in dieser Wendung Bécquers also ebenfalls ein Bild, wie es topisch schon Lamartine am Ende seines Gedichtes zu beschreiben suchte. Und bei beiden romantischen Dichtern dominiert die Einsamkeit des Ich, das sich mit den eigenen Bildern der Welt umgibt und bald nicht mehr zu unterscheiden vermag, welches der realen Welt entnommen und welches erträumt ist.

Erneut haben wir das „extraño", die „extrañeza" als einen Bezugspunkt für das dichterische Ich, das sich freilich mit den dunklen Seiten seiner Topographie, den dunklen Windungen seines eigenen Gehirns beschäftigt. Dabei gilt es, die Lichtmetaphorik und Nachtmetaphorik, die ganz zweifellos in Spanien noch unter dem Einfluss etwa der *Caprichos* von Francisco de Goya und insbesondere unter seinem großartigen Werk *El sueño de la razón produce monstruos* stehen,[4] ebenso als künstlerische und philosophische Denk- und Ausdrucksmöglichkeiten zu begreifen wie die Metaphorik der Nacktheit, die in dieser Passage gleich zweimal erscheint. Dies verweist auf die doppelte Bedeutung von Nacktheit in der jüdisch-christlichen Kulturtradition des Abendlandes: zum einen das Bedeutungselement des Unverfälschten, Direkten und Paradieshaften und zum anderen das Element des Verdorbenen, nicht Zeigbaren, Unzivilisierten und nicht Präsentierbaren. Wir befinden uns im Kopf des Dichters zweifellos auf der Nachtseite der Vernunft und nicht im Hirn einer klaren, lichtvollen Rationalität.

Und doch sprießen hier überall Ideen und Keime von Vorstellungen, die jedoch nicht ans Tageslicht, an die Oberfläche gelangen können. Diese Ideenkeime bleiben in der Latenz und schaffen es nicht, sich dauerhaft manifestieren zu können. Die Welt dieser Ideen ist vielfach an den Bereich des geologischen Erdinnern mit seinen Magmen und Gesteinsschmelzen, aber vor allem an Metaphern aus dem agrikulturellen Feld und damit an den zentralen kulturellen Bereich des Abendlandes gekoppelt. Daraus entwickeln sich organizistische Metaphorologien weiter, die ein organisches Wachstum miteinblenden, welches in seiner Existenz immer bedroht ist. Denn diese Metaphern und Bilder können so verschwinden, wie ein nächtlicher Traum am Morgen nicht mehr erinnerbar scheint.

Zugleich wird auch der Schlamm, der „marasmo", deutlich markiert und erscheint in seinen Traditionen seit Platon als Urschlamm, aus dem sich das Leben erhebt und bildet. Doch kann dieses dem Urschlamm, dem Chaos entris-

---

4 Vgl. hierzu Ette, Ottmar: Miedo y catástrofe / Miedo ante la catástrofe. Sobre la economía del miedo de cara a la muerte. In: Ette, Ottmar / Naranjo Orovio, Consuelo / Montero, Ignacio (Hg.): *Imaginarios del miedo. Estudios desde la historia.* Berlin: Verlag Walter Frey – edition tranvía 2013, S. 11–44.

sene Leben nicht einfach in Kunst überführt werden und als Kosmos, folglich als Ordnung und Schönheit erscheinen. Denn das Wort des Dichters, „la palabra", steht diesem nicht einfach zu Diensten, sondern verweigert sich oft, wo die Ideen im Gehirn sich in Worte umzuformen suchen.

Denn da ist ja der Übergang von der Idee zur Form, ohne die keine Kunst Kunst sein kann und keine Kunst der Welt auskommt. Es geht folglich um die künstlerische Bearbeitung eines künstlerischen Artefakts, das der Idee die ihr entsprechende Form geben muss. An diesem kritischen Punkt zeigt sich die Schwierigkeit, die immateriellen Vorstellungen, Ideen und Bilder, die hier mit dem Bereich des Traumes und der Traumbilder gekoppelt werden, in einen Zusammenhang zu bringen mit dem künstlerischen, mit dem literarischen Schaffensprozess. Vergessen wir nicht, dass Bécquers Bruder wie sein Vater angesehene Maler waren und dass er selbst eine Ausbildung im Atelier eines spanischen Malers abgebrochen hatte! Doch nicht die Bilder, sondern allein die Worte sind in der Lage, diese Brücke über den von Bécquer aufgezeigten Abgrund zu schlagen, also die eigentliche Kunst als Wortkunst erstehen zu lassen und mit dem Pinsel der Literatur aufkeimenden Ideen Ewigkeit zu verleihen.

Allein auf diese Weise war es Gustavo Adolfo Bécquer möglich, die dunkle Welt des Gehirns zum Vorschein zu bringen, jenes widersprüchliche, irrationale Leben, das die andere Seite der Vernunft darstellt und für deren Ausdruck nun in erster Linie der Dichter, der Künstler des verdichteten Wortes, verantwortlich ist. Die Romantik erschließt jene Nachtseite der Vernunft, welche später die historischen Avantgarden und insbesondere die Surrealisten so sehr anzog. In diesem Zusammenhang wird deutlich, dass Bécquer bezüglich der Hierarchie der Künste ohne Frage der Wortkunst und insbesondere der Lyrik die erste Stelle im System aller Künste einräumt. Die verdichtete Wortkunst ist in der Lage und allein fähig, diesen tiefsten Innenraum des Unbestimmten und Unbestimmbaren, das sich nicht auf den Begriff bringen lässt, auszuloten. Literatur ist eine in Bewegung gesetzte Polylogik, welche selbst die Logiken des Irrationalen zu erschließen und sinnlich erfahrbar zu machen vermag.

Der Kopf, das Gehirn des Dichters, ist damit keineswegs der Sitz von Vernunft und Rationalität allein. Das Hirn macht nicht nur die vernunftgemäße Transparenz, sondern auch die Nachtseite des Irrationalen zugänglich. Innenraum und Außenraum, Raum der Träume und Raum der Kunst, sind dabei nur durch den Künstler in einer exteriorisierenden Bewegung miteinander über den Abgrund zwischen Idee und Form hinweg miteinander zu verbinden. Die genealogische Verbindung, die in den ackerbaulichen Metaphern ebenfalls schon außermenschlich präsent ist, wird in dieser Passage auch auf die Ebene der menschlichen Genealogie bezogen, insoweit diese huschenden, nicht fassbaren Ideen die Kinder, die „hijos" des lyrischen Ich sind. Sie sind seine Erzeugnisse, seine Produkte, ohne dass er doch eine selbstverständliche Verfügungsgewalt über diese seine Kinder hätte. Denn sie führen ihr Eigen-Leben, folgen ihren eigenen Lebens-Logiken.

Nicht immer aber ist eine Unterscheidung von Innenwelt und Außenwelt gegeben, denn immer ist das Andere, die *andere* Welt, der „*otro* mundo" in der realen Welt mitenthalten: Sie sind beide Teile meines Gehirns und ich kann beide nicht voneinander trennen und ablösen. Was ist Fiktion, was Realität? Was ist Dichtung und was Wahrheit? Alles vermischt sich; und der Dichter macht klar, dass es nicht darum gehen kann, die wahren Tage und Frauenbegegnungen von den imaginierten zu unterscheiden. Er macht damit unmissverständlich klar, dass seine Lyrik, ja selbst die Erzählsubstanz seiner Gedichte nicht auf das Erlebte, nicht auf die autobiographische Dimension seiner Findungen und Erfindungen reduziert und als Erlebnislyrik fehlgedeutet werden darf. Der romantische Gestus des Hinauswerfens, der scheinbaren Unbehandeltheit aber ist noch präsent, selbst wenn er zuvor durch den Verweis auf die notwendige Bearbeitung durch den Künstler erheblich relativiert worden war. Doch ist es der Traum oder ist es der Schlaf der Vernunft, so ließe sich mit Goya fragen, der die Ungeheuer, der die Monstren hervorbringt?

Die unverkennbar stark rhetorisch geprägte Strukturiertheit der *Rimas* zeigt in aller wünschenswerten Deutlichkeit auf, wie sehr der spanische Dichter sein Wortmaterial durcharbeitete und sich keineswegs einer freien ‚Inspiration' überließ. Dafür sprechen auch die zahlreichen intertextuellen Verweissysteme, welche diese *Spatzengedichte* – ungeachtet ihrer scheinbaren Spontaneität – gerade mit der romantischen Lyrik seiner Zeit verknüpfen. Die Vorliebe für topische Metaphern, Vergleiche, Parallelismen, zwei- und dreigliedrige Korrelationen, aber auch die Berücksichtigung und Beachtung metrischer Zwänge wie etwa der Silva oder der Octava real machen auf die Konstruktionsprinzipien der lyrischen Verdichtungsformen aufmerksam. Vorsichtig löst sich der Dichter von vorherrschenden Formen der Metrik, eine Loslösung etwa in der Form plurimetrischer Verse, die wir allenthalben in der romantischen Dichtung der romanischen Literaturen beobachten können, die sich aber erst in der im nachfolgenden Kapitel zu besprechenden Dichtkunst entschieden auf neue, radikale Formgebungen öffnet. Das vielleicht eindrücklichste Faszinosum der *Rimas* bildet zweifellos die lyrische Darstellung semantischer Unbestimmbarkeitsgefühle, von Übergängen zwischen Liebe und Schmerz, zwischen Liebessehnsucht und Todesstreben, zwischen Idealisierung und scharfer Detailbeobachtung der außersprachlichen Wirklichkeit.

Gewiss stehen die *Rimas* auch in der Tradition bestimmter Formen der andalusischen Volkspoesie, mit denen der Dichter aus Sevilla ebenso spielt wie mit Anklängen des spanischen Siglo de Oro. Doch der innerliterarische Raum, den seine Gedichte eröffnen, schließt ebenso die Dichtungen der romanischen

Sprachen, insbesondere das Französische und Italienische, wie auch die Lyrik der englischen oder deutschen Romantik mit ein. Die *Rimas* bilden auf diese Weise einen unbezweifelbaren Höhepunkt romantischer europäischer Dichtung zu einem Zeitpunkt, zu dem sich andernorts in Europa unter dem Druck sozioökonomischer Modernisierung die Gewichte auch in der Dichtkunst längst verlagert hatten. Gustavo Adolfo Bécquer war als spanischer Dichter ein Romantiker, der gleichwohl Wege aus der Romantik wies. Dass er spätere spanische Dichter wie Jorge Guillén oder Rafael Alberti, aber gewiss auch einen tief im Andalusischen verwurzelten Dichter wie Federico García Lorca nicht unwesentlich prägte, steht – gerade was die Bilder von der Nachtseite der Vernunft angeht – außer Frage.

Aus Gründen zeitlicher und räumlicher Begrenzung müssen wir leider auf eine Besprechung von Bécquers *Leyendas* verzichten, die sich aus mittelalterlichen, aber auch aus arabischen und juden-christlichen Quellen speisen und eine lange Tradition von „Tradiciones" aufweisen, welche nicht nur mit dem Märchen- und Liedgut in Deutschland, sondern gerade auch im spanischsprachigen Bereich Europas und Amerikas weite Verbreitung fand. Ich möchte Ihnen dagegen zumindest zwei von Gustavo Adolfos dichterischen Schöpfungen vorstellen, die sicherlich zu den bekanntesten und meistzitierten Hauptwerken der spanischen Lyrik nicht nur des 19. Jahrhunderts gerechnet werden.

Ungezählt sind die Ausgaben der *Rimas* im spanischsprachigen Raum bis heute. An erster Stelle in den meisten davon finden Sie das Gedicht *Yo sé un himno gigante y extraño*, das ich Ihnen im Folgenden kurz vorstellen möchte:

> Ich weiß einen großen, rätselvollen Hymnus,
> Der in der Nacht der Seele den Morgenschein kündet,
> Und diese Seiten entstammen jenes Hymnus'
> Kadenzen, die in der Schatten Lüfte münden.
>
> Ich wollt ihn schon schreiben, vom Manne,
> Der die rebellische, listige Sprache zähmt
> Mit Worten, die im gleichen Klange
> Seufzer wären und Lachen, wie Noten gefärbt.
>
> Doch vergeblich ist der Kampf; keiner Chiffre Töne
> Alles in sich schlösse, aber – Du schöne!
> Wenn Du in meinen Händen die Deinen,
> Ins Ohr ich Dir sänge stets in Reimen.[5]

---

5 Bécquer, Gustavo Adolfo: *Rimas; Leyendas escogidas*, S. 65.

Yo sé un himno gigante y extraño
Que anuncia en la noche del alma una aurora,
y estas páginas son de ese himno
cadencias que el aire dilata en las sombras.

Yo quisiera escribirlo, del hombre
domando el rebelde, mezquino idioma,
con palabras que fuesen a un tiempo
suspiros y risas, colores y notas.

Pero en vano es luchar; que no hay cifra
capaz de encerrarle, y apenas ¡oh, hermosa!,
si teniendo en mis manos las tuyas
podría, al oído, cantártelo a solas.

Vergleicht man die unterschiedlichen Ausgaben dieses Gedichts miteinander, so erkennt man sofort, dass unterschiedliche Fassungen in unterschiedlichen Ausgaben in Spanien kursieren. Doch wir wollen uns auf diese verlegen, die mir am wahrscheinlichsten erscheint, sind hier die Versgrenzen doch zugleich die Satzgrenzen und bedient sich auch die Reimart in Assonanzen einer Spannbreite, die ich in meiner Übersetzung nachzuahmen mich bemühte. Denn dieser Hymnus, diese Anrufung der Schönen spielt mit den Abweichungen von der Norm und den dichterischen Zwängen und lässt zugleich erkennen, dass hier ein Dichter schreibt, der sich im Vollbesitz seiner kreativen Kräfte weiß.

Das dreistrophige Gedicht versucht, die poetologischen Überlegungen, wie sie im Vorwort von Bécquer paratextuell dargelegt wurden, nun in Gedichtform mit der Problematik der Liebe zu verbinden. Zudem wird das Gedicht selbst zu einem Teil jenes gewaltigen und fremdartigen Hymnus, der nicht in die Präsenz der Kunst überzuführen ist, den aber gleichwohl die Liebe als intimste Kommunikationsform in der Engführung von Du und Ich wohl noch zu bergen vermöchte. Denn der sperrige, kantige Auftakt-Vers verwandelt sich im weiteren Verlauf des Gedichts in die melodische dritte Strophe, die mit einem Vers aus der nächsten Nähe von Du und Ich sein musikalisches, sein synästhetisches Ende findet.

Die *ko-textuelle* Position des Gedichts unmittelbar nach der *Introducción sinfónica* ist keineswegs zufällig und macht bezüglich der Umsetzung theoretischer Prämissen Sinn, auch wenn auf dieser Ebene einzuräumen ist, dass diese Schöpfung im Original wohl nicht an erster Stelle stand und keineswegs in allen Ausgaben der *Rimas* unmittelbar der Einführung folgt. Doch die Stellung dieser drei Strophen im Verhältnis zu allen anderen im Gedichtband abgedruckten Gedichten – also kurz: die *Ko-Textualität* – zeigt deutlich an, dass es hier um eine poetologische Programmatik geht, welche nach einer herausgehobenen Stellung in Gustavo Adolfo Bécquers *Spatzenbuch* verlangt.

Das Gedicht betont schreibend die Unmöglichkeit, etwas zu schreiben, betont sprechend die Unmöglichkeit, zur Geliebten sprechend dieser das nicht Mitteilbare mitzuteilen. Und so wird die nicht gegebene Kommunizierbarkeit in eine intime Kommunikation verwandelt, welche nur im Gedicht, nur in der Verdichtung, nur in der Fiktion möglich wird. Dieser Topos der Unsagbarkeit, der innerhalb der Tradition klassischer Rhetorik natürlich tief in die Antike zurückreicht, ist bei Bécquer sehr häufig zu finden. Aus dieser Kluft zwischen Unsagbarem und Sagen-Müssen heraus sind viele der Gedichte aus der Feder des spanischen Spätromantikers geschrieben.

Zweifellos erzeugt das Gedicht dadurch eine Spannung, da das lyrische Ich immerhin von sich behauptet, von einer solch gigantischen und fremdartigen seltsamen Hymne zu wissen und diese geradezu göttliche Musik in Worte umsetzen zu können. Damit sind die synästhetischen Dimensionen seiner Dichtung, aber auch dieses Gedichts angesprochen, in dem sich Farben und Noten, aber auch das Leben selbst mit seiner Ambivalenz von Seufzern und Lachen, von Liebestrunkenheit und Todessehnsucht präsentieren kann. Wie später bei Arthur Rimbaud erscheinen Töne als Farben, aber auch Klänge als Bilder. Das Gedicht enthält in der Tat die Fortsetzung der Poetik von Bécquers sogenannter „symphonischen Einführung": Alles ist sinnreich orchestriert.

Das Thema des Ungenügens der eigenen Sprache macht nicht zuletzt aber auch darauf aufmerksam, dass sich jenseits der Sprache, die der Dichter benutzt und das Publikum lesen kann, noch eine andere Sprache verbirgt, die seltsam und fast unzugänglich, im eigentlichen Sinne fremd und außerhalbbefindlich („extraño") ist. In dieser anderen Sprache sind wir weit entfernt von jenem Idiom, das sich der Dichtkunst gegenüber als rebellisch und gemein („mezquino") erweist. Diese andere Sprache, die gleichsam *anagrammatisch* als Wörter unter den Wörtern des Gedichts liegt, soll im Gedicht selbst evoziert werden oder – besser noch – bedeutungsreich anklingen. Das lyrische Ich entwirft ein Bild dieser Sprache, die in der gemeinen Sprache versteckt ist und vom Dichter befreit werden muss.

In diesem Zusammenhang ist erneut die Lichtmetaphorik von großer Bedeutung, insoweit die Nacht der Seele von einem möglichen Lichtschein durch den Hymnus erhellt werden kann. Die Wendung „estas páginas" verweist darauf, dass sich dieses Gedicht sehr wohl als Sprachrohr des gesamten Bandes sieht, also eine Einheit auf *kotextueller* Basis herzustellen und zu präsentieren versucht. Das prekäre Transportsystem und mediale Mittel der Übermittlung ist dabei die Luft und damit auch die musikalische Dimension der Lyrik, die von allem Anfang an in ihr enthalten ist. Paul Verlaines „De la musique avant toute chose" ist in diesen Elfsilbern und Dreizehnsilbern, in diesem polyrhythmischen Gedicht also von Anfang an zugegen.

Die inhaltliche Argumentationsstruktur ist von den Versanfängen bereits vorgegeben: Dem zweimaligen „Yo" zu Beginn von Strophe 1 und Strophe 2 steht ein „Pero" entgegen, das erst zur letzten Bewegung und Bewegtheit der direkten Ansprache an die schöne Frau im Gedicht führen und damit den Liebeszyklus, den Liebesreigen eröffnen wird. Eine Beherrschung der rebellischen, widerspenstigen Sprache durch den Menschen und mehr noch durch den Mann („hombre") ist nicht vollständig gegeben, denn dem Willen des Individuums beugt sich die (dichterische) Sprache nicht so leicht. Dabei sollten Worte entstehen, die *zugleich* Seufzer und Lachen, Farben und Klänge sind, die also in der Unmittelbarkeit das Auseinandergetretene der Empfindungen und Sinneseindrücke gleichsam synthetisierend zusammenführen und verdichten. Lyrik ist in diesem Umfeld ein Prozess des Ambivalent-Machens und zugleich einer Verdichtung und Verschmelzung des in der Sprache wie in der lebensweltlichen Erfahrung eigentlich voneinander Getrennten. Genau damit ist Lyrik freilich noch immer jene schöpferische Erfahrungsmöglichkeit, die sich jenseits des analytischen Verstandes und seiner rationalen Logik bietet; denn Dichtung ist viellogisch.

Doch sei der Kampf vergeblich, so heißt es in der dritten Strophe, da es keinen Schlüssel und mehr noch keine Chiffre und damit ein zugängliches Geheimwissen gibt, an das alles angeschlossen werden könnte und an dem alle, Dichter wie Leser, gemeinsam partizipieren. Danach erfolgt die Einschränkung auf eine Beziehung zwischen einem Ich und einem Du, zwischen einem Mann und einer Frau, die beide unmittelbar über ihre Körperlichkeit zusammengeführt werden, indem die ‚Schöne' ihre Hände in die seinen legt. In dieser Beziehung erscheint noch so etwas wie ein letzter Funke jener „aurora", die der Gedichtanfang versprach. Die Anrufung an die „hermosa" erfolgt überraschend kurz vor Ende des Gedichts, gibt allem aber vom Ausklang her seinen Sinn in der Engführung von Lyrik, Sprache und Liebe. Dergestalt erfüllt dieses Gedicht seine Eröffnungsfunktion gegenüber dem gesamten Gedichtband.

Denn die Kommunikation wird nun im Bereich der Mündlichkeit möglich. Was das Gedicht also erzählt, ist die Unmöglichkeit einer schriftlichen Kommunikation *auf diesen Seiten*, welche ihren letzten Ausweg in der Mündlichkeit des Erzählens zu finden scheinen. Diese Mündlichkeit wird mit Hilfe der Lyra der Musik in einen Hymnus verwandelt, der in seiner ganzen gigantischen Kraft erstrahlt und das Gedicht selbst vermittels der Lexem-Rekurrenz bezeichnet. Die mündliche und körperliche, also doppelt unmittelbare Kommunikationssituation wird in eine schriftliche und damit auch künstlerisch bearbeitete Kommunikationssituation überführt, welche Kunst und Liebe zusammenbringt. Die Liebe also bildet jene letzte, erhoffte Möglichkeit einer unmittelbaren, unvermittelten Kommunikation, die im Gedicht nur noch mittelbar, dafür aber mit den Mitteln der Kunst, jene andere Sprache hinter der Sprache sichtbar und mehr noch hörbar werden lässt, welche außerhalbbefindlich und zugleich gigantisch, großartig, außerordentlich ist. Auf diese kunstvolle Weise sind die Gedichte Gustavo Adolfo Bécquers immer zugleich auch Gesänge: Lieder – von der deutschen Liedkunst der Romantik war er stets besonders geprägt – und damit hymnische Musik.

Lassen Sie uns an dieser Stelle zum Abschluss noch ein zweites kurzes Gedicht aus der Sammlung der *Rimas* analysieren! Es ist in meiner, dem Original des *Spatzenbuches* folgenden Ausgabe das zwölfte, in anderen das fünfzigste Gedicht. Gerade aus der Perspektive unserer Vorlesung scheint es mir von besonderer Bedeutung zu sein:

> Was der Wilde mit ungeschickten Händen
> aus dem Stamm sich lustvoll zu dem Gotte formt
> und dann vor seinem Werke niederkniet,
>   dies eben tun wir, Du und ich.
>
> Reale Formen gaben wir einem Phantasma,
> des Geistes lächerlich' Erfindung,
> und ward das Götzenbild, so opferten wir
>   auf seinem Altare unsere Liebe.
>
> Lo que el salvaje que con torpe mano
> hace de un tronco a su capricho un dios,
> y luego ante su obra se arrodilla,
>   eso hicimos tú y yo.
>
> Dimos formas reales a un fantasma,
> de la mente ridícula invención,
> y hecho el ídolo ya, sacrificamos
>   en su altar nuestro amor.[6]

Auch dieses polymetrische zweistrophige Gedicht ist in seiner Formensprache wiederum sehr an jener „sencillez", an jener Einfachheit ausgerichtet, deretwegen Gustavo Adolfo Bécquer sicherlich auch als Vertreter einer neuen Moderne gefeiert werden konnte. Es lassen sich zweifellos bereits Anklänge an Gedichte des Modernismo konstatieren, etwa zu José Martís Gedicht *Crin hirsuta*. Als eher konservativ ist die Tatsache einzuschätzen, dass wiederum Satz- und Strophengrenzen übereinstimmen. Wie Martí in seinen berühmten *Versos sencillos*, von denen Sie sicherlich in Liedform *Guantanamera* kennen, verabschiedet schon Bécquer allen romantischen Pomp und schreibt sich bewusst in jene volkssprachliche Dichtungstradition ein, welche in Spanien mit seinen zahlreichen

---

6 Bécquer, Gustavo Adolfo: *Rimas; Leyendas escogidas*, S. 104.

populären Sprichwörtern und Volksweisen stets eine Unterströmung aller Lyrik darstellt.

Aufschlussreich ist freilich, dass dieses Gedicht eine spannungsvolle Beziehung zwischen der Kunst europäischen, ‚zivilisierten' Zuschnitts und der Kunst des „salvaje", eines ‚Wilden', herstellt. Der ‚Wilde' ist im Spanischen etymologisch vom lateinischen „selvaticus" abgeleitet, der sozusagen dem Wald verpflichtet ist und auch in selbigem wohnt. Daher bearbeitet er auch das, was ihm am nächsten liegt, einen Baumstamm also, was die Unmittelbarkeit eines wilden Denkens (im Sinne von Claude Lévi-Strauss[7]) und einer wilden Kunst unterstreicht, die religiös verankert ist und vom lyrischen Ich als götzenhafte Anbetung gedeutet wird. Mit diesen Formulierungen wird natürlich auf die Dimension der Kunstverfertigung und der Schaffung von Kunst- und Kultobjekten angespielt, also nicht nur die tiefe Beziehung der Kunst (und gerade der abendländischen Kunst) zum Ritus und mehr noch zum Cultus herausgestellt, sondern auch auf einen Mythos angespielt, der hier ungenannt bleibt. Es handelt sich um den uns aus Honoré de Balzacs Novelle *Sarrasine* vertrauten Pygmalion-Mythos, in welchem sich der Künstler in sein eigenes Werk verliebt und diese Schöpfung seiner selbst vergöttert, sie mit anderen Worten zu seinem Idol und Götzenbild werden lässt. Damit ist die Beziehung zwischen Künstler und Kunstwerk selbst thematisiert, nicht nur die Problematik einer ‚wilden' Kunst als Kunst in einem kulturellen Kontext, der nicht jener der abendländisch-christlichen Zivilisation ist. Es geht um die Beziehung zwischen dem Schöpfer und seiner Schöpfung.

Wie im vorigen Gedicht tritt auch in diesem das Element der Liebe – und damit des Übergangs zwischen Kunst und Leben – hinzu. Erneut wird zwischen Du und Ich eine Liebessituation entfaltet, in welcher Lieben, Leben und Kunst miteinander verquickt sind. Die ungeschickte, nicht künstlerisch gebildete Hand des Wilden verfertigt im Grunde nichts anderes als das, was die ungeschickten Liebenden tun, die sozusagen zusätzliche Dimensionen einer wahren Kunst auslassen und einfach überspringen. Sie tun dies, indem sie ihre eigene Schöpfung, ihre eigene Liebe, die sie beide zusammen hervorgebracht haben, zum Gegenstand eines eigenen Kultes, zum Kultobjekt also fetischisiert haben. Das *Abstractum* der Liebe wird dabei auf dem Altar ihrer Verfestigung einer realen objektiven Form geopfert: Die Liebe als Form hat die Liebe als Idee hinter sich gelassen.

---

[7] Vgl. hierzu Lévi-Strauss, Claude: *La Pensée sauvage*. Avec 11 illustrations dans le texte et 13 illustrations hors texte. Paris: Plon 1962; sowie (deres.): Das wilde Denken. Eine Diskussion mit Paul Ricoeur, Marc Gaboriau, Michel Dufrenne, Jean-Pierre Faye, Kostas Axelos, Jean Lautman, Jean cuisinier, Pierre Adot und Jean Conilh. In (ders.): *Mythos und Bedeutung. fünf Radiovorträge*. Frankfurt am Main: Suhkamp 1980, S. 71–112.

Auf diese Art erweist sich der Begriff „capricho" in der Tat als doppeldeutig, meint er doch nicht nur jene Capriccios des Bereichs jenseits der abendländischen Vernunft, der auch schon in Goyas berühmten *Caprichos* mitgedacht worden war, sondern zugleich auch das kapriziöse einer Liebesbeziehung, die nun von einem Gebilde der Einbildungskraft auf eine reale lebensweltliche Ebene übergegangen beziehungsweise übergesprungen ist. Gewiss, auch dies erscheint letztlich als „torpe mano", als „capricho", nicht aber als Kunst in einem emphatischen Sinne, wie sie die Kunst Bécquers anstrebt.

Gleichzeitig entwirft das Gedicht aber jenseits der Spannung zwischen Kunst, Künstler und Kunstwerk ein fundamentales Spannungsverhältnis zwischen Leben, Lieben und Kunst, in dem es im Grunde keine Eindeutigkeiten, keine eindeutigen Zuschreibungen gibt. Denn die Verwandlung des Phantasmas wird nicht einfach als Degradierung verstanden, ist dieses Phantasma doch im Geiste eine durchaus lächerliche Erfindung, womit der fiktionale Charakter vor der Verfertigung zum Kunstwerk angesetzt wird. Dies war bereits in der *Introducción* der Fall, wo die Ideen letztlich ebenfalls das Fiktionale der Einbildungskraft körperlos und nicht objekthaft verkörpern. Zugleich sind die realen Formen aber keinesfalls die Umschreibung eines erreichten Zieles, einer Erfüllung, die auch in diesem Gedicht nicht trostreich aufleuchtet.

Denn auf dem Altar des Idols, der Vergötterung und des Götzenbildes, wird die Liebe buchstäblich aufgeopfert. Die Vergötterung des Anderen und der anderen lässt also den Begriff und die Vitalität der Liebe selbst zu einem Opfer-Gut, zu einer Opfergabe im eigentlichen Sinne verkommen. Die Umsetzung der gemeinsamen Liebe in ein Kunstwerk, in eine Fiktion der Einbildungskraft, die in reale Formen gegossen wurde, macht dieses zu einem Artefakt, das selbst die Sprache nicht zum Ausdruck zu bringen vermag. Damit ergeben sich deutliche Parallelen zum Gedicht vom *Himno gigante y extraño*. Denn auch dort liegt das letztlich zu Erreichende sowohl jenseits der Phantasmen der Einbildungskraft als auch jenseits der realen Formen der Liebe, aber ebenso jenseits von deren Umsetzung in ein Kunstwerk, das vom Ich und seiner ‚Schönen' in Verkennung der (selbst-)zerstörerischen Dimensionen angebetet wird: Der Pygmalion-Mythos schimmert durch.

Es ist wohl erst das Gedicht selbst, das zu alledem gleichsam die Metaebene liefert. Es eröffnet im besten Sinne einen Zugang zu dieser anderen Welt, wenn auch nicht die Erfüllung. Die von Pygmalion geschaffene objektive, objekthafte Struktur, das von ihm geschaffene Kunstwerk, die von ihm zum Leben erweckte künstlerische Form der angebeteten Frau führt nicht zur Erfüllung. Insoweit steht eine ‚wilde' Kunst, die gewöhnlich als das ‚Andere' der abendländischen Kunst erscheint, für keine grundlegend anderen Maßstäbe als eine Kunst, die allzu sehr nach den „formas reales" schielt und darüber die Unerreichbarkeit der schöpferischen Essenz und der Liebe vergisst. Pygmalion ist auf beiden Seiten der Kunstverfertigung gegenwärtig.

Damit gewinnt Gustavo Adolfo Bécquer aus der Konfrontation mit dem Wilden, mit dem ‚wilden' Denken der Selbstbezüglichkeit, der Autoreflexivität aller Kunst in diesem Gedicht eine neue Seite ab. Denn eben mit diesem „salvaje" wird die Liebe zwischen Ich und Du in eine identifikatorische Beziehung überführt. Sie sehen, wie in diesem auf den ersten Blick so unscheinbaren zweistrophigen Gedicht mit seinen Wechseln von Elfsilbern und Achtsilbern eine Poetik entfaltet wird, die letztlich das Rätsel der Kunst überhaupt aus einer Konfrontation von abendländischer und nicht-abendländischer Kultur zu beleuchten versucht, aus einer Konfrontation von ‚Zivilisation' und ‚Barbarei', die sich nur scheinbar in völliger Opposition gegenüberstehen. Ist dies bereits eine Öffnung gegenüber nicht-abendländischen Kunstformen, speziell etwa – wie in der avantgardistischen europäischen Kunst der historischen Avantgarden – gegenüber der Kunst und den Kunstformen Afrikas?

Ich glaube nicht. Doch liefert mir dies das Stichwort, um damit ein weiteres Mal den Atlantik zu queren und zu einer Thematik vorzustoßen, die erneut aus der Gegenüberstellung von spanischsprachiger Karibik und argentinischem Cono Sur vor allem den letztgenannten, in dieser Vorlesung wiederholt behandelten Raum prägte. Sie sollte ihn in veränderter Form auch bis weit ins 20. Jahrhundert hinein strukturieren: Es geht einmal mehr um das kulturelle Spannungsverhältniszwischen „Civilización y Barbarie".

Gehen wir damit ein letztes Mal in die Zeit um die Mitte des 19. Jahrhunderts zurück und beschäftigen wir uns mit jenem Dichter, der auf der Insel Kuba als der einzige wirklich populäre Dichter, so Ambrosio Fornet,[8] gelten darf; Gabriel de la Concepción Valdés oder, wie ihn die Literaturgeschichten, aber auch schon sein zeitgenössisches Publikum kannten und nannten: *Plácido*!

Für die überragende Bedeutung von Plácido spricht auch die Tatsache, dass wir diesen im Jahre 1844 erschossenen Dichter im Grunde bereits kennengelernt haben, lehnt sich doch Gertrudis Gómez de Avellanedas Titelgestalt Sab deutlich an bestimmte biographische Züge des jungen Dichters an. Denn Plácido ist Mulatte, und allein dies ist in seiner Außergewöhnlichkeit signifikant für einen literarischen Prozess, der wohl in Kuba, in dieser Stärke aber nicht in anderen literarischen Areas und Regionen der hispanoamerikanischen Welt beobachtbar ist. Mit Gabriel de la Concepción Valdés wird das Objekt von Literatur, der wohlgeformte Mulatte, endgültig zum Subjekt der Literatur: Er avanciert zum Schrift-

---

[8] Vgl. Fornet, Ambrosio: Literatura y mercado en la Cuba colonial (1830–1860). In: *Casa de las Américas* (La Habana) 84 (1974), S. 40–52.

steller, der ein breites Publikum erreicht und in die Literaturgeschichten Einzug hält.

Ich setze mich daher bewusst dem Vorwurf aus, mich in meiner Vorlesung ein wenig zu stark der kubanischen Seite zuzuwenden, und bleibe noch eine kurze Weile auf der Insel, die stets *a contratiempo*, im Gegenrhythmus zu anderen Areas der spanischsprachigen Welt Lateinamerikas funktioniert. Denn Kuba ist historisch und politisch über das gesamte 19. Jahrhundert hinweg noch immer eine Kolonie, entwickelt aber eine Nationalliteratur, die anderen existierenden Staaten Lateinamerikas an Größe und Stärke zumindest ebenbürtig ist und Entwicklungen antreibt, welche in anderen Areas noch Jahrzehnte länger auf sich warten lassen. Im 20. Jahrhundert wurde Kuba dann mit der Kubanischen Revolution von 1959 in deren eigener Diktion das „Primer territorio libre de América" und schlug einen politischen und gesellschaftlichen Weg ein, auf dem der Insel kein weiteres Land Lateinamerikas folgte. Selbst nach dem Ende der Sowjetunion und trotz aller politisch-militärischen Versuche, die Insel einzuschnüren und vom Welthandel abzukoppeln, hat sich Kuba nicht von diesem Weg abbringen lassen und behauptet seine Position in der Globalgeschichte *a contratiempo*.

Mit Plácido wird der Mulatte, wird der Schwarze, wird der ehemalige Sklave zum schreibenden Subjekt, das über die Gesellschaft reflektiert und sich nicht länger damit zufrieden gibt, willfähriges oder rebellisches Objekt einer kolonialen Sklavenhaltergesellschaft zu sein. Nicht weniger bedeutsam ist die Tatsache, dass Gabriel de la Concepción Valdés eines gewaltsamen Todes sterben musste, ungerechterweise von den kolonialspanischen Behörden angeklagt, an der Conspiración de la Escalera teilgenommen zu haben. Diese sogenannte ‚Konspiration' war ein planvoll aufgebautes Hirngespinst der kolonialspanischen Administration, mit deren Hilfe man missliebige Bewegungen bekämpfen und unterdrücken konnte, so dass man den Dichter zusammen mit anderen, die man zur Warnung für aufmüpfige Geister festnahm, standrechtlich erschießen konnte.

Diese historische Szenerie hat sich tief in das kubanische Kollektivgedächtnis eingebrannt, wurde entscheidend für alle späteren Aufstände, Rebellionen und Revolutionen und für den kubanischen Nationenbildungsprozess. Innerhalb der kubanischen Literatur wurde die Conspiración de la Escalera mehrfach aufgearbeitet und gestaltet; auf besonders kreative Art und Weise etwa auch von Guillermo Cabrera Infante in seinem *Vista del amanecer en el Trópico*. Das seit mehr als einem halben Jahrhundert wieder erneuerte Interesse an Plácido kommt übrigens nicht von ungefähr, ist doch seine „Mulatez" innerhalb eines Staates, der sich offiziell auf diese mulattische Herkunft bezieht, von großer politischer, sozialer und ethnischer Wichtigkeit. Vielleicht aber sollten wir uns zunächst einige Biographeme dieses weithin bis heute unterschätzten kubanischen Dichters näher anschauen.

Gabriel de la Concepción Valdés alias Plácido wurde am 18. März 1809 in Havanna geboren und starb am 28. Juni 1844 in Matanzas. Er war der uneheliche Sohn einer spanischen Tänzerin und eines mulattischen Friseurs und damit das, was man heute als einen Afrokubaner bezeichnet. Um die Affäre zu verheimlichen, wurde er in ein öffentliches Waisenheim gebracht, aus dem ihn sein Vater zu sich holte. Auf den Namen Valdés waren wir beim Roman *Cecilia Valdés* von Cirilo Villaverde bereits gestoßen: Auch die Heldin dieses großen kubanischen Romans des 19. Jahrhunderts erhielt ihren Namen im kubanischen Waisenhaus und wuchs als uneheliche Tochter in La Habana auf. In der großen kolonialspanischen Stadt der Karibik hätten sich die beiden Waisenkinder zweifellos begegnen können.

Abb. 66: Diego Gabriel de la Concepción Valdés (La Habana, 1809 – ebenda, 1844).

Der spätere Plácido besuchte eine Armenschule in Havanna, war jedoch ab 1821 gezwungen, sein Überleben zu sichern und zu arbeiten. Bildung und Ausbildung des jungen Mulatten standen folglich nicht im Zeichen großer Kontinuität. Nacheinander war er Tischler, Schriftsetzer, Kammmacher und Silberschmied; in der Werkstatt von Vicente Escobar lernte er das Zeichnen und Grundlagen der Kalligraphie. Bereits ab 1823 zeigte er bei seiner Schriftsetzer-Lehre großes dichterisches Talent, das er jedoch angesichts der Zwänge des Geldverdienens zurückstellen musste. Ab 1836 wurde er zugleich Redakteur der Zeitung *La Aurora* von Matanzas und vermochte in dieser nicht weit von Havanna gelegenen Küstenstadt erstmals durch sein Schreiben auf sich aufmerksam zu machen.

In Gabriel de la Concepción Valdés' Leben fehlt es nicht an tragischen Akzenten. 1832 hatte er sich in die schöne Fela verliebt, eine freie Schwarze, die jedoch im Folgejahr im Zuge der Choleraepidemie in Havanna verstarb. Seine finanziellen Schwierigkeiten begleiten ihn bei seinen Tätigkeiten für eine Reihe von Zeitungen und Zeitschriften. Auf Grund von Zahlungsschwierigkeiten wandert er mitunter ins Gefängnis, wobei das rassistische Rechtssystem nicht viel Federlesens mit einem Mulatten machte. Sein Schreiben, seine häufigen Ortswechsel und die Kontakte mit Personen aus allen Gesellschaftsschichten erweckten den Verdacht der spanischen Kolonialbehörden, die dem Aufstieg der ‚freien Schwarzen' ein Ende bereiten wollten. Kurz nach seiner Heirat mit María Gila Morales y Póveda wurde er im Jahr 1842 auf der Suche nach Arbeit in der noch heute wunderschönen kubanischen Stadt Trinidad festgenommen und blieb sechs Monate unbegründet und ohne Anklage im Gefängnis. Er kehrte wieder nach Matanzas zurück, wo er erneut verhaftet und – ohne jeden Beweis – wegen Teilnahme an der erwähnten Conspiración de la Escalera zum Tode verurteilt wurde. Gemeinsam mit weiteren zehn Angeklagten wurde er im Alter von fünfunddreißig Jahren in Matanzas füsiliert.

Es waren die literarischen Tertulias von Matanzas, insbesondere die von Ignacio Valdés Machuca, die für Plácidos lyrische Entwicklung wichtig wurden. In der Forschungsliteratur wurde ihm oft nachgesagt, dass er nur ein besserer Handwerker gewesen sei und dass er seine Gedichte ähnlich wie seine „peinetas de carey" oder seine Arbeiten als Silberschmied für den raschen Gebrauch verfertigt habe. Dies scheint mir freilich ein impliziter Rassismus zu sein, der nur den populären Charakter seiner Lyrik anerkennt, nicht aber die große Bedeutung seines Schreibens für die kubanische Nationalliteratur.

Das umfangreiche lyrische Werk des unglücklichen Dichters zeugt von einer außerordentlichen dichterischen Begabung. Gewiss war Plácido darauf angewiesen, durch mancherlei Gelegenheitsgedichte auf sich aufmerksam zu machen und auch Geld und Ansehen zu verdienen. Doch bei allem Traditionsbewusstsein entfaltete der Kubaner eine neue Sprache, welche in ihrer Musikalität und Rhythmik sehr eigene Wege beschritt. Sicherlich klagte Plácido selbst darüber, dass er für Feierlichkeiten oder Geburtstage der kubanischen Aristokratie sein dichterisches Talent verschwenden müsse, doch verstand er sich ausgezeichnet darauf, die Traditionen spanischer Dichtung mit dem Rückgriff auf lyrische Formen des kubanischen Volkes in einer romantischen Lyrik zu verbinden, welche den Hang der Romantik zum zuvor verdrängten Traditionsreichtum populärer Kultur zum Ausdruck brachte.

Überdies gelang es dem kubanischen Dichter, in seine Auftragsarbeiten zur Lobpreisung etwa der spanischen Herrschaft deutlich rebellische Aussagen einzustreuen, die in den dreißiger Jahren noch durchgingen. Immer wieder taucht das Thema Tyrannei auf, die freilich fernab der Karibik in exotische Landstriche verlegt wird. Wie Gertrudis Gómez de Avellanedas *Sab* pflegt er Vorstellungen eines Indianismus, in dem deutliche Kritik am herrschenden kolonialspanischen Regime historisch distant zum Ausdruck kommt. Vor allem aber beeindruckt die rhythmische Musikalität, mit welcher Plácido der romantischen Lyrik eine neue Gangart bescherte. Die noch kurz vor seiner Hinrichtung verfassten Gedichte, mit denen wir uns gleich beschäftigen wollen, machen die ganze lyrische Spannweite und Ausdrucksmöglichkeiten dieses in jeglicher Hinsicht außerordentlichen kubanischen Dichters deutlich.

Zwischen 1825 und 1845 gab es ohne Zweifel auf der Insel einen gewissen Boom und ein rasch gewachsenes Interesse an einer ‚afrokubanischen' Literatur, zu der im Allgemeinen der vom Phänotyp her ‚weiße' Plácido gezählt wird. Zweifellos waren es gerade die ‚freien' Schwarzen und Mulatten, die für die spanischen Kolonialbehörden gefährlich werden konnten, bildeten sie doch eine gesellschaftlich stark dynamisierende Gruppe von Aufsteigern innerhalb einer sich zögernd modernisierenden kubanischen Kolonie. Ihnen vor allem galt die Erfindung einer Verschwörung, die nicht nur mit der potentiellen Gefährlichkeit der freien Schwarzen und Mulatten, sondern auch mit ihrem Schreiben, journalistischen wie künstlerischen, vor allem aber im Modebereich schöpferischen Ausdrucksformen zu tun hatte. Die Verbindungen zwischen dieser gesellschaftlichen Gruppe von freien Schwarzen mit einer abolitionistischen Literatur auf Kuba war der Kolonialverwaltung ebenfalls ein Dorn im Auge. Gewiss war Plácido trotz mehrerer entsprechender Angebote nicht ins Exil gegangen; doch bedarf es schon einer – sagen wir – ‚selbstbewussten' Ideologie, um ihn als Freiheitskämpfer darzustellen oder Fidel Castro gar zum Vollstrecker seines Denkens zu erklären.[9]

Gabriel de la Concepción Valdés war, wir hatten es erwähnt, der Sohn eines mulattischen Friseurs mit einer spanischen Tänzerin, eine gewiss ungewöhnliche Verbindung, da weiße Frauen sich laut des gängigen Ehrenkodex, der auch die sexuellen Beziehungen regelte, eher selten mit nicht-weißen Männern einließen. Die Spanierin brachte den Jungen in die Casa de Beneficiencia, wo er den Namen Valdés erhielt, den er nicht mehr ablegte, obwohl ihn sein Vater schon bald aus dem Waisenhaus holte. Der spätere Plácido bekannte sich zu seiner doppelt marginalisierten Lage als Kubaner und Mulatte; und eben dieses öffentliche Bekenntnis und nicht etwa revolutionäre konspirative Bestrebungen dürften die Hauptgründe dafür gewesen sein, dass man gerade diesen jungen selbstbewussten Mann als eine wortwörtlich zu verstehende Zielscheibe herausgriff und standesrechtlich ermordete. Plácido bezog sich keineswegs auf die aufrührerischen und für das kubanische Nationalbewusstsein wichtigen Gedichte seines Landsmanns Heredia, der ihn ebenfalls ins mexikanische Exil einlud; eine Einladung, die Plácido aber ausschlug, wollte er doch in Kuba bleiben.

---

9 Vgl. etwa Grötsch, Kurt: El destino entre esclavitud, literatura e identidad cubanas. Plácido, Martí y Morúa Delgado. In: Heydenreich, Titus (Hg.): *Kuba. Geschichte – Wirtschaft – Kultur.* München: Fink 1987, S. 237–278.

Halten wir also fest: Plácido ist ein kolonial und ethnisch doppelt Marginalisierter; aus dieser Position heraus wird seine Lyrik neu lesbar! Die Abwertung des Mulatten zum geschickten ‚Vershandwerker' hat eine lange Tradition, der wir in kurzgefasster Form und unter Einbeziehung damaliger Klischees nachspüren wollen. In den zwanziger Jahren fiel in Matanzas auf, mit welcher Leichtigkeit dieser Gabriel de la Concepción Valdés Verse schmieden konnte. Wie viele aus seiner gesellschaftlichen Gruppe arbeitete der gepflegte junge Mann im Modebereich, stellte er doch aus Schildkrötenpanzern (Pattschildkröten) Kämme und andere modische Accessoires und Schmuckgegenstände her; eine zeitweise recht einträgliche Arbeit, die allerdings – hart ist das Modegeschäft – nur wenige Jahre Brot einbrachte.

Bald wurde für ihn auch die dichterische Seite als Einnahmequelle wichtig; so verdingte er sich, gegen billiges Geld für das Periodikum *Aurora* von Matanzas ein tägliches Gedicht zu liefern. Das trug Plácido selbstverständlich den Ruf eines Gelegenheitsdichters und mehr noch Handwerkers ein; ein Ruf, der sich bis heute hartnäckig hält und sein Bild noch weitgehend bestimmt. 1834 hatte er erstmals in einem literarischen Wettbewerb, den er gewann, großen Erfolg. Seit diesem Zeitpunkt weitete sich sein Ruhm rasch aus, so dass seine Verse bald zu den meistgelesenen und meistrezitierten der Insel wurden.

Zu diesem Erfolg beim Publikum gehörte es selbstverständlich auch, Gedichte zu Ehren hochgestellter Persönlichkeiten zu verfassen. Plácido kam dieser Pflicht aus nachvollziehbaren finanziellen Gründen nach, litt er doch stets unter Geldnot. Man sollte ihm daraus jedoch keinen moralisierenden und aus heutiger Sicht anachronistischen Strick drehen: Denn seine Position war nicht mit jener José María Heredias vergleichbar, der im literarischen Feld Kubas, das zum damaligen Zeitpunkt bereits zweigeteilt in Insel und Exil war, die beherrschende Figur als Dichter darstellte. Seine Gedichte zirkulierten auf der ganzen Insel; und selbst im Ausland wurden Plácidos Gedichte gelesen. Dort freilich wurde der junge Mulatte fälschlich als revolutionärer Schwarzer bezeichnet; ein Bild, das wenig mit den Tatsachen, aber viel mit der revolutionären französischen Aufklärungsliteratur etwa eines Diderot oder Raynal zu tun hatte, auf deren Einfluss im karibischen Raum wir bereits mehrfach in dieser Vorlesung stießen.

Plácidos zahlreiche Gedichte zirkulierten noch auf Kuba, als ihr Autor längst erschossen und ihre Publikation verboten worden war. Die mit Dummheit gepaarte Brutalität der spanischen Kolonialverwaltung wird auch am Beispiel der Ermordung dieses kubanischen Dichters deutlich: kein Wunder, dass Spanien als Kolonialmacht alle Sympathien einbüßte! Plácido wurde rasch zur Legende, oder mit anderen Worten: Nicht nur seine Gedichte waren populär; er selbst wurde binnen kurzer Zeit zum Teil einer Populärkultur der Karibikinsel. Es erstaunt daher nicht, dass manche Kritiker ihn später zu einem „versificador", einem Verseschmied abqualifizierten und wie beispielsweise Manuel Sanguily 1894 in Abrede stellten, dass es sich bei diesem Mulatten wirklich um einen Dichter gehandelt habe.

Wir dürfen und müssen derlei Aussagen auf dem Boden der interrassischen Auseinandersetzungen und eines gesamtgesellschaftlich verbreiteten Rassismus, zugleich aber auch innerhalb des literarischen Feldes insoweit interpretieren, als Plácidos Dichtungskonzeptionen gänzlich im Gegensatz zur Poetik des ausgehenden 19. Jahrhunderts standen, in welcher schon modernistische Positionen die Oberhand gewonnen hatten. Gabriel de la Concepción Valdés war also in mehrfacher Hinsicht ein Marginalisierter und Ausgestoßener. Seine Dichtkunst, die sich an möglichst breite Schichten des Volkes wandte, tagtäglich in Zeitungen erschien und hermetischem Dichten abhold war, konnte zum damaligen Zeitpunkt nicht mehr akzeptiert und ernstgenommen werden.

Von unserer heutigen Warte aus, die unter anderem durch eine höhere Sensibilität gegenüber marginalisierten Gruppen charakterisiert ist, sind derartige Vorgänge freilich wieder auf andere Weise bewertbar geworden – ohne dass man jedoch die zeitgeschichtlichen und auf das literarische Feld Kubas in der ersten Hälfte des 19. Jahrhunderts bezogenen Aspekte aus den Augen verlieren dürfte. Plácido wurde lange Zeit nicht in den Parnass der kubanischen Lyrik aufgenommen: Auch auf dieser Ebene blieb er später, um einen Ausdruck von Wolfgang Borchert zu übernehmen, draußen vor der Tür. Es ist an der Zeit, diese Literaturgeschichtsschreibung zu korrigieren! Denn mit Plácido betritt eine soziale und ethnische Klasse und Gruppe gegen Mitte des 19. Jahrhunderts die literarische Bühne und macht sich zum Subjekt kubanischer und spanischsprachiger Dichtkunst; das ist in diesem Sinne ein revolutionärer Akt, den man nicht mit Schweigen übergehen sollte. Politische Missverständnisse und Fehldeutungen dieses mulattischen Dichters als revolutionärer Freiheitskämpfer werden der großen Gestalt des in jungen Jahren Ermordeten sicherlich nicht gerecht.

Gabriel de la Concepción Valdés bewegte sich – wie seine Zeitgenossen, zu denen José María Heredia zählte – in seiner dichterischen Entwicklung vom rhetoriklastigen Neoclasicismo seiner ersten Verse zum Romanticismo seiner späteren Kompositionen, wobei er sich nicht früh wie Heredia auf vielfach unbekanntes Terrain vorwagte, sondern romantische Formulierungen wählte, als die Romantik unverkennbar bereits Oberwasser innerhalb der hispanoamerikanischen Dichtungspraxis bekommen hatte. Dies ist angesichts seiner Randständigkeit innerhalb des literarischen Feldes Kubas nur allzu verständlich und könnte auch kaum anders sein: Es ging für ihn darum, als Mulatte überhaupt als Dichter ernst genommen zu werden.

Wir brauchen diese ästhetische Entwicklung zwischen *La Siempreviva* von 1834 und *El hijo de la maldición* an dieser Stelle nicht nachzuzeichnen, zu bekannt sind uns bereits die lyrischen Parameter des Schreibens in der ersten Hälfte des

19. Jahrhunderts. Doch möchte ich Ihnen eines seiner bekanntesten Gedichte, die 1843 – also nur kurze Zeit vor seiner Gefangennahme im Januar 1844 – verfasste und damals sehr verbreitete *Plegaria a Dios* in voller Länge vorstellen, um daran einige für unsere Fragestellung wichtige Aspekte aufzuzeigen:

> Unermesslicher Güte Wesen, oh allmächt'ger Gott,
> zu Euch wend' ich mich in meinem schlimmen Schmerz;
> streckt Euren mächt'gen Arm hier an mein Herz,
> zerreißt so der Verleumdung Schleier und Spott
> und nehmt dies schrecklich' Mal von mir nun fort,
> mit dem die Welt besudelt meiner Stirne Schmerz.
>
> König unter Königen, Gott meiner Großväter, Ihr
> allein seid mein einz'ger Anwalt, oh Gott mein:
> Alles vermag, wer des Meeres dunklen Schein
> die Wellen und die Fische gab, Licht den Himmeln hier,
> Feuer der Sonne, Wind der Luft, dem Norden eis'ge Zier,
> den Palmen Leben, dem Flusse Bewegung und Stein.
>
> Alles vermögt Ihr, und alles vergehet
> oder gesundet in Eurer heil'gen Stimme Klang;
> von Euch entfernt, oh Herr, ist alles nichts und bang,
> das in der unergründlich Ewigkeit zergehet,
> und selbst dies Nichts nach Eurem Willen gehet,
> denn ihm allein folgt die Menschheit schon lang.
>
> Täuschen kann ich Euch nicht, Gott der Barmherzigkeit,
> und Eurer ewigen Weisheit Schluss
> sieht durch meinen Körper auch der Seele Kuss
> als wär alles Luft, helle Durchsichtigkeit,
> Gebt Kraft, dass meiner Unschuld Ehrlichkeit
> der frevelnden Verleumdung widerstehen muss.
>
> Und wenn es eurer göttlich Allmacht doch gefällt,
> dass ich vergehe, gleich dem frevelnden Diebe,
> dass die Menschen meinem kalten Leib noch Hiebe
> geben, boshaft Gefallen in die Höhe schnellt,
> dann töne Deine Stimme, end' mein Sein in dieser Welt;
> an mir geschehe, Gott, Dein Wille, Deine Liebe.[10]

---

10 Plácido: *Poesías de Plácido (Gabriel de la Concepción Valdés)*. New York: Roe Lockwood & Son, Librería Americana y Estranjera 1855, S. 450 f.

Ser de inmensa bondad, Dios poderoso,
a vos acudo en mi dolor vehemente;
extended vuestro brazo omnipotente,
rasgad de la calumnia el velo odioso
y arrancad este sello ignominioso
con que el mundo manchar quiere mi frente.

Rey de los reyes, Dios de mis abuelos,
vos solo sois mi defensor, Dios mío:
todo lo puede quien al mar sombrío
olas y peces dio, luz a los cielos,
fuego al sol, giro al aire, al Norte hielos,
vida a las plantas, movimiento al río.

Todo lo podéis vos, todo fenece
o se reanima a vuestra voz sagrada;
fuera de vos, Señor, el todo es nada
que en la insondable eternidad perece,
y aun esa misma nada os obedece
pues de ella fue la humanidad creada.

Yo no os puedo engañar, Dios de clemencia;
y pues vuestra eternal sabiduría
ve al través de mi cuerpo el alma mía
cual del aire a la clara transparencia,
estorbad que humillada la inocencia
bata sus palmas la calumnia impía.

Mas si cuadra a tu suma omnipotencia
que yo parezca cual malvado impío,
y que los hombres mi cadáver frío
ultrajen con maligna complacencia,
suene tu voz y acabe mi existencia;
cúmplase en mí tu voluntad, Dios mío.

Zunächst einmal ist die Tatsache unbestreitbar, wie sehr dieses Gedicht noch neoklassizistische Topoi in Umlauf setzt, blicken wir etwa allein auf jene Elemente, die der allmächtige Schöpfergott in seiner Allmacht in Bewegung gesetzt hat und die uns das lyrische Ich in seinen Strophen in Erinnerung ruft. Nicht ganz verzichten kann ich auf die Bemerkung, dass es keineswegs zufällig die See ist, welche in diesen Strophen an erster Stelle genannt wird, ist es doch gerade dieses dunkle Meer, das die Insel umgibt, auf der wenig später sich der Wille Gottes an dem jungen Dichter vollziehen – man könnte auch sagen: vollstrecken – wird. Denn Gabriel de la Concepción Valdés hat seine *Plegaria* im Bewusstsein seiner drohenden Hinrichtung geschrieben, seiner auf Verleumdungen zurückgehenden Erschießung.

Doch ist es nicht in erster Linie diese tragische Dimension des Gedichts, die ich Ihnen in der Folge kurz aufzeigen möchte. Es geht mir vielmehr um die unleugbare spezifische Sensibilität Plácidos für Rhythmik und vor allem Klang, die in diesem *De profundis* zum dichterischen Ausdruck kommen. Denn in der lyrischen Anrede an einen Demiurgen und Schöpfergott, die von einer zweiten Person Plural am Ende in eine zweite Person Singular wechselt, stoßen wir auf eine besondere Musikalität des Dichters, welche in der Tat aufhorchen lässt.

Bereits in den ersten beiden Versen wird die Dominanz des Vokals „o" angeschlagen, wird „Dios" und „dolor", werden „poderoso" und „vos" eingeführt, die wie mit einem Grundklang, in einem Basso continuo, das Gedicht an den „Dios omnipotente" begleiten werden. In der Wendung „este sello ignominioso" wird dieser Grundklang mit jener Markierung verbunden, welche die Stirn des lyrischen Ich beschmutzend und mit allerlei Verleumdungen disqualifizierend bedeckt, aufgebracht von jenen Zeitgenossen, die ohne jeden Grund Verschwörungsideologien entwickelten, um den jungen Dichter damit letztlich als möglicherweise gefährlichen Geist aus dem Weg zu räumen und in den Tod zu treiben. Das Schandmal stammt aus jener Welt, die Gottvater selbst geschaffen hat, und damit von jenen Mitmenschen, die es an jeglicher Mitmenschlichkeit in radikaler Weise fehlen lassen. Und wie gefährlich Verschwörungsideologien sind – denn es sind Ideologien und ganz gewiss keine Theorien, die als solche überprüfbar und nachprüfbar sein müssten –, kann man auch in unserer Zeit schrecklich eindrucksvoll erleben. Die ganze Conspiración de la Escalera war eine einzige Fiktion, eine reine Erfindung, die sich in absichtsvoll blutige Realität verwandelte.

Die unmittelbar darauffolgende zweite Strophe stellt den angerufenen Gott zugleich über die Könige; ein Hinweis, den wir sehr wohl mit der kolonialspanischen Herrschaft in Verbindung bringen dürfen und der gegen die Abstammung Gottes als Gott meiner Großväter spannungsvoll aufgeführt wird. Dass es gerade die Großväter sind, kann als bedeutungsvoll gelten, nicht nur, weil sich später – in den historischen Avantgarden – der kubanische Nationaldichter Nicolás Guillén in Gedichtform an seine beiden Vorfahren als *Dos abuelos* wandte und damit als mulattischer Poet an seinen weißen wie an seinen schwarzen Großvater erinnerte. Es macht zugleich deutlich, dass sich die Wendung nicht nur an einen Christengott richtet, sondern an Gestalten aller Religionen, stammten sie aus Europa oder aus Afrika. Wir können an dieser Stelle bereits erkennen, wie klug und geschickt Plácido seine mulattische Herkunft in seinem Gedicht zugleich ansprach und verbarg.

Das klangliche Spektrum wird im Grunde erst in der dritten Strophe – und damit genau im Zentrum, im Herzstück des Gedichts – zusammengeführt. Denn dort bemerken wir die Abfolge von „o", von „e" und von „a" wiederholt in Vokaldoppelungen oder gar Verdreifachungen. Beispiele hierfür sind etwa „todo",

„fenece", „sagrada" oder „perece", wobei diese klanglichen Oppositionen auch inhaltlich gegeneinander geführt, zugleich aber auch ineinander geblendet werden: „el todo es nada." Die Überführung des Alles in ein Nichts ist nicht nur lyrischer Topos christlich-abendländischer Provenienz, sondern zugleich auch die Überführung des „O" der Macht („todopoderoso") in das geradezu heilige Nichts des Vokals „a" („sagrada"). Das Nichts ist göttlich, da es in sich auch die Schöpfung umschließt, auch die „humanidad", welche eine göttliche Antwort auf das „nada" beinhaltet. Die Semantik des Gedichts spielt sich gleichsam auf der phonotextuellen Ebene ab und gibt der Leserschaft sinnlich zu verstehen, welche semantischen Gegensätze und Übergänge zwischen Macht und Ohnmacht, zwischen Leben und Tod diese Schöpfung beherrschen.

Dem Vokal „e" kommt ein gewisser Übergangsstatus zwischen „a" und „o", zwischen „nada" und „todopoderoso", zwischen „sagrada" und „omnipotente" zu. Dabei wird zugleich dem Tödlichen ein vokalischer Ort zugeschrieben, wie Vokal-Verdreifachungen deutlich machen: „fenece", „perece". So fügt sich das lyrische Ich in sein tödliches Schicksal („e") und fühlt sich somit der Gewalt Gottes („o") im zweitletzten Vers des Gedichts vereint: „suene tu voz y acabe mi existencia." Hier ist nochmals das gesamte Vokalspektrum vorhanden; und doch weiß der aufmerksame Leser, die aufmerksame Leserin, dass sich gerade hinter der „existencia" der tödliche Klang verbirgt.

Das durchdachte Spiel mit Klängen und insbesondere Vokalen, aber auch mit Rhythmen wird ein wichtiges Element afrokubanischer wie afrokaribischer Lyrik, des „Sóngoro cosongo" der ersten Hälfte des 20. Jahrhunderts sein. Daher kommt es nicht von ungefähr, dass Plácido gerade auch von den afrokubanischen Lyrikern und ihren Theoretikern wieder aufgewertet und in seiner Bedeutung als kreativer Vorläufer dieser Lyrik erkannt worden ist. Solche literarischen Vorläufer werden, wie schon Jorge Luis Borges erkannte, immer von den Nachfolgern erschaffen; und so rückte Gabriel de la Concepción Valdés in eine Traditionslinie ein, welche es zu seinem Zeitpunkt noch nicht als solche gab und die weit ins 20. Jahrhundert und in unsere Gegenwart reicht. Es ist daher schlechterdings nicht möglich, einen solchen Dichter und damit auch eine derartige Traditionslinie aus unserer Vorlesung wegzulassen und auf Plácido als einen der großen Dichter der spanischsprachigen Romantik zu verzichten. Denn mit seiner Sensibilität für eine neue Klangwelt und Rhythmik stand er früh für jene Entwicklung ein, die erst im 20. Jahrhundert in der afrokaribischen wie in der afro-US-amerikanischen Dichtkunst reiche Früchte trug.

Gerne will ich Ihnen auch hier zur Verdeutlichung ein Gedicht aus dem zwanzigsten Jahrhundert einblenden, und zwar von dem bereits erwähnten Nicolás Guillén; aber nicht sein Gedicht *Dos abuelos*, das hier ebenfalls am Platze wäre, sondern einen „Son" für Antillenkinder und damit die gesamte karibische Area, innerhalb derer wir uns bewegen. Sie merken: Wir sind wieder mit dem karibischen Element par excellence, dem Meer, in Kontakt und machen eine erneute Kreuzfahrt durch die karibische See der Literatur!

> Auf dem Meere der Antillen
> fährt ein Schiffchen aus Papier:
> fährt und fährt das Schiffchen Schiffchen
> ohne Steuer hier.
>
> Von Havanna nach Portobelo,
> von Jamaica nach Port of Spain
> fährt und fährt das Schiffchen Schiffchen
> ohne Kapitän.
>
> Eine Negerin geht nach achtern,
> und ein Spanier geht zum Bug:
> fährt und fährt das Schiffchen Schiffchen
> beide wie im Flug.
>
> Schwimmen Inseln viel vorüber,
> Inseln, Inseln, immer mehr;
> fährt und fährt das Schiffchen Schiffchen
> ohne Rast umher.
>
> Ein Geschütz aus Schokolade
> schoß aufs Schiffchen ab,
> die Kanon' aus Zucker Zucker
> ihm die Antwort gab.
>
> O du mein Matrosenschiffchen,
> aus Papier dein Schiffsrumpf ist!
> O mein schwarzes weißes Schiffchen
> ohne Maschinist!
>
> Droben stehen das schwarze Mädchen
> nah dem Spanier nah, an Bord;
> ach, es fährt das Schiffchen Schiffchen
> mit den beiden fort.[11]

---

[11] Guillén, Nicolás: *Gedichte*. Spanisch und Deutsch. Übersetzt von Erich Arendt. Auswahl und Nachwort von Dieter Reichardt. Frankfurt am Main: Suhrkamp 1982, S. 76–79.

Por el Mar de las Antillas
anda un barco de papel:
anda y anda el barco barco,
sin timonel.

De La Habana a Portobelo,
de Jamaica a Trinidad,
anda y anda el barco barco,
sin capitán.

Una negra va en la popa,
va en la proa un español:
anda y anda el barco barco,
sin descansar.

Pasan islas, islas, islas,
muchas islas, siempre más;
anda y anda el barco barco,
sin descansar.

Un cañón de chocolate
contra el barco disparó,
y un cañón de azúcar, zúcar,
le contestó.

¡Ay, mi barco marinero,
con su casco de papel!
¡Ay, mi barco negro y blanco
sin timonel!

Allá va la negra negra,
junto junto al español;
anda y anda el barco barco
con ellos dos.

Ich habe Ihnen die deutsche Übertragung von Erich Arendt vorgestellt, da sie – wenn hier auch zeitbedingt von einer ‚Negerin' die Rede ist – Klang und Rhythmus, wie ich finde, sehr gut getroffen sind. Denn dieser „Son" als kubanisch-karibische Musik- und Rhythmusform kann auch im Deutschen funktionieren, wenn man zugleich gut auf die Lexem-Rekurrenzen und deren Vokale achtet. Ziehen Sie bitte aber auch kurz die spanische Fassung heran!

Die von Beginn an absehbare Verbindung von schwarzem Mädchen und weißem Spanier auf einem schwarz-weißen Schiff in der Karibik, das zugleich aus Papier ist und auch als Schiff der Literatur gelesen werden kann, der Kampf von Schokolade (dunkel) und Zucker (weiß), Rhythmisierung und Verdoppelungen von Klängen im Kontext eines afrokubanischen Kinderlieds: All dies sind textuelle Elemente, welche die afrokubanischen Lyriker nicht frei erfunden, sondern in einer bestimmten Tradition gefunden haben, um sie sich dann kreativ anzueignen. Die Semantik wird sozusagen zu einer Konsequenz des Spiels mit den Vokalen. Gabriel de la Concepción Valdés – dies möchte ich mit Verweis auf die von ihm verwendete Formelhaftigkeit der Gottesattribute oder die Wendung mit den verdoppelten Königen betonen – ist in diese Tradition zu stellen! Denn auch sein Schiff hat einen weißen Spanier und eine schwarze Frau an Bord, wenn sich auch in seinem Falle die statistisch wesentlich seltenere Verbindung von Spanierin und Mulatten das Gefecht zwischen Schokolade und Zucker liefern.

All diese Verbindungen zwischen schwarz und weiß, deren Ergebnis in beiden Fällen das Dichtersubjekt selbst ist, vollziehen sich in einer Area, welche durch ihre Archipelhaftigkeit charakterisiert ist und wo sich im Meer der Antillen Insel an Insel reiht. Selbstverständlich war Nicolás Guillén sehr wohl über die Forschungen seines Landsmannes Fernando Ortiz im Bilde und wusste um jene Theorien, welche sich in Richtung einer Transkulturalität des Lebens auf den Antilleninseln entwickelten. Dabei zeichnet das Papierschiffchen zwanglos die Multirelationalität zwischen den Inseln nach und damit jenes Spiel von isolierter Insel-Welt und vielverbundener Inselwelt, das zu den Grundbedingungen allen Schreibens in der Area der Karibik zählt.[12]

Gabriel de la Concepción Valdés ist zweifellos der transkulturelle Großvater einer Lyrik, die es längst zu internationalem Ruhm und zu Literaturnobelpreisen gebracht hat; zählt die Area der Karibik doch nicht nur weltweit zu den Zonen verdichteter Globalisierung, sondern auch zu jenen Weltregionen, die sich durch eine ungeheuer hohe Konzentration an literarischer Aktivität auszeichnen. Ich möchte Ihnen daher auch noch ein zweites Gedicht von Gabriel de la Concepción Valdés vorstellen, das einen wesentlich weniger ernsten Status als seine *Plegaria a Dios* besitzt und vielleicht daher auch zu belegen vermag, dass er seinen Künstlernamen Plácido mit Bedacht gewählt hatte.

Es handelt sich um ein Gedicht, das den Titel *Mi casa* trägt und auf Grund seiner Länge nur auszugsweise vorgestellt werden kann. Diese Kreation lässt sich in die Tradition der Nicht-Orte stellen, repräsentiert aber freilich im Bachtin'schen Sinne eine Art Karneval dieses Lamartine'schen Nicht-Ortes, indem das populäre Element jenes der Hochkultur letztlich in Frage stellt und unverkennbar subvertiert:

---

12 Vgl. hierzu den Band von Ette, Ottmar / Müller, Gesine (Hg.): *Caleidoscopios coloniales. Transferencias culturales en el Caribe del siglo XIX. Kaléidoscopes coloniaux. Transferts culturels dans les Caraïbes au XIXe siècle*. Madrid – Frankfurt am Main: Iberoamericana – Vervuert 2010.

Denen will ich, die mir Arbeit schaffen,
(denn mein Unglück sind sie zuhauf),
um Ärgernis sich zu ersparen
weisen den Ort meines Hauses.

Ich geb keine Straße nicht an,
denn wie der Marabu, so nomadisch,
die Wüsten durchstreifend, sporadisch,
mit seinem Zelte im Feld,

so zieh ich nicht selten umher,
dreimal jede Woche gar,
s'ist klüger und fällt mir nicht schwer,
mein Anwesen hier zu skizzieren.

Angenommen mein Haus ist dasselbe,
wo immer auch *Plácido* geht,
gemalt wo ich heute lebe
sind schon alle andern gemalt.

Wenn ihr erst mal ne Türe seht,
die niemals verschlossen ist,
weil drinnen niemals was ist,
was sollte da Schlüssel noch Schloss?
[...]
Klar ist's, das Brot eines Dichters,
wer reinzubeißen versucht,
muss es erst mal in Wasser legen
für dreieinhalb Stunden, jawohl!
[...]
Darum, und weil es mir füllt
die Flasche, und keinen Morgen gibt's,
an dem um Sonette nicht bittet
für Olalla zum Gruße, und ach,

für Rita, für Rosa, für Petrona,
für Celestina und Mariana zu Ehren ...
Ein *klitzekleines Sonettchen*
aus *Décimas*, die doch so schön.
[...]
Verschiedenste Kobolde besuchen
mich und dieses Phantasma auch;
Den einen soll ich was blechen,
obgleich ich blank nun bin,

die andern, die suchen Sonette,
Tonnen von Sonetten sogar;
sie geben mir nichts, sondern fordern,
doch mach ich's gern, bin so nette.[13]
[...]

Quiero a los que me procuren
(que hartos son mi desgracia)
para evitarles molestias
dar las señas de mi casa.

No indico calle ninguna,
pues cual marabú que vaga
errante por el desierto
con su tienda de campaña,

suelo mudarme a ocasiones
tres veces a la semana;
y así tengo por más cuerdo
bosquejarles mi morada.

Supuesto que ella es la misma
doquier que *Plácido* vaya,
pintando la que ahora vivo,
están las demás pintadas.

Cuando veáis una puerta
que jamás esté cerrada,
porque donde nada queda
¿para qué llaves ni aldabas?
[...]
¡No vio que el pan de un poeta,
el que de morderlo trata,
debe tenerlo primero
tres horas y media en agua!
[...]
Por eso, y porque me llena
la botella, no hay mañana
que no me pida un soneto
para saludar a Olalla,

---

13 Plácido: *Poesías de Plácido*, S. 23–28.

> a Rita, a Rosa, a Petrona,
> a Celestina, a Mariana ...
> Pues, un *soneto chiquito*,
> que así las décimas llama.
> [...]
> Varios duendes me visitan
> además de este fantasma;
> unos, que van a cobrarme
> sin ver que no tengo blanca,
>
> y otros, que van a buscar
> sonetos por toneladas;
> nada me dan, y me piden,
> yo lo hago de buena gana [...]

In diesem humoristischen Gedicht mit ernstem Hintergrund zeigt sich die bei Plácido stets beeindruckende Autoreflexivität ebenso auf Ebene des Biographischen, des Beruflichen wie des Literarischen, wobei diese drei Ebenen natürlich aufs Engste miteinander zusammenhängen. Denn das pikareske Element und das Nomadentum, die hier häusliche Grundausstattung und Wanderleben des armen Poeten kennzeichnen, haben selbstverständlich mit seinen unbefriedigenden Einkommensverhältnissen zu tun und mit der Tatsache, dass seine „décimas" – und um diese populäre lyrische Form handelt es sich in diesem Gedicht ganz bewusst – nicht genügend gewürdigt und bezahlt werden. Wie ich schon erwähnte, waren weite Strecken des Lebens von Gabriel de la Concepción Valdés von finanziellen Nöten und Engpässen geprägt, die ihn als freien Mulatten besonders hart trafen.

Auf humorvolle und zugleich sehr hintergründige Weise thematisiert sich Plácidos Auftragslyrik als Auftragslyrik selbst, verweist auf die prekäre finanzielle und wirtschaftliche Situation des Dichters innerhalb der kubanischen Gesellschaft und zeigt zugleich auf, dass Plácido sein Tun sehr wohl anders einschätzt und ihm einen höheren Stellenwert beimisst als seine zahlungsunwilligen Auftraggeber, die immer nur neue Gedichte von ihm verlangen. Die pikaresken Elemente, die wir auf dem amerikanischen Kontinent im *Periquillo Sarniento* von Fernández de Lizardi kennengelernt hatten, sind unübersehbar, so auch die Ausstattung seines Hauses (die ich etwas abkürzen musste) oder die ihn verfolgenden Gläubiger, die ihm unentwegt zusetzen. Ganz bewusst schreibt sich Plácido, der seinen Künstlernamen in das Gedicht aufnimmt, in eine pikareske Tradition in Lateinamerika ein, die wir spätestens mit Fernández de Lizardis Roman generisch verorten können, die aber in der Verbindung zwischen Pikareske und Autobiographie gerade in der karibischen Area sich etwa in Reinaldo Arenas' *Antes que anochezca* eindrucksvoll fortsetzt.

Zugleich ist aber die Dichtkunst, die Lyrik, jenes Haus, das den Dichter beherbergt, der bisweilen über Land reisen muss; Reisen, bei denen der real existierende Plácido im Übrigen mehrfach gefangengenommen wurde und wiederholt im Gefängnis landete. In der Karibik spielt das Haus eine herausragende Rolle, überkreuzen sich doch in ihm die Vektoren von Bewegungsbahnen, welche die gesamte Area durchqueren und die einzelnen Teilregionen über die Inselgrenzen hinweg miteinander verbinden.[14] Gabriel de la Concepción Valdés greift damit in seinem Gedicht ein zentrales Thema karibischen Schreibens auf, das sich vielleicht erst im 20. Jahrhundert voll entfaltete, bereits im 19. Jahrhundert aber von großer Bedeutung war, um die eigene Position des schreibenden Ich präzise zu konturieren und vektoriell zu verorten. In der Fraktalität des Hauses leuchtet etwas von der ebenfalls in sich abgeschlossenen Insularität auf und wird – in diesen Versen zumal – in eine unstete Vektorizität überführt, welche das Schreiben Plácidos aus der Marginalität im literarischen Feld Kubas begleitet.

Der Tonnen von Sonetten produzierende Dichter – dies zeigt das Gedicht auf witzige und ernste Weise zugleich – ist ein gesellschaftlicher Außenseiter. Diese Feststellung wird sich in der regionalen Lyrik des Río de la Plata wiederholen in der Figur des Gaucho, dem höchstens utilitäre Funktionen zuerkannt, aber nicht genügend vergolten werden. Damit nimmt der kubanische Dichter eine Thematik vorweg, die im Modernismo wiederholt von einem Lyriker wie Rubén Darío ausgeführt wurde. Plácido ist auf dieses Thema in seinen Gedichten mehrfach eingegangen; so etwa in einem Werk, in welchem der Dichter mit einem Kanarienvogel im Käfig gleichgesetzt wird und zum Singen verurteilt ist.

Bei Plácidos Dichtkunst handelt es sich folglich keineswegs um eine unreflektierte und nur verstechnisch geformte Lyrik, mithin um geschickt in Szene gesetzte, aber hinter der Rhetorik leere Handwerkskunst; sondern um literarische Ausdrucksformen, die ihre eigene Entstehung und ihre jeweiligen Entstehungs- und Rezeptionskontexte mit ins Spiel bringen. Mit Gabriel de la Concepción Valdés können wir ein weiteres Mal erkennen, wie auf klanglicher wie semantischer Ebene Elemente der europäischen Romantik in Hispanoamerika kreativ anverwandelt werden und in eine erst noch zu schaffende Bestimmung einer Romantik zwischen zwei Welten Eingang finden. Vor allem aber gelangt einer der von uns benannten kulturellen Pole mit diesem kubanischen Dichter zu zentralen Ausdrucksmöglichkeiten von dessen eigener Lage und Verortung,

---

14 Vgl. zu Rolle und Funktion des Hauses in der Karibik Ette, Ottmar: Von Inseln, Grenzen und Vektoren. Versuch über die fraktale Inselwelt der Karibik. In: Braig, Marianne / Ette, Ottmar / Ingenschay, Dieter / Maihold, Günther (Hg.): *Grenzen der Macht – Macht der Grenzen. Lateinamerika im globalen Kontext*. Frankfurt am Main: Vervuert Verlag 2005, S. 135–180.

seines Schreibens aus einer unverkennbaren Marginalität. Diese Möglichkeiten machen auf literarische Weise ihre Randständigkeit nicht nur zu einem Thema, sondern führen und schreiben zugleich neue Metriken und Rhythmen, eine neue Musikalität in die Dichtkunst des 19. Jahrhunderts mit weit in das 20. Jahrhundert weisenden Folgen ein.

Teil 5: **Wege aus der Romantik zum Jahrhundertende**

Charles Baudelaire, Arthur Rimbaud oder die Radikalität der Modernität

Wenn wir an dieser Stelle unserer Vorlesung erneut den Atlantik queren und zum französischen Lyriker Charles Baudelaire gelangen, dann nicht etwa deshalb, weil eine hübsche Mulattin im (Liebes-)Leben des Franzosen eine nicht unbedeutende Rolle spielte. Und wir tun dies auch nicht aus dem Grunde, dass Baudelaire sich sehr für einen literarischen Autor aus der Neuen Welt einsetzte, dessen schriftstellerisches Œuvre er in Europa bekannt machte: Edgar Allan Poe. Vielmehr kann eine Vorlesung über das 19. Jahrhundert nicht auf jenen Dichter verzichten, der wie wohl kein anderer die rapide Modernisierung des Lebens nicht nur in Frankreich zum Ausdruck brachte und neue dichterische Mittel ersann, der von ihm beobachteten Modernität lyrischen Atem einzuhauchen. Damit öffnete er zugleich die Türen für jene literarischen Entwicklungen, welche Hugo Friedrich einmal in einer keinesfalls strukturalistisch gemeinten Wendung als die *Struktur der modernen Lyrik* bezeichnete.[1] Nicht umsonst lautete dort der erste der Dichtkunst Baudelaires gewidmete Satz: „Mit Baudelaire wurde die französische Lyrik zu einer europäischen Angelegenheit."[2]

Wir hatten Charles Baudelaire in unserer Vorlesung bereits kennengelernt in jenen Aussagen, die er in einem Brief an den Pariser Verleger Desnoyers von Ende 1853 oder Anfang 1854 gemacht hatte. Ich möchte Ihnen gerne diese Verabschiedung eines romantischen Naturbegriffs in diesen Zeilen noch einmal in Erinnerung rufen; denn es ist lange her, dass wir uns diese Überlegungen in Zusammenhang mit unserer Beschäftigung mit Giacomo Leopardi einmal näher anschauten. Damals schrieb Baudelaire an seinen ‚lieben Desnoyers':

> Sie bitten mich für Ihren kleinen Band um Verse, um Verse über die *Natur*, nicht wahr? Über die Wälder, die großen Eichen, das grüne Gras, die Insekten – die Sonne wohl auch? Aber Sie wissen doch nur zu gut, dass ich unfähig bin, mich über die Vegetabilien zu erweichen und dass meine Seele gegen jene sonderbare neue Religion rebelliert, welche stets, so will mir scheinen, für jedes *spirituelle* Wesen ich weiß nicht was an *shocking* besitzt. Ich werde niemals glauben, dass *die Seele der Götter in den Pflanzen wohnt*, und selbst wenn sie in ihnen wohnte, würde ich mich nur mäßig darum kümmern, und ich würde die meine von weit höherem Preise ästimieren als jene der geheiligten Gemüse. Ja, ich habe sogar stets gedacht, dass es in der blühenden und verjüngten *Natur* etwas Unvorsichtiges und etwas Traurig-Quälendes gibt. / Da ich mich in der Unmöglichkeit sehe, Ihnen vollständig Genüge

---

1 Vgl. Friedrich, Hugo: *Die Struktur der modernen Lyrik. Von Baudelaire bis zur Gegenwart.* Hamburg: Rowohlt 1956.
2 Ebda., S. 35.

zu tun, schicke ich Ihnen, strikt den Begrifflichkeiten des Programms folgend, zwei poetische Stücke, welche in etwa die Summe der Träumereien repräsentieren, von denen ich in den Stunden der Dämmerung heimgesucht werde. In der Tiefe der Wälder, unter Gewölben eingeschlossen, welche Sakristeien und Kathedralen gleichen, denke ich an unsere erstaunlichen Städte, und die wundersame Musik, welche über die Gipfel rollt, erscheint mir wie die Übersetzung allen menschlichen Wehklagens.[3]

Innerhalb des langen Prozesses der Ablösung von den Formen und Normen der lange beherrschenden Romantik stellt diese Wendung gegen die „heiligen Gemüse" sicherlich eine der dezidiertesten Stellungnahmen dar, in denen ein Dichter seine Suche nach anderen Ausdrucksformen jenseits romantischer Naturlyrik kundtat. Es mögen solche Sätze Charles Baudelaires gewesen sein, die einen Literatur- und Kulturtheoretiker wie den jungen Roland Barthes dazu brachten, die Moderne nicht so sehr am Ausgang des 18. Jahrhunderts, sondern in der Mitte des 19. Jahrhunderts anzusetzen und beginnen zu lassen. Doch jenseits von Barthes' sehr unterschiedlichen und widersprüchlichen Modernebestimmungen stoßen wir bei Baudelaire auf eine neue, bisweilen geradezu revolutionäre Sichtweise der sich modernisierenden Großstädte, unter denen Paris – die Benjamin'sche „Hauptstadt des 19. Jahrhunderts" – für ihn zweifellos das überragende Beispiel darstellte.

Mit großer ästhetischer Entschlossenheit und Vehemenz schlägt der am 9. April 1821 in Paris geborene und am 31. August 1867 ebendort verstorbene Charles Baudelaire die Tür zum Romantikverständnis Alphonse de Lamartines zu. Überhaupt schafft sich in seinen Gedichten, seinen Ausdruckswelten das Ästhetische radikal einen eigenen Raum, der sich von jener Transzendenz verabschiedet, die in allen Schöpfungen eines Lamartine noch angeklungen war und seit Chateaubriand zum unverzichtbaren Kernbestand romantischen Schreibens gehört hatte. Baudelaire verfügt über die gesamte Klaviatur christlicher Symbolik und Lehre; aber er glaubt nicht mehr an sie. Vielmehr räumt er mit christlichen Glaubenssätzen und ‚Reliquien', aber auch mit Chateaubriands ästhetischem Christentum radikal auf und stellt den Menschen – vorzüglich in der Form des lyrischen Subjekts und gerne in der Inszenierung eines „Poète maudit" – nun als Schöpfer, als „Créateur" in den Mittelpunkt eines von Erschütterungen und Umwälzungen geprägten Geschehens. Dieses vermag ein mit hoher Sensibilität ausgestattetes, aber zugleich entpersönlichtes Subjekt in all seinen „tremblements" seismologisch wiederzugeben. Jenseits jeglicher religiösen Transzendenz geht es um die hochsensible Erfassung all

---

3 Baudelaire, Charles: Lettre à Desnoyers (1853/1854). In (Ders.): *Hommage à C. F. Denecourt. Fontainebleau : paysages — légendes — souvenirs — fantaisies.* Texte établi par (préface de Auguste Luchet). Paris: Librairie de L. Hachette et Cie 1855, S. 73 f.

jener Veränderungen, welche das zeitgenössische moderne Leben in Frankreich und im westlichen Europa ästhetisch prägen.

Abb. 67: Charles Baudelaire (Paris, 1821 – ebenda, 1867).

Die zweite Hälfte des 19. Jahrhunderts war in Frankreich und vielen Ländern Westeuropas ein Zeitraum starker sozioökonomischer Modernisierung, den adäquat zu erfassen die europäischen Großstädte der richtige Ort waren. Es fällt nicht leicht, diese sehr unterschiedlich ausgeprägten Entwicklungen übergreifend zu beschreiben, doch ist eine solch generelle Deskription von großer Wichtigkeit für eine Vorlesung, in welcher wir keineswegs nur die Modernisierungsprozesse in Frankreich erfassen, sondern auch Lateinamerika miteinbeziehen.

Arnold Hauser hat in seiner *Sozialgeschichte der Kunst und Literatur*, die erstmals nach dem Zweiten Weltkrieg im Jahr 1951 in einer ersten Ausgabe erschien, eine Art Kurzporträt dieser Zeit in groben, bisweilen holzschnittartigen Zügen gegeben. Noch in meiner Studentenzeit war dieser Band ein wichtiges Vademecum jedwedes Studierenden der Geisteswissenschaften, der sich für die Bezüge zwischen Literatur und Kunst einerseits und der Gesellschaft andererseits interessierte. Lesen wir dort den ersten Teil des nachfolgenden Zitats, so springen uns förmlich die Ähnlichkeiten zu uns viel näher liegenden Epochen ins Auge. Denn die Fortschritte von Technik und Technologie sind auch in unseren digitalisierten Zeiten keineswegs ruhiger geworden. Die Auswirkungen auf die Künste wie die Literaturen sind nicht weniger grundlegend, denn bestimmte pathologische Züge erkennen wir auch nach dem Ende der vierten Phase beschleunigter Globalisierung sofort – zumal dann, wenn wir noch die Auswirkungen der sogenannten Corona-Krise mitbedenken, die gesellschaftlich wie kulturell mit Sicherheit in vielfältiger Hinsicht einen Wendepunkt markieren.

Nach der zurückliegenden Beschleunigungsphase ist im Panorama weltgeschichtlicher Ereignisse eine zumindest in den westlichen Ländern leicht konstatierbare Krisenstimmung eingekehrt, die viele Bereiche des gesellschaftlichen Lebens erfasst hat und die Zukunftsaussichten unserer Demokratien durch die Gefahren eines immer gleichen, aber zyklisch wiederkehrenden Populismus bedroht. Ganz wie die Spanische Grippe am Ausgang der dritten Phase beschleunigter Globalisierung ruft Covid-19 eine allgemeine Desorientierung innerhalb einer globalgeschichtlichen und weltpolitischen Lage hervor, in welcher die Reichen immer reicher und die Armen immer ärmer werden. Dass sich diese Situation unter den noch immer vorherrschenden neoliberal-kapitalistischen Strukturen nicht mehr lange fortsetzen lässt, ist bei emotionsloser Betrachtung unter Einbeziehung der Klimakrise und der Verschlechterung menschheitlicher Lebensbedingungen sonnenklar. Und auch, dass in einer solchen hochkomplexen Situation die Populismen mit ihren einfachen, simplistischen Antworten blühen, überrascht in keiner Weise.

Wir sind vor dem Hintergrund dieser unserer zeitgenössischen Erfahrungen folglich bestens sensibilisiert für ein Verständnis all jener Veränderungen, die sich insbesondere im künstlerischen und literarischen Bereich unter dem Druck einer allseits ab Mitte des 19. Jahrhunderts herrschenden Modernisierungs- und Umwälzungsbewegung ergeben. So möchte ich Ihnen gerne Arnold Hausers Zitat anheimstellen. Ich tue dies nicht, weil dieser deutsch-ungarische Kunsthistoriker und Kunstsoziologe für meine eigene Studentengeneration so wichtige Impulse gab und überdies durch das kleine Biographem beeindruckte, im hohen Alter noch mit einigem Erfolg Chinesisch erlernt zu haben, sondern weil uns die nachfolgende Passage kurzgefasst einen Einblick in eine Zeit verschafft, deren Lyrik und Literatur wir so besser erfassen und verstehen können:

> Die gewaltigen Fortschritte der Technik dürfen über die innere Krisenhaftigkeit der Zeitstimmung nicht hinwegtäuschen. Man muß vielmehr in der Krise selbst eine Anregung zu den technischen Errungenschaften und den Verbesserungen der Produktionsmethoden erblicken. Gewisse Züge der Krisenstimmung machen sich in allen Erscheinungsformen dieser Technik fühlbar. Es ist vor allem das rasende Tempo der Entwicklung und die Forciertheit der Veränderungen, die einen pathologischen Eindruck machen, besonders wenn man sie mit dem Gang der älteren Kulturgeschichte vergleicht, und ihre Auswirkungen in der Kunst vergleicht. Die rapide Entwicklung der Technik beschleunigt nämlich nicht nur den Wechsel der Moden, sondern auch die Verschiebung der künstlerischen Geschmackskriterien [...]. Mit dem Fortschritt der Technik verbindet sich als auffallendstes Phänomen die Entwicklung der Kulturzentren zu Großstädten im heutigen Sinne; diese bilden den Boden, in dem die neue Kunst wurzelt. Der Impressionismus ist eine par excellence städtische Kunst, und zwar nicht nur weil er die Stadt als Landschaft entdeckt und die Malerei vom Lande in die Stadt zurückbringt, sondern auch weil er die Welt mit den Augen des Städters sieht und auf die Eindrücke von außen mit den überspannten Nerven des modernen technischen Menschen reagiert.[4]

---

4 Hauser, Arnold: *Sozialgeschichte der Kunst u. Literatur*. München: Verlag C.H. Beck 1990, S. 928 f.

Aus dieser kunstsoziologischen Perspektive erweist sich das lyrische Schaffen Charles Baudelaires geradezu als eine Anbahnung, eine Wegbereitung für jene künstlerischen Ausdrucksformen, die wie etwa der Impressionismus Antworten auf die Entwicklungen einer großstädtischen Zivilisation formulierten. Baudelaire fand ohne jeden Zweifel künstlerisch-literarische Lösungen für all jene Probleme, die er zu erleben, zu leben und auf herausragende Weise zu analysieren in der Lage war.

In einem seiner *Tableaux parisiens* der *Fleurs du Mal* griff Baudelaire eine typische Großstadtszene auf; eine Zufallsbegegnung, wie wir sie bereits bei Honoré de Balzac gleich zu Beginn von *La Peau de Chagrin* kennengelernt hatten. Ohne auf den Zufall – laut Balzac ja der „plus grand romancier du monde" – noch einmal zurückzukommen, entfaltet der französische Dichter aus der Begegnung mit einer unbekannten Passantin auf der Straße eines seiner sicherlich schönsten Sonette:

> La rue assourdissante autour de moi hurlait.
> Longue, mince, en grand deuil, douleur majestueuse,
> Une femme passe, d'une main fastueuse
> Soulevant, balançant le feston et l'ourlet;
>
> Agile et noble, avec sa jambe de statue.
> Moi, je buvais, crispé comme un extravagant,
> Dans son œil, ciel livide où germe l'ouragan,
> La douceur qui fascine et le plaisir qui tue.
>
> Un éclair ... puis la nuit! – Fugitive beauté
> Dont le regard m'a fait soudainement renaître,
> Ne te verrai-je plus que dans l'éternité?
>
> Ailleurs, bien loin d'ici! trop tard! *jamais* peut-être!
> Car j'ignore où tu fuis, tu ne sais où je vais,
> Ô toi que j'eusse aimée, ô toi qui le savais![5]

An eine, die vorüberging

> Betäubend heulte die Straße rings um mich. Hochgewachsen
> schlank, in tiefer Trauer, hoheitsvoller Schmerz, ging eine Frau
> vorüber; üppig hob und wiegte ihre Hand des Kleides wellen-
> haften Saum;

---

[5] Baudelaire, Charles: Tableaux parisiens, „A une passante". In: Baudelaire, Charles: *Die Blumen des Bösen / Les Fleurs du Mal*. Vollständige zweisprachige Ausgabe. Aus dem Französischen übertragen, herausgegeben und kommentiert von Friedhelm Kemp. München: dtv 2002, S. 198 f.

> Leicht und edel setzte sie wie eine Statue das Bein. Ich aber
> trank, im Krampf wie ein Verzückter, aus ihrem Auge, einem
> fahlen, unwetterschwangeren Himmel, die Süße, die betört, die
> Lust, die tötet.
>
> Ein Blitz ... und dann die Nacht! – Flüchtige Schönheit, von
> deren Blick ich plötzlich neu geboren war, soll ich dich in der
> Ewigkeit erst wiedersehen?
>
> Anderswo, sehr weit von hier! zu spät! Niemals vielleicht! Denn
> ich weiß nicht, wohin du enteilst, du kennst den Weg nicht, den
> ich gehe, o du, die ich geliebt hätte, o du, die es wußte!

Das ursprünglich in der Zeitschrift *L'Artiste* im Jahr 1855 erstmals veröffentlichte und später in die zweite Auflage von Baudelaires *Les Fleurs du Mal* 1861 aufgenommene Gedicht folgt – so scheint es anfangs – der klassischen Form des Sonetts. Zugleich führt es aber durch eine Reihe von Enjambements, Einschnitten und Unterbrechungen, welche auch durch die Interpunktion angedeutet werden, auf der formalen Ebene eine fundamentale Unruhe ein. Diese Unruhe zeichnet geradezu seismographisch der erste Vers mit dem lauten Lärm der Straße, der auf das Ich einprasselt, sowie die extreme Spannung dieses lyrischen Ich auf, das zu einem zufälligen Beobachter einer eleganten, in Trauer gekleideten Frau wird, die auf der Straße vorübergeht. Es handelt sich um das Motiv der Zufallsbegegnung,[6] der Begegnung, die im Grunde keine Begegnung ist.

So erscheint die Form des Sonetts nur auf den ersten Blick als klassisch, verkörpert sie doch die großstädtische Straßenszenerie mit ihrer ungebundenen Vektorizität, durch die sich zwei Figuren – ein Mann und eine Frau – in dieser Straßenszene für einen flüchtigen Augenblick als Menschen *wahr*-nehmen, sich vielleicht sogar als mögliche Liebespartner erkennen, sich aber dann wieder aus den Augen verlieren. Denn ihre Wege haben sich nur kurz gekreuzt. Die Parallele zu Balzacs Eingangsszenerie ist evident: War Balzacs männlicher Protagonist in *La Peau de Chagrin* durch diese Zufallsbegegnung wieder zum Leben zurückgekehrt, insofern er seine Selbstmordpläne auf Grund eines anmutigen Frauenknöchels fallen ließ, so fühlt sich auch das lyrische Ich beim Anblick der reizvollen Gestalt wie wiedergeboren, sieht sich „renaître": Die schöne Unbekannte weckt im männlichen Ich alle Lebensgeister.

Vom ersten Vers an ist die Klanglandschaft, der *Soundscape* einer Großstadt, ja einer Metropole allgegenwärtig. Doch in diese Szenerie, die mit ihrem Lärm

---

6 Vgl. Leroy, Claude: *Le mythe de la Passante de Baudelaire à Mandiargues*. Paris: PUF 1999.

nicht etwa als störend abgewertet wird, tritt eine lange, schlanke Frauengestalt, die im zweiten Quatrain des Sonetts mit allen Attributen einer bildhauerischen Schönheit ausgestattet wird. Erneut ist der Pygmalion-Mythos nicht weit entfernt, tritt aber zurück in eine Ausstattung der Dame, die in ihrem Auge gleichsam das Auge eines Hurrikans beherbergt.

Diese auf den ersten Blick überraschende Exotisierung der Unbekannten erfolgt keineswegs zufällig, findet sich in den *Fleurs du Mal* doch eine Vielzahl an Verweisen auf eine außereuropäische Welt, die oftmals im Indischen Ozean oder in der Karibik angesiedelt ist. So träumt sich das lyrische Ich in *A une dame créole* gleich im ersten Vers „Ins duftende Land, das die Sonne liebkost",[7] wo dieses Ich eine „dame créole" – und „créole" besitzt im Französischen eine andere Bedeutung als „criollo" im Spanischen! – kennengelernt zu haben vorgibt. Zweifellos fließen in diese Darstellungen Erlebnisse einer 1841 durchgeführten Schiffsreise Baudelaires nach Mauritius und La Réunion ein, die in seinen Gedichten häufig am Horizont erscheinen. Diese schöne Dame würde – so heißt es im abschließenden Terzett dieses Sonetts – „tausend Sonette im Herzen der Dichter" inspirieren, die von ihren Augen fasziniert wären: „Que vos grands yeux rendraient plus soumis que vos noirs."[8]

Eine koloniale Welt erscheint unter der Feder des französischen Dichters, in welcher die sengende Sonne die exotischsten und extravagantesten Landschaften bescheint und wo Menschen leben, welche wie die hier erwähnten Schwarzen sich unter den Blick der (hier als weiblich apostrophierten) Herrschaft unterwerfen. Die in den französischen Überseegebieten zum damaligen Zeitpunkt abgeschaffte Sklaverei schimmert in ihrer metaphorischen Dimension als Sklaverei der Liebesbeziehung durch.

So zieht sich eine immer wieder aufblitzende, gleichsam kolonial-exotische Isotopie durch die *Fleurs du Mal*, die in den Tropen angesiedelt ist – bisweilen in der Karibik, bisweilen in Afrika, bisweilen in Indien. Das französische Kolonialreich erscheint in seiner weltweiten Ausdehnung als Ort der Träume und einer ganz anderen Gesellschaft, aber auch der erotischen Verlockungen, die von schwarzen, mulattischen, in jedem Falle nicht-weißen Frauenkörpern ausgehen. Beispielsweise heißt es gleich im ersten Vers des Gedichts *A une Malabaraise*: „Tes pieds sont aussi fins que tes mains et ta hanche / Est large à faire envie à la

---

7 Baudelaire, Charles: *Les fleurs du mal*. Edition établie selon un ordre nouveau, présentée et annotée par Yves Florenne. Préface de Marie-Jeanne Durry. Paris: Librairie Générale Française 1972, S. 83: „Au pays parfumé que le soleil caresse."
8 Ebda., S. 84.

plus belle blanche."⁹ Die Erotisierung der Frau geht in den *Fleurs du Mal* mit ihrer Exotisierung einher; die *Blumen des Bösen* umweht ein dunkler, erotisierender Duft nach Tropen.

Spielen in allen erwähnten Gedichten die Augen der Schönen eine entscheidende Rolle, so verwundert es nicht mehr, wenn die Unbekannte Schönheit in *A une passante* ebenfalls über das Auge des Hurrikans exotisiert und damit erotisiert wird. Denn selbstverständlich ist Paris nicht allein eine turbulente und laute Hauptstadt, sondern zugleich die Metropole eines französischen Kolonialreichs, das im 19. Jahrhundert zwar hinter dem britischen Empire zurückstand, gleichwohl aber ein koloniales Weltreich in seiner ganzen kulturellen Diversität darstellte. Mit anderen Worten: Paris konnte für Baudelaire sehr wohl zu einem *WeltFraktal* werden,[10] in dem sich eine ganze Welt verkörperte und in welchem auch die Frauen in ihrer erotischen Exotik für das lyrische Ich allgegenwärtig waren.

Der Übergang in das vertrauliche Du konstruiert eine Nähe zu der Unbekannten, welche eine kurzzeitige räumliche Proximität – in der Kreuzung der beiden Wege – und eine kognitive, fast intime, wenn auch nur Sekunden andauernde Nähe herstellt: Denn das Du spürte nicht nur, sondern wusste von der Liebe des Ich. Doch der „coup de foudre" wird allein vom dichter ausgestaltet und vom Dichter in all seinen Facetten *gelebt*. Denn Leben und Erleben kann man nicht nur eine gegebene Realität, sondern gerade auch die Fiktion, das Erfundene – das, was uns wie in den *Fleurs du Mal* mit großer Obsession begleitet.

Wie ein Blitz durchzuckt die in Trauer gekleidete Unbekannte das Leben des Dichters, der danach wieder einsam in die Nacht zurückfällt. Die Isotopie des Exotischen und Fernen wird zu Beginn des zweiten Terzetts im „bien loin d'ici" wieder aufgenommen, das zugleich einen intratextuellen und kotextuellen Hinweis auf ein gleichnamiges Gedicht in den *Fleurs du Mal* darstellt. Diese kotextuellen Netzwerke der Gedichte machen die besondere Faszinationskraft dieses herausragenden Gedichtbandes aus.

Doch nicht nur die Entrückung im Raum, sondern auch jene in der Zeit, die Entrückung in eine Ewigkeit und in ein Niemals, beschäftigen das Ich, das im „peut-être" freilich noch eine letzte Hoffnung hegt. Der Leser, so Baudelaires Wendung an ihn gleich zur Eröffnung des Gedichtbandes, schaut dieser inneren Bilderflut, aber auch den sich anschließenden Fiktionen gebannt zu, ist er doch in Baudelaires Worten der „Hypocrite lecteur, – mon semblable, – mon frère!"[11]

---

9 Ebda., S. 254.
10 Zum Begriff des WeltFraktals vgl. Ette, Ottmar: *WeltFraktale. Wege durch die Literaturen der Welt*. Stuttgart: J.B. Metzler Verlag 2017.
11 Baudelaire, Charles: *Les fleurs du mal*, S. 7.

Die Nacht birgt nicht länger wie in der Romantik die beiden Liebenden, sondern verhüllt die Unbekannte, entfernt die „Passante", ohne dass es jenseits dieser Bewegung ins Finstere noch mehr gibt als ein Gedenken an jenen zurückliegenden, vergangenen Augenblick, in welchem sich eine ganze Welt, ein ganzes Leben mit all seinen Möglichkeiten eröffnete – und wieder schloss.

Eben diese Vektorizität und folglich dieselben Bewegungsrichtungen finden wir in einem Gedicht, welches auf das Jahr 1866 datiert ist und der Sammlung *Les Epaves* zugehört, die später Eingang in die *Fleurs* fanden. Diesmal aber gilt die Bewegung hin zur Nacht nicht einer schönen Frau, sondern einer uns nicht unbekannten Ästhetik, auf welche das folgende Sonett unter dem Titel *Le Coucher du Soleil Romantique* einen Abgesang darstellt:

> Que le soleil est beau quand tout frais il se lève,
> Comme une explosion nous lançant son bonjour!
> – bienheureux celui-là qui peut avec amour
> Saluer son coucher plus glorieux qu'un rêve!
>
> Je me souviens! ... J'ai vu tout, fleur, source, sillon,
> Se pâmer sous son œil comme un cœur qui palpite ...
> – Courons vers l'horizon, il est tard, courons vite,
> Pour attraper au moins un oblique rayon!
>
> Mais je poursuis en vain le Dieu qui se retire;
> L'irrésistible Nuit établit son empire,
> Noire, humide, funeste et pleine de frissons;
>
> Une odeur de tombeau dans les ténèbres nage,
> Et mon pied peureux froisse, au bord du marécage,
> Des crapauds imprévus et de froids limaçons.[12]

Der Untergang der romantischen Sonne

> Wie schön die Sonne ist, wenn sie ganz frisch sich hebt und wie in einem Bersten ihren Morgengruß uns zuwirft! – Glückselig, wer in Liebe sie grüßen kann, wenn sie glorreicher als ein Traum im Glanze sinkt!

---

[12] Baudelaire, Charles: Le Coucher du Soleil Romantique. In : Baudelaire, Charles : *Die Blumen des Bösen / Les Fleurs du Mal*, S. 296 f.

> Ich erinnere mich! ... Blume, Quelle, Furche, alles sah ich unter ihrem Auge sich regen wie ein schlagendes Herz ... – Laßt uns zum Rand der Erde laufen, es ist spät, rasch, laßt uns eilen, um wenigstens noch einen schrägen Strahl zu erhaschen!
>
> Doch umsonst verfolge ich den Gott, der uns entweicht; unwiderstehlich breitet die Nacht ihre Herrschaft aus, schwarz, feucht, unheimlich und schaudervoll;
>
> Ein Grashalm schwimmt in den Finsternissen, und unversehens tritt mein scheuer Fuß am Rand des Sumpfes auf Kröten und auf kalte Schnekcen.

Vektorizität durchzieht alle Quartette und Terzette dieses Sonetts, das lichtvoll zunächst mit einem Sonnenaufgang beginnt, durch dessen Schönheit in der Beschreibung freilich schon ein ironischer Schatten huscht: Denn alles scheint behaglich romantisch möbliert. Doch im Sonnenuntergang, dem romantischen Topos par excellence, steigt am Ausgang des ersten Quartetts etwas von dem Schatten bereits deutlich herauf, welcher mit der Herrschaft der Nacht die Terzette dominiert. Das dichterische Ich denkt zu Beginn des zweiten Quatrains an jene Zeit zurück, in der ihm die verschiedenen Elemente dieser (romantischen) Sprache noch geläufig waren. War Baudelaire in seinen frühen Jahren nicht mit dieser Ästhetik aufgewachsen? All diese einzelnen Elemente, die einen freundlichen Locus amoenus gestalten, in welchem ein Bächlein entspringt und wo die Blümelein sprießen, sind dem Ich vertraut und doch einer Vergangenheit überantwortet, an welche sich der Dichter nur zu gut zu erinnern vermag.

Doch diese Zeit ist vorüber: Es nützt nichts mehr, sich zu beeilen, schnell zu laufen, um noch das romantische Bild zu erhaschen, das ein Sonnenuntergang vielleicht bieten könnte – Es ist zu spät! Denn die Sonne geht unter und der Gott, der vom *Génie du christianisme* Chateaubriands getragene Gott, zieht sich zurück aus der Welt, die nun leer ist – Gott ist aus der Welt verschwunden. Und diese Welt wie ihr Dichter bleiben allein der Nacht überlassen, deren Majuskel ihre Sonderstellung hervorhebt. Das Reich der „Nuit" hat längst begonnen, in welchem (um den Ausspruch Karls des Fünften und des Ersten von Spanien zu parodieren) die Sonne – zumindest die romantische Sonne – nicht mehr aufzugehen vermag. Wie im Gedicht *A une passante* ist das Licht verloschen und eine Nacht hereingebrochen, die mit ihrer Finsternis alles „irrésistiblement" einhüllt; nicht die romantische Nacht, die Zeit der Liebe und des Erzählens, sondern jene unwiderstehliche Nacht, die Tod und Fäulnis herbeiruft.

So wird im letzten Terzett die Sumpflandschaft auch von einem Geruch nach Tod durchdrungen; eine „odeur de tombeau" liegt über einer Landschaft, in welcher der Fuß des Ich den Gesichtssinn ersetzt und im Finstern sich angstvoll vorantastend zum Sehorgan wird. Die Finsternisse gemahnen an die parallele Vektorizität im Gedicht an die Unbekannte, wo alles in einer Unendlichkeit, einer leeren Ewigkeit zu vergehen droht, ohne noch einmal vom Blitz, vom „coup de foudre" erhellt zu werden. Diese gefährliche und glitschige Ewigkeit steht am Ende, nach dem Sonnenuntergang der Romantik, als Ausgang aus einer Epoche, deren längst vergangenes, untergegangenes Licht das Gedicht nicht leugnet und nicht verklärt.

Bei Baudelaire erscheint kein Jubel, kein Lichtschein am Horizont, keine versöhnende Vision, sondern der Bruch mit dem Alten, das nicht mehr gelten kann. Das Ich des Dichters macht auf ein entpersönlichtes Subjekt aufmerksam, welches diesen einen Menschen, dieses dichterische Ich, zum Brennpunkt eines wenn nötig die ganze Menschheit umfassenden Denkens macht und aus einem solchen nur scheinbar individuellen Prisma den ganzen Glanz seiner verdichteten Bilder bezieht. Es ist gewiss nicht falsch, in diesem Ich mit Hugo Friedrich den „Erleider der Modernität"[13] zu sehen. Doch haftet Friedrichs Buch vielleicht zu viel Exorzismus, zu viel Austreibung des für den Freiburger Romanisten in die Lyrik gekommenen Teufels an, als dass wir Baudelaire allein in dieser Rolle sehen dürfen. Denn war nicht er es, der forderte, dass es heutzutage gelte „absolut modern" zu sein? Und wurde nicht Baudelaire zum Wegbereiter einer Radikalität, die wir sogleich in der Lyrik Arthur Rimbauds aufscheinen sehen werden, zum Wegbereiter einer Dichtkunst, die unbezweifelbar direkt ins 20. Jahrhundert führen sollte?

Es ist an dieser Stelle unserer Vorlesung nicht möglich, *Les Fleurs du Mal* in ihrer Gesamtheit zu portraitieren und als Gesamtheit zu verstehen: in ihrer Gesamt-Komposition von einem Anfang bis an ein Ende, in ihrem intratextuellen und kotextuellen Verwoben-Sein, in welchem jedes Gedicht für sich allein und wie eine Insel zugleich mit allen andern Inseln in Kontakt und Austausch steht. Durch diese strenge Formgebung verstand es Baudelaire, seinen einzelnen, aus unterschiedlichen Kontexten entstandenen Gedichten etwas vom konkreten Raum Befreites und nahezu Überzeitliches zu geben. Dabei bemühte sich der französische Dichter, seinen *Blumen des Bösen* nicht zu viel Wohlgeruch und zu viel Schönheit mitzugeben, um geradezu obsessiv die ihn bedrückende Nachtseite zu schildern, die nicht mehr die Nachtseite der Vernunft, sondern die der Existenz war. Dabei ist es faszinierend zu sehen, mit welchen schriftstellerischen und dichterischen Mitteln es ihm gelingt – ähnlich wie ein ebenfalls gegen die

---

13 Friedrich, mHugo: *Die Struktur der moderenen Lyrik*, S. 37.

Romantik anschreibender Gustave Flaubert[14] – gegen alle Immoralismus-Vorwürfe seiner Zeit[15] ein zutiefst moralisches Buch zur Unmoral zu schaffen und dabei jene weltumspannende Dimension einzubauen, in welcher die französische Modernität zur Grundstruktur eines WeltFraktals gerät.

Als (zeitweise vom ererbten Geld finanziell abgesicherter) Dandy und Bohemien, als Fourier'scher Sozialist und gescheiterter Anhänger der Februarrevolution von 1848, als mit der Romantik verwobener und doch radikal aus ihr ausbrechender Dichter, aber auch als Übersetzer Edgar Allan Poes, als Kunst- und Literaturkritiker schritt Baudelaire bis zu seinem Schlaganfall und Tod die verschiedensten Facetten der Moderne ab. Als „Peintre de la vie moderne" lebte er mit größter Konsequenz die unterschiedlichsten Aspekte des modernen Lebens, das er in seiner vielleicht letzten Rolle als erster der großen „poètes maudits" mit allen Widersprüchen wohl am überzeugendsten verkörpern konnte. Baudelaires Modernität zeichnet sich durch seinen unbeugsamen Willen zur ästhetischen Durchdringung aus, ja durch eine Radikalität, die seine Dichtung zum einen zur Grundlage aller künftigen lyrischen Entwicklung, zum anderen aber ihn selbst zum Vorläufer und vielleicht mehr noch Wegbereiter eines anderen Dichtergenies werden ließ. Dieses sollte nur für kurze Zeit im französischen Parnasse aufblitzen, und mit ihm werden wir uns im weiteren Verlauf dieses Kapitels beschäftigen.

Jean Nicolas Arthur Rimbaud wurde am 20. Oktober 1854 im französischen Charleville geboren und starb am 10. November 1891 in Marseille.[16] Als hochbegabtes Kind war er der ganze Stolz seiner streng religiösen Mutter und brillierte schon früh, im Alter von sechs oder sieben Jahren, mit allerlei Gelegenheitsgedichten, die auch in Lehrerzeitschriften abgedruckt wurden. Dass er schon bald aus der provinziellen Enge seiner Welt, aber auch aus seiner strengen Erziehung durch die Mutter ausbrechen sollte, war geradezu vorprogrammiert. Das von ihm wie von seiner Mutter angestrebte Abitur sollte der junge Mann niemals erreichen.

Während des Preußisch-Französischen Krieges lag Rimbauds Geburtsort nahe der Frontlinie und so nutzte dieser das allgemeine Tohuwabohu, um erstmals nach Paris zu gelangen – der auch von ihm erträumten Metropole. Er sym-

---

14 Vgl. den Gustave Flaubert gewidmeten Teil im zweiten Band der Reihe „Aula" in Ette, Ottmar: *LiebeLesen*, S. 677–683.
15 Vgl. hierzu Heitmann, Klaus: *Der Immoralismusprozeß gegen die französische Literatur im 19. Jahrhundert*. Bad Homburg – Berlin – Zürich: Verlag Gehlen 1970.
16 Zur Biographie vgl. Bonnefoy, Yves: *Arthur Rimbaud in Selbstzeugnissen und Bilddokumenten*. Reinbek bei Hamburg: Rowohlt 1980.

Abb. 68: Arthur Rimbaud (Charleville, Frankreich, 1854 – Marseille, 1891), circa 1871.

pathisierte mit der Kommune, mit dem Aufstand der Pariser Arbeiter, und erlebte zumindest am Rande die Schrecken des Krieges. Inwieweit er aktiv an Aktivitäten der „Communards" teilnahm, ist bis heute umstritten, doch dürfte seine Teilnahme eher ideeller Natur gewesen sein. Dennoch zog es Rimbaud damals, wie später auch, stets mitten ins Geschehen.[17]

An die blutige Epoche der französisch-deutschen Beziehungen erinnert sein Gedicht *Le Dormeur du Val, Der Schläfer im Tal*, ein auf Oktober 1870 datiertes Sonett, an dem uns freilich nicht interessiert, ob Arthur Rimbaud diese Szenerie selbst miterlebt hat oder nicht. Meine Übersetzung lehnt sich an eine frühere, kühne Übertragung von Stefan George an:

> Ein grünes Loch, das ein Bach befeuchtet
> Der toll das Gras mit Silberflecken säumt,
> Wohin vom stolzen Berg die Sonne leuchtet,
> Ein kleines Tal ist's, das von Strahlen schäumt.
>
> Ein Soldat, jung, barhaupt, mit offnem Munde
> Den Nacken badend in dem blauen Kraut,
> Unter freiem Himmel schläft; bleich, am Grunde
> ins grüne Bett gestreckt, vom Licht betaut.
>
> Sein Fuß in Gladiolen steckt. Und wie ein Kind,
> Das krank ist, lächelnd: Hält er seinen Schlummer.
> Natur, umhüll ihn warm: Es friert ihn noch.

---

[17] Vgl. auch Wagner, Horst: Arthur Rimbaud. In: Lange, Wolf-Dieter (Hg.): *Französische Literatur des 19. Jahrhunderts*. Bd. III: *Naturalismus und Symbolismus*. Heidelberg: Quelle & Meyer 1980, S. 101–120; sowie Murat, Michel: *L'Art de Rimbaud*. Paris: José Corti 2002.

Ihm zuckt die Nase nicht vom duftigen Wind.
Er schläft im Sonnenschein, die Hand auf stummer
Brust. Auf rechts, verdoppelt, ist ein rotes Loch.

C'est un trou de verdure où chante une rivière
Accrochant follement aux herbes des haillons
d'Argent; où le soleil, de la montagne fière,
Luit: c'est un petit val qui mousse de rayons.

Un soldat jeune, bouche ouverte, tête nue,
Et la nuque baignant dans le frais cresson bleu,
Dort; il est étendu dans l'herbe, sous la nue,
Pâle dans son lit vert où la lumière pleut.

Les pieds dans les glaïeuls, il dort. Souriant comme
Sourirait un enfant malade, il fait un somme:
Nature, berce-le chaudement: il a froid.

Les parfums ne font pas frissonner sa narine;
Il dort dans le soleil, la main sur la poitrine
Tranquille. Il a deux trous rouges au côté droit.[18]

Dieses Sonett gehört wohl zu den berühmtesten Anti-Kriegsgedichten, die jemals geschrieben wurden. Dabei kommt es gar nicht wie ein solches daher: Arthur Rimbaud zögert nicht, in auf den ersten Blick klassischen Alexandrinern einen Locus amoenus nach antikem (frühromantischem) Vorbild zu entwerfen, um dieses schöne Bild mit Blümelein und Bächlein und allerlei grünem Kraut fast das ganze Sonett über in Spannung zu halten. Doch das „trou", das Loch des grünen Winkels, weist bereits auf die beiden roten „trous" im letzten und entscheidenden Vers des Gedichts voraus: Was sich als blühender Gemeinplatz und als Lob der direkt aufgerufenen Mutter Natur tarnt, ist nichts anderes als Dekor für einen tödlich verwundeten, im Kriege erschossenen und sinnlos gefallenen Soldaten.

Der gerade einmal sechzehnjährige Dichter ist, wie die kunstvollen Alexandriner zeigen, im Vollbesitz seiner lyrischen Kräfte. Doch er streut durch die zahlreichen Enjambements, die eingefügten Bruchlinien und die ein ruhiges, kontinuierlich zu genießendes Naturbild konterkarierende Syntax einen unruhigen, unsteten Rhythmus in die vertrauten Formen. Mit seinem ersten „trou" setzt er

---

18 Rimbaud, Arthur: Le Dormeur du Val. In: ders.: Œuvres. Sommaire biographique, Introduction, notices, relevé de variantes et notes par Suzanne Bernard. Edition illustrée. Paris: Edition Garnier Frères 1961, S. 76.

bereits im ersten Vers mit einer erstaunlichen Wendung, die in Stefan Georges schöner Übertragung freilich fehlt, einen Spannungsbogen, der sich bis in den letzten Vers des zweiten Terzetts erstreckt. Denn die von Rimbaud entworfene Szenerie zeigt uns nicht einen Schläfer in idyllischer Umgebung, sondern den Schlaf eines Toten, der als Soldat im Preußisch-Französischen Krieg fiel – gleich auf welcher Seite! Wir haben es nicht mit einer Anklage gegen diese oder jene Kriegspartei zu tun, sondern mit einer Anklage gegen den Krieg selbst.

Rimbaud wirbelte in den wenigen Jahren seiner dichterischen Existenz die französische Lyrik kräftig durcheinander. Er ließ in seiner jugendlichen Radikalität außer Baudelaire, Verlaine und Hugo kaum einen Dichter gelten, zielte auf Effekte, die vor ihm selten so scharf gesehen worden waren und verband alles zu einer Synästhesie, die in ihren ausgelassenen Feiern Vokale und Farben, Rhythmen und Töne, Klangfarben und Schriftbilder miteinander lustvoll vermischte. So heißt es in seinem Gedicht *Voyelles* gleich im berühmten Eingangs-Vers zu den Vokalen: „A noir, E blanc, I rouge, U vert, O bleu: voyelles" („A schwarz E weiß I rot U grün O blau – Vokale").[19] Dabei habe ich mich stets gefragt, ob das grüne U nicht Alfred Jarry zu seinem *Ubu* und La *chandelle verte*, seiner grünen Kerze inspiriert haben mag, mit welcher der lange Weg durch ein 20. Jahrhundert begann, in welchem die angstbesessenen und darum umso sadistischeren Tyrannen überall an die Macht kamen.[20] Jarry hat sie alle, bis in unsere Tage, portraitiert.

Wollte man Rimbauds gesamte Existenz charakterisieren, so könnte man auf die Eingangsworte von Hugo Friedrichs Rimbaud-Kapitel zurückgreifen:

> Ein Leben von siebenunddreißig Jahren; ein im Knabenalter beginnendes Dichten, das nach vier Jahren abbricht; der Rest, bei völligem literarischem Schweigen, ein unruhiges Umherreisen, das am liebsten bis nach Asien vorgedrungen wäre, sich aber mit dem Nahen Osten und Zentralafrika begnügen mußte, ausgefüllt von vielerlei Beschäftigungen in Kolonialarmeen, Steinbrüchen, Exportfirmen, schließlich im Waffenhandel für den Negus von Abessinien, und nebenbei von Berichten an geographische Gesellschaften über bisher unerforschte Gebiete Afrikas; innerhalb jener knappen Dichterzeit ein rasendes Tempo der Entwicklung, die schon nach zwei Jahren dazu geführt hatte, den eigenen Anfang, aber auch die hinter diesen stehende literarische Tradition zu sprengen und eine Sprache zu schaffen, die bis heute eine Ursprache moderner Lyrik geblieben ist: das sind einige Tatsachen der Person Rimbauds.[21]

---

19 Ebda., S. 110.
20 Die Vervielfachung der Figur des *Ubu roi* schmückt denn auch meinen Band mit den Vorlesungen zum 20. und 21. Jahrhundert in Ette, Ottmar: *Von den historischen Avantgarden bis nach der Postmoderne* (2021), Cover.
21 Friedrich, Hugo: *Die Struktur der modernen Lyrik*, S. 59.

So lässt sich kurz gefasst resümieren, welche Urgewalten in diesem jungen Mann steckten, der gewiss Baudelaire stets in Ehren hielt und seine ästhetischen Doktrinen befolgte, aber noch in seinem aus heutiger Sicht spektakulären Verstummen ein Statement zur künftigen Entwicklung moderner Dichtkunst abgab.

Vielleicht geben uns am besten die beiden am 12. und 15. Mai 1871 verfassten Briefe eine Auskunft, die als *Lettres du voyant*, als die *Briefe des Sehers* in die Literaturgeschichte eingingen und denen in Deutschland Werner von Koppenfels eine schöne zweisprachige Ausgabe widmete.[22] In diesen beiden Briefen an unterschiedliche Adressaten, die uns in diesem Zusammenhang nicht näher zu interessieren brauchen, formuliert Arthur Rimbaud jene Wendungen, die in keiner Darstellung moderner Lyrik, aber auch in keiner Theorie der Autobiographie bis heute fehlen dürfen und die uns Einblick in jegliche Fadenscheinigkeit des Identitätsbegriffs geben, wenn wir ihn auf die Literatur anzuwenden versuchen. In ihren Worten wird der Dichter zum Seher, der wie Gott in seinem ureigenen Universum herrscht:

> I.
> Ich ist ein Anderer. Was soll man machen, wenn das Holz auf einmal Violine wird? Ein Hohngelächter all den Ahnungslosen, die über Dinge räsonnieren, von denen sie nicht das Geringste verstehen!
> Für mich sind Sie keine Lehrkraft. Ich schenke Ihnen dies hier: ist es Satire, wie Sie sagen würden? Ist es Poesie? Jedenfalls ist es eine Fantasie.
> II.
> Ich sage, man muß *Seher* sein, muß sich *sehend* machen.
> *Sehend* macht sich der Dichter durch eine lange, unermeßliche und planmäßige *Ausschweifung aller Sinne*. Alle Formen der Liebe, der Qual, des Wahnsinns; er sucht eigens, er erschöpft an sich alle Gifte, um nur ihre Quintessenz zu bewahren. Unsägliche Tortur, für die er allen Glauben braucht, alle übermenschliche Kraft, bei der er unter allen der große Kranke wird, der große Verbrecher, der große Verdammte; und der höchste Wissende!

> I.
> Je est un autre. Tant pis pour le bois qui se trouve violon, et Nargue aux inconscients, qui ergotent sur ce qu'ils ignorent tout à fait!
> Vous n'êtes pas Enseignant pour moi. Je vous donne ceci: est-ce que de la satire, comme vous diriez? Est-ce de la poésie? C'est de la fantaisie, toujours.
> II.
> Je dis qu'il faut être *voyant*, se faire *voyant*.
> Le Poète se fait *voyant* par un long, immense et raisonné *dérèglement de tous les sens*. Toutes les formes d'amour, de souffrance, de folie; il cherche lui-même, il épuise en lui tous les

---

22 Rimbaud, Arthur: *Seher-Briefe. Lettres du voyant.* Übersetzt und herausgegeben von Werner von Koppenfels. Mainz: Dieterich'sche Verlagsbuchhandlung 1990.

poisons, pour n'en garder que les quintessences. Ineffable torture où il a besoin de toute la foi, de toute la force surhumaine, où il devient entre tous le grand malade, le grand criminel, le grand maudit, – et le suprême Savant![23]

In diesen kurzen Auszügen wird die absolute Art, die unerhörte Radikalität deutlich, mit der Rimbaud seinen früheren Begleiter und Berater, aber auch allgemein den Rest der Menschheit behandelt: Es ist ein absoluter Wille, zur Essenz der Dinge vorzustoßen und sich nicht mit dem zufrieden zu geben, was als gängig gelten mag. Das Ich des Dichters ist ein Anderer – und in diesem Anderssein tauchen viele Positionen eines Ich auf, wie man sie schon in Baudelaires Dichtungskunst mit ihren entpersönlichten lyrischen Ich-Figuren erkennen mag. Es ist nicht mehr das romantische Ich mit seiner Tiefe und seiner Zerrissenheit, sondern eine Figur, die ständig – so könnten wir ironisch sagen – ihre Identität wie ihre Hemden, Gedichte und Stellungen wechselt.

Gewiss schreibt sich vor allem im zweiten *Seher-Brief* die Aufwertung des Dichters in der Romantik zum „Créateur" fort, zum Schöpfer und Demiurgen, so dass wir in diesem Zusammenhang durchaus Kontinuitäten erkennen können. Aber wie nahe sind wir hier doch dem Fin de siécle, wie nahe dem nietzscheanischen Übermenschen, wie nahe einer Künstler- und Dichterfigur, die alles zu erkennen vermag, was sich der Vernunft und dem Nachdenken der Mitmenschen entzieht! Zwar gibt es Kontinuitäten mit der Romantik; doch handelt es sich insgesamt um einen Bruch, der jenen gesuchten und gefundenen Bruchlinien gleicht, wie sie die historischen Avantgarden zu Beginn des 20. Jahrhunderts und insbesondere der französische Surrealismus zelebrierten. Es kann daher nicht verwundern, dass es gerade französische Surrealisten waren, die in Arthur Rimbaud einen der Ihren erkannten und sich seiner Dichtungskonzeption anschlossen.

Doch glauben wir nicht, dass es bei Arthur Rimbaud um ein dichterisches Sehen im Sinne einer profunden Irrationalität ginge. Vielmehr hebt der französische Dichter das vernunftgemäße, das vernunftbetonte „dérèglement de tous les sens" hervor; eine Dichtungslehre, welche die historischen Avantgarden und einen großen Teil der modernen europäischen Lyrik faszinierte. Denn die übermenschliche Anstrengung, von der Rimbaud spricht, ist nicht nur ein Heraustreten des Dichters aus allen gesellschaftlichen Bezügen, ist nicht nur ein Kriminell-Werden, das an den surrealistischen Gestus denken lässt. Es erinnert etwa an die Überlegung, auf die Straße hinunter zu gehen und einfach einen Passanten abzuknallen – ein Kriminell-Werden, das noch in Stockhausens Zelebrieren des Attentats auf das World Trade Center zu spüren ist in der ästhetischen Feier der

---

[23] Rimbaud, Arthur: *Seher-Briefe. Lettres du voyant*, S. 10–12 und 24 f.

Schönheit der einstürzenden Twin Towers. Es ist zugleich ein *Wissen*, das auch die Wissenschaft miteinschließt, sich aber nicht auf sie begrenzt; das alle Vernunft mobilisiert, aber nicht bei der Vernunft allein stehenbleibt. Wir erkennen in diesem Dichter etwas von jenen Figuren Friedrich Nietzsches, die in dem Tänzer Zarathustra die Choreographien der Vernunft, der Poesie und des Wahnsinns miteinander fusioniert und hochleben lassen.

Rimbauds „Entregelung aller Sinne", wie wir es vielleicht besser übersetzen könnten – denn die „Ausschweifung" in der obigen Übersetzung gibt nichts von der Metaphorik der bewussten Ent-Regulierung zum Ausdruck –, ruft das Kalkül auf, die kalte Vernunft, die sich des Wortmaterials, der Semantik, der Metrik, der Musikalität bemächtigt. Sie soll alles verstellen, alles entstellen, um mit den Traditionen zu brechen, an die der Dichter anzuknüpfen nicht umhin kam, die er aber ablehnt, da sie ihn nicht zu den Quintessenzen des Eigentlichen und Absoluten führen. Das ist ein völlig neuer Ton, das sind gänzlich neuartige Gesten einer Dichterfigur, die den Romantiker in sich längst erdrosselt hat, um zu radikal Neuem fähig zu sein und neue Horizonte auszumachen!

Die rationale Entregelung aller Sinne bedeutet nicht etwa, dass etwa der Alexandriner als royale Versform aufgegeben, sondern dass dieser Zwölfsilber durchlöchert und zerhackt wird, dass sein Wortmaterial zu einem Farbenmaterial, zu einem Musikmaterial transformiert werden muss, in welchem die von Rimbaud so sehr geschätzten Synästhesien in ein Gesamtkunstwerk einfließen, wie es zeitgleich einem Richard Wagner vor der Seele schwebte. An dieser Stelle wird auch deutlich, dass in eine solche Kunst-Landschaft keine feste Identität mehr zu passen vermag, dass die künstlerische Identität keine mehr eines selbstidentischen Ich, sondern die Identitätsfigurationen unterschiedlicher Stellungen und Positionen, unterschiedlicher Bewegungsfiguren und Choreographien ist, wie sie auch bei Nietzsche einem Tänzer namens Zarathustra zukommen.

Dass einer solchen ästhetischen, dichterischen Figuration mit all ihren synästhetischen Konsequenzen keine kontinuierliche Gesellschafts-Struktur mehr entsprechen kann, sondern dass der Bruch mit allen Traditionen auch einem Bruch mit dem herkömmlichen Gesellschaftssystem entsprechen muss, zeigte sich in gewisser Weise bereits im Gedicht *Le Dormeur du val*. Denn mit Hilfe dieses *Schläfers im Tal* wird der Krieg angeprangert, der von all jenen Mächtigen entfacht wurde, welche so sehr die wunderschönen Landschaften und Topoi der Romantik lieben; ein Krieg, den freilich all jene mit dem Leben bezahlen, die als einfache Soldaten zum ‚Kanonenfutter' der gegeneinander gehetzten Armeen werden.

Binnen weniger Jahre war der brillante Schüler und Verfasser von systemstabilisierenden Gelegenheitsgedichten, in welchem man niemals den kommenden Rebellen vermutet hätte, zu jenem Sechzehnjährigen geworden, der nicht nur dieses Anti-Kriegsgedicht verfasste, sondern mit seinem Spott auf all das üblicherweise als ‚schön' Geachtete bald schon vehement die Hässlichkeit pries und einer Venus körperliche Defizienzen andichtete. Die wilde, damals gesetzeswidrige Liebesbeziehung mit dem großen Dichter Paul Verlaine, der für die Rettung vieler Gedichte Rimbauds verantwortlich zeichnete und mit dem der junge Rimbaud umhervagabundierte, wurde zum Inbegriff eines Verlangens nach Liebe, die der junge französische Dichter mit zunehmender Verzweiflung suchte und nicht finden konnte. In den *Lettres du voyant* nimmt Rimbaud den Begriff des „maudit" selbst in den Mund, weiß sich zudem als „criminel", verfügt aber auch über ein Wissen, das dieses Wunderkind der französischen Literatur aus der Masse dichtender Zeitgenossen heraushebt.

Seit seinem ersten, jäh unterbrochenen Ausflug in die französische Hauptstadt hatte sich das Bild der Pariser Kommune dem Dichter des ästhetischen Bruchs als Sinnbild eines Aufstands gegen alles und einer Niederwerfung jeglicher Ordnung eingeprägt. Die erträumte Vereinigung mit den „Communards", mit denen Rimbaud sympathisierte, zeigt sich in jener Dichtung eines entregelten Ich, das sicherlich ein Anderer und zugleich doch ein Rimbaud ist, mit dessen Namen das Gedicht signiert ist. Zugleich ist es eine Antwort auf jene Landschaftsszenerien, welche Lamartine unter dem Nordwind des „Aquilon" entwarf:

> Was ist uns, mein Herz, all diese Lachen von Blut
> Und Glut, und tausenderlei Mord, und der Schreie Hall
> Der ganzen Hölle alle Ordnung stürzend, und der Wut
> Schrei; auch noch der Nordsturm, über Trümmern überall;
>
> Und all die Rache? Nichts? ... Aber doch, noch immer rein,
> Wir wollen sie! Industrielle, Fürsten, Wissensmacht:
> Zugrund mit Euch! Geschichte, Recht und Macht: Niedergemacht!
> Gehört's doch uns! Glut, Glut, der güldnen Flamme Schein!
>
> Alles dem Krieg, der Rache, dem Terror sei,
> Mein Geist! Bohrn wir das Messer in der Wunde! Ah, der Flug
> Der Republiken dieser Welt, stürz ab! An Kaisern, Regimentern, Siedlern, Völkern ist's für alle Mal genug!
>
> Wer sonst heizt an den großen Wirbelsturm der Glut
> Als wir und alle jene, die wir zu Brüdern lachen?
> Her zu uns, Freunde ihr, das wird uns Freude machen.
> Nie werden wir arbeiten, niemals! Herbei, des Feuers Flut!
>
> Europa, Asien, Amerika, weh Euch, vergeht!
> Unser Rächermarsch wird alle Ort besetzen,
> Städte und Länder, wir werden hier zergehn!
> Vulkane sollen platzen! Ozeane soll'n zerfetzen! ...

Oh meine Freunde! Sag, Herz, denn sicher sind es Brüder:
Ihr unbekannten Schwarzen, gingen wir! Auf, gehn wir los!
Oh Unglück! Ich fühle mich erbeben, die alte Erde,
Sie packt mich, der ich immer mehr zu Euch! Ihr Schoß,

Und doch ist's nichts! Hier bin ich! Bin ich noch immer.[24]

Qu'est-ce pour nous, mon cœur, que les nappes de sang
Et de braise, et mille meurtres, et les longs cris
De rage, sanglots de tout enfer renversant
Tout ordre; et l'Aquilon encor sur les débris;

Et toute vengeance? Rien! ... Mais si, toute encor,
Nous la voulons! Industriels, princes, sénats:
Périssez! puissance, justice, histoire: à bas!
ça nous est dû. Le sang! le sang! la flamme d'or!

Tout à la guerre, à la vengeance, à la terreur,
Mon esprit! Tournons la morsure: Ah! passez,
Républiques de ce monde! Des empereurs,
Des régiments, des colons, des peuples, assez!

Qui remuerait les tourbillons de feu furieux,
Que nous et ceux que nous nous imaginons frères?
A nous, romanesques amis: ça va nous plaire.
Jamais nous ne travaillerons, ô flots de feu!

Europe, Asie, Amérique, disparaissez.
Notre marche vengeresse a tout occupé,
Cités et campagnes! – Nous serons écrasés!
Les volcans sauteront! Et l'Océan frappé ...

Oh! mes amis – Mon cœur, c'est sûr, ce sont des frères:
Noirs inconnus, si nous allions! Allons! allons!
O malheur! je me sens frémir, la vieille terre,
Sur moi de plus en plus à vous! la terre fond,

Ce n'est rien! j'y suis! j'y suis toujours.

Dieses aus dem Jahre 1872 stammende Gedicht zählt zweifellos zu den großen lyrischen Schöpfungen des Sehers und „Poète maudit". Als lyrische Schöpfung

---

24 Rimbaud, Arthur: Qu'est-ce pour nous, mon cœur. In: ders.: *Les Illuminations*. Texte établi par Félix Fénéon, Paris: Publications de *la Vogue* 1886, S. 98–99.

von ausschließlich männlichen Reimen greift Rimbaud auf Quartette zurück, die sich eines erkennbaren Zwölfsilbers erfreuen: Noch immer also dient ein Alexandriner als Grundlage des dichterischen Sehens, doch was ist aus ihm geworden! Er ist zerrissen, fast würde man sagen zerschossen, so durchsiebt ist er mit Brüchen, Lücken, Enjambements, Zäsuren und Rhythmuswechseln. Und doch sind es die Zwölfsilber, die allem ihre dichterische Form geben, bis auf den letzten Vers, der lediglich, je nach Zählweise, neun oder zehn Silben besitzt. An dieser Stelle dürfen wir sehr wohl die beiden Silben des Namens „Rimbaud" ergänzen, der sein Gedicht gleichsam in absentia unten rechts signiert. Aber ist es der französische Dichter wirklich selbst und nicht viel mehr der Andere, die Anderen?

Wo wir bei Lamartine sich eine verlassene Landschaft vor dem Dichterauge auftun sehen, tritt uns bei Rimbaud von der ersten Zeile an das vergossene Blut, schlägt uns die fortbestehende Glut entgegen, die noch immer in den Trümmern lodert. Der Nordwind, ja der Nordsturm des „Aquilon" ist ganz zweifellos das Vorrücken des preußischen Adlers, des „Aquila", der sich des lodernden Paris bemächtigt. Gleichzeitig handelt es sich um ein Augenzwinkern an die Leserschaft, welche die romantische Diktion sofort versteht. Versübergreifend zwischen drittem und viertem Vers wird jegliche Ordnung umgestürzt. Es sind Bilder der Zerstörung, gewiss, aber auch Bilder der Hoffnung, bricht doch die bisherige Macht in sich zusammen: „Renversant Tout Ordre." Und diesem Inhalt entspricht überdeutlich auch die Form: Die Alexandriner sind noch erkennbar, doch wirken sie in ihrem gesamten Aufbau wie zerstört und durchlöchert. Poetische Vision und dichterische Form sind also geradezu klassisch aufs Engste miteinander verbunden, freilich auf der Grundlage einer Zerstörung, welche sowohl die poetischen Bilder als auch die lyrischen Ausdrucksmittel ergreift.

Doch was soll an die Stelle des Zerstörten treten? Allein die Rache, die das Ich sich schwört, kann nicht genügen. Die alte Herrschaft nicht nur im politischen, sondern auch im wirtschaftlichen Bereich wird aufgezählt, bevor sie der Dichter in den Abgrund wirft. Nieder mit allem! Aber das Blut, das dieses Ich vergießt und anruft, reicht nicht aus. Eine neue Brüderlichkeit zieht herauf, eine Gemeinschaft derer, die sich als Brüder erachten, unsicher noch und tastend, aber doch zu allem entschlossen: Doch kann diese Gemeinschaft jenseits der Sklaverei der Arbeit gelingen?

In der letzten Strophe wendet sich das Ich nach dem ersten Vers zum zweiten Male an sein Herz, um sich sicher zu sein oder zumindest doch sich selbst zu versichern, dass diese Unbekannten alle Brüder sind. Die Kontinente sind zugrunde gegangen, die Vulkane explodieren und die Tiefen der Meere tun sich auf. Doch in der Liste fehlte einer: Afrika. Es sind die „unbekannten Schwarzen", mit denen sich das lyrische Ich auf den Weg machen will, selbst wenn sich unter ihm die alte Erde öffnet und ihn in ihren Schoß zu ziehen sucht.

Freilich: Das Ich hält – auch wenn sich unter ihm die alte Erde auftut – noch immer an dieser starken Vision fest, erblickt noch immer in den Schwarzen die Hoffnung, die es in der Alten Welt, aber auch in der Neuen nicht mehr finden kann. Es ist eine Anrufung Afrikas zu einem Zeitpunkt, als sich die dritte Phase beschleunigter Globalisierung zu entfalten beginnt, welche bald eine neue, globale Weltordnung und den Kampf der alten Mächte um die Hegemonie über weite Gebiete der Erde einläutet. Es fällt nicht schwer, darin die autobiographische Tatsache zu erkennen, dass Frankreich und Europa dem unsteten Rimbaud bald viel zu klein geworden waren und er nach Neuem, nach Unbekanntem strebte, das er aber nur außerhalb Europas finden konnte.

Selbst wenn wir Rimbauds *Illuminations*, *Le Bateau ivre* oder *Une saison en enfer* in unserer Analyse nicht berührt haben, so dürfte doch die ganze visionäre Kraft deutlich geworden sein, welche von diesem Jüngling ausging, dessen beredtes Verstummen noch immer über der modernen Lyrik wie eine dunkle Vorhersage schwebt. Er löste ein, was Baudelaire an absoluter Modernität forderte, und ging zugleich weit darüber hinaus auf anderen, neuen Wegen. Dies waren dichterische Wege, die tief in die historischen Avantgarden des 20. Jahrhunderts führen und noch den Neoavantgarden der zweiten Hälfte des zurückliegenden Jahrhunderts Bilder und Impulse lieferten. Mit der Anrufung der Schwarzen, der Brüder durchbricht das lyrische Ich von *Qu'est-ce pour nous, mon coeur* zugleich die Ordnung, jegliche Ordnung, selbst die koloniale Unterdrückungsordnung. In der dritten Phase beschleunigter Globalisierung, die in der dichterischen Schaffenszeit Rimbauds begann, entwickelte sich weltweit eine neue Ordnung, die erst mit dem Ende dieser Phase vor etwas mehr als einhundert Jahren zerbrach.

Die Aufteilung Afrikas unter die alten und neuen Kolonialmächte bei der Berliner Konferenz von 1884 sorgte dafür, dass die Rimbaud'sche Vision vom Weltenbrand sich nicht verwirklichte, sondern einer neuen, noch stärker ausplündernden Weltordnung Platz machte. Sie bildet den Hintergrund für die letzte Phase der Literaturen der Welt im 19. Jahrhundert, die wir nunmehr beginnen wollen. Doch die dem Franzosen und Europäer Arthur Rimbaud noch „unbekannten Schwarzen" waren in den Literaturen der Welt, wie wir sahen, längst schon zu nicht mehr nur beschriebenen, sondern zu aktiven und fortan schreibenden Subjekten geworden.

Annäherungen an die Jahrhundertenden

Wenn wir uns in unserer Vorlesung auf das Ende des 19. Jahrhunderts zubewegen, so dürfen wir zunächst einmal im Überblick festhalten, dass das Jahrhundertende und auch die Jahrhundertwende eine Zeit extremer künstlerischer Kreativität war, in welcher wir einen Höhepunkt literarischen Schreibens in Europa, aber auch in den Amerikas erkennen müssen. Es ist daher nicht einfach, diese Blütezeit panoramatisch darzustellen, da sich in dieser Epoche ungeheuer viele Entwicklungen gleichzeitig anbahnten und ausprägten. Als geokulturellen und politisch-militärischen Hintergrund aber dürfen wir nicht vergessen, dass dies zugleich die dritte Phase beschleunigter Globalisierung war, die zu Beginn des 20. Jahrhunderts einen so hohen Grad an weltweiten Vernetzungen der einzelnen nationalen Volkswirtschaften mit sich brachte, wie er erst wieder in den sechziger Jahren des vergangenen Jahrhunderts erreicht werden konnte. Einher mit dieser beschleunigten Globalisierungsphase ging eine kolonialistische Expansion europäischer Mächte, aber auch der USA sowie – im pazifischen Raum – Australiens, die sich weite koloniale Ergänzungsräume zu sichern suchten. Denn diese dritte Phase beschleunigter Globalisierung war *auch* die Hochphase des Imperialismus; eine Phase, in welcher sich ganz nebenbei die großen Museen der Kolonialmächte in ungeheurem Maße an den verschiedensten kulturellen Artefakten ihrer Kolonialgebiete bereicherten. Die Schätze dieser Raubzüge stehen in unseren Museen noch immer vor uns.

Die traditionelle Literaturgeschichtsschreibung pflegt vor allem die schriftstellerischen Entfaltungen in den westeuropäischen Literaturen zu betonen; dies ist gewiss nicht falsch, doch verlieren wir auf diese Weise etwa die spanischsprachigen Literaturen aus dem Blick, die beiderseits des Atlantiks eine geradezu explosionsartige Entwicklung durchliefen. Nicht umsonst spricht man in Spanien von einem zweiten Siglo de Oro, einer ‚silbernen' Jahrhundertwende – und viele der Künstler*innen und ihrer Figuren sind längst Legende. Es gilt daher, im Folgenden die historischen, ökonomischen, politischen und gesellschaftlichen, aber auch die kulturellen und spezifisch literarischen Vorbedingungen und Kontexte dieses Erblühens verschiedenster literarischer Ausdrucksformen im letzten Drittel und insbesondere im letzten Jahrzehnt des 19. Jahrhunderts aufmerksam zu beleuchten.

Wir wollen dabei ebenso die Lyrik, den Roman, die Erzählung, den (philosophischen) Essay wie auch die Beziehungen zwischen verschiedenen Literaturen, Gattungen und künstlerischen Ausdrucksformen (insbesondere zwischen Literatur und Malerei) analysieren und zugleich die transatlantischen Beziehungen nicht aus den Augen verlieren, bildet doch das Pendeln zwischen zwei Welten das Rückgrat unserer Vorlesung. So sollen die für die unterschiedlichen ‚Jahrhundert-

∂ Open Access. © 2021 Ottmar Ette, publiziert von De Gruyter. [CC BY-NC-ND] Dieses Werk ist lizensiert unter einer Creative Commons Namensnennung – Nicht-kommerziell – Keine Bearbeitung 4.0 International Lizenz. https://doi.org/10.1515/9783110703443-031

wenden' in Europa und Lateinamerika jeweils charakterisierenden Verfahren und Gestaltungsformen einer vergleichenden Perspektive unterworfen werden, wobei stets unser eigener Standpunkt in den ersten Dekaden eines neuen Jahrtausends in die Reflexion miteingehen wird. Keine eben kleine Aufgabe für eine Vorlesung, die sich ein furioses Finale vorgenommen hat und sich lustvoll darauf einlässt.

Versuchen wir also zunächst, bei unserer Annäherung an das Jahrhundertende, das „Fin de siècle", das „Fin de siglo" zunächst einen gerafften Überblick zu geben, bevor wir uns auf Einzelstudien einlassen, welche wie stets in dieser Vorlesung die spezifischen Schreibverfahren nicht selten in einem Close Reading beleuchten sollen und gleichsam Probebohrungen darstellen, die uns aus den Zwängen einer Literaturgeschichtsschreibung entlassen! Doch da uns Raum und Zeit in dieser Vorlesung fehlen, soll sich diese Annäherung, dieser Überblick auf das Nötigste beschränken. Mir kommt es nicht darauf an, Sie auf *eine* Geschichtsdeutung, auf *einen* Geschichtsverlauf einzuschwören; vielmehr erscheint es mir als unverzichtbar, Ihnen stets auch Gegenbeispiele für eine Entwicklung zu präsentieren, so dass Sie ein lebendiges Bild jener Zeit gewinnen können. Faszinierend ist diese literarisch-künstlerische Epoche ohne Frage!

Dass mit dem Jahrhundertende auch Endzeitvorstellungen verbunden waren, auf die wir an unterschiedlichsten Stellen stoßen werden, ist keine neue Erkenntnis: Auch am Ausgang des 20. Jahrhunderts ließen sich derartige Tendenzen beobachten. Und dass in diesem Zusammenhang Überlegungen erblühten, welche die Literaturen an ein Ende gekommen sahen, war gerade mit Blick auf das Fin de siècle nicht verwunderlich. Gewiss ist dieser Endzeitwahn auch keine Vorstellung, die sich ausschließlich während des Jahrhundertendes gezeigt hätte. Vieles von dem, was wir am Ende des 19. Jahrhunderts finden, hat sehr weitreichende historische und kulturelle Bezüge, welche nicht selten noch einmal die Entwicklungen des gesamten Jahrhunderts thematisieren.

So möchte ich Ihnen vorab, bevor wir uns also hinein in dieses Jahrhundertende stürzen, ein besonders schönes Beispiel jener Rede vom Ende der Literaturen geben, das in Form eines medialen Geredes noch immer in den USA populär ist. Das Ende der Literatur: Ich habe noch nie an eine solche Vorstellung geglaubt, denn es wird stets Menschen geben, die ohne eine große Produktionsfirma, ohne große Gerätschaften mit einem Stift einer weißen Seite Papier gegenübersitzen! Gleichviel, ob es sich dabei um eine Tontafel, um Schildkrötenpanzer, um Papyrus-Rollen, um Pergament oder um Bildschirme, *Screens* auf Ihrem *Smartphone* oder um Leuchtdioden handelt. Mir scheint mithin die Vorstellung lächerlich, dass wir uns heute am Ende einer vieltausendjährigen Geschichte in den verschiedensten Sprachen, Kulturen und Zeitaltern befänden, bloß weil in den USA ein kleines Häuflein von Kultur- und Literaturtheoretikern das Ende der Literatur proklamiert hat. Literatur hat sich, gleich auf welchem materiellen *Support*, stets an die vorhandenen Medien angepasst und ihre spezifischen Möglichkeiten genutzt, ohne damit große Industrien zu bewegen oder Produktionsfirmen in Hollywood oder Disneyland zu benötigen.

Schauen wir uns kurz ein literarisches Beispiel für einen derartigen Diskurs an und betrachten wir zugleich sein Gegengift! Mitte des 19. Jahrhunderts schreibt der französische Schriftsteller Gustave Flaubert von seiner berühmten Orientreise aus Jerusalem am 4. September des Jahres 1850 an seinen Freund, den eher zweitklassigen Schriftsteller Louis Bouilhet ins heimatliche Frankreich – und wir hören hier jenen wachen, kritischen, ungeheuer hartnäckig nach der Verwirklichung seiner kreativen Möglichkeiten suchenden Geist, der nichts so sehr hasste wie die Dummheit:

> Ja, die Dummheit besteht darin, Schlussfolgerungen ziehen zu wollen. Wir sind ein Faden und wir wollen das Gewebe kennen. Das läuft auf die ewigen Diskussionen über die Dekadenz der Kunst hinaus. Man verbringt heute seine Zeit, sich zu sagen: Wir sind vollständig am Ende, wir sind zum letzten Punkt gelangt usw. Welcher etwas überlegenere Geist, angefangen bei Homer, hätte Schlussfolgerungen gezogen? Begnügen wir uns mit dem Bild, das ist ebenso gut. Und dann, mein armer Alter: Gibt es nicht die Sonne (selbst die Sonne von Rouen)? Den Geruch gemähten Heus, die Schultern der Frauen von dreißig Jahren, das alte Buch vor dem Kamin und das chinesische Porzellan? Wenn alles tot ist, wird die Phantasie aus den Fasern des Holundermarks und den Scherben des Nachttopfs wieder neue Welten bauen. Ich bin sehr neugierig auf dieses ordentliche chinesische Märchen. Diese Reise wird mich über die Trauer der Rückkehr hinwegtrösten. Ich kann Dir etwas Ermutigendes sagen, was zudem das Verdienst hat, aufrichtig zu sein: Was die Natur betrifft, kannst du kühn vorwärtsgehen. Alles, was ich hier sehe, finde ich wieder: nur von den Städten, den Menschen, den Gebräuchen, Kostümen, Geräten, den Dingen der Menschen also, kannte ich die Details nicht genau. Ich hatte mich nicht getäuscht: Wer Desillusionen erlebt, ist ein armer Teufel. Es gibt Landschaften, durch die ich schon gekommen bin, das ist gewiss. Merk' Dir also dies als Regel: Sie ist das Ergebnis einer genauen Erfahrung, der seit zehn Monaten nichts widerspricht. Wir sind zu weit in der Kunst fortgeschritten, um uns noch über die Natur zu täuschen, also: voran![1]

Auf eine wunderbare Weise tritt in dieser Passage der Diskurs der Dekadenz – im Mund der anderen – und der Diskurs eines sich keiner Täuschung hingeben wollenden Autors zusammen; denn wir haben es mit Flaubert zu tun, jenem Schriftsteller, der wie kein anderer die „éternelle misère de tout" und die ungeheure Dummheit, die „bêtise" seiner Zeitgenossen angeprangert hat. Er ist sich der Existenz dieses allgemeinen, dieses sogar dominierenden Diskurses bewusst

---

1 Flaubert, Gustave: à Louis Bouilhet. Dams, 4 septembre 1850. In: Ders.: Œuvres complètes de Gustave Flaubert; Bd. 13–16: Correspondance 1850–1859. Paris: Société des études littéraires françaises. Éditeur scientifique 1974–1976, S. 74–79, hier 76 f.

und hält sogleich das Gegengift bereit: die Präsenz der Dinge, die Präsenz der Landschaften, die Anmut menschlicher Körper, die Schönheit der Bücher, der kleinen Szenerien, die sich jemand ausgedacht hat. Ist hierin nicht die Schönheit des Lebens in wenigen Worten erfasst?

Es geht nicht um den Widerstand, sondern um eine fundamentale Widerständigkeit der Kunst, die allem widersteht – auch dem Tod des einzelnen Individuums. Denn ist nicht die Kunst, wie Flaubert an anderer Stelle sagt, noch die angenehmste aller Lügen, mit denen wir tagtäglich konfrontiert werden, so dass es uns den Ekel und die Scham auf unsere Wangen, auf unsere Gesichter treibt? Es gibt eine Antwort darauf, die das Demiurgische meint, das Welten-Schaffende, den kreativen Zwang, etwas dagegensetzen zu können gegen die ewige Misere des ganzen Lebens. Nein, Flaubert hat nicht kapituliert, er hat sich keinem Dekadenzdiskurs hingegeben, obwohl er ein niemals Getäuschter und damit auch nicht Enttäuschter war. Er gab sich den Täuschungen nicht hin, um sein eigenes Programm einer künstlerischen Kraft, einer ästhetischen Widerständigkeit zu verwirklichen: immer voran, ohne auch nur im Geringsten dem Fortschrittsgedanken in Kunst und Literatur zu verfallen.

Der Begriff „Fin de siècle" sollte nicht terminologisch eng ausgelegt werden, gehen Jahrhundertende und Jahrhundertwende doch lückenlos ineinander über. Ich möchte in dieser Vorlesung zu den Literaturen des 19. Jahrhunderts allerdings das Fin de siècle mit dem Jahrhundertende enden lassen, da meine Vorlesung zum 20. Jahrhundert noch vor der Jahrhundertwende mit Alfred Jarrys *Ubu Roi* einsetzt[2] und – wie wir noch sehen werden – es gerade in Lateinamerika als sinnvoll erscheint, mit dem Epochenjahr 1900 abzuschließen. Dabei steht außer Frage, dass ich keineswegs der Zahlenmagie erliegen will, dass ich vielmehr von Kontinuitäten und schleifenden Schnitten ausgehe, welche gerade den Ausgang des 19. Jahrhunderts charakterisieren und so spannend machen.

Es gibt gute Gründe dafür, das Jahrhundertende nicht als Jahrhundertwende zu deuten und nicht bis zum Beginn des Ersten Weltkriegs auszudehnen, wodurch das letzte Drittel des 19. Jahrhunderts mit den ersten anderthalb Jahrzehnten des 20. Jahrhunderts ein Kontinuum bilden würde. Denn die historischen Avantgarden beginnen lange vor dem Ersten Weltkrieg und weisen unverkennbar auf verschiedenste literarische Vorläufer, die sich noch im 19. Jahrhundert ansiedeln. Als der Erste Weltkrieg begann, standen die historischen Avantgarden in voller Blüte: Die italienischen Futuristen etwa genossen – wie auch ein Gabriele d'Annunzio – den Ausbruch des Krieges als künstlerisches Spektakel. Trennen wir

---

2 Vgl. hierzu Band 3 der „Aula"-Reihe Ette, Ottmar: *Von den historischen Avantgarden bis nach der Postmoderne*, S. 110–153.

folglich besser das 19. relativ scharf vom 20. Jahrhundert ab; und dies im vollen Bewusstsein aller Kontinuitäten, die in beiden Welten das Fin de siècle als künstlerische Übergangsepoche erscheinen lassen! Dabei denke ich nicht nur an den bereits erwähnten Alfred Jarry, sondern auch an französische Dichter wie Lautréamont oder vor allem Arthur Rimbaud. Nach dem dichterischen Verstummen Rimbauds begab sich der noch junge Franzose auf eine unstete Wanderschaft, die in ihrer außereuropäischen Dimension nicht von ungefähr von den historischen Bedingungen und Infrastrukturen der dritten Phase beschleunigter Globalisierung begünstigt wurde – einschließlich jener Waffenlieferungen nach Äthiopien, an denen der zu Geld gekommene Rimbaud beteiligt war.

Stärker als je zuvor sind die Literaturen am Ende des 19. Jahrhunderts miteinander verwoben und vernetzt. Dies gilt nicht nur für diejenigen Europas, sondern auch bezüglich der transatlantischen Verknüpfungen, welche sich in diesem Zeitraum verstärkt herausbildeten. Das bedeutet, dass eine nationalphilologische Herangehensweise hochgradig künstliche und nicht sachgemäße Abtrennungen vornehmen würde, welche den internationalen wie intertextuellen Vernetzungsstrukturen nicht einmal im Ansatz gerecht werden könnten: Eine transareale Vorgehensweise wie die in dieser Vorlesung gewählte ist folglich notwendig. Wie wäre sonst ein Gabriele d'Annunzio zu verstehen, der wie Filippo Tommaso Marinetti nicht nur von Italien aus zu begreifen ist, sondern gerade in Frankreich eine gewichtige Rolle im literarischen Feld spielte? Und wie wäre ein Rubén Darío zu begreifen, wenn wir ihn nur in Nicaragua oder später in Chile und Argentinien situierten, nicht aber seine wichtige transatlantische Rolle in Spanien, aber auch in Frankreich und Italien berücksichtigten?

Darüber hinaus lässt sich mit dem Verweis allein auf die historischen Koordinaten und Geschehnisse nicht begründen, wie die jeweiligen finisekulären Ausprägungsformen in Literatur und Kunst entstanden. Denn es gab nicht nur ein Fin de siècle mit dekadentem, larmoyantem oder geschichtspessimistischem Unterton in Frankreich oder Spanien, wo man nach den Niederlagen im Preußisch-Französischen Krieg oder in den Kriegen um die letzten Kolonialgebiete in Amerika gute Gründe dafür hatte, dunkle Vorahnungen in den Literaturen wie in den Künsten zu pflegen. Auch in Ländern wie Deutschland oder Italien machte sich ein Geschichtspessimismus breit, obwohl wenige Jahrzehnte zuvor ein lange Zeit behinderter Nationenbildungsprozess geglückt war, der mit starken wirtschaftlichen Erfolgen und zeitweise sogar mit einer dezidierten kolonialen Expansion dieser Länder einherging. Ähnliches ließe sich durchaus auch für eine Reihe von Ländern in Lateinamerika sagen.

Es bliebe weitgehend unerklärlich, warum düstere Stimmungen in derartigen soziokulturellen und politischen Zusammenhängen aufkamen, wenn wir die spezifische Geschichte des Fin de siècle nicht als die Ausprägung eines international, ja weltweit miteinander vernetzten intertextuellen Geschehens begreifen würden, das seinen eigenen Gesetzlichkeiten und Logiken folgte. So wäre es absurd, das französische Fin de siècle ohne Richard Wagner, ohne Friedrich Nietzsche, ja ohne Arthur Schopenhauer zu betrachten, so wie es verfehlt wäre, José Enrique Rodó allein vor dem Hintergrund seines Heimatlandes Uruguay zu begreifen. Selbst eine durchaus legitime Spezialisierung auf eine bestimmte Tradition, Nation oder Nationalphilologie bedarf einer fundamentalen Berücksichtigung der jeweiligen internationalen Vernetzungen. Und schon Erich Auerbach hatte zu diesem Problem, das nicht nur für eine zu schaffende „Philologie der Weltliteratur" bestand, bereits 1952 das Notwendige gesagt: „Und doch wird es immer unbefriedigender, sich nur mit einem Spezialgebiet zu befassen; wer heute etwa ein Provenzalist sein will und nichts anderes beherrscht als die einschlägigen Teile der Linguistik, der Paläographie und der Zeitgeschichte, der ist kaum auch nur noch ein guter Provenzalist."[3] Speziell intertextuellen Bezugssystemen und Fragestellungen ist daher ein besonderes Gewicht einzuräumen.

Intertextualität ist eine Grundbedingung von Literatur überhaupt. Man könnte sie als das schlagende Herz der Literaturen der Welt wie von Literatur überhaupt bezeichnen. Doch es gibt Phasen verstärkter und Phasen schwächerer Intertextualität – und wie Sie schon erwarteten, gehört das Fin de siècle ohne jeden Zweifel zu jenen einer ganz besonderen intertextuellen Intensität; und diese Intensität bedeutet zugleich eine stärkere wechselseitige Vernetzung.

Dabei dürfen wir diese Intertextualität, also die Bezugnahme auf Texte einer anderen Autorin oder eines anderen Autors, nicht unabhängig von der Frage der Macht behandeln. Wenn ich eine intertextuelle Beziehung zu einem anderen Text herstelle, dann ist dieser Text abwesend, es sei denn, ich *zitiere* aus ihm, wobei es diese Passagen dann sind, welche in meinem Text erscheinen und die ich mir folglich angeeignet habe. Damit ist eine gewisse Macht, ja Gewalt über den abwesenden Text verbunden, den ich in meine eigenen Texte integrieren kann. Nicht umsonst besitzt das schöne spanische Wörtchen „citar" in der Tauromachie die Bedeutung des Provozierens und Herbeirufens der Bestie: Es geht darum, den Stier (oder auch das verbündete, liebgewonnene Tier) an eben jener Stelle zu platzieren, an der dies für die eigenen Zwecke und Ziele am günstigsten ist.

Damit ist keineswegs nur eine individuelle Dimension gemeint: Jenseits von Phänomenen der Paratextualität, der wir unsere Aufmerksamkeit schon

---

[3] Auerbach, Erich: Philologie der Weltliteratur. In: *Weltliteratur.* Festgabe für Fritz Strich. Bern 1952, S. 39–50; wieder abgedruckt in Auerbach, Erich: *Gesammelte Aufsätze zur romanischen Philologie.* Herausgegeben von Fritz Schalk und Gustav Konrad. Bern – München: Francke Verlag 1967, S. 301–310, hier S. 303.

oft zuwandten, und der Architextualität, welche die Filiationen von Gattungen betrifft, sind Konstituierungsformen eines literarischen Raumes gerade im Zusammenspiel zwischen beiden Welten von großer Bedeutung. Unter einem literarischen Raum verstehe ich die innerliterarische, also durch einen Text – gleichviel ob Roman, Erzählung, Theaterstück oder Gedicht – selbst konstituierte Präsenz von Bezugstexten aus unterschiedlichen Literaturen, die auf explizite, aber auch auf implizite Weise diesen (Bewegungs-)Raum konfigurieren. Wir hatten am mexikanischen Schelmenroman mit der besonderen Bedeutung der spanischen und französischen Literatur, sowie am argentinischen Roman mit der Relevanz englischer und französischer Romantexte bereits durchgespielt und verstanden, wie wichtig die Bezugnahme auf bestimmte Nationalliteraturen gerade in den Amerikas ist. Aber auch eine Germaine de Staël hatte mit ihrer starken Einbeziehung deutschsprachiger Texte den Ärger nicht nur der französischen Kritik, sondern auch von Napoleon höchstselbst provoziert, verstand man doch diese Bezugnahme als Aufwertung der kleinen deutschsprachigen Länder und als implizit politischen Akt.

Der durch die expliziten oder impliziten Bezugnahmen konfigurierte literarische Raum sagt uns zunächst einmal etwas darüber aus, welche literarischen Vorlieben bestimmte Figuren oder Protagonisten innerhalb eines gegebenen Romans haben: So war beispielsweise die schöne María in José Mármols gleichnamigem Roman eine bewundernde Leserin der englischen und französischen Romantik gewesen. Der literarische Raum kann uns darüber hinaus unterschiedlichste Hinweise auf für unsere Interpretation überaus wichtige Fragestellungen geben. Wir werden sehen, dass sich im letzten Drittel des 19. Jahrhunderts – also während der dritten Phase beschleunigter Globalisierung – erneut die geokulturellen und geoliterarischen Bezugnahmen zwischen beiden Welten verändern, und damit jene Asymmetrie der Beziehungen,[4] welche sich seit dem Beginn der Kolonialzeit herausbildete.

Im Fin de siècle kommt den Beziehungen zwischen den Künsten, zwischen Dichtung und Malerei, zwischen Musik und Roman im Zeichen synästhetischer Konzeptionen umfassender Gesamtkunstwerke eine große Bedeutung zu. Die Literaturen des Jahrhundertendes und der Jahrhundertwende sind Perioden einer intensiven Inter- und Transmedialität, die wir auf den folgenden Seiten wiederholt verfolgen werden. Gerade in den Literaturen des Fin de siècle konstatieren wir eine Bewegung hin zu anderen künstlerischen Ausdrucksmedien, welche

---

4 Vgl. Ette, Ottmar: Asymmetrie der Beziehungen. Zehn Thesen zum Dialog der Literaturen Lateinamerikas und Europas. In: Scharlau, Birgit (Hg.): *Lateinamerika denken. Kulturtheoretische Grenzgänge zwischen Moderne und Postmoderne.* Tübingen: Gunter Narr Verlag 1994, S. 297–326.

die Sprachen und Wirkungen der Literatur ergänzen, komplettieren oder radikal erneuern können. Anfänge hierzu hatten wir in Arthur Rimbauds Gedicht *Voyelles* bereits gesehen. Zu jener Zeit kam der Konkurrenz oder dem Wettstreit zwischen den Künsten, insbesondere dem Kampf zwischen Literatur und Malerei um die Vorherrschaft zwischen unterschiedlichen künstlerischen Ausdrucksmedien, eine besondere Relevanz und künstlerisch-literarische Bedeutung zu. So könnte man die Literaturen des Fin de siécle als jene betrachten, die sich zunehmend der Tatsache bewusst wurden, dass die Literatur nicht mehr selbstverständlich die vorherrschende unter den verschiedenen künstlerischen Praktiken sein musste. Im Umkehrschluss ließe sich damit die epochenspezifische Offenheit der Literatur für die unterschiedlichsten Künste begründen.

Neben den sicherlich vorherrschenden ikonotextuellen Beziehungen, die sich zwischen Literatur und Malerei herstellen, gibt es – zumeist vernachlässigt, aber nicht weniger wichtig – die phonotextuellen Relationen, die sich zwischen Literatur und Musik etablieren; etwa die besondere Bedeutung, welche der Musik eines Richard Wagner oder Hector Berlioz zukam. Hierfür gab es im Fin de siècle eine spezifische Sensibilität. Weder die ikonotextuellen noch die phonotextuellen Beziehungen sind in den Literaturen der Welt neu, doch gewinnen sie in den Literaturen des ausgehenden 19. Jahrhunderts eine solche Stärke und Intensität, wie sie zuvor nur höchst selten zu beobachten war. Dass wir es in diesem intermedialen Bereich – denken wir nur an Richard Wagners Vorstellung vom *Gesamtkunstwerk* – mit einem Erbe der Spätromantik zu tun haben, versteht sich von selbst, stellt aber diese Epoche zugleich auch in einen kultur- und kunstgeschichtlichen Rahmen, auf den wir noch vielfach rekurrieren werden.

Entschuldigen Sie nun bitte ein kurzes transmediales Intermezzo! Es ist schade, dass ich Ihnen an dieser Stelle der Vorlesung in Buchform nicht die ersten Bilder von Richard Strauss' Oper *Die Liebe der Danae* einspielen kann, gäben uns doch diese Klangbilder aus der Feder eines der wichtigsten Komponisten des Fin de siècle gleichsam ein *Soundscape* für diesen Teil unseres Durchgangs. Dessen erste Oper *Guntram* wurde 1894 uraufgeführt und demonstrierte bereits zum damaligen Zeitpunkt jene Klangbreite und Musik, die uns nun zumindest imaginär begleiten soll. Die Entstehungszeit von *Die Liebe der Danae* geht in die dreißiger Jahre des 20. Jahrhunderts zurück, doch eben deshalb möchte ich Ihnen gleichsam prospektiv diese künftigen Klangbilder vor das innere Ohr zaubern. Gleichzeitig zu dieser Szenerie des goldenen Hochkapitalismus in Strauss' Oper sollten Sie sich die *Danae* von Gustav Klimt vor Augen führen, mit jener erotisch aufgeladenen Unschuld, in welcher sie das 1907 entstandene Gemälde zeigt. Damit haben Sie nun wesentliche Ingredienzien jener intensiv aufgeladenen literarischen Szenerien erhalten, durch welche wir in den kommenden Kapiteln unter anderem streifen werden. Und damit ist dieses Intermezzo, das Sie mir bitte nachsehen, auch schon wieder vorbei! In meiner ersten Potsdamer Vorlesung zum Fin de siècle hatte ich dazu noch Räucherkerzen entzündet ...

Abb. 69: Richard Strauss (München, 1864 – Garmisch-Partenkirchen, 1949).

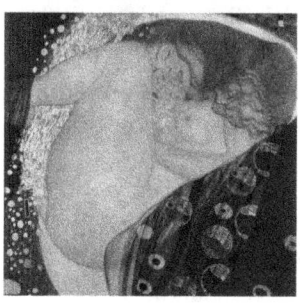

Abb. 70: „Danaë", Öl auf Leinwand von Gustav Klimt, 1907.

Wer sich mit den Literaturen des Fin de siècle beschäftigt, muss sich notwendig mit den Beziehungen zwischen Literatur und Philosophie, aber auch mit jenen zwischen Literatur und Psychologie beziehungsweise Psychoanalyse auseinandersetzen. Zum einen ist dabei Friedrich Nietzsche ein unverzichtbarer Begleiter, liegt das philosophische Werk dieses Philologen doch am Schnittpunkt von philosophischer Begrifflichkeit und literarischer Polysemie. Zum anderen aber ist es Sigmund Freud, dessen Psychoanalyse zwar erst die nachfolgenden Generationen, insbesondere die Surrealisten beeinflusst und bisweilen sogar geprägt hat, der aber umgekehrt gerade die Literatur als ein Hilfsmittel erkannt hatte, dem er Impulse und Anregungen für die wissenschaftliche Erforschung des psychischen Apparats entnehmen konnte. Dass die Veröffentlichung von Sigmund Freuds *Traumdeutung* genau in das Jahr 1900 fällt, ist ein Faktum, das nicht weniger wichtig für die Literaturen am Ende des Jahrhunderts ist als die Tatsache, dass im selben Jahr José Enrique Rodós *Ariel* vorgelegt wurde. Dass übrigens beide Publikationen bereits 1899 fertiggestellt wurden, sich aber mit der ersten Jahreszahl des neuen Jahrhunderts schmücken wollten, mag nicht nur ein Beleg für die Zahlenmagie, sondern auch für den Glauben der Verfasser an die epochale Bedeutung ihrer jeweiligen Werke sein.

Eine der notwendig bei der Betrachtung der Literaturen am Ausgang des 19. Jahrhunderts sich stellenden Grundfragen betrifft das Verhältnis zwischen Moderne und Fin de siècle. In den unterschiedlichsten Gesellschaften jener Zeit machen sich ungeheure Modernisierungsprozesse bemerkbar, die im letzten Drittel des neunzehnten Jahrhunderts im Kontext der sich ausprägenden Phase beschleunigter Globalisierung zur weitgehenden Umgestaltung der Lebensverhältnisse zahlloser Menschen in beiden Welten führten. In welchem Verhältnis stehen diese sozioökonomischen *Modernisierungs*prozesse zum einen mit der Epochenfrage der *Moderne* und den unterschiedlichen Formen eines ästhetischen und literarischen *Modernismus*, der sich ebenso in England wie in Katalonien oder Frankreich, in Argentinien wie in Uruguay oder Mexiko, ebenso im Bereich der Ästhetik wie der Religion Stimme und Gewicht während jener Jahrhundertwende verschafft? Oder anders gefragt: Wie lassen sich diese modernistischen literarischen Strömungen und Tendenzen, die sich auf den gesamten Bereich der Kultur ausweiteten, in Verbindung bringen mit dem Projekt der (europäischen) Moderne im Sinne eines Jürgen Habermas und den Konzeptionen einer literarischen und ästhetischen Moderne, wie sie sich im Entwurf bereits in den Texten Baudelaires findet? Auch hierauf wollen wir eine Antwort zu geben versuchen, die sich der Tatsache bewusst ist, dass allein nationalphilologische Analysen auf derlei Fragen keine befriedigenden Antworten geben können. Um es deutlich zu sagen: Es geht an dieser Stelle *nicht* um den Beginn der Moderne, den wir im letzten Drittel des 18. Jahrhunderts situierten, sondern um die verschiedenen Ausprägungsformen der Moderne in einem Sinne, der uns von unterschiedlichen *Modernen* im Plural sprechen lässt!

Auf den ersten Blick konträr zu diesem Modernisierungsschub gerade in den romanischen Ländern weltweit steht eine Stimmung der Dekadenz, die sich gegen Jahrhundertende in vielen Ländern der Romania breitmachte – und wie alle meine Vorlesungen geht auch diese davon aus, dass es eine ‚special relationship' zwischen den verschiedensten romanischen Literaturen der Welt und somit spezifische Übertragungswege gibt. Es bedarf keines sehr vertieften Studiums des Fin de siècle, um jenen Basso continuo herauszuhören, der in besonderem Masse in den romanischen Ländern Symptome einer Endzeitstimmung und Endzeiterwartung ausmacht. Im Verlauf des neunzehnten Jahrhunderts hatte der Fortschrittsoptimismus, den das ausgehende 18. Jahrhundert in das neue Saeculum hinübergetragen hatte, empfindliche Dämpfer erhalten, verlief doch die Geschichte keineswegs so geradlinig und progressiv, wie man sich dies am Ausgang des Jahrhunderts der Aufklärung sicherlich gewünscht, vor allem aber vorgestellt hatte.

Hierfür waren ebenso historische wie kulturelle oder mentalitätsgeschichtliche Faktoren ausschlaggebend: Die Abfolge von immer neuen politischen und sozialen Revolutionen, die im Fortschrittsmodell nicht eingeplant waren, von ständigen Rückschlägen etwa der Nationenbildung, aber auch eine Reihe von Theorien, die die Freiheit des Menschen allerorten einschränkten, trugen hierzu nicht unwesentlich bei. Insbesondere die Theorien und Lehren der Vererbung, wie sie dann auch der literarische Naturalismus lange vor dem Jahrhundertende aufnehmen sollte, erachteten – wie auch andere philosophische Entwicklungen im Gefolge des Positivismus – „race", „milieu" und „moment" für die Entwicklung des einzelnen Menschen wie der Menschheit insgesamt als ausschlaggebend. Sie sorgten für ein Bewusstsein der Grenzen, welche die Menschheit bereits im 19. Jahrhundert zunehmend in ihre Weltsicht, ja ihre philosophische Weltanschauung aufzunehmen gezwungen war. Schien der Fortschritt zuvor grenzenlos zu sein, so glaubte man nun die Probleme zu erkennen, die gerade auch den Nationen von lateinischer Abkunft drohen könnten. Denn waren nicht die germanischen, waren nicht die angelsächsischen Völker dynamischer, unternehmerischer, unverbrauchter als die kulturell so sehr verfeinerten Romanen? Und war der Niedergang Frankreichs, der unbestrittenen Hegemonialmacht im panlateinischen Lager, nicht symptomatisch für diese Krise der gesamten lateinischen Welt?

Schon lange vor der Veröffentlichung von Max Nordaus einflussreichem Buch über die Dekadenz der ‚Rassen' und ihrer entsprechenden Kulturen war die Ansicht einer allgemeinen Dekadenz innerhalb der Menschheitsgeschichte recht verbreitet. Dabei sollten wir nicht vergessen, dass Jean-Jacques Rousseau den Gedanken einer seit dem ‚Goldenen Zeitalter' stetig degenerierenden, absteigenden Menschheitsentwicklung gleichsam in den Urgrund der Entwicklung der europäischen Romantik eingeschrieben hatte. Derartige Anschauungen verschafften sich gegen Ende des 19. Jahrhunderts nicht allein in Europa, sondern gerade auch in den Amerikas immer mehr Gehör.

Doch bleiben wir noch für einen Augenblick bei dem erwähnten einflussreichen Band! Unter dem Titel *Entartung* argumentierte der in Pest geborene Schriftsteller, Arzt und zionistische Politiker Max Nordau, dass die zivilisierten Völker unter dem Ansturm der Barbaren – das Modell wie bei vielen Dekadenzvorstellungen war natürlich das späte Römische Reich – zusammenbrechen würden und so ein neuer Zyklus der Kulturentwicklung seinen Anfang nehmen müsste. Derartige Vorstellungen waren häufig verbunden mit einer extrem gespannten Sinnlichkeit und Empfänglichkeit, verbunden mit der leicht morbiden Faszination für die Kulturen des untergehenden Römischen Reichs. Es war in diesem

Zusammenhang auffällig, wie stark sich nicht nur die Literatur, sondern auch die Kunst insgesamt an der Orgie, die dem endgültigen Verfall vorausgeht, ausrichtete und wie überzeugend große Maler wie Gustave Moreau oder später Gustav Klimt diese betörenden Sinnenspektakel in Szene zu setzen vermochten. In ihnen brachten sie die Welt des Mythos, des Untergangs Roms – oder mehr noch jenen von Byzanz – in eine unmittelbare Verbindung mit ihren eigenen Kulturen und ihrer eigenen Epoche.

Abb. 71: Max Nordau
(Pest, Kaisertum Österreich, 1849 – Paris, 1923).

Doch zurück zum Diskurs der Entartung und damit zu Max Nordau! Erst mit ihm wurde der Begriff „Fin de siècle" zu einem Epochenbegriff, indem der aus Ungarn stammende jüdische Essayist, Kulturkritiker und Psychopathologe den Term zum Titel des ersten von insgesamt fünf Büchern seines zweibändigen Werks *Entartung* machte. *Fin de siècle* war zugleich Epochenbegriff und Anklage, ja vernichtende Zivilisationskritik, die in ihrer Wirkung auf die zeitgenössische Szene kaum überschätzt werden kann. Denn seit der erste Band von Nordaus Werk im Jahre 1892 erstmals in Berlin erschien, gab es einen ungeheuren Siegeszug des Textes, verbunden mit zahlreichen Übersetzungen insbesondere ins Französische, Englische, Italienische und Spanische, so dass der Begriff der „Entartung" mit seinen jeweiligen Spielarten überaus weite Verbreitung fand. Nordau wurde zum Bezugspunkt einer finisekulären Sichtweise vom Eigenen wie von dem, was man als ‚das Andere' apostrophierte, da in diesem umfangreichen Werk in der Luft liegende Vorstellungen im Zeichen des Wissenschaftlichen so auf den Begriff gebracht wurden, dass es schwer fällt, aus heutiger Sicht dessen *Impact* in seiner diffusen Tiefgründigkeit überhaupt noch zu verstehen.

In diesem Zusammenhang ist es zum einen entscheidend, dass sich der Arzt Max Nordau dem Forschungsstand der Pathologie und insbesondere der Psychopathologie anschloss, insoweit er auf die Lehren des Franzosen Morel und des – zeitgenössisch ja auch für den jungen Fernando Ortiz so wichtigen – italienischen Kriminologen Cesare Lombroso zurückgriff. Bénédicte Auguste Morel hatte bereits in einem berühmt gewordenen Traktat von „dégénérescence" gesprochen; und dieser französischsprachige Begriff stand hinter jenem deutschsprachigen der Entartung, der in der Folge im Nationalsozialismus eine so traurig-bedrückende ‚Karriere' machen sollte.

Wir müssen es uns an dieser Stelle versagen, der gesamten und schwer überblickbaren Begriffsgeschichte nachzugehen. Wichtig und aufschlussreich aber für uns ist, dass sich nunmehr Zivilisationskritik am Zustand der gesitteten – will sagen: der zivilisierten – Völker im Kleide der Medizin, der Wissenschaft zeigt, genauer: der Psychopathologie. Die Kritik am Verfall der Menschheit ist eine alte Geschichte; doch erst seit Jean-Jacques Rousseau kennen wir eine philosophisch vorgetragene und begründete Kritik an der „dépravation" des Menschengeschlechts, die deren Gründe in der Zivilisation selbst erblickt. So sahen auch Morel und vor allem Max Nordau den Verfall von Zivilisation und Kultur als Folge einer Krankheit der Zivilisation selbst, als Konsequenz der Kultur. Gleichzeitig wird die Gesellschaft und deren Breite an kulturellen Ausdrucksformen in das grelle Licht der Medizin und damit der Wissenschaftlichkeit getaucht, so dass nun der den Thesen Nordaus zu Grunde liegende und weit ausstrahlende Diskurs ein wissenschaftlicher Bezugsdiskurs ist. Sehen wir uns dies einmal anhand eines ersten Zitats aus dem ersten Buch von *Entartung* unter der Überschrift *Fin de siècle* an:

> Der Arzt [...], namentlich der, welcher sich besonders dem Studium der Nerven- und Geisteskrankheit gewidmet hat, erkennt in der Fin-de-siècle-Stimmung, in den Richtungen der zeitgenössischen Kunst und Dichtung, in dem Wesen der Schöpfer mystischer, symbolischer, „decadenter" Werke und dem Verhalten ihrer Bewunderer, in den Neigungen und Geschmacks-Trieben des Modepublikums auf den ersten Blick das Syndrom oder Gesammtbild zweier bestimmter Krankheits-Zustände, mit denen er wohlvertraut ist, der Degeneration oder Entartung und der Hysterie, deren geringere Grade als Neurasthenie bezeichnet werden.[5]

Was uns in dieser eindrücklichen Passage vorgeführt wird, ist im Grunde die Selbstermächtigung eines wissenschaftlich-pathologisch fundierten Diskurses zur Erfassung und Einverleibung kultureller Phänomene in ihrer Gesamtheit und Ganzheit, wobei der künstlerischen Produktion wie auch der Rezeption von Kunst eine besondere pathologische Bedeutung zugewiesen wird. Das naturwissenschaftlich-klinisch-medizinische Erklärungsmuster bemächtigt sich mit Hilfe dieses pseudowissenschaftlichen Diskurses – unter Rückgriff auf die Kronzeugen Morel und Lombroso – einer Welt der Kultur, welcher völlig andere, krankhafte Gesetzlichkeiten unterschoben werden. Es ist ein hochgradig selbstreferentieller

---

5 Nordau, Max: *Entartung*. Berlin: Carl Duncker 1899, Bd. I, S. 30 f.

Diskurs, der im Grunde nicht theoretisch – also experimentell überprüfbar –, sondern ideologisch funktioniert und keinerlei Abweichung kennt, da alles mit Hilfe eines geschulten Blicks von Spezialisten leicht erkannt werden könne. Der nationalsozialistische Diskurs über die sogenannte ‚Entartete Kunst' folgt unter Beigabe völkisch-rassistischer Ingredienzien genau diesem Muster.

Der gesamte Bereich der Kultur wird damit an den Maßstäben ‚gesund' versus ‚krank' gemessen. Es gibt in der Folge nicht nur eine Bezeichnung nach diesen beiden Kategorien, sondern auch Diagnosen und Therapien, denen die Gesellschaft des Fin de siècle – denn auch das Publikum wird in diese ‚kranke Kunst' ja miteinbezogen – in ihrer Gesamtheit unterworfen wird. Bemerkenswert ist, wie eine ganze Kultur in ihrer Breite unter das Zeichen der Pathologie und damit einer pathologisch relevanten Erklärung gestellt wird.

Der jüdische Arzt und Kulturkritiker hat den Begriff „Entartung" keineswegs genau so verwendet, wie ihn einige Jahrzehnte später dann die deutschen Nationalsozialisten etwa in Bezug auf die Kunst in ihrer berüchtigten Münchner Ausstellung von 1937 benutzen werden. Und doch fällt es schwer, seine Diagnosen völlig von ihrer späten Nachwirkung abzutrennen. Zu deutlich sind doch jene Beziehungen, welche uns auf den verschiedensten Gebieten darauf hinweisen, dass es mehr oder minder direkte und mehr oder minder subtile und subkutane Beziehungen zwischen dem Fin de siècle – und insbesondere dessen Zivilisations- und Kulturkritikern – einerseits und dem aufkommenden Faschismus und Autoritarismus andererseits gibt. Rassistische oder rassenorientierte Konzepte der Degenerierung und Entartung wurden nicht nur auf ganze Völker – wie etwa das chinesische – angewandt, sondern gegen Jahrhundertende auch auf die eigenen europäischen Gesellschaften ‚zuhause' appliziert. Dies entspricht der Beobachtung, dass koloniale Unterdrückungspraktiken wie etwa Konzentrationslager oder das Identifizierungssystem des Fingerabdrucks – die beide Kinder des 19. Jahrhunderts sind und auf Kuba, in Südafrika und Indien von Briten und Spaniern entwickelt wurden – bald nicht mehr nur auf koloniale Systeme, sondern auf die kolonialistischen Mutterländer in Europa selbst angewandt werden konnten.

Der Nordau'sche Begriff der Entartung ist freilich nicht antisemitisch gewendet, sondern greift nicht zuletzt jene Künstlerfiguren wie Richard Wagner oder Friedrich Nietzsche an, die schließlich den braunen Machthabern als verspätete Legitimation dienen sollten. Zugleich wird am Beispiel Max Nordaus deutlich, dass bürgerliche Aufsteiger wie er, der lange Zeit in großen europäischen Hauptstädten verbrachte, Spott und Verachtung gegenüber den großbürgerlichen Aussteigern empfand. Denn die Zivilisationskritik bedeutet nicht etwa eine generelle Verdammung der finisekulären Gesellschaft, sondern steht für die Attacke gegen einen besonders prominenten und ‚dekadenten' Teil von ihr: die oberen Gesellschaftsschichten, welche – wie die Nazis später sagen werden – vom ‚gesunden' Volkskörper abgetrennt lebten.

Vieles wäre an dieser Stelle über eine Begrifflichkeit zu sagen, die sich aus wissenschaftlicher Sicht alle zu beschreibenden Phänomene wertend einverleibte und einen pseudowissenschaftlichen Diskurs begründete, aus dem es im Grunde als Ideologie kein Entrinnen gab. Mir kommt es bei unseren Überlegungen darauf an, insbesondere die Beziehung zwischen der Kulturkritik und der Zeitstimmung des Fin de siécle aufzuzeigen und deren Potential für die Zukunft zu verstehen. Max Nordaus Kritik, die fest im (Sozial-)Darwinismus verankert ist, stellt gleichwohl keine Ausdrucksform eines Kulturpessimismus dar, sondern dient vielmehr der Manifestation eines Menschen, der durchaus gewissen vitalistischen Grundprinzipien huldigt und die Entartung seiner Zeit als ein Übel ansieht, das bald durch die Selektion überwunden sein werde. Zum anderen bettet sich sein Diskurs ein in einen Kultur- und Fortschrittsoptimismus, von dem die Entartung ja gerade die negativ konnotierte Abweichung darstellt, welche im Sinne des Gesamtwohls der Menschheit ausgeschieden werden soll.

Ich möchte mich an dieser Stelle freilich auf einen zweiten Aspekt dieser Problematik einlassen! Denn es ist aufschlussreich, dass die naturwissenschaftliche Diskursivität – gesegnet mit den Zeichen der Wissenschaft oder besser Wissenschaftlichkeit – sich gerade auf jene Bereiche einließ, die zuvor nicht so leicht in den Bannkreis der Medizin gerückt worden waren: mithin Kunst und Literatur. Auch hierzu sollten wir uns ein Zitat aus Max Nordaus epochemachendem und einflussreichem Buch anschauen:

> Alle diese Richtungen, der Realismus oder Naturalismus, der Decadentismus, der Neomystizismus und ihre Unterformen, sind Kundgebungen der Entartung und Hysterie und mit deren klinisch beobachteten und unzweifelhaft festgestellten geistigen Stigmaten identisch. Entartung und Hysterie sind aber die Folge übermäßiger organischer Abnützung, welche die Völker durch die riesenhaft gesteigerten Ansprüche an ihre Tätigkeit und durch das starke Anwachsen der Großstädte erlitten haben.[6]

In diesen Formulierungen wird die Kunst und mehr noch der je einzelne Künstler einer Konstatierung krankhafter Strukturen unterworfen, die in ihrer Wertung und dezidierten Ausdrucksfähigkeit keine Zweifel daran lassen, dass fast alle Formen der damaligen zeitgenössischen Kunst unter dieses Verdikt der medizinisch eingefärbten Naturwissenschaften und damit unter Entartungsverdacht fallen. Max Nordaus Buch hat mit seinen Vorstellungen das Fin de siécle in einer ganz entscheidenden Weise mitgeprägt und all jene Elemente und Ideen noch

---

6 Nordau, Max: *Entartung*, Bd. 1, S. 79.

einmal in den neunziger Jahren zusammengefasst, die ohne die vorangehenden Entwicklungen – und zwar unter Einschluss des Naturalismus – nicht denkbar gewesen wären.

Mit Blick auf den Ansatz von Nordau ist wichtig, dass für den jüdischen Kulturkritiker und Arzt diese Entwicklungen letztlich heilbar sind, solange sich die verschiedenen Völker und Individuen gegenseitig unterstützen. Aufschlussreich ist aber auch, dass Nordau davon überzeugt war, dass die degenerativen Erkrankungen letztlich durch darwinistische Selektion wieder verschwinden würden; ein Gedanke, der schon Huysmans' Figur Des Esseintes nicht völlig fremd war. Denn auch letztere war im Zeichen des Naturalismus von bestimmten Vererbungsphänomenen betroffen und schaffte es nicht, ihr Erbgut weiterzugeben, so dass Des Esseintes der letzte in einer langen Reihe von Familienmitgliedern wird, die mit ihm an ihr (wohlverdientes) Ende gelangen. Doch dazu später mehr ...

So löst sich – wie etwa später bei Andrea Sperelli in Gabriele d'Annunzios Roman *Il Piacere* – ein Problem der Degeneration im Fin de siècle, das unter anderen politischen Vorzeichen wenige Jahrzehnte später mit dem Scheinargument der Rassenhygiene in aller Brutalität angegangen werden wird. Hierbei gilt es zu berücksichtigen, dass Max Nordau selbst Jude war und seine Vorstellungen keineswegs auf die Juden bezog. Vielmehr nahm er gerade jene aufs Korn, die unter dem Banner eines Diskurses segelten, welcher von den Juden als verkommenem, moralisch wie körperlich verfallenem Volk oder einer durch derartige Attribute abgewerteten Rassengemeinschaft sprachen und jenen Antisemitismus pflegten, der in unseren Tagen wieder so schrecklich aktuell ist. Was den ‚Fall Max Nordau' so überaus komplex macht ist, dass es schwer fällt, ihm eine wirklich klar antisemitische Stoßrichtung zu unterstellen. Seine Vorstellungen haben gewirkt, aber just bei jenen, die er mit Sicherheit nicht für die Sache der sogenannten ‚Entartung' begeistern wollte – Kann man ihm dies zum Vorwurf machen?

Ein letzter Punkt ist nicht weniger interessant: Dabei geht es um die Verschmelzung mehrerer Diskurse auf eine sehr charakteristische Weise. Zunächst können wir feststellen, dass wir hier einen medizinisch-pathologischen oder psychopathologischen Diskurs vor uns haben und andererseits einen künstlerisch-literarischen, wobei sich der erstere dem zweiten auflagert und ihn beherrscht: Literatur und Kunst erscheinen nur als Teilbereiche einer klinisch erfassbaren (und letztlich auch therapierbaren) gesellschaftlichen Wirklichkeit. Die Anwendung medizinisch-pathologischer Vorstellungsmuster auf die Literatur hat weder mit Max Nordau angefangen noch hat sie mit ihm aufgehört. Fast zeitgleich beginnt auch Sigmund Freud, ein ebenfalls aus Österreich-Ungarn – um mit Robert Musil zu sprechen: aus Kaukanien – stammender jüdischer Arzt, die Literatur mit den Augen der just von ihm selbst aus der Taufe gehobenen Psychoanalyse zu lesen. Auch in diesem Falle ist der wissenschaftliche Diskurs wiederum dem literarischen überlegen, verleibt ihn sich gleichsam ein.

Betrachten wir die Sache von Seiten der Literatur beziehungsweise der Ästhetik her, so sehen wir rasch, dass es gerade der Naturalismus im Gefolge des Zola'schen „Roman expérimental" war, der sich auf der Suche nach Gesetzmäßigkeiten auf einen medizinisch-pathologischen Diskurs als Garanten des eigenen Schreibens einließ. Er befand sich damit in der Tradition eines Honoré de Balzac, dessen Verankerung der *Comédie humaine* in naturwissenschaftlichen Diskursen wir gesehen haben. Ohne eine derartige Tradition, die Literatur gleichsam zum Laboratorium der Gesamtgesellschaft macht und auf diese Weise in ersterer Gesetzmäßigkeiten erkennen will, welche auf letztere anwendbar sind, wäre – so scheint mir – eine Vormachtstellung wissenschaftlicher Krankheitsdiskurse gegenüber den spezifisch literarischen nicht möglich gewesen. Die Eigen-Logiken von Literatur als gebündeltem und konzentriertem Lebenswissen wurden in solchen Überlegungen und Versuchen nicht ausreichend berücksichtigt; ein Problem, das Joris-Karl Huysmans mit seiner Verabschiedung vom Naturalismus Zola'scher Prägung – wie wir noch sehen werden – sehr klar erkannte.

Freilich ist die Stoßrichtung nun eine umgekehrte: Wollte die Literatur als Laboratorium Gesetze ermitteln und vorführen, die danach zur Heilung der Gesellschaft beitragen könnten, so versucht nun der medizinisch-therapeutische Diskurs, Literatur und Kunst als Krankheit zu diagnostizieren und zu deren Heilung beizutragen. Die Künstlerin und der Künstler, aber auch ihre Gesellschaften und zumal ihr Publikum erscheinen nun als potentielle Kranke, die ‚behandelt' werden müssen. Damit haben wir eine neue Situation in der Verknüpfung zwischen den Diskursen von Wissenschaft und Literatur, die im Fin de siècle überaus produktiv wurde. Wir werden verschiedenste literarische Beispiele dafür kennenlernen.

Der ungeheure Erfolg von Max Nordaus Buch *Entartung* aber lässt sich nicht ohne jene spezifische Sensibilität des Fin de siècle verstehen, welcher diese Publikation nicht nur entsprach, sondern zugleich auch neue Nahrung gab. In der Tat ist bereits ab dem ersten Kapitel das Grundgefühl einer sich ständig in weitere Verstrickungen begebenden Kultur zu spüren, das zwar bei Nordau keineswegs an seinen Endpunkt gelangt ist, gleichwohl aber unter dem Druck des zivilisatorischen Prozesses – wie es Norbert Elias sagen würde – in einen Prozess zivilisatorischer Krankheiten umgeschlagen ist. Die Zivilisationskrankheiten sind dabei letztlich nur Symptome dieses – wie wiederum Sigmund Freud es später nannte – „Unbehagens in der Kultur", das wesentlich tiefer reicht und in der Tat auch der Frage nachzuspüren versucht, warum der Mensch eigentlich Literatur schreibt und als Künstlerin oder Künstler die kreativen Künste ausübt.

Dies hat mit dem Bild des Künstlers als einem Neurotiker oder gar Psychopathen zu tun, beinhaltet gewiss aber auch ein problematisches Menschenbild, in dem die Kunst eigentlich eine marginale Stellung als Ausdrucksform des Menschen einnimmt. Wir könnten im Gegenzug jedoch fragen, ob nicht der Mensch, der nicht nach künstlerisch-kreativen Ausdrucksmöglichkeiten sucht, der eigentlich Kranke und zu Behandelnde ist. Doch aus Sicht des Verfassers von *Entartung* ergibt sich eine optimistische Stoßrichtung des Ansatzes: Denn Literatur und Kunst sind heilbar – ganz so, wie nach unserem Dafürhalten ein fehlendes Suchen nach künstlerischen Ausdrucksformen ebenfalls als heilbar angesehen werden könnte.

An diesem Punkt der finisekulären Überlegungen gelangen wir an ein ganz anderes Ende der Literatur, eigentlich an ihr medizinisch-psychopathologisches Ende, insoweit die Symptome der Entartung analysiert, diagnostiziert, in eine Anamnese integriert und schließlich therapiert werden sollen. Am Ende eines solchen Prozesses aber wären die Literaturen in der Tat am Ende: Es gäbe keine Kunst mehr und die Gesellschaft wäre ‚gesund'. Eine eigenartige Vorstellung wäre dies, zu der ein letztes Zitat aus Max Nordaus *Entartung* passen mag. Nordau bezieht sich dabei, wie Sie gleich sehen werden, auf Literatur und Dichtkunst:

> Da haben wir ihn nun, den „Uebermenschen", den Baudelaire und seine Schüler träumen und dem sie ähnlich zu werden suchen: körperlich krank und schwach, sittlich ein abgefeimter Schurke, geistig ein namenloser Idiot. [...] Ein Schmarotzer der niedrigsten Bildungsstufe [...], müßte er, wenn er arm wäre, elend verhungern, sofern ihn die Gesellschaft in ihrer unangebrachten Güte nicht in einer Idiotenanstalt mit dem Nöthigen versorgen würde.[7]

An diesem Punkt ist der Künstler auf den Hund gekommen: Künstler und Literat sind nun Degenerierte, welche die Gesellschaft eigentlich bloß noch zu ihrem eigenen Schaden durchfüttert und verköstigt. Von hier bis zum Totalangriff auf Künstler, die sich nicht der herrschenden Ordnung und Moral beugen, ist es bloß noch ein kleiner Schritt. Denn die Künstler erscheinen als gesellschaftlicher Auswurf, der schädlich und gefährlich für die Menschheit ist, als nicht mehr nur relativ, sondern unverkennbar absolut Marginalisierte, die es endlich auszumerzen gilt. Ich glaube nicht, dass man derlei Aussagen als bloßen Verbalradikalismus deuten darf: Hier liegt ein Menschenbild zugrunde, für das Kunst und Literatur nicht die höchsten künstlerischen Ausdrucksformen des Homo sapiens sind, sondern gesellschaftlich geächtet werden müssen.

---

7 Nordau, Max: *Entartung*, Bd. 2, S. 107 f.

Überdies lassen sich diese Bilder und Vorstellungen in den verschiedensten Bereichen mit dem Aufflammen eines ganz bestimmten Frauenbildes in Verbindung setzen, auf das wir noch zurückkommen werden; das nämlich der schon bei Honoré de Balzac anzutreffenden Femme fatale. Rassismus, Antisemitismus, Sexismus und Misogynie gehen nicht selten Hand in Hand – auch wenn wir Nordau nicht des Antisemitismus verdächtigen wollen. In seiner 1892 erschienenen Schrift hatte der in den wichtigsten Periodika nicht nur in Wien, Berlin, Paris oder London, sondern auch in Buenos Aires und in den USA publizierende Nordau auf Gedanken des Italieners Cesare Lombroso zurückgegriffen und von einer Degeneration gesprochen, welche er in Literatur und Kunst zu verorten suchte, die aber auch einen genderspezifischen Aspekt beinhaltete. Dies traf den Nerv der Zeit: Nordau stellte die großen Künstlernamen des ausgehenden 19. Jahrhunderts unter dieses der kulturellen Dekadenz biologistisch verwandte Schlagwort der „Entartung" und verstand es, seine Überzeugung von der Existenz unterschiedlicher menschlicher Rassen mit misogynen Vorstellungen zu verbinden, welche eine große Breitenwirkung ebenso in der Alten wie in der Neuen Welt erzielten.

Zugleich war sein Rückgriff auf den Mythos ein Zeichen der Zeit. Dabei blieb es nicht bei antiken Mythologien: Im gesamten abendländischen Raum wurden Salammbô und Salome zu den Archetypen der Frauengestalten des Fin de siècle. Derartige Tendenzen lassen sich nicht nur in den Künsten, sondern auch in der Mode erkennen. Auf die so finisekulär drapierte Frau wird dabei die sadomasochistische Funktion der Zerstörerin inmitten berückender Schönheit und der Schönheit totaler Zerstörung im Zugehörigkeitsgefühl zu einer Endzeit, einer untergehenden ‚Rasse' projiziert. Wir alle kennen diese Bilder der Femme fatale, die sicherlich im kulturellen Imaginären unserer Zeit noch immer präsent, wenn auch nicht so vorherrschend wie im ausgehenden 19. Jahrhundert sind.

Die spezifische Situation der gesamten Romania unter Einschluss der Hispanophonie gibt – im Anschluss an Lily Litvak[8] – keine Rätsel auf und lässt sich in wenigen Worten relativ bündig zusammenfassen: Sie wird erhellt durch eine die gesamte spanischsprachige Welt aufrüttelnde Polemik, die sich im ausgehenden 19. Jahrhundert darüber entzündete, ob die angelsächsische oder germanische Rasse nun endgültig über die lateinische Rasse obsiegt habe. Denn alle Indizien – so die Vertreter dieser These – wiesen darauf hin, dass alle großen Erfolge und Fortschritte seit spätestens 1870 deutlich auf Seiten der Angelsachsen beziehungs-

---

8 Vgl. Litvak, Lily: *El sendero del tigre. Exotismo en la literatura española de finales del siglo XIX (1880–1913)*. Madrid: Taurus 1986; sowie (dies.): *España 1900. Modernismo, anarquismo y fin de siglo*. Prólogo de Giovanni Allegra. Barcelona: Anthropos 1990.

weise Germanen lagen und auf Kosten der Romanen gingen. Dies betreffe ebenso den militärischen wie den wissenschaftlichen und zivilisatorischen Bereich.

Gerade das vermeintlich stärkste Land innerhalb der Romania, das sich seit der Mitte des 19. Jahrhunderts im Rahmen der sogenannten „races latines" selbst in die Rolle der Hegemonialmacht des Panlatinismus gehievt hatte – und nicht umsonst erschien in Paris die einflussreiche *Revue des races latines* –, war durch die vernichtende Niederlage gegen die preußische Armee 1870 schwer gedemütigt worden. Frankreich schien stellvertretend für die Nationen der Romania, für die Völker lateinischer Abkunft jene Symptome der Dekadenz zu offenbaren, die ein Land charakterisierten, welches noch zu Beginn des Jahrhunderts unter der Führung Napoleons in der Lage gewesen war, Angst und Schrecken über ganz Europa zu verbreiten und dem europäischen Kontinent seinen Stempel aufzudrücken. Über lange Phasen der europäischen Geschichte war es Frankreich gelungen, spätestens seit Beginn des 18. Jahrhunderts die kulturelle und später auch militärische Vorherrschaft zu übernehmen. Noch Mitte des 19. Jahrhunderts besaß Frankreich eine kulturelle Dominanz, welche es als Hegemonialmacht des Panlatinismus eine deutliche Präponderanz über die ehemals spanischen Kolonien Amerikas ausüben ließ, die sich nun innerhalb dieser panlateinischen Idee in der zweiten Jahrhunderthälfte als „Lateinamerika" zu bezeichnen begannen.⁹

Diese Zeiten – so schien es nun – waren endgültig und unwiederbringlich vorbei. Denn die Niederlage von Sedan war nicht nur *La débâcle* ganz im Zola'schen Sinne, sie war nicht nur eine militärische „défaite", sondern weit mehr die Niederlage einer ganzen ‚Rasse', der „race latine", und alarmierendes Symptom für deren kulturellen, zivilisatorischen, politischen und militärischen Verfall. Demgemäß ist es keineswegs übertrieben, in diesem globalgeschichtlichen Zusammenhang von einem Trauma nicht allein Frankreichs – das dann der Erste Weltkrieg im Revanchismus beseitigen sollte –, sondern der gesamten Romania zu sprechen. Noch heute sind in einer Reihe lateinamerikanischer Länder wie Chile oder Kolumbien die Uniformen und viele andere Details an denen der glorreichen preußischen Armee ausgerichtet – Man kaufte Kanonen bei Krupp. Militärischer Aufstieg und kulturelle Machtentfaltung schienen gegen Ende des Jahrhunderts eine Sache der Germanen und Angelsachsen geworden zu sein.

Zur Niederlage Frankreichs im Preußisch-Französischen Krieg kam nicht zuletzt die Niederlage Spaniens 1898 im Spanisch-Kubanisch-US-Amerikanischen

---

9 Vgl. hierzu Jurt, Joseph: Entstehung und Entwicklung der Lateinamerika-Idee. In: *Lendemains* (Köln) 27 (1982), S. 17–26; sowie Rojas-Mix, Miguel: Bilbao y el hallazgo de América latina: Unión continental, socialista y literaria. In: *Caravelle* (Toulouse) 46 (1986), S. 35–47.

Krieg, auf den wir später zurückkommen werden; eine Niederlage, welche die Reste des spanischen Kolonialreichs in Amerika und auf den Philippinen ein für alle Mal beseitigte. Dieses krachende „desastre", das für Spanien den Verlust von Kuba, Puerto Rico und der Philippinen bedeutete, prägte wiederum nicht allein die Diskussion in Spanien selbst, sondern weit darüber hinaus die längst in Gang gekommene Polemik um die Dominanz der ‚Rassen'. Die Superiorität der Angelsachsen wie der US-Amerikaner und die Inferiorität der lateinischen Völker schienen ausgemacht zu sein. Angesichts dieses „Manifest Destiny" und der „American Sea Power" schienen der Untergang der lateinischen Rasse und ihr völliges Verschwinden mitsamt ihrer Kultur und Sprache unmittelbar bevorzustehen – es ist klar, dass die verwendeten Termini wie ‚Rasse' oder ‚Volk' nicht von mir, sondern aus der zeitgenössischen Diskussion stammen.

Abb. 72: Brennendes spanisches Kriegsschiff vor Cavite (Philippinen).

Abb. 73: Versenktes spanisches Kriegsschiff vor Santiago de Cuba.

Den romanischen Völkern oder – wie man damals sagte – den Völkern lateinischer ‚Rasse' gegenüber standen die Angelsachsen, die Germanen oder Teutonen und nicht zuletzt die Slawen, die 1848 ihren ersten Panslawistischen Kongress in Prag einberufen hatten. Der Aufstieg Russlands zum panslawischen Hegemon war eine Frage der Zeit. Die Menschheit in Europa spaltete sich in verschiedene Blöcke auf, von denen einige größere und andere weniger große Zukunftschancen zu haben schienen. Dies ließ im Zeichen einer vom Sozialdarwinismus stark geprägten Welt letztlich die dringliche Frage nach einem Überleben der jeweiligen ‚Völker' und ‚Rassen' aufkeimen. Wer würde in diesem „Survival of the fittest" überleben? Die lateinischen Völker schauten am Jahrhundertende angstvoll in die Zukunft.

Wenn wir uns an die aktuellen Diskussionen um den sogenannten „Bruderbund" der Slawen im Kosowo-Krieg erinnern, sehen wir, dass die damaligen Ideen so ganz ausgestorben nicht zu sein scheinen. Jene alte Aufteilung Europas und der von Europa geprägten Welt gehört zu den Dingen, die nicht mehr sind und doch nicht aufhören können zu sein. Schließlich ist das Konzept der „lateinischen Völker" in einem Kontext entstanden, der letztlich gerade dem kulturellen Aspekt dieser Völker in einem Panlatinismus entsprang, welcher unter der Führung Frankreichs und im Zeichen des christlichen Kreuzes wie des alten Roms stehen sollte. Es geisterten zum damaligen Zeitpunkt die unterschiedlichsten Rassetheorien durch die Welt, die unter anderem zwischen dem „Homo europeus", dem „Homo alpinus" und dem „Homo mediterraneus" unterscheiden zu können glaubten.

Angesichts der Lächerlichkeit all dieses Rassedenkens und derlei rassistischer Kategorien vergeht einem freilich das Lachen, wenn man an die katastrophalen, furchtbaren Folgen dieses Wahns denkt, der in nicht wenigen Gehirnen – wenn wir diese körperliche Hohlform denn so nennen wollen – bis heute fortspukt! Und doch sind jene Vorstellungen, die mit Gobineau eine deutlich rassistische Dimension erreichten, im 19. Jahrhundert nicht aus dem Nichts gekommen, sondern längst in den Diskussionen der europäischen Aufklärung um die Rassenentwicklung im Kontext des Kolonialismus und in Zusammenhang mit der Schädelkunde, der Kraniologie, sowie mit der Klimatheorie debattiert worden. Kaum ein europäischer Reisebericht des 18. Jahrhunderts, der nicht die Frage nach der jeweiligen Entwicklung der unterschiedlichen Rassen gestellt hätte. Doch dazu wird eine Vorlesung zum Jahrhundert der Aufklärung folgen, die sich mit diesen Fragen auseinandersetzen soll.[10]

---

10 Vgl. den fünften Band der „Aula"-Reihe in Ette, Ottmar: *Aufklärung zwischen zwei Welten* (für 2022 geplant).

Der frankozentrische Panlatinismus, der in zahlreichen Zeitschriften seit Mitte des Jahrhunderts zum Ausdruck kam, erhielt erst seit der Niederlage von Sedan eine so dunkle, düstere Kolorierung. Doch waren in den anderen Rassenkonzeptionen längst Ideologeme vorhanden, die den lateinischen Völkern, den Kulturvölkern des Mittelmeeres, eine vorbestimmte und unausweichliche Degeneration andichteten und angesichts der vorrückenden Macht der „Völker des Nordens" keine großen Zukunftschancen mehr zubilligen wollten. Der französische Schriftsteller Joséphin Péladan, der Gründer des Ordre de la Rose-Croix Catholique esthétique du Temple et du Graal, schrieb in seinem einundzwanzigbändigen Monumentalwerk über die Dekadenz der lateinischen Rasse, das zwischen 1884 und 1907 in Paris erschien, die so wenig tröstlichen Worte: „Der lateinischen Rasse, die zu sterben verurteilt ist, bereiten wir einen letzten Glanz, um die Barbaren, die kommen werden, zu blenden und sanfter zu machen."[11] Mit diesen Aussagen des 1908 von der Académie française mit einem Preis für sein Lebenswerk ausgezeichneten Schriftstellers wurde zugleich der Untergang der lateinischen Völker mit einer letzten, alles überstrahlenden Kulturentfaltung am Jahrhundertende gekoppelt. Eine Endzeitstimmung wurde verbreitet, die sich noch ein allerletztes Mal im Vollbesitz der Kräfte der Kultur vor dem letztlich erfolgreichen Ansturm der (angelsächsischen, slawischen oder germanischen) Barbaren glaubte.

Auch der Pangermanismus oder Panteutonismus hatte spätestens seit 1890 an Fahrt aufgenommen und schien durch die koloniale Ausweitung der zunächst zu spät gekommenen Mächte nun die alten lateinischen Kolonialreiche beerben zu können. Der Aufbau eines deutschen Kolonialreichs, das es seit dem brandenburgischen Sklavenhandel nicht mehr gegeben hatte, war in vollem Gange. Wenn wir uns diese weltpolitische und geostrategische Lage vor Augen halten, verstehen wir besser, warum das Fin de siécle keineswegs eine rein europäische Angelegenheit sein konnte, sondern dass hier Kolonialinteressen sowie ehemalige Kolonialreiche und -völker eine höchst aktive Rolle spielen.

Diese Tatsache behinderte freilich den noch immer vorherrschenden Eurozentrismus der Kolonialmächte Europas nur unwesentlich. Entscheidend für unsere Fragestellung ist dabei, dass die oftmals vorwiegend kulturell ausgerichtete Bestimmung des Rassebegriffs gerade in den Diskussionen am Jahrhundertende einen zunehmend rassistischen und sozialdarwinistischen Beigeschmack erhielt, der wesentlich war für die Endzeitstimmung, welche sich zunehmend in den Ländern der Romania ausbreitete. Dass diese Stimmung nicht nur jene des

---

11 Zitiert nach Litvak, Lily: *España 1900*, S. 192, FN 1: „A la race latine qui va mourir, nous préparons une dernière splendeur afin d'éblouir et d'adoucir les Barbares qui vont venir."

Jahrhundertendes war, sondern in die Jahrhundertwende hinein wirkte, möge das nachfolgende Zitat belegen.

So verfasste der 1878 in Wien geborene renommierte Publizist und Kulturhistoriker Egon Friedell, der sich 1938 nach dem Einmarsch der deutschen Truppen in Österreich das Leben nahm, einen kleinen Band mit dem Titel *Von Dante bis d'Annunzio*, der mir einmal vor Jahren bei der Suche nach Literatur zum Fin de siècle in die Hände fiel. Friedell war mir kein Unbekannter, war er doch nach seinem Philosophiestudium Kabarettleiter, Theaterkritiker und Schauspieler gewesen, verfasste Schwänke und Parodien sowie zahlreiche Essays, trat vor allem aber als Autor einer großen, zwischen 1927 und 1932 erschienenen *Kulturgeschichte der Neuzeit* in drei Bänden sowie einer *Kulturgeschichte des Altertums* (ab 1936) auf, welche bis heute immer wieder aufgelegt werden. Das schmale Bändchen, das mir eher zufällig in die Hände fiel, war 1915 – also nach Beginn des Ersten Weltkriegs – in Wien und Leipzig erschienen und enthielt gleich im ersten Abschnitt unter dem Titel „Westbarbaren" die nachfolgend angeführten denkwürdigen Sätze, die ich etwas ausführlicher zitieren darf:

> Kriege sind immer geführt worden; und aus allen möglichen und unmöglichen Gründen: um Worte, um Flaggenfelder, um Pfeffer, um Frauen; bisweilen nur, um überhaupt Krieg zu führen. Aber die großen Kriege, die, in denen bedeutsame und geheimnisvolle Kräfte der Vergangenheit und Zukunft sich ausgewirkt haben, sind immer nur aus einem einzigen Grunde geführt worden: sie waren allemal Kulturkämpfe. Kein Krieg jedoch ist jemals so bewußt und deutlich um Kultur geführt worden und nur um Kultur wie dieser jetzige, in dem alle moralischen intellektuellen und physischen Kräfte, die der Mensch besitzt, gesammelt ins Treffen geworfen werden: Millionen Herzen, Millionen Hirne, Millionen Menschengedanken, körperlich geworden in Luft und Feuer, Gold und Erde, Eisen und Licht; und all das einzig und allein, um festzustellen, ob der helle deutsche Gedanke auch fernerhin in Europa siegreich bleiben soll oder nicht.
>
> Der Zweibund kämpft vorläufig gegen sieben Staaten und Völker. Es ist jedoch ziemlich klar, dass einige von diesen kulturell überhaupt nicht in Betracht kommen. Japan ist eine Mottenplage. Menagerievölker wie die Serben und Montenegriner sind vollends indiskutabel. Was jedoch den Rest angeht, so hat sich schon in den ersten Wochen des Krieges das in gewisser Beziehung überraschende Resultat ergeben, dass die Barbarei sozusagen von Osten nach Westen gerutscht ist. Während die Engländer sich als fähig erwiesen, jede Art von Unritterlichkeit, Brutalität und Unehrlichkeit, alle niedrigen und kleinen Kniffe eines unsauberen Geschäftsmannes zur Anwendung zu bringen, während die Franzosen und Belgier eine geradezu bestialische Kriegsführung annahmen, die derjenigen des Balkans in nichts nachsteht, wurden derartige Dinge von den Russen weit seltener gemeldet, und wir haben Grund, anzunehmen, dass es sich auch in den berichteten Fällen um Kosaken und wilde Stämme handelt, die im eigenen Lande nicht wesentlich anders verfahren und bei denen das Brennen und Plündern gewissermaßen noch eine allgemein übliche Verkehrsform ist [...]
>
> Rußland ist ein formloses, schwerfälliges, viel zu großes Untier. Ein gefährlicher, bisweilen aber auch rührender Koloß, der an unheilbarer Fettsucht und Gefräßigkeit leidet, in dessen

Augen aber doch bisweilen eine Ahnung aufblitzt von der Rätselhaftigkeit alles Geschaffenen und der Güte dessen, der alles geschaffen hat. [...]
Hingegen Frankreich kann nicht mehr gerettet werden. Ein Volk, das niemals, nicht eine Stunde lang, ernst war, das niemals, nicht eine Stunde lang, bescheiden war, ein Volk, das niemals an etwas Höheres geglaubt hat als an Geschlechtsliebe, Lebensgenuß, leere Kunstspielerei und eine billige aufdrapierte Theatergloire, das nicht eine Stunde lang versucht hat, sich selbst ins Antlitz zu blicken, ein Volk, das unfähig ist, weise zu werden, unfähig, gerecht zu sein, unfähig, zu bereuen, das noch auf jede seiner Sünden den Trotz oder das Leugnen gehäuft hat, ein Volk, das an der ärgsten Nationalkrankheit leidet, die es gibt: nämlich an einer geradezu endemischen Verlogenheit, ein solches Volk ist unrettbar verloren.[12]

Abb. 74: Egon Friedell (Wien, 1878 – ebenda, 1938).

Ich habe Ihnen diesen schönen Auszug, der bei einem so weltgewandten, belesenen und tiefsinnigen Kulturforscher wie Egon Friedell doch sehr überrascht, aus dem Grunde ausgesucht, weil in ihm jenseits aller damals auf allen Seiten verbreiteten Kriegseuphorie noch vieles jener germanischen und zugleich finisekulären Spiritualität atmet, die sicherlich nicht ganz in den Wirren des Ersten Weltkriegs verloren ging. Diese Formulierungen Friedells machen uns deutlich, dass die Untergangsstimmung nicht notwendig überall und für alle Völker gelten musste, dass aber im germanischen Bereich die Ansicht verbreitet war, dass es mit den Romanen – und allen voran den Franzosen – nicht mehr lange so dekadent weitergehen könne.

Diese Passage erscheint mir deswegen als so bedeutsam, weil jener Krieg, den man im englisch- oder deutschsprachigen Bereich später den Ersten Welt-

---

[12] Friedell, Egon: *Von Dante zu d'Annunzio*. Leipzig: L. Rosner & Carl Wilhelm 1915, S. 11 f.

krieg, in Frankreich aber die „Grande Guerre", den „Großen Krieg" nennen sollte, uns gegen Ende unserer Vorlesung bei José Enrique Rodó nochmals beschäftigen wird. Zudem schwingt hier zu Beginn des Krieges doch noch viel von jener Kulturbesessenheit mit, welche die Diskussionen am Jahrhundertende so obsessiv charakterisierte. Es handelt sich um eine Deutung der Kulturgeschichte der Menschheit – die Friedell später noch verfassen sollte – aus Sicht eines *Kampfs der Kulturen*, ganz im sozialdarwinistischen Sinne eines Überlebens der Stärksten, aber auch im Sinne von Samuel P. Huntington.[13] Letzterer stellt mit seinem kulturterroristischen Erklärungsmodell für keinen geringen Teil der sogenannten ‚Think Tanks' der US-amerikanischen Präsidenten eine Neuordnung der gesamten Weltpolitik in das Zeichen eines weltweiten Kulturkampfs. Diktion und Stil haben sich geändert; aber sind wir heute wirklich so weit von den Überlegungen des ausgehenden 19. Jahrhunderts entfernt?

Huntington ging davon aus, dass wie beim Kampf im Urwald eben auch Späne fallen, wo gehobelt wird: Dies mag nicht unwesentlich dazu beitragen, eine (neuerliche) Endzeitstimmung zu schaffen. Friedell spielte triumphierend die Karte der eigenen Superiorität, der eigenen kulturellen Überlegenheit. Doch war umgekehrt ein Denken von der eigenen Inferiorität gerade auch bei den sogenannten ‚lateinischen Völkern' verbreitet, wie wir unschwer feststellen können. Am Rande dieser Überlegungen dürfen wir neidlos konstatieren, wie mutig jene Romanisten waren, die wie Viktor Klemperer oder Ernst Robert Curtius nach Ende des Ersten Weltkriegs die Bande zu Frankreich wieder zu knüpfen versuchten; und dies nicht nur in Bezug auf Kultur und Literatur vergangener Jahrhunderte, sondern in Bezug auf die Schriftsteller der damaligen Gegenwart.

Doch kehren wir zurück zu unserem Thema der Dekadenz und der Frage nach einer verbreiteten Endzeitstimmung, und lesen wir dazu den letzten Abschnitt jenes Essays, der dem gesamten Band *Von Dante zu d'Annunzio* den Titel gab! Denn in diesen fast unglaublichen Formulierungen wird eine Abrechnung mit dem romanischen Geist des Fin de siècle erkennbar, die bewusst auf alle rassistisch eingefärbten Fremd- und Heterostereotype zurückgreift, die bereits am Jahrhundertende im Schwange waren. Ist diese Stelle auch datiert auf Mai 1915, so kommt in ihr doch ein rassistisch eingefärbtes Denken zum Ausdruck, wie es bereits am Jahrhundertende durchaus populär war:

---

13 Vgl. Huntington, Samuel P.: *Der kampf der Kulturen. The Clash of Civilizations. Die Neugestaltung der Weltpolitik im 21. Jahrhundert*. Aus dem Amerikanischen von Holger Fliessbach. München –Wien: Europa Verlag 1996.

> Italien, das seit einem Jahrtausend vom Verrat gelebt hat – so gut man eben von einer Lüge leben kann –, das immer und überall Verrat geübt hat, Verrat an allen Menschen und Völkern, an Deutschen und Franzosen, an Päpsten und Kaisern, an Gott und Teufel, Verrat um des Verrats willen, Verrat aus Verräterei, Verrat aus Irrsinn –: Italien ist dazu verdammt, keine Seele zu haben. Der „Geist" Italiens ist heute verkörpert in einem verkommenen Friseurgehilfen, für den das deutsche Wort „Laffe" beinahe wie eigens erfunden scheint, und der nun, durch entsprechende Trinkgelder angefeuert, fingerfertig mit seinen ranzigen Pommadentöpfen hantiert.
> Italien hat sein Schicksal erfüllt. Es hat seinen historischen Weg vollendet: den unendlich weiten Weg von Dante zu d'Annunzio.[14]

Diese Passagen aus Egon Friedells Band belegen, dass die Abwertung der lateinischen Völker weder vor Frankreich noch Italien Halt machte und die philosophisch verankerten Vorurteile eines Jahrhundertendes kolportierte, das die romanischen Länder in voller Dekadenz begriffen darstellte. Diese rassistischen Vorurteile betrafen nicht nur diese beiden europäischen Länder, sondern auch die spanischsprachige Welt Europas einschließlich ihrer ehemaligen überseeischen Kolonien. Die Theorien von Arthur de Gobineaus *Essai sur l'inégalité des races humaines* und weiterer Vertreter rassistischer Vorstellungen stießen insbesondere in den nordischen Ländern auf offene Ohren, da nicht selten die Dekadenz der mediterranen oder lateinischen Völker dort selbst proklamiert wurde.

Gewiss gab es zeitgleich immer wieder Versuche, umgekehrt die Überlegenheit der lateinischen Völker zu demonstrieren. Es war selbst für so überragende Denker wie José Martí oder José Enrique Rodó nicht einfach, sich in Spanisch-Amerika vom Druck der in ihren Gesellschaften so stark verbreiteten defätistischen Vorurteile zu befreien und von Reden Abstand zu gewinnen, welche die Länder des spanischen Amerika pauschal als „pueblos enfermos", als „kranke Völker" einzustufen versuchten. Bisweilen wurde aber auch als Grund für die Dekadenz die zu starke Verbindung mit der römischen Kirche angegeben. Selbst in Europa kam eine Vielzahl an Theorien auf, die in ernstzunehmenden Wissenschaftszweigen implizit oder explizit eine Unfähigkeit von Anhängern des katholischen Glaubens behaupteten, mit einer Gesellschaft im Zeichen von Fortschritt, Technologie und Entwicklung Schritt halten zu können. Gerade in der deutschen Kultursoziologie verbreiteten sich derartige Ansichten stark und suchten zu erklären, warum die süddeutschen gegenüber den norddeutschen Ländern in ihrer Entwicklung ‚zurückgeblieben' seien.

All diese Vorstellungen beziehungsweise Ideologien wurden durch die militärischen Niederlagen Frankreichs oder Spaniens nur noch verstärkt, nicht aber

---

14 Friedell, Egon: *Von Dante zu d'Annunzio*, S. 60.

hervorgerufen: Sie hatten sich bereits über einen längeren Zeitraum im 19. Jahrhundert herausgebildet. Im Zeichen der verlorenen Kriege rückten die lateinischen Völker wieder stärker zusammen; eine verständliche Gegenreaktion, die sich ebenso nach der französischen Niederlage von 1870 zeigte wie nach dem spanischen Debakel von 1898 auf Kuba oder den Philippinen. Ein beredtes Beispiel hierfür ist eine Rede des in Spanien über Jahrzehnte überaus einflussreichen konservativen Politikers Cánovas del Castillo aus dem Jahr 1870 – denn er bemerkte grundlegende Verschiebungen im Gleichgewicht zwischen den ‚Rassen':

> Wo auch immer man heute hinblicken mag, gibt es mehr als gute Gründe dafür, die germanische Rasse zu beneiden, dass vor ihr erniedrigt die ganzen lateinischen Völker ihre Häupter verbeugen. Zuvor in der gesellschaftlichen Organisation und in den Wissenschaften unterlegen, bildeten das päpstliche Rom und das französische Heer die beiden letzten Bollwerke ihrer einstigen Größe; und die beiden gleichzeitigen Katastrophen, die wir erlebt haben, markieren beide wohl unweigerlich mit dem Siegel der Dekadenz.[15]

In diesen Formulierungen zeigt sich deutlich, in welchem Maße die Gemeinsamkeit des Lateinischen und die Zugehörigkeit zum katholischen Rom eine Einheit der „gente latina" geschaffen hatte, welche sich am Jahrhundertende in Katastrophen verwandelte. Diese wurden gemeinschaftlich erlebt, folglich als Niederlagen für die gesamte Gemeinschaft aller panlateinischen Völker empfunden. Die Niederlage Frankreichs angesichts der vorrückenden germanischen Barbaren wurde auch als Niederlage Spaniens eingestanden, das doch eine so hohe Meinung vom Heer der einstmals unbesiegbaren panlateinischen Hegemonialmacht gehabt hatte.

Doch war es 1870 offenkundig geworden, dass das neu entstandene Deutsche Reich im Zentrum Europas die politische Balance aus Sicht der lateinischen Völker ganz deutlich nach Norden und Osten hin verschob. Die weitere politische Entwicklung nach der französischen Niederlage rief die „Commune de Paris" auf den Plan, die von vielen nicht nur französischen Bürgern als eine gegenüber dem „Aquilon" noch größere Katastrophe und vor allem als dauerhafte Gefahr durch das aufbegehrende französische Proletariat erschien. All diese Ereignisse verstärkten bei breiten Teilen der Bevölkerung, aber auch bei vielen Künstlern und Intellektuellen[16] den Eindruck, dass die lateinischen Völker gegen die Angriffe der germanischen und angelsächsischen Barbaren nicht ausreichend gewappnet

---

15 Cánovas del Castillo: *Discurso pronunciado el día 26 de noviembre de 1870*. Zit. nach Litvak, Lily: *España 1900*, S. 160.
16 Vgl. zum aufkommenden Begriff des Intellektuellen im Verhältnis zur Entwicklung in Frankreich Fox, Edward Inman: El año del 1898 y el origen de los „intelectuales". In: *La crisis de fin de*

seien. Konnten sie überhaupt noch den sich abzeichnenden Vorsprung der Völker ‚germanischer Rasse' auf militärischem, wissenschaftlichem, sozialem und politischem Gebiet einholen? Die Folgen dieser Einschätzung machten sich nicht nur im politischen oder militärischen Bereich, sondern vor allem im gesamten kulturellen Leben bemerkbar.

Im spanischsprachigen Raum setzte sich die Bezeichnung „raza latina" unter Einschluss Frankreichs durch, wobei diese Idee sich deutlich erst seit 1870 wirklich zu behaupten vermochte. In Paris etwa erschien nun eine Zeitschrift mit dem Titel *Raza latina*, wobei wie erwähnt dort schon seit Mitte des 19. Jahrhunderts die angesehene *Revue des races latines* als Organ des Panlatinismus publiziert wurde. In den unterschiedlichsten Ländern der Romania erschienen plötzlich Zeitschriften, die das Lateinische in ihrem Titel führten. Das Bewusstsein einer gewachsenen Gemeinsamkeit und mehr noch Gemeinschaft bedeutete nicht zuletzt auch für den Bereich der Literatur, dass sich der Austausch und die gemeinsame Diskussion der spezifischen Lage dieser Länder nochmals erheblich verstärkten: Mehr und mehr begriff man sich als Schicksalsgemeinschaft.

Gerade im spanischsprachigen Raum kam nach dem „desastre" von 1898 die Tatsache hinzu, dass man sich nun beiderseits von den USA und den dominanten Staaten des Nordens als ehemalige Kolonialmacht verachtet und marginalisiert fühlte. Aus dieser Einschätzung heraus entstand eine kritische Reflexion der eigenen kulturellen, sozialen und politischen Entwicklung, die eine neue Literatur, basierend auf einem neuen Konzept der Nation, nicht allein in Spanien heraufführte. So konnte in der Forschung mit guten Gründen[17] von einer ‚Erfindung' Spaniens durch die sogenannte „Generación del 98" gesprochen werden; der Neuerfindung eines Landes, das sich in vielerlei Hinsicht aus Europa herausgedrängt fühlte und seine dortige Position neu bestimmen musste. Die Krise prägte die literarischen und kulturellen Anstrengungen nicht nur in Spanien während der letzten beiden Jahrzehnte des Jahrhunderts – also noch vor der definitiven Niederlage des „desastre" – ganz entscheidend: Die intellektuellen Eliten reagierten schnell.

Spaniens Niederlage von 1898 führte nicht nur in Lateinamerika, sondern auch in verschiedenen romanischen Ländern Europas zu sehr emotionalen Reaktionen. So sprach etwa Gabriele D'Annunzio von einer Invasion der Barbaren, wobei er im Gegensatz zu Egon Friedell diese Unmenschen nicht im Westen,

---

siglo: ideología e literatura. Estudios en memoria de R. Pérez de la Dehesa. Barcelona – Esplugues de Llobregat: Editorial Ariel 1975, S. 17–24.
17 Vgl. Fox, Edward Inman: *La invención de España. Nacionalismo liberal e identidad nacional*. Madrid: Cátedra 1997. Vgl. vom selben Autor u. a. *La crisis intelectual del 98*. Madrid 1976.

sondern selbstverständlich im Norden und Osten lokalisierte. Auch in Frankreich fielen die Reaktionen sehr intensiv und stark aus, beispielsweise bei Anatole France, der aus einem Salon berichtete, in dem sich gerade die Kunde von der spanischen Niederlage vor Santiago de Cuba verbreitete:

> Diese unvermittelte Vision hatte die Seelen traurig gemacht, die Nachricht von einer Flotte, die der Papst gesegnet hatte und welche die Standarte Ihrer Katholischen Majestät trug, einer Flotte, welche die Namen der Heiligen Jungfrau und der Heiligen nach vorne trug, und die nun hilflos war, krachend gescheitert, versenkt von den Kanonen dieser Schweinehändler und Nähmaschinenfabrikanten, dieser Häretiker ohne einen König, ohne Prinzen, ohne Vergangenheit, ohne Vaterland, ohne Armee.[18]

Die Indignation, zugleich aber auch die Ohnmacht ist in diesen Formulierungen allenthalben zu spüren; die gesamte Romania begann sich in Zusammenhang mit diesen schlimmen Niederlagen neu zu konstituieren. Am Ausgang dieses Jahrhunderts, das doch mit der Vorherrschaft Frankreichs begonnen hatte, gab es eine Vielzahl an Essays und Buchpublikationen, die sich um die Frage drehten, ob die lateinischen Völker definitiv in eine Dekadenz eingetreten waren, wie lange diese dauern könnte und wie man ihr am besten entgegenwirken sollte. Zugleich war damit nicht selten die Hoffnung verbunden, dass es sich bei der vor allem militärischen Überlegenheit der Angelsachsen und Germanen, denen man zugleich natürlich eine kulturelle Unterlegenheit unterschob, um ein nur kurzes und vorübergehendes Phänomen handeln könnte. An der eigenen kulturellen Überlegenheit zweifelte man nicht, von ihr war man felsenfest überzeugt.

Ohne auf die verschiedensten Begründungen für die jeweilige Superiorität oder Inferiorität im Kontext unserer Vorlesung näher eingehen zu können, ist es doch aufschlussreich, welcher Stellenwert der Katholizität und damit dem Glauben zugewiesen wurde. Nicht weniger aufschlussreich ist die Tatsache, dass diese Diskussion in Spanien bis weit in die zwanziger Jahre des folgenden Jahrhunderts andauerte, etwa bei José Ortega y Gasset in *España invertebrada*; eine Diskussion, die im Grunde erst vom Spanischen Bürgerkrieg hinweggefegt wurde. Es ist in jedem Falle faszinierend und lehrreich zu beobachten, wie die Diskussion einer möglichen Regeneration, wie sie etwa in Spanien – aber nicht nur dort – geführt wurde, über Jahrzehnte hinweg überging in eine Suche nach dem starken Mann. Denn bei einer Krise der nationalen Identität zählen die einfachen Antworten doppelt, welche die Populismen jeglicher Couleur anbieten, so dass die Rettung durch die faschistische Idee als aussichtsreich erschien.

---

18 France, Anatole: *L'anneau d'améthyste*. In (ders.): *Histoire contemporaine*, Bd. III. Paris: Calmann-Lévy 1924, S. 235.

Denn der Faschismus machte mit seinen klaren Schuldzuweisungen das teilweise verdrängte rassistische Gedankengut wieder flott und versprach, den Dekadenzgedanken durch einen Diskurs nationaler Stärke ein für alle Mal auszurotten. Populismus und Nationalismus gehen stets Hand in Hand und arbeiten mit Exklusionen, mit der Verdrängung eines ‚Anderen', der immer wieder neu konfiguriert werden kann. Und an derartigen ‚Anderen' herrschte auch nach der Jahrhundertwende kein Mangel: Selbst die Zerstörungen des Ersten Weltkrieges konnten diese Ausgrenzungen und Feindbilder nicht beruhigen.

So manifestiert der Dekadenzgedanke mit der mit ihm verknüpften Inferioritätsthese oder Inferioritätsangst durchaus eine Bewegungsrichtung hin zum Superioritätsgedanken, der eine Militarisierung der Gesellschaft wie der Außenpolitik und mehr noch des Denkens in seinem Gefolge hat. Dies sind Entwicklungen, welche man nicht simpel den finisekulären Autorinnen und Autoren in die Schuhe schieben kann; doch gänzlich von der Ausbildung derartiger Denkmöglichkeiten und Lösungsversuche freisprechen sollte man diese Autoren auch nicht. Die autoritären Systeme in Italien und später in Spanien stehen durchaus in Zusammenhang mit diesem Denken und wurden von einigen der Vertreter des Fin de siècle – etwa D'Annunzio in Italien oder Maeztu sowie teilweise Unamuno in Spanien – zumindest zu Beginn hoffnungsvoll begrüßt.

Dem Pessimismus der letzten Jahre des Jahrhunderts folgte in vielen lateinischen Nationen die Idee einer lateinischen Renaissance, welche sich bald nach der Jahrhundertwende insbesondere in Italien und Spanien ausbreitete. Und schon glaubte man auch erste Anzeichen für eine Dekadenz der angelsächsischen Länder erkennen zu können, so dass man zunehmend Mut hinsichtlich der eigenen Entwicklung zu fassen begann. In beiden europäischen Ländern wurden Zeitschriften und Vereinigungen gegründet, die versuchten, eine Zusammenarbeit zwischen den lateinischen Völkern insgesamt zu verstärken. In Lateinamerika wurde das Phänomen des von José Enrique Rodós *Ariel* ausgehenden „Arielismo" zu einem viele Intellektuelle, aber auch breitere gesellschaftliche Schichten faszinierenden Phänomen, auf das wir nachdrücklich zurückkommen werden: Der Begriff *Latein*amerika füllte sich inhaltlich mehr und mehr.

All dies sind für uns Gründe dafür, das Fin de siècle gerade aus dem Blickwinkel der Romania als eine stark wechselseitig bezogene Vielheit verschiedener Sprachen und Kulturen zu verstehen. Schnell war man dabei, die vorgeblich hohe Kriminalitätsrate der Angelsachsen und die aus Sicht der lateinischen Völker fragwürdige Sexualmoral als Zeichen kommender Dekadenz zu interpretieren. Dies ist – um es vielleicht ein wenig verständlicher zu machen – gar nicht so weit entfernt von jenem Bild, das heute von einem Westeuropa im Zeichen der *Gender Diversity* in autoritären Systemen etwa des Ostens gezeichnet wird. Man könnte all diese umgedrehten Anwürfe aus lateinischer Sicht – so scheint es aus heutiger

Sicht – als Kompensationsdenken interpretieren. Das „Renacimiento latino" war jene Strickleiter der Hoffnung, mit deren Hilfe man aus der deprimierenden Stimmung des Jahrhundertendes selbst wieder herauskommen wollte.

Unter dem Druck der vorwärts preschenden rivalisierenden Großmächte entstand eine neue Koalition der lateinischen Völker, wobei ein Konflikt zwischen einem jeweiligen Nationalismus und dem alle miteinander verbindenden panlateinischen Gedanken niemals ganz auszuräumen war. Lassen Sie mich als ein Beispiel hierfür, das zugleich auch die Grenze des Fin de siècle zu markieren versucht, ein Zitat von Rafael Cansinos Assens anführen! Dieser hochgebildete und vielsprachige spanische Essayist, Übersetzer und Literaturkritiker verfasste einen Artikel mit dem charakteristischen Titel *Renacimiento latino* im Jahr 1905 und deutete damit an, dass das Gefühl der Dekadenz nun effektiv bekämpft werde. Zugleich schlug diese Bewegung der Erneuerung um in eine politische Richtung, welche letztlich auf das autoritäre Regime der Diktatur Primo de Riveras hinauslief und später der faschistischen Diktatur des „Generalísimo" Franco Vorschub leistete:

> Und alle vereint werden wir mit dem altehrwürdigen lateinischen Schwerte, das heute wieder erstrahlt und Verletzungen zufügt, gegen die angelsächsische Invasion kämpfen, welche eine trübe und traurige Erde aus dieser sonnenerfüllten Erde machen will. Die lateinische Rasse wird wiedergeboren, wie ein Gladiator, von ihrem Traume gestärkt. Die Brüder vereinigen sich. Die Brüder sind Adler, Löwen und der orientalische Drache. Und wie in einem apokalyptischen Gesang, mit Gebrüll und Flügelschlag, wollen sie die Welt wissen lassen, dass die lateinische Rasse lebt und noch immer siegreich ist.[19]

Im Grunde – so sehen wir rasch – hat sich so viel nicht verändert: Noch immer greifen die lateinischen Völker zu ihrem lateinischen Schwert, dessen Klinge sie gegen Nationen führen, die mit Hilfe ihrer stählernen Kriegsschiffe und Kanonenboote, ihrer berühmten Steel Navy, gerade erst die aus Holzschiffchen bestehende spanische Flotte vor Santiago de Cuba und den Philippinen im ersten transatlantischen Medienkrieg versenkt hatte.[20] Doch sind selbst die apokalyptischen Visionen, die in dieser Passage noch immer nicht verschwunden sind, ins Positive gewendet und machen einer Ideologie des letzten Kampfs Platz, der nunmehr siegreich bestritten werden soll. Was die materiellen, militärischen und wissenschaftlichen Grundlagen dieses Kampfs aber sein sollen, bleibt – weitgehend ungeklärt – im Bereich einer starken, verführerischen Rhetorik.

---

19 Cansinos Assens, Rafael: Renacimiento latino, zitiert nach Litvak, Lily: *España* 1900, S. 175.
20 Vgl. das dem Spanisch-Kubanisch-US-Amerikanischen Krieg gewidmete Kapitel in Ette, Ottmar: *TransArea. Eine literarische Globalisierungsgeschichte*. Berlin – Bosten: De Gruyter 2012, S. 161–220

Wir verstehen auf dieser Grundlage den panlateinischen Geist besser, der unter anderem dazu führte, dass der lange Jahre in Paris lebende Gabriele d'Annunzio von Franzosen wie Italienern als Repräsentant wie Garant des künftig siegreichen lateinischen Geistes gelesen und verstanden werden konnte. Dies ist ein weiter Weg und eine große Wegstrecke entfernt von jener Brücke, welche Egon Friedell zwischen Dante und D'Annunzio konstruiert hatte. D'Annunzio als Vertreter der lateinischen Wiedergeburt: Kaum eine Rolle konnte dem extravaganten italienischen Schriftsteller lieber sein! Und auch bei ihm waren die Beziehungen zum Faschismus und zum italienischen „Duce" offenkundig.

Halten wir jedoch an dieser Stelle fest, dass derlei Grenzziehungen nicht notwendig immer unter dem Begriffspaar lateinische versus angelsächsische Kultur oder ‚Rasse' verhandelt wurden! Denn häufig war dieser Gegensatz auch mit Hilfe der Opposition zwischen dem mediterranen Licht und den Nebeln des Nordens konstruiert worden; eine Antinomie, die uns spätestens seit Germaine de Staël vertraut ist und selbst bei Denkern und Schriftstellern wie Albert Camus noch allgegenwärtig scheint. Die aufgeregte Debatte um die materielle Überlegenheit der Angelsachsen und die Dekadenz der lateinischen Völker stellt ein Phänomen dar, ohne dessen Einbeziehung wir die folgenden Überlegungen, die spezifisch ästhetischer beziehungsweise literarischer Natur sind, nicht adäquat verstehen könnten.

Dass wir in den nachfolgenden Kapiteln Fragestellungen aufnehmen wollen, die aus der Philosophie an die Literatur herangetragen wurden, oder welche die Literatur in Rückgriff auf die Philosophie aufnahm und weiterentwickelte, hatten wir bereits erwähnt. Die hierfür vorrangig in Betracht kommenden Philosophen sind zweifellos Arthur Schopenhauer, Friedrich Nietzsche und Henri Bergson, deren Denken das Fin de siècle zwischen zwei Welten entscheidend mitprägte.

Der von Arnold Hauser als verbreitet konstatierte Intellektualismus der Jahrhundertwende manifestierte sich auch darin, dass sich die Literatur nicht in den Bereich des Ästhetischen zurückzog – wie man mit einem voreiligen Blick auf das Fin de siècle vielleicht annehmen könnte. Vielmehr suchte sie gerade im geistigen Bereich Antworten auf intellektuelle Herausforderungen, welche die rasche wirtschaftliche Entwicklung des Kapitalismus, die Beschleunigung des technischen Fortschritts und die rasante Veränderung aller Lebensbereiche an Individuum wie Gesellschaft stellten. Aus diesen Gründen kam dem literarischen Essay keine geringe Rolle innerhalb der Literaturen des Jahrhundertendes zu, wobei freilich areale beziehungsweise nationale Eigenarten besonders zu beachten sind. Denn dominant ist der literarische Essay gerade in jenen Ländern, welche im Bereich spezialisierter Philosophie eher ein Manko aufzuweisen haben. Denn dort – und dies betrifft gerade die spanischsprachigen Nationen ebenso in Europa wie in den Amerikas – verlaufen die Grenzziehungen zwischen Literatur und Philosophie anders als in den stärker spezialisierten Wissens- und Wissenschaftssystemen der Staaten Nord- und Mitteleuropas wie auch Nordamerikas, wo sich unter dem Druck kapitalistischer Entwicklung stärker arbeitsteilige Universitätssysteme einschließlich ausdifferenzierter akademischer Philosophien ausgebildet hatten.

Dass wir hier im Bereich der Philosophie durchaus auch Beziehungen zur zeitgenössischen Psychologie und insbesondere zur Psychoanalyse vorzustellen versuchen werden, hat mit diesen übergeordneten Fragestellungen und der Offenheit von Literatur und Literaten für derartige Herausforderungen theoretischer und philosophischer Natur zu tun. Denn die Literatur ist stets in der Lage und bereit, unterschiedlichste Diskurse und Wissensformen zu integrieren und als entsprechend in Szene gesetzte ‚Stimmen' in ihr polysemes und viellogisches Spiel zu verwandeln.

Dies wirft unweigerlich ein Licht auf die Rolle der Intellektuellen, auf ihre spezifische Funktion innerhalb der sich neu herausbildenden Gesellschaften. Dabei dürfen wir an dieser Stelle schon einmal darauf verweisen, dass der Terminus „intellectuel" in einem modernen Sinne just in jenen Jahren geprägt wurde, also gleichsam ein Ergebnis von Konflikten, Auseinandersetzungen und Rollenbestimmungen im Fin de siècle ist. Wir sollten die Jahrhundertwende also keinesfalls in die Mottenkiste des Ästhetizismus und der Weltfremdheit stecken: Zu vielschichtig sind ihre Aktivitäten.

Sie wissen bestimmt, dass die eben erwähnte Bezeichnung „intellectuel" in Frankreich sowie im Kontext der sogenannten Dreyfus-Affäre[21] entstand und von dort ihren terminologischen Siegeszug durch die Kulturen der Welt antrat. Keine Betrachtung einer wie auch immer definierten Struktur der Öffentlichkeit und der öffentlichen Meinung kommt ohne den Begriff des „Intellektuellen" aus. Damit wird erkennbar, dass nicht nur spezifisch Frankreich – mit seiner sehr eigenen Tradition seit Voltaire – ein besonderes Gewicht in der Frage nach der Beziehung zwischen den Gebildeten und der Gesellschaft zukommt. Vielmehr wird zudem deutlich, dass auch Minderheiten in diesem Spiel mit dem Raum der Öffentlichkeit eine herausragende Bedeutung besitzen – wie etwa die soziale Relevanz

---

21 Vgl. aus der gewaltigen Forschungsliteratur zum Thema u. a. das der Dreyfus-Affäre gewidmete Kapitel in Jurt, Joseph: *Sprache, Literatur und nationale Identität. Die Debatten über das Universelle und das Partikuläre in Frankreich und Deutschland.* Berlin – Boston: Walter de Gruyter 2014; sowie ders.: Politisches Handeln und ästhetische Transposition. Proust und die Dreyfus-Affäre. In: Maas, Edgar / Roloff, Volker (Hg.): *Marcel Proust. Lesen und Schreiben.* Frankfurt am Main: Insel Verlag 1983, S. 85–107; sowie (ders.): L'engagement de Zola pour Dreyfus et la logique du champ littéraire. In: Dezalay, Auguste (Hg.): *Zola sans frontières.* Actes du colloque international de Strasbourg (mai 1994). Strasbourg: Presses Universitaires de Strasbourg 1996, S. 33–45.

der Juden für die öffentlichen Debatten im Rahmen der Dreyfus-Affäre und sich anschließender gesellschaftlicher Auseinandersetzungen in Frankreich.

Typisch finisekuläre Autoren wie Léon Bloy haben sich diesbezüglich mit Publikationen und Essays eindrucksvoll engagiert, standen in diesem Zusammenhang doch nicht zuletzt auch religiöse Fragen im Kontext des sich anbahnenden „Renouveau catholique" oder besser: einer Hinwendung zu Glaubensfragen auf der Tagesordnung. Aber auch Autoren, die zuvor nicht unbedingt nachdrücklich in die politischen Entwicklungen ihrer französischen Gesellschaft eingegriffen hatten – wie etwa die bereits erwähnten Schriftsteller Anatole France oder Marcel Proust – nahmen plötzlich an derartigen Debatten regen Anteil: Sie engagierten sich, wie man spätestens seit Sartre sagen würde, gesellschaftlich, griffen ins politische Feld aktiv ein.

Ich kann an dieser Stelle leider nicht näher auf die Dreyfus-Affäre eingehen: Sie wirft ein Schlaglicht auf gesellschaftliche Formen einer Neubildung politischer Öffentlichkeit, die uns in ihren Auswirkungen, die bis heute zu spüren sind, interessieren sollten. Vergessen sei jedoch nicht, dass dies auch die Jahre des entstehenden und sich institutionalisierenden Zionismus sind, auf den wir am Rande bereits bei Max Nordau, einem engen Vertrauten und Weggefährten Theodor Herzls, gestoßen waren. Unter Herzls treibender Kraft versuchte der jüdische Zionismus, die Lehren aus einer jahrhundertelangen und letztlich gescheiterten Bemühung der Juden um Assimilation zu ziehen. Dies war nötig angesichts der starken Anfeindungen und Diskriminierungen, denen sie im nationalistisch-revanchistisch gesinnten Klima der Troisième République und verstärkt seit Beginn der Dreyfus-Affäre ausgesetzt waren. Auch hier wäre natürlich zu fragen, inwieweit Bücher mit so weitreichenden Folgen wie Edouard Drumonts *La France juive*, auf das Léon Bloy mit einer Essaysammlung *Le salut par les juifs* zu antworten versuchte, zeittypische Erscheinungen darstellen, die sehr wohl auch direkte oder indirekte Aussagen über die Verfassung und Entwicklung der Kultur in der Romania des ausgehenden 19. Jahrhunderts erlauben. Das für mich berührendste literarische Zeugnis aus jener Epoche ist Albert Cohens *Jour de mes dix ans*, das den zehnten Geburtstag des kleinen Juden in Marseille im zeitgenössischen antisemitischen Klima der Dreyfus-Affäre schildert.

Die ausgehenden Jahrzehnte des 19. Jahrhunderts sehen die unterschiedlichsten Formen gesellschaftlichen Protests entstehen, ja sogar eine Weiterentwicklung dieser Formen in den Öffentlichkeiten der romanischen Länder. Der Widerstand gegen die bürgerlich-kapitalistische Gesellschaft oder schlicht auch gegen das Bürgerliche und Philisterhafte zeichnet sich in den unterschiedlichsten Formen ab und erweist sich gerade in der Formierung sozialistischer Organisationsformen einerseits und der Herausbildung anarchistisch-individualistischer Reaktionsformen andererseits als überaus produktiv und spannend. Dabei bilden sich in

Spanien wie den lateinamerikanischen Gesellschaften jeweils spezifische Ausprägungen etwa des Anarchismus aus, welche wir freilich im Rahmen dieser Vorlesung über die Literaturen des 19. Jahrhunderts nicht mehr behandeln müssen.

Im Kontext divergierender Moderne-Konzepte sucht der Intellektuelle, sich auf unterschiedlichste Weise in die zeitgenössischen Entwicklungen einzubauen. Er versucht mehr noch eine neue, führende Rolle innerhalb der gesamtgesellschaftlichen Entwicklungen zu übernehmen. Dies erfolgte in Lateinamerika ebenso wie in Frankreich, aber auch in Italien und Spanien, wobei im letztgenannten Land gerade dem Anarchismus und Anarchosyndikalismus – bis zu Zweiter Republik und Spanischem Bürgerkrieg – eine große Bedeutung zukam.[22] Dabei wird uns stets die Frage begleiten, welche gesellschaftlichen, politischen, ästhetischen und literarischen Formen der Protest innerhalb und außerhalb der von uns analysierten Texte annahm.

Ein weiterer, damit zusammenhängender Themenbereich ließe sich vielleicht unter der Überschrift „Selbstbilder und Fremdbilder" zusammenfassen. In diesem imagologischen Bereich gibt es den im Fin de siècle sofort ins Auge springenden Bereich der Selbstbilder, die in den Texten transportiert und präsentiert werden, und mehr noch jenen bewusster Selbst-Stilisierungen, die sich ebenso im Text als auch textextern leicht finden lassen. Die vielleicht herausragende, in jedem Falle schillerndste Figur ist die des Dandy, auf dessen Geschichte wir kurz eingehen wollen, waren wir doch bei Honoré de Balzac, vor allem aber bei Charles Baudelaire bereits auf diese literarische wie reale Gestalt gestoßen. Den Dandy Baudelaire gab es freilich nur, solange er vom Erbe des Vaters nach Herzenslust leben und herunterbeißen konnte.

In diesem Zusammenhang werden wir vor dem Hintergrund unserer Fragestellung bereits jetzt erkennen können, dass der Dandyismus sich als eine Reaktionsweise verstehen lässt, die zusammen mit anderen Formen als Protest gegen die herrschende Gesellschaft und deren kapitalistisches Wirtschaftssystem verstanden werden kann. Ausgehend vom Bourdieu'schen Begriff des Habitus[23] ließe sich fragen, was die öffentliche Präsentation eines gegenläufigen Lebensstils im Umfeld von Kunst, Literatur und Künstlichkeit bewerkstelligt und welche soziale Rolle und Funktion dieser aufreizenden Selbstinszenierung zukommt.

---

22 Vgl. Asholt, Wolfgang: Die Literatur und der Spanische Bürgerkrieg: Modell oder Verlorene Illusionen des Engagements? In: Asholt, Wolfgang / Fähnders, Walter / Reinecke, Rüdiger (Hg.): *Uptherepublic. Literatur und Medien im Spanischen Krieg (1936–1939)*. Bielefeld: Aisthesis Verlag 2006, S. 7–12.
23 Vgl. Bourdieu, Pierre: Der Habitus als Vermittlung zwischen Struktur und Praxis. In (ders.): *Zur Soziologie der symbolischen Formen*. Frankfurt am Main: Suhrkamp 1974, S. 125–158.

Die Selbststilisierung des Dandy, die sich in Frankreich auf finisekuläre Weise bereits bei Baudelaire finden lässt, entwickelt und verfeinert sich im Verlauf des 19. Jahrhunderts weiter, bis hin zu jenen Gestalten (und Praktiken), die Marcel Proust in *A la recherche du temps perdu* unvergesslich in Szene setzen wird. Zugleich stoßen wir an dieser Stelle erneut auf das Phänomen des „Bohémien", wobei wir unter Rückgriff auf Arnold Hauser eine dreifache zeitliche Gliederung dieses Phänomens erkennen können. Dabei war eine erste Phase die der romantischen Bohème, in welcher dem Künstler stets die Rückkehr in die bürgerliche Gesellschaft offenstand. Diese Art Bohème ist später verherrlicht und idealisiert worden zu einem Zeitpunkt, als sie sich längst entscheidend verändert hatte. Hauser unterscheidet hierbei eine naturalistische von einer impressionistischen Bohème, wobei ich gestehen muss, dass mir dies nicht so ganz einleuchten will.

Festhalten aber können wir, dass die Bohème zunehmend radikaleren und existentielleren Charakter annahm, so wie dies das Künstlerleben eines Paul Verlaine oder Arthur Rimbaud, eines Henri de Toulouse-Lautrec oder Paul Gauguin charakterisiert, und dass der Bohemien sich in einer Protesthaltung gegenüber der bürgerlichen Gesellschaft befand, nur dass dieser Protest aus einer anderen Position als jener des Dandy vorgetragen wurde. Dandy und Bohemien sind häufig als Gegenspieler oder Gegensätze dargestellt worden; und in der Tat kann es auf Ebene des Habitus kaum einen größeren Gegensatz geben als den zwischen der äußersten Raffinesse in Kleidung und schönem ästhetischen Schein, wie wir ihn beim Dandy finden, und jener radikalen Verwahrlosung, wie sie Kleidung und Lebensformen des Bohemien kennzeichnet.

Doch beide verbindet der Protest gegen eine bürgerliche Welt- und Kleiderordnung, gegen eine von der Bourgeoisie und der rational gefügten bürgerlichen Gesellschaft auferlegte Disziplinierung des Lebens bis hin in die strenge Zeitverwendung, gegen die Dandy und Bohemien – der eine als aufgestiegener Bürger oder Aristokrat, der andere als deklassierter, auf die Ebene des Proletariats abgesunkener Künstler – nachhaltig protestieren. Wir werden auf diese Thematik verschiedentlich zurückkommen, sehen aber bereits zum jetzigen Zeitpunkt, wie stark sie mit der Selbststilisierung und Verwandlung des Lebens in ein Kunstwerk zu tun hat. Mit dieser Transformation des Lebens in eine „Œuvre d'art" wird zugleich eine Problematik erfasst, welche die Grenzen zwischen Kunst und Leben möglicherweise neu bestimmt; Fragestellungen also, die in einem anderen zeithistorischen Kontext nicht zuletzt die Dadaisten wie die historischen Avantgarden überhaupt beschäftigten.

Bevor wir uns konkret den literarischen Texten des Fin de siècle zuwenden, möchte ich Ihnen gerne einen kleinen Text präsentieren, der Ihnen zeigen mag, dass das Phänomen des Dandy keineswegs ein finisekuläres und des Weiteren auch kein notwendig sehr entferntes ist. Denn wir finden etwa in dem vierbändigen Reisewerk des Hermann Fürst von Pückler-Muskau, den Sie ja durch eine Reihe kultureller Errungenschaften kennen, einen auf London, den 7. Juni 1827 datierten Brief, in dem man uns ganz einfach klarmacht, was ein Dandy so ist und was er in der britischen Hauptstadt so alles braucht. Das Phänomen Dandy, das wissen wir spätestens seit Balzac, durchzieht das 19. Jahrhundert, wenn es seinen Höhepunkt auch in den ausgehenden Jahrzehnten dieses Jahrhunderts findet:

> Als ein Beispiel, was ein Dandy hier alles bedarf, theile ich Dir folgende Auskunft meiner fashionablen Wäscherin mit, die von einigen der ausgezeichnetsten Eleganz employrt wird, und allein Halstüchern die rechte Steife, und Busenstreifen die rechten Falten zu geben weiß. Also in der Regel braucht ein solcher Elegant wöchentlich 20 Hemden, 24 Schnupftücher, 9 bis 10 Sommer-„Trowsers", 30 Halstücher, wenn er nicht schwarze trägt, ein Dutzend Westen, und Strümpfe à discrétion. Ich sehe Deine hausfrauliche Seele von hier versteinert. Da aber ein Dandy ohne drei bis vier Toiletten täglich nicht füglich auskommen kann, so ist die Sache sehr natürlich, denn
> 1) erscheint er in der Frühstücks-Toilette im chinesischen Schlafrock und indischen Pantoffeln.
> 2) Morgentoilette zum Reiten im frock coat, Stiefeln und Sporen.
> 3) Toilette zum Diné, in Frack und Schuhen.
> 4) Balltoilette in Pumps, ein Wort, das Schuhe, so leicht wie Papier, bedeutet, welche täglich frisch lackirt werden [...].
>
> Um 6 Uhr kam ich zu Hause und schreibe Dir noch, während man schon meine Laden schließt, um mir eine künstliche Nacht zu bereiten. Die Kammerdiener haben es hier schlimm, und können nur, so zu sagen: aus der Hand schlafen, oder wie die Nachtwächter am Tage.[24]

Abb. 75: Hermann von Pückler-Muskau (Schloss Muskau, Landkreis Görlitz, 1785 – Schloss Branitz, Cottbus, 1871).

---

24 Pückler-Muskau, Hermann Fürst von: *Briefe eines Verstorbenen. Ein fragmentarisches Tagebuch aus Deutschland, Holland und England, geschrieben in den Jahren 1826, 1827 und 1828.* 4 Bde. Stuttgart: Hallberger 1831, Bd. 4, S. 48 f.: Brief vom 7. Juni 1827.

Damit wird uns klar, wie wichtig Inszenierung und Selbstinszenierung sind; und zugleich wirft dies ein bedeutsames Licht auf Theatralität überhaupt, und zwar in Form des bürgerlichen oder nicht-bürgerlichen Theaters, wo sich bekanntlich nicht nur die Schauspielerinnen und Schauspieler, sondern auch das Publikum gebührlich in Szene zu setzen weiß. Es geht um die Inszenierung menschlicher Körper als Kunstartefakte; um deren Gestaltung zu Körper-Objekten, die mit allen Sinnen, vom Visuellen bis zum Olfaktischen, wirken sollen und zugleich eine Geschlechtlichkeit in Szene setzen, welche es komplex zu dechiffrieren gilt.

Doch von den Selbstbildern ist es nur ein kleiner Schritt zu den Fremdbildern. Dabei interessieren uns vor dem Hintergrund von Fragen der Geschlechtlichkeit insbesondere Frauenbilder, die im Fin de siècle entstehen beziehungsweise projiziert werden. Auch hier könnte man wie beim Pärchen Dandy/Bohemien von einer Zweiteilung ausgehen, deren erster Teil bereits erwähnt wurde: die sogenannte Femme fatale, die männermordende Schönheit, die ebenso anziehend wie zerstörerisch wirkt.

Mario Praz hat in seiner klassischen Studie über Liebe, Tod und Teufel[25] dieser Figur unter dem Titel der „Belle Dame sans merci" gedacht. So sehen und verstehen wir, dass auch die Femme fatale – ebenso wenig wie Dandy und Bohemien – eine Schöpfung der Jahrhundertwende ist, sondern auf wesentlich längere Traditionsstränge verweist. Der Übergang von der Romantik zum Jahrhundertende ist, wie wir schon mehrfach sahen, kein harter Bruch, sondern eine Epoche der schleifenden Schnitte, der sachten und gleichwohl entschiedenen Übergänge, die wir – so hoffe ich – überzeugend mit Charles Baudelaire und Arthur Rimbaud als Figuren ansetzten, die eine neue (nicht nur) literarhistorische Epoche einläuteten.

Wir werden uns mit dieser insbesondere die Männerwelt beeindruckenden Femme fatale in Literatur und Kunst des Jahrhundertendes ausführlich beschäftigen, zugleich aber – wie dies schon Hans Hinterhäuser tat[26] – kontrastiv auf die schöne, zerbrechliche, unberührte und unschuldige Frau beziehen, die gleichsam den Gegenpol des finisekulären Frauenbildes darstellt. Dieses wird uns – ähnlich wie Dandy und Bohemien – tiefe Einblicke nicht nur in die Dekolletés der Damenwelt und damit in die sexuellen Praktiken der Jahrhundertwende gewähren, sondern mehr noch Einsichten in die Zusammenhänge zwischen Sinnlichkeit und Schreiben vermitteln, welche für eine Vielzahl von Autorinnen und Autoren dieser Epoche grundlegend waren.

---

25 Vgl. Praz, Mario: *Liebe, Tod und Teufel. Die schwarze Romantik*. Mit 16 Bildtafeln. München: Deutscher Taschenbuch Verlag ⁴1994.
26 Vgl. Hinterhäuser, Hans: *Fin de siècle. Gestalten und Mythen*. München: Fink 1977.

Das Fin de siècle steht im Zeichen der Synästhesien: Es ist diese Entdeckung der Sinnlichkeit und mehr noch ihre radikale Steigerung in der finisekulären Literatur, welche die Zeitgenossen und uns Heutige noch beeindruckt. Diese ästhetische Eindrücklichkeit blieb selbstverständlich nicht auf die Literatur beschränkt, sondern erstreckte sich nicht weniger auf das Gebiet aller finisekulären Künste. Denken Sie noch einmal an unser synästhetisches Erleben der Oper von Richard Strauss in der vorangegangenen Vorlesung zurück! Wir werden sogleich zu untersuchen haben, in welcher Beziehung diese Seite des Jahrhundertausgangs mit den hier skizzierten Problemen und Themenstellungen zusammenhängt – ein Zusammenhang, bei dem im Übrigen die Musik ganz bestimmt nicht fehlen darf.

Joris-Karl Huysmans, Oscar Wilde oder die Ästhetik des Fin de siècle

Im Folgenden möchte ich Sie mit einem Roman vertraut machen, der seit seinem Erscheinen im Jahre 1884 sehr rasch zur sogenannten „Bibel der Décadents" avancierte und innerhalb der gesamten ‚lateinischen' oder romanischen Welt das wurde, was man heute schlicht ein Kultbuch zu nennen pflegt. Ich habe diesen Roman von Joris-Karl Huysmans sehr ausführlich in meiner Vorlesung über die Beziehungen zwischen Lesen und Lieben besprochen,[1] kann in der aktuellen Vorlesung über das 19. Jahrhundert jedoch nicht gänzlich auf diesen höchst einflussreichen und für die ästhetischen Entwicklungen des Jahrhundertendes repräsentativen Text verzichten. So bitte ich Sie, für eine umfangreichere Analyse von Joris-Karl Huysmans Hauptwerk auf meine Ausführungen in der früheren Vorlesung zurückzugreifen, im Folgenden aber zumindest jenen Hauptlinien der Deutung zu folgen, welche mir im Zusammenhang mit den sich konstituierenden Ästhetiken des Fin de siècle zwischen zwei Welten wichtig sind.

Abb. 76: Joris-Karl Huysmans (Paris, 1848 – ebenda, 1907).

Als Teil der Pariser Bohème und ästhetisch als Dichter an Charles Baudelaire orientiert, verarbeitet Huysmans persönliche Erlebnisse in seinem ersten Roman *Marthe, histoire d'une fille*, der in Belgien publiziert wird. Dieser ist nicht nur deshalb interessant, weil er darin auf die Pariser Bohème zwischen 1867 und 1870 zurückgreift, sondern auch, weil ihn sein Schreiben jener Gruppe von Schriftstellern annähert, die sich um Emile Zola gebildet hatte. Ab 1876 gehört er zu den „Naturalistes" und wird zeitweise zum Lieblingsschüler Zolas. Der französische

---

1 Vgl. Ette, Ottmar: *LiebeLesen*, S. 574–618.

Schriftsteller Michel Houellebecq, der mit guten Gründen in eine literarische Linie mit Emile Zola gestellt wurde,[2] hat in seinem Erfolgsroman *Soumission* über einen möglichen künftigen Aufstieg der Islamisten zur beherrschenden Kraft in der französischen Politik diese Entwicklung von Joris-Karl Huysmans geschickt reflektiert.

Schon bald aber wendet sich Huysmans vom Naturalismus Zola'scher Prägung ab und veröffentlicht als Wendepunkt in seiner Literaturauffassung 1884 seinen Roman *A rebours*, mit dem er nun eigene Wege geht und eigene ästhetische Ziele verfolgt. Dabei gelang Zolas Lieblingsschüler das Kunststück, sich entschlossen von seinem Meister abzuwenden, ohne doch mit diesem zu brechen. *A rebours* oder *Gegen den Strich* wurde zum Roman des Jahrhundertendes und zum Vorbild für ungezählte Erzähltexte weltweit. Noch im selben Jahr 1884 erschien ein Roman aus der Feder des kubanischen Dichters und Revolutionärs José Martí, der ganz dem Huysman'schen Vorbild folgend die Interieurs des Hauses von *Lucía Jerez* entwarf und in diesem Roman, der zunächst den Titel *Amistad funesta* trug,[3] das Kultbuch der „Décadents" als wichtigen Intertext heranzog. Dafür gab es durchaus einen zusätzlichen kulturellen Grund, schrieb sich der literarische und kulturelle Raum von *A rebours* doch unverkennbar in die Geschichte der Latinität und damit Frankreich sowie die lateinischen Völker in eine große Geschichte hoher panlateinischer Kultur ein. Diesen für das Fin de siècle in den romanischen Ländern charakteristischen Aspekt sollten wir nicht vergessen, erklärt er doch auch, warum die ‚germanischen' Denker wie Arthur Schopenhauer abgetan wurden, reichten sie mit ihren Überlegungen doch nicht an die Höhe verfeinerter ‚lateinischer' Kultur heran.

Dass damit auch eine Rechtfertigung des französischen Autors bezüglich seiner ‚Bekehrung' zum römisch-katholischen Christentum und damit zu einem Eckpfeiler des Panlatinismus verbunden war, überrascht uns in diesem Zusammenhang ebenso wenig wie die Tatsache, dass wir an dieser Stelle deutlich christliche Traditionslinien erkennen können. Sie verbinden *A rebours* am Ausgang des Jahrhunderts noch immer mit Chateaubriands ästhetischem Katholizismus in *Le Génie du christianisme*.

Zugleich setzt sich der Roman von Joris-Karl Huysmans kritisch und parodistisch mit dem Naturalismus auseinander und verabschiedet diese literarische Bewegung bereits nach wenigen Seiten. Denn dessen erster Teil trägt einen Titel,

---

2 Vgl. u. a. Schober, Rita: *Auf dem Prüfstand. Zola – Houellebecq – Klemperer*. Berlin: Edition tranvía 2003.
3 Vgl. hierzu Ette, Ottmar: „Cierto indio que sabe francés": Intertextualität und literarischer Raum in José Martís „Amistad funesta". In: *Iberoamericana* (Frankfurt am Main) IX, 25–26 (1985), S. 42–52.

der eigentlich wie jener eines (naturalistischen) Paratextes klingt. Doch handelt es sich im Grunde nicht mehr um einen solchen, sondern bereits um die Einleitung, welche für das Verständnis der sechzehn römisch durchnummerierten und nicht mit Untertiteln versehenen Kapitel unbedingt notwendig ist. Der Titel „Notice" macht zugleich auf den paratextuellen und textinternen Charakter aufmerksam und bildet sozusagen eine Schwelle, die durch die spätere Hinzufügung des Vorworts von 1903, das bis heute alle Ausgaben von *A rebours* begleitet, noch verdoppelt wurde.

Zwar wirkt diese „Notice" wie eine derartige paratextuelle Schwelle, doch führt uns dieser Textteil mit seinen fiktionalen Gestalten tief ein in die dem gesamten Roman zu Grunde liegende Fiktion und Diegese. Es handelt sich letztlich um ein naturalistisch bestimmtes, der Ästhetik Zolas noch verpflichtetes Stück Literatur, in dem zugleich die Vertrautheit und Verbundenheit mit dem Naturalismus aufscheint, durch die ungeheure textinterne Beschleunigung aber parodistisch gewendet wird. Denn wie häufig zu Beginn eines naturalistischen Romans werden wir gleich auf den ersten Seiten mit einer Familiengeschichte konfrontiert, die uns tief in Historie und Abkunft des Protagonisten Des Esseintes einführt. Mit wenigen Pinselstrichen gelingt es dem Autor, die Geschichte einer Adelsfamilie zu skizzieren, die unrettbar dem Untergang geweiht ist, eine Familiensaga, die zweifellos dem Naturalismus Zola'scher Prägung zuzuordnen ist, zugleich aber jene Endzeitstimmung heraufbeschwört, welche das Fin de siècle auszeichnet.

Das Grundelement der Degeneration einer ganzen Familie ist zweifellos naturalistisch geprägt, erlaubten doch die Elemente „race", „milieu" und „moment" im Sinne von Zolas Roman expérimental eine wissenschaftliche Auseinandersetzung mit dem Zugrundegehen durch ein ererbtes Schicksal. Huysmans aber wendete dieses Thema finisekulär, indem er es nicht auf eine Arbeiterfamilie, sondern auf eine verfeinerte, kulturell hochstehende Adelsfamilie bezog, welche im Protagonisten dieses Romans ihren einzigen Spross ein letztes Mal vor ihrem endgültigen Verlöschen aufleuchten sieht. Es entsteht eine geschichtliche Entwicklung von den heroischen Zeiten des Feudaladels der Ile-de-France bis hin zum allerletzten Nachkömmling der weitverzweigten, aber letztlich erschöpften Familie: Jean, Herzog Floressas des Esseintes. Mit siebzehn Jahren, wie wir wenig später erfahren, verfügte er bereits über sein Erbe, denn er verlor zunächst seine Mutter, die an Erschöpfung verstarb, dann seinen Vater, der an einer vage beschriebenen Krankheit litt und bald das Zeitliche segnete. Der kinderlos bleibende Des Esseintes steht somit für das endgültige Erlöschen einer Adelsfamilie, die einst robust und körperlich stark gewesen war.

Er benötigt dabei immer stärkere Erregungen all seiner Sinne. Bald genügen ihm seine üblichen Geliebten nicht mehr; er versucht sich an Akrobatinnen, die ihn in die erotischsten Genüsse aller Stellungsspiele einzuweihen verstehen, aber seiner voranschreitenden Impotenz letztlich nichts entgegensetzen können. Die von Huysmans meisterhaft und mit kaltem Kalkül rasch abgespulte Familiengeschichte verweist auf eine Degenerierung, welche sich bei Des Esseintes in wachsender Impotenz äußert, die ihn zeugungsunfähig macht. Wir sind so von Beginn an mitten in einer an ihr Ende angelangten Geschichte, die sich nun gleichsam rituell noch einmal vor unseren Augen im letzten zeugungsunfähigen Zeugen dieser Familie vollzieht. Für Des Esseintes könnte Paul Verlaines berühmter Vers aus seinem Gedicht *Langueur* gelten: „Je suis l'Empire à la fin de la décadence."

Doch die Geschichte ist nicht vorüber, sondern fängt gerade erst an! Des Esseintes verkauft auf der Suche nach immer raffinierteren kulturellen Genüssen das alte Stammschloss, mit dem er nichts mehr anzufangen weiß, sowie weitere Güter und Besitzungen und erwirbt im Gegenzug Staatsaktien, so dass er sich nun eine beträchtliche Summe als Rente auszahlen lassen kann, um sich irgendwo neu niederzulassen und einzurichten. Im Verlauf des Romans wird auch diese letzte Geldsumme vollständig aufgebraucht werden. Die gesamte Romanhandlung spielt sich fortan im Inneren, in raffiniertesten Interieurs seines Anwesens außerhalb von Paris ab, wo er sein höchst kultiviertes Reich am Ende der Dekadenz installiert.

Des Esseintes ist nicht nur Nachfahre einer großen Familie von Feudalherren, sondern auch von jenem „mal du siècle" angesteckt, das schon die Helden eines Chateaubriand während der letzten Jahrhundertwende infiziert hatte und das wir im Verlauf unserer Vorlesung gut kennengelernt haben: jenem „ennui", der Geißel und Produktivkraft der Romantiker war. Auch ihn hat der „Spleen" angesteckt, von dem Charles Baudelaire berichtete – einer jener Dichter, den Des Esseintes wirklich uneingeschränkt bewundert und vergöttert. Der letzte Spross eines großen Adelsgeschlechts wird zur ultimativen finisekulären Verkörperung jener Figur, die von Beginn des 19. Jahrhunderts an dieses Säkulum begleitet: des *Dandy*.

Freilich in einer Variante, von der Hermann Fürst von Pückler-Muskau noch nicht zu träumen gewagt hätte. Hören wir kurz hinein in Des Esseintes' „Predigt über das Dandytum, wobei er seine Stiefellieferanten und Schneider beschwor, sich auf die absoluteste Weise an seine kurzen Befehle bezüglich des Schnittes zu halten, wonach er ihnen mit einer finanziellen Exkommunizierung drohte für den Fall, dass sie nicht buchstabengetreu seine Instruktionen in seinen Erlassen und Bullen befolgten."[4] Denn das Dandytum ist ein christlicher Kultus, dessen

---

4 Huysmans, Joris-Karl: *A rebours*. Paris: Georges Crès 1922, S. 15: „le sermon sur le dandysme, adjurant ses bottiers et ses tailleurs de se conformer, de la façon la plus absolue, à ses brefs en

Verkündern und Führern mit absoluter Treue und Genauigkeit zu folgen ist. Ja, *A rebours* wurde rasch zur Bibel dieses Kultus und die Existenz am Ende des Jahrhunderts für die „happy few" zur Spielfläche eines Lebens im Schönen, eines Lebens für eine extravagante Ästhetik, welche noch immer der radikale Protest gegen eine am Mammon orientierte bürgerliche Gesellschaft ist!

Der raffinierte Innenraum nimmt im Fin de siècle eine herausragende Stellung ein. Dabei muss er nicht wie bei José Martí in *Amistad funesta* moralisierend als Ausdruck einer vollendeten Seele gedeutet werden, sondern kann ganz einfach zum Ort der Schönheit werden. Des Esseintes schließt sich förmlich in seinem Hause ein, beschränkt die Kunst in der Abwehr des Außenraumes auf das Innere, gestaltet aber umso mehr dieses Innere, um es vom Außen, von der am Gebrauchswert orientierten Geschäftswelt der Bourgeoisie abgrenzen zu können. Das Fin de siècle sucht den schroffen Gegensatz zur auf Verdienst und gesellschaftlichen Wert abgestellten Welt einer hochkapitalistischen Gesellschaft; und die Interieurs des Jahrhundertendes verkörpern diesen Entwurf einer radikalen Gegen-Welt.

Innenräume sind Orte der Synästhesien, der sich überlappenden Künste und der von ihnen angesprochenen Sinneswelten. Des Esseintes versucht von Beginn an, bei den Innenräumen die einzelnen Sinneswahrnehmungen aufeinander abzustimmen und aufeinander zu beziehen, um so ein Zusammenwirken von Farben und Musik, von Literatur und Bild, von Düften, Edelsteinen, Blumen und Blüten zu erzielen, das durch raffinierte Komposition völlig neue, originelle Effekte zeitigt. Eine ganz besondere Funktion und Bedeutung kommt einer kleinen Erfindung Des Esseintes' zu, die im vierten Kapitel des Romans erscheint und die vom Dandy als „orgue à bouche" bezeichnet wird. Sehen wir uns diese Erfindung einmal etwas näher an:

> Die Orgel stand offen. Die mit „Flöte, Horn, Himmelsstimme" beschrifteten Schieber waren gezogen und zum Manöver bereit. Des Esseintes trank hier und da einen kleinen Schluck, spielte sich innere Symphonien vor, es gelang ihm, in seiner Kehle Empfindungen zu stimulieren, die analog zu denen waren, welche die Musik im Ohr erzeugt.
> Im Übrigen entsprach, so sagte er, jede alkoholische Flüssigkeit als Geschmack dem Klang eines Instruments. Der trockene Curaçao etwa entsprach der Klarinette, deren Gesang etwas bitter und samtig ist; der Kümmel entsprach der Oboe, deren klangliches Timbre näselt; Minze und Anis entsprachen der Flöte, die zugleich süß ist und nach Pfeffer schmeckt, zwitschernd und sanft [...]. Auch dachte er, dass sich die Assimilierung ausweiten könne, dass Quartette von Streichinstrumenten unter dem Gaumensegel funktionieren konnten, wobei die Geige für den altgereiften Schnaps stehen könnte [...]. Die Ähnlichkeiten verlängerten

---

matière de coupe, les menaçant d'une excommunication pécuniaire s'ils ne suivaient pas, à la lettre, les instructions contenues dans ses monitoires et ses bulles."

sich noch: Beziehungen existierten zwischen allen Tönen in der Musik der Liköre; und nur um eine Note noch anzuführen, so figurierte der Benediktinerlikör gleichsam als Mollton für den Dur-Ton der Alkoholika, welche die handelsüblichen Partituren unter der Bezeichnung einer grünen Chartreuse führen.
Nimmt man erst einmal diese Prinzipien an, so war es ihm dank hochbelesener Experimente gelungen, sich auf der Zunge stumme Melodien vorzuspielen, spektakulär schweigsame Trauermärsche, und in seinem Munde die Solostücke der Minze und die Duette von Vespetrò und Rum zu hören.[5]

Ich könnte diese Passage zur Mundorgel noch weiter ausdehnen, doch soll es an dieser Stelle mit Alkoholika und Klängen auf der Zunge erst einmal genug sein! Denn Sie haben verstanden, dass es hier um ausgefeilteste, raffinierteste Sinneseindrücke geht, die miteinander kombiniert werden, um den großen Fächer an Synästhesien noch zu erweitern. Aufschlussreich ist übrigens, dass in diesem Zitat das Interieur, diesmal der menschliche Innenraum, erneut ins Zentrum rückt. Denn die sogenannte „Mundorgel" ist nicht nur im Innenraum platziert, ihre Effekte schafft sie ausschließlich in jenem des Mundes, im menschlichen Körper-Leib also, der gleichsam zur Spielfläche der Sinneswahrnehmungen wird.

Mithin spielt sich alles dort ab: Die von den Flüssigkeiten erzeugte Musik ist eine innere, geräuschlose Musik, in der sich Geschmack, Farbe des Getränks, Klangfarbe und Rhythmus, also Sinneswahrnehmungen aus verschiedenen Bereichen und Künsten, miteinander verbinden und einander ergänzen, um völlig neue Wahrnehmungen zu schaffen. Das Medium zur Darstellung all dieser Genüsse ist die Literatur, ist der Roman. Das ist ein großer Schritt weiter als Rimbauds erst später berühmt gewordenes Sonett *Les voyelles,* das wir ja kurz kennengelernt hatten und in dem den einzelnen Vokalen bestimmte Farben zugeordnet werden: Alles ist mit allem verbunden und zielt sinnlich auf unsere Sinne ab.

Die Idee von Joris-Karl Huysmans ist gewiss nicht völlig neu. Offenkundig gab es sogar einen illustren Vorfahren von mir, einen gewissen Herrn Kratzenstein, dessen Spuren sich später am Zaren-Hof von Sankt Petersburg verlieren sollten. Er erfand ein Farbenklavier, in dem gewissen Tönen und Klangfarben bestimmte optische Farben zugeordnet waren, die beim Spielen entstanden. Damit reiste er im 18. Jahrhundert von Fürstenhof zu Fürstenhof, eine wohl durchaus einträgliche Idee aus dem Bereich der Synästhesie. All dies lenkt unsere Aufmerksamkeit darauf, dass die eigentliche Aktivität, auf die es bei diesen Spektakeln ankommt, das Spielen selbst ist, also der ludische Umgang mit den unterschiedlichen Sinnen, die frei miteinander kombiniert werden und daher spielerische, aber gleichwohl erprob- und analysierbare Effekte erzielen. Huysmans' Mund-

---

5 Huysmans, Joris-Karl: *A Rebours,* S. 60 f.

orgel schließt sich folglich an vergleichbare künstlerische Experimente im sinnenfreudigen Jahrhundert der Aufklärung an.

All dies hat selbstverständlich noch in späteren Zeiten auf Menschen und Ästhetiken gewirkt, in denen nicht nur dem spielerischen Experiment, sondern vor allem den Kombinationen zwischen verschiedenen Sinnen und unterschiedlichen ästhetischen Erfahrungen die erste Stelle eingeräumt wurde. In dem berühmten kleinen Roman *L'écume des jours* des existentialistischen französischen Schriftstellers Boris Vian, der als Erbe der historischen Avantgarden und als Trompeter wie Wegbereiter der Postmoderne in einer anderen Vorlesung unser Interesse erregte,[6] spielt ein vergleichbares Instrument eine herausragende Rolle. Denn in diesem Buch, das ganz im Zeichen der Musik steht und auf New Orleans im Jahr 1946 datiert ist, taucht schon im ersten Kapitel ein Instrument auf, das der adrette Colin seinem Freund Chick unter dem namen „Pianocktail" vorstellt und in der Folge erklärt. Hören wir einmal Colins Erläuterungen kurz zu:

> Mit jeder Note, erläuterte Colin, lasse ich einen Alkohol, einen Likör oder einen Aromastoff korrespondieren. Das Forte-Pedal entspricht einem geschlagenen Ei, das Piano-Pedal steht mit dem Eis in Verbindung. Um etwas Seltzwasser zu bekommen, muss man auf den hohen Tasten einen Triller spielen [...]. Spielt man eine langsame Melodie, dann wird ein System von Tasten betätigt, so dass nicht die Dosis – denn dies ergäbe einen überschwappenden Cocktail –, wohl aber der Grad an Alkohol erhöht wird. [...] Störend hierbei ist nur, sagte Colin, dass das Forte-Pedal für das geschlagene Ei steht. Ich musste dafür ein System spezieller Mechanik-Verbindungen ausknobeln, denn spielt man ein Stück, das zu *hot* ist, dann fallen Omelett-Stücke in den Cocktail, und das schluckt man nicht leicht runter. [...] Chick setzte sich ans Piano. Am Ende des Stücks fiel eine der vorderen Verkleidungen mit einem trockenen Knall herunter und eine Reihe Gläser erschien. Zwei von ihnen waren randvoll gefüllt mit einer Mixtur, die lecker aussah.[7]

Sie merken, dass die Synästhesie zu Zeiten von Jazz und Cocktail eine andere geworden war! Doch das „Pianocktail" liefert gute Ergebnisse auf der Höhe oder besser: im Rhythmus der Zeit. Die grundsätzliche Idee, auf die wir bei Huysmans und seinen Vorläufern stießen, ist gleich geblieben: Sie verfolgt das Ziel, unterschiedlichste sinnliche Wahrnehmungen miteinander zu kombinieren und zu verschmelzen. So werden bei Boris Vian aus Musikstücken des Jazz sehr eigenwillige Cocktails, während die alkoholischen Getränke von Des Esseintes sich im Resonanzboden seines Mundes in symphonische Musikstücke verwandeln. Wir könnten an dieser Stelle noch viel über dieses synästhetische Wechselspiel

---

6 Vgl. das entsprechende Kapitel im dritten „Aula"-Band von Ette, Ottmar: *Von den historischen Avantgarden bis nach der Postmoderne*, S. 614–645.
7 Vian, Boris: *L'écume des jours*. Paris: 10/18 1977, S. 13.

der Künste sagen, müssen uns dies aber leider versagen, um die Analyse von *A rebours* weiter voranzutreiben.

Es gibt im Roman eine Vielzahl eher skurriler Elemente, die Des Esseintes' Leben in Einsamkeit und Abgeschiedenheit punktieren: Da wäre etwa jenes Aquarium, das vor ein Fenster gerückt ist, so dass nur durch das Aquarium gefiltert Licht in den Raum dringen kann. Darüber hinaus wird das Waser gefärbt, um die Lichtwirkungen noch weiter nuancieren zu können. Sie fürchten jetzt um das Leben der Fische? Keine Angst! Den Fischen bekommt es, weil sie eine Aufziehmechanik besitzen, die sich nicht daran stört, verheddern sie sich doch ohnedies in den künstlichen Pflanzen, die ebenso wenig Fütterung und Pflege wie sie selbst benötigen.

Im Umfeld des Dandytums darf auch eine Schildkröte nicht fehlen, verkörpert sie doch durch ihre zeitlupenartigen Bewegungen all das, was sich der beschleunigten Temporalität sozioökonomischer Modernisierung entgegenstellt. Mit einer Schildkröte am güldenen Halsband in der Stadt spazieren zu gehen, ist das ultimative Vergnügen des Dandys, der sich über Hast und Hektik seiner Zeitgenossen mokiert. Einen etwas tragischeren Ausgang nimmt da schon die Geschichte jener Schildkröte, die Des Esseintes zunächst einmal mit einem golden eingefärbten Panzer ausstatten lässt, bevor er sie zum Juwelier schickt, der ihn genau nach seinen Angaben mit Gemmen und allerlei Edelsteinen verziert. So entsteht der Inbegriff einer kostbaren Salonschildkröte, die einem wahren Salonlöwen in nichts nachsteht. Das alles ist wunderbar anzuschauen, und Des Esseintes ist anfänglich sehr begeistert. Dumm nur, dass sich seine Schildkröte einige Tage lang nicht mehr bewegt, so dass ihr Besitzer dann doch eines Tages bemerkt, dass sie längst das Zeitliche gesegnet hat; wohl nicht zuletzt aufgrund der Tatsache, dass sie den ihr aufoktroyierten blendenden Luxus nicht länger hatte ertragen können. So blieb allein der geschmückte Schild zurück, die Kröte – und damit das Leben – aber ging ...

Die Kunst des Fin de siècle ist in aller Regel eine Kunst der Innenräume, der räumlichen Abgeschlossenheit, der Abtrennung von der Natur in einem Reich des Inneren, der Künstlichkeit, der Nachahmung, der Isolierung, der Eigengesetzlichkeit. Anders als der romantische Dichter sitzt kein Subjekt mehr in einer romantisch idealisierten Landschaft, befindet sich kein Maler mehr im Angesicht einer romantisch überhöhten Bergwelt: Die Ästhetiken eines Alphonse de Lamartine oder eines Caspar David Friedrich sind endgültig vorüber. Die Natur wird vehement bekämpft, ihr Reich wird gleichsam ausgesperrt: Sie findet nur in vielfach destillierter Form, verwandelt in die Genüsse des Gaumens und der Sinne, transponiert in Kunst in ihren unterschiedlichen Ausdrucksformen, Eingang in das Repertoire der Innenräume.

Ich möchte mich aber nun dem fünften Kapitel und einer Szenerie zuwenden, die eine gewisse Zentralstellung in Huysmans' Roman *A rebours* einnimmt.

Es geht um die Auseinandersetzung mit der Malerei nicht nur Odilon Redons, sondern weit mehr noch mit jener von Gustave Moreau, der Des Esseintes (und natürlich auch Huysmans selbst) tief beeindruckt hatte: Seine Bildschöpfungen sind bei Huysmans ubiquitär. So verliert sich der noch junge französische Adelige gleich zu Beginn des fünften Kapitels in eine Träumerei über jene beiden Gemälde, welche er in der Folge in einer durchaus meisterhaften Ekphrasis literarisch darzustellen sucht. Da es sich bei diesem fünften Kapitel um einen der Höhepunkte und sicherlich auch auf der theoretischen Ebene um eine der interessantesten Passagen des Bandes handelt, will ich den bereits in der Vorlesung über Liebe und Lesen behandelten Auszug nochmals aufgreifen:

> Unter allen Künstlern existierte einer, dessen Talent ihn entzückte und zu langen Gefühlsbewegungen hinriss, Gustave Moreau.
> Er hatte seine beiden Meisterwerke erworben und träumte nächtelang vor einem von beiden, dem Gemälde der Salome, das auf die folgende Weise konzipiert war:
> Ein Thron erhob sich, einem Altare in einer Kathedrale gleich, unter unzählbaren Bögen, hervorspringend zwischen gedrungenen Säulen sowie romanischen Pfeilern, von vielfarbigen Ziegelsteinen und Mosaiken überzogen, mit eingefassten Lapislazuli und Sartonyx-Steinen, alles in einem Palast, der einer Basilika glich, deren Architektur zugleich halb muslimisch und halb byzantinisch war.
> Im Mittelpunkt des den Altar überragenden Tabernakels, von Stufen in halbrunder Beckenform umgeben, saß der Tetrarch Herodes, das Haupt von einer Tiara geschmückt, beide Beine eng beieinander und die Hände auf seinen Knien haltend.
> Sein Gesicht war gelblich, pergamentartig, von Falten durchfurcht, vom Alter entstellt; sein langer Bart schwebte wie eine weiße Wolke über den edelsteinfunkelnden Sternen, welche die Konstellation seines Gewandes aus Goldplattierkunst an seiner Brust bildeten.
> Um diese unbewegliche, in der hieratischen Pose eines Hindugottes fixierte Statue herum brannten Duftessenzen, aus denen Wolken von Dämpfen hervorquollen, welche die Feuer der an den Wänden des Thrones inkrustierten Edelsteine, phosphoreszierenden Tieraugen gleich, durchbohrten; dann hob sich der Dampf, und unter den Arkaden vermischte sich der blaue Rauch mit dem Goldpulver der großen Lichtstrahlen, die von den Kuppeln herab einfielen.
> Im perversen Duft der Parfums, in der überhitzten Atmosphäre dieser Kirche, streckte Salome ihre linke Hand in einer befehlenden Geste aus, während ihr rechter Arm angewinkelt blieb und auf der Höhe ihres Gesichts eine große Lotusblume hielt, und sie bewegt sich langsam auf den Zehenspitzen vorwärts, zu den Klängen einer Gitarre, deren Saiten eine kauernde Frau zupft.
> Mit einem konzentrierten Gesichtsausdruck beginnt sie feierlich, fast erhaben, mit ihrem lüsternen Tanz, der die schläfrigen Sinne des alten Tetrarchen wachrütteln soll; ihre Brüste wogen hin und her, und ihre Brustspitzen richten sich bei der Reibung ihrer Colliers, die herumwirbeln, auf; über der Feuchtigkeit ihrer Haut funkeln die aufgefädelten Diamanten; ihre Armreife, ihre Gürtel, ihre Ringe versprühen Funken; auf ihrem triumphalen Kleid, das von Perlen gesäumt, von Silber durchwirkt, von Gold durchwoben ist, gerät der Brustpanzer vollendeter Goldschmiedekunst, an welchem jede Masche eine Perle ist, in Brand, durchquert kleine feurige Schlangen, kribbelt auf dem mattglänzenden Fleisch, auf der teerosa-

farbenen Haut, so wie gewaltige Insekten mit alles überstrahlenden, karminfarben gezeichneten Flügeldecken, vom gelben Tagesanbruch punktiert, von einem Stahlblau durchzogen, pfauengrün gescheckt.

Konzentriert und mit starren Augen, wie eine Schlafwandlerin, sieht sie weder den Tetrarchen, der erzittert, noch ihre Mutter, die grausame Herodias, die sie überwacht, noch den Hermaphroditen oder Eunuchen, der sich unterhalb des Thrones mit dem Säbel in der Faust aufhält, ein schreckliches Antlitz, bis zu den Wangen hoch verschleiert, und dessen weibliche Brust eines Kastrierten wie ein Trinksack unter seiner orangebunten Tunika baumelt. Dieser Typus von Salomé, der die Künstler wie die Dichter so sehr fesselt, war seit langen Jahren eine Obsession für des Esseintes.[8]

Abb. 77: „Salomé dansant devant Hérode", Öl auf Leinwand von Gustave Moreau, 1876.

Wir befinden uns in einer unverkennbar von der Ästhetik des Fin de siècle geprägten und von schweren Düften geschwängerten Atmosphäre, in welcher Salomé gleich zu tanzen beginnen wird. Wenn Huysmans behauptet, in seinem Roman gänzlich ohne die Frau, ohne die Liebe auszukommen, dann stimmt dies nicht. Gewiss, es sind immer wieder entweder die gymnastischen Leibesübungen und Stellungsspiele oder die Liebe als Triebe, welche die romanesken Szenen von *A rebours* prägen, und keine eigentliche Liebesgeschichte, die sich auf oder zwi-

---

8 Huysmans, Joris-Karl: *A Rebours*, S. 68 ff.

Abb. 78: „L'Apparition", Aquarell von Gustave Moreau, circa 1876.

schen den Zeilen des Romans entrollt. Aber gänzlich ohne die Präsenz von Liebe, Sexualität und Erotik kommt auch dieser Roman entgegen der Behauptungen seines Verfassers nicht aus. Die Erotik dieser Frauenfigur kann sich freilich nicht in frischer Luft entfalten: Nichts wäre verkehrter, als sie etwa auf einen offenen Marktplatz zu stellen und tanzen zu lassen! Nur in der geschlossenen, überhitzten, duftgesättigten, von der Außenwelt mehrfach abgeschotteten Atmosphäre kann diese Femme fatale ihren Körper zum Machtinstrument machen und mit ihrem erotischen Verführungstanz beginnen.

Das lange Zitat enthält eine Vielzahl kommentierungswürdiger Details, doch will ich mich an dieser Stelle auf einige wenige konzentrieren. Joris-Karl Huysmans präsentiert uns in dieser Passage ein Meisterwerk der Ekphrasis, also der literarischen Transposition ikonischer Bildtexte in (Schrift-)Sprache. Dabei beachtet er alle Regeln, manifestiert aber auch alle Raffinessen, die ein Schriftsteller dieser ekphrastischen Transposition abgewinnen und entreißen kann. Er nutzt dabei konsequent jene Möglichkeiten, die ihm als Künstler des literarischen Wortes im Gegensatz zum Maler zur Verfügung stehen.

So sind auf dem Gemälde von Gustave Moreau bestimmt nicht die Brustspitzen der schönen Salome erkennbar, die sich aufgrund der Reibung an ihren Gehängen aufrichten und bewegen. Mit Sicherheit hatte Moreau Gustave Flauberts mehr als ein Jahrzehnt zuvor erschienenen historischen Roman *Salammbô* gelesen und in seine ikonische Entfaltung der Salomé-Figur integriert; doch Joris-Karl Huysmans konnte auf die intertextuellen Bezüge zu Flauberts Kreation wesentlich detaillierter eingehen. Diesen ästhetischen Mehrwert und literarischen Überschuss müssen wir bei einer ekphrastischen Arbeit stark gewichten. Denn es geht hier um die literarische Lektüre eines Gemäldes, die mit allen Charakteristika eines kreativen Leseaktes ausgezeichnet ist, der sich freilich auf verschiedenen medialen Ebenen vollzieht.

Die Leserschaft von *A rebours* erfährt vom Erzähler, dass sich dieses Gemälde im Privatbesitz von Des Esseintes befindet, der es mit in sein Anwesen von Fontenay-aux-Roses genommen habe. Dort hängt Moreaus tanzende Salomé zusammen mit anderen Meisterwerken, wozu nicht zuletzt auch Gemälde von El Greco zählen, ebenfalls ein im Fin de siècle besonders geschätzter Maler. All diese Bilder bevölkern die Innenräume der von Des Esseintes sorgsam gestalteten Atmosphäre, wobei Gustave Moreaus Salomé ihrerseits die Struktur eines Innenraums wirkungsvoll in Szene setzt. Denn Licht von außen dringt in dieses Bildnis der tanzenden jungen Frau höchstens von den hohen Kuppeln im Gemälde herab in diesen abgeschlossenen, mit einer Basilika verglichenen Innenraum. Das Außenlicht wird ebenso sorgsam gefiltert wie in José Enrique Rodós *Ariel*, wo wir auf eine vergleichbare architektonische Struktur in Form eines Palastes stoßen werden.

Des Esseintes – dies macht der kleine Satz zu Anfang der von uns gewählten Passage deutlich – ist selbst nicht nur ein Amateur von Kunst, sondern ein authentischer Kunstsammler: Seine fürwahr erlesene Kollektion verwandelt das Haus in Fontenay gleichsam in ein Museum, und dies auf verschiedenen Ebenen zugleich. Denn Des Esseintes sammelt nicht nur unterschiedlichste wertvolle Gemälde, sondern auch verschiedene andere Kunstgegenstände, die sorgfältigst ausgewählt sind und vielfältigste Beziehungen zu anderen in seinen Räumen vorhandenen Objekten herstellen. Die Struktur eines Museums – und mehr noch eines „Musée imaginaire" – ist eine Art Grundstruktur dieses in vielerlei Hinsicht repräsentativen Textes der Jahrhundertwende. Museen und Sammlungen sind Kunstphänomene, die selbstverständlich an kostbar gestaltete Innenräume gebunden sind, wie sie das Anwesen von Des Esseintes bietet.

Die kunstvolle Ekphrasis bezieht sich auf ein Moreau-Gemälde, das 1876 entstanden war – also acht Jahre vor Huysmans' *A rebours*. Es handelt sich folglich um eine Auseinandersetzung mit damals zeitgenössischer Kunst. Moreaus Gemälde fixiert jenen Augenblick, in welchem der Tanz der schönen Salomé beginnt, der Übergang also von der Bewegungslosigkeit zur Bewegung; in der Ekphrasis von Huysmans der Übergang von der zeitlichen Hintergrundgestaltung in die präsentisch gestaltete ekphrastische Beschreibung. Huysmans nutzt diesen spannungsvollen Augenblick, um jene narrativen Dimensionen zu entfalten, welche in der Raumkunst, der ‚Präsenzkunst' der Malerei, nur visuell vergleichzeitigt angelegt sind.

Anhand der biblischen Geschichte, die Des Esseintes wie einst Flaubert bei der Arbeit an seiner *Salammbô* auch durch die Lektüre der einschlägigen Passagen aus dem Matthäus-Evangelium nachvollzieht, identifiziert der Erzähler die verschiedenen Gestalten, die mehr oder minder im Bildhintergrund verharren. Sie werden in der literarischen Ekphrasis jeweils beleuchtet, sind im Gemälde aber fast eingewoben in jene sinnliche Architektur, die ekphrastisch wiederum zunächst detailreich entfaltet wird: mit ihrer mehrschichtigen, vielgewölbten Baustruktur der Bögen und Architraven, die kaum einmal das Licht direkt passieren lassen, so dass das Interieur plastisch hervortritt. Moreau machte den zeittypischen finisekulären Geschmack sehr stilsicher und frühzeitig zum eigentlichen Sujet seines Gemäldes und stieß damit auf einen begeisterten Huysmans, der seinerseits das Gemälde dazu nutzte, immer neue Details dieser Innenarchitektur vorzufinden beziehungsweise zu erfinden. Alles wirkt ungeheuer symbolisch und erotisch aufgeladen, mehrfach kodiert, rätselhaft und voller geheimer geschlechtlicher Bedeutungen; wobei die Körperlichkeit der erregenden Salomé durch das Präsentische in Huysmans Text gleichsam auf den Leser und die Leserin überspringt. Der Tanz der Verführerin kann beginnen ...

„Ut pictura poesis" – Huysmans folgt den Regeln des Horaz für die Dichtkunst in ihrer Beziehung zur Malerei genau: Im Gemälde Gustave Moreaus ist alles in einer quasi-simultanen Wahrnehmung zusammengesetzt, in einer Art von offenem, multidirektionalen Weg durch das Gemälde, der ein ständiges Pendeln zwischen einer Wahrnehmung der Gesamtheit und einzelner Details darstellt. Dagegen ist die Sprache des Schriftstellers an einem In-Bewegung-Setzen aller Teile der Beschreibung interessiert, um so die Leserinnen und Leser dieses Textes in eine Abfolge einzelner Wahrnehmungen einbeziehen zu können. Die Zeitkunst der Literatur spielt ihre Möglichkeiten gegenüber der Raumkunst der Malerei aus. Hier ist die quasi-simultane Wahrnehmung verschriftlicht und transponiert in eine solche, die notwendig linear und vor allem sukzessiv ist, nach Erzählung, nach Narration drängt. Die Bewunderung von Huysmans und Des Esseintes für Gustave Moreau gerät in diesen Passagen des Romans zu einem literarisch-künstlerischen Wettstreit ganz im übertragenen Sinne des Horaz.

Der 1826 in Paris geborene Gustave Moreau gilt bis heute als Meister des französischen Symbolismus in der Malerei. Die Aufnahme in diese „Bibel der Décadents" förderte sein opulentes Œuvre im Fin de siécle. Er verstand es – ausgehend von mythologischen oder biblischen Stoffen – die weibliche Schönheit in den raffiniertesten Inszenierungen darzustellen, in einer symbolischen und nicht selten erotischen Aufladung, wie am Beispiel dieser Salomé anschaulich erkennbar wird. Der französische Maler darf zweifellos als jener Bildkünstler gelten, dem es am überzeugendsten gelang, raffinierteste Stoffe, Edelsteine, Lichtbrechungen, Hautfarben und vieles mehr in seine Gemälde einzubringen und Synästhesien hervorzurufen, wie sie die Sinnlichkeit des europäischen wie außereuropäischen Fin de siècle so sehr liebte. Moreau machte nicht zuletzt auch durch neue Interpretationen der Mythologie von sich reden, insoweit er altbekannten Stoffen eine neue Wendung gab: Er war ein Meister dessen, was wir mit Hans Blumenberg als *Arbeit am Mythos* bezeichnen dürfen.[9]

In der Interpretation Moreaus ist es nicht mehr Herodias, die Mutter der schönen Salome, die durch ihre Tochter bewirkt, dass der Kopf von Johannes dem Täufer fällt, sondern vielmehr Salome selbst, die in dieser kunstvollen Darstellung im wahrsten Sinne des Wortes als Femme fatale über Leben und Tod herrscht. Die Sinnlichkeit einer Szene, die unverkennbar den biblischen Stoff in eine noch orientalischere Szenerie einrückt, ist kaum zu überbieten und erinnert, wie bereits angedeutet, an Flauberts *Salammbô*, die sich der Schöpfer der *Education sentimentale* in der Betonung seiner erotisch aufgeladenen Frauenfigur ja auch aus der Bibel intertextuell destilliert hatte. Das biblische *Hohelied* steht im Hintergrund all dieser Schöpfungen der Malerei wie der Schreibkunst. Der Orientalismus, die Suche nach dem Exotischen, dem kulturell Anderen in einer konsumierbaren, im ‚Orient' verorteten Form, ist hier mit Händen greifbar und transportiert alle Legenden und Erwartungen gegenüber Sinnlichkeit und weiblicher Schönheit, welche das Publikum jener zweiten Hälfte des 19. Jahrhunderts nicht nur in Frankreich auf derartige Sujets projizierte. Salome steht wie Salammbô im Schnittpunkt vielfacher künstlerisch-literarischer Traditionslinien. Wie groß ist doch aus dieser Perspektive betrachtet die Distanz zu den romantischen Heldinnen, die wir mit Virginie oder Atala bei Bernardin de Saint-Pierre oder Chateaubriand kennengelernt hatten!

Ist die Umsetzung der visuellen Bewegung in literarische, nicht-simultane Bewegung eines der Hauptcharakteristika dieser Ekphrasis, so ist auch von Interesse, dass zugleich Gerüche, exotische Düfte und Parfums gleichsam aus dem Bild herausdestilliert und literarisch präsent gemacht werden. Wir bewegen uns in einer dichten, schicksalsschwangeren Atmosphäre, die allein in geschlossenen Interieurs erzeugt werden kann. Vor dem Hintergrund dieser ‚perversen' Düfte beginnt Salome mit ihrem Tanz, der im Fin de siècle auch von Oscar Wilde literarisch bearbeitet und zu einem wunderbaren Kunstwerk umgestaltet wurde. Doch bleiben wir noch für einen kurzen Augenblick bei Huysmans und *A rebours*, um in diese Welt der Düfte einzutauchen!

---

9 Vgl. Blumenberg, Hans: *Arbeit am Mythos*. Frankfurt am Main: Suhrkamp 1979.

Unsere Duft-Wahrnehmung ist häufig mit unserem Gedächtnis gekoppelt und führt nicht selten tief in unsere Kindheit zurück. Nicht umsonst sind die am weitesten in unserem Gedächtnis aufbewahrten Erinnerungsspuren Düfte, die wir mit bestimmten Umgebungen und Erfahrungen unserer frühen Kindheit in Verbindung bringen. Für Des Esseintes ist dies selbstverständlich auch eine Kunst, eine Chance zum Raffinement und – auf der Grundlage einer wahren Wissenschaft von den Düften – eine erhebliche Erweiterung künstlerischer Ausdrucksmöglichkeiten. Diese auf die *Parfums* bezogenen Passagen sind auch epistemologisch und poetologisch von Gewicht, so dass wir uns ihnen kurz zuwenden wollen:

> Seit Jahren war er geschickt in der Wissenschaft des Riechens; er dachte, dass das Olfaktorische Wollüste hervorrufen könne, welche jenen des Hör- und Gesichtssinnes gleichgestellt wären, insofern jeder Sinn fähig ist, auf der Grundlage einer natürlichen Disposition und einer hochgebildeten Kultur neue Sinneseindrücke wahrzunehmen, sie voneinander abzusondern, sie zu orchestrieren und ein Ganzes zu komponieren, das ein Werk ergibt; und es war alles in allem nicht anormaler, dass eine Kunst existierte, welche ein duftendes Fluidum herstellte, als andere Künste, die Schallwellen erzeugten oder unterschiedlich kolorierte Strahlen, welche auf die Netzhaut eines Auges treffen [...].
> In dieser Kunst der Düfte hatte es ihm ein Aspekt unter allen besonders angetan, jener der künstlichen Präzision.
> Denn so gut wie niemals gehen die Düfte aus Blumen und Blüten hervor, deren Namen sie gleichwohl tragen; der Künstler, der es wagen würde, allein der Natur ihre Elemente zu entnehmen, würde nichts als ein Bastardwerk schaffen, das ohne jede Wahrheit, ohne jeden Stil wäre, zumal die aus der Destillation gewonnene Essenz der Blüten nur eine sehr entfernte und sehr vulgäre Analogie mit dem Aroma der lebendigen Blume besitzt, die ihre Düfte über die Erde verströmt. [...]
> Stück für Stück bildeten sich die Arkana dieser Kunst heraus, der am meisten vernachlässigten unter allen, und sie öffneten sich vor Des Esseintes, der mittlerweile diese Sprache zu entziffern verstand, welche so variantenreich und so insinuierend war wie jene der Literatur, ausgestattet mit einem konzisen und unerhörten Stil, obgleich er doch so flottierend und vage schien.
> Um dies zu erreichen, hatte er zunächst die Grammatik erlernen und bearbeiten, die Syntax der Düfte erfahren und sich die Regeln gut einbläuen müssen, die auf diesem Gebiet herrschten [...]. [10]

In dieser Passage des zehnten Kapitels tut sich für Des Esseintes die Welt des Geruchssinnes auf, die er bald als wissenschaftlich fundierte Kunst zu benutzen versteht. Entscheidend dabei ist, dass sie als solche der Natur gegenübergestellt wird, um gleich zu Beginn jedwede Verwechslung mit dem so schönen natürli-

---

10 Huysmans, Joris-Karl Huysmans: *A Rebours*, S. 145 ff.

chen Blumenduft zu vermeiden. Das ist übrigens ganz so, wie in *A rebours* den von Des Esseintes geliebten exotischen Pflanzen die bürgerlichen, auf Wohnzimmerbänken oder Balkonjardinieren hängenden Blumen entgegengestellt werden – gleichsam die wunderschönen Geranien unserer Tage.

Epistemologisch aufschlussreich ist, dass ähnlich wie in der Malerei das System der Düfte letztlich eine Art quasi-simultaner Wahrnehmung beinhaltet, da wir Düfte nicht ‚linear' und gesondert wahrzunehmen pflegen, sondern vielmehr – so wie es das Wort „Bouquet" andeutet – in einer Art simultan wahrgenommenem Strauß. Danach erst können wir die Düfte zerlegen, ähnlich wie wir Gemälde dann in einzelne Bildsektoren und vektorielle Zusammenhänge zerlegen können.

Dies genau ist der Ansatzpunkt für die Kunst von Des Esseintes: Denn ähnlich, wie er die Malerei aus der Quasi-Simultaneität in die Linearität der literarischen Sprache überführt, wie er die Wahrnehmung verschiedener Alkoholika und Liköre in die Linearität eines inneren, stillen Konzerts in seinem Mund transponiert, so überträgt er nun auch die Quasi-Simultaneität der Düfte in eine lineare Abfolge, die er am Ende wieder zusammenzusetzen und zu ‚komponieren' beherrscht. Aus diesem Grunde ist als Vergleichspunkt die Sprache sein Bezug, so dass er eine Grammatik und eine Syntax, mithin Regeln für die lineare Verfertigung von Sätzen, zusammenzustellen vermag und dadurch Abfolgen von Wahrnehmungen zu konstruieren sucht. Das ist bereits der halbe Schritt zur Literatur; jener Kunst, die sich als Zeitkunst in ihrer Linearität und im Medium der Sprache all dieser Gliederungsformen, dieser linguistischen „articulations" bemächtigt.

Nicht das Reich der Natur, nicht das Natürliche zieht Des Esseintes an, sondern das Reich der Kunst und des Künstlichen; wie ihn am Ende vor allem jene hochgezüchteten, exotischen Pflanzen faszinieren, die so aussehen, als seien sie gerade *nicht* echt – und das heißt *natürlich* –, so wie ihn stets das an ihnen interessiert, was nach Netz, nach Stoff, nach Papier oder Keramik, aber auch nach menschlichem Fleischgewebe aussieht. Folglich interessiert ihn in keiner Weise der Duft einer Blumenwiese an sich; es interessieren ihn allein die Möglichkeiten, ihn künstlich zu erzeugen und ihm einen Artefakt-Charakter zu verschaffen. Jegliche romantische Euphorie für die Natur ist gründlich verflogen!

Dabei geht Des Esseintes so weit, die Düfte, die den Hochöfen von Pantin entsteigen, mit jenen des Mittelmeeres und der Côte d'Azur gleichzusetzen, entstehe doch in Pantin eine Welt der Düfte, die jener von Nizza gleichkomme. Es ist eine Art „Menton factice", wie es in Anspielung auf jene Gebiete Frankreichs heißt, die für ihre intensiven, aber natürlichen Düfte wie auch für ihre produzierten Parfums berühmt geworden sind. Die Begeisterung von Des Esseintes für die Hochöfen der großen Fabriken und Industrien verweist schon auf die ungeheure Euphorie, mit welcher die italienischen Futuristen und allen voran Filippo Tommaso Marinetti

Industrie und Technik hochleben ließen und im ersten *Futuristischen Manifest* den Schlamm der Industrieabwässer tranken.[11]

Stets wird die Natur übertroffen, stets wird sie umgeformt, um im Dienste der Kunst höchstens ihre letzten Essenzen preiszugeben, die der Mensch im Innenraum seiner Laboratorien und im Bereich seiner Experimente artifiziell zu übertreffen versteht. Wie hätte sich Des Esseintes für jegliche Spielart von Künstlicher Intelligenz begeistern können! Zugleich wird deutlich, dass den letzten Spross einer großen und alten Adelsfamilie nicht nur die reine Künstlichkeit interessiert, sondern vor allem eine solche, die in ein Regelwerk der Kunst überführt ist, die die Spezifik der einzelnen Sinnesorgane versteht und entsprechend zu manipulieren weiß.

Selbstverständlich sind auch die Düfte der Frau manipulierbar; und so ist auch auf diesem besonderen Gebiet ihr Parfum, das sich in den Falten ihrer Kleider ankündigt, ein Kunstwerk der Natur, das die Kultur, die Parfümerie, weit übertroffen hat. Vergessen wir nicht: Die Frau steht mit ihren Zyklen der Natur im Denken des Fin de siècle näher! Und so gilt es gerade ihr die Marke der Künstlichkeit und mehr noch der Kunst aufzuprägen, um sie gleichsam heim ins Reich des Menschen beziehungsweise des Mannes, ins Reich der Kunst zu holen.

Die ausschweifenden Choreographien des Tanzes, die exotischen Sinneseindrücke der Düfte und Parfums sowie die erotischen Reize einer Femme fatale fallen in einem Theaterstück zusammen, das sicherlich wie kaum ein anderes für das europäische Fin de siècle steht: *Salomé*. Diese Tragödie in einem Akt hat der britische Schriftsteller Oscar Wilde in Paris auf Französisch im Jahr 1891 abgefasst, und sie soll uns noch kurz am Ausgang dieses Kapitels beschäftigen. Ich möchte Ihnen gerne diesen eindrucksvollen Text präsentieren, führt er uns doch zu jener Szenerie, die in den Bildenden Künsten Aubrey Beardsley so vortrefflich und grausam in Szene gesetzt hat und auf die sich seinerseits wiederum Richard Strauss in seiner Bearbeitung des Stoffes stützen sollte.

Da ich Ihnen in Buchform nicht – wie in der Vorlesung – auch den musikalischen Genuss dieser 1903 und 1904 entstandenen Oper eröffnen kann, so bitte ich Sie, nun die Musik von Strauss zumindest vor dem inneren, dem geistigen Ohr aufzulegen: Es handelt sich um die Eröffnung des Tanzes der sieben Schleier, unterstützt vielleicht von jenen schweren und betörenden Düften, die Sie unter Beachtung aller feuertechnisch unabdingbaren Sicherheitsvorkehrungen mit Hilfe von Räucherkerzen herstellen könnten; Sie kennen die Szenerie ja bereits! Beardsley wird Ihnen helfen, während ich im Folgenden eine Mischung aus dem

---

11 Vgl. hierzu das Marinetti gewidmete Kapitel in Ette, Ottmar: *Von den historischen Avantgarden bis nach der Postmoderne*, S. 81–109.

Abb. 79: Oscar Wilde (Dublin, 1854 – Paris, 1900), im Jahr 1882.

französischen Original des Theaterstücks von Oscar Wilde zusammen mit der englischen Fassung auf Sie einwirken lasse:

> HERODE Salomé, Salomé, dansez pour moi. Je vous supplie de danser pour moi. Ce soir je suis triste. Oui, je suis très triste ce soir. Quand je suis entré ici, j'ai glissé dans le sang, ce qui est d'un mauvais présage, et j'ai entendu, je suis sûr que j'ai entendu un battement d'ailes dans l'air, un battement d'ailes gigantesques. Je ne sais pas ce que cela veut dire ... Je suis triste ce soir. Ainsi dansez pour moi. Dansez pour moi, Salomé, je vous supplie. Si vous dansez pour moi vous pourrez me demander tout ce que vous voudrez et je vous le donnerai. Oui, dansez pour moi, Salomé, et je vous donnerai tout ce que vous me demanderez, fût-ce la moitié de mon royaume.
> SALOME, *se levant*. Vous me donnerez tout ce que je vous demanderai, tétrarque?
> HERODIAS Ne dansez pas, ma fille.
> HERODE Tout, fût-ce la moitié de mon royaume.
> SALOME Vous le jurez, tétrarque?
> HERODE Je le jure, Salomé.
> HERODIAS Ma fille, ne dansez pas.
> SALOME Sur quoi jurez-vous, tétrarque?
> HERODE Sur ma vie, sur ma couronne, sur mes dieux. Tout ce que vous voudrez je vous le donnerai, fût-ce la moitié de mon royaume, si vous dansez pour moi. Oh! Salomé, Salomé, dansez pour moi. [...]
> SALOME Je suis prête, tétrarque.
> *Salomé danse la danse des sept voiles.*
> HERODE Ah! C'est magnifique, c'est magnifique! [...][12]

---

[12] Wilde, Oscar: *Salomé*. Paris: Libraire de l'Art indépendant 1893, S. 63 f.

HEROD: I will not go within till she hath danced. Dance, Salomé, dance for me.
HERODIAS: Do not dance, my daughter.
SALOME: I am ready, Tetrarch. (SALOME *dances the dance of the seven veils.*)
HEROD: Ah! Wonderful! Wonderful! You see that she has danced for me, your daughter. Come near, Salomé, come near, that I may give you your reward. Ah! I pay the dancers well. I will pay thee royally. I will give thee whatsoever thy soul desireth. What wouldst thou have? Speak.
SALOME (*kneeling*): I would that they presently bring me in a silver charger.
HEROD (*laughing*): In a silver charger? Surely yes, in a silver charger. She is charming, is she not? What is it you would have in a silver charger, O sweet and fair Salomé, you who are fairer than all the daughters of Judaea? [...] Whatsoever it may be, they shall give it to you. My treasures belong to thee. What is it, Salomé?
SALOME (*rising*): The head of Jokanaan.[13]

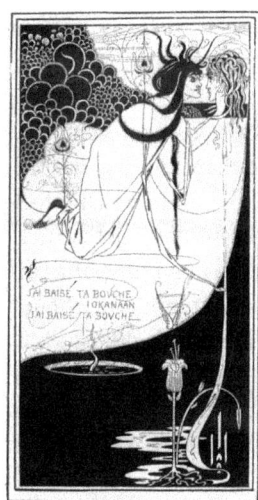

Abb. 80: Erste Version der „Apotheose" von Aubrey Beardsley, aus den Illustrationen zu Oscar Wildes *Salome*, 1893.

Als man 1892 eine Erstaufführung in London plante, wurde das Stück verboten. 1894 lag dann auch die englische Übersetzung von Lord Alfred Douglas vor, die ich Ihnen im zweiten Teil des obigen Zitats präsentierte. Am 11. Februar 1896 endlich konnte das Stück *in Paris* uraufgeführt werden, charakteristischerweise in jenem legendären Théâtre de l'Œuvre, das an einem der Ursprünge der historischen Avantgarden steht. Mit Alfred Jarrys *Ubu Roi* kam dort jene Gestalt auf die Bühne, welche meinen Band zu den Hauptwerken des 20. und 21. Jahrhunderts

---

13 Wilde, Oscar: *Salomé*. A Tragedy in One Act: Translated from the French of Oscar Wilde. Pictured by Abrey Beardsley. London: Melmoth & Co. 1904, S. 63 ff.

ziert und uns zu verstehen geben soll, wie nahe uns auch im dritten Jahrzehnt des 21. Jahrhunderts noch immer das Geschehen an jenem Ausgang des 19. Jahrhunderts ist: Denn die Szenerien einer ebenso subtilen, choreographisch getanzten wie zugleich doch so barbarischen Gewalt stehen in Oscar Wildes Stück in nichts den Gewaltszenen jenes Diktators nach, dessen autoritäre und menschenverachtende Herrschaft das nachfolgende 20. wie den Beginn des 21. Jahrhunderts prägen sollte. Es ist faszinierend zu sehen, dass sich auf jener Pariser Bühne am Ausgang des 19. Jahrhunderts die schöne Salomé mit jener unförmigen Gestalt von Jarrys *König Ubu* paart, der die großen Macher des sogenannten Absurden Theaters von Adamov und Artaud bis Beckett und Ionesco verpflichtet bleiben sollten.

Aber zurück zu Oscar Wilde! In der Titelrolle der Uraufführung seiner *Salomé* war niemand Geringeres als Sarah Bernhardt zu sehen, jene große Schauspielerin des Fin de siècle, die – vielleicht gefolgt nur von Eleonora Duse – die Bühnen der Jahrhundertwende (und noch weit darüber hinaus) beherrschte.

Erst 1905 konnte Oscar Wildes Tragödie in London aufgeführt werden; die deutsche Fassung freilich schon 1901 im Neuen Akademischen Verein zu München. So dürfte dieses Bühnenwerk dann auch zu Richard Strauss gekommen sein, der hieraus eines seiner sicherlich größten musikalischen Schöpfungen machte. Oscar Wilde hat mit seiner *Salomé* zweifellos auf ein Sujet zurückgegriffen, das – wie wir bereits wissen – ein großes Thema des L'art pour l'art sowie der Literaturen der Décadence war; wobei ihm selbstverständlich nicht nur Joris-Karl Huysmans und Gustave Moreau, sondern vor allem auch die berühmt gewordene Erzählung aus Gustave Flauberts *Trois contes*, sein aus dem Jahre 1877 stammender *Conte Hérodias*, als intertextuelle Bezugspunkte dienten. Das spektakuläre Thema lag also noch immer in der düftegeschwängerten Luft des zu Ende gehenden Jahrhunderts.

Oscar Wildes sinnreiche Umgestaltung insbesondere des Matthäus- und Markusevangeliums brachte eine Remotivierung der Handlung insoweit, als nun die Hassliebe der Salome gegenüber Jokanaan in den szenischen Vordergrund tritt. Noch für Flaubert war Salomé das Werkzeug ihrer hasserfüllten und berechnenden Mutter gewesen: Nun aber rückt die verführerisch-schöne Femme fatale in den Fokus. Gleichzeitig wird die neue Deutung auch in dem Sinne klar, dass die Motivation von der kühlen Strategie auf jene einer erotisch aufgeladenen Aktion verlagert wird, deren dunkle Antriebskräfte im Verborgenen – oder zeittypisch mit Sigmund Freud zu sprechen: im Unbewussten – liegen. Denn Triebhaftigkeit und Grausamkeit werden nun als Motive weiblichen Handelns verstärkt thematisiert.

Das Symbol des Mondes, das grafisch von Aubrey Beardsley weiter ausgestaltet und mit dem uns schon aus Gustave Moreaus Interpretation bekanntem Motiv der Lotusblume verknüpft wird, macht diese unbewussten, triebhaften, symbolisch aufgeladenen Spannungsmuster für uns vieldeutig erkennbar und deutbar. Sicherlich mag auch das Motiv der Zeitenwende, des Umschwungs von der Spätzeit eines Reiches eine wichtige Rolle für die Entstehung, aber auch die Aufnahme dieses Stückes durch das Publikum der Jahrhundertwende gespielt haben. Von dieser Spätzeit erfolgt der Übergang zu dem von Johannes dem Täufer angekündigten neuen Reich des nach ihm kommenden Jesus – und wir denken dabei auch an Paul Verlaines oben angeführten Ausspruch von der „Dekadenz der Empires". Daher wohl das Goutieren jener flammenden Anklage der verderbten Tochter Babylons, die dennoch mit ihrem Tanz und ihrer Sinnlichkeit alles überstrahlt.

Den Höhepunkt des gesamten Stückes bildet ohne Zweifel der sogenannte „Tanz der sieben Schleier", den ich selbst einmal – vorgeführt von einer englischen Theatergruppe – im Innenhof eines weihrauchgeschwängerten Augustinerklosters in Freiburg im Breisgau gesehen habe. Es war eine wunderbare, unvergessliche Aufführung! Der ehemalige Kreuzgang des Klosters war natürlich nicht überdacht, und es begann mitten in der sommerlichen Aufführung zu regnen. Es regnete und regnete noch, als Salomé vom Tetrarchen den Schwur abverlangte und zu tanzen begann: Im Lichte aufgestellter Fackeln wurden die sieben Schleier der Salomé, aber auch die englische Salomé höchstselbst durchnässt – und Sie verstehen, warum diese Aufführung für mich als jungen Studierenden der Romanistik einfach unvergesslich war ... Das Spiel von Eros und Thanatos ist jedenfalls nicht nur Oscar Wildes Tragödie eigen, sondern bringt eine Zeitstimmung zum Ausdruck, welche in ihrer Verbindung von Liebe und Tod von Sigmund Freud epochenspezifisch, aber auch epochenübergreifend gedeutet wurde.

Die *Salomé* von Richard Strauss gibt viel von dieser Zeitstimmung wieder. Ich möchte Sie daher aus diesem Teil der Vorlesung nicht nur mit der persönlichen Anmerkung zur Aufführung der *Salomé* im Augustinerkloster, sondern auch mit einer Anekdote entlassen, die ich auf der Suche nach Dokumenten zu Strauss gefunden habe: So soll dieser Anekdote zufolge Richard Strauss das Musikdrama wohl seinem Vater kurz vor dessen Tod auf dem Klavier vorgespielt haben. Dieser – so berichtet der Sohn – habe hernach darüber geklagt, wie nervös diese Musik doch sei: Man habe den Eindruck, in der Hose tausend Maikäfer krabbeln zu fühlen.

Eugenio Cambaceres oder der ziellose Zerfall

Der argentinische Schriftsteller Eugenio Cambaceres, an einem 8. August 1843 in Buenos Aires geboren, gehört der „Generación del 80" und damit eben jenen Intellektuellen an, die eine starke Verbindung zu den politischen und bildungspolitischen Eliten besaßen sowie eine Vielzahl von Reformen im letzten Drittel des 19. Jahrhunderts im Zeichen sozioökonomischer Modernisierung durchsetzten. Als Sohn einer italienischen Mutter und eines 1829 eingewanderten französischen Chemikers, der bald schon zum Großgrundbesitzer aufstieg, genoss Cambaceres in Kindheit und Jugend die hervorragende Ausbildung sowie die gesellschaftlichen Privilegien seiner Klasse. Nach seinem Jurastudium an der Universidad de Buenos Aires blieb er nicht allzu lange Anwalt, sondern wechselte 1870 in die argentinische Politik, wo er in den folgenden Jahren durch zwei mehr oder minder bemerkenswerte Skandale auffiel. Sein erster politischer Skandal war sein 1871 – also unter der Präsidentschaft des Ihnen nicht unbekannten Argentiniers Domingo Faustino Sarmiento – durchgeführter Vorstoß zugunsten einer Trennung von Kirche und Staat; ein Antrag, der im katholischen Argentinien von konservativer und klerikaler Seite konterkariert wurde, Cambaceres aber immerhin den Ruf eintrug, ein radikaler Atheist zu sein. Den zweiten Skandal löste 1874 sein mutiges Eintreten gegen Wahlfälschungen und Betrügereien innerhalb seiner eigenen Partei aus, so dass es nicht wunder nimmt, dass Cambaceres sich schließlich aus der Politik verabschiedete – durchaus grollend, wie viele seiner späteren Romanseiten zeigen – und sich fortan fast ausschließlich der Literatur zuwandte.

Abb. 81: Eugenio Cambaceres (Buenos Aires, 1843 – Paris, 1888).

1881 erschien in Buenos Aires ohne Autorangabe sein erster Roman *Potpourri*, dem bald schon ein zweiter, ebenfalls anonym veröffentlichter Roman folgen sollte: *Música sentimental* erschien 1884 erstmals in Paris, wo Cambaceres einige

Jahre verbrachte. Nach der Publikation seines Hauptwerks *Sin rumbo* im Jahr 1885 veröffentlichte er seinen letzten Roman *En la sangre* 1887, bevor sich Cambaceres erneut nach Paris begab, von wo er als todkranker Mann zurückgekehrt – entgegen manch biographischer Notiz – im Alter von fünfundvierzig Jahren an seinem Geburtsort Buenos Aires starb.

Die kurz skizzierte Biographie dieses argentinischen Autors, mit dem wir in die Area des Río de la Plata wechseln, ohne dem literarischen Umfeld des Naturalismus Adieu zu sagen, passt gut zur Gruppe jener Intellektueller der Generación del 80, die durch Reisen, internationale Kontakte und weitgespannte politische Verbindungen größten Einfluss auf die öffentlichen Diskussionen und die veröffentlichte Meinung in Argentinien nahm. Eugenio Cambaceres war ein – für Argentinien charakteristisch – international aufgestellter Intellektueller; er war nicht nur mit den Diskussionen in Argentinien, sondern auch in Frankreich und den USA wohlvertraut, wie nicht zuletzt auch eine Analyse seines zweifellos besten Romans *Sin rumbo* (*Ziellos*) zeigt.

In Argentinien war eine Zeit starker Modernisierungsprozesse angebrochen, welche die Epoche autoritärer Herrschaft und zugleich politischer Instabilität abgelöst hatte.[1] Die Bestrebungen dieser Generation gingen vor allem in Richtung einer Säkularisierung und beschleunigten Modernisierung der argentinischen Gesellschaft, wozu Cambaceres' eigenes Projekt einer Trennung von Kirche und Staat fraglos passte. Bildungsfragen, aber auch wissenschaftliche Theorien wie die Evolutionsvorstellungen von Darwin und Spencer gingen in seine am Naturalismus und damit an wissenschaftlichen Fundamenten ausgerichteten Romane wie *Sin rumbo* ein. Die moderne Großstadterfahrung, die sich bei einer Reihe von Autoren dieser Generation in literarischen Ausdrucksformen findet, aber auch den realgeschichtlichen Hintergrund von Buenos Aires bildet, wie die unterschiedlichsten Formen autobiographischen Schreibens dürften im Verein mit der Romanproduktion viele Kritiker zu der Aussage geführt haben, dass mit dieser Generation im Grunde der moderne Roman Argentiniens begonnen habe. *Sin rumbo* kommt dabei zweifellos eine Sonderstellung zu.

Die Vertreter dieser Generation waren über die zeitgenössischen Diskussionen um den Naturalismus in Frankreich im Bilde: Seit mehr als einem Jahrhundert hatte sich Argentinien bereits an Paris als literarischer Hauptstadt des 19. Jahrhunderts ausgerichtet. Sie kannten Romane der Brüder Goncourt, etwa *Germinie Lacerteux* von 1865, wie auch Emile Zolas *Thérèse Raquin* von 1867 oder dessen besonders berühmt gewordenes Werk *L'Assommoir* von 1877. In Argenti-

---

1 Vgl. hierzu Rodríguez Pérsico, Adriana: *Un huracán llamado progreso. Utopía y autobiografía en Sarmiento y Alberdi*. Washington, D.C.: OEA – OAS 1993.

nien wurden bestimmte Werke der französischen Naturalisten fast simultan ins Spanische übersetzt. Die Spuren des französischen Naturalismus in *Sin rumbo* sind so offensichtlich und schon im Untertitel des Romans als „Estudio" so stark affichiert, dass bereits früh eine Klassifizierung als naturalistischer Roman erfolgte. Nennen wir einige Beispiele: Eine ganze Reihe von Szenen ist unter Rückgriff auf wissenschaftliches Wissen erstellt worden, so etwa die Darstellung medizinischer Eingriffe, wie sie bereits bei den französischen Naturalisten gerne geschildert wurden. Auch die französischen Naturalisten hatten unterschiedliche Sprachebenen und Soziolekte in ihre Romane miteinbezogen; ein Verfahren, auf das auch Cambaceres gerade bezüglich der Sprache auf dem Lande, der Sprache der Gauchos, aber auch mit Blick auf das „cocoliche" der Italiener in Buenos Aires gerne zurückgriff. Hier zeigt sich ganz im Sinne Bachtins der moderne Roman als Welt intralingualer Sprachenvielfalt.

Noch ein Wort zur Metropole Buenos Aires: Vergessen wir nicht, dass laut Rita Gnutzmann[2] die 1880 erst zur Hauptstadt der Nation bestimmte Hafenstadt der „gran aldea" erst etwa 500000 Einwohner zählte, wobei die Hälfte der Einwohner Ausländer waren! Die 1880er Jahre sind in Argentinien – wie übrigens auch in Spanien – Jahre intensiver Debatten um die Frage des Naturalismus in der Literatur, wobei die Naturalisten von ihren Gegnern wegen der mimetischen Darstellung des Hässlichen gerne auch als „repugnantes" bezeichnet und abqualifiziert wurden. Dies verwundert angesichts mancher Szenen, die uns bis heute aufzuwühlen vermögen, nicht. Sie glauben mir nicht ganz? Als Beispiel möchte ich Ihnen gleich zu Beginn die berühmt gewordene Schlussszene aus Eugenio Cambaceres' Hauptwerk vorführen; denn sie hat es in der Tat in sich:

> Andrés sah rein gar nichts, nicht einmal das kleinste Teilchen seiner Gesichtszüge zog sich in Gegenwart jener Szene des Zusammenbruchs und der Zerstörung zusammen.
> Unerschütterlich schritt er weiter, ging und holte von der Wand ein Jagdmesser herunter, ein wertvolles Objekt, ein wirkliches Kunstwerk, das er zusammen mit anderen alten Waffen in einem Schaukasten aufbewahrte.
> Er drehte sich um, setzte sich, legte seine Kleider ab, hob den Zipfel seines Hemdes und schnitt sich in aller Seelenruhe, im stillen Nachdenken begriffen, ohne zu schwanken oder mit den Lidern zu zucken, den Bauch in Form eines Kreuzes auf, von unten nach oben, von einer Seite zur anderen, voll und ganz ...
> Doch die Sekunden, die Minuten vergingen und der Tod wollte einfach nicht kommen. Voller Ekel fing er an, diese andere Beute des Todes anzuschauen, der schien schon reichlich von ihr befriedigt.

---

2 Vgl. Gnutzmann, Rita: Introducción. In: Cambaceres, Eugenio: *Sin rumbo (Estudio)*. Estudio preliminar y Edición crítica de Rita Gnutzmann. Bilbao: Servicio Editorial de la Universidad del País Vasco 1993, S. 9–42.

> Voller Wut warf er schließlich die Waffe weg:
> Verdammtes dreckiges Hurenleben! ..., brüllte es aus Andrés heraus, muss ich Dich noch vollends herausreißen! ...
> Er schnappte sich seine Eingeweide und hielt sie mit beiden Händen, und gewalttätig, als wollte einer die Kabel zerreißen, riss er alles auseinander.
> Ein Strom von Blut und Exkrementen ergoss sich, machte sein Gesicht, die Kleidung dreckig, bespritzte auf dem Bett auch noch den Leichnam seiner Tochter, während er sich schon, nach Luft ringend, auf dem Boden hin und her wälzte ...[3]

Dies ist fürwahr eine Szene, wie Sie sie trotz aller so häufigen Gewaltszenen schwerlich in der vorgängigen Romanliteratur des hispanoamerikanischen 19. Jahrhunderts finden können. Blut und Exkremente fluten die gesamte Szene, die uns mit Hilfe einer kunstvollen Waffe in die Kunst des Harakiri einführt. Wir haben im Verlauf der letzten Vorlesungen eine Reihe von Todesarten, deren Beschreibung und Darstellung kennengelernt; aber diese hier ist nun mit Abstand die spektakulärste! Die Hauptfigur des Romans, der Großgrundbesitzer Andrés, bringt sich am Ende eines verpfuschten Lebens, neben dem Leichnam seiner gerade an Krupp gestorbenen kleinen Tochter Andrea, auf eine unnachahmliche Art mit der Waffe der Gauchos um, dem Messer.

Wie schon bei den argentinischen Proskribierten der ersten Jahrhunderthälfte nimmt auch in *Sin rumbo* das Messer eine privilegierte Protagonisten-Rolle ein. Es handelt sich um die kunstvollere und kostbarere Variante jenes Messers, das nach einem Zusammenstoß mit Andrés in den Händen des Gauchos Contreras aufblitzte. Dabei ging es um jenen Contreras, der sich am Ende des Romans an seinem ehemaligen Herren rächt, indem er dessen Lagerhaus voller Schafswolle in Flammen aufgehen lässt. Diese Tat erreicht Andrés freilich nicht mehr, denn er ist zuvor schon am Ende all seiner Wege und beim Selbstmord angekommen.

Damit wird eine narrative Kreisstruktur manifest, welche mit den Schafen im ersten Kapitel des Romans begann, wurden dort doch diese friedliebenden Tiere misshandelt und mit Messern verletzt; ganz so, wie Andrés' Tochter Andrea von einem Arzt in einer letzten und gleichwohl vergeblichen Notoperation aufgeschlitzt wurde. Blut also allenthalben! Das ist gewiss nichts Ungewöhnliches im argentinischen Roman des 19. Jahrhunderts, denken sie nur an Esteban Echeverrías *El matadero* oder sein episches Gedicht *La Cautiva*, denken Sie an die Romanliteratur der Rosas-Zeit wie José Mármols *Amalia*, wo es von brutal-blutrünstigen Gauchos und Mördern nur so wimmelte, oder auch an manche Szenen in Domingo Faustino Sarmientos *Facundo*.

---

[3] Cambaceres, Eugenio: *Sin rumbo*, S. 172.

Und doch bietet *Sin rumbo* eine gänzlich anders gestaltete Todesszene; nicht allein, weil es sich hier um einen Selbstmord handelt oder weil zum Blut nun auch Exkremente hinzutreten: Am Ende eines ganzen Lebens ohne Ziel, *Sin rumbo*, findet in diesen Schlusspassagen die Exekution eines gesamten Lebens, ja des Lebens einer ganzen Klasse, vielleicht sogar einer ganzen Generation mit aller Kaltblütigkeit, mit aller Berechnung, aber auch mit aller Wut und Nachdrücklichkeit so statt, dass dem Lesepublikum bis heute das Blut in den Adern gefriert. Gibt es auf dieser Ebene dennoch Zusammenhänge mit den zeitgleich sich herausbildenden hispanoamerikanischen Modernisten?

Dieser Frage werden wir nachgehen, doch zunächst noch andere Probleme inhaltlicher Art skizzieren. Evident ist, dass im Herzen der Fabel dieses Romans wieder einmal das „mal du siècle" steckt, der Überdruss am Leben, der bisweilen im „hastío", bisweilen aber auch in der eher an das Ende des 18. Jahrhunderts gemahnenden Bezeichnung „melancolía" auftaucht. Es ist ein Überdruss, der im Übrigen auch von den Modernisten, vor allem aber von den argentinischen Schriftstellern der Generación del 80, etwa durch Miguel Cané in seinem 1881 veröffentlichten *Taedium vitae* herausgearbeitet worden ist. Ist dies eine Langeweile, welche durch eine Handlungsarmut ausgelöst sein könnte, wie wir sie in Joris-Karl Huysmans *A rebours* beobachten durften?

Nun, Eugenio Cambaceres' Roman bietet auf inhaltlicher Ebene wenig Langweiliges, vieles aber, was den Überdruss von Andrés in einer für ihn sinnentleerten Welt zum Ausdruck bringt. Es ist all dies, was ihn schließlich zum Selbstmord führt. Denn einen Sinn besitzt das Leben für Andrés in keiner Weise. Er oszilliert in einer für das Fin de siècle typischen Weise zwischen einer extremen Sensibilität und Empfindsamkeit einerseits und einer überreizten, nur anfänglich erregenden Erotik andererseits, die sich schnell schon in Überdruss verkehrt. Wie Huysmans' Des Esseintes benötigt er immer weitere und erregendere Lustreize, ohne dass diese Sexabenteuer und Liebeleien doch mehr darstellen würden als einen vorübergehenden Zeitvertreib innerhalb eines dahintreibenden Lebens. Nicht umsonst erweist sich Andrés als begeisterter und aufmerksamer Leser Arthur Schopenhauers, dessen Werke ab 1880 in französischer Übersetzung und damit für Cambaceres erreichbar vorlagen.

Die rigorose Symmetrie der Romanstruktur von *Sin rumbo* ist leicht zu erkennen: Wir haben es mit einer Art Doppelstruktur zu tun, insoweit sich auf der ersten Ebene eine Zweiteilung des Romans in zwei „partes" beobachten lässt, während auf einer zweiten Ebene die insgesamt fünfundvierzig Kapitel durchlaufend, also ‚quer' über beide Teile durchnummeriert sind. Dabei sind die ersten dreizehn Kapitel dem Leben auf dem Land, in und um die Estancia des jungen Großgrundbesitzers gewidmet. Die zweiten dreizehn Kapitel spielen in Buenos Aires und zeigen Andrés in seinen sinnlichen Verstrickungen in der modernen

Großstadt. Darauf folgen sechs Kapitel des Übergangs, die Andrés' Rückweg von Buenos Aires auf die Estancia darstellen, bevor die letzten dreizehn Kapitel des zweiten und letzten Teils wieder auf dem Lande spielen und die tragische Szenerie heraufbeschwören, deren blutiges Ende wir bereits gesehen haben.

Die Gesamtstruktur von *Sin rumbo* ist also stringent und überzeugend durchkomponiert, wobei die einzelnen Kapitel recht kurz sind, bisweilen kaum eine Seite umfassen und oft mit klaren, heftigen Pinselstrichen ein violentes, gewaltsames Gemälde jener Epoche in Argentinien entwerfen. Eugenio Cambaceres, soviel können wir nach der Lektüre der Schlussszene bereits sagen, besitzt die Kunst des packenden Wortes, einer durch adverbiale Wiederholungen und Beimengungen verzögerten Spannungsstruktur, die sich oft noch im selben Satz heftig entlädt. *Sin rumbo*, so ließe sich sagen, ist ein naturalistischer Roman, der am beginnenden Jahrhundertende in kühler Konzeption einen Anschlag auf die literaturerfahrenen Nerven der zeitgenössischen Leserschaft plante. Und der Erfolg sprach für den Autor, der sich längst aus der zeitgenössischen Politik zurückgezogen hatte.

Im Bereich der Frauenbeziehungen, die sich allesamt um den nicht mehr ganz jugendlichen, aber immer noch jungen Helden drehen, finden wir dieselbe Symmetrie vor, welche wir auf Ebene der Gesamtstruktur beleuchten konnten. Den dreimal dreizehn Kapiteln entsprechen jeweils drei Frauenfiguren: Die ersten dreizehn werden von der Beziehung zu Donata beherrscht, der Tochter eines treu ergebenen Peóns, der schon Andrés' Vater im Kampf gegen die Tyrannei – gemeint ist offenkundig die uns nicht unbekannte Rosas-Diktatur – geholfen hatte. Donata, in Liebesdingen nur durch das Beispiel der Tiere auf dem Lande erhellt, wird in einer gewaltvollen Szene von Andrés geschwängert. Es handelt sich um eine rücksichtslose, machistische Besitzergreifung, zu deren Opfer Donata in einem mehrfachem Sinne wird, verliert sie doch bei der Geburt ihrer Tochter Andrea ihr Leben, noch bevor sich der aus Buenos Aires Monate später heimkehrende Andrés überhaupt nach ihr erkundigt.

Die zweiten dreizehn Kapitel gelten Andrés' Beziehung zur italienischen Opernsopranistin Amorini, deren Name Bände spricht: Sie ist – im Gegensatz zu der fast widerstandslosen Landblume – eine „flor manoseada",[4] eine durch viele Hände gegangene Blume also, die freilich nicht weniger aktiv als ihr Don Juan Andrés die beiderseitige Liebesbeziehung angeht. Nach dem keiner Frauenbeziehung gewidmeten Übergangsteil der sechs Kapitel schließt sich dann der letzte Teil mit nochmals dreizehn Kapiteln an, die wiederum der Beziehung des Vaters zur kleinen Andrea gewidmet sind und damit das Thema erotischer Liebe –

---

4 Cambaceres, Eugenio: *Sin rumbo*, S. 93.

allerdings nur scheinbar – versöhnen mit der Thematik der Vaterliebe, welche den Todestrieb, den Thanatos des Protagonisten lediglich verzögern, nicht aber aufhalten kann.

Die sexistische Liebe nach Gutsherrenart, die Liebe nach Art raffinierter Liebestechniken der guten internationalen Gesellschaft, aber auch die unschuldige Liebe zwischen Tochter und Vater, Andrea und Andrés, stecken in *Sin rumbo* Varianten von Unschuld, sexueller Besessenheit und Kindlichkeit ab. Es handelt sich um jene altbekannten Figuren der Frau als unschuldiger Mutter, als raffinierter Hure und als naiver Kindfrau, welche im Roman letztlich mit dem misogynen Frauenbild Schopenhauers explizit in Verbindung gebracht werden. Wir sollten in diesem Zusammenhang nicht vergessen, dass sich auch andere Frauenfiguren wie etwa die Hebamme oder Tante, die Tía Pepa, welche sich der Erziehung der kleinen Andrea annimmt, neben die drei großen Frauenfigurationen kontrastiv stellen ließen. Doch müssen wir zugleich festhalten, dass der Großgrundbesitzer Andrés in fast allen Teilen und Aspekten des Romans präsent ist. So bezieht sich auch der Romantitel vordringlich – wenn auch keineswegs ausschließlich – auf ihn.

Kehren wir für einen Augenblick zur strukturellen Ebene dieses naturalistischen Romans zurück! Aus narratologischer Sicht haben wir es mit einer Erzählerfigur zu tun, die deutlich außerhalb des Romangeschehens und der Diegese steht: eine extradiegetische Erzählerfigur also, die wir noch näher bestimmen können. Zugleich wird eine Vielzahl von Techniken verwandt, die insbesondere im französischen Roman des 19. Jahrhunderts entwickelt wurden und die Möglichkeit zur Introspektion etwa mithilfe des Flaubert'schen „style indirect libre" (oder „estilo indirecto libre") bieten, wie die *erlebte Rede* in Frankreich und im spanischsprachigen Raum genannt wird: Eugenio Cambaceres ist aus erzähltechnischer Sicht auf der Höhe seiner Zeit.

Dies bedeutet zugleich ein Zurücktreten der Erzählerfigur, die sich mitunter in eine objektivierende Distanz zurückzieht, wie wir dies bereits anhand der Schlussszene des Romans bemerkt hatten. Doch fehlen auch bestimmte auktoriale Elemente nicht, etwa der Hinweis auf den davoneilenden, von Andrés aber nicht bemerkten „Gaucho malo" Contreras: Dieser stiehlt sich davon, ohne dass ihn – mit Ausnahme des Erzählers – jemand gesehen hätte. Bisweilen deuten kurze Pinselstriche auch ein eher demiurgisches Verhältnis des Autors zu den von ihm entworfenen Figuren an. Vielleicht mag dies damit zu tun haben, dass sie oftmals gewaltvolle Sterbeszenen durchleben: Dies trifft allein in *Sin rumbo* auf den Protagonisten Andrés, auf die drei Tage nach der Geburt ihrer Tochter im Wochenbett umkommende Donata, auf ihre drei Tage nach ihrer Erkrankung unter dem Messer des Arztes sterbende Tochter Andrea oder auch auf den einen oder anderen Gaucho zu; ganz zu schweigen von der Vielzahl an

Tieren, die im Verlauf des Romans verenden oder buchstäblich auf der Strecke bleiben.

Szenen der Brutalität finden sich bereits im ersten Kapitel, das die allgemeine Grundstimmung des Romans vorwegnimmt. Zwar auf dem Land angesiedelt, aber längst nicht mehr mit romantischen Ingredienzien gewürzt, zeugt dieses Kapitel nicht mehr von einer ländlichen Idylle voller kostumbristischer Elemente oder von jener Gaucho-Epik, die noch mehrere argentinische Lesergenerationen begeistern sollte. Das Land steht im Gegensatz zur Stadt, doch stehen sich beide Bereiche nicht schroff positiv versus negativ gegenüber: Wir haben es weder mit einer „alabanza de aldea", dem Lob des Dorfes, noch mit einem Lob der zivilisatorischen Kraft der in voller Modernisierung begriffenen Stadt zu tun. Letzteres hätte sich doch gerade angesichts des kulturellen Lebens und des Imports von Kultur durch die italienische Operntruppe angeboten. Doch Cambaceres' Standpunkt unterscheidet sich in diesem Kontext grundlegend von dem der Romantiker beider Welten wie auch seines Landsmannes Domingo Faustino Sarmiento, in dessen Präsidentschaft mehrere politische Aktionen des Abgeordneten Cambaceres fallen. Die Romandiegese mit ihrer Einbeziehung von Stadt wie Land und der zwischengeschalteten Transition zwischen beiden macht gleichwohl deutlich, dass wie in den argentinischen Erzähltexten der ersten Jahrhunderthälfte eine unverkennbar nationale Dimension innerhalb dieses finisekulären Romans aufscheint.

Die Dimensionen alles Menschliche übersteigender Naturgewalten sind bereits im ersten Kapitel am Horizont erkennbar. So deuten sich in der Wolkenbildung, aber auch schon im Nordwind die kommenden Unwetter und der den Romanumschwung bringende „Temporal" an, der am Ende des Erzähltexts die unheilvolle Schlussszene ankündigt. Wir werden im weiteren Verlauf des Romans noch sehen, dass die vier Grundelemente Luft, Erde, Feuer und (insbesondere) Wasser von größter Bedeutung für diesen dritten Roman von Eugenio Cambaceres sind.

Der blonde Andrés, dessen blaue Augen mehrfach evoziert werden, denkt im dritten Kapitel an seine Kindheit und Jugend sowie an sein Studium zurück: Epochen, die vor seinem geistigen Auge im Zeitraffer dem Lesepublikum vorgeführt werden. Die sanfte Mutter ist daran schuld, dass er zu weich erzogen wurde und immer wieder seinen Neigungen nachgeben durfte – ganz gegen den Willen seines Vaters, der rollenkonform für eine harte Erziehung eintrat. Schauen wir uns einmal diese geschickt skizzierte Darstellung von Andrés' Studienzeit an:

> Die Zeit an der Universität, dachte Andrés, war eine glückliche Epoche gewesen, faulenzen, Student sein und reich!
> Der Club, die Welt, die Vergnügungen, all die Würze der Pubertät, die mit vollen Händen verschüttet wird, und all die guten Zeiten waren verloren, blieben aride auf Grund mangelnder Pflege und Arbeit, ein Ödland, in dem der Geist trocken blieb, der doch im Leben, so sagte er sich, wie bei den Weibchen übers Jahr einen Frühling voller Fruchtbarkeit und Nachkommenschaft besitzen müsste.
> Danach, oh danach war alles unnütz, unmöglich; wie ein verschütteter Zweig einer Weide, wenn schon die Sonne wieder wärmt.
> Vergeblich die Anstrengungen, der Versuch einer Gegenwehr, die Projekte, die halb im Lichte der Vernunft erkannten notwendigen Veränderungen, einem vergänglichen Sonnenstrahl zwischen zwei Wolken gleich.
> Vergeblich die ins Auge gefassten Wechsel, das Studium der Jurisprudenz, das einen Augenblick lang begeistert vorangetrieben, dann aber wieder unter dem Hammerschlag entnervter Langeweile aufgegeben wurde. Der plötzliche Enthusiasmus für die Laufbahn eines Arztes, die Kameraderie mit den armen Studenten von San Telmo, die Liebe für das medizinische Amphitheater, die bei der ersten Autopsie im Ekel erstarb.
> Vergeblich später die künstlerischen Launen, das flüchtige Streben nach dem Großen und Schönen, die Schulen von Rom und Paris, der Vatikan, der Louvre, die Uffizien, die Ateliers der Meister Meissonier, Monteverde, Madrazo, Carrier-Beleuse, die er kurz gesehen und wieder aufgegeben hatte zugunsten einer anderen, besseren Schule: das Spiel und die Frauen; die Orgien.[5]

In dieser verdichteten Passage finden Sie auf wenigen Zeilen ein Psychogramm des schönen jungen Mannes im Kopf des etwas älteren, nachdenklicher gewordenen Andrés, der gerade die Hälfte des Lebens überschritten und bereits graue Haare bekommen hat. Dieser Abriss einer Biographie erinnert an die Zeitraffertechnik, mit der Joris-Karl Huysmans seinen Helden Des Esseintes porträtierte. Andrés' Karriere besteht in einem Leben ständiger Aktivitäten und plötzlicher Wechsel, voller Pläne und rasch verworfener Begeisterungen, die letztlich dem immer gleichen „fastidio", der immer gleichen gereizten Langeweile, dem Überdruss am Leben Raum geben. Am Ende wird ihm selbst der gut in Szene gesetzte Selbstmord zu lange dauern.

Es kann keinen Zweifel geben: Andrés gehört in jene Reihe von Romanhelden, die dank ihrer Willensschwachheit typische Vertreter des Fin de siècle sind; Figuren aber auch, die nicht erst mit Huysmans' Des Esseintes ab 1884 auftauchten, sondern im Grunde ähnlich angelegt sind wie Frédéric in Gustave Flauberts *Education sentimentale*. Es sind Figuren, die aus ihren ständigen Lebensschleifen nicht mehr herausgelangen können zu einer Eigentlichkeit von Erfahrung, einer Authentizität des Lebens, welche sie vergeblich suchen. Die Lexem-Rekurrenz

---

5 Cambaceres, Eugenio: *Sin rumbo*, S. 51.

in der obigen Passage verdeutlicht die Stoßrichtung, in der Eugenio Cambaceres seinen zentralen Charakter anlegte.

Wie Frédéric hilft auch Andrés die so sehnlich erhoffte Liebe gerade *nicht* aus dieser Situation. Im Übrigen ließen sich Parallelen zu anderen Werken Flauberts ziehen; so etwa zur Episode der „Comices agricoles" in *Madame Bovary*, die wohl Pate stand bei jener Szene im Dorf, die aus Anlass eines gestifteten Altars nicht nur zu einem Kirchenfest, sondern zur Rede eines gestandenen Republikaners führt. Selbstverständlich ist es wie bei Flaubert ein beflissener Republikaner, der die Anwesenden mit seinem Fortschrittsdiskurs und einem Lob der Bildung beglückt, eine Gelegenheit, die sich Cambaceres ebenso wenig entgehen ließ wie vor ihm ein Flaubert, der die Dummheit seiner Zeitgenossen in die Form eines *Dictionnaire des idées reçues* goss – eines Nachschlagewerks der Gemeinplätze. Der längst aus der Politik ausgescherte Cambaceres, der von den Korruptionen seiner eigenen Partei tief enttäuscht war, wusste, wem er sich in seiner Klage über die „éternelle bêtise de tout" anvertrauen konnte.

Das Glücksspiel, bei dem Andrés allabendlich riesige Summen in Buenos Aires verliert, und vor allem die Frauen, von denen er immer schnell genug hat, werden ständige Surrogate eines Menschen bleiben, der von seinen Eltern beste Startchancen erhalten hatte, nunmehr aber ziellos die Geschichte quert und am Ende von seinen eigenen Exkrementen bedeckt am Boden zusammenbrechen wird. Aus dieser Sicht erweisen sich die verschiedenen Frauenfiguren als keineswegs so sekundär, wie sie auf Grund der Verkettung der Handlungselemente und ihrer Charakteristika auf den ersten Blick scheinen mögen. Da wäre Donata, vom Leben und den Männern nichts wissend, aber aufrichtig und treu; da wäre zudem die Amorini, welche die Kunst zu ihrem Leben gemacht hat und als Künstlerin unübertroffen im Roman bleibt. Und schließlich ist da auch Tante Pepa, die ihre Zeit opfert und dafür zu sorgen versucht, dass Andrés in seiner Erziehung der Tochter nicht dieselben Fehler begeht wie zuvor seine Mutter gegenüber ihm selbst. Es mangelt folglich nicht an aufrichtigen, ihr Leben selbständig realisierenden Romanfiguren.

Gerade der Sopranistin Amorini fehlt es nicht an Willen, in einer von Männern beherrschten Gesellschaft zu künstlerischer Selbstentfaltung zu gelangen, während die Männerfigur Gorrini – wie Andrés zurecht feststellt – ein „hombre de paja" ist und bleibt. Die im Vordergrund stehenden Männerfiguren entsprechen also nur teilweise den männlichen Klischees und sind weit davon entfernt, auch nur überwiegend positiv gezeichnet zu werden. Im Bildnis von Andrés könnte man zudem eine Art Negativfolie des realen Autors Eugenio Cambaceres vermuten, der freilich jener Versuchung der Willenslosigkeit und des Schwankens nicht nachgab und selbst für sich die Kunst zu seinem Lebensinhalt gemacht hat. Doch seien diese Biographismen hier nur am Rande vermerkt.

Es verwundert nicht, dass Andrés auf die selbst gestellte Frage, wer er denn sei, nur eine Antwort findet: „nada", „nadie",[6] also nichts und niemand. Die Identitätsfrage des Protagonisten ist gestellt; mit ihrer Beantwortung aber erfolgt die Drohung, in eben dieses Nichts zurückzufallen. „Fastidio" und „hastío"[7] gewinnen rasch die Oberhand in einem Leben, das über größte Reichtümer und – als Angehöriger der Großgrundbesitzer-Kaste – über große Flächen eines reichen Landes gebietet, aber ziellos ist, ohne Willen und Durchsetzungskraft. So bleiben nur Surrogate von Entschlüssen – wie etwa jener, morgen bei dieser „china", diesem hübschen Mädchen vorbeizuschauen;[8] der Entschluss also, bei der Tochter seines treuen Peón einzudringen und in Abwesenheit ihres Vaters ein Schäferstündchen mit ihr zu verbringen beziehungsweise zu erzwingen. Für allzu große intellektuelle Anstrengungen ist ein solches Leben nicht gemacht, schläft Andrés doch auch nach Fassung dieses Entschlusses wenig später über einem Buch seines „maestro predilecto", seines geliebten Schopenhauer ein.

In dem seinem Entschluss folgenden Kapitel nähert sich Andrés dem Haus Donatas und damit dem Objekt seiner Begierde, das aus seiner Perspektive betrachtet und beschrieben wird. Die in ihrem Haushalt nur leicht bekleidete junge Frau erscheint in den Augen des Mannes, dessen Blick wir folgen, als sexuelles Lustobjekt par excellence: in körperlichen Details, die später revidiert werden, als Andrés – angewidert von seiner eigenen Idee, doch einmal eine ganze Nacht mit Donata zu verbringen – ihren Körper nur mehr als abstoßend und schweißnass empfindet. Meisterhaft schieben sich Detailbeschreibungen ein: Der Duft der gestärkten (und für Andrés nicht ausreichend weichen) Laken prägt sich dem Lesenden ein. Schnell führt die Erfüllung des Begehrens zu dessen Aufhebung. Alles stößt den jungen Großgrundbesitzer zurück in sein *Taedium vitae*.

Beim ersten erotischen Treffen noch war Andrés wie ein Raubtier über seine Beute hergefallen, war sein sexueller Jagdinstinkt doch erwacht; noch vor dem Ende der gemeinsam verbrachten Nacht aber wird er sich angeekelt von sich selbst und der jungen Bäuerin davonschleichen, sich sehnend nach den weichen Laken seines Großgrundbesitzerbettes. Der „brutal arrebato de la bestia" aber hatte den Blick auf die blonde Bestie freigegeben, welche sich brutal wie ein Tier das schwarzäugige Mädchen holt und in einer gut inszenierten Situation vergewaltigt. Die Darstellung dieser Szene folgt freilich misogynen Schopenhauer'schen Vorstellungen: Während der Mann seinem Raubtierinstinkt folgt, gehorcht die Frau ihrem mysteriösen Instinkt der Natur, die nach Fruchtbarkeit und Vervielfachung

---

6 Ebda., S. 52.
7 Ebda.
8 Ebda.

der Spezies ruft.⁹ So liefert sich die Frau, nicht umsonst „Donata" genannt, der Kraft des Mannes aus und gibt sich ihr hin – willenlos.

Doch schon das nächste Kapitel zeigt Andrés erneut mit allen Zeichen und Insignien der Melancholie versehen, versunken in seinen schwarzen Pessimismus, der sich psychopathologisch deuten lässt. Dabei ist Andrés in die „corriente destructora de su siglo", in die zerstörerische Strömung seines Jahrhunderts integriert und damit gerade in der Verbindung zu seinen Lieblingsphilosophen kein Einzelschicksal: Er repräsentiert eine bestimmte soziale Gruppe, die dem Untergang geweiht ist oder doch zu sein scheint. Denn er steht für die Klasse der Großgrundbesitzer und Aristokraten; einer Oligarchie, der Eugenio Cambaceres selbst durch seinen zu Reichtum und Landbesitz gekommenen Vater mitangehörte. Eine Anmerkung im Roman ist von Wichtigkeit, wird in ihr doch betont, dass Andrés gerade *kein* Einzelschicksal, gerade *kein* Ausnahmemensch sei, sondern wie im Zola'schen Modell des naturalistischen Romans Bestandteil einer Gesellschaftsanalyse, welche sich allerdings bei Cambaceres auf die hohen Klassen konzentriert.

Erstaunlich ist in diesem Kontext weniger, dass sein mentaler Zustand mit den Theorien des Skeptizismus in Verbindung gebracht wird, wohl aber, dass er in die Nähe eines Wahnsinnigen gerückt wird; ein Leitmotiv, das bis zum Ende des Romans durchgehalten wird. Die größte Zuneigung empfindet Andrés zweifellos zu seinem Kater Bernardo: Ihn schützt er auch, indem er einen Hund, der ihn verfolgt, kurzerhand niederschießt. Sein Handeln ist gleichsam philosophisch gerechtfertigt: Dies könne nicht die Harmonie des Universums, die von Gott gewollte Ordnung sein! Daher ist sein demiurgisches Eingreifen nur umso berechtigter. Der Kater Bernardo, dies ist klar,¹⁰ bedeutet Andrés viel mehr als die kleine Bäuerin Donata, die für ihn nur Fleisch und Lustobjekt ist für kurze Stunden des Vergnügens.

Für Donata ist dies völlig anders: Sie hat sich nicht nur mit Leib und Seele Andrés trotz dessen Brutalität verschrieben, sie erwartet auch ein Kind von ihm, das sie – wie Andrés erst im letzten Teil des Romans erfahren wird – ihr Leben kosten wird. Ungeachtet dieser Liebe zieht Andrés es vor, baldmöglichst die Stadt, also Buenos Aires aufzusuchen: Seine Versicherungen, sich um Donata und das Kind zu kümmern, bleiben leere Versprechungen. Erst aus Ekel über sein Leben in der Stadt wird er sich daran erinnern, möglicherweise ein Kind gezeugt zu haben, einen – wie er denkt – Sohn, der seinem unsteten, ziellosen Leben doch noch einen Sinn, eine Richtung („rumbo") geben könnte.

---

9 Ebda., S. 56.
10 Ebda., S. 66.

Der Szenenwechsel zur zweiten Gruppe von dreizehn Kapiteln ist abrupt: Andrés ist nun in Buenos Aires und besucht die Generalprobe eines vom Empresario Solari hergelockten italienischen Opernensembles, das zur Eröffnung der Spielzeit im berühmten, wunderschönen Teatro Colón Giuseppe Verdis *Aida* geben wird. Der hübsche junge Großgrundbesitzer nutzt die Gelegenheit, der Primadonna, der Sopranistin Amorini vorgestellt zu werden; eine Frau, die er sich sofort nackt vorzustellen in der Lage ist und auf die er bald schon nicht unerwidert bleibende begehrliche Blicke wirft. So beginnt eine Liebe nicht auf dem Land, sondern in der Stadt; eine Liebe, die inmitten der Metropole Buenos Aires und ihrem selbst für den Grafen Gorrini überraschenden Getriebe von den Trieben und Interessen beider Partner, nicht aber von Liebesgefühlen und echter Zuneigung getragen wird. Doch zunächst ist es für beide Liebespartner eine Win-win-Situation im beiderseitigen Interesse.

Die Amorini, und ihr Name sagt es deutlich genug, ist keineswegs die von Andrés Verführte, sondern wesentlich mehr noch die Verführerin bei diesen „amoríos", welche für sie wenig mehr sind als Nervenkitzel zum Ausgleich höchster Konzentration in ihrer Kunst. Für Andrés ist die schöne Italienerin vor allem eine „loca linda",[11] eine hübsche Verrückte, mit der er sich zu zerstreuen sucht. Im Grunde ist es egal, um welche Frau es sich konkret handelt: Sie alle dienen Andrés allein zur Vertreibung des „negro cortejo de sus ideas",[12] des schwarzen Gefolges seiner Ideen. Andrés ist als Charakter folglich noch immer der Melancholie verfallen, freilich nun mit der tiefschwarzen, psychopathologischen Einfärbung eines raffinierten Jahrhundertendes. Für die Amorini bedeutet Andrés kaum mehr: Er ist die ebenso willkommene Ablenkung und Zerstreuung einer Künstlerin, die für ihre Kunst lebt. Willig verspricht ihm die schöne Italienerin alles; und dieses „todo" ist letztlich nicht antithetisch, sondern identisch mit dem „nada", enthält und repräsentiert es doch gerade das Nichts – wenn er ihr nur verspricht, ihre Rivalin, die Machi, nicht mehr seiner Blicke zu würdigen. Kein Künstler ohne Rivale!

Das künftige Liebespaar verabredet sich für den übernächsten Tag in Andrés' Haus in Buenos Aires. Erwarten Sie bitte keine Studentenbude, die überlässt Andrés gerne den armen Studenten von San Telmo: In seinem Stadthaus hat er eine Kulisse zu bieten, die einer Operndiva wahrlich würdig ist! Es handelt sich um ein nur scheinbar heruntergewirtschaftetes Haus, das außen noch die Farbe der Rosas-Diktatur trägt, innen aber eine Art künstliches Paradies („paradis artificiel") darstellt, wo wie in den Interieurs von Des Esseintes Kunst und Künst-

---

11 Ebda., S. 88.
12 Ebda., S. 93.

lichkeit Trumpf sind. Vergessen sie nicht, welche Bedeutung das Interieur gerade auch für die hispanoamerikanischen Modernisten besaß – ich hatte Sie ja bereits auf José Martís Roman *Amistad funesta* aufmerksam gemacht![13] Eugenio Cambaceres präsentiert Ihnen also einen ganz besonderen Innenraum, den wir mit all seinen Details wahrnehmen wollen:

> Es handelte sich um einen großen quadratischen Saal, ausgestattet mit einem phantastischen, opulenten Luxus, einem Luxus, der zugleich weltläufig-raffiniert und kapriziös-artistisch war.
> Der Fuß versank in einem dicken Teppich aus Smyrna.
> Die Wände waren rundherum von unten bis oben mit alten Wandteppichen aus chinesischer Seide bedeckt, davor sah man verschiedene Diwane aus türkischen Stoffen.
> Zur Mitte des Raumes stand eine aus Carrara-Marmor gefertigte Skulpturengruppe mit Jupiter und Leda in natürlicher Größe.
> Hier und dort standen auf Onyx-Füßen weitere Marmorstatuen, Reproduktionen obszöner Bronze-Büsten aus Pompeji, ohne jede Ordnung zufällig auf dem Boden verstreute orientalische Ruhekissen, während sich in einem angrenzenden Alkoven unter den schweren Falten von Lampenschirmen von *Vieil Or* das Bett verlor, ein Bett mit Plumeaus aus schwarzem Satin, breit, niedrig und weiß.
> Angrenzend lag das Badezimmer, zu dem eine geheime Tür aus dem Alkoven führte, ganz in schwarz gepolstert, wie um das Weiß der Haut noch stärker hervorzuheben.[14]

Dies also ist der innerste Lust-Raum von Königs Andrés, wenn wir es gleichsam auf die später noch zu erwähnenden Begriffe in José Enrique Rodós *Ariel* bringen wollen. Angesichts eines solchen Interieur überrascht es nicht, wenn der junge Großgrundbesitzer später die Institution des Harems bewundert und für eine adäquate ‚Frauenhaltung' gemäß der ‚Naturgesetzlichkeit' der Geschlechterbeziehungen hält. Wir haben es ohne Zweifel mit der Projektion von Männerphantasien zu tun, die freilich kulturell kodiert werden und im Untergang von Pompeji, das zum damaligen Zeitpunkt ausgegraben wurde, ihr spätzeitliches Äquivalent in der „décadence des Empires" erblicken.

Unter diesen kulturellen Kodierungen ist der Orient mit seinen Reizen reich vertreten; daneben dämpfen Chinoiserien und schwere Teppiche den Raum herunter auf jene Spannung, von der aus die erotische Aufladung erfolgt, die sich im naheliegenden Bett entlädt und im angrenzenden Badezimmer hygienisch purifiziert werden kann. Es ist gerade *kein* Raum der Kunst, nicht einmal der Liebeskunst, der *Ars Amatoria*, der sich vor unseren Augen öffnet, sondern ein Raum

---

13 Vgl. hierzu Ette, Ottmar: „Cierto indio que sabe francés": Intertextualität und literarischer Raum in José Martís „Amistad funesta". In: *Iberoamericana* (Frankfurt am Main) IX, 25–26 (1985), S. 42–52.
14 Cambaceres, Eugenio: *Sin rumbo*, S. 95.

banaler Verführung von Frauen. Alles verfolgt hier einen eindeutig zweideutigen Zweck, dem die Ausstattung des Raumes funktional untergeordnet ist.

Dies gilt auch für die Beziehung zwischen Andrés und der Amorini, die – wie es sich für eine anständige bürgerliche Frau gehört – nur zum Schein ein wenig Widerstand aufkommen lässt, um ihren Liebespartner noch ein wenig anzuregen. Daher kann ich die Darstellung der sich anschließenden Liebesszene, welche die Zeitgenossen von Cambaceres erregte, auch getrost Ihrer Phantasie anheimstellen: Ich bin sicher, dass Sie diesen Raum füllen können. Kunst ist in diesem luxuriösen Interieur eines lustvollen Fin de siècle nur Prätext: sowohl die Nachbildungen der die Einbildungskraft der Zeitgenossen anregenden Ausgrabungen von Pompeji als auch die anderen Anleihen der griechisch-römischen Antike. Nichts ist in dieser Stadtwohnung dem Zufall überlassen; und doch ist es kein Raum, in dem sich Andrés wie etwa Des Esseintes im Sinne eines künstlichen Paradieses einrichten könnte: Auf diesem Gebiet liegen zwischen den Helden von Huysmans und Cambaceres Welten.

Daher kommt es, wie es kommen muss: Auch dieser Raum führt den Protagonisten unentrinnbar in den „hastío", in den Überdruss, der selbst durch einen Schuss erotischer Perversion und das Bohème-Imitat der Orgie nur kurzfristig herausgezögert werden kann. Das Liebesnest ist gerade kein Liebesfest, sondern perfekte Kulisse banaler Wiederholung eines Geschlechtsakts, auch wenn dessen Protagonistin eine italienische Primadonna „de sangre romana" ist, also von reinstem römischem Blute. Sie wird an dieser Stätte gewiss nicht zur Märtyrerin ihrer Liebe wie in Giuseppe Verdis *Aida*, sondern höchstens zu deren begabter Handwerkerin. Der liebe Schwan des Zeus ändert hieran nichts, auch wenn er bereits ein Licht werfen mag auf den Schwan, den berühmten „cisne" der hispanoamerikanischen Modernisten.

Die Beziehungen zum finisekulären Modernismo werden aber schon allein anhand dieser Innenarchitektur, der Ausgestaltung der Innenräume deutlich: Andrés' Garçonnière und auch sein Kunstgeschmack sind unverkennbar an deren Kanones orientiert; sie haben sich weit von den ästhetischen Vorstellungen der Romantiker entfernt. Die Vielzahl aufgehäufter, akkumulierter, fragmentarisch bleibender antiker und orientalischer Kultusgegenstände und Reminiszenzen breitet über gedämpften Teppichen die gepflegte Atmosphäre eines heterokliten Kunstrauschs europäischer Prägung aus. Dabei werden ganz selbstverständlich die Beziehungen zu den von Amerika geprägten kulturellen Polen radikal vernachlässigt, was einen deutlichen Gegensatz zu Ästhetik und Ethik etwa eines José Martí bildet. Die Verbindung zu einer eigenen, amerikanischen Alterität ist nicht-existent.

Es ist zudem kein Zufall, dass auch die Kunst und die Künste, welche in Andrés' Reich zur Geltung kommen, stets mit geschlossenen Räumen zusammenhängen. Selbst die Kunst der Amorini kann sich allein in den prachtvollen Szenarien des Teatro Colón entfalten und ist an die Interieurs einer gesellschaftlichen Elite gebunden. Diese auch soziologisch relevante Tatsache betrifft selbstverständlich nicht nur Opernsäle, sondern auch bourgeoise Hotels und Restaurants wie auch jenen Ort, den Andrés für seine weiblichen Gespielinnen reserviert hat: Es sind Räume der Orgie und gerade nicht der Besinnung. Vielmehr geht es um Besinnungslosigkeit, um ein buchstäbliches Totschlagen des *Taedium vitae*, gegen das freilich keine Sinneserregungen ankommen können. Im Sinnenrausch der Besinnungslosigkeit geht für Andrés der Sinn des Lebens verloren.

Die italienische Opernsängerin Amorini ist ein Geschöpf dieser Stadtzivilisation geschlossener Räume, die sie mit ihrer Präsenz, ihrer Stimme, ihrer Körperlichkeit kunstvoll füllt. All ihre Aktivitäten, auch ihre Abenteuer (wie etwa jenes des Versteckspiels mit ihrem Mann) finden in diesen geschlossenen Räumen statt. Nur von dieser edel möblierten Welt ist ihr Reich. Vor diesem Hintergrund erscheint der Großgrundbesitzer Andrés als jener, dem nicht ein bestimmter Raum oder Raum-Typ zukommt, sondern der zwischen offenen und geschlossenen Räumen pendelt, zwischen Herrenhaus und Arbeiterhütte, zwischen Schafstall und Opernhaus, zwischen Garçonnière und miserablem Provinzhotel. Diese topographischen und soziologischen Bewegungen gehorchen freilich nur zufälligen Plänen: sie bleiben „sin rumbo" und führen zu keiner Erfüllung.

Keine vierzehn Tage hält seine Leidenschaft für die Amorini an; dann lockt ihn selbst der „espléndido cuerpo de mujer", der strahlende Frauenkörper der jungen Italienerin nicht mehr. Die Begeisterung ist rasch verflogen und hat der üblichen Langeweile Platz gemacht. Andrés bemerkt dies selbst, und gerade an diesem für ihn sensiblen Punkt setzt seine Reflexion und Selbstreflexion ein:

> Nichts in der Welt schmeichelte ihm mehr, nichts lächelte ihn an; ganz gewiss band ihn nichts mehr an die Erde. Weder Ambitionen noch Macht, weder Ruhm noch Familie oder Liebe, nichts war ihm wichtig, nichts begehrte er, nichts besaß er, nichts fühlte er.
> In seiner brennenden Begierde, in seinem verrückten Bestreben, die irdischen Lüste noch zu beschleunigen, hatten sich alle geheimen Federn seines Seins verbraucht, so wie sich eine Maschine verbraucht, in der die Feuer niemals erlöschen.
> Entmutigt, ergeben, erniedrigt folgte er auf seinen Wegen dem Zufall, ziellos, in der schwarzen und eisigen Nacht seines Lebens ...
> Aber dann: Warum noch weitergehen, warum noch weiterleben?
> Und zum ersten Male kam seinem kranken Geist die Idee des Selbstmords in den Sinn, wie eine Türe, die sich plötzlich in der Finsternis öffnet, begehrenswert, verführerisch.[15]

---

15 Cambaceres, Eugenio: *Sin rumbo*, S. 99.

In diesen Formulierungen belegt Eugenio Cambaceres seine ganze literarische Meisterschaft. Eindrücklich hämmert er ein ums andere Mal das Nichts auf alles, was seinen Protagonisten umgibt, auf alles, was Andrés noch reizen und am Leben interessieren, ja am Leben halten könnte. Um ihn ist nichts als das Nichts, ein nihilistisches Weltempfinden bemächtigt sich mitten im Luxus seines gesamten Lebens. Bestenfalls der sinnentleerte, ziellose Zufall vermag seine Schritte noch zu lenken ... aber wohin?

Auf den ersten Blick haben wir es in dieser Passage mit der Stimme des Erzählers zu tun; doch mischt sich in sie auch jene der inneren Reflexion von Andrés, auch wenn in diesem Kontext viele äußerliche Zeichen der erlebten Rede, des „estilo indirecto libre" fehlen. Cambaceres war sich jenes literarischen Mittels, das Gustave Flaubert so eindrucksvoll in die Literatur eingeführt hatte, höchst bewusst; dass er es zu bedienen verstand, dürfte kaum in Frage stehen. Dass es sich bei seinem Protagonisten um einen Bewusstwerdungsprozess handelt, mag die Tatsache andeuten, dass sich Andrés in der Folge darum bemüht, mit der Erde wieder verbunden zu werden, wieder Boden unter die Füße zu bekommen, wobei er sich an den Strohhalm klammert, ein Kind gezeugt und sich gerade dadurch mit ihr verbunden zu haben.

Doch auch diese Illusion wird wenige Jahre später platzen: Denn mit dem Tod seiner Tochter tut es sich wieder auf, das Wörtchen „nada", das in dieser Passage, aber auch im gesamten Roman im Verbund mit dem „todo" diesen naturalistischen Erzähltext rhythmisiert. Hinter allen Bemühungen von Andrés lauert stets das Nichts, bestenfalls der Zufall, der seine Schritte lenkt. All sein Tun wird nicht vom Lichte der Vernunft erhellt, sondern verliert sich in der dunklen, wegelosen Nacht seines Lebens.

Die zitierte Stelle steht recht genau im materiellen Mittelpunkt des Romans, im neunzehnten Kapitel (und damit knapp vor der Hälfte) und signalisiert zusammen mit dem Titel die Zentralstellung des Erlebnisses des abklingenden, unrettbar verlorenen Sinnenrausches, der vergangenen Orgie, die nur noch das Nichts der Gefühle übrig lässt. In tausend Umarmungen, in tausend Stellungen, keine Liebe, nichts! Die Idee des Selbstmords ist da nicht fern. Denn just nach dem Geschlechtsakt, nach dem erfüllten Eros stellt sich Thanatos ein, der Todestrieb, wie Sigmund Freud ihn später unter dem Eindruck der Ereignisse des Ersten Weltkriegs beschreiben sollte.

Die bohrenden Fragen, die hier im Text auftauchen, sind keine Fragen der Erzählerfigur: Sie sind Fragen, die sich Andrés selbst stellt und denen er sich im weiteren Verlauf des Romans auch stellen wird. An die Stelle des Geschlechtstriebs tritt jedoch in der zweiten Hälfte des Romans dominant der Todestrieb, der nur durch das Leben der Tochter kurzfristig sublimiert werden kann, bei ihrem Tod aber alle selbstzerstörerischen Gewalten mit einem Schlag freisetzt. Mit dem

Wort Depression wäre die Mischung aus Wut und Reflexion nicht zu beschreiben, mit welcher sich Andrés umbringt. Denn wir haben es mit einem Ekel im Angesicht des Lebens zu tun, den nichts zu überwinden vermag.

Der Übergang ins Reich des Todes gelingt Andrés mit seiner Rückkehr auf die väterliche Estancia; eine fürwahr nasse Rückkehr, da der wolkenbruchartige Regen alle Wege aufweicht und nur schwer passierbar macht. Es regnet wieder einmal im hispanoamerikanischen Roman, und die Gewitter und Stürme sind so symbolträchtig wie stets! Das Element Wasser als Element des Lebens, aber auch des Todes rückt weiter in den Vordergrund: Eine Szenerie entsteht, die bereits auf manches Unwetter in João Guimarães Rosas *Sagarana* vorausweist.[16] Rasch formieren sich die Regenströme zu einem reißenden „arroyo", der seinerseits umgehend zu einem alles überschwemmenden Fluss anschwillt. Dieser muss überquert werden, um den eigenen Besitz zu erreichen. In Jorge Isaacs *María* ist von der tödlichen Symbolik von Wasser und Fluss die Rede; einer Symbolik, die den gesamten Roman durchzieht. Auch in *Sin rumbo* finden wir sie wieder, allerdings fokusiert auf diesen Übergang eines Flusses, der für Andrés zum Styx seines Lebens wird.

Denn um ein Haar ertrinkt er in diesem reißenden Strom. Durch einen Zufall wird er zu einem Busch gespült, an den sich der Ertrinkende klammern und noch ein letztes Mal aus dem Wasser retten kann. Aber der Styx eines ganzen Lebens ist bereits überschritten: Andrés wird dieses Reich des Todes, das ihm zunächst das Leben seiner Tochter beschert, nicht mehr lebendig verlassen, sondern in jenem Selbstmord enden, den wir bereits analysiert haben. So erweisen sich die sechs Übergangskapitel, welche die Reise von Buenos Aires zur Estancia beschreiben – eine Reise, die mit Zug, Kutsche, Pferd und zu Fuß zurückgelegt wird – als Reise in den Tod, dessen Raum die letzten dreizehn Kapitel des Romans ausbreiten.

Wir können uns die einzelnen Episoden dieses Übergangs, der gleichzeitig auch ein psychischer Übergang im ganzen Spannungsfeld zwischen Transit und Transformation ist, an dieser Stelle sparen. Denn in dieser Passage des Romans dienen derlei Episoden nur dazu, dessen narrative Grundstruktur zu unterfüttern. Das mögliche, aber durch die Feigheit des Ehemanns abgewendete Duell mit Gorrini, Andrés' Wunsch, erst die Geliebte, danach sich selbst umzubringen, der immer wieder aufkeimende Gedanke an Selbstmord und Tod: All dies sind Elemente, die erst in der Schlussszene des zweiten Teils eingelöst werden.

---

16 Vgl. hierzu das João Guimarães Rosa gewidmete Kapitel in Ette, Ottmar: *Von den historischen Avantgarden bis nach der Postmoderne*, S. 773–810.

Immer wieder sind in den Roman wissenschaftliche oder pseudowissenschaftliche Elemente und Theoreme eingestreut. Als Andrés ziellos durch die Straßen von Buenos Aires irrt, dringt die Luft der Pampa zu ihm; und es ist die Kraft der Natur, ihr Verlangen nach Fortpflanzung, das in diesem leeren Menschen wieder neue Hoffnung aufkeimen lässt. Die Ideen Spencers und Darwins sind in diesen Wendungen präsent – und gerade die Vorstellungen des letzteren vom „survival of the fittest" haben die Zeitgenossen bezüglich der weiteren Entwicklung Lateinamerikas so skeptisch gemacht. Wird Argentinien, wird Hispanoamerika, wird die ‚lateinische Rasse' in diesem Überlebenskampf bestehen können angesichts der großen Republik im Norden? Haben nicht die Vereinigten Staaten von Amerika längst die katholischen Staaten des Südens abgehängt? Die USA tauchen im Romangeschehen nicht direkt auf, und doch ließe sich die Identitätsfrage angesichts von derlei Theorien auch mit Andrés' „mente enferma" verbinden. Steht dieses kranke Hirn nicht stellvertretend für den ‚kranken Kontinent'?

Es gibt sehr wohl Gründe dafür, eben dies anzunehmen: *Sin rumbo* lässt sich auch als nationale und subkontinentale Allegorese lesen, welche die Kraft der Fatalität starkmacht, um letztlich das Ende des eigenen Gesellschaftssystems und der eigenen Werte als tragischen Untergang zu inszenieren. Diese nationale Allegorese, die sich vor allem an Andrés festmachen lässt, knüpft an die nationale Diegese dieses argentinischen Romans und verbindet sich vor allem mit dem Protagonisten, dessen „mente enferma" sich sehr wohl mit der wenig später einsetzenden Rede vom „continente enfermo", dem „kranken Kontinent" assoziieren lässt. Die Zusammenhänge zwischen diesem naturalistischen Roman und dem Fin de siècle, aber auch zwischen der politischen Erfahrung seines Autors Cambaceres und der Endzeitstimmung seines politischen Denkens sind offenkundig.

Im argentinischen Roman der Romantik hatte die nationale Allegorese etwa in Mármols *Amalia* ihre visionäre Abbildung auf Ebene gescheiterter Liebesbeziehungen gefunden. Wir hatten in einer ganzen Reihe von Romanen aus verschiedenen Areas der lateinamerikanischen Welt immer wieder diese nationalen Allegoresen sich in den Liebesbeziehungen zwischen den Protagonisten ausdrücken sehen. Nähern wir uns vor diesem Hintergrund an *Sin rumbo* an, so bemerken wir auch bei diesem Roman, dass die stets scheiternden Liebesbeziehungen – von immer nur kurzer Dauer und mancherlei Inzestbeziehungen bedroht – ein Licht auf das Scheitern der menschlichen Gemeinschaft und menschlicher Gesellschaften werfen.

Andrés' Verbindung mit der Bäuerin oder einfachen Landfrau Donata ist nur ephemer und von einer starken Hierarchie geprägt, denn Donata verkörpert gleichsam die gefügig gemachte Erde, den befruchteten Mutterboden Argentiniens, der schnöde benutzt und dann seinem Sterben überlassen wird. Die Liebesbeziehung zu der die europäische Kultur repräsentierenden Amorini wiederum ist heftig, aber nicht nachhaltig, sondern rasch schon von „fastidio", von Überdruss, Langeweile, ja sich bald einstellendem Ekel gekennzeichnet. Aus ihr kann sich nichts, keine Zukunftsperspektive entwickeln. Mit der italienischen beziehungsweise europäischen Kultur kommt es nicht zu stabilen, sondern höchstens zu lustvoll-transitorischen Vereinigungen, aus denen sich jedoch keine Kinder ableiten lassen, keine fruchtbare Nachkommenschaft: Diese Konstellation scheint mir für diesen finisekulären Roman symptomatisch.

Nachkommenschaft gibt es allein durch die Verbindung mit Donata, doch stirbt diese aus infolge einer Krankheit, gegen die es kein Heilmittel gibt. So ist auch die Liebe zur Tochter, auf die sich allein noch Andrés' Leben stützte, zum Scheitern verurteilt. Und nicht einmal Andrés' Selbstmord bleibt seine eigene, private Angelegenheit; situiert sich dieser doch innerhalb einer gesellschaftlichen Situation, die vom in Flammen aufgehenden Warenlager der Schafswolle kontextualisiert wird. Was wird dereinst von der Estancia, die die gegen Rosas kämpfenden Väter errichteten, übrig bleiben? Gibt es nationale, intellektuelle, kulturelle Haltepunkte innerhalb dieses Weges der Zerstörung und Selbstzerstörung? Und vor allem: Wie stellt sich Kultur innerhalb von *Sin rumbo* dar?

Die Kultur der Großstadt im Roman ist französisch und italienisch geprägt wie auch die Sprache der Städter, die vor italienischen und französischen Einsprengseln und Wendungen nur so strotzt. Die Kultur der Oper erscheint dabei als eine importierte Kultur, die vorübergehend das Teatro Colón zwar zum Opernnabel der Welt machen mag, dann aber durch das Weiterziehen der europäischen Künstler und Artisten nach Rio de Janeiro die angehende Metropole wieder kulturell amorph werden lässt. Die kulturellen Manifestationen auf dem Land sind kaum stärker herausgearbeitet: Gewiss, der Peón Contreras hat gleich zu Beginn des Romans einen „Cielito" auf den Lippen, im Schlafzimmer Donatas hängt eine „imagen sagrada", es gibt populäre und religiöse Gesänge; und nicht zuletzt die argentinischen Gauchos erzählen sich ihre eindrücklichen Geschichten. Aber wo sind hier Ansätze einer eigenständigen nationalen Kultur erkennbar? Wir haben es vielmehr mit disparaten Kulturfragmenten zu tun, die mehr oder minder zusammenhangslos nebeneinander stehen. Eine nationale Kultur – und damit auch ein nationaler Identitätsentwurf – ist nicht absehbar oder selbst *in nuce* erkennbar. Und mehr noch: Eine Entwicklung in diese Richtung bahnt sich nicht an, denn die verschiedensten Kulturfragmente vereinigen sich nicht zu einem Ganzen, bleiben „sin rumbo", ziellos.

Der Schluss des ersten Roman-Teils beginnt mit einer ersten Begegnung zwischen Vater und Tochter. Sie wird auch ganz im Zeichen der letzteren stehen. Andrea kommt als wenige Wochen alter Säugling unter Andrés' Augen. Und wir werden aus dessen Perspektive mit diesem kleinen Bündelchen konfrontiert, das für den Vater vor allem zunächst ein „paquete informe",[17] ein unförmiges Paket ist. Auch in dieser Passage herrscht die Verwendung des „estilo indirecto libre" vor. Die unmittelbare Enttäuschung, der „hondo desencanto"[18] wird ausgelöst durch den ersten Anblick des Menschleins, aber vor allem durch das Geschlecht seines Kindes: Denn der Großgrundbesitzer hatte einen Sohn als möglichen Erben seiner Besitztümer erhofft. Doch bald schon folgt Andrés der Macht des Blutes, die ihn zum zärtlichen Vater werden lässt, der seine Tochter über alles liebt. In dieser Macht scheint nicht nur die Kraft der Natur, sondern vor allem auch die der vom Naturalismus stets goutierten Vererbungstheorien auf. Wenn sich der Vorhang zum zweiten Teil des Romans hebt, ist Andrés dank dieser Kräfte zum liebenden Vater seines Fleisches geworden: Zwei Jahre sind vergangen; eine narrative Leerstelle oder „Blanc", wie diese gerade bei Autoren der zweiten Hälfte des 19. Jahrhunderts sehr beliebt war, denken wir nur etwa an Flauberts Zeitsprünge in seiner *Education sentimentale*.

Die Tochter erscheint uns gleich zu Beginn des zweiten Teils als magische Zauberin, die den Hass ihres Vaters auf die Menschen in Liebe verwandelt habe – so jedenfalls präsentiert uns dies der Erzähler.[19] Doch ganz wird auch diese Liebe zu den Menschen und den Dingen nicht die „dolorosa y honda melancolía"[20] ihres Vaters auflösen können; zu tief ist diese schmerzhafte Melancholie in Andrés' Seele verankert. Gerade das Glücksgefühl erzeugt in ihm eine tiefe Angst vor dem kommenden Unglück, die zutiefst irrational ist, sich aber in der Tat bewahrheiten wird. Angst ist vektoriell immer auf die Zukunft gerichtet und stellt stets das Erreichen künftiger Ziele in Frage[21]

Doch sie stützt sich im Protagonisten noch auf andere Überlegungen, wie sie für eine patriarchalische Gesellschaft charakteristisch sind. Denn dieses Gefühl wird von der fatalen Conditio humana des weiblichen Geschlechts ausgelöst, von der Frau also, die schwach an Geist und Körper dem Manne weit unterlegen sei. Von Natur aus sei sie der zweiten Reihe menschlicher Wesen zuzuordnen. Andrés lässt sich dabei von seinen alten philosophischen Lehrmeistern Voltaire, Rousseau, Buchner und vor allem Schopenhauer leiten, dessen misogyner Essay über

---

17 Cambaceres, Eugenio: *Sin rumbo*, S. 133.
18 Ebda., S. 134.
19 Ebda., S. 142.
20 Ebda., S. 143.
21 Vgl. zur Vektorizität dieser Emotion Ette, Ottmar: Angst und Katastrophe / Angst vor Katastrophen. Zur Ökonomie der Angst im Angesicht des Todes. In: Ette, Ottmar / Kasper, Judith (Hg.): *Unfälle der Sprache. Literarische und philologische Erkundungen der Katastrophe*. Wien – Berlin: Verlag Turia + Kant 2014, S. 233–270.

die Frauen dieser Passage deutlich zur Seite stand.²² Man kann Andrés' nachfolgende Überlegungen sehr wohl als Ausdruck von Mysoginie oder auch eines schopenhauerianisch angehauchten Machismo deuten; doch wird auf diesen Seiten zugleich Kritik an den fatalen Lebensbedingungen der Frauen in den lateinamerikanischen Gesellschaften des Fin de siècle deutlich; eine Kritik, die ich Ihnen nicht vorenthalten möchte:

> Er dachte an die traurige Lage der Frau, die von Geburt an vom Finger der Fatalität berührt war, im Geiste schwach und schwach durch ihrem Körper, dem Manne in der Reihung der Wesen unterlegen und von ihm beherrscht, durch die Essenz selbst ihrer Natur in die zweite Reihe der Existenz verbannt.
> […]
> Die enge Begrenzung ihrer Fähigkeiten, die geringe Reichweite ihrer Intelligenz, die unfähig ist, in den tiefen Bereich der Wissenschaft vorzudringen, rebellisch gegenüber den sublimen Konzeptionen der Künste, des weiteren die Armut ihres moralischen Wesens, die allen hohen Begriffen von Gerechtigkeit und Pflicht rebellisch gegenübersteht, ja der Blickpunkt ihres Körpers, ihr Mangel an Nerven und an Strenge, die Weichheit ihrer Formen, die Zartheit ihrer Linien, die Sanftheit ihrer Haut, die Morbidität ihres Fleisches, zeigte all dies nicht etwa ihr Schicksal deutlich an, jene Mission, welche die Natur ihr gegeben, schrien sie etwa nicht allesamt heraus, dass es sich um ein Wesen handelt, das sich wesensmäßig der Liebe widmet, gleichsam ein simples Instrument der Lust, das mit Blick auf die dauerhafte und immer größer werdende Fortpflanzung der Spezies geschaffen ward?
> Ach! Um wieviel sinnreicher und weiser waren die Völker des Orients, um wieviel besser und leichter zu ertragen war doch das Schicksal der Frau unter jenen Gesetzen, die eine getreue Übersetzung der Naturgesetze waren!²³

Die hier zitierte Passage ist sicherlich starker Tobak. War Eugenio Cambaceres, der in seiner Jugend als Frauenheld galt, also letztlich ein Frauenfeind? Wir sollten uns vor derlei Überlegungen hüten und nicht den realen Autor mit seiner Erzählerfigur verwechseln, welche in diesen Formulierungen auf den „style indirect libre" zurückgriff, um Andrés' Gedankengänge zu verdeutlichen. Denn wer spricht hier? Sicherlich nicht der reale Autor: Das kann er in einem literarischen Text, so sehr er sich anstrengen mag, gar nicht! Es spricht eine Figur, deren Reflexionen hier ausgehend von der Lektüre der Werke anderer Männer ausgebreitet werden. Diese Reflexionen sind nicht „tels quels", also wortwörtlich zu nehmen, sondern auf ihre Funktion innerhalb des gesamten Textes hin zu untersuchen.

Wir können im Roman ohne weiteres feststellen, dass es Frauengestalten wie die Amorini, auf moralischer Ebene aber auch wie Donata gibt, die derlei misogynen Vorstellungen keineswegs entsprechen. Erst wenn wir versuchen, der

---

22 Vgl. Cambaceres, Eugenio: *Sin rumbo*, S. 144.
23 Ebda., S. 144 f.

Versuchung zu widerstehen, einen realen männlichen Autor für derlei Aussagen haftbar zu machen und der Frauenfeindlichkeit anzuklagen, können wir auch im weiteren Verlauf des Romans gleichsam kontextuell die kritische Dimension erkennen, die in einer solchen Rede von der traurigen Fatalität der „condición femenina" liegt. Diese kritische Dimension betrifft sowohl die außersprachliche Wirklichkeit Argentiniens, in welcher eine ausweglose Position der Frau innerhalb der argentinischen Gesellschaft aufscheint, als auch die textinterne Wirklichkeit, die letztlich auch den Protagonisten selbst – und nicht nur die von ihm benutzten Frauen – in Unglück und Tod treibt.

Gewiss steckt hierin auch der motivgeschichtliche Fluch, der literarischen Traditionen entsprechend auf der Figur des Don Juan liegt.[24] Doch ist es nicht zuletzt Andrés selbst, der die Instrumentalisierung der Frauen zu Lustobjekten einerseits betreibt, andererseits aber auch erleidet, da er derartiger Lust nur kurzzeitig etwas abgewinnen kann. Dies ist zweifellos Teil des Don-Juan-Mythos, zugleich aber auch in einer finisekulären Ästhetik verankert, die wir bei Huysmans' Des Esseintes bereits erkannt hatten, brauchte doch auch der junge französische Adelige immer stärkere sexuelle Aufputschmittel, um seine Erregung überhaupt noch spüren zu können.

Doch kennt der argentinische Großgrundbesitzer die zumindest für sein Romanuniversum geltenden Spielregeln der Geschlechterbeziehungen nur zu genau, um nicht um die Entwicklung seiner kleinen Tochter Andrea fürchten zu müssen. In diesem Zusammenhang weiß er – und im Roman wird dies mehrfach betont –, dass allein eine andere, bessere Bildung und Ausbildung an dieser Situation nichts ändern können wird, um die „triste condición de la mujer" grundlegend zu verändern. Der in der erlebten Rede vorgetragene Lösungsansatz, die Frauen ihrem wahren Lebenssinn nach orientalischem Vorbild zuzuführen, indem man sie hinter Haremspforten als jederzeit verfügbare Lustobjekte hält, ist höchstens angesichts der orientalisierenden Mode der Zeit als ironische Spitze verständlich. Im Übrigen werden Andrés' Gedanken in all ihrer Nähe zur Verrücktheit im Erzählerkommentar herausgestrichen. Doch könnte man diese Passage auch metonymisch deuten und verstehen als Forderung, den Frauen einen eigenen Platz innerhalb der argentinischen Gesellschaft einzurichten. Denn Andrés sieht angesichts seines eigenen Töchterchens den notwendigen Umsturz aller Geschlechterverhältnisse zumindest prinzipiell ein, ist doch von der Conditio der Frau nun sein eigen Fleisch und Blut betroffen.

Allerdings bricht die kritische Tragfähigkeit jener Äußerungen der Romanfigur an dieser Stelle ab; und auch der Erzählerkommentar leistet hier nichts

---

24 Vgl. hierzu das entsprechende Kapitel in Ette, Ottmar: *LiebeLesen*, S. 316–345.

Wegweisendes: Es bleibt bei der „triste condición" der Frau im Allgemeinen. Die Amorini wird als Künstlerinnenfigur ihrerseits wie die von ihr aus Europa mitgebrachte Kultur bald schon am Horizont verschwinden – denn sie hat keine Kinder. Genau dies unterscheidet sie als urbanes und künstlerisch-künstliches Wesen von jener Bestimmung, die der Roman mehrfach für die Frau bereithält und der auch ihre Rolle als Lustobjekt zugeordnet ist: letztlich ein Instrument der Natur, ein Instrument des Mannes, ein Instrument der Fortpflanzung der Spezies zu sein. Die darwinistische und spencerianische Konnotation dieser genderspezifischen Lebensbestimmung ist dabei nicht zu überhören.

Andrés versucht ohne Erfolg, seiner irdischen Melancholie durch eine Art „fe ficticia", einen künstlichen Glauben zu entfliehen und zu Gott vorzustoßen.[25] Doch dieser Weg, der nur kurz angedeutet wird, ist ihm verschlossen und damit eben jene Lösung, die Huysmans zunächst seinem Helden in *A rebours*, später aber auch sich selbst offenhielt. Die künstlichen Paradiese des Christentums, eines mystisch und geradezu baudelaireianisch verwandelten *Génie du christianisme*, wie sie die Weihrauchdüfte von Huysmans' Roman geschaffen hatten, werden nicht als Weg angeboten. Zumindest aber werden sie eingespielt, womit zugleich die Beziehung zu dem ein Jahr zuvor in Frankreich veröffentlichten Roman aufscheint. Aus dieser argentinischen Perspektive lässt sich *A rebours* in vielerlei Hinsicht als eine ästhetische Fortentwicklung des Zola'schen Naturalismus und seiner inhärenten Fatalität von Gesetzlichkeiten verstehen. Denn schließlich wird auch in *Sin rumbo* ein männlicher Protagonist als Etüde und Versuchsobjekt unter der großen Lupe von Erzähler und Autor beobachtet.

Doch auch die Unterschiede dieser Jahrhundertenden zwischen zwei Welten fallen ins Gewicht: Mehr noch als ein Roman der Innerlichkeit ist *A rebours* ein Roman der Innenräume – und gerade dies lässt sich von Cambaceres' Roman *Sin rumbo* nicht behaupten. Dies mag mit der nationalen Bedeutung des Romans auf einer allegorischen Ebene zusammenhängen; doch ließen sich bei allen Unterschieden gleichwohl Parallelen aufzeigen, die in Richtung Décadence weisen und dem modernistischen Roman beziehungsweise modernistischen Erzählformen überaus nahe stehen. Wir hatten dies hinsichtlich Martís Roman *Amistad funesta* oder *Lucía Jerez* signalisiert.

Innenräume und Innenwelten – auch jene der Lektüre – können weder die Protagonisten von Martís noch jene von Cambaceres' Roman langfristig fesseln. Weder das Haus der schönen, aber herrischen, besitzergreifenden, melancholisch schwarz eingefärbten Lucía bei Martí noch der von Andrés eigens geschaffene mythologisierende Lust-Ort, in dem alles auf körperliche Liebe und Lusterzeu-

---

25 Cambaceres, Eugenio: *Sin rumbo*, S. 148.

gung ausgelegt ist, reichen aus, um die jeweilige amerikanische Außenwelt auszublenden. Der hispanoamerikanische Roman des Fin de siècle nimmt derlei Impulse aus der französischen Literatur auf, gibt ihnen aber eine andere, eigenständige literarische Richtung und Ausformung. Das Selbstbewusstsein amerikanischer Autorinnen und Autoren gegenüber den europäischen Literaturen ist über das 19. Jahrhundert gewachsen.

Eugenio Cambaceres' Roman treibt dem uns bekannten blutroten Ende entgegen: So können wir uns erneut den mehrfach angeklungenen Beziehungen zwischen Naturalismo und Modernismo zuwenden. Beide versuchen mit Hilfe ästhetisch andersgearteter Mittel, eine Antwort auf die beherrschende Erfahrung der soziohistorischen Modernisierung hispanoamerikanischer Gesellschaften zu geben und zu verstehen, welche Modernisierungsprozesse welche Moderne(n) hervortreiben. Im Gegensatz zum Modernismo sind dabei für den Naturalismus Naturwissenschaften und Medizin, also die heutigen Biowissenschaften, die entscheidenden Leitwissenschaften, die es ermöglichen, den Roman als eine Art gesamtgesellschaftliches Laboratorium einzurichten, welches die Auswirkungen der faszinierenden und bedrohlichen Entwicklungen auf den Menschen zeigt, ja – gemäß Zolas Doktrin – sogar erprobt.

Just in diesem Bereich liegt die grundlegende Dimension von Cambaceres' „estudio", in welcher sich *Sin rumbo* freilich nicht erschöpft. Denn gerade in der Absicht, gemäß der Taine'schen Devise „race", „milieu" und „moment" zusammenzudenken, muss sich wie der Modernismo auch der Naturalismus mit der konkreten Lebenswelt hispanoamerikanischer Länder beschäftigen und damit zugleich auch von europäischen Modellen abrücken. Er muss ernst machen mit der Forderung, die spezifischen Umweltbedingungen wie gesellschaftlichen Kontexte und Gesetze zu erfassen, welche die amerikanischen Gesellschaften lenken.

So stellt sich dem Naturalismus wie dem Modernismus die Frage nach dem Entwurf von Identitäten für die amerikanischen Völker und Nationen. An diesem Punkt vereinigen sich der dem Naturalismus ein gutes Stück eigene naturwissenschaftlich begründete Fortschrittsglaube und ein Denken an eine kulturelle Dekadenz, die von den ästhetisch abgeklärteren Modernisten ins Spiel gebracht wird. Ihnen steht gleichsam das größere literarische Arsenal an ästhetischen Traditionen zur Verfügung, darunter auch die Erfahrung mit dem sich etwas früher entfaltenden amerikanischen Naturalismus selbst. Nicht umsonst hatte José Enrique Rodó in *seiner* Definition des Modernismo davon gesprochen, auch den Naturalismus aufzunehmen und in höhere Formen des Denkens (und auch des Schreibens) zu überführen.

Wir haben in Eugenio Cambaceres' Roman *Sin rumbo* gesehen, welche Elemente des Naturalismus dies sein könnten: Sie betreffen ebenso die Aspekte gesellschaftlicher Analyse und der Untersuchung von „race", „milieu" und

„moment" als auch die Versuche, neue Schreibformen zu entwickeln und neue Darstellungsbereiche und -formen modernisierter Gesellschaften für die Literatur zu erschließen, sie in eine neue „escritura" aufzunehmen. Der Modernismo wird versuchen, diese Bereiche zu ästhetisieren und literarisch zu sublimieren: Niemand wird den Modernisten vorwerfen, „repugnantes" zu sein! Doch manifestiert auch der hispanoamerikanische Naturalismus deutlich, eine bislang von der Kritik vielleicht unterschätzte literarische Reaktionsweise auf veränderte gesellschaftliche Bedingungen gegen Jahrhundertende zu sein und sich keineswegs darauf zu beschränken, den amerikanischen Abklatsch auf eine französische Strömung zu bilden. Die hispanoamerikanischen Naturalisten achteten Emile Zola als Meister und Joris-Karl Huysmans als gewiss fruchtbarsten Abtrünnigen, doch entwickeln sie ihre Schwerpunkte – wie das Beispiel *Sin rumbo* zeigen sollte – sehr eigenständig. Diese Eigenständigkeit, welche die literarischen Entwicklungen des 20. Jahrhunderts und den sogenannten ‚Boom' der lateinamerikanischen Literaturen vorbereitet,[26] wollen wir in der Folge im Umfeld des Modernismo näher untersuchen.

---

26 Vgl. Ette, Ottmar: Asymmetrie der Beziehungen. Zehn Thesen zum Dialog der Literaturen Lateinamerikas und Europas. In: Scharlau, Birgit (Hg.): *Lateinamerika denken. Kulturtheoretische Grenzgänge zwischen Moderne und Postmoderne*. Tübingen: Gunter Narr Verlag 1994, S. 297–326.

José Martí oder die Suche nach einem amerikanischen Humanismus

Nicht alles im Fin de siècle Lateinamerikas steht im Zeichen des Untergangs: Denn der Modernismo bietet ganz gewiss keine Ästhetik der „Décadence" oder der „Dégénération", sondern entwickelt gänzlich neue, nach Europa ausstrahlende Konzepte, welche eher im Zeichen eines Neubeginns, eines neuen Aufbruchs der Länder Lateinamerikas stehen. Am Beispiel zunächst des kubanischen Dichters, Essayisten und Revolutionärs José Martí möchte ich Ihnen aufzeigen, wie sehr in diesem Zusammenhang grundlegende Veränderungen am Werk sind, welche eine neue, nicht-europäische, eine divergierende Moderne für den Subkontinent entwerfen und entschlossen der einseitigen Abhängigkeit von europäischen Modellen Lebewohl sagen. Mein Zugang zu diesem frühesten der hispanoamerikanischen Modernisten, der wohl die weitreichendsten Konzeptionen ebenso auf dem Feld der Politik wie auf dem der Ästhetik und Literatur entwickelte, soll nicht ohne Grund über das 20. Jahrhundert erfolgen. Denn erst nach einigen Jahrzehnten konnte man zum ersten Mal besser einschätzen, was dieser rastlose und kämpferische Mensch für jenen Teil der Welt geleistet hatte, den er selbst mit Vorliebe als „Nuestra América", als „Unser Amerika" bezeichnete.

Abb. 82: José Martí (Havanna, 1853 – Dos Ríos, Kuba, 1895).

Am Ende seines dritten von insgesamt fünf Vorträgen, die er zwischen dem 16. und dem 26. Januar 1957 im Centro de Altos Estudios des Instituto Nacional de Cultura von Havanna hielt, versuchte der kubanische Dichter und Essayist José Lezama Lima, die Figur José Martís ins Licht einer Tradition der Abwesenheit zu stellen:

> Aber diese große romantische Tradition des 19. Jahrhunderts, die des Kerkers, der Abwesenheit, des Bildes und des Todes, erreicht es, das amerikanische Faktum zu schaffen, dessen Schicksal mehr aus möglichen Abwesenheiten als aus unmöglichen Anwesenheiten

gemacht ist. Die Tradition der möglichen Abwesenheiten ist die große amerikanische Tradition gewesen, wo sich das historische Faktum ansiedelt, das erreicht worden ist. José Martí repräsentiert in einer großen verbalen Weihnacht die Fülle der möglichen Abwesenheit. In ihm kulminieren der Kerker von Fray Servando, die Frustration von Simón Rodríguez, der Tod von Francisco Miranda, aber auch der Blitz der sieben Intuitionen der chinesischen Kultur, die ihm durch die Metapher der Erkenntnis erlaubt, jenen Wirbel zu berühren und zu schaffen, der ihn selbst zerstört; das Mysterium, das die Flucht der großen Verlierer und das Oszillieren zwischen zwei großen Schicksalen nicht fixiert, welches er dadurch löst, dass er sich mit dem Haus vereinigt, das in Brand geraten wird. Seinen Tod müssen wir innerhalb des inkaischen Pachacámac, des unsichtbaren Gottes, verorten.[1]

José Lezama Lima war die sicherlich beherrschende Figur der kubanischen Literatur des 20. Jahrhunderts. Er rückte in diesen durchaus enigmatischen Überlegungen, die er wenige Tage vor dem einhundertundvierten Geburtstag José Martís unter dem Titel „El romanticismo y el hecho americano" entfaltete und als zentralen Essay in *La expresión americana* veröffentlichte, den Dichter der *Versos sencillos* und Gründer des Partido Revolucionario Cubano dabei nicht nur in eine ‚amerikanische' Tradition ein. Denn in dieser auf den ersten Blick esoterisch anmutenden Passage zeichnet sich ab, dass sich – zumindest aus der Perspektivik Lezama Limas – das Amerikanische in José Martí nicht allein aus der hispanoamerikanischen Tradition des 19. Jahrhunderts speist, sondern sich auch in grundlegender Weise mit den amerikanischen Kulturen präkolumbischer Herkunft verknüpft; und auf diese Weise mit jenem kulturellen Pol, der bis zum damaligen, aber auch bis zum gegenwärtigen Zeitpunkt sträflich vernachlässigt worden ist.

Jenseits der drei großen Repräsentanten des Unabhängigkeitskampfes Spanisch-Amerikas und jenseits der hier ebenfalls aufgerufenen inkaischen Traditionen schreibt der Gründer und Kopf der Zeitschrift *Orígenes* den Gründer der Revolutionären Partei Kubas in eine weltweite, im wahrsten Sinne universale Dimension ein, die etwa mit der Einblendung der chinesischen Kultur für die entworfene „Fülle der möglichen Abwesenheit" einstehen kann. Amerika erscheint somit als Hort einer neuen Universalität. Was aber ist unter dieser für Lezama Limas Schreiben so charakteristischen Formulierung zu verstehen? Und was macht diese große amerikanische Tradition der „ausencias posibles" mit Blick auf Martí aus, diese zweifellos beherrschende Figur der kubanischen Literatur wie der kubanischen Geschichte des 19. Jahrhunderts?

Es ist nicht nur rezeptionsgeschichtlich höchst bedeutungsvoll, dass Lezama Lima in der Schlusspassage seines Vortrages die Tagebücher, die *Diarios* der

---

[1] Lezama Lima, José: *La expresión americana*. Madrid: Alianza Editorial 1969, S. 115f.

letzten Wochen und Tage des „autor intelectual" des Krieges von 1895 gegen die spanische Kolonialmacht in den Mittelpunkt seiner Argumentation und seiner ganz persönlichen Suche nach José Martí rückt. Gerade die fünfziger Jahre des 20. Jahrhunderts sind Jahre verbissener politischer Kämpfe um den Anspruch auf Martís ideologisches Erbe in Kuba: Ausnahmslos alle politischen Parteien und Bewegungen berufen sich auf die Figur, auf die Ikone des längst sakralisierten ‚Apostels'. Der Verweis auf die Poetizität der Martí'schen Tagebücher eröffnet in diesem Zusammenhang eine ganz andere Sichtweise, die dessen Denken und Schreiben vor keinen ideologischen Karren zu spannen versucht. Es ist vielmehr die Suche nach einer „Weihnacht", nach der Geburt von etwas absolut Neuem und noch nie Dagewesenem.

Die Kämpfer gegen die Batista-Diktatur im Zeichen des „Centenario" von 1953 beriefen sich auf Martí als den ‚geistigen Urheber' ihres revolutionären Denkens und Handelns und verwandelten den großen kubanischen Intellektuellen schon bald in die Ikone einer Revolution, welche Martí in den nachfolgenden Jahrzehnten auf unterschiedliche Weise für die wechselnden Zwecke und Ziele kubanischer Machtpolitik funktionalisierte.[2] Dagegen griff Lezama auf jene Ausdrucksformen Martí'schen Schreibens zurück, in denen sich der Wirbel, der Hurrikan bildete, der dafür geschaffen sei, alles mit sich fortzureißen. Lezama Lima verwies dabei mit Bedacht auf die schöpferische Kraft dieses „remolino", auf die entscheidende Bedeutung des poetischen Wissens, des „conocimiento poético",[3] auf die Relevanz der „poesía como preludio del asedio a la ciudad",[4] dem sich der Dichter von *Enemigo rumor* zweifellos aufs Engste verbunden wusste. Aber inwieweit war Martís Dichtkunst wirklich das Präludium für die „Belagerung der Stadt" unter der Batista-Diktatur?

So scheint am Ende des Zentralstücks von *La expresión americana* die Fülle des Martí'schen Schreibens und damit diejenige des Amerikanischen just in jenem komplex verwobenen Augenblick auf, in dem José Martí als Kämpfer gegen den spanischen Kolonialismus 1895 seine jahrzehntelange Abwesenheit von Kuba beendet. Zugleich findet er das eigene Ende – und das Ende seines Schreibens – im kubanischen Oriente, in Dos Ríos. Denn José Martí verschwand in jenem Wirbel, den er selbst geschaffen hatte, verschwand in den ersten Wochen jenes Kriegs gegen Spanien, den er selbst entfacht hatte, während eines Gefechts, bei

---

[2] Zur ebenso komplexen wie spannenden Geschichte der Rezeption José Martís vgl. Ette, Ottmar: *José Martí. Teil I: Apostel – Dichter – Revolutionär. Eine Geschichte seiner Rezeption.* Tübingen: Max Niemeyer Verlag 1991.
[3] Lezama Lima, José: *La expresión americana*, S. 116.
[4] Ebda.

welchem er so stürmisch vorging, dass manche auch von Selbstmord sprechen konnten. Damit verwandelte sich José Martí endgültig in die Ikone eines Unabhängigkeitskampfes, in welchem sich Kuba noch heute sieht.

Lezama Lima greift mitten in den blutigen Kämpfen zwischen einer sich noch immer auf Martí berufenden Diktatur Fulgencio Batistas und den sehr unterschiedlich ausgerichteten revolutionären Kräften gerade diese sich gleichsam in der sinnlichen Erfahrung Kubas verwurzelnden letzten Seiten der *Diarios* heraus, um aus dieser letzten kubanischen Erfahrung Martís unmittelbar vor seinem Tod (oder Selbstmord) die Fülle einer Abwesenheit zu konstruieren:

> Die Schlussworte seiner beiden *Tagebücher* erinnern uns an die Vorkehrungen, welche für den Aufenthalt in den unterirdischen Gefilden im *Totenbuch* zu treffen sind. Er verlangt nach Büchern, er verlangt nach Krügen mit Feigenblättern. Er offeriert Lebensmittel „mit einem Stein als Pylon für die gerade Angekommenen". Das Tal scheint seine Kehlungen für den soeben Angekommenen zu schmücken, der zu erkennen und zu benennen beginnt, sich im Irrealen gemäß der Orphischen Kulte durch die Gravität des Brotes, das Gleichgewicht zwischen der Schüssel Milch und dem Gebell des Hundes orientiert. Seine *Tagebücher* sind die taktile Entdeckung des an Land Gegangenen, des Gerade-Angekommenen, des Tagträumers, des Ahnenden. Er wohnt zwei großen Augenblicken des amerikanischen Ausdruckes bei. Jenem, der eine Tatsache durch die Spiegelung des Bildes schafft. Und jenem anderen, dem es im mexikanischen Lied, in der ausladenden Gitarre des Martín Fierro, des theologischen Walfisches und des Whitman'schen Körpers gelingt, jenes Retabel für den Stern zu verfertigen, welcher den Akt des Gebärens verkündet.[5]

In diesen Formulierungen eines poetischen Wissens, einer poetischen Erkenntnis bleibt kein Raum für kurzfristige politische Funktionalisierungen Martís. Selten wohl ist auf so wenigen Zeilen, in einem „tejido tenso de alusiones y vínculos",[6] einem „dichten Gewebe an Anspielungen und Verbindungen" eine solche Fülle unterschiedlichster kultureller Filiationen und Traditionen miteinander verknüpft worden wie auf dieser abschließenden Seite von „El romanticismo y el hecho americano". In den sorgsam ausgewählten Zitaten und Motiven der *Diarios* erscheinen im kubanischen Oriente nicht nur die spanische Literatur des Siglo de Oro oder die amerikanische Populärkultur des *Martín Fierro* am Río de la Plata; nicht nur die kubanische Lyrik der Romantik oder die Körperlichkeit der angloamerikanischen Dichtkunst eines Walt Whitman. Es erscheint vor allem die Präsenz des ägyptischen Totenbuchs und der Orphischen Kulte, die in ihrer Pen-

---

5 Lezama Lima, José: *La expresión americana*, S. 116 f.
6 Ugalde Quintana, Sergio: *La biblioteca en la isla: para una lectura de „La expresión americana" de José Lezama Lima*. Tesis de doctorado defendida en El colegio de México, México D.F. 2006, S. 249.

delbewegung, ihrer „oscilación" zwischen dem Reich der Toten und dem Reich der Lebenden vermitteln und in den Tod der Lebenden das Leben der Toten – und damit die Allgegenwart der Abwesenheit – in Form „poetischen Wissens", des „conocimiento poético",[7] projizieren. José Martí wird hier zu einer menschlichen und zugleich übermenschlichen Figur des Amerikanischen stilisiert, in deren Gesten und Bewegungen sich gleichsam transhistorisch die Wege der Kulturen der Welt kreuzen. Und zwar aller Kulturen der Welt, von den altchinesischen und altägyptischen bis hin zu den neuesten Schöpfungen angloamerikanischer Lyrik: Denn all dies ist Amerika, ist die *Expresión americana*.

Stellvertretend für diesen Ausdruck Amerikas steht für Lezama symbolhaft José Martí. Der Wirbel dieses von José Lezama Lima in Bewegung gesetzten poetischen Wissens verwandelt dessen Figur in ihrem Oszillieren, ihrem orphisch-kreativen Pendeln zwischen dem Reich der Lebenden und dem Reich der Toten, zwischen der Vorbereitung auf den Tod und der Transfiguration ins Leben in einen (sehr kubanischen) Kulminationspunkt des Amerikanischen. Amerikanisch aber ist das Schaffen Martís gerade nicht durch seine Beschränkung auf das Kubanische und damit (Proto-)Nationale der „patria chica", auf das Hispanoamerikanische und damit Supranationale der „patria grande" oder das Kontinentale und damit Hemisphärische einer topographisch-geographischen Raumkonstruktion.[8] Das poetische Wissen, die poetische Erkenntnis im Sinne Lezamas zielt nicht auf eine Essentialisierung des Amerikanischen, sondern auf dessen unterschiedliche *Areas* miteinander verbindende Relationalität und damit eine Poetik der Bewegung: Nicht der Raum, sondern dessen Querung, nicht die statische Präsenz, sondern die dynamische Erzeugung immer neuer möglicher Wege zählt. Sie erst vermag es, aus den Abwesenheiten stets aufs Neue die Fülle des Möglichen (in einem „acto naciente") zu *entbinden*. Die Zukunft Amerikas und seiner kulturellen Ausdrucksmöglichkeiten ist nicht an eine einzige Zugehörigkeit, eine einzige Herkunft, an eine einzige Identitätszuweisung zurückgebunden oder auf diese reduziert.

Daher stimmen unsere nachfolgenden Überlegungen zwar durchaus der Einschätzung zu, in Martí dürfe man „la clave de Cuba, la clave de nuestra Amé-

---

[7] Lezama Lima, José: *La expresión americana*, S. 116.
[8] Vgl. zu dieser Grundproblematik der hispanoamerikanischen Literatur Dessau, Adalbert: Das Internationale, das Kontinentale und das Nationale in der lateinamerikanischen Literatur des 20. Jahrhunderts. In: *Lateinamerika* (Rostock) (Frühjahrssemester 1978), S. 43–87; sowie Ette, Ottmar: Asymmetrie der Beziehungen. Zehn Thesen zum Dialog der Literaturen Lateinamerikas und Europas, S. 297–326.

rica"⁹ erkennen – Martí also als Schlüssel zu Kuba und zu Amerika. Doch gilt es jeglichem Versuch einer Identifikation des sich im Denken und Handeln Martís abzeichnenden Humanismus mit den Zielen des Marxismus sowie einer kubanischen „revolución socialista",¹⁰ die bis heute den alleinigen Anspruch auf die Figur des großen Revolutionärs erhebt, die Texte und Schriften des Autors von *Nuestra América* entgegenzustellen. Martí ist nicht auf eine einzige Ideologie reduzierbar, so verlockend dies in der Geschichte Kubas auch immer für bestimmte politische Parteien war!

Jenseits der noch immer fortgeführten ideologischen Kämpfe um das Erbe Martís wird es eine sorgfältige Analyse seiner Schreibformen wie seiner Ideen nicht zulassen, „a recuperarlas para las circunstancias actuales de esa gran patria bolivariana que Martí también soñó".¹¹ Das Martí gewidmete Museum im Herzen von Caracas illustriert eindrucksvoll die Behauptung einer geraden ideologischen Linie, die von Simón Bolívar über (einen in der Ikonographie Lenins gestalteten) José Martí zu Fidel Castro und Hugo Chávez führe. Die Weite des Martí'schen Denkens passt nicht zu derartigen Einbahnstraßen, so politisch kommod sie auch immer sein mögen. Ein Ende der ideologischen Funktionalisierungen und Aktualisierungen Martís ist gewiss nicht abzusehen, was für die Aktualität und Zukunftsfähigkeit seines Denkens spricht. Umso mehr müssen unsere Überlegungen dem Ziel verpflichtet sein, die Aktualität des Martí'schen Denkens und Schreibens jenseits aller politisch-ideologischen Aktualisierungen aus der polysemen Praxis jenes poetischen Wissens zu entwickeln, das Martí in seinen bis heute faszinierenden Schriften entfaltete. Diese Faszinationskraft gilt gerade auch für die spezifisch amerikanische Dimension des Martí'schen Humanismus.

Nicht von ungefähr erscheint Martís ganzes Schaffen, sein gesamtes rastloses Tun bei Lezama Lima als unabschließbare Bewegung, als „remolino" und „oscilación". Diese Offenheit des Denkens soll im Folgenden rekonstruiert und wiederhergestellt werden.¹² Martís Schreiben ist im Sinne Lezamas gerade darum kubanisch und amerikanisch, weil es sich nicht auf das Amerikanische in seiner nationalen, supranationalen oder kontinentalen Form beschränkt, sondern eine spezifische transareale Beziehungsvielfalt zu den Kulturen der Welt herstellt. Wir wollen dabei besonders darauf achten, auf welche Weise der Autor von *Nuestra América* aus der Kritik an der europäischen wie an der US-amerikanischen

---

9 Ubieta Gómez, Enrique: Prólogo. In: Guadarrama González, Pablo: *José Martí y el humanismo en América Latina*. Bogotá: Convenio Andrés Bello 2003, S. 12.
10 Ebda.
11 Guadarrama González, Pablo: *José Martí y el humanismo en América Latina*, S. 9.
12 Vgl. hierzu Ugalde Quintana, Sergio: *La biblioteca en la isla*, S. 280 f;

Moderne die Grundlagen dafür gewinnt, Vorstellungen von einem (latein-)amerikanischen Humanismus weiter voranzutreiben.

José Martís wohl berühmtester und einflussreichster Text erschien zum ersten Mal in *La Revista Ilustrada de Nueva York* am 1. Januar des Jahres 1891. Ihm eignet damit dieselbe Geste, sich am Anfang eines neuen Zyklus zu platzieren, die ein anderer der großen hispanoamerikanischen Modernisten seinem ebenfalls kurzen und nicht minder einflussreichen Text mitgab. Denn sehr bewusst ließ der uruguayische Essayist José Enrique Rodó seine kulturphilosophische Schrift *Ariel* zu Beginn des Jahres 1900 und damit am Anfang nicht nur eines Jahres, sondern eines neuen Jahrhunderts erscheinen. Überblickt man die intellektuelle Biographie des lateinamerikanischen 20. Jahrhunderts, so darf man Martís *Nuestra América* freilich in nicht geringerem Maße bescheinigen, ein neues Jahrhundert der Reflexion über die spezifische Lage Lateinamerikas im amerikanischen wie im globalen Kontext eröffnet zu haben. Widmen wir uns daher diesem epochalen Essay!

Martís *Nuestra América*, das hier in jener kritischen Ausgabe zitiert wird, die 1991 – also zur Hundertjahrfeier seines Erscheinens – in Havanna veröffentlicht wurde, beginnt mit der folgenden berühmten Periode:

> Es glaubt der selbstgefällige Dörfler, dass die ganze Welt sein Dorf sei, und schon billigt er die Weltordnung, wenn er Bürgermeister wird, seinen Rivalen demütigt, der ihm die Braut stahl, oder wenn die Ersparnisse in seinem Sparstrumpf anwachsen; doch er weiß weder von den Riesen, die Siebenmeilenstiefel tragen, mit denen sie ihm den Stiefel aufdrücken können, noch vom Kampf der Kometen im Himmel, die durch die schläfrige Luft ziehen und Welten verschlingen. Was von solchem Dörflergeist noch in Amerika geblieben ist, muss erwachen. Dies sind nicht die Zeiten, sich mit einem Tuch auf dem Kopf hinzulegen; es gilt vielmehr, wie die Männer von Juan de Castellanos zu handeln, deren Kopf nur auf Waffen ruhte – auf den Waffen der Vernunft, die andere Waffen besiegen. Schützengräben aus Ideen sind denen aus Stein überlegen.[13]

Das von Martí wohlüberlegt und metaphernreich gestaltete Incipit dieses Essays schafft von der ersten Zeile an einen *Bewegungs*raum, der durch den scheinbaren Gegensatz und die Bewegungen zwischen Dorf und Welt dynamisch strukturiert wird. Denn längst ist auch ein Dorf, das sich so gerne in seinen je eigenen Befindlichkeiten autark glaubt, nicht mehr zu begreifen, ohne es auf Entwicklungen

---

13 Vgl. Martí, José: Unser Amerika. In: Rama, Angel (Hg.): *Der lange Kampf Lateinamerikas. Texte und Dokumente von José Martí bis Salvador Allende.* Frankfurt am Main: Suhrkamp Verlag 1982, S. 56.

weltweiten Maßstabs zu beziehen: Das Lokale, so Martí schon Anfang 1891, muss global gedacht werden!

Der Glaube des in seiner ‚eigenen' Welt eingeschlossenen „aldeano vanidoso", diese Welt mit „el orden universal" gleichsetzen und damit verwechseln zu dürfen, erweist sich folglich nicht nur als trügerisch, sondern als lebensgefährlich.[14] Wer weiter allein in seinen lokalen Koordinaten denkt, wird von der Geschichte hinweggespült werden. Martís Rückgriff auf den Bildervorrat der europäischen Märchenwelt, aber vor allem auf *Peter Schlemihls wundersame Geschichte* des Adelbert von Chamisso transponiert den Riesen mit den Siebenmeilenstiefeln – in einer dem dörflerischen ‚Realismus' entgegengesetzten Bewegung – aus einer vergangenen Welt der Fiktion in eine konkrete Gegenwart, die von Beginn an als der Zeitraum einer enormen Beschleunigung verstanden wird. Denn die Weltgeschichte[15] steht im Begriff, gleichsam mit Siebenmeilenstiefeln die Geschwindigkeit ihrer Entwicklungen und Prozesse zu vervielfachen. Das einer solchen Geschwindigkeit nicht angepasste und mithin noch schlafende Amerika müsse daher aufwachen, womit Martí ganz nebenbei einen der Kampfbegriffe der spanisch-amerikanischen Independencia wieder aufnahm: Denn wer diesen Augenblick rasanter Beschleunigung verpasst, wird von der Geschichte an den Rand gespült.

Es ist kein Zufall, sondern Ausdruck eines sorgfältigen literarischen Aufbaus, dass noch im selben Eröffnungssatz dem Rekurs auf die Märchen und Fiktionen Europas ein Verweis auf indigene Vorstellungswelten an die Seite gestellt wird. Denn die Rede vom Kampf der Kometen am Himmel blendet indianische Mythen ein, wie sie Martí wenige Jahre zuvor, in einer Serie von Artikeln des Jahres 1884 – beispielsweise in seinem Text *El hombre antiguo de América y sus artes primitivas* – reflektierte.[16] Auf diese Weise schuf Martí bereits im Incipit seines Essays einen kulturellen (und zugleich literarischen) Raum, der ebenso die europäisch-abendländische wie die amerikanische Welt einschließlich ihrer präkolumbischen Kulturen umfasst. Die Adressierung gerade des kulturellen Poles der indigenen Kulturen ist bei diesem kubanischen Autor Programm.

---

14 Martí, José: *Nuestra América*. Edición crítica. Investigación, presentación y notas Cintio Vitier. La Habana: Centro de Estudios Martianos – Casa de las Américas 1991, S. 13

15 Vgl. zum Geschichtsbewusstsein José Martís Dill, Hans-Otto: Geschichtsbewußtsein und Literaturtheorie bei José Martí. In: *Beiträge zur romanischen Philologie* (Berlin) XVI, 1 (1977), S. 171–174; sowie ders.: *El ideario literario y estético de José Martí*. La Habana: Casa de las Américas 1975.

16 „El hombre antiguo de América y sus artes primitivas" erschien erstmals im April 1884 ebenfalls in New York, in der Zeitschrift *La América*. Wieder abgedruckt in Martí, José: *Obras Completas*. La Habana: Editorial de Ciencias Sociales 1975, hier Bd. 8, S. 332–335. Cintio Vitier hat in seiner kritischen Edition von *Nuestra América* (S. 27) auf diese Beziehung aufmerksam gemacht.

Innerhalb dieses Spannungsfeldes wird von Martí in einem dritten Schritt dann das lyrische Schaffen eines Juan de Castellanos (1522–1607) situiert, dessen *Elegías de varones ilustres de Indias* im Jahre 1589 in Nueva Granada entstanden waren. Sie führen ein Schreiben vor Augen, das sich in der humanistischen Tradition des spanischen Siglo de Oro weiß, zugleich aber entstehungsgeschichtlich wie thematisch in den „Indias" verortet ist. Es geht folglich wesentlich um ein Schreiben aus einer amerikanischen Perspektive, um ein Schreiben in den Amerikas: Hieran knüpfen die Ideen (und die Schützengräben) José Martís an.

Mit einer beeindruckenden literarischen Dichte, die sehr wohl mit der von Lezamas *La expresión americana* vergleichbar ist, lässt der 1853 in Havanna geborene Lyriker, Essayist und Revolutionär einen ungeheuer komplexen kulturellen und literarischen Verweisungszusammenhang entstehen. Dieser blendet – wie von Beginn an signalisiert wird – ebenso die abendländische wie die amerikanische Antike ein und macht für das Schreiben in Amerika einen spezifischen Ort aus, den Martís Essay selbst konstruiert, verkörpert und performativ in Szene setzt: „Unser Amerika". *Nuestra América* signalisiert den Ort, von wo aus geschrieben, aber auch den Ort, der näher bestimmt und für den im bevorstehenden Kampf Partei ergriffen wird.

Das Epochenbewusstsein, das Martís Text von seinem ersten Abschnitt an zu entwerfen und zu durchdenken sucht, ist das einer sich rapide beschleunigenden Zeit; einer Epoche, in der sich die grundlegenden historischen Ereignisse förmlich überschlagen. Die Siebenmeilenstiefel aus Adelbert von Chamissos Erzählung können sich unversehens in Soldatenstiefel verwandeln, die eine neue – und keineswegs gute – Weltordnung errichten. Martís hintergründiges Spiel mit dem Lexem „bota" schlägt die Engführung einer auf militärischer Übermacht beruhenden Besetzung und Fremdherrschaft einerseits und einer globalen Beschleunigung andererseits vor, die aus der gegenwärtigen Perspektive einer mittlerweile längst abgeschlossenen vierten Phase beschleunigter Globalisierung durchaus nachvollziehbar ist. Martí ist ein amerikanischer Denker der Globalität sowie der Beschleunigung einer Globalisierung, deren Anfänge er aus der Perspektive seines New Yorker Exils sehr präzise wahrnahm.

Die Rede von den Riesen mit den Siebenmeilenstiefeln deutet auf eine vorgängige, eine dritte Phase beschleunigter Globalisierung, die sich im Verlauf der beiden letzten Jahrzehnte des 19. Jahrhunderts entwickelte und insbesondere dadurch gekennzeichnet war, dass erstmals neben europäische Staaten eine außereuropäische Macht, die Vereinigten Staaten von Amerika, als Impulsgeber der Globalisierung trat. Martís Rückgriff auf Adelbert von Chamisso, der in seinem *Peter Schlemihl* die zweite Phase beschleunigter Globalisierung im Auge hatte, ist findig. Auch wenn diese neuerliche Beschleunigung verspätet ins Bewusstsein der Weltöffentlichkeit rückte, so war sich José Martí durch seinen langen Aufenthalt im US-amerikanischen Exil doch sehr früh, spätestens in der zweiten Hälfte der achtziger Jahre des 19. Jahrhunderts, dieser veränderten welthistorischen und weltpolitischen Lage bewusst geworden: Das Konzept von *Nuestra América* trug dem Rechnung. Dieser Essay darf als ein zentraler Text zur zeitgenössischen Globalisierung und als frühes Zeugnis ihrer Beschleunigung auch und gerade in den Amerikas verstanden werden.

Mit dem Jahr 1891 beginnt die letzte Phase in Martís so intensivem, sich ständig beschleunigenden und hemmungslos verzehrendem Leben. Sie steht im Zeichen der Vorbereitung der später nach ihm benannten „Guerra de Martí"; jenem Krieg von 1895, mit dem der kubanische Revolutionär die Frage der Unabhängigkeit Kubas mit seiner Analyse der ungleichen Entwicklung der amerikanischen Hemisphäre zu verbinden trachtete. Seine Kriegserklärung an die Adresse der alten Kolonialmacht Spanien warnte zugleich vor dem Aufkommen einer neuen Hegemonialmacht: den Vereinigten Staaten von Amerika.

Denn der von ihm wesentlich geplante und vorangetriebene Krieg gegen Spanien suchte gleichsam dem Vordringen der USA mit der kubanischen Independencia einen Riegel vorzuschieben. Letztlich schuf er aber wider Willen für die neue Macht auf der Bühne der Globalisierung eine ausgezeichnete Gelegenheit, zu einem Zeitpunkt des militärischen Patts zwischen kubanischen und spanischen Kräften unter einem Vorwand gezielt in die Kämpfe einzugreifen und die technologische Überlegenheit der eigenen Seestreitkräfte gegen die hoffnungslos unterlegene spanische Flotte vor Santiago de Cuba und den Philippinen auszuspielen. In dieser Konstellation und der Tatsache, dem Vordringen der USA nichts entgegensetzen zu können, liegt die eigentliche Tragik des hellsichtigen kubanischen Denkers und politischen Agitators.

Wohlkalkuliert hatte der Neue unter den „gigantes que llevan siete leguas en las botas",[17] also der neue Riese mit den Siebenmeilenstiefeln, 1898 den ersten eigentlichen Medienkrieg der Geschichte entfesselt und militärisch konsequent zugeschlagen, um die Reste des einstigen spanischen Weltreichs unter seine Militärstiefel, seine hochgerüstete Armee zu bekommen. Eine der gleich zu Beginn von *Nuestra América* zum Ausdruck gebrachten Hoffnungen, noch rechtzeitig diese Expansion verhindern zu können, war damit bereits wenige Jahre später zunichte gemacht: „Die Bäume müssen in Reih' und Glied treten, damit der Riese mit den Siebenmeilenstiefeln nicht hindurch kann! Dies ist die Stunde des Nach-

---

17 Martí, José: *Nuestra América*, S. 13.

prüfens und des vereinten Vorgehens: in dicht gedrängten Reihen müssen wir marschieren, wie das Silber im Schoß der Anden."[18]

José Martís Analyse erwies sich als ebenso zutreffend wie präzise; ihr aus heutiger Sicht vorzuwerfen, sie habe den Aus- und Übergriff der USA nicht verhindern können, wäre angesichts der ungeheuren Wucht der langfristigen militärischen und wirtschaftlichen Strategie der Vereinigten Staaten gänzlich unangebracht und anachronistisch. Der agile Kubaner wusste spätestens seit der interamerikanischen Konferenz von Washington, an der er 1889/1890 als Delegierter teilnahm, sehr wohl, dass es mit der Einheit „unseres Amerika" nicht zum Besten bestellt war und die USA rücksichtslos ihre Ziele verfolgen würden. Niemand reflektierte tiefgründiger als der im US-amerikanischen Exil lebende Kubaner, der in den Vereinigten Staaten zeitweise als Konsul die Interessen Argentiniens und Paraguays sowie als Delegierter der Comisión Monetaria Internacional Americana jene Uruguays wahrnahm, mit welcher Geschwindigkeit sich die weltpolitische Situation in jenen Jahren veränderte. Er konstatierte früher als alle anderen Beobachter, wie sich die entscheidenden Faktoren für eine neue Phase beschleunigter Globalisierung herauskristallisierten.

Mit ihrem Eingreifen von 1898 in den kubanisch-spanischen Krieg lösten die USA jene europäische Macht ab, die zusammen mit Portugal die erste Phase beschleunigter Globalisierung beherrscht hatte.[19] Spanien hatte zwischen dem Ende des 15. und der Mitte des 16. Jahrhunderts nicht nur die militärischen, politischen und wirtschaftlichen, sondern auch die mentalitätsgeschichtlich relevanten Asymmetrien vorgeprägt, deren Folgen und Auswirkungen bis in unsere gegenwärtige Phase beschleunigter Globalisierung deutlich spürbar sind.[20] Martí war sich dieser Asymmetrien und der längst peripheren Bedeutung, die den

---

18 Martí, José: Unser Amerika, S. 56 f.; vgl. Marti, José: *Nuestra América*, S. 14: „¡los árboles se han de poner en fila, para que no pase el gigante de las siete leguas! es la hora del recuento, y de la marcha unida, y hemos de andar en cuadro apretado, como la plata en las raíces de los Andes."
19 Zu den verschiedenen Phasen beschleunigter Globalisierung vgl. Ette, Ottmar: Wege des Wissens. Fünf Thesen zum Weltbewusstsein und den Literaturen der Welt. In: Hofmann, Sabine / Wehrheim, Monika (Hg.): *Lateinamerika. Orte und Ordnungen des Wissens. Festschrift für Birgit Scharlau*. Tübingen: Gunter Narr Verlag 2004, S. 169–184. Ich habe diese Überlegungen ausgebaut und systematisiert in Ette, Ottmar: *TransArea. Eine literarische Globalisierungsgeschichte* (2012). Zum Prozess der Globalisierung aus etwas schematischer und die literarischen Quellen nicht berücksichtigender geschichtswissenschaftlicher Sicht vgl. Osterhammel, Jürgen / Petersson, Niels: *Geschichte der Globalisierung. Dimensionen, Prozesse, Epochen*. München: Verlag C.H. Beck 2003.
20 Zu den mentalitätsgeschichtlich relevanten Ausprägungen dieser Phase vgl. u. a. Todorov, Tzvetan: *La conquête de l'Amérique. La question de l'autre*. Paris: Seuil 1982; sowie Greenblatt, Stephen: *Marvellous Possessions. The Wonder of the New World*. Oxford: Clarendon Press 1992.

iberisch beziehungsweise lateinisch geprägten Ländern des amerikanischen Kontinents zukam, höchst bewusst.

Es überrascht daher nicht, dass der kubanische Dichter als Globalisierungstheoretiker avant la lettre in seinem Essay wiederholt die beiden vorgängigen Phasen beschleunigter Globalisierung in ihren direkten Auswirkungen auf die Völker Amerikas einblendete: Drei Jahrhunderte lang habe Amerika unter dem Befehl eines despotischen Kolonisators, eines „colonizador despótico y avieso" gestanden.[21] Die zweite Phase beschleunigter Globalisierung entwickelte sich vor allem in der zweiten Hälfte des 18. Jahrhunderts nun nicht mehr unter der Führung Spaniens und Portugals, sondern Frankreichs und Englands. Diese hatte zwar für die Bewohner des spanischen Amerika letztlich auch den Weg in die Unabhängigkeit geebnet, indem sie ein an der Vernunft orientiertes Denken und Handeln dank des aus Europa importierten Buches vorbereitete, des „libro importado".[22] Dennoch überwogen aus gesamtamerikanischer Sicht doch die Kontinuitäten der Abhängigkeit: „La colonia continuó viviendo en la república"[23] – Die Kolonie habe auch in den unabhängigen Republiken weitergelebt.

Zwar sah Martí bereits ein anderes Amerika sich abzeichnen, würden doch die großen Irrtümer beseitigt: „nuestra América se está salvando de sus grandes yerros."[24] Jedoch wusste er nur zu gut, in welch starkem Maße die von der Kolonialzeit geerbten und in der Independencia mitgeschleppten Probleme fortbestanden. Der sich weiterhin verschärfende Gegensatz zwischen Stadt und Land, die unveränderte Verachtung gegenüber der „raza aborigen"[25] sowie die „importación excesiva de las ideas y fórmulas ajenas"[26] bildeten aus seiner Sicht die größten strukturellen Hindernisse für eine eigenständige Modernisierung, die den Menschen ins Zentrum allen politischen Handelns stellen sollte. Eben diesen simplistisch-exzessiven Ideenimport aber sollte es fortan nicht mehr geben: Es ging vielmehr darum, eine eigene Moderne zu entfalten, von amerikanischen Köpfen in Amerika ausgedacht.

Denn diese Ideen – das hatte Martí schon am Ende des ersten Abschnitts seines Essays betont – galt es zu verändern, wollte man in der dritten, nun wesentlich von den USA mitgeprägten Phase der Globalisierung bestehen. Seine eigene Position als Mensch, der sich für (marginalisierte) Menschen einsetzt, war

---

21 Martí, José: *Nuestra América*, S. 19.
22 Ebda., S. 16.
23 Ebda., S. 20.
24 Ebda.
25 Ebda.
26 Ebda.

ihm dabei jenseits jeglicher Ehrsucht stets als ethische Leitlinie gegenwärtig. So schrieb er in einem Brief aus New York am 7. Juli 1894 an José Dolores Poyo:

> Die einzige wahrhaftige Herrlichkeit des Menschen – wenn ein wenig Ruhm in der Zusammensetzung eines so weiten Werkes wie der Welt überhaupt etwas wäre – bestünde in der Summe an Hilfestellungen, die er über seine eigene Person hinweg den Anderen zugute kommen ließ. [...] Ich bin kein sitzender Mensch mehr: Ich war es noch nie: und weniger noch, wo wir jetzt im Begriffe stehen, die Ernte für unsere Geduld und Weitsicht einzufahren: heute also weniger denn je.[27]

José Martís rastlose Tätigkeit und sein unbedingtes Verlangen, unter seiner persönlichen Führung die Weichen dafür zu stellen, dass Kuba und die Antillen, aber auch das gesamte lateinische Amerika nicht mehr die Fehler der Independencia begehen sollten und eine wirkliche Unabhängigkeit auch von den Vereinigten Staaten im Norden verwirklichten: Diese rastlose Aktivität zehrte an den Kräften des kleingewachsenen Kubaners. Sie ging sogar deutlich darüber hinaus! So kam es schon bald nach dem Überwechseln in den militärischen Befreiungskampf *auf* Kuba und den sich abzeichnenden Auseinandersetzungen mit der militärischen Spitze der von ihm geschaffenen Bewegung zu jenen lyrischen Todesszenen, die José Lezama Lima anhand der *Feldtagebücher* Martís, seiner beiden *Diarios*, eindrucksvoll beschrieb. Denn Martí sah ohne Zweifel kommen, was sich bereits in der militärischen Führung anbahnte: der alte lateinamerikanische Caudillismo war in Militärkreisen ungebrochen.

Im Zentrum der von Martí angestrebten fundamentalen und langfristigen Veränderungen stehen nicht die Waffen, nicht die Soldaten, sondern die Ideen, steht das Wissen, wie er dies schon in seiner oben angeführten Wendung von den „trincheras de ideas" angedeutet hatte:

> Erkennen heißt lösen. Das Land kennenzulernen und gemäß dieser Kenntnis zu regieren ist die einzige Möglichkeit, es von Tyranneien zu befreien. Die europäische Universität muß der amerikanischen weichen. Die Geschichte Amerikas von den Inkas bis heute muß in allen Einzelheiten vermittelt werden, auch wenn man dabei auf die Geschichte der griechischen Archonten verzichten müßte. Unser Griechenland ist dem Griechenland vorzuziehen, das nicht das unsere ist. Für uns ist es von größerer Notwendigkeit. Den Interessen der Nation verpflichtete Politiker müssen die am Ausland orientierten ersetzen. Möge man ruhig die Welt unseren Republiken aufpfropfen – der Stamm aber muß der unserer Republiken sein. Und möge der Besserwisser schweigen, er ist besiegt: Auf kein Vaterland kann ein Mensch stolzer sein als auf unsere schmerzensreichen Republiken Amerikas.[28]

---

27 Martí, José: A José Dolores Poyo. In (ders.): *Obras Completas*, Bd. 3, S. 226.
28 Martí, José: Unser Amerika, S. 60.

Diese Passage zeigt in ihrer durchaus widersprüchlichen Anlage vielleicht am deutlichsten den Entwurf und die Vision, aber auch manche Grenzen und Gefahren des Martí'schen Konzepts von *Nuestra América* auf. Denn höchst innovativ zielt er mit diesen Sätzen auf eine grundlegende Veränderung des Bildungswesens in den Ländern „unseres Amerika" ab, indem er ihre Zukunft durch eine veränderte Sichtweise ihrer Herkünfte umzugestalten versucht.

In einer der für den Martí'schen Stil so charakteristischen Wendungen stellt er die präkolumbische Vergangenheit in der Formel „nuestra Grecia" zunächst auf dieselbe Stufe mit dem antiken Griechenland, reklamiert folglich für die indianische ‚Antike' ein vergleichbares Prestige, einen vergleichbaren Status wie den der abendländischen Antike. In nuce findet sich diese Vorstellung bereits in den Reaktionen auf die Conquista weiter Teile Amerikas während der ersten Phase beschleunigter Globalisierung. Denn schon 1539 hatte der in Cuzco geborene und 1616 im spanischen Córdoba verstorbene Garcilaso de la Vega el Inca in einer berühmten Wendung gleich im „Proemio al lector" seiner *Comentarios reales* betont, dass seine Geburtsstadt zu Zeiten der Inkas „otra Roma en aquel imperio"[29] gewesen sei, ein anderes und damit gleichgestelltes Rom in jenem Reiche.

Ähnlich stellt bereits der Titel der 1780 im italienischen Exil und in italienischer Übersetzung erschienenen *Historia antigua de México* des 1731 im neuspanischen Veracruz geborenen Francisco Javier Clavijero die tendenzielle Gleichrangigkeit zwischen einer europäischen und einer ‚mexikanischen' und damit amerikanischen Antike klar heraus. Diese Gleichstellung erfolgte im Kontext des sogenannten Disputs um die Neue Welt, der während der zweiten Phase beschleunigter Globalisierung mit größter Vehemenz geführt wurde. Die dem umfangreichen Werk vorangestellte kritische Durchsicht all jener Autoren, die seit dem 16. Jahrhundert über die präkolumbische Vergangenheit Anáhuacs gearbeitet hatten, verdeutlicht überdies, wie sehr es Clavijero darum zu tun war, die Bedeutung der vorkolonialen Geschichte zu beleuchten. Er wollte den oftmals irreführenden europäischen Ansichten jene Forschungen entgegenzustellen, die vor Ort und in Kenntnis der indigenen Zeugnisse und Dokumente durchgeführt worden waren.[30] Damit verband er eine klare Aufwertung der indigenen Vergangenheit Amerikas gegenüber der abendländischen, also griechisch-römischen Antike. Martí konnte auf diesem Gebiet folglich auf eine lange Tradition der Aus-

---

29 Garcilaso de la Vega el Inca: *Comentarios reales de los Incas*. Ed. al cuidado de César Pacheco Vélez. Lima: Biblioteca Peruana 1985, S. 4.
30 Clavijero, Francisco Javier: *Historia antigua de México*. Prólogo de Mariano Cuevas. Edición del original escrito en castellano por el autor. México, D.F.: Editorial Porrúa ⁷1982, S. xxv-xxxvii.

einandersetzung zurückgreifen, welche freilich an der scharfen Asymmetrie zwischen der ungleichen Wertschätzung altweltlicher und neuweltlicher Geschichte nur wenig verändert hatte.

In *Nuestra América* unternahm er dennoch entschlossen den Versuch, mehr als ein Jahrhundert nach Clavijero die Konsequenzen aus dieser lang anhaltenden Debatte zu ziehen und die amerikanische Geschichte auf Augenhöhe mit der europäischen zu platzieren. Er forderte nun ganz offen eine Neuorientierung des Geschichtsverständnisses wie des Geschichtsunterrichts in Amerika am Wissen von den präkolumbischen Kulturen – und dies bis hin zu einem Verzicht auf die Berücksichtigung „jenes Griechenlands, das nicht das unsere ist". Die Radikalität dieser Position ist deutlich erkennbar, gehorcht sicherlich auch den Notwendigkeiten unumgänglicher polemischer Zuspitzung von Argumenten innerhalb höchst umstrittener Bildungskonzeptionen, wirft aber eine Vielzahl kulturtheoretischer und identitätspolitischer Probleme auf, die in unserer Vorlesung keineswegs verschwiegen seien.

In seinem bereits erwähnten Artikel für *La América* hob José Martí im April 1884 die Tatsache hervor, welch ungeheuren kulturellen Verlust, welch eine „desdicha histórica" und welch ein „crimen natural" die Conquista mit sich gebracht hätte: „¡Robaron los conquistadores una página al Universo!"[31] – die Konquistadoren hätten eine ganze Seite der Universalgeschichte gestohlen. Dabei versuchte der kubanische Denker, den indigenen Kulturen einen Platz einzuräumen, der nicht hinter den kulturellen Entwicklungen der Alten Welt zurückstünde:

> Nicht mit der Schönheit von Tetzcontzingo, Copán und Quiiguá, nicht mit dem verschwenderischen Reichtum von Uxmal und Mitla sind die ungestalten Dolmen Galliens oder die rauen Zeichnungen geformt, mit denen die Normannen von ihren Reisen erzählen; ebenso wenig die vagen, unentschlossenen, schüchternen Linien, mit denen selbst die erleuchteten Völker im Süden Italiens den Menschen der elementaren Zeitalter malten. Was ist die Intelligenz der Amerikaner anderes als ein zur Sonne hin geöffneter Kelch, als spezielle Gunst der Natur? Manche Völker suchen, wie die Germanen; andere bauen, wie die Sachsen; andere verstehen, wie die Franzosen; wieder andere malen farbig aus, wie die Italiener; allein dem Menschen in Amerika ist es gegeben, in solchem Maße die sichere Idee in leichten, strahlenden und wunderbaren Schmuck zu hüllen, als wäre dies seine natürliche Kleidung.[32]

---

31 Marti, José: El hombre antiguo de América y sus artes primitivas. In (ders.): *Obras Completas*, Bd. 8, S. 335.
32 Ebda., S. 334 f.

Die Einforderung der Anerkennung einer gleichrangigen, ja teilweise überlegenen Stellung für die präkolumbischen amerikanischen Völker im Vergleich mit der Entwicklung bestimmter europäischer Nationen zielt fraglos auf die grundlegende Infragestellung eines an der kulturgeschichtlichen Entwicklung der Völker Europas ausgerichteten Bewertungsschemas. José Martí war nicht länger bereit, sich einem solchen an der Geschichte Europas ausgerichteten Wertesystem und Kulturverständnis zu unterwerfen. 1884 führte der kubanische Autor in einer ganzen Serie von Artikeln eine gegenüber traditionell eurozentrischen Darstellungen dezidiert kritische Blickrichtung in die kontinentale amerikanische Essayistik ein.

Wenn Martí auch zuvor die Vielfalt präkolumbischer Kulturen und die Gleichzeitigkeit des Ungleichzeitigen betonte, also das zeitgleiche Vorkommen höchst unterschiedlicher kultureller Entwicklungsstufen,[33] so zögerte er doch nicht, eine ‚Amerikanizität' herauszudestillieren, die er den unterschiedlichen – aber jeweils hochgradig stereotypisierten – europäischen Nationen entgegenstellte. In seiner Schlusspassage, in welcher er von den später in *Nuestra América* gleich zu Anfang eingeblendeten „cometas orgullosos" sprach, hob Martí hervor, die indigenen Völker hätten anders als die Hebräer nicht „a la mujer hecha de un hueso y al hombre hecho de lodo" imaginiert: „¡sino a ambos nacidos a un tiempo de la semilla de la palma!"[34] Die Frau sei folglich nicht aus der Rippe und der Mann aus Schlamm geformt, sondern beide gleichzeitig aus dem Samen der Palme hervorgegangen. Der in Kuba geborene Sohn eines valencianischen Vaters und einer kanarischen Mutter hatte die strategische Relevanz einer Umdeutung, ja einer Umwertung der präkolonialen Vergangenheit erkannt und die politische Notwendigkeit verstanden, die indigene Bevölkerung zu einer gleichberechtigten Partizipation in den Amerikas zu bringen – oder zumindest in *Nuestra América*.

In dieser seinen Artikel von 1884 abschließenden Wendung, in der – wie Cintio Vitier bereits betonte – die Schlusspassage von *Nuestra América* anklingt, lässt sich erneut eine gegenüber eurozentrischen Vorstellungen höchst kritische Position ausmachen, die in ihrem scharf konturierten Antagonismus freilich die Gefahr eines kulturellen Schematismus und Essentialismus in sich birgt. Diese im Übrigen oft bei Martí beobachtbare Neigung bestätigt und verfestigt sich auch knapp sieben Jahre später in *Nuestra América*, haben wir es doch auch in der bereits angeführten Passage mit einer Gegenüberstellung zwischen einem ‚eigenen' und einem ‚fremden' Griechenland zu tun. Diese verstellt allzu leicht

---

33 Ebda., S. 333.
34 Ebda., S. 335.

den Blick dafür, dass das kulturelle Erbe der Bewohner dieses Amerika – wie der Kreole sehr wohl wissen musste – an beiden ‚Griechenlands', an beiden Antiken partizipiert.

José Martí hat gleichwohl den Finger in die Wunde gelegt und versucht, die ‚Abwesenheit' der indigenen Bevölkerung ebenso im politischen, sozialen und kulturellen Leben wie im Selbstbild und Selbstverständnis der im 19. Jahrhundert unabhängig gewordenen hispanoamerikanischen Republiken zu thematisieren und zu problematisieren. Denn anders als „la América del Norte, que ahoga en sangre a sus indios", anders als ein Nordamerika, das seine Indianer in Blut ertränkt, müsse sich „nuestra América" gegenüber seiner indigenen Bevölkerung anders verhalten: „ha de salvarse con sus indios"[35] – Rettung gebe es nur in Gemeinschaft mit der indigenen Bevölkerung. Damit verteidigt Martí nicht nur eine amerikanische gegenüber einer europäischen Antike, sondern grenzt sein ‚eigenes' Amerika deutlich gegenüber den USA ab, die an ihrer indianischen Bevölkerung einen Genozid verübt hatten und weiter verübten. Auf diese Weise wird ein verändertes Bild der präkolumbischen Vergangenheit im Verbund mit einer erwünschten integrativen Indianerpolitik in Gegenwart und Zukunft bei Martí zum Ausgangspunkt für den Entwurf einer *eigenen* Moderne, die sich weder am europäischen noch am US-amerikanischen Modell zu orientieren brauche: Diese doppelte Frontstellung hat freilich Konsequenzen!

Von Beginn an lässt sich in José Martís *Nuestra América* eine Opposition zwischen „unserem Amerika" und dem „Amerika des Nordens" beobachten, die überdies im Zeichen einer sich abzeichnenden und schon bald bevorstehenden Auseinandersetzung steht.[36] Der Kubaner war sich der Unausweichlichkeit militärischer Konflikte zwischen beiden Amerikas bewusst. Martís Plädoyer, die unterschiedlichsten Staaten und Völker „unseres Amerika" müßten sich möglichst rasch zu einer kompakten Einheit von Gruppen verbinden, die zusammen kämpfen sollten, „como quienes van a pelear juntos",[37] zieht die Lehren aus der Erfahrung der ersten Phase beschleunigter Globalisierung. Damals profitierte ein militärtechnisch überlegener Feind bei seiner Eroberung so weiter Gebiete von der Uneinigkeit und Zerstrittenheit der indianischen Völker Amerikas – ein Gedanke, der sich wiederholt auch in Clavijeros *Historia antigua de México* finden lässt.[38] Wie aber war eine solche Einheit zu bewerkstelligen?

---

35 Martí, José: *Nuestra América*, S. 15.
36 Ebda., S. 13 f.
37 Ebda., S. 13.
38 Vgl. Clavijero, Francisco Javier: *Historia antigua de México*, S. 65: Das Ergebnis interner Auseinandersetzungen und Zwistigkeiten sei stets die „ruina común".

Die aus der Binnensicht der USA wahrgenommene beschleunigte Globalisierung seiner Zeit hatte ganz offenkundig Martís Bewusstsein dafür geschärft, dass ethnische und kulturelle Heterogenität und daraus resultierende mangelnde Geschlossenheit einem entschlossenen Gegner Tür und Tor für die Beherrschung der gesamten Hemisphäre öffnen würden. Dies aber galt es zu verhindern, sollte der Aufbau einer politisch unabhängigen und ethisch fundierten, an den Bedürfnissen aller Bürger ausgerichteten menschlicheren Gesellschaft – deren Bild in den Martí'schen Schriften der achtziger und frühen neunziger Jahre immer wieder als Leitidee erscheint – nicht schon im Keim erstickt werden. Die Herstellung einer fundamentalen Einheit „unseres Amerika" erschien daher als unabdingbar; auf sie hatten sich bereits seine Bemühungen als lateinamerikanischer Diplomat bei den Washingtoner Konferenzen konzentriert.

Die kritische und selbstkritische Reflexion darüber, dass sich die neuen Republiken Amerikas höchst heterogen aus „factores tan descompuestos"[39] zusammensetzen, durchzieht folglich leitmotivartig den gesamten Essay von 1891. Martí zufolge war es auch jenen Vorstellungen, die aus dem französischwie dem englischsprachigen Raum der Revolutionen des ausgehenden 18. Jahrhunderts stammten, aufgrund ihrer nirgends an den spezifischen Verhältnissen in „unserem Amerika" ausgerichteten Methode nicht möglich gewesen, die auseinander strebenden Komponenten von Gesellschaften wieder zusammenzuführen. Letztere waren – wie wir heute sagen könnten – von hochgradiger kultureller Heterogenität geprägt. So leide Amerika – und der Begriff steht seit dem angeführten Incipit häufig für das, was Martí als „nuestra América mestiza"[40] und damit als „unser mestizisches Amerika" bezeichnet – unter der „fatiga de acomodación entre los elementos discordantes y hostiles que heredó de un colonizador despótico y avieso, y las ideas y formas importadas".[41] Es gelte also, das von den Zeiten der Conquista ererbte koloniale und postkoloniale Gefüge in seinen widerstrebenden Faktoren zu einer Einheit umzugestalten. Wie in einem Kaleidoskop bilden sich in Martís *Nuestra América* immer wieder neue Bilder des durch verschiedene Globalisierungsphasen akkumulierten Heterogenen:

> Wir waren eine Vision: die Brust eines Athleten, die Hände eines Gecken und die Stirn eines Kindes. Wir waren eine Maske: Kniehosen aus England, Weste aus Paris, Sakko aus Nordamerika und Stierkämpfermütze aus Spanien. Der Indio ging stumm um uns herum; dann ging er hoch zum Berg, zur Spitze des Berges, um seine Kinder zu taufen. Der Schwarze sang, von oben beobachtet, in der Nacht die Musik seines Herzens, allein und unbekannt,

---

39 Martí, José: *Nuestra América*, S. 15.
40 Ebda., S. 19.
41 Ebda.

zwischen Wellen und wilden Tieren. Der Bauer, der Schöpfer, wandte sich, blind vor Empörung, gegen die verächtliche Stadt, gegen sein Geschöpf. Wir waren Epauletten und Togen, in Ländern, die mit Hanfschuhen an den Füßen und Stirnband im Haar auf die Welt kamen."[42]

Was aber konnte einer solchen Vision des nicht Zusammenpassenden entgegengesetzt werden? Gegen diese Körper- und Kleider-Metaphorik des Heterogenen stellte Martí eine solche der Einschmelzung und des „mestizaje", die an der Schaffung einheitlicher Strukturen und Erscheinungsformen ausgerichtet werden sollte. Dabei ist von Beginn an ein Diskurs der Ausschließung beobachtbar, der alle betrifft, die sich innerhalb der traditionellen beziehungsweise bisherigen Eliten diesem von Martí entworfenen Gegenbild Amerikas widersetzen könnten; ein Diskurs, der mitunter gewalttätige Bilder erzeugt: „Die Schiffe muss man vollstopfen mit diesen Schädlingen, die dem Vaterland, das sie doch ernährt, an den Knochen nagen."[43]

Dieser Exklusion wird eine Inklusion gegenübergestellt, welche die vom Denken des Humanismus deutlich geprägte Notwendigkeit betont, bisherige soziale Randgruppen wie die indigene oder die schwarze Bevölkerung, aber auch die Bauernschaft in ein grundlegend reformiertes und weder am „libro europeo" noch am „libro *yankee*"[44] orientiertes Staatswesen zu integrieren. Ähnlich wie José Enrique Rodó dies wenige Jahre später in seinem *Ariel* tun sollte, setzt Martí seine ganzen Hoffnungen auf die Jugend Amerikas, deren Losungswort nicht mehr „imitar", sondern vielmehr „crear" sei.[45] Es gehe nicht mehr darum, europäische oder andere Vorbilder nachzuahmen, sondern selbst schöpferisch zu sein. Kritik sei jederzeit erlaubt, denn sie sei unverzichtbar, solange sie aus einem Geist der Einheit heraus formuliert wird: „pero con un solo pecho y una sola mente."[46]

José Martís Moderne-Projekt in *Nuestra América* versucht, ausgehend von der beiderseitigen Abgrenzung gegenüber dem europäischen wie dem US-amerikanischen Buch einen eigenen Raum zu schaffen, der historisch von einer hochgradigen Heterogenität, zugleich aber von einer künftig zu schaffenden Einheit und Eigenständigkeit geprägt ist. Von diesem so definierten Zwischenraum oder besser Bewegungsraum aus entwickelt Martí einen neuen Amerika-Diskurs, der im Schlussteil von *Nuestra América* unübersehbar den Gegensatz zu den USA –

---

42 Marti, José: Unser Amerika, S. 62 f.
43 Martí, José: Unser Amerika, S. 57; vgl. Martí, José: *Nuestra América*, S. 14: „Hay que cargar los barcos de esos insectos dañinos, que le roen el hueso a la patria que los nutre."
44 Ebda., S. 21.
45 Ebda., S. 22.
46 Ebda.

„la diferencia de orígenes, métodos e intereses entre los dos factores continentales"[47] – weiter akzentuiert. Auf kontinentaler Ebene trennt Martí deutlich in zwei einander gegenüberstehende Mächte.

Eine hemisphärische Konstruktion entsteht, die Amerika freilich nicht als einen von stabilen Gegensätzen zwischen Norden und Süden geprägten Kontinent skizziert, sondern als dynamischen *Bewegungs*-Raum begreift, innerhalb dessen sich ein unmittelbar bevorstehendes, aber vielleicht noch rechtzeitig abwendbares Ausgreifen der USA nach Süden abzeichne. Der Tag des ‚Besuches' – „el día de la visita"[48] – sei nahe; und es gelte, möglichst rasch dem von einem militärischen, ökonomischen und politischen Superioritätsdenken erfassten Nachbarn im Norden ein einheitliches Bild von „nuestra América," „una en alma e intento",[49] entgegenzustellen. Martí versucht im Verlauf seines Essays, mit diskursiven Mitteln jene „trincheras de ideas" zu errichten, die er gleich in seinem Incipit so vehement gefordert hatte.[50] Denn nur eine eigenständig erdachte Antwort „unseres Amerikas" auf die Modernisierungsschübe könne eine selbstbestimmte Zukunft heraufführen.

Es kann kein Zweifel daran bestehen, dass José Martí die weltpolitischen Dimensionen der von ihm selbst in den Vereinigten Staaten von Amerika beobachteten Veränderungen zutreffend beurteilte und verstand, dass die von ihm so häufig hervorgehobene Erfahrung der Beschleunigung enorme Verschiebungen auf dem amerikanischen Kontinent mit sich bringen würde. Bereits in einer auf den 12. November 1881 datierten und am 26. November desselben Jahres unter dem Pseudonym „M. de Z." in *La Opinión Nacional* in Caracas veröffentlichten Chronik betonte Martí, dass das Leben in unseren Zeiten Schwindel hervorrufe: „Vivir en nuestros tiempos produce vértigo."[51] Wer heutzutage auf seinem Weg innehalte, „pueblo u hombre", werde einfach zu Boden geworfen.[52]

Martís Chroniken für verschiedene Periodika des spanischsprachigen Amerika hielten immer wieder künstlerisch verdichtete, gleichsam atemlos wirkende Bilder dieser rasanten Entwicklung fest, die der Kubaner mit anfänglicher Bewunderung, bald aber schon mit zunehmender Ambivalenz gegenüber den USA entwarf. Aus seiner privilegierten New Yorker Perspektive gelangte er schon früh zu dem Schluss, längst sei aus der Geld-Aristokratie eine politische

---

47 Ebda., S. 23.
48 Ebda., S. 24.
49 Ebda.
50 Ebda., S. 13.
51 Martí, José: Carta de Nueva York. In (ders.): *Obras Completas*, Bd. 9, S. 105.
52 Ebda.

Aristokratie geworden, die über Zeitungen und Zeitschriften gebiete, nach Belieben die Wahlen gewinne und sich des „libro sagrado de la patria" bemächtigt habe.[53] Die USA erschienen ihm zunehmend als eine durch und durch korrupte und oligarchisch durchsetzte Demokratie, in der nicht wirklich das Volk demokratisch bestimmte. Die Präzision der Analysen insbesondere in seinen *Escenas norteamericanas* erstaunt ebenso wie ihre Aktualität, sobald wir diese Analysen auf die heutigen USA mit ihrem finanzoligarchischen Trumpismus beziehen. Für Martí waren anders als für Alexis de Tocqueville, den der Kubaner zu Beginn seiner Untersuchungen noch sehr schätzte, die Vereinigten Staaten kein Vorbild in Sachen Demokratie.

Es finden sich in Martís Berichten aus den USA immer wieder explizite wie implizite Hinweise auf nicht selten dramatische Beschleunigungsphänomene, die die unterschiedlichsten Bereiche der US-amerikanischen Gesellschaft, aber auch die private Lebensführung grundlegend verändert hätten. So hieß es in einer am 17. Februar 1886 in *La Nación* in Buenos Aires veröffentlichten Chronik: „Acá apenas se tiene tiempo para vivir."[54] – Man finde nicht einmal mehr Zeit zu leben. Mehr noch als selbst in Paris seien alle und alles von einer Neurose erfasst: „Nadie se duerme, nadie se despierta, nadie está sentado: todo es galope, escape, asalto, estrepitosa caída, eminente triunfo."[55] Das ganze Leben in den USA sei ein einziger Galopp, ein Rennen, Straucheln, Wiederaufstehen, Weiterrennen und Fallen.

Parallel zu den sich rasch verändernden Lebensbedingungen und den damit verbundenen künstlerischen Ausdrucksformen wies Martí warnend auf die in aller Öffentlichkeit diskutierten Überlegungen der politischen ‚Aristokratie' in den USA hin, in Zentralamerika eine interozeanische Kanalverbindung zu schaffen[56] und möglichst schnell eine schlagkräftige Kriegsflotte aufzubauen, um die Interessen der USA gegenüber anderen Nationen wo nötig mit Gewalt durchsetzen zu können.[57] Er begriff, dass eine solche Flotte schon bald machtpolitisch eingesetzt werden könnte. Es fiel ihm zunehmend schwerer, dahinter noch jene Werte zu erkennen, für welche die auch von ihm bewunderten Gründerväter der US-amerikanischen Demokratie einst eingetreten waren.

Früh schon verstand Martí, dass die von ihm beobachtete Beschleunigung sich nicht auf den nationalen Raum der USA beschränken, sondern rasch auf

---

53 Ebda., S. 108.
54 Martí, José: De Año Nuevo. In (ders.): *Obras Completas*, Bd. 10, S. 363.
55 Ebda.
56 Ebda., S. 365 f.
57 Ebda., S. 366.

der internationalen Ebene tiefgreifende soziale, politische und wirtschaftliche, aber auch kulturelle und nicht zuletzt militärische Konsequenzen zeitigen würde. Welche Werte konnten einer derartigen Entwicklung auf dem amerikanischen Kontinent, aber auch im globalen Maßstab entgegengesetzt werden?

Nuestra América ist im Verbund mit anderen Schriften Martís der Versuch, auf massive Indizien für eine neue Phase der Globalisierung, an der die USA und damit der gesamte amerikanische Kontinent in aktiver Weise beteiligt sein würden, eine ebenso kompetente wie programmatische Antwort zu geben. In seinem berühmten, unvollendet gebliebenen Brief vom 18. Mai 1895 aus Dos Ríos schrieb José Martí einen Tag vor seinem Tod an Manuel Mercado, er habe es – über das Ziel der Schaffung einer kubanischen Nation hinaus – für seine Pflicht gehalten, „de impedir a tiempo con la independencia de Cuba que se extiendan por las Antillas los Estados Unidos y caigan, con esa fuerza más, sobre estas tierras de América. Cuanto hice hasta hoy, y haré, es para eso."[58] Sein ganzes Wirken also habe darauf abgezielt, die Expansion der USA über die Welt der Antillen und *Nuestra América* zu verhindern.

Keiner der anderen hispanoamerikanischen Modernisten hat mit einer vergleichbaren Weitsicht unterschiedlichste Phänomene weltweiter Akzeleration und die sich daraus ableitenden Konsequenzen für die politische oder soziale, die kulturelle oder literarische Entwicklung erkannt wie José Martí. Wir dürfen ihn mit guten Gründen als den großen lateinamerikanischen Theoretiker der dritten Phase beschleunigter Globalisierung bezeichnen. Seine Reaktion auf diese Beschleunigung und ein sich veränderndes Machtgefüge in den USA bestand nicht nur in der Beschleunigung aller Vorbereitungen, um den Krieg gegen die alte Kolonialmacht Spanien nach Kuba tragen zu können. Er erwiderte darauf gerade auch durch seinen Versuch, die ihm in New York zugänglichen Informationen auszuwerten, neue Kanäle für die Zirkulation des Wissens zu schaffen und vor allem einen neuen Amerika-Diskurs zu entwickeln.

Immer wieder wurde insbesondere innerhalb der inselkubanischen Martí-Rezeption von einem Humanismus gesprochen, der den Stempel des Pragmatischen trage, einer individuellen wie kollektiven Praxis als Reaktion auf sich rasch verändernde Umstände.[59] Ohne ihn als Vorläufer des Kubas von Fidel Castro zu

---

58 Martí, José: A Manuel Mercado. In (ders.): *Obras Completas*, a.a.O., Bd. 4, S. 167.
59 Vgl. hierzu besonders Guadarrama González, Pablo: Humanismo práctico y desalienación en José Martí. In: Ette, Ottmar / Heydenreich, Titus (Hg.): *José Martí 1895 / 1995. Literatura – Política – Filosofía – Estética*. 10° coloquio interdisciplinario de la Sección Latinoamérica del Instituto Central (06) de la Universidad de Erlangen-Nürnberg. Frankfurt am Main: Vervuert Verlag 1994, S. 34 f.

etikettieren,⁶⁰ muss es heute darum gehen, eine wesentlich komplexere Sichtweise Martís als Denker einer Globalität zu entwickeln, die unverkennbar im Zeichen seines amerikanischen Humanismus stand. Diese neue Sichtweise sollte den Martí'schen Humanismus nicht als eine zum Teil christlich inspirierte, vor allem aber mit aufklärerischem Optimismus versetzte praktische Philosophie verstehen,⁶¹ sondern der Tatsache Rechnung tragen, dass sich dieser „humanismo" keineswegs auf eine ideologisch-politische Dimension reduzieren lässt, sondern die unterschiedlichsten, aber stets auf ein Lebenswissen bezogenen ethischen, ästhetischen und kulturtheoretischen Aspekte beinhaltet.

Martí kritisierte eine sich beschleunigende sozioökonomische Modernisierung („modernización") und einen nicht mehr nur europäisch, sondern zunehmend angelsächsisch geprägten Moderne-Begriff („modernidad"). Diese Kritik führte ihn seit Anfang der achtziger Jahre – und damit parallel zu seiner Einsicht in jene grundlegenden Veränderungen, die wir der dritten Phase beschleunigter Globalisierung zurechnen können – zur Entwicklung einer literarästhetisch und kulturtheoretisch fundierten Konzeption eines Schreibens in Zeiten der Moderne („modernismo"). In seinem erstmals 1882 als Vorwort zu *El Poema del Niágara* von Juan Antonio Pérez Bonalde veröffentlichten Text lässt sich aus heutiger Sicht die zweifellos früheste Programmschrift des hispanoamerikanischen Modernismus erkennen. Sie geht davon aus, dass eine neue Zeit, eine „época de elaboración y transformación espléndidas"⁶² angebrochen sei, in der es weder „obra permanente" noch „caminos constantes"⁶³ gebe. Alles von Menschenhand Geschaffene unterliegt ständiger und nunmehr beschleunigter Transformation. Dabei könnte man mit guten Gründen in Martís verdichteten Wendungen – „Sólo lo genuino es fructífero. Sólo lo directo es poderoso."⁶⁴ – bereits die Vorformulierung für jenen verdoppelten Auftakt sehen, den José Lezama Lima ein Dreivierteljahrhundert später *La expresión americana* geben sollte, denn: „Allein das Schwierige stimuliert."⁶⁵

Das 1882 zum Ausdruck kommende Epochengefühl einer Zeit des Übergangs und Aufbruchs deutet auf die zentrale Fragestellung der Menschen nach dem Geheimnis des Lebens auf den verschiedensten Gebieten hin – „demandando a

---

60 Guadarrama González, Pablo: *José Martí y el humanismo en América latina*, a.a.O., S. 97.
61 Ebda. Vgl. hierzu auch die Studie von Guadarrama González, Pablo: Raíces humanistas y vigencia martiana del proceso revolucionario cubano. In: *Anuario del Centro de Estudios Martianos* (La Habana) XXII (1999), S. 202–215.
62 Martí, José: El Poema del Niágara. In (ders.): *Obras Completas*, Bd. 7, S. 224.
63 Ebda., S. 225.
64 Ebda., S. 230.
65 Lezama Lima, José: *La expresión americana*, S. 9: „Sólo lo difícil es estimulante; sólo la resistencia que nos reta es capaz de enarcar, suscitar y mantener nuestra potencia de conocimiento."

la vida su secreto",⁶⁶ wie es der Schlusssatz von Martís Vorwort formuliert. Dieses Gefühl ist weniger als ein Jahrzehnt später, in *Nuestra América*, der unübersehbaren Sorge gewichen, „unser Amerika" könne durch den bevorstehenden „Besuch" durch das „Amerika des Nordens" bald schon in eine neue Abhängigkeit geraten. Denn Chamissos Siebenmeilenstiefel bedrohten nun in Form der USA die lateinamerikanische Welt. Martí macht in seinem Essay vom 1. Januar 1891 auf diese Gefahr aufmerksam, entwickelt zugleich aber einen Diskurs, der sich vehement nicht nur jeglicher Form der Abhängigkeit und Unterdrückung, sondern auch dem Rassismus entgegensetzt und „la identidad universal del hombre"⁶⁷ – und damit ein zutiefst menschliches Prinzip – als Leitlinie betont.

Der kubanische Lyriker und Essayist signalisiert bewusst die Gefahr, dass sich das längst in den USA entwickelte Überlegenheitsdenken gegen die als „perecederas e inferiores"⁶⁸ erachteten Völker „unseres Amerika" richten könnte. Daher wendet er sich im Namen der Menschheit wie der Menschlichkeit gegen jegliche Fremdbestimmung und Abhängigkeit: „Peca contra la Humanidad el que fomente y propague la oposición y el odio de las razas."⁶⁹ Martí stellt sich jeglichem Rassenhass entgegen. In logischer Konsequenz entsteht auf den letzten Zeilen von *Nuestra América* ein alternatives Moderne-Konzept, das nicht an der Durchsetzung eines einzigen Modernisierungsmodells, nicht an der Begrifflichkeit eines einzigen Moderne-Konzepts ausgerichtet ist:

> Denken heißt dienen. Auch dem blonden Volk des Kontinents darf man nicht aus dörflicher Antipathie eine angeborene und unabwendbare Bösartigkeit unterstellen, bloß weil es unsere Sprache nicht spricht, das Haus anders sieht, als wir dies tun, oder uns in seinen politischen Mängeln nicht ähnelt, da diese sich von den unsrigen unterscheiden; sicherlich: Es schätzt weder heißblütige noch dunkelhäutige Menschen, und es blickt keineswegs barmherzig von seiner noch unsicheren Position auf diejenigen herab, denen die Geschichte weniger günstig gesinnt war und die nun in heldenhaften Etappen den Weg zur Republik erklimmen. Und schließlich dürfen die bekannten Faktoren dieses Problems, das sich durch eine sinnvolle Forschungsarbeit und eine stillschweigende, heute so dringliche Einigung der Seele des Kontinents lösen ließe, nicht verheimlicht werden, hängt davon doch die Schaffung eines dauerhaften Friedens ab. Denn schon ertönt einmütig die Hymne; die jetzige Generation folgt dem Weg ihrer erhabenen Väter und trägt auf ihrem Rücken das Amerika der Arbeiter. Auf des Kondors Rücken saß der Große Semí und warf den Samen, vom Río Bravo bis zur Magellan-Straße, über die romantischen Nationen des Kontinents wie auch die schmerzensreichen Inseln des Meeres – den Samen des Neuen Amerika!⁷⁰

---

66 Martí, José: El Poema del Niágara, S. 238.
67 Martí, José: *Nuestra América*, S. 24.
68 Ebda.
69 Ebda.
70 Marti, José: Unser Amerika, S. 66 f.

Die Schlusszeilen dieses Essays entwerfen das Bild von einem anderen, einem neuen Amerika, dessen Entfaltung durch das Denken („pensar") für Martí ein Dienst („servir") ebenso an Amerika als auch an der Menschheit insgesamt darstellt. In der Wiederaufnahme der dörflerischen Metaphorik („aldea") schließt sich der gedankliche Bogen, der von den ersten zu den letzten Zeilen des Essays reicht, um sich zugleich auf eine Vision des Neuen hin zu öffnen, die sich der alten Vision („Éramos una visión"[71]) entgegenstellt. Der neue Diskurs von *Nuestra América* entwirft für die in der Romantik unabhängig gewordenen Staaten wie für die Antillen eine neue, nachromantische und in eigener Weise *moderne* Zukunft, in welcher auch die indigenen Kulturen ihren Platz haben werden.

Martís hemisphärische Konstruktion (der) Amerikas unterscheidet deutlich zwischen zwei ethnisch, sprachlich, politisch, wirtschaftlich und kulturell unterschiedlichen *Areas*, die sich freilich nicht feindlich gegenüberstehen müssten. Die transarealen, also beide Räume querenden Beziehungen werden von ihm in höchst auffälliger Weise weitestgehend ausgeblendet – auch wenn er als Kubaner im New Yorker Exil für Zeitungen und Zeitschriften in New York, in Mexiko (wo die zweite Veröffentlichung von *Nuestra América* am 30. Januar 1891 in *El Partido Liberal* erfolgte) und insbesondere auch in Buenos Aires schrieb. Es sind unverkennbar taktische Gründe, die Martí bewogen haben dürften, „unser Amerika" gleichsam als einen eigenen Kontinent („continente") zu konstruieren, der – geographisch ebenso wenig haltbar wie politisch oder kulturell – als eine im etymologischen Sinne *zusammenhängende* und zusammengehörende Einheit vom Río Bravo bis zur Magellan-Straße unter besonderem Einschluss der karibischen Inselwelt in Szene gesetzt wird. Auf diesen Raum gründet sich der Martí'sche Humanismus, ein lateinamerikanischer Humanismus an der Schwelle zum 20. Jahrhundert.

Soll die ‚kontinentale' Einheit der hier lebenden Völker auch eine ‚stille' sein und nicht durch supranationale Strukturen Bolívar'scher Prägung erzeugt werden, so ist es doch für Martí unumgänglich, eine Symbolfigur zu schaffen, um die im Begriff von *Nuestra América* bereits anschauliche Verknüpfung von Plural und Singular, von Vielfalt und Einheit zusammenbinden und repräsentieren zu können. So ist die den gesamten Essay abschließende Figur des Gran Semí, die Martí über die Schriften seines venezolanischen Freundes Arístides Rojas indirekt aus den Werken von Alexander von Humboldt und Pater Filippo Salvatore Gilli bezog,[72] ein direkter Rückgriff auf die Welt indigener Mythen, die – wie wir

---

71 Ebda., S. 21.
72 Vgl. Vitier, Cintio: Una fuente venezolana de José Martí. In (ders.): *Temas martianos. Segunda serie*. La Habana: Editorial Letras Cubanas – Centro de Estudios Martianos 1982, S. 105–113.

sahen – bereits im ersten Abschnitt des Essays programmatisch eingeblendet worden war. Dabei dient der auf die Tamanaken im heutigen Venezuela zurückgehende Mythos von Amalivaca dazu, eine transhistorische und transkulturelle, verschiedene Epochen querende geschichtliche und kulturelle Dimension zu eröffnen. Sie vereint sowohl die im Zeitraum der Romantik entstandenen unabhängigen Nationen und die zum größten Teil in schmerzhafter kolonialer Abhängigkeit verbliebenen Inseln der Karibik, aber auch Völker mit und ohne indigenen Bevölkerungsanteil zu einer einzigen Konfiguration – wenn auch nicht Konföderation. Es ist wichtig, nochmals zu betonen, dass Martí alle kulturellen Pole, die wir in unserem Schema unterschieden, zusammenzuführen sucht!

José Martí unternimmt den Versuch einer grundlegenden Entkolonialisierung überkommener Vorstellungen und Bildwelten.[73] Mit dieser von ihm verschiedentlich vorgetragenen Kritik an einem Fortbestehen kolonialer Denk- und Handlungsmuster verbindet sich in *Nuestra América* vor dem Hintergrund wiederum beschleunigter Globalisierungsprozesse eine tiefgreifende Kritik an einer Moderne, die ausschließlich europäisch geprägten Mustern folgt. Dem auf militärische, wirtschaftliche und politische Expansion angelegten Moderne-Projekt der USA setzt Martí – aus Perspektive der Länder und Kulturen „unseres Amerika" – das Projekt einer anderen Moderne entgegen. Dieses will sich nicht des Englischen – als Sprache der dritten (wie der vierten) Phase beschleunigter Globalisierung – bedienen, sondern zusätzlich zu den europäischen Sprachen Spanisch und Portugiesisch beziehungsweise Französisch (die sich in Amerika der ersten beziehungsweise zweiten Phase beschleunigter Globalisierung verdanken) auch die indianischen Sprachen miteinbeziehen. So verspricht er folgendes: „Los gobernadores, en las repúblicas de indios, aprenden indio."[74] Wo die Bevölkerung indigene Sprachen spricht, sollen diese auch von den Regierenden gesprochen werden – eine Zielsetzung, die in den meisten Ländern bis heute nicht verwirklicht ist. Doch sie ist Teil der Martí'schen Modernekonzeption.

José Martís Rückgriff auf die indigenen Kulturen, Sprachen und Mythen ist ein unverkennbares Zeichen für eine in seiner Deutung des Schreibens in der Moderne programmatische Öffnung der kulturellen Horizonte. Dabei sind es freilich nicht allein die aktuellen indianischen Sprachen, sondern auch die längst historisch gewordenen Kulturen der präkolumbischen Völker, die von entscheidender Bedeutung für unser Verständnis von *Nuestra América* werden. Denn diese Schöpfung einer der abendländischen gleichgestellten und zugleich entge-

---

[73] Vgl. hierzu Weinberg, Liliana: *Literatura latinoamericana. Descolonizar la imaginación.* México, D.F.: Universidad Nacional Autónoma de México 2004, S. 67–80.
[74] Martí, José: *Nuestra América*, S. 22.

gengestellten *amerikanischen Antike* lässt sich begreifen als Bekenntnis zu einem nicht länger eurozentrischen Verständnis einer einzigen Moderne. Die „identidad universal del hombre",[75] die Martí jeglicher Form von Rassismus entgegenstellte, bedeutet keineswegs, dass sich sein Humanismus auf eine abstrakt-universalistische Position zurückzöge, von der aus sich alle Differenz auflöste. Martí klagt in *Nuestra América* vielmehr auf sehr konkrete Weise die spezifisch amerikanische Dimension seines Denkens einer Globalität in der dritten Phase beschleunigter Globalisierung ein.

Über das sich hieraus notwendig ergebende Verständnis einer *Pluralität der Modernen* hinaus darf man den Rückgriff auf eine amerikanische Antike auch begreifen als grundlegendes Zeichen für die Herausbildung eines amerikanischen Humanismus, der nach eigenen Quellen, eigenen Bezugspunkten sucht. Der europäische Humanismus – ein Konzept, das sich als Epochenbegriff im Übrigen erst im 19. Jahrhundert durchsetzte – lässt sich vielleicht am prägnantesten bestimmen als „Rückgriff auf die Ursprünge in der Antike zum Zweck der Entwicklung der eigenen Kultur".[76] Dagegen könnte man die von José Martí in *Nuestra América* entfaltete Konzeption als einen ebenso an der Menschheit wie am Ideal der Menschlichkeit ausgerichteten *amerikanischen* Humanismus in Zeiten nicht der Regelästhetik, sondern der Herausbildung eigenständiger und divergierender, multipler Modernen begreifen.

Anders als ein José Enrique Rodó, der – wie wir noch sehen werden – aus der Perspektive des Cono Sur ein modernistisches Moderne-Projekt entwarf, in dem sehr wohl die abendländische Antike, nicht aber die indigenen Kulturen der Vergangenheit wie der Gegenwart enthalten waren, entwarf Martí ein zukunftsoffenes Konzept. Es wurde in der Folge von lateinamerikanischen Autoren wie Alfonso Reyes, Jorge Luis Borges oder José Lezama Lima im Zeichen einer weltoffenen „expresión americana" weiterentwickelt. Martís Rückgriff auf die Ursprünge einer amerikanischen Antike zum Zweck der Entwicklung einer eigenen Moderne ist noch immer eine Herausforderung für jegliches Verständnis von Moderne wie von Humanismus. Vielleicht ermöglichen uns Martís Wege zu einem amerikanischen Humanismus eine im besten Sinne *divergierende* Humanismus-Konzeption, die nicht allein auf die abendländische Antike zurückgreift, sondern kulturell wesentlich breiter und zutiefst transkulturell ausgerichtet ist. Denn in der aktuellen Epoche am Ausgang einer Phase erneuter beschleunigter Globalisierung lässt uns *Nuestra América* die Begrenztheit, zugleich aber auch die potentielle Offenheit erkennen, welche die philosophischen und ästhetischen,

---

75 Ebda., S. 24.
76 Lehnert, Gertrud: *Europäische Literatur*. Köln: DuMont 2006, S. 40.

die kulturellen und literarischen Räume eines bis heute dominanten Verständnisses von Humanismus prägen. José Martí ist in diesem Sinne nicht nur für die Neue Welt, sondern gerade auch für die Alte Welt ein eminent wichtiger Gesprächspartner, in dessen Schriften die wesentlichen Traditionslinien eines 19. Jahrhunderts zwischen zwei Welten zusammenlaufen.

José Rizal, Juana Borrero oder neue Ausweitungen der Moderne

Lassen Sie uns gegen Ende unserer Vorlesung einen größeren geographischen Sprung machen, der uns zwar noch im Bereich des spanischen beziehungsweise ehemaligen spanischen Kolonialreiches hält, uns zugleich aber die dritte Phase beschleunigter Globalisierung aus einer anderen, asiatischen Perspektive zu beleuchten erlaubt! Sie wissen bereits, dass wir uns nun den Philippinen zuwenden wollen und einem Schriftsteller, von dem man ohne größere Übertreibung sagen könnte, dass mit seinem literarischen Werk das Spanische als Literatursprache auf den Philippinen nahezu erlosch. So beschäftigen wir uns nun mit einem weitgereisten Autor namens José Rizal sowie einem Roman, der zu den herausragenden Schöpfungen einer Nationalliteratur zählt, welche im nachfolgenden, im 20. Jahrhundert ihre spanische Sprache aufgab.

Mit dem Zusammenbruch des kontinentalen Kolonialreichs Spaniens in Amerika wurden gerade mit Blick auf die Beziehungen zwischen den Philippinen und Mexiko viele der über Jahrhunderte entstandenen Fäden im globalen Webmuster der einstigen iberischen Weltmacht durchtrennt. Über lange Jahrhunderte sorgte die spanische Galeone, welche Manila mit dem neuspanischen Hafen von Acapulco verband, für eine höchst wichtige Verbindung im kulturellen Austausch zwischen den Amerikas und der asiatischen Welt. Weit über die Ausbreitung der Namban-Kunst und die globale Verbreitung asiatischer Paravents hinaus, die in den spanischen Amerikas eine völlig eigene künstlerische Entwicklung erfuhren,[1] war diese transpazifische Verbindung, die wir kurz im *Periquillo Sarniento* kennengelernt hatten, von unschätzbarer Wichtigkeit für den globalen Warenverkehr. All diese Handels- und Kulturbeziehungen endeten mit dem Niedergang Spaniens.

Doch sorgte die Tatsache, dass neben den Philippinen auch Kuba, Puerto Rico und zumindest zeitweise der westliche Teil Hispaniolas über weite Strecken des 19. Jahrhunderts im spanischen Kolonialreich verblieben, nicht nur – bei allen insbesondere kulturellen Differenzen und Gegensätzen – für eine Vielzahl struktureller Ähnlichkeiten und Übereinstimmungen. Darüber hinaus erklärt sie verstärkte inter- und transarchipelische Beziehungen zwischen der philippinischen Inselwelt und der (noch spanischen) Karibik. Diese transarchipelischen Relatio-

---

1 Vgl. Ette, Ottmar: Magic Screens. Biombos, Namban Art, the Art of Globalization and Education between China, Japan, India, Spanish America and Europe in the 17th and 18th Centuries. In: *European Review* (Cambridge) XXIV, 2 (May 2016), S. 285–296.

Open Access. © 2021 Ottmar Ette, publiziert von De Gruyter. Dieses Werk ist lizensiert unter einer Creative Commons Namensnennung – Nicht-kommerziell – Keine Bearbeitung 4.0 International Lizenz. https://doi.org/10.1515/9783110703443-035

nen erweitern unseren transarealen Blickwinkel auf ein 19. Jahrhundert zwischen zwei Welten, den wir in unserer Vorlesung gepflegt haben. Und sie erlauben es uns zugleich, ähnlich wie in unserer Vorlesung zu den Literaturen des 20. und 21. Jahrhunderts sowie parallel zu unserer Beschäftigung mit der vietnamesischen Schriftstellerin Anna Moï[2] auch im 19. Jahrhundert einer Beziehung nachzugehen, die uns innerhalb der Romanischen Literaturen der Welt nach Asien, zu ihrem vergessenen Kontinent führt.

Als Beleg für den kulturellen Reichtum dieser transpazifischen Relationen mögen Leben und Werk des am 19. Juni 1861 in Calamba auf Luzón in den damals spanischen Philippinen geborenen und am 30. Dezember 1896 als Vordenker der Revolution von spanischen Soldaten hingerichteten José Protacio Mercado Rizal y Alonso Realonda gelten. Nicht zu Unrecht wurde er – etwa von dem mexikanischen Philosophen Leopoldo Zea[3] – mit dem 1853 in Havanna geborenen José Martí in Verbindung gebracht, dessen bewegtes Leben und weitgespanntes Werk gewiss nicht weniger rastlos und vielgestaltig war als jenes des Autors von *Filipinas dentro de cien años*. Und schließlich fiel auch Martí 1895 in jenem von ihm entfachten Krieg gegen spanische Truppen, die auch José Rizal als einen der führenden Köpfe der Aufständischen hinrichteten.

Abb. 83: José Rizal (Calamba City auf Luzon, 1861 – Manila, 1896).

---

2 Vgl. hierzu den dritten „Aula"-Band in Ette, Ottmar: *Von den historischen Avantgarden bis nach der Postmoderne*, S. 900–910.
3 Vgl. Zea, Leopoldo: Prólogo. In: Rizal, José: *Noli me tangere*. Estudio y Cronología Margara Russotto. Caracas: Biblioteca Ayacuch 1976, S. ix-xxx.

Der Verfasser von *Nuestra América* hatte lange Jahre seines Lebens in Verbannung und Exil verbracht, die ihn unter anderem nach Spanien, Frankreich und Mexiko, nach Guatemala, Venezuela und in die Vereinigten Staaten sowie die karibische Inselwelt und weitere mittelamerikanische Länder führten. Ähnlich hielt sich José Rizal auf seinen weitgespannten Reisen ebenfalls in Spanien, Frankreich und den USA, aber auch in Deutschland, Österreich und der Schweiz, in Hongkong, Japan, England und Belgien auf, bevor er 1895 vergeblich beantragte, als Arzt die nach Kuba verlegten spanischen Truppen begleiten zu dürfen. Hier zeichnen sich Parallelen zwischen Lebenswegen und Schreibbedingungen ab, die weder aus nur nationalliterarischer noch aus allgemein weltliterarischer Perspektive adäquat erfasst werden können, sondern einer bewusst transareal ausgerichteten Methodologie bedürfen, welche Dynamik und Vektorizität dieser Prozesse ins Zentrum rückt, um adäquat verstanden werden zu können. Denn Martí und Rizal verkörpern als herausragende Repräsentanten ihrer Archipele jene Entwicklungen, die im Zeichen des ersten nicht-europäischen *Global Players*, im Zeichen der USA der dritten Phase beschleunigter Globalisierung zugerechnet werden dürfen. Beide Schriftsteller gehören zusammen und verdeutlichen die transarchipelische Dimension eines antikolonialen Kampfes, der zugleich auch ein Kampf gegen den aufkommenden Imperialismus der USA war, jener Macht, die als Beute beide Inselwelten wenige Jahre nach dem Tod beider Autoren ihrem rasch expandierenden Machtbereich einverleiben sollte.

Als siebtes von insgesamt elf Kindern in eine wohlhabende Familie geboren, galt Rizal offiziell als chinesischer Mestize, da er in fünfter Generation von einem aus der Provinz Fujian eingewanderten Händler abstammte und seine Mutter eine spanisch-philippinische Mestizin war. Der spätere Nationalheld studierte in Manila zunächst Literatur und Philosophie, nach der Erblindung seiner Mutter dann Augenheilkunde; ein Studium, das er später in Madrid mit Auszeichnung abschloss. Noch bei seinem Aufenthalt in Heidelberg war er Mitarbeiter eines renommierten Ophthalmologen und praktizierte als Arzt. Doch seine Kritik an der Kolonialmacht Spanien, seine Gründung einer Freimaurerloge, seine auf radikale Reformen zielenden politischen Vorschläge sowie vor allem seine kolonialismuskritischen Buchpublikationen brachten ihn in Konflikt mit der spanischen Kolonialmacht.

Das sicherlich bis heute berühmteste Werk José Rizals ist sein 1887 in Berlin auf Spanisch veröffentlichter Roman *Noli me tangere*. Es ist eine bemerkenswerte Tatsache, dass Martís einziger Roman *Amistad funesta* (wenn auch postum 1911 im zehnten Band der Werkausgabe von Quesada y Aróstegui) ebenfalls in Berlin erstmals in Buchform erschien. Doch macht diese Anekdote weniger auf Gemeinsamkeiten zwischen beiden Autoren, sondern eher darauf aufmerksam, wie problematisch die spanischsprachigen Verlagsstrukturen zum damaligen

Zeitpunkt waren. In weit mehr als nur biographischer Hinsicht darf das Werk des philippinischen Nationalhelden einer Literatur ohne festen Wohnsitz zugerechnet werden, der man mit guten Argumenten die kubanische Nationalliteratur insgesamt (und gewiss auch José Martí) zuordnen darf.[4]

Nicht umsonst hatte José Rizal, der auch in deutscher, französischer, englischer und lateinischer Sprache zu lesen und sich auszudrücken wusste, neben seiner Muttersprache, dem Tagalog, in seiner Kindheit ein höchst unvollkommenes Spanisch erlernt, was ihn dazu zwang, anders als ein das Spanische muttersprachlich beherrschender Autor ständig vor einem vielsprachigen Hintergrund an seinen Ausdrucksmöglichkeiten zu arbeiten. Nicht ohne Grund stellte Leopoldo Zea diesen Kampf Rizals um die Sprache seiner Literatur in den geschichtlichen Kontext eines Archipels, das sich nach der Niederlage der spanischen Flotte vor Manila vom Spanischen, der Sprache der kolonialen Unterdrücker, ab- und – unter Stärkung der Position des Tagalog – dem Englischen zuwenden sollte. Es ist, als hätte der philippinische Autor, der sein Lebenswerk in einem translingualen Kontext entfaltete, mit dem Verlust seines Lebens auf den Philippinen zugleich seinen sprachlichen Wohnsitz verloren. Denn die Sprache ihres Nationalhelden steht großen Teilen seines Volkes heute nicht mehr zur Verfügung.[5]

Martí ließ 1895, Rizal im Jahr 1896 das Leben im Kampf gegen eine marode spanische Kolonialherrschaft, deren technologisch weit unterlegene Flotte wenige Jahre später, im Sommer 1898, von der hochgerüsteten Feuerkraft der US-Panzerkreuzer vor Santiago de Cuba und Manila erbarmungslos versenkt wurde. Diese Faktenlage soll in unserem Kontext gegenüber der Tatsache zurücktreten, dass sich weder Martí noch Rizal trotz ihres rast- und ruhelosen Kampfes für ihre Heimat auf eine Beschäftigung mit ‚ihrem' karibischen beziehungsweise philippinischen Archipel beschränkten. Der Spiel- und Bewegungsraum ihres Denkens wie ihrer Reisen war ein unverkennbar transarealer und transarchipelischer, insofern sie auf ihren Wegen wie in ihrem Denken – um mit dem Excipit von Martís *Nuestra América* zu sprechen – „las islas dolorosas del mar",[6] die schmerzerfüllten Inseln des Meeres, stets mit einer globalen Dimension verwoben. Ihren Archipelen kam dabei – in ihren politischen wie vor allem ihren literarischen

---

4 Vgl. hierzu Ette, Ottmar: Una literatura sin residencia fija. Insularidad, historia y dinámica sociocultural en la Cuba del siglo XX. In: *Revista de Indias* (Madrid) LXV, 235 (septiembre – diciembre 2005), S. 729–753.
5 Vgl. hierzu Zea, Leopoldo: Prólogo, S. xxix.
6 Martí, José: *Nuestra América*, S. 23.

Texten – die Funktion mobiler ZwischenWelten zu: Überkreuzungslinien vielfältigster transkultureller Traditionen.

Keineswegs zufällig setzt das erste von dreiundsechzig Kapiteln des in der Hauptstadt des damaligen Deutschen Reiches auf Spanisch veröffentlichten, auf den Philippinen rasch bekannt gewordenen und alsbald von der spanischen Kolonialverwaltung nach behördlicher sowie akademischer Prüfung verbotenen Romans mit der Darstellung eines großen Abendessens ein. Dieses ist mit viel „couleur locale" gewürzt und will dem direkt angesprochenen Lesepublikum vor Augen führen, wie derartige Formen der Soziabilität in der „Perla del Oriente"[7] abzulaufen pflegten: Die Wichtigkeit von Festessen in asiatischen Kulturen ist noch heute legendär.

In diesem zweifellos kostumbristischen Auftakt von *Noli me tangere* wird von Beginn an in die nur kurz evozierte tropische Flusslandschaft und ihre erst rudimentär entwickelte Stadtlandschaft (*Cityscape*) sehr bewusst mit den „acordes de la orquesta" und dem „significativo *clin-clan* de la vajilla y de los cubiertos"[8] eine Klanglandschaft, ein *Soundscape* integriert. Dieser wird wiederum durch eine Landschaft unterschiedlichster Düfte ergänzt, einen spezifischen *Smellscape*: Die synästhetische Dimension ist von beginn an klar markiert. Gastfreundschaft steht von Anfang an im Zeichen der Orchestrierung globalisierter Sinnesreize und Tischsitten, so dass die lokale Einfärbung vor dem Hintergrund einer weltweiten Zirkulation von Gütern und Gewohnheiten gleichsam translokalisiert wird: Die Philippinen werden literarisch innerhalb weltweiter Verbindungen sinnlich erfahrbar gemacht. Nicht umsonst stellt sich im zweiten Kapitel die Hauptfigur des Romans, der blonde und weitgereiste Crisóstomo Ibarra, kurzerhand selbst der anwesenden philippinischen und spanischen Damenwelt – „unas cuantas jóvenes entre filipinas y españolas"[9] – wie den Militärs, Klerikern und anderen Vertretern der Kolonialgesellschaft mit folgenden Worten vor: „Meine Herren, sagte er, in Deutschland gibt es eine Sitte, dass wenn ein Unbekannter einer Versammlung beitritt und niemanden zu seiner Vorstellung findet, er sich selbst mit seinem Namen vorstellen darf."[10] Gesagt, getan! Formen deutscher Soziabilität werden von einem Spanier auf den Philippinen für ein kolonialspanisches und philippinisches Publikum adaptiert.

---

7 Rizal, José: *Noli me tangere* Prólogo Leopoldo Zea. Edición y cronología Margara Russotto. Caracas: Biblioteca Ayacucho 1976, S. 8.
8 Ebda.
9 Ebda., S. 9.
10 Ebda., S. 18: „–¡Señores! –dijo–, hay en Alemania una costumbre, cuando un desconocido viene a una reunión y no halla quién le presente a los demás, él mismo dice su nombre y se presenta [...]."

Wie auf Ebene der Gastronomie oder der Umgangsformen bleibt die gelungene literarische Inszenierung von Geselligkeit auf den Philippinen keineswegs auf den Archipel oder allein auf die Beziehungen zwischen der asiatischen Inselwelt und der iberischen Halbinsel beschränkt. Denn jenseits der Tatsache, dass der Roman in spanischer Sprache abgefasst ist und vom ersten Kapitel an die peninsulare Variante mit einer von Philippinismen durchsetzten Sprache unterschiedlicher sozialer Kontexte kontrastiert – was auch beinhaltet, dass kürzere Einschübe und Passagen in Tagalog eingefügt werden – greift *Noli me tangere* bereits im Titel mit seinem Zitat aus dem Lukas-Evangelium auf das Lateinische zurück. Ebenfalls im paratextuellen Bereich geht dem Roman als Motto ein Zitat aus Friedrich Schillers *Shakespeares Schatten* in deutscher Sprache voraus: Nicht umsonst hat der Schiller-Übersetzer Rizal seinen Roman vielsprachig und translingual angelegt.

Neben den bereits erwähnten Sprachen finden sich aber auch Einsprengsel und Hinweise auf das Französische, Englische und Italienische. Dies verwundert weder angesichts der Vielzahl an Sprachen, die José Rizal sprach, noch mit Blick auf den in der Welt weit herumgekommenen Crisóstomo Ibarra y Magsalin, antwortet dieser doch einem spanischen Mönch, der sich länger in Hongkong aufhielt und daher „Pidgin-English"[11] spricht, er liebe die Länder des freien Europa („Europa libre") und spreche mehrere seiner Sprachen.[12] Diese sehr bewusst in Szene gesetzte Vielsprachigkeit ist programmatischer Natur: Denn José Rizals Roman führt in seiner eigenen sprachlichen Gestaltung einen weltweiten Archipel der Sprachen vor, wobei er auch auf diesem Gebiet die unübersehbaren Zeichen einer Literatur ohne festen Wohnsitz setzt.

Ohne an dieser Stelle im Kontext der hier behandelten Fragen eine ausführlichere Analyse von *Noli me tangere* vorlegen zu können, sei doch zumindest betont, welch enorme Rolle von Beginn an dem Haus als fraktalem Muster, als „fractal pattern"[13] zukommt. Die ganze Persönlichkeit des Gastgebers, Don Santiago de los Santos alias Capitán Tiago, kommt in jenem Ölgemälde an der Wand zum Ausdruck, das einen „hombre bonito, de frac, tieso, recto, simétrico como el bastón de borlas que lleva entre sus rígidos dedos cubiertos de anillos"[14] zeigt. Zugleich konzentriert auch das Haus mit seinem für die Zeit charakteristischen Interieur, seinen weithin berühmten Gelagen, dem ostentativen Konsum seines

---

11 Ebda., S. 22.
12 Ebda.
13 Vgl. zum fraktalen Muster des Insel-Hauses Ette, Ottmar: Von Inseln, Grenzen und Vektoren. In: ders. / Braig, Marianne / Ingenschay, Dieter / Maihold, Günther (Hg.): *Grenzen der Macht – Macht der Grenzen. Lateinamerika im globalen Kontext*. Frankfurt a.M.: Vervuert 2005, S. 161–167; sowie den Band *WeltFraktale* (2017) zum Konzept der Literaturen der Welt.
14 Rizal, José: *Noli me tangere*, S. 9.

Besitzers und den sich hier begegnenden Menschen wie in einem Brennspiegel die spannungsvolle Welt der kolonialspanischen Philippinen. Die fraktale, eine höchst heterogene Totalität in sich wie in einem „modèle réduit" (Lévi-Strauss) vereinigende Struktur dieses Hauses leuchtet schon in dessen erster Schilderung auf:

> Das Haus, auf das wir anspielen, ist etwas niedrig und von einer nicht sehr korrekten Linienführung: Der Architekt, der es entwarf, mag nicht recht gesehen haben oder alles war die Auswirkung der Erdbeben und Hurrikane, wer wollte dies schon mit Sicherheit sagen. Eine breite Treppe mit grünen Geländern und teils ausgelegten Teppichen führt vom mit bemalten Kacheln geschmückten Eingang oder Portal gesäumt von Blumenampeln und Blumentöpfen, welche auf gesprenkelten chinesischen Absätzen voller fantastischer farbiger Zeichnungen standen, empor zum Hauptgeschoss.[15]

Auf diese Weise bündelt dieses Haus auf den Philippinen, das sich von seiner Umgebung wie eine Insel abhebt, bereits im ersten Kapitel von Rizals Roman wie in einer fraktalen Mise en abyme jenen weltweiten kolonialen und – in der Figur des in seinem Namen nicht zuletzt die spanische und philippinische Herkunft vereinigenden Ibarra y Magsalin – zumindest perspektivisch postkolonialen Bewegungsraum der Kulturen. Dieser drückt sich im Archipel und mehr noch in der weltweit vernetzten Inselwelt der Philippinen aus. Gleichviel, ob es der (koloniale) Architekt oder die Erschütterungen und Wirbelstürme der Zeit waren, welche die Geradlinigkeit dieses Hauses in Frage stellten: Der Archipel der Philippinen steht wie der Archipel der spanischen Karibik am Ausgang des 19. Jahrhunderts vor dem Zusammenbruch einer Kolonialgesellschaft. Letztere sollte im Zeichen der dritten Phase beschleunigter Globalisierung von den gut gebauten Panzerkreuzern der USA nur wenige Jahre später hinweggefegt werden. Das reich geschmückte, aber schiefe Haus legt dies von Beginn des Romans an nahe.

Mehr noch: Im Scheitern der positiv gezeichneten Hauptfiguren des Romans wird auf individueller wie kollektiver Ebene der epochale Schiffbruch des „Desastre" erkennbar, zu dessen Zuschauer uns der Roman von seiner ersten Zeile an macht. Es handelt sich dabei um einen Schiffbruch, der nicht nur den Untergang der letzten Reste des spanischen Kolonialreichs auf beiden Archipelen, sondern auch des Spanischen auf den Philippinen mit sich bringen wird. Eine neue Zeitrechnung deutet sich an, die – auch wenn sie sich noch einmal den alten Kräften, die auch Rizal selbst ermorden werden, unterwerfen muss – bald all das historisch und dysfunktional werden lässt, was auf beiden Archipelen noch als in sich abgeschlossene und nur auf sich bezogene Insel-Welt geblieben ist.

---

15 Ebda., S. 8.

Es ist hier nicht der Ort, die in drastischen Farben vorgetragenen Kritikpunkte am Kolonialsystem, die Verurteilung der allein von spanischen Klerikern vertretenen Kirche, die Anklage gegen den sexuellen Missbrauch philippinischer Frauen und die Verurteilung einer despotischen Kolonialverwaltung nachzuzeichnen, welche den Roman schnell zu einem Opfer der Zensur auf den Philippinen werden ließen. José Rizals Erzähler schilderte in *Noli me tangere* immer wieder eindrucksvoll die völlig abhängige Situation auch sexuell ausgebeuteter Frauen in einem spanischen Kolonialsystem, welches ihnen eine klar subalterne Stellung zuwies.

Aus diesem Grunde möchte ich mich in dieser Vorlesung wieder der damals noch unter spanischer Kolonialherrschaft stehenden größten der Antillen-Inseln und einer Dichterin zuwenden, mit der ich mich bereits in meiner Vorlesung über die Zusammenhänge von Liebe und Lesen[16] auseinandergesetzt habe: Juana Borrero. Ihr Zeitgenosse José Martí hatte im Kontext seines lateinamerikanischen Moderne-Entwurfs ein traditionelles, paternalistisches und alle weiblichen Familienmitglieder an die Innenräume des Hauses fesselnde Frauensicht entwickelt, die nach der Lektüre seines am 3. Januar 1887 in *La Nación* veröffentlichten Artikels selbst von einem Domingo Faustino Sarmiento scharf kritisiert werden konnte.[17] Dagegen steht die kubanische Lyrikerin und Malerin für ein rebellisches und klar emanzipatorisches Bild der Frau ein. Formulieren wir es anders: Martís in vielerlei Hinsicht revolutionäre Position erstreckte sich nicht auf die Problematik der Geschlechter. Sein Menschenbild blieb Männerbild nicht nur, wo er wie in *Nuestra América* männliche Protagonisten wählte, sondern gerade auch dort, wo er über die Rolle der Frauen in einer künftigen Gesellschaft sprach. In Martís Diskurs wird das weibliche Subjekt zum Objekt einer männlich modellierten Moderne: Sie spricht nicht, sondern wird gesprochen.

Juana Borrero aber sprach, und sie sprach vehement für sich selbst! Im Februar 1895, zu einem Zeitpunkt also, zu dem José Martí intensiv und ruhelos mit den Vorbereitungen ‚seines' Krieges und der Invasion Kubas beschäftigt war, notierte eine junge Frau des Nachts in ihr Tagebuch: „Es ist halb eins. Ich habe nicht geschlafen und werde auch nicht mehr schlafen. Gerade habe ich etwas Unerhörtes, Unmögliches, Kühnes gedacht. Hör gut zu, Carlos. *Keine zwei*

---

16 Vgl. das Juana Borrero gewidmete Kapitel in Ette, Ottmar: *LiebeLesen*, S. 552–573.
17 Vgl. hierzu Ette, Ottmar: Geschlechtermodellierungen – Geschlechtergrenzen. José Martí und Juana Borrero. In: Krüger, Reinhard (Hg.): *Grenzgänge, Hybride & Fusionen. Romanistische Beiträge zu polykulturellen Kommunikationsprozessen*. Berlin: Weidler Buchverlag 2008, S. 21–39. Dort habe ich versucht, dieses Frauenbild Martís mit seiner Abneigung gegen die moderne Gesellschaft in den USA und mit jenem *Gender Trouble* in Verbindung zu bringen, dem Judith Butler ihr einflussreiches Buch gewidmet hat.

Monate und Du gehörst mir oder ich bin tot."[18] Die 17-jährige Juana Borrero sollte das sich selbst gegebene Versprechen, die dem Mann in Abwesenheit entgegengeschleuderte Herausforderung einlösen und Carlos Pío Uhrbach zu dem ‚Ihren' machen.

Die 1877 geborene Kubanerin stammte aus einer Familie von Literaten,[19] schrieb bereits mit vier Jahren erste Gedichte und versah mit fünf Jahren die beeindruckende Zeichnung einer Nelke und einer Rose mit dem Titel *Romeo y Julieta*.[20] Seit Ende der achtziger Jahre zählte sie als Lyrikerin wie als Malerin zu den großen Hoffnungen der kubanischen Kunst des Jahrhundertendes. Ihre Tagebucheinträge hatten ihr Bild des Geliebten aus der Literatur bezogen und mit dem Bild des von ihr erträumten Mannes in Übereinstimmung zu bringen versucht.[21] Als sie wenige Monate zuvor den soeben erschienenen Gedichtband *Gemelas* der beiden kubanischen Lyriker Carlos Pío und Federico Uhrbach erhielt, fragte sie sich bereits *vor* der Lektüre, die sie sich für die Nacht vornahm: „Wird das ein Gefährte meiner schlaflosen Nächte?"[22] Schien damit zunächst das Buch gemeint zu sein, so sprang die Sehnsucht nach einem Gefährten der schlaflosen Nächte schnell auf den älteren der beiden Uhrbach-Brüder über, dessen Verse sie faszinierten und unwiderstehlich anzogen. Das rasch sich bei der jungen Malerin durch die Lektüre hypotypotisch einstellende Bild und Portrait war sicher und unsicher zugleich: „Ein hochfahrendes Gesicht. Carlos müsste bleich sein, ein Kranker."[23] Nicht allein die weiblichen Heldinnen der Romantik und des Jahrhundertendes waren bleich und kränklich: Auch die männlichen Protagonisten weiblicher Liebesträume konnten dies sein. Und die Kubanerin fügte hinzu: „Ist er vielleicht kein Mann?"[24]

---

18 Borrero, Juana: *Epistolario*. 2 Bde. La Habana: Academia de Ciencias de Cuba 1966–1967, hier Bd. I, S. 41: „Son las dos y media. No he dormido ni dormiré. Acabo de pensar algo inaudito, imposible, temerario. Oye Carlos. *Antes de dos meses tú serás mío o yo estaré muerta.*"
19 Vgl. hierzu Cuza Malé, Belkis: *El clavel y la rosa. Biografía de Juana Borrero*. Madrid: Ediciones Cultura Hispánica 1984.
20 Diese später berühmt gewordene Zeichnung, die auch der Borrero-Biographie der im Exil lebenden kubanischen Lyrikerin Belkis Cuza Malés den Namen gab, findet sich auf Umschlag und Titelseite der beiden Bände des angeführten *Epistolario*.
21 Vgl. zu Juana Borrero die ausgezeichnete Potsdamer Doktorarbeit von Kern, Anne: *Todo o nada. Choreografien der kubanischen Künstlerin Juana Borrero*. Potsdam: Potsdam Phil. Diss. 2020.
22 Borrero, Juana: *Epistolario*, Bd. I, S. 39: „¿Será un compañero de mis insomnios?"
23 Ebda.: „Es un rostro altivo. Carlos debe ser pálido, un enfermo."
24 Ebda., S. 41: „¿Acaso no es un hombre?"

Abb. 84: Juana Borrero
(Havanna, 1877 – Key West, Florida, 1896).

Abb. 85: „El clavel y la rosa",
Zeichnung von Juana Borrero,
1882.

Diese Frage verrät viel über das paradoxe Verhältnis von Leben, Lesen und Lieben, das sich um den imaginierten Mann aufbaut und Juana Borrero bis zu ihrem tragischen Tod im nordamerikanischen Exil im März 1896 verzehrte und nicht mehr loslassen sollte. Wurde Juana Borrero zu einem simplen Opfer der Lektüre in der Nachfolge von Dantes Paolo und Francesca oder Gustave Flauberts *Madame Bovary*? Fast will es so scheinen, zumal die Nähe zur romantischen Disposition imaginierter Männlichkeit gerade durch einen Vergleich mit der in Puerto Príncipe, dem heutigen Camagüey – auch Juanas Vater, der Lyriker und Arzt Esteban Borrero stammte von dort – geborenen Gertrudis Gómez de Avellaneda deutlich wird. Juana Borrero war nicht nur die Urgroßnichte der uns bereits bekannten Tula; die große kubanische und spanische Dichterin der Romantik war auch eine entscheidende Vorläuferin in Sachen Dichtkunst und weiblicher Emanzipation. Bis in die Liebesmetaphorik hinein verband gewiss vieles die große Vertreterin und Hoffnung des „primer modernismo entre nosotros"²⁵ mit der Lyrikerin des Romanticismo; doch hatten sich trotz aller Kontinuitäten die ästhetischen Parameter zwischen Juana und Gertrudis im Verlaufe des 19. Jahrhunderts geändert.

Denn so, wie sich der von ihr erträumte Mann Carlos Pío Uhrbach zumindest über einen langen Zeitraum bemühte, dem auf ihn projizierten Männerbild eines Nicht-Mannes zu entsprechen, so sah Juana Borrero ihr eigenes Bild und mehr noch ihr eigenes Schicksal durch ein Gedicht vorgeformt. Letzteres hatte einer der großen Dichter des kubanischen Modernismo, Julián del Casal, unter dem Titel *Virgen triste* veröffentlicht. Juana hatte sich in den kubanischen Barden buchstäblich verknallt; und seine Strophe wurde ihr zur Weissagung eines frühen Todes: „weil ich in Dir bereits die Trauer sehe / Jener Wesen, die früh schon sterben müssen!"²⁶

Erfüllte sich das Verliebt-Sein in den noch jungen Dichter Casal auch nicht, der im Übrigen 1893 kaum dreißigjährig verstarb, so hielt der für seine modernistischen Gesellschaftschroniken berühmte Schriftsteller doch ein wesentliches Element der jungen und zutiefst rebellischen Dichterin fest. Denn aller Erfolg werde Juana Borrero niemals von ihrem „más absoluto desprecio" und der „más profunda indiferencia" gegenüber den „opiniones de los burgueses de las letras"²⁷ abbringen. Nein, für die Bourgeois der Literatur hatte Juana stets nur abgrundtiefe Verachtung übrig – wie auch für die genderspezifischen Rollenzuweisungen, welche eine patriarchalisch ausgerichtete Kolonialgesellschaft den Frauen zuwies; dagegen begehrte sie auf!

Es ist faszinierend zu beobachten, wie Juana Borrero als Zeichnerin und Malerin für sich ständig neue Rollen erfand und sich bisweilen als Heilige und Nonne, bisweilen als Prinzessin, bisweilen aber auch als Femme fatale zeichnete.²⁸ Immer wieder tauchen auch in ihren Gemälden klischeeartige Darstellungen von Mädchen- und Frauenrollen auf, gegen die sie dezidiert andere Darstellungen nicht-bürgerlicher Existenzen stellte.²⁹ In einem grundlegenden Sinne reflektierte sie Geschlechterrollen, die sie als Frau hätte annehmen müssen, denen sie sich aber entschlossen verweigerte. In eine nur bürgerliche Kunstauffassung, in eine nur bürgerliche Lebensauffassung ließ sich ihr Lebensprojekt

---

25 Vitier, Cintio: Las cartas de amor de Juana Borrero. In: Borrero, Juana: *Epistolario*. Bd. I, S. 31.
26 Casal, Julián del: *Poesías*. Edición del Centenario. La Habana: Consejo Nacional de Cultura 1963, S. 189: „porque en ti veo ya la tristeza / de los seres que deben morir temprano!"
27 Ebda., S. 271.
28 Vgl. hierzu Ette, Ottmar: Juana Borrero: convivencia y transvivencia. In: Rodríguez Gutiérrez, Milena (Hg.): *Casa en la que nunca he sido extraña. Las poetas hispanoamericanas: identidades, feminismos, poéticas (Siglos XIX – XXI)*. New York – Bern – Frankfurt am Main: Peter Lang 2017, S. 268–307.
29 Vgl. ebda.

nicht einzwängen. Und so wurde sie zu der allzu jung verstorbenen, großen weiblichen Stimme im hispanoamerikanischen Modernismo, hinter dessen großen (Männer-) Figuren sie freilich zu Lebzeiten zurückstand.

Jenseits der Dreiecksbeziehung zwischen Lieben, Leben und Lesen, die ich in meiner früheren Vorlesung über *LiebeLesen* bereits bearbeitet habe, ergeben sich im reichen Schaffen der kubanischen Dichterin viele Anhaltspunkte für ein ständiges Wechseln ihrer Rollen – „ut pictura poesis", in der Malerei wie in der Literatur. So signierte sie ihre überwältigenden Liebesbriefe an Carlos Pío Uhrbach bisweilen mit ihrem eigenen Namen, bisweilen mit „Carlota" oder „Desdemona" und häufiger noch mit „Yvone", der Protagonistin eines romantischen Gedichts des Kolumbianers Abraham Z. López Penha. Hinter Carlos Pío Uhrbach, einem Nachfolger Casals in der Ästhetik eines kubanischen Modernismo, erscheint immer wieder das Bild des 1893 verstorbenen Dichters; und Juana Borrero wird in ihren Briefen nicht müde zu betonen, sie habe Carlos schon lange *bevor* sie ihn kennenlernte geliebt und ihn auch bewusst *gewählt*.[30] Getreu ihrem dem Tagebuch anvertrauten Schwur hatte *sie* sich ihren Liebhaber gewählt, nicht umgekehrt: Sie allein zeichnete für diese Liebesbeziehung verantwortlich! Die Liebe geht hier einen Bund mit weiblicher Revolte und Rebellion ein.

Das Leben wird mit Literatur und die Literatur mit Leben randvoll gefüllt: Daraus destilliert Juana Liebe. Die Substanz des Lebens selbst wird in Literatur verflüssigt, indem sie *ihrem* Carlos in absoluter Radikalität einen nicht mit (einer ‚literarischen') Tinte, sondern mit ihrem eigenen (‚lebendigen') Blut – „en esta clase de tinta que te sugerirá la mitad de mis pensamientos"[31] – geschriebenen Brief zu lesen gibt, in welchem sie den Briefempfänger vor eine Lebens- und Liebesalternative stellt:

> Auf die eine oder andere Art, ist etwa das Vaterland, la Patria, nicht eine Rivalin wie jede andere auch? Und eine glückliche Rivalin, denn Du opferst mich ihr! *Es scheint Dir* schmachvoll, ihrem Rufe nicht zu folgen ... und es scheint Dir nicht verbrecherisch, mit einem einzigen Schlage alle Hoffnungen einer Seele wie der meinigen zu zerstören? Wenn Dich meine Tränen nicht bewegen, wenn bei Dir die Gewissheit meines Todes nicht den Ausschlag gibt, woraus ist dann Dein Herz gemacht? Entweder Dein Vaterland oder *Deine Juana*: Wähle Du. Wenn Du gehst, verlierst Du mich.[32]

---

[30] Diese oftmals in ihren Briefen in unzähligen Variationen betonte und reflektierte Tatsache erscheint bisweilen mit drohendem Unterton: „Ahora en el silencio de mi habitación, a solas conmigo misma, comprendo ¡ay! que te quiero más de lo que tú sospechas! Y, hace tiempo! Porque tú sabes muy bien que *en esta historia* yo fui quien tomé la iniciativa de quererte." Borrero, Juana: *Epistolario*, Bd. I, S. 138.
[31] Borrero, Juana: *Epistolario*, Bd. II, S. 256.
[32] Ebda., S. 257 (Interpunktion und Schreibweise im Original).

Abb. 86: „Misiva floreal", Brief von Juana Borrero an Carlos Pío Uhrbach, 14. April 1895.

Juana trägt bewusst den Namen, den ihrer Insel einst Christoph Kolumbus 1492 gab: *Juana ist Kuba*. Und doch ist Kuba die Rivalin, da ihrer Befreiung vom spanischen Joch jener Krieg gilt, den José Martí gerade entfesselt hatte. Carlos Pío Urbach will sich der Guerra de Martí anschließen, um die „Patria" zu befreien; ein Unabhängigkeitskampf, in welchem er sein Leben aufs Spiel setzen sollte. Um der Bedrohung des eigenen Lebens durch das bedrohte Leben des Anderen zu entgehen, verflüssigt in diesem blutroten Brief vom 11. Januar 1896 die Literatin kraft ihrer Liebe das eigene Leben in einer äußersten Anstrengung, die das Risiko eingeht, „mit einem einzigen Schlag" Leben, Liebe und Lesen für immer zu *liquidieren*. Doch das Leben schrieb diesmal die Geschichte anders; denn Juana sollte als erste im Exil sterben, bevor noch Carlos Pío, der sich schließlich den aufständischen Truppen anschloss, am Weihnachtstag des folgenden Jahres –

wie lange vor ihm Martí, den Juana in Begleitung ihres Vaters bei einer Velada in New York kennengelernt hatte – im Kampf fiel. Hatte sie damals in New York schon gespürt, dass von diesem Dichter und Redner, dass von diesem ‚Vater' des Modernismus, eine für sie tödliche Gefahr ausging? Jedenfalls erlebten die großen Figuren der kubanischen Lyrik die Jahrhundertwende – und damit die Gründung der Republik – nicht mehr. Es gibt ein Schweigen in der kubanischen Geschichte und Kultur, das wir vom Anfang des 20. Jahrhunderts an nicht länger überhören können; ein Schweigen, das noch heute nachhallt.

In Juana Borrero kulminiert die erkaltete Herzensschrift der Romantik und besetzt die dichterischen Übergänge zwischen Romantik und Modernismus. Diese bilden keine Gegensätze, denn der Modernismo ist in vielerlei Hinsicht die Weiterentwicklung des Romanticismo. Das von Juana Borrero verschriftlichte Herzblut stellt eine nochmalige Radikalisierung eines körperlichen Schreibens mit einer anderen Körperflüssigkeit, jener der Tränen dar, welche bis heute sichtbar das Briefpapier der kubanischen Künstlerin punktieren. Eine Grenze ist hier überschritten, die lebensgefährlich ist für den Lesenden wie für die Liebende und (noch) Lebende, wird damit doch ihr Blut aus dem Kreislauf herausgepresst, um in der Schrift zu erstarren. Und Juana Borrero wurde zur Schrift!

Wir sind am Ende unseres kurzen Durchganges durch das Schreiben jener großen und so jung verstorbenen Modernistin angelangt, die auf die wunderbare Blüte weiblicher Lyrik im spanischen Amerika, auf Alfonsina Storni, auf Juana de Ibarbourou und auf die erste lateinamerikanische Trägerin des Literaturnobelpreises, die Chilenin Gabriela Mistral, vorauswies.[33] An dieser Stelle mag als der vielleicht dichteste Ausdruck ihrer Kunst jenes Gedicht an Apoll stehen, das noch in der Romantik des 19. Jahrhunderts wurzelt, aber bereits weit über seine Eigen-Zeit hinaus auf jene Schriftstellerinnen deutet, welche die gängigen Stereotypen der Geschlechtertrennung durchbrachen und in der Literatur wie im Leben neue Maßstäbe setzten. Juana Borrero starb zu jung, als dass sie ein eigenes Moderne-Projekt hätte entwickeln können; doch war eines gewiss: Nicht dem weiblichen Verlangen, sondern dem männlichen So-Sein mussten Zügel angelegt, ja der männliche Wille zur Macht gebrochen werden. In ihrem dionysischen Sonett an Gott Apoll wird der Mann gleichsam *fest-gestellt*:

> Marmorn, stolz und strahlend schön,
> Krönung des Gesichts die Süße,
> Um die Stirne fall'n die Grüße
> Seiner Haare Locken wunderschön.

---

[33] Vgl. zu diesen drei herausragenden Lyrikerinnen Ette, Ottmar: *Von den historischen Avantgarden bis nach der Postmoderne*, S. 423–479.

Schling' meine Arm' ich, seinen Hals verwöhnen,
Und umfass ich seine hellste Blöße,
Strebend nach Glück, Geschick und Größe,
Auf seiner Stirne meiner Lippen Küsse ertönen.

Mich an die unbeweglich' Brust anschmiegend
Bet' ich der Schönheit Ungerührtheit an,
Will sie beleben, verzweifelt, wie ich kann,

Bin wie geführt in meinem Wahn von Amor,
Ließ meiner zarten Küsse Brennen ich fortan
Auf seinem Körper, auf dem kalten Marmor![34]

Marmóreo, altivo, refulgente y bello,
Corona de su rostro la dulzura,
Cayendo en torno de su frente pura
En ondulados rizos sus cabellos.

Al enlazar mis brazos a su cuello
Y al estrechar su espléndida hermosura
Anhelante de dicha y de ventura
La blanca frente con mis labios sello.

Contra su pecho inmóvil, apretada
Adoré su belleza indiferente,
Y al quererla animar, desesperada,

Llevada por mi amante desvarío,
Dejé mil besos de ternura ardiente
Allí apagados sobre el mármol frío!

---

34 Borrero, Juana: Apolo. In (dies.): *Poesías*. La Habana: Academia de Ciencias de Cuba 1966, S. 80.

José Enrique Rodó oder Shakespeare, Santa Teresa und Zarathustra in Amerika

Kommen wir zum Schluss unserer Vorlesung zu jenem schmalen Bändchen, das zumindest aus heutiger Sicht das 19. Jahrhundert abschließt, das 20. Jahrhundert wie einen Paukenschlag eröffnet und nach anfänglichem Schweigen die literarischen und kulturtheoretischen Debatten über Lateinamerika für nahezu ein Vierteljahrhundert entscheidend mitprägen sollte: José Enrique Rodós mit dem neuen Jahrhundert erschienener Band *Ariel*. Sein großes Verdienst war es, auf diesen Seiten eine Vision für das lateinische Amerika entfaltet zu haben:

> Werdet Ihr es nicht sehen, das Amerika, das wir uns erträumen, gastfreundlich zu den Dingen des Geistes und nicht nur zu jenen Menschenmassen, die bei ihm Schutz suchen, gedankenvoll, ohne Minderung seines Talents zur Tat, heiter und fest, trotz seiner großherzigen Begeisterungsfähigkeit, erstrahlend im Zauber eines frühen und sanften Ernstes, wie er den Ausdruck eines kindlichen Gesichts verschönt, wenn sich in ihm mit der aufblitzenden, unberührten Grazie das unruhige, erwachende Denken offenbart? ...–[1]

Abb. 87: José Enrique Rodó (Montevideo, 1871 – Palermo, Italien, 1917).

Diese Vision des kommenden, des bereits entstehenden Amerika leitet den Schlussteil von Prósperos Rede an seine Schüler in José Enrique Rodós sicherlich einflussreichstem Werk ein, das in Vernachlässigung eines anderen Hauptwerks im Mittelpunkt dieses abschließenden Kapitels stehen soll.[2] In ihr entwirft der

---

1 Rodó, José Enrique: *Ariel*. Übersetzt, herausgegeben und erläutert von Ottmar Ette. Mainz: Dieterich'sche Verlagsbuchhandlung 1994, S. 178.
2 Vgl. zu dem faszinierenden, aber weniger im Fokus der Öffentlichkeit stehenden Opus Magnum Rodós Ette, Ottmar: *Archipelisches Schreiben und Konvivenz. José Enrique Rodó und seine*

„viejo y venerado maestro"[3] das Bild eines Kontinents, dessen Gastfreundschaft nicht nur für die Menschenmassen der Einwanderer gelten dürfe, sondern sich vor allem auf die Dinge des Geistes beziehen müsse. Die Metaphorik der Gastfreundschaft bindet in dieser Passage des im Jahre 1900 erschienenen Bändchens zwei verschiedene historische Entwicklungen zusammen: Zum einen ist dies die Einwanderungswelle, welche wesentlich dazu beitrug, dass sich die Bevölkerung in den lateinamerikanischen Staaten zwischen 1850 und 1900 verdoppelte;[4] und zum anderen der Prozess der Internationalisierung von Kultur und Literatur in Lateinamerika. Es handelt sich dabei um einen Prozess, der sich im Kontext der dritten Phase beschleunigter Globalisierung im letzten Drittel des 19. Jahrhunderts intensiviert hatte und durch den hispanoamerikanischen Modernismo seine ästhetisch-literarische Ausdrucksform erhielt.

Sie entnehmen dieser statistischen Aufschlüsselung – die freilich nur approximative Werte enthält, wurden doch etwa in Argentinien bis Ende des 19. Jahrhunderts die indigenen Bevölkerungen nicht in die Bevölkerungsstatistiken aufgenommen –, dass die Bevölkerungsentwicklung in Hispanoamerika überaus rapide verlief, was noch deutlicher würde, wenn man den beobachteten Zeitraum noch genauer unterteilte. Dann sähe man, dass die gezielte Einwanderungspolitik vor allem im letzten Drittel des 19. Jahrhunderts insbesondere in den Küstenräumen sehr erfolgreich war und eine enorme Beschleunigung aller sozioökonomischen Modernisierungsprozesse auslöste. Während die Länder mit großem atlantischem Küstenanteil boomten (so etwa Argentinien), gerieten im Verhältnis dazu die lateinamerikanischen Länder, die das Innere des Subkontinents ausmachen (wie etwa Bolivien und Paraguay) ins Hintertreffen. Während die Bevölkerung Argentiniens um fast 1600 Prozent wuchs, tat dies die bolivianische nur um etwa 160 Prozent, das heißt zehnmal weniger. Brasilien siedelt sich zwischen beiden Extremen an mit einer Erhöhung der registrierten Bevölkerungszahl um etwas mehr als 700 Prozent. Aufschlussreich ist, dass der Bereich des Río de la Plata

---

„Motivos de Proteo". In: *Romanistische Zeitschrift für Literaturgeschichte / Cahiers d'Histoire des Littératures Romanes* (Heidelberg) XLII, 1–2 (2018), S. 173–201.

3 Rodó, José Enrique: *Ariel. Motivos de Proteo*. Prólogo: Carlos Real de Azúa. Edición y Cronología Angel Rama. Caracas: Biblioteca Ayacucho 1976, S. 3.

4 Eine Verdoppelung der Bevölkerungszahl lässt sich auch für die Zeit zwischen 1870 und 1914 – mit einer leichten Verschiebung die Zeitspanne des Modernismo wie der dritten Phase beschleunigter Globalisierung – errechnen. Das von Hans-Jürgen Ille im Rahmen eines VW-Projekts vorgelegte Zahlenmaterial ist in die Endredaktion des von Hans-Otto Dill, Carola Gründler, Inke Gunia und Klaus Meyer-Minnemann herausgegebenen Bandes *Apropiaciones de realidad en la novela hispanoamericana de los siglos XIX y XX*. Frankfurt am Main: Vervuert 1994 leider nicht aufgenommen worden.

über den Verlauf des 19. Jahrhunderts hinweg eine prozentual noch höhere Explosion der Bevölkerung durch Zuwanderung verzeichnen konnte als selbst die Vereinigten Staaten von Amerika: Dies mag Ihnen einen Eindruck geben von jenen Entwicklungen, auf die auch in Rodós *Ariel* angespielt wird.

In den Worten des alten Lehrmeisters Próspero zeichnet sich ein kindliches Antlitz ab, in dessen Gesichtszügen sich die kommende Zeit, die anbrechende Epoche spiegelt.[5] Damit ist keineswegs eine simple Wiederaufnahme der metaphorischen Rede vom jungen Kontinent verbunden, welche ein wichtiges Element ebenso des kollektiven Selbst- wie Fremdbilds Lateinamerikas im 19. Jahrhundert darstellte – wird doch in Prósperos Rede Jugendlichkeit ja gerade als vorrangig kulturelles und nicht biologisches Merkmal in heidnischer Antike und christlicher Heilslehre gedeutet und dialektisch für die Zukunft des Subkontinents entfaltet. Es erfolgt vielmehr eine Abgrenzung gegenüber diesem zurückliegenden Jahrhundert, das der alte Próspero in seiner Abschlussrede ein letztes Mal auf die Dinge hin befragt, die es in positiver Weise an die nun beginnende Zeit weitergeben könne.[6] Das an die Schüler vermittelte Zeitbewusstsein ist das eines überwundenen Fin de siècle, einer mit dem neuen Jahrhundert anbrechenden Ära, die in der Bewegung des zum Fluge ansetzenden Ariel symbolische Gestalt annimmt: Ariels Bronzestatue beherrscht den Raum, in welchem Prosperos Schüler ein letztes Mal den Worten des Meisters lauschen, bevor sie ihren eigenen Flug in eine neue Zeit beginnen.

Dieses Bewusstsein, am Beginn eines neuen Zeit-Raums, eines Aufbruchs in die Moderne zu stehen, soll im Folgenden zum einen auf die Zusammenhänge bezogen werden, die zwischen dem sozioökonomischen Begriff der „Modenización", dem epochenspezifischen Begriff der „Modernidad" und dem literarästhetischen Begriff des „Modernismo" bestehen. Zum anderen soll gefragt werden, auf welche Weise diese drei genannten Entwicklungskomplexe literarisch in dem wohl bekanntesten und einflussreichsten Werk des uruguayischen Schriftstellers vermittelt sind. Im Fokus stehen dabei jene intertextuellen Beziehungen, welche die Literaturen des 19. Jahrhunderts einmal mehr im Spannungsfeld zwischen zwei Welten zeigen und dabei die literarischen Bezugssysteme ebenso auf William Shakespeare wie auf den für das Fin de siècle grundlegenden Denker Friedrich Nietzsche orientieren.

---

5 Auf die sakrale Dimension dieser Verkündigung des kommenden Gottes habe ich hingewiesen in meinem Nachwort zu Rodó, José Enrique: *Ariel*.
6 Vgl. zur Definition des Modernismus Rodó, José Enrique: Rubén Darío. Su personalidad literaria, su última obra. In (ders.): *Obras Completas*. Editadas con introducción por Emir Rodríguez Monegal. Madrid: Aguilar 1957, S. 187.

An erster Stelle soll dabei die Untersuchung von Raum- und Bewegungsstrukturen stehen, welche die ästhetisch überzeugende Umsetzung der skizzierten transarealen Problematik in Rodós *Ariel* erlauben. Sie weisen diesem längst klassisch gewordenen Text des hispanoamerikanischen Modernismo eine erneuerte Bedeutung im Horizont von Fragen zu, welche auf in Lateinamerika entwickelte *divergierende* Moderne-Konzepte zielen. Denn während der zurückliegenden Jahrzehnte haben literatur- und kulturtheoretische Ansätze in Lateinamerika Heterogenität und Hybridisierung als Charakteristika einer *peripheren* Modernität des Subkontinents ausgemacht.[7] Besonders die letztgenannte, von Beatriz Sarlo entwickelte Begriffsprägung[8] hat sich als fruchtbar erwiesen, um die eigene, aber zugleich an die hegemonialen Zentren außerhalb Lateinamerikas rückgekoppelte kulturelle Entwicklung zu verdeutlichen und ihren Charakter als „modernización dependiente y desigual"[9] herauszuarbeiten. Freilich erscheint im literarischen Bereich die Abhängigkeit und Dependenz Amerikas aus heutiger Sicht als weniger ausgeprägt und hat dem Begriff einer *divergierenden* Moderne jenseits einer Unterscheidung von ‚Zentren' und ‚Peripherien' Platz gemacht.

Insbesondere im letzten Drittel des 19. Jahrhunderts zeichneten sich Entwicklungen ab, die im *sozioökonomischen* Bereich durch eine von Europa und den USA ausgehende Fremdsteuerung des Entwicklungsprozesses, eine wachsende kapitalistische Durchdringung und einen rasch zunehmenden Einbau Lateinamerikas in weltwirtschaftliche Prozesse geprägt waren. Im *kulturellen* Bereich lässt sich eine steigende Alphabetisierungsrate, der Aufbau eines lateinamerikanischen Verlagswesens und die Schaffung eines eigenen, wenn auch bescheidenen Markts für nationale Druckerzeugnisse nachverfolgen. Der *literarische* Bereich schließlich erfuhr die Ausdifferenzierung eines literarischen Feldes, die Veränderung der sozialen Funktion des Schriftstellers und die Zunahme der Kommunikationen zwischen den einzelnen literarischen Zentren Lateinamerikas. Innerhalb dieser hier nur schlaglichtartig zu beleuchtenden Entwicklung wuchsen der Literatur in Lateinamerika neue Aufgaben und Funktionen zu, entzogen doch die von der „Modernización" ausgelösten Säkularisierungsprozesse zusammen mit den Immigrationswellen den alten Institutionen und ihren Werten – betroffen waren

---

7 Zum Beginn dieser Diskussionen vgl. etwa Rincón, Carlos: Modernidad periférica y el desafío de lo postmoderno: perspectivas del arte narrativo latinoamericano. In: *Revista de crítica literaria latinoamericana* (Lima) XV, 29 (1989), S. 61–104; vgl. auch Scharlau, Birgit / Münzel, Mark (Hg.): „*Kulturelle Heterogenität" in Lateinamerika. Bibliographie mit Kommentaren.* Tübingen: Narr 1991.
8 Vgl. Sarlo, Beatriz: *Una modernidad periférica: Buenos Aires 1920 y 1930.* Buenos Aires: Ediciones Nueva Visión 1988.
9 Ramos, Julio: *Desencuentros de la modernidad en América Latina. Literatura y política en el siglo XIX.* México: Fondo de Cultura Económica 1989, S. 12.

vor allem Klerus und einheimische Oligarchie – zunehmend die Legitimationsbasis.[10] Damit bot sich den Schriftstellerinnen und Schriftstellern zum einen die Chance, die Literatur zum Ort der Diskussion über jene Werte zu machen, die für die gesamtgesellschaftliche Entwicklung richtungsweisend sein sollten. Zum anderen räumte eine Literatur, die ihre soziale Orientierungsfunktion aus einer neuen Beziehung zum intellektuellen Feld und vor allem zum Feld der Macht ableitete, dem Schriftsteller selbst nun die Möglichkeit ein, *vom Feld der Literatur aus* nicht nur auf politische Prozesse Einfluss zu nehmen, sondern gleichsam zum Vordenker künftiger gesellschaftlicher Entwicklungen zu werden. José Enrique Rodó ist trotz (oder gerade wegen) seiner politischen Aktivitäten ein hervorragendes Beispiel für diese Entwicklung: Mit seiner Tätigkeit als Abgeordneter im uruguayischen Repräsentantenhaus erreichte er zu keinem Zeitpunkt jene Breitenwirkung, die er mit den wenigen aber substanzreichen, den „pocas pero sustanciosas páginas"[11] (so Leopoldo Alas in seiner positiven Besprechung von 1900) seines *Ariel* erzielte. Die Leitfunktion literarischer Artefakte ist daher für diesen Zeitraum evident.

Raum- und Bewegungsstrukturen beherrschen von Beginn an dieses Hauptwerk des Rodó'schen Modernismo, das sich ebenso dezidiert wie José Martís *Nuestra América* von der Stimmung des Fin de siècle abwendet. Das erste Kapitel dient dazu, die verschiedenen Personen des Textes einzuführen – Próspero, die Bronzestatue Ariels, die Schüler sowie die Bücher, die als die Getreuen, die „fieles compañeros"[12] des Lehrmeisters vorgestellt werden – und die sich anschließende (Sprach-)Handlung zu situieren. Diese gestaltet sich wie folgt: Prósperos Schüler kommen am Ende eines Studienjahres ein letztes Mal in einer weiten Aula[13] zusammen, die halb Lehrsaal, halb Bibliothek ist und von der Bronzestatue des Shakespeare'schen Luftgeistes *zentriert* wird. Erst im achten und letzten Kapitel werden die Schüler diesen Saal wieder verlassen und hinaustreten in einen urbanen, großstädtischen Raum, der seinerseits eingebettet ist in kosmische Dimensionen. Der Kontakt mit der Masse, der „áspero contacto de la muchedumbre",[14] führt sie in die Realität („realidad") zurück, die aber gleichsam über-

---

10 Vgl. Gutiérrez Girardot, Rafael: La literatura hispanoamericana de fin de siglo. In: Iñigo Madrigal, Luis (Hg.): *Historia de la Literatura Hispanoamericana*. Bd. II: *Del neoclasicismo al modernismo*. Madrid: Ediciones Cátedra 1987, S. 497–506.
11 Alas (Clarín), Leopoldo: Ariel. Hier zitiert nach der von Hugo D. Barbagelata herausgegebenen Sammlung *Rodó y sus Críticos*. Paris: Imprimerie de Mr Vertongen 1920, S. 42.
12 Rodó, José Enrique: *Ariel. Motivos de Proteo*, S. 3.
13 Ebda.
14 Ebda., S. 55.

höht wird durch den Sternenraum, dessen Vibrationen die sakrale Atmosphäre der Rede Prósperos ins Kosmische ausweiten.

Kapitel I und VIII verorten damit das Geschehen in einem einzigen Raum, der sich erst am Ende auf die (lateinamerikanische) Großstadt und den Kosmos hin öffnet. Gleichzeitig übernehmen diese beiden Textteile die Funktion einer fiktionalen Rahmung der Kapitel II bis VII, indem eine auktorial modellierte Erzählerfigur nicht nur die Raumstruktur einführt, sondern auch durch die Ekphrasis der Statue dem Luftgeist Shakespeares plastische Präsenz verleiht. Die symbolische Gegensätzlichkeit zwischen Ariel und Calibán wird in Anschluss an die aus William Shakespeares *The Tempest* übernommene Personenkonstellation (Próspero – Ariel – Calibán) und mehr noch an deren Deutung in Ernest Renans *Caliban* entwickelt. Sie erscheint durch die Vermittlung der Erzählerfigur zunächst in sehr schematischer, bipolarer Form; in der Gestaltung der „sala de estudio" aber fehlt alles, was Calibán repräsentieren könnte. Der Sohn der Sycorax ist aus diesem Raum ebenso ausgeschlossen wie ‚die Realität' der Menschenmassen, die Lehrsaal und Bibliothek gleichwohl umgibt. Damit präsentiert dieser Raum eine keineswegs bipolare, sondern eine vielmehr auf Ariel zentrierte homogene Struktur. Diese wird noch dadurch verstärkt, dass Próspero am Anfang und am Ende seiner Rede Ariel als Schutzgottheit in den Mittelpunkt stellt und durch Berührung der Stirn des „airy spirit" letztlich nur in der Rolle eines Propheten erscheint, der von einer in der Statue symbolisierten göttlichen Kraft erleuchtet wird: Ariel steht im Zentrum.

Die Erzählerfigur des ersten und achten Kapitels, die keinesfalls mit dem Autor gleichgesetzt werden darf, bewirkt eine *fiktionale Fundierung* des gesamten Textes. Damit ist die Rede Prósperos nicht mehr als selbständiger Text aufzufassen: Sie erweist sich vielmehr als Binnenstrukturierung, als eingebettete literarische Form. Dies bedeutet zugleich, dass die bislang vorherrschende Bezeichnung *Ariels* als Essay einer dringenden Revision bedarf, handelt es sich bei diesem Text *in seiner Gesamtheit* doch keineswegs um nicht-fiktionale und nicht-erzählende Prosa, sondern vielmehr um eine Mischung fiktionaler und diktionaler Textsorten, die wir als *Friktion* bezeichnen dürfen. Weder Próspero noch Erzähler dürfen als textinterne Instanzen mit dem außerhalb des literarischen Textes befindlichen Autor José Enrique Rodó identifiziert werden. Auf einer solchen Identifikation Rodós mit Próspero, Erzählerfigur und sogar Ariel aber beruhte ein Gutteil der großen Wirkung, die der Text seit seinem Erscheinen zu Beginn eines neuen Jahrhunderts entfaltete. Damit stellt sich die Frage, welche textexternen und textinternen Faktoren eine solche Rezeption begünstigten, die bis heute noch vorzuherrschen scheint.[15]

---

15 Vgl. etwa die bemerkenswert eurozentrischen Ausführungen in Volger, Gernot: Mestizenkultur. Lateinamerikas Identität im Spiegel seines zeitgenössischen Denkens. In: *Merkur* (München)

Wir müssen die räumlichen Dimensionen des Textes noch präziser erfassen! Die Grundstruktur *Ariels* weist eine fiktionale Rahmung auf, innerhalb derer die Rede Prósperos angesiedelt ist. Innerhalb dieses literarischen Genres der Rede, die sich insbesondere an der Form der Universitätsreden in der Area des Río de la Plata orientierte,[16] sind andere Gattungen und Gattungselemente angesiedelt. Auf dieser *architextuellen* Ebene wären Bestandteile etwa des philosophisch-literarischen Dialogs zu nennen, welche vor allem auf die *Dialogues philosophiques* Renans oder die Dialoge Platons zurückverweisen, auf die im Text explizit wie implizit angespielt wird; daneben lassen sich aber auch Elemente des Hymnus, des Bühnenmonologs, der literarischen Kritik oder des wissenschaftlichen Traktats ausmachen. Die eingeblendeten Gattungen betreffen vor allem den Essay, wobei die in dessen lateinamerikanischer Variante so häufig zu konstatierende Wichtigkeit oratorischer Elemente eine Verschmelzung rhetorischer und essayistischer Formen in Prósperos Worten in besonderer Weise begünstigte. Einen Eindruck hiervon hatten wir bereits durch Martís Essay *Nuestra América* erhalten. Darüber hinaus finden aber auch narrative Formen Aufnahme, denen etwa die Erzählung vom „Gastfreundlichen König" oder von der ihren Bräutigam erwartenden Braut zuzurechnen sind. Auf Ebene der Rede sind diese narrativen Formen ganz im Sinne der antiken Rhetorik präzisen Orten und Funktionen zugewiesen, dienen sie doch – wie der Redner Próspero stets betont – der Verdeutlichung und Veranschaulichung bestimmter oratorischer Argumente.

Die Mischung verschiedenster Gattungselemente in Rodós Text verbietet ebenso wie dessen fiktionale Fundierung eine einfache Zuordnung *Ariels* zu einem bestimmten Genre; doch wirkt diese Vielfalt nur auf den ersten Blick verwirrend. Denn sie ist eingebunden in eine strenge Hierarchie, die den Text auf der architextuellen Ebene keineswegs als Patchwork auszeichnet, sondern vielmehr als einen Bewegungs-Raum ausweist, der sich gleichsam von außen nach innen hin auf verschiedenen Ebenen strukturiert: Umgeben von einem äußeren Bereich fiktionaler Rahmung siedelt sich die Rede Prósperos an, innerhalb derer nach den Regeln einer bestimmten *Dispositio* Gattungsformen angeordnet sind, die einerseits funktional auf die Rede wie auf den Rahmen bezogen werden, andererseits aber auch wiederum Elemente anderer Gattungen aufnehmen können.

XLVII, 3 (März 1993), S. 218–230. Die Identifikation Rodós mit der Stimme Prósperos war noch immer eine Konstante der weltweit begangenen Feierlichkeiten im *Centenario* des Todesjahres Rodós.
16 Vgl. hierzu Real de Azúa, Carlos: Prólogo. In: Rodó, José Enrique: *Ariel. Motivos de Proteo*, S. X.

Innenraum und Außenraum sind dadurch von Ebene zu Ebene aufeinander bezogen und nicht voneinander unabhängig. Somit ergeben sich Parallelen zwischen der expliziten räumlichen Strukturiertheit auf Inhaltsebene (Lehrsaal – Großstadt – Kosmos) und der architextuellen Hierarchisierung auf Ausdrucksebene (Erzählung – Rede – fiktionaler Rahmen). Darüber hinaus ist eine mehrfach wiederkehrende Raumstruktur die der gotischen Kathedrale. Sie schließt sich im letzten Teil des siebten Kapitels unmittelbar an die eingangs zitierte Passage an und weist der Vision des kommenden Amerika einen bestimmten Ort zu: „Widmet ihm zumindest Eure Gedanken; die Ehre Eurer künftigen Geschichte hängt davon ab, ob Ihr beständig vor den Augen der Seele die Vision dieses erneuerten Amerika habt, die sich hoch über den gegenwärtigen Realitäten abzeichnet, der weiten Rosette eines gotischen Kirchenschiffs gleich, welche über der Strenge der düsteren Mauern im Lichte erglüht."[17]

Der Vergleich mit dem räumlichen Aufbau des gotischen Kirchenschiffs ist in mehrfacher Hinsicht bedeutsam; aber zwei Aspekte sind im Kontext finisekulärer Interieurs für unsere Fragestellung besonders wichtig: Zunächst zeigt sich in ihm die Sakralisierung der Vision des neuen Amerika; eine Vision, die auch auf einen *menschlichen* Innenraum bezogen wird, soll ihr Bild doch stets vor den „Augen der Seele" stehen. Die Verwendung dieser topischen Metapher ist dabei keineswegs beliebig; sie geht zurück auf Platons *Politeia*, wo sie in direkter Beziehung zur dialektischen Methode und zum Begriff der Idee steht, welche die geistige Gestalt der Dinge sichtbar macht.[18] In ihrer langen Geschichte war die Metapher vom Auge der Seele seit jeher „unüberbietbarer sprachlicher Ausdruck für die Verbindung der Fähigkeiten des reichsten inneren und des reichsten äußeren Sinnes"[19] und stand bei den spanischen Mystikern für die Gotteserfahrung der Seele ein. Bei

---

17 Rodó, José Enrique: *Ariel*, S. 179; vgl. Rodó, José Enrique: *Ariel. Motivos de Proteo*, S. 51: „Pensad en ella a lo menos; el honor de vuestra historia futura depende de que tengáis constantemente ante los ojos del alma la visión de esa América regenerada, cerniéndose de lo alto sobre las realidades del presente, como en la nave gótica el vasto rosetón que arde en la luz sobre lo austero de los muros sombríos."

18 Vgl. hierzu die kurze Bemerkung von Curtius, Ernst Robert: *Europäische Literatur und lateinisches Mittelalter*. Bern – München: Francke Verlag [10]1984, S. 146; vgl. Platon: *Sämtliche Werke*. Bd. 3: *Phaidon, Politeia*. In der Übersetzung von Friedrich Schleiermacher. Hamburg: Rowohlt 1958, S. 239.

19 Janik, Dieter: Das „Auge der Seele": erkenntnistheoretische, religiöse, moralische und ästhetische Funktionen einer topischen Metapher ausgehend von Baltasar Gracián. In: Toro, Alfonso de (Hg.): *Texte, Kontexte, Strukturen. Beiträge zur französischen, spanischen und hispanoamerikanischen Literatur*. Festschrift zum 60. Geburtstag von Karl Alfred Blüher. Tübingen: Narr 1987, S. 372.

Santa Teresa etwa wird diese Metapher für die überraschende Einkehr Christi in die Seele des Menschen verwendet.[20]

Die „visión intelectual" des kommenden, des in der menschlichen Seele Einkehr haltenden Gottes bleibt bei Santa Teresa den leiblichen Augen wie jenen der Seele verborgen. Erst die Worte des Meisters, und damit letztlich die Festigkeit des Glaubens, bringen in den „moradas sestas" der „inneren Burg" die endgültige Gewissheit. Auch in Prósperos Rede ist nur die Zielvorstellung als Ideal, als Idee im Sinne Platons vor den Augen der Seele beständig. Die Frage, ob das Kind, das neue Amerika, der kommende Gott von den Schülern dereinst wahrgenommen werden kann, lässt sich daher nicht nur auf eine konkrete Zukunft beziehen, in der diese Vision vielleicht einmal in Wirklichkeit verwandelt sein wird; Prósperos rhetorische Frage meint zugleich auch die seelische, metaphysische, ja die mystische Dimension dieses Schauens. Auch beim Menschen sind in der Rede des *Meisters* Innen- und Außenraum, innere und äußere Sinne aufeinander bezogen. Wie in der Sakralisierung der Bronzestatue Ariels, der literarischen Figur aus Shakespeares *The Tempest*, zeigt sich erneut ein Spiel von Desakralisierung und Resakralisierung, das den gesamten Text Rodós durchzieht und mit dem von der Modernización ausgelösten Säkularisierungs-Prozess wie der gegenläufigen Bewegung einer Sakralisierung der Kunst in Verbindung zu bringen ist. Die literarische Figur Prósperos und eine die künftige Rezeption vorwegnehmende Wirkung seiner Worte auf die Schüler bezeichnen diesen neuen quasi-sakralen Raum der Literatur im Lateinamerika der Jahrhundertwende.

Der zweite Aspekt betrifft die Tatsache, dass auch in der gotischen Kathedrale der Innenraum in des Wortes ursprünglicher Bedeutung *orientiert*, also nach Osten ausgerichtet ist. Als Gegenpol zum Chor dient die Rosette, die ihr Licht nach Osten ins Kirchenschiff wirft: In ihrer Symbolik ist die Kathedrale Schiff und Wanderzelt, Altar und schwebende Stadt.[21] Die Rosette schwebt als zentrierte und zentrierende Form über dem Dunkel auf einer anderen Ebene und symbolisiert die transzendente Öffnung auf einen mystischen Erfahrungsraum, der den Mikrokosmos Mensch in seinem Bezug zum Makrokosmos und in seiner göttlichen Eingebundenheit zeigt; eine Erfahrung, welche die Schüler Prósperos im letzten Kapitel unter dem Sternenzelt in geradezu ekstatischer Weise erleben.

---

20 Vgl. Ette, Ottmar: „La modernidad hospitalaria": Santa Teresa, Rubén Darío y las dimensiones del espacio en „Ariel" de José Enrique Rodó. In: *Unión* (La Habana) IX, 32 (julio – septiembre 1998), S. 2–11.
21 Zur Symbolik der gotischen Kathedrale vgl. Kunze, Konrad: *Himmel in Stein*. Freiburg – Basel – Wien: Herder 1980.

Auch der Platz unter den Sternen im Innenraum des gotischen Kirchenschiffs, der Chor, wird in *Ariel* evoziert. In explizitem Rückgriff auf einen Vergleich, den Marie Jean Guyau in *Les problèmes de l'esthétique contemporaine* (1884) benutzt hatte, dient das gotische Chorgestühl Próspero im vierten Kapitel dazu, die intime Verbindung zwischen Ethik und Ästhetik seinen Schülern vor Augen zu führen. Wir kommen nicht umhin, an dieser Stelle noch einmal auf die Interieurs in dem im selben Jahr erschienenen Roman von Joris-Karl Huysmans und auf die Innenarchitektur beim Tanz der Salomé zu verweisen. Der gotische Raum bei Rodó ist nicht mehr der einer Psychomachie, einer Opposition von Tugenden und Lastern, von Gut und Böse: Der räumliche Aufbau des Chorgestühls mit seiner Gegenüberstellung von Heiligenviten und Blumenornamenten verdeutlicht vielmehr die dialektische Überwindung einer Gegensätzlichkeit zwischen ästhetischer Schönheit und moralischer Wahrheit. Gewiss ist in Rodós Text die Ästhetik nicht mehr in der Ethik beziehungsweise im (christlichen) Glauben verankert, scheint doch in seinem Werk umgekehrt die Ethik eher in der Ästhetik fundiert zu sein. Wohl aber werden in der von Próspero unter Rückgriff auf Guyau entworfenen Raumstruktur ganz wie im gotischen Chorgestühl die gegenüberliegenden Pole aufeinander bezogen: So erst bilden sie einen integralen, ganzheitlichen Raum. Auf diese Weise entsteht ein Innenraum, der wiederum dem größeren Innenraum der Kathedrale zugeordnet ist, welcher seinerseits die Beziehung zum Außenraum des Kosmos symbolisiert. Diese Raumstruktur wird in Prósperos kurzem Dialog mit dem französischen Philosophen zum Sinnbild der Seele.[22]

Próspero selbst aber hatte zuvor, im dritten Kapitel, eine andere räumliche Struktur entworfen, die nach seinen Worten Symbol des Aufbaus der Seele[23] sein sollte: die Burg des Gastfreundlichen Königs. Die architektonische Anlage dieses Alkazar ist literarisch im Orient verortet.[24] In ihr vereinigen sich die offenen Formen orientalischer Paläste und Märkte mit jenen arabischer Wehrbauten, die jedoch durch breite, weit geöffnete und nicht bewachte Tore charakterisiert werden. Dieser Architektur des Orients werden offene Säulenhallen, die mehr an klassische griechische Formen erinnern, sowie einzelne Teile des Palastes entgegengestellt, welche als zunehmend von Pflanzen überwucherte Ruinen in Szene gesetzt werden. Die Mischung architektonischer Formen (und in der europäischen Romantik beheimateter literarischer Bilder) ist durch eine große Offenheit ausgezeichnet, gelangen doch Bettler zum Thron des Königs und Kinder

---

22 Rodó, José Enrique: *Ariel. Motivos de Proteo*, S. 18.
23 Ebda., S. 13: „Encuentro el símbolo de lo que debe ser nuestra alma en un cuento que evoco de un empolvado rincón de mi memoria."
24 Ebda.

allmorgendlich zu seinem Bett. Die Übergänge zwischen den Interieurs und den Außenräumen sind fließend. Selbst Pflanzen und Tieren steht der märchenhafte Palast offen, in dem eine paradiesische Harmonie zwischen allen Formen des Lebens zu herrschen scheint. Den offenen Raumstrukturen, die allen Menschen Einlass gewähren, vor allem aber seiner Großzügigkeit verdankt der patriarchalische Herrscher seinen Beinamen „el rey hospitalario".

Dieser Offenheit steht jedoch die Verborgenheit und Verschlossenheit eines Raumes gegenüber, zu dem allein der König Zugang hat. Denn tief drinnen[25] verwandelt sich die Architektur in eine labyrinthische Struktur verborgener Pfade, die zu einem Raum führen, welcher gänzlich vom lärmenden Alkazar durch dicke Porphyr-Quader abgeschirmt wird. Innenraum und Außenraum scheinen hier in einen unüberbrückbaren Gegensatz zu treten. Selbst das Licht vermag in diesen von „ernsten Karyatiden" bewachten innersten Raum nicht einzudringen, der durch den Verweis auf Uhlands Gedicht *Die verlorene Kirche* in einen Zusammenhang mit der deutschen Romantik und deren Mittelalterbild gebracht wird. In dem von einer Artesonado-Decke überwölbten eigentlichen Zentrum der Palastanlage herrscht ein „religiöses Schweigen"; doch endet die Gastfreundschaft des Königs hier nur scheinbar:

> An den Stirnseiten sprachen in Stein gehauene Bilder von Idealität, von Selbstversunkenheit, von Ruhe ...– Und der alte König versicherte, daß seine Gastfreundschaft – dürfe ihn auch niemand je bis hierher begleiten – an dem rätselhaften Schutzorte so freigiebig und groß wie immer bliebe, nur daß jene, die er zwischen diesen schweigsamen Mauern um sich versammelte, flüchtige Gäste seien, die keine Hand zu berühren vermöge. An diesem Orte träumte der legendäre König, hier befreite er sich von der Wirklichkeit; hier wendeten sich seine Blicke nach innen [...]; niemand entweihte ihn, denn niemand hätte es gewagt, seinen Fuß respektlos dorthin zu setzen, wo der alte König mit seinen Träumen allein und abgeschieden in der Ultima Thule seiner Seele sein wollte.
> Ich will, daß diese Geschichte in Eurem inneren Reiche den Ort ihrer Handlung finde.[26]

Prósperos sich unmittelbar anschließende Deutung dieses ‚verbotenen' Raums als Vorbedingung wahrer individueller Freiheit und seelisches Zentrum eines ganzheitlich gebildeten Menschen macht die Erzählung vom Gastfreundlichen König zu einer Parabel, die seiner Ansicht von der richtigen Entwicklung des menschlichen Wesens Ausdruck verleihen soll. Sie bezieht Offenheit („a todas las corrientes del mundo") wie Geschlossenheit gegenüber den „huéspedes profanos" auf die Entwicklung des Individuums und weist damit der eingebet-

---

25 Ebda., S. 14: „dentro, muy dentro."
26 Rodó, José Enrique: *Ariel*, S. 90.

teten Gattung des „cuento" eine eindeutige, illustrative Funktion innerhalb der Rede zu.[27]

Die Parabel lässt sich aber auch auf den gesamten Text beziehen. Dies betrifft zunächst die auf der Inhaltsebene angesiedelte Raumstruktur: Die äußeren Bereiche der Palastarchitektur öffnen sich auf ihre Umgebung hin, sie gewähren Händlern wie Bauern Einlass. Auch die inneren Räume stehen nicht nur Tieren und Pflanzen, sondern auch Hilfesuchenden und Kindern offen. Der innerste Raum ist jedoch bewacht, ihn erreichen die profanen Gäste nicht mehr: Nur der Patriarch selbst und die „magnificencia de las sombras serenas"[28] dürfen sich in diesem letzten Innenraum aufhalten, zu dem keine Schallwellen, nur noch wenige Lichtwellen, immerhin aber noch Düfte vordringen können. Es wiederholt sich damit die (dreistufige) Raumstruktur, die sich sowohl in der Anlage des Gesamttexts als auch in der Darstellung von Räumen in Prósperos Rede herausarbeiten ließ. Die im Fin de siècle hochgeschätzten Interieurs geben ein Bild vom Inneren des idealen Menschen.

Auch auf der Ausdrucksebene hatte unsere Analyse im Bereich des genretechnischen Aufbaus eine Anlage ergeben, die sich hinsichtlich ihrer räumlichen Strukturierung mit der Erzählung in Verbindung bringen lässt. Prósperos „cuento", der sich unterhalb von fiktionalem Rahmen und Redestruktur auf einer dritten textinternen Ebene ansiedelt, erweist sich auch in dieser Beziehung als eine Mise en abyme des gesamten Textes. Dies verleiht der Frage nach dem literarischen Raum der Erzählung, mithin nach ihren intertextuellen Bezügen zu anderen Werken, ein noch größeres Gewicht. Widmen wir uns folglich nach dem architektonischen nun dem literarischen Raum!

Der sonst so freimütig auf seine Bezugstexte hinweisende Próspero gibt augenzwinkernd an, die Erzählung in einer „verstaubten Ecke" seines Gedächtnisses gefunden zu haben. Vor einiger Zeit hat in recht unbestimmter Weise Roberto González Echevarría auf Bezüge zu den *Moradas del castillo interior* aufmerksam gemacht.[29] Er brachte jedoch die in der Erzählung dargestellte Raumstruktur, die er als halb Palast, halb Bunker umschrieb, vorrangig mit Illustrationen von Texten Jules Vernes und mit jenen Diktatorenpalästen in Verbindung, welche die Architektur des lateinamerikanischen Diktatorenromans bestimmen. Doch scheint es mir geboten, den Beziehungen zur inneren Architektur der Seele, wie

---

27 Ebda., S. 15.
28 Ebda., S. 14.
29 Vgl. González Echevarría, Roberto: The Case of the Speaking Statue: „Ariel" and the Magisterial Rhetoric of the Latin American Essay. In (ders.): *The Voice of the Masters. Writing and Authority in Modern Latin American Literature.* Austin: University of Texas Press 1985, S. 23.

sie Santa Teresa in ihren *Moradas* entwarf, mit größerer Aufmerksamkeit nachzugehen. Próspero selbst weist gleich zu Beginn seiner Rede auf die „elfenbeinernen Verse" der spanischen Mystiker hin. Er tut dies (erneut) in Zusammenhang mit einer Parabel Guyaus, welche nach Prósperos Worten das Hoffen der Menschheit mit den immer von neuem enttäuschten Erwartungen einer Braut vergleicht, die ihren künftigen Gatten empfangen will. Jeden Morgen legt sie – ein Opfer ihrer Träumereien und ihres Wahnsinns – aufs Neue ihren Brautschmuck an, in der Erwartung des Kommenden: „*Es hoy cuando vendrá*",[30] so die Formulierung, die nicht zufällig an Rodós 1897 erschienene Schrift *El que vendrá* erinnert.[31] Próspero freilich zieht die Verbindung zu den Mystikern.

Die Einkehr des mystischen Gatten unterliegt in Santa Teresas *Moradas* nicht dem Willen des Menschen. Auch zeigt sich der ersehnte Gast in den „moradas sestas" weder den Augen des Leibes noch den Augen der Seele. Ob die ersehnte Vereinigung mit dem Gatten, dem „Esposo" jemals Wirklichkeit wird, ist ebenso ungewiss wie die Realisierung der Vision des kommenden Amerika, die der Seher Próspero seinen Schülern vor (die) Augen (der Seele) zu führen versucht. Was Santa Teresa widerstrebend als „visión intelectual" bezeichnet, vermag die Fülle der Heilserfahrung jener „Braut Christi" (hinter der sich gewiss auch die spanische Ordensfrau verbirgt) nicht zu erfassen, die sich trotz ihrer Verwirrung doch der Einkehr des Kommenden stets gewiss ist, auch wenn sie nicht wisse, wieso ihr so viel Glück beschieden ist.

Die Worte Teresas aus dem achten Kapitel der „moradas sestas", die sich schon mit Prósperos Vision eines neuen Amerika in Verbindung bringen ließen, bilden eine zweite Lektüreebene seines Rückgriffs auf Guyaus Vergleich: Die Offenheit des Verweises auf die Bezugstexte täuscht. Denn das explizite Verweissystem in *Ariel* kaschiert ein implizites intertextuelles Beziehungsgeflecht. Seine Spuren werden an der Oberfläche durch die Verweise auf Autornamen verwischt, doch ist der Weg zu diesem inneren Verweissystem wie in der Burg des Gastfreundlichen Königs ein zwar verborgener, aber nicht unauffindbarer Pfad. Selbst auf lexikalischer Ebene lässt sich ein direkter Bezug zwischen den „versos de marfil" der Mystiker und der Erzählung vom Gastfreundlichen König herstellen, ist der innerste Raum im Palast des „rey hospitalario" doch von Elfenbeintüren („puertas de marfil") verschlossen. Ihn öffnen gleichsam die Werke und Visionen der spanischen Mystik. So ist die Raumstruktur des Alkazar, der nach Prósperos Worten die Seele des Menschen symbolisiert, eng mit den *Moradas del castillo*

---

30 Rodó, José Enrique: *Ariel. Motivos de Proteo*, S. 5.
31 Eine noch deutlichere Verbindung findet sich in der Parallelstelle der „invocación al ideal *que vendrá*, con una nota de esperanza mesiánica" (Ebda., S. 8.).

interior verknüpft, deren Anlage die innere Architektur der Seele und den Weg der Vervollkommnung, den *Camino de Perfección* einer Vereinigung mit dem Ideal, wie ihn auch die Schüler in Rodós *Ariel* durchlaufen, zu versinnbildlichen suchte. Auch der „rey hospitalario" ist in diesem Innersten seiner Burg nur Gast. Erneut zeigt sich, diesmal auf intertextueller Ebene, ein (das gesamte 19. Jahrhundert durchlaufender) Prozess von De- und Resakralisierung bei der Anverwandlung der Texte mystischer Gottesschau: Denn aus der Unio mystica der spanischen Heiligen ist die ganzheitliche Gestaltung eines ideell ausgerichteten Lebens, zugleich aber auch die Vision einer künftigen Einheit Lateinamerikas geworden.

Unter dem expliziten Verweissystem des „cuento", das den Orpheus-Mythos, die Werke des Heiligen Franz von Assisi und *Die verlorene Kirche* Uhlands aufruft, verbirgt sich ein implizites, das gleichsam den profanen Blicken entzogen ist. Auf dieser impliziten Ebene lassen sich jedoch nicht nur Verbindungen zu den spanischen Mystikern, sondern auch zu einem zeitgenössischen lateinamerikanischen Text herausarbeiten: Gemeint sind die Bezüge zwischen dem „rey hospitalario" und Daríos Erzählung *El rey burgués*, einer der berühmtesten Erzählungen des nicaraguanischen Dichters, der neben Martí und Rodó die dritte der modernistischen „Tre Corone" bildet.

In diesem „Cuento alegre" (so der Untertitel)[32] aus Daríos einflussreichem Prosabändchen *Azul* (1888) wird bewusst eine Spannung zwischen Rahmenstruktur und Binnenerzählung erzeugt, verspricht der Erzähler doch Zerstreuung und Erheiterung, die im Leser eine Erwartungshaltung provozieren, welche aber nachhaltig enttäuscht wird. Diese Ent-Täuschung hat in ganz wesentlicher Weise mit der poetologischen Dimension des „cuento" zu tun, die im Vordergrund der hier vorgeschlagenen Lektüre stehen und auf Prósperos ‚Märchen' oder Parabel bezogen werden soll. Daríos Erzählung widersetzt sich der von außen an sie herangetragenen Zerstreuungsfunktion und macht in der vieldeutigen Auseinandersetzung zwischen Bürgerkönig und Dichter die Rolle des Schriftstellers in der bürgerlichen Gesellschaft zu einem zentralen Thema.[33] Dabei wird des Bürgerkönigs ostentativer Gebrauch von Kunst ebenso ironisch in Szene gesetzt wie die wortreiche Anrufung des Ideals durch den Dichter, dessen Verse von Apotheker und Schuhmacher kritisiert werden. Doch auch am Hofe des Bürgerkönigs findet der Heimatlose keinen Mäzen, der ihm einen Freiraum für seine Kunst schaffen

---

32 Zu Beginn seiner Erzählung vom Rey Hospitalario hatte Próspero von der „*alegre* bandada de los *cuentos*" (13, Hervorhebung O.E.) gesprochen – ein erster diskreter Verweis auf die intertextuelle Beziehung zu Daríos Erzählung.
33 Vgl. zum historischen Hintergrund dieser Thematik Real de Azúa, Carlos: Modernismo e ideologías. In: *Punto de vista* (Buenos Aires) IX, 28 (noviembre 1986), S. 1–42.

könnte: Dem Ratschlag seines Philosophen folgend, verbannt der König den Poeten aus seinem Palast und weist ihm die Aufgabe zu, zur Zerstreuung der Gäste im Garten die Drehorgel zu bedienen; aus dem Dichter wird ein bestellter Leierkastenmann. Die Funktionslosigkeit der vom Poeten vorgetragenen Literaturkonzeption wird durch die Marginalisierung des Dichters und dessen Tod ebenso veranschaulicht wie durch den Sieg rivalisierender literarischer Ausdrucksformen, die wie Herrscherlob und bürgerliche Epopöe (der König ist ein begeisterter Leser der Romane des französischen Publizisten Georges Ohnet), Grammatik und Rhetorik allein bei Hofe Gefallen finden.

Die vom Philosophen angeregte Ausweisung des Poeten aus den Räumen des Palasts, die erkennbar auf Platons Verbannung der Dichter aus dem Staat anspielt, lenkt den Blick auf die Raumstruktur der Erzählung, die im Übrigen viele Elemente des so zeittypischen literarischen Orientalismus in sich aufnimmt. Der Palast ist in der Nähe einer modernen Großstadt angesiedelt und von Gärten umgeben. Wie im Alkazar des Gastfreundlichen Königs zeigt sich auch in ihm eine Mischung verschiedener Kulturen und kunstgeschichtlicher Epochen, sind seine prunkvollen Säle doch etwa der Kunst Asiens, der griechischen Antike oder dem französischen Rokoko gewidmet. Dabei ergibt sich freilich keine hierarchisch zentrierte, sondern eine additive Struktur:

> Der König besaß einen glänzenden Palast, in welchem er Reichtümer und wunderbare Kunstobjekte angesammelt hatte. Er gelangte durch Lilienrabatten und ausgedehnte Teiche zu ihm, wobei er von den Schwänen mit ihren weißen Hälsen noch vor den verstreuten Lakaien gegrüßt wurde. Guter Geschmack. Er stieg über eine Treppe voller Alabaster- und Smaragdsäulen hinauf, an deren Seiten wie an Salomons Thronen Marmorlöwen wachten. Erlesenheit. Neben den Schwänen besaß er eine weite Vogel-Voliere, da er die Harmonien, das Gurren, das Geträller liebte, und ganz in ihrer Nähe ließ er seinem Geiste Auslauf, indem er Romane von Monsieur Ohnet oder schöne Bücher über Grammatikfragen oder ausgesuchte Kritiken las. Aber ja: ein entschlossener Verteidiger der akademischen Korrektheit in der Literatur und der Gelecktheit in den Künsten, eine sublime Seele, verliebt in Sandpapier und Orthographie! [...]
> Im Übrigen besaß er einen griechischen Salon voller Marmorstücke: von Göttinnen, Musen, Nymphen und Satyrn; den Salon der galanten Zeiten mit Gemälden des großen Watteau und Chardin; zwei, drei, vier, wie viele Säle!
> Und Maecenas durchschritt sie alle mit einem Gesicht, das von einer gewissen Majestät überflutet war, mit glücklichen Bauch und Krone auf dem Kopf, einem Spielkartenkönig gleich.[34]

---

[34] Darío, Rubén: El rey burgués. In: ders.: *Obras completas*. Bd. V: *Poesía*. Madrid: Afrodisio Aguado 1953, S. 626 f.

Mit der ruhelosen Bewegung des Bürgerkönigs durch seine verschiedenen, aber allesamt gleichwichtigen Säle kontrastiert die Ruhe des orientalischen Patriarchen, welche durch die Zentrierung seines Alkazar auf den innersten Raum erzeugt wird. Die Kunst am Hofe des Bürgerkönigs ist ostentativ und nach außen gerichtet, sie wird mit Hilfe von Fachwissen so akkumuliert, wie das Bürgertum Reichtum anhäuft; die Kunst am Hofe des Gastfreundlichen Königs hingegen ist spirituell und nach innen gerichtet, sie ordnet sich funktional einem Ideal von Ganzheit, von geistig-seelischer Synthese zu. Während sich die Gastfreundschaft von Rubén Daríos „rey burgués" auf den gesamten Raum des Palastes zu beziehen und keine verbotenen Bereiche zu kennen scheint, erstreckt sich die Gastfreundschaft des „rey hospitalario" in Rodós *Ariel* nicht auf alle Räume, sondern hält die profanen Gäste vom sakralen Innenraum fern. Während der „cuento alegre" die Rivalität zwischen Philosoph und Dichter betont, sucht sich das bekannteste Werk des Uruguayers im Zwischenbereich zwischen Philosophie und Literatur – im Sinne einer „moderna *literatura de ideas*"[35] – anzusiedeln. Auch in Rodós *Ariel* ist der Raum einer so verstandenen Literatur bedroht: Auch hier findet sich ein Apotheker, der mit Flauberts Zerrbild des erfolgreichen Apothekers Homais[36] identifiziert wird und den Pol der Barbarei des Nützlichen in der modernen bürgerlichen Gesellschaft vertritt. Auch Prósperos „cuento" kommt – gerade durch die versteckte Auseinandersetzung mit Daríos Text – eine poetologische Bedeutung zu, wird doch die von Daríos exiliertem Dichter ohnmächtig angerufene Idealität, der am Hofe des Bürgerkönigs kein Platz zugewiesen wird, ins Zentrum des innersten Raums der gastfreundlichen Burg gestellt. Die vom Poeten beschworene Ankunft eines lichtvollen und potenten Messias, eines „Mesías todo luz, todo agitación y potencia"[37] beziehungsweise die Präsenz des Poetischen „en el astro en el fondo del cielo" und „en la perla en lo profundo del Océano",[38] sind Textelemente, die in Rodós *Ariel* in positiver Form wiederaufgenommen werden. Wie das messianische Element den gesamten Text durchzieht und *Ariel* mit dem Vibrieren der Sterne ausklingt, so öffnet sich der innerste Raum des Gastfreundlichen Königs in sternenklarer Nacht ganz wie eine Muschel.

Es wäre gewiss grundfalsch, aus Rodós positiver Aufnahme dieser romantischen Bilder und idealistischen Vorstellungen, welche Daríos Text unüber-

---

35 Rodó, José Enrique: *Ariel. Motivos de Proteo*, S. 31. Diesem Zitat aus Prósperos Rede lässt sich ein Brief Rodós vom 25.2.1901 an Miguel de Unamuno, wo der uruguayische Literat ebenfalls von einer „*literatura de ideas*" spricht, an die Seite stellen; vgl. Rodó, José Enrique: *Obras Completas*, S. 1308.
36 Rodó, José Enrique: *Ariel. Motivos de Proteo*, S. 26.
37 Darío, Rubén: El rey burgués, S. 629.
38 Ebda.

hörbar ironisch präsentiert, eine Rückkehr des Uruguayers zu Positionen einer lateinamerikanischen oder europäischen Romantik ableiten zu wollen. Ebenso falsch wäre es, in dieser Erzählung eine literarische Evasion angesichts jener Veränderungen zu erblicken, die der Modernisierungsprozess in Bezug auf die Struktur der gesamten Gesellschaft, aber auch auf die soziale Rolle des Künstlers in der Moderne ausgelöst hatte. Doch weisen diese Textelemente auf eine vor allem im „cuento" vom Gastfreundlichen König vorgenommene immanente poetologische Auseinandersetzung mit Darío, wie sie in einem Artikel von 1897,[39] vor allem aber in Rodós 1899 veröffentlichter Studie über den Nicaraguaner explizit vorgenommen wurde. In seinem ein Jahr vor *Ariel* veröffentlichten Essay *Rubén Darío. Su personalidad literaria, su última obra* hatte der junge Rodó nicht nur sein modernistisches Credo abgelegt, sondern zugleich versucht, seinen eigenen Standort innerhalb des Modernismo zu definieren. Dabei setzte er sich nicht nur von dem an Darío ausgerichteten, mit modernistischen Farbenspielen infantil beschäftigten Epigonentum ab,[40] sondern bestimmte auch kritisch seine eigene Position gegenüber dem damals bereits einflussreichsten und bekanntesten Vertreter des hispanoamerikanischen Modernismus. Darío besitze eine machtvolle dichterische Individualität, doch gepaart mit einer nicht weniger poetischen Verantwortungslosigkeit.[41]

Rodós Bekenntnis zum Modernismo, verbunden mit einer subtilen Kritik am Schreiben des Nicaraguaners, brachte seine Infragestellung einer Darío-zentrischen Sichtweise des Modernismus zum Ausdruck, welche die Beziehungen zwischen beiden Autoren nachhaltig belastete und zu einer Reihe versteckter Auseinandersetzungen führen sollte. Darío übernahm zwar Rodós Studie mit dessen Genehmigung als Vorwort für die zweite Auflage der *Prosas profanas*, ‚vergaß' aber, den Namen des Verfassers mitabdrucken zu lassen, was die Irritationen weiter verstärkte. Noch das autobiographische Eröffnungsgedicht *Yo soy aquel* in Daríos *Cantos de vida y esperanza* lässt sich als poetologische Auseinandersetzung mit der Kritik des Uruguayers lesen.[42] Als „buenos camaradas de ideas" seien beide Modernisten dazu berufen, die Konzeptionen von Naturalismus und

---

39 „A Rubén Darío le está permitido emanciparse de la obligación humana de la lucha, refugiarse en el Oriente o en Grecia, *madrigalizar* con los abates galantes, hacer la corte a las marquesas de Watteau naturalizándose en el ‚país' donoso de los abanicos." Rodó, José Enrique: Un poeta en Caracas. In (ders.): *Obras Completas*, S. 847.
40 Rodó, José Enrique: Rubén Darío. Su personalidad literaria, su última obra, S. 187.
41 Ebda.
42 Vgl. hierzu Molloy, Sylvia: Ser / decir: tácticas de un autorretrato. In: Fernández Cifuentes, L. / Molloy, Sylvia (Hg.): *Essays on Hispanic Literature in Honor of Edmund L. King*. London: Tamesis Books 1983, S. 187–199. Auf andere Bezüge zwischen Darío und Rodó macht aufmerksam

Positivismus in Zeiten epochaler Veränderungen in größere ästhetische Höhen zu heben: „Auch ich bin ein Modernist", affirmierte Rodó entschieden.[43]

José Enrique Rodó verwirklichte seine Konzeption einer „modernen Ideenliteratur", die im Gegensatz zu seiner Ansicht von Daríos ästhetischer Praxis Denken und Fühlen miteinander vereinigen sollte, mit *Ariel* ein erstes Mal in überzeugender Weise. Die Parabel vom Gastfreundlichen König lässt sich dabei als immanente Poetik und versteckte kreative Auseinandersetzung mit Daríos *El rey burgués* wie mit der Ästhetik des Dichters der *Prosas profanas* insgesamt deuten. Die Beziehung des „rey hospitalario" zu Rodós Beschäftigung mit Darío besitzt dabei nicht nur einen intratextuellen, sondern sogar einen kotextuellen Status: *Ariel* wurde 1900 als dritter Teil des Zyklus *La Vida Nueva* veröffentlicht; in dessen erstem Teil war 1897 *El que vendrá* publiziert worden, bevor 1899 der zweite Teil von *La Vida Nueva* unter dem Titel *Rubén Darío* erschien. So zeigt sich, dass die Erzählung vom Gastfreundlichen König nicht nur auf inhaltlicher und architextueller Ebene eine Mise en abyme der zentrierten Raumstrukturen in *Ariel* bildet. Sie erfüllt diese Funktion auch auf der poetologischen und intertextuellen Ebene, indem sie einerseits eine Bestimmung des eigenen Schreibens innerhalb des Modernismo darstellt und andererseits eine intertextuelle Raumstruktur entwirft. Der innerliterarische Raum von Rodós *Ariel* ist durch ein explizites Verweissystem charakterisiert, unterhalb dessen sich ein implizites, verborgenes Bezugssystem artikuliert, dem eine enorme Bedeutung für das Verständnis des gesamten Textes zukommt. Auf diese Weise schreibt sich *Ariel* in den literarischen Bewegungsraum zwischen zwei Welten sowie ganz bewusst in die damals noch funktionierenden Parameter einer Weltliteratur ein.

Die lateinamerikanischen Literaturen siedeln sich innerhalb eines Spannungsfeldes an, das schematisch von den sechs Polen der abendländischen Kulturtraditionen, der indianischen Kulturen, der schwarzen Kulturen, der iberischen beziehungsweise europäischen Volkskulturen sowie transkulturellen oder hybriden Formen als Ergebnis des Kontakts zwischen den zuvor genannten Polen und schließlich einer globalisierten Massenkultur im Kontext modernisierter Kommunikationsnetze gebildet wird. Rodós *Ariel* orientiert sich von diesem Schema ausgehend ausschließlich am erstgenannten Pol. Darin fällt er deutlich hinter die umfassenden kulturellen Konzeptionen eines José Martí zurück. In *Ariel* rekurriert das in Prósperos Rede entworfene Bildungs- und Zivilisationsideal insbesondere auf die heidnische Antike und die christliche Heilslehre, ein Rückgriff,

---

Arellano, Jorge Eduardo: „*Azul* ..." *de Rubén Darío. Nuevas perspectivas*. Washington: OEA / OAS 1993, S. 11 f. und 48 f.
43 Rodó, José Enrique: Rubén Darío, S. 52 f.

der sich ideologisch an den Prämissen des von Michel Chevalier oder der *Revue des races latines* vertretenen Panlatinismus orientiert. Selbst die kulturelle Alterität wird nicht etwa aus den in Lateinamerika heimischen nicht-okzidentalen Kulturen oder aus der im Sinne Martís eigenen amerikanischen Antike bezogen, sondern erscheint im Gewand des literarischen Orientalismus, mit dem *Europa* im 19. Jahrhundert das kulturell Andere ‚verkleidet' hatte.

Dominiert auf der Ebene des *expliziten* Verweissystems in Rodós *Ariel* auch deutlich die Orientierung an Frankreich, die etwa in der Erwähnung von Renan, Hugo, Guyau, Chevalier oder Fouillée zum Ausdruck kommt, so wäre es angesichts der Vielzahl von Verweisen auf englische wie deutsche, aber auch US-amerikanische Literatur und Philosophie verfehlt, von einer einseitigen Ausrichtung zu sprechen.[44] Schon Leopoldo Alas hatte in seiner 1900 verfassten Besprechung *Ariels* keineswegs den von ihm so oft geäußerten Vorwurf eines „galicismo mental" gegen den uruguayischen Autor erhoben, sondern vielmehr auf Rodós vitale Verbindung zu Spanien verwiesen. Er tat dies mit Recht, wie die zwar implizite, aber intensive intertextuelle Beziehung zu Santa Teresas *Moradas del castillo interior* zeigte. Auch Rodós geschickte Strategie, den Text des spanischen Kritikers und Romanciers ab der zweiten, noch im Jahr 1900 in Montevideo erschienenen Ausgabe seinem Werk als Vorwort voranzustellen, mag darauf verweisen, wie wichtig es ihm gerade im Kontext der Ereignisse von 1898, angesichts der imperialistischen Ausdehnung der USA war, die transatlantisch-hispanische Traditionslinie zu betonen. Denn die Verwandlung des Textes von Leopoldo Alas in einen Paratext des eigenen Werks verlieh *Ariel* nicht nur höheres internationales Prestige und eine bessere Ausgangsposition für die Rezeption des Bandes in Spanien, sondern gab Rodó auch die Möglichkeit, ebenso subtil wie indirekt auf die Präsenz der hispanischen Literaturtradition in seinem Werk aufmerksam zu machen.

In Amerika begibt sich die ‚gastfreundliche Moderne' nicht mehr nach Europa, sondern holt die Moderne nach Amerika. Diese Bewegung verläuft parallel zur Richtung der Immigration, die in Prósperos eingangs zitierter Vision eines gastfreundlichen Amerika in Erscheinung tritt. Dabei erstreckt sich wie bei der gerade am Río de la Plata staatlich geförderten Einwanderung die Gastfreundschaft keineswegs auf alle: So wie man vorrangig nur die Europäer willkommen hieß, beschränkte sich auch die Gastfreundschaft in Rodós *Ariel* auf den ersten, den abendländischen beziehungsweise europäischen Pol. Calibán, Sohn der ein-

---

[44] Diesen in der Rodó-Rezeption traditionsreichen Vorwurf erhob zuletzt Carlos Fuentes in seinem Vorwort zu einer englischsprachigen Neuausgabe von *Ariel*; vgl. Fuentes, Carlos: Prologue. In: Rodó, José Enrique: *Ariel*. Austin: University of Texas Press 1988, S. 13–28.

heimischen Hexe Sycorax und ihrer Kultur, ist nicht zum Gastmahl, nicht zum Dialog mit dem Meister geladen: Er bleibt draußen vor der Tür!

Rodós *Ariel* hatte schon bald riesigen Erfolg in ganz Lateinamerika. Die Zurechnung des Texts zur Gattung Essay schloss die Stimme Prósperos mit der Stimme seines Meisters, des uruguayischen Autors kurz. Rodós nur auf den ersten Blick dualistische Gegenüberstellung von arielistischem *Latein*amerika und calibanesken USA war innerhalb des zeitgeschichtlichen Kontexts der nordamerikanischen Expansion opportun: So wurde *Ariel* als Pamphlet gelesen und auf das den USA gewidmete Kapitel reduziert. An der Verwechslung Prósperos mit Rodó war letzterer gewiss nicht unschuldig, griff er doch in seiner umfangreichen Korrespondenz gerne auf Formulierungen zurück, die er seiner literarischen Figur in den Mund gelegt hatte. Textexterne wie textinterne Faktoren trugen so dazu bei, dass die Komplexität des literarischen Aufbaus zugunsten einer raschen politischen Verwertbarkeit (durch links- wie rechtsarielistische Positionen) negiert werden konnte.

Doch *Ariel* ist kein Pamphlet; und die zahlreichen Feierlichkeiten und Tagungen aus Anlass seines hundertsten Todestages zeigen, dass Rodó und sein bekanntestes Werk heute keineswegs vergessen sind. Seine Deutung des Modernisierungsprozesses und sein Entwurf einer Literatur, die der Moderne adäquat sein will, zeigen deutlich den Versuch, die Moderne aus der Perspektive eines lateinischen Amerika zu denken. In diesem Sinne ist das „Así habló Próspero",[45] sein „Also sprach Próspero", eine selbstbewusste Replik auf die Reden Zarathustras und damit auf einen großen Denker des europäischen Fin de siècle. Bereits in diesem kurzen Satz kommen Anverwandlung und Umwandlung einer europäischen Tradition im lateinischen Amerika deutlich zum Ausdruck:

> Innerhalb der zeitgenössischen Literatur des Nordens, in der die Sorge um die hehren gesellschaftlichen Fragen so lebendig ist, taucht häufig der Ausdruck derselben Idee, desselben Gefühls auf; Ibsen entwickelt die stolze Ansprache seines Stockmann ausgehend von der Behauptung, daß „die kompakten Mehrheiten der gefährlichste Feind für Freiheit und Wahrheit sind"; und der ungeheure Nietzsche stellt dem Ideal einer Menschheit des Mittelmaßes die Apotheose der Seelen entgegen, die sich über das Niveau der Menschheit wie eine lebendige Flutwelle erheben.–[46]

Die Wichtigkeit von Friedrich Nietzsche für den Autor von *Ariel* kann gar nicht überschätzt werden! Auf seiner Suche nach einer „modernen Ideenliteratur" war ihm der deutsche Philosoph und Philologe eine wichtige Hilfe, hatte Nietzsche

---

45 Rodó, José Enrique: *Ariel. Motivos de Proteo*, S. 55.
46 Rodó, José Enrique: *Ariel*, S. 124.

doch auf grundlegende Weise den Unterschied zwischen Literatur und Philosophie unterlaufen und damit für eine *Ideen-Literatur* Pate gestanden, wie Rodó sie im Sinne hatte.[47] Der Rückgriff auf den „formidable Nietzsche" erlaubte es Rodó überdies, dem Modernismo in Abgrenzung zu Rubén Darío eine stärker philosophische Ausrichtung zu geben, was seinen eigenen Schreibmöglichkeiten und Erwartungen jenseits der poetischen Potenz eines Darío Auftrieb verlieh. Dabei warnte Rodó zugleich vor dem „anti-igualitarismo de Nietzsche",[48] der ihm durchaus suspekt war; dies hinderte ihn freilich nicht daran, sich das nietzscheanische Schreiben als Bezugsmodell zu wählen. Keine fünfzehn Jahre vor der Veröffentlichung von *Ariel* hatte der Verfasser von *Jenseits von Gut und Böse* zwischen verschiedenen ‚rassischen' und ‚religiösen' Blöcken unterschieden: „Es scheint, dass den lateinischen Rassen ihr Katholicismus viel innerlicher zugehört als uns Nordländern das ganze Christentum überhaupt: und dass folglich der Unglaube in katholischen Ländern etwas ganz Anderes zu bedeuten hat, als in protestantischen – nämlich eine Art Empörung gegen den Geist der Rasse, während er bei uns eher eine Rückkehr zum Geist (oder Ungeist –) der Rasse ist."[49]

Wenn wir uns dies vor Augen halten, dann erscheint Rodós Werk in vielerlei Hinsicht als ein Versuch, gegen das Schaffen Friedrich Nietzsches einen lateinischen Gegenpol zu schaffen. *Ariel* erscheint so als eine Art ‚Anti-Zarathustra', geschrieben von einem amerikanischen Vertreter eines Panlatinismus, der freilich für die Strömungen des ‚Nordens' offen war. So hatte Próspero vehement die Grundlagen des Christentums, gleichsam den *Génie du Christianisme* vertreten und war den Spuren des *Saint Paul* sowie vor allem der *Vie de Jésus* von Ernest Renan gefolgt; zwei Bände, die man später in der Bibliothek von Rodó fand. Der Verfasser der *Motivos de Proteo* dürfte dabei sehr wohl gewusst haben, dass Nietzsche in *Der Antichrist* Renan vehement angegriffen und ihn als „Herr Renan, dieser Hanswurst in psychologicis",[50] verspottet hatte.

Doch dem Autor von *El que vendrá* war zweifellos ebenso bewusst, dass Nietzsche in *Jenseits von Gut und Böse* „die kommenden" erwähnt hatte, „die *neuen*

---

[47] Zur Beziehung zwischen Rodío und Nietzsche vgl. ausführlich Ette, Ottmar: „Así habló Próspero". Nietzsche, Rodó y la modernidad filosófica de „Ariel". In: *Cuadernos Hispanoamericanos* (Madrid) 528 (junio 1994), S. 48–62.
[48] Rodó, José Enrique: *Ariel. Motivos de Proteo*, S. 31.
[49] Nietzsche, Friedrich: Jenseits von Gut und Böse. In (ders.): *Werke*. Kritische Gesamtausgabe. Ed. Giogio Colli y Mazzino Montinari. 6. Abt., 2. Band. Berlin: Walter de Gruyter 1968, S. 67.
[50] Nietzsche, Friedrich: Der Antichrist. In (ders.): *Werke*. 6. Abt., 3. Bd.: *Der Fall Wagner. Götzen-Dämmerung. Der Antichrist. Ecce homo. Dionysos-Dithyramben. Nietzsche contra Wagner*. Berlin: Walter de Gruyter 1969, S. 197.

Philosophen";[51] eine Vorstellung, die er in *Ariel* intensivierte, um zugleich die Beziehungen zu Nietzsches *Zarathustra* als einer Figur zu vervielfachen, welche wie Shakespeares Ariel ebenfalls beflügelt und mit Flügeln ausgestattet ist: „Zarathustra der Tänzer, Zarathustra der Leichte, der mit den Flügeln winkt, ein Flugbereiter, allen Vögeln zuwinkend, bereit und fertig, ein Selig-Leichtfertiger: – Zarathustra der Wahrsager, Zarathustra der Wahrlacher, kein Ungeduldiger, kein Unbedingter, Einer, der Sprünge und Seitensprünge liebt [...]."[52]

Die Figur von Shakespeares „airy spirit" entspricht in vielem dem, was Nietzsche das Apollinische nannte. Die zentrierten Raumstrukturen *Ariels*, in deren Mittelpunkt immer die Herrschaft des Geistigen, Spirituellen, Ideellen steht, weisen der Literatur einen ideellen Raum zu, in welchem sich Shakespeare, Nietzsche und Santa Teresa miteinander verbinden. Nicht von ungefähr wird die Verzückung der Schüler im achten und letzten Kapitel mit dem Begriff des „recogimiento" eingeleitet, der für zentrale spirituelle Erfahrungen (und eine bestimmte Methode meditativer Gottesschau) im Werk der spanischen Mystikerin steht. Zugleich hatte Rubén Daríos „cuento alegre" die Gefahr des Funktionsverlusts von Literatur in einer säkularisierten und modernisierten bürgerlichen Gesellschaft deutlich aufgezeigt. Innerhalb einer solchen weist Rodó der Literatur einen eigenen Ort, einen quasi-sakralen Bereich zu, von dem aus sie ihren Führungsanspruch geltend machen kann, denn:

> Also sprach Prospero.– Die jungen Schüler trennten sich vom Meister, nachdem sie ihm wie Söhne voller Zuneigung die Hand gedrückt hatten. Von seinem sanften Worte begleitete sie das anhaltende Vibrieren, das den Klagelaut eines angeschlagenen Kristallglases in heiterer Atmosphäre ausklingen lässt. Es war die letzte Stunde des Nachmittags. Ein Lichtstrahl der ersterbenden Sonne querte das verschwiegene Halbdunkel des Raumes und schien, die Stirn der Bronzestatue berührend, in den stolzen Augen Ariels den unruhigen Funken des Lebens zu entfachen. Sich weiter verlängernd, erinnerte der Lichtstrahl an einen langen Blick, den der Geist, gefangen in seiner Bronze, auf die sich entfernende jugendliche Gruppe warf.–[53]

Die Literatur im Sinne Rodós übernimmt ihren führenden, quasi sakralen Anspruch und ihre Rolle von der Generation Sarmientos und Alberdis, die in *Ariel* teilweise mit Zitaten präsent, wenn auch nicht namentlich genannt ist. Im Unter-

---

51 Nietzsche, Friedrich: *Werke*. Kritische Gesamtausgabe. Ed. Giogio Colli und Mazzino Montinari. 6. Abteilung, 2. Bd: *Jenseits von Gut und Böse. Zur Genealogie der Moral (1886–1887)*. Berlin: Walter de Gruyter 1968, S. 59.
52 Nietzsche, Friedrich: Also sprach Zarathustra. In (ders.): *Werke*. 6. Abt., 1. Bd.: *Also sprach Zarathustra. Ein Buch für Alle und Keinen (1883–1885)*. Berlin: Walter de Gruyter 1968, S. 362.
53 Rodó, José Enrique: *Ariel*, S. 189.

schied zu dieser dem Romanticismo zuzurechnenden Generation von Politikern *und* Literaten erhebt sie an der Jahrhundertwende *ihren* Führungsanspruch von einem eigenen Raum aus, der profanen Gästen nicht zugänglich ist. Der innerste Raum der „inneren Burg" im Palast des orientalischen Patriarchen wie das Chorgestühl innerhalb der gotischen Kathedrale weisen beide die gleiche Modellierung eines sakralisierten Interieurs auf, das finisekulären Zuschnitts ist. Beide literarischen Raumentwürfe sind in der für Prósperos Rede grundlegenden Bewegung vom Individuellen zum Kollektiven nicht nur als Sinnbilder der menschlichen Seele, sondern als Projektionen einer künftigen Gesellschaft in Lateinamerika zu verstehen.

In *Ariel* kulminiert ein 19. Jahrhundert zwischen zwei Welten, das im Geiste des Panlatinismus die transatlantischen Beziehungen ins Zentrum einer Modernisierung stellte, die sich auf das folgende 20. Jahrhundert öffnete – ohne sich auch nur vorstellen zu können, dass für die meisten Länder Lateinamerikas dieses neue Jahrhundert im gesellschaftspolitischen und sozioökonomischen Sinne ein verlorenes sein würde. Nicht aber im literarischen: Denn der Modernismo öffnete die Türen für jene Entwicklungen der lateinamerikanischen Literaturen, welche die transatlantischen Asymmetrien grundlegend verändern sollten. Der Shakespeare'sche Luftgeist Ariel hat die Stimmungen des Fin de siècle abgeschüttelt und weist voraus in ein neues Jahrhundert, in welches er gleichwohl vieles vom vergangenen Jahrhundert mit sich hinüberschleppt. In *Ariel* finden sich die Ideenwelten eines transarealen 19. Jahrhunderts, die sich von Chateaubriands *Génie du Christianisme* bis in das christliche Bekenntnis eines Joris-Karl Huysmans ziehen, aber zugleich Reflexionen einer sich verschiedenen Modernisierungsschüben stellenden Gesellschaft – Überlegungen, die von Germaine de Staël über Alexis de Tocqueville bis zu José Martís *Nuestra América* reichen. Rodó hat versucht, Bilanz zu ziehen und neue Ausblicke zu schaffen. In seinem *Ariel* treffen sich Shakespeare, Santa Teresa und Nietzsche zu einem gemeinsamen Diskurs, der für die Romanischen Literaturen der Welt eine neue, eine eigene Moderne und damit eine neue Zukunft ersehnt. Von der untergehenden Sonne, von Westen also erhält Ariels Statue im achten und letzten Kapitel jenen Lichtstrahl, der die künstlerische Form lebendig werden lässt und in ihr „la chispa inquieta de la vida",[54] den unruhigen und zugleich unendlichen Funken des Lebens entfacht. Dieser Sonnenuntergang ist kein Ende, sondern ein neuer Anfang.

---

54 Ebda.

Die Zitate in der Originalsprache

Die Zitate sind in alphabetischer Reihenfolge nach den Nachnamen der Autor*innen angeordnet. Bei mehreren Zitaten desselben Autors oder derselben Autorin aus verschiedenen Werken oder Werkausgaben erfolgte die Anordnung in chronologischer Reihenfolge nach den Publikationsjahren der verwendeten Ausgaben, wobei mit den älteren Publikationen begonnen wurde. Bei mehreren Zitaten innerhalb einer Textausgabe richtet sich deren Abfolge nach den Seitenzahlen.

Abénon, Lucien-René: *La Révolution aux Caraïbes. Antilles 1789.* **Paris: Nathan 1989, S. 61:** Le fondement de cette nomenclature raciale était de prétendre souligner le plus «scientifiquement» possible que la marque du sang noir restait à jamais ineffaçable. Ainsi, les libres sont-ils nommés par les Blancs tantôt «sang-mêlés», tantôt «gens de couleur», tantôt «mulâtres» et, plus tard, seront-ils appelés «jaunes» par les Noirs de Saint-Domingue. Quant aux appellations de «métis» ou de «métive», elles sont réservées aux très rares descendants des Indiens. Aux îles du Vent on ne s'embarrasse de tant de subtilités : les libres sont généralement des «mulâtres».

Arenas, Reinaldo: *Otra vez el mar.* **Barcelona: Editorial Argos Vergara 1982, S. 9:** El mar. Azul. Al principio no. Al principio es más bien amarillo. Cenizo, diría… Aunque tampoco es cenizo. Blanco, quizás. Blanco no quiere decir transparente. Blanco. Pero luego, casi también al principio, se vuelve gris. Gris, por un rato. Y después, oscuro. Lleno de surcos todavía más oscuros. Rajaduras dentro del agua. Quizás sean las olas. O no: sólo espejismos del agua, y el sol. Si fueran olas llegarían a la costa. Es decir, a la arena. Pero no hay olas. Solamente, el agua. Que golpea, casi torpe, la tierra. Pero, no la golpea. Si la golpeara, se oiría algún ruido. Hay silencio. Solamente el agua, tocando la tierra. Sin golpearla. Llega, blanca, no transparente, la toca, torpemente, y se aleja. No es la tierra: es la arena. Cuando el agua sube, sin olas, la arena quizás suelte un ruido. Satisfecha. Desde aquí no oigo nada. El agua sube, pero no se ve bajar. La arena la absorbe. Por debajo vuelve al mar… Y, más allá, ya no es gris sino parduzco. Muy oscuro. Casi negro. Hasta que al fin, efectivamente, es negro. Pero ya es muy alto. Se une con el cielo. Los dos, por separados, no se pueden distinguir. Así que entonces, mirando fijamente, nunca es azul…

Balzac, Honoré de: Avant-propos. In (ders.): *La Comédie humaine.* **Bd. I. Paris: Gallimard (Edition de la Pléiade) 1976, S. 11:** En dressant l'inventaire des vices et des vertus, en rassemblant les principaux faits des passions, en peignant les caractères, en choisissant les événements principaux de la Société, en composant des types par la réunion des traits de plusieurs caractères homogènes, peut-être pouvais-je arriver à écrire l'histoire oubliée par tant d'historiens, celle des mœurs.

Balzac, Honoré de: Sarrasine. In (ders.): *La Comédie humaine.* **Bd. VI.** *Etudes de Mœurs: Scènes de la vie parisienne.* **Edition publiée sous la direction de Pierre-Georges Castex avec, pour ce volume, la collaboration de Pierre Citron, René Guise, André Lorant et Anne-Marie Meininger. Paris: Gallimard (Bibliothèque de la Pléiade) 1977, S. 1052:** Ce visage noir était anguleux et creusé dans tous les sens. Le menton était creux; les tempes étaient creuses; les yeux étaient perdus en de jaunâtres orbites. Les os maxillaires rendus saillants par une maigreur indescriptible, dessinaient des cavités au milieu de chaque joue. Ces gibbosités, plus ou moins éclairées, par les lumières, produisirent des ombres et des reflets curieux qui achevaient d'ôter à ce visage les caractères de la face humaine.

S. 1060: Sarrasine poussa des cris de plaisir. Il admirait en ce moment la beauté idéale de laquelle il avait jusqu'alors cherché çà et là les perfections dans la nature, en demandant à un modèle, souvent ignoble, les rondeurs d'une jambe accomplie; à tel autre, les contours du sein; à celui-là, ses blanches épaules; prenant enfin le cou d'une jeune fille, et les mains de cette femme, et les genoux polis de cet enfant, sans rencontrer jamais sous le ciel froid de Paris les riches et suaves créations de la Grèce antique. La Zambinella lui montrait réunies, bien vivantes et délicates, ces exquises proportions de la nature féminine si ardemment désirées, desquelles un sculpteur est, tout à la fois, le juge le plus sévère et le plus passionné.

S. 1062: Ce fut une sorte de méditation matérielle. Sur telle feuille, la Zambinella se trouvait dans cette attitude, calme et froide en apparence, affectionnée par Raphaël, par le Giorgion et par tous les grands peintres. Sur telle autre, elle tournait la tête avec finesse en achevant une roulade, et semblait s'écouter elle-même. Sarrasine crayonna sa maîtresse dans toutes les poses: il la fit sans voile, assise, debout, couchée, ou chaste ou amoureuse, en réalisant, grâce au délire de ses crayons, toutes les idées capricieuses qui sollicitent notre imagination quand nous pensons fortement à une maîtresse. Mais sa pensée furieuse alla plus loin que le dessin. Il voyait la Zambinella, lui parlait, la suppliait, épuisait mille années de vie et de bonheur avec elle, en la plaçant dans toutes les situations imaginables, en essayant, pour ainsi dire, l'avenir avec elle.

Balzac, Honoré de: *La Peau de Chagrin.* **Introduction, notes et relevé de variantes par Maurice Allem. Edition illustrée. Paris: Editions Garnier 1985, S. 37:** Je vais vous révéler en peu de mots un grand mystère de la vie humaine. L'homme s'épuise par deux actes instinctivement accomplis qui tarissent les sources de son existence. Deux verbes expriment toutes les formes que prennent ces deux causes de mort: VOULOIR ET POUVOIR. Entre ces deux termes de l'action humaine, il est une autre formule dont s'emparent les sages, et je lui dois le bonheur et ma longévité. *Vouloir* nous brûle, et *pouvoir* nous détruit; mais SAVOIR laisse notre faible organisation dans un perpétuel état de calme. Ainsi le désir ou le vouloir est mort en moi, tué par la pensée; le mouvement ou le pouvoir s'est résolu par le jeu naturel de mes organes. En deux mots, j'ai placé ma vie, non dans le coeur qui se brise, non dans les sens qui s'émoussent, mais dans le cerveau qui ne s'use pas et qui survit à tout.

S. 173 f.: Il suffit à un jeune homme de rencontrer une femme qui ne l'aime pas, ou une femme qui l'aime trop, pour que toute sa vie soit dérangée. Le bonheur engloutit nos forces, comme le malheur éteint nos vertus. Revenu à mon hôtel de *Saint-Quentin*, je contemplai longtemps la mansarde où j'avais mené la chaste vie d'un savant, une vie qui peut-être aurait été honorable, longue, et que je n'aurais pas dû quitter pour la vie passionnée qui m'entraînait dans un gouffre. Pauline me surprit dans une attitude mélancolique.

S. 193: Une horrible pâleur dessina tous les muscles de la figure flétrie de cet héritier, ses traits se contractèrent, les saillies de son visage blanchirent, les creux devinrent sombres, le masque fut livide, et les yeux se fixèrent. Il voyait la MORT. Ce banquier splendide entouré de courtisanes fanées, de visages rassasiés, cette agonie de la joie était une vivante image de sa vie. Raphaël regarda trois fois le talisman, qui jouait à l'aise dans les impitoyables lignes imprimées sur la serviette: il essayait de douter, mais un clair pressentiment anéantissait son incrédulité. Le monde lui appartenait, il pouvait tout et ne voulait plus rien. Comme un voyageur au milieu du désert, il avait un peu d'eau pour la soif et devait mesurer sa vie au nombre des gorgées. Il voyait ce que chaque désir devait lui coûter de jours. Puis il croyait à la peau de chagrin, il s'écoutait respirer, il se sentait déjà malade [...].

Barthes, Roland: *Leçon. Leçon inaugurale de la Chaire de sémiologie littéraire du Collège de France, prononcée le 7 janvier 1977.* **Paris: Seuil 1978, S. 45 f.:** Il est un âge où l'on enseigne ce que l'on sait; mais il en vient ensuite un autre où l'on enseigne ce que l'on ne sait pas: cela s'appelle chercher. Vient peut-être maintenant l'âge d'une autre expérience: celle de désapprendre, de laisser travailler le remaniement imprévisible que l'oubli impose à la sédimentation des savoirs, des cultures, des croyances que l'on a traversés. Cette expérience a, je crois, un nom illustre et démodé, que j'oserai prendre ici sans complexe, au carrefour même de son étymologie: Sapientia: nul pouvoir, un peu de savoir, un peu de sagesse, et le plus de saveur possible.

Baudelaire, Charles: Lettre à Desnoyers (1853/1854). In (Ders.): *Hommage à C. F. Denecourt. Fontainebleau : paysages – légendes – souvenirs – fantaisies.* **Texte établi par (préface de Auguste Luchet). Paris: Librairie de L. Hachette et Cie 1855, S. 73 f.:** Mon cher Desnoyers, vous me demandez des vers pour votre petit volume, des vers sur la *Nature*, n'est-ce pas? sur les bois, les grands chênes, la verdure, les insectes, – le soleil, sans doute? Mais, vous savez bien que je suis incapable de m'attendrir sur les végétaux et que mon âme est rebelle à cette singulière religion nouvelle, qui aura toujours, ce me semble, pour tout être *spirituel* je ne sais quoi de *shocking*. Je ne croirai jamais que *l'âme des Dieux habite dans les plantes*, et quand-même elle y habiterait, je m'en soucierais médiocrement, et considérerais la mienne comme d'un bien plus haut prix que celle des légumes sanctifiés. J'ai même toujours pensé qu'il y avait dans la *Nature*, florissante et rajeunie, quelque chose d'imprudent et d'affligeant. Dans l'impossibilité de vous satisfaire complètement, suivant les termes stricts du programme, je vous envoie deux morceaux poétiques, qui représentent, à peu près, la somme des rêveries dont je suis assailli aux heures crépusculaires. Dans le fond des bois, enfermé sous ces voûtes semblables à celles des sacristies et des cathédrales, je pense à nos étonnantes villes, et la prodigieuse musique qui roule sur les sommets me semble la traduction des lamentations humaines.

Bécquer, Gustavo Adolfo: *Rimas; Leyendas escogidas.* **Hg. Rubén Benítez. Madrid: Taurus 1990, S. 61–63:** Por los tenebrosos rincones de mi cerebro, acurrucados y desnudos, duermen los extravagantes hijos de mi fantasía esperando en silencio que el Arte los vista de la palabra para poderse presentar decentes en la escena del mundo. [...] Y aquí dentro, desnudos y deformes, revueltos y barajados en indescriptible confusión, los siento a veces agitarse y vivir con una vida oscura y extraña, semejante a la de esas miríadas de gérmenes que hierven y se estremecen en una eterna incubación dentro de las entrañas de la tierra, sin encontrar fuerzas bastantes para salir a la superficie y convertirse, al beso del sol, en flores y frutos. Conmigo van, destinados a morir conmigo, sin que de ellos quede otro rastro que el que deja un sueño de medianoche que a la mañana no puede recordarse. En algunas ocasiones y ante esta idea terrible, se subleva en ellos el instinto de la vida y agitándose en terrible aunque silencioso tumulto, buscan en tropel por dónde salir a la luz, de las tinieblas en que viven. Pero ¡ay! que entre el mundo de la idea y el de la forma existe un abismo que sólo puede salvar la palabra, y la palabra, tímida y perezosa, se niega a secundar sus esfuerzos. Mudos, sombríos e impotentes, después de la inútil lucha vuelven a caer en su antiguo marasmo. ¡tal caen inertos en los surcos de las sendas, si cesa el viento, las hojas amarillas que levantó el remolino! [...] Deseo ocuparme un poco del mundo que me rodea pudiendo, una vez vacío, apartar los ojos de este otro mundo que llevo dentro de la cabeza. El sentido común que es la barrera de los sueños, comienza a flaquear y las gentes de diversos campos se mezclan y confunden. Me cuesta trabajo saber qué cosas he soñado y cuáles me han sucedido. Mis afectos se reparten entre fantasmas de la imaginación y personajes reales. Mi memoria clasifica, revueltos, nombres y fechas de mujeres y días que han muerto o han pasado con las de días y mujeres que no han existido sino en mi mente. Preciso es acabar arrojándolos de la cabeza de una vez para siempre.

Béguin, Albert: *L'âme romantique et le rêve. Essai sur le romantisme allemand et la poésie française.* **Nouvelle édition. Paris: Librairie José Corti 1939, S. 397 u. 401:** Un vague remords avertit l'homme moderne qu'il a eu peut-être, qu'il pourrait avoir, avec le monde où il est placé, des rapports plus profonds et plus harmonieux. Il sait bien qu'il y a en lui-même des possibilités de bonheur ou de grandeur dont il s'est détourné. [...] L'idée de l'universelle analogie, à laquelle se réfère la conception romantique et moderne de la poésie, est la réponse de l'esprit humain à l'interrogation qu'il se pose, et l'expression de son vœu le plus profond. Il a souhaité d'échapper au temps et au monde des apparences multiples, pour saisir enfin l'absolu et l'unité. La chaîne des analogies lui apparaît, par instants, comme le lien qui, rattachant toute chose à toute autre chose, parcourt l'infini et établit l'indissoluble cohésion de l'Etre. Considéré de ce point de vue, le mythe du rêve prend une signification nouvelle. Le songe n'est plus seulement l'une des phases de notre vie, où nous nous retrouvons en communication avec la réalité profonde. Il est davantage même que le modèle précieux de la création esthétique, et on ne se contente plus de recueillir ses innombrables métaphores spontanées par quoi le génie onirique met en relation des moments séparés par le temps, des êtres et des objets distants dans l'espace. Le Rêve et la Nuit deviennent les symboles par lesquels un esprit, désireux de quitter les apparences pour rejoindre l'Etre, tente d'exprimer l'anéantissement du monde sensible.

Bolívar, Simón: *Escritos políticos.* **Madrid: Alianza Editorial 1969, S. 19:** No he dejado de ser educado como un niño de distinción puede ser en América bajo el poder español [...]. No es cierto que mi educación fue muy descuidada, puesto que mi madre y mis tutores hicieron cuanto era posible porque yo aprendiese; me buscaron maestros de primer orden en mi país. Robinson (Simón Rodríguez) fue mi maestro de primeras letras; de bellas letras y geografía, nuestro famoso Bello; se puso una academia de matemáticas sólo para mí por el padre Andújar, que estimó mucho el barón de Humboldt. Después me mandaron a Europa a continuar mis matemáticas en la Academia de San Fernando; y aprendía los idiomas extranjeros con maestros selectos de Madrid; todo bajo la dirección del sabio marqués de Uztaris en cuya casa vivía. Todavía muy niño, quizá sin poder aprender, se me dieron lecciones de esgrima, de baile y de equitación. Ciertamente que no aprendí ni la filosofía de Aristóteles, ni los códigos del crimen y del error; pero puede ser que Monsieur de Mollien no haya estudiado tanto como yo a Locke, Condillac, Buffon, Dalembert (sic!), Helvetius, Montesquieu, Mably, Filangieri, Lalande, Rousseau, Voltaire, Rollin, Berthot y todos los clásicos de la Antigüedad, así filósofos, historiadores, oradores y poetas; y todos los clásicos modernos de España, Francia, Italia y gran parte de los ingleses [...].

S. 47 u. 57: Libertar a la Nueva Granada de la suerte de Venezuela, y redimir a ésta de la que padece, son los objetos que me he propuesto en esta memoria. Dignaos, oh mis conciudadanos, de aceptarla con indulgencia en obsequio de miras tan laudables. Yo soy, granadinos, un hijo de la infeliz Caracas, escapado prodigiosamente de en medio de sus ruinas físicas, y políticas, que siempre fiel al sistema liberal, y justo que proclamó mi patria, he venido a seguir aquí los estandartes de la independencia, que tan gloriosamente tremolan en estos estados. [...] El honor de la Nueva Granada exige imperiosamente, escarmentar a esos osados invasores, persiguiéndoles hasta los últimos atrincheramientos, como su gloria depende de tomar a su cargo la empresa de marchar a Venezuela, a libertar la cuna de la independencia colombiana, sus mártires, y aquel benemérito pueblo caraqueño, cuyos clamores sólo se dirigen a sus amados compatriotas los granadinos, que ellos aguardan con una mortal impaciencia, como a sus redentores. Corramos a romper las cadenas de aquellas víctimas que gimen en las mazmorras, siempre esperando su salvación de vosotros: no burléis su confianza: no seáis insensibles a los lamentos de vuestros hermanos. Id veloces a vengar al muerto, a dar vida al moribundo, soltura al oprimido y libertad a todos. Cartagena de Indias, diciembre 15 de 1812.

S. 63: El suceso coronará nuestros esfuerzos porque el destino de la América se ha fijado irrevocablemente; el lazo que la unía a la España está cortado: la opinión era toda su fuerza; por ella se estrechaban mutuamente las partes de aquella inmensa monarquía; lo que antes las enlazaba, ya las divide; más grande es el odio que nos ha inspirado la Península, que el mar que nos separa de ella; menos difícil es unir los dos continentes, que reconciliar los espíritus de ambos países. [...] todo lo sufrimos de esa desnaturalizada madrastra. El velo se ha rasgado, ya hemos visto la luz, y se nos quiere volver a las tinieblas; se han roto las cadenas; ya hemos sido libres, y nuestros enemigos pretenden de nuevo esclavizarnos.

S. 69 f.: Todavía es más difícil presentir la suerte futura del Nuevo Mundo, establecer principios sobre su política, y casi profetizar la naturaleza del gobierno que llegará a adoptar. Toda idea relativa al porvenir de este país me parece aventurada. ¿Se pudo prever cuando el género humano se hallaba en su infancia, rodeado de tanta incertidumbre, ignorancia y error, cuál sería el régimen que abrazaría para su conservación? ¿Quién se habría atrevido a decir tal nación será república o monarquía, ésta será pequeña, aquélla grande? En mi concepto, esta es la imagen de nuestra situación. Nosotros somos un pequeño género humano; poseemos un mundo aparte; cercado por dilatados mares, nuevo en casi todas las artes y ciencias, aunque en cierto modo viejo en los usos de la sociedad civil. Yo considero el estado actual de la América como cuando desplomado el Imperio Romano cada desmembración formó un sistema político, conforme a sus intereses y situación o siguiendo la ambición particular de algunos jefes, familias o corporaciones; con esta notable diferencia, que aquellos miembros dispersos volvían a restablecer sus antiguas naciones con las alteraciones que exigían las cosas o los sucesos; mas nosotros, que apenas conservamos vestigios de lo que en otro tiempo fue, y que por otra parte no somos indios ni europeos, sino una especie media entre los legítimos propietarios del país y los usurpadores españoles: en suma, siendo nosotros americanos por nacimiento y nuestros derechos los de Europa, tenemos que disputar éstos a los del país y que mantenernos en él contra la invasión de los invasores; así nos hallamos en el caso más extraordinario y complicado; no obstante que es una especie de adivinación indicar cuál será el resultado de la línea de política que la América siga, me atrevo a aventurar algunas conjeturas, que, desde luego, caracterizo de arbitrarias, dictadas por un deseo racional, y no por un raciocinio probable.

S. 81: Es una idea grandiosa pretender formar de todo el Mundo Nuevo una sola nación con un solo vínculo que ligue sus partes entre sí y con el todo. Ya que tiene un origen, una lengua, unas costumbres y una religión debería, por consiguiente, tener un solo gobierno que confederase los diferentes estados que hayan de formarse; mas no es posible, porque climas remotos, situaciones diversas, intereses opuestos, caracteres desemejantes dividen a la América. ¡Qué bello sería que el istmo de Panamá fuese para nosotros lo que el de Corinto para los griegos! Ojalá que algún día tengamos la fortuna de instalar allí un augusto congreso de los representantes de las repúblicas, reinos o imperios a tratar y discutir sobre los altos intereses de la paz y de la guerra con las naciones de las otras tres partes del mundo. Esta especie de corporación podrá tener lugar en alguna época dichosa de nuestra regeneración [...].

S. 83: Felizmente los directores de la independencia de Méjico se han aprovechado del fanatismo con el mejor acierto, proclamando a la famosa virgen de Guadalupe por reina de los patriotas; invocándola en todos los casos arduos y llevándola en sus banderas. Con esto el entusiasmo político ha formado una mezcla con la religión, que ha producido un fervor vehemente por la sagrada causa de la libertad. La veneración de esta imagen en Méjico es superior a la más exaltada que pudiera inspirar el más diestro profeta.

S. 84: Luego que seamos fuertes, bajo los auspicios de una nación liberal que nos preste su protección, se nos verá de acuerdo cultivar las virtudes y los talentos que conducen a la gloria; entonces seguiremos la marcha majestuosa hacia las grandes prosperidades a que está destinada la América meridional; entonces las ciencias y las artes, que nacieron en el Oriente y han ilustrado la Europa, volarán a Colombia libre, que las convidará con un asilo.

Bolívar, Simón: Carta de Bolívar al general Juan José Flores (1830), zitiert nach González Paredes, Ramón: *Simón Bolívar, la angustia del sueño.* **Caracas: Tecnodidacta 1982, S. 662:** Primero: la America es ingobernable para nosotros. Segundo: el que sirve una revolución ara en el mar. Tercero: la única cosa que se puede hacer en América es emigrar. Cuarta: este país caerá infaliblemente en manos de la multitud desencenada para después pasar a tiranuelos casi imperceptibles de todos los colores y razas. Quinto: devorado por todos los crímenes y extinguidos por la ferocidad, los europeos no se dignarán conquistarnods. Sexto: si fuera posible que una parte del mundo volviera al caos primitivo, este sería el último período de la América.

Borrero, Juana: *Epistolario.* **2 Bde. La Habana: Academia de Ciencias de Cuba 1966–1967, hier Bd. II, S. 257 (Interpunktion und Schreibweise im Original):** De un modo u otro, la Patria ¿no es una rival como otra cualquiera? Y rival dichosa porque me sacrificas a ella! ¿ *Te parece* vergonzoso no acudir a su reclamo... y no te parece criminal hundir de un solo golpe todas las esperanzas de un alma como la mía? Si no te conmueven mis lágrimas y si la certeza de mi muerte no te deciden, de qué tienes el corazón? [...] Tu patria. o *tu Juana*: elige. Si te vas me pierdes.

Cambaceres, Eugenio: *Sin rumbo (Estudio).* **Estudio preliminar y Edición crítica de Rita Gnutzmann. Blibao: Servicio Editorial de la Universidad del País Vasco 1993, S. 51:** ¡La universidad, pensaba Andrés, época feliz, haragán, estudiante y rico! El Club, el mundo, los placeres, la savia de la pubertad arrojada a manos llenas, perdidos los buenos tiempos, árido por falta de cultivo y de labor, baldío, seco el espíritu que tiene en la vida, se decía, como las hembras en el año, su primavera de fecundación y de brama. Después, ¡oh! después es inútil, imposible; es la rama de sauce enterrada cuando ya calienta el sol. Vanos los esfuerzos, la reacción intentada, los proyectos, los cambios vislumbrados a la luz de la razón, pasajero rayo de sol entre dos nubes. Vanos los propósitos de enmienda, el estudio del derecho un instante abrazado con calor y abandonado luego bajo el golpe de maza del fastidio. El repentino entusiasmo por la carrera del médico, la camaradería con los estudiantes pobres de San Telmo, el amor al anfiteatro, muerto de asco en la primera autopsia. Vanos más tarde las veleidades artísticas, las fugaces aspiraciones a lo grande y a lo bello, las escuelas de Roma y de París, el Vaticano, el Louvre, los Oficios, los talleres de los maestros Meissonier, Monteverde, Madrazo, Carrier-Beleuse, entrevistos y dejados por otra escuela mejor: el juego y las mujeres; la orgía.

S. 95: Era una sala cuadrada grande, de un lujo fantástico, opulento, un lujo a la vez de mundano refinado y de artista caprichoso. El pie se hundía en una espesa alfombra de Esmirna. Alrededor, contra las paredes, cubiertas de arriba abajo por viejas tapicerías de seda de la China, varios divanes se veían de un antiguo tejido turco. Hacia el medio de la pieza, en mármol de Carrara, un grupo de Júpiter y Leda de tamaño natural. Acá y allá, sobre pies de ónix, otros mármoles, reproducciones de bronces obscenos de Pompeya, almohadones orientales arrojados al azar, sin orden por el suelo, mientras en una alcoba contigua, bajo los pesados pliegues de un cortinado de lampas *vieil or*, la cama se perdía, una cama colchada de raso negro, ancha, baja, blanda. Al lado, el cuarto de baño al que una puerta secreta practicada junto a la alcoba conducía, era tapizado de negro todo, como para que resaltara más la blancura de la piel.

S. 99: Nada en el mundo le halagaba ya, le sonreía; decididamente nada lo vinculaba a la tierra. Ni ambición, ni poder, ni gloria, ni hogar, ni amor, nada le importaba, nada quería, nada poseía, nada sentía. En su ardor, en su loco afán por apurar los goces terrenales, todos los secretos resortes de su ser se habían gastado como se gasta una máquina que tiene de continuo sus fuegos encendidos. Desalentado, rendido, postrado andaba al azar, sin rumbo, en la noche negra y helada de su vida... Pero, entonces, ¿por qué andar; por qué vivir? Y la idea del suicidio, como una puerta que se abre de pronto entre tinieblas, atrayente, tentadora, por primera vez cruzó su mente enferma.

S. 144 f.: Pensaba en la triste condición de la mujer, marcada al nacer por el dedo de la fatalidad, débil de espíritu y de cuerpo, inferior al hombre en la escala de los seres, dominada por él, relegada por la esencia misma de su naturaleza al segundo plan de la existencia. [...] La limitación estrecha de sus facultades, los escasos alcances de su inteligencia incapaz de penetrar en el dominio profundo de la ciencia, rebelde a las concepciones sublimes de las artes, la pobreza de su ser moral, refractario a todas las altas nociones de justicia y de deber, el aspecto mismo de su cuerpo, su falta de nervio y de vigor, la molicie de sus formas, la delicadeza de sus líneas, la suavidad de su piel, la morbidez de su carne ¿no revelaban claramente su destino, la misión que la naturaleza le había dado, no estaban diciendo a gritos que era un ser consagrado al amor esencialmente, casi un simple instrumento de placer, creado en vista de la propagación sucesiva y creciente de la especie? ¡Ah! ¡cuánto más sensatos y más sabios eran los pueblos del Oriente, cuanto mejor, más llevadera la suerte de la mujer bajo esas leyes, traducción fiel de las leyes naturales!

S. 172: Andrés, él, nada vio, ni un músculo de su rostro se contrajo en presencia de aquella escena de ruina y destrucción. Imperturbable, siguió andando, llegó hasta descolgar de la pared un cuchillo de caza, un objeto de precio, una obra de arte que, junto con otras armas antiguas, tenía allí, en una panoplia. Volvió, se sentó, se desprendió la ropa, se alzó la falda de la camisa, y tranquilamente, reflexivamente, sin fluctuar, sin pestañear, se abrió la barriga en cruz, de abajo arriba y de un lado a otro, toda... Pero los segundos, los minutos se sucedían y la muerte asimismo no llegaba. Parecía mirar con asco esa otra presa, harta, satisfecha de su presa. Entonces, con rabia, arrojando el arma: – ¡Vida perra, puta...– rugió Andrés– yo te he de arrancar de cuajo!... Y recogiéndose las tripas y envolviéndoselas en torno de las manos, violentamente, como quien rompe una piola pegó un tirón. Un chorro de sangre y de excrementos saltó, le ensució la cara, la ropa, fue a salpicar sobre la cama el cadáver de su hija, mientras él, boqueando, rodaba por el suelo...

Cánovas del Castillo: *Discurso pronunciado el día 26 de noviembre de 1870.* **Zit nach Litvak, Lily:** *España 1900,* **S. 160:** Por donde quiera que hoy se mire sobran razones para envidiar a la raza germánica y para que doble humillada la cabeza toda la gente latina. Inferior anteriormente en la organización social y en las ciencias, eran dos últimos baluartes de su grandeza la Roma pontifical y el ejército francés, y las catástrofes simultáneas que hemos presenciado ponen el sello a una decadencia quizás de toda suerte inevitable.

Cansinos Assens, Rafael: Renacimiento latino, zitiert nach Litvak, Lily: *España* **1900, S. 175:** Y todos unidos lucharemos con la antigua espada latina, que ahora vuelve a fulgurar y a herir, contra la invasión sajona, que quiere hacer una tierra brumosa y triste de esta tierra de sol. La raza latina renace fuerte de su sueño, como gladiador. Los hermanos se unen. Los hermanos son águilas, leones y el dragón oriental. Y con rugidos y aletazos, como en un canto apocalíptico, quieren hacer saber al mundo que la raza latina vive y es victoriosa aún.

Carpentier, Alejo: *El Siglo de las Luces.* **Barcelona: Editorial Seix Barral 1981, 86 f.:** Eran interesantes, insólitas, extraordinarias, ciertamente. Pero ninguna tan considerable, tan sensacional como la que se refería a la fuga del Rey y a su arresto en Varennes. Era algo tan tremendo, tan novedoso para cualquier mente, que las palabras «Rey» y «arresto» no acababan de acoplarse, de constituir una posibilidad inmediatamente admisible. ¡Un monarca arrestado, avergonzado, humillado, entregado a la custodia del pueblo a quien pretendía gobernar, cuando era indigno de hacerlo! La más grande corona, el más insigne poder, el más alto cetro del universo, traídos entre dos gendarmes. «Y yo, que estaba negociando con sederías de contrabando, cuando tales cosas pasaban en el mundo –decía Víctor, llevándose las manos a la cabeza–. Se estaba asistiendo, allá, al nacimiento de una nueva humanidad...» El *Borée*, impulsado por la brisa nocturna, bogaba despacio, bajo el cielo de estrellas tan claras que las montañas del Este se pintaban en tinieblas intrusas, cortando el puro dibujo de las constelaciones. Atrás quedaban los incendios de un día. Hacia el Oriente se erguía, enhiesta y magnífica, vislumbrada por los ojos del entendimiento, la Columna de Fuego que guía las marchas hacia toda Tierra Prometida.

S. 253: «Esta vez la revolución ha fracasado. Acaso la próxima sea la buena. Pero, para agarrarme cuando estalle, tendrán que buscarme con linternas a mediodía. Cuidémonos de las palabras hermosas; de los Mundos Mejores creados por las palabras. Nuestra época sucumbe por un exceso de palabras. No hay más Tierra Prometida que la que el hombre puede encontrar en sí mismo.» Y al decir esto pensaba Esteban en Ogé, que tan a menudo citaba una frase de su maestro Martínez de Pasqually: *El ser humano sólo podrá ser iluminado mediante el desarrollo de las facultades divinas dormidas en él por el predominio de la materia...*

S. 344 f.: Su verdadera entrada en la Historia data de la noche en que aquel establecimiento fue incendiado por los revolucionarios haitianos. A partir de ese momento, podemos seguir su trayectoria paso a paso, tal como se narra en este libro. Los capítulos consagrados a la conquista de la Guadalupe se guían por un esquema cronológico preciso. Cuanto se dice acerca de su guerra librada a los Estados Unidos –la que llamaron los yanquis de entonces «Guerra de Brigantes»– así como a la acción de los corsarios, con sus nombres y los nombres de sus barcos, está basado en documentos reunidos por el autor en la Guadalupe y en bibliotecas de la Barbados, así como en cortas pero instructivas referencias halladas en obras de autores latinoamericanos que, de paso, mencionaron a Víctor Hugues. [...] nos ofrece la imagen de un personaje extraordinario que establece, en su propio comportamiento, una dramática dicotomía. De ahí que el autor haya creído interesante revelar la existencia de ese ignorado personaje histórico en una novela que abarcara, a la vez, todo el ámbito del Caribe.

Carpentier, Alejo: *El reino de este mundo.* **Introducción Federico Acevedo. San Juan PR: EDUPR 1994, S. 8:** [...] América está muy lejos de haber agotado su caudal de mitologías. Sin habérmelo propuesto de modo sistemático, el texto que sigue ha respondido a este orden de preocupaciones. En él se narra una sucesión de hechos extraordinarios, ocurridos en la isla de Santo Domingo, en determinada época que no alcanza el lapso de una vida humana, dejándose que lo maravilloso fluya libremente de una realidad estrictamente seguida en todos sus detalles. Porque es menester advertir que el relato que va a leerse ha sido establecido sobre una documentación extremadamente rigurosa que no solamente respeta la verdad histórica de los acontecimientos, los nombres de personajes –incluso secundarios–, de lugares y hasta de calles, sino que oculta, bajo su aparente intemporalidad, un minucioso cotejo de fechas y de cronologías. Y sin embargo, por la dramática singularidad de los acontecimientos, por la fantástica apostura de los personajes que se encontraron, en determinado momento, en la encrucijada mágica de la Ciudad del Cabo, todo resulta maravilloso en una historia imposible de situar en Europa, y que es tan real, sin embargo, como cualquier suceso ejemplar de los consignados, para pedagógica edificación, en los manuales escolares. ¿Pero qué es la historia de América toda sino una crónica de lo real-maravilloso?

S. 39 f.: De pronto, todos los abanicos se cerraron a un tiempo. Hubo un gran silencio detrás de las cajas militares. Con la cintura ceñida por un calzón rayado, cubierto de cuerdas y de nudos, lustroso de lastimaduras frescas, Mackandal avanzaba hacia el centro de la plaza. Los amos interrogaron las caras de sus esclavos con la mirada. Pero los negros mostraban una despechante indiferencia. ¿Qué sabían los blancos de cosas de negros? En sus ciclos de metamorfosis, Mackandal se había adentrado muchas veces en el mundo arcano de los insectos, desquitándose de la falta de un brazo humano con la posesión de varias patas, de cuatro élitros o de largas antenas. Había sido mosca, ciempiés, falena, comején, tarántula, vaquita de San Antón y hasta cocuyo de grandes luces verdes. En el momento decisivo, las ataduras del mandinga, privadas de un cuerpo que atar, dibujarían por un segundo el contorno de un hombre de aire, antes de resbalar a lo largo del poste. Y Mackandal, transformado en mosquito zumbón, iría a posarse en el mismo tricornio del jefe de las tropas, para gozar del desconcierto de los blancos. Eso era lo que ignoraban los amos; por ello habían despilfarrado tanto dinero en organizar aquel espectáculo inútil que revelaría sus total impotencia para luchar contra un hombre hundido por los grandes Loas. Mackandal estaba ya adosado al poste de torturas. El verdugo había agarrado un rescoldo con las tenazas. Repitiendo un gesto estudiado la víspera frente al espejo, el gobernador desenvainó su espada de corte y dio orden de que se cumpliera la sentencia. El fuego comenzó a subir hacia el manco, sollamándole las piernas. En ese momento, Mackandal agitó su muñón que no habían podido atar, en un gesto conminatorio que no por menguado era menos terrible, aullando conjuros desconocidos y echando violentamente el torso hacia adelante. Sus ataduras cayeron, y el cuerpo del negro se espigó en el aire, volando por sobre las cabezas, antes de hundirse en las ondas negras de la masa de esclavos. Un solo grito llenó la plaza. – *Mackandal sauvé!* Y fue la confusión y el estruendo.

S. 135 f.: Ti Noel subió sobre su mesa, castigando la marquetería con sus pies callosos. Hacia la ciudad del Cabo el cielo se había vuelto de un negro de humo de incendios, como la noche en que habían cantado todos los caracoles de la montaña y de la costa. El anciano lanzó su declaración de guerra a los nuevos amos, dando orden a sus súbditos de partir al asalto de las obras insolentes de los mulatos investidos. En aquel momento, un gran viento verde surgido del Océano y cayó sobre la Llanura del Norte colándose por el valle del Dondón con un bramido inmenso. Ya en tanto que mugían toros degollados en lo alto del Gorro del Obispo, la butaca, el biombo, los tomos de la enciclopedia, la caja de música, la muñeca, el pez luna echaron a volar de golpe, en el derrumbe de las últimas ruinas de la antigua hacienda. Todos los árboles se acostaron de copa al sur, sacando las raíces de la tierra. Y durante toda la noche, el mar, hecho lluvia, dejó rastros de sal en los flancos de las montañas. Y desde aquella hora nadie supo más de Ti Noel ni de su casaca verde con puños de encaje salmón, salvo, tal vez, aquel buitre mojado, aprovechado de toda muerte, que esperó el sol con las alas abiertas: cruz de plumas que acabó por plegarse y hundir el vuelo en las espesuras de Bois Caimán.

Cervantes Saavedra, Miguel de: El ingenioso hidalgo Don Quijote de la Mancha. Primera parte. Leipzig: Brockhaus 1866, Capitulo IX, S. 39: Cuando yo oí decir "Dulcinea del Toboso", quedé atónito y suspenso, porque luego se me representó que aquellos cartapacios contenían la historia de Don Quijote. Con esta imaginación, le di prisa que leyese el principio, y, haciéndolo ansí, volviendo de improviso al arábigo en castellano, dijo que decía: "Historia de Don Quijote de la Mancha, escrita por Cide Hamete Benengeli, historiador arábigo." Mucha discreción fue menester para disimular el contento que recibí cuando llegó a mis oídos el título del libro [...].

Chamisso, Adelbert von: *Leben und Briefe.* **Herausgegeben von Julius Eduard Hitzig. Leipzig: Weidmann'sche Buchhandlung 1942, S. 271:** Ma patrie. Je suis français en Allemagne, et allemand en France, catholique chez les protestants, protestant chez les catholiques, philosophe chez les gens religieux et cagot chez les gens sans préjugés; homme du monde chez les savants, et pédant dans le monde, jacobin chez les aristocrates, et chez les démocrates un noble, un homme de l'Ancien Régime, etc. Je ne suis nulle part de mise, je suis partout étranger – je voudrais trop étreindre, tout m'échappe. Je suis malheureux – – – Puisque ce soir la place n'est pas encore prise, permettez-moi d'aller me jeter la tête première dans la rivière...

Chateaubriand, François-René vicomte de: *Atala; René; Les Abencérages; Suivies de Voyage en Amérique.* **Paris: Librairie de Firmin Didot frères 1871,** *Atala,* **S. 19 f.:** La France possédait autrefois, dans l'Amérique septentrionale, un vaste empire qui s'étendait depuis le Labrador jusqu'aux Florides, et depuis les rivages de l'Atlantique jusqu'aux lacs les plus reculés du haut Canada. Quatre grands fleuves, ayant leurs sources dans les mêmes montagnes, divisaient ces régions immenses [...]. Ce dernier fleuve, dans un cours de plus de mille lieues, arrose une délicieuse contrée que les habitants des Etats-Unis appellent le nouvel Eden, et à laquelle les Français ont laissé le doux nom de Louisiane.

S. 30: Une nuit que les Muscogulges avaient placé leur camp sur le bord d'une forêt, j'étais assis auprès du *feu de la guerre*, avec le chasseur commis à ma garde. Tout à coup j'entendis le murmure d'un vêtement sur l'herbe, et une femme à demi voilée vint s'asseoir à mes côtés. Des pleurs roulaient sur sa paupière ; à la lueur du feu un petit crucifix d'or brillait sur son sein. Elle était régulièrement belle ; l'on remarquait sur son visage je ne sais quoi de vertueux et de passionné, dont l'attrait était irrésistible. Elle joignait à cela des grâces plus tendres ; une extrême sensibilité, unie à une mélancolie profonde, respirait dans ses regards ; son sourire était céleste. Je crus que c'était la *Vierge des dernières amours*, cette vierge qu'on envoie au prisonnier de guerre, pour enchanter sa tombe.

S. 61 f.: C'en était trop pour nos cœurs que cette amitié fraternelle qui venait nous visiter, et joindre son amour à notre amour. Désormais les combats d'Atala allaient devenir inutiles : en vain je la sentis porter une main à son sein, et faire un mouvement extraordinaire ; déjà je l'avais saisie, déjà je m'étais enivré de son souffle, déjà j'avais bu toute la magie de l'amour sur ses lèvres. Les yeux levés vers le ciel, à la lueur des éclairs, je tenais mon épouse dans mes bras, en présence de l'Eternel. Pompe nuptiale, digne de nos malheurs et de la grandeur de nos amours: superbes forêts qui agitiez vos lianes et vos dômes comme les rideaux et le ciel de notre couche, pins embrasés qui formiez les flambeaux de notre hymen, fleuve débordé, montagnes mugissantes, affreuse et sublime nature, n'étiez-vous donc qu'un appareil préparé pour nous tromper, et ne pûtes-vous cacher un moment dans vos mystérieuses horreurs la félicité d'un homme! Atala n'offrait plus qu'une faible résistance ; je touchais au moment du bonheur, quand tout à coup un impétueux éclair, suivi d'un éclat de la foudre, sillonne l'épaisseur des ombres, remplit la forêt de soufre et de lumière, et brise un arbre à nos pieds. Nous fuyons. O surprise!... dans le silence qui succède, nous entendons le son d'une cloche ! Tous deux interdits, nous prêtons l'oreille à ce bruit, si étrange dans un désert. A l'instant un chien aboie dans le lointain ; il approche, il redouble ses cris, il arrive, il hurle de joie à nos pieds ; un vieux Solitaire portant une petite lanterne, le suit à travers les ténèbres de la forêt. «La Providence soit bénie ! s'écria-t-il, aussitôt qu'il nous aperçut. Il y a bien longtemps que je vous cherche !»

S. 94–98: A peine a-t-il prononcé ces mots, qu'une force surnaturelle me contraint de tomber à genoux, et m'incline la tête au pied du lit d'Atala. Le prêtre ouvre un lieu secret où était renfermée une urne d'or, couverte d'un voile de soie ; il se prosterne et adore profondément. La grotte parut soudain illuminée ; on entendit dans les airs les paroles des anges et les frémissements des harpes célestes ; et lorsque le Solitaire tira le vase sacré de son tabernacle, je crus voir Dieu lui-même sortir du flanc de la montagne. Le prêtre ouvrit le calice ; il prit entre ses deux doigts une hostie blanche comme la neige, et s'approcha d'Atala, en prononçant des mots mystérieux. Cette sainte avait les yeux levés au ciel, en extase. Toutes ses douleurs parurent suspendues, toute sa vie se rassembla sur sa bouche ; ses lèvres s'entr'ouvrirent et vinrent avec respect chercher le Dieu caché sous le pain mystique. Ensuite le divin vieillard trempe un peu de coton dans une huile consacrée et l'en frotte les tempes d'Atala, il regarde un moment la fille mourante, et tout à coup ses fortes paroles lui échappent : «Partez, âme chrétienne : allez rejoindre votre Créateur !» Relevant alors ma tête abattue, je m'écriai en regardant le vase où était l'huile sainte : «Mon père, ce remède rendra-t-il la vie à Atala?» «Oui, mon fils, dit le vieillard en tombant dans mes bras, la vie éternelle !» Atala venait d'expirer ! [...] Ses lèvres, comme un bouton de rose, cueillie depuis deux matins, semblaient languir et sourire. Dans ses joues d'une blancheur éclatante, on distinguait quelques veines bleues. Ses beaux yeux étaient fermés, ses pieds modestes étaient joints, et ses mains d'albâtre pressaient sur son cœur un crucifix d'ébène ; le scapulaire de ses vœux était passé à son cou. Elle paraissait enchantée par l'Ange de la mélancolie, et par le double sommeil de l'innocence et de la tombe. Je n'ai rien vu de plus céleste. Quiconque eût ignoré que cette jeune fille avait joui de la lumière, aurait pu la prendre pour la statue de la Virginité endormie.

Chimalpahin Quauhtlehuanitzin, Domingo Francisco de San Antón Muñón; zitiert nach Mignolo, Walter: Zur Frage der Schriftlichkeit in der Legitimation der Conquista. In: Kohut, Karl et al. (Hg.): *Der eroberte Kontinent.* **Frankfurt am Main: Vervuert 1991, S. 87:** Entonces, el papel pintado y la historia de los linajes antiguos fueron dejados a su querido hijo el señor don Domingo Hernández Ayopochtzin, quien se instruyó en la ciencia de la cuenta de los libros y pintó un libro escribiéndolo con letras sin añadirle nada, sino como un fiel espejo de las cosas que de allí trasladó. Nuevamente ahora yo he pintado, he escrito con letras un libro en donde he dado cabida a todas las viejas historias.

Darío, Rubén: El rey burgués. In: ders.: *Obras completas.* **Bd. V:** *Poesía.* **Madrid: Afrodisio Aguado 1953, S. 626 f.:** El rey tenía un palacio soberbio donde había acumulado riquezas y objetos de arte maravillosos. Llegaba a él por entre grupos de lilas y extensos estanques, siendo saludado por los cisnes de cuellos blancos, antes que por los lacayos estirados. Buen gusto. Subía por una escalera llena de columnas de alabastro y de esmaragdita, que tenía a los lados leones de mármol como los de los tronos salomónicos. Refinamiento. A más de los cisnes, tenía una vasta pajarera, como amante de la armonía, del arrullo, del trino y cerca de ella iba a ensanchar su espíritu, leyendo novelas de M. Ohnet, o bellos libros sobre cuestiones gramaticales, o críticas hermosillescas. Eso sí: defensor acérrimo de la corrección académica en letras, y del modo lamido en artes, alma sublime amante de la lija y de la ortografía! [...] Por lo demás, había el salón griego, lleno de mármoles: diosas, musas, ninfas y sátiros; el salón de los tiempos galanes, con cuadros del gran Watteau y de Chardin; dos, tres, cuatro, ¡cuántos salones! Y Mecenas se paseaba por todos, con la cara inundada de cierta majestad, el vientre feliz y la corona en la cabeza, como un rey de naipe.´

Echeverría, Esteban: *El Matadero. La Cautiva.* **Edición de Leonor Fleming. Madrid: Ediciones Cátedra 1986, S. 317 f.:** Por un lado dos muchachos se adiestraban en el manejo del cuchillo tirándose horrendos tajos y reveses; por otro, cuatro ya adolescentes, ventilaban a cuchilladas el derecho a una tripa gorda y un mondongo que habían robado a un carnicero; y no de ellos distante, porción de perros flacos ya de la forzosa abstinencia, empleaban el mismo medio para saber quién se llevaría un hígado envuelto en barro. Simulacro en pequeño era éste del modo bárbaro con que se ventilaban en nuestro país las cuestiones y los derechos individuales y sociales. En fin: la escena que se representaba en el matadero era para vista, no para escrita.

El Matadero, **S. 319:** Y en efecto, el animal, acosado por los gritos y sobre todo por las picanas agudas que le espoleaban la cola, sintiendo flojo el lazo, arremetió bufando a la puerta, lanzando a entrambos lados una rojiza y fosfórica mirada. Dióle el tirón el enlazador sentando su caballo, desprendió el lazo de la asta, crujió por el aire un áspero zumbido y al mismo tiempo se vio rodar desde lo alto de una horqueta del corral, como si un golpe de hacha lo hubiese dividido a cercén, una cabeza de niño cuyo tronco permaneció inmóvil sobre su caballo de palo, lanzando por cada arteria un largo chorro de sangre.

El Matadero, **S. 324:** Sus fuerzas se habían agotado; inmediatamente quedó atado en cruz, y empezaron la obra de desnudarlo. Entonces un torrente de sangre brotó borbolloneando de su boca y las narices del joven, y extendiéndose, empezó a caer a chorros por entrambos lados de la mesa. Los sayones quedaron inmóviles y los espectadores estupefactos.

La Cautiva, **Advertencia, S. 452:** El principal designio del autor de *La Cautiva* ha sido pintar algunos rasgos de la fisonomía poética del desierto; y para no reducir su obra a una mera descripción, ha colocado, en las vastas soledades de la Pampa, dos seres ideales, o dos almas unidas por el doble vínculo del amor y el infortunio. El suceso que poetiza, si no cierto, al menos entra en lo posible; y como no es del poeta contar menuda y circunstancialmente a guisa de cronista o novelador, ha escogido sólo, para formar su cuadro, aquellos lances que pudieran suministrar más colores locales al pincel de la poesía; o más bien ha esparcido en torno de las dos figuras que lo componen, a algunos de los más peculiares ornatos de la naturaleza que los rodea.

Fernández de Lizardi, José Joaquín: *El Periquillo Sarniento.* **Prólogo de Jefferson Rea Spell. México: Editorial Porrúa [11]1970, S. 1:** SENORES MÍOS: Una de las cosas que me presentaba dificultad para dar a luz la VIDA DE PERIQUILLO SARNIENTO era elegir persona a quien dedicársela, porque yo he visto infinidad de obras, de poco y mucho mérito, adornadas con sus dedicatorias al principio.

S. 2: –Sí, amigo –le dije–, y ésta es una de las trabas más formidables que han tenido y tendrán los talentos americanos para no lucir, como debieran, en el teatro literario. Los grandes costos que tiene en el reino que lastarse en la impresión de las obras abultadas retraen a muchos de emprenderlas, considerando lo expuestos que están no sólo a no lograr el premio de sus fatigas, sino tal vez a perder hasta su dinero, quedándose inéditas en los estantes muchas preciosidades que darían provecho al público y honor a sus autores. Esta desgracia hace que no haya exportación de ninguna obra impresa aquí [...].

S. 3: – ¡Ay, hermano de mi alma! Tú me has dado un desengaño, pero al mismo tiempo una gran pesadumbre. Sí, tú me has abierto los ojos estrellándome en ellos una porción de verdades que por desgracia son irrefragables; y lo peor es que todo ello para en que yo pierdo mi trabajo; pues aunque soy limitado y, por lo mismo, de mis tareas no se puede esperar ninguna cosa sublime, sino bastante humilde y trivial, créeme, esta obrita me ha costado algún trabajo, y tanto más cuanto que soy un *chambón* y la he trabajado sin herramienta.

S. 3 f.: Muy bien sé que descendéis de un ingrato, y que tenéis relaciones de parentesco con los Caínes fratricidas, con los idólatras Nabucos, con las prostitutas Dalilas, con los sacrílegos Baltasares, con los malditos Canes, con los traidores Judas, con los pérfidos Sinones, con los Cacos ladrones, con los herejes Arrios, y con una multitud de pícaros y pícaras que han vivido y aún viven en el mismo mundo que nosotros. Sé que acaso seréis, algunos, plebeyos, indios, mulatos, negros, viciosos, tontos y majaderos. Pero no me toca acordaros nada de esto, cuando trato de captar vuestra benevolencia y afición a la obra que os dedico [...].

S. 12: Nací en México, capital de la América Septentrional, en la Nueva España. Ningunos elogios serían bastantes en mi boca para dedicarlos a mi cara patria; pero, por serlo, ningunos más sospechosos. Los que la habitan y los extranjeros que la han visto pueden hacer su panegírico más creíble, pues no tienen el estorbo de la parcialidad, cuyo lente de aumento puede a veces disfrazar los defectos, o poner en grande las ventajas de la patria aun a los mismos naturales; y así, dejando la descripción de México para los curiosos imparciales, digo: que nací en esta rica y populosa ciudad por los años de 1771 a 73, de unos padres no opulentos, pero no constituidos en la miseria; al mismo tiempo que eran de una limpia sangre, la hacían lucir y conocer por su virtud. ¡Oh, si siempre los hijos siguieran constantemente los buenos ejemplos de sus padres!

S. 99: Todavía hay pueblos donde los indios ponen a sus muertos un *itacate*, que es un envoltorio con cosas de comer y algunos realillos. En otros, a más de esto, les esconden un papel lleno de disparates para el Eterno Padre, y sus ofrendas son con igual superstición. En otro lugar diremos quiénes sostienen estos abusos.

S. 113: El buen ejemplo mueve más que los consejos, las insinuaciones, los sermones y los libros. Todo esto es bueno, pero, por fin, son palabras, que casi siempre se las lleva el viento. La doctrina que entra por los ojos se imprime mejor que la que entra por los oídos.

S. 401: *Aprended, hombres, de mí, / lo que va de ayer a hoy; / que ayer conde y virrey fui / y hoy ni petatero soy.* / / Ninguno viva engañado / creyendo que la fortuna / si es próspera, ha de ser una / sin volver su rostro airado. / Vivan todos con cuidado / cada uno mire por sí, / que es la suerte baladí, / y se muda a cada instante: / yo soy un ejemplo andante: / *Aprended, hombres, de mí.* / / Muy bien sé que son quimeras / las fortunas fabulosas, / pero hay *épocas dichosas*, / y llámense como quiera. / Si yo aprovechar supiera / una de éstas, cierto estoy / que no fuera como voy; / pero desprecié la dicha, / y ahora me miro en desdicha: / *¡lo que va de ayer a hoy!* / / Ayer era un caballero / con un porte muy lucido; / y hoy me miro reducido / a unos calzones de cuero. / Ayer tuve harto dinero; / y hoy sin un maravedí, / me lloro, ¡triste de mi! / sintiendo mi presunción, / que aunque de imaginación / *ayer conde y virrey fui.* / / En este mundo voltario / fui ayer médico y soldado, / barbero, subdelegado, / sacristán y boticario. / Fui fraile, fui secretario, / y aunque ahora tan pobre estoy. / Fui comerciante en convoy, / estudiante y bachiller. / Pero ¡ay de mi, esto fue ayer, / *y hoy ni petatero soy!*

S. 436 f.: Los libros morales es cierto que enseñan, pero sólo por los oídos; y por eso se olvidan sus lecciones fácilmente. Estos instruyen por los oídos y por los ojos. [...] Cuando leemos estos hechos nos parece que los estamos mirando, los retenemos en la memoria [...].

Flaubert, Gustave: à Louis Bouilhet. Dams, 4 septembre 1850. In: Ders.: Œuvres complètes de Gustave Flaubert; Bd. 13–16: Correspondance 1850–1859. Paris: Société des études littéraires françaises. Éditeur scientifique 1974–1976, S. 74–79, hier 76 f.: Oui, la bêtise consiste à vouloir conclure. Nous sommes un fil et nous voulons savoir la trame. Cela revient à ces éternelles discussions sur la décadence de l'art. Maintenant on passe son temps à se dire : nous sommes complètement finis, nous voilà arrivés au dernier terme, etc., etc. Quel est l'esprit un peu fort qui ait conclu, à commencer par Homère ? Contentons-nous du tableau ; c'est aussi bon. Et puis, ô pauvre vieux, est-ce qu'il n'y a pas le soleil (même le soleil de Rouen), l'odeur des foins coupés, les épaules des femmes de trente ans, le vieux bouquin au coin du feu et les porcelaines de la Chine ? Quand tout sera mort, avec des brins de moelle de sureau et des débris de pot de chambre l'imagination rebâtira des mondes. Je suis bien curieux de le voir, ce brave conte chinois. Ce voyage-là me consolera des tristesses du retour. Je peux te dire une chose fortifiante et qui a le mérite d'être sincère, c'est que, comme nature, tu peux marcher hardiment. Tout ce que je vois ici, je le retrouve. (Il n'y a que les villes, les hommes, usages, costumes, ustensiles, choses de l'humanité enfin, dont je n'avais pas le détail net.) Je ne m'étais pas trompé. Pauvres diables que ceux qui ont des désillusions. Il y a des paysages où j'ai déjà passé, c'est certain. Retiens donc ceci pour ta gouverne, c'est le résultat d'une expérience faite exactement qui ne se dément point depuis dix mois c'est que nous sommes trop avancés en fait d'art pour nous tromper sur la nature. Ainsi, marche.

Foucault, Michel: *Les mots et les choses*. Paris: Gallimard 1966, S. 382 ff.: L'Histoire forme donc pour les sciences humaines un milieu d'accueil à la fois privilégié et dangereux. A chaque science de l'homme elle donne un arrière-fond qui l'établit, lui fixe un sol et comme une patrie : elle détermine la plage culturelle – l'épisode chronologique, l'insertion géographique – où on put reconnaître à ce savoir sa validité ; mais elle les cerne d'une frontière qui les limite, et ruine d'entrée de jeu leur prétention à valoir dans l'élément de l'universalité. [...] Même lorsqu'elles évitent toute référence à l'histoire, les sciences humaines (et à ce titre on peut placer l'histoire parmi elles) ne font jamais que mettre en rapport un épisode culturel avec un autre [...]. Toute connaissance s'enracine dans une vie, une société, un langage, qui ont une histoire ; et dans cette histoire même elle trouve l'élément qui lui permet de communiquer avec d'autres formes de vie, d'autres types de société, d'autres significations [...].

S. 398: Une chose en tout cas est certaine : c'est que l'homme n'est pas le plus vieux problème ni le plus constant qui se soit posé au savoir humain. En prenant une chronologie relativement courte et un découpage géographique restreint – la culture européenne depuis le XVIe siècle – on peut être sûr que l'homme y est une invention récente. Ce n'est pas autour de lui et de ses secrets que, longtemps, obscurément, le savoir a rôdé. En fait, parmi toutes les mutations qui ont affecté le savoir des choses et de leur ordre, le savoir des identités, des différences, des caractères, des équivalences, des mots, – bref au milieu de tous les épisodes de cette profonde histoire du *Même* – un seul, celui qui a commencé il y a un siècle et demi et qui peut-être est en train de se clore, a laissé apparaître la figure de l'homme. Et ce n'était point la libération d'une vieille inquiétude, passage à la conscience lumineuse d'un souci millénaire, accès à l'objectivité de ce qui longtemps était resté pris dans des croyances ou dans des philosophies : c'était l'effet d'un changement dans les dispositions fondamentales du savoir. L'homme est une invention dont l'archéologie de notre pensée montre aisément la date récente. Et peut-être la fin prochaine. Si ces dispositions venaient à disparaître comme elles sont apparues, si par quelque événement dont nous pouvons tout au plus pressentir la possibilité, mais dont nous ne connaissons pour l'instant encore ni la forme ni la promesse, elles basculaient, comme le fit au tournant du XVIIIe siècle le sol de la pensée classique, – alors on peut bien parier que l'homme s'effacerait, comme à la limite de la mer un visage de sable.

France, Anatole: *L'anneau d'améthyste*. In: ders.: *Histoire contemporaine*, Bd. III. Paris: Calmann-Lévy 1924, S. 235: Portant cette vision soudaine avait attristé les âmes, d'une flotte bénie par le Pape, battant le pavillon du roi catholique, portant à l'avant de ses navires les noms de la Vierge et des saints, désemparée, fracassée, coulée par les canons de ces marchands de cochons et ces fabricants de machines à coudre, hérétiques, sans rois, sans princes, sans passée, sans patrie, sans armée.

Galván, Manuel de Jesús: *Enriquillo. Leyenda histórica dominicana (1503–1538)*. Santo Domingo: Ediciones de Taller 1985, S. 7: El nombre de Jaragua brilla en las primeras páginas de la historia de América con el mismo prestigio que en las edades antiguas y en las narraciones mitológicas tuvieron la inocente Arcadia, la dorada Hesperia, el bellísimo valle de Tempé, y algunas otras comarcas privilegiadas del globo, dotadas por la Naturaleza con todos los encantos que pueden seducir la imaginación, y poblarla de quimeras deslumbradoras. Como ellas, el reino indio de Jaragua aparece ante los modernos argonautas que iban a conquistarlo, bajo el aspecto de una región maravillosa, rica y feliz. Regido por una soberana hermosa y amable; habitado por una raza benigna, de entendimiento despejado, de gentiles formas físicas; su civilización rudimentaria, por la inocencia de las costumbres, por el buen gusto de sus sencillos atavíos, por la graciosa disposición de sus fiestas y ceremonias, y más que todo, por la expansión generosa de su hospitalidad, bien podría compararse ventajosamente con esa otra civilización que los conquistadores, cubiertos de hierro, llevaban en las puntas de sus lanzas, en los cascos de sus caballos, y en los colmillos de sus perros de presa.
S. 123 f.: Pertenecía el Contador real Don Cristóbal de Cuéllar, por sus principios y sus ideas, al siglo en que había nacido; ese fecundo siglo décimo quinto, que cierra la tenebrosa Edad Media con la caída del Imperio de Oriente, la con-

quista de Granada y el descubrimiento del Nuevo Mundo. Mitad sombra y mitad luz, aquella centuria, al espirar, preludiaba dignamente al gran siglo del Renacimiento de las letras y las artes, á que tanto contribuyó la emigración á Italia de los más ilustres sabios y literatos de la ya mahometana Constantinopla. [...] Imponíase entonces á la conciencia de los pueblos la idea de la real potestad, como hoy se impone la idea democrática bajo la forma racional de la República, consecuencia del mayor adelanto de las ciencias morales y políticas.

S. 204 f.: Al cabo de tres días llegaron á la ciudad de Concepción de la Vega. Era la época del año en que de todos los puntos de la isla donde laboraban minas, concurrían los colonos á aquel centro de población á fundir sus minerales y someterlos á la marca de ley; por cuya causa la Vega ofrecía tanta ó mayor animación que la capital: celebrábase al mismo tiempo feria, á la que acudían presurosos desde los últimos rincones del territorio todos los que tenían algún objeto, animales y fruslerías de que hacer almoneda. Por las calles principales bullía la gente con festiva algazara [...].

S. 212 f. [Las Casas]: Creo cierto que otra vista tan graciosa y deleitable, y que tanto refrigere y bañe de gozo y alegría las entrañas, en todo el orbe no parece que pueda ser oída ni imaginada, por que toda esta vega tan grande, tan luenga y larga, es más llana que la palma de la mano; está toda pintada de yerba, la más hermosa que puede decirse y odorífera, muy diferente de la España; píntanla de legua á legua, ó de dos á dos leguas, arroyos graciosísimos que la atraviesan, cada uno de los cuales lleva por las rengleras de sus ámbas á dos riberas su lista ó ceja ó raya de árboles, siempre verdes, tan bien puestos y ordenados, como si fueran puestos á mano, y que no ocupan poco más de 15 ó 20 pasos en cada parte. [...] Tengo por averiguado que ningún hombre y sábio que hubiese bien visto y considerado la hermosura y alegría y amenidad y postura desta vega, no tendría por vano el viaje desde Castilla hasta acá, del que siendo filósofo curioso ó cristiano devoto, solamente para verla [...].

S. 456 f.: Algún tiempo se mostró preocupada y triste; su soledad le parecía espantosa, mientras que Enrique, su amado compañero, estaba enteramente consagrado á la organización y defensa de su montañoso estado. Mas, cuando por primera vez el valiente cacique se presentó á sus ojos victorioso; cuando arrojó á los piés de ella la espada inútil del arrogante Valenzuela; cuando cubierto aun con el polvo del combate se le mostró grande, verdaderamente libre, con la aureola augusta del valor heróico y de la dignidad recobrada, entonces el corazón de Mencía palpitó á impulsos de imponderable satisfacción y de legítimo orgullo, y arrojándose en los brazos del conmovido guerrero, besó con santo entusiasmo su rostro varonil; corrieron sus cristalinas lágrimas por el robusto y polvoroso cuello del caudillo, y sus labios, trémulos de grata emoción, murmuraron apenas esta frase expresiva: –Grande, libre, vengado... ; –¡así te quiero!

S. 474: Este nombre vive y vivirá eternamente: un gran lago lo perpetúa con su denominación geográfica; las erguidas montañas del Bahoruco parecen como que lo levantan hasta la región de las nubes, y á cualquier distancia que se alcance á divisarlas en su vasto desarrollo, la sinuosa cordillera, destacando sus altas cimas sobre el azul de los cielos, contorneando los lejanos horizontes, evoca con muda elocuencia el recuerdo glorioso de Enriquillo.

Gómez de Avellaneda, Gertrudis: *Sab.* **Edición, prólogo y notas de Carmen Bravo Villasante. Madrid: Ediciones Anaya 1970, S. 42:** No parecía un criollo blanco, tampoco era negro ni podía creérsele descendiente de los primeros habitantes de las Antillas. Su rostro presentaba un compuesto singular en que se descubría el cruzamiento de dos razas diversas, y en que se amalgamaban, por decirlo así, los rasgos de la casta africana con los de la europea, sin ser no obstante un mulato perfecto. Era su color de un blanco amarillento con cierto fondo oscuro; su ancha frente se veía cubierta con mechones desiguales de un pelo negro y lustroso como las alas del cuervo; su nariz era aguileña pero sus labios gruesos y amoratados denotaban su procedencia africana, tenía la barba un poco prominente y triangular, los ojos negros, grandes, rasgados, bajo cejas horizontales, brillando en ellos el fuego de la primera juventud, no obstante que surcaban su rostro ligeras arrugas. El conjunto de estos rasgos formaba una fisonomía, una característica, una de aquellas fisonomías que fijan las miradas a primera vista y que jamás se olvidan cuando se han visto una vez.

S. 69: ¡Pues qué! ¿no hay siete días de diferencia? ¡Siete días, Enrique! Otros tantos he estado sin verte en esta primera separación y me han parecido una eternidad. ¿No has experimentado tú cuán triste cosa es ver salir el sol, un día y otro... sin que pueda disipar las tinieblas del corazón, sin traernos un rayo de esperanza... porque sabemos que no veremos con su luz el semblante a dorado? Y luego, cuando llega la noche, cuando la naturaleza se adormece en medio de las sombras y las brisas, ¿no has sentido tu corazón inundarse de una ternura dulce, indefinible como el aroma de las flores?... ¿No has experimentado una necesidad de oír la voz querida en el silencio de la noche? ¿No te ha agobiado la ausencia, ese malestar continuo, ese vacío inmenso, esa agonía de un dolor que se reproduce bajo mil formas diversas, pero siempre punzante, inagotable, insufrible?

S. 114 f.: ¡Oh, Enrique! lloro no haber nacido entonces, y que tú, indio como yo, me hicieses una cabaña de palmas en donde gozásemos una vida de amor, de inocencia y de libertad. Enrique se sonrió del entusiasmo de su querida haciéndola una caricia; el mulato apartó de ella sus ojos preñados de lágrimas. – ¡Ah!, ¡sí! –pensó él–; no serías menos hermosa si tuvieras la tez negra o cobriza. ¿Por qué no lo ha querido el cielo, Carlota? Tú, que comprendes la vida y la felicidad de los salvajes, ¿por qué no naciste conmigo en los abrasados desiertos del Africa o en un confín desconocido de la América?

Gómez de Avellaneda, Gertrudis: *Guatimozín* In Dies.: *Obras de doña Gertrudis de Avellaneda.* **Bd. 5. Madrid: Ediciones Atlas 1981, S. 207:** Tres años, poco más o menos, habían transcurrido desde el día memorable en que – vencido y prisionero el joven y heroico Emperador Guatimozín – se rindió a las armas españolas, después de noventa y tres días de formidable sitio, la hermosa capital del imperio mexicano. Tres años se contaban ya de aquel gran suceso, cuya inmensa resonancia aún conmovía profundamente la Europa, y no había sido posible todavía al caudillo vencedor – no obstante su genio y su fortuna – sujetar por completo todas las provincias de la vasta Nueva España, conquistada por su acero para la antigua corona de Castilla, pero aquel tiempo había bastado sobradamente para amargarle con íntimos sacrificios de su corazón y vergonzosas defecciones de su propia gente, las dulzuras embriagadoras de la gloria.

Gómez de Avellaneda, Gertrudis: *Autobiografía y epistolarios de amor.* **Newark US: Juan de la Cuesta 1999, S. 52 f.:** Sin embargo, nunca fui alegre y atolondrada como lo son regularmente los niños. Mostré desde mis primeros años afición al estudio y una tendencia a la melancolía. No hallaba simpatías en las niñas de mi edad; tres solamente, vecinas mías, hijas de un emigrado de Santo Domingo merecieron mi amistad. Eran tres lindas criaturas de un talento natural despejadísimo. [...] Las Carmonas (que este era su apellido) se conformaban facilmente con mis gustos y los participaban. Nuestros juegos eran representar comedias, hacer cuentos, rivalizando a quien los hacía más bonitos, adivinar charadas y dibujar en competencia flores y pajaritos. Nunca nos mezclábamos en los bulliciosos juegos de las otras chicas con quienes nos reuníamos. Más tarde, la lectura de novelas, poesías y comedias llegó a ser nuestra pasión dominante. Mamá nos reñía algunas veces de que siendo ya grandecitas, descuidásemos tanto nuestros adornos, y huyésemos de la sociedad como salvajes. Porque nuestro mayor placer era estar encerradas en el cuarto de los libros, leyendo nuestras novelas favoritas y llorando las desgracias de aquellos héroes imaginarios, a quienes tanto queríamos. De este modo cumplí trece años. ¡Días felices, que pasaron para no tornar más!...

S. 62 f.: El día 9 de abril de 1836 nos embarcamos para Burdeos en una fragata francesa, y sentidas y lloradas, abandonamos, ingratas, aquel país querido, que acaso no volveremos a ver jamás. Perdone usted; mis lágrimas manchan este papel; no puedo recordar sin emoción aquella noche memorable en que vi por última vez la tierra de Cuba. La navegación fue para mí un manantial de nuevas emociones. –«Cuando navegamos sobre los mares azulados, ha dicho Lord

Byron, nuestros pensamientos son tan libres como el Océano.»– Su alma sublime y poética debió sentirlo así: la mía lo experimentó también. Hermosas son las noches de los trópicos, y yo las había gozado; pero son más hermosas las noches del Océano. Hay un embeleso indefinible en el soplo de la brisa que llena las velas, ligeramente estremecidas, en el pálido resplandor de la luna que reflejan las aguas, en aquella inmensidad que vemos sobre nuestra cabeza y bajo nuestros pies. Parece que Dios se revela mejor al alma conmovida en medio de aquellos dos infinitos – ¡el cielo y el mar!– y que una voz misteriosa se hace oír en el ruido de los vientos y de las olas. Si yo hubiese sido atea, dejaría de serlo entonces.

S. 73: La educación que se da en Cuba a las señoritas difiere tanto de la que se les da en Galicia, que una mujer, aún de la clase media, creería degradarse en mi país ejercitándose en cosas que en Galicia miran las más encopetadas como una obligación de su sexo. Las parientas de mi padrastro decían, por tanto, que yo no era buena para nada, porque no sabía planchar, ni cocinar, ni calcetear; porque no lavaba los cristales, ni hacía las camas, ni barría mi cuarto. Según ellas, yo necesitaba veinte criadas y me daba el tono de una princesa. Ridiculizaban también mi afición al estudio y me llamaban *la Doctora*. [...] Luego que rompí mis compromisos y me vi libre, aunque no más dichosa; persuadida de que no debía casarme jamás y de que el amor da más penas que placeres, me propuse adaptar un sistema, que ya hacía algún tiempo tenía en mi mente. Quise que la vanidad reemplazase al sentimiento, y me pareció que valía más agradar generalmente que ser amada de uno sólo: tanto más cuanto que este uno nunca sería un objeto que llenase mis votos. Yo había perdido la esperanza de encontrar un hombre según mi corazón.

Hostos, Eugenio María de: *La Peregrinación de Bayoán.* **Novela. In (ders.): Obras Completas. Bd. VIII. La Habana: Editorial Comercial 1939, S. 9:** Le puse un libro cualquiera en las manos, le rogué que esperase, y dejándolo solo en una de mis dos habitaciones, pasé a la otra. Tomé pluma, tinta, papel, y escribí. A la media hora salí radiante de alegría, y gritando: Aquí está el libro, leí a Rada los seis primeros diarios de *La Peregrinación de Bayoán*. Rada quiso leer más, y se obstinó y porfió por leer más. Cuando le dije que no había más, se quedó estupefacto. Cuando le dije que lo leído acababa de ser escrito, el asombro que mostró fué mi recompensa y fué mi estímulo. –Pero y ¿y el libro?– insistió. [...] –Mañana.– Es imposible. –Usted lo verá. Mecánicamente, es imposible que yo escriba ese libro en veinticuatro horas; pero intelectualmente es posible, puesto que acabo de concebirlo y de escribirlo en mi cerebro.

S. 17 f.: Así ligados en una encadenación lógica de ideas los dos aspectos que había percibido, me parecía que todo el libro, que todas sus intenciones, que todas sus reticencias, caerían como acusaciones fulminantes contra España. Acusada por una pluma justiciera, la conciencia del mundo la condenaría. Acusada por un patriotismo convincente, todos los patriotas de las Antillas la maldecirían. De la maldición a la explosión, un solo paso! Yo había dado el primero, yo podría dar el segundo.

S. 78: Yo he hecho infelices a cuantos me han rodeado, yo me he hecho infeliz. Mi implacable razón no me abandona, y por no avergonzarse un día de un tropiezo, me niega la ventura que le pido. A tus instancias, oye lo que contesta, corazón. «Tú estás condenado a no amar: si amas, haces infeliz: si no también: pero si amando resistes a tu amor y buscas tu deber, que está llamándote, yo te prometo un día la luz más refulgente: tu deber te llama lejos de aquí: obedece: si vas, y te aman, sacrificas hoy...: el tiempo cura: si amas y olvidas tu deber, acuérdate de tu conciencia!» Y yo, entre tanto, amo, no veo a la que amo, no digo cuanto amo, me privo de la luz: quiero quedarme, y me empujan; quiero partir, y me llaman! Y el amor es el cielo...! – me decía yo ayer. ¡Oh razón, oh razón, maldita seas!

S. 138: Veo un mundo fantástico, semejante a la tierra: en las llanuras, en las vegas, en las costas, en todo lo que se parece, es igual y está a un nivel, atmósfera tranquila: en los montes, neblinas; en los Andes, nubes eternas, sombrías. Los hombres son los llanos, las playas, lo a un nivel; el hombre que se eleva, el Chimborazo, ardiendo interiormente en fuego eterno, cubierto exteriormente de nubes perdurables. –¡Medita en la alegoría...!

S. 175: Febrero 27. ¡Qué magnífico ocaso! El sol se ha puesto: luchando con las sombras, su último rayo colora el horizonte: y ese rayo, esparciéndose, hace milagros. Allí está el mar de nácar que tantas veces he admirado: abarcándolo, una tierra de color oscuro; poblándolo, millares de islas, de escollos, de peñascos; cruzándolo, vapores ligerísimos que tienen a mis ojos la forma de los buques. De la tierra que lo abarca, ha brotado una montaña: ¡qué montaña! ¿hay alguna en la tierra que imite la osadía con que ésa se levanta en el espacio? ¿hay alguna que imite sus corrientes de brillantes, sus torrentes sombríos, sus árboles inmensos, sus bosques colosales, la aureola que corona su cúspide? Cerca de la montaña, una caverna: veo su profundidad a favor de esa luz color de púrpura: y a favor de esa luz, veo esos fantasmas, esos mónstruos extraños, esas sombras pavorosas, queriendo penetrar en ella, y empujándose, codeándose, impidiéndose el paso, golpeándose, destruyéndose, y volviendo a la nada o transformándose. Todo va desvaneciéndose: la caverna y sus mónstruos se disipan; la montaña se hunde; el mar de nácar se sumerge. Ocupan su lugar formas ligeras, nubecillas blancas, vapores sin forma que flotan, oscilan, se mueven, y se ocultan. Allí vienen las sombras de la noche: ennegrecen primero el horizonte opuesto, invaden el zenit, sombrean el occidente, desvanecen los últimos colores que ha dejado la luz, oscurecen el cielo. De esas sombras, va naciendo un azul claro en oriente, oscuro en occidente: aparece una estrella, luego otra, ahora mil. Reina la noche: ni colores, ni sombras, ni vapores en el ocaso. Oscureció: ya, nada... ¡Sí! En mi cerebro hay un pensamiento triste, una comparación amarga. La imaginación es un sol que se pone eternamente: engendra un mundo, lo colora con el resplandor de su invisible fuego, y cuando va a perfeccionarlo, su mundo se oculta tras un vuelo, el vapor de una noche irremediable lo sombrea, y la oscuridad lo desvanece. En el cielo recuerdan las estrellas la luz del sol ya puesto: en la imaginación no queda nada; el aire es nada.

Hugo, Victor: *Bug-Jargal*. Berlin: W. Natorff et Compagnie 1836, Préface vom 24. März 1832, s.p.: En 1818, l'auteur de ce livre avait seize ans ; il paria qu'il écrirait un volume en quinze jours. Il fit *Bug-Jargal*. Seize ans, c'est l'âge où l'on parie pour tout et où l'on improvise sur tout. Ce livre a donc été écrit deux ans avant *Han d'Islande*. Et quoique, sept ans plus tard, en 1825, l'auteur l'ait remanié et récrit en grande partie, il n'en est pas moins, et par le fond et par beaucoup de détails, le premier ouvrage de l'auteur. [...] et, quant à lui, comme ces voyageurs qui se retournent au milieu de leur chemin et cherchent à découvrir encore dans les plis brumeux de l'horizon le lieu d'où ils sont partis, il a voulu donner ici un souvenir à cette époque de sérénité, d'audace et de confiance, où il abordait de front un si immense sujet, la révolte des noirs de Saint-Domingue en 1791, lutte de géants, trois mondes intéressés dans la question, l'Europe et l'Afrique pour combattants, l'Amérique pour champ de bataille.
 S. 52 u. 59: En causant avec lui, je remarquai qu'il parlait avec facilité le français et l'espagnol, et que son esprit ne paraissait pas dénué de culture ; il savait des romances espagnoles qu'il chantait avec expression. Cet homme était si inexplicable, sous tant d'autres rapports, que jusqu'alors la pureté de son langage ne m'avait pas frappé. [...] En passant près des cases de nos noirs, je fus surpris de l'agitation extraordinaire qui y régnait. La plupart étaient encore éveillés et parlaient avec la plus grande vivacité. Un nom bizarre, *Bug-Jargal*, prononcé avec respect, revenait souvent au milieu de leur jargon inintelligible. Je saisis pourtant quelques paroles, dont le sens me parut être que les noirs de la plaine du nord étaient en pleine révolte, et livraient aux flammes les habitations et les plantations situées de l'autre côté du Cap.
 S. 64: Voici les rapports qui me sont parvenus. La révolte a commencé cette nuit à dix heures du soir parmi les nègres de l'habitation Turpin. Les esclaves, commandés par un nègre anglais nommé Boukmann, ont entraîné les ateliers des habitations Clément, Trémès, Flaville, et Noé. Ils ont incendié toutes les plantations et massacrés des colons avec des cruautés inouïes. Je vous en ferai comprendre toute l'horreur par un seul détail. Leur étandard est le corps d'un enfant porté au bout d'une pique. Un frémissement interrompit M. de Blanchelande. – Voilà

ce qui se passe au-dehors, poursuivit-il. Au-dedans, tout est bouleversé. Plusieurs habitants du Cap ont tué leurs esclaves ; la peur les a rendus cruels. Les plus doux ou les plus braves se sont bornés à les enfermer sous bonne clef. Les *petits blancs* accusent de ces désastres les sang-mêlés libres. Plusieurs mulâtres ont failli être victimes de la fureur populaire. Je leur ai fait donner pour asyle une église gardée par un bataillon. Maintenant, pour prouver qu'ils ne sont point d'intelligence avec les noirs révoltés, les sang-mêlés me font demander un poste à défendre et des armes.

S. 69 f.: Ce sont les beaux parleurs et les avocats qui gâtent tout, ici comme dans ta métropole. Si j'avais l'honneur d'être monsieur le lieutenant-général pour le roi, je jetterais toute cette canaille à la porte. Je dirais : Le roi règne, et moi je gouverne. J'enverrais la responsabilité par-devant les soi-disant représentants à tous les diables ; et avec douze croix de Saint-Louis, promises au nom de sa majesté, je balaierais tous les rebelles dans l'île de la Tortue, qui a été habitée autrefois par des brigands comme eux, les boucaniers. Souvenez-vous de ce que je vous dis, jeune homme. Les *philosophes* ont enfanté les *philanthropes*, qui ont procréé les *négrophiles*, qui produisent les mangeurs de blancs, ainsi nommés en attendant qu'on leur trouve un nom grec ou latin. Ces prétendues idées libérales dont on s'enivre en France sont un poison sous les tropiques. Il fallait traiter les nègres avec douceur, non les appeler à un affranchissement subit. Toutes les horreurs que vous voyez aujourd'hui à Saint-Domingue sont nées au club Massiac, et l'insurrection des esclaves n'est qu'un contrecoup de la chute de la Bastille.

S. 169 f.: Au-dessus de toutes ces têtes flottaient des drapeaux de toutes couleurs, de toutes devises, blancs, rouges, tricolores, fleurdelysés, surmontés du bonnet de liberté, portant pour inscription : –Mort aux prêtres et aux aristocrates ! –Vive la religion ! –Liberté ! –Egalité ! –Vive le roi ! –A bas la métropole ! –Viva España ! –plus de tyrans ! etc. Confusion frappante qui indiquait que toutes les forces des rebelles n'étaient qu'un amas de moyens sans but, et qu'en cette armée il n'y avait pas moins de désordre dans les idées que dans les hommes. [...] Ce flot de barbares et de sauvages passa enfin.

Humboldt, Alexander von: Mes confessions, à lire et à me renvoyer un jour. In: *Le Globe* **(Genève) 7 (janvier – février 1868), S. 180–190, hier S. 182:** Au printems, M. Georges Forster, avec qui j'avais lié connaissance à Mayence, me proposa de le suivre en Angleterre dans ce voyage rapide qu'il a décrit dans un petit ouvrage (Ansichten, etc.) justement célèbre par l'élégance du style. [...] Ce voyage cultivant mon esprit me décida aussi plus que jamais pour le voyage hors d'Europe. Je vis alors la première fois la mer à Ostende, et je me souviens que cette vue fit la plus grande impression sur moi. Je vis moins la mer que les pays auxquels cet élément devait un jour me porter.

S. 188: Inquiet, agité et ne jouissant jamais de ce que j'ai achevé, je ne suis heureux qu'en entreprenant du nouveau et en faisant trois choses à la fois. C'est dans cet esprit d'inquiétude morale, suite d'une vie nomade, que l'on doit chercher les causes principales de la grande imperfection de mes ouvrages. J'aurai été plus utile par les choses et les faits que j'ai rapportés, par les idées que j'ai fait naître dans d'autres, que par les ouvrages que j'ai publié moi-même. Cependant je n'ai pas manqué ni de bonne et de grande volonté, ni d'assiduité au travail. Dans les climats les plus ardents du globe, j'ai écrit ou dessiné souvent 15 à 16 heures de suite. Ma santé n'en a pas soufferte, et je me prépare au voyage d'Asie après avoir publié les résultats du voyage d'Amérique.

Humboldt, Alexander von: *Relation historique du Voyage aux Régions équinoxiales du Nouveau Continent fait en 1799, 1800, 1801, 1802, 1803, et 1804 par Al. de Humboldt et A. Bonpland rédigé par Alexandre de Humboldt.* **Neudruck des 1814–1825 in Paris erschienenen vollständigen Originals, besorgt, eingeleitet und um ein Register vermehrt von Hanno Beck. 3 Bde. Stuttgart: Brockhaus, 1970, hier Bd. III, S. 58–59:** Sans doute qu'après les grandes révolutions que subit l'état des sociétés humaines, la fortune publique, qui est le patrimoine commun de la civilisation, se trouve différemment répartie entre les peuples des deux mondes; mais peu à peu l'équilibre se rétablit, et c'est un préjugé funeste, j'oserois presque dire impie, que de considérer comme une calamité pour la vieille Europe la prospérité croissante de toute autre portion de notre planète. L'indépendance des colonies ne contribuera pas à les isoler, elle les rapprochera plutôt des peuples anciennement civilisés. Le commerce tend à unir ce qu'une politique jalouse a séparé depuis long-temps. Il y a plus encore : il est de la nature de la civilisation de pouvoir se porter en avant sans s'éteindre pour cela dans le lieu qui l'a vu naître. Sa marche progressive de l'est à l'ouest, de l'Asie en Europe, ne prouve rien contre cet axiome. Une vive lumière conserve son éclat même lorsqu'elle éclaire un plus grand espace. La culture intellectuelle, source féconde de la richesse nationale, se communique de proche en proche ; elle s'étend sans se déplacer.

Bd. III, S. 249 f.: Cette nouvelle nous causa d'autant plus d'horreur que peu de jours avant notre embarquement nous était venue la gazette avec l'affreux discours de Bruix dans lequel comme orateur du Gouvernement il propose au Corps législatif de réintroduire l'Esclavage et la traite des Nègres de la même manière qu'elle subsistait avant 1789. Nous étions heureusement dans une société dans laquelle beaucoup de personnes partageaient l'horreur morale avec laquelle on doit recevoir une nouvelle aussi affligeante. Voilà donc le fruit de tant de sang répandu aux Indes [...].

Bd. III, S. 348: L'aspect de la Havane, à l'entrée du port, est un des plus rians et des plus pittoresques dont on puisse jouir sur le littoral de l'Amérique équinoxiale, au nord de l'équateur. Ce site, célébré par les voyageurs de toutes les nations, n'a pas le luxe de végétation qui orne les bords de la rivière de Guayaquil, ni la sauvage majesté des côtes rocheuses de Rio Janeiro, deux ports de l'hémisphère austral: mais la grâce qui, dans nos climats, embellit les scènes de la nature cultivée, se mêlent ici à la majesté des formes végétales, à la vigueur organique qui caractérise la zone torride. Dans un mélange d'impressions si douces, l'Européen oublit le danger qui le menace au sein des cités populeuses des Antilles; il cherche à saisir les élémens divers d'un vaste paysage à contempler ces châteaux forts qui couronnent les rochers à l'est du port, ce bassin intérieur, entouré de villages et de fermes, ces palmiers qui s'élèvent à une hauteur prodigieuse, cette ville à demi cachée par une forêt de mâts et la voilure des vaisseaux.

Bd. III, S. 389: Si la législation des Antilles et l'état des gens de couleur n'éprouvent pas bientôt des changemens salutaires, si l'on continue à discuter sans agir, la prépondérance politique passera entre les mains de ceux qui ont la force du travail, la volonté de s'affranchir et le courage d'endurer de longues privations. Cette catastrophe sanglante aura lieu comme une suite nécessaire des circonstances, et sans que les noirs libres d'Haïti s'en mêlent aucunement, sans qu'ils abandonnent le système d'isolement qu'ils ont suivi jusqu'ici. Qui oseroit prédire l'influence qu'exerceroit une *Confédération africaine des Etats libres des Antilles*, placée entre Colombia, l'Amérique du Nord et Guatimala, sur la politique du Nouveau-Monde ?

Humboldt, Alexander von: *Briefe aus Amerika 1799–1804*. Bearbeitet von Ulrike Moheit. Berlin: Akademie Verlag 1993, S. 300: Plus que les événemens récens de S. Domingue ont offusqué la vérité et plus il paraît du devoir de tout homme moral de replacer le problème dans son vrai jour. [...] Qu'il serait beau si les Etats méridionaux préparaient la chose sans attendre la Crise dangereuse de l'an 1808. Cette abominable loi qui permet l'importation des Nègres dans la Caroline méridionale est un opprobre pour un Etat, dans lequel je sais qu'ils existent des têtes très bien organisées. En suivant la seule marche que dicte l'humanité, on exportera sans doute au commencement moins de Coton. Mais hélas ! que je déteste cette Politique qui mesure et évalue la félicité publique simplement d'après la valeur des Exportations ! [...] Avant d'être libre, il faut être juste, et sans justice il n'y a pas de prospérité durable.

Huysmans, Joris-Karl: *A rebours*. Paris: Georges Crès 1922, S. 60 f.: L'orgue se trouvait alors ouvert. Les tiroirs étiquetés «flûte, cor, voix céleste» étaient tirés, prêts à la manœuvre. Des Esseintes buvait une goutte, ici, là, se jouait des symphonies intérieures, arrivait à se procurer, dans le gosier, des sensations analogues à celles que la musique verse à l'oreille. Du reste, chaque liqueur correspondait, selon lui, comme goût, au son d'un instrument. Le curaçao sec, par exemple, à la clarinette dont le chant est aigrelet et velouté; le kummel au hautbois dont le timbre sonore nasille; la menthe et l'anisette, à la flûte, tout à la fois sucrée et poivrée, piaulante et douce [...]. Il pensait aussi que l'assimilation pouvait s'étendre, que des quatuors d'instruments à cordes pouvaient fonctionner sous la voûte palatine, avec le violon représentant la vieille eau-de-vie [...]. La similitude se prolongeait encore: des relations de tous tons existaient dans la musique des liqueurs; ainsi pour ne citer qu'une note, la bénédictine figure, pour ainsi dire, le ton mineur de ce ton majeur des alcools que les partitions commerciales désignent sous le signe de chartreuse verte. Ces principes une fois admis, il était parvenu, grâce à d'érudites expériences, à se jouer sur la langue de silencieuses mélodies, de muettes marches funèbres à grand spectacle, à entendre, dans sa bouche, des solis de menthe, des duos de vespétro et de rhum.

S. 68 ff.: Entre tous, un artiste existait dont le talent le ravissait en de longs transports, Gustave Moreau. Il avait acquis ses deux chefs-d'œuvre et, pendant des nuits, il rêvait devant l'un d'eux, le tableau de la Salomé, ainsi conçu: Un trône se dressait, pareil au maître-autel d'une cathédrale, sous d'innombrables voûtes jaillissants de colonnes trapues ainsi que des piliers romans, émaillées de briques polychromes, serties de mosaïques, incrustées de lapis-lazuli et de sardoines, dans un palais semblable à une basilique d'une architecture tout à la fois musulmane et byzantine. Au centre du tabernacle surmontant l'autel précédé de marches en forme de demi-vasques, le Tétrarque Hérode était assis, coiffé d'une tiare, les jambes rapprochées, les mains sur les genoux. La figure était jaune, parcheminée, annelée de rides, décimée par l'âge; sa longue barbe flottait comme un nuage blanc sur les étoiles enpierreries qui constellaient la robe d'orfroi plaquée sur sa poitrine. Autour de cette statue, immobile, figée dans une pose hiératique de dieu hindou, des parfums brûlaient, dégorgeant des nuées de vapeurs que trouaient, de même que les yeux phosphorés de bêtes, les feux des pierres enchâssées dans les parois du trône; puis la vapeur montait, se déroulait sous les arcades où la fumée bleue se mêlait à la poudre d'or des grands rayons de jour, tombés des dômes. Dans l'odeur perverse des parfums, dans l'atmosphère surchauffée de cette église, Salomé, le bras gauche étendu, en un geste de commandement, le bras droit replié, tenant à la hauteur du visage, un grand lotus, s'avance lentement sur les pointes, aux accords d'une guitare dont une femme accroupie pince les cordes. La face recueillie, solennelle, presque auguste, elle commence la lubrique danse qui doit réveiller les sens assoupis du vieil Hérode; ses seins ondulent et, au frottement de ses colliers qui tourbillonnent, leurs bouts se dressent; sur la moiteur de sa peau les diamants, attachés, scintillent; ses bracelets, ses ceintures, ses bagues, crachent des étincelles; sur sa robe triomphale, couturée de perles, ramagée d'argent, lamée d'or, la cuirasse des orfèvreries dont chaque maille est une pierre, entre en combustion, croise des serpenteaux de feu, grouille sur la chair mate, sur la peau rose thé, ainsi que des insectes splendides aux élytres éblouissants, marbrés de carmin, ponctués de jaune aurore, diaprés de bleu d'acier, tigrés de vert paon. Concentrée, les yeux fixes semblables à une somnambule, elle ne voit ni le Tétrarque qui frémit, ni sa mère, la féroce Hérodias, qui la surveille, ni l'hermaphrodite ou l'eunuque qui se tient, le sabre au poing, en bas du trône, une terrible figure, voilée jusqu'aux joues, et dont la mamelle de châtré pend, de même qu'une gourde, sous sa tunique bariolée d'orange. Ce type de la Salomé si hantant pour les artistes et pour les poètes, obsédait, depuis des années, des Esseintes.

S. 145 ff.: Il était, depuis des années, habile dans la science du flair; il pensait que l'odorat pouvait éprouver des jouissances égales à celles de l'ouïe et de la vue, chaque sens étant susceptible, par suite d'une disposition naturelle et d'une érudite culture, de percevoir des impressions nouvelles, de les décupler, de les coordonner, d'en composer ce tout qui constitue une œuvre; et il n'était pas, en somme, plus anormal qu'un art existât, en dégageant d'odorants fluides, que d'autres, en détachant des ondes sonores, ou en frappant de rayons diversement colorés la rétine d'un œil [...]. Dans cet art des parfums, un côté l'avait, entre tous, séduit, celui de la précision factice. Presque jamais, en effet, les parfums ne sont issus des fleurs dont ils portent le nom; l'artiste qui oserait emprunter à la seule nature ses éléments, ne produirait qu'une œuvre bâtarde, sans vérité, sans style, attendu que l'essence obtenue par la distillation des fleurs ne saurait offrir qu'une très lointaine et très vulgaire analogie avec l'arôme même de la fleur vivante, épandant ses effluves, en pleine terre. [...] Peu à peu, les arcanes de cet art, le plus négligé de tous, s'étaient ouverts devant Des Esseintes qui déchiffrait maintenant cette langue, variée, aussi insinuante que celle de la littérature, ce style d'une concision inouïe, sous son apparence flottante et vague. Pour cela, il lui avait d'abord fallu travailler la grammaire, comprendre la syntaxe des odeurs, se bien pénétrer des règles qui les régissent [...].

Kristeva, Julia: *Soleil noir. Dépression et mélancolie.* **Paris: Gallimard 1987, S. 64:** L'effondrement spectaculaire du sens chez le dépressif – et, à l'extrême, du sens de la vie – nous laisse donc présupposer qu'il a du mal à intégrer la chaîne signifiante universelle, le langage. Dans le cas idéal, l'être parlant fait un avec son discours : la parole n'est-elle pas notre «seconde nature»? Au contraire, le dire du dépressif est pour lui comme une peau étrangère : le mélancolique est un étranger dans sa langue maternelle. Il a perdu le sens – la valeur – de sa langue maternelle, faute de perdre sa mère. La langue morte qu'il parle et qui annonce son suicide cache une Chose enterrée vivante. Mais celle-ci, il ne la traduira pas pour ne pas la trahir : elle restera emmurée dans la «crypte» de l'affect indicible, captée analement, sans issue.

Lévi-Strauss, Claude: *Race et histoire*. Paris: UNESCO 1952, S. 76 f.: Nous avons, au contraire, cherché à montrer que la véritable contribution des cultures ne consiste pas dans la liste de leurs inventions particulières, mais dans *l'écart différentiel* qu'elles offrent entre elles. [...] D'autre part, nous avons considéré la notion de civilisation mondiale comme une sorte de concept limite, ou comme une manière abrégée de désigner un processus complexe. Car si notre démonstration est valable, il n'y a pas, il ne peut y avoir, une civilisation mondiale au sens absolu que l'on donne souvent à ce terme, puisque la civilisation implique la coexistence de cultures offrant entre elles le maximum de diversité, et consiste même en cette coexistence. La civilisation mondiale ne saurait être autre chose que la coalition, à l'échelle mondiale, de cultures préservant chacune son originalité.

S. 85: La tolérance n'est pas une position contemplative, dispensant les indulgences à ce qui fut ou à ce qui est. C'est une attitude dynamique, qui consiste à prévoir, à comprendre et à promouvoir ce qui veut être. La diversité des cultures humaines est derrière nous, autour de nous et devant nous. La seule exigence que nous puissions faire valoir à son endroit (créatrice pour chaque individu des devoirs correspondants) est qu'elle se réalise sous des formes dont chacune soit une contribution à la plus grande générosité des autres.

Lezama Lima, José: *La expresión americana*. Madrid: Alianza Editorial 1969, S. 91: De la persecución religiosa va a pasar a la persecución política, y estando en Londres, al tener noticias del alzamiento del cura Hidalgo, escribe folletos justificando el ideario separatista. Rodando por los calabozos, amigándose con el liberalismo de Jovellanos, combatiendo contra la invasión francesa, o desembarcando con los conjurados de Mina, al fin encuentra con la proclamación de la independencia de su país, la plenitud de su rebeldía, la forma que su madurez necesitaba para que su vida alcanzara el sentido de su proyección histórica. En Fray Servando, en esa transición del barroco al romanticismo, sorprendemos ocultas sorpresas muy americanas. Cree romper con la tradición, cuando la agranda. Así, cuando cree separarse de lo hispánico, lo reencuentra en él, agrandado.

S. 97: Fray Servando fue el primer escapado, con la necesaria fuerza para llegar al final que todo lo aclara, del señorío barroco, del señor que transcurre el voluptuoso diálogo con el paisaje. Fue el perseguido, que hace de la persecución un modo de integrarse.

S. 115 f.: Pero esa gran tradición romántica del siglo XIX, la del calabozo, la ausencia, la imagen y la muerte, logra crear el hecho americano, cuyo destino está más hecho de ausencias posibles que de presencias imposibles. La tradición de las ausencias posibles ha sido la gran tradición americana y donde se sitúa el hecho histórico que se ha logrado. José Martí representa, en una gran navidad verbal, la plenitud de la ausencia posible. En él culmina el calabozo de Fray Servando, la frustración de Simón Rodríguez, la muerte de Francisco Miranda pero también el relámpago de las siete intuiciones de la cultura china, que le permite tocar, por la metáfora del conocimiento, y crear el remolino que lo destruye; el misterio que no fija la huida de los grandes perdedores y la oscilación entre dos grandes destinos, que él resuelve al unirse a la casa que va a ser incendiada. Su muerte tenemos que situarla dentro del Pachacámac incaico, del dios invisible.

S. 116 f.: José Martí representa, en una gran navidad verbal, la plenitud de la ausencia posible. En él culmina el calabozo de Fray Servando, la frustración de Simón Rodríguez, la muerte de Francisco Miranda pero también el relámpago de las siete intuiciones de la cultura china, que le permite tocar, por la metáfora del conocimiento, y crear el remolino que lo destruye [...] Las palabras finales de sus dos *Diarios*, nos recuerdan las precauciones, que se han de tomar por las moradas subterráneas según el *Libro de los muertos*. Pide libros, pide jarros con hojas de higo. Ofrece alimentos «con una piedra en el pilón para los recién venidos». El valle parece exornar sus gargantas para el recién venido, el cual comienza a reconocer y a nombrar, a orientarse en lo irreal, según los cultos órficos, por la gravedad del pan, el equilibrio de la escudilla de la leche y los ladridos del perro. Sus *Diarios* son el descubrimiento táctil del desembarcado, del reciénvenido, del duermevela, del entrevisto. Preside dos grandes momentos de la expresión americana. Aquel que crea un hecho por el espejo de la imagen. Y aquel que en la jácara mexicana, la anchurosa guitarra de Martín Fierro, la ballena teológica y el cuerpo whitmaniano, logra el retablo para la estrella que anuncia el acto naciente.

Mármol, José: *Amalia.* **Prologo de Trinidad Perez. La Habana: Casa de las Americas 1976, S. 126:** «Tucumán es el jardín del universo en cuanto a la grandeza y sublimidad de su naturaleza», escribió el capitán Andrews en su *Viaje a la América del Sur*, publicado en Londres en 1827; y el viajero no se alejó mucho de la verdad con esa metáfora, al parecer tan hiperbólica. Todo cuanto sobre el aire y la tierra puede reunir la naturaleza tropical de gracias, de lujo y de poesía, se encuentra confundido allí, como si la provincia de Tucumán fuese la mansión escogida de los genios de esa desierta y salvaje tierra que se extiende desde el Estrecho hasta Bolivia, y desde los Andes al Uruguay. Suave, perfumada, fértil y rebosando gracias y opulencias de luz, de pájaros y flores, la naturaleza armoniza allí el espíritu de las criaturas con las impresiones y perspectivas poéticas en que se despierta y desenvuelve su vida.

S. 183 f.: ¿Queréis patria, queréis instituciones y libertad, vosotros que os llamáis herederos de los regeneradores de un mundo? Pues bien; recordad que ellos y la América toda fueron una asociación de hermanos durante la larga guerra de nuestra independencia, para lidiar con el enemigo común, y asociaos vosotros para lidiar contra el enemigo general de nuestra reforma social: la ignorancia; contra el instigador de nuestras pasiones salvajes: el fanatismo político; contra el generador de nuestra desunión, de nuestros vicios, de nuestras pasiones rencorosas, de nuestro espíritu vanidoso y terco: el escepticismo religioso. Porque, creedme, nos faltan la religión, la virtud y la ilustración, y no tenemos de la civilización sino sus vicios. Durante ese discurso Daniel habíase levantado poco a poco de su asiento, y como arrebatados por la energía de sus palabras, todos los jóvenes habían hecho lo mismo. La última palabra se escapó de los labios del joven orador y los brazos de Eduardo lo estrecharon contra su corazón. Mirad, señores -dijo Belgrano, paseando sus ojos por la reunión de sus amigos, y conservando su brazo izquierdo sobre el hombro derecho de Daniel- mirad: mi semblante está bañado de lágrimas y los ojos que las vierten habían, con la niñez, perdido su recuerdo. ¿Las adivináis? No. La sensibilidad de todos vosotros está conmovida por las palabras de mi amigo y la mía lo está por el porvenir de nuestra patria. Yo creo en su regeneración, creo en su grandeza y en su futura gloria; pero esa asociación que las ha de germinar en el Plata no será, no, la obra de nuestra generación, ni de nuestros hijos; y mis lágrimas nacen de la terrible creencia que me domina de que no seré yo ni vosotros los que veamos levantado en el Plata la brillante aurora de nuestra libertad civilizada, porque nos faltan para eso naturaleza, hábitos y educación para formar esa asociación de hermanos que sólo la grandeza de la obra santa de nuestra independencia pudo inspirar en la generación de nuestros padres.

S. 253: Eran las cinco de una tarde fría y nebulosa, y al lado de la chimenea, sentado en un pequeño taburete a los pies de Amalia, Eduardo le traducía uno de los más bellos pasajes del *Manfredo*, de Byron; y Amalia, reclinado su brazo sobre el hombro de Eduardo y rozando con sus rizos de seda su alta y pálida frente, lo oía, enajenada, más por la voz que llegaba hasta su corazón, que por los bellos raptos de la imaginación del poeta; y de cuando en cuando, Eduardo levantaba su cabeza para buscar en los ojos de su Amalia un raudal mayor de poesía que el que brotaban los pensamientos del águila de los poetas del siglo XIX. Ella y él representaban allí el cuadro vivo y acabado de la felicidad más completa [...].

S. 291: Cuando en 1839 recibí, en la cárcel y en los grillos de Rosas, el bautismo cívico destinado por él a todos los argentinos que se negaban a prostituirse en el lupanar de sangre y vicios en que se revolcaban sus amigos, don Bernardo Victorica usó para conmigo ciertas atenciones que estaban absolutamente prohibidas. Sólo, sumido en un calabozo donde apenas entraba la luz del día por una pequeña claraboya, yo no olvidaré nunca el placer que sentí cuando el jefe de Policía consintió en que se me permitiese hacer traer algunas velas y algunos libros. Y fue sobre la llama de esas velas donde carbonicé algunos palitos de yerba mate para escribir con ellos, sobre las paredes de mi calabozo, los primeros versos contra Rosas, y los primeros juramentos de mi alma de diecinueve años de hacer contra el tirano y por la libertad de mi patria todo cuanto he hecho y sigo haciendo en el largo período de mi destierro.- MARMOL.

S. 384 f.: Tú me amas, ¿no es verdad? ¿Tú aceptas en el mundo mi destino, es verdad? Sí. ¿Cualquiera que sea? Sí, sí, cualquiera. ¡Ángel de mi alma! Si eres feliz, yo beberé en tu sonrisa la aventura inefable de los ángeles. ¡Amalia! Si eres desgraciado, yo compartiré tus pesares; y... ¿Y...? Acaba. Y si el destino adverso que te persigue te condujera a la muerte, el golpe que cortase tu vida haría volar mi espíritu en tu busca... Eduardo estrechó contra su corazón a aquella generosa criatura; y en ese instante, cuando ella acababa su última palabra inspirada por el rapto de entusiasmo en que se hallaba, un trueno lejano, prolongado, ronco, vibró en el espacio como el eco de un cañonazo en un país montañoso. La superstición es la compañera inseparable de los espíritus poéticos, y aquellos dos jóvenes, en ese momento embriagados de felicidad, se asieron de las manos y miráronse por algunos segundos con una expresión indefinible. Amalia al fin bajó su cabeza, como abrumada por alguna idea profética y terrible. [...] La tempestad está muy lejos, Amalia. Y entretanto, un cielo tan puro como tu alma sirve de velo sobre la frente de los dos. El Universo es nuestro templo, y es Dios el sacerdote santo que bendice el sentido amor de nuestras almas, desde esas nubes y desde esos astros; Dios mismo que los sostiene con el imán de su mirada, y entre ellos el nuestro..., sí..., aquélla..., aquélla debe ser la estrella de nuestra felicidad en la Tierra... ¿No la ves? Clara como tu alma, brillante como tus ojos, linda y graciosa como tú misma... ¿La ves, mi Amalia? No..., aquélla -contestó la joven extendiendo su brazo y señalando una pequeña y amortiguada estrella que parecía próxima a sumergirse en las ondas del poderoso Plata, tranquilo como toda la Naturaleza en ese instante.

Martí, José: A José Dolores Poyo. In (ders.): *Obras Completas.* **La Habana: Editorial de Ciencias Sociales 1975, Bd. 3, S. 226:** La única gloria verdadera del hombre, –si un poco de fama fuera cosa alguna en la composición de obra tan vasta como el mundo,–estaría en la suma de servicios que hubiese, por sobre su propia persona, prestado a los demás. [...] Yo ya no soy hombre sentado: nunca lo fui: menos, cuando empezamos a recoger la cosecha de nuestra paciencia y previsión: menos que nunca, hoy.

Martí, José: Asuntos para boletín (1875), in: ders.: *Obras Completas.* **Bd. 6, S. 222:** El género humano tiene montañas y llanuras, y así hablan las montañas de la tierra con las alturas de los cielos, como los genios entre los hombres con las altezas y las excelencias del espíritu. [...] Pero parece que, como la mano del hombre destruye las eminencias de la tierra, no sé qué mano oculta pone empeño en hacer obra igual con las del género humano;– y la inteligencia se vulgariza y se difunde por los abandonados llanos, y a la par que en lo común de las gentes se nota más sensatez en el juicio, más viveza en la comprensión, en útiles conocimientos más riqueza, escasean o se ocultan aquellas cumbres altas del talento, que antes reunían en un cerebro los destinos y el porvenir de una nación. Todo va diseminándose en justicia e igualdades; es buena hija de la libertad esta vulgarización y frecuencia del talento.

Martí, José: Prólogo al «Poema del Niágara», in: ders.: *Obras Completas*. Bd. 7, S. 228: Una gran montaña parece menor cuando está rodeada de colinas. Y ésta es la época en que las colinas se están encimando a las montañas; en que las cumbres se van deshaciendo en llanuras; época ya cercana de la otra en la que todas las llanuras serán cumbres. Con el descenso de las eminencias suben de nivel los llanos, lo que hará más fácil el tránsito por la tierra. Los genios individuales se señalan menos, porque les va faltando la pequeñez de los contornos que realzaban antes tanto su estatura. [...] Asístese como a una descentralización de la inteligencia. Ha entrado a ser lo bello dominio de todos. Suspende el número de buenos poetas secundarios y la escasez de poetas eminentes solitarios. El genio va pasando de individual a colectivo. El hombre pierde en beneficio de los hombres. Se diluyen, se expanden las cualidades de los privilegiados a la masa; lo que no placerá a los privilegiados de alma baja, pero sí a los de corazón gallardo y generoso, que saben que no es en la tierra, por grande criatura que se sea, más que arena de oro, que volverá a la fuente hermosa de oro, y reflejo de la mirada del Creador.

Marti, José: El hombre antiguo de América y sus artes primitivas. In (ders.): *Obras Completas*. Bd. 8, S. 334 f.: No con la hermosura de Tetzcontzingo, Copán y Quiriguá, no con la profusa riqueza de Uxmal y de Mitla, están labrados los dólmenes informes de la Galia; ni los ásperos dibujos en que cuentan sus viajes los noruegos; ni aquellas líneas vagas, indecisas, tímidas con que pintaban al hombre de las edades elementales los mismos iluminados pueblos del mediodía de Italia. ¿Qué es, sino cáliz abierto al sol por especial privilegio de la naturaleza, la inteligencia de los americanos? Unos pueblos buscan, como el germánico; otros construyen, como el sajón; otros entienden, como el francés; colorean otros, como el italiano; sólo al hombre de América es dable en tanto grado vestir como de ropa natural la idea segura de fácil, brillante y maravillosa pompa.

Martí, José: *Nuestra América*. Edición crítica. Investigación, presentación y notas Cintio Vitier. La Habana: Centro de Estudios Martianos – Casa de las Américas 1991, S. 13: Cree el aldeano vanidoso que el mundo entero es su aldea, y con tal que él quede de alcalde, o le mortifiquen al rival que le quitó la novia, o le crezcan en la alcancía los ahorros, ya da por bueno el orden universal, sin saber de los gigantes que llevan siete leguas en las botas, y le pueden poner la bota encima, ni de la pelea de los cometas en el cielo, que van por el aire dormido[s] engullendo mundos. Lo que quede de aldea en América ha de despertar. Estos tiempos no son para acostarse con el pañuelo a la cabeza, sino con las armas de almohada, como los varones de Juan de Castellanos: las armas del juicio, que vencen a las otras. Trincheras de ideas, valen más que trincheras de piedras.

S. 17 f.: Conocer es resolver. Conocer el país, y gobernarlo conforme al conocimiento, es el único modo de librarlo de tiranías. La universidad europea ha de ceder a la universidad americana. La historia de América, de los Incas a acá, ha de enseñarse al dedillo, aunque no se enseñe la de los arcontes de Grecia. Nuestra Grecia es preferible a la Grecia que no es nuestra. Nos es más necesaria. Los políticos nacionales han de reemplazar a los políticos exóticos. Injértese en nuestras repúblicas el mundo; pero el tronco ha de ser el de nuestras repúblicas. Y calle el pedante vencido; que no hay patria en que pueda tener el hombre más orgullo que en nuestras dolorosas repúblicas americanas.

S. 21: Éramos una visión, con el pecho de atleta, las manos de petimetre, y la frente de niño. Éramos una máscara, con los calzones de Inglaterra, el chaleco parisiense, el chaquetón de Norte-América y la montera de España. El indio, mudo, nos daba vueltas alrededor, y se iba al monte, a la cumbre del monte, a bautizar a sus hijos. el negro, oteado, cantaba en la noche la música de su corazón, solo y desconocido, entre las olas y las fieras. El campesino, el creador, se revolvía, ciego de indignación, contra la ciudad desdeñosa, contra su criatura.

S. 24 f.: Pensar es servir. Ni ha de suponerse, por antipatía de aldea, una maldad ingénita y fatal al pueblo rubio del continente, porque no habla nuestro idioma, ni ve la casa como nosotros la vemos, ni se nos parece en sus lacras políticas, que son diferentes de las nuestras; ni tiene en mucho a los hombres biliosos y trigueños, ni mira caritativo, desde su eminencia aún mal segura, a los que, con menos favor de la historia, suben a tramos heroicos la vía de las repúblicas: ni se han de esconder los datos patentes del problema que puede resolverse, para la paz de los siglos, con el estudio oportuno, –y la unión tácita y urgente del alma continental. ¡Porque ya suena el himno unánime; la generación real lleva a cuestas, por el camino abonado por los padres sublimes, la América trabajadora; del Bravo a Magallanes, sentado en el lomo del cóndor, regó el Gran Semí, por las naciones románticas del continente y por las islas dolorosas del mar, la semilla de la América nueva!

Mier, Fray Servando Teresa de: *Memorias*. **Edición y prólogo de Antonio Castro Leal. México: Editorial Porrúa 1946, Bd. 1, S. 243:** Como entonces fue cuando yo abrí los ojos para conocer la práctica de nuestro gobierno y el remedio de los americanos en las dos vías, reservada y del Consejo de Indias, para sus recursos e impetraciones, será bien que yo se los abra a mis paisanos, para que no se fíen absolutamente en que tienen justicia, cosa sólo valedera si media gran favor o mucho dinero, y procuren acá transigir sus pleitos como puedan, aunque sea a mala composición. Porque allá el poder es más absoluto, más venal es la corte y los tribunales, mayor el número de los necesitados, de los malévolos e intrigantes, los recursos más difíciles, por no decir imposible, para un pobre, y, en una palabra: allá no se trata de conciencia, sino de dinero y de política, que en la inteligencia y práctica de las cortes es precisamente lo inverso de lo moral.

Bd. II, S. 56 f.: Del plano de las ciudades nada hay en Europa que se pueda comparar a las ciudades de nuestra América ni de los Estados Unidos. Todas aquéllas parecen que fueron fundadas por un pueblo enemigo de las líneas rectas. Todas son calles y callejuelas tuertas, enredijos sin orden y sin apariencia. [...] En las grandes ciudades venden el plano de ellas en forma de librito, para dirigirse el forastero, con la noticia de cuanto contienen. Sólo en España no hay nada de todo esto. Y sería inútil, porque sólo el cura y el sacristán saben leer en los pueblos. Camina uno como bárbaro por país de bárbaros, temblando de los salteadores que salen a robar a los viajeros, y sólo siguen al coche tropas de mendigos y muchachos, pidiendo a gritos limosna.

Bd. II, S. 62: En Marsella vi las mujeres, a lo menos del común, con mantillas como en España, donde únicamente se usan. Vi también una colonia de catalanes, otra después en Gibraltar, y dondequiera que hay algo que pescar, allí se encuentran con este título. Vi también allí, como en una ciudad fundada por los griegos, a éstos por la primera vez, que van a comerciar. No usan medias, llevan una chaqueta o cotón, a manera de nuestros indios, llevan el pelo corto y una especie de bonete o gorro encarnado con su borlita. Las mujeres usan un túnico; son carirredondas y de ojos grandes. Ellas y ellos tienen el mismo colorido de nuestros indios.

Bd. II, S. 162: En ninguna parte de Europa tienen el empeño que las españolas por presentar a la vista los pechos, y las he llegado a ver en Madrid en el paseo público con ellos totalmente de fuera, y con anillos de oro en los pezones. Lo mismo que en los dedos de los pies, enteramente desnudos, como todo el brazo desde el hombro. Y ya que no pueden desnudar las piernas, llevan medias color de carne.

Bd. II, S. 187: Yo escribí a Tres Palacios quejándome de las blasfemias que el viajero había escrito contra el venerable obispo Casas, y de que absolutamente ignoraba la geografía de América. Tres Palacios envió la carta a Estala, diciéndole que así éramos todos los mexicanos, y que nos cargase la mano. Estala entonces copió contra la América y especialmente contra México todos los absurdos y desatinos de Paw [sic!] y sus secuaces Raynal, Robertson y Laharpe, como si no estuviesen ya pulverizados por Valverde, Carli, Clavijero, Molina, Iturri, Madisson, etc. [...]Así van todas las cosas en España. Yo comencé a escribir contra el viajero, para poner en el diario, *Cartas de Tulitas Cacaloxochitl Cihuapiltzin Mexica*, o señorita mexicana, al viajero universal. [...] Pero el *Viajero* se tradujo en portugués, y luego ha servido de guía a la geografía inglesa de Guthrie, que ha copiado todos los dislates de Estala contra México. Así se perpetúan las injurias y los errores.

Bd. II, S. 205: Cuando llegué a decir que mi padre era gobernador y comandante general del Nuevo Reino de León, el alcalde volvió con sorpresa la cara, porque se me acusaba como religioso y era un fenómeno que fuese sujeto distinguido. Luego prosiguió a hacerme preguntas muy largas, y le respondí que daría cuenta de toda mi vida; y, como así lo hiciese, mandó al escribano anotar que yo mismo dictaba. Mi historia le pareció una novela, y seguramente fingida, porque nada cuadraba con la acusación de la orden real. Así volví a mi chinchero y a dormir sobre los ladrillos, sin otra ropa que mi mismo vestido, y por cabecera mi pañuelo de narices.

Bd. II, S. 232: A no ser un gachupín malignante se hubiera explicado conmigo, le hubiera mostrado mis breves líneas, instruídole de todo, y ahorrado a su Provincia el gasto de mi manutención. Pero ¿qué se le da a un gachupín de la Provincia de que es ahijastro? El negocio es perseguir al criollo [...]

Ortiz, Fernando: *Contrapunteo cubano del tabaco y el azúcar*. Prólogo y Cronología: Julio Le Riverend. Caracas: Biblioteca Ayacucho 1978, S. 13 f.: Tabaco y azúcar son ambos productos del reino vegetal que se cultivan, se elaboran, se mercan y al fin se consumen con gran deleite en bocas humanas. Además, en la producción tabacalera y en la azucarera pueden advertirse los mismos cuatro elementos: *tierra, máquina, trabajo* y *dinero*, cuyas variantes combinaciones constituyen su historia. Pero, desde su germen en la entraña de la tierra hasta su muerte por el consumo humano, tabaco y azúcar se conducen casi siempre de modo antitético. La caña de azúcar y el tabaco son todo contraste. Diríase que una rivalidad los anima y separa desde sus cunas. Una es planta gramínea y otra es planta solanácea. La una brota de retoño, el otro de simiente [...] La una tiene su riqueza en el tallo y no en sus hojas, las cuales se arrojan; el otro vale por su follaje, no por su tallo, que se desprecia. La caña de azúcar vive en el campo largos años, la mata de tabaco sólo breves meses. Aquélla busca la luz, éste la sombra; día y noche, sol y luna. Aquélla ama la lluvia caída del cielo; éste el ardor nacido de la tierra. A los canutos de la caña se les saca el zumo para el provecho; a las hojas del tabaco se les seca el jugo porque estorba. El azúcar llega a su destino humano por el agua que lo derrite, hecho un jarabe; el tabaco llega a él por el fuego que lo volatiliza, convertido en humo. Blanca es la una, moreno es el otro. Dulce y sin olor es el azúcar; amargo y con aroma es el tabaco. ¡Contraste siempre! Alimento y veneno, despertar y adormecer, energía y ensueño, placer de la carne y deleite del espíritu, sensualidad e ideación, apetito que se satisface e ilusión que se esfuma, calorías de vida y humaredas de fantasía, indistinción vulgarota y anónima desde la cuna e individualidad aristocrática y de marca en todo el mundo, medicina y magia, realidad y engaño, virtud y vicio. El azúcar es *ella*; el tabaco es *él*... La caña fue obra de los dioses, el tabaco lo fue de los demonios; ella es hija de Apolo, él es engendro de Proserpina...

S. 88: No hay, pues, para los versadores de Cuba, como habrá querido aquel arcipreste apicarado, una *Pelea de Don Tabaco y Doña Azúcar*, sino un mero discreteo que debiera acabar, como los cuentos de hadas, en casorio y felicidad. En la boda del tabaco con el azúcar. Y en el nacimiento del alcohol, concebido por obra y gracia del espíritu satánico, que es el mismo padre del tabaco, en la dulce entraña de la impurísima azúcar. Trinidad cubana: tabaco, azúcar y alcohol.

S. 96 f.: Entendemos que el vocablo *transculturación* expresa mejor las diferentes fases del proceso transitivo de una cultura a otra, porque éste no consiste solamente en adquirir una distinta cultura, que es lo que en rigor indica la voz anglo-americana *aculturation*, sino que el proceso implica también necesariamente la pérdida o desarraigo de una cultura precedente, lo que pudiera decirse una parcial *desculturación*, y, además, significa la consiguiente creación de nuevos fenómenos culturales que pudieran denominarse de *neoculturación*. Al fin, como bien sostiene la escuela de Malinowski, en todo abrazo de culturas sucede lo que en la cópula genética de los individuos: la criatura siempre tiene algo de ambos progenitores, pero también siempre es distinta de cada uno de los dos. En conjunto, el proceso es una *transculturación*, y este vocablo comprende todas las fases de su parábola.

Pauw, Cornelius de: *Recherches philosophiques sur les Américains, ou Mémoires intéressants pour servir à l'Histoire de l'Espèce humaine*. 2 Bde. Berlin: Chez Georges Jacques Decker, Imp. du Roi 1768–1769, hier Bd. I, S. a3v: Après le prompt massacre de quelques millions de Sauvages, l'atroce vainqueur se sentit atteint d'un mal épidémique, qui, en attaquant à la fois les principes de la vie & les sources de la génération, devint bientôt le plus horrible fléau du monde habitable. L'homme déjà accablé du fardeau de son existence, trouva, pour comble d'infortune, les germes de la mort entre les bras du plaisir & au sein de la jouissance : il se crut perdu sans ressource : il crut que la nature irritée avoit juré sa ruine.

Proust, Marcel: Journées de lecture. In (ders.): *Pastiches et mélanges*. Paris: Gallimard 1970, S. 209: Il n'y a peut-être pas de jours de notre enfance que nous ayons si pleinement vécus que ceux que nous avons cru laisser sans les vivre, ceux que nous avons passés avec un livre préféré. Tout ce qui, semblait-il, les remplissait pour les autres, et que nous écartions comme un obstacle vulgaire à un plaisir divin: le jeu pour lequel un ami venait nous chercher au passage le plus intéressant, l'abeille ou le rayon de soleil gênants qui nous forçaient à lever les yeux de la page ou à changer de place, les provisions de goûter qu'on nous avait fait emporter et que nous laissions à côté de nous sur le banc, sans y toucher, tandis que, au-dessus de notre tête, le soleil diminuait de force dans le ciel bleu, le dîner pour lequel il avait fallu rentrer et pendant lequel nous ne pensions qu'à monter finir, tout de suite après, le chapitre interrompu, tout cela, dont la lecture aurait dû nous empêcher de percevoir autre chose que l'importunité, elle en gravait au contraire en nous un souvenir tellement doux (tellement plus précieux à notre jugement actuel que ce que nous lisions alors avec amour) que, s'il nous arrive encore aujourd'hui de feuilleter ces livres d'autrefois, ce n'est plus que comme les seuls calendriers que nous ayons gardés des jours enfuis, et avec l'espoir de voir reflétés sur leurs pages les demeures et les étangs qui n'existent plus.

Rama, Angel: La formación de la novela latinoamericana. In (ders.): *La novela en América Latina. Panoramas 1920–1980.* **Montevideo – Xalapa: Fundación Angel Rama –Universidad Veracruzana 1986, S. 21:** El pícaro que inventa Lizardi no es sólo un arcaísmo temático, sino también formal. Restaura la originaria condición de la novela como arma de combate para destruir un orden establecido, apelando a la clásica argucia (única por lo demás que ese orden fue capaz de admitir) del hablar irresponsable del marginado social: el desheredado o el loco, Lázaro o Quijote. [...] A partir de ese arranque la novela latinoamericana no hará sino rehacer una historia conocida: la que cuenta las vicisitudes de la estrecha relación de un género con una clase social, que es a comienzos del xix la burguesía mercantil y funcionarial que ha de ser arrasada por la tormenta revolucionaria y por la posterior conmoción social pero a la que ha de caber, por una serie de sucesos casi azarosos, la conducción de los nuevos países independientes y la sujeción a sus normas de inmensas poblaciones heterogéneas que tardará más de medio siglo en embridar.

Raynal, Guillaume-Thomas: *Histoire des deux Indes.* **Vol. 6, Livre 11. Genf: Pellet 1781, S. 134 f.:** Vos esclaves n'ont besoin ni de votre générosité, ni de vos conseils, pour briser le joug sacrilège qui les opprime. La nature parle plus haut que la philosophie & que l'intérêt. Déjà se sont établies deux colonies de nègres fugitifs, que les traités & la force mettent à l'abri de vos attentats. Ces éclairs annoncent la foudre, & il ne manque aux nègres qu'un chef assez courageux, pour les conduire à la vengeance & au carnage. Où est-il, ce grand homme, que la nature doit à ses enfans vexés, opprimés, tourmentés ? Où est-il ? Il paroîtra, n'en doutons point, il se montrera, il lèvera l'étendard sacré de la liberté. Ce signal vénérable rassemblera autour de lui les compagnons de son infortune. Plus impétueux que les torrens, ils laisseront par-tout les traces ineffables de leur juste ressentiment. Espagnols, Portugais, Anglois, François, Hollandois, tous leurs tyrans deviendront la proie du fer & de la flamme. Les champs Américains s'enivreront avec transport et d'un sang qu'ils attendoient depuis si long-tems, et les ossemens de tant d'infortunés entassés depuis trois siècles, tressailliront de joie. L'ancien monde joindra les applaudissemens au nouveau. Par-tout on bénira le nom du héros qui aura rétabli les droits de l'espèce humaine, par-tout on érigera des trophées à sa gloire. Alors disparaîtra le *code noir* ; & que le *code blanc* sera terrible, si le vainqueur ne consulte que le droit de représailles ! En attendant cette révolution, les nègres gémissent sous le joug des travaux, dont la peinture ne peut que nous intéresser de plus en plus à leur destinée.

Rizal, José: *Noli me tangere* **Prólogo Leopoldo Zea. Edición y cronología Margara Russotto. Caracas: Biblioteca Ayacucho 1976, S. 9:** La casa a que aludimos es algo baja y de líneas no muy correctas: que el arquitecto que la haya construido no viera bien o que esto fuese efecto de los terremotos y huracanes, nadie puede decirlo con seguridad. Una ancha escalera de verdes balaustres y alfombrada a trechos conduce desde el zaguán o portal, enlosado de azulejos, al piso principal, entre macetas y tiestos de flores sobre pedestales de losa china de abigarrados colores y fantásticos dibujos.

Rodó, José Enrique: *Ariel. Motivos de Proteo.* **Prólogo: Carlos Real de Azúa. Edición y Cronología Angel Rama. Caracas: Biblioteca Ayacucho 1976, S. 14 f.:** En los testeros, esculpidas imágenes hablaban de idealidad, de ensimismamiento, de reposo... Y el viejo rey aseguraba que, aun cuando a nadie fuera dado acompañarle hasta allí, su hospitalidad seguía siendo en el misterioso seguro tan generosa y grande como siempre, sólo que los que él congregaba dentro de sus muros discretos eran convidados impalpables y huéspedes sutiles. En él soñaba, en él se libertaba de la realidad, el rey legendario; en él sus miradas se volvían a lo interior [...]; nadie lo profanó jamás, porque nadie hubiera osado poner la planta irreverente allí donde el viejo rey quiso estar solo con sus sueños y aislado en la última Thule de su alma. Yo doy al cuento el escenario de vuestro reino interior.

S. 28: Dentro de esa contemporánea literatura del norte, en la cual la preocupación por las altas cuestiones sociales es tan viva, surge a menudo la expresión de la misma idea, del mismo sentimiento; Ibsen desarrolla la altiva arenga de su Stockmann alrededor de la afirmación de que "las mayorías compactas son el enemigo más peligroso de la libertad y la verdad"; y el formidable Nietzsche opone al ideal de una humanidad mediatizada la apoteosis de las almas que se yerguen sobre el nivel de la humanidad como una viva marea. –

S. 51: ¿No la veréis vosotros, la América que nosotros soñamos; hospitalaria para las cosas del espíritu, y no tan sólo para las muchedumbres que se amparen a ella; pensadora, sin menoscabo de su aptitud para la acción; serena y firme a pesar de sus entusiasmos generosos; resplandeciente con el encanto de una seriedad temprana y suave, como la que realza la expresión de un rostro infantil cuando en él se revela, al través de la gracia intacta que fulgura, el pensamiento inquieto que despierta?... –

S. 55: Así habló Próspero. – Los jóvenes discípulos se separaron del maestro después de haber estrechado su mano con afecto filial. De su suave palabra, iba con ellos la persistente vibración en que se prolonga el lamento del cristal herido, en un ambiente sereno. Era la última hora de la tarde. Un rayo del moribundo sol atravesaba la estancia, en medio de discreta penumbra, y, tocando la frente de bronce de la estatua, parecía animar en los altivos ojos de Ariel la chispa inquieta de la vida. Prolongándose luego, el rayo hacía pensar en una larga mirada que el genio, prisionero en el bronce, enviase sobre el grupo juvenil que se alejaba. –

Rousseau, Jean-Jacques: *Les Confessions.* **Paris: Launette 1889, Bd. I, S. 1f.:** Je forme une entreprise qui n'eut jamais d'exemple et dont l'exécution n'aura point d'imitateur. Je veux montrer à mes semblables un homme dans toute la vérité de la nature ; et cet homme ce sera moi. Moi seul. Je sens mon cœur et je connais les hommes. Je ne suis fait comme aucun de ceux que j'ai vus ; j'ose croire n'être fait comme aucun de ceux qui existent. Si je ne vaux pas mieux, au moins je suis autre. Si la nature a bien ou mal fait de briser le moule dans lequel elle m'a jeté, c'est ce dont on ne peut juger qu'après m'avoir lu. Que la trompette du jugement dernier sonne quand elle voudra ; je viendrai, ce livre à la main, me présenter devant le souverain juge. Je dirai hautement : voilà ce que j'ai fait, ce que j'ai pensé, ce que je fus. J'ai dit le bien et le mal avec la même franchise. Je n'ai rien tu de mauvais, rien ajouté de bon, et s'il m'est arrivé d'employer quelque ornement indifférent, ce n'a jamais été que pour remplir un vide occasionné par mon défaut de mémoire ; j'ai pu supposer vrai ce que je savais avoir pu l'être, jamais ce que je savais être faux. Je me suis montré tel que je fus, méprisable et vil quand je l'ai été, bon, généreux, sublime, quand je l'ai été : j'ai dévoilé mon intérieur tel que tu l'as vu toi-même. Etre éternel, rassemble autour de moi l'innombrable foule de mes semblables ; qu'ils écoutent mes confessions, qu'ils gémissent de mes indignités, qu'ils rougissent de mes misères. Que chacun d'eux découvre à son tour son cœur aux pieds de ton trône avec la même sincérité ; et puis qu'un seul te dise, s'il l'ose : *Je fus meilleur que cet homme-là.*

Rousseau, Jean-Jacques: Discours sur l'origine et les fondements de l'inégalité parmi les hommes. In (ders.): *Œuvres complètes*. Bd. III. Edition publiée sous la direction de Bernard Gagnebin et Marcel Raymond avec, pour ce volume, la collaboration de François Bouchardy, Jean-Daniel Candaux, Robert Derathé, Jean Fabre, Jean Starobinski et Sven Stelling-Michaud. Paris: Gallimard 1975, S. 213: Les Académiciens qui ont parcouru les parties Septentrionales de l'Europe et Méridionales de l'Amérique, avoient plus pour objet de les visiter en Géomètres qu'en Philosophes. Cependant, comme ils étoient à la fois l'un et l'autre, on ne peut pas regarder comme tout à fait inconnues les régions qui ont été vues et décrites par les La Condamine et les Maupertuis. [...] A ces relations près, nous ne connoissons point les Peuples des Indes Orientales, fréquentées uniquement par des Européens plus curieux de remplir leurs bourses que leurs têtes. [..] toute la terre est couverte de Nations dont nous ne connoissons que les noms, et nous nous mêlons de juger le genre- humain! Supposons un Montesquieu, un Buffon, un Diderot, un Duclos, un d'Alembert, un Condillac, ou des hommes de cette trempe voyageant pour instruire leurs compatriotes, observant et décrivant comme ils *savent faire*, la Turquie, l'Égypte, la Barbarie, l'Empire de Maroc, la Guinée, les pays des Caffres, l'intérieur de l'Afrique et ses côtes Orientales [...]: puis dans l'autre Hémisphère le Mexique, le Pérou, le Chili, les Terres magellaniques, sans oublier les Patagons vrais ou faux [...]; supposons que ces nouveaux Hercules, de retour de ces courses mémorables, fissent ensuite à loisir l'Histoire naturelle, Morale et Politique de ce qu'ils auroient *vu*, nous *verrions* nous mêmes sortir un monde nouveau de dessous leur plume, et nous apprendrions ainsi à connoître le nôtre.

Saint-Pierre, Bernardin de: *Harmonies de la Nature*. Bd. III. Paris: Chez Méquignon-Marvis 1818, S. 385 f.: Cependant tous ces corps planétaires n'offrent point à leurs spectateurs des points de vue isolés et toujours permanens; ils voient le double anneau, de plus de neuf mille cinq cents lieues de largeur, avec tous ses continens, toutes ses mers, toutes ses montagnes, ses îles et ses fleuves, et sa circonférence de plus de deux cent mille lieues, passer sous leurs yeux en dix heures de temps. Leur ravissement est mille fois plus grand que celui d'un homme qui, n'étant jamais sorti de son village, lit pour la première fois une relation de voyage à la Mer du Sud, et qui, dans quelques heures, fait en esprit le tour du monde. Ils doivent voir sur les deux faces de leur anneau, des effets qui existent sur les deux hémisphères de notre globe, et que l'œil humain ne peut saisir à la fois ; ils doivent y voir encore deux atmosphères, l'une supérieure, l'autre inférieure, et des îles et des chaînes de montagnes adossées par leurs bases. S'ils ont un Herschell, ils doivent distinguer dans des terres si voisines, des rivières, des troupeaux, des forêts, des amans et des amantes opposés par leurs pieds, et qui se donnent les mains aux extrémités de leur anneau [...]. Des bergers et des bergères qui dansent en rond autour d'un mai qu'ils ont planté, ou de jeunes garçons et de jeunes filles qui sautent de joie autour d'une grande meule de blé qu'ils ont moissonné, n'ont point de mouvemens aussi variés et aussi gracieux que ces reines de nuits autour du globe qu'elles éclairent et qu'elles fécondent.

Saint-Pierre, Bernardin de: *Paul et Virginie.* **Edition revue et augmentée d'une chronologie. Paris: Editions Garnier Frères 1964, S. 57–60:** Mais les femmes ont contribué plus que les philosophes à former et à réformer les nations. Elles ne pâlirent point les nuits à composer de longs traités de morale ; elles ne montèrent point dans des tribunes pour faire tonner les lois. Ce fut dans leurs bras qu'elles firent goûter aux hommes le bonheur d'être tour à tour, dans le cercle de la vie, enfants heureux, amants fidèles, époux constants, pères vertueux. Elles posèrent les premières bases des lois naturelles. La première fondatrice d'une société humaine fut une mère de famille. [...] Elles sont les premiers et les derniers apôtres de tout culte religieux qu'elles leur inspirent, dès la plus tendre enfance. Elles embellissent tout le cours de leur vie. [...] Elles inventèrent le pain, les boissons agréables, les tissus des vêtements, les filatures, les toiles, etc. [...] Elles imaginèrent pour plaire aux hommes les chansons gaies, les danses innocentes, et inspirèrent à leur tour la poésie, la peinture, la sculpture, l'architecture, à ceux d'entre eux qui désirèrent conserver d'elles de précieux ressouvenirs. [...] En effet, tout objet aimable a sa vénusté, c'est-à-dire une portion de cette beauté ineffable qui engendre les amours. La plus touchante en est sans doute la sensibilité, cette âme de l'âme qui en anime toutes les facultés. Ce fut par elle que Vénus subjugua le dieu indomptable de la guerre.

S. 154 f.: Je dis à Paul : «Mon ami, votre sœur restera. Demain nous en parlerons au gouverneur : laissez reposer votre famille, et venez passer cette nuit chez moi. Il est tard, il est minuit ; La croix du sud est droite sur l'horizon.» Il se laissa emmener sans rien dire, et après une nuit forte agitée, il se leva au point du jour, et s'en retourna à son habitation. «Mais qu'est-il besoin de vous continuer plus longtemps le récit de cette histoire? Il n'y a jamais qu'un côté agréable à connaître dans la vie humaine. Semblable au globe sur lequel nous tournons, notre révolution rapide n'est que d'un jour, et une partie de ce jour ne peut recevoir la lumière que l'autre ne soit livrée aux ténèbres.» «Mon père, lui dis-je, je vous en conjure, achevez de me raconter ce que vous avez commencé d'une manière si touchante. Les images du bonheur nous plaisent, mais celles du malheur nous instruisent. Que devint, je vous prie, l'infortuné Paul?» – «Le premier objet que vit Paul, en retournant à l'habitation, fut la négresse Marie, qui, montée sur un rocher, regardait vers la pleine mer. Il lui cria du plus loin qu'il l'aperçut : «Où est Virginie?» Marie tourna la tête vers son jeune maître, et se mit à pleurer. Paul, hors de lui, revint sur ses pas, et courut au port. Il y apprit que Virginie s'était embarquée au point du jour, que son vaisseau avait mis à la voile aussitôt, et qu'on ne le voyait plus. Il revint à l'habitation, qu'il traversa sans parler à personne.»

S. 202 f.: A peine ce jeune homme avait-il repris l'usage de ses sens, qu'il se relevait et retournait avec une nouvelle ardeur vers le vaisseau, que la mer cependant entrouvrait par d'horribles secousses. Tout l'équipage, désespérant alors de son salut, se précipitait en foule à la mer, sur des vergues, des planches, des cages à poules, des tables, et des tonneaux. On vit alors un objet digne d'une éternelle pitié: une jeune demoiselle parut dans la galerie de la poupe du Saint-Géran, tendant les bras vers celui qui faisait tant d'efforts pour la joindre. C'était Virginie. Elle avait reconnu son amant à son intrépidité. La vue de cette aimable personne, exposée à un si terrible danger, nous remplit de douleur et de désespoir. Pour Virginie, d'un port noble et assuré, elle nous faisait signe de la main, comme nous disant un éternel adieu. Tous les matelots s'étaient jetés à la mer. Il n'en restait plus qu'un sur le pont, qui était tout nu et nerveux comme Hercule. Il s'approcha de Virginie avec respect : nous le vîmes se jeter à ses genoux, et s'efforcer même de lui ôter ses habits; mais elle, le repoussant avec dignité, détourna de lui sa vue. On entendit aussitôt ces cris redoublés des spectateurs : «Sauvez-la, sauvez-la ; ne la quittez pas!» Mais dans ce moment une montagne d'eau d'une effroyable grandeur s'engouffra entre l'île d'Ambre et la côte, et s'avança en rugissant vers le vaisseau, qu'elle menaçait de ses flancs noirs et de ses sommets écumants. A cette terrible vue, le matelot s'élança seul à la mer ; et Virginie, voyant la mort inévitable, posa une main sur ses habits, l'autre sur son cœur, et levant en haut des yeux sereins, parut un ange qui prend son vol vers les cieux.

Saint-Pierre, Bernardin de: *Voyage à l'île de France. Un officier du Roi à l'île Maurice, 1768–1770.* **Introduction et notes d'Yves Bénot. Paris: La Découverte – Maspéro 1983, S. 149 f.:** Je pris mon parti. Je résolus de monter à travers les bois, quoique je ne visse aucune espèce de chemin. Me voilà donc à gravir dans les roches, tantôt me tenant aux arbres, tantôt soutenu par mon Noir qui marchait derrière moi. Je n'avais pas marché une demi-heure que la nuit vint : alors je n'eus plus d'autre guide que la pente même de la montagne. Il ne faisait point de vent, l'air était chaud ; je ne saurais vous dire ce que je souffris de la soif et de la fatigue. Plusieurs fois je me couchai, résolu d'en rester là. Enfin, après des peines incroyables, je m'aperçus que je cessais de monter ; bientôt après je sentis au visage une fraîcheur de vent de sud-est, et je vis au loin des feux dans la campagne. Le côté que je quittais était couvert d'une obscurité profonde. Je descendis en me laissant souvent glisser malgré moi. Je me guidai au bruit d'un ruisseau où je parvins enfin tout brisé. Quoique tout en sueur, je bus à discrétion et ayant senti de l'herbe sous ma main, je trouvai, pour surcroît de bonheur, que c'était du cresson, dont je dévorai plusieurs poignées. Je continuai ma marche vers le feu que j'apercevais, ayant la précaution de tenir mes pistolets armés, dans la crainte que ce ne fût une assemblée des Noirs marrons : c'était un défriché dont plusieurs troncs d'arbres étaient en feu. Je n'y trouvai personne.

S. 258: Je préférerais de toutes les campagnes celles de mon pays, non pas parce qu'elle est belle, mais parce que j'y ai été élevé. Il est dans le lieu natal un attrait caché, je ne sais quoi d'attendrissant qu'aucune fortune ne saurait donner et qu'aucun pays ne peut rendre. Où sont ces jeux du premier âge, ces jours si pleins sans prévoyance et sans amertume ? La prise d'un oiseau me comblait de joie. [...] Mais la vie n'est qu'un petit voyage, et l'âge de l'homme un jour rapide. J'en veux oublier les orages pour ne me ressouvenir que des services, des vertus et de la constance de mes amis. Peut-être ces lettres conserveront leurs noms et les feront survivre à ma reconnaissance ! Peut-être iront-elles jusqu'à vous, bons Hollandais du Cap ! Pour toi, Nègre infortuné qui pleure sur les rochers de Maurice, si ma main, qui ne peut essuyer tes larmes, en fait verser de regret et de repentir à tes tyrans, je n'ai plus rien à demander aux Indes, j'y ai fait fortune.

Sarmiento, Domingo Faustino: *Facundo o Civilización y Barbarie.* **Mexico, D.F.: SEP/UNAM 1982, S. 40:** En la República Argentina se ven a un tiempo dos civilizaciones distintas en un mismo suelo: una naciente, que, sin conocimiento de lo que tiene sobre su cabeza, está remedando los esfuerzos ingenuos y populares de la Edad Media; otra que, sin cuidarse de lo que tiene a sus pies, intenta realizar los últimos resultados de la civilización europea. El siglo XIX y el siglo XII viven juntos: el uno dentro de las ciudades, el otro en las campañas.

S. 74: En efecto, sus amigos habían visto el rastro del tigre y corrían sin esperanza de salvarlo. El desparramo de la montura les reveló el lugar de la escena, y volar a él, desenrollar sus lazos, echarlos sobre el tigre, *empacado* y ciego de furor, fue la obra de un segundo. La fiera, estirada a dos lazos, no pudo escapar a las puñaladas repetidas con que en venganza de su prolongada agonía le traspasó el que iba a ser su víctima. «Entonces supe lo que era tener miedo» –decía el general don Juan Facundo Quiroga, contando a un grupo de oficiales este suceso. También a él le llamaron *Tigre de los Llanos*, y no le sentaba mal esta denominación, a fe.

S. 204 ff.: Es Tucumán un país tropical, en donde la Naturaleza ha hecho ostentación de sus más pomposas galas; es el Edén de la América, sin rival en toda la redondez de la tierra. Imaginaos los Andes cubiertos de un manto verdinegro de vegetación colosal, dejando escapar por debajo de la orla de este vestido doce ríos que corren a distancias iguales en dirección paralela hasta que empiezan a inclinarse todos hacia un rumbo y forman, reunidos, un canal navegable que se aventura en el corazón de la América. [...] Sobre toda esta vegetación, que agotaría la paleta fantástica en combinaciones y riqueza de colorido, revolteaban enjambres de mariposas doradas, esmaltados picaflores, millones de loros color de esmeralda, urracas azules y tucanes anaranjados. El estrépito de esas aves vocingleras os aturde todo el día, cual si fuera el ruido de una canora catarata. [...] ¿Creéis, por ventura, que esta descripción es plagiada de *Las mil y una noches* u otros cuentos de hadas a la oriental!? Daos prisa más bien a imaginaros lo que no digo de la voluptuosidad y belleza de las mujeres que nacen bajo un cielo de fuego, y que, desfallecidas, van a la siesta a reclinarse muellemente bajo la sombra de los mirtos y laureles, a dormirse, embriagadas por las esencias que ahogan al que no está habituado a aquella atmósfera. [...] Los sollozos se escapan de entre la escogida y tímida comitiva; la sonrisa de la esperanza brilla en algunos semblantes, y todas las seducciones delicadas de la mujer son puestas en requisición para lograr el piadoso fin que se han propuesto. Facundo está vivamente interesado, y por entre la espesura de su barba negra alcanza a discernirse en las facciones la complacencia y el contento. Pero necesita interrogarlas una a una, conocer sus familias, la casa donde viven, mil pormenores que parecen entretenerlo y agradarle, y que ocupan una hora de tiempo, mantienen la expectación y la esperanza; al fin les dice con la mayor bondad: «¿No oyen ustedes esas descargas?»

S. 326: A fines del año 1840 salía yo de mi patria, desterrado por lástima, estropeado, lleno de cardenales, puntazos y golpes recibidos el día anterior en una de esas bacanales sangrientas de soldadesca y mazorqueros. Al pasar por los baños de Zonda, bajo las armas de la patria que en días más alegres había pintado en una sala, escribí con carbón estas palabras: *On ne tue point les idées.* El gobierno, a quien se comunicó el hecho, mandó una comisión encargada de descifrar el jeroglífico, que se decía contener desahogos innobles, insultos y amenazas. Oída la traducción, «¡y bien! –dijeron–, ¿qué significa esto?...» Significaba simplemente que venía a Chile, donde la libertad brillaba aún, y que me proponía hacer proyectar los rayos de las luces de su prensa hasta el otro lado de los Andes. Los que conocen mi conducta en Chile saben si he cumplido aquella protesta.

S. 327: ¡Sombra terrible de Facundo, voy a evocarte para que, sacudiendo el ensangrentado polvo que cubre tus cenizas, te levantes a explicarnos la vida secreta y las convulsiones internas que desgarran las entrañas de un noble pueblo! Tú posees el secreto: ¡revélanoslo! Diez años aun después de tu trágica muerte, el hombre de las ciudades y el gaucho de los llanos argentinos, al tomar diversos senderos en el desierto decían: «¡No!; ¡no ha muerto! ¡Vive aún! ¡El vendrá!» ¡Cierto! Facundo no ha muerto; está vivo en las tradiciones populares, en la política y revoluciones argentinas; en Rosas, su heredero, su complemento; su alma ha pasado a este otro molde más acabado, más perfecto y lo que en él era sólo instinto, iniciación, tendencia, convirtióse en Rosas en sistema, en efecto y fin. La naturaleza campestre, colonial y bárbara, cambióse en esta metamorfosis en arte, en sistema y en política regular capaz de presentarse a la faz del mundo como el modo de ser un pueblo encarnado en un hombre que ha aspirado a tomar los aires de un genio que domina los acontecimientos, los hombres y las cosas. Facundo, provinciano, bárbaro, valiente, audaz, fue reemplazado por Rosas, hijo de la culta Buenos Aires, sin serlo él [...].

S. 330: Entonces se habría podido aclarar un poco el problema de la España, esa rezagada de Europa que, echada entre el Mediterráneo y el Océano, entre la Edad Media y el siglo XIX, unida a la Europa culta por un ancho istmo y separada del África bárbara por un angosto estrecho, está balanceándose entre dos fuerzas opuestas, ya levantándose en la balanza de los pueblos libres, ya cayendo en la de los despotizados; ya impía, ya fanática, ora despótica imprudente; maldiciendo sus cadenas rotas a veces, ya cruzando los brazos y pidiendo a gritos que le imponga el yugo que parece ser su condición y su modo de existir.

Sartre, Jean-Paul: *Qu'est-ce que la littérature?* **Paris: Gallimard 1947, S. 143 u.152:** Le XVIIIe siècle reste la chance, unique dans l'histoire, et le paradis bientôt perdu des écrivains français. Leur condition sociale n'a pas changé : originaires, à peu d'exceptions près, de la classe bourgeoise, les faveurs des grands les déclassent. Le cercle de leurs lecteurs réels s'est sensiblement élargi, parce que la bourgeoisie s'est mise à lire, mais les classes «inférieures» les ignorent toujours [...]. Mais, à la veille de la Révolution, [l'écrivain] jouit de cette chance extraordinaire qu'il lui suffit de défendre son métier pour servir de guide aux aspirations de la classe montante. Il le sait. Il se considère comme un guide et un chef spirituel, il prend ses risques. [...] Au temps des encyclopédistes, il ne s'agit plus de libérer l'honnête homme de ses passions en les lui reflétant sans complaisance, mais de contribuer par sa plume à la libération politique de l'homme tout court.

Staël, Germaine de: *De l'Allemagne* **[1810]. Paris: Librairie Stéréotype 1814, Bd. 1, S. 1 f.:** On peut rapporter l'origine des principales nations de l'Europe à trois grandes races différentes: la race latine, la race germanique, et la race esclavonne. Les Italiens, les Français, les Espagnols ont reçu des Romains leur civilisation et leur langage; les Allemands, les Suisses, les Anglais, les Suédois, les Danois et les Hollandais sont des peuples teutoniques; enfin, parmi les Esclavons, les Polonais et les Russes occupent le premier rang. Les nations dont la culture intellectuelle est d'origine latine sont plus anciennement civilisées que les autres; elles ont pour la plupart hérité de l'habile sagacité des Romains dans le maniement des affaires de ce monde. Des institutions sociales, fondées sur la religion païenne, ont précédé chez elles l'établissement du christianisme; et quand les peuples du nord sont venus les conquérir, ces peuples ont adopté, à beaucoup d'égards, les mœurs du pays dont ils étaient les vainqueurs. Ces observations doivent sans doute être modifiées d'après les climats, les gouvernements et les faits de chaque histoire.

Bd. 1, S. 16: Comme il n'existe point de capitale où se rassemble la bonne compagnie de toute l'Allemagne, l'esprit de société y exerce peu de pouvoir; l'empire du goût et l'arme du ridicule y sont sans influence. La plupart des écrivains et des penseurs travaillent dans la solitude, ou seulement entourés d'un petit cercle qu'ils dominent. Ils se laissent aller, chacun séparément, à tout ce que leur inspire une imagination sans contrainte; et si l'on peut apercevoir quelques traces de l'ascendant de la mode en Allemagne, c'est par le désir que chacun éprouve de se montrer tout à fait différent des autres. En France, au contraire, chacun aspire à mériter ce que Montesquieu disait de Voltaire: *Il a plus que personne l'esprit que tout le monde a.* Les écrivains allemands imiteraient plus volontiers encore les étrangers que leurs compatriotes. En littérature, comme en politique, les Allemands ont trop de considération pour les étrangers et pas assez de préjugés nationaux. C'est une qualité dans les individus que l'abnégation de soi-même et l'estime des autres; mais le patriotisme des nations doit être égoïste. [...] Les Allemands sont Saxons, Prussiens, Bavarois, Autrichiens; mais le caractère germanique, sur lequel devrait se fonder la force de tous, est morcelé comme la terre même qui a tant de différents maîtres.

Bd. 1, S. 153 f.: Tout le nord de l'Allemagne est rempli d'universités les plus savantes de l'Europe. Dans aucun pays, pas même en Angleterre, il n'y a autant de moyens de s'instruire et de perfectionner ses facultés. A quoi tient donc que la nation manque d'énergie, et qu'elle paraisse en général lourde et bornée, quoiqu'elle renferme un petit nombre d'hommes peut-être les plus spirituels de l'Europe? [...] En Allemagne, le génie philosophique va plus loin que partout ailleurs, rien ne l'arrête, et l'absence même de carrière politique, si funeste à la masse, donne encore plus de liberté aux penseurs. Mais une distance immense sépare les esprits du premier et du second ordre, parce qu'il n'y a point d'intérêt, ni d'objet d'activité, pour les hommes qui ne s'élèvent pas à la hauteur des conceptions les plus vastes. Celui qui ne s'occupe pas de l'univers, en Allemagne, n'a vraiment rien à faire.

Bd. 3, S. 53 f.: La philosophie spéculative a toujours trouvé beaucoup de partisans parmi les nations germaniques, et la philosophie expérimentale parmi les nations latines. Les Romains, très habiles dans les affaires de la vie, n'étaient point métaphysiciens [...]. L'influence de Rome ne s'exerça pas sur les peuples septentrionaux. Ils ont été civilisés presque en entier par le christianisme, et leur antique religion qui contenait en elle les principes de la chevalerie ne ressemblait en rien au paganisme du Midi. Il y avait un esprit de dévouement héroïque et généreux, un enthousiasme pour les femmes, qui faisait de l'amour un noble culte, enfin la rigueur du climat empêchant l'homme de se plonger dans les délices de la nature, il en goûtait d'autant mieux les plaisirs de l'âme.

Bd. 3, S. 376 ff.: Non seulement la nature se répète elle-même, mais elle semble vouloir imiter les ouvrages des hommes et leur donner ainsi un témoignage singulier de sa correspondance avec eux. [...] Souvent à l'aspect d'une belle contrée on est tenté de croire qu'elle a pour unique but d'exciter en nous des sentiments élevés et nobles. Je ne sais quel rapport existe entre les cieux et la fierté du cœur, entre les rayons de la lune qui reposent sur la montagne et le calme de la conscience, mais ces objets nous parlent un beau langage, et l'on peut s'abandonner au tressaillement qu'ils causent, l'âme s'en trouvera bien. [...] Ah! Quel enseignement que les horreurs de la destruction acharnée ainsi sur la race humaine! N'est-ce pas pour annoncer à l'homme que sa vie est ailleurs? La nature l'humilierait-elle à ce point si la divinité ne voulait pas le relever? Les vraies causes finales de la nature ce sont ses rapports avec notre âme et avec notre sort immortel; les objets physiques eux-mêmes ont une destination qui ne se borne point à la courte existence de l'homme ici-bas; ils sont là pour concourir au développement de nos pensées, à l'œuvre de notre vie morale. Les phénomènes de la nature ne doivent pas être compris seulement d'après les lois de la matière, quelque bien combinées qu'elles soient; ils ont un sens philosophique et un but religieux, dont la contemplation la plus attentive ne pourra jamais connaître toute l'étendue.

Staël, Germaine de: *De la littérature: considéré dans ses rapports avec les institutions sociales.* **Paris: InfoMédia Communications 1998, S. 15:** Je me suis proposé d'examiner quelle est l'influence de la religion, des mœurs et des lois sur la littérature, et quelle est l'influence de la littérature sur la religion, les mœurs et les lois. Il existe, dans la langue française, sur l'art d'écrire et sur les principes du goût, des traités qui ne laissent rien à désirer; mais il me semble qu'on n'a pas suffisamment analysé les causes morales et politiques, qui modifient l'esprit de la littérature. Il me semble qu'on n'a pas encore considéré comment les facultés humaines se sont graduellement développées par les ouvrages illustres en tout genre, qui ont été composés depuis Homère jusqu'à nos jours.

Tocqueville, Alexis de: *De la démocratie en Amérique.* **Paris: Pagnerre 1848, Bd. I, S. 8:** Pense-t-on qu'après avoir détruit la féodalité et vaincu les rois, la démocratie reculera devant les bourgeois et les riches ? S'arrêtera-t-elle maintenant qu'elle est devenue si forte et ses adversaires si faibles ? Où allons-nous donc ? Nul ne saurait le dire ; car déjà les termes de comparaison nous manquent : les conditions sont plus égales de nos jours parmi les chrétiens, qu'elles ne l'ont jamais été dans aucun temps ni dans aucun pays du monde ; ainsi la grandeur de ce qui est déjà fait empêche de prévoir ce qui peut se faire encore. [...] Il n'est pas nécessaire que Dieu parle lui-même pour que nous découvrions des signes certains de sa volonté ; il suffit d'examiner quelle est la marche habituelle de la nature et la tendance continue des événements; [...].

Bd. III, S. 63 f.: A mesure que les castes disparaissent, que les classes se rapprochent, que les hommes se mêlant tumultueusement, les usages, les coutumes, les lois varient, qu'il survient des faits nouveaux, que des vérités nouvelles sont mises en lumière, que d'anciennes opinions disparaissent et que d'autres prennent leur place, l'image d'une perfection idéale et toujours fugitive se présente à l'esprit humain. De continuels changements se passent alors à chaque instant sous les yeux de chaque homme. Les uns empirent sa position, et il ne comprend que trop bien qu'un peuple, ou qu'un individu, quelque éclairé qu'il soit, n'est point infaillible. Les autres améliorent son sort, et il en conclut que l'homme, en général, est doué de la faculté indéfinie de perfectionner. Ses revers lui font voir que nul ne peut se flatter d'avoir découvert le bien absolu; ses succès l'enflamment à le poursuivre sans relâche. Ainsi, toujours cherchant, tombant, se redressant, souvent déçu, jamais découragé, il tend incessamment vers cette grandeur immense qu'il entrevoit confusément au bout de la longue carrière que l'humanité doit encore parcourir. On ne saurait croire combien de faits découlent naturellement de cette théorie philosophique suivant laquelle l'homme est indéfiniment perfectible, et l'influence prodigieuse qu'elle exerce sur ceux mêmes qui, ne s'étant jamais occupés que d'agir et non de penser, semblent y conformer leurs actions sans la connaître.

Bd. III, S. 68 f.: Les Américains sont un peuple très ancien et très éclairé, qui a rencontré un pays nouveau et immense dans lequel il peut s'étendre à volonté, et qu'il féconde sans peine. Cela est sans exemple dans le monde. En Amérique, chacun trouve donc des facilités inconnues ailleurs pour faire sa fortune ou pour l'accroître. La cupidité y est toujours en haleine, et l'esprit humain, distrait à tout moment des plaisirs de l'imagination et des travaux de l'intelligence, n'y est entraîné qu'à la poursuite de la richesse. Non seulement on voit aux Etats-Unis, comme dans tous les autres pays, des classes industrielles et commerçantes; mais, ce qui ne s'était jamais rencontré, tous les hommes s'y occupent à la fois d'industrie et de commerce.

Bd. III, S. 70 f.: Je ne puis consentir à séparer l'Amérique de l'Europe, malgré l'Océan qui les divise. Je considère le peuple des Etats-Unis comme la portion du peuple anglais chargée d'exploiter les forêts du nouveau monde, tandis que le reste de la nation, pourvu de plus de loisirs et moins préoccupé des soins matériels de la vie, peut se livrer à la pensée et développer en tous sens l'esprit humain. La situation des Américains est donc entièrement exceptionnelle, et il est à croire qu'aucun peuple démocratique n'y sera jamais placé. Leur origine toute puritaine, leurs habitudes uniquement commerciales, le pays même qu'ils habitent et qui semble détourner leur intelligence de l'étude des sciences, des lettres et des arts; le voisinage de l'Europe, qui leur permet de ne point les étudier sans retomber dans la barbarie; mille causes particulières, dont je n'ai pu faire connaître que les principales, ont dû concentrer d'une manière singulière l'esprit américain dans le soin des choses purement matériels. Les passions, les besoins, l'éducation, les circonstances, tout semble, en effet, concourir pour pencher l'habitant des Etats-Unis vers la terre. La religion seule lui fait, de temps en temps, lever des regards passagers et distraits vers le ciel. Cessons donc de voir toutes les nations démocratiques sous la figure du peuple américain, et tâchons de les envisager enfin sous leurs propres traits.

Tristan, Flora: *Pérégrinations d'une paria*. **Paris: Arthus Bertrand 1838, Bd. 1, S. S. 303:** C'était chose neuve pour moi, enfant du XIXe siècle, arrivant de Paris, que la représentation d'un mystère joué sous le porche d'une église, en présence d'une foule immense de peuple ; mais le spectacle, plein d'enseignements, était la brutalité, les vêtements grossiers, les haillons de ce même peuple, dont l'extrême ignorance, la stupide superstition reportaient mon imagination au moyen-âge.

Bd. 2, S. 462: Je satisfis à tout, et le 15 juillet 1834, je quittai Lima à neuf heures du matin, pour me rendre au Callao. [...] Après le dîner, je fis transporter mes effets à bord du *William-Rusthon* et m'installai dans la chambre qu'avait occupée la señora Gamarra. Le lendemain, j'eus plusieurs visites de Lima; c'étaient les derniers adieux. Vers cinq heures, on leva l'ancre, tout le monde se retira; et je restai seule, entièrement seule, entre deux immensités, l'eau et le ciel.

Vian, Boris: *L'écume des jours*. **Paris: 10/18 1977, S. 13:** A chaque note, dit Colin, je fais correspondre un alcool, une liqueur ou un aromate. La pédale forte correspond à l'œuf battu et la pédale faible à la glace. Pour l'eau de Seltz, il faut un trille dans le registre aigu [...]. Lorsque l'on joue un air lent, un système de registre est mis en action, de façon que la dose ne soit pas augmentée – ce qui donnerait un cocktail trop abondant – mais la teneur en alcool. [...] Il n'y a qu'une chose gênante, dit Colin, c'est la pédale forte pour l'œuf battu. J'ai dû mettre un système d'enclenchement spécial, parce que lorsque l'on joue un morceau trop «hot», il tombe des morceaux d'omelette dans le cocktail, et c'est dur à avaler. [...] Chick se mit au piano. A la fin de l'air, une partie du panneau de devant se rabattit d'un coup sec et une rangée de verres apparut. Deux d'entre eux étaient pleins à ras bord d'une mixture appétissante.

Villaverde, Cirilo: *El guajiro. Cuadro de costumbres cubanas*. **La Habana 1891, S. 74:** Allí era donde, según el porte y el aire de cada cual, podía el curioso observador clasificar las clases o escalas en que se divide la sociedad de blancos que habita los campos de la isla. Conocería al administrador del ingenio por el tono de superioridad y mando con que habla y mira a los guajiros, lo mismo que por su chaqueta de paño negro o chupa de dril crudo, corbata alta y sombrero de jipijapa; conocería igualmente al mayoral de ingenio [...].

Villaverde, Cirilo: *El penitente. Novela de costumbres cubanas*. La Habana: Editorial La Burgalesa 1925, S. 9: Yo, que no soy Walter Scott, ni conozco reyes ni reinas de quienes escribir cuentos ni historias, pero que tuve un abuelo cuentista y memorioso, tanto sin duda como el del célebre novelista escocés, me propongo referir tales como me los refirió, varios cuentos que si bien no versan sobre personajes coronados, vive Dios que merecen se pongan en letras de molde para entretenimiento y solaz del curioso lector.

Villaverde, Cirilo: Diario del Rancheador. *Revista de la Biblioteca Nacional José Martí* (La Habana) 15 (1973), S. 86 u. 109: Que seguramente habían hallado el rastro primero que nosotros, y fueron a dar con un palanque que estaba de nosotros más de media legua de distancia; seguimos dicho rastro, cuando sentimos el sonido de un trabucazo que tiraron a los perros; seguimos el rumbo por donde oímos el tiro, hasta que llegamos a encontrar una cueva al despuntar un paredón, y hallamos los perros malheridos de balas, ni hallar a nadie en dicha cueva; observamos para arriba como 4 cuadras, una gran ranchería, soltamos los demás perros, los seguimos todo este día; volvimos el siguiente, 15, a reconocer los ranchos y hallamos 16, y 7 que estaban haciendo de nuevo, calculamos que dichos ranchos podían contener de 50 a 60 negros; hallamos porción de lanzas que dejaron en la huida, varios chifles de pólvora fina, cuchillos de punta, con sinnúmero de piedras de fusil de las que venden en las tabernas, siete ú 8 mazos de estopas para tacos en diferentes ranchos, por lo que calculo que tienen 667 armas de fuego; encontramos también como 14 ó 15 serones de plátanos, carne de puerco y vaca, como 40 frazadas viejas, mucha ropa de hombre y mujer, porción de ollas y calderos, lo que juntamos y quemamos junto con la ranchería; las lanzas ó herrones las botamos donde no pudieran hallarlas y trajimos 10 para constancia, las que dejamos en casa de don Manuel Sotolongo en el Sud, partido de Santa Cruz. Desde el 15 a la fecha hemos gastado registrando los montes y velando en los cruceros, haciéndome cuentas que pudiéramos tener algún encuentro con ellos en vista de hallarse dispersos: efectivamente el 17 capturamos uno, y el 21 tuvimos un encuentro con 7, de los que capturamos dos, y se nos escaparon 5, de los que se presentaron 2. [...] Viramos por la cordillera del S. y entre Rangel y el río de la Cruz, encontramos doce negros cimarrones que iban a buscar víveres a las llanuras de Limones y S. Bartolomé; les caímos y capturamos a los que resultaron ser 3 de D. Antonio de la Torre, dos de D. Francisco Rodríguez y el otro de don Antonio Salvableta, uno vecino de la Puerta de la Güira, otro de la nueva población de Limones y el otro de Sa Cruz; y dos que por no querer rendirse, se precipitaron de un paredón los cuales se mataron juntos con el mejor perro que me quedaba; interrogué a los vivos para saber dónde estaba la cuadrilla y cuál era su caudillo, me contestaron que éste era *Yará* antiquísimo capitán de cuadrilla y que no podían decirme más porque eran nuevos en el monte, y que habían sido conducidos por cuatro de los viejos, que dos de ellos eran los muertos y los otros dos se habían escapado; llegué a mi casa el 17, di parte a los S.S. Insp., demostré los comprobantes.

Villaverde, Cirilo: Cecilia Valdés o *La Loma del Ángel*. La Habana: Editorial Arte y Literatura 1977, S. 30: Lejos de inventar o de fingir caracteres y escenas fantasiosas e inverosímiles, he llevado el realismo, según lo entiendo, hasta el punto de presentar los principales personajes de la novela con todos sus pelos y señales, como vulgarmente se dice, vestidos con el traje que llevaron en vida, la mayor parte bajo su nombre y apellido verdaderos, hablando el mismo lenguaje que usaron en las escenas históricas en que figuraron [...].
 S. 77: Narcisa entonces dio un grito de horror y trató de zafarse, pero la figura prieta le clavó las uñas en la garganta para que no gritara, y, cargando con ella, se subió a la torre del Ángel, que, según habrás reparado, no tiene cruz, y desde allí la arrojó en un pozo hondísimo que se abrió y volvió a cerrarse tragándosela en un instante. Pues esto es, hija, lo que le sucede a las niñas que no hacen caso de los consejos de sus mayores.
 S. 212 f.: No me vengas con tus principios, tus fines ni tus leyes romanas. Digan ellas y ellos lo que gustes, la verdad es que existe mucha diferencia entre la conducta de tu padre y la de don Pedro Blanco. Este se halla allá, en la tierra de esos salvajes; él es quien los procura en trato, él es quien los atrapa por cambio o engaño, él es quien los apresa y remite, para su venta, en este país; de suerte que, si hay en ello algún delito o culpa, suyo será, en ningún caso de tu padre. Y, si bien se mira, lejos de hacer Gamboa nada malo o feo, hace un beneficio, una cosa digna de celebrarse, porque si recibe y vende, como consignatario, se entiende, hombres salvajes, es para bautizarlos y darles una religión que ciertamente no tienen en su tierra.
 S. 487: No hay paridad ninguna en la fisonomía del país visto por ambos lados de las montañas. Por el del sur, la llanura con sus cafetales, dehesas y plantaciones de tabaco, continúa casi hasta el extremo de la Isla y es lo más ameno y risueño que puede imaginarse. Al contrario por el lado del norte, en el mismo paralelo se ofrece tan hondo, áspero y lúgubre a las miradas del viajero que cree pisar otra tierra y otro clima.

Voltaire: *Dictionnaire philosophique.* **Bd. IV (Œuvres complètes de Voltaire, Bd. XX). Paris: Garnier Frères 1879, S. 185 f.:** Telle est donc la condition humaine, que souhaiter la grandeur de son pays c'est souhaiter du mal à ses voisins. Celui qui voudrait que sa patrie ne fût jamais ni plus grande, ni plus petite, ni plus riche, ni plus pauvre, serait le citoyen de l'univers

Abbildungsverzeichnis

Abb. 1: Jean-Jacques Rousseau (Genf, 1712 – Ermenonville, 1778). Pastell von Maurice Quentin de La Tour (1704–1788), um 1763. Musée d'art et d'histoire – Genf.

Abb. 2: Immanuel Kant (Königsberg, Preußen, 1724 – ebenda, 1804). Öl auf Leinwand von Johann Gottlieb Becker (1720–1782), 1768. Schiller-Nationalmuseum – Marbach am Neckar.

Abb. 3: Clifford James Geertz (San Francisco, 1926 – Philadelphia, 2006) im Jahr 1992. Fotograf/in: Randall Hagadorn. © Shelby White and Leon Levy Archives Center, Institute for Advanced Study – Princeton.

Abb. 4: Johann Wolfgang von Goethe (Frankfurt am Main, 1749 – Weimar, 1832) im 80. Lebensjahr. Öl auf Leinwand von Joseph Karl Stieler (1781–1858), 1828. Neue Pinakothek – München.

Abb. 5: Claude Lévi-Strauss (Brüssel, 1908 – Paris, 2009) im Jahr 2005. Fotograf/in: Michel Ravassard / UNESCO. Quelle: Wikimedia Commons, CC-BY 3.0. < https://fr.wikipedia.org/wiki/Fichier:Levi-strauss_260.jpg>.

Abb. 6: Wolf Lepenies (Deuthen bei Allenstein, Ostpreußen, 1941). © Wissenschaftskolleg zu Berlin, Institute for Advanced Study.

Abb. 7: Michel Foucault (Poitiers, 1926 – Paris, 1984) an seinem Schreibtisch in Paris im April 1984. Fotograf/in: Bruno de Monès.

Abb. 8: Jean-Paul Sartre (Paris, 1905 – ebenda, 1980) auf dem „Pont des Arts" in Paris im Jahr 1946. Fotograf/in: Henri Cartier-Bresson (1908–2004). Bibliothèque Nationale de France – Paris.

Abb. 9: Erich Köhler (Langenau, 1924 – Freiburg im Breisgau, 1981). © Romanisches Seminar der Universität Freiburg.

Abb. 10: Jacques-Henri Bernardin de Saint-Pierre (Le Havre, 1737 – Éragny bei Paris, 1814). Kupferstich von Jean-François Ribault (1767–1820) nach einer Zeichnung von Louis Lafitte (1770–1828), 1805. Abgedruckt in: Jacques-Henri Bernardin de Saint Pierre: *Paul et Virginie*. Paris: Didot 1806, Frontispiz.

Abb. 11: „Isle de France", von Rigobert Bonne (1727–1795) gezeichnete und von J. Arrivet (17..–18..?) radierte Karte, 1791. Ausschnitt aus der Karte „Isle de France, Partie de la cote orientale d'Afrique avec l'Isle de Madagascar et les cartes particulieres des Isles de France et de Bourbon [...]". Abgedruckt in: Rigobert Bonne (u. a.): *Atlas moderne ou collection de cartes sur toutes les parties du globe terrestre par plusieurs auteurs [...]*. Paris: Lattre & Delalain 1791.

Abb. 12: „Nègre et négresse dans une plantation", Lithografie von Gustave Phillipe Zwinger (18..?) nach einer Zeichnung von Johann Moritz Rugendas (1802–1858). Abgedruckt in: Johann

---

Open Access. © 2021 Ottmar Ette, publiziert von De Gruyter. Dieses Werk ist lizensiert unter einer Creative Commons Namensnennung – Nicht-kommerziell – Keine Bearbeitung 4.0 International Lizenz. https://doi.org/10.1515/9783110703443-038

Moritz Rugendas: *Voyage pittoresque dans le Brésil*. Paris: Godefroy Engelmann 1835, Tafel 6. Bibliothèque nationale de France – Paris.

Abb. 13a: „Enfance de Paul et Virginie", Radierung von Bourgeois de La Richardière (1777–1838) nach einer Zeichnung von Louis Lafitte (1770–1828). Abgedruckt in: Jacques-Henri Bernardin de Saint Pierre: *Paul et Virginie*. Paris: Didot 1806, gegenüber S. 14.

Abb. 13b: „Naufrage de Virginie", Radierung von Barthélemy Roger (1770–1841) nach einer Zeichnung von Pierre-Paul Prud'hon (1758–1823). Abgedruckt in: Jacques-Henri Bernardin de Saint Pierre: *Paul et Virginie*. Paris: Didot 1806, gegenüber S. 160.

Abb. 14: Verlobungsbildnis von Heinrich von Kleist (Frankfurt an der Oder, 1777 – Berlin, 1811). Miniatur auf Elfenbein von Peter Friedel (17..–18..?), 1801. Staatsbibliothek zu Berlin – Preußischer Kulturbesitz – Berlin.

Abb. 15: Büste von Toussaint L'Ouverture (1745–1803) im Fort de Joux, La Cluse-et-Mijoux im Jura. Fotograf/in: Christophe Finot. Quelle: Wikimedia Commons, CC-BY-SA 3.0. < https://en.wikipedia.org/wiki/File:Fort_de_Joux_-_Toussaint_Louverture_1.jpg>.

Abb. 16: François-René de Chateaubriand (Saint-Malo, 1768 – Paris, 1848). „Homme méditant sur les ruines de Rome", Öl auf Leinwand von Anne-Louis Girodet de Roussy-Trioson (1767–1824), um 1808. Musée d'Histoire de la Ville et du Pays Malouin – Saint-Malo, Bretagne.

Abb. 17: Grabmal von François-René de Chateaubriand, auf dem Felsen Grand Bé, Saint-Malo. Fotograf/in: Jean Jablonski. Ministère de la culture, Médiathèque de l'architecture et du patrimoine – Charenton-le-Pont bei Paris. © Monuments historiques, diffusion RMN-GP, 1992.

Abb. 18: „Die Begegnung mit Atala", Gravur von Gustave Doré (1832–1883), gestochen von Charles Laplante (1837–1903), 1863. Abdedruckt in: François-René de Chateaubriand: *Atala*. Paris: L. Hachette 1863, gegenüber S. 11.

Abb. 19: „Atala au tombeau, dit aussi Funérailles d'Atala" (Das Begräbnis der Atala), Öl auf Leinwand von Anne-Louis Girodet de Roussy-Trioson (1767–1824), 1808. Musée du Louvre – Paris.

Abb. 20: „Melencolia I", Stich von Albrecht Dürer (1471–1528), 1514. Biblioteca Nacional de España – Madrid.

Abb. 21: Julia Kristeva (Sliwen, Bulgarien, 1941) in Paris im Jahr 2008. Quelle: Wikimedia Commons, gemeinfrei. < https://commons.wikimedia.org/wiki/File:Julia_Kristeva_%C3%A0_Paris_en_2008.jpg>.

Abb. 22: Victor Hugo (Besançon, 1802 – Paris, 1885). Fotograf/in: Nadar (1820–1910). Bibliothèque nationale de France – Paris.

Abb. 23: Trauerfeierlichkeiten von Victor Hugo mit dem unter dem Arc de Triomphe ausgestellten Katafalk am 31. Mai 1885. Fotograf/in: anonym. Maison de Victor Hugo / Hauteville House – Paris / Guernesey.

Abb. 24: Frontispiz des Romans *Bug-Jargal*, Radierung von Célestin Nanteuil (1813–1873). Abgedruckt in: Victor Hugo: *Burg-Jargal*. [Paris]: Eugène Renduel [1832]. Bibliothèque nationale de France – Paris.

Abb. 25: Alejo Carpentier (Lausanne, Schweiz, 1904 – Paris, 1980) bei einem Besuch in der Zeitung *Granma*. Fotograf/in: Walfrido Ojeda.

Abb. 26: Fernando Ortiz (Havanna, Kuba, 1881 – ebenda, 1969). Abgedruckt in: Fernando Ortiz: *Hampa afro-cubana: los Negros esclavos. Estudio sociológico y de derecho público*. Havanna: Revista Bimestre Cubana 1916. Fundación Fernando Ortiz – Havanna, Kuba.

Abb. 27: Francisco de Quevedo (Madrid, 1580 – Villanueva de los Infantes, Provinz Ciudad Real, 1645) im Ornat des Ordens von Santiago. Öl auf Leinwand, Juan van der Hamen zugeschrieben, Kopie eines Originals von Diego Velázquez, Mitte 17. Jahrhundert. Instituto Valencia of Don Juan – Madrid.

Abb. 28a und 28b: „Biombo de la Conquista y de la Muy Noble y Leal Ciudad de México", Gemälde auf einem beidseitig bemalten Wandschirm, unbekannter Künstler, circa 1690. Museo Franz Meyer – Mexiko-Stadt.

Abb. 29: José Joaquín Fernández de Lizardi (Mexiko-Stadt, damals Neuspanien, 1776 – ebenda, 1827), von J. Ballescá y Compañía, Sucesor im Jahr 1897 in Mexiko-Stadt herausgegebener Abdruck. Biblioteca Nacional de España – Madrid.

Abb. 30: Titelblatt einer der vier Erstausgaben von *La vida de Lázaro de Tormes*, 1554. Abgedruckt in: *La vida de Lázaro de Tormes y de sus fortunas y adversidades*. Alcalá de Henares: en casa de Salzedo 1554.

Abb. 31: Servando Teresa de Mier (Monterrey, Mexiko, 1763 – Mexiko-Stadt, 1827), Öl auf Leinwand aus dem 19. Jahrhundert. Museo Nacional de Historia – Schloss Chapultepec, Mexiko-Stadt.

Abb. 32: Simón Bolívar (Caracas, Neugranada, 1783 – Santa Marta, Großkolumbien, 1830), circa 1823–1825. Öl auf Leinwand von José Gil de Castro (1785–1841). Fotograf/in: Daniel Giannoni. Museo de Arte de Lima –Lima, Peru.

Abb. 33: Esteban Echeverría (Buenos Aires, 1805 – Montevideo, Uruguay, 1851), Gemälde von Ernest Charton (1816–1877), 1874. Facultad de Filosofía y Letras de la Universidad – Buenos Aires.

Abb. 34: „Los desastres de la guerra" (Die Schrecken des Krieges), Radierungen von Francisco Goya (1746–1828), 1810–1812. Abgedruckt in: Francisco Goya: *Los desastres de la guerra*. Madrid: Real Academia de Bellas Artes de San Fernando 1863. Museo del Prado – Madrid.

Abb. 34a Tafel 5: „Y son fieras" (Und sie sind wie wilde Tiere).
Abb. 34b Tafel 39: „Grande hazaña! Con muertos!"
Abb. 34c Tafel 60: „No hay quien los socorra" (Es gibt niemanden, der ihnen helfen könnte).

Abb. 35: „El rapto. Rescate de una cautiva", Öl auf Leinwand von Johann Moritz Rugendas (1802–1858), 1848. Private Sammlung / Kunstsammlungen und Museen, Graphische Sammlung – Augsburg.

Abb. 36: Gertrudis Gómez de Avellaneda (Santa María de Puerto Príncipe auf Kuba, 1814 – Madrid, 1873), im Jahr 1857. Ölbild von Federico de Madrazo y Kuntz (1815–1894). Museum der Fundación Lázaro Galdiano – Madrid.

Abb. 37: „Santiago de Cuba vom Hafen aus, März 1853", Bleistiftzeichnung von Adolf Hoeffler (1825–1898). Städel Museum – Frankfurt am Main.

Abb. 38: „Pintura de Castas", ca. 1750. Öl auf Leinwand von einem unbekannten Künstler. „Expresión de las Castas de Gentes de que se compone este Reyno de Mexico; los motivos por que resulio la diversidad; y los nombres con que se distinguen todas las calidades; Hecha en la Puebla de los Angeles". Private Sammlung. Quelle: Ilona Katzew: *Casta Painting: Images of Race in Eighteenth-Century Mexico*. New Haven: Yale University Press 2004, S. 36.

Abb. 39: „Corte de caña", Öl auf Leinwand von Víctor Patricio Landaluze (1830–1889), 1874. Museo Nacional de Bellas Artes de Cuba – Havanna.

Abb. 40: „Europe supported by Africa and America", Stich von William Blake (1757–1827), nach einer Zeichnung von John Gabriel Stedman (1744–1797), 1796. Abgedruckt in: John Gabriel Stedman: *Narrative of a five years' expedition against the revolted Negroes of Surinam* ... London: J. Johnson & J. Edwards 1796, Band II, Tafel VXXX. Quelle: Biodiversity Heritage Library.

Abb. 41: Alexis de Tocqueville (Verneuil-sur-Seine, 1805 – Cannes, 1859). Öl auf Leinwand von Théodore Chassériau (1819–1856), 1850. Château de Versailles – Versailles.

Abb. 42: Georg Wilhelm Friedrich Hegel (Stuttgart, 1770 – Berlin, 1831), Öl auf Leinwand von Jakob Schlesinger (1792–1855), 1831. Alte Nationalgalerie – Berlin.

Abb. 43: Germaine de Staël (Paris, 1766 – ebenda, 1817). Posthumes Porträt, Öl auf Leinwand von François Gérard (1770–1837), nach 1817. Schloss Coppet – Coppet in der Schweiz.

Abb. 44: Das Schloss Coppet am Genfer See, Lithografie von Armand Cuvillier nach Jean Dubois, Mitte des 19. Jahrhunderts. Ausgedrückt von Lemercier & Cie in Paris. British Museum – London. © The Trustees of the British Museum

Abb. 45: Rahel Varnhagen von Ense, geborene Levin (Berlin, 1771 – ebenda, 1833). Gottfried Küstners (1800--1864) Lithografie von 1834, nach Moritz Daffingers (1790–1849) Pastell von 1818. Abgedruckt in: Eugen von Breza: *Gallerie der ausgezeichnetsten Israeliten*. Stuttgart: F. Brodhag'sche Buchhandlung 1834.

Abb. 46: Johann Gottlieb Fichte (Rammenau, Kurfürstentum Sachsen, 1762 – Berlin, 1814). Lithographie von Friedrich August Zimmermann (1805–1876) nach einer Zeichnung von Heinrich Dähling (1773–1850). Porträtsammlung Berliner Hochschullehrer, Humboldt-Universität – Berlin. © Humboldt-Universität zu Berlin, Universitätsbibliothek.

Abb. 47: Aldelbert von Chamisso (Schloss Boncourt bei Ante, Châlons-en-Champagne, 1781 – Berlin, 1838). Pastell von einem unbekannten Künstler. Freies Deutsches Hochstift / Frankfurter Goethe-Museum – Frankfurt-am-Main.

Abb. 48: Giacomo Leopardi (Recanati, Italien, 1798 – Neapel, 1837). Öl auf Leinwand von S. Ferrazzi, circa 1820. Casa Leopardi – Recanati, Italien.

Abb. 49: Alexander von Humboldt (Berlin, 1769 – ebenda, 1859). Öl auf Leinwand von Friedrich Georg Weitsch (1758–1828), 1806. Fotograf/in: Karin März. Alte Nationalgalerie – Berlin.

Abb. 50: „Humboldt und Bonpland in der Urwaldhütte", Öl auf Leinwand von Eduard Ender (1822–1883), circa 1850. Berlin-Brandenburgische Akademie der Wissenschaften – Berlin.

Abb. 51: Vorentwurf zum „Tableau physique des Andes", Alexander von Humboldt, 1803. Beschriftung: „Géographie des plantes près de l'Équateur. Tableau physique des Andes et pais [sic] voisins, dressé sur les observations et mesures faites sur les lieux en 1799–1803". Colección Museo Nacional de Colombia.

Abb. 52: „Tableau physique des Andes et pays voisins", 1805. Von Alexander von Humboldt (1769–1859) und Aimé Bonpland (1773–1858) entworfenes, von Lorenz Adolf Schönberger (1768–1846) und Félix Turpin (18..–19..) gezeichnetes und von Louis Bouquet (1765–1814) und Beaublé père (?) radiertes Gemälde. Abgedruckt in: Alexander von Humboldt / Aimé Bonpland: *Essai sur la Géographie des Plantes accompagné d'un tableau physique des régions équinoxiales*. Paris – Tübingen: Schoell – Cotta 1807. Quelle: Biodiversity Heritage Library, CC-BY-NC-SA 4.0.

Abb. 53: Domingo Faustino Sarmiento (San Juan, Argentina, 1811 – Asunción, Paraguay, 1888). Visitenkarte aus dem Jahr 1855. Archivo Museo Histórico Sarmiento – Buenos Aires.

Abb. 54: „El rapto (El Malón)", Öl auf Leinwand von Johann Moritz Rugendas (1802–1858), circa 1845. Private Sammlung.

Abb. 55: José Mármol (Buenos Aires, 1817 – ebenda, 1871). Abgedruckt in José Mármol: *Amalia. Novela histórica americana*. París: Casa editorial Garnier hermanos 1889. © Ibero-Amerikanisches Institut – Preußischer Kulturbesitz.

Abb. 56: Cirilo Villaverde (San Diego de Núñez, Kuba, 1812 – New York City, 1894). Abgedruckt in: Instituto de Literatura y Lingüística de la Academia de Ciencias de Cuba: *Diccionario de la literatura cubana*. Havanna: Editorial Letras Cubanas 1980.

Abb. 57: Manuel de Jesús Galván (Santo Domingo, Dominikanische Republik, 1834 – San Juan, Puerto Rico, 1910). Abgedruckt in: Manuel de Jesús Galván: *Enriquillo. Leyenda Histórica*

Dominicana (1503–1533). Madrid: Ediciones de Cultura Hispánica – Agencia española de cooperación internacional 1996.

Abb. 58: Bartolomé de las Casas (Sevilla, 1484 oder 1485 – Madrid, 1566). Öl auf Leinwand von einem unbekannten Künstler, 16. Jahrhundert. Archivo General de Indias – Sevilla, Spanien.

Abb. 59: „Desembarco de Colón", Öl auf Leinwand von Dióscoro Puebla (1831–1901), 1862. Museo del Prado – Madrid.

Abb. 60: Eugenio María de Hostos (Mayagüez, Puerto Rico, 1839 – Santo Domingo, Dominikanische Republik, 1903), Öl auf Leinwand von Francisco Manuel Oller (1833–1917), vor 1917. Museo de Historia, Antropología y Arte de la Universidad de Puerto Rico – Puerto Rico.

Abb. 61: Honoré de Balzac (Tours, 1799 – Paris, 1850). Daguerrotype von Louis-Auguste Bisson (1814–1876), 1842. Maison de Balzac – Paris.

Abb. 62: „Effet de lune, dit aussi Le Sommeil d'Endymion" (Der Schlaf des Endymion). Öl auf Leinwand von Anne-Louis Girodet-Trioson (1767–1824), 1791. Musée du Louvre Museum – Paris.

Abb. 63: Alphonse de Lamartine (Mâcon, 1790 – Paris, 1869). Öl auf Leinwand von François Gérard (1770–1837), 1831. Château de Versailles – Versailles.

Abb. 64: „Lamartine repoussant le drapeau rouge à l'Hôtel de Ville, le 25 février 1848" (Lamartine verwehrt am 25. Februar 1848 Sozialrevolutionären mit der Roten Fahne das Eindringen ins Pariser Rathaus). Öl auf Leinwand von Henri-Félix-Emmanuel Philippoteaux (1815–1884), circa 1848. Musée Carnavalet – Paris.

Abb. 65: Gustavo Adolfo Bécquer (Sevilla, 1836 – Madrid, 1870), Öl auf Leinwand von Valeriano Domínguez Bécquer (1833–1870), 1862. Museo de Bellas Artes – Sevilla.

Abb. 66: Diego Gabriel de la Concepción Valdés (La Habana, 1809 – ebenda, 1844) im Jahr 1836. Abgedruckt in: Plácido [Gabriel de la Concepción Valdés]: *Poesías Completas. Con 210 composiciones inéditas*. La Habana: La Primera En Papel 1886.

Abb. 67: Charles Baudelaire (Paris, 1821 – ebenda, 1867). Woodburytypie von Étienne Carjat (1828–1906), circa 1862. British Library – London.

Abb. 68: Arthur Rimbaud (Charleville, Frankreich, 1854 – Marseille, 1891), circa 1871. Porträt aus dem Besitz Paul Claudels. Fotograf/in: Étienne Carjat (1828–1906). Bibliothèque nationale de France – Paris.

Abb. 69: Richard Strauss (München, 1864 – Garmisch-Partenkirchen, 1949), zwischen circa 1915 und circa 1920. Library of Congress, Prints and Photographs Division – Washington, D.C.

Abb. 70: „Danaë", Öl auf Leinwand von Gustav Klimt (1862–1918), 1907. Sammlung Dichand – Wien.

Abb. 71: Max Nordau, als Maximilian Simon Südfeld geboren (Pest, Kaisertum Österreich, 1849 – Paris, 1923). Fotograf/in: Zoltan Kluger (1896–1977). The National Photo Collection of Israel, Photography dept. Government Press Office – Jerusalem.

Abb. 72: Brennendes spanisches Kriegsschiff vor Cavite (Philippinen). In: Jim Leeke: *Manila and Santiago: The New Steel Navy in the Spanish-American War*. Anapolis, Maryland: Naval Institute Press 2009, S. 149.

Abb. 73: Versenktes spanisches Kriegsschiff vor Santiago de Cuba. Fotograf/in: Fernando López Ortiz. In: 1898: *Las fotografías cubanas. Catálogo de la exposición realizada en la Sala Parpalló en Valencia el 22 de septiembre de 1998*. Valencia: Centre cultural La Beneficència 1998, S. 159.

Abb. 74: Egon Friedell, als Egon Friedmann geboren (Wien, 1878 – ebenda, 1938), als „Aladdin mit der Wunderlampe", 1918. Fotograf/in: Franz Xaver Setzer (1886–1939). Österreichesche Nationalbibliothek, Bildarchiv und Grafiksammlung – Wien.

Abb. 75: Hermann von Pückler-Muskau (Schloss Muskau, Landkreises Görlitz, 1785 – Schloss Branitz, Cottbus, 1871). Lithographie von Friedrich Jentzen (1815–1901), 1830, nach einer Gemälde von Franz Krüger (1797–1857), 1826. Ausgedrückt vom Verlag Louis Friedrich Sachse & Co in Berlin. Fotograf/in: Dietmar Fuhrmann. Stiftung Fürst-Pückler-Museum Park und Schloss Branitz.

Abb. 76: Joris-Karl Huysmans (Paris, 1848 – ebenda, 1907) zu Hause, fotografiert von Dornac (1858–1941). Abgedruckt in: Dornac: *Nos contemporains chez eux*. 1887–1917, Tafel 8. Bibliothèque Nationale de France – Paris.

Abb. 77: „Salomé dansant devant Hérode" (Salome tanzt vor Herodes), Öl auf Leinwand von Gustave Moreau, 1876. Armand Hammer Museum of Art – Los Angeles, Kalifornien.

Abb. 78: „L'Apparition" (Die Erscheinung, Salomé und der Kopf Johannes des Täufers), Aquarell von Gustave Moreau, circa 1876. Musée d'Orsay, Musée du Louvre – Paris.

Abb. 79: Oscar Wilde (Dublin, 1854 – Paris, 1900), im Jahr 1882. Fotograf/in: Napoleon Sarony (1821–1896), Albumin Silberdruck. Metropolitan Museum of Art – New York.

Abb. 80: Erste Version der „Apotheose" von Aubrey Beardsley (1872–1898), aus den Illustrationen zu Oscar Wildes *Salome*, 1893. Beschriftung: „J'ai baisé ta bouche Iokanaan". Abgedruckt in: *The Studio* 1, 1, April 1893, S. 19.

Abb. 81: Eugenio Cambaceres (Buenos Aires, 1843 – Paris, 1888). Archivo General de la Nación – Buenos Aires. Abgedruckt in: Claude Cymerman: *La obra política y literaria de Eugenio Cambaceres (1843–1889). Del progresismo al conservadurismo*. Buenos Aires: Corregidor 2007.

Abb. 82: José Martí (Havanna, 1853 – Dos Ríos, Kuba, 1895), in New York City im Jahr 1885. Fotograf/in: W. F. Bowers. Centro de Estudios Martianos – Havanna.

Abb. 83: José Rizal (Calamba City auf Luzon, 1861 – Manila, 1896), im 35. Lebensjahr. Library of Congress – Washington, D.C.

Abb. 84: Juana Borrero (Havanna, 1877 – Key West, Florida, 1896). Foto abgedruckt in: Juana Borrero: *Epistolario De Juana Borrero*. Havanna: Academia de Ciencias de Cuba 1966.

Abb. 85: „El clavel y la rosa" (Die Nelke und die Rose), Zeichnung von Juana Borrero, 1882. Abgedruckt auf dem Cover von: Juana Borrero: *Epistolario De Juana Borrero*. La Habana: Academia de Ciencias de Cuba 1966.

Abb. 86: „Misiva floreal", Brief von Juana Borrero an Carlos Pío Uhrbach am 14. April 1895. Abgedruckt in: Juana Borrero: *Epistolario De Juana Borrero*. La Habana: Academia de Ciencias de Cuba 1966.

Abb. 87: José Enrique Rodó (Montevideo, 1871 – Palermo, Italien, 1917), im Jahr 1896. Fotograf/in: Chute & Brooks. Biblioteca Nacional de Uruguay – Montevideo.

Personenregister

Adamov, Arthur 982
Adorno, Theodor W. 62, 225, 541
Agassiz, Jean Louis Rodolphe 31
Alas, Leopoldo 1057, 1071
Alberdi, Juan Bautista 393, 394, 660, 665, 678
Alberti, Rafael 873
Alcorta, Diego 665
Alemán, Mateo 293, 300, 322, 327
Allegrain, Christophe-Gabriel 816
Allende, Isabel 265
Amo, Anton Wilhelm 14
Anacaona 737, 741, 744, 745, 754, 756, 757, 774
Arenas, Reinaldo 327, 340, 704, 788, 789, 896, 1077
Arendt, Hannah 107, 198, 398, 521–526, 529, 534, 892
Aristoteles 36, 223, 310, 361, 408, 810, 811
Artaud, Antoine 982
Assing, Ludmilla 528
Asturias, Miguel Ángel 367, 404, 662
Auerbach, Erich 6, 928
Augustinus 41, 43, 521

Bachtin, Michail 139, 306, 396, 725, 727, 822
Balzac, Honoré de 33, 36, 460, 718, 793–795, 797, 798, 800, 806, 809–817, 819, 824–829, 834–843, 878, 905, 939, 941, 958, 960, 1077–1079, 1138
Barnet, Miguel 232, 719, 720
Barthes, Roland 43, 46, 57, 59, 181, 182, 566, 567, 816, 902, 1079
Bastos, Augusto Roa 403, 404, 662
Batista, Fulgencio 367, 1012, 1013
Baudelaire, Charles 55, 576–579, 581, 779, 856, 901–903, 905, 908, 910–912, 915, 916, 922, 940, 958, 959, 961, 963, 966, 1080, 1138
Beardsley, Aubrey 979, 981, 982, 1139
Beaumont, Gustave de 471, 472
Beckett, Samuel 982
Bécquer, Gustavo Adolfo 864–868, 871, 873, 874, 877, 880, 1138
Beecher Stowes, Harriett 440

Béguin, Albert 543, 576, 1081
Bello, Andrés 357, 358, 361, 422, 712
Bender, Hans 229, 254
Benjamin, Walter 3, 180, 186, 188, 279, 390, 675
Bénot, Yves 73, 76, 1122
Bergson, Henri 955
Berlioz, Hector 930
Bernhardt, Sarah 982
Biassou, Georges 200, 210, 227
Biden, Joe 443
Birch, Mary-Anne 846
Blanco, Pedro 343, 357, 705, 725, 726, 1077, 1131
Bloy, Léon 957
Blumenberg, Hans 83, 976
Bolívar, Simón 148, 335, 357–362, 364–371, 373–382, 387, 396, 478, 634, 637, 781, 1015, 1034, 1081, 1084, 1135
Bonnet, Charles 836
Bonpland 338, 582, 607, 608, 1104, 1137
Bonpland, Aimé 114, 462, 607, 625, 771, 1137
Borges, Jorge Luis 36, 264, 265, 272, 281, 304, 383, 409, 540, 624, 890, 1036
Börne, Ludwig 530
Borrero, Esteban 1047
Borrero, Juana 428, 435, 437, 459, 579, 666, 674, 1038, 1045–1051, 1084, 1140
Bouchardon, Edme 805, 816
Bougainville, Louis-Antoine de 161, 556
Bouilhet, Louis 925, 1094
Boukman, Dutty 200, 202, 203, 209, 210, 214, 227
Bourdieu, Pierre 233, 578, 636
Brentano, Clemens 529, 530
Brinkmann, Carl Gustav von 615
Buch, Hans Christoph 106
Buffon, Georges-Louis Leclerc de 9, 31, 361, 483, 582, 836, 837, 1082, 1120
Burke, Seán 816
Burton, Richard 185
Byron, George Gordon, Lord 390, 409, 431, 437, 495, 679, 680, 764, 848, 1100, 1110

Open Access. © 2021 Ottmar Ette, publiziert von De Gruyter. Dieses Werk ist lizensiert unter einer Creative Commons Namensnennung – Nicht-kommerziell – Keine Bearbeitung 4.0 International Lizenz. https://doi.org/10.1515/9783110703443-039

Cabrera, Lydia 232, 881
Calvino, Italo 49
Cambaceres, Eugenio 984–986, 988–991,
    993, 995, 997, 998, 1000, 1002, 1005,
    1007, 1008, 1084, 1139
Cané, Miguel 988
Cannon, Susan Faye 614
Cánovas del Castillo, Antonio 950, 1086
Cansinos Assens, Rafael 954, 1086
Carpentier, Alejo 216, 217, 219–227,
    229–234, 236, 244–249, 263, 265, 271,
    279, 386, 404, 470, 475, 489, 597, 654,
    682, 737, 1086, 1087, 1135
Carrera Damas, Germán 366, 367
Carrió de la Vandera, Alonso 327
Casanova, Giacomo 797
Casanova, Pascale 24
Castellanos, Juan de 1016, 1018, 1113
Castro, Fidel 222, 366–368, 884, 1015, 1031,
    1113, 1135
Cepeda, Ignacio 425, 428, 431, 432
Cervantes, Miguel de 185, 245, 287, 288,
    449, 542, 1089
Céspedes, Carlos Manuel de 711
Chamisso, Adelbert von 520, 525, 530,
    549–566, 570, 575, 581, 1017, 1018,
    1089, 1137
Charles, Julie 846, 858
Charles X. 155, 193
Chateaubriand, François-René de 151–156,
    160–163, 165, 167, 171, 173–175, 183,
    184, 189, 191, 193, 194, 199, 200, 202,
    208, 210, 256, 390, 407, 415, 417, 423,
    432, 435, 436, 438, 462, 495, 498, 516,
    536, 541, 582, 614, 755, 845, 848, 852,
    854, 857, 858, 868, 902, 966, 976, 1090,
    1134
Chaunu, Pierre 17
Chávez, Hugo 359, 366, 1015
Chimalpahin 276, 321, 1091
Christophe, Henri 206, 227, 245, 249
Citron, Pierre 813, 1078
Clavijero, Francisco 347, 468, 1023, 1024,
    1115
Cohen, Albert 957
Condillac, Étienne Bonnot de 9, 361, 1082,
    1120

Constant, Benjamin 495, 497, 499, 854
Cook, James 161, 556, 593
Cooper, Fennymore 641
Corneille, Pierre 429
Cortázar, Julio 264
Cortés, Hernan 271, 380, 468, 746, 749
Cotta, Johann Friedrich 1137
Cruz-Fuentes, Lorenzo 425
Cuéllar, Cristóbal de 747, 1096
Curtius, Ernst Robert 948
Cuvier, Georges 31, 836

D'Alembert, Jean-Baptiste le Rond 361
Damrosch, David 24
D'Annunzio, Gabriele 951, 953, 955
Dante 409, 416, 542, 840, 841, 946, 948,
    949, 955
Darío, Rubén 479, 860, 897, 927, 1068–1070,
    1073, 1074, 1091
Darrieussecq, Marie 852
Darwin, Charles 985
Derrida, Jacques 292
Desnoyers, Louis 576–578, 581, 901, 1080
Dessalines, Jean-Jacques 122, 127–129, 143,
    147, 205, 209
Díaz del Castillo, Bernal 468
Díaz, Porfirio 748
Diderot, Denis 9, 58, 71, 208, 209, 457, 594,
    745, 816, 885, 1120
Diogenes 224
Domingo del Monte 710, 712
Dorrego, Manuel 651
Douglas, Alfred 981
Dreyfus, Alfred 956, 957
Drumonts, Edouard 957
Duclos, Charles Pinot 9, 1120
Duque de Rivas 432
Dürer, Albrecht 175, 176, 186, 271, 1134
Duse, Eleonora 982
Du Tertre, Jean-Baptiste 470

Echevarría, Roberto González 1064
Echeverría, Esteban 165, 368, 383, 384, 386,
    388–390, 392, 394, 397, 398, 402–406,
    408, 409, 412, 420, 422, 453, 458, 463,
    498, 628, 630, 632, 638, 641, 650, 659,
    662, 677, 691, 987, 1135

Eckermann, Johann Peter 22, 385, 796
Eco, Umberto 569
Elias, Norbert 939
Emerson, Ralph Waldo 692
Emparán, Vicente 361
Engels, Friedrich 175, 486, 487, 489, 492, 695, 779, 815
Escalada, Gaspar 429
Escobar, Vicente 882
Espronceda, José de 764, 866
Esteban, Ángel 864
Estévez, Francisco 705, 719–721
Ezcurra, Encarnación 396, 401, 402
Ezcurra, María Josefa 667, 678, 682, 688

Fernández de Lizardi, José Joaquín 260, 280, 285–293, 295–301, 303, 305–307, 309, 311, 313, 314, 318–320, 322–326, 328–331, 333–335, 341, 345, 357, 358, 365, 387, 454, 591, 629, 681, 683, 701, 896, 1093, 1135
Fernández Retamar, Roberto 267
Fichte, Johann Gottlieb 26, 187, 189, 513, 525, 530, 537–540, 584, 853, 1137
Flaubert, Gustave 154, 173, 330, 436, 449, 461, 585, 653, 689, 728, 840, 912, 925, 926, 973, 975, 982, 992, 993, 1000, 1047, 1094
Fleming, Leonor 393, 407, 1092
Flores, Juan José 379, 1084
Ford, John 406
Fornet, Ambrosio 880
Forster, Georg 16, 551, 552, 555, 557, 559, 582, 592–596, 601, 608, 614, 619, 1103
Forster, Johann Reinhold 16, 593
Foscolo, Ugo 764
Foucault, Michel 30, 33–40, 42, 48, 624, 766, 1095, 1133
Franco, Jean 262, 284, 285, 323
Frank, Manfred 541, 542
Franz von Assisi 1066
Freud, Sigmund 5, 36, 55, 178, 830, 854, 868, 931, 938, 939, 982, 983, 1000
Freyre, Gilberto 446
Friedell, Egon 946–949, 951, 955, 1139
Friedrich, Caspar David 970

Friedrich, Hugo 86, 254, 578, 793, 815, 838, 901, 911, 915
Fuentes, Carlos 265, 662

Galván, Manuel de Jesús 454, 465, 469, 733–738, 740, 743, 744, 746, 748, 751, 752, 756–759, 774, 780, 1096, 1137
Gans, Eduard 530
García Canclini, Néstor 230
García Caturla, Alejandro 218
García Lorca, Federico 873
García Márquez, Gabriel 265, 357, 367, 386, 404, 662, 693
García Tasara, Gabriel 432
Garcilaso de la Vega el Inca 1023
Gauguin, Paul 959
Gauvain 121
Geertz, Clifford 20, 21, 25, 1133
Genette, Gérard 85, 86, 160, 293, 303, 704, 727, 815
Gentz, Friedrich von 520
George, Stefan 913, 915
Gessner, Salomon 153
Gilli, Filippo Salvatore 1034
Gilroy, Paul 198
Giorgione 804, 805
Giraudoux, Jean 852
Girodet-Trioson, Anne-Louis 795, 1138
Gnutzmann, Rita 986, 1084
Gobineau, Arthur de 944, 949
Goethe, Johann Wolfgang 22–24, 195, 334, 385, 390, 436, 497, 512, 513, 527, 530, 536, 542, 584, 614, 627, 764, 796, 1133, 1137
Gómez de Avellaneda, Gertrudis 3, 425, 427, 428, 432, 433, 435, 436, 438–441, 443, 446, 450, 454, 456, 459, 460, 462, 465, 466, 468–470, 493, 498, 573, 666, 698, 717, 731, 756, 780, 791, 864, 866, 867, 880, 883, 1047, 1098, 1099, 1136
Goncourt, Edmond und Jules de 178, 985
González Peña, Carlos 291
Goya, Francisco de 286, 398, 399, 870, 872, 1135
Grijalva, Juan de 746, 747
Grimm, Reinhold 171
Guarionex 769, 770, 776

Guillén, Jorge 873
Guillén, Nicolás 218, 715, 889, 890, 893
Guimarães Rosa, João 640, 642, 1001
Guizot, François 471, 637
Gutiérrez, José Maria 394, 404, 678
Guyau, Marie Jean 1062, 1071

Habermas, Jürgen 21, 596, 932
Harris, Kamala 443
Hauser, Arnold 903, 904, 955, 959
Hegel, Georg Wilhelm Friedrich 36, 348, 384, 482–486, 488, 489, 492, 510, 530, 541, 773, 1136
Heine, Heinrich 511, 513, 530, 532, 868
Henríquez Ureña, Max 761
Henríquez Ureña, Pedro 791, 792
Herder, Johann Gottfried 500, 502, 555
Heredia, José María 422, 431, 884–886
Herz, Henriette 511, 524
Herzl, Theodor 957
Hinterhäuser, Hans 961
Homer 163, 500, 501, 569, 925
Horaz 87, 569, 975
Horkheimer, Max 62, 225, 541
Hostos, Eugenio María de 759–764, 766–769, 773, 777, 782, 785, 786, 788–790, 792, 1100, 1138
Houellebecq, Michel 964
Hugo, Victor 155, 178, 189, 191–200, 202, 203, 206–208, 210, 212, 215, 216, 224, 227, 234, 245, 390, 432, 436, 463, 491, 513, 645, 688, 868, 1134, 1135
Humboldt, Alexander von 11, 12, 15, 16, 18, 19, 22, 24, 79, 84, 89, 94–96, 114, 116–119, 152, 155, 165, 199, 234, 236, 241, 265, 302, 338, 339, 343, 344, 348, 359, 370, 374, 411, 412, 422, 452, 462, 482–484, 486, 488, 489, 495, 505, 511, 514, 520, 528, 531, 549–552, 554, 557, 559, 580, 581, 583, 584, 586–588, 590, 592, 595–598, 601, 607–609, 612, 613, 615–621, 623–625, 627, 637, 642, 653, 658, 694, 701, 771, 781, 783, 841, 842, 1034, 1137
Humboldt, Wilhelm von 521, 530, 584, 620
Huntington, Samuel P. 948

Huysmans, Joris-Karl 939, 963–966, 968–970, 972–976, 982, 988, 992, 998, 1006, 1007, 1009, 1062, 1075, 1105, 1139

Ibáñez, Paco 267
Ibarbourou, Juana de 1051
Ionesco, Eugène 982
Irving, Washington 741, 749
Isaacs, Jorge 165, 260, 395, 448, 733, 771, 780, 1001
Iturbide, Augustín de 363

Jarry, Alfred 915, 926, 927, 981

Kant, Immanuel 12–16, 221, 483, 508, 510, 517, 608, 1133
Kierkegaard, Sören 179, 186, 187
Kleist, Heinrich von 100–104, 106–113, 117, 119–123, 125, 127, 128, 131, 132, 134–139, 146, 148–150, 157, 191, 200, 205, 231, 234, 256, 407, 423, 520, 540, 559, 1134
Klemperer, Viktor 651, 948
Klimt, Gustav 930, 931, 934, 1138
Köhler, Erich 59, 60, 62, 63, 76, 254, 291, 811, 852, 853, 856–859, 1133
Kolumbus, Christoph 102, 150, 161, 189, 203, 263, 265, 355, 655, 684, 737–739, 742, 744, 745, 751, 753, 770–772, 774, 1050
Koppen, Erwin 500, 503
Koppenfels, Werner von 916
Kotzebue, Otto von 550, 552, 559
Krämer, Philipp 537
Kreis, Karl-Wilhelm 406
Kristeva, Julia 15, 159, 176, 179, 180, 182, 183, 186, 1107, 1134
Krüger, Michael 819, 1139

Lacan, Jacques 181
La Condamine, Charles Marie de 8, 9, 625, 1120
Lamadrid, Gregorio Aráoz de 652
Lamarck, Jean-Baptiste 31, 33
Lamartine, Alphonse de 194, 390, 409, 432, 449, 579, 663, 777, 845–848, 851, 852, 859–861, 868, 870, 902, 919, 921, 970, 1138

Lamennais, Félicité de 393
Lamore, Jean 729
Lam, Wifredo 218, 245
Las Casas, Bartolomé de 234, 370, 744, 749–754, 757, 773, 774, 1097
Lautréamont 927
Lavalle, Juan 393, 652, 671, 682, 686, 688, 689
Lavater, Johann Caspar 444
Leclerc, Charles Victoire Emmanuel 105, 132, 205, 249
Leibniz, Gottfried Wilhelm 836
Lejeune, Philippe 42
Lenz, Markus Alexander VI, 537
Leopardi, Giacomo 542, 543, 549, 567, 568, 570, 572, 576, 578, 579, 581, 584, 848, 856, 901, 1137
Lepenies, Wolf 30, 31, 33, 40, 178, 180, 189, 1133
Lesage, Alain-René 293, 322
Lessing, Gotthold Ephraim 500
Levin, Markus 524
Levin Varnhagen, Rahel 511, 513, 519–521, 523–528, 530–536, 539, 559, 566, 1136
Lévi-Strauss, Claude 26–28, 74, 471, 878, 1044, 1108, 1133
Lezama Lima, José 218, 242, 327, 336, 340, 343, 344, 356, 357, 365, 683, 1010–1015, 1022, 1032, 1036, 1108
Linné, Carl von 31, 32
Litvak, Lily 941, 1086
Lombroso, Cesare 231, 232, 934, 935, 941
Losada, Alejandro 258
Lucretia 668
Lukács, Georg 730
Lukrez 90
Lyotard, Jean-François 36

Mably, Gabriel Bonnot de 361, 648, 1082
Machado, Gerardo 234
Macron, Emmanuel 111
Madden, Richard Robert 710
Manzano, Juan Francisco 710
Manzoni, Alessandro 409, 567, 709, 712
Manzoni, Celina 242
Marinetti, Filippo Tommaso 927, 978

Mármol, José 387, 388, 403, 652, 659–662, 664–669, 672, 674, 677, 678, 680–684, 688, 690–692, 729, 734, 929, 987, 1109, 1137
Marmontel, Jean-François 500
Martí, José 226, 230, 231, 235–237, 275, 342–344, 346, 364, 366–368, 378, 379, 381, 384, 473, 474, 479, 481, 555, 556, 664, 673, 674, 692, 732, 736, 746, 761, 762, 768, 769, 778, 781–784, 791, 877, 949, 964, 967, 997, 998, 1007, 1010–1031, 1033–1037, 1039–1041, 1045, 1050, 1057, 1066, 1070, 1075, 1108, 1109, 1111, 1112, 1130, 1139
Martín-Barbero, Jesús 230
Martínez Estrada, Ezequiel 651
Martínez Villena, Rubén 233
Marx, Karl 36, 55, 486, 487, 815
Matto de Turner, Clorinda 260
Maupertuis, Pierre Louis Moreau de 8, 9, 31, 32, 1120
McHale, Brian 255
Melis, Antonio 236
Menéndez y Pelayo, Marcelino 404, 425, 436
Mercier, Louis-Sébastien 310
Messling, Markus 537
Mier, Fray Servando Teresa de 327, 332, 335–338, 341, 343–345, 347, 349, 352, 353, 357, 358, 365, 379, 381, 387, 504, 635, 683, 1113, 1135
Miranda, Francisco 344, 345, 362, 1011, 1109
Mistral, Gabriela 1051
Montejo, Esteban 720, 721
Montesino, Antonio 754
Montesquieu, Charles de Secondat, Baron de 9, 83, 185, 352, 361, 503, 507, 1082, 1120, 1126
Montúfar, Carlos 625
Morales y Póveda, María Gila 883
Moreau de Saint-Méry, Médéric-Louis-Elie 125, 127
Moreau, Gustave 934, 971–975, 982, 1106, 1139
Morel, Bénédict 934, 935
Morelos, José María 362
Moréri, Louis 323
Morus, Thomas 310

Mozart, Wolfgang Amadeus 348
Muratori, Ludovico Antonio 323
Musil, Robert 938
Musset, Alfred de 852, 868

Necker, Jacques 493
Neruda, Pablo 367, 386
Nerval, Gérard de 176, 859
Neuschäfer, Hans-Jörg 797
Nietzsche, Friedrich 22, 559, 780, 918, 928, 931, 936, 955, 1055, 1072–1075, 1118
Nordau, Max 933–941, 957, 1139
Novalis 514, 536

Ohnet, Georges 1067, 1092
Ortega y Gasset, José 952
Ortiz, Fernando 117, 226, 230–244, 264, 612, 703, 714, 719, 893, 934, 1115, 1135, 1139
Ovando, Nicolás de 741, 744, 745, 749

Páez Herrera, José Antonio 366
Papillon, Jean-François 200
Paula Santander, Francisco de 360
Paz, Octavio 265
Péladan, Joséphin 945
Pérez Bonalde, Juan Antonio 782, 1032
Pérez Galdós, Benito 792
Pernety, Antoine-Joseph 112
Pétion, Alexandre Sabès 206, 378
Petrarca, Francesco 569
Pfeiffer, Ida 441
Piazzolla, Astor 675
Pictet, Marc-Auguste 586, 589
Pizarro, Ana 259
Plácido 864, 880–886, 889, 890, 893–897, 1138
Platon 870
Poe, Edgar Allan 693, 901, 912
Poma de Ayala, Guamán 263
Poyo, José Dolores 1022, 1111
Praz, Mario 961
Prescott, William H. 764
Primo de Rivera, Miguel 954
Proust, Marcel 693, 814, 815, 831, 832, 842, 957, 959, 1116
Pückler-Muskau, Hermann von 530, 960, 966, 1139

Quevedo, Francisco de 267, 270, 1135
Quiroga 628, 631, 633, 645, 649, 653, 656, 684
Quiroga, Juan Facundo 645, 646, 1123

Racine, Jean 429, 816
Rada y Delgado, Juan de Dios de la 765
Raffael 804
Rama, Ángel 244, 289–292, 314, 748, 1117, 1118
Ranke, Leopold von 530
Raynal, Guillaume-Thomas 208, 209, 265, 323, 347, 371, 454, 457, 483, 485, 486, 594, 745, 764, 885, 1114, 1117
Rea Spell, Jefferson 323, 1093
Récamier, Juliette 151, 154, 156, 495, 499
Redon, Odilon 971
Regnault de Segrais, Jean 153
Renan, Ernest 1058, 1071, 1073
Reuß, Roland 101
Reyes, Alfonso 345, 422, 774, 1036
Rey Rosa, Rodrigo 275
Ribeiro, Darcy 273
Richter, Sandra 258
Rico, Francisco 322
Rilke, Rainer Maria 571, 572
Rimbaud, Arthur 245, 855, 860, 875, 901, 911–919, 921, 922, 927, 930, 959, 961, 1138
Ritter, Carl 482
Rivadavia, Bernardino 394, 648, 649
Rivarol, Antoine de 61
Rizal, José 768, 792, 1038–1041, 1043–1045, 1118, 1140
Robertson, William 265, 347, 468, 485, 486, 1114
Robespierre, Maximilien de 106, 219, 221
Rodó, José Enrique 230, 274, 330, 368, 379, 479, 481, 673, 692, 761, 791, 928, 932, 948, 949, 953, 974, 997, 1008, 1016, 1028, 1036, 1053, 1057, 1058, 1062, 1066, 1069–1075, 1118, 1140
Rodríguez, Simón 344, 345, 357–361, 721, 1011, 1081, 1109, 1130
Rojas, Arístides 1034
Rojas, Ricardo 388
Roldán, Amadeo 218

Roosevelt, Theodor 860
Rosas, Juan Manuel de 386–388, 391, 393, 394, 397, 398, 402, 422, 628, 630–634, 637, 642, 644, 645, 647, 649–652, 659–661, 663, 665–667, 669–671, 674, 677–679, 681–684, 686, 688, 690, 691, 726, 987, 989, 996, 1003, 1110, 1124
Rosas, Manuela 667
Rousseau, Jean-Jacques 7–13, 16, 40–46, 49, 51–53, 55–59, 62, 71, 89, 96, 153, 159, 170, 181, 188, 260, 287, 326, 333, 335, 339, 353–355, 361, 411, 481, 489, 496, 502, 582, 586, 589–592, 594, 596, 648, 703, 738, 775, 779, 808, 816, 853, 933, 935, 1004, 1082, 1119, 1120, 1133
Rugendas, Johann Moritz IV, 75, 417, 418, 638, 1133, 1134, 1136, 1137

Sabater, Pedro 432
Saco, José Antonio 701, 705
Saint-Hilaire, Etienne Geoffroy 31, 33, 836
Saint-Lambert, Jean-François de 185
Saint-Martin, Louis Claude de 836
Saint-Pierre, Jacques-Henri Bernardin de 13, 64, 69–73, 75, 78–80, 83, 85, 87–89, 93–98, 104, 107, 152–154, 157, 162, 163, 165, 174, 177, 180, 183, 184, 186, 189, 191, 199, 200, 202, 211, 234, 256, 260, 390, 407, 423, 435, 440, 451, 453, 462, 572, 579, 614, 852, 976, 1120–1122, 1133
Saint-Simon, Henri de 393
Salomon, Noël 290
Sánchez, Julio 729
Sand, George 390, 431, 436, 810
San Martín, José de 362, 368, 383, 384
Sarduy, Severo 654
Sarlo, Beatriz 1056
Sarmiento, Domingo Faustino 260, 274, 302, 304, 305, 307–309, 312, 317, 318, 326, 327, 368, 387, 388, 392, 394, 404, 413, 418, 423, 627–635, 637–641, 643–649, 652, 653, 656–660, 664, 668, 670, 672, 677, 679, 683, 685, 729, 791, 801, 857, 984, 987, 991, 1045, 1123, 1137
Sartre, Jean-Paul 57–59, 957, 1125, 1133
Saussure, Horace Bénédict de 625
Schelling, Friedrich Wilhelm 483, 542, 583

Schiller, Friedrich 62, 390, 497, 614, 1043, 1133
Schlegel, August Wilhelm 495, 499, 504, 513
Schlegel, Dorothea 525
Schlegel, Friedrich 408, 657
Schleiermacher, Friedrich 530
Schopenhauer, Arthur 928, 955, 964, 988, 994, 1004
Sciascia, Leonardo 693
Scott, Walter 203, 431, 440, 467, 662, 693, 705, 709, 718, 838, 1130
Shakespeare, William 185, 542, 692, 1053, 1055, 1057, 1058, 1074, 1075
Sismondi, Jean-Charles-Léonard Simonde de 499
Solís, Antonio de 468
Sommer, Doris 713, 770
Sontag, Susan 180, 186
Staël, Germaine de 3, 178, 185, 390, 408, 428, 432, 435, 436, 493–519, 521, 527, 528, 533–538, 540, 542, 560, 625, 693, 694, 860, 861, 929, 955, 1075, 1125, 1127, 1136
Starobinski, Jean 53, 54, 159, 180, 184, 808, 1120
Steiner, Rudolf 538
Stendhal 152
Storni, Alfonsina 1051
Strauss, Richard 930, 931, 962, 979, 982, 983, 1138
Suárez y Romero, Anselmo 698, 710, 731
Swedenborg, Emanuel 836

Teresa de Jesús 459
Thomson, James 153
Thornton, William 116
Tocqueville, Alexis de 471–477, 481, 482, 485, 491, 493, 589, 634, 640, 773, 1030, 1075, 1136
Todorov, Tzvetan 739, 819
Toulouse-Lautrec, Henri de 959
Toussaint-L'Ouverture, François Dominique 121, 122, 148, 205, 209
Tristan, Flora 350, 438, 439, 441, 490–493, 573, 636, 640, 666
Trump, Donald 19, 348, 473, 666

Uhrbach, Carlos Pío 1046, 1048–1050, 1140
Uhrbach, Federico 1046
Unamuno, Miguel de 953
Unseld, Siegfried 819
Urquiza, Justo José de 393
Usteri, Paul 16

Valdés Machuca, Ignacio 883
Valera, Juan 432
Valle-Inclán, Ramón María del 403
Van Gogh, Vincent 245
Varela, Florencio 677
Varela Jácome, Benito 758
Vargas Llosa 195, 662
Vargas Llosa, Mario 193, 265, 388, 404
Varnhagen von Ense, Karl August 482, 523, 524, 526, 527, 529, 531, 617, 1136
Vasconcelos, José 774, 778
Vázquez Montalbán, Manuel 693
Velázquez, Diego 742, 1135
Verdi, Giuseppe 996, 998
Verlaine, Paul 875, 919, 959, 966, 983
Vian, Boris 969
Vien, Joseph-Marie 794–796, 799, 816
Vigny, Alfred de 852
Villarroel, Torres 294
Villaverde, Cirilo 260, 440, 443, 444, 463, 695–697, 699–703, 708, 710, 712, 715–718, 721, 722, 726, 728, 729, 731, 732, 882, 1137
Viscardo, Juan Pablo 343
Vitier, Cintio 1025, 1112
Vives, Francisco Dionisio 705
Vogel, Henriette 146
Voltaire 17, 43, 57, 58, 181, 185, 353, 361, 500, 507, 648, 692, 956, 1004, 1082, 1126, 1132

Wagner, Richard 918, 928, 930, 936
Walcott, Derek 862
Walton, William 371
Warning, Rainer 810
Wehle, Winfried 810, 856
White, Blanco 343, 357
White, Hayden 413, 713, 841
Whitman, Walt 692, 1013
Wilde, Oscar 692, 693, 963, 976, 979–983, 1139
Wilson, Robert Thomas 359

Zambrana, Antonio 698
Zea, Leopoldo 1039, 1041, 1118
Zeuske, Michael 366
Zola, Émile 33, 939, 963, 1009
Zorrilla, José 432
Zschokke, Heinrich 121

www.ingramcontent.com/pod-product-compliance
Lightning Source LLC
Chambersburg PA
CBHW071412160426
42813CB00085B/1110